Tania Côté

DISPONIBLES EN LIBRAIRIE

COLLECTION « LES USUELS »
dirigée par Henri Mitterand et Alain Rey

DICTIONNAIRE DE SYNONYMES ET CONTRAIRES
par Henri BERTAUD DU CHAZAUD,
ouvrage couronné par l'Académie française.

DICTIONNAIRE D'ORTHOGRAPHE ET EXPRESSION ÉCRITE
par André JOUETTE.

DICTIONNAIRE ÉTYMOLOGIQUE DU FRANÇAIS
par Jacqueline PICOCHE.

DICTIONNAIRE DES DIFFICULTÉS DU FRANÇAIS
par Jean-Paul COLIN,
prix Vaugelas.

DICTIONNAIRE DES EXPRESSIONS ET LOCUTIONS
par Alain REY et Sophie CHANTREAU.

DICTIONNAIRE DE PROVERBES ET DICTONS
par Florence MONTREYNAUD, Agnès PIERRON et François SUZZONI.

DICTIONNAIRE DE CITATIONS FRANÇAISES
par Pierre OSTER.

DICTIONNAIRE DE CITATIONS DU MONDE ENTIER
sous la direction de Florence MONTREYNAUD et Jeanne MATIGNON.

DICTIONNAIRE DE CITATIONS SUR LES PERSONNAGES CÉLÈBRES
par Agnès PIERRON.

DICTIONNAIRE DES MOTS ET FORMULES CÉLÈBRES
par François DOURNON.

DICTIONNAIRE DE NOMS DE LIEUX
par Louis DEROY et Marianne MULON.

DICTIONNAIRE DES GRANDES ŒUVRES DE LA LITTÉRATURE FRANÇAISE
sous la direction de Henri MITTERAND.

DICTIONNAIRE DES ŒUVRES DU XXᵉ SIÈCLE
LITTÉRATURE FRANÇAISE ET FRANCOPHONE
sous la direction de Henri MITTERAND.

DICTIONNAIRE DES RIMES ET ASSONANCES
illustré par 3 000 citations de poèmes et chansons
par Armel LOUIS.

DICTIONNAIRE
ÉTYMOLOGIQUE
DU
FRANÇAIS

DICTIONNAIRE ÉTYMOLOGIQUE DU FRANÇAIS

JACQUELINE PICOCHE

LES USUELS DU ROBERT

POCHE

DICTIONNAIRES LE ROBERT
PARIS

Édition : GILLES FIRMIN
Lecture : MICHEL HERON, MURIEL ZARKA-RICHARD
Maquette : GONZAGUE RAYNAUD
Couverture : CAUMON

Tous droits de reproduction, de traduction et d'adaptation réservés pour tous pays.
© 1994, Dictionnaires LE ROBERT pour la première édition
27, rue de la Glacière, 75013 Paris.
ISBN : 2-85036-263-8
© Dictionnaire LE ROBERT/VUEF 2002
pour la présente édition
ISBN : 2-85-036869-5

Tous droits réservés pour le Canada.
© 1994, DICOROBERT Inc., Montrél, Canada.

« Toute représentation ou reproduction, intégrale ou partielle, faite sans le consentement de l'auteur ou de ses ayants droit ou ayants cause, est illicite » (loi du 11 mars 1957, alinéa premier de l'article 40). Cette représentation ou reproduction, par quelque procédé que ce soit, constituerait une contrefaçon sanctionnée par les articles 425 et suivants du Code pénal. La loi du 11 mars 1957 n'autorise, aux termes des alinéas 2 et 3 de l'article 41, que les copies ou reproductions strictement réservées à l'usage privé du copiste et non destinées à une utilisation collective, d'une part, et, d'autre part, que les analyses et les courtes citations dans un but d'exemple et d'illustration.

INTRODUCTION

> « Qu'on ne dise pas que je n'ai rien dit de nouveau, la disposition des matières est nouvelle. »
>
> *Pascal*

Le mot *étymologie* est un mot grec ancien, *etumologia*, que Cicéron a traduit en latin par *veriloquium* et qui signifie littéralement « façon de parler véritable », c'est-à-dire « sens véritable d'un mot ». Il n'apparaît guère que vers le 1er siècle avant Jésus-Christ, mais les préoccupations auxquelles il a donné un nom remontent plus haut ; elles ne sont pas absentes des dialogues de Platon et il y a sans doute une tendance fondamentale de l'esprit humain à se défendre contre l'impression d'arbitraire produite par un mot un peu rare, en le rattachant à un autre, plus familier et tenu pour plus ancien. L'« étymologie populaire », ou regroupement instinctif des mots en « familles » supposées, provoquant d'innombrables croisements entre familles historiques, est même un des principaux facteurs de l'évolution du vocabulaire. Chaque fois que, dans ce dictionnaire, on trouvera un mot expliqué par l'altération du terme originel (ou *étymon*), sous l'influence d'un autre mot, on aura affaire à un cas d'étymologie populaire.

Ce mot grec, *etumo-logia*, implique deux postulats linguistiques. Le premier est que les langues évoluent ; que les mots changent de forme et de sens au cours des siècles. Cela, la science moderne, bien loin de le contredire, l'a amplement vérifié et précisé. Le second, que cette évolution est une détérioration et que le sens le plus ancien est le vrai sens du mot. Conception naïve ? Certes, les Anciens n'avaient pas lu Saussure. Les linguistes d'aujourd'hui sont bien convaincus que les vraies valeurs « plus ou moins variées et complexes » d'un mot sont celles que lui confère le réseau de relations qu'il entretient avec les autres mots de la langue et, plus concrètement, avec les autres mots du contexte dont il fait partie ; et cela, sans que les perspectives historiques y jouent d'ordinaire le moindre rôle.

Néanmoins, *la remontée vers les origines, sorte d'archéologie linguistique, reste fascinante pour l'esprit*, et l'on est très loin d'avoir exploité entièrement

INTRODUCTION   II

l'apport que pourrait fournir la linguistique historique, et plus particulièrement la lexicologie, à l'histoire de l'évolution de l'humanité.

Histoire de la science étymologique

Très ancienne comme activité de l'imagination et du rêve, l'étymologique est, comme science, vieille de bientôt deux siècles. On peut la faire remonter à la découverte du sanscrit, c'est-à-dire aux dernières années du XVIII siècle. Cette découverte a permis de dégager la notion de langue *indo-européenne*, et de préciser la nature des relations — évidentes sur certains points, obscurs sur d'autres, et de toute façon jusque-là déroutantes — qui existent à l'intérieur de tout un ensemble de langues, européennes pour la plupart. Diverses disciplines, connexes mais distinctes, pratiquées au cours du XIX et du XX siècle par des générations de savants, ont contribué à édifier la science étymologique telle qu'elle se présente aujourd'hui :

1. *L'étude comparée des langues anciennes* a permis, d'une part la reconstitution de *racines* indo-européennes, éléments signifiants minimaux qui, à l'intérieur de la langue mère, langue préhistorique non écrite, parlée vers le III millénaire avant Jésus-Christ, obéissaient à des règles strictes de structure et de transformation qui ont pu être déterminées ; d'autre part, la formulation des *lois phonétiques* qui régissent l'évolution par laquelle les diverses langues anciennes sont issues de l'indo-européen.

2. À l'intérieur de chaque grand rameau indo-européen, *l'étude comparée des langues vivantes* a fait apparaître les lois phonétiques qui régissent l'évolution de chacune d'elles à partir de l'ancêtre commun. Cet ancêtre peut être directement connu lorsqu'il s'agit d'une langue écrite comme le latin (on distingue ici le latin classique, du I siècle avant Jésus-Christ, le latin impérial, couvrant à peu près les trois premiers siècles de notre ère, le bas latin, du IV siècle au X siècle environ, et enfin le latin médiéval et le latin moderne, contemporains des textes écrits en français). Il peut aussi l'être indirectement, seulement à partir de sa descendance ou des langues écrites apparentées, quand il s'agit d'une langue orale telle que le germanique commun ou le dialecte francique, introduit dans le domaine gallo-roman par Clovis et ses troupes, ou même le latin vulgaire, parlé dans la partie occidentale de l'Empire romain, qui s'écartait passablement de la langue littéraire écrite. Dans ce cas, on part de formes reconstituées qui sont signalées par un astérisque, ex. : le latin vulgaire *calefare, d'où est issu *chauffer* ;

3. La *philologie*, ou étude précise des textes anciens, inventorie et date les différentes formes et les différents sens pris par un mot au cours des siècles ;

4. La *géographie linguistique*, étudiant sur le terrain les divers dialectes qui coexistent avec une langue officielle ou littéraire, permet une multitude de rapprochements qui aiguillent très utilement l'étymologiste. Ces dialectes sont aujourd'hui, pour la plupart, fort délabrés ; mais les matériaux accumulés jusqu'ici, et ceux qui pourront encore l'être dans les années à venir constituent une véritable mine d'enseignements linguistiques de toute espèce ;

5. La *linguistique structurale* — paradoxalement, étant donné son orientation non historique — a apporté récemment, grâce à la notion de « série », une contribution très intéressante à l'élucidation d'un certain nombre de

mots de caractère populaire et expressif jusqu'ici expliqués de manière peu satisfaisante, ou totalement inexpliqués. Notre dictionnaire lui doit principalement ses tentatives de regroupement des mots à base onomatopéique ou expressive ; sa présentation par séries des mots comportant une base phonétique commune et provenant d'un « étymon » ou « mot-source » commun ; enfin, le rassemblement en quatre annexes des mots fondés sur un redoublement syllabique ou consonantique, des mots ayant pour étymon plus ou moins lointain l'onomatopée d'un cri d'animal, et des mots ayant pour étymon un nom propre de personne ou de lieu.

Aujourd'hui, on ne peut pas tenir l'étymologie pour une science achevée (surtout en ce qui concerne l'histoire des « sens » des mots !) ni, bien entendu, pour une science totalement sûre : n'étant fondés ni sur la déduction logique ni sur l'expérimentation, les rapprochements proposés entre mots de diverses langues et de diverses époques sont forcément conjecturaux. La conjecture confine à la certitude pour bon nombre de mots pan-romans, ou pan-germaniques ou pan-indo-européens, d'évolution phonétique régulière ou du moins claire. Son degré de probabilité est plus faible quand il faut faire appel aux notions d'étymologie populaire, d'analogie et de croisement ; ou bien lorsque, tout étymon d'origine indo-européenne faisant défaut, on est amené à postuler un substrat linguistique antérieur aux grandes invasions préhistoriques auxquelles nous devons l'essentiel des langues que nous parlons actuellement ; ou encore quand il s'agit de mots expressifs fondés sur des structures consonantiques habituellement associés à certains effets de sens, sans qu'on puisse parler clairement d'emprunt ou de filiation d'une langue à l'autre (voir par exemple des articles comme *bobine, bouffer, choper, taquet,* etc.).

Néanmoins, on ne peut tenir pour vraisemblable une profonde remise en question des résultats acquis. Les zones d'ombre subsistent surtout dans le domaine des dialectes et de l'argot, et il se peut que la solution des problèmes pendants remette en question l'étymologie de certains mots français. Mais les mots du français usuel véritablement obscurs ne constituent qu'une frange mince. Encore ne s'agit-il que de mots populaires, c'est-à-dire transmis depuis leurs origines par tradition orale ininterrompue. La masse énorme des mots savants directement empruntés par voie écrite au latin et au grec qui constituent, sinon en fréquence, du moins en nombre, le plus gros de notre vocabulaire, ne pose aucun problème d'identification.

On peut donc aujourd'hui tenter de prendre une vue d'ensemble des résultats d'un labeur collectif si long, si minutieux et si persévérant ; et il est certain qu'après tant d'ouvrages de valeur, *la seule justification d'un nouveau dictionnaire étymologique est la présentation synthétique des faits.*

L'objet de ce dictionnaire

Le premier but visé dans cet ouvrage a été de donner à toute personne intéressée par les origines du français, et même si elle ignore les langues anciennes, la possibilité de *replacer dans un ensemble l'étymon grec ou latin* trop souvent inconnu d'elle, que lui présentent les dictionnaires étymologiques de type classique. C'est l'objet même de l'introduction qui figure en tête des articles de quelque complexité. *On est donc remonté dans la préhis-*

toire de chaque mot aussi loin que cela a semblé utile (et, bien sûr, possible) pour l'intelligence des phénomènes propres à la langue française. On n'est pas toujours allé aussi loin qu'on aurait pu envisager de le faire.

Ainsi on n'a eu recours aux racines indo-européennes que dans deux cas : celui, très fréquent, où des mots français, issus directement ou par emprunt de divers rameaux indo-européens (latin, grec, germanique ou celtique) peuvent être rattachés à une seule et même racine indo-européenne (voir par exemple les articles *maçon, rade*) ; en second lieu, celui, plus rare, où tous les mots de la famille étaient issus du latin, mais où, en latin même, cette famille avait donné naissance à des rameaux si divergents que seul le recours à l'indo-européen pouvait en montrer la cohérence initiale (par exemple les articles *paix, venin*).

Dans les autres cas, on s'est contenté de l'étymon latin, grec, germanique ou autre, et éventuellement de sa famille immédiate. De plus, quel que soit le niveau historique ou préhistorique choisi ou possible, on n'a cité, parmi les représentants de la famille de l'étymon, que ceux qui avaient un rapport direct avec les mots français figurant dans le corps de l'article, et non tous ceux qui auraient eu un intérêt quelconque pour la justification de la forme ou du sens de l'étymon. Ce dictionnaire est un dictionnaire étymologique du français moderne usuel, et non des langues indo-européennes en général.

Enfin, on ne pouvait envisager, étant donné les dimensions de l'ouvrage, de s'étendre sur les causes des avatars d'une racine indo-européenne. Il faut que le lecteur, à moins de recourir aux ouvrages spécialisés traitant de ces questions, tienne pour acquis, par exemple, que, par le jeu des alternances vocaliques, une seule et unique racine peut apparaître sous les formes **gen-*, **gon-*, **gnā-* (voir l'article *gens*) et que deux mots apparemment aussi dissemblables que le latin *venire* et le grec *bainein* représentent un seul et unique ancêtre à **g^w-* initial (voir l'article *venir*).

La méthode du dictionnaire

Une des particularités essentielles de ce dictionnaire est donc de *présenter systématiquement des familles historiques complètes au niveau du français moderne*. Ce parti pris initial entraîne plusieurs conséquences :

1. *La forme des mots est première*, dans notre présentation, et leur sens, second. Les regroupements de mots sont fondés d'abord sur la communauté d'origine, et par surcroît, toutes les fois que leur nombre le permet, sur l'identité d'une base phonique. Ainsi se trouvent regroupés dans certains articles (voir par exemple la base *-cid-*, dans l'article *choir*) des mots qui apparaissent synchroniquement comme totalement déliés les uns des autres, alors qu'au contraire, dans d'autres articles, même étendus, ou du moins dans un grand nombre de leurs paragraphes, une sorte de fondement sémantique commun reste visible (voir par exemple l'article *voûte*) ;

2. *Dans les cas de supplétisme*, par exemple celui du verbe *aller*, qui emprunte ses diverses formes à trois verbes latins différents d'origine parfaitement hétérogène, on a opéré systématiquement les disjonctions nécessaires. On trouvera donc un article *aller*, un article *j'irai* et un article *je vais*, avec renvois de l'un à l'autre. Des cas semblables ou analogues se trouvent dans les articles *être, je fus* et *ester* ; *offrir* et *oublie* ; *pondre* et *poser*.

3. On a été amené à mettre en valeur le fait qu'*il n'existe pas, historiquement parlant, de cloisons étanches entre les diverses catégories grammaticales* : mots autonomes porteurs d'un sens plein (noms communs et noms propres ; noms et verbes ; substantifs, adjectifs et adverbes), mots autonomes à fonction grammaticale (tels que pronoms, prépositions et conjonctions), éléments significatifs sans autonomie dans la phrase (tels que préfixes et suffixes). Le lecteur trouvera de bons exemples de cette interpénétration des catégories dans des articles comme *-ment, qui, soi,* ou *y.*

Les noms propres (prénoms, patronymes, toponymes) n'ont été cités que rarement, et seulement dans les cas où ils entraient tout naturellement dans une famille de noms communs. On a cherché à établir un répertoire aussi complet que possible des préfixes et des suffixes représentés en français moderne : cela, toujours dans une perspective historique, car un certain nombre d'entre eux n'avaient valeur de préfixes et de suffixes qu'au niveau de la langue-source, ou ont perdu en français moderne la vitalité créatrice qu'ils avaient en ancien français. On a établi aussi un répertoire de cette sorte particulière de préfixes et de suffixes que sont *les éléments de composés savants,* véritables matériaux préfabriqués dont use et abuse la langue moderne.

Une histoire de la langue

Le second objectif de ce dictionnaire est de *donner une vue suffisamment juste de l'histoire du vocabulaire français.* Un de ses fondements principaux réside donc dans l'opposition entre mots populaires et mots savants.

Les premiers, soumis à l'érosion phonétique et aux innombrables accidents de l'étymologie populaire, ayant généralement perdu toute ressemblance avec leur étymon, bref, devenus des mots essentiellement français, forment le noyau central de notre vocabulaire. Mais si beaucoup d'entre eux sont parmi les plus fréquents de la langue, ils ne sont pas pour cela les plus nombreux. En effet, au cours des siècles, les clercs, les juristes, les lettrés, les savants ont enrichi le français d'innombrables mots grecs ou latins (les mots grecs, le plus souvent, par l'intermédiaire du latin), qui, légèrement francisés, forment bien souvent avec les mots populaires des couples de doublets.

On a donc adopté le parti de *commencer toujours les articles complexes par les mots populaires,* et de prendre en principe comme entrée de l'article le mot de formation populaire le plus simple de toute la famille étudiée : c'est du reste aussi, bien souvent, le plus ancien. Ceci pour éviter avant tout de donner l'impression que le français n'est qu'un démarquage du grec et du latin, et pour bien mettre en valeur ce qu'il y a dans notre vocabulaire de plus original et de plus ancien. Le lecteur devra donc s'habituer à trouver par exemple des mots comme *téléphone* sous *antienne,* et *cycliste* sous *quenouille.*

Ensuite *viennent les mots savants,* classés par origine, par bases phoniques, et, à l'intérieur de ces deux catégories, par ordre chronologique, toutes les fois qu'une raison de regroupement sémantique (à ce niveau terminal seulement) n'était pas prédominante.

On a réservé aussi leur place, bien sûr, aux *mots demi-savants* (c'est-à-dire des mots savants empruntés assez tôt pour avoir subi ensuite une certaine évolution phonétique, ou des mots populaires retransformés, à un certain moment de leur histoire, sous l'influence de leur étymon latin, réel ou supposé), ainsi qu'aux *mots empruntés à des langues vivantes* ; mais cela avec une certaine souplesse. On les trouvera tantôt rassemblés dans une partie ou une sous-partie distincte, tantôt rapprochés de mots populaires, tantôt rapprochés de mots savants, selon l'intérêt que paraissait présenter tel ou tel regroupement dans tel cas particulier.

Ainsi, il est possible de trouver dans un même article le même mot latin sous une forme populaire, une forme empruntée et une forme savante ; et aussi d'y trouver juxtaposés le mot simple de formation populaire et les dérivés savants fonctionnant en relation avec lui : par exemple *œil* à côté d'*ocul(o)*- ou d'*opthalm(o)*-. Dans les cas où les dérivés savants fonctionnant en relation avec un mot populaire donné appartiennent à une autre famille étymologique, on a établi un système de références (on trouvera, par exemple un renvoi de *noir* à *mélano-* ; de *foie* à *hépato-*).

Enfin, *chaque mot est daté, au siècle près*, avec mention des variantes anciennes quand elles s'opposent à la forme moderne par un caractère plus populaire, par exemple, mais *non quand celle-ci n'en est que la suite normale*, selon une évolution dont rendent compte les traités de phonétique usuels, ou n'en diffère que par des détails orthographiques. Dans le cas des mots qui ont plusieurs sens on a tenté de dater, toujours au siècle près, l'apparition des divers emplois du mot.

La structure des articles. L'index

On aura donc souvent affaire à des articles longs et complexes, rassemblant un grand nombre de mots extrêmement divers. *En tête de l'article*, dans l'introduction qui donne la famille de l'étymon, on a généralement respecté l'ordre d'apparition des langues indo-européennes : grec puis latin, puis éventuellement langues celtiques ou germaniques. *Dans le corps de l'article*, au contraire, priorité a été donnée en principe au latin, à cause de son caractère dominant parmi les langues-sources du français. Toutefois, certaines raisons de commodité, ou la prédominance de l'une des langues-sources peuvent entraîner quelques dérogations à ces principes.

Les grandes divisions de l'article sont indiquées par des chiffres romains, les divisions intermédiaires par des lettres majuscules, et les plus petites par des chiffres arabes.

Cette présentation des choses rendait un *index* indispensable *pour tous les mots que nous n'avons pas retenus comme mots de base, ou mots-entrées*.

Celui-ci est l'œuvre de Mlle Danielle Le Nan, conservateur à la Bibliothèque nationale de Paris. Je tiens à la remercier ici d'avoir accepté de l'établir, ce qui était un travail long et minutieux, et aussi de l'aide précieuse qu'elle m'a apportée en dépouillant pour moi des articles de revues et quelques ouvrages, surtout en langue allemande.

La consultation de ce dictionnaire demandera donc au lecteur quelque exercice du pouce et de l'œil, puisqu'il devra feuilleter d'abord le corps du dictionnaire *où il trouvera directement les mots-entrées* puis *l'index*, repérer ensuite dans le dictionnaire, grâce à sa numérotation, le mot cherché, remonter de l'étymon à l'introduction, prendre enfin une vue générale de cette introduction et du corps de l'article. La typographie, qu'on a voulue aussi claire que possible, l'y aidera grandement. On l'invite en somme, plutôt que de se procurer chez le détaillant le fruit qu'il cherche, à aller le cueillir lui-même, au milieu des autres de même espèce, sur un certain arbre, en un certain verger. Espérons qu'il trouvera quelque plaisir à la cueillette, et quelque saveur à la récolte.

Il faut bien distinguer, écrivaient F. Brunot et Ch. Bruneau, les familles réelles des familles historiques que l'on trouve dans les dictionnaires étymologiques. On verra pêle-mêle, dans ces ouvrages, *œuvre*, *opéra*, *opuscule*, *opérer*, *ouvrer*, *manœuvre*, *ouvrier*, *ouvroir*, *opération*. Les enfants qui apprennent cette liste risquent de croire que les *ouvriers* travaillent dans des *ouvroirs* où ils font des *ouvrages*. En réalité, ces mots sont absolument séparés. Un *ouvrier*, dans une *usine*, fait son *travail* ; une *jeune fille*, dans un *ouvroir*, fait de la *lingerie* ; un *professeur*, dans son cabinet, compose un *ouvrage*. Et ils concluaient : Il n'est pas de jeu plus vain et plus dangereux que celui de la recherche du sens étymologique et celui de la famille étymologique. Remarques justes, mais en partie seulement. D'abord, les enfants n'apprennent pas ces listes qui, jusqu'à présent, n'étaient présentées pratiquement nulle part sous forme de listes. Ensuite, le feraient-ils, que le mal ne serait peut-être pas si grand, et qu'il pourrait même en résulter quelque bien. Telle élève d'une classe supérieure de l'enseignement secondaire demandait un jour à son professeur de français quelle différence il pouvait bien y avoir au juste entre *abdication* et *abnégation*. Sans doute, un dictionnaire analogique l'aurait-il fort utilement aidée à rapprocher le premier de ces deux mots de *démission* et de *renonciation*, le second de *dévouement* et de *renoncement*. Mais il est probable que certaines connaissances d'ordre historique, en l'occurrence une teinture de latin, lui auraient tout simplement épargné cette perplexité, lui permettant de situer spontanément les deux mots, l'un dans l'aire du verbe *nier*, l'autre dans celle du verbe *dire*. Quoi qu'il en soit, il est bon que de telles questions soient posées, et qu'elles soient résolues par les deux méthodes complémentaires de la diachronie et de la synchronie. Un point est défini par son abscisse et son ordonnée, et sur quelque océan que ce soit, même lexical, on ne peut « faire le point » qu'en associant une longitude à une latitude.

JACQUELINE PICOCHE.

BIBLIOGRAPHIE SOMMAIRE

A. BAILLY, *Dictionnaire grec-français*, revu par L. Séchan et P. Chantraine, Paris, Hachette, 43ᵉ édition, 1991.

O. BLOCH et W. VON WARTBURG, *Dictionnaire étymologique de la langue française*. 9ᵉ édition, Paris, P. U. F., 1991.

E. et J. BOURCIEZ, *Précis de phonétique française*. 4ᵉ édition, Paris, Klincksieck, 1991.

J. COROMINAS, *Breve diccionario etimologico de la lengua castellana*. 2ᵉ édition, Madrid, Gredos, 1967.

A. DAUZAT, *Dictionnaire des noms de famille et prénoms de France*, Paris, Larousse, (1951) 1992.

A. DAUZAT, J. DUBOIS et H. MITTERAND, *Nouveau Dictionnaire étymologique et historique*, Paris, Larousse, 1964.

A. DAUZAT et Ch. ROSTAING, *Dictionnaire des noms de lieux de France*, Paris, Larousse, 1963

G. DEVOTO, *Avviamento alla etimologia italiana, dizionario etimologico*, Firenze, Le Monnier. 2ᵉ édition, 1968.

A. ERNOUT et A. MEILLET, *Dictionnaire étymologique de la langue latine ; histoire des mots*. 4ᵉ édition, Paris, Klincksieck, 1967.

G. ESNAULT, *Dictionnaire des argots*, Paris, Larousse, 1965.

E. GAMILLSCHEG, *Französisches etymologisches Wörterbuch*. 2ᵉ Auflage, Heidelberg, C. Winter, Universitäts Verlag, 1966-1969.

B. GRANDSAIGNES D'HAUTERIVE, *Dictionnaire des racines des langues européennes*, Paris, Larousse, 1948.

A.-J. GREIMAS, *Dictionnaire de l'ancien français jusqu'au milieu du XIVᵉ siècle*, Paris, Larousse, (1969) 1992.

P. GUIRAUD, *Structures étymologiques du lexique français*, Paris, Larousse, 1967.

F. KLUGE, A. GÖTZE et W. MITZKA, *Etymologisches Wörterbuch der deutschen Sprache*. 16ᵉ Auflage, Berlin, W. de Gruyter, 1957.

A. MEILLET, *Introduction à l'étude comparative des langues indo-européennes*, Paris, 1922. Dernière réédition : University of Alabama Press et Paris, Klincksieck, 1966.

W. MEYER-LUBKE, *Romanisches etymologisches Wörterbuch*, Heidelberg, 1935.

C. T. ONIONS, *The Oxford Dictionary of English Etymology*, Oxford, Clarendon Press, 1966.

P. ROBERT, *Le Petit Robert*, dictionnaire alphabétique et analogique de la langue française, 1 vol. Secrétaire général de la rédaction : Alain Rey. Société du Nouveau Littré, nouvelle édition mise à jour, Paris, 1990.

W. VON WARTBURG, *Französisches Etymologisches Wörterbuch*. 25 vol. et 2 « beihefte », Bonn, Tubingen, Bâle, Zbinden, 1922-1992.

LISTE DES ABRÉVIATIONS

abrév.	abréviation	chrét.	chrétien
acc.	accusatif	comm.	terme technique de la langue du commerce
adj.	adjectif, adjectival		
adm.	terme technique de la langue administrative	comp.	composé
		conj.	conjonction
adv.	adverbe, adverbial	conjug.	conjugaison
agric.	terme technique d'agriculture	cuis.	terme technique de cuisine
		demi-sav.	demi-savant (mot populaire modifié sous l'influence d'un mot savant, ou mot savant ayant évolué dans la langue parlée après son emprunt)
all.	allemand		
alter.	altération		
amer.	américain		
anat.	terme technique d'anatomie		
anc.	ancien	dér.	dérivé
angl.	anglais	dial.	dialecte, dialectal, dialectalement
antiq.	antiquité		
ar.	arabe		
arboric.	arboriculture	dimin.	diminutif
arch.	archaïsme, archaïque	eccl.	ecclésiastique
archéol.	terme technique d'archéologie	écon.	terme technique d'économie
architt.	terme technique d'architecture	électr.	terme technique d'électricité
		électron.	terme technique d'électronique
arg.	argot, argotique		
arith.	terme technique d'arithmétique	empl.	emploi
		empr.	emprunt, emprunté
art.	article	en part.	en particulier
astron.	terme technique d'astronomie	entomol.	terme technique d'entomologie
astrol.	astrologie	esp.	espagnol
auj.	aujourd'hui	ethnol.	ethnologie
biol.	biologie	étym.	étymologie, étymologiquement
bot.	terme technique de botanique		
		ex.	exemple
blas.	blason	ext.	extension
cathol.	catholique	fam.	familier
chir.	terme technique de chirurgie	fém.	féminin
		fig.	figuré
		fin.	terme technique de finances

LISTE DES ABRÉVIATIONS

fr.	français	loc.	locution
franc	de la langue franque, sabir en usage dans les ports méditerranéens depuis les croisades jusqu'au XIXe s.	log.	terme technique de logique
		M. A.	Moyen Âge
		mar.	marine
		masc.	masculin
frq.	francique	math.	terme technique de mathématique
géogr.	terme technique de géographie		
		mécan.	mécanique
géol.	géologie	méd.	terme technique de médecine
géom.	terme technique de géométrie	métaph.	métaphore, métaphorique, métaphoriquement
germ.	germanique		
got.	gotique (langue des Goths)	météor.	terme technique de météorologie
gr.	grec		
gram.	terme technique de grammaire	mérov.	mérovingien
gramm.		milit.	terme technique de la langue militaire
hist.	histoire	minér.	terme technique de minéralogie
id.	idem, la même chose		
« id. »	même sens	mod.	moderne
ind.-eur.	Indo-Européen	mus.	terme technique de musique
impér.	impératif	mythol.	mythologie
impr.	imprimerie	néerl.	néerlandais
inc.	inconnu(e)	nég.	négation
ind.	indicatif	nom.	nominatif
industr.	industrie	nomin.	
inf., infin.	infinitif	numis.	terme technique de numismatique
infl.	influence		
interj.	interjection	obs.	obscur
interm.	intermédiaire	occ.	occidental
interr.	interrogation	onom.	onomatopée ou onomatopéique
intrans.	intransitif		
irl.	irlandais	ophtalm.	terme technique d'ophtalmologie
it.	italien		
jur.	juridique, terme de droit	opt.	terme technique d'optique
lat.	latin	orth.	orthographe, orthographique
lat. class.	latin classique (Ier s. avant J.-C.)	part.	participe
		p.-ê.	peut-être
lat. imp.	latin impérial (Ier s. et IIe s. après J.-C.)	peint.	terme technique de peinture
		péj.	péjoratif
bas lat.	latin écrit (postérieur au IIe s.)	péjor.	
lat. vulg.	latin vulgaire, langue parlée (formes reconstituées)	pers.	personne
		pharm.	terme technique de pharmacie
lat. médiéval et lat. mod. : langue savante écrite			
		philo.	terme technique de philosophie
lat. eccl.	latin ecclésiastique (auteurs chrétiens de la fin de l'Empire)		
		phonet.	phonétique, phonétiquement, terme technique de phonétique
ling.	terme technique de linguistique		
linguist.		photo.	terme technique de photographie
litt.	littéraire, littérature		
liturg.	terme technique de liturgie	phys.	terme technique de la

LISTE DES ABRÉVIATIONS

	langue de la physique	sing.	singulier
physiol.	terme technique de physiologie	s. m.	substantif masculin
		soc.	terme technique de sociologie
pic.	picard		
plur.	pluriel	subj.	subjonctif
pol.	terme technique de politique	subst.	substantif
pop.	populaire (mot transmis par tradition orale ininterrompue)	suff.	suffixe
		suiv.	suivant
port.	portugais	syn.	synonyme
post-		techn.	technique
class.	post-classique	théol.	terme technique de théologie
précéd.	précédent		
préf.	préfixe	trad.	traduction
pré-lat.	pré-latin	trans.	transitif
prép. } prépos. }	préposition	typo	terme technique de la typographie
prés.	présent	var.	variante
pron.	pronom, pronominal	vén.	vénerie
prononc.	prononciation, prononcé	vers.	versification
prov.	provençal	zool.	terme technique de zoologie
psycho.	terme technique de psychologie	« ... »	les guillemets indiquent que c'est le sens des mots qu'ils encadrent qui est pris en considération.
rac.	racine		
rad.	radical		
rég.	régime, cas régime	*italique*	les caractères italiques indiquent que c'est la forme des mots ainsi écrits qui est prise en considération.
relig.	terme technique de la langue des religions		
rhét.	terme technique de rhétorique	*	les formes signalées par un astérisque sont reconstituées (non attestées dans les textes).
rom.	romain(e)		
sav.	savant (mot emprunté aux langues anciennes par la voie des textes écrits)		
		→	voir, se référer à (renvoie à un mot qui a un rapport de forme, de sens, ou d'origine avec le mot dont on part).
scand.	scandinave		
scient.	scientifique		
scol.	scolaire		
sémant.	sémantique		

N. B. Quoique les substantifs et adjectifs français de formation populaire représentent généralement des accusatifs latins, conformément à la tradition, leurs étymons sont donnés au nominatif, suivi éventuellement du génitif.

Dans le cas d'étymons verbaux on n'a indiqué habituellement que l'infinitif présent, suivi du participe passé.

Dans le cas des étymons des mots populaires, on a indiqué la quantité de la pénultième lorsque c'était nécessaire pour déterminer la place de l'accent tonique.

Dictionnaire
étymologique
du français

À lat. *ad*, préposition, ou *ad*-, préfixe, qui indiquent la direction vers, la destination. En lat. vulgaire, *ad* a tendu à exprimer la possession et l'instrument, a concurrencé et finalement éliminé le datif et la préposition *apud*, et a fini par se confondre avec la préposition *ab*, dont le fr. *à* représente quelques emplois.
♦ |1| À, prép. (pop.) xᵉ s. ♦ |2| A-, préf. (pop. ou sav.) avec ses variantes *ac-*, *af-*, *al-*, *am-*, *ar-*, *as-*, *at-*, qui existaient déjà en latin et sont dues à l'assimilation du *d* à la consonne suivante ; ex. : *accumuler*, *afférent*, etc. ♦ |3| AD-, préf. (sav.) décalque du lat. *ad-* ; ex. : *adjoindre* substitué à l'anc fr. *ajoindre*.

AB-, ABS- lat. *ab*, préposition et préverbe, et sa variante *abs*, qui remontent, ainsi que le gr. *apo-*, à ind.-eur. *⁎ap-*, *⁎apo-*, indiquant l'origine. ♦ |1| AB-, ABS- (sav.) ex. : *abdiquer*, *abstraire*. ♦ |2| APO- (sav.) et sa var. APH- (sav.) : gr. *apo-* ; indique l'éloignement, la séparation ; généralement combiné avec des bases d'origine grecque, ex. : *apocalypse*, *apocope*, etc.

ABAQUE (sav.) xiiᵉ s. lat. *abacus* empr. au gr. *abax* « table à calcul ».

ABBÉ ♦ |1| (pop.) xiᵉ s. « chef d'une communauté religieuse », xviiᵉ s. « tout homme portant un habit ecclésiastique », xixᵉ s. « ecclésiastique qui n'est ni titulaire d'une cure ni chanoine » : lat. eccl. *abbas*, *abbātis*, empr. au grec, lui-même empr. à la langue parlée en Palestine à l'époque du Christ : araméen *abba* « père ». *Abba*, employé dans les épîtres de saint Paul pour exprimer les sentiments filiaux du chrétien à l'égard de Dieu (Rom. VIII 15, Gal. IV 6), a été étendu analogiquement à l'attitude du moine envers son supérieur.
♦ |2| ABBESSE (pop.) xiiᵉ s. : lat. eccl. *abbatissa*, de *abbas* ; ABBAYE (pop.) xiiᵉ s. : *abbatia*. ♦ |3| Dér. sav. : ABBATIAL xvᵉ s. ; ABBATIAT xixᵉ s.

ABDOMEN (sav.) xviᵉ s. : lat. *abdomen*, *-inis* « ventre » ; ABDOMINAL xviiᵉ s.

ABÉCÉ ensemble de mots se rattachant à certaines lettres de divers alphabets.

I. alphabet latin

♦ |1| ABÉCÉ (pop.) xiiᵉ s. : des trois premières lettres de l'alphabet. ♦ |2| ABÉCÉDAIRE (sav.) xviᵉ s. : bas lat. *abecedarium*. ♦ |3| BÉMOL xivᵉ s. et BÉCARRE xvᵉ s. : it. *b molle* « b mou », c.-à-d. « à panse arrondie », et it. *b quadro* « b à panse carrée » ; le *b*, qui désignait d'abord la note *si*, est devenu, ainsi diversifié, un signe d'altération ; BÉMOLISER xviiiᵉ s. ♦ |4| CÉDILLE xviiᵉ s. : esp. *cedilla* « petit z », dimin. de *zeda*, interprété ensuite comme signifiant « petit *c* ». ♦ |5| J. et H. : abrév. de *Jour* et *Heure* (instructions militaires). ♦ |6| X et Y xviiᵉ s. « inconnues », en langage algébrique, d'où leur emploi dans *Monsieur X ou Y* ; *un temps X* ; xixᵉ s. : rayons, et en argot d'étudiants, l'École polytechnique.

II. alphabet grec

♦ |1| ALPHABET (sav.) xvᵉ s. : lat. imp. *alphabetum*, des deux premières lettres de l'alphabet grec, *alpha* et *bêta* ; ALPHABÉTIQUE XVe s. ; ANALPHABÈTE XVIe s. : it. *analfabeto* « illettré » ; ANALPHABÉTISME XXe s. : it. *analfabetismo* ; ALPHABÉTISER, ALPHABÉTISATION, XXe s. ♦|2| ALPHA (sav.) XIIe s. : l'*alpha et l'omega* « la première et la dernière lettre de l'alphabet grec » d'où « le commencement et la fin », désigne Dieu, dans l'Apocalypse ; dans la langue scient. mod. RAYONS ALPHA, classement ALPHANUMÉRIQUE XXe s. ♦|3| BÊTA XXe s., deuxième lettre de l'alphabet grec ; désigne certains rayons ; d'où BÊTATRON et BÊTATHÉRAPIE XXe s. ♦|4| GAMME (sav.) XIIe s. : *gamma*, troisième lettre de l'alphabet grec, qui a désigné d'abord la première note de la gamme ; puis, la gamme entière ; *croix* GAMMÉE (sav.) XIVe s. « croix dont les quatre branches se terminent en forme de gamma majuscule ». (Rayons) GAMMA, GAMMAGLOBULINE XXe s. ♦|5| DELTA (sav.) XIIIe s., d'abord à propos du Nil : nom de la quatrième lettre de l'alphabet grec, équivalent de *d*, employé métaphoriquement à cause de la forme triangulaire de la majuscule ; DELTOÏDE XVIe s., bot. et anat. ♦|6| IOTA (sav.) XIIIe s. : nom de la lettre *i*, la plus petite de l'alphabet grec, d'où l'expression *pas un iota* ; IOTACISME XIXe s. ling. « emploi fréquent du son *i* dans une langue ». ♦|7| PI (sav.) XIXe s., symbole math. : nom de la 16e lettre de l'alphabet grec, correspondant à *p* ; lettre initiale de *periphereia* « circonférence ». ♦|8| RHOTACISME (sav.) XIXe s., ling. « évolution vers *r* d'une autre consonne », méd. « difficulté à prononcer les *r* » : dér. analogique de *iotacisme*, de *rhô*, nom de la 17e lettre de l'alphabet grec, équivalent de *r*. ♦|9| SIGMA (sav.) XVIIe s. : nom de la 18e lettre de l'alphabet grec, correspondant à *s* SIGMOÏDE XVIIe s. : gr. *sigmoeidès* « en forme de sigma ». ♦|10| CHIASME (sav.) XIXe s. rhét. : gr. *khiasma* « croisement », dér. de *khiazein* « disposer en forme de *khi* » ; le *khi* est la 22e lettre de l'alphabet grec, en forme de croix de Saint-André, transcrivant un *k* aspiré. ♦|11| OMÉGA (sav.) XIIe s. : littéralement « grand o », 24e et dernière lettre de l'alphabet grec, notant un *o* long ouvert → ALPHA.

III. alphabet hébreu

YOD (sav.) XVIIIe s., lettre hébraïque ; XXe s., phonét., semi-consonne fricative palatale :

nom de la consonne des alphabets phénicien et hébreu correspondant à notre *y*.

ABEILLE ♦|1| (pop.) fin XIIIe s. La forme simple lat. class. *apis* « abeille » ayant abouti à l'anc. fr. *ef*, plur. *és*, prononcé *é*, forme trop brève pour subsister, divers substituts ont été adoptés par les différents dialectes : le diminutif, *avette* du lat. vulg. *apitta, dans la région angevine, *mouche à miel* dans le Nord, *mouchette* dans l'Est. ABEILLE est un empr. au prov. *abelha*, du lat. *apícŭla*, diminutif de *apis*. ♦|2| dér. sav. de *apis* : APICOLE, APICULTEUR, APICULTURE XIXe s.

ABÎME ♦|1| (demi-sav.) XIIe s., fém. jusqu'au XVIIe s., utilisé d'abord dans les textes bibliques : lat. chrét. subst. *abyssus* « abîme », empr. au gr. eccl., du gr. class. adj. *abussos* « sans fond ». En ancien prov., en esp. et en fr., la terminaison a été altérée sous l'influence des mots savants en *-ismus*. → -ISME, art. -OYER. ABÎMER XIVe s. « jeter dans un abîme », XVIe s. « endommager ». ♦|2| dér. sav. de *abyssus* : ABYSSAL XVIe s. théologie, XXe s. géogr. et océanographie. ♦|3| ABYSSE (sav.) XXe s.

ABOMINABLE famille du lat. class. *omen, ominis* « présage » et *abominari* « repousser comme un mauvais présage », « s'écarter avec horreur de », « détester », d'où lat. eccl. *abominatio* « fait de repousser », « chose abominable » et *abominabilis* « abominable ».

En fr. : ABOMINABLE, ABOMINATION, ABOMINER (sav.) XIIe s. sens religieux, XIVe s. sens actuel ; ABOMINABLEMENT XIVe s.

ABRACADABRANT (sav.) XIXe s. adj. plaisant, peut-être né dans le milieu de la médecine. dér. d'*abracadabra*, formule magique d'origine grecque qui passait pour guérir les fièvres et diverses maladies. Premier élément : *abraxas*, mot magique fréquemment gravé sur des amulettes du IIe s. ap. J.-C. provenant de l'entourage du philosophe gnostique égyptien Basilide. Second élément : peut-être altération de l'hébreu *dābār* « mot ».

ABRI (pop.) fin XIIe s. dér. de l'anc. fr. *abrier* « mettre à l'abri », qui survit comme terme de marine : lat. vulg. *aprīcāre* « réchauffer », se chauffer au soleil », du lat. class. *aprīcari*, dér. de *aprīcus* « exposé au soleil ». ABRITER XVe s.

ABSIDE ♦|1| (sav.) XVIe s. archit., astron. : lat. vulg. *absida*, du lat. class. *absis, -idis*, empr. au gr. *hapsis* « voûte ». ABSIDIOLE XIXe s. ♦|2| APSIDE (sav.) XVIIIe s. astron. « voûte du ciel », « orbite d'une planète » : gr. *hapsis, -idos* par le lat. imp.

ABSINTHE (sav.) XVe s. plante, XIXe s. liqueur, a concurrencé puis éliminé l'anc. fr. *absince* ; masc. ou fém. jusqu'au XVIIe s. : lat. *absinthium*, sens fig. « amertume » en lat. eccl., du gr. *apsinthion* « absinthe ». ABSINTHISME XIXe s. ; ABSINTHOMANIE XXe s.

ABSORBER famille du lat. class. *sorbēre, sorbitus* ou *sorptus* « avaler », d'où les dér. de même sens, lat. class. *absorbēre*, lat. eccl. *absorptio*, lat. imp. *resorbere*.
I. base -sorb- (sav.) : ABSORBER XIIIe s., a concurrencé puis éliminé l'anc. fr. *assorbir* ; ABSORBEMENT XIXe s. chimie ; RÉSORBER XVIIIe s.
II. base -sorpt- (sav.) : ABSORPTION XVIe s. ; RÉSORPTION XVIIIe s.

ACACIA (sav.) XVIIe s., élimine *acassia* XVIe s., *acace* XVe s., *acacie* XIVe s. : lat. *acacia*, du gr. *akakia*, même sens.

ACAJOU XVIe s. : port. *acaju*, fruit du *cajueiro*, adaptation de *acaiacatinga*, mot tupi (langue du Brésil). Le nom du fruit a servi à désigner en français le bois de l'arbre.

ACCÉLÉRER famille du lat. *celer* « rapide », d'où *celerare* « (se) hâter, accélérer », ses dér. *accelerare* et *acceleratio* et *celeritas* « rapidité ».
D'où les mots sav. ACCÉLÉRER, ACCÉLÉRATION, et CÉLÉRITÉ XVe s. Dér. fr. : ACCÉLÉRATEUR XVIIe s. anat. « muscle accélérateur », XVIIIe s. phys., XIXe s. techn., XXe s. *accélérateur de particules* ; ACCÉLÉRÉ XXe s. cinéma ; DÉCÉLÉRER et DÉCÉLÉRATION XXe s.

ACHARD XVIIe s., d'abord *achar*, mot portugais d'origine malaise.

ACOLYTE représentants de la famille du gr. *akolouthein* « accompagner », « suivre ».
♦|1| ACOLYTE (sav.) XIIe s. « clerc qui sert à l'autel », XVIIe s. « auxiliaire », fr. mod. « complice », péjor. : lat. eccl. *acolytus*, du gr. *akolouthos* « compagnon de route », « serviteur ».
♦|2| ANACOLUTHE (sav.) XVIIIe s. gramm. : bas lat. et gr. *anakolouthon* « manque de suite dans le discours ».

ACOUSTIQUE (sav.) XVIIIe s. : gr. *akoustikos* « qui concerne l'audition », de *akouein* « entendre ». ACOUSTICIEN XXe s.

ACRE famille de l'ind.-eur. **agro-* « terrain de parcours s'opposant aux endroits habités », « campagne », d'où germ. commun **akraz*, lat. *ager*, gr. *agros* « champ », « domaine », « territoire ».
♦|1| ACRE (pop.) XIIe s. « mesure agraire ». Mot de l'Ouest de la France emprunté à l'angl. *acre* d'origine germ. (→ all. *Acker* « champ ».) ♦|2| AGRESTE (sav.) XIVe s. : lat. *agrestis* « champêtre ». ♦|3| AGRICOLE, AGRICULTEUR, AGRICULTURE (sav.) XIVe s., décalque des composés latins *agricola* « cultivateur », *agricultor* et *agricultura*. *Agriculteur* est devenu usuel au XVIIIe s. ; *agriculture* et *agricole*, tombés en désuétude, ont été repris comme néologismes au XVIIIe s. ; *agricole* jusqu'au XVIIIe s. est devenu alors adj. ♦|4| AGRAIRE (sav.) XIVe s., XVIIIe s. « loi agraire », d'où AGRARIEN XVIIIe s. : lat. *agrarius*, dérivé de *ager*.
♦|5| AGRO- (sav.) premier terme de composés sav. : gr. *agros* ; AGRONOME (sav.) XIVe s. « magistrat chargé de l'administration rurale », XVIIIe s. sens actuel ; AGRONOMIE XVIIIe s. ; AGRONOMIQUE XVIIIe s. ; AGROVILLE XXe s. ♦|6| le lat. *peregrinus* « qui voyage à l'étranger » est un composé de *ager*, dont le premier élément est discuté. Forme dissimilée : lat. eccl. *pelegrinus*, d'où PÈLERIN (pop.) XIe s. ; PÈLERINAGE id. ; PÈLERINE XIXe s. « vêtement de pèlerin ». ♦|7| mots sav. de la famille de *peregrinus* : PÉRÉGRIN XIVe s. ; PÉRÉGRINER XVe s. ; lat. *peregrinari* ; PÉRÉGRINATION XIIe s. : lat. *peregrinatio*.

ACRO- (sav.) : gr. *akros* « extrémité » ; premier élément de composés formés à l'aide de bases grecques, passés dans la langue commune ou propres à la langue scientifique. **ACROBATE** XVIIIᵉ s. : gr. *akrobatos* « qui marche sur la pointe des pieds », « danseur de corde » ; **ACROBATIE, ACROBATIQUE** XIXᵉ s. (→ VENIR) ; **ACROCÉPHALIE** XIXᵉ s. (→ CEPHAL (O) —) ; **ACROSTICHE** XVIᵉ s. « vers formé par l'extrémité des autres » (→ CADASTRE) ; **ACROTÈRE** XVIᵉ s. : gr. *akrotêrion*, de *akros* « extrémité des frontons supportant des ornements ».

ADAGE (sav.) XVIᵉ s. : lat. *adagium* « proverbe », de la famille de *aio* « affirmer ».

-ADE suffixe nominal féminin. ♦|1| (pop.) → -E, -ÉE ♦|2| (sav.) : gr. *-as, -ados* dans **MONADE** (→ MOINE), **TRIADE** (→ TROIS), **DÉCADE** (→ DIX).

ADHÉRER famille du lat. *haerere, haesus* « être attaché, arrêté » ; fréquentatif *haesitare* « être embarrassé » d'où « hésiter » ; famille entièrement savante.

I. base *hér-*

♦|1| **ADHÉRER** XIVᵉ s. « coller » « se rallier » ; **ADHÉRENCE** XIVᵉ s. « id. ». Sens de « fidélité » du XVᵉ au XVIIᵉ s. ; **ADHÉRENT** XIVᵉ s. : lat. *adhaerere*. ♦|2| **COHÉRENT** XVIᵉ s. : lat. *cohaerere* ; **COHÉRENCE** XVIᵉ s. : lat. *cohaerentia*. **INCOHÉRENT, INCOHÉRENCE** XVIIIᵉ s. ♦|3| **INHÉRENT** XVIᵉ s. et **INHÉRENCE** XIVᵉ s. rare jusqu'au XVIIIᵉ s., lat. *inhaerere*.

II. base *hés-*

♦|1| **HÉSITER** XVᵉ s. lat. *haesitare* ; **HÉSITATION** XIIIᵉ s. lat. *haesitatio* ; **HÉSITANT** XVIIIᵉ s. ♦|2| **ADHÉSION** XVᵉ s. lat. *adhaesio* ; **ADHÉSIF** XVᵉ s. ♦|3| **COHÉSION** XVIIᵉ s. lat. *cohaesio*.

ADIPEUX dérivés français savants du lat. *adeps, adipis* « graisse ».

♦|1| **ADIPEUX** XVIᵉ s. ; **ADIPOSITÉ, ADIPOSE** XXᵉ s. ♦|2| **ADIPO-** base servant à la formation de mots composés scientifiques : **ADIPOLYSE, ADIPOPEXIE** XXᵉ s.

ADOUBER ♦|1| (pop.) XIᵉ s. « équiper un chevalier », XVIᵉ s. et XVIIᵉ s. « arranger » (→ esp. *adobar* « arranger », « assaisonner » ; it. *addobbare* « orner », « cuisiner » ; → aussi : frq. **dubban* « frapper », parce qu'on frappait le nouveau chevalier du plat de l'épée lors de la cérémonie de l'**ADOUBEMENT** (pop.) XIIᵉ s.). ♦|2| dérivés spécialisés dans la langue maritime : **RADOUBER** XIIIᵉ s. d'où **RADOUB** XVIᵉ s. ♦|3| Par l'intermédiaire de l'it. *dobba* « marinade », *addobbo* « assaisonnement », *addobbare* « cuisiner », eux-mêmes empr. au fr. ou à l'esp. : **DAUBE** (pop.) XVIIᵉ s. ; **DAUBER** XIXᵉ s. « faire cuire en daube ».

ADRAGANTE représentants en fr. de la famille du gr. *acanthos* « plante épineuse ».

♦|1| **ADRAGANTE** (demi-sav.) XVIᵉ s. altération de *tragacante* XVIᵉ s. : lat. et gr. *tragacantha* « épine de bouc », de *tragos* « bouc » (→ TRAGÉDIE, art. ODE) et *acantha* « épine ». ♦|2| **ACANTHE** (sav.) XVIᵉ s. ♦|3| **ACANTHO-** base exprimant l'idée de pointe fine, d'épine, servant à former des mots composés scientifiques aux XIXᵉ et XXᵉ siècles, ex. : **ACANTHOCARPE, ACANTHOGLOSSE**, etc. (→ aussi AIGRE, III 3).

ADULER, **ADULATEUR** (sav.) XIVᵉ s. et **ADULATION** (sav.) XIIᵉ s. : lat. *adulari* « caresser », « flatter », et ses dér. *adulator* et *adulatio*.

AFFALER (pop.) XVIIIᵉ s. mar., XIXᵉ s. *s'affaler* sens actuel : néerl. *afhalen* « tirer (un cordage) vers le bas » ; **AFFALEMENT** XXᵉ s.

AFFLIGER famille du lat. arch. *fligere, flictus* « battre », d'où *affligere* « abattre », *afflictio, confligere* « heurter » et *conflictus* « choc », *infligere* « lancer contre ».

I. base *-flit-* **CONFLIT** (demi-sav.) XIIᵉ s. : lat. tardif *conflictus*.

II. base *-flig-* ♦|1| **AFFLIGER** (sav.) XIIᵉ s., « blesser », « endommager », XVIIᵉ s. « attrister » : lat. class. *affligere* ; **AFFLIGEANT** XVIᵉ s. ♦|2| **INFLIGER** (sav.) XVᵉ s. rare jusqu'au XVIIᵉ s. : lat. tard. *infligere*.

III. base *-flict-* ♦|1| **AFFLICTION** (sav.) XIᵉ s. : lat. tardif *afflictio* ; **AFFLICTIF** XVIIᵉ s. ♦|2| **CONFLICTUEL** XXᵉ s. ♦|3| **INFLICTIF** XVIIᵉ s.

AFFRE (pop.) XVᵉ s. « effroi », XVIIIᵉ s. seulement dans les *affres de la mort* : anc. prov. *afre* « horreur » p.-ê. déverbal du v. *afera(r)* var. de anc. fr. *efferer* (→ EFFARER, art. FIER) : lat. *ad-ferare* « rendre sauvage » ; **AFFREUX** XVIᵉ s.

AFFUBLER famille du lat. *fibula* « agrafe, fermoir » d'où *fibulare* « agrafer » et lat. tardif *affibŭlāre*, id.
♦111 **AFFUBLER** (pop.) XIᵉ s. avec labialisation de *i* entre *f* et *b*, d'abord au sens neutre de « habiller, vêtir » : lat. *affibŭlāre* ; **AFFUBLEMENT** XIIIᵉ s. ♦121 **FIBULE** (sav.) XVIᵉ s. : lat. class. *fibula*.

AGACE ♦111 (pop.) XVIᵉ s. « pie » : germ. *agaza*. ♦121 **AGACER** (pop.) XIIIᵉ s. « crier » en parlant de la « pie », XVIᵉ s. sens actuel : dér. de *agace*, a supplanté au XVᵉ s. l'anc. fr. *aacier* « agacer les dents », du lat. vulg. **adaciare*, dérivé de *aceo* « être acide, acidifier ». **AGACEMENT** XVIᵉ s., **AGACERIE** XVIIᵉ s.

AGAPE (sav.) XVIᵉ s. sens propre, XIXᵉ s. « repas » en général : lat. eccl. empr. au gr. *agapê* « amour », qui avait servi à désigner les « repas fraternels » des premiers chrétiens.

-AGE famille du suffixe lat. *-ātĭcus*.
♦111 **-AGE** (pop.) suffixe servant à former des adjectifs et surtout des noms d'action et d'état à partir de bases verbales, ex. : *doublage, feuillage* et des subst. à valeur collective sur les substantifs. ♦121 **-DAGE, -TAGE** formes élargies par des consonnes non étymologiques, ex. : *marivaudage, numérotage*. ♦131 **-ATIQUE** (sav.) suffixe servant à former des adjectifs, ex. : *aquatique, lunatique* ; s'est confondu avec le suffixe gr. *-atikos* qui avait une valeur ethnique, ex. : *asiatique, dalmatique*.

ÂGE famille du lat. class. *aevus* « durée » (qui s'opposait à l'origine à *tempus*, de sens ponctuel → TEMPS) : dér. **aevitas* devenu en lat. class. *aetas* « durée de la vie », en lat. vulg. **aetaticum* ; **aeviternus*, devenu en lat. class. *aeternus* « qui dure toute la vie », « éternel », avec ses dérivés lat. class. *aeternitas* « éternité » et lat. eccl. *aeternalis* « éternel » ; lat. class. *longaevus* « qui vit longtemps ».
♦111 **ÂGE** (pop.) XIᵉ s. d'abord « époque » : lat. **aetāticum*, a concurrencé puis éliminé l'anc. fr. *aé, éé*, formes trop brèves ; du lat. *aetātem* ; **ÂGÉ** XIIIᵉ s. « majeur ». ♦121 **ÉTERNITÉ** (sav.) XIIᵉ s. : lat. *aeternitas* ; **ÉTERNEL** (sav.) XIIᵉ s. : lat. *aeternalis* ; **ÉTERNELLEMENT** XIIIᵉ s. ; **ÉTERNISER** XVIᵉ s., rare jusqu'au XVIIIᵉ s. ♦131 **LONGÉVITÉ** (sav.) XVIIIᵉ s. : bas lat. *longaevitas*, dér. de *longaevus*, dont le premier élément est *longus* « long » ; **MÉDIÉVAL** → MI.

AGIR (→ I. B. 1. 1) famille d'une racine ind.-eur. **ag-* « pousser devant soi (un troupeau) » représentée en lat. par *agere*, *actus* « conduire », puis « agir », « faire » en général (*-igere* en composition) et en grec par *agein* « conduire ».

I. mots issus du latin
Les dér. latins de *agere* représentés en fr. sont : (1) *agitare* « pousser fortement », fréquentatif de *agere* (2) *actio* « activité », *actus* « action », *activus* « actif » (3) *agilis* « qui avance vite », « rapide » (4) *ambigere* « pousser de part et d'autre », « laisser en suspens », « douter », *ambages* « détours » et *ambiguus* « ambigu » et (5) **co-agere* d'où (a) la forme contractée *cogere* « rassembler », « contraindre » et son fréquentatif *cogitare* « agiter des pensées », « penser » ; (b) les formes non contractées *coagulare* « condenser », « épaissir », lat. vulg. **coactire* « presser » et lat. vulg. **coacticare*, son fréquentatif, « serrer » (6) *ex-agere* devenu en lat. class. *exigere*, qui au cours de son évolution a pris des sens variés, en particulier (a) « pousser », « faire sortir » ; (b) « exiger » ; (c) « peser », d'où *exiguus* « trop strictement pesé » ; **ex-ag-s-men* devenu en lat. class. *examen*, d'où *examinare*, se rattache à (a) au sens d'« essaim », à (c) au sens de « pesée » ; bas lat. *exagium* « pesée » d'où *exagiare* ; *exactus* « pesé » (7) *prodigere* « jeter devant soi », « dissiper », d'où *prodigus* « prodigue » (class.) et *prodigalitas* (rare) (8) *redigere* « ramener en arrière », « réduire » (9) *transigere* « pousser à travers », « mener à son temps », « achever ».

A. mots populaires
♦111 **CACHER** XIIIᵉ s. : **coacticāre* a concurrencé puis éliminé l'anc. fr. *escondre*, du lat. vulg. *excondere*. **CACHE** XVIᵉ s. fém. « cachette », XIXᵉ s. masc. photo. ; **CACHETTE** XIVᵉ s. ; **CACHET** XVᵉ s. « empreinte sur de la cire » (se rattache au sens de « presser » que *cacher* a eu pendant un certain temps en anc. fr.), XVIIIᵉ s. « carte sur laquelle on marquait chaque leçon donnée », d'où XXᵉ s. « rétribution

AGIR

d'un artiste pour un engagement déterminé », XVIIIe s. « marque caractéristique » dans *avoir du cachet*, XXe s. pharm. ; **CACHETER** XVe s. ; **DÉCACHETER, RECACHETER** XVIe s. ; **CACHOT** XVIe s. ; **CACHOTTER** XVIIe s. ; d'où **CACHOTTERIE** et **CACHOTTIER** XVIIe s. — Composés : **CACHE-CACHE** XVIIIe s. avec valeur intensive des deux impératifs juxtaposés ; **CACHE-COL** XVIe s. ; **CACHE-CORSET** XIXe s. ; **CACHE-MISÈRE** XIXe s. ; **CACHE-NEZ** XVIe s. ; **CACHE-POT** XVIIe s. ; **CACHE-POUSSIÈRE** XIXe s. ; **CACHE-SEXE** fin XIXe s. ; **CACHE-TAMPON** XIXe s. ♦ |2| **CAILLER** XIIe s. : *coagulāre*. **CAILLETTE** XIVe s. « estomac des ruminants », dont on tire la présure qui sert à faire cailler le lait ; **CAILLOT** XVIe s. — Composés : **CAILLE-BOTER** XIIIe s. mot de l'Ouest de la France, de *cailler* et *boter*, var. de *bouter* « mettre », d'où « mettre en caillot » ; **CAILLE-BOTTE** XVIe s. « masse de lait caillé » ; **CAILLE-LAIT** XVIIIe s. ♦ |3| **CATIR** XIIe s. « presser, cacher », XVIIe s. « donner du lustre à une étoffe » en la pressant : *coactire. — Dér. : **CATI** XVIe s. « apprêt » ; **DÉCATIR** XVIIIe s. sens propre, XIXe s. « vieillir ». ♦ |4| **CUIDER** XIe s. « croire », survit encore au XVIIe s. : *cogitāre*, d'où anc. fr. *s'outrecuider* « être présomptueux », dont survit le participe présent **OUTRECUIDANT** XIIIe s. et le dér. **OUTRECUIDANCE** XIIe s. ♦ |5| **ESSAIM** XIIe s. : *exāmen* d'où **ESSAIMER** XIIIe s. et **ESSAIMAGE** XIXe s. ♦ |6| **ESSAI** XIIe s. : *exagium* ; **ESSAYER** XIIe s. : *exagiāre*. **ESSAYAGE** XIXe s. ; **ESSAYISTE**, par l'intermédiaire de l'angl. *essayist*, tiré du fr. *essai* au sens littéraire du mot. ♦ |7| **AUTODAFÉ** XVIIIe s. ; port. *auto da fe* « représentation de la foi » dont le premier élément représente *actum*. ♦ |8| **LAZZI** XVIIe s. : it. *lazzi*, plur. de *lazzo* « action bouffonne » remonte peut-être à *actio*, agglutiné avec l'article et croisé avec *razzo* « fusée ».

B. mots savants ou demi-savants

1. base *-ag-* ♦ |1| **AGIR** (demi-sav.) XVe s., en particulier sens jur. ; XVIe s. apparition de *s'agir*, calqué sur le lat. *agitur de*, de même sens : *agere*, avec changement de conjugaison. **AGISSANT** part. présent, prend valeur d'adj. et son sens actuel au XVIIe s. ; **AGISSEMENTS** fin XVIIIe s. ; **RÉAGIR** XVIIe s. ♦ |2| **AGENDA** (sav.) XIVe s. *agende*, abrév. de *agenda diei*, « registre d'église indiquant les offices de chaque jour » XVIIe s. *agenda*, XVIIIe s. « carnet » : mot lat., plur. neutre de *agendum* « choses qui doivent être faites ». ♦ |3| **AGENT** (sav.) XIVe s. « qui agit » : *agens*, part. présent de *agere* ; XVIe s. « chargé de mission » : it. *agente*, même origine ; XXe s. « policier » ; **AGENCE** XVIIe s. : it. *agenzia*, dér. de *agente*. ♦ |4| **AGILE** (sav.) XIVe s. : *agilis*, d'où **AGILITÉ** XIVe s. et **AGILEMENT** XVe s. ♦ |5| **AGITER** (sav.) XIIIe s. : *agitare*, d'où **AGITATION** XIVe s. : *agitatio*, et **AGITATEUR** XVIe s., XVIIe s. sens polit. empr. à l'angl. ♦ |6| **AMBAGES** (sav.) XIVe s. : *ambages*. ♦ |7| **COAGULER** (sav.) XIIIe s. : *coagulare*, d'où **COAGULATION** XIVe s., **COAGULABLE** XVIIe s., **COAGULANT** XIXe s.

2. base *-ig-* ♦ |1| **AMBIGU** (sav.) XIVe s. : *ambiguus*, et **AMBIGUÏTÉ** XIIIe s. : *ambiguitas*. ♦ |2| **EXIGER** (sav.) XIVe s. : *exigere*, d'où **EXIGEANT** XVIIIe s. comme adj., **EXIGENCE** XIVe s. : *exigentia*, **EXIGIBLE** XVIIe s., **EXIGIBILITÉ** XVIIIe s. ♦ |3| **EXIGU** (sav.) XVe s. : *exiguus*, d'où **EXIGUÏTÉ** XVe s. rare jusqu'au XIXe s. : *exiguitas*. ♦ |4| **PRODIGUE** (sav.) XIIIe s. : *prodigus*, d'où **PRODIGUER** XVIe s. ; **PRODIGALITÉ** XIIIe s. : bas lat. *prodigalitas*. ♦ |5| **RÉDIGER** (sav.) XVe s. « ramener », « disposer, arranger », d'où le sens actuel : *redigere*. ♦ |6| **TRANSIGER** (sav.) XIVe s. : *transigere* ; **INTRANSIGEANT** XIXe s. polit. ; esp. *intransigente*, de même origine.

3. base *-act-* ♦ |1| **ACTE** (sav.) XIVe s. jur., XVIe s. « action », XVIIe s. « actes d'une assemblée », en parlant du parlement britannique, par l'intermédiaire de l'angl. : *acta*, « choses faites », plur. neutre de *actus*, part. passé de *agere* ; XVIe s. théâtre : *actus* « action scénique ». ♦ |2| **ACTIF** (sav.) XIIe s. adj. philo. contraire de « passif », ou « contemplatif », XVe s. log. et gram., XVIIIe s. subst., *l'actif d'une entreprise* : *activus* ; **ACTIVITÉ** XVe s. : bas lat. *activitas*. **INACTIF** XVIIIe s. ; **INACTIVITÉ** XVIIIe s. ; **ACTIVEMENT** XIVe s. ; **ACTIVER** XVe s. « faire agir », XIXe s. « accélérer » ; **ACTIVATEUR** XXe s. ; **ACTIVATION** XXe s. ; **ACTIVISME** XXe s. ; **ACTIVEUR** XXe s. — Composés : **RADIOACTIF, RADIOACTIVITÉ** fin XIXe s. ; **RÉTROACTIF** XVIe s. : déjà en lat. *retroagere* « ramener en arrière » ; **RÉTROACTIVITÉ** XIXe s. ; **RÉTROACTION** XVIIIe s. ♦ |3| **ACTEUR** (sav.) XIVe s. « auteur », par confusion avec *auctor*, XVIIe s. « comédien » : *actor*, dér. de *agere*. ♦ |4| **ACTION** (sav.) XIIe s. dans *action de*

grâces, XIII° s. sens général et sens jur., XVII° s. sens financier, peut-être sous l'influence du néerl. *aktie*. Dér. **INACTION** XVII° s.; **INTERACTION** XX° s.; **ACTIONNER** XIV° s. jur., XVI° s. « rendre actif », XIX° s. *s'actionner* « avoir de l'activité »; **ACTIONNAIRE** XVII° s.; **ACTIONNARIAT** XX° s. ♦ |5| **ACTUAIRE** (sav.) XIV° s.: bas lat. *actuarius*, → sens jur. de *acte*; d'où **ACTUARIAT** et **ACTUARIEL** XX° s. ♦ |6| **ACTUEL** (demi-sav.) XIII° s. « réalisé » (→ l'opposition *acte-puissance* en philo.), XVIII° s. « présent »: lat. scolastique *actualis*, d'où **ACTUELLEMENT** XIV° s. et les dér. savants **ACTUALITÉ** XIV° s. philo., XIX° s. sens moderne. **ACTUALISER** XVII° s. chimie, XIX° s. « rendre actuel », **ACTUALISATION** XIX° s., **ACTUALISATEUR** XX° s. ling. ♦ |7| **COACTION** (sav.) XIII° s.: bas lat. *coactio*, de *cogere*; **COACTIF** XIV° s.: bas lat. *coactivus*. ♦ |8| **EXACT** (sav.) XVI° s.: *exactus*, d'où **EXACTEMENT** XVII° s.; **EXACTITUDE** XVII° s. « soin scrupuleux », XVIII° s. « conformité à la vérité »; **INEXACT** et **INEXACTITUDE** XVII° s. ♦ |9| **EXACTION** (sav.) XIII° s.: lat. jur. *exactio* « réclamation d'une dette », « levée d'impôt »; **EXACTEUR** XIV° s.: lat. jur. *exactor*. ♦ |10| **RÉACTION** XVI° s. techn., XVII° s. phys., fin XVIII° s. polit., d'où **RÉACTIONNAIRE** fin XVIII° s. polit.; **RÉACTIONNEL** XIX° s.; **CUTI-RÉACTION** XX° s.; **RÉACTEUR** fin XVIII° s. polit., XX° s. techn.; **RÉACTEUR** XX° s. second élément de nombreux mots composés scientifiques ou techniques, ex.: *biréacteur, turboréacteur*, etc.; **RÉACTIF** XVIII° s., XIX° s. chimie, **RÉACTIVER** XIX° s. **RÉACTIVATION** XX° s. ♦ |11| **RÉDACTION** XVII° s., d'où **RÉDACTEUR** XVIII° s. et **RÉDACTIONNEL** XIX° s.

4. base *-am-*: **EXAMEN** XIV° s.: mot latin; **EXAMINER** XIII° s.: *examinare*; **EXAMINATEUR** XIV° s.: bas lat. *examinator*.

5. base *-og-*: **COGITO** subst. XIX° s., argument de Descartes: mot latin; **COGITATION** XII° s., XX° s. faux archaïsme, emploi ironique: *cogitatio*, **COGITER** XX° s.

II. mots issus du grec

Les dér. de *agein* représentés par des mots savants français sont: ♦ |1| *epagein* « introduire » d'où l'adj. verbal *epaktos* « introduit », **ÉPACTE** XII° s.: bas lat. *epactae*, gr. *epaktai hêmerai* « jours intercalaires ». ♦ |2| *Agôgê* « action de conduire ou de transporter », d'où les seconds éléments de mots composés *-agô-gos* (suff. nom.) et *-agôgikos* (suff. adj.) « qui conduit ». **ÉPAGOGIQUE** XIX° s. log. « inductif »; **SYNAGOGUE** XI° s.: gr. *Sunagôgê* « rassemblement » et gr. eccl. « lieu de rassemblement », « synagogue », par le lat. eccl.; *-AGOGUE, -AGOGIQUE* (sav.) suffixes, ex.: *pédagogue, démagogue, cholagogue, hypnagogue* ou *-ogique*. ♦ |3| *Agôn* « rassemblement », en particulier « rassemblement des Grecs pour les grands jeux, Olympiques ou autres », d'où « compétition dans les jeux » et « lutte » en général. — Dér. *agônia* « lutte », « lutte intérieure, angoisse ». **AGONIE** XIV° s. « angoisse », XVI° s. *agonie de la mort*, d'où **AGONIR** XV° s. « être en agonie », confondu ensuite avec l'anc. fr. *ahonnir* « injurier » (→ HONNIR), qui survivait encore au XVII° s., d'où le sens actuel XVIII° s.; **AGONISER** XIV° s.: lat. chrét. *agonizari* « combattre », « souffrir », du gr. *agônizesthai* « lutter »; **AGONISANT** subst. XVI° s. ♦ |4| Autres dér. de *agôn*: *antagônistès* « qui lutte contre », d'où **ANTAGONISTE** XVI° s. *muscles antagonistes*, XVII° s. « adversaire », XIX° s. écon., **ANTAGONISME** XVI° s. anat., XIX° s. polit., **ANTAGONIQUE** XIX° s. *Prôtagônistès* « qui combat au premier rang », « acteur chargé du premier rôle », d'où **PROTAGONISTE** XIX° s.

AGNEAU (pop.) XII° s. var. anc. fr. *agnel*, qui survit en numism. « monnaie d'or médiévale frappée à l'effigie de l'Agneau mystique »: lat. *agnellus*, dimin. de *agnus*. **AGNELER, AGNELET** XII° s.

-AGRE (sav.) suff. rare servant à former des noms de maladies, ex.: *pellagre, podagre*: du gr. *agra* « la chasse », d'où en fr. l'idée de saisie: *pellagre*, « qui saisit la peau ».

AGRÈS (pop.) XII° s. dér. de l'anc. fr. *agreier* XII° s. mar., survivant jusqu'au XIX° s. sous la forme *agréer*: anc. scand. *greidi* « attirail », *greida* « arranger, équiper ». *Agréer* a été éliminé par la forme abrégée **GRÉER** (pop.) XVII° s., d'où **GRÉEMENT** XVII° s.

AH ! ensemble d'interjections monosyllabiques d'origine expressive. (→ aussi art. BOUM ! un certain nombre d'interjections à

...isée ayant valeur d'onomato-
...d ! xe s. : surprise. ♦|2| **AÏE !** xie s.
...s la forme *ahi !* ; a pu se croiser avec
...anc. fr. *aie !* « à l'aide ! », du verbe *aider* ;
...douleur vive et soudaine ; var. **OUÏE !**,
OUILLE ! xxe s.
♦|3| **BAH !** : insouciance. ♦|4| **BRRR !**
XVIIIe **HEM !** « à l'aide ! »
: sensation de froid. ♦|5| **CHUT !**
xvie s. sert à imposer le silence. ♦|6| **DIA !**
xvie s. : pour faire tourner les chevaux vers
la gauche. ♦|7| **EH !** ou **HÉ !** xie s., souvent
élargi en *hé bien !, eh quoi !*, sert à attirer
l'attention, à renforcer ce qui suit. ♦|8|
EUH ! ou **HEU !** XVIIIe s. : hésitation. ♦|9| **FI !** :
mépris. ♦|10| **HAN !** xvie s. : effort violent.
♦|11| **HEM !** xvie s. : doute teinté de moque-
rie. ♦|12| **HEIN !** xvie s. sous la forme *hen !* ;
XVIIIe s., forme mod. : invite à répéter, ou à
approuver ; marque la surprise ; a pu
absorber l'anc. adv. *ainz* : lat. **antius* « plus
tôt », (→ AVANT), marquant l'opposition, sorti
de l'usage au XVIIe s. ♦|13| **HEP !** xixe s. : sert
à interpeller quelqu'un qui passe. ♦|14|
HOP ! xixe s. : sert à provoquer un saut, une
action brusque. ♦|15| **HOU !** : moquerie.
HOU ! HOU ! : sert à appeler. ♦|16| **HUE !**
XVIIe s. : pour faire tourner les chevaux vers
la droite. ♦|17| **Ô !** (sav.) xe s. : lat. *O* : invo-
cation solennelle. ♦|18| **OH !** XVIIe s., anté-
rieurement écrit *ho !* : surprise ; élargi en
OHO !, surprise ; **OHÉ !** XIIIe s. : sert à appeler ; **HOLÀ !** xve s. : sert à appeler ou à arrêter, modérer ; d'où XVIIe s., subst. dans
mettre le holà à. ♦|19| **OUAIS !** xvie s. : sur-
prise ; xxe s. var. familière de *oui*. ♦|20|
OUF ! XVIIe s. : soulagement. ♦|21| **OUST !**
xixe s. : sert à chasser quelqu'un. ♦|22|
PEUH ! xixe s. : dédain. ♦|23| **POUAH !**
xvie s. : dégoût. ♦|24| **PSITT !** : sert à appe-
ler. ♦|25| **PSCHUTT !** dédain, employé en
argot comme subst. fin xixe s., avec le sens
de « prétention à l'élégance ». ♦|26| **ZEST !**
XVIIe s. : refus, ou promptitude d'une action.
♦|27| **ZUT !** xixe s. : dépit, colère.

AHAN (pop.) xe s. et **AHANNER** XIIe s. : bas
lat. **afannare*, reconstitué d'après l'anc.
prov. *afan, afanar*, et l'it. *affanno, affan-
nare* « chagrin », « chagriner », p.-ê. dér. du
bas lat. *afannae* « bagatelles », mot obscur
qu'on peut rapprocher du gr. *aphanês*
« sombre », bien que le rapport de sens ne
soit pas évident. La valeur du mot fr. a été
influencée par celle de l'interjection HAN !
→ AH !

AIDER famille du lat. *juvare, jutus* « faire
plaisir », d'où dérivent *jucundus*
« agréable », le verbe *adjuvare* « aider » et
son fréquentatif *adjutare*, d'où *adjutor* « qui
aide ».
♦|1| **AIDER** (pop.) xie s. : *adjūtāre* ; **AIDE**
XIIIe s. fém., xvie s. fém. et masc. ; **ENTRAI-
DER** XIIe s. ; **ENTRAIDE** xixe s. ♦|2| **ADJU-
DANT** (pop.) XVIIe s. « officier en second »,
XVIIIe s. « sous-officier » : esp. *ayudante*,
part. prés. substantivé de *ayudar*, verbe
correspondant à *aider*, du lat. *adjutare*.
♦|3| **ADJUVANT** (sav.) xvie s. : *adjuvans*,
part. prés. de *adjuvare*. ♦|4| **COADJUTEUR**
(sav.) XIIIe s. : bas lat. *coadjutor*. ♦|5| **LA
JOCONDE** xvie s. : it. *gioconda*, du lat.
jucunda, fém. de *jucundus* ; portrait de
Monna Lisa par Léonard de Vinci, ainsi
nommé à cause de son sourire.

-AIE (pop.) suffixe qui a servi à former
des substantifs désignant un terrain planté
de végétaux d'une seule espèce, ex. :
hêtraie, châtaigneraie, etc. : lat. *-ēta*, plur.
neutre de *-ētum*, qui a été pris pour un
féminin.

AÏEUL famille du lat. *avus* « grand-
père », d'où *atavus* « quadrisaïeul »,
« ancêtre », et les diminutifs lat. class.
avunculus « frère de la mère » et lat. vulg.
*aviŏlus, qui a fini par éliminer *avus*.
♦|1| **AÏEUL** (pop.) XIIe s. au xvie s. tend à être
éliminé par *grand-père* : **aviolus*,
BISAÏEUL XIIIe s., **TRISAÏEUL** xvie s. ♦|2|
ONCLE (pop.) XIIe s. : *avuncŭlus*. ♦|3| **AVUN-
CULAIRE** (sav.) xixe s., dérivé de *avunculus*.
♦|4| **ATAVIQUE** et **ATAVISME** (sav.) xixe s.,
dérivés de *atavus*.

AIGLE ♦|1| (pop.) XIIe s. masc. ou fém.,
XVIIe s. encore fém. au sens d'« emblème » :
anc. prov. *aigla*, du lat. *aquila*. **AIGLON**
xvie s. ♦|2| **AQUILIN** (sav.) xve s. : lat. *aquili-
nus*, dér. de *aquila*. ♦|3| Pour les mots
scientifiques exprimant la notion d'« aigle »
→ AÈTE, art. -OIE.

AIGRE famille d'une racine ind.-eur.
*ak « être piquant », représentée en latin
par des mots (a) relatifs aux sensations

gustatives : *acidus* et son diminutif *acidulus* « acide » ; *acetum* « vinaigre » ; *acerbus* « aigre » ; (b) exprimant l'idée de « pointe » : *acies* « pointe » ou « tranchant » d'une lame, d'où bas lat. *acieris* « outil tranchant » et *aciarium* « fer dur » ; *acus* « aiguille », d'où le dimin. bas lat. *acucula*, l'adj. *acutus* « pointu » et le verbe bas lat. *°acutiare* « aiguiser » ; de plus, le lat. vulg. *°aquilentum* « églantier » est sans doute une altération de *°aculentum*, dér. de *aculeus* « aiguillon » ; (c) par l'adjectif *acer* « piquant », qui entre à la fois dans les séries (a) et (b) . La racine *°ak-* est aussi représentée en grec → III.

I. mots populaires issus du latin

A. base *aig-* (ou *èg-*) ♦|11 AIGRE (pop.) XIIe s., sens de « violent » jusqu'au XVIIe s. : lat. vulg. *°acrus*, class. *acer*. AIGRELET XVIe s., remplace l'anc. fr. *aigret* XIIIe s. ; AIGRIR XIIe s. ; AIGREUR XVIe s. sens propre, XVIIe s. sens fig. — Composé : AIGRE-DOUX XVIe s. ♦|21 Autre comp. de *aigre* : VINAIGRE, XIIIe s. (→ VIN) d'où VINAIGRETTE XIVe s., VINAIGRIER XVIe s., VINAIGRER et VINAIGRÉ XVIIe s., VINAIGRERIE XVIIIe s. ♦|3| AIGUISER XIIe s. : *°acutiāre*. AIGUISEMENT XIIe s. ; AIGUISEUR XIVe s. ; AIGUISOIR XVe s. ; AIGUISAGE XIXe s. ♦|4| AIGU XVIe s. remplace l'anc. fr. *agud* XIe s., concurrent de *eü* : lat. *acūtus* ; *eü*, qui subsiste en toponymie (*Montheu*, dans la Meurthe-et-Moselle : *Mons acutus*) est la seule forme phonétique ; *agu*, puis *aigu*, s'expliquent par l'analogie de *aigre* et de *aiguiser* qui peuvent être des formes phonétiques (au Moyen Âge, *eü*, *aigu* et *aigre* ont des valeurs proches). — Dér. : SURAIGU XVIIIe s. ♦|5| AIGUILLE XVe s., remplace *aguille*, XIIe s., même évolution que AIGU : *acūcŭla* ; d'où AIGUILLÉE XIIIe s., AIGUILLETTE XIVe s. ; AIGUILLER XIIIe s. « coudre », XIXe s. « diriger » ; AIGUILLEUR XIXe s., AIGUILLAGE XIXe s. ♦|6| AIGUILLON XIIIe s., concurrence et élimine *aguillon* XIIe s. : lat. *acŭlĕo, -ōnis* ; même évolution que *aigu* ; d'où AIGUILLONER XIIe s. ♦|7| BESAIGUË XIIe s. : lat. *bĭsacūta* « deux fois aiguë » ; BISAIGUË XVIIIe s., influencé par l'it. *bisegolo* « outil à deux tranchants ». ♦|8| ÉGLANTIER XIe s., dér. de l'anc. fr. *aiglent* : lat. *°aquilentum* ; d'où ÉGLANTINE (fém. substantivé de l'adj. *aiglentin*, dér. de *aiglent*). ♦|9| AGUICHER → art. GUICHE.

B. autres formations

♦|11 ACIER XIIe s. var. anc. fr. *acer* : bas lat. *aciarium*. ACÉRÉ XIIe s. ; ACIÉRIE XVIIIe s. ♦|2| OSEILLE XIIIe s. : lat. *acĭdŭla*, forme irrégulière et obscure qui, comme beaucoup d'autres noms de plantes, a dû subir une influence sav., celle de *oxalis*, autre nom de l'oseille, dér. du gr. *oxus* « aigre », → OXYDE. ♦|3| GRIOTTE XVIe s. : prov. *agriota* « cerise aigre » ; l'*a* initial, confondu avec celui de l'article *la*, a été éliminé. ♦|4| AGRUME XVIIIe s. « prune d'Agen », XXe s. sens actuel : it. *agrume* « oranges, citrons, et fruits de même sorte », du lat. vulg. *°acrumen*, dér. de *acer*.

II. mots savants issus du latin

♦|11 ÂCRE XIVe s., adaptation sav. de *acer* ; d'où ÂCRETÉ XVIe s. ♦|2| ACRIMONIE XVIe s. méd. « âcreté des humeurs », XIXe s. sens fig. : lat. *acrimonia*, « énergie, vivacité », dér. de *acer*. ACRIMONIEUX XVIIe s. ♦|3| ACERBE XIIe s. « aigre » « pénible », XVIe s. sens fig. : *acerbus*. Pour le second élément de ce mot → art. PROUVER. EXACERBER XVIIIe s. : lat. imp. *exacerbare* ; EXACERBATION XVIe s. : lat. imp. *exacerbatio*. ♦|4| ACIDE XVIe s. : *acidus* ; ACIDITÉ XVIe s. : *aciditas*. — Dér. : ACIDIFIER, ACIDULER XVIIIe s. ; HYDRACIDE, OXACIDE XIXe s., ACIDOSE, BIACIDE XXe s. ♦|5| ACET- : premier élément de mots sav. tels que ACÉTATE et ACÉTIQUE XVIIIe s. ; ACÉTYLÈNE XIXe s. → HYLO-. ACÉTONE XXe s., et la forme abrégée CÉTONE : lat. *acetum*. ♦|6| ACUITÉ XIVe s., remplace l'anc. fr. *agueté*, refait sur *acutus*. ♦|7| ACUPUNCTURE et ACUPUNCTEUR XXe s. → POINDRE.

III. mots savants issus du grec

♦|11 gr. *akmē* « pointe », transcrit fautivement avec un *n*, empr. par l'angl. méd. avec le sens de « maladie de peau », d'où ACNÉ XIXe s. ♦|2| gr. *aktis, -inos* « lame à pointe aiguë », « rayon », d'où l'élément ACTIN- qui apparaît dans divers mots savants : ACTINIE XVIIIe s. ; ACTINIUM et ACTINIQUE XIXe s. ; ACTINOTHÉRAPIE XXe s. ♦|3| *acanthos* « épine » (→ ADRAGANTE) se rattache p.-ê. également à cette famille.

AIGREFIN

AIGREFIN , var. AIGLEFIN et ÉGLEFIN XIVe s., poisson : réfections, sous l'infl. de *aigre* et *aigle* de *esclefin* lui-même altér. sous l'infl. de *fin* de l'anc. fr. *esclevis* : du moyen néerl. *schelvisch*, prononcé *skelfisk*.

AIL ♦|1| (pop.) XII° s. : lat. *allium*. ♦|2| **CHANDAIL** XIX° s. forme abrégée de *marchand d'ail*, « tricot porté par les marchands des halles », nom adopté par le fabricant Gamart, d'Amiens.

-AIL famille du suff. dimin. lat. *-acŭlus, -a, -um* (→ -ILLE, -OUILLE, et -CULE).
♦|1| **-AIL** (pop.) suf. masc. nominal, aujourd'hui mort, ex. : *gouvernail, épouvantail*. ♦|2| **-ACLE** (sav.), ex. : *habitacle*. ♦|3| **-AILLER** (pop.) suff. verbal : lat. *-aculare*, ex. : *rimailler*. ♦|4| **-AILLON, -AILLEUR** (pop.) suff. nominaux péjoratifs, ex. : *moussaillon, rimailleur*.

-AILLE (S) suff. nom. fém. pop. aujourd'hui mort, issu de la confusion de ♦|1| lat. *-acŭla* (→ -AIL), plur. neutre de *-acŭlum*, ex. : *tenailles*. ♦|2| lat. *-alia*, plur. neutre de *-alis* (→ -EL), ex. : *épousailles*. ♦|3| it. *-aglia*, ex. : *canaille*.

AIMANT famille, par l'intermédiaire du latin, du gr. *adamas, -antos* « métal dur », « diamant », et de ses var. *adimas (représentant phonétique attendu) et *diamas (d'après *diaphanès* « transparent »).
♦|1| **AIMANT** (pop.) XII° s. : **adimas, -antos* ; d'où **AIMANTER** XIV° s., **AIMANTATION** XVIII° s. Pour les mots scientifiques exprimant la notion d'« aimant », → MAGNÉTIQUE. ♦|2| **DIAMANT** (pop.) : **diamas, -antos*. **DIAMANTAIRE** XVII° s., **DIAMANTIFÈRE** XIX° s. ♦|3| **ADAMANTIN** (sav.) XVI° s. : lat. *adamantinus*, de *adamas*.

AIMER famille du lat. *amare* « aimer », d'où *amor* « amour », *amator* « qui aime », et *amicus* « ami », dont les dér. sont : *amicitia* « amitié », refait en lat. vulg. en *amicitas, et le contraire d'*amicus*, *inimicus*. « ennemi ».

I. mots de formation populaire
♦|1| **AIMER** XI° s. : *amer* : *amāre* ; le *ai* qui phonétiquement n'apparaissait qu'aux personnes où l'*a* initial était tonique a été étendu à toute la conjugaison et à l'adj. **AIMABLE** XIV° s. qui remplace l'anc. fr. *amable*, du bas lat. *amabilis*. — Composé : **BIEN-AIMÉ** XV° s. ♦|2| **AMANT** XII° s. substantivé dès cette époque, anc. part. présent de *amer*, sans extension du *ai*. ♦|3| **AMOUR** (pop.) IX° s. : *amor, amōris*. La forme phonétique française est *ameur*, encore employée à propos des animaux ; *ou* est dû à l'influence de la littérature courtoise (provençale ou champenoise) **AMOURETTE** XII° s. ; **MAMOUR** XVII° s. forme agglutinée de *m'amour*, « mon amour », terme de tendresse, → MA MIE, 6. **AMOUR-PROPRE** XVII° s. ; **ENAMOURER** XII° s. ♦|4| **AMOUREUX** XIII° s. : lat. vulg. *amorosus*, influencé par *amour* ; **AMOUREUSEMENT** XIII° s. ; **AMOROSO** XIX° s. mus., empr. à l'it. ♦|5| **AMOURACHER** XVI° s. « rendre amoureux », XVII° s. *s'amouracher* : it. *amoracciare*, dér. péjoratif de *amore* « amour ». ♦|6| **AMI** X° s. : lat. *amīcus* ; le fém. *m'amie* « mon amie » est à l'origine de **MA MIE** XVII° s. et de **MAMIE**. ♦|7| **AMIABLE** XII° s. : bas lat. *amicabĭlis*, dér. de *amicus*. ♦|8| **AMITIÉ** XI° s. : **amicitas, -ātis*. ♦|9| **ENNEMI** X° s. demi-sav. : *inimicus*. ♦|10| **AMADOU** XVIII° s. : mot prov. : anc. prov. *amador* du lat. *amator*, *-ōris* nom appliqué par métaphore à l'agaric amadouvier, qui s'enflamme facilement ; rapport obscur avec *amadoue*, mot de jargon, « pommade utilisée par les gueux pour se jaunir le visage et susciter ainsi la pitié des passants », attesté au XVII° s. mais sans doute antérieur, comme en témoigne le dérivé **AMADOUER** XVI° s.

II. mots de formation savante
♦|1| **AMABILITÉ** XVII° s. : bas lat. *amabilitas* ♦|2| **AMATEUR** XIV° s. « qui aime », XVII° s. ; opposé à professionnel, XIX° s. sport, remplace l'anc. fr. *ameeur* (pop.) : lat. *amator* ; **AMATEURISME** XIX° s. ♦|3| **AMICAL** et **AMICALEMENT** XVIII° s. : lat. imp. *amicalis*. ♦|4| **INIMITIÉ** XIV° s., élimine l'anc. fr. *enemistié* ; mot refait d'après *inimicus* et *amitié*. ♦|5| → aussi → PHILO-, art. PHILTRE.

1. -AIN, -AINE (pop.) suff. nom. : lat. *-eni* à valeur numérale ; le masc. forme des noms de strophes d'un nombre déterminé de vers, ex. : *quatrain* ; le fém. analogique, des noms de quantités approximatives, ex. : *douzaine*.

2. -AIN (pop.) suff. nom., issu de la rencontre de ♦|1| lat. *-ago, -aginis*, ex. : *plantain*. ♦|2| lat. *-āmen*, ex. : *levain*. ♦|3| lat. vulg. **-āne*, formé sur le modèle de *-ōne*) (→ 1. -ON), ex. : *écrivain, putain, nonnain*.

3. -AIN famille du suff. *-ānus* courant en lat. et qui, dans quelques cas, s'était substitué à *-aneus*.
♦ |1| **-AIN(E)** (pop.) suff. adj. aujourd'hui mort, ex.: *vilain*, *soudain*. ♦ |2| **-IEN (NE)** (demi-sav.): lat. *-iānus*, forme élargie de *-anus*, ex.: *chrétien*. ♦ |3| **-AN(E)** (sav. ou empr. à d'autres langues romanes): *-anus*, ex.: *roman*. ♦ |4| **-ENIE** (pop.) dér. de *-ain*, ex.: *vilenie*. ♦ |5| **-AINETÉ, -IENTÉ** (demi-sav.): dér. de *-ain* et *-ien*, ex.: *soudaineté*, *chrétienté*. ♦ |6| **-(I)ANITÉ, -IANISME** (sav.) ex.: *humanité*, *christianisme*. ♦ |7| **ANA** (sav.) XVIIᵉ s. « recueil d'anecdotes »: substantivation du suff. neutre plur. *-ana*, tiré des formations où il était accolé à un nom propre, ex.: *Menagiana* « choses concernant Ménage ».

AINE famille de ind.-eur. **ngᵘen* « glande », représenté par lat. *inguen*, *-inis* « aine » et gr. *adēn* « glande ».
♦ |1| **AINE** (pop.) XIIᵉ s.: *inguen*, *-inis*. ♦ |2| **INGUINAL** (sav.) XVIᵉ s. anat. dér. formé sur *inguinis*. ♦ |3| **ADÉN-** (sav.) XVIᵉ s., radical servant à la formation de nombreux mots scientifiques: **ADÉNITE** XIXᵉ s., **ADÉNOÏDE** XVIᵉ s., **ADÉNOLOGIE** XVIIᵉ s., etc.: du gr. *adēn*.

AIR famille du gr. *aêr*, *aéros* « air », par l'intermédiaire du lat.
♦ |1| **AIR** (pop.) XIIᵉ s.: *atmosphère* », XVIᵉ s. « manière, allure », d'après des expressions comme *l'air d'une cour* c.-à-d. son ambiance: bas lat. **area*, métathèse de *aera*, acc. de *aer*. XVIIᵉ s. « mélodie »: it. *aria*, de même origine, dont le sens est issu de celui de « manière ». ♦ |2| **ARIA** XVIIIᵉ s.: it. *aria*, « mélodie ». **ARIETTE** XVIIIᵉ s. **MALARIA** XIXᵉ s.: it. *malaria* « mauvais air ». ♦ |3| **AÉRER** (sav.) XIVᵉ s., remplace l'anc. fr. *airier*; **AÉRIEN** (sav.) XIIᵉ s. « relatif à l'air », XXᵉ s. « relatif à l'aviation »; **AÉRATION** XIXᵉ s.; **AÉRIUM** XXᵉ s.; **AÉRO-** (sav.) XVIIIᵉ s., XIXᵉ et XXᵉ s., premier élément de nombreux composés du langage scientifique (→ au deuxième élément). ♦ |4| **ANÉROÏDE** (sav.) XIXᵉ s. adj. « sans air », « où l'on a fait le vide ».

AIRAIN famille du lat. *aes*, *aeris* « cuivre », « bronze », d'où « monnaie », et de ses dér. bas lat. *aera* « monnaie », d'où « article d'un compte », « nombre », d'où, en chronologie, « point de départ »; lat. class. *aeramen* « objet de bronze » et *aerugo* « vert-de-gris ».
♦ |1| **AIRAIN** (pop.) XIIᵉ s.: *aerāmen*. ♦ |2| **ÉRUGINEUX** (sav.) XIIIᵉ s.: lat. *aeruginosus*, dér. de *aerugo*. ♦ |3| **ÈRE** (sav.) XVIᵉ s.: *aera* au sens de « point de départ ». ♦ |4| **OBÉRÉ** (sav.) XVIᵉ s.: lat. *obaeratus* « endetté », dér. de *aes alienum* « l'argent des autres », « les dettes ».

AIRE famille du lat. *area* « espace non construit », « aire à battre le grain », « aire d'oiseau »; dimin. *areola* « petite cour », « parterre dans un jardin ».
♦ |1| **AIRE** (pop.) XIIᵉ s.: *ărĕa*; **DÉBONNAIRE** (sav.) XIIᵉ s.: anc. fr. *de bonne aire* « de bonne race », d'après le sens « aire d'oiseau ». ♦ |2| **ARE** (sav.) fin XVIIIᵉ s.: *area*; d'où **CENTIARE** et **HECTARE** id. ♦ |3| **ARÉOLE** (sav.) XVIIᵉ s. anat. XIXᵉ s. zool., et **ARÉOLAIRE** XIXᵉ s.: *areola*.

AIRELLE famille du lat. *ater* « noir », adj. lié à des idées de malheur et de mort; dér. *atrox* « à l'aspect noir », d'où « affreux », dont le deuxième élément est peut-être de la famille de *oculus* « œil » et signifierait « visage », « aspect ».
♦ |1| **AIRELLE** (pop.) XVIᵉ s.: forme cévenole *airelo* dér. du prov. *aire*, du lat. *atra* « noire », en raison de la couleur de cette baie. ♦ |2| **ATROCE** (sav.) XIVᵉ s.: *atrox*; **ATROCITÉ** XIVᵉ s.: lat. *atrocitas*, dér. de *atrox*; **ATROCEMENT** XVIᵉ s. ♦ |3| **ATRABILAIRE** (sav.) XVIᵉ s., dér. de *atrabile*: lat. *atra bilis* « bile noire », traduction du gr. *mélan cholia*, → MÉLANCOLIE, art. COLÈRE.

AIS famille du bas lat. *axis*, altération du lat. class. *assis* « planche »; dér. *astula* et bas lat. *astella* « planchette », « copeau ».
♦ |1| **AIS** (pop.) XIIᵉ s.: *axis*. ♦ |2| **ATTELLE** (pop.) XIIᵉ s.: *astella*. ♦ |3| **ATELIER** (pop.) XIVᵉ s. « tas d'éclats de bois », d'où « chantier de charpentier »: dér. de *astelle*, forme anc. de *attelle*. ♦ |4| **ÉCLATER** (pop.) XIIᵉ s., dont l'étymologie est controversée, remonte p.-ê. à **ascla*, var. **astla*, forme syncopée de *astŭla*; sur **ascla* se serait formé un verbe **asclare* « faire sauter en éclats » (provençal *asclar* « fendre ») puis, sur son part. passé **asclatum*, un nouveau

verbe *asclatare* ; la forme *éclater* supposerait la gémination expressive du *t* et la substitution du préf. *ex-* à la voyelle initiale de *asclatare*. Autres étymologies proposées : frq. *slaitan* ou bas lat. *exclappitare*. → CLAPET. **ÉCLAT** XIIe s. **ÉCLATEMENT** XVIe s.

-AIS ♦ |1| (pop.) suff. nom. vivant formant des dér. de noms de pays, issu de la rencontre du lat. *-ensis*, *-ense* (→ -OIS), ex. : *lyonnais*, et du germ. *-isk*, croisé avec gréco-lat. *-iscus* (fém. en anc. fr. *-esche*), ex. : *français*. ♦ |2| **-ESQUE** suff. adj. : it. *-esco*, *-esca*, du germ. *-isk*, ex. : *romanesque*.

AÎTRE (demi-sav.) XIe s. : lat. *atrium* « pièce principale de la maison romaine », empr. de l'époque carolingienne.

AJONC (pop.) XIIIe s. : altér., sous l'infl. de *jonc*, de *ajou*, mot de l'Ouest : pré-lat. *jauga*. L'*a* initial provient sans doute de l'agglutination de l'article *la*.

ALAMBIC XIIIe s. : esp. *alambique*, de l'arabe *al anbiq*, du gr. *ambix* « vase à distiller » ; **ALAMBIQUER** XVIe s. sens fig.

ALBÂTRE (demi-sav.) XIIe s. : gr. *alabastron* par l'intermédiaire du lat.

ALBATROS (pop.) XVIIIe s., mot de navigateurs, remplace *alcatraces* XVIe s. : port. et esp. *alcatraz* XIVe s., introduit en France par le néerl. et le lat. mod., altération de l'arabe *al gattas* « aigle marin ». La forme *albatros* provient de l'anglais, où *alcatraz* avait été déformé en *algatros*, puis en *albatros* sous l'influence du lat. *albus* « blanc ».

ALCALI XVIe s. : arabe *al qaly* « la soude » ; dér. **ALCALIN** XVIIe s. et une base **ALCAL-** servant à former de nombreux mots scientifiques : **ALCALOÏDE** XIXe s., **ALCALOSE** XXe s., etc.

ALCHIMIE ♦ |1| XIIIe s. : lat. médiéval *alchemia*, de l'arabe *al kimiyâ* peut-être empr. lui-même au gr. tardif *chemeia* « action de fondre du minerai ». — Dér. : **ALCHIMIQUE** et **ALCHIMISTE** XVIe s. ♦ |2| **CHIMIE** XIVe s. : lat. médiéval *chimia* tiré de *alchemia* ; **CHIMIQUE** et **CHIMISTE** XVIe s. ; **CHIMIQUEMENT** XVIIe s. ♦ |3| **-CHIMIE** XIXe et XXe s. : 2e élément de mots composés dont le 1er est une base sav. terminée par *-o*, ex. : *agro-*, *bio-*, *électro-*, *photo-*, *radio-*, *stéréo- chimie*.

ALCOOL ♦ |1| XVIe s. : arabe *al kohol* « antimoine pulvérisé » par l'intermédiaire des écrits latins des alchimistes ; prend dès le XVIe s. les sens de « substance pulvérisée et raffinée » et de « liquide distillé ». — Dér. : **ALCOOLISER** XVIIe s., **ALCOOLIQUE** XVIIIe s., **ALCOOLISME**, **ALCOOLAT**, **ALCOOMÈTRE** XIXe s., **ANTIALCOOLIQUE**, **ANTIALCOOLISME**, **POLYALCOOL** XXe s. ♦ |2| **KOHL** ou **KHÔL** ou **KOHOL** XVIIIe s. « fard à base d'antimoine » : arabe *kohl*. ♦ |3| **AL-** base tirée de *alcool* sur laquelle a été formé, d'abord en anglais ou en allemand, **ALDÉHYDE** : abrév. de *alcool dehydrogenatum* et **MÉTALDÉHYDE** XIXe s. ♦ |4| **-OL** (sav.) suff. utilisé en chimie, tiré par coupe arbitraire de *alcool*, ex. : *phénol*, *éthanol*.

ALCÔVE XVIIIe s. « lieu de réception séparé du reste de la chambre », XIXe s. « renfoncement dans un mur pour recevoir un lit » : esp. *alcoba*, de l'ar. *al qubba* « voûte », « petite pièce ».

ALÉA (sav.) XIXe s. : mot lat. class. « jeu de dés » ; **ALÉATOIRE** XVIe s. : lat. class. *aleatorius* « relatif au jeu ».

ALÊNE ♦ |1| (pop.) XIIe s. : *alisna* empr. par le lat. imp. au germanique (→ all. *Ahle* « alène »). ♦ |2| **LÉSINE** XVIIe s. : it. *lesina*, du germ. *alisna* ; le sens d'« avarice » est dû au succès d'un ouvrage traduit de l'italien au début du XVIIe s. *Della famosissima compagnia della lesina, La fameuse compagnie de la lésine*, où l'auteur fait dialoguer des avares qui raccommodent leurs chaussures eux-mêmes et ont pris pour emblème une alène. — Dér. : **LÉSINER** et **LÉSINERIE** XVIIe s.

ALEZAN XVIe s. : esp. *alazán*, de l'arabe *al az'ar*. « cheval ou mulet à robe rougeâtre ».

ALGARADE XVIe s. « attaque inopinée » d'où « discussion vive » : esp. *algarada*

« cris poussés par des combattants », dér. de *algara*, de l'arabe *al ghâra* « attaque à main armée ».

ALGÈBRE XIVᵉ s. lat. médiéval *algebra*, de l'arabre *al djabr* « réduction », à cause des simplifications d'écriture rendues possibles par cette technique mathématique. — Dér. : ALGÉBRIQUE, ALGÉBRISTE XVIᵉ s.

-ALGIE ♦|1| (sav.) suff. nom. : gr. *algos* « douleur ». S'emploie associé à des bases d'origine grecque. NOSTALGIE et NOSTALGIQUE XVIIIᵉ s. : lat. médical *nostalgia*, créé en 1678 par le médecin suisse Hofer, sur le modèle du suisse al. *heimweh* « mal du pays », avec les mots gr. *algos* et *nostos* « retour ». Surtout fréquent dans la langue médicale : CÉPHALALGIE XIVᵉ s., CARDIALGIE XVIᵉ s., OTALGIE XVIIIᵉ s., CYSTALGIE, NÉVRALGIE, OSTÉALGIE XIXᵉ s., etc. ♦|2| ANALGÉSIE (sav.) XIXᵉ s., dér. fr. de *algos* « absence de douleur » (→ AN-, art. NON) ; ANALGÉSIQUE XIXᵉ s.

ALGUAZIL ♦|1| XVIᵉ s. « policier attaché aux tribunaux espagnols » : esp. *alguacil*, de l'arabe *al wazir* « conseiller », « vizir ». ♦|2| ARGOUSIN XVIᵉ s., « surveillant de galères », déjà au XVᵉ s. *agosin*, mot argotique déformé de diverses manières, empr. comme beaucoup d'autres mots du vocabulaire des galères à l'italien (→ BAGNE, art. BAIN) : napolitain *algozino* XVIᵉ s. de l'esp. *alguazil*, et it. *aguzzino*, du catalan *agutzir*, équivalent de l'esp. *alguazil*. L'italien a adapté à ces formes le suffixe *-ino* qui servait à indiquer le métier. ♦|3| VIZIR XVᵉ s. : turc *vizir*, empr. au persan *vizir*, équivalent de l'arabe *wazir*.

ALGUE (sav.) XVIᵉ s. : lat. *alga*.

ALIBORON ♦|1| XIIIᵉ s. « plante curative vendue par les herboristes et charlatans », XVᵉ s. *maistre Aliboron* désigne un homme omniscient, parfois le diable, ou même Jésus-Christ, XVIᵉ s., péjoratif, « ignorant prétentieux ». Altération du lat. *elleborum* ou *-us*, du gr. *elleboros* « ellébore » ; la désinence *-um* était prononcée *-on* au Moyen Âge (→ DICTON, ROGATON, FACTOTON). L'évolution sémantique a pour cause un contresens commis par un philosophe dont les œuvres étaient étudiées dans les écoles, Jean Scot Erigène (IXᵉ s.) : il avait interprété le vers de Martianus Capella, *Carneades parem cum gerit elleboro* « Carnéades est égal (à Chrysippe) grâce à l'ellébore (plante à vertus stimulantes) », comme « Carnéades est égal à Elléboron » (pris pour un philosophe dont on a fait par la suite un hypothétique philosophe arabe : *Al Biruni*). ♦|2| ELLÉBORE (sav.) XIIIᵉ s. : *elleborum*.

ALIZÉ XVIIᵉ s. : esp. *vientos alisios* « vents alizés », d'origine obscure.

ALLÉCHER famille du lat. *lax* « appât, ruse, séduction », attesté seulement par des gloses, d'où dérivent : (1) lat. arch. *lacere* « attirer, séduire » (*-licere* en composition) (2) la forme nominale *-licium* (deuxième terme de composés) (3) un fréquentatif *lactare* (*-lectare* en composition). Les mots de cette famille représentés en français sont : (a) lat. vulg. *allecticare*, fréquentatif de lat. class. *allactare*, lui-même fréquentatif de *allicere* « attirer par son charme » ; (b) les subst. *delicium* et *deliciae* « délices » ; les adj. *deliciosus* « délicieux » et probablement *delicatus*, « voluptueux », « raffiné », dér. de *delicere* « détourner par ses séductions » ; (c) lat. class. *delectare*, fréquentatif de *delicere* et l'adj. *delectabilis*. ♦|1| ALLÉCHER (pop.) XIIᵉ s. : **allecticare* ; ALLÉCHANT XIVᵉ s. ♦|2| DÉLICE(S) (sav.) XIIᵉ s. : *deliciae* et *delicium* ; DÉLICIEUX XIIᵉ s. : *deliciosus* ; DÉLICIEUSEMENT XIIIᵉ s. ♦|3| DÉLICAT (sav.) XIVᵉ s. : rare jusqu'au XVIᵉ s. *delicatus* ; DÉLICATESSE XVIᵉ s. p.-ê. sous l'influence de la forme italienne correspondante ; INDÉLICAT XVIIIᵉ s., sous l'influence de l'anglais ; INDÉLICATESSE XIXᵉ s. ♦|4| DÉLECTER (sav.) XIVᵉ s. : *delectare* a éliminé l'anc. fr. *delitier* (pop.) qui représentait lui aussi *delectare* ; DÉLECTABLE (sav.) : *delectabilis* ; DÉLECTATION id. : *delectatio*. ♦|5| DÉLIÉ (demi-sav.) XIIIᵉ s. « mince » : adaptation du lat. *delicatus*, sous l'influence de *délier*. ♦|6| DILETTANTE XVIIIᵉ s. : mot it. « amateur d'art », part. prés. de *dilettare* « charmer » : lat. *delectare* ; DILETTANTISME XIXᵉ s.

ALLÉGORIE famille du gr. *agora* « place publique où se tenait l'assemblée

ALLÈGRE

du peuple », d'où dérivent : (1) *agoreuein* « parler en public », puis simplement « parler » (2) *allēgorein* « parler autrement », c.-à-d. « par métaphore », et *allēgoria* « métaphore » (3) *katēgorein* « déclarer hautement », « accuser », et *katēgoria* « qualité attribuée à un objet ».

♦|1| **ALLÉGORIE** (sav.) XII⁰ s. : *allēgoria*, par le lat. ; **ALLÉGORIQUE** XIV⁰ s. ; **ALLÉGORIQUEMENT** XV⁰ s. ♦|2| **CATÉGORIE** (sav.) XVI⁰ s. : *katēgoria*, par le bas lat. : **CATÉGORIQUE** XIV⁰ s. : *katēgorikos*, dér. de *katēgoria*, par le bas lat. ; CATÉGORIQUEMENT XVI⁰ s. ; **CATÉGORISER, CATÉGORISATION** XIX⁰ s. ♦|3| **AGORA** (sav.) XIX⁰ s., arch. : mot grec. ♦|4| **AMPHIGOURI** XVIII⁰ s., forme obscure, probablement du préf. **AMPHI-** exprimant l'idée de « tourner autour » et du radical de *allégorie*, *catégorie*, légèrement altéré. **AMPHIGOURIQUE** XVIII⁰ s.

ALLÈGRE ♦|1| (pop.) XII⁰ s., sous la forme *aliègre*, « vif, leste », XVII⁰ s. « joyeux » : lat. vulg. *alecrus*, du lat. class. *alacer* « vif », avec influence de l'italien pour la réduction de la diphtongue *ié* et la gémination du *l* ; **ALLÉGREMENT** et **ALLÉGRESSE** XIII⁰ s. ♦|2| **ALLEGRO** et son dér. **ALLEGRETTO** XVIII⁰ s., mus. : mots italiens, de *alecrus*, croisé avec la famille de *allicere* « charmer ». ♦|3| **ALACRITÉ** (sav.) XIV⁰ s. : lat. *alacritas*, dér. de *alacer*.

ALLÉLUIA (sav.) XII⁰ s. : hébreu *hallelou-yah*, formule qui commence ou termine plusieurs psaumes (ex. 105.) et signifie « Louez l'Éternel », empr. par le lat. eccl. (→ AMEN).

ALLER le lat. *ambulare* « se promener » est à l'origine des formes du verbe *aller* reposant sur le radical ALL- (→ aussi art. J'IRAI et je VAIS). Il est lui-même composé (1) d'un élément *amb-* « autour », équivalent du gr. *amphi* « autour », qu'on retrouve encore dans le lat. *ambo* « deux à la fois », et qui comporte une variante *ambi-*, (2) d'un deuxième terme *-ulare*, verbe duratif dont le radical se retrouve dans *exul* « exilé », reposant sur la racine ind.-eur. **el* « se mouvoir » attestée aussi en celtique (il est même possible que la base *al-* du lat. *alacer*, → ALLÈGRE, soit une var. de cette racine). Le sens premier de *ambulare* est donc « faire un tour », d'où lat. class. « se promener », lat. vulg. « marcher au pas » (Végèce, IV⁰ s.) et finalement « aller » en général (saint Avit, Grégoire de Tours, VI⁰ s., *Gloses de Reichenau* IX⁰ s.). Cet emploi de *ambulare* est septentrional, les parlers méridionaux ayant adopté **ambitare*, fréquentatif de *ambire* de même sens, → art. J'IRAI (prov. *anar*, it. *andare*, esp. *andar*).

I. représentants de la famille de *ambulare*

A. mots populaires ♦|1| **ALLER** : **allare*, altération de *ambŭlare* probablement due à son usage dans les commandements militaires (*ambula !* « en avant, marche ! » attesté chez Végèce). **ALLÉE** XII⁰ s. : « allées et venues », XIII⁰ s. allée de jardin ; **CONTRE-ALLÉE** XVIII⁰ s. ; **ALLURE** XII⁰ s. ; anc. fr. *alable* « où l'on peut aller » d'où **PRÉALABLE** XIV⁰ s., formé sur le modèle du bas lat. *praeambulus* « qui précède ». ♦|2| Anc. fr. *ambler* XII⁰ s., représentant attendu de *ambulare* d'où **AMBLE** XIII⁰ s.

B. mots savants ♦|1| **AMBULANT** XVI⁰ s. : *ambulans*, participe présent de *ambulare* ; **AMBULANCE** XVIII⁰ s. ; **AMBULANCIER** XIX⁰ s. ; **AMBULATOIRE** XIV⁰ s. : lat. imp. *ambulatorius* « mobile ». ♦|2| **DÉAMBULER** et **DÉAMBULATION** XV⁰ s. : bas lat. *deambulare* « se promener ». ♦|3| **FUNAMBULE** XVI⁰ s. : lat. *funambulus* « qui marche sur une corde » → FUNICULAIRE. ♦|4| **PRÉAMBULE** XIV⁰ s. : bas lat. *praeambulus* « qui marche devant ». ♦|5| **NOCTAMBULE** → NUIT ; **SOMNAMBULE** → SOMMEIL.

II. autres représentants français de la racine **el*

EXIL (sav.) XI⁰ s. : lat. *exsilium*, dér. de *exsul*, var. de *exul* « exilé ». — Dér. : **EXILER** XI⁰ s.

III. représentants français du lat. *ambo*, *ambi-*

♦|1| Une base **AMB-** qui apparaît dans **AMBIANT**, **AMBITION** (→ J'IRAI), **AMBIGU**, **AMBAGES** (→ AGIR). ♦|2| **AMBI-** dans **AMBIDEXTRE** (sav.) XVI⁰ s. « qui se sert des deux mains également » (→ DEXTRE), et **AMBIVALENT** (→ VALOIR).

IV. représentant français du gr. *amphi*

AMPHI- préf. sav. qui apparaît dans quelques mots anciens, ex. : *amphibologie*, *amphithéâtre* XIII⁰ s., et qui a pris une grande extension dans la langue de la médecine, ex. : *amphiarthrose*.

ALLÔ XIXᵉ s., interjection téléphonique : altération de *Allons!* primitivement employé, sous l'influence de l'angl. *halloo!*, formation expressive.

ALMANACH XIVᵉ s. : syriaque *l-manhaï* « en l'année prochaine », d'où « tables du temps publiées au début d'une année lunaire » ; par l'arabe d'Espagne *al mānakh* et le lat. médiéval *almanachus*.

ALOUETTE ♦₁₁₁ (pop.) XIIᵉ s., dimin. de l'anc. fr. *aloe* : lat. *alauda*, d'origine gauloise. ♦₁₂₁ l'anc. fr. *aloel*, autre dimin. de *aloe*, semble être à l'origine de ALOYAU (pop.) XIVᵉ s., qui désignait à l'origine des morceaux de bœuf gros comme des alouettes, bardés de lard et cuits à la broche.

ALUN ♦₁₁₁ (pop.) XIIᵉ s. : lat. *alūmen, -inis*. ♦₁₂₁ **ALUMINE** (sav.) XVIIIᵉ s. : formé sur le radical du génitif *alumin-* ; **ALUMINEUX** XVᵉ s. ♦₁₃₁ **ALUMINIUM** (sav.) XIXᵉ s. : mot anglais formé comme le précédent. Au XXᵉ s. dér. techniques, ex. : **ALUMINAGE, ALUMINURE**, etc.

AMALGAME XVᵉ s. : arabe *al madjma'a* « fusion », par l'intermédiaire d'*amalgama*, dans les écrits latins des alchimistes ; **AMALGAMER** XIVᵉ s.

AMANDE ♦₁₁₁ (pop.) XIIIᵉ s. : bas lat. *amandŭla*, croisement de *amiddŭla*, adaptation du gr. *amugdalê* « amande », avec *mandere* « manger » ; **AMANDIER** XIVᵉ s. ♦₁₂₁ **MANDORLE** XXᵉ s. « gloire en forme d'amande entourant une image du Christ » : it. *mandorla*, du lat. *amandula*. ♦₁₃₁ **AMYGDALE** (sav.) XVIᵉ s. : gr. *amugdalê* employé au sens fig. ; **AMYGDALITE** XVIIIᵉ s.

AMARRER (pop.) XIIIᵉ s., dér. de l'anc. fr. *marer* ou *marrer* : néerl. *maren* « attacher » ou directement au néerl. *anmarren*. « id. » mot de l'Ouest. — Dér. : **AMARRE** XIIIᵉ s. ; **AMARRAGE** XVIᵉ s. ; **DÉMARRER** XVᵉ s. ; **DÉMARRAGE** XVIIIᵉ s. ; **DÉMARREUR** XXᵉ s.

AMBASSADE et **AMBASSADEUR** (sav.) XIVᵉ s. (ont remplacé anc. fr. *ambasse* et *ambasseor*) : it. *ambasciata*, *ambasciatore*, empruntés au provençal *ambaissada*, *ambaissador*, dér. d'une forme conjecturale *ambaissa* correspondant au lat. médiéval *ambactia* « service ». Ce mot est en dernier ressort d'origine celtique, de la famille du gaulois *ambactos* « client, serviteur », transcrit en lat. *ambactus* par Ennius et César, et passé par l'intermédiaire du germanique (anc. haut all. *ambahti* « service », d'où all. *Amt* « fonction »), dont *ambactia* est une adaptation. **AMBASSADRICE** XVIIIᵉ s. (XVIᵉ s. *ambasciatrice*).

AMBON (sav.) XVIIIᵉ s. archit. : gr. *ambôn* « saillie arrondie ».

AMBRE XIIIᵉ s. : arabe *'anbar* « ambre gris », par l'intermédiaire du lat. médiéval ; **AMBRÉ** XVIIᵉ s. « parfumé à l'ambre gris », XVIIIᵉ s. « de la couleur de l'ambre jaune ».

ÂME famille d'une rac. ind.-eur. *ane-* « souffle vital », représentée en gr. par *anemos* « le vent », en lat. par *anima* « souffle vital » (→ aussi ESPRIT, art. SOUPIRER) et *animus* « principe pensant », « cœur », d'où (1) des adjectifs composés : *magnanimus, unanimus, pusillanimus* et lat. eccl. *longanimus* (2) *animare* « animer » et *animal* « être animé » qui se rattachent plus particulièrement à *anima* (3) *animosus* « ardent » et son dér. *animositas*, qui se rattachent plus particulièrement à *animus* (4) enfin, cette racine se retrouve probablement dans le lat. *inanis* « vain », dont le sens premier serait « dénué de souffle vital », et son dér. *inanitas*.

I. mots issus du latin

♦₁₁₁ **ÂME** (demi-sav.) Xᵉ s. : *anima* ; pour les mots scientifiques exprimant la notion d'« âme », → PSYCHÉ. ♦₁₂₁ **ANIMAL** (sav.) XIIᵉ s. subst., XIIIᵉ s. adj. : *animal* ; **ANIMALITÉ** XIIᵉ s. ; **ANIMALCULE** XVIᵉ s. ; **ANIMALIER** XVIIIᵉ s., peinture. Pour les mots scientifiques exprimant la notion d'« animal » → ZOO-, art. VIVRE. ♦₁₃₁ **ANIMER** (sav.) XIVᵉ s. : *animare* ; **ANIMATION** XIVᵉ s. : lat. *animatio*, dérivé de *animare* ; **ANIMATEUR** XIXᵉ s. ; **INANIMÉ** XIVᵉ s. ; **RANIMER** XVIᵉ s. ; **RANIMATION** et **RÉANIMATION** XXᵉ s. ♦₁₄₁ **ANIMOSITÉ** (sav.) XIVᵉ s., « courage », XVIᵉ s., sens actuel : *animositas*. ♦₁₅₁ adj. sav. et leurs dér. : **MAGNANIME** XIIIᵉ s., **MAGNANI-**

MITÉ XIII⁰ s., **MAGNANIMEMENT** XV⁰ s., *magnanimus, -itas*, premier élément *magnus* « grand » → MAIS. **PUSILLANIME, PUSILLANIMITÉ** XIII⁰ s. : *pusillanimus*, premier élément *pusillus* « petit », → POULE. **UNANIME** X⁰ s., rare avant le XV⁰ s., **-ITÉ** XIV⁰ s., **-EMENT** XIV⁰ s., **-ISME, ISTE** XX⁰ s. : *unanimus, -itas*, premier élément UN : « qui n'a qu'une âme ». **LONGANIMITÉ** XII⁰ s. : bas lat. *longanimitas*, premier élément *longus* au sens de « patient ». ◆ I6I **ANIMISME** XVIII⁰ s. et **ANIMISTE** XIX⁰ s. ◆ I7I **INANITION** (sav.) XIII⁰ s. : bas lat. *inanitio* « action de vider » et « privation d'aliments », de *inanis* ; **INANITÉ** (sav.) XV⁰ s. : *inanitas*.

II. mots issus du grec

◆ III **ANÉMONE** (sav.) XIV⁰ s. : gr. *anemônê* littéralement « fleur qui s'ouvre au vent », par le lat. ◆ I2I **ANÉMO-** premier élément de nombreux mots composés scientifiques exprimant l'idée de « vent », ex. : **ANÉMOMÈTRE** XVIII⁰ s., **ANÉMOTROPISME** XX⁰ s., etc.

AMEN (sav.) XII⁰ s. : hébreu *amen*, qui terminait certaines prières, en part. le psaume 41 ; formule d'acquiescement. « certainement », « sûrement » ; par le gr. puis le lat. eccl. → ALLÉLUIA.

AMÈNE (sav.) XIII⁰ s. : lat. *amoenus* « agréable » ; **AMÉNITÉ** XIV⁰ s. : lat. *amoenitas*, dér. de *amoenus*.

AMER famille du lat. *amarus* « amer » ; dér. *amaritudo, -inis* « amertume ».
◆ III **AMER** (pop.) XII⁰ s. : *amārus* ; **AMERTUME** XII⁰ s. : acc. *amaritūdinem* avec substitution de suffixe et influence du vocalisme de *amer* ; **AMÈREMENT** X⁰ s. ◆ I2I **MERISE** (pop.) XIII⁰ s., dér. de *amer* formé avec la désinence de *cerise* ; l'*a* initial a disparu parce qu'il s'est confondu avec celui de l'article *la*. ◆ I3I **MARASQUIN** XVIII⁰ s. : it. *maraschino*, dér. de *(a)marasca* « cerise aigre » avec laquelle on fabriquait cette liqueur, à l'origine sur la côte dalmate.

AMERS ou **AMER** XVII⁰ s. : mar. : dial. norm. *merc* : néerl. *merk* « limite ».

AMÉTHYSTE (sav.) XII⁰ s. : gr. *amethustos*, de *methuein* « être ivre » précédé de *a-* privatif (→ NON), par le lat. ; les Anciens attribuaient à cette pierre la propriété de préserver de l'ivresse.

AMIANTE représentants savants de la famille du gr. *miainein* « corrompre ».
◆ III **AMIANTE** XIV⁰ s. : *amiantos* « incorruptible ». ◆ I2I **MIASME** XVII⁰ s. : *miasma* « corruption », « souillure ».

AMIRAL ◆ III XI⁰ s. ; XIII⁰ s. sens mod. : arabe *amir* « chef », avec un suff. fr. qui a d'ailleurs varié au cours du Moyen Âge (→ esp. *almirante* et it. *ammiraglio*). **AMIRAUTÉ** XIV⁰ s., « fonction d'amiral », XVIII⁰ s. « administration de la marine de l'État ». ◆ I2I **ÉMIR** XIII⁰ s., rare jusqu'au XVI⁰ s. : arabe *amir*.

AMPLE famille savante du lat. *amplus* « ample ». Dérivés : (1) *amplitudo, -inis* « ampleur » (2) *ampliare* « augmenter », « demander un complément d'enquête », d'où *ampliatio* (3) *amplificare* « développer », terme de rhétorique, d'où *amplificator* et *amplificatio*.
◆ III **AMPLE** VIII⁰ s. ; **AMPLEMENT** XII⁰ s. ; **AMPLEUR** XVIII⁰ s., remplace l'anc. fr. *ampleté*. ◆ I2I **AMPLITUDE** XIV⁰ s. : *amplitudo*. ◆ I3I **AMPLIATION** XIV⁰ s. : *ampliatio*. ◆ I4I **AMPLIFIER** XV⁰ s. remplace l'anc. fr. *amplier* : *amplificare* ; **AMPLIFICATION** XIV⁰ s. : *amplificatio* ; **AMPLIFICATEUR** XVI⁰ s. « celui qui amplifie », XIX⁰ s., tech. : *amplificator*.

AMULETTE (sav.) XVI⁰ s. : lat. *amuletum* « id. » ; devenu fém. par confusion avec les mots en *-ette*.

AN famille du lat. *annus* « année ». Dérivés : (1) lat. vulg. **annata* « id. » (2) Lat. vulg. **anteannum* « l'année dernière » (3) *annona* « déesse qui veille sur les récoltes de l'année » d'où « récolte de blé » (4) plusieurs adjectifs : *annuus* « qui dure un an » ; *annalis* « qui se reproduit tous les ans » ; lat. vulg. *annualis*, contamination des deux précédents, et *annuarius* ; *anniversarius* « qui revient chaque année » (deuxième élément → VERS) ; lat. vulg. *annotinus* « de l'année précédente » (5) comme deuxième terme de composés, l'adj. dér. *-ennis* : *perennis* « qui dure toute l'année », d'où « qui dure toujours » ; *bi- ; tri-, quadri- quinqu- ennis* « qui dure un, deux, trois, quatre, cinq ans ».

I. mots populaires

♦ |1| **AN** XIe s. : *annus*. ♦ |2| **ANNÉE** XIIe s. : **annata*. ♦ |3| **ANTAN** XIIe s. : **ant(e)annum*, ♦ |4| **ANTENOIS** OU **ANTENAIS** XIIIe s. terme d'élevage : dér. de *annotinus*. ♦ |5| **SURANNÉ** XIIIe s. « qui a plus d'un an », de *sur* et *an*.

II. mots savants

♦ |1| **ANNALES** XVe s., d'après lat. *annales (libri)* « ouvrage où sont consignés les événements historiques année par année » ; **ANNALISTE** XVIe s. ♦ |2| **ANNUITÉ** XIVe s. dér. sur le radical de *annuus* ; **ANNUEL** XIIe s. : *annualis* ; d'où **BISANNUEL** XVIIe s. ; **ANNUAIRE** XVIIIe s. : *annuarius*. ♦ |3| **ANNIVERSAIRE** XIIe s. : *anniversarius*. ♦ |4| **PÉRENNITÉ** XIIe s. : *perennitas*, dér. de *perennis* ; d'où **PÉRENNE** XVIe s. ♦ |5| **BIENNAL** XVIe s., **TRIENNAL** XVIe s., **QUADRIENNAL** XVIIe s., **QUINQUENNAL** XVIe s. : *-ennalis*, dér. de *-ennis* (premier élément, → DEUX, TROIS, QUATRE, CINQ) ; sur le même modèle ont été formés : **SEPTENNAL** XIVe s. et **SEPTENNAT** XIXe s. (→ SEPT) ; **DÉCENNAL** XVIe s. (→ DIX), d'où **DÉCENNIE** XIXe s. et **TRICENNAL** XIXe s. ; premier élément : *triceni*, dér. de *triginta* « trente ». **BIENNALE**, subst. fém., XXe s. ♦ |6| **ANNONE** XIIe s., repris au XIXe s. : *annona*.

-AN ♦ |1| suff. nom., indiquant l'origine, issu de la rencontre du lat. *-anus* (→ -AIN) ex. : *roman*, forme sav. et de l'anc. fr. *-enc* ; germ. *-ing*, ex. : *paysan*. ♦ |2| **-ANE**, suff. analogique de *-an*, employé dans la langue de la chimie, ex. : *méthane*. ♦ |3| **-ING**, conservé intact en anglais, récemment réemprunté par le français où il est devenu très productif, indique une action, son résultat, le lieu où se déroule cette action, ex. : *doping, pressing, dancing, parking*, etc.

ANA- préf. sav. d'origine grecque indiquant un mouvement de bas en haut (*anabase*), utilisé aussi avec le sens de « en arrière » (*anachorète*), « à rebours » (*anaphylaxie*) ou « de nouveau » (*anabaptiste*).

ANACHORÈTE (sav.) XIIIe s. : gr. eccl. *anakhôrêtês* « qui vit dans la retraite », dér. de *anakhôrein* « aller en arrière », par l'interm. du lat. eccl. ; **ANACHORÉTIQUE** XIXe s.

ANANAS XVIe s. : *anânâ*, mot appartenant à la fois au caraïbe et au tupi-guarani, qui a pu pénétrer en français par divers intermédiaires : port., esp., fr. des Antilles.

ANCHE (pop.) XVIe s., mot dial. de l'Ouest, « tuyau », d'où « embouchure d'instrument à vent » : germ. **ankja* signifiant à la fois « jambe » et « tuyau » (comme *tibia* en lat.).

ANCHOIS XVIe s. : esp. *anchoa*, du génois *anciöa*, altér. du lat. vulg. **apiua*, du gr. *aphuê*, même sens.

ANCILLAIRE (sav.) XIXe s. : lat. *ancillaris*, dérivé de *ancilla* « servante », → QUENOUILLE, I, E.

ANCRE (pop.) XIIe s. : lat. *ancora*, empr. ancien du gr. *agkura*. Dér. : **ANCRER** et **DÉSANCRER** XIIe s. ; **ANCRAGE** XVe s. « mouillage », XIXe s. « fixation ».

ANDRÉ famille du gr. *anêr, andros* « homme », « mâle », auquel se rattachent deux noms propres. (1) *andreas* « viril », nom de l'un des douze apôtres, (2) *alexandros* « qui protège les hommes », nom d'un roi de Macédoine, conquérant du IVe s. av. J.-C.

♦ |1| **ANDRÉ** et **ALEXANDRE** (sav.), prénoms masc. : gr. *Andreas* et *Alexandros* ; **ALEXANDRIE** : gr. *Alexandreia* « ville » d'Alexandre », en Égypte. **ALEXANDRIN** XIe s. « d'Alexandrie », XVe s. vers *alexandrin*, d'après le titre du *Roman d'Alexandre*, où il était employé. ♦ |2| **-ANDRE** : second élément de composés sav. : **SCAPHANDRE** (→ ce mot) ; **POLYANDRE** XIXe s. et **POLYANDRIE** XVIIIe s. bot., XIXe s. soc. ♦ |3| **ANDRO-** : premier élément de composés sav. : **ANDROGYNE** XIVe s., → GYNÉC(O)- ; **ANDROÏDE** XVIIe s. ; **ANDROGÈNE** XXe s.

ÂNE ♦ |1| (pop.) XIIe s. : lat. *asinus*, mot pré-indo-européen, d'origine méditerranéenne. **ÂNESSE** et **ÂNON** XIIe s. ; **ÂNERIE** XIVe s. ; **ÂNONNER** et **ÂNONNEMENT** XVIIe s.

ANÉMIE

♦ 121 **ÂNIER** (pop.) XIIe s. : lat. *asinarius*, dér. de *asinus*. ♦ 131 la forme grecque correspondant à *asinus*, empr. à la même langue méditerranéenne, était *onos*, d'où *onagros* « âne sauvage », d'où fr. **ONAGRE** (sav.) XIIe s., par le lat.

ANÉMIE famille du gr. *haima, haimatos* « sang », représenté en fr. par ♦ 111 **-ÉMIE**, second élément de composés scientifiques : **ANÉMIE** XVIIIe s., 1er élément *an-* privatif (→ NON), littéralement « manque de sang » ; **SEPTICÉMIE** (→ SEPTIQUE), **GLYCÉMIE** (→ GLUCO-), **LEUCÉMIE** (→ LEUCO-) XIXe s., etc. ♦ 121 **HÉMO** premier élément de composés scientifiques tels que : **HÉMOPTYSIE** (→ RHUME), 2e élément : gr. *ptuein* « cracher » ; **HÉMORROÏDE** et **HÉMORRAGIE** (→ RHUME), **HÉMOGLOBINE** (→ GLOBE), **HÉMOPHILIE** (→ PHILTRE), **HÉMOLYSE** (→ PARALYSIE), etc. ♦ 131 **HÉMAT(O)-** base de composés et de dér. scientifiques tels que **HÉMATIE, HÉMATODE** XIXe s., **HÉMATOLOGIE** XIXe s., **HÉMATURIE** XVIIIe s., etc. ♦ 141 **HÉMATITE** (sav.) XIIe s. : gr. *haematitês* « couleur de sang », dér. de *haima*, désigne le minerai de fer.

ANÉVRISME (sav.) XVIe s. : gr. *aneurusma* (avec prononciation byzantine du *eu*) « dilatation (d'une artère) » : dér. de *eurus* « large ».

ANFRACTUEUX (sav.) XVIe s. : bas lat. *anfractuosus*, dér. de *anfractus* « tournant, repli, sinuosité », mot d'origine obscure ; rapproché par certains de *frangere*, → ENFREINDRE, il pourrait plutôt reposer sur la racine de *agere*, → AGIR ; *afr-* serait alors un préfixe osque, équivalent du lat. *ambi-, amb-* → ALLER, **ANFRACTUOSITÉ**, XVIe s.

ANGE ♦ 111 (demi-sav.) XIe s. : lat. eccl. *angelus*, du gr. *aggelos* « messager », spécialisé dans le sens de « messager de Dieu ». **ANGELOT** XIIIe s. ♦ 121 **ANGÉLIQUE** (sav.) XIIIe s., adj. : gr. *aggelikos*, par le lat. XVIe s., subst. plante ainsi nommée parce qu'on lui attribuait des vertus antitoxiques. **ANGÉLIQUEMENT** XVIe s. ♦ 131 **ARCHANGE** (sav.) XIIe s. : lat. *archangelus*, du gr. *arkhaggelos*, → ARCHI-, art. ARCHIVES. ♦ 141 **ANGÉLUS** XVIIe s. : mot latin, début d'une prière catholique commémorant l'Annonciation.

♦ 151 **ÉVANGILE** (demi-sav.) XIIe s. : lat. eccl. *evangelium*, du gr. *euaggelion* « heureux message », « bonne nouvelle », de la même famille que *aggelos* « messager » ; d'où, toujours par le lat., **ÉVANGÉLISTE** (sav.) XIIe s. : gr. *euaggelistês* ; **ÉVANGÉLISER** (sav.) XIIIe s. : gr. *euaggelizein* ; **ÉVANGÉLIQUE** (sav.) XIVe s. : gr. *euaggelikos*. ♦ 161 **ÉVANGÉLIAIRE** (sav.) XVIIIe s. : lat. eccl. *evangeliarium*, sans prototype grec.

-ANGE (pop.) suff. nom. fém. aujourd'hui mort, provenant de la confusion de ♦ 111 lat. *-emia* dans *vendange* (→ VIN). ♦ 121 germ. *-inga* dans *mélange, louange*, etc.

ANGIO- (sav.) : gr. *aggeion* « vaisseau ». ♦ 111 premier terme de dér. ou de composés de la langue médicale tels que **ANGIOME** XIXe s., **ANGIOGRAPHIE** XVIIIe s., **ANGIOSPERME** XVIIIe s., etc. ♦ 121 **-ANGITE** deuxième terme de composés tels que **LYMPHANGITE** → LYMPHE.

ANGLE famille d'une rac. ind.-eur. **ang-*, var. **ank-*, dont les représentants lat. et gr. ayant une descendance en fr. sont le lat. *angulus* « angle », les adj. dér. *angulosus* et *angularis*, et le gr. *agkulos* « recourbé ».

I. mots issus du latin

♦ 111 **ANGLE** (pop.) XIIe s. : *angŭlus* ; → aussi -GONE, art. GENOU. ♦ 121 dér. : **TRIANGLE** (demi-sav.) XIIIe s. : lat. *triangulum* → TROIS ; **QUADRANGLE** XIIIe s. : lat. *quadrangulus*, → QUATRE ; **RECTANGLE** XIIIe s. : lat. *rectangulus*, → ROI ; **ÉQUIANGLE** XVIe s. → ÉGAL. ♦ 131 base **ANGUL-** (sav.) : **ANGULEUX** XVIe s. : lat. *angulosus* ; **ANGULAIRE** XIVe s. : lat. *angularis* ; **TRIANGULAIRE** XIVe s. : *triangularis* ; **QUADRANGULAIRE** XIVe s. : *quadrangularis* ; **RECTANGULAIRE** XVIe s., formé sur le même modèle ; **TRIANGULATION** XIXe s. : bas lat. *triangulatio* ; **TRIANGULER** XIXe s.

II. mots savants issus du grec

ANKYLOSE XVIe s. : *agkulôsis* « courbure », d'où **ANKYLOSÉ** XVIIIe s., **S'ANKYLOSER** XIXe s. ; **ANKYLOSTOME** XIXe s. → STOME, art. ESTOMAC.

ANGOISSE famille du lat. *angere, anctus* « oppresser », « serrer la gorge », d'où (1) *angustia* « gêne » « angoisse » → (2) lat. class. *anxius* « anxieux », d'où lat. vulg. *anxietas*, *anxiosus* ; équivalent grec : *agkhein* « serrer ».

I. mots issus du latin

♦ 121 ANGOISSE (pop.) XIIe s. : *angŭstia* ; ANGOISSER XIe s. : *angŭstiāre*, dér. de *angustia* ; ANGOISSANT XXe s., adj. (en anc. fr. *angoisseux*). ♦ 121 ANGINE (sav.) XVIe s. : lat. mod. *angina*, dér. de *angere*, mot formé pour distinguer cette maladie de l'esquinancie. ♦ 131 ANXIEUX (sav.) XIVe s. : *anxiosus* ; ANXIÉTÉ (sav.) XIIe s. : *anxietas*.

II. mot issu du grec

ESQUINANCIE XIIIe s., altération de *quinancie* XIIe s. : gr. *kunagkhê* « collier de chien », composé de *agkhein* ; premier élément → CYN(O)-, art. CHIEN.

ANGUILLE (pop.) XIIe s. : lat. *anguilla* dérivé de *anguis* « serpent ».

ANIS (sav.) XIIIe s. : gr. *anison* par l'interm. du lat.

ANNEAU famille du lat. *anus* « anneau », qui a pris dès le lat. class. son sens anatomique, celui d'« anneau » passant aux dér. *anellus* et *anulus* ; parfois écrit avec *nn*, sous l'influence de *annus* « an ».

♦ 111 ANNEAU (pop.) XIe s., var. *anel* : *anellus* ; d'où ANNELET XVIe s. ; ANNELER XIVe s. ♦ 121 ANNÉLIDES (sav.) XIXe s. : formé sur la base *annel*-. ♦ 131 ANNULAIRE (sav.) XVIe s., adj., XVIIe s., subst., abrév. de *doigt annulaire* : lat. *annularius*, dér. de *anulus*. ♦ 141 ANUS (sav.) XIVe s. : mot lat., ANAL XIXe s. Pour les mots sav. exprimant l'idée d'« anus » → PROCT(O)-.

ANNONCER famille du lat. *nuntius* « messager », d'où *nuntiare* « annoncer » et ses dér. lat. imp. *adnuntiare* « id. », *denuntiare* « déclarer solennellement », *enuntiare* « faire connaître au-dehors », *pronuntiare* « annoncer publiquement », « rendre une sentence », *renuntiare* « annoncer le retrait de », « révoquer ».

I. mots populaires et demi-savants, base *-nonc-*

Le simple *noncier* : lat. *nūntiāre*, qui vivait en anc. fr. ayant disparu, restent les dér. :

♦ 111 ANNONCER XIe s. ; d'où ANNONCE XVIe s. ; ANNONCEUR XIVe s., repris au XXe s., subst., langue comm. ; ANNONCIER XIXe s. ♦ 121 DÉNONCER XIIe s. : *denuntiare*. ♦ 131 ÉNONCER XIVe s. ; rare avant le XVIIe s. : *enuntiare* ; ÉNONCÉ XVIIe s. subst. ♦ 141 PRONONCER XIIe s. « proclamer », XIIIe s. « articuler » : *pronuntiare* ; d'où IMPRONONÇABLE XIIIe s. ; PRONONÇABLE XVIIe s. ♦ 151 RENONCER XIIIe s. : *renuntiare*, d'où RENONCEMENT XVe s.

II. mots savants, base *-nonciat-*

♦ 111 ANNONCIATION XIe s. « action d'annoncer », en général, jusqu'au XVIIIe s. ; ne survit que dans sa spécialisation religieuse (a remplacé l'anc. fr. *anuncion*) : lat. eccl. *annuntiatio*. ANNONCIATEUR XVIe s. : lat. eccl. *annuntiator*. ♦ 121 DÉNONCIATION XIIIe s. et DÉNONCIATEUR XIVe s. : lat. *denuntiatio*, *denuntiator* ; l'anc. fr. *denonceur* (pop.) a été éliminé. ♦ 131 ÉNONCIATION et ÉNONCIATIF XIVe s. : *enuntiatio*, *enuntiativus*. ♦ 141 PRONONCIATION XIIIe s. : lat. *pronuntiatio*. ♦ 151 RENONCIATION XIIIe s. : *renuntiatio*.

III. mots d'emprunt

♦ 111 NONCE XVIe s. : it. *nunzio*, du lat. *nuntius* ; NONCIATURE XVIIe s. : it. *nunziatura*. INTERNONCE XVIIe s. et INTERNONCIATURE XVIIIe s. ♦ 121 PRONUNCIAMIENTO XIXe s. : mot esp. « déclaration », « manifeste publié à l'occasion d'un coup d'État », dér. de *pronunciar* : lat. *pronuntiare*.

ANODIN (sav.) XVIe s. : gr. *anôdunon*, de *an-* privatif et de *odunê* « douleur », d'où « qui calme la douleur » ; empr. par l'interm. du lat. méd. Sens fig. après le XVIIe s.

ANORAK XXe s. : mot esquimau, « qui protège contre le vent », dérivé de *anoré* « vent ».

ANOREXIE (sav.) XVIe s., formé de *an-* privatif et du gr. *orexis* « appétit ».

ANSE (sav.) XIIIe s. « anse de panier », XVe s. géogr. : lat. *ansa*.

-ANT ♦ 111 (pop.) suff. nom., adj. et verbal issu de la rencontre de : (a) lat. *-ando*, *-endo*, *andus*, *endus* (désinence de gérondif ou d'adjectif verbal) ; (b) lat. *-antem* (désinence du participe présent de la première conjugaison) ; (c) lat. *-entem* (désinence du part. présent des autres conjugaisons, remplacé par -*antem* en lat. vulg.). À -*andus*, correspond une désinence féminine -*enda* ; à -*antem* et *entem*, des suff. nom. fém. -*antia* et *entia*. Le suff. -*ant* (d'abord même forme pour le masc. et le fém.) sert à l'origine à former des part. présents et des adj. verbaux ; mais on trouve aujourd'hui des adj. en -*ant* qui ne correspondent à aucun verbe, ex. : *solvant, concomitant, abracadabrant* ; le fém. -*ante* est analogique. ♦ ı2ı **-AND(E)** (pop.) : variante de -ANT, p. ex. *friand*, ancien part. présent de *frire*. ♦ ı3ı **-ENT** (sav.) : suff. adj. issu de la rencontre entre des formes ayant pour origine un lat. -*entem*, ex. : *présent* et de quelques adj. ayant pour origine un lat. -*entus*, ex. : *turbulent*. ♦ ı4ı **-ANCE** (pop.) : suff. nom. fém. : lat. -*antia* ou -*entia*, ex. : *ignorance*. ♦ ı5ı **-ENCE** (sav.) : lat. -*entia*, ex. : *obédience*, suffixes très employés aujourd'hui dans la langue de la physique. ♦ ı6ı formes sav. ou empr. remontant au gérondif latin ou à l'adj. verbal en -*ndus* : **-ENDE**, ex. *dividende*, du lat. *dividenda* « choses destinées à être divisées » ; **AGENDA** → AGIR ; **-ENDO**, par l'it., dans **CRESCENDO** et **DECRESCENDO** « en montant », « en descendant ».

ANTENNE (pop.) xııı^e s. « vergue », xvııı^e s. « appendice tactile des insectes ». xxe s. radio : lat. *antemna* « vergue ».

ANTH(O)- représentants français sav. du gr. *anthos* « fleur ».

♦ ııı **ANTHOLOGIE** xvıı^e s. : gr. *anthologia* « choix de fleurs » (→ LIRE). ♦ ı2ı **-ANTHE** : **HÉLIANTHE** xvıı^e s. composé du gr. *hélios* (→ SOLEIL) et *anthos*. **PÉRIANTHE** xvııı^e s. « ensemble des enveloppes de la fleur » : composé de *péri*- « autour » (→ PREMIER) et de *anthos*. ♦ ı3ı **-ANTHÈME** : gr. *anthémon* « fleur », dér. de *anthos* ; **CHRYSANTHÈME** xvı^e s. sous la forme gr. puis xvııı^e s. : *khrusanthemon* « fleur d'or » (→ CHRYSO) ; **EXANTHÈME** xvı^e s., maladie de peau : *exanthêma* « efflorescence », par le lat. méd. ; **EXANTHÉMATEUX** xvııı^e s. ; **XÉRANTHÈME** xvııı^e s. : premier élément *xéros* « sec ».

ANTHRAX ♦ ııı (sav.) xıv^e s. « tumeur noirâtre » : gr. *anthrax* « charbon », par le lat. méd. ♦ ı2ı **ANTHRACITE** xve s. « pierre précieuse », xvııı^e s. « charbon » : lat. et gr. *anthrakitês* « pierre précieuse », dér. de *anthrax*, qui avait le sens d'« escarboucle » à côté de celui de « charbon ».

ANTHROP(O)- représentants français savants du gr. *anthrôpos* « être humain ».
♦ ııı **ANTHROPO-** : premier élément d'un grand nombre de composés du langage scientifique, ex. : **ANTHROPOCENTRISME, -IQUE** xıx^e s. (→ CENTRE) ; **ANTHROPOLOGIE** xvı^e s. philo., xıx^e s. anat. puis ethn., et **ANTHROPOLOGUE** xıx^e s. ; **ANTHROPOMÉTRIE** xıx^e s. ; **ANTHROPOMORPHISME** xvııı^e s., **-MORPHE** et **-MORPHIE** xıx^e s. ; **ANTHROPOPITHÈQUE** xıx^e s. : gr. *pithêkos* « singe » ; **ANTHROPONYMIE** (→ NOM) ; **ANTHROPOPHAGE** (→ PHAGO-). ♦ ı2ı **-ANTHROPE** et **-ANTHROPIE** 2e élément de composés savants, ex. : **LYCANTHROPE, -IE** (→ LOUP) ; **MISANTHROPE, -IE** (→ MISO-) ; **PHILANTHROPE** xıv^e s., rare jusqu'au xvı^e s., **-IE** xvı^e s., **-IQUE** xvııı^e s. (→ PHIL-, art. PHILTRE) : gr. *philanthrôpos* « qui aime les hommes », dér. *philanthrôpia, philanthrôpikos* ; **SINANTHROPE** xxe s., du lat. *Sina* « Chine ».

ANTIENNE famille du gr. *phônê* « voix », d'où *phônêtikos* « relatif à la voix » et *phônêma* « son de voix ».

♦ ııı **ANTIENNE** (demi-sav.) xııı^e s. : lat. eccl. *antêfâna*, d'après *ante* « avant », de *antiphona*, du gr. *antiphôna* « chant alternatif de deux chœurs », plur. neutre de *antiphônos* « qui répond à », dans la langue de la musique. ♦ ı2ı **ANTIPHONAIRE** (sav.) xıv^e s., xııı^e s. sous la forme *antefinier*, pop. : lat. médiéval *antiphonarius*, dér. de *antiphona*. ♦ ı3ı **PHONÉTIQUE** (sav.) xıx^e s. : *phônêtikos*, d'où **PHONÉTISME** xıx^e s. et **PHONÉTICIEN** xxe s. ♦ ı4ı **PHONÈME** xıx^e s. : *phônêma*. ♦ ı5ı **PHON-**, base de plusieurs dér. et composés sav. **PHONIQUE** xvııı^e s. ; **PHONATION, PHONATEUR** xıx^e s. ; **PHONATOIRE** xxe s. ; **PHONIÂTRE** xxe s. ♦ ı6ı **PHONO-** premier élément de nombreux composés sav. tels que **PHONOGRAPHE** xıx^e s. ; **PHONOLOGIE** xıx^e s., **-OGUE** xxe s. ; **PHONOMÈTRE, -IE, -IQUE** xıx^e s. ; **PHONOTHÈQUE** xxe s. ♦ ı7ı **-PHONE** suff. indiquant : (a) le locuteur d'une langue déterminée, ex. : **FRANCOPHONE** xxe s. ; (b) un instrument de communication ou d'enregistrement de la voix, ex. : **BIGOPHONE** XIXe s. : premier élément Bigot, nom de son inventeur, dér. : **BIGOPHONISTE** ; **ÉLECTROPHONE** XIXe s. ; **MICROPHONE** XVIIIe s. abrégé en **MICRO** XXe s. ; **MAGNÉTOPHONE** XIXe s. ; **TÉLÉPHONE** XIXe s., d'où **TÉLÉPHONIQUE, -IE, -ISTE**, XIXe s. et **TÉLÉPHONER** XXe s. ; (c) des dér. de mots en **-PHONE** : **APHONE** XIXe s. et **HOMOPHONE** XIXe s. ♦|8| **-PHONIE, -IQUE, -ISTE, -ISME** : **APHONIE** XVIIe s., avec *a*- privatif. ; **APOPHONIE** XIXe s. ; **CACOPHONIE** → CACO- ; **DODÉCAPHONIE** → DODECA-, art. DEUX ; **EUPHONIE** XVIe s. et **EUPHONIQUE** XVIIIe s., avec le préf. *eu*- « bon », par le lat. ; **HOMOPHONIE** XVIIIe s. ; **POLYPHONIA, -IQUE, -ISTE** XIXe s., par le lat. *polyphonia* ; **RADIOPHONIE, -IQUE** XIXe s., abrégé en **RADIO** XXe s. ; **STÉRÉOPHONIE** XXe s., abrégé en **STÉRÉO**.

ANTILOPE XVIIIe s. : angl. *antelope* : lat. médiéval *anthalopus* : gr. byzantin *anthalôps* d'étym. inconnue qui désignait un animal fabuleux.

ANTRE (sav.) XVIe s. : lat. *antrum*, du gr. *antron*.

AORTE (sav.) XVIe s. : gr. *aorté*, « id. », d'étym. obscure.

AOÛT famille d'une racine ind.-eur. **aweg-* « croître », représentée en lat. par (1) *augere, auctus* « (s')accroître » (2) *auctor* « qui fait croître », d'où lat. class. « fondateur », « auteur » ; *auctoritas* « fait d'être *auctor* » ; bas lat. *auctorizare* « donner de l'autorité » ; (3) *auxilium* « accroissement de forces », d'où lat. class. « secours, renfort » (4) *augurium* « accroissement accordé par les dieux à une entreprise », d'où lat. class. « présage favorable », et *augur* (celui qui donne de tels présages), d'où « augure » (5) *augustus* « consacré par les augures », « entrepris sous des augures favorables » ; a servi de surnom à Octave devenu empereur de Rome, puis à désigner le mois qui lui a été consacré.

I. mots populaires

♦|1| **AOÛT** XIIe s., lat. vulg. **agŭstus*, dissimilation de *augŭstus* ; d'où **AOÛTAT** XIXe s. « insecte du mois d'août » et **AOÛTIEN** XXe s. « vacancier du mois d'août ». ♦|2| **HEUR** XIIe s., sous la forme *eür*, *h* initial et voyelle *eu*, au lieu du *u* attendu, en moyen fr. sous l'infl. de *heure* : lat. vulg. **agürium*, dissimilation de *augŭrium*. **HEUREUX** XIIIe s. d'abord *eüré* ; **HEUREUSEMENT** XVIe s. ; **BIENHEUREUX** XIe s. d'abord *beneüré* ; **BONHEUR** XIIe s., *bon eür*, dont le succès a été dû en partie à la rencontre homonymique avec *bonne heure* et qui a fini par éliminer *heur* ; **MALHEUR** XIIe s., *mal eür* ; **MALHEUREUX** XIe s., *mal eüré*.

II. mots savants

A. base *-aug-* ♦|1| **AUGMENTER** XIVe s. : lat. imp. *augmentare*, dér. de *augere* ; **AUGMENTATION** XIIIe s. : bas lat. *augmentatio*. ♦|2| **AUGURE** XIIe s. « présage » : *augurium* ; XIIIe s. « homme qui formule ces présages » : *augur*. **AUGURER** XIIIe s. : *augurare* « tirer un présage » ; **INAUGURER** XVIe s. « consacrer », XIXe s. sens actuel : *inaugurare* « prendre les augures » ; **INAUGURATION** XIVe s. : *inauguratio* ; **INAUGURAL** XVIIe s. ♦|3| **AUGUSTE** adj. XIIIe s., rare jusqu'aux XVIIe s. : *augustus*.

B. autres bases ♦|1| **AUTEUR** XIIe s. : *auctor* ; **AUTORISER** XIIe s. : *auctorizare* et **AUTORISATION** XVe s. ; **AUTORITÉ** XIIe s., sing., XVIIIe s., plur., d'où **AUTORITAIRE, AUTORITAIREMENT, AUTORITARISME** XIXe s. ♦|2| **OCTROYER** (demi-sav.) XVe s., remplace *otreier*, pop., XIe s. : lat. *auctorizare*, d'où **OCTROI** XVe s., remplace *otrei*, pop. XIIe s., sens premier « action d'octroyer », XVIIe s. *deniers d'octroi*, d'où *octroi* « taxe qu'une ville a été autorisée à prélever », XIXe s. « toute taxe prélevée à l'entrée d'une ville sur les marchandises ». ♦|3| **AUXILIAIRE** XVIe s. : *auxiliaris* dérivé de *auxilium*.

APHTE (sav.) XVIe s. : gr. *aphthai* « ulcères brûlants » par le lat. ; **APHTEUX**, surtout dans *fièvre aphteuse* XVIIIe s.

APÔTRE famille du gr. *stellein* « envoyer ». — Dér. : *apostellein*, d'où *apostolos* « envoyé » ; *epistellein*, d'où *épistolê* « message », « lettre », anciennement latinisé en *epistola* ; *diastellein* « séparer » d'où *diastolê* « intervalle » ; *sustellein* « rassembler », d'où *sustolê* « contraction » ; *peristellein* « envelopper », d'où *peristaltikos* « qui comprime tout autour ».

I. mots de formation demi-savante

♦|1| **APÔTRE** XIe s. : lat. eccl. *apostolus*, du gr. *apostolos*. ♦|2| **ÉPÎTRE** XIIe s. : lat. *epistōla*, du gr. *epistolê*.

II. mots de formation savante
A. base *stol-* ♦ |1| **APOSTOLAT** XVᵉ s. : lat. eccl. *apostolatus*, dér. de *apostolus* ; **APOSTOLIQUE** XIIIᵉ s. : lat. eccl., du gr. *apostolikos*. ♦ |2| **ÉPISTOLAIRE** XVIᵉ s. : lat. *epistolaris*, dér. de *epistola* ; **ÉPISTOLIER** XVIᵉ s., formé sur *epistola*. ♦ |3| **DIASTOLE** XIVᵉ s. gramm., XVIᵉ s. anat. : *diastolê* ; **SYSTOLE** XVIᵉ s. : *sustolê*.
B. base *-stal-* **PÉRISTALTIQUE** XVIIᵉ s. : *péristaltikos*.

APPLAUDIR
famille du lat. *plaudere, plausus* « battre des mains », d'où *explodere* « chasser en battant des mains », « huer ».

♦ |1| **APPLAUDIR** (sav.) XIVᵉ s. : *applaudere*, dér. de *plaudere* ; **APPLAUDISSEMENT** XVIᵉ s. ; **APPLAUDIMÈTRE** XXᵉ s. ♦ |1| **PLAUSIBLE** (sav.) XVIᵉ s. : lat. *plausibilis* « digne d'être applaudi » ; **PLAUSIBILITÉ** XVIIᵉ s. ♦ |3| **EXPLOSION** (sav.) XVIᵉ s. : *explosio*, dér. de *explodere* ; **EXPLOSIF** XVIIIᵉ s. ; **EXPLOSER, EXPLOSIBLE, EXPLOSEUR, INEXPLOSIBLE** XIXᵉ s.

ÂPRE
famille du lat. *asper* « rude, rocailleux », d'où *asperitas* « rudesse » ; lat. imp. *exasperare* « rendre rude », « irriter », puis *exasperatio* « irritation » ; lat. vulg. **asperella*, nom de plante.

♦ |1| **ÂPRE** et **ÂPRETÉ** (pop.) XIIᵉ s. : *asper* et *asperitas, -atis*. ♦ |2| **PRÊLE** (pop.) XIIᵉ s. : altération de *asperella*, par confusion entre l'*a* initial et celui de l'article défini, de *asprele*, XIIIᵉ s. : **asperella*. ♦ |3| **ASPÉRITÉ** (sav.) XIIᵉ s. : *asperitas* ; **EXASPÉRER** XIVᵉ-XVIᵉ s., puis XVIIIᵉ s. : *exasperare* ; **EXASPÉRATION** XVIᵉ s. : *exasperatio* ; **EXASPÉRANT** XIIIᵉ s. puis XIXᵉ s.

ARABLE
représentants de la famille du lat. *arare* « laboureur ».

♦ |1| **ARABLE** (sav.) XIIᵉ s. : *arabilis* « qui peut être labouré ». ♦ |2| **ARATOIRE** (sav.) XVIᵉ s. : bas lat. *aratorius* « relatif au labourage ». ♦ |3| **ARAIRE** XIIᵉ s., repris au XXᵉ s. : empr. au prov. *araire*, du lat. *aratrum* « charrue ».

ARACHIDE
(sav.) XVIIIᵉ s. : lat. *arachidna*, du gr. *arakhidna* « gesse ».

ARAIGNÉE
famille du lat. *aranea* « araignée » et de son équivalent grec *arakhnê*, peut-être tous deux empr. à une langue méditerranéenne.

I. mots populaires issus du latin
♦ |1| **ARAIGNÉE** XIIᵉ s. « toile d'araignée », XVIᵉ s. « araignée », dér. de l'anc. fr. *araigne* : *aranĕa*. ♦ |2| **ÉRIGNE** XVIᵉ s. instrument de chirurgie, var. dial. de *araigne*. ♦ |3| **MUSARAIGNE** XVᵉ s. : lat. vulg. *musaranea*, de *mus* « souris » et *aranea*. ♦ |4| **ROGNE** XIIIᵉ s. « gale » : lat. vulg. **ronea*, altération de *aranea*, peut-être sous l'influence de *rodere* « ronger ».
II. mots savants issus du grec
base *arachn-* tirée de *arakhnê* dans **ARACHNIDE, ARACHNÉEN** XIXᵉ s. ; **ARACHNOÏDE** XVIᵉ s.

ARBITRE
famille du lat. *arbiter* « témoin », « arbitre choisi par les deux parties dans un litige », d'où *arbitrium* « sentence arbitrale », « pouvoir de décider » et *arbitrarius* « qui dépend de ce pouvoir ».

ARBITRE XIIIᵉ s. « volonté », sens conservé dans *libre arbitre* : *arbitrium* ; XIIIᵉ s. « juge entre deux parties » : *arbiter* ; d'où **ARBITRER, ARBITRAGE, ARBITRAL** XIIIᵉ s. ; **ARBITRAIRE** et **ARBITRAIREMENT** XIVᵉ s. : *arbitrarius*.

ARBOUSE
XVIᵉ s. : provençal *arbousse* : lat. *arbuteus* dérivé de *arbutus* « arbousier » ; **ARBOUSIER** XVIᵉ s.

ARBRE
famille du lat. *arbor* « arbre » d'où *arbustum* « lieu planté d'arbres », « pépinière » et « arbre ».

♦ |1| base *arbr-* (pop.) : **ARBRE** XIᵉ s. : *arbor* ; **ARBRISSEAU** XIIᵉ s. : lat. vulg. **arboriscellus*, dimin. de *arbor*. ♦ |2| base *arbor-* (sav.) : **ARBORESCENT** XVIᵉ s. du part. présent de *arborescere* « devenir un arbre » ; **ARBORESCENCE** XIXᵉ s. ; **ARBORICULTURE** XIXᵉ s. ; **ARBORER** XIVᵉ s. : anc. it. *arborare* « dresser comme un arbre ». ♦ |3| **ARBUSTE** (sav.) XIVᵉ s. : *arbustum*.

ARC
famille du lat. *arcus* sur la base duquel ont été formés en lat. vulg. (1) la forme féminine **arca* (2) les diminutifs **arcio, -onis* et **arcellus* (3) le composé *arcuballista*, avec *ballista* « machine de jet » → BAL.

♦ |1| **ARC** (pop.) XIᵉ s. ; d'où **ARC-BOUTANT** XIVᵉ s., **ARC-BOUTER** XVIIᵉ s., **S'ARC-BOU-**

TER XVIIIe s., composés avec **BOUTER** « pousser » ; **ARC-EN-CIEL** XIIIe S. ♦|2| dér. en *ch* (pop.) : **ARCHER** XIIe S. ; **ARCHET** XIIe S. ♦|3| dér. en -*s*- (pop.) : **ARCEAU** XIIIe S. : *arcellus, et **ARÇON** XIe S. : **arcio, -onis*, d'où **DÉSARÇONNER** XIIe S. ♦|4| dér. en *k* (pop.) : **ARQUER** XVIe S. ; **ARCADE** XVIe S. piémontais *arcada*, var. it. *arcata* ; **ARCATURE** (suff. sav.) XIXe S. ♦|5| **ARCHE** (pop.) XIIe S. : *arca. ♦|6| **ARBALÈTE** (pop.) XIe S. : *arcuballista* ; **ARBALÉTRIER** XIIe S. ♦|7| **NARQUOIS** XVIe S. « déserteur », « soldat vagabond qui mendie », puis XVIIe S. sens mod. p.-ê sous l'influence de *narguer* : probablement var. de *narquin* XVIe S., forme agglutinée de *un arquin* « un archer », dér. de *arc*.

ARCHAL famille du gr. *khalkos* « cuivre ». Dér. : *oreikhalkos* « laiton », littéralement « cuivre de la montagne » (→ ORO-).

♦|1| **ARCHAL** (pop.) XIIe S. ; survit dans *fil d'archal* : altération inexpliquée du lat. *orichalcum*, du gr. *oreikhalkos*. ♦|2| **CHALCOGRAPHIE** (sav.) XVIIe S. « gravure sur cuivre ».

ARCHE ♦|1| (pop.) XIIe S., seulement *arche de Noé* et *arche d'alliance* : lat. *arca* « coffre ». ♦|2| dér. de *arca* dans le lat. des alchimistes : *arcanus*, adj., et *arcanum*, subst., « secret », d'où **ARCANE** (sav.) XVe S.

ARCHITECTE famille du gr. *tektôn* « charpentier ».

♦|1| **ARCHITECTE** (sav.) XIVe S. : gr. *arkhitektôn* « charpentier en chef », avec influence du lat. *architectus* et de l'it. *architetto* ; **ARCHITECTURE** XVIe S. : lat. *architectura*, avec influence de l'it. *architettura* ; **ARCHITECTURAL, ARCHITECTURER** XIXe S. ♦|2| **ARCHITECTONIQUE** (sav.) XIVe S. : dér. de *architektôn*, par le latin. ♦|3| **TECTONIQUE** XXe S. : dér. formé sur *tektôn*.

ARCHIVES famille savante du gr. *arkhê* signifiant à la fois le « commencement » et le « commandement », une semblable polysémie dans l'anc. fr. *chef*, fr. mod. *tête*. — Dér. : (1) *arkhaios* « qui remonte aux commencements », « ancien » ; (2) *arkhein* « commander », d'où (a) *arkhôn, -ontos*, titre d'un des principaux magistrats d'Athènes ; (b) *arkheion*, résidence des principaux magistrats, où, par ailleurs, on conservait les archives d'Athènes ; (c) *arkhi-*, préfixe indiquant la supériorité ; (d) -*arkhia*, suffixe indiquant le mode de gouvernement.

I. mots exprimant l'idée d'ancienneté

♦|1| **ARCHIVES** (sav.) XVe S. : bas lat. *archivum* « lieu où l'on conserve les archives », du gr. *arkheion*, avec influence de *arkhaios* ; **ARCHIVISTE** XVIIIe S. ♦|2| **ARCHAÏSME** XVIIe S. : *arkhaismos*, dérivé de *arkhaios* ; **ARCHAÏQUE** XVIIIe S., **ARCHAÏSANT** XXe S. ♦|3| **ARCHÉEN** XXe S. : formé sur le radical de *arkhaios*. ♦|4| **ARCHÉO-** : tiré de *arkhaios*, premier élément de nombreux composés savants indiquant l'ancienneté, en particulier **ARCHÉOLOGIE** XVIIe S., **ARCHÉOLOGUE** XIXe S.

II. mots exprimant l'idée de commandement

♦|1| **ARCHI-**, préf. qui se combine : a) avec des noms de titres, ex. : **ARCHIMANDRITE** XVIe S. : *arkhi-* et gr. eccl. *mandritès*, dér. de *mandra* « cloître » ; **ARCHIDIACRE, ARCHIDUC**, etc., → au second élément ; b) dans le langage familier, avec divers adjectifs pour former des superlatifs expressifs, ex. : *archiriche*. ♦|2| **-ARQUE** : *-arkhos*, suff. indiquant la personne qui gouverne, ex. : **MONARQUE** XIVe S. : *monarkhos* « qui gouverne seul » ; **POLÉMARQUE** XVIIIe S. : *polemarkhos* « chef de guerre ». ♦|3| **-ARCHIE, -ISME, -ISTE, -IQUE** : *-arkhia*, ex. : **ANARCHIE** XIVe S., rare jusqu'au XVIIIe S., avec *an-* privatif, *anarkhia* « absence de chef » ; **ANARCHIQUE** XIVe S., **-ISTE** XVIIIe S., **-ISME** XIXe S., **-ISANT** XXe S. ; **HIÉRARCHIE** XIVe S., composé avec le gr. *hieros* « sacré » ; **HIÉRARCHIQUE** XIVe S., eccl., XVIIIe S., admin. : lat. *hierarchicus*, dér. de *hierarchia* ; **HIÉRARCHISER** XIXe S., **-ISATION** XIXe S. ; **MONARCHIE** XIIIe S. : *monarkhia*, d'où **MONARCHIQUE** XVe S., **-ISME** XVIe S., **-ISTE** XVIIIe S., **ANTIMONARCHIQUE** XVIIIe S. ; **OLIGARCHIE** XIVe S. : *oligarkhia*, composé de *oligoi* « peu nombreux », d'où **OLIGARCHIQUE** XIVe S., **SYNARCHIE** XIXe S. : *sunarkhia* « pouvoir en commun », composé de *sun* « avec ». ♦|4| **ARCHONTE** XIIIe S. : *arkhôn, -ontos*. ♦|5| **ARCHIPEL** XVIe S., XVe S. *archepelague* : it. *arcipelago*, du gr. byzantin *arkhipelagos* « mer principale », qui désignait la mer Égée, riche en îles.

ARCTIQUE famille du gr. *arktos* « ours ».

♦ⅠⅠⅠ ARCTIQUE et ANTARCTIQUE (sav.) XIVᵉ s. : lat. empr. au gr. *arktikos* « qui regarde la Grande Ourse » et *antarktikos* « qui se trouve du côté opposé à la Grande Ourse ». ♦ⅠⅡⅠ ARCTO- premier élément de composés sav. (zool.) comportant la notion d'« ours », ex. : ARCTORNIS XIXᵉ s.

-ARD ♦ⅠⅠⅠ (pop.) suff. nom. et adj. vivant, issu de l'adj. germ. *hart* « fort », employé à l'origine comme second élément de noms de personnes, ex. : *Bernard*. Adapté ensuite à des noms communs, des adj. ou même des verbes, il a pris une valeur péjorative, ex. : *vieillard, musard* et *musarder, chauffard*. ♦ⅠⅡⅠ forme élargie : *-sard : banlieusard*.

ARDENT ♦ⅠⅠⅠ (pop.) XIIᵉ s. : lat. *ardens, -entis*, part. présent de *ardere* « brûler », représenté par *ardre* en anc. fr. ♦ⅠⅡⅠ ARDEUR (pop.) XIIᵉ s. : lat. *ardor, -oris*, dér. de *ardere*.

ARDOISE (pop.) XIIᵉ s. : mot obsc. p.-ê. celtique, p.-ê. « *ariditia*, dér. de lat. *aridus* « sec » (→ ARIDE).

ARDU (sav.) XIVᵉ s. : lat. *arduus* « escarpé ».

ARÈNE (pop.) XIIᵉ s. « sable », XVIIᵉ s. « amphithéâtre » : lat. *arena* « sable » et par extension « sable répandu dans l'amphithéâtre » d'où l'amphithéâtre lui-même.

ARÊTE (pop.) XIIᵉ s. : lat. vulg. *aresta* « arête », du lat. class. *arista* « barbe d'épi » ; ARÊTIER XIVᵉ s., -IÈRE XVIIᵉ s. archit.

ARGENT famille d'une racine ind.-eur. *arg-* « briller » représentée en gr. par *arguros* « argent », en lat. par : (1) *argentum* « argent » (2) au sens fig. *arguere* « démontrer », « convaincre ».

I. mots issus du latin

♦ⅠⅠⅠ ARGENT (pop.) Xᵉ s. : *argentum*. ARGENTER XIIIᵉ s. ; ARGENTERIE XIIIᵉ s. ; ARGENTIN XIIᵉ s. ; ARGENTIER XIIIᵉ s. « banquier », XVᵉ s. « trésorier royal » ; ARGENTIFÈRE XVIᵉ s. ; DÉSARGENTER XVIIᵉ s. ; VIF-ARGENT XIIIᵉ s., sur le modèle du lat. *argentum vivum*, empr. par les alchimistes au lat. class. ♦ⅠⅡⅠ ARGUER XIᵉ s. représente par voie savante *arguere*, par voie populaire *argutari*, dér. de *arguere* ; ARGUMENT (sav.) XIIᵉ s. : *argumentum* ; ARGUMENTER (sav.) XIIᵉ s. : *argumentare* ; ARGUMENTATION (sav.) XIVᵉ s. : *argumentatio* ; ARGUTIE (sav.) XVIᵉ s. : *argutia* « subtilité ».

II. mots issus du grec

♦ⅠⅠⅠ ARGYR(O)- : premier élément de composés sav. exprimant la notion d'« argent », ex. : ARGYROSE XXᵉ s. ♦ⅠⅡⅠ LITHARGE XIVᵉ s. : gr. *litharguros* « pierre d'argent », par le lat. ♦ⅠⅢⅠ HYDRARGYRE XVIᵉ s. : *hudrarguros* « argent liquide », « mercure », d'où HYDRARGYROSE, -ISME XIXᵉ s.

ARGILE (pop.) XIIᵉ s. : lat. *argilla* : gr. *argillos* « terre de potier » ; ARGILEUX XIIᵉ s. ; ARGILIÈRE XIIIᵉ s.

ARIDE (sav.) XIVᵉ s. : lat. *aridus*, de *arere* « être desséché » ; remplace l'anc. fr. *are* (pop.) ; ARIDITÉ (sav.) XIIᵉ s. : *ariditas*.

ARISTO- représentants du gr. *aristos* « le meilleur ».

ARISTOCRATIE (sav.) XIVᵉ s. : *aristokrateia* « gouvernement des meilleurs » (→ -CRATE) ; ARISTOCRATIQUE (*id.*) : *aristokratikos* ; ARISTOCRATE XVIᵉ s., vulgarisé fin XVIIIᵉ s., abrégé dans la langue vulgaire en ARISTO, XIXᵉ s.

ARME famille du lat. class. *arma, -orum* neutre plur., « armes » et « ustensiles », lat. vulg. *arma, -ae* fém. sing. Dér. : *armare* « armer » ; *armatura* « armure » ; *armarium* « arsenal », puis « coffre » ; *armamentum* « arsenal » ; et l'adj. *inermis* « sans armes ». → aussi ART.

I. mots populaires

♦ⅠⅠⅠ ARME XIᵉ s., XIIIᵉ s. « armes héraldiques » : *arma* ♦ⅠⅡⅠ ARMER XIᵉ s. « armer » et « équiper » : *armare* ; ARMEMENT XIIIᵉ s. : *armamentum* ; DÉSARMER XVIᵉ s. ; RÉARMER et RÉARMEMENT XVIIIᵉ s. ♦ⅠⅢⅠ Anc. fr. *armoier* « couvrir d'armes héraldiques », dér. de *armer*, est à l'origine d'ARMOIRIES XIVᵉ s., dont les dér. ARMORIER et ARMORIAL XVIIᵉ s. ont subi l'influence de mots comme *historier, histo-*

rial. ♦141 **ARMURE** XIIᵉ s. : *armatūra* ; **ARMURIER** et **ARMURERIE** XIVᵉ s. ♦151 **ARMOIRE** XIIᵉ s., var. de *armaire* : *armarium*. ♦161 **ALARME** XIVᵉ s. : empr. à l'it. *all' arme !* « aux armes ! » ; d'où **ALARMER** XVIᵉ s. « donner l'alarme », XVIIᵉ s. sens actuel ; **ALARMANT** et **ALARMISTE** fin XVIIIᵉ s.

II. mots savants

♦111 **ARMATEUR** XVIᵉ s. : bas lat. *armator*, dér. de *armare* au sens d'« équiper ». ♦121 **ARMATURE** XVᵉ s. « armure », XVIIᵉ s. sens actuel : *armatura* ♦131 **ARMISTICE** XVIIᵉ s. : lat. diplomatique moderne *armistitium* formé à l'aide d'un dér. de *sistere* « arrêter » → SOLSTICE, art. ESTER.

ARÔME ♦111 (sav.) XIIᵉ s. : gr. *arôma* par le lat. ♦121 **AROMATE** (sav.) XIVᵉ s. : lat. *aromatum*, dér. de *aroma* ; **AROMATIQUE** XIIIᵉ s. ; **AROMATISER** XIVᵉ s. ; **AROMATISATION** XVIᵉ s., représentent des dér. bas lat. de *aromatum* : *aromaticus* et *aromatizare*.

ARONDE ♦111 (pop.) XIIᵉ s. : lat. vulg. **harunda*, altération du lat. class. *hirundo* « hirondelle ». ♦121 **HIRONDELLE** (pop.) XVIᵉ s. : forme du Midi de la France où le type *hirundo* avait subsisté, a supplanté l'anc. fr. *arondelle*.

ARPENT (pop.) XIᵉ s. : lat. vulg. **arependis* : lat. *arepennis*, mot d'origine gauloise : **ARPENTER** XIVᵉ s. ; **ARPENTAGE** XIIIᵉ s. ; **ARPENTEUR** XVᵉ s.

ARPETTE (pop.) XIXᵉ s. : mot obscur attesté à Genève au XIXᵉ s. avec le sens de « mauvais travailleur » ; peut-être de l'all. *Arbeiter* « travailleur ».

ARQUEBUSE XVᵉ s. : moyen haut all. *hâckenbühse* « canon à crochet », représenté aussi par l'it. *archibugio*, qui a dû avoir une influence sur la forme française du mot. **ARQUEBUSADE** XVᵉ s. ; **ARQUEBUSIER** XVIᵉ s.

ARRHES ♦111 (pop. avec graphie sav.) XIIᵉ s. : lat. *arrha*, abrév. du gr. *arrhabôn*, d'origine sémitique (hébreu *'erabon* « gage »). ♦121 **ACCAPARER** XVIᵉ s. « acheter en donnant des arrhes », XVIIIᵉ s. « acheter tout ce qui se trouve sur le marché » : it.

anc. *accapparrare* « donner des arrhes », dér. de *caparra*, composé de *capo* « principal » et de *arrha* ; **ACCAPAREMENT**, **ACCAPAREUR** XVIIIᵉ s.

ARRIÈRE famille du préverbe lat. *re-*, marquant un mouvement en arrière. Dér., l'adverbe *retro* « en arrière » concurrencé en lat. vulg. par les formes renforcées *ad retro* et *de retro*, d'où l'adj. **deretranus* « de derrière ».

I. représentants de *retro*

♦111 **ARRIÈRE** (pop.) XIᵉ s. : *ad rĕtro*. **ARRIÉRER** XIIIᵉ s. ; **ARRIÉRÉ** XVIIIᵉ s. adj., « en retard », XIXᵉ s. subst., « paiement ou travail en retard » ; **ARRÉRAGES** XIVᵉ s. altération de l'anc. fr. *arriérages*. ♦121 **ARRIÈRE-** : préfixe, marque avec les noms de parenté un intervalle d'une génération de plus que le simple : p. ex. *arrière-neveu*, *arrière-grand-père*, etc. ♦131 **DERRIÈRE** (pop.) XIᵉ s. adv., XVᵉ s. subst. : *de retro*. Les deux *r* sont dus à l'influence de *derrain*, → le suivant. ♦141 **DERNIER** (pop.) XIIᵉ s., *derrenier*, dér. de l'anc. fr. *derrain*, du lat. **deretrānus* ; **AVANT-DERNIER** XVIIIᵉ s. ♦151 **RÉTRO-** (sav.) : préf. signifiant « en arrière », ex. : *rétroviseur*, *rétrocéder*, etc.

II. représentants de *re-*

♦111 **RE-** (devant consonne), **R-** (devant voyelle) (pop.) : préf. exprimant le retour en arrière ou la répétition, du moins à l'origine (*repriser*) ; s'emploie surtout avec des verbes (*refaire*, *racheter*), mais aussi avec quelques subst., ex. : *reflux*. ♦121 **RÉ-**, forme savante du même préf. : *réorganiser*.

ARROI famille du germ. **redhs* « moyen », « provision » (→ all. *raten* « conseiller ») introduit en lat. vulg. par les mercenaires germains ; d'où les verbes **arredare* « mettre en ordre » et **conredare*, adaptation du got. *garedan* « réfléchir ».

♦111 **ARROI** (pop.) fin XIIᵉ s., dér. de l'anc. fr. *areer*, *arroyer* : **arredare* ; **DÉSARROI** XIIIᵉ s., de *desarroyer*, dér. de *arroyer*. ♦121 **CORROYER** (pop.) XIᵉ s. « préparer », « équiper », XIIIᵉ s. « donner sa façon au cuir » : **conredare* ; **CORROYEUR** XIIIᵉ s.

ARSENAL ♦111 XIIIᵉ s. : it. *arsenale*, du bas grec *arsénalès*, de l'arabe *dâr-sinâ'a*

ARSENIC

« chantier de constructions maritimes » ; a désigné jusqu'au XVIᵉ s. l'arsenal de Venise. ♦ |2| **DARSE** XVᵉ S. : génois *darsena*, même origine.

ARSENIC (sav.) XIVᵉ s. : gr. *arsenikos* « mâle », à cause de la puissante efficacité de cette drogue ; **ARSENICAL** XVIᵉ S. ; **ARSÉNIATE** XVIIIᵉ S. ; **ARSÉNIEUX** XIXᵉ S.

ART famille d'une rac. ind.-eur. **are-*, ou **re-* « adapter », « ajuster », qui apparaît : (1) sous la forme **ar-* dans le lat. *artus* « membre », d'où *articulus* « articulation » ; *ars, artis* « manière », d'où *iners, inertis* « sans art », « malhabile » ; sans doute *arma* → ARME ; dans le gr. *arthron* « articulation » ; (2) avec un élargissement -*i*- dans le gr. *arithmos* « nombre » (3) avec un élargissement -*sm*- dans le gr. *harmonia* « juste rapport », issu de **ar-sm-o* (4) sous la forme **re-*, avec un élargissement -*i*-, dans le lat. *ritus*, mot religieux, exprimant l'idée de correction dans l'exécution des cérémonies.

I. mots issus du latin
A. mots populaires

♦ |1| **ART** XIᵉ S. : « métier, technique », XVIIᵉ s. sens moderne : *ars*. ♦ |2| **ARTISAN** XVIᵉ S. : it. *artigiano*, dérivé de *arte* ; **ARTISANAT** XIXᵉ S. ; **ARTISANAL** XXᵉ S. ♦ |3| **ORTEIL** XIIIᵉ S., var. *arteil* en anc. fr. : *articŭlus* ; la forme en o est peut-être due à l'influence du mot gaulois *ordigas* « gros orteil », attesté par des gloses.

B. mots savants

♦ |1| **ARTISTE** XIVᵉ S. « étudiant de la faculté des Arts », puis « artisan », XVIIIᵉ s. sens moderne : lat. médiéval et it. *artista* ; **ARTISTEMENT** XVIᵉ S. ; **ARTISTIQUE, ARTISTIQUEMENT** XIXᵉ S. ♦ |2| **ARTICLE** XIIᵉ S. : « articulation », XIIIᵉ s. gramm. et jur., « partie d'un traité, d'une loi », d'où « partie d'un écrit quelconque », XVIᵉ s. « objet commercial » : *articulus* XVIIᵉ s. *l'article de la mort*, calqué sur le lat. *in articulo mortis*, où *articulus* a le sens de division du temps. ♦ |3| base **ARTICUL-** dans **ARTICULER** XIIIᵉ S. ; **ARTICULATION** XVᵉ S. ; **ARTICULAIRE** XVIᵉ S. : lat. *articulare, articulatio, articularis* ; **DÉSARTICULER** XVIIIᵉ S., -**ATION** XIXᵉ S. ; **INARTICULÉ** XVIᵉ S. ♦ |4| **ARTIFICE** XIIIᵉ S. « métier », « habileté », XVᵉ s. *feu artificiel* d'où XVIIᵉ s. *feu d'artifice* : *artificium* → FAIRE ; **ARTIFICIEUX** XIIIᵉ S. : *artificiosus* ; **ARTIFICIEL** XIIIᵉ S. « fait avec art », XVIIIᵉ s. sens moderne : *artificialis*, d'où **ARTIFICIELLEMENT** XVᵉ S. ; **ARTIFICIER** XVIIᵉ S. subst., dér. de *(feu d')artifice*. ♦ |5| **INERTE** XVIᵉ s. « ignorant », XVIIIᵉ s. sens moderne : *iners, -ertis* ; **INERTIE** XVIIᵉ S. : *inertia*. ♦ |6| **RITE** XIVᵉ S. ; *ritus* ; **RITUEL** XVIᵉ S. *ritualis* ; **RITUALISTE** XVIIᵉ S. ; **RITUALISME** XIXᵉ S.

II. mots savants issus du grec

♦ |1| **ARTHRITE** XVIᵉ S. : gr. *arthritis* « goutte », dér. de *arthron* (par le lat.) ; **ARTHRITIQUE** XIIIᵉ S. ; **ARTHRITISME** XXᵉ S. ♦ |2| **ARTHRO-** : *arthron* ; 1ᵉʳ élément de mots savants tels que **ARTHROSE** XIXᵉ S. ; **ARTHROPODE** XIXᵉ S. → PIED. ♦ |3| **ARITHMÉTIQUE** XIIᵉ S. : *arithmêtikê* « science des nombres » (par le lat.) ; **ARITHMÉTICIEN** XIVᵉ S. ; **ARITHMÉTIQUEMENT** XVIᵉ S. ; **LOGARITHME** et **LOGARITHMIQUE** XVIIᵉ S. : lat. scient. du XVIIᵉ s. *logarithmus* du gr. *logos* au sens de « rapport » (→ LOGO-, art. LIRE) et *arithmos*. ♦ |4| **HARMONIE** XIIᵉ S. : gr. *harmonia*, par le lat., d'où (a) **PHILHARMONIE** XIXᵉ S. et **PHILHARMONIQUE** XVIIᵉ S. ; (b) **HARMONIEUX** XIVᵉ S. et **INHARMONIEUX** XVIIIᵉ S. ; (c) **HARMONIUM** XIXᵉ S. : mot créé par le facteur d'orgues Debain ; (d) **HARMONIQUE** XIVᵉ S. : gr. *harmonikos*, par le lat. ; (e) **HARMONICA** XVIIIᵉ S. une première fois, par l'angl., XIXᵉ s. une seconde fois, par l'allemand : *harmonica*, fém. de la forme lat. de *harmonikos*.

ARTÈRE (sav.) XIIIᵉ S. anat., XIXᵉ S. « voie de grande circulation » : gr. *artêria*, par le lat. ; **ARTÉRIEL** XVIᵉ S. ; **ARTÉRIOLE** XVIIᵉ S. ; **ARTÉRITE** XIXᵉ S. ; **ARTÉRIOSCLÉROSE** XIXᵉ S. ; **ARTÉRIOSCLÉREUX** XXᵉ S.

ARTICHAUT XVIᵉ S. : lombard *articio (co)*, altér. de l'it. *carciofo*, de l'arabe *al karchoûf*.

ARTILLERIE (pop.) XIIIᵉ s., dér. de l'anc. fr. *artilier*, altération, sous l'influence de *art*, de *atillier*, variante de l'anc. fr. *atirier* « arranger, disposer, armer », lui-même dér. de *tire* « rang », du frq. **teri* (→ anc. haut all. *ziari* « parure »). *Artilier* a pris le sens de « garnir d'engins » d'où le sens premier d'**ARTILLERIE** « ensemble des engins de guerre ».

AS (sav.) XIIᵉ S. terme de jeu de dés, puis de cartes, XXᵉ s. « cavalier du premier peloton », d'où « soldat de valeur », puis « homme de valeur » en général : lat. *as*, monnaie et unité de poids.

ASCÈTE (sav.) XVI⁰ s. : gr. *askêtês* « qui s'exerce » ; **ASCÉTIQUE** XVII⁰ s. ; **ASCÉTISME** XIX⁰ s. ; **ASCÈSE** XX⁰ s. : gr. *askêsis* « exercice ».

ASILE (sav.) XIV⁰ s. : lat. *asylum* ; du gr. *asulon*, de *a* privatif et *sulân* « piller » : « lieu inviolable ».

ASPERGE ♦ I1I (demi-sav.) XIII⁰ s. : gr. *asparagos*, par le lat. ♦ I2I **ASPARAGUS** (sav.) XIX⁰ s. : forme latine de ce mot.

ASPHALTE (sav.) XII⁰ s. : gr. *asphaltos* « bitume », par le bas lat. ; **ASPHALTEUR, ASPHALTER**, XX⁰ s.

ASPHYXIE (sav.) XVIII⁰ s. : gr. *asphuxia*, de *a* privatif et *sphuxis* « battement du pouls » ; **ASPHYXIER** XVIII⁰ s.

1. ASPIC (sav.) XIII⁰ s. « serpent » : gr. *aspis* « naja d'Égypte », par le lat. ; *c* emprunté à *basilic* (→ Psaume 90 « vous marcherez sur l'aspic et le basilic »).

2. ASPIC (demi-sav.) XIX⁰ s., cuis. « jus pris en gelée avec divers aliments », par analogie avec l'*huile d'aspic*, tirée de la *lavande spic* : lat. *lavandula spica*, substance oléagineuse et transparente.

ASPIRINE (sav.) XX⁰ s. : all. *Aspirin*, de *a* privatif et *spiraea (ulmaria,)* pour montrer que cet acide synthétique n'est pas tiré de cette plante, qui le contient naturellement.

ASSASSIN famille de l'arabe *hachich* « chanvre » et de son dérivé *hachichiya* « buveur de hachisch », nom donné en particulier, au XI⁰ s., à des membres de la secte du Vieux de la Montagne, que leur chef fanatisait en leur faisant boire du hachisch et qui, sous l'influence de cette drogue, assassinaient souvent des chefs chrétiens ou musulmans ; emprunté à l'époque des croisades par le français, qui l'a d'abord utilisé comme nom propre, et par l'italien.

♦ I1I **ASSASSIN** XVI⁰ s. : it. *assassino*, de l'arabe *hachichiya*. **ASSASSINER**, **ASSASSINAT**. ♦ I2I **HACHISCH** XVI⁰ s. arabe *hachich*.

-ASSE ♦ I1I suff. nom. adj. fém. (le masculin *-as* a été très peu productif en français), vivant, à valeur péjorative, ex. : *filasse, blondasse* : lat. *-acĕa*. ♦ I2I suff. dér. : **-ASSER**, verbal, ex. : *rêvasser* et **-ASSON**, nom., ex. : *paillasson*. ♦ I3I **-ACE, -ACÉE** (bot.) : formes sav. de ce suff., ex. : *coriace*, *malvacée* ; rencontre avec le lat. *-ax*, *-acem*, également représenté par **-ACE** dans les mots savants, ex. : *fugace*. ♦ I4I Par l'intermédiaire de plusieurs langues romanes, le même suff. *-aceus, -acea* a été réemprunté sous diverses formes : **-ASSE** : *terrasse* (prov.) ; *mollasse* (it.) ; *mélasse* (esp.) ; **-ACE** : *populace* (it.) ; *grimace* (esp.) ; **-ACHE** : *bravache* (it.) ; **-AS** : *coutelas* (it.).

ASSEZ famille du lat. *satis* « assez », renforcé en lat. vulg. en **adsatis*. — Dér. : (1) *satietas* « suffisance » (2) *satiare* « satisfaire », lat. vulg. **adsatiare* (3) *satisfacere* « donner satisfaction » et *satisfactio* (4) *satur* « rassasié », d'où le diminutif *satullus* ; le verbe *saturare* « rassasier » ; le subst. *satura*, lat. imp. *satira* : « macédoine de fruits ou de légumes » d'où, en littérature « pièce de genres mélangés », « satire ».

I. mots populaires

♦ I1I **ASSEZ** XI⁰ s. : **adsatis* a concurrencé et éliminé l'anc. fr. *sez : satis*. ♦ I2I **SAOUL** ou **SOÛL** XIII⁰ s. « repu », XVI⁰ s. « ivre » : *satŭllus* ; **SOÛLER** XIII⁰ s. ; **DESSOULER** XVI⁰ s. ; **SOÛLARD** XVI⁰ s. ; **SOÛLAUD** XVIII⁰ s. ; **SOÛLERIE** et **SOULOGRAPHIE** XIX⁰ s. ♦ I3I **RASSASIER** XII⁰ s., dér. de l'anc. fr. *assasier* : **adsatiāre* ; **RASSASIEMENT** XIV⁰ s.

II. mots savants

♦ I1I **SATIÉTÉ** XII⁰ s. : *satietas* ; **INSATIABLE** XIII⁰ s. : *insatiabilis*, dér. de *satiare* ; **INSATIABILITÉ** XVI⁰ s. ♦ I2I **SATISFAIRE** XIII⁰ s. « payer », XIV⁰ s. « donner satisfaction », XVII⁰ s. « plaire » : *satisfacere* ; **SATISFAISANT** XVII⁰ s. ; **SATISFAIT** XV⁰ s. « absous », XVI⁰ s. « content », **INSATISFAIT** XVI⁰ s., rare jusqu'au XIX⁰ s. ♦ I3I **SATISFACTION** XII⁰ s. ; **INSATISFACTION** XVII⁰ s. ; **AUTOSATISFACTION** XX⁰ s. ♦ I4I **SATISFECIT** XIX⁰ s., mot scolaire : mot lat., parfait de *satisfacere* : « il a donné satisfaction ». ♦ I5I **SATIRE** XIV⁰ s. : *satira* ; **SATIRIQUE** XIV⁰ s. ; **SATIRISER** XVI⁰ s. ; **SATIRISTE** XVII⁰ s. ♦ I6I **SATURER**

XIVe s. « rassasier », XVIIIe s., chimie : *saturare* ; **SATURATION** XVIe s. : bas lat. *saturatio* ; **SATURABLE** XIXe s. ; **SATURANT** XVIIIe s. ; **SATURATEUR** XIXe s. ; **SURSATURÉ** XVIIIe s. ; **SURSATURATION** XIXe s.

-ASTE (sav.) : suff. nom. masc. formant des noms d'agent : gr. *-astés*, ex. : *cinéaste*.

ASTHÉNIE ♦ |1| (sav.) XVIIIe s. : gr. *astheneia* « manque de force », de *a* privatif et *sthenos* « force » ; **ASTHÉNIQUE** XIXe s. ♦ |2| **-ASTHÉNIE**, 2e élément de composés sav. : **NEURASTHÉNIE**, **-IQUE** XIXe s. ; **PSYCHASTHÉNIE**, **-IQUE** XXe s.

ASTHME (sav.) XIVe s. : gr. *asthma* « essoufflement », par le lat. ; **ASTHMATIQUE** XIVe s.

ASTIQUER ♦ |1| (pop.) XVIIIe s., mot dial. du Nord de la France, attesté en Wallonie au XVIIIe s. avec le sens de « piquer » : néerl. *steeken*, ou frq. **stikkan* « piquer ». ♦ |2| **ASTIC** (pop.) XVIIIe s. : dér. du précédent, avec passage du sens premier probable de « objet pointu » au sens technique attesté : « morceau d'os de cheval ou de mulet utilisé par les cordonniers pour polir le cuir ». ♦ |3| **ASTIQUER** (pop.) XIXe s. « polir », mot français et plus particulièrement parisien, dér. de **ASTIC**. ♦ |4| **ASTICOT** (pop.) XIXe s. et **ASTICOTER** (pop.) XVIIIe s. : dér. du dial. **ASTIQUER**, par l'intermédiaire du suffixe diminutif *-ot*, *-oter* ; l'**ASTICOT** serait ainsi une « bête qui fait de petits trous » et **ASTICOTER** signifierait à l'origine « piquer légèrement » ; il est possible, de plus, que **ASTICOTER** se soit croisé avec un ancien *dastigoter* XVIIe s., *tastigoter* XVIIIe s. « parler allemand », « parler vite », « contredire », « chagriner », issu de *dass dich Gott* « que Dieu te... », premiers mots de jurons allemands introduits par les lansquenets.

ASTUCE (sav.) XIIIe s. : lat. *astutia* « ruse » ; **ASTUCIEUX** XIVe s.

ATARAXIE (sav.) XVIe s. : gr. *ataraxia* « tranquillité », de *a* privatif et *taraxis* « trouble ».

ATHLÈTE famille sav. du gr. *athlos* « combat dans les Jeux, concours », d'où *athlon* « prix d'un combat, récompense », *athlêtês* « celui qui concourt dans les Jeux », et *pentathlon* « épreuve sportive composée de cinq exercices : la course, la lutte, le pugilat, le saut et le lancer du disque » (→ PENTA-, art. CINQ).

♦ |1| **ATHLÈTE** XIVe s., rare jusqu'au XVIe s. : *athlêtês*, par le lat. ; **ATHLÉTIQUE** XVIe s. : *athlêtikos*, par le lat. ; **ATHLÉTISME** XIXe s. ♦ |2| **PENTATHLON** XVIe s., repris au XXe s. : mot grec.

-ÂTRE (pop.) suff. nom. adj. : lat. vulg. *-aster*, ex. : *bellâtre*, *acariâtre* ; encore vivant dans les adj. de couleur où il marque une ressemblance atténuée avec la qualité exprimée par le simple, ex. : *grisâtre*, *bleuâtre*, etc.

ATROPHIE famille sav. du gr. *trephein* « nourrir » et *trophê* « nourriture ».

♦ |1| **ATROPHIE** XVIe s. : *atrophia*, de *a* privatif et *trophê* « privation de nourriture » ; **ATROPHIER** XVIe s. ♦ |2| **TROPHIQUE** XIXe s. « qui concerne la nutrition des tissus » formé sur *trophê* ; **BRADYTROPHIE** XXe s. ♦ |3| **LIMITROPHE** XVe s. : bas lat. jurid. *limitrophus*, « relatif au territoire assigné pour leur subsistance aux soldats des frontières », mot hybride composé de *limes* « frontière » (→ LINTEAU) et de *-trophos*, dér. de *trophê*. **HYPERTROPHIE**, **HYPERTROPHIQUE** et **HYPERTROPHIER** XIXe s.

ATTEINDRE famille d'une racine ind.-eur. **tag-* « toucher », représentée en latin par : (1) *tangere*, *tactus* « toucher », verbe comportant au présent un infixe nasal (*-tingere* en composition) dont les dér. représentés en fr. sont : (a) *tactus-us* « le toucher » ; *intactus* « intact » ; *tactilis* « relatif au toucher » ; (b) lat. eccl. *tangibilis* « qu'on peut toucher » ; (c) *attingere* « toucher à » ; (d) *contingere* « toucher à », d'où *contagio* « contact, contamination », *contagiosus*, *contactus* « contact », ainsi que *contiguus* « qui touche à ». À côté de son sens propre, *contingere* a développé un emploi impersonnel de sens figuré : *contingit* « il arrive que », en parlant des événements (2) avec un élargissement *-s-*, *taxare* « toucher fortement, attaquer » d'où lat. vulg. **taxitare* (3) avec un élargissement *-r- integer* « intact », « irréprochable », d'où *integritas* « état d'un être intact » ; *integrare* et *redintegrare* « rétablir dans son état primitif », et *integratio* (4) avec un élargissement -*smen*-, *contaminare* issu de *con- tag- smen-* « souiller par contact » et bas lat. *intaminare*, même sens.

I. mots populaires

♦ |1| ATTEINDRE XIe s. : **attangere*, altération de *attingere* d'après *tangere* ; ATTEINTE XIIIe s. ♦ |2| TÂTER XIIe s. : **taxĭtāre*, d'où TÂTONNER XIIe s. et TÂTONNEMENT XVIe s., TATILLON XVIIe s., À TÂTONS XIIe s. ; TÂTE-VIN XIXe s. ♦ |3| ENTIER XIIe s., réfection, par substitution de suffixe, de *entir* : *intĕger* ; ENTIÈREMENT XIIe s. ♦ |4| Il existait en anc. fr. un adjectif *enterin* « complet, achevé », représentant un **integrinus* dér. de *integer*, et d'où dérivent ENTÉRINER XIIIe s. ; ENTÉRINEMENT XIVe s. ♦ |5| ENTAMER XIIe s. : *intaminăre* ; ENTAME XIVe s., rare jusqu'au XIXe s.

II. mots savants

A. base -*tact*- ♦ |1| TACT XIVe s. : *tactus* ; TACTILE XVIe s. : *tactilis* ; TACTISME XXe s. ♦ |2| CONTACT XVIe s. : *contactus*, CONTACTER XIXe s. ; CONTACTEUR XXe s. électr. ♦ |3| INTACT XIVe s. : *intactus*.

B. autres bases ♦ |1| TANGENT XVIIIe s. : *tangens*, part. présent de *tangere* ; TANGENTE XVIIIe s. ; TANGENCE et TANGENTIEL XXe s. ; TANGIBLE XIVe s. : *tangibilis*, d'où INTANGIBLE XVe s., et INTANGIBILITÉ XIXe s. ♦ |2| CONTINGENT XIVe s. adj., XVIe s. subst. : *contingens*, part. présent de *contingere* au sens de « arriver par hasard », d'où CONTINGENCE XIVe s. ; CONTINGENTER et CONTINGENTEMENT XXe s. ♦ |3| CONTAGION XIVe s. : *contagio* ; CONTAGIEUX XIVe s. : *contagiosus*. ♦ |4| CONTIGU XIVe s. : *contiguus*. CONTIGUÏTÉ XVe s. ♦ |5| CONTAMINER XIIIe s. : *contaminare* ; CONTAMINATION XIVe s. ; DÉCONTAMINER XXe s. ♦ |6| INTÉGRITÉ XIVe s. : « virginité », XVe s. probité » : *integritas* ; INTÈGRE XVIe s. : *integer* ; INTÉGRISME, -ISTE XXe s. ♦ |7| INTÉGRER XIVe s. : « accomplir », XVIIIe s. math., XXe s. sens mod. : *integrare* ; INTÉGRATION « id. » *integratio* ; RÉINTÉGRER, RÉINTÉGRATION XIXe s. ♦ |8| INTÉGRAL XIVe s. : « entier » ; XVIIe s. adj., math. : XVIIIe s. subst. fém., math. : dér. formé sur *integer* ; en part., au sens math. : lat. mod. *integralis*, mot forgé par Bernoulli ; INTÉGRALITÉ XVIIe s. ♦ |9| DÉSINTÉGRER et DÉSINTÉGRATION XIXe s. : dér. formés sur *integer* d'après son sens originel.

ATTELER (pop.) XIIe s. : lat. vulg. **attelāre*, formé par substitution de préf. sur *protelāre* « conduire », dér. de *protelum* « traction », « attelage de bœufs », p.-ê. apparenté à *tendere* « tendre ». DÉTELER XIIe s. ; ATTELAGE XVIe s.

ATTIFER (pop.) XIIIe s. dér. de l'anc. fr. *tifer* du germ. **tipfon* (→ all. *Zipfel* « bout, frange »). TIFFES (pop.) XIXe s. « cheveux ».

1. AUBE famille du lat. *albus* « blanc », qui s'appliquait entre autres choses à la lumière du soleil levant ; le neutre *album* désignait à l'origine un tableau peint en blanc sur lequel on écrivait à l'encre les noms des magistrats, les formules de droit, les fêtes solennelles, etc., et par la suite toute espèce de registres. — Dér. : *albulus*, dimin. « poisson blanc », « ablette » ; *albumen, -inis* « blanc d'œuf » ; *alburnum* « aubier ».

I. mots populaires

♦ |1| AUBE XIe s. : *alba*, fém. de *albus* ; le sens de « tunique blanche », spécialisation du lat. eccl., est attesté également à partir du XIe s. ♦ |2| AUBÉPINE : *alba spina* « épine blanche » ; il existe aussi une forme masculine ; AUBÉPIN : *albus spinus* désignant plus précisément l'arbuste. ♦ |3| AUBIER : altération, par changement de suff., de l'anc. fr. *aubour* : *alburnum*. ♦ |4| ABLETTE XIe s., dér. du masc. anc. fr. *able* : *albulus*, avec dissimilation des deux *l*.

II. mots d'emprunt

♦ |1| ALBINOS XVIIe s. de l'expression esp. *negros albinos* appliquée aux nègres blancs des côtes d'Afrique, puis d'Amérique. Dimin. de *albo* « blanc », de *albus*. ♦ |2| AUBADE XVe s. : prov. *aubada* « concert qu'on donne à l'aube ». ♦ |3| AUBURN XXe s., mot anglais signifiant à l'origine « jaunâtre », issu de l'anc. fr. *auborne* « blanchâtre », var. de *aubour*, de *alburnus*.

III. mots savants

♦ |1| ALBUMINE XIXe s. : *albumen, -inis* ; ALBUMINEUX XVIIe s. ; ALBUMINOÏDE, ALBUMINURIE, -IQUE XIXe s. ♦ |2| ALBUM XVIIIe s. : all. *Album*, empr. au lat.

2. AUBE (pop.) XIe s., sous la forme *alve*, « planchette employée en sellerie », puis

« palette de roue hydraulique » : lat. imp. *alapa* « gifle », qui a dû signifier aussi « main », d'où « palette ». Le *b* au lieu du *v* doit provenir d'une contamination avec le précédent.

AUBERGINE mot languedocien qui ne l'emporte qu'au XVIII⁰ s., sur une multitude de dénominations, d'origines diverses, de ce légume connu depuis le XVI⁰ s. : catalan *alberginia*, de l'arabe *al bâdindjân*, lui-même empr. au persan.

-AUD ♦|1| (pop.) suff. nom. adj. péjoratif, ex. : *rougeaud, salaud* ; d'abord dans les noms propres ; ex. : *Renaud* ; germ. *-wald*, apparenté au verbe *waldan* « gouverner » ; évolution sémantique obscure. ♦|2| formes élargies -ICAUD, -IGAUD, dans *moricaud, saligaud*.

AUGE ♦|1| (pop.) XII⁰ s. : lat. vulg. **alvĕa*, du lat. class. *alveus* « cavité », « récipient de bois creusé », dér. de *alvus* « ventre ». ♦|2| **ALVÉOLE** (sav.) XVI⁰ s. : lat. *alveolus*, dimin. d'*alveus* ; **ALVÉOLAIRE** XVIII⁰ s.

AUMÔNE représentants français des dér. du gr. *eleos* « pitié » : *eleêmosunê* « acte de pitié », « don charitable », et *eleein* « avoir pitié ».
♦|1| **AUMÔNE** (pop.) XI⁰ s. : gr. *eleêmosunê*, par le lat. vulg. **alemosina*, altération du lat. eccl. *eleemosyna* ; **AUMÔNIER** XI⁰ s. ; **AUMÔNIÈRE** XIII⁰ s. ; **AUMÔNERIE** XIII⁰ s. ♦|2| **KYRIE ELEISON** (sav.) XIII⁰ s. : le second mot de cette formule liturgique catholique est l'impératif du verbe *eleein* : « Seigneur, aie pitié » (premier mot, → KYRIELLE).

1. **AUNE** ou **AULNE** (pop.) XI⁰ s., espèce d'arbre, peut provenir soit du lat. *alnus*, hypothèse la plus facile au point de vue phonétique, soit du frq. **alira* (→ all. *Erle*), altéré en **alinus*, p.-ê. d'après *fraxinus* « frêne », hypothèse la plus vraisemblable pour des raisons géographiques et chronologiques. Les deux mots représentent d'ailleurs vraisemblablement le même ancêtre indo-européen. **AUNAIE** XIV⁰ s.

2. **AUNE** (pop.) XI⁰ s., ancienne mesure : frq. **alina* (→ all. *Elle*) « avant-bras » ; **AUNER** XII⁰ s.

AUSTÈRE (sav.) XIII⁰ s. : lat. imp. *austerus*, du gr. *austéros* « sec », « âpre », et déjà sens moral ; **AUSTÉRITÉ** XIII⁰ s. : *austeritas*.

AUTEL (pop.) XI⁰ s. : altération mal expliquée de la var. *alter*, du lat. eccl. *altāre*, du lat. class. *altaria* (neutre plur.) « partie de l'autel sur laquelle on brûlait les offrandes » et « autel consacré aux dieux d'en haut ». *Ara*, qui a disparu, avait un sens plus général.

AUT(O)- représentants savants du gr. *autos* « soi-même ».

I. dérivés modernes

AUTISME et **AUTISTIQUE** XX⁰ s., psycho : all. *Autismus* et *Autistisch*, formés sur *autos* ; **AUTISTE** XX⁰ s.

II. aut(o)-, premier élément de composés empruntés au grec (la plupart sont étudiés à propos du 2ᵉ élément)

♦|1| **AUTARCIE** → EXERCICE. ♦|2| **AUTHENTIQUE** XII⁰ s. : gr. *authentikos*, par le lat. ; dér. de *authentès* « maître absolu » (d'où en fr. « qui fait autorité »), dont le second élément n'est pas clair ; **AUTHENTIQUEMENT** XIV⁰ s. ; **AUTHENTIQUER** XV⁰ s. ; **AUTHENTICITÉ** XVI⁰ s. ; **AUTHENTIFIER** XIX⁰ s. ♦|3| **AUTOCRATE** → -CRATE. ♦|4| **AUTOCHTONE** → HOMME. ♦|5| **AUTODIDACTE** → DOCTE. ♦|6| **AUTOGÈNE** → GENS. ♦|7| **AUTOGRAPHE** → GRAMME. ♦|8| **AUTOMATE** XVI⁰ s. : *automatos* « qui se meut de lui-même » ; le second élément, assez obscur, se rattache peut-être à la racine **men* « penser », → -MENT ; le sens premier serait alors « qui agit de son propre chef » ; **AUTOMATIQUE** XIII⁰ s., **AUTOMATISME** XVIII⁰ s. ; **AUTOMATISER, AUTOMATISATION** début XX⁰ s. ; forme abrégée **AUTOMATION** XX⁰ s. ♦|9| **AUTONOME** → NOMADE. ♦|10| **AUTOPSIE** → ŒIL. ♦|11| **TAUTOLOGIE** XVI⁰ s. : gr. *tautologia* « redite », dér. de *tautologos*, « qui redit la même chose », *autos* précédé de l'article *to* prenant en grec le sens de « le même » ; **TAUTOLOGIQUE** XIX⁰ s. → LIRE.

III. auto-
préfixe très vivant, surtout dans la langue de la politique, des sciences et des techniques, qui admet d'être associé aux bases les plus variées. Il exprime l'idée d'une action accomplie par le sujet sur lui-même ou d'une action automatique, ex. : *autocri-*

tique, *autodétermination* et *autocuiseur, autopropulseur, automobile.*

IV. automobile

♦ ⅠⅠⅠ fin XIXᵉ s., d'abord adj. « qui se meut de soi-même », puis subst, avec hésitation de genre jusqu'au début du XXᵉ s. ; **AUTOMOBILISME, AUTOMOBILISTE** XIXᵉ s. ♦ ⅠƨⅠ **AUTO**, forme abrégée, début XXᵉ ; **AUTOBUS** début XXᵉ s., → -BUS. ♦ ⅠƷⅠ **AUTO-** préfixe très vivant, utilisé au XXᵉ s. pour indiquer que le second élément du mot a un rapport quelconque avec l'automobile : **AUTODROME** 1906 ; **AUTOMITRAILLEUSE** 1909 ; **AUTOCAR** 1910 ; **AUTOCHENILLE** 1922 ; **AUTO-ÉCOLE, AUTORAIL** 1925 ; **AUTOSTRADE** 1925 : it. *autostrada* « autoroute » ; **AUTOROUTE, AUTOSTOP** 1953 ; **AUTOSTOPPEUR** 1955 ; **AUTOCOAT** 1960.

AUTOMNE (sav.) XIIIᵉ s. : lat. *autumnus* ; **AUTOMNAL** XIIᵉ s. : *autumnalis*.

AUTRE famille d'une rac. ind.-eur. **al-* « autre », représentée :
En grec par *allos* « autre », qui entre dans un grand nombre de composés ; par *allêlôn* « les uns les autres », qui indique une réciprocité, et par *allassein* « échanger ».
En latin par : (1) *alius, -a, -ud* « différent », « autre parmi plusieurs » d'où (a) les adverbes *alias* « autrement », *alibi* « ailleurs » et lat. vulg. **alid sic*, var. de *aliud sic*, littéralement « autre chose de la même façon » ; (b) *alienus* « qui appartient à un autre », d'où *alienare* « faire passer sous la domination d'un autre », et *alienatio* (2) *alter* « l'autre » de deux, opposé à « l'un », devenu en lat. imp. synonyme de *alius* qu'il a largement supplanté, d'où : (a) *alterare* « falsifier », *-ulterare* en composition, d'où *adulterare* « corrompre », en particulier une femme, *adulter, -a* « adultère » (adj.) ; lat. eccl. *adulterium* « adultère » (subst.) ; *adulteratio* et *adulterinus* ; (b) *altercari* « se disputer », à l'origine mot de la langue juridique indiquant l'échange des arguments des deux parties dans un procès ; d'où *altercatio* ; (c) *alternus* « un sur deux » d'où *alternare* et lat. vulg. *subalternus* « à la disposition de l'un ou de l'autre ».

I. mots issus du latin

A. mots populaires ♦ⅠⅠⅠ **AUTRE** et **AUTREMENT** XIᵉ s. : *alter*. ♦ⅠƨⅠ **AUTRUI** XIᵉ s. : lat. vulg. **alterui*, altération de *alteri*, datif de *alter*, ancien cas régime indirect de *autre*, devenu indépendant. ♦ⅠƷⅠ **AUSSI** XIIᵉ s. : **alid sic*.

B. mots savants ♦ⅠⅠⅠ **ALTRUISME** XIXᵉ s., mot créé par A. Comte, dér. d'une réfection savante d'*autrui* d'après *alter*. ♦ⅠƨⅠ **ALIÉNER** XIIIᵉ s. « vendre », XIVᵉ s. « rendre hostile » et « ôter la raison » : *alienare* ; **ALIÉNATION** XIIIᵉ s., jur., XIVᵉ s. « trouble mental », XVIIIᵉ s. « fait de céder un droit naturel », XIXᵉ s. sert à traduire le mot *Entfremdung* de Marx et Hegel : *alienatio*. — Dér. relatifs au sens juridique : **ALIÉNABLE** XVIIᵉ s., **INALIÉNABLE** XVIᵉ s., **INALIÉNATION** XXᵉ s.— Dér. relatifs au sens psychol. : **ALIÉNISME** et **ALIÉNISTE** XIXᵉ s. ♦ⅠƷⅠ **ALTÉRER** XIVᵉ s. « dénaturer », XVIᵉ s. « exciter », d'où « donner soif » : *alterare*. — Dér. relatifs au 1ᵉʳ sens : **ALTÉRATION** XIIIᵉ s. : *alteratio* ; **ALTÉRABLE** et **INALTÉRABLE** XIVᵉ s. — Dér. relatif au second sens : **DÉSALTÉRER** XVIᵉ s. ♦Ⅰ4Ⅰ **ALTÉRITÉ** XIVᵉ s. « changement », XVIIᵉ s., philo. : bas lat. *alteritas*. ♦ⅠƧⅠ **ALTERNER** XIIIᵉ s. : *alternare*, d'où **ALTERNATIF** XIIIᵉ s., **ALTERNATIVEMENT** XIVᵉ s. ; **ALTERNATIVE** XVᵉ s., sens d'abord uniquement juridique, s'élargit au XVIIᵉ s. ; **ALTERNANCE** XIXᵉ s., **ALTERNE** XVIᵉ s. : *alternus*. ♦ⅠƅⅠ **SUBALTERNE** XVᵉ s. : *subalternus*. ♦ⅠƬⅠ **ALTERCATION** XIIIᵉ s., jur. « débat », XVIᵉ s. « dispute » en général : *altercatio* ; concurrencé jusqu'au XVIIᵉ s. par *altercas*, dér. de *alterquer* lui-même calqué sur *altercari*. ♦ⅠƧⅠ **ADULTÈRE** XIIᵉ s. subst. : *adulterium* ; XIIᵉ s., adj. : *adulter*, fortement concurrencé au Moyen Âge par la forme populaire *avoutre* ; **ADULTÉRIN** XIVᵉ s. : *adulterinus*. ♦ⅠƧⅠ **ADULTÉRER** XIVᵉ s. : *adulterare* ; **ADULTÉRATEUR, ADULTÉRATION** XVIᵉ s. : bas lat. *adulterator, adulteratio*. ♦ⅠⅠ0Ⅰ **ALIAS** XVᵉ s. : mot lat. ♦ⅠⅠⅠⅠ **ALIBI** XIVᵉ s., jur. : mot lat. ♦ⅠⅠƨⅠ **ALTER EGO** XIXᵉ s., locution lat., « un autre moi-même ».

II. mots savants issus du grec

♦ⅠⅠⅠ **ALLÉGORIE**, littéralement « langage différent », → ce mot. ♦ⅠƨⅠ **ALLERGIE**, littéralement « réaction différente », → ORGUE. ♦ⅠƷⅠ **ALLO-** : préf. exprimant l'idée de différence, usuel dans la langue savante actuelle, ex. : *allophone, allomorphe, allocentrisme* XXᵉ s. ♦Ⅰ4Ⅰ **PARALLÈLE** XVIᵉ s. : *parallêlos* « placé en regard d'un autre », dér. de *allêlôn*, par le latin. ♦ⅠƧⅠ **HYPAL-**

LAGE XVIᵉ s. : *hupallagê* « interversion », dér. de *hupallassein* « mettre à la place l'un de l'autre », par le lat. ♦161 **PARALLAXE** XVIᵉ s. : *parallaxis* « changement », dér. de *parallassein* « déplacer ».

AVAL XVIIᵉ s. subst. masc., comm. : it. *avallo*, de l'arabe *hawâla* « mandat » ; **AVALISER** XIXᵉ s., emploi fig. au XXᵉ s.

AVALANCHE (pop.) XVIᵉ s. : dial. savoyard *avalantse*, altération, d'après *avaler* « descendre », d'une autre forme savoyarde, *lavantse*, attestée au XVIIᵉ s. mais certainement antérieure, apparentée à l'a. prov. *lavanca* et à la forme métathétique italienne *valanga*. Ces formes représentent un étymon **lavanca* qui prête à discussion : si l'on s'accorde à voir dans *-anca* un ancien suffixe ligure, on ne sait s'il faut voir dans le radical celui du lat. *labi* « glisser » ou, plus probablement, un mot prélatin **lava* qui est p.-ê. aussi l'étymon de LAVE.

AVANIE XVIIᵉ s. : it. *avania* « impôt que les Turcs exigeaient des marchands chrétiens », d'où « traitement humiliant », dér. de l'adj. turc *hawan* « traître », lui-même empr. à l'arabe.

AVANT famille des deux formes équivalentes gr. *anti* et lat. *ante* « en face de ». À partir de ce sens premier qui leur est commun, le grec a développé celui de « contre », le latin celui de « devant » et « avant ».
Formes latines : en lat. vulg., *ante* a été supplanté (a) par la forme renforcée *ab ante*, littéralement « de devant » ou « d'avant », d'où **abantiare* « avancer » ; (b) par la forme de comparatif **antius*, littéralement « plus avant » c.-à-d. « plus anciennement ». En composition, *ante* apparaît parfois sous la forme *anti-*, p. ex. dans le lat. class. *anticipere* « prendre d'avance », à côté de *antecedere* « marcher devant ». — Dér. de *ante* : lat. class. *antiquus* « ancien », bas lat. *anterior* « antérieur » et *anteanus* « ancien ».

I. mots populaires issus du latin

A. base *-ant-* ♦111 **AVANT** IXᵉ s. adv. et prépos., XVᵉ s. subst. mar., XXᵉ s. subst., sports ; *abante*. ♦121 **AVANT-** emploi préfixal du précédent, devant des subst. ou des adj. ex. : *avant-garde, avant-dernier*. ♦131 **AUPARAVANT** XIVᵉ s. forme renforcée de *avant*. ♦141 **AVANTAGE** XIIᵉ s. sens propre « ce qui est placé en avant » et sens fig., d'où **AVANTAGER** XIIIᵉ s. ; **AVANTAGEUX** XVᵉ s. ; **DÉSAVANTAGE** XVᵉ s. ; **DÉSAVANTAGEUX** XVᵉ s. ; **DÉSAVANTAGER** XVIᵉ s. ♦151 **DAVANTAGE** XIVᵉ s., adv., issu de *d'avantage*, qu'il a fini d'éliminer au XVIIᵉ s., substitut expressif de *plus*. ♦161 **DORÉNAVANT** XIIᵉ s., formé de *d'or en avant*, l'anc. fr. *or, ore* signifiant « maintenant » (→ HEURE). ♦171 **DEVANT** XIᵉ s., sens spatial et sens temporel qui survit encore au XVIIIᵉ s. dans la locution *ci-devant*, usuelle pendant la Révolution ; réfection, par substitution de préfixe, de *davant*, formé de *de* et de *avant*, qu'il a concurrencé et éliminé. **DEVANTURE** XVIIᵉ s. ♦181 **AUVENT** et sa var. *anvant* (pop.) XIIᵉ s. représentent p.-ê. respectivement **al (ad illum)- abante* et **ante-abante* ou **in-abante* avec syncope possible de *a* atone ; graphie *-ent* sous l'infl. de *vent* ; mieux en accord que celt. **andebanno* « totem protecteur en forme de cornes », avec diverses formes méridionales à initiales *a-, e-, au-, à, b-* ou *-v-* intervocalique, avec ou sans *-s* adverbial final, telles que a.prov. *ambans*, prov. *envans*, gasc. *emban*, *aubans* : fortifications avancées ou auvents de boutiques.

B. base *-anc-* ♦111 **AVANCER** XIIᵉ s. : **abantiāre* ; d'où **AVANCE** XIVᵉ s., XVIIIᵉ s., finances ; **AVANCÉ** XIXᵉ s., polit. ; **AVANCEMENT** XIIᵉ s. ♦121 **DEVANCER** XIIᵉ s. ; **DEVANCIER** XIIIᵉ s. : mots formés à partir de *devant*, sur le modèle de *avancer*. ♦131 **ANCIEN** XIᵉ s. : *anteanus*, d'où **ANCIENNEMENT** XIIᵉ s. ; **ANCIENNETÉ** XIIᵉ s. ♦141 **ANCÊTRE** → CESSER.

C. base *aîn- aîné* XIIᵉ s. formé de *ainz né*, *ainz* représentant *antius* « auparavant » ; **AÎNESSE** XIIIᵉ s.

II. mots savants issus du latin

A. base *anté-* ♦111 **ANTÉRIEUR** XVᵉ s. : *anterior* ; **ANTÉRIORITÉ** XVIᵉ s. ♦121 **ANTÉCÉDENT** → CÉDER. ♦131 **ANTÉ-**, préf. exprimant l'antériorité servant à former des adj. ou des subst., ex. : *antédiluvien, antéversion* ; s'est confondu avec *anti-*, issu du grec, dans *antéchrist*.

B. base *anti-* ♦111 **ANTIQUE** XIIᵉ s. : lat. *antiquus*, a concurrencé puis éliminé la forme populaire *antif, -ive* ; **ANTIQUITÉ** XIe s. : *antiquitas* ; **ANTIQUAIRE** XVIe s., « archéologue », XIXe s. « marchand d'objets anciens » : *antiquarius* « qui aime l'antiquité ». **ANTIQUAILLE** XVIe s., prend un sens péjoratif au XVIIe s. : it. *anticaglia* « antiquités », dérivé de *antico*, lat. *antiquus*. ♦|2| **ANTICIPER** → CHASSER. ♦|3| **ANTI**, préf., variante de ANTÉ- dans *antidater*, formé sur le modèle de *anticiper* et *antichambre* empr. à l'italien.

III. préfixe savant issu du grec
ANTI-, empr. au XVIe s., répandu surtout dans la langue des sciences et de la politique à partir du XVIIIe s. ; associé à un adj. ou un subst., il exprime l'opposition, ex. : *antisémite, antialcoolique*. Il apparaît dans un certain nombre de composés directement empr. au grec, ex. : *antienne, antipodes, antipathie*.

AVARIE XIIIe s. : it. *avaria*, de l'arabe *awariya*, pluriel de *awar* « dommage ». **AVARIER** XVIIIe s.

AVATAR XIXe s., sens propre, puis « transformation » en général, XXe s. « aventure malheureuse » : sanscrit *avatara* « descente », d'où « descente sur la terre d'un être divin », en particulier « incarnation de Vishnu. »

AVEC (pop.) XIe s. sous la forme *avuec* : lat. vulg. *abhōcque renforcement de *ab hoc* « à partir de cela », d'où « immédiatement après », « conjointement ». A supplanté l'anc. fr. *od*, du lat. *apud* « auprès de » (→ aussi CE et À).

AVOCAT XVIIIe s. « fruit de l'avocatier », attesté sous des formes différentes dès le XVIe s. et le XVIIe s. : esp. *abogado* altération par étymologie populaire, d'après *abogado* « avocat » (→ VOIX), de *aguacate*, de l'aztèque *auacatl*.

AVOINE (pop.) XIIe s., sous la forme *aveine*, encore usuelle au XVIe s., qui a été peu à peu concurrencée et éliminée par *avoine*, forme dialectale de l'Est : lat. *avēna*.

AVOIR famille du verbe latin *habere*. *habitus* « tenir », « se tenir », d'où « posséder, occuper » et finalement « avoir », qui a en germanique de nombreux correspondants (all. *haben*, angl. *to have*), formes parentes ou empruntées. Dér. de *habere* : (1) *habitus, -us*, « maintien » (2) *habitudo* « manière d'être, complexion » (rare, mais classique) (3) *habilis* « qui tient bien », « bien adapté à » d'où *inhabilis, habilitas*, et bas lat. *habilitare*, jur., « rendre apte à » (4) au sens de « se tenir », « occuper » *habere* a tendu à être remplacé par son fréquentatif *habitare*, d'où *habitatio, habitaculum, habitabilis* (5) *habere* apparaît sous une forme contractée dans les verbes *debere, debitus* « tenir quelque chose de quelqu'un », d'où « devoir » et *praebere* « produire en avant », d'où « fournir » (6) *habere* apparaît sous la forme *-hibere* dans les verbes *exhibere* « produire au-dehors », d'où *exhibitio* ; *inhibere* « maintenir dans », « arrêter » d'où « exercer une autorité sur », d'où *inhibitio* ; *prohibere* « tenir à l'écart », d'où *prohibitio* ; *redhibere* « faire reprendre » d'où *redhibitorius* « (défaut) qui justifie qu'une chose vendue soit reprise ».

I. mots populaires issus du latin
♦|1| **AVOIR** Xe s., XIe s., déjà emploi substantivé : *habēre* ; **RAVOIR** XIIe s. ♦|2| **DEVOIR** IXe s., XIIe s., emploi substantivé : *debēre* ; **REDEVOIR** XIIe s. ; **REDEVABLE** et **REDEVANCE** XIIIe s. ♦|3| **DETTE** XIIe s. : *debĭta*, pluriel neutre, pris pour un féminin, du part. passé de *debere*, littéralement « choses dues » ; **ENDETTER** XIIe s. ; **ENDETTEMENT** XVIIe s. ♦|4| **DÛ** XIVe s., comme substantif : lat. vulg. *debūtu, altération de *debitu*, d'après les part. passés en -ūtu ; **DÛMENT, INDÛMENT**, et **INDU** XIVe s. ♦|5| **PROVENDE** XIIe s. : lat. vulg. *probenda, altération, par substitution de préfixe, de *praebenda*, pluriel neutre, pris pour un féminin, de l'adj. verbal de *praebere*, littéralement « choses qui doivent être fournies ».

II. mots savants issus du latin
A. base *-habit-* ♦|1| **HABIT** XIIe s. : *habitus* ; le sens lat. de « manière d'être » s'est spécialisé au Moyen Age dans celui de « costume religieux » ; puis « vêtement » en général ; → HABILLER, art. BILLE. ♦|2| **HABITER** XIIe s. : *habitare* ; **COHABITER** XIVe s. : bas lat. *cohabitare* ; **INHABITÉ** XIVe s. ; **HABITACLE** XIIe s. : *habitaculum* ; **HABITABLE** XIIe s. : *habitabilis* ; **INHABITABLE** XIVe s. ; **HABITATION**

XII° s. : *habitatio* ; **COHABITATION** XIII° s. : *cohabitatio* ; **HABITANT** XII° s., part. présent substantivé ; **HABITAT** XIX° s. « milieu géographique », XX° s. « logement ». ♦ |3| **HABITUDE** XIV° s. « complexion du corps », XVI° s., sens moderne, XVII° s., *avoir l'habitude*, achève d'éliminer l'anc. fr. *souloir*, du lat. *solere*, → INSOLENT. L'évolution du sens a dû se faire sous l'influence de *habituer*, qui a pris dès le XIV° s. son sens moderne. ♦ |4| **HABITUER** XIV° s. « munir », et sens moderne : lat. médiéval *habituare*, de *habitus* « manière d'être » ; **HABITUEL** XIV° s. : lat. médiéval *habitualis* ; **HABITUELLEMENT** XIV° s. ; **DÉSHABITUER** XV° s. ; **RÉHABITUER** XVI° s. ; **INHABITUEL** XIX° s.
B. base *-habil-* ♦ |1| **HABILE** XIV° s. « propre à », sens jur., XV° s., sens moderne : lat. *habilis* ; a éliminé la forme pop. anc. fr. *able* ; **INHABILE** XV° s. : *inhabilis* ; **HABILEMENT** XIV° s. ; **MALHABILE** XV° s. ♦ |2| **HABILITÉ** XIII° s., conservé dans la langue jur., et **HABILETÉ** XVI° s. : *habilitas*. ♦ |3| **HABILITER** XIII° s. : lat. médiéval jur. *habilitare* ; **HABILITATION** XIV° s. : lat. médiéval *habilitatio*, de *habilitare* ; **RÉHABILITER** XIII° s. ; **RÉHABILITATION** XV° s.
C. base *-hib-* ♦ |1| **EXHIBER** XIV° s. : *exhibere* ; **EXHIBITION** XIII° s. : *exhibitio* ; **EXHIBITIONNISME** et **EXHIBITIONNISTE** XIX° s. ♦ |2| **INHIBER** XIV° s., jur., XIX° s., méd. : *inhibere* ; **INHIBITION** XIII° s. jur., XIX° s. méd. : *inhibitio* ; **INHIBITIF** XVII° s. ♦ |3| **PROHIBER** XIV° s. : *prohibere* ; **PROHIBITION** XIII° s. : *prohibitio* ; **PROHIBITIF** XVI° s. ♦ |4| **RÉDHIBITOIRE** XVI° s. : *redhibitorius* ; **RÉDHIBITION** XIV° s. : *redhibitio*. ♦ |5| **PRÉBENDE** XIV° s. : *praebenda*, adj. verbal neutre pluriel, pris pour un féminin, de *praebere*, littéralement « choses devant être fournies », → PROVENDE. I. 5 — Dér. : **PRÉBENDÉ** et **PRÉBENDIER** XIV° s.
D. base *-deb-* ♦ |1| **DÉBITEUR** XIII° s. : *debitor*, dér. de *debere*, littéralement « celui qui doit » ; a éliminé la forme pop. *detteur*, → DETTE, I. 3 ♦ |2| **DEBET** XV° s., empr. à des formules juridiques en latin : 3° pers. de l'indicatif présent de *debere*, littéralement « il doit ».

III. mot issu du germanique **BEHAVIOURISME** ou **BEHAVIORISME** XX° s. : dér. de l'angl. *behaviour* « comportement », lui-même dér. de *to behave* « se comporter », dont le 1ᵉʳ élément, *be-*, est une forme affaiblie de l'adverbe *by* « complètement », et le second élément, *have*, est l'équivalent de *habere*.

AVRIL (pop.) XI° s. : lat. vulg. *aprīlius*, altération, sous l'influence d'autres noms de mois (*Martius* « mars », *Junius* « juin », *Julius* « juillet »), du lat. class. *aprilis*, comme en témoignent des formes anciennes ou dialectales comportant un *l* mouillé.

AXIOME famille sav. du gr. *axios* « qui a de la valeur », d'où *axiôma* « valeur » ; sens dérivés : « principe servant de base à une démonstration » et en particulier « principe évident de soi-même ».
♦ |1| **AXIOME** XVI° s. : *axiôma* ; **AXIOMATIQUE** XVI° s. : *axiômatikos*, par le lat. **AXIOMATISER** et **AXIOMATISATION** XX° s. ♦ |2| **AXIOLOGIE** XX° s. « science des valeurs morales » ; composé français formé de *axios* et de *-logie* → LIRE.

AZUR ♦ |1| XI° s. : lat. médiéval *azzurum*, altération de l'arabe *lazaward*, du persan *lādjourd* « lapis-lazuli ». **AZURÉ** XIII° s. ; **AZURER** XVI° s. ♦ |2| **LAPIS-LAZULI** XIII° s. : le second élément de ce mot (pour le premier → LAPIDER) remonte à une forme du latin médiéval, où le *l* initial de l'étymon arabo-persan a été conservé. **LAZULITE** XVIII° s.

B

BABA XVIIIᵉ s. : polonais *baba* ; gâteau p.-ê. introduit en France par l'entourage de Stanislas Leczinski.

BABOUCHE XVIᵉ s. : arabe *bâboûch*, du persan *pâpoûch*.

BAC du bas lat. *baccar, baccarium* « vase à vin ou à eau », p.-ê. celtique, p.-ê. apparenté au nom de *Bacchus*, dieu du vin, doivent se rattacher au lat. vulg. **baccus*, var. fém. **bacca* (dont les représentants dial. ont souvent le sens de « auge »), et le diminutif **baccinus*.
♦ |1| **BAC** (pop.) XIIᵉ s. « bateau », XVIIᵉ s. « cuve » : **baccus* ; **BAQUET** XIIIᵉ s. : dimin. de *bac* ♦ |2| **BACHOT** (pop.), XVIᵉ s. dimin. du lyonnais *bache*, de **bacca* ; **BACHOTEUR** XVIIIᵉ s. ♦ |3| **BASSIN** (pop.) XIIᵉ s., récipient, XVIᵉ s., anat. : **baccinus*, pour les mots sav. relatifs à ce sens, → PELVIS. — Dér. : **BASSINET** XIIᵉ s. ; **BASSINER** XIVᵉ s., XIXᵉ s., « importuner » ; **BASSINOIRE** et **BASSINE** XVᵉ s.

BÂCHE (pop.) XVIᵉ s. « filet », XVIIIᵉ s., sens actuel, probablement abrév. de l'anc. fr. *baschoe* « hotte de bois ou d'osier » : lat. imp. *bascauda* « cuvette », mot d'origine brittonique selon Martial, d'où les sens dialectaux de « hotte », « filet en forme de poche », « sac », « paillasse », qui expliquent celui de « grosse toile ». **BÂCHER** XVIᵉ s. ; **DÉBÂCHER** XVIIIᵉ s. ; **BÂCHAGE** XXᵉ s.

BACHELIER ♦ |1| (pop.) XIVᵉ s. : altération, par substitution de suff., de l'anc. fr. *bacheler* XIᵉ s. « jeune gentilhomme non encore armé chevalier », d'où « jeune homme », encore au XVIIᵉ s. et dès le Moyen Age, « titulaire du premier grade universitaire » : lat. vulg. **baccalaris*, var. de *baccalarius* p.-ê. « serviteur attaché à une *baccalaria* » ou « domaine foncier », mot obsc. attesté au IXᵉ s. au nord de l'Esp. et dans le Limousin ; (→ pour le sens, *va(s)let, garçon*). ♦ |2| **BACCALAURÉAT** (sav.) : lat. médiéval *baccalaureatus*, dér. de *baccalaureus*, réfection de *baccalarius* d'après *bacca laurea* « baie de laurier », la couronne de laurier étant depuis l'Antiquité le symbole de la « victoire ; **BAC** XIXᵉ s. : FORME ABRÉGÉE. ♦ |3| **BACHOT, BACHOTER, BACHOTAGE** XIXᵉ s. dér. formés sur la base *bach-*.

BÂCLER famille d'une rac. ind.-eur. **bak-* « bâton », représentée : en latin par *baculum* « bâton », lat. vulg. **bacculum*, d'où **bacculare* « fermer (une porte) avec un bâton » ; dimin. *bacillum*, d'où l'adj. *imbecillus* « sans canne, sans soutien », « faible de corps comme d'esprit » et le subst. *imbecillitas*.
En grec par *baktêria* « bâton ».

I. mots issus du latin

A. mots populaires ♦ |1| **BÂCLER** (XIIIᵉ s., puis XVIᵉ s.) « fermer sommairement une porte avec un bâton », XVIIᵉ s. sens fig. « exécuter sans soin » : **bacculare* avec influence possible de son représentant provençal *baclar*. — Dér. : **BÂCLE** XIXᵉ s. « barre de fermeture » ; **BÂCLAGE**, XVIIIᵉ s. ; **BÂCLEUR**

BACON

XIXᵉ s. ♦ |2| **DÉBÂCLER** XVᵉ s. et **DÉBÂCLE** XVIIᵉ s. : dér. de BÂCLER spécialisés pour la rupture de la glace sur une rivière, comparée à l'ouverture d'une porte ; **EMBÂCLE** XVIIᵉ s. : formé d'après **DÉBÂCLE**.
♦ |3| **BAGUETTE** XVIᵉ s., d'abord dans la langue militaire « insigne des fonctions d'officier » : it. *bachetta*, dimin. de *bacchio*, du lat. *baculus*.
B. mots savants ♦ |1| **IMBÉCILE** XVᵉ s. : *imbecillus* ; **IMBÉCILLITÉ** XIVᵉ s. : *imbecillitas*.
♦ |2| **BACILLE** XVIIᵉ s., bot., XIXᵉ s., méd. : *bacillum* ; **BACILLAIRE, BACILLOSE, BACILLURIE** XXᵉ s.
II. mots savants issus du grec
♦ |1| **BACTÉRIE** XIXᵉ s. : *baktêria*. **BACTÉRIEN** XIXᵉ s. et XXᵉ s., 1ᵉʳˢ éléments de nombreux composés de la langue médicale, ex. : *bactérienne, bactériologie*, etc.

BACON (pop.) XIIIᵉ s., « lard », empr. par l'angl. à l'anc. fr., XVIᵉ s., tombe en désuétude, XIXᵉ s., réemprunté à l'angl. : frq. **bakko* « jambon ».

BADERNE (pop.) XVIIIᵉ s., mar., XIXᵉ s. emploi fig. et péjoratif : probablement issu du prov. *baderno*, « cordage tressé protégeant la base d'un mât », p.-ê. du gr. *pterna* « talon », « partie inférieure de divers objets », romanisé en **baterna*.

BADIGEON (pop.) XVIIᵉ s. : étym. inconnue ; **BADIGEONNER** XVIIIᵉ s. ; **BADIGEONNAGE, BADIGEONNEUR** XIXᵉ s.

BAGAGE (pop.) XIIIᵉ s. : dér. de l'anc. fr. *bague* « bagage », attesté seulement au XIVᵉ s. mais probablement plus ancien ; remonte à un **baga* obscur, peut-être germ. (→ angl. *bag*).

BAGARRE XVIIᵉ s. : prov. *bagarro*, du béarnais *bacharro* « rixe, vacarme », du basque *batzarre* « rassemblement » ; **BAGARREUR, SE BAGARRER** XXᵉ s.

BAGUE XIVᵉ s. : moyen néerl. *bagge* « anneau » ; **BAGUER** XVIᵉ s. ; **BAGUIER** XVIIᵉ s.

BAHUT (pop.) XIIIᵉ s. : étym. obscure. On a proposé un frq. **baghôdi*, du moyen bas all. *bage* « ramasser » et du frq. **hôdi* « conserver ». Plus vraisemblablement, étant donné les formes dial. *bahuter, bahurer, bahuler* « faire du bruit », il s'agit d'une onom. du bruit que l'on fait en déplaçant, en ouvrant ou en fermant un grand coffre. **TRANSBAHUTER** XIXᵉ s.

BAI famille du lat. *badius* « bai, brun », dont une var. dial. *basus* est attestée par des gloses.
♦ |1| **BAI** (pop.) XIIᵉ s. : *badius*. ♦ |2| **ABASOURDIR** (pop.) XVIIᵉ s., « tuer », XVIIIᵉ s. sens moderne : dér. de l'argot *basourdir* XVIIᵉ s. « tuer », lui-même issu (par croisement avec un autre mot, peut-être *assourdir* ou *abalourdir*) de l'argot *bazir* XVᵉ s. *Bazir*, abondamment représenté dans les parlers méridionaux (prov. *basi*, it. *basire*) avec le sens de « s'évanouir », « mourir », remonte p.-ê. au lat. vulg. **basire* « devenir jaune, cadavérique », dér. de *basus*.

BAIE famille du lat. *baca*, var. *bacca* « baie », mot méditerranéen comme la plupart des mots relatifs aux fruits et à la vigne.
I. mots populaires
♦ |1| **BAIE** XIIᵉ s. : *baca*. ♦ |2| **BAGATELLE** XVIᵉ s. : it. *bagattella*, dér. de *baca*. ♦ |3| **BAGUENAUDE** XIVᵉ s., « bagatelle, niaiserie », XVᵉ s. « fruit du baguenaudier », mais ce sens doit être primitif : languedocien *baganaudo* « gousse pleine de petites graines qui éclate bruyamment, fruit du baguenaudier, arbuste ornemental ». Le 1ᵉʳ élément représente sans doute *baca* mais le 2ᵉ n'est pas expliqué. **BAGUENAUDER** XVᵉ s. « s'amuser à des riens », XVIIIᵉ s. « flâner » ; **BAGUENAUDIER** XVIᵉ s., à la fois « arbuste produisant des baguenaudes » et « niais qui baguenaude ».
II. mots savants
♦ |1| **BACCI-** premier élément de composés savants tels que **BACCIFÈRE** XVIᵉ s., **BACCIFORME** XIXᵉ s. ♦ |2| **BACCALAURÉAT** → BACHELIER

BAIL famille entièrement populaire du lat. *bajulus* « portefaix », qui a pris en lat. eccl. le sens de « tuteur, chargé d'affaires d'un mineur » ; dér. *bajulare* « porter », « apporter », d'où « donner ».
♦ |1| **BAIL** XIᵉ s. « action de confier, délégation de pouvoir » : dér. de l'anc. fr. *bailler*

xi⁰ s. « donner », qui subsiste dans l'expression métaph. empr. au jeu de paume *vous me la baillez belle* (sous-entendu *la balle*) : *bajŭlāre* ; **BAILLEUR** xiii⁰ s. « celui qui confie ». ♦ |2| **BAILLI** xii⁰ s. var. de *baillif*, d'où le fém. **BAILLIVE** : dér. de l'anc. fr. *baillir* « gouverner », lui-même dér. de l'anc. fr. *bail* « gouverneur » : *bajŭlus* ; **BAILLAGE** xiv⁰ s.

BAIN famille du lat. *balneum* « bain », d'où *balnearius* « relatif aux bains » et tardivement *balneare* « baigner ».

I. mots populaires

♦ |1| **BAIN** xi⁰ s. : *balnĕum* ; **BAIN-MARIE** xiv⁰ s., terme d'alchimie qui désignait à l'origine un bain de mercure ; ainsi nommé d'après le nom de *Marie*, ou *Miriam*, sœur de Moïse, à qui on attribuait un traité d'alchimie remontant à l'époque alexandrine, plus tard confondue avec la Vierge Marie. ♦ |2| **BAIGNER** xii⁰ s. : *balneare* ; **BAIGNEUR** xiv⁰ s., « tenancier d'un établissement de bains », sens qui survit jusqu'au xviii⁰ s. ; **BAIGNOIRE** xiv⁰ s. ; **BAIGNADE** xviii⁰ s.

II. mots d'emprunt

BAGNE xvii⁰ s. : mot franc d'origine it. *bagno* « prison des chrétiens en pays turc (Alger, Tunis, Constantinople) » ; à l'origine, nom d'une prison pour les Turcs à Livourne ; var. *baigne*, *bains*, *bagne* ; mot sans forme fixe en fr. jusqu'en 1637 ; la forme moderne fut officialisée par Colbert qui créa des *bagnes* en 1669. **BAGNARD** fin xix⁰ siècle.

III. mots savants

♦ |1| **BALNÉAIRE** fin xix⁰ s. : *balnearius*. ♦ |2| **BALNÉO-** 1ᵉʳ élément de composés sav., ex. : **BALNÉOTHÉRAPIE** xix⁰ s.

BAISER ♦ |1| (pop.) xii⁰ s., à la fois comme verbe et comme subst., xix⁰ s. emploi pop. obscène et remplacement dans la langue courante par *embrasser* : lat. *basiare*, verbe à caractère érotique qui avait éliminé le lat. class. *osculari*. — Composés : **S'ENTREBAISER** xii⁰ s. ; **BAISEMAIN** xiii⁰ s. — Dér. : **BAISEMENT** xii⁰ s. ; **BAISURE** xv⁰ s. ♦ |2| **BISER**, équivalent de *baiser* dans certains dial. de l'Ouest ; d'où **BISE** xx⁰ s.

BAL famille du gr. *ballein* « jeter ». Ce verbe dont un dér. *ballizein* est attesté dans le gr. de Sicile avec le sens de « danser » (→ fr. un « jeté-battu ») a été empr. par le lat. au iv⁰ s. sous la forme *ballare* « danser ». Il faut sans doute voir un dér. de *ballizein* dans le lat. *ballista* « projectile », puis « machine de jet », qui entre dans le composé tardif *arcuballista* « arbalète ». Au verbe gr. *ballein* se rattachent les subst. *bolos*, *bolè* « action de jeter » et *bolis*, *-idos* « objet lancé : dé à jouer, éclair qui jaillit », ainsi que de nombreux verbes dér. qui ont pris des sens très variés : (1) *amphiballein* « jeter autour », d'où l'adj. *amphibolos* « attaqué de tous côtés », « incertain sur la conduite à tenir » (2) *anaballein* « lancer de bas en haut », d'où *anabolè* « remontée » (3) *diaballein* « jeter à travers », « désunir », « calomnier », d'où *diabolos* « celui qui désunit, dénigre, calomnie » (4) *emballein* « jeter dans », d'où *embolè* « action de jeter à l'intérieur », *embolisma* « pièce rajoutée à un habit » ; *emblēma* « ornement appliqué » (5) *huperballein* « jeter par-dessus », « dépasser le but », d'où *huperbolè* « excès » (6) *kataballein* « jeter de haut en bas », « abattre », d'où *katabolè* « attaque d'une maladie » (7) *metaballein* « déplacer », d'où *metabolè* « changement » (8) *paraballein* « jeter à côté », « comparer », d'où *parabolè* « comparaison » (9) *proballein* « jeter devant » « proposer une question », d'où *problēma* « question posée » (10) *sumballein* « jeter », ou « mettre ensemble », d'où *sumbolon* « signe de reconnaissance », primitivement un objet coupé en deux dont deux hôtes conservaient chacun une moitié qu'ils transmettaient à leurs enfants ; le rapprochement des deux parties servait à faire reconnaître les porteurs et faisait la preuve que des relations d'hospitalité avaient été contractées antérieurement.

I. mots populaires

A. mots se rattachant à *ballare* « danser » ♦ |1| **BAL** xii⁰ s. « danse » : dér. de l'anc. fr. *baller* « danser » : *ballare* ; **BALLANT** xvii⁰ s. comme adj. : ancien part. présent de *baller*. ♦ |2| **BALLADE** xiii⁰ s. : prov. *balada* « poème servant de paroles à une chanson à danser », dér. de *balar*, de *ballare* ; **BALLADER** xvii⁰ s. argot des gueux « mendier » ; xix⁰ s. « promener » et **BAL(L)ADE** « promenade » ; dans divers dial., *baller* signifie « secouer » et « aller çà et là » ; or, les mots dénotant la mendicité reposent sur les notions de « petit coup » (→ ARGOT, art. HARICOT 1) et de « marche errante » (→ TRIMER) ; **BALADEUSE** XIXᵉ s. « prostituée », XXᵉ s. divers sens techniques. ♦131 **BALADIN** XVIᵉ s. : prov. *baladin* « danseur ». ♦141 **BALLET** XVIᵉ s. : it. *balletto*, dimin. de *ballo* « danse », dér. de *ballare*. ♦151 **BALLERINE** XIXᵉ s. : it. *ballerina* « danseuse », dér. de *ballare*. ♦161 **BAYADÈRE** XVIIIᵉ s. : port. *bailadera* « danseuse », dér. de *bailar* « danser » : *ballare*. ♦171 **BALIVERNE** XVᵉ s., mot assez obscur, probablement dér. malgré la différence des dates, de BALIVERNER XVIᵉ s. composé de *baller* et de *verner*, var. de *virer* attestée dans certains dial. de l'Ouest. ♦181 **BRINQUEBALER** XVIIᵉ s. : altération de *brimbaler* XVIᵉ s. ; le second élément représente probablement le verbe *baller* ; le premier est obscur, p.-ê. à rapprocher de *trimbaler* (→ ce mot, art. TOURNER), et des formes nasalisées de la famille de *bribe*.

B. ARBALÈTE XIᵉ s. : *arcuballista* ; **ARBALÉTRIER** XIIᵉ s. ; pour le premier élément → ARC.

C. mots se rattachant à *kataballein*
♦111 **CHABLIS** XVIIᵉ s., dans l'expression *bois chablis* « bois abattu, dans une forêt, par le vent ou l'orage », dér. de l'anc. fr. *chabler* « abattre », lui-même dér. de *chaable* « catapulte », du lat. *catabola*, empr. au gr. *katabolè*. ♦121 **ACCABLER** XIVᵉ s., dér. normanno-picard de *chabler* → le préc. ; **ACCABLEMENT** XVIᵉ s. ; **ACCABLANT** XVIIᵉ s.

D. mots se rattachant à *paraballein*
♦111 **PAROLE** XIᵉ s. : lat. vulg. *paraula*, du lat. eccl. *parabola* « parabole du Christ », d'où « parole du Christ » : gr. *parabolè* « comparaison », les paraboles de l'Évangile étant des récits allégoriques ; **PAROLIER** XVIᵉ s. « riche en paroles », XIXᵉ s. sens mod. ♦121 **PARLER** Xᵉ s. : lat. vulg. *paraulāre* : lat. eccl. *parabolare* dérivé de *parabola* (→ le préc.), qui a éliminé le lat. class. *loqui* (→ LOCUTION) (pour les mots savants exprimant l'idée de « parler », → FABLE IV, -LOG- art. LIRE, et LOCUTION). **PARLANT** XVIIIᵉ s., adj. « doué de parole », XIXᵉ s. « qui reproduit la parole humaine » ; **PARLÉ** XVIIIᵉ s., adj. opposé à *écrit* ; **REPARLER** XIIᵉ s. ; **POURPARLER** XIᵉ s. « discuter », « comploter », XVᵉ s., subst. plur. « discussion en vue d'un accord ». ♦131 **PARLEUR** XIIᵉ s. ; **BEAU-PARLEUR** XVᵉ s. ; **HAUT-PARLEUR** XXᵉ s., calqué sur l'angl. *loud-speaker* ; **PARLOIR** XIIᵉ s. ; **PARLOTE** XIXᵉ s. : dér. de *parler*. ♦141 **PARLEMENT** XIᵉ s. « conversation », XIIIᵉ s. « assemblée des grands », « assemblée judiciaire », appliqué alors par l'anglo-normand à l'assemblée législative instituée par la Grande Charte ; XIXᵉ s., après la disparition de l'emploi judiciaire propre à l'Ancien Régime, désigne les deux assemblées législatives de la France, valeur empr. à l'angl. *parliament*, lui-même issu de l'anc. fr. *parlement*, dér. de *parler*. **PARLEMENTER** XIVᵉ s. ; **PARLEMENTAIRE** XVIIᵉ s., polit. en parlant de l'Angleterre, XVIIIᵉ s., milit., « négociateur », puis « relatif à l'assemblée parlementaire », XIXᵉ s., subst., membre d'une assemblée législative ; **PARLEMENTARISME** XIXᵉ s. ; **ANTIPARLEMENTAIRE**, **ANTIPARLEMENTARISME** XXᵉ s. ♦151 **PALABRE** XVIIᵉ s., puis surtout XIXᵉ s. : esp. *palabra*, de *parabola* « parole » ; **PALABRER** XIXᵉ s.

II. mots demi-savants se rattachant à *diaballein*

♦111 **DIABLE** Xᵉ s. « esprit du mal », XVIᵉ s., interjection, XIXᵉ s. « petit chariot » : *diabolos*, par le lat. ; **DIABLEMENT** XVIᵉ s. ; **DIABLERIE** XIIIᵉ s. ; **DIABLOTIN** XVIᵉ s. ; **DIABLESSE** XIVᵉ s. ; **ENDIABLÉ** XVᵉ s. ♦121 **DIANTRE** XVIᵉ s. « diable », XVIIᵉ s. uniquement comme juron : déformation euphémique du mot *diable*, dangereux à prononcer, auquel l'anc. fr. substituait souvent des mots populaires tels que *maufé*, *aversier*.

III. mots savants

A. base *bal*- **BALISTE** XVIᵉ s. : lat. *ballista* ; **BALISTIQUE** XVIIᵉ s. ; **BALISTICIEN** XXᵉ s.

B. base -*blèm*- ♦111 **EMBLÈME** XVIᵉ s. : gr. *emblêma*, par le lat. ; **EMBLÉMATIQUE** XVIᵉ s. : bas lat. *emblematicus* « surajouté ». ♦121 **PROBLÈME** gr. *problêma*, par le lat. ; **PROBLÉMATIQUE** XIVᵉ s., adj., XXᵉ s., subst. fém.

C. base -*bol*- ♦111 **DIABOLIQUE** XIIIᵉ s., → DIABLE : lat. eccl. *diabolicus* du gr. *diabolikos* dér. de *diabolos*. ♦121 **DIABOLO** XXᵉ s., mot formé sur le rad. de *diabolique*, avec infl. de l'it. *diavolo* (au début du XIXᵉ s., un jeu semblable s'était déjà appelé *diable*) ♦131 **BOLIDE** XVIᵉ s. « météore », XIXᵉ s. « engin rapide » : gr. *bolis, -idos*. ♦141 **BOLOMÈTRE** XIXᵉ s. ♦151 **AMPHIBOLOGIE** XVIᵉ s. : bas lat. *amphibologia* du lat. class. et du gr.

amphibolia « incertitude », dér. de *amphibolos*; **AMPHIBOLOGIQUE** déjà au XIVe s., d'après le lat. ♦161 **EMBOLIE** XIXe s. dér. sur *embolê*. ♦171 **-BOLE**, terminaison de plusieurs mots savants tels que **HYPERBOLE** XIIIe s., rhétorique, XVIIe s., math. : *huperbolê*, d'où **HYPERBOLIQUE** XVIe s.; **PARABOLE** (→ PAROLE ci-dessus **I. D.** 1) XIIIe s. « récit allégorique », XVIe s. « courbe décrite par un projectile » : lat. *parabola* du gr. *parabolê*; d'où **PARABOLIQUE** XVIe s.; **SYMBOLE** XVe s. : lat. eccl. *symbolum* « symbole des Apôtres, résumé des principales vérités du christianisme, dont la récitation est le signe de reconnaissance de ceux qui partagent cette foi », du gr. *sumbolon* « signe de reconnaissance »; d'où **SYMBOLIQUE** XVIe s. du bas lat. *symbolicus*; **SYMBOLISER** XIVe s. « avoir du rapport avec », XIXe s., sens mod., du lat. médiéval *symbolizare*; **SYMBOLISME** et **SYMBOLISTE** XIXe s.; **DISCOBOLE** XVIe s. : gr. *diskobolos* « lanceur de disque ». ♦181 **-BOLISME**, terminaison de plusieurs mots sav. tels que **ANABOLISME** XXe s.; **CATABOLISME** XXe s.; **MÉTABOLISME** XIXe s., termes médicaux, et **EMBOLISME** XIIe s. « intercalation d'un mois lunaire ».

BALAI (pop.) XIIe s., mot d'origine celtique, p.-ê. issu du breton *balaen* « genêt »; plus probablement, issu directement d'un mot gaulois de même sens, **banatlo*, devenu par métathèse **balatno*. — Dér. : **BALAYER**; **BALAYETTE**; **BALAYEUR** XIIIe s.; **BALAYURE** XIVe s.; **BALAYAGE** XVIIIe s.

BALANCE ♦111 (pop.) XIIe s. : lat. vulg. **bilancia*, du bas lat. *bilanx*, littéralement « (appareil) à deux plateaux » : l'*a* initial peut s'expliquer par une assimilation régressive. **BALANCER** XIIe s.; **BALANCEMENT** XVe s.; **BALANCIER** XIIIe s. « fabricant de balances », XVIe s. « objet qui sert de balance »; **BALANÇOIRE**; **CONTREBALANCER** XVIe s. ♦121 **BILAN** XVIe s. : it. *bilancio*, dér. de *bilanciare*, équivalent de *balancer*.

BALANCELLE XIXe s., sorte de bateau, d'origine napolitaine : génois *baransella*, équivalent de l'it. et napolitain *paranzella*, diminutif de *paranza*, d'origine obscure; le mot s'est croisé avec *balancer*.

BALEINE (pop.) XIe s. : lat. *balaena*; **BALEINE, BALEINIER** XIVe s.; **BALEINEAU** XVIe s.; **BALEINIÈRE** XIXe s. Mot scientifique correspondant → CÉTACÉ.

BALLAST XIVe s., mar., « matériaux placés dans les bateaux pour leur donner de la stabilité » : néerl. *ballast*; XIXe s. « pierres maintenant les traverses d'une voie ferrée » : angl. *ballast*, qui peut provenir du bas all., ou du vieux suédois, ou du vieux danois, et qui est composé de *bar* ou *barm* « coque de navire » et de *last* « fardeau ».

1. **BALLE** famille entièrement pop. du germ. **balla* « paquet », introduit par le frq. en France, où il a gardé son sens propre, par le longobard en Italie, où il s'est spécialisé dans les sens de « balle pour le jeu de paume », puis de « projectile d'arme à feu »; représenté en angl. par *ball* « boule », « balle », « ballon ».

♦111 **BALLE** XIIIe s. « paquet de marchandises », XIXe s., fam. « visage » : frq. **balla*, d'où **BALLOT** XIVe s.; **BALLUCHON** XIXe s.; **EMBALLER** XIVe s. « empaqueter », XIXe s., *s'emballer* « prendre une vitesse excessive » et fam. *emballer quelqu'un* « le gronder vivement », par l'intermédiaire des sens de « (s')emporter » et de « faire partir vivement »; **EMBALLAGE** XVIe s.; **EMBALLEUR** XVIe s.; **EMBALLEMENT** XVIIe s. « emballage », XIXe s. « emportement »; **DÉBALLER** XVIe s.; **DÉBALLAGE** XVIIe s.; **REMBALLER** XVIe s. ♦121 **BALLE** XVIe s., avec les deux sens de « balle à jouer » et de « projectile » (au sens de « balle à jouer », a éliminé l'anc. fr. *pelote et esteuf*) : it. dial. du Nord *balla*, équivalent de l'it. *palla*, du longobard **balla*; **ENFANT DE LA BALLE** XVIIe s. s'est dit d'abord des fils de tenanciers de jeux de paume; **BALLON** XVIe s., it. dial. *ballone*, augmentatif du précédent, d'où **BALLONNET, BALLONNER, BALLONNEMENT** XIXe s.; **BALLOTTER** XVe s., dér. d'une forme fém. correspondant à **BALLOT**, anc. fr. *ballotte* XVe s. et jusqu'au XVIIIe s. « boule pour voter », XVIe s., sous l'influence de l'it. « balle pour jouer », d'où deux filières sémantiques qui ont pu interférer l'une avec l'autre : d'une part XVIe s. « voter avec des ballotes », XIXe s., sens électoral, et d'autre part XVIIe s. « se renvoyer la balle » et « agiter fortement en deux sens opposés » ; dér. **BALLOTTEMENT** XVIᵉ s. et **BALLOTTAGE** XVIᵉ s. « vote », fin XVIIIᵉ s., sens mod., a remplacé pendant la Révolution l'anglicisme *ballotation*. ♦|4| le mot angl. *ball* apparaît dans plusieurs noms de jeux : **BASKET-BALL** fin XIXᵉ s., d'où **BASKETTEUR** XXᵉ s. ; **FOOTBALL** une première fois au XVIIᵉ s., puis fin XIXᵉ s., d'où **FOOTBALLEUR** fin XIXᵉ s. ; **VOLLEY-BALL** XXᵉ s. ; il est d'origine all. dans **HANDBALL** XXᵉ s. ♦|5| **BLACKBOULER** XIXᵉ s. : angl. *to blackball* « éliminer en votant avec une boule noire », croisé avec le fr. *boule*.

2. **BALLE** (de céréales) (pop.) XVIᵉ s., étym. discutée ; peut provenir, comme beaucoup de noms de sous-produits agricoles, d'un mot gaulois **balu* ; mais sa date tardive d'apparition fait penser qu'il pourrait simplement dériver de l'anc. fr. *baller* « danser » → BAL.

BALLON (d'Alsace) XVIᵉ s., origine douteuse ; peut représenter une racine prélat. **bal-* « rocher », et être ainsi rapproché de l'it. *balma*, fr. *la Sainte-Baume* ; peut aussi être simplement une mauvaise traduction de l'all. *Belchen*, interprété comme *Bällchen* « petite balle ».

BALUSTRE XVIᵉ s., « fleur de grenadier », et archit. : it. *balaustro* (mêmes sens, le renflement d'un balustre imitant celui d'une fleur de grenadier), du gr. *balaustion*, par le lat. : **BALUSTRADE** XVIᵉ s. : it. *balaustrata*, dér. de *balaustro*.

BAMBOU XVIIᵉ s. : port. *bambu*, issu d'une langue exotique qui n'est p.-ê. pas le malais comme plusieurs l'ont pensé, aucun mot malais précis n'ayant pu être avancé.

BAN représentants fr., tous pop., d'un ensemble de mots germ. qui constituaient deux familles originellement distinctes mais qui ont constamment interféré entre elles : (1) frq. **ban* « proclamation », (2) germ. **banda*, got. *bandwa* « signe », « étendard servant à distinguer un corps de troupes », dont les représentants ont pénétré en France par l'intermédiaire des langues méridionales : prov., it. et esp. ; à ce mot, se rattache le verbe frq. **bannjan* (latinisé en *bannire*), got. *bandwjan* « donner un signal », « proclamer », qui a été associé à **ban*. Les deux familles s'étant confondues sans doute dès le germ., elles seront étudiées ensemble.

I. représentants de **ban*

♦|1| **BAN** XIIᵉ s. « proclamation du suzerain », en particulier « proclamation d'une levée de troupes » et « corps des vassaux ainsi convoqués » ; à la même époque, « proclamation d'un mariage » : frq. **ban*. ♦|2| **ARRIÈRE-BAN** XIIᵉ s., var. *arban*, *herban* : frq. **hariban* « appel pour l'armée » (→ HÉRAUT). 1ᵉʳ élément confondu avec le préf. *arrière-*. ♦|3| **BANAL** XIIIᵉ s., qualifie divers objets, tels que four, moulin, prairie, appartenant au suzerain, mis à la disposition de tous les habitants d'un village, qui étaient tenus de s'en servir moyennant une redevance, XVIIIᵉ s. « commun », « dépourvu d'originalité » ; **BANALITÉ** XVIᵉ s., usage féodal, XIXᵉ s., sens mod. ; **BANALISER** XIXᵉ s. ♦|4| **ABANDONNER** XIᵉ s., représente p.-ê. **à ban donner* « laisser aller au ban » ; **ABANDON** XIIᵉ s. : anc. fr. *mettre*, *laisser à abandon*, « au pouvoir de quelqu'un », est peut-être une réfection, sous l'influence de *abandonner*, de *à banon* directement dér. de *ban* ; **ABANDONNEMENT** XIIIᵉ s. ♦|5| **BANLIEUE** XIIIᵉ s. : lat. médiéval *banleuca* « espace d'environ une lieue autour d'une ville, sur lequel s'étendait le *ban* » ; **BANLIEUSARD** fin XIXᵉ s. ♦|6| **AUBAINE** XIIIᵉ s. *droit d'aubaine*, concernant la succession des personnes mortes en pays étranger, XVIIᵉ s., sens mod. : frq. **aliban* « qui appartient à un autre ban » ; a pu se confondre avec un lat. vulg. **alibanus*, dér. de *alibi* « ailleurs ».

II. représentants de **banda*

♦|1| **BANDE** XIVᵉ s. : anc. prov. *banda* « corps de troupes reconnaissable à sa bannière », « parti », « côté » germ. occ. **banda* ou got. *bandwa* ; au sens de « côté », se rattache l'expression *donner de la bande* XVIᵉ s., mar. ♦|2| **DÉBANDER, DÉBANDADE** XVIᵉ s., dér. de BANDE. ♦|3| BANDEROLE XVᵉ s. : it. *banderuola*, dimin. de *bandiera* « bannière » : prov. *bandiera*, dér. de *banda*. ♦|4| **BANDERILLE** XIXᵉ s. : esp. *banderilla*, dimin., spécialisé en tauromachie, de *bandera* « bannière », dér. de *banda*, du got. *bandwa* ; **BANDERILLERO** XIXᵉ s., mot esp. ♦|5| **BANDOULIÈRE** XVIᵉ s. :

esp., empr. au catalan, *bandolera*, « courroie qui passe sur la poitrine et l'épaule et sert à soutenir une arme à feu », dér. du catalan *bandoler*, « membre des bandes qui ont pris part aux luttes civiles de la Catalogne entre le XVe s. et le XVIIe s. », parce qu'ils portaient ainsi leurs armes pour les marches dans la montagne ; *bandoler* est dér. de *bando* « faction », var. de *banda*. ♦|6| CONTREBANDE XVIe s. : it. *contrabando* « action accomplie contre la loi », dér. de *bando*, du bas lat. *bandum*, du got. *bandwa* « signe de ralliement » ; CONTREBANDIER XVIIIe s.

III. formes contaminées

♦|1| BANNIR XIIIe s. « donner un signal », « proclamer », et « prononcer une condamnation à l'exil » : frq. *bannjan*, dér. de *banda* confondu avec *ban* ; BANNISSEMENT XIIIe s. ♦|2| FORBAN XIVe s. « bannissement », XVIe s. « pirate » : dér. de l'anc. fr. *forbannir*, du frq. *firbannjan* : le préf. s'est confondu avec *fors*, → DEHORS. ♦|3| BANDIT XVIIe s. : it. *bandito* « banni », part. passé de *bandire* : got. *bandwjan* ; BANDITISME XIXe s. ♦|4| BANNIÈRE XIIe s., doit, comme anc. prov., it. *bandiera*, esp. *bandera*, se rattacher à *banda*, mais avoir été très anciennement refait sous l'influence de *ban*, la *bannière*, signe de reconnaissance de la *bande*, étant en même temps le centre de ralliement des troupes convoquées par le *ban*.

BANANE XVIIe s. : port. *banana*, mot empr. à un parler de la Guinée et importé en Amérique ; BANANIER XVIIe s. ; BANANERAIE XXe s.

BANC famille du frq. *bank* « banc fixé au mur tout autour d'une pièce », empr. par diverses langues romanes.

♦|1| BANC XIe s. : *bank*. ♦|2| BANQUETTE XVe s. « siège » : languedocien *banqueta* ; XVIIIe s. voirie : dimin. de *banque*, forme fém. de *banc*, encore attestée en Normandie, tous deux issus de *bank*. ♦|3| BANQUET XIVe s. : dér. de *banc* (ensemble de bancs disposés autour des tables pour un festin). L'it. *banchetto* doit être une formation parallèle indépendante, un peu postérieure. BANQUETER XIVe s. ♦|4| BANCAL XVIIIe s. « qui a les jambes divergentes ou inégales », par analogie avec les pieds d'un *banc* ; BANCROCHE XVIIIe s., argot : croisement de *bancal* et de *croche* ; BANBAN XIXe s. ♦|5| BANQUE XVe s. : it. *banca*, « banc », « table de changeur », « banque » : germ. *bank* ; BANQUIER XIIIe s. : it. *banchiere*, dér. de *banca* ; BANCAIRE XIXe s. ; BANQUEROUTE XVe s. : it. *banca rotta* « banc rompu », parce qu'on brisait le comptoir des banquiers en faillite ; BANQUEROUTIER XVIe s. ♦|6| BANCO XVIIe s. « banque de Venise », XIXe s. terme de jeu : mot it., var. de *banca* ♦|7| BANK-NOTE XIXe s. : mot angl. « billet de banque », dont le 1er élément a la même origine que le fr. *banque*.

BANDE ♦|1| (pop.) XIIe s. « lien », fin XIXe s. « film » : frq. *binda* « lien » (→ all. *binden*, angl. *to bind*) ; PLATE-BANDE XIIe s. ; BANDEAU XIIe s. ; BANDELETTE XIVe s. ♦|2| BANDER XIIe s. : dérivé de BANDE ; DÉBANDER XIIe s. « enlever une bande » ; BANDAGE XVIe s.

BANNE ♦|1| (pop.) XIIIe s. : lat. imp. *benna* « véhicule léger au bâti de vannerie », d'où le sens de « corbeille », mot d'origine gauloise ; BANNETTE XIIIe s. ♦|2| BENNE XVIIe s. : var. dial. (Nord) de *banne*. ♦|3| BAGNOLE : dér. dial. (Picardie et Normandie) de *banne*, sur le modèle de *carriole*.

BAOBAB une première fois au XVIe s., puis au XVIIIe s. : arabe *bu hibab* « fruit riche en graines ».

BAPTÊME famille du gr. *baptein* « plonger », d'où *baptizein* « immerger », « baptiser » et *baptisma* « baptême ».

♦|1| BAPTÊME (pop., malgré le *p* purement graphique dû à une influence sav.) XIIe s. : *baptisma*, par le lat. ♦|2| BAPTISMAL XIIe s. ; ANABAPTISME XVIe s. : dér. sav. de *baptisma* ; ANABAPTISTE XVIe s. → ANA-. ♦|3| BAPTISTE (prénom), titre de Jean, le Précurseur, qui a baptisé le Christ dans le Jourdain : lat. *baptista*, du gr. *baptistés* « celui qui baptise » ; BAPTISTÈRE (sav.) XIe s., gr. *baptistêrion* : « salle de bain », « baptistère », par le lat. ♦|4| BAPTISER (sav.) XIe s. : lat. chrét. *baptizare*, du gr. *baptizein*, a supplanté et éliminé vers le XIVe s. l'anc. fr. *bapteier*, *baptoier* (pop.).

BARAGOUIN (pop.) XIVe s., terme d'injure et « personne parlant une langue incompréhensible » ; a dû, en ce sens, s'appliquer d'abord aux Bretons ; XVIᵉ s. « langage incompréhensible » : breton *bara* « pain » et *gwin* « vin », mots fréquemment employés par les Bretons dans les auberges où l'on parlait fr. ; **BARAGOUINER** XVIᵉ s. ; **BARAGOUINEUR** XVIIᵉ s.

BARAQUE famille populaire d'un mot prélat. *barrum* et de son dérivé *barrĭtum* attestés par la convergence de nombreux représentants sur les territoires fr. et esp.
♦ |1| **BARAQUE** XVᵉ s. : esp. *barraca* « hutte de torchis », dér. de *barro* « limon » : *barrum* ; ♦ |2| **BARDANE** XVᵉ s., mot du dial. lyonnais signifiant « punaise », appliqué d'abord aux capitules de cette plante qui s'attachent aux vêtements comme des punaises : dér. d'un représentant de *barrītum*, la punaise pouvant être comparée à une tache de boue, et plusieurs dér. dial. du même type signifiant « tacheté ». ♦ |3| **EMBARDÉE** XVIIᵉ s., mar., fin XIXᵉ s., emploi mod. : dér. de *embarder* XVIIᵉ s., du prov. *embardar* « embourber », dér. de *bart* « boue », de *barrītum*. ♦ |4| **BARDER** XIXᵉ s., arg., impers., « devenir violent », mot dial. de l'Est, « aller vite » en parlant d'une voiture, représente p.-ê. aussi un dér. de *barrītum* ; le sens 1ᵉʳ serait alors « déraper sur de la boue ».

BARATTE on trouve dans plusieurs langues romanes des formes voisines et également obscures : (1) anc. fr. *barate* « confusion » ; *bareter* « s'agiter » ; *barater* « tromper » ; *bareterie* « tromperie » ; (2) anc. prov. *baratar* « agir, se conduire » ; (3) it. *baratta* « dispute » ; (4) anc. esp. *baratar* « faire des affaires » et esp. *barato* « bon marché ». On a proposé comme étymon : (a) celt. *mratos* « tromperie », attesté par des correspondants breton et anc. irlandais ; (b) de façon plus vraisemblable aux points de vue sémantique et géographique, gr. *prattein* « agir », (→ PRATIQUE) ; l'un et l'autre présentent certaines difficultés phonétiques ; (c) pour *barate* « agitation », qu'il faudrait alors disjoindre du reste, scandinave *barátta* « combat, tumulte ». Si pourtant, comme il est satisfaisant de le penser, ces mots forment bien une famille unique, les représentants en fr. mod. de cette famille sont :

♦ |1| **BARATTE** XIIᵉ s. *barate* « agitation », XVIᵉ s. « instrument servant à agiter la crème pour faire le beurre » ; **BARATTER** XVIᵉ s. ; **BARATTAGE** XVIIᵉ s. ♦ |2| **DISPARATE** XVIIᵉ s., adj. puis subst. : esp. *disparate* « sottise », altération de *desbarate* « dérangement », apparenté à l'anc. esp. *baratar* « faire des affaires ». ♦ |3| **BARATIN** XXᵉ s., arg., var. de l'anc. fr. *baraterie*, qui a longuement survécu dans la langue de la mar. ; **BARATINER, -EUR** XXᵉ s.

BARBAQUE ♦ |1| (pop.) XIXᵉ s., arg. mil. : origine douteuse ; pourrait avoir été introduit en France par la guerre de Crimée, du roumain *berbec* « mouton », ou par l'expédition du Mexique, de l'esp. *barbacoa*, mot d'origine caraïbe, « gril pour la viande » d'où « viande grillée ». ♦ |2| **BARBECUE** XXᵉ s. : mot anglo-américain : esp. *barbacoa* ; s'apparente donc à *barbaque* si la 2ᵉ hypothèse est la vraie.

BARBE famille du lat. *barba* ; dér. : *imberbis* « sans barbe » ; *barbellus* « barbeau » ; *barbatus*, lat. vulg. *barbutus* « barbu ».

I. mots populaires

♦ |1| **BARBE** XIᵉ s. : *barba* ; nombreux dér. franc. ♦ |2| **BARBU** XIIIᵉ s. : du lat. *barbutus*, a éliminé *barbé* s. : *barbatus* ; **BARBIER** XIIIᵉ s. ; **BARBICHE** XVIIᵉ s. ; **BARBICHETTE** XIXᵉ s. ; **BARBILLON** XIVᵉ s. ♦ |3| **BARBER** XVIIᵉ s. « raser », fin XIXᵉ s. « ennuyer » ; **BARBANT** XXᵉ s. « ennuyeux » ; **BARBIFIER** XVIIᵉ s. « raser » ; **ÉBARBER** XIIᵉ s. ; **ÉBARBEUSE** XIXᵉ s. ♦ |4| **BARBON** XVIᵉ s. : it. *barbone* « grande barbe » ; **BARBOUZE** XXᵉ s. fam. ♦ |5| **BARBELÉ** XIIᵉ s. : dér. de l'anc. fr. *barbel* « pointe », du lat. *barbellum*, dimin. de *barba*. ♦ |6| **BARBEAU** XIIᵉ s., poisson : lat. *barbellus* ; XVIIᵉ s. « bluet » : dér. de *barbe* ; **BARBET** XVIᵉ s. « personne barbue » et « chien barbet » ; **BARBUE** XIIIᵉ s., poisson. ♦ |7| **BICHON** XVIᵉ s. : abrév. de *barbichon* « chien barbet » ; **BICHONNER** XVIIᵉ s. ♦ |8| **JOUBARBE** XIIᵉ s. : *Jovis barba* « barbe de Jupiter ». ♦ |9| **RÉBARBATIF** XIVᵉ s. dér. de l'anc. fr. *se rebarber*, littéralement « s'opposer, barbe contre barbe », d'où « faire face à l'adversaire ».

II. mot savant **IMBERBE** XVᵉ s. : *imberbis*.

1. **BARDE** subst. masc. (sav.) XVIᵉ s. : lat. *bardus* « poète barbare », empr. au gaulois.

2. **BARDE** subst. fém. ♦|1| XIIIᵉ s. « selle », « lamelle métallique d'une armure », XVIIIᵉ s. « tranche de lard placée en travers d'un rôti » : it. *barda*, de l'arabe *barda'a* « bât rembourré » ; dér. **BARDER** XIVᵉ s. ; **BARDEAU** XIVᵉ s., terme de fortification, XVIᵉ s., archit., matériau de couverture comparé aux lamelles d'une armure. ♦|2| **BARDOT** une fois au XIVᵉ s., puis XVIᵉ s. : it. *bardotto* « mulet », dér. de *barda*. ♦|3| **BARDA** XIXᵉ s. : empr. directement à l'arabe d'Algérie *barda'a* « bât d'âne ».

BARGUIGNER (pop.) XIIᵉ s., var. *-gaignier* « marchander » puis « hésiter » : frq. *borganjan*, altération de *borgēn* (→ all. *borgen* « prêter », « emprunter »), sous l'influence de *waidanjan* (→ GAGNER).

BARIL famille pop. du lat. vulg. *barrica* et du dimin. *barriculus* (*barriclos* est attesté au IXᵉ s.), d'origine obscure.
♦|1| **BARIL** XIIᵉ s. ; *barricŭlus* ; **BARRILLET** XIIIᵉ s. ♦|2| **BARRIQUE** XVᵉ s. : gascon *barrica*, de *barrica* ; **BARRICADE** XVIᵉ s. : dér. du verbe *barriquer* XVIᵉ s. « fermer un passage avec des barriques » : **BARRICADER** fin XVIᵉ s.

BARON (pop.) Xᵉ s., titre féodal, XIXᵉ s., *baron d'agneau*, métaph. calquée sur l'angl., par l'intermédiaire du sens de « morceau important » : germ. latinisé *baro*, *barōnis* « homme libre », « guerrier » en frq. « fonctionnaire royal chargé de percevoir les amendes ». **BARONNIE** XIIᵉ s. ; **BARONNE** XVIIᵉ s. ; **BARONNET** XVIIᵉ s., repris à l'angl.

BAROQUE XVIᵉ s., appliqué à une perle, XVIIᵉ s., archit. : port. *barroco* « rocher granitique », emploi métaph. pour désigner un orgelet ou les irrégularités d'une perle, d'origine p.-ê. celtique ; a pu se croiser, en France, avec *barocco*, nom arbitraire donné par les scolastiques à une figure de syllogisme, type même, aux yeux des hommes de la Renaissance, du raisonnement formaliste et absurde, d'où le sens d'« extravagant », qui est à l'origine de la désignation du style ; quoique ce style architectural eût été créé en Italie au XVIIᵉ s., il a probablement été baptisé en France, sa dénomination n'apparaissant pas en Italie avant le siècle suivant.

BARQUE famille pop. de *baris* « barque », empr. à l'égyptien par le gr. puis au gr. par le lat. vulg. *barica*, d'où les formes bas lat. *barca* et *barga*.
♦|1| **BARGE** XIᵉ s. : *barga*, mot attesté au IXᵉ s. ♦|2| **BARQUE** fin XIIIᵉ s. : it. ou anc. prov. *barca*, du lat. *barca*, mot attesté dès le IIIᵉ s. ♦|3| Dér. français de *barque* : **BARQUETTE** XIIIᵉ s. ; **EMBARQUER** XVᵉ s. ; **EMBARQUEMENT** XVIᵉ s. ; **DÉBARQUER, DÉBARQUEMENT** XVIᵉ s. ; **DÉBARCADÈRE** fin XVIIᵉ s. doit avoir été formé sur *embarcadère* malgré le léger décalage des dates. ♦|4| **EMBARCADÈRE** début XVIIIᵉ s. : esp. *embarcadero* ; **EMBARCATION** fin XVIIIᵉ s. : esp. *embarcacion*, dér. de *barca*. ♦|5| **BARCAROLE** XVIIIᵉ s. : forme fém. du vénitien *barcarolo* « gondolier », dér. de *barca*.

BARRE ♦|1| (pop.) XIIᵉ s. : mot d'origine prélat., p.-ê. issu du gaulois *barro* « extrémité », « sommet », attesté par divers noms de lieux et de personnes, latinisé en *barra*. **BARREAU** XIIIᵉ s., XVIᵉ s., jur., « barrière séparant les magistrats du public » ; **BARRIÈRE** XIVᵉ s. ; **BARRETTE** XVIIIᵉ s. ; **BARRER** XIIᵉ s. ; **BARRAGE** XIIᵉ s. ; **DÉBARRER** XIIᵉ s. ; **REMBARRER** XVᵉ s., fig. : dérivé de *embarrer*, encore vivant dial. ; **BARREUR** XIXᵉ s. « celui qui tient la barre ». ♦|2| **BARIOLÉ** XVIᵉ s. et **BARIOLAGE** XIVᵉ s. résultent sans doute du croisement entre *barrer* « rayer » (sens fréquent dans les dial.) et de l'anc. fr. *rioler* « régler », issu de *regula*, → RÈGLE. ♦|3| **EMBARRASSER** XVIᵉ s. : esp. *embarazar*, issu du léonais ou port. *baraça*, « corde », auquel on attribue, sans certitude, la même origine celtique qu'au fr. *barre* ; **DÉBARRASSER** XVIᵉ s. ; **EMBARRAS** XVIᵉ s. ; **DÉBARRAS** XVIIIᵉ s. ♦|4| **EMBARGO** XVIIᵉ s. : mot esp. issu de *embargar*, « embarrasser » : lat. vulg. *imbarricare*, issu de *barra*. ♦|5| **BAR** XIXᵉ s. « débit de boisson » : mot angl. lui-même empr. au fr. *barre* ; à l'origine barre qui séparait les clients du comptoir : **BARMAN** XXᵉ s. → -MAND ; **SNACK-BAR** XXᵉ s. : le 1ᵉʳ élément, d'origine onom., désigne d'abord une morsure de chien, puis un petit morceau, enfin un léger repas.

BARRIR (sav.) XVIᵉ s. : lat. *barrire*, dér. de *barrus* « éléphant indien » (*elephas*, mot africain) ; **BARRISSEMENT** XIXᵉ s.

BAS (pop.) lat. *bassus* « trapu », « petit et gras », p.-ê. d'origine osque, employé en lat. class. comme surnom, développé en lat. vulg., d'où *bassiare* « baisser ».
♦ |1| **BAS** XIIe s., adj. début XVIe s., ellipse de *bas de chausses*, pièce de vêtement : lat. *bassus* ; XVIIIe s. *bas-bleu*, décalque de l'angl. *blue-stocking*, à cause de cette particularité vestimentaire propre à Stillingfleet, savant et brillant familier du salon de Lady Montague, à la fin du XVIIIe s. ; appliqué ensuite à des femmes de lettres prétentieuses. ♦ |2| **BAS-** ou **BA-**, premier élément de composés tels que *bas-fond, bas-relief, basse-cour, babeurre, bavolet*, → au 2e élément. ♦ |3| dérivés : **BASSESSE** XIIe s. ; **BASSEMENT** XVIe s. ; **BASSET** XIIe s. ; **SOUBASSEMENT** XIVe s. : dér. de l'anc. *sous-basse*, de même sens ; **CONTREBAS** XIVe s. ; **BASSE-CONTRE** XVIe s., mus. par opposition à *haute-contre* ; **BASSE-TAILLE** XVIe s., de l'anc. fr. *taille*, → art. TAILLER « partie de fort ténor, intermédiaire entre la *basse-contre* et la *haute-contre* ». ♦ |4| mus. : empruntés à l'it. : **BASSE** XVIIIe s., subst. : it. *basso* ; **BASSON** XVIIe s. : it. *bassone* ; **CONTREBASSE** XVIe s. : it. *contrabasso*, d'où **CONTREBASSISTE** XIXe s. ♦ |5| **BAISSER** XIe s. : *bassiare*, et **BAISSE** XVIe s. ; XIIe s. ; **RABAIS** XIVe s. ; **RABAISSEMENT** XVe s. ; **SURBAISSÉ** XVIIe s.

BASALTE (sav.) XVIe s. : *basalten* fausse lecture, dans Pline, de *basaniten* du gr. *basanos* « pierre de touche » ; **BASALTIQUE** XVIIIe s.

BASANE XIIe s. : ar. *biṭāna* « doublure de vêtement » par l'esp. et l'anc. prov. : **BASANER** XVIe s. ; **BASANÉ** (épiderme) XIXe s.

BASILE famille du gr. *basileus* « roi », diminutif *basiliskos* « petit roi » et nom d'une espèce de serpents ; adj. dér. *basilikos* « royal », d'où *basilikon* « sorte de plante » et *basilikē* « maison de l'archonte-roi à Athènes », empr. par le lat. *basilica*, « salle publique pour rendre la justice », « bourse de commerce », et à partir du IVe s. « édifice destiné au culte chrétien ».
♦ |1| **BASILE** (nom propre), du nom de saint *Basilius*, gr. *Basileus*. ♦ |2| **BASILIC** XIIe s., reptile : gr. *basiliskos*, par le lat. ♦ |3| **BASILIC** XVe s., plante : gr. *basilikon*, par le lat. ♦ |4| **BASILIQUE** XVe s. « édifice chrétien », XVIe s., archéol. : lat. *basilica* « lieu public », du gr. *basilikē*, mot dont la construction de la *Basilica Constantini*, sur l'emplacement du tombeau du Christ, a contribué à répandre l'usage religieux.
♦ |5| **BASOCHE** (pop.), XVe s. « communauté des clercs de justice » : probablement déformation populaire de *basilica*, qui avait servi en France à désigner diverses églises commémoratives, et qui survit en toponymie. On a formulé, sans preuve, l'hypothèse que *basoche* aurait pu désigner l'ensemble des eccl. attachés à une basilique, d'où le sens d'« ensemble de clercs » en général.

BÂT famille pop. du lat. vulg. *bastare* « porter », « supporter », « suffire » : gr. *bastazein* « porter un fardeau » ; d'où *bastum* (IVe s.) « ce qui supporte », « bât » et *basto, -onis*, dér. de *bastum* appliqué à une tige de bois utilisée comme soutien.
♦ |1| **BÂT** XIIIe s. : *bastum* ; **BÂTER** XVIe s. ; **DÉBÂTER** XVe s. ; **BÂTIÈRE** XIIIe s., archit. ♦ |2| **BÂTON** XIe s. : *basto, -onis* ; **BÂTONNET** XIIIe s. ; **BÂTONNIER** XIVe s. « porte-bannière d'une confrérie », en particulier de celle des avocats qui existait déjà au XIVe s. ; **BÂTONNER** XIIe s. ♦ |3| **BASTONNADE** XVe s. : it. *bastonata* (plutôt que les équivalents esp. et prov., beaucoup de termes militaires étant à l'époque empr. à l'it.), dér. de *bastone*, équivalent it. du fr. *bâton*. ♦ |4| **BASTE !** XVIe s., interj. : it. *basta* « il suffit », de *bastare*, du lat. *bastare*.

BÂTARD (pop.) XIIe s., var. *fils, fille de bast* : germ. *banstu* « mariage », qui aurait pu prendre le sens de « union avec une femme de rang inférieur ». Mais selon d'autres germ. *bansti* « grange » (enfant conçu dans la grange). **BÂTARDISE** XVIe s., élimine l'anc. fr. *bastardie* ; **ABÂTARDIR** XIIe s. ; **ABÂTARDISSEMENT** XVIe s.

BATEAU ♦ |1| (pop.) XIIe s. : dér. de l'anc. angl. *bat* (angl. mod. *boat*) ou de son équivalent scandinave ; ce mot a été également empr. sous une forme diminutive par le néerl. et le bas all. : **BATELIER** XIIIe s. ; **BATELLERIE** XIVe s. ♦ |2| **PAQUEBOT** XVIIe s. : angl. *packet-boat* qui désignait, au XVIe s., le bateau destiné à convoyer le *packet*,

« paquet », des papiers de l'État, puis au xvii⁰ s. un simple caboteur faisant office de vaisseau postal. ♦|3| **FERRY-BOAT** xviii⁰ s. : mot angl. (1ᵉʳ élément d'origine germ. to ferry « transporter »).

BATELEUR famille hypothétique d'une racine *bak- pré-ind.-eur., qui exprimerait l'idée de « jeune fille » ; ses représentants en fr. mod. pourraient être :

♦|1| **BATELEUR** (pop.) xiii⁰ s. : dér. de l'anc. fr. baastel « instrument de prestidigitateur », qui a dû signifier aussi « poupée », « marionnette ». ♦|2| **BACHELETTE** xv⁰ s. : altération, sous l'influence de bachelier, de l'anc. fr. baisselete xiii⁰ s. « jeune fille, jeune femme », dér. de baissele xiii⁰ s., lui-même dér. de baiasse xiii⁰ s., apparenté au prov. bagassa « prostituée », dont on trouve des équivalents en it. et en esp.

BATHY- (sav.) xix⁰ s. et xx⁰ s. : gr. bathus « profond », 1ᵉʳ élément de composés sav., ex. : bathyscaphe, bathymétrie, etc.

BÂTIR famille pop. du frq. *bastjan, dér. de *bast « écorce », qui a dû signifier « travailler l'écorce », matériau souple (→ anc. haut all. besten « lacer ») et « construire à l'aide de lattes d'écorce, qu'on recouvrait de torchis ».

♦|1| **BÂTIR** xii⁰ s. « assembler à grands points les parties d'un vêtement taillé » ; xv⁰ s. « construire », sens introduit en fr. par le prov., où ce verbe signifiait déjà au xi⁰ s. « construire des barrières tressées » et au xii⁰ s. « édifier une maison » : *bastjan, latinisé en *bastire. **BÂTI** xvii⁰ s., subst. ; **BÂTIMENT** xii⁰ s. « action de bâtir », xvii⁰ s. « édifice » ; **BÂTISSE** xviii⁰ s. ; **BÂTISSEUR** xvi⁰ s. ; **DÉBÂTIR** xiii⁰ s., couture, xvi⁰ s. « démolir » ; **REBÂTIR** xvi⁰ s. ; **MALBÂTI** xvi⁰ s. ♦|2| **BÂTARDEAU** xv⁰ s., archit. : dér. de bastart « digue », lui-même dér. de baste, bâte, « support », de bâtir ; a dû subir l'influence de bâtard, qui était employé par la langue de l'architecture dans des expressions telles que porte bâtarde. ♦|3| **BASTIDE** xvi⁰ s. : prov. bastida, forme de part. passé de bastir, « ville fortifiée ». ♦|4| **BASTILLE** xiv⁰ s. : issu de bastide par substitution de suffixe ; **EMBASTILLER** xiv⁰ s. « établir dans une bastille », xviii⁰ s. « emprisonner dans la Bastille de Paris » ; **EMBASTILLEMENT** xix⁰ s. ♦|5| **BASTION** xv⁰ s. : var. de bastillon, dimin. de bastille. ♦|6| **BASTINGAGE**, dér. du verbe bastinguer et du subst. bastingue : prov. bastengo, « toile matelassée utilisée dans cette partie du navire », forme fém. de bastenc, « cordage », dér. de bastir au sens de « tresser ». ♦|7| **BASQUE** xvi⁰ s., « partie du vêtement » : altération, sous l'influence de basquine, de baste, attesté du xiv⁰ s. au xviii⁰ s. issu de l'it. ou de l'esp., ou plutôt du prov. basta « couture à grands points », « pli fait à une robe pour la raccourcir », de *bastjan au sens de « bâtir des pièces d'étoffe ».

BATRACIEN (sav.) xviii⁰ s. : dér. du gr. batrakhos « grenouille ».

BATTRE famille pop. du lat. battuere « battre », familier, mais ancien, et de ses dérivés battualia, neutre plur., « sorte d'escrime », debattuere et bas lat. abbattuere, combattuere : origine obscure, p.-ê. celtique.

♦|1| **BATTRE** xi⁰ s. : lat. imp. battĕre, altération de battuere ; déjà avec de nombreux sens techniques qui doivent remonter au lat. « battre le grain », « fouler le drap », « rebattre la faux », etc. outre le sens fondamental de « donner des coups » ; **BATTE** xiv⁰ s. ; **BATTAGE** xiv⁰ s., xix⁰ s. « publicité excessive », d'après le battage de la grosse caisse aux parades de foire ; **BATTANT** xiii⁰ s. ; **BATTEMENT** xii⁰ s. ; **BATTERIE** xii⁰ s. « action de battre », xv⁰ s. « emplacement où sont réunies des pièces d'artillerie en état de tirer » ; ce sens est à l'origine des autres emplois du mot pour désigner un ensemble d'objets ; xix⁰ s. « batterie de cuisine », xx⁰ s., mus. ; **BATTEUR** xii⁰ s. ; **BATTEUSE** xix⁰ s. ; **BATTOIR** xiv⁰ s. ; **BATTUE** xvi⁰ s. ; **IMBATTABLE** xx⁰ s. ♦|2| **BATIFOLER** xvi⁰ s., dér. de l'anc. fr. batifol « moulin à foulon », probablement composé de battre et de fouler avec influence, pour le sens, du verbe folier « faire le fou », tandis que battre pouvait être rapproché de s'ébattre, d'où le glissement de sens. ♦|3| **BATISTE** xv⁰ s., var. batisse, batiche : dér. de battre au sens de « fouler une étoffe » ; rapproché, par étym. populaire, du nom propre Baptiste. ♦|4| **BATAILLE** xii⁰ s. : batt(u)alia ; **BATAILLER** xii⁰ s. ; **BATAILLEUR** xiii⁰ s. ♦|5|

BATAILLON XVIe s. : it. *battaglione*, augmentatif de *battaglia* « troupe rangée pour combattre », « corps de troupe », équivalent it. du fr. *bataille*. ♦I6I ABATTRE XIe s. : *abbatt(u)ere* ; ABAT XVe s. ; ABATTAGE XIIIe s., XIXe s. « vigueur, brio » ; ABATTIS XIIe s. ; ABATTEMENT XIIIe s. ; ABATTEUR XIVe s. ; ABATTOIR XIXe s. ; ABAT-JOUR XVIIe s. ; ABAT-SON XIXe s. ♦I7I COMBATTRE XIe s. : *combatt(u)ere* ; COMBAT XVIe s. ; COMBATTANT XVe s. subst. masc. ; COMBATIF XXe s. ; COMBATIVITÉ XIXe s. ♦I8I DÉBATTRE XIe s. « battre fortement », XIIIe s. « se débattre » et « discuter » ; DÉBAT XIIIe s. ♦I9I DÉBATER XIXe s. : mot angl. formé sur l'anc. fr. *debattre*. ♦II0I ÉBATTRE XIIe s. « battre » et « agiter, distraire » ; ÉBAT, ÉBATTEMENT XIIIe s. ♦IIII REBATTRE XIVe s. ♦II2I RABATTRE XIIe s., XVIe s. vénerie ; RABAT XIIIe s. ; RABATTAGE XVIIIe s. ; RABATTEMENT XIIIe s. ; RABATTEUR XVIe s. ; RABAT-JOIE XIVe s.

BAUDRIER (pop.) XIVe s. : altération, par substitution de suff., de l'anc. fr. *baldrei*, apparenté au prov. *baldrat*, du moyen haut all. *Balderich*, anglais *baldric*, qui remontent peut-être au lat. *balteus* « baudrier ».

BAUDRUCHE XVIIe s. : origine inconnue.

BAUGE (pop.) XVe s. : var. de l'anc. fr. *bauche* « boue séchée », « hutte de torchis », « terre inculte », du gaulois *balcos* « fort », à cause de la dureté de la terre séchée.

BAUME famille du gr. *balsamon* « baumier », arbrisseau produisant une résine odorante.

I. mots populaires
♦II BAUME XIIe s. : *balsămon*, par le lat. ; BAUMIER XIIIe s. ♦I2I EMBAUMER XIIe s. « conserver un cadavre au moyen de substances balsamiques » ; XIXe s. « parfumer » ; EMBAUMEMENT XIIe s. ; EMBAUMEUR XVIe s.

II. mots savants
♦II BALSAMIQUE XVIe s. ♦I2I BALSAMINE XVIe s.

BAYER famille pop. du lat. vulg. *batare* « bâiller », attesté par une glose du VIIIe s., et de son dérivé *bataculare* ; le radical *ba-* est sans doute une onom. figurant le bruit d'un bâillement.

♦II BAYER XIIe s., var. de l'anc. fr. *baer* « être ouvert » : *batāre* ; confondu avec *bâiller* au XVIIe s., ne survit plus que dans l'expression *bayer aux corneilles*. ♦I2I BÉER XIIe s., autre var. de l'anc. fr. *baer*, de *batare*, dont le part. pas. subsiste dans l'expression *bouche bée* et dans BÉGUEULE XVIIe s., pour *bée gueule* XVe s., d'où BÉGUEULERIE XVIIIe s. ; BÉANT XVIIe s., part. prés. employé comme adj. ; BAIE XIIe s. « ouverture » : var. de *baée*, *bée*, part. passé substantivé. ♦I3I ÉBAHIR XIIe s. : dér. de *baer*, avec changement de conjugaison ; ÉBAHISSEMENT XIIe s. ; BABA XIXe s. : redoublement de la 1re syllabe d'*ébahir*. ♦I4I Il existait en anc. fr. un adj. *baïf* « qui regarde attentivement », formé sur le radical de *baer*, qui est p.-ê. à l'origine de BALIVEAU XVIe s. var. anc. *baiviaus* « arbre servant de point de repère aux bûcherons ». Il est possible que la même explication vaille pour BALISE XVe s., encore qu'une explication apparemment plus vraisemblable puisse être proposée pour ce mot (→ PAIX). ♦I5I DÉBARDER XVIe s., est probablement un dér. de *bard* « brancard, civière à claire-voie », issu de *beart* XIIIe s., *bayart* dans les patois, lui-même dér. de *beer*. ♦I6I BADIN XVe s. « sot », XVIIe s. « plaisant » : prov. *badin* « niais », dér. de *badar* : *batare* ; BADINAGE, BADINER, BADINERIE XVIe s. ; BADINE XVIIIe s. ♦I7I BADAUD XVIe s. « sot », d'où « flâneur » : prov. *badau*, dér. de *badar*, forme voisine de *badin* ; BADAUDERIE XVIe s. ; BADAUDER XVIIe s. ♦I8I BÂILLER XIIe s. : *batacŭlāre* ; BÂILLEMENT, ENTREBÂILLER, BÂILLON XVe s. ; ENTREBÂILLEMENT, BÂILLONNER XVIe s. ; BÂILLONNEMENT, DÉBÂILLONNER XIXe s.

BAZAR XIVe s. « marché oriental » ; XIXe s. « sorte de magasin » mot empr. à plusieurs reprises au turc, à l'ar., au persan, éventuellement par l'intermédiaire des Portugais qui l'avaient connu et adopté aux Indes. BAZARDER XIXe s.

BÉAT famille sav. du lat. *beatus* « heureux », ancien part. passé de *beare*, « combler de biens », d'où *beatitudo*, « bonheur », et lat. eccl. *beatificare* et *beatificus*, appliqués au bonheur du ciel.

♦|1| **BÉAT** XIIIe s., eccl., XVIe s. « heureux » : *beatus* ; **BÉATITUDE** XIIIe s. eccl., XVIIe s. « bonheur » : *beatitudo*. ♦|2| **BÉATIFIER** XIVe s. : *beatificare* ; **BÉATIFIQUE** XVe s. : *beatificus* ; **BÉATIFICATION** XIVe s.

BEC famille pop. du lat. imp. *beccus*, d'origine gauloise, qui a éliminé le lat. class. *rostrum*.

♦|1| **BEC** XIIe s. : *beccus*. ♦|2| **BECQUETER** XIVe s. ; **BECQUÉE** XVe s., **BÉCOT** fin XVIIIe s. ; **BÉCOTER** XIXe s. : dér. de *becquer* XIVe s., qui a éliminé l'anc. fr. *bécher*, dér. de *bec* ; **BÉQUET** XIIe s. ♦|3| **PIMBÊCHE** XVIe s., probablement pour *pince-bêche*, composé de deux formes des verbes *pincer* et *bécher* (→ 2). ♦|4| **BÉQUILLE** XVIIe s., a dû empr. sa terminaison à l'anc. fr. *anille*, de même sens ; **BÉQUILLER, BÉQUILLARD** XVIIe s. ♦|5| **BÉCASSE** XIIe s. « oiseau à long bec » ; **BÉCASSINE** XVIe s. ♦|6| **BÉDANE** XIVe s. : composé de *bec* et de *ane* « canard », qui a été confondu avec *âne* ; **BÉJAUNE** XIIIe s., pour *bec jaune* « niais », par comparaison avec un jeune oiseau ; ces deux mots conservent une prononciation ancienne de *bec*. ♦|7| **BEC-DE-CANE** XVIe s. ; **BEC-DE-LIÈVRE** XVIe s. ; **BEC DE GAZ** XIXe s. ♦|8| **BECFIGUE** XVIe s. : it. *beccafico*, du verbe *beccare* « becqueter » et *fico* « figue ».

BÉCANE XIXe s. « vieille machine », puis « bicyclette » : mot obscur, peut-être dér. de *bec*, ou encore fém. de l'argot *bécant*, dér. de *bec* « oiseau de basse-cour », le bruit d'une machine qui grince pouvant être comparé à son cri.

BEDAINE ensemble de formes expressives de structure consonantique B.D. ou P.D. suggérant l'idée de quelque chose de bourré et d'arrondi.

I. base *bed-* :

BEDAINE XVe s. ; **BEDON** XIVe s., ont éliminé *boudine* « ventre, nombril », encore vivant dial. ; **BEDONDAINE** XVIe s. : croisement des deux précédents ; **BEDONNER** XVIe s.

II. base *boud-*

♦|1| **BOUDIN** XIIIe s. ; **BOUDINÉ** XVIIIe s. ; **BOUDINER, BOUDINAGE** XIXe s. ; **BOUDINEUSE** XXe s. ♦|2| **BOUDER** XIVe s., en raison de la forme que la moue donne au visage ; **BOUDERIE, BOUDEUR** XVIIe s. ; **BOUDOIR** XVIIIe s.

III. base *poud-*

mots d'origine angl., de structure consonantique voisine des précédents, sans qu'on puisse y voir un empr. au fr. ♦|1| **PUDDING** XVIIe s. « gâteau », mot angl. qui a signifié aussi « boudin », « entrailles », et dont le sens culinaire s'explique par le fait que cette préparation était, à l'origine, bouillie dans un sac de toile ; **PLUM-PUDDING** XVIIIe s. ; 1er élément, → PRUNE. ♦|2| **POUDINGUE** XVIIIe s., géol. : abrév. francisée de l'angl. *pudding-stone* « pierre ressemblant à du pudding ».

BEDEAU (pop.) XIIe s. « officier de justice subalterne » ; XVIe s. « bedeau d'église » ; a eu aussi jusqu'au XVIIIe s. le sens de « huissier d'université » : frq. *bidil* « messager ».

BÈGUE ♦|1| XIVe s., dér. du verbe anc. fr. *béguer* XIVe s. : néerl. *beggen* « bavarder ». ♦|2| **BÉGAYER** XIVe s., dér. de *béguer*, qu'il a fini par éliminer ; **BÉGAIEMENT** XVIe s. Ces mots ont supplanté les anciens représentants du lat. *balbus*. ♦|3| **BÉGUINE** XIIIe s. a un rapport certain mais obscur avec *beggen*, que le nom de ces religieuses soit tiré du nom propre d'un personnage hypothétique, Lambert le Bègue qui passe sans preuve pour avoir été leur fondateur, ou qu'il s'agisse d'une forme fém. de *bégard* : néerl. *beggaert* « moine mendiant », dér. de *beggen* ; **BÉGUINAGE** XIIIe s. ; **BÉGUIN** XIVe s. « coiffe de béguine » ; **S'EMBÉGUINER** XVIe s. « mettre un béguin », XVIIe s. « se coiffer de quelqu'un », d'où **BÉGUIN** XVIIIe s. « passion fugitive ».

BEIGNE XIVe s. « bosse à la tête », et **BEIGNET** XIIIe s., pâtisserie gonflée (pop.), ainsi que leurs var. dial. et anciennes *buigne, buignet*, et les formes apparentées esp. *buñuelo* et *boñica*, permettent de reconstituer un étymon *bunnĭca* ou *bonnĭca*, certainement pré-lat.

BÉLIER (pop.) XVe s. : altération, par substitution de suff., de *belin* XIIIe s., var. de *berlin, brelin*, largement attestés dans les dial., issus d'une base prélatine et p.-ê. pré-ind.-eur. *berr-* « bélier », représentée aussi en Italie, en Roumanie, en Hongrie, et dans certaines langues slaves. Cette hypothèse est plus satisfaisante : (a) que celle qui rattache *bélier* à *bêler*, parce que, phonétiquement, passer de *-rl-* à *-l-* est plus facile que le contraire, et que les formes en *-r-* resteraient ainsi inexpliquées ; (b) que celle qui voit dans le *belin* un « animal porteur de clochette », dér. du néerl. *belle* « cloche », pour la même raison phonétique que précédemment, et parce qu'il serait étonnant que les représentants fr. d'un mot néerl. signifiant « cloche » désignent tous les ovins et jamais autre chose.

BELLIQUEUX famille sav. du lat. *bellum* « guerre », issu d'un plus ancien *duellum*, et de ses dér. *Bellona* « déesse de la guerre » ; *rebellare* « reprendre les hostilités, se révolter » ; *bellicosus* « belliqueux ».
I. base *bell-*
♦ 111 BELLIQUEUX XIV° s. : *bellicosus* ; BELLIGÉRANT XVIII° s. : part. présent du lat. *belligerare* « faire la guerre », arch. et postclass. ; BELLICISME ; BELLICISTE XIX° s. : formations analogiques de *pacifisme, -iste*. ♦ 121 BELLONE (myth.) : *bellona*. ♦ 131 PARABELLUM XX° s. « pistolet automatique en usage dans l'armée all. » : tiré, par l'all., du proverbe lat. *si vis pacem para bellum* « si tu veux la paix, prépare la guerre ». ♦ 141 SE REBELLER XII° s. : *rebellare* ; REBELLE XII° s. adj. et subst., et RÉBELLION XIII° s. : *rebellis* et *rebellio*, dér. de *rebellare*.
II. base *duel-*
♦ 111 DUEL XVI° s. « combat entre deux adversaires pour une question d'honneur » : lat. *duellum* considéré alors à tort comme un dér. de *duo* « deux ». ♦ 121 DUELLISTE XVI° s. : it. *duellista*, de même origine.

BELLUAIRE (sav.) XIX° s. : dér. du lat. *bellua* « bête sauvage ».

BENJOIN ♦ 111 XVI° s. : arabe *lubān djāwi* « encens de Java », qui apparaît au Moyen Âge sous la forme lat. *benivinum* et sous la forme gr.-lat. *benzoe* ; la forme BENJOIN a pu pénétrer en France par l'intermédiaire du port. *beijoim* ou des formes équivalentes catalane ou it. ♦ 121 BENZ- (sav.) XVIII° s.-XX° s. : base tirée de la forme *benzoe*, utilisée dans le vocabulaire de la chimie, ex. : BENZOATE, -OÏQUE XVIII° s. ; BENZINE, BENZÈNE, BENZOL XIX° s. ; BENZOLISME XX° s.

BERCER ♦ 111 (pop.) XII° s. : lat. vulg. de Gaule et d'Espagne *bertiare* formé sur un radical celtique *berta-* « secouer ». ♦ 121 BERCEAU XV° s., sens propre, XVI° s. « berceau de feuillage », forme suff. qui a éliminé le simple *bers*, dér. de *bercer*, ainsi que l'anc. fr. *berçuel*, issu du lat. *berciolum* attesté au VIII° s. ; BERCEUSE XIX° s. ; BERCEMENT XIX° s. ; BERCEUR XIX° s. ♦ 131 BARCELONNETTE XVIII° s. : dér. de *bercer* avec ouverture populaire de *e* en *a* devant *r* et croisement avec le nom de la ville de Barcelone, renommée au XVIII° s. pour ses couvertures de laine ; BERCELONNETTE XIX° s.

BÉRET ♦ 111 (pop.) XIX° s. : béarnais *berret*, du lat. imp. *birrus* « capote à capuchon en tissu raide et à poils longs ». ♦ 121 BARRETTE XIV° s. d'abord « pèlerine à capuchon » : même origine, mais par intermédiaire de l'it. *barretta*, var. de *berretta*. ♦ 131 BURNOUS XVI° s. « manteau à capuchon », XIX° s. « manteau d'Arabe », XX° s. « vêtement d'enfant » : arabe *bournous* « manteau à capuchon », du gr. *birros*, du lat. *birrus*.

BERGE XIV° s. équivalent de l'esp. *barga* ; peut-être d'un lat. vulg. *barica* d'origine celtique (→ gallois *bargod* « bord »).

BERLUE ♦ 111 BERLUE (pop.) XIII° s., var. *bellues* et *barlue* et BLUETTE XVI° s., var. *belluette* : mots obscurs, d'étym. très contestée, dont on peut rapprocher l'anc. prov. *beluga* « étincelle ». On a proposé (a) un radical celtique *belo-* « étincelant », représenté dans divers noms propres gaulois tels que *Belenos, Belinus*, mais assez mal attesté dial. (→ *belet* « éclair » dans le Sud-Ouest) ; (b) lat. vulg. *bislūca*, dér. de *lux* « lumière ». → LUIRE, formé sur le modèle de *bislumen* supposé par certaines formes it. ; mais aucun représentant de *lux* ne suppose la forme *luca* ; (c) un autre *bislūca*, var. *bilūca* dont le 1ᵉʳ élément serait le préf. *bi-*, et le 2° serait empr. à *famfaluca* « bagatelle » attesté au IX° s., qui remonte sans doute au gr. *pompholux* « bulle d'air ». Dér. ÉBERLUER XVI° s.
♦ 121 si cette dernière hypothèse est vraie, il faudrait rapprocher de BERLUE les mots suivants : FANFRELUCHE XVI° s. : altération

de l'anc. fr. *fanfelue* « bagatelle », de *famfalūca* ; FARFELU XVIᵉ s. « dodu », XXᵉ s. « fou », var. *fafelu*, probablement de même origine ; FRELUQUET XVIIᵉ s. « menue monnaie », XVIIᵉ s. « homme frivole », dér. de *freluque* « mèche de cheveux », normannopicard, ou altération, sous l'influence de *perruque*, de *freluche*, forme abrégée de *fanfreluche*.

BERNE XVIIᵉ s., mar. : p.-ê. néerl. *berm* « rebord », le pavillon *en berne* étant replié sur lui-même ; mot obscur.

BÉTON ♦ 1 ı ı (demi-sav.) XIIᵉ s. « boue, gravois », XVIIᵉ s. « conglomérat de mortier et de cailloux » : lat. *bitumen, -inis* « goudron », avec substitution de suff. BÉTONNER, BÉTONNAGE, BÉTONNIÈRE XXᵉ s. ♦ 121 BITUME (sav.) XVIᵉ s. : *bitumen* ; BITUMINEUX XVIᵉ s. · lat. *bituminosus* ; BITUMER XIXᵉ s.

BETTE ♦ 1 ı ı (sav.) XIIᵉ s. : lat. *beta* (→ BLETTE). ♦ 121 BARBITURIQUE (demi-sav.) XIXᵉ s. désigne un acide extrait de la bette ; composé dont le 2ᵉ élément est dérivé de *urée*, et le 1ᵉʳ représente une adaptation de l'it. *barbabietola* « bette », dér. de *herba beta*, croisé avec *barba*.

BEURRE ♦ 1 ı ı (pop.) XIIᵉ s. lat. *butyrum*, du gr. *bouturon* ; XXᵉ s. *faire son beurre* ; BEURRER, BEURRIER XIIIᵉ s. ; BABEURRE XVIIᵉ s., → BAS. ♦ 121 BUTYREUX XVIᵉ s. ; BUTYRIQUE XVIIᵉ s., dér. savants de *butyrum*. ♦ 131 BUT- XIXᵉ s., XXᵉ s. : base tirée des précédents, utilisée dans la langue de la chimie. ex. : BUTANE XIXᵉ s. ; BUTÈNE XXᵉ s.

BIAIS (pop.) XIIIᵉ s. : anc. prov. *biais* : lat. vulg. **(e)bigassius*, du gr. *epikarsios* « oblique » ; BIAISER XVᵉ s.

BIBLE ♦ 1 ı ı (sav.) XIIᵉ s. : issu, par le lat., du gr. *biblia* « livres saints », plur. de *biblion* « livre », dér. de *biblos* « livre » (primitivement « écorce intérieure du papyrus servant à écrire ») ; BIBLIQUE XVIIᵉ s. BIBLIO- (sav.), premier élément de nombreux composés savants comportant la notion de « livre » : BIBLIOTHÈQUE XVᵉ s. ; BIBLIOTHÉCAIRE XVIᵉ s. ; BIBLIOMANE, BIBLIOMANIE XVIIᵉ s. ; BIBLIOGRAPHE, BIBLIOGRAPHIE XVIIᵉ s. ; BIBLIOGRAPHIQUE XVIIIᵉ s. ; BIBLIOPHILE XVIIIᵉ s. ; BIBLIOPHILIE, BIBLIOPHILIQUE XIXᵉ s. ; BIBLIOBUS XXᵉ s.

BICHE famille du lat. *bestia* « animal en général », en particulier « bête féroce terrestre », déjà employé comme terme d'injure avec le sens de « méchant », d'où l'adj. lat. eccl. *bestialis*.

♦ 1 ı ı BICHE (pop.) XIIᵉ s., forme normannopicarde de l'anc. fr. *bisse* : lat. vulg. **bīstia*, altération de *bestia* commune au fr., à l'it. et à l'esp. ♦ 121 BIQUE (pop.) XVIᵉ s. : altération de *biche* sous l'influence de *bouc* ; BIQUET XIVᵉ s., BIQUETTE XVIᵉ s., BICOT XIXᵉ s. ♦ 131 BÈTE (demi-sav.) XIᵉ s., subst., XVIIIᵉ s., adj. : adaptation de *bestia* ; BÉTAIL XIIIᵉ s. : forme masc. tirée de *bestaille*, dér. fém. de l'anc. fr. *beste*, à valeur collective. ♦ 141 dér. de *bête* au sens fig. : BÊTA : altération enfantine de *bêtard* ; BÊTISE XVIᵉ s. ; BÊTIFIER XVIIIᵉ s. ; BÊTISIER XXᵉ s. ; ABÊTIR XVᵉ s. ; ABÊTISSEMENT XVIᵉ s. ; EMBÊTER et EMBÊTEMENT fin XVIIIᵉ s. ♦ 141 BESTIAL (sav.) XIIᵉ s., adj. : lat. *bestialis* ; BESTIALITÉ XIVᵉ s. ; BESTIAIRE XIVᵉ s., masc. animé : lat. *bestiarius* « gladiateur spécialisé dans le combat contre les bêtes féroces » ; BESTIOLE XIIᵉ s. : lat. *bestiola*, dimin. de *bestia*. ♦ 161 dér. médiévaux de *bestia* ou de l'anc. fr. *beste* : BESTIAIRE XIIᵉ s., masc. non animé : lat. médiéval *bestiarium* « ouvrage concernant les animaux » ; BESTIAUX XVᵉ s. : plur. de l'anc. fr. *bestial*, subst. dér. de *beste*, sert de pluriel à *bétail*.

BICOQUE XVIᵉ s. : it. *bicocca*, d'origine incertaine.

BIDET ♦ 1 ı ı (pop.) XVIᵉ s. « cheval de selle », XVIIIᵉ s., métaph. « meuble de toilette », dér. d'un verbe *bider* XVᵉ s. « trotter », déjà attesté au XIVᵉ s. sous la forme composée *rabider*, d'origine inconnue. ♦ 121 BIDOCHE XIXᵉ s., argot mil., « viande » : altération de *bidet* par substitution de suff.

BIDON XVᵉ s. : scandinave *bida* « vase » ; a pris au XIXᵉ s. le sens de « ventre » par analogie de *bedon*, d'où BIDE XIXᵉ s. arg., forme abrégée, et SE BIDONNER XIXᵉ s. arg. « rire » ; BIDONVILLE XXᵉ s.

BIEF (pop.) XIIe s. d'abord *biez*, *bied* : lat. vulg. **bedum* « canal », « fossé », empr. au gaulois.

1. BIÈRE (pop.) XIe s. « cercueil » : frq. **bera* « civière », qui a changé de sens lorsque l'habitude d'enterrer les morts dans un cercueil s'est répandue.

2. BIÈRE XVe s. « boisson », a éliminé *cervoise* : néerl. *bier*, nouvelle sorte de cervoise, corsée avec du houblon.

BIGARRER XVe s., dér. de l'anc. fr. *garre*, *garré*, même sens, origine obscure ; **BIGARRURE** XVIe s. ; **BIGARREAU** XVIe s.

BIGOT XIIe s. qualification injurieuse des Normands, XVe s. « excessivement dévot » : anc. angl. *bi god* « par Dieu » ; **BIGOTERIE** XVe s.

BIGOUDI XIXe s. : mot obscur qui a p.-ê. quelque rapport avec l'esp. *bigote* « moustache », dont un dér. *bigotelle* « pince à retrousser la moustache » avait déjà été adopté par le fr. au XVIIe s., ou avec l'équivalent port. *bigode* prononcé à peu près *bigoudi*.

BIJOU XVe s. a partiellement éliminé *joyau* : breton *bizou* « anneau pour le doigt », dér. de *biz* « doigt » ; **BIJOUTIER** XVIIe s. « qui aime les bijoux », XVIIIe s., sens mod. ; **BIJOUTERIE** XVIIe s.

BILE ♦ 111 (sav.) XVIe s. : lat. *bilis* ; pour les mots scientifiques exprimant la notion de « bile » → CHOL-, art. COLÈRE. ♦ 121 **BILIEUX** XVIe s. : lat. *biliosus* ; **BILIAIRE** XVIIe s. dér. sur le radical de *bilieux*. ♦ 131 **BILI-** 1er élément de composés scientifiques : **BILIRUBINE** XIXe s. ; **BILIGÉNIE** XXe s., etc. ♦ 141 **SE BILER** XIXe s., fam. : dér. de *bile*, au sens fig. ; **BILEUX** XIXe s., sens fig. : réfection pop. de *bilieux*.

BILLE il existe en fr. deux BILLE, d'origine différente, mais dont certains dér. se sont croisés de sorte qu'il n'est pas toujours facile de dire auquel des deux mots ils se rattachent.

I. bille (de bois)

♦ 111 (pop.) XIVe s. : lat. médiéval *billa* XIIe s. du lat. vulg. **bilia* d'origine gauloise ; **BILLOT** XIVe s. ♦ 121 **BILLON** XIIIe s. « lingot » diminutif de *bille*, par comparaison avec une bille de bois ; plus tard, a pris le sens de « alliage de deux métaux inégalement précieux », « monnaie de mauvais aloi », d'où *billonnage* XVIe s. « altération des monnaies ». ♦ 131 **HABILLER** XIIIe s. sous la forme *abillier* « préparer une bille de bois », XIVe s. « vêtir », sous l'influence de *habit* (→ AVOIR), auquel il a emprunté son *h* : dér. de *bille* ; d'où **HABILLAGE** XVe s. ; **HABILLEMENT** XVe s. ; **HABILLEUR** XVIe s. ; **DÉSHABILLER** XIVe s. : réfection de *desbiller* XVe s., d'après *habiller* ; **DÉSHABILLÉ** XVIIe s. ; **RHABILLER** XVe s.

II. bille (à jouer)

(pop.) XIIe s. : frq. **bikkil* « dé ».

III. formes incertaines ou contaminées

♦ 111 **BILBOQUET** XVIe s., sans doute composé de deux formes verbales, *biller* et *boquer* ; le 2e élément se trouve dans les dial. de l'Ouest avec le sens de « frapper » et dans ceux du Nord avec celui de jouer aux boules ; quant au verbe *biller*, il en existe deux, l'un issu de *bille* (de bois), avec divers sens techn., l'autre issu de *bille* (à jouer) « marcher », « zigzaguer », « tourner », qui semble mieux convenir sémantiquement. ♦ 121 **BILLEVESÉE** XVe s., sans doute même type de composition que dans *bilboquet* : normand *veser* ou *beser* « courir, s'agiter », du frq. *bisôn*, et *biller* ; là encore, le dér. de *bille* (à jouer) semble mieux convenir. ♦ 131 **BILLARD** XIVe s. « bâton », XVe s. « bâton servant à pousser des boules » et sens mod. : dér. de *bille* (de bois), que son usage dans le jeu du même nom a rapproché de *bille* (à jouer).

BINETTE XIXe s. « figure » : probablement forme abrégée d'un syn. tel que *bobinette*, ou *trombinette* ; n'a sans doute rien à voir avec *binette* « perruque à la mode Louis XIV », du nom de *Binet*, coiffeur de ce roi.

BINIOU XVIIIe s. : mot breton.

BIRIBI représentants d'une onom. italienne *bis* évoquant l'idée de murmure ou de frottement.

♦ 111 **BIRIBI** XVIIIe s. « jeu de hasard exigeant un grand nombre de boules frottant l'une contre l'autre ; sorte de loterie », XIXe s.

« compagnie de discipline », l'envoi dans ces compagnies étant dit également « tourniquet (de loterie) » : it. *biribissi*, nom de ce jeu. Un refrain du XVIIᵉ s. *Biribi mon ami !* a pu favoriser l'empr. de ce mot, → TIRELIRE. ♦ |2| **BISBILLE** XVIIᵉ s. : it. *bisbiglio*, dér. de *bisbigliare* « chuchoter ».

BIS XIᵉ s., adj. de couleur et **BISE** XIIᵉ s., subst., « vent de nord-est », peuvent être deux mots distincts, le 1ᵉʳ issu p.-ê. du lat. *biseus « de deux couleurs mêlées » (→ DEUX III B), le 2ᵉ d'un germ. *bisa ; mais l'existence de ce dernier étymon est faiblement prouvée, les formes germ. correspondantes pouvant aussi bien remonter à un verbe *bisôn « errer çà et là », et les formes romanes exigeant d'un étymon *bisia. Il est plus probable que les deux formes sont liées. On a proposé de voir un emploi secondaire du nom du vent (pour lequel on retiendrait alors l'hypothèse germ.) dans celui de la couleur, dont le sens premier serait : « environné de nuages gris ». Plus vraisemblablement, la *bise* est un « vent gris » : lat. vulg. (*aura*) *bisia, des adj. de couleur étant souvent, dans les dial., à la base des désignations des vents (ex. *vent noir, vent roux, vent blanc*) ; l'origine germ. serait alors exclue.

BISMUTH XVIᵉ s. : lat. des alchimistes *bisemutum*, de l'all. *Wismuth*, mot originaire de la Saxe, où se trouvent les premiers gisements exploités de ce métal.

BISON (sav.) XVᵉ s. : lat. imp. *bison, -ontis*, empr. au germ.

BISTRE XVIᵉ s. : étym. inc. ; **BISTRÉ** et **BISTRER** XIXᵉ s.

BISTRO ou **BISTROT** (pop.) XIXᵉ s., argot, antérieurement *bistingo*, peuvent être apparentés, par changement de terminaison, au mot *bist(r)ouille* qui dénote le mélange de deux liquides, vin frelaté, café mêlé d'alcool ; il peut s'agir d'un composé du préfixe *bis* (→ DEUX) et du verbe *touiller*, avec développement spontané d'un *r* ; pour le sens, → BOUILLON « restaurant ».

BITTE ♦ |1| (pop.) XIVᵉ s., mar., « poutre verticale à laquelle on amarre les câbles auxquels sont fixées les ancres », XIXᵉ s., métaph., sens obscène : anc. scandinave *biti* « poutre ». ♦ |2| **BITURE** ou **BITTURE** XVIIᵉ s., mar., « portion de chaîne qu'on doit filer en mouillant, toujours calculée plus longue qu'il ne serait en principe nécessaire pour atteindre le fond » ; XIXᵉ s., métaph. « excès de nourriture ou de boisson » : **SE BITURER** XXᵉ s. (pop.).

BIZARRE XVIᵉ s. : it. *bizzarro* « fougueux », dér. de *bizza* « colère », mot pop. d'origine p.-ê. onom. avec un suff. péjoratif d'origine méridionale. L'esp. *bizarro* est emprunté à l'it. ; **BIZARREMENT, BIZARRERIE** XVIᵉ s.

BLAFARD XIVᵉ s. : adaptation du moyen haut all. *bleichvar*, « pâle », à l'aide du suff. *-ard*.

BLAGUE (XVIIIᵉ s.) « petit sac pour le tabac, souvent fait d'une vessie de porc », XIXᵉ s., « mensonge » (→ l'expression « prendre des vessies pour des lanternes », les deux sens « sac vide » et « sottise » étant souvent liés, → FOU) : origine néerl., encore qu'incertaine, *balg* « sac de cuir » ou *blagen* « se gonfler » ; **BLAGUER, BLAGUEUR** XIXᵉ s.

BLAIREAU ♦ |1| (pop.) XIVᵉ s., animal, XIXᵉ s., objet de toilette fait d'un pinceau en poils de blaireau : dér. de l'anc. fr. *bler*, qui peut provenir d'un croisement entre le gaulois *blaros et le frq. *blari, qualifiant tous deux des animaux gris ou tachetés de blanc. A éliminé l'anc. fr. *taisson*, → ce mot. ♦ |2| **BLAIR** XIXᵉ s., fam. « nez » : forme abrégée de *blaireau* ; l'expression *nez de blaireau* est attestée depuis le XVIIᵉ s. ; **BLAIRER** XXᵉ s., fam. « sentir ».

BLANC ♦ |1| (pop.) XIᵉ s. : germ. *blank « clair, brillant » ; a éliminé lat. *albus*, → AUBE ; **BLANCHÂTRE** XIVᵉ s. Pour les mots scientifiques exprimant l'idée de « blanc », → LEUCO-. ♦ |2| composés anciens avec l'adj. antéposé : **BLANC-BEC** XVIIIᵉ s. ; **BLANC-MANGER** XIIIᵉ s. ; **BLANC-SEING** XVIᵉ s. ♦ |3| **BLANC D'ŒUF** XVᵉ s. : a éliminé l'anc. fr. *aubin*, var. *aubun* : lat. *albumen*, → ALBUMINE, art. AUBE. ♦ |4| **BLANCHIR** XIIIᵉ s., **REBLANCHIR** XIVᵉ s., **BLANCHISSEMENT**

XVIIᵉ s. ; BLANCHISSAGE XVIᵉ s. BLANCHISSEUR XIVᵉ s. ; BLANCHISSERIE XVIIIᵉ s. ♦ |5| BLANQUETTE XVIIᵉ s. « vin blanc » : prov. *blanqueto*, fém. dimin. de blanc ; XVIIIᵉ s. « ragoût de veau » : provient p.-ê d'un autre dial.

BLASER (pop.) XVIIᵉ s. « user par l'alcool », XVIIIᵉ s. « émousser les sensations » : dial. (Nord) *blaser* « gonfler de boisson », du néerl. *blazen* « gonfler » surtout au part. passé.

BLASON (pop.) XIIᵉ s. p.-ê. de la même racine germ. **blazen* « gonfler » que BLASER, la bosse de l'écu (→ BOUCLIER, art. BOUCHE) étant ornée des armoiries propres à chaque individu ; BLASONNER XVᵉ s. « critiquer les particularités d'un individu ».

BLASTO- ♦ |1| (sav.) XIXᵉ s.-XXᵉ s., 1ᵉʳ élément de composés sav. tels que BLASTOMÈRE, BLASTODERME XIXᵉ s., BLASTOMYCÈTE, BLASTOMYCOSE XXᵉ s. : gr. *blastos* « germe ». ♦ |2| -BLASTE, 2ᵉ élément de composés sav. tels que HÉMATOBLASTE, OSTÉOBLASTE XIXᵉ s. : même origine.

BLATTE (sav.) : lat. *blatta* « id. ».

-BLE famille du suff. adj. lat. *-bilis* exprimant la possibilité.
♦ |1| -BLE (pop.) suff. adj. adapté à des bases verbales diverses : *portable, visible, soluble* ; vivant surtout sous la forme : -ABLE. ♦ |2| -BILE (sav.) p. ex. *nubile*. ♦ |3| suff. composé -BILITÉ (sav.) : lat. *-bilitas, -atis*, ex. *malléabilité* ; -BILISER, -BILISATION, ex. *imperméabiliser, imperméabilisation*.

BLÉ ♦ |1| (pop.) XIᵉ s. : frq. **blad* « produit d'un champ », p.-ê. croisé avec le gaulois **blato* « farine ». ♦ |2| base *blat-* : BLATIER XIIIᵉ s. : dér. du dimin. *blaet*. ♦ |3| base *blav-* : EMBLAVURE, EMBLAVER XIIIᵉ s. : dér. anciens de **blad* formés avec une consonne de transition *v*. ♦ |4| base *blay-, blai-* : DÉBLAYER XIVᵉ s. « enlever la moisson », XIVᵉ s. « enlever des matériaux quelconques », par opposition à l'anc. fr. *emblayer* « ensemencer en blé » et « embarrasser » ; REMBLAYER XIIIᵉ s. : dér. anciens de **blad* formés avec une consonne de transition *y*. D'où DÉBLAI XVIIᵉ s. ; DÉBLAIEMENT XVIIIᵉ s. ; REMBLAI XVIIᵉ s.

BLÊMIR (pop.) XIᵉ s. « blesser » « (se) flétrir », XVIᵉ s. « devenir pâle » frq. **blesmjan* (apparenté à l'all. *blass*) « faire devenir pâle » ; BLÊME XIVᵉ s. : dér. de *blêmir* ; BLÊMISSEMENT XIXᵉ s.

BLESSER ♦ |1| (pop.) XIᵉ s. : frq. **blettjan* « meurtrir » ; BLESSANT, BLESSURE XIIᵉ s. ♦ |2| BLET XIVᵉ s., rare avant le XVIIᵉ s. : masc. de BLETTE XIIIᵉ s., réfection de l'anc. fr. *blesse*, adj. fém. dér. de *blesser* ; BLETTIR XVᵉ s. ; BLETTISSEMENT, BLETTISSURE XIXᵉ s.

BLETTE (demi-sav.) XIVᵉ s. : lat. *blitum*, du gr. *bliton* « bette » ; s'est pratiquement confondu avec *bette* → ce mot.

BLEU ♦ |1| (pop.) XIᵉ s., couleur, fin XVIIIᵉ s. « républicain », à cause de la couleur de l'uniforme des soldats de la République, XIXᵉ s. « conscrit » et « contusion » : frq. **blao* (→ all. *blau*, angl. *blue*) ; BLEUÂTRE XVᵉ s. ; BLEUET ou BLUET XIVᵉ s. ; BLEUIR XIIIᵉ s. ; BLEUISSEMENT, BLEUTÉ XIXᵉ s. ♦ |2| mots angl. empr. : BLUES XXᵉ s., danse lente : abréviation de *blue devils* « diables bleus », c.-à-d. « idées noires », « anxiété » ; BLUEJEAN XXᵉ s. « treillis bleu ».

BLINDER XVIIᵉ s. : dér. de *blinde* XVIIᵉ s. : all. *Blende*, dér. de *blenden* « aveugler » ; BLINDAGE XVIIIᵉ s. ; BLINDÉ XXᵉ s., subst.

BLOC famille du germ. **blok* « tronc d'arbre », représenté en néerl. par *bloc*, en all. et angl. par *block*.
♦ |1| BLOC XIIIᵉ s. « bille de bois », XIXᵉ s. « prison », « salle de police », du terme colonial *bloc* « pièce de bois avec laquelle on entravait les esclaves pour les punir » ; néerl. *bloc*. ♦ |2| BLOC-NOTES XIXᵉ s. : angl. *blocknotes* « feuilles formant un bloc » ; BLOC-SYSTÈME XIXᵉ s., chemins de fer : angl. *block-system* « système d'arrêt », du verbe *to block* « arrêter », de même origine. ♦ |3| BLOC- XXᵉ s. : 1ᵉʳ élément de composés désignant un ensemble d'objets adaptés les uns aux autres et formant un tout, ex. : *bloc-cuisine, bloc-moteur*, etc. ♦ |4| BLO-

QUER XVᵉ s. « mettre en bloc », XVIᵉ s. « investir », XIXᵉ s., chemins de fer, « arrêter » ; **BLOCAGE** XVIᵉ s. ; **DÉBLOQUER** XVIᵉ s. ; **DÉBLOCAGE** XIXᵉ s. : dér. de *bloc*.
♦ 15| **BLOCUS** XIVᵉ s. « fortin », XVIIᵉ s. « investissement » : néerl. *blokhuis*, littéralement « maison à poutres ». ♦ 16| **BLOCKHAUS** XVIIIᵉ s. : équivalent all. de *blokhuis*. ♦ 17| **PLOT** XIXᵉ s. « bloc de métal établissant un contact électrique » : dial. franc-comtois, bourguignon *plot* « bille de sciage » XIIIᵉ s., p.-ê. croisement du germ. *blok* et du lat. *plautus* « plat ».

BLOND (pop.) XIᵉ s. : étym. obscure ; rien, dans les langues germ., ne permet d'affirmer l'existence d'un étymon *blund* ; **BLONDIR** XIIᵉ s. ; **BLONDEUR** XIIIᵉ s. ; **BLONDIN** XVIIᵉ s. ; **BLONDINET** XIXᵉ s. ; **BLONDASSE** XVIIIᵉ s. ; **BLONDE** « sorte de dentelle de soie grège » XVIIIᵉ s.

BLOTTIR (SE) XVIᵉ s. : p.-ê. bas all. *blotten* « écraser ».

BLOUSE XVIIIᵉ s. « vêtement », **BLOUSER, BLOUSON** XXᵉ s. et **BLOUSER** XVIIᵉ s., au jeu de paume puis au billard, « faire tomber la balle ou la bille dans un trou appelé **BLOUSE** », coup défavorable à l'adversaire, d'où XIXᵉ s. argot « faire du tort, tromper », de *belouse* : p.-ê. lat. *bŭllōsa*, var. *bloce* et *beloce* : lat. *bŭllŭcea*, « trou en forme de bulle », « vêtement bouffant » (→ BOULE), avec dissimilation et syncope de l'*ŭ* initial et traitement dialectal du suffixe *-ōsu*.

BLUFF XIXᵉ s. : mot anglo-américain, terme du jeu de poker ; manœuvre qui consiste à en imposer à un adversaire en pariant gros sur un jeu faible ; emprunté au néerl. *bluffen* « hâbler », « se vanter » ; **BLUFFER, BLUFFEUR** XIXᵉ s.

BLUTER (pop.) XIIᵉ s. var *beluter, buleter, bureter,* et **BLUTEAU** « tamis » p.-ê. dér. du nom d'étoffe BURE (→ art. BOURRE).

BOA (sav.) XIVᵉ s., serpent, XIXᵉ s. « fourrure longue et étroite » : lat. *boa* « serpent aquatique », mot rare attesté chez Pline et par des gloses.

BOBINE (→ IV. 3.) ensemble de formations expressives de structure consonantique *b.b.*, encadrant diverses voyelles nasalisées ou non, suggérant les notions d'objet arrondi, de mouvement des lèvres, de sottise, d'inutilité. → aussi Annexe I.

I. voyelle *a*

♦ |1| **BABILLER** XIIᵉ s. « bégayer », XIIIᵉ s. sens mod. ; **BABIL** XVᵉ s. ; **BABILLAGE** XVIᵉ s. ; **BABILLARD** XVᵉ s. ; **BABILLARDE** XVIIIᵉ s., argot « lettre » ; **BABILLEMENT** XVIᵉ s., rare jusqu'au XIXᵉ s. ♦ |2| **BABINE** XVᵉ s. ♦ |3| **BABIOLE** XVIᵉ s., var. *babole* : it. *babbola*, formation expressive ; le *i* est p.-ê. dû à l'influence de *babiller*. ♦ |4| **BABOUIN** XIIIᵉ s., singe : nom dû aux lèvres proéminentes et aux grimaces de cet animal. ♦ |5| **BABY** XIXᵉ s. : mot angl., formation expressive.
♦ |6| **BAMBIN** XVIᵉ s., l'enfant Jésus, dans les peintures it., XVIIIᵉ s. « petit enfant » : it. *bambino* « petit enfant », formation expressive. ♦ |7| **BAMBOCHE** XVIIᵉ s. « marionnette » : it. *bamboccio* « pantin », formation expressive ; XIXᵉ s. « débauche, ripaille » : abrév. de *bambochade* XVIIIᵉ s., de l'it. *bambocciata*, scène d'auberge peinte par le peintre hollandais P. de Laer, surnommé à Rome *il Bamboccio* à cause de sa petite taille ; **BAMBOCHER, BAMBOCHEUR** XIXᵉ s.
♦ |8| **BLA-BLA** XXᵉ s., fam. « bavardage inutile ». ♦ |9| **RIBAMBELLE** XVIIIᵉ s. : la 1ʳᵉ syllabe est p.-ê. due à un croisement avec *riban*. ♦ |10| **BAVE** : lat. vulg. *baba* « babil des petits enfants, accompagné de bave », formation expressive ; **BAVER** XIVᵉ s., sens mod. et « bavarder » jusqu'au XIXᵉ s. ; **BAVEUX** XIIᵉ s. ; **BAVURE** XIVᵉ s. ; **BAVETTE** XVIᵉ s. ; **BAVOIR** XIXᵉ s. ; **BAVARD** XVᵉ s. ; **BAVARDER** XVIᵉ s. ; **BAVARDAGE** XVIIᵉ s. ; **BAVASSER** XVIᵉ s.

II. voyelle *é*

BÉBÉ XVIIIᵉ s. : angl. *baby* (→ I. 5).

III. voyelle *i*

♦ |1| **BIBELOT** XVᵉ s., var. *beubelet* XIIᵉ s., et *bimbelot* ; **BIBELOTIER** XVᵉ s. ; **BIBELOTER, BIBELOTEUR** XIXᵉ s. ♦ |2| **BIMBELOTIER, BIMBELOTERIE** XVᵉ s. : dér. de *bimbelot*.
♦ |3| **BIBI** XIXᵉ s., divers sens actuels. ♦ |4| **BIBUS** XVIIᵉ s. ♦ |5| **RABIBOCHER** et **RABIBOCHAGE** XIXᵉ s.

IV. voyelle *o*

♦ |1| **BOBARD** XIXᵉ s. ♦ |2| **EMBOBINER** XIXᵉ s. : altération de **EMBOBELINER** XVIᵉ s. « envelopper d'un vêtement » puis « tromper » : dér. de *bobelin* XIVᵉ s. « chaussure grossière et rapiécée ». ♦131 **BOBINE** XVIᵉ s., XIXᵉ s., argot, « visage » ; **BOBINAGE** XIXᵉ s. ; **BOBINER, BOBINETTE** XVIIᵉ s. ; **BOBINOIR, BOBINEAU** XIXᵉ s. ♦141 **BOBÈCHE** XIVᵉ s. ♦151 **BOBO** XVᵉ s. ♦161 **BOMBANCE** XVIᵉ s. : var. nasalisée de l'anc. fr. *bobance* XIᵉ s. « orgueil, faste », puis « repas fastueux » ; **BOMBE** XIXᵉ s., fam., « fête, festin » : abrév. de *bombance*.

BOCAL XVIᵉ s. : it. *boccale* : bas lat. *baucalis*, croisé avec *bocca* « bouche », du gr. *baukalis* « vase à col long et étroit où l'on faisait rafraîchir l'eau ou le vin ».

BŒUF famille de l'ind.-eur. **gᵘōus* « bovin », représenté en gr. par *bous*, en lat. par *bos, bovis*, en germ. commun par **kouz, *koz*.

I. mots issus du latin

A. mots populaires ♦111 **BŒUF** XIIᵉ s., sous la forme *bues, buef* : *bŏvem*, acc. de *bōs*. ♦121 base *bouv-* (dans les dér. où l'accent porte sur le suff.) **BOUVIER** XIᵉ s. : lat. *bovarius*, élimine l'anc. fr. *boier*, du lat. *boarius* ; **BOUVERIE, BOUVILLON** XIIᵉ s. ; **BOUVET** XIVᵉ s., dimin. de *bœuf*, XVIIᵉ s. « rabot servant à creuser des rainures », par analogie avec le bœuf creusant un sillon ; **BOUVREUIL** XVIIIᵉ s., var. *bouvreur* : dér. de *bœuf* comme plusieurs autres noms dial. de cet oiseau au bec gros et court. ♦131 **BOUI-BOUI** XIXᵉ s. « lieu de débauche » ; XXᵉ s. « café-concert de dernier ordre » : p.-ê. redoublement du dial. (Bresse, Jura) *bouis* « étable », « poulailler », « endroit sale » : lat. *bovīle* « étable à bœufs ». ♦141 **BUSE** XIIIᵉ s. « tuyau » : moyen néerl. *buse, buyse*, même sens qui remonte à lat. *būcina* « trompe de bouvier ».

B. mots demi-savants

♦111 **BUGLE** XIIIᵉ s. « buffle, taureau » et « instrument de musique en corne de buffle », XIXᵉ s., sorte de clairon, par l'angl. : lat. *buculus* « jeune taureau ». ♦121 **BEUGLER** XVIIᵉ s. : alteration, sans doute onom. de l'anc. fr. *bugler* « corner », dér. de *bugle* ; **BEUGLEMENT** XVIᵉ s.

C. mots savants

♦111 **BOVIN** XIVᵉ s. : lat. *bovinus* ; **BOVIDÉ** XIXᵉ s. : sur le radical de *bovis*. ♦121 **BUCCIN** XVIᵉ s. : *buccinum*, var. *bucina* « trompe de bouvier » ; **BUCCINATEUR** XVIᵉ s.

II. mots issus du grec

♦111 **BOULIMIE** XIIIᵉ s. : gr. *boulimia* « faim de bœuf » ; **BOULIMIQUE** XIXᵉ s. ♦121 **BUCO-LIQUE** XIIIᵉ s. : lat. *bucolicus* « pastoral », du gr. *boukolikos*, adj. dér. de *boukolos*, « gardeur de bœufs », sur le rad. *-kolos* « qui s'occupe de » → QUENOUILLE.

III. mots empruntés à l'anglais

♦111 **BIFTECK** XVIIIᵉ s. : *beefsteak*, composé dont le 1ᵉʳ élément est empr. à l'anc. fr. *buef*, fr. mod. *bœuf*, et le 2ᵉ à l'anc. scandinave, de la famille du verbe *steikja* « rôtir à la broche ». ♦121 **BOY** XIXᵉ s., une première fois XVIIᵉ s. : *boy*, à l'origine « valet », « homme de basse extraction », mot obscur, p.-ê. forme abrégée de l'anc. fr. *embuié*, part. passé de *embuier* « entraver » du lat. vulg. **imboiare* composé de *in* et *boia*, plur. *boiae* « entraves, chaînes » du gr. *boeiai (dorai)* « courroies de bœuf ». ♦131 **COW-BOY** XXᵉ s. « vacher » ; 1ᵉʳ élément *cow* « vache » : germ. commun **kôuz*, **kōz* : ind.-eur. **gᵘōus*.

BOIRE famille d'une rac. ind.-eur. **pō*, **pī* « boire » qui apparaît en grec dans le verbe *pinein* « boire », d'où *sumpinein* « boire ensemble » et *sumposion* « festin », et en latin dans deux verbes synonymes. (1) *potare* « boire », d'où *potio*, *-onis* « boisson » et (2) *bibere*, *bibĭtum*, lat. vulg. **bibūtum*, forme à redoublement et à consonne sonore, d'où lat. vulg. *bibitio*, *-onis* VIIᵉ s. « boisson », et **abbiberare* « abreuver ».

I. famille de *bibere*

A. mots populaires ♦111 **BOIRE** : réfection de l'anc. fr. *boivre* Xᵉ s. : *bibĕre* ; **DÉBOIRE** XVᵉ s. « arrière-goût d'une boisson », jusqu'au XVIIIᵉ s., XVIᵉ s., sens fig. ; **POURBOIRE** XVIIIᵉ s. ♦121 **BOISSON** XIIIᵉ s. : *bibitio*, *-ōnis* ; **SE BOISSONNER** XIXᵉ s. ♦131 base *buv-*, forme labialisée de *bev-* ou *beuv-*, radical atone ancien de *boivre* ; base de dér. accentuées sur le suff. : **BUVABLE** XIIIᵉ s. ; **BUVARD** XIXᵉ s. ; **BUVETTE** et **BUVETIER** XVIᵉ s. ; **BUVEUR** XIIIᵉ s. ♦141 **BEUVERIE** XIIᵉ s.-XVIIᵉ s., repris au XIXᵉ s. : forme archaïque où le *-eu-* ancien n'a pas évolué vers *-u-* comme dans les précédents. ♦151 base *-breuv-* représentants métathétiques d'un dér. **biberāre*, **ABREUVER** XIIIᵉ s., remplace *abevrer*, XIᵉ s. : **abbiberare* ; **ABREUVOIR** XIIIᵉ s. **BREUVAGE** XIIᵉ s. : **biberaticum*. ♦161 base *-bu-*, part. passé : **bibūtu* dans **IMBU** (préf. sav.) XVᵉ s., part. passé de *imboire* « imprégner », sens fig. ; **FOURBU** XVIᵉ s. « qui a trop bu », en parlant du cheval,

XIXᵉ s. « fatigué, par suite d'excès de boisson », « fatigué en général » : part. passé de *forboire* « boire à l'excès » → FOR-, art. DEHORS.

B. mots savants : base *-bib-*

♦ 111 **BIBERON** XIVᵉ s. « goulot », XVᵉ s. « ivrogne », XIXᵉ s., sens mod. : dér. de *bibere*. ♦ 121 **BIBINE** XIXᵉ s. : p.-ê. form. burlesque de *bibere* formé dans le milieu étudiant, ou empr. à l'it. *bibita* « boisson » avec changement de suff. ♦ 131 **IMBIBER** XVIᵉ s. : *imbibere*.

II. famille de *potare*

A. mots populaires **POISON** XIIᵉ s., fém., « breuvage » « breuvage empoisonné », XVIIᵉ s., masc., XIXᵉ s., fam., « méchante femme » : *potio, -onis*; **EMPOISONNER** XIᵉ s., XIXᵉ s. « ennuyer »; **EMPOISONNEMENT** XIIᵉ s.; **EMPOISONNEUR** XIIIᵉ s.; **CONTREPOISON** XVᵉ s.

B. mots savants

♦ 111 **POTION** XIIᵉ s. « breuvage », XVIᵉ s., méd. : *potio, -onis*. ♦ 121 **POTABLE** XIVᵉ s., alchimie, XVIIᵉ s., sens mod., XIXᵉ s. « acceptable » : *potabilis* « qui peut être bu ».

III. mot issu du grec **SYMPOSIUM** XIXᵉ s. antiq., XXᵉ s. « réunion-débat » : *sumposion*.

BOIS famille pop. du lat. vulg. *boscus* Xᵉ s. et *bosca* empr. au germ. **bosk* (→ all. *Busch*, angl. *bush*), qui a largement concurrencé les mots lat. *silva* et *lignum*.

♦ 111 **BOIS** XIᵉ s. : *bosci*, plur. de *boscus*; **BOISER** XVIIᵉ s.; **DÉBOISER, REBOISER** XIXᵉ s.; **BOISERIE** XVIIᵉ s.; **DÉBOISEMENT, REBOISEMENT** XIXᵉ s.; **HAUTBOIS** XVIᵉ s. : composé de *bois* « instrument à vent » et de *haut* « qui a un son élevé »; **HAUTBOÏSTE** XIXᵉ s. : all. *Hoboist*, dér. de *Hoboe*, lui-même empr. au fr. *hautbois*; **SOUSBOIS** XIXᵉ s. ♦ 121 **BOUCHER** (verbe) XIIIᵉ s. : dér. de l'anc. fr. *bosche* « touffe » : **bosca*, sens 1ᵉʳ, « fermer avec une poignée de paille ou de foin »; **BOUCHE-TROU** XVIIIᵉ s., d'abord terme de peinture; **REBOUCHER** XVᵉ s., **DÉBOUCHER** XVIᵉ s. ♦ 131 **BOUCHON** XIIIᵉ s. « buisson », XIVᵉ s. « bouchon de baril », XVIᵉ s. « cabaret signalé par une touffe de feuillage servant d'enseigne »; XIXᵉ s. « jeu d'adresse qui se joue avec des pièces de monnaie en équilibre sur un bouchon » : autre dér. de *bosche*; **BOUCHONNER** XVIᵉ s. « nettoyer un cheval avec un bouchon de paille », XVIIᵉ s. « caresser ».

♦ 141 formes comportant un son *-k-**; **BOCAGE** XIIᵉ s., dér. normanno-picard de **bosk*; **BOCAGER** XVIᵉ s.; **BOUQUET** XVᵉ s. « groupe d'arbres », XVIᵉ s. « groupe de fleurs » et métaph. *bouquet du vin* : id.; **BOUQUETIER, -ÈRE** XVIᵉ s.; **BOQUETEAU** XIVᵉ s. : dér. de *boquet*, var. de *bouquet*; **BOSQUET** XIIᵉ s., forme picarde XVIᵉ s. : it. *boschetto* ou prov. *bosquet* de même origine. ♦ 151 **BÛCHERON** XVIIᵉ s. : réfection, sous l'infl. de *bûche*, de l'anc. fr. *boscheron*, dér. de **bosk*. ♦ 161 **BUISSON** XIIᵉ s. : réfection, sous l'influence de *buis*, de l'anc. fr. *boisson* XIᵉ s., dér. de *bois*. **BUISSONNEUX** XIIᵉ s.; **BUISSONNIER** XVIᵉ s.; **ÉCOLE BUISSONNIÈRE** XVIᵉ s., s'est dit à l'origine d'écoles clandestines tenues en plein air ou à la campagne, soit pour échapper au paiement d'une redevance, soit, dans le cas des protestants, pour enfreindre l'édit de 1554, qui leur interdisait d'ouvrir des écoles.

BOISSEAU (pop.) XIIIᵉ s. : étym. obscure; peut représenter un dér. du gaulois **bostia* « ce qu'on peut tenir dans la main » ou se rattacher au mot *buxeum* « buis », ce qui l'apparenterait au mot *boîte*; mais le dér. **buxitiellum* qu'il faut supposer comme étymon représenterait un mode de formation bien exceptionnel; **BOISSELÉE** XIIIᵉ s.; **BOISSELIER** XVIIᵉ s.; **BOISSELLERIE** XVIIIᵉ s.

1. BOL (alimentaire) (sav.) XIIIᵉ s. : lat. méd. *bolus* « pilule », du gr. *bôlos* « motte de terre » et « boule » → aussi Annexe IV BROUILLAMINI.

2. BOL XVIIIᵉ s. : angl. *bowl* « coupe », « écuelle »; **BOLÉE** XIXᵉ s.

BOLCHEVIK ou **BOLCHEVIQUE** XXᵉ s. : mot russe « majoritaire » dér. de *bolche*, comparatif de *bolchoï* « grand »; a désigné, au congrès de 1903, la fraction majoritaire du parti socialiste russe qui se constitua en parti communiste *bolchevique* en octobre 1917. S'opposait à **MENCHEVIK** « minoritaire ».

BOLET (sav.) XVIᵉ s. : lat. imp. *boletus*, nom d'un champignon comestible, tel que le cèpe.

BON

BON famille d'une rac. ind.-eur. *du-, « utilité », « efficacité », représentée : (1) en grec par *dunamai* « pouvoir », *dunamis* « force » (2) en latin par une forme élargie. lat. arch. *duenos* d'où (a) l'adj. *bonus* « bon »; (b) l'adv. *bene* « bien » qui entre dans de nombreux composés et sert de base à l'adj. *benignus* « d'un bon naturel »; (c) *Dwenŏlos*, dimin. de *duenos* qui a abouti à l'adj. *bellus* « joli ».

I. mots issus du latin

A. famille de *bonus* 1. mots populaires ♦|1| BON Xe s., adj., XVIIe s., subst. masc. finances : *bonus*; BONNEMENT XIIIe s.; BONTÉ XIIe s. : *bonitas, -tatis*. ♦|2| BONJOUR XIIIe s.; BONSOIR XVe s. ♦|3| BON-PAPA, BONNE-MAMAN XIXe s. ♦|4| BONBON XVIIe s.; BONBONNIÈRE XVIIIe s. ♦|5| BONHOMME XIIe s. « paysan », XVIe s. « homme de bien », depuis le XVIIe s., divers sens péj.; BONHOMIE XVIIIe s. ♦|6| BONNE XVIIIe s., subst. fém. : à l'origine terme d'affection employé par les enfants à l'égard de la domestique qui s'occupait d'eux; BONNICHE XIXe s. ♦|7| ABONNIR XIIe s.; RABONNIR XIIIe s. : dér. de *bon*. ♦|8| BONNIR XIXe s., argot, « causer » : argot it. *imbunire* « distraire quelqu'un dans le but de le voler », littéralement « rendre bon »; BONIMENT, BONIMENTER, BONIMENTEUR XIXe s. ♦|9| BONACE XIIe s. : lat. vulg. *bonacia*, réfection du lat. class. *malacia* « calme de la mer », interprété à tort comme un dér. de *malus* « mauvais » alors qu'il représentait le gr. *malakia*, dér. de *malakos* « mou »; peut-être par l'intermédiaire du prov. *bonassa*. Ce mot a été employé comme adj. en parlant de la mer au XIIIe s., puis sous la forme BONASSE XVe s., sens propre, XVIe s. sens fig. : péjor. à cause du suff. 2. mots savants ♦|1| BONI XVIe s. subst. masc. : mot lat., abréviation de *aliquid boni* « quelque chose de bon ». ♦|2| BONIFIER (demi-sav.) XVIe s. : *bonificare*; BONIFICATION (sav.) XVIe s.

B. famille de *bene* 1. mots populaires ♦|1| BIEN XIe s., adv. et subst. masc. : *bĕne*. ♦|2| BIEN- : 1er élément de nombreux composés tels que *bien-aimé, bienheureux, bienveillant*, etc. 2. mots savants ♦|1| BENE- : 1er élément de mots composés empr. au lat., tels que *bénédiction, bénéfice*, etc. ♦|2| BÉNIN (demi-sav.) XVe s., réfection de l'anc. fr. *bénigne* (sav.) XIIe s. : *benignus*; BÉNIGNEMENT, BÉNIGNITÉ XIIe s. : *benignitas, -atis*.

C. famille de *bellus* : mots populaires ♦|1| BEAU XIe s. : *bellus*, qui a éliminé *pulcher, decorus, formosus*, plus usuels en lat. class. et qui exprimaient d'autres nuances de la notion de beauté. BEAUTÉ XIe s. : lat. vulg. **bellitas, -atis*. Pour les mots savants exprimant l'idée de « beau », → ESTHÉTIQUE et CALLI-. ♦|2| BELLEMENT XIe s.; EMBELLIR XIIe s.; EMBELLISSEMENT XIIIe s.; EMBELLIE XVIIIe s., subst. fém.; BELLÂTRE XVIe s. : dér. de *beau*. ♦|3| BELETTE XIIe s. : dimin. de *belle*, dénomination euphémique d'un animal qui passait pour porter malheur, et dont le nom héréditaire était *mostoile*, du lat. *mūstēla*. ♦|4| BEAU- et BELLE-, 1er élément de noms de parenté servant à indiquer la parenté par alliance : type de formation issu de l'emploi de *beau* en anc. fr. dans les formules de politesse : BEAU-FRÈRE XIVe s., BELLE-SŒUR XVe s., BEAU-PÈRE XVe s., BELLE-MÈRE XVe s., BELLE-FILLE XVe s., BEAU-FILS XVe s. ont éliminé respectivement les dénominations héréditaires d'origine lat. *serorge, parâtre, marâtre, fillâtre* ou les ont cantonnés dans de rares emplois péjoratifs; BEAUX-PARENTS XIXe s.

II. mots savants issus du grec

♦|1| DYNASTE XVIe s. : *dunastês* « souverain », dér. de *dunamai* « pouvoir »; DYNASTIE XVe s., rare jusqu'au XVIIIe s. : *dunasteia* « puissance »; DYNASTIQUE XIXe s. ♦|2| DYNAM(O)-, base de nombreux dér. sav. : gr. *dunamis* « force »; DYNAMIQUE XVIIe s., XIXe s., sens fig. : *dunamikos*; DYNAMISME XIXe s.; DYNAMITE, DYNAMITER, DYNAMITEUR XIXe s.; DYNAMO XIXe s. : abrév. de *machine dynamo-électrique*; DYNAMOMÈTRE XIXe s. ♦|3| -DYNAMIQUE : 2e élément de composés savants, ex. : AÉRODYNAMIQUE XIXe s., subst., XXe s., adj. ♦|4| DYNE XIXe s., phys., unité de force; MÉGADYNE XXe s.

BONDE (pop.) XIIIe s. « borne », XIVe s. « trou d'écoulement » : gaulois **bunda*; BONDER XVe s.; DÉBONDER XVIe s.; BONDON XIIIe s. « bouchon de bonde », XIXe s., fromage.

BONNET (pop.) XVe s. : lat. médiéval *boneta* XIIe s., se rattache probablement au frq. *obbunni qui apparaît dans la Loi salique, VIIᵉ s., sous la forme *abonnis* ; **BONNETTE** XIVᵉ s., a pris divers sens techniques ; **BONNETEAU** XVIIIᵉ s. « petit bonnet », XIXᵉ s., jeu de filous ; **BONNETIER** XVᵉ s. ; **BONNETERIE** XVᵉ s. ; **BONNETEUR** XVIIIᵉ s. ; **BONNICHON** XIXᵉ s.

BONZE XVIᵉ s. : japonais *bonso*, par le port.

BORAX XIVᵉ s. lat. méd., empr. à l'ar. *bauraq* (trad. d'Avicenne, etc.), du persan *boûrah* ; **BORATE** XVIIIᵉ s. ; **BORE** XIXᵉ s. ; **BORIQUE** XIXᵉ s.

BORBORYGME (sav.) XVIᵉ s. : gr. *borborugmos* « bruit des intestins ».

BORD famille du frq. *bord « bord de vaisseau », également représenté en néerl. par *boord*.
♦|1| **BORD** XIIᵉ s., XVIᵉ s. mar., XIXᵉ s., polit. : frq. *bord ; **PLAT-BORD** XVIIᵉ s. ; **BORDER, BORDURE** XIIIᵉ s. ; **BORDAGE** XVᵉ s., XVIᵉ s. mar. ; **BORDÉE** XVIᵉ s., mar. « chemin que fait un vaisseau jusqu'à ce qu'il vire de bord », d'où l'argot *courir, tirer des bordées* « s'absenter sans permission » ; et « canons placés en ligne sur le flanc d'un navire, décharge de ces canons », d'où *une bordée d'injures* ; **BORDEREAU** XVIᵉ s. « relevé noté sur le bord du cahier ». ♦|2| **BÂBORD** XVIᵉ s. et **TRIBORD** XVᵉ s. : mots néerl. composés de *boord* « côté » et, pour le 1ᵉʳ, de *bak* « dos » (le pilote tournant le dos à ce côté en manœuvrant), pour le 2ᵉ, de *stier* « gouvernail ». ♦|3| **ABORDER** XIIIᵉ s. ; **ABORD** XVᵉ s. ; **ABORDAGE, ABORDABLE** XVIᵉ s. ; **INABORDABLE** XVIIᵉ s. ♦|4| **DÉBORDER** XVᵉ s. ; **DÉBORDEMENT** XIVᵉ s. ♦|5| **REBORD** XVIIᵉ s. : dérivé de *reborder* XVᵉ s. ♦|6| **TRANSBORDER, TRANSBORDEMENT, TRANSBORDEUR** XIXᵉ s.

BORDEL XIIᵉ s. « petite maison, cabane » et « maison de prostitution », a évolué normalement vers la forme *bourdeau* seule usuelle au XVIᵉ s. (la forme actuelle a été reprise au XVIIᵉ s. à l'équivalent prov. ou it.) : dér. de l'anc. fr. *borde* (anc. provençal *borda* « cabane »), du frq. *borda, du germ. *bord « planche », homonyme du précédent.

BORGNE (pop.) XIIᵉ s. : étym. obscure ; **ÉBORGNER** XIIᵉ s.

BORNE (pop.) XIIᵉ s., var. anc. fr. *bonne, bosne* : lat. médiéval *bodina* d'origine obscure, p.-ê. gauloise, p.-ê. germ. ; **BORNER, BORNAGE** XIIIᵉ s. ♦|2| **ABONNER** XIVᵉ s., « borner », puis « fixer une redevance régulière », XVIIIᵉ s. **S'ABONNER**, sens mod. : dér. de la forme *bonne* ; **ABONNEMENT** XIIIᵉ s. ; **DÉSABONNER, RÉABONNER** XIXᵉ s.

1. **BOSSE** (protubérance) ♦|1| (pop.) XIIᵉ s., suppose, ainsi que ses équivalents en anc. prov., it. et roumain, un étymon *botja obscur, p.-ê. frq. ; **BOSSELER** XIIIᵉ s. ; **DÉBOSSELER** XIXᵉ s. ; **BOSSELURE** XVIᵉ s. ; **BOSSETTE** XIVᵉ s. ; **CABOSSER** XIIᵉ s. ; **BOSSU** XIIᵉ s. ; **BOSSUER** XVIᵉ s. ♦|2| **CABOCHE** XIIᵉ s. : probablement forme normanno-picarde d'un dér. de *bosse* ; **CABOCHON** XIVᵉ s. ; **CABOCHARD** XVIᵉ s.

2. **BOSSE** « cordage » : pourrait être un autre mot que le préc. ; **BOSSER** XVIIᵉ s. « attacher avec des bosses », XIXᵉ s. « travailler dur » ; **BOSSOIR** XVIIᵉ s., mar.

BOT ensemble de mots obscurs qui remontent p.-ê. tous au germ. *butta « émoussé ».
♦|1| **BOT** XVIᵉ s., adj., « émoussé », « contrefait », dans *pied bot*. ♦|2| **BOTTE** XIIᵉ s. « chaussure grossière » ; **BOTTINE** XIVᵉ s. ; **BOTTILLON** XXᵉ s. ; **BOTTIER** XVIᵉ s. ; **BOTTER**, XIXᵉ s., fam., « donner un coup de pied » et « enthousiasmer » ; **DÉBOTTER** XIIᵉ s. ♦|3| **SABOT** XIIᵉ s. : croisement d'une forme masc. de *botte*, attestée au XVᵉ s. en dial. poitevin, et d'un autre mot, p.-ê. *savate* ; **SABOTIER** XVIᵉ s. ; **SABOTER** XIIIᵉ s. « heurter », XVIIIᵉ s. « secouer », XIXᵉ s. sens mod. ; **SABOTEUR, SABOTAGE** XIXᵉ s. ♦|4| **SNOW-BOOT** XIXᵉ s. : mot angl. « botte pour la neige », 2ᵉ élément emprunté au fr. *botte*. ♦|5| **CABOTIN** XIXᵉ s. : mot dial. picard très usuel, dont les différents sens peuvent se ramener à l'idée de « petit bonhomme » ; **CABOTINER** XVIIIᵉ s. ; **CABOTINAGE, CABOT** XIXᵉ s. ♦|6| **CABOT** « chien » → CHEF.

BOTANIQUE (sav.) XVIIᵉ s. : gr. *botanikê*, dér. de *botanê* « plante » ; **BOTANISTE** XVIIᵉ s.

BOUC ♦|11 (pop.) XIIᵉ s., XIXᵉ s. « barbiche » : *bŭcco*, probablement gaulois, comme plusieurs noms d'animaux domestiques mâles ; a éliminé le lat. *caper* ; **BOUQUINER** XVIIᵉ s. « couvrir la chèvre ». ♦|2| **BOUQUET** XIIIᵉ s. « petit bouc », XIXᵉ s., « sorte de crevette », emploi métaph. d'origine dial. ♦|3| **BOUCHER** XIIᵉ s. : à l'origine, « celui qui abat les boucs » (un seul bouc étant suffisant pour un troupeau de chèvres, les jeunes boucs doivent être abattus et utilisés pour l'alimentation) ; a éliminé les représentants du lat. *macellarius* ; **BOUCHERIE** XIIᵉ s.

BOUCANER XVIᵉ s. : dér. de *boucan* « viande fumée » XVIᵉ s. : tupi-guarani (Brésil) *mokaem*, var. *bokaem* « gril en bois », par le port. ; **BOUCANIER** XVIIᵉ s. ; **BOUCANAGE** XIXᵉ s.

BOUCHE famille du lat. *bucca* « bouche », synonyme familier de *os, oris* (→ ORAL, art. HUIS) ; diminutif *buccula* « bouchée », « joue », « mentonnière de casque », et « tout objet en forme de joue, en particulier la bosse du bouclier ».

I. mots populaires

♦|11 **BOUCHE** XIᵉ s. : *bŭcca* ; pour les mots scientifiques exprimant la notion de « bouche », → STOMA-, art. ESTOMAC ; **BOUCHÉE** XIIᵉ s., XIXᵉ s., pâtisserie, confiserie ; **ARRIÈRE-BOUCHE** XIXᵉ s. ♦|2| **BOUQUET** XVᵉ s. « dartre du museau des moutons » : dériv. de *bouque*, forme normanno-picarde de *bouche*. ♦|3| **ABOUCHER** XIVᵉ s. « faire tomber sur la bouche », XVIᵉ s. « mettre en relation par une conversation ». ♦|4| **DÉBOUCHER** XVIIᵉ s. « sortir d'un lieu resserré », **DÉBOUCHÉ** XVIIIᵉ s. ♦|5| **EMBOUCHER** XIIIᵉ s., **EMBOUCHURE** XIVᵉ s. ♦|6| **BOUCLE** XIIᵉ s. « bosse de bouclier », XIIIᵉ s. « attache métallique », XVIIᵉ s. « boucle de cheveux » : *bŭccŭla* ; **BOUCLETTE** XIIᵉ s. ; **BOUCLER** XVIᵉ s. « d'abord « attacher » et « enfermer » ; **DÉBOUCLER** XIIᵉ s. ; **REBOUCLER** XVIIᵉ s. ; **BOUCLAGE** XIXᵉ s. ♦|7| **BOUCLIER** XIᵉ s. : abréviation de *escu bocler* « écu garni d'une bosse ».

II. mot savant

BUCCAL XVIIIᵉ s. : dér. formé sur *bucca*.

BOUE ♦|11 (pop.) XIIᵉ s. : *bawa*, mot gaulois ; **BOUEUX** XIIᵉ s. ; **BOUEUR**, prononcé *boueux* XVIᵉ s. ; **ÉBOUER, ÉBOUEUR** XIXᵉ s. ; **EMBOUER** XIIᵉ s. ♦|2| **RABOUILLEUSE** XIXᵉ s. : mot dial. du Berry, dér. de *rabouiller* « agiter l'eau », dér. lui-même de *bouille* « marais », du diminutif *bawŭcŭla*.

BOUÉE XIVᵉ s. sous la forme *boue*, XVᵉ s. *bouée* : origine obscure ; p.-ê. germ. *baukn* « signal », ou néerl. *boeye* empr. à l'anc. fr. *buie* « lien ». → BOY, art. BŒUF.

BOUFFER (→ III, 1). ensemble de formes expressives ou onom. de structure consonantique *b.f.* suggérant les notions de gonflement, d'objet arrondi, de joues gonflées, de coup sur une joue, de souffle bruyant, de ridicule et de mépris. (→ art. POUF).

I. voyelle *a*

♦|11 **BAFFE** XIIIᵉ s. ♦|2| **BAFOUER** XVIᵉ s. prov. *bafar* « se moquer », lui-même onom. ♦|3| **BAFOUILLER** XIXᵉ s. « parler la bouche pleine », → -OUILLER, art. -OUIL. ♦|4| **BÂFRER** XVIIIᵉ s., a éliminé *bauffrer* XVIᵉ s. Dér. : **BÂFRE** XVIIIᵉ s. ; **BÂFREUR** XVIᵉ s. sous la forme *bauffreur*.

II. voyelle *i*

♦|11 **BIFFER** XVIᵉ s., dér. de l'anc. fr. *biffe* XIIIᵉ s. « étoffe rayée », XVIᵉ s. chiffon, objet sans valeur », auquel se rattache aussi **BIFFIN** XIXᵉ s. « chiffonnier », puis « fantassin » à cause du sac porté sur le dos. ♦|2| **REBIFFER** XIXᵉ s.

III. voyelle *ou*

♦|11 **BOUFFER** XIIᵉ s. « souffler en gonflant les joues, XVᵉ s. « gonfler », XVIᵉ s. « manger gloutonnement en gonflant les joues ». Dér. : **BOUFFANT** XVᵉ s. ; **BOUFFÉE** XIIᵉ s. ; **BOUFFETTE** XVᵉ s. ; **BOUFFARDE** XIXᵉ s. ; anc. fr. dial. *bouffaille* altéré en **BOUSTIFAILLE** XIXᵉ s. ♦|2| **BOUFFIR** XIIIᵉ s. var. de *bouffer*, avec changement de conjugaison. Dér. : **BOUFFI** XVIᵉ s. ; **BOUFFISSURE** XVIᵉ s. ♦|3| la même onom. existe avec la même valeur dans la langue it., à laquelle ont été empr. **BOUFFE** XVIIIᵉ s. « musique » : it. *buffo* « comique » ; **BOUFFON** XVIᵉ s. : it. *buffone*. Dér. : **BOUFFONNER** et **BOUFFONNERIE** XVIᵉ s.

IV. voyelle *u*

REBUFFADE XVIᵉ s. : it. *rebuffo*, dér. de *buffare* même origine que III, 3.

BOUGONNER XVIIIᵉ s. « travailler maladroitement, en rechignant, XVIIIᵉ s.

« récriminer » ; BOUGON XIXᵉ s. ; BOUGON-NEMENT, -ERIE, -EUR XXᵉ s. : origine inconnue ; on peut penser à une onom.

BOULE famille du lat. *bŭlla* « bulle d'air » « objet sphérique », d'où *bullire* « bouillir » et lat. vulg. **bullicare* « id. ».

I. mots populaires

A. famille de *bulla*, base *boul*-

♦|1| BOULE XIIIᵉ s. : *bŭlla* ; BOULET XIVᵉ s. ; BOULETTE XVIᵉ s. ; BOULIER XIXᵉ s. ; BOULON XIIIᵉ s., BOULONNER XVᵉ s., DÉBOULONNER XIXᵉ s., BOULONNAGE, -ERIE XIXᵉ s. ; BOULOT XIXᵉ s., adj. d'abord appliqué à une sorte de pain, « court et gros, en forme de boule ». ♦|2| BOULER XIVᵉ s. « rouler » ; BOULOTTER XVIIIᵉ s., argot, « aller son train », « vivoter », « travailler », « manger », d'où BOULOT XIXᵉ s., argot, « travail » ; ABOULER XVIIIᵉ s., argot, « apporter », XIXᵉ s. « payer » ; DÉBOULER XVIIIᵉ s. ♦|3| BOULANGER XIIᵉ s. : dér. de l'anc. picard *bolenc*, « fabricant de pains ronds », du moyen néerl. *bolle*, « boule de pain », d'origine lat. ; a éliminé les représentants du lat. *pistor*, ainsi que *fournier*, dér. de *four* ; BOULANGERIE XIVᵉ s. ; BOULANGER XVᵉ s., verbe ; BOULANGE XIXᵉ s. : dér. de ce verbe. ♦|4| BOULINGRIN XVIIᵉ s. : angl. *bowling-green* « (gazon) vert pour jeu de boules » ; 1ᵉʳ élément dér. de *bowl*, empr. au fr. *boule*.

B. famille de *bullire*, base *bouill*-

♦|1| BOUILLIR XIᵉ s. sous la forme *bolir* ; *bullire* ; BOUILLANT XIIIᵉ s. ; ÉBOUILLANTER XIXᵉ s. ♦|2| BOUILLON XIIᵉ s. ; COURT-BOUILLON XVIIᵉ s. ; BOUILLONNER XIVᵉ s. ; BOUILLONNEMENT XVIᵉ s. ♦|3| BOUILLOIRE XVIIIᵉ s. ; BOUILLOTTE XIXᵉ s., récipient, puis « tête », par métaph. ; BOUILLOTTE XVIIIᵉ s., jeu, n'est pas un emploi métaph. du précédent mais un dér. de *bouillir* au sens de « presser, aller vite ». ♦|4| BOUILLIE XIᵉ s. ; BOUILLI XIVᵉ s., comme subst. ♦|5| BOUILLEUR XVIIIᵉ s. : dér. de *bouillir* au sens de « distiller ». ♦|6| TAMBOUILLE XIXᵉ s. : le 2ᵉ élément se rattache évidemment à *bouillir* ; le 1ᵉʳ s'explique peut-être par l'abrév. de la forme dial. angevine *pot-en-bouille*. ♦|7| BOUILLABAISSE XIXᵉ s. : prov. *bouiabaisso* « bous et abaisse-toi », nom d'un plat cuit rapidement à feu vif.

C. famille de **bullicare*, base *bouge*-
BOUGER XIᵉ s. : *bŭllĭcāre* ; BOUGEOTTE XIXᵉ s.

II. mots savants

♦|1| BULLE XIIᵉ s. « sceau muni d'une boule de plomb », « acte officiel revêtu de ce sceau », XVIᵉ s. « bulle d'air » : *bulla*. ♦|2| BULLETIN XVIᵉ s. : dér. de *bulle* formé sous l'influence de l'it. *bollettino*, même origine. ♦|3| BILLET (demi-sav.) XVᵉ s. : forme masc. de *billette*, altération, sous l'influence de *bille*, de *billette*, dimin. de *bulle* ; BILLET DE BANQUE XVIIIᵉ s. ♦|4| ÉBULLITION XIIᵉ s. : bas lat. *ebullitio*, dér. de *bullire* « bouillir ».

BOULEAU ♦|1| (pop.) XVIᵉ s. : dér. de l'anc. fr. *boul* : lat. vulg. **betŭllus*, du lat. class. *betŭlla*. ♦|2| BÉTULINE (sav.) XIXᵉ s. : dér. tiré de *betŭlla* ; BÉTULACÉES « id. ».

BOULEDOGUE représentants fr. de l'angl. *bull* « taureau ».

♦|1| BOULEDOGUE XVIIIᵉ s. : angl. *bulldog*, chien *(dog)* ainsi appelé à cause de la forme de sa tête. ♦|2| BULLDOZER XXᵉ s. : mot anglo-américain, dér. de *to bulldoze* « intimider les nègres par la violence », littéralement « donner une dose pour un taureau » (→ en fr. *médecine de cheval*) ; appliqué à une machine très puissante.

BOUM ! (→ 4.) ensemble d'onom. ayant pour caractère commun de suggérer une résonance au moyen d'une voyelle nasalisée ou suivie de consonne nasale ; des onom. de ce genre existaient déjà en lat.

♦|1| BING-BANG : emploi technique. *Bang supersonique* XXᵉ s. ♦|2| au lat. *bombus* « bourdonnement, bruit », du gr. *bombos*, mot onom., se rattachent (a) BOMBARDE XIVᵉ s. ; BOMBARDER XVIᵉ s. « lancer avec une bombarde », XIXᵉ s. « nommer à un poste honorifique » ; BOMBARDEMENT XVIIᵉ s. ; BOMBARDIER XVᵉ s., puis XXᵉ s., aviation ; (b) BOMBE XVIIᵉ s., projectile, XIXᵉ s., pâtisserie, par l'it. *bomba* ; BOMBÉ, BOMBER, BOMBEMENT fin XVIIᵉ s., début XVIIIᵉ s., d'après la forme de la bombe ; BOMBONNE XIXᵉ s. : prov. *boumbouno*, même famille. ♦|3| BONDIR XIᵉ s. « retentir » et « sauter » : lat. vulg. **bombitire*, var. de *bombitare*, dér. de *bombire* « résonner » ; REBONDIR XIIᵉ s. « retentir », XVIᵉ s. « sauter à nouveau » ; BOND XIVᵉ s., FAUX-BOND XVIᵉ s., terme de jeu de paume, REBOND XVIIᵉ s. ; BONDISSANT XVIᵉ s., BONDISSEMENT XIVᵉ s., REBONDISSEMENT

XIVe s. ♦|14| **BOUM !** (interjection exprimant un coup violent) d'où **ÇA BOUME** XXe s., vulg., « ça réussit » ; **BOOM** XIXe s. : empr. à l'anglo-américain, même onom. ♦|15| **DANDIN** XIVe s. « clochette », XVIe s. « niais », une démarche gauche ou les hésitations d'un caractère faible étant comparées au balancement d'une cloche ; utilisé comme nom propre de personnages ridicules par Rabelais, La Fontaine, Molière, Racine ; **DANDINER** XVIe s. ; **DANDINEMENT** XVIIIe s. ; **DONDON** XVIe s. ; **DONDAINE** XIVe s., d'abord nom d'une machine de guerre. ♦|6| **DINGDONG** autre onom. du son de la cloche, d'où **DINGUER** XIXe s. ; '**DINGO**, fin XIXe s., **DINGUE** XXe s. ♦|17| **TINTIN** XIIIe s. « tintement », altéré en **TINTOUIN** XVIe s. « bourdonnement d'oreilles » ; **TINTER** XIIe s. ; **TINTEMENT** XVe s. **TINTAMARRE** XVe s., pour le 2e élément, V. MARAUD 2 ; **TINTAMARRESQUE** XIXe s. ♦|8| la même onom. existait déjà en lat. class. *tinnīre*, lat. vulg. *tinnītīre*, d'où l'anc. fr. *tentir*, le fr. mod. **RETENTIR** et **RETENTISSEMENT** (pop.) XIIe s. ; lat. class. *tintinnabulum* « clochette » d'où **TINTINNABULER** (sav.) XIXe s. ♦|9| **PAN !** XIXe s. ♦|10| **TOMBER** XIIe s. : lat. vulg. *tumbare*, dont le radical *tumb-* suggère un bruit de chute ; a concurrencé et éliminé l'anc. fr. *tumer* d'origine frq. ; **TOMBÉE** XVe s., élimine *tumée* XIIIe s. ; **TOMBEREAU** XIVe s., élimine *tumeriaus* XIIIe s. ; **RETOMBER** et **RETOMBÉE** XVIe s. ; **TOMBOLA** XIXe s. : mot it. « culbute » et « sorte de jeu de loto », dér. de *tombolare*, fréquentatif de *tombare*, équivalent du fr. *tomber* auquel il a p.-ê. été empr. par l'intermédiaire des jongleurs itinérants. ♦|12| **TAM-TAM** XVIIIe s. : mot créole. ♦|13| **VLAN !** XIXe s. ♦|14| **VROMBIR** et **VROMBISSEMENT** XIXe s.

BOUQUETIN XIIIe s. : dial. Savoie *boc estaign* : moyen haut all. *steinbock* « bouc des rochers ».

BOUQUIN ♦|1| XVe s. : néerl. *boeckijn*, dimin. de *boek* « livre » ; **BOUQUINER** XVIIe s. ; **BOUQUINISTE** XVIIIe s. ♦|2| **BOOKMAKER** XIXe s. : mot angl. « faiseur de carnets (de paris, sur les champs de courses) » ; le 1er élément est l'équivalent angl. du néerl. *boek*.

BOURBE famille d'une rac. ind.-eur. *bher* « bouillonner » représentée :

En latin par (a) *fermentum* « ferment », issu de *bher-men-tom*; (b) *fervere* « bouillir », *fervescere* « se mettre à bouillir », *fervor* « bouillonnement ».

En celtique : on peut reconstituer un gaulois *borvo* ou *borva* « source bouillonnante ».

I. mots populaires issus du gaulois

♦|1| **BOURBE** XIIe s. : *borva* ; (→ les toponymes BOURBON, LA BOURBOULE qui ont le même étymon) ; **BOURBEUX** XVIe s. ; **BOURBIER** XIIIe s. ; **BOURBILLON** XVIIe s. ; **EMBOURBER** XIIIe s. ♦|2| **BARBOTER** XIIe s., signifie aussi « murmurer », XIXe s., argot, « voler » ; var. de l'anc. fr. *bourbeter* ; **BARBOTE** XIIIe s. ; **BARBOTINE** XVIe s., pâte délayée servant à fabriquer des objets de céramique par coulage ; **BARBOTEUSE** XIXe s. ♦|3| **BARBOUILLER** XIVe s., a une var. dial. *bourbouiller* qui permet de le rattacher à *bourbe* ; les formes voisines it. *borbogliare* et esp. *borbollar* ne viennent pas nécessairement du fr. et peuvent être des formations indépendantes, tous ces mots ayant une forte valeur onom. **BARBOUILLEUR** XVe s. ; **BARBOUILLAGE** XVIe s. ; **DÉBARBOUILLER** XVIe s. ; **EMBARBOUILLER** XVIe s.

II. mots savants issus du latin

♦|1| **FERMENT** XIVe s. : *fermentum* ; **FERMENTER** XIIIe s. ; **FERMENTATION** XVIe s. ♦|2| **FERVEUR** XIIe s. : *fervor* au sens fig. de « ardeur » ; **FERVENT** XIIe s. : *fervens*, part. présent de *fervere*. ♦|3| **EFFERVESCENCE** XVIIe s., XVIIIe s., sens fig. : formé d'après le lat. *effervescere* ; **EFFERVESCENT** XVIIIe s.

BOURDAINE (pop.) XIIIe s. : mot obscur ; cette plante a été aussi appelée *pastel bourd*, c.-à-d. « bâtard », ce qui oriente vers le lat. *burdus* « mulet » ; mais il existe une var. dial. *borzaine*, qu'on rapproche du basque *burgi*, lequel pourrait remonter à une forme pré-indo-européenne *burgena* ; on a proposé aussi un gaulois *eburijena*, tiré du breton *evor* « bourdaine », auquel on rattache le nom propre gaulois *Eburos*.

BOURDE ♦|1| (pop.) XIIe s. « mensonge, plaisanterie », var. dial. *borde* « fétu de paille », apparenté à dial. *bourre* « flocon de laine, fétu, coquille, etc. » et métaphoriquement « mensonge » : lat. *burrita* dér.

de *burra* (→ art. BOURRE) ; **BOURDON**, syn. de *coquille* « erreur typographique » XVIIᵉ s. ♦ ǀ2ǀ **CALEMBOUR** XVIIIᵉ s., doit être un dér. de *calembourder*, dér. de *bourder*, dont le 1ᵉʳ élément peut ou bien être un élargissement du préfixe *ca-*, ou bien remonter au néerl. *kallen* « bavarder ». ♦ ǀ3ǀ **CALEMBREDAINE** XVIIIᵉ s. altération du dial. *calembourdaine*, dér. de *calembour*, avec influence du dial. *bredin* « étourdi », *berdaine* « bavardage », de la famille de *bredouiller*.

1. **BOURDON** (de pèlerin) ♦ ǀ1ǀ (pop.) XIIIᵉ s. : lat. vulg. **burdo, -onis*, du lat. class. *burdus* « mulet » ; emploi métaph. pour désigner un objet sur lequel on s'appuie (comme *poutre, sommier*). ♦ ǀ2ǀ **BOURSAULT** (pop.) XVIᵉ s. : composé de l'anc. fr. *bourd* « bâtard », du lat. *burdus-* « mulet », et de *saus*, du lat. *salix -icis* « saule ». → BOURDAINE. ♦ ǀ3ǀ **LAMBOURDE** (pop.) XIIIᵉ s., mot composé de l'anc. fr. *laon* « planche » ; frq. **ladho*, et *bourde* « poutre », du lat. **burdo* ; la *lambourde* est une poutre sur laquelle s'appuie le plancher.

2. **BOURDON** XIIIᵉ s. « insecte » et « tuyau de cornemuse » : formation onom. ; mais on ne peut dire s'il s'agit de deux formations distinctes ou si l'un des deux mots — et lequel — est un emploi fig. de l'autre : **BOURDONNER** XIIIᵉ s. et : **FAUX-BOURDON** XIVᵉ s., mus. ; **BOURDONNEMENT** XVIᵉ s.

BOURG famille du germ. **burgs*, latinisé en *burgus* « château fort » ; représenté par le fr. *bourg*, l'it. *borgo*, l'all. *Burg*. ♦ ǀ1ǀ **BOURG** (pop.) XIᵉ s. : *burgus* ; **FAUBOURG** XIVᵉ s. : altération, sous l'influence de *faux*, de *fors bourg* XIIᵉ s. « bourg situé en dehors des remparts », → DEHORS I. 2 ; **FAUBOURIEN** XIXᵉ s. ♦ ǀ2ǀ **BOURGADE** XVᵉ s. : it. *borgata*, ou prov. *borgada*, même origine. ♦ ǀ3ǀ **BOURGEOIS** XIᵉ s. « habitant d'un bourg », puis « citoyen d'une ville franche » par opposition à la fois aux nobles et aux manants, XIXᵉ s., sens péjoratif ; **PETIT-BOURGEOIS** XIXᵉ s. ; **BOURGEOISIE** XIVᵉ s. ; **BOURGEOISEMENT** XVIIᵉ s. ; **EMBOURGEOISER** XIXᵉ s. ; **EMBOURGEOISEMENT, DÉSEMBOURGEOISER** XXᵉ s. ♦ ǀ4ǀ **BOURGMESTRE** XIVᵉ s. : moyen all. *Burgmeister* « maître du bourg ». ♦ ǀ5ǀ **BURG** XIXᵉ s. : mot all. ; **BURGRAVE** XVᵉ s. : all. *Burggraf* « comte d'un bourg ».

BOURLINGUER (pop.) XVIIIᵉ s. mar. « avancer contre le vent », XIXᵉ s. argot « voyager beaucoup » dér. de *bourlingue* « petite voile en haut du mât » p.-ê du lat. **burrula* dim. de *burra* « flocon de laine, fétu, coquille de noix, etc. » (→ BOURRE).

BOURRASQUE représentants du gr. *boreas* « vent du nord », empr. par le lat. ♦ ǀ1ǀ **BOURRASQUE** XVIᵉ s. : it. *burrasca*, var. *burasca*, dér. de *boreas*. ♦ ǀ2ǀ **BORA** XIXᵉ s. : it. dial., région de Trieste, du lat. *boreas*. ♦ ǀ3ǀ **BORÉE** (sav.) XVᵉ s., nom littéraire du vent du nord : id. ; **BORÉAL** XIVᵉ s. : lat. *borealis*, dér. de *boreas* ; **HYPERBORÉEN** XVIIIᵉ s. : dér. du lat. *hyperboreus* « de l'extrême Nord ».

BOURRE famille entièrement pop. du lat. *būrra* « laine grossière », qui comportait en lat. vulg. une var. **bŭra* et plusieurs dér. tels que **burrio, -onis* et **burrica*. *Reburus* IVᵉ s. « aux cheveux retroussés », doit aussi être rattaché à *burra*.

I. famille de *būrra*

♦ ǀ1ǀ **BOURRE** XIIIᵉ s. : *būrra* ; **BOURRU** XVIᵉ s. « grossier comme de la bourre ». ♦ ǀ2ǀ **BOURRER** XIVᵉ s. « emplir de bourre » et « maltraiter » : doit être une forme abrégée de l'anc. fr. *embourrer* XIIᵉ s. ; **REMBOURRER** XIIᵉ s. : dér. de *embourrer* ; **DÉBOURRER** XIVᵉ s. ; **BOURRAGE** XVᵉ s., XXᵉ s. *bourrage de crâne* ; **REMBOURRAGE** XVIIIᵉ s. ; **BOURRELET** XVIᵉ s. ; **BOURRELIER** XIIIᵉ s. ; **BOURRELLERIE** XIIIᵉ s. : dér. de *bourreler* au sens de « bourrer », lui-même dér. de ce verbe. ♦ ǀ3ǀ **BOURRÉE** XIVᵉ s. « fagot », XVIᵉ s., danse, à l'origine autour d'un feu de joie : part. passé fém. de *bourrer* au sens de « serrer », « tasser ». ♦ ǀ4ǀ **BOURREAU** XVᵉ s., **BOURRADE** et **BOURRELER** XVIᵉ s. (v. fr. mod. *bourrelé de remords*) : de BOURRER au sens de « maltraiter ». ♦ ǀ5ǀ **BOURRACHE** XIIIᵉ s. « plante poilue » : p.-ê. lat. **burracea*, doublet pop. du lat. méd. *borrago*.

II. famille de *bŭra*

♦ ǀ1ǀ **BURE** XIIᵉ s. : *bŭra* ♦ ǀ2ǀ **BUREAU** XIIᵉ s. « sorte d'étoffe », XIIIᵉ s. « tapis de table », XVIᵉ s. « table à écrire », XVIIᵉ s. « pièce où se trouve cette table », XVIIIᵉ s.-XXᵉ s. sens modernes : **BURALISTE** XVIIᵉ s. ; **BUREAU-CRATE, -TIE, -TIQUE,** XVIIIᵉ s.

III. représentants des dérivés latins

♦|1| **BOURGEON** (pop.) XIIᵉ s. : **bŭrrio, -onis*, certains bourgeons étant duveteux ; **BOURGEONNER** XIIᵉ s. ; **ÉBOURGEONNER** XIVᵉ s. ; **ÉBOURGEONNEMENT** XVIᵉ s. ; **BOURGEONNEMENT** XVIIᵉ s. ♦|2| **BOURGERON** XIXᵉ s. : dér. de l'anc. fr. *bourge* « tissu grossier », de **bŭrrica*. ♦|3| **BOURRICHE** XVIᵉ s. : mot dial, p.-ê. picard, représente un type **bŭrricia* ; il s'agit d'un panier grossier et rude au toucher ; **BOURRICHON** XIXᵉ s. « tête » : dimin. de *bourriche* employé par métaph. ♦|4| **REBOURS (À)** (pop.) XIIᵉ s. : lat. vulg. **rebŭrsus*, altération de *rebŭrrus*, p.-ê. sous l'influence de *reversus* « renversé » ; ♦|5| **REBROUSSER** XIIᵉ s. ; altération de l'anc. fr. *rebourser* XIIᵉ s., dér. de *rebours*, p.-ê. sous l'influence de *trousser* ; **REBROUSSEMENT** XVIIᵉ s. ; **À REBROUSSE-POIL** XVIIᵉ s. ♦|6| **ÉBOURIFFÉ** XVIIᵉ s. : prov. *esbourifat* « aux cheveux hirsutes et emmêlés comme de la bourre » ; terminaison obscure ; **ÉBOURIFFANT** XIXᵉ s.

BOURSE ♦|1| (pop.) XIIᵉ s. « petit sac », XVIᵉ s. « pension de collégien » et « lieu où se font les opérations financières », ne devient usuel en ce sens qu'au XVIIIᵉ s. : bas lat. *bursa* du gr. *bursa* « outre » ; au troisième sens, contamination entre l'expression *monnaie courant en bourse*, c.-à-d. « monnaie ayant cours au moment du paiement » XIVᵉ s. et l'*hôtel Van der Burse*, ou simplement *bourse* de Bruges, demeure de banquiers vénitiens du XIVᵉ s. nommés *della Borsa*, établis dans cette ville, où étaient reçus et se rencontraient les marchands étrangers et dont la façade était ornée de trois bourses ; **BOURSIER** XIIIᵉ s. « fabricant de bourses », XVIᵉ s. « boursier de collège » et, adj., sens financier. ♦|2| **BOURSETTE** XIVᵉ s., botanique. ♦|3| **EMBOURSER** XIIᵉ s. ; **DÉBOURSER** XIIIᵉ s. ; **REMBOURSER** XVᵉ s. ; **DÉBOURS** XIVᵉ s. ; **REMBOURSEMENT, REMBOURSABLE** XVᵉ s. ♦|4| **BOURSICOT** XIIIᵉ s. ; **BOURSICOTER** XVIᵉ s. « économiser », XIXᵉ s. « jouer à la bourse » ; **BOURSICOTEUR** XIXᵉ s. ; **BOURSICOTAGE** XXᵉ s.

BOUSE (pop.) XIIᵉ s. avec var. et dér. dial. signifiant « personne obèse », « objet renflé » : p.-ê. **bobôsa* formé sur la rac. *bob-* (→ BOBINE), avec infl. pour le sens de *bovis* « bœuf » ; **BOUSIER** XVIIIᵉ s. ; **BOUSILLER** XVIᵉ s. « construire en torchis », XVIIᵉ s. « travailler mal » ; **BOUSILLEUR** XVᵉ s. ; **BOUSILLAGE** XVIᵉ s.

BOUT et **BOUTER** ensemble de mots reposant sur des étymons germ. p.-ê. divers mais étroitement associés en franç.

I. BOUT

♦|1| (pop.) XIIᵉ s., au sens de « extrémité », peut ne pas être, contrairement à l'étym. habituellement reçue, un dér. de *bouter* « frapper ». Ce n'est pas la seule solution possible au point de vue de la forme. On a proposé aussi un frq. **but*, frison oriental *bot* « frontière », « but ». Néanmoins, divers mots indiquant l'idée de mesure expriment aussi celle de « frapper » (→ en particulier COUP). À TOUT BOUT DE CHAMP est p.-ê. un développement de l'anc. fr. *tot a bot* XIIᵉ s. « tout à fait », « jusqu'à la fin » ; **DEBOUT** XVIᵉ s. sens mod. : anc. fr. *de bout* « à la fin » et « bout à bout », « tête à tête ». ♦|2| **ABOUTER** et **ABOUT** XIIIᵉ s. ; var. **ABOUTIR** XIVᵉ s. ; **ABOUTISSEMENT** XVᵉ s. ; **ABOUTISSANT** XVIIIᵉ s. ; **RABOUTER** XVIᵉ s. ♦|3| **EMBOUT** XIXᵉ s. : dérivé de *embouter* XVIᵉ s. « munir le bout d'un objet d'une bague métallique » ; **EMBOUTIR** XIVᵉ s. « façonner par le bout, étirer », XXᵉ s. « heurter violemment » : var. de *embouter* ; **EMBOUTISSAGE, EMBOUTISSOIR** XIXᵉ s.

II. BOUTER

♦|1| (pop.) XIᵉ s. « frapper » et « germer » : frq. **bŭtton* « frapper » ou bien **bôtan* « enfoncer, mettre avec force », tardivement introduit en Gaule. Ce verbe, répandu dans toute la France du Nord, a partiellement éliminé et cantonné dans un sens spécialisé *pondre*, représentant du lat. *ponere*. L'anc. fr. *bout* au sens de « coup » est évidemment dér. de *bouter*. ♦|2| **BOUTEFEU** XIVᵉ s. ; **BOUTE-EN-TRAIN** XVIIᵉ s. ; **ARC-BOUTANT** XIVᵉ s., où *bouter* a le sens de « pousser », d'où **ARC-BOUTER** XVIIᵉ s., **S'ARC-BOUTER** XVIIIᵉ s. ♦|3| **DÉBOUTER** Xᵉ s. « repousser » ; **REBOUTER** XIIᵉ s. « remettre », d'où **REBOUTEUR** XVᵉ s., prononcé *rebouteux*. ♦|4| **BOUSCULER** XVIIIᵉ s. : altération de l'anc. fr. *bouteculer* XIIIᵉ s. « pousser au cul », p.-ê. sous l'influence de *basculer* ; **BOUSCULADE** XIXᵉ s. ♦|5| **BOU-**

TOIR XIVe s. ♦161 BOUTADE XVIe s. « attaque », puis « pointe qu'on pousse », au fig. : remplace l'anc. fr. *boutée*. ♦171 BOUTURE XVe s., botanique, « pousse », XVIIe s., sens mod. ; BOUTURER, BOUTURAGE XIXe s. ♦181 BOUTON XIIe s. « bourgeon », « bouton de la peau » (métaph. du premier), et « bouton d'habit » ; BOUTONNER XIIe s. « bourgeonner », puis « attacher avec un bouton » ; DÉBOUTONNER XVe s. ; BOUTONNIÈRE XIVe s., XVIIIe s., chirurgie, « incision » ; BOUTONNAGE, DÉBOUTONNAGE, BOUTONPRESSION XXe s. ; BOUTONNEUX XVIe s. ♦191 BOTTE (de paille) XIVe s. : moyen néerl. *bote* « touffe de lin », se rattache à la famille de mots germ. signifiant « frapper » et désigne la quantité de céréales ou de plantes textiles qu'on peut battre en une fois ; BOTTELER, BOTTELEUR XIVe s. ♦1101 BOTTE (d'escrime) : it. *botta* « coup », dérivé de l'it. septentrional *bottare*, équivalent de l'it. *buttare* « frapper », forme parallèle au fr. *bouter*, introduite en Italie par le gotique.

BOUTEILLE ♦111 (pop.) XIIIe s. : lat. vulg. *bŭttĭcŭla*, dimin. du bas lat. *buttis* « tonneau », d'origine obscure, encore représenté en anc. fr. par *boute* XIIe s. et *botte* XVe s. « tonneau » ; a pris le sens de « récipient de verre » dans la France du Nord, où cette industrie était plus développée qu'ailleurs. Les formes méridionales, it. et esp. correspondantes désignent à l'origine des cruches de terre. BOUTEILLER XIIe s. « échanson ». ♦121 EMBOUTEILLER XIXe s. « mettre en bouteille un liquide », XXe s. « obstruer un carrefour » ; EMBOUTEILLAGE XXe s.

BOXE XVIIe s. : angl. *box* « coup », d'origine inconnue ; BOXER et BOXEUR fin XVIIIe s.

BOYAU famille du lat. *botŭlus* « boudin » et de son diminutif *botĕllus* « saucisse ».

I. mots populaires

♦111 BOYAU XIe s., sous les formes *boel*, *boiel*, dont boyau est l'aboutissement phonétique : *botĕllus* ; il existait aussi en anc. fr. une forme fém. *boele* ; BOYAUDIER XVIIe s. ; BOYAUDERIE XIXe s. ♦121 ÉBOULER XIIe s. « éventrer », XIIIe s. « faire tomber » : dér. de *boel* ; ÉBOULEMENT XVIe s. et ÉBOULIS XVIIe s. ont subi l'infl. de *boule*. ♦131 TOURNEBOULER XVIe s. : dér. de l'anc. fr. *tourneboele* « culbute », composé de *tourner* et de *boele*. ♦141 ÉCRABOUILLER XVe s. : anc. fr. *esbouiller* var. de *ébouler*, « éventrer », croisé avec *écraser*, d'une forme *boille*, parallèle à *boele*, issue de *botŭla*.

II. mots savants

BOTULISME XXe s. « empoisonnement causé par des viandes avariées » ; BOTULIQUE XXe s.

BRACHY- ♦111 (sav.) XIXe s.-XX{e} s. : gr. *brakhus* « court », dont le rapport avec le lat. *brevis* (→ BREF) est possible mais non certain ; sert de 1er élément à des composés savants tels que BRACHYCÉPHALE XIXe s., BRACHYPTÈRE XIXe s., etc. ♦121 -BRAQUE : 2e élément du composé savant TRIBRAQUE XIXe s. subst. masc., métrique : gr. *tribrakhus* « pied comportant trois brèves ».

BRADER (pop.) XIXe s., mot dial. du Nord : néerl. *braden* « rôtir » et « gaspiller » ; BRADERIE XIXe s., à l'origine, à Lille, vente à vil prix d'objets usagés.

BRADY- (sav.) : gr. *bradus* « lent », dont le rapport avec le lat. *gurdus* (→ GOURD), est possible mais non certain ; sert de 1er élément à des composés sav., en particulier dans la langue médicale, ex. : BRADYPEPSIE XVIe s., BRADYCARDIE XXe s., etc.

BRAIE ♦111 (pop.) XIIe s. : lat. *braca*, empr. au gaulois, « sorte de pantalon » ; éliminé plus tard par *chausses*, *haut-de-chausses*, *culotte*. ♦121 EMBRAYER XVIIIe s. : dér. de *braie*, encore que le lien sémantique ne soit pas clair. D'une part, on trouve au XVIIe s. *braie* avec le sens de « traverse de bois qu'on met sur le palier d'un moulin », métaph. obscure de *braie* « pantalon », à supposer qu'il s'agisse bien du même mot ; EMBRAYER pourrait donc signifier à l'origine « serrer cette traverse ». D'autre part, deux dér. anciens, *braiel* « ceinture qui soutient les braies » et *braier* « courroie », « cordage », permettent de supposer que *braie* a pris le sens, non attesté, il est vrai, de « courroie » ; EMBRAYER serait alors « relier par une courroie de transmission ». EMBRAYAGE, EMBRAYEUR XXe s. ; DÉSEM-

BRAIRE

BRAYER XIX⁰ s., éliminé par **DÉBRAYER** XIX⁰ s. ; **DÉBRAYAGE** XIX⁰ s. ♦|3| **BRAGUETTE** XVI⁰ s. : dimin. de *brague*, du prov. *brago* « braie », de *braca*.

BRAIRE ♦|1| (pop.) XI⁰ s. « crier en pleurant », XVII⁰ s., sens limité au cri de l'âne : lat. vulg. **bragĕre*, p.-ê. d'origine gauloise ; **BRAIMENT** XII⁰ s. ♦|2| **BRAILLER** (pop.) XIII⁰ s. : **bragŭlare*, dérivé de **bragere* ; **BRAILLEUR, BRAILLARD, BRAILLEMENT** XVI⁰ s.

BRAISE famille pop. du lat. vulg. **brasa*, empr. à un type germ. *bras-* « charbon incandescent » représenté en particulier en gotique et en scandinave.

I. base à voyelle *è, é*

♦|1| **BRAISE** XII⁰ s. : **brasa* ; **BRAISIÈRE** XVIII⁰ s. ; **BRAISER** XVIII⁰ s. ; **BRAISETTE** XIX⁰ s. ♦|2| **BRÉSIL** XII⁰ s. « bois de teinture colorant en rouge » ; la forme correspondante en esp. et en port. est *brasil*, qui a fourni le nom d'une région d'Amérique du Sud où ce bois est abondant.

II. base à voyelles *a* (dér. anciens accentués sur le suff.)

♦|1| **BRASIER** XII⁰ s. ; **BRASILLER** XIII⁰ s. ; **EMBRASER** XII⁰ s. ; **EMBRASEMENT** XII⁰ s. ♦|2| **EMBRASURE** XVI⁰ s. « ouverture par où on tirait le canon » : ce sens permet d'y voir un dér. d'*embraser* ; **ÉBRASER** et **ÉBRASEMENT** XVII⁰ s., archit. : formes altérées d'*embraser* au sens de « faire une embrasure » et *embrasement*, pour éviter une homonymie gênante. ♦|3| **BRASERO** XVIII⁰ s. : équivalent esp. de *brasier*.

BRAMER (pop.) XVI⁰ s. : prov. *bramar*, du germ. **brammôn* « mugir » ; **BRAMEMENT** XVIII⁰ s.

BRAN ♦|1| (pop.) XII⁰ s., sous la forme *bren* « son », XV⁰ s. « déchets, excréments » : lat. vulg. **brennus* « son », d'origine obscure, p.-ê. gauloise. ♦|2| **BRENEUX** XIV⁰ s. ; **ÉBRENER** XIII⁰ s. ; **EMBRENER** XVI⁰ s. : dér. de *bren*. ♦|3| **BERNER** XV⁰ s. « faire sauter dans une couverture », XVI⁰ s. « duper », XVII⁰ s. « vanner le blé » : forme métathétique de *brener*, dér. de *bren* ; le 1ᵉʳ sens est sans doute un emploi métaph. du 3⁰, qui doit être en fait antérieur au XVII⁰ s. ; le 2⁰ peut se rattacher à l'un ou à l'autre des sens de *bren* ; **BERNE** XVI⁰ s. « couverture » : dér. de *berner*. ♦|4| **BERNIQUE** ! XVIII⁰ s. : forme dial. normande ou picarde tirée de *emberniquer* « salir », *débarniquer* « débarbouiller », dér. de *bren* ; une forme *berniquet* est attestée au XVII⁰ s.

BRANCHE ♦|1| (pop.) XI⁰ s. : bas lat. *branca* « patte », p.-ê. d'origine gauloise ; **BRANCHU** XII⁰ s. ; **BRANCHETTE** XIV⁰ s. ; **BRANCHAGE** XV⁰ s. ♦|2| **BRANCHER** XVI⁰ s. « pendre à une branche », « se percher », XIX⁰ s. « établir des ramifications » ; **BRANCHEMENT** XVI⁰ s., id. ; **ÉBRANCHER** XII⁰ s. ; **ÉBRANCHEMENT** XVI⁰ s., **ÉBRANCHAGE** XVIII⁰ s. ; **DÉBRANCHER, DÉBRANCHEMENT** XIX⁰ s. ; **EMBRANCHER** XVIII⁰ s., **EMBRANCHEMENT** XV⁰ s. ♦|3| **BRANCARD** XVI⁰ s. : dér. de *branque*, équivalent normanno-picard de *branche* ; **BRANCARDIER** XVII⁰ s.

BRANCHIES (sav.) XVII⁰ s. emprunté au gr. *branchiae* ; **BRANCHIAL, BRANCHIOPODE** XIX⁰ s.

BRANDIR famille pop. du germ. **brand* « tison » et, métaph. « lame d'épée » (→ all. *brennen* « brûler »), p.-ê. apparenté à **bras-*, → BRAISE.

I. mots se rattachant au sens d'« *épée* »

♦|1| **BRANDIR** XI⁰ s. : dér. de l'anc. fr. *brand* « épée ». ♦|2| **BRANLER** XI⁰ s. : var. contractée de l'anc. fr. *brandeler*, dim. de *brandir* ; **BRANLE** XII⁰ s., XV⁰ s. « danse » ; **BRANLE-BAS** XVII⁰ s. ; **ÉBRANLER** XVI⁰ s. ; **ÉBRANLEMENT** XVI⁰ s. ; **INÉBRANLABLE** XVII⁰ s. ♦|3| **BRANDADE** XVIII⁰ s. : prov. *brandado* « chose remuée ». ♦|4| **FARANDOLE** XVIII⁰ s. : prov. *farandoulo*, p.-ê. altération, sous l'influence de *flandriná* « flâner », du languedocien *barandèlo*, même danse, dér. de *branda* « branler », « danser ».

II. mots se rattachant au sens de « *tison* ».

♦|1| **BRANDE** XIII⁰ s. « bruyère, fougère », végétaux de peu de prix qu'on brûlait pour défricher : de l'anc. fr. *brander* « brûler » dér. du germ. **brand* ; **BRANDON** XII⁰ s. : dér. de **brand*. ♦|2| **BRANDEVIN** XVII⁰ s. : néerl. *brandewijn* « vin brûlé ». ♦|3| **BRANDY** XIX⁰ s. : mot angl., dér. de *to brand* « brûler ».

BRAQUE ♦|1| XIII⁰ s., subst., « chien », XIX⁰ s., adj., sens fig. : it. *bracco*, du germ.

bracco « chien de chasse ». ♦121 **BRACONNER** XVIII⁰ s., **BRACONNIER** XII⁰ s. « dresseur de braques », XVII⁰ s., sens mod., **BRACONNAGE** XII⁰ s., puis XIX⁰ s. : dér. de *bracon* attesté en anc. fr. et surtout en anc. prov., de **brakko*. ♦131 **BRACHET** XII⁰ s. : dér. ancien de **brakko*.

BRAQUEMART XIV⁰ s. : étym. obsc., soit néerl. *breecmes* « coutelas », soit it. *bergamasco* « épée de Bergame » ; **BRAQUET** XVII⁰ s., épée, XIX⁰ s., techn. : dimin. de *braquemart*.

BRAS famille du lat. *bracchium* empr. au gr. *brakhíôn*.

I. mots populaires

♦111 **BRAS** XI⁰ s. : lat. vulg. **bracium* : lat. class. *bracchium* ; **BRACELET** XII⁰ s. « petit bras », XIV⁰ s., bijou : dimin. de *bras* ; **AVANT-BRAS** XIII⁰ s. ♦121 **BRASSE** XI⁰ s., XIX⁰ s. natation, plur. *bracchia* « les deux bras ». ♦131 **BRASSÉE** XII⁰ s., **BRASSIÈRE** XIII⁰ s. : dér. de *bras* avec influence de *brasse*. ♦141 **BRASSARD** XVI⁰ s. : altération de *brassal* XVI⁰ s., de l'it. *bracciale*, dér. de *bracchio* « bras », de *bracchium*. ♦151 **EMBRASSER** XI⁰ s. « prendre dans ses bras », XVII⁰ s. « donner un baiser » ; **EMBRASSEMENT** XII⁰ s. ; **EMBRASSADE** XVI⁰ s. ; **EMBRASSE** XIV⁰ s. ♦161 **BRAQUER** XVI⁰ s. : **brachicare*, de **brachiare*, **BRASSER**, mar. « orienter les vergues au moyen de cordages appelés *bras* ». ♦171 **BRETZEL** XIX⁰ s. : mot all. désignant une pâtisserie ayant la forme de deux bras entrelacés, dér. de *bracchium*.

II. mots savants : **BRACHI(O)-** : gr. *brakhíôn*, premier élément de composés sav. : **BRACHIALGIE** XX⁰ s. ; **BRACHIOPODE** XIX⁰ s., etc.

BRASSER (pop.) XII⁰ s. « faire de la bière », a pris, au cours de son évolution, divers sens fig. qui l'ont rapproché de *bras* : lat. vulg. **braciare*, dér. du lat. *braces*, mot p.-ê. d'origine gauloise représenté en anc. fr. par *brais* « orge préparé pour faire la bière » ; **BRASSERIE**, **BRASSEUR** XIII⁰ s. ; **BRASSAGE** XIV⁰ s.

BRAVE famille du gr. *bárbaros* « barbare, qui ne parle pas le grec », mot onom. imitant un bredouillement, empr. par le lat. : *barbarus* « barbare, sauvage », lat. vulg. **brabus*.

I. mots empruntés à l'italien

♦111 **BRAVE** XIV⁰ s. « valeureux », à partir du XVII⁰ s. *brave homme* « homme de bien », sens de plus en plus affaibli : *bravo*, de **brabus* ; **BRAVEMENT** XV⁰ s. ; **BRAVER** XVI⁰ s. ♦121 **BRAVADE** XV⁰ s. ; **BRAVACHE** XVI⁰ s. ; **BRAVOURE** XVII⁰ s. : it. *bravata*, *bravaccio*, *bravura*, dér. de *bravo*. ♦131 **BRAVO**, **BRAVISSIMO** XVIII⁰ s. : mots it. ; le 2⁰ est le superlatif de l'autre ; qualificatifs appliqués aux auteurs de quelque performance, comédiens et chanteurs en particulier. ♦141 **BARBARESQUE** XVI⁰ s. : it. *barbaresco*, adj. appliqué aux populations musulmanes des pays méditerranéens : dér. de *barbarus*. ♦151 **BARBE** (cheval) : forme abrégée de l'it. *barbero*, de *barbarus* : cheval arabe

II. mots empruntés au latin

BARBARE (sav.) XIV⁰ s. : *barbarus* ; **BARBARIE** XIV⁰ s. : *barbaria* ; **BARBARISME** XIII⁰ s. : *barbarismus*, empr. au gr.

BREBIS famille du lat. class. *vervex, -ecis* « bélier », lat. vulg. **berbix, -icis*, d'où **berbicale* « bergerie » et *berbicarius* « berger » IX⁰ s.

♦111 **BREBIS** XI⁰ s. : **berbix, -īcis* a éliminé l'anc. fr. *ouaille*, du lat. *ovīcŭla*, dimin. de *ovis* « ovin ». ♦121 **BERCAIL** XIV⁰ s., mot normanno-picard : **berbicale*, avec changement de suff. ; var. anc. *bercil*, *bergil*, de **berbicile*. ♦131 **BERGER** XII⁰ s. : *berbicarius* ; **BERGÈRE** XII⁰ s., XVIII⁰ s. « fauteuil » ; **BERGERIE** XII⁰ s. ; **BERGERONNETTE** XIII⁰ s., « oiseau ».

BRÉCHET XIV⁰ s. : moyen angl. *brisket*, apparenté au germ. *brust* « poitrine » et anc. scandinave *brjosk* « cartilage ».

BREF famille du lat. *brevis* « court », d'où *abbreviare* « raccourcir », *breviarium* « sommaire », et **brevima (dies)*, ancienne forme de superlatif contractée en *brūma* « le jour le plus court de l'année, le solstice d'hiver ».

I. mots populaires

♦111 **BREF** XII⁰ s., sous la forme *brief*, adj. et subst. au sens d'« écrit sommaire », « rescrit » : *brĕvis*. ♦121 **BRIEFING** XX⁰ s. : mot angl. dér. de *brief*, empr. à l'anc. fr. ♦131 **BREVET** XIII⁰ s. sous la forme *brievet* : dimin. de *brief* ; **BREVETER** XVIII⁰ s. ♦141 **BRIÈVETÉ** XIII⁰ s. ; **BRIÈVEMENT** XII⁰ s. : dér.

de *brief*. ♦151 **ABRÉGER** XII° s. : *abbreviare* ; **ABRÉGÉ** XIV° s. subst. masc. ♦161 **BRUME** XIV° s. : prov. *bruma*, du lat. *brūma*, d'où **BRUMEUX** XVIII° s. ; **EMBRUMER** XVII° s. ; **BRUMAIRE** XVIII° s. ♦171 **EMBRUN** XVI° s., rare jusqu'au XIX° s. : mot prov. tiré de *embrumá* « bruiner », équivalent du fr. *embrumer*. ♦181 **BRIMER** XIX° s., argot « tourmenter » : dér. du dial. de l'Ouest *brime* « gelée », var. de *brume* ; **BRIMADE** XIX° s.

II. mots savants

♦111 **BRÉVIAIRE** XIII° s. : *breviarium*. ♦12! **BRIMBORION** (demi-sav.) XV° s. « prière marmottée », XVII° s. « objet sans valeur » : altération, sous l'influence de *bribe*, *brimbe*, de *bréviarion*, prononciation ancienne de *breviarium*. ♦131 **ABRÉVIATION** XIV° s. : *abbreviatio* ; **ABRÉVIATEUR** XIV° s. « rédacteur de brefs », XVII° s., sens mod. ; **ABRÉVIATIF** XV° s.

BRELAN ♦111 (pop.) XII° s. « table à jouer », « maison de jeu » : anc. haut all. *bretling* « petite table », « planche » ; **BRELANDER**, ♦121 **BERLINGOT** XVII° s. : it. *berlingozzo*, littéralement « bonbon fabriqué sur une table », dér. de *berlengo* « table », de *bretling*, équivalent du fr. *brelan*.

BRIBE ♦111 XIV° s., var. *brimbe* « objet insignifiant », XVII° s. « morceau de pain », en relation avec les verbes *briber*, *brimber* « mendier » XIV° s. : origine obscure, p.-ê. onom. (→ BOBINE). ♦121 **BIRBE** XIX° s. « vieux mendiant », puis « vieillard » : it. *birbo* « chenapan », dér. de *birba*, mot d'argot empr. au fr. *bribe* « pain pour les mendiants ».

BRICOLE XIV° s. « machine de guerre fonctionnant avec des courroies et envoyant des projectiles », d'où divers emplois figurés, XVII° s. « courroie », « ricochet » et « bagatelles » ; ce dernier sens déjà attesté au XV° s. : it. *briccola*, d'étym. incertaine. Peut-être germ. *brihhil*, de la famille de l'all. *brechen* « briser » (→ ENFREINDRE) ; p.-ê. dér. de l'it. *bricco* « mouton » (métaph. semblable dans *bélier* « machine de guerre »). **BRICOLER** XV° s. « ricocher », « faire des zigzags », XIX° s. « travailler imparfaitement » ; **BRICOLEUR** XVIII° s. « vagabond », XIX° s. sens mod. ; **BRICOLAGE** XIX° s.

BRIDE représentants du germ. **brid* « rêne », d'où l'anc. haut all. *brittil* et le moyen haut all. *bridel*.

♦111 **BRIDE** XIII° s. : *bridel* ; **BRIDER** XIII° s. ; **DÉBRIDER** XV° s. ; **BRIDON** XVII° s. ; **DÉBRIDEMENT** XIX° s. ♦121 **BRETELLE** XIII° s. : *brittil*.

BRIDGE fin XIX° s. « jeu », XX° s. « appareil dentaire » : mot angl. d'origine germ., « pont » ; **BRIDGER** XX° s. ; **BRIDGEUR** XIX° s.

BRIGADE famille de mots it. à rad. *brig-* p.-ê. issus de got. *brikan* « briser » (→ BROYER, art. ENFREINDRE) : *brigata* « troupe » (→ pour le sens anc. fr. *route*, fr. *parti*, *détachement*), *brigante* « membre d'une troupe, pillard » et *briga* « querelle de partisans » (→ fr. *prendre parti*, *prendre à partie*).

♦111 **BRIGADE** XIV° s. : *brigata* ; **BRIGADIER** XVII° s. ; **EMBRIGADER**, **EMBRIGADEMENT** XVIII° s. ♦121 **BRIGUE** XIV° s. : *briga* ; **BRIGUER** XV° s. « se quereller » XVI° s. « solliciter ». ♦131 **BRIGAND** XIV° s. « soldat » et « pillard » : *brigante* ; **BRIGANDAGE** XV° s. ; **BRIGANDER** XVI° s. ♦141 **BRIGANTIN** XIV° s. : *brigantino*, dimin. de *brigante* ; **BRIGANTINE** XV° s. ♦151 **BRICK** XVIII° s. mot angl. abrév. de *brigantin*.

BRILLER fam. de gr. *bêrullos* « béryl, pierre précieuse ».

♦111 **BRILLER** XVI° s. : it. *brillare*, dér. de l'it. anc. *brillo* « cristal travaillé », de *beryllus* ; **BRILLANT** XVII° s., subst. masc. ; **BRILLAMMENT**, **BRILLANTER** XVIII° s. ; **BRILLANTINE** XIX° s. ; **BRILLANCE** XX° s. ♦121 **BESICLES** (demi-sav.) XIV° s. : anc. fr. *bericle* XII° s., altération de *béryl*, p.-ê. d'après *escarboucle*. ♦131 **BÉRYL** (sav.) XII° s. : *beryllus* ; **BÉRYLLIUM** XIX° s.

BRIN (pop.) XIV° s. « rejeton, pousse » et « mèche fine » postule un **brīnos* obsc. et p.-ê. les dér. **brinda* d'où **BRINDE** et **BRINDILLE** XVI° s., et **brīnica* d'où **BRINGUE** XVIII° s. « morceau de bois », XIX° s. « grande fille » ; **EMBRINGUER** « entraver » XX° s.

BRIO XIX° s. : mot it. « vivacité, animation » : prov. *briu* : gaulois **brigo-* « force ».

BRISE fin XVI° s. « vent d'est », XIX° s. « vent doux » : catalan *brisa*, d'étym. obsc.

internationalisé par les navigateurs esp. du XVIᵉ s. PARE-BRISE XXᵉ s.

BRISER ♦111 (pop.) XIᵉ s. : lat. vulg. **brisare*, d'origine gauloise ; **BRISANT** XVIᵉ s. ; **BRISÉES** XIVᵉ s., vénerie ; **BRISURE** XIIIᵉ s. ; **BRIS** XVIIᵉ s. : dér. de *briser* ; **DÉBRIS** XVIᵉ s. : dér. de l'anc. fr. *débriser*, intensif de *briser*. ♦121 **BRISE-GLACE** XVIIIᵉ s. ; **BRISE-JET** XXᵉ s. ; **BRISE-BISE** XIXᵉ s. ; **BRISE-LAMES** XIXᵉ s. ; **BRISE-TOUT** XIVᵉ s.

BROC XIVᵉ s. : anc. prov. *broc*, du gr. *brokhis* « pot ».

BROCANTER XVIIᵉ s. dér. du jargon *brocant* « bijou » XVᵉ s., *broquante* « bague » XVIIᵉ s. (→ argot *broque* « bijou sans valeur ») : du néerl. *brok* XIVᵉ s. « morceau, pièce » (→ all. *brocko* même sens), à l'origine, mot d'argot signifiant « acheter à la pièce » ; **BROCANTEUR** fin XVIIᵉ s. « marchand de tableaux » ; **BROCANTE** XVIIIᵉ s.

BROCHE famille populaire du lat. *brocchus* « saillant, pointu ».

I. base broch-
♦111 **BROCHE** XIIᵉ s. : lat. vulg. *brocca*, fém. subst. de *brocchus* ; « chose pointue » ; **BROCHET** XIIIᵉ s. position à museau pointu ; **BROCHETTE** XIIIᵉ s. ♦121 **BROCHER** XIᵉ s. « éperonner » XIIIᵉ s. tissage, XVIIᵉ s. *brocher sur le tout*, XVIIIᵉ s. reliure et « faire sans soin » ; **BROCHURE** XIVᵉ s. tissage, XVIIIᵉ s. reliure ; **BROCHEUR** XVIIᵉ s. « tricoteur de bas », XVIIIᵉ s. reliure ; **REBROCHER** XIIIᵉ s. tissage XIXᵉ s. ♦131 **EMBROCHER** XIIᵉ s. ; **DÉBROCHER** XIVᵉ s. « retirer de la broche », XIXᵉ s. reliure.

II. base broc-
♦111 **BROCART** ou **BROCARD** XVᵉ s. « cerf ou chevreuil d'un an dont les bois pointent » : dér. de *broque*, forme picarde de *broche*. ♦121 **BROCARD** XVᵉ s. « maxime juridique » et « plaisanterie blessante » : croisement entre *broquer* « piquer, éperonner », forme picarde de *brocher*, et le lat. médiéval *Brocardus* « aphorisme de droit », altération du nom propre de *Burchardus* (Burckard, évêque de Worms au XIᵉ s., auteur d'un traité de droit canonique resté classique au Moyen Age) ; **BROCARDER** XVᵉ s. ♦131 **BROCART** XVIᵉ s., tissu broché : altération, sous l'influence du suff. *-ard*, de *brocat*, de l'it. *broccato* « tissu broché », équivalent du fr. *broché* ; **BROCATELLE** XVIᵉ s. : it. *broccatello*, dimin. de *broccato*. ♦141 **BROCOLI** XVIᵉ s., espèce de chou : it. *broccoli*, plur. dimin. de *brocco* au sens de « pousse ».

BRODEQUIN (pop.) XVᵉ s., altération, sous l'influence de *broder*, à cause de la décoration de ces sortes de chaussures de l'anc. fr. *brosequin* ; mot vraisemblablement apparenté à l'anc. fr. *broissequin*, « sorte d'étoffe », esp. *borcegui* « brodequin », et néerl. *broseken* « petit soulier », diminutif de *brosen*, sans qu'on puisse affirmer dans quel sens se sont faits les empr., ni quelle est l'origine commune de ces mots.

BRODER (pop.) XIIᵉ s. : frq. **bruzdôn* ou **brozdôn* ; **BRODERIE** XIVᵉ s. ; **BRODEUR** XIIIᵉ s. ; **REBRODER** XVIIᵉ s.

BROME (sav.) XIXᵉ s., métalloïde : gr. *brômos* « odeur infecte » ; **BROM-** : base de nombreux dér. sav., ex. **BROMIQUE, BROMURE, BROMHYDRIQUE** XIXᵉ s., etc.

BRONCHE (sav.) XVIᵉ s. : gr. *bronkhia*, neutre plur., par le lat. médical ; **BRONCHIOLE** XXᵉ s. ; **BRONCHITE** XIXᵉ s., par l'angl. *bronchitis* ; **BRONCHIQUE** XVIᵉ s. ; **BRONCHOPNEUMONIE** XIXᵉ s.

BRONCHER (pop.) XIIᵉ s. : lat. vulg. **pronicare*, dér. du lat. class. *pronus* « penché en avant », croisé avec un autre mot, p.-ê. bas lat. *brunchus* XIIᵉ s. « souche » ; d'où le sens de « trébucher sur une souche ». La difficulté est que ce sens est relativement récent (XVIIᵉ s.), alors que celui de « se pencher » est le plus ancien.

BRONZE XVIᵉ s. : it. *bronzo*, du lat. médiéval *brundium*, d'origine obscure. p.-ê. persan *biring* « cuivre », croisé avec l'it. *bronza* « brasier », d'origine germ. L'hypothèse d'une abréviation de *aes brundisium* « airain de Brundisi » est phonétiquement difficile à admettre ; la forme arabe **burunz* est purement hypothétique. **BRONZER** XVIᵉ s., sens fig. au XXᵉ s.

BROSSE ♦111 (pop.) XIIᵉ s. « broussailles », XIIIᵉ s., sens mod. : origine obscure,

BROUET

p.-ê. *bruscia, neutre plur., dér. de *bruscum* « nœud de l'érable », qui aurait pris le sens de « rejeton », ou encore d'un *broccia*, « bruyère », d'origine celtique. ♦ |2| **BROSSER** XIV ͤ s. ; **BROSSEUR** XV ͤ s. ; **BROSSIER** XVI ͤ s. ; **BROSSERIE, BROSSAGE** XIX ͤ s. ♦ |3| **BROUSSAILLE** XVI ͤ s. : dér. de *brosse* « buisson », avec fermeture phonétique de l'o initial ; **BROUSSAILLEUX, DÉBROUSSAILLER, EMBROUSSAILLER** XIX ͤ s. ♦ |4| **BROUSSE** XIX ͤ s. : p.-ê. forme abrégée de *broussaille*, ou empr. au prov. *brousso*, équivalent du fr. *brosse*, de nombreux soldats méridionaux, qui servaient dans les troupes coloniales, ayant introduit le mot en fr.

BROUET famille pop. du lat. vulg. *brodum*, emprunté au germ. *brod* « sauce, bouillon ».

I. base brou-

♦ |1| **BROUET** XIII ͤ s. : *brodittum*, diminutif ancien de *brōdum*, le simple étant représenté en anc. fr. par *breu*. ♦ |2| **ÉBROUER** XV ͤ s. « plonger dans l'eau », XVI ͤ s. « écumer », en parlant d'un cheval ; dial. (Nord), « essanger le linge » ; fr. mod., pronominal : dér. de *brouer*, normand, « émettre de l'écume », de *brodāre*, dér. de *brodum* ; a pu subir l'influence d'un néerl. *uitbroeien* « nettoyer à l'eau chaude ». **ÉBROUEMENT** XVII ͤ s. ♦ |3| **RABROUER** XIV ͤ s. : dér. de *brouer* « écumer », « être furieux » ; **RABROUEMENT** XVI ͤ s.

II. base brouill-

♦ |1| **BROUILLER** XIII ͤ s. : fusion du radical *brou-* et du suff. *-ouiller* ; **BROUILLE** XVII ͤ s. ; **BROUILLERIE** XV ͤ s. ; **BROUILLAGE** XIX ͤ s. ♦ |2| **EMBROUILLER** XIV ͤ s. ; **EMBROUILLEMENT** XVI ͤ s. ; **DÉBROUILLER** XVI ͤ s. ; **DÉBROUILLEMENT** XVII ͤ s. ; **DÉBROUILLARD** XIX ͤ s., adj., XVII ͤ s., subst., « premier état d'un écrit ». ♦ |4| **BROUILLARD** XV ͤ s. : altération, par substitution de suff., de *brouillas* XIII ͤ s. ; **BROUILLASSER** XVII ͤ s. : dér. de *brouillas*. ♦ |5| **IMBROGLIO** XVII ͤ s. : mot it., dér. de *brogliare*, du prov. *brolhar*, équivalent du fr. *brouiller*.

BROUHAHA XVI ͤ s. : hébreu *baruk habba* « béni soit celui qui vient (au nom du Seigneur) », passage du psaume 118 uti-

lisé dans la liturgie juive ; formule retenue pour sa forte valeur onom.

BROUTER famille de l'anc. fr. *brost, brout* « jeune pousse », qui se rattache au verbe germ. *brustjan* « bourgeonner ».
♦ |1| **BROUTER** XII ͤ s. : dér. de *brout* « pousse ». ♦ |2| **BROUTILLE** XIV ͤ s. : dér. de *brout*. ♦ |3| **BROU** XVI ͤ s., enveloppe de la noix : spécialisation du sens de *brout*.

BRU (pop.) XII ͤ s. : bas lat. *brūtis* emprunté au germ. *brudi* et plus particulièrement au gotique *brudis* « nouvelle mariée » ; a éliminé le lat. *nurus* dans le nord de la Gaule et se trouve en fr. mod. en concurrence avec *belle-fille*.

BRUINE famille d'une rac. ind.-eur. *preus-* « brûler (par le froid ou par le chaud), démanger », représentée en germ. commun par une base *freus-* et en lat. par les mots *pruina* « gelée blanche », et *prurire* « avoir des démangeaisons ».

I. mots issus du latin

♦ |1| **BRUINE** (pop.) XII ͤ s. « gelée blanche » et « brume » : lat. vulg. *bruina*, altération, sous l'influence de *bruma*, de *pruina*. ♦ |2| **PRURIGO** (sav.) XIX ͤ s. : mot lat., « démangeaison », dér. de *prurire* ; **PRURIGINEUX** XVII ͤ s. : lat. *pruriginosus* ; **PRURIT** (sav.) XIII ͤ s. : lat. *pruritus*, autre dér. de *prurire*.

II. mot issu du germanique

FREEZER XX ͤ s., partie la plus froide d'un réfrigérateur : mot angl. dér. de *to freeze* « geler », du germ. commun *freus-*.

BRUIRE ♦ |1| (pop.) XII ͤ s. : lat. vulg. *brūgĕre*, croisement de *bragĕre* → BRAIRE et *rūgīre* → RUGIR, art. RUT, Annexe II ; **BRUYANT** XII ͤ s., anc. part. présent remplacé par **BRUISSANT** ; **BRUISSEMENT** XIV ͤ s. ♦ |2| **BRUIT** XII ͤ s., sens mod. et « renommée » jusqu'au XVII ͤ s. : anc. part. passé ; **ÉBRUITER** XVI ͤ s. ; **BRUITER, BRUITAGE, BRUITEUR** XX ͤ s.

BRÛLER famille du lat. *urere, ustus* « brûler » et de ses dérivés (1) *ustulare* « brûler » verbe expressif (2) *amburere, ambustus* « brûler tout autour » ; *comburere, combustus* « brûler complètement » ; *combustio* « combustion ». De ces deux verbes, a été tiré, par fausse coupe, le mot *bustum* « lieu où l'on brûle les morts », « sépulture », « monument funéraire ».

I. mots populaires

♦ I ▮ BRÛLER XIIe s. : lat. vulg. *brustlāre*, altération de *ustulare* sous l'influence du frq. *brojan* « échauder » ; BRÛLAGE XVIe s. ; BRÛLERIE XVe s. ; BRÛLEUR XIIIe s., XIXe s., techn. ; BRÛLIS XIIIe s. ; BRÛLOT XVIIe s. ; BRÛLURE XIIIe s., ♦ I 2 I BRÛLE-PARFUM XVIIIe s. ; BRÛLE-GUEULE XVIIIe s. ; À BRÛLE-POURPOINT XVIIe s.

II. mots savants

♦ I ▮ COMBURER XVIe s. : *comburere* ; COMBURANT XVIIIe s. ♦ I 2 I COMBUSTION XIIe s. : *combustio* ; COMBUSTIBLE XIVe s. ; INCOMBUSTIBLE XVIe s. ; COMBUSTIBILITÉ XVIe s. ♦ I 3 I BUSTE XVIe s. : it. *busto*, du lat. *bustum* « monument funéraire (souvent orné du buste du défunt) ».

BRUN ♦ I ▮ (pop.) XIe s. : bas lat. *brūnus*, du germ. **brun* (→ all. *braun*) « brun et brillant » (comme une arme polie à la manière des Germains) ; BRUNÂTRE XVIe s., BRUNETTE XIIe s. ♦ I 2 I BRUNE XVIe s. « nuit » : it. *bruna*, même origine. ♦ I 3 I BRUNIR XIe s. : « polir » puis « rendre brun » ; BRUNISSAGE XVIIe s., BRUNISSEUR XIVe s., BRUNISSOIR XVe s., BRUNISSURE XVe s. : dér. relatifs au sens de « polir des armes » ; BRUNISSEMENT XVIe s. : relatif à la couleur brune de la peau ; REMBRUNIR XVIIe s. : dér. d'*embrunir* XIVe s. : sens fig. « assombrir ».

BRUSQUE XIVe s. : « d'un caractère cassant », XIXe s. : « subit », « inopiné » : it. *brusco*, nom du petit houx, employé comme adj. croisement de *ruscus* « petit houx » et *brucus* « bruyère » ; BRUSQUER XIVe s. ; BRUSQUEMENT XVIe s. ; BRUSQUERIE XVIIe s.

BRUT (sav.) XIIIe s. et BRUTE XIIIe s. : masc. ou fém. jusqu'au XVIIIe s., subst. au XVIIe s. : lat. *brutus, -a* « lourd, stupide » ; BRUTAL XIVe s., BRUTALISER XVIe s., BRUTALEMENT XVe s., BRUTALITÉ XVIe s. ; ABRUTIR XVIe s., ABRUTISSEMENT XVIe s., ABRUTISSEUR XVIIIe s.

BRUYÈRE (pop.) XIIe s. : lat. vulg. **brucaria*, dér. de *brucus* « bruyère », mot gaulois.

BUBON (sav.) XIVe s. : gr. *boubôn* « aine », « tumeur dans l'aine », « abcès, en général » ; BUBONIQUE XIXe s.

BÛCHE ♦ I ▮ (pop.) XIIe s. : lat. vulg. **busca*, neutre plur. formé sur le germ. **busk* « tige de bois », qui a dû avoir aussi les sens de « forêt », comme le montrent certains dér. BÛCHER XIIe s., subst. masc. BÛCHETTE XIIe s. ♦ I 2 I BÛCHER XIIIe s. « frapper », XVe s. « abattre du bois », XIXe s. « travailler dur » ; BÛCHAGE, BÛCHEUR XIXe s. ; → art. BOIS 5, BÛCHERON, qui a subi l'influence de BÛCHER. ♦ I 3 I EMBÛCHE XIIe s. : dér. de *s'embûcher* « se mettre en embuscade dans un bois », dér. de *bûche* au sens de « forêt » ; DÉBÛCHER XIIe s. : même formation ; antonyme de *embûcher*. ♦ I 4 I EMBUSQUER et EMBUSCADE XVe s. : réfection de *embûcher* et *embûche* sous l'influence de l'it. *imboscare, imboscata*, de même sens, dér. de *bosco*, « bois » ; DÉBUSQUER XVIe s., peut avoir été refait d'après *embusquer* ou être empr. au prov. *desbusca*, équivalent du fr. *débucher*. ♦ I 5 I BUSC XVIe s. : it. *busco* « bûchette », équivalent du fr. *bûche* ; BUSQUER XVIe s. « garnir d'un busc » ; BUSQUÉ XVIIIe s., adj.

BUÉE (pop.) XIIIe s. « lessive » jusqu'au XVIIIe s., XIVe s. « vapeur d'eau » : part. passé subst. de l'anc. fr., dial. *buer* « faire la lessive », du frq. **bukôn* ; BUANDERIE XVe s. : dér. de *buandier* XVe s. « blanchisseur », lui-même dér. de *buer* ; EMBUÉ XIXe s. ; EMBUER, DÉSEMBUER XXe s.

BUFFET (pop.) XIIe s. : étym. obscure ; rapport incertain avec l'anc. fr. *buffet* et l'anc. prov. *bufet* « soufflet », d'origine onom. → BOUFFER.

BUFFLE XIIIe s. : it. *buffalo*, du lat. *bufalus*, var. dial. de *bubalus* du gr. *boubalos*, même sens ; BUFFLETERIE XVIIe s., rare jusqu'au XVIIIe s.

BUIS famille du nom du buis, mot venu sans doute d'Asie Mineure avec l'arbrisseau lui-même, représenté en lat. par *būxum*, adj. dér. *buxeus* ; en gr. par *puxos*, d'où *puxis, -idos* « boîte en buis », empr. par le lat. class. *pyxis, -idis*, lat. vulg. *buxis, -idis*, acc. *buxida*.

I. mots populaires issus du latin

♦ I ▮ BUIS XIVe s. : remonte sans doute à l'adj. (*lignum*) *būxeum*, qui explique mieux que le subst. la conservation de la voyelle

u, qu'on ne peut attribuer à l'influence de *buisson*, si déjà on attribue à l'influence de *buis* la voyelle *u* de *buisson* ; *bois* et *bouis*, plus anciennement attestés et fréquents dial., remonteraient à *bŭxum*. ♦ǀ2ǀ **BOÎTE** XIIᵉ s. : lat. vulg. *bŭxida* Xᵉ s. ; **BOÎTIER** XIIIᵉ s. ♦ǀ3ǀ **EMBOÎTER, REMBOÎTER** XIVᵉ s., **DÉBOÎTER** XVIᵉ s. ; **REMBOÎTEMENT** XVIᵉ s. ; **EMBOÎTEMENT** XVIIᵉ s. ; **DÉBOÎTEMENT** XVIᵉ s. ; **EMBOÎTAGE** XVIIIᵉ s. ♦ǀ4ǀ **BOITEUX** XIIᵉ s. et **BOITER** XVIᵉ s., var. *boister* XVIᵉ s. et *boistoier* XIVᵉ s., semblent bien être des formes dér. de *boîte* au sens de « cavité d'une articulation osseuse ». Le sens premier serait donc, en parlant de l'os de la jambe, « tourner dans la cavité de l'articulation ». *Boiter* a dû subir fortement, pour le sens, l'influence de (*pied*) *bot* ; **BOITILLER** et **BOITILLEMENT** XIXᵉ s. ♦ǀ5ǀ **RIBOUIS** XIXᵉ s., fam., « vieux soulier » : dérivé de *rebouiser* XVIIIᵉ s. « polir une semelle avec un morceau de buis », d'où « donner bonne apparence à des souliers raccommodés », dér. de la forme *bouis* ; le *i* initial s'explique par une assimilation vocalique. ♦ǀ6ǀ **BOUSSOLE** XVIᵉ s. : it. *bussola* « petite boîte », du lat. médiéval *buxula*, dér. de *buxum*. ♦ǀ7ǀ **BOX** XVIIIᵉ s. « loge de théâtre », XIXᵉ s. « stalle d'écurie », XXᵉ s. « garage » : mot angl., « boîte », du lat. vulg. *buxem*, accusatif refait sur *buxis*.
II. mot savant **PYXIDE** XVIᵉ s., archéol. et liturgie, bot. : lat. *pyxis, -idis*, du gr. *puxis, -idos*.

BULBE (sav.) XVᵉ s., bot., XIXᵉ s., anat. : lat. *bulbus*, du gr. *bolbos* ; **BULBEUX** XVIᵉ s., bot. ; **BULBAIRE** XIXᵉ s., anat.

BURETTE (pop.) XIVᵉ s., var. *buirette* : dimin. de *buire* XIIᵉ s. ; altération de *buie* du frq. **buk* « ventre », « vase ventru ».

BURIN XVᵉ s. : anc. it. *burino* du longobard **boro* « vrille » (→ l'all. *bohren* « percer » et FÉRIR).

BURLESQUE XVIᵉ s. : it. *burlesco*, dér. de *burla* « plaisanterie », mot empr. à l'esp., d'origine incertaine.

-BUS (sav.) suff. tiré de *omnibus*, datif du lat. *omnes* « tous », littéralement « (voiture) pour tous » ; sert à former des noms de moyens de transport, tels que **AUTOBUS, AÉROBUS, BIBLIOBUS, ÉLECTROBUS, FILOBUS, MICROBUS, TROLLEYBUS** XXᵉ s.

BUT ♦ǀ1ǀ (pop.) XIIIᵉ s. « bout », XVIᵉ s. « cible » : étant donné les dates, plutôt que scand. *butr* « billot (servant de cible) », p.-ê. simple var. phon. de *bout*, le passage de *ou* à *u* dans un entourage labial étant relativement fréquent. ♦ǀ2ǀ **BUTTE** XIIIᵉ s. (XVIᵉ s. et XVIIᵉ s. « cible ») var. fém. de *but* ; **BUTTER** XVIIIᵉ s. « disposer en forme de butte ». ♦ǀ3ǀ Les verbes dér. de **BUT** révèlent une parenté sémantique avec *bouter* « pousser en frappant » : **BUTER** XIVᵉ s., **BUTOIR** XVIIᵉ s. ; **DÉBUTER** XVIᵉ s. « jouer un premier coup », « écarter du but la boule d'un autre joueur », **DÉBUT** XVIIᵉ s. ; **DÉBUTANT**, subst., XVIIIᵉ s. ; **REBUTER** XVᵉ s. « repousser du but », **REBUT** XVIᵉ s., **REBUTANT** XVIIᵉ s.

BUTIN XIVᵉ s. : moyen bas all. *Bûte* « partage », apparenté au frq. **biutan* « présenter quelque chose afin qu'un autre puisse le saisir », d'où « échanger », « partager » ; **BUTINER** XVᵉ s. « piller », XVIIᵉ s., en parlant de l'abeille ; **BUTINEUR** XVᵉ s.

CABALE (sav.) XVIᵉ s. « interprétation rabbinique de l'Ancien Testament », et « machinations secrètes » : hébreu *qabbalah* « tradition », par opposition à la loi écrite ; **CABALISTE, CABALISTIQUE** XVIᵉ s. ; **CABALER, CABALEUR** XVIIᵉ s.

CABAN ♦ 111 XVIᵉ s. : arabe *qabā'* « tunique à longues manches », par le sicilien *cabbanu* ; var. *gaban* XVIᵉ s. : id., par l'esp. *gaban*. ♦ 121 **GABARDINE** XVᵉ s. : esp. *gabardina*, croisement de *gaban* et de *tobardo*, de l'anc. fr. *tabart* « manteau », d'origine germ.

CABANE XIVᵉ s. : prov. *cabana*, du bas lat. *capanna*, d'origine obscure ; **CABANON** XVIIIᵉ s.

CABINE XIVᵉ s., à Lille, « maison de jeu » : origine obscure ; la forte implantation septentrionale du mot et la concomitance des dates rendent fragile l'hypothèse d'une altération de *cabane* par substitution de suff. ; **TÉLÉCABINE** XXᵉ s. ; **CABINET** XVIᵉ s. « petite pièce dépendant d'une pièce plus grande » et « sorte de meuble », XVIIᵉ s. **CABINETS**, XVIIIᵉ s. « ensemble des ministres », XIXᵉ s. « pièce où sont reçus les clients dans certaines professions ».

CABOULOT XIXᵉ s., argot : nom d'un cabaret de Paris au XIXᵉ s. : dial. franc-comtois *caboulot* « petite pièce », p.-ê. croisement de *cabane* et de *boulot*, dér. du dial. *boye* « étable », d'origine celtique.

CACAHUÈTE ♦ 111 XIXᵉ s. : esp. *cacahuete*, anciennement *cacahuate* ; aztèque *tlalcacauatl*, composé de *tlalli* « terre » et *cacaualt* « cacao », littéralement « cacao de terre » ; la syllabe initiale, confondue avec l'article, a disparu. ♦ 121 **CACAO** XVIᵉ s. : mot esp., de l'aztèque *cacaualt* ; **CACAOYER** XVIIᵉ s. ; **CACAOTIER** XVIIIᵉ s. ; **CACAOTÉ** XXᵉ s.

CACHALOT XVIIIᵉ s. : port. *cacholote*, dérivé de *cachola* « grosse tête », p.-ê. lat. **capitiola* dér. de *caput* (→ CHEF).

CACHOU XVIIᵉ s. : port. *cachu* : malais *kāchu* « sorte d'acacia », arbre dont est tirée cette substance.

CACIQUE XVIᵉ s. « chef mexicain », XIXᵉ s. « espèce de passereau d'Amérique », puis « premier d'une promotion » en argot scolaire : mot esp. « chef de tribu » empr. à l'arawak, langue indigène d'Haïti.

CACO- (sav.), 1ᵉʳ élément de composés sav. : gr. *kakos* « mauvais » ; rapport possible, mais non certain, avec le lat. *cacare* → CHIER. Ex. : **CACOCHYME** XVIᵉ s., 2ᵉ élément *khumos* « humeur » ; **CACOGRAPHIE** XVIᵉ s. ; **CACOLOGIE** XVIIᵉ s. ; **CACOPHONIE** XVIᵉ s.

CACTUS (sav.) XVIIIᵉ s. : gr. *kaktos* « chardon », par le lat. mod., bot. ; **CACTÉE** XIXᵉ s.

CADASTRE famille du gr. *stikhos* « rangée », « ligne d'écriture », « vers ».

♦ 111 **CADASTRE** XVIᵉ s., emploi limité au Midi de la France, XVIIIᵉ s., emploi généralisé par Turgot : mot prov., de l'it. *catasto, catastro*, du vénitien *catastico*, empr. au gr. byzantin *kata stikhon* « registre », littéralement « ligne à ligne » ; **CADASTRAL, CADASTRER** XVIIIe s. ♦ 121 **STICHOMYTHIE** (sav.) XIXe s. « dialogue alternant vers par vers » ; de *stikhos* et *muthos* « parole ». ♦ 131 **DISTIQUE** (sav.) XVIe s., gr. *distikhon*, « ensemble de deux vers ». ♦ 141 **STICHE**, 2e élément des composés sav. **ACROSTICHE** XVIe s. « vers formé par l'extrémité des autres », 1er élément *akros* « extrémité » ; et **HÉMISTICHE** XVIe s. : lat. *hemistichium*, du gr. *hêmistikhion* « demi-vers » → SEMI.

CADUCÉE représentants du gr. *kêrux* « héraut ».
♦ 111 **CADUCÉE** (sav.) XVe s. : lat. *caduceus*, altération mal expliquée du gr. dorien *kârukeion*, forme attique *kêrukeion*, insigne du héraut, en particulier d'Hermès, héraut des dieux. ♦ 121 **KÉRYGME** (sav.) XXe s., théol., « proclamation de l'Évangile » : gr. *kêrugma* « proclamation à haute voix, par un héraut ».

CAFARD ♦ 111 XVIe s. « dévot hypocrite » et « insecte noir », XIXe s., argot des troupes d'Algérie *avoir un cafard dans la tête*, d'où *avoir le cafard* « avoir des idées noires » : arabe *kafir* « qui n'a pas la vraie foi », avec substitution d'un suff. usuel à la dernière syllabe. ♦ 121 **CAFARDER** XVe s. « dénoncer » ; **CAFARDERIE** XVe s. ; **CAFARDAGE** XVIIIe s. : dér. relatifs au 1er sens. ♦ 131 **CAFARDER, CAFARDEUX** XXe s. : dér. relatifs au dernier sens.

CAFÉ XVIIe s. « graine du caféier » et « établissement où on sert du café » : empr. direct au turc, mot transcrit tel qu'on l'entendait prononcer par la suite de l'ambassadeur de Méhémet IV venu à Paris en 1671 ; a éliminé *cahoa* XVIe s. et *cahouin* début XVIIe s., de l'arabe *gahwa* ; **CAFÉIER** XVIIIe s. ; **CAFETIER** XVIIIe s., **CAFETIÈRE** XVIIIe s. ; **CAFÉINE** XIXe s., **DÉCAFÉINER** XXe s. ; **CAFÉ-CONCERT** fin XIXe s.

CAGE famille pop. du lat. imp. *cavea* « enceinte faite de branches tressées ou entrelacées, où sont enfermés des animaux » ; mot rapproché de *cavus* « creux » (→ CAVE) par étym. populaire, mais qui devait en être indépendant à l'origine.

♦ 111 **CAGE** XIIe s. : *cavea* ; l'évolution attendue de *c* vers *ch* a pu être entravée, au stade *cavya, par l'action dissimilatrice du *y* suivant ; **ENCAGER** XIIIe s. ; **CAGEOT** XVe s. ♦ 121 **GEÔLE** XIIe s. : *caveola*, dimin. de *cavea* ; on peut penser qu'il s'agit d'une forme d'un dial. méridional où le *c* de *cavea* se sonorisait également ; **GEÔLIER** XIIIe s. ; **ENJÔLER** XIIIe s. « emprisonner », XVIe s., sens fig. ; **ENJÔLEUR** XVIe s., sens fig. seulement. ♦ 131 **GABIE** XVe s., mar. : prov. *gabio* « cage », de *cavea* ; **GABIER** XVIIe s. ♦ 141 **GABION** XVIIe s., mar. : it. *gabbione*, augmentatif de *gabbia* « cage », de *cavea*.

CAGIBI (pop.) début XXe s. « petit réduit » : mot dial. de l'Ouest, d'origine incertaine, p.-ê. croisement de *cabane* et de *cage*, avec une finale obscure.

CAGNA fin XIXe s., au Tonkin, « abri de campagne », XXe s., pendant la guerre de 1914, « abri de tranchées » : p.-ê. annamite *kai-nhà* « maison » ou simplement prov. *cagna* « lieu abrité », apparenté à *s'acagnardir* (→ art. CHIEN), qui aurait été introduit dans l'argot militaire par des soldats méridionaux.

CAHOTER (pop.) XVIe s., au XIIIe s. *racahotée* : frq. *hottôn* « balancer » et préf. *ca-* ; **CAHOT** XVe s. ; **CAHOTEUX** XVIIe s. ; **CAHIN-CAHA** XVIe s.

CAILLOU (pop.) XIIe s. : var. normanno-picarde de l'anc. fr. *chaillou*, du lat. vulg. *caliavum*, tiré d'un radical *calio-* assez mal représenté dans les langues celtiques, plus vraisemblablement pré-ind.-eur. ; **CAILLOUTER** XVIIIe s. ; **CAILLOUTEUX** XVIe s. ; **CAILLOUTIS** XVIIIe s. ; **CAILLASSE** XIXe s. : avec substitution d'un suff. augmentatif à la dernière syllabe.

CAÏMAN XVIe s., zool., XIXe s., argot scolaire : esp. *caimán*, du caraïbe (langue des Antilles) *acayuman*.

CAL ♦ 111 (sav.) XIIIe s. : lat. *callus* « durillon » ; **CALLEUX** XIVe s. : lat. *callosus*, dér. de *callus* ; **CALLOSITÉ** XIVe s. : *callositas*, id. ♦ 121 **CALUS** XVe s. : mot lat. empr.

CALAMITÉ (sav.) XIVe s. : lat. *calamitas, -tatis* « désastre » ; **CALAMITEUX** XVIe s. : lat. *calamitosus*, dér. de *calamitas*.

1. **CALE** XVIIᵉ s. « coin servant à stabiliser un objet lourd » : all. *keil* (prononcé *kail*) « coin » ; **CALER** XVIIᵉ s. « stabiliser à l'aide d'une cale », XVIIIᵉ s. *être calé* « être à son aise », XIXᵉ s., argot scolaire, *être calé* « en savoir long » ; **DÉCALER** XVIIᵉ s. « enlever les cales », XXᵉ s. « déplacer des pièces les unes par rapport aux autres » ; **CALAGE, DÉCALAGE** XIXᵉ s.

2. **CALE** (*sèche, de radoub, de déchargement*, etc.) famille d'une base pré-ind.-eur. **kala* « baie », « lieu abrité », bien attestée dans le bassin de la Méditerranée. Le lien avec l'arabe *kallâ* « mouillage protégé » n'est pas clair.
♦ |1| **CALE** XVIIᵉ s. « partie en pente d'un quai » : prov. *calo* « quai en pente » : **kala*. ♦ |2| **CALANQUE** XVIIIᵉ s. : prov. *calanco* « crique rocheuse », dér. de **kala* ; même suff. que dans AVALANCHE. ♦ |3| **CHALET** XVIIIᵉ s. : mot dial. (Suisse romande), représente sans doute aussi un dér. de **kala* au sens d'« abri ». ♦ |4| Le mot *kala* est également bien attesté en toponymie, ex. : *Chelles, Challes, Châlons*, etc.

CALÈCHE XVIIᵉ s. : all. *Kalesche*, du tchèque *kolesa* « sorte de voiture ».

CALER ♦ |1| XIIᵉ s., mar., « abaisser les voiles », XXᵉ s. « empêcher un moteur de tourner », XXᵉ s. « renoncer à une entreprise » : prov. *calar*, du gr. *khalân* « abaisser (les voiles) », mot de navigateurs conservé dans la partie occidentale de la Méditerranée, indépendamment des sens techn. qu'avait pris *chalare* en bas lat. ♦ |2| **CALE** (de navire) XIIIᵉ s. ou XVIIᵉ s. : prov. ou it. *cala*, dér. de *calare* « laisser descendre », parce qu'il s'agit de la partie la plus basse du navire. ♦ |3| dans les patois du Nord de la France, *caler* a pris divers sens fig., en particulier celui de « rabattre les prétentions de quelqu'un » d'où **RECALER** XVIIᵉ s. « répliquer », XIXᵉ s. « refuser à un examen ».

CALFATER ♦ |1| XIIᵉ s. : arabe *qalfat* « rendre étanche un bateau au moyen de l'écorce nommée *qilf* », par l'intermédiaire du gr. byzantin *kalaphatein*, puis de l'une des deux langues méditerranéennes auxquelles la langue nautique du fr. a fait le plus d'empr. : prov. ou it. *calafatare* ; **CALFAT** XIVᵉ s. : it. *calafato*, du gr. byzantin *kalaphatès* ; **CALFATAGE** XVIᵉ s. ; **CALFATEUR** XIVᵉ s. ♦ |2| **CALFEUTRER** XVᵉ s. : altération, sous l'influence de *feutre*, de *calfetrer*, forme déjà altérée au Moyen Âge de *calfater* ; **CALFATAGE** XVIᵉ s.

CALIBRE XVᵉ s. : arabe *qâlib* « moule », « forme de chaussure » ; **CALIBRER** XVIᵉ s. ; **CALIBRAGE** XIXᵉ s.

CALICE le lat. *calix, -icis* « vase à boire, coupe », « marmite », « tuyau d'aqueduc » et le lat. *calyx, -ycis*, du gr. *kalux, -ukos* « calice de fleur », sont deux mots nettement distincts, mais qui remontent sans doute à un même ancêtre ind.-eur. et ont pu prêter à certaines confusions en lat. eccl., où le 1ᵉʳ a fini par ne plus désigner qu'une coupe liturgique de forme évasée.
♦ |1| **CALICE** (sav.) XIIᵉ s. « vase sacré » : *calix, -icis*. ♦ |2| **CALICE** (sav.) XVIᵉ s. « partie de la fleur » : gr. *kalux*, par le lat. ; **CALICIFORME** XIXᵉ s.

CALIFE XIIᵉ s. (empr. lors de la 1ʳᵉ croisade) : ar. *khalîfa* « vicaire, lieutenant (de Mahomet) » ; **CALIFAT** XVIᵉ s.

CALLI- famille sav. du gr. *kallos* « beauté », *kalos* « beau ».
♦ |1| **CALLI-** 1ᵉʳ élément de composés sav. : gr. *kallos*. Ex. : **CALLIGRAPHIE** XVIᵉ s. : gr. *kalligraphia* « belle écriture », **CALLIGRAPHE** XVIIIᵉ s., **CALLIGRAPHIQUE** XIXᵉ s., **CALLIGRAMME** XXᵉ s., **CALLIPYGE** XVIIIᵉ s. : gr. *kallipugos* « aux belles fesses », épithète d'Aphrodite. ♦ |2| **CALOMEL** XVIIIᵉ s. : gr. *kalos* « beau » et *melas* « noir », cette poudre étant noire au début de sa préparation. ♦ |3| **KALÉIDOSCOPE** XIXᵉ s. : mot créé à partir des trois mots gr. *kalos* « beau », *eidos* « aspect » et *skopein* « regarder » (→ aussi VOIR et ÉVÊQUE).

CALVAIRE (sav.) XIIᵉ s. : lat. eccl. *Calvarium*, var. de *Calvariae locus* « lieu du crâne », trad. du gr. *kranion, kraniou topos*, lui-même traduit de l'hébreu *Golgotha*, même sens, nom de la colline où Jésus fut crucifié ; *Calvarium* est un dér. du lat. *calva* « crâne », rapproché de *calvus* (→ CHAUVE) par étym. pop., mais qui doit être un mot différent, dont le sens premier était « cruche » (même évolution sémantique pour *tête*).

CAMAÏEU ♦ 111 XIII° s. « camée », XVII° s. « peinture monochrome » : p.-ê. arabe *qama'il*, « boutons de fleur », plur. de *qum'ul*, avec une évolution sémantique semblable à celle du lat. *gemma* « bouton » puis « pierre précieuse ». ♦ 121 CAMÉE XVIII° s. : it. *cameo*, de même origine.

CAMBRER (pop.) XV° s. : dér. de *cambre* « recourbé », var. normanno-picarde de l'anc. fr. *chambre*, du lat. *camŭrus* « recourbé » en parlant des cornes des bœufs, p.-ê. empr. à l'étrusque ; CAMBRURE XVI° s.

CAMBOUIS (pop.) XIV° s. : p.-ê. dér. en *-is*, avec *m* expressif devant le *b* du wall. *cabouier* « souiller de boue » (→ BOUE).

CAMBUSE XVIII° s., mar., XX° s. « mauvaise maison » : néerl. *kabuis* « cuisine de navire ».

CAMÉLÉON ensemble de mots où figure un élément *cam(é)-* représentant le gr. *khamai* « par terre ».
♦ 111 CAMÉLÉON (sav.) XII° s. : gr. *khamaileon* « lion qui se traîne à terre », « lion nain », par le lat. ♦ 121 CAMOMILLE (demi-sav.) XIV° s. : altération du lat. *chamaemelon* ; du grec. *khamaimêlon* « pomme à terre », « pomme naine », l'odeur de cette fleur ressemblant à celle des pommes.

CAMELOT ♦ 111 XIII° s. « étoffe grossière » : arabe *hamlat* « peluche de laine », adapté sous l'infl. de l'anc. fr. *chamelot* XIII° s. « étoffe en poil de chameau ». Ce mot s'est croisé avec *coesme* XVI° s. « mercier » ; XVIII° s., en argot de police, « intrigant dangereux », d'origine obscure ; d'où les subst. *coesmelotie* XVI° s. « mercier », et *camelotier*, argot XVII° s., « trafiquant sans scrupule », XIX° s., « marchand » ; le verbe *cameloter* XVI° s. « façonner grossièrement comme du camelot », XVII° s., argot, « gueuser », XIX° s., argot, « marchander, vendre, détourner à son profit » ; enfin, le subst. CAMELOT XIX° s. « marchand ambulant ».
♦ 121 CAMELOTE XVIII° s. « marchandise de peu de valeur » : var. fém. de *camelot* « étoffe grossière ». ♦ 131 CAME XIX° s., argot, « marchandise clandestine ou recelée » : abrév. de *camelote* ; d'où CAMÉ « drogué », SE CAMER « se droguer » : XX° s.

CAMION (pop.) XIV° s. var. *chamion*, à l'origine « petit chariot » et divers objets de petite taille, entre autres « récipient pour délayer le badigeon » : p.-ê. var. dial. de *chatmion*, « chaton » → pour le sens (Annexe II MARAUD) *Marmite* et *Minette* « auge » et « chatte » (→ MIGNON où l'on classerait *mion* « chaton », postulé par argot *mion* « petit garçon ») ; CAMIONNEUR XVI° s. ; CAMIONNER, CAMIONNAGE, CAMIONNETTE XIX° s.

CAMPHRE (demi-sav.) XIII° s. : lat. médiéval *camphora*, altération de l'arabe *kâfûr* ; CAMPHRER XVI° s. ; CAMPHRIER XVIII° s.

CANAPÉ (sav.) XVII° s., remplace *conopé* XII° s., *conopée* XVI° s. : lat. médiéval *canapeum*, du lat. imp. *conopeum*, du gr. *kônôpeion* « lit égyptien entouré d'une moustiquaire », dér. de *kônôps* « moustique » ; CANAPÉ-LIT XX° s.

CANCRELAT XVIII° s. : mot d'une langue indigène d'Amérique du Sud désignant un insecte de ce pays, transmis par le néerl. *kakkerlak*, altéré sous l'infl. de *cancre*.

CANIF XV° s., qui a éliminé *canivet* XII° s., d'origine germ., peut soit remonter au frq. **knif*, soit être un emprunt à l'anc. angl. *knif* (angl. mod. *knife*).

CANNETTE (pop. XVIII° s., bouteille à bière : mot picard, d'origine germ. →all. *Kanne* « pot ». Le lat. *canna* « vase », « pot » (inscription, I° s.), sans rapport avec *canna* « roseau » (→ CHENAL), est lui-même empr. au germ.

CANNIBALE XVI° s. : esp. *canibal*, altération de *caribal*, dér. de *caribe*, adj. signifiant « hardi » dans la langue indigène des Antilles, et qui a servi à désigner le peuple caraïbe (→ FRANC) ; CANNIBALISME XVIII° s.

CAÑON XIX° s., géogr. : esp. du Mexique *cañon* « gorges d'un fleuve » ; XIX° s., altération de *callon* xvi⁰ s., qui est probablement dér. de *calle* « rue », « chemin étroit », du lat. *callis* (chemin frayé par des animaux », « piste de troupeau ».

CAOUTCHOUC xviii⁰ s. : esp. *caucho*, de *cáuchuc*, mot d'une langue indigène d'Amérique du Sud, probablement péruvienne ; **CAOUTCHOUTER** xix⁰ s. ; **CAOUTCHOUTEUX** xx⁰ s.

CANOT ♦ⅠⅠⅠ xvii⁰ s. : adaptation de *canoa, canoe* xvi⁰ s. : esp. *canoa*, du caraïbe *canaoa* « pirogue indienne » ; **CANOTIER** xvi⁰ s. : « celui qui conduit un canot », xix⁰ s. « sorte de chapeau » ; **CANOTER** xix⁰ s. ; **CANOTAGE** xix⁰ s. ♦ⅠⅡⅠ **CANOË** xix⁰ s. : mot anglo-américain, lui-même antérieurement empr. au fr. du xvi⁰ s. *canoe* ; **CANOÉISME** xx⁰ s.

CAPOT ♦ⅠⅠⅠ xvii⁰ s., adj., terme de jeu : *être capot, faire quelqu'un capot*. Étym. incertaine : p.-ê. d'origine prov. (dér. d'un *cap botar* synonyme de *cap virar* « chavirer ») et apparenté à **CHEF** ; p.-ê. emploi métaph. de *capot* « capuchon » (→ CHAPE) : « embarrassé comme quelqu'un qui aurait reçu un capuchon sur la tête ». ♦ⅠⅡⅠ **CAPOTER** xix⁰ s. « chavirer », xx⁰ s., auto, puis avion : p.-ê. dér. de *capot* ; **CAPOTAGE** xx⁰ s. ♦ⅠⅢⅠ **KAPUTT** xx⁰ s. : mot all. « ruiné, détruit », introduit par les guerres de 1914-1918 et 1939-1945 ; empr. au fr. *capot* « qui a perdu au jeu » au moment de la guerre de Trente Ans.

CÂPRE xv⁰ s. : it. *cappero*, du gr. *kapparis*, par le lat., avec substitution de suff. ; mot probablement d'origine méditerranéenne (→ VIN) ; **CÂPRIER** xvi⁰ s.

CARAFE xvi⁰ s. : it. *caraffa*, de l'arabe *gharrâfa* « pot à eau » ; **CARAFON** xvii⁰ s.

CARAMBOLER fin xviii⁰ s. « heurter » et **CARAMBOLAGE** xix⁰ s. : dérivés de *carambole* xvii⁰ s. « fruit exotique arrondi et orangé », fin xviii⁰ s., métaph. « boule rouge, au billard », de l'esp. *carambola*, empr. au malais *karambal*, qui lui-même remonte au sanscrit *karamaranga*, par le port.

CARAPACE famille d'une base **calapac-* ou **carapac-* préromane, probablement ibère, représentée dans les trois grandes langues romanes de la péninsule Ibérique.
♦ⅠⅠⅠ **CARAPACE** xvii⁰ s. : esp. *carapacho*, du lat. vulg. **carapacceu*. ♦ⅠⅡⅠ **CAPARAÇON** xv⁰ s. : esp. *caparazon* qui semble être une métathèse de *carapazon*, dér. d'un *carapaça* aujourd'hui vivant en port., du lat. vulg. **carapaccea* ; **CAPARAÇONNER** xvi⁰ s. ♦ⅠⅢⅠ **CALEBASSE** xvi⁰ s. : esp. *calabaza*, du lat. vulg. **calapaccea* ; **CALEBASSIER** xviii⁰ s.

CARAT xiv⁰ s. : arabe *qirat* « graine de caroube », « petit poids », p.-ê. lui-même empr. au gr. *keration*, qui réunissait les deux mêmes sens ; le mot aurait pu être transmis au fr. soit par l'it. *carato*, soit par le lat. des alchimistes *carratus*.

CARAVANE ♦ⅠⅠⅠ xiii⁰ s. : persan *karwân* ou *qayrawân* ; **CARAVANIER** xviii⁰ s. ♦ⅠⅡⅠ **CARAVANE** xx⁰ s. « roulotte » : angl. *caravan*, empr. antérieurement au fr. ; **CARAVANING** xx⁰ s. ♦ⅠⅢⅠ **CARAVANSÉRAIL** xv⁰ s. : turc *karwan-serai*, du persan *qayrawân* « caravane » et *sarây* « maison ».

CARCAN xii⁰ s. « collier de fer qui servait à attacher les criminels » : bas lat. *carcannum*, d'origine obscure.

CARCASSE ♦ⅠⅠⅠ xvi⁰ s. : p.-ê. it. *carcassa*, qui pourrait ne pas venir du fr. mais représenter un croisement de *cassa* « caisse » et de *carne* « chair » (de même que son synonyme *carcame* représente le croisement de *arcame* « squelette d'animal », dér. de *arca* « coffre », avec *carne*) ; **SE DÉCARCASSER** xix⁰ s. ♦ⅠⅡⅠ **CARCAN** xix⁰ s. « mauvais cheval » : probablement altération de *carcasse* sous l'infl. du précédent.

CARENCE (sav.) xv⁰ s. : bas lat. *carentia*, dér. du lat. class. *carere* « manquer » ; **CARENCER** xx⁰ s. ; **CARENTIEL** xx⁰ s.

CARÈNE une fois au xii⁰ s., puis xvi⁰ s., var. sav. *carine* : it. *carena*, du génois *carenna*, du lat. *carina* « coquille de noix » et « carène de vaisseau » ; **CARÉNER, CARÉNAGE** xvii⁰ s.

CARI ou **CARY** ♦ⅠⅠⅠ xvii⁰ s. : tamoul (langue du Sud de l'Inde) *kari* « sorte d'épice ». ♦121 **CURRY** : adaptation angl. du précédent.

CARIE ♦111 (sav.) XVIᵉ s. : lat. *caries* « pourriture, effritement » ; **CARIER** XVIᵉ s. ♦121 **CARROUSEL** XVIIᵉ s. : it. *carosela*, du napolitain *carusiello*, dér. de *caruso* « tête chauve », représentant méridional du lat. *cariosus* « carié » et « teigneux », dér. de *caries*. Le *carusiello* était un jeu de cavaliers où on lançait des boules de craie appelées *carusielli* pour leur ressemblance avec des crânes chauves (des tirelires rondes portaient aussi ce nom, à Naples). En fr. deux *r* par analogie de *carrosse*.

CARLINGUE XIVᵉ s. mar., XIXᵉ s. aviation : anc. scandinave *kerling*.

CARMIN ♦111 XIIᵉ s. : lat. médiéval *carminium*, croisement de l'arabe *qirmiz* « cochenille » avec *minium* ; **CARMINÉ** XVIIIᵉ s. ♦121 **CRAMOISI** XIIIᵉ s. : adaptation de l'arabe *qirm'zi* « rouge de kermès, ou cochenille ».

CAROTIDE (sav.) XVIᵉ s. : gr. plur. *karôtides*, « les deux artères qui amènent le sang au cerveau », en lesquelles on voyait les organes du sommeil : dér. de *karoun* « assoupir » ; **CAROTIDIEN** XVIIIᵉ s.

CAROTTE ♦111 (sav.) XIVᵉ s. « racine comestible qu'on arrache en tirant », XIXᵉ s. *tirer la carotte* « extorquer un aveu » ; *tirer une carotte* « inventer un prétexte pour soutirer de l'argent, ou obtenir du médecin une exemption de service » : lat. imp. *carota*, du gr. *karôton* ; XXᵉ s. « échantillon minéral cylindrique extrait par sondage » : angl. *carrot* d'origine fr. ♦121 **CAROTÈNE** XXᵉ s. dér. de *carotte*, 1ᵉʳ sens. ♦131 **CAROTTER, CAROTTEUR** XVIIIᵉ s. ; **CAROTTAGE** XIXᵉ s. : dér. de *carotte*, 2ᵉ sens. ♦141 **CAROTTAGE** et **CAROTIER** XXᵉ s., techn. : dér. de *carotte*, 3ᵉ sens.

CAROUBE (sav.) XVIᵉ s. : a éliminé l'anc. fr. *carouge* (demi-sav.) XIIᵉ s. : lat. médiéval *carubia*, de l'arabe *kharroûba* ; **CAROUBIER** XVIᵉ s.

1. **CARPE** XIIIᵉ s., poisson : prov. *carpa*, du bas lat. *carpa*, mot germ. ou p.-ê. originaire d'Europe orientale, sans qu'on puisse préciser (formes analogues en all. et en russe).

2. **CARPE** (sav.) XVIᵉ s., anat. : gr. *karpos* « jointure du poignet » ; **MÉTACARPE** XVIᵉ s. ; **MÉTACARPIEN** XVIIIᵉ s. ; **MÉSOCARPE** XIXᵉ s.

CARQUOIS XIVᵉ s., *carquais* XIIIᵉ s. résultent probablement du croisement de *tarquais, tarcheis, tarchois* XIIᵉ s., empr. à l'époque des croisades au persan *tarkach*, p.-ê. par le gr. byzantin *tarkasion*, avec *carquier* var. pic. de *charger* au sens de « porter, transporter », le carquois étant destiné au transport des flèches.

CARTILAGE (sav.) XIVᵉ s. : lat. *cartilago, -inis* ; **CARTILAGINEUX** XIVᵉ s. : lat. *cartilaginosus*.

CASERET famille du lat. *caseus* « fromage ».

♦111 **CASERET** (pop.) XVIᵉ s. : réfection, par substitution de suff., de *casière*, forme normanno-picarde, du bas lat. *casearia* « moule à fromage » ; les formes fr. correspondantes étaient *chasière* et *chaseret* XIVᵉ s. ; **CASERETTE** XVIIIᵉ s. : var. fém. de *caseret*. ♦121 **CASÉEUX** (sav.) XVIᵉ s., rare jusqu'au XVIIIᵉ s. : adj. tiré de *caseus* ; **CASÉINE** XIXᵉ s. ; **CASÉIFIER** XXᵉ s.

CASOAR XVIIIᵉ s., zool., XIXᵉ s. « plumet ornant le képi des saint-cyriens » : malais *kasuvari*, nom de cet oiseau, par le lat. des zool. hollandais *casoaris*.

CASSIS XVIᵉ s. : mot dial. poitevin dér. de *casse* : le cassis passant pour avoir les mêmes propriétés laxatives que la casse, du gr. *kassia* « fausse cannelle », par le lat.

CASSER famille du lat. *quatere* « secouer », part. passé *quassus* « brisé à force d'être secoué », qui prennent en composition les formes *-cutere* et *-cussus*. Dér. : (1) *quassare* intensif, forme parallèle au participe passé ; d'où lat. class. *conquassare*, lat. vulg. **quassicare* et **quassiare* (2) *concutere* « secouer violemment », « terroriser », « extorquer par la terreur », d'où *concussio* « exaction » (3) *discutere* « détacher en secouant », « débrouiller », d'où *discussio* qui est attesté dès le Vᵉ s. avec le sens de « discussion ». (4) *excutere* « faire tomber en secouant », *percutere* « frapper », *repercutere* « faire rebondir », *succutere* « secouer par en dessous ».

I. mots populaires

A. famille de *quassare*

♦ |1| CASSER XIᵉ s. « briser », XIIIᵉ s., *casser un arrêt : quassāre*. ♦ |2| CASSE XVIIᵉ s. ; CASSURE XIVᵉ s. ; CASSIS XVᵉ s. « rigole de pierres cassées » ; CASSATION XVᵉ s. ♦ |3| CASSONADE XVIᵉ s. : dér. de *casson* XIVᵉ s. « sucre cassé », « pain de sucre informe ». ♦ |4| CASSANT XVIᵉ s., adj., sens fig. ; CASSABLE XIVᵉ s. ; INCASSABLE XIXᵉ s. ♦ |5| CASSE-NOIX XVIᵉ s. ; CASSE-NOISETTES XVIIᵉ s. ; CASSE-COU XVIIIᵉ s. ; CASSE-TÊTE XVIIIᵉ s. ; CASSE-PIEDS XXᵉ s. ; CASSE-PIPES XXᵉ s. ♦ |6| CONCASSER XIIIᵉ s. : *conquassare* « briser » ; CONCASSEUR XIXᵉ s. ♦ |7| FRACASSER XVIᵉ s. : it. *fracassare* : croisement de *quassare* et *frangere* « briser » → ENFREINDRE ; FRACAS XVIᵉ s. : it. *fracasso* ou simplement dér. de *fracasser*. ♦ |8| CASQUE XVIᵉ s. : esp. *casco* « tesson », puis « crâne », d'où « casque », dér. de *cascar* « briser », du lat. vulg. *quassicāre*. ♦ |9| ATTIGER ou ATIGER XIXᵉ s., argot, « meurtrir », « bousculer », « exagérer » : var. de *aquiger* XVIᵉ s., argot, « faire mal », de l'esp. *aquejar* « abîmer », « tourmenter », dér. de *quejar* « affliger », du lat. vulg. *quassiāre*.

B. famille de *excŭtere* et *succŭtere*

♦ |1| SECOUER XVIᵉ s. : réfection, par changement de conjugaison, de l'anc. fr. *secourre*, de *succŭtere*. ♦ |2| SECOUSSE XVᵉ s., comme subst., fém. de l'ancien part. passé de *secourre : secous*. ♦ |3| RESCOUSSE XIIᵉ s. : lat. *re-excussa* ; part. passé substantivé de l'anc. fr. *rescourre*, de *re-excŭtere*.

II. mots savants

A. base *-cuss-*

♦ |1| CONCUSSION XVᵉ s. « secousse », XVIᵉ s. « malversation » ; *concussio* ; CONCUSSIONNAIRE XVIᵉ s. ♦ |2| DISCUSSION XIIᵉ s. : *discussio*. ♦ |3| PERCUSSION XIVᵉ s., rare avant le XVIIᵉ s. ; RÉPERCUSSION XIVᵉ s. : *repercussio* ; RÉPERCUSSIVITÉ XXᵉ s.

B. base *-cut-*

♦ |1| CONCUTEUR XXᵉ s., techn. : formé sur *concutere*. ♦ |2| DISCUTER XIIIᵉ s. : *discutere* ; DISCUTEUR XVᵉ s., rare avant le XIXᵉ s. ; DISCUTABLE XVIIIᵉ s. ; INDISCUTABLE XIXᵉ s. ♦ |3| PERCUTER Xᵉ s. « transpercer », XVIIᵉ s., sens mod. rare jusqu'au XIXᵉ s. : *percutere* ; PERCUTANT XIXᵉ s., adj. ; PERCUTEUR XIXᵉ s., techn. ; RÉPERCUTER XIVᵉ s. : *repercutere*.

CASSEROLE ♦ |1| (pop.) XVIᵉ s. : mot d'origine méridionale, dér. de *casse*, du prov. *cassa*, du bas lat. *cattia* « poêle », « truelle », du gr. *kuathion*, dimin. de *kuathos* « écuelle » ; l'*u* de la syllabe initiale, devenu *y*, a disparu sous l'action dissimilatrice du *i* suivant. ♦ |2| CASSOLETTE XVᵉ s. : anc. prov. *casoleta*, dér. de *casola*, dimin. de *cassa*. ♦ |3| CASSOULET XIXᵉ s. : mot toulousain, dér. de *cassolo*, dimin. de *casse*, var. de *cassa*.

CASTOR (sav.) XIIᵉ s. : gr. *kastôr*, par le lat. ; a éliminé l'anc. fr. *bièvre*, d'origine gauloise, qui survit en toponymie.

CATA- (sav.) : gr. *kata*, prép. et préf. indiquant un mouvement de haut en bas ; apparaît dans un certain nombre de mots sav. issus du gr., ex. : CATALOGUE, CATALYSE, et, méconnaissable, dans quelques mots pop. ou demi-sav. : CADASTRE, CHÂLIT, ÉCHAFAUD.

CATAPULTE (sav.) XIVᵉ s. : lat. *catapulta*, du gr. *katapeltès*, même sens ; le 2ᵉ élément est dér. de *pallein* « brandir » ; CATAPULTER, CATAPULTAGE XXᵉ s.

CATARACTE famille du gr. *rhêgnunai* « briser », aoriste *errhagén*. Dér. : (1) *katarrhêgnunai* « tomber avec violence », d'où l'adj. *katarrhaktês* « qui tombe violemment », qui, substantivé, a pris les sens de « chute d'eau » et de « herse fermant une porte » (2) *-rrhagia* « rupture », 2ᵉ terme de composés.

♦ |1| CATARACTE (sav.) XIVᵉ s. « chute d'eau » et « maladie de l'œil » : lat. *cataracta*, du gr. *katarrhaktês* ; le sens de « herse » explique le second sens, cette maladie consistant en une membrane opaque qui empêche les rayons lumineux de parvenir jusqu'à la rétine. ♦ |2| -RRHAGIE ou -RRAGIE (sav.) : gr. *-rrhagia*, suff. employé dans la langue médicale pour indiquer un écoulement, une rupture de

CATHARE

vaisseaux ou d'organes causant un flux de sang : **BLENNORRAGIE** XIXᵉ s. : du lat. *blenna* « mucus » ; **HÉMORRAGIE** XVIᵉ s., **HÉMORRAGIQUE** XVIᵉ s. : du gr. *haima* « sang » ; **MÉNORRAGIE** XIXᵉ s., « menstrues » : du gr. *mên* « mois » ; **MÉTRORRAGIE** XIXᵉ s. : du gr. *mêtra* « matrice » ; **OTORRAGIE** XIXᵉ s. : du gr. *oûs, ôtos* « oreille » ; **PHLÉBORRAGIE** XIXᵉ s. : du gr. *phleps, phlebos* « veine ».

CATHARE famille sav. du gr. *katharos* « pur ».

◆ 1 | **CATHARE** histoire relig. : *katharos*. ◆ 2 | **CATHARTIQUE** (méd.) : gr. *kathartikos* « purifiant », « purgatif ». ◆ 3 | **CATHARSIS** (psycho.) : mot gr., « purification ». ◆ 4 | **CATHERINE** → Annexe III.

CAUTION famille sav. du lat. *cavere, cautus* « prendre garde », d'où *cautio* « précaution », « garantie » et bas lat. imp. *praecautio* « id. » ; arch. et bas lat. *cautela* « prudence ».

◆ 1 | **CAUTION** XIIIᵉ s. : *cautio* ; **CAUTIONNER** XIVᵉ s. ; **CAUTIONNEMENT** XVIᵉ s. ◆ 2 | **PRÉCAUTION** XVᵉ s. : *praecautio* ; **PRÉCAUTIONNER** XVIIᵉ s. ; **PRÉCAUTIONNEUX** XVIIIᵉ s. ◆ 3 | **CAUTÈLE** XIIIᵉ s. : *cautela* ; **CAUTELEUX** XIIIᵉ s.

CAVE famille du lat. *cavus, -a*, « creux », adj., d'où *cavitas* « cavité » ; *(ex)cavare* « creuser », *excavatio* subst., « creux » ; *caverna* « caverne ». Le *c* initial des mots fr. suppose qu'ils sont sav. ou empr. à des dial. qui ne palatalisent pas *k* devant *a*.

◆ 1 | **CAVE** (sav.) XIIᵉ s., subst. : bas lat. *cava* « fossé », fém. substantivé de *cavus* ; XIIIᵉ s., adj. : *cavus, -a* ; **CAVEAU** XIIIᵉ s. ; **CAVISTE** XIXᵉ s. ; **ENCAVER** XIIIᵉ s. ◆ 2 | **CAVITÉ** (sav.) XIIIᵉ s. : *cavitas, -atis*. ◆ 3 | **CAVER** (sav.) XIIIᵉ s. : *cavare* ; **EXCAVER** XIIIᵉ s. rare jusqu'au XVIIIᵉ s. : *excavare* ; **EXCAVATION** (sav.) XVIᵉ s. : *excavatio* ; **EXCAVATEUR** XIXᵉ s. : dér. sav. de *excavare*, par l'angl. *excavator*. ◆ 4 | **CONCAVE** (sav.) XIVᵉ s. : *concavus*, « creux et rond », de *cum* et *cavus* ; **CONCAVITÉ** (sav.) : bas lat. *concavitas* ; **BICONCAVE** XIXᵉ s. ◆ 5 | **CAVERNE** (sav.) XIIᵉ s. : *caverna* ; **CAVERNEUX** XIIIᵉ s. : *cavernosus*. ◆ 6 | **CAVATINE** XVIIIᵉ s. : it. *cavatina* « inscription gravée », « épigramme » et, en musique, « phrase mélodique qui conclut un récitatif », dimin. de *cavata* part. passé fém. de *cavare* « creuser », « graver ». ◆ 7 | **CAVER** XVIIᵉ s. « jouer une somme d'argent », XIXᵉ s., argot, « tromper » « dépouiller quelqu'un de son argent, au jeu, par des moyens malhonnêtes » : it. *cavare* « creuser », d'où « vider les poches », « dévêtir » ; **CAVÉ** XIXᵉ s., argot : part. passé substantivé de *caver* ; **CAVE** XIXᵉ s., argot, « homme fait pour être dupé » : abrév. de *cavé* ; **DÉCAVER** XIXᵉ s., surtout au part. passé : dér. de *cave* XVIIᵉ s. au sens de « mise avancée par un joueur », tiré de *caver* au 1ᵉʳ de ses deux sens.

CAVIAR XVᵉ s. : it. *caviale*, du turc *havyar* ; **CAVIARDER** XXᵉ s., sens fig. ; **CAVIARDAGE** « id. ».

CE ensemble de mots dont le 1ᵉʳ élément remonte à l'adv. lat. *ecce* « voici », qui servait souvent dans la conversation à renforcer les démonstratifs ; les formes renforcées ont fini par éliminer les formes simples.

I. mots populaires
A. second élément *hoc, hac, hic*

◆ 1 | **CE** IXᵉ s., var. *ço* : *ecce + hoc* « ceci », pronom démonstratif neutre, originellement réservé à la première personne, presque entièrement éliminé en fr. par *ille* et *iste* ; pouvait avoir en anc. fr. un emploi pronominal tonique, qui subsiste dans l'expression *sur ce* ; ne s'emploie plus aujourd'hui que comme adj., dans la série *ce, cet, cette, ces* (sauf dans deux emplois figés : *ce* suivi d'un relatif et *c(e)* suivi de *est* ou de *sont*). ◆ 2 | **ÇÀ** XIᵉ s., adv., encore vivant dans *çà et là*, survivant dans *or çà* : *ecce + hac* « par ici », adv. indiquant le lieu par où l'on passe, formé sur la base du démonstratif ; **DEÇÀ** XIIᵉ s., encore vivant dans la loc. *en deçà de*, dér. de *çà* ; **CÉANS** XIIᵉ s. : *ecce + hac + intus* « à l'intérieur » s'opposait à *léans* de *illac intus*, comme *çà* s'oppose encore à *là* (→ IL). ◆ 3 | **CI** XIᵉ s., encore vivant dans *de-ci de-là*, *ci-dessus*, *ci-devant* et comme renforcement du démonstratif dans *celui-ci, ce... ci* : *ecce + hic* « ici », adv. indiquant le lieu où l'on est, formé sur la base du démonstratif ; **ICI** Xᵉ s. : forme renforcée : *hic, ecce hic* ; en anc. fr., l'*i* initial de *ici* a été étendu analogiquement à tous les démonstratifs :

ice, icest, icelui. Le second élément est représenté en fr. sous sa forme sav. ; HIC XVIIe s., subst., d'abord dans la langue du Palais où il signalait, en marge de certains actes, le passage essentiel ; d'où le sens mod. « point difficile, essentiel ». ♦|4| CECI XIIe s. : *ce + ci.* (→ 3.) et CELA XIVe s. : *ce + là* (→ II) remplacent *ce* dans le rôle de pronom ; *ceci* s'est contracté en *ci, cela* en *ça* XVIIe s. sous l'influence des adv. *ci* et *çà* ; ces deux pronoms sont associés dans l'expression *comme ci comme ça.*

B. second élément *iste*

♦|1| CET IXe s. : *ecce + istum,* accusatif masculin sing. de *iste,* démonstratif réservé à l'origine à la 2e personne, utilisé en anc. fr. pour marquer la proximité ; *cet,* qui pouvait être en anc. fr. pronom ou adj., est réservé en fr. mod. au rôle d'adj. ♦|2| CETTE : *ecce istam,* fém. de *ecce istum* ; CES : *ecce istos,* pluriel masc., sert de forme unique au pluriel.

C. second élément *ille* (pour les autres représentants de *ille* → IL.)

♦|1| CELUI Xe s. : représente une forme de datif masc. lat. vulg. **ecce illui,* du lat. class. *ecce + illi,* datif de *ille,* démonstratif à l'origine réservé à la 3e personne, qui servait aussi à exprimer l'éloignement ; c'est cette valeur qui a été retenue par l'ancien fr., où ce pronom-adj. démonstratif s'opposait directement au précédent et où il possédait, comme lui, une déclinaison complète avec cas sujet (nominatif), cas régime direct (accusatif) et cas régime indirect (datif) ; en fr. mod. seul survit *celui,* réservé au rôle de pronom. ♦|2| CELLE : *ecce + illa,* CELLES : *ecce + illas,* formes fém. ; CEUX : *ecce + illos* + acc. masc. plur. ♦|3| CELUI-CI XIVe s. et CELUI-LÀ XVe s. ont été créés lorsque l'opposition sémantique qui existait entre *cist, cest, cet* et *cil, cel, celui* a commencé à s'effacer au profit de l'opposition grammaticale.

D. COUCI-COUÇA XVIIe s., d'abord sous la forme *coussi coussi* : it. *cosi cosi,* altéré sous l'influence de *comme ci comme ça* ; *cosi* « ainsi » représente *eccum sic,* var. de *ecce sic.*

II. mots savants

♦|1| ECCE HOMO XVIIe s., iconographie, « Christ couronné d'épines » : « Voici l'homme », mots lat. que l'Évangile (Jean, XIX, 5) place dans la bouche de Ponce Pilate présentant aux Juifs le Christ couronné d'épines. ♦|2| ECCÉITÉ, XXe s., philo. : calque du lat. scolastique *ecceitas* dér. de *ecce,* créé par Duns Scot, « ce qui fait qu'un individu est lui-même et se distingue de tout autre ».

CÉCITÉ famille savante du lat. *caecus* « aveugle ».

♦|1| CÉCITÉ XIIIe s. : *caecitas, -atis,* dér. de *caecus* ; a éliminé *aveuglement,* qui ne subsiste qu'au sens fig. ♦|2| CAECUM XVIe s. : mot lat., abrév. du lat. mod. médical *(intestinum) caecum* « intestin aveugle », traduction du gr. *tuphlon* « aveugle » ; « intestin nommé caecum à cause qu'étant ample et gros, il n'a qu'une voye, tant pour recevoir que pour expeller » (A. Paré) ; CAECAL XVIIe s. : anat. : dér. de *caecum.*

CÈDRE famille du gr. *kedros* « cèdre » et « genévrier », empr. par le lat. sous la forme *cedrus,* et du lat. *citrus* « thuya » et « cédratier » d'où *citrium* « cédrat » et, métaphoriquement, à cause de la couleur, « sorte de citrouille », dimin. lat. vulg. **citriolum* « citrouille ». *Citrus* et *kedros* ont sans doute été empr. séparément à une langue méditerranéenne, et appliqués à des arbres bien différents.

♦|1| CÈDRE (sav.) XIIe s. : gr. *kedros,* par le lat. ♦|2| CITRIN (sav.) XIIe s., adjectif : dér. formé sur *citrus.* ♦|3| CITRON (sav.) XIVe s. : dér. formé sur *citrus* ; CITRONNIER XVe s. ; CITRONNELLE XVIIe s. ; CITRONNADE XIXe s. ♦|4| CITR- (sav.) XVIIIe s.-XXe s. : base servant à former des noms de produits chimiques : CITRATE XVIIIe s. ; CITRIQUE, CITRAL XIXe s. ♦|5| CITROUILLE XIIIe s. *citrole* XVIe s. forme mod. it. dial, méridional *citrullo,* var. de l'it. *cetriolo,* de **citriolum.* ♦|6| CÉDRAT XVIIe s. : it. *cedrato,* dér. de l'anc. it. *cedro* « citron », du lat. *citrus* ; CÉDRATIER XIXe s.

CÉDULE (sav.) XIIe s., jur., XIXe s., admin. et finances : lat. *schedula,* dimin. de *scheda* « bande de papyrus » ; CÉDULAIRE XVIIIe s.

CEINDRE famille du lat. *cingere, cinctus* « ceindre », d'où (1) *cingula,* var. de *cingulum* « ceinture », « ceinturon », « sangle » et lat. vulg. **cingulare* « sangler » (2) lat. imp. *cinctura* et lat. vulg. **cincturare,*

CÉLÈBRE

même sens (3) lat. imp. *incingere* qui tend à remplacer *cingere*, d'où *incincta* « enceinte », en parlant d'une femme, qui tend à remplacer *gravida* (4) *succingere* « attacher par en dessous », « retrousser ».

I. mots populaires

♦ 1I1 CEINDRE XIᵉ s. : *cĭngĕre* ; ENCEINDRE XIIIᵉ s. : *incĭngĕre* ; ENCEINTE XIIᵉ s., adj. en parlant d'une femme, XIIIᵉ s., « murailles d'une ville » : *incincta*, part. passé fém. de *incingere*. ♦ 121 CEINTURE XIIᵉ s. : *cinctura*, d'où CEINTURON XVIᵉ s. ; CEINTURER XVIᵉ s. ♦ 131 CINTRER XIVᵉ s. : **cincturāre* ; d'où CINTRE fin XIIᵉ s., archit., XIXᵉ s., « support pour les vêtements » ; CINTRAGE XVIIᵉ s. ; DÉCINTRER XVIIᵉ s. ; DÉCINTRAGE XIX s. ♦ 141 SANGLE XIᵉ s., sous la forme *cengle* : *cĭngŭla* ; SANGLER XIIᵉ s. : **cĭngŭlāre*. ♦ 151 CINGLER XIIᵉ s. « frapper », à l'origine, avec une courroie : altération de *sangler*, p.-ê. sous l'infl. du prov. *cenglar*, *cinglar*, même sens et même origine : CINGLANT adj. XIXᵉ s., CINGLÉ XXᵉ s. « fou ».

II. mots savants

SUCCINCT XVᵉ s. « concis » : lat. *succinctus* « court vêtu » ; SUCCINCTEMENT XIVᵉ s.

CÉLÈBRE famille sav. du lat. *celeber* « fréquenté », employé en particulier à propos des lieux et des jours de fête religieuse ; d'où le verbe *celebrare* appliqué d'abord à la célébration de fêtes religieuses, puis employé de manière extensive ; d'où pour l'adj. *celeber*, surtout en lat. imp., le sens d'« illustre ».

♦ 111 CÉLÈBRE XVIᵉ s. : *celeber* ; CÉLÉBRITÉ XIIIᵉ s., sens abstrait et « fête solennelle », XIXᵉ s. « personne célèbre » : lat. *celebritas*, *-tatis*, dér. de *celeber*. ♦ 121 CÉLÉBRER XIIᵉ s. : *celebrare* ; CÉLÉBRATION XIIᵉ s. : *celebratio*, *-onis*, dér. de *celebrare* ; CÉLÉBRANT XIVᵉ s.

CELER famille d'une rac. ind.-eur. **kel*, **kol*, **kl* « cacher », qui apparaît (1) sous la forme **kel* dans le lat. *celare* « cacher » ; *cilium* « paupière », puis « cil », issu de **keliyo*- ; et, selon toute vraisemblance, malgré le *l* géminé, *cella* « petite chambre », « cachette » (2) sous la forme **kol* : lat. *color*, *-oris* « couleur » (la couleur étant ce qui recouvre et dissimule la réalité d'une chose) et dans *occulere*, *occultus* « cacher », qui doit représenter la forme prise en composition par un ancien verbe **colere* disparu (3) sous la forme **kl* dans l'adv. lat. *clam* « en cachette », d'où l'adj. *clandestinus* « clandestin » (4) sous la forme **kal* (var. de **kl*) dans le gr. *kaluptein* « cacher ».

I. mots populaires issus du latin

♦ 111 CELER Xᵉ s. : *celāre* d'où DÉCELER XIIIᵉ s. ; RECELER XIIᵉ s., RECEL XIIᵉ s. « secret », XIXᵉ s., sens mod. ♦ 121 CELLIER (demi-sav. à cause du *l* géminé) XIIᵉ s. : *cellārium*, dér. de *cella* ; CELLERIER XIIIᵉ s. ♦ 131 COULEUR XIᵉ s., XIXᵉ s., sens polit. : *colōrem*, acc. de *color* ; pour les mots scientifiques exprimant l'idée de « couleur » → CHROME. ♦ 141 CIL XIIᵉ s. : *cilium* d'où CILLER XIIIᵉ s. « coudre les paupières d'un oiseau de proie pour le dresser », puis sens mod. ; DÉCILLER ou DESSILLER XIIIᵉ s. « découdre les paupières de l'oiseau de proie pour lui rendre la vue », XVIᵉ s., sens fig. ♦ 151 SOURCIL XIIᵉ s. : lat. *supercilium* ; SOURCILLEUX XVIᵉ s. « arrogant », XVIIᵉ s. « susceptible » : dér. français calqué sur le lat. *superciliosus* ; SOURCILLER XIIIᵉ s. ; SOURCILIER, -ÈRE XVIᵉ s., adj.

II. mots savants issus du latin

♦ 111 CELLE XIIIᵉ s., « cellule de moine » : *cella* ; CELLA XIXᵉ s., archéol : mot lat. ♦ 121 CELLULE XIVᵉ s. « petite chambre », XVIᵉ s., scient. : *cellula* diminutif de *cella*. Pour les mots scientifiques exprimant la notion de « cel!ule » → CYTO-. ♦ 131 CELLULAIRE XVIIIᵉ s. ; CELLULOSE, CELLULOSIQUE XIXᵉ s. : dér. de *cellule* ; CELLULAR XXᵉ s. et CELLULOÏD XIXᵉ s. : dér. de *cellule* empr. à l'angl. ; CELLOPHANE XXᵉ s. : composé de CELLO- tiré de *cellule* et de -PHANE : (gr. *phainein* « apparaître » → FANTÔME). ♦ 141 COLOR- : base des dér. de *color*, *-oris* accentués sur le suff. ; la conservation du second *o* atone est savante ; (a) COLORER XIIᵉ s. : *colorare*, verbe dér. de *color* ; COLORANT XVIIᵉ s. ; COLORATION XVᵉ s. ; COLORISTE XVIIᵉ s. ; DÉCOLORER XIᵉ s. ; DÉCOLORANT XVIIIᵉ s. ; DÉCOLORATION XVᵉ s. ; (b) COLORIER XVIᵉ s. : contamination de *colorer* et de l'it. *colorire* ; COLORIAGE XIXᵉ s. ; COLORIS XVIᵉ s., adj., XVIIᵉ s., subst. : it. *colorito* ; (c) -COLORE : 2ᵉ élément de composés sav. : INCOLORE XIXᵉ s. ; BICOLORE XIXᵉ s., déjà, fin XVᵉ s. *bicoloré* ; TRICOLORE XVIIIᵉ s. ; MULTICOLORE XVIᵉ s. ♦ 151 OCCULTE XIIᵉ s. : *occultus* ; OCCULTER XIVᵉ s., « cacher »,

XIXᵉ s., phys. : *occultare*, verbe dér. de *occultus* ; **OCCULTATION** XVᵉ s. : *occultatio* ; **OCCULTISME** XIXᵉ s. et **OCCULTISTE** XXᵉ s. : dér. de *occulte*. ♦ I6I **CLANDESTIN** XIVᵉ s. : *clandestinus* ; **CLANDESTINEMENT** XVᵉ s. ; **CLANDESTINITÉ** XVIᵉ s.

III. mots savants issus du grec

♦ III **EUCALYPTUS** XVIIIᵉ s., bot. : mot lat. mod. tiré du gr. *eu* « bien » et *kaluptos* « couvert », le limbe du calice restant fermé jusqu'après la floraison. ♦ I2I **APOCALYPSE** XIIᵉ s., dernier livre du Nouveau Testament, qui concerne la fin du monde, XXᵉ s., « catastrophe finale » : gr. *apokalupsis*, par le lat. : dér. de *apokaluptein* « révéler (ce qui était caché) » ; **APOCALYPTIQUE** XVIᵉ s. : gr. *apokaluptikos*.

CÉLERI
XVIIᵉ s. : lombard *selleri*, plur. de *sellero*, du lat. vulg. *selinum*, avec redoublement du *l* et passage de *n* à *r* sous l'infl. du *l* précédent ; empr. au gr. *selinon* « ache » ou « persil » → aussi PERSIL art. PIERRE.

CEN-
mots savants représentant le gr. *koinos* « commun ».

♦ III **CÉNOBITE** XIIᵉ s. : lat. *cenobita* IVᵉ s. ; dér. de *coenobium* « monastère » : gr. *koinobion* « vie commune » ; 2ᵉ élément → VIVRE ; **CÉNOBITIQUE** XVIᵉ s., **-ISME** XIXᵉ s. ♦ I2I **CÉNESTHÉSIE** XIXᵉ s. ; 2ᵉ élément : gr. *aisthesis* « sensibilité » → ESTHÉTIQUE.

CÉLIBAT
(sav.) XVIᵉ s. : lat. *caelibatus* dér. de *caelebs* « célibataire » ; **CÉLIBATAIRE** XVIIIᵉ s. : dér. de *célibat*.

CENDRE
famille du lat. *cinis, cineris* « cendre ».

I. mots populaires

CENDRE XIᵉ s. « résidus de combustion », XIIᵉ s., plur., « dépouille mortelle » : *cinerem*, acc. de *cinis*. **CENDREUX** XIIᵉ s. ; **CENDRÉ** XIVᵉ s. ; **CENDRIER** XIIIᵉ s., linge où l'on enferme les cendres utilisées pour la lessive, XVIᵉ s., partie d'un poêle, XIXᵉ s., sens mod.

II. mots savants

♦ III **CINÉRAIRE** XVIIIᵉ s., adj. et subst. bot. : *cinerarius*, adj. dér. de *cinis*. ♦ I2I **INCINÉRER** XVᵉ s., repris au XIXᵉ s. : *incinerare* « réduire en cendres » ; **INCINÉRATION** XIVᵉ s. : lat. médiéval *incineratio*.

-CÈNE (sav.) XIXᵉ s. : gr. *kainos* « récent » ; 2ᵉ élément de mots composés savants désignant des ères géologiques ; **ÉOCÈNE** : du gr. *êôs* « aurore » ; **MIOCÈNE** : du gr. *meiôn* « plus petit » ; **OLIGOCÈNE** : du gr. *oligoi* « peu nombreux » ; **PLIOCÈNE** : du gr. *pleiôn* « plus grand ».

CENS
famille sav. du lat. *censere*, à l'origine « déclarer solennellement », puis « déclarer la fortune, le rang de chacun », faire le recensement », enfin lat. class. « juger, être d'avis que... ». — Dér. : *censor* « magistrat chargé de se prononcer sur la personne et les biens de chaque citoyen » ; *census* « opération du cens » ; *censere* « exercice de la charge de censeur » ; *recensere* « énumérer, passer en revue », d'où *recensio*.

♦ III **CENS** XIIIᵉ s. : *census* ; **CENSIER** et **CENSIVE** XIIIᵉ s., féod. ; **CENSITAIRE** XVIIIᵉ s. ♦ I2I **RECENSER** XIIIᵉ s. « énumérer », XVIᵉ s. « dénombrer » : *recensere* ; **RECENSEMENT** XVIIᵉ s. et **RECENSEUR** XVIIIᵉ s. : dér. de *recenser* ; **RECENSION** XVIIIᵉ s. : *recensio, -onis*. ♦ I3I **CENSEUR** XIIIᵉ s. « qui blâme », XVIIIᵉ s. « membre d'une commission de censure », XIXᵉ s. « fonctionnaire de lycée » : *censor, -oris* ; **CENSURE** XIVᵉ s. : *censura* ; **CENSURER** XVIᵉ s. et **CENSURABLE** XVIIᵉ s. : dér. de *censure*. ♦ I4I **CENSÉ** XVIIᵉ s. : part. passé employé comme adj. de l'anc. fr. *censer* « estimer, juger » : *censere* ; **CENSÉMENT** XIXᵉ s.

CENT
famille d'un mot ind.-eur. *kmtom « cent », représenté en grec dans *hekaton* « cent ». En latin *centum* « cent », d'où *centesimus* « centième » ; *centenarius* « qui comporte cent unités » et en lat. vulg. « qui a cent ans » ; bas lat. *centuplus* « centuple » ; *centuria*, à l'origine « groupe de cent cavaliers » ; *centurio, -onis* « officier qui commande à cent hommes » ; *centi-*, 1ᵉʳ élément de mots composés.

I. mots populaires issus du latin

CENT XIᵉ s. : *centum* ; **CENTAINE** XIIᵉ s. : *centēna*, adj. distributif de *centum* et **CENTIÈME** XIIᵉ s. : *centēsimus* (→ les articles consacrés aux suff. -AINE et -IÈME).

II. mots savants issus du latin

♦ III **CENTENAIRE** XIVᵉ s. et **CENTENIER** XIIIᵉ s. : *centenarius*, avec forme plus ou moins francisée du suff. ♦ I2I **CENTÉSIMAL**

XIXe s. : formé sur *centesimus*. ♦ |3| **CENTUPLE** XIVe s. : *centuplus* ; **CENTUPLER** XVIe s. ; ♦ |4| **CENTI-** : 1er élément de composés désignant les unités du système métrique ; **CENTIARE, CENTIGRAMME, CENTILITRE, CENTIMÈTRE** fin XVIIIe s. ; **CENTIGRADE** XIXe s. ♦ |5| **CENTIME** fin XVIIIe s., monnaie : formé sur le modèle de *décime*. ♦ |6| **CENTURIE** XIIe s. : *centuria* ; **CENTURION** XIIe s. : *centurio*.

III. mot savant issu du grec

HÉCATOMBE XVe s., sens propre, XVIIe s. « massacre » : gr. *hekaton bous* « (sacrifice de) cent bœufs » ; 2e élément → BŒUF.

IV. mot d'emprunt

QUINTAL XIIIe s. : lat. médiéval *quintale*, empr. à l'arabe *qintâr*, du gr. byzantin *kentênarion*, lui-même issu du lat. *centenarium* « poids de cent livres ».

CENTAURE (sav.) XIIe s. « être mythologique, mi-homme mi-cheval », XIXe s. « excellent cavalier » : gr. *kentauros*

CENTON (sav.) XVIe s. : lat. *cento, -onis* « couverture ou vêtement fait de différentes pièces cousues ensemble » d'où, à basse époque, « œuvre littéraire faite de fragments empr. à divers auteurs ».

CENTRE famille savante du gr. *kentron* « aiguillon » et « point central d'un cercle », introduit en lat. par Vitruve (Ier s.) sous la forme *centrum*, d'où *centralis*.

♦ |1| **CENTRE** XIVe s. : *centrum* ; **AVANT-CENTRE** XXe s. ; **ÉPICENTRE** XIXe s. ; **MÉTACENTRE** XVIIIe s. ; **CENTRISTE** XXe s. ♦ |2| **CENTRER** XVIIe s. ; **DÉCENTRER** XIXe s. ; **CONCENTRER** XVIIe s. ; **CONCENTRATION** XVIIIe s. : emprunté à l'angl. ; **CONCENTRATIONNAIRE** XXe s. ♦ |3| **CONCENTRIQUE** XIVe s. ; **EXCENTRIQUE** XIVe s. « qui est loin du centre », XVIIe s., sens fig. : lat. médiéval *excentricus* ; **EXCENTRICITÉ** XVIIe s., sens propre, XIXe s., sens fig. ♦ |4| **CENTRI-** : 1er élément de composés sav., ex. : **CENTRIFUGE** et **CENTRIPÈTE** XVIIIe s. ♦ |5| **-CENTRISME, -CENTRIQUE** : 2e élément de composés sav., ex. **ANTHROPOCENTRISME, -IQUE** XIXe s. ; **ALLOCENTRISME** XXe s. ; **ÉGOCENTRISME, -IQUE** XXe s. ; **GÉOCENTRIQUE** XVIIIe s. ♦ |6| **CENTRAL** XVIe s., adj., XXe s., subst., « bureau du téléphone » : *centralis* ; **CENTRALISER, CENTRALISATION** XVIIIe s. ; **CENTRALISATEUR, DÉCENTRALISER, DÉCENTRALISATION** XIXe s.

CEP famille lat. *cippus* « poteau », « tronc d'arbre ».

I. mots populaires

♦ |1| **CEP** XIIe s., « plant de vigne », « partie longue de la charrue », « pièce de bois à laquelle sont enchaînés des prisonniers » : *cippus*. Var. **SEP**, pour le 2e sens. ♦ |2| **CÉPAGE** XVIe s. : dér. de *cep*, 1er sens. ♦ |3| **CÉPÉE** XVIe s., « rejetons d'une même souche formant taillis » : dér. de *cep* au sens fondamental de « tronc d'arbre ». ♦ |4| **CÈPE** XIXe s. : gascon *cep* « tronc », nom donné par métaph. à des champignons gros et courts : *cippus*.

II. mot savant

CIPPE XVIIIe s., archéol. : *cippus* au sens de « colonne ».

CÉPHAL- famille sav. du gr. *kephalê* « tête ».

♦ |1| **CÉPHALÉE** XVIIe s. : *kephalaia* « mal de tête continu » ; **CÉPHALIQUE** XIVe s. : *kephalikos*, par le lat. ; **CÉPHALALGIE** XIVe s. : *kephalalgia* « mal de tête », de *algein* « souffrir », par le lat. ♦ |2| **ENCÉPHALE** XVIIIe s. : *egkephalos (muelos)* « (moelle) qui est dans la tête », « cerveau » ; **ENCÉPHALITE** XVIIIe s. ; **ENCÉPHALOGRAPHIE, -GRAMME, ÉLECTRO-ENCÉPHALOGRAMME** XXe s. ♦ |3| **CÉPHALO-** 1er élément de composés sav. p. ex. **CÉPHALOPODE** XVIIIe s. : de *pous, podos* « pied ». ♦ |4| **-CÉPHALE, -CÉPHALIE, -CÉPHALIQUE**, 2e élément de dér. et de composés sav., ex. : **ACÉPHALE** XIVe s. : *akephalos*, avec *a* privatif, « sans tête », par le lat. ; **ACÉPHALIE** XIXe s. ; **BICÉPHALE** XIXe s. → DEUX ; **TRICÉPHALE** XIXe s. → TROIS ; **DOLICHOCÉPHALE** XIXe s. : du gr. *dolikhos* « long » ; **BRACHYCÉPHALE** XIXe s. ; **CYNOCÉPHALE** XIVe s. ; **HYDROCÉPHALE** XVIe s., etc. → le premier élément.

CÉRAMIQUE (sav.) XIXe s. : gr. *keramikos*, adj. dér. de *keramos* « argile », « poterie » ; **CÉRAMISTE** XIXe s.

CERCLE famille du lat. *circus* « cercle » puis « cirque », empr. au gr. *kirkos* « anneau » (p.-ê. apparenté à *curvus* et *korônê* → COURBE). — Dér. : (1) les dimin. *cir-*

culus « cercle », qui a tendu à remplacer *circus* ; *circellus* « cerceau » ; *circinus* « compas », « cercle », (2) *circum* « autour » prép. et préf., (3) bas lat. *circare* « tourner », « aller d'un endroit à l'autre ».

I. mots populaires

♦|1| **CERCLE** XIIe S., géom., XVIIe S. « rassemblement de personnes », XIXe s. « club » : *cĭrcŭlus* ; **DEMI-CERCLE** XIVe S. ; **CERCLER** XVIe S., **RECERCLER** XIXe S., **CERCLAGE** XIXe S. ; **ENCERCLER** XIIe S. ; **ENCERCLEMENT** XXe S. ♦|2| **CERCEAU** XIIe S. : lat. imp. *circěllus*. ♦|3| **CERNE** XIIe S. « cercle », XVIIe S., en parlant des yeux : *circĭnus* ; **CERNER** XIIe S. « entourer d'un cercle », surtout à partir du XVIe S. ; **CERNEAU** XIVe S., noix fraîche à laquelle on fait une incision circulaire pour en détacher la coque. ♦|4| **CHERCHER** XIe S. d'abord *cerchier*, « parcourir en tous sens, fouiller » : *circăre* ; a fini par éliminer *querir* vers le XVIe S. ; **CHERCHEUR** XVIe S. ; **RECHERCHER** XIe S. ; **RECHERCHE** et **RECHERCHÉ** XVIe S. adj.

II. mots savants

♦|1| **CIRQUE** XIVe S., antiq., XIXe S., sens mod. : *circus*. ♦|2| **CIRCUIT** XIIIe S. : *circu(m)itus*, subst. dér. de *circumire* « tourner » ; **COURT-CIRCUIT** et **COURT-CIRCUITER** XXe S. ♦|3| **CIRCULER** XIVe S., « tourner autour », XVIIe S. « aller et venir » : lat. *circulari* « circuler », dér. de *circulus* ; **CIRCULAIRE** XIVe S. : bas lat. *circularis* ; **CIRCULATION** XIVe S. ; bas lat. *circulatio* ; **CIRCULATOIRE** XVIe S. : bas lat. *circulatorius*, subit. l'infl. du sens du verbe ; (l'adj. se rapportait en lat. à *circulator* « charlatan qui réunit un cercle de badauds », et signifiait « charlatanesque »). ♦|4| **CIRCON-**, préf. : *circum-*, ex. : *circonflexe, circonlocution, circonscrire, circonvenir*, etc. ♦|5| **CIRCUM-**, préf. de forme lat. dans *circumnavigation, circumpolaire* XVIIIe S.

CERCUEIL ensemble de mots où se trouve représenté le gr. *sarx, sarkos* « chair ». Dérivés : *sarkôma* « excroissance de chair » ; *sarkazein* « mordre la chair », « déchirer à belles dents », d'où *sarkasmos* et *sarkastikos* ; *sarkophagos* « carnivore » → PHAG(O)-.

I. mot populaire

CERCUEIL XVe S. : réfection de l'anc. fr. *sarcou, sarcueu* : bas lat. *sarcŏphăgus* « tombeau », fait à l'origine d'une pierre calcaire au contact de laquelle les chairs se consumaient rapidement, lat. *sarcophagus lapis* : gr. *sarkophagos lithos*.

II. mots savants

♦|1| **SARCASME** XVIe S. : *sarkasmos* ; **SARCASTIQUE** XVIIIe S. : gr. *sarkastikos*, ou simplement dér. de *sarcasme* avec un t analogique de celui d'*enthousiaste*, dér. d'*enthousiasme*. ♦|2| **SARCOME** XVIe S. : *sarkôma*, par le lat. ; **SARCOMATEUX** XIXe S. ♦|3| **SARCOPHAGE** XVe S., rare jusqu'au XVIIIe S. : *sarkophagos*, par le lat. → CERCUEIL. ♦|4| **SARCO-** 1er élément de mots sav. de la langue médicale, ex. : **SARCODERME, SARCOÏDE** XIXe S., **SARCOPLASME** XXe S. ♦|5| **SARCOPTE** XIXe S. : nom du parasite de la peau qui est cause de la gale : formé à partir de *sarx* et du gr. *koptein* « couper ».

CÉRÉMONIE ♦|1| (sav.) XIIIe S. : lat. *caeremonia*, mot de *caerimonia* « culte », au plur. « observances rituelles », mot p.-ê. d'origine étrusque ; **CÉRÉMONIEUX** XVe S. ♦|2| **CÉRÉMONIAL** XIIIe S., adj. « relatif aux cérémonies religieuses », XVIIe S., subst. : bas lat. *caeremonialis*.

CERFEUIL ensemble de mots où se trouve représenté le gr. *phullon* « feuille », dont la parenté avec le lat. *folium* « feuille » est possible mais non certaine.

I. mots populaires

♦|1| **CERFEUIL** XIIIe S. : lat. *caerefŏlium* adaptation du gr. *khairephullon*, de *khairein* « réjouir » ; littéralement, « feuille qui réjouit ». ♦|2| **GIROFLE** (demi-sav., à cause de la non-diphtongaison de l'o) XIIe S.) : lat. vulg. *garŏfŭlum, du gr. *karuophullon*, mot p.-ê. d'origine orientale, mais interprété, en tout cas, comme composé de *karuon* « noyau » et *phullon* « feuille » ; **GIROFLIER** XIVe S. ; **GIROFLÉE** XVe S. : ainsi appelée parce que son odeur rappelle celle du clou de girofle. ♦|3| **TRÈFLE, TRIOLET** → FEUILLE.

II. mots savants

♦|1| **-PHYLLE**, 2e élément du composé sav. **CHLOROPHYLLE** XIXe S., de *khlôros* « vert ». ♦|2| **PHYLL(O)-**, 1er élément de mots sav., ex. : **PHYLLOXÉRA** XIXe S., de *xeros* « sec », cet insecte desséchant les feuilles de la vigne.

CERISE famille du gr. *kerasos*, var. *kerasea, kerasia* « cerisier », p.-ê. apparenté au gr. *keras* (→ COR), p.-ê. d'origine asiatique. Ce mot a été empr. (1) par lat. class. *cerasus* « cerisier », *cerasum* « cerise » ; lat. vulg. *ceresium*, plur. *ceresia* « cerise » (2) germ. occidental *kirissa*.

I. mots issus du latin
CERISE (pop.) XIIᵉ s. : *ceresia*, plur. neutre pris pour un fém. sing. ; CERISIER XIIᵉ s. ; CERISAIE XIVᵉ s.;

II. mot issu du germanique
KIRSCH XIXᵉ s. : abrév. de l'all. dial. Alsace *Kirschwasser* « eau (-de-vie) de cerises », de *Kirsche* « cerise », du germ. *kirissa*.

CÉRUSE (demi-sav.) XIIIᵉ s. : lat. *cerussa*, même sens.

CERVOISE (pop.) XIIᵉ s. : lat. imp. *cervēsia*, d'origine gauloise.

CESSER famille du lat. *cedere, cessus* « aller », « marcher », « s'en aller », d'où (1) *cessio, -onis*, jur., « concession », « cession » (2) *cessare* « rester inactif », issu du sens de « se retirer » que pouvait avoir *cedere* (3) un grand nombre de verbes préfixés : *accedere* « aller vers », « s'approcher » ; *antecedere* « venir avant » ; *concedere* « se retirer », « abandonner » ; *decedere* « s'en aller », « mourir » ; *excedere* « sortir » ; *intercedere* « intervenir » ; *praecedere* « marcher devant » ; *procedere* « s'avancer », « aboutir » ; *recedere* et *retrocedere* « rétrograder », « rebrousser chemin » ; *secedere* « aller à part », « se séparer » ; *succedere* « venir à la place » ou « à la suite de » ; tous ces verbes peuvent avoir des dér. en *-cessio, -cessus, -cessor*, etc.

I. mots populaires
♦ 1 ❘ CESSER XIᵉ s. : *cessāre* ; CESSE XIIᵉ s. subst. fém. ; INCESSAMMENT XIVᵉ s. ; INCESSANT XVIᵉ s. ♦ 2 ❘ ANCÊTRE XIᵉ s. : cas sujet (le cas régime est *ancesseur*) remontant au nominatif *antecessor* « celui qui vient avant », dér. de *antecēdĕre* ; ANCESTRAL XIXᵉ s. : adj. formé sur *ancestre*, forme ancienne de *ancêtre*.

II. mots savants
A. base -céd-

♦ 1 ❘ CÉDER XIVᵉ s. : *cedere*, au sens de « se retirer » ; RECÉDER XVIᵉ s. ♦ 2 ❘ ACCÉDER XIIIᵉ s. : « avoir accès », XVIIIᵉ s. « consentir » : *accedere*. ♦ 3 ❘ ANTÉCÉDENT XIVᵉ s., logique, XVIIIᵉ s., grammaire, XIXᵉ s., méd. « faits pathologiques ayant précédé la maladie considérée », d'où « actions antérieures d'une personne » : *antecedens, -entis*, part. présent de *antecedere* (→ ANCÊTRE). ♦ 4 ❘ CONCÉDER XIIIᵉ s. : *concedere*. ♦ 5 ❘ DÉCÉDER XVᵉ s. : *decedere*. ♦ 6 ❘ EXCÉDER XIIIᵉ s. : *excedere* ; EXCÉDENT XIVᵉ s. ; EXCÉDENTAIRE XXᵉ s. ♦ 7 ❘ INTERCÉDER XIVᵉ s. : *intercedere*. ♦ 8 ❘ PRÉCÉDER XIVᵉ s. : *praecedere* ; PRÉCÉDENT XIIIᵉ s., adj., XVIIIᵉ s., subst. masc., sous l'influence de l'angl. : var. orth. du part. présent de *précéder*. ♦ 9 ❘ PROCÉDER fin XIIIᵉ s. début XIVᵉ s. « tirer son origine de » et « agir judiciairement », XVIᵉ s. « passer à l'exécution de » : *procedere* ; PROCÉDÉ XVIᵉ s. ; PROCÉDURE XIVᵉ s. ; PROCÉDURIER XIXᵉ s. ♦ 10 ❘ RÉTROCÉDER XVIᵉ s. : *retrocedere*. ♦ 11 ❘ SUCCÉDER XIVᵉ s. : *succedere* ; SUCCÉDANÉ XVIIᵉ s. : *succedaneus*, adj. dér. de *succedere* au sens de « remplacer ».

B. base -cesse-

♦ 1 ❘ ACCESSION XIIᵉ s. : *accessio*, dér. de *accedere* ; ACCESSIBLE et INACCESSIBLE XIVᵉ s. : bas lat. *(in) accessibilis* ; ACCESSIBILITÉ XVIIᵉ s. ; ACCESSIT XIXᵉ s. : mot lat., parfait de *accedere* « il s'est approché (du prix) », du temps où les distributions de prix avaient lieu en lat. ; ACCESSOIRE XIIIᵉ s., jur., XVᵉ s., élargissement du sens : lat. médiéval *accessorius* « qui vient s'ajouter », dér. de *accedere* ; ACCESSOIRISTE XXᵉ s., théâtre et cinéma. ♦ 2 ❘ CESSION XIIIᵉ s. : *cessio* ; CESSIBLE XVIIᵉ s. : bas lat. *cessibilis*, dérivés de *cedere* ; CESSIBILITÉ XIXᵉ s. ; CESSIONNAIRE XVIᵉ s. ♦ 3 ❘ CONCESSION XIIIᵉ s. : *concessio*, de *concedere* ; CONCESSIONNAIRE XVIIIᵉ s. ; CONCESSIF XVIᵉ s. ♦ 4 ❘ EXCESSIF XIIIᵉ s. : dér. de *excès*. ♦ 5 ❘ INTERCESSEUR XIIIᵉ s. : *intercessor*, de *intercedere* ; INTERCESSION XIIIᵉ s. : *intercessio*. ♦ 6 ❘ PRÉDÉCESSEUR XIVᵉ s. : bas lat. *praedecessor*, de *prae* « avant », et *decessor* « qui s'en va », dér. de *decedere* → DÉCÉDER. ♦ 7 ❘ PROCESSION XIIᵉ s. : *processio*, de *procedere* ; PROCESSIONNAIRE XIVᵉ s., subst., lit., XVIIIᵉ s., zool. ; PROCESSIONNEL XIIIᵉ s. ; PROCESSIONNER XVIIIᵉ s. ♦ 8 ❘ PROCESSUS XVIᵉ s. : mot lat., étymon de PROCÈS, dér. de *procedere* ; PROCESSIF XVIᵉ s. : dér. de PROCÈS. ♦ 9 ❘ RÉCESSION XIXᵉ s. : *recessio*, de *recedere* ; RÉCESSIF, RÉCESSIVITÉ

XX⁰ s. ♦ 1101 **RÉTROCESSION** XVI⁰ s. : *retrocessio*, de *retrocedere*. ♦ 1111 **SÉCESSION** XIV⁰ s. « rébellion », XVI⁰ s. « acte de se séparer » : *secessio*, de *secedere* ; **SÉCESSIONNISTE** XIX⁰ s. ♦ 1121 **SUCCESSION** XII⁰ s. : *successio*, de *succedere* ; **SUCCESSIF** XIV⁰ s. : lat. imp. *successivus* ; **SUCCESSEUR** XII⁰ s. : *successor* ; **SUCCESSORAL** XIX⁰ s. ♦ 1131 **CESSATION** XIV⁰ s. : *cessatio*.

C. base *-cès*

♦ 111 **ABCÈS** XVI⁰ s. : *abcessus*, de *ab* et *cedere* « s'éloigner », calque du gr. *apostêma* « éloignement », qui avait pris dans la langue des médecins le sens de « corruption » et d'« abcès ». ♦ 121 **ACCÈS** XIII⁰ s. « possibilité d'accéder », XIV⁰ s., méd., « crise » : *accessus*, de *accedere*. ♦ 131 **DÉCÈS** XI⁰ s. : *decessus*, de *decedere*. ♦ 141 **EXCÈS** XIII⁰ s. : *excessus*, de *excedere*. ♦ 151 **PROCÈS** XII⁰ s., jur., « contrat », XIII⁰ s. « développement » et « action judiciaire », XX⁰ s., linguist. : *processus*, de *procedere* ; **PROCÈS-VERBAL** XIV⁰ s. « constat judiciaire », XIX⁰ s. « contravention » et « compte rendu de séance ». ♦ 161 **SUCCÈS** XVI⁰ s. « succession », « manière dont une chose arrive » et « réussite », seul sens encore vivant : *successus* « succession » et « réussite », de *succedere* ; **INSUCCÈS** XVIII⁰ s.

CÉTACÉ (sav.) XVI⁰ s. : lat. scient. mod. *caetaceus*, dér. du lat. *cetus*, du gr. *kêtos* « gros poisson », « baleine », « dauphin », « thon ».

CHACAL XVII⁰ s. : turc *tchaqâl*, du persan *chagâl*.

CHAGRIN XVII⁰ s. : turc *çâgri* « peau de la croupe des animaux », « sorte de cuir » soit directement, soit par le vénitien *sagrin* (it. *zigrino*) de même origine ; a pu subir l'infl. de *grain* et de *chagrin* (→ article suivant) ; **CHAGRINER** XVIII⁰ s. « travailler le chagrin ».

CHAGRINER (pop.) début XV⁰ s., var. *chagrigner* au XVI⁰ s. : mot obscur ; on a pensé à un composé de *chat* et de *grigner* « gémir comme un chat », comparable à l'all. *Katzenjammer* « lamentation des chats » ou « profond malaise » ; mais cette formation, normale en allemand, est en fr. morphologiquement incompréhensible et l'hypothèse d'un calque est peu vraisemblable. De plus *grigner* signifie plutôt « grincer des dents » que « gémir ». Il vaudrait mieux voir dans le 2⁰ élément une var. de l'anc. fr. *graignier* « attrister », apparenté à *graim* « soucieux », du frq. **gram*, et à *graigne* « maussaderie », du frq. **grami* ; mais le 1ᵉʳ élément reste obscur ; **CHAGRIN** fin XIV⁰ s., adj., XVI⁰ s., subst. : dér. de *chagriner*.

CHAÎNE famille du lat. *catenae* (plur.) « chaînes », sing. rare *catena*, d'où les adj. *catenarius* et *catenatus* « enchaîné », bas lat. neutre *catenatum* « cadenas » ; (*con*)*catenatio* « enchaînement » ; lat. vulg. **catenio, -onis* « chaîne, lien ».

I. mots populaires

♦ 111 **CHAÎNE** XI⁰ s., sens propre, XVII⁰ s. « état de galérien » et *chaîne de montagnes*, XIX⁰ s. *faire la chaîne*, XX⁰ s. sens industriel et techn. : *catēna* ; **CHAÎNETTE** XII⁰ s. ; **CHAÎNON** XIII⁰ s. ; **CHAÎNER** XIII⁰ s. ; **ENCHAÎNER** XI⁰ s., sens propre, XVII⁰ s. « créer un lien entre deux choses » ; **ENCHAÎNEMENT** XIV⁰ s. ; **DÉCHAÎNER** XII⁰ s. sens propre, XVII⁰ s. sens fig. ; **DÉCHAÎNEMENT** XVII⁰ s. ♦ 121 **CHIGNON** XI⁰ s. d'abord *chaaignon* « lacet », « chaîne », « collier » et *le chaaignon du col* « les vertèbres de la nuque, qui forment une sorte de chaîne » ; XVIII⁰ s. « tresse de cheveux relevée sur la nuque » : **catenio, -onis*. Le *i* peut être dû, outre une tendance dial., en particulier picarde, à fermer *ai* en *i* devant *gn*, à l'influence de *tignasse* ou de *échine* ; il existe une forme *eschignon* au XVI⁰ s. ♦ 131 **CADENAS** XVI⁰ s. : prov. *cadenat*, du bas lat. *catenatum* ; **CADENASSER** XVI⁰ s.

II. mots savants

♦ 111 **CATÉNAIRE** XIX⁰ s. : lat. *catenarius*. ♦ 121 **CONCATÉNATION** XVI⁰ s. : *concatenatio*.

CHAIR famille d'une rac. ind.-eur. **(s)ker* « couper », « séparer », « partager », pouvant apparaître avec ou sans sifflante initiale, à laquelle se rattachent les mots lat. suivants : (1) avec une voyelle *a* : *caro*, *carnis* « chair » ; dér. lat. class. *carnarium* « garde-manger » et *carnivorus* « qui mange la viande » ; *carnatio* « embonpoint » ; lat. vulg. **carnūtus* « charnu », **excarnare, -atus* « ôter la chair » ; **caronia* « charogne » ; lat. eccl. *carnalis* « charnel » ;

CHAIR

incamāre, -ātus « incarner », d'où *incarnatio* (2) avec une voyelle *e* : *cena* « le dîner », issu de **ker-t-sna*, littéralement « partage », « répartition » ; d'où *cenaculum* « salle à manger » (3) avec une voyelle *o* : (a) *scortum* « peau », « cuir », « prostituée », qui a dû prendre sous l'infl. du suivant le sens d'« écorce » ; adj. dér. *scorteus* ; (b) *cortex, -icis*, « écorce », d'où *de-*, *ex-corticare* « enlever l'écorce » ; (c) *corium* « cuir », d'où *coriaceus* « en cuir » et bas lat. *excoriare* « enlever le cuir » ; (d) *curtus* « tronqué », « écourté », d'où lat. vulg. **accurtiare*. Donc, étymologiquement, la chair est ce qu'on partage ; le cuir, l'écorce sont ce qu'on détache du reste.

I. mots populaires

A. famille de *caro*

1. CHAIR XVᵉ s. a remplacé, phonétiquement (encore qu'avec une orthographe savante), l'anc. fr. *cham* XIᵉ s. : *carnem*, acc. de *caro* ; au sens alimentaire, *chair* a été éliminé au XVIIᵉ s. par *viande* (→ VIVRE), pour éviter l'homonymie avec *chère* (→ COR) qui avait fini par prendre le sens de « repas ».

2. base *cham-*

♦|1| **CHARNEL** XIᵉ s. : *carnalis* ; **CHARNIER** XIᵉ s. : *carnarium* ; **CHARNU** XIIIᵉ s. : *carnutus*. ♦|2| **DÉCHARNER** XIIᵉ s. : dér. de *escharné* : *excarnatus* ; **ACHARNER** XIIᵉ s., vénerie, XVᵉ s., sens fig. : verbe formé sur *cham*, littéralement « exciter le goût de la chair chez les animaux utilisés pour la chasse » ; **ACHARNEMENT** XVIIᵉ s.

3. base *char-*

♦|1| **CHARCUTIER** XVᵉ s., sous la forme *chaircuitier* : dér. de *chair cuite* ; **CHARCUTERIE** XVIᵉ s. ; **CHARCUTER** XVIᵉ s. : « faire de la charcuterie », XIXᵉ s., sens fig. ♦|2| **CHAROGNE** XIIIᵉ s. : **caronia* ; **CHAROGNARD** XIXᵉ s.

4. bases *carn-* et *car-* (mots d'emprunt). ♦|1| **CARNAGE** XVᵉ s. : it. *carnaggio*, dér. de *carne*. ♦|2| **CARNIER** XVIIIᵉ s. : mot prov., dér. de *carn* « chair » ; **CARNASSIER** XVIᵉ s., mot prov., dér. de *carnasso* « viande abondante », de *carn* « chair » ; **CARNASSIÈRE** XVIᵉ s. : prov. *carnassiero* apparenté au précédent. ♦|3| **CARNAVAL** une fois au XIIIᵉ s., puis au XVIᵉ s. : it. *carnevale* altération de *carne levare* « ôter la viande », désignation du mardi gras, veille du carême, dernier jour où il était permis de manger de la viande ; **CARNAVALESQUE** XIXᵉ s. : it. *carnavalesco*. ♦|4| **CARNE** XIXᵉ s., argot « mauvaise viande » : it. *carne* « viande ». ♦|5| **INCARNAT** XVIᵉ s. : it. *incarnato* « couleur de chair ». ♦|6| **CAROGNE** XIIᵉ s. : équivalent normanno-picard du fr. *charogne*.

B. famille de *corium*

♦|1| **CUIR** XIᵉ s. « peau de l'homme aussi bien que des animaux », XVIIIᵉ s., sens restreint aux animaux, et « mot écorché », dans l'expression *faire un cuir* : *corium*. ♦|2| **CURÉE** XVᵉ s., continue phonétiquement *cuirée* XIVᵉ s. « parties du gibier qu'on donnait à manger aux chiens de chasse après les avoir étendues sur le cuir de la bête tuée et dépouillée ». ♦|3| **CUIRASSE** XIIIᵉ s. qui a éliminé *broigne*, XIᵉ s., n'est sans doute pas un dér. français de *cuir*, étant donné la rareté du suff. ; il serait plutôt une adaptation de l'it. *corazza*, qui peut très bien remonter directement à *coriacea* (l'esp. *coraza*, de même origine, est attesté plus tardivement) ; on peut aussi penser à un empr. direct à l'anc. aragonais *cuyraza* ; **CUIRASSIER** XVIᵉ s., adj. XVIIᵉ s. ; **CUIRASSER** XVIIᵉ s. ; **CUIRASSÉ** XIXᵉ s., subst. masc., mar.

C. famille de *scortum*

ÉCORCE XIIᵉ s. : *scortea* ; **ÉCORCER** XIIᵉ s.

D. famille de *cortex*

ÉCORCHER XIIᵉ s. : *excorticāre* ; **ÉCORCHURE, ÉCORCHEUR, ÉCORCHEMENT** XIIIᵉ s.

E. famille de *curtus*

♦|1| **COURT** XIᵉ s. : *cŭrtus* ; **COURTAUD** XVᵉ s. ; **ÉCOURTER** XIIᵉ s. ♦|2| **RACCOURCIR** XIIIᵉ s. : dér. de *accourcir* XIIᵉ s., réfection, par changement de conjugaison, de *acorcier*, de **accŭrtiāre* ; **RACCOURCI** XVᵉ s., subst. XVIᵉ s. ; **RACCOURCISSEMENT** XVIᵉ s. Pour les mots scientifiques exprimant l'idée de « court » → BRACHY-.

II. mots savants

A. famille de *caro*

♦|1| **CARNÉ** XVIIᵉ s. : lat. *carnatus* ; **CARNATION** XVᵉ s. : *carnatio*, avec influence, pour le sens, de l'it. *carnagione* « couleur de la chair ». ♦|2| **INCARNER** XVᵉ s. : *incarnare* ; **INCARNATION** XIIᵉ s. : *incarnatio* ; **RÉINCARNER** XXᵉ s. : **RÉINCARNATION** XIXᵉ s. ♦|3| **CARNIVORE** XVIᵉ s. : *carnivorus*. ♦|4| **CARONCULE** XVIᵉ s. : *caroncula*, dimin. de *caro*.

B. famille de *corium*

EXCORIER XVIᵉ s. : *excoriare* ; **EXCORIATION** XIVᵉ s. ; **CORIACE** XVᵉ s. : *coriaceus*.

C. famille de *cortex*

♦111 CORTEX XXᵉ s., anat. : mot lat. ; CORTICAL XVIᵉ s., bot., XXᵉ s., anat. : dér. de *cortex*, *-icis* ; CORTISONE XXᵉ s. : mot angl., abrév. de *corticosterone* ; CORTICO- XXᵉ s. 1ᵉʳ élément de composés sav., ex. : CORTICOSURRÉNAL XXᵉ s. ♦121 DÉCORTIQUER XIXᵉ s. : *decorticare* ; DÉCORTICATION XVIIIᵉ s. : *decorticatio*.

D. famille de *cena*

CÈNE XIIᵉ s. : *cena* ; CÉNACLE XIIIᵉ s., salle où eut lieu la dernière Cène du Christ, XIXᵉ s., groupement littéraire : *cenaculum*.

CHALAND (demi-sav.) XIᵉ s. : gr. byzantin *khelandion* « bateau plat ».

CHÂLE XVIIᵉ s. : hindî *shal*, par l'angl. *shawl*.

CHALLENGE famille du lat. *calumnia* « intrigue, superchérie ».

I. mots populaires

CHALLENGE XIXᵉ s. : mot angl. empr. à l'anc. fr. *chalenge* « débat judiciaire », « dispute », var. de *chalonge*, de *calumnia* ; CHALLENGER, subst. empr. à l'angl. ; CHALLENGEUR XXᵉ s.

II. mots savants

CALOMNIE XIVᵉ s. : *calumnia* ; CALOMNIATEUR XIIIᵉ s. : *calumniator* ; CALOMNIEUX XIVᵉ s. : *calomniosus* ; CALOMNIER XIVᵉ s. : *calumniari*.

CHALOUPE (pop.) XVIᵉ s. : mot obscur dont une variante *saloupe* a été empr. dès le milieu du XVIᵉ s. par le néerl. pour désigner un bateau, le *sloep* ; on a proposé pour *chaloupe* le dial. Ouest *chalope* « coquille de noix », croisement d'une var. de *écale*, du frq. **skala*, avec *enveloppe* ; mais si vraiment *chaloupe* et *saloupe* sont bien le même mot, cette hypothèse est peu probable.

CHALUT (pop.) XVIIIᵉ s. et *chalon* XVIIᵉ s. : mots dial. de l'Ouest, d'origine obscure ; CHALUTIER XIXᵉ s.

CHAMARRER ♦111 XVIᵉ s. : dér. de *chamarre* XVᵉ s., var. de *samarre* XVᵉ s., de l'esp. *zamarra* « vêtement de berger », issu du basque *zamar* (*zamarra* avec l'article) « toison des bêtes à laine », ou du mot ibère correspondant ; CHAMARRURE XVIᵉ s. ♦121 SIMARRE XVIIᵉ s. : it. *zimarra*, altération de l'esp. *zamarra*.

CHAMBARDER et **CHAMBOULER** (pop.) XIXᵉ s. : mots obscurs. CHAMBARDER apparaît sous la forme *chamberder* « bouleverser », « renverser », dans l'argot de mar. ; des formes voisines se trouvent dans des dial. éloignés des côtes. CHAMBOULER est lorrain. Il s'agit probablement du croisement de *chant* « côté » (→ ce mot) avec *bouler* (→ BOULE) et *barder* (→ BARAQUE) ; le sens originel serait dans le 1ᵉʳ cas « faire rouler », dans le 2ᵉ « faire glisser sur le côté ».

CHAMBRE famille du lat. *camera*, altération du gr. *kamara* « toiture voûtée », d'où *camerare* « construire en voûte » et bas lat. *camerarius* « camérier ». Le mot *camera* a été empr. par le germ., d'où frq. **kamarling* et all. *Kammer*.

I. mots populaires

♦111 CHAMBRE XIᵉ s. « assemblée judiciaire », XXᵉ s., *chambre à air* : *camera* ; CHAMBRETTE XIIᵉ s. ; CHAMBRIÈRE XIIᵉ s. ; CHAMBRÉE XVIᵉ s. ; CHAMBRER XVIIIᵉ s. ♦121 CHAMBRANLE XVIᵉ s. : altération, par croisement avec *branler*, de *chambrande* XIVᵉ s. : *cameranda*, gérondif substantivé de *camerare*. ♦131 ANTICHAMBRE XVIᵉ s. : dér. de *chambre* formé à l'imitation de l'it. *anticamera*. ♦141 CHAMBELLAN XIᵉ s. : frq. **kamarling* « attaché à la chambre (du trésor du souverain) » avec influence de *chambre* pour le *b*.

II. mots d'emprunt

♦111 CABARET XIIIᵉ s. : moyen néerl. *cabret*, du picard *cambrette* « petite chambre » ; CABARETIER XIVᵉ s. ♦121 CAMBRIOLER, CAMBRIOLEUR, CAMBRIOLE XIXᵉ s. : dér. de l'argot *cambriole* XVIIIᵉ s. « maison », « chambre », lui-même dér. du prov. *cambro* « chambre », de *camera* ; CAMBRIOLAGE XXᵉ s. ♦131 CAMARADE XVIᵉ s. « chambrée » d'où « compagnon de chambrée » et « compagnon d'armes » : esp. *camarada* « chambrée », dér. de *camara*, du lat. *camera* ; CAMARADERIE XVIIᵉ s. ♦141 CAMARILLA XIXᵉ s., polit. : mot esp., « cabinet particulier du roi ». dér. de *camara*. ♦151 CAMÉRA XIXᵉ s., optique, *camera-lucida*, XXᵉ s., cinéma : it. *camera (lucida)*

« chambre (claire) », du lat. *camera* ; **CAMÉRIER** XVIᵉ s. : it. *cameriere*, dér. de *camera*. ♦161 **CAMÉRISTE** XVIIᵉ s. : esp. *camarista*, dér. de *camara*, avec infl. pour la voyelle *e*, des formes italiennes. ♦171 **CAMERLINGUE** XVᵉ s. : it. *camerlingo*, du lat. médiéval *camarlingus*, du frq. **kamarling*, équivalent it. de *chambellan*.

III. mots savants

BICAMÉRISME et **MONOCAMÉRISME** XXᵉ s., polit. : dér. sav. formés sur la base du lat. *camera*.

CHAMEAU (pop.) XIᵉ s., XIXᵉ s., familier « personne méchante » : altération, par substitution de suff., de *chameil*, du lat. *camelus*, empr. au gr. *kamêlos*, mot d'origine sémitique ; **CHAMELLE** XIIᵉ s., sous la forme *chamoille* ; **CHAMELIER** XIIIᵉ s.

CHAMOIS (pop.) XIVᵉ s. : *camox*, mot attesté une seule fois en bas lat. D'origine alpestre, prélat., p.-ê. pré-ind.-eur., ce mot a pu être rapproché d'une forme caucasienne *kamus* « buffle » ; **CHAMOISER** XVIIIᵉ s. : « préparer le cuir » ; **CHAMOISEUR**, **CHAMOISERIE** XVIIIᵉ s. ; **CHAMOISAGE** XIXᵉ s.

CHAMP famille du lat. *campus* « terrain plat » d'où « champ ». Dér. (1) les adj. *campestris* et *campanus*, *neus*, *-nius* « de plaine » ; le fém. substantivé *campania* a servi de nom à diverses régions (2) lat. vulg. **campaniolus* « champignon » (3) le mot *campus* a été empr. par les mercenaires germains qui en ont fait **kamp* « champ de bataille » (→ all. *Kampf* « combat ») d'où le bas lat. *campio*, *-ōnis* « combattant ».

I. mots populaires

♦111 **CHAMP** XIᵉ s. : *campus* ; **CHAMPI** XIVᵉ s., XIXᵉ s. chez G. Sand : « (enfant) trouvé dans un champ », empr. au dial. berrichon ; **CHAMPART** XIIIᵉ s., féod., « part des gerbes. qui revenait au seigneur de certains fiefs » : de *champ* et *part*. Pour les mots sav. exprimant l'idée de « champ » → AGRO-, art. ACRE. ♦121 **CHAMPÊTRE** XIᵉ s. : *campestris*. ♦131 **CHAMPAGNE** Xᵉ s. : nom commun, puis spécialisé en toponymie, a désigné en particulier la plaine ou *champagne* de Cognac, d'où la **FINE CHAMPAGNE** (eau-de-vie), et la province de *Champagne*, productrice du **CHAMPAGNE** XVIIᵉ s., vin blanc mousseux : *campania* ; **CHAMPAGNISER** XIXᵉ s. ; **CHAMPAGNISATION** XXᵉ s. ♦141 **CHAMPIGNON** XIVᵉ s. : altération, par substitution de suff., de *champegnuel* XIIᵉ s., de **campaniolus* ; **CHAMPIGNONNIÈRE** XVIIᵉ s. Pour les mots scientifiques exprimant l'idée de « champignons » → MYCÉ-. ♦151 **CHAMPION** XIᵉ s. : *campio*, *-ōnis* ; **CHAMPIONNE** XVIᵉ s. ; **CHAMPIONNAT** XIXᵉ s.

II. mots d'emprunt

♦111 **CAMP** XVᵉ s., sens milit. : it. *campo* (ou la forme prov. correspondante), de *campus* ; la forme picarde *camp* « champ » est antérieure mais n'avait pas le sens de « camp » ; **CAMPER, CAMPEMENT** XVIᵉ s. ♦121 **CAMPING** XXᵉ s. : mot angl. dér. de *to camp* « camper », de même origine ; **CAMPEUR** XXᵉ s. ♦131 **DÉCAMPER** XVIᵉ s. : forme renforcée de *escamper* XVIᵉ s. : it. *scampare*, dér. de *campo* ; **PRENDRE LA POUDRE D'ESCAMPETTE** XVIIIᵉ s. : dér. de *escamper*. ♦141 **CAMPAGNE** XIIᵉ s., espace découvert : forme normanno-picarde de *champagne* ; XVIᵉ s., *armée en campagne*, XVIIᵉ s., *campagne militaire*, et la *campagne* opposée à *la ville* : it. *campagna*, du lat. *campania* ; **CAMPAGNARD** XVIIᵉ s. ; **CAMBROUSE** ou **CAMBROUSSE** XIXᵉ s. : altération de **CAMPLOUSE** XIXᵉ s., déformation argotique de *campagne*, avec infl. de *brousse* sur la forme à *-ss-*. ♦151 **CAMPANE** XIVᵉ s. « cloche » : it. *campana* « cloche », du bas lat. neutre plur. *(vasa) campana* « (vases) (de bronze) campaniens », c.-à-d. fabriqués dans la plaine de Naples appelée en it. et en lat. *Campania*, équivalent du fr. *Champagne* ; **CAMPANILE** XVIᵉ s. : it. *campanile* « clocher » ; **CAMPANULE** XVIIIᵉ s. : *campanula*, dimin. de *campana*. ♦161 **CAMPUS** XXᵉ s. mot lat. par l'anglo-américain.

III. mot savant

CAMPOS XVᵉ s., *donner, avoir campos*, souvent prononcé *campo*, à la manière ancienne : mot lat. tiré des expressions jadis usuelles dans les collèges, *ire ad campos* « aller aux champs », *habere campos* « avoir (la permission d'aller aux) champs », c.-à-d. « en vacances ».

CHANCRE famille du lat. *cancer*, *-cri* « crabe », « écrevisse », puis « chancre », apparenté au gr. *karkinos*, mêmes sens, d'une racine **kankr-* homonyme de celle

qui apparaît dans *cancri* « treillis »
→ CHARTRE.

I. mots populaires issus du latin

♦111 CHANCRE XIIIe s. ulcère, XVIIe s. sens
fig. ; *cancer*, ♦121 ÉCHANCRER XVIe s. ; dér.
de *chancre*, littéralement « creuser
comme le fait un chancre » ; ÉCHANCRURE
XVIe s.

II. mots savants issus du latin

♦111 CANCRE XIIIe s. « crabe », XVIIe s. « miséreux », XIXe s., « mauvais élève » : *cancer*.
♦121 CANCER XIVe s., signe du zodiaque,
XVIe s., maladie : mot lat. ; CANCÉREUX
XVIIIe s. : *cancerosus*, même sens ; CANCÉRISER, CANCÉRISATION, CANCÉRIGÈNE,
CANCÉROLOGIE XXe s.

III. mot savant issu du grec

CARCINOME XVIe s. : gr. *karkinôma*, dér. de
karkinos au sens de « tumeur ».

CHANDELLE famille d'un radical lat.
cand- qui apparaît dans (1) *candère* « être
enflammé » (2) **candère* « enflammer », qui
n'est attesté qu'en composition sous la
forme *-cendere*, par ex. dans *incendere*,
incensus « incendier », « enflammer », d'où
lat. eccl. *incensum*, part. passé neutre
substantivé, « toute matière brûlée en
sacrifice » ; *incendium* « incendie » (3) *(in)
candescere* « s'échauffer », « chauffer à
blanc » (4) *candor, -oris* « blancheur éclatante » : *candidus* « blanc brillant » : *candidatus* « vêtu de la toge blanche de ceux qui
briguaient une fonction publique » (5) *candela* « cierge » et *candelabrum* « chandelier » (6) *cicindela* « ver luisant ».

I. mots populaires

♦111 CHANDELLE XIVe s. : altération, par
substitution du suff. *-elle* à la dernière syllabe, de *chandoile* XIIe s., de *candēla* ;
CHANDELIER XIIe s. ♦121 CHANDELEUR
XIIe s. : du lat. vulg. **candelōrum*, génitif
plur. masc. qui, probablement sous l'infl.
de *cereōrum* (gén. de *cereus* « cierge »),
s'était substitué à *candelarum* dans
l'expression *festa candelarum* « fête des
chandelles », fête de la purification de la
Vierge et de la présentation de Jésus au
Temple, où les fidèles vont en procession,
un cierge à la main, pour rappeler Marie
portant Jésus, lumière du monde.

II. mots savants

♦111 ENCENS XIIe s. : *incensum* ; ENCENSER
XIe s. au sens propre, XVIIe s. au sens fig. ;
ENCENSEMENT XIIe s. ; ENCENSOIR XIIIe s. ;
ENCENSEUR XIVe s. ♦121 INCANDESCENT
XVIIIe s. : *incandescens*, part. présent de
incandescere ; INCANDESCENCE XVIIIe s.
♦131 INCENDIE XVIIe s. de *incendium*, a éliminé *brûlement* et, en partie, *embrasement* ; INCENDIER fin XVIe s. (var. *encendir*
au XIIIe s.), XXe s. sens fig., « injurier » ;
INCENDIAIRE XIIIe s. : lat. imp. *incendiarius*.
♦141 CANDÉLABRE XIIIe s., élimine *chandelabre* XIe s. : *candelabrum*. ♦151 CICINDÈLE
XVIe s. zool. : *cicindela*. ♦161 CANDIDE XVe s. :
candidus ; CANDEUR XVe s. : *candor, -oris*.
♦171 CANDIDAT XIIIe s. : *candidatus* ; CANDIDATURE XIXe s.

CHANGER famille du bas lat. *cambiare*, lat. imp. *cambire*, mot technique du
vocabulaire commercial, sans doute empr.
au celtique.

I. mots populaires

♦111 CHANGER XIIe s. : *cambiare* ;
INCHANGÉ XIXe s. ; CHANGE XIIe-XVII{e} s.
« changement », sens qui subsiste dans
gagner au change, XIIIe s., finances, sous
l'influence de l'it. *cambio* ; CHANGEUR
XIIe s. ; CHANGEMENT XIIe s. ♦121 ÉCHANGER XIIe s. ; lat. vulg. **excambiare* ;
ÉCHANGE XIe s. ; ÉCHANGEABLE XVIIIe s. ;
ÉCHANGEUR XXe s. ; techn. ; LIBRE-ÉCHANGE XIXe s. : calque de l'angl. *free-trade* ; LIBRE-ÉCHANGISME, LIBRE-ÉCHANGISTE XIXe s. ♦131 RECHANGER
XIIe s. ; RECHANGE XIVe s. ♦141 INTERCHANGEABLE XIXe s.

II. mot d'emprunt

CAMBISTE XVIIe s., terme de bourse : it.
cambista, dér. de *cambio* « change ».

CHANOINE famille du gr. *kanôn,
-onos* « tige de roseau » et « règle » (probablement apparenté à *kanna* → CHENAL),
d'où *kanonikos* « régulier », puis
« conforme aux canons de l'Église », « versé
dans la connaissance des canons de
l'Église » ; *kanonizein* « soumettre à une
règle », « mesurer, juger d'après une
règle ». Tous ces mots ont été empr. par le
lat. imp. et plus particulièrement par le lat.
eccl. : *canon, -onis, canonicus, canonizare*
« mettre au nombre des livres canoniques », puis « canoniser », *canonicalis*, et
canonicatus.

I. mots demi-savants

CHANOINE XIe s. ; *(clericus) canonicus*

CHANT

« (clerc) versé dans la connaissance des canons de l'Église » ; **CHANOINESSE** XIIe s..

II. mots savants
CANON XIIIe s. ; théol. : *canon, -onis*, d'où **CANONISTE** XIVe s. ; **CANONIQUE** XIIIe s. : *canonicus* « conforme aux canons de l'Église », d'où **CANONICITÉ** XVIIe s. ; **CANONIAL** XIIe s. : *canonicalis* ; **CANONICAT** XVIIe s. : *canonicatus* ; **CANONISER** XIIIe s. : *canonizare*, d'où **CANONISATION** XIIIe s.

CHANT famille du lat. *canthus* « bandage de la jante d'une route », probablement empr., comme le gr. *kanthos*, au celtique.

I. mots populaires
♦ 1| **CHANT** XIIe s., techn. « côté le plus étroit d'une pièce équarrie », en particulier dans l'expression *mettre, placer de chant* : *canthus* ; **CHANTEAU** XIIe s. « partie d'un bouclier », « pièce du fond d'un tonneau », XIVe s. « tranche de pain » : dér. de *chant*. ♦ 2| **CHANTOURNER** XVIIe s., techn. de *chant* et *tourner*. ♦ 3| **CHANLATTE** XIIIe s., charpente : de *chant* et de *latte*. ♦ 4| **CHANFREIN** XVe s. « taille oblique d'une pièce de bois ou d'une pierre » : dér. de *chanfraindre* XIVe s. « tailler en biseau », de *chant* et de *fraindre* « briser » (→ ENFREINDRE).

II. mots d'emprunt
♦ 1| **CANTINE** XVIIe s. : it. *cantina* « cave », dér. de *canto* « petit coin », de *canthus* ; **CANTINIER** XVIIIe s. ♦ 2| **CANTON** XVIIIe s. « coin » puis « coin de rue », « petit territoire », et terme de blason, XVe s. ; *canton suisse*, XVIIIe s., division territoriale fr. : lombard *cantone* « région », avec influence de la forme prov. correspondante *cantoun* « coin » ; **CANTONAL** XIXe s. ; **CANTONNIER** XVIIIe s. ♦ 3| **CANTONNIÈRE** XVIe s. : tapisserie, ferronnerie, « pièce qui garnit les coins ». ♦ 4| **CANTONNER** XIIIe s. **CANTONNEMENT** XVIIe s. ♦ 5| **CANTONADE** XVe s. « coin de rue », XVIIe s., théâtre : it. *cantonata*, ou prov. *cantonada*, même sens.

III. mots savants
DÉCANTER XVIIIe s. : lat. des alchimistes *decanthare*, dér. de *canthus* employé avec le sens de « bec de cruche » ; **DÉCANTATION** XVIIe s. : *decanthatio*.

CHANTER famille du lat. *canere, cantum* « chanter », d'où (1) *carmen, -inis* « formule magique rythmée » puis « toute espèce de chant, même celui d'un instrument », issu de *can-men* par dissimilation (2) lat. imp. *accinere, accentum*, issu de *ad-canere* « chanter sur », d'où *accentus, -us* « accent » (3) *cantus, -us* « chant » : *cantio, -onis*, archaïque et postclass. « chant » ; *canticum* « partie chantée d'une comédie », puis en lat. eccl. « cantique » ; *cantilena* « refrain », « chanson » ; *cantor, -oris* « chanteur » (4) *cantare, cantatus* « chanter » ; *cantator, cantatrix* « chanteur, chanteuse » ; *incantare* « chanter une formule magique », *incantatio, -onis* « formule magique ».

I. mots populaires
♦ 1| **CHANTER** Xe s., XIXe s., *faire chanter* : *cantare* ; **DÉCHANTER** XIIIe s., mus. « exécuter une seconde partie en même temps que le chant principal », interprété comme une forme négative de *chanter*, d'où le sens moderne « changer de ton », « rabattre de ses prétentions » : lat. médiéval *discantare* ; **CHANTONNER** XVIe s. ♦ 2| **CHANTEPLEURE** XIIe s., désigne divers objets servant à l'écoulement de liquides : de *chanter* et *pleurer* ; **CHANTERELLE** XVIe s., corde la plus aiguë du violon : dérivé de *chanter*, au sens propre ; **CHANTAGE** XIXe s., dér. de *chanter*, en emploi argotique. ♦ 3| **CHANT** XIIe s. : *cantus* ; **DÉCHANT** XIIIe s., mus. : lat. médiéval *discantus*, de *discantare*. ♦ 4| **CHANTRE** XIIIe s. « chanteur » en général, XVe s., plus particulièrement, « chanteur d'église » : représente le nominatif *cantor*. C'est un ancien cas sujet. **CHANTEUR** XIIe s. forme dans laquelle se trouvent actuellement confondus les représentants de *cantōrem*, acc. de *cantor*, et *cantatōrem*, acc. de *cantator* ; **CHANTEUSE** XVIe s. : a éliminé *chanteresse*. ♦ 5| **CHANSON** XIe s. : *cantio, -onis* ; **CHANSONNETTE** XIIe s. ; **CHANSONNIER** XIVe s., « recueil de chansons », XVIe s., exécutant, XVIIe s., auteur ; **CHANSONNER** XVIe s. ♦ 6| **ENCHANTER** XIe s. « exercer un pouvoir magique », XVIe s. « plaire » : *incantare* ; **ENCHANTEMENT** XIIe s. ; **ENCHANTEUR** XIe s. ; **DÉSENCHANTER** XIIIe s. ; **DÉSENCHANTEMENT** XVIe s. ♦ 7| **CHARME** XIIe s. « puissance magique », XVIIe s. « attrait » :

carmen, -īnis ; **CHARMER** XIIIᵉ s. ; **CHARMANT** XVIᵉ s. ; **CHARMEUR** XIIIᵉ s.

II. mots d'emprunt

A. italien

◆ |1| **CANTABILE** XVIIIᵉ s., mot it. « (passage) à chanter avec expression » : bas lat. *cantabilis*. ◆ |2| **CANTATE** XVIIIᵉ s., mus. : it. *cantata*, part. passé substantivé de *cantare* « chanter » ; s'opposait à la *sonata* et à la *toccata* jouées par des instruments. ◆ |3| **CANTATRICE** XVIIIᵉ s. : it. *cantatrice* du lat. *cantatrix, -icis*. ◆ |4| **CANTILÈNE** XVIᵉ s. it. *cantilena*, du lat. *cantilena*.

B. anglais **CANT** XIXᵉ s. « affectation de pruderie » : mot angl. « jargon ». « parler affecté » ; a dû désigner, à l'origine, le chant des services religieux, p.-ê. les prêches des moines mendiants. Probablement du lat. *cantus*.

III. mots savants

◆ |1| **ACCENT** XIIIᵉ s. : *accentus* ; **ACCENTUER** XIIIᵉ s. « dire un poème », XVIIᵉ s., sens mod. : bas lat. *accentuare* ; **ACCENTUATION** XVIᵉ s. : bas lat. *accentuatio* ; **INACCENTUÉ** XIXᵉ s. ◆ |2| **CANTIQUE** XIIᵉ s. : *canticum*. ◆ |3| **INCANTATION** XIVᵉ s. : *incantatio* ; **INCANTATOIRE** XIXᵉ s. ◆ |4| **MANÉCANTERIE** XIXᵉ s. « école de chant d'une paroisse » : de *mane* « le matin » et *cantare* « chanter ». ◆ |5| **VATICINER** → ce mot.

CHANTERELLE représentants du gr. *kantharos* « scarabée » et « coupe à deux anses ».

◆ |1| **CHANTERELLE** (demi-sav.) XVIIIᵉ s., sorte de champignon : lat. mod. bot. *cantharella*, « petite coupe », dér. du gr. *kantharos*. ◆ |2| **CANTHARIDE** (sav.) XIIIᵉ s. : gr. *kantharis, -idos*, dér. de *kantharos*, par le lat.

CHANTIER (pop.) XIIIᵉ s. « support », en particulier pour les tonneaux, XIXᵉ s. « dépôt de matériaux », d'où « travail de construction en cours » : lat. *cantherius* « support, étai pour la vigne, étançon, chevron » et « cheval de somme », p.-ê. apparenté à *canthus* « pièce de bois » (→ CHANT et, pour le sens, BIDET, CHEVALET, POUTRE, SOMMIER).

CHANVRE famille du lat. *cannabis* « chanvre », altéré en lat. vulg. *canapus : gr. *kannabis*, lui-même empr. à une langue non ind.-eur.

I. mots populaires

◆ |1| **CHANVRE** XIIIᵉ s., d'abord sous les formes *chaneve, chanve* : *canāpus. **CHÈNEVIÈRE** XIIIᵉ s. : lat. vulg. *canaparia ; **CHÈNEVIS** XIIIᵉ s., d'abord sous la forme *chanevuis* : *canapūtium ; **CHÈNEVOTTE** XVᵉ s. : forme fém. de *chènevot* XIIIᵉ s. : dér. formé sur la base *chenev-* des précédents. ◆ |3| **CANEVAS** XIIIᵉ s. « toile de chanvre », XVIᵉ s., sens mod. : forme picarde équivalant à l'anc. fr. *chanevas*, dér. de *chaneve*.

II. mots savants

◆ |1| **CANNABIS** XXᵉ s. : mot lat. ◆ |2| **CANNABISME** XXᵉ s.

CHAOS ◆ |1| (sav.) XVIᵉ s. : lat. *chaos*, du gr. *khaos* « espace immense et ténébreux qui existait avant l'origine des choses » ; **CHAOTIQUE** XIXᵉ s. ◆ |2| **GAZ** XVIIᵉ s., « substance subtile » ; XVIIIᵉ s., définition physique par Lavoisier ; XIXᵉ s., gaz d'éclairage : altération du lat. *chaos* ; mot créé artificiellement par le médecin flamand van Helmont (XVIIᵉ s.), qui se représentait le « chaos » des Anciens sous cette forme ; **BEC DE GAZ** XIXᵉ s. **GAZEUX** XVIIIᵉ s. ; **GAZER** XIXᵉ s. « flamber au gaz », XXᵉ s. « intoxiquer par les gaz » et « marcher bien » d'abord en parlant d'un moteur (fam.). ◆ |3| **GAZÉI-** 1ᵉʳ élément de composés sav. : **GAZÉIFORME** XIXᵉ s. ; **GAZÉIFIER, -FIABLE, -FICATION** XIXᵉ s. ◆ |4| **GAZO-** 1ᵉʳ élément de composés sav. : **GAZODUC** XXᵉ s. ; **GAZOGÈNE** XIXᵉ s. ; **GAZOMÈTRE** XVIIIᵉ s. ; **GAZOLINE** XIXᵉ s..

CHAPARDER (pop.) XIXᵉ s., d'abord argot de l'armée d'Afrique : dér. de *chapar* « voler », mot de sabir, d'origine obscure ; **CHAPARDEUR, CHAPARDAGE** XIXᵉ s.

CHAPE famille pop. du bas lat. *cappa* « manteau à capuchon », p.-ê. apparentée à *caput* « tête », → CHEF. Dér. (1) les diminutifs *cappella* et *cappellus* (2) lat. vulg. *excappare « se dégager », littéralement « sortir de sa chape ».

I. mots populaires issus du latin

◆ |1| **CHAPE** XIᵉ s. : *cappa* ; **CHAPECHUTE** XIIᵉ s. : littéralement « manteau qu'on a laissé tomber » d'où « heureuse trouvaille » ; **RECHAPER, RECHAPAGE** XXᵉ s., techn. : dér. de *chaper* « couvrir une chape ». ♦ |2| CHAPERON XII⁰ s., coiffure, XVII⁰ s. « duègne » : dér. de *chape* ; CHAPERONNER XII⁰ s. ♦ |3| CHAPEAU XI⁰ s. : « coiffure » et « couronne de fleurs ou de feuilles », jusqu'au XVI⁰ s. : *cappellus* ; CHAPELIER XII⁰ s. ; CHAPELLERIE XIII⁰ s. ♦ |4| CHAPELET XII⁰ s. « couronne de fleurs », en particulier « couronne de roses pour la Vierge », d'où, l'emploi métaph. : dimin. de *chapel*, var. de *chapeau*. ♦ |5| CHAPELLE XI⁰ s. : *capella* ; a désigné à l'origine l'édifice où l'on vénérait la *chape* de saint Martin de Tours ; mot étendu ensuite à divers édifices consacrés ; CHAPELAIN XII⁰ s. ; CHAPELLENIE XV⁰ s. ; ARCHICHAPELAIN XVI⁰ s. ♦ |6| ÉCHAPPER XI⁰ s. : *excappāre* ; ÉCHAPPEMENT XII⁰ s. ; ÉCHAPPATOIRE XV⁰ s. ; ÉCHAPPÉE XV⁰ s. ; RÉCHAPPER XII⁰ s.

II. mots d'emprunt

♦ |1| RESCAPÉ XX⁰ s. : altér. de *récapé*, forme picarde de *réchappé* introduite dans les journaux de Paris à l'occasion de la catastrophe minière de Courrières (1906). ♦ |2| ESCAPADE XVI⁰ s. : it. *scappata* ou esp. *escapada*, équivalents du fr. *échappée*. ♦ |3| CAPE XV⁰ s. : anc. prov. *capa*, avec influence de l'esp. *capa* au XVI⁰ s., équivalent méridional du fr. *chape* ; DÉCAPER XVIII⁰ s. techn. : dér. de *cape* avec valeur métaph., les dépôts enlevés d'une surface métallique étant comparés à une cape ; DÉCAPAGE XIX⁰ s. ; DÉCAPEUSE XX⁰ s. ♦ |4| CAPOT XVI⁰ s. « sorte de cape », et mar. « fermetures étanches diverses », XIX⁰ s. « couverture du moteur d'une automobile » : it. *cappotto* « manteau ». ♦ |5| CAPOTE XVII⁰ s. « manteau militaire », XIX⁰ s. « couverture d'une voiture » : forme fém. de *capot* ; DÉCAPOTER, DÉCAPOTABLE XX⁰ s. ♦ |6| CAPELINE XIV⁰ s. « armure de tête », XVI⁰ s. sorte de chapeau : it. *cappellina*, dér. de *cappello* « chapeau ». ♦ |7| CAPUCE XVI⁰ s. : it. *capuccio* « capuchon », avec prononciation dial. piémontaise ; CAPUCIN XVI⁰ s. : it. *cappucino*, à cause du capuchon qui fait partie de leur habit ; CAPUCINADE XVIII⁰ s. ; CAPUCINE XVII⁰ s., fleur ayant la forme d'un petit capuchon. ♦ |8| CAPUCHON XVI⁰ s. : dér. de *cape* formé sous l'influence de l'it. *capuccio* prononcé à la manière toscane ; CAPUCHE XVII⁰ s. ENCAPUCHONNER fin XVI⁰ s. ; DÉCAPUCHONNER XIX⁰ s. ♦ |9| CAPILOTADE XVI⁰ s.,

cuisine, XVIII⁰ s., sens fig. : altération de *capirotade*, de l'esp. *capirotada* « sauce servant à napper d'autres aliments, sorte de bouillie », dér. de *capirote* « capuchon », lui-même dér. de *capa*. ♦ |10| KÉPI XIX⁰ s. : all. de Suisse *Käppi*, dimin. de *Kappe* « bonnet », du lat. *cappa*.

CHAPELURE (pop.) XIV⁰ s. : dér. de l'anc. fr. *chapeler*, var. de *chapler* « frapper ». « abattre », du bas lat. *capulare* ou **cappulare* « couper », p.-ê. d'origine germ., p.-ê. apparenté à *cappo* → CHAPON.

CHAPON (pop.) XII⁰ s. : lat. vulg. *cappo, -onis*, du lat. imp. *capo, -onis*, lui-même issu du lat. class. *capus, -i*, p.-ê. apparenté à *capulare* (→ CHAPELURE) et au gr. *koptein* « couper » ; CHAPONNER XIII⁰ s.

CHAR famille du lat. *carrus*, mot empr. — comme la plupart des noms lat. de véhicules de transport (→ CHARPENTIER) — au gaulois, p.-ê. à l'époque (IV⁰ s. av. J.-C.) où les Gaulois envahirent l'Italie ; désignait une grande voiture à 4 roues que les Gaulois utilisaient pour transporter leurs bagages, et, la nuit, pour entourer leur camp. Dér. : bas lat. *carricare* « charrier » et *discarricare* ; lat. imp. *carraius* « relatif aux chars » ; *carruca* « voiture d'origine gauloise » et, tardivement, « charrue à roues ».

I. mots populaires issus du latin

A. famille de *carrus*

♦ |1| CHAR XII⁰ s. ; XVII⁰ s. voiture de carnaval, XIX⁰ s. tank : *carrus* ; CHAR À BANCS XVIII⁰ s. : composé d'origine, suisse ; ANTICHAR XX⁰ s. ♦ |2| CHARRETTE XI⁰ s. : dimin. de *char* ; CHARRETÉE XI⁰ s. ; CHARRETIER XII⁰ s. ♦ |3| CHARRON XIII⁰ s. : dér. de *char* ; CHARRONNAGE XVII⁰ s. ♦ |4| CHARRIER XI⁰ s. : var. de l'anc. fr. *charroyer*, du lat. vulg. **carridiare* ; CHARIOT XIII⁰ s. : dér. de *charrier* ; CHARROI XII⁰ s. : dér. de *charroyer*.

B. famille de *carricare*

♦ |1| CHARGER XI⁰ s., XVI⁰ s. dans *charger une arme*, et dans les sens de « revêtir d'une fonction » et d'« attaquer », XIX⁰ s. « accumuler de l'électricité » : *carricāre* ; DÉCHARGER XII⁰ s. : *discarricare* ; RECHARGER XII⁰ s. ; SURCHARGER XII⁰ s. ♦ |2| CHARGE XII⁰ s. ; XVI⁰ s. « fonction » et

« attaque impétueuse », XVIIe s. « caricature » : dér. de *charger* ; **DÉCHARGE** XIVe s. finances, XVIe s. artillerie, XVIIe s. tas d'ordures, XIXe s. électricité ; **RECHARGE** XVe s. ; **SURCHARGE** XVIe s. ♦ |3| **CHARGEMENT** XIIIe s. ; **DÉCHARGEMENT** XIIIe s. ; **RECHARGEMENT** XVe s. ♦ |4| **CHARGEUR** XIVe s. ; **DÉCHARGEUR** XIIIe s.

C. famille de *carrūca* **CHARRUE** XIIe s. ; d'où **CHARRUAGE** XIIIe s.

II. mots d'emprunt

A. famille de *carrus*

♦ |1| **CAR** fin XIXe s., d'abord appliqué aux chemins de fer, ensuite abrév. de *autocar* : mot angl., lui-même empr. à la forme anglo-normande *carre*, du lat. vulg. **carra*, forme neutre plur. ou fém. correspondant à *carrus* ; **SIDE-CAR** fin XIXe s. : mot angl., « voiture de côté ». ♦ |2| **CARRIÈRE** XVIe s. « arène pour les courses de chars », XVIIe s. sens fig., « cours d'une vie » puis « développement d'une vie professionnelle » : anc. prov. *carriera* « rue » du lat. *(via) carraria* « route où peuvent passer des chars », équivalent de l'anc. fr. *chariere*. ♦ |3| **CARRIOLE** XVIe s. : anc. prov. *carriola*, dimin. de *carri* du lat. vulg. **carrium*, dér. de *carrus*. ♦ |4| **CARROSSE** XVIe s. : it. *carrozza*, dér. de *carro*, du lat. *carrus* ; **CARROSSIER** XVIe s. ; **CARROSSABLE, CARROSSERIE** XIXe s.

B. famille de *carricare*

♦ |1| **CARGAISON** XVIe s. : prov. *cargazon*, dér. de *cargar* « charger », de *carricare*. ♦ |2| **CARGUER** XVIIe s., mar. : prov. *cargar* → 1. ♦ |3| **CARGO** XXe s. : abrév. de l'angl. *cargo-boat*, dont le 1er élément est empr. à l'esp. *cargo* « charge », dér. de *cargar* : lat. *carricare*. ♦ |4| **CARICATURE** XVIIIe s., peinture : it. *caricatura*, de l'it. *caricare* « charger, exagérer » : lat. *carricare* ; **CARICATURER, CARICATURAL, CARICATURISTE** XIXe s.

CHARABIA ensemble de mots fondés sur une onom. *ch-r* exprimant un murmure sourd et répété, qu'on trouve dans le prov. *charrar*, l'it. *ciarlare* et l'esp. *charlar* « bavarder ».

♦ |1| **CHARABIA** XIXe s. « parler des Auvergnats » : sans doute dér. de *charrar* destiné à exprimer le chuintement et le bégaiement. Un emprunt à l'esp. *algarabia* « jargon », de l'arabe *algharbïya* « langue occidentale », « berbère », est moins probable, encore qu'une contamination ne soit pas impossible. ♦ |2| **CHARADE** XVIIIe s. : languedocien et prov. *charrado* « conversation », dér. de *charrar* « bavarder ». ♦ |3| **CHARLATAN** XVIe s. : it. *ciarlatano*, croisement de *ciarlare* et de *Cerretano* « habitant de Cerreto », près de Spolète, ville d'où provenaient, comme d'Orvieto (→ ORVIÉTAN), des drogues vendues sur les foires ; **CHARLATANISME** XVIIIe s. ; **CHARLATANESQUE** XIXe s.

CHARANÇON (pop.) XIVe s. : mot obsc. on suppose **cari(l)antio, -one* (avec élision de *i* en hiatus → *paroi : parietem*), dér. de lat. *carians* « pourri » apparenté à *caries* « carie » et à *carius* « ver du bois » ; ou bien le gaulois **karantionos* « petit cerf » (forme reconstituée d'après le breton), ou encore, que le mot avait pour origine un nom de personne gaulois *Carantos*. Tout cela n'est que conjectures.

CHARBON famille du lat. *carbo, -onis* « charbon », d'où *carbonarius* « charbonnier » et le diminutif *carbunculus* « morceau de charbon ».

I. mots populaires

♦ |1| **CHARBON** XIIe s. : *carbo, ōnis* ; **CHARBONNER** XIIe s. ; **CHARBONNIER** XIIe s. ; **CHARBONNAGE** une fois au XIVe s., puis fin XVIIIe s. ; **CHARBONNEUX** XVIIe s. ♦ |2| **BOUGNA, -AT** XIXe s. : abrév. de *charbougna* « charbonnier » mot auvergnat de fantaisie fabriqué à Paris.

II. mots d'emprunt

♦ |1| **CARBONNADE** XVIe s. : it. *carbonata* « viande grillée sur des charbons », équivalent de l'anc. fr. *charbonnée*. ♦ |2| **CARBONARO** XIXe s. : it. *carbonaro* « charbonnier » ; les *carbonari* se réunissaient à l'origine dans des huttes de charbonnier ; **CARBONARISME** XIXe s.

III. mot demi-savant

ESCARBOUCLE XIe s. : croisement avec *boucle* de *escarbuncle*, dér. de *carbuncle*, du lat. *carbunculus*.

IV. mots savants

♦ |1| **CARBONE** XVIIIe s. : *carbo, -onis* ; **CARBONIQUE** XVIIIe s. ; **HYDROCARBONE** XIXe s. ; **OXYCARBONE** XIXe s. ♦ |2| **CARBONISER** XIXe s. ; **CARBONISATION** fin XVIIIe s. ♦ |3| **CARBO-** 1er élément de composés sav., ex. :

CARBOGLACE XXᵉ s. ♦ 141 **CARBONATE** fin XVIIIᵉ s. ♦ 151 **BICARBONATE, HYDROCARBONATE** XIXᵉ s. ♦ 151 **CARBURE** fin XVIIIᵉ s. : dér. formé sur le radical *carb-*, tiré de *carbone* ; **HYDROCARBURE, CARBURATEUR, CARBURATION** XIXᵉ s. ; **CARBURER, CARBURANT** XXᵉ s. ; **CARBURÉACTEUR, SUPERCARBURANT** XXᵉ s.

CHARDON famille du bas lat. *cardo, -onis*, du lat. class. *carduus* « chardon ».

I. mots populaires issus du latin

♦ 111 **CHARDON** XIIᵉ s. : *cardo, -ônis*. ♦ 121 **CHARDONNERET** XVIᵉ s. : dér. de *chardon*, parce que cet oiseau en recherche la graine.

II. mots empruntés d'origine dialectale

♦ 111 **CARDER** XIIIᵉ s. : lat. vulg. *cardare, dér. de *carduus*, parce qu'on cardait avec des têtes de chardon ou des outils en forme de tête de chardon ; forme picarde, l'industrie textile étant florissante dans cette région au Moyen Âge. **CARDE** XIIIᵉ s. : peut être soit un dér. de *carder*, soit un représentant de *carda, forme de plur. neutre de *carduus*, prise pour un fém. sing. ; **CARDEUR** XIVᵉ s. ; **CARDAGE** XVIIIᵉ s. ♦ 121 **CARDON** XVIᵉ s. : prov. *cardoun*, sorte de légume, une autre dénomination ayant été adoptée pour le chardon.

CHARIVARI XIVᵉ s. « sérénade grotesque donnée à des mariés mal assortis » : p.ê. formation expressive apparentée au prov. *charrar* (→ CHARABIA) et au dial. lyonnais *charabarat* « bruit sauvage » ; ou mieux, composé tautologique de deux verbes : *charrier* m. fr. « charger, tourmenter » et *varier* « aller et venir ».

CHARME (pop.) XIIᵉ s., arbre : lat. *carpinus* ; **CHARMILLE** XVIIᵉ s. : dér. de *charme*.

CHARNIÈRE ♦ 111 (pop.) XIIᵉ s. : lat. *cardinaria* : dér. de *cardo, -inis* « gond ». ♦ 121 **CARDINAL** (sav.) XIIᵉ s. adj., « principal » ; une fois au XIIIᵉ s., puis XVᵉ s., subst., « dignitaire eccl. » : *cardinalis*, dér. de *cardo* au sens de « pivot », « point principal » ; **CARDINALAT** XVIᵉ s. : bas lat. eccl. *cardinalatus* ; **CARDINALICE** XIXᵉ s. adj. : it. *cardinalizio*.

CHARPENTER famille du lat. *carpentum* « voiture à 2 roues, couverte, à l'usage des femmes », mot empr., comme *carrus* (→ CHAR) au gaulois.

CHARPENTER XIIᵉ s. « assembler des pièces de bois », dér. de *carpentum* ; **CHARPENTE** XVIᵉ s. : dér. de *charpenter*, ou forme fém. tirée de l'anc. fr. *charpent*, de *carpentum* ; **CHARPENTIER** XIIᵉ s. : *carpentarius* « charron », dér. de *carpentum*.

CHARPIE famille du lat. class. *carpere, carptus* « cueillir », « carder », « déchirer », lat. vulg. *carpire*. Dér. lat. vulg. *excarpere, *excarpsus* « rassembler, épargner ». Mots apparentés au gr. *karpos* « fruit » (→ aussi l'article ÉCHARPE).

I. mots populaires issus du latin

♦ 111 **CHARPIE** XIIIᵉ s. : forme fém. du part. passé de *charpir* XIIIᵉ s. « déchirer », de *carpire*. ♦ 121 **ÉCHARPER** XVIIᵉ s. « assassiner » : réfection, par changement de conjugaison, de *escharpir* XVIᵉ s., dér. de *charpir*.

II. mots d'emprunt issus du latin

♦ 111 **CARPETTE** XVIᵉ s. « gros drap d'emballage », XIXᵉ s. tapis : angl. *carpet*, de l'anc. fr. *carpite* « sorte de tapis », de l'it. *carpita*, part. passé substantivé de *carpire* « effilocher », équivalent phonétique du fr. *charpie*. ♦ 121 **ESCARCELLE** XIIIᵉ s., rare jusqu'au XVIᵉ s. : it. *scarsella*, diminutif de *scarso* « avare », équivalent du fr. *échars*, de *excarpsus*. ♦ 131 **ESCARPE** XIXᵉ s., « malfaiteur » : dér. de *escarper* « assassiner », équivalent méridional du fr. *écharper*.

III. mot savant issu du grec

CARPELLE XIXᵉ s., bot. : dér. formé sur le gr. *karpos*.

CHARTE famille du lat. *charta* « feuille pour écrire », « document écrit » ; empr. ancien au gr. *khartês*, même sens ; dér. *chartula*, dimin. « pièce officielle » ; *chartularius*, adj., « relatif aux pièces officielles ».

I. mots populaires

CHARTE XIIIᵉ s. : lat. *c(h)arta*, a fini par éliminer l'anc. fr. *chartre* XIᵉ s., de *cartula*, plus fréquent en anc. fr. ; **CHARTRIER** XIVᵉ s. : dér. de *chartre* ; **CHARTISTE** XIXᵉ s., « élève de l'école des Chartes » : dér. de *charte*.

II. mots d'emprunt

♦ 111 **CARTON** XVIᵉ s. : it. *cartone*, dér. de *carta*, avec suff. augmentatif ; **CARTON-**

NER, CARTONNAGE XVIII ͤ S. ; **CARTONNIER** XVII ͤ S. « marchand de carton » XIX ͤ S. meuble. ♦121 **CARTEL** XVI ͤ S. « lettre de défi », XVIII ͤ S. *pendule à cartel*, c.-à-d. ornée d'un cartouche, d'où, XIX ͤ S. « horloge » : it. *cartello* « affiche » ; XX ͤ S. « entente entre deux groupements financiers », puis « entre deux partis politiques » : all. *Kartell* « défi », de même origine : **CARTELLISATION** XX ͤ S. ♦131 **CARTOUCHE** XVI ͤ S., subst. fém., « rouleau de carton contenant de la mitraille » : it. *cartuccia*, dér. de *carta*. ♦141 **CARTOUCHE** XVI ͤ S., subst. masc. « ornement architectural en forme de carte à demi déroulée » : it. *cartoccio*, dér. de *carta*. ♦151 **ÉCARTER** XVII ͤ S., aux cartes, « rejeter de son jeu une ou plusieurs cartes » : it. *scartare*, dér. de *carta* ; **ÉCARTÉ** XIX ͤ S., nom d'un jeu de cartes : part. passé substantivé du précédent.

III. mots savants

♦111 **CARTE** fin XIV ͤ S. « carte à jouer », XV ͤ S. « feuille de papier épaisse » (mais il est possible que ce sens soit antérieur au précédent), XVI ͤ S. *donner carte blanche* c.-à-d. « un papier non écrit », XVII ͤ S. géographie, XIX ͤ S. *carte d'un restaurant* et *carte de visite* : lat. *c(h)arta* ; **ENCARTER** XVII ͤ S. ; **ENCARTAGE** XIX ͤ S. ♦121 **CARTO-** 1 ͤʳ élément de composés sav. : **CARTOGRAPHE, -IE, -IQUE** XIX ͤ S. ; **CARTOMANCIE, -IEN, IENNE** XIX ͤ S. ; **CARTOTHÈQUE** XX ͤ S. ♦131 **CARTABLE** (demi-sav.) XVIII ͤ S. « registre », XIX ͤ S. sens mod. : lat. méd. *cartabulum* altér. sous l'infl. de *tabula* (→ aussi TABLE), du gr. *chartapola*, var. de *charto-phulakion* « protège-documents » (→ aussi PHYLACTÈRE). ♦141 **CARTULAIRE** XIV ͤ S. : lat. médiéval *c(h)artularium*. ♦151 **PANCARTE** XV ͤ S. « charte énumérant tous les biens dépendant d'une église », XVI ͤ S. « affiche servant à faire connaître certains tarifs », XVII ͤ S. « affiche » en général : lat. médiéval *pancharta*, du gr. *pan* « tout » et *charta*.

CHARTRE famille d'une base ind.-eur. **karkr*, parfois dissimilée en **kankr* exprimant l'idée d'enclos, d'« objet fait de matériaux entrelacés », représentée en latin par (1) *carcer* « barrière fermant la piste des chars » et surtout « prison » (2) *cancri* « barreaux », « treillis », mot supplanté par son dimin. *cancelli*, même sens ; dér. *cancellare* « couvrir d'un treillis », lat. imp.

« barrer, biffer », et lat. imp. *cancellarius* « huissier-greffier », parce qu'il se tenait, au tribunal, près des *cancelli* « grilles séparant les juges du public » ; *cancellare* a dû prendre aussi, en lat. vulg., le sens de « faire des zigzags » par comparaison avec les angles d'un treillis ou d'une rature.

I. mots populaires

♦111 **CHARTRE** X ͤ S., éliminé vers le XV ͤ S. par *prison*, ne survit plus que dans l'archaïsme *en chartre privée* : *carcer, -ĕris*. ♦121 **CHANCELIER** XI ͤ S. ; *cancellarius*, d'où **CHANCELLERIE** XII ͤ S. ; **CHANCELIÈRE** XVIII ͤ S. ; **VICE-CHANCELIER** XIII ͤ S. ♦131 **CHANCELER** XI ͤ S. : *cancellare* au sens de « zigzaguer » (avait aussi en anc. fr. le sens de « biffer », les deux mêmes sens existent dans l'it. *cancellare*).

II. mots savants

♦111 **CANCELLER** XIII ͤ S., diplomatie, « annuler » : *cancellare* « barrer ». ♦121 **INCARCÉRER** XIV ͤ S., rare avant le XVIII ͤ S. : lat. médiéval *incarcerare* « mettre en prison », de *carcer* ; **INCARCÉRATION** XIV ͤ S., chirurgie, « hernie étranglée », XV ͤ S., sens mod.

CHÂSSE famille du lat. *capsa* : gr. *kapsa* « cassette de bois circulaire, destinée surtout à transporter les rouleaux de parchemin » ; bas lat. forme masc. *capsus*.

I. mots populaires

♦111 **CHÂSSE** XII ͤ S. : *capsa* ; **ENCHÂSSER** XII ͤ S. ; **CHÂSSIS** XIII ͤ S. ♦121 **CHAS** XIII ͤ S. « maison », « pièce », « bâtiment léger », puis « cavité », « trou d'une aiguille » : *capsus*.

II. mots d'emprunt

♦111 **CAISSE** XIV ͤ S., XVII ͤ S., « boîte où l'on met l'argent » : prov. *caissa*, du lat. vulg. **capsea*, dér. de *capsa* ; **CAISSETTE** XIX ͤ S. ; **CAISSIER** XVI ͤ S. ; **ENCAISSER** XVI ͤ S. ; **ENCAISSEMENT** XVIII ͤ S. ; **ENCAISSE, ENCAISSEUR** XIX ͤ S. ♦121 **CAISSON** XV ͤ S. : it. *cassone*, augmentatif de *cassa* « caisse », avec infl. de la voyelle de *caisse*. ♦131 **CASSE** XVI ͤ S., imprimerie : it. *cassa*, du lat. *capsa*. ♦141 **CASSETTE** XIV ͤ S. : it. *cassetta*, dimin. de *cassa*. ♦151 **CASSINE** XVI ͤ S., « petite maison, masure » : it. *cassina*, var. de *cascina*, dimin. du lat. vulg. **capsia* dér. de *capsa*.

III. mots savants

CAPSULE XVI ͤ S. : lat. *capsula*, dimin. de *capsa*. **CAPSULER, -AGE** XIX ͤ S. ; **DÉCAPSU-**

LER, -AGE XXᵉ s. ; **CAPSULAIRE** XVIIᵉ s. bot. ; **BICAPSULAIRE** XIXᵉ s.

CHASSER famille d'une racine ind.
eur. **kap*- « prendre », à laquelle se rattachent en latin :
D'une part un verbe, *capĕre, captus* « prendre », qui a été, dans les langues romanes, largement concurrencé par *prehendere* (→ PRENDRE), mais survit dans un grand nombre de dér. : (1) *captare* « chercher à prendre », « faire la chasse à », « capter », d'où *captator*, et lat. vulg. **captiare* « chasser » et **accaptare* « acheter » (2) *-cĭpĕre, -ceptus* devenu en lat. vulg. **-cīpĕre, -cīpūtus* dans : (a) *accipere, acceptus* « recevoir » et *acceptio* « admission » ; (b) *concipere, conceptus* « concevoir », et *conceptio* ; (c) *decipere, deceptus* « attraper », « tromper » et *deceptio* ; (d) *excipere, exceptus* « prendre, tirer de » et *exceptio* ; (e) *incipere, inceptus* « prendre en main », « commencer » ; (f) *intercipere, interceptus* « prendre au passage », « intercepter » ; (g) *percipere, perceptus* « s'emparer de », « percevoir » (h) *praecipere praeceptus* « prendre le premier », « avoir de l'avance », « conseiller » ; d'où *praecipuus* « qui devance tout le reste », « supérieur », « particulier » ; *praeceptor* « celui qui commande ou enseigne » ; (i) *recipere, receptus* « recevoir » et *receptio* ; (j) *suscipere, susceptus* « prendre par en dessous », « prendre sur soi », « se charger de » (3) ces verbes en *-cipere* ont parfois un doublet familier en *-ceptare* : *acceptare* « recevoir », *exceptare* « tirer à soi » (4) *-cupare* dans *occupare* « prendre d'avance », « occuper » (forme durative) et *recuperare* « reprendre » (5) *-cipare* (forme durative) : dans *anticipare* « devancer » ; *participare* « faire participer », « partager ».
D'autre part des formes nominales : (1) *captivus* « prisonnier » et *captivitas, -atis* (2) *capax, -acis* « qui peut contenir » et jur. « habile à recueillir un héritage » ; d'où *capacitas, -atis* ; lat. eccl. *capabilis* ; *incapax, -acitas, -abilis* (3) *capulus* « poignée » et *capulum* « câble », noms d'instruments (4) un nom d'agent *-ceps, -cipis* qui n'apparaît qu'en composition, par ex. dans : (a) *municeps* « habitant d'une commune qui prend part à ses charges » d'où *municipium* « ville municipale » ; (b) *particeps* « qui prend sa part de » d'où *participium* « participe », traduction du gr. *metokhê* « participation (à deux catégories grammaticales) » ; (c) *princeps* « qui occupe la première place », d'où *principium* « commencement » et *principatus* « premier rang » ; (d) *manceps* « qui saisit avec la main », « acheteur », d'où *mancipare* « céder en toute propriété » et *emancipare* « affranchir de l'autorité paternelle » ; (e) *forceps* « tenailles de forgeron », « pince » en général, avec pour premier élément *formus* « chaud » ; littéralement « qui prend chaud ».

I. mots populaires

♦ |1| **CHASSER** XIIᵉ s. sous la forme *chacier* : **captiare* ; **POURCHASSER** XIᵉ s. « chercher à obtenir », XVIᵉ s. « poursuivre sans relâche » ; **CHASSE** XIIᵉ s. ; **CHASSEUR** XIᵉ s. d'abord *chacëor* « cheval de chasse » puis pers., XVIIIᵉ s., milit., XIXᵉ s. « domestique en livrée » : dér. de *chasser* ; **CHASSÉ-CROISÉ** XIXᵉ s., danse, puis emploi figuré : deux part. passés substantivés ; ♦ |2| **CHASSE-** 1ᵉʳ élément de composés dans **CHASSE-MOUCHES** XVIᵉ s. ; **CHASSE-NEIGE** XIXᵉ s., etc. ♦ |3| **ACHETER** Xᵉ s. Sous la forme *achater* : **accaptare* ; **ACHETEUR** XIIᵉ s. ; **RACHETER** XIIᵉ s. ; **RACHETABLE** XIVᵉ s. ; **ACHAT** XIIᵉ s. : dér. de *achater*, var. de *acheter* ; **RACHAT** XIIᵉ s. ♦ |4| base *-cev-* de **-cīpĕre* : (a) **CONCEVOIR** XIIᵉ s. « recevoir dans son sein », « devenir enceinte », XIVᵉ s. « recevoir dans son esprit », « se représenter », sous l'influence d'un sens du verbe lat. : **concipĕre* ; **CONCEVABLE, INCONCEVABLE** XVIᵉ s. ; (b) **DÉCEVOIR** XIIᵉ s. : **decipĕre* ; (c) **RECEVOIR** XIᵉ s. : altération, par changement de conjugaison de *receivre*, de *recipĕre* ; **RECEVEUR** XIIᵉ s. ; **RECEVABLE** XIIIᵉ s. ; **IRRECEVABLE** XVIᵉ s. ; **RECEVABILITÉ** et **IRRECEVABILITÉ** XIXᵉ s. ; (d) **PERCEVOIR** XIIᵉ s. : réfection, par changement de conjugaison, de *perceivre* XIIᵉ s., de *percipĕre* ; **APERCEVOIR** XIᵉ s. ♦ |6| base *-çu-* : **-cīpūtum*, formes de part. passés **APERÇU** XVIIIᵉ s., subst. ; **INAPERÇU** XVIIIᵉ s., adj. ; **TROP-PERÇU** XXᵉ s., subst. ; **REÇU** XVIIᵉ s., subst. ; ♦ |6| **RECETTE** XIIᵉ s. « refuge », XIIIᵉ s. « argent reçu », XIVᵉ s. « indication reçue », « formule d'une préparation » : *recepta*, part. passé fém. de *recipere*. ♦ |7| **CHÉTIF** XIᵉ s., sous la forme *chaitif*, « prisonnier », « malheureux », d'où, ensuite,

« malingre » : lat. vulg. *cactivus*, croisement du lat. *captivus* et du gaulois *cactos, même sens ; CHÉTIVEMENT XII⁰ s., ♦181 CÂBLE XIV⁰ s. : forme normande, de *capŭlum* ; il existait en anc. fr. une forme *chaable*, d'où *chable* : croisement de *capŭlum* et de *catabola* « machine de guerre » (→ ACCABLER, art. BAL] ; CÂBLER XVIII⁰ s. « faire un câble », XIX⁰ s. « télégraphier », sous l'influence de l'anglais ; ENCABLURE XVIII⁰ s. ; CÂBLOGRAMME XX⁰ s. : angl. *cablegram*, de même origine. ♦191 PRINCE XII⁰ s. : *princeps, -ipis* ; PRINCESSE XIV⁰ s. ; PRINCIER XVIII⁰ s. ♦1101 RECOUVRER XI⁰ s. : *recŭpĕrāre* → RÉCUPÉRER ; RECOUVREMENT XI⁰ s. ; RECOUVRABLE et IRRÉCOUVRABLE XV⁰ s.

II. mots d'emprunt

♦111 ACABIT XV⁰ s. « accident », « débit », « achat », puis « qualité bonne ou mauvaise » : probablement dér. d'un anc. prov. *acabir*, qu'on restitue d'après *cabir* « employer, se procurer, obtenir » : *capire*. ♦121 CONCETTI XVIII⁰ s. : it. *concetti*, plur. de *concetto* « pensée », « trait d'esprit » : *conceptum*, part. passé de *concipere*. ♦131 RÉGATE XVII⁰ s. : vénitien *regata*, dér. de *regatar* « rattraper », du lat. *recaptare*. ♦141 CATCH XX⁰ s. : angl. *catch as can* « attrape comme tu peux », du verbe *to catch* « attraper », de l'anglo-normand *cachier*, var. de l'anc. fr. *chacier*, fr. mod. *chasser* ; CATCHEUR XX⁰ s. ♦151 STEEPLE-CHASE XIX⁰ s. mot angl. ; 1ᵉʳ élément *steeple* « haute tour », d'origine germ. ; 2⁰ élément *chase* « poursuite », de l'anc. fr. *chace*, fr. mod. *chasse* ; à l'origine, « course ayant pour but le clocher d'une église ». ♦161 CABAS XIV⁰ s., d'abord « panier de jonc servant à expédier des fruits méridionaux » : mot provençal : lat. vulg. *capacius*, class. *capax, -acis*.

III. mots savants

A. base -cap-

♦111 CAPTER XV⁰ s. : *captare* ; CAPTATION XVI⁰ s. : *captatio*, dér. de *captare* ; CAPTATEUR XVII⁰ s. : *captator* ; CAPTATOIRE XIX⁰ s. ♦121 CAPTIEUX XIV⁰ s. : lat. *captiosus* « qui attrape », « trompeur » ; CAPTIEUSEMENT XIV⁰ s. ♦131 CAPTURE XV⁰ s. : lat. *captura* « action de prendre » ; CAPTURER XVI⁰ s. ♦141 CAPTIF XIV⁰ s., a éliminé *chétif* (→ I. 7) au sens de « prisonnier » : *captivus* ; CAPTIVITÉ XII⁰ s. : *captivitas, -atis* ; CAPTIVER XIV⁰ s.-XVII⁰ s. « faire prisonnier », XV⁰ s., sens fig. ; CAPTIVANT XIX⁰ s., adj. ♦151 CAPACITÉ XIV⁰ s. : *capacitas, -atis* ; INCAPACITÉ XVI⁰ s. ; CAPACITAIRE XIX⁰ s. ♦161 CAPABLE XIV⁰ s. « qui a une certaine contenance », XVI⁰ s., sens mod. : bas lat. *capabilis* ; INCAPABLE XV⁰ s.

B. base -cip-

♦111 ANTICIPER XIV⁰ s. : *anticipare* ; ANTICIPATION XV⁰ s. : *anticipatio*. ♦121 ÉMANCIPER XIV⁰ s. : *emancipare* ; ÉMANCIPATION XIV⁰ s. ; ÉMANCIPATEUR XIX⁰ s. ♦131 EXCIPER XIII⁰ s., rare avant le XVIII⁰ s., jur. : *excipere* au sens de « excepter » ; EXCIPIENT XVIII⁰ s., pharmacie, « substance qui en reçoit d'autres » : part. présent de *excipere* au sens de « recevoir ». ♦141 INCIPIT XIX⁰ s., « premiers mots d'un texte » : mot lat., « il commence ». ♦151 MUNICIPE XVIII⁰ s. : *municipium* ; MUNICIPAL XIV⁰ s., hist. anc., XVIII⁰ s., sens mod. : *municipalis* « relatif à un municipe » ; MUNICIPALITÉ XVIII⁰ s. ♦161 PARTICIPE XIII⁰ s. : *participium* ; PARTICIPIAL XIV⁰ s. : *participare* ; PARTICIPANT XIV⁰ s. adj., XV⁰ s. subst. ; PARTICIPATION XII⁰ s. : bas lat. *participatio*. ♦171 PRÉCIPUT (demi-sav.), XV⁰ s. : altération, sous l'influence de *caput*, de *praecipuum*. ♦181 PRINCIPE XIII⁰ s. « cause première », XIV⁰ s. « règle de conduite », XVII⁰ s. « notion fondamentale » : *principium* ; PRINCIPAL XI⁰ s. adj. « princier », XII⁰ s. adj. sens mod., XVII⁰ s. subst. « l'essentiel », XVI⁰ s. subst. « directeur d'un collège » : lat. *principalis*, dér. de *princeps* ; PRINCIPAT XIV⁰ s. : *principatus* ; PRINCIPAUTÉ XIII⁰ s. : « grande fête de l'Église », XV⁰ s. « importance » et « souveraineté », XV⁰ s. « dignité de prince » : lat. *principalitas, -atis* « excellence » ; PRINCIPICULE XIX⁰ s. : dimin. de PRINCE → I. 9 ♦191 RÉCIPIENT XVI⁰ s., adj. vaisseau récipient, puis subst. : *recipiens, -entis*, part. présent de *recipere* ; RÉCIPIENDAIRE XVII⁰ s. : dér. sur *recipiendus* « qui doit être reçu », adj. verbal de *recipere*.

C. base -cept-

♦111 ACCEPTER XIV⁰ s. : *acceptare* ; ACCEPTATION XIII⁰ s. : *acceptatio* dér. de *acceptare* ; ACCEPTABLE XV⁰ s. ; INACCEPTABLE XVIII⁰ s. ♦121 ACCEPTION XIII⁰ s. « acceptation », « prise en considération », XVII⁰ s. « sens d'un mot » : *acceptio*, dér. de *accipere*. ♦131 CONCEPTION XII⁰ s., physiol. ;

XIVᵉ s. : « acte de l'intelligence » : *conceptio* ; au 2ᵉ sens se rattachent **CONCEPT** XVᵉ s. : *conceptus* ; **CONCEPTUEL** XIXᵉ s. : lat. médiéval *conceptualis* ; **CONCEPTUALISME** XIXᵉ s. ; au premier, **ANTICONCEPTIONNEL** XXᵉ s. et **CONTRACEPTION**, **CONTRACEPTIF** XXᵉ s. : angl. *contraceptive*, contraction de *contraconceptive* « qui s'oppose à la conception » (→ CONCEVOIR I. 4). ♦|4| **DÉCEPTION** XIIᵉ s.-XVIᵉ s. « tromperie », puis sens mod. : *deceptio* → DÉCEVOIR I. 4 ♦|5| **EXCEPTER** XIVᵉ s. : *exceptare* ; **EXCEPTÉ** XIVᵉ s., préposition. ♦|6| **EXCEPTION** XIIIᵉ s. : *exceptio*, dér. de *excipere* → EXCIPER III. B. 3 ; **EXCEPTIONNEL** XVIIIᵉ s. ; **EXCEPTIONNELLEMENT** XIXᵉ s. ♦|7| **INTERCEPTION** XVᵉ s. : *interceptio* ; **INTERCEPTER** XVIᵉ s. : verbe formé par analogie du modèle *excepter*, *exception*. ♦|8| **PERCEPTION** XIVᵉ s. « action de recueillir », XVIIᵉ s. « connaissance par les sens » : *perceptio* ; **APERCEPTION** XVIIᵉ s. : dér. de *apercevoir* formé par Leibniz sur le modèle de *perception* ; **PERCEPTIBLE** XIVᵉ s. : *perceptibilis* ; **IMPERCEPTIBLE** XIVᵉ s. : lat. médiéval *imperceptibilis* ; **PERCEPTIBILITÉ** XVIIIᵉ s. ; **PERCEPTIF** XIVᵉ s. ♦|9| **PRÉCEPTE** XIIᵉ s. : *praeceptum* ; **PRÉCEPTEUR** XVᵉ s. : *praeceptor* ; **PRÉCEPTORAL** XVIIᵉ s. ; **PRÉCEPTORAT** XVIIᵉ s. ♦|10| **RÉCEPTACLE** XIVᵉ s. : *receptaculum*, dér. de *receptare*, lui-même dér. de *recipere* ; **RÉCEPTEUR** XIVᵉ s. « receveur », XIXᵉ s., techn. : dér. formé sur le part. *receptus* ; **RÉCEPTIF** XVᵉ s. « qui reçoit », XIXᵉ s. « apte à recevoir » ; **RÉCEPTIVITÉ** XIXᵉ s. ; **RÉCEPTION** XIIIᵉ s. : *receptio* ; **RÉCEPTIONNAIRE**, **RÉCEPTIONNER** XIXᵉ s. ♦|11| **SUSCEPTIBLE** XIIIᵉ s., rare jusqu'au XVIIᵉ s., « apte à », « capable d'éprouver une impression », XVIIIᵉ s. « d'un vif amour-propre » : bas lat. *susceptibilis*, dér. de *suscipere* ; **SUSCEPTIBILITÉ** XVIIIᵉ s. ; **SUSCEPTION** XIVᵉ s. : *susceptio*.

D. autres bases

♦|1| **FORCEPS** XVIIᵉ s. : mot lat. ♦|2| **PRINCEPS** XIXᵉ s., *édition princeps* « première édition d'un livre » : mot lat. ♦|3| **RÉCÉPISSÉ** XIVᵉ s. : mot latin, infinitif parfait de *recipere*, abrév. de *cognosco me recepisse* « je reconnais avoir reçu ». ♦|4| **OCCUPER** XIIᵉ s. : *occupare* ; **OCCUPANT** XVᵉ s., subst. ; **OCCUPATION** XIIᵉ s. : *occupatio* ; **INOCCUPER** XVIᵉ s. ; **PRÉOCCUPER** XIVᵉ s. : lat. *praeoccupare* ; **PRÉOCCUPATION** XVᵉ s. ; **PRÉOCCUPANT** XXᵉ s., adj. ♦|5| **RÉCUPÉRER** XIVᵉ s. : *recuperare* → RECOUVRER ; **RÉCUPÉRATION** XIVᵉ s. : *recuperatio* ; **IRRÉCUPÉRABLE** fin XIVᵉ s. ; **RÉCUPÉRABLE** XVᵉ s. ; **RÉCUPÉRATEUR** XVIᵉ s. « qui opère un recouvrement », XIXᵉ s., techn., XXᵉ s. « brocanteur ».

CHAT famille du lat. imp. *cattus*, mot d'origine incertaine, attesté seulement au Vᵉ s., introduit à Rome en même temps que le chat domestique et qui s'est substitué à *feles* « chat sauvage » (→ FÉLIN) dans les langues romanes.

I. mots populaires

♦|1| **CHAT, CHATTE** XIIᵉ s. : *cattus* ; **CHATON** XIIIᵉ s. « petit chat » puis « chaton de saule » ; **CHATONNER** XVIᵉ s. ; **CHATIÈRE** XIIIᵉ s. ; **CHATTERIE** XVIᵉ s. : dér. de *chat*. ♦|2| **CHATOYER** XVIIIᵉ s. : dér. de *chat*, à l'origine, « avoir des reflets changeants comme ceux des yeux du chat » ; **CHATOYANT**, **CHATOIEMENT** XVIIIᵉ s. ♦|3| **CHATTEMITE** XIVᵉ s. : composé de *chatte* et de *mite*, autre dénomination, anc. et pop., de la chatte. ♦|4| **CHAFOUIN** XVIᵉ s., « putois », puis « rusé », « sournois » : mot dial. (Ouest) composé de *chat* et *fouin*, forme masc. de *fouine*.

II. mots empruntés à des langues vivantes

♦|1| **CATGUT** XIXᵉ s. : mot angl. « boyau de chat », composé de *gut* « boyau » et de *cat* « chat » : *cattus*. ♦|2| **GUÉPARD** XVIIIᵉ s. : prononc. (avec infl. de *guêpe*) des fourreurs parisiens du mot franc *gapar* (nom d'un félin d'Afrique), adaptation d'it. *gattopardo* « chat-léopard » (anc. fr. *chat-pard*).

CHÂTAIGNE ♦|1| (pop.) XIIᵉ s. : lat. *(nux) castanea*, adj. dérivé du gr. *kastanon*, de même sens, mot d'empr. sans doute originaire d'Asie : **CHÂTAIGNIER** XIIᵉ s., **CHÂTAIGNERAIE** XVIᵉ s. : dér. de *châtaigne*. ♦|2| **CHÂTAIN** XIIIᵉ s. : forme masc. tirée de *châtaigne*. ♦|3| **CASTAGNETTE** XVIIᵉ s. : esp. *castañeta*, dér. de *castaña* « châtaigne », cet instrument ayant la forme d'une grosse châtaigne lorsque ses deux parties sont réunies.

CHÂTEAU famille du lat. *castellum* « forteresse », dimin. de *castrum* « retranchement » ; p.-ê. apparenté à *castrare* → CHÂTRER.

I. mots populaires

♦|1| **CHÂTEAU** XIᵉ s. var. anc. *chastel* : *castĕllum* (cas sujet sing. ou régime plur.) ♦|2|

CHÂTELET xii⁰ s. : diminutif de l'anc. fr. *chastel*, forme de cas régime sing. ou de cas sujet plur. correspondant à *château*. ♦131 **CHÂTELAIN** xii⁰ s. : lat. *castellanus* « habitant d'un *castellum* » ; **CHÂTELLENIE** xiii⁰ s.

II. mots d'emprunt

♦111 **CASTEL** xvii⁰ s. : forme méridionale correspondant à l'anc. fr. *chastel*. ♦121 **CASTILLE** xv⁰ s.-xvii⁰ s. : « dispute » : esp. *castillo*, au sens de « château de bois que se disputaient les chevaliers dans leurs jeux guerriers » (d'où des expressions comme *lever castille, avoir castille ensemble*), du lat. *castellum*.

CHÂTIER famille du lat. *castus*, mot de la langue religieuse, ayant un équivalent en sanscrit, « qui se conforme aux règles et aux rites » ; a pris le sens secondaire de « pur », « exempt de », par croisement avec un autre *castus* apparenté à *carere* « manquer de », → CARENCE. — Dér. : *incestus* « impur » (relatif au second sens) et *castigare* « châtier », à l'origine, probablement, « éduquer » (relatif au 1ᵉʳ sens).

♦111 **CHÂTIER** (pop.) xii⁰ s. *chastier* « corriger, instruire » : *castigare* ; **CHÂTIMENT** xii⁰ s. ♦121 **CHASTE** (demi-sav.) xii⁰ s. : *castus* ; **CHASTETÉ** xii⁰ s. : *castitas, -atis*, dér. de *castus* ; **CHASTEMENT** xii⁰ s. ♦131 **CASTE** xvii⁰ s. : port. *casta* « pur », « sans mélange », appliqué aux classes de la société des Indes, forme fém. de l'adj. *casto*, du lat. *castus*. ♦141 **INCESTE** (sav.) xiii⁰ s. : *incestus* ; **INCESTUEUX** xiii⁰ s. : *incestuosus*.

CHATON (de bague) xii⁰ s. : frq. **kasto* « caisse », spécialisé dans le sens de « cavité où se trouve enchâssée la pierre ».

CHATOUILLER xiii⁰ s. : mot formé anc. avec le suff. *-ouiller* sur une base expressive *k-t-l* qui exprime le chatouillement dans plusieurs dialectes gallo-romans et langues européennes ; **CHATOUILLEUX** xiii⁰ s. ; **CHATOUILLEMENT** xiii⁰ s. ; **CHATOUILLE** xviii⁰ s.

CHÂTRER famille du lat. *castrare* « couper », d'où *castratus* « eunuque » et *castratio* « castration » ; lat. vulg. **incastrare* « tailler pour introduire » (→ aussi CHÂTEAU).

♦111 **CHÂTRER** (pop.) xiii⁰ s. : *castrare* ; **CHÂTREUR** xv⁰ s. ♦121 **CASTRAT** xvi⁰ s. : « animal châtré », xviii⁰ s. : « chanteur châtré pour empêcher la mue de la voix » : mot empr. aux équivalents de *châtré* en gascon (au xvi⁰ s.) et en it. (au xviii⁰ s.). ♦131 **ENCASTRER** xvi⁰ s. : it. *incastrare*, a éliminé son équivalent anc. fr. *enchâtrer*, du lat. vulg. **incastrare* ; **ENCASTREMENT** xvii⁰ s. ♦141 **CASTRER** (sav.) xix⁰ s. : *castrare* ; **CASTRATION** (sav.) xiv⁰ s. : *castratio*.

CHAUD famille du lat. *calēre* « être chaud, ardent » (sens propre et fig.), d'où (1) les subst. *calor, -oris* « chaleur » ; lat. vulg. **calīna* (2) l'adj. *cal(ĭ)dus* « chaud », d'où *caldāria (cella)* « étuve » (3) le verbe transitif *calefacere*, lat. vulg. **calefare* « faire chauffer ».

I. mots populaires

A. base *-chaud-*

♦111 **CHAUD** x⁰ s. : *cal(ĭ)dus* ; **CHAUDEMENT** xii⁰ s. ; **CHAUDE** xiii⁰ s. « chaude attaque », subst. fém., xix⁰ s. « flambée pour se réchauffer » ; **ÉCHAUDER** xii⁰ s. : bas lat. *excaldare* ; **ÉCHAUDOIR** xiv⁰ s. ; **ÉCHAUDÉ** xiii⁰ s., pâtisserie : part. passé substantivé. ♦121 **CHAUDE-PISSE** xvi⁰ s. ; **CHAUD-FROID** xix⁰ s. ♦131 **CHAUDIÈRE** xii⁰ s. : *cal(ĭ)daria* ; **CHAUDRON** xii⁰ s. : altération de *chaudière* avec substitution de suff. ; **CHAUDRONNIER** xiii⁰ s. ; **CHAUDRONNÉE** xv⁰ s. ; **CHAUDRONNERIE** xvii⁰ s. ♦141 **RÉCHAUD** xvi⁰ s. : dér. de *réchauffer* croisé avec l'adj. *chaud*.

B. base *-chal-*

♦111 **CHALEUR** xii⁰ s., xvi⁰ s., sens fig. : *calor, -ōris* ; **CHALEUREUX**, **CHALEUREUSEMENT** xiv⁰ s. ; pour les mots scientifiques exprimant l'idée de « chaleur » → CALORI-, II. 2 et THERM(O)- art. FOUR. ♦121 **CHALOIR** x⁰ s. : *calēre* au sens de « être ardent » et « importer » ; survit dans quelques loc. telles que *peu me chaut* ; **CHALAND** xii⁰ s. « ami, connaissance » puis « client » : altération, par substitution de suff., du part. présent de *chaloir*, littéralement « personne importante, qui présente de l'intérêt » ; **ACHALANDER** xiv⁰ s. « fournir des clients », xix⁰ s. « fournir de la marchandise ». ♦131 **NONCHALOIR** xii⁰ s., repris au xix⁰ s. : composé de l'infinitif de *chaloir* ; **NONCHALANCE** xii⁰ s. ; **NONCHALANT** xiii⁰ s.

C. base *-chauff-*

♦111 **CHAUFFER** xii⁰ s. : **calēfāre* ; **CHAUFFAGE** xiii⁰ s. ; **CHAUFFE** xviii⁰ s. ; **ÉCHAUF-**

FER XIIᵉ s. : *excalĕfāre, dér. de *calĕfāre ;
ÉCHAUFFEMENT XIIᵉ s. ; RÉCHAUFFER
XIIᵉ s. ; RÉCHAUFFEMENT XVIIᵉ s. ; SUR-
CHAUFFER XVIIᵉ s. ; SURCHAUFFÉ XIXᵉ s. ;
SURCHAUFFE XXᵉ s. ♦ 121 CHAUFFOIR XIIIᵉ s.,
CHAUFFERIE XIVᵉ s. ; CHAUFFERETTE
XIVᵉ s., CHAUFFEUSE XIXᵉ s. « chaise
basse » ; CHAUFFEUR XVIIᵉ s. « celui qui
entretient un feu », XXᵉ s., automobile ;
CHAUFFARD XXᵉ s. : dér. de chauffer. ♦ 131
CHAUFFE- 1ᵉʳ élément de composés dans
CHAUFFE-ASSIETTES XIXᵉ s. ; CHAUFFE-
BAIN XIXᵉ s. ; CHAUFFE-EAU XIXᵉ s. ;
CHAUFFE-LIT XVᵉ s. ; CHAUFFE-PIEDS
XIVᵉ s., rare avant le XIXᵉ s.
D. base *cal-*
CÂLINER XVIᵉ s. : mot du dial. de Norman-
die, signifiant à l'origine « se reposer
quand il fait chaud », dér. de *caline*, équi-
valent de l'anc. fr. *chaline* « chaleur », de
*calina ; CÂLIN XVIᵉ s. « paresseux », fin
XVIIIᵉ s., sens mod. : dér. de câliner ; CÂLI-
NAGE XVIIᵉ s. ; CÂLINERIE XIXᵉ s.

II. mots savants

♦ 111 CALÉFACTION XIVᵉ s. : bas lat. *calefac-
tio*, dér. de *calefacere*. ♦ 121 CALORIE XXᵉ s. :
dér. formé sur *calor*, *-oris* ; CALORIQUE
XVIIIᵉ s. : « id. ». ♦ 131 CALORI- 1ᵉʳ élément
de composés savants, ex. : CALORIFIQUE
XVIᵉ s. ; CALORIFÈRE XIXᵉ s. ; CALORIFUGE
XIXᵉ s. et CALORIFUGER XXᵉ s. ; CALORI-
MÈTRE XVIIIᵉ s.

CHAUME famille du gr. *kalamos*
« roseau », et *kalamis* « petit roseau », nom
désignant divers instruments ; empr. anc.
par le lat. sous la forme *calamus*, a fini par
éliminer *harundo*.

♦ 111 CHAUME (pop.) XIIᵉ s. : lat. vulg. *cal-
mus*, du lat. class. *calămus* ; CHAUMINE
XVᵉ s., adj. « (maison) couverte en
chaume », XVIIᵉ s., subst. ; CHAUMIÈRE
XVIIᵉ s. ; DÉCHAUMER XVIIIᵉ s. ♦ 121 CHALU-
MEAU (pop.) XIIᵉ s., sous la forme *chalemel* :
bas lat. *calamellus*, dimin. de *calamus*. ♦ 131
CALUMET (pop.) XVIIᵉ s. : forme normande
de *chalumeau*, avec substitution de suff. ;
importé au Canada par les colons normands avec le sens de « pipe » en général,
puis « pipe des Indiens » en particulier. ♦ 141
CALMAR XIIIᵉ s.-XVIIIᵉ s. : « écritoire porta-
tive » : lat. *calamarius* « (objet) contenant
les roseaux avec lesquels on écrivait »,
« écritoire » ; XVIᵉ s. « animal répandant une
sorte d'encre noire » : it. *calamaro*, du lat.
calamarius. ♦ 151 CARAMEL XVIIᵉ s. : esp.
caramelo, empr. au port., du lat. *calamellus*, diminutif de *calamus* « roseau », à
cause de la forme de ces bonbons ; CARA-
MÉLISER XIXᵉ s. ♦ 161 CALAMISTRER XIVᵉ s. :
dér. tiré du lat. *calamistrum* « fer à friser »,
lui-même formé avec un suff. instrumental
à partir du gr. *kalamis*.

CHAUSSE famille du lat. *calx, calcis*
« talon », d'où (1) *calcare* « talonner », fouler
aux pieds » (2) *inculcare* « faire pénétrer en
tassant avec le pied », « inculquer » (3) *calci-
trare* « ruer, regimber » (sens propre et fig.)
(4) *calceus* et lat. vulg. *calcea* « chaussure », d'où *calceare* « chausser » et en lat.
vulg. « remblayer ».

I. mots populaires

♦ 111 CHAUSSES XIIᵉ s., pièces de vêtements
couvrant les pieds, les jambes et les
cuisses, XVᵉ s. « culotte » (remplace *braie*) :
*calcea ; HAUT-DE-CHAUSSES XVIᵉ s. :
désigne plus particulièrement la culotte,
par opposition à *bas-de-chausses*, bientôt
abrégé en BAS, qui couvre les pieds et les
jambes ; CHAUSSETTE XIIᵉ s. ; CHAUSSON
XIIᵉ s., XIXᵉ s., pâtisserie. ♦ 121 CHAUSSER
XIᵉ s. : *calceare* ; DÉCHAUSSER XIIᵉ s. : lat.
vulg. *discalceare* ; DÉCHAUX XIIᵉ s. : lat.
vulg. *discalceus*, réfection de *discalcea-
tus* ; RECHAUSSER XIIᵉ s. ; CHAUSSURE
XIIᵉ s. ; CHAUSSE-PIED XVᵉ s. ♦ 131 CHAUS-
SÉE XIIᵉ s. : *calceata (via)* « (chemin) rem-
blayé » ; cette étym. est plus vraisemblable
que celle qui voit dans *calceata* ou *calciata*
un dér. de *calx, calcis* « chaux », la chaux
n'ayant pas été utilisée au Moyen Âge
pour faire les routes ; REZ-DE-CHAUSSÉE
XVIᵉ s. : 1ᵉʳ élément *rez*, adj. « rasé, à ras »,
littéralement « au ras de la chaussée ». ♦ 141
COCHER XIIIᵉ s. : altération de l'anc. fr.
chauchier, par dissimilation ou influence
de la forme picarde *cauquer*, de *calcare*
« fouler, presser », d'où « couvrir la
femelle ». ♦ 151 CAUCHEMAR XVᵉ s. sous la
forme *cauquemaire* : composé de *caucher*
(→ 4) et de *mare*, empr. au moyen néerl.,
« fantôme nocturne », dont on trouve
l'équivalent avec le même sens en all. et
en angl. ♦ 161 CHAUSSE-TRAPPE XIIIᵉ s., altération de *chauchetrepe*, composé de *chau-
cher* et *treper* (→ TRÉPIGNER), littéralement
« marche, foule », parce qu'il faut marcher

sur ce piège pour y être pris, avec, pour l'orth., l'influence de *trappe*.

II. mots d'emprunt

♦|1| CALEÇON XVIe s. : it. *calzoni*, plur. augmentatif de *calza*, « chausse » : *calcea*. |2| CALQUER XVIIe s. : it. *calcare* « presser » ; CALQUE XVIIe s. : it. *calco*, dér. de *calcare* ; DÉCALQUER XVIIe s. ; DÉCALQUE XIXe s. ; DÉCALCOMANIE XIXe s. ; PHOTOCALQUE XXe s.

III. mots savants

♦|1| INCULQUER XVIe s. : *inculcare*. ♦|2| RÉCALCITRANT XVIe s., adj. : part. prés. de l'anc. fr. *récalciter* « ruer » : lat. *recalcitrare*.

CHAUVE ♦|1| (pop.) XIIe s. : lat. *calvus*, même sens ; la forme fém. l'a emporté sur l'anc. masc. *chauf*. ♦|2| CALVITIE (sav.) XIVe s. : lat. *calvities*, dér. de *calvus*.

CHAUX famille du lat. *calx, calcis* « chaux », d'où *calcarius* « relatif à la chaux » et *calculus* « caillou » et « jeton servant à compter ».

I. mots populaires

♦|1| CHAUX XIIe s. : *calx, calcis* ; CHAULER XIVe s. ; CHAULAGE XVIIIe s. ; CHAUFOUR XIVe s. : 2e élément *four* ; CHAUFOURNIER XIIIe s. ♦|2| CAUSSE XVIIIe s. : mot dial., Cévennes, dont le dér. *caussenard* montre qu'il remonte à un dér. en -*n*- du mot *calx* : **calcinus* « terrain calcaire ».

II. mots savants

♦|1| CALCAIRE XVIIIe s. : *calcarius*. ♦|2| CALCIUM XIXe s. : dér. sav. formé sur le radical *calc-* ; CALCIQUE XIXe s. ; CALCIFIER XXe s. ; DÉCALCIFIER, DÉCALCIFICATION, RECALCIFIER, RECALCIFICATION XXe s. ; CALCÉMIE XXe s. ♦|3| CALCINER XIVe s. « soumettre à l'action du feu pour réduire en poudre », traitement comparable à celui de la pierre à chaux : dér. sav. formé sur la base *calc-* ; CALCINATION XIIIe s. ♦|4| CALCUL XVIe s. « concrétion calcaire formée dans certains organes » : *calculus*. ♦|5| CALCULER XIVe s. : bas lat. *calculare* « compter avec des jetons » ; CALCUL XVe s. « action de compter » : dér. de *calculer* ; CALCULABLE et INCALCULABLE XVIIIe s. ; CALCULATEUR XVIe s. : lat. imp. *calculator* ; CALCULATRICE XXe s., techn.

CHEF famille du lat. *caput, capitis*, lat. vulg. **capum* et **capus, -oris* « tête », « extrémité » et « chef ». Dér. : (1) les diminutifs *capitulum* « petite tête », « division d'un ouvrage » et *capitellum* « extrémité » (2) *capitium* « capuchon » (3) *capito, -ōnis*, lat. vulg. **-īnis* « poisson à grosse tête » (4) *capitalis* « qui concerne la tête » (5) *capitatio, -onis* « impôt par tête » (6) bas lat. *capitaneus* « principal » (7) en composition, le mot *caput* prend les formes (a) *-ciput, -cipitis* dans *occiput* (de **obcaput*) « le derrière de la tête », *sinciput* (de **semi-caput*) « la moitié de la tête » ; (b) *-ceps, -cipitis* dans *biceps* « à deux têtes », *triceps* « à trois têtes » et *praeceps*, adj. « qui tombe la tête la première », subst. « précipice », d'où *praecipitare* « tomber » ou « jeter la tête la première » et lat. imp. *praecipitium* « abîme ».

I. mots populaires

A. CHEF X^e-XVIe s. « tête », XIIIe s. « celui qui commande » : **capum* probablement refait en **cabe* sous l'infl. de **cabĕte*, issu de *capitem* ; SOUS-CHEF XVIIIe s. ; CHEF-D'ŒUVRE XIIIe s. ; CHEF-LIEU XIIIe s., où *chef* est employé comme adj. avec le sens de « principal », mot d'origine féodale, utilisé dans le vocabulaire administratif après la Révolution ; COUVRE-CHEF XIIe s. ; DERECHEF XIIe s. : *chef* ayant ici le sens de « extrémité », « commencement ».

B. base -*chev*-

♦|1| ACHEVER XIe s. : PARACHEVER XIVe s. ; ACHÈVEMENT XIIIe s. ; ACHEVÉ XVIe s., adj. « parfait » ; INACHEVÉ XVIIIe s. ♦|2| CHEVIR XIIe s. « venir à bout de », « subvenir à ses besoins » : dér. anc. de **capum* ; CHEVANCE XIIIe s. « moyens de vivre ». ♦|3| CHEVET XIIIe s. : d'abord *chevez*, avec substitution de suffixe : *capitium*. ♦|4| BÉCHEVET XIVe s. : de *bis* et *capitium* ; XVIe s. *à tête béchevet* « la tête de l'un aux pieds de l'autre », altéré en TÊTE-BÊCHE XIXe s. (→ DEUX). ♦|5| CHEVESNE ou CHEVAINE XVIIe s. : **capitinem*, acc. de *capito*.

II. mots demi-savants

♦|1| CHEPTEL XVIIe s. : réfection, par adjonction d'un *p* étym. de l'anc. fr. *chetel* (pop.) XIe s. : lat. *capitale*, adj. neutre substantivé, « le principal (des biens possédés) ». ♦|2| CHAPITRE XIIe s. « division d'un ouvrage, d'une loi » et « assemblée de religieux où on lisait, à l'origine, un chapitre de la règle, ou de l'Écriture » : *capitŭlum* ; CHAPITRER XVe s. « réprimander un religieux au chapitre ». ♦|3| CHAPITEAU XIIe s. : *capitellum*.

CHEIRO-, CHIR(O)-

III. mots empruntés à des langues vivantes

♦|1| **CHABOT** XVIe s. : « poisson à grosse tête » : forme francisée du prov. *cabotz* du lat. vulg. **capocius*, dér. de *caput*. ♦|2| **CHAVIRER** XVIIIe s. : forme francisée du prov. *cap virar* « tourner la tête en bas » (→ VIRER). ♦|3| **CABOT** XIXe s. : « chien à grosse tête » et « caporal » : mot plur. attesté en Normandie et dans le Midi, désignant divers animaux à grosse tête ; appliqué métaph. au *caporal* d'autant plus facilement qu'il se confondait presque avec la forme abrégée *capo*. ♦|4| **CABUS** XIIIe s. : mot anc. prov. empr. à un dial. de l'Italie du Nord, du lat. vulg. **capuceus*. ♦|5| **CADEAU** XVe s. : « lettre capitale », « enjolivements calligraphiques ou rhétoriques », XVIIe s. « divertissement offert à une dame », XVIIIe s., sens mod. : prov. *capdel*, de *capitēllum*. ♦|6| **CADET** XVe s. : gascon *capdet* « chef », de *capitēllus* ; les officiers gascons qui servaient dans les armées royales étant généralement des fils cadets de familles nobles, ce terme a concurrencé *puiné* et l'a supplanté au XVIIIe s. ♦|7| **CAMAIL** XIIIe s. : anc. prov. *capmalh*, probablement dér. d'un verbe non attesté **capmalhar*, « revêtir sa tête d'une coiffure de mailles ». ♦|8| **CAP** XIVe s. : « promontoire » et « tête » dans l'expression *de pied en cap* : mot prov. signifiant à la fois « tête », « avant de navire » et « promontoire », de **capum*. ♦|9| **CAPITOUL** XIVe s. : « magistrat municipal de Toulouse » : mot languedocien, abrév. de *senhor de capitoul* « seigneur de chapitre » c.-à-d. « d'assemblée » du lat. *capitulum* ♦|10| **CAPITEUX** XVIe s. : « obstiné », XVIIIe s., sens mod. : it. *capitoso*. ♦|11| **CAPITON** XVIe s. : it. *capitone*, littéralement « grosse tête », qui désignait une soie grossière ; **CAPITONNER** une fois au XVIe s., puis XIXe s. ; **CAPITONNAGE** XXe s. ♦|12| **CAPON** XVIIe s., argot, « gueux », « lâche », « flagorneur », « écolier fripon » : p.-ê. argot it. *accapone* « gueux à la tête couverte de plaies », dér. de *capo*, de *caput* ; mais on peut aussi y voir une forme méridionale de *chapon* (→ ce mot). ♦|13| **CAPORAL** XVIe s., « chef », XVIIIe s., « sous-officier », XIXe s. « tabac » : it. *caporale*, de **capus, -oris* ; **CAPORALISME** XIXe s. ♦|14| **CAPRICE** XVIe s. : it. *capriccio*, même sens, altération de *caporiccio*, de *capo* « tête » et *riccio* « frisé » ; **CAPRICIEUX** XVIe s. : it. *capriccioso*.

♦|15| **CAVEÇON** XVIe s. : it. dial. septentrional *cavezzone*, dérivé de *cavezza* « licou », du lat. *capitia*, plur. de *capitium*. ♦|16| **CABÈCHE** XIXe s. : esp. *cabeza* « tête », du lat. *capitia*. ♦|17| **CABOTER** XVIIe s. : dér. de l'esp. *cabo* « cap », de *caput* ; **CABOTAGE** XVIIIe s. ; **CABOTEUR** XVIe s. ♦|18| **CHEFTAINE** XXe s. : angl. *chieftain* : empr. à l'anc. fr. *chevetain* (→ **IV. A. 1**).

IV. mots savants

A. base -*capit*-

♦|1| **CAPITAINE** XIIIe s. : *capitaneus*, a supplanté *chatain, chataigne, chevetain, chevetaigne* (pop.) ; **CAPITAINERIE** XIVe s. ♦|2| **CAPITAL** XIIe s., adj. XVIIe s., subst. : *capitalis* ; **CAPITALE** XVIIe s., subst. fém. « ville capitale » et « lettre capitale » ; **CAPITALISME, CAPITALISTE** XVIIIe s. ; **CAPITALISER, CAPITALISATION** XIXe s. ♦|3| **CAPITATION** XVIe s. : *capitatio*. ♦|4| **CAPITULE** XVIIIe s., liturgie, « court chapitre de l'Écriture », et bot., « inflorescence composée de plusieurs petites fleurs » : *capitulum*. ♦|5| **CAPITULAIRE** XIIIe s. : lat. médiéval *capitularis*, dér. de *capitulum* → CHAPITRE **II. 2**. ♦|2| **CAPITULER** XIVe s. « faire une convention comportant plusieurs articles, ou chapitres », XVIe s. « se rendre à certaines conditions » ; **CAPITULATION** XVe s. « pacte », XVIe s., sens mod. ; **CAPITULARD** XIXe s. ♦|7| **RÉCAPITULER** XIVe s. : lat. médiéval *recapitulare* « revoir chapitre par chapitre » ; **RÉCAPITULATION** XIIIe s. : *recapitulatio*. ♦|8| **DÉCAPITER** XIVe s. : lat. médiéval *decapitare* ; **DÉCAPITATION** XIVe s.

B. base -*cip*-

♦|1| **PRÉCIPITER** XIVe s. : *praecipitare* ; **PRÉCIPITATION** XVe s. : *praecipitatio* ; **PRÉCIPITÉ** XVIe s., adj. « hâtif » et subst., chimie ; **PRÉCIPITAMMENT** XVIe s. : adv. formé sur *précipitant*, part. présent alors employé comme adj. ♦|2| **PRÉCIPICE** XVIe s. : *praecipitium*. ♦|3| **OCCIPUT** XIVe s. et **SINCIPUT** XVIe s. : mots latins **OCCIPITAL** XVIe s. ; **SINCIPITAL** XIXe s. ♦|4| **OCCIPITO-** 1er élément de composés sav. de la langue médicale XVIIIe s.

C. base -*ceps*-

BICEPS XVIe s., « muscle à deux attaches supérieures » ; **TRICEPS** XVIe s., « muscle à trois attaches ».

CHEIRO-, CHIR(O)-

1er élément de composés sav. gr. *kheir, kheiros* « main ».

♦|11| **CHEIROPTÈRE** XVIIIᵉ s. ♦|12| **CHIRURGIE** XIIᵉ s. ; **CHIRURGIEN** XIIᵉ s. ; **CHIRURGICAL** XIVᵉ s. ♦|13| **CHIROGRAPHE** XIIᵉ s. ♦|14| **CHIROMANCIE** XIVᵉ s. ; **CHIROMANCIEN** XVIᵉ s. ; **CHIROMANCIENNE** XIXᵉ s. ♦|15| **CHIROPRACTEUR** XXᵉ s.

CHELEM XVIIIᵉ s. « coup gagnant au whist, ou au bridge » : altération de l'angl. *slam* « écrasement ».

CHÉLONIEN (sav.) XIXᵉ s. : dér. du gr. *khelônê* « tortue ».

CHEMIN ♦|11| (pop.) XIᵉ s. : lat. vulg. *cammĭnus*, d'origine celtique ; **CHEMIN DE FER** fin XVIIIᵉ s. ♦|12| **CHEMINER** XIIᵉ s. ; **CHEMINEMENT** XIIIᵉ s. ; **ACHEMINER** XIᵉ s. ; **ACHEMINEMENT** XIIᵉ s. ♦|13| **CHEMINEAU** XIXᵉ s. « vagabond », « manœuvre allant de chantier en chantier » : dér. dial. (Ouest) de *cheminer* ; **CHEMINOT** XXᵉ s. : var. orthog. du précédent, utilisé pour servir de dér. à *chemin de fer*.

CHEMINÉE (pop.) XIIᵉ s. : bas lat. *camĭnāta*, dér. du lat. *camĭnus*, empr. du gr. *kaminos* « four, fourneau ». La conservation du ī atone peut s'expliquer par l'infl. de *cammĭnus* « chemin ».

CHEMISE ♦|11| (pop.) XIIᵉ s. vêtement, XVᵉ s. enveloppe d'un livre : bas lat. *camĭsia*, mot d'empr., p.-ê gaulois, p.-ê. germ. ; **CHEMISIER** XIXᵉ s. fabricant de chemises, XXᵉ s. corsage ; **CHEMISERIE** XIXᵉ s. ; **CHEMISETTE** XIIIᵉ s. ; **CHEMISER** XIXᵉ s., techn. ; **CHEMISAGE** XXᵉ s. ♦|12| **CAMISOLE** XVIᵉ s. : anc. prov. *camisola* « casaque », dimin. de *camisa*. ♦|13| **CAMISADE** XVIᵉ s. « attaques nocturnes pour lesquelles, en signe de reconnaissance, les assaillants passaient une chemise sur leurs armes » : it. *camiciata* ou provençal *camisada*, dér. de *camisa* ; **CAMISARD** XVIIᵉ s., « paysan calviniste cévenol révolté après la révocation de l'édit de Nantes » : formé sur *camisa*, forme méridionale de *chemise*.

CHENAL famille du lat. *canna* « roseau », empr. au gr. *kanna*, lui-même d'origine sémitique.
Dér. grecs. : *kaneon* « corbeille », *kanastron* « vase en forme de corbeille » et probablement *kanôn* « règle » → CHANOINE.

Dér. latins : (1) *canalis* « tuyau » (2) les diminutifs lat. imp. *cannula* et lat. médiéval *cannella* (3) lat. vulg. **cannicium* « clayonnage de roseaux » ; **cannabula* « cou », par métaph. ; **cannutus* « qui ressemble au roseau ».

I. mot demi-savant

CHENAL XIIᵉ s. : réfection, d'après le lat., de l'anc. fr. *chenel* (pop.), XIIᵉ s. : lat. *canalis*.

II. mots d'emprunt

♦|11| **CHÉNEAU** XVᵉ s., d'abord *chesneau* : mot dial. Centre ou Est : altération, p.-ê. sous l'influence de chêne (nom du matériau de fabrication), de *cheneau* : lat. *canalis* (→ CHENAL). ♦|12| **CANIVEAU** XVIIᵉ s. dérivé de *canne* « conduit, tuyau » (→ 4) comme *solive* et *soliveau* sont dérivés de *sole* ; p.-ê. infl. directe de *soliveau* en l'absence d'une forme **canive*. ♦|13| **CANNELLE** XIIᵉ s., aromate : ce mot existe en fr., en anc. prov., en it. et en esp. et représente le lat. médiéval *cannella* (l'écorce du cannelier se présentait roulée en petits tuyaux) ; la cannelle venant d'Orient, c'est vraisemblablement le mot it. qui est à l'origine des autres ; **CANNELIER** XVIIᵉ s. ♦|14| **CANNE** XIIIᵉ s.-XVIᵉ s. « tuyau », XVIᵉ s. « canne à sucre », XVIIᵉ s. « bâton de marche » : anc. prov. *cana* : lat. ou it. *canna* ; **CANNELLE** XVᵉ s. « robinet de tonneau » ; **CANNAIE** XVIIᵉ s. ; **CANNER** XVIIIᵉ s.« mesurer avec une canne », XIXᵉ s. « recouvrir un siège de joncs tressés » ; **CANNAGE** XIXᵉ s. ♦|15| **CANON** pièce d'artillerie XIVᵉ s. : it. *cannone*, augmentatif de *canna* « tuyau » ; **CANONNADE** XVIᵉ s. : it. *cannonata* ; **CANONNIER** XIVᵉ s. ; **CANONNIÈRE** XVᵉ s. ♦|16| **CANETTE** « bouteille » : dér. de *canne* « tuyau » ; **CANETTE** « bobine » : mot d'origine génoise (les fils d'or et d'argent utilisés par les tisserands français venaient de Gênes) ; **CANUT** XIXᵉ s. « tisserand lyonnais » : p.-ê. apparenté à *canette*, mais le mode de dérivation est obscur. ♦|17| **CANNELURE** XVIᵉ s. : it. *cannellatura*, dér. de *cannella* ; **CANNELER** XVIᵉ s. ♦|18| **CANNETILLE** XVIᵉ s. : esp. *cañutillo* diminutif de *cañuto* « roseau » : lat. **cannūtus*. ♦|19| **CALISSON** XIXᵉ s. : prov. *calissoun*, var. de *cannissoun* « clayon (de pâtissier) » : lat. **canicium*. ♦|110| **CANNELLONI** XIXᵉ s. « pâte alimentaire cylindrique remplie de farce » : mot it. plur., augmentatif de *cannella* « tuyau ». ♦|111| **CANASTA** (jeu de cartes) xxe s. : mot esp. « corbeille », dér. de *canastillo* : lat. *canistellum*, dimin. de *canistrum* empr. au gr. *kanistron*. ♦ 121 CAÑON ou CANYON, xixe s., géogr. Augmentatif d'esp. *caño* « ruisseau », « tuyau », var. masc. de *caña* « roseau » : lat. *canna*.

III. mots savants

♦ 111 CANAL xiie s. : *canalis* ; CANALICULE xixe s. ; CANALISER ; CANALISABLE, CANALISATION xixe s. ♦ 121 CANULE xve s. : *cannula* ; CANULER xixe s., vulg. « ennuyer », d'après l'emploi de la canule dans les lavements ; CANULAR xixe s. ♦ 131 CANÉPHORE xviie s. : gr. *kanêphoros* « porteuse de corbeille », premier élément *kaneon*.

CHENAPAN famille de l'all. *schnappen* « attraper », « aspirer ».

♦ 111 CHENAPAN xviie s. : all. *Schnapphahn* « maraudeur », littéralement « attrape-coq » ; a désigné au moment de la guerre de Trente Ans des paysans réfugiés devenus bandits. ♦ 121 SCHNAPPS xviiie s. : all. *Schnapps* « petit verre de goutte », de *schnappen* « aspirer », mot introduit par les mercenaires au service de la France.

CHÊNE (pop.) xiie s. : altération, p.-ê. sous l'infl. de *frêne*, de *chasne* ; lat. vulg. **cassănus*, mot gaulois ; CHÊNE VERT xviie s. ; CHÊNAIE xiiie s.

CHENU ♦ 111 (pop.) xie s. : bas lat. *canūtus*, dér. du lat. class. *canus* « aux cheveux blancs » ou simplement **canīcīre*, dér. de *canīre*. ♦ 121 CHANCIR (pop.) xvie s. : « devenir blanc de moisissure » : altération, sous l'influence de *rancir*, de l'anc. fr. *chanir*, du lat. vulg. **canīre*, dér. de *canus*. ♦ 131 CANITIE (sav.) xiiie s. : lat. *canities* « blancheur des cheveux ».

CHER famille du lat. *carus* « cher, chéri », et « cher, de haut prix » d'où *caritas* « tendresse » et « cherté », utilisé par la langue de l'Église pour traduire le gr. *agapê*, l'une des vertus cardinales.

♦ 111 CHER (pop.) xe s. : *carus* ; CHERTÉ xie s. *caritas, -ātis* avec influence de *cher* ; CHÈREMENT xie s. ; CHÉRIR xie s. ♦ 121 ENCHÉRIR xiie s. ; ENCHÈRE xiiie s. ; ENCHÉRISSEMENT xiiie s. ENCHÉRISSEUR xive s. ; RENCHÉRIR xiie s. RENCHÉRISSEMENT xiiie s. ; SURENCHÉRIR xvie s. ; SURENCHÈRE xvie s. : dér. de *cher*. ♦ 131 CARESSE xvie s. : it. *carezza* : lat. médiéval *caritia*, dér. de *carus* ; CARESSER xve s., xviiie s. : *caresser un projet* : it. *carezzare* ; CARESSANT xviie s. ♦ 141 CHARITÉ (demi-sav.) xe s. : *caritas* ; CHARITABLE xiie s. ; CHARITABLEMENT xiiie s.

CHÉRIF xvie s. : arabe *charîf* « noble, éminent », probablement par l'it. *sceriffo* ; CHÉRIFIEN xixe s.

CHÉRUBIN xie s., « ange de la première hiérarchie dans la Bible », xviie s., sens fig. : hébreu *kerubim*, plur. de *kerub*.

CHEVAL famille du lat. pop. *caballus*, mot p.-ê. empr. à une langue non ind.-eur. ; a éliminé le lat. class. *equus*. Dér. : bas lat. *caballa* « jument » ; *caballaris* et *-rius* « garçon d'écurie » ve s., puis « soldat à cheval » ; *caballicare* « aller à cheval » ; pour les mots savants exprimant la notion de « cheval » → ÉQUESTRE.

♦ 111 CHEVAL (pop.) xie s. : *caballus* ; CHEVALET xiiie s. « petit cheval », xve s. « support » ; CHEVALIN xive s. ; CHEVAU-LÉGER xvie s. : sing. refait sur le plur. ; CHEVAL-VAPEUR xixe s. ♦ 121 CHEVAUCHER (pop.) xie s., xviie s. « se recouvrir partiellement » : *caballicāre* ; CHEVAUCHÉE xiie s. ; CHEVAUCHEMENT xive s. « action d'aller à cheval », xixe s. sens mod. ♦ 131 CHEVALIER (pop.) xie s. « guerrier noble qui combat à cheval » et « personne admise dans l'ordre de la chevalerie » : *caballarius* ; CHEVALERIE xie s. ; CHEVALIÈRE xixe s. : abrév. de *bague à la chevalière*. ♦ 141 CAVALIER xve s. « gentilhomme », xviie s. « gentilhomme accompagnant une dame », « personne à cheval » et adj. « qui a les façons désinvoltes d'un cavalier » ; xviiie s., pièce du jeu d'échecs, xxe s., techn., pièce métallique courbe : it. *cavaliere*, du prov. *cavaliere*, de *caballarius* ; CAVALIÈREMENT xviie s. ; CAVALERIE xvie s. : it. *cavalleria*, avec croisement de *cavaliere* et *cavallo*. ♦ 151 CHEVALERESQUE xviiie s. : altération, sous l'influence de *chevalier*, de l'it. *cavalleresco*, dér. de *cavalleria*. ♦ 161 CAVALE xvie s. : it. *cavalla*, fém. de *cavallo*, de *caballus* ; CAVALER xixe s. « chevaucher », puis, argot, *se cavaler* « se sauver » ; CAVA-

LEUR, -EUSE XIXe s., vulg. « débauché, coureur ». ♦|7| CAVALCADE XIVe s. : it. dial. (Piémont) *cavalcada*, équivalent du fr. *chevauchée* ; CAVALCADE XIXe s.

CHEVÊTRE ♦|1| (pop.) XIe s. : lat. *capistrum* « muselière », « licou ». ENCHEVÊTRER XIIe s. « mettre le licou à un cheval », XVIe s., sens mod. ; ENCHEVÊTREMENT XVIe s. ♦|2| CABESTAN XIVe s. : prov. *cabestan*, altération de *cabestran*, part. présent substantivé de *cabestrar*, verbe dér. de *cabestre* « chevêtre » et « corde de poulie » : *capistrum*.

CHEVEU famille du lat. *capillus*, p.-ê. apparenté à *caput*, sans que cette parenté puisse être clairement définie. — Dér. : *capillatus* « chevelu », d'où *capillatura* « chevelure » et *capillaris* « relatif à la chevelure ».
♦|1| CHEVEU (pop.) XIe s. : *capillus* ; CHEVELU XIIe s. : dér. de *chevel*, var. de *cheveu*. ♦|2| CHEVELURE (pop.) XIIe s. : *capillatura*. ♦|3| ÉCHEVELÉ XIe s. ; ÉCHEVELER XIVe s. : bas lat. *excapillāre* « arracher les cheveux », dér. de **capillāre*, représenté en anc. fr. par *cheveler*. ♦|4| CAPILLAIRE (sav.) XIVe s., *fracture, veine capillaire* « fine comme un cheveu », XVIe s. bot., « plante fine comme un cheveu », XIXe s., *lotion, art capillaire* « relatif aux cheveux » : *capillaris* ; CAPILLARITÉ XIXe s. Pour les mots scientifiques exprimant la notion de « cheveu » → TRICH(O)-.

CHÈVRE famille de *caper* « bouc », en particulier « bouc châtré », par opposition à *hircus* ; var. lat. vulg. **capro, -ōnis* et bas lat. *capritus* ; fém. *capra* « chèvre ». — Dér. : *caprarius* « chevrier » ; *caprinus* « de chèvre » ; *capreolus* « chevreuil » ; et divers composés comme *caprifolium* « chèvrefeuille », dont certains imités du gr. : *capricornus*, signe du zodiaque, calqué sur *aigókerōs* et *capripes* « aux pieds de chèvre », calqué sur *aigipous*.

I. mots populaires

♦|1| CHÈVRE XIIe s. : *capra* ; CHEVREAU, CHEVRETTE XIIIe s. ; CHÈVRE-PIED XVIe s. : calque du lat. *capripes*. ♦|2| CHEVRIER XIIIe s. : *caprarius*. ♦|3| CHÈVREFEUILLE XVIIe s. : forme fém. de *chevrefeuil* XIIe s. : *caprifolium*, adoptée sous l'influence de *feuille*. ♦|4| CHEVRON XIIe s., pièce de charpente, même évolution sémantique que pour *sommier, chevalet*, etc. ; XIIIe s., terme de blason, « bandes plates formant un angle aigu », XVIIIe s., galon d'officier, XXe s. « décoration en zigzag » : **capro -ōnis* ; CHEVRONNÉ XIIIe s., blason, XVIIIe s., milit., XIXe s., sens fig. ♦|5| CHEVREUIL XVIIe s. : altération de *chevreul* XIIe s., de *capr(e)ŏlus*. ♦|6| CHEVROTIN XIIIe s., « petit du chevreuil » : dimin. de *chevrot*, var. de *chevreau* ; CHEVROTER XVIe s., « mettre bas », en parlant de la chèvre, XVIIIe s., en parlant d'une voix tremblante comme un bêlement ; CHEVROTEMENT (même évolution) ; CHEVROTINE XVIIe s., balle pour tirer le chevreuil.

II. mots d'emprunt

♦|1| CHABICHOU XIXe s. : altération de *chabrichou*, mot dial. limousin, dér. de *chabro* « chèvre ». ♦|2| CREVETTE XIXe s. : mot dial. normand, équivalent du fr. *chevrette*. ♦|3| CABRI XIVe s. : prov. *cabrit*, de *capritus* : élimine l'anc. fr. *chevri* de même origine. ♦|4| CABRER XVIe s. : verbe formé sur un radical *cabr-* tiré de formes provençales anciennement empr. par le fr. *(cabret, cabrote)* ; le verbe prov. *se cabrar* n'est pas attesté avant le XVIIIe s. ♦|5| CABRIOLE XVIe s., var. *capriole* : it. *capriola*, dér. de *capriolare*, lui-même dér. de *capriolo* « chevreuil », de *capreolus* ; le *b* est dû à l'influence de *cabri* ; CABRIOLER XVIe s. : it. *capriolare* ; CABRIOLET XVIIIe s., « voiture légère » et « chapeau de femme ».

III. mots savants

♦|1| CAPRIN XIIIe s. : *caprinus* ; élimine au XVIe s. l'anc. fr. *chevrin* de même origine. ♦|2| CAPRICORNE XIIIe s., astrologie, XVIIIe s., entomologie : *capricornus*. ♦|3| CAPRICANT XIXe s., élimine *caprisant* XVIe s., dér. sur le radical de *capra* ; le *c* est p.-ê. dû à l'influence de *capricorne*.

CHEZ famille du lat. *casa*, hutte, cabane de berger » ; dimin. *casula* « petite maison » et bas lat. « manteau à capuchon », refait en *casub(u)la*, VIe s., p.-ê. sous l'infl. du gr. *kalubê* « cabanne ».

♦|1| CHEZ (pop.) XIIe s. : altération de l'anc. fr. *chiese* « maison » : *casa*, par suite d'un emploi atone dans des locutions à valeur prépositionnelle telles que *en chiese, à chiese de* ; la forme pleine subsiste en toponymie sous la forme *chaise*, ex.: *Les Chaises* (nom de nombreux hameaux), *La Chaise-Dieu.* ♦ 121 **CHASUBLE** (demi-sav.) XIIe s.: *casub(ŭ)la.* ♦ 131 **CASE** (sav.) XIIIe s. « petite maison »: lat. *casa* ; XVIIe s., maison des nègres du Sénégal, puis des Antilles : empr. au port. *casa* ; XVIIe s., division du jeu d'échecs: empr. à l'esp. *casa*, même origine ; d'où **CASER** XVIIe s., « mettre dans une case » ; **CASIER** XVIIIe s. ♦ 141 **CASINO** XVIIIe s., mot it. « maison de plaisance ou de jeux » : dimin. de *casa.* ♦ 151 **CASANIER** XIIIe s., sous la forme *casenier* « marchand it. résidant en France » : it. *casaniere* « prêteur », dér. de *casana* « banque », croisement de *casa* et du vénitien *casna*, de l'arabe *khazīna* « trésor » ; XVIe s., forme et sens mod.: sous l'infl. de l'anc. esp. *casañero*, dér. de *casa.* ♦ 161 **CASEMATE** XVIe s.: it. *casamatta* littéralement « maison folle », c.-à-d. « fausse maison ».

1. **CHICHE** (pois) (pop.) XIIIe s.: altération, par assimilation consonantique régressive, de l'anc. fr. *ciche* qui provient p.-ê. de *(pisu)* *cicciu* « petit pois » ; *cicciu* dériverait du lat. *ciccum*, dont le sens premier, « noyau de fruit », avait évolué vers celui de « un tant soit peu », « un rien » ; le nom lat. du pois chiche, *cicer*, avait donné en anc. fr. *ceire, coire,* ou *cerre* (encore attesté au XVIIe s.) et en it. *cece* ; cette dernière forme non plus ne saurait être l'étymon de *chiche*, d'une part à cause du timbre de la voyelle, d'autre part à cause de la consonne initiale de l'anc. fr. *ciche*.

2. **CHICHE** ♦ 111 (pop.) XIIe s., adj. « avare » : probablement formation expressive ; une syllabe *tchitch* exprimant la petitesse semble être à la base de divers mots dial. et it. ♦ 121 **CHICHI** XIXe s.: probablement même origine ; **CHICHITEUX** XXe s.

CHICORÉE (demi-sav.) XIIIe s.: lat. *cichoreum*, du gr. *kikhorion*, même sens, avec influence de l'it. *cicoria.*

CHIEN famille d'une rac. ind.-eur. *kwen* « chien », représentée en particulier par le gr. *kuōn, kunos* et par le lat. *canis*. — Dér.: *caninus* « canin » ; *canicula* « petite chienne » et « constellation du Chien », d'où *canicularis* ; lat. vulg. *canittus*, dimin., *canile* « chenil », et *cania*, fém.

I. mots issus du latin

A. mots populaires

♦ 111 **CHIEN** XIe s., XIIIe s., *chien de mer*, XVIe s., *chien de fusil*, XVIIIe s., *chien-loup*, calqué sur l'angl. *wolf-dog* « chien (dressé contre) les loups », XIXe s., *avoir du chien*: *canis* ; **CHIENNE** XIIIe s.; **CHIENNERIE** XIIIe s. droit seigneurial, XIXe s. sens mod.; **CHIENDENT** XIVe s. ♦ 121 **CHENIL** XIVe s.: *canīle.* ♦ 131 **CHENET** XIIIe s.: *canittus*, dimin. ancien de chien, les chenets étant souvent ornés de têtes d'animaux, en particulier de chiens. ♦ 141 **CHENILLE** XIIIe s., XVIIe s. « passe-menterie veloutée », XXe s., « courroie de transmission articulée » : *canicŭla*, p.-ê. croisé avec *calicula* dér. de *calyx* « calice », « cupule », « coquille » et probablement « cocon » ; **ÉCHENILLER** XIVe s.; **ÉCHENILLAGE** XVIIIe s.; **CHENILLETTE** XVIIIe s. bot.; **AUTOCHENILLE** XXe s. « véhicule équipé de chenilles ».

B. mots d'emprunt

♦ 111 **DÉCANILLER** XVIIIe s.: probablement mot dial. normanno-picard, var. *déqueniller, écaniller*, dér. de *canil, quenil* « niche à chien » ; littéralement « chasser le chien de sa niche ». ♦ 121 **CAGNE** XVe s., « chienne » et « prostituée » : anc. prov. *canha* « chienne » : *cania* ; **CAGNARD** XVIe s. « paresseux comme un chien »; **S'ACAGNARDER** XVIe s.; **CAGNEUX** XVIIe s. « qui a les genoux tournés en dedans », comme les chiens : dér. de *cagne.* ♦ 131 **CAGNOTTE** XIXe s. « corbeille pour enjeux » et « enjeux », « caisse commune d'un groupe » : mot dial. du Midi, *cagnotto*, dér. de *cagna* « chienne », désigne dans ces parlers, par métaphore, divers récipients. ♦ 141 **CANAILLE** XVe s.: it. *canaglia*, dér. de *cane* « chien » ; a éliminé son équivalent anc. fr. *chiennaille* ; **S'ENCANAILLER** XVIIe s. ; **ENCANAILLEMENT** XIXe s. ; **CANAILLERIE** XIXe s. ♦ 151 **REQUIN** XVIIe s. mot obscur, p.-ê. renforcement du dial. (Normandie, Picardie) *quin*, var. *quien* « chien » (→ CHIEN DE MER « espèce de requin »).

C. mots savants

♦ 111 **CANIN** XIVe s.: *caninus*, a éliminé l'anc. fr. *chenin* ; **CANINE** XVIe s., subst. fém. ♦ 121 **CANIDÉ** XIXe s.: dér. formé sur *canis.* ♦ 131 **CANICULE** et **CANICULAIRE** XVIe s.: *canicula*, nom de l'étoile Sirius, ou Chien d'Orion, qui se lève et se couche avec le soleil du 22 juillet au 23 août, et *canicularis*.

II. mots savants issus du grec

KYN(O)- : radical de *kunos*, génitif de *kuôn*. ♦|1| **CYNÉGÉTIQUE** XVIIIᵉ s. : gr. *kunêgetikos* « qui conduit les chiens ». ♦|2| **CYNOCÉPHALE** XIVᵉ s. : *kunokephalos* « à tête de chien », par le lat. ♦|3| **CYNIQUE** XIVᵉ s., sens propre, XVIIᵉ s., sens fig. : gr. *kunikos* « qui ressemble au chien », nom donné à des philosophes gr. qui prétendaient revenir à la nature en méprisant les conventions sociales, l'opinion publique et la morale ; **CYNISME** XVIIIᵉ s. : *kunismos*, par le lat.

CHIER famille du lat. *cacāre*, même sens, mot ind.-eur. ancien.

♦|1| **CHIER** (pop.) XIIIᵉ s. : *cacāre* ; **CHIENLIT** XVIᵉ s. : *chie-en-lit* ; **CHIASSE** XVIᵉ s. ; **CHIURE** XVIIᵉ s. ; **CHIOTTES** XIXᵉ s. ; **CHIARD** XIXᵉ s. ♦|2| **CHIALER** (pop.) XIXᵉ s. semble résulter du croisement de *chier (des yeux)* XVIIᵉ s. « pleurer », et d'un dér. de *chiau* ou *chiot* : lat. *catellus* « jeune animal », « jeune chien ». ♦|3| **CHIADER** (pop.) XIXᵉ s., argot d'étudiants : dér. de *chiade* XIXᵉ s., « brimade infligée à un nouveau » et « travail acharné pour un examen », qui se rattache à *chier* par l'intermédiaire de l'expression *ça chie dur* « ça va fort ». ♦|4| **CHASSIE** (pop.) XIIᵉ s. *chacide* : lat. vulg. *caccīta*, dér. de *cacāre* avec redoublement expressif de la consonne et suff. empr. à *pituita* → PÉPIE ; **CHASSIEUX** XIIᵉ s. ♦|5| **CAGOT** (pop.) XVᵉ s. « lépreux », XVIᵉ s., avec de nombreuses var. empr. à divers dial., « malheureux », puis, sous l'influence de *bigot*, « dévot hypocrite » : mot dial. béarnais, « lépreux blanc », dér. de *cagar* « chier » ; **CAGOTERIE** XVIᵉ s. ; **CAGOTISME** XVIIᵉ s. ♦|6| **CACA** XVIᵉ s. formé sur le modèle des mots enfantins à redoublement (→ Annexe I), d'après le radical de *cacāre* ; ne saurait être un mot pop. remontant directement à *cacāre*, p.-ê. mot du latin de collège.

CHIFFRE ♦|1| XIIIᵉ s., sous la forme *cifre* « zéro » : lat. médiéval *cifra*, de l'arabe *sifr* « zéro » ; XVᵉ s. forme mod. « signe numérique » et « code secret » : it. *cifra*, de même origine ; **CHIFFRER**, **CHIFFREUR** XVIᵉ s. ; **CHIFFREMENT** XVIIᵉ s. ♦|2| **DÉCHIFFRER** XVᵉ s. : dér. de *chiffrer* d'après le sens « transcrire dans un code secret » ; **DÉCHIFFREMENT** XVIᵉ s. ; **DÉCHIFFRABLE** et **INDÉCHIFFRABLE** XVIIᵉ s. ♦|3| **ZÉRO** XVᵉ s. ; XVIᵉ s. « homme nul » : it. *zero*, contraction de *zefiro*, de l'arabe *sifr*.

CHIMPANZÉ XVIIIᵉ s. : empr. à un dial. du Congo.

CHINER XIXᵉ s. « acheter et revendre de lieu en lieu », argot des marchands ambulants ; « mendier » ; « demander avec insistance » ; « critiquer » : étym. obscure ; ne peut guère être une abrév. de *s'échiner*, le mot *chiner* ne s'appliquant jamais à des travaux durs comme ceux du bûcheron ou du portefaix ; p.-ê. issu du tsigane *tjinna* « acheter » qui aurait pénétré dans le Sud-Ouest de la France d'où étaient généralement originaires les **CHINEURS** parisiens (XIXᵉ s.).

CHIOT (pop.) XVIᵉ s. : mot dial. Ouest, Centre, a éliminé son équivalent anc. fr. *chael* : *catĕllus*, dimin. de *catulus*, qui désignait d'une façon générale le petit d'un animal puis, rattaché à *canis* par étym. pop., a désigné spécialement le petit du chien.

CHIOURME XIVᵉ s., d'abord *cheurme* : mot de l'argot des galériens : it. dial. génois *ciurma*, du lat. *celeusma* « ordres rythmés et chantés donnés par le chef des rameurs pour régler le mouvement de la galère », du gr. *keleusma*, dér. de *keleuein* « commander ».

CHIP (pomme) et surtout **CHIPS**, plur. XXᵉ s. : mot angl. d'origine germ., « copeau », « fin morceau de bois ou de pierre ».

CHIQUE XVIIᵉ s., « insecte de l'Amérique méridionale appelé aussi puce pénétrante » : mot caraïbe.

CHLORE ♦|1| (sav.) XIXᵉ s., métalloïde verdâtre : gr. *khlôros* « vert ». ♦|2| **CHLORAL, CHLORATE, CHLORHYDRATE, CHLORURE, BICHLOROSE,** XIXᵉ s. : dér. de *chlore* désignant des produits chimiques ; **CHLORIQUE, CHLORÉ, CHLOREUX, CHLORHY-**

CHOCOLAT

DRIQUE, CHLORURÉ XIXᵉ s. : dér. de *chlore*, adj. qualifiant des produits chimiques. ♦ |3| CHLORURÉMIE XXᵉ s., méd. : dér. de *chlorure*. ♦ |4| CHLORURE XVIIᵉ s., « anémie », « perte de coloration » : lat. médiéval *chlorosis* « verdissement », dér. de *khlôros* ; CHLOROTIQUE XVIIIᵉ s. ♦ |5| base *chloro-* dans CHLOROPHYLLE (→ CERFEUIL) et CHLOROFORME XIXᵉ s. : de *chlore* et *(acide) formique* ; CHLOROFORMER et CHLOROFORMISER XIXᵉ s.

CHOCOLAT XVIᵉ s., sous la forme *chocolate*, puis XVIIᵉ s. : esp. *chocolate*, de l'aztèque *chocolatl* « boisson à base de cacao » ; CHOCOLATIÈRE XVIIᵉ s., récipient où on prépare le chocolat ; CHOCOLATIER XVIIIᵉ s., fabricant de chocolat ; CHOCOLATÉ, CHOCOLATERIE XIXᵉ s.

CHŒUR famille du gr. *khoros* « ensemble d'acteurs qui chantaient et dansaient à la fois », empr. anciennement par le lat. sous la forme *chorus*.

I. CHŒUR (pop., avec orthographe sav.) XIIᵉ s. « ensemble des chantres » et « partie de l'église où ils se tiennent », XIVᵉ s., *enfant de chœur*, XVIIIᵉ s. « composition musicale à plusieurs voix » : *chōrus*.

II. base *chor-* (sav.)
♦ |1| CHORISTE XIVᵉ s. : lat. médiéval *chorista*. ♦ |2| CHORAL XVIIIᵉ s., adj. : lat. médiéval *choralis* ; XIXᵉ s. « chant religieux protestant », subst. masc. : all. *choral*, même origine ; CHORALE XXᵉ s., subst. fém. : abréviation de *société chorale*. ♦ |3| CHORUS XVᵉ s., dans la locution *faire chorus* : mot lat. ♦ |4| CHORÉE XVIIᵉ s., métrique, XIXᵉ s., maladie nerveuse : gr. *khoreia* « danse ». ♦ |5| CHORÈGE XVIIᵉ s. : gr. *khorêgos* « chef de chœur » ; CHORÉGIE XIXᵉ s. : gr. *khorêgia*. ♦ |6| CHORÉGRAPHIE XVIIIᵉ s. : du gr. *khoreia* « danse » et *graphein* « écrire » ; CHORÉGRAPHE XVIIIᵉ s. ; CHORÉGRAPHIQUE XIXᵉ s.

CHOIR famille du lat. *cadere, casus*, « tomber », lat. vulg. *cadēre, cadūtus* et *cadectus*. Dér. : (1) *caducus* « qui tombe » (2) *cadaver* « cadavre », dér. de formation obscure, mais dont la base est certainement celle de *cadere* (3) *casus* « chute », « événement » et, calque du gr. *ptōsis*, « cas grammatical » : d'où lat. impr. *casualis* « fortuit » et « relatif aux cas » ; et lat. vulg. *casicare* « tomber » (4) *occasio, -onis* « occasion » (5) *-cidere*, forme prise en composition par le verbe *cadere*, dans (a) *accidere* « arriver inopinément » ; (b) *decidere* « tomber de », « être en décadence » et *excidere* « tomber de », refaits en **decadere* et **excadere* en lat. vulg. ; (c) *incidere* « tomber dans », « arriver » ; (d) *occidere* « se coucher », en parlant d'un astre, d'où *occidens* « point où se couche le soleil » ; (e) *recidere* « retomber », d'où *recidivus* « qui retombe », « qui se reproduit ».

I. mots populaires
♦ |1| CHOIR Xᵉ s., concurrencé et éliminé par *tomber* au XVIᵉ s. : **cadēre* ; DÉCHOIR XIᵉ s. **decadēre* ; ÉCHOIR XIIᵉ s. : **excadere*. ♦ |2| CHANCE XIIᵉ s., également aux sens de « chute » et de « hasard » : *cadentia* « les choses qui arrivent », plur. neutre subst. du part. présent de *cadere* ; MALCHANCE XIIIᵉ s. ; CHANCEUX XVIIᵉ s. ♦ |3| MÉCHANT XIIᵉ s. « malchanceux », XIVᵉ s. « porté au mal » : part. présent du verbe anc. fr. *meschoir* « tomber mal » ; MÉCHANCETÉ XIVᵉ s., a éliminé l'anc. fr. *mescheance* : dér. de *méchant*. ♦ |4| ÉCHÉANCE XIIIᵉ s., XVIIᵉ s., sens commercial : **excadentia* « les choses qui échoient » : part. présent neutre plur. subst. de **excadere* ; DÉCHÉANCE XIIᵉ s. : **decadentia* part. présent neutre plur. subst. de *decadere* ; dans ces deux mots, conservation archaïque du *e* en hiatus, qui a disparu dans *choir, chance* et *méchant*. ♦ |5| CHUTE XIVᵉ s. : croisement entre deux formes fém. de part. passé de *choir, cheüe*, de **cadūta*, et *cheoite*, de **cadecta* ; CHUTER XIXᵉ s. ; PARACHUTE XVIIIᵉ s. ; PARACHUTER, -AGE, -ISTE, ISME XXᵉ s. ; RECHUTE XVᵉ s. : dér. de l'anc. fr. *rechoir* ; RECHUTER XIXᵉ s. ♦ |6| DÉCHET XIIIᵉ s. : *déchié* : forme irrégulière de part. passé de *déchoir*, analogique de la conjugaison en *-er* ; XVᵉ s., *déchet* : réfection due à l'influence de la 3ᵉ pers. ind. prés. *il déchet*. ♦ |7| DÈCHE XIXᵉ s., argot : p.-ê. mot dial. angevin, abrév. de *déchet* au sens de « mécompte », ou de *déchance* « malchance », attesté en Anjou, plutôt que de *déchéance*, peu usuel dans le langage pop.

II. mots d'emprunt
♦ |1| CADENCE XVᵉ s. « chute d'une phrase » et « rythme » : it. *cadenza*, même sens : *cadentia* → CHANCE, I. 2. ; CADENCER XVIᵉ s.

♦ |2| **CASCADE** XVIIe s. : it. *cascata* dér. de *cascare* « tomber » : **casicāre* ; **CASCATELLE** XVIIIe s. : it. *cascatella*, dim. de *cascata* ; **CASCADER** XVIIIe s. : dér. de *cascade* ; **CASCADEUR, -EUSE** XIXe s. ♦ |3| **CASQUER** XIXe s., argot. « tomber dans un piège », « payer » : sabir méditerranéen *cascar* « glisser », de l'it. *cascare* « tomber », du lat. vulg. **casicāre*.

III. mots savants

A. base -cad-

♦ |1| **CADUC** XIVe s. : *caducus* ; **CADUCITÉ** XVe s. ♦ |2| **CADAVRE** XVIe s. : *cadaver* ; **CADAVÉREUX** XVIe s. ; **CADAVÉRIQUE** XVIIIe s. ♦ |3| **DÉCADENCE** XVe s. : lat. médiéval *decadentia*, de *de* et *cadere* → DÉCHOIR ; **DÉCADENT** XVIe s., XIXe s., emploi particulier en littérature ; **DÉCADENTISTE** XXe s.

B. base -cas-

♦ |1| **CAS** XIIIe s. : « événement, réel ou supposé » et, gram., XVIIe s., *cas de conscience*, XVIIIe s., méd. : *casus* ; **CASUEL** XIVe s., adj. « fortuit » et sens gram. ; « revenu variable d'une fonction eccl. » : *casualis* ; **EN-CAS** XVIIe s. « léger repas », XIXe s., autres sens. ♦ |2| **CASUISTE** XVIIe s. : dér. de *casus* au sens de *cas de conscience*, par l'esp. *casuista* ; **CASUISTIQUE** XIXe s. ♦ |3| **OCCASION** XIIe s. d'abord *achoison* ; *occasio* ; **OCCASE** XIXe s., vulg. ; **OCCASIONNEL** XVIIe s. ; **OCCASIONNELLEMENT** XVIe s. ; **OCCASIONNER** XIVe s.

C. base -cid-

♦ |1| **ACCIDENT** XIIe s. : « événement fortuit » et sens philo. en lat. scolastique, XVe s. « événement malheureux », XVIIe s., *accident de terrain*, XVIIIe s. « événement entraînant des dommages matériels » : *accidens, -entis*, part. présent de *accidere* ; **ACCIDENTEL** XIIIe s., **-ELLEMENT** XVe s. ; **ACCIDENTÉ** XVIIe s. « montagneux », XXe s. « qui a subi un accident ». ♦ |2| **INCIDENT** XIIIe s., subst. et adj. : *incidens, -entis*, part. présent de *incidere* ; **INCIDENCE** XIVe s. « événement », XVIIe s., phys. ; **COÏNCIDER** XIVe s. : lat. médiéval *coincidere* « tomber ensemble » ; **COÏNCIDENCE** XVe s. ♦ |3| **OCCIDENT** XIIe s. : *occidens, -entis* ; **OCCIDENTAL** XVIe s. : *occidentalis* ; **OCCIDENTALISÉ** XIXe s. ♦ |4| **RÉCIDIVE** XVIe s., sens médical, puis jur., XVIIe s., sens général : *recidiva (febris)* « fièvre qui revient » ; **RÉCIDIVER** XVe s. ; **RÉCIDIVISTE** XIXe s.

CHÔMER ensemble de mots où se trouve représentée la racine du gr. *kaiein* « brûler », issu de **kaw-yein*. — Dér. : (1) *kauma* « brûlure », en particulier « forte chaleur du soleil » ; *kautêr* « fer brûlant pour cicatriser » ; *kaustikos* « qui brûle » (2) *egkaiein* « peindre à l'encaustique » ; *egkaustikê (tekhnê)* « art de peindre à l'encaustique » (3) *hypokaustos* « chauffé par en dessous » (4) *holokaustos* « (sacrifice) où l'on brûle entièrement (la victime) ».

I. mots populaires

♦ |1| **CHÔMER** XIIIe s. « se reposer quand il fait chaud », XIXe s. « cesser le travail, en général » : lat. vulg. **caumare*, dér. du gr. *kauma* « chaleur du soleil » ; **CHÔMAGE** XIIIe s. ; **CHÔMEUR** XIXe s. ♦ |2| **ENCRE** XIe s. d'abord *enque* : *egkauston* « encaustique pour peinture » et « encre rouge de l'administration impériale romaine », avec conservation de l'accent gr. sur *e* et développement spontané d'un *r* ; **ENCRIER** XIVe s. ; **ENCRER** XVIe s. ; **ENCRAGE** XIXe s.

II. mots d'emprunt

CALME XVe s., subst. et adj. : it. *calma* « calme de la mer, par temps chaud » ; prov. *cauma*, terme maritime d'origine grecque p.-ê. introduit par Marseille, du gr. *kauma* ; **CALMER** XVe s. : it. *calmare* ; **CALMEMENT** XVIe s. ; **ACCALMIE** XVIIIe s., forme analogique d'*embellie*.

III. mots savants

A. base -caust-

♦ |1| **ENCAUSTIQUE** XVIe s., technique de peinture, XIXe s., produit d'entretien : *egkaustikê* ; **ENCAUSTIQUER** XIXe s. ♦ |2| **HYPOCAUSTE** XVIe s. archéol. : *hupokaustos*. ♦ |3| **HOLOCAUSTE** XIIe s. : *holokaustos*, par le lat. ♦ |4| **CAUSTIQUE** XVe s. : *kaustikos*, par le lat. ; **CAUSTICITÉ** XVIIIe s.

B. base -caut- **CAUTÈRE** XIIIe s. : bas lat. *cauterium* : gr. *kautêrion*, dimin. de *kautêr* ; **CAUTÉRISER** XIVe s. : lat. imp. *cauterizare*, du gr. *kautêrizein* ; **CAUTÉRISATION** XIVe s. ; **THERMOCAUTÈRE** fin XIXe s.

CHOPE XIXe s. : mot dial. de l'Est et du Nord-Est : all. *Schoppen* « mesure de liquide ».

CHOPER ensemble de mots d'origine obscure qu'on peut rattacher à trois structures syllabiques expressives, à voyelle variable, à formation consonantique, *ch, p,* ch. k et cr. k, exprimant toutes trois l'idée fondamentale de « petits coups répétés », à laquelle se rattachent les valeurs secondaires de « petit coup de dent », « querelle », « petit morceau arraché », « déchirure », « coup de couteau », « coup de crayon ». De plus, les inventaires de vocabulaire dial. montrent que beaucoup de mots exprimant l'idée de « coup » expriment en même temps celle de « mesure pour un liquide », en particulier pour le vin → aussi TAQUET.

I. structure CH. P

A. voyelle o

◆1◆ **CHOPPER** XII° s. « heurter du pied » ; **ACHOPPER** XII° s. ; **ACHOPPEMENT** XIV° s., survit dans la locution *pierre d'achoppement.* ◆2◆ **CHOPER** XIX° s. « prendre à l'improviste », « voler », argot : même mot que le précédent, par une métaph. usuelle en argot, le voleur disant s'être *tapé, cassé le poignet* sur son larcin. ◆3◆ **CHOPIN** XIV° s. « horion », XIX° s. « aubaine » : dér. de *chop(p)er*, dont il a suivi l'évolution sémantique. ◆3◆ **CHOPINE** XII° s. : forme fém. de *chopin*, avec le sens de « coup de vin ».

B. voyelle i

◆1◆ **CHIPER** XVIII° s. « coudre des peaux » et « voler » : attesté tardivement, mais p.-ê. plus ancien ; apparenté à l'anc. fr. *chipe* « lambeau d'étoffe », ce qui expliquerait le 1er sens ; peut aussi avoir été formé sur *choper* par alternance vocalique, ce qui expliquerait le 2e, qui survit seul. ◆2◆ **CHIPOTER** XV° s., *chipotrer* « tourmenter », XVI° s. « discuter pour des riens », XVIII° s. « manger sans appétit », XIX° s. « marchander » et, argot, « voler » : dér. de *chiper* ; **CHIPOTEUR** XVI° s. ◆3◆ **CHIPIE** XIX° s. : mot dial. normand, parallèle à *grippe-pie* attesté dans le même dial., formé avec le verbe *chiper.* ◆4◆ **CHIFFE** XVII° s. : altération de *chipe*, p.-ê. sous l'infl. du moyen fr. *chiffre* « zéro », « chose ou personne sans importance » ; semble être à l'origine un mot normand ; **CHIFFON** ; **CHIFFONNER** ; **CHIFFONNIER** XVII° s., pers. ; XIX° s., meuble.

II. structure CH. K

A. voyelle o

◆1◆ **CHOQUER** XIII° s. ; **ENTRECHOQUER** XVI° s. ; **CHOQUANT** XVII° s. **CHOC** XVI° s. ; **ÉLECTRO-CHOC** XX° s.

B. voyelle i

◆1◆ **CHIQUER** XIX° s., argot « manger » et « se battre », et « feindre », sens exprimé aussi par *battre*, en argot : mot attesté tardivement, mais qui peut être plus ancien : probablement formé par alternance vocalique avec *choquer* (→ CHIPER et CHOPER). ◆2◆ **CHIQUE** XVI° s. « boule à jouer », XVIII° s. « tabac mâché » d'après le sens de « bouchée » bien attesté dans les dial. ◆3◆ **CHICOT** XVI° s. « morceau » ; **CHICON** XVII° s., variété de laitue : var. de *chicot* au sens de « trognon ». ◆4◆ **CHIQUENAUDE** XVI° s. : mot composé, comme *pichenette* et *croquignole*, d'une base signifiant « frapper » et de deux suff. dont l'un au moins est dimin. ; exprime l'idée d'un « très petit coup ». ◆5◆ **CHICANER** XV° s. « créer des difficultés de procédure », « chercher querelle » : suff. obscur, p.-ê. emprunté à *ricaner* ; **CHICANE** XVI° s. « difficulté de procédure », XVII° s., métaph. « passage en zigzag où l'on doit, malgré la difficulté, faire passer la boule au jeu du mail » ; **CHICANIER** XVII° s. ◆6◆ **CHIC** XVI° s., *chic à chic* « petit à petit », et, argot « fouet », XVII° s. « abus de procédure », XIX° s., argot de peintres « dessin rapide et expressif », d'où « élégance » : le 1er sens peut s'expliquer, sans recours à l'esp. *chico*, par les valeurs courantes de la base CH. K ; le 2e est apparenté à *chicane* ; le 3e dér. de *chiquer* « frapper », plusieurs mots de même sens, comme *taper, croquer* étant employés métaph. pour « dessiner rapidement à grands traits », d'où **CHIQUÉ** XIX° s. ◆7◆ **CHICHE !** XIX° s., fam., exclamation de défi : p.-ê. altération de *chique !* « frappe (si tu l'oses) ! », évitant la confusion avec *chic !*

III. structure CR. K

A. voyelle o

◆1◆ **CROQUER** XIII° s. « faire un bruit sec », XIV° s. « broyer sous la dent », XV° s. « voler » → CHOPER, XVI° s. « dessiner rapidement sur le vif » ; → CHIC. ◆2◆ **CROQUANT** XVI° s., nom donné à des paysans révoltés : probablement part. présent de *croquer* au sens de « voler » ou de « frapper ». ◆3◆ **CROQUET** XVII° s. « biscuit craquant », XX° s. « galon dentelé, comme déchiqueté » ; **CROQUETTE** XIX° s. « boulette frite croustillante ». ◆4◆ **CROQUIGNOLE** XV° s. « chiquenaude », XVI° s. « gâteau croustillant » : → CHIQUENAUDE. ◆5◆ **CROQUENOT** XIX° s. « soulier », à cause du bruit qu'on fait en marchant. ◆6◆ **CROQUIS** XVIII° s. : de *croquer* « dessiner ». ◆7◆ **CROQUEMITAINE**

XIX⁰ s. : 2ᵉ élément obscur, p.-ê. altération du néerl. *meitjen* « petite fille ». ♦ⅠⅧⅠ **CROQUE-MORT** XVIII⁰ s. formation obscure où *croquer* a p.-ê. le sens de « faire disparaître ».

B. voyelle *i*

♦ⅠⅠⅠ **CRIQUET** XII⁰ s. insecte : dér. de l'anc. fr. *criquer* « faire un petit bruit aigu » ♦ⅠⅡⅠ **CRIC, CRAC, CROC**, onom.

C. voyelle *a*

♦ⅠⅠⅠ **CRAQUER** XVI⁰ s. « faire un bruit sec », d'où « se déchirer », XVII⁰ s. « mentir » → CHIQUER, XVIII⁰ s., sens fig. « menacer ruine ». ♦ⅠⅡⅠ **CRAQUE** XIX⁰ s. « mensonge » ; **CRAQUEMENT** XVI⁰ s. ; **CRAQUAGE** XX⁰ s., techn., décalque de l'angl. *cracking*. ♦ⅠⅢⅠ **CRAQUELER** XVIII⁰ s. ; **CRAQUELURE** XIX⁰ s. ♦ⅠⅣⅠ **CRAQUETER** XVI⁰ s., XIX⁰ s. « crier », en parlant de la cigogne.

CHOSE famille du lat. *causa* « cause (logique) » et « procès », d'où « affaire » en général. Dér. : *causari*, bas lat. *causare* « plaider », et quelques verbes où la base de *causa* apparaît sous la forme *-cus-*: *accusare* « accuser » ; *excusare* « mettre hors de cause » ; *recusare* « récuser », « refuser » et lat. vulg. « repousser ».

I. mots populaires

♦ⅠⅠⅠ **CHOSE** XII⁰ s., IX⁰ s. sous la forme *causa* ; a éliminé *rien* : lat. *rem*, en tant que subst. ; **QUELQUE CHOSE** XVI⁰ s. : a éliminé l'anc. fr. *auques*, du lat. *aliquid* ; **CHOSISME, -ISTE** XX⁰ s., philo. ♦ⅠⅡⅠ **RUSER** XII⁰ s., d'abord *reüser* « faire reculer », XVI⁰ s. vénerie, se dit du cerf qui fait des détours pour égarer les chiens, XIII⁰ s. « tromper » : sens probablement dér. de celui de *ruse* et *ruser* en vénerie, bien que ceux-ci ne soient attestés que plus tardivement : *recūsāre* ; **RUSE** et **RUSÉ** XIV⁰ s. ♦ⅠⅢⅠ **RUSH** XIX⁰ s. : verbe angl. « se précipiter » : anc. angl. *russher*, altération expressive de l'anc. fr. *ruser* « faire reculer ».

II. mots savants

A. base *caus-*

♦ⅠⅠⅠ **CAUSE** XII⁰ s., « cause logique » et « procès » : *causa* ; **CAUSER** XIII⁰ s. « être cause de » ; **CAUSAL** XVI⁰ s. : *causalis* ; **CAUSALITÉ** XV⁰ s. ; **CAUSATIF** XV⁰ s. ♦ⅠⅡⅠ **CAUSER** XIII⁰ s. « parler » : *causare*, **CAUSANT** XVII⁰ s. ; **CAUSEUR** XVI⁰ s. ; **CAUSEUSE** XIX⁰ s. ; **CAUSERIE** XVI⁰ s. ; **CAUSETTE** XVIII⁰ s.

B. base *-cus-*

♦ⅠⅠⅠ **ACCUSER** X⁰ s. « signaler comme coupable », XIII⁰ s. « signaler », XVII⁰ s. « accuser réception » et « accuser les contours », etc. : *accusare* ; **ACCUSÉ** XIII⁰ s., subst. masc. ; **ACCUSATEUR** XIV⁰ s. : *accusator* ; **ACCUSATRICE** XV⁰ s. ; **ACCUSATION** XIII⁰ s. : *accusatio* ; **ACCUSATOIRE** XV⁰ s. ; **ACCUSATIF** XII⁰ s. : *accusativus casus* « cas indiquant l'objet qui subit l'action », décalque du gr. *aitiatikē ptôsis*. ♦ⅠⅡⅠ **EXCUSER** XII⁰ s. : *excusare* ; **EXCUSE** XIV⁰ s. ; **EXCUSABLE** XIV⁰ s. ; **INEXCUSABLE** XV⁰ s. : *inexcusabilis*. ♦ⅠⅢⅠ **RÉCUSER** XIII⁰ s. : *recusare* (→ RUSER) ; **RÉCUSATION** XIV⁰ s. : *recusatio* ; **RÉCUSABLE** et **IRRÉCUSABLE** XVI⁰ s. : bas lat. *irrecusabilis*.

CHOU ♦ⅠⅠⅠ (pop.) XII⁰ s. : lat. *caulis* ; **CHOU-RAVE** ; **CHOU-NAVET** XVII⁰ s. ; **CHOU-FLEUR** XVII⁰ s. : calque de l'it. *cavolofiore*. ♦ⅠⅡⅠ **COLZA** XVII⁰ s. : néerl. *coolzaad* « semence de chou », de *zaad* « semence » et *cool* « chou » : lat. *caulis*.

CHOYER ♦ⅠⅠⅠ (pop.) XVII⁰ s. : var., avec développement d'un *y* intervocalique, de l'anc. fr. *chouer* XIII⁰ s., encore dial. nord-est : p.-ê. lat. *exsucare* « essuyer » ; il existait de ce verbe un dér. *chouetter* « flatter », « caresser », p.-ê. à l'origine de la tradition qui fait de la *chouette* un animal coquet ou choyant ses petits. ♦ⅠⅡⅠ **CHOUCHOU** XVIII⁰ s. et **CHOUCHOUTER** XIX⁰ s. : s'apparentent plus vraisemblablement à *chouer*, *chouetter* qu'à *chou*. ♦ⅠⅢⅠ **CHOUETTE** XIX⁰ s., adj. et exclam. : provient p.-ê. d'une confusion entre le nom de l'oiseau et un dér. de *chouetter* qui remonte au moins au XVI⁰ s.

CHRÉTIEN famille du gr. *khriein* « oindre », « consacrer par l'onction ». Dér. : *khrisma* « onguent » ; *khristos* « oint » et « l'Oint du Seigneur », « le Christ » ; *khristianizein* « faire profession de foi chrétienne » et *khristianismos* « profession de foi chrétienne » (ces deux mots formés sur le lat. *christianus*) ; en effet *khristos* est passé en lat. sous la forme *Christus*, d'où *christianus* « chrétien » et *christianitas* « religion chrétienne ».

I. mots demi-savants

♦ⅠⅠⅠ **CHRÉTIEN** IX⁰ s. (orthographe sav.) : *christianus* ; **CHRÉTIENNEMENT** XVI⁰ s. ;

CHRÉTIENTÉ XIe s. : dér. de *chrétien* calqué sur le lat. *christianitas*. ♦ |2| **CRÉTIN** XVIIIe s. : mot dial. (Valais, Savoie) ; a d'abord désigné les goitreux débiles mentaux particulièrement nombreux jadis dans les régions de montagne ; équivalent dial. de *chrétien* ; mot de compassion devenu ensuite péjoratif (comme **BENÊT, INNOCENT**) ; **CRÉTINISME** XVIIIe s. ; **CRÉTINISER** XIXe s. ; **CRÉTINERIE** XIXe s. ♦ |3| **CHRÊME** XIIe s. : *khrisma*, par le lat.

II. mots savants

CHRIST Xe s. : lat. *christus* : gr. *khristos* : calque de l'hébreu *mashiah* « oint du Seigneur », « messie » ; **CHRISTIANISME** XVe s. : *khristianismos*, par le lat. ; **CHRISTIANISER** XVIe s. ; **DÉCHRISTIANISER** XVIIIe s. ; **DÉCHRISTIANISATION** XIXe s.

CHROME

famille sav. du gr. *khrós, khrótos* « peau », « chair », « teint », et *khrôma, -atos*, « carnation » et « couleur » en général.

I. base -chrom- : gr. *khrôma*

♦ |1| **CHROME** XVIIIe s., métal dont les composés sont très colorés ; **CHROMIQUE** XVIIIe s. ; **CHROMER, CHROMÉ** XIXe s. ♦ |2| **CHROMO-** 1er élément de composés sav., ex. : **CHROMOSOME** XXe s. → SOMATO- ; **CHROMOSPHÈRE** XXe s. ♦ |3| **CHROMO** fin XIXe s., subst. masc. : abrév. de **CHROMOLITHOGRAPHIE** XIXe s. ♦ |4| **-CHROME, -CHROMIE**, 2e élément de composés sav., ex. : **MONOCHROME** XVIIIe s., **-IE** XIXe s. ; **POLYCHROME** XVIIIe s., **-IE** XIXe s. ; **PHOTOCHROMIE, -IQUE** XIXe s. ; **STÉRÉOCHROMIE** XIXe s.

II. base -chromat- : gr. *khrômatos*, génitif de *khrôma*

♦ |1| **CHROMATIQUE** XIVe s., musique : lat. *chromaticus*, du gr. *khrômatikos* dér. de *khrôma* au sens métaph. de « ton musical » ; **ACHROMATIQUE** XVIIIe s. ; **CHROMATISME** XIXe s. ; **PANCHROMATIQUE** XXe s. ♦ |2| **BICHROMATE** XXe s. ♦ |3| **CHROMATO-** : 1er élément de composés sav., ex. : **CHROMATOGRAPHIE** XXe s.

III. base -chro- : gr. *khrós* dans **-CHROÏSME**, 2e élément de composés sav., ex. : **DICHROÏSME, POLYCHROÏSME** XIXe s. ; **RADIOCHROÏSME** XXe s.

CHRONIQUE

représentants sav. du gr. *khronos* « temps », d'où l'adj. *khronikos* « qui concerne le temps », fém. plur. substantivé *khronikai* « annales, récits historiques ».

♦ |1| **CHRONIQUE** XIIe s. « récit historique », XIXe s. « article de journal » : lat. *chronica*, adaptation du gr. *khronikai* ; **CHRONIQUEUR** XVe s. ; **CHRONIQUE** XIVe s., adj. méd. : *khronikos*, par le lat. ; **CHRONICITÉ** XIXe s. ♦ |2| **CHRONO-** : 1er élément de composés sav., ex. : **CHRONOLOGIE, -IQUE** XVIe s., **-IQUEMENT** XIXe s. ; **CHRONOMÈTRE** XVIIIe s., **CHRONOMÉTRER** XXe s. ; **CHRONOMÉTREUR, -IE, -IQUE** XIXe s. ; **CHRONOGRAPHE** XIXe s. ; **CHRONOPHOTOGRAPHIE** XIXe s. ♦ |3| **-CHRONE, -CHRONIE, -CHRONISME** : 2e éléments de composés sav., ex. : **ANACHRONISME** XVIe s., **ANACHRONIQUE** XIXe s. (→ ANA-) ; **ISOCHRONE** XVIIe s., **ISOCHRONISME** XVIIIe s. ; **SYNCHRONIQUE, SYNCHRONISME** XVIIIe s. ; **SYNCHRONE, -ISER, -ISATION** XIXe s. ; **POSTSYNCHRONISER, SYNCHRONISEUSE** (cinéma) XXe s.

CHRYS(O)-

famille sav. du gr. *khrusos* « or », mot d'origine sémitique.

♦ |1| **CHRYSALIDE** XVIIe s. : gr. *khrusallis, -idos*, dér. de *khrusos* (parce que certaines ont des reflets dorés), par le lat. ♦ |2| **CHRYSANTHÈME** → ANTH(O)-.

CHUCHOTER

ensemble de mots ayant pour base une onom. CHU suggérant un murmure, un sifflement assourdi.

♦ |1| **CHUCHOTER** XVIIe s. : a remplacé *chucheter* XIVe s. ; **CHUCHOTEMENT** XVIe s. ; **CHUCHOTEUR** XVIIe s. ; **CHUCHOTIS** XXe s. ♦ |2| **CHUINTER** XVIIIe s. ; **CHUINTANT, CHUINTEMENT** XIXe s. ♦ |3| **CHUT !** XVIe s.

CIBLE

XVIIe s. : altération de *cibe*, de l'all. dial. de Suisse *Schibe* « cible », « disque », « carreau » (all. *Scheibe*).

CIBOIRE

(sav.) XIIe s. lat. eccl. *ciborium*, du gr. *kibôrion* « fruit du nénuphar d'Égypte » et « coupe ayant la forme de ce fruit ».

CICATRICE

(sav.) XIVe s. : lat. *cicatrix, -icis* ; **CICATRISER** XIVe s. : lat. médiéval *cicatrizare* ; **CICATRISATION** XIVe s.

CIDRE

XIIIe s., d'abord *cisdre* : lat. vulg. **cisera*, altération du gr. biblique *sikera*, adaptation de l'hébreu *chekar* « boisson fermentée » ; a éliminé l'anc. fr. *pommé* (→ POIRÉ) ; CIDRERIE XIXᵉ S.

CIEL ♦|11 (pop.) Xᵉ S. : lat. *caelum* ; CIEUX : *caelos*, plur. rare jusqu'à l'époque chrétienne où il se répand pour traduire le plur. gr. *ouranoi* (→ OURANO-), lui-même calqué sur l'hébreu *chamâyim* ; ARC-EN-CIEL XIIIᵉ S. ♦|2| CÉLESTE (sav.) XIᵉ S. : lat. *caelestis*, dér. de *caelum*. ♦|3| CÉRULÉEN XIXᵉ S. ; au XVIIᵉ s., *cérulé* : adaptation du lat. *caeruleus* « azuré » var. de *caerulus* provenant sans doute d'une dissimilation dans *caelo-lo-s*.

CIGARE XVIIIᵉ S. : esp. *cigarro*, probablement empr. au maya *zicar* « fumer » ; PORTE-CIGARES XIXᵉ S. ; CIGARETTE, PORTE-CIGARETTES, FUME-CIGARETTE XIXᵉ S. ; CIGARIÈRE XIXᵉ S.

CIGOGNE ♦|11 XIIᵉ S. : prov. *cegonha*, infl. par l'étymon lat. *ciconia* ; a éliminé l'anc. fr. *soigne* qui en était le représentant pop. ♦|2| CHIGNOLE XIIᵉ S., *ceoignole* : forme dial. : du lat. vulg. *ciconiola*, dim. de *ciconia*. ♦|3| GIGOGNE XVIIᵉ S. : semble être une altération de *cigogne* ; il s'agissait à l'origine de la *mère Gigogne* (→ *mère poule*), personnage de farce qui abritait sous ses jupes une foule d'enfants ; d'où, par métaph., TABLE GIGOGNE, LIT GIGOGNE, etc.

CIGUË (demi-sav.) XVIᵉ S. : lat. *cicūta* ; a éliminé l'anc. fr. *ceüe* (pop.).

CIME représentants pop. du gr. *kũma* « renflement », d'où « flot, vague », « cimaise, renflement servant de bordure », « fœtus », « fruit ou produit de la terre, jeune pousse ».
♦|11 CIME XIIᵉ S. : lat. *cyma* « pousse de chou », « sommet d'arbre », « extrémité d'un objet », du gr. *kũma*. CIMIER XIIIᵉ S. ♦|2| CIMAISE XIIᵉ S. : lat. *cymatium*, du gr. *kumation*, dim. de *kũma*.

CIMETERRE XVᵉ S. : persan *chimchir*, par l'arabe ; l'intermédiaire de l'it. *scimitarra* n'est pas certain, ce mot ayant p.-ê. été empr. au fr.

CIMETIÈRE (demi-sav.) XIIᵉ S. : gr. *koimêterion* « dortoir », « lieu de repos », par le lat.

CINGLER (pop.) XIVᵉ S. : altération, sous l'infl. de *cingler* « frapper » (→ CEINDRE) de l'anc. fr. *sigler* XIᵉ S. « faire voile », « naviguer en plein vent » : anc. scandinave *sigla*, apparenté à l'angl. *to sail*.

CINQ famille d'une rac. ind.-eur. *penkwe* « cinq ». En grec *pente*. En latin *quinque*, bas lat. *cinque* « cinq », forme dissimilée attestée dans des inscriptions d'où *quini* « cinq par cinq » ; *quintus* « cinquième » ; *quincunx* « monnaie de cuivre valant cinq onces et marquée de cinq points, valant les cinq douzièmes de l'as » ; *quindecim* « quinze » ; *quinquaginta* « cinquante » ; *quinquagesimus* « cinquantième ».

I. mots populaires issus du latin

♦|11 CINQ XIᵉ S. : *cinque* ; CINQUIÈME XIIᵉ S.
♦|2| CINQUANTE XIᵉ S. : bas lat. *cinquanta*, forme dissimilée et syncopée de *quinquaginta* ; CINQUANTIÈME XIVᵉ S. ; CINQUANTAINE XIIIᵉ S. ; CINQUANTENAIRE XVIIIᵉ S.
♦|3| QUINZE XIᵉ S. : *quindĕcim* ; QUINZAINE XIIᵉ S. ; QUINZIÈME XIIᵉ S. ♦|4| QUINT XIIᵉ S., adj. numéral ordinal, « cinquième » ; survit dans *Charles Quint* : *quintus* ; QUINTE XIVᵉ S. mus., XVIᵉ S. méd., XVIIᵉ S. escrime : fém. substantivé de l'adj. précédent ; QUINTEUX XVIᵉ S. ♦|5| QUINTAINE XIIᵉ S. « poteau servant de but aux exercices des chevaliers » : lat. *quintāna (via)* « cinquième (rue) » du camp romain, consacrée aux exercices.

II. mots d'emprunt

♦|11 QUINTETTE XIXᵉ S. : it. *quintetto* dimin. de *quinto* « cinquième », a éliminé *quinque* fin XVIIIᵉ S. → QUATUOR. ♦|2| ESQUINTER XIXᵉ S., argot : prov. *esquintá* « déchirer » : lat. vulg. *exquintāre* « couper en cinq » → ÉCARTELER.

III. mots savants issus du latin

A. QUINCONCE XVIᵉ S., d'abord adj. : *quincunx*, par comparaison avec la disposition des points sur la pièce de cinq onces.

B. base *quinqu-*

♦|11 QUINQUENNAL XVIᵉ S. → AN. ♦|2| QUINQUAGÉNAIRE XVIᵉ S. → GENS. ♦|3| QUINQUAGÉSIME XIIIᵉ S. : « dimanche précédant le carême, et tombant environ cinquante jours avant Pâques » : *quinquagesimus*.

C. base *quint-*

♦|11 QUINTUPLE XVᵉ S. : lat. impr. *quintuplex* (→ PLIER) ; QUINTUPLER XVᵉ S. ; QUIN-

CIRE

TUPLÉS XX⁰ s., en parlant de jumeaux. ◆ 12 ǀ
QUINTO XIX⁰ s. : adv. latin, « cinquièmement ».

IV. mots savants issus du grec
base *pent(a)-*

◆ ǀ1ǀ PENTACORDE XVIII⁰ s. : gr. *pentachordon*, par le lat. ◆ ǀ2ǀ PENTAMÈTRE XV⁰ s. : gr. *pentametros*, par le lat. ◆ ǀ3ǀ PENTAGONE XIII⁰ s. : gr. *pentagônon*, par le lat. ◆ ǀ4ǀ PENTATEUQUE XV⁰ s. « ensemble des cinq premiers livres de la Bible » : gr. *pentateukhos*, second élément *teukhos* « livre ».
◆ ǀ5ǀ PENTATHLON XVI⁰ s. : → ATHLÈTE. ◆ ǀ6ǀ PENTECÔTE X⁰ s. : gr. *pentekostê* « cinquantième (jour après Pâques) », par le lat. eccl. → QUINQUAGÉSIME. ◆ ǀ7ǀ PENTHÉMIMÈRE XIX⁰ s. *penthêmimerês*, par le lat. ; 2⁰ élément *hemi* « demi », troisième *meros* « partie ». ◆ ǀ8ǀ PENTA- : préfixe servant à former des composés sav. modernes, ex. : PENTAPÉTALE XVIII⁰ s. ; PENTATRON XX⁰ s. etc.

CIRE famille du lat. *cera*, gr. *kêros* « cire », p.-ê. empr. tous les deux à une langue méditerranéenne.

◆ ǀ1ǀ CIRE (pop.) XI⁰ s. : *cêra* ; CIRER XII⁰ s. ; CIRAGE XVI⁰ s. « action de cirer », d'où « substance pour cirer » ; CIREUX XVI⁰ s. ◆ ǀ2ǀ CIERGE (pop.) XII⁰ s. : adj. lat. substantivé *cêreus* « en cire ». ◆ ǀ3ǀ CÉRAT (sav.) XVI⁰ s., « pommade à base de cire et d'huile » : adj. lat. *ceratus*, dér. de *cêra*. ◆ ǀ4ǀ CÉRUMEN XVIII⁰ s. « cire de l'oreille » : mot lat. médiéval, dér. de *cêra* ; CÉRUMINEUX XVIII⁰ s. ◆ ǀ5ǀ KÉROSÈNE XIX⁰ s., sorte de pétrole jaunâtre : dér. sur le gr. *kêros* « cire ».

CIRON (pop.) XIII⁰ s., var. *sueron*, *suiron* : frq. **seuron*.

CIRRE ◆ ǀ1ǀ (sav.) XVI⁰ s., bot. et zool. : lat. *cirrus* « filament ». ◆ ǀ2ǀ CIRRUS (sav.) XIX⁰ s. « nuage en forme de filament » : mot lat. ◆ ǀ3ǀ CIRRO- 1ᵉʳ élément de composés sav., ex. : CIRRO-CUMULUS, CIRRO-STRATUS fin XIX⁰ s., météorologie.

CIRRHOSE (sav.) XIX⁰ s. « maladie de foie caractérisée par des granulations d'un jaune roux » : formé sur le gr. *kirrhos* « jaunâtre ».

CISEAU famille du lat. *caedere*, *caesus* « tailler », « couper ». Dér. : (1) des substantifs : (a) *caesura* « coupe » ; (b) *caementum* « pierre taillée » et en bas lat. « mortier où les maçons incorporaient des éclats de pierre », probablement issu de **kaid-mentom*, la base **kaid-* étant aussi celle de *caedere* ; (c) lat. vulg. **cisellus* et **cisacûlum*, altération de **caesellus* et **caesaculum* « outil coupant » ; (d) les Anciens interprétaient *Caesar*, surnom romain, comme un dér. de *caedere* signifiant « enfant mis au monde par incision de l'utérus » ; il est possible qu'il y ait là une étym. populaire et que ce nom soit d'origine étrusque (2) des verbes en *-cidere*, *-cisus* : *circumcidere* « découper », *circoncire* ; *concidere* « couper en petits morceaux » ; *decidere* « trancher » (au propre et au fig.) ; *excidere* « retrancher » ; *occidere* « tuer » ; *incidere* « inciser » et lat. vulg. **incisare* ; *praecidere* « retrancher » ; tous ces verbes ont pour dér. des noms d'action en *-cisio*, *-onis* (3) *-cida* « meurtrier » et *-cidium* « meurtre », 2ᵗˢ éléments de composés.

I. mots populaires

A. base *cis-*

◆ ǀ1ǀ CISEAU XII⁰ s., sing. et plur., aux deux sens du mot ; var. *cisel* : **cisellus* ; CISELER XIII⁰ s. ; CISELURE XIV⁰ s. ; CISELEUR XVI⁰ s.
◆ ǀ2ǀ CISAILLES XIII⁰ s. : **cisacûla*, plur. neutre interprété comme un féminin ; CISAILLER XV⁰ s.

B. base *-cire*

◆ ǀ1ǀ OCCIRE XIV⁰ s., orth. demi-sav., a remplacé *ocire* XI⁰ s. : des formes méridionales à *au-* initial montrent que ce verbe ne doit pas remonter directement à *occidere* mais plutôt à **auccidere*, altération due au croisement avec *auferre* « enlever » ou avec une prép. celtique *au*. ◆ ǀ2ǀ CIRCONCIRE XII⁰ s. (demi-sav. : la forme du verbe est pop., celle du préf. sav.) : *circumcidere*.

C. CIMENT XIII⁰ s. : *caementum* ; CIMENTER XIV⁰ s. ; CIMENTIER XVII⁰ s. ; CIMENTERIE XX⁰ s.

II. mots savants

A. base *-cid*

◆ ǀ1ǀ DÉCIDER XV⁰ s. : *decidere*. ◆ ǀ2ǀ -CIDE ou -ICIDE : lat. *-cida* et *-cidium* : suff. servant à désigner soit le meurtrier soit le meurtre lui-même, ex. : FRATRICIDE (→ FRÈRE), GÉNOCIDE (→ GENS) ; employé en biologie pour désigner une substance qui détruit certaines formes de vie. ex. : BACTÉRICIDE.

B. base -cis-

♦111 **CIRCONCISION** XIIᵉ s. : *circumcisio* → CIRCONCIRE. ♦121 **CONCISION** XVᵉ s. : *concisio*, dér. de *concidere* ; **CONCIS** XVIᵉ s. : *concisus*, part. passé du même. ♦131 **DÉCISION** XIVᵉ s. : *decisio* ; **DÉCISIF** XVᵉ s. : lat. médiéval *decisivus* ; **INDÉCIS** XVᵉ s. : formé sur *decisus*, part. passé de *decidere* ou empr. au bas lat. *indecisus* ; **INDÉCISION** XVIIᵉ s. ♦141 **EXCISION** XIVᵉ s. : *excisio*, dér. de *excidere* ; **EXCISER** XVIᵉ s. ♦151 **INCISION** XIVᵉ s. : *incisio*, dér. de *incidere* ; **INCISER** XVᵉ s. : réfection, d'après *incision*, de l'anc. fr. *enciser* (pop.) XIIIᵉ s. : lat. vulg. **incisare* ; **INCISIF** XIVᵉ s. « tranchant », XIXᵉ s., sens fig. : lat. médiéval *incisivus* ; **INCISIVE** XVIᵉ s., subst., dent ; **INCISE** XVIIIᵉ s., mus., gram. : *incisa*, part. passé fém. de *incidere*. ♦161 **PRÉCIS** XIVᵉ s., adj., XVIIᵉ s., subst. « résumé » : *praecisus*, part. passé de *praecidere* ; **PRÉCISÉMENT** XIVᵉ s. ; **PRÉCISION** XVIᵉ s. : *praecisio* ; **IMPRÉCISION** XIXᵉ s. ; **IMPRÉCIS** XXᵉ s. ; **PRÉCISER** une fois au XIVᵉ s., puis fin XVIIIᵉ s.

C. base ces-

♦111 **CÉSURE** XVIᵉ s. : *caesura*. ♦121 **CÉSARIENNE** XVIᵉ s., pour *opération césarienne* : dér. de *César* entendu selon l'étym. traditionnelle.

D. CÉMENT XVIᵉ s. alchimie, XIXᵉ s. anat. *caementum* → CIMENT ; **CÉMENTATION** XVIᵉ s. ; **CÉMENTER** XVIIᵉ s.

CITÉ famille du lat. *civis* « membre libre d'une cité, citoyen », d'où (1) le subst. *civitas, -atis* « condition de citoyen, droit de cité » d'où « ensemble des citoyens » et bas lat. « ville » (2) les adj. *civicus* « relatif à la cité ou aux citoyens » et *civilis*, même sens, et en outre « qui se conduit en citoyen », « aimable, bienveillant » ; dér. : *civilitas* « condition de citoyen » et « courtoisie » et bas lat. *incivilis, incivilitas*.

I. mots populaires

♦111 **CITÉ** XIᵉ s. « ville », XVIᵉ s., sens pol. sous l'influence du lat., XIXᵉ-XXᵉ s. « ensemble d'immeubles ayant la même destination » : *cité ouvrière, universitaire, cité-jardin* : *civitâtem*, acc. de *civitas*. ♦121 **CITOYEN** XIᵉ s., sous la forme *citeien* dont il est l'aboutissement normal, « habitant d'une ville », XVIIᵉ s., sens antique, XVIIIᵉ s., sens pol. mod., remplace *Monsieur* pendant la Révolution : dér. de *cité* ; **CONCITOYEN** (avec préfixe sav.), XIIIᵉ s. : calque du bas lat. *concivis* ; **CITOYENNETÉ** fin XVIIIᵉ s.

II. mots d'emprunt

♦111 **CITADELLE** XVᵉ s. : it. *cittadella* dimin. de l'anc. it. *cittade* (it. mod. *città*) : *civitatem*. ♦121 **CITADIN** rare au XIIIᵉ s., puis XVᵉ s. : it. *cittadino*, dér. de *cittade*.

III. mots savants

♦111 **CIVIQUE** XVIᵉ s., à propos de la *couronne civique*, en feuilles de chêne, décernée chez les Romains à celui qui, dans une bataille, avait sauvé la vie à un citoyen, XVIIIᵉ s. sens mod. : *civicus* ; **CIVISME** XVIIIᵉ s. ; **INCIVISME** fin XVIIIᵉ s. ♦121 **CIVIL** XIIIᵉ s., terme juridique, XIVᵉ s. « relatif à l'ensemble des citoyens », XVIᵉ s. « conforme aux bons usages ». XVIIIᵉ s. opposé à *militaire* ; par la suite, à *religieux* : *civilis* ; **CIVILITÉ** XIVᵉ s. : *civilitas* ; **INCIVIL** XIVᵉ s. : *incivilis* ; **INCIVILITÉ** XVᵉ s. : *incivilitas* : dér. de *civil* au 3ᵉ sens du mot. ♦131 **CIVILISER** XIVᵉ s. : dér. de *civil* au 3ᵉ sens du mot ; **CIVILISATION** XVIIIᵉ s., opposée à *barbarie* ou à *état de nature*, XIXᵉ s. « ensemble des caractères présentés par une société quelconque, même sauvage », a concurrencé et partiellement éliminé *police* ; **CIVILISABLE** fin XVIIIᵉ s. ; **CIVILISATEUR** XIXᵉ s. ♦141 **CIVILISTE** fin XIXᵉ s. : dér. de *civil* au sens du mot.

CITER famille d'une racine ind.-eur. **kei- *ki-* « mouvoir ».

En gr. : *kineîn* « mouvoir » ; *kinêma, -atos* et *kinêsis* « mouvement » ; *kinêtikos* « qui agite ».

En latin : *ciere, citus* « mettre en mouvement », « faire venir à soi », concurrencé, puis éliminé à l'époque imp. par son fréquentatif *citare* « convoquer (le sénat) », « citer (en justice) », « invoquer le témoignage de », d'où « citer », « mentionner ». Dér. de *citare* : *excitare* « appeler hors de », « provoquer » ; *incitare* « lancer en avant » ; *recitare* « faire l'appel des noms cités devant le tribunal » d'où « lire à haute voix », « réciter » ; *suscitare* « faire lever » et lat. imp. *resuscitare* « réveiller », « faire revivre ». Tous ces verbes peuvent avoir des dér. en *-atio, -ator, -ativus, -abilis*.

I. mots savants issus du latin
base unique *-cit-*

♦111 **CITER** XIIIᵉ s., jur., XVIIᵉ s. « signaler » en général : *citare* ; **CITATION** XIVᵉ s. : *citatio* ;

CITATEUR fin XVIIe s. ; **PRÉCITÉ** fin XVIIIe s.
♦ |2| **EXCITER** XIIe s. : *excitare* ; **EXCITABLE** XIIIe s., rare avant le XIXe s. : bas lat. *excitabilis* / **EXCITANT** adj. XVIIe s., subst. XIXe s. ; **EXCITATION** XIIIe s. : *excitatio* ; **EXCITÉ** XIXe s., adj. ; **EXCITATEUR** XIIIe s., XVIIIe s. techn. ; **EXCITATRICE** XIXe s. techn. ; **SUREXCITER, SUREXCITATION** XIXe s. ♦ |3| **INCITER** XIIe s. : *incitare* ; **INCITATION** XIVe s. : *incitatio*. ♦ |4| **RÉCITER** XIIe s. « lire à haute voix » puis « raconter », XVIe s. « dire par cœur » : *recitare* ; **RÉCITATION** XIVe s. « récit », XVIe s. sens mod., XVIIIe s. emploi scolaire : *recitatio* ; **RÉCIT** XVe s. ; **RÉCITANT** XVIIIe s., subst., mus., XXe s., radio, théâtre. ♦ |5| mots d'empr. apparentés à *réciter* : **RÉCITATIF** XVIe s., adj., XVIIe s., subst. : it. *recitativo* « forme de chant plus proche de la parole que les mélodies lyriques » ; **RÉCITAL** XIXe s. : angl. *recital*, dér. de *to recite* empr. au fr. ♦ |6| **SUSCITER** XIIe s. : *suscitare* ; **RESSUSCITER** XIIe s. : *resuscitare* (pour *Résurrection* qui fait partie d'une autre famille → ROI). ♦ |7| **SOLLICITER** → SOU III.
II. mots savants issus du grec
A. base *cinét-* **CINÉTIQUE** XIXe s. : *kinêtikos*.
B. base *ciné(ma)(t)-*
♦ |1| **CINÉMATIQUE** XIXe s. : adj. tiré de *kinêma, -atos*. ♦ |2| **CINÉMATOGRAPHE** fin XIXe s. ; **CINÉMATOGRAPHIE, -IQUE** fin XIXe s. ♦ |3| **CINÉMA** XXe s. abrév. du précédent ; **CINÉMASCOPE, CINÉMATHÈQUE** XXe s. ♦ |4| **CINÉ** XXe s. : abrév. du précédent ; **CINÉASTE** XXe s., d'après l'it. ; **CINÉ-CLUB** ; **CINÉPHILE** ; **CINÉ-ROMAN** XXe s. ; **CINÉRAMA** XXe s. : mot angl.
C. **-CINÈSE** : 2e élément de composés sav., ex. : **CARYOCINÈSE** XXe s., biol.
D. base *kines-*
♦ |1| **KINESCOPE** XXe s., techn. ♦ |2| **KINÉSITHÉRAPEUTE, KINÉSITHÉRAPIE** fin XIXe s. : empr. à l'angl. ♦ |3| **KINESTHÉSIE, KINESTHÉSIQUE** ou **KINÉSIQUE** XXe s., psycho.

CITÉRIEUR famille du lat. *cis* « en deçà de », préposition et préfixe ; adj. dér. *citer*, rare et arch. qui a tendu à être remplacé par son comparatif *citerior*.
♦ |1| **CITÉRIEUR** (sav.) XIXe s. : *citerior*. ♦ |2| **CIS-** (sav.) : préf. particulier à la langue de la géographie : lat. *cis-* ; s'oppose à *trans-*, ex. : *cisalpin* opposé à *transalpin*.

CITERNE famille du gr. *kistê* « corbeille » empr. par le lat. sous les formes (1) *cista* « panier d'osier profond et cylindrique avec couvercle », d'où « coffre » ; dimin. *cistella* (2) *cisterna* « citerne » dont la finale fait penser que le mot a été empr. par l'intermédiaire de l'étrusque.
♦ |1| **CITERNE** (pop.) XIIe s. : *cisterna*. ♦ |2| **CHISTERA** (mot d'emprunt) XXe s. : mot esp., du basque *xistera*, du gascon *cistere*, du lat. *cistella*. ♦ |3| **CISTE** (sav.) XIIe s. « panier, coffre », XVIIIe s., archéol., « corbeille utilisée dans les mystères de plusieurs divinités grecques » : gr. *kistê*, par le lat.

CIVE famille du lat. *caepa, cepa* « oignon », probablement d'origine méditerranéenne ; dimin. *cepula*, ou *cepulla*.
I. mots populaires
CIVE XIIIe s. : *cēpa* , **CIVETTE** XVIe s. : dimin. du précédent ; **CIVET** XIIIe s., sous la forme *civé* (l'orthographe *-et* date du XVIIe s.) « plat assaisonné aux cives ».
II. mots d'emprunt
♦ |1| **CIBOULE** XIIIe s. : prov. *cebola*, du lat. *cepula* ; **CIBOULETTE** XVe s. ♦ |2| **CHIPOLATA** XVIIIe s. : it. *cipollata* « saucisse assaisonnée à l'oignon », dér. de *cipolla*, du lat. *cepulla*. ♦ |3| **CIPOLIN** XVIIIe s. : it. *cipollino* « marbre dont les veines rappellent un oignon coupé », dér. de *cipolla*, du lat. *cepulla*.

CIVETTE XVe s. « petit carnivore sécrétant une matière odorante » it. *zibetto*, du lat. médiéval *zibethum*, de l'arabe *zabâd* « musc ».

CIVIÈRE (pop.) XIIIe s. « brancard servant à transporter le fumier et, éventuellement, d'autres fardeaux », XIXe s. « brancard servant à transporter les blessés » : bas lat. *cibaria*, « véhicule servant au transport des provisions », fém. substantivé de l'adj. *cibarius*, dér. de *cibus* « nourriture ».

CLAIE (pop.) XIIe s. : lat. vulg. **clēta*, mot gaulois ; **CLAYETTE** XIXe s. ; **CLAYON** et **CLAYONNAGE** XVIIe s.

CLAIR famille d'une rac. ind.-eur. **k(e)lā-* « appeler ».
En grec : *kalein* « appeler ». — Dér. : (a) *parakalein* « appeler à son secours », d'où *paraklêtos* « avocat, défenseur », « consola-

teur », « intercesseur » ; (b) *ekklêsia* « assemblée par convocation » puis « assemblée des fidèles » et « lieu où se tient cette assemblée » d'où l'adj. *ekklêsiastikos*.
En latin : (a) *calare* « proclamer », « convoquer » d'où *intercalare* « proclamer un jour ou un mois supplémentaire pour remédier aux irrégularités de l'ancien calendrier romain » ; ce verbe *calare* devait avoir une var. **calere* dont *calendae* « premier jour du mois » — d'où *calendarium* « livre d'échéances » et bas lat. « calendrier » — devait être l'adj. verbal fém. plur. substantivé ; sa base *-cal-* apparaissait en composition sous la forme *-cil-*, dans *concilium* issu de **concalium* « convocation » et « assemblée » d'où *conciliabulum* « lieu de réunion » et les verbes *conciliare* et *reconciliare* « rassembler », « (ré)concilier » ; Au verbe *calare* se rattache le nom d'agent arch. *calator* qui apparait en lat. class. comme second élément de composé, sous une forme réduite dans *nomenclator* « esclave chargé de rappeler à un patron romain le nom (*nomen*) de ses clients lors de leur rencontre » ; (b) *clamare* « crier » d'où *clamor, -oris* « cri » et les verbes *déclamare* « s'exercer à parler à haute voix » ; *exclamare* « s'écrier » ; *proclamare* « plaider bruyamment » ; *reclamare* « se récrier contre » ; (c) *clarus* « clair » ou « illustre », adj. qui a dû s'appliquer d'abord à la voix et aux sons et signifier à l'origine « propre à appeler ». Dér. : *claritas, -atis* « clarté » ; *declarare* « annoncer à haute voix » ; lat. eccl. *clarificare* « rendre clair ou illustre » ; lat. vulg. **exclariāre* et **exclaricīre* « id. ».

I. mots issus du latin

A. famille de *clarus*

1. base *-clair-* (pop.)

♦ |1| **CLAIR** Xe s. : *clarus* ; **CLAIREMENT** XIIe s. ; **CLAIRET** XIIe s., adj., XVIIIe s., subst., « sorte de vin » ; **CLAIRSEMÉ** XIIe s. ; **CLAIRVOYANT** XIIIe s. ; **CLAIRVOYANCE** XVe s. ; **CLAIRE-VOIE** XVe s. ; **CLAIR-OBSCUR** XVIIe s., *cler et obscur* XVIe s. : calque de l'it. *chiaro (e) scuro* XVe s. ; **CLAIRIÈRE** XVIIIe s.
♦ |2| **CLAIRON** XIVe s. ; **CLAIRONNER** XVIIe s.
♦ |3| **ÉCLAIRER** XIe s. : **exclariāre* ; **ÉCLAIR** XIIe s. « lueur de la foudre », XIXe s., pâtisserie ; **ÉCLAIREUR** XVIe s. « qui éclaire », XVIIIe s. milit., XIXe s. scout ; **ÉCLAIRAGE** XVIIIe s. ♦ |4| **ÉCLAIRCIR** XIIIe s. : réfection, d'après *clair*, de *esclarcir* (pop.) XIIe s. : **exclaricīre* ; **ÉCLAIRCISSEMENT** XIIIe s. ; **ÉCLAIRCIE** XVe s., rare avant le XVIIIe s.

2. GLAIRE (pop.) XIIe s. « blanc d'œuf », XVIIe s. « humeur visqueuse » : lat. vulg. **clarea*, dér. de *clarus* ; le *g* est inexpliqué ; **GLAIREUX** XIIIe s.

3. base *-clar-* ♦ |1| **CLARTÉ** (pop.) Xe s. : *claritas, -atis* ; ♦ |2| **CLARINE** (pop.) XVIe s. « clochette pour le bétail » : fém. substantivé de l'adj. anc. fr. *clarin* (pop.) XIIIe s. : lat. vulg. **clarinus*, dér. de *clarus* ; **CLARINETTE** XVIIIe s. ; **CLARINETTISTE** XIXe s. ♦ |3| **DÉCLARER** (pop.) XIIIe s. : *declarare* ; **DÉCLARATION** XIIIe s. (sav.) : *declaratio*. ♦ |4| **CLARIFIER** XIIe s. « glorifier », « éclairer », XVIe s. « rendre clair » : *clarificare* ; **CLARIFICATION** (sav.) XIVe s. : *clarificatio*.

B. famille de *calare* (sav.)

♦ |1| **CALENDES** XIIe s. : *calendae* ; **CALENDRIER** XIVe s., altération de *calendier* XIIe s. : *calendarium*. ♦ |2| **INTERCALER** XVIe s. : *intercalare* ; **INTERCALAIRE** XVIe s. : *intercalarius* ; **INTERCALATION** XVe s. : *intercalatio*. ♦ |3| **CONCILE** XIIe s. : *concilium* ; **CONCILIAIRE** XVIe s. ; **CONCILIABULE** XVIe s. : *conciliabulum*. ♦ |4| **RÉCONCILIER** XIIe s. : *reconciliare* ; **RÉCONCILIATEUR** XIVe s. ; **RÉCONCILIATION** XIIIe s. ; **IRRÉCONCILIABLE** XVIe s. ; **CONCILIER** XVIe s. : *conciliare* ; **CONCILIATEUR** XIVe s. : *conciliator* ; **CONCILIATION** XIVe s. : *conciliatio* ; **CONCILIANT** XVIIe s. ; **CONCILIABLE** et **INCONCILIABLE** XVIIIe s.

C. famille de *clamare*

♦ |1| **RÉCLAMER** (pop.) XIe s. « implorer », « avoir recours à », XIIIe s., jur. *se réclamer de*, et sens mod. : *reclamāre* ; **RÉCLAME**, subst. fém. XVIIe s. typo. « rappel en bas de page », XIXe s. « compte rendu élogieux dans un journal » d'où « publicité » ; **RÉCLAMATION** (sav.) XIIIe s. : *reclamatio*.
♦ |2| **CLAMER** (pop.) XIIe s. : *clamāre* ; **CLAMEUR** (pop.) XIIe s. : *clamor, -oris*. ♦ |3| **PROCLAMER** (sav.) XIVe s. : *proclamare* ; **PROCLAMATION** XIVe s. : *proclamātio* ; **PROCLAMATEUR** XVIe s. ♦ |4| **(S')EXCLAMER** (sav.) XVIe s., intrans., XVIIe s. pronominal : *exclamare* ; **EXCLAMATION** XIVe s. : *exclamatio* ; **EXCLAMATIF** XVIIIe s., gram. ♦ |5| **ACCLAMER** (sav.) XVIe s. : *acclamare* ; **ACCLAMATION** XVIe s. : *acclamatio*. ♦ |6| **DÉCLAMER** (sav.) XVIe s. : *declamare* ;

DÉCLAMATION XV° s. : *declamatio* ; DÉCLAMATEUR XVI° s. : *declamator* ; DÉCLAMATOIRE XVI° s. : bas lat. *declamatorius*. ♦ 17] CHAMADE XVI° s. : piémontais *ciamada* « appel », du verbe *ciamà* « appeler », var. d'it. *chiamata, chiamare*, équivalents du fr. *clamée, clamer* ; restreint en fr. mod. à l'expression *battre la chamade* « battre le tambour pour avertir qu'on veut traiter avec l'ennemi », puis sens fig.

II. mots issus du grec

♦ |1| ÉGLISE (demi-sav.) XI° s. : gr. *ekklêsia*, par le lat. ♦ |2| ECCLÉSIASTIQUE (sav.) XIII° s. : gr. *ekklêsiastikos*, par le lat. ♦ |3| ECCLÉSIAL XII° s., repris au XX° s. : adj. sav. formé sur l'étymon lat. *ecclesia*. ♦ |4| PARACLET XIII° s., nom donné au Saint-Esprit : *paraklêtos*, par le lat.

CLAN XVIII° s. : mot angl. empr. au gaélique *clann* « famille ».

CLAPET ensemble de mots reposant sur les onom. *klap-, klab-, klaf-*, qui représentent divers bruits, en particulier des sons inarticulés produits par la langue ou la gorge.

I. base *clap-*

♦ |1| CLAPET XVI° s. : dér. de l'anc. fr. *claper* XII° s. : frapper bruyamment. ♦ |2| CLAPPER XVI° s. « faire claquer la langue » : p.-ê. spécialisation du précédent ; CLAPPEMENT XIX° s. ♦ |3| CLAPOTER XVIII° s., au XX° s. : *clapeter* ; CLAPOTAGE XVIII° s. ; CLAPOTEMENT, CLAPOTIS XIX° s. : dér. de *claper*.

II. base *-clab-*

♦ |1| CLABAUD XV° s. « chien qui aboie beaucoup » ; CLABAUDER, CLABAUDEUR, CLABAUDAGE XVI° s. ; CLABAUDERIE XVII° s. ♦ |2| ÉCLABOUSSER XVI° s. ; ÉCLABOUSSURE XV° s. ; ÉCLABOUSSEMENT XIX° s.

III. base *-claf-*

S'ESCLAFFER XVI° s., puis fin XIX° s. : prov. *esclafa* « éclater » XV° s., formation expressive.

CLAPIER XIV° s. : mot de l'anc. prov. signifiant « tas de pierres » et « clapier » : se rattache à une base pré-ind.-eur. **klappa* « pierre plate », attestée aussi en it.

CLAUDICATION (sav.) XIII° s., rare avant le XVIII° s. : lat. *claudicatio*, dér. de *claudicare*, lui-même dér. de *claudus* « boiter » ; CLAUDIQUER et CLAUDICANT XIX° s. : *claudicare*.

CLEF ensemble de mots lat. se rattachant à une base *clau-* exprimant l'idée de « fermer ». (1) *clavis* « clef » ; diminutif *clavicula* (2) *clavus* « clou » ; diminutif *clavellus* ; le mot *clavus* a aussi désigné un ornement, nœud de pourpre ou d'or sur un vêtement, d'où, par extension, la bande de pourpre, plus ou moins large selon le rang des personnages, qui bordait, à Rome, la toge des sénateurs ou des chevaliers : *laticlavus* « bande large » ; *angusticlavus* « bande étroite » ; (3) *claudĕre, clausus* « fermer » d'où dérivent les substantifs : (a) *claustrum* et surtout plur. *claustra* « fermeture », « barrière » ; d'où lat. médiéval *claustralis* et *claustrare* ; (b) *clausura* « fermeture », « lieu bien fermé », remplacé en lat. vulg. par **clausitūra* et **clausio* ; (c) *clausula* « conclusion », remplacé en lat. médiéval par *clausa* (4) en composition, le verbe *claudere* prenait la forme *-clūdĕre, -clusus* ; d'où *concludere* « fermer », « finir », « conclure » ; *excludere* « ne pas laisser entrer » ; *includere* « enfermer » ; *occludere* « fermer » ; *percludere* « obstruer » ; *recludere* qui signifiait « ouvrir » en lat. class. mais a pris en lat. vulg. le sens de « fermer » ; en lat. vulg. s'est formé de plus le verbe **cludiniāre* « cligner », « fermer l'œil à demi ».

I. famille de *clavis* et *clavus*

A. *clavis*

♦ |1| CLEF ou CLÉ (pop.) XI° s., XIV° s. *clé des champs*, XV° s. *clef de voûte*, XVI° s., sens fig. « ce qui explique », XVII° s., mus. : *clavis*. PORTE-CLEF XV° s. ♦ |2| CHEVILLE (pop.) XII° s., techn. et anat., XVII° s. versification : lat. vulg. **cavicŭla*, forme dissimilée du lat. class. *clavicŭla* ; CHEVILLER XII° s. ; CHEVILLARD XIX° s. « marchand qui vend la viande *à la cheville*, c.-à-d. dépecée, accrochée à des chevilles, en gros ou demigros ».

B. *clavus*

♦ |1| CLOU (pop.) XI° s., XVI° s. « abcès » XIX° s. « mont-de-piété » et « le plus beau du spectacle », XX° s. « vieille voiture » : *clavus* ; CLOUER, DÉCLOUER, RECLOUER XII° s. ; CLOUTER XVII° s. ; CLOUTIER, CLOUTERIE XIII° s. ♦ |2| CLAFOUTIS (pop.) XIX° s. « gâteau composé d'une couche de fruits, en particulier de cerises, recouverts d'une pâte liquide qu'on fait prendre au four » : mot dial. du Centre issu du croisement de *foutre* et de *claufir* : lat. *clavo figere* « fixer avec un clou », attesté en anc. fr. avec le sens de « clouer » et dans les dial. avec celui de « clouter, couvrir d'objets semblables ».

C. base *-clav-* (dérivés de *clavis* ou *clavus*)

♦ |1| CLAVEAU (pop.) XIVe s. « maladie des moutons caractérisée par des pustules purulentes » : *clavellus* « abcès », dimin. de *clavus*. ♦ |2| GLAVIOT XIXe s. « crachat » : altération, p.-ê. d'après *glaire*, de *claviot* XIXe s. « pus » : var. de *claveau* ; GLAVIOTTER « id. ». ♦ |3| CLAVELÉE XVe s. « variole du mouton » : dér. de *clavel*, var. de *claveau*. ♦ |4| CLAVIER XIIe s. « porte-clefs », XVIe s., mus. et CLAVETTE (pop.) XIIe s. : dér. anciens de *clavis*. ♦ |5| CLAVEAU XIXe s., archit. : dér. sur le radical *-clav-*, d'après *clef de voûte*. ♦ |6| ENCLAVER (pop.) XIIIe s. : lat. vulg. **inclavare* « enfermer sous clef » ; en fr. appliqué particulièrement à des terres ; ENCLAVE, ENCLAVEMENT XIVe s. ♦ |7| CLAVECIN (demi-sav.) XVIIe s. : lat. médiéval *clavicymbalum*, littéralement « cymbale à clefs », c.-à-d. « à clavier ». ♦ |8| CLAVICULE (sav.) XVIe s. : *clavicula* (→ CHEVILLE). ♦ |9| LATICLAVE XVIe s. : lat. *laticlavia (tunica)* « tunique à bande large » ; élément *latus* « large » → LÉ. ♦ |10| CONCLAVE (sav.) XIVe s. : lat. médiéval *conclave* « (chambre) fermée à clef ». ♦ |11| AUTOCLAVE (sav.) XVIIe s. : composé formé du gr. *autos* et du lat. *clavis*, littéralement « qui se ferme de lui-même ».

II. famille de *claudere*

A. base *-clo-* (pop.)

♦ |1| CLORE XIIe s., éliminé par *fermer* à partir du XVIe s. : *claudĕre* ; ENCLORE XIe s. : lat. vulg. **includĕre*, réfection de *includere* ; ÉCLORE XIIe s. : lat. vulg. **exclaudĕre* « ouvrir », réfection de *excludere*. FORCLORE XIIe s. → DEHORS. ♦ |2| CLOS XIIe s. : part. passé substantivé de *clore* : lat. *clausus* ; CLOSERIE XVe s. ; ENCLOS XIIIe s. subst. ; ÉCLOSION XVIIe s. : dér. moderne formé sur *éclos*. ♦ |4| CLÔTURE XIIe s., XVIe s., sens fig. « arrêt définitif » : **clausĭtūra* ; CLÔTURER XVIIIe s. ♦ |5| CLOVISSE XIXe s. : prov. *clauvisso*, altération de *clauissso*, dérivé de *claus* « clos » : lat. *clausus*.

B. base *cloi-* (pop.)

♦ |1| CLOISON XIIe s. « clôture », XVIe s., sens mod. : **clausio* ; CLOISONNAGE XVIIe s. ; CLOISONNÉ XVIIIe s. ; CLOISONNER XIXe s. ; CLOISONNEMENT fin XIXe s. ♦ |2| CLOÎTRE XIIe s. : croisement de *clostre* : lat. *claustrum* et de *cloison* ; CLOÎTRER XVIIe s.

C. base *cli-* (pop.)

CLIGNER XIIe s. : var. de *cluigner* : *clūdiniāre* ; CLIGNEMENT XIIIe s. ; CLIN XVIe s. ; CLIGNOTER XVe s. ; CLIGNOTEMENT XVIe s. ; CLIGNOTANT subst., XXe s.

D. base *-clu-*

♦ |1| CONCLURE XIIe s. « enfermer », « convaincre d'une faute », « décider » ; XIVe s. « terminer » : *conclūdĕre*, EXCLURE XIVe s. : *exclūdĕre* ; INCLURE XIVe s. : *inclūdĕre* (*-clure* peut représenter phonétiquement *-clūdĕre*, mais les préf. sont sav.) ♦ |2| ÉCLUSE (pop.) XIIe s., littéralement « (eau) séparée (du courant) » ; ÉCLUSER XIIe s. ; ÉCLUSIER XIVe s. ♦ |3| CLUSE (pop.) XVIe s., rare avant le XIXe s. : mot dial. (Jura) : lat. *clūsa*, var. de *clausa* « fermée ». ♦ |4| RECLUS (p.-ê. pop.) XIIe s. : *reclūsus* ; PERCLUS (sav.) XVe s. : *perclusus* ; INCLUS (sav.) XIVe s., XVIIe s., *ci-inclus* : *inclusus*. ♦ |5| CONCLUSION (sav.) XIIIe s. : *conclusio* ; CONCLUSIF XVe s. ♦ |6| EXCLUSION (sav.) XIIIe s. : *exclusio* ; EXCLUSIF XVe s. : lat. médiéval *exclusivus* ; EXCLUSIVE, EXCLUSIVISME, EXCLUSIVITÉ XIXe s. ♦ |7| FORCLUSION XVe s. : dér. de *forclos*, avec infl. d'*exclusion*. ♦ |8| INCLUSION (sav.) XVIe s. : *inclusio* ; INCLUSIF XVIIe s. : lat. médiéval *inclusivus* ; INCLUSIVEMENT XVe s. ♦ |9| OCCLUSION (sav.) XIXe s., méd. : lat. médiéval *occlusio* ; OCCLUSIF XIXe s., méd. ; OCCLUSIVE XXe s., subst. fém., gram. ♦ |10| RÉCLUSION XIIIe s. : formé sur *reclus* et anc. fr. *reclure*.

E. base *clau-* (sav.)

♦ |1| CLAUSTRAL XVe s. : lat. médiéval *claustralis* → CLOÎTRE ; CLAUSTRATION fin XVIIIe s. ; CLAUSTRER XIXe s. ♦ |2| CLAUSE XIIe s. « vers », XIIIe s., sens mod. : bas lat. *clausa*. ♦ |3| CLAUSULE XVIe s : *clausula*.

CLÉMATITE (sav.) XVIe s. : lat. *clematitis*, dér. du gr. *klêma* « sarment ».

CLÉMENCE ♦ |1| (sav.) Xe s. : *clementia*, « id. » ; INCLÉMENCE (sav.) XVIe s. : *inclementia*. ♦ |2| CLÉMENT XIIIe s. : lat. *clemens, -entis* ; INCLÉMENT XVIe s. : *inclemens*.

CLENCHE ♦|1| (pop.) XIIIe s. : mot dial. (Nord et Nord-Est de la France) : frq. *klinka* « loquet ». ♦|2| **DÉCLENCHER** XVIIIe s. ; **DÉCLENCHEMENT** XIXe s., XXe s., guerre de 1914-1918, *déclencher une offensive*, et sens fig. ♦|3| **ENCLENCHER** et **ENCLENCHEMENT** XIXe s., techn.

CLEP- représentant sav. du gr. *kleptein* « voler ».

♦|1| **CLEPSYDRE** XIVe s. « horloge à eau » : gr. *klepsudra*, littéralement « qui vole l'eau », par le lat. ♦|2| **CLEPTOMANE** ou **KLEPTOMANE** XIXe s. : composé sav. formé de *kleptês* « voleur » et *mania* « folie » ; **CLEPTOMANIE** XIXe s.

CLERC famille du lat. eccl. *clericus*, dér. de *clerus* « clergé », empr. au gr. *klêrikos* et *klêros*, littéralement « lot reçu par le sort, ou par héritage », trad. de l'hébreu *na'ala* (Deut., XVIII, 2), mot par lequel Dieu se désigne comme l'unique « héritage » des Lévites, tribu sacerdotale d'Israël, à qui, pour cette raison, n'a pas été attribué de territoire, comme aux autres tribus. Dér. : *clericalis, clericatus, -us, clericatura*.

♦|1| **CLERC** (sav.) XIe s. « ecclésiastique », XIIIe s., jur., « employé aux écritures », XVe s. « personne savante » en général : *clericus*. ♦|2| **CLERGÉ** (pop.) XIIe s. : *clericātus*. ♦|3| **CLERGIE** (pop.) XIIe s. ; **CLERGEON** « id. » : dér. de *clerc* formés avec le *g* de *clergé*. ♦|4| **CLÉRICATURE** (sav.) XIVe s. : *clericatura*. ♦|5| **CLÉRICAL** (sav.) XIIe s., XIXe s., sens pol. : *clericalis* ; **CLÉRICALISME, ANTICLÉRICALISME, ANTICLÉRICAL, CLÉRICALISER, CLÉRICALISATION** XIXe s.

CLIENT (sav.) XIVe s. « qui a recours aux services de quelqu'un », XIXe s., sens commercial : lat. *cliens, -entis* « citoyen protégé par un autre, plus riche et plus puissant, son patron », mot p.-ê. d'origine étrusque ; **CLIENTÈLE** XIVe s., XIXe s., commerce : lat. *clientela* ; ces deux mots ont éliminé de la langue courante *chaland* et *achalandage*.

CLIQUE ensemble de mots reposant sur des onom. à initiale KL- : *clic*, qui suggère un bruit léger et clair, un tintement et peut se présenter avec la forme nasale de la voyelle ; *clac*, un bruit plus fort, plus sec et plus sourd ; *clich*, un bruit léger et chuintant.

I. base *clic*-
A. voyelle orale
♦|1| **CLIC-CLAC** XIXe s. ♦|2| **CLIQUE** XIVe s. « musique milit. » : dér. de l'anc. fr. *cliquer* « faire du bruit ». ♦|3| **DÉCLIC** XVIe s. : dér. de l'anc. fr. *décliquer* XIIIe s. ♦|4| **CLIQUET, CLIQUETTE, CLIQUETER, CLIQUETIS** XIIIe s. : dér. de *cliquer*.

B. voyelle nasale
♦|1| **CLINQUANT** XIIIe s. adj., « retentissant », XVIe s. subst. : dér. de l'anc. fr. *clinquer*, var. de *cliquer* « faire du bruit » d'où, métaph., « briller vivement », ♦|2| **REQUINQUER** XVIe s. : altération de l'anc. fr. *reclinquer* « rendre de l'éclat ». ♦|3| **QUINCAILLERIE** XIIIe s. : altération de *clinquaille*, dér. de *clinquer* ; **QUINCAILLIER** XVe s.

II. base *clac*-
CLAQUE XIVe s. « coup du plat de la main », XIXe s., théâtre, et *chapeau claque*, « monté sur un ressort, qu'on peut aplatir pour le tenir sous son bras » ; **CLAQUER** XVIe s. « produire un bruit sec », XVIIe s. « donner une claque », XIXe s., fam. « dépenser, gaspiller », et « mourir », XXe s. métaph. « tuer de fatigue », d'où *en avoir sa claque* ; **CLAQUET** XVe s. ; **CLAQUETTE** XVIe s. ; **CLAQUEMENT** XVIe s. ; **CLAQUEUR** XVIIIe s., théâtre ; **CLAQUEMURER** XVIIe s. dér. d'une expression de l'époque *à claquemur*, sorte de jeu, équivalent de l'it. *a batti muro* ; composé de *claquer* et *mur*.

III. base *clich*-
♦|1| **CLICHER** XVIIIe s., techn. « couler une matière fondue dans une forme », l'onom. exprime sans doute le bruit de la matrice tombant sur le métal en fusion ; **CLICHÉ**, techn., puis photo. **CLICHAGE, CLICHEUR** XIXe s. ♦|2| **CLICHER** XIXe s. « avoir un défaut de prononciation en ce qui concerne les chuintantes et les sifflantes » ; **CLICHEMENT** XIXe s.

CLITORIS (sav.) XVIIe s. : gr. *kleitoris*.

CLIVER XVIe s. « tailler des diamants », XXe s., sens fig. : néerl. *klieven* « fendre » ; **CLIVAGE** XVIIIe s. « taille des diamants », XXe s., sens fig.

CLOAQUE (sav.) XIVe s., XVIe s., sens fig. : lat. *cloaca* « égout ».

CLOCHE ♦|11 (pop.) XIIe s. : bas lat. VIIe s. *clocca*, d'origine incertaine, p.-ê. celtique ; **CLOCHETTE** XIIe s. ; **CLOCHER** XIIe s., **CLOCHETON** XVIIIe s. ♦|21 **CLOQUE** XVIIIe s. : forme picarde de *cloche* ; **CLOQUER** XVIIIe s. ; **CLOQUÉ** adj. XIXe s.

CLOCHER famille du bas lat. *cloppus* « boiteux », mot p.-ê. onom., qui a éliminé *claudus* (→ CLAUDICATION) ; dér. lat. vulg. *cloppicare* « boiter ».

♦|11 base *cloch*- : **CLOCHER** (pop.) XIIe s. : *cloppicāre* ; **À CLOCHE-PIED** XVe s. ; **CLOCHARD** XIXe s., « vagabond » dér. de *clocher*, littéralement « qui boite ». ♦|21 base *clop*- : dér. de l'anc. fr. *clop* (pop.) XIIe s., « boiteux » : *cloppus* ; **CLOPIN-CLOPANT** XVIIe s. : le 1er élément est un adj. dér. de *clop* ; le 2e le part. présent de *cloper*. lui aussi dér. de *clop* ; **CLOPINER** XVIe s. : dér. de *clopin* ; **ÉCLOPER** XIIe s. : dér. de *cloper*. ♦|31 **CLAMPIN** XVIIe s. : altération de *clopin*.

CLUB ♦|11 XVIIIe s., d'abord en parlant de l'Angleterre, puis, peu avant la Révolution, appliqué à des cercles fr. ; XXe s. « canne pour jouer au golf » : angl. *club* : « bâton », « bâton servant à jouer ». « suite aux cartes » et, au XVIIe s., « association de personnes » : anc. nordique *klubba* « bouquet d'arbres ». ♦|21 **-CLUB** XXe s. : emploi suffixal, ex. : *aéro-club*, *ciné-club*, etc.

CLYSTÈRE représentant du gr. *kluzein* « laver », d'où *klustêr* « seringue » et « lavement » ; *katakluzein* « inonder » et *kataklusmos* « inondation », appliqué en particulier au déluge, dans le Nouveau Testament (Mt, XXIV, 38).

♦|11 **CLYSTÈRE** (sav.) XIIIe s. : *klustêr*, par le lat. ♦|21 **CATACLYSME** (sav.) XVIe s. : *kataklusmos*, par le lat.

CO- famille de la prép. lat. *cum* « avec », souvent utilisée comme préverbe sous les formes *co-*, *com-*, *con-*, selon la nature du phonème suivant. Ses représentants fr. expriment l'idée de « réunion », d'« adjonction » et se combinent aussi bien avec des subst. qu'avec des verbes.

♦|11 **CO-** (sav.), ex. : **COOPTER, COEXISTER, CODÉTENU**, etc. ♦|21 **COM-, CON-** (sav.), ex. : un grand nombre de mots empr. au lat. : **CONCÉDER, CONFÉRER**, etc., et quelques formations fr., **CONCITOYEN, CONFRÈRE, CONCENTRER**, etc.

COBAYE XIXe s. : tupi (langue indigène du Brésil) *sabuja*, transcrit par les Portugais sous la forme *çabuja*, puis, par leurs imprimeurs, *cobaya*, mot adopté par le lat. des naturalistes.

COCA XVIe s. : mot esp. empr. à une langue indigène d'Amérique du Sud, aimara ou quechua ; **COCAÏNE** XIXe s. ; **COCO** XXe s. : dimin. de *cocaïne* ; **COCAÏNOMANE** XXe s. ; **Coca-cola** XXe s. : marque déposée, d'origine amér. → KOLA.

COCCINELLE famille du gr. *kokkos* « graine » ou « pépin » et « cochenille », insecte qui sert à teindre en écarlate ; emprunté par le lat. sous la forme *coccum*, d'où *coccinus* « écarlate ».

♦|11 **COCCINELLE** (sav.) XVIIIe s. : dér. sur *coccinus*, d'après la couleur des élytres de cet insecte. ♦|21 **-COQUE** fin XIXe s.-XXe s. : suff. du lexique médical, servant à former des noms de germes microbiens : *kokkos*. Ex. : **GONOCOQUE, MICROCOQUE, MÉNINGOCOQUE**, etc. ♦|31 **-COCCIE** XXe s. : suff. dér. du précédent, ex. : **STAPHYLOCOCCIE, STREPTOCOCCIE**.

1. COCHE famille du lat. *codex* ou *caudex* « tronc d'arbre », d'où « planchette », « tablette à écrire », « livre », en particulier « livre de comptes » et « recueil de lois, code ». — Dér. : *Codicillus* « petit livre » et « écrit qui complète un testament » ; bas lat. *caudica*, « barque creusée dans un tronc d'arbre ».

♦|11 **COCHE** subst. fém. (pop.) XIIe s. sens dial. « établi de sabotier, coin en bois, perche, branche, baguette sur laquelle les boulangers font une entaille pour chaque pain fourni, entaille faite sur cette baguette, entaille sur l'arbalète » ; passage de *coche* « baguette (à entailler) » à *coche* « entaille (sur la baguette) » : *caudica* ; **ENCOCHER, DÉCOCHER** XIIe s. ; **COCHER** XIVe s. ; **ENCOCHE** XVIe s. ♦|21 **COCHE** d'eau XIIIe s.-XVIe s. fém., XVIIe s. masc., d'après COCHE 2 : *caudica* ; le moyen néerl. *cogghe*, qui a influencé certaines formes dial. fr., a la même origine. ♦|31 **CODE** (sav.) XIIIe s. : *codex* ; **CODIFIER, CODIFICATION** XIXe s. ;

COCHE

CODER, CODAGE, DÉCODER, ENCODER, XXe s. ♦|4| **CODICILLE** (sav.) XIIIe s. : *codicillus* ; **CODICILLAIRE** XVIe s. : bas lat. *codicillaris*. ♦|5| **CODEX** (sav.) XVIIe s. : mot lat. utilisé pour désigner un recueil officiel de recettes pharmaceutiques.

2. **COCHE** subst. masc., voiture XVIe s. : all. *Kutsche*, empr. à une langue d'Europe centrale, tchèque ou hongrois ; **COCHER** subst. masc., XVIe s. ; **PORTE COCHÈRE** XVIIe s.

COCKTAIL une fois au XVIIIe s., puis début XIXe s. « mélange de boissons alcoolisées » : mot anglo-américain ; a d'abord été l'abrév. de *cocktailed horse* « cheval (*horse*) de valeur médiocre auquel on a coupé la queue (*tail*) afin qu'elle se redresse vers le haut (*to cock* "redresser") », traitement qu'on ne faisait pas subir aux chevaux de race, d'où « homme de mauvaises mœurs » ; l'évolution vers le sens de « mélange de boissons » est obscur ; il s'agit donc d'une simple homonymie avec le composé *cocktail* « queue de coq ».

COCOTTE marmite de fonte (pop.) XIXe s. : p.-ê. altération, par changement de suff., de l'anc. fr. *coquasse* XVIe s. ou *coquemar* XIIIe s. qui, plutôt que le lat. *cucuma* (même sens), semble représenter le néerl. *kookmoor*, de *kooken* « bouillir » et *moor* « bouilloire », « chaudron noirci par le feu », littéralement « maure ».

CŒUR famille d'une rac. ind.-eur. **kerd-* « cœur » représentée en grec par *kardia*. En latin par *cor, cordis* « cœur », « siège de l'intelligence, des sentiments, de la volonté » ; lat. vulg. **corăticum*. — Dér. : (a) *recordari* « se remettre dans l'esprit » ; (b) *concors* et *discors* « unis de cœur » et « en désaccord », et leurs dérivés *concordia* et *discordia*, *concordare* et *discordare* ; ces deux verbes ont subi, au point de vue du sens, la contamination de *c(h)orda* « corde d'instrument de musique » et, au plur., en lat. imp. « instrument de musique » ; finalement, l'ordre du développement sémantique a été inversé et on a senti le sens moral de « concorde — discorde » comme métaph. par rapport aux sens d'« accord — désaccord musical » ; en lat. vulg. un verbe **accordare* s'est développé à côté de *concordare* par substitution de préf. ; (c) *misericordia* « pitié », de *misereri* « avoir pitié » (→ MISÈRE) et *cor, cordis*.

I. mots issus du latin

A. base -*cœur*- : COEUR (pop.) XIe s., viscère, et siège de la personnalité, XIIe s. poitrine, XIIIe s. « partie centrale de quelque chose », XVIe s. « objet en forme de cœur » : *cor* ; **CONTRECŒUR** XIIIe s. « fond de cheminée », XIVe s., *à contrecœur* « malgré soi » ; **ÉCŒURER** XVIIe s. ; **ÉCŒUREMENT** XIXe s. ; **SANS-CŒUR** XIXe s.

B. base -*cour*- (pop.)

♦|1| **COURAGE** XIe s. « dispositions intérieures » en général, XVIIe s., spécialisation du sens : **corăticum*, **COURAGEUX** XIIe s. ; **ENCOURAGER, ENCOURAGEMENT** XIIe s. ; **ENCOURAGEANT** XVIIIe s. ; **DÉCOURAGER** XIIIe s. ; **DÉCOURAGEMENT** XIIe s. ♦|2| **COURROUCER** XIe s. « chagriner » : représente un lat. vulg. **corruptiāre*, qui, au point de vue sémantique, s'explique plus facilement comme un dér. de *corruptum* « cœur brisé » que de *corruptum* « corrompu », auquel il faudrait prêter le sens métaph. de « aigri » ; **COURROUX** Xe s.

C. base -*cord*- (base unique, qu'il s'agisse de mots pop. ou de mots sav.)

♦|1| **ACCORDER** XIIe s., sens psychologique et sens musical : **accordare* ; **ACCORD** « id. » ; **RACCORD, RACCORDER, RACCORDEMENT** XIIe s. ; **DÉSACCORD** XIIe s. ; **DÉSACCORDER** XVe s. ; **ACCORDEUR** XIVe s., XIXe s., sens musical ; **ACCORDAILLES** ♦|2| **ACCORDÉON** XIXe s. : all. *Akkordion*, nom donné à cet instrument par son inventeur, d'après le lat. moderne *accordium*, apparenté à **accordare* et au fr. *accord* ; la terminaison fr. est empr. à *orphéon*. ♦|3| **CONCORDER** XIIe s.-XVI{e} s., puis repris fin XVIIIe s. : *concordare* ; **CONCORDE** XIIe s. : *concordia*, avec infl. de *concorder* ; **CONCORDANCE** XIIe s. « accord », XVIe s. « conformité » ; **CONCORDANT** XIIIe s., **CONCORDAT** (sav.) XVe s. : *concordatum*, part. passé substantivé de *concordare* ; **CONCORDATAIRE** XIXe s. ♦|4| **DISCORDE** (sav.) XIIe s. : lat. *discordia* et infl. de l'anc. fr. *descorder* : *discordare* ; **DISCORDANT** XIIe s. (préf. sav.) : ancien part. présent du même verbe. ♦|5| **CORDIAL** XIVe s., adj. méd., XVe s., adj. « affectueux »,

XVIIe s., subst., méd. : lat. médiéval *cordialis*, dér. de *cor* ; **CORDIALEMENT** fin XIVe s. ; **CORDIALITÉ** XVe s. ♦161 **PRÉCORDIAL** XVe s., anat. : dér. tiré du lat. *praecordia* « diaphragme », littéralement « ce qui est en avant du cœur ». ♦171 **RECORD** XIXe s. : mot angl. « enregistrement », empr. à l'anc. fr. *recorder* « conserver le souvenir de quelque chose » : lat. *recordari* ; spécialisé dans l'enregistrement de performances sportives ; **RECORDMAN** XIXe s. : formé en France, à l'imitation des mots composés angl.

D. recors XIIIe s. « témoin », XVIe s. « officier de justice subalterne qui prête main-forte à un huissier » : dér. de *recorder* au sens de « témoigner » (→ le précédent).

II. mots issus du grec (sav.)

♦111 **CARDIAQUE** XIVe s. : gr. *kardiakos*, dér. de *kardia*, par le lat. ♦121 **CARDIA** XVIIe s. anat. : *kardia* ♦131 **CARDIO-** : 1er élément de composés sav., ex. : **CARDIOLOGIE** XVIIe s. ; **CARDIOGRAPHIE** XIXe s. ; **CARDIOGRAMME, ÉLECTROCARDIOGRAMME** XXe s., etc. ♦141 **-CARDE, -CARDIE, -CARDITE** : 2es éléments de composés sav., ex. : **ENDOCARDE** et **ENDOCARDITE** XXe s. ; **PERICARDE** XVIe s. et **PÉRICARDITE** XIXe s. ; **TACHYCARDIE** XXe s., etc.

COFFRE ♦111 (pop.) XIIe s. : gr. *kophinos* « corbeille », par le lat. ; **COFFRET** XIIIe s. ; **COFFRE-FORT** XIIIe s. ; **COFFRER** XVIIe s. ; **COFFRAGE** XXe s. ♦121 **COFFIN** (sav.) XIIIe s. : même origine. ♦131 **COUFFE** XVIIe s. ; **COUFFIN** XIXe s. : prov. *coufo, coufin* « panier », même origine.

COHUE XIIIe s. « halle », XVIIe s. « assemblée nombreuse et bruyante » : probablement breton *koc'hui* « halles » ; il est moins vraisemblable d'y voir un dér. d'un verbe **cohuer*, var. de *huer* (→ dial. Berry *cahuer*), étant donné le caractère hypothétique de ce verbe et le premier sens attesté du mot.

COI famille du lat. *quies, -etis* « repos ». — Dér. : (1) *requies, -ei* « repos » (2) *quietus*, bas lat. *quetus* « tranquille », et *quietare* « tranquilliser » (3) *inquietus, inquietare* « troublé », « troubler » (4) *quiescere* « se reposer », d'où *acquiescere* « se reposer », « être satisfait » qui a pris dans la langue de l'Église et des juristes le sens d'« acquiescer ».

♦111 **COI** (pop.) XIIe s., XVIIIe s. fém. *coite*, remplace *coie* : *quētus*. ♦121 **QUITTE** (demi-sav.) XIe s. : lat. jur. médiéval *quītus*, altération de *quiētus*, par suite d'une accentuation hypercorrecte sur le *i* ; **QUITTER** XIIe s. « libérer d'une obligation », XVe s. « abandonner » : *quitāre*, altération de *quietare* « laisser tranquille » ; **QUITTANCE** XIIe s. ; **QUITUS** XVe s. : mot lat. médiéval. ♦131 **ACQUITTER** XIe s. ; **ACQUIT** XIIIe s. ; **ACQUITTEMENT** XIIIe s. « exécution d'une obligation », XVIIIe s. « reconnaissance de la non-culpabilité d'un accusé » : dér. de *quitter*. ♦141 **QUIET** (sav.) XIIe s. : *quietus* ; **QUIÉTUDE** XVe s. : bas lat. *quietudo* ; **QUIÉTISME**, **QUIÉTISTE** fin XVIIe s. ; **INQUIÉTER** XIIe s. : *inquietare* ; **INQUIÉTUDE** XIVe s. : *inquietudo* ; **INQUIET** XVIe s. : *inquietus*. ♦151 **ACQUIESCER** (sav.) XIVe s. : *acquiescere* ; **ACQUIESCEMENT** XVIe s. ♦161 **REQUIEM** (sav.) XVIIe s. : mot lat. désigne dans la liturgie catholique la messe des funérailles, en raison des premiers mots de cet office : *requiem aeternam dona eis Domine* « Donne-leur, Seigneur, le repos éternel ».

COIFFE (pop.) XIe s. : bas lat. VIe s. : *cofia*, empr. au germ. occidental ; **COIFFER** XIIIe s. « couvrir la tête », XVIIe s. « arranger les cheveux » ; **DÉCOIFFER** XIIIe s. ; **COIFFURE** XVe s. ; **COIFFEUR** XVIIe s. ; **COIFFEUSE** XVIIe s. « femme qui coiffe », XXe s., meuble.

COIN famille du lat. *cuneus* « coin à fendre le bois », « tout objet ayant la forme d'un coin » ; d'où *cuneare* « former un coin » ou « fendre avec un coin ».

♦111 **COIN** (pop.) XIIe s. : *cuneus*. ♦121 **ÉCOINÇON** XIVe s. ; **COINCER** XVIIIe s. ; **COINCEMENT, COINÇAGE** XIXe s. : dér. de *coin* formés à l'aide d'une consonne de liaison non étymologique. ♦131 **COGNÉE** (pop.) XIe s. : *cuneata (ascia, securis)* « (hache) en forme de coin » ; **COGNER** XIIe s. : *cuneāre* ; **COGNE** XIXe s., argot, « gendarme » : dér. de *cogner*. ♦141 **ENCOIGNURE** XVIe s. ; **SE RENCOGNER** XVIIe s. : dér. de l'anc. fr. *encoigner* « mettre dans un coin », lui-même dér. de *coigner*, var. graphique de *cogner* ; **RECOIN** XVIe s. : dér. légèrement altéré de *rencoigner*. ♦151 **QUIGNON** (pop.) XVIe s. : altération de *coignon*, dér. de *coin*. ♦161 **CUNÉIFORME** (sav.) XVIe s. méd., XIXe s. repris par la langue de l'archéol. : formé sur *cuneus* « en forme de coin ».

COKE XVIIIᵉ s. : mot angl., même sens ; **COKERIE** XIXᵉ s.

COLÉOPTÈRE (sav.) XVIIIᵉ s. : formé du gr. *koleos* « étui » et *pteron* « aile ».

COLÈRE famille du gr. *kholê* « bile ». — Dér. : *kholera*, nom de maladie ; empr. par le lat. sav. puis pop. sous la forme *cholera* « bile », « maladie provenant de la bile », et, déjà chez saint Jérôme, « colère ».

♦ |1| **COLÈRE** (sav.) XIVᵉ s. « bile » et « colère », remplace l'anc. fr. *courrouz* et *ire* : *choléra* ; **COLÉRIQUE** XIIIᵉ s. ; **COLÉREUX** XVIᵉ s. ; **DÉCOLÉRER** XVIᵉ s., repris au XIXᵉ s. : dér. d'un anc. *colérer* XVIᵉ s. ♦ |2| **CHOLÉRA** (sav.) XIVᵉ s. : mot lat. : **CHOLÉRIQUE**, **CHOLÉRINE**, **CHOLÉRÉTIQUE** XIXᵉ s. ♦ |3| **MÉLANCOLIE** XIIIᵉ s. « bile noire », considérée par la médecine ancienne comme cause de tristesse, XVIIᵉ s. « tristesse » : gr. *melagkholia* « bile noire », par le lat. ; **MÉLANCOLIQUE** XIIᵉ s. : gr. *melagkholikos*, par le lat. ♦ |4| **CHOL-** : 1ᵉʳ élément de composés sav., ex. : **CHOLAGOGUE**, **CHOLÉDOQUE** XVIᵉ s., **CHOLESTÉROL** XXᵉ s., etc.

COLIBRI XVIIᵉ s. en France, plus tard dans les autres langues : mot provenant de la Martinique, sans doute empr. à une langue indigène.

COLIFICHET XVIIᵉ s. → *afichet* XIIIᵉ s.-XVIᵉ s. « petit bijou », *esfichier*, *affichier* « fixer », *coeffichier* XVᵉ s. « sorte de coiffure », p.-ê. inf. subst. de *coesfichier* « attacher ensemble (les cheveux avec une *esfiche* » ; pour le 2ᵉ élément → FICHIER ; le 1ᵉʳ pourrait être *col* et le sens originel « attache de col ».

COLIN XIVᵉ s., poisson : adaptation du néerl. *kolefisch*, littéralement « poisson-charbon ». → aussi NICOLAS. Annexe III.

COLLE famille du gr. *kolla* « gomme », *kollôdês* « collant » ; lat. vulg. *côlla.

♦ |1| **COLLE** (pop.) XIIIᵉ s. ; XIXᵉ s. argot scolaire : *colla ; XIXᵉ s. ; **COLLANT**, **COLLAGE**, **COLLEUR** XVIᵉ s. ; **DÉCOLLER** XXᵉ s. aviation, **ENCOLLER**, **RECOLLER** XIVᵉ s. ; **DÉCOLLEMENT** XVIIᵉ s. ; **ENCOLLAGE** XVIIIᵉ s. ; **ENCOLLEUSE** XIXᵉ s. ;

RECOLLEMENT XIXᵉ s. ♦ |2| **PROTOCOLE** (sav.) XIVᵉ s. « minute d'un acte », XVIIᵉ s. « formulaire pour la correspondance officielle », XIXᵉ s. « procès-verbal d'une conférence diplomatique » et « règles concernant l'étiquette » : lat. jur. *protocollum* « feuille collée aux chartes, portant des indications sur les authentifiant » : gr. *protokollon* « collé en premier » ; **PROTOCOLAIRE** XXᵉ s. ♦ |3| **COLLODION** (sav.) XIXᵉ s. : formé sur *kollôdês*. ♦ |4| **COLLOÏDE** XIXᵉ s. : angl. *colloid*, formé sur *kolla* ; **COLLOÏDAL** XIXᵉ s. : angl. *colloïdal*.

COLLINE (sav.) XVIᵉ s. : bas lat. *collina*, dér. de *collis*, même sens.

COLLYRE (sav.) XIIᵉ s. : gr. *kollurion* « emplâtre », « onguent pour les yeux », par le lat.

COLMATER famille du lat. *culmen*, *-inis* « faîte », « partie supérieure », lat. vulg. **culmum*.

♦ |1| **COLMATER** XIXᵉ s. : dér. de l'it. *colmata* « terrain comblé », part. passé substantivé de *colmare* « combler », dér. de l'adj. *colmo* « comble », « rempli jusqu'en haut », de **culmum* ; **COLMATAGE** XIXᵉ s. ♦ |2| **CULMINER** (sav.) XVIIIᵉ s., astron., XIXᵉ s., géogr. et sens général : lat. médiéval *culminare* dérivé de *culmen* ; **CULMINANT** XVIIIᵉ s. ; **CULMINATION** XVIᵉ s.

COLOMBE ♦ |1| (sav.) XVIᵉ s. : du lat. *colomba* ; a éliminé l'anc. fr. *coulon* (pop.) Xᵉ s. : lat. *colombus* ; **COLOMBIER** (demi-sav.) : lat. *columbarium* ; **COLOMBIN** XIIIᵉ s. ; **COLOMBINE** XIIIᵉ s. ♦ |2| **COLOMBO-** : lat. *colombinus* 1ᵉʳ élément de composé sav., dans **COLOMBOPHILE** XIXᵉ s. ♦ |3| **COLUMBARIUM** XVIIIᵉ s., archéol., fin XIXᵉ s. « monument funéraire moderne, pour les morts qu'on incinère » : mot lat. « colombier » et métaph. « monument à niches où l'on plaçait les urnes funéraires ».

CÔLON ♦ |1| (sav.) XIVᵉ s. : gr. *kôlon* « gros intestin », par le lat. ♦ |2| **COLIQUE** (sav.) XIIIᵉ s. : lat. *colica*, fém. subst. de l'adj. *colicus*, du gr. *kôlikos*, dér. de *kôlon* ; **COLITE**, **ENTÉROCOLITE** XIXᵉ s. ♦ |3| **COLIBACILLE** et **COLIBACILLOSE** XXᵉ s. → BACILLE, art. BÂCLER. ♦ |4| **COLON-**, **COLO-** : 1ᵉʳˢ éléments de composés sav., ex. : COLONALGIE, COLO-PATHIE, COLOSTOMIE.

COLONNE ♦111 (pop.) XIIe s., arch., XVIIe s., divers sens fig. : milit., imprimerie, et COLONNE D'EAU, DE MERCURE, etc. XIXe S. COLONNE VERTÉBRALE, XXe S. COLONNE MONTANTE, canalisations d'un immeuble : lat. *columna* ; COLONNETTE XVIe s. ; ENTRECOLONNEMENT XVIe s. ♦121 COLONNADE XVIIIe s. : adaptation de l'it. *colonnato*, masc., de même origine. ♦131 COLOMBAGE (demi-sav.) XIVe s. : dér. de l'anc. fr. *colombe*, forme résultant de l'effort pour maintenir artificiellement la prononc. *-mn-* dans *columna*. ♦141 COLONEL XVIe s. : it. *colonello*, dér. de *colonna* au sens de « corps de troupe formé en colonne ». ♦151 COULEMELLE (demi-sav.) XVIIe s. : altération de *columelle* (sav.) XVIe s. : lat. *columella*, dimin. de *columna*, à cause de la forme de ce champignon.

COLOQUINTE (sav.) XIIIe s. : gr. *kolokunthis*, même sens, apparenté à *kolokunthê* « citrouille », par le lat.

COLOSSE (sav.) XVe s. : gr. *kolossos* « statue colossale », par le lat. ; s'employait à l'origine à propos des colosses de l'art égyptien ; COLOSSAL XVIe s. ; COLOSSALEMENT XIXe s.

COMA (sav.) XVIIIe s. : gr. *kôma, -atos* « sommeil profond et prolongé » : COMATEUX XVIIe s.

COMBE (pop.) XIIe s., repris au XVIIIe s. : gaulois °*cumba* « vallée » ; mot dial. attesté au sud d'une ligne allant de l'embouchure de la Loire au sud des Vosges.

COMBLE famille du lat. *cumulus* « monceau », lat. vulg. « faîte », d'où *cumulare* « entasser », « combler » (sens propre et fig.) et *accumulare* « accumuler ».

I. mots populaires

♦111 COMBLE (subst.) XIIe s. « tertre », XIIIe s. « partie d'un édifice supportant le toit », XVe s., sens fig. « point culminant » : *cumulus*. ♦121 COMBLER XIIe s. : *cumulare* ; COMBLEMENT XVIe s. ; COMBLE (adj.) XIIe s. : dér. de *combler*.

II. mots savants

♦111 CUMULER XIVe s. : *cumulare* ; CUMUL, CUMULATIF XVIIe s. ; CUMULARD XIXe s. ♦121 ACCUMULER XIVe s. : *accumulare* ; ACCUMULATION XIVe s. ; ACCUMULATEUR XVIe s. « personne qui accumule », XIXe s. « appareil qui accumule l'électricité » ; ACCU XXe s. : abrév. de ACCUMULATEUR. ♦131 CUMULUS fin XIXe s. « gros nuage arrondi » : mot latin. ♦141 CUMULO- fin XIXe s.-XXe s. : 1er élément de composés sav. ; ex. : CUMULO-NIMBUS, CUMULO-STRATUS, CUMULO-VOLCAN.

COMÈTE (sav.) XIIe s. : gr. *komêtês* « (astre) chevelu », par le lat.

COMIQUE famille du gr. *kômos* « fête en l'honneur de Dionysos ».

♦111 COMIQUE (sav.) XIVe s. : gr. *kômikos* « qui concerne la poésie comique », adj. dér. de *kômos*, les fêtes de Dionysos étant marquées par des représentations théâtrales ; COMIQUEMENT XVIe s. ♦121 COMÉDIE XIVe s., uniquement en parlant des théories d'Aristote concernant le théâtre gr., XVIe s.-XVIIe s. « œuvre théâtrale en général », XVIIe s. « pièce comique » : *kômôidia* composé de *kômos* et *ôidé* → ODE, par le lat. *comoedia* ; COMÉDIEN XVe s.

CON (pop.) XIIIe s., adj., sens fig. : lat. *cŭnnus* « sinus muliebris » ; CONNARD XIIIe s. ; DÉCONNER XIXe s. ; CONNERIE XXe s.

CONCHE famille du gr. *kogkhê* « coquillage » et de son dimin. *kogkhulion* « petit coquillage », en particulier celui dont on tire la pourpre : empr. par le lat. sous les formes *concha* et *conchylium*.

I. mots populaires

♦111 CONCHE (anc. fr. « coquille ») XVIe s. « baie », « bassin de marais salant » : *concha*. ♦121 COQUILLE XIIIe s. « coquillage », XVIe s. étendu aux œufs, aux noix, aux noisettes, à divers objets creux, XVIIIe s. typo. : *conchylia*, plur. neutre interprété comme un fém. et croisement avec *coque* ; COQUILLETTE XIIIe s. « petite coquille », XXe s. pâtes alimentaires ; COQUILLAGE XVIe s. ; COQUILLARD XVe s., nom d'une bande de voleurs déguisés en pèlerins, avec une coquille au col, XVIIe s. « coquetier ». ♦131 RECROQUEVILLER XIVe s. : mot à var. multiples, altération de *recoquiller* XIVe s., dér. de *coquille*, sous l'infl. de *croc* et, p.-ê., de *ville*, forme ancienne de *vrille*.

CONCOMBRE

II. mots savants

♦ |1| **CONQUE** XVIe s. : *concha*. ♦ |2| **CONCHOÏDE** XVIIe s. ; **CONCHOÏDAL** XVIIIe s. : dér. sur *concha*. ♦ |3| **CONCHYLIEN** XIXe s. ; **CONCHYLIOLOGIE** XVIIIe s. : dér. sur *conchylium*.

CONCOMBRE XIIIe s. : prov. *cocombre* : lat. *cucumis, -eris*, mot pré-ind.-eur., probablement méditerranéen.

CONDIMENT (sav.) XIIIe s. : lat. *condimentum*, dér. de *condire* « confire », « assaisonner ».

CONDOR XVIe s. : mot esp., du quechua (Pérou) *cuntur*.

CONDUIRE famille de (1) lat. *dux, dŭcis* « chef », puis, lat. imp., mot désignant une magistrature et un titre de noblesse ; d'où l'adj. *ducalis* et le subst. *ducatus* (2) le verbe *dūcĕre, dŭctus* « conduire » et ses dér. (a) l'adj. *ductilis* « qu'on peut conduire ou tirer », « malléable » ; (b) le *verbe* duratif *-ducare*, d'où *educare* « produire », « nourrir », « élever » ; *ducere* sert de base à de nombreux verbes préfixés : *abducere* « emmener » ; *adducere* « amener » ; *conducere* « réunir », « prendre à bail ou à ferme » ; *deducere* « faire descendre », « déduire » ; *inducere* « faire entrer » ; *introducere*, même sens ; *producere* « mener en avant » ; *reducere* « ramener » ; *seducere* « emmener à l'écart », « corrompre » ; *traducere* « faire passer », « traduire » ; à ce dernier verbe se rattache le subst. *tradux* « sarment de vigne qu'on fait passer d'un arbre à l'autre ».

I. mots populaires ou demi-savants

A. bases *-duire, -duis-, -duit-* (bases pop. combinées dans la plupart des cas avec des préf. de forme sav.).

♦ |1| **CONDUIRE** Xe s. : *condūcĕre* ; **RECONDUIRE** XIIe s. ; **CONDUIT** XIIe s. « action de conduire » puis « escorte », XVIe s. « canal étroit » : part. passé substantivé ; **SAUF-CONDUIT** XIIe s. ; **CONDUITE** XVe s. « action de conduire » puis « guide », XVIIe s. « façon de se conduire » : part. passé fém. substantivé ; **INCONDUITE** XVIIIe s. ♦ |2| **DÉDUIRE** XIe s. : *dedūcĕre*. **ENDUIRE** (pop.) XIIIe s. « absorber, digérer », « orienter, induire » et « recouvrir une surface d'une matière molle », seul sens survivant aujourd'hui : *indūcĕre* ; **ENDUIT**, subst., une fois au XIIe s., puis XVIe s. ♦ |3| **INDUIRE** (demi-sav.) XIIIe s. : « amener » , « conclure », XIXe s., électricité : *indūcĕre*. ♦ |4| **INTRODUIRE** XIIe s. : *introdūcĕre*. ♦ |5| **PRODUIRE** XIVe s. « faire comparaître en justice » puis « causer, créer » : *prodūcĕre* ; pour les mots scientifiques exprimant l'idée de « produire » → GÈNE, art. GENS ; **REPRODUIRE** XVIIe s. ; **PRODUIT** XVIe s. ; **SOUS-PRODUIT** XXe s. ♦ |6| **RÉDUIRE** XIVe s. « ramener » (a) à sa place : *réduire une fracture* ; (b) à un état inférieur : *réduire en esclavage* ; XVIe s. « ramener à une quantité plus faible » et « ramener à ses éléments » : *redūcĕre* ; **RÉDUIT** XIIe s., subst., XVIIe s., adj. part. passé. ♦ |7| **SÉDUIRE** XIIe s. : *sedūcĕre*, a concurrencé puis éliminé au XVe s. l'anc. fr. *souduire*, de *subducere* ; **SÉDUISANT** XVIe s., adj. : part. présent. ♦ |8| **TRADUIRE** fin XVe s. « faire passer en justice », XVIe s. « faire passer d'une langue à une autre » ; a éliminé l'anc. fr. *translater*, XVIIe s., mais rare avant le XIXe s., « exprimer » : *tradūcĕre* ; **TRADUISIBLE** XVIIe s., en justice, XVIIIe s., sens mod. ; **INTRADUISIBLE** XVIIIe s.

B. base *-douil-*

♦ |1| **ANDOUILLE** XIIe s. : lat. pop. *indūctile*, de *inducere* « ce qu'on introduit (dans un boyau) » ; **ANDOUILLETTE** XVe s. ♦ |2| **DOUILLET** XIVe s. : dimin. de l'anc. fr. *douille* : *dūctilis* « malléable » ; **DOUILLETTE** XIXe s., vêtement : adj. fém. substantivé.

C. base *-duch-* demi-sav., issue de formes où le *c* de la base *dūc-* de *dūcis* était en contact avec un *a* ; conservation de l'*u* sous l'influence de *duc*. **DUCHÉ** XIIe s., souvent fém., sous la forme *duchée* ; **ARCHIDUCHÉ** XVIe s. ; **DUCHESSE** XIIe s. ; **ARCHIDUCHESSE** XVIe s.

II. mots savants

A. base *-duc-*

♦ |1| **DUC** XIe s. : *dux, ducis* ; **ARCHIDUC** XVe s. ; **DUCAL** XIIe s. : bas lat. *ducalis* ; **ARCHIDUCAL** XVIe s. ♦ |2| **AQUEDUC** XVIe s. : lat. *aquaeductus* « conduit pour l'eau ». ♦ |3| *-DUC* XXe s. : 2e élément de composés sav. appartenant à la langue technique, empr. à *aqueduc* et désignant divers « conduits », dont le 1er élément indique la destination ; ex. : **GAZODUC**, **OLÉODUC**, etc.

B. base -duct-

♦ 111 **DUCTILE** XVIe s. : *ductilis* ; **DUCTILITÉ** XVIIe s. ♦ 121 **ABDUCTION** et **ABDUCTEUR** XVIe s., méd., anat. : lat. *abductio* et *abductor*, dér. de *abducere*. ♦ 131 **ADDUCTION** XVIe s., méd., XIXe s., techn., en particulier *adduction d'eau* : *adductio* de *adducere* ; **ADDUCTEUR** XVIIe s., anat. : *adductor*. ♦ 141 **CONDUCTEUR** XVIIe s. : *conductor*, de *conducere* ; **CONDUCTION** XIIIe s. « location », XIXe s., phys. ; **CONDUCTIBLE, CONDUCTIBILITÉ, CONDUCTANCE** XIXe s., phys. ♦ 151 **DÉDUCTION** XIIIe s. : *deductio*, de *deducere* ; **DÉDUCTIF** XIXe s. : bas lat. *deductivus*. ♦ 161 **INDUCTION** XIIIe s. « tentation », XIVe s., logique, XIXe s., phys. : *inductio*, de *inducere* ; **INDUCTIF** XIVe s. « qui induit à faire une chose », XIXe s., phys. : bas lat. *inductivus* ; **INDUCTEUR** XVIIe s. « qui induit », XIXe s., phys. ; **INDUCTANCE** XIXe s., phys. : empr. à l'angl. ♦ 171 **INTRODUCTION** XIIIe s. « enseignement », XVIe s. « acte d'introduire » : *introductio*, de *introducere* ; **INTRODUCTEUR** XIIIe s. : *introductor*. ♦ 181 **PRODUCTION** XIIIe s. : lat. jur., XVIe s., sens mod. : mot analogique des formes en -*ductio*, tiré de *producere* ; **CO-, SOUS-, SUR-PRODUCTION** XXe s. ; **PRODUCTEUR** XVe s., XXe s., cinéma, **COPRODUCTEUR** XXe s. ; **PRODUCTIF** XVe s. ; **PRODUCTIVITÉ** XVIIIe s. ; **IMPRODUCTIF** XVIIIe s. ; **IMPRODUCTIVITÉ** XIXe s. ; **PRODUCTIBLE, IMPRODUCTIBLE** XVIIIe s. ; **REPRODUCTION** XVIIe s. « procréation », XVIIe s. « copie » ; **REPRODUCTEUR, REPRODUCTIF, REPRODUCTIBLE** XVIIIe s. ♦ 191 **RÉDUCTION** XIIIe s. : *reductio*, de *reducere* ; **RÉDUCTIBLE** XVIe s. ; **IRRÉDUCTIBLE** XVIIe s. ♦ 1101 **SÉDUCTION** XIIe s. : *seductio*, de *seducere* ; **SÉDUCTEUR** XIVe s. : *seductor*. ♦ 1111 **TRADUCTION** et **TRADUCTEUR** XVIe s. : *traductio* et *traductor* de *traducere*.

C. ÉDUQUER XIVe s., rare avant le XVIIIe s. : *educare* ; **ÉDUCATION** XIVe s. : *educatio* ; **ÉDUCATEUR** XVIe s. : *educator* ; **RÉÉDUQUER, RÉÉDUCATION** fin XIXe s.

III. mots d'emprunt

♦ 111 **CONDOTTIERE** XVIIIe s. : mot it., dér. de *condotta*, du lat. *condūcta*, avec spécialisation dans la langue milit. ♦ 121 **DOGE** XVIe s. : *doge*, altération toscane du vénitien *doze*, du lat. *dux*, *dŭcis* ; **DOGARESSE** XIXe s. : vénitien *dogaressa*, du lat. : médiéval *ducatrix, -icis*, fém. de *dux*, croisé avec le suff. fém. -*issa* → ESSE. ♦ 131 **DOUCHE** fin XVIe s. : it. *doccia*, var. de *doccio*, du lat. vulg. **(aqui)dŭcium*, qui s'était substitué à *aquaeductus* « conduite d'eau » ; **DOUCHER, DOUCHEUR** XVIIe s. ♦ 141 **DROSSER** XVIIe s. : it. *trozza* « cordage » : lat. *tradux* « sarment de vigne » employé métaph. ; *d* initial sous l'influence de *drisse* ; **DROSSE** XVIIe s. ♦ 151 **DUCAT** XIVe s. « monnaie des doges, ou ducs, de Venise » : it. *ducato* : lat. médiéval *ducatus*. ♦ 161 **REDOUTE** XVIIe s. : it. *ridotta* « lieu où l'on peut se retirer », du lat. *redūcta*, part. passé fém. de *reducere* ; a subi l'influence de *redouter*.

CÔNE (sav.) XVIe s. : gr. *kônos*, par le lat. ; **CONIQUE** XVIIe s. ; **CONI-**, 1er élément de composés sav. ex. : **CONIFÈRE** XVIe s. : lat. *conifer* « (arbre) qui porte des cônes ».

CONGRE XIIIe s. : prov. *congre*, du bas lat. *congrus*, du lat. class. *conger*, *-gri*, du gr. *goggros*, ou mot méditerranéen empr. séparément par le lat. et le gr.

CONGRU (sav.) XIIIe s. : lat. *congruus* « convenable », de *congruere* « être d'accord » ; **CONGRUITÉ** XIVe s. : bas lat. *congruitas* ; **CONGRUENCE** XVe s. : lat. imp. *congruentia* ; **INCONGRU** XIVe s. : bas lat. *incongruus* ; **INCONGRUITÉ** XVIe s. : *incongruitas* ; **INCONGRÛMENT** XIVe s.

CONNAÎTRE famille d'une racine ind.-eur. **genē- *gnō-* « connaître ».
En grec : (1) le verbe à redoublement *gignôskein* « connaître » (2) les formes nominales *gnôsis* « connaissance » d'où *gnóstikos* « apte à connaître » et *diagnôstikos* « apte à discerner » ; *gnômē* « intelligence » et *gnômôn* « qui discerne », « qui sert de règle », d'où « équerre ».
En latin deux formes différentes : (1) **gnā-* dans : (a) *gnarus* « qui sait » et *ignarus* « qui ignore », (b) *narrare* « faire connaître », « raconter », dér. de *(g)narus*, avec gémination expressive du *r* ; (c) *ignorare*, dér. de *ignarus*, dont le vocalisme a subi l'infl. de *ignōtus* « inconnu » (2) **gnō-* dans, (a) *(g)nōscĕre*, *nōtus* « connaître » d'où *notio* « action de connaître », *notitia* « connaissance », « notoriété » ; *notificare* « faire connaître » ; *notorius* « qui notifie » ; (b) *cognōscĕre*, *cognitus* « connaître », concurrencé en lat. vulg. par **accognitare* ; (c)

CONNIVENCE

nobilis « connu » et *ignōbilis* « inconnu » ; (d) *norma* « équerre », probablement empr. au gr. *gnômôn* par l'étrusque.

I. mots issus du latin

A. famille de *cognoscere*

♦ |1| **CONNAÎTRE** (pop.) XIᵉ s. : *cognōscĕre* ; **RECONNAÎTRE** XIᵉ s. : *recognoscere* ; **MÉCONNAÎTRE** XIIᵉ s. ♦ |2| **CONNAISSANCE** XIᵉ s., XVIIᵉ s. « personne connue » ; **MÉCONNAISSANCE** XIIIᵉ s. ; **RECONNAISSANCE** XIᵉ s. « signe de ralliement », XIIIᵉ s. « acte de reconnaître pour vrai », XVIIIᵉ s. « gratitude », XVIIIᵉ s., jur. ♦ |3| **CONNAISSABLE** XIVᵉ s. ; **INCONNAISSABLE** XVᵉ s. ; **MÉCONNAISSABLE** XIIIᵉ s. ; **RECONNAISSABLE** XIᵉ s. ♦ |4| **CONNAISSEUR** XIIᵉ s. ; **RECONNAISSANT** XIVᵉ s. ♦ |5| **INCONNU** XIVᵉ s. : calqué sur *incognitus* ; **MÉCONNU** XVIᵉ s. ♦ |6| **ACCOINTANCE** (pop.) XIIᵉ s. : dér. de l'anc. fr. *accointer* « faire connaissance », lui-même dér. de l'adj. *accointe* « familier » du lat. *accognitus*. ♦ |7| **INCOGNITO** XVIᵉ s. : mot it., « inconnu » : lat. *incognitus*.

B. famille de *noscere, notus*

♦ |1| **NOTION** (sav.) XVIᵉ s. : *notio* ; **NOTIONNEL** XVIIIᵉ s. ♦ |2| **NOTICE** (sav.) XIVᵉ s. « connaissance », XVIIIᵉ s. « préface » puis « indications sommaires » : *notitia*. ♦ |3| **NOTIFIER** (sav.) XIVᵉ s. : *notificare* ; **NOTIFICATION** XIVᵉ s. ; **NOTIFICATIF** XIXᵉ s. ♦ |4| **NOTOIRE** (sav.) XIIIᵉ s. : *notorius* ; **NOTORIÉTÉ** XVᵉ s.

C. famille de *-gnarus*

♦ |1| **IGNARE** (sav.) XIVᵉ s. : *ignarus*. ♦ |2| **IGNORER** (sav.) XIVᵉ s. : *ignorare* ; **IGNORANT** XIIIᵉ s. : lat. *ignorans* ; **IGNORANCE** XIIᵉ s. : *ignorantia*. ♦ |3| **IGNORANTIN** XVIIIᵉ s. : adaptation de l'it. (*frati*) *ignorantelli*, nom pris par humilité par les frères de Saint-Jean-de-Dieu, puis appliqué par dérision aux frères des écoles chrétiennes. ♦ |4| **NARRER** (sav.) XIVᵉ s. : *narrare* ; **NARRATIF** XVᵉ s. : *narrativus* ; **NARRATION** (sav.) XIIᵉ s. : *narratio* ; **NARRATEUR** XVIᵉ s. : *narrator*. ♦ |5| **INÉNARRABLE** (sav.) XVᵉ s. : *inenarrabilis*, adj. formé sur *enarrare* « raconter en détail », dér. de *narrare*.

D. famille de *nobilis*

♦ |1| **NOBLE** (pop.) XIᵉ s. « au-dessus du commun », XIIIᵉ s., classe sociale : *nobilis* ; **NOBLIAU, NOBLAILLON** XIXᵉ s. ; **NOBLESSE** XIIᵉ s. ; **NOBLEMENT** XIIᵉ s. ; **ENNOBLIR** XIIIᵉ s. « donner un titre de noblesse », puis sens fig. ; **ENNOBLISSEMENT** XIVᵉ s. ; **ANOBLIR, ANOBLISSEMENT** XIVᵉ s. ♦ |2| **NOBILIAIRE** (sav.) XVIIᵉ s. : adj. formé sur la base de *nobilis*. ♦ |3| **IGNOBLE** (sav.) XIVᵉ s. « roturier », XVIIᵉ s., sens fig. : *ignobilis*.

E. famille de *norma*

♦ |1| **NORME** XIIᵉ s., rare avant le XIXᵉ s. « modèle », « règle moyenne », XXᵉ s., sens industriel : *norma* ; **NORMATIF** XIXᵉ s. ♦ |2| **NORMAL** XVᵉ s. gram. XVIIIᵉ s. math., fin XVIIIᵉ s. *école normale*, XIXᵉ s., emploi généralisé, « conforme à une règle moyenne » : *normalis*, dér. de *norma* ; **NORMALIEN** XIXᵉ s. ; **NORMALITÉ** XIXᵉ s. ; **NORMALISER, NORMALISATION** XXᵉ s. ♦ |3| **ANORMAL** XIIIᵉ s. : *anormalis* ; **ANORMALITÉ** XIXᵉ s. ♦ |4| **ÉNORME** (sav.) XIVᵉ s. : *enormis* « qui sort de la règle », dér. de *norma*. **ÉNORMITÉ** XIIIᵉ s. : *enormitas* ; **ÉNORMÉMENT** XIVᵉ s.

II. mots issus du grec

A. famille de *gnôsis*

♦ |1| **GNOSE** (sav.) XVIIᵉ s. : *gnôsis* ; **GNOSTIQUE** XVIᵉ s. : *gnôstikos* ; **GNOSTICISME** XIXᵉ s. ♦ |2| **AGNOSTIQUE** fin XIXᵉ s. : angl. *agnostic*, formé sur le gr. *agnôstos* « ignorant » ; **AGNOSTICISME** fin XIXᵉ s. ♦ |3| **DIAGNOSTIC** (sav.) XVIᵉ s. adj., XVIIIᵉ s. subst. : *diagnôstikos* ; **DIAGNOSTIQUER** XIXᵉ s. ♦ |4| **PRONOSTIC** (sav.) XIIIᵉ s. : gr. *prognôstikos* « qui concerne la connaissance de ce qui doit arriver », par le bas lat. ; **PRONOSTIQUER** XIVᵉ s.

B. famille de *gnômê*

♦ |1| **GNOME** (sav.) XVIᵉ s., désigne un être surnaturel : lat. alchim. *gnomus*, du gr. *gnômê* ♦ |2| **GNOMON** (sav.) XVIᵉ s., sorte de cadran solaire : *gnômôn*. ♦ |3| **GNOMIQUE** (sav.) XVIIᵉ s. : *gnômikos* « sentencieux », adj. dér. de *gnômê*. ♦ |4| **PHYSIOGNOMONIE** (sav.) XVIᵉ s. : lat. méd. *physiognomonia*, du gr. *phusis* « nature » et *gnômôn* ; **PHYSIOGNOMONIQUE, -ISTE** XIXᵉ s. ♦ |5| **PHYSIONOMIE** (demi-sav.) XIIIᵉ s. : lat. *physiognomia*, altération de *physiognomonia* ; **PHYSIONOMIQUE, -ISTE** XVIᵉ s.

CONNIVENCE

rac. ind.-eur. **kneighw-* « appuyer », représentée en lat. par *niti, nixus* « faire effort » et *conivere*, bas lat. *connivere* « serrer les paupières », « fermer les yeux », d'où « être indulgent, être d'accord ».

♦ |1| **CONNIVENCE** (sav.) XVIᵉ s. : bas lat. *conniventia*, de *connivere*. ♦ |2| **RÉNITENT** (sav.) XVIᵉ s. : *renitens*, part. présent de *reniti* « résister », dér. de *niti* ; **RÉNITENCE** XVIᵉ s.

CONSEIL famille du lat. *consulere*, *consultus* « délibérer » d'où (1) *consultus* adj. ; (a) « qui a délibéré », « sage », comme dans *juisconsultus* « savant en droit » ; (b) « qui a fait l'objet d'une délibération », comme dans *senatusconsultum* « décision du Sénat » ; (2) *consultare*, même sens que *consulere* ; (3) *consilium* « endroit où l'on délibère », « assemblée délibérante », « conseil » ; *consiliari*, lat. vulg. **consiliare* « tenir conseil » ; *consiliarius* « conseiller » (subst.).

◆|1| **CONSEIL** (pop.) Xᵉ s. « avis », XIᵉ s. « réunion de personnes qui délibèrent », XIIᵉ s. « personne dont on prend l'avis » : *consĭlĭum* ; **CONSEILLER** (pop.) Xᵉ s., subst. : **consĭlĭārĭus* ; **CONSEILLER** (pop.) XIᵉ s., verbe : **consĭlĭāre* ; **DÉCONSEILLER** XIIᵉ s. d'abord au sens de « priver du secours de ses conseils » ; **CONSEILLEUR** XIIIᵉ s. ◆|2| **CONSULTER** (sav.) XIVᵉ s.-XVIIᵉ s. « délibérer », XVᵉ s. sens mod. : *consultare* ; **CONSULTATION** XIVᵉ s. « conférence », XVIIᵉ s., sens méd. ; **CONSULTANT** XVIIᵉ s. ; **CONSULTATIF** XVIIᵉ s. ◆|3| **JURISCONSULTE** (sav.) XVᵉ s. : *juris consultus*. ◆|4| **SÉNATUS-CONSULTE** (sav.) XIVᵉ s. : *senatusconsultum*.

CONSOLER (sav.) XIVᵉ s. : lat. *consolari* « chercher à soulager » ; **CONSOLATION** (sav.) XIᵉ s. : *consolatio* ; **CONSOLATEUR** XIIIᵉ s. : *consolator* ; **CONSOLABLE** XVᵉ s. : *consolabilis* ; **INCONSOLABLE** XVIᵉ s. : *inconsolabilis*.

CONSPUER famille d'une rac. ind.-eur. signifiant « cracher », qui présente un grand nombre de var., sans doute à cause de la valeur de conjuration magique attribuée au crachat dans les croyances populaires ; le lat. *spuere* « cracher » repose sur une forme **speu* ; le gr. *ptuein* « cracher », sur une forme **pteu*.

I. mot issu du latin **CONSPUER** (sav.) XVIᵉ s., rare avant le XVIIIᵉ s. : *conspuere* « cracher sur ».

II. mot issu du grec **-PTYSIE**, 2ᵉ élément de composé sav. : gr. *ptusis* « action de cracher », dér. de *ptuein*, dans **HÉMOPTYSIE** XVIIᵉ s. « crachement de sang ».

CONSUL ◆|1| (sav.) XIIIᵉ s., hist., XVIIᵉ s., diplomatie, 1799-1804, pol. franç. : lat. *consul*, nom donné aux deux premiers magistrats de la république romaine ; un rapport avec *consulere* (→ CONSEIL) est possible, mais obscur. ◆|2| **PROCONSUL** (sav.) XVᵉ s., hist. romaine : mot lat. ; **VICE-CONSUL** XVIIIᵉ s. ◆|3| **CONSULAT** XIIIᵉ s. (même évolution que *consul*) : *consulatus* ; **PROCONSULAT** XVIᵉ s. ; **CONSULAIRE** XIIIᵉ s. (même évolution que *consul*) : *consularis* ; **PROCONSULAIRE** XVIᵉ s.

CONTEMPTEUR (sav.) XVᵉ s. : lat. *contemptor*, dér. de *contemnere* « mépriser ».

CONTER famille du lat. *putare* « émonder les arbres » et « apurer un compte », « compter », d'où « juger », « penser ». — Dér. : lat. imp. *putativus* « imaginaire », et les verbes *amputare* « couper » ; *computare* « calculer » ; *deputare* « émonder » et « évaluer », d'où bas lat. « assigner à », « député » ; *disputare* « mettre au net un compte » « raisonner », « discuter » ; *imputare* « porter en compte », « attribuer » ; *reputare* « supputer », « examiner » ; *supputare* « émonder » et lat. imp. « supputer ».

I. mots populaires

◆|1| **CONTER** XIᵉ s. : *compŭtāre*, qui, à partir du sens d'« énumérer », a dû prendre celui de « raconter » dans la langue populaire ; **CONTE**, **CONTEUR**, **RACONTER** XIIᵉ s. *reconter*, XIVᵉ s. forme mod., **RACONTABLE** XIIᵉ s. ; **RACONTAR** XIXᵉ s. ◆|2| **COMPTER** XIᵉ s., orth. sav. *-pt-* au XIIIᵉ s. pour le distinguer de *conter* : *compŭtāre* ; **DÉCOMPTER** XIIᵉ s. ; **RECOMPTER** XVᵉ s. ◆|3| **COMPTE-FILS**, **COMPTE-GOUTTES**, **COMPTE-TOURS** XIXᵉ s. ◆|4| **COMPTE** XIᵉ s., d'abord *conte* : bas lat. *compŭtus*, dér. de *computare* ; **DÉCOMPTE** XIIᵉ s., **ACOMPTE** XIIIᵉ s. « compte », XVIIIᵉ s., sens mod., **MÉCOMPTE** XIIᵉ s. : dér. de *décompter*, et de l'anc. fr. *acompter*, *mécompter* ; **COMPTE RENDU** XVᵉ s. ; **COMPTE COURANT** XVIIᵉ s. : calque de l'it. *conto corrente*. ◆|5| **COMPTABLE** XIIIᵉ s. adj., XVᵉ s. subst. ; **COMPTABILITÉ** XVIᵉ s. ◆|6| **COMPTAGE** XVᵉ s. ; **COMPTEUR** XIIIᵉ s. « personne qui compte », XVIIIᵉ s. « appareil » ; **COMPTOIR** XIVᵉ s. ◆|7| **COMPTINE** XXᵉ s. « chanson enfantine servant à *compter* pour désigner un joueur ». ◆|8|

ESCOMPTER XVIIe s., finances, XIXe s., sens fig. : it. *scontare*, dér. de *conto* : *computus* ; **ESCOMPTE** XVIe s. : it. *sconto* ; **ESCOMPTABLE, RÉESCOMPTER** XIXe s.
II. mots savants
base -*put*-
♦ |1| **AMPUTER** XVe s., XVIe s., chirurgie : *amputare* ; **AMPUTATION** XVIe s. ♦ |2| **COMPUT** XVIe s. : *computus* ; **COMPUTATION** XVIe s. : *computatio* ; **COMPUTISTE** XVIIe s. ♦ |3| **DÉPUTER** XIVe s. : *deputare* ; **DÉPUTÉ** XIVe s. « représentant du souverain », fin XVIIIe s. « représentant du peuple dans une assemblée politique » : *deputatus* ; **DÉPUTATION** XVe s., même évolution : *deputatio*. ♦ |4| **DISPUTER** XIIe s. « discuter », XVIIe s. « se quereller » : *disputare* ; **DISPUTE** XVe s., même évolution : **DISPUTEUR** XIIIe s. ; **DISPUTAILLER** XVIe s. ♦ |5| **IMPUTER** XIVe s. : *imputare* ; **IMPUTABLE** XIVe s. ; **IMPUTATION** XVe s. : *imputatio*. ♦ |6| **PUTATIF** XIVe s. : *putativus*. ♦ |7| **RÉPUTER** XIIIe s. « compter », XIVe s., sens mod. : *reputare* ; **RÉPUTATION** XVe s. : *reputatio*. ♦ |8| **SUPPUTER** XVIe s. : *supputare* ; **SUPPUTATION** XVIe s. : *supputatio*.

CONTRE famille du lat. *contra*, préverbe, adv. et prép. « contre », « en face de » et « au contraire » qui a tendu à être remplacé en bas lat. par la prép. composée *incontra* ; dérivés *contrarius* « opposé » et lat. vulg. **contrāta (regio)* « le pays d'en face ».
♦ |1| **CONTRE** (pop.) IXe s. : *contra* ; **CONTRER** XIXe s. ♦ |2| **CONTRE-**, préf., ex. : *contredire, contresens,* et élément de composition, ex. : *contre-attaque, contre-offensive.* ♦ |3| **CONTRA-** forme savante du même préf., ex. : *contradiction, contravention.* ♦ |4| **ENCONTRE** (pop.) Xe s. : *incontra* ; **RENCONTRE** XIIIe s. ; **RENCONTRER** XIVe s. ; **MALENCONTREUX** XVe s. : dér. de l'anc. fr. *malencontre* « mauvaise rencontre », « malheureux hasard ». ♦ |5| **CONTRÉE** (pop.) XIe s. : **contrāta* ; ce mot a été empr. par l'angl. sous la forme *country* « campagne » ; il réapparaît en fr. dans **CONTREDANSE** XVIIe s., de l'angl. *country dance* « danse campagnarde ». ♦ |6| **CONTRAIRE** (demi-sav.) XIe s. : *contrarius* ; **CONTRARIER** (sav.) XIe s. : bas lat. *contrariare* ; **CONTRARIÉTÉ** (sav.) XIIe s. : *contrarietas*.

CONTUMACE ♦ |1| (sav.) XIIIe s., *contumal*, XIVe s., forme mod., adj. : lat. *contumax, -acis* « obstiné », var. subst. **CONTUMAX.** ♦ |2| (sav.) XIIIe s., subst. : *contumacia* « obstination orgueilleuse ».

CONVERGER représentant du lat. *vergere* « pencher ».
♦ |1| **CONVERGER** (sav.) XVIIIe s. : lat. médiéval *convergere* « tendre vers un même point » ; **CONVERGENT** et **CONVERGENCE** XVIIe s. ♦ |2| **DIVERGER** (sav.) XVIIIe s., d'abord scient., puis sens fig. : lat. médiéval *divergere* « aller en s'écartant » ; **DIVERGENT, DIVERGENCE** XVIIe s.

CONVEXE (sav.) XIVe s. : lat. *convexus* « voûté » ; **BICONVEXE** XIXe s. ; **CONVEXITÉ** XVIe s. : *convexitas*.

CONVIER ensemble de mots qu'il faut probablement rattacher à un adj. lat. **vitus* « qui agit de son propre gré », apparenté à *vis* « tu veux ». (1) *invitare*, avec *in*- intensif « faire venir quelqu'un dont on désire la présence » (2) lat. vulg. **convitare*, formé sur le modèle de *invitare*.
♦ |1| **CONVIER** (pop.) XIIe s. : **convitare*. ♦ |2| **ENVI** (pop.) XIIe s., « défi au jeu, gageure », XVIe s., réduit à la locution *à l'envi* : dér. de l'anc. fr. *envier* « inviter, provoquer » : lat. *invitare*. ♦ |3| **INVITER** (sav.) XIVe s. : lat. *invitare* ; **INVITATION** XIVe s. : *invitatio* ; **INVITE** XVIIIe s. ; **INVITÉ** XIXe s.

CONVOITER famille de lat. *cupere* « désirer », d'où *cupido* « le désir », traduction du gr. *érōs* ; *cupidus* « qui désire » ; bas lat. *concupiscere* « être pris de l'envie de ».
♦ |1| **CONVOITER** (pop.) XIVe s. : réfection de l'anc. fr. *coveitier* XIIe s. : lat. vulg. **cupidietāre*, dér. de **cupidietas*, altération d'après *medietas, pietas*, etc., du lat. class. *cupiditas* « désir » ; **CONVOITEUX, CONVOITABLE** XIIe s. ; **CONVOITISE** XIIe s. ♦ |2| **CUPIDE** (sav.) XVe s. : *cupidus* ; **CUPIDITÉ** XIVe s. : *cupiditas* ; **CUPIDEMENT** XVIe s. ♦ |3| **CUPIDON** (sav.) XVIIe s., mythol., XIXe s., nom commun : *Cupido*, dieu de l'Amour. ♦ |4| **CONCUPISCENCE** (sav.) XIIIe s. : *concupiscentia* « désir ardent », de *concupiscere* ; **CONCUPISCENT** XIXe s.

COPEAU (pop.) XIIIe s., d'abord *cospel* : lat. vulg. **cūspellus* dimin. de *cuspis* « pointe (fer de lance, aiguillon, etc.) ».

COQUE ♦|1| (pop.) XIIIᵉ s. « coquille » (d'œuf, d'amande, de mollusque), XIXᵉ s. (de navire) : bas lat. *coco*, origine obscure ; p.-ê. *coccum*, excroissance du chêne causée par son parasite, le kermès, qui aurait servi à désigner divers objets arrondis (→ COCCINELLE), ou onom. enfantine du cri de la poule, qui aurait à l'origine désigné seulement l'œuf ; **COQUETIER** XVᵉ s. : « marchand d'œufs », XVIᵉ s., ustensile. ♦|2| **COCON** XVIIᵉ s. : prov. *coucoun*, dér. de *coco* « coque », de même origine.

COQUECIGRUE XVIᵉ s., XIVᵉ s. *coquesague* : étym. douteuse.

COQUELUCHE (pop.) XVᵉ s. « capuchon » et « toux quinteuse épidémique », XVIIᵉ s. « passion », sans doute en relation avec le sens de « capuchon » → *être coiffé de*, *avoir le béguin* : mot obscur. L'hypothèse selon laquelle les coquelucheux se seraient soignés en s'encapuchonnant, le mot *coqueluche* remontant par voie d'empr. à *cucullus*, n'est nullement prouvée ; un étymon all. *Keuchhusten* « toux quinteuse », d'origine onom., convient bien pour le nom de la maladie, mais pas pour le capuchon. Quelle que soit l'origine du mot, un croisement avec le mot *coq* est certain, la toux particulière à cette maladie étant précisément appelée *chant du coq*.

COR famille d'une rac. ind.-eur. **ker-*, **kor-*, désignant des « objets durs et protubérants » représentée
En grec (1) avec voyelle *e*, par *keras*, *-atos* « corne » et *-kerôs*, *-ôtos* second élément de composés, « cornu » (2) avec voyelle *o*, par *koruphê* « sommet », d'où *koruphaios* « qui occupe le sommet, et la première place », « le chef » (3) avec voyelle *a*, *kranion* « crâne » et *kara* « tête ».
En latin (1) avec voyelle *o*, par (a) *cornu*, *-us* « corne », « trompe d'appel faite d'une corne » et « matière cornée », d'où *cornutus* « cornu » ; *corneus* « corné » ; *bicornis*, *tricornis* « à deux, trois cornes » ; probablement aussi par *cornum*, *-i* « cornouille » (2) avec voyelle *e* par (a) *cerebrum* « cerveau », dimin. *cerebellum* fréquent dans la langue de la cuisine ; (b) *cervix*, *-icis* « la nuque » ; (c) *cervus* « cerf », c.-à-d. « cornu »,

à l'origine simple épithète, substituée au nom d'un grand gibier, souvent frappé d'interdit magique.

I. mots issus du latin

A. famille de *cornu*

♦|1| **COR** (pop.) XIᵉ s., sous la forme *corn* « instrument de musique », XIIᵉ s. « angle saillant, coin », XIVᵉ s. « pousse des bois d'un cerf », XVIIᵉ s. « durillon au pied » : *cornu* ; **CORNER** XIᵉ s., dérivé de *corn* au premier sens ; **CORNISTE** XIXᵉ s. ; **CORON** XIIIᵉ s. « extrémité » : dér. de *cor* au 2ᵉ sens du mot ; XIXᵉ s. « quartier où habitent les mineurs » : le mot avait pris ce sens dans le dial. wallon, auquel Zola l'a empr. pour le populariser dans *Germinal*. ♦|2| **CORNE** (pop.) XIIᵉ s. : lat. vulg. **corna*, pour lat. class. *cornua*, pluriel neutre de *cornu*, pris pour un fém. ♦|3| **BICORNE** (sav.) XIVᵉ s. : *bicornis* ; **TRICORNE** (sav.) XIXᵉ s. : *tricornis*. ♦|4| **CORNET** XIIIᵉ s., instrument de musique, XIVᵉ s. « récipient conique » ; **CORNETTE** XIIIᵉ s. « coiffe de femme », XVᵉ s. « étendard de cavalerie » et « officier qui porte cet étendard » ; **CORNICHON** XVIIᵉ s. « petite corne », XVIIᵉ s. « légume servant de condiment » : dimin. de *corne*. ♦|5| **CORNU** (pop.) XIIᵉ s. adj. : *cornutus* ; **BISCORNU** (demi-sav.) XIIᵉ s., XIVᵉ s. sous la forme *bicornu* ; **CORNUE** XVᵉ s., subst. : adj. fém. substantivé. ♦|6| **CORNÉ** (sav.) XVIIIᵉ s., adj. : *corneus* ; **CORNÉE** (sav.) XIVᵉ s., méd., subst. fém. : lat. médical *(tunica) cornea*. ♦|7| **CORNIER**, **CORNIÈRE** (pop.) XIIᵉ s., subst. « coin », XVᵉ s., adj., XVIIᵉ s., sens techn. : dér. de *corn* au sens de « coin ». ♦|8| **CORNARD** (pop.) XIIIᵉ s. « niais », XVIIᵉ s. « mari trompé » : 2ᵉ sens dû à ce que, depuis le XVᵉ s., les *cornes* sont le symbole des cocus ; l'origine de ce fait est à chercher dans l'habitude qu'on avait prise de signaler les coqs que l'on châtrait en leur coupant les ergots et en les leur implantant dans la crête où ils ressemblaient à de petites cornes ; d'où une multitude d'expressions plaisantes telles que *faire les cornes* XVIIᵉ s., *encorner un mari* XVIᵉ s., *l'envoyer en Cornouailles* XVIᵉ s.-XVIIIᵉ s. ; **CORNETTE** XIXᵉ s. « femme trompée ». ♦|9| **ENCORNER** XIIᵉ s. ; **RACORNIR** XIVᵉ s., **RACORNISSEMENT** XVIIIᵉ s. ; **ÉCORNER** XIIᵉ s. : dér. pop. de *corne* ; **ÉCORNIFLER** XVᵉ s. : croisement de *écorner* et de *nifler* « renifler, flairer » attesté en anc. fr. et dans de nombreux dial. ; **ÉCORNIFLEUR** XVIᵉ s. ♦ |10| **LICORNE** fin XIVᵉ s. : it. anc. *alicorno*, altération du lat. *unicornis* « (animal) à une corne », représenté aussi en anc. fr. sous la forme sav. *unicorne*. ♦ |11| **CORNICHE** XVIᵉ s. : it. *cornice*, dér. de *cornu*. ♦ |12| **BIGORNE** fin XIVᵉ s. « enclume à deux cornes » : empr. à une langue méridionale, représente le lat. *bicornis* ; **BIGORNEAU** XVIᵉ s. « petite enclume », XVIIᵉ s. coquillage ; **BIGORNER** XVIIIᵉ s., techn.

B. famille de *cornum*

♦ |1| **CORNOUILLE** (pop.) XIIIᵉ s. : lat. vulg. **cornŭcŭla*, dimin. de *cornum* ; a éliminé l'anc. fr. *corne* (pop.) XIIᵉ s., de *corna*, plur. neutre de *cornum* pris pour un fém. ; **CORNOUILLER** XIIᵉ s. ♦ |2| **CORNALINE** XIIᵉ s. « pierre de la couleur de la cornouille » : dér. de *corne*.

C. famille de *cerebrum*

♦ |1| **CERVEAU** (pop.) XIᵉ s. : *cerebellum* ; **CERVELLE** XIᵉ s. : *cerebella*, plur. neutre pris pour un fém. ; **CERVELET** XVIIᵉ s. ♦ |2| **ÉCERVELÉ** (pop.) XIIᵉ s., adj. « étourdi » : part. passé de l'anc. fr. *écerveler* « ôter la cervelle » ; → l'expression *tête sans cervelle*. ♦ |3| **CERVELAS** XVIᵉ s. : it. *cervellato* « saucisse à la milanaise, faite de viande et de cervelle de porc ». ♦ |4| **CÉRÉBRAL** XVIᵉ s. : adj. formé sur *cerebrum* ; **CÉRÉBRALITÉ** XXᵉ s. ; **CÉRÉBRO-SPINAL** XIXᵉ s. ♦ |5| **CÉRÉBELLEUX** (sav.) XIXᵉ s. : adj. formé sur *cerebellum*.

D. représentant de *cervix* : **CERVICAL** (sav.) XVIᵉ s. : adj. formé sur *cervix, -icis*.

E. famille de *cervus*

♦ |1| **CERF** (pop.) XIᵉ s. : *cervus* ; **CERF-VOLANT** XVIᵉ s., sorte d'insecte, puis jouet. ♦ |2| **LOUP-CERVIER** XIIᵉ s., fém., XIVᵉ s., masc. : calque du lat. *lupus cervarius* « loup qui s'attaque au cerf » ; **CHAT-CERVIER** XVIIIᵉ s. ♦ |3| **CERVIDÉ** (sav.) XIXᵉ s. : dér. formé sur *cervus*.

II. mots issus du grec

A. représentant de *kara*

CHÈRE (pop.) XIᵉ s. : survit dans l'expression *faire bonne chère* qui signifiait à l'origine *faire bon visage à quelqu'un* : gr. *kara*, par le lat.

B. représentant de *kranion*

♦ |1| **MIGRAINE** (demi-sav.) XIIIᵉ s. : gr. *hêmikrania* « (douleur dans) la moitié du crâne », par le lat. méd. ; **MIGRAINEUX** XIXᵉ s. ; **ANTIMIGRAINEUX** XXᵉ s. ♦ |2| **CRÂNE** (sav.) XIVᵉ s., anat., XVIIIᵉ s., adj. « brave » : *kranion*, par le lat. médiéval ; **OLÉCRANE** (sav.) XVIᵉ s. : gr. *olekranon* « coude », de *ôlenê* « bras » et *kranion*. ♦ |3| **CRÂNIEN** XIVᵉ s. ; **CRANIOTOMIE** XIXᵉ s. : dér. de *crâne*, 1ᵉʳ sens. ♦ |4| **CRÂNERIE** XVIIIᵉ s. ; **CRÂNER, CRÂNEUR** XIXᵉ s. : dér. de *crâne*, 2ᵉ sens.

C. famille de *keras*

♦ |1| **RHINOCÉROS** (sav.) XIIIᵉ s. : gr. *rhinokerôs* « qui a une corne sur le nez », par le lat. ♦ |2| **KÉRAT(O)-** 1ᵉʳ élément de mots sav., ex. : **KÉRATINE** XIXᵉ s. ; **KÉRATOSE** XXᵉ s., etc. ♦ |3| **-CÈRE** 2ᵉ élément de mots sav., ex. : **ACÈRE, CHÉLICÈRE**, etc.

D. représentant de *koruphê* : **CORYPHÉE** (sav.) XVIᵉ s. : *koruphaios*.

CORAIL (demi-sav.) XIIᵉ s. : gr. *korallion*, par le lat.

CORAN XVIIᵉ s., XIVᵉ s. sous la forme *alcoran* : arabe *al Qur'an* « la lecture ».

CORBEILLE (pop.) XIIᵉ s. : lat. *corbicula*, dimin. de *corbis*, sans doute empr. à une langue méditerranéenne ; **CORBILLON** XIIᵉ s.

CORDE famille du gr. *khordê* « boyau » et « corde de boyau ».

♦ |1| **CORDE** (pop.) XIᵉ s. : lat. *chorda*, du gr. *khordê* ; **CORDIER, CORDERIE** XIIIᵉ s. ♦ |2| **CORDEAU** (pop.) XIIᵉ s. : lat. vulg. **cordellus*, dimin. de *chorda*. Il existait en anc. fr. une forme fém. *cordelle*, d'où **CORDELIER** XIIIᵉ s., religieux franciscain portant une ceinture de corde ; **CORDELIÈRE** XIVᵉ s., ceinture des cordeliers, à l'origine ; **CORDELETTE** XIVᵉ s. ♦ |3| **CORDON** (pop.) XIIᵉ s. ; **CORDON BLEU** ♦ |4| s. « homme décoré de l'ordre du Saint-Esprit », d'où « homme d'un mérite éminent », XIXᵉ s. limité aux cuisiniers ; **CORDAGE** XIVᵉ s. ♦ |4| **CORDER** XIIIᵉ s. ; **CORDÉE** XVIᵉ s., mesure de fagots entourés d'une corde, XIXᵉ s., alpinisme ; **ENCORDER** XIIᵉ s. ; **DÉCORDER** XIIᵉ s. Pour les autres verbes comportant la base *-cord-* → CŒUR. ♦ |5| **-CORDE** 2ᵉ élément de composés sav., ex. : **MONOCORDE** XIVᵉ s. : gr. *monokhordon*. ♦ |6| **GOURDIN** XVIᵉ s. « corde servant à frapper les galériens », XVIIᵉ s., sens mod. : croisement de l'it. *cordino*, diminutif de *corda*, avec *gourd*.

CORNAC xvııᵉ s. : port. *cornaca* : cingalais *kŭrawa nāyaka* « dompteur d'éléphants ».

CORPS famille du lat. *corpus, corporis* qui avait déjà les différents sens du fr. *corps*. Pour les mots scientifiques exprimant la notion de « corps » → SOMAT(O)-.

I. mots populaires

◆ 1 1 1 **CORPS** xᵉ s. *cors* « partie matérielle d'un être animé » et « personne », xıııᵉ s., *corps céleste* et *corps de bâtiment*, xvıᵉ s. « substance chimique », xvıııᵉ s., pol. : *corpus* ; **ARRIÈRE-CORPS, AVANT-CORPS** xvııᵉ s. ◆ 121 **CORSAGE** xııᵉ s. « buste », xvıııᵉ s. « vêtement qui couvre le buste » ; **CORSELET** xııᵉ s. « petit corps », xıııᵉ s., « cuirasse », xvıᵉ s., vêtement, et entomol. ; **CORSET** xıııᵉ s., corsage, xıxᵉ s., sens mod. ; **CORSETER, CORSETIER, -IÈRE** xıxᵉ s. ◆ 131 **CORSER** xvıᵉ s. « prendre au corps », xıxᵉ s. « donner du corps ».

II. mots savants

A. base *-corpor-*

◆ 1 1 1 **CORPORAL** xıııᵉ s. : lat. imp. *corporalis*, spécialisé au neutre dans son emploi liturgique. ◆ 121 **CORPOREL** (demi-sav.) xııᵉ s., adj. : *corporalis* ; **INCORPOREL** xıı : *incorporalis* ; **CORPORELLEMENT** xııᵉ s. ◆ 131 **INCORPORER** xıııᵉ s., xvᵉ s., milit. : lat. imp. *incorporare* « faire entrer dans un corps » ; **INCORPORATION** xvᵉ s. ◆ 141 **CORPORATION** xvıᵉ s. : mot angl. tiré du lat. médiéval *corporari* « se former en corps » ; **CORPORATIF, -IVEMENT** xıxᵉ s. ; **CORPORATISME** xxᵉ s.

B. autres bases

◆ 1 1 1 **CORPUS** xvııᵉ s. « hostie », xıxᵉ s. « recueil de textes » : mot latin ; **CORPUSCULE** xıvᵉ s. : *corpusculum* dimin. de *corpus* ; **CORPUSCULAIRE** xvıııᵉ s. ◆ 121 **CORPULENT** xvᵉ s. : *corpulentus* ; **CORPULENCE** xıvᵉ s. : *corpulentia*.

CORUSCANT (sav.) xvᵉ s. : lat. *coruscans*, part. présent de *coruscare* « étinceler ».

CORVÉE famille du lat. *rogare* « interroger », d'où le subst. *rogatio, -onis* « demande » et les verbes *abrogare* « demander la suppression de » ; *adrogare* ou *arrogare* « demander l'adjonction de » ; *corrogare* « se procurer à force de demandes » ; *derogare* « retrancher », « déroger à une loi » ; *interrogare* « interroger » ; *praerogare* « interroger d'avance » ; *prorogare* « prolonger les pouvoirs d'un magistrat » ; *subrogare* « proposer un autre candidat ».

I. mots populaires

◆ 1 1 1 **CORVÉE** xııᵉ s. : *corrŏgāta (opera)* « (travail) demandé », **CORVÉABLE** xvıııᵉ s.
◆ 121 **ENTRAVER** xvıııᵉ s., argot, « comprendre » : métathèse de l'anc. fr. *enterver* xııᵉ s. « interroger », « chercher », « comprendre » : *interrŏgāre*.

II. mots savants
base unique *-rog-*

◆ 1 1 1 **ABROGER** xıvᵉ s. : *abrogare* ; **ABROGATION** xvıᵉ s. : *abrogatio* ; **ABROGEABLE, ABROGATIF** xıxᵉ s. ◆ 121 **ARROGER** xıvᵉ s. « attribuer », xvıᵉ s., pronominal : *arrogare* ; **ARROGANT** xıvᵉ s. : *arrogans*, part. présent de *arrogare* ; **ARROGANCE** xııᵉ s. : *arrogantia*. ◆ 131 **DÉROGER** xıvᵉ s. « contrevenir à une loi, à ce qu'exige son rang » : *derogare* ; **DÉROGATION** xvᵉ s. : *derogatio* ; **DÉROGATOIRE** xıvᵉ s. : *derogatorius*. ◆ 141 **INTERROGER** xıvᵉ s. : *interrogare* ; **INTERROGATION** xıııᵉ s. : *interrogatio* ; **INTERROGATOIRE** xıvᵉ s. : *interrogatorius* ; **INTERROGATEUR** xvıᵉ s. : *interrogator* ; **INTERROGATIF** xvıᵉ s. : *interrogativus* ; **INTERROGATIVEMENT** xvıᵉ s. ◆ 151 **PRÉROGATIVE** xıııᵉ s. : lat. jur. *praerogativa (centuria)* « (centurie) qui vote la première ».
◆ 161 **PROROGER** xıvᵉ s. : *prorogare* ; **PROROGATION** xıvᵉ s. : *prorogatio*, **PROROGATIF** xıxᵉ s. ◆ 171 **ROGATIONS** xıvᵉ s. : *rogationes* ; a éliminé l'anc. fr. *rovaison* dér. de *rover* (pop.) : *rogare*, **ROGATOIRE** xvıᵉ s. : dér. sur *rogatus* ; **ROGATON** xıvᵉ s. « humble requête », xvııᵉ s. « petit reste donné à un mendiant », fam. : lat. *rogatum* « chose demandée », prononcé à l'ancienne manière → DICTON, BRIMBORION, FACTOTON. ◆ 181 **SUBROGER** xıvᵉ s., xıxᵉ s., *subrogé tuteur* : *subrogare* ; **SUBROGATION** xvᵉ s. ; **SUBROGATOIRE** xıxᵉ s.

CORVETTE xvᵉ s. : sans doute apparenté à l'all. *Korf* et au néerl. *korver*, noms de divers bateaux.

CORYZA (sav.) xıvᵉ s. : gr. *koruza* « rhume », par le lat.

COSMOS

COSMOS famille (sav.) du gr. *kosmos* « ordre », d'où « parure, ornement » et « univers organisé ».

♦|1| **COSMOS** fin XIXe s. : mot grec : **COSMIQUE** XIVe s. : *kosmikos* ♦|2| **COSMO-** 1er élément de composés sav., ex. : **COSMOGONIE** XVIe s. : gr. *kosmogonia* ; **COSMOGRAPHE** XIVe s. et **COSMOGRAPHIE** XVIe s. : gr. *kosmographia* ; **COSMOPOLITE** XVIe s. adj., XIXe s. subst. ; **COSMOPOLITISME** XIXe s. ; **COSMONAUTE** XXe s. ♦|3| **-COSME** 2e élément de composés sav. : **MICROCOSME** XIVe s. : gr. *microkosmos*, par le lat., et **MACROCOSME** XIVe s. formé sur *microcosme*. ♦|4| **COSMÉTIQUE** XVIe s. : *kosmetikos* « relatif à la parure » ; **COSMÉTIQUE** XIXe s.

COSSE (de légume) (pop.) XIIe s. : mot obscur ; on suppose un lat. vulg. **coccia*, croisement entre l'ancêtre de *coque* et *cochlea* « coquille », représenté aussi en it. **ÉCOSSER** XIIe s. ; **ÉCOSSEUR** XIVe s. ; **COSSU** XIVe s., déjà au sens fig., mais sans doute, à l'origine, en parlant d'une tige de pois portant de nombreuses cosses.

COSTAUD fin XIXe s. : étym. discutée ; p.-ê. dér. méridional de *côte* « qui a de bonnes côtes » ; p.-ê. empr. au romani *cochto* « bon », « solide ».

CÔTE famille du lat. *costa* « côte » et « côté » ; dér. *costalis* et *costatus*.

I. base *-côt-* (pop.)

♦|1| **CÔTE** XIe s., os, XIIe s. « pente », XVIe s. « rivage » : *costa*. ♦|2| **CÔTÉ** XIe s. « région des côtes », XIIe s. « ce qui est à droite ou à gauche », « limite extérieure », XVIIe s. « façon dont se présentent les choses » : *costātum* ; a éliminé vers le XVe s. l'anc. fr. *lez*, du lat. *latus*. ♦|3| **CÔTELÉ** XIIe s. ♦|4| **CÔTELETTE** XIVe s. ; **ENTRECÔTE** XVIIIe s. ♦|5| **COTEAU** XVe s. ♦|6| **CÔTIER, -IÈRE** XVIe s. ♦|7| **CÔTOYER** XIIe s.

II. base *-cost-*

♦|1| **INTERCOSTAL** (sav.) XVIe s. : dér. sur *costa*. ♦|2| **ACCOSTER** XIIe s. « être près de », XVIe s. « aborder quelqu'un », XVIIe s., mar. : dér. de l'anc. fr. *coste* (ce mot, qui s'était normalement amuï, a été réintroduit à partir du XVIe s. sous l'influence de l'équivalent it. *accostare* « approcher » ou du prov. *acostar*; **ACCOSTABLE** XVIe ; **ACCOSTAGE** XIXe s., mar.

COTERIE représentants du germ. **kote* « cabane ».

♦|1| **COTERIE** (pop.) XIVe s. « bien roturier soumis à un cens » et « association de paysans tenant en commun les terres d'un seigneur », XVIIe s. « société », avec sens péjoratif vers la fin du siècle ; dér. d'un adj. *cotier* XIVe s. « relatif à un bien soumis à une redevance roturière », qui, avec l'anc. fr. *cotin* « maisonnette », suppose un anc. fr. **cote* : germ. **kote*. ♦|2| **COTTAGE** XVIIIe s. : mot angl., « maison de paysans », « maison de campagne », dér. de *cot* « cabane » : germ. **kote*.

COTHURNE (sav.) XVe s. : gr. *kothornos* « chaussure à haute semelle des acteurs tragiques », par le lat. *cothurnus*.

COTON XIIe s. it. génois *cottone*, de l'arabe *qutun* ; **COTONNEUX, COTONNIER** XVIe s. ; **COTONNADE** XVIIe s.

COTTE ♦|1| (pop.) XIIe s., a désigné au cours des siècles des vêtements assez variés ; frq. **kotta*, nom d'un vêtement ; **COTILLON** XVe s. « jupon », fin XVIIe s., danse avec accessoires. ♦|2| **REDINGOTE** XVIIIe s. : angl. *riding coat* « vêtement (*coat*, anc. fr. *cotte*) pour aller à cheval (*to ride*) ».

COTYLÉDON (sav.) XIVe s. : gr. *kotulédôn* « cavité » ; **MONO-, DICOTYLÉDONE**, XVIIIe s.

COU famille du lat. *collum* « cou » ; dér. *collare* et bas lat. *collarium* « collier » et *decollare* « couper le cou ».

♦|1| **COU** (pop.) XIe s. : *collum* ; forme à *l* vocalisé ; **COU-DE-PIED** XIIe s. ♦|2| **COL** (pop.) XIe s. « partie étroite d'un objet », XIIe s. « partie de vêtement », géogr. (remplace l'anc. fr. *port*) : *collum*, forme à *l* non vocalisé ; **FAUX COL** XIXe s. ; **COLLET** XIIIe s. ; **COLLERETTE** XIVe s. ; **ENCOLURE** XVIe s. ; **COLLIER** (pop.) XIIIe s. : *collarium*, a éliminé vers le XVe s., la forme parallèle *coller* : *collare*. ♦|3| **DÉCOLLETER** XIIIe s. « découvrir le cou », XVIIIe s. « échancrer l'encolure d'un vêtement », XIXe s., sens techn. agric. et industrie : dér. de *col* ; **DÉCOLLETÉ** fin XIXe s. subst. ; **DÉCOLLETEUR, -EUSE, -AGE** XIXe s., techn. ; **COLLETER** XVIIe s. « saisir au collet ». ♦|4| **ACCO-**

LER XIe s. ; **ACCOLADE** XVIe s. : réfection, par changement de suff., de l'anc. fr. *accolée* ; **RACOLER** XIIIe s.-XIVe s. « embrasser », XVIIIe s. « attirer des jeunes gens pour les recruter comme soldats » ; **RACOLAGE** XVIIIe s. ; **RACOLEUR** « id. » ; **RACOLEUSE** fin XIXe s. « prostituée ». ♦I5I **DÉCOLLER** Xe s. : *décollare* ; **DÉCOLLATION** (sav.) XIIIe s. ♦I6I **COLTINER** fin XVIIIe s. « prendre au collet », « arrêter », XIXe s., argot, « porter un fardeau sur le collet », c.-à-d. « sur la nuque » : dér. de *collet*. ♦I7I **COLPORTER** XVIe s. : var. de *cou porter* ou *porter à col* ; a éliminé en ce sens *comporter*, du lat. *comportare* → PORT. ♦I8I **COLIS** XVIIIe s., d'abord surtout à Marseille et à Lyon : it. *colli*, plur. de *collo* « cou », qui avait pris le sens de « charge sur le cou ».

COUDE ♦III (pop.) XIIe s. « articulation du bras », XVIIe s., « angle » : lat. *cŭbĭtus* ; **COUDÉE** XIIe s., sous la forme *coltée* ; **ACCOUDER** XIIe s. ; **ACCOUDOIR** XIVe s. ; **COUDOYER** XVIe s. ♦I2I **ACCOTER** (pop.) XIIe s. : bas lat. *accubitare* « accouder », d'où « étayer » ; conservation du *t* sourd dû à une chute précoce du *ĭ* atone ; a absorbé une partie des sens de *accoster* après l'amuïssement du *s* de ce verbe (→ CÔTE). ♦I3I **CUBITUS** (sav.) XVIe s. : mot lat. ; **CUBITAL** XVIIe s.

COUDRE famille du lat. *sŭĕre*, *sŭtus* « coudre » d'où *sŭtor* « couseur », en particulier « cordonnier » ; lat. imp. *sutura* « couture » ; *consuere* « coudre », qui a fini par éliminer le simple.
♦III **COUDRE** (pop.) XIIe s. : lat. vulg. *cōsĕre* ; lat. class. *consuere* ; **DÉCOUDRE** XIIe s. ; **RECOUDRE** XIIe s. ♦I2I **COUSEUSE** XIXe s. ; **COUSETTE**, id. ♦I3I **COUTURE** XIIe s. : *cosūtūra*, de *cōsĕre* : **COUTURÉ** XVIIe s. « balafré » : part. passé de *couturer* XVe s. « coudre » ; **COUTURIER, -IÈRE** XIIe s., XIXe s. le masc. éliminé au XVIe s. par *tailleur* est repris, en parlant de la haute couture féminine. ♦I4I **ACCOUTRER** (pop.) XIIIe s. : lat. vulg. *acconsutūrāre* « coudre ensemble » ; **ACCOUTREMENT** XVe s. ♦I5I **SUEUR** et **LESUEUR**, auj. patronymes, en anc. fr. nom commun éliminé par *cordonnier*, remonte au lat. *sutor -ōris*. ♦I6I **SUTURE** (sav.) XVIe s. : *sutura* ; **SUTURER** XIXe s.

COUDRIER (pop.) XVIe s. : dér. de l'anc. fr. *coudre* XIIe s. « noisetier », du lat. vulg. *cōlŭrus*, métathèse du lat. class. *cŏrŭlus*, sous l'infl. de la forme gauloise correspondante *collo*.

COUENNE famille d'un mot ind.-eur. *kuti-* « peau », représentée en gr. par *kutos* « enveloppe », d'où « objet creux » et en lat. par *cutis* « la peau », remplacée en lat. vulg. par *cutina*, devenu *cutĭnna* sous l'influence d'un suffixe gaulois.

I. mots issus du latin
♦III **COUENNE** (pop.) XIIIe s. : *cutĭnna*. ♦I2I **CUTANÉ** (sav.) XVIe s. : adj. formé sur *cutis* ; **SOUS-CUTANÉ** XVIIIe s. ; **CUTICULE** (sav.) XVIe s. : *cuticula*, dimin. de *cutis*. ♦I3I **CUTI-RÉACTION** XXe s. 1er élément de composés sav., ex. : **CUTI-RÉACTION** XXe s.

II. mots issus du grec
♦III **CYTO-** 1er élément de composés sav. exprimant la notion de « cellule » : gr. *kutos*, ex. : **CYTOLOGIE, CYTOPLASME** fin XIXe s. ♦I2I **-CYTE, -CYTOSE** 2e élément de composés sav., ex. : **LEUCOCYTE, -CYTOSE** fin XIXe s.

COUETTE ♦III (pop.) XIIe s., var. *cuilte, coilte, coite* : mot dial. (Sud-Ouest) : lat. vulg. *cŭlgĭta*, du lat. class. *cŭlcĭta* « coussin », « matelas » ; la forme francienne correspondante est *coute*. ♦I2I **COURTEPOINTE** fin XIIe s. : altération sous l'infl. de l'adj. *courte*, de *coute pointe* XIIe s. : *culcita puncta* « coussin piqué ». ♦I3I **COUTIL** XIIIe s. « toile à matelas » : dér. de *coute*.

COULE ♦III (pop.) XIIe s., sous la forme *coole* : lat. *cuculla*, var. de *cucullus* « capuchon ». ♦I2I **CAGOULE** XVIe s., XIIIe s. sous la forme *cogole* : mot dial. (Sud-Ouest), croisement d'un représentant de *cucullus* avec *cagouille* « escargot ».

COULER famille du lat. *cōlum* « passoire », « filtre à vin », d'où *cōlāre* « filtrer ». Pour les mots scientifiques exprimant l'idée de « couler » → -RHÉE-, art. RHUME.
♦III **COULER** (pop.) XIIe s.-XVIe s. « faire naufrage », XVIIe s., « mouler » : *colare* ; **DÉCOULER** XIIe s. ; **ÉCOULER** XIIe s. et **ÉCOULEMENT** XVIe s. ; **RECOULER** XIXe s. ♦I2I **COULÉE** XVIe s. ; **COULURE** XIVe s. ; **COULAGE** XVIe s. ; **COULOIR** XIe s. « passoire

pour couler un liquide », XIV⁰ s. « passage étroit ». ♦|3| COULIS XII⁰ s., adj. et subst. ; COULISSE XIV⁰ s., subst. : fém. substantivé de *coulis*, d'après les expressions fréquentes *porte, fenêtre coulisse*, c.-à-d. « à glissière » ; XVII⁰ s., théâtre, parce que les décors sont placés sur une *glissière* ; XIX⁰ s. couture et bourse ; COULISSER XVII⁰ s. couture ; COULISSIER XIX⁰ s. bourse. ♦|4| PERCOLATEUR (sav.) XIX⁰ s. : dér. formé sur le lat. *percolare* « filtrer à travers ».

COULEUVRE ♦|1| (pop.) XII⁰ s. : lat. vulg. *cŏlŏbra, altération du lat. class. *cŏlŭbra* ; COULEUVRINE XIV⁰ s. ♦|2| COBRA XVI⁰ s. : (*cobra* : lat. *cŏlŏbra*) abrév. du port. *cobra (de) capelo* « couleuvre à chapeau », à cause de la forme de la tête de ce serpent.

COULPE famille du lat. *cŭlpa* « faute ».
♦|1| COULPE (pop.) XI⁰ s., *culpe* ; survit dans quelques loc. archaïques ; l'orthographe ancienne, aidée par l'infl. de l'étym., a rétabli la prononc. du *l* vers le XVI⁰ s. ♦|2| COUPABLE (pop.) XII⁰ s. : *cŭlpābilis*. ♦|3| CULPABILITÉ (sav.) XIX⁰ s. : formé sur *culpabilis* ; INCULPER (sav.) XVI⁰ s. : bas lat. *inculpare*, tiré du lat. imp. *inculpatus* ; a éliminé l'anc. fr. *encouper* (pop.) XII⁰ s. ; INCULPATION XVI⁰ s., rare avant le XVIII⁰ s. ; DISCULPER (sav.) XVII⁰ s. : réfection, d'après *culpa*, de l'anc. fr. *descoulper* dér. de *coulpe* XIII⁰ s.

COUP famille du gr. *kolaphos* « coup », « soufflet », empr. par le lat. imp. sous la forme *colaphus*, lat. vulg. *colpus*.
♦|1| COUP (pop.) XI⁰ s. « heurt », XIII⁰ s. « fois », « jet de dés » et « mesure (d'une boisson) », en particulier, XIV⁰ s. « décharge d'armes à feu » : *colpus* ; BEAUCOUP fin XIII⁰ s. : composé de *beau* et de *coup* au sens de « mesure » ; a triomphé de son concurrent *grand coup de*, et a éliminé l'adj. traditionnel *moult* ; À-COUP XIX⁰ s. ; TOUT À COUP XVII⁰ s. ; CONTRECOUP XVI⁰ s.
♦|2| COUPER (pop.) XII⁰ s., XVII⁰ s. couture, mélange de vins et jeu de paume, XIX⁰ s., fam. *couper à*, « éviter » : lat. vulg. *colpare* « fendre d'un coup », dér. de *colpus* dont la création était rendue nécessaire par la spécialisation du lat. *secare* (→ SCIER). Pour les mots scientifiques exprimant l'idée de « couper » → -TOMIE, art. TEMPLE. ♦|3| COUPE

XIII⁰ s. ; COUPON XII⁰ s. ; COUPURE XIV⁰ s. ; COUPERET XVI⁰ s. ; COUPEUR XIII⁰ s. ; COUPÉ et COUPÉE XVIII⁰ s., part. substantivés. ♦|4| DÉCOUPER XII⁰ s. ; ENTRECOUPER XII⁰ s. et ENTRECOUPÉ XVII⁰ s. ; RECOUPER XII⁰ s. ; SURCOUPER XIX⁰ s., cartes. ♦|5| DÉCOUPE XIX⁰ s. couture ; RECOUPE XIII⁰ s., SURCOUPE XIX⁰ s. ; RECOUPEMENT XII⁰ s. « acte de retrancher », XX⁰ s. « convergence de témoignages » ; ENTRECOUPEMENT XVI⁰ s. ; DÉCOUPEUR XII⁰ s. ; DÉCOUPURE XVII⁰ s. ; DÉCOUPAGE XV⁰ s. ♦|6| COUPE-CHOUX XIV⁰ s. nom propre, XIX⁰ s. « sabre » ; COUPE-CIRCUIT XIX⁰ s. ; COUPE-FIL XIX⁰ s. ; COUPE-JARRET XVI⁰ s. ; COUPE-GORGE XIII⁰ s. arme, XVI⁰ s. sens mod. ; COUPE-PAPIER XIX⁰ s.

COUPLE famille d'un verbe lat. *apere* « attacher » très rarement attesté, mais dont divers dér. sont usuels : (1) son part. passé *aptus* « bien attaché », « apte à » d'où : (a) son contraire *ineptus* « maladroit » et *ineptiae* « sottises » ; (b) bas lat. *aptitudo, -inis* « propriété, aptitude » ; (c) les verbes *aptare* et *adaptare* « appliquer », « adapter » (2) *adipiscor* « acquérir » et son part. passé *adeptus* « qui a acquis » (3) *°co-apula* d'où *cōpŭla* « lien » puis « paire » et *cōpŭlāre* « unir ».

I. mots populaires
♦|1| COUPLE XII⁰ s. : *cōpŭla* ; COUPLER XII⁰ s. : *cōpŭlāre* ; ACCOUPLER XII⁰ s. ; DÉCOUPLER XII⁰ s. « détacher les chiens pour les laisser courir », XVII⁰ s., sens fig., *découplé* « dégagé », « libre de ses mouvements ». ♦|2| COUPLAGE XIX⁰ s. ; ACCOUPLAGE XVI⁰ s. ; ACCOUPLEMENT XIII⁰ s. ♦|3| COUPLET XIV⁰ s. « ensemble de deux pièces unies par une charnière », XVI⁰ s. « pièces de vers unies par le refrain d'une chanson » ; a p.-ê. subi l'infl. du prov. *cobla* « couple de vers ».

II. mots savants
♦|1| COPULER XIV⁰ s. : *copulare* ; COPULATION XIII⁰ s. : *copulatio* ; COPULE XV⁰ s. « union charnelle », XVIII⁰ s. gram. : *copula* ; COPULATIF XIV⁰ s. ♦|2| APTE XIII⁰ s. : *aptus* ; INAPTE XIV⁰ s. ; APTITUDE XVI⁰ s. : *aptitudo* ; INAPTITUDE XV⁰ s. ; ADAPTER XIV⁰ s. : *adaptare* ; ADAPTATION XVI⁰ s. ; ADAPTABLE XVIII⁰ s. ; INADAPTÉ, -ATION, RÉADAPTER, -ATION XX⁰ s. ♦|3| INEPTE XIV⁰ s. « incapable », XV⁰ s. « stupide » : *ineptus* ; INEPTIE

XVIᵉ s. : *ineptia*. ♦ I4I **ADEPTE** XVIIᵉ s., terme d'alchimie, « qui a atteint le niveau nécessaire pour s'engager dans la recherche du grand œuvre », XVIIIᵉ s. « initié à une société secrète, en particulier à la franc-maçonnerie » : *adeptus*.

III. mot d'emprunt

ATTITUDE XVIIᵉ s., terme de peinture, « posture », XIXᵉ s., sens fig. : it. *attitudine* : *aptitudo, -inis* (pourtant un étymon *actitudine*, de *agere*, n'est pas impossible).

COUR famille d'un mot ind.-eur. *ghorto « enclos ».

En latin : (a) *hortus* « jardin » ; (b) *cohors, cohortis*, à l'origine terme de la langue rurale « enclos, parc à bétail ou à instruments agricoles, basse-cour » ; concurrencé en ce sens en bas lat. par *cohortile* ; dans la langue milit., *cohors* a pris le sens de « division du camp », « troupes cantonnées dans cette division », « troupes attachées à la garde personnelle des empereurs romains ».

En germanique : *gard.

En slave : -*grad*, attesté dans les toponymes russes.

I. mots issus du latin

A. famille de *cohors*

♦ I1I **COUR** (pop.) XIᵉ s. sous la forme *cort*, XVᵉ s. *cour*, sous l'infl. de *curia* par fausse étym. (en anc. fr. le mot a les quatre sens de « ferme », « cour d'une maison, d'un palais, emplacement devant la porte », « entourage du roi » et « cour de justice ») : lat. vulg. *cŏrtis* pour lat. class. *cohors, -hortis* ; **BASSE-COUR** XIIIᵉ s. ; **HAUTE-COUR** XVIIIᵉ s., jur. ; **AVANT-COUR, ARRIÈRE-COUR** XVIᵉ s. ♦ I2I **COURT** (de tennis) XXᵉ s. : mot angl. empr. à l'anc. fr. *cort*. ♦ I3I **COURTIL** (pop.) XIIᵉ s. : *cohortile* ; **COURTILIÈRE** XIIᵉ s. : « jardinière », XVIᵉ s., insecte. ♦ I4I **COURTOIS** (pop.) XIᵉ s. : dér. de l'anc. fr. *court* ; **COURTOISEMENT** XIᵉ s. ; **COURTOISIE** XIIᵉ s. ; **DISCOURTOIS, DISCOURTOISIE** XVᵉ s. ♦ I5I **COURTISAN** XVᵉ s. : it. *cortigiano*, dér. de *corte*, de même origine ; **COURTISANE** XVIᵉ s., avec, dès cette époque, un sens péj. ; **COURTISANERIE, COURTISANESQUE, COURTISER** XVIᵉ s. ♦ I6I **COURTINE** (pop.) XIIᵉ s. : bas lat. *cortina* « rideau », dér. de *cortis*, calque du grec *aulaia*, de même sens, dér. de *aulé* « cour ». ♦ I7I **CORTÈGE** XVIIᵉ s. : it. *corteggio* « suite de personnes », dér. de *corteggiare* « courtiser », de *corte*. ♦ I8I **COHORTE** (sav.) XIIIᵉ s., hist. romaine, XVIIᵉ s. « troupe » en général : *cohors, cohortis*.

B. famille de *hortus*

♦ I1I **ORTOLAN** XVIᵉ s. : prov. *ortolan* : bas lat. *hortulanus* « jardinier », dér. de *hortus*. ♦ I2I **HORTICOLE, -CULTEUR, -CULTURE** (sav.) XIXᵉ s. : dér. de *hortus*. ♦ I3I **HORTENSIA** (sav.) XVIIIᵉ s. : nom de fleur formé sur le prénom fém. *Hortense*, fém. du lat. *Hortensius*, nom formé sur la base de *hortus*.

II. mots issus du germanique

♦ I1I **JARDIN** (pop.) XIIᵉ s. : dér. de l'anc. fr. *jart* ; frq. *gard* « jardin » ; **JARDINET** XIIIᵉ s. ; **JARDINAGE** XIIIᵉ s. : « terres cultivées en jardin », XVIᵉ s. « culture des jardins » ; **JARDINER** XIVᵉ s. ; **JARDINIER** XIIᵉ s. ; **JARDINIÈRE** XVIIIᵉ s. « caisse à fleurs », XIXᵉ s., cuisine, XXᵉ s., *jardinière d'enfants*.

COURBE famille d'une rac. ind.-eur. *kor « courbe ».

En latin, avec un élargissement *-wo-, *curvus* « courbe ».

En grec, *korônos* « recourbé » d'où *korônê* « couronne » ; ce mot a été emprunté par le lat. sous la forme *corona* à date ancienne, d'où : (a) *coronare* « couronner » ; (b) *corolla* « petite couronne » ; (c) *corollarium* « petite couronne qu'on donnait à titre de gratification supplémentaire aux acteurs », d'où, dans la langue des philosophes (Boèce) et des mathématiciens, « conséquence supplémentaire d'une démonstration » (bas lat.).

I. famille de *curvus*

♦ I1I **COURBE** (pop.) XIIᵉ s., adj., XVIIᵉ s., subst. fém. : forme fém. qui a concurrencé dès le XIIᵉ s., puis éliminé le masc. *corp* : lat. vulg. *curbus*, du lat. class. *curvus* ; **COURBER** XIIᵉ s. : lat. vulg. *curbare* : lat. class. *curvare* ; **RECOURBER** XIIᵉ s. ; **COURBURE** XVIᵉ s. ; **RECOURBURE** XVIIᵉ s. ; **COURBETTE** XIVᵉ s. « selle », XVIᵉ s. « saut de cheval » et « salut ». ♦ I2I **INCURVÉ** XVIᵉ s. et **INCURVER** XIXᵉ s. : *incurvare* « recourber » ; **CURVI-** : 1ᵉʳ élément de composés sav., formé sur *curvus*, ex. : **CURVILIGNE** XVIIᵉ s.

II. famille de *corona*

♦ I1I **COURONNE** (pop.) XIᵉ s. : *corona* ; **COURONNER** Xᵉ s. : *coronare* ; **DÉCOURONNER** XIIᵉ s. ; **COURONNEMENT** XIIᵉ s. ♦ I2I **CORONAIRE** (sav.) XVIᵉ s., anat. : *coronarius* « en forme de couronne ». ♦131 **COROLLE** (sav.) XVIIIᵉ s. : *corolla*. ♦141 **COROLLAIRE** XVᵉ s., philo, XVIIᵉ s., math. : *corollarium*.

COURGE ♦111 (pop.) XIVᵉ s. d'abord *cohourge* : mot dial. (Ouest) : lat. vulg. **cŭcŭrbĭca*, altération du lat. class. *cucurbita* ; **COURGETTE** XXᵉ s. ♦121 **GOURDE** (pop.) XIIIᵉ s. « courge », XVIᵉ s. « récipient » : altération, sous l'infl. de l'anc. prov. *cogorda*, de même origine, de l'anc. fr. *cohorde* (pop.) XIIIᵉ s. : lat. *cŭcŭrbĭta*. ♦131 **CUCURBITACÉES** (sav.) XVIIIᵉ s. : dér. sur *cucurbita*.

COURIR famille du lat. *currere cursum* « courir », d'où *cursare* « courir sans cesse » ; ces deux verbes sont la base de nombreux verbes préfixés et de leurs dér. en *-sus*, *-sio*, *-sor* ; à *currere*, se rattache également *currus* « char » et l'adj. *currulis* ou *curulis*, en particulier dans *sella curulis*, objet sans doute étrusque, siège posé à l'origine sur un char d'apparat, réservé à Rome aux rois puis aux plus hauts magistrats.

I. mots populaires

A. base -*cour*-

♦111 **COURIR** XIᵉ s. d'abord *corre*, *courre* ; ce verbe, comme tous ceux de sa famille, a été refait sur le modèle des verbes en *-ir* en moyen fr. ; l'ancien infinitif subsiste dans l'expression *chasse à courre* : *cŭrrĕre* ; pour les mots scientifiques exprimant l'idée de « courir » → -DROME, art. DROMADAIRE. ♦121 **COURANT** XIIIᵉ s., subst. masc. en parlant de l'eau, XVIIᵉ s., sens fig., électricité ; **CONTRE-COURANT** XVIIIᵉ s. ; **COURANTE** XIVᵉ s., subst. fém., « diarrhée », XVIᵉ s. « danse » ; **COURANT** XIᵉ s., adj., d'abord à propos de chiens ; **COURAMMENT** XIIᵉ s. ♦131 **COUREUR** XIIᵉ s. ; **AVANT-COUREUR** XIVᵉ s., XVIᵉ s., sens fig. ♦141 **ACCOURIR** XIᵉ s. : *accŭrrĕre* « courir vers » ; **CONCOURIR** (demi-sav.) XVᵉ s. « se produire en même temps » : *concŭrrĕre* ; **DISCOURIR** (demi-sav.) XIIᵉ s. : *discŭrrĕre* « courir de côté et d'autre » et bas lat. « discourir » ; **DISCOUREUR** XVIᵉ s. ; **ENCOURIR** XIIᵉ s., jur. : *incŭrrĕre* « courir vers », « se jeter dans », « encourir » ; **PARCOURIR** XIIIᵉ s. : *percŭrrĕre* ; **RECOURIR** XIIᵉ s. : *recŭrrĕre* ; **SECOURIR** XIᵉ s. : *succŭrrĕre* « courir sous » et « courir au secours de »

d'où **SECOURABLE** XIIIᵉ s. ; **SECOURISTE** XVIIIᵉ s. ; **SECOURISME** XXᵉ s. ♦151 **COURTIER** XVIᵉ s., XIIIᵉ s. sous les formes *coretier* ou *courratier*, formées avec un suff. *-atier* assez fréquent dans les parlers méridionaux : dér. du verbe *courre* ; **COURTAGE** XIVᵉ s., XIIIᵉ s. sous la forme *courratage*.

B. base -*cours*-

♦111 **COURS** XIᵉ s. « course », XIIᵉ s. « suite continue », XIVᵉ s. « leçons d'un professeur », XVᵉ s. « prix de vente à une certaine date », XVIIᵉ s. « allée servant de promenade » (ce dernier sens est empr. à l'it. *corso*) : *cŭrsus* ; **COURSE** XIIIᵉ s. : *cŭrsa*, part. passé fém. de *courir*, p.-ê. substantivé sous l'influence de l'it. *corsa* ; **COURSIER** XIIᵉ s. cheval, XIXᵉ s. « personne qui fait des courses ». ♦121 **CONCOURS** XIVᵉ s. « recours », XVIᵉ s. « rassemblement », XVIIᵉ s. « compétition » : *concŭrsus* « rassemblement », « affluence » ; **DÉCOURS** XIIᵉ s., déclin de la lune : *decŭrsus*, de *decurrere* « courir en descendant » ; **DISCOURS** (demi-sav.) XVIᵉ s. : *discŭrsus*, de *discurrere* ; **PARCOURS** XIIIᵉ s. : *percŭrsus*, de *percurrere* ; **RECOURS** XIIIᵉ s. : lat. jur. *recŭrsus*, de *recurrere* ; **SECOURS** XIᵉ s. : *succŭrsus*, de *succurrere*.

II. mots d'emprunt

♦111 **COURRIER** début XIVᵉ s., puis XVᵉ s. « messager », XVIIIᵉ s. « ensemble des lettres confiées à la poste » : it. *corriere* d'abord « messager des marchands italiens des foires de Champagne » ; **COURRIÉRISTE** XIXᵉ s., journalisme ; **LONG-COURRIER** XIXᵉ s. ♦121 **COURSIVE** XVIIᵉ s. : it. *corsiva* « (passage où l'on peut) courir », a éliminé *coursie* XVᵉ s., lui-même empr. à l'it. *corsia*, var. dial. de *corsiva*. ♦131 **CORRIDOR** XVIᵉ s., terme de fortifications, XVIIᵉ s., sens mod. : it. *corridore* « passage couvert où l'on peut courir », dér. de *correre*, du lat. *cŭrrĕre*. ♦141 **CORSAIRE** XVᵉ s., une fois en 1200 sous la forme *corsar* : anc. prov. *corsari*, de l'it. *corsaro* « qui fait la course (sur mer) », « pirate ».

III. mots savants

A. base -*curs*-

♦111 **CURSEUR** XIVᵉ s. « coureur », XVIᵉ s., techn. : *cursor* « coureur » ; **CURSIF** XVIᵉ s., rare avant le XIXᵉ s. : lat. médiéval *cursivus* « qui court » ; **CURSUS** XIXᵉ s. : mot lat. ♦121 **DISCURSIF** XVIᵉ s. : lat. médiéval *discursivus* → DISCOURS. ♦131 **EXCURSION** XVIᵉ s.,

milit., rare avant le XVIII˚ s., XIX˚ s., sens mod. : *excursio* « voyage », de *excurrere* « sortir en courant » ; **EXCURSIONNISTE, EXCURSIONNER** XIX˚ s. ; **INCURSION** XIV˚ s. : *incursio*, « attaque », de *incurrere* « se jeter sur ». ♦141 **PRÉCURSEUR** XV˚ s.-XVI˚ s., uniquement à propos de saint Jean-Baptiste, dont le rôle avait été de préparer la venue du Christ, XVII˚ s., emploi généralisé : *praecursor*, de *praecurrere* « courir devant ». ♦151 **SUCCURSALE** XVII˚ s., adj., en parlant d'une église qui supplée à l'insuffisance de l'église paroissiale, XVIII˚ s. « qui supplée », en général, XIX˚ s., subst. fém., commerce : dér. sur *succursus*, de *succurrere* → SECOURIR.
B. base *-cur(r)-*
♦111 **CONCURRENT** XII˚ s. « (jour) intercalaire », XVI˚ s. « qui concourt au même but » et « qui rivalise » : *concurrens*, part. présent de *concurrere* → CONCOURIR ; **CONCURRENCE** XIV˚ s. « rencontre », XVIII˚ s., sens mod. ; **CONCURREMMENT** XVI˚ s. ; **CONCURRENTIEL** XIX˚ s. ; **CONCURRENCER** XIX˚ s. ♦121 **OCCURRENT** XV˚ s. : *occurrens*, part. présent de *occurrere* « courir au-devant », « se présenter » ; **OCCURRENCE** XV˚ s. ; **RÉCURRENT** XVI˚ s., anat., XIX˚ s., math. : *recurrens*, part. présent de *recurrere* « revenir en courant » ; **RÉCURRENCE** XIX˚ s. ♦131 **CURULE** (chaise) XIV˚ s., hist. romaine : *curulis*. ♦141 **CURRICULUM VITAE** XIX˚ s. : mots latins « course de la vie ».

COURROIE (pop.) XI˚ s. : *corrigia* « lacet », « lanière ».

COUSCOUS XVI˚ s., sous diverses formes ; XVII˚ s., forme définitive : mot arabe d'origine berbère.

COUSIN (pop.) XII˚ s., insecte : lat. vulg. *culicīnus*, dimin. de *culex* « moustique ».

COUTRE ♦111 (pop.) XII˚ s. : lat. *culter*, *cultri* « couteau », « coutre de la charrue ». ♦121 **COUTEAU** (pop.) XII˚ s. : *cultellus* dimin. de *culter*. ♦131 **COUTELIER** XII˚ s. ; **COUTELET, COUTELLERIE** XIII˚ s. : dér. de *coutel*, var. de *couteau*. ♦141 **COUTELAS** XV˚ s. : it. *coltellaccio*, dér. de *coltello*, de même origine.

COUVER famille du lat. *cubare* « être couché », dont il existe une var. nasalisée *-cumbere* dans *incumbere* « reposer sur », au propre et au fig., et *succumbere* « s'affaisser sous ». — Dér. : *concubinus* « qui couche avec », « concubin ; *incubare* « être couché sur », « couver » ; *incubatio* « couvaison » ; *incubus* (bas lat.) « démon masculin censé abuser d'une femme pendant son sommeil » ; *succuba* « débauchée », « concubine ».

I. mots populaires
. base *-couv-* : **COUVER** XII˚ s., sens propre et sens fig. : *cubāre* dont le sens s'était spécialisé pour les oiseaux dès le bas lat. ; **COUVÉE** XII˚ s. ; **COUVI** XIII˚ s., adj., en parlant d'œufs abîmés ; **COUVEUSE, COUVOIR, COUVAISON** XVI˚ s.

II. mots savants
A. base *-cub-*
♦111 **CONCUBINE** XIII˚ s., **CONCUBIN** XIV˚ s. : *concubinus*, *-a* ; **CONCUBINAGE** XV˚ s. ♦121 **INCUBATION** XVII˚ s., en parlant des œufs, XIX˚ s., extension du sens : *incubatio* ; **INCUBER** XVIII˚ s. : *incubare* ; **INCUBATEUR** XIX˚ s. ♦131 **INCUBE** XIII˚ s. : *incubus* ; **SUCCUBE** XIV˚ s., subst. masc. « démon féminin » : *succuba*.
B. base *-comb-* **INCOMBER** XV˚ s. : *incumbere* ; **SUCCOMBER** XIV˚ s. : *succumbere*.

COUVRIR famille de 2 verbes lat. antonymes et formés sur la même base, *aperire*, *apertus* « ouvrir » et *operire*, *opertus* « fermer », d'où *operculum* « couvercle », *cooperire* « recouvrir entièrement » et *cooperculum* « couvercle », en lat. vulg., *cooperire* a complètement éliminé le lat. class. *operire* au sens de « couvrir », « fermer », et *aperire*, sous l'influence de *cooperire*, est devenu **operire* en gardant le sens de « ouvrir ».

I. mots populaires
A. famille de *cooperire*
♦111 **COUVRIR** XI˚ s. : *cooperire* ; **COUVREUR** XIII˚ s. ♦121 **COUVERT** XIII˚ s. « abri », XVI˚ s. « objets disposés pour un repas » : *coopertus*, part. passé de *cooperire* ; **COUVERTURE** XII˚ s. : bas lat. *coopertūra* ; **COUVERCLE** XII˚ s. : *cooperculum*. ♦131 **COUVRE-CHEF** XII˚ s. ; **COUVRE-FEU** XIII˚ s. ; **COUVRE-PIED** XVII˚ s. **COUVRE-LIT** XIX˚ s. ; **COUVRE-LIVRE** XX˚ s. ♦141 **DÉCOUVRIR** XII˚ s. « révéler », XIV˚ s. « rencontrer », « trouver » : bas lat. *discooperire* ; **DÉCOU-**

VREUR XIII° s. ; **DÉCOUVERT** XIV° s., subst., XVIII° s., comm. ; **DÉCOUVERTE** XII° s. ; **REDÉCOUVRIR** XIX° s. ♦|5| **RECOUVRIR** XII° s. ; **RECOUVREMENT** XV° s.

B. famille de **operire*

♦|1| **OUVRIR** XI° s. : **operīre* ; **OUVREUR, OUVREUSE** XVII° s. ; **OUVRANT** XVI° s., subst., XVII° s., adj. **OUVRABLE** XX° s. ♦|2| **OUVERTURE** XII° s. : lat. vulg. **opertūra*, pour *apertura* ; **RÉOUVERTURE** XIX° s. ♦|3| **OUVRE-BOÎTES, OUVRE-BOUTEILLES, OUVRE-GANTS** XX° s. ♦|4| **ENTROUVRIR** XII° s. ; **ROUVRIR** XIV° s.

II. mots savants

♦|1| **OPERCULE** XVIII° s. : *operculum* ♦|2| **APÉRITIF** XIV° s., méd. : lat. médiéval *aperitivus* « qui ouvre ». ♦|3| **APERTURE** XVI° s., XX° s., linguistique : *apertura* « ouverture », de *aperire*.

CRABE (pop.) XII° s. : anc. normand *krabbi* ; de genre fém. jusqu'au XVIII° s.

CRACHER (pop.) XII° s. : lat. vulg. **craccāre*, probablement d'origine onom. *tout craché* XV° s. ; d'après un symbolisme assez courant assimilant l'acte de cracher et l'acte de la génération. **CRACHAT, CRACHEMENT** XIII° s. ; **CRACHOTER, CRACHOTEMENT** XVIII° s. ; **CRACHIN** XIX° s. : mot de Haute Bretagne ; **CRACHOIR** XVI° s. ; **RECRACHER** XV° s.

CRAIE ♦|1| (pop.) XIII° s. : lat. *crēta* ; **CRAYEUX** XIII° s. ♦|2| **CRAYON** (pop.) XIV° s., souvent sous les formes *creon* ou *croion* « terrain crayeux », XVI° s. : « instrument pour écrire » (la craie a été remplacée par la mine de plomb au XVII° s.) : dér. de *craie* ; **CRAYONNER** XVI° s. ; **CRAYONNAGE, CRAYONNEUR** XVIII° s. ; **PORTE-CRAYON** XVII° s. ♦|3| **CRÉTACÉ** (sav.) XVIII° s. : lat. *cretaceus* « crayeux ».

CRAINDRE famille d'une rac. ind.-eur. **ter-, *tre-* indiquant un mouvement pressé comme un tremblement ou un piétinement, qu'on trouve en lat. avec divers élargissements dans (1) *tremere* et bas lat. *tremulare* « trembler » formé sur l'adj. *tremulus* « tremblant » (2) *trepidus* « qui trépigne », « agité », « anxieux » et *intrepidus* (lat. imp.), son contraire (3) *terror, -oris* « tremblement produit par la peur », *terri-* *bilis* « qui fait trembler de peur », *terrificare* « terrifier ».

I. mots populaires

♦|1| **CRAINDRE** XI° s., sous la forme *criembre* ; a subi ensuite l'influence des verbes en *-aindre* : lat. vulg. **crěmēre*, altération particulière à la Gaule, sous l'influence d'un mot gaulois de même sens à initiale **crit-*, du lat. *tremere* ; **CRAINTE** XIII° s. a éliminé un plus anc. *crieme* ; **CRAINTIF** XIV° s. ; **CRAINTIVEMENT** XV° s. ♦|2| **TREMBLER** XII° s. : lat. vulg. *tremŭlāre* ; **TREMBLEMENT** XII° s. ; **TREMBLANT** XVII° s., adj. ; **TREMBLOTER, TREMBLOTEMENT** XVI° s. ; **TREMBLOTANT** XVII° s. ; **TREMBLOTE** XX° s. ♦|3| **TREMBLE** XII° s., espèce d'arbre : *tremulus* « tremblant », adj. substantivé en bas lat. ; **TREMBLAIE** XIII° s.

II. mot d'emprunt

TRÉMOLO XIX° s. : mot it. « tremblant », du lat. *tremulus*.

III. mots savants

♦|1| **TRÉMULATION** et **TRÉMULER** XIX° s., méd. : dér. sur *tremulus*. ♦|2| **TRÉPIDATION** XIII° s. : *trepidatio* ; **TRÉPIDER** XIX° s. : lat. *trepidare* ; **TRÉPIDANT** fin XIX° s. : *trepidans* ; **INTRÉPIDE** XV° s. : *intrepidus* ; **INTRÉPIDEMENT, INTRÉPIDITÉ** XVII° s. ♦|3| **TERREUR** XIV° s. : *terror* ; **TERRIBLE** XII° s. ; *terribilis* ; **TERRIFIER** XVI° s. : *terrificare* ; **TERRORISER, TERRORISME, TERRORISTE** fin XVIII° s.

CRAMER famille du lat. *cremare* « brûler », en particulier « incinérer les morts », pratique qui semble avoir été introduite en Italie par ceux-là mêmes qui y ont importé le lat. et l'osco-ombrien.

♦|1| **CRAMER** (pop.) XVI° s. : mot dial. (Centre) « brûler légèrement », fam. ou arg. au XX° s. : lat. *cremare*. ♦|2| **CRÉMATION** (sav.) XIII° s., rare avant le XIX° s. : *crematio* ; **CRÉMATOIRE** (four) fin XIX° s. : dér. sur *cremare*.

CRAMPE famille d'un adj. frq. **kramp* « courbé », qui a dû servir de base à deux subst. : **krampa* fém. et **krampo*, masc.

♦|1| **CRAMPE** (pop.) XI° s., subst. et adj. en anc. fr. dans la locution *goutte crampe* : **krampa*. ♦|2| **CLAMSER, CLABOTER** fin XIX° s., argot « mourir » : altération de **CRAMPECER**, arg. dér. de *crampe* au sens de « convulsion d'agonie ». ♦|3| **CRAMPON** (pop.) XIIIe s. : frq. *krampo ; CRAMPONNER XVe s.

CRAN ♦|1| (pop.) XIVe s. : dér. du verbe anc. fr. crener « entailler », probablement d'origine gauloise ; XXe s. avoir du cran, évolution sémantique obscure, p.-ê. influencée par crâner → CRÂNE, XXe s., être à cran, métaph. empruntée aux armes à cran d'arrêt. ♦|2| CRÉNEAU XIIe s., var. crenel : *crīnĕllo, dér. de *crīnāre, étymon conjectural de crener ; CRÉNELER XIIe s.

CRAPAUD (pop.) XIIe s. : mot obscur ; il existe en anc. fr. deux mots crape, dont celui-ci pourrait être dér. ; l'un signifiant « ordure », dér. de escraper « nettoyer en raclant », d'origine germ., mais qui n'est attesté qu'au XIVe s. ; l'autre attesté au XIIe s. avec le sens de « grappe », mais qui doit avoir eu, comme son étymon, frq. *krappa, celui de « crochet » ; le crapaud serait dans le 1er cas un « animal répugnant », dans le 2e un « animal aux pattes crochues ».

CRAPULE (sav.) XIVe s. : lat. crapula « ivresse » ; CRAPULEUX XIVe s. ; CRAPULERIE XIXe s.

-CRATE et -CRATIE ♦|1| seconds éléments de composés sav. indiquant, le 1er, le détenteur du pouvoir, le 2e, le mode de gouvernement ; empr. aux suff. grecs -kratês et -kratia, de même sens, apparentés à kratos « la force » et kratein « être le maître » ; ex. : AUTOCRATE, AUTOCRATIE, AUTOCRATIQUE XVIIIe s. ; ARISTOCRATE → ARISTO-, DÉMOCRATE → DÉMO-, etc. ♦|2| PANCRACE (sav.) XVIe s. : gr. pagkration, de pan « tout » et kratos « force », « combat gymnique comprenant la lutte et le pugilat », par le lat.

CRATÈRE famille d'une racine ind.-eur. *kra- « mêler », représentée en grec par kratêr « grand vase où l'on mélange l'eau et le vin » et krasis « le mélange ».
♦|1| CRATÈRE (sav.) XVe s. « vase antique », XVIe s., cratère de volcan ; à l'origine, celui de l'Etna, d'après une expression sicilienne : gr. kratêr, par le lat. ♦|2| CRASE (sav.) XVIIe s., physique, et gram. : krasis. ♦|2| IDIOSYNCRASIE XVIe s. : gr. idiosugkrasia « tempérament particulier », de idios « particulier » et sugkrasis « mélange ».

CRAVACHE fin XVIIIe s. : all. Karbatsche : polonais ou russe karbatch : turc gyrbâtch « fouet de cuir ».

CRÈCHE (pop.) XIIe s., fin XVIIIe s. « asile pour les petits enfants » : frq. *krippia.

CRÉMAILLÈRE famille du gr. kremannumi « suspendre » d'où kremastêr « qui suspend » (en parlant de muscles) adapté en lat. vulg. sous la forme *cremasculus, bas lat. cramaculus « suspenseur ».
♦|1| CRÉMAILLÈRE (pop.) XVIe s., XIIIe s. sous la forme carmeillière : dér. d'un simple cramail attesté à partir du XIVe s., mais qui doit être plus ancien : lat. cramacŭlus. ♦|2| CRÉMASTER (sav.) XVIe s., anat. : mot grec.

CRÈME (pop.) XIIIe s. : bas lat. crama, d'origine gauloise, croisé avec chrisma → CHRÊME ; CRÉMEUX XVIe s. ; CRÉMIER XVIIIe s. ; CRÉMERIE XIXe s. ; ÉCRÉMER XIVe s. ; ÉCRÉMAGE XVIIIe s. ; ÉCRÉMEUSE fin XIXe s.

CRÉMONE XVIIIe s. : mot obscur ; rien ne prouve qu'il y ait un rapport entre cette pièce de serrurerie et la ville de Crémone en Italie ; p.-ê. apparenté à crémaillère, ou dér. du néerl. kram « crochet ».

CRÊPE famille du lat. crispus « frisé », qui s'applique à la chevelure et à tout objet dont le dessin rappelle une chevelure frisée. — Dér. : crispare « friser » et crispinus, dimin. utilisé comme surnom.
♦|1| CRÊPE (pop.) XIIe s., adj. cresp, crespe, XIIIe, subst. fém., pâtisserie, XIVe s., subst. masc., tissu : crispa, forme fém. de l'adj. ♦|2| CRÊPINE (pop.) XIIIe s., passementerie, XIVe s., boucherie et CRÉPINETTE XVIIIe s. charcuterie ; CRÉPON XVIe s. « boucle de cheveux » puis « cheveux postiches », XVIIe s., tissu : dér. soit de l'adj. soit du subst. masc. crêpe. ♦|3| CRÊPIER, -IÈRE, CRÊPERIE XIXe s. der. de crêpe, subst. fém. ♦|4| CRÉPIN (pop.) (nom de personne) : Crispinus. ♦|5| CRÊPER (pop.) XVIe s. : trop tardif pour représenter crispare ; plutôt dér. de crêpe ; CRÊPU XVIe s. ; CRÊPAGE XVIIIe s. ♦|6| CRÉPIR (pop.) XIIe s. « friser », XIIIe s. « rendre grenu un cuir », XIVe s., maçonnerie : dér. de crêpe, adj. ; CRÉPI XVIe s., subst. masc. : CRÉPISSAGE XIXe s. ; RECRÉPIR XVIe s. ;

DÉCRÉPIR XIXᵉ s. ♦ 171 CRISPIN XVIIᵉ s., valet de comédie : it. *Crispino* : lat. *Crispinus* ; d'où gants à la Crispin et CRISPIN XIXᵉ s. « manchette de gant ». ♦ 181 CRISPER (sav.) XVIIIᵉ s. : lat. *crispare* ; CRISPATION XVIIIᵉ s. ; CRISPANT XIXᵉ s., adj.

CRÉPUSCULE (sav.) XIIIᵉ s., « aube », XVIᵉ s., sens mod. : lat. *crepusculum*, apparenté à un adj. archaïque *creper* « obscur », « douteux » ; CRÉPUSCULAIRE XVIIIᵉ s.

CRESSON (pop.) XIIᵉ s. : frq. **kresso* ; CRESSONNIÈRE XIIIᵉ s.

CRÊTE (pop.) XIIᵉ s., oiseaux, XIIIᵉ s., montagnes : lat. *crista* ; CRÊTÉ XIIᵉ s. ; ÉCRÊTER XVIIᵉ s.

CREUSET (pop.) XVIᵉ s. : altération, sous l'influence de *creux*, de l'anc. fr. *croisuel* XIIIᵉ s. « sorte de lampe » et « creuset », mot obscur qui peut représenter soit **crūciŏlum* dér. de *crux* « lampe à deux mèches croisées », soit **crŏseŏlus*, dér. de **crŏsus* « creux ».

CREUX (pop.) XIIIᵉ s. : lat. vulg. **crŏsus*, d'origine gauloise ; CREUSER XIIᵉ s. ; RECREUSER XVIᵉ s. ; CREUSEMENT XIIIᵉ s. ; CREUSAGE XVIIIᵉ s.

CREVER famille du lat. *crepare, crepitus* « craquer », qui se dit de tout ce qui se fend ou éclate avec bruit ; dér. *decrepitus*, adj. appliqué uniquement aux vieillards, dont le sens original doit être « qui achève de se fendre » ; *crepitare* : « craquer bruyamment ou beaucoup » ; *crepitaculum* ou *crepitacillum* « hochet ».

♦ 1 1 1 CREVER (pop.) Xᵉ s., XIIIᵉ s. « mourir » : *crepāre* ; CREVAISON une fois au XIIIᵉ s., puis XIXᵉ s. ; CREVÉ XVIIᵉ s. subst. masc. « ornement aux manches » ; CREVANT XIXᵉ s., fam. « qui fait mourir d'ennui » ou « de fatigue » ou « de rire » ; CREVE XIXᵉ s., subst. fém. « la mort » ; INCREVABLE XXᵉ s. ; CRÈVE-CŒUR XIIᵉ s. ♦ 121 CREVASSE (pop.) XIIᵉ s. : lat. vulg. **crepacia*, de *crepare* : CREVASSER XIVᵉ s. ♦ 131 CRÉCELLE (pop.) XIIᵉ s. : probablement lat. **crepicělla* altération du lat. class. *crepitacillum*. ♦ 141 CRÉCERELLE XIIIᵉ s., oiseau : probablement dér. de *crécelle*. ♦ 151 CRÉPITER (sav.) XVᵉ s., rare avant le XVIIIᵉ s. : *crepitare* ; CRÉPITATION XVIᵉ s. ; CRÉPITEMENT XIXᵉ s. ♦ 161 DÉCRÉPIT (sav.) XIVᵉ s., fém., XVIIᵉ s., masc., *decrepitus* ; DÉCRÉPITUDE XIVᵉ s.

CRIBLE famille d'une rac. ind.-eur. **krei-* « cribler » attestée

En grec dans *krinein* « séparer », « choisir », « décider », « juger », d'où *kritēs* « juge » ou « interprète » et *hupokritēs* « interprète des songes, devin » ou « comédien » ; *kritikos* « capable de juger, de discerner » ; *kritērion* « ce qui sert à juger », « règle pour discerner le vrai du faux » ; *krisis* « choix » et « action de séparer », d'où « dissentiment », « contestation ».

En latin dans (a) *cribrum* « le crible » et son dimin. bas lat. *cribellum* ; (b) *cernere, cretus* « passer au crible » et « distinguer », d'où bas lat. *concernere* « réunir en passant au crible », qui avait pris en lat. scolastique le sens de « être en rapport » ; *decernere* « décider » ; *discernere* « distinguer » ; *excernere* « passer au tamis », « rendre par évacuation »,   d'où   *excrementum* « déchet », *secernere* « séparer, mettre à part » ; (c) *certus* ancien part. passé de *cernere*, employé uniquement comme adj. avec le sens de « décidé », « certain » ; (d) *certare* (jur.) « chercher à obtenir une décision », « débattre » et son dér. *concertare* « rivaliser » ; (e) *crimen, -inis*, à l'origine « décision judiciaire », d'où lat. class. « accusation », « chef d'accusation » et lat. imp. « crime » ; (f) *discriminare* « séparer ».

I. mots issus du latin

A. base *cribl-*

CRIBLE (pop.) XIIIᵉ s. : bas lat. *criblum*, forme dissimilée de *cribrum* ; CRIBLER XIIIᵉ s. : bas lat. *criblare*, lat. class. *crībrāre* ; CRIBLURE XIVᵉ s. ; CRIBLEUR, CRIBLAGE XVIᵉ s. ; CRIBLEUSE XIXᵉ s.

B. base *griv-*

♦ 1 1 1 GRIVELÉ (pop.) XIIIᵉ s. « tacheté » ; probablement dér. de *grivel* XVᵉ s. « tacheté », et bien attesté dans les dial. avec le sens de « crible » sans doute ancien : *criběllum*.
♦ 121 GRIVE (pop.) XIIIᵉ s. : probablement dér. de *grivelé*. Oiseau désigné ainsi d'après les taches de sa robe (→ MAQUEREAU). ♦ 131 GRIVÈLERIE XVIᵉ s. « menu larcin » et GRIVELER XVIIᵉ s. « voler » : probablement dér. de *grive*, par allusion à ce que peut voler un oiseau.

C. base -cert-

♦ |1| **CERTES** (pop.) XIᵉ s. : *certas*, acc. fém. plur. de *certus* employé adverbialement. ♦ |2| **CERTAIN** (pop.) XIIᵉ s. : lat. vulg. **certānus*, dér. de *certus* ; **CERTAINEMENT** XIIᵉ s. ; **INCERTAIN** (demi-sav.) XIVᵉ s. ♦ |3| **CERTIFIER** (demi-sav.) XIIᵉ s. : bas lat. *certificare*. ♦ |4| **CERTIFICAT** (sav.) XIVᵉ s. : *certificatum*, de *certificare* ; **CERTIFICATION** XIVᵉ s. : *certificatio* ; **CERTIFICATEUR** XVIIᵉ s. : *certificator*. ♦ |5| **CERTITUDE** (sav.) XIVᵉ s. : bas lat. *certitudo*, **INCERTITUDE** XIVᵉ s. ♦ |6| **CONCERTO** XVIIIᵉ s. : mot it. dér. de l'it. *concertare* « rivaliser », lat. *concertare*, parce que, dans cette forme musicale, le soliste rivalise avec l'orchestre. ♦ |7| **CONCERTER** XVᵉ s. : it. *concertare* au sens de « s'accorder », « former un projet en commun » ; **DÉCONCERTER** XVIᵉ s. ; **CONCERTATION** XXᵉ s. ♦ |8| **CONCERT** XVIᵉ s. « conférence », XVIIᵉ s. « séance de musique » : it. *concerto* ; **CONCERTISTE** XIXᵉ s. ; **CONCERTANT** mus. XIXᵉ s.

D. base -cern- (sav.)

♦ |1| **CONCERNER** XIVᵉ s. : *concernere*. ♦ |2| **DÉCERNER** XIVᵉ s.-XVIIIᵉ s. « décréter », XVIᵉ s. « attribuer » : *decernere*. ♦ |3| **DISCERNER** XIIIᵉ s.-XVIIᵉ s. « séparer », XIVᵉ s. « distinguer » : *discernere* ; **DISCERNEMENT** XVIᵉ s. ; **DISCERNABLE, INDISCERNABLE** XVIᵉ s.

E. base -cret- (sav.)

♦ |1| **DÉCRET** XIIᵉ s., droit canon, fin XVIIIᵉ s., « décision du pouvoir exécutif » : *decretum* « décision », part. passé substantivé de *decernere* ; **DÉCRÉTER** XIVᵉ s. ; **DÉCRÉTALE** XIIIᵉ s. : bas lat. *decretalis* « ordonné par décret ». ♦ |2| **DISCRET** XIIᵉ s. « qui a du discernement », XVIᵉ s. « qui a de la retenue » : *discretus*, part. passé de *discernere*, lat. class. « séparé », lat. médiéval « capable de discerner » ; **DISCRÈTEMENT** XIIᵉ s. ; **DISCRÉTION** XIIᵉ s. « discernement », d'où l'expression *à discrétion*, XVIᵉ s. « retenue » : bas lat. *discretio* ; **DISCRÉTIONNAIRE** fin XVIIIᵉ s. ; **INDISCRÉTION** XIIᵉ s. : bas lat. *indiscretio* ; **INDISCRET** XIVᵉ s. : *indiscretus*. ♦ |3| **SECRET** XIIᵉ s., adj. et subst. : *secretus* « mis à part », part. passé de *secernere*. ♦ |4| **SECRÉTAIRE** XIIᵉ s. « tabernacle » puis « dépositaire de secrets », XIVᵉ s. « rédacteur », rare avant le XVIIᵉ s., XVIIIᵉ s., meuble à tiroirs : *secretarius*, dér. médiéval de *secretus* ; **SECRÉTAIRERIE** XVIᵉ s. ; **SECRÉTARIAT** XVIᵉ s. ; **SOUS-SECRÉTAIRE** XVIIᵉ s. ; **SOUS-SECRÉTARIAT** XIXᵉ s. ♦ |5| **SÉCRÉTION** XVᵉ s. « séparation », XVIIIᵉ s., sens mod. : *secretio* « séparation », dér. de *secernere* ; **SÉCRÉTER** XVIIIᵉ s. : dér. de *sécrétion* ; **SÉCRÉTOIRE** XVIᵉ s. ; **SÉCRÉTEUR** XVIIIᵉ s., **-TRICE** XVIᵉ s. ♦ |6| **EXCRÉTION** XVIᵉ s. : bas lat. *excretio* « criblure », dér. de *excernere* ; **EXCRÉTEUR, EXCRÉTOIRE** XVIᵉ s. ; **EXCRÉTER** XIXᵉ s.

F. base -crem- (sav.)

EXCRÉMENT XVIᵉ s. : *excrementum*, dér. de *excernere* ; **EXCRÉMENTEUX, EXCRÉMENTIEL** XVIᵉ s.

G. base -crim- (sav.)

♦ |1| **CRIME** XIIᵉ s., sous la forme *crimne* : lat. *crimen, -inis* ; **CRIMINEL** XIᵉ s. : bas lat. *criminalis* ; **CRIMINELLEMENT** XIIIᵉ s. ; **CRIMINALITÉ** XVIᵉ s. ; **CRIMINALISER** XVIᵉ s. ; **CRIMINALISTE** XVIIIᵉ s. ; **CRIMINOLOGIE** XIXᵉ s. ♦ |2| **INCRIMINER** XVIᵉ s., rare avant fin XVIIIᵉ s. : bas lat. *incriminare* « accuser », formé sur *crimen* « accusation » (en lat. imp., *incriminatio* signifiait « impossibilité d'être accusé », « innocence ») ; **INCRIMINABLE** XIXᵉ s. ♦ |3| **RÉCRIMINER** XVIᵉ s., jur. : lat. médiéval *recriminari* « accuser » formé sur *crimen* ; **RÉCRIMINATION** XVIᵉ s. : *recriminatio*. ♦ |4| **DISCRIMINER** fin XIXᵉ s. : *discriminare* ; **DISCRIMINANT, DISCRIMINATION** XIXᵉ s. ; **DISCRIMINATOIRE** XXᵉ s.

II. mots issus du grec

♦ |1| **CRISE** (sav.) XIVᵉ s. méd., XVIIᵉ s. sens fig., XVIIIᵉ s. pol. : gr. *krisis*, par le lat. méd. ♦ |2| **CRITÉRIUM** (sav.) XVIIᵉ s. : lat. scolastique *criterium*, du gr. *kriterion* ; **CRITÈRE** XVIIIᵉ s. : forme francisée de *criterium*. ♦ |3| **CRITIQUE** (sav.) XIVᵉ s. adj. méd. « qui décide de l'issue d'une maladie », XVIᵉ s. subst. fém. « examen, jugement », XVIIᵉ s. adj. et subst. masc. « qui décide de la valeur d'un ouvrage de l'esprit », XVIIIᵉ s. adj. « qui décide du sort de quelqu'un ou de quelque chose » : *kritikos* par le lat. ; **CRITIQUER** XVIᵉ s. intrans. « diminuer », XVIIᵉ s., sens mod. : dér. *de critique* ; **HYPERCRITIQUE** XVIIIᵉ s. ; **CRITIQUABLE** XVIIIᵉ s. ; **CRITICISME**ᵉ s. XIXᵉ s. ; **AUTOCRITIQUE** XXᵉ s. ; **DIACRITIQUE** : *diakritikos* « distinctif », de *diakrinein* « distinguer ». ♦ |4| **HYPOCRITE** (sav.) XIIᵉ s. : *hupokritês* au sens de « comédien », par le lat. ; **HYPOCRISIE** (sav.) XIIᵉ s. : *hupokrisia*, var. de *hupokrisis* « action de jouer la comédie », par le lat.

CRIC XVᵉ s. : moyen haut all. *Kriec* « engin destiné à pointer et à tourner les grosses machines de guerre ».

CRIER ♦ |11 (pop.) XIᵉ s. : lat. vulg. **crītāre*, altération du lat. class. *quirītāre*, d'origine sans doute onom., mais rapproché par les Anciens de *quirites* « citoyens », d'où le sens d'« appeler les citoyens » ; **CRI** Xᵉ s. ; **CRIÉE** XIIᵉ s. ; **CRIARD** XIVᵉ s. ; **CRIEUR** XIIᵉ s. ; **CRIAILLER, -ERIE, -EUR** XVIᵉ s. ♦ |2| **ÉCRIER** XIᵉ s., instrans., XIIIᵉ s. pronominal ; **SE RÉCRIER** XIIᵉ s. ; **DÉCRIER** XIIIᵉ s.

CRIN ♦ |11 (pop.) XIIᵉ s. : lat. *crinis* « cheveu » ; **CRINIÈRE** XVIᵉ s. ♦ |2| **CRINOLINE** XIXᵉ s. : it. *crinolino* « tissu à trame de crin et à chaîne de lin ».

CRIQUE XIVᵉ s. scandinave *kriki*.

CRISSER ♦ |11 (pop.) XVIᵉ s. ; XIVᵉ s. sous la forme *grisser*. frq. **kriskjan* « pousser un cri strident » ; **CRISSEMENT** XVIᵉ s. ♦ |2| **GRINCER** XIVᵉ s. : var. de *grisser* avec nasalisation spontanée du *i*, fréquente dans les dialectes ; **GRINCEMENT** XVIᵉ s. ; XVᵉ s. sous la forme *gricement*.

CRISTAL famille du gr. *kruos* « froid vif », d'où *krustallos* « morceau de glace », et « cristal ».

♦ |11 **CRISTAL** (sav.) XIᵉ s. « quartz, ou cristal de roche », XIVᵉ s. « verre au plomb », XVIIᵉ s., scient. : gr. *krustallos*, par le lat. ; **CRISTALLIN** XIIIᵉ s., adj., XVIIᵉ s. subst., partie de l'œil ; et adj. scient. : lat. *crystallinus*, de *crystallus* ; **CRISTALLISER, -ISATION** XVIIIᵉ s., XIXᵉ s. sens fig. ; **CRISTALLISABLE** XIXᵉ s. ; **CRISTALLERIE** XVIIIᵉ s. ♦ |2| **CRISTALLO-** 1ᵉʳ élément de composés sav., ex. : **CRISTALLOGRAPHIE**, etc. ♦ |3| **CRYO-** 1ᵉʳ élément de composés sav. : gr. *kruos* « froid », ex. : **CRYERGIE, CRYOTHÉRAPIE**, etc.

CROC famille de l'anc. scandinave *krôkr* « crochet ».

I. base *-croc-*

♦ |11 **CROC** (pop.) XIIᵉ s. : *krôkr* ; **CROC-EN-JAMBE** XVIᵉ s. ♦ |2| **ACCROC** XVIᵉ s. : dér. de *accrocher* ; **RACCROC** XIVᵉ s. : dér. de *raccrocher*. ♦ |3| **ESCROQUER** XVIᵉ s. : it. *scroccare* « décrocher », dér. de *crocco* « croc », emprunté au fr. ; **ESCROC** XVIIᵉ s. : it. *scrocco*, dér. de *scroccare* ; **ESCROQUERIE** XVIIᵉ s. ♦ |4| **CROQUET** XIXᵉ s. : mot angl., probablement d'origine franç. (diminutif de *croc*).

II. base *-croch-*

♦ |11 **CROCHE** (pop.) XIIIᵉ s., subst. « crochet », XVIᵉ s., adj. « recourbé », XVIIᵉ s., mus. : var. fém. de *croc* ; **CROCHER** XIIᵉ s. ; **CROCHU** XIIᵉ s. ♦ |2| **ANICROCHE** XVIᵉ s., d'abord *hanicroche* « arme », puis forme et sens actuels : le 2ᵉ élément est l'adj. *croche* ; le 1ᵉʳ est obscur ; il est possible qu'il s'agisse de *(h)ain* « hameçon » dont la forme *han* est attestée en Indre-et-Loire. ♦ |3| **BANCROCHE** → BLANC. ♦ |4| **CROCHET** XIIᵉ s. ; **CROCHETER** XIIᵉ s. ; **CROCHETEUR** XVᵉ s. « qui ouvre avec un crochet », XVIᵉ s. « qui pote des fardeaux avec un crochet » ; **CROCHETAGE, CROCHETABLE, INCROCHETABLE** XIXᵉ s. ♦ |5| **ACCROCHER** XIIᵉ s. ; **ACCROCHEUR** XVIIᵉ s., adj. et subst. ; **ACCROCHAGE** XVIᵉ s. ; **ACCROCHE-CŒUR** XIXᵉ s. ; **RACCROCHER** XIIIᵉ s. ; **RACCROCHAGE** XVIIIᵉ s. ♦ |6| **DÉCROCHER** XIIIᵉ s. ; **DÉCROCHEMENT** XVIᵉ s. ; **DÉCROCHEZ-MOI-ÇA** XIXᵉ s.

CROCODILE XIIᵉ s., *cocodrille*, XVIᵉ s. forme sav. mod. : gr. *krokodeilos*, par le lat.

CROCUS (sav.) XIXᵉ s. : gr. *krokos* « safran », par le lat.

CROIRE famille du lat. *credere, creditus* (→ introduction lat. de l'article FAIRE) « mettre sa confiance en quelqu'un », « lui confier quelque chose », « croire, avoir une opinion » ; terme religieux à l'origine, associé de longue date à *fides* → FOI ; devenu profane en lat., a retrouvé grâce au christianisme sa valeur religieuse. Dér. : *credibilis* « croyable » ; *credulus* « crédule » ; *creditor* « qui confie de l'argent », « prêteur » ; *accredere* « être disposé à croire, ajouter foi » ; bas lat. *se recredere* « se remettre à la merci de l'adversaire », et lat. vulg. **credentia* « croyance ».

I. mots populaires

A. bases *-croi-, -croy-*

♦ |11 **CROIRE** Xᵉ s. : *crēdĕre* ; **ACCROIRE** XIIᵉ s. « prêter », XVIᵉ s. « croire », XVIIᵉ s., limité à l'expression *faire accroire* : *accrēdĕre*. ♦ |2| **CROYANT** XIIᵉ s. ; **INCROYANT**

XIXᵉ s. ; **CROYANCE** XIVᵉ s. : réfections, sous l'influence de *croyant*, de l'anc. fr. *creant* : *credentem*, *creance* : *credentia* ; **CROYABLE** XIIᵉ s. : réfection de *creable* ; **INCROYABLE, INCROYABLEMENT** XVᵉ s.

B. base -créan- (avec conservation arch. du *e* en hiatus)

♦ |1| **CRÉANCE** XIᵉ s. « fait de croire à la véracité de quelque chose », XIIᵉ s., repris au XVIIIᵉ s. « droit en vertu duquel on peut exiger de quelqu'un une somme d'argent », XIVᵉ s. *lettre de créance* : *credentia* ; **CRÉANCIER** XIIᵉ s. ♦ |2| **MÉCRÉANT** XIIᵉ s. : part. présent de l'anc. fr. *mescroire* « ne pas professer la vraie foi », dér. de *croire*. ♦ |3| **RECRÉANCE** XIIIᵉ s. jur. : dér. de *recroire* au sens de « remettre, confier » : *recredere*.

C. **RECRU** XIIIᵉ s., adj. : part. passé de l'anc. fr. *se recroire* « s'avouer vaincu » ; en lat. vulg., *creditus* avait été éliminé par **credūtus*.

II. mots d'emprunt et mots savants

base unique -cred-

♦ |1| **CRÉDENCE** XIVᵉ s. « croyance », XVIᵉ s. meuble : it. *credenza* « confiance » : *credentia*, équivalent phonétique de *créance* : par crainte du poison, les grands seigneurs it. faisaient goûter les mets qu'on leur servait ; le nom de cette opération, *far la credenza*, s'est étendu au meuble où étaient déposés les plats avant d'être servis. ♦ |2| **CRÉDIT** XVᵉ s. « confiance, considération », XVIᵉ s. « confiance en la solvabilité de quelqu'un », sens empr. à l'it. *credito*, XIXᵉ s. « sommes allouées sur un budget, pour un usage déterminé » : *creditum* ; **CRÉDITER** XVIIᵉ s. ; **CRÉDITEUR** XVIIIᵉ s., a partiellement éliminé *créancier* : dér. de *crédit*, avec infl. des mots it. correspondants. ♦ |3| **DISCRÉDITER** XVIᵉ s. : dér. de *crédit* ; **DISCRÉDIT** XVIIIᵉ s., dér. de *discréditer*, sous l'influence de l'it. *discredito*. ♦ |4| **ACCRÉDITER** XVIᵉ s. à propos d'une personne, XVIIᵉ s. à propos d'une parole, d'une idée : dér. de *crédit* ; **ACCRÉDITEUR** XIXᵉ s. ; **ACCRÉDITIF** XXᵉ s. ♦ |5| **CRÉDIBILITÉ** (sav.) XVIIᵉ s. : lat. scolastique *credibilitas*, dér. de *credibilis* ; **INCRÉDIBILITÉ** (sav.) XVIᵉ s. : *incredibilitas*. ♦ |6| **CRÉDULE** (sav.) XIVᵉ s. : *incredulus* ; **CRÉDULITÉ** XIIᵉ s. : *credulitas* ; **INCRÉDULITÉ** Xᵉ s. : *incredulitas*. ♦ |7| **CREDO** XIIIᵉ s. : mot latin, « je crois », début des diverses professions de foi catholique.

CROÎTRE famille d'une rac. ind.-eur. **k(e)rē* exprimant les idées de « semence » et de « croissance », représentées en latin dans (1) *crescere* « croître » et *concrescere* « se former ou s'accroître par agrégation ou condensation », « se congeler », « prendre », part. passé *concretus* « condensé », « épais », « matériel ». (2) *creare* « produire », « faire pousser », verbe transitif correspondant à l'intransitif *crescere*, employé par la langue de l'Église pour signifier « faire naître du néant » ; (3) *Ceres*, nom de la « déesse qui fait naître les moissons », et *cerealis*, adj. « relatif au blé » ou « à Cérès ».

I. mots populaires

A. base -croît-

♦ |1| **CROÎTRE** XIᵉ s. : *crescĕre* ; **ACCROÎTRE** XIIᵉ s. : *accrescĕre* « aller en s'accroissant » ; **DÉCROÎTRE** XIIᵉ s. : *decrescĕre* « diminuer ». ♦ |2| **DÉCROÎT** (de la lune) XIIᵉ s. : dér. de *décroître* ; **SURCROÎT** XIIIᵉ s. : de l'anc. fr. *surcroître*.

B. base -croiss-

♦ |1| **CROISSANT** XIIᵉ s. « de la lune », XIXᵉ s., traduction de l'all. *Hörnchen*, nom d'une pâtisserie viennoise, créée en 1689 pour célébrer la levée du siège de cette ville par les Turcs, dont l'emblème est le croissant ; part. présent substantivé de *croître* ; **CROISSANCE** XIIᵉ s. : dér. fr. ou p.-ê. bas lat. *crescentia*. ♦ |2| **EXCROISSANCE** (demi-sav.) XIVᵉ s. : calque, formé sur la base -croiss-, du lat. *excrescentia*, dér. de *excrescere* « croître en s'élevant ». **DÉCROISSANCE** XIIIᵉ s. : dér. de *décroître*. ♦ |3| **ACCROISSEMENT** XIIᵉ s. ; **DÉCROISSEMENT** XIIᵉ s. : dér. de *accroître* et *décroître*.

C. base -cru-

♦ |1| **CRU** XVᵉ s. « ce qui croît dans un terrain » et **CRUE** d'un cours d'eau XIIIᵉ s. : part. passé masc. et fém. substantivé de *croître* ; *cretus* n'ayant pas laissé de continuateur, *croître* s'est aligné sur les verbes à part. passé en *-u* ; **DÉCRUE** XVIᵉ s. ♦ |2| **RECRUE** XVIᵉ s., mil., XVIIIᵉ s., emploi généralisé : part. passé de *recroître* « augmenter » ; **RECRUTER** XVIIᵉ s. ; **RECRUTEUR**, **RECRUTEMENT** XVIIIᵉ s.

II. mots d'emprunt

♦ |1| **CRESCENDO** et **DECRESCENDO** XVIIIᵉ s., mus. : mots it. « en croissant » et « en décroissant », des verbes *crescere* et *decrescere*. ♦ |2| **CRÉOLE** XVIIᵉ s. : altération, par les Français des Antilles, de l'esp. *criollo*, qui désignait les Espagnols nés en Amérique : adaptation du port. du Brésil *crioulo*, qui signifiait primitivement « esclave né dans la maison de son maître », « esclave né sur place, et non amené par traite des Noirs », puis « Blanc né aux colonies » : dér. du port. *criar* « nourrir », du lat. *creare*.

III. mots savants
A. famille de *creare*

♦ |1| CRÉER XIIe s. : *creare* ; RÉCRÉER XIVe s. ; INCRÉÉ XVe s. : *increatus* ; CRÉATION XIIIe s. ; CRÉATURE XIe s., XVIe s. « favori », sous l'infl. de l'équivalent it. ; CRÉATIF XXe s. ♦ |2| PROCRÉER XIIIe s. : *procreare* ; PROCRÉATION XIIIe s. : *procreatio* ; PROCRÉATEUR XVIe s. : *procreator*. ♦ |3| RÉCRÉER XIVe s. : réfection sav. de *recrier* XIIe s. : *recreare* « faire revivre », « ranimer » ; RÉCRÉATION XIIIe s. : *recreatio*, lat. class. « rétablissement », lat. scol. sens mod. RÉCRÉATIF XVe s.

B. famille de *concrescere*

♦ |1| CONCRET XVIe s. « solide », XVIIe s., sens fig. : *concretus* ; CONCRÉTISER, CONCRÉTISATION XXe s. ♦ |2| CONCRÉTION XVIe s. : *concretio* « ce qui est formé par agglomération ».

C. famille de *ceres*

♦ |1| CÉRÈS, mot lat., nom de déesse ; CÉRÉALE XVIe s., adj., fin XVIIIe s., subst. : *cerealis* ; CÉRÉALIER XXe s.

CROIX famille du lat. *crux, crucis*, qui désignait divers instruments de supplice ; empr. à une langue méditerranéenne p.-ê. punique. l'usage du supplice de la croix, fréquent à Carthage, n'apparaissant pas à Rome avant les guerres puniques.

I. mots populaires
A. CROIX Xe s., celle du Christ, XIVe s. « marque formée de deux traits croisés », XIXe s. « distinction honorifique » : *crux, crŭcis*.

B. base -*crois*-

♦ |1| CROISER XIe s. « disposer en croix », XVIIe s., mar. « couper la route à un navire », « aller et venir dans les mêmes parages » : dér. de *croix* ; DÉCROISER XVIe s. ; ENTRECROISER XIVe s. ; CROISEMENT XIIIe s. « croisade », XVIe s., sens mod. ; ENTRECROISEMENT XVIIe s. MOTS CROISÉS XXe s. ♦ |2| CROISETTE XIe s. dimin. de *croix*, XIXe s. promenade de Cannes ; CROISILLON XIVe s. ♦ |3| CROISÉE XIIIe s. transept, XVIe s. « intersection de deux chemins », XVIIe s. « châssis d'une fenêtre ». ♦ |4| CROISADE XVe s. : réfection, par substitution de suff., de *croisée* attesté en anc. fr. avec ce sens particulier. ♦ |5| CROISIÈRE et CROISEUR XVIIe s.

II. mots savants
base unique *cruci*-

♦ |1| CRUCIFIER XIIe s. (demi-sav.) : adaptation, sous l'influence des verbes en -*fier* → FAIRE, du lat. eccl. *crucifigere* « clouer à la croix » ; CRUCIFIX XIIe s. : *crucifixus*, part. passé substantivé de *crucifigere* ; CRUCIFIEMENT XIIe s. ; CRUCIFIXION XIVe s. : bas lat. *crucifixio*. ♦ |2| CRUCIAL XVIe s. « en forme de croix », en parlant d'une incision chirurgicale : dér. formé sur *crucis* ; mot empr. par l'angl. au XVIIIe s. et utilisé au XIXe s. en philo. pour traduire les expressions *instantia crucis* (F. Bacon) ou *experimentum crucis* (Newton) « expérience servant pour vérifier une hypothèse, comme un poteau indicateur de carrefour pour trouver son chemin » ; réempr. par le fr. au XXe s. avec le sens de « décisif », « très important ». ♦ |3| CRUCIFÈRE XVIIIe s. : lat. eccl. *crucifer* « qui porte la croix » ; CRUCIFORME XVIIe s. ♦ |4| CRUCIVERBISTE XXe s. « qui fait des mots croisés ».

CROSSE ♦ |1| (pop.) XIe s., a désigné au cours des siècles divers objets allongés, recourbés au bout : frq. **krukja* « bâton recourbé au bout », croisé avec *croc*. ♦ |2| CROSSER XIIe s. pousser avec une crosse, XIXe s. « chicaner » ; *se crosser* « se quereller », argot, d'où CROSSE XIXe s. argot « querelle ».

CROTTE ♦ |1| (pop.) XIIe s. « excrément solide », XVIIe s. « boue des chemins » : frq. **krotta* « fiente » ; CROTTER XIIIe s. ; CROTTIN XIVe s. ♦ |2| DÉCROTTER XIIe s. ; DÉCROTTOIR XVe s. ; INDÉCROTTABLE XVIIe s., pour les croisements subis par ce mot → ENCROÛTER.

CROULER ♦ |1| (pop.) Xe s. « agiter, secouer », XVIIe s. « tomber » : mot obsc. ; une var. ancienne *crodler* et l'équivalent anc. prov. *crotlar* orientent vers un étymon contenant une dentale ; on a proposé : (a) *crotalāre « jouer des crotales ou castagnettes »; (b) *corrotŭlāre « faire rouler », dér. d'un *corrotare bien représenté dans les dial. rhéto-romans et it. du Nord, lui-même dér. de rota → ROUE; (c) un *crotŭlāre formé sur une base celtique *krot- reconstituée d'après l'irlandais crothaid « il secoue ». ♦ |2| ÉCROULER XIIIe s., transitif, XVIIe s., pronominal; ÉCROULEMENT XVIe s.

CROUP XVIIIe s. : mot angl. empr. au dial. d'Édimbourg, d'origine onom.

CROUPE ♦ |1| (pop.) XIe s. : frq. *krŭppa « masse arrondie »; CROUPION XVe s.; CROUPIÈRE XIIe s. « courroie passant sur la croupe d'un cheval ». ♦ |2| CROUPIER XVIIe s. « cavalier qui monte en croupe », puis, métaph., « associé d'un joueur », XVIIIe s. « employé d'une maison de jeu ». ♦ |3| CROUPIR XIIe s.-XVIe s. « être accroupi », « rester au même endroit », XVIe s., seulement en parlant de l'eau; CROUPISSANT XVIe s., adj.; ACCROUPIR XIIIe s., ACCROUPISSEMENT XVIe s.; À CROUPETONS XVe s. ♦ |4| GROUPE XVIIe s. : it. gruppo « nœud, assemblage » : longobard *krŭppa équivalent du frq. *krŭppa « masse arrondie »; GROUPER XVIIe s.; GROUPAGE, GROUPEMENT XIXe s.; REGROUPER, REGROUPEMENT XXe s.

CROÛTE famille du lat. crŭsta « croûte », « revêtement rugueux et durci »; d'où incrustare « recouvrir d'un enduit ».

♦ |1| CROÛTE (pop.) XIIe s. : crŭsta; CROÛTON XVIe s. ♦ |2| CROUSTILLER XVIe s. « manger de la croûte », XIXe s. « craquer sous la dent » : prov. croustillá, dér. de crŭsta; CROUSTILLANT XVIIIe s. « plaisant », XIXe s. « qui craque sous la dent ». ♦ |3| CROUSTADE XVIIIe s. : prov. mod. croustado, de crousto « croûte », issu de crŭsta. ♦ |4| INCRUSTER (sav.) XVIe s. : incrustare; INCRUSTATION XVIe s. : incrustatio. ♦ |5| CRUSTACÉ (sav.) XVIIIe s. : lat. mod. crustaceus, formé sur crusta.

CRU famille d'une racine ind.-eur. *kreu- exprimant les notions de « chair crue, saignante », « sang répandu ».
En grec, kreas, kreatos « chair saignante », issu de *krewas.

En latin, cruor « le sang répandu », crudus « saignant », crudelis « qui se plaît dans le sang », « cruel »; recrudescere, « se remettre à saigner », « se rouvrir », en parlant d'une blessure.

I. mots issus du latin

♦ |1| CRU (pop.) XIIIe s. « cru » et « saignant » : crŭdus; ÉCRU XIIIe s. : renforcement de cru par le préf. é-. ♦ |2| CRUEL (pop.) Xe s. : lat. vulg. *crŭdālis : lat. class. crūdēlis; CRUAUTÉ (pop.) XIIe s. : *crudalitas, -tatis, réfection de crudelitas. ♦ |3| CRUDITÉ (sav.) XIVe s. : cruditas, -tatis. ♦ |4| RECRUDESCENCE (sav.) XIXe s. : dér. tiré de recrudescere.

II. mots savants issus du grec

♦ |1| CRÉATINE XIXe s., chimie organique : dér. formé sur kreas. ♦ |2| CRÉOSOTE XIXe s., chimie, liquide désinfectant : nom formé de kreas et de sōzein « sauver », « conserver ». ♦ |3| PANCRÉAS XVIe s. : de pan « tout » et de kreas, « pour ce qu'il a partout similitude de chair » (A. Paré); PANCRÉATIQUE XVIIe s.; PANCRÉATITE XIXe s.

CRURAL (sav.) XVIe s. « relatif à la cuisse » : lat. cruralis de crus, cruris « jambe ».

CUBE (sav.) XIIIe s., adj., XIVe s., subst. : gr. kubos « dé à jouer », par le lat.; CUBIQUE XIVe s. : gr. kubikos, par le lat.; CUBER XVIe s.; CUBAGE XVIIIe s.; CUBISME, CUBISTE XXe s.

CUILLÈRE ou **CUILLER** ♦ |1| (pop.) XIIe s. d'abord masc. puis fém. : lat. cŏchlĕāre ou -ārium « cuiller », dér. de cochlea « escargot », « coquille d'escargot » : gr. kokhlias; le sens 1er était probablement « instrument en forme de coquille » ou p.-ê., selon le poète lat. Martial, « instrument servant à manger des escargots »; CUILLERÉE XIVe s.

CUIRE famille d'une racine ind.-eur. *pek^w- « cuire », « mûrir », devenue par assimilation *k^{w}ek^w- dans les dial. italiques.
En grec pessein « faire cuire », « digérer »; peptikos « apte à digérer »; pepsis « cuisson », « digestion ».
En latin cŏquĕre, cŏctus, lat. vulg. *cŏcĕre « cuire »; coquīna, lat. vulg. *cocina « cui-

sine »; *coquus* « cuisinier »; bas lat. *cocistro* « officier royal chargé de goûter les mets »; *coctio* et *concoctio*, « cuisson »; *praecox* « hâtif », « qui mûrit vite ».
Les langues germaniques ont fait de nombreux empr. au lat. : got. **kôkan* « cuire », **kôka* « gâteau »; anc. scand. *kaka* « gâteau »; anc. haut all. *kuocho*, auxquels s'apparentent, dans les langues modernes, all. *Kuchen*, angl. *cake* « gâteau »; néerl. *kok* « cuisinier », *koek* « gâteau », all. *kochen*, angl. *to cook* « cuire ».

I. mots issus directement du latin
A. mots populaires
♦|1| **CUIRE** Xe s. : *cŏcĕre*; **RECUIRE** XIIe s. ♦|2| **CUITE** XIIIe s. « cuisson », XIXe s. « ivresse » : part. passé fém. substantivé : *cŏcta*. ♦|3| **BISCUIT** (demi-sav.) XIIIe s. : réfection de *bescuit* XIIe s. « deux fois cuit »; **BISCUITER** XIXe s.; **BISCUITERIE** XIXe s. ♦|4| **CUISANT** XIIIe s., adj.; **CUISEUR** XIIIe s.; **AUTOCUISEUR** XXe s. ♦|5| **CUISINE** (pop.) XIIe s. **cŏcīna* avec influence de *cuire* sur le timbre de la voyelle initiale; **CUISINER, CUISINIER** XIIIe s., **CUISINIÈRE** XIXe s., fourneau. ♦|6| **CUISSON** (pop.) XIIIe s. : *cŏctio, -ōnis*, avec influence de *cuire*. ♦|7| **CUISTOT, CUISTANCE** fin XIXe s., fam. : dér. formés sur la base *cuis-* de *cuisine* et *cuisson*, à l'aide du suff. *-et* suivi des suff. *-ot*, ou *-ance*. ♦|8| **CUISTRE** (pop.) XIIIe s., cas sujet *coistre*, *quistre*; régime *coistron*, *quistron* « marmiton », XVIe s., argot de collège, « surveillant subalterne »; le *s* est conservé parce que le rapport avec la famille de *cuire* reste senti; XVIIe s. « pédant » : *cocistro, -ōnis*; **CUISTRERIE** XIXe s. ♦|9| **QUEUX** XIe s., XVIe s., limité à l'expression **MAÎTRE QUEUX** : *cōquus*. ♦|10| **GUEUX** XVe s. : *coquus* avec sonorisation de l'initiale comme dans *kampa* devenu *gamba* → JAMBE; **GUEUSERIE** XVIe s.

B. mots savants
♦|1| **CONCOCTION** XVIe s. : *concoctio*; **CONCOCTER** XXe s., **COCTION** XVIe s. : *coctio*; **DÉCOCTION** XIIIe s. : lat. imp. *decoctio*. ♦|2| **PRÉCOCE** XVIIe s. : *praecox, -ocis*; **PRÉCOCITÉ** XVIIe s.

II. mots d'emprunt
♦|1| **BISCOTTE** XIXe s. : it. *biscotto*, même formation que *biscuit*; terminaison assimilée au suff. fém. *-otte*. ♦|2| **ABRICOT** XVIe s. : empr. à une langue de la péninsule Ibérique, esp. *albaricoque*, port. *albricoque*, catalan *abercoc* ou *albercoc* qui a donné *aubercot* XVIe s.; toutes ces formes sont empr. à l'arabe d'Espagne *al barqouq* : le 1er élément est un article; le 2e représente le lat. *praecoquum* « (fruit) précoce » empr. par les Arabes en Syrie, où ce fruit, originaire de Chine, avait été acclimaté sous cette dénomination; **ABRICOTIER** XVIe s. ♦|3| **COCAGNE** XIIe s., nom propre d'un pays imaginaire : peut être rapproché du moyen néerl. *kokenje*, dér. de *koke* « gâteau », « sucrerie vendue dans les foires », et du prov. *coucagno, caucagno* XVe s., dér. de *coca* « gâteau », du got. **kôka*; l'it. *cuccagna* est empr. au prov. ♦|4| **COUQUE** XIXe s. néerl. *koek*. ♦|5| **COQ** XVIIe s., subsiste dans l'expression **MAÎTRE COQ** « chef cuisinier d'un navire » : néerl. *kok* « cuisinier ». ♦|6| **QUICHE** XIXe s. : alsacien *küchen* « gâteau », var. de l'all. *Kuchen*. ♦|7| **CAKE** XIXe s. : mot angl. « gâteau » : anc. scandinave *kaka*. ♦|8| **PANNEQUET** XIXe s. : angl. *pancake* « gâteau (cake) fait à la poêle (pan) ».

III. mots savants issus du grec
♦|1| **PEPTIQUE** XVIIe s. : *peptikos*; **PEPTONE** XIXe s. ♦|2| **PEPSINE** XIXe s. : dér. formé sur *pepsis*; ♦|3| **-PEPSIE** 2e élément de composés sav., ex. : **DYSPEPSIE** XVIe s. : gr. *duspepsia* « mauvaise digestion », par le lat.; **BRADYPEPSIE** XVIe s. : gr. *bradupepsia* « digestion lente ».

CUISSE
♦|1| (pop.) XIe s. : lat. *cŏxa* « hanche », qui a éliminé le lat. class. *femur, -oris*; la notion de « hanche » a été exprimée par un mot empr. au germ. **hanka*; pour les mots scientifiques exprimant la notion de « cuisse » → FÉMUR et CRURAL; **CUISSOT** XIIe s.; **CUISSEAU** XVIIe s., var. orth. du précédent; réservé à la viande de boucherie, alors que *cuissot* s'emploie en parlant du gibier; **CUISSARD** XVIIe s. ♦|2| **COUSSIN** XIIe s., sous les formes *coissin* et *cussin*; lat. vulg. **cŏxīnu*, dér. de *coxa*; **COUSSINET** XIIIe s. ♦|3| **COXAL** et **COXALGIE** (sav.) XIXe s. : dér. formés sur *coxa*.

CUL
♦|1| (pop.) XIIIe s. « derrière » et « fond d'un objet » : lat. *cūlus*; **CUCUL** XXe s., adj. fam. « niais »; **TUTU** fin XIXe s., « caleçon collant de danseuse » puis « jupe de danseuse » : altération euphémique de *cucul*, redoublement enfantin de *cul*. ♦|2| **CUL-**

BLANC XVIᵉ s., nom d'oiseau : **CUL-DE-BASSE-FOSSE** XVIIᵉ s. ; **CUL-DE-FOUR** XIVᵉ s., archit. ; **CUL-DE-JATTE** XVIIᵉ s. ; **CUL-DE-LAMPE** XVᵉ s. « ornement dont la forme rappelle le dessous d'une lampe d'église » ; **CUL-DE-POULE** XVIᵉ s. ; **CUL-DE-SAC** XIIIᵉ s. ; **TORCHE-CUL** XVIᵉ s. ♦ |3| **CULER** XVᵉ s. « frapper au cul », XVIIᵉ s., mar. « reculer » ; **ACCULER** XIIIᵉ s. « pousser le cul contre un obstacle » ; **ÉCULÉ** XVIIᵉ s. ♦ |4| **RECULER** XIIᵉ s. : a dû se dire d'abord de la marche en arrière des bêtes de somme ; **RECUL** XIIIᵉ s. ; **RECULEMENT** XIVᵉ s. ; **RECULADE** XVIIᵉ s. ; **À RECULONS** XIIIᵉ s. ♦ |5| **BASCULE** XVIᵉ s. : altération, sous l'infl. de *basse*, de *bacule* XVᵉ s. « action de frapper le derrière de quelqu'un contre terre pour le punir » dér. du verbe *baculer*, composé de *battre* et de *culer* ; emploi métaph., la *bascule* heurtant le sol en s'abaissant ; **BASCULER** XVIIᵉ s. altération, sous l'influence de *bascule*, de *baculer* XIVᵉ s. ♦ |6| **BOUSCULER** fin XVIIIᵉ s. : altération de *bouteculer* XIIIᵉ s. ; verbe composé de *bouter* et de *culer*, sous l'influence de *basculer*, à moins qu'il ne s'agisse d'une forme dial., *bousser* (Est) ; **BOUSCULADE** fin XIXᵉ s. ♦ |7| **CULBUTER** XVᵉ s. : verbe composé de *culer* et de *buter* (→ le précédent) ; **CULBUTE** XVᵉ s. ; **CULBUTEUR** XVIᵉ s. ♦ |8| **CULÉE** XIVᵉ s. ; **CULASSE** XVIᵉ s. ; **CULOT** XIVᵉ s. « fond de certains objets », XVIIᵉ s. « dépôt accumulé au fond d'un récipient », XIXᵉ s. fam., « hardiesse », emploi métaph., le *culot* servant à donner de l'aplomb à certains objets, en particulier à des lampes ; **CULOTTÉ** XIXᵉ s. « hardi » ; **CULOTTER** (une pipe) XIXᵉ s. ♦ |9| **CULOTTE** XVIᵉ s., *hauts-de-chausses à la culotte* ; **CULOTTER** XVIIIᵉ s. « mettre une culotte » ; **DÉCULOTTER** XVIIIᵉ s. ; **SANS-CULOTTE** fin XVIIIᵉ s. : désigne les gens du peuple parce qu'ils portaient le pantalon, à la différence des aristocrates qui portaient la *culotte* courte.

CUMIN XIIIᵉ s. sous la forme *coumin*, XIVᵉ s., forme mod. : lat. *cuminum*, du gr. *kuminon*, mot d'origine orientale.

CURARE XVIIIᵉ s., substance utilisée pour empoisonner les flèches : mot caraïbe (Antilles) attesté aussi sous les formes *urari* et *curari*.

CURE famille du lat. *cura* « soin », « souci », d'où, dans la langue administrative, « direction », « charge », dans celle du droit « curatelle » et dans celle de la médecine « traitement ». Dér. : (1) *curare* « prendre soin de », « soigner », « nettoyer », d'où *curator* « celui qui est chargé de quelque chose », remplacé en lat. eccl. médiéval par *curatus* « chargé de la *cura* des âmes » (et non simplement, comme en lat. class., part. passé de *curare*) ; *curabilis* « qui peut être guéri » et *incurabilis* ; *procurare* « s'occuper de » (2) *incuria* « négligence » (3) *curiosus* « soigneux », « curieux », « indiscret », et *curiositas* « désir de connaître » (4) *securus* (avec préf. privatif) « libre de soins ou de soucis », d'où *securitas* « tranquillité » et bas lat. *assecurare* « donner la tranquillité ».

I. base *-cur-* (commune aux mots sav. et aux mots pop.)

♦ |1| **CURE** (pop.) XIᵉ s. « soin », survit dans la locution *n'avoir cure de* ; XIIᵉ s. « charge eccl. », XVᵉ s. « résidence du curé », XVIᵉ s. « traitement médical » : *cūra* ♦ |2| **CURER** (pop.) XIIᵉ s. « soigner », « guérir » et « nettoyer » : *cūrāre* ; **ÉCURER** XIIIᵉ s. ; **RÉCURER** XIIIᵉ s. ; **RÉCURAGE** XVIᵉ s. ; **CURE-DENT** XVᵉ s. ; *-CURE*, 2ᵉ élément de composés dans **PÉDICURE** XVIIIᵉ s. (→ PIED) et **MANUCURE** XIXᵉ s. (→ MAIN). ♦ |3| **CURETTE** XVᵉ s. « outil servant à curer », particulièrement en chirurgie ; dér. de *curer* ; **CURETER**, **CURETAGE** XIXᵉ s. ♦ |4| **CURÉ** XIIIᵉ s. : *cūrātus*. ♦ |5| **CURABLE** XIIIᵉ s. : *curabilis* ; **INCURABLE** (sav.) XIVᵉ s. : *incurabilis*. ♦ |6| **CURISTE** (sav.) XIXᵉ s. : dér. de *cure* au sens médical. ♦ |7| **CURATEUR** (sav.) XIIIᵉ s. : *curator* ; **CURATION** (sav.) XIIᵉ s. : *curatio* ; **CURATELLE** (sav.) XIVᵉ s. : lat. médiéval *curatela*, croisement de *curatio* et de *tutela* ; **CURATIF** XIVᵉ s. ♦ |8| **PROCURER** XIIᵉ s. « avoir soin de », XVᵉ s. « faire obtenir » : *procurare* ; au premier de ces deux sens, aujourd'hui disparu, se rattachent les dér. **PROCURE**, **PROCUREUR** XIIIᵉ s., **PROCUREUSE** XVIIᵉ s., **PROCURATEUR** (sav.) XIIᵉ s. : *procurator*, **PROCURATION** XIIIᵉ s. : *procuratio*. ♦ |9| **INCURIE** XVIᵉ s. : *incuria* (sav.). ♦ |10| **SINÉCURE** XVIIIᵉ s. : angl. *sinecure*, calqué sur le loc. lat. *sine cura* « sans souci » d'abord appliquée à certaines charges eccl. ♦ |11| **CURIEUX** XIIᵉ s. « qui a souci de », « qui cherche à connaître », XVIIᵉ s., appliqué à des choses : *curiosus* ; **CURIOSITÉ** (sav.) XIIᵉ s. : *curiositas* ;

INCURIOSITÉ XIVe s. : *incuriositas*. ♦|12| **SÉCURITÉ** (sav.) XIIIe s., rare jusqu'au XVIIe s. : *securitas* ; **SÉCURISANT** XXe s..

II. base *-sur-* (pop.)

♦|1| **SÛR** XIe s. « qui a de l'assurance », « qui est en sûreté », XIIe s. « qui sait avec certitude » et « dont on ne peut douter », XIVe s. « (endroit) où l'on n'a rien à craindre » : *secūrus* ; **SÛRETÉ** XIIe s., sous la forme *seürté*, XVe s., avec terminaison demi-sav., calquée sur celle de *securitas* → SÉCURITÉ, I. 12 ♦|2| **ASSURER** XIIe s. « tranquilliser », XIIIe s. « affirmer », « donner pour certain », XVIe s. « mettre un bien en sûreté », éventuellement par contrat, à l'origine, à propos de vaisseaux et de leur fret ; XVIIe s. « consolider » : *assecūrāre* ; **ASSURANCE** XIIe s., XVIe s., contrat, surtout à propos des risques de mer ; **ASSUREUR** XVIe s. ; **ASSURÉMENT** XVIe s. ♦|3| **RASSURER** XIIe s. ; **RASSURANT** XVIIIe s., adj. ; **RÉASSURER, RÉASSURANCE** XVIIIe s. : dér. de *assurer*.

CURIE (sav.) XVIe s. « division de la tribu chez les Romains » : lat. *cŭria*, même sens, mot d'origine obscure mais certainement sans rapport avec *cura* (→ CURE) ; XIXe s. « ensemble des organes du gouvernement pontifical » : it. *curia*, de même origine.

CUVE ♦|1| (pop.) XIIe s. : lat. *cūpa* « tonne », « barrique », « cuve en bois » : **CUVIER** XIIe s. ; **CUVEAU** XIIe s. ; **CUVETTE** XIIe s. ♦|2| **CUVÉE, CUVAGE** XIIIe s. ; **CUVER** XIVe s. ♦|3| **CUVELER, CUVELAGE** XVIIIe s., techn. ♦|4| **COUPE** (pop.) XIIe s. : bas lat. *cŭnpa* « coupe », var. de *cūpa* ; **COUPELLE** XVe s. ♦|5| **SOUCOUPE** XVIIe s. : calque de l'it. *sottocoppa*, de même origine. ♦|6| **COUPOLE** XVIIe s. : it. *cupola* : lat. *cūpŭla*, dimin. de *cūpa*. ♦|7| **CUPULE** (sav.) XVIIe s. : lat. *cupula*, dimin. de *cupa* « cuve », pris pour un dimin. de *cuppa* « coupe ».

CYAN(O)- ♦|1| (sav.) XIXe-XXe s., chimie et méd. : gr. *kuanos* « bleu », 1er élément de mots sav., ex. : **CYANOSE, CYANURE, CYANHYDRIQUE** XIXe s., etc. ♦|2| **-CYANOSE** : 2e élément de composés sav., ex. : **ACROCYANOSE** XXe s., méd., « coloration en bleu des extrémités ».

CYGNE (pop.) XIIIe s. : altération de *cisne* XIIe s. : bas lat. *cicinus*, du lat. class. *cycnus*, du gr. *kuknos*.

CYMBALE ♦|1| (sav.) XIIe s. lat. *cymbalum* : grec *kumbalon* ; **CYMBALIER** XVIIe s. ♦|2| **CLAVECIN** (demi-sav.) XVIIe s., XVe s. sous la forme *clavicymbale* : lat. médiéval *clavicymbalum*, « cymbale à clavier ».

CYPRÈS (sav.) XIIe s. *ciparis, cyperis* : bas lat. *cypressus*, forme hellénisée du lat. class. *cupressus*, du gr. *kuparissos*.

CYPRIN (sav.) XVIIIe s. : gr. *kuprinos* « carpe » par le lat.

CYST(O)- 1er élément de mots sav. : gr. *kustis* « poche gonflée », « vessie », ex. : **CYSTOTOMIE** XVIIe s. ; **CYSTITE** XVIIIe s. ; **CYSTALGIE** XIXe s., etc.

CYTISE (sav.) XVIe s. : gr. *kutisos*, par le lat.

DAGUE XIIIᵉ s. : anc. prov. ou it. *daga*, mot obscur : p.-ê. lat. vulg. **daca* « (épée) dace » ; **DAGUER** XVIᵉ s. ; **DAGUET** XVIᵉ s. : dér. de *dague* au sens de « premier bois du cerf », emploi métaph.

DAIGNER famille d'une racine ind.-eur. **dek-* « convenir » représenté en latin par : (1) *decet* « il convient » et *decentia* « convenance » ; (2) *decus, -oris* et *decor, -oris* « bienséance », « décence », « dignité », d'où *decorus* « paré » et *decorare* « décorer » (3) *dignus* « digne », issu de **dek-nos*, d'où *dignitas, -atis* « dignité », *dignare* et *dignari* « juger digne », *indignus* « indigne » ; *indignari* « juger indigne ». Cette racine est p.-ê. apparentée à celle de *docere* et *discere* (→ DOCTE) mais le rapport est obscur et seulement hypothétique.

I. mots populaires

DAIGNER Xᵉ s. : bas lat. *dignāre*, du lat. class. *dignari* ; **DÉDAIGNER** XIIᵉ s. : dér. de *daigner* ; **DÉDAIN** XIIᵉ s. ; **DÉDAIGNEUX** XIIᵉ s. ; **DÉDAIGNEUSEMENT** XIIIᵉ s.

II. mots savants

♦ııı **DIGNE** XIᵉ s. : *dignus* ; **DIGNITÉ** XIᵉ s. : *dignitas* ; **DIGNITAIRE** XVIIIᵉ s. : dér. de *dignité*. ♦ı2ı **INDIGNE** XIIᵉ s. : *indignus* ; **INDIGNER** XIVᵉ s. : a éliminé son doublet pop. anc. fr. *endeignier*, de *indignari* ; **INDIGNATION** XIIᵉ s. : *indignatio* ; **INDIGNITÉ** XIVᵉ s. : *indignitas*. ♦ı3ı **DÉCENCE** XIIIᵉ s. : *decentia* ; **DÉCENT** XVᵉ s. : *decens*, part. présent de *decet* ; **INDÉCENT** XIVᵉ s. : *indecens* ; **INDÉCENCE** XVIᵉ s. ♦ı4ı **DÉCORER** XIVᵉ s. : *décorare* ; **DÉCORATION** XIVᵉ s. « action de décorer », XVIIIᵉ s. « insigne d'un ordre honorifique » ; **DÉCORATIF** XIVᵉ s. ; **DÉCORATEUR, DÉCOR** XVIᵉ s. ♦ı5ı **DÉCORUM** XVIᵉ s. : mot lat. « convenance », neutre substantivé de l'adj. *decorus*.

DAIM (pop.) XIIIᵉ s. : lat. vulg. **dāmus*, du lat. class. *dăma* ou *damma*, même sens : mot d'empr. d'origine incertaine, p.-ê. celtique, p.-ê. africain.

DAIS ♦ııı (pop.) XIIᵉ s. « table ou estrade ronde » ; XVIᵉ s. « baldaquin » : lat. *discus* « plateau », du gr. *diskos* « disque ». ♦ı2ı **DISQUE** (sav.) XVIᵉ s. « objet rond et plat » ; XXᵉ s., mus. : gr. *diskos* par le lat. ; **DISCOBOLE** (sav.) XVIᵉ s. : gr. *diskobolos* « lanceur de disque » ; **DISCOTHÈQUE, DISCOPHILE, DISQUAIRE** XXᵉ s. : dér. de *disque*, au 2ᵉ sens de ce mot.

DALLE ♦ııı XIVᵉ s., attesté d'abord dans des textes normands : anc. nordique *daela* « gouttière » ; a dû désigner à l'origine une pierre légèrement creusée pour faciliter l'écoulement de l'eau (→ mar. et techn. *dalot*). ♦ı2ı **DALLER** une fois au XIVᵉ s., puis XIXᵉ s. ; **DALLAGE, DÉDALLER** XIXᵉ s.

DAM famille du lat. *damnum* « détriment, dommage, punition », issu de **dapno-m*, apparenté à *daps, dapis* « sacrifice offert aux dieux, banquet sacré », désignant à l'origine une punition ou une compensation rituelle, n'ayant pas le caractère pécuniaire qui apparaît dans le mot *poena* (→ PEINE), plus tardif. Dér. :

indemnis « sans dommage » ; *indemnitas* (bas lat.) « dédommagement » ; *damnare* et *condemnare*, d'abord « frapper d'une amende », puis « frapper de toute espèce de châtiment ».

♦ |1| **DAM** (pop.) IXᵉ s., subsiste dans *au grand dam de, à son dam* : *damnum*. ♦ |2| **DOMMAGE** (pop.) XIᵉ s. : altération, sans doute sous l'infl. de *dongier* (→ DANGER, art. DAME), de *damage* également attesté en anc. fr. : lat. vulg. *damnātĭcu*, dér. de *damnum* ; **ENDOMMAGER** XIIᵉ s. ; **DÉDOMMAGER** XIIIᵉ s. ; **DÉDOMMAGEMENT** XIVᵉ s. ; **DOMMAGEABLE** XIVᵉ s. ♦ |3| **DAMNER** (sav.) Xᵉ s. : *damnare*, appliqué en lat. eccl. aux peines de l'enfer ; **DAMNABLE** XIIᵉ s. ; **DAMNATION** XIIᵉ s. : *damnatio*. ♦ |4| **CONDAMNER** (demi-sav.) XIIᵉ s. : altération, sous l'influence de *damner*, de l'anc. fr. *condemner* (jusqu'au XVIᵉ s.) : lat. *condemnare* ; **CONDAMNATION** XIIIᵉ s. ; **CONDAMNABLE** XVᵉ s. ♦ |5| **INDEMNE** (sav.) XIVᵉ s. : *indemnis* ; **INDEMNITÉ** (sav.) XIIIᵉ s. : *indemnitas* ; **INDEMNISER** XIVᵉ s. ; **INDEMNISATION** XVIIIᵉ s.

DAME famille d'une rac. ind.-eur. *dem- « maison » représentée :
En grec dans le mot *despotēs*, issu de *dems-potēs* « maître de la maison » et dans une forme à ō, *dôma* « maison », « toit en terrasse ».
En latin, dans *domus* « maison ». — Dér. : (1) *domesticus* « de la maison », « de la famille » ; bas lat. *domesticitas* « parenté » ; (2) *domicilium* « demeure » ; (3) *dominus* et *domina*, lat. vulg. *domnus*, *domna* « le maître », « la maîtresse de maison » ; (4) *dominari* « être le maître » et *dominatio* « souveraineté », « pouvoir absolu » ; (5) *dominium* et lat. vulg. *dominio, -ōnis* « droit de propriété » ; (6) Lat. imp. *dominicus*, adj. « qui appartient au maître » ou « au Seigneur, à Dieu » ; (7) Lat. vulg. *dominiarium* « domination », « puissance » et les diminutifs *dominicellus*, *dominicella*.

I. mots populaires issus du latin

♦ |1| **DAME** (pop.) XIᵉ s. « femme noble ». XVIIᵉ s. « femme mariée d'un certain niveau social » : *domina*, fém. de *dominus* qui avait pris à l'époque gallo-romane le sens de « maître d'un fief » ; l'affaiblissement de o en a est dû à un emploi atone du mot ; **MADAME** XIIᵉ s., même évolution. ♦ |2| **DAME (AU JEU DE DAMES)** XVIᵉ s. : emploi particulier du mot précédent, d'où **DAMIER** et **DAMER** *(le pion)* XVIᵉ s. ♦ |3| une forme analogue a existé aussi au masc. ; elle est attestée en composition, en anc. fr. dans l'expression *damedieu* « seigneur Dieu », et survit dans **VIDAME** XIIᵉ s. : *vicedominus* « lieutenant d'un seigneur ». ♦ |4| **DAME !** XVIIᵉ s., interjection : abrév. d'un juron plus ancien, soit *damedieu !* soit *tredame !*, issu de *Notre-Dame*. ♦ |5| **DEMOISELLE** Xᵉ s., d'abord sous les formes *domnizelle, dameiselle*, Xᵉ-XVIIIᵉ s., « fille noble », « femme mariée de petite noblesse », XVIIIᵉ s. « femme non mariée » ; **MADEMOISELLE** XVIᵉ s. en un seul mot ; **MAM'ZELLE** fin XVIIᵉ s. ; **DAMOISEAU** XIIᵉ s. « jeune seigneur » : *dominicellus*. ♦ |6| **DAME-JEANNE** XVIIᵉ s. terme de marine dont on trouve l'équivalent en prov., en it., en angl., etc. : il est possible que le mot fr. soit à l'origine des autres et soit simplement composé de *dame* et de *Jeanne*, des noms de femmes ayant été utilisés dans certains dial. pour désigner des récipients (ex. : Normandie, *christine* « grande bouteille en grès » ; Nord, *jacqueline* « cruche de grès »). ♦ |7| **DIMANCHE** XIIᵉ s. : lat. vulg. *diominica*, forme dissimilée et fém. du lat. imp. *dies dominicus* « jour du seigneur » ; **ENDIMANCHER** XVIᵉ s. ♦ |8| **DOMAINE** XIᵉ s. *demaine* : *dominium* ; **DOMANIAL** XVIIᵉ s. ♦ |9| **DONJON** XIIᵉ s. : *dominio, -ōnis*. ♦ |10| **DANGER** XIIᵉ s. « pouvoir », « domination », XIIIᵉ s. « péril ». à partir d'expressions telles que *être au danger de quelqu'un* : altération, p.-ê. sous l'influence de *dam*, de l'anc. fr. *dongier* : *domniarium* ; **DANGEREUX** XIIᵉ s. ; **DANGEREUSEMENT** XVIᵉ s.

II. mots savants issus du latin

♦ |1| **DOMESTIQUE** XIVᵉ s., adj., XVIᵉ s., subst. : *domesticus* ; **DOMESTIQUER** XVᵉ s. ; **DOMESTICITÉ** XVIIᵉ s. : *domesticitas*. ♦ |2| **DOMICILE** XIVᵉ s. : *domicilium* ; **DOMICILIER, DOMICILIAIRE** XVIᵉ s. ; **DOMICILIATION** XXᵉ s. ♦ |3| **DOMINER** Xᵉ s. : *dominari* ; **DOMINATION** XIIᵉ s. : *dominatio* ; **DOMINATEUR** XIIIᵉ s. : *dominator* ; **PRÉDOMINER** XVIᵉ s. ; **PRÉDOMINATION** XVIᵉ s., rare avant le XIXᵉ s. ♦ |4| **DOMINICAL** XIVᵉ s. : bas lat. *dominicalis*, adj. formé pour servir de dér. à *dies dominica* → DIMANCHE. ♦ |5| **DOMINIQUE** (prénom) : *dominicus* ; **DOMINICAIN** XVIIIᵉ s., « relig. de saint Domingue », esp. *san Domingo* : fr. *saint Dominique*. ♦ |6| **DOMINO** XVIe s. « pèlerine noire à capuchon, portée en hiver par les prêtres », XVIIIe s. « robe flottante à capuchon utilisée dans les bals masqués » : mot lat., p.-ê. abrév. d'une formule liturgique, ex. : *benedicamus Domino* « bénissons le Seigneur ». ♦ |7| **DOMINO** XVIIIe s., jeu : probablement emploi métaph. du précédent, l'envers des dominos étant noir.

III. mot savant issu du grec
DESPOTE et sa famille → POUVOIR.

IV. mots d'emprunt
♦ |1| **DÔME** XVe s. cathédrale d'une ville it. : it. *duomo*, du lat. *domus* « maison (de Dieu) » ; XVIe s. « sorte de coupole » : prov. *doma*, du lat. *dôma*, qui a désigné un type de toiture arrondi, d'origine orientale. ♦ |2| **DOMINION** XIXe s. : mot anglais : lat, *dominium* ; **CONDOMINIUM** XIXe s. : empr. à l'angl. : lat. mod., langue de la diplomatie, dér. de *dominium* « domination en commun ». ♦ |3| **DON** XVIe s. : mot vivant à la fois en esp. et en it. : *domĭnus*. ♦ |4| **DOM** XVIe s., titre dont on fait précéder le nom de certains religieux : it. *don*, avec orthographe latinisée. ♦ |5| **PRIMA DONNA** XIXe s. : expression italienne « première dame » ; *donna* : lat. *domĭna* ; **MADONE** XVIIe s. : it. *madonna* « madame », spécialement appliqué à la Vierge, du lat. *domĭna* ; **BELLADONE** XVIIe s. : it. *bella-donna*, par le lat. mod. des botanistes, littéralement « belle dame », parce que cette plante entrait dans la composition de certains fards. ♦ |6| **DONZELLE** XIIe s. « demoiselle », XVIIe s., sens péjoratif, sous l'infl. de l'it. : anc. prov. *donsela*, du lat. **dominicella*. ♦ |7| **DUÈGNE** XVIIe s. : esp. *dueña* de *domĭna*.

DANDY XIXe s. : mot angl. « élégant », d'origine obscure ; p.-ê. simplement forme hypocoristique de *Andrew*, « André » ; **DANDYSME** XIXe s.

DANSER ♦ |1| (pop.) XIIe s., adopté par l'it., l'esp., l'all., l'angl., a éliminé *baller* (→ BAL) : p.-ê. frq. **dintjan* « se mouvoir » ou **dansôn* « tirer » ou lat. **de-antiare*, var. de **ab-antiare* (→ AVANCER, art. AVANT) avec préf. *de-* à valeur intensive ; **DANSE** XIIe s. ; **DANSEUR** XVe s. ♦ |2| **CONTREDANSE** XVIIe s. : angl. *country dance* → CONTRE. ♦ |3| **DAN-CING** XXe s. : mot angl., abrév. de *dancing house* « maison de danse » ; part. présent de *to dance* « danser », d'origine fr. Pour les mots sav. exprimant la notion de « danser » → CHORÉGRAPHIE, art. CHŒUR.

DARD (pop.) XIe s. : frq. **darodh* ; **DARDER** XVe s.

DARTRE (pop.) XVe s., var. de *derte*, *dertre* XIVe s. : bas lat. *derbĭta*, mot d'origine gauloise ; **DARTREUX** XVe s.

DATTE famille du gr. *daktulos* « doigt ».
♦ |1| **DATTE** (pop.) XIIIe s. : anc. prov. *datil* ou it. (Gênes) *dattero*, du lat. *dactylus*, du gr. *daktulos*, à cause de la forme de ce fruit ; **DATTIER** XIVe s. ♦ |2| **DACTYLE** (sav.) XIVe s, métrique : gr. *daktulos* « pied formé d'une syllabe longue et de deux brèves, comme le doigt est formé d'une phalange longue et de deux courtes » ; **DACTYLIQUE** XVIe s. ♦ |3| **DACTYLO-** 1er élément de composés sav., ex. : **DACTYLOGRAPHIE, DACTYLOGRAPHE** XIXe s. ; **DACTYLOGRAPHIER** XXe s. ; **DACTYLOSCOPIE** XXe s. ♦ |4| **DACTYLO** XXe s. : abrév. de *dactylographe*. ♦ |5| **-DACTYLE** 2e élément de composés sav., ex. : **POLYDACTYLE** XIXe s. : **PTÉRODACTYLE** XIXe s.

DAUBER (sur quelqu'un) (pop.) XIIIe s. « garnir », « crépir un mur », XVIe s. « dénigrer quelqu'un » : la forme provençale parallèle *dalbar* « blanchir » rend vraisemblable l'étymologie contestée *dealbare* « blanchir », de *albus* (→ AUBE).

DAUPHIN ♦ |1| (mot d'empr. pop. avec orth. *ph* savante) XIIe s., cétacé : anc. prov. *dalfin*, du bas lat. *dalfinus*, altération du lat. class. *delphinus*, du gr. *delphis*, *-inos*.
♦ |2| **DAUPHIN** (fils aîné du roi de France) (pop.) XIVe s. : lat. vulg. *Dalfinus*, du lat. class. *Delphinus*, ancien nom propre, devenu titre héréditaire des comtes du Dauphiné et de l'Auvergne ; adopté par la maison royale de France en 1349, au moment de l'annexion du Dauphiné à la France.

DE famille du lat. *de*, prép. et préverbe indiquant l'origine, l'éloignement, le mouvement de haut en bas, qui a pris secondairement le sens de « au sujet de » (1) cette particule sert de préf. à un assez grand nombre de verbes, marquant un mouvement de haut en bas, ex. : *descendere* « descendre », de *de* et *scandere* « monter » ; une action faite d'après un objet, ex. : *describere* « décrire », *depingere* « dépeindre » ; une privation ou un éloignement, ex. : *decapitare* « décapiter » ; un simple renforcement, ex. : *deperire* « être perdu, mourir », *derelinquere* « abandonner » (2) elle a servi également à renforcer un grand nombre d'adv., surtout en lat. imp., ou en bas lat. ; un certain nombre d'entre eux sont passés en fr. : *de ex* « à partir de », *de foras* « dehors » ; *de intus* « dans » ; *de mane* « demain » ; *de subtus* « dessous » ; *de super* « dessus » ; *de unde* « d'où » ; *de usque* « jusque » ; (3) la forme *deorsum* « en bas », « de haut en bas », qui s'oppose à *sursum* « en haut », s'explique par **de-vorsum*, de la famille de *vertere* « tourner », → VERS (4) enfin, à l'aide du suff. **-ter* servant à opposer un côté à un autre, qu'on trouve aussi dans *exterior* dér. de *ex*, a été formé l'adj. *deterior* « inférieur ». « pire », d'où bas lat. *deteriorare* « détériorer ».

♦ |1| DE (pop.) Xᵉ s., prép. : *de*. ♦ |2| DÉ- : préf. représentant le lat. *de-* dans un certain nombre de mots sav. ou pop. tels que *dépeindre, dépérir*, etc., et qui s'est confondu avec DÉ- (pop.) issu de *dis-*. ♦ |3| DÈS (pop.) XIᵉ s., prép. : *de ex*. → É-. ♦ |4| DEHORS → ce mot. ♦ |5| DANS → EN. ♦ |6| DEMAIN → MATIN. ♦ |7| DESSOUS, DESSUS → SOUS. ♦ |8| DONT → QUI. ♦ |9| JUSQUE → QUI. ♦ |10| JUSANT (pop.) XVᵉ s. : mot dial. (Normandie), dér. de l'anc. fr. *jus* : *deorsum*, avec influence de SUS → VERS. ♦ |11| DÉTÉRIORER (sav.) XVᵉ s. : *deteriorare* ; DÉTÉRIORATION (sav.) XVᵉ s., rare avant le XVIIIᵉ s. : *deterioratio*.

DÉ-, DÉS- ♦ |1| (pop.) : lat. *dis-*, préf. marquant la séparation, la direction en sens opposés, le contraire, la négation, ex. : *découvrir, désordre, déloyal* ; la forme *dé-* s'est confondue avec le *dé-* issu du lat. *de-* → art. précédent. ♦ |2| DIS- (sav.) ex. : *disposer, discontinuité, dissymétrie*. ♦ |3| DI- (sav.) : forme prise par le préf. lat. *dis-* devant certaines consonnes parfois redoublées ; apparaît dans quelques mots sav., ex. : *différent, difficile, digérer*, etc.

DÉBILE (sav.) XIVᵉ s. : lat. *debilis* « infirme, estropié, débile » ; DÉBILITÉ XIIIᵉ s. : *debilitas* ; DÉBILITER XIVᵉ s. : lat. *debilitare*.

DÉBINER XVIIIᵉ s. arg. « calomnier » et « flancher », XIXᵉ s. SE DÉBINER « fuir » et DÉBINE « misère » : or. obsc. ; la loc. wallonne *se laisser rebiner* « se laisser dépasser » et anc. fr. *s'en biner* « s'enfuir », wallon, pic. *biner, débiner, rebiner* « perdre son temps en courses vaines » suggèrent un point de départ *biner* « doubler » qui permettrait un rapprochement avec BINER, art. DEUX II 1.

DÉBITER (pop.) XVᵉ s. « couper en petits morceaux », en parlant du bois, XVᵉ s. « vendre au détail », XVIIᵉ s. « raconter en détaillant », XIXᵉ s. « laisser s'écouler une certaine quantité de liquide ou de gaz » : mot d'origine germ., se rattache p.-ê. à l'anc. scandinave *biti* « poutre de navire » → BITTE, p.-ê. au moyen bas all. *biten* « couper, fendre » ; DÉBIT XVIᵉ s. « vente au détail », XVIIᵉ s. « élocution », XIXᵉ s. « boutique où l'on vend du tabac ou des boissons » ; DÉBITANT XVIIIᵉ s. ; DÉBITEUR (de discours) XVIIᵉ s.

DÉBLATÉRER famille sav. du lat. arch. et imp. *deblaterare* « bavarder à tort et à travers », et du lat. imp. *blaterare* « bavarder » et « pousser son cri (chameau et grenouille) » ; mots fondés sur une onom. *bla-* (→ BLABLA, Annexe I et art. BOBINE), évoquant le bavardage. ♦ |1| DÉBLATÉRER fin XVIIIᵉ s. : *deblaterare*. ♦ |2| BLATÉRER XIXᵉ s. « crier (chameau) » : *blaterare*.

DÉCHIRER (pop.) XIIᵉ s. : altération, par substitution de préf., de l'anc. fr. *essirer*, *échirer*, mot d'origine germ., soit frq. **skerian* « partager », soit frq. *skiran* « gratter », « décrotter » ; DÉCHIREMENT XIIᵉ s. ; DÉCHIRURE XIIIᵉ s. ; S'ENTRE-DÉCHIRER XVIᵉ s. ; DÉCHIRANT XVIIᵉ s., sens fig., rare avant le XVIIIᵉ s.

DÉFENDRE famille d'un verbe lat. *-fendĕre, -fensus* dont le sens devait être « frapper », « heurter », usité seulement dans les formes préfixées : (1) *defendere*,

defensus « repousser », « écarter », « mettre une opposition ou un obstacle », d'où « protéger » ; dér. : *defensor* « défenseur » (2) *offendere, offensus* « heurter, choquer », dér. : *offensare* même sens.

I. base *-fend-*

DÉFENDRE (pop.) XIᵉ s. « protéger » et « interdire » : *defendĕre* ; DÉFENDEUR XIIᵉ s. « défenseur », XIIIᵉ s., jur. ; DÉFENDABLE XIIIᵉ s. ; INDÉFENDABLE XVIIᵉ s.

II. base *-fens-*

♦ |1| DÉFENSE (pop.) XIᵉ s. : bas lat. *defensa*, part. passé fém. substantivé qui avait éliminé le lat. class. *defensio* ; AUTODÉFENSE XXᵉ s. ; DÉFENSEUR XIIIᵉ s., a fini par éliminer *défendeur* de tous les emplois non juridiques : *defensor -oris* ; DÉFENS XIIᵉ s. : *defensus* ; DÉFENSIF XIVᵉ s. : lat. médiéval *defensivus*. ♦ |2| OFFENSE une fois début XIIIᵉ s., puis, fin XIVᵉ s. : *offensa*, part. passé fém. substantivé de *offendere* ; OFFENSER XVᵉ s. : dér. de *offense*, ou p.-ê. empr. au lat. *offensare* ; OFFENSEUR XVᵉ s. ; OFFENSANT XVIIᵉ s., adj. ♦ |3| Il existait en anc. fr. un verbe *offendre* « attaquer », du lat. *offendĕre*, d'où la formation de OFFENSIF XVᵉ s. « qui constitue une offense », XVIᵉ s., sens milit. sur le modèle de *défensif* ; OFFENSIVE fin XVIᵉ s. subst. ; INOFFENSIF XVIIIᵉ s.

DÉFUNT famille du lat. *fungi, functus* « s'acquitter de », « accomplir » d'où *functio, -onis* « accomplissement » et *defungi* « s'acquitter entièrement », part. passé *defunctus* « qui s'est acquitté de la vie », « mort ».

♦ |1| DÉFUNT (sav.) XIIIᵉ s. : *defunctus*. ♦ |2| FONCTION (sav.) XVIᵉ s. « rôle d'un élément dans un ensemble » et sens biol., XIXᵉ s. « profession », « service public », et en chimie et math. : *functio, -onis* ; FONCTIONNER XVIIᵉ s., rare avant le XVIIIᵉ s. ; FONCTIONNEMENT XIXᵉ s. ♦ |3| FONCTIONNAIRE fin XVIIIᵉ s. ; FONCTIONNARISME XIXᵉ s. ; FONCTIONNARISER XXᵉ s. ♦ |4| FONCTIONNEL XIXᵉ s. « relatif aux fonctions des organes », XXᵉ s. « bien adapté à sa destination » ; FONCTIONNELLEMENT XIXᵉ s. ♦ |5| FONGIBLE XVIIIᵉ s., jur. « qui se consomme par l'usage et ne peut être restitué » : dér. sur la base du verbe *fungi* ; FONGIBILITÉ XXᵉ s.

DÉGINGANDÉ (pop.) XVIᵉ s., d'abord sous la forme *déhingander* : mot dial. (Normandie, Haut-Maine) dér. du moyen fr. *hinguer* « sautiller » d'origine germ., du moyen haut all. *hingeln* « boitiller », croisé avec *ginguer*, var. de *giguer* → GIGUE.

DÉGLINGUER fin XIXᵉ s. : altération de *déclinquer* XIXᵉ s., dér. de *clin* « disposition du bordage », terme mar., du néerl. *klink*.

DEGRÉ famille du lat. (1) *gradus* « pas », « marche d'escalier », « échelon », d'où « degré » ; dér. : *gradatio* « gradin » et « gradation » et bas lat. *degradare* « priver de son rang, dégrader » (2) à la même base *-grad-* appartient le verbe *gradi, gressus* « marcher », qui apparaît surtout en composition sous la forme *-gredi, -gressus* dans *adgredi* « aller vers, attaquer » ; *congredi* « rencontrer » ; *degredi* « descendre » ; *digredi* « s'éloigner » ; *ingredi* « entrer » ; *progredi* « avancer » ; *regredi* « revenir » ; *transgredi* « traverser ». À tous ces verbes correspondent des subst. abstraits en *-gressio*, ou *-gressus* (3) enfin, il existe un adj. *-gradus* qui apparaît en composition dans *retrogradus* « qui marche à reculons » et *tardigradus* « qui marche lentement ».

I. formes populaires

♦ |1| DEGRÉ XIᵉ s. : forme renforcée de l'anc. fr. *gré* : *gradus* ; de provient p.-ê. du verbe *degradare*, qui a pu prendre en lat. vulg. le sens de « descendre ». ♦ |2| GRAVIR XIIIᵉ s. peut difficilement remonter, comme l'it. *gradire*, à un lat. vulg. **gradīre*, la forme attendue étant alors **grair* ; il s'agit p.-ê. de *gradū īre* « aller de marche en marche », devenu **gradivīre*, ce qui explique mieux la présence d'un *v*.

II. formes savantes

A. base *-grad-*

♦ |1| GRADE XVIᵉ s., « degré de dignité », XVIIIᵉ s., milit. XIXᵉ s. « centième partie d'un quadrant » : lat. *gradus* ; GRADÉ XVIIIᵉ s. ♦ |2| GRADATION XVᵉ s. : *gradatio*. ♦ |3| DÉGRADER XIIᵉ s. : *degradare* ; DÉGRADATION XVᵉ s., droit eccl., XVIᵉ s. « avilissement », XVIIᵉ s. « détérioration » : *degradatio*. ♦ |4| GRADUER XVᵉ s. : lat. médiéval *graduare*, formé sur *gradus* ; GRADUATION XIVᵉ s. ; GRADUEL XIVᵉ s. adj. et subst., liturgie catholique, « (versets) qui se chantent sur les degrés de l'ambon », XVIIᵉ s. adj., « pro-

gressif » : lat. médiéval *gradualis*. ♦ |5| -**GRADE**, suff. exprimant la notion de « marcher », dans *plantigrade, tardigrade, rétrograde* : lat. *-gradus*.
B. base *-gred-* **INGRÉDIENT** XVI° s. : *ingrediens*, part. présent de *ingredi* « entrer dans ».
C. base *-gres-*
♦ |1| **CONGRÈS** XVI° s. « union sexuelle », XVII° s. « réunion », XVIII° s. « assemblée législative des U.S.A. » (de l'anglo-américain qui l'avait lui-même empr. au fr.) : lat. *congressus*, de *congredi* ; **CONGRESSISTE** XIX° s. ♦ |2| **PROGRÈS** XVI° s. : *progressus*, de *progredi* ; **PROGRESSION** XIV° s. : *progressio* ; **PROGRESSIF** XIV° s. : dér. de *progressus* ; **PROGRESSIVEMENT** XVIII° s. ; **PROGRESSER, PROGRESSISME, PROGRESSISTE** XIX° s. ♦ |3| **AGRESSION** XV° s. : lat. *adgressio*, de *adgredi* ; **AGRESSEUR** XIV° s. : bas lat. *adgressor* ; **AGRESSER** XVI° s., repris au XIX° s., **AGRESSIF** fin XVIII° s. ; **AGRESSIVITÉ** XIX° s. ♦ |4| **DÉGRESSIF** XX° s. : formé sur *degressus*, de *degredi*, d'après *progressif*. ♦ |5| **DIGRESSION** XII° s. : *digressio*, de *digredi*. ♦ |6| **RÉGRESSION** XIV° s., puis XIX° s. : lat. *regressio*, de *regredi*, adopté pour servir d'antonyme à *progression* ; **RÉGRESSIF** XIX° s. : formé sur *regressus*, d'après *progressif* ; **RÉGRESSER** XX° s. ♦ |7| **TRANSGRESSION** XII° s. : *transgressio*, de *transgredi* ; **TRANSGRESSEUR** XIV° s. : lat. eccl. *transgressor* ; **TRANSGRESSER** XIV° s., **TRANSGRESSIF** XIX° s.

III. mots d'emprunt
♦ |1| **GRADIN** XVII° s. : it. *gradino*, dimin. de *grado* « marche d'escalier », de *gradus*. ♦ |2| **DÉGRADER** XVII° s., peinture, « affaiblir progressivement une couleur » : it. *digradare*, du lat. *degradare* ; **DÉGRADATION** XVII° s. : it. *digradazione*.

DÉGRINGOLER (pop.) XVII° s. ; au XVI° s., *desgringueler* et *gringoler* : doit se rattacher au moyen néerl. *crinc* « courbure », et signifier à l'origine « tomber en tournant sur soi-même ».

DÉGUERPIR XII° s. « abandonner », XIV° s. « abandonner un lieu » : dérivé de l'anc. fr. *guerpir*, du frq. *werpjan, étymon de l'all. *werfen* « jeter ».

DEHORS famille d'une racine ind.-eur. **dhwer-* « porte », à laquelle se rattache en lat. (1) *forum* qui a dû désigner à l'origine l'« enclos qui entoure la maison », puis en lat. class. la « place du marché » où se débattaient toutes les affaires privées et publiques (2) *foris, -is* et *fores, -ium* « la porte », en particulier « la porte de la maison donnant sur l'extérieur » ; dérivés : adv. *foris*, bas lat. *deforis* « à la porte », « dehors » ; adj. bas lat. *foranus* « étranger » et *forasticus* « du dehors », « farouche » (3) en bas lat. un adj. substantivé *forestis*, appliqué à la forêt royale dans les diplômes de Childebert, la Loi des Longobards, les Capitulaires de Charlemagne ; p.-ê. dér. de l'adv. *foris*, signifiant « situé en dehors de l'enclos », ou plus vraisemblablement, étant donné le caractère juridique du mot, dér. de *forum* « tribunal » signifiant « forêt relevant de la cour de justice du roi ». Dér. : *forestarius* IX° s.

I. famille de *foris*
♦ |1| **DEHORS** (pop.) XII° s. adv. : lat. *deforis*, atone (sous l'infl. de l'emploi comme prép. de lat. *foris*, anc. fr. *fors*) avec disparition phon. du *f* intervocalique. ♦ |2| **HORS** XI° s., adv. et prép tiré de *dehors* ; élimine *fors* : du lat. *foris*, atone, qui survit comme préf. (→ 4), dans la phrase historique *Tout est perdu fors l'honneur* XVI° s., et, méconnaissable par suite d'un croisement avec l'adjectif *faux*, dans **FAUBOURG** → BOURG, **FAUX-FUYANT** XVI° s., forme fém., vénerie, « sentiers par où s'échappe le gibier », XVII° s., subst. masc. et sens mod. ; altération de *fors-fuyant* « qui fuit au-dehors », et **FAUFILER** XVII° s., altération de *forfiler* XIV° s. ♦ |3| **HORSAIN** XIII° s. « étranger » ; **HORMIS** XIII° s. ; second élément, part. passé *mis* (→ 4), **HORS-D'ŒUVRE** XVI° s. ; **HORS-LIGNE, HORS-TEXTE** XIX° s. : composés de *hors* ; **HORS-LA-LOI** XIX° s. calque de l'angl. *out law* ; **HORS-BORD** XX° s. calque de l'angl. *out board* « (moteur) extérieur au bateau ». ♦ |4| **FOR-, FOUR-**, préf. aujourd'hui mort exprimant la notion de « dehors » d'« excès », ou de « mal » : lat. *foris*, confondu avec le préf. germ. *fir-* à valeur péjorative ; ex. : *forclos, fourvoyé, fourbu, forban*. ♦ |5| **FORAIN** (pop.) XIII° s. « étranger », XVIII° s., **MARCHAND FORAIN** : *foranus*. ♦ |6| **FAROUCHE** (pop.) XIII° s. : altération, par métathèse des voyelles, de *forasche*, du lat. *forasticus*.

II. famille de *forum*

◆|1| FUR (pop.) XIIe s. « taux », XVIe s. *au fur « à proportion »*, XVIIe s. *au fur et à mesure*, redoublement pléonastique de la locution *au fur* qui n'était plus comprise : var. de l'anc. fr. *fuer, feur*, du lat. *forum* « marché », d'où « prix ». ◆|2| FORFAIT XVIe s., « contrat » : altération, d'après *forfait* « mauvaise action » → FAIRE, de **furfait* « marché conclu », « prix convenu » ; FORFAITAIRE XIXe s. FOR (sav.) XVIIe s., dans les locutions *au for interne, en son for intérieur* et *au for externe* c.-à-d. « au jugement de la conscience » ou « au jugement des tribunaux, en particulier eccl. » : lat. *forum* « tribunal ». ◆|4| FORÊT (pop.) XIIe s. : *forestis* ; FORESTIER XIIe s., subst., XVIe s., adj. : *forestarius*, avec prononc. de l'*s* par réaction orth.

DÉLABRER
XVIe s., part. passé, en parlant de vêtements, XVIIe s., autres formes, élargissement du sens ; DÉLABREMENT XVIIIe s. : mot obscur ; on a proposé d'y voir un dér. de l'anc. fr. *label* « ruban effrangé », d'origine germ. → LAMBEAU ; ou encore une forme dial. de l'Est ou du Sud-Est, du prov. *deslabrar*, Suisse romande *delabra* « mettre en pièces », p.-ê. apparenté au suisse *delabra* « houe », du lat. *dolabra*, même sens.

DÉLAI
famille d'un verbe anc. fr. *laier*, synonyme de *laisser*, qui a fini par l'éliminer, et dont on trouve trace dans *te lairas-tu mouri ?* de la chanson de Compère Guilleri ; semble apparenté à une forme *lagar* du Nord de l'Italie, d'origine obscure, p.-ê. celtique.

◆|1| DÉLAI XIIe s. : dér. de l'anc. fr. *deslaier* « différer », lui-même dér. de *laier*. ◆|2| RELAYER XIIIe s., vénerie, « laisser des chiens fatigués et en prendre de frais », XVIe s., application aux chevaux, XVIIe s., sens fig. : dér. de *laier* ◆|3| RELAIS XIIIe s., dér. de *relayer* XIIIe s., dér. de *relayer*.

DÉLAYER
famille d'un verbe lat. *liqui* « s'écouler », auquel se rattachent (1) *liquare* « clarifier, filtrer » et « liquéfier », et *deliquare* « décanter » (2) *liquor, -oris* fluidité », « liquide » (3) *liquidus*, adj., « liquide »,

« clair » (4) *liquefacere* « liquéfier » (5) *liquescere* et *deliquescere* « devenir liquide » (6) *prolixus* « qui s'écoule » d'où « prolixe, diffus » (7) *lixa* « eau pour le coulage de la lessive » ; *lixivus* « relatif à la lessive » et bas lat. *lixare* « lessiver », attesté vers 800 avec le sens de « repasser, polir ».

I. mots populaires

◆|1| DÉLAYER (pop.) XIIIe s. : lat. vulg. **dēlĭcāre*, altération, p.-ê. sous l'infl. de *delicatus*, du lat. class. *deliquare* ; DÉLAYAGE XIXe s. ◆|2| LESSIVE (pop.) XIIIe s. « eau coulée sur des cendres », XVe s. « action de laver » ou « linge lavé » : *lixīva*, fém. substantivé de *lixivus* ; LESSIVER XIVe s. ; LESSIVAGE fin XVIIIe s. ; LESSIVEUSE fin XIXe s. ◆|3| LISSER (pop.) s. : *lixāre*, « repasser », sens pris sous l'infl. d'un autre mot, p.-ê. *allisus* « lisse et brillant », en parlant d'étoffes usées ; LISSE une fois au XIIIe s., puis XVIe s. : dér. de *lisser*.

II. mots savants
A. base -*liqu*-

◆|1| LIQUIDE XIIIe s. adj. « qui coule », XVIIe s. subst. « corps fluide » ; LIQUIDITÉ XVe s. « caractère de ce qui est liquide » : lat. *liquidus* et *liquiditas*. ◆|2| LIQUEUR XIIe s. « liquide », subst., XVIIIe s. « boisson aromatisée sucrée et alcoolisée » : *liquor* ; LIQUOREUX XVIe s., même évolution ; LIQUORISTE XVIIIe s. ◆|3| LIQUÉFIER XIVe s. : adaptation de *liquefacere* ; LIQUÉFACTION XIVe s. : bas lat. *liquefactio* ; LIQUÉFIABLE XVIe s. ◆|4| DÉLIQUESCENT XVIIIe s. : *deliquescens*, part. présent de *deliquescere* ; DÉLIQUESCENCE XVIIIe s.

B. base -*lix*- PROLIXE XIIIe s. : *prolixus* ; PROLIXITÉ XIIIe s. : bas lat. *prolixitas*.

III. mots d'emprunt

LIQUIDE XVIe s. « disponible » en parlant d'argent : it. *liquido*, du lat. *liquidus* ; LIQUIDATION XVe s.-XIXe s. « vente au rabais » : it. *liquidazione* ; LIQUIDER XVIe s. « acquitter une dette », XXe s. « éliminer » ; LIQUIDABLE, LIQUIDATEUR XVIIIe s. ; LIQUIDITÉ XXe s., finances.

DÉLÉTÈRE
(sav.) XVIe s. : gr. *dēlētērios* « destructeur ».

DÉLIRER
◆|1| (sav.) XVIe s. : lat. *delirare* « sortir du sillon », « extravaguer », dér. de *lira* « sillon ». ◆|2| DÉLIRE (sav.) XVIe s. : *delirium* « délire, transport au cerveau », dér.

de l'adj. *delirus* « qui extravague », apparenté à *delirare*. ♦ |3| DELIRIUM TREMENS XIX⁰ s. : mots lat. « délire tremblant », expression créée par le médecin angl. Sutton en 1813.

DEMEURER famille du lat. *mora* « retard », *morari* « s'attarder, rester ».

♦|1| DEMEURER (pop.) XI⁰ s., sous la forme *demourer* : lat. vulg. *dēmŏrāre*, du lat. class. *demorari* « s'attarder », « rester », qui avait pris en bas lat. le sens de « habiter » ; DEMEURE XIII⁰ s. « séjour » et « retard » ; ce dernier sens subsiste dans les expressions : *il n'y a pas péril en la demeure*, c.-à-d. « à attendre » et *mettre en demeure* « faire porter la responsabilité d'un retard », tiré de l'anc. fr. *être en demeure* « être en retard », XVI⁰ s. « habitation » : dér. de *demeurer* ; DEMEURÉ « imbécile » XX⁰ s. : mot dial. (Normandie) « impotent ». ♦|2| MORATOIRE XVIII⁰ s., adj., XX⁰ s., subst., avec la var. MORATORIUM : bas lat. jur. adj. *moratorius* « qui retarde », « qui donne un délai ».

DÉM(O)- famille du gr. *dêmos*, à l'origine « part de territoire appartenant à une communauté » (se rattache à une racine *da- « partager »), puis « le peuple » lui-même.

I. *dém(o)-,* premier élément de composés savants.

♦|1| DÉMAGOGUE une première fois au XIV⁰ s., chez Oresme ; puis fin XVII⁰ s. chez Bossuet ; courant, péjoratif, fin XVIII⁰ s. : gr. *dêmagôgos* « qui conduit le peuple », appliqué, souvent avec un sens défavorable, aux chefs du parti démocratique pendant la guerre du Péloponnèse ; DÉMAGOGIE, DÉMAGOGIQUE fin XVII⁰ s. : gr. *dêmagôgia*, *dêmagôgikos* → AGIR. ♦|2| DÈME XIX⁰ s., hist. grecque : gr. *dêmos* « bourg de l'Attique ». ♦|3| DÉMIURGE XVI⁰ s., puis XIX⁰ s. : lat. *demiurgus*, du gr. *dêmiourgos* « artisan », littéralement « qui travaille pour le public » ; mot employé par Platon dans le *Timée*, puis par Plotin, pour désigner la divinité organisatrice de l'univers → ORGUE. ♦|4| DÉMOCRATIE XIV⁰ s. : gr. *dêmokratia* « gouvernement du peuple », par le lat. → -CRATE ; DÉMOCRATE XVI⁰ s., puis fin XVIII⁰ s. : dér. de *démocratie*, formé sur le modèle des mots gr. en *-kratês*, comme antonyme d'*aristocrate* ; DÉMOCRATIQUE XIV⁰ s. : *dêmokratikos*, par le lat., DÉMOCRATISER, ANTIDÉMOCRATIQUE fin XVIII⁰ s.

II. *-démie*, second élément de composés savants

♦|1| ÉPIDÉMIE XII⁰ s. : gr. *epidêmia*, par le lat. médiéval ; ÉPIDÉMIQUE XVI⁰ s. ♦|2| ENDÉMIE XVI⁰ s. : adaptation, sous l'infl. d'*épidémie*, du gr. *endêmos* ou *endêmios (nosêma)* « (maladie) fixée dans un pays » ; ENDÉMIQUE XVII⁰ s.

DÉMOLIR famille du lat. *moles* « masse », « charge » et « digue, jetée ». Dér. : (1) *molestus* « qui est à charge », d'où *molestare* « fatiguer », « ennuyer » ; (2) *moliri* « faire effort pour remuer », d'où *demoliri* « renverser ».

♦|1| DÉMOLIR (sav.) XIV⁰ s. : *demoliri* ; DÉMOLISSEUR XVI⁰ s. ; DÉMOLITION XIV⁰ s. : *demolitio* ♦|2| MOLESTER (sav.) XII⁰ s. : *molestare*. ♦|3| MOLÉCULE XVII⁰ s. : lat. mod. *molecula*, dimin. de *moles* ; MOLÉCULAIRE XVIII⁰ s. ; MACROMOLÉCULE XX⁰ s. ♦|4| MÔLE XVI⁰ s. « jetée » : it. *molo*, du gr. byzantin *mólos*, du lat. *moles* « jetée ».

DÉMON ♦|1| (sav.) XIII⁰ s., rare, « faux dieu », être infernal, XVI⁰ s. « génie », « être surnaturel », XVII⁰ s., équivalent noble de « diable » qui était devenu un mot ridicule : gr. *daimôn* « être intermédiaire entre les dieux et les hommes, qui intervient de façon favorable ou défavorable dans la destinée des hommes » ; latinisé au II⁰ s., et utilisé surtout dans la langue de l'Église où il prend le sens d'« esprit infernal » ; néanmoins les mots usuels en anc. fr. sont *diable, maufé, aversier* ; DÉMONIAQUE XIII⁰ s. « diabolique » : lat. chrétien *daemoniacus*, adaptation du gr. *daimonikos*. ♦|2| PANDÉMONIUM XVIII⁰ s. : mot angl. créé par Milton avec les éléments gr. *pan* « tout », et *daimôn*. ♦|3| EUDÉMONISME XIX⁰ s., philosophie qui fait du bonheur le bien suprême : dér. formé directement d'après *eudaimôn* « heureux », littéralement « qui a un bon démon ».

DENDR(O)- ♦|1| 1⁰ʳ élément de mots sav. : gr. *dendron* « arbre », ex. : DENDRITE XVIII⁰ s., minér., XIX⁰ s., anat., désigne diverses ramifications. ♦|2| -DENDRON,

2ⁿ élément de composés sav., de même origine, ex. : **RHODODENDRON** → ROSE.

DENSE famille sav. du lat. *densus* « serré, épais », renforcé en lat. imp. *condensus*, même sens. — Dér. : *densitas, -atis* « épaisseur, consistance » ; *condensare* « rendre compact, serrer » et bas lat. imp. *condensatio, -onis* « épaississement ».
♦ |1| **DENSE** XIIIᵉ s. « épais », XVIIᵉ s., phys. : *densus* ; **DENSITÉ** (même évolution) : *densitas* ; **DENSIMÈTRE** XIXᵉ s. ♦ |2| **CONDENSER** XIVᵉ s. : *condensare* ; **CONDENSÉ** XIXᵉ s., subst. ; **CONDENSATION** XIVᵉ s. : *condensatio* ; **CONDENSATEUR** XVIIIᵉ s. ♦ |3| **CONDENSEUR** XVIIIᵉ s., techn. : angl. *condenser*, du verbe *to condense* lui-même empr. à (l'anc.) fr. *condenser*.

DENT famille d'une racine ind.-eur. **ed-* « mâcher ».
En grec, avec une voyelle *o*, *odous, odontos*, « la dent ».
En latin (1) avec le degré zéro de la voyelle, dans *dens, dentis*, « la dent » (2) avec une voyelle *e* dans *ĕdo* « je mange », infinitif *ĕsse*, part. passé *ēsus*, renforcé en *comesse* ou *comedĕre*, même sens, d'où *comestibilis*, bas lat. « qui peut être mangé » ; il a dû exister un verbe **obedere* usité seulement au part. passé, *obēsus*, attesté à l'époque imp. avec le sens de « qui s'est bien nourri », « gras » (3) *esca* « nourriture » et « appât pour le poisson ».

I. mots issus du latin

A. famille de *dens*

♦ |1| **DENT** (pop.) XIᵉ s., masc., XIVᵉ s., fém. : *dens, dentis*, masc. ; **ÉDENTER** XIIIᵉ s. ; **DENTURE** XIVᵉ s. ; **DENTÉ** XVᵉ s. ; **DENTIER** XVIᵉ s. « mâchoire », « partie du casque qui couvre les dents » ; le sens mod. apparaît aux XVIIᵉ et XVIIIᵉ s., mais rare avant le XIXᵉ s. : dér. de *dent*. ♦ |2| **DENTELLE** XIVᵉ s. « petite dent », XVIᵉ s. « tissu dentelé et ajouré » : dimin. de *dent* ; **DENTELER, DENTELURE** XVIᵉ s. ; **DENTELIÈRE** XVIIᵉ s. ; **DENTELLERIE** XIXᵉ s. ♦ |3| **REDENT** ou **REDAN** XVIIᵉ s. « retranchement en forme de dent » : dér. de *dent*. ♦ |4| **TRIDENT** (sav.) XIIIᵉ s., rare avant le XVIIIᵉ s. : lat. *tridens, -entis* « arme à trois dents ». ♦ |5| **DENTAL** XVIᵉ s. ; **DENTAIRE** XVIIIᵉ s., adj. ; **DENTISTE** XVIIIᵉ s. : dér. sav. de *dent* ; **DENTITION** (sav.) XVIIIᵉ s. : lat. imp. *dentitio*. ♦ |6| **DENTAIRE** (sav.) XVIᵉ s., subst. : *dentaria* « plante utilisée pour soigner les maux de dents ». ♦ |7| **DENTI-**, 1ᵉʳ élément de mots sav., ex. : **DENTIFRICE** XVIᵉ s. : lat. imp. *dentifricium*, de *dens* et *fricare* « frotter » → FRAYER ; ♦ |8| **DENTICULE** XVIᵉ s., archit. et **DENTICULÉ** XVIIᵉ s. : lat. imp. *denticulus*, dimin. de *dens*.

B. famille de *edo*

♦ |1| **COMESTIBLE** (sav.) XIVᵉ s. : *comestibilis* ; **INCOMESTIBLE** XIXᵉ s. ♦ |2| **OBÈSE** (sav.) XIXᵉ s. : *obesus* ; **OBÉSITÉ** XVIᵉ s. : lat. imp. *obesitas*.

C. famille de *esca*

♦ |1| **ÈCHE, ESCHE** ou **AICHE** (pop.) XIIᵉ s. « appât pour le poisson » : *esca*. ♦ |2| **SCAROLE** XIVᵉ s. ou **ESCAROLE** XVᵉ s. : it. *scariola*, du lat. vulg. **escariola*, dér. de *esca*.

II. mots issus du grec

♦ |1| **ODONT(O)-**, 1ᵉʳ élément de composés sav. : gr. *odous, odontos* ; **ODONTALGIE** fin XVIIᵉ s. ; **ODONTOLOGIE** XVIIIᵉ s. ; **ODONTOÏDE** fin XVIIᵉ s. ♦ |2| **-ODONTE**, 2ᵉ élément de composés sav., de même origine ; **MASTODONTE** XIXᵉ s. « (animal fossile) à molaires mamelonnées » : du gr. *mastos* « mamelle » et *adous* « dent ».

DÉONTOLOGIE (sav.) XIXᵉ s. « théorie des devoirs » : dér. formé sur le gr. *deon, deontos* « ce qui convient ».

DÉPIT famille d'une racine ind.-eur. **spek-* « contempler, observer », p.-ê. apparentée à la racine **skep-* → ÉVÊQUE.
En germanique une forme nominale, anc. haut all. *speha* « observation attentive », et un verbe dér., frq. **spehôn* « observer ».
En latin, d'une part un mot-racine *-spex, spicis* « observateur », utilisé comme second terme de composés de la langue religieuse tels que *haruspex* « qui examine les entrailles des victimes » et *auspex*, de **avi-spex* (→ OISEAU, art. OIE) « qui examine le vol des oiseaux », d'où *auspicium* « présage fourni par l'observation du vol des oiseaux » ; d'autre part un verbe **specĕre, spectus* « regarder », auquel se rattachent (1) le subst. *species* « aspect », « apparence », « beauté », d'où l'adj. *speciosus* « de belle apparence » ; *species* a été utilisé dans la langue philo. pour traduire le gr. *eidos* (→ VOIR) au sens de « subdivision du genre », « espèce », d'où lat. imp. *specialis* « particulier », opposé à *generalis, speciali-*

tas, et bas lat. *specíficus* ; de ce sens dérive, entre autres, celui de « marchandises classées par espèces », « drogues, épices » (2) les subst. *specula* « observatoire » d'où *speculari* « guetter » ; *speculum* « miroir » ; *specimen* « image », « modèle » ; *spectrum* « simulacre émis par les objets », « spectre » (3) le dér. verbal à valeur fréquentative *spectare* « regarder habituellement », « considérer », d'où *spectaculum* « spectacle » (4) un grand nombre de verbes préfixés en *-spicere*, *spectus*, auxquels correspondent des fréquentatifs en *-spectare* et des dér. nom. : (a) *aspicere* et *aspectare* « regarder vers » et *aspectus, -us* « regard » et « fait d'être vu, aspect » ; (b) *circumspicere* et *circumspectare* « regarder tout autour » et *circumpectus*, adj. « prudent » ; (c) *despicere* et lat. imp. *despectare* « regarder de haut en bas », « mépriser », et *despectus, -us* « mépris » ; (d) *exspectare* « attendre » et *exspectatio* « attente » ; (e) *inspicere* « regarder dans » ; *inspectare* « examiner, inspecter » ; *inspectio* et *inspector* ; (f) *introspicere* et *introspectare* « regarder à l'intérieur » ; (g) *perspicere* « regarder à travers », d'où l'adj. *perspicax* « clairvoyant » ; *perspectare* ; et bas lat. *perspectivus* « qui a rapport à la perspective » ; (h) *prospicere* et *prospectare* « regarder de loin en avant » ; bas lat. *prospectio* « sollicitude » et *prospectivus* « d'où l'on a de la perspective » ; (i) *respicere* « regarder en arrière », *respectare* « prendre en considération », *respectus* « considération » ; (j) *suspicere* « regarder de bas en haut », « élever sa pensée vers », « soupçonner » ; d'où *suspectare*, et *suspicio* « soupçon ».

I. mots populaires issus du latin

♦|1| DÉPIT XIIe s. « mépris », XVIIe s. « contrariété » : *despěctus* ; DÉPITER XIIIe s. : *despěctāre*. ♦|2| RÉPIT XIIe s. : *respěctus*, avec passage du sens d'« égard » à celui de « délai ». → RESPECT. ♦|3| SOUPÇON XIIe s., fém. jusqu'au XVIe s. : lat. imp. *suspectio, -ōnis*, réfection du lat. class. *suspicio* → SUSPECTER et SUSPICION ; SOUPÇONNEUX XIIe s. ; SOUPÇONNER XIIIe s. ; INSOUPÇONNÉ et INSOUPÇONNABLE XIXe s. ♦|4| ÉPICE XIIe s. : *spěcies* ; ÉPICER XIIIe s. « vendre des épices », XVIe s. « assaisonner » ; ÉPICIER, ÉPICERIE XIIIe s. → ESPÈCE.

II. mots savants issus du latin

A. base *-spec-*

♦|1| ESPÈCE (demi-sav., à cause du *e* initial) XIIIe s., philo., théol., XVe s., sens fin., déjà attesté en bas lat., XVIe s., *une espèce de...*, XVIIe s., sens jur., *cas d'espèce* : *species* → ÉPICE. ♦|2| SPÉCIAL XIIe s. : *specialis*, SPÉCIALITÉ XIIIe s., XIXe s., commerce, en particulier pharmacie : *specialitas* ; SPÉCIALISER XVIe s., rare avant le XIXe s. ; SPÉCIALISTE XIXe s. ♦|3| SPÉCIEUX XVe s. « de belle apparence », XVIIe s. « trompeur » : *speciosus* ; SPÉCIOSITÉ XIXe s. ♦|4| SPÉCIFIQUE XVIe s. : *specificus* ; SPÉCIFIER XIIIe s. : adaptation du bas lat. *specificare*, dér. de *specificus* ; SPÉCIFICATION XIVe s. : lat. médiéval *specificatio* ; SPÉCIFICITÉ XIXe s. ♦|5| SPÉCULER XIVe s. « observer », XVe s. « se livrer à des réflexions théoriques », fin XVIIIe s. sens financier : *speculari* ; SPÉCULATIF XIIIe s. : bas lat. *speculativus* ; SPÉCULATION XIVe s. : bas lat. *speculatio*, même évolution ; SPÉCULATEUR XVIIe s. « observateur », XVIIIe s., fin. ♦|6| SPÉCULAIRE XVIe s., minéralogie, XIXe s., botanique : *specularis*, dér. de *speculum* « miroir ». ♦|7| SPÉCULUM XIXe s. méd. « petit miroir servant à observer un organe », XIXe s. surtout en gynécologie : mot latin. ♦|8| SPÉCIMEN XVIIe s. : mot lat.

B. base *-spic-*

♦|1| AUSPICE XVIe s. : *auspicium*. ♦|2| HARUSPICE ou ARUSPICE XIVe s. : *haruspex, -icis*. ♦|3| PERSPICACE XIVe s., rare avant fin XVIIe s. : *perspicax, -acis* ; PERSPICACITÉ XVe s. : bas lat. *perspicacitas*. ♦|4| SUSPICION XIIe s. : *suspicio* → SOUPÇON et SUSPECTER.

C. base *-spect-*

♦|1| ASPECT XVe s., XXe s., gram. : *aspectus* ; ASPECTUEL XXe s., gram. ♦|2| CIRCONSPECT XIVe s. : *circumspectus* ; CIRCONSPECTION XIIIe s. : *circumspectio* « action de regarder tout autour », « attention prudente ». ♦|3| EXPECTATION XIIIe s., méd. : *exspectatio* ; EXPECTANT XVe s. : *exspectans*, part. présent de *exspectare* ; EXPECTATIF, EXPECTATIVE XVIe s. ♦|4| INSPECTION XIIIe s. : *inspectio* ; INSPECTEUR XVe s. : *inspector* ; INSPECTER XVIIIe s. : *inspectare*. ♦|5| INTROSPECTION XIXe s. : angl. *introspection*, formé sur *introspicere* ; INTROSPECTIF XIXe s. ♦|6| PERSPECTIF XVe s. « qui se propose quelque chose »,

XVI° s., peinture : *perspectivus* ; **PERSPECTIVE** XIV° s. « réfraction », XVI° s., peinture, XVII° s. « événement probable » : *perspectiva (ars)* ; **PERSPECTIVISME** XX° s., philo. ♦|7| **PROSPECTIF** XV° s. adj., « optique », XIX° s. adj. « relatif à l'avenir » ; *prospectivus* ; **PROSPECTIVE** XVI° s. subst. fém. « perspective », XIX° s. « recherches relatives à l'avenir » ; **PROSPECTUS** XVIII° s. « annonce publicitaire », d'abord en parlant d'ouvrages de librairie : mot lat. « vue, aspect » ; **PROSPECTER** XIX° s. : angl. *to prospect*, du lat. *prospectare* ; **PROSPECTION** et **PROSPECTEUR** XIX° s. : angl. *prospection* et *prospector*, du bas lat. *prospectio* et *prospector*. ♦|8| **RESPECT** XII° s. « prise en considération », XIV° s. « redevance », XVI° s. sens mod. : *respectus* → RÉPIT ; **IRRESPECT** XIX° s. ; **RESPECTUEUX** XVI° s. ; **IRRESPECTUEUX** XVII° s. ; **RESPECTER** XVI° s., **RESPECTABLE** XV° s. ; **RESPECTABILITÉ** XVIII° s. : angl. *respectability*, dér. de *respectable*, lui-même empr. au fr. ; **RESPECTIF** XV° s. « qui tient compte de chaque chose » : lat. médiéval *respectivus* ; **RESPECTIVEMENT** XV° s. ♦|9| **RÉTROSPECTIF** XVIII° s. : adj. formé du préf. *retro-* (→ ARRIÈRE) et de la base *-spect-* ; **RÉTROSPECTIVEMENT**, **RÉTROSPECTION** XIX° s. ; **RÉTROSPECTIVE** XX° s., subst. fém. ♦|10| **SPECTACLE** XII° s. : *spectaculum* ; **SPECTATEUR** XV° s. : *spectator* ; **SPECTACULAIRE** XX° s. : dér. formé d'après *spectaculum*. ♦|11| **SPECTRE** XVI° s. « apparition », « fantôme », XVIII° s., opt : lat. *spectrum* ; le 2° sens, par l'angl. ; **SPECTRAL** XIX° s., « fantomal » et langue de l'opt., XX° s., phys. *analyse spectrale* ; **SPECTRO-**, 1° élément de composés sav., ex. : **SPECTROSCOPE, -IE, -IQUE** XIX° s. ; **SPECTROGRAMME, -GRAPHE** XX° s. ♦|12| **SUSPECT** XIV° s. : *suspectus*, part. passé de *suspicere* ; **SUSPECTER** XV° s., rare avant le XVIII° s. : *suspectare* → SOUPÇON et SUSPICION.

III. mots populaires issus du germanique
♦|1| **ÉPIER** XI° s. : frq. *spehon*. ♦|2| **ESPION** XIII° s. : dér. de l'anc. fr. *espie*, même sens, de *espier*, avec conservation de l's due à l'infl. de l'it. *spione*, de même origine ; **ESPIONNER** XVI° s. ; **ESPIONNAGE** XVI° s. ; **CONTRE-ESPIONNAGE** XIX° s.

DÉPOUILLER famille du lat. *spolium* « dépouille d'un animal », puis « d'un ennemi » ; employé surtout au plur. *spolia* ; dér. *spoliare*, renforcé en *despoliare* et *spoliatio, -tor*.

♦|1| **DÉPOUILLER** (pop.) XII° s. : *despoliare* ; **DÉPOUILLE** XII° s., **DÉPOUILLEMENT** XII° s. : dér. de *dépouiller*. ♦|2| **SPOLIER** (sav.) XV° s. : *spoliare* ; **SPOLIATION** XV° s. : *spoliatio* ; **SPOLIATEUR** XV° s. : lat. *spoliator*.

DÉPRAVER (sav.) XIII° s. : lat. *depravare* « mettre de travers », et sens fig. « corrompre », dér. de *pravus* « tordu, de travers », en parlant des membres, et au sens moral « perverti » ; **DÉPRAVATION** XVI° s. : *depravatio* ; **DÉPRAVÉ** XIX° s., subst.

DÉRAPER une fois au XVII° s., puis XVIII° s., mar., « se détacher du fond » en parlant d'une ancre, fin XIX° s. « glisser », en parlant d'un véhicule : prov. *derapá*, de *rapá* « saisir », du germ. **rapôn*, même sens ; **DÉRAPAGE** fin XIX° s.

DÉRIVER XVI° s. « s'écarter de sa route, en parlant d'un navire » : altération, sous l'infl. du fr. *dériver* XII° s. (→ RU), de l'angl. *to drive* « pousser », d'origine germ. ; **DÉRIVE** XVII° s. ; **DÉRIVEUR** XIX° s.

DERME ♦|1| (sav.) XVII° s. : gr. *derma, -atos* « peau » ; **DERMIQUE, DERMITE** XIX° s. ♦|2| **DERMO-** 1° élément de mots sav., ex. : **DERMOGRAPHIE** XX° s. ♦|3| **DERMAT(O)-** 1° élément de mots sav., ex. : **DERMATOSE, DERMATITE, DERMATOLOGIE** XIX° s. ♦|4| **-DERME**, 2° élément de mots sav., ex. : **ÉCHINODERME** XVIII° s., de *ekhinos* « hérisson » ; **ÉPIDERME** XVI° s. : lat. *epidermis*, du gr. *epi* « sur » et *derma* ; **MÉSODERME** XIX° s., (→ MÉSO-, art. MI) ; **PACHYDERME** XVI° s. : gr. *pakhudermos*, de *pakhus* « épais » et *derma*.

DERVICHE XVI° s. : persan *darwich* « pauvre ».

DÉSERT famille du lat. *serere, sertus* « attacher à la file », auquel se rattachent (1) *series* « enfilade » ; (2) *sermo, -onis*, à l'origine « enfilade de mots » d'où « discours » ; (3) *adserere*, à l'origine « attacher à soi », spécialisé dans la langue juridique, « amener par la main une personne devant le juge, pour affirmer qu'elle est libre ou esclave », d'où « plaider une cause », « affirmer » (4) deserere « se détacher de », « déserter », d'abord terme de la langue milit. devenu synonyme de *relinquere* « abandonner » ; *desertum*, part. passé substantivé, « abandonné, désert » ; traduit, dans la langue de l'Église, le gr. *erêmos* « solitude » (→ ERMITE) (5) *disserere* « enchaîner à la file des raisonnements », d'où *dissertare* « exposer » (6) *inserere* « introduire », « intercaler ».

♦ I1I **DÉSERT** (forme identique, que l'évolution soit pop. ou sav.) XIe s., adj. : *desertus* ; XIIe s., subst. : *desertum* ; **DÉSERTER** XIIe s. « abandonner une personne ou un endroit », XVIIe s., sens milit. sous l'infl. de l'équivalent it. : bas lat. *desertare*, dér. de *desertus* ; **DÉSERTEUR** XIIIe s. : *desertor* ; **DÉSERTION** (sav.) XIVe s., jur., XVIIe s., milit. : *desertio*. ♦ I2I **ASSERTION** (sav.) XIVe s. : *assertio* « affirmation », de *asserere*, ♦ I3I **DISSERTER** (sav.) XVIIIe s. : *dissertare* ; **DISSERTATION** XVIIe s. : *dissertatio*, ♦ I4I **INSÉRER** (sav.) XIVe s. : *inserere* ; **INSERTION** XVIe s. : bas lat. *insertio*. ♦ I5I **SÉRIE** (sav.) XVIIIe s. : *series* ; **SÉRIER, SÉRIEL** XIXe s. ♦ I6I **SERMON** (peut être sav. ou pop.) Xe s. : *sermo, -onis* ; **SERMONNER** XIIe s. ; **SERMONNEUR** XIIIe s. ; **SERMONNAIRE** XVIe s.

DÉSIRER famille du lat. *sidus, sideris* « constellation », auquel se rattachent (1) *sideralis* « qui concerne les astres » (2) *siderari*, part. passé *sideratus* « subir l'action funeste d'un astre », « être frappé de paralysie » (3) *considerare* « examiner avec attention », sans doute à l'origine terme de la langue augurale ou marine (4) *desiderare*, formé sans doute sur *considerare*, à l'origine « cesser de voir », « constater l'absence de », d'où « chercher, désirer ».

♦ I1I **DÉSIRER** (pop.) XIe s. : *desidĕrāre* ; **DÉSIRABLE** et **DÉSIREUX** XIe s. : peuvent être de simples dér. de *désirer* ou représenter le lat. *desiderabilis*, bas lat. *desiderosus* (sav.) XVIe s., rare avant le XXe s. ♦ I2I **DÉSIDÉRATIF** (sav.) XIXe s. : adj. formé sur le part. passé *desideratus*. ♦ I3I **DESIDERATUM** XVIIIe s., ou, plus couramment **DESIDERATA** XIXe s. : mots lat., part. passés neutres sing. et plur. de *desiderare*. ♦ I4I **CONSIDÉRER** (sav.) XIIe s. : *considerare* ; **RECONSIDÉRER** XVIe s. ; **DÉCONSIDÉRER** XVIIIe s. ♦ I5I **CONSIDÉRANT** fin XVIIIe s., subst., jur. : part. présent substantivé ;

INCONSIDÉRÉ XVe s. : lat. *inconsideratus* ; **INCONSIDÉRÉMENT** XVIe s. ; **CONSIDÉRABLE** XVIe s. ; **CONSIDÉRABLEMENT** XVIIe s. ♦ I6I **CONSIDÉRATION** (sav.) XIIe s. : *consideratio* ; **DÉCONSIDÉRATION** fin XVIIIe s. ♦ I7I **SIDÉRAL** (sav.) XVIe s. : *sideralis*. ♦ I8I **SIDÉRÉ** XIXe s., méd., « frappé de paralysie », puis, fam., « stupéfait » : *sideratus* ; **SIDÉRER, SIDÉRANT** XXe s.

DÉSOPILER (sav.) XVIe s., méd., de l'anc. fr. *opiler* XIVe s., méd. : lat. *oppilare* « boucher » ; ne survit que dans l'expression *se désopiler la rate*, littéralement « débarrasser la rate » des humeurs noires qui l'encombrent et qui passaient pour engendrer la mélancolie ; d'où **DÉSOPILANT** XIXe s. « qui fait rire ».

DESTRIER famille du lat. *dexter, -era, erum* « à droite », représentant une rac. ind.-eur. **deks-* « droit », « normal », associée à l'élément *-ter-* indiquant le côté (→ DÉTÉRIORER, EXTÉRIEUR, INTÉRIEUR, et de plus AUTRE et SINISTRE). — Dér. *dextera*, subst. (sous-entendu *manus*) « la main droite » ; *dexteritas* « adresse » ; bas lat. *ambidexter*, trad. du gr. *amphoterodexios* « qui se sert également de ses deux mains » ; *dextrorsum*, pour *dextrovorsum* (→ VERS) « vers la droite ».

♦ I1I **DESTRIER** (pop.) XIe s. « cheval tenu de la main droite » : dér. de l'anc. fr. *destre* « la main droite » (pop.) XIe s. : lat. vulg. **destera* : lat. class. *dextera*. ♦ I2I **DEXTRE** (sav.) XIVe s., subst. et adj. : réfection sav. de l'anc. fr. *destre*, d'après le lat. *dextera* ; **DEXTÉRITÉ** (sav.) XVIe s. : *dexteritas* ; **AMBIDEXTRE** (sav.) XVIe s. : *ambidexter*, ♦ I3I **DEXTRINE** (sav.) XIXe s., chimie, substance dextrogyre ; **DEXTROSE** fin XIXe s., tiré de *dextrine* par changement de suff.

DÉTERGER ♦ I1I (sav.) XVIe s. méd., XXe s. techn. : lat. *detergere*, dér. de *tergere, tersus* « essuyer » ; **DÉTERGENT** XVIIe s. méd., XXe s. techn. : *detergens*, part. présent de *detergere*. ♦ I2I **DÉTERSIF** XVIe s. méd., XXe s. techn. : adj. formé sur le part. passé *detersus* ; **DÉTERSION** XVIe s. méd.

DÉTRUIRE famille d'un verbe lat. *struere, structus* « empiler des matériaux », « bâtir », reposant sur une base *stru-* qui est p.-ê. une forme (avec degré zéro de la voyelle et élargissement -u-) de la rac. ind.-eur. *ster « étendre », qui apparaît dans le lat. sternere → ESTRADE. Struere est devenu en lat. vulg. *strugĕre sous l'influence de plusieurs verbes où un infinitif en -gĕre correspondait à un part. passé en -ctus, d'après le modèle d'agĕre, actus. À struere se rattachent les mots suivants : (1) structura « arrangement », « construction » (2) diverses formes préfixées : (a) construere « entasser par couches », « bâtir » ; (b) destruere « démolir » ; (c) instruere « bâtir », « munir, équiper », lat. imp. « informer », « munir de connaissances utiles », d'où instrumentum « outillage » ; (d) obstruere « construire devant » ; (e) substruere « construire en sous-sol », « établir des fondations ». Tous ces verbes ont des dér. en -structio (3) l'adj. industrius « zélé, actif », anciennement indostruus, var. de *endostruus (→ EN), à l'origine « qui a une activité secrète » ; de même industria « activité secrète » d'où lat. class. « activité » en général.

I. base populaire -(s)truire (qui peut être associée à des préf. de forme sav.)

♦|1| DÉTRUIRE (p.-ê. entièrement pop.) XIe s. : *destrugere ; S'ENTRE-DÉTRUIRE XVIe s. ♦|2| CONSTRUIRE (demi-sav.) XVe s. : adaptation de construere d'après DÉTRUIRE ; RECONSTRUIRE XVIe s. ♦|3| INSTRUIRE (demi-sav.) XIVe s. : a éliminé l'anc. fr. enstruire (pop.) XIIe s. : instruere.

II. mot d'emprunt

DESTROYER XIXe s. : mot angl., dér. de to destroy « détruire », lui-même empr. à l'anc. fr. destruire.

III. mots savants

A. base -struct-

♦|1| STRUCTURE XIVe s. « construction », XVe s., sens mod. : structura ; SUPERSTRUCTURE XVIIIe s. : dér. d'après superstruere « bâtir par-dessus » ; INFRASTRUCTURE XIXe s. ; STRUCTURER, STRUCTURAL, STRUCTURATION XIXe s. ; STRUCTURALISME, -ISTE XXe s. ♦|2| CONSTRUCTEUR XIVe s. : bas lat. constructor ; CONSTRUCTION XIIe s. : constructio ; RECONSTRUCTION XVIIIe s. ; CONSTRUCTIF XVe s., repris au XIXe s. : bas lat. constructivus « propre à construire ». ♦|3| DESTRUCTION XIIe s. : lat. imp. destructio ; DESTRUCTEUR XVe s. : lat. imp. destructor ; DESTRUCTIF XIVe s., rare avant le XVIIe s. : bas lat. destructivus ; DESTRUCTIBLE XVIIIe s. : lat. mod. destructibilis ; INDESTRUCTIBLE XVIIe s. ♦|4| INSTRUCTION XIVe s. : instructio ; INSTRUCTEUR XIVe s. : instructor ; INSTRUCTIF XIVe s. : adj. formé sur la même base que les précédents. ♦|5| OBSTRUCTION XVIe s. méd., « engorgement », fin XIXe s., sous l'infl. de l'angl., sens pol. : obstructio, de obstruere ; OBSTRUCTIF XVIe s. ; DÉSOBSTRUCTION XIXe s. ; OBSTRUCTIONNISTE fin XIXe s. pol. ; OBSTRUCTIONNISME début XXe s., id. ♦|6| SUBSTRUCTION XVIe s., rare avant le XIXe s. : substructio, de substruere.

B. autres bases

♦|1| INDUSTRIE XIIe s. « activité », XIVe s. « habileté », XVe s. « métier », XVIIIe s. sens mod. : industria ; chevalier de l'industrie, puis d'industrie XVIIe s. « malfaiteur » : expression tirée du roman de l'Espagnol Quevedo, El Buscón, où une association de malfaiteurs se place sous le patronage de l'Industrie dont ils se disent les chevaliers. ♦|2| INDUSTRIEUX XIVe s. : industriosus ; INDUSTRIEL XVIIIe s. adj., XIXe s. subst. ; INDUSTRIALISER XIXe s. ; INDUSTRIALISATION XXe s. : dér. d'industrie. ♦|3| INSTRUMENT fin XIIe s. : instrumentum ; INSTRUMENTAL XIVe s. ; INSTRUMENTER XVe s. jur. ; INSTRUMENTISTE, INSTRUMENTATION XIXe s., mus. ♦|4| OBSTRUER XVIe s., méd. fin XVIIIe s. « encombrer », en général.

DEUX famille de l'ind.-eur. *duwo-, *dwi- « deux ».

En grec (1) duo « deux » ; deuteros « deuxième » ; dôdeka « douze », littéralement « deux (et) dix » (2) di- et dis « deux fois » : diplous « double », littéralement « plié en deux » et dikha ou dikho- « en deux », avec idée de partage.

En latin (1) duo « deux » ; duodecim « douze », littéralement « deux (et) dix » et son distributif duodeni « chacun douze » ; lat. imp. dualis « duel » (nombre grammatical qui s'oppose à la fois à singulier et à pluriel) ; bas lat. dualitas « dualité » ; enfin, le verbe dubitare « être partagé entre deux possibilités », « hésiter », « douter », est dér. d'un verbe peu attesté dubare, lui-même probablement formé sur un adj. *du-bh-os formé sur la racine du- de duo (2) bi- et bis « deux fois », équivalents du gr. di- et dis, auxquels se rattachent bini, distributif de duo, « chaque fois deux », ses dér. bas lat. *binarius* « double » et *combinare* « unir deux choses », et lat. vulg. **bīnāre* « faire deux fois », ainsi que la var. *vi-* dans *viginti* (2ᵉ élément, var. de *decem* → DIX), littéralement « deux fois dix », c.-à-d. « vingt ».

I. formes populaires issues du latin

A. mots se rattachant à *duo*, *du-*

♦|1| **DEUX** XIᵉ s. : lat. vulg. **dōs*, altération du lat. class. *duos*, acc. de *duo* ; **DEUXIÈME** XIVᵉ s. ; **ENTRE-DEUX** XIIᵉ s., XVIIᵉ s. lingerie. ♦|2| **DOUBLE** XIᵉ s. : *dŭplus*, **DOUBLEMENT** fin XIIᵉ s., adv., **DOUBLEMENT** fin XIIIᵉ s., subst. ; **DOUBLEAU** XIIIᵉ s. archit. ; **DOUBLURE** XIVᵉ s. ; **DOUBLAGE** XVᵉ s. ; **DOUBLER** XVᵉ s., rare avant le XVIIIᵉ s. ; **DOUBLÉ** XVIIIᵉ s., adj. et subst., orfèvrerie ; **DOUBLET** XIXᵉ s., linguistique ; **DÉDOUBLER** XVᵉ s., rare avant le XVIIIᵉ s. ; **DÉDOUBLEMENT** fin XVIIᵉ s. ; **REDOUBLER** XVIᵉ s., **REDOUBLEMENT** XIVᵉ s., **REDOUBLANT** XIXᵉ s., subst. ♦|3| **DOUZE** → DIX. ♦|4| **DOUTER** XIᵉ s. « hésiter » et « craindre », XVᵉ s. « mettre en doute » et *se douter* « considérer comme probable » : *dŭbĭtāre* ; **DOUTE** XIIᵉ s. ; **DOUTEUX** XIIᵉ s. « craintif » et « redoutable » ; **DOUTEUSEMENT** XIIᵉ s. ; **REDOUTER** XIᵉ s. ; **REDOUTABLE** XIIᵉ s.

B. mots se rattachant à *bis*, *bi-*, *vi-*

♦|1| **BESSON** XIIIᵉ s. « jumeau » : lat. vulg. *bisso, -ōnis*, dér. de *bis*. ♦|2| **BES-**, **BE-**, préf. représentant le lat. *bĭs-* qui, outre son sens de « deux fois », ayant pris dans certains cas une valeur péjorative, apparaît dans **BESACE** (→ SAC) ; **BESAIGUË** (→ AIGU, art. AIGRE) ; **BÉVUE** (→ VOIR). ♦|3| **BÉCHEVET** (→ CHEF) d'où **TÊTE-BÊCHE** XIXᵉ s. ♦|4| **BÊCHER** XIIᵉ s. : lat. vulg. **bissĭcāre* « travailler avec la **bissa*, fourche à deux dents » ; **bissa* dér. de *bis* est attesté par l'anc. prov. *bessa*, anc. fr. *besse* (XVᵉ s., même sens) ; **BÊCHE** XIIᵉ s. : dér. de *bêcher* ; **BÊCHAGE** XIXᵉ s. ♦|5| **BISEAU** XIIIᵉ s. : altération, sous une influence inconnue, p.-ê. celle du préf. sav. *bis-*, de l'anc. fr. *beseau* qui doit représenter un dér. ancien de *bis*, **bisellus* ; **BISEAUTER** XVIIIᵉ s. ; **BISEAUTAGE** XIXᵉ s. ♦|6| **VINGT** → DIX.

II. mots d'emprunt issus du latin

♦|1| **BINER** XVᵉ s. : prov. *binar* « donner à la terre une seconde façon », du lat. vulg. **bīnāre* ; **BINAGE** et **BINETTE** (outil) XVIIᵉ s. ; **BINETTE** XIXᵉ s. « perruque à deux queues » et « visage grotesque ». ♦|2| **DÉBINER** argot XVIIIᵉ s. contraire de dial. *abiner* « accoupler » ; *se débiner* → pour le sens anc. fr. *se partir* ; *débiner* trans. « abandonner un complice en le chargeant de toute la responsabilité ». ♦|3| **DUO** XVIᵉ s., mot it. anc. « deux », auj. *due* ; **DUETTISTE** XXᵉ s. ♦|4| **DOUBLON** XVIᵉ s., monnaie esp. : esp. *doblón*, dér. de *doble* « double d'un écu » : du lat. *duplus*.

III. mots savants issus du latin

A. mots se rattachant à *duo*, *du-*

♦|1| **DUEL** XVIᵉ s., gram. : *dualis*. ♦|2| **DUALITÉ** XVᵉ s. : bas lat. *dualitas* ; **DUALISME**, **DUALISTE** XVIIIᵉ s., philo. ♦|3| **DUODÉNUM** XVIᵉ s. : abrév. du lat. *duodenum digitorum* « (partie de l'intestin) longue de douze doigts ». ♦|4| **DUPLICITÉ** XIIIᵉ s. : lat. imp. *duplicitas*, dér. de *duplex* « double » ; **DUPLICATION** XIIIᵉ s. : bas lat. *duplicatio*, dér. de *duplicare* « doubler » ; **RÉDUPLICATION** XIVᵉ s., XVIIIᵉ s., gramm. : bas lat. *reduplicatio* ; **DUPLICATEUR** XIXᵉ s. ; **DUPLICATA** XVIᵉ s. : abrév. du lat. *duplicata littera* « lettre redoublée » ; **DUPLEX** XXᵉ s. : mot lat. « double ». ♦|5| **DUBITATION** XIIIᵉ s. : *dubitatio*, dér. de *dubitare* ; **DUBITATIF** XIIIᵉ s. : bas lat. *dubitativus* ; **DUBITATIVEMENT** XIXᵉ s. ; **INDUBITABLE** XVᵉ s. : lat. imp. *indubitabilis* ; **INDUBITABLEMENT** XVᵉ s.

B. formes se rattachant à *bi-*, *bis-*

♦|1| **BIS** XVIIᵉ s., adv. : mot lat. « deux fois » ; **BISSER** XIXᵉ s. ♦|2| **BIS-** préf. de forme sav., ex. : *bissextile*, *bissectrice* ; a souvent été substitué à un ancien préf. *bes-* → BISCUIT, art. CUIRE. ♦|3| **BI-** suff. de forme sav. particulièrement dans la langue des sciences et des techniques, ex. : *bicarbonate*, *bilatéral*, *biplan*.

C. mots se rattachant à *bini-*

♦|1| **BINAIRE** XVIᵉ s. : lat. imp. *binarius*. ♦|2| **BINOCLE** → ŒIL. ♦|3| **COMBINER** XIIIᵉ s. : bas lat. *combinare* ; **COMBINAISON** XVIIᵉ s., avec forme pop. du suff. : a éliminé *combination* XIVᵉ s., du bas lat. *combinatio* ; fin XIXᵉ s. « vêtement », par l'angl. ; **COMBINATOIRE** XVIIIᵉ s. ; **COMBINE** fam. XIXᵉ s. ; **COMBINARD** XXᵉ s. ; **COMBINAT** XXᵉ s., par l'intermédiaire d'un mot russe de même origine ; **COMBINÉ** XXᵉ s. techn.

IV. mots savants issus du grec

A. mots se rattachant à *duo*, *dō-*

♦|1| **DYADE** XVIᵉ s. : gr. *duas*, *-ados* « dualité », dér. de *duo*, par le lat. ♦|2| **DEUTÉRO-** 1ᵉʳ élément de mots sav. tels que

DEUTÉRONOME → NOMADE ; **DEUTÉRIUM** chimie, XXe s. ; **DEUTÉRON** XXe s., phys. atomique. ♦ |3| **DODÉCA-** → DIX.

B. mots se rattachant à *di-*

♦ |1| **DI-** préf. sav. signifiant « deux », ex. : *dichroïsme, diphtongue*. ♦ |2| **DICHOTOME** et **DICHOTOMIE** XVIIIe s. de *dikho-* « en deux » et *temnein* « couper » → TEMPLE. ♦ |3| **DIPLÔME** XVIIIe s. « charte » : gr. *diplôma* « (feuille) pliée en deux », d'où **DIPLOMATIQUE** XVIIIe s., subst. « science des chartes » ; adj. « relatif à cette science » ; XVIIIe s. « relatif aux diplômes ou chartes réglant les rapports internationaux », d'où **DIPLOMATE, DIPLOMATIE** fin XVIIIe s. : dér. formés sur le modèle d'*aristocrate, -cratie* ; **DIPLÔME** XIXe s. « attestation d'un grade universitaire » puis « examen » : même mot ; d'où **DIPLÔMER** et **DIPLÔMÉ** XIXe s. ♦ |4| **DIPLO-** 1er élément de mots sav. : gr. *diplous* « double », ex. : **DIPLODOCUS** fin XIXe s. : second élément gr., *dokos* « poutre », à cause de la forme de l'animal.

DEVISER famille lat. de *dīvĭdĕre, dīvīsus* « diviser, séparer », « faire une distinction logique », formé du préf. *dī-* et d'un verbe d'origine obscure **vĭdĕre* non attesté à l'état simple ; sur *dīvīsus* a été formé en lat. vulg. un dér. **dīvīsāre* ; autres dér. de *dividere* : lat. class. *dividuus* « divisé » et « divisible », d'où *individuus* « indivis » et « indivisible » employé chez Cicéron pour traduire le gr. *atomos* (→ ATOME, art. TEMPLE) ; lat. eccl. *divisibilis* et *indivisibilis*.

I. base *devis-* (pop.)

♦ |1| **DEVISER** XIIe s. « partager », « mettre en ordre », « raconter », XVe s. seulement « raconter », « discourir » : lat. vulg. **dīvīsāre* avec abrègement normal de l'*ī* initial attendu. ♦ |2| **DEVIS** XIIIe s., divers sens conformes à ceux du verbe, en particulier celui de « dispositions prises » ; XVIIe s. « estimation du coût de travaux à exécuter » : dér. de *deviser*. ♦ |3| **DEVISE** XIIe s., divers sens parallèles à ceux de *devis* ; désigne entre autres choses une bande de l'écu, dans le langage du blason ; c'est de ce sens que paraît dér. celui d'aujourd'hui ; XVe s. « signe distinctif », XVIIe s. « brève formule qui accompagne des armoiries » et « maxime » en général : dér. de *deviser* ; XIXe s., sens financier sans doute sous l'influence de l'all. où ce mot d'empr. est attesté avec cette valeur depuis 1833.

II. base *-divis-*

♦ |1| **DIVISER** (demi-sav.) XIIe s., rare avant le XVIe s. : réfection de *deviser* d'après la forme lat. *dividere*. ♦ |2| **INDIVIS** XIVe s. : *indivisus*. ♦ |3| **DIVISION** (sav.) XIIe s., XVIIIe s. et surtout XIXe s. « unité militaire, navale ou administrative » : lat. *divisio*, qui comportait déjà un emploi math. ; **DIVISIONNAIRE** fin XVIIIe s. ; **INDIVISION** XVIe s., rare avant le XIXe s. : formé sur *division*. ♦ |4| **DIVISIBLE** (sav.) XIVe s. : *divisibilis* ; **INDIVISIBLE** XIVe s. : *indivisibilis* ; **DIVISIBILITÉ** XVe s. ; **INDIVISIBILITÉ** XVIIe s. ; **INDIVISIBLEMENT** XVIe s. ♦ |5| **DIVISEUR** (sav.) XIIIe s. : *divisor*, qui comportait déjà un emploi math.

III. base *-divid-* (sav.)

♦ |1| **DIVIDENDE** XVIe s. math., XVIIIe s. finances : *dividendus* « qui doit être divisé ». ♦ |2| **INDIVIDU** XIIIe s., adj. « particulier à une espèce », XVIIe s., subst. « personne particulière » : *individus*, repris par le lat. scolastique ; **INDIVIDUEL** XVIe s. ; **INDIVIDUELLEMENT** XVIe s. ♦ |3| **INDIVIDUALITÉ** XVIIIe s. ; **INDIVIDUALISER** XVIIIe s. ; **INDIVIDUALISATION, INDIVIDUALISME, INDIVIDUALISTE** XIXe s. : dér. de *individu* avec suff. de forme sav.

DIA- préf. sav. : gr. *dia*, préf. et prép. exprimant l'idée de « séparation » et de « passage à travers », ex. : *diachronie, diacritique* ; il est possible que le gr. *dia-* soit apparenté au lat. *di-, dis-* → DÉ-, DÉS-.

DIACRE famille du gr. *diakonos* « serviteur », empr. par le lat. eccl. sous la forme *diaconus* pour désigner les fidèles chargés de la distribution des aumônes.

♦ |1| **DIACRE** (demi-sav.) XIIe s., sous la forme *diacne* : *diaconus* ; **ARCHIDIACRE, SOUS-DIACRE** XIIe s. ♦ |2| **DIACONAT** (sav.) XIVe s. : *diaconatus*, lat. eccl. ; **DIACONAL, DIACONESSE** XIVe s. : lat. eccl. *diaconalis, diaconissa*.

DIADÈME (sav.) XIIe s. : gr. *diadêma* « bandeau qui entourait la tiare des rois de Perse », d'où « couronne royale », par le lat.

DIAPASON représentant savant du gr. *pan, pantos*, fém. *pasa* « tout ».

♦ |1| **DIAPASON** XIIe s., rare avant le XVIIe s., d'abord « registre d'une voix ou d'un instrument », puis « instrument donnant le *la* » : mot lat. formé de la locution gr. *dia pasôn (khordôn)* « à travers toutes (les cordes) ». ♦|2| PANACÉE XVIe s. : gr. *panakeia* « remède universel », par le lat., de *akos* « remède ». ♦|3| PANDECTES XVIe s. « recueil de jurisprudence de l'empereur Justinien » : lat. *pandectae* du gr. *pandektai*, de *dekhesthai* « recevoir ». ♦|4| PANÉGYRIQUE XVIe s. : gr. *panêgurikos (logos)* « éloge public », de *panêguris* « assemblée de tout (le peuple) », de *ageirein* « rassembler » ; PANÉGYRISTE XVIe s. ♦|5| PAN-, PANTO- 1ers éléments de composés, ex. : PANATHÉNÉES XVIIIe s. : gr. *panathênaia* ; PANTOGRAPHE XVIIIe s., PANOPTIQUE XIXe s., PANCHROMATIQUE XXe s., PANGERMANISME XIXe s. ; PANAMÉRICAIN XXe s.

DIÈTE (sav.) XIIIe s. « régime », XVIe s. « jeûne » : gr. *diaita* « genre de vie », par le lat. méd. ; DIÉTÉTIQUE XVIe s. puis XVIIIe s.

DIEU famille d'une racine ind.-eur. **dei-* « briller » qui, élargie en **deiwo-* et en **dyew-* a servi à désigner (a) le ciel lumineux considéré comme divinité, les êtres célestes, par opposition aux hommes, terrestres par nature ; c'est la plus ancienne dénomination ind.-eur. de la divinité ; elle est liée à la notion de lumière ; elle a été remplacée en gr. par un mot exprimant à l'origine la notion d'« esprit » (→ THÉO-, art. ENTHOUSIASME) ; (b) la lumière du jour, et le jour. À la base **deiwo-* se rattachent (1) lat. *deus* « dieu » et lat. eccl. *deitas* « divinité », *deificare* « déifier » (2) lat. *dīvus* « dieu » et, adj., « divin », d'où *dīvīnus* « divin », *divinitas* « nature divine », *divinare* « prévoir l'avenir », « prophétiser », et *divinatio* « divination ». À la base **dyew-* se rattachent : en grec un nominatif *Zeus* (accusatif *Zêna*, génitif *Dios*) désignant le roi des dieux d'en haut ; en latin (1) le 1er élément de *Juppiter*, pour **ju-pater* (avec redoublement expressif de la consonne) « dieu-père », ou mieux « jour-père », auquel correspondrait un génitif *Jovis* (2) le locatif correspondant *diū* « de jour », conservé comme adv., base de l'adjectif *diurnus* (3) l'accusatif correspondant *diem* (équivalent du gr. *Zêna*), spécialisé en lat. pour exprimer la notion de

« jour », et sur lequel a été refait un nominatif *dies* ; dér. : *hodie* « ce jour », « aujourd'hui » ; *quotidie* « chaque jour », d'où l'adj. *quotidianus* ; *meridies* « midi » et « sud », issu par dissimilation de **mediei die*, d'où les adj. *meridianus* et bas lat. *meridionalis* (4) enfin, il existe en lat. des composés, *biduum*, *triduum*, indiquant des groupes de deux, trois jours, dont le 2e élément remonte à une forme **diw-om*.

I. famille de *deus*

A. formes populaires

♦|1| DIEU XIe s., IXe s. sous la forme *deo* : *deus* ; DEMI-DIEU XIIIe s. : calque du lat. *semideus*, trad. du gr. *hêmitheos* ; dans la langue fam. moderne, l'adj. *bon* est souvent accolé à *Dieu*. ♦|2| BONDIEUSARD, BONDIEUSERIE XIXe s. : dér. péj. de *bon Dieu*. ♦|3| ADIEU XIIe s., interjection servant à prendre congé, XVIe s., subst. masc. : abrév. de l'anc. franç. *à Dieu vos comant* « je vous recommande à Dieu ». ♦|4| emplois de DIEU dans les jurons : JARNIDIEU XVIIe s. : *je renie Dieu* ; TUDIEU XVIe s. : abrév. de *par la vertu (de) Dieu*, BON DIEU mod. ♦|5| -BLEU, altération volontaire de -DIEU dans plusieurs formules de serment utilisées comme jurons, pour éviter le blasphème, dans CORBLEU XIIe s. : *par le corps (de) Dieu* ; MORBLEU XVIIe s. : *par la mort (de) Dieu* ; PALSAMBLEU XVIe s. : *par le sang (de) Dieu* ; PARBLEU XVIe s. : *par Dieu* ; SACREBLEU XIXe s. : *sacre Dieu* XIVe s., le mot *sacre* désignant souvent au Moyen Âge la Fête-Dieu, solennité du Saint-Sacrement ; TÊTEBLEU XVIIe s. : *tête (de) Dieu* ; VENTREBLEU XVIIe s. : *par le ventre (de) Dieu*. ♦|6| PARDIENNE, PARGUIENNE, PARDINE, PARDI, var. dial. de *parbleu*.

B. formes savantes : bases *de-*, *dei-*

♦|1| DÉESSE XIIe s. : dér. fr. formé d'après le lat. *dea* au moyen du suff. *-esse*. ♦|2| TE DEUM XVe s. : mots lat., début d'une hymne catholique d'action de grâces « Toi, Dieu, (nous te louons) ». ♦|3| DÉITÉ XIIe s. : *deitas* ; DÉIFIER XIIIe s. : adaptation de *deificare* ; DÉIFICATION XIVe s. : *deificatio* ; DÉISTE XVIe s. ; DÉISME XVIIe s. ; DÉICIDE fin XVIe s. : lat. eccl. *deicida* formé d'après *homicida*.

II. famille de *divus*

A. base populaire *devin-* : devin XIIIe s. : lat. class. *dīvīnus* « divin » et « devin », avec abrègement normal de l'*ī* initial atone en lat. vulg. ; **DEVINER** XIIe s. : *divīnāre* ; **DEVINERESSE** XIIe s. ; **DEVINETTE** XIXe s.

B. bases savantes *divin-* et *div-*

♦ III **DIVIN** XIVe s. : réfection, d'après le lat. de *devin* XIIIe s. : *divinus* ; **DIVINITÉ** XIIe s. : *divinitas* ; **DIVINISER** XVIe s. ; **DIVINEMENT** XVe s. ♦ I2I **DIVINATION** XIIIe s. : *divinatio* ; **DIVINATOIRE** XIVe s. ; **DIVINATEUR** XVe s. : bas lat. *divinator*. Mots scientifiques exprimant la notion de « divination » → -MANCIE. ♦ I3I **DIVE** XVIe s., uniquement dans l'expression créée par Rabelais, *la dive bouteille* : *diva*, fém. de *divus*. ♦ I4I **DIVA** XIXe s. : mot it. désignant des cantatrices ; littéralement « déesse » : lat. *diva* ; **DIVETTE** fin XIXe s. : dimin. de *diva*.

III. famille de *Juppiter*

♦ III **JUPITER**, var. de *Juppiter*, nom lat. du roi des dieux de l'Olympe, correspondant au gr. ZEUS, souvent suivi, lui aussi, du mot *patér* « père ». ♦ I2I mot d'empr., **JOVIAL** XVIe s. : it. *gioviale*, du lat. *jovialis*, adj. formé sur le radical du génitif *Jovis* « né sous l'influence de la planète Jupiter », c.-à-d. avec un horoscope heureux ; **JOVIALITÉ** XVIIe s. ♦ I3I **JEUDI** (pop.) XIIe s. : *Jŏvis dies* « jour de Jupiter ». ♦ I4I **JOUBARBE** (pop.) XIIe s. *Jŏvis barba* « barbe de Jupiter ».

IV. famille de *dies*

A. formes populaires

♦ III **-DI** et **DI-**, éléments apparaissant dans les noms des jours de la semaine : lat. vulg. °*dies* pour lat. class. *dies* ; **LUNDI** → LUNE, art. LUIRE ; **MARDI** → MARS ; **MERCREDI** → MERCURE, art. MARCHÉ ; **JEUDI** → III, I3I ; **VENDREDI** → VÉNUS, art. VENIN ; **SAMEDI** → SABBAT ; **DIMANCHE** → DAME. **MIDI** XIe s. ; **APRÈS-MIDI** XVIe s. ♦ I2I **AUJOURD'HUI** XIIe s. : renforcement pléonastique de l'anc. fr. *hui*, du lat. *hodie*. ♦ I3I mot d'empr., **DIANE** XVIe s. « sonnerie de clairon matinale » : esp. *diana* dér. de *dia* « jour », du lat. *dies*.

B. formes savantes

♦ III **QUOTIDIEN** XIIe s. adj., XXe s. subst. : *quotidianus*. ♦ I2I **MÉRIDIEN** XIIe s. adj. « méridional », XIVe s. subst., astron., XVIIe s. autres sens : *meridianus*. ♦ I3I **MÉRIDIENNE** XVIIe s. « sieste », XIXe s. « canapé » : *meridiana (hora)* « heure de midi » ; a éliminé son équivalent pop. anc. fr. *meriene*. ♦ I4I **MÉRIDIONAL** XIVe s. : bas lat. *meridionalis* « du midi ». ♦ I5I **DIÈTE** XVIe s. « assemblée politique » : lat. médiéval *dieta*, dér. de *dies* ; employé pour traduire l'all. *Tag* « jour fixé pour une assemblée » et « l'assemblée elle-même » (→ REICHSTAG, LANDTAG).

V. famille de *diurnus*

A. base populaire *-jour(n)-*

♦ III **JOUR** XIe s., sous la forme *jorn*, XIVe s. « ouverture laissant passer le jour », archit, lingerie : *diūrnus*, adj. substantivé qui a pratiquement éliminé *dies*, dont les représentants étaient des formes trop brèves ; **BONJOUR** XIIIe s. subst., XVIIIe s., interjection, abrév. de *souhaiter le bonjour* ; **TOUJOURS** XIe s. : composé de *tous* et *jours* ; a éliminé *sempres*, du lat. *semper* ; **CONTRE-JOUR** XVIIe s. ♦ I2I **JOURNÉE** XIIe s. : dér. formé avec le même suff. que l'it. *giornata*, esp. *jornada* ; **AJOURNER** XIe s. « faire jour », XIIIe s. « remettre à une date ultérieure » ; **AJOURNEMENT** XIIIe s. ♦ I3I **JOURNELLEMENT** XVe s., adv. formé sur *journel*, dér. à suff. de forme pop. ♦ I4I **JOURNAL** XIIe s., adj., « journalier », XIVe s. « relation quotidienne des événements », XVIIe s., rare avant le XVIIIe s., « gazette » : dér. de *jour* formé avec le suff. sav. *-al* ; **JOURNALIER** adj. XVIe s. ; **JOURNALISTE** XVIIe s. ; **JOURNALISME** XVIIIe s. ♦ I5I **AJOURER** XVIIe s. ; **AJOUR** XXe s. ♦ I6I **SÉJOURNER** XIIe s., forme dissimilée de *sojorner* : lat. vulg. °*subdiurnare* « durer un certain temps », composé du bas lat. *diurnare* « durer, vivre longtemps », dér. de *diurnus* ; **SÉJOUR** XIe s. : dér. de *séjourner*.

B. mot d'emprunt : **A GIORNO** *(éclairer)* XIXe s. : loc. italienne « comme en plein jour » : *giorno*, du lat. *diurnus*.

C. mot savant **DIURNE** XVe s., rare avant le XVIIIe s. : *diurnus*.

DIGUE XIVe s. : moyen néerl. *dijc* ; **ENDIGUER**, **ENDIGUEMENT** XIXe s.

DIPHTÉRIE (sav.) XIXe s. formé sur le gr. *diphtera* « membrane » ; **DIPHTÉRIQUE** XIXe s.

DIPHTONGUE famille sav. du gr. *phtheggesthai* « faire entendre un son », « parler », d'où *phthoggê* « voix » et *phthegma* « parole ».

♦ III **DIPHTONGUE** (sav.) XIIIe s., sous la forme *dittongue* : gr. *diphthoggos* « son double », par le lat. ; **DIPHTONGUER**, **DIPH-**

TONGAISON XIX⁰ s.; **TRIPHTONGUE** XVI⁰ s.
♦ |2| **APOPHTEGME** XVI⁰ s.: gr. *apophthegma* « parole énoncée solennellement ».

DIRE famille d'une rac. ind.-eur. **deik-*, **dik-* « montrer », qui avait à l'origine et conserve dans un certain nombre de ses représentants un caractère solennel, religieux ou juridique.
En grec (1) *dikê* « la règle », « le droit », « la justice », dont on trouve un équivalent dans l'expression lat. archaïque *dicis causa*, littéralement « à cause de la formule juridique », c.-à-d. « pour la forme ».
— Dér.: *dikaios* « juste », *dikastêrion* « tribunal », *sundikos* « qui assiste quelqu'un en justice » (2) *deiknumi* et *apodeiknumi* « montrer », d'où *deiktikos* « démonstratif » et *apodeixis* « exposé ».
En latin (1) outre le *dix*, *dicis* cité à propos de *dikê*, un nom d'agent *-dex*, *-dicis* qui apparaît dans *index* « celui qui montre » d'où *indicium* « indication »; *judex* « celui qui dit le droit », « le juge »; *vindex* « défenseur, vengeur », avec un 1ᵉʳ élément controversé. Une var. adj. *-dicus* apparaît dans *juridicus* « relatif à la justice »; *veridicus* « qui dit la vérité »; *fatidicus* « qui prédit l'avenir » (2) le verbe *dicere*, *dictus* « dire » (3) les deux dér. nom. *dicio* « parole », « commandement », « autorité », et *dictio* « action de dire », « expression » (4) plusieurs verbes préfixés: (a) *benedicere* « dire du bien de », d'où lat. eccl. *benedictio* « bénédiction »; (b) *condicere* « conclure un arrangement » d'où *condicio*, orthographié en bas lat. *conditio* « formule d'entente », « situation résultant d'un pacte », « situation » en général, et « condition d'esclave »; le dér. *condicionalis* a été utilisé dans la langue du droit et de la grammaire pour traduire le gr. *hupothetikos*; (c) *edicere* « proclamer », « ordonner » d'où *edictum* « édit »; (d) *indicere* « notifier » d'où *indictum* « notification »; (e) *interdicere* « interdire », d'où *interdictio*; (f) *maledicere* « dire du mal de », d'où *maledictio* « médisance », « injure »; (g) *praedicere* « prédire », d'où *praedictio* (5) *dictare*, formé sur la base de *dictus* « dire à haute voix », « répéter », « dicter », auquel se rattache étym. *dictator* et son dér. *dictatura* « dictateur » et « dictature » (6) *dicare*, *dicatus*, verbe duratif correspondant à *dicere* « déclarer solennellement », « consacrer à une divinité », qui apparaît dans de nombreux composés: *abdicare* « renoncer, se démettre », d'où *abdicatio*; *dedicare* « consacrer » et *dedicatio*; *indicare* « indiquer » d'où *indicatio*, et bas lat. *indicativus (modus)*, gramm. « (mode) indicatif »; *judicare* « dire le droit »; *praedicare* « dire en public », d'où *praedicatio* et *praedicator*; *vindicare* → VENGER.

I. mots populaires ou demi-savants issus du latin

A. base *-dire*

♦ |1| **DIRE** X⁰ s. verbe, XV⁰ s. subst.: *dicere*; **QU'EN-DIRA-T-ON** XVII⁰ s. subst.; **CONTREDIRE** X⁰ s.; **DÉDIRE** XII⁰ s.: *médire* XII⁰ s.; **REDIRE** XII⁰ s.: dér. fr. de *dire*. ♦ |2| **INTERDIRE** (avec préf. sav.) XIII⁰ s.: a éliminé l'anc. fr. *entredire* (pop.), de *interdicere*. ♦ |3| **MAUDIRE** (pop.) XI⁰ s.: *maledicere*. ♦ |4| **PRÉDIRE** XIII⁰ s.: *praedicere*.

B. **ÉCONDUIRE** (pop.) XV⁰ s.: altération, sous l'infl. de *conduire*, de l'anc. fr. *escondire* (pop.) XI⁰ s. « refuser »: bas lat. *excondicere* « refuser », antonyme de *condicere* « conclure un arrangement ».

C. base *-dit*

♦ |1| **DISEUR** XIII⁰ s. ♦ |2| **MÉDISANT** XII⁰ s.: part. présent de *médire*; **MÉDISANCE** XVI⁰ s. ♦ |3| **SOI-DISANT** XV⁰ s.

D. base *-dit-*

♦ |1| **DÉDIT** XII⁰ s., subst.: part. passé substantivé de *dédire*. ♦ |2| **ÉDIT** (demi-sav.) XIII⁰ s.: *edictum*. ♦ |3| **INTERDIT** (demi-sav.) XIII⁰ s. subst., XIV⁰ s. adj. « frappé de la sentence ecclésiastique d'interdit », XVII⁰ s. adj. « stupéfait »: *interdictus*. ♦ |4| **LENDIT** (pop.) XII⁰ s., nom de la foire qui se tenait sur la plaine Saint-Denis, pour *l'endit*, de **indictum* « notification », « (rendez-vous) fixé ». ♦ |5| **MAUDIT** (pop.) XI⁰ s.: **maledictus*. ♦ |6| **ON-DIT** XVII⁰ s., subst. ♦ |7| **REDITE** XV⁰ s.: part. passé fém. substantivé de *redire*. ♦ |8| **SUSDIT** XIV⁰ s.: formé avec *-sus-* ci-dessus ». Les formes pop. de part. passé supposent une réfection lat. vulg. **dīctus* avec *ī* emprunté à *dīcere*, au lieu du lat. class. *dĭctus*.

E. ♦ |1| **BÉNIR** (demi-sav.) X⁰ s., sous la forme *beneïr*: *benedicere*; le part. passé *bénit* ou *béni* XVII⁰ s., analogique de l'infinitif, a éliminé l'ancienne forme *benoît*; **BÉNITIER** XIII⁰ s., sous la forme *benoitier*;

BÉNISSEUR XIXᵉ S. ♦ |2| BENOÎT anc. fr. sous la forme *beneeit* (demi-sav.), adj. et prénom masc., du nom de saint Benoît Vᵉ s.-VIᵉ s., fondateur d'ordre : *benedictus* ; BENOÎTEMENT XIXᵉ S. ♦ |3| BENÊT (pop.) XVIᵉ s. : var. phonétique de *benoît*.
F. PRÊCHER (demi-sav.) Xᵉ s. au passé simple, XIIᵉ s., inf. sous la forme *preechier* : *praedicāre* ; PRÊCHEUR XIIᵉ S. ; PRÊCHE XVIᵉ s., d'abord appliqué aux sermons des protestants ; PRÊCHI-PRÊCHA XIXᵉ s.
G. DÉDIER (demi-sav.) XIIᵉ S. : *dedicare*.
H. JUGER → JURER.
I. VENGER → ce mot.
II. mots savants issus du latin
A. INDEX XVIᵉ s., doigt ; XVIIᵉ s., catalogue alphabétique, notamment des livres condamnés par le Saint-Siège ; XIXᵉ s., *mettre à l'index* au sens fig. : lat. *index* qui possédait déjà ces deux sens.
B. base *-dic-*
♦ |1| ABDICATION XVᵉ s. : *abdicatio* ; ABDICATAIRE XIXᵉ S. ♦ |2| BENEDICITE XIIᵉ S. : mot lat. impératif de *benedicere*, premier mot de la prière catholique de bénédiction de la nourriture. ♦ |3| DÉDICACE XIIᵉ S., d'abord *dicaze*, XIVᵉ s., forme mod., « consécration d'une église », et « anniversaire de cette solennité, fête patronale », XVIIᵉ s., en parlant d'un livre : *dedicatio* ; var. dial. Nord de l'anc. fr. *dicaze* : DUCASSE XVIᵉ s. « fête patronale » ; DÉDICATOIRE XVIᵉ S. ; DÉDICACER XIXᵉ S. ; DÉDICATAIRE XXᵉ S. ♦ |4| INDICATION XIVᵉ S. : *indicatio*, de *indicare* ; INDICATIF XIVᵉ s., adj. puis subst., fin XIXᵉ s., radio ; *indicativus* ; INDICATEUR XVᵉ s. : dér. formé sur la même base ; XIXᵉ s., police ; CONTRE-INDICATION XVIIIᵉ S. ♦ |5| INDICE XVᵉ S. : *indicium* ; INDICIAIRE XVIᵉ S. ; INDICIEL XXᵉ S. ♦ |6| INDICIBLE XVᵉ S. ; XIVᵉ s. sous la forme *indisible* : bas lat. *indicibilis* « qui ne peut être dit ». ♦ |7| JUDICIAIRE → JURER. ♦ |8| PRÉDICATEUR XIIIᵉ S. : *praedicator*, de *praedicare* → PRÊCHER ; PRÉDICATION XIIᵉ S. : *praedicatio* ; PRÉDICANT XVIᵉ s., ministre du culte protestant → PRÊCHE ; PRÉDICAT XIVᵉ S., logique, puis gramm. : *praedicatum* « chose affirmée » ; PRÉDICABLE XVIᵉ S., philo. : *praedicabilis*. ♦ |9| VINDICATIF → VENGER.
C. base *-diqu-*
♦ |1| ABDIQUER XVᵉ s. « renoncer, en général », XVIIᵉ s. « renoncer à de hautes fonctions » : *abdicare*. ♦ |2| INDIQUER XVIᵉ s. : *indicare*. ♦ |3| FATIDIQUE → FÉE. ♦ |4| JURIDIQUE → JURER. ♦ |5| VÉRIDIQUE → VRAI.
D. base *-dict-*
♦ |1| DICTION XIIᵉ S. « mot, locution », XVIIᵉ s., sens mod. : *dictio* ; DICTIONNAIRE XVIᵉ S. : lat. médiéval *dictionarium* « recueil de dictions », à l'ancien sens du mot. ♦ |2| DICTON XVᵉ s. : mot lat., *dictum* « chose dite », prononcé à la manière ancienne (→ ROGATON, BRIMBORION, FACTOTON). ♦ |3| DICTER XVᵉ s. a éliminé *ditier* (pop.) XIᵉ s. : *dictare* ; DICTÉE XIIᵉ S. : part. passé fém. substantivé ; DICTAPHONE XXᵉ S. ♦ |4| DICTATEUR XIIIᵉ S. : *dictator* ; DICTATURE XVᵉ s. : *dictatura* ; DICTATORIAL XVIIIᵉ s. : dér. sur le modèle de *sénateur-sénatorial*. ♦ |5| BÉNÉDICTION XIIᵉ s., rare avant le XVIᵉ s. : a éliminé l'anc. fr. *beneïçon*, de *benedictio*. ♦ |6| BÉNÉDICTIN XIIIᵉ s., rare avant le XVIᵉ s. : *benedictinus*, dér. de *Benedictus*, nom latin de Benoît, le fondateur de l'ordre ; BÉNÉDICTINE fin XIXᵉ s. : liqueur fabriquée à Fécamp dans un ancien couvent de bénédictins. ♦ |7| CONTRADICTION XIIᵉ S. : *contradictio* ; CONTRADICTEUR XIVᵉ S. : bas lat. *contradictor* ; CONTRADICTOIRE XIVᵉ s. : bas lat. *contradictorius*. ♦ |8| ÉDICTER, une fois au XVIᵉ s., puis XIXᵉ s. : verbe formé sur *edictum* pour servir de dér. à *édit*. ♦ |9| INTERDICTION XVᵉ S. : *interdictio*. ♦ |10| MALÉDICTION XIVᵉ s., a éliminé l'anc. fr. *maudisson* : *maledictio*. ♦ |11| PRÉDICTION XVIᵉ s. : *praedictio*. ♦ |12| VERDICT → VOIRE. ♦ |13| VINDICTE → VENGER. ♦ |14| JURIDICTION → JURER.
E. ♦ |1| CONDITION XIIᵉ S. « convention, pacte », XIIIᵉ s. « situation sociale » et *être en condition* « être au service de quelqu'un », XVIᵉ s. « circonstance dont dépend une chose » : *conditio*, pour le lat. class. *condicio*. ♦ |2| CONDITIONNER XIIIᵉ S. « soumettre à des conditions » ; XVIIᵉ s. « pourvoir une chose des qualités requises pour sa destination », XXᵉ s. « être la condition de » : dér. de *condition* ; CONDITIONNEMENT XIXᵉ S. ; CONDITIONNÉ XIVᵉ s. *bien conditionné* « en bon état », XIXᵉ s. *réflexe conditionné* XXᵉ s. *air conditionné* ; INCONDITIONNÉ XIXᵉ S. ; CONDITIONNEUR XXᵉ S. ♦ |3| CONDITIONNEL XIVᵉ S. « soumis à des conditions », XVIᵉ s., gramm. et logique, sous la forme *conditional*, XVIIIᵉ s., sous la forme *conditionnel* : bas lat. *conditionalis* ; INCONDITIONNEL fin XVIIIᵉ s.

III. mots issus du grec

♦ |1| **POLICE** (d'assurance) (mot d'empr. pop.) XIVe s. « certificat », XVIe s. « contrat », XVIIe s. *police d'assurance* : it. *polizza*, du gr. byzantin **apodeixa*, pour le gr. class. *apodeixis* « exposé », « démonstration », passé à une forme vénitienne **podissa*, adapté au toscan au moyen du suff. *-izza* et croisé avec la famille de *polizia*, du gr. *politeia* → POLICE. ♦ |2| **SYNDIC** (sav.) XIVe s. « juré », « échevin », XVIe s. « mandataire salarié d'une communauté » : gr. *sundikos*, par le lat. ; **SYNDICAT** XVe s. « fonction de syndic », XIXe s. « association pour la défense d'intérêts communs » ; **SYNDICAL** XIVe s., subst., « syndic » et « procès-verbal », XVIe s., adj. « du ressort de la communauté », XVIIIe s. « du ressort d'un syndic », XIXe s. « relatif à un syndicat » ; **SYNDIQUER** XVIe s. « demander des comptes », « critiquer », fin XVIIIe s. « former un syndicat » ; **SYNDICALISME, -ISTE** fin XIXe s. ; **INTERSYNDICAL** XXe s. ♦ |3| **APODICTIQUE** (sav.) XIVe s., logique : lat. *apodicticus*, du gr. *apodeiktikos* ; **DÉICTIQUE** (sav.) XXe s., ling. : *deiktikos* « démonstratif ».

DISERT (sav.) XIVe s. : lat. *disertus* « qui s'exprime bien », d'origine obscure ; une parenté avec *disserere* (→ DISSERTER, art. DESERT) est possible mais non certaine.

DISETTE XIIIe s., sous la forme *disietes*, mot obscur ; p.-ê. gr. *disekhtos* « (année) bissextile », considérée comme une « année de malheur » ; « disette » signifie plutôt « manque » que « malheur », mais l'hypothèse est étayée par l'existence du mot *dexeta*, de même sens, dans le dial. génois du Moyen Âge.

DISSIPER (sav.) XIIIe s. « disperser », XVIIe s., sens fig., idée de « dispersion de l'attention » : lat. *dissipare* « jeter de côté et d'autre », dér. d'un *supare* « jeter », d'origine obscure, attesté seulement dans une glose ; **DISSIPATION** XIVe s., même évolution : *dissipatio* ; **DISSIPATEUR** XIVe s.

DISSOUDRE famille de (1) lat. *luere* « dégager », verbe rare employé dans le vocabulaire jur. avec le sens de « s'acquitter de », qui a été remplacé dans la plupart de ses emplois par son dér. *solvĕre*, *solūtus* « délier », « désagréger » et « payer », qui, senti en lat. comme un verbe simple, a servi lui-même de base à plusieurs formes préfixées : (a) *absolvere* « délier » et « s'acquitter de » ; à ce dernier sens se rattache *absolutus* « achevé, parfait » ; en grammaire, *absolutus* traduit le gr. *apolelumenon* « sans lien » ; (b) *dissolvere* « désunir », « dissoudre » ; (c) *resolvere* « délier », d'où « démêler, débrouiller », « résoudre un problème, une équivoque ». (2) l'adj. lat. *luxus, -a, -um*, bâti sur la même base *lu-* que le verbe, spécialisé dans le sens de « démis », « de travers », d'où *luxare* « déboîter » et *luxatio* : le subst. *luxus, -us*, du vocabulaire agricole, a signifié d'abord « le fait de pousser de travers » puis « le fait de pousser avec excès », puis « excès » en général ; dér. *luxuria* « exubérance », « profusion, luxe », « vie molle et voluptueuse ». (3) en gr., *luein* « délier », correspondant exact du lat. *luere* ; dér. *lusis* « action de délier », base de nombreuses formes préfixées.

I. mots issus du latin

A. base *-soudre* (pop., mais peut être associée à des préf. sav.)

♦ |1| **ABSOUDRE** (demi-sav. avec, anciennement, une var. pop. *assoudre*) Xe s. : *absolvere*. ♦ |2| **DISSOUDRE** (demi-sav.) XIIe s. : adaptation, d'après *absoudre*, du lat. *dissolvere*. ♦ |3| **RÉSOUDRE** fin XIIe s., part. passé *resous* de forme pop., XIVe s., demi-sav., *resoudre* : adaptation, d'après *absoudre, dissoudre*, du lat. *resolvere* ; de plus le simple *soudre* (pop.) XIIe s. : *solvĕre*, existait en anc. fr.

B. ABSOUTE (pop.) XIVe s., subst. : forme fém. de part. passé substantivé : lat. vulg. **absoltus, -a*, réfection du lat. class. *absolūtus* ; les part. passés masc. **ABSOUS** XIe s. et **DISSOUS** XIIe s. remontent à une réfection en **-solsus*.

C. base *-solu-* (sav.)

♦ |1| **SOLUTION** XIIe s. « paiement », « remise » et « explication », XIVe s. *solution de continuité*, XVIIIe s. chimie : lat. *solutio*, de *solvere*, qui avait déjà les trois sens de « désagrégation », « paiement » et « explication ». **SOLUTÉ** fin XIXe s., chimie ; **SOLUTIONNER** XXe s. ♦ |2| **SOLUBLE** une fois au XIIIe s., puis XIXe s. : bas lat. *solubilis* de *solvere* « qui se désagrège » ; **INSOLUBLE** XIIIe s. : lat. imp. et bas lat. *insolubilis*. ♦ |3|

ABSOLUTION XIIe s. : *absolutio* « acquittement » spécialisé en lat. eccl. ♦ 141 ABSOLU XIe s. : *absolutus* ; ABSOLUMENT XIIIe s. ; ABSOLUTISME fin XVIIIe s. ; ABSOLUTISTE XIXe s. ♦ 151 DISSOLU XIIe s. : *dissolutus* ; DISSOLUTION XIIe s., sens moral, XIVe s., sens phys. : *dissolutio*, de *dissolvere* ; INDISSOLUBLE XVe s. : *indissolubilis* ; INDISSOLUBILITÉ XVIIe s. ♦ 161 RÉSOLUTION XIIIe s. « action de délier », XVIe s. « décision » : *resolutio*, de *resolvere* ; RÉSOLUTIF XIVe s. ; RÉSOLU XVe s. « instruit », XVIe s. « décidé » ; RÉSOLUMENT, IRRÉSOLU, IRRÉSOLUTION XVI s. ; RÉSOLUTOIRE XIXe s.

D. base -*solv*- (sav.)

♦ 111 SOLVABLE XIVe s. : dér. formé sur *solvere* au sens de « payer » ; INSOLVABLE XVe s. ; INSOLVABILITÉ XVIe s. ; SOLVABILITÉ XVIIe s. ♦ 121 SOLVANT XXe s., chimie : dér. à forme de part. présent, sur *solvere*. ♦ 131 DISSOLVANT XVIe s., adj. et subst., XXe s. sens moral ; part. présent de *dissoudre*.

E. base *lux*- (sav.)

♦ 111 LUXER XVIe s. : *luxare* ; LUXATION XVIe s. : bas lat. *luxatio*. ♦ 121 LUXURIANT XVIe s. : *luxurians*, part. présent de *luxuriare* « être surabondant », de *luxuria* ; LUXURIANCE XVIIIe s. ♦ 131 LUXE XVIIe s. : *luxus* ; LUXUEUX XVIIIe s. ; LUXUEUSEMENT XIXe s. ♦ 141 LUXURE XIIe s. : *luxuria* ; LUXURIEUX XIIe s. : *luxuriosus* « immodéré », « voluptueux », de *luxuria*.

F. AÉROSOL XXe s., d'un mot angl., *sol*, fin XIXe s. abrév. de *solution*.

II. mots savants issus du grec
bases -*lys*- et -*lyt*-

♦ 111 ANALYSE XVIe s. : gr. *analusis* employé par Aristote avec le sens de « résolution d'un tout en ses parties » (par opposition à *sunthesis*), de *analuein* « dissoudre », par le lat. scolastique ; ANALYTIQUE XVIe s. : gr. *analutikos*, par le lat. ; ANALYTIQUEMENT, ANALYSER XVIIe s. ; ANALYSABLE XIXe s. ♦ 121 PSYCHANALYSE XXe s. : all. *Psychoanalyse*, mot créé par Freud ; PSYCHANALYSER, PSYCHANALYSTE, PSYCHANALYTIQUE XXe s. : 1er élément → PSYCHO-. ♦ 131 CATALYSE XIXe s. : gr. *katalusis* « dissolution », par l'angl. ; CATALYSER, CATALYTIQUE XIXe s. ; CATALYSEUR XXe s. ♦ 141 DIALYSE XIXe s., chimie : gr. *dialusis* « décomposition ». ♦ 151 PARALYSIE XIIe s. : gr. *paralusis* « relâchement (des muscles d'un côté du corps) », de *paraluein*

« délier », « relâcher », par le lat. ; PARALYTIQUE XIIIe s. : *paralutikos*, par le lat. ; PARALYSÉ XVIe s., adj. ; PARALYSER XVIIIe s. ; PARALYSANT XIXe s., adj. ♦ 161 -LYSE, -LYSER, -LYSEUR, -LYTE, -LYTIQUE XIXe s.-XXe s. : ensemble de suff. exprimant une idée de « dissociation », servant de 2e élément à de nombreux composés de la langue scientifique, ex. : *électrolyse, hydrolyse, photolyse*, etc.

DISTILLER famille du lat. *stilla* « goutte », d'origine obscure.

♦ 111 DISTILLER (sav.) XIIIe s. : *distillare* « tomber goutte à goutte » ; DISTILLATION XIVe s. : *distillatio* ; DISTILLATEUR XVIe s. ; DISTILLERIE XVIIIe s. ♦ 121 INSTILLER (sav.) XVIe s. : *instillare* « verser goutte à goutte » ; INSTILLATION XVe s. : *instillatio*. ♦ 131 STILLATION XVe s. : bas lat. *stillatio*, du lat. class. *stillare* « tomber goutte à goutte » ; STILLATOIRE XVIIe s. ♦ 141 STILLIGOUTTE XXe s. « compte-gouttes » : formé sur une base *stilli*- tirée des mots précédents.

DITHYRAMBE (sav.) XVIe s. : gr. *dithurambos* « hymne en l'honneur de Dionysos », par le lat. ; DITHYRAMBIQUE XVIe s. : gr. *dithurambikos*, par le lat.

DIX famille de l'ind.-eur. **dekm*. « dix », qui comportait une variante **kmt*- (avec voyelle zéro et élargissement -t-) servant à exprimer la notion de « dizaine ».

En grec *deka* « dix » et ses composés *hendeka* « onze » et *dôdeka* « douze ».

En latin (1) *decem* « dix », d'où *december* « dixième mois de l'année » (du temps où elle commençait en mars) ; *decemvir* « membre d'une commission de dix magistrats » ; bas lat. *decennalis* « décenal » et lat. imp. *decennium* « période de dix ans » ; (2) -*decim*, variante de *decem* dans *undecim* « onze », *duodecim* « douze », *tredecim* « treize », *quattuordecim* « quatorze », *quindecim* « quinze », *sedecim* « seize », tous composés du nom d'une unité, suivi de « dix » (3) *decimus* ordinal correspondant à *decem* « dixième » ; d'où *decimare* « punir de mort une personne sur dix » (4) la base *decu*- de *decuria*, division du peuple romain, à l'origine sans doute groupe de dix chevaliers ; *decurio*, -*onis* « chef d'une *decuria* » ; *decuplex* et *decuplus* « décuple »

DIX

(5) bas lat. *decanus* « chef d'un groupe de dix hommes » (6) le distributif *deni* « dix par dix » d'où *denarius (nummus)* « monnaie valant dix as » (7) l'élément *-gint-*, issu de l'ind.-eur. **kmt* « dizaine », dans *viginti* « vingt », *triginta* « trente », *quadraginta* « quarante », *quinquaginta* « cinquante », etc. ; l'ordinal correspondant était *vicesimus* pour *viginti*, *-gesimus* pour les autres dizaines ; le distributif en *-geni* comportait un dér. *-genarius*.

I. mots populaires issus du latin

♦|1| **DIX** XIe s. : *decem* ; **DIXIÈME** XIIe s. ; **DIZAIN** XVe s. ; **DIZAINE** XVIe s. ♦|2| **DIX-SEPT, DIX-HUIT, DIX-NEUF** fin XIIe s., sous les formes *dis e sept*, etc. : créations romanes suppléant la disparition des formes traditionnelles *septemdecim*, *duodeviginti*, *undeviginti* ; **DIX-SEPTIÈME** XIIe s. ; **DIX-HUITIÈME** XIIe s. ; **DIX-NEUVIÈME** XVIe s. ♦|3| **DÎME** XIIe s. : *dĕcĭma (pars)* « dixième (partie) ». ♦|4| **DENIER** XIe s., monnaie fr. de valeur variable selon les époques, XVe s. : *denier à Dieu*, XXe s. *denier du culte*, même sens : *denarius* ; **DENRÉE** XIIe s., sous la forme *denerée* « quantité de marchandises qu'on peut acheter avec un denier » ; au plur. le sens de « marchandises nécessaires à la vie » apparaît vite : dér. de *denier*. ♦|5| **DOYEN** XIIe s. : *decanus*, terme de la langue milit. adopté par celle de l'Église, à l'origine « chanoine duquel dépendent dix prêtres » ; **DOYENNÉ** XIIIe s. ♦|6| **VINGT** XIe s. : bas lat. *vinti*, du lat. *viginti* (1er élément → DEUX) ; **VINGTIÈME** XIIe s. ; **VINGTAINE** XIIIe s. ♦|7| **QUATRE-VINGTS** et **QUATRE-VINGT-DIX** XIIe s. : formations romanes qui ont concurrencé et éliminé *oitante* et *nonante* : lat. *octoginta*, *nonaginta* ; **QUATRE-VINGTIÈME, QUATRE-VINGT-DIXIÈME** XVIe s. ♦|8| **TRENTE** XIe s. : lat. vulg. **trinta* ; lat. class. *triginta* → TROIS ; **TRENTIÈME** XIIe s. ; **TRENTAINE** XIIe s. ; **TRENTENAIRE** XVe s. : formé sur le modèle de *centenaire* ; **TRENTE-ET-QUARANTE** XVIIe s., jeu ; **TRENTE ET UN** (*se mettre sur son*) XIXe s., fam. : allusion à la règle d'un ancien jeu de cartes où le gagnant était celui qui faisait trente et un points avec trois cartes. ♦|9| **-ANTE**, désinence de noms de dizaines : lat. vulg. **-anta*, du lat. class. *-aginta* ; **QUARANTE** XIe s. : bas lat. *quaranta*, du lat. *quadraginta* → QUATRE ;

QUARANTIÈME XIIe s. ; **QUARANTAINE** XIIe s., XVIIe s. « isolement de quarante jours » ; **QUARANTENAIRE** XIXe s. ♦|10| **CINQUANTE** XIe s. : lat. vulg. **cinquanta* : lat. *quinquaginta* (même dissimilation des *-qu-* que dans *cinq*) → CINQ ; **CINQUANTIÈME** XIVe s. ; **CINQUANTAINE** XIIIe s. ; **CINQUANTENAIRE** XVIIIe s. ♦|11| **SOIXANTE** XIe s. : lat. vulg. **sexanta* : lat. *sexaginta* ; **SOIXANTIÈME** XIIe s. ; **SOIXANTAINE** XIVe s. ; **SOIXANTE-DIX** XIIIe s. : a éliminé *septante* ; **SOIXANTE-DIXIÈME** XIIIe s. ♦|12| **SEPTANTE** XIIIe s. sous la forme *setante*, le *p* étant une graphie savante ; ne s'emploie plus aujourd'hui que dial. et dans l'expression *les Septante*, version gr. de la Bible faite par soixante-dix traducteurs : lat. vulg. **septanta*, du lat., *septuaginta* ; **HUITANTE** XIIe s., var. *oitante* et **NONANTE** XIIe s. : *octoginta* (avec réfection d'après *huit*) et *nonaginta* ; survivent en Belgique et en Suisse romande. ♦|13| la terminaison -ZE représente *-decim*, atone, dans ONZE XIIe s. : *undĕcim* → UN ; **ONZIÈME** XIIe s. et les nombres suivants. ♦|14| **DOUZE** XIe s. : bas lat. *dōdĕcim*, du lat. *duodecim* → DEUX ; **DOUZIÈME** XIe s. ; **DOUZAINE** XIIe s. ; **DOUZAIN** XVe s. ; **IN-DOUZE** XVIIe s. ♦|15| **TREIZE** XIIe s. : *trĕdĕcim* → TROIS ; **TREIZIÈME** XIIe s. ; **QUATORZE** XIIe s. : bas lat. *quattordecim*, du lat. *quattuordecim* → QUATRE ; **QUATORZIÈME** XIIe s. ♦|16| **QUINZE** XIIe s. : *quindecim* → CINQ ; **QUINZIÈME, QUINZAINE** XIIe s. ; **QUINZE-VINGTS** XIVe s., hospice fondé par Saint Louis pour trois cents aveugles ; trace d'une ancienne numération vicésimale. ♦|17| **SEIZE** XIIe s. : *sēdecim* ; **SEIZIÈME** XIIe s.

II. mots savants issus du latin

♦|1| **DÉCEMBRE** XIIe s. : *december*. ♦|2| **DÉCEMVIR** XIVe s., hist. romaine : mot lat. ♦|3| **DÉCENNAL** XVIe s. et **DÉCENNIE** → AN. ♦|4| **DÉCIMER** XVe s. sens propre, XIXe s. sens fig. : *decimare*. ♦|5| **DÉCIME** XVIe s. « taxe du dixième perçue par le roi sur les revenus du clergé », fin XVIIIe s. « dixième partie du franc ». ♦|6| **DÉCIMAL** XVIe s. : adj. formé sur *decimus* ; **DUODÉCIMAL** XIXe s. : adj. formé sur *duodecimus* « douzième ». ♦|7| **DÉCI-** 1er élément de composés propres au système métrique, exprimant une fraction d'un dixième tirée arbitrairement de *decimus*, p. ex. dans **DÉCIMÈTRE, DÉCILITRE, DÉCIGRAMME**, fin XVIIIe s. ♦|8|

DÉCURIE et **DÉCURION** XVIᵉ s., hist. romaine : *decuria* et *decurio*. ♦ |9|
DÉCUPLE XIVᵉ s. : *decuplus* ; **DÉCUPLER** XVIᵉ s. ♦ |10| **DÉCANAT** XVIIᵉ s. : lat. eccl. *decanatus*, de *decanus* → DOYEN ; **DÉCANAL** XVᵉ s. ♦ |11| **VICÉSIMAL** XIXᵉ s. : adj. formé sur *vicesimus* ordinal de *viginti* « vingt ». ♦ |12| **-GÉNAIRE** : *-genarius* dérivé de *-geni*, distributif de *-ginta* dans **QUADRAGÉNAIRE** XVIᵉ s. : *quadragenarius*, → QUATRE ; **QUINQUAGÉNAIRE** XVIᵉ s. : *quinquagenarius* → CINQ ; **SEXAGÉNAIRE** XVᵉ s. : *sexagenarius* → SIX ; **SEPTUAGÉNAIRE** XIVᵉ s. : *septuagenarius* → SEPT ; **OCTOGÉNAIRE** XVIᵉ s. : *octogenarius* → HUIT ; **NONAGÉNAIRE** XIVᵉ s. : *nonagenarius* → NEUF. ♦ |13| **-GÉSIME** : *-gesimus*, ordinal correspondant à *-ginta*, suff. employé pour désigner les dimanches précédant le carême : **SEPTUAGÉSIME** XIIIᵉ s., **SEXAGÉSIME** XIVᵉ s., **QUINQUAGÉSIME** XIVᵉ s., **QUADRAGÉSIME** → CARÊME, art. QUATRE.

III. mots savants issus du grec
♦ |1| **DÉCADE** XIVᵉ s. : gr. *dekas*, *-ados* « groupe de dix », par le lat. ; **DÉCADI** fin XVIIIᵉ s. « dixième jour de la décade révolutionnaire » : 2ᵉ élément → -DI, art. DIEU ; **DÉCADAIRE** début XIXᵉ s. « relatif au calendrier répubiicain ». ♦ |2| **DÉCA-** préf. sav. indiquant que le 2ᵉ élément du composé est multiplié par dix : **DÉCALOGUE** XVᵉ s. « les dix commandements » : lat. *decalogus* : gr. *deka* et *logos* « parole » → LIRE ; **DÉCAGONE** XVIIᵉ s. : préf. utilisé dans le système métrique par opposition à *déci-* : **DÉCAMÈTRE**, **DÉCALITRE** fin XVIIIᵉ s. ♦ |3| **HENDÉCA-** : gr. *hendeka* « onze » dans **HENDÉCAGONE** XVIIᵉ s. ; **HENDÉCASYLLABE** XVIᵉ s. ♦ |4| **DODÉCA-** : gr. *dôdeka* « douze », dans **DODÉCAGONE** XVIIᵉ s. ; **DODÉCAPHONIE**, **-IQUE**, **-ISME**, **-ISTE** XXᵉ s.

DO ensemble des noms des notes de la gamme ; les divers degrés de l'échelle des sons ont été arbitrairement désignés dans l'Antiquité et le haut Moyen Âge par des lettres de l'alphabet ; il reste de cet usage le nom même de la GAMME XIIᵉ s. qui représente celui de la lettre grecque *gamma*, adoptée en 942 par Odon, abbé de Cluny (auteur d'un *Dialogus de musica*) pour désigner le *sol*, alors limite extrême de l'échelle fondamentale au grave, puis étendue à toute la série des notes. Un autre bénédictin, Guy d'Arezzo (945-1050), emprunta les dénominations des notes à la première strophe d'un hymne à saint Jean : *Ut queant laxis/ Resonare fibris/ Mira gestorum/ Famuli tuorum,/ Solve polluti/ Labii reatum,/ Sancte Iohannes* ! (« Pour que vos serviteurs puissent à pleine voix chanter les merveilles que vous avez faites, bannissez le péché de nos lèvres souillées, ô saint Jean. ») La mélodie du premier vers commençait sur le premier degré de l'échelle, *ut* ; celle du second sur le second degré *ré* ; celle du troisième sur *mi* ; celle du quatrième sur *fa* ; celle du cinquième sur *sol* ; celle du sixième sur *la*. En fr., **RÉ**, **MI**, **FA**, **SOL**, **LA** XIIIᵉ s., **UT** et **SI** XVIIᵉ s. **DO** XVIIIᵉ s., empr. à l'it., est une syllabe arbitrairement choisie, à cause de sa sonorité, pour remplacer *ut* jugé trop sourd. **SOLFIER** XIVᵉ s. : dér., sur le modèle des verbes en *-fier* (→ FAIRE), du lat. médiéval *solfa* « gamme », du nom de deux notes ; **SOLFÈGE** XVIIIᵉ s. : it. *solfeggio*, de même origine que le précéd.

DOCK XVIIᵉ s. : mot angl., du néerl. *docke*, d'origine inconnue ; **DOCKER** fin XIXᵉ s.

DOCTE famille d'une racine ind.-eur. **dek-*, *dok-*, *dk-* « acquérir — ou faire acquérir — une connaissance », comportant aussi en grec une variante **dak-*.
En grec (1) la forme à redoublement *didaskein*, issue de **di-dak-sk-* « enseigner », d'où *autodidaktos* « qui s'est instruit lui-même » et *didaktikos* « propre à instruire » (2) *dokein* « sembler » et « penser », d'où *dogma*, *-atos* « opinion, doctrine, décret », *doxa* « opinion » et « bonne réputation » et leurs dér.
En lat. (1) *discere* « apprendre », probablement issu de *di-dk-sc-*, parallèle à *didaskein*, et auquel se rattachent : (a) *discipulus* « élève » et *condiscipulus* « condisciple » ; (b) *disciplina* « enseignement », « règle de vie » (2) *docere*, *doctus* « faire apprendre », d'où (a) *doctor*, *-oris* « celui qui enseigne » ; (b) *doctrina* « enseignement », « doctrine » ; (c) *docilis* « apte à recevoir un enseignement », *docilitas* « aptitude à apprendre » ; *indocilis* « qu'on ne peut instruire » et bas lat. *indocilitas* « incapacité à être instruit » ;

(d) *documentum* « enseignement », « leçon, modèle, démonstration », et bas lat. *documentare* « avertir », *documentatio* « avertissement ».

I. traces d'évolution populaire

Le verbe *dŏcēre*, devenu en lat. vulgaire *dŏcĕre* sous l'influence de *dicĕre* « dire », a abouti en anc. fr. à *duire* « éduquer »; il subsiste de ce verbe le patronyme **MAUDUIT**, littéralement « mal élevé »; son homonymie avec *duire* issu de *ducĕre* (→ CONDUIRE) a favorisé sa disparition.

II. mots savants issus du latin

A. base -doct-

♦|1| **DOCTE** XVIᵉ s., a éliminé l'anc. fr. *duit* de *doctus*. ♦|2| **DOCTEUR** XIIᵉ s. « docteur de la loi »: *doctor, -oris*; à la même époque, sous forme lat., le titre universitaire de *doctor* a remplacé celui de *magister* qui s'était déprécié; en fr. XVᵉ s., surtout à propos des docteurs en théologie; employé couramment pour les docteurs en médecine, comme synonyme de « médecin », surtout à partir du XIXᵉ s.; **DOCTORAT** XVIᵉ s.: lat. médiéval *doctoratus*; **DOCTORAL** XIVᵉ s.; **DOCTORESSE** XVᵉ s., ironiquement jusqu'au XIXᵉ s. ♦|3| **DOCTRINE** XIIᵉ-XVIIᵉ s. « science », « enseignement » et « doctrine », le seul qui ait survécu; **DOCTRINAIRE** XIIᵉ s. « qui enseigne », fin XVIIIᵉ s. pol.; **DOCTRINAL** XIVᵉ s.: bas lat. *doctrinalis*; **ENDOCTRINER** XIIᵉ s.

B. base -doc-

♦|1| **DOCILE** XIVᵉ s.: *docilis*; **INDOCILE, DOCILITÉ** XVᵉ s.: *indocilis, docilitas*; **INDOCILITÉ** XVIᵉ s.: *indocilitas*. ♦|2| **DOCUMENT** XIIᵉ s., d'abord surtout jur.: *documentum*; **DOCUMENTER** XVIIIᵉ s., dér. de *document*, plutôt qu'empr. au bas lat.; **DOCUMENTATION** XIXᵉ s.; **DOCUMENTAIRE** XIXᵉ s. adj., XXᵉ s. subst. cinéma; **DOCUMENTALISTE** XXᵉ s.

C. base -disc-

♦|1| **DISCIPLE** XIIᵉ s., *discipulus*, d'abord en parlant de ceux du Christ; **CONDISCIPLE** XVᵉ s.: *condiscipulus*. ♦|2| **DISCIPLINE** XIᵉ s.-XIVᵉ s. « punition », « massacre » et « instrument de flagellation »; le sens d'« éducation » apparaît fin XIIIᵉ s.-XIVᵉ s.; XVIᵉ s. « règle de mœurs », « matière d'enseignement », « discipline militaire »; par relatinisation: *disciplina*; **DISCIPLINER** XIIᵉ s. « punir », XIVᵉ s. sens mod.; **DISCIPLINABLE** XIVᵉ s.; **INDISCIPLINÉ** XIVᵉ s.; **INDISCIPLINE, INDISCIPLINABLE** XVIᵉ s.; **DISCIPLINAIRE** XVIIᵉ s., rare avant le XIXᵉ s.

III. mots issus du grec

♦|1| **DIDACTIQUE** XVIᵉ s.: *didaktikos*; **AUTODIDACTE** XVIᵉ s.: *autodidaktos*. ♦|2| **DOGME** XVIᵉ s.: *dogma*; **DOGMATIQUE** XVIᵉ s.: *dogmatikos*, par le lat.; **DOGMATISER** XIIIᵉ s.: *dogmatizein* « soutenir une opinion », « enseigner une doctrine », par le bas lat. ♦|3| **DOXOLOGIE** XVIIᵉ s. « prière de louange »: gr. eccl. *doxologia*, littéralement « parole de gloire ». ♦|4| **-DOXE** et **-DOXIE** se rattachent à *doxa* au sens d'« opinion »; 2ᵉ élément de composés sav. dans **HÉTÉRODOXE** et **HÉTÉRODOXIE** XVIIᵉ s.: *heterodoxos, -ia* « (qui est d'une) opinion différente »; **ORTHODOXE** XVᵉ s.: gr. eccl. *orthodoxos* « conforme à la vraie foi »; **ORTHODOXIE** XVIᵉ s.; **PARADOXE** XVᵉ s.: *paradoxos* « contraire à l'opinion commune »; **PARADOXAL** XVIᵉ s.

DOGUE XIVᵉ s.: angl. *dog* « chien », d'origine obscure; **DOGUIN** XVIIᵉ s.; **BOULEDOGUE** → ce mot.

DOIGT ♦|1| (pop. avec orth. sav.) XIᵉ s.: lat. vulg. *dītus*: lat. class., *dĭgĭtus*, même sens; **DOIGTIER** XIVᵉ s.; **DOIGTER** et **DOIGTÉ**, subst., techn. mus., XVIIIᵉ s. Pour les mots sav. exprimant la notion de « doigt » → DACTYLO- art. DATTE. ♦|2| **DÉ** (à coudre) (pop.) XIVᵉ s. *deel*: lat. vulg. *dĭtale*, du lat. *digitale* « ce qui recouvre le doigt ». ♦|3| **DIGITALE** (sav.) XVIᵉ s., subst., « plante en forme de doigt », et **DIGITAL**, adj., XVIIIᵉ s.: lat. *digitalis* « relatif aux doigts »; **DIGITALINE** XIXᵉ s. ♦|4| **PRESTIDIGITATEUR** XIXᵉ s., composé de l'adj. *preste* et de la base sav. *digiti-* tirée de *digitus*; **PRESTIDIGITATION** XIXᵉ s. ♦|5| **DIGITI-**, 1ᵉʳ élément de composés sav., **DIGITIGRADE, DIGITIFORME** XIXᵉ s.

DOMPTER (pop., avec *p* purement graphique remontant au Moyen Âge) XIIᵉ s. *donter*: lat. *domitare*, dér. et synonyme de *domare* « apprivoiser »; **DOMPTEUR** XIIIᵉ s.; **INDOMPTÉ, INDOMPTABLE** XVᵉ s.

DONC (pop.) Xᵉ s.: lat. *dumque*, élargissement de l'adv. de temps *dum* souvent utilisé pour renforcer des impératifs; une infl. de *tunc* « alors » est possible, et le maintien du *c* final dans la prononc. est dû sans doute à l'existence de l'anc. fr. *onques* issu de *unquam* « jamais ».

DONNER famille d'une rac. ind.-eur. **dō-* « transmettre la possession de », « donner ».
En grec (1) *didonai* « donner » et ses composés *ekdidonai* « produire au-dehors », « publier », d'où *anekdotos* « inédit » et *antididônai*, d'où *antidotos* « donné contre », « donné comme remède à » (2) *dosis* « action de donner » et « ce qu'on donne » (3) *dôron* « don, présent », d'où le nom propre *Theodôros*, littéralement « don d'un dieu », bien antérieur au christianisme et adopté par lui.
En latin (1) le subst. *dos, dotis* « dot », d'où le lat. imp. *dotare* « doter » et « pouvoir » (2) *donum* « don », d'où *donare* « faire don », *donatio* « donation », et le lat. imp. *donator, -trix* (3) sous une forme réduite, par le verbe *dare, datus*, auquel se rattache *dativus (casus)* « le datif »; en composition sous une forme *-děre, -dĭtus* qui s'est confondue avec une forme homonyme issue de la racine de *facere* → FAIRE ; néanmoins, on peut avec vraisemblance rattacher à *dare* les verbes suivants : (a) *addere* « ajouter » d'où *additio* « addition » ; (b) *edere* « faire sortir », « publier un livre » d'où lat. imp. *editio* « publication » ; bas lat. *editor* « celui qui produit » ; (c) *perdere* « détruire », « subir une perte définitive » et *perditio* « perte, ruine » ; (d) *reddere* « rendre » et lat. imp. *redditio* ; (e) *tradere* « transmettre », « livrer » ; *traditio* « action de transmettre », et lat. imp. *traditor* « traître » ; (f) *vendere* → VENDRE.

I. mots populaires issus du latin

A. famille de *donum*

♦ I 11 **DONNER** IX⁰ s. : *dōnāre* ; **DON** XI⁰ s. : *dŏnum* ; **DONNEUR** XII⁰ s ; **DONNE** XII⁰ s. « don », XVIII⁰ s. aux cartes ; **MALDONNE** XIX⁰ s. ; **DONNÉE** subst. XVII⁰ s. ; « aumône » ; XVIII⁰ s. sens mod. ♦ I 21 **ADONNER** XII⁰ s., déjà réfléchi, mais aussi trans. jusqu'au XVI⁰ s. avec le sens de « livrer » ; lat. vulg. **addonare* ; **REDONNER** X⁰ s. ♦ I 31 **PARDONNER** X⁰ s. : bas lat. *perdonare* « concéder, accorder », avec valeur intensive du préf. *per* ; **PARDON** XII⁰ s. ; **PARDONNABLE** XII⁰ s. « miséricordieux », XIV⁰ s. sens mod. ; **IMPARDONNABLE** XIV⁰ s.

B. famille de *dos*

♦ I 11 **DOUER** XII⁰ s. « doter » et « faire don », XVII⁰ s. « pourvoir de qualités » : *dōtāre*. ♦ I 21 **DOUAIRE** XII⁰ s. : lat. médiéval *dotarium*, dér. de *dos, dotis* adapté d'après *douer* ; **DOUAIRIÈRE** XIV⁰ s. : fém. substantivé de l'adj. anc. fr. *douairier* « pourvu d'un douaire ».

C. représentant unique de *dare* **DÉ** (à jouer) XII⁰ s. : probablement de *datum* « chose donnée », part. passé substantivé de *dare*, employé au I⁰ʳ s. chez Quintilien au sens de « pion de jeu » ; pour les mots sav. exprimant l'idée de « jeter les dés » et de « hasard » → ALÉA et ALÉATOIRE.

D. famille de *tradere*

♦ I 11 **TRAHIR** XI⁰ s. : *tradĕre*, avec influence de la conjugaison en *-īre* ; *h* introduit au XV⁰ s. pour souligner l'hiatus ; **TRAHISON** XI⁰ s. ; **HAUTE TRAHISON** XVII⁰ s. à propos d'événements angl. ; XVIII⁰ s. à propos d'événements fr. ; calque de l'angl. *high treason*. ♦ I 21 **TRAÎTRE** XI⁰ s., d'abord sous la forme *traître* : adaptation, sous l'infl. de *trahir*, du nominatif lat. *traditor* ; **TRAÎTREUSEMENT** XIII⁰ s. : formé sur l'anc. adj. *traîtreux* ; **TRAÎTRISE** XIX⁰ s.

E. famille de *reddere*

♦ I 11 **RENDRE** X⁰ s. : lat. vulg. **rendĕre*, du lat. class. *reddĕre* croisé avec *prendĕre* « prendre » ; **RENDEZ-VOUS** XVI⁰ s. ; **RENDEMENT** XII⁰ s., rare avant le XIX⁰ s. ; **RENDU**, subst., XIX⁰ s. ♦ I 21 **RENTE** XII⁰ s. : lat. vulg. **rendĭta*, part. passé fém. substantivé de **rendere* « (intérêts) rendu (par de l'argent placé) » ; **RENTIER** XII⁰ s. ; **RENTABLE, RENTABILITÉ** XIX⁰ s.

F. famille de *perdere*

♦ I 11 **PERDRE** X⁰ s. : *perdĕre* ; **PERDANT**, subst., **PERDABLE** XIII⁰ s., **PERDEUR** XIV⁰ s. ; **IMPERDABLE** XVIII⁰ s. ♦ I 21 **ÉPERDU** XIII⁰ s. « troublé » : part. passé de l'anc. fr. *esperdre* « perdre complètement ». ♦ I 31 **PERTE** XI⁰ s. : *perdĭta*, part. passé fém. ou neutre plur. substantivé de *perdĕre*.

G. famille de *vendere* → VENDRE.

II. mots savants issus du latin

A. base *don-* (famille de *donum*) : **DONATION** XIII⁰ s. : *donatio* ; a éliminé l'anc. fr. *donaison* (pop.) ; **DONATEUR** XIV⁰ s. : *donator* ; **DONATAIRE** XIV⁰ s.

B. base *dot-* (famille de *dōs*) : **DOT** XIII⁰ s., rare avant le XVI⁰ s., usité d'abord dans le Midi et la région lyonnaise (le mot du Nord étant *douaire*) : *dōs, dōtis* ; DOTER, id. : *dotare*, → DOUER ; DOTATION XIV⁰ s. : *dotatio* ; DOTAL XV⁰ s. : *dotalis*.

C. base *dat-* (famille de *dare*)

♦ III **DATE** XIII⁰ s. : 1ᵉʳ mot de la formule *data littera* « lettre donnée (tel jour) » ; DATER XIV⁰ s. ; ANTIDATER XV⁰ s. ; POSTADER XVI⁰ s. ; DATABLE, DATATION XIX⁰ s. ♦ I2I DATIF XV⁰ s., gramm. : *dativus (casus)* : « cas attributif ».

D. base *-dit-* (famille des composés de *dare*)

♦ III **ADDITION** XIII⁰ s. « augmentation », XV⁰ s. math. : *additio* ; ADDITIONNER XVI⁰ s. ; ADDITIONNEL XVIII⁰ s. ; ADDITIF XX⁰ s. ♦ I2I ÉDITION XVI⁰ s. : *editio* ; ÉDITEUR XVIII⁰ s. : *editor* ; ÉDITER XVIII⁰ s. : formé sur les deux premiers ; INÉDIT, RÉÉDITER XIX⁰ s. ; RÉÉDITION XVIII⁰ s. ; ÉDITORIAL XIX⁰ s. : mot angl. de même origine ; ÉDITORIALISTE XX⁰ s. ♦ I3I TRADITION XIII⁰ s. « transmission », XV⁰ s. sens mod. : *traditio* → TRAHISON ; TRADITIONNEL XVIII⁰ s. ; TRADITIONALISME, -ISTE XIX⁰ s. ♦ I4I EXTRADITION XVIII⁰ s. : composé formé de *ex* et de *traditio* « action de livrer au-dehors », d'où EXTRADER XVIII⁰ s. ♦ I5I REDDITION XIV⁰ s. : « capitulation », XV⁰ s. *reddition de comptes* : *redditio*, → RENDRE. ♦ I6I PERDITION XI⁰ s. : bas lat. *perditio*, → PERDRE ; DÉPERDITION XVI⁰ s. : dér. formé sur le lat. *deperdere* « perdre complètement ».

III. mots savants issus du grec

♦ III **ANECDOTE** XVII⁰ s. : neutre plur. *anekdota* « choses inédites ». Titre de l'histoire secrète, pleine de détails sur les personnages de son temps, écrite en plus de son *Histoire des guerres de Justinien*, par l'historien grec Procope, V⁰ s.-VI⁰ s. ; repris par l'historien Varillas dans ses *Anecdotes de Florence* (1685) ; ANECDOTIER, ANECDOTIQUE XVIII⁰ s. ♦ I2I ANTIDOTE XII⁰ s. : neutre sing. *antidoton* « chose donnée contre », par le lat. médiéval ; ANTIDOTAIRE XIV⁰ s. ♦ I3I DOSE XV⁰ s. « quantité d'un médicament donnée en une fois » : *dosis*, par le lat. médiéval ; DOSER XVI⁰ s. ; DOSAGE, DOSABLE XIX⁰ s. ♦ I4I les prénoms THÉODORE : *theodôros* et DORINE, abréviation de *Théodorine*. ♦ I5I -DOR, suff. formant les noms des trois mois d'été dans le calendrier républicain, du gr. *dôron* « don » : THERMIDOR « qui donne de la chaleur », MESSIDOR « qui donne des moissons », FRUCTIDOR « qui donne des fruits », fin XVIII⁰ s.

DOPER XX⁰ s. : angl. *to dope*, de même sens issu du subst. anglo-américain *dope*, qui désigne entre autres sens un liquide stupéfiant ou excitant, du néerl. *doop* « sauce » ; DOPING XX⁰ s., part. présent du précédent ; DOPAGE XX⁰ s.

DORMIR ♦ III (pop.) XI⁰ s. : lat. *dormīre, dormītus* ; ENDORMIR XI⁰ s. ; RENDORMIR XIII⁰ s. ; DORMEUR XIV⁰ s. ; ENDORMEUR XVIII⁰ s. ♦ I2I DORTOIR (pop.) XII⁰ s. : lat. *dormitōrium* « chambre à coucher ». ♦ I3I DORMITION (sav.) XV⁰ s., relig. : lat. *dormitio* « sommeil ». ♦ I4I DORMITIF (sav.) XVI⁰ s. : dér. sur la base *dormit-*.

DORYPHORE (sav.) XVIII⁰ s., sens étym. ; XIX⁰ s. appliqué à un coléoptère à cause des bandes noires de ses élytres : gr. *doruphoros* « porte-lance ».

DOS famille du lat. *dorsum*, var. *dossum* « dos, des bêtes et des gens », mot pop., employé chez Plaute par les esclaves, qui a éliminé son concurrent *tergum*.

I. mots populaires

♦ III **DOS** XI⁰ s. : lat. pop. *dossum*, du lat. class. *dorsum*. ♦ I2I DOSSIER, d'un siège, XIII⁰ s. ; reliure portant une étiquette au *dos*, contenant diverses pièces, XVII⁰ s. ; DOSSERET, archit., techn., XVII⁰ s. ♦ I3I ADOSSER XII⁰ s. ; ADOSSEMENT XV⁰ s. ♦ I4I ENDOSSER XII⁰ s. « mettre sur son dos », XVII⁰ s., sens fin. ; ENDOSSEMENT XIV⁰ s., fin XVI⁰ s. sens commercial ; ENDOSSIN XVI⁰ s. ; ENDOSSEUR XVII⁰ s. ♦ I5I EXTRADOSSER et EXTRADOS (demi sav.) archit. XVII⁰ s., techn. XX⁰ s. ; INTRADOS XVIII⁰ s.

II. mot savant

DORSAL XIV⁰ s. : lat. médiéval *dorsalis* : lat. imp. *dorsualis*.

DOUANE famille du turc et de l'arabe *diouan*, empr. au persan *dîwân* « registre de comptabilité », d'où « bureau », « salle de réunion de notables turcs, ordinairement garnie tout autour de coussins » ; en arabe d'Égypte le mot avait pris le sens de « sofa ».

♦ III **DOUANE** XIV⁰ s. : anc. it. *doana* (it. mod. *dogana*), de l'arabe *diouan* ; DOUANIER XIV⁰ s. subst., XIX⁰ s. adj. ; DÉDOUANER XX⁰ s. : dér. de *douaner*, arch., XVII⁰ s. ♦ I2I DIVAN XVI⁰ s. « conseil des Turcs », XVII⁰ s.

« estrade à coussins » · empr. au turc probablement par l'interm. de l'it. ; XVIIIᵉ s. « sofa » : empr. à l'arabe d'Égypte.

DOUILLE (pop.) XIIIᵉ s. : frq. *dulja*.

DOULEUR famille du lat. *dolēre* « souffrir » d'où (1) *dolens, -entis*, part. présent et son contraire *indolens*, bas lat. qui traduit le gr. *apathês* chez saint Jérôme ; dér. nom. *dolentia*, et son contraire *indolentia* qui traduit le gr. *apatheia* chez Cicéron → PATHO- (2) *dolor, -ōris* « douleur » ; *dolorōsus* « douloureux » et bas lat. *indoloris* ou *-ius* « indolore » traduction du gr. *anódunos* → ANODIN (3) bas lat. *dŏlus*, IIIᵉ s. « douleur », sans doute analogique de *dolorum*, génitif pluriel de *dolor*, qui a éliminé son homonyme *dolus* « ruse » et concurrencé *dolor*.

I. base *doul-* (pop.) : DOULEUR XIᵉ s. : *dolor, -ōris* ; DOULOUREUX XIᵉ s. : *dolorosus*, avec influence de *doulour*, forme ancienne de *douleur* ; DOULOUREUSEMENT XIIᵉ s.

II. base *-deuil-* (pop.) : DEUIL Xᵉ s. sous la forme *dol* et XIIᵉ s. sous la forme *duel* « douleur », en particulier « douleur causée par la mort d'un être cher » (jusqu'au XVIIᵉ s.) ; XVᵉ s., sous la forme *dueil*, fr. mod. *deuil* « marques extérieures du deuil » : *dŏlus* ; DEMI-DEUIL XVIIIᵉ s. ; ENDEUILLER XIXᵉ s.

III. base *-dol-*

♦|1| DOLENT (pop.) XIᵉ s., adj. et part. présent de l'anc. fr. *douloir* « souffrir » (issu de *dolēre*) : lat. vulg. *dolentus*, réfection du lat. *dolens, -entis* ; le o, à la place du *ou* attendu, peut s'expliquer par une réaction orthographique consécutive à la disparition de *douloir*, fréquemment écrit *doloir*. ♦|2| DOLÉANCE (pop.) XVᵉ s. : altération. p.-ê. sous l'infl. de *créance*, qui existait à côté de *croyance*, de l'anc. fr. *douliance* XIIᵉ s., avec *l* mouillé, formé d'après *douillant*, autre forme de part. présent de *douloir*. ♦|3| CONDOLÉANCE (préf. sav.) XVᵉ s. : formé d'après *doléance* et l'anc. fr. *condouloir*. ♦|4| ENDOLORIR (demi-sav.) XVIIIᵉ s. : réfection, d'après le lat. *dolor*, de *endoulourir*, XVIᵉ s. ♦|5| INDOLENCE (sav.) XIVᵉ s. : *indolentia*. ♦|5| INDOLENT (sav.) XVIᵉ s., « insensible », XVIIᵉ s. « paresseux » : *indolens* → DOLENT. ♦|6| DOLORISME (sav.) XXᵉ s., philo. : dér. formé sur *dolor*. ♦|7| INDOLORE (sav.) XIXᵉ s. : bas lat. *indoloris* ou *indolorius*.

1. DOUVE (pop.) XIIᵉ s. « fossé » et « planche de tonneau » : ces deux mots, apparemment simples homonymes, remontent probablement tous les deux au bas lat. *doga* « vase », p.-ê. du gr. *dokhê* « récipient ».

2. DOUVE (pop.) XIᵉ s. « ver du mouton », XVIᵉ s. « renoncule des marais passant pour engendrer ce ver » : bas lat. *dolva*, Vᵉ s., p.-ê. d'origine gauloise.

DOUX famille du lat. *dulcis* « doux », d'abord au goût, puis dans tous les sens du mot, d'où lat. *dulcor, -oris* « douceur », lat. médiéval *edulcorare* « adoucir ».

I. mots populaires

A. DOUX XIᵉ s. : *dŭlcis*.

B. base *-douc-* ♦|1| DOUCE, fém. analogique des représentants des adj. lat. fém. en *-a*, apparaît de bonne heure en anc. fr. ; DOUCET XIIᵉ s. ; DOUCEÂTRE XVIᵉ s. ♦|2| DOUCEUR XIIᵉ s. : *dulcor, -oris*, avec influence de *doux* (prononcé *douts* en anc. fr.) ; DOUCEREUX XIIᵉ s. « doux », XVIᵉ s., sens péj. ♦|3| ADOUCIR XIIᵉ s., ADOUCISSEMENT XVᵉ s. ; ADOUCISSANT XVIIᵉ s. ; ADOUCISSAGE XVIIIᵉ s., techn. ♦|4| RADOUCIR XIIᵉ s. ; RADOUCISSEMENT XVIIᵉ s.

II. mots savants

— base unique *-dulc-* ♦|1| DULCIFIER, DULCIFICATION XVIIᵉ s. : dér. formés sur la base de *dulcis*. ♦|2| ÉDULCORER, ÉDULCORATION XVIIᵉ s. : *edulcorare, edulcoratio*.

DRACHME (sav.) XIIIᵉ s. : gr. *drakhmê*, monnaie, par le lat.

DRAGÉE XIVᵉ s. « friandise » « mélange d'amandes, pistaches, noisettes recouvertes de sucre » est p.-ê. le même mot que dial. *dragée* « mélange de grains variés qu'on laisse croître en herbe pour faire du fourrage » var. *dravière* XIVᵉ s., *dravée*, tous mots dér. du rad. du lat. *dravoca* « ivraie » d'origine gauloise ; plus probable que gr. *tragêmata* « friandise ».

DRAGON famille du gr. *drakôn* « dragon, animal fabuleux », fém. *drakaina*, apparenté au verbe *derkesthai* « regarder d'un œil fixe et perçant », et reposant sur une rac. ind.-eur. *derk-* « briller » ; employé à Athènes comme nom propre ;

empr. par le lat. sous la forme *draco, -ōnis*, appliqué à divers animaux ; empr. au lat. par le germ.

◆|1| **DRAGON** (demi-sav.) XIe s. « serpent fabuleux », « démon », d'après l'emploi de ce mot dans l'Apocalypse ; XIIe s. « étendard », sens remontant p.-ê. au lat., *draco* ayant désigné en lat. imp. une enseigne milit. sans doute en forme de dragon ; XVIe s. « soldat de cavalerie » (combattant sous cet étendard) ; *draco, -ōnis*, **DRAGONNE** XVIIe s. « batterie de tambour », XVIIIe s. « poignée de sabre », XIXe s. « attache de parapluie » ; **DRAGONNADE** XVIIIe s. ◆|2| **DRACONIEN** → Annexe III. ◆|3| **DRAKKAR** XXe s., mot scandinave « bateau de Vikings, à la proue ornée d'un dragon » : germ. commun de l'Ouest **draco-* : lat. *draco*. ◆|4| **ESTRAGON** XVIe s. : altération, par préfixation et métathèse de l'*r*, de *targon* XVIe s. : lat. mod. bot. *tarchon*, de l'arabe *tarkhoun* lui-même empr. au gr. *drakontion* « petit dragon », nom donné à divers animaux et plantes.

DRAGUE ◆|1| XIVe s., sous la forme *drègue*, XVIe s. « filet », XVIIe s. « machine à curer » : angl. *drag* « crochet », « filet », de *to drag* « tirer », de l'anc. angl. *dragan* probablement scandinave ; **DRAGUER** XVIIe s. ; **DRAGUEUR, DRAGAGE** XVIIIe s.

DRAME famille sav. du gr. *drân* « faire », « agir », d'où *drama, -atos* « action », « action se déroulant sur un théâtre », et plus particulièrement « tragédie » ; et *drastikos* « actif ».

◆|1| **DRAME** XVIIIe s. : *drama*, par le bas lat. ; **DRAMATIQUE** XIVe s., rare avant le XVIIe s., XIXe s. sens fig. : *dramatikos* « théâtral », par le lat. ; **DRAMATIQUEMENT** XVIIIe s. ◆|2| **DRAMATURGE** et **DRAMATURGIE** XVIIIe s. : *dramatourgos* « auteur dramatique » et *dramatourgia* « composition, ou représentation d'une pièce de théâtre » ; pour le suff. → ORGUE. ◆|3| **MÉLODRAME** → MÉLO-. ◆|4| **PSYCHODRAME** et **PSYCHODRAMATIQUE** XXe s. : → PSYCHO-. ◆|5| **DRASTIQUE** XVIIIe s., méd. : *drastikos*.

DRAP ◆|1| (pop.) XIIe s., « étoffe », XIIIe s. « drap de lit » : bas lat. *drappus*, d'origine gauloise ; **DRAPERIE** XIIe s. « étoffe », XVIIe s. « étoffe formant de grans plis » ; **DRAPER** XIIIe s. « fabriquer du drap », XVIIe s. « disposer les plis d'une étoffe » ; **DRAPIER** XIIIe s. ◆|2| **DRAPEAU** (pop.) XIIe s. « morceau de drap », XVIe s. « étendard », sous l'influence de l'it. *drappello* : dimin. de *drap* ; **PORTE-DRAPEAU** XVIe s.

DROGUE famille d'une base germ. **drauz* « sec » (angl. *dry*) à laquelle on peut rattacher :

◆|1| **DROGUE** XIVe s., l'étymon le plus vraisemblable pour ce mot est le néerl. *droog* « sec » ; le sens premier du mot serait « produits séchés » ; XIVe s. « produit pharmaceutique ou tinctorial », « remède de charlatan » ; XXe s. « stupéfiant » ; **DROGUERIE** XVe s. ; **DROGUER, DROGUISTE** XVIe s. ; **DROGUET** XVIe s. « étoffe sans valeur », dér. de *drogue* au sens de « chose de peu de prix ». ◆|2| **DRAIN** XIXe s., agric. et méd. : mot angl., « fossé d'écoulement », « égouttoir », du verbe *to drain* « assécher », de l'anc. angl. *drēahnian* ; **DRAINER, DRAINAGE** XIXe s.

DRÔLE XVIe s., subst. « plaisant coquin », XVIIe s. adj. ; s'est répandu dans de nombreux dial. avec le sens de « petit garçon » : moyen néerl. *drol* « petit bonhomme », « lutin » ; **DRÔLESSE, DRÔLERIE** fin XVIe s. ; **DROLATIQUE** XVIIe s.

DROMADAIRE famille sav. d'une rac. ind.-eur. **dram-* « courir ». En grec (1) certains temps du verbe *trekhein* « courir », ex. : *edramon* « je courus » (2) sous la forme **drom-, dromos* « course » et « emplacement pour courir » et *dromas, -ados* « qui court », d'où *dromas kamêlos* « chameau coureur », « dromadaire », adapté au lat. sous la forme *dromedarius*, IVe s.

◆|1| **DROMADAIRE** XIIe s. : *dromedarius* ; ◆|2| **PALINDROME** XVIIIe s. : gr. *palindromos* « qui court en sens inverse », « qui revient sur ses pas », de *palin* « de nouveau ». ◆|3| **PRODROME** XVe s. : *prodromos* « qui court devant », « précurseur », par le lat. ◆|4| **SYNDROME** XIXe s. : *sundromê* « réunion », « concours ». ◆|5| **-DROME**, suff. indiquant le lieu d'une course : *dromos*, ex. : *hippodrome, autodrome, vélodrome*.

DRU (pop.) XIe s., avec, en anc. fr., outre le sens actuel, une variété de sens disparus aujourd'hui, en particulier « vigoureux », « gras », « gai » (adj.), « amant » (subst.) : d'origine gauloise ; on peut reconstituer un *druto- « fort ».

DRUIDE (sav.) XIV̊ s. : lat. *druida* d'origine gauloise ; DRUIDESSE, DRUIDIQUE, DRUIDISME XVIII̊ s.

DRYADE (sav.) XIII̊ s. : gr. *druas, -ados*, dér. de *drus* « chêne » par le lat. (un rapport étym. entre *drus, doru*, → DORYPHORE et *dendron* → DENDRO - est possible).

DUNE ◆|1| XIII̊ s. : moyen néerl. *dunen* (néerl. mod. *duin*), p.-ê. apparenté au gaulois *dunum* « hauteur », fréquent en toponymie (ex. : *Châteaudun*) et qui apparaît aussi en anthroponymie (ex : *Dunois*). ◆|2| DUNETTE XVI̊ s. « fortin défendant un port » ; XVII̊ s. sens mod. : dimin. de *dune*.

DUR famille du lat. *dūrus* « dur » d'étym. inconnue. — Dér. : (1) *duramen* « endurcissement » et « vieux bois de la vigne » et (2) *dūrāre* « durcir », qui s'est dans une certaine mesure confondu avec *dūrāre* « durer », les concepts de « dur » et « qui dure » étant voisins ; *indurare* « durcir ».
◆|1| DUR (pop.) X̊ s. : *dūrus* ; DUREMENT XI̊ s. ; DURETÉ XIII̊ s. ; DURILLON XIV̊ s. ◆|2| DURCIR (pop.) XII̊ s. ; DURCISSEMENT XVIII̊ s. ; ENDURCIR XII̊ s. ; ENDURCISSEMENT XIV̊ s. ◆|3| ENDURER (pop.) XI̊ s. : *indurare*, qui avait pris chez les auteurs chrétiens le sens de « s'endurcir », « supporter » ; a subi pour le sens l'infl. de *durer* ; ENDURANT XII̊ s. ; ENDURANCE XIV̊ s. ◆|4| INDURER (sav.) XV̊ s. « endurcir », rare avant le XIX̊ s., où il se limite à des emplois médicaux : *indurare* ; INDURATION (sav.) XIV̊ s. « obstination », XIX̊ s. méd. : *induratio*.

DURER ◆|1| (pop.) XI̊ s. : lat. *dūrare* « durer », formé sur une racine ind.-eur. *dū- de même sens, qu'on retrouve dans l'adverbe *dūdum* « il y a longtemps » ; confondu dans une certaine mesure avec *dūrāre* issu de *dūrus* → DUR. ; DURABLE XI̊ s. ; DURÉE XII̊ s. ◆|2| DURANT (pop.) XIV̊ s., comme outil grammatical, d'abord postposé à son régime, ex. : l'expression *le mariage durant*, à l'origine simple proposition participiale, XVI̊ s., devient prép. : part. présent de *durer*. ◆|3| DURATIF (sav.) XX̊ s., gramm. : dér. formé sur le radical du part. passé *duratus*.

DUVET ◆|1| Mot d'empr., XIV̊ s. ; on trouve au XIII̊ s. les formes *dun* et *dum*, probablement altération de *dun* d'après *plume* ; au XV̊ s. seulement *dumet*, probablement plus ancien et qui survit dial. ; *duvet* ne peut être qu'une altération de *dumet*, mais les causes de cette altération ne sont pas connues : anc. scandinave *dunn* « duvet » ; DUVETEUX XVI̊ s. ; DUVETÉ XVII̊ s., XVI̊ s. sous la forme *dumeté*. ◆|2| ÉDREDON XVIII̊ s. : all. *Eiderdaun* ou danois *ederduun*, de l'islandais *aedar-dun* « duvet d'oiseau », de *dunn* « duvet » et *aedar* « oiseau », « eider ».

DYS- (sav.), préfixe péjoratif : gr. *dus*, préf. exprimant une idée de difficulté et de malheur, ex. : *dyspepsie, dyspnée*, etc.

É- famille de *ex*, préf. et prép. exprimant l'idée de « sortir », commun au gr. et au lat. — Dérivés grecs : *exô*, adv. et *ektos*, adv. et prep. « au-dehors ». En latin *ex*, souvent réduit à *e-* devant consonne, peut marquer, outre l'idée de « sortir », celles d'« absence » ou de « privation », de « passage d'un état à un autre » et d'« achèvement ». Sur *ex* a été formé, à l'aide de l'élément *-ter-*, « du côté de » (→ DÉTÉRIORER, INTÉRIEUR, et, de plus, AUTRE, DESTRIER et SINISTRE) un adj. *exter*, var. *exterus* « du dehors », « étranger », auquel se rattachent (1) l'adj. *externus*, synonyme de *exterus* qu'il tend à remplacer (2) le comparatif *exterior* « plus en dehors » (3) le superlatif *extremus* « le plus éloigné », d'où *extremitas* « bout, fin » (4) *extra*, adv. et prép., « dehors », « hors de », d'où lat. imp. *extraneus* « de l'extérieur », « étranger », mot pop (5) *extrinsecus* « du dehors », formé de *extrim, var. de *extra* et de *secus* « le long de », « selon », fréquent en composition → INTRINSÈQUE.

I. formes populaires issues du latin

♦ |1| **É** (pop.) : représentant phonétique de l'anc. fr. *es-*, du lat. *ex-*, préf. courant ayant conservé beaucoup des valeurs qu'il avait en latin, ex. : *effeuiller, éborgner, ébattre*, etc. ♦ |2| **ÊTRES** XIIᵉ s., Xᵉ s. sous la forme *estras* : lat. vulg. *est(e)ra : lat. class. *extĕra* « les parties extérieures », plur. neutre substantivé de *exterus*. ♦ |3| **ÉTRANGE** XIᵉ-XVIIᵉ s. « étranger », XIIᵉ s. « bizarre », seul sens survivant : lat. vulg. *estraneus*, du lat. imp. *extraneus* ; **ÉTRANGEMENT** XIIᵉ s. ; **ÉTRANGETÉ** XIVᵉ s., rare aux XVIIᵉ s.-XVIIIᵉ s. ; **ÉTRANGER**, adj. et subst., XIVᵉ s., a supplanté *étrange* dans le 1ᵉʳ de ses emplois. ♦ |4| **DÈS** → DE.

II. formes savantes issues du latin

♦ |1| **EX-** préf. sav. attesté surtout dans des mots empr. au lat. ; dans ce cas, il est soudé au 2ᵉ élément, ex. : *exclamer, exclure*, etc. ; joint par un trait d'union à un nom désignant l'état, la profession de quelqu'un, il indique que cette personne a cessé d'être dans cet état ou d'exercer cette profession, ex. : *ex-ministre* ; cet emploi date de la Révolution.

♦ |2| **EXTRA-**, préf. apparaissant dans des mots d'empr. et des formations nouvelles ; conserve son sens de « hors de » dans *extraordinaire, extra-parlementaire, extra-utérin*, etc. ; a pris dans le langage pop. une valeur superlative, ex. : *extra-blanc, extra-fin, extra-fort*, etc., d'où l'emploi de **EXTRA** XIXᵉ s., adj., « supérieur ». ♦ |3| **EXTRA** XVIIIᵉ s., subst. « supplément ». ♦ |4| **EXTÉRIEUR** XVᵉ s. : *exterior* ; **EXTÉRIEUREMENT, EXTÉRIORITÉ** XVIᵉ s. ; **EXTÉRIORISER, EXTÉRIORISATION** fin XIXᵉ s. ♦ |5| **EXTERNE** XVIIᵉ s., adj., puis subst. « élève non pensionnaire » ; XIXᵉ s. « étudiant en médecine » : *externus* ; **EXTERNAT** XIXᵉ s. ♦ |6| **EXTRÊME** XIIIᵉ s. : *extremus* ; **EXTRÉMITÉ** XIIIᵉ s. : *extremitas* ; **EXTRÊMEMENT** XVIᵉ s. ; **EXTRÉMISME, EXTRÉMISTE** XXᵉ s. ♦ |7| **EXTRINSÈQUE** XIVᵉ s. : *extrinsecus*.

III. formes savantes issues du grec

♦ |1| **EXO-** 1ᵉʳ élément de composés sav., ex. : *exogamie, exogène*, etc., signifiant « à l'extérieur ». ♦ |2| **EXOTÉRIQUE** XVIᵉ s. : gr.

exōterikos « extérieur, public », par le lat. ; cet adj. est formé de *exô-* et de l'élément *-ter-*. ♦ |3| ECTO- « à l'extérieur », 1er élément de composés sav., ex. : *ectoderme, ectoplasme,* etc. ♦ |4| -ECTOMIE « ablation », suff. de la langue chirurgicale composé de *ek* « hors de » et *tomê*, de *temnein* « couper ».

-É famille du lat. *-ātus, -us,* suff. nom. servant à former des noms de dignités ou d'emplois, ex. : *consulatus* « dignité de consul ».

♦ |1| -É (pop.) suff. nom. masc. (souvent fém. en anc. fr.), ex. : *doyenné, comté, duché,* aujourd'hui mort : lat. *-atus, -us.* ♦ |2| -AT (sav.) suff. nom. masc. vivant, forme des noms de fonctions, de métiers, de situations ou de structures, ex. : *décanat, consulat, salariat, conglomérat* : même origine → -ARIAT, art. -IER, -ORAT, art. -EUR.

É, -ÉE lat. *-ātus, āta,* désinence de part. passé de la conjugaison lat. en *-āre* ; sur la base *-at-* ont été construits plusieurs suff. dér. : (1) *-atio, -ationis* (noms d'actions) (2) *-ator, -atoris* (noms d'agents) (3) *-atura* (subst. fém.) à l'origine forme de part. futur (4) *-atorius, -a, -um* (adj.) et *-atorium* (subst.) (5) *-atilis* et *-aticius* (adj.).

I. suffixes de formation populaire

♦ |1| -É, -ÉE, désinence de part. et suff. de divers adj. et subst., en particulier subst. fém. marquant le contenu d'un récipient : *-ātus, -āta ;* ex. : *aimé(e), fossé, cuillerée ;* s'est confondu dans quelques cas avec un suff. sav. -É, -ÉE issu du lat. *-eus, -ea,* ex. : *igné(e)* : *igneus, -a, cornée* (de l'œil) : *cornea.* ♦ |2| -AISON, -OISON, suff. nom. fém. aujourd'hui mort : *-ationem* ; ex. : *salaison, crevaison, pâmoison.* ♦ |3| pour -EUR : *-atôrem,* anc. fr. *-eeur,* confondu en fr. moderne avec le suff. issu de *-ôrem* (introd. 2.), -EUR. ♦ |4| pour -URE : *-atūra,* anc. fr. *-eüre* confondu en fr. mod. avec le suff. issu de *-ūra* → -URE. ♦ |5| pour -IS : *-aticius,* anc. fr. *-eïs* confondu en fr. mod. avec le suff. issu de *-ïcius* → -IS.

II. suffixes empruntés

♦ |1| -ADE, suff. nom. fém. vivant, ex. : *cotonnade, rigolade, baignade, orangeade* ; tiré de mots empr. à des langues vivantes méridionales : prov. pour *aubade,* esp. pour *parade,* port. pour *pintade,* dial. du Nord de l'Italie pour *cavalcade* : lat. *-ata,* équivalent phonétique de -ÉE. ♦ |2| -ADOR, suff. esp. qui apparaît dans *matador : -atōrem,* équivalent de fr. -EUR (pop.) ou -ATEUR (sav.). ♦ |3| -ATURE, suff. nom. fém. : souvent empr. à l'it. et non directement au lat., ex. : *caricature, arcature, villégiature.* ♦ |4| -AT, suff. nom. : *-atum,* dans quelques mots issus de langues méridionales : prov. pour *muscat,* it. pour *ducat.*

III. suffixes de formation savante

♦ |1| -AT, suff. nom. lat. *-atum* ou *-atus,* ex. : *mandat, candidat, lauréat* ; surtout dans des mots empr. au lat. ; marque l'action ou son résultat dans *assassinat, crachat, pissat.* ♦ |2| -ATE, suff. nom. sav., employé en chimie, tiré de *acétate,* décalque de *acetatus* « rendu acide » ; ex. : *sulfate, borate.* ♦ |3| -ATON dans *rogaton* (→ CORVÉE). ♦ |4| -ATION, suff. nom. fém. vivant : *-atio, -ationis,* ex. : *conversation, pulsation* → -AISON, -OISON. ♦ |5| -ACE, suff. qui n'apparaît que dans quelques mots d'empr., simple décalque du nominatif *-atio,* ex. : *dédicace.* ♦ |6| -ATEUR, -ATRICE, suff. nom. vivant formant des noms d'agents ou d'instruments : *-ator, -trix,* ex. : *opérateur, -trice,* *aspirateur.* ♦ |7| -ATURE, suff. nom. fém., dans des mots empr. au lat. comme *créature, littérature, température* : *-atura.* ♦ |8| -ATOIRE, suff. adj. et nom. : *-atorius, -a, -um,* ex. : *conservatoire, diffamatoire, dînatoire.* ♦ |9| -ATORIUM, le même suff. sous sa forme lat., dans *sanatorium.* ♦ |10| -ATILE, suff. adj. dans quelques mots empr. au lat., ex. : *volatile, versatile.*

EAU famille du lat. *aqua* « eau, considérée comme élément », par opposition à *unda* « eau en mouvement » ; pour les mots scientifiques exprimant la notion d'« eau » → HYDRO-, art. ONDE.

♦ |1| EAU (pop.) XIe s., d'abord sous la forme *ewe,* d'où sont issues les deux var. *eau* et *eve,* qui survit dialectalement ; EAU-DE-VIE XIVe s. : traduction de *aqua vitae* « élixir de longue vie », une des substances recherchées par les alchimistes. EAU-FORTE XVIe s. : « acide nitrique », XIXe s. : « gravure faite au moyen de cet acide » : trad. de *aqua fortis,* autre mot de l'alchimie. ♦ |2| ÉVIER (pop.) XIIIe s. : lat. *(vas) aquarium* « (récipient) pour l'eau », avec influence d'*eve.* ♦ |3| AIGUE-MARINE XVIe s. « variété d'émeraude très claire, bleu verdâtre » : prov. *aiga* « eau », de *aqua*, et l'adj. « marine » à cause de la couleur ; **AIGUIÈRE** XIVe s. : prov. *aiguiera*, du lat. vulg. **aquaria* « pot à eau » → ÉVIER. ♦ 141 **GOUACHE** XVIIIe s. : it. *guazzo* « détrempe », du lat. *aquatio* « action d'arroser » ; disparition du *a* initial par suite d'une confusion avec celui de l'article. ♦ 151 **AQUAFORTISTE** XIXe s. → EAU-FORTE : it. *acquafortista* « graveur à l'eau forte » ; **AQUARELLE** XVIIIe s. : it. *acquarella*, dér. de *acqua* « eau », et **AQUARELLISTE** XIXe s. ; **AQUATINTA** XIXe s. : it. *acqua tinta* « eau teinte ». ♦ 161 **AQUATIQUE** (sav.) XIIIe s. : *aquaticus* ; **AQUEUX** (sav.) XVIe s. : *aquosus* ; **AQUEDUC** (sav.) XVIe s. : *aquaeductus* « conduite d'eau » ; **AQUARIUM** XIXe s. : mot lat. → ÉVIER.

-EAU, -ELLE famille entièrement pop., aujourd'hui morte, du lat. *-ellus, -ella*, var. *-cellus* servant à former des dimin. de noms et d'adj.

I. suffixes simples

♦ 111 **-EAU, -ELLE** suff. nom. et adj. ex. : *chapeau* (→ CHAPE), *nouveau* (→ NEUF) : *-ellus, -ella*. ♦ 121 **-SEAU, -CEAU**, ex. : *oiseau, monceau, demoiselle* : *-cellus, -a*. ♦ 131 **-IAU**, var. de *-eau* attestée dans de nombreux dial. et même, anciennement, dans le parler pop. de Paris, ex. : *fabliau*. ♦ 141 représentants du même suff. empr. à des langues romanes vivantes : **-ELLE**, de l'it. *-ella* dans *sentinelle* ; **-ILLE** : esp. dans *banderille* ; prov. dans *espadrille*.

II. suffixes composés

♦ 111 suff. verbal **-ELER**, ex. : *ruisseler*, dér. de *ruisseau*. ♦ 121 suff. nom. animés **-ELEUR** et **-ELIER**, ex. : *oiseleur, chapelier*. ♦ 131 suff. nom. inanimé **-ELLERIE**, ex. : *oisellerie, chapellerie*. ♦ 141 dimin. **-ELET, -ELOT**, ex. : *oiselet, angelot*, et **-ILLON** qui, dans certains cas, ex. : *oisillon*, issu de **avicelliōne*, s'est confondu avec le suff. dér. de **-ILLE**, issu de *-icŭla*.

ÉBAUBI famille du lat. *balbus* « bègue », d'origine expressive ; dér. *balbutire* « bégayer ».

♦ 111 **ÉBAUBI** XIIIe s., var. *abaubi*, plus fréquente en anc. fr., dér. de l'anc. fr. *baube* « bègue » : lat. *balbus*. ♦ 121 **BALBUTIER** (sav.) XIVe s. : adaptation de *balbutire* ; **BALBUTIEMENT** XVIe s.

ÉBAUCHER famille du germ. **balk* « poutre » (→ aussi PLANCHE).

♦ 111 **ÉBAUCHER** (pop.) XIVe s., mais un dér. *esbaucheïs* est attesté dès le XIIe s. : dér. de l'anc. fr. *bau*, var. *bal, balc* « poutre », du frq. **balk* ; **ÉBAUCHAGE, ÉBAUCHEMENT** XVIe s. ; **ÉBAUCHE, ÉBAUCHOIR** XVIIIe s. ♦ 121 **DÉBAUCHER** XIIe s. syn. de *ébaucher* au sens de « façonner du bois pour en faire des poutres », mais a pris, de plus, celui de « fendre, séparer », d'où les sens, aujourd'hui seuls survivants, de « détourner de son travail » et « détourner de son devoir » ; **DÉBAUCHE** XVe s. ; **DÉBAUCHEUR** XVIe s. ; **DÉBAUCHAGE** XXe s. ♦ 131 **EMBAUCHER** XVIe s. « engager pour un travail » : formation antonyme de *débaucher* au sens de « détourner de son travail » ; **EMBAUCHEUR** XVIIe s. ; **EMBAUCHAGE** XVIIIe s. ; **EMBAUCHE** XIXe s. ♦ 141 **BALCON** XVIe s. : it. *balcone*, dér. du longobard *balk* « poutre ».

ÉBAUDIR famille du germ. *bald* « hardi ».

♦ 111 **S'ÉBAUDIR** (pop.) XIe s. : dér. de l'anc. fr. *baud* « joyeux », « ardent », « lascif » ; **ÉBAUDISSEMENT** XIIIe s. ♦ 121 **BAUDET** XVIe s. : dér. de *baud* au sens de *lascif*, appliqué à l'âne.

ÉBÈNE ♦ 111 (sav.) XIIe s. : lat. *ebenus*, du gr. *ebenos*, d'origine égyptienne ; **ÉBÉNIER, ÉBÉNISTE** XVIIe s. ; **ÉBÉNISTERIE** XVIIIe s. ♦ 121 **ÉBONITE** XIXe s. : dér. formé sur l'angl. *ebony* « ébène », de même origine.

ÉBLOUIR (pop.) XIIe s. : lat. vulg. **exblaudire*, dér. formé sur le frq. **blaudi* « faible » (apparenté à l'all. *blöde* « faible des yeux ») ; **ÉBLOUISSEMENT** XIVe s. ; **ÉBLOUISSANT** XVIe s.

ÉCALE famille du germ. **skala* et de sa var. **skalja* « coquille ».

I. mots issus de **skala*

♦ 111 **ÉCALE** XIIIe s. : mot probablement originaire de Normandie et de Picardie, où il est encore usuel : **skala* ; **ÉCALER** XVIe s. ♦ 121 **ESCALOPE**, a existé en anc. fr., XIIIe s., avec le sens de « coquille » ; mais au sens mod. attesté depuis le XVIIIe s., le mot paraît un empr. à un dial. du Nord-Est (avec conservation de l's) ; la syllabe finale est p.-ê. empr. à *enveloppe*. ♦ 131 **CALOT** XVIIe s.

« noix écalée », XIXᵉ s. « grosse bille » et « yeux écarquillés » : altération de *écalot, l'é initial s'étant confondu avec l'article au plur. ♦ |4| CALOTTE XIVᵉ s. : dér. de l'anc. fr. *cale*, XVᵉ s., mais qui doit être plus ancien : altération de *écale* qui, du sens de « coquille », a pu passer à celui de « coiffure collante » ; fin XVIIIᵉ s. désignation péjor. du clergé, qui utilisait cette coiffure (d'où CALOTIN XVIIIᵉ s., CALOTINISME XIXᵉ s.) ; XIXᵉ s. « gifle », d'où CALOTTER ; CALOT, XVIIIᵉ s. « fond de calotte », XIXᵉ s. « bonnet de soldat ». ♦ |5| SCALPER XVIIIᵉ s. et SCALP XIXᵉ s. : angl. dial. *scalp* « haut de la tête », « crâne », et *to scalp* « arracher le cuir chevelu » : probablement même origine germ. que *écale*.

II. mots issus de *skalja

♦ |1| ÉCAILLE XIIᵉ s. : frq. *skalja* ; ÉCAILLER, verbe actif XIIᵉ s., verbe pron. XVᵉ s. ; ÉCAILLEUX XVIᵉ s. ; ÉCAILLER subst. ; ÉCAILLEUR XVIIᵉ s. ♦ |2| CAILLEBOTIS XVIIᵉ s., au sens d'« ouvrage de menuiserie fait de lattes croisées », peut être rapproché de *(é)caille* « éclat de bois », encore attesté dans le dial. du Nord-Est, plutôt que de *caillebotte* « fromage blanc » (→ CAILLER, art. AGIR) ; le 2ᵉ élément est un dér. du verbe *bouter*.

ÉCHAFAUD ♦ |1| (pop.) XIIᵉ s., sous les formes *chadefauc* et, avec changement de suff. *chafaud*, « assemblage de pièces de bois destinées à soutenir un plancher élevé » ; XVᵉ s. « estrade pour exécuter les condamnés à mort » : lat. vulg. *catafal(i)cum*, composé du préf. gr. *kata* et d'un dér. de *fala* « tour de bois, machine de siège », mot d'origine étrusque, l'é initial provient sans doute de l'agglutination de l'e central de l'article défini masc. ; ÉCHAFAUDER XIIIᵉ s. ; ÉCHAFAUDAGE XVIᵉ s. ♦ |2| CATAFALQUE XVIIᵉ s. « échafaud pour exécutions », XVIIIᵉ s., sens mod. : it. *catafalco*, de *catafalicum*.

ÉCHALAS ensemble de mots se rattachant au gr. *kharassein* « entailler », « aiguiser », d'où *kharax* « pieu, échalas », et *kharaktèr* « signe gravé » et « trait distinctif » ; transposés en lat. sous les formes bas lat. *charaxare* « inciser, fissurer » ; bas lat. (Loi des Longobards) *carratium* « échalas » ; *character* « fer à marquer les bestiaux » et « marque distinctive ».

♦ |1| ÉCHALAS (pop.) XIIᵉ s. : altération de *charas*, du lat. vulg. *caracium*, du bas lat. *carratium*, avec agglutination de l'e central de l'article défini masc. et p.-ê. influence de *échelle*. ♦ |2| GERCER (pop.) XIIᵉ s., d'abord *jarser*, avec le sens de « scarifier » : lat. vulg. *charissare*, var. de *charaxare* ; GERÇURE XIVᵉ s. ♦ |3| CARACTÈRE (sav.) XIIIᵉ s. « lettre gravée » : lat. *character* ; XVIᵉ s. « signe distinctif », puis sens mod. : empr. directement au gr. ; CARACTÉRISTIQUE, adj. XVIᵉ s. : gr. *kharaktèristikos* « distinctif » ; subst. XVIIIᵉ s. : p.-ê. sous l'infl. de l'angl. ; CARACTÉRISER XVIᵉ s. : gr. *kharaktèrizein* « marquer d'un signe » ou simplement dér. de *caractère* ; CARACTÉRIEL XIXᵉ s. ; CARACTÉROLOGIE XXᵉ s.

ÉCHANSON (pop.) XIIᵉ s. : bas lat. (Loi salique) *scantio* : frq. *skankjo*, apparenté au verbe *skankjan* « verser à boire » (→ all. *schanken*).

ÉCHARDE (pop.) XIIᵉ s., d'abord sous la forme *escherde* et surtout au sens d'« écaille de poisson » : frq. *skarda* « entaille » (→ all. *Scharte*).

ÉCHARPE (pop.) XIIᵉ s., d'abord *escherpe* « sacoche portée en bandoulière », XIVᵉ s. « bande d'étoffe passée en travers du corps », XVIIᵉ s. « bandage soutenant l'avant-bras », XVIIᵉ s. « cache-col » : le frq. *skirpja* étant peu sûr, p.-ê. croisement entre *écharpe* « bourse », forme parallèle à *escarcelle*, et *écharpe* « bande (déchirée sur une pièce de tissu) », de *écharper*, tous deux issus de *ex-carpere* (→ CHARPIE).

ÉCHASSE (pop.) XIIᵉ s. : frq. *skakkja* apparenté au verbe *skakan* « courir vite » ; ÉCHASSIER XIIᵉ s. « qui a une jambe de bois » ; XVIIIᵉ s., sens mod.

ÉCHEC ♦ |1| XIIᵉ s., jeu ; dès le XIIIᵉ s., mais surtout XVIᵉ s.-XVIIᵉ s., sens fig. « insuccès » : altération, p.-ê. sous l'infl. de l'anc. fr. *eschac*, *eschec* « butin » (du frq. *skâk*), d'une forme *eschas* anciennement attestée au plur. seulement, du persan *shâh* « roi », employé dans la locution *shâh mât* « le roi (est) mort », d'où le fr. ÉCHEC ET MAT, par laquelle on avertit l'adversaire que son roi va être pris. ♦ |2| ÉCHIQUIER

XIIIe s., XIIe s. sous la forme *eschaquier* : dér. de *échec* ; XVIIIe s., dans *chancelier de l'Échiquier* « ministre des Finances angl. » : angl. *exchequer* « trésor public », de l'anc. fr. *eschequier*, qui semble avoir désigné une table recouverte d'un tapis à carreaux commodes pour compter, autour de laquelle se discutaient les affaires des ducs de Normandie dès avant la conquête de l'Angleterre. ♦ 131 DÉCHIQUETER XVe s. : dér. de *eschiqueté* XIIIe s. « à carreaux », conservé dans le langage du blason, et qui a dû subir fortement pour le sens l'infl. de la base expressive CHIK- (→ art. CHOPER) ; DÉCHIQUETAGE XIVe s. ; DÉCHIQUETURE XVIe s. ; DÉCHIQUETEUSE XXe s. ♦ 141 CHÈQUE fin XVIIIe s. : angl. *cheque*, altération, d'après *exchequer bill* « billet du Trésor », de *check* « contrôle », de *to check* « contrôler », littéralement « faire échec », issu du fr. *eschec* ; CHÉQUIER XXe s. ♦ 151 SCHAH ou CHAH ou SHAH « roi de Perse » XVIIe s., XVIe s. forme *siach* : mot persan « roi ».

ÉCHELLE famille d'une racine ind.-eur. *skand- « monter ».

En grec *skandalon* « obstacle pour faire tomber », « piège placé sur le chemin ».
En latin (1) Le subst. *scala* « échelle », « marche d'escalier », issu de *skand-s-la*, dér. *scalaria*, neutre plur., « escalier d'amphithéâtre » (2) Le verbe *scandere*, *scansus* « monter, gravir » et « scander », par allusion au mouvement du pied qu'on levait et baissait pour marquer la mesure. dér. *scansio* « scansion » (3) *-scendere*, *-scensio*, formes prises en composition par *scandere* et son dér. nom. ex. : *ascendere* « monter » et *ascensio* ; *descendere* « descendre » ; *transcendere* « passer par-dessus ».

I. mots issus du latin

A. **ÉCHELLE** (pop.) XIIe s., sens propre, puis « lieu où l'on débarque, au moyen d'une échelle », « escale », d'où XVIIe s., *échelles du Levant* ; XVIIIe s. sens fig. « suite continue et progressive » : *scala* ; ÉCHELON XIIe s. sens fig. ÉCHELONNER XVe s., rare avant le XIXe s. B. **ÉCHALIER** (pop.) XIVe s. « petite échelle », agric. : *scalarium*, sing. de *scalaria* → ESCALIER.
C. base *-scal-* (mots d'emprunt) ♦ 111 ESCALIER XVIe s., terme d'architecture, d'abord à propos d'un amphithéâtre, a éliminé en ce sens l'anc. fr. *degré* : mot provençal, du lat. *scalarium* → ÉCHALIER. ♦ 121 ESCALE XIIIe s., dans un texte italianisant, rare avant le XVIe s. : it. *scala*, en particulier dans la locution *fare scala* « faire escale », du lat. *scala* (→ ÉCHELLE). ♦ 131 ESCALADE XVe s. : it. *scalata*, ou, plus probablement, empr., pendant la guerre de Cent Ans, à l'occitan *escalado*, dér. de *escalar* ; a éliminé l'anc. fr. *echelement* « assaut au moyen d'échelles » ; ESCALADER XVIIe s.
D. **ÉCHANTILLON** (pop.) XIIIe s. « étalon de poids et mesures », d'où « épreuve, essai », puis au XVIe s. « coupon d'étoffe » : altération, p.-ê. d'après *chanteau* et certains de ses dér., de *eschandillon* XIIIe s., mot lyonnais apparenté à *eschandiller* « vérifier les mesures des marchands » et à l'anc. prov. *escandil* « mesure de capacité » : du lat. vulg. *scandilia*, probablement « échelle pour mesurer », dér. de *scandere*.

E. base *-scend-*, *-scent-*

♦ 111 DESCENDRE (pop.) XIe s., XIIIe s. « tirer son origine de », sous l'influence du lat. juridique : *descendĕre* ; DESCENDANT et DESCENDANCE XIIIe s. ♦ 121 CONDESCENDRE (sav.) XIIIe s. : bas lat. *condescendere*, de même sens ; CONDESCENDANT XIVe s. ; CONDESCENDANCE XVIIe s. ♦ 131 DESCENTE XIVe s., d'abord au sens de « succession » : mot d'origine juridique formé d'après *descendre*, par analogie de *rendre — rente, vendre — vente*, etc. ♦ 141 ASCENDANT (sav.) XIVe s., astrologie. puis astronomie, d'où, sens fig., « influence » ; XVIe s. « parent » sous l'infl. du lat. jur. ; XVIe s., adj. : *ascendens, -entis*, part. présent de *ascendere* ; ASCENDANCE XVIIIe s., astronomie et, au sens fig., « supériorité » ; XIXe s. « ligne généalogique ». ♦ 151 TRANSCENDANT (sav.) XIVe s. : *transcendens, -entis*, part. présent de *transcendere* ; TRANSCENDANCE XVIIe s. ; TRANSCENDER XIVe s., abandonné puis repris au XXe s. : *transcendere* ; TRANSCENDANTAL XVIe s. ; TRANSCENDANTALISME XIXe s.

F. base *-scens-* (sav.)

♦ 111 ASCENSION XVIe s. « élévation au ciel du Christ ressuscité », XVIIe s. astronomie, XVIIIe s. alpinisme, aérostats, et sens fig. : *ascensio* ; ASCENSIONNEL XVIe s. ; ASCENSIONNISTE fin XIXe s. ; ASCENSIONNER XXe s. ♦ 121 ASCENSEUR fin XIXe s. : dér. sur la base *ascens-* de *ascendere*. ♦|3| **DESCENSEUR** fin XIXᵉ s., dér. sur le modèle d'*ascenseur*.

G. base *-scand-*, *scans-* (sav.) : **SCANDER** XVIᵉ s. : *scandere* ; **SCANSION** XVIIIᵉ s. : *scansio*.

II. mots issus du grec

♦|1| **ESCLANDRE** (demi-sav.) XIIIᵉ s., altération de *escandle*, XIIᵉ s. « scandale » ; XVᵉ s. puis fin XVIIIᵉ s. « manifestation bruyante et scandaleuse » : gr. *skandalon*, par le lat. → le suivant. ♦|2| **SCANDALE** (sav.) XIᵉ s. : lat. *scandalum*, du gr. *skandalon* : traduit l'hébreu *mikchôl* « obstacle qui fait trébucher », au sens propre dans *Lévitique*, XIX, 14 ; employé dans l'Évangile (Mc. IX, 12, etc.) au sens fig. de « occasion de chute, pour soi-même ou pour les autres, fournie par un mauvais exemple » ; **SCANDALISER** XIIᵉ s. ; **SCANDALEUX** XIVᵉ s.

ÉCHEVEAU ensemble de mots à *sk*- initial exprimant la notion d'« appuyer » ; en gr. *skêptron* « bâton » ; en latin (a) *scamnum* « escabeau », diminutif *scamellum*, var. *scabellum* « petit banc », et métaph. « dévidoir » ; (b) *scopae*, *-arum*, plur. d'où a été tiré un sing. *scopa* « balai ».

♦|1| **ÉCHEVEAU** (pop.) XIIIᵉ s. : *scabēllum*. ♦|2| **ESCABEAU** (demi-sav.) XVᵉ s. : *scabēllum* ; a éliminé l'anc. fr. *eschame*, de *scamnum*. ♦|3| **ÉCOUVILLON** (pop.) XIIᵉ s. : dér. de l'anc. fr. *escouve*, du lat. *scōpa*. ♦|4| **SCEPTRE** (sav.) XIᵉ s. : gr. *skêptron*, par le lat.

ÉCHEVIN (pop.) XIIᵉ s. : bas lat. *scabinos* (acc. plur., dans la Loi des Longobards) : frq. **skapin* « juge » ; **ÉCHEVINAGE** XIIIᵉ s.

ÉCHINE (pop.) XIᵉ s. : frq. **skina* « os de la jambe » et « aiguille », d'où « colonne vertébrale », par une évolution métaph. semblable à celle d'« épine dorsale » ; **ÉCHINER** XIIᵉ s. « briser l'échine, tuer » ; XIXᵉ s., pronominal, « s'éreinter ».

ÉCHO famille sav. du gr. *êkhô* « bruit, son », « bruit répercuté » et « rumeur populaire », d'où *êkhein* « résonner, retenir » et *katêkhein* « instruire de vive voix » ; dérivés, en gr. eccl., *katêkhêsis* « enseignement oral (de la religion) », *katêkhoumenos* part. présent passif de *katêkhein* « celui qui reçoit cet enseignement » ; *katêkhizein* et *katêkhismos*, synonymes de *katêkhein* et *katêkhêsis*.

♦|1| **ÉCHO** XIIIᵉ s. ; XIXᵉ s. journalisme : gr. *êkhô*, par le lat. ; **ÉCHOTIER** XIXᵉ s. ♦|2| **CATÉCHISER** et **CATÉCHISME** XIVᵉ s. : *katêkhizein* et *katêkhismos* ; **CATÉCHISTE** XVIᵉ s. : *katêkhistês* par le lat. ; **CATÉCHISTIQUE** XXᵉ s., ♦|3| **CATÉCHUMÈNE** XIVᵉ s. : *katêkhoumenos*, par le lat. ; **CATÉCHUMÉNAT** XVIIIᵉ s.

1. ÉCHOPPE XIIᵉ s. « petite boutique », d'abord *escope* : anc. néerl. *schoppe*.

2. ÉCHOPPE famille du lat. *scalpere*, *scalptus* « gratter », « tailler », « sculpter » auquel se rattachent (a) *scalprum* « outil tranchant », dimin. *scalpellum* ; (b) des composés : *exsculpere*, *insculpere*, d'où a été tiré un simple *sculpere*, *sculptus*, qui, vers le IIIᵉ s., a fini par éliminer *scalpere* dans le sens de « sculpter ». – Dér. : *sculptura* « sculpture » et bas lat. *sculptor* « sculpteur ».

♦|1| **ÉCHOPPE** (pop.) XVIIIᵉ s. : altération de *eschople*, XVIIᵉ s., lui-même altération de *eschaupre* XVᵉ s. « burin » : *scalprum*. ♦|2| **SCULPTURE** (sav.) XIVᵉ s. sous la forme *sculpure*, XVIᵉ s. forme mod. *sculptura* ; **SCULPTEUR** XVᵉ s. : *sculptor* ; **SCULPTER**, XVIIᵉ s., XVIIᵉ s. sous la forme *sculper* : adaptation de *sculpere* d'après *sculpteur*, *sculpture* ; **SCULPTURAL** fin XVIIIᵉ s. ♦|3| **SCALPEL** (sav.) XVIᵉ s. : *scalpellum*.

ÉCHOUER (pop.) XVIᵉ s. sens maritime « toucher le fond, par accident » ; XVIIᵉ s. sens fig., avec infl. du mot *échec* : étym. inconnue : **ÉCHOUAGE**, **ÉCHOUEMENT** XVIIᵉ s.

ÉCLISSE (pop.) XIᵉ s. : dér. de l'anc. fr. *éclisser*, du frq. **slizzan* « fendre ».

ÉCOLE famille du gr. *skholê* « loisir » et « lieu d'étude », empr. par le lat. sous la forme *schola* « loisirs consacrés à l'étude, cours » et « école ». L'évolution sémantique est ainsi expliquée par le grammairien Festus (IIIᵉ s.) : « Le nom d'*école* ne s'explique pas par l'oisiveté (...), mais par le fait que, toutes autres occupations laissées de côté, les enfants doivent s'y adonner aux études dignes d'hommes libres. »

♦III **ÉCOLE** (demi-sav., sans diphtongaison de l'ŏ), xI^e s. : lat. *schola* ; **ÉCOLIER** xII^e s., d'abord sous la forme *escoler* « étudiant » : lat. *scholaris*, puis changement de suff. ; **ÉCOLÂTRE** xIV^e s., xIII^e s. sous la forme *scolastre* : lat. *scholasticus* ; **AUTO-ÉCOLE** xxe s. ♦I2I **SCOLARITÉ** xIV^e s. : « privilèges des étudiants des universités médiévales » ; réempr. au xIx^e s. : lat. médiéval *scholaritas* « condition d'écolier » ; **SCOLAIRE** (sav.) xIx^e s. bas lat. *scholaris* ; **POSTSCOLAIRE, SCOLARISER, SCOLARISATION** xxe s. ♦I3I **SCOLASTIQUE** (sav.) xIII^e s. adj. « d'école », xVII^e s. subst. fém. « philosophie médiévale », xVII^e s. adj. péjor. : lat. *scholasticus*, du gr. *skholastikos* « relatif à l'école ». ♦I4I **SCOLIE** (sav.) xVI^e s. : gr. *skholion* « explication d'école », « commentaire » ; **SCOLIASTE** xVI^e s. : gr. *skholiastês* « commentateur ».

ÉCOPE (pop.) xIII^e s. : frq. **skôpa*, reconstitué d'après le moyen néerl. *schope* « pelle, bêche » ; **ÉCOPER** xIx^e s. « vider un bateau avec une écope », « boire », « recevoir un coup » (même évolution que *trinquer*).

ÉCOT ♦III (pop.) xII^e s. « contribution » et « morceau de bois », le décompte des contributions étant souvent tenu, autrefois, au moyen d'encoches pratiquées dans une planchette de bois (→ pour le sens TAILLE, art. TAILLER) : frq. **skot* « pousse » et « contribution ». ♦I2I **ÉCOUTILLE** xVI^e s. : esp. *escotilla* dér. de *escote* « échancrure dans une étoffe », déverbal de *escotar* « tailler », forme parallèle au fr. dial. *escoter* « élaguer », dérivé de *escot*.

ÉCRAN xIV^e s. « pare-feu », xIx^e s. « lanterne magique, chambre noire », puis, cinéma : néerl. *scherm* « paravent ».

ÉCRASER xVI^e s., var. *accraser*, remonte probablement au moyen angl. *crasen*, angl. mod. *to craze* « broyer », d'origine scandinave, qui aurait pu être empr. pendant la guerre de Cent Ans et préfixé ; **ÉCRASEMENT, ÉCRASÉ** adj., xVII^e s. ; **ÉCRASANT** adj., xVIII^e s.

ÉCREVISSE xIII^e s., altération, par agglutination de l'article défini pluriel, de *crevice* xIII^e s. : anc. haut all. *krebiz* → all. mod. *Krebs*, même sens.

ÉCRIN (pop.) xII^e s. : lat. *scrīnium* « boîte de forme circulaire servant à ranger divers objets ».

ÉCRIRE famille d'une racine ind.-eur. **sker-* « gratter », « inciser ».

En grec : *skariphos* « style pour écrire » d'où *skariphasthai* « inciser légèrement ». En latin (1) le verbe *scribere, scriptus* « tracer des caractères », « écrire » auquel se rattachent (a) les dér. nom. *scriptor* « qui écrit », *scriptio, scriptūra* « action d'écrire », qui peuvent également apparaître en composition, et l'adj. *scriptōrius* « qui sert à écrire » ; (b) des composés verbaux dont plusieurs appartiennent à la langue juridique, le droit romain attachant une grande importance au document écrit ; *adscribere* « ajouter par écrit » ; *circumscribere* « tracer un cercle autour de », « délimiter » ; *conscribere* « inscrire sur une liste, enrôler », d'où la formule asyndétique courante en lat. pour désigner les sénateurs, *patres conscripti* « patriciens (et personnes) inscrites (avec eux) » ; *describere* « écrire d'après un modèle », « copier » ; *inscribere* « écrire sur » ; *praescribere* « écrire en tête d'une liste », d'où les deux sens de « ordonner » et « établir des exceptions » ; *proscribere* « afficher », en particulier afficher le nom et les biens d'une personne condamnée à mort sans formes judiciaires et qui pouvait être exécutée par le premier venu (dans certaines périodes exceptionnelles) » ; *rescribere* « répondre par écrit », d'où *rescriptum* part. passé substantivé, « arrêté », *suscribere* « écrire sous », en particulier « soussigner » ; *transcribere* « transcrire » (2) la forme nom. *scriba, -ae* « copiste, secrétaire » devenue en bas lat. *scriba, -ānis*, sur le modèle des noms en *-o, -ōnis*. Pour les mots scientifiques exprimant les notions d'« écrire » ou de « décrire » → -GRAPH(O)-, art. GREFFE.

I. mots populaires issus du latin

A. ÉCRIRE xI^e s., sous la forme *escrivre*, qui a plus tard subi l'infl. de *lire* : *scrībĕre* ; **DÉCRIRE** xII^e s. : *describĕre* ; **RÉCRIRE** xIII^e s. **B.** base *écrit-*

♦III **ÉCRIT** xII^e s. : part. passé substantivé *scriptum* ; **ÉCRITEAU** xIV^e s. *escriptel*, dimin.

de *écrit*. ♦ |2| **ÉCRITOIRE** XII⁰ s. « cabinet de travail » : lat. médiéval *scriptōrium*, même sens, avec infl. d'*écrire* ; XIV⁰ s. « meuble contenant ce qu'il faut pour écrire ». ♦ |3| **ÉCRITURE** XII⁰ s. : *scriptura*, avec infl. d'*écrire* ; au sens d'« écriture sainte », calque du lat. eccl. *scriptura*, trad. du gr. *biblos* → BIBLE.

C. base *écriv-*

♦ |1| **ÉCRIVAIN** XII⁰ s. « qui écrit pour d'autres » ; une fois au XIV⁰ s. ; puis XVI⁰ s., sens mod. : lat. vulg. **scribānem*, acc. de *scriba*. ♦ |2| **ÉCRIVAILLEUR** XVI⁰ s., **ÉCRIVAILLER** XVII⁰ s. ; **ÉCRIVASSER, ÉCRIVASSIER** XVIII⁰ s. : dér. sur le radical *écriv-* du verbe *écrire*, p.-ê. avec influence d'*écrivain*.

II. mots savants ou demi-savants issus du latin

A. base *-scrire* (demi-sav. ; adaptation de *scribere* d'après *écrire*, mais avec conservation de l'*s* étym. et associée à des préf. de forme sav.)

♦ |1| **CIRCONSCRIRE** XIV⁰ s. : *circumscribere*. ♦ |2| **INSCRIRE** XIII⁰ s., rare avant le XVI⁰ s. ; *s'inscrire en faux*, XVI⁰ s. ; au sens math., XVII⁰ s. : *inscribere*. ♦ |3| **PRESCRIRE** XII⁰ s. « condamner » ; XIV⁰ s. jur. ; XVI⁰ s. « ordonner » ; fin XVIII⁰ s. méd. : *praescribere*. ♦ |4| **PROSCRIRE** XII⁰ s., rare avant le XVI⁰ s. : *proscribere*. ♦ |5| **SOUSCRIRE** XVI⁰ s., XIV⁰ s. sous la forme *subscrire* : *subscribere*. ♦ |6| **TRANSCRIRE** XIII⁰ s. : *transcribere* ; **RETRANSCRIRE** XVIII⁰ s.

B. base *-scrit* (même cas que *-scrire*)

♦ |1| **CONSCRIT** XIV⁰ s., dans l'expression *pères conscrits*, hist. romaine ; fin XVIII⁰ s. sens mod., d'après *conscription*. ♦ |2| **MANUSCRIT** XVI⁰ s., adj. et subst. : lat. *manuscriptus* « écrit à la main », adj. qualifiant *liber* ou *codex* → MAIN. ♦ |3| **PROSCRIT** subst. XVI⁰ s. : *proscriptus*, part. passé substantivé de *proscribere* → PROSCRIRE. ♦ |4| **RESCRIT** XIII⁰ s. : lat. imp. *rescriptum*.

C. base *-script-* (sav.)

♦ |1| **CIRCONSCRIPTION** XII⁰ s. « limite » ; XIV⁰ s. « action de tracer une limite » ; XVIII⁰ s. « division territoriale » : *circumscriptio* → CIRCONSCRIRE. ♦ |2| **CONSCRIPTION** fin XVIII⁰ s., mar. puis milit. : bas latin *conscriptio* → CONSCRIT. ♦ |3| **DESCRIPTION** XII⁰ s. : *descriptio* ; **DESCRIPTIF** une fois au XV⁰ s., puis XVIII⁰ s. ; **INDESCRIPTIBLE** XIX⁰ s. → DÉCRIRE. ♦ |4| **INSCRIPTION** XV⁰ s. « action d'inscrire », XVI⁰ s. « texte gravé », XVIII⁰ s. « enregistrement », XIX⁰ s. *inscription maritime* : *inscriptio* ; **INSCRIPTIBLE** math. XVII⁰ s. → INSCRIRE. ♦ |5| **PRESCRIPTION** XIII⁰ s. jur., XVI⁰ s. « ordre précis », XIX⁰ s. méd. : *praescriptio* ; **PRESCRIPTIBLE** XIV⁰ s. ; **IMPRESCRIPTIBLE** XV⁰ s. ; **IMPRESCRIPTIBILITÉ** XVIII⁰ s. → PRESCRIRE. ♦ |6| **PROSCRIPTION** XV⁰ s. : *proscriptio* ; **PROSCRIPTEUR** XVI⁰ s. → PROSCRIRE et *proscrit*. ♦ |7| **SCRIPTEUR** XVII⁰ s. : *scriptor* ; **TÉLÉSCRIPTEUR** XX⁰ s. ; **SCRIPTURAIRE** XVIII⁰ s. : dér. sur *scriptura* au sens d'« écriture sainte » ; **SCRIPTURAL** XIV⁰ s. « qui sert à écrire », XIX⁰ s. « relatif à l'Écriture sainte », XX⁰ s. finances. ♦ |8| **SCRIPT** XX⁰ s., finances : mot angl., abrév. de *subscription* receipt « reçu de prêt » ; XX⁰ s., type d'écriture : mot angl., empr. direct au lat. *scriptum* ; **SCRIPT-GIRL** XX⁰ s., cinéma : mot angl. « préposée aux écritures ». ♦ |9| **SOUSCRIPTION** XVI⁰ s. ; XIII⁰ s. sous la forme *subscription* : *subscriptio* ; **SOUSCRIPTEUR** XVII⁰ s. : *subscriptor* → SOUSCRIRE. ♦ |10| **SUSCRIPTION** XIII⁰ s., rare avant le XVI⁰ s. : adaptation du bas lat. *superscriptio* avec francisation de *super* en *sus*. ♦ |11| **TRANSCRIPTION** XVI⁰ s. : lat. imp. et jur. *transcriptio* ; **TRANSCRIPTEUR** XVI⁰ s.

D. SCRIBE XIV⁰ s., sens biblique : lat. eccl. *scriba*, trad. de l'hébreu *sopherim* « membres de la classe sacerdotale devenus docteurs de la Loi et maîtres d'école » ; XV⁰ s. « copiste » : lat. class. *scriba*.

III. mots savants issus du grec

SCARIFIER XIII⁰ s. : *skariphasthai*, par le bas lat. méd. *scarificare* ; **SCARIFICATION** XIV⁰ s. ; **SCARIFICATEUR** XVI⁰ s.

1. **ÉCROU** famille du lat. *scrofa* « truie », d'où, en bas lat. « vulve » ; dim. plur. bas lat. IV⁰ s. *scrofulae* « écrouelles » : calque du gr. *khoirades* « (objets) en forme de dos de cochon », « écueils à fleur d'eau » et « taches sur la peau, var. lat. vulg. **scrofellae*.

♦ |1| **ÉCROU** (pop.) techn. XIII⁰ s., d'abord sous la forme *escroue* : *scrōfa* au sens de « vulve », métaphore pour désigner la pièce femelle de l'*écrou*. ♦ |2| **ÉCROUELLES** (pop.) XIII⁰ s. : lat. vulg. **scrofellae*. ♦ |3| **SCROFULES** (sav.) XVI⁰ s. : *scrofulae* ; **SCROFULEUX** XVI⁰ s.

2. **ÉCROU** (de prison) (pop.) XII⁰ s. *escroue* « morceau d'étoffe » puis « morceau de parchemin » ; XVII⁰ s. « registre de

prison » ; frq. *skrôda « morceau coupé » ; ÉCROUER XVIIᵉ s.

ÉCU famille du lat. *scūtum* « grand bouclier oblong », d'où *scutārius*, d'abord « fabricant de boucliers » puis en lat. imp. « garde de l'empereur armé de ce bouclier ».

♦ ₁₁₁ ÉCU (pop.) XIᵉ s. « bouclier », souvent orné d'armoiries ; XIIIᵉ s. « monnaie d'or, frappée à l'écu de France » ; XVIᵉ s. « monnaie d'argent » : *scūtum*. ♦ ₁₂₁ ÉCUSSON XIVᵉ s. « écu armorial » ; XVIᵉ s. « sorte de greffe » : dimin. d'*écu* ; ÉCUSSONNER XVIIᵉ s. « greffer en écusson » ; XIXᵉ s. « orner d'un écusson ». ♦ ₁₃₁ ÉCUYER (pop.) XIᵉ s. « gentilhomme au service d'un chevalier » : *scūtārius* ; XIIIᵉ s. « intendant des écuries d'un prince » ; XVIIᵉ s. (avec un fém. ÉCUYÈRE) « excellent cavalier », sous l'infl. du lat. *equus* rapproché de ce mot par fausse étym. → ÉQUESTRE. ♦ ₁₄₁ ÉCURIE XIIIᵉ s., d'abord sous la forme *escuerie* « fonction d'écuyer », « service des chevaux d'un prince » ; XVIᵉ s. sens mod.

ÉCUELLE (pop.) XIIᵉ s. : lat. vulg. *scūtella*, altération, sous l'influence de *scūtum* (→ ÉCU), du lat. *scŭtella* « petite coupe », dimin. de *scutra* « plat en bois » ; ÉCUELLÉE XIIIᵉ s.

ÉCUME (pop.) XIIᵉ s. : lat. vulg. *scūma*, du germ. occidental *skum* (all. *Schaum*), qui semble avoir désigné à l'origine un savon de toilette liquide ; ÉCUMER XIIᵉ s. ; ÉCUMEUX XIIIᵉ s. ; ÉCUMOIRE et ÉCUMEUR XIVᵉ s.

ÉCUREUIL famille du gr. *oura* « queue des animaux ».

♦ ₁₁₁ ÉCUREUIL (pop.) XIIᵉ s. sous la forme *escuriuel*, avec diverses var., puis substitution de suff. : lat. vulg. *scūriolus*, dimin. et altération, par dissimilation, du lat. imp. *sciūrus*, du gr. *skiouros* de *skia* « ombre » : littéralement « qui fait de l'ombre avec sa queue ». ♦ ₁₂₁ GONDOLE (mot d'empr.) XVIᵉ s., XIIIᵉ s. sous la forme *gondele* : mot vénitien, du gr. médiéval *kondura* « type de barque », du gr. *kontouros*, de *kontos* « petit », littéralement « à courte queue », croisé avec *dondolare* « bercer » ; GONDOLIER XVIᵉ s. : vénitien *gondoliere* ; GONDOLÉ, XVIIᵉ s. mar. « en forme de gondole » ; SE GONDOLER XVIIIᵉ s. « se recourber à certains endroits », avec influence d'*onduler* ; XIXᵉ s. « rire », var. de *se tordre* ; GONDOLAGE XIXᵉ s. sens propre ; GONDOLANT XIXᵉ s. sens fig. ♦ ₁₃₁ SCIURIDÉS (sav.) XIXᵉ s. : dér., sur *sciurus* → ÉCUREUIL. ♦ ₁₄₁ OXYURE (sav.) XIXᵉ s., de *oxus* « pointu », littéralement « à queue pointue ».

ECZÉMA (sav.) XIXᵉ s. : gr. médical *ekzema* « éruption cutanée », dér. de *ekzein*, de *zein* « bouillir », « bouillonner » ; ECZÉMATEUX XIXᵉ s.

ÉDEN (sav.) XVIIIᵉ s. : hébreu *eden* « jardin », utilisé pour désigner le paradis terrestre ; ÉDÉNIQUE XIXᵉ s.

-ÉE ♦ ₁₁₁ . (sav.) suff. nom. masc. et fém. issu de la rencontre de (a) lat. *-aeus*, *-aea*, du gr. *-aios*, *-aia*, suff. adj. en particulier ethnique, ex. : *pygmée* ; (b) lat. *-ēus*, *-ēa*, du gr. *-eios*, *-eia*, ex. : *lycée*. ♦ ₁₂₁ -ÉEN (sav.) : suff. adj. composé de *-aeus* et *-anus*, ex. : *marmoréen* ; marque en particulier la relation à un pays, ex. : *pyrénéen*, *ghanéen*. ♦ ₁₃₁ -AÏQUE (sav.) : gr. *-aikos*, dér. de *-aios* ; peut marquer la relation à un pays, à une tribu, ex. : *judaïque*, *voltaïque*.

EFFRAYER famille du frq. *fridu* « paix » (→ all. *Friede*).

♦ ₁₁₁ EFFRAYER (pop.) XIᵉ s., d'abord sous la forme *esfreer* : lat. vulg. de Gaule *exfridāre* « faire sortir de la paix », dér. de *fridu*. ♦ ₁₂₁ EFFROI (pop.) XIIᵉ s., d'abord sous la forme *esfrei*, dér. de *esfreier*, var. de *esfreer* ; EFFROYABLE XIVᵉ s. ♦ ₁₃₁ BEFFROI (pop.) XIIᵉ s. : d'abord sous la forme *berfroi* : empr. ancien du mot représenté par le moyen haut all. *bergfrid*, littéralement « gardien (*berg* → AUBERGE, art. HÉRAUT) de la paix (*frid*) », nom d'un ouvrage de fortification.

ÉGAL famille du lat. *aequus* « uni, plan, horizontal », « égal », d'où « impartial », auquel se rattachent (1) *iniquus* « inégal » et « injuste » (2) *aequitas*, *-atis* « égalité », « équilibre moral », « esprit de justice » (3) *aequare* « égaliser » d'où (a) *aequatio* « égalisation » : (b) lat. médiéval *aequator* désignant le *circulus aequinoctialis* de la sphère céleste, mot calqué sur le gr. *isémerinos kuklos* ; (c) *aequalis* « égal » et ses dér. lat. class. *aequalitas* « égalité » et lat. vulg. **aequaliāre* « égaliser », « répartir de façon égale » ; (d) *adaequare* « égaler » (4) *aequi-*, 1ᵉʳ terme de nombreux composés dont beaucoup sont des calques de mots gr. commençant par *-iso*, ex. : *aequilibrium* « niveau égal des plateaux de la balance », *aequinoctium* « égalité des jours et des nuits », etc.

I. mots populaires ou demi-savants

♦ ׀׀׀ ÉGAL (demi-sav.) xɪɪᵉ s. : adaptation du lat. *aequalis* d'après l'anc. fr. *igal*, qui existait parallèlement à *ivel* (pop.) de même origine ; ÉGALEMENT xɪɪᵉ s. ; ÉGALER xɪɪɪᵉ s., rare avant le xvɪᵉ s. ; INÉGAL xvɪᵉ s., xɪvᵉ s. sous la forme *inequal* ; INÉGALEMENT xvɪᵉ s. ; ÉGALISER xvɪᵉ s., xvᵉ s. sous la forme *équaliser* ; ÉGALISATION xvɪᵉ s. ♦ ׀2׀ ÉGALITÉ xɪɪɪᵉ s. : adaptation du lat. *aequalitas* ; INÉGALITÉ xɪvᵉ s. ; ÉGALITAIRE xɪxᵉ s. ; ÉGALITARISME xɪxᵉ s. ♦ ׀3׀ ÉGAILLER (mot d'empr.) une fois au xɪᵉ s., puis fin xvᵉ s. « répandre », et xɪxᵉ s., pronominal, « se disperser » : mot dial. (Ouest) : lat. vulg. **aequaliare*.

II. mots savants

A. base *équ-*

♦ ׀׀׀ ÉQUATEUR xɪvᵉ s. : *aequator* ; ÉQUATORIAL xvɪɪɪᵉ s. ♦ ׀2׀ ÉQUATION une fois au xɪɪɪᵉ s. « égalité » ; puis xvɪɪᵉ s., sens math. : lat. *aequatio* ; PÉRÉQUATION xvᵉ s. : lat. *peraequatio*, dér. de *peraequare* « égaliser » ; ADÉQUAT xvɪᵉ s., puis xvɪɪɪᵉ s. : *adaequatus* ; INADÉQUAT xɪxᵉ s. ; ADÉQUATION, INADÉQUATION xɪxᵉ s. ♦ ׀3׀ ÉQUITÉ xɪɪɪᵉ s. : *aequitas* ; ÉQUITABLE xvɪᵉ s. ; ÉQUITABLEMENT xvɪᵉ s. ♦ ׀4׀ ÉQUI- 1ᵉʳ élément de composés sav. pour la plupart déjà existants en lat. ex. : *équinoxe, équilatéral* ; d'autres de formation fr., ex. : *équiangle*.

B. base INIQUE xɪvᵉ s. « défavorable », xvɪᵉ s. « injuste » : *iniquus* ; INIQUITÉ xɪɪᵉ s. : *iniquitas*.

C. EX AEQUO xɪxᵉ s. : locution lat., « à égalité ».

ÉGOÏNE famille du lat. *scabere* « gratter », auquel s'apparentent (1) *scaber* « rugueux », « sale », « galeux », d'où bas lat. *scabrosus*, même sens (2) *scabies* « rugosité », « saleté », d'où *scabiosus* « rugueux » (3) avec vocalisme *o* de la racine, *scobina*

« râpe ». ♦ ׀׀׀ ÉGOÏNE (pop.) xvɪɪᵉ s., xɪvᵉ s. sous la forme *escohine* : **scofina*, var. dial. du lat. *scobina*. ♦ ׀2׀ SCABIEUSE (sav.) xɪvᵉ s., bot. : *scabiosa*, fém. subsantivé en lat. médiéval de *scabiosus* ; cette plante passait pour guérir la gale. ♦ ׀3׀ SCABREUX xvɪᵉ s. « difficile » ; xvɪɪɪᵉ s. « licencieux » : *scabrosus*.

ÉGRILLARD (pop.) xvɪᵉ s., sous la forme *esgrillard* « malfaiteur qui guette les passants » ; xvɪɪᵉ s. sens mod. : p.-ê. à rattacher à *grille* comme dial. *égrillard, égrilloir* « déversoir d'un étang » qui postulent un **esgriller* « faire passer par une grille », d'où « tamiser, regarder attentivement » (→ prov. *grilha* « guetter » et, pour le sens, *matois, grivois, narquois*).

EIDER xɪɪᵉ s. sous la forme *edre*, puis xvɪɪɪᵉ s. : islandais *aedhar* ou suédois *eider* ; → ÉDREDON, art. DUVET.

-EL famille du suff. lat. *-ālis* et de son dér. nom. *-alitas, -alitatis*.

♦ ׀׀׀ -EL, et son fém. analogique -ELLE (pop.) plus tardif xɪɪɪᵉ s., xɪvᵉ s. : suff. adj. vivant, connaissant une extension continue dans la langue des sciences et des techniques : *-ālis*, ex. : *mortel, résiduel*. ♦ ׀2׀ -AL, -ALE (sav.) suff. adj. vivant : *-alis*, ex : *royal, mural*. En chimie organique, désigne des aldéhydes, ex. : *éthanal* ; en bot., des ordres de plantes, ex. : *oléales, rosales*. ♦ ׀3׀ -IEL (pop.), -IAL (sav.) formes élargies des précédents, remontant au lat., ex. : *présidentiel, colonial*. ♦ ׀4׀ -AUTÉ (pop.) suff. nom. fém. mort, ex. dans *royauté* : *-alitatem*, acc. de *-alitas*. ♦ ׀5׀ -ALITÉ (sav.) suff. nom. fém. vivant de même origine, ex. : *réalité*. ♦ ׀6׀ -ALISME, -ALISER, -ALISATION (sav.) famille de suff. composés (nominaux et verbal) formés sur la base de *-alis*, ex. : *structuralisme, nationaliser, régionalisation*.

ÉLAGUER (pop.) xvɪᵉ s. : p.-ê. anc. scandinave *laga* « arranger », « mettre en ordre » ; ÉLAGUEUR, ÉLAGAGE xvɪɪɪᵉ s.

ÉLAN (sorte de cerf des pays nordiques) xvɪɪᵉ s., xvᵉ s. sous la forme *hellent* : haut all. *elend*, du balto-slave *elnis*.

ÉLASTIQUE (sav.) xvɪɪᵉ s. : lat. scientifique mod. *elasticus*, dér., sur le gr. *elastos*, var. de *elatos* « ductile » apparenté au verbe *elaunein* « pousser en avant » ; ÉLASTICITÉ XVIIe s.

ÉLECTRIQUE ♦!1! (sav.) XVIIe s. : lat. scientifique mod. *electricus*, dér. de *electrum*, du gr. *êlektron* « ambre jaune », substance qui, frottée, a la propriété d'attirer les corps légers. ♦ 121 -ÉLECTRIQUE 2e élément de composés sav., ex. : *hydro-électrique*, *photo-électrique*, etc. ♦ 131 ÉLECTRICITÉ XVIIIe s. : *electricitas* ; ÉLECTRICIEN, ÉLECTRISER, ÉLECTRISABLE XVIIIe s. ; ÉLECTRIFIER, ÉLECTRIFICATION XIXe s. ♦ 141 ÉLECTRON XIXe s. « matière électrique », fin XIXe s. en Angleterre, puis XXe s. en France, sens mod. ; ÉLECTRONIQUE, ÉLECTRONICIEN XXe s. ♦ 151 ÉLECTRO- 1er élément de nombreux composés sav., ex. : *électro-encéphalogramme*, *électrolyse*, *électroménager*, etc. ♦ 161 ÉLECTRUM, « métal couleur d'ambre » XVIe s.

ÉLÉMENT ♦ 111 (sav.) Xe s. : lat. *elementum* « principe », « élément », d'origine obscure, p.-ê. étrusque ; ÉLÉMENTAIRE XIVe s. : *elementarius*. ♦ 121 -ÉLÉMENT 2e élément de composés sav., ex. : *oligo-élément*, *radio-élément*, etc.

ELFE subst. masc. XVIe s., puis XIXe s. : angl. *elf* « fée, lutin », de l'anglo-saxon *aelf*, anc. scandinave *alfr* ; entré une seconde fois en France p.-ê. par l'intermédiaire de l'all.

ÉLIXIR ♦ 111 XIIIe s. : arabe *al iksir* désignant à la fois la « pierre philosophale » et un médicament : empr. au gr. *xêron*, neutre substantivé de *xêros* « sec ». ♦ 121 XÉR(O)- 1er élément de composés sav., ex. : *xéranthème*, *xérodermie*, etc.

ÉLUDER famille du lat. *ludere*, *lusus* « jouer » et *ludus* « jeu » en particulier « jeu de caractère officiel ou religieux », donné notamment en l'honneur des morts ; mot et coutume p.-ê. étrusques ; s'oppose à *jocus* « plaisanterie ». → JEU. — Dér. : lat. *ludius*, bas lat. *ludio*, *-onis* « mime, danseur » ; *alludere* « effleurer comme en jouant », « faire allusion » et bas lat. *allusio* ; *colludere* « jouer ensemble » et *collusio* ; a dû se dire de gladiateurs qui s'entendaient avant de combattre ; spécialisé dans la langue du droit au sens d'« être de connivence » ; *eludere* « se jouer de », « esquiver » ; *illudere* « se jouer de », « railler » et *illusio*, rhét. « ironie », puis bas lat. « tromperie », « illusion » ; *praeludere*, lat. imp. « préluder ».

I. base- *lud-* (sav.)

♦ 111 ÉLUDER XVIe s. : *eludere*. ♦ 121 LUDION XVIIIe s. : *ludio*. ♦ 131 LUDIQUE XXe s. : dér. tiré de *ludus* « jeu ». ♦ 141 PRÉLUDE XVIe s., mus. et sens fig. : dér., sur *praeludere* ; PRÉLUDER XVIIe s., id. : *praeludere* ; INTERLUDE XIXe s., mus. : dér., sur le modèle de *prélude*.

II. base *-lus-* (sav.)

♦ 111 ALLUSION XVIe s. « badinage », XVIIe s. sens mod. : *allusio* ; ALLUSIF XVIIIe s. ♦ 121 COLLUSION XIIIe s. : *collusio*. ♦ 131 ELUSIF XXe s. : dér. de *éluder* sur la base *-lus-*. ♦ 141 ILLUSION XIIe s. « moquerie », XIIIe s. sens mod. : *illusio* ; ILLUSOIRE XIVe s. : bas lai. *illusorius* ; ILLUSIONNER, DÉSILLUSION, DÉSILLUSIONNER XIXe s. ; ILLUSIONNISME, ILLUSIONNISTE XXe s.

ÉLYSÉES (champs) (sav.) XIVe s. : bas lat. *elysei campi*, du lat. *elysii campi*, traduction du gr. *êlusia pedia* « séjour des bienheureux aux enfers » ; apparenté à *êluthein*, temps du passé de *erkhesthai* « aller » ; signifierait littéralement « le pays où l'on va ».

ÉMAIL (pop.) XIIIe s. : altération, par substitution de suff., de *esmal* XIIe s., du frq. **smalt*, d'une racine ind.-eur. signifiant « fondre », (→ all. *schmelzen*) ; ÉMAILLER, -EUR XIIIe s.

ÉMANER (sav.) XVe s. : lat. *emanare* « couler de », « provenir », d'origine obscure ; ÉMANATION XVIe s. : bas lat. techn. *emanatio*.

EMBERLIFICOTER mots pouvant se rattacher à une base *pir-* ou *bir-*, p.-ê. simplement expressive, p.-ê. à rattacher au gr. *peirein* « transpercer », gr. mod. *peiros* « cheville », « pivot », centre d'un mouvement circulaire.

♦ 111 EMBERLIFICOTER (pop.) XVIIIe s., altération de *emberlicoquier* XIVe s., apparenté à *byrelicoquille* XIIIe s. « chose de peu de valeur ». ♦|2| **BRELOQUE** (pop.) XVIIᵉ s. « petite curiosité de peu de valeur », XVIIIᵉ s. « petit bijou qui pendille », XIXᵉ s. « sonnerie de tambour », d'où *battre la breloque* : var. de *oberliques, berluques* XVᵉ s. ♦|3| **PIROUETTE** (pop.) XVIᵉ s. « toton tournant sur un pivot », « toupie », XVIᵉ s. sens mod. : var. de *pirouelle* XIVᵉ s. et *pirouet* XVᵉ s. « toton »; **PIROUETTER** XVIᵉ s.

EMBRYON (sav.) XIVᵉ s. : gr. *embruon* « fœtus », neutre substantivé de *embruos* « qui se développe à l'intérieur », de *bruein* « croître »; **EMBRYOTOMIE, EMBRYOLOGIE** XVIIIᵉ s.; **EMBRYOGÉNIE, EMBRYONNAIRE** XIXᵉ s.

ÉMERAUDE (pop.) XIIᵉ s. : lat. vulg. *smaralda, var. fém. altérée du lat. *smaragdus* : du gr. *smaragdos*, même sens.

ÉMERI XIIIᵉ s., *esmeril* : gr. byzantin *smerilion*, dimin. de *smeri*, du gr. *smuris, -idos* « terre poudreuse et sèche pour polir », p.-ê. par l'it. *smeriglio*.

ÉMERILLON (pop.) XIIᵉ s. : dimin. de l'anc. fr. *esmeril*, du frq. *smiril (→ all. *Schmerl*).

ÉMOI (pop.) XIIIᵉ s., *esmai* XIIᵉ s. : de l'anc. fr. *esmaier* « troubler » : lat. vulg. *exmagare « faire perdre ses moyens » ou « ensorceler » selon qu'on rattache le rad. à germ. occidental *magan « pouvoir » (→ all. *mögen*, ang. *may*) où à lat. *magus* « sorcier » (→ esp. *amagar* « menacer »).

ÉMONDER famille du lat. *mundus*, mot sans étym. claire, dont les 3 emplois distincts recouvrent p.-ê. 2 homonymes : (1) *mundus, -a, -um*, adj. »propre, soigné, coquet » d'où *immundus* « sale », « impur »; *emundare* « nettoyer » mot de la langue rustique ; *munditia* « propreté », *immunditia* « saleté », « ordure » (2) *mundus, -i*, subst. masc. « toilette », « parure de la femme » (3) *mundus, -i*, subst. masc. « ensemble des corps célestes »; ce mot est sans doute le même que le précédent, car il traduit le gr. *kosmos* qui désignait aussi quelque chose de beau et de bien ordonné, une parure et l'univers (pour les mots scientifiques exprimant la notion de « monde » → COSMOS); sens restreint en lat. imp., à « monde terrestre », « humanité », puis, dans la langue de l'Église, à « société profane »; dér. lat. eccl. *mundialis* « terrestre », « du monde » et lat. class. *mundanus*, trad. du gr. *kosmios* « bien ordonné », repris en bas lat. avec le sens de « du monde, de l'univers ».

♦|1| **ÉMONDER** (pop.) XIIᵉ s. sous la forme *esmonder* : lat. vulg. *exmundare, réfection du lat. class. *emundare* ; **ÉMONDAGE, ÉMONDEUR** XVIᵉ s. ♦|2| **MONDER** XIIᵉ s. : *mundare*. ♦|3| **IMMONDE** (sav.) XIIIᵉ s. : *immundus*; **IMMONDICES** XIIIᵉ s. : *immunditiae* (rare et arch. au sing.). ♦|4| **MONDE** (sav.) XIIᵉ s., qui a éliminé l'anc. fr. *mont* (pop.), avec, dès l'anc. fr., le sens de « gens » dans *tout le monde* : lat. *mundus* ; **DEMI-MONDE** XIXᵉ s. ♦|5| **MONDAIN** XIIᵉ s. « pur » et « terrestre, profane » : *mundanus* ; **DEMI-MONDAINE** XIXᵉ s.; **MONDANITÉ** XIVᵉ s. ♦|6| **MONDIAL** (sav.) XVIᵉ s. : *mundialis* ; **MONDIALISER** XXᵉ s. ♦|7| **MONDOVISION** 1ᵉʳ élément de composé sav. dans *mondovision* formé d'après *télé-, euro-vision*.

EMPAN famille du frq. *spannjan « étendre, tirer » → all. *spannen* et *spanna « espace compris entre le bout du pouce et celui du petit doigt d'une main largement ouverte »; p.-ê apparenté au gr.; *span* « tirer » → PÂMER.

♦|1| **EMPAN** (pop.) XVIᵉ s. : altération, par substitution de la première syllabe prise pour un préf., de l'anc. fr. *espan*, XIᵉ s., var. de *espanne* : frq. *spanna. ♦|2| **ÉPANOUIR** XVIᵉ s. : altération, p.-ê. sous l'infl. phonétique d'*évanouir*, de l'anc. fr. *espanir* : frq. *spannjan ; **ÉPANOUISSEMENT** XVᵉ s.

EMPEIGNE (pop.) XIIIᵉ s., mot obscur : p.-ê. de *peigne*, désignation métaph. ancienne du métacarpe ; plus probablement lat. vulg. *antepedinum, dér. du lat. *antepes* « avant-pied », avec substitution de préf.

EMPLÂTRE famille du gr. *plassein* « modeler », auquel se rattachent *emplassein* « laisser une empreinte », « modeler » et *emplastron* « emplâtre »; *plastikos* et *emplastikos* « propre au modelage »; *plasma* « ouvrage modelé ».

♦|1| **EMPLÂTRE** (pop.) XIIᵉ s. : gr. *emplastron*, par le lat. *emplastrum*. ♦|2| **PLÂTRE** (pop.) XIIIᵉ s. : mot tiré de *emplâtre*, le plâtre gâché pouvant être comparé à un emplâtre ; PLÂTRIER XIIIᵉ s. ; PLÂTRAS XIVᵉ s. ; PLÂTRIÈRE XVᵉ s. ; PLÂTRER, REPLÂTRER, PLÂTREUX XVIᵉ s. ; DÉPLÂTRER XVIIᵉ s. ; PLÂTRAGE, REPLÂTRAGE XVIIIᵉ s. ♦|3| PIASTRE (mot d'empr.) XVIᵉ s. : it. *piastra*, nom d'une monnaie, littéralement « plaque (de métal) », mot tiré de *impiastro* « emplâtre », avec infl. de *lastra* « carreau », « dalle », mot méditerranéen. ♦|4| PLASTRON (mot d'empr.) XVIᵉ s. : « armure protégeant la poitrine » : it. *piastrone*, dér. de *piastra* « plaque » ; PLASTRONNER XVIIᵉ s. ♦|5| PLASTIQUE (sav.) XVIᵉ s. adj. « relatif aux arts des formes, dessin, sculpture » ; XVIIIᵉ s. subst. fém. « la forme », vue sous l'angle des beaux-arts ; XIXᵉ s. adj. et subst. « (matière) qui se prête au modelage » ; XXᵉ s. *matière plastique* ou subst. masc. *plastique* « produit de synthèse susceptible d'être moulé » : gr. *plastikos*, par le lat. ; PLASTICITÉ fin XVIIIᵉ s. ; PLASTIFIER XXᵉ s. ♦|6| -PLASTIQUE, -PLASTIE, -PLASTE : 2ᵉ éléments de composés sav. ex. : *autoplastie, autoplastique*. ♦|7| PLASTIC (mot d'empr.) XXᵉ s. : mot angl. « explosif ayant la consistance du mastic », de même origine que le fr. *plastique* ; PLASTIQUER, PLASTICAGE ou PLASTIQUAGE, PLASTIQUEUR XXᵉ s. ♦|8| PLASMA XIXᵉ s. : mot grec empr. d'abord par le médecin all. Schulz en 1836 pour désigner la partie liquide du sang ; employé ensuite pour désigner diverses substances liquides ou gazeuses ; PLASMATIQUE XIXᵉ s. ♦|9| PLASMO- 1ᵉʳ élément de composés sav., ex. : PLASMOLYSE XXᵉ s. ♦|10| -PLASME 2ᵉ élément de composés sav., ex. : CATAPLASME XIVᵉ s. : gr. *kataplasma* « emplâtre » ; CYTOPLASME → COUENNE ; ECTOPLASME fin XIXᵉ s. ; NÉOPLASME id. ; PROTOPLASME id., d'où PROTOPLASMIQUE.

EMPREINDRE famille du lat. *premere, pressus* « serrer », « exercer une pression sur » ; *pressus* a pris dans la langue de la rhétorique le sens de « concis », « précis, exact », d'où les formes adv. *presse* « de près » et bas lat. *ad pressum* « après ». Autres dér. : (1) *pressare* et *compressare*, intensifs de *premere* et *comprimere* (2) les formes nom. *pressio* « pesanteur », « point d'appui d'un levier » et bas lat. *pressōrium* « instrument pour presser » (3) de nombreux verbes préfixés en *-primere, -pressus*, et leurs dér. en *-pressio* : *comprimere* « serrer » ; *deprimere* « presser de haut en bas », « enfoncer » ; *exprimere* « faire sortir en pressant », « exprimer », sens propre et sens fig. ; *imprimere* « appuyer sur », « faire prendre une empreinte » ; *reprimere* « faire reculer en pressant », « refouler » ; *supprimere* « faire couler (un navire) », « arrêter (une chose en mouvement) », « couper court ».

I. bases *-preindre, -preinte* (pop.)

♦|1| EMPREINDRE XIIIᵉ s. : altération, sur le modèle des verbes en *-eindre*, d'un verbe *empriembre*, indirectement attesté par une 3ᵉ personne ind. prés. *emprient* : lat. vulg. *imprĕmĕre*, du lat. class. *imprĭmĕre* → IMPRIMER ; EMPREINTE XIIIᵉ s. : part. passé fém. substantivé.

II. base *-pres-* (pop. ou sav.)

A. ♦|1| PRÈS (pop.) XIᵉ s. : *presse* ou sa var. lat. vulg. **presso*, représentée en it. ; *à beaucoup près* XVᵉ s. ; *à peu près* XVIIᵉ s. ; AUPRÈS XVᵉ s. ♦|2| APRÈS (pop.) XIᵉ s. : *ad pressum* ; pour les mots sav. exprimant la notion de « après » → POST-, art. PUIS. ♦|3| PRESQUE (pop.) XIᵉ s. sous la forme *à près que* « à peu près ce que » ; XIVᵉ s. *presque*, adv. : composé de *près* et de *que*.

B. ♦|1| PRESSOIR (pop.) XIIᵉ s. : *pressōrium*. ♦|2| PRESSURER (pop.) XIVᵉ s. : altération, par substitution de suff. de *pressoirer* XIIIᵉ s. ; dér. du précédent ; PRESSUREUR, PRESSURAGE id. ; PRESSURISER, PRESSURISATION XXᵉ s. : dér. formés sur l'angl. *pressure*, de même origine.

C. ♦|1| PRESSER (pop.) XIIᵉ s. « tourmenter », XIIIᵉ s. « mettre au pressoir », XVIᵉ s. « hâter » ; *pressare* ; PRESSE XIᵉ s. « action de presser », XIIIᵉ s. techn. ; XVIᵉ s. « machine à imprimer » et « hâte » ; XVIIᵉ s. « ensemble de feuilles tirées en un jour par les imprimeurs », XIXᵉ s. « ensemble des journaux » : dér. de *presser* ; PRESSEUR XIVᵉ s. ; PRESSÉ XVIᵉ s. « hâtif » ; PRESSAGE XIXᵉ s. ♦|2| PRESSE- 1ᵉʳ élément de composés, ex. : PRESSE-CITRON, PRESSE-PAPIERS, PRESSE-PURÉE XIXᵉ s. ♦|3| EMPRESSER (pop.) XIIᵉ s. « serrer de près », « tourmenter », « imprimer », XVIᵉ s. *s'empresser* « se hâter » : dér. de *presser* ; EMPRESSE, EMPRESSEMENT XVIIᵉ s. ♦|4| PRESSING

xxᵉ s. : mot angl., « action de presser », de *to press* « presser » d'origine française. ♦ |5|
COMPRESSER (probablement sav.) XIIIᵉ s.-XVIᵉ s., repris au XIXᵉ s. : *compressare* ; **COMPRESSE** XIIIᵉ s. ♦ |6| **OPPRESSER** (sav.) XIIIᵉ s. : verbe formé d'après *oppression* XIIᵉ s. ; **OPPRESSEUR** XIVᵉ s.

D. ♦ |1| **EXPRÈS** (sav.) XIIIᵉ s., adj. « assuré » ; XIVᵉ s. *par exprès* et *exprès*, adv. « intentionnellement » : *expressus*, de *exprimere* ; **EXPRESSÉMENT** XIIᵉ s. ♦ |2| **EXPRESS** XIXᵉ s. : mot angl., « précis, sûr » : empr. à l'anc. fr. *exprès*.

E. bases *-pression, -pressif, -pressible* (sav.) ♦ |1| **PRESSION** XIIIᵉ s. méd., rare avant le XVIIᵉ s., phys. ; XIXᵉ s. sens moral : *pressio*. ♦ |2| **COMPRESSION** XIVᵉ s. : *compressio* ; **COMPRESSIF** XVIᵉ s. : lat. médiéval *compressivus* ; **COMPRESSIBLE, INCOMPRESSIBLE, COMPRESSIBILITÉ** XVIIᵉ s. ; **INCOMPRESSIBILITÉ** XVIIIᵉ s. → COMPRIMER. ♦ |3| **DÉPRESSION** XIVᵉ s. « renfoncement » : *depressio* ; XIXᵉ s. sens psycho. ; **DÉPRESSIF** XIXᵉ s. → DÉPRIMER. ♦ |4| **EXPRESSION** XIIIᵉ s. : *expressio* ; **EXPRESSIF** XVᵉ s., **INEXPRESSIF** XIXᵉ s., **EXPRESSIVEMENT** XIXᵉ s., **EXPRESSIVITÉ, EXPRESSIONNISME, EXPRESSIONNISTE** XXᵉ s. → EXPRIMER. ♦ |5| **IMPRESSION** XIIIᵉ s. « empreinte », XVᵉ s. imprimerie, XVIᵉ s. sens psycho. : *impressio* ; **RÉIMPRESSION** XVIIᵉ s. ; **IMPRESSIONNER, IMPRESSIONNABLE** XVIIIᵉ s. ; **IMPRESSIONNISME, IMPRESSIONNISTE, IMPRESSIF** XIXᵉ s. ; **SURIMPRESSION** XXᵉ s. → IMPRIMER. ♦ |6| **RÉPRESSION** XVᵉ s. : lat. médiéval *repressio* ; **RÉPRESSIF** XIVᵉ s., méd. ; XVIIIᵉ s. sens mod. ; **RÉPRESSIBLE** XVIIIᵉ s. ; **IRRÉPRESSIBLE** XIXᵉ s. → RÉPRIMER. ♦ |7| **SUPPRESSION** XIVᵉ s. : *suppressio* → SUPPRIMER (au paragraphe suivant).

III. base *-prim-* (sav.)
♦ |1| **COMPRIMER** XIVᵉ s. ; XIXᵉ s. sens fig. : *comprimere* ; **COMPRIMÉ** subst. masc., pharmacie, XIXᵉ s. ♦ |2| **DÉPRIMER** XIVᵉ s. « abaisser » ; XIXᵉ s. sens psych. : *deprimere*. ♦ |3| **EXPRIMER** XIIᵉ s. : *exprimere* ; a éliminé *épreindre* (pop.) de même origine ; **INEXPRIMABLE** XVIᵉ s., **EXPRIMABLE** XVIᵉ s. ♦ |4| **IMPRIMER** XIIIᵉ s. « presser » ; XVIᵉ s. sens techn. : *imprimere* ; **IMPRIMEUR, IMPRIMERIE** XVᵉ s. ; **RÉIMPRIMER** XVIᵉ s. ; **IMPRIMATUR** XIXᵉ s. : mot lat., 3ᵉ pers. subj. prés. passif de *imprimere*, « que (ce livre) soit imprimé », formule d'autorisation eccl. ♦ |5| **RÉPRIMER** XIVᵉ s. : *reprimere* ; **RÉPRIMANDE** XVIᵉ s. : *reprimenda (culpa)* « faute à réprimer » ; **RÉPRIMANDER** XVIIᵉ s. ♦ |6| **SUPPRIMER** XIVᵉ s. : *supprimere*.

ÉMULE (sav.) XIIIᵉ s. : lat. *aemulus* « rival », d'origine obscure ; **ÉMULATION** XIIIᵉ s. « rivalité » ; XVIᵉ s. sens scolaire : *aemulatio*.

ÉMULSION famille d'une racine ind.-eur. **melg-* « traire ». En latin (a) *mulgere, mulctus* ou *mulsus* « traire », *emulgere* « traire jusqu'au bout » ; (b) p.-ê. aussi *promulgare*, forme intensive de *-mulgere*, « faire sortir en exprimant », « mettre au jour », d'où en droit public « faire connaître à tous », « publier (une loi) » (→ en germ., angl. *milk*, all. *Milch* « lait »).

♦ |1| **ÉMULSION** (sav.) XVIᵉ s. « liquide laiteux » : dér. sur *emulsus*, part. passé de *emulgere* ; **ÉMULSIONNER** XVIIᵉ s. ; **ÉMULSINE** XXᵉ s., diastase. ♦ |2| **PROMULGUER** (sav.) XIVᵉ s. : *promulgare* ; **PROMULGATION** XIIIᵉ s., rare avant le XVIIIᵉ s. : *promulgatio*.

EN famille de l'ind.-eur. **en* « dans ».
En grec, prép. *en* « dans », d'où l'adv. *endon* « en dedans » et l'adj. neutre substantivé *enteron*, plur. *entera* « intérieur », d'où « intestin », « ventre ».
En latin, *in* « dans », préverbe et prep. qui sert de base à (1) une forme renforcée *endo-* parallèle au gr. *endon*, dont il reste une trace dans *indigena* issu de **endogena* « né à l'intérieur du pays » (2) *intus*, adv. « à l'intérieur », d'où l'adj. *intestinus* « de l'intérieur », neutre substantivé *intestinum* « l'intestin » (3) *inter* « à l'intérieur de deux », « entre », prép. et préverbe formé avec le même élément *-ter-* servant à opposer deux parties, que le gr. *enteron* (→ aussi DÉTÉRIORER, EXTÉRIEUR, et AUTRE, DESTRIER, SINISTRE). À *inter* se rattachent (a) *interim*, adv, « dans l'intervalle », « entre-temps », et *intrinsecus*, composé de **intrim* et de *secus* « le long de » apparenté à *sequi* (→ SUIVRE), d'abord adv. « à l'intérieur » puis, bas lat., adj., qui s'oppose à *extrinsecus* → EXTRINSÈQUE, art. E- ; (b) un adj. **interus* « du dedans », parallèle au gr. *enteron*, non attesté mais dont subsistent le comparatif *interior* « plus à l'intérieur », d'où simple-

ment « intérieur » et le superlatif *intimus* « tout à fait intérieur », « intime », d'où le verbe *intimare* « faire pénétrer », en particulier « faire pénétrer (un ordre dans les esprits) », « intimer » ; (c) l'adj. *internus*, opposé à *externus* ; (d) les var. adv. *intro* « à l'intérieur », souvent utilisé comme 1er terme de composés, et *intra* « à l'intérieur », « sans dépasser les limites de », d'où le verbe *intrare* « pénétrer à l'intérieur » et l'adj. neutre plur. substantivé bas lat. *intralia*, « l'intérieur du ventre ».

I. formes populaires issues du latin

A. ♦ |1| **EN** IXe s. prép. : *in* ; emploi progressivement restreint par le développement de *dans* ; **ÈS** : forme contractée de *en les*, usuelle en anc. fr., qui survit dans certaines formules telles que *licence ès lettres* ; le singulier correspondant, *ou*, contraction de *en le*, a disparu au XVIe s. après s'être confondu avec *au*. ♦ |2| **EN-** préf. pop. : lat. *in-* ; apparaît devant des verbes, ex. : *encourir*, devant des subst., ex. : *enjeu*, ou dans des formations parasynthétiques, ex. : *encadrer*.

B. ♦ |1| **CÉANS** : *ecce hac intus* → CE. ♦ |2| **DANS** XIIIe s. : bas lat. *de intus*, forme renforcée de *intus* ; **DEDANS** XIe s. : forme deux fois renforcée, antérieure à la 1re → DE.

C. base *entr-*

♦ |1| **ENTRE** XIe s. : *inter*. ♦ |2| **ENTRE-** 1er élément de nombreux composés pop. indiquant la réciprocité, ex. : *s'entretuer*, ou l'atténuation, ex. : *entrevoir*, ou encore l'idée de « au milieu », ex. : *s'entremettre* ; apparaît devant des verbes ou des subst., ex. : *entracte*, *entresol*, *entre-deux*. ♦ |3| **ENTRER** Xe s. : *intrare* ; **ENTRÉE**, **RENTRER** XIIe s. ; **RENTRÉE** XVIe s. ♦ |4| **ENTRAILLES** XIIe s. : *intralia*.

II. formes savantes issues du latin

A. IN- ou **IM-** : préf., ex. : *incruster, importer, infléchir*.

B. INDIGÈNE XVIe s., puis XVIIIe s. adj. ; par la suite, subst. : lat. *indigena* ; pour le 2e élément → GENS.

C. base *inter*

♦ |1| **INTER-** : préf. de forme lat. pouvant précéder des adj., ex. : *intercontinental* ; des subst., ex. : *interligne* ; des verbes, ex. : *interjeter, interrompre*. ♦ |2| **INTÉRIM** XVe s. : mot lat. ; **INTÉRIMAIRE** fin XVIIIe s. ♦ |3| **INTÉRIEUR** XVe s. : *interior* ; **INTÉRIORITÉ** XVIIe s. ♦ |4| **INTERNE** XIVe s. adj. ; XVIIIe s. subst. : *internus* ; **INTERNER** XVIIIe s. « assigner à résidence » ; XIXe s. sens mod. ; **INTERNEMENT, INTERNAT** XIXe s.

D. base *intr-*

♦ |1| **INTRA-** : préf., ex. : adj. *intra-atomique, intramusculaire, intra-utérin*, et subst. *intrados*. ♦ |2| **INTRO-** : préf., dans le verbe *introduire*, et surtout dans des subst. d'action, ex. : *intromission, introspection, introversion*. ♦ |3| **INTRINSÈQUE** XIVe s. : *intrinsecus*.

E. base *int-* ♦ |1| **INTESTIN** XIVe s., adj. qui survit dans les expressions *guerres, querelles, luttes intestines*, et subst., méd., sens mod. : *intestinus, -a, -um* ; *intestinal* XVe s. ♦ |2| **INTIME** XIVe s. : *intimus* ; **INTIMITÉ** XVIIe s. ; **INTIMISTE** XIXe s. ♦ |3| **INTIMER** XIVe s. : lat. jur. *intimare* ; **INTIMATION** : *intimatio*.

III. formes savantes issues du grec

A. base *-enter-*

♦ |1| **DYSENTERIE** XIIIe s. : gr. *dusenteria* « mal d'entrailles », par le lat. ; **DYSENTÉRIQUE** XIVe s. : gr. *dusenterikos*, par le lat. ; **MÉSENTÈRE** XVIe s. : gr. *mesenterion* « intestin médian » (→ MÉSO-, art. MI). ♦ |2| **ENTÉRITE** XIXe s. : dér. sur *enteron* « intestin » ; **ENTÉRIQUE** XIXe s. ♦ |3| **ENTÉRO-** : 1er élément de composés sav., ex. : **ENTÉROTOMIE** XVIIIe s. ; **ENTÉROZOAIRES** XIXe s.

B. ENDO- : préf. sav. : gr. *endon*, ex. : *endocrine, endocarpe, endogamie*, etc.

ENCLIN famille d'une racine ind.-eur. **klei* « incliner », « pencher ».

En grec (1) *klinein* « incliner », « coucher » d'où (a) *klisis* « inclinaison » et « déclinaison » ; *klitikos* « qui concerne la déclinaison » ; (b) *egklinein* « pencher », « changer l'accent aigu en accent grave » ; *egklisis* « inclinaison », « flexion », « déplacement d'accent » ; *egklitikos* « enclitique » ; (c) *proklinein* « incliner en avant » ; *sugklinein* « incliner ensemble » ; (2) *klinê* « lit » d'où (a) *klinikos* « médecin qui visite les malades alités » ; *klinikê (tekhnê)* « soins du médecin à un malade alité » ; (b) *triklinion* « (salle à manger) à trois lits », empr. par le lat. sous la forme *triclinium* (3) *klima, -atos* « pente, inclinaison », en particulier « inclinaison de la terre vers le pôle à partir de l'équateur », d'où « climat, zone géographique ».

En latin (1) le verbe *clinare* qui n'apparaît pour ainsi dire que dans des formes préfixées : *declinare* « s'écarter, éviter » et gramm. « décliner » ; *inclinare* « infléchir », d'où *inclinatio* et lat. imp. *inclinis* « penché ». (2) *clivus* « pente », d'où *declivis* et *declivitas*.

I. mots issus du latin

A. base *-clin-*

♦|1| ENCLIN (pop.) XIe s. « baissé, penché », XIIIe s. « qui a une inclination pour » : *inclinis*. ♦|2| INCLINER (sav.) XIIIe s. « saluer », trans., XVIe s. *s'incliner*, XIXe s. « s'avouer vaincu » : réfection, d'après le lat., de l'anc. fr. *encliner* XIe s. : *inclinare* ; INCLINAISON (avec forme pop. du suff.) XVIIe s. ; INCLINATION (sav.) XIIIe s. ; INCLINABLE XVIIe s. ♦|3| DÉCLINER (sav.) XIe s. « pencher vers son déclin », « détourner », « nommer, répéter, raconter » et sens gramm., XIVe s. jur. : *declinare* ; DÉCLIN XIe s. « ruine, mort » ; DÉCLINAISON XIIIe s., gramm. ; DÉCLINABLE, DÉCLINATOIRE XIVe s. ; INDÉCLINABLE XIVe s. « qui ne dévie pas » ; XVIIe s. gramm.

B. base *-cliv-* : DÉCLIVITÉ XVe s. : *declivitas* ; DÉCLIVE (sav.) XVIe s. : *declivis*.

II. mots savants issus du grec

A. base *clim-* : CLIMAT XIIe s. : gr. *klima*, par le lat. *clima, -atis* ; ACCLIMATER XVIIIe s. ; ACCLIMATEMENT, ACCLIMATATION XIXe s. ; CLIMATIQUE, CLIMATOLOGIE, -LOGIQUE XIXe s. ; CLIMATISÉ, CLIMATISEUR XXe s.

B. base *-clin-*

♦|1| CLINIQUE, subst. fém. puis adj., XVIIe s. : *klinikos* et *klinikê*, par le lat. ; CLINICIEN XIXe s. ♦|2| POLICLINIQUE XIXe s. : composé du gr. *polis* « ville » (→ POLICE) et *clinique*, littéralement « clinique municipale » ; POLYCLINIQUE XIXe s. : composé du gr. *polu* « beaucoup » et *clinique*, littéralement « clinique où se donnent toute sorte de soins » ; les deux mots sont souvent confondus. ♦|3| SYNCLINAL XIXe s., géol. : dér. sur *sugklinein* ; GÉOSYNCLINAL XIXe s. ; ANTICLINAL XIXe s. : dér. antonymique d'après *synclinal*.

C. bases *-clit-, -clis-*

♦|1| HÉTÉROCLITE XVe s. : gr. *heteroklitos* « dont la déclinaison procède de thèmes différents », « hétéroclite », par le lat. ♦|2| ENCLITIQUE XVIIe s., gramm. : *egklitikos*, par le lat. ; ENCLISE XXe s. : *egklisis*. ♦|3| PROCLITIQUE XIXe s., gramm. : formé d'après *proklinein* sur le modèle d'*enclitique*, par l'all. ; PROCLISE XXe s.

ENCLUME (pop.) XIIe s. : lat. vulg. *inclūdinem*, altération, p.-ê. sous l'infl. de *includere* « enfermer », qui aurait pris le sens de « serrer », « fixer la pièce à travailler », du bas lat. *incūdinem*, var. du lat. class. *incūdem*, accusatif de *incūs, -ūdis* « enclume », apparenté à un verbe *cūděre* « frapper, battre (en particulier le métal) », « forger ».

ENCOMBRER ♦|1| (pop.) XIe s. : p.-ê. **in-cumulare* (→ COMBLE, avec alternance *l-r* ; → aussi *combre* XVe s. « barrage de rivière », p.-ê. du bas lat. *combrus* VIIe s., hapax, « abattis d'arbres » d'origine celtique obscure, ou simplement dér. de *-combrer*). ENCOMBRE, ENCOMBREMENT, DÉSENCOMBRER, XIIe s. ♦|2| DÉCOMBRES XVe s. « action de débarrasser », XVIIe s. « matériaux provenant de démolitions dont il faut se débarrasser » : dér. de l'anc. fr. *décombrer* XIIe s. « débarrasser », antonyme du précédent.

ENCROÛTER famille du gr. *kruptein*, *apokruptein* « couvrir », « cacher » auxquels s'apparentent (a) *kruphios* « caché » ; *apokruphos* « caché », en particulier, à propos des livres sacrés non canoniques, « tenu caché », « non lu dans les synagogues ou les églises » ; (b) *kruptos* « recouvert, caché, secret » et le fém. substantivé *kruptê* « voûte souterraine », « crypte ».

♦|1| ENCROÛTER et ENCROÛTEMENT (pop.) XVIIe s. : plutôt que des dér. du fr. *croûte*, du lat. *crŭsta*, dont ils ont subi l'influence, semblent bien être des dér. de l'anc. fr. *crote*, encore très fréquent dial. sous les formes *crote, croto, crot, croute* « trou », du gr. *kruptê*, par le lat. *crypta* ; le sens originel du mot serait « cacher dans un trou ». ♦|2| DÉCROTTER XIIe s. au moins dans une partie de ses emplois, p.-ê. formation semblable à *encroûter*. ♦|3| GROTTE XVIe s. : it. *grotta*, du lat. *crypta*, du gr. *kruptê*, équivalent phonétique de *croute*. ♦|4| GROTESQUE XVIe s. « décoration à l'antique », XVIIe s. « burlesque » : it. *grottesco*, dér. de *grotte*, plur. de *grotta*, qui avait servi à désigner les ruines romaines ; l'adj. *grottesco* s'est appliqué d'abord aux dessins, pleins de fantaisie, des fresques

qu'on découvrait dans ces ruines. ♦|5|
CRYPTE (sav.) XIVe s. : lat. *crypta* ; gr. *kruptê*.
♦|6| **DÉCRYPTER** (sav.) XXe s. : dér. formé sur la base de *kruptos* « caché ». ♦|7|
CRYPTO- : 1er élément de composés sav., ex. : **CRYPTOGRAPHIE** XVIIe S. ; **CRYPTOGRAPHIQUE** XVIIIe S. ; **CRYPTOGRAMME** XIXe S.
♦|8| **APOCRYPHE** XIIIe s., eccl. ; XVIe s. « non authentique » : *apokruphos*, par le lat. eccl.

ENDIVE XIIIe s. : lat. médiéval *endivia*, du gr. byzantin *endivi*, du gr. anc. *entubon*, empr. au lat. *intubus* « chicorée », « endive ».

ENFER famille du lat. *inferus* « qui se trouve dessous », par opposition à *superus* « qui se trouve dessus » (dont l'équivalent germ. a pris valeur de préposition, angl. *under*, all. *unter*) ; *inferi*, substantivé, « les habitants du monde souterrain » ; à *inferus* se rattachent (a) le comparatif *inferior*, qui s'oppose à *superior* et le superlatif *infimus* « qui se trouve tout en bas » ; (b) un doublet *infernus*, d'où plur. neutre substantivé *inferna, -orum* « les enfers, demeure des dieux d'en bas », lat. eccl. *infernum* « l'enfer » ; (c) *infra*, adv. et prép. « en dessous », sens propre et fig.

♦|1| **ENFER** (pop.) XIe s., sous la forme *enfern* : *infernum*. ♦|2| **INFERNAL** (sav.) XIIe s. : bas lat. *infernalis* « relatif aux enfers ». ♦|3| **INFÉRIEUR** XVe s. : *inferior* ; **INFÉRIORITÉ** XVIe s. ; **INFÉRIORISER** XXe s. ♦|5| **INFIME** (sav.) XIVe s. : *infimus* ; **INFIMITÉ** XVIIe s. ♦|5| **INFRA**, adv. « ci-dessous », par opposition à *supra* « ci-dessus » : mot lat. ; **INFRA-** : préf. sav. exprimant que le 2e élément reste en dessous d'un certain seuil, ex. : *infrarouge, infra-son*, ou se trouve placé en dessous, ex. : *infrastructure*.

ENFLER famille de mots ayant des ancêtres ind.-eur. à *bhl-* initial, formation sans doute onom. exprimant l'idée de « souffler » et de « gonfler », représentée d'une part par un mot d'origine gauloise, bas lat. *būlga* « sac de cuir », issu d'une forme *bhol-* suivie d'un élargissement *-gh-* ; d'autre part en latin par (1) *follis*, reposant lui aussi sur *bhol-*, « sac ou ballon gonflé d'air », « soufflet de forge », qui a pris en bas lat. le sens de « fou » par métaphore ; dimin. *folliculus*, d'où *follicularis*, et lat. vulg. *follicellus (2) *flare, flatus*, reposant sur *bhl-*, « souffler », auquel se rattachent (a) *flatus, -us* « souffle » et lat. vulg. **flator, -oris* « souffle porteur d'une odeur », contamination de *flatus* et de *foetor* « puanteur » → FÉTIDE ; (b) *flabra*, plur. neutre, « souffles du vent », bas lat. sing. *flabrum* et son dimin. lat. vulg. *flabiolum ; (c) plusieurs verbes préfixés : *conflare* « attiser (le feu) en soufflant », « fondre du métal », « former » ; *inflare* « souffler dans » ; *sufflare* « souffler, gonfler », et bas lat. *insufflare* « souffler sur » ou « dans ».

I. mots populaires issus du latin

A. famille de *flare*

♦|1| **ENFLER** XIIe s. : *inflāre* ; **RENFLER, DÉSENFLER, ENFLURE** XIIe s. ; **RENFLEMENT** XVIIe s. ♦|2| **SOUFFLER** XIIe s. : *sŭfflāre* ; **SOUFFLE** XIIe s. ; **ESSOUFFLER** XIIe s., **ESSOUFFLEMENT** XVe s. ; **SOUFFLEUR, SOUFFLERIE** XIIIe s. ; **SOUFFLÉ**, adj. « bouffi » XVIIIe s. ; subst., cuisine, XIXe s. ♦|3| **SOUFFLET** XIIe s. « appareil soufflant », XVe s. « gifle » : dér. de *souffler* ; **SOUFFLETER** XVIe s. ♦|4| **BOURSOUFLER** XIIIe s., surtout usité au part. passé : composé de *souffler* dont le 1er élément est probablement le mot *bourre* ; **BOURSOUFLEMENT, BOURSOUFLURE** XVIe s. ♦|5| **FLAIR** XIIe s. : probablement dér. de l'anc. fr. *flaor, fleeur, fleur* « odeur », de *flatōrem ; a pu subir l'infl. de *flairer* ♦|6| **FLAGEOLET** XIIIe s. « instrument à vent » : dér. de *flajol*, XIIe s., de *flabiolum ; **FLAGEOLER** XIIIe s. « jouer du flageolet », XVIIIe s. « ne pas tenir sur ses jambes », probablement, par métaphore, de *flageoler* (→ *flûte* « jambe grêle »). ♦|7| **FLÛTE** XIIe s. « instrument de musique », XIXe s. interjection ; d'abord sous les formes *flaüte, flehute* : mot sans doute onom. (→ *leüt*, forme ancienne de *luth*), dont les consonnes initiales ont pu être empr. aux mots ci-dessus ; **FLÛTER, FLÛTEAU** XIIe s. ; **FLÛTEUR** XIIIe s. ; **FLÛTISTE** XIXe s. ♦|8| **GONFLER** XVIe s. : mot empr. à des dial. du Sud-Est ou à l'it. *gonfiare*, de *conflare* ; **GONFLEMENT, REGONFLER, REGONFLEMENT, DÉGONFLER** XVIe s. ; **DÉGONFLEMENT** XVIIIe s.

B. mots de la famille de *follis*

♦|1| **FOU** XIe s., var. *fol* ; XVIe s. pièce d'échecs, anciennement appelée *aufin* (mot d'origine arabe) : *follis* ; **FOLIE** XIe s. ; **FOLLET** XIIe s. « lutin », et **FEU-FOLLET**

XVIIe s. ; **AFFOLER** XIIe s., d'abord au sens de « blesser », par suite d'une contamination avec *fouler* ; **AFFOLEMENT** XIIIe s. ; **FOLÂTRE** XIVe s., **FOLÂTRER** XVe s., **FOLÂTRERIE** XVIe s. ; **RAFFOLER** XIVe s. « être fou », XVIe s. « aimer follement » ; **FOLICHON** XVIIe s. **FOLICHONNER, -ERIE** XIXe s. ♦ |2| **LOUF**, XIXe s. déformation de *fou* en « largonji », élargi en **LOUFOQUE** XIXe s. ; **LOUFOQUERIE**, XIXe s.

II. mots populaires d'origine celtique

♦ |1| **BOUGE** XIIe s., subst. fém. « sac de cuir », « poche », et subst. masc. « partie concave ou convexe d'un objet » ; XVIIIe s. « cuveau » puis « local de décharge » et « taudis » : *bulga*. ♦ |2| **BUDGET** XVIIIe s. en parlant de l'Angleterre ; XIXe s., adopté officiellement pour les finances fr. : mot angl., empr. à l'anc. fr. *bougette* « bourse de cuir », « sacoche de trésorier », dimin. de *bouge*. ♦ |3| **BOGUE** XVIe s. « enveloppe de châtaigne » : mot dial. (Ouest), du breton *bolc'h* « sac, enveloppe », de même origine que *bulga*.

III. mots savants issus du latin

A. famille de *flare*

♦ |1| **INFLATION** XVe s., méd. « gonflement » ; XXe s. sens financier, repris à l'angl., de *inflatio* « enflure » ; **INFLATIONNISTE** XXe s. : angl. *inflationist* ; **ANTI-INFLATIONNISTE** XXe s. ; **DÉFLATION** XXe s. : formation antonymique de *inflation* ; **DÉFLATIONNISTE** XXe s. ♦ |2| **FLATUEUX, FLATULENT** XVIe s. : adj. dér. formés sur *flatus* ; **FLATUOSITÉ** XVIIe s. ; **FLATULENCE** XVIIIe s. ♦ |3| **INSUFFLER** XIVe s., rare avant le XIXe s. : *insufflare* ; **INSUFFLATION** fin XVIIIe s.

B. famille de *follis*

♦ |1| **FOLLICULE** XVIe s., bot. et anat., « capsule » : *folliculus* ; **FOLLICULINE** XXe s. « hormone produite par le follicule ovarien » ; **FOLLICULITE** XXe s. « inflammation des follicules pileux ». ♦ |2| **FOLLICULAIRE** XVIIIe s. : dér. formé par Voltaire d'après *folliculus*, rattaché par erreur à *folium* « feuille ».

ENFREINDRE famille d'une racine ind.-eur. **bhreg-* « briser ».

En germanique, verbe **brekan* « briser » et ses dér. (→ all. *brechen*).

En latin, verbe *frangere, fractus* « briser », auquel se rattachent (1) *-fragus* « qui brise », adj., 2e élément de composés, en particulier dans (a) *naufragus* « qui brise son navire », d'où *naufragium* « naufrage » et lat. imp. *naufragare* « faire naufrage » ; (b) *ossifragus* « qui brise les os » et fém. substantivé *ossifraga*, nom d'un oiseau de proie ; (c) *saxifragus* « qui brise les rochers », d'où lat. imp. *saxifragum* et bas lat. *saxifraga (herba)*, nom d'une plante (2) *fractura* et lat. imp. *fractio* « action de briser » ; (3) *fragor, -oris*, d'abord « action de briser » puis « fracas d'un objet qui se brise », *fragilis* « facile à briser », d'où *fragilitas*, *fragmen* et son dér. *fragmentum* « morceau d'un objet brisé » (4) une série de verbes préfixés (a) *diffringere* « mettre en pièces » ; (b) *effringere* « ouvrir en brisant », « faire sauter » ; (c) *infringere* « briser » et *infractio* « action de briser » ; (d) *refringere* « briseur » et « se réfracter (en parlant d'un rayon de soleil) », d'où *refractarius* « briseur d'assiettes », « querelleur », qui a dû subir, pour le sens, l'infl. de *refragari* « voter contre », « être d'avis contraire » ; (e) *suffringere* « briser par en bas » (5) *suffragari* « voter », qui semble composé d'un verbe *-fragare*, var. *-fragari* formé sur la même rac. que *frangere* et a dû signifier à l'origine « voter avec une *tessère*, ou tesson de poterie » ; dér. : *suffragium* « vote » et *refragari* « voter contre ».

I. mots populaires issus du latin

♦ |1| **ENFREINDRE** XIe s., d'abord sous la forme *enfraindre* « briser » : lat. vulg. **infrangere*, du lat. class. *infringere*. ♦ |2| **FRETIN** XIIIe s. : dimin. de l'anc. fr. *frait, fret* « débris », de *fractum*, part. passé de *frangere*. ♦ |3| **REFRAIN** XIIIe s. « retour d'un motif qui brise le cours de la chanson » : altération, sous l'infl. de l'infinitif, de l'anc. part. passé de *refraindre, refrait*, de *refractus*. ♦ |4| **SOUFFRETEUX** XIIe s.-XVIIIe s. « misérable », XIXe s. sens mod. : dér. de l'anc. fr. *soufraite* « disette », de *suffracta* « choses retranchées » ; a subi pour le sens l'infl. de *souffrir*. ♦ |5| **CHANFREINDRE** XIVe s. « tailler en biseau » : composé de *chant* et de *freindre*, littéralement « tailler de *chant* » ; **CHANFREIN** XVe s. « demi-biseau ». ♦ |5| **FRÊLE** XIe s. : *fragilis*. ♦ |6| **FRAYEUR** XIIe s., sous la forme *freor* : *fragōrem*, de *fragor* ; s'est croisé avec *effrayer*. ♦ |7| **ORFRAIE** XVe s. : altération de *osfraie*, de *ossifraga*.

II. mots populaires issus du germanique

♦ |1| **BROYER** XIIIe s. : germ. **brekan* ; **BROYEUR** XVe s., XIXe s. techn. ♦ |2| **BRIOCHE** xv⁰ s., mot dial. (Normandie) : dér. de *brier*, var. de *broyer* ; littéralement « gâteau pétri avec la *brie*, sorte de rouleau ». ♦|3| **BRÈCHE** XII⁰ s. : anc. haut all. *brecha* « fracture » ; **ÉBRÉCHER, BRÈCHE-DENT** XIII⁰ s. ♦|4| **BRIQUE** XIII⁰ s. : moyen néerl. *bricke* « morceau », de même origine que *brecha* ; **BRIQUETERIE** XV⁰ s. ; **BRIQUETIER** XVI⁰ s. ; **BRIQUETTE** XVI⁰ s. « chose sans valeur » ; XVII⁰ s. à Tournai « bloc de charbon aggloméré ». ♦|5| **BRIQUET** XVIII⁰ s. « morceau de fer », puis « briquet à amadou, pour allumer le feu », qui a éliminé *fusil* en ce sens : dér. de *brique*, qui a eu jusqu'au XVI⁰ s. et a conservé dans certains dial. le sens de « morceau ».

III. mots savants issus du latin
A. base *-frag-*
♦|1| **FRAGILE** XIV⁰ s. : *fragilis* → FRÊLE ; **FRAGILITÉ** XII⁰ s. : *fragilitas* ; a éliminé *fraileté* (pop.). ♦|2| **FRAGMENT** XVI⁰ s. : *fragmentum* ; **FRAGMENTER, FRAGMENTAIRE, FRAGMENTATION** XIX⁰ s. ♦|3| **NAUFRAGE** XV⁰ s., *naufragium* ; **NAUFRAGER** et **NAUFRAGÉ** XVII⁰ s. ; **NAUFRAGEUR** XIX⁰ s. ♦|4| **SAXIFRAGE** XIII⁰ s. : *saxifraga*, a éliminé les noms pop. de *percepierre, rompierre, cassepierre*. ♦|5| **SUFFRAGE** XIII⁰ s. : *suffragium* ; **SUFFRAGETTE** XX⁰ s. : calque de l'angl. ♦|6| **SUFFRAGANT** XII⁰ s. : lat. eccl. *suffraganeus*, dér. de *suffragari* au sens dérivé de « favoriser », « seconder », avec influence du part. présent.
B. base *-fract-*
♦|1| **FRACTION** XII⁰ s. liturg. « action de briser (le pain) » ; XVI⁰ s. arith. : *fractio* ; **FRACTIONNAIRE, FRACTIONNER** XVIII⁰ s. ; **FRACTIONNEMENT** XIX⁰ s. ; **FRACTIONNEL** XX⁰ s. ♦|2| **FRACTURE** XIII⁰ s. : *fractura* ; **FRACTURER** XVI⁰ s. au part. passé ; XIX⁰ s. inf. ♦|3| **DIFFRACTION** XVII⁰ s. : lat. scient. mod. *diffractio*, d'après *diffractus* de *diffringere* → DIFFRINGENT ; **DIFFRACTER** XIX⁰ s. ♦|4| **EFFRACTION** XVI⁰ s. : dér. sur *effractus*, de *effringere*. ♦|5| **INFRACTION** XIII⁰ s. : bas lat. *infractio*, de *infringere* → ENFREINDRE. ♦|6| **RÉFRACTAIRE** XVI⁰ s. : *refractarius*. ♦|7| **RÉFRACTION** XVI⁰ s. : *refractio*, de *refringere* → RÉFRACTION ; **RÉFRACTER** XVIII⁰ s. ; **RÉFRACTEUR** XIX⁰ s.
C. base *-frang-* **INFRANGIBLE** XVI⁰ s. : composé formé de *in* privatif et du radical de *frangere*.

D. base *-fring-*
♦|1| **DIFFRINGENT** XVIII⁰ s. : part. présent *diffringens* → DIFFRACTION. ♦|2| **RÉFRINGENT** XVIII⁰ s. : *refringens*, part. présent de *refringere* → RÉFRACTION ; **RÉFRINGENCE, BIRÉFRINGENT, BIRÉFRINGENCE** XIX⁰ s.

ENGEANCE (pop.) XVI⁰ s. « race d'hommes ou d'animaux ». XVII⁰ s. sens mod. : forme élargie de *enge* XIII⁰ s. « race, famille », dér. de *engier* XII⁰ s. « produire, augmenter », mot obscur : p.-ê. d'un dér. du lat. *ingignere* « faire naître dans, implanter » (→ GENS), bas lat. *ingignicare*, sémantiquement plus vraisemblable que *inviare* « encombrer le passage », « s'accroître » ou *indicare*, dérivé de *index* « œuf laissé dans le nid pour habituer les poules à pondre au même endroit », plus satisfaisants phonétiquement.

ÉNIGME (sav.) XIV⁰ s. : gr. *ainigma, -atos* « ce qu'on laisse entendre », par le lat. ; apparenté au gr. *ainos* « récit, fable » et *ainissesthai* « dire à mots couverts » ; **ÉNIGMATIQUE** XIII⁰ s., rare avant le XVI⁰ s. : *ainigmatikos*, par le lat. ; **ÉNIGMATIQUEMENT** XV⁰ s.

ENLISER (pop.) XIX⁰ s. : mot dial. (Normandie), introduit en fr. par Victor Hugo (*Misérables*, V. 3) : dér. de *lise* « sable mouvant », p.-ê. apparenté à *lisser*, p.-ê. var. de *glaise*.

ENNUYER famille du lat. *odi* « je hais » et *odium* « haine », d'où *odiosus* « odieux », « insupportable » et bas lat. *inodiare* « être odieux », tiré de la locution lat. class. *in odio esse*, de même sens. ♦|1| **ENNUYER** (pop.) XI⁰ s. : *inôdiare* ; **ENNUI** XII⁰ s., déverbal de *ennuyer* ; **ENNUYEUX** XII⁰ s. : bas lat. *inodiôsus* ; d'abord, « chagrin » ; sens affaibli à partir du XVII⁰ s. ♦|2| **ODIEUX** (sav.) XIV⁰ s. : *odiosus*.

ENROUER famille du lat. arch. *ravis* « enrouement », d'où lat. class. *raucus* « enroué ».
♦|1| **ENROUER** (pop.) XII⁰ s. : dér. de l'adj. anc. fr. *rou* « enroué », de *raucus* ; **ENROUEMENT** XV⁰ s. ♦|2| **RAUQUE** (sav.) XIII⁰ s. : *raucus*.

ENSEMBLE famille d'une racine ind.-eur. **sem-* « un » qui, dès l'ind.-eur., a servi

ENSEMBLE

à exprimer l'identité, et qui, pour la désignation de l'unité, a été conservée en gr. mais remplacée en lat. par *unus* « unique », plus expressif.

En grec, avec *h*- issu de **s*-, *hêmi*-, 1ᵉʳ terme de composés indiquant des choses qui n'ont qu'un seul côté et ayant pris ainsi le sens de « moitié » (dér. fém. en gr. de Sicile : *hêmina* « demi-setier »), les adj. *homos* et *homoios* « semblable », ainsi que le dér. *homalos* « uni, égal », d'où, avec allongement de l'*o*, *anômalos* « inégal, irrégulier » et *anômalia* « irrégularité ».

En latin (1) *semi*-, équivalent exact de *hêmi* (2) *semper* « une fois pour toutes », « toujours », d'où *sempiternus*, formé sur le modèle d'*aeternus* (3) *sincerus* « pur », « naturel », « probe » dont le 2ᵉ élément est p.-ê. apparenté à *crescere* (→ CROÎTRE) ; le sens original serait alors « d'une venue », « d'un seul jet » (4) *similis*, issu de **semilis* « semblable », d'où *similitudo* « ressemblance », *verisimilis* « semblable au vrai », « vraisemblable », lat. imp. « ressembler » (5) *simul*, adv. « également », « en même temps », ancienne forme de neutre de *similis*, d'où *simulare* « représenter exactement », « copier » ; *adsimulare*, ou *adsimilare* « reproduire », « comparer » a pu prendre le sens de « réassortir », d'où celui d'« assembler » qu'il a pris dans les langues romanes ; *dissimulare* « cacher » ; *simultas* « rivalité », « compétition » ; *simulacrum* « image », *simulatio*, *simulator* « feinte », « imitateur » (6) *singulus*, dont le 2ᵉ élément n'est pas clair, distributif de *unus*, et *singularis* « unique » ; bas lat. *singularitas* (7) *simplex* « simple » « formé d'un seul élément », littéralement « plié une fois » → PLIER.

I. mots populaires issus du latin

A. base *-sembl*-

◆ |1| ENSEMBLE xiᵉ s., adv. ; xviiᵉ s. subst., peinture ; xixᵉ s. subst., sens mod. : bas lat. *insimul*, renforcement de *simul* ; ENSEMBLIER xxᵉ s. « décorateur qui réalise des ensembles » ; ENSEMBLISTE xxᵉ s., math. « relatif à la théorie des ensembles ». (2) SEMBLER xiᵉ s. « paraître » ; xiᵉ s.-xviᵉ s. « ressembler » : *similāre* ; SEMBLANT xiᵉ s. subst., xiiᵉ s., faire semblant ; SEMBLANCE, SEMBLABLE xiiᵉ s. ; DISSEMBLANCE, DISSEMBLABLE xiiᵉ s., d'abord sous la forme *dess*-. ◆ |3| RESSEMBLER xiᵉ s., transitif, xviᵉ s. avec *à* : dér. de *sembler* ; RESSEMBLANCE xiiiᵉ s. ; RESSEMBLANT xviᵉ s. ◆ |4| VRAISEMBLABLE xiiiᵉ s. : calque du lat. *verisimilis* ; VRAISEMBLANCE xivᵉ s. ; INVRAISEMBLABLE, INVRAISEMBLANCE fin xviiiᵉ s. ◆ |5| ASSEMBLER xiᵉ s. : *adsimŭlāre* ; ASSEMBLÉE xiiᵉ s. ; DÉSASSEMBLER, ASSEMBLEUR xiiiᵉ s. ; ASSEMBLAGE xvᵉ s. ; ASSEMBLEUSE xxᵉ s. ; RASSEMBLER xixᵉ s. ; RASSEMBLEMENT xxᵉ s.

B. SANGLIER xiiᵉ s. : altération, par substitution de suff. de *sangler*, de *singŭlāris* (*porcus*) « (porc) solitaire ».

II. mots savants issus du latin

A. base *-simil*-

◆ |1| SIMILITUDE xiiiᵉ s. : *similitudo*. ◆ |2| SIMILAIRE xviᵉ s. : dér. sav. sur *similis*. ◆ |3| SIMILI- 1ᵉʳ élément de composés, indiquant qu'il s'agit d'une imitation, ex. : *similigravure* ; SIMILI xixᵉ s. subst., désigne divers produits ou objets en imitant d'autres. ◆ |4| ASSIMILER xvᵉ s. : *adsimilare* var de *adsimulare* ; ASSIMILATION xvᵉ s. « comparaison » et physiol., xixᵉ s. ling. et pol. : *assimilatio* ; ASSIMILABLE, INASSIMILABLE, ASSIMILATEUR xixᵉ s. ◆ |5| DISSIMILER et DISSIMILATION xixᵉ s. ling. : dér. formés d'après *assimiler*.

B. base *-simul*-

◆ |1| SIMULACRE xiiᵉ s. « statue », « idole », xviiᵉ s. « faux-semblant » : *simulacrum*. ◆ |2| DISSIMULATION xiiᵉ s. : *dissimulatio* ; SIMULATION xiiiᵉ s. : *simulatio*. ◆ |3| DISSIMULER xivᵉ s. : *dissimulare* ; SIMULER xvᵉ s. : *simulare* ; DISSIMULATEUR xvᵉ s. ; SIMULATEUR xviᵉ s. ◆ |4| SIMULTANÉ xviiiᵉ s. : lat. médiéval *simultaneus*, d'après le lat. class. *simultas*, sous l'influence sémantique de *simul* ; SIMULTANÉITÉ, SIMULTANÉMENT xviiiᵉ s. ; SIMULTANÉISME xxᵉ s.

C. bases *sim-, sin-*

◆ |1| SIMPLE xiiᵉ s. : *simplus*, var. de *simplex* ; SIMPLET xiiᵉ s. ; SIMPLEMENT xiiᵉ s. ; SIMPLICITÉ xiiᵉ s. a remplacé *simpleté* et *simplesse* : *simplicitas*. ◆ |2| SIMPLE xiiiᵉ s. subst. masc., méd. : adaptation du lat. médiéval *simplex medicina* ou *medicamentum simplex* « médecine » ou « médicament simple », par opposition à « composé ». ◆ |3| SIMPLISTE xviᵉ s. « marchand de simples » ; xviiᵉ s. adj., rare avant le xixᵉ s., « qui simplifie exagérément » ; SIMPLISME xixᵉ s. ◆ |4| SIMPLIFIER xvᵉ s. :

adaptation du lat. médiéval *simplificare* ; **SIMPLIFICATION** XV˚ s. ; **SIMPLIFICATEUR** XIX˚ s. ♦ |5| **SINCÈRE** XV˚ s. : *sincerus* ; **SINCÈREMENT** XVI˚ s. ; **SINCÉRITÉ** XIII˚ s. : *sinceritas* ; **INSINCÈRE** XVIII˚ s. ; **INSINCÉRITÉ** XIX˚ s. ♦ |6| **SINGULIER** XIII˚ s., altération, par substitution de suff., de *singuler* XII˚ s. : *singularis* ; en anc. fr. « individuel » et sens gramm. ; XIV˚ s. « qui se distingue des autres », XVII˚ s. « étonnant » ; **SINGULARITÉ** XII˚ s. : *singularitas* ; **SINGULARISER** XVI˚ s. : dér. formé sur *singularis*.

D. base *sem-*

♦ |1| **SEMPITERNEL** XIII˚ s., rare avant le XVII˚ s. : lat. *sempiternus*, avec influence d'*éternel*. ♦ |2| **SEMI-** préf. exprimant l'idée de « à moitié » : lat. *semi-*, ex. : *semi-public, semi-remorque, semi-rigide*.

III. mots issus du grec

♦ |1| **MINE** (pop.) XII˚ s. « mesure de capacité » : forme déglutinée de *émine*, l'*é* initial s'étant confondu avec celui de l'article : lat. *hemina*, du gr. *hêmina*. ♦ |2| **MINOT** (pop.) XIII˚ s. « mesure d'une demi-mine » puis « baril », XVII˚ s. « farine fine transportée dans des barils » : dér. de *mine* : **MINOTIER** XVIII˚ s. « celui qui fait cette farine » ; **MINOTERIE** XIX˚ s. ♦ |4| **HÉMI-** (sav.) : gr. *hêmi-*, préf. exprimant l'idée de « moitié », ex. : *hémicycle, hémisphère, hémistiche*, etc. ♦ |5| **HOMO-** 1ᵉʳ élément de composés sav. : gr. *homos*, ex. : **HOMOLOGUE** XVI˚ s. ; **HOMOPHONE** XIX˚ s. ; **HOMOGÈNE** → GENS ; **HOMONYME**, → NOM. ♦ |6| **HOMÉO-** : 1ᵉʳ élément de composés sav. : gr. *homoios*, ex. : **HOMÉOPATHIE, HOMÉOPATHE** XIX˚ s. ♦ |7| **ANOMAL** XII˚ s., rare avant le XVII˚ s. : gr. *anômalos*, par le bas lat. ; **ANOMALIE** XVI˚ s., rare avant le XIX˚ s. : *anômalia*.

ENSEVELIR famille du lat. *sepelire, sepultus*, ancien terme relig., « ensevelir », « mettre au tombeau », auquel se rattachent *sepultura* « derniers honneurs », « sépulture » et *sepulc(h)rum* « tombeau ».

♦ |1| **ENSEVELIR** (demi-sav.) XII˚ s. : probablement dér. de l'anc. fr. *sevelir* : lat. *sepelire* ; peut représenter le lat. *insepelire*, rarement attesté ; **ENSEVELISSEMENT** XII˚ s. ♦ |2| **SÉPULTURE** (sav.) XII˚ s. : *sepultura*. ♦ |3| **SÉPULCRE** (sav.) XII˚ s. « Saint-Sépulcre », XVI˚ s. « tombeau » : *sepulcrum* ; **SÉPULCRAL** XV˚ s. « funéraire », X,II˚ s., fig.

ENTHOUSIASME famille sav. du gr. *theos* « dieu », mot d'origine obscure auquel se rattachent (1) *atheos* « qui ne croit pas aux dieux » et *polutheos* « qui croit en plusieurs dieux » (2) *entheos* « animé d'un transport divin », d'où *enthousiazein* « être inspiré par la divinité » et *enthousiasmos* « transport divin » (3) *theios* « divin », d'où *apotheioun* « diviniser » et *apotheiôsis* « divinisation » (4) *pantheios* « commun à tous les dieux » ; neutre substantivé *pantheion* « temple consacré à tous les dieux » (5) *theourgia* « acte de la puissance divine » → ORGUE.

♦ |1| **ENTHOUSIASME** XVI˚ s. : *enthousiasmos* ; **ENTHOUSIASTE** XVI˚ s. : *enthousiastês* ; **ENTHOUSIASMER** fin XVI˚ s. ♦ |2| **PANTHÉON** XV˚ s. monument de Rome ; par ext. du sens : gr. *pantheion*, par le lat. ♦ |3| **THÉURGIE** XIV˚ s., rare avant le XVIII˚ s. : *theourgia*, par le lat. eccl. ; **THÉURGIQUE** XIV˚ s. : *theourgikos*. ♦ |4| **ATHÉE** XVI˚ s. : *atheos* ; **ATHÉISME** XVI˚ s. ; **POLYTHÉISME** XVI˚ s. : formé sur *polutheos* ; **POLYTHÉISTE** XVIII˚ s. ; **MONOTHÉISME, MONOTHÉISTE** XIX˚ s. ♦ |5| **THÉISME** et **THÉISTE** XVIII˚ s. : angl. *theism* XVII˚ s., formé sur *theos* ; **PANTHÉISME, PANTHÉISTE** une fois au XVIII˚ s., puis début XIX˚ s. : angl. *pantheism, pantheist*, mots créés en 1705 par le philosophe J. Toland : de *pan* « tout » et *theos*. ♦ |6| **APOTHÉOSE** XVI˚ s. : *apotheiôsis*, par le lat. ♦ |7| **THÉOLOGIE, THÉOLOGIQUE** XIV˚ s. : *theologia* « science de la divinité » ; *theologikos* « qui traite des choses divines » ; **THÉOLOGAL, THÉOLOGIEN** XIV˚ s. ♦ |8| **THÉOCRATIE** XVII˚ s. : *theokratia* « gouvernement de Dieu » ; **THÉOCRATIQUE** XVIII˚ s. ♦ |9| **THÉOGONIE** XVIII˚ s. « naissance » ou « origine des dieux » (→ GENS) : *theogonia* ; **THÉOGONIQUE** XIX˚ s. ♦ |10| **THÉO-** : gr. *theos*, 1ᵉʳ élément de composés mod., ex. : **THÉODICÉE** XVIII˚ s., 2ᵉ élément *dikê* « justice » → DIRE, mot créé par Leibniz ; **THÉOPHILANTHROPE, -IE** XVIII˚ s. ; **THÉOSOPHE, -IE** XVIII˚ s. ; **THÉOBROMINE** XIX˚ s. pharm. : du lat. scient. mod. *theobroma*, nom scient. du cacao, littéralement « mets (*brôma*) des dieux (*theos*) ».

ENVELOPPER ensemble de mots qu'on peut rattacher au bas lat. *falŭppa* « paille, balle de blé », attesté par une glose du X˚ s.

♦ |1| **ENVELOPPER** (pop.) X˚ s. sous la forme *envolopet*, part. passé : dér. de l'anc. fr.

voloper, qui représente p.-ê. un croisement de *falŭppa* et de *volvere* → VOÛTE ; **ENVELOPPE** XIII° s. ; **ENVELOPPEMENT** XIII° s., rare avant le XVIII° s. ; **ENVELOPPANT** adj., XVIII° s. ♦ |2| **DÉVELOPPER** (pop.) XII° s. : dér. antonymique formé sur *envelopper* ; **DÉVELOPPEMENT** XV° s. ♦ |3| **FLOPÉE** (pop.) XIX° s., argot, « volée de coups » puis « grande quantité » : dér. de *floper* « battre », p.-ê. forme abrégée de *envelopper*, avec influence de *frapper*, ou à rattacher directement à *felŭppa*, var. de *falŭppa*. ♦ |4| On peut encore rattacher à *faluppa* l'anc. fr. *frape*, « chiffon », *frepe* « frange », *frepiller* « s'agiter », *freper* « chiffonner » et sa var. **FRIPER** XIII° s. « s'agiter », XVI° s. « chiffonner », « dérober » et « avaler goulûment ». ♦ |5| **FRIPERIE** XIV° s., var. de *freperie* XIII° s. ; **FRIPIER** XV° s., var. de *frepier* XIII° s. ; **DÉFRIPER** XVIII° s. : dér. de *friper* au sens de « chiffonner ». ♦ |6| **FRIPOUILLE** XIX° s. « haillon » et « gueux » : var. *frapouille*, même sens, d'où **FRAPPE** XX° s., argot : dér. de *fripe* et *frape*. ♦ |7| **FRIPON** XVI° s. « gourmand », puis « voleur » : dér. de *friper* au sens de « avaler goulûment » et « voler » ; **FRIPONNER** XIV° s. « faire bonne chère », XVI° s. « voler » ; **FRIPONNERIE** XVI° s.

ENVOÛTER (pop.) XIII° s. : dér. de l'anc. fr. *voult* « visage », « image », en particulier « figures de cire représentant une personne à qui on veut nuire par une opération magique », du lat. *vultus* « visage », d'origine incertaine ; **ENVOÛTEMENT** XIV° s.

ÉPAIS (pop.) XI° s., d'abord sous la forme *espes* : lat. *spĭssus* « épais » ; la var. *espeis*, *espois*, à l'origine de *épais*, est un dér. du verbe anc. fr. *espoissier*, du lat. vulg. *spissiare* « épaissir » ; **ÉPAISSIR** XII° s., sous la forme *espeissir* ; **ÉPAISSEUR** XIV° s. ; **ÉPAISSISSEMENT** XVI° s.

ÉPARGNER (pop.) XI° s. : germ. *sparanjan*, altération, p.-ê. sous l'influence de *waidanjan* « gagner », de *sparôn*, étymon de l'all. *sparen*, même sens ; **ÉPARGNE** XII° s. ; **ÉPARGNANT** adj. XIV° s. ; subst. XX° s.

ÉPARS famille d'une racine ind.-eur. *spher-* « éparpiller », « semer ».

En grec *speirein* « semer » et ses dér. (a) *sperma*, *-atos* « semence », « germe » ; (b) *spora*, « ensemencement » et *diaspora* « dispersion » ; (c) l'adj. *sporas*, *-ados* « épars ».

En latin verbe *spargere*, *sparsus* « répandre », « parsemer », d'où *adspergere* et *dispergere*, de même sens que le simple, et bas lat. *aspergillum* « goupillon ».

I. mots issus du latin

♦ |1| **ÉPARS** (pop.) XIII° s. : part. passé de l'anc. fr. *espardre*, du lat. *spargere*. ♦ |2| **ÉPARPILLER** (pop.), d'abord *-ailler* XII° s., a des équivalents dans l'anc. prov. *esparpalhar*, l'it. *sparpagliare*, de même sens, et l'esp. *desparpajo* « sans-gêne » dér. de l'anc. esp. *desparpajar* « bavarder sans suite » : il représente sans doute *spargere* croisé avec un dér. de *palea* « paille », lat. vulg. *expaleare* (port. *espalhar*) ; le sens 1er serait donc « disperser comme la paille sur l'aire ». Le recours à l'étymon *dispare palare* « répartir inégalement », attesté chez Pétrone, semble moins convaincant parce qu'aucun de ses deux termes n'a survécu isolément en fr. ; que le préfixe *des-* ne se trouve qu'en esp. et a plus de chances d'être une réfection de *es-*, et que le *l* mouillé s'explique mal ; **ÉPARPILLEMENT** XIII° s. ♦ |3| **ESPARCETTE** XVI° s. : prov. *esparceto*, dér. de *espars*, de *sparsus*. ♦ |4| **ASPERGER** (sav.) XII° s. : *aspergere* ; **ASPERSION** (sav.) XII° s. : *aspersio* ; **ASPERSOIR** (sav.) XIV° s. : lat. eccl. *aspersorium*. ♦ |5| **ASPERGILLE** (sav.) XIX° s. « sorte de moisissure » : *aspergillum*. ♦ |6| **DISPERSER** (sav.) XV° s. : dér. formé sur *dispersus*, part. passé de *dispergere* ; **DISPERSION** XIII° s., rare avant le XVII° s.

II. mots issus du grec

A. base *-sperm-* (sav.)

♦ |1| **SPERME** XIII° s. : *sperma*, *-atos*, par le lat. ; **SPERMATIQUE** XIV° s. : *spermatikos*, par le lat. ♦ |2| **-SPERME** 2° élément de composés sav., ex. : *angiosperme*, *gymnosperme*. ♦ |3| **SPERMATO-** (surtout XIX° s., XX° s.) : 1er élément de composés sav., ex. : *spermatologie*, *spermatozoaire*, etc.

B. base *-spor-* (sav.) ♦ |1| **SPORADES**, géogr., îles de la mer Égée sur la côte ouest de l'Asie Mineure : gr. *Sporades*, littéralement « les dispersées ». ♦ |2| **SPORADIQUE** XVII° s. : *sporadikos* ; **SPORADIQUEMENT**, **SPORADICITÉ** XIX° s. ♦ |3| **SPORE** XIX° s. :

spora ; SPORULE dimin., XIX⁰ s. ; SPORANGE XIX⁰ s. : 2ᵉ élément gr. *aggos* « réceptacle ». ♦ |4| -SPORE : 2ᵉ élément de composés sav., ex. : *macrospore, microspore*. ♦ |5| SPORO- : 1ᵉʳ élément de composés sav., ex., *sporophore, sporozoaire*. ♦ |6| DIASPORA XX⁰ s., hist. relig. « dispersion des Juifs après la prise de Jérusalem par Titus » : mot grec.

ÉPÉE
famille du gr. *spathê* « épée large et plate », « spatule », « omoplate », empr. par le lat. imp. sous les formes *spatha* puis *spata* ; dimin. *spatula* « épaule (d'animal) », « spatule ».

♦ |1| ÉPÉE (pop.) X⁰ s. : *spatha* ; ÉPÉISTE escrime, XIX⁰ s. ♦ |2| ÉPAULE (pop.) XI⁰ s. : *spatŭla* ; ÉPAULER XIII⁰ s. : dér. de *épaule* au sens techn. de « épaulement », « soutien d'un mur, d'un talus » ; ÉPAULEMENT XVI⁰ s. ; ÉPAULETTE XVI⁰ s., anat. et armure, XVIII⁰ s. « ornement militaire », XX⁰ s. « pièce de sous-vêtement féminin ». ♦ |3| SPADASSIN XVI⁰ s. : it. *spadaccino*, dér. de *spada* « épée » : *spatha*. ♦ |4| ESPADON XVII⁰ s. « grande épée » puis nom d'un poisson appelé aussi *épée de mer* : it. *spadone*, augmentatif de *spada* → le précédent. ♦ |5| ESPALIER XVI⁰ s. archit. ; XVII⁰ s. sens mod. : it. *spalliera, de spalla* « épaule » et « appui » : lat. *spatula*. ♦ |6| SPATULE (sav.) XIV⁰ s. : *spatula* ; SPATULÉ XVIII⁰ s.

ÉPELER
(pop.) XI⁰ s. d'abord *espeldre, espelir* « raconter, signifier » changement de conjugaison au XV⁰ s., d'après *appeler* : frq. *spellôn* « raconter » ; ÉPELLATION XVIII⁰ s.

ÉPERLAN
XIV⁰ s., empr. au m. néerl. *spierlinc*.

ÉPERON
(pop.) XI⁰ s. : bas lat. *sporonus*, du germ. *sporo* ; ÉPERONNER XI⁰ s.

ÉPERVIER
(pop.) XI⁰ s. : frq. *sparwâri* ; ÉPERVIÈRE XVIII⁰ s., bot.

ÉPHÈBE
(sav.) XV⁰ s. : gr. *ephêbos*, de *epi* et *hêbê* « jeunesse ».

ÉPHÉMÈRE
famille du gr. *hêmera* « jour », d'où *ephêmeros* « qui dure un jour » et *ephêmeris, -idos* « quotidien » (sous-ent. *biblos* « journal »).

♦ |1| ÉPHÉMÈRE (sav.) XVI⁰ s., XIII⁰ s. e*ffimère* : *ephêmeros* ; ÉPHÉMÉRIDES XVI⁰ s., astron., et ÉPHÉMÉRIDE : *ephêmeris, -idos*. NYCTHÉMÈRE XVIII⁰ s., astron. « espace de temps comprenant un jour et une nuit » : composé du gr. *nux, nuktos* « nuit » et de *hêmera*. ♦ |2| HÉMÉR(O)- 1ᵉʳ élément de composés sav., ex. : *hémérocalle, hémératopie*.

ÉPI
♦ |1| (pop.) XII⁰ s. : lat. *spīcum*, var. neutre de *spica*, même sens. ♦ |2| SPIC (sav.) XII⁰ s. : « lavande » : *spicum* ; SPICULE XIX⁰ s., zool., bot. : *spiculum* « fer barbelé d'une flèche », dimin. de *spicum* ; SPICILÈGE (sav.) XVII⁰ s. « recueil de documents » : lat. *spicilegium* « glanage », formé de la même façon que *florilegium* ; pour le suff. → LIRE. ♦ |3| SPICI- 1ᵉʳ élément de composés sav., ex. : *spiciforme*.

ÉPI-
(sav.) gr. *epi-* « sur », préf. entrant dans la formation de nombreux composés d'origine gr. : *épithète*, ou de formation moderne, ex. : *épicentre, épiphénomène*.

ÉPINARD
XIV⁰ s., var. *espinach, -noche, -arde* : adaptation, au moyen du suff. *-ard*, du lat. médiéval médical *spinachium, spinargium*, de l'arabe d'Andalousie *isbinâkh*, du persan *aspânākh* « épinard » ; plante orientale introduite en Espagne par les Arabes, qui l'utilisaient comme médicament.

ÉPIEU
(pop.) XV⁰ s. : altération, sous l'influence de *pieu*, de *espiet* XI⁰ s. : frq. *speot*.

ÉPINE
♦ |1| (pop.) XII⁰ s., XIV⁰ s., méd. *épine dorsale* : lat. *spina*, même sens ; pour les dér. sav. exprimant la notion d'« épine » → ACANTHO-, art. ADRAGANTE ; ÉPINOCHE XIII⁰ s. « poisson portant deux à quatre épines dorsales » ; ÉPINIÈRE *(moelle)* XVII⁰ s. : dér. d'*épine* (dorsale). ♦ |2| ÉPINEUX (pop.) XII⁰ s. : *spinōsus*, dér. de *spina*. ♦ |3| AUBÉPINE, → AUBE. ♦ |4| ÉPINGLE (pop.) XIII⁰ s. : lat. vulg. *spingula*, altération, p.-ê. sous l'infl. de *spicula* « piquant » (→ ÉPI), de *spinula*, dimin. de *spina* ; ÉPINGLER XVI⁰ s. ♦ |5| SPINAL (sav.) XVI⁰ s. : bas lat. *spinalis* « de l'épine dorsale » ; CÉRÉBRO-SPINAL XIX⁰ s. « relatif au cerveau et à la moelle épinière ».

ÉPISSER XVII⁰ s. : altération, p.-ê. sous l'infl. d'*épi*, du néerl. *splissen* ; **ÉPISSOIR, ÉPISSURE** XVII⁰ s.

ÉPISTÉMOLOGIE, -IQUE (sav.)
XX⁰ s. : dér. formé au moyen du suff. *-logie* « étude » (→ LIRE) sur le gr. *epistêmê* « science », p.-ê. en rapport avec la racine **stā* → ESTER.

ÉPITHAPHE représentants du gr.
taphos « tombeau ».
♦ |1| **ÉPITAPHE** (sav.) XII⁰ s. : gr. *epitaphion*, neutre substantivé, de l'adj. *epitaphios* « qui se célèbre, s'écrit sur un tombeau ».
♦ |2| **CÉNOTAPHE** (sav.) XVI⁰ s. : gr. *kenotaphion* « tombeau vide », par le lat.

ÉPITHALAME ♦ |1| (sav.) XVI⁰ s. : gr.
epithalamion (chant) nuptial », dér. de *thalamos* « chambre à coucher », par le lat.
♦ |2| **THALAMUS** (sav.) XX⁰ s. « partie du cerveau où s'unissent le diencéphale et le télencéphale » : forme lat. de *thalamos* « lit nuptial, union ».

ÉPONGE représentants de **sp(h)ongo-*,
mot d'une langue méditerranéenne attesté en gr. par *spoggos* « éponge » et le lat. *fungus* « champignon ».
♦ |1| **ÉPONGE** (pop.) XV⁰ s. : lat. vulg. **sponga*, du lat. class. *spongia*, mot grec, dér. de *spoggos* ; **ÉPONGER** XVIII⁰ s., puis XVI⁰ s. : *spongier* ; **ÉPONGEAGE** XIX⁰ s.
♦ |2| **SPONGIEUX** (sav.) XIV⁰ s. : lat. *spongiosus*, dér. de *spongia* ; **SPONGIOSITÉ** XIV⁰ s. ; **SPONGITE** XVIII⁰ s., minér. : gr. *spongitis*, par le lat. ; **SPONGIAIRE** XIX⁰ s. ♦ |3| **SPONGI-** 1ᵉʳ élément de composés sav., ex : *spongiculture*. ♦ |3| **FONGUS** (sav.) XVI⁰ s. « tumeur à l'aspect de champignon », XVIII⁰ s. « champignon de mer » ; lat. *fungus* ; **FONGUEUX, FONGOSITÉ** XVI⁰ s. ♦ |5| **FONGI-** 1ᵉʳ élément de composés sav., ex. : *fongicole, fongicide*.

ÉPOQUE ensemble de mots savants
représentant le gr. *ekhein, skhein*, qui repose sur une racine **segh-* et signifie à la fois « avoir, tenir » et « être dans un certain état », d'où (1) au 1ᵉʳ sens : (a) l'adj. verbal *hektos* « qu'on peut avoir » d'où *hektikos* « continu », en parlant de la fièvre ; (b) *epekhein* « tenir sur », « retenir », « attendre », d'où *epokhê* « arrêt », « interruption » et astron. « arrêt apparent d'un astre à son apogée » ; (c) *eunoukhos* « eunuque », de *eunê* « couche » et *ekhein* ; littéralement « gardien de la couche » ; (d) *Entelekhês*, de *en* « dans », *telos* « fin » → TONLIEU et *ekhein*, littéralement « qui a sa fin en soi », d'où « qui possède une énergie interne », et *entelekheia* « énergie agissante et efficace ». (2) au 2⁰ sens : (a) *skhêma, -atos* « manière d'être », « forme » ; (b) *kakôs ekhein* « se porter mal », d'où *kakhektês* « qui a une mauvaise constitution » et *kakhexia* « mauvaise constitution ».
♦ |1| **ÉPOQUE** XVII⁰ s. d'abord « moment où se passe un fait remarquable », d'après l'emploi de l'étymon en astron. : *epokhê*.
♦ |2| **ÉTIQUE** (demi-sav.) XIII⁰ s. subst. « fièvre continue » ; XV⁰ s. adj. « maigre » : *hektikos*, par le lat. méd. ; **HECTIQUE** (sav.) XV⁰ s. : *hektikos*. ♦ |3| **EUNUQUE** XIII⁰ s. *eunique*, rare avant le XVIII⁰ s. : *eunoukhos*, par le lat. ♦ |4| **ENTÉLÉCHIE** XIV⁰ s. philo. : *entelekheia*, par le lat. ♦ |5| **SCHÉMA** XVI⁰ s. rhétorique, rare ; XVIII⁰ s. géom., XIX⁰ s. extension d'emploi : *skhêma* ; **SCHÈME** XVIII⁰ s. philo. : id. ; **SCHÉMATISER** XIX⁰ s. : *skhêmatizein* ; **SCHÉMATISME** XVII⁰ s. : *skhêmatismos*, p.-ê. par le bas lat. ; **SCHÉMATIQUE** XIX⁰ s. ; **SCHÉMATISATION** XX⁰ s. ♦ |6| **CACHEXIE** XVI⁰ s. : *kakhexia*, par le lat. méd. ; **CACHEXIQUE** XVI⁰ s.

ÉPOUX famille d'une racine ind.-eur.
*spend- « faire une libation ».
En grec *spendein* « faire une libation », *spondê* « libation », *spondeios pous*, métrique, « spondée », « pied de deux syllabes longues, utilisé à l'origine dans les chants de libations », *spondeiakos* « composé de spondées ».
En latin *spondēre, sponsus* « prendre un engagement solennel de caractère religieux » ; se dit en particulier du père qui s'engage à donner en mariage sa fille, qui est alors appelée *sponsa* : féminin du part. passé substantivé, sur lequel a été formé le masc. *sponsus* ; dérivés *sponsare* « promettre en mariage » et *sponsalia* « fiançailles » ; *respondere* « répondre à un engagement solennellement pris », s'est dit d'abord des réponses des oracles.

I. mots issus du latin
♦ |1| **ÉPOUX, ÉPOUSE** (pop.) XI⁰ s. : *spo(n)sus, spo(n)sa* ; **ÉPOUSER** XI⁰ s. : *spo(n)sare* ;

ÉPOUSEUR XIV⁰ s. ; ÉPOUSAILLES XII⁰ s. : *spo(n)salia*. ♦ 121 RÉPONDRE (pop.) X⁰ s. « dire en réponse », fin XII⁰ s. « garantir », « être conforme à », XVII⁰ s. « être symétrique ou opposé » : bas lat. *respondĕre*, du lat. class. *respondēre* ; RÉPONDEUR XIX⁰ s. ; RÉPONS XI⁰ s. : *responsum* ; RÉPONSE XIII⁰ s. : var. fém. de *répons*. ♦ 131 RESPONSABLE (sav.) XII⁰ s. : dér., sur *responsus*, de *respondere* au sens de « répondre de », « garantir » ; RESPONSABILITÉ, IRRESPONSABLE, IRRESPONSABILITÉ fin XVIII⁰ s. ♦ 141 CORRESPONDRE (sav.) XIV⁰ s. « être conforme à », XVII⁰ s. « être en relations épistolaires » : lat. scolastique *correspondere* « être en rapport de conformité » ; CORRESPONDANT XIV⁰ s. adj., XVII⁰ s. subst. ; CORRESPONDANCE XIV⁰ s. « conformité », XVII⁰ s. « relations épistolaires ». ♦ 151 RIPOSTE XIV⁰ s. : altération de l'it. *risposta*, part. passé fém. substantivé de *rispondere*, équivalent du fr. *répondre* ; RIPOSTER XVII⁰ s.

II. mots issus du grec

SPONDÉE (sav.) XIV⁰ s. : *spondeios*, par le lat. ; SPONDAÏQUE XVI⁰ s. : lat. *spondaicus*, du gr. *spondeiakos*.

ÉQUESTRE famille d'une racine ind.-eur. **ekw-* « cheval ».

En grec par *hippos* (dont l'*h* est inexpliqué), d'où *hippikos* « qui concerne les chevaux » ; *hippodromos* « lieu pour les courses de chevaux ou de chars » ; *hippopotamos* « cheval de rivière », surtout à propos du Nil, « hippopotame » ; *hippokampos*, de *kampè* « courbure », « monstre marin fantastique à corps de cheval et queue recourbée de poisson », *Philippos*, utilisé comme nom propre. « qui aime les chevaux ».
En latin par *equus* « cheval », d'où *equinus* « qui concerne le cheval » ; *eques, -itis* « cavalier », *equitare* « aller à cheval », lat. imp. *equitatio* « équitation », *equester* « de cheval » ou « de cavalier » ; lat. imp. *equiferus* « cheval sauvage ».

I. mots issus du latin

♦ 111 ÉQUESTRE XIV⁰ s. (sav.) : *equestris*. ♦ 121 ÉQUIN (sav.) XVII⁰ s. : *equinus*. ♦ 131 ÉQUITATION (sav.) XVI⁰ s. : *equitatio*. ♦ 141 ZÈBRE XVII⁰ s., rare avant le XVIII⁰ s. : esp. *cebra*, ou port. *zebra*, forme abrégée de l'anc. esp. *ezebra*, var. *ezebro* « âne sauvage », XVII⁰ s. « zèbre d'Afrique », qui représente probablement le lat. vulg. **eciferus*, du lat. class. *equiferus* ; ZÉBRÉ, ZÉBRER, ZÉBRURE XIX⁰ s.

II. mots savants issus du grec

♦ 111 HIPPIQUE XIX⁰ s. (sav.) : *hippikos* ; HIPPISME XX⁰ s. ♦ 121 PHILIPPE nom ou prénom ; *Philippos* nom d'un roi de Macédoine et d'un apôtre. ♦ 131 HIPPODROME XII⁰ s. « cirque romain » ; XIX⁰ s. sens mod. : *hippodromos*, par le lat. ; HIPPOPOTAME XIII⁰ s. : *hippopotamos*, par le lat. ; HIPPOCAMPE XVI⁰ s. : *hippokampos*, par le lat. ♦ 141 HIPPO- 1er élément de composés, ex. : HIPPOPHAGIQUE XIX⁰ s. ; HIPPOMOBILE XX⁰ s.

ÉQUIPER ♦ 111 (pop.) XII⁰ s. « s'embarquer », XV⁰ s. sens mod. : forme normanno-picarde, de l'anc. scandinave *skipa*, même sens, de la base germ. **skip* « bateau » ; ÉQUIPE, ÉQUIPAGE XV⁰ s. ; ÉQUIPÉE XVI⁰ s. « expédition maritime » ; XVII⁰ s. sens fig. ; ÉQUIPEMENT XIX⁰ s. ♦ 121 ESQUIF XV⁰ s. : it. *schifo*, du longobard **skif*, du germ. **skip*.

ÉQUIPOLLENT (sav.) XIII⁰ s. : lat. imp. *aequipollens* « équivalent », de *aequus* « égal » et *pollere* « être fort » ; ÉQUIPOLLENCE XIII⁰ s. : bas lat. *aequipollentia*.

-ER ♦ 111 (pop.) désinence d'infinitif de la première conjug. : lat. *-are*. ♦ 121 formes élargies par une consonne non étym. : -TER, -CER, -DER, ex. : *éreinter, coincer, faisander*.

ÉRABLE (pop.) XIII⁰ s. : bas lat. (gloses VII⁰ s.-VIII⁰ s.) *acerabŭlus*, probablement composé du lat. class. *acer, aceris* « érable » et du gaulois **abolos*, restitué d'après un mot gallois signifiant « sorbier des oiseaux ».

ÉRÉTHISME (sav.) XVIII⁰ s. : gr. *erethismos* « irritation », de *erethein* et *erethizein* « exciter, irriter ».

ERGO ♦ 111 (sav.) XIII⁰ s. : mot lat. « en conséquence », introduit en fr. par les discussions scolastiques. ♦ 121 ERGOTER XIII⁰ s. « discuter, chicaner » : dér., sur *ergo*, qui a pu subir pour le sens l'infl. de l'anc. fr. *hargoter* → 1. HARICOT ; ERGOTEUR XIV⁰ s. ; ERGOTAGE XVI⁰ s. ; ERGOTERIE XIX⁰ s.

ERGOT

ERGOT (pop.) XII⁰ s. var. plur. *argoz* XII⁰ s. « éperons » et anc. fr. *herigote* « éperon » et « ergot d'animal » ; XVIII⁰ s. « parasite de certaines céréales » : mot obsc. p.-ê. à rattacher à *harier* « exciter » : frq. **harion* « déchirer » (→ 1. HARICOT) ; le -*g*- p.-ê. dû à un croisement avec lat. *argutus* « pointu ». **ERGOTINE, ERGOTISME** XIX⁰ s. dér. de *ergot* (de céréales).

ERMITE ♦|1| (demi-sav.) XII⁰ s. : lat. chrét. *eremīta*, du gr. *erêmítês* « du désert », dér. de l'adj. *erêmos* « désert », « solitaire ». **ERMITAGE** XII⁰ s. ♦|2| **BERNARD-L'ERMITE** ou **L'HERMITE** XVI⁰ s. : languedocien *bernat l'hermito*, dénomination plaisante d'un crustacé qui loge son abdomen dans des coquilles vides. ♦|3| **ÉRÉMITIQUE** (sav.) XVI⁰ s. : bas lat. *eremiticus*, dér. sur *eremita*.

ÉROS famille du gr. *érôs*, *-ôtos* « désir des sens », « amour » et « le dieu Amour », d'où *erôtikos* « qui concerne l'amour » ; *erân* « aimer », *erastês* « passionné » ; *erasmios* « aimable ».
♦|1| **ÉROS** (sav.), d'abord, nom mythol. : nom commun au XX⁰ s. en psychanalyse : mot grec. ♦|2| **ÉROTIQUE** (sav.) XVIII⁰ s. : *erôtikos* ; **ÉROTISME** XVIII⁰ s. ; **ÉROTOMANIE** (sav.) XVIII⁰ s. : gr. *erôtomania* « folie amoureuse » : **ÉROTOMANE** XIX⁰ s. : *erôtomanês* « fou d'amour ». ♦|3| **ÉRASME, ÉRASTE**, noms propres savants d'origine grecque : *erasmios*, *erastês*.

ERRER famille du lat. *errare*, *erratum* « aller à l'aventure », « se tromper », d'où *aberrare* « s'éloigner » et *aberratio* « diversion » ; *error* « course à l'aventure », « erreur » ; *erroneus* « vagabond » et bas lat. « qui est dans l'erreur » ; *erraticus* « vagabond ».
♦|1| **ERRER** (sav.) fin XIII⁰ s. : *errare*. ♦|2| **ERREUR** (probablement sav.) XII⁰ s. : *error*. ♦|3| **ERRONÉ** (sav.) XIV⁰ s. : *erroneus*. ♦|4| **ERRATUM** (sav.) XVIII⁰ s., plur. **ERRATA** (sav.) XVI⁰ s. : mots lat., part. passé neutre de *errare*. ♦|5| **ERRATIQUE** (sav.) XIII⁰ s., rare avant le XIX⁰ s. : *erraticus*. ♦|6| **ABERRER** (sav.) XVI⁰ s. : *aberrare* ; **ABERRATION** (sav.) XVII⁰ s. « éloignement », XVIII⁰ s. optique et sens mod. : *aberratio* ; **ABERRANT** XIX⁰ s. ; **ABERRANCE** XX⁰ s. statistique. ♦|7| → ERRANT, ERREMENTS, art. (J') IRAI.

ESCARBILLE XVII⁰ s., sous la forme *escabille* : mot du Nord, wallon ou rouchi, dér. de *escrabiller*, du néerl. *schrabbelen*, dimin. de *schrabben* « gratter ».

ESCARBOT famille du gr. *scarabaeus* « scarabée », p.-ê. dér. du gr. *karabos* « crabe », « langouste », « scarabée » : lui-même empr. par le lat. sous la forme *carabus* « langouste » et « barque en osier recouverte de peau ».
♦|1| **ESCARBOT** (pop.) XV⁰ s. : réfection, par croisement avec *escargot*, de l'anc. fr. *escharbot* XIII⁰ s. : *scarabaeus*, avec substitution de suff. ♦|2| **CARABIN** (pop.) XVI⁰ s. « soldat de cavalerie légère », XVII⁰ s. « carabin de saint Côme » garçon de l'école de chirurgie, placée sous le patronage de saint Côme », d'où XIX⁰ s. « étudiant en médecine » : mot méridional, altération de *escarbail*, *escarbilh* « scarabée », de *scarabaeus* : le second sens se rattache à la var. *escarrabin* XVI⁰ s., à Montélimar, appliquée métaph. à des ensevelisseurs de pestiférés, habillés de noir. ♦|3| **CARABINE** (pop.) XVI⁰ s. : dér. de *carabin* au premier sens du mot ; **CARABINIER** XVII⁰ s. : dér. de *carabine* ; **CARABINÉ** XVII⁰ s. : id. ♦|4| **GABARE** XIV⁰ s. : gascon ou anc. prov. *gabarra*, du gr. *karabos* ; l'altération du radical remonte probablement au gr. byzantin, où le gr. anc. *karabos* avait pris le sens de « canot ». ♦|5| **CARAVELLE** XV⁰ s. : port. *caravela*, dér. de *cáravo*, du lat. *carabus*. ♦|6| **SCARABÉE** (sav.) XVI⁰ s. : *scarabaeus*.

ESCARGOT ♦|1| XIV⁰ s. : altération, par substitution de suff., du prov. *escaragol* résultant lui-même du croisement, avec les représentants méridionaux de *scarabaeus* (→ ESCARBOT), du prov. *caragou* (esp. *caracol*), d'origine incertaine, se rattachant p.-ê., avec des altérations difficilement explicables, à *conchylium* (→ CONCHE), plus probablement à une base expressive **cacar-* « coquille de l'escargot », qui aurait subi une métathèse ; en Catalogne et en Languedoc l'usage de manger des escargots était ancien ; le mot méridional a été introduit en fr. en même temps que ce mets et a supplanté *limaçon*. ♦|2| **CARACOLER** XVII⁰ s. : dér. formé sur l'esp. *caracol* « escargot », « spirale », « mouvement circulaire qu'on fait exécuter à un cheval ».

ESCARPÉ xvie s., **CONTRESCARPE** xvie s. ; **ESCARPEMENT** xviie s. : dér. du moyen fr. *escarpe*, d'où le verbe *escarper* : de l'it. *scarpa* « talus d'un rempart », du goth. **skrapa* « soutien ».

ESCARPIN xvie s. : it. *scarpino*, dimin. de *scarpa* « soulier », qui repose sur un germ. **skarpa*.

ESCARPOLETTE xviiie s. mot obsc. prov. et pic. sens variés : p.-ê. comp. de pic. *escarpe* « écharpe (qui sert de siège au joueur) » (→ CHARPIE) et de pic.-wall. *holer* « lancer, pousser ».

ESCARRE subst. fém. (sav.) xive s. : gr. *eskhara* « croûte qui se forme sur une plaie », par le lat.

ESCHATOLOGIE (sav.) xixe s. : dér. formé sur le gr. *eskhaton* « ce qui vient en dernier, la fin », littéralement « étude des fins dernières de l'homme et du monde » ; **ESCHATOLOGIQUE** xixe s.

ESCOGRIFFE xviie s., mot. dial. obsc. (Orléanais) ; (→ *escoperche*) « perche d'échafaudage » ; p.-ê. 1er élément *escot* « bâton », 2e élément *griffe* : « perche armée d'un croc » ?

ESCOPETTE xvie s. : it. *schiopetto*, dimin. de *schioppo* « arme à feu », du lat. vulg. *scloppus*, du lat. imp. *stloppus* « bruit produit en frappant sur des joues gonflées », mot onom.

ESCRIME ♦111 xve s. : anc. it. *scrima*, de l'anc. prov. *escrima* ; a éliminé l'anc. fr. *escremie* xiie s., dér. d'*escremir*, xie s., d'une base germ. **skirm* exprimant l'idée de « protéger » (→ all. *Schirm* « abri », *schirmen* « protéger ») ; **ESCRIMER, -EUR**, xvie s. sens propre et fig., xviie s. pronominal. ♦121 **ESCARMOUCHE** xive s. : it. *scaramuccia*, dimin. de *scherma* (dér. de *schermure*, de **skirm*) croisé avec le frq. **skara* « troupe », qui apparait aussi dans *scaraguaita* « sentinelle » (→ ÉCHAUGUETTE, art. GUETTER). ♦131 **SCARAMOUCHE** xviie s. : it. *scaramuccio*, forme masc. de *scaramuccia* (→ 2), surnom pris par Fiorelli, un acteur napolitain qui jouait à Paris sous le règne de Louis XIII dans la Comédie-It., ce type de personnage.

-ÉSIE ♦111 (sav.) suff. nom. fém. empr. au gr. *-ésis* ou *-ésia*, ex. : *amnésie*, *poésie*, *frénésie*. ♦121 **-ÉTIQUE** (sav.) suff. adj. : gr. *-étikos*, correspondant à *-ésis*, ex. : *poétique*, *frénétique*. ♦131 **-ÉSIQUE** (sav.) : suff. adj. dér. de *-ésie*, ex. : *amnésique*.

ÉSOTÉRIQUE (sav.) xviiie s. : gr. *esôterikos* « intérieur », « réservé aux seuls adeptes d'une secte » : dér. formé sur l'adv. *esô*, var. de *eisô* « à l'intérieur », à l'aide du suff. *-ter-* servant à opposer un côté à un autre (→ AUTRE, DÉTÉRIORER, EXTÉRIEUR, etc.) ; **ÉSOTÉRISME** xixe s.

ESPACE ♦111 (demi-sav.) xiie s. : lat. *spatium*, même sens, d'origine obscure ; **ESPACER** xve s. ; **ESPACEMENT** xviie s. ♦121 **SPACIEUX** (sav.) xiie s. : *spatiosus*. ♦131 **SPATIAL** (sav.) xixe s. ; xxe s. astronautique : dér. formé sur *spatium*, ex. : **AÉROSPATIAL, SPATIALISER, SPATIALITÉ** xxe s. ♦141 **SPATIO-** 1er élément de composés sav., ex. : *spatiotemporel*, *spationef* xxe s.

ESPADRILLE ♦111 xviiie s. : altération d'*espardille*, du dial. (Pyrénées) *espardillo*, dér. de *espart*, du lat. *spartum* « sparte, sorte de jonc servant à faire des nattes », empr. à l'anc. gr. *sparton* « corde de jonc », p.-ê. apparenté à *speira* → SPIRE. ♦121 **SPARTE** (sav.) xvie s. « graminée servant à faire des nattes » : *spartum* ; **SPARTERIE** xviiie s. ; **SPARTÉINE** xixe s.

ESPÉRER ♦111 (demi-sav., à cause de la conservation de l's) xie s. : lat. *spêrâre*, dér. du mot-racine *spes* « espérance » ; **ESPÉRANCE, DÉSESPÉRER, DÉSESPÉRANCE** xiie s. ; **INESPÉRÉ** xve s. ♦121 **ESPOIR** xiie s. : dér. du verbe *espérer*, dont les formes accentuées sur le rad. comportaient anciennement la diphtongue *oi* ; **DÉSESPOIR** xiie s. ♦131 **ESPÉRANTO** xixe s. « mot de cette langue artificielle ; part. présent de *esperi* « espérer », du lat. *sperare* ; **ESPÉRANTISTE** xixe s.

ESQUILLE famille d'une racine **skeid-* « fendre », comportant une var. expressive **skheid-*.

En grec *skhizein* « fendre » d'où (a) *skhistos* « fendu » ou « qu'on peut fendre » ; (b) *skhisma, -atos* « fente », « séparation » ; (c) *skhiza* « éclat de bois », empr. par le lat. sous la forme *schidia*.
En latin le verbe *scindere, scissus* « fendre », d'où (a) bas lat. *scissio* « division » et (b) *abscindere, abscissus* « séparer ».

I. mots issus du grec

♦ 111 **ESQUILLE** (demi-sav.) XVI° s. : altération, par substitution de suff. du lat. *schidia*, du gr. *skhiza*. ♦ 121 **SCHISME** (sav.) XII° s. *cisme*, XVI° s. forme mod. : *skhisma* ; **SCHISMATIQUE** XII° s. : gr. eccl. *skhismatikos*, de même sens, par le lat. ♦ 131 **SCHISTE** (sav.) XVI° s. : *skhistos*, par le lat. ; **SCHISTEUX** XVIII° s. ♦ 141 **SCHIZOPHRÉNIE** (sav.) XX° s. « désagrégation psychique », composé formé de *skhizein* et de *phrēn* « pensée » → FRÉNÉSIE ; **SCHIZOPHRÈNE** id. ; **SCHIZOÏDE** XX° s.

II. mots issus du latin

♦ 111 **SCINDER** (sav.) XVI° s., rare avant fin XVIII° s. : *scindere*. ♦ 121 **SCISSION** (sav.) XIV° s. « action de scinder », XVI° s. « action de se séparer » ; **SCISSIONNISTE** XX° s. ♦ 131 **SCISSIPARE** (sav.) XIX° s. : composé formé de *scissus* et de *parere* « enfanter » (→ PART) ; **SCISSIPARITÉ** XIX° s., littéralement « reproduction par division ». ♦ 141 **ABSCISSE** (sav.) XVII° s. : *abscissa (linea)* « (ligne) coupée ».

ESQUINTER XIX° s., mot méridional d'origine obscure ; selon certains, dér. de l'anc. prov. *esquinta* « déchirer », du lat. vulg. **exquintare* « déchirer en cinq morceaux », sur un rad. *-quint-*, → CINQ ; plus vraisemblablement, var. de l'anc. prov. *esquinar* « rompre l'échine », avec un *t* issu de l'infixe *ett-* → ÉCHINE.

ESQUISSE ♦ 111 XVI° s. : it. *schizzo*, mot d'origine obscure, p.-ê. simple forme expressive, p.-ê. à rattacher au lat. vulg. **schediare* « improviser », du lat. *schedium* « poème improvisé », gr. *skhedios* « improvisé », apparenté à *ekhein* (→ ÉPOQUE) ; **ESQUISSER** XVI° s. ♦ 121 **SKETCH** XX° s., mot angl., « esquisse » : néerl. *schets* ou all. *Skizze*, de l'it. *schizzo*.

ESQUIVER XVII° s. : it. *schivare* « éviter » ; frq. **skiuhjan* « être circonspect » (→ all. *scheuen* « avoir peur ») ; a éliminé l'anc. fr. *eschiver, eschever* XI° s., de même origine.

ESSANGER famille du lat. *sanies* « sang corrompu qui s'écoule des blessures », d'où *saniosus* « couvert de sanie », *exsaniare* « faire suppurer », « ôter la sanie d'un linge ».

♦ 111 **ESSANGER** (demi-sav.) XIV° s. : *exsaniare* ; **ESSANGEAGE** XIX° s. ♦ 121 **SANIE** (sav.) XVI° s. : *sanies* ; **SANIEUX** XIV° s. : *saniosus*.

1. -ESSE ♦ 111 (sav.) suff. nom. fém. : gr. *-issa*, par le lat. ; à l'origine suff. ethnique utilisé par le lat. chrét., ex. : *diaconesse, prophétesse*. ♦ 121 **-ERESSE** forme élargie du même suff. → -EUR.

2. -ESSE ♦ 111 (demi-sav.) suff. nom. fém. : lat. *-itia*, ex. : *paresse, richesse* ; a éliminé l'anc. fr. *-oise* (pop.) de même origine ; peut aussi provenir de l'it. *-ezza*, ex. : *politesse*, ou de l'esp. *-eza*, ex. : *altesse*, tous deux également issus de *-itia*. ♦ 121 **-ISE** (demi-sav.) : autre adaptation de *-itia*, ex. : *franchise, vantardise, débrouillardise* ; **-ISE** et **-ESSE** servent à former des noms de qualités dér. d'adj. ♦ 131 **-ICE** (sav.) : *-itia*, ex. : *malice, milice, prémices*.

ESSIEU famille d'une racine ind.-eur. **aks-* « axe », « essieu » à laquelle se rattache en grec *axōn* « axe de roue », et « axe du ciel, du monde » ; en latin (a) *axis*, même sens, remplacé en lat. vulg. par le dér. **axilis* ; (b) *ala* « aile », issu de **aks-la*, littéralement « point d'articulation (de l'aile ou du bras) », d'où le dimin. bas lat. *axilla* « aisselle ».

I. mots populaires

♦ 111 **ESSIEU** XII° s. *aissuel, aissel, aissil* ; XVI° s. *essieu*, forme probablement picarde, avec changement de suff. : **axilis*. ♦ 121 **AISSELLE** XII° s. : lat. vulg. **axella*, du lat. class. *axilla*. ♦ 131 **AILE** XII° s., XIV° s. milit. et archit. : d'abord orthographié *ele* ; *ai* au XV° s., par réaction étym. : *ala* ; **AILETTE, AILERON** XII° s. : **AILÉ** adj. XII° s. ; **AILIER** XX° s. sports. ♦ 141 **HALETER** XII° s. « battre des ailes » puis « palpiter » : dér. de *aile* avec un *h* de renforcement expressif ; **HALÈTEMENT** XV° s. ; **HALETANT** adj. XVI° s.

II. mots savants

♦ 111 **AXE** XIV° s. : *axis* ; **AXER** XVI° s. sens propre, XIX° s. sens fig. ; **DÉSAXER** XIX° s.

sens propre, xxe s. sens fig. ; **AXILE** xviie s. anat., xixe s. bot. ; **AXIAL** xixe s. ; **COAXIAL** xxe s. ♦|2| **AXILLAIRE** xviie s. anat., xixe s. bot. : dér. sur *axilla* « aisselle ». ♦|3| **AXIS** xviie s. « vertèbre servant d'axe pour les mouvements de rotation de la tête ».

ESSUYER famille du lat. *sūcus, sŭccus* « suc », « jus », d'origine inconnue, d'où le lat. imp. *succulentus* « juteux » et le bas lat. *exsuccare* « extraire le suc de ».
♦|1| **ESSUYER** (pop.) xiie s. : *exsūcāre* ; **RES-SUYER** xiie s. ; **ESSUYAGE** xixe s. ♦|2| **ESSUIE-MAIN** xviie s. ; **ESSUIE-PLUME** xixe s. ; **ESSUIE-GLACE** xxe s. : composés de *essuyer*. ♦|3| **SUC** (sav.) xve s. : *sucus*. ♦|4| **SUCCULENT** (sav.) xve s. : *succulentus* ; **SUCCULENCE** xviiie s.

EST famille d'une racine ind.-eur. *-es- « aurore », de genre animé et à valeur religieuse.
En latin avec une diphtongue initiale *au-* (a) *aurora* « aurore », issu de **ausosa* ; (b) probablement, malgré le sens, *auster* « vent du midi » et « région où souffle ce vent », *australis* « austral », « méridional ».
En germanique *ausfo-* et *austro-* « orient », (→ *Österreich* « Autriche », « royaume de l'Est » et les dér. sav. en *austro-*).
♦|1| **EST** (pop.) xiie s. : anc. angl. *east*, d'origine germ. ♦|2| **AURORE** (sav.) xiiie s. : lat. *aurora* ; **AURORAL** xixe s. ; **AURORE BORÉALE** xviie s. ♦|3| **AUSTER** (sav.) xiiie s. « vent du midi » : mot lat. ♦|4| **AUSTRAL** (sav.) xive s. : *australis*. ♦|5| **AUSTRALOPI-THÈQUE** (sav.) xxe s. composé de *austral* et du gr. *pithēkos* « singe ».

ESTAFETTE famille du mot it. *staffa* « étrier » : longobard *staffa*. ♦|1| **ESTAFETTE** xviie s. : it. *staffetta* « courrier », dimin. de *staffa* ; l'évolution sémantique s'explique par la locution *andare a staffetta* « aller à franc étrier ». ♦|2| **ESTAFIER** xvie s. « valet d'armes qui tenait l'étrier », xviiie s. sens élargi et péjoratif : it. *staffiere*, dér. de *staffa*. ♦|3| **ESTAFILADE** xvie s. : it. *staffilata* « coup d'étrivière », dér. de *staffile* « étrivière », lui-même dér. de *staffa*.

ESTAMPER ♦|1| (pop.) xiiie s. « piler », xive s. « imprimer en relief », xixe s. argot, « escroquer », p.-ê. à cause de sa synonymie avec *taper* : frq. **stampôn* « broyer » ; **ESTAMPE** xive s. « impression », xviie s. sens mod. ; **ESTAMPAGE, -EUR** xviie s. ; dans ces mots, l's a été conservé sous l'influence de l'it. *stampare, stampa* de même origine ; formes normales en fr. **ÉTAMPE, ÉTAMPER** xviie s. techn. ♦|2| **ESTAMPILLE** xviie s. : esp. *estampilla*, dimin. de *estampa*, probablement d'origine fr. ; **ESTAMPILLER, -AGE** xviiie s.

ESTER famille de la rac. ind.-eur.. **stā-* « être debout ».
En grec, (1) le verbe *histanai*, forme à redoublement issue de **sista-* « placer debout », en particulier « placer dans une balance » et « se tenir debout » (2) les formes nom. (a) *stasis* « action de se tenir », « stabilité », « état » et l'adj. *statikos* « relatif à l'équilibre des corps » ; (b) *statēr* « poids d'une livre » ou « d'une mine », puis « espèce de monnaie » ; (c) *stadios*, adj. « stable », « fixe », et le neutre substantive *stadion* « mesure de longueur d'environ 180 m » et « carrière (pour la course) longue d'un stade » (3) plusieurs composés de *histanai* (a) *aphistanai* « placer en dehors » et « s'éloigner » ; en médecine « s'écarter, se désagréger, se carier ». — Dér. : *apostasia* « défection ». « apostasie » ; *apostatēs* « esclave fugitif », « traître », « apostat » ; *apostēma* « abcès » ; *diistanai* « établir de côté et d'autre » et *diastasis* « séparation » ; (c) *existanai* « faire sortir », « mettre hors de soi », d'où gr. eccl. *extasis* « ravissement de l'esprit » ; (d) *methistanai* « déplacer », d'où *metastasis* « déplacement » ; (e) *proïstanai* « mettre » ou « se mettre en avant », d'où *prostatēs* « qui se tient en avant », appliqué en médecine à l'os hyoïde ; (f) *sunistanai* « placer debout en même temps », d'où *sustēma* « réunion en un corps de plusieurs parties diverses », « ensemble de doctrines » ; (g) *huphistanai* « placer sous », d'où *hupostasis* « fondement » et philo. « substance » (4) avec un élargissement -*u*-, dans *stauros* « pieu » et *stulos* « colonne », d'où *stulobatēs* « base de colonne » ; *hupostulos* « supporté par des colonnes » ; *peristulos* « galerie de colonnes autour (d'un temple) » ; *polustulos* « aux nombreuses colonnes » ; *prostulos* « portique formé de colonnes ».

ESTER

En latin (1) le verbe *stare, status* « se tenir debout » ; (2) ses composés (a) *constare* « subsister », « être d'aplomb », « se tenir à un certain prix » et, impersonnel, *constat* « c'est un fait établi que » ; d'où *constans* « ferme », *constantia* « fermeté » ; (b) *circumstare* « entourer », d'où *circumstantia* « circonstance » ; (c) *distare* « être éloigné », d'où *distantia* « éloignement » ; (d) *instare* « se tenir sur », « serrer de près », d'où *instans* « présent » et « pressant », gramm. *tempus instans* « le présent », *instantia* « imminence », « véhémence », « demande pressante » ; (e) *obstare* « se tenir devant », « faire obstacle » d'où lat. imp. *obstaculum* « obstacle » et *obstetrix* « celle qui se tient devant l'accouchée pour recevoir l'enfant » ; (f) *praestare* « se tenir en avant », « se distinguer » d'où *praestans* « supérieur » et *praestantia* « supériorité » ; (g) *restare* « demeurer en arrière », « rester », « résister », d'où lat. vulg. **restivus* « qui résiste » et **adrestare* « s'arrêter » ; (h) *substare* « être dessous », d'où lat. imp. *substantia*, philo., trad. du gr. *hupostasis* « substance », « être essentiel d'une chose » ; gramm. *substantivum (verbum)* « mot qui exprime la substance, substantif », désigne le verbe *être* chez les grammairiens lat. ; *substantialis*, trad. de *hupostatikos*, d'où lat. eccl. *consubstantialis* « de même substance » et lat. médiéval *transsubstantiatio* « changement de substance » ; (i) *superstare* « se tenir sur », d'où *superstes* « ce qui reste », « qui survit » et *superstitio* « pratique superflue », que les Anciens interprétaient comme « pratique religieuse ayant pour but d'obtenir des dieux une postérité » (3) les formes nom. (a) *status, -us* « attitude », « état de la cité » ; (b) *statio, -onis* « fait de demeurer droit et immobile », « station », « résidence » ; (c) *statura* « taille d'une personne debout » ; (d) *statua* « statue », plus particulièrement « statue d'un homme », par opposition à *signum* « statue d'un dieu » ; → SEING ; (e) l'adj. *-stes, -stitis* et le subst. dér. *-stitium*, qui n'apparaissent qu'en composition, dans *solstitium*, littéralement « arrêt du soleil » et lat. imp. *interstitium*, littéralement « ce qui se tient entre » (4) les formes nom. à élargissement *-b-* (a) *stabulum*, subst. « gîte », « étable » ; (b) *stabilis*, adj. « propre à la station droite », « ferme, solide », d'où *stabilitas* « fermeté » et *stabilire* « consolider » (5) les formes nom. à élargissement *-m-* : *stamen, -inis* « fil tiré du haut de la quenouille », « fils de la chaîne dans un métier vertical » et lat. imp. *stamineus* « filamenteux » (6) le verbe *statuere, statutus* « établir », formé sur *status*, qui apparaît en composition sous la forme *-stituere* dans (a) *constituere* « placer debout », « instituer », d'où *constitutio* « organisation », « disposition légale » ; (b) *destituere* « placer debout à part », « abandonner », « supprimer », d'où *destitutio* « abandon » ; (c) *instituere* « mettre sur pied », « organiser », « enseigner », d'où *institutio* « disposition », « éducation » et bas lat. *institutor* « précepteur » ; (d) *prostituere* « exposer aux yeux », « prostituer », d'où bas lat. *prostitutio* « prostitution » ; (e) *restituere* « remettre à sa place primitive », « rendre », d'où *restitutio* « restauration » et « restitution » ; (f) *substituere* « mettre sous », « mettre à la place de » ; d'où bas lat. *substitutio* (7) le verbe à redoublement *sistere* « placer », qui apparaît en composition dans (a) *assistere* « assister quelqu'un en justice » ; (b) *consistere* « se placer », « se tenir de façon compacte », « consister en », et *consistorium* bas lat. « lieu de réunion » ; (c) *desistere* « renoncer » ; (d) *exsistere* « sortir de », « se manifester » et bas lat. *exsistentia* « existence » ; (e) *insistere* « prendre pied solidement sur », « se mettre aux trousses de », « s'appliquer à » ; (f) *persistere* « rester en place », « persister » ; (g) *resistere* « s'arrêter et faire face » ; (h) *subsistere* « faire halte », « tenir bon » (8) le verbe à élargissement *-n-* **stanare*, qui ne s'emploie qu'en composition sous la forme *-stinare* dans *destinare* « fixer, attacher » et « se proposer fermement », d'où *destinatio*, et *obstinare* « s'obstiner », d'où *obstinatio* (9) le verbe à élargissement *-u-* (→ gr. *stauros*) *-staurare* qui n'apparaît qu'en composition dans *instaurare* « établir » et « recommencer », d'où *instauratio*, et *restaurare*, lat. imp. « réparer, rebâtir ».

I. mots populaires ou demi-savants issus du latin

♦ 1 | 1 | **ESTER** (conservation demi-sav. du *s*) XIe s. « se tenir debout », XVIe s. sens judiciaire seulement : *stare*. ♦ 121 les formes de part. présent et de part. passé de *être*, qui n'existaient pas en lat., ont été empr. à *stare* ; **ÉTANT** (pop.) représente à la fois l'acc. du part. présent *stantem* et le gérondif *stando* ; ÉTÉ (pop.) : *statum* ; l'imparfait J'ÉTAIS, qui a éliminé l'anc. fr. *j'ière*, du lat. *eram*, représente sans doute l'imparfait de *stare*, *stabam*. ♦|3| ÉTAT (demi-sav., à cause de la conservation du *a* et du *t* final) XIIIe s. « manière d'être », « condition », XVe s. « nation » : *status* ; ÉTAT CIVIL XVIIIe s. ; ÉTAT-MAJOR XVIIe s. ; ÉTATIQUE, ÉTATISME, ÉTATISTE XIXe s. ; ÉTATIFIER, ÉTATISER, ÉTATISATION XXe s. ♦|4| ÉTABLE (pop.) XIIe s. : *stabŭlum* (→ introd. lat. 4 a). ♦|5| CONNÉTABLE XIIe s. : *comes stabuli* « comte de l'étable », c.-à-d. « de l'écurie » « grand écuyer », avec délabialisation du *m* à proximité du *b* par dissimilation. ♦|6| ÉTABLIR (pop.) XIe s. : *stabilīre* (→ introd. lat. 4 b) ; RÉTABLIR, ÉTABLISSEMENT XIIe s. ; RÉTABLISSEMENT XIIIe s. ; PRÉÉTABLIR XVIIe s. ; ÉTABLI subst. XIIIe s. fém., XVIe s. masc. : part. passé substantivé, littéralement « (table de travail) bien stable ». ♦|7| ÉTAGE (pop.) XIe s. « demeure », XIIe s. sens mod. : lat. vulg. *staticum*, dér. de *status* (→ ÉTAT et STAGE) ; ÉTAGÈRE XVIe s., rare avant le XIXe s. ; ÉTAGER XVIIe s. ; ÉTAGEMENT XIXe s. ♦|8| ÉTAMINE (demi-sav.) XIIe s. étoffe : *staminea*, s. bot. ♦|9| ÉTANÇON (pop.) XIIe s. : dér. de l'anc. fr. *estance* « arrêt », « demeure » : *stantia*, plur. neutre part. présent de *stare*, pris pour un fém. ; ÉTANÇONNER XIIIe s. ♦|10| COÛTER (pop.) XIIe s. : *constare* (→ introd. lat. 2 a) ; COÛT XIIe s. ; COÛTEUX XIIIe s. ; COÛTEUSEMENT XIXe s. ♦|11| ÔTER XIIe s. : *obstare*, au sens de « retenir » d'où « enlever » quelque chose. ♦|12| RESTER (demi-sav.) XIIe s. : *restare* ; RESTE XIIIe s. fém., XVIe s. masc. ; RESTANT subst. XIVe s. ♦|13| RÉTIF XIe s. (pop.) : *restivus* ; RÉTIVITÉ XIIIe s., rare avant le XIXe s. ♦|14| ARRÊTER (pop.) XIIe s. intrans., XVIIe s. trans. et pronom. : *adrestare* (→ introd. lat. 2 g) ; ARRÊT XIIe s. ; ARRÊTÉ XVe s. ; ARRESTATION (demi-sav.) XIVe s. : réfection de l'anc. fr. *arestaison*, avec rétablissement de la prononc. de l'*s* d'après le lat. *restare*.

II. mots d'emprunt d'origine latine

♦|1| CONTRASTE XVIe s. « lutte », fin XVIIe s. peinture : it. *contrasto*, dér. de *contrastare*. du lat. *contra stare* « s'opposer à » ; CONTRASTER XVIe s. : it. *contrastare*, a éliminé l'anc. fr. *contrester*. ♦|2| STANCE XVIe s. : it. *stanza* « demeure », d'où « strophe, ensemble de vers isolé par un repos au début et à la fin », équivalent de l'anc. fr. *estance* → ÉTANÇON : lat. *stantia*. ♦|3| PRESTANT XVIIe s., nom d'un jeu d'orgue : it. *prestante* « excellent », du lat. *praestans* (→ introd. lat. 2 f). ♦|4| STATISTIQUE XVIIIe s. subst., XIXe s. adj. : all. *Statistik*, décalque de *(collegium) statisticum*, du lat. mod. *statisticus* « relatif à l'État », dér. de *status* ; *statistique* a désigné d'abord les dénombrements de faits sociaux destinés à renseigner et à aider les gouvernements ; STATISTICIEN XIXe s.

III. mots savants issus du latin

A. base *-sta-*

♦|1| CONSTATER XVIIIe s. : dér., sur la forme lat. impersonnelle *constat* (→ introd. lat. 2 a), → COÛTER ; CONSTATATION, une fois au XVIe s., puis XIXe s. ; CONSTAT subst., fin XIXe s. : mot lat., formule initiale de procès-verbal. ♦|2| STATION XIIe s. *estacion* ; XVIe s. liturgie, XVIIe s. « lieu d'observation », XVIIIe s. « lieu d'arrêt des véhicules » et astron., XIXe s. *station (de chemin de fer)* : *statio* (→ introd. lat. 3 b) ; STATIONNAIRE XIVe s., rare avant le XVIIe s. : bas lat. *stationarius* ; STATIONNER XVIIe s. ; STATIONNEMENT fin XVIIIe s. ; STATION-SERVICE XXe s. ♦|3| STATUER XVIIe s., XVe s. *estatuer* : *statuere*. ♦|4| STATUT XIIIe s. : *statutum*, part. passé substantivé de *statuere* (→ le précéd.) ; STATUAIRE XVIe s., rare avant le XIXe s. ♦|5| STATURE XIIe s. : *statura*. ♦|6| STATUE XIIe s. : *statua* ; STATUAIRE XVIIe s. ; STATUETTE XIXe s. ; STATUFIER XXe s. ♦|7| STATU QUO XVIIIe s. : loc. du lat. des diplomates *(in) statu quo (ante)* « (dans) l'état où (les choses étaient auparavant) ». ♦|8| STATOR XXe s. techn., antonyme de *rotor*, mot formé sur le radical de *stare*, *status*. ♦|9| STATO- 1er élément de composés sav., ex. : *stato-réacteur*. ♦|10| -STAT, -STATION, -STATEUR 2^e^s éléments de composés sav., d'origine lat., associés à -STATIQUE, -STATISME, de forme gr. ; le 1er élément est habituellement une base gr. en *o-*, ex. : *photostat*, *aérostatique*, etc. ♦|11| CIRCONSTANCE XIIIe s. : *circumstantia*, part. présent de *circumstare*, pluriel neutre substantivé pris pour un fém. ; CIRCONSTANCIÉ XVe s. ; CIRCONSTANCIEL XVIIIe s., gramm. ♦|12| CONSTANT XIVe s. : *constans*, part. présent de *constare* → COÛTER, CONSTATER ; INCONSTANT XIIIe s. : *inconstans* ; CONSTAMMENT XIVe s. ;

CONSTANCE, INCONSTANCE XIIIᵉ s. : *constantia, inconstantia.* ♦|13| DISTANT XIVᵉ s. « éloigné », XIXᵉ s. « réservé », sous l'influence de l'angl. : *distans,* part. présent de *distare ;* ÉQUIDISTANT XIVᵉ s. : *aequidistans ;* DISTANCE XIIIᵉ s. : *distantia ;* DISTANCER XIVᵉ s. « être éloigné », XIXᵉ s. terme de courses, sous l'influence de l'angl. ; DISTANCIATION XXᵉ s. ♦|14| INSTANT XIIIᵉ s. adj., XIVᵉ s. subst. : *instans* (→ introd. lat. 2 d) ; INSTANCE XIVᵉ s. « sollicitation », XVᵉ s. « poursuite judiciaire », fin XIXᵉ s. « juridiction » : *instantia ;* INSTAMMENT XIVᵉ s. ; INSTANTANÉ XVIIᵉ s. ; INSTANTANÉITÉ, INSTANTANÉMENT XVIIIᵉ s. ♦|15| OBSTACLE XIIIᵉ s. : *obstaculum ;* NONOBSTANT XIIIᵉ s. : composé de *non* et de l'anc. fr. jur. *obstant,* de *obstare ;* littéralement « sans être arrêté par quelque chose ». ♦|16| PRESTANCE XVᵉ s. « excellence », XVIIᵉ s. sens mod. : *praestantia* (→ introd. lat. 2 f). ♦|17| SUBSTANCE XIIᵉ s. philo., Xvᵉ s. extension de sens : *substantia ;* SUBSTANTIEL XIIIᵉ s. ; CONSUBSTANTIALITÉ XIIIᵉ s. ; CONSUBSTANTIEL XIVᵉ s. ; TRANSSUBSTANTIATION XVᵉ s. ; lat. scolastique *consubstantialitas, consubstantialis, transsubstantiatio.* ♦|18| SUBSTANTIF XIVᵉ s., gramm., appliqué au nom en fr. : *substantivum* (→ le précéd.) ; SUBSTANTIVER XVᵉ s. ; SUBSTANTIVAL XXᵉ s. ♦|19| STABLE XIIᵉ s. : *stabilis* (→ introd. lat. 4 b) → ÉTABLIR ; STABILITÉ XIIᵉ s. : *stabilitas ;* INSTABLE XIVᵉ s., rare avant le XVIIIᵉ s. : *instabilis ;* INSTABILITÉ XVᵉ s. : *instabilitas ;* STABILISER fin XVIIIᵉ s., d'abord en économie pol. ; STABILISATION id. ; STABILISATEUR XIXᵉ s. ♦|20| STABULATION XIXᵉ s., agric. : lat. *stabulatio* « séjour dans l'étable », de *stabulum.* ♦|21| STAGE XVIIᵉ s. eccl. et jur., XIXᵉ s. sens mod. : lat. médiéval *stagium,* calqué sur l'anc. fr. *estage* → ÉTAGE, au sens de « séjour » ; STAGIAIRE XIXᵉ s.

B. base *-sist-* (→ introd. lat. 7)

♦|1| ASSISTER XIVᵉ s. : *assistere ;* ASSISTANT XIVᵉ s. ; ASSISTANCE XVᵉ s. ; ASSISTANAT XXᵉ s. ♦|2| CONSISTER XIVᵉ s. « être solide », XVᵉ s. sens mod. : *consistere ;* CONSISTANT, INCONSISTANT XVIᵉ s. ; CONSISTANCE XVᵉ s. ; INCONSISTANCE XVIIIᵉ s. ♦|3| CONSISTOIRE XIIᵉ s. : *consistorium ;* CONSISTORIAL XVᵉ s. ♦|4| SE DÉSISTER XIVᵉ s. : *desistere ;* DÉSISTEMENT XVIᵉ s. ♦|5| EXISTER XIVᵉ s., rare avant le XVIIᵉ s. : *exsistere ;* EXISTENCE XIVᵉ s. : *exsistentia ;* COEXISTENCE XVIᵉ s. ; INEXISTENCE XVIIᵉ s. ; COEXISTER XVIIIᵉ s. ; INEXISTANT XVIIIᵉ s. ; EXISTENTIEL, EXISTENTIALISME, EXISTENTIALISTE XXᵉ s. ♦|6| INSISTER XIVᵉ s. : *insistere ;* INSISTANCE XVIᵉ s., puis XIXᵉ s. ; INSISTANT XVIᵉ s. ♦|7| PERSISTER XIVᵉ s. : *persistere ;* PERSISTANT XIVᵉ s. ; PERSISTANCE XVᵉ s. ♦|8| RÉSISTER XIIIᵉ s. : *resistere ;* RÉSISTANCE XIVᵉ s. ; IRRÉSISTIBLE XVIIᵉ s. : lat. médiéval *resistibilis ;* RÉSISTIVITÉ XXᵉ s. ; RÉSISTANT subst. XXᵉ s. ♦|9| SUBSISTER XIVᵉ s. : *subsistere ;* SUBSISTANCE XVIᵉ s. « fait de subsister », fin XVIIᵉ s. « vivres ».

C. base *-stit-* (→ introd. lat. 6)

♦|1| CONSTITUER XIIIᵉ s. : *constituere ;* CONSTITUANT adj. XIVᵉ s. ; adj. pol. et subst. chimie XVIIIᵉ s. ; CONSTITUTIF XVᵉ s. scolast. pol. ; RECONSTITUER XVIᵉ s., rare avant fin XVIIIᵉ s. « remettre en état », XIXᵉ s. méd. ; RECONSTITUTION XVIIIᵉ s. ; RECONSTITUANT XIXᵉ s. ♦|2| CONSTITUTION XIIᵉ s. « établissement », XVIᵉ s. en parlant du corps, XVIIᵉ s. « lois fondamentales » ; CONSTITUTIONNEL, ANTICONSTITUTIONNEL, INCONSTITUTIONNEL, fin XVIIIᵉ s. ; CONSTITUTIONNELLEMENT id. ; CONSTITUTIONNALISTE, -ALISME, -ALISER XIXᵉ s. ♦|3| DESTITUER XIVᵉ s. : *destituere ;* DESTITUTION XIVᵉ s. : *destitutio.* ♦|4| INSTITUER XIIIᵉ s.-XVIIᵉ s. « instruire », XIIIᵉ s. « établir » : *instituere ;* INSTITUTION XIIᵉ s. « chose établie », XVIᵉ s. « éducation », XVIIᵉ s. « établissement d'enseignement » : *institutio ;* INSTITUTIONNEL, INSTITUTIONNALISER XXᵉ s. ; INSTITUT XVᵉ s. « chose établie », XVIIᵉ s. relig., XVIIIᵉ s. société savante : *institutum ;* INSTITUTEUR XVᵉ s. « qui établit », XVIIIᵉ s. « qui instruit, maître d'école » : *instituor.* ♦|5| PROSTITUER XIVᵉ s. « avilir », XVIIᵉ s. sens mod. : *prostituere ;* PROSTITUÉE subst. fém. fin XVIᵉ s. ; PROSTITUTION XIIIᵉ s. « impudicité », XVIIIᵉ s. sens mod. : lat. eccl. *prostitutio.* ♦|6| RESTITUER XIIIᵉ s. : *restituere ;* RESTITUTION XIIIᵉ s. : *restitutio ;* RESTITUABLE XVᵉ s. ; RESTITUTOIRE XVIᵉ s. ♦|7| SUBSTITUER XIVᵉ s. : *substituere ;* SUBSTITUTION XIIIᵉ s. : *substitutio ;* SUBSTITUT XVᵉ s. : *substitutus.* ♦|8| SUPERSTITION XIVᵉ s. : *superstitio* (→ introd. lat. 2 i) ; SUPERSTITIEUX XIVᵉ s. : *superstitiosus.*

D. base *-stice* (→ introd. lat. 3 e)

♦|1| INTERSTICE XVᵉ s. : *interstitium ;* INTERSTITIEL XIXᵉ s. ♦|2| SOLSTICE XIIIᵉ s.,

rare avant le XVIIe s. : *solstitium* ; SOLSTI-
CIAL XIVe s. : *solstitialis*.

E. base *-stin-* (→ introd. lat. 8)

♦ I I I DESTINER XIIe s.-XVII{e} s. « fixer, en parlant du destin », XVIIe s. sens mod. : *destinare* ; DESTINÉE et DESTIN XIIe s. : dér. de *destiner* ; DESTINATION XIIe s. : *destinatio* ; DESTINATAIRE XIXe s. ♦ I2I OBSTINER XIIIe s. au part. passé, XVIe s. : *obstinare* ; OBSTINATION XIIe s. : *obstinatio*.

F. base *-staur-* (→ introd. lat. 9)

♦ I I I INSTAURER XVIe s., rare avant le XIXe s. : *instaurare* ; INSTAURATION XIVe s. : *instauratio* ; INSTAURATEUR XIVe s., puis XIXe s. ♦ I2I RESTAURER XIIe s. « remettre en état », XVe s. appliqué à la nourriture : *restaurare* ; RESTAURATION XIVe s. : *restauratio* ; RESTAURANT XVIe s. « aliment nourrissant », XVIIIe s. sens mod. ; RESTAURATEUR XVe s. « qui restaure », XVIIIe s. « qui tient un restaurant ».

G. OBSTÉTRIQUE XIXe s., adj. puis subst. : formé sur *obstetrix* (→ introd. lat. 2 e) ; OBSTÉTRICAL XIXe s.

IV. mots issus du grec

A. base *-stas-*, *-stat-* (sav.) ♦ I I I STASE XVIIIe s. méd. « arrêt de la circulation » : *stasis*. ♦ I2I STATIQUE XVIIe s. subst., XIXe s. adj. : *statikos*. ♦ I3I -STASE, -STASIE, -STATIQUE 2es éléments de composés sav., ex. : *hémostase*, ou *hémostasie*, *hémostatique*. ♦ I4I STATÈRE XIVe s. monnaie antique : *statêr*, par le bas lat. ♦ I5I APOSTASIE XIIIe s. : *apostasia*, par le lat. eccl. ; APOSTAT XIIIe s. : *apostatês*, par le lat. ; APOSTASIER XVe s.
♦ I6I DIASTASE XIXe s. chimie biol. : *diastasis*. ♦ I7I EXTASE XVe s. : *ekstasis* ; EXTASIER XVIIe s. ; EXTATIQUE XVIe s. : *ekstatikos* ♦ I8I HYPOSTASE XIVe s. : *hupostasis*, par le lat. ; HYPOSTATIQUE XVe s. : *hupostatikos* ♦ I9I MÉTASTASE XVe s. méd. : *metastasis* ♦ I10I PROSTATE XVIe s. anat. : *prostatês* ; PROSTATIQUE XVIIIe s. ; PROSTATITE, PROSTATECTOMIE XIXe s.

B. -ASE, suff. nom. fém. sav. employé dans la langue médicale pour désigner des enzymes, tiré de *diastase*, ex. : *maltase*.

C. SYSTÈME (sav.) XVIe s. : *sustêma* ; SYSTÉMATIQUE XVIe s. : *sustêmatikos*, par le bas lat. ; SYSTÉMATISER XVIIIe s. ; SYSTÉMATISATION XIXe s.

D. APOSTUME (demi-sav.) XIIIe s. : altération, par substitution de suff., de *apostème* (sav.) XIIIe s. : *apostêma*.

E. STADE (sav.) XIIIe s. *estade* « mesure de longueur antique », XVIe s. « carrière pour la course », archéol. ; début XIXe s. « période d'une maladie intermittente », sens empr. à l'angl., puis « étape d'une évolution » ; fin XIXe s. « terrain de sport » : *stadion*, par le lat.

F. base *-styl-*

♦ I I I STYLOBATE XVIe s. : *stulobatês*. ♦ I2I STYLITE XVIIe s. « solitaire vivant au sommet d'une colonne ou d'une tour » : *stulitês*. ♦ I3I HYPOSTYLE XIXe s. archéol. : *hupostulos* ; PÉRISTYLE XVIe s. : *peristulon*, par le lat. ; POLYSTYLE XIXe s. : *polustulos* ; PROSTYLE XVIIe s. : *prostulos*, par le lat.

V. mots d'origine germanique

♦ I I I ESTAMINET (pop.) XVIIe s. : wallon *staminé* « travée d'étable entre deux poteaux » et « bâtiment rustique, mauvais cabaret » emprunté par le picard (→ pour le sens BORDEL, CABOULOT) ; dér. de *stamon* « poteau » (apparenté à l'all. *Stamm* « tronc », « souche ») ; du germ. *stamna*, élargissement en -mn- de la racine *-sta-*.
♦ I2I STAND XIXe s. « tribune ou gradins » puis « emplacement pour le tir ou pour une exposition » : mot angl., dér. de *to stand* « se tenir debout », du germ. *standan*, élargissement en -nd- de la racine *-sta-* ; le second sens est p.-ê empr. à l'all. de Suisse, mot de même origine ; STANDING XXe s. : mot angl. « importance », « niveau », part. présent substantivé de *to stand*.

ESTHÉTIQUE famille sav. du gr. *aisthanesthai*, p.-ê. apparenté au lat. *audire* → OUÏR. — Dérivés : *aisthêtês* « qui perçoit par les sens » ; *aisthêsis* « faculté de percevoir par les sens », *anaisthêsia* « insensibilité » ; *aisthêtikos* « qui a la faculté de sentir » ou « qui peut être objet de sensation ».
♦ I I I ESTHÉTIQUE XVIIIe s. : *aisthêtikos*, par le lat. mod. ; ESTHÈTE XIXe s. : *aisthêtês* ; ESTHÉTISME, ESTHÉTICIEN XIXe s. ; ESTHÉTICIENNE XXe s. ♦ I2I ANESTHÉSIE XVIIIe s. : *anaisthêsia*, par l'angl. ; ANESTHÉSIER, ANESTHÉSIQUE XIXe s. ; ANESTHÉSIANT, ANESTHÉSISTE, ANESTHÉSIOLOGIE XXe s. ♦ I3I ESTHÉSIO- 1er élément de composés sav., ex. : *esthésiologie*, *esthésiomètre*. ♦ I4I -ESTHÉSIE 2e élément de composés sav. exprimant la notion de « sensation », ex. : *radiesthésie* → RAI.

ESTIMER

ESTIMER ♦|1| (sav.) XIII° s. : lat. *aestimare*, d'origine obscure, « évaluer le prix d'une chose » et « juger » ; a éliminé *esmer* (pop.) XII° s., de même origine, dont l'amuïssement de l's faisait un homonyme d'*aimer* ; **MÉSESTIMER** XVI° s. ; **SURESTIMER** XVII° s. ; **SOUS-ESTIMER** XIX° s. ♦|2| **ESTIMABLE** XIV° s. ; **INESTIMABLE, ESTIME** XV° s. ; **MÉSESTIME** XVIII° s. : dér. de *estimer*. ♦|3| **ESTIMATION** XIII° s. : *aestimatio* ; **ESTIMATEUR** XIV° s. : *aestimator*.

ESTOMAC famille du gr. *stoma, -atos* « bouche », « ouverture », d'où *distomos* « à deux bouches » et *anastomôsis* « action d'ouvrir », « ouverture » ; à *stoma* se rattache *stomakhos* « orifice », « orifice de l'estomac », « estomac » et *stomakhikos* « de l'estomac », empr. sous les formes *stomachus* et *stomachicus* par le lat., qui a créé le dér. *stomachari* « avoir de la bile », « se formaliser », « prendre mal les choses ».

♦|1| **ESTOMAC** (demi-sav.) XIII° s. : *stomachus* ; **ESTOMAQUER** XV° s. : *stomachari*. ♦|2| **STOMACAL** (sav.) XV° s. : dér. sur *stomachus* ; **STOMACHIQUE** (sav.) XVI° s. : *stomachicus*. Pour les autres mots sav. exprimant la notion d'« estomac » → GASTRO-, art. VENTRE. ♦|3| **STOMATE** (sav.) XIX° s. zool. et bot. : mot formé sur le radical de *stomatos*. ♦|4| **STOMATIQUE** XVII° s. ; **STOMATITE** XIX° s. ; **STOMATO-** 1ᵉʳ élément de composés sav. exprimant la notion de « bouche », ex. : *stomatologie, stomatoscope*. ♦|6| **ANASTOMOSE** XVI° s. anat. et chir. : *anastomosis* ; **ANASTOMOSER** XVIII° s. ♦|7| **-STOME** 2ᵉ élément de composés sav. exprimant la notion de « bouche », ex. : *distome, cyclostome*.

ESTOMPE XVII° s. : néerl. *stomp* « bout », apparenté à l'all. *stumpf* « émoussé » ; **ESTOMPER** XVII° s. ; **ESTOMPAGE** XX° s.

ESTOURBIR XIX° s. argot : dér. de *stourbe*, var. *chtourbe* « mort », de l'alsacien *storb* « id. », apparenté à l'all. *gestorben*.

ESTRADE famille d'une racine **ster-* « étendre » (p.-ê. apparentée à celle du lat. *struere* → DÉTRUIRE).

En grec (1) *stratos* « foule », « troupe », « armée », d'où *stratêgos* « chef d'armée » ; *stratêgein* « commander une armée » ; *stratêgia* « commandement d'une armée » ; *stratêgikos* « qui concerne ce commandement » ; *stratêgêma* « manœuvre de guerre », (2) *sternon* « partie large et plate qui forme le devant de la poitrine ».

En latin le verbe *sternere, stratus* « étendre », « coucher à terre », d'où (1) *strata (via)* « (route) jonchée (de pierres) », « chaussée » ; *stratus, -us* et *stratum, -i* « couche », « lit », (2) *prosternere, prostratus* « coucher en avant », « renverser » et bas lat. *prostratio* « prostration » ; (3) *consternere, -stratus* « couvrir, joncher » et une forme intensive *consternare, consternatus* « épouvanter, bouleverser », d'où *consternatio* « affolement ».

I. mots empruntés d'origine latine

♦|1| **ESTRADE** XVII° s. « plancher élevé » : esp. *estrado*, du lat. *stratum* qui avait pris chez l'archit. Vitruve, Iᵉʳ s., le sens de « plate-forme ». ♦|2| antérieurement, XV° s., il avait existé en fr. une autre forme **ESTRADE** « route » : it. *strada*, du lat. *strata (via)* : le mot survit dans l'expression archaïque *batteur d'estrade*. ♦|3| **AUTOSTRADE** XX° s. : it. *autostrada* « route pour les autos » → le précéd.

II. mots savants d'origine latine

A. base -stern-

♦|1| **CONSTERNER** XIV° s. : *consternare* ; **CONSTERNATION** XVI° s. : *consternatio*. ♦|2| **PROSTERNER** XIV° s., XV° s. pronom. : *prosternere* ; **PROSTERNEMENT, PROSTERNATION** XVI° s.

B. PROSTRÉ XIII° s. « prosterné », XIX° s. « abattu » : *prostratus*.

C. base -strat-

♦|1| **PROSTRATION** XIV° s. « prosternement », XVIII° s. « abattement » → le précéd. ♦|2| **SUBSTRAT**, ou **SUBSTRATUM** XVIII° s. philo., fin XIX° s. ling. : lat. *substratum* « couche qui repose sous » ; **ADSTRAT** et **SUPERSTRAT** XX° s. ling. ♦|3| **STRATE** XIX° s. géol. : *stratum*. ♦|4| **STRATUS** XIX° s. météor. : mot lat. « (nuage) étendu, allongé ». ♦|5| **STRATIFIER** et **STRATIFICATION** XVII° s., à l'origine, chimie : lat. des alchimistes *stratificare, stratificatio*, dér. de *stratum*. ♦|6| **STRATI-** 1ᵉʳ élément de composés sav. exprimant la notion de « couche », ex. : **STRATIGRAPHIE, -IQUE** XIX° s. ♦|7| **STRATO-** 1ᵉʳ élément de composés sav. exprimant l'idée de « couche » ou de « nuage allongé », ex. : STRATO-CUMULUS XXᵉ s. météor. ; STRATOSPHÈRE et STRATOSPHÉRIQUE XXᵉ s.

III. mots savants d'origine grecque

♦ |1| STERNUM XVIᵉ s. : gr. *sternon*, par le lat. méd. ; STERNAL XIXᵉ s. ; STERNO- 1ᵉʳ élément de composés sav. de la langue médicale. ♦ |2| STRATAGÈME XVIᵉ s. altération de *strategeme* XVᵉ s. : *stratêgêma* ; STRATÈGE XVIIIᵉ s. hist. grecque, XIXᵉ s. sens mod. : *stratêgos* ; STRATÉGIE, STRATÉGIQUE XIXᵉ s. : *stratêgia, stratêgikos*.

ESTROPIER famille du lat. *turpis* « difforme, laid », et « honteux, déshonorant », d'origine inconnue, d'où *turpitudo*, employé surtout au sens moral.

♦ |1| ESTROPIER XVᵉ s. : it. *stroppiare*, altération, par croisement avec *troppo* « trop », de l'it. *storpiare*, du lat. vulg. *extürpiare, dér. de *türpis*. ♦ |2| TURPITUDE (sav.) XIVᵉ s. : *turpitudo*.

ESTURGEON (pop.) XIIIᵉ s. : frq. *sturjo, attesté sous la forme lat. *sturio* ; la forme *éturgeon* est attestée au XVIIᵉ s. ; la prononc. de l's est due à l'infl. de l'écriture, ou plutôt de la forme gasconne correspondante.

ET ♦ |1| (pop.) IXᵉ s. : lat. *et*, conj. de même sens ♦ |2| ET CETERA : mots lat. « et les autres choses », formule usuelle dans les textes juridiques au Moyen Âge.

-ET, -ETTE ♦ |1| (pop.) suff. nom. et adj. vivant, à valeur dimin., ex. : *wagonnet, fillette, jeunet* : lat. vulg. **-ittus, -itta*, dont le fém. est attesté dans des noms propres, dans des inscriptions d'époque imp. ♦ |2| -ETER (pop.) suff. composé verbal vivant, ex. : *souffleter, moucheter, moqueter* (dér. de *moquette*). ♦ |3| suff. composés nom. pop., aujourd'hui morts **-ETIS**, ex. : *plumetis, mouchetis* ; **-ETEAU** (var. anc. fr. *-etel*), ex. : *boqueteau* ; à noter que dans le mot *roitelet*, dimin. de l'anc. fr. *roietel*, lui-même dér. de *roi*, le suff. *-et* a été employé deux fois. ♦ |4| **-ETON** (pop.) suff. composé nom., ex. : *œilleton* ; encore vivant en argot, ex. : *bricheton, frometon, griveton, micheton*.

ÉTAI famille d'une base germ. **stak-* « pieu, piquet », p.-ê. apparentée à **stik-* → ÉTIQUETTE.

I. mots populaires

♦ |1| ÉTAI XIIᵉ s. : var. anc. fr. *estaie* ; rare avant le XVIIIᵉ s. : frq. *staka (et non néerl. *staeye*, d'origine fr.) ; ÉTAYER XIIIᵉ s. ; ÉTAIEMENT XVᵉ s. ; ÉTAYAGE XIXᵉ s. ♦ |2| ATTACHER XIᵉ s. : réfection, par substitution de préf., de l'anc. fr. *estachier* « ficher », « fixer » : lat. vulg. *staccare, adaptation du frq. *stakkôn ; ATTACHE XIIᵉ s. ; ATTACHEMENT XIIIᵉ s. ; RATTACHER XIIᵉ s. ; RATTACHEMENT XIIIᵉ s. ; DÉTACHER XIIᵉ s. ; DÉTACHEMENT XVIIᵉ s.

II. mots d'emprunt

♦ |1| ATTAQUER XVIᵉ s. : de l'expression it. *attaccare battaglia* « engager la bataille » et par abréviation *attaccare*, du lat. vulg. *staccare, avec la même substitution de préf. qu'en fr. ; ATTAQUE XVIIᵉ s. ; ATTAQUABLE XVIᵉ s. ; INATTAQUABLE XVIIIᵉ s. ; CONTRE-ATTAQUE, CONTRE-ATTAQUER XIXᵉ s. → ESTACADE, art. ÉTIQUETTE.

ÉTAIN ♦ |1| (pop.) XIIᵉ s. : lat. *stagnum*, var. *stannum* « plomb argentifère » et bas lat. « étain ». mot d'empr. d'origine incertaine ; l'étamage des ustensiles était, d'après Pline, une habitude gauloise ; TAIN XIIᵉ s. : altération, sous l'influence de *teint*, de *étain*. ♦ |2| ÉTAMER (pop.) XIIIᵉ s. : dér. de *étain*, par analogie des mots en *-aim* qui avaient donné naissance à une var. *estaim*, et du verbe *entamer* ; ÉTAMEUR XIVᵉ s. ; ÉTAMAGE XVIIIᵉ s. ; RÉTAMEUR, RÉTAMAGE XIXᵉ s. ; RÉTAMER XIXᵉ s. ♦ |3| STANNIQUE, STANNIFÈRE (sav.) XIXᵉ s. : dér. sur *stannum*.

ÉTAL famille du germ. *stall* « position », « demeure », « étable ».

♦ |1| ÉTAL (pop.) XIᵉ s., emplois variés, aujourd'hui restreints à celui d'« étalage de boucher ». ♦ |2| ÉTALER XIIᵉ s. « s'arrêter », XIIIᵉ s. sens mod. ; ÉTALIER, ÉTALAGE XIIIᵉ s. ; ÉTALEMENT, ÉTALAGISTE XIXᵉ s. ; DÉTALER XIIIᵉ s. « retirer de l'étal », fin XVIᵉ s. « s'enfuir ». ♦ |3| ÉTALE XVIIᵉ s. adj., mar. « au repos », sans mouvement » : dér. de *étaler*. ♦ |4| ÉTALON (pop.) XIIIᵉ s. « cheval reproducteur » : frq. *stallo, dér. de *stall, littéralement, « cheval gardé à l'écurie ». ♦ |5| STALLE XVIᵉ s. : p.-ê. it. *stalla* ou *stallo*, de même origine que l'anc. fr. *estal*, fr. mod. *étal* ; plus probablement lat. médiéval *stallum*, formé d'après le fr.

ÉTALON

estal ; d'abord uniquement à propos des *stalles d'église* ; stalle d'écurie ou *de théâtre* : seulement XIXᵉ s. ◆|6| **INSTALLER** (sav.) XIVᵉ s. « mettre un eccl. en possession d'une dignité qui lui donne droit à une stalle au chœur », XVIᵉ s. « placer en un certain lieu de façon définitive », XIXᵉ s. « aménager (une maison) » : lat. médiéval *installare*, dér. de *stallum* → le précéd. ; **INSTALLATION** XIVᵉ s., rare avant le XVIIᵉ s. ; **RÉINSTALLER** XVIᵉ s. ; **INSTALLATEUR** XIXᵉ s.

ÉTALON (de mesure) (pop.) XIVᵉ s. : la convergence du fr. et du moyen néerl. permet de reconstituer un anc. frq. **stalo* de même sens, p.-ê. le même que **stalo*, étymon de l'anc. fr. *estal* « pieu », qui aurait pu évoluer vers le sens de « jauge », « bâton gradué », mais plus probablement son simple homonyme ; **ÉTALONNER** XIVᵉ s. ; **ÉTALONNAGE** XVᵉ s. ; **ÉTALONNEMENT** XVIᵉ s.

ÉTANCHER ◆|1| (pop.) XIIᵉ s. « arrêter, empêcher », « dessécher », « fatiguer », XIIIᵉ s. *étancher la soif* : d'une famille de mots représentée dans tous les pays romans (port., catalan, occitan *estancar* « barrer un cours d'eau », anc. occitan XIIᵉ s. *tancar*, catalan *tancar*, sarde *tancare* « fermer », etc.) ; les formes préfixées supposent un lat. vulg. **extancare*, toutes un radical *-tank-* « fermer », p.-ê. prélat., p.-ê. d'un mot ind.-eur. **tanko* « fixer », apparenté à certaines formes celtiques. **ÉTANCHEMENT** XVIᵉ s. ◆|2| **ÉTANCHE** XIIᵉ s., adj. fém. ; a éliminé le masc. *estanch, estanc* « desséché » encore attesté au XVIIIᵉ s. : dér. de *étancher* ; **ÉTANCHÉITÉ** XIXᵉ s. ◆|3| **ÉTANG** XIIᵉ s., *estanc*, var. fém. *estanche*, subst., « étendue d'eau dont un barrage empêche l'écoulement » : emploi substantivé de l'adj. *estanc* → le précéd. ; le *g* est dû à l'infl. de *stagnum* (→ STAGNER), considéré à tort comme l'étymon d'*étang*.

ÉTAPE (pop.) XIIIᵉ s. « entrepôt », XVIIᵉ s. « endroit où s'arrêtent les troupes pour se ravitailler », XVIIIᵉ s. sens mod. : altération de l'anc. fr. *estaple* XIIIᵉ s., moyen néerl. *stapel* « entrepôt ».

ÉTAU ◆|1| (pop.) XVIIᵉ s. : aboutissement phonétique normal de l'anc. fr. *estoc*, du

frq. **stok* « bâton », du germ. commun **stukkaz* « tronc », « souche », d'origine incertaine. Cette sorte de presse est composée de deux *tiges* de métal ou de bois terminées par des mâchoires. ◆|2| **ESTOC** XIIᵉ s. « bâton », « épée » : frq. **stok*, avec rétablissement de la prononc. de l'*s* et du *c* final sous l'infl. de l'it. *stocco* de même origine. ◆|3| **ESTOCADE** XVIᵉ s. : it. *stoccata*, dér. de *stocco* → le précéd. ◆|4| **STOCK** XVIIᵉ s., rare avant le XIXᵉ s. : mot angl. « souche », « quantité », « réserves » : germ. commun **stukkaz* ; **STOCKER**, **STOCKAGE** XIXᵉ s.

ÉTÉ famille d'une rac. ind.-eur. **aidh-* « brûler ».

En grec *aithein* « allumer », « faire brûler », d'où *aithêr* « ciel lumineux », « région supérieure de l'air ».

En latin (1) *aestus*, de **aidh-tos* « chaleur brûlante », « bouillonnement » et « agitation des flots de la mer » ; dérivés : (a) *aestas, -atis* de **aestitas*, « été », d'où *aestivus* « de l'été » et bas lat. *aestivalis* ; (b) *aestuarium* « endroit envahi par les flots de la mer », « estuaire », « lagune » ; (2) *aedes*, à l'origine « foyer », « hutte primitive de forme circulaire, avec le feu au milieu, comme l'*aedes Vestae*, ou temple de Vesta à Rome », d'où lat. class. « temple », « maison » ; dérivés : (a) *aedificare* « construire » et lat. chrét. « éduquer, porter à la vertu », d'où *aedificatio* « action de construire » et *aedificium* « bâtiment » ; (b) dimin. *aedicula* « petite maison » ; (c) *aedilis*, à l'origine « qui s'occupe des édifices sacrés et privés » ; en fait, à Rome, « magistrat municipal » ; d'où *aedilitas* « charge d'édile ».

I. mots populaires issus du latin

◆|1| **ÉTÉ** XIᵉ s. : *aestātem*, acc. de *aestas*. ◆|2| **ÉTIAGE** XVIIIᵉ s., dér. du dial. *étier* (Ouest), désignant un chenal reliant la mer à un marais, de *aestuarium* ; le niveau de l'eau y était variable, d'où le sens du fr. *étiage*.

II. mots savants issus du latin

◆|1| **ESTIVAL** XIIᵉ s. : *aestivalis* ; **ESTIVER** XVIᵉ s., et **ESTIVAGE** XIXᵉ s., à propos des bestiaux ; **ESTIVATION** XIXᵉ s., bot., zool. ; **ESTIVANT** subst. XXᵉ s. ◆|2| **ESTUAIRE** XVᵉ s. : *aestuarium*. ◆|3| **ÉDIFIER** XIIᵉ s. sens propre et fig. : *aedificare* ; **ÉDIFICE** XIIᵉ s. : *aedificium* ; **ÉDIFICATION** XIIᵉ s. sens propre et fig. : *aedificatio* ; ÉDIFIANT XVIIᵉ s. adj., sens fig. seulement : part. présent de *édifier* ; RÉÉDIFIER, RÉÉDIFICATION XVIᵉ s. ♦ [4] ÉDICULE XIXᵉ s. : *aedicula*. ♦ [5] ÉDILE XIIIᵉ s. hist. rom., XIXᵉ s. « magistrat municipal » : *aedilis* ; ÉDILITÉ XIVᵉ s. : *aedilitas* ; ÉDILITAIRE XIXᵉ s.

III. mots savants issus du grec

♦ [1] ÉTHER XIIᵉ s. « espace céleste », XVIIIᵉ s. phys. et chimie : *aithêr* ; ÉTHÉRÉ XVᵉ s. : lat. *aethereus*, du gr. *aithérios* ; ÉTHÉROMANE, -MANIE fin XIXᵉ s. ; ÉTHÉRIFIER, ÉTHÉRIFICATION XIXᵉ s. ; ÉTHÉRISER, ÉTHÉRISATION, ÉTHÉRISME XIXᵉ s. ♦ [2] ÉTH- radical de noms de produits chimiques, tiré de *éther* : ÉTHANE, ÉTHYLE, d'où ÉTHYLIQUE → HYL(O)-, tous au XIXᵉ s. ♦ [3] ESTER (sav.) all. *Essigäther* « éther acétique ». ♦ [4] -ESTER 2ᵉ élément de nombreux composés sav. servant à nommer des produits de synthèse, ex. : POLYESTER, ACRYLESTER XXᵉ s.

ÉTEINDRE ♦ [1] (pop.) XIIᵉ s. : lat. vulg. *extingere, du lat. class. *extinguere, extinctus*, même sens, mot obscur de rapport incertain avec les mots de forme voisine signifiant « piquer » → INSTINCT, INSTIGATION, art. ÉTIQUETTE ; ÉTEIGNEUR XIIIᵉ s. ; ÉTEIGNOIR XVIᵉ s. ♦ [2] EXTINCTION (sav.) XVᵉ s. : *extinctio*, dér. de *extinguere* ; EXTINCTEUR, une fois au XVIIIᵉ s. « qui anéantit », fin XIXᵉ s. « appareil pour éteindre » : dér. sur le radical d'*extinctus* ; INEXTINGUIBLE XIVᵉ s. : bas lat. *inextinguibilis* ; EXTINGUIBLE XVIᵉ s.

ÉTERNUER ♦ [1] (pop.) XIIIᵉ s. : lat. imp. *sternutāre*, dér. du lat. class. *sternuere, sternūtum*, même sens ; ÉTERNUEMENT XIIIᵉ s. ♦ [2] STERNUTATOIRE XVIᵉ s., XIIIᵉ s. *esternutatore* : adj. sav. formé sur le radical de *sternutare* ; STERNUTATION XIXᵉ s.

ÉTEULE famille d'une racine ind.-eur. **stip-* « être raide, compact ».

En latin (1) *stipare*, à l'origine « rendre raide, compact », d'où « serrer, presser », et *constipare* « serrer, bourrer », *constipatio* « action de resserrer », « concentration » (2) *stips, stipis*, sans doute, à l'origine, « objet pressé », d'où lat. class. « pièce de monnaie » ; dér. *stipendium* « solde des militaires » et *stipendiari, -atus* « toucher une solde » (3) *stipes, -itis* « pieu, poteau » (objet raide) et *stipula*, var. *stupula* « tige des céréales » (4) *stipulari* « exiger un engagement ferme », qui peut s'expliquer soit par le sens de « je dresse », « j'affermis », soit comme un dér. de *stipula*, par la coutume de rompre une paille en signe de promesse.

I. mot populaire :

ÉTEULE XIIIᵉ s. : mot dial. (Picardie) : de *stŭpŭla* ; a éliminé l'anc. fr. *estouble* de même origine.

II. mots savants : base *-stip-*

♦ [1] CONSTIPER XIVᵉ s. : *constipare* ; CONSTIPATION fin XIVᵉ s. : *constipatio*. ♦ [2] STIPE XVIIIᵉ s. bot. : *stipes* ; STIPITÉ XIXᵉ s. bot. « porté par un stipe ». ♦ [3] STIPENDIER XVIᵉ s. « prendre à sa solde » : *stipendiari*. ♦ [4] STIPULE XVIIIᵉ s. bot. : *stipula* ; STIPULAIRE XIXᵉ s. ♦ [5] STIPULER fin XIIIᵉ s. : lat. jur. *stipulare*, du lat. class. *stipulari* ; STIPULATION XIIIᵉ s. : *stipulatio*.

ÉTINCELLE ♦ [1] (pop.) XIIᵉ s. : lat. vulg. *stincilla, forme à métathèse du lat. class. *scintilla*, même sens ; ÉTINCELER, ÉTINCELLEMENT XIIᵉ s. ; ÉTINCELANT XIIIᵉ s. ♦ [2] STENCIL XXᵉ s., mot angl. « patron », dér. de *to stencil* « peindre au patron », « orner de couleurs étincelantes » : anc. fr. *estinceler*, fr. mod. *étinceler*. ♦ [3] SCINTILLER (sav.) XIVᵉ s. : lat. *scintillare*, dér. de *scintilla* ; SCINTILLANT adj. XVIᵉ s. ; SCINTILLEMENT XVIIIᵉ s.

ÉTIOLER (pop.) XVIIᵉ s. : origine obscure ; ÉTIOLEMENT XVIIIᵉ s.

ÉTIOLOGIE (sav.) XVIIᵉ s. « recherche des causes (des maladies) » : de *aition*, ou *aitia* « cause » et *-logie* → LIRE.

ÉTIQUETTE famille d'une racine **stig-* « piquer ».

En grec *stizein* « piquer » et *stigma, -atos* « piqûre ».

En latin (1) *instigare* « piquer contre », « exciter », d'où lat. imp. *instigatio, instigator, -trix* (2) *distingere*, souvent écrit *distinguere, distinctus*, forme à infixe nasal, « séparer par un point » ; *distinctio* « action de distinguer » (3) *insting(u)ere*, attesté pour ainsi dire seulement au part. *instinctus* « aiguillonné », d'où *instinctus, -ūs* « excitation, impulsion », traduction du gr.

ÉTOILE

enthousiasmos → ENTHOUSIASME (4) probablement aussi les formes nom. (a) *stimulus* « aiguillon », « excitation », d'où *stimulare* et *stimulatio* ; (b) *stilus* « instrument fait d'une tige pointue », en particulier « poinçon servant à écrire sur des tablettes », d'où « exercice écrit », « manière d'écrire » ; souvent écrit *stylus* par un faux rapprochement avec *stulos* « colonne » → -STYLE, art. ESTER.
En germ., base **stik-* « percer, être pointu ».

I. mots populaires ou mots d'emprunt d'origine germanique
(→ aussi ÉTAI et ÉTAU)

♦ |1| ÉTIQUETTE XIVe s. « marque fixée à un pieu » ; XVe s.-XVIe s. divers sens jur., « écriteau mis sur un sac de procès », « mémoire contenant la liste des témoins » ; à la cour de Philippe le Bon, duc de Bourgogne, « formulaire contenant l'emploi du temps de chaque journée du duc et de sa cour », empr. par l'Espagne et l'Autriche et diffusé en France à partir du milieu du XVIIIe s. ; XVIe s., sens mod. « petit morceau de papier fixé à un objet ». dér. de l'anc. fr. *estiquier* « attacher », du frq. **stikkan*. ÉTIQUETER, -AGE XVIe s. ♦ |2| TICKET XVIIIe s. ; mot angl., « billet, bulletin », de l'anc. fr. *estiquette*, fr. mod. *étiquette*. ♦ |3| ESTACADE XVIe s. : it. *steccata* « palissade », dér. de *stecca* « baguette, pieu », du longobard *stikka*, même sens ; altération en *a*, p.-ê. sous l'infl. de l'anc. fr. *estachier*, fr. mod. *attacher* → ÉTAI. ♦ |4| STICK fin XVIIIe s. « baguette longue et souple », XXe s. « bâton de fard » ; mot angl. « bâton », du germ. **stik-*.

II. mot d'emprunt d'origine latine :
STYLET XVIe s. : it. *stiletto*, dimin. de *stilo* « poignard », du lat. *stilus*.

III. mots savants d'origine latine

♦ |1| INSTIGATION XIVe s. : *instigatio* ; INSTIGATEUR XIVe s. : *instigator*. ♦ |2| DISTINGUER XIIe s. : *distinguere* : DISTINGUO XVIe s., formule usuelle des discussions scolastiques : mot lat. « je fais une distinction », 1re pers. présent de l'ind. de *distinguere* ; DISTINGUÉ adj. XVIIe s. ♦ |3| DISTINCTION XIIe s. « action de distinguer », XVIIe s. « marque d'estime », XIXe s. « élégance » : *distinctio* ; DISTINCT XIVe s. : *distinctus* ; DISTINCTEMENT XIIIe s. ; DISTINCTIF, INDISTINCT XIVe s. ; INDISTINCTEMENT XVe s. ♦ |4| INSTINCT XVe s. « impulsion »,

XVIIe s. sens mod. : *instinctus* ; INSTINCTIF, INSTINCTIVEMENT début XIXe s. ♦ |5| STIMULER XIVe s. : *stimulare* ; STIMULATION XIVe s. : *stimulatio* ; STIMULANT XVIIIe s. adj. et subst. ; STIMULUS XIXe s. : mot lat. ; STIMULINE XXe s. méd. ♦ |6| STYLE XIVe s. jur. « manière de procéder », XVe s. « manière de combattre ou d'agir », XVIe s. « manière de s'exprimer », XVIIe s., beaux-arts, « manière de traiter un sujet » : *stylus* ; STYLÉ XVIe s. adj. « qui a de bonnes manières d'agir » ; STYLER XVIIe s. ; STYLISTE, STYLISTIQUE, STYLISER, STYLISATION XIXe s. ; STYLISTICIEN XXe s.

IV. mots issus du grec

♦ |1| STIGMATE (sav.) XVe s. plur. « blessures de la passion du Christ » : *stigmata*, plur. de *stigma, -atos* ; XVIe s. « marque au fer rouge », XVIIe s. entomol. ; XVIIe s. bot. ; STIGMATISER XVIe s. « marquer des stigmates de la Passion » ou « marquer au fer rouge », XIXe s. « noter d'infamie » ; STIGMATISÉ subst. XVIIIe s. ; STIGMATISATION XIXe s. ♦ |2| ASTIGMATISME XIXe s. opt. « défaut de vision empêchant la perception exacte d'un point » : dér. sav., de *stigma* ; ASTIGMATE XIXe s.

ÉTOILE famille de deux rac. ind.-eur. **stel-* et **ster-* « astre », qui se confondent p.-ê. avec deux autres rac. signifiant « étendre » : **ster-* qui apparaît dans *sternere* → ESTRADE et **stel-* qui est p.-ê. à la base de *latus* → LÉ : les « astres » seraient ainsi les « choses semées dans le ciel ». Sur **stel-* repose le lat. *stella* issu de **stelna* ; sur **ster-* reposent (1) gr. *astèr* et *astron* « astre », lat. *aster* et *astrum* (2) germ. occidental **sterron* « étoile ».

I. mots populaires ou mots d'emprunt

♦ |1| ÉTOILE XIe s. : lat. vulg. **stela*, du lat. class. *stella* ; ÉTOILÉ XIIe s. ; ÉTOILER XVIIe s. ♦ |2| MALOTRU XIIe s., var. *malastru*, « malheureux, chétif », XVIe s. « grossier » : lat. vulg. **male astrucus* « né sous un mauvais astre ». ♦ |3| DÉSASTRE XVIe s. it. *disastro*, tiré de *disastrato* « né sous un mauvais astre », avec adaptation de l'initiale au préfixe fr. *dés-* ; DÉSASTREUX XVIe s. it. *disastroso* ; DÉSASTREUSEMENT XVIIIe s. ♦ |4| STAR, STARLETTE XXe s. : mot angl. *star*, « étoile », « vedette » germ. **sterron*. ♦ |5| STERLING XVIIe s. anc. angl. *steorling* « (penny) étoilé ».

II. mots savants
A. base -stell-

♦|1| **CONSTELLATION** XIIIe s. : bas lat. *constellatio* « position des astres », « état du ciel » ; **CONSTELLÉ** XVIe s. astrol., XVIIIe s. « semé d'étoiles » ; **CONSTELLER** XIXe s. ♦|2| **STELLAIRE** XVIIIe s. subst., bot., XIXe s. adj. « relatif aux étoiles » : bas lat. *stellaris*. ♦|3| **ESTELLE** (demi-sav.), prénom féminin : *stella*, nom d'une martyre saintongeoise du IIIe s.

B. base -astr-

♦|1| **ASTRE** XIVe s. : *astrum* ; **ASTRAL** XVIe s. : lat. imp. *astralis*. ♦|2| **ASTROLABE** XIIe s. : gr. *astrolabos* « instrument pour prendre la position des astres » ; pour le 2e élément → SYLLABE. ♦|3| **ASTRONOMIE** XIIe s. : gr. *astronomia* ; pour le 2e élément → NOMADE ; **ASTRONOMIQUE** XVe s. : *astronomikos* ; **ASTRONOME** XVIe s. : *astronomos*. ♦|4| **ASTROLOGIE, ASTROLOGUE** XIVe s. : gr. *astrologia, astrologos* ; **ASTROLOGIQUE** XVIIe s. : *astrologikos*. ♦|5| **ASTRO-** : 1er élément de composés sav. mod., ex. **ASTROPHYSIQUE, ASTROBIOLOGIE** XXe s. ; **ASTRONAUTE, -NAUTIQUE, -NAUTICIEN** XXe s.

C. base aster-

♦|1| **ASTER** XVIe s. bot., XXe s. biol. : gr. *astếr*, par le lat. ♦|2| **ASTÉRISQUE** XVIe s. : gr. *asteriskos* « petite étoile », par le lat. ♦|3| **ASTÉRIE** XVIIIe s. zool. « étoile de mer » : dér., sur *aster*. ♦|4| **ASTÉROÏDE** XIXe s. : gr. *asteroeidês* « semblable à une étoile ».

ÉTOLE
(demi-sav.) XIIe s. : lat. *stola* « longue robe », empr. ancien au gr. *stolê* « habillement », « robe ».

ÉTOUPE
famille du gr. *stuppê* « filasse, étoupe », passé en lat. sous la forme *stŭppa*, d'où lat. vulg. **stŭppāre* « boucher ». D'autre part le verbe germ. **stoppôn* « arrêter » a été longtemps considéré comme un empr. au lat. **stuppare* ; c'est p.-ê. un mot purement germ. dont le sens 1er serait « piquer », d'où « faire des points » (→ aussi ÉTAI, ÉTAU, ÉTIQUETTE) ; néanmoins le sens des mots d'origine lat. a beaucoup influé sur celui des mots d'origine germ.

I. mots populaires d'origine latine :
ÉTOUPE XIIe s. : *stŭppa* ; **ÉTOUPER** XIIe s. : **stŭppāre* ; **ÉTOUPILLON** XIVe s. ; **ÉTOUPILLE** XVIe s. « mèche d'étoupe », XIXe s. « sorte de détonateur ».

II. mots populaires d'origine germanique :
ÉTOFFER XIIe s. « rembourrer » puis « fournir du nécessaire », XVIe s. « enrichir » : frq. **stopfôn* « rembourrer », du germ. **stoppôn* ; **ÉTOFFE** XIIIe s. « matériaux à travailler », fin XVIe s. sens limité aux textiles : dér. de *étoffer*.

III. formes populaires contaminées
♦|1| **ÉTOUFFER** XIIIe s. : probablement contamination ancienne entre les représentants de *stuppare* « bourrer d'étoupe » et de *stopfôn* « arrêter en rembourrant » → ÉTOUPE et → ÉTOFFE ; **ÉTOUFFEMENT** XIVe s. ; **À L'ÉTOUFFÉE** XIVe s. cuisine, puis XIXe s. ; **ÉTOUFFOIR** XVIIe s. ♦|2| **TOUFFEUR** XVIIe s. « chaleur étouffante » : dér. du fr. pop. dial. (Est) *touffe*, abrév. de **étouffe* dans *il fait touffe* « il fait chaud ».

IV. mots d'emprunt d'origine germanique
♦|1| **STOPPER** (une étoffe) XIXe s. : altération du dial. (Ouest) *estoper*, Flandres *restauper* XVIIIe s., du néerl. *stoppen*, même sens, du germ. **stoppôn*. ♦|2| **STOP !** interj. fin XVIIIe s. : impératif de l'angl. *to stop* « arrêter », du germ. **stoppôn* ; **TOP** fin XIXe s., « signal sonore », altération de *stop* ; **STOPPER** XIXe s., d'abord « faire arrêter un navire » : verbe formé sur *to stop* ; **AUTO-STOP, -STOPPEUR** XXe s.

ÉTOURDI
♦|1| XIe s. (pop.) : lat. vulg. **extūrditus*, dér. de *tūrdus* « grive », représenté par le dial. (Provence) *tourd* (pour le sens → ÉTOURNEAU, TÊTE DE LINOTTE) ; **ÉTOURDIR** XIe s. ; **ÉTOURDISSEMENT** XIIIe s. ; **ÉTOURDERIE, ÉTOURDISSANT** XVIIe s.

ÉTOURNEAU
(pop.) XIIe s. : lat. vulg. **sturnĕllus*, dimin. de *sturnus*, même sens.

ÉTRANGLER
♦|1| (pop.) XIIe s. : lat. *strangŭlāre*, empr. ancien et oral au gr. *straggalân*, même sens, de *straggalê* « cordon, lacet », p.-ê. apparenté au lat. *stringere* → ÉTREINDRE ; **ÉTRANGLEUR** XIIIe s. ; **ÉTRANGLEMENT** XIVe s. ♦|2| **STRANGULATION** (sav.) XVIe s. : lat. imp. *strangulatio*.

ÉTRAVE
♦|1| XVIe s. : adaptation de l'anc. scandinave *stafn* « proue ». ♦|2| **ÉTAMBOT** XVIIe s. : altération de *estambor* XVIe s., de l'ancien scandinave **stafnbord* « planche de l'étrave ».

ÊTRE

ÊTRE famille d'une rac. ind.-eur. *es-, *s- « se trouver », à valeur fortement durative, sans parfait ni aoriste, qui à l'origine ne s'employait pas comme copule.

En grec verbe *eimi* « je suis », issu de *esmi* dont les seuls représentants en fr. sont issus du part. présent à vocalisme -o-, *ôn*, *-ontos*, substantivé au neutre avec le sens de « l'être », auquel se rattache le subst. féminin *ousia* « essence, substance » ; composé : *pareimi* « je suis présent » d'où *parousia* « présence ».

En latin (1) verbe *esse* « être », *sum* « je suis », avec deux vocalismes différents de la rac., qui emprunte les formes de son parfait à une autre racine signifiant « croître » → JE FUS (2) composés de *esse* : (a) *abesse* « être absent » (b) *interesse* « être entre » ; employé de façon impersonnelle, *interest* « il y a de la différence », en particulier « entre le fait qu'une chose ait lieu ou non », d'où « il importe » (c) *posse* → POUVOIR (d) *praeesse* « être à la tête de » et « être présent » (3) il a p.-ê. existé un part. présent en *-ons, sons, sontis*, mais il s'est spécialisé comme adj. avec le sens de « coupable » ; ainsi, le verbe *esse* n'a pas de part. présent, alors que ses composés *absum* et *praesum* en ont un, de formation sans doute récente, *absens* « absent », d'où *absentia* « absence », et *praesens* « présent », d'où *praesentia* « présence » et lat. imp. *praesentare* « rendre présent », bas lat. « offrir » (4) malgré l'absence d'un part. présent *essens*, il a été créé, probablement par Cicéron, sur le modèle de *pati, patiens, patientia* (→ PÂTIR) et de *sapere, sapiens, sapientia* (→ SAVOIR), une forme *essentia*, terme philo. destiné à traduire le gr. *ousia* ; ce mot a pu servir de modèle à *substantia*, attesté à partir de Sénèque ; il a été adopté par les théologiens, d'où le dér. tardif *essentialis* « relatif à l'essence » (5) en lat. scolastique, on a utilisé un part. présent *ens, entis*, forme analogique artificielle, déjà citée par le grammairien Priscien (VIe s.), qui en attribue la création à Jules César ; dér. *entitas, -atis* « ce qui constitue l'essence et l'unité d'un genre ».

I. mots populaires issus du latin

♦ |1| **ÊTRE** XIe s. : lat. vulg. *essĕre* réfection de *esse* ; **TU ES, IL EST, VOUS ÊTES** : lat. *es, est, estis* ; **ÊTRE** subst. XIIe s. ; **BIEN-ÊTRE** XVIe s. ; **NON-ÊTRE** XXe s. ♦ |2| **JE SUIS**, anc. fr. *sui* : lat. vulg. *sŭyyo*, réfection de *sum* ; **NOUS SOMMES, ILS SONT** : *sŭmus, sŭnt*. ♦ |3| **SOIT** conj. ou interjection XIIIe s. : emploi particulier du subj. du verbe *être*, lat. vulg. *siat*, réfection de *sit*. ♦ |4| **ÉTANT, J'ÉTAIS** → ESTER. ♦ |5| **JE FUS**, → ce mot.

II. mots savants issus du latin

A.
INTÉRÊT XIIIe s. : « préjudice », XVe s. « ce qui importe » et sens fin. : *interest* ; **INTÉRESSER** XIVe s. ; **DÉSINTÉRESSER, DÉSINTÉRESSÉ** XVIe s. ; **DÉSINTÉRESSEMENT** XVIIe s. ; **INTÉRESSANT** XVIIIe s. ; **INTÉRESSEMENT** XXe s.

B. base *-sence*

♦ |1| **ABSENCE** XIIIe s. : *absentia*. ♦ |2| **ESSENCE** XIIe s. philo., XVIIe s. « extrait concentré », d'après l'emploi dans le lat. des alchimistes, et sens bot. : *essentia*. **QUINTESSENCE** XIIIe s. : lat. médiéval *quinta essentia*, traduction du gr. *pemptê ousia* « cinquième élément » (Aristote), « l'éther », le plus subtil des cinq éléments composant l'univers. ♦ |3| **PRÉSENCE** XIIe s. : *praesentia*.

C. base *-(s)ent-*

♦ |1| **ABSENT** XIIe s. : *absens* ; **S'ABSENTER** XIVe s. ; **ABSENTÉISME, ABSENTÉISTE** XIXe s. ♦ |2| **ENTITÉ** XVIe s. : *entitas*. ♦ |3| **ESSENTIEL** XIIe s. : *essentialis* ; **ESSENTIELLEMENT** XIIe s. ; **ESSENTIALISME, -ISTE** XIXe s. ♦ |4| **PRÉSENT** adj. XIe s. en parlant de l'espace, XIIIe s. en parlant du temps, XIVe s. subst. en parlant du temps : *praesens*. ♦ |4| **PRÉSENTER** Xe s., XIe s., pron. : *praesentare* ; **PRÉSENT** subst. XIIe s. « cadeau » ; **PRÉSENTABLE** XIIe s. « présent », XVIe s. sens mod. ; **PRÉSENTATION** XIIe s. ; **PRÉSENTATEUR** XVe s. ♦ |6| **REPRÉSENTER** XIIe s., XVIe s. théâtre, XIXe s. commerce : *repraesentare* ; **REPRÉSENTATION** XIIIe s. : *repraesentatio* ; **REPRÉSENTANT, REPRÉSENTATIF** XVIe s. ; **REPRÉSENTATIVITÉ** XXe s.

III. mots savants issus du grec

♦ |1| **-ONTO-** terme de composés sav., ex. : **ONTOLOGIE** XVIIIe s. : lat. mod. *ontologia*, formé sur *ontos* ; **ONTOLOGIQUE** id. ; **ONTOGENÈSE** XXe s. ; **PALÉONTOLOGIE, -IQUE, -ISTE** XIXe s. : 1er élément *palaios* « ancien » → PALÉO-. ♦ |2| **PAROUSIE** XXe s. théol. : *parousia*.

-ÊTRE ♦ |1| (pop.) suff. adj., ex. : *champêtre* : lat. *-ester* ou *-estris*. ♦ |2| **-ESTRE** (sav.) : même origine, ex. : *équestre*.

ÉTREINDRE famille d'une racine ind.-eur. *streig- « serrer ».
En lat. (1) le verbe *stringere, strictus* « serrer », d'où bas lat. *strictio* « action de serrer » (2) ses composés (a) *adstringere* « attacher étroitement » (b) *constringere* « lier étroitement ensemble »; d'où bas lat. *constrictio* « resserrement » et *constrictivus* « qui resserre », (c) *distringere* « lier de côté et d'autre », « maintenir écarté » et bas lat. *districtus, -us* « division territoriale » (d) *restringere* « attacher en ramenant en arrière », « restreindre »; d'où bas lat. *restrictio* « modération » (3) les formes nominales *striga*, var. *stria* « sillon », « cannelure »; *strigilis* « étrille » et *praestigiae*, issu de *praestigiae* par dissimilation, apparenté, pour le sens de « tours de passe-passe », à *praestringere oculos* « éblouir les yeux ».

I. mots populaires ou demi-savants
♦ |1| **ÉTREINDRE** XII° s. : *strīngĕre*; **ÉTREINTE** XII° s., part. passé fém. substantivé. ♦ |2| **CONTRAINDRE** XII° s. : *constrīngĕre*; **CONTRAINTE** XIII° s., part. passé fém. substantivé. ♦ |3| **ASTREINDRE** (conservation demi-sav. du *s*) XII° s. : *adstrīngĕre*; **ASTREINTE** XIX° s.; **ASTREIGNANT** XX° s. ♦ |4| **RESTREINDRE** (demi-sav.) XII° s. : *restrīngĕre*. ♦ |5| **ÉTROIT** XI° s. : *strictus*; **ÉTROITESSE** XIII° s. ♦ |6| **DÉTROIT** XI° s. « défilé » et « angoisse ». XVI° s.: « bras de mer »: *districtus*, au sens de « resserré ». ♦ |7| **RÉTRÉCIR** XIV° s. : formé sur *étrécir* XIV° s., réfection de *estrecier* XII° s. : lat. vulg. *strictiāre*, dér. de *strictus*; **RÉTRÉCISSEMENT** XVI° s. ♦ |8| **DÉTRESSE** XII° s. « resserrement », XIII° s. psycho. : lat. vulg. *districtia*, dér. de *districtus* → DÉTROIT et DISTRICT, et pour le sens ANGOISSE. ♦ |9| **ÉTRILLE** XIII° s. : lat. vulg. *strĭgŭla*, du lat. class. *strigilis*; **ÉTRILLER** XII° s.

II. mot d'emprunt
STRETTE XIX° s. « étreinte », XIX° s. mus. : it. *stretto* « resserré » : lat. *strīctus*.

III. mots savants
A. base -strict-
♦ |1| **STRICT** XVI° s. rare avant le XVIII° s. : *strictus*; **STRICTION** XIX° s. méd. : *strictio*. ♦ |2| **ASTRICTION** XVI° s. méd. : *adstrictio*. ♦ |3| **CONSTRICTION** XIV° s. : *constrictio*; **CONSTRICTEUR** XVII° s. : *constrictor*; **CONSTRICTOR** (boa) XIX° s. : mot lat. **CONSTRICTIF** XVI° s. ♦ |4| **DISTRICT** XV° s. : *districtus*. ♦ |5| **RESTRICTION** XIV° s. : *restrictio*; **RESTRICTIF** XIV° s.

B. base -string-
♦ |1| **ASTRINGENT** XVI° s. : *adstringens*. ♦ |2| **RESTRINGENT** XVII° s. : *restringens*.

C. autres bases
♦ |1| **STRIE** XVI° s. : *stria*; **STRIÉ** XVI° s. : *striatus* « cannelé ». ♦ |2| **STRIGILE** XVI° s. : *strigilis* → ÉTRILLE. ♦ |3| **PRESTIGE** XVI° s. « impression causée par des sortilèges » puis « par des œuvres d'art », XVIII° s., sens mod. : *praestigiae*; **PRESTIGIEUX** XVI° s. : *praestigiosus*.

ÉTRENNE (pop.) XII° s. d'abord *estreine* : lat. *strēna* « (cadeau fait à titre d') heureux présage »; **ÉTRENNER** XII° s.

ÉTRIER (pop.) XII° s. : altération, par substitution de suff. à la syllabe finale, de l'anc. fr. *estreu* XI° s., du frq. *streup* « courroie » : il existait une autre forme altérée *estrif*, d'où le dér. **ÉTRIVIÈRE** XII° s.

ÉTRIQUER (pop.) XIII° s. techn. « amincir une pièce de bois », XVIII° s. sens mod. : néerl. *strijken* « frotter », « s'étendre », du frq. *strikan* : a pu subir l'infl. de la famille de *trique*.

ÉTRON (pop.) XIII° s. : frq. *strunt*.

ÉTUVER famille du gr. *tuphos* « vapeur », « léthargie » et *tuphein* « fumer », empr. par le lat. vulg. sous la forme préfixée *extupare* d'où *extupa* « salle pour bains de vapeur »; dérivé *tuphôn* « tourbillon de vent », « ouragan ».

♦ |1| **ÉTUVER** (pop.) XII° s. : *extŭpāre*; **ÉTUVE** XII° s. : *extŭpa*; **ÉTUVÉE** XIV° s. ♦ |2| **ESTOUFFADE** XVIII° s. cuis. : it. *stufata*, du lat. vulg. *extupāta*. ♦ |3| **TYPHUS** (sav.) XVII° s. : *tuphos* au sens de « léthargie », par le lat.; **TYPHIQUE, TYPHOÏDE, TYPHOÏDIQUE** XIX° s.; **PARATYPHOÏDE, TYPHOMYCINE** XX° s. ♦ |4| **TYPHON** (sav.) XVI° s. « tourbillon de vent » : *tuphôn* a accroché le sens précis de l'it. *tifone*, adaptation du port. *tufão*, du chinois *t'ai fung* « tourbillon des mers de Chine et du Japon ».

ÉTYMOLOGIE (sav.) XII° s. : gr. *etumologia*, par le lat., de *etumos* « vrai »; littéralement « sens véritable d'un mot »; **ÉTYMOLOGIQUE** XVI° s. : *etumologikos*; **ÉTYMOLOGISTE** XVI° s.; **ÉTYMON** XX° s.

EU- (sav.) : gr. *eu-* « bien », adv. et préf., ex. : *euphonie, euthanasie*.

1. -EUR ♦ǀǀǀ (pop.) suff. nom., généralement fém., aujourd'hui mort, formant surtout des noms abstraits à partir d'adj., ex. : *douceur, laideur* : lat. *-ōrem*, acc. de *-or, -oris*. ♦ǀ2ǀ **-OUR**, dans certaines formes empr., ex. : angl. *humour*, par opposition à *humeur*. ♦ǀ3ǀ dans les suff. composés, **-EUR** peut (a) se maintenir : **-EUREUX** (pop.), ex. : *chaleureux* ; (b) devenir *-er-* ; **-EREUX** (pop.), ex. : *douceureux* ; (c) devenir *-our-* : **-OUREUX** (pop.), ex. : *douloureux, langoureux, savoureux* ; (d) devenir *-or-* : **-ORABLE, -ORISTE, -ORISER** (sav.), ex. : *honorable, liquoriste, vaporiser*.

2. -EUR ♦ǀǀǀ (pop.) suff. masc., toujours vivant, servant à former des noms d'agents, issu de la rencontre du lat. *-ōrem*, ex. : *pasteur* (de *pastōrem*), et de *-atōrem*, accusatifs de *-or, -ōris* et de *-ātor, -atōris* ; *-ātor* aboutissait en anc. fr. à *-ère*, aujourd'hui disparu, si ce n'est dans *trouvère*, tandis que *-atōrem* aboutissait à *-eeur*, réduit ensuite à *-eur*. Le féminin **-EUSE** est empr. au suff. *-osus, -osa* → **-EUX**, **-EUSE**. ♦ǀ2ǀ formes empr. : **ADOR**, esp., *matador* ; **-TOR**, angl., *transistor*. ♦ǀ3ǀ **-ATEUR** (demi-sav.) ex. : *aspirateur* ; le fém. correspondant est **-ATRICE** : lat. *-atrix, -atricis* qui formait déjà couple avec *-ator* ; ex. : *opératrice* ; ou simplement **-TRICE**. ♦ǀ4ǀ suff. composés (a) **-ERESSE** (pop.) suff. nom. fém. formé à partir du cas sujet *-ère*, à l'aide du suff. *-esse*, ex. : *enchanteresse* (b) **-ORESSE** (sav.) formation équivalente, à partir de la forme lat. du suff., ex. : *doctoresse* (c) **-ORAT**, suff. nomin., vivant (sav.), ex. : *préceptorat* (d) **-ORAL**, suff. adj. (sav.), ex. : *pastoral* (e) **-ORISER**, suff. verbal (sav.) ex. : *motoriser*.

EUTHANASIE (sav.) XVIIIᵉ s. : du gr. *eu-* « bien » et *thanatos* « mort ».

-EUX, -EUSE ♦ǀǀǀ (pop.) suff. servant à former des adj. à partir de subst. : lat. *-ōsus, -ōsa*, ex. : *nerveux* ; reste vivant surtout dans certaines sciences et techniques, ex. : *sulfureux, pesteux, pondéreux*. ♦ǀ2ǀ **-OSE** (sav.) suff. nom. utilisé en chimie : *-osus*, ex. : *cellulose, glucose*. ♦ǀ3ǀ **-OSITÉ** (sav.) suff. servant à tirer des subst. abstraits d'adj. en *-eux*, ex. : *nervosité*.

ÉVÊQUE famille d'une racine ind.-eur. **skep-, skop-* « regarder » (probablement la même, avec une métathèse, que la racine **spek-* qui apparaît dans le lat. *specere* → DÉPIT).

En gr. (1) *skeptesthai* « considérer », d'où *skeptikos* « qui observe, réfléchit (et n'affirme rien) ». (2) *skopein* « observer » ; *skopos* « observateur » ; *episkopein* « inspecter » ; *episkopos* « inspecteur » puis « évêque » ; *skopelos* « lieu d'où l'on peut observer », « rocher élevé », empr. par le lat. sous la forme *scopulus*.

I. mots demi-savants ou empruntés

♦ǀǀǀ **ÉVÊQUE** (demi-sav.) Xᵉ s. : lat. *epĭscŏpus*, du gr. *episkopos* ; **ÉVÊCHÉ** XIIᵉ s. ; **ARCHEVÊQUE** XIIᵉ s. : lat. eccl. *archiepiscopus* ; **ARCHEVÊCHÉ** XIIᵉ s. ♦ǀ2ǀ **ÉCUEIL** XVIᵉ s. : occitan *escueill*, du lat. vulg. **scoclus*, du lat. class. *scopulus*.

II. mots savants

A. SCEPTIQUE XVIᵉ s. : *skeptikos* ; **SCEPTICISME** XVIIIᵉ s.

B. base *-scop-*

♦ǀǀǀ **ÉPISCOPAL** XIIᵉ s. : lat. *episcopalis*, formé sur *episcopus* ; **ÉPISCOPAT** XVIIᵉ s. : *episcopatus* ; **ARCHI-ÉPISCOPAL** XIVᵉ s. ♦ǀ2ǀ **-SCOPE** 2ᵉ élément de composés sav. désignant des instruments d'observation : **PÉRISCOPE** XIXᵉ s. ; **LARYNGOSCOPE** XIXᵉ s. ; **MICROSCOPE** XVIIᵉ s. ; employé aussi dans le vocabulaire du cinéma : **CINÉMASCOPE** XXᵉ s. ♦ǀ3ǀ **-SCOPIE**, dér. du précédent, désigne la technique de l'observation ou l'acte même d'observer : **RADIOSCOPIE** XXᵉ s. ♦ǀ4ǀ **-SCOPIQUE**, suff. adj. dér. des précédents, ex. : **MICROSCOPIQUE** XVIIIᵉ s.

ÉVITER (sav.) XIVᵉ s. : lat. *evitare*, dér. de *vitare*, même sens, étym. obscure ; **ÉVITABLE** XIIᵉ s., **INÉVITABLE** XIVᵉ s. : lat. imp. *evitabilis* et *inevitabilis* ; **INÉVITABLEMENT** XVᵉ s.

-EX (sav.) suff. nom. tiré de *latex*, utilisé en publicité pour désigner des produits à base de plastiques, ex. : *lustrex*.

EXAGÉRER (sav.) XVIᵉ s. : du lat. *exaggerare* « entasser des terres », « exagérer, grossir », « amplifier », de *agger* « matériaux entassés » ; EXAGÉRATION XVIᵉ s. : *exaggeratio* ; EXAGÉRÉMENT XIXᵉ s.

EXCELLENT (sav.) XIIᵉ s. : du lat. *excellens*, part. prés. de *excellere* « dépasser, exceller », d'un verbe **cellere*, *celsus* « être élevé, haut » ; EXCELLENCE XIIᵉ s. ; fin XIIIᵉ s., puis XVᵉ s.-XVIᵉ s. sous influence it., titre : *excellentia*, EXCELLEMMENT XIVᵉ s. ; EXCELLER XVIᵉ s.

EXERCER famille sav. du lat. *arcere* « contenir », « écarter », qui apparaît en composition dans les verbes *coercere* « réprimer » et *exercere* « chasser, ne pas laisser en repos », puis « exercer » (avec un complément de personnel), « travailler », « pratiquer » (avec un complément de chose). En gr., il existe un équivalent exact de *arcere* : *arkein* « écarter », d'où « résister », d'où enfin « suffire ».

I. mots issus du latin

♦ 1 | EXERCER XIIᵉ s. : *exercere* ; EXERCICE XIIIᵉ s. : lat. imp. *exercitium*. ♦ 2 | COERCITION XVIᵉ s. : *coercitio*, lat. imp. jur., « contrainte », « punition » ; COERCITIF XVIᵉ s. ; COERCIBLE, INCOERCIBLE XVIIIᵉ s. ; COERCIBILITÉ XIXᵉ s.

II. mot issu du grec

AUTARCIE XVIIIᵉ s. : *autarkeia* « fait de se suffire à soi-même », de *autos* et *arkein*.

EXHALER ♦ 1 | (sav.) XIVᵉ s. : lat. *exhalare*, composé de *halare* « exhaler un souffle, une odeur » ; EXHALAISON (demi-sav.), EXHALATION (sav.) XVᵉ s. : *exhalatio*. ♦ 2 | INHALATION (sav.) XVIIIᵉ s. : *inhalatio*, de *inhalare* « souffler dans » ; INHALER XIXᵉ s. : *inhalare* ; INHALATEUR XIXᵉ s.

EXHAUSTION (sav., formé d'abord en angl.) XVIIIᵉ s. : bas lat. *exhaustio* « action d'épuiser », de *exhaurire*, dér. de *haurire* « puiser » ; EXHAUSTIF, EXHAUSTEUR XIXᵉ s.

EXHORTER famille savante d'une racine ind.-eur. **gher-* « désirer », qui apparaît en grec dans *khairein* « se réjouir » ; *kharis*, *-itos* « faveur », « plaisir » et *kharizesthai* « chercher à plaire », « accorder une grâce », d'où *kharisma*, *-atos* « grâce, faveur » et *eukharistia* « reconnaissance, action de grâces » et, en gr. eccl., « sacrifice d'action de grâces », « eucharistie ». En latin dans *hortari* « faire vouloir », « exhorter, encourager », d'où *exhortari*, même sens.

I. mots issus du latin

EXHORTER, EXHORTATION XIIᵉ s. : *exhortari*, *exhortatio*.

II. mots issus du grec

♦ 1 | EUCHARISTIE XIIᵉ s. : *eukharistia*, par le lat. chrét. ; EUCHARISTIQUE XVIᵉ s. : *eukharistikos*. ♦ 2 | CHARISME XXᵉ s., théol. : *kharisma* ; CHARISMATIQUE XXᵉ s.

EXODE famille sav. du gr. *hodos* « chemin », d'où « voie, moyen ».

♦ 1 | EXODE XIIIᵉ s. : « sortie des Hébreux hors d'Égypte », titre d'un livre de la Bible ; XVIᵉ s. « sortie du chœur dans la tragédie grecque » ; XIXᵉ s. sens mod. : *exodos* « sortie ». ♦ 2 | ÉPISODE XVIᵉ s. : neutre substantivé de l'adj. *epeisodion* « digression », de *epi* « sur », *eis* « vers » et *hodos*, littéralement « chose introduite en cours de route » ; ÉPISODIQUE XVIᵉ s. ; ÉPISODIQUEMENT XIXᵉ s. ♦ 3 | MÉTHODE XVIᵉ s. : gr. *methodos*, par le lat. « poursuite, recherche », d'où « étude méthodique d'une question de science » ; MÉTHODIQUE fin XVᵉ s. : lat. *methodicus* ; MÉTHODOLOGIE XIXᵉ s. ; MÉTHODISME, -ISTE XVIIIᵉ s., secte protestante : mot formé en angl. ♦ 4 | PÉRIODE XIVᵉ s. temps ; XVIIᵉ s. rhétorique : *periodos* « chemin autour, circuit », « révolution des astres », « périodicité fixée par la nature » et « phrase oratoire arrondie et cadencée » ; PÉRIODIQUE XVIIᵉ s. adj. (style) ; XIXᵉ s. adj. « qui se reproduit par intervalles » et subst., « journal » : bas lat. *periodicus* ; PÉRIODICITÉ XVIIᵉ s. ♦ 5 | SYNODE XVIᵉ s., par le lat. : *sunodos* « assemblée générale » ; SYNODAL XIVᵉ s. relig. ; SYNODIQUE XVIᵉ s. astron. « relatif à une conjonction d'astres ». ♦ 6 | ODO- et -ODE, -ODIQUE : éléments de composés sav. de la langue de la physique : gr. *hodos*, ex. : ODOMÈTRE XVIIIᵉ s. (pour *hodo*-) et ÉLECTRODE XIXᵉ s.

EXORCISER (sav.) XIVᵉ s. : gr. *exorkizein*, par le lat. eccl., en gr. class. « faire prêter serment », verbe qui se rattache à *orkos* « serment prêté en prenant à témoin une divinité » et à *exorkos* « qui prononce une formule rituelle » ; le verbe a donc pu prendre le sens du lat. *conjurare* → JURER ; **EXORCISME** (sav.) XIVᵉ s. : *exorkismos*, par le lat. ; **EXORCISTE** XVIᵉ s.

EXPLORER (sav.) XVIᵉ s. : lat. *explorare*, même sens, origine obs. ; **EXPLORATEUR** XIIIᵉ s. « espion », XVIIIᵉ s. sens mod. ; **EXPLORATION** XVᵉ s. : *exploratio* ; **INEXPLORÉ** XIXᵉ s. ; mots devenus usuels au XIXᵉ s.

EXTIRPER (sav.) XIVᵉ s. : lat. *exstirpare*, de *stirps, stirpis* « souche » ; **EXTIRPATEUR** XIVᵉ s. ; **EXTIRPATION** XVᵉ s., **EXTIRPABLE** XIXᵉ s.

EXUBÉRANT (sav.) XVᵉ s. : lat. *exuberans*, de *exuberare*, de *uber* « fertile » ; **EXUBÉRANCE** XVIᵉ s. : *exuberantia*.

EXUTOIRE (sav.) XIXᵉ s. : dér. formé sur le lat. *exutus*, part. passé de *exuere* « dévêtir », « ôter ».

FABLE famille d'une racine ind.-eur. **bhā-* « parler ».
En grec *phêmê* « parole » et *phanai* « parler » d'où (a) *phasis* « parole », « affirmation » et *aphasia* « impuissance à parler » (b) avec un 1ᵉʳ élément obscur, *blasphêmein* « prononcer des paroles de mauvais augure », « tenir de mauvais propos contre quelqu'un », d'où *blasphêmia* « parole qu'on ne doit pas prononcer dans une cérémonie religieuse » et « diffamation » (c) *euphêmein* « prononcer des paroles de bon augure » et *euphêmismos* « emploi d'un mot favorable » (d) *prophêtês* « celui qui dit (la volonté d'un dieu), qui annonce (l'avenir) ».
En latin (1) les verbes *fari, fatus* d'où *praefari* « dire d'avance » et *praefatio* « avant-propos » ; *ecfari* « parler » et ses dér. lat. imp. *effabilis* « qui peut se dire » et *ineffabilis* « qui ne peut s'exprimer » ; *fateri, fassus* « avouer », d'où (a) *confiteri, confessus*, lat. eccl. « reconnaître ses péchés, ou sa foi » ; *confessio* « aveu » ; *confessor* « qui confesse sa foi » (b) *profiteri, professus* « faire une déclaration », « promettre » ; *professio* « déclaration » ; lat. imp. *professor* « qui fait profession d'une certaine doctrine », « professeur » ; les subst. (a) *infans, -antis* (part. présent. avec *in-* négatif) « enfant qui ne parle pas encore », d'où lat. imp. *infantia, infantilis*, et *infanticida* (b) *fatum* (probablement à l'origine part. passé substantivé) « énonciation divine », « destin » et « malheur », d'où *fatalis*, bas lat. *fatalitas* ; *fatidicus* « qui prédit l'avenir » et deux adj. composés, *bonifatius*, var. *bonifacius* et bas lat. *malifatius* « qui a une bonne, une mauvaise destinée » (c) *fabula* « conversation », « récit », d'où *fabulari* « converser », « parler », et *fabulosus* (d) *fama* « bruit qui court », d'où *famosus* « qui fait parler de lui » ; *infamis* « perdu de réputation » et *infamia* ; lat. imp. *diffamare* « décrier » (3) l'adjectif *facundus* « disert », d'où *facundia* « facilité d'élocution ».

I. mots populaires ou empruntés d'origine latine
A. famille de *fabula*

♦ |1| **FABLE** xiiᵉ s. : *fabŭla* ; **FABLIAU** xiiᵉ s. : dimin. d'origine picarde ; **FABLIER** xviiᵉ s. ♦ |2| **HÂBLER** xviᵉ s. : esp. *hablar* « parler », de *fabulari* ; **HÂBLEUR** xviᵉ s. ; **HÂBLERIE** xviiᵉ s.

B. famille de *fatum*

♦ |1| **MAUVAIS** xiᵉ s. : *malifatius* (pour l'évolution sémantique → MÉCHANT) ; **MAUVAISETÉ** xiiᵉ s. ♦ |2| **FÉE** xiiᵉ s. : *fata*, forme fém. de *fatum* attestée sur les inscriptions, « déesse des destinées » ; **FÉERIE** xiiᵉ s. ; **FÉERIQUE** xixᵉ s. ♦ |3| **FEU** (mort) xiᵉ s. « qui a eu une bonne ou mauvaise destinée » , xiiiᵉ s. « qui a achevé sa destinée » : lat. vulg. **fatūtus*, dér. de *fatum*. ♦ |4| **FARFADET** xviᵉ s. : mot prov., de *fadet*, anc. prov. « fou », prov. « feu follet », dér. de *fado* « fée », de *fatum* ; 1ʳᵉ syllabe p.-ê. empr. à l'it. *farfarello*, d'origine arabe. ♦ |5| **FADER** xixᵉ s., argot, « partager » : prov. *fada* « douer », en parlant des fées, dér. de *fado*. ♦ |6| **FADETTE** (*La Petite...*, titre d'un roman de G. Sand) : dimin. dial. (Centre), du fr. *fée* : *fata*. ♦ |7| **FADO** xxᵉ s. mot port. « chanson populaire commentant la destinée de

son héros, invoquant le destin » : *fatum*.
♦ |8| **FANDANGO** XVIII° s., mot esp. : probablement altération de **fadango*, dér. de *fado* « chanson populaire portugaise servant d'air de danse ».

C. famille de *infans*

♦ |1| **ENFANT** XI° s. : lat. *infantem*, de *infans* ; **ENFANCE** XII° s. : *infantia* ; **ENFANÇON** XII° s. : lat. vulg. **infantiōnem* ; **ENFANTIN** XII° s. ; **ENFANTILLAGE** XIII° s. : dér. de *enfantil*, var. de *enfantin* ; **ENFANTER, ENFANTEMENT** XII° s. ♦ |2| **INFANT** XV° s. : esp. *infante* « titre des enfants puînés des rois d'Espagne et de Portugal » ; fém. **INFANTE**. ♦ |3| **INFANTERIE** XVI° s. : it. *infanteria*, dér. de *infante* « jeune homme », « valet », d'où « fantassin ». ♦ |4| **FANTASSIN** XVI° s. : it. *fantaccino*, dér. de *fante*, forme abrégée d'*infante* ; **FANTOCHE** XIX° s. : it. *fantoccio* « marionnette », autre dér. de *fante*.

II. mots populaires d'origine grecque

BLÂMER XI° s. : lat. vulg. *blastemāre* (*blastema* attesté dans une inscription de Gaule) : altération du lat. eccl. *blasphemare*, du gr. *blasphêmein* ; **BLÂME** XI° s. ; **BLÂMABLE** XII° s.

III. mots savants d'origine latine

A. famille de *fabula* : **FABULEUX** XIV° s. : *fabulosus* ; **FABULATEUR** XVI° s. ; **FABULISTE** XVI° s., par l'esp. *fabulista* ; **AFFABULATION** XVIII° s. : *affabulatio* ; **FABULATION** XIX° s. : *fabulatio* ; **AFFABULER** XX° s.

B. famille de *fatum* : **FATAL** XIV° s. : *fatalis* ; **FATALITÉ** XIV° s. : *fatalitas* ; **FATALEMENT** XVI° s. ; **FATIDIQUE** XVII° s. : *fatidicus* ; **FATALISTE** XVI° s., rare avant le XVIII° s. ; **FATALISME** XVIII° s.

C. famille de *infans*

♦ |1| **INFANTICIDE** XVI° s. : *infanticidium, -cida*. ♦ |2| **INFANTILE** XVI° s. : *infantilis* ; **INFANTILISME** XX° s.

D. famille de *fama*

♦ |1| **FAMÉ** XII° s. : dér. de l'anc. fr. *fame* : *fama*. ♦ |2| **FAMEUX** XV° s. : *famosus* ; **FAMEUSEMENT** XVI° s. ♦ |3| **INFÂME** XIV° s. « déshonoré », XVII° s. « déshonorant » : *infamis* ; **INFAMIE** XIII° s. : *infamia* ; **INFAMANT** XVI° s., part. présent de l'anc. fr. *infamer*. ♦ |4| **DIFFAMER** XIII° s. : *diffamare* ; **DIFFAMATION** XIII° s. : *diffamatio* ; **DIFFAMATEUR, DIFFAMATOIRE** XIV° s.

E. famille des verbes dérivés de *fari*

♦ |1| **PROFÈS** XII° s. : *professus* ; **PROFESSION** XII° s. (de foi), XV° s. « métier » : *professio* ; **PROFESSIONNEL** XIX° s. ; **PROFESSEUR** XIV° s. : *professor* ; **PROFESSER** XVI° s. « déclarer », XVIII° s. « enseigner » ; **PROFESSORAT, PROFESSORAL** XVII° s. ♦ |2| **CONFESSION** XII° s. : *confessio* ; **CONFESSEUR** XII° s. (de la foi), XIII° s. « prêtre qui confesse » : *confessor* ; **CONFESSER** XII° s. ; **CONFESSE** XII° s. ; **CONFESSIONNAL** XVII° s., par l'it. ♦ |3| **CONFITEOR** XIII° s. : mot lat. « je confesse » liturg. cath. ♦ |4| **INEFFABLE** XV° s. : *ineffabilis*. ♦ |5| **AFFABLE** XIV° s. : *adfabilis* « d'abord facile », de *adfari* « parler à » ; **AFFABILITÉ** XIII° s. : *adfabilitas*. ♦ |6| **PRÉFACE** XIV° s. : *praefatio* ; **PRÉFACER** fin XVIII° s. ; **PRÉFACIER** XIX° s.

F. FACONDE XII° s. : *facundia*.

IV. mots savants d'origine grecque

♦ |1| **APHASIE** XIX° s. : *aphasia* ; **APHASIQUE** XVII° s., puis XIX° s. ♦ |2| **BLASPHÈME** XII° s. : *blasphêma*, par le lat. ; **BLASPHÉMER** XIV° s. : *blasphêmein*, par le lat. ; **BLASPHÉMATEUR** XIV° s. ; **BLASPHÉMATOIRE** XVI° s. → BLÂMER. ♦ |3| **EUPHÉMISME** XVIII° s. ; *euphêmismos* ; **EUPHÉMIQUE** XIX° s. ♦ |4| **PROPHÈTE** X° s. : *prophêtês*, par le lat. ; **PROPHÉTIE, PROPHÉTISER** XII° s. : lat. eccl. *prophetia, prophetizare* ; **PROPHÉTIQUE** XV° s. : lat. eccl. *propheticus* ; **PROPHÉTESSE** XIV° s. ; **PROPHÉTISME** XIX° s.

FACÉTIE (sav.) XV° s. : lat. *facetia* « plaisanterie », de *facetus* « élégant, spirituel », étym. obs. **FACÉTIEUX** id.

FÂCHER famille du lat. *fastus -us* « air orgueilleux », étym. obs., d'où *fastuosus* « qui fait le dégoûté » , *fastidium* « dédain » ; *fastidiosus* « dégoûté » et « qui provoque le dégoût ».

♦ |1| **FÂCHER** (pop.) XV° s. dial. Savoie : lat. vulg. **fasticāre*, altération, par substitution de suff., du bas lat. *fastidiare* « repousser avec dédain » ; **FÂCHERIE, FÂCHEUX** XV° s. ♦ |2| **FASTE, FASTUEUX** (sav.) XVI° s. : *fastus, fastuosus* ; **FASTUEUSEMENT** XVI° s. ♦ |3| **FASTIDIEUX** (sav.) XIV° s. : *fastidiosus*.

FADE famille du lat. *fatuus* « insensé, imbécile » puis, lat. imp., « sans goût » (p.-ê. le même mot que *Fatuus, -a* nom de vieilles divinités italiques identiques à Faunus, de caractère prophétique, qui a pu servir, par dérision, à désigner des gens qui déraisonnent), croisé avec *vapidus*

« éventé », dér. de *vapor*, d'où le lat. vulg. **fatidus*.

♦ |1| FADE (pop.) XIIᵉ s. : **fatīdus* ; FADEUR, AFFADIR XIIIᵉ s., AFFADISSEMENT XVIᵉ s. ♦ |2| FAT XVIᵉ s. : mot prov. « sot » : *fatuus*. ♦ |3| FATUITÉ (sav.) XIVᵉ s. : *fatuitas* ; plus tard associé à *fat*. ♦ |4| INFATUER (sav.) XIVᵉ s. : *infatuare* « rendre sot », dér. de *fatuus* ; INFATUATION XVIIᵉ s. ♦ |5| FADAISE XVIᵉ s. : prov. *fadeza* « sottise », dér. de *fat*. ♦ |6| FADA XVIᵉ s. puis XXᵉ s. : prov. *fadas* « niais », dér. de *fat*.

FAGOT (pop.) XIIIᵉ s. : mot obscur. p. ê. d'origine germ., à rapprocher du norvégien *fagg* « tas, gerbe », plutôt que du gr. *phakélos* « faisceau », la chronologie du mot prov. correspondant infirmant cette hypothèse ; FAGOTER XIIIᵉ s., XVIᵉ s. « accoutrer » ; FAGOTAGE XVIᵉ s.

FAIBLE (pop.) XIᵉ s. : lat. *flēbĭlis* « déplorable » (avec dissimilation des *l*), dér. de *flere* « pleurer », qui a pu s'appliquer à une voix brisée par les larmes ; FAIBLEMENT XIᵉ s. ; FAIBLESSE, AFFAIBLIR XIIᵉ s. ; FAIBLIR XIIᵉ s., rare avant le XVIIIᵉ s. ; AFFAIBLISSEMENT XIIIᵉ s. ; FAIBLARD XIXᵉ s.

FAILLIR famille du lat. *fallĕre, falsus* « tromper », « échapper à » et au passif « se tromper », refait en lat. vulg. en **fallĕre *fallĭtus* ; et **fallīre, fallītus* ; *falsus* est employé comme adj. avec le sens de « faux », « trompeur » : d'où bas lat. *falsare* « fausser », *falsarius* « faussaire » ; *falsitas*, mot forgé dans la langue de l'Église comme antonyme de *veritas*. — Dér. : *fallax, -acis* « trompeur », *fallacia* « tromperie », d'où lat. imp. *fallaciosus* ; bas. lat. *falsificus* « qui falsifie », *falsificatus* « faux ».

I. mots populaires, empruntés ou demi-savants

♦ |1| FAILLIR, d'abord *fallir* XIᵉ s. « commettre une faute », « faire défaut » ; XVIᵉ s. « être sur le point de » : **fallīre* ; *l* mouillé analogique de celui des formes conjuguées. ♦ |2| IL FAUT XIIIᵉ s. « il manque », XVᵉ s. « il est nécessaire » ; emploi impersonnel de la 3ᵉ personne du sing. ind. prés. de *faillir* ou *falloir* : *fallit*. ♦ |3| FALLOIR XVᵉ s. var. de *faillir*, analogique de *valoir*, utilisée en moyen fr. comme infinitif de l'impersonnel. ♦ |4| FAUTE XIIᵉ s. : **fallīta*, part. passé fém. substantivé : FAUTIF XVᵉ s. ; FAUTIVEMENT, FAUTER XIXᵉ s. ♦ |5| DÉFAILLIR XIᵉ s. : « faire défaut », XVIIᵉ s. « s'évanouir » ; DÉFAILLANCE XIIᵉ s. « manque » ; DÉFAUT XIIIᵉ s. « manque », XVIIᵉ s. « imperfection » : dér. de *faillir*. ♦ |6| FAILLIBLE, FAILLIBILITÉ XIIIᵉ s. : lat. médiéval *fallibilis, -itas* ; INFAILLIBLE XIVᵉ s., INFAILLIBILITÉ XVIᵉ s. : lat. médiéval *infallibilitas* formés sur le radical de *fallere*, avec adaptation au fr. *faillir* ♦ |7| FAILLITE XVIᵉ s. ; FAILLI XVIIᵉ s. : adaptation de l'it. *fallita, fallito*, de *fallire* « manquer (d'argent pour payer) » : *fallere*, lat. vulg. **fallīre*. ♦ |8| FAILLE, dér. de *faillir* ; XIIIᵉ s. et dial. Nord-Est « voile de tête pour les femmes » (d'où le néerl. *falie* « grand vêtement de femme ») ; XIXᵉ s. *taffetas à faille* puis *faille* « soierie finement côtelée » ; le mot *faille* pourrait désigner à l'origine les interstices d'un tissu lâche → prov. *falho* « filet » et *faio* « endroit d'un tissu moins serré que le reste » ; XVIIIᵉ s., d'abord dans les mines de Wallonie, « fracture de roches ». ♦ |9| FAUX XIᵉ s. : *falsus* ; FAUSSER XIᵉ s. : *falsare* ; FAUSSEMENT XIIᵉ s. ; FAUSSETÉ XIIᵉ s. : *falsitas* ; FAUSSET XIIIᵉ s. « voix de tête », c.-à-d. « voix déguisée, artificielle » : dér. de *faux* ; FAUSSET XIVᵉ s., dér. de *fausser* au sens anc. de « endommager », « enfoncer » ; FAUSSAIRE (demi-sav.) XIIᵉ s. : *falsarius*. SE DÉFAUSSER XVIIIᵉ s. « éliminer une fausse carte ».

II. mots savants

♦ |1| FALSIFIER XIVᵉ s. : lat. médiéval *falsificare* ; FALSIFICATEUR XVIᵉ s. ; FALSIFICATION XIVᵉ s. ♦ |2| FALLACIEUX XVᵉ s. : *fallaciosus*.

FAIM

I. (pop.) XIᵉ s. : lat. *fames*, même sens, étym. obs.

II. base *-fam-*

♦ |1| AFFAMER (pop.) XIIᵉ s. : lat. vulg. *affamare*, dér. de *fames* ; AFFAMEUR fin XVIIIᵉ s. ♦ |2| FAMINE (pop.) XIIᵉ s. ♦ |3| FAMÉLIQUE (sav.) XVᵉ s. : *famelicus*, dér. de *fames*.

III. FRINGALE (pop.) XVIIIᵉ s. : altération, p.-ê. d'après *friand*, de l'anc. fr. XIIᵉ s. et dial. (Normandie, Haute-Bretagne) *faimvalle* « boulimie des chevaux » et « faim ardente », var. Poitou *faimgalle* : composé du fr. *faim* et p.-ê. du breton *gwall* « méchant ».

FAINE famille pop. du lat. *fagus* « hêtre », d'où les adj. *fageus* et *faginus* « de hêtre ». Largement éliminé par **HÊTRE**, d'origine germ., *fagus* survit en toponymie sous les formes FAGE, FAY(E), FAU et leurs dér.
I. bases *fai-, fay-*
♦ |1| **FAINE** XIIe s. : *fagīna*. ♦ |2| **FAYARD** XVIe s. : mot dial. (Lyonnais) dér. de *fay* : lat. *fageus*.
II. base *fou-* se trouve dans les dér. de l'anc. fr. *fou* « hêtre » : *fagus*.
♦ |1| **FOUET** XIIIe s., dimin. qui a dû d'abord signifier « petit hêtre » et « verge de hêtre » ; **FOUETTER** XVIe s. ; **FOUETTARD** XIXe s., dans l'Est. ♦ |2| **FOUAILLER** XIVe s. ♦ |3| **FOUINE** XIIe s. : *fagina (meles)* « (martre) du hêtre » (cet animal recherchant les faines), avec influence de *fou* ; **FOUINER, FOUINEUR, -ARD** XIXe s.

FAIRE famille d'une racine ind.-eur. **dhē-* « placer ».
En grec, les deux bases *-thē-* (avec voyelle longue) et *-the-* (avec voyelle réduite) qui apparaissent dans le verbe *tithenai* « poser » et ses dér. (1) *thēkē* « boîte », « coffre où l'on dépose quelque chose », d'où *apothēkē* « lieu de dépôt », *bibliothēkē* « dépôt de livres », *hupothēkē* « ce qui sert de fondement », « gage » ; (2) *epitheton*, adj. neutre substantivé « ce qui est ajouté », « adjectif » : *thema* « ce qu'on pose ou dépose », « racine d'un mot », « position des astres, horoscope » ; *anathema* « offrande votive », d'où, dans les Septante, « objet maudit » puis « malédiction, anathème » ; (4) *thesis* « action de poser », « établissement d'un principe philosophique », d'où *antithesis* « opposition » : *diathesis* « action de poser çà et là », « distribution » ; *epenthesis* « intercalation » : *hupothesis* « action de mettre en dessous », « base d'un raisonnement » ; *parenthesis* « insertion » et rhét. « parenthèse » ; *prothesis* : « action de poser devant » ; *prosthesis* « action de poser sur » ; *sunthesis* « action de mettre ensemble », « combinaison », « composition ».
En latin, la consonne aspirée *dh-* est représentée par *d-* dans (1) d'anciennes formes à préverbe *-dere* (qui se sont confondues avec le *-dere* représentant *dare* en composition → DONNER), en particulier dans (a) *condere* « placer ensemble », d'où *abscondere* ; *absconditus*, bas lat. *absconsus* « cacher » ; (b) *credere*, composé d'une rac. ind.-eur. **kred-* « foi » et **dhe-* littéralement « faire foi », « placer sa confiance » → CROIRE (2) par un nom d'agent, 2e terme d'un vieux composé ind.-eur. à voyelle *ŏ* ancienne, *sacerdos* « prêtre », issu de **sakro-dhō-ts* « qui fait une action sacrée », à côté duquel s'est formé en lat. même le synonyme plus récent *sacrificus*. La consonne *dh-* est représentée à l'initiale par *f-* dans *facere, factus* « faire » et dans les nombreux mots qui se rattachent à ce verbe ; le vocalisme *ē* n'apparaît qu'au parfait *fēci* ; ailleurs, on a la voyelle réduite *ă* ; un élargissement *-k-* (comme dans le gr. *thēkē*) apparaît dans toutes les formes de ce verbe. A *facere, factus* se rattachent (1) une série de verbes préfixés en *-ficere, -fectus* et leurs dér. : (a) *afficere* « mettre dans une certaine disposition morale ou physique », d'où *affectio* « disposition morale ou physique » et *affectare* « entreprendre, rechercher », d'où *affectatio* « recherche » (b) *conficere* « achever, élaborer » et *confectio* « réalisation » (c) *deficere* « se détacher de, manquer » et *defectio* « désertion » (d) *efficere* « achever », d'où *effectus, -us* « réalisation, résultat » et *efficax* « agissant », *efficacia* « efficacité » (e) *inficere* (avec *in-* marquant le but) « imprégner » et *infectio* « imprégnation, teinture » ; à côté de *infectus* « imprégné », il existe une autre forme *infectus* (avec *in-* privatif) « non fait », « non réalisé » (f) *perficere* « accomplir », d'où *perfectio* « achèvement, perfection » (g) *praeficere, praefectus* « préposer, établir comme chef » (h) *proficere, profectus* « faire des progrès » (i) *reficere* « refaire », *refectio* « réparation », « réconfort », « nourriture », bas lat. *refectorius* « qui refait » et en lat. médiéval neutre substantivé *refectorium* « lieu où l'on se restaure » (j) *sufficere* « mettre sous » ou « en remplacement », « suffire » (2) un nom-racine d'agent *-fex, -ficis*, qui apparaît dans *pontifex* → PONT, *artifex* → ART, *opifex* → ŒUVRE, etc., auquel se rattachent *-ficus, -ficens*, adj. d'agent ; *-ficium*, nom d'action ; *-ficentia*, nom de qualité ; *-ficare*, suff. servant à former des verbes à partir de bases nomin., qui a connu un grand développement en lat. eccl. (3) l'adjectif *facilis* (avec

un ancien neutre *facul*) « faisable », d'où *facilitas* « caractère de ce qui est faisable », *facultas* « possibilité de faire », *difficilis* et *difficultas* (4) le subst. *facies*, à l'origine « apparence donnée à une chose faite », d'où « physionomie » et en lat. imp. « façade » ; refait en bas lat. en *facia*, d'où *facialis* ; dérivé : *superficies* « partie supérieure, surface » et *superficialis* (5) une série de formes fondées sur la base *-fact-* : (a) lat. imp. *facticius* « artificiel » (b) *factio* « manière de faire » et « position », « parti, cabale », d'où *factiosus* « affilié à une coterie politique » (c) *factitare* « faire souvent, habituellement » (d) *factor* « créateur, fabricant » (e) *factura* « fabrication » et bas lat. « œuvre ».

I. mots populaires issus du latin

A. bases *-faire, -fait, -fais-*

♦ |1| **FAIRE** IXe s. : lat. vulg. *fagere*, du class. *facĕre* ; **FAIT** XIIe s., part. passé substantivé : *factum* ; **FAISEUR** XIIe s. ; **FAISABLE** XIVe s. ; **INFAISABLE** XVIIe s. ; **FAIT-TOUT** XIXe s. ; **FAIRE-PART** XXe s. ♦ |2| **AFFAIRE** XIIe s. masc., XVIe s. fém., XIXe s. sens mod. plur. : **AFFAIREMENT** XIIIe s. ; **AFFAIRÉ** XVIe s. ; **S'AFFAIRER** XXe s. ; **AFFAIRISME, AFFAIRISTE** XXe s. ♦ |3| **BIENFAIT, BIENFAITEUR** XIIe s. : lat. *benefactum, benefactor* ; **BIENFAISANT** XIIe s., **BIENFAISANCE** XIVe s. ♦ |4| **MÉFAIT** XIIe s. ♦ |5| **MALFAITEUR** XVe s., réfection de *maufaiteur* XIIe s. : *malefactor* ; **MALFAISANT** XIIe s. ; **MALFAISANCE** XVIIIe s. ♦ |6| **CONTREFAIRE** XIIe s. : bas lat. *contrefacĕre* « imiter » ; **CONTREFAIT** adj. XIIIe s. « difforme », avec influence sémantique de *contrait*, du lat. *contractus* → TRAIRE. ♦ |7| **DÉFAIRE** XIe s. ; **DÉFAITE** XIIIe s., XVe s. sens mod., de *se défaire* et *défaire un ennemi* ; part. passé fém. substantivé ; **DÉFAITISME, DÉFAITISTE** XXe s. ♦ |8| **ENTREFAITES** XIIIe s., de l'anc. fr. *entrefaire*, survit dans *sur ces entrefaites*. ♦ |9| **FORFAIRE, FORFAITURE** et **FORFAIT** XIe s., littéralement « agir, action en dehors (du devoir) ». ♦ |10| **PARFAIRE** XIIe s. ; **PARFAIT** XIIe s. adj., XVIe s. subst. gramm. sur le modèle du lat. *perfectum* ; **PLUS-QUE-PARFAIT** XVIe s. : calque du lat. *plus quam perfectum* ; **IMPARFAIT** XIVe s. adj., XVe s. gramm. ; XVIIe s. subst. : calque du lat. *imperfectum*. ♦ |11| **REFAIRE** XIIe s. ♦ |12| **SURFAIRE** XIIe s. ; **SURFAIT** adj. XIXe s.

B. bases *-fire, -fit, -fis-*

♦ |1| **CONFIRE** XIIe s. « préparer », XVIe s. limité aux sucreries : *conficĕre* ;

DÉCONFIRE XIe s. « défaire un ennemi » ; **DÉCONFITURE** XIIe s. ; **CONFIT** subst. et **CONFITURE** XIIIe s. ; **CONFITURIER** XVIe s., **CONFITURERIE** XVIIe s. ; **CONFISEUR** XVIIe s., **CONFISERIE** XVIIIe s. ♦ |2| **PROFIT** XIIe s. (demi-sav., var. pop. *pourfit*) : *profectum*, de *proficere* ; **PROFITER, PROFITABLE** XIIe s. ; **PROFITEROLLE** XVIe s. « petite gratification » puis « sorte de gâteau » ; **PROFITEUR** XVIIe s. adj. et subst., rare avant le XIXe s. ♦ |3| **SUFFIRE** (demi-sav.) XVe s., réfection de *soufire* (pop.) XIIe s. : *sufficĕre* ; **SUFFISANT** XIIe s., XVIIe s. « vaniteux » ; **SUFFISANCE** « id. » ; **INSUFFISANT, INSUFFISANCE** XIVe s.

C. base *-fac-*

♦ |1| **FAÇON** XIIe s. : *factio, -ōnis* ; **FAÇONNER** XIIe s. ; **FAÇONNÉ** (textiles) ; **CONTREFAÇON, MALFAÇON** XIIIe s. ; **FAÇONNIER** XVIe s. ; **FAÇONNEMENT** XVIIe s. ; **FAÇONNAGE** XVIIIe s. ; **SANS-FAÇON** XIXe s. ♦ |2| **FACE** XIIe s. : *facia* ; **FACETTE** XIIIe s. ♦ |3| **FACE-À-MAIN** XIXe s. ♦ |3| **EFFACER** XIIe s. « faire disparaître une figure, ou *face* » ; **EFFACEMENT** XIIIe s. ; **EFFAÇABLE** XVe s. ; **INEFFAÇABLE** et **EFFACÉ** adj. XVIe s. ♦ |4| **SURFACE** XVIIe s. : calque du lat. *superficies*.

D. base *-fier-* : *-ficare* ; ce suff. verbal, encore vivant, ex. : *bétifier*, apparaît le plus souvent associé à un radical de forme sav., ex. : *sacrifier* → SAINT, *édifier* → ÉTÉ, donc dans des mots demi-sav. ; de plus il est étroitement aux suff. sav. **-FICE, -FICATION, -FICATEUR.**

II. mots d'emprunt d'origine latine

♦ |1| **AFFÉTERIE** XVIe s. : dér. de *affété* XVe s., réfection, sous l'influence de l'it. *affettato* (de *affectatus*), de l'anc. fr. *afaitié, de afaitier* « préparer, disposer », du lat. vulg. *affactare* « mettre en état ». ♦ |2| **CONFETTI** XIXe s. : it. *confetti* (plur. de *confetto* : *confectus* → CONFIRE) « dragées » puis « boulettes de plâtre » et « rondelles de papier » lancées au carnaval, en particulier à Rome. ♦ |3| **FASHION** XVIIe s. : mot angl. « mode » : fr. *façon* ; **FASHIONABLE** XIXe s. : dérivé angl. de *fashion*. ♦ |4| **FÉTICHE** XVIIe s. : port. *feitiço*, adj., « factice », subst., « objet magique, sortilège », équivalent de l'anc. fr. *faitis* : *facticius* ; **FÉTICHEUR** XVIIIe s. : néerl. *fetischeer*, du port. *fetissero* ; **FÉTICHISME** XVIIIe s. ; **FÉTICHISTE** XIXe s. ♦ |5| **FORFANTERIE** XVIe s. : dér. de l'anc. fr. *forfant* XVe s., *forfante* XVIe s., de l'it. *furfante*, de l'anc. prov. *forfan*, forme dial. de part. présent de

FAIRE

forfaire, « coquin », ou empr. direct à l'anc. prov. ; pour le sens, influence probable de l'esp. *farfante*, de la famille de *fanfarón*. ♦ I6I **HACIENDA** XXe s. : mot esp. « ferme, domaine » : lat. *facienda* « choses à faire ».

III. mots savants d'origine latine

A. base *-fact-*

♦ I1I **FACTEUR** XIVe s. « qui fait », XVIIe s. orgues, XIXe s. pianos ; XVIIIe s. math., XIVe s. « agent commercial », XVIIIe s. postes : *factor* ; **CONTREFACTEUR** XVIIIe s. → CONTREFAIRE ; **FACTORERIE** XVIe s., XIVe s. sous la forme *factorie*, du sens « agent commercial » ; **FACTORIEL** XIXe s. math. ♦ I2I **FACTICE** XVIe s. : *facticius* → FÉTICHE ; **FACTICITÉ** XXe s. ♦ I3I **FACTION** XIVe s. « groupe », XVIe s. « garde », sous l'influence de l'it. *fazione* ; **FACTIONNAIRE** XVIe s. ; **FACTIEUX** XVe s. : *factiosus*. ♦ I4I **FACTITIF** XIXe s. gramm. : dér. formé sur *factitare*. ♦ I5I **FACTOTUM** XVIIe s., XVIe s. *factoton* avec prononciation ancienne du lat. → DICTON, ROGATON : locution lat. *fac totum* « fais tout ». ♦ I6I **FACTUM** XVIe s., a désigné diverses sortes d'écrits : mot lat. « fait ». ♦ I7I **FACTURE** XIIIe s. « fabrication », XVIe s. « œuvre », « pièce comptable » sous l'infl. de **FACTEUR** « agent commercial » : *factura* ; **FACTURER** XIXe s. ; **FACTURATION** XXe s. ♦ I8I **MANUFACTURE** XVIe s. « fabrication à la main », XVIIe s. « fabrique » : lat. médiéval *manufactura* → MAIN ; **MANUFACTURER** XVIIe s. ♦ I9I **-FACTION**, 2e élément, dans *liquéfaction, torréfaction*, etc.

B. base *-fac-*

♦ I1I **FACULTÉ** XIIe s. « aptitude », « possibilité », XIIIe s. « corps des professeurs d'Université », par le lat. médiéval *facultas* ; **FACULTATIF** XVIIe s. « relatif à l'Université », XIXe s. sens mod. ♦ I2I **FACILITÉ** XIVe s. : *facilitas* ; **FACILE** XVe s. : *facilis* ; **FACILEMENT** XVe s. ; **FACILITER** XVe s., sous l'infl. de l'it. *facilitare*. ♦ I3I **FACIAL** XVIe s., rare avant le XIXe s. : dér. sav. de *face* ; **FACIÈS** XIXe s. : mot lat. « face ».

C. base *-fect-*

♦ I1I **AFFECTER** XIVe s. « feindre », XVe s. « rechercher, aimer », XVIe s. « attribuer », XVIIIe s. « toucher » : *affectare*, remplace l'anc. fr. *afaitier* (pop.) : °*affactare* → AFFÉTERIE. ♦ I2I **DÉSAFFECTER** XIXe s., d'après le sens d'« attribuer ». ♦ I3I **AFFECTATION** XVe s. « attribution à un certain usage », XVIe s. « feinte », XXe s., d'abord milit. « nomination à un certain poste ». ♦ I4I **AFFECTION** XIIe s. « disposition physique ou morale », XVIe s. méd., XVIIe s. « tendresse » : *affectio* ; **AFFECTIONNER** XIVe s. ; **DÉSAFFECTION** XVIIIe s. ; **AFFECTUEUX** XIVe s. : *affectuosus* ; **AFFECTIF** XVe s. : bas lat. *affectivus* ; **AFFECTIVITÉ** XXe s. ♦ I5I **CONFECTION** XIIe s., XIXe s. vêtement : *confectio* → CONFIRE ; **CONFECTIONNER** XVIe s. ; **CONFECTIONNEUR** XIXe s. ♦ I6I **DÉFECTION** XIIIe s. « éclipse », XVIIIe s. « abandon » : *defectio* ; **DÉFECTIF** XIVe s. « défectueux », XVIIe s. gramm. : bas lat. *defectivus* « imparfait » et « défectif » ; **DÉFECTUEUX** XIVe s. : lat. médiéval *defectuosus* ; **DÉFECTUOSITÉ** XVe s. : *defectuositas* ; **INDÉFECTIBLE** XVIIe s. ♦ I7I **EFFECTIF** XIVe s. : lat. médiéval *effectivus*, dér. de *effectus* ; **EFFECTIVEMENT** XIVe s. ; **EFFECTUER** XVe s. : lat. médiéval *effectuare* → EFFET. ♦ I8I **INFECTION** XIIe s. « pensée impure », XIVe s. « souillure », XVIIe s. sens mod. : *infectio* ; **INFECT** XIVe s. : *infectus* ; **INFECTER** XVe s. ; **DÉSINFECTER** XVIe s. ; **DÉSINFECTION** XVIIe s. ; **DÉSINFECTANT, INFECTIEUX** XIXe s. ; **AUTO-INFECTION** XXe s. ♦ I9I **INFECTUM** XXe s., gramm. : mot lat. « non fait », opposé à **PERFECTUM**. ♦ I10I **PERFECTION** XIIe s. : *perfectio* ; **IMPERFECTION** XIIe s. ; **PERFECTIONNER** XVIIe s. ; **PERFECTIONNEMENT** XVIIIe s. ; **PERFECTIBLE, PERFECTIBILITÉ** XVIIIe s. ; **IMPERFECTIBLE, -BILITÉ** XIXe s. ♦ I11I **PERFECTUM** XXe s. gramm. : mot lat. « achevé » → INFECTUM ; **PERFECTIF** XXe s. ♦ I12I **PRÉFECTURE** XIVe s., même évolution que **PRÉFET** : *praefectura* ; **PRÉFECTORAL** XIXe s. ; **SOUS-PRÉFECTURE** XIXe s. ♦ I13I **RÉFECTION** XIIe s. : *refectio*. ♦ I14I **RÉFECTOIRE** XIIe s. : *refectorium*.

D. base *-fet*

♦ I1I **EFFET** XIIIe s. « résultat », XIVe s. *effet de commerce* : *effectus* ; **EN EFFET** adv. XVIIe s. ♦ I2I **PRÉFET** XIIe s. « préposé », XVIe s. collèges, fin XVIIIe s. administration : *praefectus* ; **SOUS-PRÉFET** XIXe s.

E. bases *-fic-, -fique*

♦ I1I suff. associés au suff. pop. -**FIER** ; -**FICE** apparait dans **ARTIFICE** → ART ; **ÉDIFICE** → ÉTÉ ; **OFFICE** → ŒUVRE, **SACRIFICE** → SAINT : *-ficium* ; -**FICIEL** : *-ficialis*, dans *artificiel, officiel, sacrificiel* ; -**FICATEUR** : *-ficator*, dans *sacrificateur* ; -**FICATION** : *-ficatio*, dans *béatification, bonification, édification* ; -**FIQUE** : *-ficus*, dans *béatifique, magnifique* ; -**FICENT**,

-FICENCE : *-ficens, -ficentia,* dans *munificent, munificence, magnificence.* ♦ 121 BÉNÉFICE XIIe s. « bienfait » et sens jur., eccl. ; XVIIe s. « profit » : lat. *beneficium* « bienfait » → 1 ; BÉNÉFICIER XVIe s. : « gratifier », XVIIIe s. sens mod. ; BÉNÉFICIAIRE XVIIe s. : lat. médiéval *beneficiarius* ; BÉNÉFIQUE XVIe s., rare avant le XXe s. : *beneficus.* ♦ 131 MALÉFICE, XIIIe s. : lat. *maleficium* « mauvaise action » → 1 ; MALÉFIQUE XVe s. : *maleficus* « malfaisant ». ♦ 141 DÉFICIENT XVIe s. : *deficiens,* part. présent de *deficere* ; DÉFICIENCE XXe s. ; DÉFICIT XVIe s. formule signalant dans un inventaire les articles manquants, XVIIIe s. fin. : mot lat. « il manque », de *deficere* ; DÉFICITAIRE XXe s. ♦ 151 DIFFICILE XIVe s. : *difficilis* ; DIFFICILEMENT XVIe s. ; DIFFICULTÉ XIIIe s. : *difficultas.* ♦ 161 EFFICIENT XIIIe s. : *efficiens,* part. présent de *efficere* ; COEFFICIENT XVIIe s. math. ; EFFICIENCE XXe s., sous l'influence de l'angl. *efficiency.* ♦ 171 EFFICACE XIIe s. subst., XIIIe s. adj. : *efficax* ; EFFICACITÉ XIVe s., élimine *efficace* subst. au XVIIe s. ♦ 181 SUPERFICIE XVIe s. : *superficies* ; SUPERFICIEL XIVe s. : lat. imp. *superficialis* ; SUPERFICIALITÉ XXe s.

F. représentants de *abscondere* et *sacerdos*
♦ 111 ABSCONS XVIe s. : *absconsus.* ♦ 121 SACERDOCE XVe s. à propos de l'Ancien Testament, XVIIe s. « prêtrise » en général : *sacerdotium,* dér. de *sacerdos* ; pour le 1er élément → SAINT ; SACERDOTAL XIVe s. : *sacerdotalis.*

IV. mots d'origine grecque

A. mots populaires, demi-savants ou empruntés
♦ 111 TAIE (pop.) XIIIe s. « enveloppe d'oreiller », XIVe s. ophtalm. « *thêkê,* par le lat. ♦ 121 BOUTIQUE XIVe s. : anc. prov. *botica,* du gr. *apothêkê,* prononcé à la manière du bas gr. ; ARRIÈRE-BOUTIQUE, BOUTIQUIER XVIe s. ♦ 131 APOTHICAIRE (demi-sav.) XIIIe s. : lat. médiéval *apothecarius,* dér. de *apotheca,* du gr. *apothêkê,* avec *i* empr. à *boutique.*

B. mots savants
♦ 111 THÈME XIIIe s. « sujet », XVIe s.-XVIIe s. « composition scolaire », « traduction », XVIIe s. astrol., XIXe s. mus. et ling. : *thema, -atos* ; THÉMATIQUE XIXe s. ♦ 121 ANATHÈME XIIe s. : *anathema,* par le lat. ; ANATHÉMATISER XIVe s. : *anathematizein,* par le lat. ♦ 131 ÉPITHÈTE XVIe s. : *epitheton.* ♦ 141 HYPOTHÈQUE XIVe s. : *hupothêkê,* par le lat. jur. ;

HYPOTHÉQUER, HYPOTHÉCAIRE XIVe s. ♦ 151 BIBLIOTHÈQUE XVe s. : *bibliothêkê* → BIBLE ; BIBLIOTHÉCAIRE XVIe s. ♦ 161 -THÈQUE : suff. tiré de *bibliothèque* indiquant un ensemble d'objets d'intérêt culturel, ex. : *phonothèque, discothèque,* etc. ♦ 171 THÈSE XVIe s. : *thesis.* ♦ 181 ANTITHÈSE XVIe s. : *antithesis* ; ANTITHÉTIQUE XVIIe s. ♦ 191 DIATHÈSE XVIe s. : *diathesis.* ♦ 1101 ÉPENTHÈSE XVIIe s. : *epenthesis* ; ÉPENTHÉTIQUE XVIIIe s. ♦ 1111 HYPOTHÈSE XVIe s. : *hupothesis,* par le lat. ; HYPOTHÉTIQUE XIIIe s. : *hupothetikos,* par le lat. ; HYPOTHÉTIQUEMENT XVIe s. ♦ 1121 PARENTHÈSE XVe s. : *parenthesis,* par le lat. ♦ 1131 PROSTHÈSE, PROTHÈSE XVIIe s., chir., XIXe s. gramm., XIXe s. dents : confusion de *prosthesis* et *prosthesis* ; PROSTHÉTIQUE, PROTHÉTIQUE XIXe s. ♦ 1141 SYNTHÈSE XVIIe s. : *synthesis* ; SYNTHÉTIQUE XVIIIe s. : *synthetikos* ; SYNTHÉTISER XIXe s. ♦ 1151 -SYNTHÈSE 2e élément de composés sav., ex. : *biosynthèse, photosynthèse,* etc.

FAISSELLE famille du lat. *fiscus* « corbeille », « panier à argent », « trésor impérial » ; dér. : (1) *fiscella* « forme d'osier pour égoutter le fromage » (2) *fiscalis* « fiscal » ; *confiscare* « faire entrer dans la cassette impériale ».

♦ 111 FAISSELLE (pop.) XIIe s. : *fiscella.* ♦ 121 FISC (sav.) XIVe s. : *fiscus* ; FISCAL XIVe s. : *fiscalis* ; FISCALITÉ XVIIIe s. ♦ 131 CONFISQUER ; CONFISCATION (sav.) XIVe s. : *confiscare, confiscatio.*

FAÎTE (pop.) XIIe s. frq. **first.* Orth. due à un rapprochement erroné avec le lat. *fastigium* ; FAÎTAGE, FAÎTIÈRE XIIIe s.

FAIX famille du lat. *fascis* « fagot », « paquetage de soldat », « faisceau de licteur », d'où *fasciculus* « petit paquet », *fascina* « fagot ».

♦ 111 FAIX (pop.) XIe s., *fais, fes* : *fascis* ; PORTEFAIX XIVe s. ; AFFAISSER XIIIe s., AFFAISSEMENT XVIe s. ♦ 121 FAISCEAU (pop.) XIIe s., *faissel* : lat. vulg. **fascellus,* dimin. de *fascis.* ♦ 131 FESSER (pop.) XVe s. : dér. de l'anc. fr. *fesce, faisse* « verges », du lat. vulg. **fascia* plur. de **fascium,* du class. *fascis* : croisé avec FESSE → FENDRE ; FESSÉE XVIe s. ; FESSE-MATHIEU XVIe s., littéralement « qui fesse saint Matthieu (patron des changeurs) pour obtenir de lui de l'argent ». ♦|4| FASCINE XVI⁰ s. : it. *fascina*, du lat. *fascina*, a éliminé l'anc. fr. *faissine* (pop.) de même origine. ♦|5| FASCICULE (sav.) XV⁰ s., XIX⁰ s. librairie : *fasciculus*. ♦|6| FASCISME, -ISTE XX⁰ s. : it. *fascismo, fascista*, dér. de *fascio* « faisceau de licteur », emblème du parti fasciste, du lat. vulg. *fascium. FASCISER, -ISATION XX⁰ s.

FAKIR XIII⁰ s. *faqui* : ar. *faqîh* « homme versé dans la connaissance de la loi divine » ; XVII⁰ s. *fakir* : ar. *faqîr* « pauvre ».

FALAISE (pop.) XII⁰ s. : mot normanno-picard, du frq. *falisa (→ all *Fels* « rocher »).

FALBALA XVII⁰ s. « volant plissé » : lyonnais *farbella*, p.-ê. altération de l'it. *faldella*, dimin. de *falda* « pan de vêtement », du frq. *falda « pli ».

FALOT XV⁰ s. subst. « plaisant », XVII⁰ s. adj., XX⁰ s. sens mod. : p.-ê. angl. *fellow* « compagnon », d'origine germ.

FAMILLE ♦|1| (demi-sav.) XII⁰ s. : lat. *familia*, dér. de *famulus* « serviteur », mot italique qui a dû désigner à l'origine l'ensemble des serviteurs vivant sous le toit et sous la puissance du *paterfamilias*, et même l'ensemble des choses nécessaires à ce groupe social, terre et animaux de labour ; a fini par devenir syn. de *gens* dans la langue courante, mais non dans celle du droit. ♦|2| FAMILIER (demi-sav.) XII⁰ s. : *familiaris* ; FAMILIARITÉ XII⁰ s. (sav.) : *familiaritas* ; FAMILIARISER XVI⁰ s. ; FAMILIAL XIX⁰ s. ♦|3| FAMILISTÈRE XIX⁰ s., sur le modèle de *phalanstère*.

FANFARE XVI⁰ s. : mot obscur, p.-ê. onom.

FANFARON XVI⁰ s. : esp. *fanfarron*, mot de formation expressive, indépendant, à l'origine, des mots de formation parallèle : fr. *fanfare*, it. *fanfano*, arabe *farfar*. FANFARONNADE XVI⁰ s. ; FANFARONNER XVII⁰ s.

FANGE (pop.) XII⁰ s. : germ. *fanga ; FANGEUX XII⁰ s.

FANON ♦|1| (pop.) XII⁰ s., a désigné divers objets pendants : frq. *fano « morceau d'étoffe ». ♦|2| FANION XVII⁰ s., une fois au XII⁰ s. : var. avec substitution de suff. ♦|3| GONFANON (pop.) XI⁰ s. : frq. *gundfano « étendard de combat » (→ all. *Fahne* « drapeau ») ; GONFALONIER XI⁰ s. : dér., avec dissimilation des *n*, d'où la var. GONFALON.

FANTÔME famille du verbe grec *phainein, phainesthai* « faire briller », « faire voir », « paraître ».

I. mots populaires, empruntés ou demi-savants

♦|1| FANTÔME XII⁰ s. (pop.) : lat. vulg. *fantauma, issu de *fantagma, altération du gr. *phantasma* « image », « apparition », p.-ê. par Marseille ; FANTOMATIQUE XIX⁰ s. ♦|2| FANTAISIE (demi-sav.) XII⁰ s. « vision », XIV⁰ s. « imagination » : lat. *phantasia* « imagination », du gr. *phantasia* « spectacle frappant l'imagination » ; FANTAISISTE XIX⁰ s. ♦|3| PANTOIS (pop.) XIV⁰ s. « haletant », XVII⁰ s. « étonné » : dér. de l'anc. fr. *pantoisier*, var. de *pantaisier*, du lat. vulg. *pantasiāre, dér. de *phantasia* « avoir des cauchemars », « haleter d'émotion » ; PANTELANT XVI⁰ s., de *panteler* XVI⁰ s., réfection, par substitution de suff., de *pantoisier*. ♦|4| FANTASIA XIX⁰ s. : ar. *fantaziya* empr. à l'esp. : « gloriole, fête brillante », avec restriction du sens en français. ♦|5| FANTASQUE XV⁰ s. : it. *fantastico*, du gr. *phantastikos* « qui concerne l'imagination », par le lat. ♦|6| FANAL XVI⁰ s. : it. *fanale*, dér. du gr. *phanos* « objet lumineux, lanterne ».

II. mots savants

♦|1| FANTASME XII⁰ s., XX⁰ s. psychanalyse : *phantasma* → FANTÔME. ♦|2| FANTASTIQUE XIV⁰ s. : *phantastikos* par le lat. → FANTASQUE. ♦|3| FANTASMAGORIE, -IQUE fin XVIII⁰ s. « image de lanterne magique » : composé à partir de *phantasma* → ALLÉGORIE. ♦|4| HIÉROPHANTE XVI⁰ s. : *hierophantês* « qui explique les mystères sacrés », par le lat. ♦|5| DIAPHANE XIV⁰ s. : *diaphanés* « qui permet de voir au travers », par le lat. ♦|6| ÉPIPHANIE XII⁰ s. : *epiphaneia* « action de se montrer », « manifestation de la puissance divine », par le lat. eccl. ♦|7| PHANÉROGAME XVIII⁰ s. bot. « dont les organes de fructification sont apparents » : de *phaneros* « visible » et *-game*. ♦|8| PHASE XVI⁰ s., d'abord astron. : *phasis* « apparition d'une étoile qui se lève » ; -PHASÉ XX⁰ s. électr. :

2ᵉ élément de composés, ex. : **MONOPHASÉ, DÉPHASÉ** d'où **DÉPHASAGE**. ♦|9| **EMPHASE** XVIᵉ s. : *emphasis* « expression forte », par le lat. ; **EMPHATIQUE** XVIᵉ s. : *emphatikos*, id. ♦|10| **PHÉNOMÈNE** XVIᵉ s., d'abord astron. puis météor. : *phainomenon*, plur. *-a*, « ce qui paraît », part. présent substantivé de *phainesthai* ; **ÉPIPHÉNOMÈNE** XVIIIᵉ s. ; **PHÉNOMÉNAL, PHÉNOMÉNOLOGIE, PHÉNOMÉNOLOGIQUE** XIXᵉ s. ♦|11| Mots de la chimie sur la base *phen-* « briller » : **PHÉNYLE, PHÉNOL, PHÉNIQUE**, etc., XIXᵉ s.

FAQUIN XVIᵉ s. : dér. de *(compaignon de la) facque* « portefaix », argot, du moyen fr. *fasque* « poche, sac », du néerl. *vak* « compartiment ». L'it. *facchino* vient du fr.

FARCIR famille du lat. *farcire, fartus*, lat. imp. *farsus*, bas lat. *farcitus* « farcir », d'où *fartura*, var. bas lat. *farsura* « remplissage » ; *infercire, infertus*, var. *infarcire* « bourrer dans ».
♦|1| **FARCIR** (pop.) XIIᵉ s. : *farcire*, **FARCE** XIIIᵉ s. cuis., XVᵉ s. théâtre « divertissement comique dont on *farcit* un mystère », d'où « plaisanterie » ; **FARCEUR** XVᵉ s. : dér. de *farser* XIIIᵉ s. « railler », et influence de *farce*.
♦|2| **FATRAS** XIVᵉ s. avec des dér. anc. fr. dès le XIIIᵉ s. : dér. ancien de *farsura* avec le suffixe *-aceus*. ♦|3| **INFARCTUS** (demi-sav.) XIXᵉ s. : réfection, sur le radical du présent, de *infartus*, part. passé de *infarcire*.

FARDEAU ♦|1| XIIᵉ s. : dér. de l'anc. fr. *farde*, de l'arabe *farda* « balle de vêtements, d'étoffes, de marchandises » ; **FARDIER** XVIIIᵉ s. ♦|2| **HARDES** XVIᵉ s. : équivalent gascon du fr. *farde* ; par l'aragonais *farda* « habit », de même origine.

FARDER (pop.) XIIᵉ s. frq. **farwidhon* « teindre » ; **FARD** XIIIᵉ s.

FARIBOLE XVIᵉ s. : mot dial. à nombreuses var., probablement apparenté à l'anc. fr. *falourde* « tromperie », d'origine obs.

FARINE famille du lat. *far, farris* « variété de blé ». ♦|1| **FARINE** (pop.) XIIᵉ s. : lat. *farina* ; **FARINIER** XIIIᵉ s. ; **ENFARINER** XIVᵉ s. ; **FARINER** XVᵉ s. ; **FARINEUX** XVIᵉ s.

♦|2| **CONFARRÉATION** (sav.) XVIᵉ s. : *confarreatio* « forme de mariage romain où l'épouse offrait du pain de froment ».

FASCINER (sav.) XIVᵉ s. : lat. *fascinare*, dér. de *fascinus* « sort jeté à quelqu'un » ; **FASCINATION** XIVᵉ s. : *fascinatio*.

FATIGUER (sav.) XIVᵉ s. : lat. *fatigare* « faire crever », en parlant des chevaux, puis « harasser », « importuner » ; **FATIGUE** XIVᵉ s. ; **INFATIGABLE** XIVᵉ s. : *infatigabilis* ; **FATIGANT** XVIIᵉ s.

FAUCON ♦|1| (pop.) XIᵉ s. : bas lat. IVᵉ s. *falco, -onis*, p.-ê. dér. de *falx, falcis* → FAUX, à cause de la forme des serres ou du bec de cet oiseau, recourbés comme une faucille ; **FAUCONNERIE** XIVᵉ s. ♦|2| **GERFAUT** (pop.) XIIᵉ s. : frq. **geirifalko*, de **ger* « vautour », et **falko* « faucon », probablement empr. au lat.

FAUTEUIL (pop.) XIᵉ s. *faldestueil*, forme mod. seulement au XVIIᵉ s. : frq. **faldistôl* « siège pliant », pour les grands personnages.

FAUVE (pop.) XIᵉ s. adj., XVIᵉ s. subst. : bas lat. (IXᵉ s.) *falvus*, du germ. occidental **falwa-* ; **FAUVETTE** XIIIᵉ s.

FAUX ♦|1| (pop.) subst. fém. XIIᵉ s. : lat. *falx, falcis* ; **FAUCILLE** XIIᵉ s. : dimin. bas lat. (Vᵉ s.) *falcicŭla*. ♦|2| **FAUCHER** (pop.) XIIᵉ s. : lat. vulg. **falcāre*, dér. de *falx* ; **FAUCHEUR, FAUCHAISON** XIIᵉ s. ; **FAUCHAGE** XIVᵉ s. ; **FAUCHEUX** XVIIIᵉ s. « araignée à longues pattes » : prononc. anc. de *faucheur*. ♦|3| **DÉFALQUER** (sav.) XIVᵉ s. : lat. médiéval *defalcare* « trancher avec la faux », ou empr. comme terme de finances à l'équivalent it.

FAVEUR famille du lat. *favēre, fautus* « favoriser », terme religieux à l'origine ; d'où *favor* « marque de faveur », *fautor*, issu du lat. arch. *favĭtor* « qui favorise ».
♦|1| **FAVEUR** (pop.) XIIIᵉ s., XVIᵉ s. : « ruban (donné par faveur à un cavalier par sa dame) » : *favor, -ōris*. ♦|2| **FAVORABLE** (sav.) XIIᵉ s. : lat. imp. *favorabilis* ; **FAVORISER** XIVᵉ s. ; **DÉFAVORABLE, DÉFAVORISER** XVᵉ s. ♦|3| **FAVORI, FAVORITE** XVIᵉ s. :

it. *favorito, -ita*, part. passés masc. et fém. de *favorire*, dér. de *favore*, du lat. *favōrem* ; **FAVORITISME** XIX⁰ s. ♦ |4| **FAUTEUR** (sav.) XIV⁰ s. : *fautor*.

FÈCES famille sav. du lat. *faex, faecis* (probablement d'origine méditerranéenne) « lie, dépôt », « excréments », d'où *faecula* « tartre (de vin) » et « raisiné » ; *faeculentus* « plein de lie, bourbeux » ; *faeculentia* « abondance d'ordure » ; *defaecare* « clarifier le vin », « enlever les impuretés ».

♦ |1| **FÈCES** XVI⁰ s. méd. : lat. *faeces*, plur. de *faex* ; **FÉCAL** XVI⁰ s. : dér. sur *faex* ; **DÉFÉQUER** XVI⁰ s. : *defaecare* ; **DÉFÉCATION** XVIII⁰ s. : *defaecatio*. ♦ |2| **FÉCULENCE** XIV⁰ s. « état d'un liquide qui dépose » : *faeculentia* ; **FÉCULENT** XVI⁰ s. : *faeculentus* au sens de « qui laisse un dépôt » ; **FÉCULE** XVIII⁰ s. « dépôt amylacé » : *faecula* ; **FÉCULERIE** XIX⁰ s.

FEINDRE famille du lat. *fingere, fictus* « modeler dans l'argile », « reproduire », « imaginer, inventer », d'où : (1) *fictio, -onis* « action de façonner, de feindre » ; (2) *-figies*, dans *effigies* « image en relief » ; (3) *figura* « configuration donnée à une chose », « figure de style ». — Dérivés : *figurare* « façonner » lat. imp. *configurare* « donner une forme », *transfigurare* « transformer » et bas lat. *praefigurare* « représenter d'avance ».

I. mots populaires

♦ |1| **FEINDRE** XI⁰ s. : *fĭngĕre* ; **FEINTE** XIII⁰ s. : part. passé fém. substantivé. ♦ |2| **FEIGNANT** XIII⁰ s. adj. : part. présent de l'anc. fr. *se feindre* « donner de mauvaises excuses », « être sans courage, paresseux » ; interprété ensuite comme *fait néant* → NÉANT, art. GENS.

II. mots savants

A. base *-fig-*

♦ |1| **EFFIGIE** XV⁰ s. : *effigies*. ♦ |2| **FIGURE** X⁰ s., **FIGURER** XII⁰ s. : *figura, figurare* ; **DÉFIGURER** XII⁰ s. ; **FIGURATION** XIII⁰ s., XVIII⁰ s. théâtre (ainsi que **FIGURANT**) : *figuratio* ; **FIGURATIF** XII⁰ s., XX⁰ s. art : bas lat. *figurativus* ; **FIGURINE** XVII⁰ s. : dimin. it. *figurina*. ♦ |3| **CONFIGURER, CONFIGURATION** XII⁰ s. : *configurare, -atio*. ♦ |4| **PRÉFIGURER** XIII⁰ s. : *praefigurare* ; **PRÉFIGURATION** XVII⁰ s. : *praefiguratio*. ♦ |5| **TRANSFIGURER** XII⁰ s. : *transfigurare* ; **TRANSFIGURATION** XIII⁰ s. : *transfiguratio*, d'abord à propos du Christ.

B. base *-fict-* **FICTION** XIII⁰ s. : *fictio* ; **FICTIF** XV⁰ s., rare avant le XVIII⁰ s. **SCIENCE-FICTION** XX⁰ s.

FÉLIN (sav.) XVIII⁰ s. : lat. *felinus*, dér. de *feles* « chat ».

FÉLON (pop.) X⁰ s. : bas lat. *fello, -onis*, du frq. **fillo*, réduction de **filljo*, nom d'agent dér. d'un verbe signifiant « fouetter » ; littéralement « qui fouette, maltraite (les esclaves) », d'où « méchant » ; **FÉLONIE** XI⁰ s.

FEMME famille d'une racine ind.-eur. **dhē-* « téter ».

En grec *thêlê* « bout de sein ».

En latin : (1) *fēmina* « femme », « femelle », reste d'un part. présent ancien, littéralement, à l'origine, « qui allaite », d'où le dimin. *femella*, très rare en lat., mais conservé en fr. et en prov., et *femininus*, formé par opposition à *masculinus*, avec sens gramm. dès le lat. (2) *fel(l)are* « allaiter », d'où bas lat. *fellibris* « nourrisson » ; (3) *feta* « pleine, grosse », d'où *fetus*, bas lat. *fœtus, -us* « grossesse », « action de mettre bas », « petit d'un animal », et lat. vulg. **feto, -onis* « petit d'un animal » ; (4) *fecundus* « fécond », avec le même suffixe que dans *rubicundus* → ROUGE, *verecundus* → VERGOGNE, art. SERF, qui peut être rattaché à la racine **ku-* « se gonfler » → CIME (5) *felix, -icis* « qui produit des fruits », « heureux », d'où *felicitas* « bonheur » ; (6) Probablement aussi *fenum* « produit du pré », « foin ».

I. mots issus du latin

A. mots populaires

♦ |1| **FEMME** XI⁰ s. : *femīna* ; **FEMELLE** XIII⁰ s. : *femella* ; **FEMMELETTE** XIV⁰ s. Pour les mots scientifiques exprimant la notion de « femme » → GYNÉC(O)-. ♦ |2| **FAON** XII⁰ s. « petit d'animal », pour **feon* : **fētône*. ♦ |3| **FOIN** XII⁰ s. : *fēnum* ; **SAINFOIN** XVII⁰ s., littéralement « foin sain pour le bétail » ; ♦ |4| **FENIL** XII⁰ s. : *fēnīle*, dér. de *fēnum* ; **FENAISON** XIII⁰ s. ; **FANER** XIV⁰ s., var. de *fener* ; **FANE** XI⁰ s. ; **FANEUR** XIII⁰ s. *feneor*. ♦ |5| **FENOUIL** XIII⁰ s. : lat. vulg. **fēnūcŭlum*, dimin. de *fēnum*.

B. mots savants

♦ |1| **FÉMININ** XI⁰ s. : *femininus* ; **EFFÉMINER** XII⁰ s. : *effeminare* « féminiser » ; **FÉMINISER**

XVIᵉ s. ; **FÉMINISME, FÉMINISTE, FÉMINITÉ** XIXᵉ s. ♦ |2| **FŒTUS** XVIᵉ s. : mot lat. ; **FŒTAL** XIXᵉ s. ♦ |3| **SUPERFÉTATION** XVIᵉ s. : *superfetatio*, du lat. imp. *superfetare* « concevoir de nouveau » ; **SUPERFÉTATOIRE** XXᵉ s. ♦ |4| **FÉCONDITÉ** XIᵉ s. : *fecunditas* ; **FÉCOND, FÉCONDER** XIIIᵉ s. : *fecundus, fecundare* ; **INFÉCONDITÉ** XIVᵉ s. : *infecunditas* ; **INFÉCOND** XVᵉ s. : *infecundus* ; **FÉCONDATION** XVᵉ s. ♦ |5| **FÉLIX**, adj. lat. utilisé comme nom propre. ♦ |6| **FÉLICITÉ** XIIIᵉ s. : *felicitas* ; **FÉLICITER** XVᵉ s. « rendre heureux », XVIIᵉ s. « complimenter » : bas lat. IVᵉ s. *felicitare* ; **FÉLICITATION** XVIIᵉ s. ♦ |7| **FÉLIBRE** XIXᵉ s. : mot empr. par Mistral à un récit populaire prov. qui parle des *Sept Félibres de la loi*, pour désigner les sept poètes fondateurs du **FÉLIBRIGE**, id. : *fellibris*.

II. mots savants issus du grec
ÉPITHÉLIUM, ÉPITHÉLIAL XIXᵉ s. : dér. sur *thêlê*.

FÉMUR (sav.) XVIᵉ s. : mot lat. « cuisse » ; **FÉMORAL** XVIIIᵉ s. : bas lat. *femoralis*.

FENDRE famille du lat. *findĕre, fissus*, lat. vulg. **finditus* « fendre », d'où : (1) -*fidus* « fendu », 2ᵉ élément de composés (2) *fissura* « fente » : (3) *fissio* « action de fendre » et *fissilis* « facile à fendre ».

♦ |1| **FENDRE** (pop.) Xᵉ s. : *findĕre* ; **POURFENDRE** XIIᵉ s. ; **POURFENDEUR** XVIIIᵉ s. ; **FENTE** XIVᵉ s. : part. passé fém. substantivé **findita*. ♦ |2| **FESSE** (pop.) XIVᵉ s. : *fissa*, part. passé substantivé de *findere* ; a éliminé *nache*, du lat. *natica* ; **FESSU** XIIIᵉ s. ; **FESSIER** XVᵉ s. ♦ |3| **BIFIDE, TRIFIDE** (sav.) XVIIIᵉ s. : *bifidus, trifidus* « fendu en deux, en trois ». ♦ |4| **FISSURE** (sav.) XIVᵉ s. rare avant le XVIIIᵉ s. : *fissura* ; **FISSURER** XVIᵉ-XVIIᵉ s. puis XXᵉ s. ♦ |5| **FISSILE** (sav.) XVIᵉ s. puis XIXᵉ s. : *fissilis* ; **FISSION** XXᵉ s. : *fissio*, par l'angl. ; **FISSIBLE** XXᵉ s. ; **FISSI-** 1ᵉʳ élément de composées sav., ex. : *fissipède*.

FENÊTRE (pop.) XIIᵉ s. : lat. *fenestra*.

FER ♦ |1| (pop.) Xᵉ s. : lat. *ferrum*. ♦ |2| **FERRER, DÉFERRER, ENFERRER** XIIᵉ s. ; **FERRURE** XIIIᵉ s. ; **MARÉCHAL-FERRANT** → MARÉCHAL. ♦ |3| **FERRONNERIE** XIIIᵉ s. ; **FERRONNIER** XVIᵉ s. ; **FERRONNIÈRE** XIXᵉ s., bijou semblable à celui que porte *la Belle Ferronnière*, peinte par L. de Vinci. ♦ |4| **FERRAILLE** XIVᵉ s. ; **FERRAILLER, FERRAILLEUR** XVIIᵉ s. ♦ |5| **FER-BLANC** XIVᵉ s. ; **FERBLANTIER** XVIIIᵉ s. ; **FERBLANTERIE** XIXᵉ s. ♦ |6| **FERREUX** XVIIIᵉ s. ; **FERRIQUE** XIXᵉ s. ♦ |7| **FERROVIAIRE** XXᵉ s. : it. *ferroviario*, dér. de *ferrovia* « chemin de fer ». ♦ |8| **FERRUGINEUX** XVIIᵉ s. : dér. du lat. *ferrugo, -inis* « rouille du fer ». Mots scientifiques exprimant la notion de « fer » → SIDÉRURGIE.

FÉRIR famille d'une racine ind.-eur. **bher-* « percer » représentée en lat. par *ferīre* « frapper » et *forare* « percer » ; probablement aussi en germ. par l'all. *Bohren* « percer » → BURIN.

♦ |1| **FÉRIR** (pop.) XIᵉ s., survit dans la loc. *sans coup férir* : *ferire* ; éliminé au XVIᵉ s. par *frapper* ; **FÉRU** XIᵉ s., part. passé « blessé », XVᵉ s., adj., sens mod. ♦ |2| **FORER** XIIᵉ s. : prov. *forar* ou it. *forare* : du lat. *forare*, ou p.-ê. empr. directement au lat. ; **FORET** XIIᵉ s. ; **FORAGE** XIVᵉ s. ; **FOREUSE** XIXᵉ s. ♦ |3| **PERFORER** : lat. class. *perforare* « percer », survivant dans la langue méd. du Moyen Âge ; **PERFORATION** XIVᵉ s. ; **PERFORATEUR, -ATRICE** XIXᵉ s. ; **PERFOREUSE** XXᵉ s.

FERLER ♦ |1| (pop.) XVIIᵉ s. « attacher la voile à la vergue » : probablement d'un anc. fr. °*ferle*, du lat. *ferŭla* « férule, plante à longue tige », « baguette » ; **DÉFERLER** XVIᵉ s. des voiles, XVIIIᵉ s. des vagues ; **DÉFERLEMENT** XXᵉ s. ♦ |2| **FÉRULE** (sav.) XIVᵉ s. : *ferula*.

FERME (adj ; et subst.) famille du lat. *firmus* « ferme » au propre et au fig. d'où (1) *infirmus* « faible », *infirmare* « affaiblir » (2) *firmitas, -atis* et *infirmitas* « solidité » et « faiblesse » (3) *firmare* « affermir » (4) *firmamentum (caeleste)* « la voûte céleste » qui traduit, en lat. eccl. le gr. *stereôma* « construction solide » (5) *affirmare* « fortifier », « donner pour certain » et *confirmare* « affermir, garantir », d'où *affirmatio, confirmatio*.

I. mots populaires
base -*ferm*-

♦ |1| **FERME** XIIᵉ s. adj. : forme fém. de *firma*, qui a éliminé le masc. *ferm*, de *firmus*. ♦ |2| **FERMEMENT** XIIᵉ s. ; **AFFERMIR, RAFFERMIR** XIVᵉ s. ; **AFFERMISSEMENT** XVIᵉ s. ; **RAFFERMISSEMENT** XVIIᵉ s. ♦ |3| **FERMER** XIᵉ s.

« fortifier » ; « garantir », XIIᵉ s. ; « clore » : *firmare*. ♦ 141 **AFFERMER** XIIᵉ s. ; **FERME** XIIIᵉ s. subst. fém. « convention que garantie », de *rente, bail* à *ferme* : dér. de *fermer* « garantir » ; **FERMIER** XIIIᵉ s. ; **FERMAGE** XIVᵉ s. ; **FERMETTE** XXᵉ s. ♦ 151 **ENFERMER, REFERMER** XIIᵉ s. ; **FERMOIR** XIIIᵉ s. : dér. de *fermer* « clore ». ♦ 161 **FERMETÉ** (demi-sav.) XIIᵉ s. « forteresse » ; XIIIᵉ s., sens mod. : *firmitas*, a éliminé l'anc. fr. **FERTÉ** (pop.) « forteresse » qui subsiste en toponymie ; **FERMETURE** (demi-sav.) XIVᵉ s. : réfection, sur le modèle de *fermeté*, de l'anc. fr. *fermeüre*.

II. mots savants
base -firm-

♦ 111 **AFFIRMER** XIIIᵉ s. : *affirmare* ; **AFFIRMATION** XIIᵉ s. : *affirmatio* ; **AFFIRMATIF** XIIIᵉ s. : bas lat. *affirmativus*. ♦ 121 **CONFIRMER, CONFIRMATION** XIIIᵉ s. : *confirmare, confirmatio*. ♦ 131 **INFIRME** XIIIᵉ s. : *infirmus*, a éliminé l'anc. fr. *enferm* (pop.) ; **INFIRMITÉ** XIVᵉ s. : *infirmitas* ; **INFIRMIER** XIVᵉ s. ; **INFIRMERIE** XVIIᵉ s. ♦ 141 **INFIRMER** XIVᵉ s., jur. : *infirmare* ; **INFIRMATION** XVᵉ s. : *infirmatio*. ♦ 161 **FIRMAMENT** XIIᵉ s. : *firmamentum*. ♦ 161 **FIRME** XIXᵉ s. : angl. *firm*, du lat. médiéval *firma*, calqué sur le fr. *ferme* (subst. → I. 4).

FÉTIDE (sav.) XVᵉ s. : lat. *foetidus* « puant », de *foetere* « puer ».

FÉTU (pop.) XIIᵉ s. : lat. vulg. *festucum, var. du lat. class. *festūca* « brin de paille ».

FEU famille du lat. *fŏcus* « foyer domestique, demeure des dieux lares et pénates », qui s'est substitué à *ignis* dans la langue pop. Pour les mots scient. exprimant l'idée de « feu ». → IGNÉ et PYR-.

♦ 111 **FEU** Xᵉ s. (pop., également sous la forme *fou*) : *fŏcus*. ♦ 121 base -fou- (pop.) **AFFOUAGE** XIIIᵉ s. : de l'anc. fr. *affouer*, du lat. vulg. **affocāre* « chauffer » ; **FOUACE** XIIᵉ s. : lat. vulg. *focacia*, du bas lat. *focacius (panis)* « (pain) cuit sous la cendre du foyer ». ♦ 131 **FOYER** XIIᵉ s. d'abord « fourneau » : bas lat. *focarium*, adj. neutre substantivé, dér. de *focus*. ♦ 141 **FUSIL** (pop.) XIIᵉ s. ; « briquet », XVIIᵉ s. ; « arme à feu » ; d'abord sous les formes *foisil* puis *fuisil* ; lat. vulg. **focilis (petra)* « pierre à feu » ; **FUSILIER** XVIᵉ s. ; **FUSILLER, FUSILLADE** XVIIIᵉ s. ♦ 151 **FUEL** XXᵉ s. : abréviation de l'angl. *fuel-oil* « huile combustible » ; 1ᵉʳ élément emprunté à l'anc. fr. *fouaille* : lat. médiéval *focalia* « combustible ». ♦ 161 **FOCAL** (sav.) XVᵉ s., puis XIXᵉ s. : dér. sur *focus*.

FEUILLE famille du lat. *folium* « feuille ». Pour les mots scientifiques exprimant la notion de « feuille » → PHYLL-, art. CERFEUIL.

I. mots populaires
♦ 111 **FEUILLE** XIIᵉ s. « feuille d'arbre » et « feuille de papier » : *folia*, plur. de *folium* pris pour un fém. ; **MILLE FEUILLES** XVIᵉ s., bot., XVIIIᵉ s., gâteau. ♦ 121 **FEUILLÉE, FEUILLU** XIIᵉ s. ; **DÉFEUILLER** XIIIᵉ s. ; **EFFEUILLER, FEUILLAGE** XIVᵉ s. ; **FEUILLAISON** XVIIIᵉ s. ♦ 131 **FEUILLET** XIIᵉ s. ; **FEUILLETER** XVIᵉ s. ; **FEUILLETON** fin XVIIIᵉ s. « petit cahier », XIXᵉ s. dans un journal ; **FEUILLETONISTE** XIXᵉ s. ♦ 141 **FEUILLURE** et **FEUILLER** XIVᵉ s., techn., par comparaison de l'entaille ainsi pratiquée avec une feuille. ♦ 151 **TRÈFLE** XIIIᵉ s. : lat. vulg. **trifŏlum*, adaptation, d'après le gr. *triphullon*, du lat. *trifolium* « herbe à trois feuilles », « trèfle », ; **TRÉFLÉ** XVIᵉ s. ♦ 161 **TRIOLET** XVᵉ s. poème à forme fixe et sorte de danse ; XIXᵉ s. sens mus. mod. : dimin. d'un mot courant dans les dial. méridionaux, en part. prov. *treule*, équivalent de fr. *trèfle*, emploi métaph.

II. mots savants
base -fol-

♦ 111 **EXFOLIER** XVIᵉ s. : lat. imp. *exfoliare* ; **EXFOLIATION** XVIᵉ s. ; **DÉFOLIATION** XXᵉ s. ♦ 121 **FOLIE** : *foliatus* ; **FOLIOLE** : *foliolum*, dim. de *folium* ; **FOLIAIRE, FOLIATION** XVIIIᵉ s. ; **TRIFOLIÉ** XIXᵉ s. ♦ 131 **IN-FOLIO** XVIIᵉ s. : mot lat. « en feuille » ; d'où **FOLIO** XVIIᵉ s. ; **INTERFOLIER** XIXᵉ s.

FEUILLETTE (pop.) XVᵉ s. « demi-barrique » : mot obscur ; p.-ê. dér. de *feuiller* « faire une feuillure » ; mais *feuillure* n'est pas attesté dans le vocabulaire de la tonnellerie ; plus probablement altération d'une forme **fuillette*, qui se rattacherait au germ. **fulljā* « mesure pleine » (→ angl. *full*), qui repose sur la même rac. que le lat. *plenus* → PLEIN ; souvent altéré en **FILLETTE**, attesté dès le XIVᵉ s.

FEUTRE ♦ 111 (pop.) XIIᵉ s. : frq. **filtir* ; **FEUTRER** fin XIIᵉ s. ; **FEUTRAGE** XVIIIᵉ s. ♦ 121

FILTRE (sav.) XVIe s. : lat. médiéval des alchimistes *filtrum*, adaptation du frq. **filtir* ; **FILTRER, S'INFILTRER, INFILTRATION** XVIe s. ; **FILTRAGE** XVIIe s. ; il est possible que la racine sur laquelle reposent ces deux mots soit celle du lat. *polire* (→ POLIR), qui, en ce cas, signifierait à l'origine « battre l'étoffe pour l'apprêter ».

FÈVE (pop.) XIIIe s. : lat. *faba* ; **FÉVEROLLE** XIVe s. (de même que les toponymes FAVEROLLE, FAVIÈRE).

FÉVRIER (pop.) XIIe s. : bas lat. *febrarius* : class. *februarius (mensis)* « mois des purifications », le dernier de l'ancienne année romaine, de *februus* « purificateur », anc. adj. de la langue religieuse, d'origine sabine.

FIBRE (sav.) XIVe s. : lat. *fibra* « filament » ; **FIBREUX** XVIe s. ; **FIBRILLE** XVIIe s. et **FIBRILLATION** XIXe s. ; **FIBRINE** XVIIIe s. et **FIBRINOGÈNE** XXe s. ; **FIBROME** XIX ; **FIBRANNE** XXe s.

FICHER famille du lat. *figere*, *fixus* « ficher », lat. vulg. **figicare* ; d'où *affigere* « accrocher à » ; *praefigere* « fixer en avant » ; *suffigere* « fixer dessous ou par-derrière » ; *transfigere* « transpercer ».

I. mots populaires

♦ |1| **FICHER** XIIe s. « fixer », XVIIe s. « donner », euphémisme pour « foutre » et, pron., « se moquer » (p.-ê. sous l'influence de l'it. *infischiarsi*, « id. » de *fischiare* « siffler ») ; XVIIIe s. *ficher le camp* : lat. vulg. **ficcāre*, de **figicare* ; **FICHE** XIVe s. « chose fichée », XVIIe s. « carte » ; **FICHIER** XXe s. ; **FICHU** XVIIe s. adj. ; XVIIIe s. subst. « vêtement (mis à la hâte) ». ♦ |2| **FICHAISE, SE CONTRE-FICHER** XIXe s. ♦ |3| **FICHTRE** XIXe s. : contamination de *ficher* et de *foutre*. ♦ |4| **AFFICHER** XIe s. ; **AFFICHE** XIIIe s. « agrafe », XVIe s. « pancarte » ; **AFFICHAGE, AFFICHEUR** FIN XVIIIe s. ♦ |5| **AFFIQUET** XIIIe s. : dimin. d'*affique* forme normanno-picarde d'*affiche*.

II. mots savants

♦ |1| **FIXE** XIIIe s. : *fixus* ; **FIXER** XIVe s. ; **FIXATION** XVe s. ; **FIXITÉ** XVIIe s. ; **FIXATEUR, FIXATIF, FIXISME** XIXe s. ♦ |2| **AFFIXE** XVIe s. : *affixus* ; **PRÉFIXE** XVIIIe s. : *praefixus* ; **PRÉFIXER, PRÉFIXATION** XIXe s. ; **SUFFIXE** XIXe s. : *suffixus* ; **SUFFIXER, SUFFIXATION,** **SUFFIXAL** XIXe s. ; **INFIXE** XIXe s. : *infixus*. ♦ |3| **TRANSFIXION** XIXe s. : dér. sur *transfixus*.

FIEF famille d'un thème ind.-eur. **peku* « troupeau ».

En latin : (1) *pecus -oris* « troupeau », puis lat. imp. « tête de bétail » d'où *peculium* « petite part du troupeau laissée en propre à son gardien » ; *peculari* « faire son pécule » et *peculatus, -us* « concussion » (2) *pecunia* « richesse en bétail » puis « en argent », d'où *pecuniarius* « relatif à l'argent » et *pecuniosus* « riche ».

En germanique : got. *faihu*, anc. haut all. *fihu*, all. *vieh* et frq. **fehu* « bétail », lat. vulg. *fevum* attesté en lat. carolingien, puis, XIe s., *feodum* et *feudum* analogiques de *allodium* → ALLEU. Un verbe *fiever* issu de **fevare* doit être à l'origine du *-f* final de *fief*.

I. mots issus du francique

♦ |1| **FIEF** (pop.), également *fieu* et *fié* XIe s. : *fevum* ; **FIEFFÉ** XIIIe s. adj. : anc. part. passé de l'anc. fr. *fieffer* « pourvoir d'un fief », var. de *fiever*. ♦ |2| **FÉODAL** (sav.) XIVe s. : lat. médiéval *feodalis* ; **INFÉODATION** XIVe s., **INFÉODER** XVe s. ; **FÉODALITÉ** XVIe s. ♦ |3| **FEUDATAIRE** XVe s., rare avant le XVIIIe s. : lat. médiéval *feudatarius*, dér. de *feudum*.

II. mots issus du latin

♦ |1| **PÉCORE** (sav.) XVIIe s. : it. *pecora* « brebis », « bête sans intelligence » : lat. vulg. *pecora* neutre, plur. de *pecus* pris pour un fém. ♦ |2| **PECQUE** XVIIe s. : prov. *peco* « sotte », fém. de l'adj. *pec* : *pecus* → le précédent. ♦ |3| **PÉCUNE** (sav.) XIIe s. : *pecunia* ; **PÉCUNIAIRE** XIIIe s. : *pecuniarius* ; **PÉCUNIEUX** XIVe s. : *pecuniosus* ; **IMPÉCUNIEUX** XVIIIe s. ♦ |4| **PÉCULE** (sav.) XIVe s. : *peculium* ; **PÉCULAT** XVIe s. : *peculatus*.

FIEL (pop.) XIIe s. : lat. *fĕl* ; **ENFIELLER** XIIIe s. ; **FIELLEUX** XVe s.

FIENTE ♦ |1| (pop.) XIIe s. : lat. vulg. **fēmita*, dér. de **fēmus*, altération d'après *stercus*, même sens, du lat. class. *fimus* « fumier » ; **FIENTER** XIVe s. ♦ |2| **FUMIER** (pop.) XIVe s., var. labialisée de *femier* XIIe s. : **femarium* ; **FUMER** id. **femare* ; **FUMURE** XIVe s.

FIER famille d'une racine ind.-eur. **ghwer-* « sauvage ».

En grec *thêr* et *thêrion* « bête sauvage » d'où *thêriakos* « bon contre la morsure des bêtes sauvages ».
En latin *fĕrus* « sauvage » d'où (1) *fera (bestia)* et lat. carolingien *feramen,-inis* « bête sauvage » (2) *efferare* « donner un air farouche » (3) *ferox, -ocis* « intraitable, orgueilleux ».

I. mots issus du latin

♦ |1| **FIER** (pop.) XI⁰ s. : *ferus* ; **FIERTÉ, FIÈREMENT** id. ; **FIER-À-BRAS** XIV⁰ s. s., nom d'un héros de chanson de geste. ♦ |2| **EFFARÉ** (pop.) XIII⁰ s., d'abord sous la forme *efferé* : *efferatus* ; **EFFARER** XIV⁰ s. ; **EFFAREMENT** XIX⁰ s. ♦ |3| **FARAMINEUX** (pop.) XVIII⁰ s. : dér. du dial. (Ouest, Centre) *(bête) faramine*, lui-même dér. d'un simple attesté en anc. prov. sous la forme *feram* : bas lat. *feramen*. ♦ |4| **FÉROCE** (sav.) XV⁰ s. : *ferox* ; **FÉROCITÉ** XIII⁰ s. : *ferocitas*. ♦ |5| (→ aussi l'article AFFRE).

II. mots issus du grec

♦ |1| **THÉRIAQUE** (sav.) XVI⁰ s. : *thêriakos*. ♦ |2| **-THÉRIUM** 2⁰ élément de composés sav. de la langue de la paléontologie tels que **MÉGATHÉRIUM** XVIII⁰ s., **PALÉOTHÉRIUM** XIX⁰ s. : gr. *thêrion*.

FIÈVRE famille du lat. *febris* « fièvre », d'où *febrilis* « fiévreux » ; *febricitare* « avoir la fièvre » et *febrifuga* « qui chasse la fièvre », nom de plante (→ aussi PYRETO-, art. PYRITE).

♦ |1| **FIÈVRE** (pop.) XII⁰ s. : *febris*, **FIÉVREUX** XII⁰ s. ; **ENFIÉVRER** XVI⁰ s. ; **FIÉVREUSEMENT** XIX⁰ s. ♦ |2| base *fébri-* (sav.) **FÉBRICITANT** XIV⁰ s. ; **FÉBRIFUGE** XVIII⁰ s. ; **FÉBRILE** XVI⁰ s. ; **FÉBRILEMENT** XIX⁰ s. ; **FÉBRILITÉ** XX⁰ s.

FIGUE famille d'un mot méditerranéen pré-ind.-eur. à consonne initiale interdentale, empr. par le grec sous la forme *sukon* « figue », d'où *sukophantès* (→ HIÉROPHANTE, art. FANTÔME) « dénonciateur de ceux qui volent les figues des figuiers consacrés, ou qui exportent des figues de contrebande », d'où « délateur ».
En latin *ficus* « figue ». Les Grecs engraissaient leurs oies avec des figues pour leur faire grossir le foie, d'où l'expression *hêpar sukoton*, en lat. *ficatum jecur* « foie aux figues », devenue si courante que dans la langue pop. *ficatum* a éliminé *jecur* et pris le sens de « foie » ; la forme gr. a dû de plus être empr., p.-ê. sous une forme **sĕcŏtum*, d'où, en lat. vulg., trois types d'altérations : (a) déplacement de l'accent sur la syllabe initiale (d'où esp. *higaldo*, picard *fie*) (b) substitution d'un *ē* (de **sĕcŏtum* ?) au *ī* de *ficatum*, d'où **fēcātum* (fr. *foie*) (c) forme à métathèse consonantique **fētcum* (catalan *fetge*, wallon *fete*) d'où un verbe **feticāre* « prendre l'aspect et la consistance du foie ».

♦ |1| **FIGUE** XII⁰ s. : anc. prov. *figa*, du lat. vulg. **fica*, réfection de *ficus* sur le modèle des noms de fruits en -*a* ; **FIGUIER** XIII⁰ s. ♦ |2| **FOIE** (pop.) XII⁰ s. (X⁰ s., XI⁰ s. sous d'autres formes) : **fēcātum* ; pour les mots scientifiques exprimant la notion de « foie » → HÉPAT(O)-. ♦ |3| **FIGER** XIII⁰ s. (pop.) : réfection, p.-ê. sous l'influence du picard, *fie*, de l'anc. fr. *fegier*, de **feticāre*, qui a dû, à l'origine, se dire du sang. ♦ |4| base *fic-* (sav.) dans **FIC** XIII⁰ s. « figue » puis « verrue » ; **FICAIRE** XVIII⁰ s. : *ficaria* « herbe à verrues » ; **FICOÏDE** **feticāre* ; **FICUS** XIX⁰ s. ♦ |5| **SYCOPHANTE** (sav.) XV⁰ s. : gr. *sukophantès*, par le lat. ♦ |6| **SYCOMORE** XII⁰ s. : gr. *sukomoros*, par le lat., « sorte de figuier d'Égypte », de *sukon* « figue » et *moron* « mûre » → ce mot, d'origine méditerranéenne.

FIL famille du lat. *filum* « fil » et « fil de l'épée », d'où bas lat. *filare* « filer » et *filamentum* « ouvrage formé de fils ».

I. famille de *filum* (à l'exception de *filare* et de ses dérivés)

♦ |1| **FIL** (pop.) XII⁰ s. « brin long et fin de matière textile » et « bord mince » : *filum* ; **FILASSE** XII⁰ s. : lat. vulg. **filacea* ; **FICELLE** XIV⁰ s. : lat. vulg. dimin. **filicĕlla* ; **FICELER** XVII⁰ s. ; **FILIN** XVII⁰ s. ; **SANS-FILISTE** dér. de *(téléphonie) sans fil*. ♦ |2| **FILET** XII⁰ s. dimin. de *fil*, XIV⁰ s. viande, XVI⁰ s. pêche (d'abord sous la forme *filé* XIV⁰ s.) ; **FILETER** XIII⁰ s. ; **FILETAGE** XIX⁰ s. ; **ENTREFILET** XIX⁰ s. ; **CONTRE-FILET** XX⁰ s. ♦ |3| **AFFILER** XII⁰ s. ; **EFFILER** XVI⁰ s. ; **EFFILOCHER** XVIII⁰ s. ♦ |4| **TRÉFILERIE** XIII⁰ s. : dér. de l'anc. fr. *trefilier* « ouvrier qui fait passer le fil à travers la filière » ; **TRÉFILEUR, TRÉFILER** XIX⁰ s. ; **FILIÈRE** XIV⁰ s. « instrument destiné à étirer des fils ». ♦ |5| **MORFIL** XVII⁰ s. : 1ᵉʳ élément *mort*. ♦ |6| **ENFILER** XIII⁰ s. « traverser par un fil » ; **ENFILADE** XVII⁰ s. ; **DÉFILER** XIII⁰ s.

« enlever le fil » ; **DÉSENFILER** XVIIe S. ♦ 171
FAUFILER « passer un fil » → DEHORS. ♦ 181
FILIGRANE XVIIe S. : it. *filigrana* « fil à grains ». ♦ 191 **FILON** XVIe S. : it. *filone*, augmentatif de *filo* « fil ». ♦ 1101 **PROFIL** XVIIe S. : it. *profilo*, dér. de *profilare*, lui-même dér. de *filo* au sens de « bord » par opposition à « surface » ; a éliminé l'anc. fr. *porfil* « bordure » et « profil » ; **PROFILER** XVIIe S. ♦ 1111 **FILAMENT** (sav.) XVIe S. : *filamentum*.

II. famille de *filare*

♦ 111 **FILER** (pop.) XIIe S. « transformer en fil », d'où divers sens fig., en particulier « aller droit devant soi » et XVIIIe S. « se sauver » : *filáre*. ♦ 121 **FIL** (de l'eau) XIIe S. ♦ 131 **FILEUR, -EUSE** XIIIe S. ; **FILAGE** id. ♦ 141 **FILANDIÈRE** XIIIe S., dér. d'un anc. fr. **filande* altéré plus tard en **FILANDRE** XIVe S. : *filanda* « choses à filer » ; **FILANDREUX** XVIIe S. ♦ 151 **FILATURE** XVIIIe S. ; **FILATEUR** XIXe S. : dér. sav. de *filer*. ♦ 161 **FILE** (pop.) XVe S., dér. de *filer* au sens fig. ; **DÉFILER** XVIIe S. « aller à la file » ; **DÉFILÉ** XVIIe S., dans les montagnes « passage étroit où l'on file aller à la file » ; mod. milit. ; **D'AFFILÉE** XIXe S. : du verbe *affiler* XIVe S. « ranger ». ♦ 171 **FILOU** XVIe S. « voleur qui n'use pas de violence » : var. dial. (Ouest) de *fileur* ; **FILOUTER, -ERIE** XVIIe S.

FILM XIXe S. : mot angl. d'origine germ., « pellicule » ; **MICROFILM** XXe S. ; **FILMER, -AGE** XXe S. ; **FILMO-** 1er élément de composés.

FILS ♦ 111 (pop.) Xe S. : lat. *filius* ; **BEAU-FILS** → BEAU ; **PETIT-FILS** XIIIe S. ; **ARRIÈRE-PETIT-FILS** XVIe S. ; **FISTON** XVIe S. ♦ 121 **FILLE** (pop.) XIe S. : lat. *filia* ; **PETITE-FILLE, ARRIÈRE-PETITE-FILLE** XVIIe S. ; **FILLETTE** XIIe S. ♦ 131 **FILLEUL** XIIe S. (pop.) : *filiŏlus*, dimin. affectueux de *filius*, avec restriction d'emploi dans la langue religieuse. ♦ 141 **HIDALGO** XVIe S. : mot esp. « gentilhomme » : anc. esp. *fijo* (puis *hijo*) *d'algo*, littéralement « fils de quelqu'un », avec la forme abrégée *hi* pour *hijo* : *filius*. ♦ 151 **FILIATION** (sav.) XIIIe S. : bas lat. jur. *filiatio* ; **FILIAL** XIVe S. : bas lat. *filialis*. ♦ 161 **AFFILIER** (sav.) XIVe S. : lat. médiéval *affiliare* « prendre pour fils ou pour adepte » : **AFFILIATION** XVIe S.

FIN famille du lat. *finis* « borne », « limite d'un champ, d'un territoire » et au fig. « terme », « but » (qui sert à traduire le gr. *telos* dans la langue de la philo, et de la gramm.), et « la partie la plus parfaite de quelque chose ». — Dér. : (1) *confinium* « limite commune » ; (2) *adfinis* « limitrophe » et *adfinitas* « voisinage », « parenté par alliance » ; (3) *finire, finitus* « délimiter » ; *infinĕtus* « sans limites », « indéterminé » ; *infinitas* « immensité » ; *infinitivus modus* « mode indéterminé », « infinitif » (4) *definire* « délimiter, définir » ; *definitio* « délimitation » ; bas lat. jur. *definitivus* « décisif » (5) bas lat. *finalis* « final », surtout gramm. et philo.

I. FIN (pop.) subst. fém. Xe S. « terme, limite », XIVe S. « but » : *finis* ; **ENFIN** adv. XIIe S. ; **AFIN DE, QUE** XIVe S.

II. FIN (pop.) adj. XIe S. « extrême, parfait », XVIIe S. « dont les éléments sont très petits » : emploi adj. du subst. précédent au sens de « ce qu'il y a de plus parfait » ; **FINESSE** XIVe S. ; **FINAUD** XVIIIe S. ; **SUPERFIN** XVIIe S. ; **SURFIN** XIXe S.

III. famille du substantif *fin*

♦ 111 **FINIR** XIe S. (pop.) d'abord sous la forme *fenir* : *finire*, puis XIXe S. ; **FINITION** XVIe S. puis XIXe S. ; **FINISSEUR** XIIIe S. puis XVIIIe S. ; **FINISSAGE** XVIIIe S. ♦ 121 **FINANCE** XIIIe S. : dér. de l'anc. fr. *finer*, var. de *finir*, spécialisé dans le sens de « terminer une affaire en payant » ; **FINANCIER, FINANCER** XVe S. ; **FINANCEMENT** XIXe S. ; **AUTOFINANCEMENT** XXe S. ♦ 131 **FINALE** XVIIIe S., mus. subst. masc. : mot it. *finálem*. ♦ 141 **FINAL** (sav.) XVIe S. : *finalis*, XXe S. subst. fém. sport ; **FINALITÉ** XIXe S., **-ISME, -ISTE** XXe S. ♦ 151 **AFFINITÉ** (sav.) XIIe S., sens lat., XVIIe S. sens mod. : *affinitas* ; **PARAFFINE** XIXe S. : *parum affinis* « qui a peu d'affinité (avec les autres corps) » ; déjà au XVIe S. pour désigner une sorte de résine. ♦ 161 **INFINI, INFINITÉ** (sav.) XIIIe S. : *infinitus, infinitas* ; **INFINIMENT** XIVe S. ; **INFINITIF** XIVe S. : *infinitivus (modus)* ; **INFINITÉSIMAL** XVIIIe S. ♦ 171 **CONFINS** (sav.) XVe S., XIVe S. sous la forme *confine* : *confinium* ; **CONFINER** XIVe S. ♦ 181 **DÉFINITION, DÉFINITIF** (sav.) XIIIe S. : *definitio, definitivus* ; **INDÉFINI** XIVe S. : *indefinitus* ; **DÉFINIR** XVe S. : *definire* ; **INDÉFINIMENT** XVIe S. ; **DÉFINISSABLE** XVIIe S.

IV. famille de l'adjectif *fin*

♦ 111 **AFFINER** XIIIe S. ; **AFFINAGE** XIVe S. ; **AFFINEMENT** XVIe S. ♦ 121 **RAFFINER** XVIe S. ;

RAFFINEMENT XVIIᵉ s. ; **RAFFINAGE, -EUR, -ERIE** XVIIᵉ s. ♦|3| **FINASSER** XVIIᵉ s. : altération de *finesser* ; **FINASSERIE, -EUR** XVIIIᵉ s. ♦|4| **FIGNOLER** XVIIIᵉ s., p.-ê. d'origine méridionale ; **FIGNOLEUR, -AGE** XIXᵉ s. ♦|5| **FINETTE** XVIᵉ s., étoffe ; **FINE** XIXᵉ s., eau-de-vie : adj. substantivé.

FIOLE (demi-sav.) XIIᵉ s. : lat. médiéval *phiola* ou anc. prov. *fiola*, du lat. class. *phiala*, du gr. *phialè* « coupe sans pied ni anse », « bouilloire ».

FLACON ♦|1| (pop.) XIVᵉ s. : bas lat. (VIᵉ s.) *flasco, -onis*, du germ. occidental **flaska* « bouteille clissée ». ♦|2| **FIASCO** XIXᵉ s. : mot. it., « bouteille » et « échec », dans l'argot des théâtres d'Italie : même origine que *flacon* ; l'origine du sens d'« échec » se trouve p.-ê. dans la loc. *appicar il fiasco* « attacher une bouteille (à une maison où l'on avait ouvert un débit de vin) », d'où « diffamer », dès le XVᵉ s.

FLAGEOLET ♦|1| XIXᵉ s. : dimin. de *flageole* attesté à date récente dans divers dial. : altération, p.-ê. sous l'influence des quasi-homonymes *flageolet* et *flageoler* (→ ENFLER), de la var. *fageole*, de l'it. *fagiolo* « haricot », du lat. vulg. **fasiolus*, du bas lat. *phaseolus*, class. *phaselus*, du gr. *phasêlos* « sorte de haricot ». ♦|2| **FAYOT** XVIIIᵉ s. : prov. *faïou* de même origine. ♦|3| **FASÉOLE** (sav.) XVIᵉ s. : *phaseolus*.

FLAGORNER (pop.) XVᵉ s. : d'abord « parler à l'oreille » : origine obscure ; **FLAGORNEUR** XVIᵉ s.

FLAIRER ♦|1| (pop.) XIIIᵉ s. : lat. vulg. **flagrāre*, forme dissimilée du lat. class. *fragrare* « exhaler » ou « sentir une odeur » ; **FLAIR** XIIᵉ s. ♦|2| **FRAGRANCE** (sav.) XIIIᵉ s. : *fragrantia* « bonne odeur », dér. de *fragrare*.

FLAMINE ♦|1| (sav.) XIVᵉ s. : lat. *flamen, -inis* « prêtre attaché au culte d'une divinité particulière ». ♦|2| **BRAHMANE** XVIᵉ s. : sanscrit *brāhmana*, par le port., de *brahma* « prière » et nom de la divinité suprême ; il est probable que *flamine* et *brahmane* représentent le même mot du vocabulaire de la caste sacerdotale, conservé aux deux extrémités du monde ind.-eur.

FLAMME (lancette de vétérinaire) famille du gr. *phleps, phlebos* « veine ».

♦|1| **FLAMME** (pop.) XIIᵉ s. : altération, d'après son homonyme, de *fliéme*, du lat. vulg. **flĕtomus*, réduction du gr. *phlebotomos* « coupe-veine » ; **FLAMMETTE** XIVᵉ s. ♦|2| **PHLÉBITE** (sav.) XIXᵉ s. ♦|3| **PHLÉBO-** 1ᵉʳ élément de composés sav., ex. : PHLÉBOTOMIE XIIIᵉ s.

1. FLAN (pop.) « gâteau » XIVᵉ s., XIIᵉ s. *flaon* : frq. **flado*.

2. FLAN XIXᵉ s., argot, dans les locutions *au flan, à la flan* : probablement var. de l'interjection *vlan !* → BOUM !

FLANC ♦|1| (pop.) XIᵉ s. : frq. **hlanka* « hanche », avec réfection d'une forme masc. sing., ce mot étant pris pour un plur. neutre : **FLANCHET** XIVᵉ s. boucherie. ♦|2| **BAT-FLANC** XIXᵉ s. « pièce de bois qui sépare deux chevaux dans une écurie ». **TIRE-AU-FLANC** XIXᵉ s. argot milit., var. *tire-au-cul*. ♦|3| **FLANQUER** XVIᵉ s. « garnir sur les flancs » et « attaquer de côté » d'où « lancer rudement ». ♦|4| **EFFLANQUÉ** XVIIᵉ s., XIVᵉ s. *efflanché*.

FLÂNER XIXᵉ s. : mot dial. (Normandie) : anc. scandinave *flana* « courir çà et là » ; **FLÂNERIE, FLÂNEUR** XIXᵉ s. : mots attestés dès les XVIᵉ s.-XVIIᵉ s. dans des textes normands.

FLAQUE famille du lat. *flaccus* « pendant, mou, flasque », d'où *flaccidus* « id. ».

♦|1| **FLAQUE** (pop.) XIVᵉ s. : probablement forme normanno-picarde du fr. *flache*, adj. « molle », subst. « partie affaissée de quelque chose », « creux d'une route plus ou moins rempli d'eau », forme fém. de l'adj. *flac* « mou », de *flaccus* ; a pu se confondre dans le Nord de la France avec le moyen néerl. *vlacke* « étang maritime ». ♦|2| **FLASQUE** (pop.) XVᵉ s. : altération expressive, p.-ê. sous l'influence d'une orthographe erronée, du picard *flaque*, var. du fr. *flac, flache*. ♦|3| **FLÉTRIR** (pop.) XIIᵉ s. « faner » : dér. de l'adj. anc. fr. *flaistre* « fané », altération de **flaiste*, de *flaccidus* ;

FLÉTRISSURE XV° s. ♦|4| FLANCHER (pop.) XIX° s., argot, divers sens : probablement altération (sous l'influence de 2. **FLAN** ?) du dial. (Centre, Ouest), *flacher* « mollir », dér. de *flache*. ♦|5| FLAPI (pop.) XIX° s. : mot lyonnais, de *flapir* « amollir » XV° s., de *flap* « mou », p.-ê. croisement entre *flac* et l'all. dial. *schlapp* « mou ». ♦|6| FLACCIDITÉ (sav.) XVII° s. : dér. sur *flaccidus*.

FLATTER ♦|1| (pop.) XII° s. « caresser du plat de la main » et sens fig., var. de *flatir*, du frq. **flatjan*, dér. de **flat* « plat » ; FLATTERIE, FLATTEUR XIII° s. ♦|2| FLÉTRIR (pop.) XII° s. « marquer au fer rouge », « déshonorer » : altération, d'après *flétrir* « faner », de *flatir*, de **flatjan* « appliquer à plat (le fer rouge) » ; FLÉTRISSURE XVII° s.

FLÉAU famille du lat. *flagrum* « fouet à plusieurs lanières garnies de boutons de métal ou d'os » ; dimin. *flagellum* « fouet plus léger, cinglant », et bas lat. « instrument à battre le blé » (IV° s.), dès le lat. class. sens fig. de « calamité » et en lat. eccl. « châtiment envoyé par Dieu ». — Dér. : lat. imp. *flagellare*, bas lat. *flagellatio*.

♦|1| FLÉAU (pop.) X° s. *flael*, *flaie*, sens propre et fig. anciens : *flagëllum*. ♦|2| FÊLER (pop.) XIV° s. *faieler*, issu par dissimilation de **flaieler*, de *flaiel*, les « fêlures » étant comparées à des traces de fouet ; FÊLURE XIII° s. ♦|3| FLAGELLER, FLAGELLATION (sav.) XIV° s. : *flagellare*, *flagellatio*.

1. **FLÈCHE** (pop.) XII° s. « arme » : frq. **fliukka* (apparenté à l'all. *fliegen* « voler ») ; FLÉCHER, FLÉCHETTE XX° s.

2. **FLÈCHE** (pop.) XVI° s. « pièce de lard » : altération d'après le préc. de l'anc. fr. *fliche* XII° s. : anc. scandinave *flikki*.

FLÉCHIR famille du lat. *flectere*, *flexus* « courber », d'où « détourner » et gramm. « fléchir » ; d'où (a) *flexio*, *flexibilis*, *inflexibilis* (b) *circumflectere* « tourner autour », dont le part. passé *circumflexus* (*accentus*) a servi à traduire le gr. *perispômene prosôdia* « accent circonflexe », de *perispan* « entraîner d'un autre côté », d'où *perispân sullabēn* « prononcer une syllabe (longue) avec un accent montant puis descendant » ; (c) *deflectere* « abaisser en ployant » (d) *inflectere*, synonyme de *flectere* (e) *reflectere* « coucher en arrière », « faire tourner », d'où *reflectere animum, mentem* « ramener sa pensée à quelque chose ».

I. base -flech- (pop.)

♦|1| FLÉCHIR XII° s. lat. vulg. **flecticāre*, dér. de *flectere* ; FLÉCHISSEMENT XIV° s. ♦|2| RÉFLÉCHIR (demi-sav.) : adaptation, d'après *fléchir*, de *reflectere* ; XIII° s. anat. « se recourber », XVII° s. « renvoyer la lumière, les sons », d'où RÉFLÉCHISSEMENT XIV° s., RÉFLÉCHISSANT XIX° s. RÉFLÉCHI XVIII° s. gramm. ; XVII° s. « penser », d'après *reflectere animum*, d'où RÉFLÉCHI, IRRÉFLÉCHI XVIII° s. ♦|3| INFLÉCHIR (demi-sav.) XVIII° s. : adaptation, d'après *fléchir*, de *inflectere*.

II. REFLET XVII° s. : adaptation de l'it. *riflesso*, terme de peinture : bas lat. *reflexus, -us* « retour en arrière » ; REFLÉTER XVIII° s.

III. base -flect- (sav.)

♦|1| DÉFLECTEUR XIX° s. techn. : dér. sur *deflectere*. ♦|2| RÉFLECTEUR XIX° s. ; RÉFLECTANCE XX° s. : dér. sur *reflectere*.

IV. base -flex- (sav.)

♦|1| FLEXIBLE, FLEXIBILITÉ, INFLEXIBLE, INFLEXIBILITÉ XIV° s. : *flexibilis*, *inflexibilis* ; FLEXION XV° s. : *flexio* ; INFLEXIBILITÉ XVII° s. ♦|2| CIRCONFLEXE XVI° s. : *circumflexus*. ♦|3| INFLEXION XIV° s. : *inflexio*. ♦|4| RÉFLEXION XIV° s. ; RÉFLEXIBLE, -IBILITÉ XVIII° s. phys. ; IRRÉFLEXION, RÉFLEXIF XVIII° s. psycho. ♦|5| RÉFLEXE XIV° s. adj. phys., XIX° s. subst. physiol. : *reflexus*.

FLEUR famille du lat. *flōs, flōris* « fleur » et « la plus belle partie de », d'où *Flora* « Flore, déesse des fleurs », *floralis* « relatif aux fleurs » et *Floralia* « fêtes en l'honneur de Flore » ; *florifer* « qui porte des fleurs » ; *efflorescere* « s'épanouir » ; bas lat. *deflorare* « prendre la fleur ».

I. mots populaires

A. base -fleur-

♦|1| FLEUR XI° s. bot. et « la meilleure partie de » : *flōrem* ; FLEURETTE XII° s. ; FLEURISTE XVII° s. ; pour les mots scientifiques exprimant la notion de « fleur » → ANTH(O)-. ♦|2| FLEURIR XI° s., d'abord sous la forme *florir* : lat. vulg. **florīre*, de *flos, -floris* ; REFLEURIR XII° s. ; DÉFLEURIR XIV° s. ♦|3| EFFLEURER XIII° s. « ôter les fleurs », « enle-

FLEUVE

ver le dessus », XVIe s. « toucher la surface » ; d'où À FLEUR DE XIVe s. ; EFFLEUREMENT XVIe s. ♦ |4| AFFLEURER XIVe s. « être à fleur de » ; AFFLEUREMENT XVIe s.
B. FLORISSANT XIIIe s. adj. : part. présent de *florir*, forme ancienne de *fleurir*.

II. mots empruntés ou demi-savants

♦ |1| FLEURON XIVe s. : p.-ê. adaptation de l'it. *fiorone*, augmentatif de *fiore*, de *flōrem* ; FLEURONNER XVe s. ♦ |2| FLORIN XIVe s. : adaptation de l'it. *fiorino*, monnaie de Florence, frappée aux fleurs de lis figurant dans les armes de la ville. ♦ |3| FAIRE FLORÈS XVIIe s. : p.-ê. adaptation, dans l'argot des écoliers, de cat. de collège, du prov. *faire flōri* « être florissant ». ♦ |4| MIRLIFLORE XVIIIe s. : altération, d'après *mirlifique*, var. burlesque de *mirifique* XVe s., de *mille flores*, nom lat. de *(l'eau de) mille fleurs*, parfum en vogue aux XVIIe s. et XVIIIe s. ♦ |5| FIORITURE XIXe s., d'abord mus. : it. *fioritura* « floraison », « ornements », de *fiorire* « fleurir ».

III. mots savants

♦ |1| DÉFLORATION XIVe s., DÉFLORER XVe s. : *defloratio, deflorare*. ♦ |2| EFFLORESCENCE XVIe s., EFFLORESCENT XVIIIe s. : de *efflorescere*. ♦ |3| FLORAL XVIe s. : *floralis*. ♦ |4| FLORILÈGE XVIIIe s. : lat. mod. *florilegium* « bouquet de fleurs » (→ ANTHOLOGIE), formé sur le modèle de *spicilegium* → ÉPI. ♦ |5| FLORE nom mythologique : *Flora* ; XVIIIe s., nom commun, bot. ; FLORIFÈRE XVIIIe s. : *florifer* ; FLORAISON XVIIIe s. : réfection de *fleuraison* XVIIe s. ; FLORÉAL XVIIIe s. ♦ |6| FLORALIES XIXe s. : *floralia*.

FLEUVE famille du lat. *fluere, fluctus*, puis *fluxus* « couler », d'où (1) *fluor, -oris* « écoulement », « flux menstruel » (2) *fluidus* « coulant », (3) *-fluus* et *-fluvium* « coulant », 2e élément d'adj. composés comme *superfluus* « qui coule en trop, débordant » et de subst. comme *effluvium* « écoulement » (4) *fluvius*, anc. adj. substantivé, « fleuve », personnifié, par opposition à *flumen*, simple « courant d'eau » ; *fluvialis* « fluvial » (5) *fluctus, -ūs* « courant », « flots de la mer » (6) lat. imp. *fluxus, -us* et bas lat. *fluxio, -onis* « écoulement » (7) *affluere* « couler vers » ; *confluere* « se réunir en coulant » ; *influer* « couler dans, sur », « s'insinuer dans » ; *refluere* « couler en sens contraire ».

I. mots populaires et demi-savants

A. base *fleu-*

♦ |1| FLEUVE (demi-sav.) XIIe s. : bas lat., inscriptions, *flōvium*, du class. *flŭvium*. ♦ |2| FLEURS (blanches) XIIIe s. « menstrues » et « leucorrhée » : bas lat. *flōres* : class. *fluōres*, de *fluor*.

B. En toponymie, nombreux représentants du part. présent de *confluere* : CONFLANS, CONFOLENS, COBLENZ.

II. mots savants

A. base *-fluv-*

♦ |1| FLUVIAL une fois au XIIIe s. puis XIXe s. : *fluvialis*. ♦ |2| EFFLUVE XVIIIe s. : *effluvium*.

B. base *-flu-*

♦ |1| FLUER XIIIe s. : *fluere* ; FLUENT XVIIIe s. ; FLUIDE XIVe s. : *fluidus* ; FLUIDITÉ XVIe s. ♦ |2| SUPERFLUITÉ XIIe s. : *superfluitas* ; SUPERFLU XIIIe s. : *superfluus*. ♦ |3| AFFLUER XIVe s. : *affluere* ; AFFLUENCE XIVe s. : *affluentia* ; AFFLUENT XVIe s. adj. « abondant », XVIIe s., géogr., subst. ♦ |4| INFLUER, INFLUENT, INFLUENCE XIVe s. *influere*, et lat. médiéval *influentia* ; INFLUENCER XVIIIe s. ; INFLUENÇABLE XIXe s. ♦ |5| INFLUENZA XVIIIe s. : mot it. « influence », « épidémie » : *influentia*. ♦ |6| REFLUER XIVe s. : *refluere*. ♦ |7| CONFLUER XIVe s. rare avant le XIXe s. : *confluere* ; CONFLUENT XVIe s. ♦ |8| FLUEURS XVIe s. « menstrues » : *fluores*, → FLEURS, I.A.2. ♦ |9| FLUOR XVIe s. : chimie, d'abord adj. « fusible », puis subst., nom d'un corps simple gazeux : mot lat. ; FLUORURE, FLUORESCENT, FLUORESCENCE XIXe s.

C. base *-flux-*

♦ |1| FLUX XIIIe s. : *fluxus*. ♦ |2| FLUXION XIVe s. : *fluxio*. ♦ |3| INFLUX XVIe s., REFLUX XVIe s., AFFLUX XVIIe s.

D. base *fluct-*. FLUCTUATION XIIe s., FLUCTUEUX XIIIe s. : *fluctuatio, fluctuosus* ; FLUCTUER XVIe s.

FLIBUSTIER XVIIe s., var. *fribustier, flibutier* : angl. *freebooter* « qui fait du butin librement », calqué sur le néerl. *vrijbuiter* de même sens, altéré en *fleebooter*, p.-ê. sous l'influence de *flyboat* « bateau-mouche », origine du fr. *flibot* → BATEAU, 2. « on dit *flibutier* pour celui qui gouverne un *flibot* » (Ménage, 1694). L'emprunt a dû se faire à partir de 1635 dans les Antilles, en particulier dans l'île de la Tortue que Français et Anglais disputaient aux Espagnols.

Le *s* est, à l'origine, purement graphique ; la voyelle *u* n'a pas reçu d'explication claire.

FLIC XIXe s., argot « agent de police » : antérieurement *fligue*, p.-ê. de l'all. *Fliege* « mouche », transposition de l'argot *mouche* « policier », par l'intermédiaire de la langue des Juifs d'origine allemande.

FLIRT XIXe s., mot angl., de *to flirt* « jeter, remuer vivement », puis XVIIIe s. « faire la cour » : mot à *fl* initial d'origine expressive ; **FLIRTER** XIXe s.

FLOCON ♦|1| (pop.) XIIIe s. laine, XVIIe s. neige : dér. de l'anc. fr. *floc*, du lat. *floccus* « flocon de laine » ; **FLOCONNEUX** XVIIIe s. ; **FLOCONNER** XIXe s. ♦|2| **FLOCULER, FLOCULATION** (sav.) XXe s., chimie : dér. sur *flocculus*, dimin. de *floccus*.

FLOU ♦|1| (pop.) XIIe s. « fluet », « fané », XVe s. « peu net » : mot obscur : p.-ê. lat. *flavus* « jaune », → FLAVESCENT ; p.-ê. frq. **hlao* « tiède », « languissant ». ♦|2| **FLUET** (pop.) XVIIe s. : altération de *flouet* XVe s., dimin. de *flou*.

FLOUER famille du lat. *fraus, fraudis* « tromperie », d'où *fraudare* « tromper » et bas lat. *fraudulosus* « trompeur ».

♦|1| **FLOUER** (pop.) XVIe s., puis XIXe s. « tricher » : var. de *frouer*, même sens dès Villon XVe s. : probablement emploi figuré de l'anc. fr. *froer* « se briser », en parlant d'une arme, puis « trompe » ainsi la confiance qu'on avait mise en elle : *fraudāre*. ♦|2| **FRAUDE** (sav.) XIIIe s. : *fraus, fraudis* ; **FRAUDER** et **FRAUDEUR, FRAUDULEUX** et **FRAUDULEUSEMENT** XIVe s. : *fraudare* et *fraudulosus*.

FOC XVIIIe s., mar. : néerl. *fok*.

FOI famille d'une racine ind.-eur. **bheidh-* « avoir confiance », représentée en latin par (1) *fides* « foi, croyance au sens religieux », « engagement solennel, serment », « bonne foi, loyauté », d'où (a) *fidēlis* « à qui on peut se fier » ; *infidelis, -itas* (b) *perfidus* « trompeur » et *perfidia* (2) *fidĕre*, lat. vulg. **fidāre* « se fier », d'où (a) *fidùcia* « confiance » et bas lat. jur. *fiduciarius* (b) *confidere* « avoir confiance » (c) *diffidere* « manquer de confiance » (d) lat. médiéval *affidare* « se fier » (3) *foedus, foederis* « traité », qui a dû, à l'origine, désigner un acte engageant la foi ; d'où *foederatus* « allié », puis bas lat. *foederare* « unir par une alliance » et *foederatio* ; enfin *confoederare* et *confoederatio*.

I. mots populaires, empruntés ou demi-savants

A. FOI (pop.) XIe s. : *fides*.

B. FÉAL (demi-sav.) XIIe s. : var. de *feeil* (pop.), de *fidēlis*.

C. bases *-fier-, -fi-*

♦|1| **FIER** (pop.) XIe s., XVIIe s. seulement pron. : **fidāre* ; **FIABLE, FIABILITÉ** XXe s. ♦|2| **FIANCER** XIIe s.-XVIIe s. « prendre un engagement », XIIIe s. « promettre le mariage » : de l'anc. fr. *fiance* « engagement », dér. de *fier* ; **FIANÇAILLES** XIIe s. ♦|3| **DÉFIER** (pop.) XIe s. « renoncer à la foi jurée » : dér. de *fier* ; **DÉFIANCE** XIIe s. « défi » et **DÉFI** XVe s. ; **SE DÉFIER** XVe s. et **DÉFIANCE** XVIe s. sens mod., d'après le lat. *diffidere*. ♦|4| **CONFIER** (demi-sav.) XIVe s. : adaptation, d'après *fier*, du lat. *confidere* ; **CONFIANT** XIVe s. ; **CONFIANCE** XIIIe s. : adaptation, d'après *fiance*, de *confidentia*. ♦|5| **MÉFIER, MÉFIANCE** (pop.) XVe s. : dér. de *fier* ; **MÉFIANT** XVIIe s.

D. AUTODAFÉ → AGIR I. A. 7.

II. mots savants

A. base *-fid-*

♦|1| **FIDÈLE** Xe s., rare avant le XVIe s. : *fidelis* ; **INFIDÈLE** XIIIe s. : *infidelis* ; **INFIDÉLITÉ** XIIe s., **FIDÉLITÉ** XIVe s. : *infidelitas, fidelitas* → FÉAL. ♦|2| **PERFIDE** Xe s., rare avant le XVIIe s. ; **PERFIDIE** XVIe s. : *perfidia*. ♦|3| **CONFIDENCE** XIVe s.-XVIIe s. « confiance », XVIIe s. sens mod. ; **CONFIDENT** XVe s. « qui a confiance » : *confidens* ; XVIe s. sens mod. sous l'influence de l'it. *confidente* ; **CONFIDENTIEL, -ELLEMENT** XVIIIe s. ♦|4| **FIDÉICOMMIS** XIIIe s. : lat. jur. *fidei commissum* « confié à la bonne foi ». ♦|5| **AFFIDÉ** XVIe s. : it. *affidato*, de *affidare*. ♦|6| **FIDUCIAIRE** XVIe s. : *fiduciarius*. ♦|7| **FIDÉISME, -ISTE** XIXe s. théol. : dér. sur *fides*.

B. base *-fed-*

♦|1| **CONFÉDÉRER, CONFÉDÉRATION** XIVe s. : *confoederare, confoederatio*. ♦|2| **FÉDÉRATION** XIVe s., puis XVIIIe s. ; **FÉDÉRÉ** XVIe s., puis XVIIIe s. : *foedera-*

FOIRE

tus ; **FÉDÉRER** XVIIIe s. : *foederare* ; **FÉDÉRATIF, FÉDÉRAL, -ALISME, -ALISTE, -ALISER** XVIIIe s.

1. FOIRE famille d'une racine à valeur relig. **fēs-, făs-*, attestée uniquement en italique.

En latin (1) *feriae*, issu du lat. arch. *fesiae* « jours de fête consacrés au repos », plur., d'où la langue de l'Église a tiré un sing. *feria* et l'adj. (2) *ferialis* l'adj. *festus*, en général dans *festa (dies)* « (jour de) fête », d'où *festivitas et festivus* (3) *fānum* qui doit reposer sur **fas-nom* « lieu consacré », « temple », d'où *fanaticus* « serviteur du temple », d'où, dès le lat. class., « inspiré, frénétique » ; *profanus* « qui est devant, c.-à-d. en dehors du temple », opposé à *sacer* ; *profanāre* « rendre à l'usage profane une chose consacrée », « profaner », d'où *profanatio* « sacrilège » (4) probablement aussi *fas* « permission ou ordre des dieux » (quoique certains le rattachent à *fari* → FABLE) et son contraire *nefas*, d'où les adj. dér. ordinairement appliqués aux jours : *fastus* « où il est permis de rendre la justice », « favorable » et *nefastus* « où aucun jugement ne peut être rendu », « maudit ».

I. mots populaires

♦ |1| **FOIRE** XIIe s. : *fēria*, les jours de fête religieuse étant jours de marché ; **FOIRAIL** XIXe s., mot du Centre. ♦ |2| **FÊTE** XIe s. : *festa* ; **FÊTER** XIIIe s., **FÊTARD** XIIIe s., puis XIXe s. ♦ |3| **FESTOYER** XIIe s., repris ensuite à l'anc. fr., d'où la prononc. du *s*.

II. mots d'emprunt

♦ |1| **FESTIN** XIVe s., rare avant le XVIe s. : it. *festino* « petite fête ». ♦ |2| **FESTONNER** XVe s. et **FESTON** XVIe s. : it. *festone* « ornement de fête ». ♦ |3| **FESTIVAL** XIXe s. : mot angl. formé sur *festivus*.

III. mots savants

♦ |1| **FÉRIE** XIIe s., liturg. : *feria* ; **FÉRIÉ** XIIe s., rare avant le XVIIe s. : *feriatus*. ♦ |2| **FESTIVITÉ** XIIe s., puis XIXe s. : *festivitas*. ♦ |3| **PROFANE** XIIIe s. : *profanus* ; **PROFANER** XIVe s. : *profanare* ; **PROFANATION** XVe s. : *profanatio* ; **PROFANATEUR** XVIe s. : *profanator*. ♦ |4| **FANATIQUE** XVIe s. : *fanaticus* ; **FANATISME** XVIIe s. ; **FANATISER, -IQUEMENT** XVIIIe s. ; **FAN** XXe s. ♦ |5| **FASTE** XIVe s. subst., d'abord *fauste* ; XIXe s. adj. : *fastus* ; **NÉFASTE** XIVe s. : *nefastus*.

2. FOIRE (pop.) XIIIe s. « diarrhée » : lat. *foria* ; **FOIREUX** XIIe s. ; **FOIRER** XVIe s. ; **FOIRADE** XIXe s.

FOIS famille d'une racine ind.-eur. **weik-* « céder ».

En germanique **wikon* « céder la place », « succéder ».

En lat. *vicis* « place occupée par quelqu'un », « succession », à l'ablatif *vice* « à la place de » ; *vice versa* « après changement de place », « réciproquement ». — Dér. : (a) *vicarius* « qui remplace », « lieutenant », « suppléant » (b) *vicissim* « à son tour », d'où *vicissitudo* « alternance ».

I. mots populaires, demi-savants ou empruntés

♦ |1| **FOIS** XIe s. : *feis* ; plur. *vices*, avec *f-* inexpliqué ; **AUTREFOIS** XIIe s. ; **PARFOIS, QUELQUEFOIS, TOUTEFOIS** XVe s. ♦ |2| **VOYER** XIe s. « officier de justice » ; XIIIe s. « officier chargé de la police des chemins », d'où le rapprochement avec *voie* ; XIXe s. *agent voyer* : *vicārius* ; **VOIRIE** XIIe s. « fonction de voyer », XIVe s. « décharge d'ordures », XVIe s. « service d'entretien des chemins » : dér. de *voyer*, avec influence de *voie*. ♦ |3| **VI-** (demi-sav.) : préf. aujourd'hui mot formant des titres de remplaçants, ex. : *vicomte, vidame* : *vice*. ♦ |4| **WEEK-END** XXe s. : mot angl. « fin *(end)* de semaine *(week)* » ; *week* exprimant à l'origine l'idée de « succession » est issu du germ. commun **wikôn*.

II. mots savants

♦ |1| **VICAIRE** XIIe s. adm. pol., XVe s. église : *vicarius*, → VOYER ; **VICARIAT** XVe s. ♦ |2| **VICISSITUDE** XIVe s. : *vicissitudo*. ♦ |3| **VICE VERSA** XVIIIe s. : locution lat. ♦ |4| **VICE-** préf. vivant servant à former des titres de remplaçants, ex. : *vice-roi, vice-amiral* : lat. *vice* → VI-.

FOLKLORE XIXe s. : mot angl. « science du peuple » ; **FOLKLORIQUE, -ISTE**, id.

FOMENTER (sav.) XIIIe s., XVIe s. sens mod. : lat. méd. *fomentare* « appliquer une compresse chaude » apparenté à *fovere* « chauffer » ; **FOMENTATION** XIIIe s., **FOMENTATEUR** XVIIe s.

FONDRE famille d'une racine ind.-eur. **gheu-* « faire couler ».

En grec par *khein* « verser » d'où (1) *khulos* « jus, suc » (2) *khumos* « liquide », « suc », d'où *ekkhumôsis* « tache provoquée par du sang extravasé »; *kakokhumos* « qui a un mauvais suc » (3) *khuma*, *-atos* « épanchement », d'où *parengkhuma* « substance de certains viscères formée, selon la médecine ancienne, du sang de leurs veines ».

En latin (1) l'adj. *futilis* « qui s'écoule, ou laisse s'écouler facilement », « vain, frivole » (2) *fŭndĕre*, *fūsus* « répandre » et techn. « fondre », et *fūsio* « action de répandre », « fonte des métaux », bas lat. *fusibilis* qui peut fondre »; d'où de nombreux verbes préfixés et leurs dér. en *-fusio* : (a) *confundere* « verser ensemble », « mêler », « rendre méconnaissable », d'où *confusus* « rendu méconnaissable par la rougeur de la honte » et *confusio* « action de mêler » et « rougeur, trouble » (b) *diffundere*, synonyme de *fundere* (c) *effundere* « répandre au-dehors » (d) *infundere* « verser dans » et *infusio* « action d'arroser » (e) *perfundere* « arroser, inonder » (f) *profundere* « répandre », « donner à profusion » (g) *transfundere* « transvaser ».

I. mots populaires issus du latin

♦|1| **FONDRE** XIIe s. « couler », puis, sous l'influence de *fondrer* (→ FONDS) « s'affaisser », XIVe s. fauconnerie « s'abattre sur », XVIe s. « s'élancer sur »: *fŭndĕre*; **FONDEUR** XIIIe s.; **FONDERIE** XIVe s. — **FONTE** XVe s. (aux deux sens) probablement formé sur *fondre* sur le modèle de *tondre*, *tonte* — *pendre*, *pente* — *feindre*, *feinte*, etc. **FONDUE** cuis. XVIIIe s.: part. passé fém. substantivé — **REFONDRE** XIIe s.; **REFONTE** XVIIIe s. — ♦|2| **FOISON**: lat. vulg. **fūsio*, *-onis*, class. *fūsio*; **FOISONNER** XIIe s.; **FOISONNEMENT** XVIe s. ♦|3| **CONFONDRE** XIe s. « détruire »; XIIe s. « humilier »; XVIe s. « mêler » : *confŭndĕre*; **CONFUS** XIIe s. : *confūsus*. ♦|4| **SE MORFONDRE** XIVe s. : « devenir catharreux », en parlant d'un cheval; puis « prendre froid » et XVIe s. « s'ennuyer » : empr. à l'anc. prov., comp. de *more* « museau, groin » → MORGUE, et de *fondre*.

II. mots savants issus du latin

A. **FUTILE** XIVe s. : *futilis*; **FUTILITÉ** XVIIe s. : *futilitas*; **FUTILEMENT** XIXe s.

B. base *-fus-*

♦|1| **CONFUSION** XIe s. : *confusio*; **CONFUSIONNISME**, **-ISTE** XXe s. ♦|2| **EFFUSION** XIIIe s. : *effusio*. ♦|3| **INFUS** XIIIe s.: *infusus*; **INFUSION** XIIIe s. : *infusio*; **INFUSER** XIVe s.; **INFUSOIRE** XVIIIe s. : lat. mod. *infusorius*. ♦|4| **FUSIBLE** XIVe s. : *fusibilis*; **FUSER** XVIe s.; **FUSION** XVIe s. : *fusio*; **FUSIONNER** XIXe s. ♦|5| **PERFUSION** XIVe s., puis XXe s. : *perfusio*. ♦|6| **DIFFUS** XIVe s. : *diffusus*; **DIFFUSER** XVe s., rare avant le XIXe s.; **DIFFUSION** XVIe s. : *diffusio*; **DIFFUSEUR** XVIe s.; **RADIODIFFUSION** XXe s. ♦|7| **PROFUS** XVe s. : *profusus*; **PROFUSION** XVe s. : *profusio*. ♦|8| **TRANSFUSION** XVIe s. : *transfusio*; **TRANSFUSER** XVIIe s.

III. mots savants issus du grec

♦|1| **CHYLE** XIVe s. : *khulos*, par le lat. méd.; **CHYLIFÈRE** XVIIIe s. ♦|2| **CHYME** XVe s. : *khumos*, par le lat. méd. ; **ECCHYMOSE** XVIe s. : *ekkhumôsis*; **CACOCHYME** XVIe s. : *kakokhumos*; **PARENCHYME** XVIe s. : *parengkhuma*.

FONDS famille du lat. *fundus*, *-i*, masc., « fond de tout objet » et « fonds de terre », refait en lat. vulg. en *fundus*, **fundĕris* ou **fundŏris*, neutre, d'où *fundĕrāre* « enfoncer ». — Dér. : (a) *latifundium* « vaste fonds de terre » ; (b) *profundus* « au fond éloigné », « profond »; (c) *fundāre* « donner une base à », d'où *fundamentum* « base », *fundator*, *fundatio*.

I. FONDS (pop.) XIe s. *font*, *fons*, forme invariable en fr. mod. : *fŭndus*, neutre; **TRÉFONDS** XIIIe s. « sous-sol ».

II. FOND XVe s. (pop.) réfection graphique du précédent, « fond d'un objet », ce qui entraîne la spécialisation de la 1re forme dans le sens de « fonds de terre, ou de commerce »; **BAS-FOND** XVIIIe s.; **ARRIÈRE-FOND** XXe s.

III. base *-fondr-* (pop.)

♦|1| **EFFONDRER** XIIe s., var. de l'anc. fr. *fondrer*: **fundĕrāre*; **EFFONDREMENT** XVIe s. ♦|2| **FONDRIÈRE** XVIe s. : dér. de *fonder*.

IV. base *-fonc-* (pop.)

♦|1| **ENFONCER** XIIIe s. : dér. de *fonds* avec *s* prononcé ; **ENFONCEMENT** XVe s.; **DÉFONCER** XIVe s.; **DÉFONCEMENT** XVIIe s. ♦|2| **FONCIER** XIVe s. « relatif à un fonds de terre », XVe s. sens fig. « qui est au fond du caractère »; **FONCIÈREMENT** XVe s. ♦|3| **FONCER** XIVe s. « garnir d'un fond », XVIIe s.

FONTAINE

« s'élancer », sous l'influence de *fondre*. ♦ l4l
FONCÉ XVIIe s., var. de *enfoncé*, une couleur plus sombre que celles qui l'entourent donnant l'impression de creux ; d'où FONCER XVIIIe s. « devenir plus sombre ».

V. base *-fond-* (pop. ou sav.)

♦ lll FONDER (pop.) XIIe s. : *fundare* ; FONDEMENT (pop.) XIIe s. : *fundamentum* ; FONDÉ DE POUVOIR XIXe s. ; BIEN-FONDÉ XXe s. ♦ l2l FONDATION XIIIe s., FONDATEUR XIVe s., FONDAMENTAL XVe s. (sav.) : *fundatio, fundator*, et bas lat. *fundamentalis*. ♦ l3l PROFOND XIIe s. (sav.) ; XIe s. sous la forme *parfont* (pop.) : *profundus* ; PROFONDEUR XIVe s. ; APPROFONDIR XIIIe s. ; APPROFONDISSEMENT XVIe s. Pour les mots scientifiques exprimant la notion de « profondeur » → BATHY-. ♦ l4l PLAFOND XVIe s., littéralement « fond plat », avec dér. irréguliers PLAFONNER XVIIe s. : « garnir d'un plafond », XXe s. : « atteindre le maximum d'altitude possible » ; PLAFONNIER XXe s.

VI. base *-fund-*

♦ lll DE PROFUNDIS XIVe s. : début du psaume 130 (liturgie des défunts) « des profondeurs (je crie vers toi, Seigneur) ».
♦ l2l LATIFUNDIA XVIe s. : mot lat. plur. de *latifundium*.

FONTAINE famille du lat. *fons, fontis*, sans doute vieux mot d'origine religieuse isolé en lat. ; utilisé par la langue de l'Église « eau du baptême et endroit où l'on baptise » ; d'où l'adj. *fontānus*, fém. *fontāna* (*aqua*) « eau de source » et « source ».

♦ lll FONTAINE (pop.) XIIe s. : « source » : *fontāna* ; FONTAINIER XIIIe s. ♦ l2l FONTS (baptismaux) (pop.) XIe s. : *fontes*, plur. de *fons* ; survit, au sens propre, dans le Midi et en toponymie. ♦ l3l FONTANELLE (sav.) XVIe s. : lat. méd. *fontanella* : calque de l'anc. fr. *fontenelle*, dimin. de *fontaine* « exutoire », « dépression crânienne ».

FORCENÉ représentant en fr. du germ. *sinno-* « sens », « intelligence » et « direction où l'on marche », dont l'extension dans les langues romanes montre qu'il a été empr. par le lat. dès la fin de l'époque impériale.

♦ lll FORCENÉ XIe s. part. passé du verbe *forsener* « être hors de son bon sens » ; le -c-, XVe s., est dû à un rapprochement erroné avec *force*. ♦ l2l ASSENER (pop.)

XIIe s. « porter un coup », « attribuer », a pu, pour le sens, subir l'influence d'*assigner*.

FORCES (pop.) XIIe s. « ciseaux » : lat. *forfices* « cisailles ».

FORER ♦ lll XIIe s. : p.-ê. it. *forare* ou prov. *forar*, du lat. *forare* « percer », ou (sav.) directement issu du lat. ; FORET XIIIe s. ; FORAGE XIVe s. ; FOREUSE XIXe s. ♦ l2l PERFORER (sav.) XIIe s. : lat. class. *perforare* « percer », survivant dans la langue médicale du Moyen Âge ; PERFORATION XIVe s. ; PERFORATEUR, -ATRICE XIXe s. ; PERFOREUSE XXe s.

FORGER famille du lat. *faber* « ouvrier qui travaille les corps durs », la spécialité étant à l'origine précisée par un adjectif : *faber tignarius* « charpentier », *faber aerarius* « fondeur de bronze » ; limité ensuite au travail des métaux. — Dér. : *fabrica* « métier d'artisan », « atelier », « forge » et *fabricare* « confectionner ».

♦ lll FORGER (pop.) XIIe s. : *fabricāre* ; FORGERON XVIe s. : dér. de l'anc. fr. *forgeur* ; FORGE XIIe s. : *fabrĭca*. ♦ l2l Le représentant fr. de *faber* ne survit que comme patronyme, fr. FÈVRE, forme méridionale FABRE, et dans le composé ORFÈVRE (pop.) XIIe s. : *auri faber* « forgeron d'or », d'où ORFÈVRERIE XIIe s. ♦ l3l FABRIQUER (sav.) XIIe s. : *fabricare*, rare avant le XVIe s. ; FABRIQUE XIVe s. « construction d'une église » et « revenus affectés à son entretien », XVIIe s. « usine » : dér. de *fabriquer* ; FABRICANT, FABRICATION XVe s. ; PRÉFABRIQUÉ XXe s.

FORME famille du gr. *morphê* « forme » et du lat. *forma* « moule », « objet moulé », « forme », mots d'étym. obscure qui semblent liés l'un à l'autre par un rapport de métathèse ; le mot lat. p.-ê. empr. au gr. par l'intermédiaire de l'étrusque.

I. mots populaires issus du latin

♦ lll FROMAGE XIIe s., d'abord adj. : lat. vulg. *formāticum*, avec métathèse du *r*, dér. de *forma* au sens de « moule à fromage » ; FROMAGER XIIIe s. ; FROMAGERIE XIVe s. ♦ l2l FOURME XIXe s. « fromage du Cantal » : mot dial. : *forma*.

II. mots savants ou demi-savants issus du latin

♦ lll FORME XIIe s. : *forma* ; PLATE-FORME XVe s. ; FORMER XIIe s. : *formare* ; FORMA-

TION XII⁰ s. : lat. imp. *formatio* ; **FORMATEUR** XV⁰ s. : lat. imp. *formator*, a éliminé l'anc. fr. *formeor* (pop.) de même origine. ◆|2| **DIFFORME** XIII⁰ s. : lat. médiéval *difformis*, du class. *deformis* « défiguré, laid » ; **DIFFORMITÉ** XIV⁰ s. ; **UNIFORME, UNIFORMITÉ** XIV⁰ s. : lat. imp. *uniformis, uniformitas* ; **UNIFORMISER** XVI⁰ s. ; **CONFORME, CONFORMITÉ** XIV⁰ s. : bas lat. *conformis* et *conformitas* ; **INFORME** XV⁰ s. : *informis*. ◆|3| **FORMEL** XIII⁰ s. : lat. imp. et scolastique *formalis* ; **FORMELLEMENT** XIV⁰ s. ◆|4| **SE FORMALISER** XVI⁰ s. ; **FORMALISTE** XVI⁰ s. ; **FORMALISME** XIX⁰ s., philo. ; **FORMALISER, FORMALISATION** XX⁰ s. ◆|5| **FORMULER** XIV⁰ s. ; **FORMULE, FORMULAIRE** XV⁰ s. : du lat. *formula*, dimin. de *forma*. ◆|6| **CONFORMER** XII⁰ s. : *conformare* « façonner, adapter » ; **CONFORMATION** XVI⁰ s. : bas lat. *conformatio*. ◆|7| **INFORMER** XIII⁰ s. : « façonner » : réfection de l'anc. fr. *enfourmer* (pop.), d'après le lat. *informare* « façonner », « former (une idée) dans l'esprit » ; XIV⁰ s. « mettre au courant » ; **INFORMATION** XIV⁰ s. ; **INFORMATEUR** XIV⁰ s. ◆|8| **RÉFORMER** XII⁰ s. : lat. imp. *reformare* « rendre à sa première forme » ; **RÉFORMATEUR** XIV⁰ s. : lat. imp. *reformator* ; **RÉFORMÉ** XVI⁰ s. « protestant » ; **RÉFORMATION** XIII⁰ s., XVII⁰ s. « révolution religieuse du XVI⁰ s. » ; **RÉFORME** XVII⁰ s. id. ; **RÉFORMISTE, -ISME** XIX⁰ s. ; **RÉFORMABLE** XVI⁰ s. ◆|9| **DÉFORMER** XIII⁰ s. : *deformare* → DIFFORME ; **DÉFORMATION** XIV⁰ s. : *deformatio*. ◆|10| **TRANSFORMER** XIII⁰ s. : lat. imp. *transformare* ; **TRANSFORMATION** XIV⁰ s. : bas lat. (IV⁰ s.) *transformatio* ; **TRANSFORMABLE, TRANSFORMATEUR** XVII⁰ s., XIX⁰ s. techn. ; **TRANSFORMISME** XIX⁰ s. ◆|11| **PRÉFORMER** XVIII⁰ s. : lat. imp. *praeformare* « former d'avance ». ◆|12| **-FORME** 2⁰ élément de composés sav., ex. : *filiforme* → -MORPHE.

III. mots d'emprunt

◆|1| **FORMAT** XVIII⁰ s. : probablement it. *formato*, part. passé de *formare*. ◆|2| **PERFORMANCE** XIX⁰ s. : mot angl. de l'anc. fr. *parformance*, de *parformer* « accomplir », dér. de *former*. ◆|3| **CONFORMISTE** et **NON-CONFORMISTE** XVII⁰ s. eccl., fin XVIII⁰ s. pol. angl. *conformist*, de *conform* « conforme » ; **CONFORMISME, ANTICONFORMISTE** XX⁰ s.

IV. mots savants issus du grec

◆|1| **MÉTAMORPHOSE** XV⁰ s. titre d'Ovide, XVI⁰ s. nom commun : gr. *metamorphôsis*, de *metamorphoun* « transformer », par le lat. ; **MÉTAMORPHOSER** XVI⁰ s. ◆|2| **MÉTAMORPHISME** XIX⁰ s. : formé sur la même base. ◆|3| **MORPH(O)-** 1ᵉʳ élément de mots sav., ex. : **MORPHOLOGIE** XIX⁰ s. ; **MORPHÈME** XX⁰ s. ◆|4| **-MORPHE, -MORPHISME** 2⁰ élément de composés sav., ex. : **AMORPHE** XIX⁰ s. : gr. *amorphos* « sans forme » ; **ANTHROPOMORPHISME** XVIII⁰ s. ; **ANTHROPOMORPHE** XIX⁰ s. : *anthropomorphos* « à forme humaine », **ISOMORPHE, POLYMORPHE** XIX⁰ s.

FORMIDABLE (sav.) XV⁰ s. : lat. *formidabilis* « qui remplit d'effroi », de *formido* « épouvantail » et « épouvante ».

FORNIQUER (sav.) XIV⁰ s. : lat. eccl. (III⁰ s.) *fornicari*, de *fornix, -icis* « chambre de prostituée », littéralement « chambre voûtée », p.-ê. apparenté à *furnus* « four » ; **FORNICATION, FORNICATEUR** XII⁰ s. : *fornicatio, fornicator*.

FORT famille du lat. *fortis* « fort », d'où bas lat. *confortare* « fortifier », « renforcer ».

I. base -*fort*-

◆|1| **FORT** (pop.) XI⁰ s. adj., XV⁰ s. subst. « forteresse », sous l'influence de l'it. : *fortis* ; **CONTREFORT** XIII⁰ s. ◆|2| **FORTERESSE** (pop.) XII⁰ s., peut représenter soit un dér. de *fort* avec le suff. *-eresse*, soit plutôt, étant donné les emplois de ce suff., un lat. vulg. *fortarīcia. ◆|3| **RÉCONFORTER** (pop.) XI⁰ s. : de l'anc. fr. *conforter* « soutenir le courage de » : lat. *confortare* ; **RÉCONFORT** XIII⁰ s. : dér. de *réconforter*. ◆|4| **EFFORT** (pop.) XI⁰ s., **RENFORT** XV⁰ s. : dér. sur le modèle de *réconfort* et de l'anc. fr. *confort*, de **EFFORCER, RENFORCER**. ◆|5| **FORTIFIER** (demi-sav.) XIV⁰ s. : bas lat. *fortificare* ; **FORTIFICATION** (sav.) XIV⁰ s. : *fortificatio*. ◆|6| **A FORTIORI** XVII⁰ s. : locution du lat. scolastique, « en partant d'une raison encore plus forte ».

II. base -*forc*-

◆|1| **FORCE** (pop.) XI⁰ s. : *fortia*, plur. neutre substantivé de *fortis* ; **FORCIR** XIX⁰ s. Pour les mots scientifiques exprimant la notion de « force » → ASTHÉNIE et DYNAMO-. ◆|2| **FORCER** (pop.) XIII⁰ s. : lat. vulg. *fortiare, de *for-*

FORTUNE

tia ; **FORCÉMENT** XIVe s. ; **FORÇAGE** XIIe s., rare avant le XVIIIe s. ♦ |3| **EFFORCER** XIe s. ; **RENFORCER** XIIe s. ; **RENFORCEMENT** XIVe s.

III. mots d'emprunt

♦ |1| **FORTIN** XVIIe s. : it. *fortino*. ♦ |2| **FORTE** XVIIIe s., **FORTISSIMO** XIXe s. mus. : mots it., positif et superlatif de l'adj. *forte*. ♦ |3| **SFORZANDO** XIXe s. mus., mot it., « en forçant », du verbe *sforzare* équivalent du fr. *efforcer*. ♦ |4| **CONFORT** XIXe s. « bien-être » : angl. *comfort*, de l'anc. fr. *confort* XIe s. « action de soutenir le moral », de *conforter* « encourager » ; → RÉCONFORTER ; **INCONFORT, INCONFORTABLE** XIXe s. ; ont été empr. plus tôt **CONFORTABLE** XVIIe s. et **CONFORTABLEMENT** XVIIIe s.

FORTUNE famille sav. du lat. *fors* « sort » d'où *fortuna* « hasard, chance », plur. « richesses », et *fortuitus* « dû au hasard ».

♦ |1| **FORTUNE** XIIe s. « sort », XVe s. « richesse » : *fortūna* ; **FORTUNÉ** XIVe s. « heureux », XVIIe s. « riche » : *fortunatus* ; **INFORTUNE, INFORTUNÉ** XIVe s. : *infortunium, infortunatus*. ♦ |2| **FORTUIT** XIVe s. : *fortuitus* ; **FORTUITEMENT** XVIe s.

1. FOUDRE (subst. fém.) famille d'une racine ind.-eur. **bhleg-* « briller ».

En grec (1) *phlegein* « enflammer », d'où *phlegma, -atos* « inflammation » et *phlegmonê* « chaleur ardente » ; (2) *phlox, phlogos* « flamme », d'où *phlogistos* « inflammable ». En latin (1) *fulgere* « briller », en parlant des astres et de l'éclair ; *fulgur* « la foudre » ; *fulmen, -inis* « coup de foudre » d'où *fulminare* « foudroyer » ; (2) *Flagrare* « brûler » part. présent *flagrans* « éclatant », « flagrant » ; *conflagrare, deflagrare* « être embrasé » ; *flamma*, forme à gémination expressive de **flāma* issu de **flags-ma* « flamme ». Il est possible enfin que la base germ. sur laquelle repose l'adjectif **BLANC** appartienne à la même rac. (→ ce mot).

I. mots d'origine latine

A. famille de *fulgere*

♦ |1| **FOUDRE** (pop.) XIe s. : lat. vulg. **fulgĕrem*, acc. de *fŭlgur* ; **FOUDROYER** XIe s. ; **FOUDROYANT** XVIe s. ♦ |2| **FULGURANT** (sav.) XVe s., rare avant le XIXe s. : part. présent de *fulgurare*, de *fulgur*, « faire des éclairs » ; **FULGURER** XIXe s. ♦ |3| **FULMINER** XIVe s. (sav.) : *fulminare* ; **FULMINATION**, **FULMINANT** XVe s. ♦ |4| **FULMI-** 1er élément de mots sav., ex. : **FULMICOTON** XIXe s.

B. famille de *flagrare*

♦ |1| **FLAMME** (pop.) Xe s. : *flamma* ; **ENFLAMMER** XIIe s. : *inflammare*. ♦ |2| **FLAMICHE** (pop.) XIIIe s. « gâteau cuit à feu vif ». ♦ |3| **FLAMANT** XVIe s. : prov. *flamenc*, dér. de *flamma*, « oiseau couleur de flamme ». ♦ |4| **FLAMBER** (pop.) XIIe s., rare avant le XVIe s. : dér. de l'anc. fr. *flambe*, var. de *flamble*, de *flammŭla*, dimin. de *flamma* ; a éliminé l'anc. fr. *flammer* ; **FLAMBOYER** XIe s. ; **FLAMBOIEMENT** XIXe s. ; **FLAMBÉE, FLAMBEAU** XIVe s. ; **FLAMBANT, FLAMBARD** XIVe s. ♦ |5| **ORIFLAMME** XIe s. sous la forme *orieflambe* : mot composé dont le 2e élément *flamma (flamme)* ou son dimin. *flammula (flambe)* désignait un ornement de la lance du cavalier, triangle étroit, en étoffe, dont la pointe flottait au vent, 1er élément obscur : p.-ê. un représentant demi-sav. de *aurea* « en or » ; mais l'oriflamme de la mosaïque du Latran, décrit dans la *Chanson de Roland* était bleu, et celui des rois de France, rouge ; une forme déglutinée de **laurea flamma* où **laurea* serait un dér. de **laurum*, issu lui-même de *labārum* « étendard chrétien de Constantin » ; p.-ê. encore *aurita flamma* « flamme à oreilles », c.-à-d. « découpée », « à plusieurs pointes ». ♦ |6| **INFLAMMABLE, INFLAMMATION** XIVe s. ; **INFLAMMATOIRE** XVIe s., **ININFLAMMABLE** (sav.) XVIIe s. : dér. formés sur *inflammare*. ♦ |7| **FLAGRANT** (sav.) XVe s., jur. : *flagrans*. ♦ |8| **CONFLAGRATION** (sav.) XIVe s. : *conflagratio* ; **DÉFLAGRATION** (sav.) XVIIe s. : *deflagratio*.

II. mots d'origine grecque

♦ |1| **FLEGME** (sav.) XIIIe s. : lat. méd. *phlegma* « humeur, pituite » : gr. *phlegma* « inflammation » ; **FLEGMATIQUE** XIIIe s. méd., XVIIe s. psycho. : gr. *phlegmatikos*, par le lat. ♦ |2| **FLEMME** XIXe s. : it. *flemma*, forme pop., équivalent du fr. *flegme* ; **FLEMMARD** XIXe s. ♦ |3| **PHLEGMON** XIVe s. (sav.) : gr. *phlegmonê*, par le lat. ♦ |4| **PHLOX** (sav.) XVIIIe s. bot., d'après la couleur de cette fleur : mot gr. ♦ |5| **PHLOGISTIQUE** (sav.) XVIIIe s. : du gr. *phlogistos* ; **ANTIPHLOGISTIQUE** XXe s.

2. FOUDRE (subst. masc.) XVIIe s. « tonneau » : all. *Fuder*, id.

FOUGÈRE (pop.) XIIe s. : altération de l'anc. fr. *feuchière*, du lat. vulg. **filicaria*

« fougeraie », de *filix, -icis* « fougère » ; **FOU-GERAIE** XVIIᵉ s.

FOUIR famille du lat. *fodĕre*, var. *fodīre, fossus* « bêcher », d'où *fodicare* « donner des coups ».

♦|1| **FOUIR** XIIᵉ s. (pop.) : *fodīre* ; **ENFOUIR** XIᵉ s. : *infodīre* ; **ENFOUISSEMENT** XVIᵉ s. ♦|2| **ENFEU** XVᵉ s. « niche funéraire pratiquée dans le mur d'une église » : var. de *enfou*, dérivé de *enfouir*. ♦|3| **SERFOUETTE**ᶜ s. (pop.) XVIᵉ s. : dér. de l'anc. fr. *serfouir* : *circumfodĕre* « creuser autour ». ♦|4| **FOUILLER** (pop.) XIIIᵉ s. : lat. vulg. *fodīculāre*, dér. de *fodicāre* → anc. fr. *fouger*, **FOUILLIS** XIVᵉ s. « action de fouiller », XVIIIᵉ s. « désordre » ; **FOUILLE** XVIᵉ s. ♦|5| **FARFOUILLER** XVIᵉ s., avec une particule intensive *far-* ; **CAFOUILLER** XVIIIᵉ s., avec le préf. normanno-picard *ca-* ; **CAFOUILLAGE** XIXᵉ s. ; **AFFOUILLER, AFFOUILLEMENT** XIXᵉ s. techn. ; **TRIFOUILLER** XIXᵉ s. : p.-ê. croisement avec *tripoter*. ♦|6| **FOSSE** (pop.) XIᵉ s. : *fossa*, part. passé fém. substantivé ; **FOSSETTE** XIIᵉ s. ; **BASSE-FOSSE** XVᵉ s. ; **FOSSOYEUR** XVIᵉ s. : dér. de l'anc. fr. *fossoyer* « creuser une fosse ». ♦|7| **FOSSÉ** (pop.) XIᵉ s. : bas lat. *fossatum*, var. de *fossum*. ♦|8| **FOSSILE** (sav.) XVIᵉ s. : *fossilis* « tiré de la terre » ; **FOSSILISÉ** XXᵉ s.

FOULON ♦|1| (pop.) XIIIᵉ s. : lat. *fūllo, -ōnis* « dégraisseur d'étoffes, teinturier ». ♦|2| **FOULER** (pop.) XIᵉ s. « presser du pied », « serrer, bousculer », « blesser », « fatiguer » : lat. vulg. *fūllāre* « fouler une étoffe », dér. de *fūllo*. ♦|3| **FOULE** XIIᵉ s. « presse » ; **FOULURE** XIIᵉ s. « blessure » ; **FOULÉE** XIIIᵉ s. « enjambée » : dér. de *fouler* aux divers sens de ce mot. ♦|4| **FOULARD** XVIIIᵉ s. : p.-ê. adaptation du prov. *foulat*, équivalent du fr. *foulé*, terme techn. de draperie, « tissu léger pour l'été ». ♦|5| **REFOULER** XIIIᵉ s. « fouler de nouveau », XVIᵉ s. « repousser », XXᵉ s. psycho. ; **REFOULEMENT** XVIᵉ s. ; **DÉFOULER, DÉFOULEMENT** XXᵉ s.

FOUR famille d'une racine ind.-eur. *gʷher-* « chaleur ». En grec *thermos* « chaud » ; en lat. *formus* « chaud », *furnus* « four », *fornax*, « four à chaux, fournaise ».

I. mots populaires d'origine latine

♦|1| **FOUR** XIᵉ s., sous la forme *forn* : *fūrnus* ; **FOURNIER, FOURNEAU** XIIᵉ s. ; **FOURNIL, FOURNÉE, ENFOURNER** XIIIᵉ s. ; **CHAUFOUR, CHAUFOURNIER** XIVᵉ s. → CHAUX. ♦|2| **FOURNAISE** (pop.) XIIᵉ s. : var. fém. de *fornaiz*, de *fornax, -acis*. ♦|3| **ÉCHAUFFOURÉE** XIIIᵉ s. : de l'anc. fr. *chauffourer* « chauffer », « poursuivre, frapper » : dér. irrégulier de *chaufour, chaufournier*, p.-ê. sous l'influence de *fourrer*.

II. mots savants d'origine grecque

♦|1| **THERMES** XIIIᵉ s. : lat. *thermae* « bains chauds », du gr. *thermos* ; **THERMAL** XVIIᵉ s. ♦|2| **THERMIDOR** fin XVIIIᵉ s. ; **THERMIQUE** XIXᵉ s. ; **THERMIE** XXᵉ s. : dér., sur *thermos*. ♦|3| **THERMOS** (bouteille) XXᵉ s. : mot gr. ♦|4| **THERMO-** 1ᵉʳ élément de composés sav., ex. : **THERMOMÈTRE** XVIIᵉ s., **THERMOSTAT** XIXᵉ s. ♦|4| **-THERMIE, -THERMIQUE** 2ᵉ élément de composés sav., ex. : **GÉOTHERMIE, -IQUE** XIXᵉ s.

FOURBIR ♦|1| (pop.) XIᵉ s : frq. *furbjan* « nettoyer (les armes) ». ♦|2| **FOURBE** XVᵉ s. argot, « voleur » (p.-ê. « qui nettoie les poches ») ; **FOURBERIE** XVIIᵉ s. ♦|3| **FOURBI** XIXᵉ s., argot, d'abord « maraude, trafic, affaire ».

FOURCHE ♦|1| (pop.) XIIᵉ s : lat. *fŭrca* « fourche » ; **FOURCHU** XIIᵉ s. ; **FOURCHETTE** XIVᵉ s. ♦|2| **ENFOURCHER** XVIᵉ s. ♦|3| **À CALIFOURCHON** XVIᵉ s. : → CA- et -ON. ♦|4| **CARREFOUR** (pop.) XIIᵉ s. : bas lat. *quadrifurcus* « à quatre fourches ». ♦|5| **BIFURQUER** (sav.) XVIᵉ s. et **BIFURCATION** : dér., sur *furca*.

FOURMI ♦|1| (pop.) XIIᵉ s. *formis, fromis* : lat. vulg. *formicus*, var. masc. du class. *formica* « fourmi » ; **FOURMI-LION** XIVᵉ s. : calque de *formica leo* ; **FOURMILIÈRE, FOURMILLER, FOURMILLEMENT** XVIᵉ s. ; **FOURMILIER** XVIIIᵉ s. ♦|2| **FORMIQUE** XIXᵉ s. (acide existant à l'état naturel chez les fourmis) ; **FORMOL** XIXᵉ s. : mots sav. formés sur *formica* ; **CHLOROFORME** XIXᵉ s. : 2ᵉ élément, abrév. de *formiqué*.

FOURNIR (pop.) XIIᵉ s. : germ. *fŏrmjan* « faire cadeau », de l'anc. scand. *forn* « cadeau » ; s'est confondu avec *frummjan* « fournir », qui est à l'origine de nombreuses var. dial. **FOURNITURE** XIIᵉ s. ; **FOURNITURES** XVIᵉ s. ; **FOURNIMENT** XIIIᵉ s., p.-ê. par l'it. *fornimento* ; **FOURNISSEUR** XVᵉ s.

FOURRAGE ♦|1| (pop.) XII° s. : dér. ancien du frq. *fōdr- (le simple subsistant dans le nom de la rue du FOUARRE, à Paris, c.-à-d. des bottes de « paille » sur lesquelles s'asseyaient les écoliers du Moyen Âge) ; FOURRAGER « faire du fourrage », puis « piller », et FOURRAGEUR XIV° s. ; FOURRAGÈRE XIX° s. adj. substantivé, d'abord « voiture militaire » puis « ornement d'uniforme ». ♦|2| FOURRIER XII° s. « fourrageur » puis « militaire chargé de l'approvisionnement » : dér. ancien de *fōdr-. ♦|3| FOURRIÈRE XIII° s. « remise à fourrage », XVIII° s. « local où l'on retenait le bétail saisi pour dettes », XIX° s. pour les animaux errants, XX° s. pour les voitures.

FOURREAU ♦|1| (pop.) XI° s. : dérivé anc. du frq. *fōdr- « fourreau », homonyme de l'étymon de *fourrage*, représenté par l'anc. fr. *fuerre*, all. *Futter*. ♦|2| FOURRER XII° s. « doubler un vêtement » ; XV° s. « faire entrer (comme dans un fourreau) » : dérivé anc. de *fōdr* ; FOURRÉ XVIII° s. : abréviation de *bois fourré* XVII° s. ♦|3| FOURRURE XII° s. et FOURREUR XIII° s. : dér. de *fourrer*.

FRAIS, FRAÎCHE adj. ♦|1| (pop.) XI° s. : frq. *frisk* « frais », d'abord en parlant du temps ; FRAÎCHEUR XII° s., rare avant le XVI° s. ; FRAÎCHIR XII° s. ; RAFRAÎCHIR XII° s. ; RAFRAÎCHISSEMENT XIII° s ; DÉFRAÎCHIR XIX° s. ♦|2| FRESQUE XVII° s., peinture : de la locution it. *dipingere a fresco* « peindre sur le plâtre) frais » ; adj. de même origine que le fr. ♦|3| FRISQUET XIX° s., argot : adaptation de l'it. *freschetto*, dimin. de *fresco*.

FRAIS subst. (pop.) XIII° s. : mot obscur auquel on a attribué soit une origine germ. : frq. *frīdu* « paix » → EFFRAYER (loi salique : *fridus* « somme que l'on doit payer pour avoir rompu la paix »), soit une origine lat. : *fractum* → ENFREINDRE, « dommage qu'on cause en rompant quelque chose » ; mais dans cette hypothèse, le dér. anc. fr. *frayer* s'explique difficilement ; DÉFRAYER XIV° s. dér. de *frayer* « faire des frais ».

1. FRAISE (fruit) (pop.) XII° s. : altération, p.-ê. sous l'influence de *framboise*, de l'anc. fr. *fraie*, du lat. *fraga*, plur. neutre de *fragum* pris pour un fém. ; FRAISIER XIII° s.

2. FRAISE (de veau) (pop.) XIV° s. « enveloppe membraneuse qui entoure les intestins du veau et de l'agneau » : dér. de l'anc. fr. *freser* « dépouiller de son enveloppe » : lat. vulg. *frēsāre*, formé sur *frēsus* part. passé de *frendĕre* « broyer ».

FRAMBOISE (pop.) XII° s. : germ. *brambasia* altéré à l'initiale, p.-ê. sous l'influence de *fraise* ; ou p.-ê., étant donné la date ancienne d'attestation du vocalisme -oi-, d'un bas lat. *frambosia*, de *fraga ambrosia* « fraise au parfum d'ambroisie » ; FRAMBOISIER XIV° s.

FRANGE (pop.) XII° s. : lat. vulg. *frĭmbia*, forme à métathèse du bas lat. *fĭmbria*, sing. du lat. class. *fĭmbriae* « franges de vêtement », p.-ê. apparenté à *fibra* → FIBRE. FRANGER XIII° s. ; EFFRANGER XIX° s.

FRAPPER (pop.) XII° s. : mot obscur, p.-ê. onom. ; p.-ê frq. *hrappōn* « arracher ». FRAPPANT XVII° s. adj. ; FRAPPEUR (esprit) XV° s.

FRASQUE XV° s. : it. *frasche* « choses sans importance », plur. de *frasca* « brindille », mot d'origine méditerranéenne, p.-ê. apparenté au gr. *braskē*, lat. *brassica* « chou ».

FRAYER famille du lat. *friare* « concasser », d'où *friabilis*, et *fricare* « frotter », forme parente avec élargissement -k- ; lat. imp. *frictio* « action de frotter ».

I. mots populaires

♦|1| FRAYER XII° s. « frotter », « user par frottement » ; XIV° s. *frayer une voie* (par le frottement des pas) et « pondre » (en parlant de la femelle des poissons, qui frotte alors son ventre contre le fond), XVII° s. « fréquenter » : *frīcāre* ; FRAI XIV° s. ♦|2| FRISSON (pop.) XII° s. : lat. vulg. *frīctio, -ōnis*, class. *frĭctio*, rapproché par étym. pop. de *frīgere* « avoir froid » → FROID ; FRISSONNER XV° s. ; FRISSONNEMENT XVI° s. ♦|3| FROTTER (pop.) XII° s. : altération, sous l'infl. du suff. -ot, -oter, de l'anc. fr. *freter*, probablement de *frīctare* ; FROTTEMENT, FROTTEUR XIV° s. ; FROTTIS XVII° s.

II. mots savants

♦|1| FRIABLE XVI° s. : *friabilis*. ♦|2| FRICTION XVI° s. : *frictio* ; FRICTIONNER XVIII° s. ♦|3| AFFRIQUER XIX° s. : lat. imp. *adfricare* « frotter contre » ; AFFRIQUÉE XX° s. fém., ling. ; FRICATIF XIX° s. : formé sur *fricare*.

FREDAINE XV° s. : fém. substantivé de l'anc. fr. *fredain* « mauvais », du germ. **fraaidi* « qui a renié le serment prêté ».

FRÉGATE XVI° s. : it. *fregata*, d'origine obscure.

FREIN ♦|1| (pop.) XI° s. : lat. *frēnum* « bride, mors, frein du cheval » ; **EFFRÉNÉ** XII° s. : *effrenātus* « (cheval) qui n'a pas de frein » ; **REFRÉNER** XII° s. : *refrenare* ; **FREINER, FREINAGE** XIX° s. ♦|2| **CHANFREIN** XII° s. « museau du cheval » : dér. de l'anc. fr. *chanfrener* « donner », de *caput* → CHEF, et *frenare*, altéré p.-ê. sous l'influence de *chanfrein* « biseau ». ♦|3| **ENCHIFRENÉ** XIII° s. : des mêmes mots que le précéd., avec traitement tonique de *caput*.

FRELATER XVI° s. « transvaser du vin », XVII° s. « le couper », XVIII° s. « altérer » : néerl. *verlaten* « transvaser ».

FRELON (pop.) XVI° s. ; frq. **hurslo* adapté en *forsleone* dans les *Gloses de Reichenau*.

FRÉMIR (pop.) XII° s. : lat. *fremĕre* « faire entendre un bruit sourd », « grommeler », avec changement de conjugaison ; **FRÉMISSEMENT** XII° s.

FRÊNE (pop.) XI° s. : lat. *fraxĭnus* ; **FRÊNAIE** XIII° s.

FRÉNÉSIE famille du gr. *phrēn, phrenos* « diaphragme, cœur, intelligence, âme » ; *phrenitis* « folie » et *phrenitikos* « délirant ».

♦|1| **FRÉNÉSIE** (sav.) XIII° s., d'abord méd. : lat. médiéval *phrenesia*, class. *phrenesis*, adaptation du gr. *phrenitis*. **FRÉNÉTIQUE** XII° s. : *phrenetikos*, par le lat. ♦|2| **PHRÉN(O)-** 1ᵉʳ élément de mots sav., ex. : **PHRÉNIQUE** XVII° s., **PHRÉNOLOGIE** XIX° s. : littéralement « science de l'intelligence », qui a éliminé *craniologie*. ♦|3| **-PHRÈNE, -PHRÉNIE** 2° élément de composés sav., ex. : **SCHIZOPHRÈNE, -PHRÉNIE** XX° s.

FRÉQUENT ♦|1| (sav.) XIV° s. « fréquenté », XVI° s. « répété » : lat. *frequens* « id. » ; **FRÉQUENCE** XII° s. « réunion », XVI° s. « répétition » : lat. *frequentia* « réunion » ; **FRÉQUEMMENT** XIV° s. ♦|2| **FRÉQUENTER** (sav.) XII° s. « célébrer », « rassembler », XIV° s. « avoir des relations fréquentes avec » : *frequentare* ; **FRÉQUENTATION** XIV° s. : *frequentatio*.

FRÈRE ♦|1| (pop.) IX° s. : lat. *frater, fratris* ; **CONFRÈRE** XIII° s. : lat. médiéval *confrater* ; **FRAIRIE** XII° s. « confrérie », puis dans l'Ouest « fête patronale » : dér. de *frère* ; **CONFRÉRIE** XIII° s. : de *confrère*. ♦|2| **FRANGIN** XIX° s. : mot piémontais, altération, d'après *cüzin* « cousin », de *fradel* « frère ». ♦|3| **FRATERNEL** (sav.) XII° s. : formé d'après le lat. *fraternus* « id. » ; **FRATERNITÉ** XII° s. : *fraternitas* ; **CONFRATERNITÉ** XIII° s. : de *confrère* ; **CONFRATERNEL** XIX° s. ♦|4| **FRATERNISER** XVI° s. ; **FRATERNISATION** XVIII° s. ♦|5| **FRATRICIDE** XII° s. meurtre, XV° s. meurtrier, rare jusqu'au XVIII° s. : lat. *fratricidium* et *fratricida* « meurtre » et « meurtrier d'un frère ».

FRET XIII° s. : néerl. *vrecht* « prix du transport » ; **FRÉTER** XIII° s. ; **AFFRÉTER, AFFRÈTEMENT** XIV° s. ; **AFFRÉTEUR** XVII° s.

FRÉTILLER XIV° s. : mot obscur, p.-ê. dér. de *freter* « frotter » → FRAYER ; p.-ê. réfection de l'anc. fr. *fresteler* « jouer de la flûte », « bourdonner », de *freste* « flûte », du lat. *fistula* ; ou simplement mot onom. **FRÉTILLEMENT** XIV° s.

FREUX (pop.) XIII° s. « corneille » : frq. **hrôk*.

FRICHE XIII° s., var. fréquente *frèche* : mot d'origine germ. : à rapprocher du moyen néerl. *versch (lant)* « terre gagnée sur la mer », « polder » ou all. (Rhénanie) *frisch* « frais », « nouvellement défriché » → FRAIS ; **DÉFRICHER** XIV° s., **DÉFRICHEMENT** XV° s. ; **DÉFRICHEUR** XVI° s.

FRICHTI XIX° s. argot milit. « repas » : alsacien *richtik*, équivalent de l'all. *Frühstück* « petit déjeuner ».

FRIMAS (pop.) XV° s. : dér. de *frime*, dial., probablement ancien, du frq. **hrīm* ; **FRIMAIRE** XVIII° s. (calendrier républicain).

FRIME (pop.) XV° s., surtout dans l'expression *faire frime de* : croisement de *mine* et de l'anc. fr. *frume* XII˚ s. « mine », du bas lat. *frümen* « gosier », « gueule » ; **FRIMOUSSE** XIX˚ s. : altération de *frimouse* XVII˚ s., avec le suff. méridional *-ouse* pour *-euse*.

FRINGANT (pop.) XV˚ s. part. présent de l'anc. fr. *fringuer* « gambader », dér. de *fringue* XII˚ s. « danse », du frq. **hringila*, ou origine expressive ; **FRINGUÉ** XVIII˚ s. « élégant » ; **FRINGUES** XIX˚ s. « vêtements », argot ; **SE FRINGUER** « id. ».

FRIRE ♦ І1І (pop.) XII˚ s. : lat. *frigĕre*, *fructus* et *frixus* « faire rôtir, griller » puis « frire », mot d'origine p.-ê. onom. ♦ І2.1 **FRITURE** XII˚ s. : lat. vilg. **frīctūra* « action de frire » ; **FRITE** XIX˚ s. (pomme de terre) : fém. substantive de *frit*, de *frīctus* ; **FRITERIE** XIX˚ s. ; **FRITEUSE** XX˚ s. ♦ І3І **FRIAND** XIII˚ s. « appétissant », d'où « gourmand » : anc. part. présent de *frire* ; **FRIANDISE** XIV˚ s. ♦ І4І **FRESSURE** XIII˚ s. : lat. vulg. **frīxūra* « morceaux à frire », avec -e- p.-ê. dû à l'influence de l'anc. fr. *freser* (→ 2. FRAISE), du lat. vulg. *frēsāre*, de *frēsus*, part. passé de *frendere* « broyer ». ♦ І5І **AFFRIOLER** XVI˚ s. : de *frioler* XIV˚ s. « être friand », dér. de *frire* avec un suff. méridional ; **AFFRIOLANT** XIX˚ s. adj. ♦ І6І **FRICASSER** et **FRICASSÉE** XV˚ s. : dér. de *frire*, avec une consonne de transition -c- d'origine obscure. **FRICANDEAU** XVI˚ s. et **FRICOT** XVIII˚ s. sont formés sur le radical de *fricasser* ; **FRICOTER, -EUR, -AGE** XIX˚ s. ♦ І7І **FRIC** XIX˚ s. argot « argent » : abréviation de *fricot*.

FRISER XV˚ s. : origine obscure. Le lat. médiéval *frisium*, frq. **frisi* « galon, bordure », n'est pas très satisfaisant pour le sens ; p.-ê. dér. métaph. de *frire* dont certaines formes anciennes étaient formées sur un radical *fris-*. Au XVI˚ s. « frôler », probablement, à l'origine, terme musical, « faire vibrer une corde en l'effleurant », bien attesté au XVII˚ s. ; **FRISON, FRISURE, FRISOTTER** XVI˚ s. ; **DÉFRISER** XVII˚ s. ; **FRISETTE** et **FRISELIS** XIX˚ s.

FRIVOLE (sav.) XII˚ s. : lat. *frivolus* ; **FRIVOLITÉ** XVIII˚ s.

FROC ♦ І1І (pop.) XII˚ s. : frq. **hrokk* « habit » ; **DÉFROQUER** XV˚ s. ; **DÉFROQUE** XVI˚ s. ; **FROCARD** XVIII˚ s. ♦ І2І **ROCHET** XII˚ s. « surplis » : forme diminutive de **hrokk* avec un autre : traitement de l'initiale. ♦ І3І **FRAC** XVIII˚ s. : probablement altération de l'angl. *frock* « habit de soirée », de l'anc. fr. *froc*.

FROID famille du lat. *frīgus*, *-oris*, subst., « froid », d'où *frīgĭdus*, adj., « froid » ; *frīgĭdarium* « chambre froide » ; *refrigerāre* « rafraîchir » et bas lat. *frigorōsus* « frileux ».
♦ І1І **FROID** (pop.) XI˚ s. *frait*, *froit* : lat. vulg. **frīgĭdus*, altération, d'après *rīgĭdus* → RAIDE, du class. *frīgĭdus* ; **FROIDURE, FROIDEUR, FROIDEMENT** XII˚ s. ♦ І2І **REFROIDIR** XII˚ s. : de *froidir*, dér. de *froid* ; **REFROIDISSEMENT** XIV˚ s. ♦ І3І **FRILEUX** (pop.) XII˚ s., forme dissimilée de **frireux*, de *frigorōsus* ; **FRILEUSEMENT** XIX˚ s. ♦ І4І base *frig-* (sav.) **RÉFRIGÉRER** XIII˚ s. : *refrigerare* ; **RÉFRIGÉRATION** XVI˚ s. ; **RÉFRIGÉRATEUR** subst. XX˚ s. ; **FRIGIDITÉ** XIV˚ s. : *frigiditas* ; **FRIGIDE** XIV˚ s. « froid », XIX˚ s. sens mod. ; **FRIGIDAIRE** XVI˚ s. archéol., XX˚ s. marque déposée : *frigidarium*. ♦ І5І base *frigor-* (sav.) **FRIGORIFIQUE** XVIII˚ s. : lat. imp. *frigorificus* « qui fait du froid » ; **FRIGORIFIER** XIX˚ s. ; **FRIGORISTE** XX˚ s. ; **FRIGO** XX˚ s. : abréviation de « (appareil) frigorifique ».

FROISSER ♦ І1І (pop.) XI˚ s. « briser », « meurtrir », XV˚ s. « chiffonner » : lat. vulg. **frŭstiare*, du lat. class. *frŭstum* « morceau » ; **FROISSEMENT** XIII˚ s. ; **DÉFROISSER, INFROISSABLE** XX˚ s. ♦ І2І **FRUSTE** XV˚ s. terme d'art. « usé », XIX˚ s. « rude, non poli » : it. *frusto* « usé », forme abrégée de *frustato*, de *frustare* « user, broyer », de *frusto* « morceau », du lat. *frustum*. ♦ І3І **FRUSQUIN** XVII˚ s., argot « habit », XVIII˚ s. *le saint-frusquin* : dér. au moyen du suff. flamand *-quin*, de *frusser*, var. de *froisser* ; **FRUSQUES** fin XVIII˚ s.

FRÔLER XV˚ s. « rosser », XVII˚ s. sens mod. : mot obscur, probablement onom., a subi pour le sens l'influence de *frotter* ; **FRÔLEMENT** XVIII˚ s. ; **FRÔLEUR** XIX˚ s.

FRONCER (pop.) XII˚ s. : var. de l'anc. fr. *froncir*, frq. **hrunk-jan* ; **FRONCE** XIII˚ s. ; **DÉFRONCER, FRONCEMENT** XVI˚ s.

FRONDE ♦ І1І (pop.) XIII˚ s. : altération, par métathèse, de *flondre*, du lat. vulg.

*flŭndŭla, var. de *fŭndŭla, dimin. de funda « fronde » → anc. fr. fonde ; **FRONDEUR** XIII⁰ s. « qui combat avec la fronde » ; **FRONDER** XIII⁰ s. sens propre., XVII⁰ s. sens fig. « faire la petite guerre », « être mécontent », d'où le sens mod. de **FRONDEUR** et **LA FRONDE**, épisode historique. ♦ ǀ2ǀ **FONTE** (de cavalier) XVIII⁰ s. : it. fonda « bourse » : lat. funda « fronde » et « poche de cuir » (élément essentiel de la fronde).

FRONT ♦ ǀ1ǀ (pop.) XI⁰ s. : lat. frons, frontis « front », souvent considéré comme le miroir des sentiments, comme dans le fr. effronté et avoir le front de. ♦ ǀ2ǀ **FRONTIÈRE** (pop.) XIII⁰ s. : fém. substantivé de l'adj. anc. fr. frontier « qui fait face à ». ♦ ǀ3ǀ **AFFRONTER** (pop.) XII⁰ s. « frapper sur le front », « insulter », d'où **AFFRONT** et **AFFRONTEMENT** XVI⁰ s. ♦ ǀ4ǀ **EFFRONTÉ** (pop.) XIII⁰ s. « qui n'a pas de front pour rougir » ; **EFFRONTEMENT** XV⁰ s. ; **EFFRONTERIE** XVII⁰ s. ♦ ǀ5ǀ **FRONTON** XVII⁰ s. : it. frontone, augmentatif de fronte « front, façade ». ♦ ǀ6ǀ **FRONTALIER** XVIII⁰ s., d'abord uniquement à propos de la frontière esp. : gascon frountalité ou catalan frontaler. ♦ ǀ7ǀ **CONFRONTER** et **CONFRONTATION** (sav.) XIV⁰ s. : lat. jur. médiéval confrontare « mettre face à face » et confrontatio. ♦ ǀ8ǀ **FRONTAL** XVI⁰ s. subst. ; XVII⁰ s. adj. : dér. sur la base front-. ♦ ǀ9ǀ **FRONTISPICE** XVII⁰ s. : bas lat. frontispicium « façade ».

FROUSSE XIX⁰ s. : p.-ê. dial. (Vosges) froust, frous, onom. décrivant la brusque envolée d'oiseaux effrayés ; **FROUSSARD** XIX⁰ s.

FRUIT famille du lat. frui, fructus « avoir la jouissance de », dont les dér., par une restriction de sens naturelle dans une société rurale, ont servi à désigner les produits de la terre : (1) frŭctus, -us « droit de percevoir et de garder le produit d'une propriété », « produit », en particulier « produit des arbres » ; a fini par éliminer en ce sens pomum → POMME (2) frŭmentum « toute céréale à épi », en particulier « blé » (3) frŭges « tout produit de la terre », par opposition à fructus et frumentum plus spécialisés, d'où frugalitas « sobriété » et bas lat. frugalis ; frugi- premier terme de composés tels que frugifer « qui porte fruit ».

I. famille de fructus

♦ ǀ1ǀ **FRUIT** (pop.) X⁰ s. : frŭctus ; **FRUITIER, FRUITERIE** XIII⁰ s. ; **FRUITÉ** XVII⁰ s. ♦ ǀ2ǀ **USUFRUIT** (demi-sav.) XIII⁰ s. : lat. jur. usufructus « jouissance par l'usage » ; **USUFRUITIER** XV⁰ s. ♦ ǀ3ǀ **EFFRITER** (pop.) XVII⁰ s. « rendre la terre inapte à porter des fruits », XIX⁰ s. sens mod. : altération d'effruiter XIII⁰ s. « dépouiller de ses fruits » ; **EFFRITEMENT** XIX⁰ s. ♦ ǀ4ǀ **FRUCTUEUX** (sav.) XII⁰ s. : fructuosus « qui rapporte » ; **INFRUCTUEUX** XIV⁰ s. : infructuosus. ♦ ǀ5ǀ **FRUCTIFIER** (demi-sav.) XII⁰ s. : lat. imp. fructificare ; **FRUCTIFICATION** (sav.) XIV⁰ s. ♦ ǀ6ǀ **FRUCTIDOR** (sav.) XVIII⁰ s., calendrier républicain.

II. famille de frumentum

FROMENT XII⁰ s. : lat. vulg. *frumentum, altération inexpliquée du class. frūmentum.

III. famille de fruges

♦ ǀ1ǀ **FRUGALITÉ** (sav.) XIV⁰ s. : frugalitas ; **FRUGAL, FRUGALEMENT** XVI⁰ s. : frugalis. ♦ ǀ2ǀ **FRUGI-** 1ᵉʳ élément de composés sav. du type **FRUGIVORE** XVIII⁰ s.

FRUSTRER (sav.) XIV⁰ s. : lat. frustrari « faire traîner les choses en longueur », « rendre vain », « tromper », dér. de l'adv. frustra « en vain » ; **FRUSTRATION** XVI⁰ s.

FUCUS (sav.) XVI⁰ s. : gr. phukos « algue ».

FUIR famille du lat. fŭgĕre « fuir », d'où fŭga « fuite » ; fugax, -acis et fugitivus « fuyard » ; refugere « reculer en fuyant », transfugere « passer à l'ennemi », subterfugere « fuir subrepticement » ; les 2ᵉ éléments de composés -fuga « celui qui fuit », -fugium « acte de fuir ».

♦ ǀ1ǀ **FUIR** (pop.) X⁰ s. en deux syll. : lat. vulg. *fŭgīre, altération, d'après le parfait fŭgi, du class. fŭgĕre ; **S'ENFUIR** XI⁰ s. ; **FUITE** XII⁰ s. ; **FUYARD** XVI⁰ s. ; **FUYANT** XVI⁰ s. ; **FAUX-FUYANT** XVI⁰ s. → DEHORS. ♦ ǀ2ǀ **FOUGUE** (sav.) : it. foga « fuite précipitée », « impétuosité », de fŭga ; **FOUGUEUX** XVI⁰ s. ; **FOUGUEUSEMENT** XIX⁰ s. ♦ ǀ3ǀ **FOUCADE** XVII⁰ s. : altération de fougade XVI⁰ s., dér. du précédent. ♦ ǀ4ǀ **FUGUE** XVI⁰ s. mus. ; XVIII⁰ s. « escapade », d'où **FUGUÉ** XIX⁰ s. ; **FUGUEUR** XX⁰ s. : it. fuga « fuite », de fŭga. ♦ ǀ5ǀ **FUGITIF** (sav.) XIV⁰ s. a éliminé l'anc. fr. fuitif : fugitivus. ♦ ǀ6ǀ **FUGACE** (sav.) XVI⁰ s. : fugax ; **FUGACITÉ** XIX⁰ s. ♦ ǀ7ǀ

REFUGE XII° s. : *refugium* ; **RÉFUGIER** XV° s. ; **SUBTERFUGE** XIV° s. : bas lat. *subterfugium* ; **TRANSFUGE** XIV° s. : *transfuga*. ♦ 18l **-FUGE** 2° élément de composés sav., ex. : **VERMIFUGE** XVIII° s.

FULIGINEUX (sav.) XVI° s. : lat. *fuliginosus*, de *fuligo, -inis* « suie ».

FUMER famille du lat. *fūmus* « fumée » d'où *fūmāre* « dégager de la fumée » ; *fumigare* « enfumer » et méd. « faire des fumigations » ; lat. vulg. **perfumare*, intensif, « dégager une fumée odorante ».

♦ 1ll **FUMER** (pop.) XII° s. ; XVII° s. « fumer du tabac », ainsi que le dérivé **FUMEUR** ; *fūmare* ; **ENFUMER** XII° s. ; **FUMÉE** XII° s. : *fūmāta* ; **FUMEUX** XII° s. : *fūmōsus* ; **FUMISTE** XVIII° s., XIX° s. sens fig., d'après un vaudeville de 1840, *La Famille du fumiste*, mettant en scène un fumiste farceur ; **FUMISTERIE** XIX° s. : **FUMOIR** XIX° s. ♦ 12l **PARFUMER** XVI° s. : lat. vulg. **perfumare*, par l'intermédiaire des langues méridionales, où ce verbe était très vivant ; **PARFUM, PARFUMEUR** XVI° s. : **PARFUMERIE** ; **BRÛLE-PARFUM** XIX° s. ♦ 13l **FUMEROLLE** XIX° s. : napolitain *fumaruola* « émanation du Vésuve ». ♦ 14l **FUMIGATION** (sav.) XIV° s. : *fumigatio*. ♦ 15l **FUMI-** 1ᵉʳ élément de composés sav., ex. : **FUMIVORE** XVIII° s., **FUMIGÈNE** XIX° s.

FUNÈBRE famille sav. du lat. *funus, funeris* « funérailles », d'où *funebris*, issu de **funes-ris* et bas lat. *funerarius, funeralis* « relatif aux funérailles », *funestus* « mortel, funeste ».

♦ 1ll **FUNÈBRE** (sav.) XIV° s. : *funebris*. ♦ 12l **FUNÉRAILLES** (sav.) XIV° s. : *funeralia*, plur. neutre substantivé de *funeralis* ; **FUNÉRAIRE** XVI° s. : *funerarius*. ♦ 13l **FUNESTE** (sav.) XIV° s. : *funestus*.

FUNICULAIRE ♦ 1ll (sav.) XVIII° s. adj., XIX° s. subst. : abrév. de *chemin de fer funiculaire*, formé sur le lat. *funiculus*, dimin. de *funis* « corde ». ♦ 12l **FUNAMBULE** → ALLER.

FURET famille du lat. *fūr, fūris* « voleur », d'où *furtivus* « volé » et « furtif, clandestin » ; *furuncŭlus*, dimin., « tige secondaire de la vigne », « bosse de la vigne, à l'endroit du bouton », « furoncle » ; lat. vulg. **fūricāre* « fouiller », dér. de *fūrāre* « dérober » avec abrègement du *ū* atone, et **fūrico, -ōnis* « instrument pour fouiller ».

♦ 1ll **FURET** (pop.) XIII° s. : lat. vulg. **fūrittus*, dimin. de *fūr* ; **FURETER** XIV° s. ; **FURETEUR** XVI° s. ♦ 12l **FOURGON** XIII° s. « tisonnier » : **fūrīcōnem* ; **FOURGONNER** XIII° s. ; en prov., l'équivalent *fourgoun* désigne les ridelles d'un char. ♦ 13l **FOURGON** XVII° s. : probablement abrév. de **charrette à fourgon* c.-à-d. « à ridelles ». ♦ 14l **FURTIF** (sav.) XIV° s. : *furtivus* ; **FURTIVEMENT** XIII° s. ♦ 15l **FURONCLE** (sav.) XVI° s. : *furunculus* ; **FURONCULOSE** XIX° s.

FUREUR famille sav. du lat. *furere* « être hors de soi, égaré, fou », d'où *furor, -oris* « accès de folie » ; *furia* « fureur » ; *furiosus, furax, furibundus* « furieux ».

FUREUR XII° s. : *furor* ; **FURIEUX** XIII° s. : *furiosus* ; **FURIEUSEMENT** XIV° s. ; **FURIBOND** XIII° s. : *furibundus* ; **FURIE** XIV° s. : *furia* ; **FURIBARD** XIX° s. ; **FURAX** XX° s. ; **FURIOSO** XIX° s., mus. : équivalent it. de *furieux*.

FUS (JE) famille d'une racine ind.-eur. **bhewē, *bhū-* « croître ».

En grec *phuein* « faire naître, faire pousser », d'où (1) *euphuēs* « qui pousse bien », « bien né » (2) *phuton* « tout ce qui pousse », en particulier « plante » ; *emphutos* « implanté » ; *neophutos* « nouvellement planté » (3) *phusis* « action de faire naître », « nature » ; *phusikos* « relatif à la nature », d'où *phusikē* « (science des choses de la) nature » ; *phusio-* 1ᵉʳ élément de composés exprimant l'idée de « nature ».

En lat. les temps du verbe *esse* que ne fournissait pas la racine **es-* → ÊTRE : le parfait *fŭī* « je fus » et le participe futur *fŭtūrus* « destiné à être » (→ aussi PROUVER).

En germ. : angl. *to build* « construire ».

I. mots issus du latin

♦ 1ll **(JE) FUS** (pop.) : *fŭī*. ♦ 12l **FUTUR** (sav.) XIII° s. : *futurus* ; **FUTURISME, -ISTE** XX° s.

II. mots issus du grec

A. famille de *phuton*

♦ 1ll **ENTER** (pop.) XII° s. : lat. vulg. **impŭtāre* résultant du croisement du gr. *emphuton* « greffe », « implant » et du lat. *putare* « tailler, émonder » ; **ENTE** XII° s. ♦ 12l **EMPHYTÉOSE** (sav.) XIII° s. « bail de longue durée » : gr. *emphuteusis* « implantation », par le lat. médiéval. ♦I3I **PHYTO-** 1ᵉʳ élément de composés sav., ex. : **PHYTOBIOLOGIE** XXᵉ s. « biologie végétale ». ♦I4I **NÉOPHYTE** (sav.) XVᵉ s. : *neophutos* « nouvellement planté ou engendré », par le lat. eccl. ♦I5I **-PHYTE** 2ᵉ élément de composés sav., ex. : **PROTOPHYTE** XIXᵉ s.

B. famille de *phusis*

♦III **PHYSIQUE** XIIᵉ s. : *fisique, fusique*, subst. fém., d'abord « médecine » : *phusikē*, par le lat. ; XVᵉ s. adj. : *phusikos* ; XVIIIᵉ s. adj. masc. substantivé, « constitution naturelle » ; **PHYSICIEN** XIIᵉ s., d'abord « médecin ». ♦I2I **MÉTAPHYSIQUE** XIVᵉ s. subst. ; XVIᵉ s. adj. : lat. scolastique *metaphysica*, du gr. *meta ta phusika* « (ce qui vient) après la physique » dans l'ordre de succession des traités d'Aristote, et *metaphysicus* ; **MÉTAPHYSICIEN** XVᵉ s. ♦I3I **PHYSICO-** 1ᵉʳ élément de composés sav., ex. : **PHYSICO-CHIMIQUE** XIXᵉ s. ♦I4I **-PHYSIQUE** 2ᵉ terme de composés sav., ex. : **ASTROPHYSIQUE** XXᵉ s. ♦I5I **PHYSIO-** 1ᵉʳ terme de composés sav., ex. : **PHYSIONOMIE** XIIIᵉ s., **-ISTE** XVIᵉ s. ; **PHYSIOGNOMONIE** XIXᵉ s. ; **PHYSIOLOGIE, -IQUE** XVIᵉ s., **-ISTE** XVIIᵉ s. ; **PHYSIOCRATE** XVIIIᵉ s. ; **PHYSIOTHÉRAPIE** XXᵉ s. ♦I6I **HYPOPHYSE** (sav.) XIXᵉ s. « glande placée sous *(hupo)* l'encéphale, et qui produit une hormone de croissance *(phusis)* ».

III. mot d'origine germanique

BUILDING XIXᵉ s. : mot anglo-américain « construction ».

FUSEAU ♦III (pop.) XIIᵉ s. : lat. vulg. **fūsĕllus*, dimin. de *fūsus* « fuseau » ; **FUSELÉ** XIVᵉ s. « en forme de fuseau » ; **FUSELAGE** XXᵉ s. ♦I2I **FUSÉE** (pop.) XIIIᵉ s. : **fūsāta* « quantité de fil enroulée sur un fuseau », d'où divers sens techn., par métaphore. ♦I3I **FUSAIN** (pop.) XIIᵉ s. : lat. vulg. **fusago, -inis* « bois à fuseaux ». ♦I4I **FUSI-** (sav.) 1ᵉʳ élément de composés. ex. : **FUSIFORME** XVIIIᵉ s.

FÛT famille du lat. *fūstis* « bâton », « rondin », d'où bas lat. *fustare* et *fustigare* « bâtonner ».

♦III **FÛT** (pop.) XIᵉ s. « tronc d'arbre », « bois » ; XIIIᵉ s. « tonneau », sous l'influence de *futaille* : *fūstis*. ♦I2I **FUTAIE** XIVᵉ s., d'après le sens de « tronc » ; **FUTAILLE** XIIᵉ s. « pièce de bois », XIIIᵉ s. « tonneau de bois ». ♦I3I **FUTAINE** XIIIᵉ s. : lat. médiéval *fustaneum*, calque du gr. *xulina lina* « tissu venant d'un arbre », « coton ». ♦I4I **AFFÛTER** XIIᵉ s. « placer en embuscade derrière un arbre », « mettre en état », « aiguiser » : dér. de *fût* ; **AFFÛT** XVIIᵉ s., **AFFÛTAGE** XVᵉ s., **AFFÛTIAU**, dial. XVIIᵉ s. : dér. de *affûter* relatifs aux divers sens de ce verbe. ♦I5I **RAFFUT** XIXᵉ s. : dér. de *raffuter* « réparer » d'où « faire du bruit ». ♦I6I **FUSTIGER** (sav.) XIVᵉ s : *fustigare* ; **FUSTIGATION** XVᵉ s.

FUTÉ XVIIᵉ s. : mot obs. : part. passé de *futer* « bâtonner » : lat. *fustare* (→ FÛT pour la forme et ROUÉ, pour le sens) à moins qu'il ne s'agisse d'un terme de chasse dial. (Ouest) *se futer*, dér. de *fuite* (→ FUIR), qui se dit d'un gibier devenu méfiant pour avoir été manqué par un chasseur.

GABEGIE XVIIIᵉ s. : probablement dér. (sous l'influence de *tabagie* ?) de l'anc. fr. *gaber* XIᵉ s. « plaisanter », du scandinave *gabba* « railler ».

GABELLE XIVᵉ s. : it. *gabella*, de l'arabe *qabâla* « recette », « impôt » ; **GABELOU** XVIᵉ s., avec forme dial. du suff. *-ôsus*, fr. *-eux*.

GÂCHE (de serrure) (pop.) XIIIᵉ s. : frq. **gaspia* « boucle » ; **GÂCHETTE** XVᵉ s.

GÂCHER (pop.) XIIᵉ s. « passer à l'eau », XIVᵉ s. à propos du mortier, XIXᵉ s. « traiter sans soin » : frq. **waskan* « laver » (→ all. *waschen*) ; **GÂCHIS** XVIIᵉ s.

1. GAFFE (pop.) XIVᵉ s. « sorte de rame », « crochet », et, sous la forme *gaffre*, « soldat du guet » ; encore au XIXᵉ s. argot « sentinelle », d'où *faire gaffe* « faire attention », le guetteur étant celui qui « accroche de l'œil » ; **GAFFER** XVIIᵉ s. « ramer à la gaffe », XIXᵉ s. « faire attention » : gotique **gaffôn* « saisir », apparenté à l'anc. scandinave *gabba* → GABEGIE.

2. GAFFE (maladresse) fin XIXᵉ s. ; **GAFFER, GAFFEUR** sont p.-ê. d'autres mots que les précédents ; on peut les rapprocher du dial. *gafouiller* « patauger » → CAFOUILLER, art. FOUIR.

GAGE ♦ III (pop.) XIᵉ s. : frq. **waddi* « id. » terme du droit germ. ; **GAGER** XIIᵉ s. ; **GAGEURE** XIIIᵉ s. ♦ I2I **ENGAGER** XIIᵉ s. « mettre en gage » ; XVIᵉ s. milit. « mettre dans, introduire » et « recruter par engagement », fin XVIᵉ s. « exhorter » ; **ENGAGEMENT** XIIᵉ s. ; **RENGAGER** XVᵉ s. ; **ENGAGEANT** XVIIᵉ s. ; **DÉSENGAGÉ** XVIIᵉ s. ♦ I3I **DÉGAGER** XIIᵉ s. ; **DÉGAGEMENT** XVᵉ s.

GAGNER (pop.) XIIᵉ s. : *gaaignier, gaignier* « faire paître », « cultiver », « gagner » ; XVIᵉ s. milit. « prendre possession d'une ville », « se rendre dans un endroit », calque du lat. *petere* : frq. **waidanjan* « se procurer de la nourriture, du butin » ; **GAIN** XIIᵉ s. ; **REGAGNER** XIIᵉ s. ; **REGAIN** XIIᵉ s. « nouvelle pousse du foin » ; **GAGNE-PAIN** XIIIᵉ s. ; **GAGNE-PETIT** XVIᵉ s.

GAI (pop.) XIIᵉ s. : anc. prov. *gai*, vocabulaire des troubadours, du got. **gâheis* « impétueux » ; **GAIETÉ** XIIᵉ s. ; **ÉGAYER** XIIIᵉ s. ; **GAIEMENT** XIVᵉ s.

GAILLARD (pop.) XIᵉ s. : p.-ê. dér. du lat. vulg. gallo-roman **galia* « force », « bravoure », du celtique **gal* ; mais la non palatalisation du *g* initial pose un problème phonétique ; p.-ê. aussi de *galer* → GALANT, mais la mouillure du *l* ne s'explique pas ; **RAGAILLARDIR** XVᵉ s. ; **GAILLARDISE** XVIᵉ s.

GAINE famille du lat. *vagina* « gaine d'épi », « fourreau d'arme », attesté chez Plaute avec un sens obscène.

♦ III (pop.) XIIᵉ s. : lat. *vagīna* devenu **wagīna* sous une influence germ. ; **GAINER** XXᵉ s. ♦ I2I **DÉGAINER** XIIIᵉ s. ; **DÉGAINE** XVIᵉ s. ; XVIIᵉ s. fig. ♦ I3I **RENGAINER** XVIᵉ s.

« remettre au fourreau » ; XVIIe s. fig. ; **RENGAINE** XIXe s. « refrain banal » : p.-ê. à l'origine forme d'impératif « ravale », « ne répète pas ! » ♦ I4I **VANILLE** XVIIe s. : esp. *vainilla*, dimin. de *vaina* « gousse », du lat. *vagina* ; **VANILIER** XVIIIe s. ; **VANILLÉ, VANILLINE** XIXe s. ♦ I5I **VAGIN** (sav.) XVIIe s. : *vagina* ; **VAGINAL, INVAGINATION** XVIIIe s.

GALANT famille du frq. **wala* « bien » (→ angl. *well*), d'où lat. vulg. gallo-roman **walare* « se la couler douce », anc. fr. *galer* « s'amuser » et son dér. *gale* « amusement ». ♦ I1I **GALANT** XIVe s. « vif », XVIe s. « empressé auprès des femmes », d'après l'it. *galante*, lui-même d'origine fr. : part. présent de *galer* ; **GALANTERIE** XVIe s. ♦ I2I **GALONNER** XIIe s. « tresser les cheveux avec des rubans » : probablement dér. de *galer* XIIIe s., mais sans doute plus ancien ; **GALON** XVIe s. ♦ I3I **RÉGAL** XVe s., d'abord avec un *e* final, « partie de plaisir », d'où « festin » : dér. de *gale* ; **RÉGALER** XVIe s. ; **RÉGALADE** XVIIIe s. ♦ I4I **GALA** XVIIe s. : mot esp. « fête », de l'anc. fr. *gale*. ♦ I5I **GALÉJADE** XIXe s. : prov. *galejada* « plaisanterie », du verbe *galeja*, dér. de *se gala*, pronominal, équivalent de l'anc. fr. *galer*. ♦ I6I **GALVAUDER** XVIIe s. « humilier » : composé de *galer* « se moquer, rire de » et **vauder* → VOÛTE ; puis « gâcher », « perdre son temps » d'où **GALVAUDEUX** XIXe s. ♦ I7I **GALIBOT** XIXe s. : altération du picard *galobier* « polisson » ; 2e élément anc. fr. *lober* « flatter, tromper », d'origine germ. Le 1er élément peut être *galer*, mais aussi une var. du préf. *ca-, cali-*.

GALBE ♦ I1I XVIe s. « grâce », XVIIe s. archit. : it. *garbo* « belle forme », du got. **garwi*, « ornement », de **garwon* « arranger ». ♦ I2I **GABARIT** XVIIe s. « modèle de bateau » : prov. *gabarrit* « id. », altération, sous l'influence de *gabarre* (→ art. ESCARBOT), de *garbi* « belle forme, modèle », équivalent de l'it. *garbo*.

GALÈNE (sav.) XVIe s. : gr. *galênê* « plomb », par le lat.

GALÈRE XVe s. : catalan ou génois *galera*, altération de l'anc. it. *galea* (représenté en anc. fr. par *galée* XIe s.) : mot gr. byzantin (VIIIe s.) désignant divers poissons de la famille du requin, p.-ê. de l'arabe *xalija* ; **GALÉRIEN** XVIIe s. ; **GALION** XIIIe s. : dér. de *galie*, var. de *galée*, appliqué au XVIIe s. à des vaisseaux esp. appelés *galeón*, même origine.

GALET ♦ I1I (pop.) XIIe s. : dimin. de l'anc. fr. *gal* « caillou », mot des régions côtières normanno-picardes : p.-ê. gaulois *gallos* « caillou » ou var. de la base pré-ind.-eur. **cal-* → CAILLOU. ♦ I2I **GALETTE** XIIIe s. « gâteau rond et plat » (comme un galet) : XIXe s. argot « argent » (→ FRICOT et FRIC). ♦ I3I **DÉGOTER** XVIIe s. : mot normand, littéralement « déplacer, au jeu, la pierre ou la boule appelée *gau*, var. de *gal* » ; XVIIIe s. « déplacer, chasser d'un poste » ; XIXe s. « l'emporter sur », « trouver ».

GALIMATIAS XVIe s. : mot obscur ; d'abord *jargon de galimathias* chez Montaigne et dans la *Satire Ménippée*. On a proposé : (a) altération du bas lat. *ballimathia* (VIe s., Isidore de Séville) « chanson obscène » (b) altération de *Arimathia*, ville de Judée (c) terme du jargon des étudiants, formé de *gallus* « coq », « participant aux discussions universitaires », et du gr. *-mathia* « science » → MATHÉMATIQUE.

GALIPETTE XIXe s. : origine obscure.

GALLE ♦ I1I XIIIe s. : lat. *galla* « noix de galle ». ♦ I2I **GALE** XIIIe s. « gale des végétaux » puis « des animaux », var. orthographique du précédent ; **GALEUX** XVe s. Pour les mots sav. exprimant l'idée de « gale » → PSORE.

GALOCHE XIIIe s. : mot obscur. On a proposé : (a) dér. de *gallica (solea)* « sandale gauloise », avec développement phonétique obscur (b) mot picard dér. de *gallos* → GALET (c) prov. *galocha*, du lat. vulg. **galopia*, bas lat. (scolie d'Horace) *calopodes soleae*, du gr. *kalopodion* « chaussure de bois », de *kalon* « bois » et *podion* → PIED ; cette dernière explication paraît la moins improbable.

GALOPER (pop.) XIIe s. : frq. **wala* (→ GALANT) et **hlaupan* « bien sauter » (équivalent de l'all. *wohl laufen*) ; **GALOP** XIe s. ; **GALOPIN** XIIe s. nom propre donné à des messagers dans des œuvres littéraires ; XIV⁰ s. nom commun ; XVII⁰ s. « petit garçon de courses » ; XIX⁰ s. péj. ; **GALOPADE** XVII⁰ s. ; **GALOPANT** XIX⁰ s. adj.

GALOUBET XVIII⁰ s. : mot prov. apparenté à l'anc. prov. *galaubiar* « agir bien », qui a pu prendre le sens de « jouer bien », et *galaubia* « magnificence », du got. **galaubei* « qui a de la valeur ».

GALURIN XIX⁰ s. argot « chapeau » : mot obscur, p.-ê. apparenté à la famille de *galant*, qui, à côté de l'idée de « gaieté », peut exprimer aussi celle d'« élégance » ; sans doute rien à voir avec *galère* (sav.) XVI⁰ s. : lat. *galerus* « sorte de bonnet tel que le portait Mercure ».

GAM- ♦ 1 1 1 (sav.) 1ᵉʳ élément de mots sav., ex. : **GAMÈTE** XIX⁰ s. : gr. *gamêtês* « époux », de *gamos* « mariage ». ♦ 1 2 1 **-GAME, -GAMIE** 2ᵉ élément de composés sav. : gr. *gamos* « mariage » ; **MONOGAME** XV⁰ s., **-IE** XVI⁰ s. ; **BIGAME** XIII⁰ s., **-IE** XIV⁰ s. : lat. eccl. *bigamus* (VII⁰ s.), calque du gr. *digamos* ; **POLYGAME, -IE** XVI⁰ s. ; **CRYPTOGAME** XVIII⁰ s. → ENCROÛTER ; **PHANÉROGAME** XVIII⁰ s. → FANTÔME.

GAMELLE XVI⁰ s. : esp. *gamella* XIII⁰ s. (ou it., id., lui-même emprunté à l'esp.), du lat. imp. *camella* « vase à boire », p.-ê. dimin. de *camera* → CHAMBRE, ou bien dér. de *camēlus*, var. *camēllus* « chameau », par métaphore.

GAMIN XVIII⁰ s. « jeune aide verrier » ; XIX⁰ s. sens mod. : mot dial. (Franche-Comté), sans doute d'une racine germ. **gamm* (→ all. de l'Ouest *Gammel* « joie bruyante » « vaurien ») ; **GAMINERIE** XIX⁰ s.

GANDIN ♦ 1 1 1 (pop.) début XIX⁰ s. : dér. dial. (Dauphiné) de l'anc. fr. et anc. prov. *gandir* « s'esquiver », « flâner », du got. *wandjan* « tourner » ; interprété à Paris comme dér. du nom du boulevard de Gand (aujourd'hui des Italiens), rendez-vous des élégants au XIX⁰ s. ♦ 1 2 1 **GOURGANDINE** XVII⁰ s., mot dial. (Centre et Sud), probablement composé des radicaux de *gourer* et de *gandir*.

GANGLION (sav.) XVI⁰ s. : gr. *gagglion* « tumeur sous-cutanée », par le lat.

GANGRÈNE (sav.) XV⁰ s. : gr. *gaggraina* « id », par le lat.

GANGUE ♦ 1 1 1 XVI⁰ s. : all. *Gang* « chemin », d'où « filon » dans des composés comme *Erzgang*, 1ᵉʳ élément « minerai ». ♦ 1 2 1 **GANG** XIX⁰ s. : mot angl. « route, voyage », « bande de personnes allant ensemble », « compagnie de malfaiteurs », équivalent de l'all. *Gang* ; **GANGSTER, GANGSTÉRISME** XX⁰ s.

GANSE XVI⁰ s. : prov. *ganso* « ganse, boucle, etc. », du gr. *gampsos* « recourbé ».

GANT (pop.) XI⁰ s. : frq. **want* ; **GANTIER, GANTELET** XIII⁰ s. ; **DÉGANTER** XIV⁰ s. ; **GANTER** XVI⁰ s.

GARANCE (pop.) XI⁰ s. : bat. lat. (VIII⁰ s., IX⁰ s.) *warentia, warantia*, du frq. **wratja*.

GARÇON ♦ 1 1 1 (pop.) XI⁰ s. « valet », d'où XVII⁰ s. « employé subalterne », p. ex. dans *garçon boucher, de bureau, de café* ; XVI⁰ s. « enfant de sexe masculin » et « homme célibataire » ; gallo-roman **warkio*, altér. du frq. **wrakjo* « homme de basse condition », « mercenaire », « coquin », à moins qu'il ne s'agisse d'un emprunt tardif au gaulois **vassos* « serviteur », précédemment latinisé en *vassus* → aussi VASSAL ; **GARÇONNIÈRE** XII⁰ s. adj., XIX⁰ s. subst. **GARÇONNET** XII⁰ s. ; **GARÇONNE** XIX⁰ s. ♦ 1 2 1 **GARS** (pop.) XII⁰ s. : cas sujet de *garçon* ; **GARCE** XII⁰ s. « fille », XVI⁰ s. « fille de mauvaise vie » et terme d'injure : var. fém. de *gars*.

GARDON XIII⁰ s. : mot obscur, p.-ê. d'origine germ. ; un rapport avec le verbe *garder* (ce poisson se *garderait* de ce qui l'effarouche) semble bien conjectural.

GARENNE XIII⁰ s., mot obscur, transcrit en lat. médiéval par *warenna*, issu sans doute d'un croisement du germ. *wardôn* « garder » (→ SERF) et de *varenne*, qui survit en toponymie, pour lequel on a proposé le gaulois **varenna* « terrain enclos de pieux », supposé d'après l'irlandais *farr*, gallois **varros* « pieu », dont le radical est attesté dans des noms de famille gaulois.

GARGOUILLE ensemble de mots onom. suggérant un bruit de gorge → aussi GUEULE.

GARRIGUE

I. base *garg-* (déjà attestée en gr.)
♦ |1| **GARGOUILLE** XIII⁰ s. *gargoule*, dont le 2ᵉ élément semble être *gula* « gueule » ; XVIᵉ s. forme mod. refaite d'après le verbe ; **GARGOUILLER** XIVᵉ s., dér. formé à l'aide du suff. *-ouiller*; **GARGOULETTE** XIVᵉ s. ; **GARGOUILLEMENT, GARGOUILLIS** XVIᵉ s. ♦ |2| **GARGARISME** (sav.) XIIIᵉ s. et **GARGARISER** XIVᵉ s. : gr. *gargarismos* et *gargarizein* « id. » par le lat. ♦ |3| **GARGOTE** XVIIᵉ s. « mauvais restaurant » : dér. de *gargoter* XVIIᵉ s. « faire du bruit en mangeant », du moyen fr. *gargueter* XIVᵉ s. « faire du bruit en bouillonnant » ; **GARGOTIER** XVIIᵉ s.

II. ♦ |1| **JARGON** XIIᵉ s. « chant d'oiseaux », XVᵉ s. « argot de malfaiteurs » : repose sur une forme dissimilée et palatalisée de la base *-garg-* (anc. picard *gargon*) ; **JARGONNER** XIIᵉ s. ♦ |2| **JASER** XVIᵉ s., adaptation, p.-ê. sous l'influence de *jargon*, de *gaser* XVᵉ s. ; **JASEUR** XVIᵉ s.

III. base *gaz-* voisine de *garg-* : **GAZOUILLER** XIVᵉ s., forme voisine de *jargouiller* XIIIᵉ s. « id. », forme parallèle à *jargonner* ; **GAZOUILLEMENT** XIVᵉ s. ; **GAZOUILLIS** XVIᵉ s.

IV. GRAILLONNER XIXᵉ s. « se racler la gorge » : de *grailler* « croasser » XVᵉ s., dér. de *graille* XVIᵉ s. « corneille », probablement antérieur, du lat. *grăcŭla*, formé sur une base onom. *-gra-*, métathèse de *-gar-*.

GARRIGUE
XVIᵉ s. « terre pierreuse du Midi où ne poussent que des chênes-lièges » : prov. *garriga*, équivalent de l'anc. fr. *jarrie* « lande », apparentés à l'anc. prov. *garric* et à son équivalent anc. fr. *jarris* « sorte de chêne », d'une base pré-ind.-eur. **carra* « pierre », largement attestée (→ esp. *carrasca*, « yeuse », gascon *carroc* et suisse all. *Karren* « rocher »).

GARROT
XIIIᵉ s., var. *guaroc*, « trait d'arbalète » puis « bâton passé dans une corde pour la serrer en tordant » : dér. de l'anc. fr. *garokier* « garrotter » XIIᵉ s., du frq. **wrokkan* « tordre » ; **GARROTTER** XIIIᵉ s., puis XVIᵉ s.

GASPILLER
XVIᵉ s. : prov. *gaspilha* « id. », apparenté au méridional *gaspa* « petit lait » et au dial. (Ouest) *gaspaille* « balle rejetée par le van » et *gapailler* « rejeter la balle des céréales » ; du gaulois **waspa* « sous-produit agricole », dont l'initiale a pu subir une influence germ. pour aboutir à *gu-* ; **GASPILLEUR** XVIᵉ s. ; **GASPILLAGE** XVIIIᵉ s.

GASTR(O)-, GASTÉRO-
♦ |1| (sav.) : gr. *gastêr, gastros* « ventre », « estomac », 1ᵉʳ élément de mots, ex. : **GASTRIQUE** XVIᵉ s. ; **GASTRONOMIE** XVIIᵉ s. titre d'ouvrage, XIXᵉ s. nom commun, d'où **GASTRONOME, GASTRONOMIQUE** XIXᵉ s. ; **GASTRITE, GASTRO-ENTÉRITE, GASTRO-INTESTINAL** XIXᵉ s. ; **GASTÉROPODES** fin XVIIIᵉ s. ♦ |2| **-GASTRE** 2ᵉ élément de composés savants dans **ÉPIGASTRE** XVIᵉ s. de *epi* et *gaster* « partie supérieure de l'abdomen » ; **HYPOGASTRE** XVIᵉ s. : gr. *hupogastrion* « bas-ventre ».

GÂTEAU
(pop.) XIIᵉ s. *gastel*, *wastel* : lat. vulg. gallo-roman **wastellum*, du frq. **wastil* « nourriture ».

GAUCHIR
♦ |1| (pop.) XIIIᵉ s. « (se) déformer », semble formé par croisement de l'anc. fr. *gauch(i)er* « fouler », issu du frq. **walkan* (→ angl. *to walk* « marcher ») et de l'anc. fr. *guenchir* « faire des détours », du frq. **wenkjan* « vaciller » ; **GAUCHISSEMENT, DÉGAUCHIR, DÉGAUCHISSEMENT** XVIᵉ s. ♦ |2| **GAUCHE** (pop.) XVᵉ s. « de travers, maladroit » : dér. de *gauchir*, d'où **GAUCHERIE** XVIIIᵉ s. ; XVIᵉ s. substitué à *senestre* → SINISTRE ; XVIIIᵉ s. développement du sens pol. (*gauche* subst. fém.) sous l'influence de l'angl., d'où **GAUCHISANT, GAUCHISME, GAUCHISTE** XXᵉ s.

GAUFRE
(pop.) XIIᵉ s. : frq. **wafel* « gâteau » et « rayon de miel », apparenté au néerl. *wafel* et à l'all. *Wabe* « id. », avec réduplication et anticipation du *l*, d'où une var. anc. *walfre* ; **GAUFRIER** XIVᵉ s. ; **GAUFRETTE, GAUFRER** XVIᵉ s.

GAULE
(pop.) XIIIᵉ s. : frq. **walu* « bâton » ; **GAULER** XIVᵉ s.

GAUSSER (SE)
XVIᵉ s. : mot dial. (Normandie), d'origine inconnue.

GAZELLE
XIIIᵉ s. : arabe *ghazâla*

GAZETTE
XVIᵉ s. : it. *gazzetta*, du vénitien *Gazeta dele Novita* « gazette des nou-

velles », feuille périodique d'informations vendue au prix d'une *gazeta*, « petite monnaie vénitienne », mot obscur : p.ê. dimin. du vénitien *gaza* « geai », de même origine que le fr. GEAI ; p.-ê. dér. du gr. byzantin *gaza* « trésor », mais le simple n'est pas attesté en vénitien.

GAZON ♦III (pop.) XIIIe s. : frq. *wazo « motte de terre herbeuse » ; GAZONNER XIIIe s. ♦I2I VASE XVe s. subst. fém. : néerl. *wase*, de même origine ; VASEUX XVe s. ; ENVASER XVIe s. ; ENVASEMENT XVIIIe s.

GÉANT ♦III (pop.) XIe s. *gaiant, jaiant* : lat. vulg. *gagas, -antis*, du gr. *gigas, gigantos* « monstres détruits par Zeus ». ♦I2I GIGANTESQUE XVIe s. : it. *gigantesco*, dér. de *gigante*. ♦I3I GIGANTOMACHIE (sav.) XVIe s. : gr. *gigantomakhia* « guerre (de Zeus) contre les géants » ; GIGANTISME XVIIIe s.

GEINDRE ♦III (pop.) XIIe s., d'abord sous la forme *giembre* : lat. *gĕmĕre* « gémir » ; GEIGNARD XIXe s. ♦I2I GÉMIR (sav.) XIIe s. : *gemere*, avec changement de conjugaison ; GÉMISSEMENT XIIe s. ♦I3I GÉMONIES (sav.) XVIe s. : lat. *gemoniae (scalae)* « escalier des gémissements » à Rome, où étaient exposés les cadavres des condamnés à mort, destinés à être jetés dans le Tibre ; rapport probable avec *gemere*, à moins qu'il ne s'agisse que d'une étymologie populaire.

GEL famille d'une racine ind.-eur. *gel- « froid », représentée en latin par (1) *gelu* « gel », *gelare* et *congelare* « geler » (2) *glacies* « glace », *glaciare* « geler » et « glacer » ; *glacialis* « glacial ». En germ., avec vocalisme o de la racine, par l'angl. *cold*.

I. mots d'origine latine

A. famille de *gelu*

♦III GEL (pop.) XIe s. d'abord *giel* XIe s. : *gĕlu* ; GELÉE XIe s. : *gĕlāta* ; GELER XIIe s. : *gĕlāre* ; DÉGEL, DÉGELER, ENGELURE XIIIe s. ; GELURE XIXe s. ; GÉLIF XVIe s. ♦I2I GALANTINE XIIIe s. « charcuterie en gelée » : altération de *galatine* XIIe s., lat. médiéval *galatina*, calque d'un dér. de *gelata* propre à certains parlers où *ge-* initial pouvait devenir *ga-*, par ex. : celui de Provence ou celui de Raguse, ville réputée pour ce genre de mets. ♦I3I CONGELER (sav.) XIIIe s. : *conge-lare* ; CONGÉLATION XIVe s. ; CONGELABLE, CONGÉLATEUR XIXe s. ; SURGELÉ, -ER XXe s. ♦I4I GÉLATINE XVIIe s. : dér., sur la base *gelat-* ; GÉLATINEUX XVIIIe s.

B. famille de *glacies*

♦III GLACE (pop.) XIIe s., sens propre et « miroir » ; XVIIe s. « entremets glacé » : lat. vulg. *glacia*, class. *glacies* ; GLAÇON XIIe s. ; GLACIER XIVe s. « lieu froid », XVIIIe s. « fabricant de glaces (aux deux sens) » et, par empr. à un parler des Alpes, géogr. « amas de glace » ; GLACIÈRE XVIIe s. ♦I2I VERGLAS (pop.) XIIe s. d'abord *verreglas* : composé de *verre* et de *glas*, var. masc. de *glace*, littéralement « glace semblable à du verre » ; VERGLACÉ XIVe s. ♦I3I GLACER (pop.) XIIe s. sens mod. et « glisser », d'où le dér. GLACIS XVe s. « pente de protection sur laquelle on glisse » : *glaciare* ; DÉGLACER XVe s. ; GLAÇAGE XXe s. ♦I4I GLACIAL (sav.) XIVe s. : *glacialis* ; GLACIATION XVIe s. ; GLACIAIRE XIXe s.

II. mot d'origine germanique

COLD-CREAM XIXe s. : mot angl. « crème froide » ; 2e élément empr. à (l'anc.) fr. *crème*.

GELINOTTE ♦III (pop.) XVIe s. : dimin. de l'anc. fr. *geline* XIIe s., du lat. *gallina* « poule », dér. de *gallus* « coq », qui est p.-ê. le même mot que *gallus* « gaulois », à moins qu'il ne repose sur une racine signifiant « crier, appeler » attestée en celtique, slave et germ. (→ angl. *to call*). ♦I2I GALLINACÉ (sav.) XVIIIe s. : lat. *gallinaceus* « de l'espèce des poules ».

GEMME (demi sav.) XIe s. lat. *gemma* « bourgeon » et « pierre précieuse » : SEL GEMME XVIe s.

GENCIVE ♦III (pop.) XIIe s. : lat. vulg. *gĭncīva*, forme dissimulée du class. *gĭngīva*. ♦I2I GINGIVITE, GINGIVAL XIXe s. : dér. sav., sur *gingiva*.

GÊNE (demi-sav.) XVIe s. : altération, sous l'influence de GÉHENNE (sav.) de l'anc. fr. *gehine* XIIIe s. « torture », dér. de l'anc. fr. *gehir* « faire avouer » ou « avouer sous la contrainte », du frq. *jehhan* « avouer » ; affaiblissement du sens à partir du XVIIe s. ; XIXe s. « pauvreté » ; GÊNER XIVe s. ; SANS-GÊNE XVIIIe s. ; GÊNEUR XIXe s.

GENÊT (pop.) XIIe s., var. anc. *geneste* : lat. *genista* « id. ».

GENIÈVRE ♦ 111 XVIe s. altération de *geneivre* XIIe s. : bas lat. **jenīpĕrus*, class. *junĭpĕrus* ; **GENÉVRIER** XIVe s. ♦ 121 **GIN** XVIIIe s. : mot angl. « genièvre », du néerl. *jenever*, équivalent du fr. *genièvre*.

GENOU famille d'une racine ind.-eur. **gen-* « articulation », « angle ».
En grec (1) *genus* « mâchoire inférieure » (apparenté au lat. *genae* « joues ») et *gnathos* « mâchoire » ; de *gen-* avec vocalisme *o* de la racine, *gônia* « angle » et *gonu* « genou ».
En latin *genu*, à l'origine « articulation », spécialisé dans le sens de « genou ».
En germ. commun **kinn* (→ angl. *chin* « menton »), issu de **kenw-*, de l'ind.-eur. **genw-*, équivalent du gr. *genus*.

I. mots d'origine latine

♦ 111 **GENOU** (pop.) XIe s., d'abord *genouil* : lat. vulg. **genūcŭlu*, dimin. de *genu* ; **GENOUILLÈRE, S'AGENOUILLER** XIIe s. ; **AGENOUILLEMENT** XIVe s. ♦ 121 **GÉNUFLEXION** (sav.) XIVe s. : dér. tiré, sur le modèle de *flexion*, du bas lat. *genuflectere* « fléchir le genou ».

II. mots d'origine grecque

A. famille de *gnathos*

♦ 111 **GANACHE** XVIIe s. : « mâchoire de cheval », XVIIIe s. : « imbécile » : it. *ganascia* « mâchoire », issu du croisement du gr. *gnathos* et de l'it. *(m)asce(ll)a*, du lat. *maxilla* « mâchoire » → MAXILLAIRE. ♦ 121 **PROGNATHE, PROGNATHISME** XIXe s. : composé sav., de *pro* « en avant » et *gnathos*.

B. famille de *gônia*

♦ 111 **DIAGONAL** (sav.) XIIIe s. : bas lat. *diagonalis*, dér. tiré du gr. *diagônios* « ligne reliant deux angles ». ♦ 121 **GONIO-** 1er élément de composés sav. exprimant la notion d'« angle », ex. : **GONIOMÈTRE, -MÉTRIE** XVIIIe s. ♦ 131 **-GONE** 2e élément de composés sav. qui désigne des figures géométriques fermées par des segments de droites formant un certain nombre d'angles, ex. : **POLYGONE, -GONAL** XVIe s. ; pour les autres → le 1er élément.

III. mots d'origine germanique

♦ 111 **RICANER** (pop.) XVe s. « braire », XVIe s. sens mod. : altération, sous l'influence de *rire*, de l'anc. picard *recaner*, équivalent de l'anc. fr. *rechaner* XIIe s., dér. de l'anc. pic. *kenne* « joue » (anc. fr. *chane*), du frq. **kinni* ; **RICANEUR** XVIe s. ; **RICANEMENT** XVIIIe s. ♦ 121 **QUENOTTE** XVIIe s. : mot dial. normanno-picard, dér. de l'anc. pic. *cane* « dent », var. de *kenne* « joue » → le précédent.

GENS famille d'une racine ind.-eur. **gen(e)-*, *gnē-* « engendrer » et « naître ».
En grec (1) *genos* « naissance, famille, race » ; *genesis* « force productrice, origine, création », *-genēs* « qui engendre » ou « né », 2e élément de composés (2) *gonos* « action d'engendrer », « semence génitale » et *-gonia* « origine », 2e élément de composés.
En lat (1) une base **gen-* qui apparaît dans un grand nombre de mots, en particulier dans *gĕnĭtus*, part. passé de *gignĕre* « engendrer » (2) une base **(g)nā* qui apparaît dans *nasci* « naître », issu de **gnasci*, et son part. passé, lat. arch. *gnātus*, class. *nātus* « né ».

I. mots issus d'étymons latins reposant sur la forme **gen-* de la racine, c.-à-d. (1) *genitus* « engendré » ; class. *genitor*, imp. *genitrix* « père » et « mère » ; *genitalis* « relatif à la génération » ; *genitivus* « qui engendre », et, en gramm. « qui marque l'origine » ; *genitura* et *progenitura* « génération » et « descendance » ; *congenitus* « né avec » ; bas lat. *primogenitus* « né le premier » (2) *gens, gentis* « race, famille au sens large, famille noble » ; *gentilis* « qui appartient à une famille », « qui porte le même nom que les autres membres d'une famille noble » ; en lat. eccl., ce mot a été employé pour traduire l'hébreu *gôïm* « peuples », appliqué aux non juifs, et a pris le sens de « païens », « étrangers » (3) *germen, -inis* issu de **gen-men* « germe, bourgeon, rejeton », d'où *germinare* « germer » et *germanus*, issu de **germinanus* « qui est de la même race », « frère » (4) *genus, generis* « extraction, race » ; « genre », d'où *generare* et *ingenerare* « engendrer » ; *degenerare* « s'abâtardir » et *regenerare* « faire revivre » ; *generatio* « génération, reproduction » ; *generosus* « de bonne naissance », « noble, magnanime » : *congener* « d'une nature semblable » ; *generalis* « qui appartient à un genre, une espèce », « général » par opposition à « particulier »

(5) *genius*. « dieu particulier à chaque homme qui veillait sur lui et disparaissait avec lui » ; de même pour chaque lieu, chaque état, chaque chose ; *genialis* « relatif à la naissance, nuptial » ; *ingenium* « qualités innées » ; *ingeniosus* « qui a naturellement toutes les qualités de l'intelligence » ; *ingenuus* « né dans le pays, indigène », « né de parents libres » ; *ingenuitas* « condition d'homme libre », « sentiments nobles », « loyauté, sincérité » (6) *-gena* dans *indigena* « né dans le pays » → EN (7) *gener, -eris* « gendre« doit se rattacher à cette racine, quoique ses équivalents dans les autres langues ind.-eur. soient très déformés et permettent difficilement de la reconnaître.

A. mots populaires ou demi-savants

♦|1| GENS XIe s. : *gentes* acc. plur. de *gens* ; le sing. *gentem* est représenté par le subst. fém. arch. GENT XIe S. ; ENTREGENT XVe S. « art de se conduire parmi les gens ». ♦|2| GENDARME XIVe s., sous la forme *gens d'armes* « soldats à cheval », XVIe s. forme mod. « corps de police » ; GENDARMERIE XVe s. « cavalerie », fin XVIIIe s. sens mod. ; SE GENDARMER XVIIIe s. ♦|3| GENDRE XIe s. : *gener, -eris*. ♦|4| GENTIL XIe s. « noble », XVIIe s. sens mod. *gentilis* ; GENTILLESSE XIIe s. id. ; GENTILHOMME XIIe s. (en deux mots) ; GENTILHOMMIÈRE XVIe s. ♦|5| GENT, GENTE, adj. arch. XIe s. : *genitus, -a* « (bien) né ». ♦|6| AGENCER XIIe s. « orner », XVIIe s. sens mod. : lat. vulg. *adgentiare, de *gentus pour *genĭtus* « bien né », d'où « beau » → le précédent. ♦|7| ENGENDRER XIIe s. : *ingenĕrāre*. ♦|8| ENGIN XIIe s. « intelligence, ingéniosité » et « machine ingénieusement inventée », d'où ENGEIGNER « tromper » XIe s., arch. ♦|9| NÉANT XIe s. : *ne gentem* « pas un être vivant » (plutôt que *nec entem* → ÊTRE, qui n'existait que dans le lat. philosophique et n'aurait pu produire un mot aussi courant en anc. fr.) ; ANÉANTIR XIIe s. ; ANÉANTISSEMENT XIVe S. ; NÉANTISER XXe s. ; NÉANMOINS XIIe s., d'abord en deux mots ; FAINÉANT → FEINDRE ; l'équivalent it. *niente* apparaît dans FARNIENTE XVIIe s. subst., littéralement « ne rien faire ». ♦|10| GERMER XIIe s. : *germĭnāre* ; GERME XIIe s. : *germen, -ĭnis* ; pour les mots scientifiques exprimant la notion de « germe » → BLASTO- et -COQUE. ♦|11| GERMAIN (pop. ou demi-sav.) fin XIIIe s. « frère » puis « cousin » : *germānus*. ♦|12| GENRE (demi sav.) XIIe s. « race », XIVe s. philo. ; XVIIe s. « mode » : *genus, -eris*. ♦|13| (→ aussi article ENGEANCE).

B. base savante *-gen-*

♦|1| INGÉNU XIIIe s. « homme libre » ; XVIIe s. « naïf » ; *ingénuité* XVIe s. « état d'homme libre », XVIIe s. « naïveté » : *ingenuitas* ; INGÉNUMENT XVIe s. « franchement ». ♦|2| INGÉNIEUX XIVe s. : *ingeniosus* ; a éliminé l'anc. fr. *engeignous* (pop.) ; INGÉNIOSITÉ, INGÉNIEUSEMENT, S'INGÉNIER XIVe s. ; INGÉNIEUR XVIe s. « constructeur d'engins », a éliminé l'anc. fr. *engeignor* « trompeur » et « architecte ». ♦|3| GÉNIE XVIe s. « divinité tutélaire » et « talent », XVIIIe s. « aptitudes supérieures » et, sous l'influence d'*ingénieur*, génie militaire ; GÉNIAL, GÉNIALEMENT XIXe s. ♦|4| -GÈNE « natif de » : 2e élément de mots sav., ex. : INDIGÈNE XVIe s. *indigena* → EN ; ALLOGÈNE XXe s.

C. base savante *-gener-*

♦|1| GÉNÉRATION XIIe s. : *generatio* ; GÉNÉRATIF XIVe s. ; GÉNÉRATEUR XVIIe s., XVIIIe s. géom., XIXe s., techn. ♦|2| RÉGÉNÉRER XIe s. sens moral, XIVe s. méd. : *regenerare* ; RÉGÉNÉRATION XIIe s. : *regeneratio* ; DÉGÉNÉRER XIVe s. : *degenerare* ; DÉGÉNÉRESCENCE fin XVIIIe s. ♦|3| GÉNÉRAL XIIe s. philo., d'où GÉNÉRALEMENT XIIe s., EN GÉNÉRAL XIVe s., GÉNÉRALITÉ XIIIe s., GÉNÉRALISER XVIe s., -ISATION, -ISATEUR XVIIIe s. ; XVe s., abréviation de *capitaine général*, d'où GÉNÉRALAT XVIe s., GÉNÉRALE XVIIe s. « supérieure de couvent », XIXe s. « femme de général », et GÉNÉRALISSIME XVIe s. : it. *generalissimo*, superlatif de *generale*, du lat. *generalis*. ♦|4| GÉNÉREUX XIVe s. « courageux », XVIIe s. « libéral » : *generosus* ; GÉNÉROSITÉ XIVe s. : *generositas* ; GÉNÉREUSEMENT XVIe s. ♦|5| CONGÉNÈRE XVIe s. : *congener*. ♦|6| GÉNÉRIQUE XVIe s., XXe s. cinéma : dér. savant, sur *genus, -eris*.

D. base savante *-genit-*

♦|1| GÉNITEUR XIIe s. : *genitor*. ♦|2| GÉNITOIRE XIIe s. : altération, par changement de suffixe, de *genitaux* « organes génitaux » : plur. neutre subst. de *genitalis*. ♦|3| GÉNITAL XIVe s. : *genitalis*, CONGÉNITAL XIXe s. ♦|4| GÉNITURE, PROGÉNITURE XVe s. : *genitura, progenitura* ; PRIMOGÉNITURE XVe s. : formé sur *primogenitus*. ♦|5| GÉNITIF XIVe s. : *genitivus* (casus).

GENS

E. base savante *gent* : GENTIL XVe s. subst. masc. « païen » : *gentilis*.
F. base savante *germ* : GERMINATION XVe s. : *germinatio* ; GERMINAL XVIIIe s., calendrier républicain.
II. mots issus d'étymons latins reposant sur la forme *gnā-* de la racine, c.-à-d. (1) *nasci, natus* « naître » ; *renasci, renatus* « renaître » ; *innasci, innatus* « naître dans » ; lat. imp. *nascentia* « naissance » ; *agnasci* « naître après le testament du père », d'où *agnatus* « enfant venu quand il y a déjà des héritiers établis » et « parent du côté paternel » ; *cognatus* « parent » ; *natalis* « relatif à la naissance » ; *nativus* « qui naît » ; (2) *natura*, à l'origine « action de faire naître » d'où « caractère naturel », « ordre naturel » ; *naturalis* « naturel » ; (3) *natio, -onis* à l'origine « naissance », d'où « individus nés en même temps ou dans le même lieu » ; (4) *praegnas, -atis*, var. *praegnans, -antis* « qui est près de faire naître », « enceinte », d'où *impraegnare* « féconder », bas lat. « imprégner ».

A. mots populaires ou demi-savants
♦|1| NAÎTRE XIe s. : lat. vulg. *n̄ascĕre*, class. *nasci* ; RENAÎTRE XIIe s. : *renascĕre* pour *renasci* ; NAISSANCE XIIe s. : *nascentia* ; RENAISSANCE XIVe s. ; NAISSANT XVIe s. adj. ; RENAISSANT XVIIIe s. ♦|2| NAISSAIN XIXe s. « jeunes huîtres ». ♦|3| NÉ XIe s. : *nātus* ; RENÉ, prénom d'origine chrétienne : *renatus* « né une seconde fois (grâce au baptême) » ; AÎNÉ XIIe s. : **antius natus* « né plus avant », d'où AÎNESSE XIIIe s. ; PUÎNÉ XIIe s. : **postius natus* « né plus après » ; NOUVEAU-NÉ, DERNIER-NÉ XIIe s. ; PREMIER-NÉ, MORT-NÉ XIIIe s. ♦|4| INNÉ (demi-sav.) XVIIe s. : *innatus* ; INNÉITÉ XIXe s. ♦|5| NAÏF XIIe s. « natif », XVIIe s. « crédule » : *nativus* ; NAÏVETÉ XIIIe s. ♦|6| NOËL XIIe s., d'abord *nael* : *natalis (dies)* « jour de la naissance (du Christ) ».

B. base savante *-nat-*
♦|1| NATURE XIIe s., adj. *natura* ; DÉNATURER XIIIe s. ; DÉNATURÉ, NATURÉ, NATURANT XIIIe s. ; NATURISME XVIIIe s. ; NATURISTE XIXe s. ; NATURE MORTE XVIIIe s. ♦|2| NATUREL XIIe s. : *naturalis* ; NATURALISER XVe s. ; NATURALISATION, NATURALISME, NATURALISTE XVIe s. ; SURNATUREL XVIe s. ; ANTINATUREL XIXe s. ♦|3| NATION XIIe s. : *natio* ; NATIONAL XVIe s. ; ANTINATIONAL, NATIONALISER, NATIONALISME (ce dernier p.-ê. sous l'influence de l'angl.) XVIIIe s. ; NATIONALISTE, NATIONALITÉ, DÉNATIONALISER, INTERNATIONAL, -ISME, -ISTE XIXe s. ; NATIONALISATION, INTERNATIONALISER XXe s. ; NATIONAL-SOCIALISME, -ISTE XXe s. ; l'équivalent all. *nazionalsozialist* a donné naissance, par abrév., au mot NAZI, d'où NAZISME XXe s. ♦|4| NATIF XIVe s. : *nativus* → NAÏF ; NATIVITÉ XIIIe s. : *nativitas* ♦|5| NATAL XVe s. : *natalis* → NOËL ; NATALITÉ XIXe s. ; DÉNATALITÉ XXe s.

C. bases savantes *-gnat-, -gna-, -gn-*
♦|1| COGNATION XIIe s. : *cognatio* ; COGNAT XIIIe s. : *cognatus* ; AGNAT XVIIe s. : *agnatus*. ♦|2| PRÉGNANTE XIVe s. « enceinte », XIXe s. rhét. : *praegnans* ; PRÉGNATION XVIIIe s. ; PRÉGNANCE XXe s. ♦|3| IMPRÉGNER XVIIe s. : réfection de l'anc. fr. *empregnier*, de *impraegnare* ; IMPRÉGNATION XIVe s.

III. mots savants d'origine grecque
A. base *-gon-*
♦|1| GONO- 1er élément de composés sav., ex. : GONORRHÉE XIVe s. ; GONOCOQUE XIXe s. : *gonos*. ♦|2| -GONIE 2e élément de composés savants tels que THÉOGONIE XVIIIe s. : gr. *theogonia* ; COSMOGONIE XVIe s. : gr. *kosmogonia*.

B. base *-gen-*
♦|1| GÉNÉALOGIE XIIe s. : bas lat. *genealogia*, formé de *genos* et *logos* ; GÉNÉALOGIQUE XVe s. ; GÉNÉALOGISTE XVIe s. ♦|2| HOMOGÈNE XVIe s. : gr. *homogenês* « de la même race », par le lat. ; HOMOGÉNÉITÉ XVIe s. ; HOMOGÉNÉISER XIXe s. ; HÉTÉROGÈNE XVIe s. : gr. *heterogenês* « d'une autre race », par le lat. ; HÉTÉROGÉNÉITÉ XVIe s. ♦|3| PALINGÉNÉSIE XVIe s. : bas lat. *palingenesia*, formé du gr. *palin* « de nouveau » et *genesis* « naissance ». ♦|4| AUTOGÈNE (soudure) XIXe s. ♦|5| EUGÉNISME, EUGÉNIQUE XIXe s. : de *eu* « bien » et *genos*. ♦|6| GENÈSE XVIIe s. : *genesis*. ♦|7| GÉNÉTIQUE adj. et subst. XIXe s. : *genetikos* « propre à la génération » ; GÉNÉTICIEN XXe s. ♦|8| GÈNE XXe s., biol. : *genos*. ♦|9| 2es éléments de composés sav. exprimant les notions de « génération », d'« origine » ou de « production » : -GÈNE dans HYDROGÈNE XVIIIe s., PATHOGÈNE XXe s. ; -GENÈSE, -GÉNÉTIQUE, dans HISTOGENÈSE XIXe s. ; -GÉNIE dans EMBRYOGÉNIE XIXe s. ; -GÉNISME dans POLYGÉNISME, MONOGÉNISME XIXe s. ; -GÉNIQUE dans PHOTOGÉNIQUE

XIXᵉ s. ♦|10| EUGÈNE, prénom : *eugenês* « noble ».

GÉOMÉTRIE famille sav. du gr. *gê* « terre », et *geô-* 1ᵉʳ élément de composés exprimant l'idée de « terre ».

♦|11| GÉOMÉTRIE XIIᵉ s., GÉOMÈTRE XIIIᵉ s., GÉOMÉTRIQUE XIVᵉ s. : gr. *geômetria* « mesure de la terre, arpentage », « géométrie » ; *geômetrês, geômetrikos*, par le lat. ♦|2| GÉOGRAPHIE XVIᵉ s. : *geôgraphia* « description de la terre, carte géographique » ; GÉOGRAPHE, GÉOGRAPHIQUE XVIᵉ s. : *geôgraphos, geôgraphikos*, par le lat. ♦|3| GÉO- 1ᵉʳ élément de composés sav., ex. : GÉOPHYSIQUE, GÉOTHERMIE XIXᵉ s., dont le premier en date est GÉOLOGIE XVIIIᵉ s., formé en it. au XVIIᵉ s. ; GÉOLOGUE, GÉOLOGIQUE XVIIIᵉ s. ♦|4| GÉODE XVIᵉ s. : gr. *geôdês* « terreux ». ♦|5| GÉODÉSIE XVIIᵉ s. : gr. *geôdaisia* « sectionnement de la terre », de *daiein* « diviser ». ♦|6| GEORGES, prénom : gr. *geôrgos* « qui travaille la terre, cultivateur », de *ergon* « travail » ; → ORGUE ; GÉORGIQUE XVIIIᵉ s. ; *geôrgikos* « agricole », par le lat. (titre d'une œuvre de Virgile). ♦|7| -GÉE 2ᵉ élément de composés dans APOGÉE, HYPOGÉE, PÉRIGÉE XVIᵉ s. : *apogeios* « éloigné de la terre », *hupogeios* « souterrain », *perigeios* « qui entoure la terre ».

GERBE (pop.) XIIᵉ s., d'abord *jarbe* : frq. **garba*.

GERBOISE XIXᵉ s. adaptation fantaisiste d'ar. maghrébin *gerbu*, ar. class. *yarbu*.

GÉRONTE ♦|11| (sav.) XVIIᵉ s., nom de comédie : gr. *gerôn, -ontos* « vieillard ». ♦|2| GÉRONTO- 1ᵉʳ terme de composés sav., ex. : GÉRONTOLOGIE XXᵉ s.

GÉSIER (pop.) altération de *giser* XIIᵉ s., issu par dissimilation du bas lat. *gigērium*, sing. du class. *gigeria* « entrailles de volaille ».

GESTE famille du lat. *gerere, gestus* « porter sur soi » et sens fig. « prendre sur soi, se charger volontairement de », d'où « exécuter, faire » ; *gesta*, part. passé neutre plur. substantivité, synonyme de *acta* « actions ». — Dér. : (1) *gerundivus (modus)*, gramm. « mode de l'action à accomplir » (2) *gestus, -us* « attitude du corps », « geste » (3) *gestio, -onis* « action de gérer », « exécution » (4) *gestare* « porter un enfant, être enceinte » d'où *gestatio* « action de porter les enfants » (5) *gestire* « être transporté d'émotion », « faire des gestes violents », le 2ᵉ sens ayant passé ensuite au dérivé *gesticulari* « gesticuler » (6) une série de verbes préfixés avec leurs dér. : *congerere* « entasser » d'où *congeries* « tas, masse » ; *digerere* « porter çà et là, répartir » d'où (a) « répartir la nourriture dans le corps » « digérer » ; *digestio*, lat. imp. « digestion » ; *digestivus*, bas lat. « digestif » (b) « répartir méthodiquement, classer » d'où *digesta*, plur. neutre substantivé « œuvre divisée en chapitres », en particulier les *Pandectes* de Justinien, recueil de jurisprudence ; *ingerere* « porter dans », « introduire » ; *regerere* « reporter », en particulier sur une liste ou un livre, d'où *regesta*, plur. neutre substantivité « liste, registre » ; *suggerere* « apporter dessous », « procurer », lat. imp. « suggérer ».

I. mots demi-savants ou populaires

♦|11| GESTE (demi-sav.) XIᵉ s., subst. fém. repris au XIXᵉ s., hist. litt. : *gesta (Francorum)* « les actions (des Francs) », neutre plur. pris pour un fém. sing. ; survit dans *chanson de geste* et *faits et gestes* XVIIᵉ s. ♦|2| REGISTRE (demi-sav.) XIIIᵉ s., prononcé *regître* jusqu'au XVIIᵉ s. : lat. médiéval *registrum*, altération, d'après *épître*, de *regesta* ; ce mot avait aussi un emploi techn. *registrum campanae* « corde de cloche » (p.-ê. sous l'influence sémantique de *régir*), d'où « registre » d'orgue, puis de voix XVIᵉ s. ; ENREGISTRER XIIIᵉ s. ; ENREGISTREMENT XIVᵉ s. ; ENREGISTREUR id. (avec sens techn. récents fin XIXᵉ s.-XXᵉ s.). ♦|3| CONGÈRE (pop.) XIXᵉ s. : mot dial. (Centre, Dauphiné), du lat. vulg. **congeria*, class. *congeries*.

II. mots savants

A. base *-ger-*

♦|11| DIGÉRER XIVᵉ s. : *digerere* ; pour les mots scientifiques exprimant cette notion → -PEPSIE, art. CUIRE. ♦|2| INGÉRER XIVᵉ s. pronom., XIXᵉ s. trans. : *ingerere* ; INGÉRENCE XIXᵉ s. ♦|3| SUGGÉRER XVᵉ s. : *suggerere*. ♦|4| GÉRER XVIᵉ s. : *gerere* ; GÉRANT XVIIIᵉ s. ; GÉRANCE XIXᵉ s. ♦|5| GÉRONDIF

XVIᵉ s. : *gerundivus*. ♦ 161 **BELLIGÉRANT** XVIIIᵉ s. : lat. *belligerans* de *belligerare*, var. de *bellum gerere* « faire la guerre ».
B. base *-gest-*
♦ 111 **DIGESTE** XIIIᵉ s., code de Justinien : *digesta* ; **DIGEST** XXᵉ s. : mot angl. empr. au précédent. ♦ 121 **DIGESTION, DIGESTIF, INDIGESTION** XIIIᵉ s. : *digestio, digestivus, indigestio* ; **DIGESTIBLE, INDIGESTE** XIVᵉ s. ; **DIGESTE** XXᵉ s. ♦ 131 **SUGGESTION** XIIᵉ s. : *suggestio* ; **SUGGESTIONNER, AUTOSUGGESTION, SUGGESTIF** XIXᵉ s. ♦ 141 **GESTE** XVᵉ s. (une fois au XIIIᵉ s. *gest*) subst. masc. : *gestus* ; **GESTICULATION** XIVᵉ s. : *gesticulatio* ; **GESTICULER** XVIᵉ s. : *gesticulari* ; **GESTUEL** XXᵉ s. ♦ 151 **GESTION** XVᵉ s. : *gestio* ; **GESTIONNAIRE** XIXᵉ s. ♦ 161 **CONGESTION** XVᵉ s., méd. : *congestio* « accumulation », de *congere* → CONGÈRE ; **CONGESTIF, CONGESTIONNER, DÉCONGESTIONNER** XIXᵉ s. ♦ 171 **GESTATION** XVIᵉ s. ; XVIIIᵉ s. sens mod. : *gestatio* ; **PROGESTÉRONE** XXᵉ s., hormone : composé de *pro* et *gestare*. ♦ 181 **INGESTION** XIXᵉ s. : *ingestio* de *ingerere*.

GEYSER XVIIIᵉ s. : mot angl. de l'islandais *Geysir*, nom propre d'un geyser d'Islande.

GHETTO XVIᵉ s. : origine obscure, p.-ê. nom d'un quartier de Venise où des Juifs se seraient installés, plus probablement hébreu *ghêt* « séparation, rupture », ou contamination des deux.

GIBBON XVIIIᵉ s. : mot des Indes orientales introduit par Dupleix.

GIBBOSITÉ (sav.) XIVᵉ s. : dér., sur lat. *gibbosus* « bossu », de *gibbus* « bosse ».

GIBERNE XVIIIᵉ s. : it. *giberna*, du bas lat. *gaberina* « valise », par un dial. de l'Italie septentrionale.

GIBET (pop.) XIIᵉ s. : p.-ê. dimin. de l'anc. fr. *gibe*, subst. fém., du frq. **gibb-* « bâton fourchu ».

GIBIER ♦ 111 (pop.) XIIᵉ s. « chasse », XVIᵉ s. « animaux pris à la chasse » : var., par substitution de suff., de *gibiez*, probablement forme dial. (Ouest ou Nord-Est), du lat. vulg. gallo-roman **gabēitiu*, du frq. **gabaiti* « chasse au faucon ». ♦ 121 **GIBECIÈRE** XIIIᵉ s., adj. substantivé, fém. de *gibecier*, dér. de *gibiez*. ♦ 131 **GIBELOTTE** XVIIᵉ s. : var. fém., par substitution de suff., de *gibelet* XIIᵉ s., pour **giberet* « plat d'oiseaux », dér. de *gibier*. ♦ 141 **GIBOYEUX** XVIIIᵉ s. adj. tiré de *giboyer* XIIᵉ s. « aller à la chasse », formé sur le radical *gib-*.

GIBOULÉE XVIᵉ s. : origine inconnue.

GICLER XIXᵉ s., une fois au XVIᵉ s. : étym. obs., p.-ê. onom.

GIFLE XIIIᵉ s. « joue », XIXᵉ s. sens mod. : mot dial. (Nord-Est) *gif*, du frq. **kifel* « mâchoire » ; **GIFLER** XIXᵉ s.

GIGOT famille de l'anc. haut all. *giga* « sorte de violon », d'où l'anc. fr. *gigue* « id. » et les verbes *giguer*, var. nasalisées *ginguer*, et, avec assimilation consonantique, *guinguer* « danser », « gambader ». ♦ 111 **GIGOT** XVᵉ s. : de *gigue* « viole », métaph. ; **GIGUE** XVIIᵉ s. « cuisse » : dér. de *gigot*. ♦ 121 **GIGOTER** XVIIᵉ s. : dér. de *giguer*. ♦ 131 **GIGUE** XVIIᵉ s. danse : angl. *jig*, p.-ê. empr. au fr. ♦ 141 **DE GUINGOIS** XVᵉ s. : probablement apparenté à *guinguer*. ♦ 151 **GUINGUETTE** XVIIᵉ s., au plur. nom d'un quartier de Paris ; XVIIIᵉ s. *maison guinguette* « petite maison » : probablement fém. substantivé de *guinguet* « court », apparenté à *guinguer*. ♦ 161 **ZIG** ou **ZIGUE** XVIIIᵉ s. argot « fille enjouée », XIXᵉ s. « camarade » var. **ZIGOTEAU** XXᵉ s. ; p.-ê. déformation de *gigue*. ♦ 171 **GIGOLO** et son fém. **GIGOLETTE** XIXᵉ s. : p.-ê. dér. de *giguer* ; le sens 1ᵉʳ serait ainsi « danseur ».

GILET XVIᵉ s. : esp. *jileco*, var. *jaleco*, de l'arabe d'Algérie *jaleco* « casaque que les Maures faisaient porter aux captifs chrétiens », du turc *yelec*.

GILLES famille du gr. *aigis, -idos*, bouclier de Zeus et d'Athena, de la peau de la chèvre Amalthée, hérissée, bordée de serpents, garnie, au milieu, de la tête de la Gorgone ; terme religieux obscur, rapproché par les Anciens, par étymologie pop., de *aix, aigos* « chèvre ».
♦ 111 **GILLES** (pop.) prénom, d'abord *Gilies* issu de **Giries* : lat. *Aegidius*, nom propre

apparenté à *aigis, -idos,* avec chute de la voyelle initiale ; GILLES XVIIe s. « bouffon de foire » ; GIDE patronyme, var. demi-sav. de *Gille.* ♦ 121 ÉGIDE (sav.) XVIe s. : *aigis, -idos,* par le lat.

GINGEMBRE d'abord *gingibre* XIIIe s. : gr. *ziggiberis,* mot oriental, par le lat.

GIRAFE XIIIe s. : it. *giraffa,* de l'arabe *zarâfa.*

GIROLLE famille du gr. *guros,* mot de dresseurs de chevaux, « circuit, volte », empr. par le lat. sous la forme *gyrus,* d'où *gyrare* « tourner ».

♦ 111 GIROLLE (pop.) XVIe s. : probablement dér. métaph. de l'anc. fr. *girer,* du lat. *gyrare.* ♦ 121 GIRANDOLE XVIIe s. : it. *girandola,* dimin. de *giranda* « pièce de feu d'artifice », de *girare* « tourner », du lat. *gyrare.* ♦ 131 GIRATION XIVe s. (sav.), puis XIXe s. : dér., sur *gyrare* ; GIRATOIRE XVIIIe s. ♦ 141 GYRO- 1er élément de composés sav. exprimant l'idée de « tourner » : gr. *guros,* ex. : GYROVAGUE XVe s. ; GYROSCOPE XIXe s. ♦ 151 -GYRE 2e élément de composés sav., ex. : DEXTROGYRE « qui dévie vers la droite » XIXe s.

GIRON (pop.) XIIe s. « pan de vêtement allant de la taille aux genoux » et « partie du corps correspondante » : frq. **gêro* « pièce d'étoffe en pointe ».

GIROUETTE (pop.) XVIe s. : croisement de l'anc. normand *wirewite,* de l'anc. scandinave *vedrviti* « id. », avec l'anc. fr. *girer* « tourner » → GIROLLE.

GIVRE XVIIe s. : équivalent du franco-prov. *joivre* XVe s. ; ces deux mots reposent sur deux radicaux prélat. parallèles d'origine inconnue : **gîvro-* et **gêvro-* ; GIVRÉ XIXe s. ; DÉGIVRER, DÉGIVRAGE, DÉGIVREUR XXe s.

GLABRE (sav.) XVIe s. : lat. *glaber* « sans poil » ; GLABELLE XIXe s. : *glabella* dimin. fém. de *glaber.*

GLAÏEUL (pop.) XIIIe s. : dimin. du mot représenté par l'anc. fr. *glai* « id. », qu'on fait habituellement remonter à *gladius* à cause de la forme des feuilles → GLAIVE ; a été aussi rapproché d'une série de formes dial., p. ex. : Dauphiné *eiglayé* « rire aux éclats », franco-prov. *glaious* « joyeux », apparentés à l'anc. fr. *glai* « tumulte joyeux » : germ. **glada* « brillant, joyeux ».

GLAISE (pop.) XIIe s. : gaulois **glisa* qui apparaît dans un composé lat. imp. *glisomarga* (Pline) « marne » ; le 1er élément était sans doute un adj., « blanc », alors que le 2e est le simple auquel correspond le dér. *margila* → MARNE ; GLAISEUX XIIe s.

GLAIVE ♦ 111 (pop.) XIIe s., Xe s. *gladie* : lat. *gladius,* probablement d'origine celtique ; le *v* est mal expliqué. ♦ 121 GLADIATEUR (sav.) XIIIe s. : lat. *gladiator,* dér. de *gladius.* ♦ 131 → GLAÏEUL.

GLAND famille d'une racine ind.-eur. **gwele-* « gland », représentée en gr. par *balanos* ; en lat. par *glans, glandis* « id. ».

♦ 111 GLAND (pop.) XIe s. : *glans, glandis* ; GLANDÉE XVe s. ♦ 121 GLANDE (demi-sav.) XIIIe s., d'abord *glandre* : lat. médiéval *glandûla,* dimin. de *glans.* ♦ 131 GLANDULAIRE (sav.) XVIIe s. : dér. sur *glandula* ; pour les mots scientifiques exprimant la notion de « glande » → ADÉNITE, art. AINE. ♦ 141 BALAN(O)- 1er élément de composés sav. exprimant la notion de « gland », ex. : BALANOGLOSSE XIXe s.

GLANER (pop.) XIIIe s. d'abord *glener* : bas lat. *glenare* (VIe s.), d'origine gauloise ; GLANE, GLANEUR XIIIe s.

GLAS famille du lat. *classis,* mot p.-ê. étrusque, à l'origine « appel », d'où « diverses catégories de citoyens susceptibles d'être appelés sous les armes » ; *classici* « les citoyens appartenant à la première des classes créées par Servius Tullius », d'où par métaphore, *scriptores classici* « écrivains de premier ordre » ; *classicum (cornu)* « clairon servant à appeler les classes ».

♦ 111 GLAS (pop.) XIIe s. var. *clas* « sonnerie de trompette », XIVe s. « sonnerie de cloches », XVIe s. « sonnerie mortuaire » : *classicum* (*g* initial par assimilation à la sonore suivante). ♦ 121 CLASSE (sav.) XIVe s. « classe de citoyens », XVIe s. scolaire, XVIIe s.

« catégorie », XVIII° s. zool. et milit. : *classis*. ♦ I3I **CLASSIQUE** XVI° s. écrivains ; XVIII° s. enseignement : *classicus* ; **CLASSICISME** XIX° s. ♦ I4I **CLASSER** XVIII° s. : dér. de *classe* au sens de « catégorie » ; **CLASSEMENT** XVIII° s. ; **CLASSEUR** XIX° s. ; **DÉCLASSER, DÉCLASSÉ, DÉCLASSEMENT, INCLASSABLE** XIX° s. ; **CLASSIFIER** une fois XVI° s., puis XIX° s. ; **CLASSIFICATION, -FICATEUR** XIX° s.

GLAUQUE ♦ III (sav.) XVI° s. : gr. *glaukos* « vert bleu », par le lat. ♦ I2I **GLAUCOME** XVII° s. : gr. *glaukôma, -atos* « affection de l'œil, dont le cristallin devient d'un bleu terne », dér. de *glaukoun* « devenir glauque, en parlant de l'œil ».

GLISSER (pop.) XIII° s. : altération, d'après *glacer*, de l'anc. fr. *glier*, du frq. **glidan* ; **GLISSANT, GLISSEMENT** XIV° s. ; **GLISSADE** XVI° s. ; **GLISSIÈRE** XIX° s. ; **-GLISSEUR** 2° élément de composés, ex. : *aéro-, hydroglisseur* XX° s. ; **GLISSANCE** XX° s.

GLOBE ♦ III (sav.) XIV° s. : lat. *globus* « id. » ; **ENGLOBER** XVII° s. ; **GLOBAL, -EMENT** XIX° s. ♦ I2I **GLOBE-TROTTER** XIX° s. : mot angl. « qui parcourt le globe ». ♦ I3I **GLOBULE, GLOBULEUX, GLOBULAIRE** XVII° s. : de *globulus* dimin. de *globus* ; **GLOBULINE** XIX° s. ♦ I4I **HÉMOGLOBINE** XIX° s. pour **hémoglobuline* → HÉMA.

GLOIRE ♦ III (demi-sav.) XI° s. *glorie*, XII° s. *gloire* : lat. *gloria* « renommée » ; **GLORIEUX** XI° s. : *gloriosus* ; **GLORIEUSEMENT** XII° s. ; **GLORIFIER** XII° s. : *glorificare* ; **GLORIFICATION** (sav.) XIV° s. : *glorificatio* ; **GLORIOLE** XVIII° s. : *gloriola*, dimin. de *gloria*. ♦ I2I **GLORIETTE** XIII° s. « palais », XIV° s. « grande volière », XVIII° s. « pavillon dans un parc » : dimin. formé sur *gloria*. ♦ I3I **GLORIA** (sav.) XVII° s. partie de la messe cath. : mot lat., *gloria in excelsis Deo* « gloire à Dieu au plus haut des cieux », XIX° s. « café à l'eau-de-vie ».

GLOSE famille du gr. *glôssa*, var. attique *glôtta* « langue ».

♦ III (sav.) XII° s. : bas lat. *glôsa* « mot rare qui demande explication », « explication de ce mot », var. de *glôssa*, empr. au gr. ; **GLOSER** XII° s. ♦ I2I **GLOSSATEUR** XIV° s., d'abord *glosateur* puis réfection sur le mot gr. ♦ I3I **GLOSSAIRE** XVI° s. : lat. *glossarium*, dér. de *glôssa* « recueil de mots rares ». ♦ I4I **GLOSSO-** 1er élément de composés sav. exprimant l'idée de « langue », ex. : **GLOSSOTOMIE** XVIII° s. ♦ I5I **-GLOSSE** 2° élément de composés sav., ex. : **HYPOGLOSSE** XVIII° s. ♦ I6I **ÉPIGLOTTE** (sav.) XIV° s. : gr. *epiglôttis* « qui est sur la langue », dér. de *-glôtta*, par le lat. ; **GLOTTE** (sav.) XVII° s. : gr. attique *glôtta*. ♦ I7I **POLYGLOTTE** XVII° s. : gr. *poluglôttos* « (qui dispose de) plusieurs langues ».

GLU famille d'une racine ind.-eur. **gel-* « coller », « rouler en boule », représentée en lat. par (1) *gluten, -inis*, var. *glutis, -is*, bas lat. *glus, glutis*, d'où *glutinare* « coller » ; *agglutinare* « coller contre » ; *conglutinare* « coller ensemble » ; *deglutinare* « décoller » ; (2) *gleba* « motte de terre » (3) *glomus, -eris* « boule », d'où *glomerare, conglomerare* et *adglomerare* « mettre en boule ».

♦ III **GLU** (pop.) XII° s. : *glūs, glūtis* ; **ENGLUER** XII° s. ; **GLUANT** XIII° s. ♦ I2I **CONGLUTINER, CONGLUTINATION, AGGLUTINER** XIV° s., **AGGLUTINATION** XVI° s. : *conglutinare, agglutinare, -atio* ; **DÉGLUTINER** XIX° s., **DÉGLUTINATION** XX° s. : *deglutinare, -atio*. ♦ I3I **GLUTEN** (sav.) XVI° s. : mot lat. ♦ I4I **GLÈBE** (sav.) XV° s. : *gleba*. ♦ I5I **AGGLOMÉRER, AGGLOMÉRATION** (sav.) XVIII° s. : *adglomerare, -atio* ; **AGGLOMÉRAT, AGGLOMÉRÉ**, subst. XIX° s. ; **CONGLOMÉRER** XVIII° s. : *conglomerare* ; **CONGLOMÉRAT** XIX° s.

GLYCINE famille (sav.) du gr. *glukus* et *glukeros* « doux, sucré ».

♦ III **GLYCINE** (sav.) XVIII° s. : dér. sur *glukus*, à cause du suc sirupeux de cette plante. ♦ I2I **GLYC(O)-** 1er élément de composés sav. exprimant l'idée de « sucre », ex. : **GLYCÉMIE, GLYCOSURIE, GLYCOGÈNE** XIX° s. ♦ I3I **GLUC(O)-** id., ex. : **GLUCOSE** XIX° s. ; **GLUCIDE** XX° s. ♦ I4I **GLYCÉR(O)-** id., ex. : **GLYCÉRINE** XIX° s.

GLYPT(O)- famille du gr. *gluphein* « graver », d'où *gluphê* « gravure » et *gluptos* « gravé ».

♦ III **GLYPT(O)-** 1er élément de mots sav., ex. : **GLYPTIQUE** XVIII° s. : *gluptikos* « relatif à la gravure » et **GLYPTOTHÈQUE** XIX° s.

♦ |2| **-GLYPTIE** 2ᵉ élément, ex. : **PHOTO-GLYPTIE** XIXᵉ s. ♦ |3| **-GLYPHE** 2ᵉ élément de composés : *gluphê*, ex. : **HIÉROGLYPHE** → ce mot, et **TRIGLYPHE** XVIᵉ s. archéol.

GOBELIN famille de l'all. *Kobold* « génie familier », « lutin », « gardien surnaturel des trésors minéraux enfouis dans la terre, selon la mythologie germ. » → **NICKEL** : got. **kuba-hulths* « celui qui tient la maison », croisé avec le moyen lat. *cobalus* « esprit de la montagne », « gnome » ; 1ᵉʳ élément apparenté à l'anc. scandinave *kofi* « maison » ; le 2ᵉ élément *hold* apparaît dans des noms de démons, p. ex. : got. *unhultho* « diable ».
♦ |1| **GOBELIN** XVIᵉ s. : adaptation de l'anc. all. *Kobel* « lutin » apparenté à *Kobold* ; XVIIᵉ s. création d'une manufacture de tapisseries au lieu-dit *les Gobelins* ; XXᵉ s. nom commun « sorte de tapisserie ». ♦ |2| **COBALT** XVIᵉ s. : all. *Kobalt*, var. de *Kobold*, par le lat. scient. mod. ♦ |3| **KOBOLD** XVIIᵉ s. : mot all.

GOBER ensemble de mots reposant sur une base gallo-romane **gob-* : gaulois **gobbo-* « bec, bouche ».
♦ |1| **GOBER** XIIIᵉ s., pronom. « se vanter », XVIᵉ s., trans. « avaler », XVIIᵉ s. « croire sans examen », **TOUT DE GO** XVIᵉ s. « d'un seul coup », et **GOGO** XIXᵉ s. « crédule », nom d'un personnage de comédie ; **GOBE-MOUCHES** XVIᵉ s. ♦ |2| **GOBELET** XIIIᵉ s., équivalent, à suff. dimin., de l'anc. prov. *gobel*. ♦ |3| **SE GOBERGER** XVᵉ s. « se gausser », XVIIᵉ s. « prendre ses aises » : dér. de l'adj. *gobert* « hâbleur, facétieux », formé sur *se gober*. ♦ |4| **DÉGOBILLER** XVIIᵉ s. : var. de l'angevin *dégober* « id. », avec influence d'*égosiller* ou du lyonnais *gobille* « gorge ».

GODET XIIIᵉ s. : moyen néerl. *kodde* « récipient de bois cylindrique » ; **GODRON**, **GODRONNER** XIVᵉ s. orfèvrerie, XVIᵉ s. lingerie : dér. de *godet* par substitution de suff. ; **GODER** XVIIIᵉ s. vêtements, « former des godets ».

GODICHE XVIIIᵉ s., argot : mot obscur. On a proposé l'argot *godiz*, XVᵉ s. « riche », de l'esp. *godizo*, de *godo* « Goth » et « noble » ; ou un dér. de *Godon* forme hypocoristique de *Claude*, ce qui paraît le plus vraisemblable.

GODILLE XVIIIᵉ s. « aviron » : mot dial. (Nord), d'origine inconnue ; **GODILLER** id.

GOÉLAND ♦ |1| XVᵉ s. : breton *gwelan* « mouette ». ♦ |2| **GOÉLETTE** XVIIIᵉ s. : sur *goéland*, par substitution de suff.

GOÉMON XIVᵉ s. : breton *gwemon* « varech ».

GOGUE (pop.) XIIIᵉ s. « liesse » : origine obscure ; dér. **GOGUETTE** XIIIᵉ s. « propos joyeux », XVᵉ s. « partie de plaisir » ; **À GOGO** XVᵉ s. ; **GOGUENARD** XVIIᵉ s. ; **GOGUENARDISE** XIXᵉ s.

GOITRE ♦ |1| (pop.) XVᵉ s. : mot dial. lyonnais, dér. de l'anc. fr. *goitron* « gorge », du lat. vulg. **gŭttŭrio, -ōnis*, dér. de *gŭttŭr* « gorge » ; **GOITREUX** XVᵉ s. ♦ |2| **GUTTURAL** (sav.) XVIᵉ s.

GOMME ♦ |1| (pop.) XIIᵉ s. « sorte de résine », XIXᵉ s. « caoutchouc pour effacer » : lat. vulg. **gŭmma*, class. *gummis*, var. de *cummi*, du gr. *kommi*, mot égyptien, « produit de l'acanthe ». ♦ |2| **GOMMER** XIVᵉ s. « enduire de gomme », XIXᵉ s. « effacer » ; **GOMMAGE** XIXᵉ s. ♦ |3| **DÉGOMMER** XVIIᵉ s. « débarrasser une chose de la gomme dont elle est enduite », XIXᵉ s., argot « tuer », « briser », et fam. « destituer ». ♦ |4| **GOMMEUX** XIVᵉ s. « qui produit de la gomme », XIXᵉ s. « élégant prétentieux ».

GOND (pop.) XIIᵉ s. : lat. imp. *gŏmphus*, du gr. *gomphos* « clou », « jointure » ; **ENGONCER** XVIIᵉ s. « envelopper comme un pivot dans un gond ».

GONG XVIIᵉ s. : mot malais, par l'angl.

GORILLE XIXᵉ s. : lat. mod. *gorilla*, du gr. *gorillai* « hommes velus », dans un récit de voyage du Vᵉ s. avant J.-C., *Le Périple d'Hannon*.

GOSIER ♦ |1| (pop.) XIIIᵉ s. : dér. sur un rad. **gos-* apparenté au bas lat. (Vᵉ s.) *geusiae* « joues », d'origine gauloise ; **ÉGOSILLER** XVᵉ s. « égorger », XVIᵉ s. « vomir » et, pronom., « crier » ♦ |2| **DÉGOISER** XIIIᵉ s. « chanter », XVIᵉ s. sens mod.

GOSSE XVIIIᵉ s. argot « enfant » : probablement prov. *gosso* apparenté au languedocien

GOUAPE

docien *gous* « mâtin », dimin. *gousset* « petit chien ».

GOUAPE XIXe s. argot : esp., ou prov. empr. à l'esp. *guapo* « bandit », qui se rattache p.-ê., par l'anc. fr. *wape*, au lat. *vappa* « vin éventé », employé par métaph. ; infl. du germ. **hwapijan* « tourner à l'aigre » sur le *v* initial.

GOUDRON XVIe s. : moyen fr. *gotran* XIVe s. : altération propre aux ports de l'Atlantique d'anc. fr. *catram* : arabe d'Égypte *qatrân*, p.-ê. par l'it. *catrame* ; **GOUDRONNER** XVe s. (*goutrenner*) ; **GOUDRONNAGE** XVIIIe s.

GOUFFRE ♦ |1| (pop.) XIIe s. : lat. vulg. **golphus*, avec un *ph* hypercorrect, du gr. *kolpos* « sinuosité, pli », d'où « golfe » et « vallée encaissée », mot introduit en Gaule par les régions côtières de la Méditerranée, avec métathèse du *l* et passage à *r* ; **ENGOUFFRER** XVIe s., déjà au XIIe s. *engoufler*. ♦ |2| **GOLFE** XIIIe s. mais usuel seulement au XVIe s. : it. *golfo*, équivalent phonétique de *gouffre* ; l'introduction de ce mot a permis la nette distinction des deux notions.

GOUGE (pop.) XIVe s. outil : bas lat. *gŭbia*, **GOUJON** XIIe s.

GOUJAT famille de l'hébreu *goï*, plur. *gôim* « peuples non juifs » → GENTIL, art. GENS.

♦ |1| **GOUJAT** XVe s. : mot méridional, « garçon », dér. du languedocien *goujo* « fille » de l'hébreu *goja* « (servante) non juive », d'où le fr. arch. **GOUGE** XVe s. « femme de mauvaise vie » ; **GOUJATERIE** XIXe s. ♦ |2| **GOUINE**, fém. de **GOUIN** XVe s., « débauchée » puis « homosexuelle » : dér. de *goy*. ♦ |3| **GOINFRE** XVIe s. : mot obscur, p.-ê. croisement de *gouin* et d'un mot exprimant la gourmandise tel que *bâfrer*, dial. *goulafre*, *galafre* ; **GOINFRER**, **GOINFRERIE** XVIIe s. ♦ |4| **GOÏ, GOY, GOYE** XVIe s. : hébreu *goï* « non juif », en particulier « chrétien ».

GOUJON (pop.) XIVe s. poisson : lat. *gōbio, -ōnis*.

GOULE XVIIIe s. : ar. *gûl* « sorte de vampire ».

GOUPIL ♦ |1| (pop.) arch. « renard » : lat. vulg. **vŭlpĭcŭlus*, dimin. du class. *vŭlpes* « renard », avec influence germ. (p.-ê. *wolf* « loup » ?) sur le *v* initial. ♦ |2| **GOUPILLE** (pop.) XIVe s. : bas lat. *vŭlpĭcŭla*, fém. du précéd. ; **GOUPILLER** XVIIe s. « fixer avec des goupilles ».

GOUPILLON XVIIe s. : dér., par substitution de suff. et rapprochement avec *goupil*, *goupille*, de l'anc. fr. *guipon* « pinceau », du moyen néerl. *wisp* « bouchon de paille » (déjà XIIe s.-XIIIe s. *guipellon*, *wispeilon*).

GOURBI XIXe s. : arabe algérien « habitation sommaire ».

GOURD (pop.) XIIe s. : lat. imp. *gŭrdus* « lourdaud, balourd », p.-ê. apparenté au gr. *bradus* « lent » → BRADY- ; **DÉGOURDIR** XIIe s. ; **ENGOURDIR** XIIIe s. ; **ENGOURDISSEMENT** XVIe s.

GOURMAND ♦ |1| XIVe s. : origine obscure ; le sens originel de *gourmet* rend invraisemblable une communauté d'origine ; **GOURMANDISE** XVe s. ♦ |2| **GOURMANDER** XIVe s. « se livrer à la gourmandise » et « réprimander », emploi figuré du sens de « dévorer » : dér. de *gourmand* ; a pu subir aussi l'influence de *gourmer un cheval* « le brider » et aussi « le battre » → GOURMETTE.

GOURME ♦ |1| (pop.) XIIIe s. « dermatose », en particulier « inflammation de la bouche du cheval » : frq. **worm* « pus ». ♦ |2| **MORVEUX** (pop.) XIIIe s. : gallo-roman **morvosus*, métathèse de **wormosus* p.-ê. par contamination avec **murru-* « gueule » ; **MORVE** XIVe s. formé sur *morveux*.

GOURMET ♦ |1| XVe s. « valet (de marchand de vins) » ; avec, pour le sens, infl. de *gourmand* : dimin. de *gromme* XIVe s., de l'anc. angl. *grom* (mod. *groom*) « valet d'écurie ». ♦ |2| **GROOM** XVIIe s. : mot angl.

GOURMETTE ♦ |1| XVe s. « chaînette fixant le mors d'un cheval », puis « chaîne de montre, bracelet » : plutôt qu'un dér. de *gourme*, ce mot est sémantiquement peu explicable, il faut p.-ê. y voir une var. de l'anc. fr. *gormel* (pop.) « id. », du gallo-roman *grŭmale*, répandu en Italie et en Romania orientale, qui désignerait à l'origine la partie de la bride du cheval réservée à la gorge : dér. du lat. vulg. *grŭmus* « gorge ». ♦ |2| GOURMÉ XVIIIe s. « affecté » : emploi métaph. du part. passé de *gourmer (un cheval)* XIVe s. « lui passer la gourmette », formé sur le même radical que *gormel*.

GOUSSE ♦ |1| XIIIe s. : origine inconnue. ♦ |2| GOUSSET fin XIIIe s. « pièce d'armure » et « aisselle », XVIIe s. « bourse portée au creux de l'aisselle » dimin. de *gousse*.

GOÛT famille d'une racine ind.-eur. *geus-* « éprouver, goûter, apprécier », représentée par *gustus* « le goût », *gustare* et *degustare* « goûter ». En germanique par le got. *kausjan* « éprouver ».

I. mots d'origine latine

♦ |1| GOÛT (pop.) XIe s. : *gŭstus*, GOÛTER XIIe s. verbe, XVIe s. subst. : *gŭstāre* ; AVANT-GOÛT XVIIe s. ; ARRIÈRE-GOÛT XVIIIe s. ♦ |2| DÉGOÛTER, RAGOÛTER XIVe s. ; DÉGOÛT, RAGOÛT XVIe s. ; DÉGOÛTANT, RAGOÛTANT, adj. XVIIe s. ; DÉGOÛTATION XIXe s. ♦ |3| GUSTATIF (sav.) XVIe s. ; DÉGUSTATION XVIe s. : *degustatio* ; DÉGUSTATEUR fin XVIIIe s. ; DÉGUSTER XIXe s. : *degustare*.

II. mots d'origine germanique

CHOISIR (pop.) XIIe s. « apercevoir, distinguer », XVIe s. sens mod. : *kausjan* ; CHOIX XIIe s.

GOUTTE ♦ |1| (pop.) Xe s. sens propre, XIIe s. auxiliaire de la négation, XIIIe s. « rhumatisme causé, croyait-on, par des *gouttes* d'humeur corrompue » : lat. *gŭtta* ; GOUTTIÈRE, GOUTTEUX XIIe s. ; GOUTTELETTE XIIIe s. ♦ |2| DÉGOUTTER XIIe s. ; GOUTTER XIVe s. ♦ |3| ÉGOUTTER, ÉGOUT XIIIe s. ; ÉGOUTTEMENT XIVe s. ; ÉGOUTTOIR XVIe s. ; ÉGOUTIER XIXe s. ♦ |4| GUILLOCHER XVIe s. : it. *ghiocciare*, var. dial. de *gocciare* « décorer d'ornements architecturaux appelés *gouttes* (it. *goccia*) » : du lat. vulg. *gŭttiare*, dér. de *gŭtta*.

GOUVERNER famille du gr. *kubernán* « diriger », d'où *kubernétēs* « pilote » et *kubernētikē (tekhnē)* « art du pilotage » ; empr. par le lat. sous la forme *gubernāre* « gouverner », terme de la langue nautique, d'où *gubernācŭlum* « gouvernail ».

I. mots populaires issus du latin

GOUVERNER (pop.) XIe s. : *gubernāre* ; GOUVERNAIL XIIe s. : *gubernācŭlum* ; GOUVERNEUR, GOUVERNEMENT XIIe s. ; GOUVERNE XIIIe s. ; GOUVERNANTE XVIe s. ; INGOUVERNABLE XVIIe s. ; GOUVERNEMENTAL XIXe s., ce dernier sous l'influence de l'angl.

II. mot savant issu du grec

CYBERNÉTIQUE XXe s. « science de la régulation » : gr. *kubernetikē*, par l'angl. *cybernetics*.

GRABAT (sav.) XIe s. : lat. *grabatus*, du gr. *krabbatos* « lit » ; GRABATAIRE XVIIIe s.

GRABUGE XVIe s., var. *garbuge* : génois *garbüdjo*, var. it. *garbuglio*, de *garbugliare*, croisement de *bugliare* « bouillir » et *gargagliare* « faire du bruit » → GARGOUILLE ; l'adoption du mot génois a pu être facilitée par l'existence en anc. fr. d'un verbe *garbouiller* « faire du tumulte ».

GRAIN famille d'une racine ind.-eur. *ger-* « graine », en lat. *granum* « graine » et « grain d'une substance quelconque » et par le germanique commun *kurnam* → angl. *corn* « grain ».

I. mots d'origine latine

A. bases populaires *grain, -gran-*

♦ |1| GRAIN XIIe s., XVIe s. « bourrasque (de grêle) » : *grānum* ; GRAINE XIIe s. : *grāna*, plur. neutre pris pour un fém. ♦ |2| GROS-GRAIN XVIe s. étoffe ; ce mot, empr. par l'angl. sous les formes *grogram, grogoran* et donné au XVIIIe s. en surnom à l'amiral angl. Vernon, qui portait un habit de cette étoffe, est devenu par abrév. l'angl. *grog* « rhum étendu d'eau », cet amiral ayant interdit la consommation du rhum pur ; d'où le fr. GROG XVIIIe s. ♦ |3| GRANGE XIIe s. : lat. vulg. *granĭca*, dér. de *granum* ; ENGRANGER XIVe s. ♦ |4| GRANIT(E) XVIIe s. : it. *granito* « pierre grenue » ; GRANITIQUE XVIIIe s. ; GRANITÉ XIXe s.

B. base populaire *-gren-*

♦ |1| ÉGRENER XIIe s. : bas lat. *egranare* ; ENGRENER XIIe s. « garnir de grain (la trémie d'un moulin) », XVIIIe s. sens mod., d'où ENGRENAGE XVIIIe s. ♦ |2| GRENADE XIIe s. adj., *pome grenade* ou *grenate*, XVe s. subst., XVIe s. projectile, par métaph. : it. dial. du Nord, *pom granat* (Milan) avec adaptation

à la base fr. *gren-* : du lat. *pomum granatum* « fruit à graines ». GRENADIER XVᵉ s., arbre, XVIIᵉ s. soldat ; GRENADINE XIXᵉ s. sirop. ♦ |3| GRENAT XIIᵉ S. adj. qualifiant une pierre précieuse, XIVᵉ s. subst., XVIᵉ s. nom de couleur : masc. de l'adj. *grenade*. ♦ |4| GRENIER XIIIᵉ s. ; *granarium*. ♦ |5| GRENU XIIIᵉ s. ; SAUGRENU fin XVIᵉ s. : réfection, d'après *grenu*, de *saugreneux* XVIᵉ s. p.-ê. apparenté à *saugrenée* « plat de pois en grains au sel » ; le sens 1ᵉʳ a dû être « parsemé de grains de sel » d'où « salé, piquant » → SEL. ♦ |6| GRENAILLE XIVᵉ S. ♦ |7| GRENETIER XVᵉ s. d'où, avec var. orthographique, GRAINETERIE XVIIᵉ S.
C. base savante *gran-*
♦ |1| GRANULEUX XVIᵉ s. ; GRANULER, GRANULATION XVIIᵉ s. ; GRANULÉ XIXᵉ s. : bas lat. *granulum*, dimin. de *granum*. ♦ |2| GRANIVORE XVIIᵉ S.

II. mot d'origine germanique
CORNED-BEEF XIXᵉ s. : mots angl. « bœuf salé », de *to corne* « saupoudrer de grains (de sel pour conserver) », dér. de *corn* « grain ».

GRAMINÉE (sav.) XVIIIᵉ s. : lat. *graminaeus*, dér. de *gramen, -inis*, « nourriture du bétail, pâture, gazon », p.-ê. apparenté à la racine sur laquelle repose *vorare* → GUFULE.

GRAND ♦ |1| (pop.) Xᵉ s. *grant* : lat. *grandis* « au terme de sa croissance », « grand » ; GRANDEUR, GRANDEMENT XIIᵉ s. ; pour les mots scientifiques exprimant l'idée de « grand » → MÉGA- et MACRO-. ♦ |2| GRANDIR, AGRANDIR XIIIᵉ S. ; AGRANDISSEMENT XVIᵉ s. ♦ |3| GRAND-ONCLE, -TANTE XIIIᵉ s. ; GRAND-PÈRE, -MÈRE XVIᵉ s. ; GRAND-MAMAN XVIIᵉ s., avec la forme anc. du fém. semblable au masc. (→ *grand-route, -messe*). ♦ |4| GRANDIOSE XVIIIᵉ s. : it. *grandioso*, esp. id., du lat. médiéval *grandiosus*, formé sur *grandis* d'après *gloriosus*.

GRAPPE ♦ |1| (pop.) XIIᵉ s. : frq. **krappa* « crochet » ; GRAPPILLER, -ILLAGE, -ILLON XVIᵉ s. ; ÉGRAPPER XVIIIᵉ s. ♦ |2| GRAPPIN XIVᵉ s. : dér. de *grappe* au sens de « crochet », p.-ê. par le prov. ♦ |3| AGRAFER XVIᵉ s. : « accrocher » : composé de l'anc. fr. *grafer* fin XIVᵉ s., dér. de *grafe* XIVᵉ s. « crochet », de l'anc. haut all. *krâpfo* apparenté à **krappa* ; AGRAFE XVᵉ s. ; DÉGRAFER XVIᵉ s. ; AGRAFEUSE XXᵉ S.

GRAS ♦ |1| (pop.) XIIᵉ s. : lat. vulg. **grassus*, class. *crassus* « gros, épais », croisé avec *grossus* → GROS ; GRASSEMENT XIVᵉ s. ; GRASSOUILLET XVIIᵉ s. ; GRAS-DOUBLE XVIIᵉ s. (le 2ᵉ élément : adj. substantivé au sens de « panse »). ♦ |2| GRASSEYER XVIᵉ s. « parler gras » ; GRASSEYEMENT XVIIᵉ s. ♦ |3| ENGRAISSER XIIᵉ s. : lat. vulg. **ingrassiare*, de **grassus* ; ENGRAIS XVIᵉ S. ♦ |4| GRAISSE (pop.) XIIᵉ s. : lat. vulg. **grassia*, de **grassus* ; DÉGRAISSER XIIIᵉ s. ; GRAISSER, GRAISSAGE XVᵉ s. ; GRAISSEUX, DÉGRAISSEUR XVIᵉ s. ; DÉGRAISSAGE XVIIIᵉ S. ♦ |5| CRASSE (sav.) XIIIᵉ s. adj. fém., XIVᵉ s. subst. fém. : *crassa*, fém. de *crassus* ; CRASSEUX XIIIᵉ s. ; ENCRASSER, DÉCRASSER XIVᵉ s. ; CRASSIER XVIIIᵉ S.

GRATTER ♦ |1| (pop.) XIIᵉ s. : frq. **krattôn* ; REGRATTER XIIᵉ s. ; GRATOUILLER XIXᵉ s. ♦ |2| ÉGRATIGNER XIIIᵉ s., XIIᵉ s. *égratiner*, composé de l'anc. fr. *gratiner*, dimin. de *gratter*. ÉGRATIGNURE XIIIᵉ S. ♦ |3| GRATIN XVIᵉ s. « ce qu'on détache du plat en grattant » : dér. de l'anc. fr. *gratiner* « gratter » ; GRATINER XIXᵉ s., cuisine. ♦ |4| GRATTE-CUL, GRATTE-PAPIER XVIᵉ s. ; GRATTE-CIEL XIXᵉ s. : calque de l'anglo-américain *sky-scraper*.

GRATTERON (pop.) XIVᵉ s. : altération, sous l'influence de *gratter*, du dial. (Ouest) *gleteron*, dér. de *gleton*, du frq. **kletto* « plante qui accroche » (→ all. *Klette* « bardane »).

GRAVER ♦ |1| (pop.) XIIᵉ s. « faire une raie dans les cheveux », XIVᵉ s. sens mod. : frq. **graban* (→ all. *graben* « creuser ») ; GRAVURE XIIIᵉ s. ; GRAVEUR XIVᵉ S. ♦ |2| -GRAVURE 2ᵉ élément de composés, ex. : PYROGRAVURE XXᵉ s.

GRÉ famille de l'adj. lat. *gratus* « accueilli avec faveur » ou « reconnaissant » d'où (1) *ingratus* « qui ne mérite pas » ou « qui n'a pas de reconnaissance » ; bas lat. *ingratitudo* (2) *gratificari* « se rendre agréable », « faire un cadeau », et *gratificatio* (3) *gratia* « reconnaissance », « service rendu », « agrément, beauté, grâce » (4) *gratiosus*

« en faveur, populaire », parfois « obligeant » (5) *gratis* adv. « pour faire plaisir », « spontanément », « gratuitement » et *gratuitus* « spontané, désintéressé », et « superflu » (6) *gratulari* et *congratulari* « rendre grâces », « remercier », « féliciter ».

I. base populaire *-gré-*

♦ 111 **GRÉ** Xe s. : *grātum*, neutre substantivé de *gratus*. ♦ 121 **MALGRÉ** XIIe s. : *maugré*, XVe s. forme mod. ; **MAUGRÉER** XIIIe s. ♦ 131 **AGRÉER** XIIe s. ; **AGRÉÉ** XIXe s. jur. ; **AGRÉABLE** XIIe s. ; **DÉSAGRÉABLE** XIIIe s. ♦ 141 **AGRÉMENT** XIVe s. ; **DÉSAGRÉMENT** XVIIe s. ; **AGRÉMENTER** XIXe s.

II. base demi-savante ou empruntée *-grac-*

♦ 111 **GRÂCE** XIe s. « faveur », « remerciement », « grâce de Dieu », XIIIe s. « charme » : *gratia* ; **GRACIER** XIe s. « rendre grâces », XIVe s. « remettre une amende », XIXe s. sens mod. ♦ 121 **GRACIEUX** s. : *gratiosus* ; **GRACIEUSEMENT** XIVe s. ; **GRACIEUSETÉ** XVe s. ; **MALGRACIEUX** XIVe s. ♦ 131 **DISGRÂCE, DISGRACIÉ, DISGRACIEUX** XVIe s. : it. *disgrazia, disgrazioso* de même origine.

III. base savante *-grat-*

♦ 111 **INGRATITUDE** XIIIe s. : *ingratitudo* ; **INGRAT** XIVe s. : *ingratus* ; **GRATITUDE** XVe s. ♦ 121 **GRATIFIER, GRATIFICATION** XIVe s. : *gratificari, -atio*. ♦ 131 **CONGRATULER** XIVe s. ; **CONGRATULATION** XVe s. : *congratulari, -atio*. ♦ 141 **GRATUIT, GRATUITÉ, GRATUITEMENT** XVe s. : de *gratuitus*. ♦ 151 **GRATIS** XVe s. : mot lat.

GREDIN XVIIe s. « gueux » : adaptation du néerl. *gredich* « avide » ; **GREDINERIE** XVIIe s.

GREFFE famille du gr. *graphein* « écrire » (p.-ê. à l'origine « inciser », pourrait être apparenté au germ. *krattōn* → GRATTER) d'où (1) *graphḗ* « écriture » et *-graphia* 2e élément de composés, ex. : *graphikos* « relatif à l'écriture » ; *grapheion* « stylet pour écrire » ; *epigraphḗ* « inscription » ; *autographos* « écrit de la main même de quelqu'un » ; *paragraphos* « signe marquant les différentes parties d'un chœur de tragédie grecque » ; (2) *gramma, -atos* « caractère d'écriture, lettre » d'où *grammatikē tekhnē* « science de l'écriture », « grammaire » ; *anagrammatismos* et bas gr. *anagramma* « transposition de lettres » ; *diagramma* « dessin » ; *epigramma* « inscription » ; *programma* « inscription à l'ordre du jour ».

I. mots populaires, demi-savants ou empruntés

♦ 111 **GREFFE** (d'arbre) (pop.) XIIe s. « poinçon », XIIIe s., par métaph. « pousse d'arbre », XVIIe s. « insertion d'un greffon » : lat. *graphium* « poinçon », du gr. *grapheion* ; **GREFFER, GREFFON** XVIe s. ; **GREFFOIR** XVIIIe s. ♦ 121 **GREFFIER** (demi-sav.) XIVe s. : lat. médiéval *graphiarius* ; **GREFFE** (de tribunal), masc. XIVe s. ♦ 131 **GRAMMAIRE** (demi-sav.) XIIe s. : lat. *grammatica*, du gr. *grammatikē* ; **GRAMMAIRIEN** XIIIe s. ; **GRIMOIRE** XIVe s. « grammaire latine inintelligible pour les non-initiés », d'où « livre secret de sorcellerie » : altération, p.-ê. sous l'influence des mots de la famille de *grimace*, d'une variante labialisée de *grammaire*. ♦ 141 **PARAPHE** (demi-sav.) XIVe s. : lat. médiéval *paraphus*, altération de *paragraphus* → PARAGRAPHE. ♦ 151 **GRAFFITI** XIXe s. : mot it. plur. de *graffito* ; part. passé du lat. vulg. *graphīre* dér. de *graphium*.

II. mots savants

A. base *-graph-*

♦ 111 **PARAGRAPHE** XIIIe s. : *paragraphos* par le lat. médiéval. ♦ 121 **ORTHOGRAPHE** XIIIe s. : 1er élément *orthos* « droit », « exact » ; **ORTHOGRAPHIER** XVe s. ; **ORTHOGRAPHIQUE** XVIIe s. ♦ 131 **AUTOGRAPHE** XVIe s. : *autographos*. ♦ 141 **ÉPIGRAPHE** XVIIe s. : *epigraphḗ* ; **ÉPIGRAPHIE, ÉPIGRAPHIQUE** XIXe s. ♦ 151 **GRAPHIQUE** XVIIIe s. : *graphikos* ; **GRAPHIE, GRAPHITE** XVIIIe s. ; **GRAPHISME** XIXe s. ♦ 161 **GRAPHO-** 1er élément de composés, ex. : **GRAPHOLOGIE, -OGUE, -OGIQUE** XIXe s. ♦ 171 **-GRAPHE, -GRAPHIE, -GRAPHIQUE** 2es éléments de nombreux composés sav. exprimant les idées d'« écriture » ou de « description », ex. : *biographe*, *bibliographie*, *géographique*, etc.

B. base *-gramm-*

♦ 111 **GRAMME** fin XVIIIe s. : *gramma* « lettre » et « vingt-quatrième partie de l'once » ; et les composés **DÉCAGRAMME, KILOGRAMME**, etc. ♦ 121 **GRAMMATICAL** XVe s. : lat. *grammaticalis* → GRAMMAIRE. ♦ 131 **ÉPIGRAMME** XIVe s. : *epigramma* ; **ÉPIGRAMMATIQUE** XVe s. ♦ 141 **ANAGRAMME** XVIe s. : *anagramma*. ♦ 151 **DIAGRAMME** XVIe s. : *dia-*

gramma. ♦161 **PROGRAMME** XVIIᵉ s. : *programma* ; **PROGRAMMER, -EUR, -ATION, -ATEUR, -ATIQUE** XXᵉ s., électron. ♦171 **GRAMO-** 1ᵉʳ élément de composé sav. dans **GRAMOPHONE** XIXᵉ s., marque déposée angl. ♦181 **-GRAMME** 2ᵉ élément de nombreux composés sav. exprimant les notions d'« inscription », « enregistrement », ex. : **DIAGRAMME** XVIᵉ s. ; **CRYPTOGRAMME** XIXᵉ s. ; **ÉLECTROCARDIOGRAMME** XXᵉ s.

GRÈGE famille du lat. *grex, gregis* « réunion d'animaux ou d'individus de même espèce » (le troupeau en tant que bétail se disait *pecus* → FIEF), d'où *gregarius* « qui fait partie de la troupe, en parlant des soldats ou des animaux » ; *adgregare* « adjoindre à la troupe » ; *congregare* « réunir en une troupe » ; *segregare* « séparer du troupeau ».

♦111 **GRÈGE** (soie) XVIIᵉ s. : it. *(seta) greggia*, fém. de l'adjectif *greggio*, du lat. vulg. *gregius*, dér. de *grex, gregis* ; s'applique p. ex. à la laine non encore lavée ni teinte, telle qu'elle est produite par le troupeau. ♦121 **CONGRÉGATION** (sav.) XIIᵉ s. : *congregatio* ; XVIᵉ s. sens limité aux religieux : **CONGRÉGANISTE** XVIIᵉ s. ♦131 **AGRÉGER, AGRÉGATION, AGRÉGATIF** XIVᵉ s. idée de « grouper », XIXᵉ s.-XXᵉ s. concours universitaire : *adgregare, -atio* ; **AGRÉGAT** XVIᵉ s. ; **AGRÉGÉ** XIXᵉ s. ; **DÉSAGRÉGER** XVIIIᵉ s. ; **DÉSAGRÉGATION** XIXᵉ s. ♦141 **SÉGRÉGATION** XIVᵉ s. : *segregatio* ; XVIᵉ s., polit. : **SÉGRÉGATIF** XVIᵉ s. ; **SÉGRÉGATIONNISTE, -ISME** XXᵉ s. ♦151 **GRÉGAIRE** XVIᵉ s. subst. « simple soldat », XIXᵉ s. adj. sens mod. : *gregarius* ; **GRÉGARISME** XIXᵉ s.

1. **GRÊLE** (adj.) ♦111 (pop.) XIᵉ s. : lat. *gracilis* « maigre ». ♦121 **GRELUCHON** XVIIIᵉ s. : dér. de l'adj. pop. et dial. (Bourgogne) *grelu* XVIIIᵉ s.-XIXᵉ s., lui-même dér. de *grêle*. ♦131 **GRACILE** (sav.) XVIᵉ s. : *gracilis* ; **GRACILITÉ** XVᵉ s. : *gracilitas*.

2. **GRÊLE** (subst.) ♦111 (pop.) XIIᵉ s. frq. *grisilôn*, **GRÊLER** XIIᵉ s. ; **GRÊLON** XVIᵉ s. ♦121 **GRÉSILLER** XIIᵉ s. « faire du grésil » et **GRÉSIL** XIᵉ s. : moyen néerl. *griselen*, de même origine.

GRELOT (pop.) XIVᵉ s. *grilot*, XVIIᵉ s. *grelot* : probablement d'une base germ. expressive *gr-l* à alternance vocalique, servant à suggérer divers bruits (→ all. *grell* « aigu » ; moyen fr. *grouler* « gronder ») ; a pu subir l'influence des noms du *grillon* ; **GRELOTTER** XVIᵉ s.

GRÈS (pop.) XIIᵉ s. : frq. *greot* « gravier », le grès étant une roche formée de petits grains agglomérés ; XIVᵉ s. « terre glaise mêlée de sable servant à faire des poteries ».

GRÈVE ♦111 (pop.) XIIᵉ s. « gravier, lieu sablonneux », XIXᵉ s. « cessation de travail », les ouvriers parisiens en attente de travail ayant l'habitude de se réunir sur la place de Grève (auj. place de l'Hôtel-de-Ville) ainsi appelée parce qu'elle bordait la *grève* de la Seine. et sans doute précelt. **grava* « sable, gravier » ; **GRÉVISTE** XIXᵉ s. ♦121 **GRAVELLE** (pop.) XIIᵉ s. : gravier, XVIᵉ s. « calcul de la vessie » ; **GRAVELEUX** XIIIᵉ s. « qui contient du gravier », XVIᵉ s. « relatif à la maladie appelée gravelle », XVIIIᵉ s. « licencieux », d'après **GRAVELURE** XVIIIᵉ s. « propos obscène qui irrite l'esprit comme un gravier ». ♦131 **GRAVOIS** (pop.) XVᵉ s., **GRAVATS** XVIIᵉ s. par substitution de suff. ♦141 **GRAVIER** (pop.) XIIᵉ s. ; **GRAVILLON** XVIᵉ s., **GRAVILLONNAGE** XXᵉ s.

GREVER famille d'une racine ind.-eur. **gʷer-* « lourd ».

En grec, *barus* « id. ».

En latin, *gravis* « pesant », en particulier en parlant de la femelle pleine, et, sens fig. « grave » ; d'où *gravitas* « pesanteur » et « gravité », *gravida* « pleine, enceinte » ; *gravare* « peser sur », « oppresser » et *aggravare* « alourdir », « aggraver ».

I. mots d'origine latine

A. mots populaires

♦111 **GREVER** XIIᵉ s. « accabler », XVIIᵉ s. « frapper de charges » : lat. vulg. **grĕvare*, class. *gravare*, refait comme l'adj. *gravis* l'avait été en **grĕvis* sous l'influence de son antonyme *lĕvis* (→ LÉGER) ; **DÉGREVER** XIVᵉ s. ; **DÉGRÈVEMENT** XVIIIᵉ s. ♦121 **GRIEF** XIIIᵉ s., subst. masc. : dér. des formes anciennes du verbe *grever* accentuées sur le radical. ♦131 **GRIÈVEMENT** XIVᵉ s. (auparavant *griefment*) : adv. formé sur l'adj. anc. fr. *grief* XIᵉ s. « pénible » : lat. vulg. **grĕvis*, class.

gravis → GREVER ♦ |4| GRIVOIS XVIIᵉ s. « soldatesque », XVIIIᵉ s. « licencieux » : dér. de l'argot grive « guerre », début XVIIᵉ s., probablement fém. substantivé de l'adj. grief, littéralement « la douloureuse » → le précéd. ; forme dial., dans les régions où ie pouvait se réduire à i (ex. : Picardie) ; GRIVOISERIE, GRIVETON XIXᵉ s.

B. mots savants, base -grav-

♦ |1| AGGRAVER XIᵉ s. : aggravare ; AGGRAVATION XIVᵉ s. ; a éliminé son concurrent pop. agrever. ♦ |2| GRAVITÉ XIIᵉ s. « sérieux », XVIᵉ s. « pesanteur » : gravitas ; GRAVE XVᵉ s. : gravis ; GRAVEMENT XVIᵉ s. ♦ |3| GRAVITER, GRAVITATION XVIIIᵉ s. : lat. mod. scient. gravitare, -atio, formés sur gravitas « pesanteur ». ♦ |4| GRAVIDE XIXᵉ s. : gravida.

II. mots savants d'origine grecque

♦ |1| BAROMÈTRE XVIIᵉ s. : de baros « pesanteur » et metron « mesure », par l'angl. ; BAROMÉTRIQUE XVIIIᵉ s. ♦ |2| BARYTON XVIIIᵉ s. : barutonos « au ton grave ». ♦ |3| BARY- 1ᵉʳ élément de mots sav. exprimant l'idée de « pesanteur », ex. : BARYUM XIXᵉ s., BARYMÈTRE XXᵉ s. ♦ |4| -BARE météorologie, 2ᵉ élément de mots sav. exprimant l'idée de « pression », ex. : ISOBARE XIXᵉ s. ; var. -BAR dans MILLIBAR XXᵉ s.

GRIBOUILLER XVIᵉ s. : p.-ê. néerl. kriebelen « fourmiller, griffonner » ; GRIBOUILLE XVIᵉ s. ; GRIBOUILLIS XVIIᵉ s. ; GRIBOUILLAGE XVIIIᵉ s. ; GRIBOUILLEUR XIXᵉ s.

GRIFFE ♦ |1| (pop.) XIIIᵉ s. : grif, masc., XVIᵉ s. forme fém. : frq. *grif ; GRIFFER XIVᵉ s. ; GRIFFONNER, GRIFFONNEUR XVIᵉ s. ; GRIFFONNAGE XVIIᵉ s. ♦ |2| AIGREFIN XVIIᵉ s. « chevalier d'industrie » : p.-ê. dér. de l'anc. fr. agrifer « saisir avec les griffes », altéré sous l'influence de aigre et de fin.

GRIFFON (demi-sav.) XIᵉ s. « animal fabuleux », XVIᵉ s. « oiseau de proie », XVIIᵉ s. « chien » : dér., sur le lat. eccl. gryphum, du gr. grups, grupos « oiseau fabuleux », apparenté à l'adj. grupos « crochu » ; XIXᵉ s. « bouche d'une fontaine publique (ornée d'une tête fantastique) » : prov. grifoun, de même origine.

GRIGNER (pop.) XIIᵉ s. « plisser les lèvres », XIXᵉ s. couture : frq. *grînan ; GRIGNOTER XVIᵉ s. ; GRIGNOTEMENT XIXᵉ s. ; GRIGNOTAGE XXᵉ s.

GRI-GRI XVIᵉ s., puis GRIS-GRIS XVIIIᵉ s. « fétiche » : p.-ê. mot mandingue yiri-yiri « trembler », ou gidyi-gidyi « tonnerre » ; d'autre part on trouve dans la *Relation de l'Afrique occidentale* du P. Labat (1728) : « Ces billets, à qui les Européens ont donné le nom de gris-gris, sont des sentences de l'Alcoran avec quelques figures arbitraires. »

GRILLE famille du lat. cratis « objet tressé ou à claire-voie ».

♦ |1| GRILLE XIᵉ s., d'abord sous les formes graille, greille : lat. gráticula « petit gril », dimin. de cratis ; GRIL XIIᵉ s. : forme masc. du précéd. ♦ |2| GRILLER XIIᵉ s. « faire cuire au gril », d'où GRILLADE XVIIᵉ s. ; XVIᵉ s. griller de ; XVᵉ s. « fermer avec une grille » d'où GRILLAGE XIVᵉ s. et GRILLAGER XIXᵉ s. ♦ |3| GRAILLON (pop.) XVIIᵉ s. « restes d'un repas », XVIIIᵉ s. « graisse brûlée » : dér. de grailler, var. dial. Normandie, de griller. ♦ |4| GRÉSILLER « crépiter » XIVᵉ s. : altération (d'après grésiller XIIᵉ s. → GRÊLE) de greillier, forme anc. de griller. ♦ |5| (→ article ÉGRILLARD).

GRIMACE ♦ |1| (pop.) XIVᵉ s. : altération, par substitution de suff., grimuche XIIIᵉ s., désignation ironique d'une idole païenne : frq. *grima « masque » ; GRIMACER XVᵉ s. ; GRIMACIER XVIᵉ s. ♦ |2| GRIMAUD XIVᵉ s., à l'origine nom propre, issu de la base *grima → le précéd. ; devenu nom commun sous l'influence de GRIMOIRE. ♦ |3| SE GRIMER, GRIMAGE XIXᵉ s. : dér. de GRIME XVIIIᵉ s., théâtre, « rôle de vieillard ridicule », tiré de grimace, d'abord dans l'expression faire la grime XVIIᵉ s. « faire la moue ».

GRINGALET ♦ |1| le rapport de GRINGALET XVIIᵉ s. « bouffon », XVIIIᵉ s. « homme chétif » est obscur et douteux avec *Guingalet* XIIᵉ s., nom du cheval de Gauvain, héros de romans de chevalerie (gallois *Keincaled*, de *kein* « beau » et *caled* « dur »). On peut rapprocher ce mot de l'Est, du Nord, et de l'Ouest de la France, de diverses formes dial. d'origine vraisemblablement germanique attestées au XIXᵉ s. : Savoie :

ringalet ; Forez : *ringalle, ringa* « mauvais cheval » ; Lyon *ringue* « personne chétive ». Le *g-* initial pourrait résulter d'une contamination avec le suisse alémanique *gränggeli* « personne chétive » ♦ |2| **RINGARD** xx⁰ s. « mauvais comédien », « personne vieux-jeu » peut être une var. des formes dial. ci-dessus.

GRIOT xvɪɪᵉ s. « sorcier africain » : étym. obscure ; p.-ê. port. *criado*, du lat. *creatum* → CRÉOLE, art. CROÎTRE.

GRIPPE ♦|11| (pop.) xɪɪɪᵉ s. « rapine » et « querelle », xvɪɪᵉ s. « caprice soudain », d'où *prendre en grippe* ; xvɪɪɪᵉ s. « maladie soudaine », d'où **GRIPPÉ** xvɪɪɪᵉ s. et **GRIPPAL** xɪxᵉ s. : frq. **grip* « action de saisir ». ♦|2| **GRIPPER, AGRIPPER** xvᵉ s. : frq. **grippan* « saisir » (→ all. *greifen*) ; **GRIPPE-SOU** xvɪɪᵉ s. ♦|3| **GRIMPER** xvᵉ s. : forme nasalisée de *gripper* ; **GRIMPEUR** xvɪᵉ s. ; **GRIMPETTE** xxᵉ s.

GRIS ♦|11| (pop.) xɪɪᵉ s. adj. de couleur ; xvᵉ s. subst. : frq. **gris* ; **GRISON, GRISONNER** xvᵉ s. ; **GRISONNANT, GRISÂTRE** xvɪᵉ s. ; **GRISER** xvɪᵉ s. « colorer en gris » ; **GRISAILLE** xvɪɪᵉ s. ; **GRISETTE** xvɪɪᵉ s. « étoffe grise » et « jeune bourgeoise de mœurs faciles ». ♦|2| **GRIS** xvɪɪᵉ s. « légèrement ivre » : emploi métaph. de l'adj. ; **GRISER** « enivrer » et **DÉGRISER** xvɪɪɪᵉ s. ; **GRISERIE, DÉGRISEMENT** xɪxᵉ s.

GROS ♦|11| (pop.) xɪᵉ s. : lat. imp. *grossus* « gros, épais » ; xɪɪɪᵉ s. *vendre en gros* et *gros mots* ; **GROSSEUR** xɪɪᵉ s. ♦|2| **GROSSIR** xɪɪᵉ s. ; **GROSSISSEMENT** xvɪᵉ s. ; **DÉGROSSIR** xvɪɪᵉ s. ♦|3| **GROSSE** « enceinte » xɪɪᵉ s. ; **GROSSESSE** xɪɪᵉ s. ; **ENGROSSER** xɪɪɪᵉ s. ♦|4| **GROSSIER** xɪɪɪᵉ s. « qui vend en gros » et « rustre », xvɪɪᵉ s. « (produit) mal façonné » ; **GROSSIÈREMENT** xɪvᵉ s. ; **GROSSIÈRETÉ** xvɪɪᵉ s. ♦|5| **GROSSE** xvᵉ s. jur. et comm. ; **GROSSISTE** xɪxᵉ s.

GROSEILLE xɪɪᵉ s., d'abord sous la forme *grosele* : néerl. *croesel* de *kroes* « crépu » ; la finale du simple a été modifiée sous l'influence du dér. **GROSEILLIER** xɪɪɪᵉ s.

GROUILLER xvᵉ s. : réfection, sous l'influence des verbes en *-ouiller*, de l'anc. fr. *grouler* « s'agiter » et « grogner », d'origine obscure ; on a proposé d'y voir un empr. au néerl. *grollen* « crier », ou une var. de *crouler*, ou un dér. du dial. (Poitou) *grouée* « foule, masse », p.-ê. apparenté au prov. *grou* « frai » et *grouá* « frayer, pulluler », d'origine inc. ; ou encore une simple onom.

GRUAU (pop.) xɪɪᵉ s. *gruel* : dér. de l'anc. fr. *gru*, du frq. **grūt*.

GRUGER xvᵉ s. « écraser », xvɪɪᵉ s. « broyer avec les dents » et « tromper » : néerl. *gruizen* « écraser », de *gruis* « grain ».

GRUMEAU (pop.) xɪɪɪᵉ s. : lat. vulg. **grŭmĕllus*, dimin. du class. *grŭmus* « terre » ; **GRUMELEUX** xɪvᵉ s.

GUELTE xɪxᵉ s. : all. ou néerl. *Geld* « argent ».

GUENILLE ♦|11| (pop.) xvɪɪᵉ s. : altération de *guenipe* fin xvᵉ s., dial. (Poitou) « femme sale » et sens mod. : p.-ê. dér., sous l'infl. de *chipe*, var. de *chiffon*, du verbe dial. (Ouest, Centre) *guener* « mouiller, crotter », probablement d'un radical gaulois **wadana-* « eau », qui représenterait la racine **wed-* commune au germ. **wato*, au lat. *unda*, et au gr. *hudôr* → ONDE ; pour le rapport de sens avec le verbe → *souillon* et *souiller*. **GUENILLON, DÉGUENILLÉ** xvɪɪɪᵉ s. ; **GUENILLEUX** xvɪɪɪᵉ s. ♦|2| **NIPPE** xvɪɪᵉ s. : forme abrégée de *guenipe* ; **NIPPER** xvɪɪɪᵉ s. ♦|3| **GUENON** xvɪᵉ s. sorte de singe : probablement var. de *guenipe*.

GUÊPE (pop.) xɪɪᵉ s. : gallo-roman **wespa*, croisement du lat. *vespa* et d'un mot germ. de même sens (→ anc. haut all. *wefsa*) sur lequel le lat. a agi à son tour ; **GUÊPIER** xvɪɪɪᵉ s.

GUÈRE (pop.) xɪᵉ s. *gaire* : frq. **waigaro* « beaucoup » ; **NAGUÈRE** xɪɪᵉ s. « il n'y a guère (de temps) ».

GUÉRET (pop.) xɪᵉ s. *guaret* : gallo-roman **waracto*, du lat. class. *vervactum* « jachère », avec chute du *v* postconsonantique devant l'accent et croisement avec un mot germ., p.-ê. le frq. **waraita* « champ labouré ».

GUERRE ♦|1| (pop.) XIe s. : frq. *werra ; pour les mots sav. exprimant l'idée de « guerre » → BELLIQUEUX et POLÉM(O)-, art. POUSSER ; **GUERRIER, GUERROYER** XIe s. ; **AGUERRIR** XVIe s. ♦|2| **GUÉRILLA** XIXe s. mot esp. *guerrilla*, « petite guerre », empr. au moment de la campagne de Napoléon Ier en Espagne ; **GUÉRILLERO** XIXe s.

GUÊTRE (pop.) XVe s., d'abord *guietre* : probablement frq. *wrist* « cou-de-pied » → angl. *wrist*, all. *Rist*.

GUEULE famille de l'ind.-eur. *g^{w}el-, *g^{w}er- « avaler », racines voisines, probablement onom. (→ GARGOUILLE et GLOU-GLOU) représentées en lat. (1) avec un traitement *g-* de l'initiale, (a) *gula* « gosier » ; et, dans la langue pop., « bouche » ; (b) lat. imp. *gluttus, -us* « gosier », *glutto, -onis* « glouton » et bas lat. *ingluttire* « avaler » (c) *gurges, -itis* « gouffre » et, dans la langue pop., « gosier », d'où *ingurgitare* « engouffrer » et *egurgitare* « vomir » (2) avec un traitement *v* de l'intiale, *vorare, devorare* « avaler, engloutir », et *vorax, -acis* « toujours prêt à avaler ».

I. famille de *gula*

A. base *-gueul-* (pop.)

♦|1| **GUEULE** Xe s. *gole* ; *gŭla* ; **GUEULÉE** XIIe s. ; **GUEULARD** XIVe s. ♦|2| **DÉGUEULER** XVe s. ; **DÉGUEULASSE** XIXe s. ♦|3| **GUEULER, ENGUEULER** XVIIe s. ; **ENGUEULADE** XIXe s. ♦|4| **GUEULETON** XVIIIe s. ; **GUEULETONNER** XIXe s. ♦|5| **GUEULE-DE-LOUP** XIXe s. ; **AMUSE-GUEULE** XXe s.

B. base *-goul-* (pop.)

♦|1| **GOULÉE** XIIe s. ♦|2| **ENGOULEVENT** XIIIe s. nom propre, XVIe s. « grand buveur », XIXe s. « oiseau qui vole le bec ouvert » : mot dial. (Ouest) de *engouler* « avaler » → ENGUEULER et VENT ♦|3| **GOULET** XIVe s. vénerie, XVIe s. « couloir étroit », XVIIIe s. « entrée d'un port ». ♦|4| **GOULOT** XVIe s. ♦|5| **DÉGOULINER** XVIIIe s. : dér. de *dégouler*, var. dial. de DÉGUEULER. ♦|6| **MARGOULETTE** XVIIIe s. : dér. de *goule*, var. dial. (Ouest) de *gueule*, p.-ê. par croisement avec *margouiller* « manger salement », d'origine obscure. ♦|7| **MARGOULIN** XIXe s. « marchand forain » : dér. de *margouliner*, qui se disait, à l'origine, de femmes colportant des mouchoirs ; p.-ê. dér. de *margouline* « bonnet de femme », var. de *margoulette* ; le sens 1er serait « aller en margouline ».

C. BAGOU (pop.) XVIe s., puis XVIIIe s. : dér. de *bagouler* XVe s. « parler étourdiment » : mot de l'Ouest formé de *gouler* (→ B) et de la 1re syllabe de *baer* (→ BAYER).

II. famille de *gluttus*

♦|1| **GLOUTON** (pop.) XIe s. ; *glŭtto, -ōnis* ; **GLOUTONNERIE** XIIe s. ♦|2| **ENGLOUTIR** (pop.) XIe s. : *inglŭttīre* ; **ENGLOUTISSEMENT** XVe s., puis XIXe s. ♦|3| **SANGLOT, SANGLOTER** XIIe s., lat. vulg. *singlŭttus, *singlŭttāre*, croisement de *glŭttus, glŭttīre* et du lat. class. *singŭltus, singŭltāre* « sanglot » « sangloter ». ♦|4| **DÉGLUTITION** XVIe s. ; **DÉGLUTIR** XIXe s. (sav.) : bas lat. *deglutire*, var. de *degluttire* « avaler ».

III. famille de *gurges*

A. base *-gorg-* (pop.)

♦|1| **GORGE** XIIe s. : lat. vulg. *gŭrga*, class. *gurges* ; **ROUGE-GORGE** XVIe s. ; **SOUTIEN-GORGE** XXe s. ♦|2| **GORGÉE** XIIe s. ; **GORGER** XIIIe s. ♦|3| **ENGORGER** XIIe s. ; **ENGORGEMENT** XVe s. ; **DÉGORGER** XIIIe s. ; **REGORGER** XIVe s. ♦|4| **SE RENGORGER** XVe s. ♦|5| **ÉGORGER, ÉGORGEMENT, ÉGORGEUR** XVIe s.

B. base *-gurg-*

(sav.) ♦|1| **INGURGITER** XVe s. : *ingurgitare* ; **RÉGURGITER** XVIe s. : *regurgitare*.

IV. famille de *vorare*

♦|1| **DÉVORER** (sav.) réfection, d'après le lat., de l'anc. fr. *devourer* XIIe s. : *devorāre* ; **DÉVORANT** adj. XIVe s. ♦|2| **VORACITÉ** XIVe s. : *voracitas* (sav.) ; **VORACE** XVIIe s. : *vorax*. ♦|3| **-VORE** (sav.) « qui mange » : lat. *-vorus*, 2e élément de composés nom. et adj. empr. au lat. ou de formation fr., ex. : **CARNIVORE** XVIe s. : *carnivorus* ; **OMNIVORE** XVIIIe s. : *omnivorus* ; **HERBIVORE, FRUGIVORE** XVIIIe s.

GUI ♦|1| (pop.) XIVe s. : lat. *viscum* « id. », avec influence germ. sur le *v* initial (p.-ê. frq. **wihsila* « guigne »). ♦|2| **VISQUEUX** (sav.) XIIIe s. : bas lat. *viscosus*, dér. de *viscum* au sens de « glu » ; **VISCOSITÉ** XIIIe s., puis XXe s. ; **VISCOSE** XXe s.

GUIBOLE XIXe s. fam. : probablement altération de *guibonne*, var. du dial. (Normandie) *guibon* XVIIe s., d'origine obscure.

GUICHE (pop.) XIIe s. « courroie », XIXe s. « patte de cheveux, accroche-cœur » : p.-ê.

frq. *withthja « lien d'osier » croisé avec lat. *vitica* « vrille de la vigne » ; AGUICHER XIIᵉ s. « attacher le bouclier au cou avec une guiche », diffère d'AGUICHER XIXᵉ s. « provoquer » : normand *agucher* « exciter (un chien à mordre, un jaloux à se venger) », var. de fr. *aiguiser* (→ AIGRE), croisé avec *guiche* « accroche-cœur ».

GUICHET (pop.) XIIᵉ s. : dimin. de l'anc. scandinave *vik* « cachette, recoin » ; GUICHETIER XVIIᵉ s.

GUIDER ♦₁₁₁ XIVᵉ s. : réfection, d'après l'it. ou l'anc. prov. *guidare* « id. » : gotique *widan* « montrer une direction », de l'anc. fr. *guier* « id. », issu de l'équivalent frq. *witan* ; GUIDON XIVᵉ s. « étendard, point de ralliement » ; XVIIIᵉ s. d'une arme ; XIXᵉ s. d'une bicyclette ; GUIDAGE XVIIᵉ s. ; -GUIDAGE XXᵉ s., ex. : TÉLÉ-, AUTO-, RADIO-GUIDAGE. ♦₁₂₁ GUIDE XIVᵉ s. : it. ou prov. *guida*, dér. de *guidare* ; a éliminé l'anc. fr. *guis*, *guion*.

GUIGNER ♦₁₁₁ (pop.) XIIᵉ s. « faire signe », d'où dial. « loucher » et mod. « convoiter » : frq. *wingjan* « faire signe », romanisé en *gwinyare*, forme dissimilée de *gwingyare*. ♦₁₂₁ GUIGNON XIIᵉ s. « le mauvais œil », XVIIᵉ s. « malchance » ; GUIGNE XIXᵉ s. « malchance ». ♦₁₃₁ GUIGNOL XIXᵉ s. : nom probablement formé sur le radical de *guigner*.

GUILDE XIIᵉ s. ; repris fin XVIIIᵉ s. : lat. médiéval *gilda*, *ghilda* « confrérie », adaptation du moyen néerl. *gilde* « id. », d'origine germ.

GUILLERET ♦₁₁₁ (pop.) XVᵉ s., d'abord au fém. avec le sens de « séduisante, pimpante » : probablement dér. du verbe anc. fr. *guiller* « tromper », issu, avec une altération (due à l'influence de *Guillaume* ?), de l'anc. fr. *guile* « tromperie », du frq. *wigila* « astuce » ; a pu subir pour le sens l'influence de l'onom. *guilleri* « chant du moineau ». ♦₁₂₁ *courir le* GUILLEDOU XVIᵉ s. : mot dial. (Ouest), probablement composé du même verbe *guiller* et de l'adj. *doux*.

GUIMAUVE ♦₁₁₁ (pop.) XIIᵉ s., var. *ymalve* ; mot composé. 1ᵉʳ élément : lat. *hibiscus*. du gr. *hibiskos* « mauve » abrégé et croisé avec *gui* (→ lat. médiéval *hibiscum malva*), 2ᵉ élément : traduction lat. du 1ᵉʳ, servant à le renforcer et à éviter les confusions. ♦₁₂₁ HIBISCUS (sav.) XIXᵉ s. « arbre tropical ».

GUIMBARDE XVIIᵉ s. « danse », XVIIIᵉ s. « voiture » : prov. *guimbardo*, dér. du verbe *guimba* « sauter », du got. *wimman* « se mouvoir vivement », croisé avec la famille de *cambo* « jambe ».

GUIMPE (pop.) XIIᵉ s. : frq. *wimpil* « banderole ».

GUINDER (pop.) XIIᵉ s. « soulever un fardeau avec une machine », XVIIᵉ s. sens fig. : mot normand du vocabulaire de la marine, de l'anc. scandinave *vinda* « hausser en tournant (un treuil, un cric) » (→ all. *winden*).

GUIPURE (pop.) XIVᵉ s. : dér. de l'anc. fr. *guiper* XIVᵉ s. « travailler une étoffe », du frq. *wipan* « entourer de fil ».

GUIRLANDE XIVᵉ s. : it. *ghirlanda*, de l'anc. prov. *guirlanda*, apparenté à l'anc. fr. *garlande*, mot d'origine germ., p.-ê. du frq. *weron* « garnir » ou frq. *wiara* « ornement fait de fils d'or ». Il faut supposer, de toute façon la formation en gallo-roman, sur l'une des deux bases, d'un verbe en *-ulare* dont le subst. serait le dér. ENGUIRLANDER XVIᵉ s. « orner », XXᵉ s. fam., euphémisme pour « engueuler ».

GUISE (pop.) XIᵉ s. : frq. *wisa* « manière » (→ all. *Weise*) ; DÉGUISER XIIᵉ s. « changer sa manière d'être » ; DÉGUISEMENT XIIᵉ s.

GUITARE ♦₁₁₁ XIVᵉ s. : esp. *guitarra*, de l'arabe *qîtâra*, du gr. *kithara* « cithare, instrument à cordes » ; GUITARISTE XIXᵉ s. ♦₁₂₁ CITHARE (sav.) XIVᵉ s. : lat. *cithara*, de même origine. ♦₁₃₁ CISTRE XVIᵉ s. sous la forme *citre* ; *s* d'abord purement graphique, prononcé depuis le XVIIIᵉ s., p.-ê. sous l'influence de *sistre* : all. *Zither*, du lat. *cithara*.

GUITOUNE XIXᵉ s. : arabe *gîtûn* « petite tente ».

GUIVRE ♦|1| (pop.) XIe s. « serpent », survit comme terme de blason : lat. *vipera* « vipère », avec altération du *v* initial en *gw* sous une influence germ. ♦|2| **VOUIVRE** (pop.) XIIIe s. dans un texte liégeois « vipère », XIXe s. dial. (Centre, Est) « animal fabuleux » : même origine. ♦|3| **VIVE** (pop.) XIVe s., « poisson de mer tenu pour dangereux » : altération, sous l'influence de *vif, vive* de *wivre* var. dial. normanno-picarde de *guivre*. ♦|4| **VIPÈRE** (sav.) XIVe s. : *vipera* ; **VIPÉRINE** XVe s., bot.

GYMNASE famille sav. du gr. *gumnos* « nu » ou « légèrement vêtu ».
♦|1| **GYMNASE** XIVe s., hist. anc., fin XVIIe s. sens mod. : gr. *gumnasion*, par le lat., « établissement public pour les exercices du corps » ; **GYMNASTIQUE** XIVe s. : *gumnastikos* « qui concerne les exercices physiques (pour lesquels on se dévêtait) » ; **GYMNASTE** XVIe s. : *gumnastés* « maître d'athlétisme » ; **GYMNIQUE** XVIe s. : *gumnikos*, syn. de *gumnastikos* : même évolution que **GYMNASE**. ♦|2| **GYMNO-** « 1er élément de mots sav., ex. : **GYMNOSPERME** XVIIIe s. ; **GYMNOTE** XVIIIe s. littéralement « au dos nu » (gr. *nôtos* « dos »).

GYNÉCÉE ♦|1| (sav.) XVIIe s. : gr. *gunaikeion* « appartement des femmes », de *gunê, gunaikos* « femme », nom ind.-eur. à valeur noble et souvent religieuse, qui n'a pas été conservé par le lat. ♦|2| **GYNÉCO-** 1er élément de composés sav., ex. : **GYNÉCOLOGIE** XIXe s. ♦|3| **-GYNE** 2e élément de composés sav., ex. : **ANDROGYNE** XIVe s., **MISOGYNE** XVIe s.

GYPSE (sav.) XVe s. : gr. *gupsos* « plâtre », par le lat.

H

HACHE ♦|1| (pop.) XII° s. : frq. **hâppja* ; **HACHETTE** XIV° s. ♦|2| **HACHER** XII° s. ; **HACHOIR** XV° s. ; **HACHIS** XVI° s. ♦|3| **HACHURE** XV° s. ; **HACHURER** XIX° s. ♦|4| **HACHE-PAILLE** XVIII° s. ; **HACHE-LÉGUMES** XIX° s. ; **HACHE-VIANDE** XX° s. ♦|5| **PIOLET** XIX° s. : mot du Val-d'Aoste, dér. du piémontais *piola* « hache », dimin. de *apia* « hache », avec confusion entre l'*a* initial et celui de l'article défini : anc. prov. *apia*, équivalent du fr. *hache*.

HAGARD XIV° s., fauconnerie, « sauvage et farouche » ; XVI° s. extension d'emploi : probablement empr. à une langue germ. (→ moyen angl. *hagger* « sauvage » et all. *Hagerfalk* « faucon hagard »).

HAGIOGRAPHIE ♦|1| (sav.) XV° s. : gr. *hagiographos* « auteur de vie de saints », de *graphos* → GREFFE, et gr. *hagios* « saint », mot p.-ê. rattachable à la racine **sac-* de *sacer* → SAINT. **HAGIOGRAPHIE, HAGIOGRAPHIQUE** XIX° s. ♦|2| **HAGIO-** 1er élément de composés, ex. : **HAGIOLOGIE** XIX° s.

HAIE ♦|1| (pop.) XII° s. : frq. **hagja*. ♦|2| **HAYON** XIII° s. « étal à claire-voie », dimin. et emploi métaph. du précédent.

HAILLON XV° s. : dimin. de *hailles* (dial. Nord), adaptation du moyen haut all. *hadel* « lambeau ».

HAÏR ♦|1| (pop.) XII° s. : frq. **hatjan* (→ angl. *to hate*) ; **HAÏSSABLE** XVI° s. ♦|2| **HAINE** (pop.) XII° s. : frq. **hatĭna*, dér. de **hatjan* ; **HAINEUX** XII° s.

HAIRE famille de mots d'origine germanique apparentés à l'all. *Haar* et à l'angl. *hair* « cheveux ».

♦|1| **HAIRE** (pop.) X° s. : frq. **harja* « vêtement fait de poils ». Mot employé comme adj. au XII° s. au sens de « pauvre, malheureux » ♦|2| **HÈRE** XVI° s. qui subsiste dans la locution *pauvre hère*, doit être l'adjectif ci-dessus employé comme nom au sens de « pèlerin qui porte la haire », plutôt qu'un emprunt à l'all. *Herr* « seigneur » employé par dérision. ♦|3| **HART** (pop.) XII° s. « corde » : frq. **hard* « filasse ». ♦|4| **ARDILLON** XIII° s. hardillon « languette, petit lien », dimin. du précéd.

HALEINE (pop.) XI° s. *aleine*, XV° s. *h* initial sous l'influence du lat. *halare* par fausse étym. : dér. de l'anc. fr. *alener* « souffler » (pop.) XII° s., du lat. vulg. **alenare*, forme inversée du class. *anhelare* « être essoufflé ».

HALER XII° s. : anc. bas all. **halon* ou anc. néerl. *halen* « tirer » ; **HALAGE** XV° s. ; **HALEUR** XVII° s.

HÂLER (pop.) XII° s. : origine obscure ; p.-ê. frq. *hallon* « dessécher » ; plus probablement, à cause de var. dial. telles que *harler*, du lat. vulg. **assūlāre*, dér. du class. *assare* « rôtir » ; *h* p.-ê. dû à un croisement avec *hallon* ; **HÂLE** XII° s.

HALLE ♦|1| (pop.) XIII° s. : frq. **halla* « espace couvert ». ♦|2| **HALL** XVII° s., rare avant le XIX° s. : mot angl., équivalent du précédent.

HALLEBARDE XVᵉ s. : moyen haut all. *helmbarte* « hache » (*barte*) « à poignée » (*helm*) ; la forme *alabarde* XIVᵉ s. était un emprunt à l'it. *alabarda* de même origine ; **HALLEBARDIER** XVᵉ s.

HALLIER (pop.) XVᵉ s. : dér. du frq. **hasal* « noisetier ».

HALLUCINÉ, HALLUCINATION (sav.) XVIIᵉ s. : lat. *hallucinatus, hallucinatio*, de *hallucinari* « se tromper, divaguer, avoir des hallucinations » ; **HALLUCINER** XIXᵉ s.

HALO (sav.) XIVᵉ s. « auréole », XXᵉ s. photo. : gr. *halôs* « aire à battre » et « toute surface ronde et unie ».

HALTE XIᵉ s., puis XVIᵉ s. : all. *Halt* « arrêt », de *halten* « s'arrêter ».

HAMAC XVIᵉ s. : *hamacque*, XVIIIᵉ s. *hamac* : caraïbe *hamaca*, par l'esp.

HAMEAU ♦|1| (pop.) XIIIᵉ s. : dimin. de l'anc. fr. *ham* « village », conservé en toponymie, du frq. **haim* « maison ». ♦|2| **HANGAR** XIVᵉ s., mais dès le XIIᵉ s. comme toponyme en Picardie, où les hangars et étables sont traditionnellement disposés autour de l'enclos : frq. **hain-gard* « clôture autour de la maison » (2ᵉ élément → JARDIN, art. COUR). ♦|3| **HANTER** XIIᵉ s. « habiter », d'où « fréquenter », XIXᵉ s. en parlant des fantômes, sous l'influence de l'équivalent angl. : anc. scandinave *heimta* « ramener les troupeaux passer l'hiver à l'étable », « retrouver », verbe construit sur la base de **haim*. ♦|4| **HOME** XIXᵉ s. : mot angl. « maison, foyer » : anc. angl. *hām*, équivalent de **haim*.

HAMEÇON (pop.) XIIᵉ s. : *ameçon* : dér. du lat. *hamus*, en anc. fr. *aim*.

HAMPE XVIᵉ s. « manche de bois » : mot obscur, p.-ê. altération, sous une influence mal déterminée, de *hante* (XIᵉ s.), croisement du lat. *hasta* « lance » avec le frq. **hant* « main ».

HANAP (pop.) XIIᵉ s. : bas lat. (IXᵉ s.) *hanappus*, du frq. **hnap* « écuelle ».

HANCHE (pop.) XIIᵉ s. : frq. **hanka* ; **DÉHANCHER** XVIᵉ s. ; **DÉHANCHEMENT** XVIIIᵉ s.

HANDICAP XIXᵉ s. ; mot angl. pour *hand in cap* « main dans le chapeau » ; a désigné d'abord un jeu de hasard ; appliqué aux courses de chevaux au XVIIIᵉ s. ; **HANDICAPER** XIXᵉ s.

HANNETON ♦|1| (pop.) XIᵉ s. : dimin. du frq. **hano* « coq », empr. pour désigner divers insectes, par plusieurs parlers germ. ♦|2| **HENNIN** XVᵉ s. : probablement néerl. *henninck* « coq », apparenté au précédent, à cause de la forme de cette coiffe, comparable à une crête.

HANSE XIIIᵉ s. : moyen bas all. *hansa* « corporation » ; **HANSÉATIQUE** XVIIIᵉ s. : all. *hanseatisch*.

HAPPER (pop.) XIIᵉ s. : verbe d'origine onom. avec équivalents, un peu plus tard, dans plusieurs langues germ.

HARAS ♦|1| (pop.) XIIᵉ s. « ensemble d'étalons et de juments destinés à la reproduction », puis « lieu où on les tient » : apparenté à de nombreux mots dial. à radical *har-*, exprimant la notion de « cheval » ; p.-ê. de l'anc. scandinave *hârr* « grisonnant ». ♦|2| **HARIDELLE** XVIᵉ s. : dér. sur la même base *har-* que le précéd.

HARDE (pop.) XIIᵉ s. « troupeau de bêtes sauvages » : frq. **herda* (→ all. *Herde* « troupeau »).

HARDI (pop.) XIᵉ s. : part. passé de l'anc. fr. *hardir* « prendre de l'audace », du frq. **hardjan* « devenir » ou « rendre dur » ; **HARDIMENT, HARDIESSE, ENHARDIR** XIIᵉ s.

HAREM XVIIᵉ s. : var. turque de l'ar. *haram* « ce qui est sacré, défendu », « femmes qu'un étranger à la famille n'a pas le droit de voir ».

HARENG (pop.) XIIᵉ s. : frq. **haring* ; **HARENGÈRE** XIIIᵉ s.

HARGNEUX (pop.) XIIᵉ s. et **HARGNE** XIIIᵉ s. doivent se rattacher au moyen fr. *hargner* XV⁰ s. « être de mauvaise humeur » : p.-ê. frq. **harmjan* « tourmenter ».

1. HARICOT (de mouton) ♦ⅠⅠⅠ (pop.) XIV⁰ s. « ragoût de viandes coupées en morceaux » : dér. de l'anc. fr. *harigoter* XII⁰ s. « mettre en lambeaux », « quereller », du frq. **harijôn*, var. de **hariôn* « gâcher », représenté en anc. fr. par *harier* « harceler ». ♦Ⅰ2Ⅰ **ARGOT** XVII⁰ s., en jargon « corporation des gueux » ; fin XVII⁰ s. en fr. « langage des gueux » : dér. de *argoter* « mendier », probablement simple var. de *harigoter* ; en effet, de nombreux mots argotiques ou pop. traduisent l'idée de « travail » par celle de « coup » et l'idée de « travail mesquin ou illicite » par celle de « donner de petits coups » (→ TAQUIN, MAQUIGNON) ; *argot* aurait, en ce sens, remplacé *truche* « mendicité », var. de *truc* ; **ARGOTIQUE** XIX⁰ s. ♦Ⅰ3Ⅰ (→ ERGOT).

2. HARICOT (légume) XVII⁰ s. : croisement de l'aztèque *ayacotli*, transmis par les Espagnols sous une forme *ayacote*, et du précédent, le *haricot*, dès son introduction en Europe, ayant été utilisé dans les ragoûts appelés déjà *haricot* ; var. *fèves d'aricot*, puis *de haricot*, puis *de Calicot* (c.-à-d. de Calcutta, par confusion entre les Indes orientales et les Indes occidentales).

HARO ♦ⅠⅠⅠ (pop.) XII⁰ s. : var. de l'anc. fr. *hare* ! cri servant à exciter les chiens de chasse, du frq. **hara*. ♦Ⅰ2Ⅰ **HARASSER** XVI⁰ s. : dér. de *harer* « exciter les chiens », « poursuivre, traquer le gibier » ; **HARASSANT** XIX⁰ s. ♦Ⅰ3Ⅰ **HALLALI** XVIII⁰ s. pour *hale à li* ! var. de *hare à lui* ! cri de veneurs.

HARPE ♦ⅠⅠⅠ (pop.) XII⁰ s. : germ. **harpa* ; **HARPISTE** XVII⁰ s. ♦Ⅰ2Ⅰ **ARPÈGE** XVIII⁰ s. : it. *arpeggio*, dér. de *arpa* équivalent du fr. *harpe*.

HARPIE (sav.) XIV⁰ s. : gr. *harpuia*, plus souvent au plur. *harpuiai*, nom de divinités des tempêtes, par le lat. *harpya*.

HARPON XII⁰ s. en anglo-normand, puis XV⁰ s. : dér. de l'anc. fr. *harper* « empoigner », probablement verbe d'origine germ. apparenté à l'anc. scandinave *harpa*

« crampe, torsion », qui a rencontré la famille de l'anc. prov. *arpa* « griffe », du gr. *harpê* → SERPE ; **HARPONNER** XVII⁰ s.

HART ♦ⅠⅠⅠ (pop.) XII⁰ s. « corde » : frq. **hard* « filasse », p.-ê. apparenté à l'all. *Haar* « cheveu » → HAIRE. ♦Ⅰ2Ⅰ **ARDILLON** XIII⁰ s. *hardillon* « languette, petit lien » : dimin. du précéd.

HASARD XII⁰ s. « jeu de dés », « coup de dés heureux », puis « risque », « chance » : arabe *az-zahr* « jeu de dés » par l'intermédiaire de l'esp. *azar*. Malgré l'absence d'aspiration dans la langue d'origine, initiale *h-* dès le XII⁰ s. et prononciation aspirée attestée dès le XVII⁰ s. » ; **HASARDER** XV⁰ s. ; **HASARDEUX** XVI⁰ s.

HASE XVI⁰ s., d'abord en wallon, et spécialisé dans la désignation de la femelle : all. *Hase* « lièvre ».

HÂTE (pop.) XII⁰ s. : frq. **haist* « vivacité » : **HÂTER, HÂTIF** XI⁰ s.

HAUBAN ♦ⅠⅠⅠ (pop.) XII⁰ s. : anc. scandinave *höfud-benda* (→ all. *Haupt* « tête » et *Band* « lien ») « câble principal ». ♦Ⅰ2Ⅰ **GALHAUBAN** XVII⁰ s. : altération de *calehauban* XVII⁰ s., du verbe *caler* « abaisser » → ce mot.

HAUT famille d'une racine ind.-eur. **al-* « nourrir » représentée en latin par (1) *alere*, *altus* ainsi que *alitus* « nourrir », « faire grandir », d'où (a) *almus* « nourricier », « bienfaisant » (b) *alimentum* « aliment » et l'adj. *alimentarius* (c) *alescere* « se nourrir », « grandir, croître » et *coalescere*, *coalitus* « grandir ensemble », **s'unir en croissant », « se coaliser » (2) *altus* « qui a fini de grandir », « grand », ancien part. passé senti comme un simple adj. indépendant de l'idée de « nourriture », d'où (a) *altum* neutre substantivé « la haute mer » et lat. imp. *altanum* « vent qui souffle de la mer » (b) *altitudo, -inis* « hauteur » ou « profondeur » (c) lat. imp. *exaltare* « élever » et *exaltatio* (3) une var. **ol-* qui apparaît dans (a) *proles* « ensemble des enfants », d'où *proletarius* « citoyen de la dernière classe, qui ne fournit à la cité d'autre ressource que sa progéniture » (b) *adolescere* « grandir », part. présent *adolescens* « en train de grandir », part. passé *adultus* « qui a fini de grandir » (c) *abolescere* « vieillir, se perdre, être aboli » et *abolēre* « anéantir » (d) p.-ê. enfin *delēre* « détruire », de **de-olēre* formation parallèle à *abolere*, d'où *delebilis* « qu'on peut détruire » et son contraire *indelebilis*.

I. mots populaires
A. base haut-

♦ |1| HAUT XIe s. : *altus* ; h initial p.-ê. sous l'infl. du frq. **hoh* (→ all. *hoch*) ; HAUTEMENT XIe s. ; HAUTAIN, HAUTEUR XIIe s. ♦ |2| HAUTE-CONTRE XVIe s. ; HAUT-DE-CHAUSSES XVIe s. ; HAUT-LE-CORPS XVIIe s. ; HAUT-LE-CŒUR XIXe s. ; HAUT-DE-FORME ou HAUTE-FORME XIXe S.

B. base -hauss-

♦ |1| HAUSSER XIIe s. : lat. vulg. **altiare*, de *altus* avec *h* germ. ; HAUSSE XIIIe s. subst. fém. ♦ |2| REHAUSSER XIIIe s. ; REHAUSSEMENT XVIe s. ; REHAUT peinture XVIIe s. ♦ |3| SURHAUSSER XIIe s. ; SURHAUSSEMENT XVIe s. ; ♦ |4| EXHAUSSER XIIe s. ; EXHAUSSEMENT XIIe s. ♦ |5| EXAUCER XVIIe s. : simple var. graphique de *exhausser* au sens de « élever en dignité », « écouter favorablement une prière ».

II. mots d'emprunt

♦ |1| AUTAN XVIe s. : mot prov. : *altānus*. ♦ |2| ALTESSE XVIe s. : it. *altezza* ou esp. *alteza*, du lat. vulg. **altĭtĭa*, qui avait remplacé *altitudo*. ♦ |3| ALTIER XVIe s. : it. *altiero* « fier, orgueilleux », croisement de *alto* et de *fiero*. ♦ |4| ALTO XVIIIe s. chant ; nom d'instrument : abrév. de *viola alta*, au masc. p.-ê. sous l'infl. de *violon* : it. *alto*, de *altus*.

III. mots savants
A. base -alt-

♦ |1| EXALTER Xe s. « glorifier », XVIIIe s. « provoquer l'enthousiasme » : *exaltare* ; EXALTATION XIIIe s. à propos de la Sainte-Croix, XVIIe s. « glorification », XVIe s. « accroissement d'activité » : *exaltatio*. ♦ |2| ALTITUDE XVe s. rare avant le XIXe s. : *altitudo*. ♦ |3| ALTIMÈTRE XVIe s.

B. base -al-

♦ |1| ALIMENT XIIe s. : *alimentum* ; ALIMENTAIRE XIVe s. : *alimentarius* ; ALIMENTER XIVe s. ; ALIMENTATION XVe s. ; SOUS-ALIMENTER, SURALIMENTER, -ATION XXe s. ♦ |2| COALESCENCE XVIe s. : de *coalescere*. ♦ |3| COALITION XVIe s. : de *coalitus*, part. passé de *coalescere* ; COALISER fin XVIIIe s.

C. base -ol-

♦ |1| ADOLESCENCE XIIIe s. : lat. *adolescentia*, de *adolescere* ; ADOLESCENT XIVe s. : *adolescens* ; ADOLESCENTE XVe s. ♦ |2| PROLÉTAIRE XIVe s., rare avant le XVIIIe s. : *proletarius* ; PROLÉRARIAT, PROLÉTARIEN et PROLO, abrév. pop., XIXe s. ; PROLÉTARISER XXe s. ♦ |3| PROLIFIQUE XVIe s. : dér. formé sur *proles*. ♦ |4| PROLIFÉRER, PROLIFÉRATION XIXe s. : composés de *proles* et *ferre* « porter » → OFFRIR. ♦ |5| ABOLIR XVe s. « détruire », puis jur. : *abolere* ; ABOLITION XVe s. : *abolitio* ; ABOLITIONNISME et ABOLITIONNISTE XIXe s., sous l'influence de l'angl., à propos de l'abolition de l'esclavage.

D. ADULTE XIVe s. adj., XVIe s. subst. : *adultus*.

E. INDÉLÉBILE XVIe s. : *indelebilis* ; DÉLÉBILE XIXe s. : *delebilis* ; DELEATUR XIXe s. typo., mot lat. « qu'il soit détruit ».

HÂVE (pop.) XIIe s. « sombre », XVIIe s. « pâle » : frq. **haswi* « blême ».

HAVRE XIIe s. : moyen néerl. ou moyen angl. *havene* « port ».

HAVRESAC XVIIe s. : all. *Habersack* « sac à avoine », dit du sac des soldats de la guerre de Trente Ans.

HEAUME (pop.) XIe s. : frq. **helm* « casque ».

HÉBÉTER (sav.) XIVe s. : lat. *hebetare* « émousser » ; HÉBÉTUDE XVIe s. : *hebetudo* « état d'une chose émoussée », « stupidité ».

HÉGIRE XVIe s. : arabe *hedjra* « fuite (de Mahomet) », probablement par l'esp. *hegira*.

HÉLER XVIe s. : angl. *to hail* « saluer », « appeler », abréviation de *wassail*, de l'anc. scandinave *ves heill* « soyez en bonne santé ».

HENNÉ XVIe s., puis XVIII : arabe *hinna*.

HÉPAT(O)- 1er élément de mots sav. : gr. *hêpar*, *hêpatos* « foie » ; HÉPATIQUE XIIIe s. : gr. *hêpatikos* par le lat. ; HÉPATITE XVIe s. pierre précieuse, XVIIe s. maladie ; HÉPATOLOGIE XVIIIe s.

HÉRAUT famille du germ. **har* « armée » (→ all. *Heer*).

I. **hariwald* « chef d'armée ». ♦ III **HÉRAUT** (pop.) XIIe s. fr. frq. **heriwald*. ♦ I2I **FARAUD** XVIIIe s. : esp. *faraute*, adaptation du fr. *héraut* ; désignait l'acteur qui récitait le prologue d'une pièce de théâtre, d'où le sens de « qui fait l'important ». ♦ I3I **HÉRALDIQUE** (sav.) XVIIe s. : dér. du lat. médiéval *heraldus*, calqué sur *héraut*.

II. **hariberga* « abri de l'armée ». ♦ III **HÉBERGER** (pop.) XIe s. *herbergier* : frq. **heribergôn* « abriter l'armée », « camper » ; **HÉBERGEMENT** XIIe S. ♦ I2I **AUBERGE** XVIIe s. : prov. *auberjo*, du germ. **hariberga*, mot introduit avant l'invasion franque par les mercenaires germains de l'armée romaine ; ♦ I3I **AUBERGISTE** XVIIe s. Pour le 2e élém. → aussi BEFFROI, art. EFFRAYER.

III. **harinest* « provisions pour l'armée ». ♦ III **HARNAIS** (pop.) XIe s., *herneis* « équipement d'un homme d'armes », XIIIe s. « équipement d'un cheval » : adaptation de l'anc. scandinave **hernest*. ♦ I2I **HARNACHER** XIIIe s. ; **HARNACHEMENT** XVIe s.

IV. *harangue* → RANG ; ARRIÈRE-BAN → BAN.

HERBE ♦ III (pop.) XIe s. : lat. *herba* ; HERBEUX XIe s. ; HERBU, HERBAGE XIIe S. ; HERBIER XIIe S. « terrain herbeux », XVIIe S. « album de plantes séchées ». ♦ I2I **DÉSHERBER** XIXe S. ; DÉSHERBAGE XXe S. ♦ I3I **HERBORISTE** XVe s., d'abord *arboliste* : mot méridional apparenté au prov. *erboularié* « traité de botanique », it. *erbolaio* « herboriste », qui se rattachent à *herbüla* dimin. de *herba* ; HERBORISTERIE XIXe S. ; HERBORISER, HERBORISATION XVIIIe S. ♦ I4I **HERBACÉ** (sav.) XVIe s. : *herbaceus*. ♦ I5I **HERBI-** 1er élément de composés sav., ex. : HERBIVORE XVIIIe S., HERBICIDE XXe S.

HÈRE XVIe s. subsiste dans la locution *pauvre hère* : all. *Herr* « seigneur », employé par antiphrase.

HÉRÉSIE représentants en fr. du gr. *hairesis* « action de prendre », « de choisir », dér. de *hairein* « prendre ».

♦ III **HÉRÉSIE** (sav.) XIIe s. *érisie* : gr. *hairesis* « choix », « opinion particulière » ; **HÉRÉTIQUE** XIVe s., a remplacé les mots anc. *herite*, *erede* : *hairetikos* « qui choisit » ; **HERESIARQUE** XVIe s. : gr. *hairesiarkhês* « chef d'une secte » ; tous ces mots par le lat. ♦ I2I **APHÉRÈSE, DIÉRÈSE, SYNÉRÈSE** XVIe s., gramm. : *aphairesis*, de *apo* « action d'enlever » ; *diairesis*, de *dia* « action de séparer » ; *sunairesis*, de *sun* « action de prendre ensemble ».

HÉRISSON ♦ III (pop.) XIIe s. : lat. vulg. **ericio, -ônis*, class. *ericius*. ♦ I2I **HÉRISSER** (pop.) XIIe s. : lat. vulg. **ericiäre*, de *ericius* ; **HÉRISSEMENT** XVe s.

HERNIE (sav.) XVe s. : *hernia*, a éliminé l'anc. fr. *hergne* (pop.) ; HERNIEUX XVIe s. ; HERNIAIRE XVIIe S.

HÉRON ♦ III (pop.) XIIe s. *aigron, hairon* : frq. **haigiro*. ♦ I2I **AIGRETTE** XIVe S. « héron », XVIe s. sens mod. : prov. *aigreta*, issu, par substitution de suff., de *aigron*, équivalent du fr. *héron*.

HÉROS ♦ III (sav.) XIVe s. « demi-dieu mythologique », XVIe s. « homme distingué par ses actions courageuses », XVIIe s. « personnage principal d'une œuvre littéraire » : gr. *hêrôs* « demi-dieu » ; **HÉROÏQUE** XIVe s. : *hêrôikos* ; **HÉROÏNE** XVIe s. : *hêrôiné* « demi-déesse », tous ces mots, par le lat. ; **HÉROÏQUEMENT** XVIe s. ; **HÉROÏSME, HÉROÏ-COMIQUE** XVIIe s. ; **HÉROÏCITÉ** XVIIIe s. ♦ I2I **HÉROÏNE** XXe s., succédané de la morphine : all. *Heroin*, dér., sur la base du gr. *hêrôs* en raison de l'exaltation créée par cette drogue.

HERPÈS (sav.) XVe s. : lat. *herpes, -etis* « dartre » ; HERPÉTIQUE XVIIIe s.

HERSE ♦ III (pop.) XIIe s. : lat. vulg. **herpex, -ícis*, class. *hirpex*, dér. de *hirpus*, nom du loup en samnite, à cause des dents de cet instrument ; HERSER XIIe s. ; HERSAGE XIVe S. ♦ I2I **HARCELER** XVe s. : dér. de *harser*, var. de *herser* employé par métaphore ; HARCÈLEMENT XVIe S.

HÉTAÏRE ♦ III (sav.) XVIIIe s. : gr. *hetaira* « compagne, amie » et « courtisane ». ♦ I2I **HÉTAIRIE** XIXe s., hist. anc. : gr. *hetairia* « association d'amis », de *hetairos* « ami, compagnon ».

HÉTÉRO- (sav.) gr. *heteros* « autre », 1er élément de composés, ex. : **hétérodoxe, hétérogène.**

HÊTRE (pop.) XIIIe s. ; frq. **haistr* « jeune arbre », de **haisi* « buisson, fourré » ; **HÊTRAIE** XVIIIe s. (→ aussi FAINE).

HEURE famille du gr. *hôra* « toute division du temps : année, mois, saison, division du jour ou de la nuit », d'où *hôrologion* « tout appareil relatif à l'heure » ; a été empr. par le lat. *hôra* « heure », d'où bas lat. *horarium* « horloge à eau, clepsydre ».

I. mots populaires

♦ |1| **HEURE** XIe s. : *hôra*. ♦ |2| **LURETTE** XIXe s., dans la locution *il y a belle lurette*, altération de *il y a belle heurette* : dimin. anc. de *heure* conservé dans certains dial. (p. ex. : lorraine). ♦ |3| Aux emplois atones de *hora*, se rattachent les mots suiv., caractérisés ou non, selon les cas, par la présence du *s* adverbial et du *e* final : **OR** XIe s. « maintenant » ; XVIe s., conj. : *(hac) hora* « à cette heure » ; **ORES** Xe s., var. de *or*, conservé dans *d'ores et déjà* ; **ENCORE** XIe s. : p.-ê. de *hinc ad horam* « de là à cette heure » ; **LORS** et **LORSQUE** (d'abord en deux mots) XIIe s. : *illa hora* « à cette heure » ; **ALORS** XVe s. : forme renforcée de *lors* ; **DORÉNAVANT** et **DÉSORMAIS** XIIe s., d'abord sous les formes *d'or en avant* et *des or mais* « à partir de cette heure, en allant vers l'avenir ».

II. mots savants

♦ |1| **HORLOGE** (demi-sav.) XIIe s. : gr. *hôrologion* par le lat. ; **HORLOGER** XIVe s. ; **HORLOGERIE** XVIIe s. ♦ |2| **HOROSCOPE** XVIe s. : gr. *hôroscopos* « qui examine l'heure (de la naissance) ». ♦ |3| **HORAIRE** XVIe s. adj., XIXe s. subst. : lat. médiéval *horarius* formé sur *hora*. ♦ |4| **HORO-** 1er élément de composés sav., ex. : **HOROKILOMÉTRIQUE** XXe s.

HEURISTIQUE ♦ |1| (sav.) XIXe s. : gr. *heuristikê (tekhnê)* « art de trouver », du verbe *heuriskein* « trouver ». ♦ |2| **EURÉKA !** XIXe s. : pour *heurêka*, forme du même verbe, « j'ai trouvé », mot attribué à Archimède découvrant dans son bain la loi de la pesanteur spécifique des corps.

HEURTER (pop.) XIIe s. : frq. **hurt* « bélier » (les ovins se battant à coups de tête) ; **HEURT** XIIe s. ; **HEURTOIR** XIVe s.

HIATUS famille du lat. *hiare, hiatus* « être béant », d'où *hiatus, -us* « ouverture » ; *hiscere* et *dehiscere* « s'ouvrir ».

♦ |1| **HIATUS** (sav.) XVIe s. : mot lat. ♦ |2| **DÉHISCENT, DÉHISCENCE** (sav.) XVIIIe s. : de *dehiscere*.

HIDEUX (pop.) XIIe s. : dér. de l'anc. fr. *hi(s)de* « horreur » : lat. *hispidu* « rude, hérissé » ; le *h* initial, amui en lat. class., a été rétabli en gallo-roman avec une valeur expressive ; **HIDEUR, HIDEUSEMENT**, XIIe s.

HIÈBLE ♦ |1| (pop.) XIIe s. : lat. *ĕbŭlum* « variété de sureau ». ♦ |2| **GNÔLE** ou, mieux, **NIÔLE** XIXe s. « eau-de-vie », à l'origine probablement « eau de baies d'hièble », nivernais *yôle*, de *ĕbŭlum* ; le *n* initial proviendrait d'une soudure avec l'article indéfini ; à noter que l'hièble s'appelle aussi dans le langage pop. *herbe aux yeux*, et que l'eau-de-vie, dans divers parlers, est tenue pour une « eau qui éclaircit la vue » (angl. *eye-water*, gr. *lampuro* « brillant », esp. *collirio* « collyre », etc.).

HIER (pop.) XIe s. : lat. *hĕri* ; **AVANT-HIER** XIIe s.

HIÉR(O)- représentants fr. du gr. *hieros* « sacré ».

♦ |1| **HIÉRARCHIE** XIVe s. (sav.) → ARCHIVES. ♦ |2| **HIÉRATIQUE** (sav.) XVIe s. : du gr. *hieratikos*, par le lat. ; **HIÉRATIQUEMENT, HIÉRATISME** XIXe s. ♦ |3| **HIÉROGLYPHIQUE** (sav.) XVIe s. : gr. *hierogluphika (grammata)* « (caractères) sacrés gravés » → GLYPTO., par le lat. ; **HIÉROGLYPHE** fin XVIe s. : dér. de l'adj. ♦ |4| **HIÉROPHANTE** (sav.) XVIe s. → FANTÔME.

HILARE ♦ |1| (sav.) XIIIe s. : lat. *hilaris* : gr. *hilaros* « joyeux », **HILARITÉ** XIIIe s. : *hilaritas* ; **HILARANT** XIXe s. ♦ |2| **HILAIRE**, prénom : *Hilarius*. anc. surnom lat. dér. de *hilaris*.

HIRSUTE (sav.) XIXe s. : lat. *hirsutus* « hérissé ».

HISSER XVIe s. : bas all. *hissen*.

HIST(O)- (sav.) 1er élément de composés, gr. *histos* « tissu » (à l'origine « rouleau vertical du métier à tisser, d'où partent les fils de la chaîne », puis « métier » et « toile », apparenté à *histanai* → ESTER) ; ex. : **HISTOLOGIE** XIXe s. ; **HISTAMINE, HISTAMINIQUE** XXe s.

HISTRION (sav.) XVIe s. : lat. *histrio* « acteur ».

HIVER famille du lat. *hiems, hiemis* « hiver », d'où les deux adj. *hiemalis* et *hibernus*, de **himernus*, par dissimilation, « hivernal » ; *hibernare* « être en quartiers d'hiver ».

♦ |1| **HIVER** (pop.) XIIe s. : *hibernum (tempus)* « (saison) hivernale » ; **HIVERNER, HIVERNAGE, HIVERNAL** XIIe s. ; **HIVERNANT** XIXe s. ♦ |2| **HIBERNAL** (sav.) XVIe s., rare avant le XIXe s. : *hibernalis* ; **HIBERNER** XVIIIe s. : *hibernare* ; **HIBERNANT, HIBERNATION** XIXe s. ♦ |3| **HIÉMAL** (sav.) XVe s. : *hiemalis*.

HOBEREAU XIVe s. « petit faucon », XVIe s. « petit seigneur » : dér. de l'anc. fr. *hobel* « petit oiseau de proie », du verbe *hobeler* « piller, harceler », du moyen néerl. *hobbelen* « se démener ».

HOCHER (pop.) XIIe s. : frq. **hottisôn* « secouer » ; **HOCHET** XIVe s. ; **HOCHEMENT** XVIe s.

HOCKEY XIXe s. : mot angl., jeu où le ballon est manié avec une crosse, de l'anc. fr. *hocquet* « bâton recourbé », « houlette », du frq. **hôk* « crochet ».

HOIR famille du lat. *hēres, -edis* « héritier », d'où *hereditas, -atis* « action d'hériter » et « héritage » ; *hereditarius* « relatif à un héritage » ; *exheredare* « déshériter » et bas lat. *hereditare* « hériter ».

♦ |1| **HOIR** (pop.) XIe s. : *hēres* ; **HOIRIE** XVIe s. ♦ |2| **HÉRITER** (pop.) XIIe s. : *hereditāre* ; **HÉRITAGE, DÉSHÉRITER** XIIe s. ♦ |3| **HÉRITIER** (pop.) XIIe s. : *hereditarius* substantivé ; **COHÉRITIER** XIIIe s. ♦ |4| **HÉRÉDITÉ** (sav.) XIe s. : *hereditas* ; **HÉRÉDITAIRE** (sav.) XIVe s. : *hereditarius* → HÉRITIER. ♦ |5| **HÉRÉDO-** 1er élément de composés sav. de la langue médicale indiquant le caractère héréditaire d'une affection, ex. : **HÉRÉDOSYPHILIS** XIXe s.

HOMARD XVIe s. : anc. scandinave *humarr*.

HOMÉLIE (sav.) XIIe s. : gr. *homilia* « entretien familier », par le lat. eccl.

HOMME famille d'une racine ind.-eur. **ghyom-* « terre ».

En grec *khthôn* « terre » et *khthonios* « souterrain ».

En latin (1) *humus* « terre » d'où (a) *inhumare* « mettre en terre (une plante) » (b) *humilis* « qui reste à terre », « qui ne s'élève pas », « humble » et *humilitas* (2) *homo, hominis* « homme », créature née de la terre, par opposition aux dieux, qui sont célestes ; désigne aussi bien la femme que l'homme ; dans la langue pop. et non classique seulement, « mâle » et même « soldat, fantassin » ; a pris le sens de « créature raisonnable », par opposition à *fera* et *bestia* → FIER et BÊTE. — Dér. : *humanus* « propre à l'homme », « policé, bienveillant », et *humanitas, inhumanus, inhumanitas*.

I. mots populaires ou empruntés d'origine latine

♦ |1| **HOMME** Xe s. : *homĭnem*, accusatif de *homo* ; **HOMMAGE** XIIe s. : dér. de *homme* au sens de « vassal » ; **BONHOMME** XIIIe s. « paysan », XVIe s. « homme de bien », XVIIe s. valeur mod. ; **BONHOMIE** XVIIIe s. ; **PRUD'HOMME** → PREMIER ; **HOMMASSE** XIVe s. ; **SURHOMME** XIXe s. ; **HOMME-GRENOUILLE, HOMME-SANDWICH** XXe s. Pour les mots sav. ou scientifiques exprimant la notion d'« hommes » → ANTHROPO-, ANDR-, art. ANDRÉ et VIR-, art. VERTU. ♦ |2| **ON** IXe s. : *homo*, cas sujet atone de *homme*, employé comme pronom indéfini. ♦ |3| **HOMBRE** XVIIe s., jeu : esp. *hombre* « homme », « celui qui mène la partie », équivalent du fr. *homme*. ♦ |4| **HUMBLE** (demi-sav.) XIe s. : *hūmilis*.

II. mots savants d'origine latine

A. famille de *homo*

♦ |1| base *-hom-* **HOMICIDE** XIIe s. « action de tuer » et « celui qui tue » : *homicidium* et *homicida* ; **HOMUNCULE** XVIIe s. : *homunculus*, dimin. de *homo* ; **HOMINISATION** XXe s. ♦ |2| base *-hum-* **HUMAIN, HUMAINEMENT** XIIe s. : *humanus* ; **INHUMAIN** XIVe s. : *inhumanus* ; **SURHUMAIN** XVIe s. ; **HUMANITÉ** XIIe s. : *humanitas* ; **INHUMANITÉ**

XIVᵉ s. : *inhumanitas* ; HUMANITAIRE, HUMANITARISME XIXᵉ s. ; HUMANISER, HUMANISATION, HUMANISTE XVIᵉ s. ; HUMANISME XVIIIᵉ s. ; DÉSHUMANISER XVIIᵉ s. ; DÉSHUMANISATION XXᵉ s.

B. famille de *humus*

♦ |1| HUMILITÉ Xᵉ s., *humelité* : *humilitas* ; HUMILIER, HUMILIANT XIIᵉ s. : bas lat. *humiliare* ; HUMILIATION XIVᵉ s. ♦ |2| HUMUS XVIIIᵉ s. : mot lat. ♦ |3| INHUMER XIVᵉ s. : *inhumare* ; INHUMATION XVᵉ s. ; EXHUMER, EXHUMATION XVIIᵉ s. : lat. médiéval *exhumare*, formé par opposition à *inhumare*. ♦ |4| TRANSHUMER XIXᵉ s. : adaptation sav., d'après le lat. *trans* et *humus*, de l'esp. *trashumar*, d'abord en parlant des troupeaux des Pyrénées ; TRANSHUMANT, TRANSHUMANCE XIXᵉ s.

III. mot savant d'origine grecque

CHTHONIEN XIXᵉ s., mythologie, qualificatif des divinités infernales : adaptation du gr. *khthonios*.

HONNEUR famille du lat. *honos*, puis *honor, honoris* « témoignage de considération », « charge, magistrature » d'où (1) *honorare, -atus* « honorer » ; *honorificus* « qui fait honneur » ; *honorarius* « donné à titre d'honneur », d'où lat. imp. *honorarium (donum)* « don honorifique », « honoraires » ; lat. imp. *honorabilis* « honorable » (2) *honestus* « honoré » et « honorable » et *honestas, -atis* « honorabilité » et « considération ».

I. mots demi-savants

♦ |1| HONNEUR Xᵉ s. : *honor, -oris* ; a concurrencé et éliminé l'anc. fr. *enour* (pop.) XIIᵉ s. ; DÉSHONNEUR XIᵉ s. ♦ |2| HONNÊTE XIIᵉ s. : *honestus* ; HONNÊTEMENT XIIᵉ s. ; DÉSHONNÊTE XIIIᵉ s. ; MALHONNÊTE XVᵉ s. ; MALHONNÊTEMENT XVIIᵉ s. ♦ |3| HONNÊTETÉ XVᵉ s. : réfection, d'après *honnête*, de l'anc. fr. *honesté* de *honestas* ; MALHONNÊTETÉ XVIIᵉ s.

II. mots savants

♦ |1| HONORER Xᵉ s. : *honorare* a concurrencé et éliminé *enorer* (pop.) XIIᵉ s. ; DÉSHONORER XIIᵉ s. ; DÉSHONORANT XVIIIᵉ s. ♦ |2| HONORABLE XIIᵉ s. : *honorabilis* ; HONORABLEMENT XIIᵉ s. ; HONORABILITÉ XIVᵉ s. ♦ |3| HONORIFIQUE XVᵉ s. : *honorificus*. ♦ |4| HONORAIRE XVᵉ s. adj., XVIIᵉ s. subst. sing., XVIIIᵉ s. subst. plur. : *honorarius* ; HONORARIAT XIXᵉ s.

HONNIR ♦ |1| (pop.) XIIᵉ s. : frq. **haunjan*. ♦ |2| HONTE (pop.) XIᵉ s. : frq. **haunitha*, apparenté à **haunjan* ; HONTEUX XIIᵉ s. ; ÉHONTÉ XIVᵉ s.

HOQUETER XIIᵉ s. « secouer », XVIᵉ s. sens mod. ; HOQUET XIVᵉ s. sous la forme latinisée *hoquetus* « interruption dans une mélodie » ; XVᵉ s. forme et sens mod. : formations onom.

HORDE XVIᵉ s. à propos des Tartares, XVIIIᵉ s. péj. : tartare *(h)orda* « camp de l'armée royale », apparenté au turc *ordu* « camp » ; p.-ê. par l'all. *Horde*, un peu antérieur au mot fr.

HORIZON famille sav. du gr. *horos* « borne », d'où *horizein* « limiter ».

♦ |1| HORIZON XIIIᵉ s. : gr. *horizōn (kuklos)* « (cercle) qui borne (la vue) » ; HORIZONTAL, HORIZONTALEMENT XVIᵉ s. ♦ |2| APHORISME XIVᵉ s. : *aphorismos* « définition », « brève sentence », de *aphorizein* « séparer par une limite », par le lat. ♦ |3| AORISTE XVIᵉ s. : *aoristos*, avec *a-* privatif, « non limité », « indéterminé ».

HORMONE , HORMONAL XXᵉ s. : dér. d'après le gr. *hormân* « exciter ».

HOSANNA (sav.) XIIIᵉ s. : transcription en gr., puis en lat. eccl. de l'hébreu *hôschi 'a-nâ* « Donne-nous le salut », Ps. 118 (25).

HOSTIE (sav.) XIIIᵉ s., a remplacé l'anc. fr. *oiste, oeste* XIIᵉ s. : lat. *hostia* « victime offerte en expiation », par opposition à *victima* « victime offerte en remerciement ».

HOSTILE (sav.) XVᵉ s. : lat. *hostilis*, de *hostis* « ennemi » ; HOSTILITÉ XIVᵉ s. : bas lat. *hostilitas* « sentiments hostiles ».

HÔTE famille du lat. *hospes, -itis* « qui reçoit un étranger et, le cas échéant, est reçu par lui en réciprocité » ; d'où *hospitium* « hospitalité » et « logement réservé à un hôte » ; *hospitalis* « hospitalier » et *hospitalia*, neutre plur. substantivé « chambres d'hôtes » ; *hospitalitas* « hospitalité ».

♦ |1| HÔTE (pop.) XIIᵉ s. : *hospitem*, acc. de *hospes* ; HÔTESSE XIIIᵉ s. ♦ |2| HÔTEL (pop.)

XIe s. « maison, auberge », XVIIe s. « résidence aristocratique » : lat. vulg. *hospitale* substantivé, sing. de *hospitalia* ; HÔTELIER, HÔTELLERIE XIIe s. ; HOSTELLERIE XXe s. avec *s* prononcé sous l'influence de l'orthographe ancienne. ♦ |3| OTAGE (pop.) XIe s. « logement, demeure » et « personne qu'on retient à demeure auprès de soi », « otage » : dér. du précéd., dont l'*h* était purement graphique. ♦ |4| HÔPITAL (demi-sav.) XIIe s. : *hospitale*. ♦ |5| HOSPITAL (sav.) XIIe s. : dér. de *hospital*, forme anc. du précédent, avec conservation sav. de l's ; HOSPITALITÉ XIIe s. : *hospitalitas* ; INHOSPITALITÉ XIVe s. : *inhospitalitas* ; INHOSPITALIER XVIIe s. ; HOSPITALISER XVIIIe s. ; HOSPITALISATION XIXe s. ♦ |6| HOSPICE (sav.) XIIIe s. « hospitalité », XIVe s. « couvent », XIXe s. « maison de vieillards » : *hospitium*.

HOTTE (pop.) XIIIe s. : frq. **hotta* ; HOTTÉE XVe s.

HOUBLON XVe s. : altération de l'anc. fr. *homlon*, du frq. **humilo*, sous l'influence du moyen néerl. *hoppe* « id. » ; HOUBLONNIÈRE XVIe s.

HOUE (pop.) XIIe s. : frq. **hauwa* ; dimin. HOYAU XIVe s.

HOUILLE (pop.) XIIIe s., *hulhes* dans des textes liégeois (ce produit ayant été découvert dans la région de Liège vers la fin du XIIe s.) ; XVIe s. *oille de charbon* dans un texte du Creusot ; xVII^e s. forme mod. : frq. **hukila*, dimin. de **hukk-* « tas », littéralement « petit tas (de charbon) » ; HOUILLÈRE XVIe s. HOUILLE BLANCHE XIXe s. (création de Cavour, à propos des ressources en énergie de l'Italie).

HOULE (dial.) XVe s. : mot normand, « creux », de l'anc. scandinave *hol* « caverne » ; HOULEUX X VIIIe s.

HOULETTE (pop.) XIIIe s. « bâton recourbé servant à lancer de petites mottes de terre aux moutons pour les regrouper et les faire avancer » : dér. de l'anc. fr. *houler* « jeter », d'origine probablement frq.

HOUPPE XIVe s. : mot dial. (Nord), du moyen néerl. *hoop* « tas » ; a subi l'influence du fr. *huppe* ; HOUPPETTE XIVe s.

HOUPPELANDE XIIIe s. : mot obscur ; p.-ê. adaptation de l'anglo-saxon *hop-pâda* « pardessus ».

HOURRA XVIIIe s. : formation expressive existant en angl., en all. (attesté dès le Moyen Âge) et en russe : *ura* « cri des cosaques marchant à l'ennemi » ; emprunté par le fr. à l'angl. en 1722.

HOUSSE (pop.) XIIe s. : frq. **hulftia*.

HOUX ♦ |1| (pop.) XIIe s. : frq. **hulis* ; HOUSSAIE XIIe s. ♦ |2| HOUSSINE (pop.) XVe s. « verge de houx » → aussi anc. fr. *housser* XIIIe s. « balayer avec un balai de verges » et *houssoir* XVe s. « verge de houx ». ♦ |3| HOUSPILLER XVe s. : altération de *houcepignier* XIIIe s. « peigner avec des verges de houx » → le précédent.

HUBLOT XVIIIe s. : altération inexpliquée de l'anc. fr. dial. (Rouen) *huvelot* XIVe s., dér. de *huve* XIIIe s. « bonnet », du frq. **huba* « coiffe » ; désigne à l'origine la couverture étanche de la petite fenêtre du bateau.

HUCHE (pop.) XIIe s. : gallo-roman (VIIIe s.) *hūtĭca*, d'origine probablement germ., encore indéterminée.

HUER XIIe s. vén. « pousser des cris pour faire lever ou rebattre le loup, le sanglier », puis « pousser des cris hostiles » : dér. d'une anc. interj. *hue*, var. *hu* ; HUÉE XIIe s. ; CHAT-HUANT XIIIe s. → CHOUETTE.

HUGUENOT XVIe s. ; a d'abord désigné des partisans genevois qui, sous la conduite d'Hugues de Besançon, luttaient contre les tentatives d'annexion du duc de Savoie, puis, à Tours, les réformés qui se rassemblaient, paraît-il, pour leur culte, près de la porte du Roi-*Hugon* : altération, sous l'influence de *Hugues*, du suisse all. *Eidgenossen* « confédérés ».

HUILE famille de deux mots d'origine méditerranéenne pré-ind.-eur. : gr. *elaion* issu de **elaiwon* « huile » et *elaia* issu de **elaiwa* « olive » et « olivier », anciennement latinisés sous les formes *oleum* « huile » et *oliva* « olive » ; dér. *oleaginus*, ou *-eus* « d'olivier » ou « semblable à l'olive ».

♦|1| **HUILE** (demi-sav.) XIIe s. *olie* et *oile* ; XIIIe s. *uile*, puis *h* purement graphique pour éviter la lecture *vile* : *ōleum* ; **HUILIER** XIIIe s. « fabricant d'huile », XVIIe s. « récipient » ; **HUILEUX, HUILER** XVe s. ; **HUILERIE** XVIe s. ; **DÉSHUILER** XIXe s. ♦|2| **ŒILLETTE** XIIIe s. sous la forme *oliette* : dimin. de *olie*. ♦|3| **GAS-OIL** (→ GAZ), **FUEL-OIL** (→ FEU) XXe s. : mots angl. dont le 2e élément est un empr. à l'anc. fr. *oile*. ♦|4| **OLIVE** (demi-sav.) XIe s. : *ŏlīva* ; **OLIVIER** Xe s. ; **OLIVÂTRE** XVIe s. ; **OLIVERAIE, OLIVETTE** XVIIe s. ♦|5| **AILLOLI** ou **AÏOLI** XVIIIe s. : mot prov. composé de *ai* « ail » et *oli* « huile ». ♦|6| **VASELINE** XIXe s. : mot artificiel composé de la 1re syllabe de l'all. *Wasser* « eau » et d'un élément *el* tiré du gr. *elaion* « huile », suivi du suff. *-ine*. ♦|7| **LINOLÉUM** XIXe s. : mot angl. artificiel, composé de *linum* « lin » et *oleum*. ♦|8| **RIPOLIN** XIXe s. : mot artificiel, formé du nom de l'inventeur de cette peinture, *Riep*, de l'élément *ol* tiré de *oleum* et du suff. *-in* ; **RIPOLINER** XIXe s. ♦|9| **OLÉAGINEUX** (sav.) XIVe s. : adaptation de *oleaginus*. ♦|10| **OLÉI-, OLÉO-** 1ers éléments de composés sav. exprimant la notion d'« huile » (ou de « pétrole »), ex. : **OLÉI-CULTURE, OLÉODUC** XXe s. ♦|11| **PÉTROLE** (sav.) XIIIe s. : lat. médiéval *petroleum* « huile *(oleum)* de pierre *(petra)* » ; **PÉTROLERIE, PÉTROLEUSE, PÉTROLETTE, PÉTROLIFÈRE** XIXe s. ; **PÉTROLIER, PÉTROCHIMIE** XXe s.

HUIS famille du lat. *os, oris* « bouche », « visage », auquel se rattachent (1) des dérivés à initiale *os-* (a) *oscillum*, dimin. « petit masque qu'on suspendait dans les vignobles pour effrayer les oiseaux » ; *oscillare* « se balancer » ; (b) *ostium* « entrée, ouverture », en particulier « bouche d'un fleuve » (→ le nom de la ville d'OSTIE : lat. *Ostia*, à l'embouchure du Tibre) et « porte de maison », par opposition à *fores* « entrée de l'enclos » → DEHORS, et à *porta* « grande porte de ville » → PORT (2) des dér. à initiale *or-* (a) lat. imp. *orificium* « orifice » et « anus » (b) *ora* « bord », « rivage », « région », qui, malgré la forte déviation du sens, est, selon toute vraisemblance, un dér. de *os, oris*.

I. mots populaires

♦|1| **HUIS** XIIe s. (avec *h* purement graphique, comme dans HUILE) : *ostium* ; **HUISSIER** XIIe s. ; **HUISSERIE** XIIe s. « porte », XIVe s. sens mod. ♦|2| **ORÉE** XIVe s. : dér. ancien du lat. vulg. **orum*, tiré de *ora* qui avait été pris pour un neutre plur., et représenté en anc. fr. par *eur* XIIe s. ♦|3| **OURLER** XIIe s. : lat. vulg. **orŭlāre* « border », dér. de **orŭla*, dimin. de *ora* ; **OURLET** XIIIe s. « bord », XVe s. couture : dimin. de l'anc. fr. *ourle*, dér. de *ourler*.

II. mots savants

♦|1| **ORIFICE** XIVe s. : *orificium* ; pour le 2e élément → FAIRE. ♦|2| **ORAL** XVIIe s. : dér., sur la base *or-*, de *os, oris* ; **ORALEMENT** XXe s. ♦|3| **OSCILLER** XVIIIe s. : *oscillare* ; **OSCILLATION** XVIIe s. : *oscillatio* ; **OSCILLATOIRE** XVIIIe s. ; **OSCILLO-** 1er élément de composés sav., ex. : **OSCILLOMÈTRE** XIXe s.

HUIT famille du gr. *oktō*, var. *okta-* « huit » ; lat. *octo* « id. », d'où *octavus* « huitième » et *october (mensis)* « le mois d'octobre, le huitième de l'année ancienne ».

♦|1| **HUIT** (pop) XIe s., *h* graphique → HUILE et HUIS : *octo* ; **HUITIÈME** XIIIe s. ; **HUITAIN, HUITAINE** XVe s. ; **HUITIÈMEMENT** XVIe s. ♦|2| **OCTANTE** XIIIe s. (dial) ; **OCTOBRE** (sav.) XIIIe s., a éliminé l'anc. fr. *oitovre* (pop.) : *october*. ♦|3| **OCTAVE** (sav.) XIIe s. liturgie, XVIe s. musique : *octavus, -a*. ♦|4| **IN-OCTAVO** XVIe s. : mots lat. « en huitième ». ♦|5| **OCTA-, OCTO-** gr. *okta-, oktō*, 1ers éléments de mots sav., ex. : **OCTAÈDRE** XVIe s., **OCTOGONE, OCTOGÉNAIRE** XVIe s., **OCTOSYLLABE** XVIIe s.

HUÎTRE famille du gr. *ostreon* « huître », et *ostrakon* « coquille », « tesson », en particulier « tesson sur lequel, à Athènes, on écrivait le nom des bannis », d'où *ostrakismos* « bannissement » ; adaptations lat. *ostreum* « huître » et bas lat. (VIe s.) *ostracum* « pavage grossier fait de tessons ».

♦|1| **HUÎTRE** (pop.) XIIIe s. *oistre*, puis *h* graphique → HUILE : lat. *ostrea*, neutre plur. pris pour un fém. ; **HUÎTRIÈRE** XVIe s., le masc. XVIIIe s. ♦|2| **ÂTRE** (pop.) XIIIe s. *aistre* : bas lat. *astracus*, altération de *ostracum* ; désigne à l'origine l'emplacement carrelé sur lequel on fait le feu. ♦|3| **OSTRÉICULTURE, -CULTEUR, -COLE** XIXe s. (sav.) : de *ostreum*. ♦|4| **OSTRACISME** (sav.) XVIe s. : gr. *ostrakismos*.

HUMER XIe s. : mot fr. onom.

HUMÉRUS (sav.) XVIᵉ s. : mot lat. « épaule » ; **HUMÉRAL** XVIᵉ s. : bas lat. *humeralis*.

HUMEUR famille du lat. *humēre* « être humide », d'où *humor* « liquide », en particulier les « humeurs » du corps humain ; *humidus, humectus* « humide » ; *humectare* « mouiller ».

♦|1| **HUMEUR** (sav.) XIIᵉ s. « liquide », XIVᵉ s. méd., XVᵉ s. « disposition d'esprit (jadis attribuée à l'influence des humeurs du corps) » ; *humor*. ♦|2| **HUMOUR, HUMORISTE** XVIIIᵉ s., **HUMORISTIQUE** XIXᵉ s. : angl. *humour* (empr. au fr. *humeur*), *humorist, humoristic*. ♦|3| **HUMORAL** (sav.) XVᵉ s. : lat. médiéval *humoralis*. ♦|4| **HUMIDE** (sav.) XIVᵉ s. : *humidus* ; **HUMIDITÉ** XIVᵉ s. : *humiditas* ; **HUMIDIFIER** XVIIᵉ s. ; pour les mots scientifiques exprimant la notion d'« humidité » → HYGRO-. ♦|5| **HUMECTER** (sav.) XVIᵉ s. : *humectare*.

HUNE (pop.) XIIᵉ s. : anc. scandinave *hūnn* « tête de mât » ; **HUNIER** XVIIᵉ s.

HURE ♦|1| XIIᵉ s. « tête hérissée » : mot d'origine probablement germ., encore indéterminée. ♦|2| **AHURI** XIIIᵉ s. « hérissé, en parlant de la tête du faucon », « qui a une chevelure hérissée », XVᵉ s. « étonné » ; **AHURIR** XIIIᵉ s. ; **AHURISSEMENT** XIXᵉ s. ♦|3| **HURON** XIVᵉ s. « qui a la tête hérissée », « rustre » ; XVIIᵉ s., appliqué à une tribu sauvage du Canada. ♦|4| **HURLUBERLU** XVIᵉ s. : composé de *hurelu* « ébouriffé » (de *hurel*, dimin. de *hure*) qui subsiste en picard, et de *berlu* « qui a la berlue ».

HUSSARD XVIIᵉ s. : all. *Husar*, du hongrois *huszar* « vingtième » (une recrue sur vingt passant réglementairement dans la cavalerie).

HUTTE ♦|1| XIVᵉ s. : moyen haut all. *Hütte*. ♦|2| **CAHUTE** XIIIᵉ s. : mot d'abord attesté en Picardie, composé de *hutte* et du préf. *ca-*.

HYBRIDE (sav.) XVIᵉ s. : lat. *ibrida* « sang-mêlé » (altéré en *hybrida* sous l'influence du gr. *hubris* « excès ») ; **HYBRIDER, HYBRIDITÉ, HYBRIDATION** XIXᵉ s.

HYGIÈNE (sav.) XVIᵉ s. : gr. *hugieinon* « santé » ; **HYGIÉNIQUE** XVIIIᵉ s. ; **ANTIHYGIÉNIQUE, HYGIÉNISTE** XIXᵉ s.

HYGRO- (sav.) : gr. *hugros* « humide » ; 1ᵉʳ élément de composés, ex. : **HYGROMÈTRE** XVIIᵉ s.

HYLO- ♦|1| (sav.) : gr. *hulē* « bois », d'où « matière » ; 1ᵉʳ élément de composés, ex. : **HYLOZOÏSME** XVIIIᵉ s. ♦|2| **-HYL-, -HYLE** 2ᵉ élément de composés, ex. : **ÉTHYLE** XVIIIᵉ s., littéralement « éther de bois » → ÉTÉ ; **ÉTHYLÈNE, ÉTHYLAMINE, ÉTHYLIQUE** XIXᵉ s., **POLYÉTHYLÈNE** XXᵉ s. ; **MÉTHYLÈNE, MÉTHYLE, MÉTHYLIQUE** XIXᵉ s. : du gr. *methu* « boisson fermentée » → MÉTHANE ; **ACÉTYLÈNE** XIXᵉ s. : 1ᵉʳ élément lat. *acetum* « vinaigre ».

HYMEN famille du gr. *humēn* « membrane » et, personnifié, « dieu du mariage » ; dér. adj. *humēnaios*, toujours joint à *humēn* dans les invocations rituelles.

♦|1| **HYMEN** XVIᵉ s. « mariage » et « membrane » : *humēn*. ♦|2| **HYMÉNÉE** XVIᵉ s. : *humēnaios* ♦|3| **HYMÉNO-** 1ᵉʳ terme de composés sav. exprimant l'idée de « membrane », ex. : **HYMÉNOPTÈRES** XVIIIᵉ s.

HYMNE (sav.) XIIᵉ s. : gr. *humnos* « chant, poème (en particulier en l'honneur d'un dieu ou d'un héros) », par le lat.

HYPOCONDRE ♦|1| (sav.) XIVᵉ s. : gr. *hupokhondrion* « partie du corps située en dessous des côtés », de *hupo* → SOUS et *khondros* « cartilage », par le lat. ♦|2| **HYPOCONDRIE** XVᵉ s. ; **HYPOCONDRIAQUE** XVIᵉ s. ; **HYPOCONDRE** adj. XVIIᵉ s. : dér. du précéd., la cause des maladies mentales étant jadis attribuée à des troubles de cette partie du corps. ♦|3| **PÉRICHONDRE** XVIIIᵉ s. anat., de *peri* et *khondros* ; **PÉRICHONDRITE** XIXᵉ s.

HYPSO- (sav.) : gr. *hupsos* « hauteur », 1ᵉʳ élément de composés, ex. : **HYPSOMÈTRE** XIXᵉ s.

HYSOPE (sav.) XIIᵉ s. : lat. *hysopus*, du gr. *hussōpos*, de l'hébreu *ézôb*, plante aromatique fréquemment mentionnée dans la Bible.

HYSTÉRIQUE ♦|1| (sav.) XVIᵉ s. « en proie à un accès d'érotisme » : gr. *husterikos* « malade de la matrice », de *hustera* « matrice » ; **HYSTÉRIE** XVIIIᵉ s. ♦|2| **HYSTÉRO-** 1ᵉʳ élément de composés exprimant l'idée de « matrice », ex. : **HYSTÉROTOMIE** XVIIIᵉ s.

I

ÏAMBE (sav.) XVIᵉ s. « mètre antique » et « pièce satirique » : gr. *iambos*, par le lat. ; **ÏAMBIQUE** XVᵉ s. : gr. *iambikos*, par le lat.

-IATRE (sav.) gr. *iatros* « médecin » ; **-IATRIE** : *iatreia* « traitement » ; **-IATRIQUE** « qui concerne la médecine » : 2ᵉˢ éléments de composés sav., ex. : **PSYCHIATRE, -ATRIE, -ATRIQUE** XIXᵉ s. ; **PÉDIATRIE** XIXᵉ s. et **PÉDIATRE** XXᵉ s. → PÉDANT : **PHONIATRE, -IATRIE** XXᵉ s.

IBIS (sav.) XVIᵉ s. : gr. *ibis* « oiseau d'Égypte, adoré par les Égyptiens », par le lat.

ICEBERG XIXᵉ s. : mot angl. du norvégien *ijsberg* « montagne (*berg*) de glace (*ijs*) », les 2 éléments d'origine germ.

ICHTYO- (sav.) gr. *ikhthus* « poisson », 1ᵉʳ élément de composés, ex. : **ICHTYOLOGIE** XVIIᵉ s. ; **ICHTYOSAURE** XIXᵉ s.

ICÔNE représentants du gr. *eikôn, eikonos* « image », prononcé à la manière byzantine avec *i* initial.
♦ |1| **ICÔNE** XIXᵉ s. : russe *ikona*, du gr. *eikona*, acc. de *eikôn*.
♦ |2| **ICONO-** 1ᵉʳ élément de composés sav. ex. : **ICONOSTASE** XIXᵉ s. « cloison décorée d'icônes » ; 2ᵉ élément → ESTER ; **ICONOCLASTE** XVIIᵉ s. : gr. *eikonoklastês* « briseur d'images » ; **ICONOGRAPHIE, -IQUE** XVIIIᵉ s.

-ICOT, -ICOTER (pop.) suff. composés dont le 2ᵉ élément est clair (→ -OT) et dont le 1ᵉʳ représente sans doute un suff. populaire alternant *-ak-, -ik-, -ok-, -uk-*, ex. : *boursicot, boursicoter*.

ICTÈRE (sav.) XVIᵉ s. : gr. *ikteros* « jaune ».

IDES (sav.) XIIᵉ s. : lat. *idus*, nom d'une division du mois, p.-ê. d'origine étrusque.

IDIOT famille sav. du gr. *idios* « qui appartient en propre à quelqu'un », « particulier ».
♦ |1| **IDIOT** XIIᵉ s. : gr. *idiôtês* « simple particulier », « homme de condition modeste », « homme sans éducation, ignorant », par le lat. ; **IDIOTIE** XIXᵉ s. : gr. *idiôteia* « vie d'un simple particulier », « manque d'éducation, ignorance ». ♦ |2| **IDIOTISME** XVIᵉ s. : *idiôtismos* « langue des simples particuliers », « langage courant, vulgaire ». ♦ |3| **IDIOME** XVIᵉ s. : *idiôma* « particularité », « particularité de style » ; **IDIOMATIQUE** XIXᵉ s. : *idiômatikos*. ♦ |4| **IDIO-** 1ᵉʳ élément de composés sav., ex. : **IDIOPATHIE** XVIᵉ s. : gr. *idiopatheia* « sentiment qu'on éprouve pour soi-même » ; **IDIOSYNCRASIE** XVIᵉ s. → CRASE.

IDOINE (demi-sav.) XIIIᵉ s. : lat *idoneus* « propre à ».

-IE ♦ |1| (sav.) suff. nom. fém. marquant un état ou une qualité, servant à former des dér. d'adj. ou de subst., issu de la rencontre de (a) lat. *-ia*, souvent substitué à *-ies* ; (b) gr. *-ia* ou *-eia* ; ex. : *courtoisie, idiotie*. ♦ |2| **-IA** (sav.) var. du suff. précédent utilisé par les botanistes pour former des noms de plantes de création moderne, ex. : *dahlia, camélia*.

-IÈME ♦ I 11 (pop.) suff. servant à former des adj. numéraux ordinaux : lat. *-ēsĭmus*, mais l'origine du *-i-* est obscure ; la forme attendue est *-ême* comme dans *carême* issu de *quadragesimus* ; la forme ancienne la plus usuelle : *-isme*. ♦ I2I **-ÉSIME** (sav.) uniquement en liturgie, ex. : *quinquagésime, sexagésime* → DIX.

-IER, -IÈRE ♦ I 11 (pop.) suff. nom. et adj. peu vivant depuis la fin du XIXᵉ s. lat. *-arius, -aria* qui servait à former des noms de métiers à partir de noms de choses (*carpentarius*, « charron » à partir de *carpentum* « char ») ; substitué, à la fin du Moyen Âge à *-er* issu de *-aris, -arem*, ex. : *écolier*, pour *escoler* : lat. *scholarem*. ♦ I2I **-TIER, -TIÈRE** (pop.) forme élargie par une consonne non étym., ex. : *ferblantier, tabatière*. ♦ I3I **-ER, -ÈRE** (pop.) var. phonétique de *-ier* après *ch* et *g*, ex. : *vucher, bergère*. ♦ I4I **-ER** suff. angl. issu de *-arius* indiquant l'agent ou l'instrument, l'ouvrier ou la machine, ex. : *docker, supporter, container, mixer*. ♦ I5I Suff. nom. pop. composés sur la base *-er-* : **-ERAIE**, *oseraie* ; **-EREAU** *poètereau* ; **-ERÉE**, *panerée* ; **-ERET**, substitué à l'anc. fr. *-erez* issu de *-aricius, banneret* ; **-ERESSE** issu de *-aricia, forteresse* ; **-ERON**, *quarteron*. ♦ I6I **-ERIE** (demi-sav.) forme des noms de locaux où s'exerce un métier artisanal ou industriel, ex. : *laverie, margarinerie* ; ou des subst. abstraits à valeur souvent péjorative, ex. : *mutinerie, politicaillerie, criaillerie*. ♦ I7I **-AIRE** (demi-sav.) *-arius* : sert à dénommer ceux qui exercent un certain métier, ex. : *disquaire, commissionnaire*. ♦ I8I Suff. sav. formés sur la base *-ar-* : **-ARIAT**, forme des noms de fonctions administratives modernes et de conditions sociales, ex. : *interprétariat, salariat* ; **-ARISER, -ARITÉ, -ARISME, -ARISTE, -ARIEN**, ex. : *primariser, particularité, particularisme, particulariste, agrarien* ; **-ARIUM**, suff. neutre lat., forme des noms de centres médicaux ou scientifiques, ex. : *solarium, planétarium*.

IF (pop.) XIᵉ s., arbre : gaulois *ivos* (attesté par une inscription).

-IF, -IVE ♦ I 11 (pop.) suff. adj. : lat. *-ivus, -iva*, ex. : *factitif, compétitif*. ♦ I2I **-IVITÉ** (sav.) lat. *-ivitas, ivitatem*, suff. nom. fém. formant des noms abstraits de qualités, ex. : *passivité*.

IGLOO fin XIXᵉ s., mot esquimau.

IGNAME XVIᵉ s., plante tropicale : esp. *iñame*, d'origine africaine, p.-ê. mot bantou, p.-ê. mot formé lors des premiers contacts entre les Portugais et les Bantous à partir de *gnam-*, onom. de l'action de manger.

IGNÉ ♦ I 11 (sav.) XVᵉ s. : lat. *igneus* « enflammé », dér. de *ignis* « feu ». ♦ I2I **IGNI-** 1ᵉʳ élément de mots sav. exprimant l'idée de « feu », ex. : **IGNITION** XVIᵉ s. ; **IGNIFUGE** XIXᵉ s.

IGUANE XVIᵉ s. : esp. *iguano*, de l'araouak (Haïti) *iguana*.

IL famille du démonstratif lat. *ille, illa, illud* « celui-là, celle-là », auquel se rattache l'adverbe de lieu *illac* « par-là ». Les formes toniques de ce pronom ont donné naissance à la plupart des pronoms personnels de la 3ᵉ personne, les formes atones aux articles définis. Enfin, associé à *ecce*, il a produit une série de démonstratifs (→ CELUI, CELLE, CELLES, CEUX, art. CE, I, C.). Ce mot pourrait se rattacher à une base ind.-eur. voyelle *i*, indiquant l'objet éloigné, qui se retrouverait dans *alius, alter* (→ AUTRE) et *ultra* (→ OUTRE).

I. formes toniques

♦ I 11 **IL**, (pop.) IXᵉ s. : lat. vulg. **illī*, class. *ille* ; **ELLE** : *illa* ; **EUX** : *illos* ; **LUI** : datif lat. vulg. **illŭi*, class. *illi* ; **LEUR** : génitif plur. *illōrum*. ♦ I2I **OUI** XIᵉ s., sous la forme *oïl* : contraction de *o il*, du lat. *hoc ille*... « ceci il... », phrase elliptique de réponse, dans laquelle le verbe de l'interrogation doit être tenu pour sous-entendu ; formation exactement parallèle à **NENNI** XIIᵉ s., sous la forme *nennil*, de *nen*, forme affaiblie de *non* et de *il*. Dans le Midi, « oui » se disait *oc* : lat. *hoc*, sans adjonction de *ille* ; d'où l'opposition entre *langue d'oïl* et *langue d'oc* et le nom de la province du Languedoc. ♦ I3I **OUI-DA** XVIᵉ s. : le 2ᵉ élément est la forme usée, par suite de son emploi interjectif, de l'anc. fr. *diva* XIIᵉ s., des deux impératifs *di* et *va*, qui a passé par une étape intermédiaire *dea* XVIᵉ s.; **OUAIS** XVIᵉ s.: altération expressive de *oui*; **OUICHE** XVIIᵉ s.: altération expressive de *oui* avec p.-ê. une forme affaiblie du *c* final de la forme méridionale *hoc*.

II. formes atones

◆ ΙΙΙ **LE** (pop.) Xᵉ s., article et pronom personnel: *illum*: **LA** *illam*; **LES**: *illos, illas*. Formes contractées avec diverses prép. **AU**: *à le*; **AUX**: *à les*; **DES**: *de les*; **DU** *de le*; **ÈS**: *en les* (→ EN). ◆ I2I **LÀ** (pop.) XIᵉ s., adv.: *illac*; **DELÀ** XIIᵉ s.; **LÀ-BAS** XVᵉ s.; **PAR-CI, PAR-LÀ** XVIᵉ s.

-IL (pop.) suff. servant à former des noms de lieux de séjour pour les animaux, ou de dépôts: lat. *-īle*; ex.: *chenil, fenil*.

ÎLE famille d'un thème méditerranéen pré-ind.-eur. *nasa-, ñsa-* « île » représenté en grec par le dorien *nãsos*, attique *nêsos*; en latin par la formation dimin. *insula*.

I. mots issus du latin

◆ ΙΙΙ **ÎLE** (pop.) XIIᵉ s. *isle*: lat. vulg. *ĭsūla*, class. *insŭla*; **ÎLOT, PRESQU'ÎLE** XVIᵉ s., calque du lat. *paeninsula*. ◆ I2I **ISOLÉ** XVIᵉ s.: it. *isolato* « séparé comme une île », dér. de *isola*, du lat. *insula*; **ISOLER** XVIIᵉ s.; **ISOLOIR** XVIIIᵉ s., XXᵉ s. sens mod.; **ISOLEMENT** puis **ISOLATION** XVIIIᵉ s.; **ISOLATIONNISME, -ISTE** XXᵉ s., par l'anglo-américain. ◆ I3I **INSULAIRE** (sav.) XVIᵉ s.: lat. imp. *insularis*; **INSULARITÉ** XIXᵉ s.; **PÉNINSULE** XVIᵉ s.: lat. *paeninsula*, de *paene* « presque » et *insula*; **PÉNINSULAIRE** XVIᵉ s., rare avant le XIXᵉ s. ◆ I4I **INSULINE** (sav.) XXᵉ s., substance sécrétée par les « îlots » du pancréas: dér., sur *insula*.

II. mots issus du grec

Seulement dans certains noms de lieux comme **PÉLOPONNÈSE**, littéralement « île de Pélops » (encore que ce ne soit qu'une presqu'île) et **MÉLANÉSIE** « (région) insulaire des Noirs ».

-ILLE ◆ ΙΙΙ suff. nom. fém. dimin., issu de la rencontre du lat. *-ĭcŭla*, suff. fém. dimin. (→ -OUILLE, -AILLE, -ULE), par voie populaire, ex.: *faucille*, et du lat. *-ēlla* (→ -EAU), venu par voie d'empr. à l'it. ou à l'esp., ex.: *banderille*. ◆ I2I **-ILLER** suff. verbal issu de la rencontre du lat. *-ĭcŭlāre*, par voie populaire, ex.: *sautiller*, et de *-illāre*, par voie savante, ex.: la terminaison de *scintiller, vaciller* (le représentant pop. de *-illare* est *-eler* → sous -EAU). ◆ I3I **-ILLON** (pop.): suff. nom. issu de la rencontre du lat. *-ēllĭōne*, ex.: *oisillon*, et du lat. *-ĭllĭōne*, ex.: la terminaison de *échantillon, écouvillon*; ce suff. assez rare a fini par devenir productif, ex.: *tatillon*.

ILOTE (sav.) XVIᵉ s.: gr. *heilôs, -ôtos* « à Sparte, citoyen du dernier rang, serf », par le lat.; **ILOTISME** XIXᵉ s.

IMAGE famille du lat. *imago, imaginis* « image », d'où lat. imp. *imaginari* « imaginer », dont le radical *im-*, d'origine obscure, est également à la base du verbe *imitari* « imiter ».

◆ ΙΙΙ **IMAGE** (demi-sav.) XIᵉ s. *imagene* « statue, portrait »: *imaginem*; **IMAGERIE, IMAGIER, IMAGER** XIIIᵉ s. ◆ I2I **IMAGINATION** (sav.) XIIᵉ s.: « hallucination », XIVᵉ s. « chose qu'on imagine », XVIᵉ s. « faculté d'imaginer »: *imaginatio*; **IMAGINER** XIIIᵉ s.: *imaginari*; **IMAGINABLE, IMAGINATIF** XIVᵉ s.; **IMAGINAIRE** XVᵉ s.; **INIMAGINABLE** XVIᵉ s. ◆ I3I **IMITATION** (sav.) XIIIᵉ s.: *imitatio*; **IMITER, IMITATEUR** XIVᵉ s.; **IMITATIF** XVᵉ s.; **IMITABLE, INIMITABLE** XVIᵉ s.

IMBRIQUÉ (sav.) XVIᵉ s.: lat. *imbricatus* « disposé comme des tuiles », de *imbrex* « tuile »; **IMBRIQUER, IMBRICATION** XIXᵉ s.

IMMERGER famille du lat. *mergere, mersus* « plonger ».

◆ ΙΙΙ **IMMERGER** (sav.) XVIᵉ s.: *immergere* « plonger dans »; **IMMERSION** XIVᵉ s. ◆ I2I **SUBMERSION** (sav.) XIIᵉ s.: lat. bas. *submersio*; **SUBMERGER** XIVᵉ s.: lat. *submergere*; **SUBMERSIBLE, INSUBMERSIBLE** XVIIIᵉ s. ◆ I3I **ÉMERGER** XVᵉ s.: *emergere* « sortir de l'eau »; **ÉMERGENT, ÉMERGENCE** XVᵉ s.; **ÉMERSION** XVIIᵉ s.

-IN, -INE ◆ ΙΙΙ Suff. nom. et adj. issu de la rencontre du lat. *-inus, -ina*, par voie pop. ou par empr. à l'it. *-ino: -ineus*, par voie sav., comme dans *sanguin* (c) lat. *-imen*, par voie pop. comme dans *farcin* (d) lat. *-ignus*, par voie pop. comme dans *malin*. Le suff. fém. **-INE**, à l'origine adj., puis devenu nom., a pris un grand développement dans la langue de la chimie, de la biologie et de l'industrie, où il sert à former des noms de tissus, de produits pharmaceutiques, de produits de beauté. ♦ |2| -TIN suff. nom. élargi par une consonne non étym., ex. : *tableautin*. ♦ |3| -AÎNE suff. nom. de la langue de la chimie élargi par une voyelle non étym., ex. : *novocaïne, stovaïne*. ♦ |4| -INER suff. verbal à valeur dimin., parfois péjorative, ex. : *trottiner*. ♦ |5| -INÉS, suff. nom., en zoologie, désigne une tribu d'animaux, ex. : *ovinés* ; -INÉES, suff. nom. fém. en bot., ex. : *abiétinées*.

INCHOATIF (sav.) XIVᵉ s. : lat. *inchoativus*, de *inchoare* « commencer ».

INCUNABLE (sav.) XIXᵉ s. : abrév. de *incunabula typographiae* « les berceaux de la typographie », expression de l'éditeur Beughem d'Amsterdam, au XVIIᵉ s., avec adaptation du mot latin et application aux livres imprimés avant 1500.

INDIGENT et **INDIGENCE** (sav.) XIIIᵉ s. : lat. *indigens*, et *indigentia*, de *indigere* « être dans le besoin », dér. de *egere* « manquer ».

INDULGENCE (pop.) XIIᵉ s. sens religieux, XVIᵉ s. sens mod. : lat. *indulgentia*, de *induigere* « avoir des complaisances pour quelqu'un » ; **INDULGENT** XVIᵉ s. ; **INDULT** XVᵉ s. : *indultum* « chose concédée », part. passé neutre substantivé de *indulgere*.

INFESTER (sav.) XIVᵉ s. : lat. impr. *infestare* « ravager », de *infestus* « ennemi ».

INSOLENT famille sav. du lat. *solere, solitus* « avoir l'habitude » (représenté en anc. fr. par la forme pop. *souloir*).

♦ |1| **INSOLENT** XVᵉ s. : *insolens* « qui n'a pas l'habitude » ; **INSOLENCE** XVᵉ s. : *insolentia* ; **INSOLEMMENT** XIVᵉ s. ♦ |2| **INSOLITE** XVᵉ s. : *insolitus* : « inhabituel ».

INSTAR (À L') (sav.) XVIᵉ s. : adaptation du lat. *ad instar* « à la ressemblance de ».

INTERLOPE XVIIᵉ s. : angl. *interloper* « qui trafique en fraude », du verbe *to interlope*, d'origine obscure.

INTERPRÉTER (sav.) XIIᵉ s. « expliquer », XVᵉ s. « traduire », XIXᵉ s. « jouer » (théâtre, cinéma, musique) : lat. *interpretari* « expliquer, traduire » ; **INTERPRÉTATION** XIIᵉ s. ; **INTERPRÈTE** XIVᵉ s. : *interpres, -etis* « médiateur » et « traducteur ».

INTERVALLE famille du lat. *vallum* « rempart », collectif tiré de *valla, -orum*, anc. plur. de *vallus* « pieu », qui désignait la palissade élevée sur la levée de terre entourant le camp romain ; d'où *intervallum* « espace entre la tête affilée de deux pieux successifs » et *circumvallare* « cerner, bloquer ».

♦ |1| **INTERVALLE** (sav.) XIIIᵉ s. : *intervallum*. ♦ |2| **CIRCONVALLATION** (sav.) XVIIᵉ s. : dér., sur *circumvallare* ; **CONTREVALLATION** XVIIᵉ s.

INTRUS représentants du lat. *trudere, trusus* « pousser » (→ aussi TRUC qui se rattache p.-ê. à ce verbe).

♦ |1| **INTRUS** XIVᵉ s. « introduit sans droit », jur. : *intrusus*, de *intrudere* ; **INTRUSION** XIVᵉ s. ♦ |2| **ABSTRUS** XIVᵉ s. : *abstrusus* « caché », de *abstrudere* « repousser au loin ».

IODE (sav.) XIXᵉ s. : gr. *iôdês* « violet », dér. de *ion* « violette », à cause de la couleur des vapeurs d'iode, **IODÉ, -IQUE, -URE** XIXᵉ s. ; **IODO-** 1ᵉʳ élément de composés, ex. : **IODOFORME** XIXᵉ s.

ION (sav.) XIXᵉ s. : gr. *ion*, part. présent neutre du verbe *ienai* « aller » ; mot créé par l'Anglais Faraday ; **IONIQUE, IONISER, IONISATION** XXᵉ s. ; **IONO-** 1ᵉʳ élément de composés, ex. : **IONOSPHÈRE** XXᵉ s.

-IQUE ♦ |1| (sav.) suff. adj. et nom. : lat. *-icus*, du gr. *-ikos* ; a souvent une valeur ethnique, ex. : *germanique, soviétique* ; aussi en chimie. ♦ |2| **-IC** var. angl. du suff. *-ique*, usuelle dans la langue de l'industrie et de la publicité, ex. : *plastic*. ♦ |3| **-ICIEN** (sav.) lat. tardif *-icianus*, ex. : *physicien*. ♦ |4| **-ICITÉ** (sav.) lat. tardif *-icitas, -icitatis*, ex. : *félicité*.

-IR ♦ |1| (pop.) désinence d'infinitif : lat. *-ire*. ♦ |2| **-ISS-** en lat. vulg. les temps personnels des verbes en *-ire* sont fréquemment conjugués avec un suff. *-sc-* (dit inchoatif), représenté par *-ss-* dans la suff.

fr. pop. -ISS-, base de plusieurs suff. composés : -ISSABLE, -ISSAGE, -ISSEUR, -ISSEMENT, -ISSIBLE, ex. : *périssable, apprentissage, bâtisseur, lotissement, admissible*. ♦ |3| Ce suff. -*sc*- apparaît clairement dans les suff. sav. à valeur inchoative -ESCENT, -ESSENCE, ex. : *déliquescent, coalescence*. ♦ |4| -ISON (demi-sav.) : lat. -*itio*, -*itionis*, suff. nom. formé sur le rad. du part. passé des verbes en -*ire*, ex. : *trahison, garnison*. ♦ |5| -ITION (sav.) : id., ex. : *extradition*. ♦ |6| -ITOIRE (sav.) : -*itorius* suff. lat. adj. formé sur la même base, ex. : *réquisitoire*.

IRAI (J') famille d'une racine ind.-eur. **ei-*, **i-* « aller ».

En latin (1) *ire, itus* « aller », qui a fourni le futur et le conditionnel du fr. ALLER (→ aussi JE VAIS) et auquel se rattachent un grand nombre de composés : (a) *ambire* « aller autour », qui s'emploie, dans la langue de la politique en parlant des candidats qui font leur cour aux électeurs ; dérivés : *ambitio* « brigue, ambition » et *ambitus, -us*, d'où bas lat. (IXe S.) *ambitare* « faire un tour » (→ *ambulare*, art. ALLER) (b) *circumire* « entourer », d'où *circuitus, -us,* de *circu(m)itus* « ronde, révolution » (c) *coire* « aller ensemble », « s'accoupler », d'où *coitus, -us* « union charnelle » (d) *exire* « sortir » ; (e) *inire* « entrer » et « commencer », d'où *initium* « commencement », « auspices pris au début d'une entreprise », « cérémonie religieuse d'initiation » ; *initiare* (surtout au passif) : « initier » ; lat. imp. *initialis, initiator, initiatio* (f) *introire* « entrer dans », d'où *introitus, -us* « entrée » (g) *obire* « aller au-devant », « affronter », d'où *obire (mortem)* « trouver la mort », « mourir » (h) *perire* « disparaître » (i) *praeterire* « passer le long de », « négliger » ; *praeteritus* « passé » (j) *sedire, non attesté (le verbe en usage étant *secedere*) auquel se rattache pourtant *seditio* « action d'aller à part », « désunion, discorde », « révolte » (k) *subire* « venir sous », « subir », et *subitus* « venu par en dessous, sans être vu », « imprévu », d'où lat. imp. *subitaneus* « soudain » (l) *transire* « aller au-delà », d'où *transitus* « passage » (2) un subst. -*es,* -*itis* qui apparaît comme 2e terme de composé dans *comes, comitis* « compagnon de marche » et « personne qui accompagne un supérieur », d'où *comitare* et *concomitari* « accompagner » ; (3) *comitium* « lieu de réunion », « assemblée » (4) *iter, itineris* « chemin », d'où en bas lat. *itinerarius* « qui concerne la route » et *iterare* « faire route ».

I. mots populaires ou empruntés

♦ |1| J'IRAI XIe S. : *ire habeo,* sert de futur à *aller.* ♦ |2| COMMENCER Xe S. : lat. vulg. **cuminītiāre,* composé de *initiare* ; RECOMMENCER XIe S. ; COMMENCEMENT XIIe S. ; RECOMMENCEMENT XVIe S. ♦ |3| ERRANT (chevalier, juif) XIIe S. : part. présent de l'anc. fr. *errer* « voyager », de *ĭtĕrāre* ; ERREMENTS XIIe S. ♦ |4| SOUDAIN XIIe S. *sotain, sodain* : lat. vulg. **subĭtānus,* imp. *subitaneus* → SUBIT ; SOUDAINETÉ XIIIe S. ♦ |5| ISSUE XIIe S. : part. passé fém. substantivé de l'anc. fr. *issire,* de *exire*. ♦ |6| COMTE XIe S. : *comitem,* acc. de *comes* ; COMTÉ XIe S. : *comitātus* ; COMTESSE XIe S. ; COMTAL XIIIe S. ♦ |7| CONNÉTABLE XIIe S., bas lat. *comes stabŭli* « comte de l'étable », « grand écuyer » ; le *n* peut s'expliquer par une dissimilation des deux labiales *m* et *b*. ♦ |8| ANDAIN XIIIe S. : probablement lat. vulg. **ambĭtānus (passus)* « enjambée de faucheur » → picard *ander un champ* « le mesurer à grands pas ». ♦ |9| RÉUSSIR XVIe S. : it. *riuscire,* composé de *uscire,* qui résulte du croisement de *exire* avec *uscio* « porte » → HUIS ; RÉUSSITE XVIIe S. : it. *riuscita*. ♦ |10| ANDANTE XVIIIe S. musique : mot it. « en allant », de *andare* « aller » : lat. *ambitare* → ANDAIN.

II. mots savants

A. AMBIANT XVIe S. : *ambiens* ; AMBIANCE XIXe S.

B. COMICE XIVe S. : *comitium* ; fin XVIIIe s., agric.

C. EXEAT XVIIe S. : mot lat. « qu'il sorte », de *exire* ; à l'origine formule eccl. autorisant un prêtre à exercer son ministère hors de son diocèse.

D. bases -*ir,* -*iss*-

♦ |1| PÉRIR (demi-sav.) : *perire* ; PÉRISSABLE XIVe S. ; IMPÉRISSABLE XVIe S. ; DÉPÉRIR XIIIe S. ; DÉPÉRISSEMENT XVIe S. ; PÉRISSOIRE XIXe S. ♦ |2| SUBIR XVIe S. : *subire.* ♦ |3| TRANSIR XIIe S. « passer », « trépasser » ; XVe S. TRANSI « glacé » et *amoureux transi* : *transire,* TRANSE XIe S. « trépas », XVe S. « grande peur » : dér. de *transir* ; XIXe S. « sommeil magnétique », empr. à l'angl. lui-même empr. au fr.

E. base -it-
♦|11 INITIAL XIIe s., rare avant le XVIIIe s. : *initialis*, de *initium* ; INITIER XIVe s. ; INITIATION XVe s. ; INITIATEUR, INITIATIVE XVIe s. ; INITIALEMENT XIXe s. ♦|21 OBIT XIIe s. : *obitus* « mort » ; OBITUAIRE XIVe s. ♦|31 SUBIT XIIe s. : *subitus* → SUBIR et SOUDAIN. ♦|41 CIRCUIT XIIIe s. *circuitus* ; COURT-CIRCUIT, COURT-CIRCUITER XXe s. ♦|51 PRÉTÉRIT XIIIe s. : *praeteritum (tempus)* « (temps) passée » ; PRÉTÉRITION XIVe s. : *praeteritio* « omission ». ♦|61 SÉDITION XIIIe s. : *seditio* ; SÉDITIEUX XIVe s. : *seditiosus*. ♦|71 TRANSITION, TRANSITOIRE, TRANSITIF XIIIe s. : *transitio, transitorius*, et *transitivum (verbum)* « verbe qui sert de passage » ; INTRANSITIF XVIIe s. : *intransitivum (verbum)* ; TRANSITIVITÉ, INTRANSITIVITÉ XXe s. ; TRANSIT XVIIe s. : *transitus*, par l'it. *transito* ; TRANSITAIRE, TRANSITER XIXe s. ♦|81 AMBITION, AMBITIEUX XIIIe s. : *ambitio, ambitiosus* ; AMBITIONNER XVIe s. ♦|91 COÏT XIVe s. : *coitus, -us*. ♦|41 INTROÏT XVIe s. : *introitus*. ♦|11 ITINÉRAIRE XIVe s. : *itinerarium* ; ITINÉRANT XIXe s. ♦|12| CONCOMITANT XVIe s. : *concomitans*, de *concomitari* → COMTE ; CONCOMITANCE XIVe s.

IRE (pop.) XIe s. : lat. *ira* « colère » ; IRASCIBLE (sav.) XIIe s. : *irascibilis* ; IRASCIBILITÉ XVe s.

IRIS (sav.) XIIIe s., fleur, d'où IRIDACÉES, IRIDÉES XIXe s. ; XVIe s. anat., d'où IRIDECTOMIE XIXe s. ; XVIIe s. « arc-en-ciel », d'où IRISER, IRISÉ, IRISATION XVIIIe s. ; IRIDESCENT, IRIDESCENCE et IRIDIUM « métal à reflets irisés » XIXe s. : gr. *iris* « messagère des dieux, personnification de l'arc-en-ciel », « arc-en-ciel », « partie colorée de l'œil » et « fleur d'iris ».

IRONIE (sav.) XIVe s. : gr. *eirôneia* « action d'interroger en feignant l'ignorance », comme le faisait méthodiquement Socrate ; IRONIQUE, IRONIQUEMENT XVe s. ; IRONISER XVIIe s. ; IRONISTE XVIIIe s.

IRRIGUER, IRRIGABLE, IRRIGATEUR (sav.) XIXe s. ; IRRIGATION XVe s. : lat. *irrigare, irrigatio*, de *rigare* « arroser ».

IRRITER, IRRITATION (sav.) XIVe s. « colère », XVIe s. « excitation », « inflammation » : lat. *irritare, irritatio* ; IRRITABLE, IRRITANT XVIe s. ; IRRITABILITÉ XVIIIe s.

-IS, -ISSE ♦|11 (pop.) suff. nomin. aujourd'hui mort issu de la rencontre de (a) lat. *-icius, -icia*, ex. : *pâtis, saucisse* ; anc. fr. *-eis, eice* : lat. *-aticius, -aticia* (→ -É, -ÉE), ex. : *(pont)-levis, coulisse* ; le masc. *-is* peut exprimer le résultat d'une action, ex. : *abattis, fouillis*. ♦|12| -ICHE (pop.) (a) forme normanno-picarde du précédent, ex. : *barbiche, pouliche, caniche*, encore vivant en argot, ex. : *bonniche, moniche* ; (b) empr. à l'esp. *-izo* ou l'it. *-iccio*, de même origine, ex. : *postiche*. ♦|13| -ICHON (pop.) : suff. adj., dimin. et péjor. composé sur la base de *-iche* : *pâlichon, maigrichon, folichon*. ♦|14| -ICE, (a) suff. nomin. sav. issu de la rencontre du lat. *-icius*, ex. : *Patrice*, et du lat. *-itium*, ex. : *service* (b) suff. adj. empr. à l'it. *-izio*, ex. : *cardinalice*.

ISARD XIVe s., puis XVIIIe s. : basque *izar* « étoile », « tache blanche sur le front des animaux », mot prélat., d'origine ibérique, ayant un équivalent en berbère.

ISO- 1er élément de composés sav. : gr. *isos* « égal » : en particulier dans ISOCÈLE XVIe s., 2e élément gr. *skelos* « jambe », par le lat.

ISTHME (sav.) XVIe s. : gr. *isthmos* « passage étroit », par le lat. ; ISTHMIQUE XVIIe s.

-ITE (sav.) suff. nom. masc. ou fém., issu de la rencontre de deux suff. gr. : *-itês*, masc. formant des noms de personnes, ex. : *cénobite, ermite*, et *-itis*, fém. formant des noms de choses, ex. : *clématite, arthrite* ; peut avoir une valeur ethnique, ex. : *annamite, ninivite, moscovite* ; en médecine, indique une affection aiguë : *rhinite, laryngite*, et par métaph., *espionnite* ; employé aussi en géologie, ex. : *sélénite, manganite*, et en chimie, ex. : *sulfite*.

-IUM (sav.) suff. lat. employé pour former des noms de corps rares découverts aux XIXe s. et XXe s., ex. : *hélium, plutonium, berkélium*.

IVOIRE ♦|11 (demi-sav.) XIIe s. : *ĕbŭreum*, adj. neutre substantivé, « chose en ivoire », du lat. *ĕbŭr, ĕbŏris* « ivoire », qu'on rapproche de l'égyptien *ab, abu*, sans savoir par quelle voie le mot a passé en lat. L'ivoire a été connu à Rome avant l'éléphant. **IVOIRIN** XII⁰ s. ◆ |2| **ÉBURNÉEN** (sav.) XVI⁰ s., puis XIX⁰ s. : *eburneus*, var. de *ebureus*.

IVRE famille du lat. *ēbrius* « ivre » et de son contraire *sobrius*, probablement issu de **so-* préf. privatif, et de *ebrius*.
◆ |1| **IVRE** (pop.) XII⁰ s. : *ebrius* ; **IVRESSE, ENIVRER, ENIVREMENT** XII⁰ s. ◆ |2| **IVROGNE** (pop.) XII⁰ s., d'abord subst. : lat. vulg. **ēbriōnia* « ivrognerie » ; **IVROGNERIE** XIV⁰ s. ; **IVROGNESSE** XVI⁰ s. ◆ |3| **IVRAIE** (pop.) XIII⁰ s. : *ēbriāca*, fém. substantivé de *ēbriācus*, dér. de *ebrius*, « ivre », parce que cette plante a des propriétés légèrement enivrantes ; employé surtout au fig. à cause de la parabole évangélique (Mt. XIV, 27 sq.). ◆ |4| **ÉBRIÉTÉ** (sav.) XIV⁰ s., rare avant le XIX⁰ s. : lat. *ebrietas*. ◆ |5| **SOBRE, SOBRIÉTÉ** (sav.) XII⁰ s. : *sobrius, sobrietas*.

J

JACHÈRE (pop.) XIIᵉ s. : bas lat. *gascaria*, du gaulois **ganskaria*, de **gansko* « branche ».

JADE ♦III XVIIᵉ s. *ejade* : esp. *(piedra de la) ijada* « pierre du flanc », passant pour guérir les coliques néphrétiques, dér. du lat. *ilia* « partie latérale du ventre ». ♦I2I **ILIAQUE** (sav.) XVIᵉ s. : lat. *iliacus*, dér. de *ilia*.

JAGUAR XVIIIᵉ s. : tupi (Brésil) *jaguara*, par le port. ou l'angl.

JAILLIR ♦III (pop.) XIIᵉ s. *jalir* « lancer », XVIᵉ s. « s'élancer » : lat. vulg. gallo-roman **galīre*, du gaulois **gali-* « bouillir » ; **REJAILLIR, REJAILLISSEMENT** XVIᵉ s. ; **JAILLISSEMENT** XVIIᵉ s. ♦I2I **JALON** XVIIᵉ s. « perche qu'on fiche en terre », XIXᵉ s. « point de repère » : p.-ê. dér. de *jalir* ; **JALONNER** XVIIᵉ s. ; **JALONNEMENT** XIXᵉ s.

JALOUX famille du gr. *zêlos* « empressement », d'où *zêlôtês* « plein d'ardeur pour », *zêlôsis* « émulation, rivalité ».

♦III **JALOUX** XIIᵉ s. « désireux de, envieux » : prov. *gelos*, avec un *a* d'origine obscure : lat. vulg. **zēlōsus*, du bas lat. *zēlus*, du gr. *zêlos* ; mot répandu en lat. sous l'influence du *Deus zelotes* de la Vulgate ; **JALOUSIE** XIIIᵉ s. ; **JALOUSER** XIVᵉ s. ♦I2I **JALOUSIE** XVIIᵉ s. « persienne » : it. *gelosia*, même mot que le précédent (ce dispositif permet de voir sans être vu). ♦I3I **ZÈLE** (sav.) XIIIᵉ s. : *zêlos*, par le lat. ; **ZÉLATEUR** XIVᵉ s. ; **ZÉLÉ** XVIᵉ s. ♦I4I **ZÉLOTE** XVIIᵉ s. : *zêlôtês*.

JAMBE famille du gr. *kampê* « courbure », « articulation d'un membre », d'où bas lat. *camba*, var. *gamba* « pâturon du cheval » (IVᵉ s.).

I. base -jamb- (pop.)

♦III **JAMBE** XIᵉ s. : *gamba* ; **ENTRE-JAMBES** XXᵉ s. ; **CROC-EN-JAMBE** XVIᵉ s. ♦I2I **JAMBIÈRE** XIIIᵉ s. ; **JAMBON** XIIIᵉ s. ; **JAMBONNEAU** XVIIᵉ s. ; **JAMBAGE** XIVᵉ s. ♦I3I **ENJAMBÉE** XIIIᵉ s. ; **ENJAMBER** XVᵉ s. ; **ENJAMBEMENT** XVIᵉ s., XVIIᵉ s. versification.

II. base -gamb- (empr.)

♦III **GAMBILLER** XVIIᵉ s. : probablement n¹ot normanno-picard, dér. de *gambe*, de *gamba*. ♦I2I **GAMBADE** XVᵉ s. : p.-ê. prov. *gambado*, var. *cambado*, dér. de *cambo*, du lat. *camba* ; ou it. *gambata* « croc-en-jambe » de *gamba* ; **GAMBADER** XVᵉ s. ♦I3I **INGAMBE** XVIᵉ s. en *gambe* : it. *in gamba* « en jambe », « alerte ». ♦I4I **(VIOLE DE) GAMBE** XVIIIᵉ s. : it. *viola di gamba*, parce qu'elle se joue tenue verticalement, serrée entre les genoux. ♦I5I **GAMPETTE** (fém.) XIXᵉ s. : it. *gambetta*, dimin. de *gamba*.

JANISSAIRE XVᵉ s. : it. *giannizero*, de l'anc. turc *geni çeri* « nouvelle troupe ».

JANTE (pop.) XIIᵉ s. : lat. vulg. **cambīta*, du gaulois **cambo-* « recourbé ».

JARRE XIIIᵉ s. en Terre Sainte, XVᵉ s. en France, mot de la marine méditerranéenne : ar. *djarra* « grand vase de poterie », par le prov. et l'it.

JARRET ♦III (pop.) XIIᵉ s. dimin., du gaulois **garra* « jambe » ; **JARRETIÈRE** XIVᵉ s. ;

JARRETELLE XIXᵉ s. ♦|2| **GARROT** (des animaux) : prov. *garrot*, dér. de *garra* « jarret, jambe, fesse ».

JARS (pop.) XIIIᵉ s. : frq. **gard* « aiguillon », « celui qui perce » (→ dial. du Berry *jardir* « couvrir l'oie »).

JASMIN XVᵉ s. : arabo-persan *yâsimîn*, p.-ê. par l'it.

JASPE ♦|1| (sav.) XIIᵉ s. : lat. *jaspis*, empr. au gr. ; **JASPÉ** XVIᵉ s. ♦|2| **DIAPRER** (demi-sav.) XIIᵉ s. : dér. de l'anc. fr. *diaspre* « étoffe à fleurs », du lat. médiéval *diasprum*, altération du class. *jaspis* ; **DIAPRURE** XIVᵉ s.

JATTE (pop.) XIIᵉ s. : lat. imp. *găbăta* « écuelle », empr. d'origine incertaine.

JAUGE (pop.) XIIIᵉ s. : frq. **galga* « perche » ; **JAUGER, JAUGEUR, JAUGEAGE** XIIIᵉ s.

JAUNE (pop.) XIᵉ s., XVIᵉ s. *jaune d'œuf* : lat. *gălbīnus* ; **JAUNET, JAUNISSE** XIIᵉ s. ; **JAUNIR** XIIIᵉ s. ; **JAUNÂTRE, JAUNISSANT** XVIᵉ s.

JAVELLE (pop.) XIIᵉ s. : mot commun à tous les parlers gallo-romans et ibériques, d'origine incertaine : p.-ê. lat. vulg. **gabělla* « poignée », d'origine gauloise (→ irlandais *gabàl* « saisir »), mais l'extension du mot dans la péninsule Ibérique surprend (→ esp. *gavilla*) ; p.-ê. anc. fr. du lat. *cavus* au sens de « creux de la main » et développement irrégulier de la consonne initiale ; **JAVELER** XIIᵉ s. ; **ENJAVELER** XIVᵉ s. ; **JAVELEUR** XVIIᵉ s.

JAVELOT (pop.) XIIᵉ s. : gaulois **gabalaccos*, apparenté à des mots gallois et irlandais exprimant les notions de « fourche » et de « lance empennée », avec substitution de suff. ; **JAVELINE** XIVᵉ s.

JAZZ XXᵉ s. : mot anglo-américain d'origine obscure.

JE ♦|1| (pop.) IXᵉ s. : lat. *ĕgo*, nominatif du pron. pers. de la 1ʳᵉ pers. en emploi atone → MOI. ♦|2| **ÉGOÏSME, ÉGOÏSTE** (sav.) XVIIIᵉ s. : dér. de *ego*. ♦|3| **ÉGOTISME** XVIIIᵉ s. : id., par l'angl. **ÉGOCENTRISME** XXᵉ s. ♦|4| **ALTER EGO** XIXᵉ s. « un autre moi-même » ; **EGO** XXᵉ s. philo., psychanalyse : mots lat.

JEEP XXᵉ s. : mot anglo-américain : prononc. amér. des deux initiales G. P., pour *general purpose* « (voiture) d'un usage général ».

JETER famille d'une racine ind.-eur. **ye-* « jeter ».

En gr. *hienai* « lancer », d'où (1) *kathienai* « laisser tomber », et *kathetos* « perpendiculaire », « vertical » ; (2) *diienai* « laisser passer », « dissoudre », « enfoncer à travers », et *diesis* « action de séparer », d'où en musique « intervalle », « demi-ton ».

En lat. (1) *jacēre*, *jactus* (présent *jacio*) « jeter », et un grand nombre de verbes préfixés en *-jicere*, *-jectus* : (a) *abjicere*, *abjectus* « rejeter » (b) *adjicere*, *adjectus* « ajouter à », d'où lat. *adjectivum nomen* « adjectif » ; calque du gr. *epitheton* (c) *conjicere*, *conjectus* « jeter ensemble », « combiner dans son esprit », d'où *conjectura* « conjecture » ; (d) *dejicere*, *dejectus* « jeter à bas » et *dejectio* « action de jeter à bas », « selles » (e) *ejicere* et lat. imp. *ejectare* « jeter hors » ; *ejectio* « expulsion » (f) *injicere*, *injectare* « jeter dans » ou « sur », et *injectio* (g) *interjicere* « interposer » et *interjectio* « intercalation », gram. « interjection » (h) *objicere*, *objectus* « jeter devant », « opposer comme une défense » et au passif « se montrer » ; bas lat. *objectio* « action d'opposer » (i) *projicere*, *projectus* « jeter en avant » et *projectio* (j) *rejicere*, *rejectus* « rejeter » (k) *subjicere*, *subjectus* « placer dessous », « subordonner » (l) *transjicere*, ou *trajicere*, *trajectus* « jeter au-delà », « traverser » (2) fréquentatif : *jactare* « jeter souvent ou précipitamment (3) un verbe en *-icire* : *amicire*, *amictus* « mettre autour » (4) un adj. : *jaculus* « de jet », qualifiant surtout des armes, qui a servi de base aux dér. lat. imp. *jaculari* « lancer », *ejaculari* « projeter », et *jaculatorius* « qui sert au lancement (du javelot) » (5) *jacēre* (ind. prés. *jaceo*), qui a, par rapport à *jacĕre*, *jacio*, une valeur résultative « être dans l'état d'une chose jetée », « être abattu, étendu » ; composé : *adjacēre*, « être couché, ou situé auprès de ».

I. mots d'origine latine de la famille de *jacio, jacĕre, jactus*

A. base *-jet-* (mots pop., demi-sav. ou empr.)

♦|1| **JETER** (pop.) X° s. : lat. vulg. **jectāre*, class. *jactāre* ; **JET** XII° s. ; **JETÉE** XIII° s. « jet » ; XVII° s. sens mod. ; **JETON** XIV° s. de *jeter* au sens de « répartir des sommes », « calculer » en anc. fr. ; **JETÉ** XVIII° s. danse, XIX° s. tricot. ♦|2| **DÉJETER** (pop.) XII° s. « expulser », XVII° s. « déformer ». ♦|3| **INTERJETER** (demi-sav.) XV° s. : calque de *interjicere*, avec adaptation au fr. *jeter*. ♦|4| **PROJETER** XII° s. *porjeter* (pop.) « lancer en avant », XIV° s. *pourjeter* (pop.) « pousser une reconnaissance (vers une ville) », « s'en faire une idée précise », « dresser un plan (d'attaque) » ; XV° s. *projeter* (réfection demi-sav.) sens mod. ; **PROJET** XV° s. ; **AVANT-PROJET, CONTRE-PROJET** XIX° s. ♦|5| **REJETER** XIII° s. ; **REJET** XIII° s. ; **REJETON** XVI° s. ♦|6| **SURJETER** (pop.) XIII° s. ; **SURJET** XIV° s. ♦|7| **SUJET** (demi-sav.) XII° s. « soumis à une autorité » : *subjectus* (d'où **SUJÉTION** XIII° s., **ASSUJETTIR** XIV° s. ; **ASSUJETTISSEMENT** XVII° s.) XIV° s. « personne ou chose qui est le motif de quelque action ou réflexion » : lat. scolastique *subjectum*, part. passé neutre substantivé. ♦|8| **OBJET** (demi-sav.) XIII° s. : *objectum*, part. passé neutre substantivé, « ce qui se présente aux sens ». ♦|9| **TRAJET** XVI° s. : it. *tragetto*, de *tragettare* « traverser », du bas lat. *trajectare*, formé sur *trajectus*.

B. base *-ject-* (sav.)

♦|1| **ABJECTION** XIV° s. : *abjectio* « rejet » ; **ABJECT** XV° s. : *abjectus*. ♦|2| **ADJECTIF** XIV° s. : *adjectivum (nomen)* ; **ADJECTIVAL** XX° s. ♦|3| **CONJECTURE** XIII° s. : *conjectura* ; **CONJECTURER** XIII° s. : bas lat. (VI° s.) *conjecturare* ; **CONJECTURAL** XIV° s. **DÉJECTION** XVI° s. : *dejectio*. ♦|5| **ÉJECTION** XIII° s. : *ejectio* ; **ÉJECTER** XIX° s. : *ejectare*. **ÉJECTABLE** XX° s. ♦|6| **INJECTION** XIII° s. : *injectio* ; **INJECTER** XVI° s. ; **INJECTEUR** XIX° s. ♦|7| **INTERJECTION** XIII° s. : *interjectio*. ♦|8| **OBJECTION** XII° s. : *objectio* ; **OBJECTER** XIII° s. ; *objeter*, XVI° s. forme mod., **OBJECTEUR** XVIII° s. ♦|9| **OBJECTIF** XIV° s. : lat. scolastique *objectivus*, de *objectum*, XVII° s. subst. optique ; XIX° s. « but » ; **OBJECTIVER, OBJECTIVITÉ, OBJECTIVATION** XIX° s. ; **OBJECTIVISME, OBJECTIVISTE** XX° s. ♦|10| **PROJECTION** XIV° s. : *projectio* ; **PROJECTILE** XVIII° s. ; **PROJECTEUR** XIX° s. ♦|11| **SUBJECTIF** XV° s. rare avant le XIX° s. (sous l'influence de Kant) : lat. scolastique *subjectivus*, de *subjectum* ; **SUBJECTIVITÉ** XIX° s., par l'all. *Subjektivität* ; **SUBJECTIVER, SUBJECTIVISME** XIX° s. ♦|12| **TRAJECTOIRE** XVII° s. : lat. scolastique *trajectorius*, de *trajectus*.

C. base *-jac-* (sav.)

♦|1| **JACTANCE** XII° s. « vantardise » : lat. *jactantia*, de *jactare* au sens fig. de « se vanter ». ♦|2| **ÉJACULER** XVI° s. : *ejaculari* ; **ÉJACULATION, ÉJACULATEUR** XVI° s. ♦|3| **JACULATOIRE** XVI° s., seulement à propos de brèves oraisons : *jaculatorius*.

D. **AMICT** XII° s. (sav.) : *amictus* « manteau », de *amicire*.

II. mots d'origine latine de la famille de *jaceo, jacēre*

♦|1| **GÉSIR** (pop.) XI° s. : *jacĕre*, survit surtout dans la loc. *ci-gît*. ♦|2| **GISANT** adj. XIII° s. ; subst. beaux-arts XX° s. : part. présent de *gésir*. ♦|3| **GISEMENT** XIII° s. « action de se coucher », XVIII° s. « couche de minerai » : dér. sur le radical *gis-* de *gésir*. ♦|4| **GÉSINE** (pop.) XII° s. : lat. vulg. **jacīna*, dér. de *jacere*. ♦|5| **GÎTE** XII° s. « endroit où l'on se couche », XIV° s. « partie de la cuisse du bœuf » : bas lat. **jacita*, part. passé fém. substantivé de *jacere*, resté fém. comme terme de marine, « côté d'un navire » XIX° s. ; **GÎTER** XIII° s.

III. mots d'origine latine de la famille de *adjacere*

♦|1| **AISE** (pop.) XI° s. « espace vide à côté de quelqu'un », XII° s. « absence de gêne » et emploi adj. : *adjăcens*, part. présent de *adjăcĕre* au nominatif ; **MALAISE** XII° s. ; **AISÉ** XIII° s. : part. passé de l'anc. verbe *aisier*, var. *aaisier* « mettre à l'aise » ; **MALAISÉ** XIII° s. ; **AISANCE** XII° s. : *adjacentia*. ♦|2| **AGIO** XVII° s., rare avant XVIII° s., finances : it. *aggio*, var. de *agio* « commodité (du banquier) », du prov. *aize*, équivalent du fr. *aise* ; **AGIOTER, -AGE, -EUR** XVIII° s. ♦|3| **ADAGIO** XVIII° s., musique : mot it., « à l'aise ». ♦|4| **ADJACENT** (sav.) XIV° s. : *adjacens* ; **SOUS-JACENT** XIX° s. : formation analogique d'*adjacent*.

IV. mots savants d'origine grecque

♦|1| **DIÈSE** XVI° s., fém. XII° s., masc. sous l'influence de *bémol*, *bécarre* : gr. *diesis* ; **DIÉSER** XVIII° s. ♦|2| **CATHÉTOMÈTRE** XIX° s. « appareil de mesure de distances verticales » : du gr. *kathetos*.

JEU

JEU famille du lat. *jŏcus* « plaisanterie », dimin. *jŏcŭlus* et des verbes dér. *jŏcāri* et *joculāri* « plaisanter ».
♦|1| JEU (pop.) xie s. ; xiie s. « pièce de théâtre » : *jŏcus* ; ENJEU xive s. ♦|2| JOUER (pop.) xie s. ; xve s. « jouer une pièce », xvie s. « ne pas joindre exactement » : *jŏcāri* ; JOUEUR, DÉJOUER, REJOUER xiie s. ; INJOUABLE xviiie s., ENJOUEMENT xviie s. ; JOUET xvie s. ♦|3| JONGLER (pop.) xiie s. « se jouer de », xvie s. « faire des tours d'adresse » : croisement de *jogler* (de *joculari*) avec *gengler* xiie s. « bavarder, médire », du frq. *jangalôn* « crier » ; JONGLEUR (pop.) xiie s. *jogleor*, xive s. forme mod. « ménestrel » : *joculator, -ōris* avec infl. de *gengler* ; JONGLERIE xiie s. « métier de jongleur », xvie s. « tour de jongleur ». ♦|4| JOYAU (pop.) xiie s. : altération, sous l'infl. de *joie*, de la var. anc. fr. *joel*, du lat. vulg. *jŏcăle*, de *jocus*, JOAILLIER, JOAILLERIE xve s. ♦|5| JOKER xxe s. cartes : mot angl., « farceur », dér. de *joke*, « plaisanterie », empr. au lat. *jocus*.

JEUNE famille du lat. *jŭvĕnis* « jeune » et « jeune homme » ; *juvenilis* « relatif à la jeunesse » ; *juventus, -us* « jeunesse » ; le radical *jŭvĕn-* est réduit à *jŭn-*, dans *jūnior* « plus jeune », comparatif de *jevenis* et *jūnix, icis* « génisse ».
♦|1| JEUNE (pop.) xie s. *joene, jovene* : lat. vulg. *jŏvĕnis*, class. *jŭvĕnis* ; JEUNET, JEUNESSE, RAJEUNIR, RAJEUNISSEMENT xiie s. ♦|2| JOUVENCEAU (pop.) xiie s. : lat. vulg. *jŭvĕncēllus*, dimin. de *juvenis*. ♦|3| JOUVENCE (pop.) xiie s. : altération, sous l'infl. de *jouvenceau*, de l'anc. fr. *jouvente*, du lat. vulg. *jŭventa*, class. *juventus*. ♦|4| GÉNISSE (pop.) xiiie s. : lat. vulg. *gĕnĭcia*, forme affaiblie de *jūnicia*, class. *jūnix, -ĭcis*. ♦|5| JUVÉNILE (sav.) xve s. : *juvenilis*. ♦|6| JUNIOR xixe s. : mot lat.

JEÛNER famille du lat. *jejunus* « qui est à jeun », « affamé », « maigre, pauvre » ; neutre substantivé *jejunum* « intestin grêle » ; dér. *jejunium* « jeûne », d'où lat. eccl. *jejunare* « jeûner ».
♦|1| JEUN (pop.) xiie s. adj., xiiie s. *à jeun* : *jējūnus*. ♦|2| JEÛNER (pop.) xiie s. : *jējūnāre* ; JEÛNE xiie s. ♦|3| DÉJEUNER (pop.) xiie s., verbe : lat. vulg. *disjūnāre*, contraction de *disjējūnāre*, « rompre le jeûne », composé de *jējūnāre* ; conjugaison entièrement refaite sur les formes de ce verbe accentuées sur le rad. ; PETIT DÉJEUNER subst. xixe s. ♦|4| DÎNER (pop.) xie s. verbe : *disjūnāre*. (→ le précédent) ; conjug. entièrement refaite sur les formes accentuées sur la désinence ; DÎNATOIRE, DÎNETTE xviie s. ; MIDINETTE xixe s., composé de *midi* et de *dînette*. ♦|5| JÉJUNUM (sav.) xvie s. : mot lat.

JOLI (pop.) xiie s., d'abord *jolif, -ive* « gai, aimable » ; xiiie s. « élégant » ; xve s., sens mod. : probablement dér. de l'anc. scandinave *jól* « grande fête païenne du milieu de l'hiver » ; ENJOLIVER xive s. ; ENJOLIVEUR, -EMENT xvie s. ; ENJOLIVURE xviie s. ; JOLIESSE xixe s.

JONC ♦|1| (pop.) xiie s. : lat. *jŭncus* ; JONCHER xie s. ; JONCHET xve s. ♦|2| JONQUILLE xvie s. : esp. *junquilla*, dimin. de *junco* : de *jŭncus*.

JONQUE xvie s. : malais *djong* « id. ».

JOUE famille d'une base méditerranéenne pré-ind.-eur.. *gaba* « jabot ».
♦|1| JOUE (pop.) xie s. : lat. vulg. *gauta*, pour *gabita*, de *gaba* ; JOUFFLU xvie s., avec infl. possible de mots comme *gifle, mufle* et *mafflu* ; BAJOUE xive s., avec infl. probable de *balèvre* xiiie s., var. *baulèvre*, 1er élément frq. *balu* « mauvais ». ♦|2| S'ENGOUER xive s. « s'étrangler en avalant », xviie s. « se passionner brusquement » : dér. formé sur un représentant de *gauta*, dans un dial., probablement normand, ne pratiquant pas la palatalisation de *g* devant *a* ; ENGOUEMENT xviie s. ♦|3| GOUAILLER (pop.) xviiie s., var. GOUALER xixe s. ; GOUAILLE, GOUAILLEUR xviiie s. ; GOUALANTE xixe s. : dér. formés sur la même base -GOU- que ENGOUER. ♦|4| GAVER xviie s. : prov. *gavar*, dér. sur une base *gav-* issue de *gaba* ou dér. du picard *gave* « jabot » ; id. ; GAVAGE xixe s. ♦|5| GAVOTTE xvie s. « danse des gavots », ou « goitreux », sobriquet des habitants des Alpes, dér. de *gaba*. ♦|6| JABOT xvie s. « estomac de l'homme », puis de l'oiseau, xviie s. « cravate de dentelle » : mot dial. (Auvergne ou Limousin) reposant sur la même base que *gaver*. ♦|7| GAVE xviie s. : mot dial. (Pyrénées) : bas lat. (viiie s., ixe s.) *gabarus* : p.-ê. dér. de *gaba* « gorge ».

JOUG famille d'une racine ind.-eur. **yug-* « atteler ».

En grec *zugon* « joug », *zeugnunai* « joindre », d'où *zugôma, -atos* « tout ce qui sert à assujettir » ; *zeugma, -atos* « lien » et rhét. « construction par laquelle on met deux sujets en relation avec un même attribut » ; *azux, -ugos* « non soumis au joug », « non accouplé » ; *suzugia* « union ».
En germ. frq. **jok*, « joug » (→ all. *Joch*, angl. *yoke*).
En lat. (1) *jŭgum* « joug » (2) *jugare, conjugare* « unir », *conjugatio* « union », et en bas lat. gramm. « conjugaison » ; bas lat. *subjugare* « faire passer sous le joug » ; (3) *conjux, -jugis* « époux, épouse » ; *conjugalis* « relatif au mariage » ; (4) *jugulum* « endroit où le cou se joint aux épaules », « gorge », « clavicules » ; *jugulāre* « égorger », « terrasser, abattre » ; (5) *jugus*, adj. « uni, joint ensemble », d'où *biga, quadriga*, issus de *bijuga, quadrijuga* « char à deux, à quatre chevaux » ; (6) *jūmentum*, issu de **yougs-men-to-m* « attelage » et « bête d'attelage », « cheval » ; (7) avec un infixe nasal *jungere, junctus* « joindre » et *junctio* « union », d'où (a) *adjungere* « joindre à » et *adjunctio* (b) *conjugere* « lier ensemble », en particulier « marier », et *conjunctio* « union » ; (c) *disjungere* « disjoindre » *disjunctio, disjunctivus* (d) *injungere* « appliquer dans ou sur », « infliger », « imposer » et bas lat. *injunctio* « action d'imposer (une charge) » ; (e) *subjungere* « attacher dessous » et *subjunctivus modus*, bas lat. gramm. « mode qui sert à lier » ; (8) *juxta* adv. et prép. « à côté ».

I. mots populaires, demi-savants ou empruntés d'origine latine

A. JOUG (pop., avec rétablissement sav. du g final) XII⁰ s., *jou* : *jŭgum*.

B. bases *-joindre, -joint*

♦ 1 JOINDRE (pop.) XI⁰ s. : *jŭngĕre* ; JOINTURE XI⁰ s. ; REJOINDRE, JOINTOYER XIII⁰ s. ; JOINT XIV⁰ s. : *jŭnctum* ; JOINTIF XV⁰ s. ♦ 2 ADJOINDRE XII⁰ S. (pop.), avec prononc. sav. et tardive (XVI⁰ s.) du *d* : *adjŭngĕre* ; ADJOINT XVI⁰ s. subst. ♦ 3 CONJOINDRE (pop.) XII⁰ s. : *conjŭngĕre* ; CONJOINT XII⁰ s. ♦ 4 DISJOINDRE (demi-sav.) XIV⁰ s. : réfection de l'anc. fr. *déjoindre* (pop.) XII⁰ s. : *disjŭngĕre*. ♦ 5 ENJOINDRE (pop.) XII⁰ s. : *injŭngĕre*.

C. JUNTE XVI⁰ s. : esp. *junta* « réunion », du lat. *juncta*, équivalent du fr. *jointe*.

D. base *-jout-*

♦ 1 JOUTER (pop.) XI⁰ s. « combattre de près » : lat. vulg. **jŭxtāre*, de *jŭxta* ; JOUTE, JOUTEUR XII⁰ s. ♦ 2 AJOUTER (pop.) XI⁰ s. : lat. vulg. **adjŭxtāre*, composé du précéd. ; SURAJOUTER XIV⁰ s. ; RAJOUTER XVI⁰ s. ; AJOUT XIX⁰ s.

E. JOUXTE (demi-sav.) XIII⁰ s. : réfection de l'anc. fr. *jouste*, de *jŭxta*.

F. JUMENT (pop.) XIII⁰ s. : *jŭmentum* a éliminé *ive* (pop.) XI⁰ s., de *equa* → ÉQUESTRE.

II. mots savants d'origine latine

A. base *-jug-*

♦ 1 SUBJUGUER XII⁰ s. : *subjugare*. ♦ 2 CONJUGAISON (demi-sav.) XII⁰ s. : *conjugatio, -onis* ; CONJUGUER (sav.) XVI⁰ s. : *conjugare*. ♦ 3 CONJUGAL XIII⁰ s. : *conjugalis*. ♦ 4 JUGULER XIII⁰ s. : *jugulare*. ♦ 5 JUGULAIRE XVI⁰ s., adj. *(veine)*, XIX⁰ s. subst. « mentonnière » : dér. sur la base de *jugulum*.

B. JUXTA- 1ᵉʳ élément de composés, ex. : *juxtaposé*.

C. base *-jonct-*

♦ 1 JONCTION XIV⁰ s. : *junctio*. ♦ 2 ADJONCTION XIV⁰ s. : *adjunctio*. ♦ 3 CONJONCTION XII⁰ s. ; XIV⁰ s. gramm. et astron. : *conjunctio* ; CONJONCTIF XIV⁰ s. anat. et gramm. : *conjunctivus* « qui sert à lier » ; CONJONCTIVE XV⁰ s. anat. ; CONJONCTIVITE XIX⁰ s. ; CONJONCTURE XIV⁰ s. : réfection de l'anc. fr. *conjointure*, d'après *conjunctus* ; CONJONCTUREL XX⁰ s. ♦ 4 DISJONCTION XIII⁰ s. : *disjunctio* ; DISJONCTIF XVI⁰ s. : *disjunctivus* « qui sert à disjoindre » ; DISJONCTEUR XIX⁰ s. ♦ 5 INJONCTION XIII⁰ s. : *injunctio*. ♦ 6 SUBJONCTIF XVI⁰ s. adj., XVII⁰ s. subst. : *subjunctivus (modus)*.

D. CONJUNGO XVII⁰ s., ironique « mariage » : mot lat. du rituel catholique, *ego conjungo vos in matrimonium* « je vous unis en mariage ».

E. QUADRIGE XVII⁰ s. : *quadriga*.

III. mots populaires d'origine germanique

♦ 1 JUCHER, var. *joschier* XII⁰ s. : dér. de *juc*, var. *joc* « perchoir », attesté seulement au XIV⁰ s., mais sans doute plus ancien, du frq. **jok* ; *u* probablement dû à un croisement avec *hucher*, du frq. **hŭkōn* « s'accroupir » ; JUCHOIR XVI⁰ s. ♦ 2 JOCRISSE XVI⁰ s. nom de personnage de farces, apparenté à *joquer*, forme normanno-picarde de l'anc. fr. *joschier* → le précédent ; p.-ê. altération de *joque sus* XV° s. « id. », littéralement « perche-toi là-dessus ».

IV. mots savants d'origine grecque

♦ |1| **SYZYGIE** XVI° s., astron. : *suzugia*. ♦ |2| **ZEUGMA** XVIII° s. rhét. : mot gr. ♦ |3| **ZYGOME, ZYGOMATIQUE** XVI° s. anat. : *zugôma*.

JOUIR famille du lat. *gaudere* « se réjouir », d'où *gaudium* « joie ».

♦ |1| **JOUIR** (pop.) XII° s. : lat. vulg. *gaudīre*, class. *gaudēre* ; **RÉJOUIR** XII° s., d'après l'anc. fr. *esjouir* ; **RÉJOUISSANCE** XV° s. ; **JOUISSANCE** XV° s. : **COJOUISSANCE, NON-JOUISSANCE** XIX° s. ; **JOUISSEUR** XVI° s. ♦ |2| **JOIE** (pop.) XI° s. : *gaudia*, plur. de *gaudium* ; **JOYEUX, JOYEUSEMENT** XII° s. ; **JOYEUSETÉ** XIII° s. ♦ |3| **SE GAUDIR** (demi-sav.) XIII° s. : *gaudere*, avec changement de conjug. ♦ |4| **GAUDRIOLE** (pop.) XVIII° s. : probablement issu du croisement de *gaudir* et de *cabriole*. ♦ |5| **GODIVEAU** XVI° s. : p.-ê. adaptation, par croisement avec *veau*, de l'anc. it. *godovilia* « banquet » : du lat. vulg. *gaudibilia* « choses réjouissantes ».

JUBILÉ (sav.) XIII° s. : lat. eccl. *jubilaeus*, de l'hébreu *yôbel* « corne pour annoncer la fête » et « fête célébrée tous les cinquante ans » ; **JUBILAIRE** XVI° s.

JUBILER (sav.) XII° s. d'abord *jubler* : lat. *jubilare* « pousser des cris », mot rustique, probablement onom., littéralement « faire you ! », qui a pris en lat. eccl. le sens de « pousser des cris de joie », p.-ê. sous l'infl. de *jubilaeus* → le précédent ; **JUBILATION** XII° s. : *jubilatio* ; **JUBILANT, JUBILATOIRE** XIX° s.

JUDO XX° s. : mot japonais « voie de la souplesse » ; **JUDOKA** XX° s.

JUGER famille du lat. *jūs, jūris*, à l'origine « formule religieuse qui a force de loi », d'où, en lat. class. « droit », auquel se rattachent (1) *jūrāre* « prononcer la formule rituelle », « prêter serment » d'où (a) *juramentum* « serment » (b) *abjurare* « nier. ou refuser par serment » et bas lat. *abjuratio* (c) *adjurare* « affirmer par serment » et « conjurer, exorciser », probablement sous l'infl. du gr. *exorkizein*, lui aussi dér. d'un subst. *orkos* « serment » et « formule sacramentelle » → EXORCISER, d'où le sens de « prier instamment » (d) *conjurare* « jurer ensemble », « se conjurer », d'où *conjuratio* « complot » ; a dû prendre, en lat. pop., les mêmes valeurs secondaires qu'*adjurare* (e) *perjurare*, var. plus usuelle *pejerare* « se parjurer », *perjurus* « menteur » et *perjurium* « mensonge » (2) *injūria* « violation du droit » ; *injuriosus* « injuste » ; bas lat. *injuriare* « faire du tort à », « outrager » (3) *jūdex, -icis* « celui qui montre ou dit le droit », « juge », d'où (a) *jūdĭcāre* « juger », « penser » (b) *adjudicare* « attribuer par jugement » et *adjudicatio* (c) *praejudicare* « préjuger » et *praejudicium* « jugement anticipé », « préjugé » « préjudice » (d) *judiciarius* « relatif aux tribunaux » (4) *jurisdictio* « action et droit de rendre la justice » ; *juridicus* « relatif aux tribunaux » ; *jurisconsultus* « conseiller juridique » ; bas lat. *jūstus* « conforme au droit » ou « qui observe le droit » *jūstĭtĭa* « conformité avec le droit » ; *injustus, injustitia* « injuste, injustice » ; bas lat. *justificare* « rendre juste » et *justificatio*.

I. base *-juge-* (pop.)

♦ |1| **JUGER** XII° s. : *jūdĭcāre* ; **JUGEMENT** XI° s. ; **JUGEOTE** XIX° s. ; **DÉJUGER** XII° s. « condamner » ; XIX° s., pronom. ; **ADJUGER** (pop. avec rétablissement sav. du *d*) XII° s. : *adjūdĭcāre* ; **PRÉJUGER** (demi-sav.) XV° s. : adaptation du lat. *praejudicare* ; **PRÉJUGÉ** XVI° s., subst. ♦ |2| **JUGE** XII° s. : *jūdĭcem*, acc. de *judex*, pris par infl. du verbe *juger*.

II. base *-judic-* (sav.)

♦ |1| **PRÉJUDICE** XIII° s. : *praejudicium* ; **PRÉJUDICIABLE** XIII° s. ; **PRÉJUDICIEL** XIII° s. : lat. *praejudicialis*. ♦ |2| **ADJUDICATION** XIV° s. : *adjudicatio* ; **ADJUDICATAIRE** XV° s. ; **ADJUDICATEUR** XIX° s. ♦ |3| **JUDICIAIRE** XIV° s. : *judiciarius*. ♦ |4| **JUDICIEUX** XVI° s. : dér. sur *judicium* au sens de « discernement ».

III. base *-jur-* (pop. ou sav.)

♦ |1| **JURER** (pop.) IX° s. « prêter serment », XIII° s. « employer en vain le nom de Dieu », « blasphémer » : *jūrāre* ; **JURÉ** subst. « vassal », « échevin », XVIII° s. « membre d'un jury » ; **JUREUR** XII° s. ; **JUREMENT** XIII° s. : *juramentum* ; **JURON** XVI° s. ; **JURANDE** (sav.) XVI° s. : *juranda* « choses à jurer ». ♦ |2| **JURY** XVII° s., en parlant de l'Angleterre ; fin XVIII⁰ s. institution fr. : mot angl., « ensemble de personnes assermentées remplissant des tâches judiciaires », de l'anc. fr. anglo-normand *jurée* « serment », « enquête judiciaire », du lat. *jurata*. ♦|3| SE PARJURER (demi-sav.) XI⁰ s. : *perjurare* ; PARJURE XII⁰ s. : « menteur » et « mensonge » : *perjurus* et *perjurium*. ♦|4| CONJURER (sav.) XII⁰ s. « exorciser » et « prier instamment », XIII⁰ s. « conspirer » : *conjurare* ; CONJURATION XII⁰ s. « action de jurer ensemble », XV⁰ s. « conspiration » : *conjuratio* ; CONJURÉ XIII⁰ s. : *conjuratus*. ♦|5| ADJURER (pop., avec rétablissement sav. du *d*) : *adjurare* ; ADJURATION (sav.) XV⁰ s. : *adjuratio*. ♦|6| ABJURER (sav.) XIV⁰ s. : *abjurare* ; ABJURATION XV⁰ s. : lat. eccl. *abjuratio*. ♦|7| INJURE (demi-sav.) XII⁰ s.-XVII⁰ s. « dommage » et « injustice », XIII⁰ s. « insulte » : *injuria* ; INJURIER XIII⁰ s. d'abord « endommager » : *injuriare* ; INJURIEUX XIV⁰ s. ♦|8| JURIDICTION (sav.) XIII⁰ s. : *jurisdictio* ; JURISTE XIV⁰ s. : lat. médiéval *jurista* ; JURIDIQUE, JURISCONSULTE XV⁰ s. : *juridicus, jurisconsultus* ; JURISPRUDENCE XVI⁰ s. : *jurisprudentia*.

IV. base *-just-* (sav.)

♦|1| JUSTE XII⁰ s. « équitable » et « exact » : *justus* ; JUSTEMENT XII⁰ s. ; INJUSTE, INJUSTEMENT XIII⁰ s. ♦|2| JUSTICE XI⁰ s. : *justitia* ; JUSTICIER XII⁰ s. ; INJUSTICE XII⁰ s. ♦|3| JUSTIFIER (demi-sav.), JUSTIFICATION (sav.) XII⁰ s. : *justificare, justificatio* ; JUSTIFIABLE XIII⁰ s. ; JUSTIFICATIF XV⁰ s. ; JUSTIFICATEUR XVI⁰ s. ; INJUSTIFIABLE XVIII⁰ s. ; INJUSTIFIÉ XIX⁰ s. ♦|4| RAJUSTER XII⁰ s. ; AJUSTER, AJUSTAGE, AJUSTEMENT XIV⁰ s. ; AJUSTEUR XVI⁰ s. ; RÉAJUSTER XX⁰ s. : dér. de *juste* au sens d'« exact » ; JUSTAUCORPS XVII⁰ s.

JUJUBE XIII⁰ s. : altération, probablement d'abord en occitan, du bas lat. *zizupus* : gr. *zizuphon* « jujubier ».

JUMEAU famille du lat. *gĕmĭnus* « jumeau » d'où *gĕmĭnare* « doubler » ; dimin. *gĕmĕllus*.

♦|1| JUMEAU (pop.) XII⁰ s. : *gemellus*, avec labialisation de *e* devant *m* ; TRIJUMEAU XVIII⁰ s. anat. ; JUMELLE fém. du précéd. ; XIV⁰ s. techn. diverses pièces accouplées, XIX⁰ s. « lorgnettes » ; JUMELER XVIII⁰ s. ; JUMELAGE XIX⁰ s. ♦|2| GÉMEAUX (pop.) XII⁰ s. « jumeaux », XVI⁰ s. « constellation » : forme anc. non labialisée de *jumeaux*. ♦|3| GÉMELLAIRE, GÉMELLIPARE, TRIGÉMELLAIRE (sav.) XIX⁰ s. : dér. formés sur *gemellus*. ♦|4| GÉMINER, GÉMINÉ, GÉMINATION (sav.) XVI⁰ s. : *geminare, geminatus, geminatio*.

JUNGLE XVIII⁰ s. : issu, par l'angl., de l'hindoustani *jangal*, du sanscrit *jangala* « région non cultivée, couverte de hautes herbes ».

JUPE XII⁰ s. : arabe *djoubba* « long vêtement de laine » ; JUPON XIV⁰ s. ; ENJUPONNER XVI⁰ s. ; JUPONNER XIX⁰ s.

JUS famille d'une racine ind.-eur. **yeu-* exprimant l'idée de « cuire dans une sauce », à laquelle se rattachent le lat. *jūs, jūris* « sauce, jus, bouillon » et probablement aussi le gr. *zumê* « levain ».

♦|1| JUS (pop.) XII⁰ s. ; VERJUS XIII⁰ s. : 1ᵉʳ élément *vert*, « jus de raisin vert utilisé en cuisine comme condiment acide ». ♦|2| JUTEUX XIV⁰ s. : dér. avec une consonne de transition non étym. ; JUTER XIX⁰ s. ♦|3| AZYME (sav.) XIII⁰ s. : gr. *azumos* « sans levain », de *a-* privatif et *zumê*, par le lat. eccl. ♦|4| ENZYME (sav.) XIX⁰ s., devient courant au XX⁰ s. : gr. *en* « dans » et *zumê* ; par l'all.

JUSSION famille du lat. *jubere, jussus* « ordonner ».

♦|1| base *-juss-* (sav.) JUSSION XVI⁰ s. : *jussio* « ordre » ; FIDÉJUSSEUR XVI⁰ s. : lat. jur. *fidejussor* « qui ordonne de bonne foi ». ♦|2| JUBÉ (sav.) XIV⁰ s. « tribune transversale pour les chanteurs, dans certaines églises » : 1ᵉʳ mot de la formule liturgique *jube, Domine, benedicere*, prononcée par le diacre du haut de cette tribune.

JUTE XIX⁰ s. : bengali *jhuto*, par l'angl.

K

KAKI (couleur) : hindî *khâkî*, empr. au persan : dér. du persan *khâk* « terre, poussière » ; d'où « couleur de poussière » ; couleur et nom (sous les formes *khakee* puis *khaki*) adoptés pour les uniformes de l'armée angl. des Indes en 1857.

KANGOUROU XVIIIe s. : mot d'une langue d'Australie, par l'angl.

KIDNAPPER XXe s. : anglo-américain *to kidnap* « voler un enfant » (à l'origine, pour fournir de manœuvres les plantations américaines), mot composé de *kid* « chevreau » et argot « enfant », d'origine obscure et de *to nab*, var. argotique *nap* « attraper », d'origine également inconnue.

KILO- (sav.) fin XVIIIe s.-XXe s. : gr. *khilioi* « mille » : 1er élément de mots sav. désignant des ensembles de mille unités, ex. : **KILOMÈTRE** XVIIIe s. ; **KILOWATT** XIXe s. ; **KILOCALORIE** XXe s.

KIOSQUE XVIIe s. : turc *kieuchk*, du persan *kouchk* « pavillon de jardin ».

KODAK XIXe s. : mot bref, facile à prononcer, sans homonymes, création de l'inventeur américain G. Eastman.

KOLKHOZE XXe s. : mot russe, abréviation de *kollektivnoïe khoziaïstvo* « économie collective » ; **KOLKHOZIEN** XXe s.

KORÊ ou **CORÊ** ♦|1| (sav.) XXe s., archéol. : mot gr., « jeune fille ». ♦|2| **HYPO-CORISTIQUE** (sav.) XIXe s. : gr. *hupokoristikos* « caressant », « propre à atténuer », de *hupokorizesthai* « parler d'une manière enfantine », « désigner par des diminutifs », dér. de *korê*.

KORRIGAN XIXe s. : mot breton, « nain légendaire ».

KRACH fin XIXe s. : mot all. « craquement », du verbe *krachen* « craquer », employé pour la 1re fois au sens financier à Vienne, pour le « krach » du 9 mai 1873 ; répandu en France en 1882, à propos de celui de l'Union Générale.

KYRIELLE famille du gr. *kurios* « maître », « souverain », appliqué à Dieu. ♦|1| **KYRIELLE** (demi-sav.) XIIe s. « litanie » : abrév. de l'invocation liturgique six fois répétée, gr. *kurie eleison* « Seigneur, prends pitié ». ♦|2| **KYRIE** ou **KYRIE ELEISON** (sav.) XIIIe s., nom d'une partie de la messe → le précéd. ♦|3| **KERMESSE** XIVe s. : mot dial. du Nord, du flamand *kerkmisse* « messe d'église », « fête patronale » ; le 1er élément *kerk* « église » (→ all. *Kirche*, angl. *church*) représente le germ. occidental *kirika*, du moyen gr. *kurikon (dôma)* « maison du seigneur » ; 2e élément → MESSE, art. METTRE.

KYSTE ♦|1| (sav.) XVIe s. : gr. *kustis* « poche gonflée », « vessie » ; **ENKYSTÉ** XVIIIe s. ♦|2| **CYST(O)-** 1er élément de composés sav. exprimant l'idée de « vessie », ex. : **CYSTITE** XVIIIe s. ; **CYSTOSCOPE** XIXe s.

L

LABEUR famille du lat. *labor, -oris* « travail », d'où *laborare* « être à la peine »; *laboriosus* « qui demande du travail » et « qui fournit du travail »; bas lat. *collaborare* « travailler de concert », *elaborare* « réaliser à force de travail ».

◆ |1| **LABEUR** (demi-sav.) XIIe s. : *labor, -ōris*.
◆ |2| **LABOURER** (demi-sav.) Xe s. « travailler », XIIe s. « cultiver » : *labōrāre*; **LABOUREUR, LABOURAGE, LABOUR** XIIe s.; **LABOURABLE** XIVe s. ◆ |3| **LABORIEUX** (sav.) XIIe s. : *laboriosus*; **LABORIEUSEMENT** XIVe s. ◆ |4| **ÉLABORER, ÉLABORATION** (sav.) XVIe s. : *elaborare, elaboratio*. ◆ |5| **COLLABORATION, COLLABORATEUR** XVIIIe s.; **COLLABORER** XIXe s. : *collaborare*.

LABYRINTHE (sav.) XVe s. : gr. *laburinthos* « construction remplie de détours inextricables », mot égéen.

LAC ◆ |1| (sav.) XIIe s. : lat. *lacus* a éliminé l'anc. fr. *lai* (pop.). ◆ |2| **LACUSTRE** (sav.) XVIe s., rare avant le XIXe s. : lat. mod. *lacustris*, dér. de *lacus*, sur le modèle de *palustris* → PALUS. ◆ |3| **LACUNE** (sav.) XVIe s. : lat. *lacuna*, dér. de *lacus* « mare », « trou », « brèche »; **LACUNEUX, LACUNAIRE** XIXe s. ◆ |4| **LAGUNE** XVIe s. : vénitien *laguna* : lat. *lacuna* → le précéd. ◆ |5| **LAGON** XVIIIe s. : esp. *lagón*, dér. de *lago* : *lacus*.

LACÉRER famille d'une racine ind.-eur. **lak-* « déchirer ». En latin (1) *lacer* « déchiré » et « qui déchire », d'où *lacerare* « déchirer » (2) avec un infixe nasal, *lancinare* « déchiqueter ».

◆ |1| **LACÉRER, LACÉRATION** (sav.) XIVe s. : *lacerare, laceratio*; **DILACÉRER** XIIe s. : *dilacerare*; **DILACÉRATION** XVe s. ◆ |2| **LANCINANT** (sav.) XVIe s. : de *lancinare*; **LANCINEMENT** XIXe s.

LÂCHE famille d'une racine ind.-eur. **slag-* « détendre ».

En grec *lagaros* « mou », d'où *lagós* « lièvre » (du rad. *lag-* de *lagaros* et de *ous, ōtos* → OT(O)-, art. OREILLE), littéralement « aux oreilles flasques ».

En latin (1) *laxus* « relâché », d'où *laxare* et *relaxare* « relâcher », « détendre », et *laxativus* « émollient » (2) avec un infixe nasal, *languēre* « être nonchalant, abattu » d'où *languor, -oris* « faiblesse » et *languidus* « sans énergie ».

I. mots issus du latin

A. base *-lâch-* (pop.)

◆ |1| **LÂCHE** XIIe s. « non tendu », XVIIe s. « sans courage » : forme masc. analogique du fém. : lat. vulg. **lasca*, métathèse de *laxa*; **LÂCHEMENT** XIIe s.; **LÂCHETÉ** XIIe s. « lassitude » et « négligence »; ◆ |2| **LÂCHER** XIe s. : lat. vulg. **laxicāre*, dér. de *laxāre*; **LÂCHEUR, LÂCHAGE** XIXe s. ◆ |3| **RELÂCHEMENT** XIIe s.; **RELÂCHER** XIIIe s. « pardonner », XVIe s. « détendre »; **RELÂCHE** XVIe s. « détente », XVIIIe s. théâtre : de *lâcher*.

B. base *-laiss-* (pop.)

◆ |1| **LAISSER** Xe s. : *laxāre*; **LAISSEZ-PASSER** XVIIe s.; **LAISSER-ALLER** XVIIIe s. ◆ |2| **LAISSE** « lien lâche pour mener un animal », XIIIe s. « suite ininterrompue (de vers assonants) »; **LAIS** XIIIe s., plus tard

LACS

orth. **LEGS** XVIᵉ s., sous l'infl. de *léguer* : dér. de *laisser*. ♦ **131 DÉLAISSER** XIIᵉ s. ; **DÉLAISSEMENT** XIIIᵉ s.

C. base -lang- (pop. ou sav.)

♦ **111 LANGUIR** XIᵉ s. (pop.) : lat. vulg. **languire*, class. *languēre* ; **LANGUISSANT** XIIIᵉ s. ; **ALANGUIR** XVIᵉ s., XVIIIᵉ s. pronom. ; **ALANGUISSEMENT** XVIᵉ s. ♦ **121 LANGUEUR** (pop.) XIIᵉ s. : *languor, -ōris* ; **LANGOUREUX** XIᵉ s. ; **LANGOUREUSEMENT** XIVᵉ s. ♦ **131 LANGUIDE** (sav.) XVIᵉ s. : dér. formés sur *laxus*.

D. base -lax- (sav.)

♦ **111 RELAXER** XIIᵉ s. relig., XIVᵉ s. jur., XVIᵉ s. méd. : *relaxare* ; XXᵉ s. pron. « se détendre », sous l'infl. de l'angl. *to relax* ; **RELAXATION** XIVᵉ s. méd., XVIIᵉ s. jur., XXᵉ s. « repos » ; **RELAXE** XIXᵉ s. jur. ♦ **121 LAXATIF** XIIIᵉ s. : *laxativus*. ♦ **131 LAXISME, LAXISTE** XXᵉ s. : dér. formés sur *laxus*.

II. forme savante d'origine grecque

LAGO- : *lagôs*, 1ᵉʳ élément de composés exprimant l'idée de « lièvre », ex. : **LAGOPÈDE** XVIIIᵉ s.

LACS ♦ **111** (pop.) XIᵉ s. *laz*, puis rétablissement d'un *c* sous l'infl. de *lacer* : lat. *laqueus* « collet pour la chasse » ; **ENTRELACS** XIIᵉ s. ♦ **121 LACER** (pop.) XIᵉ s. : *laqueare* « prendre aux lacs », dér. de *laqueus* ; **LACIS** XIIᵉ s. ; **LAÇAGE, LACET** XIVᵉ s. ; **ENLACER, ENTRELACER, ENLACEMENT, ENTRELACEMENT** XIIᵉ s. ♦ **131 LASSO** XIXᵉ s. : esp. *lazo*, équivalent du fr. *lacs* : *laqueus*.

1. LAI (adj.) ♦ **111** (pop.) XIIᵉ s. : lat. eccl. *laicus*, du gr. *laikos* « du peuple », qui s'oppose à *clericus* « du clergé ». ♦ **121 LAÏQUE** ou **LAÏC** (sav.) XIIIᵉ s. : id., rare jusqu'au XVIᵉ s. ; **LAÏCISME, LAÏCITÉ, LAÏCISER, LAÏCISATION** XIXᵉ s.

2. LAI (poème) XIIᵉ s : mot d'origine celtique, pop. ou empr., apparenté à l'irl. *laid* « chant, poème ».

LAID (pop.) XIᵉ s. « odieux » et, anciennement, mais secondairement, « inesthétique » : frq. **laid* « désagréable » ; **LAIDEMENT** XIᵉ s. ; **ENLAIDIR** XIIᵉ s. ; **LAIDEUR** XIIIᵉ s. ; **ENLAIDISSEMENT** XVᵉ s. ; **LAIDERON** XVIᵉ s.

1. LAIE (femelle du sanglier) (pop.) XIIᵉ s. : frq. **lēha*.

2. LAIE (sentier) (pop.) XIIᵉ s. : mot germ. probablement dér. du frq. **lakan* « marquer par incision (les arbres à abattre) » ; **LAYON** XIXᵉ s.

LAINE famille d'une racine **wel-* « arracher ».

En latin (1) *velere vulsus* « arracher (les poils, la laine, etc.) », d'où (a) une série de verbes préfixés syn. *avellere, divellere, evellere, revellere* « arracher » et leurs dér. nom. en *-sio* ; (b) *convellere* « arracher totalement, ébranler » et bas lat. *convulsio* « convulsion » ; (c) *vellus, velleris*, issu de **wel-nos* « toison », qu'on devait arracher à la main à une époque préhistorique (2) *villus, -i* « touffe de poils », p.-ê. var. pop. de *vellus* ; d'où lat. imp. *villosus* et bas lat. *villutus* « velu » ; (3) *lana* « laine », issu de **w(e)l-na* (pour le sens → *vellus*), d'où *laneus* « de laine ». Les noms germ. (→ angl. *wool*) et celtique (→ gallois *gwlan*) de la « laine » reposent sur la même racine.

I. famille du lat. lana

♦ **111 LAINE** (pop.) XIIᵉ s. ; **LAINAGE** XIIIᵉ s. ; **LAINEUX** XVᵉ s. ♦ **121 LANGE** (pop.) XIIᵉ s. « étoffe », XVIᵉ s. « sens mod. » : *laneus, -a* ; **LANGER** XXᵉ s. ♦ **131 LANOLINE** (sav.) XIXᵉ s. : all. *lanolin* « substance onctueuse extraite du suint de la laine de mouton » ; 1ᵉʳ élément *lana* ; 2ᵉ élément → HUILE.

II. mots d'origine celtique

FLANELLE XVIIᵉ s. : gallois *gwlanen*, dér. de *gwlan*, par l'angl. *flannel*.

III. famille du latin villus

♦ **111 VELU** (pop.) XIIᵉ s. : *villūtus*. ♦ **121 VELOURS** XVᵉ s. : altération, par fausse régression, de *velous* (pop.) XIIᵉ s., de l'anc. prov. *velos*, du lat. *villōsus* ; **VELOUTÉ** XVᵉ s. ; **VELOUTER** XVIᵉ s. ♦ **131 VILLEUX** (sav.) XIVᵉ s. : *villosus* ; **VILLOSITÉ** XVIIIᵉ s.

IV. famille du latin vellere

♦ **111 SVELTE** XVIIᵉ s. terme de peinture : it. *svelto* « dégagé », part. passé de *svellere*, réfection du lat. *evellere*. ♦ **121 CONVULSION** XVIᵉ s. : *convulsio* ; d'où **CONVULSER, CONVULSIF** XVIᵉ s. ; **CONVULSIONNAIRE** XVIIIᵉ s. ♦ **131 RÉVULSION** XVIᵉ s. : *revulsio* ; **RÉVULSIF** XVIᵉ s.

LAIT famille du nom ind.-eur. du lait **(g)lak-, *(g)laktis* ; grec *gala, galaktos* « lait », d'où *galaxias* « laiteux », ex. : *galaxias* *kuklos* « cercle (c.-à-d. "voie") lacté » et latin *lac, lactis* « lait », d'où *lactescere* « se convertir en lait » ; *lacteus* « laiteux », « blanc comme du lait », p. ex. dans *lacteus circulus* ou *lactea via*, traduction du gr. *galaxias kuklos* ; bas lat. *lactatio, allactare* « allaitement », « allaiter ».

I. mots populaires issus du latin

◆ |1| **LAIT** XIIe s. : *lac, lactis* ; **LAITIER** XIIe s. ; **LAITERIE, LAITAGE, LAITANCE** XIVe s. ; **LAITEUX** XVe s. ◆ |2| **ALLAITER** XIIe s. : *allactāre* ; **ALLAITEMENT** XVe s. ◆ |3| **LAITUE** XIe s. : *lactūca* « plante lactescente ».

II. mots savants issus du latin

◆ |1| **LACTÉ** XIVe s. : *lacteus* ; **LACTATION** XVIIe s. : *lactatio* ; **LACTAIRE** XVIIe s. ; **LACTIQUE, LACTASE** XIXe s. ; **LACTESCENT** XIXe s. : de *lactescere*.

III. mots savants issus du grec

◆ |1| **GALAXIE** XVIe s. : *galaxias (kuklos)*. ◆ |2| **GALAC(TO)-** 1er élément de composés savants tels que **GALACTITE** XIVe s. ; **GALACTOSE** XVIIIe s. ; **GALACTOMÈTRE** XVIIIe s. ◆ |3| **GALALITHE** XXe s. : 2e élément → LITHO-.

LAITON XIIIe s. : adaptation de l'arabe *lātūn* « cuivre ».

LAMBEAU ◆ |1| (pop.) XIIIe s. : frq. **labba* « chiffon qui pend », avec suff. *-ěllu* et nasalisation spontanée. ◆ |2| **LAMBIN** XVIe s. : probablement var. de *lambeau* « chiffon », employé par métaphore ; s'est croisé avec *Lambin*, dimin. du prénom *Lambert*, et a pu subir, pour le sens, l'infl. de mots tels que *lendore, lanterner, lent* ; **LAMBINER** XVIIe s. ◆ |3| **LABEL** XIXe s. : mot angl. « étiquette », de l'anc. fr. *label* « ruban », var. non nasalisée de *lambeau*.

LAMBRIS (pop.) XIVe s., XIIe s. sous la forme *lambruis* « boiserie (sculptée d'ornements végétaux) » : lat. vulg. **lambruscus*, formé sur **lambrusca*, class. *labrūsca* « vigne sauvage » (pour le sens → VIGNETTE) ; **LAMBRISSER** XIIe s. *lambruschier* XVe s. forme mod. : **lambrūscāre*.

LAME famille du lat. *lāmina* « lame », « feuille mince (généralement en métal) » ; dimin. *lamella*.

◆ |1| **LAME** (pop.) XIIe s., XVe s. « vague » : *lāmina*. **LAME** XVIIIe s. ; **BILAME** XXe s. ◆ |2| **OMELETTE** (pop.) XVIe s. : altération (p.-ê. sous l'infl. des représentants méridionaux d'*ovum*) de *amelette* XVe s. « id. », dimin. qui se rattache à l'anc. fr. *alemelle* « lame (de couteau, ou d'arme) », du lat. *lamella*, avec agglutination du *a* de l'article ; l'« omelette » est une mince « lame » d'œufs cuits. ◆ |3| **LAMELLE** (sav.) XVe s. (XIIe s. *lemelle*, var. d'*alemelle* → le précédent), rare avant le XVIIIe s. : *lamělla* ; **LAMELLAIRE** XVIIIe s. ◆ |4| **LAMELLI-** 1er élément de composés sav., ex. : **LAMELLIBRANCHES** XIXe s. ◆ |5| **LAMINER** (sav.) XVIe s. : verbe formé sur *lamina* ; **LAMINOIR** XVIIe s. ; **LAMINAGE** XVIIIe s. ; **LAMINEUR** XIXe s.

LAMENTER (sav.) XIIIe s. intrans., XVIIe s. pronom. : bas lat. *lamentare*, class. *lamentari* ; **LAMENTATION** XIIe s. : *lamentatio* ; **LAMENTABLE** XIVe s.

LAMPE famille du gr. *lampein* « briller », d'où (1) *eklampein* « briller tout à coup » et *eklampsis* « lumière éclatante », « manifestation subite » ; (2) *lampas, -ados* adapté en lat. sous la forme *lampas, -adis* (3) *lamptêr, -éros*, chez Homère « vase à feu où l'on brûlait des torches de résine ou du bois sec », puis « flambeau », « lampe » ; adapté en lat., par un intermédiaire étrusque, sous la forme *lanterna*.

◆ |1| **LAMPE** (pop.) XIIe s. : *lampăda*, acc. du lat. *lampas* ; **LAMPISTE, LAMPISTERIE** XIXe s. ◆ |2| **LANTERNE** (pop.) XIe s. : *lanterna* ; XIIIe s. *pour lanternes vendre* (puis, *prendre*) *vessies* ; XIVe s. *envoyer à la lanterne sa vie* (où *lanterne* est un euphémisme pour le mot obscène *landie*) d'où **LANTERNER** XVIe s. qui a dû prendre le sens de « (faire) perdre du temps » sous l'infl. du néerl. *lanteren* « lambiner », bien représenté dans les dial. du Nord ; **LANTERNEAU, LANTERNON** XIXe s. ◆ |3| **LAMPION** XVIe s. : it. *lampione* « grosse lampe pour les fêtes nocturnes », augmentatif de *lampa*. ◆ |4| **LAMPADAIRE** (sav.) XVIIe s. : bas lat. *lampadarium* « support pour lampes ».
◆ |5| **ÉCLAMPSIE** (sav.) XVIIIe s. : gr. *eklampsis*, à cause de la soudaineté de cette maladie.

LAMPROIE (pop.) XIIIe s. : bas lat. *lamprĕda*, VIIe s., d'origine obscure.

LANCE famille du lat. *lancea* « lance », empr. d'origine indéterminée, d'où (1) le dimin. lat. imp. *lanceola* et bas lat. bot. *lanceolatus* (2) *lanceare* IIIe s., « manier la lance ».

♦ |1| LANCE (pop.) XIe s. : *lancea* ; LANCETTE XIIIe s. ; LANCIER XVe s. ♦ |2| LANCER (pop.) XIIe s. ; XIXe s. « mettre en train, faire connaître » : *lanceâre* ; LANCEMENT XIVe s. ; LANÇAGE XVIIe s. ; LANCER subst. XVIIIe s. ; LANCEUR XIXe s. ♦ |3| LANCE-, surtout dans le langage milit., 1er élément de composés, ex. : LANCE-PIERRES XIXe s. ; LANCE-TORPILLES, LANCE-FLAMMES, LANCE-FUSÉES XXe s. ♦ |4| ÉLANCER XIIe s. ; ÉLAN XVe s. ; ÉLANCEMENT, ÉLANCÉ XVIe s. ; RELANCER XIIe s. ; RELANCE XXe s. ♦ |5| LANCÉOLÉ (sav.) XVIIIe s. : *lanceolatus*.

LANDE famille de l'ind.-eur. **londh-* ou **lendh-* « territoire, pays ». En germanique commun **landam*, en anc. celtique **landa*.

♦ |1| LANDE (pop.) XIIe s. : gaulois **landa*, apparenté au breton *lann*. ♦ |2| LANSQUENET XVe s. : all. *Landsknecht* « serf d'un chevalier », littéralement « serviteur *(Knecht)* du pays *(Land)* ». ♦ |3| LANDGRAVE (sav.) XIIe s. : moyen haut all. : littéralement « comte *(Graf)* du pays *(Land)* ». ♦ |4| NO MAN'S LAND XXe s. : loc. angl. « terre (qui n'appartient) à personne ».

LANDIER (pop.) XIIe s. : var., avec agglutination de l'article, d'*andier*, du gaulois **andero* « jeune taureau », les landiers étant souvent décorés de têtes d'animaux.

LANGOUSTE ♦ |1| XIVe s. : anc. prov. *langosta*, forme altérée du lat. *locūsta* « sauterelle ». ♦ |2| LOCUSTE (sav.) XIIe s.-XVIe s., puis XIXe s. : *locusta*.

LANGUE famille du lat. *lingua* « langue », « organe de la parole », « langage » et « tout objet en forme de langue, en particulier, nom de diverses plantes » ; d'où quelques composés en *-linguis* tels que *bilinguis, trilinguis* « qui possède deux, trois langues ». Pour les mots scientifiques exprimant l'idée de « langue » → GLOSSO-, art. GLOSE.

♦ |1| LANGUE (pop.) Xe s., puis XVIe s. « langage », XVe s. organe : *lingua* ; LANGAGE Xe s. ; LANGUETTE XIVe s. ♦ |2| LANGUE-DE-BŒUF XVIIe s. plante ; LANGUE-DE-CHAT XIXe s. gâteau ; ABAISSE-LANGUE XIXe s. ♦ |3| BILINGUE (sav.) XIIIe s. : « menteur », XVIIe s. sens mod. ; TRILINGUE XVIe s. : *bilinguis, trilinguis* ; BILINGUISME XXe s. ♦ |4| LINGUISTE XVIIe s. ; LINGUISTIQUE XIXe s. ; SUBLINGUAL XVIe s. ; LINGUAL XIXe s. : dér. sav. formés sur *lingua*. ♦ |5| LINGOT XIVe s. : anc. prov., *lingo* « langue », de *lingua*, à cause de la forme allongée de ces blocs de métal.

LANIÈRE (pop.) XIIe s. : dér. de l'anc. fr. *lasne*, probablement métathèse de **nasle*, du frq. **nastila* « lacet ».

LAPAROTOMIE (sav.) XVIIIe s. : du gr. *lapara* « flanc », 2e élément → TOMIE, art. TEMPLE.

LAPER ♦ |1| (pop.) XIIe s. lat. vulg. **lappare*, dont la base **lap-* p.-ê. onom. est également représentée en germ. (→ angl. *to lap*), en gr. *(laptein)* et en lat. *(lambere*, avec infixe nasal). ♦ |2| LAMPER XVIIe s. : var. nasalisée de *laper* ; LAMPÉE XVIIe s.

LAPIDER famille du lat. *lapis, lapidis* « pierre », d'où *lapidare* « jeter des pierres » ; *dilapidare* « joncher de pierres » et « gaspiller », emploi ancien, sans doute familier, repris surtout dans la langue de l'Église.

♦ |1| LAPIDER (sav.) Xe s. : *lapidare* ; LAPIDATION XIIe s., rare avant le XVIIe s. : *lapidatio*. ♦ |2| LAPIDAIRE (sav.) XIIe s. subst. « traité sur les pierres précieuses », XIIIe s. « artisan qui taille les pierres précieuses », XVIIIe s. adj. « concis comme une inscription gravée sur la pierre » : *lapidarius* « relatif à la pierre ». ♦ |3| DILAPIDER (sav.) XIIIe s. : *dilapidare* ; DILAPIDATION XVe s. : *dilapidatio* ; DILAPIDATEUR XVe s. ♦ |4| LAPIS-LAZULI XIIIe s. : lat. médiéval *lapis azurum* → AZUR.

LAPIN XVe s., et **LAPEREAU** XIVe s. : mots obscurs qui se sont substitués, d'abord dans l'extrême nord du domaine gallo-roman, à l'anc. fr. *conin*, var. de *conil* : lat. *cunicŭlus*, qui se prêtaient à des jeux de mots obscènes ; dérivés d'une base préromane, p.-ê. ibère, qui ont des équivalents en port., et auraient pu pénétrer par voie de mer, grâce au commerce des pelleteries ; fin XVIIIe s. sens de « voyageur pris en surnombre, qui ne paie pas son billet » et fin XIXe s. *poser un lapin*, argot, « ne pas rétribuer les faveurs d'une fille » et « ne pas se rendre à un rendez-vous » : p.-ê. du vocabulaire du braconnage.

LAPS famille sav. du lat. *labi, lapsus* « glisser, tomber » et au fig. « commettre une faute », d'où *lapsus, -us* « tout mouvement de glissement ou d'écoulement, de course rapide », « chute » ; bas lat. *labilis* « glissant » ; *collabi, collapsus* « tomber en même temps ou en bloc », « s'écrouler » ; *relabi, relapsus* « retomber dans » → aussi AVALANCHE et LAVE.

♦ |1| LAPS (de temps) XIIIe s. subst. : *lapsus, -us*. ♦ |2| LAPSUS XIXe s. : mot lat. ♦ |3| RELAPS XIIIe s. adj. : *relapsus*. ♦ |4| COLLAPSUS XIXe s. : *collapsus, -us* « affaissement ». ♦ |5| LABILE XIVe s. : *labilis*.

LAQUAIS XVe s. « soldat, valet d'armée », XVIe s. sens mod. : origine obscure ; p.-ê. moyen gr. *oulakès*, du truc *ulaq* « courrier » ; plus vraisemblablement esp. *lacayo* « valet d'armes », probablement à rapprocher du basque *alakairu, alokairu, alokari* « paie journalière », du lat. *locarium* → LOYER, art. LIEU ; le sens 1er serait alors « mercenaire ».

LAQUE XVe s. : persan *lak*, par l'arabe, le vénitien et l'anc. prov. *laca* XIIIe s. ; LAQUER, LAQUEUR XIXe s.

LARBIN XIXe s. argot, d'abord « mendiant » puis « domestique » : étym. obscure.

LARD (pop.) XIIe s. : lat. *laridum* ; LARDER, ENTRELARDER, LARDON XIIe s. ; LARDOIRE XIVe s.

LARE ♦ |1| (sav.) XVe s. : lat. *Lar, Laris*, plur. *Lares* « esprits des morts », devenus « divinités tutélaires du foyer ». ♦ |2| LARVE (sav.) XVe s. « masque » et « fantôme », XVIIIe s. entomol. : *larva* « spectre, esprit des morts qui poursuit les vivants », « épouvantail », « masque » ; comporte probablement le même rad. que *Lar*, avec un suff. étrusque ; LARVAIRE, LARVÉ XIXe s.

LARGE ♦ |1| (pop.) XIe s. : lat. *largus, -a*, avec un masc. (anc. *larc*) refait sur le fém. ;

LARGESSE XIIe s. ; ÉLARGIR XIIe s. sens propre ; XIVe s. jur. ; ÉLARGISSEMENT XIIe s. ; LARGEUR XIIIe s. ; LARGUER XVIIe s. : prov. *larga* « élargir (les voiles) ». ♦ |3| LARGO, LARGHETTO XVIIIe s., mus. : mot it. « large » et dimin. du même mot.

LARME ♦ |1| (pop.) XIe s., d'abord sous la forme *lairme* : lat. *lacrima* « id. » ; LARMOYER XIIe s. ; LARMOYANT XVIIIe s. ; LARMOIEMENT XVIe s. ♦ |2| LACRYMAL XIVe s. (sav.) : dér. formé sur *lacryma*, var. de *lacrima* ; LACRYMATOIRE XVIIe s. ; LACRYMOGÈNE XXe s. ♦ |3| LACRIMA- ou LACRYMA-CHRISTI XVIe s., nom d'un vin d'Italie : mots lat. « larme du Christ ».

LARRON famille du lat. *latro, -ōnis* « soldat mercenaire grec » puis « voleur de grands chemins ». dér. péjor. en *-o, -ōnis*, sur une base gr. *latr-* qui apparaît dans *latron* « salaire », *latreia* « service de mercenaire », *latreus* « serviteur », *latreuein* « servir à gages », d'où lat. *latrocinium* « brigandage ».

♦ |1| LARRON (pop.) Xe s. : *latrōnem*, acc. de *latro* représenté en anc. fr. par *lerre*. ♦ |2| LARCIN (pop.) XIe s. : *latrocĭnĭum*. ♦ |3| -LÂTRIE, -LÂTRIQUE, -LÂTRE, -LÂTRER 2es éléments de composés sav. exprimant l'idée de « service d'une divinité », ex. : IDOLÂTRE, IDOLÂTRIE, etc., 1er élément → VOIR.

LARYNX ♦ |1| (sav.) XVIe s. : gr. *larugx, laruggos* « gosier » ; LARYNGÉ, LARYNGIEN XVIIIe s. ; LARYNGITE XIXe s. ; LARYNGAL XXe s. ♦ |2| LARYNGO- 1er élément de composés sav., ex. : LARYNGOLOGIE XVIIIe s. ; LARYNGOSCOPE XIXe s.

LAS ♦ |1| (pop.) Xe s. « malheureux », XIe s. « fatigué » : lat. *lassus* « fatigué ». ♦ |2| HÉLAS ! (pop.) XIIe s., interj. composée de *hé !* et de *las* « malheureux ». ♦ |3| LASSER (pop.) XIe s. : lat. imp. *lassare* « fatiguer » ; DÉLASSER XIVe s. ; DÉLASSEMENT XVe s. ; INLASSABLE XXe s. ♦ |4| LASSITUDE (sav.) XIVe s. : *lassitudo*.

LASCAR XVIIe s. « matelot indien », puis XIXe s. « homme brave, ou malin » : persan *laskhar* « soldat », par le port.

LASCIF famille d'une racine ind.-eur. **las-* « être avide ». En latin *lascivus*

« folâtre, joueur, pétulant ». En germanique *lustu-, *lusti- « gai ».

♦ |1| **LASCIF** (sav.) XV⁰ s. : *lascivus* ; **LASCIVETÉ** XV⁰ s., **LASCIVITÉ** XVIII⁰ s. : *lascivitas*.
♦ |2| **LOUSTIC** XVIII⁰ s. : all. *lustig* « gai », appliqué à un soldat faisant le bouffon dans les régiments suisses de l'Ancien Régime.

LATENT (sav.) XIV⁰ s. : *latens*, part. présent de *latēre* « être caché » ; **LATENCE** XIX⁰ s.

LATÉRITE (sav.) XIX⁰ s. : du lat. *later* « brique » ; **LATÉRITIQUE, LATÉRISATION** XX⁰ s.

LATEX (sav.) XVIII⁰ s. : mot lat., « liquide », subst.

LATTE (pop.) XII⁰ s. : mot ayant des équivalents en celtique (gallois *llâth*) et en germ. *slat* « gaule ») : probablement entré en Gaule par le frq. avec le mode de construction germ. en bois et torchis ; **LATTIS** et **CHANLATTE** (composé de *chant* « bord ») XIII⁰ s.

LAUDANUM (demi-sav.) XVII⁰ s. : altération inexpliquée de *ladanum* XIV⁰ s., mot lat. : gr. *ladanon* « résine du ciste », empl. pour désigner un médicament à base d'opium.

LAURIER ♦ |1| (pop.) XII⁰ s. : dér. de l'anc. fr. *lor*, *laur*, du lat. *laurus* ; **LAURÉ** XVI⁰ s., rare avant le XIX⁰ s. ♦ |2| **LAURÉAT** (sav.) XVI⁰ s. : lat. *laureatus* « couronné de laurier ». ♦ |3| **BACCALAURÉAT** → BACHELIER.

LAVE XVII⁰ s. : it. *lava*, mot napolitain : p.-ê. prél-lat., apparenté à diverses formes dial. gallo-romanes ; p.-ê. lat. *labes* « chute », apparenté à *labi* « glisser » → LAPS.

LAVER famille de deux verbes lat. reposant sur la même racine, *lavare*, *lavatus* « se laver, se baigner » et *lavēre*, *lautus* « laver, baigner » ; au 1ᵉʳ se rattache *latrina*, de *lavatrina* « lavabo », d'où « cabinets », et bas lat. *lavatorium* « lavoir » ; au 2⁰, des composés en *-luere*, *-lutio*, *-luvium*, *-luvio* (a) *abluere* « enlever en lavant, effacer » et *ablutio* « lavage », « purification » (b) *adluere* « venir mouiller » et *adluvio* « inondation », « alluvion » (c) *diluere* « délayer, détremper » ; *diluvium* « inondation » (d) *pediluvium* « bain de pieds » ; au part. passé *lautus*, d'où le subst. *lōtio, -onis* « action de laver ».

I. base *-la(v)-* (pop. ou sav.)

♦ |1| **LAVER** (pop.) X⁰ s. : *lavare* ; **RELAVER** XII⁰ s. ; **DÉLAVER** XIV⁰ s. ; **LAVURE** XI⁰ s. ; **LAVEMENT** XII⁰ s., XVI⁰ s. : « clystère » ; **LAVEUR** XIII⁰ s. ; **LAVAGE** XV⁰ s. ; **LAVASSE** XV⁰ s. « pluie », XIX⁰ s. « boisson fade » ; **LAVERIE** XVI⁰ s. ; **LAVIS** XVII⁰ s. ; **LAVETTE** XVII⁰ s. ♦ |2| **LAVOIR** (pop.) XII⁰ s. : *lavatorium*, ou simple dér. de *laver*. ♦ |3| **LAVATORY** fin XIX⁰ s. : mot angl., de *lavatorium*.
♦ |4| **LAVANDIÈRE** XII⁰ s. (pop.) : dér. anc. de *lavanda*, plur. neutre de *lavandus* « à laver ».
♦ |5| **LAVANDE** XIV⁰ s. : it. *lavanda*, plante employée pour parfumer l'eau de toilette, du lat. *lavanda* « choses destinées à être lavées », employé au sens de « choses servant à laver ». ♦ |6| **LAVABO** (sav.) XVI⁰ s. liturg., « lavement de mains du prêtre », XIX⁰ s. « meuble de toilette » : futur du verbe *lavare*, tiré de la formule liturg. *lavabo inter innocentes manus meas*, Ps., XXVI, 6, « je laverai mes mains, en signe d'innocence ». ♦ |7| **LATRINES** (sav.) XV⁰ s. : *latrina*.

II. base *-lu-* (demi-sav., ou sav.)

♦ |1| **DÉLUGE** (demi-sav.) XII⁰ s. : lat. vulg. *dīlūvium*, class. *dĭlūvĭum*. ♦ |2| **DILUVIEN** et **ANTÉDILUVIEN** (sav.) XVIII⁰ s. : dér. formés sur *diluvium*. ♦ |3| **DILUER** (sav.) XV⁰ s., rare avant le XIX⁰ s. : *diluere* ; **DILUTION** XIX⁰ s. ♦ |4| **ABLUTION** XIII⁰ s. : *ablutio*. ♦ |5| **ALLUVION** (sav.) XVI⁰ s. « inondation », XVII⁰ s. sens mod. : *alluvio* ; **ALLUVIAL, ALLUVIONNAIRE, ALLUVIONNEMENT** XIX⁰ s. ; **ALLUVIONNER** XX⁰ s. ♦ |6| **COLLUTOIRE** XIX⁰ s. : de *colluere* « laver ».

LAYETTE XIV⁰ s. « tiroir », XVII⁰ s. « trousseau (mis dans ce tiroir) » : dér. de l'anc. fr. *laie* « boîte » : moyen néerl. *laeye* « coffre ».

LÉ famille de l'adj. lat. *latus* « large », d'où *latitudo* « largeur » ; *dilatare* « élargir », et composés à 1ᵉʳ élément *lati-*, *laticlavus* « (vêtement) garni d'une large bande (de pourpre) » et *latifundium* « vaste domaine ».

♦ |1| **LÉ** (pop.) XI⁰ s. adj. « large », XIII⁰ s. subst. « largeur », XV⁰ s. couture, « panneau de jupe » : *latus*. ♦121 **LAIZE** (pop.) xII° s. : lat. vulg. **latia*, dér. de *latus*. ♦131 **ALAISE** ou **ALÈSE** (pop.) xv° s. : fausse coupe de *la laize*. ♦141 **ALÉSER** (pop.) xIII° s. : *alaisier* « élargir », xvII° s. terme d'artillerie, puis techn. : lat. vulg. **adlatiare* « élargir » ; **ALÉSAGE** xIx° s. ♦151 **LATITUDE** (sav.) xIv° s. « largeur » et géogr. : *latitudo, -inis* ; **LATITUDINAIRE** xvIII° s. ♦161 **DILATER, DILATATION** (sav.) xIv° s. : *dilatare, dilatatio*. ♦171 **LATICLAVE** → CLÉ ; **LATIFUNDIA** → FOND.

LEADER ♦111 xIx° s. : mot angl. « conducteur », « chef de parti » : dér. de *to lead* « conduire », du germ. commun **laidhjan*. ♦121 **LEITMOTIV** xIx° s. : mot all. « motif conducteur », de *leiten* « conduire », de même origine.

LÉCHER famille d'une racine ind.-eur. **leigh-* « lécher ».
En grec *leikhein* d'où (a) *ekleikhein* « lécher » et « avaler sous forme d'électuaire, ou préparation pharmaceutique semi-liquide » ; *ekleikton* « électuaire » ; (b) *leikhēn* « lèpre, dartre » ou « lichen ».
En germanique une forme à gémination expressive, frq. **lekkōn*.

I. mots populaires d'origine germanique

♦111 **LÉCHER** xII° s. sens propre, et « vivre dans la débauche », xvII° s. « fignoler », xIx° s. « flatter » : frq. **lekkôn* ; **LICHER** xI° s., var. de *lécher* ; **SE POURLÉCHER** xvIII° s. ; **LÉCHEUR** xII° s. « gourmand, débauché », xIx° s. fam. « flatteur » ; **LÈCHE** xv° s. « action de lécher », xx° s. fam. « flatterie ». ♦121 **LÈCHEFRITE** fin xII° s. : altération, sous l'infl. de *frire*, et, malgré la différence sans doute fortuite des dates, de *lèchefroie* xIII° s. « Lèche et frotte » ; 2° élément *froyer*, var. de FRAYER. ♦131 **LÈCHE-** 1ᵉʳ élément de composés, ex. : **LÈCHE-CUL** xIx° s. ; **LÈCHE-VITRINES** xx° s.

II. mots d'origine grecque

♦111 **ÉLECTUAIRE** (demi-sav.) xII° s. d'abord *leituaire* : bas lat. *electuarium*, altération, sous l'infl. de *electus* « choisi » (→ ÉLIRE, art. LIRE), du gr. *ekleikton*. ♦121 **LICHEN** (sav.) xvI° s. : *leikhēn*, par le lat.

LÉGER famille du lat. *lĕvis* « léger », d'où *lĕvāre* et ses composés et synonymes *adlevare, elevare, relevare, sublevare* « soulever », « alléger » ; bas lat. *praelevare* « lever d'abord ou auparavant ».

I. bases populaires diverses

♦111 **LÉGER** xI° s. « qui pèse peu », « agile », xII° s. « frivole » : lat. vulg. **leviarius*, dér. de *levis* ; **LÉGÈRETÉ, LÉGÈREMENT** xII° s. ♦121 **ALLÉGER** xI° s. : bas lat. *alleviare*, class. *adlevare* ; **ALLÉGEMENT** xII° s. ♦131 **SOULAGER** xII° s. : altération, sous l'infl. de l'anc. fr. *soulas* (du lat. *solatium*, apparenté à *consoler*), de l'anc. fr. *soulegier* xII° s., du lat. vulg. **subleviare*, class. *sublevare* ; **SOULAGEMENT** xIv° s. ♦141 **LIÈGE** xII° s. : lat. vulg. **levius*, class. *levis* ; **CHÊNE-LIÈGE** xvII° s. ♦151 **RELIEF** xI° s. : dér. des formes de *relever* accentuées sur le rad. ; xvI° s., beaux-arts, sous l'infl. de l'équivalent it. *rilievo* ; **BAS-RELIEF, HAUT-RELIEF** xvII° s. : calques de l'it. *basso, alto rilievo*.

II. base -*lev*- (pop. ou sav.)

♦111 **LEVER** (pop.) x° s. verbe, xIv° s. subst. : *lĕvāre* ; **LEVANT** xII° s. adj., xIv° s. subst. ; **LEVANTIN** xvI° s. ; **LEVIER, LEVÉE, PONT-LEVIS** xII° s. ; **LEVURE, LEVAGE** xIII° s. ♦121 **LEVAIN** (pop.) xII° s. : lat. vulg. **lĕvāmen*, de *lĕvāre*. ♦131 **ALEVIN** (pop.) 1ᵉʳ s. « nourrisson » : lat. vulg. **allĕvāmen*, de *allĕvāre* au sens d'« élever des animaux » ; **ALEVINER** xIv° s. ; **ALEVINAGE** xvII° s. ♦141 **ÉLEVER** (pop.) xII° s. *eslever* : lat. vulg. **exlĕvāre* ; **ÉLEVEUR** xII° s. ; **ÉLEVAGE** xIx° s. ; **ÉLÈVE** xvII° s., sous l'infl. de l'it. *allievo* ; **SURÉLEVER** xv° s. ♦151 **ÉLÉVATION** (sav.) xIII° s. : *elevatio* ; **SURÉLÉVATION** xIx° s. ; **ÉLÉVATEUR** (sav.) : bas lat. *elevator*. ♦161 **RELEVER** (pop.) xI° s. « remettre debout », xvI° s. « sortir d'une maladie », xvII° s. « répondre vivement », « assaisonner » : *relevare* ; **RELÈVEMENT** xII° s. ; **RELEVEUR** xvI° s. ; **RELEVÉ** xvIII° s. subst. ; **RELÈVE** xIx° s. ♦171 **SOULEVER** xI° s. : calque de *sublevare* ; **SOULÈVEMENT** xII° s. ♦181 **ENLEVER** (pop.) xI° s. : composé ancien de *lever*, avec 1ᵉʳ élément *en-* issu de *inde* ; pour les mots sav. exprimant l'idée d'« enlever » → ABLATIF, ABLATION, art. OUBLIE ; **ENLÈVEMENT** xvII° s. ♦191 **PRÉLEVER** (sav.) xvII° s. : *praelevare* ; **PRÉLÈVEMENT** xvIII° s. ♦1101 **LÉVITATION** (sav.) xIx° s. : dér. formé sur *levitas, -tatis* « légèreté ».

LÉGUME (sav.) xIv° s. « graine », xvII° s. « plante potagère » : a éliminé l'anc. fr. *leün* (pop.) « légume (surtout à gousses) » : lat. *legūmen, -inis* ; **LÉGUMINEUX** xvII° s. ; **LÉGUMIER** xvIII° s.

LÉNITIF, LÉNIFIER (sav.) XIVᵉ s. : lat. *lenitivus, lenificare*, dér. de *lenis* « doux ».

LENT ♦|1| (pop.) XIᵉ s. : lat. *lentus* « flexible », « élastique », « mou », d'où en lat. imp. « persistant, visqueux » ; pour les mots scientifiques exprimant l'idée de « lenteur » → BRADY- ; **LENTEMENT** XIIᵉ s. ; **LENTEUR** XIVᵉ s. ; **RALENTIR** XVIᵉ s. : dér. de *alentir* XIIᵉ s. ; **RALENTISSEMENT** XVIᵉ s. ; **RALENTI** XXᵉ s. subst. ♦|2| **RELENT** XIIIᵉ s. adj. « visqueux, humide, moite » d'où « malodorant », surtout en parlant de cadavres ; XVIIᵉ s. subst. « mauvaise odeur » : forme renforcée par le préf. intensif *re-*, du lat. *lentus*.

LENTE (pop.) XIIIᵉ s. : lat. vulg. *lendĭtem*, class. *lendem*, acc. de *lens, lendis* « œuf de pou ».

LENTILLE ♦|1| (pop.) XIIᵉ s. légume, XVIIᵉ s. optique : lat. *lenticŭla*, dimin. de *lens, lentis* « lentille ». ♦|2| **LENTICULÉ** (sav.) XVIᵉ s. : *lenticulatus* « en forme de lentille » ; **LENTICELLE** (sav.) : dimin. d'après *lenticŭla*.

LENTISQUE XIIIᵉ s. : anc. prov. *lentiscle* : lat. vulg. *lentiscŭlus*, dimin. de *lentiscus*.

LÈPRE famille du gr. *lepein* « ôter l'enveloppe (peau, cosse, écaille) », d'où (a) *lepis, -idos* « enveloppe, écaille » (b) *lepra* « lèpre ».
♦|1| **LÈPRE** (sav.) XIIᵉ s. : *lepra*, par le lat. ; **LÉPREUX** XIᵉ s. a éliminé l'anc. *ladre* : lat. *leprosus* ; **LÉPROSERIE** XVIᵉ s. ♦|2| **LÉPIDO-** (sav.) : *lepis, -idos*, 1ᵉʳ élément de composés exprimant l'idée d'« écailles », ex. : **LÉPIDOPTÈRE** XVIIIᵉ s. ; **LÉPIDODENDRON** XIXᵉ s.

LÉSION famille sav. du lat. *laedere, laesus* « heurter », « endommager », « faire injure », d'où *laesio, -onis* « blessure », « dommage » et les composés *collidere* « frapper contre », d'où *collisio* « choc », et *elidere* « pousser dehors en frappant », « expulser », d'où *elisio*, gramm. « élision ».
♦|1| **LÉSION** XIIᵉ s. « dommage », XIVᵉ s. méd. : *laesio*. ♦|2| **LÉSER** XVᵉ s. : sur le part. passé *laesus* ; **LÈSE-MAJESTÉ** XIVᵉ s. : calque du lat. jur. *crimen laesae majestatis* « crime de majesté lésée » ; **LÈSE-** 1ᵉʳ élément de composés néologiques : **LÈSE-HUMANITÉ, LÈSE-NATION** fin XVIIIᵉ s. ♦|3| **COLLISION** XVᵉ s. : *collisio*. ♦|4| **ÉLIDER, ÉLISION** XVIᵉ s. : *elidere, elisio*.

LEST ♦|1| XIIIᵉ s. « charge de harengs ou de cuir », XIVᵉ s. traces du sens mod. dans les dér. ; XVIIᵉ s. sens mod. : néerl. *last*, var. *lest*, d'origine frisonne ; **LESTER, LESTAGE** XIVᵉ s. ; **DÉLESTER** XVIᵉ s., **DÉLESTEMENT, DÉLESTAGE** XVIIᵉ s. ♦|2| **LESTE** XVᵉ s. « bien équipé », XVIIIᵉ s. « dégagé » : it. *lesto* « chargé », d'où « prêt à partir (navire) » et, métaph., appliqué à une personne : empr. à l'anc. fr. *lest*.

LÉTAL ♦|1| (sav.) XIVᵉ s. : lat. *letalis* « mortel », dér. de *letum* « la mort ». ♦|2| **LÉTHIFÈRE** XVIᵉ s. (sav.) : lat. *letifer* « qui apporte la mort », avec *h* empr. au gr. *lêthê* → le suiv.

LÉTHARGIE (sav.) XIIIᵉ s., rare avant le XVIIIᵉ s. : gr. *lêthargia*, par le lat. ; 1ᵉʳ élément *lêthê* « oubli », 2ᵉ élément *argia* « inaction », de *argos* « oisif », pour *a-ergos*, « sans activité » → ORGUE ; **LÉTHARGIQUE** XIVᵉ s. : *lêthargikos*, par le lat.

LETTRE famille du lat. *littĕra* « caractère d'écriture », plur. *litterae* « écrit », « lettre », « culture littéraire ou scientifique ».

I. mots populaires, base *-lettr-*
♦|1| **LETTRE** Xᵉ s. « texte », XIᵉ s. « missive », XIIᵉ s. « sens strict » et « signe graphique », XVIᵉ s. au plur. « culture littéraire » : *littera, litterae* ; **LETTRÉ** XIIᵉ s. ; **ILLETTRÉ** (demi-sav.) XVIᵉ s. ♦|2| **LETTRINE** XVIIᵉ s. : adaptation de l'it. *letterina* « petite lettre ».

II. mots savants, base *-litt(t)er-*
♦|1| **LITTÉRAL** XIIIᵉ s. : *litteralis* « qui a rapport aux lettres » ; **LITTÉRALEMENT** XIVᵉ s. ; **LITTÉRALITÉ** XVIIIᵉ s. ♦|2| **OBLITÉRER** XVᵉ s., rare jusqu'au XVIIᵉ s. : *oblitterare* « effacer les lettres », « abolir » ; XIXᵉ s. postes : **OBLITÉRATION** XVIIIᵉ s. ♦|3| **LITTÉRAIRE** XVIᵉ s. : *litterarius* « relatif à la lecture et à l'écriture » ; **LITTÉRATURE** XIIᵉ s. « écriture », XVᵉ s. « culture générale », XVIIIᵉ s. « œuvres écrites à caractère esthétique » : *litteratura* « écriture », « grammaire », « érudition » ; **LITTÉRATEUR** XVᵉ s. : lat. imp. *litterator*

« grammairien ». ♦ |4| **ALLITÉRATION** XVIII° s. : composé formé de *ad* « auprès » et *littera* « répétition de lettres », d'abord en angl. ; **ALLITÉRATIF** XX° s.

LEUC(O)- (sav.) : gr. *leukos* « blanc » ; 1ᵉʳ élément de composés tels que **LEUCÉMIE, LEUCOCYTE, LEUCORRHÉE** XIX° s.

LEURRE ♦ |1| (pop.) XII° s. *luerre* « appât servant à faire revenir le faucon » ; frq. **loder* « appât » ; **LEURRER** XIII° s. ; XIX° s. pronom. ♦ |2| **DÉLURÉ** XVIII° s. : forme dial. (en particulier Berry) de *déleurré* « détrompé ».

LÈVRE famille du plur. lat. *labra, -orum* « lèvres », dimin. *labella* ; var. *labia, -orum* « lèvres » ; apparenté au groupe germ. représenté par l'anc. haut all. *leffur*, vieil angl. *lippa*, néerl. *lippe*.

♦ |1| **LÈVRE** (pop.) : *labra*, neutre plur. pris pour un fém. ♦ |2| **LIPPE** XIII° s. : moyen néerl. *lippe* « lèvre » ; **LIPPÉE** XIV° s. ; **LIPPU** XVI° s. ♦ |3| **BALAFRE** (pop.) XVI° s. « ouverture des lèvres » et « lèvres d'une plaie », de *batare* (→ BAYER) « être ouvert » et de anc. haut all. *leffur* représenté en anc. fr. par *leffre*. ♦ |4| **LABIAL** (sav.) XVII° s. : du lat. *labia* ; **LABIALISER** XIX° s. ; **LABIALISATION, BILABIALE** XX° s.

LEZ ♦ |1| (pop.) XI° s. « côté », subst., et « à côté de », prép. ; survit dans des toponymes, ex. : *Plessis-lez-Tours* : lat. *latus, lateris* « flanc », « côté ». ♦ |2| **LATÉRAL** (sav.) XIV° s. : bas lat. *lateralis* « des côtés » ; **COLLATÉRAL** XIII° s. : lat. médiéval *collateralis* ; **LATÉRALEMENT, ÉQUILATÉRAL** XVI° s. ; **UNILATÉRAL, TRILATÉRAL** XVIII° s. ; **BILATÉRAL, BILATÉRALEMENT** XIX° s. ♦ |3| **QUADRILATÈRE** (sav.) XVI° s. : bas lat. VII° s. *quadrilaterus*, de *quadri-* → QUATRE, et *latus, -eris* ; **QUADRILATÉRAL** XVI° s.

LÉZARD ♦ |1| (pop.) XII° s. au fém., XV° s. forme mod. : altération, par substitution de suff., du lat. *lacertus* « id. » ; **LÉZARDER** XIX° s. « paresser au soleil ». ♦ |2| **LÉZARDE** XII° s. « lézard ». XVIII° s. « fente dans un mur » ; **LÉZARDÉ** XVIII° s. ; **SE LÉZARDER** XIX° s. ♦ |3| **ALLIGATOR** XVII° s., mot angl. : altération, sous l'infl. sav. du lat. *alligare* (→ LIER), de l'esp. *el lagarto* « le lézard » (désignant diverses races de crocodiles), de *lacertus* ; mots scient. exprimant l'idée de « lézard » → SAURIEN.

LIBATION (sav.) XV° s. : lat. *libatio* « sacrifice, généralement liquide, offert aux dieux ».

LICE (de tissage) ♦ |1| (pop.) XII° s. : lat. *licia*, neutre plur. pris pour un fém., « fils de trame » ; **HAUTE-LICE** XIV° s. ; **BASSE-LICE** XVII° s. ♦ |2| **TREILLIS** (pop.) XII° s., *treliz*, adj. « tissé à mailles » et subst. « tissu fait de mailles » ; XIII° s., *treillis* « treillage », sous l'infl. de *treille* ; XIV° s. « étoffe grossière » : lat. vulg. **trilicius*, class. *trilix* « à trois fils de trame ». ♦ |3| **LISIÈRE** (pop.) XIII° s. : dér. de *lis*, du lat. *licium*, var. rare de *lice* ; **LISÉRÉ** XVIII° s. : dér. de *liséren* XVII° s. « border un ruban à deux lisières ».

LIE (de vin) (pop.) XII° s. : probablement gaulois **liga*.

LIER famille du lat. *ligare, -atus* « lier » (physique et moral). (1) subst. *ligamen, -inis* « lien », *ligamentum* « lien, bandage », *ligatura* « action de lier » (2) p.-ê., comme le pensaient les Romains, le mot *lictor* (le « licteur » liait les faisceaux qu'il portait) ; mais cette forme suppose un verbe **ligěre* non attesté et ce n'est p.-ê. là qu'une étym. pop. (3) les verbes préfixés (a) *alligare* et *obligare* « lier à », « astreindre, obliger » (b) *religare* « attacher par-derrière », « relier ».

I. mots populaires ou empruntés

♦ |1| **LIER** X° s. : lat. vulg. **ligāre*, class. *ligăre* ; var. *loier*, issue de *ligăre*, bien attestée jusqu'au XV° s. ; **DÉLIER** XII° s. ; **DÉLIÉ** XIII° s. « mince » → ALLÉCHER ; « agile » : part. passé de *délier* ; **LIAISON, LIASSE** XII° s. ; **LICOL** XIV° s. ; **LICOU** XVII° s. : de *lier* et *col, cou*. ♦ |2| **LIEN** XII° s. : *ligāmen* ; **LIMIER** XII° s. *liemier* « chien tenu en laisse » : dér. de *liem*, var. de *lien* ; **LIANE** XVII° s., mot fr. des Antilles, dér. de *lienner* « attacher », « lier des gerbes », lui-même dér. de *lien*. ♦ |3| **RELIER** XII° s. « attacher ensemble », XIX° s. « mettre en rapport » : *religare* ; **RELIEUR** XII° s. ; **RELIURE** XVI° s. ♦ |4| **ALLIER** XI° s. par traité, XII° s. en parlant des métaux : *alligare* ; **ALLIANCE** XII° s. « pacte », XIII° s. « mariage », XVII° s. « anneau nuptial » ; **RALLIER** XI° s. ; **RALLIEMENT**

XII° s. ; **ALLIÉ** subst. XIV° s. ; **ALLIAGE** XVI° s. ; **MÉSALLIER, MÉSALLIANCE** XVII° s. ♦ I5I **ALOI** XIII° s. « titre d'alliage » : dér. d'*aloier*, var. d'*allier*. ♦ I6I **RALLYE** XX° s. : mot angl. dér. de *to rally* « rassembler », du frq. *rallier*. ♦ I7I **LIGUE** XIII° s. : anc. it. *liga* « union », var. latinisante de *lega*, dér. de *legare*, du lat. *ligare* ; **LIGUER, LIGUEUR** XVI° s. ♦ I8I **LIGOTER** XVII° s. « attacher la vigne » (chez O. de Serres, ardéchois) ; XIX° s. argot « attacher » : d'origine méridionale, gasconne ou prov., de la famille de *ligare*.

II. mots savants

♦ IIII **OBLIGER** XIII° s. « assujettir par une obligation », d'abord jur., XVI° s. « s'attacher quelqu'un en lui rendant service » : *obligare* ; **OBLIGATION** XIII° s. jur., XVI° s. lien moral, XIX° s. finances (d'où OBLIGATAIRE XIX° s.) : *obligatio* ; **OBLIGATOIRE** XIV° s. : bas lat. jur. *obligatorius* ; **DÉSOBLIGER** XIII° s. jur., XVII° s. « être désagréable » ; **OBLIGEANT, OBLIGÉ** XVI° s. subst. ; **DÉSOBLIGEANT** XVII° s. ; **OBLIGEANCE, DÉSOBLIGEANCE** XVII° s. ♦ I2I **LICTEUR** XIV° s. : *lictor*. ♦ I3I **LIGAMENT** XVI° s. : *ligamentum* ; **LIGAMENTEUX** XVI° s. ; **LIGATURE** XIV° s. : *ligatura* ; a éliminé l'anc. fr. *liement* et *liure* (pop.) ; **LIGATURER** XIX° s.

LIESSE (pop.) XI° s. : altération, sous l'infl. de l'adj. *lié* (→ ci-dessus), de *leesse*, du lat. *laetitia* « allégresse », dér. de *laetus* « joyeux », représenté en anc. fr. par *lié*, qui survit au fém. dans l'arch. *faire chère lie* « accueillir joyeusement », « offrir un bon repas ».

1. LIEU famille du lat. *lŏcus* « endroit ». D'où (1) le subst. dimin. *loculus* « compartiment » ; l'adj. bas lat. *localis* « relatif à un lieu » ; l'adv. *illico*, pour *in loco* « sur-le-champ » ; (2) les verbes (a) *locare* « placer » et jur. « placer moyennant salaire », « louer » ; d'où *locatio* « louage » ; *locarium* « prix d'un emplacement » ; s'est dit d'abord du loueur (pour le locataire : *conducere*) ; mais *locare* a tendu à la longue à éliminer *conducere* (b) *collocare* « placer » d'où « faire asseoir » et « coucher ».

I. mots populaires

♦ IIII **LIEU** X° s. ; XII° s. *en lieu de* prép., remplacé au XVII° s. par *au lieu de* ; XVI° s. *lieu commun* (calque du lat. *locus communis*, calque du gr. *koinos topos*, « fondement d'un raisonnement ») : lat. *lŏcus* ; pour les mots scientifiques exprimant la notion de « lieu » → TOPO-, art. TOPIQUE ; **NON-LIEU** XIX° s. ; **MILIEU** → MI. ♦ I2I **LIEUTENANT** XIII° s. « chargé par délégation d'une responsabilité de chef », XV° s. milit. : littéralement « *tenant lieu* de » ; **LIEUTENANCE** XV° s. ; **SOUS-LIEUTENANT, LIEUTENANT-COLONEL** XVII° s. ♦ I3I **LOUER** XI° s. « donner, ou prendre en location » : *lŏcāre* ; **LOUAGE, LOUEUR** XIII° s. ; **ALLOUER** XI° s. « louer », XVII° s. « attribuer une somme d'argent » : lat. vulg. *adlocare. ♦ I4I **LOYER** XI° s. : *lŏcārĭum*. ♦ I5I **COUCHER** XII° s. sens général et astron., XIII° s. « consigner par écrit » : *collŏcāre* ; **RECOUCHER** XII° s. ; **DÉCOUCHER** XII° s. « faire lever », XVI° s. « coucher au dehors » ; **COUCHE** XII° s. « lit », XIII° s. « épaisseur ». Pour les mots scientifiques exprimant ce sens → STRATE, art. ESTRÉE ; XVI° s. « linge de nourrisson » ; **COUCHETTE** XIV° s. ; **COUCHEUR** XVI° s., *mauvais coucheur* XIX° s. ; **COUCHAGE** XVII° s. ; **COUCHERIE** XVIII° s. ♦ I6I **ACCOUCHER** XII° s.-XVI° s. « (se) coucher », XIII° s. « se coucher pour mettre au monde un enfant », XVI° s. seul sens survivant, par élimination de *gésiner*, *agésir* ; **ACCOUCHEMENT** XII° s. ; **ACCOUCHÉE** XIV° s. ; **COUCHES** XVI° s. ; **FAUSSE COUCHE** XVII° s. ; **ACCOUCHEUR** XVII° s.

II. mots savants

♦ IIII **COLLOQUER** XII° s. : *collocare* (→ COUCHER) ; **COLLOCATION** XVI° s. ♦ I2I **LOCATION** XIII° s., rare avant le XVIII° s. : *locatio* (→ LOUER) ; **LOCATIF** XIV° s. ; **LOCATAIRE** XVI° s. ; **SOUS-LOCATAIRE** XVI° s. ; **SOUS-LOCATION** XIX° s. ; **ALLOCATION** XV° s. (→ ALLOUER) ; **ALLOCATAIRE** XX° s. ♦ I3I **LOCAL** XIV° s. adj., XVIII° s. subst. : *localis* ; **LOCALEMENT** XV° s. ; **LOCALITÉ** XVI° s. « lieu », XX° s. « ville » ; **LOCALISER** fin XVIII° s. ; **LOCALISABLE, LOCALISATION** XIX° s. ♦ I4I **BILOCULAIRE** XVIII° s. bot. : de *bis* « deux fois » et *loculus*. ♦ I5I **DISLOQUER** XVI° s. « déboîter » puis « désunir » : lat. médiéval *dislocare* « enlever de sa place » ; **DISLOCATION** XIV° s. méd. : lat. médiéval *dislocatio*, lat. imp. *delocatio*. ♦ I6I **LOCO-** 1er élément de composés sav., ex. : **LOCOMOTIF** adj. XVI° s. ; subst. fém. **LOCOMOTIVE** XIX° s. ; **LOCOMOTEUR** XVII° s. ; **LOCOMOTION** XVIII° s., **LOCOMOTRICE** XX° s. (pour le 2e élément → MOUVOIR) ; **LOCOTRACTEUR** XX° s. ♦ I7I **ILLICO** XVI° s. jur. : adv. lat.

2. **LIEU** (poisson) XIXᵉ s. : breton *leouek*.

LIEUE ♦ |1| (pop.) XIᵉ s. : lat. *leuca*, d'origine gauloise, d'après les Anciens. ♦ |2| **BANLIEUE** → BAN I. 5.

LIÈVRE ♦ |1| (pop.) : lat. *lĕpus, lĕpŏris*, d'origine méditerranéenne (il n'existe pas de nom ind.-eur. du lièvre, probablement tenu pour un animal de mauvais augure) ; **LEVRAUT** XIVᵉ s. ; **LÉVRIER** XIIᵉ s. « chien courant utilisé pour chasser le lièvre » ; **LEVRETTE** XVᵉ s. fém. dimin. de *lévrier*. ♦ |2| **LÉPORIDE** (sav.) XIXᵉ s. : dér. sur le radical *leporis*.

LIGE ♦ |1| (pop.) XIᵉ s. : lat. vulg. gallo-roman **lēticus*, dér. du bas lat. *letus* « sorte de vassal », du frq. **ledhus* (→ all. *ledig* « libre »). ♦ |2| **ALLÉGEANCE** XVIIᵉ s. jur. : angl. *allegiance*, altération, sous l'infl. de l'anc. fr. *allegeance* « soulagement », dér. d'*alléger* qui avait aussi un emploi jur., de l'anc. fr. *lijance* « état d'un homme ou d'une terre lige », dér. de *lige*.

LIGNEUX ♦ |1| (sav.) XVIᵉ s. : dér. sur le lat. *lignum* « bois ». **LIGNITE** XVIIIᵉ s., **LIGNINE** XIXᵉ s., id. ♦ |2| **LIGNI-** 1ᵉʳ élément de composés sav., ex. : **LIGNIFIER** XVIIᵉ s. ; **LIGNICOLE** XIXᵉ s.

LILAS XVIIᵉ s. : arabo-persan *lilak*.

LIMACE ♦ |1| (pop.) XIIIᵉ s. : lat. vulg. **limacea*, fém. de **limaceus* représenté au XIIᵉ s. par *limaz*, dér. de *limax, -acis* « limace » et « escargot » ; **LIMAÇON** XIIᵉ s. ♦ |2| **COLIMAÇON** XIVᵉ s. : altération du normanno-picard *calimaçon* XIVᵉ s. → préfixe CA-.

LIMANDE (pop.) XIIIᵉ s. « poisson plat » ; XIVᵉ s. « planche mince » : p.-ê. dér. de *lime* ; le sens serait alors « poisson à peau rugueuse » ; plus probablement apparenté à *limon* « brancard » ; suff. *-ande* obscur, p.-ê. d'origine gauloise.

LIMBES ♦ |1| (sav.) XIVᵉ s. sing., XVIᵉ s. forme mod. plur., théol. « séjour des justes avant la rédemption, ou des enfants morts sans baptême » : lat. *limbus* « frange, bord ». ♦ |2| **LIMBE** (sav.) XVIIᵉ s. astron. ; XVIIIᵉ s. bot. : id.

LIME (pop.) XIIᵉ s. : lat. *līma* ; **LIMER** XIIIᵉ s. : *limare* ; **ÉLIMER** XIIIᵉ s. ; **LIMAILLE** XIIIᵉ s. ; **LIMEUR** XIVᵉ s. ; **LIMAGE** XVIᵉ s.

1. **LIMON** (terre) (pop.) XIIᵉ s. : lat. vulg. **līmo, -ōnis*, class. *līmus* ; **LIMONEUX** XIVᵉ s.

2. **LIMON** (brancard) (pop.) XIIᵉ s. : semble reposer sur une rac. celtique **leim-* « perche », qui apparaîtrait dans l'esp. *leme* « gouvernail » et serait p.-ê. apparentée à celle du lat. *līmen* → LINTEAU.

3. **LIMON** (citron) ♦ |1| XIVᵉ s. : it. *limone*, de l'arabo-persan *līmūn* ; **LIMONADE, LIMONADIER** XVIIᵉ s. ♦ |2| **PAMPLEMOUSSE** XVIIIᵉ s. : adaptation de *pompelmous* XVIIᵉ s., du néerl. *pompelmoes*, contraction de *pompel* « gros » et *limoes* « citron », empr. au fr. *limon*.

LIMPIDE (sav.) XVᵉ s., **LIMPIDITÉ** XVIIᵉ s. : lat. *limpidus, limpiditas*.

LIN famille du lat. *linum* « lin » et « objet en lin », « fil » ; dér. : deux adj. syn. (a) *linteus* « de lin » ; neutre substantivé *linteum* « toile de lin », dimin. *linteolum* « petit morceau de toile », d'où l'adj. bas lat. *linteolus* « en toile » ; (b) *lineus* ; fém. substantivé *linea* « fil de lin », « cordeau » et « ligne », « trait tracé » d'où *lineamentum* « trait », « contour ».

I. famille de *linum*

♦ |1| **LIN** (pop.) XIIᵉ s. : *līnum* ; **LINIÈRE** XIIᵉ s. ; **LINIER** XIIᵉ s. subst., XIXᵉ s. adj. ; **LINOT, LINOTTE** XIIIᵉ s. « oiseau friand de graines de lin » ; **LINON** XVIᵉ s. : adaptation du dial. (Nord-Est) *linomple* « lin uni », 2ᵉ élément d'origine obscure. ♦ |2| **LINCEUL** (pop.) XIᵉ s.-XVIIᵉ s. « drap de lit (servant éventuellement à ensevelir les morts, seul sens survivant) » : *lintĕŏlum*. ♦ |3| **LINGE** (pop.) XIᵉ s. adj., XIIIᵉ s. subst. : *lineus* ; **LINGÈRE** XIIIᵉ s. ; **LINGERIE** XVᵉ s. ♦ |4| **LIGNEUL** (pop.) XIIIᵉ s. : lat. vulg. **lĭneŏlum* « petit fil de lin ». ♦ |5| **CRINOLINE** → CRIN. ♦ |6| **LINOLÉUM** → HUILE.

II. famille de *linea*

A. mots populaires

♦ |1| **LIGNE** XIIᵉ s. : *linea* ; pour les mots sav. exprimant la notion de « ligne » → -STICHE, art. CADASTRE ; **INTERLIGNE** XIVᵉ s. ; **TIRE-LIGNE** XVIIᵉ s. ♦ |2| **LIGNAGE** XIᵉ s. ; **LIGNÉE** XIIᵉ s. ♦ |3| **ALIGNER** XIIᵉ s. ; **ALIGNEMENT**

XVᵉ s. ; **SOULIGNER** XVIIIᵉ s. ; **SOULIGNEMENT** XIXᵉ s. ♦ |4| **PIPE-LINE,** mot angl. « ligne de tuyaux », empr. au fr. *pipe* et *ligne* ; **LINOTYPE** XIXᵉ s. : mot anglo-américain, nom de marque : *line of types* « ligne de caractères » ; **LINOTYPISTE** XIXᵉ s.
B. mots savants
♦ |1| **LINÉAIRE** XIVᵉ s. : dér. sur *linea* ; **JUXTALINÉAIRE** XIXᵉ s. ♦ |2| **DÉLINÉATION** XVIᵉ s. : bas lat. *delineatio* « dessin » : **DÉLINÉER** XIXᵉ s. : lat. imp. *delineare* « dessiner ». ♦ |3| **LINÉAMENT** XVIᵉ s. : *lineamentum*. ♦ |4| **ALINÉA** XVIIᵉ s. : lat. médiéval *a linea*, formule de dictée, « de (cette) ligne (à la suivante) ». ♦ |5| **COLLIMATION** XVIIIᵉ s., astron. : dér. sur le lat. mod. *collimare*, faute de lecture pour *collineare* « orienter la vue suivant une ligne précise » ; **COLLIMATEUR** XIXᵉ s.

LINIMENT (sav.) XVIᵉ s. : lat. *linimentum*, de *linire* « oindre ».

LINTEAU ensemble de deux mots à initiale *lim-*, qui ont donné lieu à des croisements et étaient sentis comme apparentés par les Anciens. Ce rapport n'est pas certain (a) *limen, -inis* « seuil », d'où *eliminare* « faire sortir » et lat. imp. *liminaris* « relatif au seuil » (b) *limes, limitis* « chemin bordant un domaine » et « limite, frontière », d'où *limitare* « entourer de frontières ».
♦ |1| **LINTEAU** (pop.) XIIᵉ s. : altération, par substitution de suff., de l'anc. fr. *lintier*, pour **lintier* : lat. vulg. **limitaris*, -*e*, croisement de *liminaris* avec *limes, limitis*. ♦ |2| **ÉLIMINER** (sav.) XVᵉ s. : *eliminare* ; **ÉLIMINATION** XVIIIᵉ s. ; **ÉLIMINATOIRE** XIXᵉ s. ♦ |3| **LIMINAIRE** (sav.) XVIᵉ s. : bas lat. *liminaris* ; **PRÉLIMINAIRE** XVIIᵉ s. adj. et subst. plur.
♦ |4| **LIMITER, LIMITATION, LIMITE** (sav.) XIVᵉ s. : *limitare, limitatio, limes, limitis* ; **LIMITROPHE** XVᵉ s. : → ATROPHIE ; **LIMITATIF** XVIᵉ s. ; **ILLIMITÉ** XVIIᵉ s. ; **DÉLIMITER, DÉLIMITATION** XVIIIᵉ s.

LION ♦ |1| (pop.) XIᵉ s. : lat. *lĕo, lĕōnis* ; **LIONCEAU** XIIᵉ s. ; **LIONNE** XVIᵉ s. ♦ |2| **CAMÉLÉON** → ce mot. ♦ |3| **LÉOPARD** XVIᵉ s. : réfection sav. de l'anc. fr. *leupart*, du lat. *leopardus* ; 2ᵉ élément *pardus* « panthère mâle ». ♦ |4| **LÉON** (sav.) nom de baptême, porté par plusieurs papes canonisés. ♦ |5| **LÉONIN** XIIᵉ s. « relatif au lion » : *leoninus* ; comme terme de versification, *rimes léonines* XIIᵉ s. : du nom de *Léon de Saint-Victor*, qui aurait mis à la mode ce type de vers.

1. LIP(O)- (sav.) gr. *lipos* « graisse », 1ᵉʳ élément de mots savants, ex. : **LIPIDE, LIPOVACCIN** XXᵉ s.

2. LIPO- (sav.) gr. *leipein* « laisser, perdre », 1ᵉʳ élément de composé, dans **LIPOTHYMIE** XVIᵉ s. « perte de connaissance » ; 2ᵉ élément *thumos* « âme ».

LIRE famille d'une racine ind.-eur. **leg-* « cueillir », « choisir », « rassembler ».
En grec *legein* (et sa famille) « rassembler », d'où « dire ».
En latin *legĕre* « cueillir, choisir, rassembler », d'où « lire ». Dans les deux cas, le glissement de sens a pu se faire par des intermédiaires comme « assembler des paroles », « appeler ou lire à haute voix une liste de noms ».

I. mots issus du latin
À *legĕre, lectus* se rattachent (1) un ensemble de formes nom. : (a) les seconds termes de composés *-legus* « qui recueille » (rarement « qui dit ») et *-legium* « action de recueillir », ex. : *sacrilegus* et *sacrilegium* « voleur » et « vol d'objets sacrés » ; *sortilegium* « tirage au sort » et *sortilegus* « qui dit le sort » (b) *legio, -onis* « choix », puis « division de l'armée romaine », parce que les *legionarii*, membres de la légion, étaient recrutés au choix (c) *lectio, -onis* « lecture » ; *lector* « lecteur » (d) bas lat. *lectrum* « pupitre ». (2) des verbes préfixés : (a) *colligere, collectus* « recueillir » (b) *diligere, dilectus* « prendre de côté et d'autre », « distinguer », « aimer », d'où en bas lat. *dilectio* « amour » ; *diligens*, part. présent employé comme adj. « attentif, scrupuleux » ; *diligentia* « attention, soin scrupuleux » (c) *eligere, electus* « cueillir », « élire », d'où *electio* « choix » et bas lat. *elector* « celui qui choisit », *electivus* « qui marque le choix », *eligibilis* « digne d'être choisi » (d) *intellegere* ou *intelligere, intellectus* « discerner », d'où *intellectus, -ūs* « discernement » ; *intelligens* « judicieux » ; *intelligentia* « action ou faculté de comprendre » (e) *neglegere*, ou *negligere, neglectus* « ne pas recueillir », « être indifférent » ; *negligentia*

« insouciance » (f) *seligere, selectus* « mettre à part », « trier », d'où *selectio* « choix » (3) enfin, à côté de *legere*, il a dû exister un verbe **lēgāre*, comme le montre l'anc. part. prés. *elegans, -antis* « qui sait choisir », « élégant », d'où *elegantia, inelegans* et *inelegantia*.

A. mots populaires

♦ |1| LIRE XIᵉ s. : *lĕgĕre* ; RELIRE ; LISEUR XIIᵉ s. ; LISIBLE XVᵉ s. ; LISIBLEMENT XVIᵉ s. ; ILLISIBLE XVIIᵉ s. ; LISIBILITÉ XIXᵉ s. ; LISEUSE XIXᵉ s. objet. ♦ |2| ÉLIRE XIᵉ s. : lat. vulg. **exlĕgĕre*, class. *eligere* ; RÉÉLIRE XIIIᵉ s. ; ÉLITE XIIᵉ s. : *elĕcta*, part. passé substantivé de *eligere* « ce qui est choisi » et « action de choisir ». ♦ |3| LEÇON XIᵉ s. « lecture », d'abord liturg. ; XIIᵉ s. sens mod. : *lectiōnem*, acc. de *lectio*. ♦ |4| LUTRIN XIIᵉ s. : altération, sous l'infl. de *lu*, part. passé de *lire*, de *letrin*, du lat. vulg. **lectrinum*, dimin. de *lectrum*. ♦ |5| CUEILLIR XIᵉ s. : *cōlligĕre* ; CUEILLEUR XIIIᵉ s. ; CUEILLETTE XIIIᵉ s. : *collecta* « choses cueillies », part. passé substantivé, avec assimilation de la terminaison au suff. *-ette*. ♦ |6| ACCUEILLIR XIᵉ s. : lat. vulg. **accŏlligĕre* ; ACCUEIL XIIᵉ s. ♦ |7| RECUEILLIR XIᵉ s. « ramasser » et « accueillir », XVIIᵉ s. pronom., sous l'infl. du lat. eccl. : *recŏlligĕre* ; RECUEIL XIVᵉ s. « accueil », XVIᵉ s. « choses recueillies » ; RECUEILLEMENT XVᵉ s. « action de recueillir », XVIIᵉ s. relig. et psycho. ♦ |8| RÉCOLTE XVIᵉ s. : it. *ricolta*, part. passé substantivé de *ricogliere*, de *recolligere* ; RÉCOLTER XVIIIᵉ s. ; RÉCOLTANT XIXᵉ s. subst.

B. base savante *-leg-*

♦ |1| LÉGENDE XIIᵉ s. ; XVIᵉ s. « notice expliquant un dessin » : *legenda* « choses à lire », neutre plur. substantivé de l'adj. verbal de *legere* ; LÉGENDAIRE XVIᵉ s. ♦ |2| LÉGION XIIᵉ s. : *legio, -onis* ; LÉGIONNAIRE XIIIᵉ s. : *legionarius*. ♦ |3| -LÈGE 2ᵈ élément de composés : SACRILÈGE XIIᵉ s. subst. action, XIIᵉ s. subst. personne, XVIᵉ s. adj. : *sacrilegium* et *sacrilegus* → SAINT ; SORTILÈGE XVᵉ s. : *sortilegus*, → SORT ; SPICILÈGE XVIIIᵉ s. : *spicilegium* → ÉPI ; FLORILÈGE XVIIIᵉ s. : analogique de *spicilège* → FLEUR. ♦ |4| ÉLÉGANT XIIᵉ s., rare avant le XVᵉ s. : *elegans* ; ÉLÉGANCE XVᵉ s. : *elegantia* ; INÉLÉGANT, INÉLÉGANCE XVIᵉ s.

C. base savante *-lig-*

♦ |1| DILIGENCE XIIᵉ s. « soins », « empressement » ; XVIIᵉ s. *(voiture de) diligence* : *diligentia* ; DILIGENT XIIᵉ s. : *diligens*. ♦ |2| INTELLIGENCE XIIᵉ s. « entendement », XVᵉ s. « communication entre des personnes qui s'entendent » : *intelligentia* ; ININTELLIGENCE XVIIIᵉ s. ; INTELLIGENTSIA XIXᵉ s. : mot russe de même origine. ♦ |3| INTELLIGIBLE XIIIᵉ s. : lat. imp. *intelligibilis* ; INTELLIGIBLEMENT XVIᵉ s. ; ININTELLIGIBLE XVIIᵉ s. ; INTELLIGIBILITÉ et ININTELLIGIBILITÉ XVIIIᵉ s. ♦ |4| INTELLIGENT XVᵉ s. : *intelligens* ; INTELLIGEMMENT XVIIᵉ s. ; ININTELLIGENT XVIIIᵉ s. ♦ |5| NÉGLIGENCE XIIᵉ s. : *negligentia* ; NÉGLIGENT XIIᵉ s. : *negligens* ; NÉGLIGER XIVᵉ s. : *negligere* ; NÉGLIGÉ XVIIᵉ s., adj. et subst. ; NÉGLIGEABLE XIXᵉ s. ♦ |6| ÉLIGIBLE XIIIᵉ s. : *eligibilis* ; INÉLIGIBLE, ÉLIGIBILITÉ, INÉLIGIBILITÉ, RÉÉLIGIBLE fin XVIIIᵉ s. ; IRRÉÉLIGIBLE XIXᵉ s. ♦ |7| COLLIGER XVIᵉ s. : *colligere*.

D. base savante *-lect-*

♦ |1| LECTEUR XIIᵉ s. : *lector, -oris* ; XIXᵉ s. *lecteur d'université* : all. *Lektor*, de même origine ; LECTURE XIVᵉ s. : lat. médiéval *lectura*. ♦ |2| DILECTION XIIᵉ s. : *dilectio* ; PRÉDILECTION XVᵉ s. ♦ |3| ÉLECTION XIIᵉ s. : *electio* ; ÉLECTEUR, ÉLECTIF XIVᵉ s. : *elector, electivus* ; ÉLECTORAL XVIᵉ s. ; ÉLECTORAT XVIIᵉ s. ; RÉÉLECTION fin XVIIIᵉ s. ♦ |4| INTELLECT, INTELLECTION, INTELLECTUEL XIIIᵉ s. adj., XIXᵉ s. subst. : *intellectus*, et bas lat. *intellectio, intellectualis* ; INTELLECTUELLEMENT XVIᵉ s. ; INTELLECTUALITÉ fin XVIIIᵉ s. ; INTELLECTUALISER, INTELLECTUALISME XIXᵉ s. ♦ |5| COLLECTE XIIIᵉ s., liturgie, XVIᵉ s. « levée d'impôts », XVIIᵉ s. « quête » : *collecta*, part. passé substantivé de *colligere* ; COLLECTEUR XIVᵉ s. : bas lat. *collector* ; COLLECTER XVIᵉ s. ♦ |6| COLLECTION XIIᵉ s. « réunion », XVIIᵉ s. sens mod. : *collectio* ; COLLECTIONNER, -EUR XIXᵉ s. ♦ |7| RÉCOLLECTION XIVᵉ s. « résumé », XVIᵉ s. « recueillement » : formé sur *recollectus* ; RÉCOLLET XVᵉ s. nom d'ordre religieux : adaptation de *recollectus*. ♦ |8| COLLECTIF XVᵉ s. : lat. imp. *collectivus* « recueilli » et gramm. « collectif » ; COLLECTIVITÉ, COLLECTIVISME, COLLECTIVISTE, COLLECTIVISER, COLLECTIVISATION XIXᵉ s. ♦ |9| SÉLECTION XIXᵉ s. : *selectio* ; SÉLECTIONNER XIXᵉ s. ; PRÉSÉLECTION, SÉLECTIONNEUR XXᵉ s. ; SÉLECTIF XIXᵉ s. ; SÉLECTIVITÉ XXᵉ s. ♦ |10| SELECT XIXᵉ s. : mot angl., de *selectus*.

II. mots savants issus du grec

À *legein* « rassembler » et « dire » se rattachent (1) *logos* « parole », « discussion », « raison », d'où *logizesthai* « calculer, réfléchir, conclure »; *logismos* « calcul, raisonnement »; *logistikos* « qui concerne le calcul »; *logikos* « qui concerne la parole, le raisonnement » (2) *lexis* « parole, mot », d'où *lexikos* « qui concerne les mots » et *lexikon biblion* « lexique » (3) *-logion, -logos, -logia* 2ᵉˢ termes de composés exprimant l'idée de « dire », ex. : *hôrologion* « qui indique l'heure »; *eulogia* « bon langage », « langage bienveillant »; *homologos* « qui parle d'accord », « concordant » (4) *analogizesthai* « raisonner par analogie », d'où *analogia* « proportion mathématique » et *analogos* « en rapport » (5) *apologizesthai* « rendre compte » et *apologos* « compte rendu, récit » (6) *apologeisthai* « plaider pour soi » et *apologia* « justification » (7) *dialegesthai* « converser »; *dialogos* « entretien »; *dialektos* « conversation », « manière de parler »; *dialektikos* « qui concerne la discussion » (8) *eklegein* « choisir »; *eklektikos* « apte à choisir », « qui choisit »; *eklogê* « choix (d'extraits d'un auteur) » (9) *epilogizesthai* « conclure un discours »; *epilogos* « épilogue », « péroraison » (10) *katalegein* « nommer ou inscrire l'un après l'autre »; *katalagos* « catalogue » (11) *paralegein* « dire au hasard », « déraisonner »; *paralogizesthai* « faire un faux raisonnement »; *paralogismos* « faux raisonnement » (12) *prolegein* « dire auparavant »; *prologos* « partie d'une pièce de théâtre précédant la première entrée du chœur » (13) *sullogizesthai* « assembler par la pensée », « conclure »; *sullogismos* « raisonnement », « conclusion déduite » (14) enfin, il est possible que *elegos* « chant de deuil », « élégie », se rattache à un verbe **elegein* « dire hé ! ou hélas ! »; *elegeion* « mètre élégiaque », « distique », « épitaphe en distiques », a été empr. par le lat. sous la forme *elogium* « distique », « épitaphe », avec altération de *e* en *o* sous l'infl. de *eulogia* (→ 3.).

A. base -lec-

♦|1| **DIALECTIQUE** XIIᵉ s. : gr. *dialektikê (tekhnê)* « art de la discussion », par le lat.; **DIALECTICIEN** XIIIᵉ s.; **DIALECTIQUEMENT** XVIᵉ s. ♦|2| **DIALECTE** XVIᵉ s. : *dialektos*, par le lat.; **DIALECTAL, DIALECTOLOGIE** XIXᵉ s.; **DIALECTALISME** XXᵉ s. ♦|3| **LEXIQUE** XVIIIᵉ s., XVIᵉ s. *lexicon* : *lexikon*; **LEXICOGRAPHE** XVIᵉ s.; **LEXICOGRAPHIE, LEXICOLOGIE** XVIIIᵉ s.; **LEXICOGRAPHIQUE, LEXICOLOGUE, LEXICAL** XIXᵉ s.; **LEXICALISER, -ATION** XXᵉ s.; **LEXIE** XXᵉ s. : *lexis*; **LEXÈME** XXᵉ s. ♦|4| **ÉCLECTIQUE** XVIIᵉ s. : *eklektikos*; **ÉCLECTISME** XVIIIᵉ s.

B. base -leg-

♦|1| **ÉLÉGIE** XVIᵉ s. : gr. *elegeia (ôdê)*, fém. de *elegeios*, par le lat.; **ÉLÉGIAQUE** XVᵉ s. : bas lat. *elegiacus*. ♦|2| **PROLÉGOMÈNES** XVIᵉ s. : gr. *prolegomena* « choses dites avant », « préliminaires », part. présent passif neutre plur. de *prolegein*.

C. base -log-

♦|1| **HORLOGE** → HEURE. ♦|2| **MARTYROLOGE** → MARTYR; terminaison lat. de *martyrologium* sur le modèle d'*elogium*; **NÉCROLOGE** XVIIᵉ s. : id.; **NÉCROLOGIE -IQUE** XVIIIᵉ s. ♦|3| **ÉLOGE** XVIIᵉ s., XVIᵉ s. *euloge* : lat. *elogium*, d'origine gr.; **ÉLOGIEUX** XIXᵉ s. ♦|4| **DIALOGUE** XIᵉ s. : *dialogos*; **DIALOGUER** XVIIIᵉ s.; **DIALOGUISTE** XXᵉ s.; **MONOLOGUE** XVᵉ s. : formation analogique de *dialogue*; **MONOLOGUER** XIXᵉ s. ♦|5| **PROLOGUE** XIIᵉ s. : *prologos*, par le lat. ♦|6| **ÉPILOGUE** XIIᵉ s. : *epilogos*; **ÉPILOGUER** XVᵉ s. « récapituler ». ♦|7| **CATALOGUE** XIIIᵉ s. : *katalogos*, par le lat.; **CATALOGUER** XIXᵉ s. ♦|8| **APOLOGUE** XVᵉ s. : *apologos*, par le lat. ♦|9| **ÉGLOGUE** XVᵉ s. : *eklogê*, par le lat. ♦|10| **HOMOLOGUE** XVIᵉ s. : *homologos*; **HOMOLOGUER** XVᵉ s.; **HOMOLOGATION** XVIᵉ s. ♦|11| **ANALOGIE** XIIIᵉ s. : *analogia*, par le lat.; **ANALOGUE** XVIᵉ s. : *analogos* par le lat.; **ANALOGIQUE** XVIᵉ s. : lat. *analogicus*. ♦|12| **APOLOGIE** XIVᵉ s. : *apologia*, par le lat.; **APOLOGISTE** XVIIᵉ s.; **APOLOGIQUE** XIXᵉ s.; **APOLOGÉTIQUE** XVᵉ s. : lat. *apologeticus*. ♦|13| **PHILOLOGIE** XIVᵉ s. « amour des lettres » : lat. *philologia*, de deux éléments gr.; **PHILOLOGUE** XVᵉ s. « érudit, surtout en matière de civilisation antique »; **PHILOLOGIQUE** XVIIᵉ s. « littéraire », XIXᵉ s. sens mod. ♦|14| **EULOGIE** XVIᵉ s. « pain bénit » : *eulogia*. ♦|15| **LOGIQUE** XIIIᵉ s. : *logikê (tekhnê)* « art du raisonnement », par le lat.; **LOGICIEN** XIIIᵉ s.; **ALOGIQUE** XVIIᵉ s.; **LOGIQUEMENT** XVIIIᵉ s.; **ILLOGIQUE, ILLOGISME** XIXᵉ s.; **PRÉLOGIQUE, MÉTALOGIQUE** XXᵉ s. ♦|16| **LOGISTIQUE** XVIᵉ s. adj. « qui raisonne logiquement », XVIIᵉ s. subst.

math., XIX⁰ s. milit., XX⁰ s. « logique symbolique » : *logistikos*, par le lat. ; **LOGISTICIEN** XX⁰ s. ♦|171 **SYLLOGISME** XIII⁰ s. : *sullogismos*, par le lat. ; **SYLLOGISTIQUE** XVI⁰ s. : *sullogistikos*, par le lat. ♦|181 **PARALOGISME** XIV⁰ s. : *paralogismos*. ♦|191 **LOGO**- gr. *logos*, 1ᵉʳ élément de composés sav., ex. : **LOGOGRAPHE** XVI⁰ s. : *logographos* « qui écrit des discours » ; **LOGOMACHIE** XVI⁰ s. : *logomakheia* « combat en paroles » ; **LOGOGRIPHE** XVII⁰ s. « énigme » ; 2⁰ élément *griphos* « filet », « attrape » ; **LOGORRHÉE** XIX⁰ s. ♦|201 **-LOGIE, -LOGUE** : suff. servant à former des noms de sciences ou de savants ; **-LOGIQUE**, **-LOGISME** : suff. servant à former des adj. et subst. dér. des précédents, ex. : **ASTROLOGIE, ASTROLOGUE** XIV⁰ s. ; **LARYNGOLOGIE** XVIII⁰ s., **NÉOLOGISME** XVIII⁰ s. ; **PHONOLOGIE** XIX⁰ s. ; **PHONOLOGUE** XX⁰ s.

LIS ou **LYS** ♦|11 (pop.) XII⁰ s. : forme de plur. du lat. *lilium* « lis », d'origine probablement méditerranéenne, qui a dû se croiser avec le frq. *liesch* « iris », comme semble le montrer la *fleur de lis*, emblème des rois de France, en réalité stylisation d'une fleur d'iris, non de lis ; cette expression serait le calque du frq. *lieschbloeme*, où *bloeme* aurait été traduit par *fleur* tandis que *liesch*, incompris et confondu avec le représentant de *lilium*, restait tel quel. ♦|21 **LISERON** (pop.) XVI⁰ s. : dér. de *lis* ; **FLEURDELISER** XVI⁰ s. : dér. de *fleur de lis*. ♦|31 **LILIAL** (sav.) XV⁰ s. : formé sur *lilium* sur le modèle de ; **LILIACÉ** (sav.) XVII⁰ s. : bas lat. *liliaceus*.

LISTE ♦|11 (pop.) XII⁰ s. « bord » : germ. *lista* « bande » ; XVI⁰ s. sens mod. et réapparition du *s* dans la prononc. sous l'infl. de l'it. *lista*, de même origine ; **COLISTIER** XX⁰ s. ♦|21 **LICE** (pop.) XII⁰ s. « barrière » : frq. *listja*, dér. de *lista*. ♦|31 **LITEAU** (pop.) XIII⁰ s. « tringle », « ornement allongé » : dimin. de *liste*, avec amuïssement phonétique du *s*.

LIT ♦|11 (pop.) XI⁰ s. « endroit où se couche », XIII⁰ s. « couche d'une matière quelconque », en part. géol. : lat. *lēctus*. ♦|21 **LITIÈRE, ALITER** XII⁰ s. ; **ALITEMENT** XVI⁰ s. ; **LITERIE** XVII⁰ s., rare avant le XIX⁰ s. : dér. de *lit* au premier sens. ♦|31 **DÉLITER** XVI⁰ s. : d'abord maçonnerie ; **DÉLITATION** XIX⁰ s. ; **DÉLITEMENT** XX⁰ s. : dér. de *lit* au second sens. ♦|41 **CHÂLIT** XII⁰ s. « lit de parade », XVI⁰ s. « bois de lit » : lat. vulg. *catalectus*, probablement issu du croisement de *lectus* et de *catasta* « estrade », du gr. *katastasis* → ESTER.

LITANIE (sav.) XII⁰ s. : gr. *litaneia* « supplication », par le lat.

LITH(O)- ♦|11 (sav.) : gr. *lithos* « pierre » : 1ᵉʳ élément de mots sav., ex. : **LITHARGE** → ARGENT ; **LITHIASE** XVII⁰ s. : gr. *lithiasis* « maladie de la pierre » ; **LITHIUM, LITHINE** XIX⁰ s. ; **LITHINÉ** XX⁰ s. ; **LITHOGRAPHIE** XVIII⁰ s. ; **LITHOGRAPHIER, LITHOGRAPHIQUE** XIX⁰ s. ♦|21 **-LITE** (avec simplification orthographique internationale) ou **-LITHE** : 2⁰ élément de composés sav., ex. : **GALALITE** XX⁰ s. ; **BAKÉLITE** XX⁰ s. ; **MONOLITHE** XVI⁰ s., **-LITHISME** IX⁰ s., **-LITHIQUE** XX⁰ s. ; **AÉROLITHE, MÉGALITHE, MÉGALITHIQUE, NÉOLITHIQUE, PALÉOLITHIQUE** XIX⁰ s.

LITIGE, LITIGIEUX (sav.) XIV⁰ s. : lat. *litigium* « querelle », *litigiosus* « qui aime la contestation » ou « qui prête à contestation », de *lis*, *litis* « procès ».

LITOTE (sav.) XVI⁰ s. : gr. *litotês* « simplicité » et rhét. « litote », par le lat.

LITTORAL (sav.) XVIII⁰ s. adj., XIX⁰ s. subst. : lat. *littoralis*, de *litus*, *litoris* « rivage ».

LITURGIE (sav.) XVI⁰ s. : gr. *leitourgia* « service public » ; (→ URGIE, art. ORGUE), par le lat. ; **LITURGIQUE** XVIII⁰ s. : *leitourgikos* ; **LITURGISTE** XVIII⁰ s.

LIVIDE (sav.) XIV⁰ s. : lat. *lividus* « bleuâtre », « plombé » ; **LIVIDITÉ** XIV⁰ s.

1. LIVRE (subst. fém.) famille du gr. *litra* et du lat. *libra*, qui supposent un étymon *lidhra*, d'origine inconnue, pré-ind.-eur.. *Libra* et *litra* ont en commun le sens d'« unité de poids de douze onces » (environ 333 grammes) ; mais le lat. *libra* a développé celui de « balance (à deux plateaux ou à contrepoids) », d'où *librare*

« peser », et *aequilibrium* « équilibre », puis celui de « instrument destiné à apprécier une dénivellation », « niveau », d'où les formes dimin. syn. *libella* et *libellus*.

I. mots issus du latin

♦ |1| **LIVRE** (pop.) Xe s. : *libra*. ♦ |2| **NIVEAU** (pop.) XIVe s. : altération, par dissimilation des *l*, de *livel* (pop.) XIIIe s., du lat. vulg. **libellus*, var. de *libella* ; **NIVELER** XIVe s. ; **NIVELEUR** XVe s. ; **NIVELLEMENT** XVIe s. ; **DÉNIVELER** ; **DÉNIVELLATION, DÉNIVELLEMENT** XIXe s. ; **NIVELEUSE** XXe s. ♦ |3| **LIRE** : it. *lira*, du lat. *libra*. ♦ |4| **ÉQUILIBRE** (sav.) XVIe s. : *aequilibrium* ; **ÉQUILIBRER** XVIe s., rare avant le XIXe s. ; **ÉQUILIBRISTE** fin XVIIIe s. ; **ÉQUILIBRAGE, ÉQUILIBRATION** XXe s. ♦ |5| **LIBRATION** (sav.) XVIe s. : *libratio* « balancement », de *librare* « équilibrer ».
♦ |6| **LIBELLULE** (sav.) XIXe s. : lat. scient. mod. *libellula*, dimin. de *libella* à cause de l'égalité du vol plané de cet insecte.

II. mot issu du grec

LITRE (sav.) XVIIIe s. : abrév. de **LITRON** XVIe s., du lat. médiéval *litra* « mesure de liquides », du gr. *litra*.

2. LIVRE (subst. masc.) famille du lat. *liber* « pellicule entre le bois et l'écorce, sur laquelle on écrivait avant la découverte du papyrus », et « livre », dénomination conservée même après qu'on eut cessé d'écrire sur du *liber* ; dérivés *librarius* « copiste » et « libraire », *libraria* « librairie » ; dimin. *libellus*.

♦ |1| **LIVRE** XIe s. : *liber, libri* ; pour les mots sav. exprimant la notion de « livre » → BIBLIO-, art. BIBLE ; **LIVRET** XIIe s. ; XIXe s. « texte d'une œuvre lyrique » ; **LIVRESQUE** XVIe s., puis XIXe s. ♦ |2| **LIBRETTO** XIXe s. : mot it. équivalent de *livret* ; **LIBRETTISTE** XIXe s. ♦ |3| **LIBRAIRIE** (sav.) XIIIe s. : « bibliothèque » ; XVIe s. sens mod. : *libraria* ; **LIBRAIRE** XIIe s. « copiste », XVIe s. sens mod. : *librarius*. ♦ |4| **LIBELLE** (sav.) XIIIe s. : *libellus* ; **LIBELLER, LIBELLÉ** XIXe s. ; **LIBELLISTE** XVIIe s. ♦ |5| **LIBER** (sav.) XVIIIe s. : mot lat. bot. ♦ |6| **EX-LIBRIS** XIXe s. : mots lat. « (faisant partie) des livres (de...) ».

LIVRER famille du lat. *liber, -a, -um* « libre » ; dér. (1) *libertas* « liberté » (2) *libertus* et *libertinus* « affranchi » (3) *liberalis* « digne d'un homme libre, généreux » ; d'où *liberalitas* (4) *liberāre* « libérer » d'où *liberato, liberator*, et bas lat. *dēlĭbĕrāre* « délivrer » (5) le lat. class. *deliberare* « mettre en délibération », « résoudre » (d'où *deliberatio* et *deliberativus*) est sans doute un dér. métaph. de *liber* (et non, comme le pensaient les Anciens, de *libra* « balance » → 1. LIVRE, qui aurait donné **delibrare*).

♦ |1| **LIVRER** (pop.) Xe s. « délivrer », « permettre de partir » ; XIe s. « remettre entre les mains de quelqu'un » : *liberāre* ; **LIVRAISON** XIIe s. : *liberatiōnem*, acc. de *liberatio* ; **LIVRÉE** XIIIe s. : *liberāta*, part. passé substantivé, « (vêtement) fourni (par un seigneur) » ; **LIVREUR, LIVRABLE** XIVe s. ♦ |2| **DÉLIVRER** (pop.) XIe s. « libérer », XIIIe s. « remettre quelque chose à quelqu'un » : bas lat. *dēlĭbĕrāre* ; **DÉLIVRANCE** XIIe s. d'abord « accouchement ». ♦ |3| **LIBERTÉ** (sav.) XIIe s. « libre arbitre », XIIIe s. plur. « franchises (de ville) », XIVe s. « état de qui n'est ni serf ni captif », XVIe s. « absence de contrainte », fin XVIIe s. « droit reconnu par une loi aux individus » : *libertas* ; **LIBERTAIRE** XIXe s. ♦ |4| **LIBÉRAL** (sav.) XIIe s. « généreux », XIIIe s. *arts libéraux*, XVIIIe s. pol. : *liberalis* ; **LIBÉRALEMENT** XIIIe s. ; **LIBÉRALITÉ** XIIIe s. : *liberalitas* ; **LIBÉRALISER** XVIe s. ; XVIIIe s. poli. ; **LIBÉRALISME** XIXe s. ; **LIBÉRALISATION** XXe s. ♦ |5| **LIBRE** (sav.) XIVe s. : *liber* ; **LIBREMENT** XIVe s. ♦ |6| **LIBÉRER** (sav.) XVe s. « exempter », XVIe s. « mettre en liberté » : *liberare* ; **LIBÉRATION** XIVe s. : *liberatio* ; **LIBÉRATEUR** XVIe s. : *liberator* ; **LIBÉRABLE, LIBÉRATOIRE** XIXe s. ♦ |7| **LIBERTIN** (sav.) XVIe s. : *libertinus*, hist., et « qui refuse toute contrainte », « irréligieux » ; XVIIe s. « débauché » : le sens religieux est dû à un passage des Actes des Apôtres, VI, 9, où il est question de la synagogue « des Affranchis », *libertinorum*, secte juive responsable du martyre d'Étienne, nom dont la valeur exacte n'est pas connue. **LIBERTINAGE** XVIIe s. ♦ |8| **DÉLIBÉRER, DÉLIBÉRATION** (sav.) XIIIe s. : *deliberare, deliberatio* ; **DÉLIBÉRATIF** XIVe s. : *deliberativus* ; **DÉLIBÉRÉMENT** XIVe s.

LOCUTION famille savante du lat. *loqui, locutus sum* « parler », qui, après avoir éliminé *fari* (→ FABLE), a été remplacé, lui-même par *parabolare* (→ PARLER, art. BAL).

♦ |1| **LOCUTION** XIVe s. : *locutio* « parole », de *loqui* ; **LOCUTEUR** XXe s. ♦ |2| **ALLOCUTION**

XII° s. : *adlocutio*, de *adloqui* « adresser des paroles à quelqu'un », « exhorter ». ♦|3| **CIRCONLOCUTION** XIII° s. : *circumlocutio*, de *circumloqui* « parler par périphrases ». ♦|4| **ÉLOCUTION** XVI° s. : *elocutio* « manière de s'exprimer », de *eloqui* « énoncer, s'exprimer ». ♦|5| **ÉLOQUENCE** XII° s. : *eloquentia* « facilité à s'exprimer », de *eloqui* → le précéd. ; **ÉLOQUENT** XIII° s. : *eloquens* « qui a la parole facile » ; **ÉLOQUEMMENT** XVI° s. ♦|6| **COLLOQUE** XVI° s. : *colloquium* « conversation », de *colloqui* « s'entretenir avec ». ♦|7| **INTERLOQUER** XV° s. jur. ; XVIII° s. sens mod. : *interloqui* « couper la parole à quelqu'un » ; **INTERLOCUTOIRE** XIII° s. jur. ; **INTERLOCUTEUR** XVI° s. ♦|8| **GRANDILOQUENCE** XVI° s. : *grandiloquus* « qui a un style pompeux » ; **GRANDILOQUENT** XIX° s. ♦|9| **VENTRILOQUE** XVI° s., de *venter* et *loqui*. ♦|10| **LOQUACE** XVIII° s. : *loquax, -acis* « bavard, verbeux » » ; **LOQUACITÉ** XV° s.

LODEN XX° s. mot all., du moyen haut all. *lode*, de l'anc. haut all. *lodo* « drap grossier ».

LOF XII° s. mar. : moyen néerl. *lôf* « côté exposé au vent » ; **LOUVOYER** XVI° s. mar., XVIII° s. sens fig. : var. de *louvier*, dér. de *lof* ; **LOUVOIEMENT** XX° s. ; **LOFER** XVIII° s.

LOGE ♦|1| XII° s. « abri de fortune, fait de branches », XVI° s. théâtre, XVIII° s., *loge* maçonnique, sous l'infl. de l'angl. *lodge*, d'origine fr., XIX° s. « atelier d'artiste » : frq. **laubja*, apparenté à l'all. *Laube* « tonnelle » et probablement à l'angl. *leaf* « feuille » ; **LOGETTE** XII° s. ♦|2| **LOGER, DÉLOGER** XII° s. ; **RELOGER** XX° s. ; **LOGEMENT** XIII° s. ; **DÉLOGEMENT** XIV° s., **RELOGEMENT** XX° s. ; **LOGIS** XIV° s. ; **LOGEABLE, LOGEUR** XV° s. ♦|3| **LOGGIA** XIX° s. : mot it. empr. au fr. « loge ». ♦|4| **LOBBY** XX° s. pol. « groupe de pression » : mot angl., du germ. **laubja* ; a d'abord signifié « cloître monastique » et « passage, ou corridor attaché à un édifice » (XVI° s.), en particulier à la Chambre des communes (XVII° s.), puis au Congrès américain.

LOI famille du lat. *lex, legis*, à l'origine « loi religieuse », puis « loi » en général, d'où (1) *legitimus* « conforme aux lois », son contraire *illegitimus* et son syn. lat. imp. *legalis* (2) *privilegium* « ordonnance de loi rendue en faveur d'un individu » (3) par l'intermédiaire de la locution *legem ferre* « présenter un projet de loi », *legislatio* « législation » et *legislator*, lat. imp. *legifer* « législateur » (2° élément → OFFRIR et → -LAT-, art. OUBLIE) (4) *legare, legatus* « déléguer à quelqu'un (éventuellement à titre posthume) l'exercice d'une charge ; envoyer en mission », d'où *legatus* « député, ambassadeur » et *legatio* « députation, ambassade » (5) formes préfixées (a) *allegare* « envoyer en mission privée (alors que *legare* concerne plutôt les affaires publiques) », « produire une pièce justificative » (b) *delegare* « confier, s'en remettre à quelqu'un de » (c) *relegare* « frapper de bannissement » (6) directement, ou par *legare*, on doit rattacher à *lex* les subst. *collega* « celui qui a reçu un pouvoir en commun avec un ou plusieurs autres » et *collegium* « association régie par une règle particulière ».

I. base populaire *loi, -loy-*

♦|1| **LOI** XI° s. : *lēgem*, acc. de *lex*. Pour les mots sav. exprimant l'idée de « loi » → NOMO-, art. NOMADE. ♦|2| **LOYAL** XI° s. : *legālis* « qui respecte la loi ou ses engagements » ; **LOYAUTÉ, DÉLOYAUTÉ** XI° s. ; **LOYALEMENT, DÉLOYAL** XII° s. ♦|3| **LOYALISTE** XVIII° s. ; **LOYALISME** XIX° s. : angl. *loyalism, loyalist*, d'origine fr.

II. base savante *-leg-*

♦|1| **LÉGITIME** XIII° s. : *legitimus* ; **LÉGITIMEMENT, LÉGITIMER** XIII° s. ; **LÉGITIMATION, ILLÉGITIME** XIV° s. ; **LÉGITIMITÉ** XVII° s. ; **LÉGITIMISME, LÉGITIMISTE** XIX° s. ♦|2| **LÉGISTE** XIII° s. : lat. médiéval *legista*. ♦|3| **LÉGAL** XIV° s. : *legalis* (→ LOYAL) ; **LÉGALEMENT, ILLÉGAL, ILLÉGALITÉ** XIV° s. ; **LÉGALITÉ** XV° s. ; **LÉGALISER, LÉGALISATION** XVII° s. ; **LÉGALISME, LÉGALISTE** XIX° s. ♦|4| **LÉGISLATEUR, LÉGISLATION** XIV° s. : *legislator, legislatio* ; **LÉGISLATIF** XIV° s. ; **LÉGISLATURE** XVIII° s., sous l'infl. de l'angl. ; **LÉGIFÉRER** fin XVIII° s. : formé sur *legifer* et *legem ferre*. ♦|5| **LÉGAT** XII° s. « envoyé », XVI° s. « ambassadeur du pape » : *legatus* ; **LÉGATION** XII° s. « mission », fin XVIII° s. diplomatie : *legatio* ♦|6| **ALLÉGUER** XIII° s. « notifier », XVII° s. « présenter comme une justification » : *adlegare* ; **ALLÉGATION** XIII° s. : *adlegatio*. ♦|7|

DÉLÉGATION XIII° s. « procuration », XIX° s. « ensemble de personnes déléguées » : *delegatio* ; **SUBDÉLÉGUER, SUBDÉLÉGATION** XIV° s. ; **DÉLÉGUER** XV° s. : *delegare* ; **DÉLÉGUÉ** subst. fin XVIII° s. ♦ 181 **RELÉGUER** XIV° s., d'abord hist. rom., XIX° s. jur. : *relegare* ; **RELÉGATION** XIV° s. *relegatio*. ♦ 191 **LÉGATAIRE** XIV° s. : lat. imp. *legatarius* « celui qui reçoit un legs » ; **LÉGUER** fin XV° s. : *legare*. ♦ 1101 **PRIVILÈGE** XII° s. : *privilegium* ; **PRIVILÉGIER, PRIVILÉGIÉ** XIII° s. ♦ 1111 **COLLÈGE** XIV° s. « groupement de personnes revêtues d'une dignité », XVI° s. scolaire : *collegium* ; **COLLÉGIAL** XIV° s. ; **COLLÉGIEN** XVIII° s. ♦ 1121 **COLLÈGUE** XV° s. : *collega*.

LOIR (pop.) XII° s. : lat. vulg. **lĭs, lĭris*, class. *glis, gliris*.

LOISIR famille du verbe lat. *licere, licitus* « être mis aux enchères, être évalué à », d'où (1) *liceri, licitus sum* « enchérir » et « évaluer » ; *licitatio* « enchère » ; *licitari* « pousser les enchères » ; (2) *mihi licet* « il est laissé à mon appréciation », « il m'est permis », *licere* « être permis » ; *licentia* « permission » puis « liberté excessive, licence » ; *licentiosus* « déréglé ».

♦ 111 **LOISIR** (pop.) XII° s., verbe à l'infinitif « être permis », et inf. substantivé « liberté, oisiveté » ; XVIII° s. « divertissements » : *licēre* ; **LOISIBLE** XIV° s. ♦ 121 **LICENCE** (sav.) XII° s. « liberté », XV° s. « liberté excessive », XVI° s. titre universitaire, trad. de *licentia docendi* « permission d'enseigner » ; XIX° s. « autorisation fiscale » : *licentia* ; **LICENCIÉ, LICENCIER** XIV° s. : lat. médiéval *licenciatus, licentiare* ; **LICENCIEMENT** XVI° s. ; **LICENCIEUX** XVI° s. : *licentiosus*. ♦ 131 **LICITEMENT** (sav.) XIV° s. ; **LICITE, ILLICITE** XIV° s. : *licitus* « permis » et son contraire *illicitus*. ♦ 141 **LICITER LICITATION** (sav.) XVI° s. : *licitari licitatio*.

LOMBRIC (sav.) XIII° s. : lat. *lumbricus* « ver de terre ».

LONG famille de l'adj. lat. *longus* « long » (en parlant de l'espace ou du temps) (1) *longitudo, -inis* « longueur » (2) lat. imp. *oblongus* « allongé » (3) des composés à 1er élément *longi-*, ex. : *longipes* « à longues jambes » ou *long-*, ex. : lat. imp. *longaevus* « d'un grand âge » et lat. eccl. *longanimis -itas*, de *longus* au sens de « patient » et *anima* → ÂME (4) *elongare* « allonger » et lat. eccl. *prolongare* « id. » (5) *longe* et *longiter* « loin » et lat. vulg. **longitanus* « éloigné ».

I. base *-lon(g)-* (pop. ou sav.)

♦ 111 **LONG** (pop.) X° s. : *longus*. ♦ 121 **LONGE** (pop.) « sorte de corde » : XII° s. : anc. fém. substantivé de *long*, de *longa* (*longue* est analogique du masc.). ♦ 131 **LONGUEMENT** XI° s. ; **LONGUEUR** XII° s. ; **LONGUET** XII° s. adj., XIV° s. subst. ; **LONGERON** XIII° s. ♦ 141 **SELON** (pop.) XII° s. : lat. vulg. **sublongum* « le long de », de *sub* au sens de « près de » (→ SOUS) et *longus*. ♦ 151 **ALLONGER** (pop.) XII° s. : lat. vulg. **adlongare* ; **ALLONGE, ALLONGEMENT** XIII° s. ; **ALLONGEABLE** XVI° s. ; **RALLONGER** XIV° s. ; **RALLONGE, RALLONGEMENT** XV° s. ♦ 161 **LONGER** XVII° s. vénerie, XVIII° s. sens mod. ♦ 171 **PROLONGER** (demi-sav.) XIII° s. : *prolongare* ; **PROLONGEMENT** fin XIV° s. ; **PROLONGATION** (sav.) XIII° s. ; **PROLONGE** XIV° s. ; XVIII° s. artillerie ; **PROLONGEABLE** fin XVIII° s. ♦ 181 **LONGITUDE** (sav.) XIV° s. « longueur », XVI° s. géogr. : *longitudo, -inis* ; **LONGITUDINAL** XIV° s. ; **LONGITUDINALEMENT** XVIII° s. ♦ 191 **OBLONG** (sav.) XVI° s. : *oblongus*. ♦ 1101 **ÉLONGATION** XVI° s. : *elongatio*, de *elongare*. ♦ 1111 **LONGI-** 1er élément de composés, ex. : **LONGIMÉTRIE** XVII° s. ; **LONGILIGNE** XX° s. ♦ 1121 **LONGANIMITÉ** → ÂME ; **LONGÉVITÉ** → ÂGE.

II. base *loin, -loing-* (pop.)

♦ 111 **LOIN** XI° s. : *longe* ; **ÉLOIGNER** XI° s. ; **ÉLOIGNEMENT** XII° s. ♦ 121 **LOINTAIN** XII° s. : **longĭtānus* ; **LOINTAINEMENT** XII° s. ♦ 121 **LOINTAIN** XII° s. : **longĭtānus* ; **LOINTAINEMENT** XII° s.

LONGE (de veau) ♦ 111 (pop.) XII° s. : lat. vulg. **lumbea*, de *lumbi, -orum* « râble ». ♦ 121 **LUNCH** XIX° s. : mot angl. XVI° s. « gros morceau », XVII° s. « léger repas » : probablement adaptation de l'esp. *lonja* « morceau de viande », qui semble lui-même empr. au fr. *longe*. ♦ 131 **LOMBES** (sav.) XII° s., rare avant le XVI° s. : *lumbi* ; **LOMBAIRE** XV° s. ♦ 141 **LUMBAGO** (sav.) XVIII° s. : mot bas lat. « faiblesse des reins ».

LOQUE XV° s. « chiffon » : probablement moyen néerl. *locke* « mèche de cheveux » ; **LOQUETEUX** fin XV° s.

LOQUET (pop.) XIIe s.: dér. de l'anglonorm. *loc* « serrure », empr. au vieil angl.

LORD ♦ |11 XVIe s.: mot angl. « seigneur »: contraction de *loaf* « pain » et *ward* « garder », « celui qui garde le pain », c.-à-d. « le maître de la maison ». ♦ |2| **LADY** XVIIe s.: mot angl. « dame »: composé de *loaf* « pain » et *dig* « pétrir », « celle qui pétrit le pain ». ♦ |3| **MILORD** XIVe s.; **MILADY** XVIIIe s.: composés du possessif *my* « mon, ma » et de *lord, lady*.

LORDOSE (sav.) XVIIIe s.: gr. *lordôsis* « attitude d'un corps penché en avant ».

LORGNER (pop.) XVe s.: dér. de l'adj. *lorgne* « louche » XIIIe s., du frq. **lŭrni*, adj. dér. d'un rad. **lŭr-* « espionner »; **LORGNETTE** XVIIe s.; **LORGNON** XIXe s.

LOSANGE XIIIe s. *losange*, fém., terme de blason; XIVe s. géom., XVIIIe s. masc.: origine obscure; p.-ê. arabe *lawzinag*, dér. du pehlevi *lawz* « amande », « gâteau oriental aux amandes, souvent découpé en losanges »; p.-ê. dér. de *losengié* XIIIe s., qui pourrait reposer sur un subst. non attesté **losenc*, du gaulois **laus-ink*, dér. de **lausa* « pierre plate » (qui serait à l'origine du toponyme *Lausanne*).

LOT ♦ |11 (pop.) XIIe s.: frq. **hlot* « héritage, sort »; **LOTIR** XIVe s.: « tirer au sort »; *bien, mal loti* XVIIe s.; XXe s. partager des terrains; **LOTISSEMENT** XIVe s. « tirage au sort », XXe s. sens mod. ♦ |2| **LOTERIE** XVIe s.: néerl. *loterije*, dér. de *lot*, de même origine que le fr. *lot*. ♦ |3| **LOTO** XVIIIe s.: it. *lotto* « loterie », empr. au fr. *lot*.

LOTTE XVIe s., Xe s. forme latine *lota*: p.-ê. gaulois **lotta*.

LOTUS XVIe s.: mot lat., en gr. *lôtos*.

1. LOUCHE adj. (pop.) XIe s. masc. *lois*, fém. *loische*, puis forme de fém. étendue au masc.; « atteint de strabisme », puis « trouble », au propre et au fig.: lat. *lŭscus*, -a « borgne »; **LOUCHER**, **LOUCHERIE** XVIIe s.; **LOUCHEUR**, **LOUCHON** XIXe s.

2. LOUCHE subst. (pop.) XIIIe s.: frq. **lôtja* « grande cuiller »; **LOUCHET** XIVe s. « bêche ».

LOUER (faire un éloge) famille du lat. *laus, laudis* « louange », d'où *laudare* « louer », p.-ê. apparenté à une base germ. **leut-* de même sens.

♦ |11 **LOUER** (pop.) Xe s.: *laudare*; **LOUABLE, LOUANGE, LOUANGER** XIIe s.; **LOUANGEUR** XVIe s. ♦ |2| **LODS** (pop.) XIIe s., droit féodal: *laus, laudis* (anc. fr. *los, d* étym. purement graphique). ♦ |3| **LAUDES** (sav.) XIIIe s.: lat. *laudes*, plur. de *laus, laudis* « louanges (de Dieu) », office monastique dit au point du jour. ♦ |4| **LAUDATIF** (sav.) XVIIIe s.: lat. imp. *laudativus*. ♦ |5| **LIED** (plur. **LIEDER**) XIXe s.: mot all. « chant »: moyen haut all. *liet(d)* « strophe », de l'anc. haut all. *liod*, sur la base **leut-* « louer ».

LOUFOQUE (argot) XIXe s.: composé de *louf*, probablement altération de *fou*, et d'une terminaison obscure; **LOUFOQUERIE** XIXe s.

LOUP famille d'une racine ind.-eur. **wluk^{w}o-* « loup », var. **lukwos*, en gr. *lukos*, lat. *lupus*; et **wlk^{w}os*, all. *Wolf*; mot fondamental du vocabulaire ind.-eur., largement utilisé dans l'onomastique (→ gr. LYCURGUE, all. WOLFGANG, fr. LOUP, LELEU, LOUBET, LOUVEL etc.). Au grec *lukos* se rattachent (1) *lukeion*, lieu-dit, nom d'un gymnase près d'Athènes où enseigna Aristote, littéralement « le Louvre » (2) *lukiskos*, dér. de *lukos* utilisé en gr. comme nom propre d'homme, et en bas lat. sous la forme *lyciscus, -a* « chien-loup » (3) *lukanthrôpia* « maladie consistant à se croire changé en loup » et *lukanthrôpos* « personne atteinte de cette maladie ». Au latin *lupus*, forme sabine introduite dans le parler de Rome, se rattachent (1) le fém. *lupa* « louve » et « prostituée », d'où *lupanar* « maison de prostitution » (2) *lupinus* « herbe aux loups » (3) lat. mod. dimin. *lupulus* « houblon »; dès l'Antiquité *lupus* désignait également un poisson de la Méditerranée particulièrement vorace; dès le Xe s., il est attesté en lat. médical avec le sens d'« ulcère », « mal qui dévore comme un loup ». P.-ê. apparenté à GOUPIL → ce mot.

I. mots d'origine latine

♦ |11 **LOUP** XIe s., XIIIe s. *entre chien et loup* (calque d'une expression hébraïque ancienne signifiant « quand on peut encore distinguer un chien d'un loup »);

XIX⁰ s. *loup de mer*; XIX⁰ s. argot d'artisans et de comédiens « défectuosité dans un travail » : *lŭpus*; la forme attendue, bien attestée en anc. fr. et dans les dial., est *leu* (→ le toponyme *Saint-Leu* et *à la queue leu leu*) ; *loup* p.-ê. empr. à un dial. de l'Est, ou dû à l'infl. du fém. *louve* et des dérivés. Le *p*, purement orth., est dû à une réaction sav. ♦ I2I LOUP-CERVIER XIV⁰ s. « loup qui chasse le cerf », antérieurement *linx* : forme refaite sur le fém. *louve cervière* XII⁰ s. ♦ I3I LOUVRE (pop.) XII⁰ s. toponyme : lat. vulg. *lupāra* « endroit » infesté de loups ». ♦ I4I LOUVETEAU XIV⁰ s. : dér. formé à l'aide de deux suff. dimin. ; LOUVETIER, LOUVETERIE XVI⁰ s. ♦ I5I LOUPIOT XIX⁰ s. fém. : dimin. de *loup*, dér. de la forme écrite. ♦ I6I LOUPER (pop.) XIX⁰ s. argot : dér. de la forme écrite de *loup* au sens de « défectuosité ». ♦ I7I LUPIN (sav.) XIII⁰ s. : *lupinus*. ♦ I8I LUPANAR (sav.) XVI⁰ s. : mot lat. ♦ I9I LUPULINE fin XVIII⁰ s., d'abord adj. *luzerne lupuline*, de *lupulus* « houblon ». ♦ I10I LUPUS (sav.) XV⁰ s., repris au XIX⁰ s. : mot du lat. méd.

II. mot d'origine germanique

LOUP-GAROU XIII⁰ s. ; XII⁰ s. *garou* seul : 2⁰ élément issu du frq. *werwulf* « homme-loup », syn. exact de *lycanthrope*, altéré en *war-*, probablement sous l'infl. de l'anc. scandinave *vargr* « criminel » ; *garou* ayant cessé d'être compris a été accolé à *loup*, de façon pléonastique.

III. mots d'origine grecque

♦ I1I LICE (pop.) XII⁰ s. « femelle du chien de chasse » : *lycisca*. ♦ I2I LYC(O)- (sav.) *lukos*, 1ᵉʳ élément de composés, ex. : LYCANTHROPE et LYCANTHROPIE XVI⁰ s. : *lukanthrôpos*, *lukanthrôpia*; LYCOPODE et LYCOPE XVIII⁰ s. bot. « pied-de-loup » → PIED. ♦ I3I LYCÉE XVI⁰ s. hist. gr., XIX⁰ s. sens mod. : *lukeion*, par le lat. ; LYCÉEN XIX⁰ s.

LOUPE ♦ I1I (pop.) XIV⁰ s. « pierre précieuse d'une transparence imparfaite » et *faire la lope* « faire la moue », « avancer les lèvres » ; XV⁰ s. « masse de fer informe » ; XVI⁰ s. méd. ; XVII⁰ s. optique : origine obscure, p.-ê. anc. haut all. *luppa* « masse informe d'une matière caillée », ou simplement, formation expressive du fr. ; a pu être influencé, au moins dans son sens méd., par *lupus* « ulcère, boursouflure ». ♦ I2I LOPIN (pop.) XIV⁰ s. : probablement dimin. de *lope*, var. anc. de *loupe*.

LOURD ♦ I1I (pop.) XII⁰ s. « stupide », XVI⁰ s. « pesant » : bas lat. VII⁰ s. *lūrdus* « blême (en parlant du teint) », class. *lŭridus*; LOURDEMENT, ALOURDIR XII⁰ s. ; ALOURDISSEMENT, LOURDAUD XIV⁰ s. ; LOURDEUR XVIII⁰ s. Pour les mots scientifiques exprimant la notion de « lourdeur » → BARY-. ♦ I2I BALOURD XVI⁰ s. : it. *balordo*, croisement de *balogio* « coquin » et d'un autre mot, p.-ê. *sordo* « sourd », p.-ê. *lordo* « sale », équivalent phonét. de *lourd*; quoi qu'il en soit, le mot it. a été adapté en fr. sous l'infl. de *lourd*; BALOURDISE XVII⁰ s.

LOUTRE (sav.) XII⁰ s. : lat. *lŭtra*, a éliminé la forme pop. *lorre, leurre*.

LOVER XVII⁰ s. « enrouler un cordage », XVIII⁰ s., pronom. : bas all. *lofen* « tourner », apparenté à *lof*.

LUBRIQUE ♦ I1I (sav.) XV⁰ s. et LUBRICITÉ XIV⁰ s. : lat. *lubricus* « glissant » et bas lat. *lubricitas* « nature glissante, inconstante ». ♦ I2I LUBRIFIER (sav.) XVI⁰ s. : dér. à partir de *lubricos* ; LUBRIFICATION XIX⁰ s. ; LUBRIFIANT adj. XV⁰ s., subst. : XX⁰ s.

LUCANE (sav.) XVIII⁰ s. entomol : lat. *lucanus* « cerf-volant », mauvaise lecture, dans Pline, pour *lucauus*.

LUCARNE XIV⁰ s. : altération, sous l'infl. de l'anc. fr. *luiserne* « flamme, lumière » (issu du lat. *lucerna*, de *lux, lucis* « lumière » → LUIRE), de *lucanne* XIII⁰ s., d'origine obscure, du lat. prob. *lucana*, du bas lat. *lucanus, -a*, dér. de *lux, lucis* « relatif à la lumière du jour » ; plus probablement frq. *lukinna*, dér. de *luk-*, exprimant l'idée de « fermer » → all. *Luke*, néerl. *luik*, angl. *lock*.

LUCRATIF (sav.) XIII⁰ s. : lat. *lucrativus* « avantageux », dér. de *lucrum* « profit » ; LUCRE (sav.) XV⁰ s. : *lucrum*.

LUETTE ♦ I1I (pop.) XIII⁰ s., pour *l'uette* : lat. vulg. *ūvitta*, dimin. de *uva* « grappe de raisin ». ♦ I2I UVULAIRE (sav.) XVIII⁰ s. « qui a rapport à la luette » : dér. sur le lat. scient. *uvula* « luette ». ♦ I3I UVÉE (sav.) « membrane de l'œil, de la couleur du raisin » et UVÉITÉ XIX⁰ s. formés sur *uva*. ♦ I5I UVAL (sav.) XIX⁰ s. : dér., sur *uva*.

LUGE XIXe s. : mot dial. (Savoie) : bas lat. *sludia*, mot prélat., p.-ê. gaulois, qui semble apparenté à l'angl. *slide* « glisser », all. *Schlitten* « traîneau ».

LUIRE famille d'une racine ind.-eur. **leuk-* « être lumineux, éclairer ». En grec *leukos* « blanc ». En germanique, all. *leuchten* « briller », angl. *light* « lumière ».
En latin (1) *lux, lucis* « lumière du jour », considérée à l'origine comme agissante et divinisée ; dérivés (a) *lucius, -a*, nom propre, « né(e) à l'aube » (b) *lucifer* « porte-lumière », « étoile du matin » ; 2e élément → OFFRIR (c) *lucere* « briller », d'où *lucidus* « lumineux » ; *translucere* « briller à travers », « être transparent », d'où *translucidus* « transparent » ; *lucerna* « lampe » ; bas lat. *elucidare* « révéler » et *lucor* « lueur » (d) *lucubrare* « travailler à la lumière de la lampe » ; *elucubrare* « composer à force de veilles ». ♦ (2) *lumen, luminis* « moyen d'éclairage », issu de **leuk-s-men*, d'où (a) *luminosus* « lumineux » (b) *lūmĭnāre*, et surtout plur. *luminaria* « flambeaux » (c) *illuminare* « éclairer » et *illuminatio* « éclairage ». ♦ (3) *luna* « la lune », issu de **leuk-s-na*, littéralement « la brillante », astre à l'action dangereuse qu'il vaut mieux désigner par un adj. que par son nom propre, masculin, qu'on retrouve dans *mensis* → MOIS (en grec, adj. substantivé *selênê* « la brillante » → SÉLÉNITE) ; *lunae dies* « jour de la lune ». Dér. : (a) le dimin. *lunula* désignant divers objets (b) *lunaris* « de la lune » et bas lat. *sublunaris* (c) *lunaticus* (analogique de *fanaticus*) « soumis à l'influence de la lune », « maniaque, fou », « épileptique » ♦ (4) *lustrare, lustratus* « éclairer » (différent de *lustrare* « purifier » → LUSTRAL), probablement dér. d'un **lustrum* « éclat », issu de **leuk-s-tr-om* ; d'où *illustrare* « illuminer » et fig. « mettre en lumière », *illustratio*, et l'adj. *illustris* « brillant », « en vue ».

I. mots d'origine latine

A. famille de *lux, lucis*

♦ |1| **LUIRE** (pop.) XIe s. *luisir*, XIIIe s. forme mod. : lat. vulg. **lūcire*, class. *lūcēre* ; **RELUIRE** XIe s. ♦ |2| **LUEUR** (pop.) XIIe s. : *lūcor, -ōris*. ♦ |3| **LUZERNE** XVIe s. ; prov. *luzerno* « ver luisant », du lat. *lucerna* (les graines de la luzerne étant brillantes). ♦ |4| **LUCIDE, LUCIDITÉ, ÉLUCIDER** (sav.) XVe s. : *lucidus, luciditas, elucidare* ; **LUCIDEMENT** XVe s. ; **ÉLUCIDATION** XVIe s. ♦ |5| **ÉLUCUBRATION** (sav.) XVIe s. : *elucubratio* ; **ÉLUCUBRER** XIXe s. : *elucubrare*. ♦ |6| **LUCIE**, nom propre (sav.) : *Lucia* ; **LUCIFER**, mot lat. utilisé comme traduction du nom des anges rebelles ; **LUCIFÉRIEN** XVIIe s.

B. famille de *lumen, -inis*

♦ |1| **ALLUMER** (pop.) XIe s. : lat. vulg. **allūmĭnāre*, dér. de *lumen* ; **RALLUMER** XIe s. ; **ALLUMETTE** XIIIe s. ; **ALLUMEUR** XVIe s. ; **ALLUME-FEU** XIIIe s. ; **ALLUME-GAZ** XXe s. ♦ |2| **LUMIÈRE** (pop.) XIIe s. : *lūmĭnāria* ; pour les mots sav. exprimant l'idée de « lumière » → PHOTO-, art. PHOSPHORE. ♦ |3| **LUMIGNON** (pop.) XIIIe s. : lat. vulg. **lūmĭnio, -ōnis* dér. de *lūmen*. ♦ |4| **ENLUMINER** (demi-sav.) XIIe s. « éclairer », XIIIe s. « illustrer » : altération par substitution de préf., de *illuminare* ; **ENLUMINURE, ENLUMINEUR** XIIIe s. ♦ |5| **ILLUMINER** (sav.) XIIe s. : *illuminare* ; **ILLUMINATION** XIVe s. : *illuminatio* ; **ILLUMINÉ**, subst. XVIIe s. ; **ILLUMINISME, ILLUMINISTE** XIXe s. ♦ |6| **LUMINAIRE** (sav.) XIIe s. : *luminare* ♦ |7| **LUMINEUX** (sav.) XIIIe s. : *luminosus* ; **LUMINEUSEMENT, LUMINOSITÉ** XVe s. ; **LUMINESCENT, LUMINESCENCE** XXe s.

C. famille de *luna*

♦ |1| **LUNE** (pop.) XIe s. ; XIXe s. *lune de miel* (calque de l'angl. *honeymoon*) : *lūna*. **DEMI-LUNE** XVIe s. **LUNÉ** XVIe s. « en forme de croissant » ; XIXe s. sens mod. Pour les mots sav. → SÉLÉNITE. ♦ |2| **LUNETTE** XIIe s. « objet rond », XIIIe s. « lunettes faites de deux verres ronds », XVIIe s. *lunette d'approche* : dimin. de *lune* ; **LUNETIER** XVIe s. ; **LUNETTERIE** XIXe s. ♦ |3| **LUNDI** XIIe s. : lat. vulg. **lunis dies*, class. *lunae dies* ; 2e élément → -DI, art. DIEU. ♦ |4| **LUNAISON** (pop.) XIIe s. : bas lat. *lunatio, -onis* « mois lunaire ». ♦ |5| **LUNATIQUE** (sav.) XIIIe s. « soumis à l'influence de la lune », XVIIe s. « capricieux » : *lunaticus*. ♦ |6| **LUNAIRE** XIVe s. et **SUBLUNAIRE** XVIe s. (sav.) : *lunaris* et *sublunaris*. ♦ |7| **LUNULE** XVIIe s. : *lunula*.

D. famille de *lustrum*

♦ |1| **ILLUSTRATION, ILLUSTRATEUR** (sav.) XIIIe s. : *illustratio, illustrator* ; **ILLUSTRER** XIVe s. « rendre illustre », XIXe s. « orner d'images » : *illustrare* ; **ILLUSTRÉ** subst. XXe s. ♦ |2| **ILLUSTRE** (sav.) : *illustris* ; **ILLUSTRISSIME** XVe s. ♦ |3| **LUSTRER** XVe s. : it. *lustrare*, du lat. *lustrare* ; **LUSTRE** XVe s.

« éclat d'un objet poli », XVII² s. « luminaire » : it. *lustro* « éclat », de *lustrare* ; **LUSTRAGE** XVIII² s. ; **LUSTRINE** XVIII² s. : it. *lustrina* « étoffe brillante ».

II. mot d'origine germanique
SUNLIGHT XX² s. : mot anglo-américain « lumière du soleil » ; 1ᵉʳ élément → SOLEIL.

III. mots savants d'origine grecque
LEUC(O)- : *leukos*, 1ᵉʳ élément de composés, ex. : **LEUCÉMIE** (→ HÉMA-) ; **LEUCOCYTE** (→ CYTO-, art. COUENNE.) ; **LEUCORRHÉE** (→ RHUME) XIX² s.

LUSTRAL ♦ |1| (sav.) XIV² s. : lat. *lustralis* « qui sert à purifier » ; **LUSTRATION** id. : *lustratio* « purification », de *lustrare* « purifier ». ♦ |2| **LUSTRE** (sav.) XIV² s. « période de cinq ans » : lat. *lustrum* « sacrifice purificateur, fait par les censeurs tous les cinq ans à la clôture du cens ».

LUT (sav.) XIV² s. : lat. *lutum* « terre à potier » ; **LUTER** XVI² s. : *lutare* « enduire de cette terre ».

LUTH XIII² s. d'abord *leüt* : anc. prov. *laüt* : anc. esp. et port. *alaud* : ar. *al ud* avec agglutination de l'article ; **LUTHIER** XVII² s. ; **LUTHERIE** XVIII² s.

LUTTER ♦ |1| (pop.) XI² s. *luitier* : lat. *lŭctāre*, var. de *lŭctāri* ou *lŭctāre*, *lŭctāri* « id. », qui appartient d'abord à la langue de la gymnastique ; **LUTTE, LUTTEUR** XII² s. ♦ |2| **INÉLUCTABLE** (sav.) XVI² s. : *ineluctabilis*, contraire de *eluctabilis*, adj. dér. de *eluctare* « lutter pour se dégager » et « se dégager » ; **INÉLUCTABLEMENT** XIX² s.

LYMPHE ♦ |1| (sav.) XV² s. « eau », XVII² s. anat. : lat. *lympha* « eau claire », forme hellénisée d'un ancien *lumpa*, p.-ê. dial. et apparenté à *limpidus*, p.-ê. empr. anciennement, avec dissimilation des nasales, au gr. *nymphê* → NYMPHE ; **LYMPHANGITE** XIX² s. → ANGIO- ; **LYMPHOCYTE** et **LYMPHOCYTOSE** XX² s. → CYTO-, art. COUENNE. ♦ |2| **LYMPHATIQUE** XVI² s. « délirant », XVII² s. « relatif à la lymphe », XIX² s. « lent et apathique » : lat. *lymphaticus* « frappé de folie par les *Lymphae*, déesses des eaux » ; interprété à l'époque moderne comme un dér. de *lymphe* au sens anatomique du mot ; **LYMPHATISME** XIX² s.

LYRE (sav.) XII² s. : gr. *lura*, par le lat. ; **LYRIQUE** XV² s. « genre de l'ode antique », XVII² s. théâtre chanté, XVIII² s. poésie sentimentale, XIX² s. « exalté » : *lurikos*, par le lat. ; **LYRISME** XIX² s.

MABOUL XIXᵉ s. : arabe algérien *mahboûl* « imbécile ».

MACAQUE XVIIᵉ s. : port. *macaco* « guenon », mot bantou importé au Brésil.

MACARON ♦ⅠⅠⅠ XVIᵉ s. pâtisserie : it. dial. *maccarone* (it. *maccherone*), désignant diverses espèces de pâtes, probablement dér. de *macco* « bouillie, polenta de fèves », d'origine obscure. ♦ⅠⅡⅠ **MACARONÉE** XVIᵉ s. « poème burlesque fait de mots lat. et pseudo-lat. » : it. *macaronea* ou *maccheronea*, dér. de *maccarone*, par allusion au lat. corrompu des cuisiniers de couvent et de collège ; **MACARONIQUE** XVIᵉ s. : it. *maccaronia*, dér. de *macaronea*. ♦ⅠⅢⅠ **MACARONI** XVIIᵉ s. « pâtes alimentaires » : mot it., plur. de *maccarone*, utilisé comme sing.

MÂCHE XVIIᵉ s. : altération, p.-ê. par attraction de *mâcher*, de *pomache* XVIᵉ s., d'origine obscure ; il est difficile d'y voir un dér. de *pomum* « fruit », « pomme », puisque la mâche est une salade, sans ressemblance avec quelque fruit que ce soit.

MÂCHER ♦ⅠⅠⅠ (pop.) XIIᵉ s. *maschier* : lat. *masticare* « id. » ; **MÂCHOIRE** XIIᵉ s. ; **MÂCHONNER** XVᵉ s. ; **REMÂCHER** XVIᵉ s. ; **MÂCHOUILLER** XXᵉ s. ♦ⅠⅡⅠ **MASTICATION** (sav.) XIIIᵉ s. : bas lat. *masticatio* ; **MASTIQUER** XVᵉ s. : *masticare* ; **MASTICATOIRE** XVIᵉ s. ; **MASTICATEUR** XIXᵉ s.

-MACHIE (sav.) : gr. *-makhia*, var. de *makhê* « combat », 2ᵉ élément de composés, ex. : LOGOMACHIE → LIRE ; NAUMACHIE → NEF ; TAUROMACHIE → TAUREAU.

MACHINE famille sav. du gr. *mêkhanê*, var. dorienne *makhana* « invention ingénieuse », « machine (guerre, théâtre, etc.) », d'où *mêkhanikê (tekhnê)* « art de construire une machine ». Le lat. a anciennement adapté la forme dorienne en *machina* et postérieurement empr. l'adj. sous la forme lat. imp. *mechanicus*.
♦ⅠⅠⅠ **MACHINE** XIVᵉ s. « système de l'univers », XVIᵉ s. sens mod. : *machina* ; **MACHINISTE** XVIIᵉ s. « constructeur de machines », puis limité au théâtre ; **MACHINISME, MACHINERIE** XIXᵉ s. ♦ⅠⅡⅠ **MACHIN** XIXᵉ s., var. masc. fam. de *machine*. ♦ⅠⅢⅠ **MACHINAL** XVIIᵉ s. « relatif aux machines », XVIIIᵉ s. sens mod. ; **MACHINALEMENT** XVIIIᵉ s. ♦ⅠⅣⅠ **MACHINER** XIIIᵉ s. : lat. *machinari* « combiner », dér. de *machina* ; **MACHINATION** XIIIᵉ s. ♦ⅠⅤⅠ **MÉCANIQUE** XIIIᵉ s. adj. « manuel », XVᵉ s. subst. fém. « théorie math. du mouvement », XVIIᵉ s. adj. « relatif aux lois du mouvement », « mû par un agencement artificiel » ; subst. fém. « système des pièces d'une machine » : *mechanicus, -a* pour les adj. ; *mechanica (ars)* pour les subst. ♦ⅠⅥⅠ **MÉCANISER** XVIᵉ s. « exercer un métier manuel », XIXᵉ s. « doter d'un fonctionnement mécanique » ; **MÉCANISTE** XVIIᵉ s. philo. ; **MÉCANISME** XVIIIᵉ s. ; **MÉCANISATION** XIXᵉ s. ♦ⅠⅦⅠ **MÉCANICIEN** XVIIᵉ s. d'abord scient., sur le modèle de *mathématicien* ; **MÉCANO** XXᵉ s. abrév. fam. ♦ⅠⅧⅠ **MÉCANO-** 1ᵉʳ élément de composés sav.,

ex. : **MÉCANOGRAPHIE, MÉCANOTHÉRAPIE** XXe s.

MÂCHURE famille de l'anc. fr. *machier* « écraser » (distinct de *maschier* → MÂCHER, du lat. *masticare*), d'un radical *makk- d'origine probablement expressive.
♦|1| **MÂCHURE** (pop.) XVe s. *macheüre* techn. « partie écrasée d'un tissu » ; *â* sous l'infl. de *mâcher* ; **MÂCHURER** XIXe s. techn. « écraser, entamer par pression ». ♦|2| **MÂCHEFER** XIIIe s. : probablement « écrase fer », de *machier* et de *fer*, à cause de sa dureté. ♦|3| **MÂCHICOULIS** XVe s. : mot obscur, p.-ê. composé de **machis*, dér. de *machier* « écraser », et de *coulis*, dér. de *couler* « action d'écraser et de couler » ; car le mot désigne des ouvertures destinées à laisser tomber des projectiles. ♦|4| **MAQUEREAU** (pop.) XIIe s. « poisson tacheté », XVIIIe s. *groseille à maquereau* « grosse baie marbrée » : dér. de *maquer*, forme normanno-picarde de *macher* → dans les dial. méridionaux *vairat* « maquereau », apparenté au lat. *varius* « aux couleurs changeantes ».

MAÇON famille d'une racine ind.-eur. **mag-* **mak-* « pétrir une substance molle avec de l'eau ».
En grec *massein* « pétrir », d'où *magis, -idos* et *magma, -atos* « pâte pétrie » et *maza* « id. », empr. anciennement par le lat. sous la forme *massa* « masse de pâte », « amas », « bloc ».
En latin *macerare* « faire tremper, amollir (de la terre pour faire du torchis) », d'où fig. « affaiblir » et lat. imp. « mortifier ».
En germanique anc. saxon *makôn* « bâtir (en torchis) », littéralement « façonner la terre » ; **makjo* « celui qui fait ce travail » → all. *machen*, angl. *to make* « faire ».

I. mots d'origine germanique
♦|1| **MAÇON** (pop.) XIIe s. : bas lat. VIIe s. : *machio, -onis* ; **makjo* ; **MAÇONNER** XIIe s. : **MAÇONNERIE** XIIIe s. ♦|2| **FRANC-MAÇON** XVIIIe s. : calque de l'angl. *free mason* XVIIe s. « maçon libre », à l'origine corporation de maçons d'élite, possédant certains privilèges et des signes de reconnaissance, devenue société secrète au début du XVIIIe s. ; **FRANC-MAÇONNERIE** XVIIIe s. ; **MAÇONNIQUE**, abrév. de *franc-maçonnique* XVIIIe s.

II. mots d'origine grecque
♦|1| **MASSE** (pop.) XIe s. « amas », XVIIIe s. pol. : lat. *massa*, du gr. *maza* ; **MASSIF** XIIe s. adj., XIVe s. subst. archit., XVIIIe s. jardinage, XIXe s. géogr. ; **MASSIVEMENT** XVIe s. ♦|2| **AMASSER** XIIe s. ; **MASSER** XIIIe s. ; *AMAS* XIVe s. ; **RAMASSER** XIVe s. « resserrer en une masse », XVIIIe s. « prendre à terre » ; **RAMASSEUR** XVIe s. ; **RAMASSIS** XVIIe s. ♦|3| **MAIE** (pop.) XIe s. var. *mai, mait* : bas lat. *magidem*, acc. de *magis* « pétrin », du gr. *magis, -idos* « pâte pétrie ». ♦|4| **MAGMA** (sav.) XVIIe s. : mot gr. ; **MAGMATIQUE** XXe s.

III. mots d'origine latine
MACÉRER XIVe s. (sav.) « mortifier », XVIe s. « faire tremper » : *macerare* ; **MACÉRATION** id. ; **MACÉRATEUR** XIXe s. techn.

MACREUSE XVIIe s. « oiseau migrateur de la famille du canard, gibier maigre autorisé en carême » ; XIXe s., par comparaison, « morceau de viande maigre de l'épaule du bœuf » : altération du normand *macroule* XVIIe s. ; anc. normand *macrolle* XIVe s. : d'origine germ., frison *markol* ou néerl. septentrional *meerkol*.

MADRÉ (pop.) XIVe s. « veiné, en parlant du bois », XVIe s., par métaph., « capable d'inventer des ruses variées » : dér. de *masdre* XIIIe s. « bois veiné », du frq. **maser* « excroissance de l'érable ».

MAFFIA XIXe s. : mot sicilien : p.-ê. arabe *mahjas* « vantardise ».

MAGASIN ♦|1| XIIIe s. forme lat. *magazenum*, XVe s. forme fr. : « entrepôt tenu par des chrétiens dans des villes du Maghreb », XVIIe s. sens mod. ; XVIIIe s.-XIXe s. a désigné des journaux à articles variés, tels que *Le Magasin pittoresque* : arabe *makhâzin*, plur. de *makhzin* « dépôt », « bureau » ; **MAGASINIER** XVIIe s. ; **EMMAGASINER** XVIIIe s. ♦|2| **MAGAZINE** XVIIIe s. : mot angl. empr. au fr. *magasin* au dernier sens.

MAGE (sav.) XIIIe s. : par le lat., du gr. *magos* « prêtre interprète des songes chez les Mèdes », « sorcier », empr. à l'iranien ; **MAGIQUE** XIIIe s. : gr. *magikos*, par le lat. ; **MAGICIEN** XIVe s. ; **MAGIE** XVIe s. : gr. *mageia* « religion des mages », « sorcellerie », par le lat. (→ aussi l'article ÉMOI).

MAGOT famille d'un germ. **musgauda* « provisions de vivres ou de fruits », représenté aussi en flamand ; anc. fr. *musgode, musgot, mujoe* « provision, trésor » : dial. Ouest *mijot* « lieu où l'on conserve les fruits », d'où *mijoter* « faire mûrir les fruits », « cuire à petit feu » et *mijoler* « cajoler ».

♦ |1| MAGOT XVIe s. : altération inexpliquée de *musgot*, au sens de « trésor ». ♦ |2| MIJAURÉE XVIIe s. : var. de *mijolée*, part. passé subst. du dial. *mijoler*. ♦ |3| MIJOTER XVIIIe s. : mot dial. (Ouest).

MAIGRE famille du gr. *macros* « long » et de son équivalent lat. *macer* « maigre », d'où *macies* « maigreur » et *emaciare* « rendre maigre, épuiser ».

♦ |1| MAIGRE (pop.) XIIe s. : lat. vulg. **macrus*, class. *macer* ; AMAIGRIR XIIe s. ; MAIGREMENT XIIIe s. ; MAIGREUR, AMAIGRISSEMENT XIVe s. ; MAIGRIR, MAIGRELET XVIe s. ; MAIGRIOT, MAIGRICHON XIXe s. ♦ |2| ÉMACIÉ (sav.) XVIe s., rare avant le XVIIIe s. : *emaciatus*, de *emaciare*. ♦ |3| MACRO- (sav.) : gr. *makros* 1er élément de composés, ex. : MACROCOSME XIVe s. ; MACROSCOPIQUE XIXe s. ; MACROMOLÉCULE XXe s. ; s'oppose à MICRO-.

MAIL famille de mots lat. comportant une base **mal-*. (1) *malleus* « maillet, marteau » (2) probablement aussi lat. imp. *martulus*, qui serait issu de **mal-t-los* ; var. *marculus*, d'où on aurait tiré en bas lat. *marcus* « gros marteau ».

♦ |1| MAIL (pop.) XIe s. « maillet », puis « jeu, sorte de croquet », XVIIe s. « allée réservée au jeu de mail » : *malleus* ; MAILLET XIVe s. ; MAILLOTIN XIVe s. ; MAILLOCHE XVe s. ♦ |2| CHAMAILLER XIVe s. « frapper, se battre » : forme francisée du normand *camailler*, composé de l'anc. fr. *mailler* XIIe s., dér. de *mail*, et du préf. CA-. ♦ |3| MARTEAU (pop.) XIIe s. : lat. vulg. **martĕllus*, dimin. de *martŭlus* ; MARTELER XIIe s. ; MARTÈLEMENT XVIe s. ; MARTEAU-PILON XIXe s. ; MARTEAU-PIQUEUR XXe s. ♦ |4| MERLIN XVIIe s. : mot dial. (Est.) dér. anc. de *marcŭlus*. ♦ |5| MALLÉABLE (sav.) XIVe s. : dér. sur *malleus* « qu'on peut façonner au marteau » ; MALLÉABILITÉ XVIIe s. ; MALLÉABILISER XIXe s. ♦ |6| MALLÉOLE (sav.) XVIe s. anat. : lat. mod. *malleolus*, dimin. de *malleus* ; MALLÉOLAIRE XIXe s.

MAILLE famille du lat. *macula* « tache » et « maille d'un filet » (les mailles formant une sorte de dessin tacheté) ; *maculare* « tacher » ; *immaculatus* « sans tache ».

♦ |1| MAILLE (pop.) XIe s. : *macŭla* ; DÉMAILLER XIe s. ; REMMAILLER XIIIe s. ; REMMAILLAGE XIXe s. ; REMMAILLEUR, -EUSE, DÉMAILLAGE XXe s. ♦ |2| MAILLOT XIIe s. ; DÉMAILLOTER, EMMAILLOTER XVIIe s. ; MAILLON XVIe s. ♦ |3| TRÉMAIL, var. TRAMAIL (pop.) XIIe s. « grand filet de pêche formé de trois épaisseurs superposées » : bas lat. *tremacŭlum*, de *tri-* et *macŭla*. ♦ |4| CAMAIL XIIIe s. « coiffure de mailles pour protéger la tête », puis costume eccl., sorte de pèlerine : prov. *capmalh*, de *caput* « tête » → CHEF, et *macŭla*. ♦ |5| MAQUIS XVIIIe s. : corse *macchia* « tache », « buissons tachetés la montagne », du lat. *macŭla* ; mot répandu par Mérimée ; MAQUISARD XXe s. ♦ |6| MAQUETTE XVIIIe s. : it. *macchietta* dimin. de *macchia*, de *macula* ; MAQUETTISTE XXe s. ♦ |7| MACULER XIIe s. (sav.) : *maculare* ; IMMACULÉ XIVe s. : *immaculatus* ; MACULATURE XVIe s.

MAIN famille du lat. *manus, -us* « main », symbole de force et d'autorité, mot italique, qui peut aussi servir de 1er ou de 2e terme de composés, ex. : *manuscriptus* « écrit à la main » ou *uni-, quadri-, centimanus* « à une, à quatre, à cent mains ». À *manus* se rattachent (1) *manica* « longue manche de vêtement (atteignant la main) » et « menottes » ; dimin. *manicula*, var. *manibula* « manche, ou mancheron de charrue » (2) *mandare*, probablement issu de *manum dare* littéralement « mettre en main », « confier », d'où « donner une mission », d'où les deux composés syn. *commendare* et bas lat. *demandare* « confier » (3) *manceps* « celui qui prend en main quelque chose, en signe de propriété », d'où *mancipare* « vendre » et *emancipare* « affranchir de l'autorité paternelle » ; 2e élément, *capere* « prendre » → CHASSER (4) *mansuetus* « habitué à la main », « apprivoisé » et *mansuetudo, -inis* « douceur (des animaux apprivoisés) », « bienveillance » ; 2e élément *suescere* « être habitué » → SOI (5) *mancus* « infirme de la main », « manchot », avec un suff. caractéristique des noms d'infirmités

MAIN

(6) *manipulus* « poignée », « botte », « étendard d'une compagnie (constitué, disait-on, sous Romulus, d'une botte de foin au bout d'une pique) » et « subdivision de la légion » ; 2ᵉ élément obscur.

♦ |1| **MAIN** (pop.) xᵉ s. : *manus* ; **MAINMORTE** XIIIᵉ s. ; **MAINMISE, MAINLEVÉE** XIVᵉ s. ; **MAIN-FORTE** XVᵉ s. ; **MAIN-D'ŒUVRE** XVIIIᵉ s. ; **SOUS-MAIN** XVIIᵉ s., subst. « secret » (milit.), XIXᵉ s. « accessoire de bureau », xxᵉ s. *en sous-main*, adv. **MAINTENIR, MAINTENANT, MAINTIEN** → TENIR. Pour les mots scientifiques exprimant la notion de « main » → CHEIRO-. ♦ |2| **MANETTE** XIIIᵉ s. : dimin. anc. de *manus* ; **MENOTTE** XVᵉ s. « fer pour les mains », XVIᵉ s. dimin. de *main*. ♦ |3| **MANADE** XIXᵉ s. : esp. *manada*, d'abord « poignée (d'herbe, de céréales) », puis « groupe de personnes », « troupeau d'animaux », sens passé en fr. ♦ |4| **MANIER** XIIᵉ s. d'abord « administrer », « caresser » : dér. ancien de *manus* ; **MANIABLE** XIIᵉ s. ; **MANIEMENT** XIIIᵉ s. d'abord « possession » ; **REMANIER** XIVᵉ s. ; **REMANIEMENT** XVIIᵉ s. ; **REMANIEUR, REMANIABLE** XIXᵉ s. ♦ |5| **MANIGANCE** XVIᵉ s., à rapprocher de diverses formes dial. : normand (Guernesey) *manigant* « adroit » ; Centre (Morvan), *manigan* « homme qui vit d'un travail manuel » ; sans doute rfcn. apparenté à *manier* ; **MANIGANCER** XVIIᵉ s. ♦ |6| **MANÈGE** XVIᵉ s. équitation, XVIIᵉ s. intrigue, XIXᵉ s. chevaux de bois : it. *maneggio*, dér. de *maneggiare* « manier », lui-même dér. de *mano*, du lat. *manus*. ♦ |7| **MANAGER** XIXᵉ s. : mot angl. dér. de *to manage* « manier, diriger », de l'it. *maneggiare*. ♦ |8| **MANCHE** (pop.) subst. fém. XIIᵉ s. vêtement, puis, métaph., XVIIᵉ s. « bras de mer » et « tuyau souple », XIXᵉ s. « l'une de deux parties de cartes solidaires » : *manica* ; **MANCHON** XIIᵉ s. ; **MANCHETTE** XIIᵉ s. ; XXᵉ s. journalisme ; **MANCHERON** XIIIᵉ s. ; **EMMANCHER** XVᵉ s. ♦ |9| **MANCHE** (pop.) subst. masc. : lat. vulg. *manicus* « ce qu'on tient dans la main », avec infl. du précédent ; **EMMANCHER** XIIᵉ s. ; **DÉMANCHER, MANCHERON** XIIIᵉ s. ; **REMMANCHER** XVIᵉ s. ♦ |10| **MANOUVRIER** (pop.) XIIᵉ s. : de *manu* et *operarius* « qui travaille de ses mains » ; **MANŒUVRE** XIᵉ s. fém. « placer à la main, puis travailler », XVIIᵉ s. mar., XVIIIᵉ s. milit., XIXᵉ s. techn. « faire fonctionner » : *manu operāre* ;

MANŒUVRE fém. XIIIᵉ s. : *manu opera* ; **MANŒUVRIER** XVIIᵉ s. ; **MANŒUVRABLE** XXᵉ s. → ŒUVRE. ♦ |11| **MANIÈRE** (pop.) XIIᵉ s. : fém. substantivé d'un anc. adj. *manier* : lat. vulg. *manuarius* « bien en main » (chose), « habile de ses mains, bien exercé » (personne) ; **MANIÈRE** XVIIᵉ s. ; **MANIÉRISTE** XVIIIᵉ s. ; **MANIÉRISME** XIXᵉ s. ♦ |12| **MANCHOT** (pop.) XVᵉ s. : dér. de l'anc. fr. *manc* « estropié », du lat. *mancus*. ♦ |13| **MANQUER** XIVᵉ s. : it. *mancare* « être insuffisant », dér. de *manco* « défectueux », du lat. *mancus* ; a succédé à *faillir* et aux mots de cette famille ; **MANQUEMENT** XIVᵉ s. ; **MANQUE** subst. XVIᵉ s. « offense », XVIIᵉ s. « privation » ; **IMMANQUABLE, MANQUANT** adj. XVIIᵉ s. ♦ |14| **MANIVELLE** (pop.) XIIᵉ s. *manevelle* : lat. vulg. *manabēlla*, altération de *manibūla*. ♦ |15| **MÂTIN** (pop.), **MÂTINER** XIIᵉ s. et **MANSUÉTUDE** (sav.) XIIᵉ s. : *mansuetīnus* et *mansuetudo* → SOI. ♦ |16| **MANUEL** (sav.) XIIᵉ s. adj. : *manualis* ; XVIᵉ s. subst. : *manuale*, neutre substantivé du précédent, « petit livre tenant dans la main » : trad. du gr. *egkheiridion*, qui a d'abord désigné le manuel d'Épictète. ♦ |17| **MANCIPATION, ÉMANCIPATION, ÉMANCIPER** → CHASSER. ♦ |18| **MANUFACTURE** (sav.) → FAIRE ; **MANUMISSION** → METTRE ; **MANUSCRIT** → ÉCRIRE ; **MANUTENTION** → TENIR. ♦ |19| **BIMANE, QUADRUMANE** (sav.) XVIIIᵉ s. : adj. formés par Buffon sur des modèles lat. pour les opposer à *bipède, quadrupède*. ♦ |20| **MANIPULE** (sav.) XIVᵉ s. liturg., XVIᵉ s. « poignée, botte », XVIIᵉ s. hist. romaine : *manipulus* ; **MANIPULER, MANIPULATION, MANIPULATEUR** XVIIIᵉ s. : dér. formés sur *manipulus* au sens de « poignée ». ♦ |21| **MANDER** (pop.) xᵉ s. : « convoquer », XIᵉ s. « faire savoir » : *mandare* ; **MANDEMENT** XIIᵉ s. ; **MANDANT** subst. fin XVIIIᵉ s. ♦ |22| **MANDAT** (sav.) XVᵉ s. « message », XVIIIᵉ s. « délégation de pouvoir », XIXᵉ s. postes : *mandatum*, part. passé substantivé de *mandare* ; **MANDATAIRE** XVIᵉ s. ; **MANDATER** XIXᵉ s. ♦ |23| **DEMANDER** (pop.) XIᵉ s. : bas lat. *demandare* avec un déplacement de sens commun à la plupart des langues romanes ; **REDEMANDER, DEMANDE** XIIᵉ s. ; **DEMANDEUR** XIIIᵉ s. ♦ |24| **COMMANDER** (pop.) xᵉ s. : lat. vulg. *comandare*, réfection, d'après *mandare*, de *commendare* ; **COMMANDANT** XVIIᵉ s. ; pour les mots sav. exprimant l'idée de

« commander » → ARCH- et -ARQUE, art. ARCHIVES, et -CRATE ; **RECOMMANDER** Xe S. ; **COMMANDEMENT** XIe S. ; **RECOMMANDATION, COMMANDEUR** XIIe S. ; **COMMANDERIE, DÉCOMMANDER** XIVe S. ; **RECOMMANDABLE** XVe S. ♦ [25] **COMMENDE** (sav.) XIIIe S. ; **COMMENDATAIRE** XVe S. : lat. médiéval *commenda, commendatarius*, de *commendare*. ♦ [26] **COMMANDITE** : XVIIe S. : it. *accommandita* « dépôt », de *accomandare*, équivalent du fr. *commander* ; **COMMANDITAIRE** XVIIIe S. ; **COMMANDITER** XIXe S. ♦ [27] **COMMODORE** XVIIIe S. : néerl. *kommandeur*, empr. au fr. ♦ [28] **COMMANDO** XXe S. : mot port. « corps de troupes », adopté d'abord par les Boers ; de là en 1939-1945 par les Anglais et les Allemands ; puis par les Français.

MAINT (pop.) XIIe s. : mot obscur, d'origine p.-ê. gauloise (*manti) ou lat. (croisement de *magnus* et de *tantus*) ou plus probablement germ. : *manigithô- « grande quantité ».

MAIS famille d'une racine ind.-eur. *meg-, *mag- « grand ».
En grec *megas, megalou* « grand », superlatif *megistos* « très grand ».
En latin 1) *magnus* « grand, noble, puissant », d'où *magnificus* « qui fait grandement les choses », « fastueux » ; *magnificentia* « faste » ; *magnificare* « faire grand cas de », « glorifier » ; *magnanimus* « qui a une grande âme » (2) le comparatif *major* (de *mag-yo-s), neutre *majus* « plus grand », d'où *majestas* « grandeur » et le dimin. *majusculus* « un petit peu plus grand » ; le superlatif *maximus* (de *mag-so-mos) « très grand » (3) l'adv. *magis* « plus », d'où probablement (quoiqu'on ait avancé aussi une étym. étrusque) *magister* (avec le même suff. *-ter-* exprimant l'opposition que dans **INTÉRIEUR, EXTÉRIEUR**, etc.), littéralement « celui qui est plus (que les autres) », « le maître » (→ MINISTRE, art. MOINS) ; *magisterium* « fonction de maître » ; bas lat. *magistralis* « de maître » ; *magistratus, -us* littéralement « maîtrise (du peuple) », d'où « charge de magistrat » et « magistrat » (4) *maia* (probablement de *mag-y-a) nom d'une vieille divinité italique, d'où *mensis maius* « mois de mai ».

I. mots populaires ou empruntés d'origine latine

♦ [1] **MAIS** Xe s. « plus » (subsiste dans *n'en pouvoir mais*) et « plutôt », d'où la valeur de conjonction exprimant l'opposition : *magis* ; entre en composition dans **DÉSORMAIS** XIIe S. (→ HEURE) et **JAMAIS** XIe S. (→ DÉJÀ, art. Y). ♦ [2] **MAIRE** XIIe S. adj. « plus grand », XIIIe S. subst. « magistrat municipal » : *major* ; **MAIRESSE, MAIRIE** XIIIe S. ♦ [3] **MAI** XIe S. ; XVIe S. arbre de fête : (*mensis*) *maius*. ♦ [4] **MAÎTRE** XIe S. « personne exerçant une autorité », XIIIe S. formule de politesse, XVIe S. *maître de maison, maître de soi* : *magister* ; **MAÎTRESSE, MAÎTRISE** XIIe S. ; **MAÎTRISER** XIIIe S. ; **CONTREMAÎTRE** XVe S. ; **MAÎTRE QUEUX** XVIe S. (→ CUIRE) ; **PETIT-MAÎTRE** XVIIe S. ♦ [5] **MISTRAL** XVIe S., rare avant la fin du XVIIIe s. : mot prov., de l'anc. prov. *maestral*, dér. de *maestre*, du lat. *magister* ; ♦ [6] **MAESTRO** XIXe S. : mot it. « maître », du lat. *magister* ; **MAESTRIA** XIXe S. : mot it. « maîtrise », dér. de *maestro*. ♦ [7] **MISS** XVIIIe S. ; XXe S. « reine de beauté » : mot angl. « mademoiselle », forme abrégée de *mistress* « madame », de l'anc. fr. *maistresse*. ♦ [8] **MASTROQUET** XIXe S. : p.-ê. altération du rouchi (Valenciennes) *mastricot*, qui pourrait représenter le néerl. *meister* « patron » : lat. *magister*, anc. empr. des parlers germ. ; abrév. **TROQUET** XIXe S.

II. mots savants ou empruntés d'origine latine
A. bases -mag(n)-, -max-

♦ [1] **CHARLEMAGNE** : *Carolus Magnus* « Charles le Grand ». ♦ [2] **MAGNIFIER** XIIe S. : *magnificare* ; **MAGNIFIQUE, MAGNIFICENCE** XIIIe S. : *magnificus, magnificentia* ; **MAGNIFIQUEMENT** XVe S. ♦ [3] **MAGNIFICAT** XIVe S. : mot lat., début du cantique de la Vierge chanté aux Vêpres, « (Mon âme) magnifie (le Seigneur) » (Luc, I, 46). ♦ [4] **MAGNANIME, MAGNANIMITÉ** XIIIe S. : *magnanimus, magnanimitas* ; **MAGNANIMEMENT** XVe S. ♦ [5] **MAGNAT** XVIIIe S. « membre de la haute noblesse, en Pologne et en Hongrie », fin XIXe S. « puissant capitaliste » : mot polonais, du bas lat. *magnates* « les grands », dér. de *magnus*. ♦ [6] **MAGNUM** XXe S. : neutre substantivé de *magnus*. ♦ [7] **MAGISTÈRE** XIIe S. *magisterium* ; **MAGISTRAL** XIIIe S. : *magistralis* ; **MAGISTRALEMENT** XIVe S. ♦ [8] **MAGISTRAT** XIVe S. « fonctionnaire public », XVIe S. « juge » : *magistratus* ; **MAGISTRATURE**

MAÏS

xve s. « fonction administrative », xviie s. « fonction judiciaire ». ♦|9| **MAXIME** xvie s. : *maxima (sententia)* « (phrase) de portée très générale ». ♦|10| **MAXIMUM** xviiie s. ; xixe s. plur. *maxima* : neutre substantivé de *maximus* ; **MAXIMAL** xixe s. ; **MAXIMALISTE** xxe s.

B. base *-maj-*

♦|1| **MAJESTÉ** xiie s. : *majestas* ; **MAJESTUEUX** fin xvie s. : adaptation, d'après *majesté* et les adj. du type *somptueux*, de l'it. *maestoso*, dér. de *maestà*, de *majestas* ; **MAJESTUEUSEMENT** xviie s. ♦|2| **MAJEUR** xie s. « plus grand » ; xiie s. adj., jur. ; xive s. subst. fém., logique : *major, -oris* ; **MAJORITÉ** xive s. « supériorité », xvie s. « âge de responsabilité légale », xviiie s. pol. : lat. médiéval *majoritas*, dér. de *major* ; **MAJORITAIRE** xixe s. ; **MAJORER, MAJORATION** xixe s. ♦|3| **MAJOR** xvie s. « plus grand », xviie s. « officier », xviiie s. « médecin militaire » : mot lat. ; **MAJORETTE** xxe s. : mot amér. dimin. de *major* « commandant » ou d'après le fr. *tambour-major*. ♦|4| **MAJORAT** xviie s. : adaptation de l'esp. *mayorazgo*, du lat. *major*. ♦|5| **MAJORDOME** xvie s. : it. *maggiordomo* ou adaptation de l'esp. *mayordomo*, du lat. *major domus* « (serviteur) principal de la maison ». ♦|6| **MAJUSCULE** xve s. adj., xviiie s. subst. fém. : *majusculus*.

III. mots savants d'origine grecque

♦|1| **MÉG(A)-** : *megas*, 1er élément de composés désignant des unités de mesures multipliées par un million, ex. : *mégohm, mégatonne* xxe s. ♦|2| **MÉGA-, MÉGALO-** : *megas, megalou*, 1er élément de composés sav., ex. : **MÉGATHÉRIUM** xviiie s. ; **MÉGALITHE** xixe s. ; **MÉGALOMANE** xxe s. ♦|3| **TRISMÉGISTE** xviie s. : *tris* « trois fois » et *megistos*.

MAÏS xvie s. : mot esp., du taino (Haïti) *mahis* « id. ».

MAL ♦|1| (pop.) ixe s. adj. (survit dans *bon gré mal gré* et dans *malgré, malheur*) ; fém. *male* dans *malemort*) : lat. *malus, -a* « mauvais » ; xe s. subst. : *malum*, neutre substantivé de *malus* ; xie s. adv. : *male* ; toutes ces formes sont atones ; en anc. fr., une forme tonique adv. *mel* a vite disparu. Pour les mots sav. exprimant la notion de « mal » → CACO-. ♦|2| **MALADE** (pop.) xiie s. : *male habitus* « qui se trouve en mauvais état » ; 2e élément, part. passé de *habere* au sens de « se trouver », → AVOIR ; **MALADIE** xiie s. ; **MALADIF** xiiie s. ; **MALADIVEMENT** xixe s. ♦|3| **MALICE** (sav.) xiie s. « méchanceté », xviie s. sens mod. : *malitia*, dér. de *malus* ; **MALICIEUX** xiie s. : *malitiosus*. ♦|4| **MALIGNITÉ** (sav.) xiie s. : *malignitas*, dér. de *malignus* « méchant », lui-même dér. de *malus* ; **MALIN** xve s. adj. « méchant », xvie s. subst. « le diable » et adj. « grave » (maladie), xviie s. « fin et rusé » : *malignus*. ♦|5| **MALANDRIN** xive s. : it. *malandrino* « voleur de grands chemins » : de *malo* et d'un 2e élément d'origine germ., moyen all. *landern* « vagabonder ». ♦|6| **MANILLE** (cartes) xviie s. : adaptation, avec dissimilation, de l'esp. *malilla*, dimin. de *mala* « mauvaise », qui désignait une carte faible placée entre deux autres plus fortes. ♦|7| **MAU-** 1er élément de composés de forme pop., avec vocalisation du *l* de *malum* devant consonne, ex. : **MAUDIRE** → DIRE, **MAUVAIS** → FABLE ; **MAUSSADE** → SAVOIR ; **MAUGRÉER** → GRÉ. ♦|8| **MAL-** 1er élément de composés sav. ou pop., analogique de *mal*, ex. : **MALSÉANT** → SEOIR ou **MALVERSATION** → VERS. ♦|9| **MALÉ-** (sav.) 1er élément de composés, ex. : **MALÉFICE** → FAIRE ; **MALÉDICTION** → DIRE.

MÂLE ♦|1| (pop.) xiie s. *masle, mascle* : lat. *masculus*, dimin. de *mas, maris* « mâle » ; **MALARD** xiiie s. « canard mâle ». ♦|2| **MARSAULT** (pop.) xiiie s. : *marem salicem* « saule mâle ». ♦|3| **MASCULIN** (sav.) xiie s. : *masculinus*, dér. de *masculus* ; **MASCULINITÉ** xiiie s. ; **MASCULINISER** xvie s. ; **ÉMASCULER** xive s. ; **ÉMASCULATION** xviiie s.

MALINGRE xiiie s. nom propre et dér. adj. *malingros* ; xvie s. empl. mod. : p.-ê. composé de *mal* et de l'anc. fr. *haingre* « décharné », d'origine probablement germ.

MALLE (pop.) xiie s. « coffre », xviiie s. *malle-poste* « voiture des services postaux » : frq. **malha* ; **MALLETTE** xiiie s.

MAMAN famille du lat. *mamma* signifiant à la fois « maman », « nourrice » et « mamelle » : formation expressive enfantine à structure consonantique *m-m* (→ aussi PAPA et BOBINE) ; une var. *amma* « maman », non attestée directement, mais supposée par le témoignage des langues romanes, est à la base du lat. *amita* « sœur du père, tante » ; on peut rapprocher de *mamma* le gr. *maia* « nourrice », « grand-mère », « sage-femme », mot du langage enfantin employé comme terme de respect à l'égard des femmes âgées, et son dérivé *maieuein* « accoucher », d'où *maieutikê (tekhnê)* « art de l'accoucheuse ».

♦|1| MAMAN (pop.) XIIIe s. : lat. *mamma*, avec finale redoublée et nasalisée ; BELLE-MAMAN XVIIe s. ; BONNE-MAMAN XIXe s. ♦|2| MAMELLE (pop.) XIIe s. : lat. *mamilla*, dimin. de *mamma* au sens de « mamelle » ; MAMELON XVe s. anat. : XVIIIe s. géogr. ; MAMELONNÉ XVIIIe s. anat., XIXe s. géogr. ; MAMELU XVIe s. ♦|3| MAMILLAIRE (sav.) XVIe s. : bas lat. *mamillaris*, dér. de *mamilla* ; MAMMAIRE XVIIe s. ; MAMMIFÈRE XVIIIe s. ; MAMMITE XIXe s. : dér. sav. de *mamma*. ♦|4| TANTE (pop.) XIIIe s. : altération de l'anc. fr. *ante* XIIe s. : lat. *amita*, p.-ê. due à l'agglutination de *t'*, forme élidée du possessif *ta* ; TATA XIXe s. : dér. enfantin à redoublement, d'où *faire sa tata* XIXe s. « se donner de l'importance ». ♦|5| MAÏEUTIQUE (sav.) XIXe s. : gr. *maieutikê*, entendu par Socrate au sens figuré de « art d'accoucher les esprits ».

MAMMOUTH XVIIIe s. : russe *mamout*, empr. à l'ostiaque, langue finno-ougrienne de Sibérie occidentale.

-MANCIE ♦|1| (sav.) : gr. *manteia* « divination », 2e élément de composés, ex. : NÉCROMANCIE XIIe s. ; CHIROMANCIE XIVe s. ; ONIROMANCIE XVIIe s. ; CARTOMANCIE XIXe s. ♦|2| MANTE (religieuse) (sav.) XVIIIe s. : gr. *mantis* « devineresse », à cause de l'attitude de cet insecte (appelé *prie-Dieu* dans le Midi).

-MAND famille du germ. *mann* « être humain ».

♦|1| -MAND (pop.) 2e élément de noms de peuples d'origine germ., ex. : *Allemands, Normands*. ♦|2| MANNEQUIN XVe s. : néerl. *mannekijn*, dimin. de *man* « homme ». ♦|3| MAN mot angl. « homme », entrant dans divers composés adoptés par le fr. : CHAIRMAN → SEOIR ; CLERGYMAN → CLERC XIXe s. ; BARMAN XXe s. → BARRE.

MANDARIN ♦|1| XVIe s. : mot port., altération, d'après *mandar* « ordonner », du malais *mantari* « conseiller, ministre », du sanscrit *mantrinah* « conseiller d'État » ; MANDARINAT XVIIIe s. ♦|2| MANDARINE XVIIIe s. : esp. *(naranja) mandarina* « (orange) mandarine » (de même couleur que les vêtements officiels des mandarins chinois) ; MANDARINIER XIXe s.

MANDORE ♦|1| XIIIe s. sous la forme *mandoire* : altération du lat. *pandura*, du gr. *pandoura* « instrument de musique à trois cordes », p.-ê. sous l'infl. de *manus* « main ». ♦|2| MANDOLINE XVIIIe s. : it. *mandolina*, dimin. de *mandola*, même mot que le fr. *mandore*, adapté avec le suff. *-ola*. ♦|3| BANJO XIXe s. : mot anglo-américain, de l'esp. *bandurria*, du bas lat. *pandurium*, dimin. du gr. *pandoura*.

MANDRAGORE (sav.) XIIIe s. : gr. *mandragoras*, nom d'une plante stupéfiante ou soporifique, par le lat.

MANDRIN XVIIe s., techn. : mot occitan, dér. du prov. *mandre* « manivelle » : p.-ê. croisement du germ. *mandulus* « manivelle » et du lat. *mamphur* « partie du tour du tourneur », mot d'origine osque.

MANGER famille du lat. *mandere* « mâcher », d'où lat. imp. *manducare* « jouer des mâchoires », substitué dans la langue pop. à *edo, esse* (→ COMESTIBLE, art. DENT), et bas lat. *mandibula* « mâchoire ».

♦|1| MANGER (pop.) Xe s. subst. puis verbe : *manducare* ; pour les mots scient. exprimant l'idée de « manger » → PHAG(O)- ; MANGEOIRE, MANGEUR XIIe s. ; MANGEABLE XIIe s. ; IMMANGEABLE XVIe s. ; MANGEAILLE XIIIe s. ; DÉMANGER XIVe s. ; DÉMANGEAISON XVIe s. ; MANGE-TOUT XVIe s. adj., XIXe s. subst. bot. ♦|2| MANDUCATION (sav.) XIVe s. : bas lat. *manducatio*, de *manducare*. ♦|3| MANDIBULE (sav.) XIVe s. : *mandibula* ; DÉMANTIBULER XVIIe s., altération, p.-ê. d'après *démanteler*, de *démandibuler* XVIe s. « démettre la mâchoire ».

MANGOUSTE XVIII° s. zool. : adaptation, sous l'infl. de *langouste*, du port. *manguço*, empr. à une langue de l'Inde.

MANGUE XVII° s., XVI° s. *manga* : port. *manga*, empr. à une langue du Malabar (Indes) ; MANGUIER XVII° s.

MANIFESTE XII° s. adj., XVI° s. subst. (sous l'infl. de l'it. *manifesto*, de même origine) : lat. *manifestus*, interprété par les Anciens comme « pris à la main », « sur le fait » ; mais la formation et le 2° élément (aussi dans *infestus* →INFESTER) sont obscurs ; MANIFESTER XII° s. « mettre en évidence », XIX° s. pol. : lat. imp. *manifestare* « faire connaître » ; MANIFESTATION XII° s. : *manifestatio* ; MANIFESTANT, CONTRE-MANIFESTER, -ANT, -ATION XIX° s.

MANIOC XVI° s. : tupi (Brésil) *manioch*, avec infl. de l'esp.

MANITOU XVII° s. : mot algonquin (Canada occidental) « le grand esprit » ; l'homonymie avec *manietout* a favorisé son emploi plaisant à partir du XIX° s.

1. MANNE (céleste) (sav.) XII° s. : lat. eccl. *manna*, de l'hébreu *man* (Exode, XVI, 15).

2. MANNE (panier) XIII° s. : moyen néerl. *manne* ; MANNETTE XV° s.

MANOIR famille du lat. *manēre*, *mansus* « demeurer, séjourner ». (1) *mansio* « fait de rester », « lieu de séjour » (2) *immanere* « rester dans » ; *permanere* « rester jusqu'au bout » ; *remanere* « rester en arrière ».

I. mots populaires

♦ |1| MANOIR X° s. « demeurer », XII° s. infin. substantivé « habitation seigneuriale » : *manēre*, MANANT XII° s. « habitant » : part. présent substantivé de *manoir*. ♦ |2| MAISON XI° s. *mansio, -ōnis* ; MAISONNETTE XII° s. ; MAISONNÉE XVII° s., a remplacé l'anc. fr. *maisniée* (pop.) : lat. vulg. *mansionāta* ; MESNIL, fréquent en toponymie : lat. vulg. *mansionīle* « habitation paysanne, avec une portion de terre ». ♦ |3| MÉNAGE XII° s. *manage*, dér. de *manoir* ; MAISNAGE, sous l'infl. de *maisniée*, XII° s. « demeure », XIII° s. « objets domestiques » et « vie en commun d'un couple », XV° s. « travaux domestiques », XVI° s. « économie » ; MÉNAGER, -ÈRE XV° s. subst. « qui administre une maison », XVII° s. adj. « qui administre bien », XIX° s. adj. « relatif aux travaux du ménage » ; ÉLECTROMÉNAGER XX° s. ♦ |4| AMÉNAGER XIII° s., AMÉNAGEMENT XIV° s. ; DÉMÉNAGER XIII° s. ; DÉMÉNAGEMENT XVII° s. ; DÉMÉNAGEUR XIX° s. ; MÉNAGER XIV° s. intrans. « habiter, s'occuper du ménage », XVI° s. trans. « gérer judicieusement », XVII° s. « épargner, traiter avec modération » ; MÉNAGEMENT XVI° s. ; MÉNAGERIE XVI° s. « administration des biens », « lieu où sont rassemblés les animaux » ; XVII° s. *Ménagerie royale* de Versailles, ensemble d'animaux rares ; EMMÉNAGER, EMMÉNAGEMENT XV° s. ♦ |5| MASURE XII° s. : lat. vulg. *mansūra* « demeure », de *mansus* ; péj. au XV° s. ♦ |6| MAS XVI° s. rare avant le XIX° s. : mot prov. « maison » : *mansum*.

II. mots savants

♦ |1| MANSION XII° s. « demeure », XIX° s. théâtre médiéval : *mansio, -ōnis*. ♦ |2| MANSE XVIII° s. : lat. *mansa*, droit féodal. ♦ |3| RÉMANENCE XIII° s. « résidence », XX° s. phys. : sur *remanens*, part. présent de *remanere* ; RÉMANENT XVII° s. ♦ |4| IMMANENT XIV° s. : *immanens*, part. présent de *immanere* ; IMMANENCE XIX° s. ♦ |5| PERMANENT XIV° s. : *permanens*, part. présent de *permanere* ; a éliminé l'anc. fr. *parmanant* (pop.) XII° s. ; PERMANENCE XIV° s. : lat. médiéval *permanentia* ; PERMANENTE (subst.) XX° s.

MANOMÈTRE (sav.) XVIII° s. : composé du gr. *manos* « de faible densité » et *metron* « mesure ».

MANTEAU ♦ |1| (pop.) X° s. vêtement ; XIV° s. *manteau de cheminée* : lat. *mantellum* « manteau », « couverture » ; MANTELET XII° s. ♦ |2| DÉMANTELER XII° s. : dér. de l'anc. fr. *manteler* « couvrir, abriter », d'où « fortifier » ; DÉMANTÈLEMENT XVI° s. ♦ |3| MANTILLE XVI° s. : esp. *mantilla*, d'une var. fém. du lat. *mantellum*. ♦ |4| MANTE XV° s. : prov. *manta*, d'une var. fém. du bas lat. *mantum* tiré du diminutif latin classique *mantellum*.

MAQUEREAU (souteneur) ♦ |1| XIII° s. : p.-ê. néerl. *makelaer* « courtier », de *makeln* « trafiquer », lui-même dér. de *maken* « faire » → MAÇON ; plus probablement, selon une synonymie courante → MARLOU, MARAUD, du dial. *marco* « matou », var. avec métathèse *macro*, apparenté à *mas, maris* → MÂLE. ♦ |2| **MAQUIGNON** XIIIe s. : p.-ê. altération, sous l'infl. de *barguigner*, de *maquereau* ; **MAQUIGNONNER, MAQUIGNONNAGE** XVIe s. ♦ |3| **MEC** XIXe s., argot : p.-ê. altération de *mac*, abrév. de *maquereau*. ♦ |4| **MAQUEREAU** (poisson) → MÂCHURE.

MARABOUT ♦ |1| XVIIe s. « musulman consacré à la vie religieuse et à l'enseignement », XIXe s. sorte de cigogne, oiseau sacré chez les musulmans, en raison de son port majestueux : arabe *murâbit* « ermite », part. du verbe *râbat* « s'appliquer avec zèle à quelque chose », par le port. ♦ |2| **MARAVÉDIS** XVIe s. : mot esp. XIIe s., de l'arabe *morâbiti* « monnaie d'or frappée sous la dynastie arabe des *Almoravides* (1055-1147), dont le nom est formé de l'article *al* et du mot *murâbit*.

MARASME ♦ |1| (sav.) XVIe s. méd. « extrême maigreur », fin XVIIIe s. sens mod. : gr. *marasmos* « consomption », de *marainein* « consumer ». ♦ |2| **AMARANTE** (sav.) XVIe s. : gr. *amarantos* « fleur qui ne se flétrit pas », apparenté au même verbe, avec *a-* privatif.

MARAUD on regroupe dans cet article deux mots où se trouve vraisemblablement représenté lat. *marra* « hache », qui est à l'origine de nombreux mots dial.
♦ |1| **MARAUD** XVe s. « mendiant vagabond », XVIe s. « ouvrier qui travaille le bois ou fabrique des coffrets », var. *marreux*, dér. *maraudise* « travail de paysan » XIIIe s. Pour le sens, on note que les travailleurs du bois étaient souvent itinérants et que la hache peut être un instrument de pillage, d'où **MARAUDER** XVIe s. **MARAUDEUR, MARAUDE** XVIIe s. Le rapport avec *maraud* « matou » n'est pas clair. Les emplois métaphoriques des deux mots ont pu se croiser (→ Annexe II MARAUD). ♦ |2| **TINTAMARRE** XVe s. le 1er élément est onomatopéique → BOUM 7. Pour le 2e élément de ce mot bourguignon, l'explication de Pasquier, XVIe s., est que, dans les vignobles, le soir arrivé, pour arrêter le travail, on tapait avec la hache sur une clochette.

MARBRE ♦ |1| (pop.) XIe s. : lat. *marmor, -oris* ; **MARBRÉ** XIIe s. ; **MARBRIER** XIVe s. ; **MARBRER, MARBRURE** XVIIe s. ♦ |2| **MARMORÉEN** (sav.) XIXe s. : adj. formé sur le lat. *marmoreus* « de marbre ».

MARCESCIBLE XIVe s. et **IMMARCESCIBLE** XVe ~v.) : lat. *marcescibilis* et son contraire lat. chrétien *immarcescibilis*, de *marcescere* « se flétrir ».

MARCHÉ famille du lat. *merx, mercis* « marchandise ». (1) *mercari* « faire du commerce », d'où (a) *mercatus, -us* « commerce » et « marché » (b) *commercari* « id. » et *commercium* « commerce » (2) *merces, -edis* « prix payé pour une marchandise », « salaire », « gage » et fig. « récompense ou punition », puis bas lat. « faveur » (3) *mercenarius* « salarié » (4) *mercurius* « Mercure, dieu du Commerce » ; *mercurialis* « de Mercure ».

I. base *-march-* (pop.)

♦ |1| **MARCHÉ** Xe s. : *mercātus*, avec assimilation ancienne du *e* initial au *a* accentué suivant ; **SUPERMARCHÉ** XXe s. ♦ |2| **MARCHAND** XIIe s. *marcheant* : lat. vulg. *mercatantem*, part. présent de *mercatāre*, dér. de *mercātus*, supposé aussi par l'anc. prov. ; a éliminé *mercari* ; **MARCHANDISE** XIIe s. ; **MARCHANDER** XIIIe s. « faire du commerce », XIVe s. sens mod. ; **MARCHANDAGE -DEUR** XIXe s.

II. base *-merc-* (pop. ou sav.)

♦ |1| **MERCI** (pop.) Xe s. fém. « grâce » (sens qui subsiste dans les expressions *être à la merci de* « dépendre de la grâce de », *Dieu merci* « par la grâce de Dieu », *se rendre à merci* « s'en remettre à la grâce de son adversaire ») ; XIVe s. formule de politesse, abrév. de formules telles que *vostre merci* « grâce à vous » ; XVIIe s. masc. : lat. *mercēdem*, acc. de *merces* au sens de « faveur » ; **REMERCIER** XIVe s., a éliminé l'anc. fr. *mercier* XIe s. ; **REMERCIEMENT** XVe s. ♦ |2| **MERCIER** (pop.) XIIe s. « marchand » : dér. de l'anc. fr. *merz* « marchandise », du lat. *merx, mercis* ; **MERCERIE** XIIIe s. ♦ |3| **MERCREDI** (pop.) XIIe s. *mercresdi* : bas lat. *mercoris dies*, class. *mercurii dies* « jour de Mercure ». ♦ |4| **MERCURE** (sav.) nom

MARCHER

mythologique du dieu (représenté avec des ailes aux pieds) donné au xv⁰ s. par les alchimistes à un métal particulièrement mobile, appelé vulgairement *vif-argent*; **MERCURIEL** xvii⁰ s.; **MERCUREUX, MERCURIQUE** xix⁰ s.; **MERCUROCHROME** xx⁰ s. ♦ 151 **MERCURIALE** (sav.) xiii⁰ s. bot.: *mercurialis (herba)* « (herbe) de Mercure »; xvii⁰ s. « remontrance »: *mercurialis* au sens mod., « du mercredi », a d'abord désigné le discours de rentrée du 1ᵉʳ président des parlements, le 1ᵉʳ mercredi après les vacances, xix⁰ s. « état détaillé des prix de vente »: *mercurialis* au sens de « relatif au dieu du Commerce ». ♦ 161 **MERCENAIRE** (sav.) xiii⁰ s.: *mercenarius* ♦ 171 **COMMERCE** (sav.) xiv⁰ s.; xvi⁰ s. « relations sociales »: *commercium*; **COMMERCER** xv⁰ s.; **COMMERÇANT, COMMERCIAL** xviii⁰ s.; **COMMERCIALISER** xix⁰ s.; **COMMERCIALISATION** xx⁰ s. ♦ 181 **MERCANTI** xix⁰ s. mot it., plur. de *mercante*, forme contractée de *merc(at)ante*, équivalent du fr. *marchand*; par le sabir d'Afrique du Nord; **MERCANTILE** xvii⁰ s.; it. *mercantile*; **MERCANTILISME** xix⁰ s.

MARCHER famille d'un thème **mark-* dont le sens 1ᵉʳ semble avoir été « signe ». En germanique (1) **marka* « signe marquant une frontière », d'où « frontière », « territoire frontalier » (2) **markôn* « imprimer des signes », « laisser des empreintes sur le sol », « fouler » (terme de chasse), d'où *Marke* « marque, timbre, cachet » et *Mark* « poids de huit onces » et nom de monnaie (« empreinte sur une pièce de métal ») (3) **markjan* « id. »., all. *merken* « marquer, remarquer », et anc. scandinave *merki* « marque ».
En latin forme *marg-* dans *margo, marginis* « frontière », « bord ».

I. mots populaires ou empruntés d'origine germanique

A. famille de **markôn*

♦ 111 **MARCHER** xii⁰ s. « fouler aux pieds », trans.; xiii⁰ s. « parcourir à pied », xv⁰ s. intrans., sens mod.: frq. **markôn*; pour les mots sav. →-GRADE, art. DEGRÉ, AMBUL-, art. ALLER et -BATE, art. VENIR; **MARCHE** xiv⁰ s. « empreinte de pas », xvi⁰ s. « action de marcher » et « degré d'escalier »; **MARCHEUR, CONTREMARCHE** milit. xvii⁰ s.; **MARCHEPIED** xiv⁰ s. ♦ 121 **DÉMARCHE** xv⁰ s.;

342

fin xvii⁰ s. « efforts pour une affaire »: dér. de l'anc. fr. *démarcher*, var. *se démarcher* forme intensive de *marcher*; **DÉMARCHEUR** xx⁰ s. ♦ 131 **MARC** (de raisin) xv⁰ s. « résidu du raisin foulé aux pieds »: dér. de *marcher*, ♦ 141 **MARC** « ancien poids » xii⁰ s.: frq. **marka*, étymon de l'all. *Mark* « livre d'argent ou d'or ».

B. famille de **marka*

♦ 111 **MARCHE** xi⁰ s. « pays frontière »: frq. **marka*. ♦ 121 **MARQUIS** xi⁰ s. *marchis*: dér. de *marche* « gouverneur militaire d'une marche »; xiii⁰ s. forme mod., sous l'infl. de l'it. *marchese*, lui-même empr. au prov., de même origine; **MARQUISE** xv⁰ s.; xviii⁰ s. « toile tendue au-dessus de l'entrée d'une tente d'officier », d'où xix⁰ s. « auvent vitré »; **MARQUISAT** xv⁰ s.: de l'it. *marchesato*. ♦ 131 **MARGRAVE** xvi⁰ s.: all. *Markgraf* « comte d'une marche ».

C. famille de **markjan*

♦ 111 **MARQUER** xiii⁰ s. forme normanno-picarde *merquier*, var. de l'anc. fr. *merchier*: anc. scandinave *merki*; xvi⁰ s. forme mod. avec *a* sous l'infl. de *marcher* et p.-ê. aussi de l'it. *marcare, marca*, eux-mêmes issus de germ. **marka* « empreinte »; **MARQUE** et **CONTRE-MARQUE** xv⁰ s. ♦ 121 **MARQUETER** xiv⁰ s. (surtout au part. passé); **MARQUETERIE** xv⁰ s.; **MARQUETEUR** xvi⁰ s.: formes dimin. dér. de *marque*. ♦ 131 **MARCASSIN** xv⁰ s., d'abord *marquesin*, avec une terminaison p.-ê. analogique de *bécassin, agassin*: probablement dérivé de *marquer*, le jeune sanglier ayant le corps rayé pendant ses cinq premiers mois. ♦ 141 **REMARQUER, REMARQUE, REMARQUABLE** xvi⁰ s. ♦ 151 **DÉMARQUER** xvi⁰ s. « retirer une marque », xix⁰ s. « plagier ». ♦ 161 **DÉMARCATION** xviii⁰ s., en parlant d'une ligne imaginaire tracée d'un pôle à l'autre en 1494 par le pape Alexandre VI pour séparer les zones d'influence port. et esp.: esp. *demarcacion*, de *demarcar* « marquer des limites », dér. de *marcar* probablement empr. à l'it. *marcare*; **DÉMARCATIF** xix⁰ s.

II. mots d'origine latine

♦ 111 **MARGELLE** xii⁰ s. (pop.): lat. vulg. **margĕlla*, dimin. de *margo*. ♦ 121 **MARGE** (pop.) xiii⁰ s.: lat. *margĭnem*, acc. de *margo*; **MARGÉ** xiv⁰ s.; **MARGER** xvi⁰ s.; **MARGEUR** xviii⁰ s.; **ÉMARGÉ** xvii⁰ s. « noté en marge »; **ÉMARGER** et **ÉMARGEMENT**

XVIIIᵉ s. sens mod. ♦131 **MARGINAL** (sav.) XVᵉ s. sens propre, XXᵉ s. fig. : adj. formé sur le rad. du génitif de *margo* ; **MARGINALISME** XXᵉ s.

MARCOTTE (pop.) XVIᵉ s., XIVᵉ s. plur. *marquos* : dér. de *marcus* « cépage, vigne », mot cité par l'agronome lat. Columelle (Iᵉʳ s.) et présenté par lui comme gaulois ; **MARCOTTER** XVIᵉ s. ; **MARCOTTAGE** XIXᵉ s.

MARÉCHAL ♦111 (pop.) XIᵉ s. « maréchal-ferrant », XIIᵉ s. « officier chargé de l'entretien des chevaux », XIIIᵉ s. « commandant d'armée », XVIᵉ s. *maréchal de France* et *des logis* : bas lat. (Loi salique) *mariscalcus*, du frq. **marhskalk* « serviteur (*skalk*) responsable des chevaux (*marh*) » ; **MARÉCHAUSSÉE** XIᵉ s. « écurie », XIIIᵉ s. « dignité de maréchal », XVIIIᵉ s. « gendarmes à cheval » ; **MARÉCHALE, MARÉCHAL-FERRANT** XVIIᵉ s. ; **MARÉCHALAT** XIXᵉ s. ♦121 **SÉNÉCHAL** (pop.) XIᵉ s. : frq. **siniskalk*, littéralement « serviteur (*skalk*) le plus âgé (*sinista*) » ; **SÉNÉCHAUSSÉE** XIIᵉ s.

MARELLE mots qui se rattachent à un rad. pré-roman **marr-* « pierre » représenté aussi dans les parlers de l'Italie et de la péninsule Ibérique.
♦111 **MARELLE** XIIᵉ s., XIᵉ s. *merele* « jeu se jouant avec un palet ». ♦121 **MARRON** XVIᵉ s. « grosse châtaigne », XVIIIᵉ s. *marron d'Inde* et adj. de couleur ; **MARRONNIER** XVIᵉ s.

MARGUERITE famille des désignations gr. de la « perle », empr. à un parler des Indes, *margaron, margaritis lithos,* et *margaritēs* ; cette dernière a été empr. par le lat. class., *margarita* « perle », utilisé dès le lat. imp. comme nom de femme.
♦111 **MARGUERITE** (demi-sav.) XIIIᵉ s. « perle », XIIIᵉ s. « sorte de fleur », par analogie de couleur : *margarita* ; **REINE-MARGUERITE** XVIIIᵉ s. ♦121 **MARGOT** XIVᵉ s. « pie », XVIᵉ s. « fille de mauvaise vie » ; a eu aussi le sens de « poupée » : dimin. du prénom **MARGUERITE** : lat. *Margarita*, martyre du IIIᵉ s., qui a lui-même une forme hypocoristique *Margoton* ; **MARGOTIN** XIXᵉ s. « petit fagot » : dimin. de *margot* au sens de « poupée » et « femme de la campagne » et « femme de mauvaise vie » : abrév. de *Margoton*. ♦131 **MARGARINE** (sav.) XIXᵉ s. : mot formé, à l'aide du suff. de *glycérine*, d'après le nom de l'acide **MARGARIQUE** XIXᵉ s., lui-même formé sur le rad. du gr. *margaron* « perle », à cause de sa couleur ; **MARGARINERIE** XXᵉ s.

MARI ♦111 (pop.) XIIᵉ s. : lat. *marītus*, dér. d'un thème **mari-* « adolescent(e) » signifiant à l'origine « pourvu d'un jeune compagnon » ou « d'une jeune compagne » (appliqué, dans la langue de l'agriculture, à l'arbre « marié » à la vigne), d'abord adj. ; puis subst. avec spécialisation masc. et sens de « mari » sous l'infl. de *mas, maris* « mâle ». ♦121 **MARITAL** (sav.) XVIᵉ s. : lat. imp. *maritalis*. ♦131 **MARIER** (pop.) XIIᵉ s. : lat. imp. *maritāre*, dér. de *maritus* ; **MARIÉ, MARIABLE, MARIAGE, REMARIER** XIIᵉ s. ; **MARIÉE, MARIEUR, REMARIAGE** XIIIᵉ s. ; pour les mots scient. exprimant l'idée de « mariage » → -GAM.

MARIGOT XVIIᵉ s. : mot des Antilles, d'abord nom de lieu, puis nom commun « sorte de marécage » ; transporté en Afrique par les marins dès la fin du XVIIᵉ s. ; p.-ê. croisement entre le fr. *mare* et un mot caraïbe, p. ex. *icopoüi* « mare d'eau ».

MARINGOUIN XVIᵉ s. : tupi-guarani (Brésil) *mbarigui* « moustique ».

MARJOLAINE XVIᵉ s. : altération d'abord graphique (substitution, par les imprimeurs, du *j* au *i*) de *mariolaine* XIVᵉ s., lui-même probablement altération, sous l'infl. du prénom *marion*, de *maiorane* XIIIᵉ s., du lat. médiéval *maiorana*, d'origine obscure.

MARNE (pop.) XIIIᵉ s. : altération inexpliquée de *marle* XIIᵉ s., du lat. vulg. **margila*, dér. du lat. imp. *marga* « marne », mot gaulois. **MARNIÈRE** XIIᵉ s. ; **MARNER** XIIIᵉ s. ; **MARNEUX** XVIᵉ s. ; **MARNAGE** XVIIᵉ s.

MARRI (pop.) XIIᵉ s. : part. passé de *marrir* : frq. **marrjan* « fâcher ».

MARRON XVIIᵉ s. « (esclave) fugitif », XIXᵉ s. « qui exerce un métier sans titre ». Terme usuel aux Antilles fr. au XVIIᵉ s., où il désignait les animaux domestiques redevenus sauvages : esp. d'Amérique *cimarrón*, dér. soit de l'esp. *cima* « cime » (littéralement « qui s'enfuit dans les montagnes »), soit de l'anc. esp. *cimarra* « fourré ». L'aphérèse de la première syllabe s'expliquerait par certaines habitudes des parlers caraïbes.

MARSUPIAL et MARSUPIAUX
(sav.) XVIII° s., zool. : lat. *marsupium* empr. anc. au gr. *marsipion* « bourse ».

MARTRE (pop.) XI° s. : germ. **marthor*.

MARTYR ♦|1| (sav.) XI° s. : mot du lat. eccl. empr. au gr. *martus, marturos* « témoin », d'où dans le Nouveau Testament « témoin de Dieu » puis « martyr » ; a éliminé l'anc. fr. *martre* (pop.) XII° s., qui subsiste dans divers toponymes, en particulier MONTMARTRE : *mons martyrum*, lieu du martyre de saint Denis et de ses compagnons. ♦|2| MARTYRE (sav.) XI° s. subst. masc. : gr. *marturion* « témoignage », par le lat. ♦|3| MARTYRISER (sav.) XII° s. : lat. médiéval *martyrizare*, sur *martyr*. ♦|4| MARTYROLOGE → LIRE.

MASQUE famille du bas lat. *masca*, d'origine méditerranéenne, dont le sens premier devait être « démon » ou « masque représentant un démon », attesté au VII° s. avec le sens de « sorcière », et fin VII° s. avec celui de « masque ». — Dér. : **mascarare* « noircir (le visage) », « rendre méconnaissable ».

♦|1| MASQUE fin XV° s. : it. *maschera*, dér. de *masca* ; MASQUER, DÉMASQUER XVI° s. ♦|2| MASCARADE XVI° s. : it. *mascarata*, var. de *mascherata*, dér. de *maschera*. ♦|3| MASCARON XVII° s. : it. *mascherone*, augmentatif de *maschera*. ♦|4| MASCOTTE XIX° s. : prov. *mascoto* « porte-bonheur », « sortilège », dér. de *masco* « sorcière », du lat. *masca*. ♦|5| MÂCHURER « barbouiller » XVI° s. : altération mal expliquée de l'anc. fr. *mascherer*, du lat. vulg. **mascarare*. ♦|6| MASCARET XVI° s. géogr. : mot gascon « bœuf (tacheté) » et, par métaph., « vague violente » : du verbe *mascara* « barbouiller », de **mascarare*. ♦|7| MAQUILLER XII° s. var. arc., *maskier* « barbouiller le visage » : probablement forme normanno-picarde, var. de l'anc. fr. *mascherer* ; à distinguer de l'argot *maquier, maquiller* XVIII° s. « faire », issu du néerl. *maken* « faire » (→ MAÇON).

MASSE (d'armes) ♦|1| (pop.) XI° s. arme ; XVI° s. outil : lat. vulg. **mattia*, apparenté au lat. *mateola* « outil pour enfoncer » ; MASSIER XIV° s. ; MASSETTE XVIII° s. nom de plante, XIX° s. « gros marteau de cantonnier ». ♦|2| MASSUE (pop.) XII° s. : lat. vulg. **mattiūca*, dér. de **mattia*. ♦|3| MASSACRER XII° s. *macecler* : probablement lat. vulg. **mattiucŭlăre*, dér. de **mattiuca*, étymon de *massue* ; MASSACRE XV° s., rare avant le XVI° s. ; MASS..CREUR XVI° s.

MASSEPAIN XV° s. : altération, sous l'infl. de *masse*, de *marcepain*, de l'it. *marzapan*, du vénitien *matapan*, issu de l'arabe *mautaban* « roi assis » ; nom d'une monnaie à l'effigie du Christ assis, frappée par les croisés installés en Terre sainte ; désigna une mesure de capacité, puis une boîte de luxe contenant de la confiserie, enfin au XVI° s. le contenu de cette boîte.

MASSER XVIII° s. : arabe *mass* « toucher, palper », l'art du massage étant d'origine orientale ; MASSEUR XVIII° s. ; MASSAGE XIX° s.

MASTIC XIII° s. : gr. *mastikhê* « gomme du lentisque », par le lat. ; MASTIQUER XVI° s. ; MASTICAGE XIX° s.

MAST(O)- famille sav. du gr. *mastos* « mamelle ».

♦|1| MASTOÏDE XVI° s. : gr. *mastoeidês* « semblable à une mamelle » ; MASTOÏDIEN XVII° s. ; MASTOÏDITE XIX° s. ♦|2| MASTITE XIX° s., méd. ♦|3| MASTODONTE XIX° s. « aux dents mamelonnées » → DENT.

MASTOC XIX° s. : all. *Mastochs* « bœuf (ochs) à l'engrais (mast) ».

MASTURBER (sav.) XIX° s. : lat. *masturbare*, p.-ê. déformation du gr. *mastropeuein* « prostituer » ; MASTURBATION XVI° s. : *masturbatio*.

1. MAT (terne) Il existe en lat. imp., chez Pétrone, un adj. *mattus* « stupide, qui a le vin triste », représenté en it. par *matto*

« fou » ; et en bas lat., chez Isidore de Séville, un *mattus* « humide » qui semble représenter une contraction de **madītus*, part. passé de *madēre* « être humide », et qui pourrait être le même mot que le précédent, dont le sens d'« ivrogne », « humecté de vin » serait alors premier.
♦ I 11 **MAT** (pop.) XIIe s. « abattu, affligé » et « flétri (feuillage) », XVe s. « sombre (temps) », XVIIe s. « terne » ; **MATER** XIIe s. « abattre » ; XVIIIe s. « rendre mat » ; **MATITÉ** XIXe s. ♦ I 21 **MATADOR** XVIIe s. au jeu d'hombre, XVIIIe s. tauromachie : mot esp. « tueur », dér. de *matar* « tuer », équivalent du fr. *mater*, du lat. vulg. **mattare* « abattre, assommer », dér. de *mattus* ; **MATAMORE** → ANNEXE IV : MAURE 5.

2. **MAT** (aux échecs) XIIe s. : abrév. de la loc. arabe d'origine persane *châh mat* « le roi *(châh)* est mort *(mat)* », introduite en Occident avec le jeu d'échecs et francisée en « échec et mat » (→ ÉCHEC) ; **MATER** XIIe s. « rendre docile ».

MÂT (pop.) XIe s. : frq. **mast* ; **MÂTER** XIVe s. ; **DÉMÂTER** XVIe s. ; **MÂTURE** XVIIe s. ; **TROIS-MÂTS** XIXe s.

MATCH XIXe s. : mot angl. « rivalité », d'origine germ.

MATELAS XIIIe s. *materas*, XVe s. forme mod. : it. *materasso*, de l'arabe *matrash* « chose jetée étendue » ; **MATELASSER, -IER** XVIIe s.

MATELOT XIIIe s. : moyen néerl. *matenoot* « compagnon de couche », se disant de deux marins qui utilisaient alternativement le même hamac ; **MATELOTE** XVIIe s. cuisine, de *à la matelote* « (préparé) à la manière des matelots ».

MATHÉMATIQUE famille du gr. *mathein* « avoir appris », infin. passé de *manthanein* « étudier », d'où *mathêma, -atos* « étude, science », en particulier chez Platon et Aristote « sciences mathématiques » par opposition aux sciences physiques ; *mathêmatikos* « qui concerne les mathématiques ».
♦ I 11 **MATHÉMATIQUE** (sav.) XIIIe s. adj. et subst. « mathématicien », XVIe s. subst. sing. ou plur., XVIIIe s. plur., XXe s. sing. ; **MATHÉMATICIEN** XVIe s. ; **MATHEUX** fam. XXe s. ; **MATHS** XIXe s. ♦ I 21 **CHRESTOMATHIE** (sav.) XVIIe s. : gr. *khrêstomatheia* « étude des choses utiles » et « recueil des plus utiles morceaux d'auteurs ».

MATIN famille d'une racine **mā-* « bon ».
En latin (1) adj. arch. *manis* « bon », d'où (a) *manes* « les bons », « les âmes des morts » ; (b) *mane*, subst. neutre indéclinable et adv. « le matin », « de bonne heure », neutre de l'adj. *manis* (2) *Matuta* ancienne déesse italique identifiée avec l'aurore, fém. d'un anc. adj. **matutos*, d'où *matutinus* « matinal » (3) *maturus* « qui se produit au bon moment », « mûr ».

I. famille de *matutinus*
♦ I 11 **MATIN** (pop.) Xe s. : lat. imp. *matutīnum (tempus)* « matinée », qui avait éliminé *mane* ; **MATINES** XIe s. ; **MATINAL, MATINÉE** XIIe s. ♦ I 21 **MATUTINAL** (sav.) XIIe s. : bas lat. *matutinalis* « matinal ».

II. famille de *mane*
♦ I 11 **DEMAIN** (pop.) XIe s. : bas lat. *demane*, renforcement du class. *māne* ; **LENDEMAIN** XIIe s., de *l'en demain* ; **APRÈS-DEMAIN** XVIIe s. ; **SURLENDEMAIN** XVIIIe s. ♦ I 21 **MANÉCANTERIE** (sav.) XIXe s., de *mane* « le matin » et *cantare* « chanter ». ♦ I 31 **MÂNES** (sav.) XVe s. : *manes*.

III. famille de *maturus*
♦ I 11 **MÛR** (pop.) XIIe s. : *matūrus* ; **MÛRIR** XIVe s. ; **MÛRISSANT** adj. XVIIIe s. ; **MÛRISSEMENT** XXe s. ♦ I 21 **MATURATION** (sav.) XIVe s. : *maturatio*, de *maturare* « mûrir » ; **MATURITÉ** XVe s. : *maturitas*. ♦ I 31 **PRÉMATURÉ** (sav.) XVIIe s. : sur *praematurus* « précoce », « hâtif » ; **PRÉMATURÉMENT** XVIe s.

MATOIS XVIe s., argot des voleurs « coupe-bourses », synonyme d'*enfant de la matte* XVIe s., de *matte* XVe s. « lieu de joyeux rendez-vous », XVIe s., « ville », p.-ê. moyen haut all. *matte* « prairie ».

MATOU XVIe s., XIIIe s. *matoue* : origine obscure, p.-ê. onom., ou bien dér. de *mate*, forme jurassienne de *maître*.

MATRAQUE XIXe s. : arabe d'Algérie *matraq* « gourdin » ; **MATRAQUER, -AGE** XXe s.

MATRAS XVIᵉ s. « vase à long col étroit » : probablement arabe *matara* « outre, vase » (l'alchimie devant une bonne partie de son vocabulaire à l'arabe).

MAUVE ♦|1| (pop.) XIIIᵉ s. bot., XIXᵉ s. adj. de couleur : lat. *malva*. ♦|2| **MALVACÉE** XVIIIᵉ s. : dér. sav. ♦|3| **GUIMAUVE** → ce mot.

MAXILLAIRE (sav.) XIVᵉ s. subst., XVᵉ s. adj. : lat., *maxillaris*, dér. de *maxilla* « mâchoire ». A éliminé l'anc. fr. *maisselle*, subst. fém. (pop.).

MAZOUT XXᵉ s. : russe *mazut*, de l'arabe *makhzulat* « déchets », par les langues turco-tartares.

MAZURKA XIXᵉ s. : mot polonais, nom d'une danse.

MEETING XVIIIᵉ s. : mot angl. « rencontre », d'origine germ.

MÉGOT XIXᵉ s. arg. or. obsc., pourrait être un dimin. de *meg* (XIXᵉ s.), var. de *mec* (→ MAQUEREAU), de nombreux mots en diverses langues signifiant à la fois un petit bout de quelque chose, en particulier de cigare ou de cigarette et un petit bout d'homme ou de femme.

MÉHARI XIXᵉ s. : arabe d'Algérie *mehri*, de l'arabe class. *mahri* « (animal) de la tribu de Mahra (sud de l'Arabie) » ; **MÉHARISTE** XIXᵉ s.

MEILLEUR famille d'une racine **mel-*, **mol-* « bon », « abondant ».
En latin *melior*, *melius* « meilleur », servant de comparatif à *bonus*, et *multus* « abondant, nombreux ».

♦|1| **MEILLEUR** (pop.) XIᵉ s. : *meliōrem*, acc. de *melior*. ♦|2| **MIEUX** (pop.) Xᵉ s. : *mĕlius*, neutre de *melior* employé adverbialement. ♦|3| **MOULT** (pop.) Xᵉ s. arch. « beaucoup » : *mŭltum*. ♦|4| **AMÉLIORER** (sav.) XVᵉ s. : réfection, d'après *melior*, de l'anc. fr. *ameillorer*, *-eurer* (pop.) ; **AMÉLIORATION** XVᵉ s. puis XVIIIᵉ s. ♦|5| **MULTITUDE** (sav.) : *multitudo* dér. de *multus*, XIIᵉ s. ♦|6| **MULTIPLE**, **MULTIPLEX** → **PLIER**. ♦|7| **MULTI-** : lat. *multi-*, de *multus*, 1ᵉʳ élément de composés sav. exprimant l'idée de multiplicité,

ex. : **MULTIFORME** XVᵉ s. ; **MULTIFLORE** XVIIIᵉ s. ; **MULTIPARE** XIXᵉ s.

MÉLANIE famille du grec *melas, melanos* « noir ».

♦|1| **MÉLANIE** (sav.) : prénom féminin : lat. *Melania*, fém. de *Melanius*, dér. de *melas*, nom d'un saint évêque de Rennes du VIᵉ s. ♦|2| **MÉLANCOLIE** → COLÈRE. ♦|3| **MÉLANÉSIE** → ÎLE. ♦|4| **CALOMEL** (sav.) XVIIIᵉ s. : du gr. *kalos* « beau » et *melas* « noir », cette poudre étant noire au début de sa préparation. ♦|5| **MÉLAN(O)-** 1ᵉʳ élément de mots sav. exprimant l'idée de « noir », ex. : **MÉLANOSE**, **MÉLANÉMIE** XIXᵉ s. méd.

MÊLER famille du latin *miscere*, *mixtus* « mélanger ». (1) adj. *-miscuus*, 2ᵉ élément de *promiscuus* « mélangé » et son dimin. **misculus*, attesté par (a) le verbe dér. lat. vulg. **misculare* (b) les dimin. *miscellus* et *miscellaneus* « mélangé », plur. neutre *miscellanea* « nourriture grossière des gladiateurs », « macédoine », « pot-pourri » et « mélanges écrits » (2) *mixtura* « mélange » et bas lat. *mixticius* « d'une race mélangée ».

I. mots populaires ou empruntés

♦|1| **MÊLER** XIᵉ s. : **miscŭlāre* ; **MÊLÉE** XIᵉ s. ; **PÊLE-MÊLE** XIIᵉ s. : altération de *mesle-mesle*, redoublement de l'impératif de *mêler* ; **MÉLI-MÉLO** XIXᵉ s. ♦|2| **DÉMÊLER, EMMÊLER, ENTREMÊLER** XIIᵉ s. ; **DÉMÊLÉ** XVIIᵉ s. ; **DÉMÊLOIR**, **DÉMÊLAGE** XIXᵉ s. ; **DÉMÊLURE** XXᵉ s. ♦|3| **MÉLANGE** XVᵉ s. : dér. de *mêler* ; **MÉLANGER** XVIᵉ s. ; **MÉLANGEUR** XIXᵉ s. ♦|4| **MÉTIS** XIIᵉ s. *mestis* « de races mélangées » et « fabriqué avec des éléments divers » (tissu) : *mixticius* XVIIᵉ s. *métice*, XVIIIᵉ s. forme mod. : port. *mestiço* « mulâtre », de même origine ; **MÉTISSER, MÉTISSAGE** XIXᵉ s. ♦|5| **MÉTEIL** XIIIᵉ s. : lat. vulg. **mixtilium*, de **mixtilis*, dér. de *mixtus*. ♦|6| **MIXER** XXᵉ s. : mot angl. « mélangeur », du verbe *to mix* tiré du lat. *mixtus* ; **MIXAGE** XXᵉ s. cinéma, autre dér. de *to mix*.

II. mots savants

♦|1| **MIXTURE** XIIᵉ s. *misture*, XVIᵉ s. forme mod. : *mixtura* ; **MIXTION** XIIIᵉ s. : *mixtio* ; **MIXTE** XIIᵉ s. : *mixtus* ; **MIXITÉ** XXᵉ s. ♦|2| **S'IMMISCER** XVᵉ s. : *immiscere* « mêler à » ; **IMMIXTION** XVIIIᵉ s. : bas lat. *immixtio* ; **MISCIBLE** XVIIIᵉ s. : dér. formé sur *miscere*. ♦|3|

MISCELLANÉES XVIᵉ s. : *miscellanea.* ♦ |4|
PROMISCUITÉ XVIIIᵉ s. : dér. sur *promiscuus.*

MÉLÈZE XVIᵉ s. : mot dial. (Dauphiné et Savoie), var. *melze* : lat. vulg. **melix, melicis,* p.-ê. dér. de *mel, mellis* « miel », plus probablement d'origine prélat.

MÉLO- représentants sav. du gr. *melos* « membre », en particulier « membre de phrase musicale », d'où « chant rythmé ».
♦ |1| **MÉLODIE** XIIᵉ s. : lat. *melodia* : gr. *melôidia* « chant », 2ᵉ élément → ODE ; **MÉLODIEUX** XIIIᵉ s. ; **MÉLODIQUE** XVIIᵉ s. ; **MÉLODISTE** XIXᵉ s. ♦ |2| **MÉLOPÉE** XVIᵉ s. : gr. *melopoiia* « mélodie », par le lat., de *melos* et *poiein* « faire » → POÈTE. ♦ |3| **MÉLODRAME** XVIIIᵉ s. d'abord « œuvre dramatique accompagnée de musique » : de *melos* et *drama* → DRAME ; **MÉLODRAMATIQUE** et abrév. **MÉLO** XIXᵉ s. ♦ |4| **MÉLOMANE** fin XVIIIᵉ s. : de *melos* et -MANE → -MENT.

MELON famille du gr. *mêlon* « fruit », en particulier « pomme » ou « coing », empr. par le lat. sous la forme *malum* « pomme » ; d'où *mêlinos* « fait de jus de coing » et les composés *mêlopepôn* « sorte de melon » (2ᵉ élément *pepôn* « cuit par le soleil » → CUIRE), *melimêlon* « sorte de pomme très douce » (1ᵉʳ élément *meli* « miel »), *khamaimêlon* « pomme (qui traîne) à terre », « camomille » ; *hamamêlis* « sorte de néflier » : p.-ê. dér. de *mêlon* avec un premier élément obscur.
♦ |1| **MELON** XIIIᵉ s. : lat. *melo, -onis,* abrév. du gr. *mêlopepôn* ; **MELONNIÈRE** XVIᵉ s. ♦ |2| **CAMOMILLE** et **CAMELINE** → CAMÉLÉON. ♦ |3| **MARMELADE** XVIᵉ s. : port. *marmelada* « cotignac », du lat. vulg. **melimêlata,* dér. hybride de *melimêlon* ; mot venu de Madère, grande exportatrice de marmelade. ♦ |4| **HAMAMÉLIS** (sav.) XVIIᵉ s. : mot gr. ♦ |5| **MALIQUE** (acide) fin XVIIIᵉ s. : dér., sur le lat. *malum.* ♦ |6| **MÉLINITE** XIXᵉ s. : dér. sur le lat. *melinus* « couleur de coing », du gr. *mêlinos.*

MEMBRE famille du lat. *membrum* « toute partie du corps », d'où *membrana* « peau qui recouvre les membres ».
♦ |1| **MEMBRE** (pop.) XIᵉ s. : *membrum* ; **MEMBRURE, MEMBRU** XIIᵉ s. ; **DÉMEMBRER** XIᵉ s. ; **DÉMEMBREMENT** XIIIᵉ s. ; **REMEMBRER, REMEMBREMENT** XXᵉ s. ♦ |2| **MEMBRANE** (sav.) XVIᵉ s. : *membrana* ; **MEMBRANEUX** XVIᵉ s. Pour les mots scient. exprimant l'idée de « membrane » → HYMÉNO-, art. HYMEN.

MÉMOIRE famille d'une racine ind.-eur. **(s)mer-* « préoccupation », « souvenir ».
En germanique got. *mauman* « avoir soin de », frq. **moman* « être triste » et angl. *to moum* « déplorer ».
En latin *memor* « qui se souvient », d'où *memoria* « mémoire » et *memorare* « rappeler », que l'homonymie et la synonymie ont rapprochés du verbe *memini* « se souvenir » → -MENT.

I. mots d'origine latine

A. **MÉMOIRE** (demi-sav.) XIᵉ s. subst. fém., XIVᵉ s. subst. masc. « écrit destiné à conserver la mémoire de quelque chose » : *memoria.* Pour les mots scient. exprimant l'idée de « mémoire » → MNÉMO-, art. -MENT.

B. base *-mor-* (sav.)
♦ |1| **MÉMORIAL** XIIIᵉ s. : lat. *memoriale* « monument, souvenir » et *memorialis (liber)* « livre aide-mémoire » ; **MÉMORIAL** adj. XVIᵉ s. : lat. médiéval *immemorialis* ; **MÉMORIALISTE** XVIIIᵉ s. ♦ |2| **COMMÉMORER** XIVᵉ s. : *commemorare* « rappeler à la mémoire » ; **COMMÉMORATION** (sav.) XIIIᵉ s. : *commemoratio* ; **COMMÉMORATIF** XVIᵉ s. ♦ |3| **REMÉMORER** XIVᵉ s. : bas lat. *rememorari* formé sur le modèle de *commemorari,* var. de *commemorare* ; a éliminé l'anc. fr. *remembrer* (pop.) de même origine. ♦ |4| **MÉMORABLE** XVᵉ s. : *memorabilis* ; **MÉMORANDUM** XVIIIᵉ s. : neutre substantivé de *memorandus,* adj. verbal de *memorare* « qui doit être rappelé » ; **MÉMORATION** XXᵉ s. : dér. sur *memorare.* ♦ |5| **MÉMORISER, MÉMORISATION** fin XIXᵉ s. : dér. formés sur *memoria.*

II. mot d'origine germanique

MORNE, adj. (pop.) XIIᵉ s. : dér. du frq. **mornan.*

MENDIER famille du lat. *mendum, -i* « défaut physique » d'où (1) *mendicus* « infirme », « mendiant » et *mendicare* « demander l'aumône », *mendicitas* « indigence » (2) *emendare* « enlever les fautes ».

I. famille de *mendicus*
♦ |1| **MENDIER** (pop.) XIᵉ s. : *mendicāre* ; **MENDIANT** XIIᵉ s. : part. présent substan-

MENER

l..é. ♦ |2| MENDIGOT XIX⁰ s. : adaptation de l'esp. *mendigo*, du lat. *mendicus*. ♦ |3| MENDICITÉ (sav.) XIII⁰ s. : *mendicitas*.

II. famille de *emendare*

♦ |1| AMENDER (pop.) XI⁰ s. « corriger (une faute) », XIII⁰ s. « améliorer (une terre) », fin XVIII⁰ s. pol. : altération, par substitution de préf., du lat. class. *emendare* ; AMENDE XII⁰ s. « réparation d'une faute », XIV⁰ s. « sanction pécuniaire » ; AMENDEMENT XIII⁰ s. « amélioration », XVIII⁰ s. pol. ; AMENDABLE XV⁰ s. ♦ |2| ÉMENDER (sav.) XVI⁰ s. : *emendare*.

MENER famille d'une racine **men-* « être saillant » représentée en latin par (1) *minae* « saillie, avancée », « choses suspendues », d'où « menace », auquel se rattachent (a) *minere* « faire saillie » et ses composés *eminere* « s'élever hors de » ; *imminere* « être suspendu au-dessus » ; *praeeminere* « être élevé au-dessus », « dépasser » ; *prominere* et bas lat. *proeminere* « être saillant » (b) *minari* et *comminari* « menacer » ; lat. imp. *minare* « mener les animaux en les menaçant » (c) l'adj. *minax, -acis* « menaçant » ; (2) *mons, montis* « montagne » d'où (a) les dimin. *monticulus* et *monticellus* (b) les adj. *montuosus* « montagneux » et *montanus*, var. *montaneus* « de la montagne » ; *transmontanus* « au-delà des monts » (3) *promunturium*, var. *promontorium* « partie d'une chaîne de montagnes qui avance dans la mer » : croisement de *prominere* et de *mons, montis*, avec un suff. *-urium* (4) *mentum, -i* « menton » ; bas lat. *mento, -onis* « qui a le menton proéminent ».

I. famille de *minae*

A. base *-men-* (pop.)

♦ |1| MENER X⁰ s. : *mĭnāre* ; MENÉE XI⁰ s. divers sens, XVI⁰ s. sens mod. ; MENEUR XIII⁰ s. ; XVIII⁰ s. « chef d'une cabale ». ♦ |2| AMENER, EMMENER XI⁰ s. ; RAMENER XII⁰ s. ; DÉMENER XI⁰ s. « mener, exciter », XIII⁰ s. pron. ; REMMENER XIV⁰ s. ♦ |3| MALMENER, SURMENER XII⁰ s. d'abord « maltraiter » ; SURMENAGE XIX⁰ s. ♦ |4| PROMENER XVI⁰ s. : réfection demi-sav., d'après le lat. *pro-*, de *pourmener* (pop.) ; PROMENADE, PROMENOIR, PROMENEUR XVI⁰ s. ♦ |5| MENACE X⁰ s. : lat. pop. (Plaute) *minācia*, dér. de *minax*, qui a éliminé *minae* ; MENACER XI⁰ s. : lat. vulg. **mĭnāciāre*, de *minacia*, qui a éliminé *minari*.

B. base *-min-* (sav.)

♦ |1| ÉMINENT XIII⁰ s. : *eminens*, part. présent de *eminere* ; ÉMINENCE XIV⁰ s. ; XVII⁰ s. titre honorifique : *eminentia* ; ÉMINEMMENT XIX⁰ s. ♦ |2| IMMINENT XIV⁰ s. : *imminens*, de *imminere* ; IMMINENCE XVIII⁰ s. : *imminentia*. ♦ |3| COMMINATOIRE XVI⁰ s. : lat. médiéval *comminatorius* de *comminari*. ♦ |4| PRÉÉMINENT XVI⁰ s. : *praeeminens*, de *praeeminere* ; PRÉÉMINENCE XIV⁰ s. : *praeeminentia*. ♦ |5| PROÉMINENT XVI⁰ s. : *proeminens* de *proeminere* ; PROÉMINENCE XVI⁰ s.

II. famille de *mons*

♦ |1| MONT (pop.) X⁰ s. : *mons, montis* ; AMONT XI⁰ s. « vers le haut », XVII⁰ s. subst. (rivières). ♦ |2| MONT-DE-PIÉTÉ : XVI⁰ s. : calqué de l'it. *monte di pietà* « crédit de pitié », *monte* « mont » ayant pu prendre dans cette langue le sens de « montant d'une dette ». ♦ |3| MONTAGNE (pop.) XII⁰ s. : bas lat. *montanea*, adj. substantivé ; MONTAGNEUX XIII⁰ s. ; MONTAGNARD XVI⁰ s. ♦ |4| MONCEAU (pop.) XII⁰ s. : *monticĕllus* ; AMONCELER, AMONCELLEMENT XII⁰ s. ♦ |5| MONTER (pop.) XII⁰ s. : lat. vulg. **montāre* dér. de *mons, montis*, qui a éliminé *ascendere* → ASCENSION, art. ÉCHELLE. ♦ |6| MONTANT subst. masc. ; MONTÉE subst. fém. XII⁰ s. ; MONTEUR XII⁰ s. ; XIX⁰ s. techn. ; MONTAGE XVII⁰ s. ; XIX⁰ s. techn. ; MONTURE XIV⁰ s. ; MONTE-CHARGE XIX⁰ s. ♦ |7| DÉMONTER XII⁰ s. ; DÉMONTAGE, DÉMONTABLE XIX⁰ s. ; REMONTER XII⁰ s. ; REMONTAGE XVI⁰ s. ; REMONTOIR XVIII⁰ s. ; REMONTE-PENTE XX⁰ s. ; SURMONTER XII⁰ s. ; SURMONTABLE XV⁰ s. ; INSURMONTABLE XVI⁰ s. ♦ |9| TRAMONTANE XIII⁰ s. *tresmontaigne* « étoile du Nord » ; XVI⁰ s. « vent du nord » : mot d'origine prov., du lat. *transmontana (aura)* « (vent) qui vient à travers la montagne ». ♦ |10| PROMONTOIRE (sav.) XIII⁰ s. : *promontorium*. ♦ |11| MONTUEUX (sav.) XVI⁰ s. : *montuosus*. ♦ |12| MONTICULE (sav.) XV⁰ s. : *monticulus*.

III. famille de *mentum*

MENTON (pop.) XI⁰ s. : bas lat. *mento, -ōnis*, qui avait éliminé le class. *mentum* ; MENTONNIÈRE XIV⁰ s.

MENHIR XIX⁰ s., mot breton « pierre *(men)* longue *(hir)* » ; DOLMEN XIX⁰ s., mot non conforme à la phonétique bretonne, forgé par les archéologues à partir de *ann* *daol* « une table » et *men* (forme régulière **taol-ven*).

MÉNINGE (sav.) XVIᵉ s. lat. *meninga*, du gr. *mênigga*, acc. de *mênigx* « id » ; **MÉNINGITE, -ITIQUE** XIXᵉ s. ; **MÉNINGOCOQUE** XXᵉ s.

1. -MENT famille d'une racine ind.-eur. **men-* « avoir une activité mentale ».

I. mots d'origine latine

Cette racine apparaît en latin dans (1) *mens, mentis* « esprit, intelligence », auquel se rattachent (a) bas lat. *mentalis* « de l'esprit » (b) *demens* « qui a perdu la raison » (c) *vehemens* « emporté, violent » ; probablement pour *vemens*, construit lui aussi avec une particule privative *ve-*, et rapproché de *vehere* (→ VOIE) par étym. pop. (d) *commentari* « appliquer sa pensée à quelque chose », « étudier » (e) *mentio, -ônis* « appel à la pensée ou à la mémoire », « mention » (f) *mentiri, mentitus* « mentir », d'où bas lat. *mentio* « mensonge » (2) le verbe *minisci*, attesté seulement dans des gloses, mais dont le composé *reminisci* « se remettre dans l'esprit » est usité ; le parfait à redoublement et à valeur de présent *memini* « j'ai présent à l'esprit, je me souviens », d'où l'impératif *memento* « souviens-toi » ; *memini* a été rapproché, par étym. pop., de *memoria* → MÉMOIRE. (3) le verbe causatif *monere, monitus* « rappeler, faire souvenir », auquel se rattachent (a) *monitor* « conseiller » ; *monitum, monitio* « avertissement » ; lat. imp. *monitorius* « qui donne un avertissement » (b) les composés *submonere* « avertir secrètement » et *admonere* « avertir », d'où *admonitio* « avertissement » (c) *monumentum* « objet ou construction rappelant quelqu'un ou quelque chose » (d) *monstrum*, relig. « prodige qui avertit de la volonté des dieux », « objet ou être surnaturel », « monstre », d'où *monstrare* et *demonstrare*, qui signifient seulement « montrer, désigner, indiquer » (e) *Monêta*, surnom de Junon, trad. du gr. *mnêmosunê* « dont on conserve le souvenir » ou « conseillère », puis nom de son temple, où l'on frappait la monnaie, enfin « frappe » et « monnaie » elles-mêmes.

A. base -*ment*-

◆|1| **-MENT** (pop.) suff. adv. qui s'ajoute à des bases d'adj. au fém. et représente le subst. fém. lat. *mens, mentis* ; à l'origine *bonnement* signifie donc « dans de bonnes dispositions d'esprit ». ◆|2| **MENTIR** (pop.) XIᵉ s. : lat. vulg. *mentire*, class. *mentiri* ; **DÉMENTIR** XIᵉ s. ; **MENTEUR** XIIᵉ s. ; **MENTERIE** XIIIᵉ s. ; **DÉMENTI** subst. XVᵉ s. ◆|3| **MENTION** (sav.) XIIᵉ s. « souvenir » : *mentio, -onis* ; **MENTIONNER, SUSMENTIONNÉ** XVᵉ s. ◆|4| **VÉHÉMENT** (sav.) XIIᵉ s. : *vehemens* ; **VÉHÉMENCE** XVᵉ s. ◆|5| **MENTAL** (sav.) XIVᵉ s. : bas lat. *mentalis* ; **MENTALEMENT** XVIIᵉ s. ; **MENTALITÉ** XIXᵉ s., sous l'infl. de l'angl. *mentality* ; **MENTALISME, -ISTE** XXᵉ s. ◆|6| **COMMENTER** (sav.) XIVᵉ s. : *commentari* ; **COMMENTAIRE, COMMENTATEUR** XIVᵉ s. : *commentarius* « recueil de notes » et bas lat. *commentator*. ◆|7| **MÉMENTO** XIVᵉ s. partie de la messe, XVIIIᵉ s. sens mod. : mot lat. « souviens-toi ». ◆|8| **DÉMENT** (sav.) XVᵉ s., rare avant le XIXᵉ s. : *demens* ; **DÉMENCE** XIVᵉ s. : *dementia* ; **DÉMENTIEL** XIXᵉ s.

B. base -*mens*-

MENSONGE (pop.) XIᵉ s. fém. et masc. : lat. vulg. **mentiōnĭca* au lieu de bas lat. *mentiōne* « mensonge », p.-ê. sous l'infl. de la loc. *mendacia daemonica*, fréquente dans la prédication. **MENSONGER** XIIᵉ s.

C. base -*min*-

RÉMINISCENCE (sav.) XIVᵉ s. : bas lat. philo. *reminiscentia*, dér. de *reminisci*.

D. base -*mon*-

◆|1| **MONTRER** (demi-sav.) Xᵉ s. *mostrer*, puis infl. du lat. : *monstrare* ; **MONTRABLE** XIIIᵉ s. ; **MONTREUR, REMONTRER** XIVᵉ s. ; **REMONTRANCE** XVᵉ s. ; **MONTRE** XIIᵉ s. divers sens, en particulier « étalage » ; XIVᵉ s. « cadran d'horloge », XVIᵉ s. « petit appareil d'horlogerie portatif » : dér. de *montrer* ; **BRACELET-MONTRE** XXᵉ s. ◆|2| **DÉMONTRER** (demi-sav.) Xᵉ s. *demostrer* ; **DÉMONTRABLE** XIIIᵉ s. ; **INDÉMONTRABLE** XVIIIᵉ s. ◆|3| **SEMONCE** (pop.) XIIᵉ s. « convocation », XVIIᵉ s. sens mod. : fém. substantivé de *semons*, part. passé de l'anc. fr. *semondre*, du lat. vulg. **submonĕre*, class. *submonēre*. ◆|4| **ADMONESTER** (demi-sav.) XIIᵉ s., var. *amoneter* : lat. vulg. **admonitare* qui a dû se croiser dans le latin juridique du Moyen Âge avec *administrare* dont l'un des sens était « exhorter, conseiller » ; *d* rétabli au XIVᵉ s. dans l'écriture, au XVIIᵉ s. dans la prononc. sous l'infl. du lat. ; **ADMONESTATION** XIIIᵉ s. ◆|5| **MONSTRE** (sav.)

XIIᵉ s. : *monstrum* ; **MONSTRUEUX** XIVᵉ s. : *monstruosus* ; **MONSTRUOSITÉ** XVᵉ s. → aussi TÉRATO-. ♦|6| **DÉMONSTRATION, DÉMONSTRATIF** (sav.) XIVᵉ s. : *demonstratio, demonstrativus* ; **DÉMONSTRATEUR** XIVᵉ s. → DÉMONTRER. ♦|7| **ADMONITION** (sav.) XIIᵉ s. : *admonitio* ; **PRÉMONITION** XIIIᵉ s., rare avant le XIXᵉ s. : de *prae-* et *monitio* ; **PRÉMONITOIRE** XIXᵉ s. ; **MONITOIRE** XIVᵉ s. : *monitorius* ; **MONITEUR** XVᵉ s. : *monitor*. ♦|8| **MONUMENT** (sav.) XIIᵉ s. d'abord « tombeau » : *monumentum* ; **MONUMENTAL** XIXᵉ s. ♦|9| **MONNAIE** (pop.) XIIᵉ s. : *monēta* ; **MONNAYER** XIIᵉ s. ; **MONNAYAGE** XIIIᵉ s. ; **FAUX-MONNAYEUR** XVᵉ s. ; **MONNAYEUR** XVIᵉ s. ♦|10| **MONÉTAIRE** (sav.) XVIᵉ s. : *monetarius*, dér. de *moneta* ; **DÉMONÉTISER, DÉMONÉTISATION** fin XVIIIᵉ s. ; **MONÉTISER, MONÉTISATION** XIXᵉ s.

II. mots d'origine grecque
La racine **men-* apparaît en grec dans
A. *mnêmê* « mémoire » auquel se rattachent des mots fr. sav.
♦|1| **AMNISTIE** XVIᵉ s. : gr. *amnêstia* « oubli, pardon », dér., avec *a-* privatif, de *memnêsthei* « se souvenir » (prononc. byzantine de l'*ê*) ; **AMNISTIER** fin XVIIIᵉ s. ♦|2| **AMNÉSIE** XIXᵉ s. : *amnêsia* « absence de mémoire » ; **PARAMNÉSIE, AMNÉSIQUE** XIXᵉ s. ♦|3| **MNÉMOSYNE** mythol. « Mémoire », mère des Muses : *mnêmosunê*. ♦|4| **MNÉMO-** 1ᵉʳ élément de mots sav., ex. : **MNÉMONIQUE, MNÉMOTECHNIQUE** XIXᵉ s.

B. *-matos* 2ᵉ élément de l'adj. *automatos* « qui agit de son propre mouvement » ; **AUTOMATE** XVIᵉ s. ; **AUTOMATIQUE, -ISME** XVIIIᵉ s. ; **AUTOMATISER, -ISATION**, abrév. **AUTOMATION** XXᵉ s. (1ᵉʳ élément : → AUT(O)-).

C. *mainesthai* « être furieux », auquel se rattachent
♦|1| **MANIE** XIVᵉ s. : gr. *mania* « folie », par le lat. : **MANIAQUE** XIIIᵉ s. : lat. médiéval *maniacus*, dér. de *mania*. ♦|2| **MÉNADE** XVIᵉ s., mythol. *mainas, -ados* « femme possédée d'un délire », « bacchante ». ♦|3| **-MANIE** 2ᵉ élément de composés sav., ex. : **MÉGALOMANIE** XIXᵉ s. ; **MYTHOMANIE** XXᵉ s. ♦|4| **-MANE** : gr. *-manês* « fou », élément de composés correspondant à **-MANIE**, ex. : **MÉGALOMANE** XIXᵉ s ; **MYTHOMANE** XXᵉ s.

2. -MENT ♦|1| (pop.) suff. nom. masc. issu du lat. *-mentum*, précédé d'une consonne, ex. : *tourment*, du lat. *tormentum*, ou d'une voyelle disparue, ex. : *serment*, anc. fr. *sairement*, du lat. *sacramentum*. ♦|2| **-EMENT** (pop.) : *-amentum*, adjonction du suff. précédent à des thèmes de verbes en *-are* (lat.), *-er* (fr.), ex. : *ornement*, de *ornamentum* ; *remembrement*. ♦|3| **-IMENT** (sav.) : *-imentum*, adjonction du suff. *-ment(um)* à des thèmes de verbes en *-īre* (lat.). *-ir* (fr.), ex. : *sentiment, fourniment*.

MENTHE (sav.) XIIIᵉ s. : lat. *mentha*, du gr. *minthê* ; **MENTHOL** XIXᵉ s. ; **MENTHOLÉ** XXᵉ s.

MÉPHITIQUE (sav.) XVIᵉ s. : bas lat. *mephiticus*, de *mephitis* « exhalaison sulfureuse », forme hellénisée (avec *ph*) de *mefitis*, mot du sud de l'Italie.

MER famille d'un mot ind.-eur. signifiant à l'origine « lagune ».
En latin *mare, maris* « mer », d'où *marinus* et *maritimus* « marin ».
En germanique **mari-* « mer, lac », d'où le frq. **marisk* « marais » ; angl. *mere* « lac », all. *Meer* « mer ».
En celtique gaulois **mor*, breton *mor* « mer ». Pour les mots scient. exprimant la notion de « mer » → PÉLAG(O)- et THALASS(O)-.

I. mots d'origine latine
♦|1| **MER** (pop.) XIᵉ s. : *mare*, mot neutre devenu fém. en fr., p.-ê. sous l'infl. de *terre* ; **OUTREMER** XIIᵉ s. : *lapis-lazuli* et « bleu intense » ; **AMERRIR, AMERRISSAGE** XXᵉ s. : formes dér. de *mer*, analogiques d'*atterrir, atterrissage*. ♦|2| **MARIN** (pop.) XIIᵉ s. adj., XVIIIᵉ s. subst. : *marinus* ; **MARINE** XIIᵉ s. « plage » et « eau de mer », XVIᵉ s. « flotte (de guerre) », XVIIᵉ s. peint. ; **MARINIER** XIIᵉ s. ; XVIᵉ s. restreint à la navigation en eau douce ; **MARINÉ** XVIᵉ s. « trempé dans la saumure », de *marine* au sens d'« eau de mer » ; **MARINER, MARINADE** XVIIᵉ s. ; **SOUS-MARIN** XVIᵉ s. adj., XXᵉ s. subst. ; **MARINIÈRE** XXᵉ s. subst., vêtement. ♦|3| **MARÉE** (pop.) XIIᵉ s. « mouvement de la mer », XIVᵉ s. « poisson de mer frais » : dér. anc. de *mare* ; **MAREYEUR** XVIIᵉ s. ; **MARÉ(O)-** 1ᵉʳ élément de composés sav., ex. : **MARÉGRAPHE, MARÉOGRAPHE, MARÉOMÈTRE** XIXᵉ s. ; **MARÉMOTEUR** XXᵉ s. ♦|4| **MARITIME** (sav.) XIVᵉ s. : *maritimus*. ♦|5|

TRÉMIÈRE (rose) (pop.) XVIᵉ s. : altération de *rose d'outre-mer*. ♦161 SE MARER ou SE MARRER XIXᵉ s. argot, d'abord « s'ennuyer », d'où EN AVOIR MAR ou MARRE XIXᵉ s. ; puis par antiphrase « s'amuser » XIXᵉ s., d'où MARANT ou MARRANT XXᵉ s. : esp. *marearse* « avoir des nausées », de *mareo* « mal de mer » et « ennui », dér. de *mar* « mer » : lat. *mare*.

II. mots populaires d'origine germanique

♦111 MARAIS XIᵉ s. *maresc*, du bas lat. *mariscus*, du frq. *marisk ; MARAÎCHER XVᵉ s. dér. de *marais* de forme picarde. ♦121 MARÉCAGE XIIIᵉ s. adj., XIVᵉ s. subst. : dér. de l'anc. *maresc* ; MARÉCAGEUX fin XIVᵉ s. ♦131 MARE XIIᵉ s., d'abord textes normands et anglo-normands : anc. scandinave *marr* « mer ». ♦141 MARSOUIN XIᵉ s. : anc. scandinave *marsvin* « porc de mer » ; 2ᵉ élément → SOUILLER.

III. mots d'origine celtique

♦111 MORUE XIIIᵉ s., var. *molue* : lat. vulg. *moruca, var. *moluca, probablement dér. du gaulois *mor. ♦121 ARMOR « le pays de la mer », par opposition à l'intérieur de la Bretagne, *arcoat* « pays des bois » : ARMORIQUE, ARMORICAIN.

MERDE (pop.) XIIIᵉ s. : lat. *merda* ; MERDAILLE, MERDEUX, EMMERDER XIVᵉ s. ; EMMERDEUR, EMMERDEMENT, S'EMMERDER, SE DÉMERDER, DÉMERDARD XIXᵉ s. ; MERDIER XXᵉ s.

MÈRE famille d'une racine ind.-eur. **matr-* « mère ». En grec *mêtêr*, *mêtros* « mère » et *mêtra* « matrice ».
En latin (1) *mater*, *matris* « mère » d'où (a) *maternus* « maternel » (b) bas lat. *commater* « mère avec », « seconde mère » c.-à-d. « marraine », concurrencé par la forme pop. *matrina* (c) *matricidium* et *matricida* « matricide (action et agent) » (d) *matrimonium* « maternité légale », « mariage » (e) *matrona* « femme mariée » (2) *matrix*, *-icis* « matrice », « femelle pleine ou qui nourrit », « arbre qui produit des rejetons », « souche » au propre et au fig., « registre », d'où le dimin. *matricula* ; *matricalis* « relatif à la matrice » (3) *materies* « tronc d'arbre qui produit des rejetons », « partie dure de l'arbre », « bois de charpente », « toute espèce de matériaux », « matière » ; *materiarius* « relatif à la charpente » ; bas lat. *materiamen* « bois de charpente », bas lat. *materialis* et *immaterialis*.

I. mots d'origine latine

A. famille de *mater*

♦111 MÈRE (pop.) XIᵉ s. : *matrem*, acc. de *mater* ; COMMÈRE XIIIᵉ s. : *commâtrem* ; COMMÉRAGE XVIᵉ s. « baptême », XVIIIᵉ s. sens mod. ; MÉMÈRE, abrév. MÉMÉ XIXᵉ s. ♦121 PIE-MÈRE XIIIᵉ s. « la plus profonde des méninges » : lat. *pia mater* littéralement « pieuse mère », ainsi appelée parce qu'« elle enveloppe débonnairement le cerveau comme la débonnaire mère son fils » (Mondeville, XIVᵉ s.) ; DURE-MÈRE XIVᵉ s. « la plus superficielle et la plus résistante des méninges » : *dura mater*. ♦131 MARRAINE (pop.) XIᵉ s. : var. de l'anc. fr. *marrine*, de *matrina*. ♦141 MARÂTRE (pop.) XIIᵉ s. « seconde femme du père », XIVᵉ s. « mauvaise mère » : lat. vulg. *matrastra, analogique du bas lat. *patraster* → PÈRE. ♦151 MATRONE (sav.) XIIᵉ s. : *matrona*. ♦161 MATERNEL (sav.) XIVᵉ s. : dér. sur *maternus* ; MATERNITÉ XVᵉ s., XIXᵉ s. « clinique d'accouchement » : dér. de *maternus* analogique de *paternité*. ♦171 MATRIMONIAL (sav.) XIVᵉ s. : bas lat. *matrimonialis*, de *matrimonium*. ♦181 MATRICIDE (sav.) XVIᵉ s. : *matricida* et *matricidium*. ♦191 MATRIARCAL (sav.) XIXᵉ s. : dér. de *mater*, *matris*, analogique de *patriarcal* → PÈRE ; MATRIARCAT, id. ♦1101 MADRÉPORE (sav.) « polype à nombreuses perforations » : it. *madrepora*, mot sav. hybride composé de *madre* « mère » et du gr. *poros* « pore », adapté au fém. à cause du genre de *madre*, formation analogique de *madreperla* « nacre ».

B. famille de *matrix*

♦111 MARGUILLIER (pop.) XIIᵉ s. : bas lat. *matricularius* « celui qui tient le registre des pauvres de la paroisse ». ♦121 MATRICE (sav.) XIIIᵉ s. anat., XVIᵉ s. typo. : *matrix* ; MATRICIEL XIXᵉ s. ♦131 MATRICULE (sav.) XVᵉ s. : *matricula* ; IMMATRICULER XVᵉ s. ; IMMATRICULATION XVIIᵉ s. ♦141 MADRIGAL XVIᵉ s. : it. *madrigale* « courte pièce polyphonique sans accompagnement » : lat. *matricale* « qui appartient à la matrice », d'où « simple, primitif ».

C. famille de *materies*

♦111 MERRAIN (pop.) XIIᵉ s. : *materiâmen*. ♦121 MADRIER (pop.) XIVᵉ s. : altération du prov. *madier* attesté au sens de « couvercle de pétrin », du lat. vulg. *materium, forme masc. refaite sur materia, var. de materies au sens de « bois de construction ». ♦131 **MATIÈRE** (demi-sav.) XIIᵉ s. : bas lat. materia, var. de materies. ♦141 **MATÉRIEL** (sav.) XIVᵉ s. : materialis ; **IMMATÉRIEL** XIVᵉ s. : immaterialis ; **MATÉRIALITÉ** XVᵉ s. ; **IMMATÉRIALITÉ** XVIIᵉ s. ; **MATERIALISME, MATÉRIALISTE** XVIIIᵉ s. ; **MATÉRIALISER** XVIIIᵉ s. ; **MATÉRIALISATION, DÉMATÉRIALISER** XIXᵉ s. ♦151 **MATÉRIAUX** (sav.) XVIᵉ s. : plur. subst. de l'anc. adj. material, var. de matériel : de materialis ; **MATÉRIAU** sing. techn. de la fin du XIXᵉ s.

II. mots d'origine grecque

♦111 **MÉTROPOLE** (sav.) XIVᵉ s. : gr. metropolis « ville-mère » ; **MÉTROPOLITAIN** XIVᵉ s. adj., XIXᵉ s. subst. « chemin de fer », abrév. **MÉTRO** XXᵉ s. ; **MÉTROPOLITE** XIXᵉ s. ♦121 **MÉTRITE** (sav.) XIXᵉ s. : lat. méd. metritis, dér. du gr. mêtra. ♦131 **MÉTRO-** : gr. mêtra « matrice », 1ᵉʳ élément de composés sav., ex. : **MÉTRORRHAGIE, MÉTROTOMIE** XIXᵉ s.

MERINGUE XVIIIᵉ s. : étym. obscure ; p.-ê. polonais marzynka.

MÉRITE famille d'une racine *mer- (p.-ê. apparentée à celle de memoria → MÉMOIRE) « attirer (par une force magique) sa propre part », puis « mériter ». En grec meiresthai « obtenir en partage », meros « part », moira « destin ».
En latin mereri, meritus « recevoir comme prix », « gagner », d'où emeritus « qui a fini de servir » ; meritare « gagner un salaire » et meritorius « qui procure un gain ».

I. mots savants d'origine latine

♦111 **MÉRITE** XIIᵉ s., d'abord fém. : meritum. ♦121 **MÉRITOIRE** XIIIᵉ s. : meritorius. ♦131 **MÉRITER** XIVᵉ s. : meritare ; **DÉMÉRITER** XIIIᵉ s. ; **IMMÉRITÉ** XVᵉ s. ; **MÉRITANT** XVIIIᵉ s. ♦141 **ÉMÉRITE** XIVᵉ s., puis XVIIIᵉ s. « vieilli dans le métier, retraité » fin XIXᵉ s. « éminent » : emeritus.

II. forme issue du grec

-MÈRE suff. sav. exprimant la notion de « partie », ex. : **BLASTOMÈRE** biol. XIXᵉ s. → BLASTO-, et **POLYMÈRE**, chimie XIXᵉ s., d'où **POLYMÉRIE, POLYMÉRISATION** XIXᵉ s. ; **POLYMÉRISER, POLYMÉRISABLE** XXᵉ s.

MERLE ♦111 (pop.) XIIᵉ s., masc. ou fém. en anc. fr. : bas lat. merŭlus, lat. class. merula, à la fois oiseau et poisson de mer ; **MERLETTE** XIVᵉ s. ♦121 **MERLAN** XIIIᵉ s. merlenc ; XVIIIᵉ s. « coiffeur », par analogie avec l'usage d'enrober de farine le merlan avant de le faire frire : dér. de merle, avec le suff. germ. -ing, anc. fr. -enco. ♦131 **MERLU, MERLUS** XIVᵉ s. : prov. merlus, croisement de merle et de l'anc. fr. lus, du lat. lucius « brochet ». ♦141 **MERLUCHE** XVIIᵉ s. : it. merluccio, var. merluzzo, empr. au précéd. ♦151 **MARLOU** XIXᵉ s. « souteneur » pourrait être un dérivé (avec une finale empruntée à filou) de marle, var. phon. de merle, attestée au sens de « malin » et anc. de « souteneur » ; le mot merle entre dans divers dial. dans des loc. péj. comme d'autres noms d'oiseaux. → aussi Annexe II MARAUD **2**.

MÉSANGE ♦111 (pop.) XIIᵉ s. : frq. *meisinga. ♦121 **MAZETTE** XVIIᵉ s. « mauvais cheval » puis « joueur inhabile » : probablement emploi métaph. du normand mazette « mésange », de même origine, avec substitution de suff.

MESQUIN XVIIᵉ s. : it. meschino « pauvre, chétif », de l'arabe miskīn « pauvre », déjà empr. en anc. fr. sous les formes meschin, meschine « jeune homme, jeune fille » ; **MESQUINERIE** XVIIᵉ s.

MESSIE (sav.) XVᵉ s. : lat. chrétien messias : mot gr. : de l'araméen meschīkhā, hébreu māschiakh « oint (par le) seigneur » c.-à-d. consacré » (trad. aussi par khristos → CHRÊME) ; **MESSIANISME, MESSIANIQUE** XIXᵉ s.

MESURE famille d'une racine ind.-eur. *me- « mesurer ».
En grec metron « mesure » et en latin metiri, mensus « mesurer », d'où mensura « mesure » ; mensurare « mesurer » ; immensus « qu'on ne peut mesurer » et immensitas ; bas lat. commensurare « donner une mesure égale » et commensurabilis ; dimetiri « mesurer d'un bout à l'autre » et dimensio.

I. mots d'origine latine

A. base -mes- (pop.)

♦111 **MESURE** XIᵉ s. ; XVIIᵉ s. « acte officiel visant à un effet » : mensūra ; **DÉMESURE** XIIᵉ s., puis XIXᵉ s. ; **DÉMESURÉ** XIᵉ s. ; **DEMI-**

MESURE, CONTRE-MESURE XIXᵉ S. ◆ I2I MESURER XIᵉ S. : *mensurāre* ; MESUREUR, MESURABLE XIIᵉ S. ; MESURAGE XIIIᵉ S.
B. base *-mens-* (sav.)
◆ III IMMENSE XIVᵉ S. : *immensus* ; IMMENSITÉ XIVᵉ S. *immensitas* ; IMMENSÉMENT XVIIᵉ S. ◆ I2I DIMENSION XIVᵉ S. : *dimensio*.
◆ I3I COMMENSURABLE, INCOMMENSURABLE XIVᵉ S. : *commensurabilis* et *incommensurabilis* ; COMMENSURABILITÉ id. ◆ I4I MENSURATION XVIᵉ S., rare avant le XIXᵉ S. : *mensuratio* ; MENSURATEUR XIXᵉ S.

II. mots savants d'origine grecque

◆ III MÈTRE XIVᵉ S. versif. : gr. *metron*, par le lat. *metrum*, fin XVIIIᵉ S. unité de mesure ; MÉTRIQUE XVᵉ S. adj., XVIIIᵉ S. subst. versif. et adj. qualifiant *système* : lat. *metricus*, du gr. *metrikos* et *metrikē (tekhnē)* « art de la versification » ;   MÉTRICIEN   XIXᵉ S. ; MÉTRAGE, MÉTRER, MÉTREUR XIXᵉ S. ◆ I2I DIAMÈTRE XIIIᵉ S. : gr. *diametros (grammē)* « ligne diagonale », puis « diamètre d'un cercle » ; DIAMÉTRAL XIIIᵉ S. : bas lat. *diametralis* ; DIAMÉTRALEMENT XIVᵉ S. ◆ I3I SYMÉTRIE XVIᵉ S. : gr. *summetria* « proportion exacte », de *sun* « avec » et *metron* ; SYMÉTRIQUE XVIᵉ S. ; ASYMÉTRIE XVIᵉ S. ; ASYMÉTRIQUE, DISSYMÉTRIE, DISSYMÉTRIQUE XIXᵉ S. ◆ I4I MÉTRO- 1ᵉʳ élément de composés sav. exprimant l'idée de « mesure », ex. : MÉTROLOGIE XVIIIᵉ S. ; MÉTRONOME XIXᵉ S. ◆ I5I -MÈTRE, -MÉTRIE, -MÉTRIQUE 2ᵈˢ éléments, ex. : GÉOMÈTRE XIIᵉ S. ; GÉOMÉTRIE XIIIᵉ S. ; GÉOMÉTRIQUE XIVᵉ S.

MÉTA- (sav.) préf. gr. exprimant la participation, la succession, le changement, ex. : *métamère*, chimie, « qui participe à la même fonction » ; *métaphysique* « qui vient après la physique » ; *métamorphose* « changement de forme ».

MÉTAL ◆ III (sav.) XIIᵉ S. : lat. *metallum* « mine » et « métal », empr. anc. au gr. *metallon*. ◆ I2I MÉTALLIQUE XVIᵉ S. : lat. imp. *metallicus* ; BIMÉTALLIQUE XIXᵉ S. ◆ I3I MÉTALLURGIE XVIIᵉ S. : 2ᵉ élément, art. ÉNERGIE ; MÉTALLURGIQUE XVIIIᵉ S. ; MÉTALLURGISTE XIXᵉ S., abrév. MÉTALLO XXᵉ S. ◆ I4I MÉTALLO- 1ᵉʳ élément de mots sav., ex. : MÉTALLOGRAPHIE XVIᵉ S. ; MÉTALLOÏDE XIXᵉ S. ◆ I5I MÉTALLIFÈRE XIXᵉ S. : *metallifer*.

MÉTÉORE famille sav. du gr. *meteôros* « qui est en haut » ou « qui s'élève dans les airs », de *meta* et *aeirein* « enlever » ; plur. neutre substantivé *ta meteôra* « les phénomènes et corps célestes » ; verbe dér. *meteôrizein* « lever en l'air » d'où *meteôrismos* « action de se soulever », « enflure, gonflement ».

◆ III MÉTÉORE XIIIᵉ S. : *meteôra*, par le lat. ; MÉTÉORIQUE XVIᵉ S. ; MÉTÉORITE XIXᵉ S. ◆ I2I MÉTÉORO- 1ᵉʳ élément de composés sav., ex. : MÉTÉOROLOGIE XVIᵉ S. ◆ I3I MÉTÉORISER XVIIᵉ S. méd. « gonfler l'abdomen » : *meteôrizein* ; MÉTÉORISME XVIᵉ S. : *meteôrismos* ; MÉTÉORISATION XIXᵉ S.

MÉTHANE (sav.) fin XIXᵉ S. : du gr. *methu* « boisson fermentée », avec le suff. *-ane* (chimie) ; par substitution de suff. à partir de MÉTHYLÈNE début XIXᵉ S. ; MÉTHYLE XIXᵉ S. : 2ᵉ élément gr. *hulê* « bois » → HYLO-.

MÉTICULEUX (sav.) XVIᵉ S., d'abord jur. : lat. *meticulosus* « timide, craintif », dér. analogique de *periculosus* (→ PÉRIL), formé à partir de *metus* « crainte » ; MÉTICULOSITÉ XIXᵉ S.

METTRE famille du verbe lat. *mittere, missus*, à l'origine « laisser aller, lâcher », puis « envoyer ». (1) formes nominales (a) *missio* « envoi » et *manumissio*, littéralement « action d'envoyer avec la main », « affranchissement des esclaves » ; (b) *missilis* « qu'on peut lancer », neutre substantivé *missile* « arme de jet » ; (c) lat. eccl. *missa*, part. passé fém. substantivé, dans la liturgie anc. « renvoi (des catéchumènes après les lectures, avant le début du saint sacrifice proprement dit) » (2) verbes préfixés et leurs dér. en *-missio* (a) *admittere* « laisser venir vers » ; (b) *committere* « mettre plusieurs choses ensemble » (d'où *commissura* « jointure »), « mettre aux prises » ; « mettre en chantier », « mettre à exécution » ; (c) *demittere* « faire tomber » ou « laisser tomber » ; (d) *emittere* « envoyer au-dehors » ; (e) *intermittere* « laisser au milieu », « ménager des intervalles » ; (f) *omittere* « laisser aller loin de soi » ; (g) *permittere* « lancer d'un point jusqu'à un autre », « laisser aller librement » ; (h) *praetermittere* « laisser passer », « laisser de côté » ; (i) *promittere* « assurer, promettre » ; *compromittere* « convenir de s'en remettre à l'arbitrage d'un tiers » ; (j) *remittere* « renvoyer », « rendre », « concéder » ; (k) *submittere* « envoyer dessous », « soumettre » ; (l) *transmittere* « envoyer de l'autre côté ».

I. mots populaires ou demi-savants

A. base *-mett-* (pop., mais souvent associée à des préf. de forme sav.)

♦ |1| **METTRE** Xe s. : *mĭttĕre*, qui avait partiellement éliminé et spécialisé *ponĕre* → PONDRE, **METTABLE** XIIe s. ; **IMMETTABLE** XXe s. ; **METTEUR** XIVe s. ; *en œuvre* XVIIe s. ; *en scène* XIXe s. ♦ |2| **PERMETTRE** Xe s., rare avant le XVe s. : *permittere*. ♦ |3| **PROMETTRE** Xe s. : *promittere* ; **PROMETTEUR** XIIIe s. ♦ |4| **REMETTRE** XIIe s. « mettre de nouveau », XVe s. « pardonner », sous l'infl. du lat. : *remittere*. ♦ |5| **SOUMETTRE** XIIe s. : *submittere*. ♦ |6| **TRANSMETTRE** XIIe s. : *transmittere* ; **TRANSMETTEUR** XIXe s. ♦ |7| **ENTREMETTRE** XIIe s. : *intermittere* ; **ENTREMETTEUR** XIVe s. ♦ |8| **ADMETTRE** XIIIe s. « mettre sur », XVe s. « approuver » : *admittere*. ♦ |9| **COMMETTRE** XIIIe s. : *committere* ; **COMMETTANT** XVIe s. ♦ |10| **DÉMETTRE** XIIIe s. : composé de *mettre*, et infl. de *demittere*. ♦ |11| **COMPROMETTRE** XIIIe s. jur., XVIIe s. « mettre dans une situation critique » : *compromittere* ; **COMPROMETTANT** XIXe s. ♦ |12| **OMETTRE** XIVe s. : *omittere*. ♦ |13| **ÉMETTRE** XVe s. : *emittere* ; **ÉMETTEUR** XIXe s.

B. base *-mess-* (var. *-mets*)

♦ |1| **METS** XIIe s. *mes* (*t* graphique dû à l'infl. de *mettre*) : *missum* « ce qui est mis (sur la table) » ; **ENTREMETS** XIIe s. « divertissement », XVIe s. sens mod. ♦ |2| **MESS** XIXe s. : mot angl. « portion », « compagnie de personnes mangeant ensemble », de l'anc. fr. *mes* « mets ». ♦ |3| **MESSE** Xe s. : *missa* ; **KERMESSE** → KYRIELLE. ♦ |4| **MESSAGE** XIe s., d'abord « envoyé », puis « information portée par celui-ci » : dér. de l'anc. fr. *mes* « id. », du lat. *missus* part. passé substantivé de *mittere* « envoyer » ; **MESSAGER** XIIe s. ; **MESSAGERIE** XIIIe s. « mission », XVIIe s. « entreprise de transports ». ♦ |5| **PROMESSE** XIIe s. : *promīssa* « choses promises », plur. neutre substantivé pris comme fém. en bas lat.

C. base *-mis-* (formes de part. passés issues du lat. vulg. **missus*, analogique du parfait *mīsi*, alors que *missus* n'a subsisté que dans des formes de subst. → **B**).

♦ |1| **MISE** XIIIe s., part. passé fém. substantivé de *mettre* ; **MISER** XVIIIe s. ♦ |2| **ENTREMISE** XIIe s., d'*entremettre*. ♦ |3| **REMISE** XIVe s. vénerie, XVe s. « action d de remettre » et « réduction », XVIIe s. « abri » : de *remettre*. ♦ |4| **COMPROMIS** XIIIe s. jur. *compromissus* de *compromittere*. ♦ |5| **COMMIS** XIVe s., de *commettre*. ♦ |6| **PROMIS, -ISE** « fiancé(e) » adj. XVIe s., subst. XIXe s., de *promettre*. ♦ |7| **INSOUMIS** XVIe s., puis XVIIIe s. ; **SOUMIS** adj. XVIIe s., de *soumettre*. ♦ |8| **PERMIS** subst. XVIIIe s. : de *permettre*.

II. mots savants

A. base *mit(t)-*

♦ |1| **INTERMITTENT** XVIe s. : *intermittens*, participe présent de *intermittere* ; **INTERMITTENCE** XVIIe s. ♦ |2| **RÉMITTENT** XIXe s. : *remittens*, part. présent de *remittere* ; **RÉMITTENCE** XIXe s. ♦ |3| **COMITÉ** XVIIe s. : angl. *committee* « commission », de *to commit*, du lat. *committere*.

B. base *-miss-*

♦ |1| **PERMISSION** XIIe s. : *permissio* ; **PERMISSIONNAIRE** XVIIe s. « qui a la permission », XIXe s. sens mod. ♦ |2| **RÉMISSION** XIIe s. : lat. eccl. *remissio* « action de remettre » ; **IRRÉMISSIBLE** XIIIe s. : *irremissibilis* ; **RÉMISSIBLE** XIVe s. ♦ |3| **PRÉMISSE** XIIIe s. : lat. scolastique *praemissa* (*sententia*) « proposition mise en avant ». ♦ |4| **COMMISSION** XIIIe s. « charge donnée à quelqu'un », XVIIe s « groupe de personnes chargées d'étudier une question », « pourcentage », « achats journaliers » : *commissio* ; **COMMISSIONNER** XVe s. ; **COMMISSIONNAIRE** XVIe s. ; **SOUS-COMMISSION** XIXe s. ; **COMMISSAIRE** XIVe s. : lat. médiéval *commissarius* ; **COMMISSARIAT** XVIIIe s. ; **COMMISSAIRE-PRISEUR** XIXe s. ; **COMMISSURE** XIVe s. : *commissura*. ♦ |5| **MISSION** XIVe s. : *missio* ; **MISSIONNAIRE** XVIIe s. ♦ |6| **MISSILE** XIVe s. puis XXe s. : *missile* ; **ANTIMISSILE** XXe s. ♦ |7| **DÉMISSION** XIVe s. : *demissio* ; **DÉMISSIONNER, DÉMISSIONNAIRE** XVIIIe s. ♦ |8| **ÉMISSION** XIVe s. ; XVIIIe s. phys., d'après l'angl. ; XIXe s. fin. : *emissio* ; **ÉMISSAIRE** XVe s. : lat. *emissarius* « agent », « espion », de *emittere* ; **BOUC ÉMISSAIRE** XVIIe s. : calque du lat. eccl. *caper emissarius* « bouc envoyé au-dehors », animal chargé des iniquités d'Israël, chassé au désert comme victime expiatoire, le jour du Grand Pardon. ♦ |9| **OMISSION** XIVe s. :

bas lat. *omissio*. ♦|10| **SOUMISSION** XIV⁰ s., d'abord *submission* : lat. *submissio* ; **SOUMISSIONNER** XVII⁰ s. ; **SOUMISSIONNAIRE** XVIII⁰ s. ; **INSOUMISSION** XIX⁰ s. ♦|11| **TRANSMISSION** XIV⁰ s. ; XX⁰ s. plur., milit. : *transmissio* ; **TRANSMISSIBLE** XVI⁰ s. ; **TRANSMISSIBILITÉ** XVIII⁰ s. ; **INTRANSMISSIBLE** XIX⁰ s. ♦|12| **MANUMISSION** XIV⁰ s. : *manumissio*. ♦|13| **ADMISSIBLE, INADMISSIBLE** XV⁰ s. ; **ADMISSION** XVI⁰ s. : *admissio* ; **ADMISSIBILITÉ** XVIII⁰ s. jur., XIX⁰ s. scolaire. ♦|14| **PRÉTERMISSION** XV⁰ s. rhét. : *praetermissio*. ♦|15| **MISSIVE** XV⁰ s. adj. XVI⁰ s. subst. : dér., sur *missus*. ♦|16| **MISSEL** XV⁰ s. : lat. médiéval *missalis (liber)* « (livre) de messe », dér. de *missa*.

MI famille d'un thème ind.-eur. *medhyo-* « qui est au milieu ». En grec *mesos* « id. » et en latin *medius* « qui se trouve au milieu », « intermédiaire », « moyen », auquel se rattachent (1) *medium* neutre substantivé « milieu » « lieu accessible à tous » (2) les adj. *medianus* « du milieu » ; *dimidius* « coupé par le milieu » et bas lat. *medialis* « demi » ; *intermedius* « interposé, intercalé » ; bas lat. *immediatus* « sans intermédiaire » ; *mediocris* « qui se trouve à mi-hauteur, dans un juste milieu » (3) *medietas* « milieu » et bas lat. « moitié » (4) *mediare, mediatus* « couper par le milieu », « être au milieu », d'où lat. imp. *mediator* « médiateur » et *mediatio* (5) *mediterraneus* « au milieu des terres » (6) *meridies* issu de *mediei die* par dissimilation « midi » et « sud » (→ JOUR) d'où *meridianus* « relatif au midi », et bas lat. *meridionalis* « du Midi ».

I. mots populaires d'origine latine

♦|1| **MI** XI⁰ s. adj. et subst., conservé comme 1ᵉʳ élément de composé, ex. : *mi-figue mi-raisin, mi-clos, mi-carême, à mi-chemin* : *medius*. Pour les préf. sav. exprimant la même idée → MÉSO-, art. MI IV, et SEMI-, HÉMI-, art. ENSEMBLE. ♦|2| **MIDI** XII⁰ s. ; pour le 2ᵉ élément → -DI, art. DIEU ; **APRÈS-MIDI** XVI⁰ s. subst. masc., XIX⁰ s. fém., XX⁰ s. masc. ; **MIDINETTE** → JEÛNER ; **MINUIT** XII⁰ s. → NUIT ; **MILIEU** XII⁰ s. ; XIX⁰ s. « ensemble des conditions d'existence » → LIEU ; **MITAN** XIV⁰ s. : 2ᵉ élément obscur, p.-ê. substitution de *tant à lieu* ; **PARMI** XI⁰ s. littéralement « par le milieu ». ♦|3| **DEMI** XI⁰ s. adj., XIII⁰ s. adv., XIX⁰ s. « grand verre de bière (à l'origine un demi-litre) » : lat. vulg. *dimĕdius*, altération, sous l'infl. de *medius*, du class. *dimĭdius* ; **DEMI-** 1ᵉʳ élément de composés, ex. : *demi-brigade, demi-cercle*, etc. ♦|4| **MOITIÉ** XI⁰ s. ; XVII⁰ s « épouse » : *medietātem*, acc. de *medietas*. ♦|5| **MÉTAYER** XII⁰ s. *meiteier* « personne prenant à bail un domaine, sous le régime du partage des fruits » : dér. de *meitié*, forme anc. de *moitié* ; **MÉTAIRIE** XII⁰ s. ; **MÉTAYAGE** XIX⁰ s. ♦|6| **MITOYEN** XIV⁰ s. « qui est au centre » ; puis sens mod. : altération, sous l'infl. de *mi*, de *moiteen*, dér. de *moitié* ; **MITOYENNETÉ** XIX⁰ s. ♦|7| **MOYEN** XII⁰ s. adj. ; XIV⁰ s. subst. XV⁰ s. « ressources pécuniaires », XVIII⁰ s. « ressources intellectuelles » ; XVI⁰ s. adj. gramm. ; XX⁰ s. adj. soc. : *mediānus* ; **MOYENNANT** XIV⁰ s. prép. : part. présent d'un anc. verbe *moyenner* XII⁰ s. ; **MOYENNE** subst. fém. XIX⁰ s. ; **MOYEN ÂGE** XVII⁰ s. : calque du lat. *media aetas* XVI⁰ s., ou *medium aevum* début XVII⁰ s. ; **MOYENÂGEUX** XIX⁰ s. ♦|8| **MENEAU** XIV⁰ s. probablement *meienel*, dér. de *meien*, forme anc. de *moyen* ; sens premier « qui est au milieu ». ♦|9| **MAILLE** XII⁰ s. « demi-denier » : lat. vulg. *medalia*, issu par dissimilation de *medialia*, plur. neutre de *medialis*, dér. de *medius* ; ne survit que dans les expressions *n'avoir ni sou ni maille* et *avoir maille à partir* (c.-à-d. à « partager ») *avec quelqu'un*, chose impossible, la *maille* étant la plus petite monnaie, d'où des disputes futiles et insolubles.

II. mots d'emprunt d'origine latine

♦|1| **MÉDAILLE** XV⁰ s. : it. *medaglia*, du lat. vulg. *medalia*, équivalent du fr. *maille* → I., 9 ; **MÉDAILLON** XVI⁰ s. : it. *medaglione*, augmentatif de *medaglia* ; **MÉDAILLIER** XVI⁰ s. adj., XVII⁰ s. subst. ; **MÉDAILLISTE** XVII⁰ s. ; **MÉDAILLEUR, MÉDAILLÉ** XIX⁰ s. ♦|2| **MISAINE** XVI⁰ s. : altération, sous l'infl. de l'it. *mezzana*, de l'anc. fr. *migenne* XIV⁰ s., du catalan *mitjana* « (voile) moyenne », du lat. *mediana*, le mât de *misaine* se trouvant entre le mât principal et l'extrémité du bateau. ♦|3| **INTERMÈDE** XVI⁰ s. : it. *intermedio*, du lat. *intermedius*. ♦|4| **MÉDIA-NOCHE** XVII⁰ s. : esp. *media noche* « minuit ». ♦|5| **MEZZA VOCE** XVIII⁰ s. mus. : it. « à mi-voix » ; **MEZZO-SOPRANO** ou simplement **MEZZO** XIX⁰ s. mus., a éliminé l'anc. *bas-dessus* ; 1ᵉʳ élément issu de *media* et *medius*. ♦|6| **MEZZANINE** XVII⁰ s. archit. : it. *mezzanino* « entresol », dér. de

mezzo « intermédiaire », du lat. *medius*.
♦ |7| **MÈCHE** XIX⁰ s. argot, *il n'y a pas mèche* et *être de mèche* : it. *mezzo*, dans le premier cas au sens de « moyen », dans le deuxième au sens de « demi », du lat. *medius*.

III. mots savants d'origine latine

A. MÉRIDIEN XII⁰ s. adj., XIV⁰ s. subst. astron : *meridianus* ; **MÉRIDIONAL** XIV⁰ s. : *meridionalis* ; **MÉRIDIENNE** XVII⁰ s. « sieste » ; XIX⁰ s. « canapé » : fém. subst. de l'anc. adj. *méridien*.

B. base *-médi-*

♦ |1| **MÉDIATEUR** XIII⁰ s. : *mediator* ; **MÉDIATION** XV⁰ s. : *mediatio* ; **MÉDIATRICE** XVIII⁰ s. : *mediatrix*, fém. de *mediator*. ♦ |2| **IMMÉDIAT** XIV⁰ s. : *immediatus* ; **IMMÉDIATEMENT** XVI⁰ s. ; **MÉDIAT** XV⁰ s. : tiré de *immédiat* ; **MÉDIATISER** XIX⁰ s. ♦ |3| **MÉDIOCRE** XV⁰ s. « modéré », XVI⁰ s., sens péj. : *mediocris* ; **MÉDIOCRITÉ** XIV⁰ s. : *mediocritas* ; **MÉDIOCREMENT** XVI⁰ s. ♦ |4| **MÉDIAN** XV⁰ s. : *medianus* ; **MÉDIANE** subst. fém. XVIII⁰ s. géom. → MOYEN. ♦ |5| **MÉDIANTE** XVI⁰ s. mus. : *medians, antis* part. présent de *mediare*. ♦ |6| **MÉDITERRANÉE** et **MÉDITERRANÉEN** XVI⁰ s., rare avant le XIX⁰ s. : *mediterraneum (mare)*. ♦ |7| **MÉDIUM** XVI⁰ s. « moyen, milieu », XVIII⁰ s. registre vocal : mot lat. ; XIX⁰ s. spiritisme : mot angl., de même origine. ♦ |8| **MÉDIUS** XVI⁰ s. anat. : lat. *medius (digitus)* « doigt du milieu ». ♦ |9| **INTERMÉDIAIRE** XVIII⁰ s. : dér. tiré de *intermedius*. ♦ |10| **MÉDIÉVAL** XIX⁰ s. : dér. tiré de *medium aevum* → I, 7 et MI ; **MÉDIÉVISTE** XIX⁰ s.

IV. forme savante d'origine grecque

MÉSO- : gr. *mesos* « demi », 1ᵉʳ élément de composés sav., ex. : **MÉSOCARPE, MÉSODERME** XIX⁰ s.

MICOCOULIER XVI⁰ s. : gr. mod. *mikrokoukouli*, par le prov.

MICRO- ♦ |1| (sav.) : gr. *mikros* « petit », 1ᵉʳ élément de composés sav., ex. : *microscope, microzoaire*, et à date récente associé à n'importe quel mot, comme équivalent de l'adj. *petit*, ex. : *micro-prix*. ♦ |2| **MICROBE** XIX⁰ s. : de *mikros* et *bios* « vie » ; **MICROBIEN, MICROBICIDE** XIX⁰ s. ♦ |3| **MICRON** fin XIX⁰ s. : gr. *mikron*, neutre de *mikros*. ♦ |4| **MICRO** XX⁰ s. : abrév. de **MICROPHONE** XVIII⁰ s. → ANTIENNE.

MICTION (sav.) XVII⁰ s. : bas lat. *mictio*, class. *minctio*, de *mingere* « uriner ».

MIE ♦ |1| (pop.) XII⁰ s. « miette de pain » et auxiliaire de la négation ; XIII⁰ s. « partie molle du pain » : lat. *mica*. ♦ |2| **MIETTE** XII⁰ s. : dimin. de *mie* ; **ÉMIETTER** XVI⁰ s. ; **ÉMIETTEMENT** XVII⁰ s. ♦ |3| **MITONNER** XVI⁰ s. : du dial. (Ouest) *miton* « mie de pain », dér. de *mie*, apparenté à *mitonnée* « panade » ou « hydromel ». ♦ |4| **MIOCHE** XVI⁰ s. « miette », XVIII⁰ s. « enfant » : dér. de *mie*. ♦ |5| **MICA** (sav.) XVIII⁰ s. : mot lat. « parcelle » ; **MICASCHISTE** XIX⁰ s.

MIEL famille d'une racine **mel-* qui apparaît dans une partie seulement de l'ind.-eur.. En grec *meli* « miel » d'où *melissa* « abeille » et *hudromeli* « eau miellée » ou « hydromel ». En latin *mel, mellis* « miel ». En germanique **melith* « miel ».

I. mots d'origine latine

♦ |1| **MIEL** (pop.) X⁰ s. ; *mēl* ; **MIELLÉ** XII⁰ s. ; **MIELLEUX, EMMIELLER** XIII⁰ s. ♦ |2| **MÉLASSE** XVI⁰ s. : esp. *melaza*, dér. du lat. *mel*. ♦ |3| **MELLI-** (sav.) : *mellis*, 1ᵉʳ élément de composés, ex. : **MELLIFÈRE** XVI⁰ s. ; **MELLIFICATION** XIX⁰ s.

II. mots d'origine grecque

♦ |1| **MÉLISSE** (sav.) XIII⁰ s. : lat. médiéval *melissa*, abrév. de *melissophullon* « feuille *(phullon)* aux abeilles *(melissa)* ». ♦ |2| **HYDROMEL** (sav.) XV⁰ s. : *hudromeli*, par le lat.

III. mot d'origine germanique

MILDIOU XIX⁰ s. : angl. *mildew* littéralement « rosée de miel » ; 1ᵉʳ élément du germ. **melith*.

MIÈVRE (pop.) XII⁰ s. « vif et malicieux », XVII⁰ s. sens mod., var. anc. fr. *esmièvre* et normand *nièvre* XVII⁰ s. : p.-ê. anc. scandinave *snaefr* « vif, habile » avec accommodation du *n* à la labiale *v* ; **MIÈVRERIE** XVIII⁰ s.

MIGNON famille d'une base expressive *mi-* symbolisant la petitesse : élargissements variés en fr., pour former en particulier plusieurs dénominations du chat, et en it., pour former les noms de divers petits animaux.

I. base *-mign-*

♦ |1| **MIGNON** XII⁰ s. « mendiant », XV⁰ s. « menu et gracieux », XVI⁰ s. subst. masc.

« favori du roi » ; MIGNONNETTE XVIIIe s. subst. fém., bot. ♦ I2I en anc. fr. une var. de *mignon*, *mignot* XIIe s., d'où (SE) MIGNOTER XVe s. ; puis nouvelle var. MIGNARD XVe s., d'où MIGNARDISE XVIe s.

II. base *-mit-* anc. fr. *mite* XIIIe s. « chatte », dont les mots suivants semblent être des dér.

♦ III MITAINE fin XIIe s. « moufle », emploi métaph. Dans le composé CROQUEMITAINE XIXe s., mot obscur, probablement d'origine dial., introduit en fr. par Béranger et Victor Hugo, *croque* est p.-ê. l'impér. de *croquer* au sens attesté de « frapper », et *mitaine* un nom du chat, qui, dans le folklore fr., est souvent considéré comme le compagnon du diable et des sorciers, voire comme une forme du diable lui-même ; le croque-mitaine serait donc une sorte de « père fouettard » envoyé du diable. ♦ I2I EMMITOUFLER XVIe s. : dér. de *mitoufle* XVIe s. « gants », var. de *mitaine*. ♦ I3I MARMITE → MARAUD. ♦ I4I CHATTEMITE XIIIe s. : deux noms différents de la « chatte ».

III. base *-min-*

♦ III MINON XIVe s. et, par substitution de suff., MINOU fin XIVe s. et MINET XVIe s. : dimin. de *mine*, nom du chat dans divers parlers gallo-romans ; MIMI XVIIe s. « coiffure féminine », XIXe s. « chat » : redoublement de la syllabe initiale de *minet*. ♦ I2I MINETTE XIXe s. « luzerne » : emploi métaph. du fém. de *minet* (→ CHATON « bourgeon »).

IV. base *-mist-* représenté à l'origine par le moyen fr. *miste* XVe s.-XVIIe s. « aimable, élégant » et le dial. (Calvados) *mistin* « chat ».

♦ III MISTENFLÛTE XVIIe s., MISTON fin XVIIIe s. « jeune homme » : p.-ê. altération du prov. *mistouflet* « poupin », dér. de *misto* « mioche », équivalent de *miste*. ♦ I2I MISTIGRI XIXe s., nom du chat des figures et désignation plaisante du valet de trèfle dans certains jeux de cartes : p.-ê. altération du moyen fr. *mistigouri*, terme de tendresse, dont le 2e élément semble apparenté au moyen fr. *gorre* « recherche de la parure », *gorrier* « coquet », *se gorrer* « s'habiller », *gorasse* « femme coquette » XVIe s. (→ GORET).

♦ I3I MISTOUFLE XIXe s., argot « misère » et « tracasserie » : probablement dér. en *-oufle* (→ EMMITOUFLER) d'un nom dial. du chat ; l'évolution sémantique s'explique p.-ê. par l'homonymie de *chat* (remplaçable par son syn. *mistouflle*) et de *chas* « colle de pâte », d'où « mauvaise bouillie », symbole de la misère (→ MAROUFLE, art. MARAUD et PURÉE).

V. MAGNANERIE et MAGNANARELLE XIXe s. : prov. *magnanarié* « élevage de vers à soie » et *magnanarello*, fém. de *magnanaire* « éleveur de vers à soie » : dér. de *magnan* « ver à soie », apparenté ou empr. à l'anc. it. *magnatto* « id », var. de l'it. *mignatta* « sangsue », d'une base *mign-* qui apparaît dans divers noms du chat et de petits animaux tels que vers, insectes.

MIL (pop.) XIIIe s. : lat. *milium* ; MILLET XIIIe s. : diminutif de *mil*.

MILAN XVIe s. : mot prov. : lat vulg. *$milānus$, dér. du lat. class. *milvus*.

MILICE famille sav. du lat. *miles*, *militis* « soldat », d'origine obscure, p.-ê. étrusque ; dér. *militia* « service militaire », *militare* « être soldat » et *militaris* « de soldat ».

♦ III MILICE XIVe s. « corps de troupe » : *militia* ; MILICIEN XVIIIe s. ♦ I2I MILITER XIIIe s. théol., XVIIe s. sens mod. : *militare* ; MILITANT XVe s. à propos de l'Église, XIXe s. pol. ♦ I3I MILITAIRE XIVe s. adj. ; XVIIe s. subst. : *militaris* ; MILITARISME fin XVIIIe s. ; MILITARISTE, ANTIMILITARISTE, MILITARISER, DÉMILITARISER, MILITARISATION, DÉMILITARISATION XIXe s. ; PARAMILITAIRE, PRÉMILITAIRE XXe s.

MILLE famille du lat. *mille* « mille », plur. *millia*, ou *milia*, « millier », d'où *millenarius* et *milliarius* « qui contient mille unités » ; *millesimus* « millième ».

I. mots issus directement du latin

♦ III MIL (pop.) XIe s. : *mille* ; MILLE fin XIIe s. : contamination de *mil* et de l'anc. fr. *milie* début XIIe s., du lat. *milia* ; MILLIER XIe s., MILLIÈME XIIIe s. : lat. *milliarius* et *millesimus*, avec maintien du timbre du *i* sous l'infl. de *mille*. ♦ I2I MILLÉNAIRE XXe s., MILLIAIRE (sav.) XVe s. : *millenarius*, *milliarius*. ♦ I3I MILLÉSIME (sav.) XVIe s. : *millesimus* ; MILLÉSIMÉ XIXe s. ♦ I4I MILLI- (sav.) 1er élément de composés, ex. : MILLIMÈTRE fin XVIIIe s. ; MILLILITRE fin XVIIIe s. ; MILLIBAR XXe s.

II. mots se rattachant à l'it. *milione*

♦ III MILLION XIIIe s. : empr. probable à l'it. *milione*, augmentatif de *mille* ; MILLIO-

MIME

NIÈME XVIᵉ s. ; **MILLIONNAIRE** XVIIIᵉ s. ◆ |2|
MILLIASSE XVᵉ s. ; **MILLIARD** XVIᵉ s. : à partir de *million* par substitution de suff. ; **MILLIARDAIRE** XIXᵉ s. ; **MILLIARDIÈME** XXᵉ s.
◆ |3| **BI-, TRI-, QUATRILLION** XVIᵉ s. : à partir de *million*, par substitution de la syllabe initiale.

MIME ◆ |1| (sav.) XVIᵉ s. : lat. *mimus*, du gr. *mimos* « imitateur, bouffon, acteur » ; **MIMIQUE** XVIᵉ s. adj., XIXᵉ s. subst. : lat. *mimicus*, du gr. *mimikos* ; **MIMER, MIMODRAME** XIXᵉ s. ◆ |2| **MIMOSA** XVIIᵉ s. d'abord adj. dans l'expression *herbe mimosa* (ou *mimose*, ou *mimeuse*) : mot lat. mod. « herbe qui se contracte, au toucher, comme un mime ». ◆ |3| **PANTOMIME** XVIᵉ s. acteur, XIXᵉ s. art : gr. *pantomimos*, de *pan, pantos* « tout » et *mimos*, par le lat. ◆ |4| **MIMÉTISME** (sav.) XIXᵉ s., d'après gr. *mimeisthai* « imiter », apparenté à *mimos*.

MINARET XVIIᵉ s. : turc *mĭnarĕ*, var. pop. de *menâret*, de l'arabe *manâra* « phare » et « tour de mosquée ».

1. MINE (excavation) ◆ |1| (pop.) XIVᵉ s. « galerie de sape », XVᵉ s. « minerai », en particulier dans *mine de plomb* ; XVIIᵉ s. « terrain à minerai » ; XXᵉ s. « partie centrale d'un crayon » et « engin explosif » : lat. vulg. gallo-roman *mīna, du celtique *meina ; **CONTRE-MINE** XIVᵉ s. ; **PORTE-MINE** XXᵉ s. ; **MINERAI** XIVᵉ s. ; **MINIER**, adj. XIXᵉ s. ◆ |2| **MINER** XIIᵉ s. et **MINEUR** XIIIᵉ s. : sans doute dér. de mine malgré les dates ; **CONTRE-MINER** XVᵉ s. ; **DÉMINER, DÉMINAGE, DÉMINEUR** XXᵉ s. ◆ |3| **MINABLE** XVᵉ s. « (terrain) qui peut être sapé, détruit par une mine », XIXᵉ s. « usé, pitoyable ».
◆ |4| **MINÉRAL** (sav.) XVᵉ s. : lat. médiéval *mineralis*, de *minera* dér. de *mina* ; **MINÉRALOGIE** XVIIᵉ s. ; **MINÉRALOGIQUE, -ISTE** ; **MINÉRALISER, -ISATION**, XVIIIᵉ s., chimie ; **DÉMINÉRALISER** XIXᵉ s.

2. MINE (aspect physique) XIIIᵉ s., puis XVᵉ s. : breton *min* « bec, museau » ; **MINOIS** XVᵉ s. ; **MINAUDERIE** XVIᵉ s. ; **MINAUDER, MINAUDIER** XVIIᵉ s., d'abord dial. (normand).

3. MINE (sav.) XVIᵉ s. monnaie : lat. *mina*, du gr. *mnâ*, d'origine sémitique.

MINIUM ◆ |1| (sav.) XVIᵉ s. : mot lat. « cinabre, sulfure de mercure de couleur rouge », d'origine méditerranéenne. ◆ |2| **MINIATURE** XVIIᵉ s. : it. *miniatura*, dér. de *miniare* « peindre en miniature », c.-à-d. en rouge, de *minio* « minium » ; **MINIATURISTE** XVIIIᵉ s. ; **MINIATURISER** XXᵉ s.

MIRABELLE ◆ |1| (demi-sav.) XVIIᵉ s. : altération de *myrobalan* (sav.) XIIIᵉ s., du gr. *murobalanos* « gland parfumé », de *muron* « parfum » et *balanos* → GLAND, par le lat. ; à moins qu'il ne s'agisse simplement des toponymes *Mirabel*, var. *Mirabeau*, villages de la Drôme et du Vaucluse où ce fruit aurait d'abord été cultivé ; **MIRABELLIER** XIXᵉ s. ◆ |2| **MIROBOLANT** XIXᵉ s. emploi plaisant de *myrobalan* XIIIᵉ s. « fruits séchés employés en pharmacie », avec infl. de *mirer*.

MIRER famille du lat. *mīrus* « étonnant ».
(1) verbe *mirari, miratus* « s'étonner », bas lat. *mirare* et son composé *admirari* « éprouver un étonnement admiratif » (2) adj. *mirabilis* « étonnant », plur. neutre *mirabilia* substantivé dans la langue eccl. (3) *miraculum* « chose étonnante » et dans la langue eccl. « miracle, prodige ».
◆ |1| **MIRER** (pop.) XIIᵉ s. « regarder avec attention », surtout pronom. depuis la fin du Moyen Âge ; XVIᵉ s. « viser avec une arme à feu » ; XIXᵉ s. « examiner (des œufs) » : *mirare* ; **MIRE** XVᵉ s. ; XVIIᵉ s. *point de mire* ; **MIRAGE** XVIIIᵉ s. ; **MIRETTE** techn., et plur. fém. « yeux », **MIREUR** (d'œufs) XIXᵉ s. ◆ |2| **MIROIR** XIIᵉ s. d'abord *mireor* : dér. de *mirer* ; **MIROITIER, MIROITER** XVIᵉ s. ; **MIROITEMENT** XVIIᵉ s. ; **MIROITERIE** XVIIIᵉ s. ◆ |3| **MIROTON** XVIIᵉ s. : p.-ê. dér. du normand *miroter* « orner », littéralement « regarder dans le miroir », lui-même dér. de l'anc. normand *mirour*, aujourd'hui *mireur*, var. de *miroir* ; le sens originel serait « préparation pleine d'art ». ◆ |4| **MIRADOR** XIXᵉ s. : mot esp. « belvédère », dér. de *mirar* « regarder », équivalent de *mirer*. ◆ |5| **MERVEILLE** (pop.) XIᵉ s. : lat. vulg. *mirĭbĭlia, altération, par assimilation, du class. *mirabilia*, plur. neutre pris pour un fém. ; **MERVEILLEUX, S'ÉMERVEILLER, ÉMERVEILLEMENT** ◆ |6| **MIRACLE** (demi-sav.) XIᵉ s. : *miraculum* ; **MIRACULEUX** (sav.) XIVᵉ s. : dér. sur le mot

lat. ♦ |7| ADMIRER (sav.) XIIe s. *amirer*, d rétabli au XVIIe s. : *admirari* ; ADMIRATION, ADMIRABLE XIIe s. : *admiratio, admirabilis* ; ADMIRABLEMENT XVe s. ; ADMIRATEUR XVIe s. : lat. imp. *admirator*.

MISÈRE famille sav. de l'adj. latin *miser* « malheureux » (1) *miseria* « misère, malheur » (2) *miserari* et *commiserari* « plaindre, déplorer », d'où (a) *miserabilis* « digne de pitié » (b) *commiseratio* « pathétique ». « appel à la pitié » (c) le verbe impersonnel *me miseret* « j'ai pitié », d'où le verbe personnel *misereri* « avoir pitié » (d) le composé *misericors* « qui a le cœur pitoyable » et *misericordia* « pitié » → CŒUR.
♦ |1| MISÈRE XIIe s. : *miseria* ; MISÉREUX XIVe s. ♦ |2| COMMISÉRATION XIIe s. : *commiseratio*. ♦ |3| MISÉRICORDE XIIe s. : *misericordia* ; MISÉRICORDIEUX XIIe s. ♦ |4| MISÉRABLE XIVe s. : *miserabilis* ; MISÉRABILISME XXe s. ♦ |5| MISERERE XIIe s. : mot lat., « aie pitié (de moi, ô Dieu) ! » impér. de *misereri*, début du psaume 51.

MIS(O)- (sav.) : gr. *misein* « haïr » ; 1er élément de composés sav., ex. : MISANTHROPE, MISOGYNE XVIe s.

MITE ♦ |1| XIIIe s. « monnaie de cuivre » et insecte : néerl. moyen *mit*, dér. du germ **mit-* « couper en morceaux », qui a les deux mêmes sens. ♦ |2| MITRAILLE XIVe s. « menue monnaie », mod. « petits projectiles d'artillerie » : de *mitaille* XIIIe s., dér. de *mite* au 1er sens ; MITRAILLER, MITRAILLEUR, MITRAILLADE fin XVIIIe s. ; MITRAILLEUSE XIXe s. ; FUSIL-MITRAILLEUR, AUTOMITRAILLEUSE, MITRAILLETTE XXe s. ♦ |3| MITÉ XVIIIe s., MITEUX XIXe s. ; SE MITER, ANTIMITE XXe s. : dér. de *mite* au 2e sens.

MITIGER (sav.) XIVe s. : lat. *mitigare* « adoucir », de *mitis* « doux » ; MITIGATION XIVe s. : *mitigatio*.

MITOSE (sav.) XIXe s. : dér. formé d'après le gr. *mitos* « fil ».

MITRE (sav.) XIIe s. : gr. *mitra* « bandeau servant de coiffure », par le lat. ; MITRÉ XIIe s. ; MITRAL XVIIe s. anat. ; MITRON XVIIe s., d'après la forme de l'ancien bonnet des boulangers.

MOCASSIN XVIIIe s. : algonquin (langue amérindienne) *mockasin*, par l'angl.

MOCHE XIXe s. adj., argot : dér. de AMOCHER XIXe s. « arranger grossièrement », d'où « abîmer », lui-même dér. de *moche* XVIIIe s. subst. fém., mot dial. (Ouest) « écheveau, pelote, grappe », du frq. « *mokka* « masse informe » ; MOCHARD, MOCHETÉ XXe s.

MOELLE ♦ |1| (pop.) XIIe s. *meole*, puis XIIIe s. forme mod. à métathèse : lat. *medūlla* ; MOELLEUX fin XVe s. Pour les mots scient. exprimant la notion de « moelle » → MYÉL(O)- ♦ |2| MÉDULLAIRE (sav.) XVIe s. : lat. imp. *medullaris*.

MOELLON ♦ |1| (pop.) XIIe s. : probablement lat. vulg. **mutēllio, -ōnis*, dér. du lat. *mutulus* « toute espèce de saillie de pierre ou de bois », archit., p.-ê. empr. à l'étrusque ♦ |2| MODILLON XVIe s. archit. : it. *modiglione*, du lat. vulg. **mutulio, -ōnis* dér. de *mutulus*. ♦ |3| MUTULE (sav.) XVIIe s. archit. : *mutulus*.

MŒURS famille du lat. *mos, moris* « façon d'agir déterminée par l'usage » et « humeur », d'où (1) *moralis* « relatif aux mœurs » (2) *morosus* « qui suit son humeur, chagrin », et *morem gerere alicui* « supporter l'humeur de quelqu'un, se plier à ses fantaisies », d'où *morigerari* « être complaisant » et *morigeratus* « complaisant ».
♦ |1| MŒURS (pop.) XIIe s. : *mōres*. ♦ |2| MORAL (sav.) XIIIe s. adj. « relatif aux mœurs », XVIIIe s. subst. masc. « ensemble des facultés mentales » et XIXe s. « courage » : *moralis* ; MORALE subst. fém. XVIIe s. : fém. substantivé du précédent ; IMMORAL XVIIIe s. ; AMORAL XIXe s. ♦ |3| MORALITÉ (sav.) XIIe s. : *moralitas* ; IMMORALITÉ XVIIIe s. ; AMORALITÉ XIXe s. ♦ |4| MORALISER, MORALISEUR XIVe s. : d'après *moral*, adj., et *moralité* ; MORALISTE XVIIe s. ; MORALISME XVIIIe s. ; IMMORALISME, IMMORALISTE XIXe s. ; MORALISANT XVIIIe s. ; MORALISATEUR, MORALISATION XIXe s. ♦ |5| DÉMORALISER, DÉMORALISATION XVIIIe s. ; DÉMORALISA-

TEUR XIXᵉ s. : dér. de *moral*, subst. ♦161
MORIGÉNER (sav.) XVIᵉ s., XIVᵉ s. *moriginé* « éduquer » ; XVIIᵉ s. « réprimander » : lat. médiéval *morigenatus* « bien éduqué, docile », altération du class. *morigeratus* « complaisant ». ♦171 **MOROSITÉ** (sav.) XVᵉ s. : *morositas* « humeur chagrine » ; **MOROSE** (sav.) XVIIᵉ s. : *morosus*.

MOI famille d'une racine ind.-eur. *me-, pronom personnel de la première personne. En latin (1) accusatif *mē* correspondant au nominatif *ego* → JE (2) pron. adj. possessif de la première personne *meus*, *-a*, *-um*.
♦111 **MOI** (pop.) XIᵉ s. : *mē*, en emploi tonique ; **ME** IXᵉ s. : *mē* en emploi atone. ♦121 **MIEN** XIIᵉ s. : acc. sing. *mĕum* en emploi tonique ; **MIENNE, MIENS** : formes analogiques de *mien* ; masc. plur. ancien ; le fém. a éliminé en moyen fr. les formes anciennes *meie, moie*, plur. *moies* : lat. *meam, meas*. ♦131 **MON** (pop.) Xᵉ s. : lat. vulg. **mum* ; **MA** : **mam* ; **MES** : **mos* ou **mas*, formes contractées en emploi atone de *meum, meam, meos* et *meas*.

MOIGNON (pop.) XIIᵉ s. : mot obscur, apparenté à l'anc. fr. *moing* « estropié » et *esmoignier* « mutiler », p.-ê. d'une racine celtique **mŭnn-* « protubérance », élargie en **mŭnnio, -ōnis* ; *esmoignier* reposerait sur **exmŭnniāre*.

MOINE famille du gr. *monos* « seul, unique », d'où *monas, -ados* « l'unité » et *monakhos* « solitaire », « moine », *monastikos* « monastique », *monastérion* « résidence solitaire », « monastère » ; mots adaptés en lat. *monas, -adis* et *monachus, monasticus, monasterium*.
♦111 **MOINE** (demi-sav.) XIᵉ s. : lat. vulg. **monicus*, pour le lat. eccl. *monachus* ; **MOINERIE** XIIᵉ s. ; **MOINILLON** XVIIᵉ s. ♦121 **MOINEAU** XIIᵉ s. : dimin. de *moine*, à cause de la couleur du plumage. ♦131 **MOUTIER** (pop.) Xᵉ s. : lat. vulg. **monisterium*, pour le lat. eccl. *monasterium* ; survit en toponymie. ♦141 **MONIAL** (demi-sav.) XIIIᵉ s. : adj. sur *monie*, forme anc. de *moine* ; **MONIALE** XVIᵉ s. subst. fém. : fém. du précédent, confondu avec l'abrév. du lat. *sanctimonialis virgo* « vierge consacrée (à Dieu) », où l'adj. est dér. de *sanctimonium* « sainteté », lui-même dér. de *sanctus* → SAINT. ♦151 **MONASTÈRE** (sav.) XIVᵉ s. : *monasterium* ; **MONASTIQUE** XVᵉ s. : *monasticus*. ♦161 **MONACAL, MONACHISME** (sav.) XVIᵉ s. : dér. formés sur *monachus*. ♦171 **MONADE** (sav.) XVIᵉ s. : bas lat. *monas, -adis* ; **MONADOLOGIE** XVIIᵉ s. ; **MONADISTE, MONADISME** XIXᵉ s. ♦181 **MONISME, MONISTE**, philo. XIXᵉ s. : dér. sav. formés sur *monos*. ♦191 **MONO-** (sav.) gr. *monos*, 1ᵉʳ élément de composés sav., ex. : **MONOCORDE** XIVᵉ s., **MONOCHROME** XVIIIᵉ s., **MONOTHÉISME** XIXᵉ s.

MOINS famille d'une base lat. **min-* issue de la contamination de deux racines ind.-eur. exprimant l'idée de petitesse, **mei-* et **men-*. (1) *minor, -oris*, masc. et fém. « plus petit », qui sert de comparatif à *parvus* « petit » ; superlatif *minimus* « très petit », neutre *minimum* « très peu » (2) *minus*, neutre de *minor* et adv. « moins » ; *minusculus* « un peu plus petit », « assez petit » (3) *minuere, minutus* « diminuer, amoindrir » et *diminuere* « mettre en morceaux » ; *deminuere* « retrancher » ; *deminutio* « retranchement », « amoindrissement » ; lat. imp. *minutia* surtout au plur. « petits détails » (4) *minister* « serviteur », littéralement « inférieur », formé sur le modèle de *magister* (→ ce mot et MAÎTRE, art. MAIS), d'où *ministerium* « service » ; bas lat. *ministerialis*, adj. substantivé « fonctionnaire impérial » ; *ministrare* « servir », « fournir » et *administrare* « présenter » et « diriger, administrer ».

I. mots populaires, demi-savants ou empruntés
♦111 **MOINS** (pop.) XIIᵉ s. : *mĭnus*. ♦121 **MOINDRE** (pop.) XIXᵉ s. : *mĭnor* ; **AMOINDRIR** XIVᵉ s. ; **AMOINDRISSEMENT** XIVᵉ s., XIIᵉ s. *amanrir, amanrissement* ; **MOINDREMENT** XVIIIᵉ s. ♦131 **MINEUR** (demi-sav.) XIVᵉ s. : réfection, d'après le lat., de l'anc. fr. *meneur* (pop.) XIᵉ s. : *mĭnōrem*, acc. de *minor*. ♦141 **MENU** (pop.) XVᵉ s. adj., XVIIIᵉ s. subst. « liste détaillée (de mets) » : *mĭnūtus*, part. passé de *minuere* ; **MENUET** XVIIᵉ s. adj. dimin. de *menu* ; XVIIᵉ s. subst. « danse à pas menus ». ♦151 **MENUISER** (pop.) XIIᵉ s. « fabriquer de menus ouvrages » : lat. vulg. **minūtiare*, dér. de *minutia*, avec réfection de l'infin. sur les formes à *u* accentué ; **AMENUISER** XIIᵉ s. ; **AMENUISEMENT**,

MENUISIER XIIIᵉ s. ; **MENUISERIE** XVᵉ s. ♦ |6| **AMINCIR** XIIIᵉ s., var. de l'anc. fr. *mincier* XIIIᵉ s. « couper en menus morceaux » : *minutiāre* → MENUISER ; **MINCE** XIVᵉ s. : dér. de *mincier* ; **ÉMINCER, MINCEUR, AMINCISSEMENT** XVIIIᵉ s. ♦ |7| **MÉTIER** (pop.) Xᵉ s. : lat. vulg. **mistērium*, forme contractée de *ministerium*, qui a pu subir l'infl. de *mysterium* étant donné la fréquence de l'expression *le Dieu mestier* « le service divin ». ♦ |8| **MÉNESTREL** (pop.) XIᵉ s.-XVIᵉ s., repris au XIXᵉ s. : *ministerialis* « chargé d'un service » ; **MÉNÉTRIER** XIIIᵉ s. « musicien », XVIIIᵉ s. « musicien de village » : altération, par substitution de suff., de *ménestrel*.

II. mots savants

♦ |1| **MINISTRE** XIIᵉ s. relig., XVIIᵉ s. pol. : *minister* ; **MINISTÈRE** XVᵉ s. relig., XVIIᵉ s. pol. : *ministerium* → MÉTIER ; **MINISTÉRIEL** XVIᵉ s. : *ministerialis* → MÉNESTREL ; **ANTIMINISTÉRIEL** XVIIIᵉ s. ♦ |2| **ADMINISTRER** XIIᵉ s. « gérer », sens prédominant depuis le XVIIIᵉ s., et « fournir », qui subsiste dans *administrer un sacrement, un remède, une correction,* etc. : *administrare* ; **ADMINISTRATION, ADMINISTRATEUR** XIIᵉ s. ; **ADMINISTRÉ** subst., **ADMINISTRATIF** fin XVIIIᵉ s. ♦ |3| **DIMINUTION** XIIIᵉ s. : bas lat. *diminutio*, class. *deminutio* ; **DIMINUER** XIVᵉ s. : *diminuere*, confondu avec *demineure* ; **DIMINUTIF** XIVᵉ s. : bas lat. *deminutivus*. ♦ |4| **MINUTE** XIIIᵉ s. « division du temps » : *minuta*, fém. de *minutus* ; **MINUTERIE** XVIIIᵉ s. ; **MINUTEUR** XIXᵉ s. ; **MINUTER, MINUTAGE** XXᵉ s. ♦ |5| **MINUTE** XIVᵉ s. « écrit original » : lat. médiéval *minuta* au sens d'« écriture menue » ; **MINUTER** XIVᵉ s. « rédiger une minute » ; **MINUTAIRE** XIXᵉ s. ; **MINUTIER** XXᵉ s. ♦ |6| **MINIME** XIVᵉ s. adj. « très petit », XVᵉ s. subst. relig. : *minimus* ; **MINIMISER** XIXᵉ s. ♦ |7| **MINORITÉ** XVᵉ s. : lat. médiéval *minoritas*, dér. de *minor*, sens jur. ; XVIIIᵉ s. pol. : angl. *minority*, de même origine ; **MINORATIF** XVIᵉ s. : lat. médiéval *minorativus*, du bas lat. *minorare* « diminuer » ; **MINORATION, MINORITAIRE** XIXᵉ s. ♦ |8| **MINUSCULE** XVIIᵉ s. adj. et subst. en parlant des lettres ; XIXᵉ s. « très petit » : *minusculus*. ♦ |9| **MINUTIE** XVIIᵉ s. : *minutia* ; **MINUTIEUX** XVIIIᵉ s. ♦ |10| **MINIMUM** XVIIIᵉ s. : mot lat. ; **A MINIMA** jur. XVIIIᵉ s. : abrév. du lat. jur. *a minima poena* « de la plus petite peine » ; **MINIMAL** XXᵉ s. ♦ |11| **MINUS HABENS** XIXᵉ s. : mots lat. « ayant moins (de moyens intellectuels que les autres) », abrév. **MINUS** XXᵉ s. ♦ |12| **MINI-** XXᵉ s. : préf. tiré de *minimum* ou *minime*, exprimant l'idée de petitesse, ex. : *mini-jupe, minimachine,* etc.

MOIRE ♦ |1| XVIIᵉ s., étoffe de laine puis de soie à reflets : angl. *mohair* « lainage fait des poils de la chèvre d'Angora », de l'arabe *mukhayyar* « étoffe de poil de chèvre », littéralement « choix », part. passé de *khayyara* « choisir » ; **MOIRER, -É, -AGE** XVIIIᵉ s. ♦ |2| **MOHAIR** XIXᵉ s. : mot angl. → le précédent.

MOIS famille d'un ancien nom ind.-eur. de la lune (remplacé en ce sens par des épithètes se rapportant à une force interne de l'astre, telles que le gr. *selēnē*, le lat. *luna* « la brillante »).

En grec *mēnē* « la lune » (rare), d'où *mēniskos* « petit cercle ou petit croissant », et *mēn, mēnos* « le mois », d'où les adj. *kataménios* « de chaque mois » et *emmēnos* « qui dure un mois » ou « qui revient tous les mois », neutre plur. substantivé *kataménia* et *emmēna* « menstrues ».

En latin *mens, mensis* « mois », d'où (1) les adj. *menstruus* « mensuel », neutre substantivé plur. *menstrua* « menstrues », et bas lat. *mensualis* (2) *-menstris* 2ᵉ élément de composés dans *trimestris, semestris* « de trois, de six mois ».

I. mots d'origine latine

♦ |1| **MOIS** (pop.) XIᵉ s. : *mēnsis*. ♦ |2| **MENSTRUEL** (sav.) XIVᵉ s. : bas lat. *menstrualis*, dér. de *menstrua* ; **MENSTRUES** XVIᵉ s. : *menstrua* ; **MENSTRUATION** XVIIIᵉ s. ♦ |3| **TRIMESTRE** (sav.) XVIIᵉ s. : *trimestris* ; **SEMESTRE** XVIᵉ s. : *semestris* ; **TRIMESTRIEL, SEMESTRIEL** XIXᵉ s. ; **BIMESTRIEL** fin XIXᵉ s. ♦ |4| **MENSUEL** (sav.) XVIIIᵉ s. : *mensualis* ; **MENSUELLEMENT, MENSUALITÉ, BIMENSUEL** XIXᵉ s. ; **MENSUALISER, -ISATION**, XXᵉ s.

II. mots d'origine grecque

♦ |1| **CATIMINI** (empr.) XIVᵉ s.-XVIᵉ s. « menstrues » et XVᵉ s. *en catimini* « en cachette » : gr. *kataménia*, avec prononc. byzantine, qui a pu être facilement adopté grâce à l'existence du picard *catte* « chatte » et *mine, minette* « id. », qui permettait d'aligner ce mot sur des formations du type de *chattemite, marmite* → MIGNON. ♦ |2|

MÉNISQUE (sav.) XVIIᵉ s. : *mēniskos*. ♦131 **EMMÉNAGOGUE** (sav.) XVIIIᵉ s. : de *emména* et **-AGOGUE** → AGIR. ♦141 **-MÉNO-** élément de composés sav. exprimant l'idée de « menstrues », ex. : *aménorrhée* XVIIIᵉ s. ; **DYSMÉNORRHÉE, MÉNOPAUSE, MÉNORRHAGIE, MÉNOSTASE** XIXᵉ s.

MOISE ♦111 (pop.) XIVᵉ s. techn. : lat. *mēnsa* « table ». ♦121 **COMMENSAL** (sav.) XVᵉ s. : lat. médiéval *commensalis* « qui est à table avec ».

MOISIR famille d'une racine ind.-eur. **muk-* « gluant, visqueux ».
En grec *muxa* « mucus nasal » et métaph. « mèche de lampe » (de même en fr. *moucher une bougie* et *avoir une chandelle au nez*).
En latin *mūcēre* « moisir », altéré en lat. vulg. **mūcīre*, avec changement de conjug. et *ū* p.-ê. sous l'infl. du bas lat. *mūscidus* « moussu » ; *mūcus*, var. *mūccus* « morve », d'où *mucosus* « morveux » ; *mūcidus*, altéré en **mūcīdus* « morveux » et « moisi » ; *mucilago, -inis* « mucosité ».

I. mots populaires

♦111 **MOISIR** XIIᵉ s. : **mūcīre* ; **MOISISSURE** XVᵉ s. ♦121 **MOUCHER** (*le nez* et *la chandelle*) XIIIᵉ s. : lat. vulg. **mūccāre*, dér. de *mūccus*, qui a éliminé *emungere* ; **MOUCHOIR** XVᵉ s. ♦131 **MOITE** XIIIᵉ s. d'abord *moiste* : p.-ê. croisement du dial. *moide* (Franche-Comté dès le XIIIᵉ s.), du lat. **mūcidus*, et de l'anc. fr. *most* → fr. mod. MOÛT ; l'anc. prov. *moste* « humide » remonte à un lat. vulg. **mūstidus*, p.-ê. issu du même croisement. ♦141 **MÈCHE** XIVᵉ s. de lampe ; XVIᵉ s. autre sens : lat. vulg. **micca*, altération, sous l'infl. de *mūccus*, du lat. class. *myxa*, du gr. *muxa* ; **MÉCHER** XVIIIᵉ s. ; **ÉMÉCHÉ** XIXᵉ s. : probablement dér. de *mèche* (de cheveux) « décoiffé (sous l'effet de l'ivresse) ».

II. mots savants

♦111 **MUCILAGE** XIVᵉ s. : *mucilago* ; **MUCILAGINEUX** XIVᵉ s. : bas lat. *mucilaginosus*. ♦121 **MUQUEUX** XVIᵉ s. adj. ; **MUQUEUSE** XIXᵉ s. fém. substantivé : *mucosus, -a* ; **MUCOSITÉ** XVIᵉ s. : dér. sur *mucosus*. ♦131 **MUCUS** XVIIIᵉ s. : mot lat. ♦141 **MYX(O)-** (sav.) : gr. *muxa*, 1ᵉʳ élément de composés sav., ex. : **MYXŒDÈME, MYXOMYCÈTE** XIXᵉ s. ; **MYXOMATOSE** XXᵉ s.

MOISSON ♦111 (pop.) XIIᵉ s. : lat. vulg. **messio, -ōnis*, altération du class. *messis* « id. » ; **MOISSONNEUR, MOISSONNER** XIIIᵉ s. ; **MOISSONNEUSE** (machine) fin XIXᵉ s. ; **MOISSONNEUSE-LIEUSE, MOISSONNEUSE-BATTEUSE** XXᵉ s. ♦121 **MESSIDOR** (sav.) fin XVIIIᵉ s. : dér. sur *messis* au moyen du 2ᵉ élément *-dor* → DONNER.

MOLYBDÈNE (sav.) XVIᵉ s. : gr. *molubdaina* « masse de plomb », de *molubdos* « plomb », par le lat. ; **MOLYBDIQUE** fin XVIIIᵉ s.

MOMERIE ♦111 (pop.) XVᵉ s. « mascarade », XVIIIᵉ s. « simagrées » : p.-ê. l'anc. fr. *mahomerie*, dérivé de *Mahom*, var. de *Mahomet*, « lieu de culte des Sarrasins. ♦121 **MÔME** XIXᵉ s. « enfant », apparenté au Bourguignon *môme* « niais », p.-ê. dér. du verbe *mommer* « faire une mascarade », ou de *Mahom* « Mahomet », « idole ». L'expressivité de la structure consonantique *m-m*, qu'on retrouve dans l'all. *Mumme* « masque », et dans l'esp. *momo* « grimace », favorisa l'adoption durable de ces mots.

MOMIE XIIIᵉ s. : « sorte de bitume employé comme remède », XVIᵉ s. sens mod. : lat. médiéval *mumia*, de l'arabe *moûmia* « bitume (dont on enduisait les cadavres embaumés en Égypte) », dér. de l'arabe *moûm* « cire » ; **MOMIFIER, MOMIFICATION** fin XVIIIᵉ s.

MONTJOIE XIᵉ s. « monceau de pierres (repère ou monument commémoratif) » et cri de guerre : frq. **mund-gawi* « protection du pays », interprété comme un composé de *mont* et de *joie*.

MOQUER (pop.) XIIᵉ s. : origine obscure, p.-ê. expressive (→ MOMERIE, MORGUE, MOUE, MOUFLE) ; **MOQUEUR** XIIᵉ s. ; **MOQUERIE** XIIIᵉ s.

MOQUETTE XVIIᵉ s. : origine inconnue.

MORBIDE ♦111 (sav.) XVᵉ s. : lat. *morbidus*, dér. de *morbus* « maladie » ; **MORBIDITÉ** XIXᵉ s. ♦121 **MORBIDESSE** XVIᵉ s. : it. *morbidezza* « grâce nonchalante » et, beaux-arts, « délicatesse et souplesse dans le modelé des chairs », dér. de *morbido*, du lat. *morbidus*.

MORDRE famille du lat. *mordēre, morsus* « mordre ». (1) composés *admordere* « entamer par une morsure » et *remordere* « mordre de nouveau », fig. « ronger (le cœur) » (2) adv. *mordicus* « en mordant », fig. « opiniâtrement, obstinément » (3) verbe *mordicare* attesté par son part. présent *mordicans, -antis* (3) MORCEAU XII° s. *morsel* : dimin. de *mors* au sens de « morceau détaché en mordant » ; MORCELER XVI° s. ; MORCELLEMENT XVIII° s. ♦|4| MORSURE XIII° s. : dér. de *mors*. ♦|5| AMORCE (pop.) XIII° s. « appât », XVI° s. armes à feu » : part. passé fém. substantivée de l'anc. fr. *amordre*, du lat. *admordere* ; AMORCER XIV° s. ; AMORÇAGE XIX° s. ; AUTO-AMORÇAGE XX° s. ♦|6| REMORDS XIII° s. : part. passé substantivé de l'anc. fr. *remordre*, du lat. *remordere*. ♦|7| MORDICATION (sav.) XIV° s. méd. : *mordicatio* ; MORDICANT XVI° s. : *mordicans* ; MORDICUS fin XVII° s. : mot lat.

MORGANATIQUE XVII° s. : lat. médiéval *morganaticus*, adaptation du frq. *morgangeba* (chez Grégoire de Tours) (all. *Morgengabe*) « don du matin », « douaire que le nouveau marié donnait à sa femme ».

MORGUE famille d'une base **murr-* « museau », p.-ê. d'origine expressive (→ MOMERIE, MOQUER, MOUE, MOUFLE), surtout méridionale.

♦|1| MORGUE XV° s. « air hautain », XVI° s. « endroit d'une prison où les prisonniers entrants étaient fouillés », XVII° s. « salle où sont exposés provisoirement des cadavres » : dér. de l'anc. fr. *morguer* XV° s.-XVIII° s. « faire la moue », « prendre un air de bravade » : mot d'origine occitane, du lat. vulg. **murricare*, dér de **murrum* « museau ». ♦|2| MORNIFLE XVI° s. « groupe de quatre cartes semblables », puis « gifle » : probablement dér. de *mornifler*, attesté dans la région lyonnaise au sens de « renifler » et qui a pu signifier aussi « gifler le museau », de **murrum* et de la base onom. **nif-* → RENIFLER. ♦|3| MORFONDRE → FONDRE. ♦|4| MOURRE XV° s. jeu : it. dial. *morra* « id. », altération de l'it. dial. *mora* « troupeau », qui se rattache à **murrum* « museau », employé par métaphore au sens de « tas », « groupe ». ♦|5| MORION XVI° s. sorte de casque : esp. *morrion*, de *morra* « sommet de la tête », var. de *morro* « objet arrondi », de **murrum*. ♦|6| MORNE XVII° s. « montagne isolée » : mot créole des Antilles, altération de l'esp. *morro* « objet arrondi », « monticule », de **murrum*. ♦|7| MORAILLE XIII° s. « visière de casque », XVII° s. « tenaille » : prov. *mor(r)alha*, dér. de *mor(re)* « museau », bien attesté dans les dial. méridionaux, de **murrum*. ♦|8| MORAINE XVIII° s. : dial. (Savoie) *morēnă* « bourrelet de terre en bas d'une pente », dér. de *morre* → le précédent.

MORTAISE XIII° s. *mortoise* : p.-ê. adaptation de l'anc. prov. *mortaira*, d'étym. obscure.

MORTIER (pop.) XII° s. « auge de maçon » et « contenu de cette auge », XV° s. artillerie, XVII° s. « toque de magistrat » : lat. *mortarium* « mortier servant à piler » et « auge de maçon ».

MOSQUÉE XIV° s. *musquete*, XVI° s. forme mod. : it. *moschea*, var. de *moscheta*, de l'esp. *mezquita*, de l'arabe *masdjid* « lieu où l'on adore ».

MOTTE famille d'une base prélat. **mütt-* « émoussé, arrondi ».

♦|1| MOTTE XII° s. « levée de terre », puis affaiblissement du sens : **mŭtta* ; SE MOTTER XVI° s. vénerie ; MOTTEUX XV° s. adj., XVIII° s. oiseau ; ÉMOTTER XVI° s. ♦|2| MOUSSE XIV° s. adj. « non tranchant », XV° s. « tronqué » : lat. vulg. **mŭttius* ; ÉMOUSSER XIV° s. ♦|3| MOUSSE XV° s. subst. « jeune fille » et « jeune marin » : probablement emploi substantivé de l'adj. précédent au sens de « petit » ; p.-ê. aussi empr. à l'esp. *mozo* « jeune garçon » XII° s., de même origine que l'adj. fr. *mousse*. ♦|4| MOUTARD xixe s. argot « enfant » : probablement dér. du dial. lyonnais *moutet* « jeune garçon », apparenté au prov. *mout* « tronqué, écourté », de **mŭttus*.

MOU famille d'une racine ind.-eur. **mel-* « mou ».

En grec *malakos* « mou » ; *malassein* « amollir », inf. passé *malaxai* latinisé en *malaxare*.

En latin *mollis* « mou », de **mold-wis*, plur. neutre substantivé *mollia (panis)* « mie de pain », d'où lat. vulg. **molliare* « attendrir (le pain en le trempant) » ; dérivés *mollire* et *emollire* « amollir » ; *molluscus, -a,* adj. appliqué aux noix dont l'écale est tendre ou aux châtaignes.

En germanique angl. *malt* « orge brassée », qui repose sur une base ind.-eur. **meld-*, var. du **mold-* de **mold-wis*.

I. mots d'origine latine

A. mots populaires

♦1⟩ MOU xiie s. var. *mol* : lat. *mollis* ; MOLLESSE xiie s. ♦2⟩ MOLLET xiiie s. adj. survit dans *œuf mollet* ; xvie s. subst. masc. anat. : dimin. de *mol* ; MOLLETON xviie s. : dér. de *mollet* adj. ; MOLLETIÈRE (bande) fin xixe s. : dér. de *mollet* subst. ♦3⟩ MOLLASSE xvie s. : it. *mollaccio*, dérivé péjor. de *molle* « mou ». ♦4⟩ BÉMOL → ABÉCÉ. ♦5⟩ AMOLLIR xiie s. ; MOLLIR xve s. ; RAMOLLIR, RAMOLLISSEMENT, AMOLLISSEMENT xvie s. ; RAMOLLI xixe s. adj. tiré de *ramollissement cérébral*. ♦6⟩ MOUILLER xie s. « tremper », xviie s. mar., d'abord aux Antilles, xixe s. ling. : **molliare* ; MOUILLURE xiiie s. ; MOUILLAGE xviie s. mar. ; MOUILLETTE xviie s. ; MOUILLEUR xixe s. techn. ♦7⟩ PATTEMOUILLE xxe s. : de *mouiller* et du dial. (Est) *patte* « chiffon », du germ. **paita* « morceau d'étoffe ».

B. mots savants

♦1⟩ ÉMOLLIENT xvie s. : *emolliens*, part. présent de *emollire*. ♦2⟩ MOLLUSQUE xviiie s. : *molluscus*, tiré de *nux* (« noix ») *mollusca*.

II. mots savants d'origine grecque

♦1⟩ MALAXER xive s. : lat. *malaxare* : gr. *malaxai* ; MALAXAGE xixe s. ; MALAXEUR xxe s. ♦2⟩ MALACO- 1er élément de composés sav., ex. : MALACOLOGIE « étude des mollusques » xxe s. ♦3⟩ -MALACIE : gr. *malakia* « mollesse », 2e élément de composés, ex. : OSTÉOMALACIE « mollesse des os » xixe s.

III. mots d'origine germanique

MALT xve s. : mot angl. ; MALTER, MALTAGE, MALTEUR, MALTERIE, MALTOSE, MALTASE xixe s.

MOUCHE ♦1⟩ (pop.) xiie s. « insecte volant », xive s. « espion », xviie s. « personne rusée », dans *fine mouche*, et « petit morceau de taffetas noir servant de fard » ; xixe s. « bouton de fleuret », « centre noir d'une cible », d'où *faire mouche* ; « touffe de poils sous la lèvre inférieure », « tache devant les yeux », « petit navire très mobile » : lat. *mŭsca* « mouche (insecte) » et « homme curieux, importun ». ♦2⟩ ÉMOUCHER xiiie s. ; MOUCHERON xive s. ; ÉMOUCHET xvie s., altération, d'après *épervier*, *émerillon*, de l'anc. fr. *mouchet* xiie s. : « très petit oiseau de proie » : dér. de *mouche*. ♦3⟩ MOUCHETER xve s. ; MOUCHETURE xvie s. ; DÉMOUCHETER xixe s., fleuret ; MOUCHETIS xxe s. : dér. de *mouche*. ♦4⟩ MOUCHARD xvie s. : dér. de *mouche* au sens d'« espion » ; MOUCHARDER xvie s. ; MOUCHARDAGE xviiie s. ♦5⟩ MOUSQUET xvie s. : it. *moschetto* « trait d'arbalète », dér. de *mosca* « mouche » : lat. *mŭsca* ; MOUSQUETADE, MOUSQUETAIRE, MOUSQUETON, MOUSQUETERIE xvie s. ♦6⟩ MOUSTIQUE xviie s. : altération, sous l'infl. de *tique*, et par métathèse, de *mousquite* xviie s., de l'esp. *mosquito*, dimin. de *mosca* « mouche », du lat. *mŭsca* ; MOUSTIQUAIRE xviiie s. : d'après l'esp. *mosquitera*. ♦7⟩ MUSCIDÉS (sav.) xixe s. : dér., sur *mŭsca*.

MOUDRE famille d'une racine ind.-eur. **mel-* « moudre ».

En grec *mulê* « meule » et l'adj. *amulos* « non moulu », neutre substantivé *amulon* « pâte à gâteaux » et « amidon ».

En latin *molĕre, molitus* « moudre (le grain) », *mola* « meule (de moulin) » et « farine dont on poudrait les victimes avant de les sacrifier », auxquels se rattachent (1) *immolare* « poudrer de cette farine » et « sacrifier » ; *immolatio, -onis* « sacrifice » (2) *molaris* « (dent) servant de meule » ou « (pierre) servant à faire des meules ». (3) bas lat. *molinum* « moulin » et *molinarius* « meunier (d'un moulin à eau) » (4) *emolere* « moudre entièrement » et *emolumentum* « somme payée au meunier pour moudre le grain », d'où « gain ».

I. mots d'origine latine
A. mots populaires

♦111 **MOUDRE** XIIe s. : *molĕre* ; **MOUTURE** XIIIe s. : lat. vulg. **molĭtūra*, d'après *molitus* ; **REMOUDRE** XVIe s. ; **REMOUS** XVIIe s. : dér. de *remoudre* au sens métaph. de « tourbillonner », formation comparable à l'anc. prov. *remoulina* « tourner comme un moulin » ; a éliminé l'anc. fr. *revou*, de *revolvere* → VOÛTE. ♦121 **ÉMOULU** XIIe s. : part. passé de l'anc. fr. *esmoudre* « passer sur la meule (une lame) », « affiler », du lat. vulg. **exmolĕre*, réfection du class. *emolĕre* ; **RÉMOULEUR** XIVe s. : dér. de RÉMOUDRE, attesté au XVIe s., intensif de l'anc. fr. *esmoudre*. ♦131 **VERMOULU** XIIe s. « moulu par les vers » ; **VERMOULURE** XIIIe s. ; **SE VERMOULER** XVIIe s. ♦141 **MEULE** XIIe s. : *mŏla* ; **MEULIÈRE** (*pierre*) XVIe s. ; **MEULER, MEULAGE** XIXe s. ♦151 **MOULIN** XIIe s. : *molīnum* ; **MOULINET** XIVe s. « petit moulin », XVe s. « bâton qu'on fait tourner » ; **MOULINER** XVIIe s. techn., XXe s. « passer au moulin à légumes » ; **MOULINETTE** XXe s. ♦161 **MEUNIER** XIVe s. : altération, sous l'infl. de *meule*, de l'anc. fr. *mounier* : *molinarius* ; **MEUNERIE** XVIIIe s.

B. mots savants

♦111 **ÉMOLUMENT** XIIIe s. : *emolumentum*. ♦121 **IMMOLER** XIVe s. : *immolare* ; **IMMOLATION** XIIIe s. : *immolatio* ; **IMMOLATEUR** XVIe s. : *immolator*. ♦131 **MOLETTE** XIVe s. : dér. de *meule* d'après le lat. *mola* ; **MOLETER** XIVe s. ♦141 **MOLAIRE** XVIe s. : (*dens*) *molaris*.

II. mots d'origine grecque

♦111 **AMIDON** (demi-sav) XIVe s. : lat. médiéval *amidum* (pour la prononc. → DICTON, art. DIRE, ROGATON, art. CORVÉE), altération de *amylum*, du gr. *amulon* ; **AMIDONNER** XVIe s. ; **AMIDONNIER** XVIIe s. ; **AMIDONNAGE** XIXe s. ♦121 **AMYLACÉ** (sav.) XVIIIe s. ; **AMYLE, AMYLÈNE, AMYLIQUE** XIXe s. : de *amylum*.

MOUE (pop) XIIe s., d'abord « lèvre » : frq. **mauwa*, p.-ê. d'origine onom. (→ MOMERIE, MOQUER, MORGUE, MOUFLE).

MOUETTE ♦111 (pop.) XIVe s. : dimin. de l'anc. fr. *maoe*, de l'anc. angl. *maew* « id. ». ♦121 **MAUVIS** XIIe s. ; **MAUVIETTE** XVIIe s. : dér. de *mauve*, var. normande ancienne de *maoe*.

MOUFLE famille d'une base onom. à structure consonantique *m-f* « soufflé », « gonflé », qui apparaît dans la plupart des parlers romans et en germ. (→ MOMERIE, MOQUER, MORGUE, MOUE).

♦111 **MOUFLE** XIIe s. « gros gant », XVIIe s. techn., et fam. « visage rebondi » : bas lat. (IXe s.) *muffŭla*, probablement d'origine frq. et apparenté à l'all. *Muffel* « mufle », « grosses babines ». ♦121 **MUFLE** XVIe s. « museau », XIXe s. « personnage grossier » : altération de *moufle*, p.-ê. sous l'infl. de *museau* ; **MUFLIER** XVIIIe s. bot., autre nom pop. de la « gueule-de-loup » ; **MUFLERIE** XIXe s. « grossièreté » ; **MUFLÉE** XIXe s. pop. « soûlerie ». ♦131 **MAFFU** ou **MAFFLÉ** XVIIe s. : mots dial. (Nord) de la famille du moyen fr. *mafler* « manger gloutonnement », du néerl. *maffelen* « mâchonner ». ♦141 **CAMOUFLET** XVIIe s. : altération, par substitution du préf. *ca-* à l'adj., de *chault mouflet* XVe s. « fumée qu'on souffle dans le visage de quelqu'un », dont le 2e élément est un dér. de *moufle* au sens de « visage rebondi ». ♦151 **MOUFETTE** « exhalaison fétide » et **MOUFFETTE** « petit carnivore puant » XVIIIe s. : it. *moffetta*, probablement issu du croisement de *mefite* « mauvaise odeur » → MÉPHITIQUE et de *muffa* « moisissure », d'une base **m-f* suggérant des souffles et secondairement des odeurs. ♦161 **CAMOUFLER** XIXe s. d'abord argot : p.-ê. it. *camuffare* « déguiser », littéralement « recouvrir d'une moufle », du gr. *kata* et de **muffa* « gant », tiré de *muffŭla* avec *l* empr. à *camouflet* ; ou simplement dér. de *camouflet* au sens de « fumée » ; **CAMOUFLAGE** XXe s. ♦171 **MOUFLET** XXe s. argot « enfant » : dér. de *moufle* au sens de « visage joufflu ».

MOUFLON XVIIIe s. : it. dial. *muflone* ou corse *mufrone* : bas lat. dial. *mufro*, *-ōnis*, d'origine prélat.

MOUISE XIXe s. fam. « soupe » puis « misère » (par la même évolution sémantique que *purée* et *mistoufle*) : p.-ê. all. dial. sud *mues* « bouillie ».

MOUKÈRE ou **MOUQUÈRE** XIXe s. argot « femme », introduit par les troupes d'Algérie : esp. *mujer*, du lat. *mulier*, *-eris* « femme ».

MOURIR

MOURIR famille d'une racine ind.-eur. **mer-* « mourir ».

En grec forme *-mr-*, *brotos* « mortel », issu de **mbrotos*, issu lui-même de **mrotos*, d'où *ambrotos* « immortel » et *ambrosia (edôdè)* « (nourriture) des immortels ».

En latin forme **mor-*, *mori*, *mortuus* « mourir » et *mors*, *mortis* « la mort », auxquels se rattachent (1) *moribundus* « mourant », anc. part. présent (2) *mortalis*, *immortalis* « mortel, immortel » ; *mortificare* « faire mourir » et *mortificatio* ; *mortifer* « qui apporte la mort ».

En germanique base **mord-*, frq. *murthrjan* « assassiner ».

I. mots d'origine latine

A. mots populaires

♦ |1| **MOURIR** X° s. : lat. vulg. **morīre*, class. *mori* ; **MOURANT** XVI° s. subst. et adj. : forme de part. présent ; **MEURT-DE-FAIM** XVII° s. subst. ♦ |2| **MORT** X° s. adj., XI° s. subst. masc. : lat. vulg. **mortus*, class. *mortuus* ; **MORT-**, sens propre ou fig., 1ᵉʳ élément de composés dans **MORT-GAGE** XIII° s. ; **MORT-NÉ**, **MORTE-SAISON** XV° s. ; **MORTE-PAIE**, **MORT-BOIS** XVI° s. ; **MORTE-EAU** XVII° s. ; 2° élément dans **MAINMORTE** XIII° s. ; **CROQUE-MORT** XVIII° s. ♦ |3| **MORT** X° s. subst. fém. : *mors, mortis* ; **MALEMORT** XIII° s. « mauvaise mort » → MAL ; **MORT-AUX-RATS** XVII° s. ♦ |4| **AMORTIR** XII° s. « mourir » et « tuer », XV° s. « éteindre (une dette) », XVI° s. « rendre moins violent » : lat. vulg. **admortire*, dér. de *mors* ; **AMORTISSEMENT** XIII° s. ; **AMORTISSEUR** XX° s.

B. mots savants

♦ |1| **MORTEL** (demi-sav.) XI° s. : *mortalis* ; **IMMORTEL** XIV° s. : *immortalis* ; **MORTALITÉ**, **IMMORTALITÉ** (sav.) XII° s. : *mortalitas*, *immortalitas* ; **IMMORTALISER** XVI° s. ♦ |2| **MORTIFIER** (demi-sav.) XII° s. relig. « rendre mort au péché », XV° s. méd. puis cuis. « causer à la chair un début de corruption », XVII° s. « blesser l'amour-propre » : *mortificare* ; **MORTIFICATION** (sav.) : *mortificatio*. ♦ |3| **MORTUAIRE** XIV° s. : lat. médiéval *mortuarius*, dér. de *mors*. ♦ |4| **MORIBOND** XV° s. : *moribundus*. ♦ |5| **MORTIFÈRE** XV° s. : *mortifer*. ♦ |6| **MORTINATALITÉ** XIX° s. : dér. sav. de *mort-né*.

II. mots populaires d'origine germanique

MEURTRIR XII° s. d'abord *mordir* « tuer », XVI° s. sens mod. : frq. **murthrjan* ; **MEURTRE**, **MEURTRIER** XII° s. ; **MEURTRIÈRE** XVI° s. archit., a éliminé l'anc. fr. *archière* ; **MEURTRISSURE** XVI° s.

III. mots savants d'origine grecque

AMBROISIE XV° s. *ambroise*, XVII° s. forme mod. : *ambrosia*, par le lat. ♦ |1| **AMBROISE** (sav.) prénom : lat. *ambrosius*, littéralement « immortel » : gr. *ambrosios*, nom d'un saint évêque de Milan du IV° s. ♦ |2| **AMBROSIEN** XVI° s. « relatif à l'ambroisie » ; XVIII° s. « propre à saint Ambroise » : lat. *ambrosianus*.

MOURON (pop.) XII° s. : mot d'origine probablement germ., p.-ê. apparenté au néerl. *muur*.

MOUSSE ♦ |1| (pop.) XII° s. plante, XVII° s. « écume », sens qui doit être plus ancien, comme en témoigne le croisement avec *mulsa* et le dér. *trémousser* → 4. : lat. vulg. **mussa*, attesté par le dimin. *mussŭla* (Grégoire de Tours, VII° s.), du frq. **mosa* (all. *Moos*), qui a dû subir l'influence de *mŭlsa* « hydromel, boisson mousseuse ». ♦ |2| **MOUSSU** XII° s. : dér. de *mousse* au 1ᵉʳ sens du mot. ♦ |3| **MOUSSER**, **MOUSSEUX** XVII° s. ; **MOUSSANT** XVIII° s. adj. : dér. de *mousse* au 2° sens. ♦ |4| **(SE) TRÉMOUSSER** XVI° s. : dér. de *mousse* au sens d'« écume, bouillonnement », avec le préf. intensif *tré-*.

MOUSSERON (pop.) XIV° s. : altération, sous l'infl. de *mousse*, de *moisseron*, var. *meisseron* XII° s., du bas lat. (VI° s.) *mŭssirio*, *-ōnis*, sorte de champignon, mot propre au gallo-roman, d'origine prélat.

MOUSSON XVII° s. : arabe *mausim* « saison » et « vent saisonnier », mot des marins de l'océan Indien, empr. à diverses dates par l'intermédiaire de diverses langues (néerl., esp., port.) ; la forme la plus répandue anciennement, *monson*, est un empr. au port. *monção* ; le *-ou-* semble provenir d'une coquille dans un ouvrage de M. Thévenot alors largement diffusé ; genre fém. p.-ê. dû à une contamination avec *mousse*.

MOUSTACHE fin XV° s. : it. *mostaccio*, adaptation du gr. byzantin *mustaki*, du gr. anc. *mustax* « lèvre supérieure » ; mot entré en Italie par Venise, et empr. par le fr. lors de la campagne de Charles VIII en Italie : MOUSTACHU XIXᵉ s.

MOÛT ♦|1| (pop.) XIIIᵉ s. : lat. *mŭstum* « vin nouveau », neutre substantivé de l'adj. *mustus, -a, -um* « nouveau ». ♦|2| MOUTARDE XIIIᵉ s. « grains de sénevé broyés avec du moût de vin » puis « le sénevé lui-même » : dér. de *moût* ; MOUTARDIER XIVᵉ s. ♦|3| ÉMOUSTILLER XVIIIᵉ s., variante *amoustiller* « adoucir, sucrer avec du moût ou du vin nouveau », dérivé de *moustille* XVIᵉ s. « vin nouveau » ; par métaphore, *être émoustillé* « être excité comme lorsqu'on a bu du vin nouveau ».

MOUTON (pop.) XIIᵉ s. : lat. vulg. **mŭlto, -ōnis*, d'origine gauloise : MOUTONNIER XIVᵉ s. « berger », XVIᵉ s. adj. ; MOUTONNER XIVᵉ s. ; MOUTONNEMENT XIXᵉ s. (→ aussi MUTILER).

MOUVOIR famille du lat. *movere, motus* « mouvoir » et « se mouvoir ». (1) *motio, -onis* et *motus, -us* « mouvement » (2) lat. imp. *motor, -oris* « qui met en mouvement » (3) *mobilis, immobilis* « mobile », « immobile » et *mobilitas, immobilitas* (4) bas lat. *motivus* « relatif au mouvement » (5) *momentum*, contraction de **movimentum* « impulsion », « poids léger suffisant pour déterminer le mouvement de la balance », « petite division », en particulier « petite division du temps » (6) les composés (a) *amovere* « éloigner » (b) *emovere* « chasser », « ébranler » (c) *commovere* « ébranler » et *commotio* « émotion (de l'âme) » et bas lat. « secousse » (d) *promovere* « pousser en avant » et bas lat. *promotor* « celui qui accroît » ; *promotio* « avancement (en grade) ».

I. mots populaires
A. base -mouv-

♦|1| MOUVOIR XIᵉ s. : *mŏvēre* ; MOUVANT XIIIᵉ s. adj. ; MOUVANCE XVᵉ s. ; MOUVEMENT XIIᵉ s. ; MOUVEMENTÉ XIXᵉ s. ; pour les mots scient. exprimant l'idée de « mouvement » → KINÉ-, art. CITER. ♦|2| ÉMOUVOIR XIᵉ s. *esmouvoir* : lat. vulg. **exmŏvēre*, réfection du class. *emovere* ; ÉMOUVANT XIXᵉ s. adj. ♦|3| PROMOUVOIR (demi-sav.) XIIᵉ s. « élever à un rang supérieur », XVᵉ s. « provoquer l'essor de » : *promovere* ; PROMOUVABLE XXᵉ s.

B. base -meu-

♦|1| MEUBLE XIIᵉ s. adj. ; XIIIᵉ s. subst. « bien meuble », XVIᵉ s. sens mod. : *mōbĭlis* ; IMMEUBLE XIIᵉ s. adj., XIXᵉ s. « maison » (demi-sav.) : *immobilis*. ♦|2| AMEUBLIR XIVᵉ s. ; AMEUBLISSEMENT XVIᵉ s. : dér. de *meuble* adj. ♦|3| MEUBLER, DÉMEUBLER XIIIᵉ s. ; AMEUBLEMENT XVIᵉ s. ; MEUBLÉ subst. XXᵉ s. : dér. de *meuble* subst. ♦|4| MEUTE XIIᵉ s.-XVIᵉ s. « soulèvement », XIIIᵉ s. vénerie : lat. vulg. **mŏvĭta*, class. *mōta*, part. passé de *movere* ; MUETTE, orth. anc. de *meute* au sens de « chenil pour chiens de chasse », conservée en toponymie ; AMEUTER XVIᵉ s. « réunir les chiens en meute », puis « réunir » et XVIIIᵉ s. « attrouper ». ♦|5| ÉMEUTE XIIᵉ s. « émoi », XVIIIᵉ s. sens mod. : lat. vulg. **exmŏvĭta*, class. *emōta* → ÉMOUVOIR ; ÉMEUTIER XIXᵉ s.

C. MUTIN XIVᵉ s. « porté à la révolte », XVIIIᵉ s. « espiègle » : dér. de *meute*, fermeture de *eu* en *u* ; (SE) MUTINER, MUTINERIE XIVᵉ s.

II. mots savants
A. base -mot-

♦|1| COMMOTION XIIᵉ s. « ébranlement », XIXᵉ s. méd. : *commotio* ; COMMOTIONNER XIXᵉ s. ♦|2| MOTION XIIIᵉ s. « mise en mouvement » : *motio* ; XVIIIᵉ s. pol., mot angl. de même origine ; -MOTION 2ᵉ élément de composés, ex. : AUTOMOTION XIXᵉ s. ; LOCOMOTION XVIIIᵉ s. ♦|3| PROMOTION XIVᵉ s. « élévation », XIXᵉ s. « ensemble d'élèves d'une même année » : *promotio* ; PROMOTIONNEL XXᵉ s. ; PROMOTEUR XIVᵉ s., bas lat. *promotor* → PROMOUVOIR ♦|4| ÉMOTION XVIᵉ s. : dér. d'après *emovere* et *motio* → ÉMOUVOIR ; ÉMOTIONNER XIXᵉ s. ; ÉMOTIF XIXᵉ s., forme d'après *motivus* et le part. passé *emotus*. ♦|5| MOTEUR XIVᵉ s. philo. adj. et subst., XVIIIᵉ s. en parlant de machines : *motor* ; -MOTEUR 2ᵉ élément de composés, ex. : AUTOMOTEUR XIXᵉ s. ; CYCLOMOTEUR XXᵉ s. ; VASO-MOTEUR XIXᵉ s. ; dér. -MOTORISTE, ex. : CYCLOMOTORISTE XXᵉ s. ; MOTORISER, MOTORISATION XXᵉ s. ♦|6| MOTRICITÉ XIXᵉ s. ; MOTRICE XXᵉ s. : dér. formés sur un rad. fém. **motrix* analogique des fém. lat. en *-trix, -tricis* ; LOCOMOTRICE XXᵉ s. ♦|7| MOTO- 1ᵉʳ élément de composés, tiré de *moteur*, ex. : MOTOCYCLETTE XIXᵉ s., analogique de *bicyclette*, d'où MOTOCYCLISTE XXᵉ s. ; MOTOCULTEUR, MOTOPOMPE XXᵉ s.

♦ 181 MOTO XX⁰ s. subst. fém. : abrév. de *motocyclette* ; MOTARD XX⁰ s. ; MOTOCROSS XX⁰ s. : 2⁰ élément angl. *to cross* « traverser ». ♦ 191 MOTIF XIV⁰ s. adj. « qui met en mouvement », puis subst. masc. : bas lat. *motivus* ; MOTIVER XVIII⁰ s. ; IMMOTIVÉ XIX⁰ s. ; MOTIVATION XX⁰ s. ♦ 1101 LOCOMOTIF XVI⁰ s. adj. : composé de *locus* « lieu » et de *motivus* ; LOCOMOTIVE XIX⁰ s. subst. fém. ♦ 1111 MOTILITÉ XIX⁰ s. : dér. sur le part. passé *motus*.

B. base -mob-

♦ 111 IMMOBILE XII⁰ s. : *immobilis* ; IMMOBILITÉ XIV⁰ s. : *immobilitas* ; IMMOBILIER XVI⁰ s. : dér. formé pour servir d'adj. à *immeuble* ; IMMOBILISER, IMMOBILISATION XIX⁰ s. ; IMMOBILISME, IMMOBILISTE XIX⁰ s. ♦ 121 MOBILE XIV⁰ s. subst. « bien meuble », XVI⁰ s. adj., XVII⁰ s. subst. masc. psycho. et mécan. : *mobilis* ; MOBILITÉ XII⁰ s. : *mobilitas* ; MOBILIER XVI⁰ s. adj. « qui consiste en biens meubles », XVIII⁰ s. subst. masc. « ensemble de meubles » : dér. sur *mobilis*. ♦ 131 -MOBILE 2⁰ élément de composés sav., ex. : AUTOMOBILE XIX⁰ s. ; HIPPOMOBILE XX⁰ s. ♦ 141 MOBILISER XIX⁰ s. jur. et milit., XX⁰ s. méd. : dér. de *mobile* ; MOBILISABLE, -ISATION, DÉMOBILISER, -ISATION XIX⁰ s.

C. base -mov-

AMOVIBLE XVII⁰ s. jur., XIX⁰ s. techn. : dér. sur *amovere* ; AMOVIBILITÉ, INAMOVIBLE, INAMOVIBILITÉ XVIII⁰ s.

D. MOMENT XII⁰ s., rare avant le XVII⁰ s. : *momentum* ; MOMENTANÉ XIV⁰ s. : bas lat. *momentaneus*.

MUER famille d'une racine ind.-eur. **mei-* « changer », « échanger ».

En grec *ameibein* « échanger » d'où *amoibaios* « qui change, se répond », et dans la poésie pastorale *amoibaia aoidê* « chant alterné ».

En germanique frq. **missi-*, particule négative et péjorative (→ all. *miss-* et angl. *to miss* « manquer »).

En latin (1) lat. imp. *meare* « aller, passer », d'où *meatus, -us* « route, passage » ; *commeare* « circuler » ; *commeatus, -us* « passage », « permission d'aller et venir », « permission militaire » ; lat. imp. *permeare* « pénétrer », « traverser » et bas lat. *permeabilis* « qui peut être traversé » (2) avec un élargissement *-g-*, *migrare* « changer de résidence », d'où *migratio* et bas lat. *migrator* ; composés *emigrare* « sortir de » ; *immigrare* « passer dans » ; *transmigrare* « passer d'un lieu à un autre » (3) avec un élargissement *-n-* et un vocalisme *-ū-* issu de *-oi-*, des mots désignant des échanges réglés par l'usage : (a) *munus, muneris*, plur. *munera* « fonctions officielles » et aussi « cadeau que l'on fait », d'où *munerare* « faire présent de » et *remunerare* « récompenser » (b) *muni-* 1ᵉʳ élément de composés exprimant l'idée de « charges », ex. : *municeps* « qui prend part aux charges », « citoyen d'un *municipium* », c.-à-d. d'une « ville annexée par Rome dont les habitants jouissaient des droits politiques locaux et des droits civils romains », d'où *municipalis*, et *munifex*, *munificus* « qui accomplit ses devoirs », « généreux », d'où *munificentia* « générosité » (c) *immunis* « exempt de charge » d'où *immunitas* (d) *communis* « commun », probablement d'abord « qui partage les charges », et *communio, -onis*, lat. class. « communauté », eccl. « communion » (4) avec un élargissement *-t-* et un vocalisme *ū* issu de *-oi-* (a) *mutuus* « qui se fait par voie d'échange », neutre substantivé *mutuum* « argent emprunté à rendre sans intérêts » ; *promutuus* « payé d'avance » et bas lat. *promutuari* « emprunter » (b) *mutare* « changer », « échanger », « déplacer » : *mutatio, -onis* « changement » ; *commutare* « échanger », « changer complètement » ; *permutare* « mettre en sens inverse » ; *transmutare* « faire changer de place ».

I. mots d'origine latine

A. famille de *mutare*

♦ 111 MUER (pop.) XI⁰ s. « changer », XVII⁰ s. biol. : *mūtāre* ; MUE XII⁰ s. ; REMUER XI⁰ s. « changer », XVI⁰ s. sens mod. ; REMUEMENT XII⁰ s. ; REMUE-MÉNAGE XVI⁰ s. « déménagement », XVII⁰ s. sens mod. ♦ 121 TRANSMUER (demi-sav.) XIII⁰ s. : adaptation, d'après *muer*, du lat. *transmutare* ; TRANSMUABLE XIV⁰ s. ; COMMUER XIV⁰ s. : adaptation, d'après *muer*, de *commutare* ; COMMUABLE XV⁰ s. ; IMMUABLE XIV⁰ s. : adaptation, d'après *muer* et de l'anc. fr. *muable*, du lat. *immutabilis*. ♦ 131 MUTATION (sav.) XII⁰ s. ; XX⁰ s. biol. : *mutatio* ; MUTABILITÉ XII⁰ s. : *mutabilitas* ; IMMUTABILITÉ XIV⁰ s. : *immutabilitas* ; MUTABLE,

MUTER XIXᵉ s. : *mutare* ; **MUTANT, MUTATIONNISME** XXᵉ s. ♦ |4| **COMMUTATION** XIIᵉ s. jur. : *commutatio* ; **COMMUTATIF** XIVᵉ s. ; **COMMUTATEUR** XIXᵉ s. ♦ |5| **PERMUTATION** XIIᵉ s. : *permutatio* ; **PERMUTER** XIVᵉ s. : *permutare* ; **PERMUTABLE** XVIᵉ s. ; **PERMUTABILITÉ** XIXᵉ s. ♦ |6| **TRANSMUTATION** XIᵉ s. : *transmutatio* ; **TRANSMUTABILITÉ** XVIIIᵉ s. ; **TRANSMUTABLE** XIXᵉ s. ♦ |7| **EMPRUNTER** (pop.) XIIᵉ s. : lat. vulg. *imprŭmŭtāre*, composé de *prŭmŭtāre*, altération, par assimilation vocalique, de *promŭtuāri* ; **EMPRUNT** XIIᵉ s. ; **EMPRUNTEUR** XIIIᵉ s. ♦ |8| **MUTUEL** (sav.) XIVᵉ s. : dér. d'après *mutuus* ; **MUTUELLE** XXᵉ s. : abrév. de *société mutuelle* ; **MUTUALITÉ** XVIᵉ s., rare avant fin XVIIIᵉ s. ; **MUTUALISME, MUTUALISTE** XIXᵉ s. ♦ |9| **ESCAMOTER** XVIᵉ s. : non pas de l'occitan ou de l'esp. *escamar* « écailler », mais plutôt adaptation du castillan *camodar* XVᵉ s. « faire des jeux de mains », probablement de *commutare*.

B. famille de *munus*

♦ |1| **COMMUN** (pop.) IXᵉ s. « qui appartient à plusieurs personnes ou plusieurs choses », XIIᵉ s. subst. masc. « le peuple », XVIIᵉ s. liturgie, XVIIIᵉ s. subst. masc. plur. « bâtiments annexes d'un château » : *commūnis* ; **COMMUNÉMENT** XIᵉ s. ; **COMMUNE** XIIᵉ s. subst. fém. « ville franche », fin XVIIIᵉ s. « circonscription territoriale » : lat. *communia*, plur. neutre substantivé de *communis*. ♦ |2| **COMMUNAL** XIIᵉ s. ; **COMMUNAUTÉ** XIIIᵉ s. ; **COMMUNAUTAIRE** XIXᵉ s. ; **COMMUNISTE** fin XVIIIᵉ s. ; **ANTICOMMUNISTE, COMMUNISME, COMMUNARD** XIXᵉ s. ; **ANTICOMMUNISME** XXᵉ s. : dér. sav. ou demi-sav. de *commun*. ♦ |3| **COMMUNIER** (demi-sav.) Xᵉ s. : *communicāre (altari)* « participer (au sacrement de l'autel) » ; XIXᵉ s. fig. ; **COMMUNIANT** subst. XVIᵉ s. ; **EXCOMMUNIER** XIIᵉ s. : adaptation, d'après *communier*, du lat. eccl. *excommunicare* « mettre hors de la communauté ». ♦ |4| **COMMUNION** (sav.) XIIᵉ s. « communauté des fidèles », XIIIᵉ s. « participation à l'eucharistie » : *communio*. ♦ |5| **EXCOMMUNICATION** (sav.) XIVᵉ s. : *excommunicatio*. ♦ |6| **COMMUNIQUER** (sav.) XIVᵉ s. « mettre en commun » puis « être en relation » : *communicare* ; **COMMUNIQUÉ** XIXᵉ s. subst. masc. ; **COMMUNICABLE** XIIᵉ s. ; **INCOMMUNICABLE** XVIᵉ s. ; **COMMUNICATION** XIVᵉ s. : *communicatio* ; **COMMUNICATIF** XIVᵉ s. « libéral », XVIᵉ s. sens mod. ♦ |7| **IMMUNITÉ** (sav.) XIIIᵉ s. « sûreté », XVᵉ s. « exemption de charge », XIXᵉ s. biol. : *immunitas* ; **IMMUNISER, -ISATION, IMMUNOLOGIE** XXᵉ s. ♦ |8| **RÉMUNÉRER, -ATION** (sav.) XIVᵉ s. : *remunerare, remuneratio* ; **RÉMUNÉRATEUR** XIIIᵉ s. : bas lat. *remunerator*. ♦ |9| **MUNIFICENCE** (sav.) XIVᵉ s. : *munificentia*. ♦ |10| **MUNICIPAL** XVᵉ s. hist. rom., XVIIIᵉ s. sens mod. : *municipalis* ; **MUNICIPALITÉ** XVIIIᵉ s.

C. famille de *meare*

♦ |1| **CONGÉ** (pop.) Xᵉ s. « permission de partir », XIIIᵉ s. « renvoi », XVᵉ s. d'abord milit. « absence temporaire autorisée » : *commeātus*. ♦ |2| **CONGÉDIER** fin XIVᵉ s. : croisement de l'anc. fr. *congier*, var. *congeer* dér. de *congé*, et de l'it. *congedare*, dér. de *congedo*, adaptation du fr. *congé* ; **CONGÉDIEMENT** XIXᵉ s. ♦ |3| **PERMÉABLE** (sav.) XVIᵉ s. : *permeabilis* ; **IMPERMÉABLE** XVIᵉ s., rare avant le XVIIIᵉ s. ; **PERMÉABILITÉ** XVIIᵉ s. ; **IMPERMÉABILITÉ** XIXᵉ s. ♦ |4| **MÉAT** (sav.) XVIᵉ s. : *meatus*.

D. famille de *migrare*

♦ |1| **TRANSMIGRATION** (sav.) XIIIᵉ s. : *transmigratio*. ♦ |2| **MIGRATION** (sav.) XVᵉ s. : *migratio* ; **MIGRATEUR** XIXᵉ s. : *migrator* ; **MIGRATOIRE** XIXᵉ s. ♦ |3| **ÉMIGRER, ÉMIGRATION** (sav.) XVIIIᵉ s. : *emigrare, emigratio* ; **ÉMIGRANT** XVIIIᵉ s. ♦ |4| **IMMIGRER, -ATION** (sav.) XVIIIᵉ s. : *immigrare, immigratio* ; **IMMIGRANT** XVIIIᵉ s.

II. forme populaire d'origine germanique
MÉ- (anc. fr. *mes-*) préf. péjor. issu du frq. **missi-*, ex. : *méprendre, mécompte*.

III. mots savants d'origine grecque
♦ |1| **(CHANTS) AMŒBÉES** : *amoibaiai (aoidai)* ♦ |2| **AMIBE** : lat. mod. *amiba* ou *amoeba* « changeante », de *ameibein* ; **AMIBIEN** XIXᵉ s. ; **AMIBIASE** XXᵉ s.

MUET famille d'une base **mu-* symbolisant un son inarticulé.
En latin (1) *mūtus* « qui ne sait que faire *mu* », d'abord appliqué aux animaux, puis aux hommes (2) lat. arch. et bas lat. *mŭttīre* « émettre un son », d'où « parler » ; dér. bas lat. *mŭttum* « son émis » (→ aussi MYSTÈRE).
♦ |1| **MUET** (pop.) XIIᵉ s. : dimin. de l'anc. fr. *mu* qu'il a éliminé au XVIᵉ s. : du lat. *mūtus* ; **SOURD-MUET** XVIᵉ s. ♦ |2| **AMUÏR** (pop.) XIIᵉ s., repris au XIXᵉ s. pronom., ling. : lat. vulg. **admūtire* « rendre muet », de

mutus ; **AMUÏSSEMENT** id. ♦ I3I **MUTISME** (sav.) XVIII° s. : dér., sur *mūtus* ; **MUTITÉ** XIX° s. : bas lat. *mutitas*. ♦ I4I **MOT** (pop.) XII° s. : *mŭttum* ; **MOTET** XIII° s. mus., dimin. de *mot*. ♦ I5I **MOTUS** XVII° s. : latinisation plaisante de *mot*, d'après des expressions comme *pas un mot !* ou *ne dire, ne souffler mot*.

MUEZZIN XIX° s. : mot turc, de l'arabe *mo'adhdhin* « celui qui appelle à la prière ».

MUFTI XVI° s. : mot turco-arabe *moufti* « juge ».

MUGUET famille du bas lat. *muscus* (IV° s.) « musc, substance odorante sécrétée par les glandes abdominales d'un cervidé » : gr. *moskhos*, qui désigne divers êtres jeunes, bêtes ou plantes, en particulier la gazelle qui fournit le musc, et le musc lui-même ; mot obscur, d'origine p.-ê. orientale.
♦ III **MUGUET** (demi-sav.) XII° s. : dér. de *mugue*, var. *musgue*, début XII° s., du lat. *muscus*, à cause de son odeur musquée ; XVI° s. « jeune élégant » (parfumé au muguet) d'où **MUGUETER** XVI° s. : fin XVIII° s., par comparaison, « maladie de la muqueuse buccale ». ♦ I2I **MUSCADE** (noix) XII° s. : anc. prov. *(notz) muscada* « noix au parfum de musc » ; XVII° s.-XIX° s. *Passez muscade !* mot des escamoteurs, qui manipulaient une petite boule de la grosseur d'une muscade ; **MUSCADIER** XVIII° s. ♦ I3I **MUSCAT** XIV° s. ; **MUSCADET** XV° s. : mots prov. « musqué », « qui a du bouquet ». ♦ I4I **MUSCADIN** XVI° s. « pastille parfumée au musc », XVIII° s. « petit-maître » : altération de l'it. *moscardino*, dér. de *moscado* « muscat ». ♦ I5I **MUSC** (sav.) XIII° s. : *muscus* ; **MUSQUÉ** XV° s.

MUID famille d'une racine ind.-eur. **med*- qui exprime l'idée de « prendre avec autorité et réflexion des mesures d'ordre ».

En grec *medein* « mesurer », moyen *medesthai* « songer, être préoccupé », part. présent fém. *Medousa* « celle qui médite », employé (sans doute à cause de la fixité de son regard » comme nom propre d'une des trois Gorgones.

En latin (1) *mederi* « donner ses soins à », dès l'origine dans la langue médicale ; dès l'époque préhistorique ind.-eur., le médecin n'était pas considéré comme un sorcier, mais comme un homme de pensée ; dér. *medicare* « soigner » ; *medicamentum* « remède » ; *medicus* « médecin » ; *medicina (ars)* « médecine » ; lat. imp. *medicinalis* « médical » (2) *meditari*, dér. de *mederi*, qui a conservé le sens ancien de « étudier », « s'exercer » ; *meditatio* « préparation, exercice », « réflexion » ; *praemeditari* « se préparer par la réflexion » d'où *praemeditatio* (3) avec vocalisme o de la racine, *modus* « mesure imposée aux choses », « mesure musicale », « manière de se conduire », auquel se rattachent (a) le dimin. *modulus* « mesure » et « mesure musicale, mélodie », d'où *modulari* « marquer un rythme », « accompagner des vers d'une musique » (b) *modo* adv. « en restant dans la mesure », « justement », « récemment », d'où l'adj. bas lat. *modernus* « récent » (c) *quomodo* adv. « de la manière que », « comme » (d) *modestus* « qui observe la mesure », « modeste » d'où *modestia* et *immodestus* (e) *modicus* « mesuré », « parcimonieux » (f) *commodus* « conforme à la mesure », « approprié » ; *commodare* et *accommodare* « ajuster », « arranger », « rendre service » ; *commoditas* « juste proportion », « avantage » ; *incommodus* « mal adapté », d'où *incommodare*, *incommoditas* (g) *modificare* « régler », « limiter » (h) *modius* « mesure de capacité pour corps secs », « boisseau », d'où le dimin. *modiolus* « petite mesure, petit vase » et sens techniques « moyeu », « barillet », « trépan » ; lat. class. *trimodium*, imp. *trimodia* « récipient contenant trois boisseaux ».

I. mots populaires ou empruntés d'origine latine

♦ III **MUID** XII° s. *mui*, puis *d* rétabli par souci étymologique : *mŏdius*. ♦ I2I **MOYEU** XII° s. : *modiŏlus*. ♦ I3I **TRÉMIE** XIII° s. *tremuie* : *trimŏdia*. ♦ I4I **COMME** IX° s. *cum* ou *com*, puis fin XI° s. *comme*, par contraction avec la conjonction *et* : lat. vulg. **quomo*, class. *quomodo* ; **COMMENT** XI° s., formé par adjonction de la désinence adverbiale **-MENT** ; **COMBIEN** XII° s. : composé de *com* et de l'adv. *bien* ; a supplanté *quant* vers le XVI° s. (lat. *quantus*). ♦ I5I **MOULE** XII° s.

subst. masc. : *modŭlus* ; **MOULER** XIe s. ; **MOULEUR** XIIIe s. ; **MOULAGE, MOULURE** XVe s. ; **MOULURE, DÉMOULER** XIXe s. ♦ I6I **MODÈLE** XVIe s. : it. *modello*, du lat. vulg. *modĕllus*, var. de *modŭlus* ; **MODELER, MODELEUR** XVIe s. ; **MODELAGE, MODELISTE** XIXe s. ♦ I7I **MÉGIS** XIIIe s. : dér. de l'anc. fr. *megier* « soigner ». « tanner les peaux » du lat. *mĕdĭcāre* ; **MÉGISSIER, MÉGISSERIE** XIIIe s.

II. mots savants d'origine latine

A. base -*mod*-

♦ III **AMODIER** XIIIe s. : lat. médiéval *admodiare* « louer une terre contre une prestation en nature », dér. de *modius* « boisseau » ; **AMODIATION** XVe s. ♦ I2I **MODIFIER** (demi-sav.) XIVe s. : *modificare* ; **MODIFIABLE** XVIIe s. ; **MODIFICATION** (sav.) XIVe s. : *modificatio*. ♦ I3I **MODÉRER, MODÉRATION, MODÉRÉ, IMMODÉRÉ** XIVe s. : *moderari, moderatio, moderatus, immoderatus* ; **MODÉRATEUR** XVe s. : *moderator* ; **MODÉRANTISME, -ISTE** fin XVIIIe s. ; **MODERATO** XIXe s. mus. : mot it. équivalent de *modéré*. ♦ I4I **MODESTE, MODESTIE** XIVe s. : *modestus, modestia* ; **IMMODESTE** XIVe s. : *immodestus* ; **IMMODESTIE** XVIe s. ♦ I5I **MODERNE** XIVe s. : *modernus* ; **MODERNISTE, MODERNISER** XVIIIe s. ; **MODERNISME, MODERNISATION, MODERNITÉ** XIXe s. ; **ULTRAMODERNE** XXe s. ; **MODERN STYLE** fin XIXe s. : mots angl. « style moderne ». ♦ I6I **ACCOMMODER** XIVe s. : *accommodare* ; **ACCOMMODABLE, ACCOMMODEMENT** XVIe s. ; **ACCOMMODANT** XVIIe s. ♦ I7I **INCOMMODITÉ** XIVe s. : *incommoditas* ; **INCOMMODER** XVe s. : *incommodare* ; **INCOMMODE** XVIe s. : *incommodus*. ♦ I8I **COMMODE** XVe s. adj., XVIIIe s. subst. fém. : *commodus* ; **COMMODITÉ** XVe s. : *commoditas* ; **COMMODÉMENT** XVIe s. ♦ I9I **MODE** XVe s. subst. fém., à cause du *e* final (d'où **MODISTE** XVIIIe s., **DÉMODÉ** XIXe s.) ; XVIe s. subst. masc. mus. et grammaire (d'où **MODAL, MODALITÉ** XVIe s.) ; XVIIe s. philo. : « manière », *mode de vie, mode d'emploi* : lat. *modus*. ♦ I10I **MODIQUE** XVe s., rare avant le XVIIe s. : *modicus* ; **MODICITÉ** XVIe s. : *modicitas*. ♦ I11I **MODULER** XVe s., plus courant au XVIIe s. sous l'infl. de l'équivalent it. *modulare* ; XXe s. radio : lat. *modulari* ; **MODULATION** XVe s. : lat. *modulatio*, puis it. *modulazione*. ♦ I12I **MODULE** XVIe s. archit., XXe s. techn. : *modulus* → MOULE. ♦ I13I **MODUS VIVENDI** XIXe s. : mots lat. « manière de vivre ».

B. base -*méd*-

♦ III **MÉDITATION** XIIe s. : *meditatio* ; **PRÉMÉDITER, PRÉMÉDITATION** XIVe s. : *praemeditari, praemeditatio* ; **MÉDITER** XVe s. : *meditari*. ♦ I2I **REMÈDE** XIIe s. : *remedium* ; **REMÉDIER** XIIIe s. : bas lat. *remediare* ; **IRRÉMÉDIABLE** XVe s. : lat. imp. *irremediabilis*. ♦ I3I **MÉDECINE** (demi-sav.) XIIe s. « remède », XIVe s. « art médical », a éliminé *mecine* (pop.) XIe s. : *mĕdĭcīna* ; **MÉDECIN** XIVe s. : de *médecine*, a éliminé l'anc. fr. *miège* (pop.) et *mire* (demi-sav.), du lat. *mĕdĭcus* ; pour les mots scient. exprimant la notion de « médecin » → -IATRE. ♦ I4I **MÉDICINAL** XIIe s., a éliminé l'anc. fr. *mecinel* (pop.) : *medicinalis* ; **MÉDICAMENT, MÉDICATION** XIVe s. : *medicamentum, medicatio* ; **MÉDICAMENTEUX** XVIe s. : *medicamentosus* ; **MÉDICAL** XVIe s. : dér. sur *medicus* ; **MÉDICO-**, 1er élément de composés, ex. : **MÉDICO-LÉGAL** XIXe s.

III. mots savants d'origine grecque

♦ III **MÉDUSER** XVIIe s., rare avant le XIXe s. : dér. sur le lat. *Medusa* : gr. *Medousa*, nom mythol. de la Gorgone qui changeait en pierre celui qui la regardait. ♦ I2I **MÉDUSE** XVIIIe s. zool. : *Medusa*, par comparaison entre les tentacules de certaines méduses et la chevelure de serpents de la Méduse.

MULE ♦ III (pop.) XIe s. : forme fém. de l'anc. fr. *mul*, du lat. *mūlus* « mulet », nom probablement méditerranéen, p.-ê. originaire d'Asie. ♦ I2I **MULET** XIe s. dimin. de *mul* ; **MULETIER** subst. XIVe s., adj. XVIe s. ♦ I3I **MULÂTRE** XVIIe s. : altération, sous l'influence du suff. *-âtre*, du portugais *mulato*, dér. de *mulo* « mulet », le mulâtre étant un métis, comme le mulet. ♦ I4I **MULETA** XIXe s. tauromachie : mot esp., littéralement « petite mule », d'où « béquille » (→ POUTRE et SOMMIER), puis « court bâton recouvert d'une pièce de flanelle rouge ».

MULET (poisson) ♦ III (pop.) XIIe s. : dimin. du lat. vulg. *mŭllus*, altération, sous l'infl. de *mūlus* → le précédent, du class. *mūllus* « rouget ». ♦ I2I **SURMULET** XIIe s. *sormulet* : de *mulet* et de l'adj. *sor* ou *saur* « roux, jaunâtre », confondu par la suite avec la prép. *sur*. ♦ I3I **MULE** (sav.)

XIV⁰ s. « engelure au talon », XVI⁰ s. « pantoufle » : lat. *mulleus (calceus)* « soulier rouge », dér. de *mullus* « rouget ».

MULOT ♦|11 (pop.) XII⁰ s. : dimin. du frq. **mull* « taupe » (latinisé en *muli* au VII⁰ s.), avec voyelle *u* sous l'infl. de *mūlus* → MULE ; **SURMULOT** XVIII⁰ s., avec préf. à valeur augmentative. ♦|2| **MOLESKINE** XIX⁰ s. : angl. *moleskin*, littéralement « peau de taupe » ; le 1ᵉʳ élément *mole* a le même étymon germ. que *mulot*.

MUR famille d'une base latine **moi-* « mur ». En latin (1) *murus* issu de **moiros* « mur de ville, rempart » d'où *muralis* « de rempart » (2) *moenia* issu de **moinia* « murailles de ville » d'où *munire* « fortifier » ; *munitio* « fortification » et *praemunire* « fortifier d'avance ».

I. famille de *murus*

♦|11 **MUR** (pop.) X⁰ s. : *mūrus* ; **MURER, EMMURER, DÉMURER** XII⁰ s. ; **MURET, MURETTE** XIII⁰ s. ; **MURAILLE** XIV⁰ s. ; **AVANT-MUR** XIV⁰ s. ; **CONTRE-MUR, CONTRE-MURER** XVI⁰ s. ♦|2| **AMURE** XVI⁰ s. : prov. *amura*, dér. d'*amurar* « fixer au mur » ; **AMURER** XVII⁰ s. ♦|3| **MURAL** (sav.) XIV⁰ s., rare avant le XVIII⁰ s. : *muralis*.

II. famille de *moenia*

MUNIR XIV⁰ s. « défendre », XVI⁰ s. sens mod. : *munire* ; **PRÉMUNIR, MUNITION** XIV⁰ s. : *praemunire, munitio* ; **DÉMUNIR** XVI⁰ s.

MÛRE (pop.) XII⁰ s. d'abord *meure* : lat. *mōra*, plur. de *mōrum*, empr. à une langue méditerranéenne (→ VIN et FIGUE) ; le *u* est dû à l'infl. du dér. *mûrier* ; **MÛRIER** XII⁰ s. *meurier*, puis fermeture du *eu* en *u* (→ aussi SYCOMORE, art. FIGUE).

MURÈNE (sav.) XIII⁰ s. : lat. *muraena*, du gr. *muraina*.

MURMURE (sav.) XII⁰ s. : lat. *murmur* « grondement sourd » ; le fr. et l'it. *mormorare* ont affaibli le sens de ce mot ; **MURMURER** XII⁰ s. : *murmurare* ; **MURMURANT** adj. XVI⁰ s.

MUSARAIGNE famille sav. d'une racine ind.-eur. **mus-*.

En grec *mus, muos* « souris », par métaphore « moule (coquillage) » et « muscle » (pour le sens → en fr. la *souris* du gigot).

En latin *mūs, mūris* « souris », d'où le dimin. *mūsculus* « muscle » ; le nom de la « moule », *mŭsculus*, présente un *ŭ* ; p.-ê. s'agit-il d'un autre mot ; mais c'est plus probablement une var. pop. de *mūsculus*.

I. mots d'origine latine

♦|11 **MUSARAIGNE** (pop.) XV⁰ s. : lat. vulg. *mūsarānea*, réfection, d'après le fém. *aranea* « araignée », du lat. imp. *musaraneus* « souris (venimeuse comme une) araignée ». ♦|2| **MOULE** (pop.) XIII⁰ s. : *mŭsculus*. ♦|3| **MUSCLE** (demi-sav.) XIV⁰ s. : *mūsculus* ; **MUSCLÉ** XVI⁰ s. ; **MUSCULEUX** (sav.) XIV⁰ s. : *musculosus* ; **MUSCULAIRE** XVII⁰ s. ; **MUSCULATURE** XIX⁰ s.

II. mots d'origine grecque

♦|11 **MYOSOTIS** (sav.) XVI⁰ s. : gr. *muosôtis*, littéralement « oreille de souris », de *ous, ôtos* « oreille » ; par le lat. ♦|2| **MYGALE** (sav.) XIX⁰ s. : gr. *mugalē*, littéralement « souris-belette », de *galē* « belette ». ♦|3| **MY(o)-** (sav.) 1ᵉʳ élément de composés sav. exprimant l'idée de « muscle », ex. : **MYOLOGIE** XVII⁰ s. ; **MYOCARDE** XIX⁰ s. ; **MYALGIE** XX⁰ s.

MUSEAU ♦|11 (pop.) début XIII⁰ s. : dimin. de *mus*, attesté dans certains dial. du Sud-Ouest : bas lat. (VIII⁰ s.) *mūsum*, d'origine inconnue ; **MUSELIÈRE** XIII⁰ s. ; **MUSELER** XIV⁰ s. ; **DÉMUSELER** XIX⁰ s. ♦|2| **CAMUS** XIII⁰ s. : composé de **mus* et du préf. péjor. *ca-* ; **CAMARD** XVI⁰ s. : altération, par substitution du suff. *-ard* à la voyelle finale, de *camus*. ♦|3| **MUSER** XII⁰ s. : dér. de **mus* « rester le museau en l'air » ; **MUSARD** XII⁰ s. ; **MUSARDISE** XIII⁰ s. ; **MUSARDER** XIV⁰ s. ; **MUSARDERIE** XVI⁰ s. ♦|4| **AMUSER** XII⁰ s. : composé de *muser* ; **AMUSEMENT** XV⁰ s. ; **AMUSEUR** XVI⁰ s. ; **AMUSETTE, AMUSANT** XVII⁰ s. ; **AMUSE-GUEULE** XX⁰ s. ♦|5| **CORNEMUSE** XIII⁰ s. : dér. de *cornemuser*, de *corner* et *muser* ; **MUSETTE** XIII⁰ s. « sorte de cornemuse » ; d'où XIX⁰ s. « sac porté en bandoulière » et adj. dans *bal musette* : dér. de *muse*, lui-même dér. de *muser*.

MUSIQUE famille sav. du gr. *mousa*, plur. *mousai* (en lat. *musa, musae*) « filles de Zeus et de Mémoire (en gr. Mnémosyne → -MENT) », neuf divinités possédant la science universelle, dont Apollon *mousêgetês*, « conducteur de muses », dirigeait le chœur, et entre lesquelles a été réparti le patronage d'arts, de sciences, de genres littéraires (1) *mouseios* « des muses » (lat. *museus*, ou *musivus*) ; neutre substantivé *mouseion* « temple des muses », « école où l'on s'exerce à la poésie et aux arts », « centre d'études scientifiques à Alexandrie, à l'époque des Ptolémées » (lat. *museum*) (2) *mousikos* (lat. *musicus*) « qui concerne les muses, les arts, la musique » ; *mousikhê (tekhnê)* « art des muses », « musique » (lat. *musica*). ♦|1| MUSIQUE XII⁰ s. : *musica* ; MUSICIEN, MUSICAL XIV⁰ s. ; MUSIQUER XVI⁰ s. ; MUSIQUETTE XIX⁰ s. ; MUSICOGRAPHE XIX⁰ s. ; MUSICOGRAPHIE, MUSICOLOGUE, MUSICOLOGIE XX⁰ s. ; MUSICALITÉ (lat. *musicus*) XIX⁰ s. ; MUSIC-HALL XX⁰ s. : mot angl. « salle de musique » → HALLE. ♦|2| MUSE XIII⁰ s. : *musa* ; MUSAGÈTE XVI⁰ s. : lat. *musagetes*. ♦|3| MUSÉE XIII⁰ s. « temple des Muses », XVIII⁰ s. sens mod. : *museum* ; MUSÉUM XVIII⁰ s. : mot lat., var. de *musée* ; MUSÉO-, 1ᵉʳ élément de composés sav. exprimant l'idée de « musée », ex. : MUSÉOGRAPHIE XIX⁰ s. ♦|4| MOSAÏQUE XII⁰ s. musique, XVI⁰ s. forme mod. : it. *mosaico*, du lat. médiéval *musaicum*, altération, par substitution de suff. du lat. class. *musivum (opus)* « ouvrage de mosaïque », littéralement « ouvrage inspiré par les muses » ; MOSAÏSTE XIX⁰ s. ♦|5| MUSSIF ou MUSIF (or) XIX⁰ s. techn. : *musivum (aurum)* « dorure de mosaïque ».

MUTILER (sav.) XIV⁰ s. et **MUTILATION** XIII⁰ s. : lat. *mutilare* et *mutilatio*, de *mutilus* « écorné, tronqué », p.-ê. apparenté au celtique *mülto* → MOUTON.

MYCÉ-, MYCO- ♦|1| (sav.) gr. *mukês* « champignon » ; 1ᵉʳ élément de composés sav., ex. : MYCÉLIUM, MYCODERME, MYCOLOGIE XIX⁰ s. ♦|2| -MYCÈTE, -MYCOSE 2⁰ élément de composés, ex. : BLASTOMYCÈTE, BLASTOMYCOSE XX⁰ s.

MYÉL(O)- ♦|1| (sav.) gr. *muelos* « moelle » ; 1ᵉʳ élément de mots sav., ex. : MYÉLINE, MYÉLITE XIX⁰ s. ♦|2| -MYÉLITE 2⁰ élément de composés, ex. : POLIOMYÉLITE XX⁰ s., abrév. POLIO, 1ᵉʳ élément gr. *polios* « gris », cette maladie attaquant l'axe gris de la moelle épinière ; OSTÉOMYÉLITE XIX⁰ s.

MYRIADE ♦|1| (sav.) XVI⁰ s. : gr. *murias, -ados* « dix mille », par le bas lat. ♦|2| MYRIA- 1ᵉʳ élément de composés formant des noms de multiples d'une unité par dix mille, ex. : MYRIAGRAMME, MYRIAMÈTRE fin XVIII⁰ s., ou par un nombre énorme, ex. : MYRIAPODE ou « mille-pattes » XIX⁰ s.

MYRRHE (sav.) XI⁰ s. : gr. *murrha*, par le lat.

MYRTE ♦|1| (sav.) XIII⁰ s. : gr. *murtos*, par le lat. ; MYRTIFORME XVIII⁰ s. ; MYRTACÉES XIX⁰ s. ♦|2| MYRTILLE (sav.) XIII⁰ s. « fruit du myrte » ; à partir du XVI⁰ s., nom donné à l'airelle par les apothicaires allemands ; se répand en français à la fin du XVII⁰ s. ♦|3| MORTADELLE XV⁰ s. : it. *mortadella*, dimin. de *mortada*, var. dial. de *mortata* « (charcuterie) farcie de baies de myrte ».

MYSTÈRE famille sav. du verbe gr. *muein* « fermer », « être fermé », « avoir la bouche ou les yeux fermés », sans doute d'une onomatopée *mu* symbolisant un son inarticulé (→ MUET) (1) *mustêrion* « chose secrète », « cérémonie religieuse secrète » ; dans le Nouveau Testament, les « saints mystères » (l'Incarnation, l'Eucharistie et le baptême) (2) *mustés* « initié aux mystères » ; *mustikos* « qui concerne les mystères » ; *mustagôgos* « prêtre chargé d'initier aux mystères » (3) *muôps* « qui cligne des yeux » → ŒIL.

♦|1| MYSTÈRE XII⁰ s. : lat. *mysterium* : gr. *musterion* ; XV⁰ s.-XVI⁰ s. « pièce de théâtre à sujet religieux » : croisement du précédent avec *ministerium* « service », « cérémonie » → MOINS ; MYSTÉRIEUX XV⁰ s. ♦|2| MYSTIQUE XIV⁰ s. : lat. *mysticus* : gr. *mustikos* ; MYSTICITÉ XVIII⁰ s. ; MYSTICISME XIX⁰ s. ♦|3| MYSTAGOGUE XVI⁰ s. : *mustagôgos*, par le lat. ♦|4| MYSTIFIER XVIII⁰ s. : dér. sur le rad. de *mystère* ; MYSTIFICATEUR, -ATION XVIII⁰ s. ; DÉMYSTIFIER XX⁰ s.

MYTHE ♦|1| (sav.) XIX⁰ s. : gr. *muthos* « parole », « récit », « légende » ; MYTHOLOGIE XIV⁰ s. : *muthologia* « étude des choses fabuleuses », par le lat. ; MYTHOLOGIQUE XV⁰ s. ; MYTHIQUE XIV⁰ s., rare avant le XIX⁰ s. ; MYTHOLOGUE XVI⁰ s. ; MYTHOMANIE, MYTHOMANE XX⁰ s. ♦|2| STICHOMYTHIE XIX⁰ s. « dialogue dont les personnages se répondent vers par vers » : de *stikhos* « vers » et *muthein* « parler ».

NABAB XVIIᵉ s. « grand officier aux Indes » : mot hindi, « prince », de l'arabe *nawwab*, plur. de *naib*, « vice-roi » ; au XVIIIᵉ s. « Européen qui a fait fortune aux Indes », « personnage fastueux », sous l'infl. de l'angl. *nabob*, de même origine.

NACRE XVIᵉ s., var. au XIVᵉ s. : it. anc. *naccaro* (mod. *nacchera*), de l'arabe *naqqâra* ; **NACRÉ** XVIIᵉ s.

NADIR XIVᵉ s. : mot arabe, « opposé (au zénith) ».

NAÏADE (sav.) XVᵉ s. : gr. *naias, -ados* « divinité des cours d'eau », par le lat.

NAIN ♦I (pop.) XIIᵉ s. : lat. *nānus*, empr. au gr. *nânos*, var. de *nannos* « excessivement petit, nain ». ♦2I **NABOT** XVIᵉ s. : probablement altération, sous l'infl. de *navet* (désignation métaph. d'une personne de petite taille), de *nain-bot*, qui apparaît aussi sous la forme *nambot* → BOT. ♦3I **NANISME** (sav.) XIXᵉ s. : dér., sur *nanus*.

NANTIR (pop.) XIIIᵉ s. : dér. de l'anc. fr. *nant* « gage », de l'anc. scandinave *năm* « prise de possession » (la forme en -*t* est secondaire ; le cas sujet et le cas régime plur. étant *nans*, on a refait une forme en -*t* d'après l'opposition -*ans*, -*ant*, usuelle en anc. fr.) ; **NANTISSEMENT** XIIIᵉ s.

NAPHTE (sav.) XVIᵉ s. : lat. *naphta* « sorte de bitume », d'un mot persan, par le gr. ; **NAPHTALINE, NAPHTOL** XIXᵉ s.

NAPPE ♦I (pop.) XIIᵉ s. : lat. *mappa* « serviette », d'origine punique ; *n* initial, par dissimilation des deux labiales *m* et *p* ; **NAPPERON** XIVᵉ s. ; **NAPPAGE** XIXᵉ s. ; **NAPPER** XXᵉ s. ♦2I **MAPPEMONDE** (sav.) XIIᵉ s. : lat. médiéval *mappa mundi* « la nappe du monde ».

NARCOTIQUE ♦I (sav.) XIVᵉ s. : gr. *narkôtikos* « stupéfiant », dér. de *narkê* « engourdissement », par le lat. ♦2I **NARCOSE** XIXᵉ s. : gr. *narkôsis* « torpeur » ; **NARCOTINE** XIXᵉ s. ♦3I **NARCO-** 1ᵉʳ élément de composés sav., ex. : **NARCOLEPSIE** XIXᵉ s. ; **NARCO-ANALYSE** XXᵉ s.

NARD (sav.) XVᵉ s., XIIIᵉ s. *narde* : mot sémitique apparenté à l'hébreu *nerd*, plante, sorte de valériane, et huile parfumée de cette plante ; empr. par le gr. et le lat.

NARGUILÉ ou **NARGUILEH** XIXᵉ s. : mot persan « noix de coco » ; désigne une pipe dont la fumée traverse un flacon d'eau parfumée, souvent constitué par une noix de coco.

NARTHEX (sav.) XVIIIᵉ s. : mot gr. « férule », « cassette faite de tiges de férules », puis, par métaphore, archit.

NARVAL XVIIᵉ s. : danois *narhval* « baleine nécrophage » de *nar* « cadavre humain » et *hval* « baleine ».

NASSE (pop.) XIIᵉ s. : lat. *nassa*.

NATATION

NATATION (sav.) XVIe s. : lat. *natatio*, dér. de *natare* « nager » ; **NATATOIRE** XIIe s.

NATTE (pop.) XIe s. « tissu servant de tapis », XVIe s. « tresse plate » : bas lat. *natta*, altération de *matta*, par assimilation du *m* initial à la dentale *t* ; mot d'empr., p.-ê. phénicien ; **NATTER** XIVe s.

NAVET (pop.) XIIIe s. : dimin. du lat. *napus* « navet », représenté en anc. fr. par *nef* ; XIXe s. « œuvre médiocre » ; **NAVETTE** (sorte de fourrage) XIVe s. : forme fém. de *navet*.

NAVRER (pop.) XIe s. *nafrer* « blesser », XVIIe s. « blesser moralement » : anc. scandinave *nafra* « percer ».

NÉBULEUX famille sav. d'une racine ind.-eur. **nebh-* « nuage ».

En latin (1) *nebula* « nuage », « brouillard », d'où *nebulosus*, bas lat. *nebulositas* (2) *nimbus* « nuage », « orage, averse », par croisement avec *imber* « pluie ».

◆|1| **NÉBULEUX** XIVe s. : *nebulosus* ; **NÉBULOSITÉ** XVe s. : *nebulositas* ; **NÉBULEUSE** subst. féminin, astron. XVIIe s. ◆|2| **NIMBE** XVIIIe s. « auréole » : *nimbus* ; **NIMBER** XIXe s. ◆|3| **NIMBUS** fin XIXe s. météor. : mot lat. ; **NIMBO-** 1er élément de composé dans **NIMBO-STRATUS** XXe s. ; **-NIMBUS** 2e élément de composé dans **CUMULO-NIMBUS** XIXe s.

NÉCESSAIRE famille sav. du lat. *necesse*, forme de neutre d'un adj. non attesté **necessis* « nécessaire », employé surtout dans la locution impersonnelle *necesse est* « il est nécessaire, inévitable que ». P.-ê. composé de la négation *ne* et de **cessis*, dér. de *cedere* « marcher » ; dans ce cas, la notion de « nécessité » serait née de celle d'« immobilité », « impossibilité de se mouvoir ou d'être mû » (→ CESSER). — Dérivés : *necessarius* « inévitable » et « indispensable » ; *necessitas* « nécessité, fatalité » et « besoin impérieux ».

NÉCESSAIRE XIIe s. adj., XVIe s. subst. masc. : *necessarius* ; **NÉCESSITÉ** XIIe s. : *necessitas* ; **NÉCESSITER** XIVe s. : lat. médiéval *necessitare* ; **NÉCESSITEUX** XIVe s.

NECTAR (sav.) XVe s. « breuvage des dieux », XVIe s. fig. : gr. *nektar*, qui avait déjà les 2 emplois du fr. ; terme religieux sans étym. claire, empr. par le lat.

NEF famille d'une racine ind.-eur. **naw-* « bateau ».

En grec *naus* « bateau », d'où *nauklêros* « patron d'un bateau » ; *naulon* « fret » ; *naumakhia* « combat naval » ; *nautês* « matelot » ; *nautikos* « qui concerne la navigation » ; *nausia* « mal de mer » ; les trois derniers mots ont été de bonne heure empr. par les Latins sous les formes *nauta*, *nauticus* et *nausea*, d'où l'adj. *nauseabundus*.

En latin même, *navis* « bateau », et tardivement « nef d'église », p.-ê. sous l'infl. du gr. *naos* « temple ». — Dérivés : (1) les dimin. *navicula* et bas lat. *navicella* (2) l'adj. *navalis* « relatif aux navires » (3) *naufragium* « naufrage », de *navis* et *frangere* « briser » → ENFREINDRE (4) le verbe *navigare* « naviguer », d'où *navigium* « embarcation » ; *navigatio* « voyage par mer » ; lat. imp. *navigator* « navigateur » et *navigabilis* « où l'on peut naviguer ».

I. mots d'origine latine

A. mots populaires

◆|1| **NEF** XIe s.-XVIe s. « navire », XIIe s. archit. : *navis* ; **NAVETTE** : dimin. de *navis*, désigne divers objets en forme de « petit bateau » ; XIIIe s. « instrument de tisserand » ; XIVe s. « vase liturgique pour l'encens » ; XVIIIe s. *faire la navette*, d'abord milit., par comparaison avec le mouvement d'une navette de tisserand. ◆|2| **NACELLE** XIe s. : bas lat. *navicella*. ◆|3| **NAVIRE** (demi-sav.) XIe s. *navilie* : bas lat. *navilium*, qui, plutôt qu'une réfection de *navigium* qui serait unique en son genre, doit être une latinisation d'une forme évoluée, avec *l* mouillé, de **navicŭlu*, var. masc. ou neutre de *navicula* ; le passage de *-ilie* à *-irie* n'est pas sans ex. en anc. fr. et a pu être favorisé par la fréquence du verbe *virer* dans la langue nautique. ◆|4| **NAGER** XIe s. « naviguer », XIIIe s. « ramer », XIVe s. sens mod. : *navigare* ; pour les dér. sav. exprimant l'idée de « nager », qui sont issus d'un autre verbe → NATATION ; **NAGEUR** XIIe s. « matelot », XIVe s. sens mod. ; **NAGE** XIIe s. « navigation », XVIe s. « action de nager » et *être en nage* « être tout mouillé (de sueur) » ; **NAGEOIRE** XVIe s. ; **NAGEOTER** XIXe s. ; *nager* a éliminé l'anc. fr. *nouer*, du lat. vulg. **notare*, altération de *natare* → NATATION.

B. mots savants

♦ |1| **NAVIGATION** XIII⁰ s. : *navigatio* ; **NAVIGUER** XIV⁰ s. : *navigare* ; **NAVIGABLE** XV⁰ s. : *navigabilis* ; **NAVIGABILITÉ** XIX⁰ s. ; **NAVIGATEUR** XVI⁰ s. : *navigator*. ♦ |2| **NAVAL** XIV⁰ s. : *navalis*. ♦ |3| **NAUFRAGE** XV⁰ s. : *naufragium* ; **NAUFRAGÉ** XIV⁰ s. ; **NAUFRAGER** XVI⁰ s. ; **NAUFRAGEUR** XIX⁰ s.

II. mots d'origine grecque

A. mots populaires ou empruntés

♦ |1| **NOISE** XI⁰ s. « bruit », XII⁰ s. « querelle » : lat. *nausea*, du gr. *nausia*, avec déplacement de sens en bas lat ; ne survit depuis le XVII⁰ s. que dans la loc. *chercher noise*. ♦ |2| **NAUTONIER** XII⁰ s. : mot anc. prov., dér. de *noton* « matelot », du lat. vulg. **nauto, -onis*, réfection du lat. *nauta* : du gr. *nautês*, ♦ |3| **NOCHER** XII⁰ s. : it. *nocchiero*, du lat. *nauclerus*, empr. au gr. *naukléros*. ♦ |4| **NOLISER** XVI⁰ s. : it. *noleggiare*, dér. de *nolo* « affrètement », du bas lat. *naulum*, empr. au gr. *naulon* ; **NOLIS, NOLISEMENT** XVII⁰ s.

B. mots savants

♦ |1| **NAUTIQUE** XV⁰ s. : *nautikos*, par le lat. ♦ |2| **NAUSÉE** XVI⁰ s. : *nausea*, du gr. *nausia* ; **NAUSÉABOND** XVIII⁰ s. : *nauseabundus* ; **NAUSÉEUX** XVIII⁰ s. ♦ |3| **NAUMACHIE** XVI⁰ s. : *naumakhia*, par le lat. ♦ |4| **-NAUTE** lat. *nauta*, du gr. *nautês*, 2⁰ élément de composés dans **AÉRONAUTE** XVIII⁰ s. et **ASTRONAUTE** XX⁰ s. : forme série avec d'autres éléments d'origine gr. : **-NAUTIQUE, -NAUTICIEN, -NAUTISME** ou d'origine lat. : **-NEF, -NAVAL**, ex. : **COSMONAUTE, ASTRONAUTICIEN, MOTONAUTISME, AÉRONEF** XX⁰ s. ; **AÉRONAVAL** XIX⁰ s.

NÈFLE (pop.) XII⁰ s. : bas lat. *mesfila* IX⁰ s., croisement du lat. *mespila*, plur. de *mespilum* « id. », et du gr. *phullon* « feuille », qui aurait remplacé la 2⁰ partie du mot ; *n* initial dû à une dissimilation des deux consonnes labiales ; **NÉFLIER** XIII⁰ s.

NEIGER famille d'une racine ind.-eur. **(s)nigwh-* « neige ».

En latin *nix, nivis* « neige » et adj. *niveus*, *nivosus* et *nivalis* « neigneux ». En germanique commun **snaiwaz*, d'où l'angl. *snow*.

♦ |1| **NEIGER** (pop.) XII⁰ s. : lat. vulg. **nivĭcāre*, de *nix, nivis* ; **ENNEIGÉ** XII⁰ s. ; **ENNEIGEMENT** XX⁰ s. ; **NEIGE** XIV⁰ s. : dér. de *neiger*, a éliminé l'anc. fr. *noif*, du lat. *nivem*, acc. de *nix* ; **NEIGEUX** XVI⁰ s. ♦ |2| **NÉVÉ** XIX⁰ s. : mot dial. du Valais, dér. du représentant local de *nix, nivis* ; p.-ê. par l'angl. qui avait empr. cette forme longtemps avant le fr. ♦ |3| **NIVÔSE** (sav.) fin XVIII⁰ s. : lat. *nivosus* ; **NIVAL** XX⁰ s. : *nivalis* ; **NIVO-** 1ᵉʳ élément de composés sav., ex. : **NIVOGLACIAIRE, NIVO-PLUVIAL** XX⁰ s. ♦ |4| **SNOW-BOOT** XIX⁰ s. : mot angl. « botte de neige » ; 2⁰ élément : équivalent du fr. *botte*.

NÉNUPHAR XIII⁰ s. : arabe *ninûfar*, par le lat. médiéval.

NÉPHRÉTIQUE ♦ |1| (sav.) XIV⁰ s. : gr. *nephritikos*, dér. de *nephros* « rein », par le lat. ; **NÉPHRITE** XIX⁰ s. : gr. *nephritis (nosos)* « maladie des reins » ; **NÉPHROSE** XX⁰ s. ♦ |2| **NÉPHR(O)-** 1ᵉʳ élément de composés sav. exprimant l'idée de « rein », ex. : **NÉPHRECTOMIE** XX⁰ s. ; **NÉPHROLOGIE** XIX⁰ s.

NERF famille d'une base ind.-eur. **snewro-*, reposant sur une racine **sne-* « filer ».

En grec *neuron* « fibre », « tendon », « nerf », « vigueur », d'où *aponeurôsis* « durcissement en tendon de l'extrémité des muscles ».

En latin forme inversée **nerwo-*, dans *nervus* « ligament », « muscle », « nerf », « vigueur », d'où *nervosus* « nerveux, musculeux » et *enervare* « retirer le nerf », « affaiblir ».

I. mots d'origine latine

A. NERF (pop.) XI⁰ s. « tendon », XIV⁰ s. sens mod. ; XVI⁰ s. « vigueur, ressort », sens repris au lat. : *nervus*.

B. base *-nerv-* (sav.)

♦ |1| **NERVEUX** XIII⁰ s. « fort », XVII⁰ s. « relatif aux nerfs », XVIII⁰ s. « émotif, irritable » : *nervosus* ; **NERVOSITÉ** XVI⁰ s. « force », XIX⁰ s. sens mod. : *nervositas* ; **NERVOSISME** XIX⁰ s. ♦ |2| **ÉNERVER** XIII⁰ s. « couper les tendons » (subsiste dans *les énervés de Jumièges*, fils de Clovis II, qui avaient subi ce traitement) et « affaiblir » ; XIX⁰ s. « irriter » : *enervare* ; **ÉNERVEMENT** XV⁰ s. ; **ÉNERVANT** XIX⁰ s. ♦ |3| **NERVER** XIV⁰ s. : dér. du moyen fr. *nerver* « garnir de nerfs », surtout au part. passé *nervé* « solide » ; **NERVURÉ** XIX⁰ s. ♦ |4| **INNERVER, INNERVATION** XIX⁰ s. : dér. formés sur *nervus*.

NET

II. mots d'origine grecque

A. base *-névr-* (avec prononc. byzantine du groupe *eu*, donc mots d'empr. relativement tardifs)

♦111 APONÉVROSE XVI⁰ s. : *aponeurôsis* ; APONÉVROTIQUE XVIII⁰ s. ♦121 NÉVRITE, POLYNÉVRITE XIX⁰ s. ♦131 NÉVROSE, NÉVROTIQUE XVIII⁰ s. ; NÉVROSÉ XIX⁰ s. ♦141 NÉVR(O)- 1ᵉʳ élément de composés sav., ex. : NÉVROTOMIE XVIII⁰ s. ; NÉVRALGIE, NÉVROPATHE XIX⁰ s.

B. base *-neur-* (sav.)

♦111 NEURONE XIX⁰ s. ; NEURAL XX⁰ s. : dér. formés sur *neuron*. ♦121 NEUR(O)- 1ᵉʳ élément de composés sav., ex. : NEUROLOGIE XVII⁰ s., NEUROLOGIQUE XIX⁰ s. ; NEUROLOGUE, NEUROLOGISTE XX⁰ s. ; NEURASTHÉNIE XIX⁰ s. ; NEUROVÉGÉTATIF XX⁰ s.

NET ♦111 (pop.) XII⁰ s. : lat. *nĭtĭdus* « brillant de propreté » ; NETTETÉ XIII⁰ s. ♦121 NETTOYER (pop.) XII⁰ s. : lat. vulg. *nĭtĭdiāre* dér. de *nitidus* ; NETTOIEMENT XII⁰ s. ; NETTOYAGE XIV⁰ s. ; NETTOYEUR XV⁰ s.

1. NEUF (numéral) famille du lat. *novem* « neuf », d'où *nonus* « neuvième » ; *nonaginta* « quatre-vingt-dix » ; *november* « neuvième mois de l'ancienne année romaine ».

♦111 NEUF (pop.) XII⁰ s. : *nŏvem* ; NEUVIÈME XIII⁰ s. : dér. de *neuf*, qui a éliminé *nuefme*, du lat. vulg. *nŏvĭmus*, lui-même analogique de *novem* et substitué à *nonus* ; NEUVAINE XIV⁰ s. ♦121 NONANTE (pop.) XII⁰ s. : survit en Belgique et en Suisse romande : *nonaginta*. ♦131 NONE (sav.) X⁰ s. « trois heures de l'après-midi » et « une des heures canoniales » : lat. *nona (hora)* « la neuvième heure (après le lever du soleil) ». ♦141 NONES (sav.) XII⁰ s. hist. romaine : *nonae* (plur.) « le neuvième jour avant les Ides ». ♦151 NONAGÉNAIRE (sav.) XIV⁰ s. : *nonagenarius* → DIX. ♦161 NOVEMBRE (sav.) XII⁰ s. : *november*.

2. NEUF (adj.) famille d'une racine ind.-eur. *new-* « nouveau ».

En grec *neos* « nouveau », issu de *newos*.
En latin *novus*, équivalent de *neos*, auquel se rattachent *novellus*, dimin. qualifiant surtout les jeunes plantes ou les jeunes animaux ; *novicius*, qui se dit surtout des esclaves récemment acquis ; *novare, innovare, renovare* « renouveler » et leurs dér.

I. mots d'origine latine

A. NEUF (pop.) X⁰ s. : *nŏvus*.

B. base *-nouv-* (pop.)

♦111 NOUVEAU XI⁰ s. var. *nouvel* : *nŏvěllus* ; NOUVELLEMENT XII⁰ s. ; RENOUVELER XI⁰ s. ; RENOUVELLEMENT XII⁰ s. ; RENOUVEAU XIII⁰ s. ; NOUVEAUTÉ XIV⁰ s., XVII⁰ s. en parlant de modes : a éliminé l'anc. fr. *noveleté*. ♦121 NOUVELLE subst. fém. XIII⁰ s. ; neutre plur. *novella* « choses nouvelles », XV⁰ s. genre littéraire : it. *novella*, de même origine ; NOUVELLISTE XVII⁰ s.

C. base *-nov-* (sav.)

♦111 NOVICE XII⁰ s. adj., XIII⁰ s. eccl., subst. masc. et fém. : *novicius* ; NOVICIAT XVI⁰ s. ♦121 RÉNOVER, RÉNOVATION XVI⁰ s. : *renovare, renovatio* ; RÉNOVATEUR XVI⁰ s., puis XVIII⁰ s. : bas lat. *renovator*. ♦131 INNOVATION XIII⁰ s. : *innovatio* ; INNOVER XIV⁰ s. : *innovare* ; INNOVATEUR XVI⁰ s. ; NOVATION XIV⁰ s. jur. : *novatio*, de *novare* ; NOVATEUR XVI⁰ s. : *novator*. ♦151 NOVA XIX⁰ s. astron. : mot lat., abrév. de *nova (stella)* « nouvelle étoile ». ♦161 NOVO- 1ᵉʳ élément de composé dans NOVOCAÏNE XX⁰ s., 2⁰ élément forme abrégée de *cocaïne*.

II. mots savants d'origine grecque

♦111 NÉON fin XIX⁰ s. : *neon*, neutre de *neos*. ♦121 NÉO- 1ᵉʳ élément de composés soudé au 2⁰ quand celui-ci est sav., sans autonomie et d'origine gr., ex. : NÉOPHYTE XV⁰ s. ; NÉOLOGISME XVIII⁰ s. ; NÉOLITHIQUE XIX⁰ s. ; séparé du 2⁰ par un trait d'union quand celui-ci est un mot fr. autonome, ex. : NÉO-CLASSICISME, NÉO-CLASSIQUE, NÉO-LATIN XIX⁰ s. ; NÉO-RÉALISME XX⁰ s.

NEUME famille du gr. *pnein* « respirer », auquel se rattachent *pnê*, var. *pnoia* « souffle », « respiration » ; *pneuma, -atos* « souffle » ; *pneumatikos* « animé par un souffle » ; *pneumôn* « poumon ».

I. NEUME (demi-sav.) XIV⁰ s. mus. : lat. médiéval *neuma* « souffle », « phrase musicale », du gr. *pneuma*.

II. mots savants ayant conservé le groupe -*pn*-

♦111 PNEUMATIQUE XVI⁰ s. adj. « subtil », XX⁰ s. subst. masc., abrév. de *bandage pneumatique* (voitures) ou de *tube pneumatique* (lettres urgentes) : *pneumatikos*. ♦121 PNEUMONIE XVIII⁰ s. : gr. *pneumonia* « maladie du poumon » ; BRONCHO-PNEU-

MONIE XIXᵉ s. ♦ |3| **PNEUMO-** 1ᶜʳ élément de composés sav., ex.: **PNEUMOCOQUE, PNEUMOGASTRIQUE, PNEUMOTHORAX** XIXᵉ s., abrév. **PNEUMO** XXᵉ s. ♦ |4| **-PNÉE** gr. *pnoia*, 2ᵉ élément de composés sav. exprimant la notion de « respiration », ex.: **DYSPNÉE** XVIᵉ s., **APNÉE** XVIIᵉ s., **BRADYPNÉE** XIXᵉ s.

NEVEU famille du lat. *nepos, nepotis* (fém. *neptis, -is*) « descendant », « petit-fils », « neveu, nièce » ; terme ind.-eur. désignant la parenté indirecte (à travers un fils) ou par ligne collatérale.

♦ |1| **NEVEU** (pop.) XIᵉ s.: *nepōtem*, acc. de *nepos* ; **ARRIÈRE-NEVEU, PETIT-NEVEU** XVIᵉ s. ; **ARRIÈRE-PETIT-NEVEU** XVIIIᵉ s. ♦ |2| **NIÈCE** (pop.) XIIᵉ s.: bas lat. *nĕptia*, class. *neptis*. ♦ |3| **NÉPOTISME** XVIIᵉ s.: it. *nepotismo*, var. *nipotismo* « traitement de faveur réservé par les papes à leurs neveux », dér. de *nipote*, du lat. *nepos, -otis*.

NEZ famille d'une racine ind.-eur. **nās-* « nez ». En latin *nasus* « nez » et *nares, -ium* « narines », sing. lat. imp. *naris*.

♦ |1| **NEZ** (pop.) XIᵉ s.: *nasus*. Pour les mots scientifiques exprimant la notion de « nez » → RHIN(O)-. ♦ |2| **NARINE** (pop.) XIIᵉ s.: lat. vulg. *narīna, dér. de *naris*. ♦ |3| **NARGUER** XVᵉ s.: mot provenant du dauphinois, du lat. vulg. *naricāre « parler du nez », dér. de *naris*. ♦ |4| **RENÂCLER** XVIIᵉ s.: altération, sous l'infl. de *renifler*, de *renaquer* XIVᵉ s., lui-même composé de *naquer*, var. *naskier* XIIIᵉ s., forme picarde, du lat. vulg. *nasicāre « froncer le nez », « flairer ». ♦ |5| **NASAL** (demi-sav.) XIIᵉ s. subst.: « pièce d'armure couvrant le nez » : a éliminé *nasel* (pop.) XIᵉ s., du bas lat. *nasāle* (attesté seulement au sens de « frein pour le naseau d'un cheval », mais qui a pu désigner divers objets relatifs au nez). ♦ |6| au XVIᵉ s. développement d'une série de dér. de forme pop., tirés de la base *-nas-* : **NASARD** et **NASARDE** ; **NASEAU** ; **NASILLER** « parler du nez », favorisé par l'existence, en anc. fr., de *nasiller*, altération phonét. de *nariller* « se moucher », dér. de l'anc. fr. *narille*, var. de *narine* ; **NASILLARD, NASILLEUR** XVIIᵉ s., **NASILLEMENT** XVIIIᵉ s. ♦ |7| **NASAL** adj. (sav.) XVIIᵉ s. dér. sur *nasus* ; **NASALITÉ** XVIIIᵉ s. ; **NASALIER, NASALISATION, DÉNASALISER** XIXᵉ s. ; **DÉNASALISATION** XXᵉ s.

NICKEL XVIIIᵉ s.: all. dial. « petit génie hantant les mines » → GOBELIN ; nom donné à ce métal par le minéralogiste suédois Cronstedt qui l'isola, d'après le composé all. *Kupfernickel*, appliqué par des mineurs all. à un minerai de nickel qu'ils avaient d'abord pris pour un minerai de cuivre ; **NICKELER, -AGE** XIXᵉ s.

NIQUE (faire la) XIVᵉ s.: mot d'origine expressive marquant l'indifférence et la moquerie ; **NICHE** XIIIᵉ s. « attrape » : var. de *nique*.

NIRVÂNA XIXᵉ s.: mot sanscrit « extinction ».

NITRE ♦ |1| (sav.) XIIIᵉ s.: gr. *nitron* « alcali minéral ou végétal », par le lat. ; **NITRIFIER, NITRIFICATION** fin XVIIIᵉ s. ; **NITREUX** XIIIᵉ s., **NITRÉ** XVIIᵉ s., **NITRIQUE** XVIIIᵉ s.: adj. dér. de *nitre*. ♦ |3| **NITRATE** XVIIIᵉ s. ; **NITRITE** XIXᵉ s.: subst. dér. de *nitre*. ♦ |4| **NITRO-** 1ᶜʳ élément de mots sav., ex.: **NITROPHOSPHATE** XVIIIᵉ s. ; **NITROGÈNE, NITROTOLUÈNE, NITROGLYCÉRINE** XIXᵉ s., **NITROCELLULOSE** XXᵉ s.

NŒUD famille de deux racines ind.-eur. de même sens et de formes voisines, probablement parentes, **nedh-* et **negh-* « lier », représentées en latin, la 1ʳᵉ par *nōdus* « nœud », d'où lat. arch. et imp. *nodare* « nouer », lat. imp. *nodosus* « noueux » ; la 2ᵉ par *nectere, nexus* « lier », d'où *annectere, annexus* « attacher à », et bas lat. *annexio* « liaison » ; *conectere*, var. *connectere, connexus* « attacher ensemble ».

I. mots populaires

A. **NŒUD** XIIᵉ s. « entrelacement de liens », XIIIᵉ s. « protubérance ligneuse ou osseuse », XVIIᵉ s. mar. et théâtre : *nōdus*.

B. **NOYAU** XIIIᵉ s. *noiel* : lat. vulg. *nodĕllus, dimin. de *nodus* ; **DÉNOYAUTER** XXᵉ s. ; **NOYAUTER, NOYAUTAGE** XXᵉ s. pol.

C. base *-nou-*

♦ |1| **NOUER** XIIᵉ s.: *nodāre* ; **DÉNOUER** XIIᵉ s. ; **DÉNOUEMENT** XVIIᵉ s. ; **RENOUER** XIIᵉ s. sens propre ; XVIᵉ s. fig. « se réconcilier ». ♦ |2| **NOUEUX** XIIIᵉ s.: *nodōsus*.

II. mots savants

A. famille de *nodus* base *-nod-* : **NODOSITÉ** XIVᵉ s.: bas lat. *nodositas*, dér. de *nodosus* ;

NODAL XVIᵉ s. : bas lat. *nodalis*, dér. de *nodus* ; **NODUS** XVIᵉ s. anat. : mot lat. ; **NODULE, NODULAIRE, NODULEUX** XIXᵉ s.

B. famille de *nectere*, bases *-nex-* et *-nect-*
♦ 11 **ANNEXE** XIIIᵉ s. : *annexus* ; d'où **ANNEXER** XIIIᵉ s. ; **ANNEXION** XVIIIᵉ s. ♦ 12 **CONNEXE** XIIIᵉ s. : *connexus* ; **CONNEXION** XIVᵉ s. : *connexio* ; **CONNEXITÉ** XVᵉ s. ; **CONNECTER** XVIIIᵉ s. : *connectere* ; **CONNECTIF, CONNECTEUR** fin XVIIIᵉ s.

NOIR ♦ 11 (pop.) XIᵉ s. adj., XIIᵉ s. subst. masc., nom de couleur, XVIIᵉ s. subst. masc. « nègre » ; subst. fém. mus. : lat. *niger* ; **NOIRÂTRE** XIVᵉ s. ; **NOIRAUD** XVIᵉ s. Pour les mots scientifiques exprimant l'idée de « noir » → MÉLANO-, art. MÉLANIE. ♦ 12 **NOIRCIR** (pop.) XIIᵉ s. : lat. vulg. *nigricire*, class. *nigrescere* ; **NOIRCISSURE, NOIRCISSEMENT** XVIᵉ s. ; **NOIRCEUR** XIIᵉ s. : dér. sur le radical de *noircir*. ♦ 13 **NIELLE** (pop.) XIIᵉ s. plante : *nigĕlla*, fém. substantivité de *nigĕllus*, dimin. de *niger* (à cause de la couleur noirâtre de ses graines) ; XVIᵉ s. maladie du blé (dont les épis noircissent). ♦ 14 **NIELLER** (pop.) XIIᵉ s., d'abord *neeler* : dér. de *neel* « émail noir », du lat. *nigĕllus* → le précédent ; **NIELLURE** XIIIᵉ s. ; **NIELLEUR** XIIIᵉ s. ; **NIELLE** XIXᵉ s. subst. masc. : it. *niello*, de même origine. ♦ 15 **NÈGRE** XVIᵉ s. « homme de race noire », XVIIᵉ s. adj. de couleur, XVIIIᵉ s. « collaborateur anonyme et rétribué d'un écrivain », XIXᵉ s. ; **PETIT-NÈGRE** « mauvais français » : esp. ou port. *negro*, du lat. *nigrum*, acc. de *niger* ; **NÉGRESSE** XVIIᵉ s. ; **NÉGRILLON, NÉGRIER** XVIIIᵉ s. ; **NÉGROÏDE** XIXᵉ s. ; **NÉGRITUDE, NÉGRITIQUE** XXᵉ s. ; **NEGROSPIRITUAL** XXᵉ s. : mot anglo-américain « cantique nègre ». ♦ 16 **DÉNIGRER** (sav.) XIVᵉ s. : *denigrare* « noircir », dér. de *niger* ; **DÉNIGREMENT** XVIᵉ s. ♦ 17 **NIGRO-, NIGRI-** 1ᵉʳˢ éléments de mots sav. ex. : **NIGRITE, NIGRITIQUE** XXᵉ s.

NOIX famille du lat. *nux, nucis* « noix » et « fruit à amande en général », d'où *nucleus* « noyau » et *enucleare* « enlever le noyau ».
♦ 11 **NOIX** (pop.) XIIᵉ s. « fruit du noyer », XVIIᵉ s. boucherie : *nux, nucis*. ♦ 12 **NOYER** (pop.) XIIᵉ s. : lat. vulg. *nŭcarius*, dér. de *nux*. ♦ 13 **NOUGAT** XVIIIᵉ s. : mot prov. du lat. vulg. *nŭcatum* « tourteau de noix », dér. de *nux* ; **NOUGATINE** XXᵉ s. ♦ 14 **ÉNUCLÉATION** (sav.) XVᵉ s. « éclaircissement », XVIIIᵉ s. bot., XIXᵉ s. chir. : dér. sur *enucleare* ; **ÉNUCLÉER** XIXᵉ s. : *enucleare*. ♦ 15 **NUCLÉAIRE** (sav.) XIXᵉ s. : dér. sur *nucleus* ; **NUCLÉUS** XIXᵉ s. : mot lat. ; **NUCLÉIQUE, NUCLÉON** XXᵉ s. ♦ 16 **NUCLÉO-** 1ᵉʳ élément de composés sav., ex. : **NUCLÉOPROTÉINE** XXᵉ s.

NOM famille d'une racine ind.-eur. *ñom-* « nom ».

En grec *onoma, onomatos* « nom », d'où *onomastikos* « propre à dénommer » et, comme 2ᵉˢ éléments de composés, l'adj. *-ŏnumos* et le subst. *-onomasia*.

En latin *nomen, nominis* « nom » et « renom », d'où (a) *praenomen* « prénom » ; *pronomen* « pronom » (b) *nomenclator* « esclave chargé de nommer à son maître les citoyens qu'il rencontrait » ; *nomenclatura* « série de noms » (c) *nominare* « désigner par un nom » ; *nominalis* « qui concerne le nom » ; *nominatio* « dénomination » et « nomination à une fonction » ; *nominativus* « qui sert à nommer » (d) *ignominia* « déshonneur », de *in-* privatif et de *nomen* au sens de « renom », et *ignominiosus*.

I. mots d'origine latine
A. base *-nom-* (pop. ou sav.)
♦ 11 **NOM** (pop.) Xᵉ s. : *nomen* ; **NOMMER** Xᵉ s. : *nominare* ; **NOMMÉMENT** XIIᵉ s. ♦ 12 **RENOMMER** XIᵉ s., surtout au part. passé ; **RENOMMÉE, RENOM** XIIᵉ s. ; **DÉNOMMER** XIIᵉ s. ; **SURNOM, SURNOMMER** XIIᵉ s. ; **SUSNOMMÉ** XVIᵉ s. : composés de *nom* de forme pop. ♦ 13 **INNOMMÉ** XIVᵉ s., **INNOMMABLE** XVIᵉ s. : composés de *nom* de forme sav. ♦ 14 **PRÉNOM** (sav.) XVIᵉ s. : *praenomen* ; **PRÉNOMMÉ** XVIᵉ s. ; **PRÉNOMMER** XIXᵉ s. ♦ 15 **PRONOM** (sav.) XVᵉ s. : *pronomen*. ♦ 16 **NOMENCLATURE** (sav.) → CLAIR.

B. base *-nomin-* (sav.)
♦ 11 **DÉNOMINATION** XIIIᵉ s. : *denominatio* ; **DÉNOMINATEUR, DÉNOMINATIF** XVᵉ s. ♦ 12 **NOMINATIF** XIIIᵉ s. : *nominativus* ; **NOMINATION** XIVᵉ s. : *nominatio* ; **NOMINAL** XVIᵉ s. : *nominalis* ; **NOMINALISTE** XVIᵉ s. ; **NOMINALISME** XVIIIᵉ s. ; **ADNOMINAL** XXᵉ s. ♦ 13 **IGNOMINIE** XVᵉ s. : *ignominia* ; **IGNOMINIEUX** XIVᵉ s. : *ignominiosus*. ♦ 14 **PRONOMINAL** XVIIIᵉ s. : *pronominalis*.

II. mots savants d'origine grecque
A. base *-onoma-*
♦ 11 **ANTONOMASE** XIVᵉ s. : empr. par le lat., au gr. *antonomasia* « désignation d'un

objet par une épithète, un nom patronymique », dér. de *antonomazein* « appeler d'un nom différent ». ♦121 **ONOMASTIQUE** XVIᵉ s. : subst. : gr. *onomastikos*, adj. ♦131 **ONOMATOPÉE** XVIᵉ s. : bas lat. *onomatopoeia*, du gr. *onomatopoiein* « former des noms » ; second élément → POÈTE. ♦141 **PARONOMASE** XVIᵉ s. : *paronomasia* « formation d'un mot tiré d'un autre avec un léger changement », « dérivation » ou « jeu de mots ».

B. base *-onym-*

♦111 **SYNONYME** XIIᵉ s., rare avant le XIVᵉ s. : *sunônumos* « de même nom » ou « de même signification », par le lat. ; **SYNONYMIE** XIVᵉ s. ; **SYNONYMIQUE** XIXᵉ s. ; **ANTONYME** XIXᵉ s. : formation analogique de *synonyme*. ♦121 **PATRONYMIQUE** XIIIᵉ s. ; gr. *patronumikos* « relatif au nom du père », par le lat. ; **PATRONYME** XIXᵉ s. ; 1ᵉʳ élément → PÈRE. ♦131 **ANONYME** XVIᵉ s. : *anônumos* « sans nom », par le bas lat. ; **ANONYMEMENT** XVIIIᵉ s. ; **ANONYMAT** XIXᵉ s. ♦141 **HOMONYME** XVIᵉ s. : *homônumos* « qui porte le même nom », par le lat. ; **HOMONYMIE** XVIᵉ s. ♦151 **MÉTONYMIE** XVIᵉ s. : *metônumia* « changement de nom », par le bas lat. ; **MÉTONYMIQUE** XIXᵉ s. ♦161 **PSEUDONYME** XVIIᵉ s. : *pseudônumos* « qui porte ou se donne un faux nom » → PSEUDO-. ♦171 **ÉPONYME** XVIIIᵉ s. : *epônumos* « qui donne son nom à », 1ᵉʳ élément → ÉPI-. ♦181 **ANTHROPONYMIE** XIXᵉ s. : de *anthrôpos* « homme » et *onoma*. ♦191 **PARONYME** XIXᵉ s. : *parônumos* « qui porte un nom semblable » ; **PARONYMIE, -IQUE** XIXᵉ s. ♦1101 **TOPONYMIE, TOPONYME** XIXᵉ s. : de *topos* « lieu » et *onoma* → TOPIQUE.

NOMADE famille sav. du gr. *nemein* « partager », en particulier « attribuer à un troupeau, une partie de pâturage », d'où (a) *nomas, -ados* « qui pâture » (b) *nomos* « ce qui est attribué en partage », « usage », « loi », d'où, comme seconds éléments de composés, l'adj. *-nomos*, le subst. *-nomia*, et *nomisma* « tout ce qui est établi par l'usage », en particulier « monnaie ayant cours ».

♦111 **NOMADE** XVIᵉ s. : *nomas, nomados*, par le lat. ; **NOMADISME** XXᵉ s. ♦121 **NUMISMATIQUE** XVIᵉ s. adj., XIXᵉ s. subst. fém. : dér. sur le lat. *numisma*, var. de *nomisma* « pièce de monnaie », du gr. *nomisma*. ♦131 **-NÔME** : *nomos* au sens de « division », « part », 2ᵉ élément de composés math. (l'accent circonflexe, non justifié par l'étym., est une fantaisie orth.). **BINÔME** XVIᵉ s. : adaptation du lat. médiéval *binomium* ; **TRINÔME, QUADRINÔME** XVIᵉ s. ; **MONÔME** XVIIᵉ s., XIXᵉ s. « défilé d'étudiants » ; **POLYNÔME** XVIIᵉ s. ♦141 **DEUTÉRONOME** XIIIᵉ s. : *deuteronomos*, littéralement « deuxième loi » (→ DEUX), livre de la Bible qui constitue comme un second traité abrégé de la Loi. ♦151 **ASTRONOMIE** XIIᵉ s. : *astronomia* « id » ; **ASTRONOMIQUE** XVᵉ s. : *astronomikos* ; **ASTRONOME** XVIᵉ s. : *astronomos*. ♦161 **AGRONOME** XIVᵉ s. « administrateur rural », XVIIIᵉ s. sens mod. : de *agro-* → ACRE et *nomos* ; **AGRONOMIE** XIVᵉ s. ♦171 **GASTRONOMIE** → GASTRO-. ♦181 **AUTONOMIE** XVIᵉ s., rare avant le XVIIIᵉ s. : *autonomia* « état de celui qui se gouverne par lui-même » ; **AUTONOME** XVIIIᵉ s. ; **AUTONOMISTE** XIXᵉ s. ; **ANTINOMIE** XVIᵉ s. : gr. *antinomia* « contradiction dans les lois », par le lat. ; **ANTINOMIQUE** XIXᵉ s. ♦191 **MÉTRONOME** XIXᵉ s. → MESURE. ♦1101 **NOMO-** 1ᵉʳ élément de composés sav., ex. : **NOMOTHÈTE** XVIIᵉ s. ; **NOMOGRAPHE** XIXᵉ s.

NOMBRE famille du lat. *numerus* « nombre », d'où *numerare* « compter » ; *numeratio* « compte » ; *enumerare* « compter complètement » et *enumeratio* ; *numerabilis* « qu'on peut compter » ; bas lat. *numeralis* « numéral » ; bas lat. adj. substantivé *numerarius* « relatif aux nombres », « calculateur ».

I. base *-nombr-* (pop.)

♦111 **NOMBRE** XIIᵉ s. : *nŭmĕrus* ; **NOMBREUX** XIVᵉ s. ; **SURNOMBRE** XIXᵉ s. Pour certains mots sav. exprimant la notion de « nombre » → ARITHMO-, art. ART. ♦121 **NOMBRER** XIᵉ s. : *numerāre* ; **NOMBRABLE** XIVᵉ s. ; **INNOMBRABLE** XIVᵉ s. : adaptation, d'après *nombrable*, du lat. *innumerabilis* ; **DÉNOMBRER** XVIᵉ s. ; **DÉNOMBREMENT** XIVᵉ s.

II. base *-numér-* (sav. ou mots d'empr.)

♦111 **NUMÉRATION** XIVᵉ s. : *numeratio* ; **NUMÉRATEUR** XVᵉ s. : *numerator* ; **NUMÉRAL** XVᵉ s. : *numeralis* ; **NUMÉRAIRE** XVIᵉ s. adj. « relatif aux nombres », XVIIIᵉ s. subst. masc. « monnaie ayant cours légal » : *numerarius*. ♦121 **ÉNUMÉRER** XVIᵉ s., rare avant le XVIIIᵉ s. : *enumerare* ; **ÉNUMÉRA-**

TION XV˚ s. : *enumeratio* ; ÉNUMÉRATIF XVIII˚ s. ♦131 SURNUMÉRAIRE et NUMÉRIQUE XVII˚ s. : dér. formés sur la base de *numerus*. ♦141 NUMÉRO. XVI˚ s. : mot it. « nombre », du lat. *numerus* ; NUMÉROTER XVII˚ s. ; NUMÉROTAGE XVIII˚ s. ; NUMÉROTATION, NUMÉROTEUR XIX˚ s.

NOMBRIL ♦111 (pop.) XII˚ s. : altération du lat. vulg. **umbilīcŭlus*, dimin. de *umbilīcus* ; r p.-ê. dû à une dissimilation des deux *l*, *n* initial s'agglutination d'un article indéfini ou défini, avec, encore une fois, dissimilation des *l*. ♦121 OMBILIC (sav.) XIV˚ s. : lat. *umbilicus* ; OMBILICAL XV˚ s.

NON famille d'une négation ind.-eur. *nĕ-* qui n'existe plus isolément. Employée comme préf., elle apparaît sous les formes vocalisées *a-* en gr., *in-* en lat. avec une valeur privative, ou sous sa forme normale *ne-* en lat., ex. : *nefastus*. Elle a été renforcée en lat. de diverses manières : (a) en *neg-*, dans *negotium* → OISEUX, *neglegere* → LIRE, et dans *negare* « nier », « refuser », auquel se rattachent *negatio* et le bas lat. *negativus* ; *denegare* « nier fortement » et bas lat. *denegatio* ; lat. imp. *abnegare* « refuser absolument » et bas lat. *abnegatio* (b) en *neque* « et ne pas », formé à l'aide de la particule coordonnante *-que* (c) en *non*, négation usuelle en lat., issue de **ne oinon*. forme ancienne de **ne unum* « pas un » (d) en *nullus* « aucun », « nul », de **ne oinolos*, dimin. du précédent (e) en *nihil* « rien », de **ne hilum*, littéralement « pas un hile de fève », c.-à-d. « pas même la plus petite chose possible » (f) en *neuter* « ni l'un ni l'autre », de *ne* et *uter* « l'un des deux », d'où le lat. imp. *neutralis* « neutre ».

I. mots populaires ou empruntés d'origine latine

♦111 NON XI˚ s. : *non* en position tonique ; peut servir de préf., soudé au 2˚ élément dans les composés anciens, ex. : *nonchalant* XIII˚ s., *nonpareil* XIV˚ s., mais séparé par un tiret dans les composés mod., ex. : *non-conformiste* XVII˚ s. ; *non-lieu* XIX˚ s. ; *non-contradiction* XX˚ s. ♦121 NE X˚ s. : *non* en position atone ; pouvait être en anc. fr. renforcé par des subst. exprimant une très petite quantité, *pas*, *mie*, *point*, qui sont devenus obligatoires et parmi lesquels *pas* tend à devenir, dans le langage familier, le seul adv. de négation. *Non* atone a passé par une étape *nen* qui survit dans l'adv. arch. NENNI XII˚ s., issu de *nen il*, formation parallèle à celle de *oïl* → OUI, art. IL. ♦131 NUL IX˚ s. « aucun », XIII˚ s. « sans valeur » : *nŭllus* ; NULLEMENT XII˚ s. ♦141 NI XIII˚ s. : a concurrencé puis éliminé, surtout entre le XV˚ s. et le XVII˚ s., l'anc. fr. *ne* issu de *nec*, var. de *neque* ; le *-i*, qui donnait à cette particule plus de sonorité et de consistance, provient sans doute du contact avec les anciens démonstratifs *ice*, *icil*, *icelle*. ♦151 NIER X˚ s. « renier », XII˚-XVIII˚ s. « refuser », XII˚ s. « déclarer faux » : *negare* ; NIABLE XVIII˚ s. ; RENIER XII˚ s. ; RENIEMENT XIII˚ s. ; RENÉGAT XVI˚ s. : it. *rinnegato* « qui a renié sa foi », de *rinnegare*, formation équivalente à *renier*, que l'anc. fr. employait avec le même sens. ♦161 DÉNIER XII˚ s. : *denegare* ; DÉNI XIII˚ s. : dér. de *dénier*, subsiste surtout dans la loc. *déni de justice*. ♦171 NÉANT, de *ne gentem* → GENS.

II. mots savants d'origine latine

♦111 NÉGATION XIII˚ s. ; XIV˚ s., gramm. : *negatio* ; NÉGATIF XIII˚ s. : *negativus* ; NÉGATIVE XIII˚ s. subst. fém. ; NÉGATEUR XVIII˚ s. : bas lat. *negator* ; NÉGATIVITÉ, NÉGATIVISME XIX˚ s. ♦121 ABNÉGATION XIV˚ s. « reniement », XV˚ s. « renoncement » : *abnegatio* ; DÉNÉGATION XIV˚ s. : *denegatio*. ♦131 ANNULER XIII˚ s. : bas lat. (IV˚ s.) *annullare* ; ANNULATION XV˚ s. ; NULLITÉ XV˚ s. : lat. médiéval *nullitas*. ♦141 NEUTRE XIV˚ s. « qui ne prend pas parti », XV˚ s. gramm., XVIII˚ s. chimie, XIX˚ s. électr. : *neuter* ; NEUTRALITÉ XIV˚ s. ; NEUTRALISER XVI˚ s. : dér. formés sur *neutralis* ; NEUTRALISATION XVIII˚ s. ; NEUTRALISME, NEUTRALISTE XX˚ s. ; NEUTRON XX˚ s. ♦151 ANNIHILER XVI˚ s. : lat. scolastique *annichilare*, dér. de *nichil*, transcription médiévale du class. *nihil* ; ANNIHILATION XIV˚ s. : *annichilatio*, dér. du précédent ; NIHILISTE XVIII˚ s. théol., philo. et pol., et NIHILISME XIX˚ s. : dér. formés sur *nihil*. ♦161 NEC PLUS ULTRA XVIII˚ s. : loc. lat. « et pas au-delà ». ♦171 IN- lat. *in-*, préf. à valeur privative, ex. : *inaccessible* ; en lat. comme en fr., selon la consonne initiale du 2˚ élément, ce préf. peut prendre les formes *-il*, ex. : *illicite* ; IM-, ex. : *imbattable* ; ou IR-, ex. : *irréfléchi*. IN- se trouve associé à des part. passés : *inachevé*, *inexploré* ; à des adj. simples d'origine sav. : *impair*, *impie*, *impur* ; à des adj. dér. en -able ou -ible : *imbuvable, incorruptible* ; à des subst. : *inconduite, ininterruption*. ♦ 181 **NÉCESSAIRE** → ce mot. ♦ 191 **NÉFASTE**. → FOIRE. ♦ 1101 **NÉGLIGER** → LIRE. ♦ 1111 **NÉGOCE** → OISEUX.

III. forme savante d'origine grecque

A-, var. **AN-** devant voyelle : gr. *a-, an-* préf. privatif dans d'anciens mots sav., ex. : *anormal*, du lat. médiéval *anormalis* ; dans la langue des sciences aux XVIIIe s. et XIXe s., ex. : **ANESTHÉSIE** XVIIIe S., **APYRÉTIQUE** XIXe S. ; généralisé dans la langue courante au XXe s., ex. : **APOLITIQUE**.

NONNE (pop.) XIIe s. « religieuse » : bas lat. *nonna* « nourice », fém. de *nonnus* « père nourricier » et « moine » ; **NONNAIN** XIe s. : ancien cas régime de *nonne* (→ PUTAIN) ; **NONNETTE** XIIIe s. « jeune religieuse », XIXe s. « petit pain d'épice anisé, fabriqué à l'origine à Reims par des religieuses ».

NOOLOGIQUE famille sav. du gr. *noos*, var. *nous*, de *nowos* « faculté de penser » ; *-noia*, 2e élément de composés ; *noein* « avoir une pensée dans l'esprit ».

♦ 111 **NOOLOGIQUE** et **NOOLOGIE** XIXe s. : dér. formés sur *noos*. ♦ 121 **NOÉTIQUE** XIXe s. : gr. *noêtikos* « doué d'intelligence », dér. de *noein*. ♦ 131 **NOUMÈNE** XIXe s. : mot créé par Kant (par opposition à *phénomène*), sur le gr. *noumenon* « ce qui est pensé », part. présent passif neutre de *noein*. ♦ 141 **PARANOÏA** XIXe s. : mot gr. « trouble de la raison », de *para* « à côté », et *-noia* ; d'abord empr. par l'all., XVIIIe s., d'où il est passé en fr. ; **PARANOÏAQUE, PARANOÏDE** XXe s.

NORD ♦ 111 (pop.) XIIe s. : anc. angl. *north* ; pour les mots sav. exprimant la notion de « nord » → ARCTIQUE ; **NORD-OUEST** XIIe s. ; **NORD-EST** XIIIe s. ; **NORDISTE** XIXe s., hist. des U.S.A., et **NORDIQUE** XIXe s. ; **NORD-**, 1er élément de noms composés désignant certains peuples, ex. : *nord-Américain, nord-Africain, nord-Coréen* XXe s. ♦ 121 **NOROÎT** ou **NOROIS** XIXe s. : mot de l'Ouest ; prononc. dial. de *nord-ouest* au sens de « vent de nord-ouest » ; ♦ 131 **NORROIS** ou **NOROIS** XIIe s. « de race scandinave » ; repris au XIXe s. pour désigner l'ancienne langue scandinave : dér. de l'anc. scandinave *nordhr* « nord ». ♦ 141

NORMAND : frq. *nortman* « homme du Nord », mot servant à désigner les envahisseurs scandinaves.

NOSO- (sav.) gr. *nosos* « maladie », 1er élément de composés, ex. : **NOSOGRAPHIE, NOSOLOGIE** XVIIIe s.

NOSTALGIE (sav.) XVIIIe s. : composé du gr. *nostros* « retour » et *algos* « souffrance », formé en 1678 par le médecin suisse Harder sous la forme *nostalgia* ; **NOSTALGIQUE** XVIIIe s.

NOTE famille savante du lat. *nŏta* « marque de reconnaissance », « caractère d'écriture », « annotation », « blâme infligé par le censeur », d'où (a) le dimin. bas lat. *notula* (b) lat. imp. *notarius* « secrétaire » (c) *notare*, ses composés *denotare* et *annotare* « désigner par une marque », et ses dér. *notatio* et *notabilis*.

♦ 111 **NOTE** XIIe s. « marque » et « note de musique », XIVe s. « annotation », XVIIIe s. « détail d'un compte à payer », XIXe s. « appréciation chiffrée » : *nota* ; **NOTULE** XVe s. : *notula*. ♦ 121 **NOTER** XIIe s. « remarquer », XVIe s. « cocher » et *noter d'infamie* : *notare* ; **DÉNOTER** XIIe s. « remarquer », XIVe s. « montrer » : *denotare* ♦ 131 **NOTABLE** XIIIe s. adj., XIVe s. subst. masc. : *notabilis* ; **NOTABILITÉ** XIVe s. « caractère de ce qui est notable », XIXe s. « personne notable » : dér. sur *notabilis*. ♦ 141 **NOTATION, ANNOTATION** XIVe s. : *notatio, adnotatio* ; **ANNOTER** XVe s. « inventorier » puis « remarquer », XVIIIe s. sens mod. : *adnotare* ; **ANNOTATEUR** XVIe s. ; **CONNOTER** XVIe s., repris au XXe s. en ling. ; **CONNOTATION** XXe s. ♦ 151 **NOTA** XIe s. : mot lat., impératif de *notare*, « remarque ! » ; **NOTA BENE** XVIIIe s. « remarque bien ! ». ♦ 161 **NOTAIRE** XIIe s. « secrétaire », XIIIe s. sens mod. : *notarius* ; **NOTARIAT, NOTARIÉ** XVe ; **NOTARIAL** XVIIe s. ; **NOTAIRESSE** XIXe s.

NOUBA XIXe s. « musique des tirailleurs algériens », d'où « fête » : arabe d'Algérie *nowba* « tour de rôle », et « musique que l'on jouait à tour de rôle devant les maisons des officiers et des notables ».

NOUILLE XVIIIe s. ; XVIIe s. *nulle* : adaptation de l'all. *Nudel*.

NOURRIR famille d'une racine ind.-eur. *sneu- « allaiter ». En sanscrit *snauti* « il sort goutte à goutte », qui se dit en parlant du lait de la mère. En latin *nutrix, -icis* « celle qui allaite », d'où l'adj. *nutricius* « qui nourrit »; verbe *nutrire, nutritus* « nourrir », d'où lat. imp. *nutrimen*, bas lat. *nutritio* et bas lat. *nutritura* (vi^e s.) « action de nourrir ».

♦ |1| **NOURRIR** (pop.) xe s. « élever », xie s. « allaiter », xiie s. pronom. « manger », xiiie s. « entretenir, faire vivre » : *nūtrīre*. Pour les mots scient. exprimant l'idée de « nourrir » → TROPH-, art. ATROPHIE. ♦ |2| **NOURRITURE** (pop.) xiie s. « éducation », xvie s. « alimentation »; d'abord sous la forme *norreture* (*i* analogique de *nourrir*) : *nutrītūra*. ♦ |3| **NOURRAIN** (pop.) xive s. « alevin » et « cochon de lait » : *nutrīmen*, bas lat. ♦ |4| **NOURRISSON** (pop.) xiie s. subst. fém. « allaitement » d'où « nourriture, éducation »; xvie s. subst. masc. « enfant qu'on allaite » : *nūtritio, -ōnis*. ♦ |5| **NOURRISSEUR** xiie s.; **NOURRISSAGE** xve s.; **NOURRISSANT** xive s. : dér. de *nourrir*. ♦ |6| **NOURRICE** (pop.) xiie s. : *nūtricia*, fém. substantivé de *nutricius*; **NOURRICIER** xve s. : lat. vulg. *nutriciarius*; **NOUNOU** xixe s. ♦ |7| **NURSE** xixe s. : mot angl. « nourrice », empr. à l'anc. fr. *nourrice*; **NURSERY** xixe s. : dér. angl. de *nurse*. ♦ |8| **NUTRITION** (sav.) xive s. : *nutritio*; **NUTRITIF** xive s. : lat. médiéval *nutritivus*, formé sur *nutrire*; **DÉNUTRITION** xixe s.; **MALNUTRITION** xxe s.

NOUS ♦ |1| (pop.) xe s. : lat. *nos*, forme atone, sans diphtongaison. ♦ |2| **NOTRE** (pop.) ixe s. : lat. *noster*, dér. de *nos*, forme atone; **NOS** xie s. : *nostros*, acc. plur. de *noster*, forme atone; **(LE) NÔTRE** xie s. : *noster*, forme tonique; **(LES) NÔTRES**, au sens de « nos parents et amis » xviie s.

NOYER famille d'une racine ind.-eur. *nek-, *nok- « causer la mort de quelqu'un ».
En grec *nekros* « mort », d'où *nekroûn* « faire mourir », « rendre comme mort » et *nekrôsis* « mortification ».
En latin (1) *nex, necis* « mort violente », d'où *necare* « tuer »; *pernicies* « destruction, perte », et *perniciosus* « funeste, dangereux »; (2) *nocēre* « faire du mal », « causer du tort », *nocivus, nocens* « nuisible »; *innocens* « qui ne fait pas le mal » et *innocentia* « innocence »; *innocuus* « qui ne fait pas de mal », « sans danger ».

I. mots d'origine latine

A. famille de *nex, necis*
♦ |1| **NOYER** (pop.) xe s. « tuer par immersion » : *nĕcāre*, avec spécialisation des sens du lat. au fr. : **NOYADE** fin xviiie s. ♦ |2| **PERNICIEUX** (sav.) xive s. : *perniciosus*.

B. famille de *nocere*
♦ |1| **NUIRE** (pop.) xiie s. : lat. vulg. *nŏcĕre*, class. *nŏcēre* (à l'origine de la var. anc. fr. *nuisir*); **NUISANCE** xiie s.; **NUISIBLE** xive s. ♦ |2| **INNOCENT** (sav.) xie s. « non nuisible », xiiie s. « non coupable », xixe s. « arriéré mental » : *innocens*; **INNOCENCE** xiie s. : *innocentia*; **INNOCEMMENT** xive s.; **INNOCENTER** xvie s. ♦ |3| **NOCIF** (sav.) xve s., rare avant le xixe s. : *nocivus*; **NOCIVITÉ** xixe s. ♦ |4| **INNOCUITÉ** (sav.) xviiie s. : dér. sur *innocuus*.

II. mots savants d'origine grecque
♦ |1| **NÉCROMANCIE** xiie s. : lat. imp. *necromantia*, formé d'après le gr. *nekromantis* « devin qui prédit l'avenir en évoquant les morts »; **NÉCROMANCIEN** xiiie s. ♦ |2| **NÉCROSE** xviie s. : *nekrôsis*; **NÉCROSER** xviiie s. ♦ |3| **NÉCROPHORE** xviiie s. : *nekrophoros* « porteur de morts »; **NÉCROPHAGE** xixe s. : *nekrophagos* « mangeur de morts »; **NÉCROPOLE** xixe s. : *nekropolis* « ville des morts », grand cimetière monumental d'Alexandrie en Égypte. ♦ |4| **NÉCRO-** 1er élément de composés mod., ex. : **NÉCROLOGE** xviie s., **NÉCROLOGIE, -IQUE** xviiie s.; **NÉCROLOGUE** xixe s.; **NÉCROPSIE** xixe s.; **NÉCROPHILIE** xxe s.

NU famille du lat. *nūdus* « nu », d'où *nudare* et *denudare* « mettre à nu », et bas lat. *nuditas* « nudité ».

I. mots populaires
♦ |1| **NU** xie s. : *nūdus*; **NUE-PROPRIÉTÉ** xviiie s.; **NÛMENT** ou **NUEMENT** xiiie s. ♦ |2| **DÉNUER** xiie s. : *denudare*; **DÉNUEMENT** xive s. « action de se découvrir », xve s. « indigence ».

II. mots savants
♦ |1| **DÉNUDER** xiie s. : *denudare*; **DÉNUDATION** xviiie s. ♦ |2| **NUDITÉ** xive s. : *nuditas*. ♦ |3| **NUDISME, NUDISTE** xxe s. : dér. formés sur *nudus*.

NUE famille d'une racine ind.-eur. *sneudh- « couvrir », représentée en latin par : (1) *nubes* « nuage », d'où *nubilare* et *obnubilare* « couvrir d'un nuage » (2) verbe *nūbere*, part. passé fém. *nupta* « voiler (la tête) », d'où *nubere (marito)* « épouser », en parlant de la femme, littéralement « prendre le voile à l'intention d'un mari », le rite le plus important du mariage romain, qui soustrayait l'épouse à la puissance de sa famille d'origine et symbolisait pour elle la perte de la liberté et la réclusion dans la demeure du mari. À *nubere* se rattachent (a) *nubilis* « en âge d'être mariée » (b) *nuptiae* « les noces », d'où *nuptialis* « de noces » : mots probablement apparentés à *nebula* et à *nimbus* → NÉBULEUX.

I. mots de la famille de *nubes*

◆ |1| **NUE** (pop.) XIIe s. : lat. vulg. *nūba*, class. *nūbes* ; **NUÉE** XIIe s., **NUAGE** XVIe s. : dér. nom. de *nue* ; **NUAGEUX** XVIe s. ; **ENNUAGER** XVIIe s. ◆ |2| **NUER** XIVe s. « assortir des couleurs » : dér. de *nue*, à cause des teintes changeantes des nuages ; **NUANCE** XIVe s. ; **NUANCER** XVIe s. ; **NUANCÉ** XVIIe s. ◆ |3| **OBNUBILER** (sav.) XIVe s. : *obnubilare* ; **OBNUBILATION** XVe s. : *obnubilatio*.

II. mots de la famille de *nubere*

◆ |1| **NOCE** (pop.) XIe s. plur., XVIe s. sing., XVIIIe s. argot « libertinage » : lat. vulg. *noptiae*, altération du lat. class. *nūptiae* sous l'infl. de **novius* « nouveau marié », dér. de *novus* ; **NOCEUR** XIXe s. ◆ |2| **NUPTIAL** (sav.) XIIIe s. : *nuptialis* ; **NUPTIALITÉ** XIXe s. ; **PRÉNUPTIAL** XXe s. ◆ |3| **NUBILE** (sav.) XVIe s. : *nubilis* ; **NUBILITÉ** XVIIIe s.

NUIT famille d'une racine ind.-eur. **nokt-* « nuit », base du nom féminin d'une force active (comme *lux* → LUIRE, *nix* → NEIGER) représentée. En gr. par *nux, nuktos* « nuit ».
En latin par *nox, noctis* « id. », d'où *nocturnus* « de la nuit » ; *noctua* « chouette, hibou » ; *nocti-* premier élément de composés, ex. : bas lat. *noctilucus* « qui luit pendant la nuit » ; *aequinoctium* « égalité des jours et des nuits » ; *noctu* adv. « pendant la nuit ».

I. mots d'origine latine

◆ |1| **NUIT** (pop.) Xe s. : *nox, nŏctis* ; **MINUIT** XIIe s. : de *mie* et *nuit* ; **NUITÉE** XIIe s. ; **NUITAMMENT** XIVe s. : altération, d'après les adv. en *-amment*, de l'anc. adv. *nuitantre*, du bas lat. *noctanter*, réfection du class. *noctu*. ◆ |2| **ÉQUINOXE** (sav.) XIIIe s. : *aequinoctium* ; **ÉQUINOXIAL** XIIIe s. : *aequinoxialis*. ◆ |3| **NOCTURNE** (sav.) XIVe s. adj. ; XIXe s. subst. mus. : *nocturnus* ; **NOCTILUQUE** XVIIIe s. : *noctilucus* ; **NOCTAMBULE** XVIIIe s. : lat. médiéval *noctambulus*, de *ambulare* → ALLER ; **NOCTAMBULISME** XVIIIe s. ; **NOCTUELLE** XVIIIe s. : dimin. formé sur *noctua*.

II. mots savants d'origine grecque

◆ |1| **NYCTALOPE** XVIe s. : *nuktalôps, -ôpos* « qui ne voit que pendant la nuit ». ◆ |2| **NYCTHÉMÈRE** XVIIIe s. astron. « espace de temps comprenant un jour et une nuit » : composé de *nux, nuktos* et *hêmera* « jour » → ÉPHÉMÈRE.

NUQUE XIVe s. « moelle épinière » : lat. médiéval (XIe s.) *nucha* « id. », de l'arabe *nuqa* « id. » ; XVIe s. sens mod. ; sous l'infl. d'un autre mot arabe *nukra* « nuque », le sens de « moelle épinière » ayant été pris par *medulla* → MOELLE.

NYLON XXe s. mot américain, marque déposée : probablement formé de l'élément *nyl-* qu'on trouve dans *vinyle* et du suffixe *-on*, d'après l'angl. *cotton*.

NYMPHE ◆ |1| (sav.) XIIIe s. : gr. *numphê*, par le lat. *numpha* « celle qui est recouverte ou voilée », « fiancée, jeune mariée », « divinité des eaux, des montagnes, des prairies, des bois ». Les Anciens rapprochaient *numphê* de *nubere* → NUE, mais il n'y a sans doute là qu'une étym. populaire. ◆ |2| **NYMPHÉE** XVe s., archit. ; **NYMPHOMANIE** XVIIIe s. et **NYMPHOMANE** XIXe s. ; **NYMPHOSE** XIXe s. et **NYMPHAL** XXe s., entomol. : dér. de *nymphe*. ◆ |3| **NYMPHÉA** XVIe s. bot. : empr. par le lat. au gr. *numphaia* « nénuphar », fém. substantivé de *numphaios* « consacré aux nymphes », « relatif aux nymphes ».

-O (pop.) suff. indiquant l'agent, celui qui occupe une situation sociale définie : ex. : *métallo, mécano, prolo* ; issu de la rencontre de *-ot*, ex. : *traminot, cheminot* et du *-o* des formes tronquées, ex. : *dactylo, sténo, vélo*, etc.

OASIS XVI° s., puis fin XVIII° s., à propos de l'expédition d'Égypte : bas lat. *oasis*, mot d'origine égyptienne.

OB- (sav.) lat. *ob-* « devant », « à l'opposé », « en vue de », préf. de mots sav. d'origine lat., ex. : *objecter, obnubiler*.

OBÉLISQUE (sav.) XVI° s. : empr., par le bas lat., au gr. *obeliskos*, dimin. de *obelos* « broche à rôtir », empl. métaph. pour désigner une pyramide très allongée.

OBJURGATION (sav.) XIII° s. : lat. *objurgatio* « réprimande », de *objurgare*, dér. de *jurgare* « se quereller ».

OBLIQUE (sav.) XIII° s. adj. et subst. fém. : lat. *obliquus* ; **OBLIQUER** XIII° s. « placer obliquement », XIX° s. sens mod. ; **OBLIQUITÉ** XIV° s. : lat. imp. *obliquitas*.

OBOLE (sav.) XIII° s. : gr. *obolos*, monnaie valant un sixième de la drachme attique ; XVIII° s.. sens fig.

OBSCÈNE (sav.) XVI° s. : lat. *obscenus* « de mauvais présage » et « indécent, dégoûtant » ; **OBSCÉNITÉ** XVI° s. : *obscenitas*.

OBSCUR, OBSCURITÉ (sav.) XII° s. d'abord *oscurté* : lat. *obscurus, obscuritas* ; **OBSCURCIR** XII° s. : dér. de *obscur* sur le modèle de *noircir, éclaircir* ; **OBSCURCISSEMENT** XIII° s. ; **OBSCURANTISME, OBSCURANTISTE** XIX° s. : dér. d'un adj. *obscurant* « hostile aux lumières », attesté chez Turgot en 1781, p.-ê. analogique d'*ignorant*.

OBSOLÈTE (sav.) XVI° s. : lat. *obsoletus* « tombé en désuétude ».

OBTURER (sav.) XVI° s. : lat. *obturare* « boucher » ; **OBTURATION** XVI° s. : *obturatio* ; **OBTURATEUR** XVI° s. méd., XVIII° s. techn.

OBUS XVI° s. *hocbus* ; XVII° s. forme mod. « obusier » ; XVIII° s. sens mod. : all. *Haubitze* « obusier », du tchèque *haufnice* « machine à lancer des pierres » ; **OBUSIER** XVIII° s.

OCÉAN (sav.) XII° s. : lat. *oceanus* : gr. *Ôkeanos*, nom d'une divinité marine, et ensuite « océan Atlantique », appelé aussi *mare oceanum*, d'où le moyen fr. *mer océane* ; **OCÉANIQUE** XVI° s. : lat. *oceanicus* ; **OCÉANIDE** XVIII° s. : altération, sous l'infl. du gr. *okeanis, -idos* adj. « relatif à l'océan », et du suff. *-ide*, du gr. *ôkeaninê* « nymphe de la mer, fille d'Okeanos » ; **OCÉANIEN** XVIII° s. « de l'Océan », XIX° s. « de l'Océanie » ; **OCÉANO-** 1er élément de composés, ex. : **OCÉANOGRAPHIE** XVI° s., rare avant le XIX° s. ; **OCÉANOGRAPHE, -GRAPHIQUE** XX° s.

OCELOT XVIIᵉ s. : aztèque *ocelotl* « sorte de tigre », p.-ê. par l'esp.

-OCHE ♦|1| (pop.) : suff. nom. issu de la rencontre du lat. vulg. *-occa*, ex. : *épinoche, filoche, mailloche* et de l'it. *-occio, -occia*, issu du lat. vulg. *-oceus* qui a dû exister à côté de *-aceus* → -ASSE, ex. : *sacoche*. ♦|2| **-OCHER** (pop.) : suff. verbal à valeur fréquentative, dimin. péjor., dér. du précéd., ex. : *flanocher, effilocher*.

OCRE (sav.) XIVᵉ s. : gr. *ôkhra*, fém. subst. de *ôkhros* « jaune », par le lat. ; **OCRÉ** XVIᵉ s. ; **OCREUX** XVIIIᵉ s. ; **OCRER** XXᵉ s.

ODALISQUE XVIIᵉ s. : altération du turc *odaliq* « chambrière », dér. de *oda* « chambre ».

ODE famille sav. du gr. *aeidein* « chanter » ; *aoidos* « chanteur », *aoidê* « chant », contracté en *ôidê* « chant » et « poème lyrique » ; *-ôidos* « qui chante » et *-ôidia* « chant », seconds éléments de composés. ♦|1| **ODE** XVᵉ s. : *ôidê* par le bas lat. ; **ODELETTE** XVIᵉ s. ♦|2| **ÉPODE** XVIᵉ s. : gr. *epôidos* « troisième partie du chœur, après la strophe et l'antistrophe », fém. substantivé de l'adj. *epôidos* « qui chante sur ». ♦|3| **ODÉON** XVIIIᵉ s. : lat. *odeum* « petit théâtre », du gr. *ôideion* « édifice d'Athènes primitivement destiné aux exercices de chant », et nom de divers théâtres à Athènes et à Corinthe. ♦|4| **COMÉDIE** → COMIQUE. ♦|5| **TRAGÉDIE** → TRAGIQUE ♦|6| **AÈDE** XIXᵉ s. : *aoidos*. ♦|7| **MÉLODIE** → MÉLO. ♦|8| **PSALMODIE** → PSAUME. ♦|9| **PALINODIE** XVIᵉ s. : *palinôidia*, de *palin* « en sens inverse » et *-ôidia* « chant recommencé sur un autre ton », « rétractation » ; titre d'un poème de Stésichore, poète sicilien du VIᵉ s. avant J.-C., qui, ayant raconté la faute d'Hélène, fut frappé de cécité, mais après avoir chanté la *palinodie*, recouvra la vue. ♦|10| **PARODIE** XVIᵉ s. : *parôidia*, de *para* « à côté » et *-ôidia* « imitation bouffonne d'un morceau poétique » ; **PARODIER** XVIᵉ s. ; **PARODISTE** XVIIIᵉ s. ; **PARODIQUE** XIXᵉ s. ♦|11| **PROSODIE** XVIᵉ s. : *prosôidia* « chant accordé à », « chant pour accompagner la lyre », « accent tonique » et « tout ce qui sert à accentuer le langage » ; **PROSODIQUE** XVIIIᵉ s. ♦|12| **RHAPSODIE** XVIᵉ s. : *rhapsôidia* « poème épique fait de divers épisodes », de *rhaptein* « coudre » et *-ôidia* ; **RHAPSODE** XVIᵉ s. : *rhapsôidos* « celui qui assemble les chants épiques ».

ODEUR famille sav. d'une racine ind.-eur. **od-*. En grec *ozein* (de **od-y-ein*) « sentir », d'où *ozaina* « polype qui exhale une odeur forte ».
En latin (1) *odor, -oris* « senteur », d'où *odorare* « sentir » ; *odoratus* « action de flairer », « odorat » ; *odorifer* « parfumé » ; *inodorus* « sans odeur » (2) une var. sabine *olor*, d'où *olere* « exhaler une odeur » et *olefacere* ou *olfacere*, *olfactus* « flairer, sentir ».

I. mots d'origine latine

A. base *od*-
ODEUR XIIᵉ s. : *odor, -oris* ; **ODORANT** XIIIᵉ s. : part. présent de *odorer*, du lat. *odorare* ; **ODORIFÉRANT** XIVᵉ s. : lat. médiéval *odoriferens*, class. *odorifer* ; **ODORAT** XVIᵉ s. : *odoratus* ; **SUBODORER** XVIIᵉ s. : de *sub* et *odorari* var. de *odorare* ; **INODORE** XVIIIᵉ s. : *inodorus* ; **DÉSODORISER, -ISANT, DÉODORANT** XXᵉ s.

B. OLFACTIF XVIᵉ s. : lat. mod. médical *olfactivus*, dér. de *olfactus* ; **OLFACTION** XVIᵉ s.

II. mots d'origine grecque
OZÈNE XVIᵉ s. : *ozaina* ; **OZONE** XIXᵉ s. : *ozôn*, part. présent de *ozein* ; **OZONISER, -ISATEUR, -ISATION** XIXᵉ s.

ŒDÈME ♦|1| (sav.) XVIᵉ s. : gr. *oidêma* « tumeur », de *oidein* « gonfler » ; **ŒDÉMATEUX** XVIᵉ s. ♦|2| **ŒDIPE** XXᵉ s. psychanalyse, abrév. de *complexe d'Œdipe*, du nom d'*Œdipe* : gr. *Oidipous*, de *oidein* et *pous, podos* → PIED, littéralement « pieds enflés », parce qu'on l'avait exposé les pieds liés.

ŒIL famille d'une racine ind.-eur. **okw-* « œil ».
En grec (1) *ophthalmos* « œil » (forme volontairement altérée à cause des croyances attachées au mauvais œil, d'où *ophthalmia* « maladie de l'œil avec épanchement d'humeurs et chassie » (2) *ôps* « vue », « visage », d'où *muôpos* « qui cligne des yeux », de *muein* « fermer » → MYSTÈRE ; *nuktalôps* « qui voit la nuit » → NUIT ; *prosôpon* « face, figure », « masque de théâtre » et en gramm. « personne », d'où *prosopopoiia* « personnification » → aussi PERSONNE

(3) *opsis* « action de voir », « vue », d'où *autopsia* « action de voir de ses propres yeux » ; *sunopsis* « vue d'ensemble », « coup d'œil général » ; *optikos* « qui concerne la vue » ; *sunoptikos* « qui embrasse d'un seul coup d'œil » (4) *opé* « trou, espacement », d'où *metopê* archit. « métope » (5) *katoptron* « miroir », d'où *katoptrikos* « qui concerne les miroirs » ; *dioptra* « ce qui sert à examiner à travers », « quart de cercle pour mesurer les hauteurs ou les distances », d'où *dioptreia* « emploi ce quart de cercle » et *dioptrikê tekhnê* « art de mesurer les distances ».

En latin (1) *oculus* « œil », « tache de la peau des panthères ou des plumes du paon », « bourgeon » ; à ce dernier sens se rattachent *inoculare* « greffer », *inoculatio* « greffe », *inoculator* « celui qui greffe » ; autres dér. : le dimin. *ocellus* ; les adj. bas lat. *ocularius* et *ocularis* « qui concerne les yeux » ; la forme hybride bas lat. *monoculus* « borgne », du gr. *monos* → MOINE, et *oculus* probablement aussi *-ox, -ocis*, 2ᵉ élément de composés dans *atrox* « au regard noir », *ferox* « au regard sauvage ».

I. mots populaires ou demi-savants d'origine latine

♦ 1 ‖ ŒIL Xᵉ s. : *ŏcŭlum*, acc. sing. de *ŏcŭlus* ; ŒILLÈRE XIIᵉ s. ; ŒILLET XIIIᵉ s. « petit œil », « petite ouverture », « petite tache ronde » ; XVᵉ s. « sorte de fleur » ; ŒILLETON XVIᵉ s. ; ŒILLADE XVᵉ s. ♦ 2 ‖ YEUX Xᵉ s. : *ŏcŭlos*, acc. plur. de *oculus* ; ZIEUTER XXᵉ s. fam. « regarder », avec agglutination de la consonne finale de l'article défini. ♦ 3 ‖ ŒIL-DE-BŒUF XVIᵉ s. ; ŒIL-DE-CHAT XVᵉ s. ; ŒIL-DE-PIE mar. XVIIᵉ s. ; ŒIL-DE-PERDRIX méd. XIXᵉ s. ♦ 4 ‖ ANDOUILLER XIVᵉ s. : altération d'*antoillier* XIVᵉ s., du lat. vulg. *anteocŭlāre (cornu)*, le premier cor du cerf poussant au-dessus des yeux. ♦ 5 ‖ AVEUGLE (demi-sav.) XIᵉ s. d'abord *avuele* : *ab ŏcŭlis* « sans yeux », loc. probablement formée dans le lat. méd. à l'imitation du bas gr. *ap'ommaton* « id. » ; a éliminé le lat. class. *caecus* → CÉCITÉ ; AVEUGLER XIᵉ s. ; AVEUGLEMENT XIIᵉ s. ; AVEUGLÉMENT XVIᵉ s. ; AVEUGLETTE XIVᵉ s., survit dans la loc. adv. *à l'aveuglette* XVIIᵉ s. ; AVEUGLANT XIXᵉ s. ♦ 6 ‖ BIGLE fin XVᵉ s. : altération, sous l'infl. de *aveugle*, de *biscle, bicle*, issu d'un verbe *biscler* XVIᵉ s., du lat. vulg. *bisocŭlāre* « loucher » ; BIGLER XVIIᵉ s.

II. mots savants d'origine latine

♦ 1 ‖ MONOCLE XIIIᵉ s., puis XVIᵉ s.-XVIIᵉ s. adj. « borgne », XVIIᵉ s. subst. instrument d'optique, XIXᵉ s. sens mod. : *monoculus* ; BINOCLE fin XVIIᵉ s. « jumelles », XIXᵉ s. « lorgnons » : lat. mod. *binoculus*, formé en 1645 sur le modèle de l'anc. *monoculus*. ♦ 2 ‖ OCULAIRE XVᵉ s. : *ocularius* ; OCULISTE XVIᵉ s. ; BINOCULAIRE XVIIᵉ s. ; MONOCULAIRE XIXᵉ s. ♦ 3 ‖ INOCULATION XVIᵉ s. « greffe », XVIIᵉ s. « transfusion » : *inoculatio* ; XVIIIᵉ s. sens mod., empr. à l'angl. *inoculation*, de même origine ; INOCULER XVIIIᵉ s. : angl. *to inoculate*, du lat. *inoculare* ; INOCULATEUR, INOCULABLE XVIIIᵉ s. ♦ 4 ‖ OCELLE XIXᵉ s. : *ocellus* ; OCELLÉ XIXᵉ s. ♦ 5 ‖ ATROCE → AIRELLE. ♦ 6 ‖ FÉROCE → FIER.

III. mots savants d'origine grecque

♦ 1 ‖ OPHTALMIE XIVᵉ s. : *ophthalmia*, par le lat. ; OPHTALMIQUE XVᵉ s. : *ophthalmikos*, par le lat. ; EXOPHTALMIE XVIIIᵉ s. : lat. médiéval *exophthalmia* « fait d'avoir les yeux proéminents » ; EXOPHTALMIQUE XIXᵉ s. ; OPHTALMO- 1ᵉʳ élément de composés, ex. : OPHTALMOSCOPIE XIXᵉ s., -SCOPE XIXᵉ s. ; OPHTALMOLOGIE XVIIIᵉ s., -LOGUE, -LOGIQUE, -LOGISTE XIXᵉ s. ♦ 2 ‖ OPTIQUE XIVᵉ s. adj., XVIIᵉ s. subst. fém. : *optikos*, et *optikê (tekhnê)* ; OPTICIEN XVIIᵉ s. ; SYNOPTIQUE XVIIᵉ s. : *sunoptikos* ; OPTO- 1ᵉʳ élément de composés, ex. : OPTOMÈTRE XIXᵉ s. ♦ 3 ‖ DIOPTRE XVIᵉ s. : *dioptra* ; DIOPTRIQUE XVIᵉ s. : *dioptrikê* ; DIOPTRIE XIXᵉ s. ; CATOPTRIQUE XVIIᵉ s. : *katoptrikos* ; CATADIOPTRIQUE XVIIIᵉ s. : contamination de *catoptrique* et de *dioptrique*. ♦ 4 ‖ AUTOPSIE XVIᵉ s. : *autopsia* ; AUTOPSIER XIXᵉ s. ; NÉCROPSIE → NOYER ; SYNOPSIS XIXᵉ s., mot gr. ♦ 5 ‖ MYOPE XVIᵉ s. : gr. *muôps*, par le bas lat., « qui cligne les yeux », de *muein* « fermer » → MYSTÈRE et MUET ; MYOPIE XVIIᵉ s. : *muôpia* ; NYCTALOPE XVIᵉ s. → NUIT ; HÉMÉRALOPIE XVIIIᵉ s., mot formé de *hêmera* « jour » et *ôps*, sur le modèle de *nyctalopie* ; HYPERMÉTROPE XIXᵉ s. : du gr. *hupermetros* « qui dépasse la mesure » et *ôps*. ♦ 6 ‖ MÉTOPE XVIᵉ s. archit. : *metopê*, par le lat. ♦ 7 ‖ PROSOPOPÉE fin XVᵉ s. rhét. : *prosopopoiïa*, par le lat.

ŒSTRE ♦ 1 ‖ (sav.) XVIᵉ s., entomol., « insecte dont la larve est un parasite de certains animaux » : gr. *oistros* « taon », par

ŒUF

le lat. ♦ |2| **ŒSTRAL** (cycle) XX° s. : dér. sur *oistros* au sens fig. de « aiguillon du désir » ; **ŒSTROGÈNE, ŒSTRONE** XX° s.

ŒUF famille d'une racine ind.-eur. **ow-* « œuf ». En grec *ôion*, issu de **ôwyon* ; en latin *ŏvum*.

I. mots d'origine latine

♦ |1| **ŒUF** (pop.) XII° s. : lat. vulg. **ŏvum*, class. *ŏvum*, avec conservation du *v* sous l'infl. de l'*a* du pluriel ; *œuf dur* XIV° s. ; *à la coque* XVII° s. ; *au plat*, puis *sur le plat* XVIII° s. ♦ |2| **OVALE** XIV° s. : dér. sav., sur *ovum* ; **OVALISER** XIX° s. ; **OVE** XVII° s. archit. : *ovum* ; **OVOÏDE** XVIII° s. ♦ |3| **OVIPARE** (sav.) XVI° s. : lat. imp. *oviparus* ; **OVIPARITÉ** XIX° s. ; **OVIDUCTE** XVIII° s. : lat. mod. *oviductus* XVII° s., 2ᵉˢ éléments → PART et CONDUIRE. ♦ |4| **OVAIRE** (sav.) XVII° s. : lat. mod. *ovarium*, sur *ovum* ; **OVARIEN** XIX° s. ; **OVULE** XVIII° s. : dimin., sur *ovum* ; **OVULATION** XIX° s.

II. mots d'origine grecque

OO- 1ᵉʳ élément de composés sav., ex. : **OOLITHE** minéral XVIII° s. ; **OOTHÈQUE** entomol. XIX° s. ; **OOSPORE, OOSPHÈRE, OOCYTE** biol. XIX° s.

ŒUVRE famille d'une racine ind.-eur. **op-* « activité productrice ».
En latin (1) **ops, opis* (non attesté comme nom commun au nominatif) « abondance, ressources, force, aide », du vocabulaire rustique sabin à l'origine. À ce mot se rattachent (a) *opifex* « celui qui fait un ouvrage » (→ FAIRE), d'où *opificium*, contracté en *officium*, « travail, tâche », d'où jur. « obligations d'une charge », « service, fonction » ; dér. *officiosus* « serviable » et bas lat. *officialis* « qui concerne une fonction » ; *officina*, contraction de *opificina* « atelier, fabrique » (b) *opulentus* et *opimus* « riche » (c) *optimus* « excellent », qui sert de superlatif à *bonus* (d) le composé **cops, copis* (attesté seulement à l'accusatif et à l'ablatif sing.) « abondant, riche », d'où *copia* « abondance », et *copiosus* « abondant » (2) *opus, operis* « œuvre » dimin. *opusculum*, et *opera* « activité du travailleur », d'où *operari, operatus* « travailler » et bas lat. *cooperari* « collaborer », et leurs dér. en *-tor* et *-tio* ; *operarius* adj. « relatif au travail » ; *subst.* « manœuvre, ouvrier ».

I. mots populaires ou empruntés

A. famille de *opus*

♦ |1| **ŒUVRE** XII° s. : *ŏpĕra* ; XIV° s. *maistre des œuvres* « architecte » et *maistre des basses* ou *des hautes œuvres* « bourreau » ; XVII° s. *œuvres vives*, mar. ; **HORS-D'ŒUVRE** XVI° s. architecture ; XVII° s. cuisine ; **CHEF-D'ŒUVRE** → art. CHEF ; **ŒUVRETTE** XIII° s. ; **ŒUVRER** XVI° s., a éliminé partiellement l'anc. fr. *ouvrer* ; **DÉSŒUVRÉ** XVII° s. ; **DÉSŒUVREMENT** XVIII° s. ♦ |2| **MANŒUVRE** XIII° s., subst. fém. XV° s. subst. masc. : bas lat. VIII° s. : *manuopera* « travail à la main » ; **MANŒUVRER** XI° s. « placer avec la main » puis « travailler », XVII° s. mar., XVIII° s. milit., XIX° s. « faire marcher (un appareil) » : *manuoperare* ; **MANOUVRIER** XII° s. : **manu operarius* ; **MANŒUVRIER** XVII° s. subst., XVIII° s. adj. ; **MANŒUVRABLE, MANŒUVRABILITÉ** XX° s. ♦ |3| **OUVRAGE** XIII° s. « acte de travailler », XV° s. « résultat de cet acte » : dér. anc. de *opera* ; **OUVRAGÉ** XIV° s. ; **OUVRAGER** XVI° s. ♦ |4| **OUVRER** X° s. « travailler », XVI° s. seulement techn. : bas lat. *operare*, class. *operari* ; **OUVRABLE** adj. « (jour) où l'on peut travailler » et **OUVROIR** XII° s. « atelier ». ♦ |5| **OUVRIER** XII° s. subst., XV° s. adj. : *operarius* ; **OUVRIÉRISTE, -ISME** XX° s. ♦ |6| **OPÉRA** XVII° s. : mot it. « œuvre », spécialisé dans le théâtre lyrique ; **OPÉRA-COMIQUE** XVIII° s. ; **OPÉRA BOUFFE** XIX° s. ; **OPÉRETTE** XIX° s. : it. *operetta*, dimin. d'*opera*.

B. famille de *ops, opis*

USINE XVIII° s. : mot dial. (Nord), *wisine*, attesté dès 1274 dans un texte de Valenciennes ; altération, p.-ê. sous l'infl. de *cuisine*, du picard *ouchine*, var. *œuchine*, du lat. *officina* ; **USINIER** XVIII° s. ; **USINER, USINAGE** XIX° s. ; **USINEUR** XX° s.

II. mots savants de la famille de *opus* — base *-op-*

♦ |1| **OPÉRATION** XII° s. « œuvre, travail », XVII° s. math. et méd., XVIII° s. milit. : *operatio* ; **OPÉRATEUR** XIV° s. : *operator* ; **OPÉRER** XV° s. « agir », XVII° s. chirurgie, XIX° s. milit. : *operari* ; **OPÉRABLE** XV° s. « qui pousse à agir », XIX° s. sens mod. ; **OPÉRATOIRE** XVIII° s. ; **OPÉRÉ** XIX° s. ; **POSTOPÉRATOIRE** XX° s. ; **INOPÉRABLE, INOPÉRANT** XIX° s. ; **OPÉRATIONNEL** XX° s. ♦ |2| **COOPÉRER, COOPÉRATION** XIV° s. : *cooperari, cooperatio* ; **COOPÉRATEUR, COOPÉRATIF** XVI° s. ; **COOPÉRATIVE** XIX° s. ♦ |3| **OPUSCULE** XV° s. : *opusculum* ; **OPUS** mus. : mot lat.

III. mots savants ou empruntés de la famille de *ops, opis*

A. base -*off*-

♦ |1| OFFICE XIIe s. « fonction », d'abord eccl., XVIe s. « arrière-cuisine », XIXe s. « organisme administratif » : *officium* ; OFFICIER, verbe, XIIIe s. « exercer un office », XVIe s. spécialement eccl. : lat. médiéval *officiare*, sur *officium* ; OFFICIANT subst. masc. XVIIe s. ♦ |2| OFFICIER subst. masc. XIVe s. « qui exerce une fonction », XVIe s. sens milit., XVIIIe s. « dignitaire d'un ordre » : lat. médiéval *officiarius*, sur *officium* ; SOUS-OFFICIER XVIIIe s. ; SOUS-OFF XIXe s. ♦ |3| OFFICIAL XIIIe s. adj. « relatif à un office » et subst. « juge ecclésiastique » : *officialis* ; OFFICIALITÉ XIIIe s. ; OFFICIEL XVIIIe s. : angl. *official*, adj. lui-même empr. au lat. *officialis* ; OFFICIELLEMENT XVIIIe s. ; OFFICIALISER, OFFICIALISATION XXe s. ♦ |4| OFFICIEUX XVIe s.-XIXe s. « obligeant », XIXe s. par opposition à *officiel* « appris de source autorisée, mais sans garantie » : *officiosus*. ♦ |5| OFFICINE XIIe s. « boutique », XIXe s. « laboratoire » : *officina* ; OFFICINAL XVIe s.

B. base -*op*-

♦ |1| OPULENT XIVe s. : *opulentus* ; OPULENCE XVe s. : *opulentia*, d'où OPULEMMENT XIXe s. ♦ |2| OPIMES XVIe s., adj. qualifiant le mot *dépouilles*, en hist. romaine : *opima (spolia)*. ♦ |3| COPIE XIIe s.-XVIe s. « ressources », XIIIe s. « reproduction d'un écrit », XIXe s. « devoir d'élève » : *copia* ; COPIER, RECOPIER XIVe s. ; COPIEUR, COPIAGE XIXe s. ; POLYCOPIE, POLYCOPIER fin XIXe s. ; PHOTOCOPIE, PHOTOCOPIER XXe s. ; COPYRIGHT XIXe s. : mot angl. « droit de copie ». ♦ |4| COPIEUX XIVe s. : *copiosus*. ♦ |5| OPTIMISTE XVIe s. et OPTIMISME XVIIIe s. : dér. formés sur *optimus* ; OPTIMUM subst. XVIIIe s., adj. XXe s. : neutre de *optimus* ; OPTIMAL XXe s.

OFFRIR famille d'une racine ind.-eur. **bher-* « porter ».

En grec *pherein* « porter », *phoros* « qui porte », *phora* « action de porter », *phoreus* « porteur » et les 2es éléments de composés *-phoria*, *-phorésis*, *-phereia*, auxquels se rattachent (a) *amphiphoreus* et *amphoreus* (→ AMPHI-, art. ALLER) « grand vase à deux anses », empr. au lat. sous la forme *amphora*, d'où un diminutif anc. *ampulla* « petite fiole à ventre bombé » et, métaph., « terme emphatique » (b) *anaphora* « action d'élever l'offrande d'un sacrifice » et « référence, recours, rappel » (c) *diaphorein* « porter de côté et d'autre » et « répandre », d'où *diaphorésis* « évacuation, sécrétion d'humeurs » (d) *euphoros* « qui supporte facilement, dispos », d'où *euphoria* « force de supporter » (e) *metaphora* « transport » et « transfert de sens » (f) *peripherein* « porter tout autour, ramener par un tour complet » d'où *periphereia* « pourtour ».

En latin (1) *ferre* « porter, supporter », « rapporter, raconter » et anciennement « porter dans son ventre » ; la forme *latus*, qui sert de part. passé à ce verbe, appartient à une autre racine → OUBLIE. À *ferre* se rattachent (a) *fertilis* « productif » et *fertilitas* (b) le suff. *-fer, -fera, -ferum* « qui porte » ou « qui apporte », ex. : *lucifer* « porte-lumière », *signifer* « porte-étendard » (c) une série de verbes préfixés : *afferre* « apporter » et « porter sur » ; *circumferre* « porter autour » et « mouvoir circulairement », d'où *circumferentia* « circonférence, cercle », calque du gr. *periphereia* ; *conferre* « apporter ensemble », « mettre en commun », « échanger des propos », « rapprocher » ; *deferre* « porter d'un lieu élevé dans un lieu plus bas », « décerner », « rendre compte », « dénoncer », en bas lat. « faire honneur » ; *differre* « porter dans des sens divers », « remettre à plus tard », « être différent », d'où *indifferens*, mot créé par Cicéron pour traduire *adiaphoros* « non différent », « ni bon ni mauvais » ; *inferre* « porter dans », « mettre en avant » ; *offerre* « porter devant, offrir » ; *praeferre* « porter en avant, préférer » ; *proferre* « porter en avant », « citer, révéler » ; *referre* « porter en arrière », « renvoyer », « rapporter » ; *sufferre* « porter sous », « supporter » ; *transferre*, « transporter » (2) → aussi l'article OPPROBRE.

I. mots d'origine latine

A. mots populaires

♦ |1| OFFRIR XIe s. : lat. vulg. **offerire*, class. *offerre* ; OFFRANDE XIe s. : *offerenda* « choses à offrir » ; OFFRE XIIe s. « action d'offrir », XVIIe s. écon. ; OFFRANT XIVe s. ♦ |2| SOUFFRIR XIe s. « supporter, permettre », XVIe s. « éprouver une douleur » (a éliminé *douloir* → DOULEUR) : lat. vulg. **sufferire*, class. *sufferre* ; SOUFFRANCE XIe s. « tolérance, délai », d'où en souffrance XIIe s. « douleur » : dér. de souffrir, p.-ê. par le lat. médiéval sufferentia ; **SOUFFRANT** XIIe s. ; **SOUFFRE-DOULEUR** XVIIe s.

B. mots savants

◆ |1| **DIFFÉRENCE** XIIe s. : differentia ; **DIFFÉRER** XIVe s. : differre, aux deux sens du mot, dès le début ; **DIFFÉRENCIER, DIFFÉRENT** adj. XIVe s. ; **DIFFÉREND** subst. XVIIIe s. var. orthogr. de différent ; **DIFFÉREMMENT** XIVe s. ; **DIFFÉRENTIEL** XVIe s. ; **INDIFFÉRENCIÉ** XXe s. → DILATION, DILATOIRE, art. OUBLIE. ◆ |2| **CIRCONFÉRENCE** XIIIe s. : circumferentia. ◆ |3| **AFFÉRENT** XIIIe s. : lat. afferens, réfection du part. présent de l'anc. fr. aférir (pop.), du lat. vulg. *afferire, class. afferre. ◆ |4| **PROFÉRER** XIIIe s. : proferre. ◆ |5| **CONFÉRER** XIVe s. « attribuer », « comparer », XVe s. « converser » : conferre ; **CONFÉRENCE** XVe s. « conversation », XVIIe s. « exposé » : conferentia ; **CONFÉRENCIER** XVIIIe s. théol., XIXe s. sens mod. → COLLATION, art. OUBLIE. ◆ |6| **DÉFÉRER** XIVe s. : deferre ; **DÉFÉRENCE** XIVe s. ; **DÉFÉRENT** XVIe s. → DÉLATION, art. OUBLIE. ◆ |7| **INDIFFÉRENT** XIVe s. : indifferens ; **INDIFFÉRENCE** XIVe s. : indifferentia ; **INDIFFÉRENTISME** XVIIIe s. ; **INDIFFÉRER** XIXe s. ◆ |8| **INFÉRER** XIVe s. : inferre. ◆ |9| **PRÉFÉRER** XIVe s. : praeferre ; **PRÉFÉRENCE** XVIe s. ; **PRÉFÉRABLE** XVIe s. ; **PRÉFÉRENTIEL** XXe s. → PRÉLAT, art. OUBLIE.
◆ |10| **RÉFÉRER** XIVe s. d'abord jur. : referre ; **RÉFÉRENDUM** fin XVIIIe s. : mot lat., neutre de referendus « qui doit être rapporté » ; **RÉFÉRÉ** jur. et **RÉFÉRENCE** XIXe s. ; **RÉFÉRENTIEL** XXe s. → RELATION, art. OUBLIE. ◆ |11| **OFFERTOIRE** XIVe s. : bas lat. offertorium. ◆ |12| **TRANSFÉRER** XIVe s. : transferre ; **TRANSFERT** XVIIIe s. : mot lat. employé sur les registres de commerce, ind. présent de transferre ; **TRANSFÈREMENT, TRANSFÉRABLE** XIXe s. → TRANSLATION, art. OUBLIE. ◆ |13| **LÉGIFÉRER** XVIIIe s. → LOI. ◆ |14| **INTERFÉRER** XIXe s. : composé formé de inter « entre » et de ferre ; **INTERFÉRENCE** fin XVIIIe s. ; **INTERFÉRENT** XIXe s. ◆ |15| **FERTILITÉ** XIVe s. : fertilitas ; **FERTILE** XVe s. : fertilis ; **INFERTILE, INFERTILITÉ** XVe s. ; **FERTILISER** XVIe s. ; **FERTILISATION** XVIIIe s. ; **FERTILISABLE** XIXe s. ◆ |16| **-FÈRE** suff. nom. et adj. : lat. -fer, étendu à des formations mod., ex. : **MAMMIFÈRE, FLORIFÈRE** XVIIIe s. ◆ |17| **THURIFÉRAIRE** XVIIe s. : lat. médiéval, thurifarius « clerc qui porte l'encensoir », dér. de thurifer « qui produit, puis qui offre de l'encens », de thus, thuris « encens », d'origine gr.

II. mots d'origine grecque

A. mots populaires AMPOULE XIIe s. : lat. ampulla, dimin. d'amphora → AMPHORE ; **AMPOULÉ** XVIe s.

B. mots savants formés sur la base -pher-

◆ |1| **PÉRIPHÉRIE** XIVe s. : periphereia, par le bas lat. ; **PÉRIPHÉRIQUE** XIXe s. ◆ |2| **TÉLÉPHÉRIQUE** XIXe s. : composé de télé- « au loin » et de pherein ; orthogr. **TÉLÉFÉRIQUE** due à une infl. it.

C. mots savants formés sur la base -phor-

◆ |1| **MÉTAPHORE** XIIIe s. : metaphora, par le lat. ; **MÉTAPHORIQUE** XIVe s. ◆ |2| **AMPHORE** XVIe s. : lat. amphora, du gr. amphoreus. ◆ |3| **ANAPHORE** XVIe s. : anaphora ; **ANAPHORIQUE** XIXe s. ; **ANAPHORISME** XXe s. ◆ |4| **EUPHORIE** XVIIIe s. : euphoria ; **EUPHORIQUE** XXe s. ◆ |5| **DIAPHORÈSE** XIXe s. : diaphorêsis. ◆ |6| **-PHORE** 2e élément de composés d'origine gr. ou de formation mod., ex. : **CHOÉPHORE** → FONDRE ; **DORYPHORE** → ce mot ; **NÉCROPHORE** → NOYER ; **PHOTOPHORE** → PHOTO- ; **PYROPHORE** → PYRO- ; **SÉMAPHORE** → SÉMANTIQUE.

OFFUSQUER (sav.) XIVe s. « obscurcir », XVIIIe s. « choquer » : lat. offuscare, dér. de fuscus « sombre ».

OGIVE XIIIe s. : on a proposé l'arabe dial. *al-jibb, class. al-djubb « citerne couverte d'une voûte d'arête », empr. par l'esp. ; mais plutôt dér. (avec le suff. -iff, ive) de *ogée, attesté par l'angl. ogee : p.-ê., du lat. obviāta, plur. neutre, « choses qui vont à la rencontre l'une de l'autre » (→ lat. obviare et fr. OBVIER, art. VOIE). **OGIVAL** XIXe s.

OGRE (pop.) XIVe s. : probablement forme à métathèse du gaulois *orgos, équivalent du lat. Orcus, divinité de la mort. **OGRESSE** fin XVIIe s.

OIE famille d'une racine ind.-eur. *aw- « oiseau ».
En grec aietos, issu de *awietos « aigle ».
En latin avis « oiseau » ; en bas lat. vulg. dér. *avica, *avicio, -onis ; *avicellus, d'où en bas lat. les dimin. aucella et avicula ; lat. class. auspex, -icis « qui examine le vol des oiseaux », de *avis -spex (pour le 2e élément → DÉPIT), d'où auspicium « présage ».

I. mots populaires ou empruntés d'origine latine

♦|1| OIE XIIIe s. : p.-ê. forme dial. (Champagne), réfection d'après *oiseau*, *oison*, de l'anc. fr. *oue* XIIe s., du lat. vulg. *avica, qui a éliminé le lat. class. *anser* ; la forme ancienne, *oue*, subsiste, altérée, dans le nom de la *rue aux Ours* anciennement *rue aux Oues*, à Paris. ♦|2| OISEAU XIe s. : lat. vulg. *avicellus* ; OISELET, OISELEUR XIIe s. ; OISILLON XIIIe s. ; OISELLERIE XIVe s. ; OISELIER, OISELLE XVIe s. ♦|3| OISON XIIIe s. : lat. vulg. *avicio, -onis*. ♦|4| OUTARDE XIVe s. : lat. imp. *avis tarda* « oiseau lent ». ♦|5| AUTRUCHE (demi-sav.) XVIe s. : adaptation, sous l'infl. du suff. it. *-uzzo* (→ MERLUCHE, PELUCHE), de l'anc. fr. *ostruce* XIIe s., du bas lat. *avis struthio*, dont le 2e élément est une adaptation du gr. *strouthos*, nom de divers oiseaux, en particulier de l'autruche.

II. mots savants d'origine latine

♦|1| AUSPICE XVIe s. : *auspicium*. ♦|2| AVICULTURE, AVICULTEUR XIXe s., AVICOLE XXe s. : dér. de *avis* → le 2e élément, art. QUENOUILLE. ♦|3| AVIATION, AVIATEUR, AVION fin XIXe s. : dér. formés sur *avis* ; HYDRAVION XXe s.

III. mots savants d'origine grecque

♦|1| GYPAÈTE XIXe s. : composé du gr. *gups* « vautour » et *aetos*, var. d'*aietos*. ♦|2| CIRCAÈTE XIXe s. : composé du gr. *kirkos* « faucon » et *aetos* → ORNITHO-.

OINDRE famille du lat. *unguere, unctus* « oindre, parfumer », d'où *unctio* « friction à l'huile » ; *unguentum* « huile parfumée ».

♦|1| OINDRE (pop.) XIIe s. : *ŭngĕre*, var. de *unguere* ; OINT « graisse » » subst. XIIIe s., var., orthogr. *oing* XVe s. : *unctum* ; OINT *(du Seigneur)* adj. et subst. XVe s. ♦|2| ONCTION (sav.) XIIe s. rite religieux, XIVe s. « douceur pieuse » : *unctio* ; ONCTUEUX, ONCTUOSITÉ XIVe s. : lat. médiéval *unctuosus, unctuositas*. ♦|3| ONGUENT XIIIe s. (sav.) : *unguentum*.

-OIR, -OIRE ♦|1| (pop.) suff. nom. masc. et fém. servant à former des noms d'instruments à partir de bases verbales, ex. : *arrosoir, grattoir, baignoire, balançoire* ; issus de la rencontre du lat. *-orius, -oria* et du lat. *-atorius, -atoria* (anc. fr. *-eoir, eoire*), dér. de noms en *-ator* (→ -É, -ÉE et -EUR). ♦|2| -ATOIRE (demi-sav.) lat. *atorium*, ex. : *oratoire, conservatoire* ; lat. *atorius*, ex. : adj. *rogatoire, circulatoire*. ♦|3| -ATORIUM (sav.) suff. lat. utilisé pour former des noms de lieux de cure médicale, ex. : *préventorium, sanatorium*. ♦|4| suff. composés formés sur la base -OR : -ORIAL, *territorial* ; -ORIÉTÉ, *notoriété*.

-OIS ♦|1| (pop.) suff. adj. et nom. à valeur surtout ethnique, ex. : *algérois, grenoblois* mais aussi *courtois* : lat. *-ēnsis*, *-is* ; -OISE fém. analogique. ♦|2| deux variantes pop. et phonét. (a) -AIS, qui s'est croisé avec le suff. germ. *-isk* → -AIS, ex. : *lyonnais, dijonnais* (b) -IS, ex. : *Parisis, Beauvaisis*. ♦|3| -ISAN : it. *-igiano*, du lat. *-ensis* suivi de *-anus*, ex. : *artisan, partisan*.

OISEUX famille du lat. *otium* « loisir », d'où *otiosus* « qui n'est pris par aucune affaire » : s'oppose à *negotium* « occupation, affaire », d'où *negotiari* « faire du commerce », 1er élément → NON.

♦|1| OISEUX (pop.) XIIe s. : *otiosus*. ♦|2| OISIF (pop.) XIIIe s. : réfection, d'après *oiseux*, de l'anc. fr. *oisdif* XIIe s. « id. », p.-ê. issu de la contamination de *oiseus* et de *voisdie* « prudence » (dér. de *voisous* « prudent », du lat. *vitiosus* → VICE) ; OISIVETÉ XIVe s. ♦|3| NÉGOCE XIIe s. « affaires », XVIIe s. « commerce » (sav.) : *negotium* ; NÉGOCIER XIVe s. : *negotiari* ; NÉGOCIATEUR, NÉGOCIATION XIVe s. : *negociator, negotiatio* ; NÉGOCIANT XVIe s. : lat. *negotians, -antis*, part. présent de *negotiari*, p.-ê. par l'it. *negoziante* ; NÉGOCIABLE XVIIe s.

-OLE ♦|1| (sav.) lat. *-olus, -ola*, suff. nom. à valeur dimin., surtout sous la forme des variantes -ÉOLE, ex. : *alvéole, auréole*, ou -IOLE, ex. : *artériole, foliole*. ♦|2| suff. pop. de même origine dans des mots empr. au prov., ex. : *girolle*, ou à l'it., ex. : *cabriole*. ♦|3| -OLENT (sav.) suff. adj., dans des mots empr. au lat., ex. : *sanguinolent, somnolent* : lat. *-olentus*, dér. de *-olus* ; -OLENCE suff. nom., ex. : *somnolence*.

OLIFANT ♦|1| (demi-sav.) XIe s. : altération du lat. *elephantus* : gr. *elephas, -antos*, mot p.-ê. empr. à l'égyptien, comme lat. *ebur, eboris* → IVOIRE. ♦|2| ÉLÉPHANT (sav.) XIIe s., rare avant le XVe s. : *elephantus* ; ÉLÉ-

OLIG(O)-

PHANTIN XIIIᵉ s. ; **ÉLÉPHANTEAU** XIVᵉ s. ; **ÉLÉPHANTESQUE** XXᵉ s. **ÉLÉPHANTIASIS** XVIᵉ s. méd., sorte d'œdème : mot gr. (par le lat.).

OLIG(O)- (sav.) gr. *oligos* « rare, peu nombreux », 1ᵉʳ élément de composés, ex. : **OLIGARCHIE**, XIVᵉ s. → ARCHIVES ; **OLIGOÉLÉMENT** XXᵉ s.

OMBRE ♦ⅠⅠⅠ (pop.) Xᵉ s. : lat. *umbra* « id. » ; **OMBREUX** XIIᵉ s. : *umbrōsus*, dér. de *umbra* ; **OMBRAGE** XIIᵉ s. « branches feuillues », XVIᵉ s. « crainte d'être plongé dans l'ombre par quelqu'un, jalousie » ; **OMBRAGER** XIIᵉ s. ; **OMBRAGEUX** XIIIᵉ s. « à l'ombre », XIVᵉ s. « qui a peur d'une ombre », à propos d'un cheval, XVIᵉ s. « méfiant » ; **OMBRER** XIIIᵉ s. « mettre à l'ombre », XVIᵉ s. dessin. ♦ⅠⅡ **OMBELLE** (sav.) XVIᵉ s. : lat. *umbella* « ombrelle, parasol », dimin. de *umbra* ; **OMBELLIFÈRE** XVIIᵉ s. ♦ⅠⅢ **PÉNOMBRE** (sav.) XVIIᵉ s. : composé du lat. *paene* « presque » et de *umbra*. ♦ⅠⅣ **OMBRELLE** XVIᵉ s. : it. *ombrella*, croisement de *umbella* et de *umbra*.

-OME (sav.) gr. *-ōma*, suff. nom., méd. formant des noms de tumeurs ou de tuméfactions, ex. : *adénome*, *névrome* : issu de *carcinome*, du gr. *karkinōma* « chancre ».

OMNI- ♦ⅠⅠⅠ (sav.) lat. *omnis* « tout » : 1ᵉʳ élément de composés d'origine lat. ou de formation fr., ex. : **OMNIPOTENT** XIᵉ s. : lat. *omnipotens* → POUVOIR ; **OMNIPOTENCE** XIVᵉ s. : *omnipotentia* ; **OMNISCIENCE** XVIIIᵉ s. : lat. médiéval *omniscientia*, sur le modèle du précédent ; **OMNISCIENT** XVIIIᵉ s. → SCIENCE ; **OMNIVORE** XVIIIᵉ s. → -VORE, art. GUEULE ; **OMNIPRÉSENT** XIXᵉ s. ; **OMNIDIRECTIONNEL** XXᵉ s. ♦ⅠⅡ **OMNIUM** fin XVIIIᵉ s., par l'angl. ; XIXᵉ s. « société commerciale s'occupant de toutes les branches d'un secteur économique », XXᵉ s. sports : mot lat. « de tous », génitif pluriel de *omnis*. ♦ⅠⅢ **OMNIBUS** XIXᵉ s., ellipse de *voiture omnibus* (« pour tous ») ; fin XIXᵉ s. *train omnibus* (« desservant toutes les stations »). simplifié en **OMNIBUS** XXᵉ s. : datif pluriel de *omnis* « pour tous » → -BUS

1. -ON ♦ⅠⅠⅠ (pop.) suff. nom. et adj. à emplois variés, souvent dimin. : lat. *-o, -ōnis ; -io, -iōnis ; -tio, -tiōnis* ; ex. : *ânon, avorton, cruchon, Margoton, sauvageon, souillon* ; peut avoir une valeur ethnique, ex. : *frison, breton* ; fém. analogique **-ONNE**, ex. : *friponne*. ♦ⅠⅡ **-ON, -ONS** (pop.) suff. adv., probablement extension d'emploi du précédent, ex. : *à califourchon, à tâtons, à reculons*. ♦ⅠⅢ **-ON** : it. *-one*, du lat. *-o, -ōnis*, suff. nom. à valeur augmentative, ex. : *ballon, basson, barbon, médaillon*. ♦ⅠⅣ **-ON** (pop.) adaptation au lat. *-o, -ōnis*, d'un suff. germ. *-un*, ex. : *baron, garçon*.

2. -ON ♦ⅠⅠⅠ (sav.) suff. nom. masc. issu de la rencontre de plusieurs mots créés au XIXᵉ s. en physique : *ion* 1873 : gr. *iôn* « en allant » ; **ÉLECTRON** 1891 : gr. *elektrôn* « ambre » ; *argon* 1894 : gr. *argon*, neutre de *argos* « brillant » ; employé en physique, en chimie, en pharmacologie, ex. : *proton, hélion, propidon*. ♦ⅠⅡ **-TRON** de *électron*, par fausse coupe ; employé en électricité et en physique atomique, ex. : *cyclotron, cosmotron*. ♦ⅠⅢ **-ION** issu par fausse coupe de *nylon* (vinyle-coton), et employé dans la terminologie des textiles synthétiques, ex. : *perlon, dralon* etc.

ONCE, sorte de panthère ♦ⅠⅠⅠ (pop.) XIIIᵉ s. : anc. fr. *lonce*, forme prise pour *l'once*, avec déglutination du *l* initial, du lat. *lyncea*, dérivé de *lynx*, du gr. *lugks* « loup-cervier ». ♦ⅠⅡ **LYNX** (sav.) XIIᵉ s. : gr. *lugks*, par le lat. → le précédent.

ONDE famille d'une racine ind.-eur. *wed-, *wod- « eau ».

En grec *hudôr, hudatos*, 1ᵉʳ élément de composés *hudr(o)-*, « eau », d'où *hudrôps* « hydropisie », *hudrôpikos* « hydropique » et *klepsudra*, littéralement « voleuse d'eau », « horloge à eau servant à mesurer le temps accordé aux orateurs ».

En latin forme à infixe nasal *unda* « eau mobile ou courante », dimin. bas lat. *undula* « légère ondulation » ; dér. verbaux *abundare, redundare* « déborder », « abonder » et *inundare* « submerger ».

En germanique, all. *Wasser*, angl. et néerl. *water*. En slave russe *voda*, dimin. *vodka*. En celtique, p.-ê. gaulois *wadana* « eau » → GUENILLE.

I. mots d'origine latine

♦ⅠⅠⅠ **ONDE** (pop.) XIIᵉ s. : *ŭnda* ; **ONDÉE, ONDOYER, ONDOIEMENT** XIIᵉ s. ;

ONDOYANT adj. XIIIe s., ONDÉ adj. XIVe s.; ONDINE XVIe s. ♦ |2| ABONDANCE, ABONDER, ABONDANT (sav.) XIIe s.: *abundantia, abundare, abundans*; SURABONDER, SURABONDANT XIIe s.; SURABONDANCE, SURABONDAMMENT XIVe s.; ABONDAMMENT XVIe s. ♦ |3| INONDER (sav.) XIIe s.: *inundare*, INONDATION XVIe s.: *inundatio*. ♦ |4| REDONDER (sav.) XIIe s.: *redundare*; REDONDANT XIIIe s.: *redundans*; REDONDANCE XIVe s.: *redundantia*. ♦ |5| ONDULATION (sav.) XVIIe s. phys., XIXe s. coiffure: dér. sur *undula*; ONDULER, ONDULÉ adj., ONDULANT adj., ONDULEUX, ONDULATOIRE XVIIIe s.

II. mots savants d'origine grecque

♦ |1| HYDROPIQUE XIIe s.: *hudrōpikos*, par le lat.; HYDROPISIE XIIe s. ♦ |2| HYDRE XIIIe s.: *hudra* « serpent d'eau », par le lat. ♦ |3| CLEPSYDRE XIVe s. → CLEP-. ♦ |4| HYDRAULIQUE XVe s.: lat. *hydraulicus* « mû par l'eau », des deux éléments gr. *hudôr*, et *aulos* « flûte », « tuyau »; HYDRAULICIEN XIXe s. ♦ |5| HYDRIQUE, HYDRATE, HYDRATER XIXe s.: dér. mod. formés sur la base *hydr-*; ♦ |6| HYDRO- 1er élément de composés sav. anc. ou de formation mod., ex.: HYDROPHOBIE XIVe s.; HYDROPHOBE XVIIe s.; HYDROLOGIE XVIIe s.; HYDROLOGUE XIXe s.; HYDROMÈTRE, HYDROMÉTRIE XVIIIe s.; HYDROGÈNE XVIIIe s.; HYDROÉLECTRIQUE XIXe s. ♦ |7| -HYDRE, -HYDRIQUE, -HYDRIE 2es éléments de composés sav. en chimie, médecine, ex.: ANHYDRE XIXe s.; CHLORHYDRIQUE, OXHYDRIQUE XIXe s.; HYPERCHLORHYDRIE XXe s.

III. mots d'origine germanique

♦ |1| WATER-CLOSET XIXe s. « cabinet à eau"; abrév. WATER et W.-C. XXe s.; WATER-POLO XXe s. « polo qui se joue dans l'eau »: mots angl. ♦ |2| VASELINE → HUILE.

IV. mot d'origine slave

VODKA XIXe s. mot russe.

ONÉREUX ♦ |1| (sav.) XIVe s. « lourd », XVIIe s. « coûteux »: lat. *onerosus* « lourd », dér. de *onus, oneris* « fardeau ». ♦ |2| EXONÉRER (sav.) XVIIe s.: *exonerare* « décharger », dér. de *onus*; EXONÉRATION XVIe s., rare avant le XIXe s.: bas lat. jur. *exoneratio*.

ONGLE famille du lat. *unguis*, dimin. *ungula* « ongle », apparenté au gr. *onux*, *onukhos* « ongle » et « onyx, pierre fine », d'où *parônukhia* « abcès à la base de l'ongle ».

I. mots d'origine latine

♦ |1| ONGLE (pop.) Xe s. fém., XVIe s. masc.: *ŭngŭla*; ONGLON XIVe s.; ONGLÉ XVe s.; ONGLÉE, ONGLET XVIe s. ♦ |2| ONGULÉ (sav.) XVIIIe s.: dér., sur *ungula*; ONGUICULÉ XVIIIe s.: du lat. *unguiculus*, dimin. de *unguis*.

II. mots d'origine grecque

♦ |1| PANARIS (demi-sav.) XVe s.: bas latin *panaricium*, altération du lat. imp. *paronychium*, du gr. *parônukhia*. ♦ |2| ONYX (sav.) XIIe s.: *onux*; ONYCHOPHAGIE méd. XXe s.

ONIR(O)- (sav.) gr. *onar, oneiros* « rêve », 1er élément de mots sav., ex.: ONIROMANCIE XVIIe s., ONIROMANCIEN XIXe s.; ONIRIQUE, ONIRISME, ONIROLOGIE XXe s.

OPALE (sav.) XVIe s.: lat. imp. *opalus*, sans doute mot d'empr. à rapprocher du gr. *opallios* « id. » et du sanscrit *upalas* « pierre précieuse »; OPALIN XVIIe s.; OPALISER, OPALESCENT, OPALESCENCE XIXe s.; OPALINE XIXe s. zool., XXe s. verrerie.

OPHI(O)- (sav.) gr. *ophis* « serpent », 1er élément de mots sav., ex.: OPHITE « pierre tachetée » XVe s.; *ophitês*; OPHIOLÂTRIE et OPHITE relig. XVIIIe s.; OPHIOGLOSSE bot. XVIIIe s.; OPHIDIEN XIXe s.; OPHIURE XIXe s. → ÉCUREUIL; OPHICLÉIDE XIXe s., 2e élément gr. *kleis, kleidos* « clé », apparenté au lat. *clavis* → CLÉ.

OPINION ♦ |1| (sav.) XIIe s.: lat. *opinio, -onis* « croyance »; OPINIÂTRE XVe s., S'OPINIÂTRER, OPINIÂTRETÉ XVIe s.: dér. de *opinion*. ♦ |2| OPINER (sav.) XIVe s.: *opinari* « avoir » ou « émettre une opinion »: INOPINÉ XIVe s.: *inopinatus* « qu'on n'aurait pas cru », « inattendu ».

OPIUM famille sav. du gr. *opos* « suc d'une plante », dimin. *opion* « suc du pavot ».

♦ |1| OPIUM XIIIe s.: mot lat.: gr. *opion*; OPIAT XIVe s.: lat. médiéval *opiatum*; OPIACÉ XIXe s.; OPIOMANE XXe s. ♦ |2| OPOTHÉRAPIE, -IQUE XXe s.: dér., sur *opos*.

OPOSSUM XVIIe s.: algonquin *oposon*, par l'anglo-américain.

OPPROBRE (sav.) XII° s. : lat. *opprobrium* « déshonneur », dér. de *probrum* « id. », neutre substantivé d'un anc. adj. *prober* « reproché » et « digne de reproche », sans doute de **pro-bher-os* « mis en avant (contre quelqu'un) » ; ce mot se rattacherait alors à la même racine que *ferre* → OFFRIR.

OPTION famille sav. du lat. *optio, -onis* « faculté de choisir », « apparenté au verbe *optare*, anc. « choisir », class. « choisir dans son esprit, souhaiter » ; dérivés et composés : *adoptare*, qui a pris en droit le sens d'« adopter » ; *cooptare* « choisir par cooptation » ; *optativus* gramm. « (mode verbal) du souhait ».

♦ I 11 **OPTION** XII° s. puis XV° s. : *optio* ; **OPTATIF** XIV° s. : *optativus* ; **OPTER** XV° s. : *optare* ; **COOPTER, COOPTATION** XVII° s. : *cooptare, cooptatio*. ♦ I 2 I **ADOPTIF** XV° s. : lat. imp. jur. *adoptivus* ; **ADOPTION** XIII° s. : *adoptio* ; **ADOPTER** XIV° s. « choisir » et jur. (un enfant) : *adoptare*.

OR famille du lat. *aurum* « or » ; 1er élément de composés *auri-*, ex. : *aurifer* « qui produit de l'or » ; *aureus* et *aureolus* « en or », « doré » ; bas lat. *deaurare, -atura, -ator* « dorer », « doreur », « dorure » ; *auriola* IX° s. « orgelet, bouton jaune à la paupière ».

I. mots populaires ou empruntés

♦ I 11 **OR** X° s. : *aurum* ; pour certains mots sav. exprimant la notion d'« or » → CHRYSO- ; **ORFÈVRE** XII° s. → FORGER ; **ORIPEAU** XII° s. → PEAU ; **ORFROI** XII° s. : p.-ê. lat. vulg. **aurum phryx*, de *aurum phrygium* « or de Phrygie », cette région ayant la spécialité des étoffes brodées d'or → Annexe IV, FRAISER. ♦ I 2 I **DORER** XII° s. : *deaurare* ; **DORURE** XII° s. et **DOREUR** XIII° s. : *deauratura, deaurator, -oris*, ou dér. de dorer ; **DÉDORER** XIII° s. ; **REDORER** XIV° s. ; **MORDORÉ** XVII° s. : 1er élément *more*, ou *maure*, nom d'un peuple au teint basané. ♦ I 3 I **LORIOT** XV° s. : altération, par agglutination de l'article et substitution de suff., de *oriol*, var. *orieul* XII° s. ; *aureolus* ; **COMPÈRE-LORIOT** XVI° s. « cri du loriot » et « loriot » ; XIX° s. « orgelet », or. obsc. Il faut sans doute renoncer à y voir une var. masc. de *mère-loriot*, interprétation de *merle oriol*, ou l'adaptation d'un lyonnais *pirgloriou*, d'origine grecque (*pir*, de *purrhos* « feu » et *gloriou*, de *khlorion* « verdâtre ») qui aurait remonté la vallée du Rhône. En fait, *pirgloriou, père-loriot* peuvent être des onomatopées du chant de cet oiseau, l'adaptation de la première syllabe en *compère* une appellation affectueuse, ayant des équivalents dans d'autres langues, d'un oiseau au chant particulièrement joyeux, sa couleur jaune, à laquelle s'attachent certaines croyances de médecine populaire, et une quasi-homonymie ancienne entre son nom et certains noms de l'orgelet (XV° s. *leurieul*, de *auriolu* ; *orjeul*, de *hordeolu* → ORGE) expliquent le dernier sens. ♦ I 4 I **DAURADE** ou **DORADE** XVI° s. : prov. *daurada* « dorée ». ♦ I 5 I **ELDORADO** XVII° s. : esp. *el dorado* « le doré », « le pays de l'or » ; popularisé par *Candide* de Voltaire.

II. mots savants

♦ I 11 **AURÉOLE** XIII° s. : *aureola (corona)* « couronne d'or » ; **AURÉOLÉ** XIX° s. ♦ I 2 I **AURI-** 1er élément de mots sav., ex. : **AURIFÈRE** XVI° s. : *aurifer* ; **AURIFIER** XIX° s.

ORAGE ♦ I 11 (pop.) XII° s. : dér. de l'anc. fr. *ore* XII° s., du lat. *aura* « vent, brise » ; **ORAGEUX** XII° s., rare avant le XVI° s. ♦ I 2 I **ESSORER** (pop.) XII° s. « exposer à l'air », XIX° s. sens mod. : lat. vulg. **exaurare*, dér. de *aura* ; **ESSOR** XII° s. « exposition à l'air », « élan (d'un oiseau) dans l'air » ; **ESSORAGE** XII° s. « action de lâcher un oiseau » ; XIX° s. sens mod. **ESSOREUSE** XIX° s.

ORAISON famille du lat. *orare* « prononcer des paroles de caractère solennel », mot religieux et juridique (rattaché par les Anciens à *os, oris* « bouche » → HUIS, sans doute par étym. pop.) ; dérivés et composés *oratio, -onis* « discours » et bas lat. « prière » ; *orator* « orateur » et *oratorius* « oratoire » ; *oraculum* « lieu où l'on fait une requête au dieu » et « réponse de l'oracle » ; *adorare* « adresser une prière », « adorer » ; *exorare* « prier avec insistance » ; *perorare* « plaider à fond », « achever de plaider ».

♦ I 11 **ORAISON** (pop.) XI° s. « prière », XIV° s. « discours », XV° s. *oraison funèbre* : *oratio, -ōnis*. ♦ I 2 I **ADORER** (sav.) XII° s., d'abord *aorer* relig. ; XVII° s. profane : *adorare* ; **ADORATION, ADORABLE** XIV° s. : *adoratio, adorabilis* ; **ADORATEUR** XV° s. : *adorator* ;

ADORABLEMENT XIXᵉ s. Pour certains mots sav. exprimant l'idée d'« adorer » → LÂTRIE, -LÂTRE, , art. LARRON. ♦131 **ORATEUR** (sav.) XIIᵉ s. : *orator* ; **ORATOIRE** subst. masc. XIIᵉ s. « chapelle » ; XVIIᵉ s. « congrégation fondée au XVIᵉ s. par saint Philippe de Neri » : *oratorium*, d'où **ORATORIEN** XVIIIᵉ s. « membre de l'Oratoire » et **ORATORIO** XVIIIᵉ s. : mot it., du nom de l'église de l'Oratorio où saint Philippe de Neri organisait des concerts spirituels ; **ORATOIRE** adj. XVIᵉ s. : *oratorius*. ♦141 **ORACLE** XIIᵉ s. « lieu de culte », XIVᵉ s. « vérités de l'Église », XVIᵉ s. « réponse d'une divinité » et sens fig. : *oraculum* ; **ORACULAIRE** XVIᵉ s. ♦151 **PÉRORER** XIVᵉ s. : *perorare* ; **PÉRORAISON** XVIIᵉ s. : adaptation, d'après *oraison*, de *peroratio* « conclusion d'un discours » ; **PÉROREUR** XVIIIᵉ s. ♦161 **INEXORABLE**, puis **EXORABLE** XVIᵉ s. : *inexorabilis* et *exorabilis*, dér. de *exorare* « fléchir par ses prières » ; **INEXORABLEMENT** XVIIᵉ s. ♦171 **OREMUS** XIVᵉ s. : mot lat. « prions », 1ʳᵉ pers. plur. subj. prés. de *orare*, fréquent en liturgie. ♦181 **ORANT, ORANTE** XIXᵉ s. : *orans, -antis*, part. présent de *orare*.

ORANG-OUTAN XVIIIᵉ s. : malais *orang hutan* « homme des bois », « sauvage », mot désignant, dans cette langue, des tribus montagnardes.

ORANGE ♦111 XIIIᵉ s. *pume orenge* ; début XIVᵉ s. *pomme d'orenge* : calques de l'anc. it. *melarancia* « orange amère », dont le 2ᵉ élément représente l'arabe *nârandja*, d'origine persane ainsi que le fruit lui-même ; fin XIVᵉ s. forme mod. ; appliquée ensuite à l'orange douce, importée de Chine par les Portugais au XVIᵉ s. ; l'*o* initial et la forme *pomme d'Orange* s'expliquent par l'infl. du nom de la ville d'*Orange*, située par la voie d'importation de ces fruits ; **ORANGER** XIVᵉ s. ; **ORANGÉ** XVIᵉ s. ; **ORANGERIE, ORANGEADE** XVIIᵉ s., ce dernier p.-ê. adaptation de l'it. *aranciata* ; **ORANGERAIE** XXᵉ s. ♦121 **ORONGE** XVIIIᵉ s. : prov. *ouronjo* var. de *orange* à cause de la couleur.

ORCHESTRE (sav.) XVIᵉ s. fém., hist., XVIIᵉ s. « partie du théâtre où se placent les musiciens », XVIIIᵉ s. masc. et « ensemble de musiciens », XIXᵉ s. « places de théâtre proches de l'orchestre » : gr. *orkhêstra* « partie de théâtre réservée au chœur », de *orkheisthai* « danser » ; **CHEF D'ORCHESTRE** XIXᵉ s. ; **ORCHESTIQUE** XVIIIᵉ s. ; **ORCHESTRER, ORCHESTRAL, ORCHESTRATION** XIXᵉ s.

ORCHIS ♦111 (sav.) XVIᵉ s. bot. : mot gr. « testicule », par métaph. ; **ORCHIDÉE** XVIIIᵉ s. ♦121 **ORCHITE** XIXᵉ s.

ORDALIE XVIIIᵉ s. : lat. médiéval *ordalium* « jugement », adaptation du frq. *ordaili, apparenté à all. *Urteil*, néerl. *ordeel*.

ORDURE famille du lat. *horrere* « se dresser (poils du corps) », « frissonner d'horreur », d'où *horror* « hérissement » ; *horridus* « hérissé », « à l'aspect horrible » ; *horrificus, horribilis* « qui fait horreur » ; *abhorrere* « avoir horreur de » ; *horripilare* « avoir le poil hérissé ».

♦111 **ORDURE** (pop.) XIIᵉ s. : dér. de l'anc. fr. *ord* XIIᵉ s. « repoussant », du lat. *horridus* ; **ORDURIER** XVIIᵉ s. ♦121 **HORREUR** (sav.) XIIᵉ s. : *horror* ; **HORRIBLE** XIIᵉ s. : *horribilis* ; **HORRIBLEMENT** XIIᵉ s. ; **HORRIFIQUE** XVIᵉ s. : *horrificus* ; **HORRIFIER** XXᵉ s. ♦131 **ABHORRER** XIVᵉ s. : *abhorrere*. ♦141 **HORRIPILATION** XIVᵉ s. « hérissement », XIXᵉ s. sens fig. : *horripilatio* ; **HORRIPILER** XIXᵉ s. : *horripilare*.

OREILLE famille d'une racine ind.-eur. signifiant « oreille » ; *ous-* en gr. dans *ous, ôtos*, *aus-* dans le lat. *aus, auris*, dimin. *auricula* « lobe de l'oreille », bas lat. *auricularis* « qui concerne l'oreille » ; dér. *auscultare* « écouter avec attention ».

I. mots d'origine latine

♦111 **OREILLE** (pop.) XIᵉ s. : *auricŭla* ; **OREILLER** XIIᵉ s. ; **OREILLETTE** XIIᵉ s. « petite oreille », XVIIᵉ s. anat. ; **OREILLON** XIIIᵉ s. « coup sur l'oreille », XVIIᵉ s. maladie ; **ESSORILLER** XIVᵉ s. ; **OREILLARD** XVIIᵉ s. ♦121 **HORION** XIIIᵉ s. : p.-ê. altération de *oreillon* « coup sur l'oreille ». ♦131 **ÉCOUTER** Xᵉ s. : altération, par substitution du préf. *es-* à la 1ʳᵉ syllabe, du lat. vulg. **ascultare*, class. *auscultare* ; **ÉCOUTE** XIIᵉ s. « action d'écouter » et « espion, éclaireur » ; **ÉCOUTEUR** XIIᵉ s. ♦141 **SCOUT** ou **BOY-SCOUT** XXᵉ s. : mot angl. « garçon éclaireur », de l'anc. fr.

escoute, mod. *écoute* (→ 3). ♦ |5| **AURICULAIRE** (sav.) XVIe s. : *auricularius*. ♦ |6| **AUSCULTER** et **AUSCULTATION** XVIe s. ; XIXe s. méd. (sav.) : *auscultare, auscultatio*.

II. mots d'origine grecque

♦ |1| **PAROTIDE** XVIe s. : *parôtis, -idos*, de *para* et *ous, ôtos* « oreillons ». ♦ |2| **MYOSOTIS** XVIe s. : *muosôtis* bot., littéralement « oreille de souris ». ♦ |3| **OTARIE** XIXe s. : *ôtarion*, à cause de l'oreille petite et apparente de cet animal. ♦ |4| **OT(O)-** 1er élément de mots sav., ex. : **OTALGIE** XVIIIe s. : gr. *otalgia* ; **OTITE** XIXe s. ; **OTO-RHINO-LARYNGOLOGIE** XXe s.

ORGANDI XVIIIe s. : origine inconnue.

ORGASME (sav.) XVIIe s. : « accès de colère », fin XVIIIe s. sens sexuel ; d'après le gr. *orgân* « bouillonner de sève ou d'ardeur » ; **ORGASTIQUE** XIXe s.

ORGE ♦ |1| (pop.) XIIe s. : lat. *hordeum* « id. ». ♦ |2| **ORGEAT** XVe s. : prov. *orjat*, dér. du précédent. ♦ |3| **ORGELET** (pop.) XVIe s. : dimin. du moyen fr. *horgeol*, var. *orgeul* : bas lat. *hordeolus* « petit grain d'orge ». ♦ |4| **HORDÉINE** (sav.) XIXe s. : dér. sur le lat. *hordeum*.

ORGUE famille d'une racine ind.-eur. *werg-, *worg-* « agir ».
En germanique commun *werkam*, angl. *work*, all. néerl. *werk*.
En grec (1) forme *erg-*, issue de *werg-*, dans *ergon* « action », « travail » et « réaction » ; *energein* « agir », d'où *energeia* « force en action » (par opposition à *dunamis* « force en puissance » → BON), et *energoumenos* « travaillé (par un mauvais esprit) », part. présent passif de *energein* ; *sunergein* « travailler ensemble » et *sunergeia*, ou *sunergia* « collaboration » ; *ergastêrion* « endroit où l'on travaille » d'où l'adaptation latine *ergastulum* « atelier d'esclaves et bâtiment où on les enfermait ». (2) forme *org-*, issue de *worg-*, dans *organon* « instrument de travail », « de musique », « organe du corps » et « ouvrage » ; probablement aussi dans *orgion* « acte religieux », « célébration de mystères, en particulier des mystères de Bacchus » (3) suff. *-ourgos* « qui agit », « qui fait » et *-ourgia* « action ».

I. mots d'origine grecque

A. base *-org-*

♦ |1| **ORGUE** (demi-sav.) XIIe s. : lat. imp. *organum*, du gr. *organon* ; **ORGANISTE** XIIIe s. : lat. médiéval *organista*. ♦ |2| **ORGANE** (sav.) XIIe s. « instrument de musique », XVe s. physiol. et chant, fin XIXe s. journal, XIXe s. partie d'une machine : *organum* → le précéd. ; **ORGANIQUE** XIVe s. ; **INORGANIQUE** XVIe s. ; **ORGANISME** XVIIIe s. ; **ORGANICISME** XIXe s. ; **ORGANIGRAMME** XXe s. ; **ORGANISER, -ATION** XIVe s. ; **DÉSORGANISÉ** XVIe s. ; **ORGANISÉ, DÉSORGANISER** XVIIe s. ; **INORGANISÉ, -ATION** XVIIIe s. ; **DÉSORGANISATEUR, -ATION, RÉORGANISER, -ATION** fin XVIIIe s. ♦ |3| **ORGIE** (sav.) XVIe s. hist. relig., XVIIIe s. sens mod. : lat. *orgia*, plur. neutre, du gr. *orgion* ; **ORGIASTIQUE, ORGIAQUE** XIXe s.

B. base savante *-erg-*

♦ |1| **ÉNERGIE** XVe s. : *energeia*, par le bas lat. ; **ÉNERGIQUE** XVIe s. ; **ÉNERGÉTIQUE** XVIIIe s. : *energetikos* ; **SYNERGIE** XIXe s. : *sunergeia*. ♦ |2| **-ERGIE** 2e élément de composés sav., ex. : **ALLERGIE** XXe s., littéralement « réaction à un corps étranger », de *allos* « autre » : **ALLERGIQUE, ANALLERGIQUE** XXe s. ♦ |3| **ERGASTULE** XIVe s. : *ergastulum*, du lat. ♦ |4| **ÉNERGUMÈNE** XVIe s. : lat. eccl. *energumenus* « possédé du démon » : *energoumenos*. ♦ |5| **EXERGUE** XVIIe s. « petit espace dans une médaille réservé à une inscription », puis ext. de sens : lat. mod. *exergum*, du gr. *ex* « en dehors » et *ergon*.

C. base savante *-urg-*

gr. *-ourgos, -ourgia*, dans **CHIRURGIE** → CHIR(O)- ; **DÉMIURGE** → DÉMI(O)- ; **LITURGIE** → ce mot ; **THAUMATURGE** → THÉÂTRE. **PANURGE**, nom d'un personnage de Rabelais : *panourgos* « apte à tout faire », « industrieux » et « fourbe, méchant ».

II. mots d'origine germanique

BOULEVARD XIVe s. « terre-plein soutenu par des madriers », « place forte » ; XVIIe s. « promenade plantée d'arbres, située à l'origine sur l'emplacement d'anciens remparts » : moyen néerl. *bolwerc* « ouvrage de madriers » ; **BOULEVARDIER** XIXe s.

ORGUEIL (pop.) XIe s. : frq. *urgôli* « fierté » ; **ORGUEILLEUX** XIe s. ; **S'ENORGUEILLIR** XIIe s.

ORIENT famille du lat. *oriri, ortus* « se lever (astres) », « s'élancer hors de », « naître », d'où (1) *oriens, -entis*, part. présent « (soleil) levant », qui s'oppose à *occi-*

dens → CHOIR ; dér. *orientalis* (2) *origo, -inis* « point de départ, source », d'où bas lat. *originalis, originarius* ; le mot *aborigines* « autochtones », à propos des premiers habitants du Latium, est habituellement rattaché à *ab origine* ; mais c'est p.-ê. un ancien nom de peuple déformé par étym. pop. (3) *aboriri, abortus* (avec valeur primitive de *ab*) « mourir, disparaître », d'où *abortare* « avorter ».

♦ |1| ORIENT (sav.) XI{ᵉ} s. : *oriens, -entis* ; ORIENTAL XII{ᵉ} s. : *orientalis* ; ORIENTALISTE fin XVIII{ᵉ} s., ORIENTALISME, ORIENTALISER XIX{ᵉ} s. ; ORIENTÉ XV{ᵉ} s. ; ORIENTER, DÉSORIENTER, DÉSORIENTÉ XVII{ᵉ} s. ; ORIENTATION, DÉSORIENTATION XIX{ᵉ} s. ♦ |2| ORIGINE (sav.) XV{ᵉ} s. : réfection. d'après le lat., de l'anc. fr. *orine* XII{ᵉ} s., du lat. *origo, -inis* ; ORIGINAL XIII{ᵉ} s. : *originalis* ; ORIGINEL XIV{ᵉ} s. : var. demi-sav. de *original* ; ORIGINALITÉ XIV{ᵉ} s. ; ORIGINAIRE XIV{ᵉ} s. : *originarius*. ♦ |3| AVORTER (pop.) XII{ᵉ} s. : *abortare* ; AVORTEMENT XII{ᵉ} s. ; AVORTON XIV{ᵉ} s. ; AVORTEUR XX{ᵉ} s. ♦ |4| ABORTIF (sav.) XV{ᵉ} s. : *abortivus*, dér. de *abortare*. ♦ |5| ABORIGÈNE (sav.) XV{ᵉ} s. : *aborigines*, avec adaptation au suff. *-gène* → GENS.

ORME (pop.) XII{ᵉ} s. : lat. *ŭlmus* avec dissimilation des deux *l* dans le dér. **ŭlmĕllus*, représenté par ORMEAU XII{ᵉ} s.

ORNIÈRE famille du lat. *orbis* « rond, cercle », d'où *orbita* « trace de roues, ornière » et « cours, orbite », *exorbitare* « sortir de la route tracée », *orbiculus* « roulette ».

♦ |1| ORNIÈRE (pop.) XIII{ᵉ} s. : altération, sous l'infl. de l'anc. fr. *orne* XIII{ᵉ} s. « rangée, alignement » (de *ordo, ordinis* → OURDIR), de l'anc. fr. *ordière* (pop.) XII{ᵉ} s., du lat. vulg. **orbitaria*, dér. de *orbita*. ♦ |2| ORBE (sav.) XIII{ᵉ} s. : *orbis* ; ORBICULAIRE XIV{ᵉ} s. : lat. imp. *orbicularis*. ♦ |3| ORBITE (sav.) XIV{ᵉ} s. anat., XVI{ᵉ} s. astron. : *orbita* ; ORBITAIRE XVI{ᵉ} s. ; ORBITAL XIX{ᵉ} s. ; EXORBITÉ fin XVIII{ᵉ} s. ♦ |4| EXORBITANT XV{ᵉ} s. « inconvenant », XVII{ᵉ} s. « excessif » : *exorbitans*, part. présent de *exorbitare*.

ORNITHO- gr. *ornis, ornithos* « oiseau », 1{ᵉʳ} élément de composés sav., ex. : ORNITHOLOGIE XVII{ᵉ} s. ; ORNITHOMANCIE XVIII{ᵉ} s. ; ORNITHORYNQUE XIX{ᵉ} s. ; 2{ᵉ} élément gr. *rugkhos* « bec ».

ORO- gr. *oros* « montagne », 1{ᵉʳ} élément de composés sav., ex. : OROGRAPHIE, -IQUE XIX{ᵉ} s. ; OROGÉNIE, -IQUE XIX{ᵉ} s. ; OROGENÈSE XX{ᵉ} s.

ORTHO- gr. *orthos* « droit », 1{ᵉʳ} élément de composés sav., ex. : ORTHOGRAPHE XIII{ᵉ} s. ; ORTHODOXE XV{ᵉ} s. ; ORTHOPÉDIE XVIII{ᵉ} s. ; ORTHOÉPIE, ORTHOGENÈSE XX{ᵉ} s. (et leurs dérivés).

ORTIE ♦ |1| (pop.) XII{ᵉ} s. : lat. *ŭrtica* « id. ». ♦ |2| URTICAIRE XVIII{ᵉ} s. ; URTICANT (sav.) XIX{ᵉ} s. : dér. formés sur *urtica*.

ORVET famille d'une racine ind.-eur. **orbh-* « privé de ». En grec *orphanos* « privé de parents, orphelin ». En latin *orbus* « dénué », « orphelin » et « privé de la vue, aveugle ».

♦ |1| ORVET (pop.) XIV{ᵉ} s. : dimin. de l'anc. fr. *orb* « aveugle », de *orbus*, ce reptile passant pour être aveugle. ♦ |2| ORPHELIN (demi-sav.) XII{ᵉ} s. : var., avec dissimilation des *n*, de *orphanin* XI{ᵉ} s., du lat. vulg. **orphaninus*, dimin. du bas lat. *orphanus*, du gr. *orphanos*, qui avait éliminé en ce sens *orbus* ; ORPHELINAT XIX{ᵉ} s.

OS famille d'une racine ind.-eur. **oss-*. En grec, avec un élargissement *-t-*, *osteon* « os » et *periosteos* « qui entoure l'os ». En latin *os, ossis* « os », d'où en bas lat. *ossuarium* « urne sépulcrale » ; *osseus* « osseux ».

I. mots d'origine latine

♦ |1| OS (pop.) XII{ᵉ} s. : bas. lat. *ossum*, class. *os, ossis* ; OSSEMENT XII{ᵉ} s. : lat. vulg. **ossamentum* ; OSSELET XII{ᵉ} s. ; OSSEUX XIV{ᵉ} s. ; DÉSOSSER XIV{ᵉ} s. ♦ |2| OSSUAIRE (sav.) XVIII{ᵉ} s. : *ossuarium*. ♦ |3| OSS-, OSSÉ- éléments de mots sav., ex. : OSSIFIER XVII{ᵉ} s. ; OSSATURE, OSSÉINE XIX{ᵉ} s.

II. mots d'origine grecque

♦ |1| OSTÉ-, OSTÉO-, OST- éléments de mots sav., ex. : OSTÉOLOGIE XVI{ᵉ} s. ; OSTÉINE XIX{ᵉ} s. ; EXOSTOSE XVI{ᵉ} s. ♦ |2| PÉRIOSTE (sav.) XVI{ᵉ} s. : *periosteon*, neutre subst. de *periosteos*.

-OSE (sav.) gr. *-ôsis*, suff. nom. de la langue méd., qui désigne une affection dégénérative ou chronique, ex. : *dermatose, tuberculose, névrose*, etc.

OSER famille du lat. *avere* « désirer vivement », d'où (1) *avarus* « avide d'argent » et *avaritia* « cupidité » (2) *avidus* « qui désire vivement » et *aviditas* « désir ardent » (3) *audere, ausus*, issu de *avĭdēre*, sens arch. « être désireux de, vouloir bien », class. « oser, avoir l'audace de », d'où *audax, audacia* « audacieux », « audace » ; bas lat. *ausare* « oser », qui a éliminé *audere*.

♦ |1| **OSER** (pop.) XIIe s. : *ausare* ; **OSÉ** adj. XIIe s. ♦ |2| **AUDACE** (sav.) XIVe s. : *audacia* ; **AUDACIEUX** XIVe s. ♦ |3| **AVIDE** (sav.) XVe s. : *avidus* ; **AVIDITÉ** XIVe s. : *aviditas*. ♦ |4| **AVARE** (sav.) XVIe s. : réfection, d'après le lat., de l'anc. fr. *aver* (pop.) XIIe s. : *avārus* ; **AVARICE** XIIe s. : *avaritia* ; **AVARICIEUX** XIIIe s.

OSIER (pop.) XIIIe s. : probablement dér. d'un frq. *alisa* « aune » (→ ce mot) p.-ê. var. du frq. *alira* (→ all. *Erle*) ; **OSERAIE** XIIe s.

OSMOSE XIXe s. : gr. *ôsmos* (sav.) « impulsion » ; abrév. des formes composées antérieures **ENDOSMOSE** et **EXOSMOSE** XIXe s., de *endon* « vers le dedans » et *ex* « vers le dehors » ; **OSMOTIQUE, OSMOMÈTRE** XIXe s.

-OT, -OTTE ♦ |1| (pop.) suff. dimin. nom. et adj. : lat. vulg. *-ŏttus*, parallèle à *-ĭttus* → -ET, -ETTE, ex. : *pâlot, billot, culotte*. ♦ |2| Dér. : **-OTTER** suff. verbal, ex. : *culotter* ; **-OTIN**, suff. nom. dimin., ex. : *diablotin*.

OU (conjonction) Xe s. (pop.) : lat. *aut* « ou bien ».

OUAILLE famille du lat. *ovis* « brebis, mouton », dimin. *ovicŭla*, adj. dér. *ovillus*. var. bas lat. *ovinus*.

♦ |1| **OUAILLE** (pop.) XIVe s., altération, sous l'infl. du suff. *-aille*, plus courant, de *oueille* XIIe s. : de *ovicŭla* ; sens relig. anc. seul conservé depuis le XVIIe s. à cause de l'empl. fig. dans la parabole évangélique du Bon Pasteur. ♦ |2| **OVIN** (sav.) XVIe s., puis XIXe s. : *ovinus* ; **OVINÉS, OVIDÉS** XXe s.

OUATE XVe s. : lat. médiéval *wadda*, mot obscur, d'origine probablement orientale ; l'arabe *bata'in* « ce qui sert à fourrer les vêtements » ne rend pas compte de l'initiale du fr. *ouate* et de l'it. *ovatta* ; et ce dernier mot, souvent tenu pour intermédiaire entre l'arabe et le fr., est p.-ê. lui-même empr. au fr. ; **OUATER** XVIIe s., **OUATINER** XIXe s.

OUBLIE famille d'une racine ind.-eur. **tel-, *tol-, *tlă* « supporter, soulever ».

En grec *Atlas, Atlantos* « dieu qui soutient les colonnes du ciel », « chaîne de montagnes d'Afrique identifiée à ce dieu » et « mer atlantique, voisine de cette chaîne » ; dérivés *Atlantis, -idos* « Atlantide », « fille d'Atlas » et « île fabuleuse de l'Océan » ; *atlantikos* « d'Atlas », « atlantique ».

En latin *tollere* « soulever, enlever », auquel s'apparente *tolerare* « porter, supporter » ; le part. passé correspondant, *lātus*, issu de **tlātus*, sert en fait de part. passé à *ferre* « porter » → OFFRIR, d'où une série de correspondances entre cette famille et celle de *ferre : ablatio* « action d'enlever » et *ablativus (casus)* « (cas) marquant le point de départ » ; *collatio* « assemblage », « rapprochement » → *conferre* ; *delatio* « dénonciation », « action de déférer en justice », et *delator* « accusateur » → *deferre* ; *dilatio* « délai », bas lat. *dilatorius* « dilatoire », et class. *dilatare* « élargir, étendre » → *differre* ; *oblatio* « action de donner volontairement », et *oblatus* « offert » → *offerre* ; *praelatus* « mis en avant » → *paeferre* ; *relatio* « action de rapporter », « narration », bas lat. *relativus* « relatif à », et *correlatio* « corrélation » → *referre* ; *superlatio* « exagération », d'où bas lat. *superlativus* « superlatif » ; *translatio* « action de transporter » → *transferre* ; *legislatio*, bas lat. *legislator* « législation », « législateur » → *legem ferre*, art. LOI.

I. mots populaires d'origine latine

♦ |1| **OUBLIE** XIIe s. : altération, sous l'infl. de *oubli*, de l'anc. fr. *oublée* XIIe s.-XIVe s., de *oblāta* « (chose) offerte », c.-à-d. « hostie », ce petit gâteau étant semblable à du pain d'autel → OBLATION et OFFRIR. ♦ |2| **MALTÔTE** XIIIe s. « impôt extraordinaire » : composé de *male*, « à tort » et lat. vulg. **tollĭta*, part. passé refait de *tollere*.

II. mots savants d'origine latine

A. base *-tol-*

♦ |1| **INTOLÉRABLE** XIIIe s. : *intolerabilis* de *tolerare* ; **TOLÉRER, TOLÉRABLE, TOLÉ-**

RANCE XIVe s. : *tolerare, tolerabilis, tolerantia* ; TOLÉRANT XVIe s. ; **INTOLÉRANCE, INTOLÉRANT** XVIIe s. ♦ 121 **TOLLÉ** XVIe s. : impér. présent de *tollere* « prends ! », « enlève ! », « supprime ! », cri des Juifs demandant à Ponce Pilate la condamnation à mort de Jésus (Vulgate, Jean XIX, 15), croisé avec *tolez*, impér. de l'anc. fr. *toldre* « enlever » (pop.) XIe s., de *tollere*.
B. base *-lat-*

♦ 111 **PRÉLAT** XIIe s. : *praelatus* ; **PRÉLATURE** XIVe s. ; **SE PRÉLASSER** XVIe s. : dér. formé sous l'infl. de *lasser* → PRÉFÉRER. ♦ 121 **OBLATION** XIIe s. : *oblatio* ; **OBLAT** XVIe s. : *oblatus* ; **OBLATURE** XXe s. → OFFRIR. ♦ 131 **TRANSLATION** XIIe s. « traduction », XIVe s. jur., XVIIe s. « transport » (reliques), XXe s. ling. : *translatio* ; **TRANSLATIF** XVIe s. → TRANSFÉRER. ♦ 141 **ABLATION** XIIIe s. : *ablatio* ; **ABLATIF** XIVe s. : *ablativus*. ♦ 151 **COLLATION** XIIIe s. jur. « acte de conférer (un titre) », XIIIe s. « conversation, conférence » et « repas léger pris par les moines après la conférence du soir », XIVe s. « comparaison (d'une copie et de son original) » : *collatio* ; **COLLATIONNER** XIVe s. « comparer », XVIe s. « faire un léger repas » ; **COLLATEUR** XVe s. → CONFÉRER. ♦ 161 **DILATION** et **DILATOIRE** XIIIe s. : *dilatio, dilatorius* ; **DILATER, DILATATION**, XIVe s. : *dilatare, dilatatio* → DIFFÉRER. ♦ 171 **RELATION** XIIIe s. « récit » et « rapport », XVIe s. « amitié » : *relatio* ; **RELATIF** XIIIe s. ; XIVe s. grammaire : *relativus* ; **RELATER** XIVe s. d'abord jur. : dér. sur la base *relat-* ; **RELATIVEMENT** XIVe s. ; **RELATIVITÉ, RELATIVISME, -ISTE** XIXe s. ; **CORRÉLATIF** XIVe s. : lat. médiéval *correlativus* ; **CORRÉLATION** XVe s. : *correlatio* → RÉFÉRER. ♦ 181 **SUPERLATIF** XIIIe s. « extrême », XVIe s. gramm. : *superlativus*. ♦ 191 **LÉGISLATION** XIVe s. → LOI. ♦ 1101 **DÉLATION, DÉLATEUR** XVIe s. : *delatio, delator* → DÉFÉRER.

III. mots savants d'origine grecque

♦ 111 **ATLAS** « montagnes d'Afrique », mot gr. ♦ 121 **ATLANTE** XVIIe s. : mot it., « figure d'homme soutenant un entablement comme Atlas le monde ». ♦ 131 **ATLAS** XVIIe s. « recueil de cartes publié en 1595 par le géographe hollandais Mercator, dont le frontispice représentait Atlas portant le monde », et « première vertèbre cervicale », par métaph. ♦ 141 **ATLANTIQUE** XVIe s. : *atlantikos*, par le lat.

OUBLIER (pop.) Xe s. : lat. vulg. °*oblitāre*, verbe refait sur le rad. du part. passé *oblitus*, du lat. class. *oblivisci* « id. » ; **OUBLI** XIIe s. ; **OUBLIEUX** XIIe s. ; **OUBLIETTE** XIIIe s. ; **INOUBLIABLE** XIXe s. ; **NE M'OUBLIEZ PAS**, nom pop. du myosotis, XVe s.

-OUIL, -OUILLE (pop.) ♦ 111 lat. *-ūculus, -ūcūla*, suff. nom. et adj. dimin., ex. : *fenouil, quenouille* (→ -ILLE, -AILLE, -ULE). ♦ 121 **-OUILLER** : lat. *-ūcŭlāre* suff. verbal dér. de *-ūculus*, ex. : *bredouiller, barbouiller*.

OUÏR famille du verbe lat. *audire, auditus* « entendre », probablement sans rapport étym. avec *aus, auris* → OREILLE ; dérivés et composés *auditio* « action d'entendre » ; *auditor* « celui qui écoute » ; *audientia* « attention donnée à des paroles » ; *inauditus* « jamais encore entendu », « sans exemple » ; lat. imp. *auditorium* « lieu où l'on s'assemble pour écouter », « assemblée d'auditeurs », « tribunal » ; bas lat. *audibilis* « qu'on peut entendre » ; lat. class. *oboedire* « prêter l'oreille à quelqu'un », « suivre ses avis », « obéir », *oboedientia* « obéissance ».

♦ 111 **OUÏR** (pop.) Xe s. : *audire* ; éliminé depuis le XVIIe s., subsiste dans *par ouï-dire* XIIIe s. ; **OUÏE** XIe s. « action d'entendre », XVIe s. poissons ; **INOUÏ** (demi-sav.) XVIe s. : *inauditus*. ♦ 121 **OBÉIR** (demi-sav.) XIIe s. : *oboedire* ; **OBÉISSANT** XIIe s. ; **OBÉISSANCE, DÉSOBÉISSANCE ; DÉSOBÉIR, DÉSOBÉISSANT** XIIIe s. ♦ 131 **OBÉDIENCE** (sav.) XIIe s. : *oboedientia* ; **OBÉDIENCIER** XIIIe s. ; **OBÉDIENTIEL** XVIIe s. ♦ 141 **AUDIENCE** (sav.) XIIe s. : *audientia* ; **AUDITOIRE** XIIe s. : *auditorium* ; **AUDITEUR, -TRICE** XIIIe s. : *auditor* ; **AUDITION** XIVe s. : *auditio* ; **AUDITIF** XIVe s. ; **AUDIBLE** XVe s. : *audibilis* ; **AUDITIONNER** fin XVIIIe s. jur., XXe s. sens mod. ; **INAUDIBLE** XIXe s. ; **AUDIBILITÉ** XXe s. ; **AUDITORIUM**, mot lat. XXe s. ♦ 151 **AUDIO-** 1er élément de composés sav., ex. : **AUDIOMÈTRE** XIXe s. ; **AUDIOGRAMME, AUDIOVISUEL** XXe s.

OUKASE ou **UKASE** XVIIIe s. : russe *ukaz* « décret », de *oukazat'* « publier ».

OURAGAN XVIe s. : taino (Antilles) *huracan*, var. *huragan* « tornade », par l'esp.

OURDIR famille du lat. *ordiri* « commencer à tisser » et, p.-ê. sous l'infl.

d'*oriri* (→ ORIENT), « commencer, entreprendre », auquel se rattachent (1) *ordo, ordinis*, à l'origine « ordre des fils dans la trame », d'où class. « rangée, alignement », « succession », « disposition », « classe sociale »; *ordinare* « mettre en ordre » et lat. eccl. « faire l'ordination de »; *ordinatio* « action de mettre en ordre », lat. eccl. « ordination d'un évêque »; *ordinator* « celui qui met en ordre »; *ordinarius* « rangé par ordre », « conforme à la règle »; *extraordinarius* « supplémentaire, d'élite (troupes) », « extraordinaire », formé sur *extra ordinem* « qui sort du rang »; bas lat. *ordinalis*, gramm. « ordinal » (2) *exordiri* « commencer une trame », d'où *exordium* « commencement d'une trame, d'un discours »; *primordium* « premier commencement », d'où le bas lat. *primordialis* « primordial ») *ornare* « préparer, arranger, garnir »; d'un ancien **or(di)nare*, antérieur au lat. class. *ordinare* refait sur *ordo, ordinis* à une époque où aucun rapport n'était plus senti entre les deux mots; dér. *ornamentum* « équipement », « ornement »; *subornare* « préparer en dessous, en secret », « suborner ».

I. mots populaires et demi-savants

♦|1| OURDIR (pop.) XII˚ s. techn. et sens fig. : *ordīri*; OURDISSEUR, OURDISSOIR XV˚ s. et OURDISSAGE XVIII˚ s. techn. ♦|2| ORNEMENT (pop.) XI˚ s. : *ornamentum*; ORNER (sav.) XV˚ s. : réfection, d'après le lat. de l'anc. fr. *aorner* (pop.) XII˚ s. : lat. *adornare*; ORNEMANISTE, ORNEMENTAL, ORNEMENTATION, ORNEMENTER XIX˚ s. ♦|3| ORDRE (demi-sav.) XI˚ s. « association de religieux », XVI˚ s. sacrement; XII˚ s. « disposition régulière » puis « organisation », XVII˚ s. « commandement », XVIII˚ s. « ordre social » : *ordo, ordinis*; *ordre du jour, rappeler à l'ordre* XVIII˚ s. : calques de l'angl. *order of the day*, et *to call to order*; DÉSORDRE XIV˚ s.; CONTRORDRE, SOUS-ORDRE XVII˚ s. ♦|4| ORDONNER (demi-sav.) XIV˚ s. : altération, sous l'infl. de *donner*, de l'anc. fr. *ordener* XII˚ s. : *ordinare* « régler, disposer », « investir d'une charge », en particulier eccl. : fin XIII˚ s. « enjoindre » : *ordinare*; ORDONNANCE XII˚ s.; XVIII˚ s. « militaire au service d'un officier »; ORDONNANCEMENT XV˚ s.; ORDONNÉ XIII˚ s. « mis en ordre », XVI˚ s. « qui a des qualités d'ordre »; ORDONNÉE XVII˚ s. math.; DÉSORDONNÉ XII˚ s. « débauché », XVI˚ s. « en désordre », XIX˚ s. « qui n'a pas de qualités d'ordre ». ♦|5| SUBORDONNER XV˚ s. : adaptation, d'après *ordonner*, du lat. médiéval *subordinare*; INSUBORDONNÉ fin XVIII˚ s.; SUBORDONNÉ subst. début XIX˚ s.; **COORDONNER, COORDONNÉES** XVIII˚ s. s.; **COORDONNÉ**, adj. gramm. XIX˚ s.; **INCOORDONNÉ** XX˚ s.

II. mots savants

♦|1| ORDINATION XII˚ s. : *ordinatio*; ORDINANT et ORDINAND XVII˚ s. : *ordinans* « qui ordonne » et *ordinandus* « qui doit être ordonné »; ORDINATEUR XV˚ s. « organisateur », XX˚ s. « machine électronique »; SUBORDINATION XVII˚ s. : lat. médiéval *subordinatio*; INSUBORDINATION XVIII˚ s.; COORDINATION XIV˚ s., XVIII˚ s. gramm.; INCOORDINATION XIX˚ s. ♦|2| ORDINAIRE XIII˚ s. jur., XIV˚ s. adj. sens mod., XV˚ s. subst. « nourriture ordinaire » : *ordinarius*; EXTRAORDINAIRE XIII˚ s. : *extraordinarius*. ♦|3| ORDINAL XVI˚ s. : *ordinalis*. ♦|4| SUBORNER XIII˚ s. : *subornare*; SUBORNEUR XV˚ s. ♦|5| EXORDE XV˚ s. : *exordium*. ♦|6| PRIMORDIAL XV˚ s., rare avant le XVII˚ s. « originel », XIX˚ s. « de première importance » : *primordialis*. ♦|7| ORDO XVIII˚ s. liturgie : mot lat.

OURS ♦|1| (pop.) XI˚ s.; XVII˚ s. sens fig. « bourru » : lat. *ŭrsus*; OURSE XII˚ s.; XVI˚ s. *la Grande Ourse* : *ŭrsa*; OURSON XVI˚ s.; pour les mots sav. exprimant la notion d'« ours » : → ARCTO-, art. ARCTIQUE. ♦|2| OURSIN XVI˚ s. : prov. *orsin de mar* « ourson de mer ».

1. OUTRE (prép. « au-delà ») famille de la prép. lat. arch. *uls* « au-delà de », qui fait partie d'un groupe de racines *voyelle + l* indiquant un objet éloigné (→ IL et AUTRE), et à laquelle se rattache un ancien adj. **ulter, *ultera, *ulterum*, dont subsistent seulement (1) des ablatifs employés comme adv., *ultro* et *ultra* « au-delà » (2) le comparatif *ulterior* « plus éloigné » et le superlatif *ultimus* « le plus éloigné », d'où *paenultimus* « avant-dernier » (1ᵉʳ élément, *paene* « presque »).

♦|1| OUTRE (pop.) XI˚ s. adv. et prép. : *ultra*; OUTRER XII˚ s. « dépasser », XIII˚ s. « passer outre, enfreindre », XV˚ s. « passer la mesure »; OUTRÉ XIII˚ s. « vaincu », XVI˚ s.

« excessivement chargé » et « indigné » ; **OUTRAGE** XIe s. « excès », **OUTRAGEUX** XIIe s., **OUTRAGER** XVe s., **OUTRANCE** XIIIe s. ; **OUTRANCIER** XIXe s. ♦ |2| **OUTRE-** (pop.) préf. servant à former des verbes, des subst. et quelques adj., ex. : *outrepasser, outremer, outrecuidance, outrecuidant.* ♦ |3| **ULTRA-** (sav.) préf. servant surtout à former des adj., ex. : *ultramontain, ultraviolet* et aussi quelques subst., ex. : *ultrason* ; **ULTRA**, subst. pol., « extrémiste », fin XVIIIe s. : abrév. de *ultra-royaliste*. ♦ |4| **PÉNULTIÈME** (sav.) XIIIe s. : *paenultimus* ; **ANTÉPÉNULTIÈME** XVIIIe s. ♦ |5| **ULTIME** (sav.) XVe s. : *ultimus* ; **ULTIMATUM** XVIIIe s. « dernières conditions » : neutre substantivé du lat. médiéval *ultimatus*, dér. de *ultimus.* ♦ |6| **ULTÉRIEUR** XVIe s. : *ulterior.*

2. OUTRE (subst. fém.) (sav.) XVe s. : lat. *uter, utris.*

OVATION (sav.) XVIe s. hist. rom. : *ovatio* « petit triomphe, où un général victorieux défilait à pied ou à cheval », et non sur un char ; mot sans rapport avec *ovis* « brebis » (→ OUAILLE), aucun texte ne mentionnant le sacrifice d'une brebis à propos de l'ovation ; dér. de *ovare*, dont l'étymon pourrait être **ewaiare*, apparenté au gr. *euoi* « cri de joie poussé aux fêtes de Bacchus » ; **OVATIONNER** XXe s.

-OYER ♦ |1| (pop.) suff. verbal : bas lat. *-idiāre*, adaptation du gr. *idzein*, ex. : *octroyer, rougeoyer* ; le même suff. a donné en it. *-eggiare*, qui apparaît dans *saccager* : it. *sacchegiare.* ♦ |2| **-ISER** (sav.) suff. verbal à valeur factitive : gr. *-idzein* ; apparaît dans des verbes anciens, ex. : *baptiser, scandaliser*, ou de formation récente, ex. : *vaporiser, atomiser.* ♦ |3| **-ISATION, -ISATEUR, -ISEUR** suff. nom. dér. de *-iser*, ex. : *vaporisation, vaporisateur, atomiseur.* ♦ |4| **-ISME** et **-ISTE** (sav.) gr. *-ismos* et *-istês*, dér. de *-idzein* ; indiquent, le 1er un système, ex. : *catholicisme, marxisme, existentialisme*, le 2e, un partisan d'un système, ex. : *marxiste, existentialiste*, ou une personne exerçant une fonction ou un métier, ex. : *affichiste, céramiste, oculiste.* ♦ |5| **-ISANT** : suff. nom. et adj. formé d'après *-iste*, qui désigne celui qui tend vers un certain système, ex. : *marxisant, gauchisant.*

PACHA XVe s. *bacha*, XVIIIe s. forme mod. : turc *pasha*, arabe *bâchâ*, du persan *padischah* « souverain ».

PAGAIE XVIIe s. : malais *pengayuh* ; **PAGAYER** XVIIe s. ; **-EUR** XVIIIe s.

PAGAILLE, PAGAÏE ou **PAGAYE** XVIIe s. puis XIXe s., d'abord mar. : prov. *(en) pagaio* « (en) désordre », origine inconnue.

PAGE XIIIe s. subst. masc. : mot obscur ; pourrait représenter (demi-sav.) le gr. *paidion*, dimin. de *pais, paidos* « enfant » → PÉDAGOGUE ; ou p.-ê. (pop.) le bas lat. *pathīcus* « pédéraste passif », du gr. *pathos* « ce qu'on éprouve » → PATHÉTIQUE.

PAGODE XVIe s. : port. *pagoda*, adaptation d'un mot hindi représentant le sanscrit *bhagavat* « saint, sacré ».

PAILLE ♦|1| (pop.) XIIe s. ; XVIe s. « défaut dans un métal » ; XVIIe s. *sur la paille* « dans la misère » ; XIXe s. *vin de paille, paille de fer* et *une paille* « un rien » : lat. *palea* « balle de blé » puis « paille » s. subst. fém. ; ♦|2| **PAILLARD** XIIIe s. « vaurien » ; XVe s. « débauché », littéralement « qui couche sur la paille » ; **PAILLARDER** XVe s. ; **PAILLARDISE** XVIe s. ♦|3| **PAILLASSE** XIIIe s. subst. fém. ; **PAILLASSON** XIVe s. « petite paillasse », XVIIIe s. sens mod. ; **PAILLASSE** XVIIIe s. subst. masc. : it. *Pagliaccio*, de même origine, nom d'un personnage de théâtre. ♦|4| **PAILLETTE** XIVe s. ; **PAILLETÉ** XIVe s., **PAILLETER, PAILLETEUR** XVIIe s. ♦|5| **PAILLIS** XIIIe s. ; **PAILLOT** XIVe s. « sorte de paillasse » ; **PAILLON** XVIe s. ; **PAILLOTE** XVIIIe s., p.-ê. empr. au port. *palhota*, de même origine ; **PAGEOT** XIXe s. argot « lit » : semble une var. faubourienne de *paillot*. ♦|6| **PAILLER** XIVe s. ; **EMPAILLÉ** XVIe s. ; **PAILLÉ, EMPAILLER**, **EMPAILLEUR** XVIIe s. ; **REMPAILLER**, **REMPAILLEUR**, **REMPAILLAGE** XVIIIe s.

PAIN famille du lat. *panis* « pain », d'un ancien **pasnis* p.-ê. apparenté à *pascere* → PAÎTRE. Dérivés (1) base *pas-*, *pastillus* « petit gâteau (sacré) » et « pastille (pour parfumer l'haleine) » (2) base *pan-*, *panarium* « corbeille à pain » ; *panificium* « fabrication du pain » et bas lat. *panifex* « boulanger », *panificare* « faire du pain ».

I. base *pain* (pop.)

♦|1| **PAIN** Xe s. *pan*, XIe s. *pain* ; *pain bénit* XIIIe s. « hostie consacrée » ; XVIe s. sens mod. ; *pain d'épice* XIVe s. ; *petit pain* XVIe s. ; *pain à cacheter* XVIIIe s. : *panis*. ♦|2| **COPAIN** XVIIIe s. : altération de *compain* XIe s., du bas lat. (Loi salique) *companio*, calque du gotique *gahlaiba*, de *ga* « avec » et *hlaiba* « pain » (soldat) qui partage la même ration de pain que », mot des mercenaires germ. servant dans les armées romaines → COMPAGNON ; fém. analogique **COPINE** XIXe s.

II. base *-pagn-* (pop.)

♦|1| **COMPAGNON** XIe s. « qui accompagne quelqu'un », XVIIIe s. « ouvrier du bâtiment » : *companionem*, acc. de *companio* → COPAIN. ♦|2| **COMPAGNIE** XIe s. « présence d'une personne auprès de quelqu'un »,

XIV° s. unité militaire ; XVII° s. « société commerciale ou industrielle » : lat. vulg. *compania*, dér. de *companio* ; **COMPAGNE, ACCOMPAGNER** XII° s. ; **ACCOMPAGNEMENT** XIII° s. ; **ACCOMPAGNATEUR** XIX° s. ; **COMPAGNONNAGE** XVIII° s. ♦ I3I **SE PAGNOTER** XIX° s. argot milit. « manquer de courage », puis « se coucher » ; sans doute dér. de *pagnote* XVII° s.-XVIII° s. « mauvais soldat » : issu, par un dial., de l'it. *pagnotta* « petit pain », sobriquet, pendant les guerres du XVI° s. en Piémont, des soldats qui se débandaient pour chercher leur nourriture ; au 2° sens, a pu se croiser avec *panier à viande* « lit » XIX° s., qui aurait subi l'infl. de *paillot* « petite paillasse » → PAILLE.

III. base -pan- (pop., empr., ou sav.)

♦ I1I **PANIER** (pop.) XII° s. : *panier percé* « prodigue » et *anse de panier*, archit XVII° s. ; *panier à salade* « voiture cellulaire » XIX° s. : *panarium* ; **PANERÉE** XIV° s. : dér. de *panier* ; **PANETIÈRE** XIII° s. : dér. sur la base pan- de *panis*. ♦ I2I **APANAGE** fin XIII° s. : dér. de *apaner* début XIV° s. « donner du pain, c.-à-d. de quoi vivre, à son fils ou à sa fille ». ♦ I3I **PANÉ** XVII° s. « recouvert de miettes de pain sec » ; **PANER** XVIII° s. ; **PANURE** XIX° s. ♦ I4I **PANADE** XVI° s. « soupe de pain trempé », XIX° s. « misère » : prov. *panado*, dér. de *pan* « pain ». ♦ I5I **PANIFIER** XVII° s. : *panificare* ; **PANIFICATION** XVIII° s. ; **PANIFIABLE** XIX° s.

IV. base past- (empr.)

♦ I1I **PASTILLE** XVI° s., pour brûle-parfums ; XVII° s. bonbon ; XIX° s. méd. : esp. *pastilla*, du lat. *pastillus* avec changement de genre. ♦ I2I **PASTEL** XVII° s. « bâtonnet de pâte colorée » : it. *pastello*, du lat. vulg. *pastellus*, altération, par substitution de suff., du class. *pastillus* ; **PASTELLISTE** XIX° s.

PAIR famille du lat. *par, paris* adj. « égal » et « pair (en parlant d'un nombre) » ; subst. « paire, couple » ; *impar* « inégal », « impair » ; *comparare* « apparier » et « comparer » ; bas lat. *paritas, imparitas* « ressemblance, parité » et « inégalité » ; *pariare* « être égal, aller de pair ».

I. base -pair- (pop.)

♦ I1I **PAIR** X° s. adj. *per* ; XI° s. subst. « vassaux de même rang » ; XIII° s. adj., nombres ; hors de pair XVII° s. ; *au pair* XIX° s. : *par, paris* ; **PAIRIE** XIII° s. ; **IMPAIR** (demi-sav.) XV° s. : adaptation de *impar*, d'après *pair* ; **PAIRESSE** XVII° s. : angl. *peeress*, fém. de *peer*, de l'anc. fr. *per*, mod. *pair*. ♦ I2I **PAIRE** XII° s. : *paria*, plur. neutre substantivé de *par*, pris pour un fém.

II. base -par- (pop. ou sav.)

♦ I1I **PARAGE** (pop.) XI° s. « extraction, lignée » : dér. anc. de *par* « égalité de naissance ». ♦ I2I **PAREIL** (pop.) XII° s. : lat. vulg. *parĭcŭlu*, dimin. de *par* ; **APPAREILLER, DÉPAREILLER** XII° s. ; **NONPAREIL** XIV° s. ; **DÉPAREILLÉ** XVIII° s. ♦ I3I **COMPARER, COMPARAISON, COMPARABLE, INCOMPARABLE** (sav.) XII° s. d'abord « être semblable » : *comparare, comparatio, comparabilis, incomparabilis* ; **INCOMPARABLEMENT** XII° s. ; **COMPARATIF** XII° s. ; XVII° s. gramm. ; **COMPARATIVEMENT** XVII° s. ♦ I4I **PARIER** XVI° s. « mettre en balance » et « jouer une somme dans un pari » : réfection, d'après le lat. *pariare* et *par*, de l'anc. fr. *apairier* « égaler », dér. de *pair* ; **PARI, PARIEUR** XVII° s. ♦ I5I **APPARIER** XIII° s. : réfection, d'après le lat. *par*, de *apairier* XIII° s., dér. de *pair* ; **APPARIEMENT** XVI° s. ; **DÉSAPPARIER** XVII° s. ♦ I6I **IMPARITÉ** XIII° s. : *imparitas* ; **PARITÉ** XIV° s. : *paritas* ; **DISPARITÉ** XIV° s. ; **PARITAIRE** XX° s. ♦ I7I **PARI-** 1ᵉʳ élément de composés sav., ex. : **PARISYLLABIQUE** XIX° s.

PAÎTRE famille du lat. *pascere, pastus* « nourrir, engraisser (les bestiaux) » et intrans. « paître », p.-ê. apparenté à *panis* → PAIN, d'où (1) base *pasc- pascuum* « pâturage » (2) base *past-, pastor, -oris* « berger », d'où *pastoralis* et *pastorius* « de berger, champêtre » ; bas lat. *pastura* « action de brouter ».

♦ I1I **PAÎTRE** (pop.) XI° s. : *pascere* ; **REPAÎTRE** XII° s. ♦ I2I **REPU** (pop.) XIII° s. : part. passé de *repaître*, composé de *paître* dont le part. passé est lui-même *peü, pu*, du lat. vulg. *pavūtu*, refait sur le parfait *pavi*. ♦ I3I **REPAS** (pop.) XII° s. : composé d'après *repaître*, de l'anc. fr. *past* « nourriture » XII° s., de *pastum*, part. passé neutre substantivé ; **APPÂT** XVI° s. : composé de l'anc. fr. *past* → REPAS, formé d'après l'anc. fr. *apaistre* XIII° s., composé de *paître* ; **APPÂTER** XVI° s. ; **APPAS** anc. forme de plur. spécialisée au XVIII° s. dans un sens fig. ♦|4| **PÂTURE** (pop.) XIIe S. : *pastura* ; **PÂTURER, PÂTURAGE** XIIe S. ♦|5| **PÂTIS** (pop.) XIIe S. : lat. vulg. **pasticium*, dér. de *pastus* ; **PATELIN** XIXe S. « village » : altération de *pâquelin* XVIIe s., dér. de *pâquis*, ou *pâquier*, ou *pacage* « lieu de pâture » (pour le sens → BERCAIL). ♦|6| **PACAGE** (pop.) XIVe S. : lat. vulg. **pascuāticum*, dér. de *pascuum* ; **PACAGER** XVIe S. ; **PÂQUIS** XIIIe S. : croisement entre l'anc. fr. *pasquier*, du lat. vulg. *pascuarium* dér. de *pascuum* et *pâtis*. ♦|7| **PÂTRE** (pop.) XIIe s. : *pastor* ; pour le représentant de l'accusatif, ou cas régime → PASTEUR ♦|8| **EMPÊTRER** (pop.) XIIe S. : lat. vulg. **impastoriare* « entraver », dér. de *pastoria*, fém. substantivé de *pastorius* « (corde) de berger » ; **DÉPÊTRER** XIIIe S. ♦|9| **PÂTURON** XVIe S. : dér. de *pâture* « entrave » : altération, par substitution de suff., de *pastoria* → le précédent. ♦|10| **PASTEUR** (demi-sav.) XIe S. : « berger » ; XVIe s. « ministre du culte protestant » : *pastōrem*, acc. de *pastor* → PÂTRE, avec rétablissement sav. de la prononc. du *s* ; **PASTOUREAU** XIIe S. ; **PASTOURELLE** XIIIe S. : dimin. de *pastor* avec prononc. du *s* d'après l'orthogr. archaïque ; **PASTORAL** (sav.) XIIIe S. « relatif aux bergers » et sens relig. : *pastoralis* ; **PASTORALE** XVIe S. subst. fém. ; **PASTORAT** XVIIe S.

PAIX famille d'une racine ind.-eur. **pag-, *pak-* « enfoncer », « fixer ». En latin (1) *pax, pacis*, nom d'action de la forme la plus simple, qui n'est attesté qu'au sens fig. de « accord fixé, traité de paix », et « état de paix » ; à *pax* s'apparentent *pacisci, pactus* « faire un traité », *pacificare* « négocier la paix » et *pacare* « pacifier, apaiser » (2) *pala*, issu de **pak-sla* « bêche », et *palus*, issu de **pak-slos* « pieu » (3) *pagina*, à l'origine terme d'agriculture, « vigne plantée, dessinant un rectangle », « treille », d'où, par métaphore, « colonne d'écriture », « page » et *propago* « marcotte de vigne », d'où *propagare* « provigner, propager par bouture » et « étendre » (5) *pagus*, à l'origine « borne fixée », d'où class. « district rural » : *paganus* « habitant d'un district rural, paysan », en bas lat. « païen », la christianisation de l'Empire romain ayant commencé par les villes (6) un verbe à infixe nasal : *pangere, pactus* « enfoncer » et ses dér. *compingere, compactus* « assembler en serrant » et *impingere, impactus* « frapper contre », « jeter contre ».

I. famille de pax, pacis

♦|1| **PAIX** (pop.) XIe S. : *pax, pacis* ; **PAISIBLE, APAISER, APAISEMENT** XIIe S. ♦|2| **PAYER** (pop.) XIe S. « se réconcilier avec quelqu'un, l'apaiser » et XIIe s. « lui donner l'argent qui lui est dû » : *pacare*, en lat. vulg. « apaiser avec de l'argent » ; **PAIE** et **PAIEMENT** XIIe S. ; **PAYABLE, PAYANT, PAYEUR** XIIIe S. ; **IMPAYABLE** XIVe S. « qu'on ne peut payer », XVIIe s. « d'une valeur inestimable », d'où « très drôle » début XVIIIe s. ; **SURPAYER** XVIe S., **SURPAIEMENT** XXe S. ; **IMPAYÉ** XIXe S. ♦|3| **PACIFIER** (sav.) XIIIe S. : *pacificare* ; **PACIFIQUE** XIVe s. en parlant d'une jouissance sans trouble, XVe s. en parlant d'une personne qui aime la paix ; XVIe s. appliqué à un océan nouvellement découvert : *pacificus* ; **PACIFICATION** XVe S. : *pacificatio* ; **PACIFICATEUR** XVIe s. : *pacificator*, **PACIFISME, PACIFISTE** XXe S. ♦|4| **PACTE** (sav.) XIVe S. : *pactum*, part. passé de *pacisci* ; **PACTISER** XVe S.

II. famille de pagus

♦|1| **PAYS** (pop.) Xe S. : bas lat. (VIe s.) *pagensis* « habitant d'un *pagus* », puis « territoire, canton » ; **PAYSAN** XIIe S. dér. de *pays* ; d'où **PAYSANNERIE** XVIe S. (var. *paysanterie* XVIe s.) ; **DÉPAYSER** XIIIe S. « faire sortir de son pays », XIXe s., sens mod., d'où **DÉPAYSEMENT** XVIe S. ; **PAYSE** XVIe S. et **PAYS** XVIIe s. « gens du même pays » ; **PAYSAGE** XVIe S. ; **PAYSAGISTE** XVIIe S. ♦|2| **PAÏEN** (pop.) Xe S. : *pagānus*. ♦|3| **PAGANISER** (sav.) XVe s. « se conduire en païen » ; XVIIe s. sens mod. : dér. sur *paganus* ; **PAGANISME** XVIe s. : lat. eccl. *paganismus*, a éliminé l'anc. fr. *païenie*, *païenisme* XIIe s.

III. famille de palus et pala

♦|1| **PELLE** (pop.) XIe S. : *pala* ; **PALETTE** XIIIe s. « divers objets plats », XVIIe s. peinture ; **PALERON** XIIIe s. ; **PALET** XIVe S. : dér. anciens de *pala* ; **PELLETÉE** XVIIe S. : a éliminé *pellée, palerée* ; **PELLETER, PELLETAGE, PELLETEUR** XIXe S. ; **PELLETEUSE** XXe S. : dér. de *pelle*. ♦|2| **PALE** XIIIe S. techn. : prov. *pala*, équivalent du fr. *pelle* ; **EMPALEMENT** XVIIIe S. ♦|3| **TRAVAIL** XIIe S. « tourment, souffrance », XIIIe s. « dispositif servant à immobiliser les grands animaux, p. ex. pour les ferrer », XVe s. sens mod. : altération (sous l'infl. de la famille de *trabs, trabis* « poutre » → TRAVÉE) du bas lat. (VIe s.)

tripalium « instrument de torture formé de trois pieux » ; TRAVAILLER XII° s. « tourmenter » et « souffrir », début XVI° s. sens mod. (à partir de la forme pronom. « se donner de la peine pour »), qui a éliminé *ouvrer* → ŒUVRE : lat. vulg. *tripaliāre* « torturer avec le *tripalium* » ; TRAVAILLEUR XII° s. ; TRAVAILLISTE, -ISME fin XIX° s. : calque de l'angl. *Labour Party* « parti du travail ». ♦ 141 TRAVELLING XX° s. cinéma : mot angl. « déplacement », part. présent du verbe *to travel*, empr. à l'anc. fr. *travailler* « se donner de la peine », spécialisé au sens de « voyager ». ♦ 151 PIEU (pop.) XII° s. : sing. tiré de *pieus*, de *palos*, acc. plur. de *palus*, forme de cas régime plur., qui a éliminé l'anc. fr. *pel*, de *palum*, cas régime singulier ; PALIS XII° s. : dér. ancien de *palus* ; PALISSADE XV° s. ♦ 161 PAL (sav.) fin XII° s. : *palus* ; EMPALER XII° s. ; EMPALEMENT XVI° s. ♦ 171 BALISE XV° s. : port. *baliza* « point de départ d'une course de chevaux » et « balise » : probablement altération mozarabe de l'ibéro-roman *paliça (→ esp. *paliza* « palissade »), var. fém. de l'étymon du fr. *palis* ; BALISER XV° s. ; RADIO-BALISE XX° s.

IV. famille de *pagina*

♦ 111 PAGE (demi-sav.) XII° s. : *pagina* ; *être à la page* XX° s. ♦ 121 PAGINER, PAGINATION (sav.) XIX° s. : dér. formés sur *pagina*.

V. famille de *propago*

♦ 111 PROVIN (pop.) XIII° s. *provain* : *propāgĭnem*, acc. de *propago* « bouture » ; PROVIGNER XII° s. *provainier* ; PROVIGNEMENT XVI° s. ♦ 121 PROPAGER (sav.) XV° s. : *propagare* ; PROPAGATION XIII° s. : *propagatio* ; PROPAGATEUR XV° s. : *propagator* ; PROPAGANDE XVII° s. congrégation romaine, fin XVIII° s. sens mod. : adaptation et abrév. du lat. *congregatio de propaganda fide* « congrégation pour la propagation de la foi » ; PROPAGANDISTE fin XVIII° s. ; CONTRE-PROPAGANDE XX° s.

VI. famille de *pangere, pactus*

♦ 111 COMPACT (sav.) XIV° s. : *compactus*, de *compingere* ; COMPACITÉ XVIII° s. ; COMPACTAGE, COMPACTEUR XX° s. ; par l'angl. ♦ 121 IMPACT (sav.) XIX° s. : *impactum*, de *impingere*.

PALAIS (partie de la bouche) ♦ 111 (pop.) XIII° s. : lat. vulg. gallo-roman *palatium*, altération du class. *palatum* sous l'infl. du class. *palatium* « château ». ♦ 121 PALATAL (sav.) XVII° s. : dér. de *palatum* ; PALATALISATION XIX° s. ; PALATALISER XX° s. ; PALATO- 1⁰ᵉʳ élément de composés sav. en médecine et en ling., XIX° s.-XX° s.

PALANQUIN XVI° s. : port. *palanquim*, du hindî *pâlakî*, du sanscrit *paryanka* « litière ».

PÂLE ♦ 111 (demi-sav.) XI° s. : lat. *pallĭdus* ; PÂLEUR, PÂLIR XII° s. ; PÂLOT XVII° s ; PÂLICHON XIX° s. ♦ 121 PALOMBE XVI° s. : mot dial. du Midi, de l'anc. prov. *palomba*, du lat. imp. *palŭmba*, var. du class. *palŭmbus* ou *palŭmbes*, formé sur la même racine que *pallidus* ; littéralement « oiseau de teinte pâle ».

PALÉO- gr. *palaios* « ancien », 1⁰ᵉʳ élément de composés sav., ex. : PALÉOGRAPHIE XVIII° s. ; PALÉOLITHIQUE XIX° s.

PALESTRE (sav.) XII° s., puis XVII° s. : gr. *palaistra*, dér. de *palê* « lutte » et *palaiein* « lutter ».

PALETOT XV° s. ; XIV° s. *paltoke* « casaque de paysan » ; XIX° s. sens mod. : moyen angl. *paltok* d'origine obscure ; PALTOQUET XVI° s. « vêtu d'une casaque de paysan », XVIII° s., sens péj. mod.

PALÉTUVIER XVIII° s. ; XVII° s. *apparituvier, parétuvier* : altération du tupi (Brésil) *apareiba*, de *apara* « courbé » et *iba* « arbre ».

PALIN-, PALIM- gr. *palin* « de nouveau », qui apparait dans plusieurs mots composés d'origine gr. : PALIMPSESTE XVI° s., rare avant le XIX° s. : gr. *palimpsèstos* « (manuscrit, parchemin) qu'on gratte pour y écrire de nouveau », de *psân* « gratter » ; PALINGÉNÉSIE → GENS ; PALINODIE → ODE ; PALINDROME → DROMADAIRE.

PALISSANDRE XVIII° s. : néerl. *palissander*, empr. à un parler de la Guyane hollandaise d'où était importé ce bois.

PALONNIER (pop.) XVII° s. : altération, par substitution de suffixe, de *palonneau* XIV° s., pour *paronneau*, dérivé de l'anc. fr.

paronne, du germ. *sparro « poutre », ou p.-ê. d'un anc. fr. *palon, dimin. du lat. palus → PIEU, art. PAIX.

PALOURDE XVIᵉ s. : mot dial. Ouest : lat. vulg. *pelorida, du lat. imp. pelôris, -idis, mot gr.

PALUS ou **PALUD** ou **PALUDE** ♦ 1 1 1 (sav.) formes mal fixées à partir du XIIᵉ s. : lat. palus, -udis « marais », conservé dans certains dial. du Sud-Ouest ; **PALUDIER** XVIIIᵉ s. : mot dial. Ouest « qui travaille dans un marais salant », var. moyen fr. paluyer XVIᵉ s. ; **PALUDÉEN, PALUDISME** (sav.) XIXᵉ s. ♦ 1 2 1 **PALUSTRE** (sav.) XIVᵉ s. : lat. palustris « marécageux », dér. de palus.

PÂMER ♦ 1 1 1 (pop.) XIᵉ s. : lat. vulg. *pasmare, dér. du bas lat. pasmus, class. spasmus, du gr. spasmos « spasme », dér. de spân « tirer » ; **PÂMOISON** XIᵉ s. ♦ 1 2 1 **SPASME** (sav.) XIVᵉ s. : spasmos, par le lat. ; **SPASMOPHILIE** XVIIIᵉ s. ; **SPASMODIQUE** XVIIIᵉ s. : angl. spasmodic (sav.) formé sur le gr. spasmôdês « id. » ; **ANTISPASMODIQUE** XVIIIᵉ s.

PAMPA XIXᵉ s. : mot quechua (Pérou) « plaine », par l'esp.

PAMPRE (pop.) XVIᵉ s., var. anc. fr. pampe XIIIᵉ s. : lat. pampinus « branche de vigne », d'origine méditerranéenne (→ VIN).

PAN (subst. masc.) ♦ 1 1 1 (pop.) XIᵉ s. « morceau d'étoffe », XIIIᵉ s. pan de mur, XVIᵉ s. « face d'un objet », XVIIIᵉ s. pan coupé : lat. pannus « morceau d'étoffe ». ♦ 1 2 1 **PANNEAU** (pop.) XIIᵉ s. « coussin de selle », XIIIᵉ s. « filet à gibier », d'où l'expression tomber dans le panneau, et « pièce de menuiserie encadrée » : bas lat. pannĕllus, dimin. de pannus. ♦ 1 3 1 **DÉPENAILLÉ** XVIᵉ s. : dér. de l'anc. fr. penaille « loques » XIIIᵉ s., lui-même dér. de pan. ♦ 1 4 1 **PANTIN** XVIIIᵉ s. : var. masc. de pantine XVIᵉ s. « écheveau de soie », dér. de pan, avec la même filière sémantique que poupée. ♦ 1 5 1 **PAGNE** XVIIᵉ s. : esp. paño « pan d'étoffe », du lat. pannus. ♦ 1 6 1 **PANARD** XVIIIᵉ s. « aux pieds de devant tournés vers le dehors (chevaux) » : prov. panard « boiteux », dér. de l'occitan a pan « de côté », du lat. pannus.

PANAIS (pop.) XIIᵉ s. : lat. pastinâca « id. ».

1. PANNE famille d'une racine ind.-eur. *pete- « s'élancer vers », p.-ê. apparentée à *pet-, *ped- « tomber » → PIRE, ou à *pot- → POUVOIR.

En grec pteron « aile », petesthai « voler ».
En latin penna, issu de *pet-sna « aile » et « grosse plume des ailes » ; petere, petitus « chercher à atteindre » ; dér. et composés (1) petitio, -ônis « requête » (2) un ancien verbe *petulare « être fougueux, prêt à l'attaque », dont subsiste le part. passé petulans et son dér. petulantia « fougue », « insolence » (3) appetere « convoiter », d'où appetitus, -us « instinct, désir » (4) competere « se rencontrer au même point », « être en état convenable pour », d'où competitio « candidature rivale » ; competitor « concurrent » et competentia « juste rapport » (5) impetere « se jeter sur » et impetus, -us « mouvement en avant, élan », d'où bas lat. impetuosus « impétueux » (6) repetere « aller rechercher », « attaquer à nouveau ». Enfin, perpes, -etis, de *per-pet-s « qui s'avance d'une manière continue », « ininterrompu » ; dér. perpetuus « id. », perpetuitas, perpetualis, et perpetuare « faire continuer, ne pas interrompre ».

I. mots d'origine latine, famille de penna
A. base -pan- (pop.)

♦ 1 1 1 **PANNE** XIᵉ s. sens multiples au Moyen Âge, pouvant se rattacher à l'idée de « plume », en particulier « étoffe douce comme la plume », d'où, par métaph., « couche de graisse du ventre de certains animaux » ; XVIIᵉ s. (XVIᵉ s. sous la forme penne) mar. « pièce latérale d'une vergue latine », d'où XVIIᵉ s. mettre en panne « immobiliser un navire en orientant ses vergues », XVIIIᵉ s. rester en panne, d'où les sens mod. XIXᵉ s. « misère », « rôle insignifiant dans une pièce de théâtre » (d'où **PANNÉ** « décavé »), XXᵉ s. « arrêt accidentel d'un mécanisme », d'où **DÉPANNER, DÉPANNAGE, DÉPANNEUSE** : lat. penna « plume », avec une évolution phonétique normale et semblable à celle de femme. ♦ 1 2 1 **PANONCEAU** XIIᵉ s. penoncel « écusson d'armoiries », XVIᵉ s. sens mod. : dér. de penon, var. panon « sorte de drapeau », luimême dér. de panne, ou penne. ♦ 1 3 1 **PANACHE** XVᵉ s. d'abord pennache, puis

PANNE

altération sous l'infl. de *panne* : it. *pennaccio*, dér. de *penna* ; **PANACHER** dès le XIV° s. (part. passé avec voyelle *a* ; **EMPANACHER** XV° s. ; **PANACHURE** XVIII° s. ; **PANACHAGE** pol. XIX° s.

B. base *-pen-* (demi-savante, avec infl. sur la prononc. de la graphie latinisante)

♦ |1| **PÉTITION** XII° s. « action de demander » ; XVII° s. log., *pétition de principe* ; XVIII° s. pol., sous l'infl. de l'angl. : *petitio, -onis* ; **PÉTITIONNAIRE** XVII° s. ♦ |2| **APPÉTIT** XII° s. « désir », XVII° s. « désir de manger » : *appetitus* ; **APPÉTISSANT** XIV° s. ; **APPÉTENCE** et **INAPPÉTENCE** XVII° s. méd. : *appetentia* « désir » ; **APPÉTITION** XVI° s. : *appetitio* « id. ». ♦ |3| **RÉPÉTER** XII° s. : *repetere* ; **RÉPÉTITION** XIII° s. « copie » et jur., XVII° s. théâtre et scol. : *repetitio* ; **RÉPÉTITEUR** XVII° s. ♦ |4| **PERPÉTUEL** XII° s. : *perpetualis* ; **PERPÉTUITÉ** XIII° s. : *perpetuitas* ; **PERPÉTUER** XIII° s. : *perpetuare*. ♦ |5| **IMPÉTUEUX** XIII° s. : *impetuosus* ; **IMPÉTUOSITÉ** XIII° s. : bas lat. *impetuositas*, dér. de *impetuosus* ; **IMPÉTIGO** XVI° s. « éruption » : lat. médical mod., formé sur *impetere*. ♦ |6| **COMPÉTENT** XIII° s. : *competens*, part. présent de *competere* « convenir, revenir à » ; **COMPÉTENCE** XV° s. ; **INCOMPÉTENT, INCOMPÉTENCE** XVI° s. ; **COMPÉTITEUR** XV° s. : *competitor*, dér. de *competere* « rivaliser » ; **COMPÉTITION** XVIII° s., par l'angl. : *competitio* ; **COMPÉTITIF** XX° s. ♦ |7| **PÉTULANT** XIV° s. : *petulans* ; **PÉTULANCE** XVI° s. « insolence », XVII° s. sens mod. : *petulantia*.

III. mots savants d'origine grecque, base *-pter-*

♦ |1| **PTÉR(O)-** gr. *pteron* « aile », 1ᵉʳ élément de mots sav., ex. : **PTÉRODACTYLE** XIX° s.

♦ |2| **-PTÈRE** 2° élément de mots sav., ex. : **APTÈRE** XVIII° s. : gr. *apteros* « sans ailes » ; **COLÉOPTÈRE** → ce mot ; **DIPTÈRE** XVII° s. ♦ |3| **-PTÉRYGIEN** dér. du gr. *pterugion*, dimin. de *pteron* « aileron », « nageoire », 2° élément de composés sav., ex. : **ACANTHOPTÉRYGIEN** XIX° s.

2. PANNE (pièce de charpente) (pop.) XIII° s. : lat. *patēna*, du gr. *pathnê*, var., par métathèse d'aspiration, de *phatnē* « râtelier pour les chevaux » et par analogie « lambris compartimenté d'un plafond ».

PANOPLIE   ♦ |1| (sav.) XVIII° s. « armure », XIX° s. « décoration formée d'armes », XX° s. jouet : gr. *panoplia*, de *pan* « tout » et *hoplon* « arme ». ♦ |2| **HOPLITE** (sav.) XVIII° s. : gr. *hoplitēs*, dér. de *hoplon* « fantassin lourdement armé ».

PANSE (pop.) XII° s. *pance*, XVI° s. limité au ventre des ruminants : lat. *pantex, -icis* « tripes, intestins » ; **PANSU** XIV° s.

PANTHÈRE (sav.) XII° s. : lat. *panthera*, du gr. *panthêr* « guépard », mot d'origine obscure, probablement empr.

PANTOUFLE XV° s. : probablement it. *pantofola*, abrév. du sicilien *botte, mattone a pantofola* « chaussures de liège », du gr. *panto-* « tout » et *phellos* « liège » ; **PANTOUFLARD** XIX° s.

PANTOUM XIX° s. ; mot malais désignant un type de poème à forme fixe.

PAON   ♦ |1| (pop.) XII° s. : lat. *pavo, pavōnis* ; **PAONNEAU** XIII° s. ♦ |2| **PONCEAU** XII° s. « coquelicot », XVII° s. « couleur rouge » : dimin. de *paon* employé par métaphore.

PAPA ensemble de formations expressives de structure consonantique *p-p* encadrant diverses voyelles, nasalisées ou non : « mouvement des lèvres, accompli en particulier en mangeant ou en aspirant ; joues gonflées, objet gonflé et léger ».

Déjà en latin *papa*, mot expressif du langage enfantin désignant la nourriture, d'où *pappare* « manger », *papilla* « bout de sein ».

En grec (puis, par empr., en lat.) *pappa* est le nom enfantin du père, qui a servi de base, sous l'infl. de *abbas, abbatis* → ABBÉ, à un dér. *pappas*, terme d'affection et de respect appliqué d'abord aux évêques en général, puis spécialement à l'évêque de Rome, auquel il est réservé au IX⁰ s.; *pappa* est parallèle à *mamma* → MAMAN, qui désigne à la fois la mamelle et la mère. Le lat. *puppa* « petite fille », « poupée », et sans doute « sein », est aussi un mot enfantin expressif de même structure → aussi BOBINE, POUF, et Annexe I.

I. voyelle *a*

♦ |1| PAPA (pop.) XIII⁰ s. : lat. *pappa*, sans déformation phonétique, à cause du caractère spontané et expressif du mot ; GRAND-PAPA XVII⁰ s.; BON-PAPA XIX⁰ s. ♦ |2| PAPE (sav.) XI⁰ s. : lat. eccl. *papa*, du gr. *pappas* ; PAPAL, PAPAUTÉ, ANTIPAPE XIV⁰ s. ; PAPESSE XV⁰ s. ; PAPISME, PAPISTE XVI⁰ s. MONNAIE DU PAPE bot. « lunaire » XIX⁰ s. ; POPE XVII⁰ s. : russe *pop*, empr. au gr. *pappos* « grand-père », étroitement apparenté à *pappas*. ♦ |3| PAPELARD XIII⁰ s. : dér. (p.-ê. sous l'infl. de *papeler* « marmonner », var. de *papeter*, ancêtre de *papoter*) de *pape* ; appliqué aux XIII⁰ et XIV⁰ s. seulement à des gens d'Église, représentants ou partisans de la papauté accusés de vénalité et d'hypocrisie ; étendu plus tard à des laïcs ; PAPELARDER XIII⁰ s. ; PAPELARDISE XV⁰ s. L'étym. *pape lard* « mangeur de lard (en carême) » est vraisemblablement pop. ♦ |4| PAPOTER (pop.) XVII⁰ s. : altération de l'anc. fr. *papeter* XIII⁰ s. « babiller » et « manger », dér. de *papre* XIII⁰ s. « manger », « remuer les lèvres », du lat. *pappare* ; PAPOTAGE XIX⁰ s. ♦ |5| SOUPAPE (pop.) XII⁰ s. « coup sous le menton », XVI⁰ s. par analogie « mouvement de fermeture brusque » et sens techn. : de *sous* et d'un dér. de *paper* (→ PAPOTER) qui a pu avoir le sens de « mâchoire ». ♦ |6| PAMPILLE XVI⁰ s. : mot sémantiquement voisin de *pompon*, fondé sur une base nasalisée *pamp-*. ♦ |7| PAPILLE (sav.) XIV⁰ s. : *papilla*.

II. voyelles *i* **ou** *é* (qui ajoutent aux idées définies ci-dessus celle de petitesse)

♦ |1| PÉPIN XII⁰ s., var. dial. *pipin*, *pinpin* : base *pipp-* commune à divers parlers romans. PÉPINIÈRE XVI⁰ s. : dér. de *pépin* au sens anc. de « jeune arbre fruitier » ; PÉPINIÉRISTE XVIII⁰ s. ♦ |2| PIPE → Annexe II, art. PIGEON. ♦ |3| PIMPANT XVI⁰ s. : adj. à forme de part. présent, sur une base nasalisée *pimp-* qu'on retrouve dans *pimper* XVII⁰ s. « attifer » et dans l'anc. prov. *pimpar* « id ».

III. voyelles *o, ou, u*

♦ |1| POUPÉE (pop.) XIII⁰ s. « jouet (souvent en chiffons) », XIV⁰ s. « touffe de filasse », XVII⁰ s. « pansement au doigt » : sans doute du croisement d'un verbe moyen fr. *pouper* « téter », d'origine expressive, et du lat. *puppa* ; altéré en PÉPÉE XIX⁰ s. ; POUPARD XIII⁰ s. ; POUPINE XIII⁰ s. ; POUPIN XV⁰ s. ; POUPON XVI⁰ s. ♦ |2| PUPILLE (sav.) anat. : *pupilla*, dimin. de *pupa*, var. de *puppa* « petite poupée », à cause de l'image qui se reflète dans la pupille de l'œil ; XIV⁰ s. jur. : lat. jur. *pupillus* et fém. *pupilla* « enfants (qui n'ont plus leurs parents) ». ♦ |3| RIPOPÉE (pop.) XV⁰ s. : sur la base *-pop-*, avec infl. probable de *ripaille*. ♦ |4| POMPON XVII⁰ s. ; XIX⁰ s. « légèrement ivre », var. POMPETTE ; SE POMPONNER XVIII⁰ s. : base nasalisée *pomp-*. ♦ |5| POMPE XVI⁰ s. « machine aspirante et foulante » : néerl. *pump*, d'origine expressive ; POMPER XVI⁰ s. ; POMPIER XVII⁰ s. « fabricant de pompes », XIX⁰ s. *sapeur-pompier* ; POMPISTE XX⁰ s. ♦ |6| POPOTE XIX⁰ s. : mot expressif d'origine dial. (Maine).

PAPEGAI XII⁰ s. : altération de l'arabe *babbaghâ* (lui-même mot d'empr.), p.-ê. par l'anc. prov.

PAPIER ♦ |1| (demi-sav.) XIII⁰ s. : adaptation, par substitution de suff. à la finale, du lat. *papyrus* « papyrus », puis « papier de chiffon » (introduit par les Arabes vers le X⁰ s.) : gr. *papuros* ; PAPETERIE XV⁰ s. ; PAPETIER, PAPERASSE XVI⁰ s. ; PAPERASSIER XVIII⁰ s. ; PAPERASSERIE, PAPELARD arg. XIX⁰ s. ♦ |2| PAPYRUS (sav.) XVI⁰ s. ; PAPYROLOGIE, PAPYROLOGUE XX⁰ s.

PÂQUE ou **PÂQUES** ♦ |1| (pop.) X⁰ s. : lat. vulg. *pascua*, altération, sous l'infl. de *pascuum* → PAÎTRE, du lat. eccl. *Pascha* « id. » : gr. biblique *Paskha*, empr. à l'hébreu, mot qui avait désigné d'abord la fête juive commémorant la sortie d'Égypte, marquée par l'immolation de l'agneau pascal, puis la fête chrétienne commémorant l'immolation et la résurrection du Christ, qui avait coïncidé avec la Pâque juive ; le mot hébreu signifiait proprement

« passage » ; **PÂQUERETTE** XVIᵉ s. ♦|2| **PASCAL** (sav.) : lat. eccl. *paschalis*, dér. de *Pascha*.

PAQUET ♦|1| XIVᵉ s. : angl. *packet*, sur une base **pak-* d'origine obscure, représentée aussi en néerl., en moyen bas all. et en divers parlers germ. ; **EMPAQUETER** XVᵉ s. ; **PAQUETEUR** XVIᵉ s., **EMPAQUETEUR** XVIIᵉ s. ; **EMPAQUETAGE, PAQUETAGE, DÉPAQUETER** XIXᵉ s. ♦|2| **PACOTILLE** XVIIIᵉ s. semble un dér. de *paquet* de formation fr. ; l'esp. *pacotilla* XIXᵉ s. est vraisemblablement empr. au fr. ♦|3| **BANQUISE** XVIIIᵉ s. : altération, sous l'infl. de *banc* (XVIIIᵉ s. *banc de glace*), du scandinave *pakis*, de *pakke* « paquet » et *is* « glace ». ♦|4| **PAQUEBOT** → BATEAU.

PARACENTÈSE (sav.) XVIᵉ s. : gr. *parakentêsis* « ponction », de *parakentein* « piquer sur le côté ».

PARAÎTRE famille du lat. *parêre, paritus* « paraître, se montrer », « être présent à l'ordre de quelqu'un », concurrencé en bas lat. par *apparescere*; *apparere* « être visible », « être auprès de quelqu'un pour le servir », d'où *apparitor* « subalterne attaché à la personne d'un magistrat », *apparitio* « escorte » et lat. eccl., calque du gr. *epiphaneia*, « apparition » (→ ÉPIPHANIE, art. FANTÔME;) *comparere* « se montrer, être présent ».

♦|1| **PARAÎTRE** (pop.) Xᵉ s. « se montrer », XVIᵉ s. « sembler », XVIIᵉ s. « être publié » ; *parescère* ; **REPARAÎTRE** XVIIᵉ s. ; **PARUTION** (demi-sav.) XXᵉ s. : sur le modèle de *comparution*, à partir du part. passé *paru*, du lat. vulg. **parūtu*, class. *parĭtu*. ♦|2| **APPARAÎTRE** (pop.) Xᵉ s. : lat. vulg. **apparescĕre*, class. *apparēre* ; **RÉAPPARAÎTRE** XIXᵉ s. ♦|3| **APPARITION** (sav.) XIIᵉ s. : *apparitio* ; **RÉAPPARITION** XVIIIᵉ s. ; **APPARITEUR** XIVᵉ s. : *apparitor*. ♦|4| **APPARENT** (pop.) XIIᵉ s. : part. présent de l'anc. fr. *apparoir*, du lat. *apparēre*, qui avait survécu à côté de *apparescĕre* ; **APPARENCE, APPAREMMENT** XIIIᵉ s. ♦|5| **TRANSPARENT** (sav.) XIVᵉ s. : lat. médiéval *transparens*, part. présent « apparaissant au travers » ; **TRANSPARENCE** XIVᵉ s. ; **TRANSPARAÎTRE** XVIIᵉ s. ♦|6| **COMPARAÎTRE** XVᵉ s. : réfection, sous l'infl. de *paraître*, de *comparoir* XIIIᵉ s., de *comparēre* ; **COMPARUTION** XVᵉ s. : dér. formé sous l'infl. du part. passé *paru* → PARUTION. ♦|7| **DISPARITION** (sav.) XVIᵉ s. : sur le modèle d'*apparition* ; d'où **DISPARAÎTRE** XVIIᵉ s. ♦|8| **COMPARSE** XVIIᵉ s. « figurant de carrousel », XVIIIᵉ s. « personnage muet, au théâtre » : it. *comparsa* « apparition », de *comparere* → COMPARAÎTRE.

PARANGON XVIᵉ s. : it. *paragone* « comparaison, modèle » et esp. *parangón* « id. », ce dernier issu lui-même de l'it., du verbe *paragonare* « éprouver à la pierre de touche », du gr. *parakonê* « pierre à aiguiser ».

PARASITE (sav.) XVIᵉ s. « celui qui vit aux dépens d'un riche », XVIIIᵉ s. zool. et bot., XXᵉ s. radio : gr. *parasitos* « commensal », de *para* et *sitos* « nourriture », par le lat. ; **PARASITAIRE** XIXᵉ s. ; **PARASITISME** XIXᵉ s. ; **PARASITOLOGIE, ANTIPARASITE** XXᵉ s.

PARC ♦|1| (pop.) XIIᵉ s. : bas lat. (VIIIᵉ s.) *parricus*, dér. d'un mot prélat. **parra* « perche ». p.-ê. apparenté à BARRE ; **PARQUER, PARCAGE** XIVᵉ s. ; **PARQUEUR** XIXᵉ s. ostréiculture. ♦|2| **PARQUET** XIVᵉ s. « petit parc », et « partie d'une salle de justice où se tenaient les juges et les avocats », d'où XVIᵉ s. jur. mod. ; XVIIᵉ s. « plancher » : dimin. de *parc* ; **PARQUETER** XIVᵉ s. ; **PARQUETEUR** XVIIᵉ s. ♦|3| **PARKING** XXᵉ s. : mot angl., part. présent de *to park*, de l'anc. fr. *parquer*. ♦|4| **PADDOCK** XIXᵉ s. : mot angl. « enclos » : altération de l'angl. dial. *parrock*, de l'anc. angl. *pearroc*, apparenté à *parricus*.

PARCIMONIE (sav.) XVᵉ s., rare avant le XVIIIᵉ s. : lat. *parsimonia* « économie », de *parcere, parsus* « épargner » ; **PARCIMONIEUX** XVIIIᵉ s.

PARÉGORIQUE (sav.) XVIᵉ s. : gr. *parêgorikos* « calmant ».

PARÉMIOLOGIE (sav.) XIXᵉ s. : dér. sur le gr. *paroimia* « proverbe ».

PARÉO XIXᵉ s., nom de vêtement : mot de Tahiti.

PARESSE (pop.) XIᵉ s., d'abord *perece* : lat. *pigritia* « id. » ; **PARESSER, PARESSEUX** XIIᵉ s.

PARIA XVIIᵉ s. : mot port., empr. au tamoul (Indes) *parayan* « batteur de tambour », mot désignant une caste, mais non la dernière ; confondu avec *pulliyar* « homme de la dernière caste ».

PAROI ♦ III (pop.) XIᵉ s. : lat. vulg. **parĕtem*, class. *pariĕtem*, acc. de *paries, -etis* « mur de maison ». ♦ I2I **PARIÉTAIRE** (sav.) XIIIᵉ s. : lat. *(herba) parietaria* « (herbe) qui pousse sur les murs » ; **PARIÉTAL** XVᵉ s. : dér. sav. sur *paries, -etis*.

PAROXYSME famille savante du gr. *oxus* « pointu ».
♦ III **PAROXYSME** XIVᵉ s. : *paroxusmos* « id. », de *paroxunein* « stimuler ». ♦ I2I **OXALIDE** XVIᵉ s. : gr. *oxalis* « oseille », par le lat. ; **OXALIQUE** XVIIIᵉ s. ♦ I3I **OXYTON** XVIᵉ s. adj. ; XIXᵉ s. subst. : gr. *oxus* et *tonos* « ton, accent » ; **PAROXYTON**, id. : *paroxutonos* ; **PROPAROXYTON** XVIIIᵉ s. ♦ I4I **OXYMORON** XVIIIᵉ s., rhét. : *oxumôros* « fin, sous une apparence de niaiserie », de *môros* « sot ». ♦ I5I **OXYURE** XIXᵉ s. : de *oxus* et *oura* « queue » → ÉCUREUIL. ♦ I6I **OXYDE** XVIIIᵉ s. : formé sur *oxus* au sens d' « acide » ; **OXYDABLE, OXYDATION, OXYDER, DÉSOXYDER, DÉSOXYDATION** XVIIIᵉ s. ; **OXYDANT, DÉSOXYDANT, INOXYDABLE, HYDROXYDE, BIOXYDE** XIXᵉ s. ♦ I7I **OXYGÈNE** XVIIIᵉ s., de *oxus* et *-gène* → GENS ; **OXYGÉNER, OXYGÉNATION, DÉSOXYGÉNER, DÉSOXYGÉNATION** XVIIIᵉ s. ; (eau) **OXYGÉNÉE, OXYGÉNABLE** XIXᵉ s. : **OX(Y)-** 1ᵉʳ élément de composés, ex. : **OXYHÉMOGLOBINE, OXYCARBONÉ, OXHYDRIQUE** XIXᵉ s.

PARRICIDE (sav.) XIIᵉ s. : « meurtrier d'un proche parent », puis « d'un père ou d'une mère », XVᵉ s. le meurtre lui-même : lat. *parricida*, var. *paricida*, « meurtrier d'un de ses parents », et *parricidium*, composés des éléments *-cida* « meurtrier », *-cidium* « meurtre » (→ CISEAU) et d'un 1ᵉʳ élément obscur que les Anciens rattachaient à *pater* → PÈRE, ce qui ne va pas sans difficultés phonétiques ; p.-ê. de *par, paris* « égal » ; → PAIR ; ou ind.-eur. **pāsos* « parent » ; le mot aurait signifié à l'origine « meurtrier d'un membre du même groupe social ».

PART famille d'une racine **per-* « procurer » (→ aussi PORTION).

En latin surtout sous la forme *par-* (1) *pars, partis* « part accordée à un individu sur un ensemble », d'où (a) *partiri* « partager » et *partitio* « partage » ; *impertire*, bas lat. *impartire* « faire part de », « communiquer » ; (b) *particeps* « qui prend une part de » (→ le 2ᵉ élément, art. CHASSER) ; *participare* « faire participer » et « participer » ; *participium* « participation » et gramm. « participe » (mode qui participe de la nature du verbe et de celle du nom) (c) *particula*, dimin. de *pars* et bas lat. *particularis* « particulier », « partiel » (d) bas lat. *partialis* « partiel » (2) *parĕre, partus*, spécialisé dans le sens de « procurer un enfant au mari », « mettre au monde », d'où (a) *parens, -entis* « le père » ou « la mère » ; *parentalis* « des parents » ; bas lat. *parentela* « parenté, alliance » ; *puerpera* « accouchée » ; (b) *partus, -us* « enfantement » ; *parturire* « être en couches », *parturitio* « accouchement » (3) *pauper* « qui produit peu », « pauvre » → PEU (4) *parare*, verbe duratif, intensif de *parĕre*, « faire des préparatifs », d'où (a) *apparare* « apprêter » et *apparatus, -us* « apprêt », « ensemble d'objets préparés », « somptuosité, pompe » (b) *praeparare* « apprêter d'avance » et *praeparatio* « préparation » (c) *reparare* « préparer de nouveau, remettre en état » et bas lat. *reparatio* « rétablissement » ; *reparator* « restaurateur » ; lat. imp. *reparabilis* et *irreparabilis* « réparable » et « irréparable » (d) *separare* « mettre à part » ; *separatio* « séparation » ; *separabilis* et lat. imp. *inseparabilis* « séparable » et « inséparable » ; bas lat. *separativus* « disjonctif » (5) *reperire, repertus* « retrouver », d'où bas lat. *repertorium* « inventaire » (6) *imperare*, à l'origine « prendre des mesures pour qu'une chose se fasse », « forcer à produire », d'où lat. class. « commander en maître » ; *imperium* « pouvoir souverain ».

I. famille de *pars*

A. mots populaires ou empruntés

♦ III **PART** IXᵉ s. « côté », Xᵉ s. « participation », XIIᵉ s. « partie » : *pars, partis* ; au sens de « côté » se rattachent les locutions **NULLE PART** XIIᵉ s. ; **À PART** XIIIᵉ s. ; **QUELQUE PART** XVIᵉ s. ; *d'une part, d'autre part* XIIᵉ s., *de part et d'autre* XVIIᵉ s. : au sens de « participation », *prendre part à* XVIIᵉ s., et **FAIRE-PART** XIXᵉ s. ; au sens de « partie » ;

LA PLUPART XVe s. ; *de par* (le roi, etc.) XIIIe s. : altération, sous l'infl. de la prép. *par*, de l'anc. fr. *de part* « de la part de ». ♦|2| PARCELLE (pop.) XIIe s. : lat. vulg. **particella*, var. de *particula* ; PARCELLER XVe s. ; PARCELLAIRE XVIIIe s. ; PARCELLEMENT XIXe s. ♦|3| PARTIR Xe s. « partager, séparer » : du lat. vulg. **partire*, réfection du lat. class. *partiri* → *avoir maille à partir*, art. MAILLE ; XIIe s. *se partir de* « se séparer (d'une personne ou d'un endroit) », d'où l'emploi mod., qui apparaît dès le XIIIe s., mais se répand lentement ; PARTANCE XVe s., puis XVIIe s. ♦|4| PARTIE XIIe s. « fraction d'un tout », XIIIe s. jur., XVIIe s. jeu, musique, et *partie de plaisir* ; XIXe s. « métier » et *faire partie de* : part. passé fém. substantivé de *partir* ; pour les mots sav. exprimant l'idée de « partie, fraction » → -MÈRE, art. MÉRITE ; CONTREPARTIE XIIIe s. ♦|5| DÉPARTIR XIe s. « partager » ; XIIe s. *se départir* « se séparer de », « quitter » : composé de *partir* ; aux deux sens se rattache DÉPART XIIIe s. « distinction », XVIe s. « action de partir » ; au sens de « partager », DÉPARTEMENT XIIIe s. ; XVIIIe s. « division administrative » ; DÉPARTEMENTAL XVIIIe s. ♦|6| PARTI XIIe s. dans *mi-parti* « divisé en deux », puis *triparti* XVe s. : part. passé de *partir* « partager » ; XIVe s. subst. « ce qu'on a pour sa part » (d'où *tirer parti, faire un mauvais parti à quelqu'un*), « choix, solution » (d'où *prendre un parti*), « détachement militaire » ; XVe s. « groupe de personnes défendant la même opinion » ; XVIe s. « personne à marier ». ♦|7| PARTISAN XVe s. : it. *partigiano* « id. » ; PERTUISANE XVe s. : adaptation de l'it. *partigiana*, var. fém. du précédent, dér. de *parte* « parti ». ♦|8| RÉPARTIR XIIe s. « donner en partage » ; REPARTIR XVIIe s. « répliquer », var. distinguée du précédent par l'absence d'accent ; REPARTIE XVIIe s. « riposte » ; REPARTIR XVIIe s. « partir de nouveau ». ♦|9| APPARTEMENT XVIe s. : it. *appartamento*, dér. de *parte* « partie, pièce ». ♦|10| COMPARTIMENT XVIe s. : it. *compartimento*, de *compartire* « partager » ; COMPARTIMENTER XIXe s. ; COMPARTIMENTAGE XXe s. ♦|11| *A PARTE* XVIIe s. théâtre : it. *a parte* « (parole dite) à part », c.à.d. à l'insu des autres personnages. ♦|12| PARTENAIRE XVIIIe s. : angl. *partner*, altération, sous l'infl. de *part*, de *parcener*, de l'anc. fr. *parçonier* « copartageant », de *parçon* « partage, butin », du lat. *partitio, -onis*.

B. mots savants

♦|1| PARTICIPATION XIIe s. : *participatio* ; PARTICIPE XIIIe s. gramm. : *participium* ; PARTICIPIAL XIVe s. ; PARTICIPER XIVe s. : *participare* ; PARTICIPANT XIVe s. adj., XIXe s. subst. ♦|2| PARTITION XIIIe s. : *partitio*, XVIIe s. mus. : it. *partizione*, de même origine ; RÉPARTITION XIVe s. « partage » → RÉPARTIR ; RÉPARTITEUR XVIIIe s. ; TRIPARTITION XVIIIe s. ; BIPARTITION XIXe s. ; PARTITIF XIVe s. ♦|3| PARTICULIER XIIe s. : *particularis* ; XVe s. subs^t. masc. « personne privée » ; PARTICULARITÉ XIIIe s. ; PARTICULARISER XIIIe s. ; -ATION XVIe s. ; PARTICULARISME XVIIe s. ; -ISTE XVIIIe s. ♦|4| PARTIAL XIVe s. : *partialis* ; PARTIALITÉ XIVe s. ; IMPARTIAL, IMPARTIALITÉ XVIe s. ; PARTIEL, var. XVIIe s. : même origine. ♦|5| IMPARTIR XIVe s., surtout au part. passé : *impartire*. ♦|6| PARTICULE XVe s. ; XVIe s. gramm., XIXe s. signe de noblesse : *particula*. ♦|7| TRIPARTITE XVIIe s. ; TRIPARTISME, BIPARTISME XXe s.

II. famille de *parere*

A. base *-par-* (pop. ou sav.)

♦|1| PARENT (pop.) Xe s. : *parens, parentis*, dès le bas lat. « membre de la proche famille » ; plur. réservé au père et à la mère ; GRANDS-PARENTS XVIIIe s. ; PARENTÉ XIe s. : lat. vulg. **parentatus, -us* ; APPARENTER XIe s. ; APPARENTEMENT XXe s. pol. ; PARENTÈLE (sav.) XIVe s. ; PARENTAL (sav.) XXe s. ♦|2| PARTURIENTE (sav.) XVIe s. : du part. présent de *parturire* ; PARTURITION XVIIIe s. : *parturitio*. ♦|3| -PARE suff. sav. lat. *-parus*, dans OVIPARE XVIe s., VIVIPARE XVIIe s., PRIMIPARE XIXe s.

B. PUERPÉRALE (fièvre) (sav.) XVIIIe s. : dér., sur *puerpera*.

III. famille de *parare*

A. SEVRER (pop.) XIIe s. « séparer », XIIIe s. sens mod. : lat. vulg. **seperare*, class. *separare* ; SEVRAGE XVIIIe s.

B. base *-par-* (pop. ou sav.)

♦|1| PARER (pop.) Xe s. : *parare* ; PAREMENT Xe s. ; DÉPARER XIe s. ; PARURE XIIe s. ; PAREMENTER XVIe s. ; PARÉ XVIIe s. adj. « prêt ». ♦|2| APPAREIL (pop.) XIIe s. : lat. vulg. **apparicŭlum* « préparatifs », de *apparare* ; APPAREILLER XIe s. « préparer », XVIe s. mar. ; APPAREILLAGE XIVe s. « préparatifs », XVIII⁰ s. mar. ♦131 **RÉPARER** XII⁰ s. : *reparare* ; **IRRÉPARABLE** (sav.) XIII⁰ s. : **RÉPARABLE** XIV⁰ s. : *irreparabilis, reparabilis* ; **RÉPARATION, RÉPARATEUR** XIV⁰ s. : *reparatio, reparator.* ♦141 **APPARAT** XIII⁰ s. : *apparatus.* ♦151 **PRÉPARER** (sav.) XIV⁰ s. : *praeparare* ; **PRÉPARATION** XIV⁰ s. : *praeparatio* ; **PRÉPARATOIRE** XIV⁰ s. : *praeparatorius* ; **PRÉPARATIF** XIV⁰ s. sing., XVI⁰ s. plur. ; **PRÉPARATEUR** XVI⁰ s. ♦161 **SÉPARER, SÉPARABLE, SÉPARATION** (sav.) XIV⁰ s. : *separare, separabilis, separatio* ; **INSÉPARABLE** XII⁰ s. : *inseparabilis* ; **SÉPARATISTE** XVII⁰ s. eccl., XVIII⁰ s. pol. : angl. *separatist* ; **SÉPARATISME** XIX⁰ s. : angl. *separatism*, de *to separate*, du lat. *separare.* ♦171 **S'EMPARER** (pop.) XVI⁰ s. : var. pronom. de l'anc. fr. XIV⁰ s. *emparer* « fortifier », du lat. vulg. **anteparare* « faire des préparatifs par-devant » ; **REMPART** fin XIV⁰ s., avec *t* analogique de l'anc. fr. *boulevart.* ♦181 **PARER** « se défendre contre » : it. *parare* « se garder d'un coup », du lat. *parare* au sens de « faire des préparatifs de défense » ; **IMPARABLE, PARADE** XVI⁰ s. ♦191 **PARA-** préf. exprimant l'idée de protection, ex. : **PARASOL** XVI⁰ s. : it. *parasole* ; **PARAPET** XVI⁰ s. : it. *parapetto* « protège-poitrine », et formations fr. *parachute, parapluie, paratonnerre*, etc. ♦1101 **PARE-** préf. de même sens que le précédent, ex. : *pare-fumée* XVII⁰ s., *pare-feu* XIX⁰ s., *pare-brise, pare-chocs* XX⁰ s. ♦1111 **PARADE** XVI⁰ s. « action d'arrêter court un cheval », puis « carrousel », XVII⁰ s. *parade de foire* : esp. *parada*, de *para* « s'arrêter », du lat. *parare*, qui avait pris en Espagne le sens de « maintenir immobile » ; **PARADER** XVI⁰ s. ♦1121 **PARAGE** XVI⁰ s. « lieu où se trouve un vaisseau » puis « région » : esp. *paraje* « lieu où l'on se tient à l'arrêt », dér. de *parar* → le précédent.

IV. famille de *reperire*

RÉPERTOIRE (sav.) XIV⁰ s. : *repertorium* ; **RÉPERTORIER** XX⁰ s.

V. famille de *imperare*

♦111 **EMPEREUR** (pop.) XI⁰ s. : *imperātor, -ŏris.* **EMPIRE** (demi-sav.) XI⁰ s. : *imperĭum.* ♦121 **IMPÉRIAL** (sav.) XII⁰ s. : bas lat. *imperialis* ; **IMPÉRIALE** XVI⁰ s. « partie supérieure d'une voiture » ; **IMPÉRIALISTE** XVI⁰ s., puis XIX⁰ s. « partisan de l'Empire » ; fin XIX⁰ s. « expansionniste », sous l'infl. de l'angl. *imperialist* ; **IMPÉRIALISME** XIX⁰ s. « id. » ; **ANTI-IMPÉRIALISTE** XX⁰ s. ♦131 **IMPÉRATRICE** (sav.) XV⁰ s : *imperatrix*, a éliminé l'anc. fr. *empereris.* ♦141 **IMPÉRIEUX** (sav.) XV⁰ s. : *imperiosus.*

PARTHÉNON famille du gr. *parthenos* « vierge », « jeune fille ».

♦111 **PARTHÉNON** (sav.) : gr. *parthenón* « appartement des jeunes filles » et en particulier « demeure de la déesse vierge, temple de Pallas sur l'Acropole d'Athènes ». ♦121 **PARTHÉNO-** biol. 1er élément de composés sav., ex. : **PARTHÉNOGENÈSE** XIX⁰ s.

PARVIS ♦111 (pop.) XII⁰ s. « paradis », puis « place située devant l'entrée des églises » : gr. *paradeisos* (avec prononc. spirante du *d*, adaptée en *v* en roman), par le lat. *paradisus* au sens premier de « enclos, jardin ». ♦121 **PARADIS** (sav.) X⁰ s. : lat. eccl. *paradisus* « séjour des bienheureux » : gr. *paradeisos* « id », et précédemment « parc, jardin d'agrément », de l'iranien *paridaiza* « enclos du seigneur » ; **PARADISIAQUE** XVI⁰ s.

PAS famille du lat. *pandere, passus* « écarter, déployer, étaler », d'où *passus, -ūs* « écartement entre les deux jambes, pas » et l'adv. *passim* « çà et là » ; *expandere* « étendre », d'où *expansio* « extension ».

I. famille de *passus*

♦111 **PAS** (pop.) X : XII⁰ s. « passage, défilé », et adv. auxiliaire de la négation, pour désigner (comme *point* et *mie*) une quantité ou une mesure infime : *passus.* ♦121 **PASSER** (pop.) XI⁰ s. « aller », « traverser », « dépasser », « introduire une chose dans une autre », XII⁰ s. « transporter » ; XIII⁰ s. *se passer de* « se contenter », et XIV⁰ s. « se priver » ; XIV⁰ s. « faire glisser une chose sur une autre » ; XVI⁰ s. « cesser, prendre fin » et « tamiser » ; XVII⁰ s. *passer pour* : lat. vulg. **passāre*, dér. de *passus.* ♦131 **PASSAGE** XI⁰ s. « lieu par où l'on passe » ; XIII⁰ s. « action de passer » ; **PASSAGER** XIV⁰ s. « passeur », XVI⁰ s. « voyageur » et adj. ♦141 **PASSANT, PASSEUR** XII⁰ s. ; **PASSABLE** XIV⁰ s. « qui peut passer », XIV⁰ s. « acceptable » ; **PAS-SAVANT, PASSOIRE** XIII⁰ s. ; **PASSE** XIV⁰ s., surtout dans divers jeux, d'où *être en passe de* XVII⁰ s., *dans une bonne passe* XVIII⁰ s. ;

XVIIᵉ s. « chenal », XIXᵉ s. magnétisme et *mot de passe* ; **PASSE-PASSE** XVᵉ s. : juxtaposition de deux impér. ; **PASSATION** XVᵉ s. ; **PASSERELLE** XVIIᵉ s. ; **IMPASSE** XVIIIᵉ s. ♦ 151 **PASSÉ** XVIᵉ s. ; **PASSÉISTE** XXᵉ s. ♦ 161 **PASSEMENTERIE** XVIᵉ s. : dér. de l'anc. fr. *passement* XIIIᵉ s. « action de passer », puis « galon, bordure » ; **PASSEMENTIER, PASSEMENTER** XVIᵉ s. ♦ 171 **PASSE-** 1ᵉʳ élément de composés, tantôt soudé au 2ᵉ, ex. : **PASSEROSE** XIIIᵉ s. ; **PASSEPORT** XVᵉ s. ; **PASSEPOIL** XVIIᵉ s. ; **PASSEPOILER** XXᵉ s. ; tantôt séparé par un trait d'union, ex. **PASSE-TEMPS** XVᵉ s. ; **PASSE-DROIT, PASSE-PARTOUT, PASSE-PIED** XVIᵉ s. ; **PASSE-LACET, PASSE-MONTAGNE, PASSE-TOUT-GRAIN** XIXᵉ s., **PASSE-BOULES, PASSE-THÉ** XXᵉ s. ♦ 181 **PASSADE** XIVᵉ s. jeu, XVIᵉ s. équitation, XVIIᵉ s. « liaison amoureuse » : it. *passata*, de l'it. et lat. *passare* ; **PASSACAILLE** XVIIᵉ s. : esp. *pasacalle*, de *pasar* « passer » et *calle* « rue » ; **PASO DOBLE** XXᵉ s. : mot esp. « pas redoublé ». ♦ 191 **TRÉPASSER** XIᵉ s. « dépasser », XIIᵉ s. « enfreindre » et « mourir » ; 1ᵉʳ élément *trans-* « au-delà » ; **TRÉPAS** XIIᵉ s. « passage », XIIIᵉ s. « mort » ; **TRÉPASSÉ** XIIIᵉ s. ♦ 1101 **DÉPASSER, OUTREPASSER** XIIᵉ s. ; **SURPASSER** XIVᵉ s. ; **INSURPASSABLE** XVIᵉ s. ; **DÉPASSEMENT** XIXᵉ s. ♦ 1111 **COMPASSER** XIIᵉ s. « mesurer », XVIIᵉ s. fig. et péj. ; **COMPAS** XIIᵉ s. « mesure » et « instrument de tracé » : lat. vulg. *compassare* « mesurer en comptant ses pas ». ♦ 1121 **REPASSER** XIIIᵉ s. « passer de nouveau », XVIIᵉ s. « se rappeler » et « lisser le linge », XIXᵉ s. « aiguiser » ; **REPASSAGE** XIVᵉ s., XIXᵉ s. (linge et couteaux) ; **REPASSEUR, REPASSEUSE** XVIIIᵉ s. ♦ 1131 **PASSIM** (sav.) XIXᵉ s. : mot lat.

II. famille de *expandere*

♦ 111 **ÉPANDRE** (pop.) XIᵉ s. : *expandere* ; **RÉPANDRE** XIIᵉ s. ; **ÉPANDAGE** XVIIIᵉ s. ♦ 121 **ÉPANCHER** (pop.) XIVᵉ s. « verser », XVIIIᵉ s. surtout pronom., fig. : lat. vulg. *expandicāre*, dér. de *expandere* ; **ÉPANCHEMENT** XVIᵉ s. ♦ 131 **EXPANSION** XVIᵉ s. scient., XIXᵉ s. fig. : *expansio* ; **EXPANSIF, -IBLE** XVIIIᵉ s. ; **EXPANSIVITÉ** XIXᵉ s. ; **EXPANSIONNISME** XXᵉ s.

PASSEREAU (pop.) XIIIᵉ s. : altération, par substitution de suff., de *passeron, passerat*, dér. plus anc. du lat. *passer* « moineau ».

PASSION famille sav. du lat. *pati, passus* « souffrir », « supporter », « être patient ou passif », d'où (a) *patientia* et *impatientia* « aptitude, ou inaptitude à supporter » ; *patiens* et *impatiens* « apte, ou inapte à supporter » ; lat. eccl. *compati* « souffrir avec » (b) bas lat. *passio, -onis* « affection de l'âme », et surtout trad. du gr. *pathos* « passion du Christ » ; *passivus* « susceptible de passion » et gramm. « passif » ; *passibilis* et *impassibilis* « sensible » ou « insensible ».

I. base *-pass-*

♦ 111 **PASSION** Xᵉ s. en parlant du Christ, XIIᵉ s.-XVIᵉ s. « douleur physique », XIIIᵉ s. « sentiment violent » : *passio, -onis* ; **COMPASSION** XIIᵉ s. : *compassio* ; **PASSIONNER** XIIᵉ s.-XVIᵉ s. « faire souffrir physiquement », XIIIᵉ s. « affliger », XVIᵉ s. « émouvoir », « intéresser » ; **PASSIONNEL** XIIIᵉ s., puis XIXᵉ s. : bas lat. *passionalis* « susceptible de douleur ou de passion » ; **PASSIONNÉ** XVᵉ s. ; **PASSIONNÉMENT, DÉPASSIONNER** XVIᵉ s. ; **PASSIONNANT** XIXᵉ s. ♦ 121 **PASSIBLE** XIIᵉ s. « sensible », XVIᵉ s. jur. : *passibilis* ; **IMPASSIBILITÉ** XIIᵉ s. ; **IMPASSIBILITAS** XIIᵉ s. : *impassibilitas* ; **IMPASSIBLE** XIVᵉ s. : *impassibilis*. ♦ 131 **PASSIF** XIIIᵉ s. « qui subit », XVᵉ s. « qui n'agit pas » et gramm., XVIIIᵉ s. pol. et fin. : *passivus* ; **PASSIVITÉ** XVIIIᵉ s. (XVIIᵉ s. *passiveté*). ♦ 141 **PASSIFLORE** XIXᵉ s. : lat. bot. mod. *passiflora* « fleur de la passion », parce que ses différentes parties rappellent les instruments de la passion du Christ.

II. base *-pat-*

♦ 111 **PATIENT, PATIENCE, IMPATIENT, IMPATIENCE** XIIᵉ s. : *patiens, patientia, impatiens, impatientia* ; **PATIENTER, IMPATIENTER** XVIᵉ s. ♦ 121 **COMPATIR** XVIᵉ s. « avoir pitié » et « se concilier » : *compati* ; **INCOMPATIBLE** XIVᵉ s. ; **INCOMPATIBILITÉ, COMPATIBLE** XVᵉ s. ; **COMPATIBILITÉ** XVIᵉ s. ; **COMPATISSANT** XVIIᵉ s. ♦ 131 **PÂTIR** XVIᵉ s. : *pati*.

PASTÈQUE XVIᵉ s. : catalan *pasteca* XVᵉ s., de l'arabe *bāttikha*, avec dissimilation des deux *t*.

PATACHE XVIᵉ s. « bâtiment léger desservant un grand navire », XVIᵉ s. sens mod. : esp. *patache*, de l'arabe *batās* « bateau à deux mâts », p.-ê. substantivation de l'adj. *battās* ; **PATACHON** XIXᵉ s. « conducteur de patache ».

PATAQUÈS XVIII͏ᵉ s. « faute de liaison » : abrév. de la phrase plaisante *je ne sais pas-t-à qu'est-ce*, mise par le grammairien Domergue dans la bouche d'un spectateur de théâtre qui, ayant trouvé un éventail, se le voit refuser par sa voisine de gauche : *ce n'est point-z-à moi*, comme par celle de droite : *ce n'est pas-t-à moi*.

PATATE XVIᵉ s. « patate douce » : esp. *patata*, mot araouak (Haïti) ; XIXᵉ s. « pomme de terre », sous l'infl. de l'angl. *potato* de même origine.

PATATI-PATATA ♦|1| XVIᵉ s. : onom. exprimant une succession de bruits. ♦|2| **PATATRAS** XVIIᵉ s., id. ♦|3| **BATACLAN** XVIIIᵉ s., id.

PATCHOULI XIXᵉ s. : adaptation de l'angl. *patch-leaf*, du tamoul (Indes) *patch* « vert » et *ilai* « feuille ».

PÂTE famille du bas lat. (vᵉ s.) *pasta* « pâte » : gr. *pasta* « sorte de bouillie », plur. neutre substantivé de *pastos* « saupoudré », dér. de *passein* « verser ».

I. base -pât- (pop.)

♦|1| **PÂTE** XIIᵉ s. XIXᵉ s. *pâtes alimentaires*, ou *pâtes d'Italie* : *pasta* ; **PÂTÉ** XIIᵉ s. cuisine, XVIIᵉ s. « tache d'encre » ; **PÂTEUX, EMPÂTER** XIIIᵉ s. ; **PÂTÉE, EMPÂTEMENT** XIVᵉ s. ; **EMPÂTÉ** adj. XIXᵉ s. ♦|2| **PÂTISSIER** XIIIᵉ s. : dér. de l'anc. fr. *pastiz* « gâteau », du lat. vulg. **pasticium*, dér. de *pasta* : **PÂTISSER, PÂTISSERIE** XIVᵉ s.

II. base -past- (mots d'empr.)

♦|1| **PASTIS** XIVᵉ s. « pâté », repris au XXᵉ s. « boisson anisée » et fam. « désordre, gâchis » : mot prov. « pâté, mélange », et sens mod. fr. ♦|2| **PASTEL** XIVᵉ s. « guède, plante contenant un principe colorant bleu » : mot prov., dér. de *pasta* : avant de désigner la plante elle-même, a dû désigner la pâte qu'on en faisait pour en extraire la matière colorante ; **BLEU PASTEL** XXᵉ s. ♦|3| **PASTICHE** XVIIᵉ s. beaux-arts : it. *pasticcio* « pâté », du lat. vulg. **pasticium* (→ PÂTISSIER) employé par plaisanterie ; **PASTICHER** XIXᵉ s.

PATENT famille sav. d'une racine ind.-eur. **pet-* « se déployer ».

En grec *petannunai* « déployer », d'où *petasos* « chapeau à larges bords » ; *petalos* « étendu et plat », neutre substantivé *petalon* « feuille ».

En latin *patere* « être ouvert, exposé, accessible » et *patibulum* « fourche sur laquelle on étendait les condamnés pour les battre de verges ».

♦|1| **PATENT** XIVᵉ s. « ouvert (lettre) » et « évident » : lat. *patens*, part. présent de *patere* ; **PATENTE** XVIᵉ s. subst. fém. : abrév. de *lettre patente* « brevet » ; fin XVIIIᵉ s. « impôt particulier aux commerçants » ; **PATENTÉ** fin XVIIIᵉ s. ♦|2| **PATIBULAIRE** XIVᵉ s. : dér., sur *patibulum*. ♦|3| **PÉTASE** XVIᵉ s. antiq., en particulier chapeau d'Hermès : gr. *petasos*, par le lat. ♦|4| **PÉTALE** XVIIIᵉ s. bot. : *petalon*.

PATHÉTIQUE famille savante du gr. *pathos* « ce qu'on éprouve », appliqué aux passions de l'âme, ou aux maladies.

♦|1| **PATHÉTIQUE** XVIᵉ s. adj., XVIIᵉ s. subst. : gr. *pathêtikos* relatif aux passions », dér. de *pathos*. ♦|2| **PATHOS** XVIIᵉ s. rhét. : *pathos* « le pathétique », « sujet de tragédie émouvant ». ♦|3| **APATHIE** XIVᵉ s. : *apatheia* « insensibilité » ; **APATHIQUE** XVIIᵉ s. ♦|4| **SYMPATHIE** XVᵉ s. : *sumpatheia* « conformité de sentiments » ; **SYMPATHIQUE** XVIᵉ s. « en relation d'affinité avec » ; XVIIᵉ s. *encre sympathique*, qui reste invisible, sauf par l'action d'un corps avec lequel elle est *en sympathie* ; XVIIIᵉ s. *nerfs sympathiques*, qui font souffrir aussi d'autres parties du corps ; XIXᵉ s. « qui éprouve ou inspire de la sympathie » ; **SYMPATHISER** XVIᵉ s. ; **SYMPATHISANT** XIXᵉ s. adj. et subst. ♦|5| **ANTIPATHIE** XVIᵉ s. : *antipatheia* « sentiment contraire » ; **ANTIPATHIQUE** XVIᵉ s. ♦|6| **PATHO-** 1ᵉʳ élément de composés, ex. : **PATHOLOGIE** XVIᵉ s. : *pathologia* ; **PATHOLOGIQUE** XVIᵉ s. : *pathologikos* ; **PATHOLOGISTE** XVIIIᵉ s. ; **PATHOGÈNE** XXᵉ s. : de *pathos* au sens de « maladie ». ♦|7| **-PATHIE, -PATHE, -PATHIQUE, -PATHOLOGIE** 2ᵉˢ éléments de composés sav., ex. : **IDIOPATHIE** XVIᵉ s. ; **HOMÉOPATHIE, HOMÉOPATHE, HOMÉOPATHIQUE** XIXᵉ s. ; **PSYCHOPATHOLOGIE** XXᵉ s., etc.

PATIENCE bot. (demi-sav.) XVIᵉ s. bot. : altération, sous l'infl. de son homonyme, de *lapacion* XVIᵉ s., prononc. ancienne du lat. *lapathium* (→ ROGATION, FACTOTON), du gr. *lapathon*, avec déglutination de la syllabe initiale prise pour un article.

PATRAQUE XVIIIᵉ s. : prov. *patraco* « monnaie usée », de l'esp. *pataca* « pièce d'argent », p.-ê. de l'arabe.

PATTE famille d'une onom. **patt-* exprimant le bruit de deux objets frappant l'un contre l'autre.

♦ |1| **PATTE** XIIIᵉ s. ; XVIIIᵉ s. zool. et techn., a éliminé l'anc. fr. *poe* représentant un préceltique **pauta* (→ all. *Pfote*, anc. prov. *pauta*) ; **PATTU** XVᵉ s. ; **PATTE-D'OIE** XVIᵉ s. anat. ; XVIIᵉ s. « carrefour » ; **MILLE-PATTES** XVIᵉ s. ♦ |2| **PATIN** XIIIᵉ s. « chaussure » ; XVIIᵉ s. *patin à glace* et techn. : dér. de *patte* ; **PATINER** XVᵉ s. « manier, tripoter », XVIIIᵉ s. « glisser sur des patins » ; **PATELIN** adj. XVᵉ s. : du nom de *Maître Pathelin*, personnage de farce, lui-même dér. de *pateliner* XVᵉ s., var. de *patiner* « parler d'une manière rusée et mielleuse » ; **PATINEUR** XVIIIᵉ s., **PATINAGE, PATINOIRE, PATINETTE** XIXᵉ s. : de *patin* (à glace). ♦ |3| **PATOIS** XIIIᵉ s. « langage grossier » (beaucoup de mots de cette famille expriment la grossièreté et la maladresse) ; **PATOISER** XIXᵉ s., **PATOISANT** XXᵉ s. ♦ |4| **PATOUILLER** XIIIᵉ s. ; **SE DÉPATOUILLER** XVIIᵉ s. ; **TRIPATOUILLER** et **TRIPATOUILLAGE** XIXᵉ s., par croisement avec *tripoter* ; **PATROUILLER** XVᵉ s. « piétiner dans la boue », XVIᵉ s. sens mod. : var. de *patouiller*, par croisement avec *vadrouiller, gadrouiller*, et p.-ê. le dial. *drouille* « diarrhée », d'origine néerl. ; **PATROUILLE** XVIᵉ s. ; **PATROUILLEUR** XVIIᵉ s., puis XXᵉ s. sens mod. ♦ |5| **ÉPATER** XIVᵉ s. « écraser », « aplatir en forme de patte », d'où *nez épaté* XVIIᵉ s. ; XIXᵉ s. « faire tomber tout de son long », *s'épater* « tomber sur le ventre », d'où « s'étonner » ; **ÉPATANT** XIXᵉ s. « étonnant à vous faire tomber sur le ventre » ; **ÉPATE, ÉPATEUR** XIXᵉ s. ; **ÉPATEMENT** XXᵉ s. ♦ |6| **PATAUD** XVᵉ s., d'abord en parlant de chiens à grosses pattes ; **PATAUGER** XVIIᵉ s. ; **PATAUGEAGE, PATAUGEUR** XXᵉ s. ♦ |7| **CARAPATER** XIXᵉ s. pronom., argot, 1ᵉʳ élément *se carrer* « se cacher ». ♦ |8| **RIPATON** XIXᵉ s. : forme renforcée du dial. *paton* ; **PATOCHE, PATAPOUF** XIXᵉ s.

PAUPIÈRE famille du lat. *palpus* « caresse », *palpare* « tâter », *palpebra* « paupière » ; idée fondamentale : « mouvement répété ».

♦ |1| **PAUPIÈRE** (pop.) XIIᵉ s. : *palpĕtra*, var. de *palpēbra*. ♦ |2| **PALPÉBRAL** (sav.) XVIIIᵉ s. : sur *palpebra*. ♦ |3| **PALPER** (sav.) XVᵉ s. : *palpare* ; **PALPABLE, IMPALPABLE** (sav.) XVᵉ s. : bas lat. *palpabilis, impalpabilis* ; **PALPATION** XIXᵉ s. ♦ |4| **PALPITER** (sav.) XVᵉ s. : lat. imp. *palpitare* « s'agiter, battre », fréquentatif de *palpare* ; **PALPITATION** XVIᵉ s. : *palpitatio* ; **PALPITANT** XVIᵉ s. ; XIXᵉ s. « émouvant ». ♦ |5| **PAPOUILLE** (pop.) XXᵉ s. : p.-ê. dér. dial. de *palper*.

PAUPIETTE famille du lat. *pulpa* « le maigre de la viande ».

♦ |1| **PAUPIETTE** (pop.) XVIIIᵉ s. *poupiette* : dér. de l'anc. fr. *poupe* XIVᵉ s. « partie charnue », XVIᵉ s. appliqué aux fruits : lat. *pŭlpa* ; altération en *au* p.-ê. sous l'infl. du dial. (Est) *paupier* « papier » ♦ |2| **PULPE** (sav.) XVIIᵉ s. : réfection, d'après le lat., de l'anc. fr. *polpe, poupe* → le précéd. ; **PULPEUX** XVIᵉ s. *poulpeux* ; **PULPAIRE** XXᵉ s. « relatif à la pulpe dentaire ».

PAVER (pop.) XIIᵉ s. : lat. vulg. **pavāre*, class. *pavīre* « battre la terre pour l'aplanir », « niveler » ; **PAVEMENT** XIIᵉ s. : dér. de *paver* d'après *pavimentum* « terre battue » puis « pavé, dallage » ; **DÉPAVER, PAVEUR** XIIIᵉ s. ; **PAVÉ, PAVAGE, REPAVER** XIVᵉ s.

PAVILLON famille du lat. *papilio, -onis* « papillon » et bas lat. « tente » de forme comparable, formation expressive suggérant le battement d'ailes du papillon.

♦ |1| **PAVILLON** (pop.) XIIᵉ s. « tente », XVIᵉ s. « petit drapeau », (d'où *baisser pavillon* XVIIIᵉ s.) et « corps de bâtiment », XVIIᵉ s. d'instruments de musique, XIXᵉ s. de l'oreille : *papilio, -onis*. ♦ |2| **PAPILLON** (pop.) XIIIᵉ s. : altération expressive de *pavillon*, qui a rejoint la forme lat. et permis une spécialisation des deux mots ; **PAPILLONNER** XIVᵉ s. ; **PAPILLONNANT** adj. ; **PAPILLONNEMENT** XIXᵉ s. ♦ |3| **PAPILLOTE** (pop.) XVᵉ s. « paillette dorée », XVIIᵉ s. pour les cheveux, XIXᵉ s. pour les bonbons, la cuisine : var. fém. de *papillot*, altération, par substitution de suff., de *papillon* ; a pu subir l'infl. de *papier* ; **PAPILLOTER** XVᵉ s. « pailleter », XVIIᵉ s. « étinceler », XVIIIᵉ s. « cligner » (yeux) ; **PAPILLOTEMENT** XVIIᵉ s. ♦ |4| **PARPAILLOT** XVIIᵉ s. « protestant » : adaptation de l'occitan *parpailhol* « papillon »,

employé par dérision, var. de *parpaillon*, altération, par insertion d'un *r*, de *papilio*.
♦I5I **PAPILIONACÉES** XVIII° s. : dér. sav. sur *papilio*.

PAVOT (pop.) XIII° s. : altération, par substitution de suff., de *pavo* XII° s., du lat. vulg. **papāvus*, altération du class. *papaver*.

PEAN (sav.) XVIII° s. : gr. *paian* « chant solennel à plusieurs voix entonné dans les occasions importantes ».

PEAU famille du lat. *pellis* « peau d'animal », « fourrure », qui a éliminé en bas lat. *cutis* « peau humaine (→ COUENNE) ; dérivés : *pellicula* « petite peau » et *pelliceus*, var. bas lat. *pellicius* « de peau, de fourrure ».

I. mots populaires

♦III **PEAU** XI° s., var. anc. *pel* : *pellis* ; pour les mots scient. exprimant la notion de « peau » → DERME. ♦I2I dér. de base *peau* : **ORIPEAU** XII° s. : probablement de *orie peau* « peau dorée », à l'origine ornement de bouclier, avec changement de genre sous l'infl. des mots en *-eau* ; **PEAUSSIER** subst. XIII° s. ; **PEAUCIER** adj. XVI° s. ; **PEAUROUGE** XVII° s. ; **PEAUSSERIE** XVIII° s. ♦I3I dér. de base *pel-* : **PELLETIER** XII° s. ; **PELLETERIE** XIII° s. ♦I4I **PELISSE** XII° s. : *pellīcia*, fém. substantivé de *pellīcius* ; **SURPLIS** XII° s. : lat. médiéval *superpellīcium* « qui se porte sur la pelisse ». ♦I5I **DÉPIAUTER** XIX° s. : dér. de *piau*, var. dial. de *peau*. ♦I6I **PIEU** (litt.) XIX° s. argot : probablement var. picarde de *piau* (→ le précédent), des peaux ayant pu servir de couverture ; étym. confirmée par l'argot *peausser* XVI° s. « coucher », XVII° s. var. *piausser*, altéré en **PIONCER** XIX° s. « dormir ».

II. mots savants

♦III **PELLICULE** XVI° s., XX° s. photo : *pellicula* ; **PELLICULAIRE** XIX° s. ♦I2I **PELLAGRE** XIX° s. : composé de *pellis* et du gr. *agra* « chasse », d'où « action de saisir ».

PÉCARI XVII° s. : altération, par les flibustiers fr., du caraïbe *begare* « sorte de sanglier américain ».

PÉCHÉ famille du lat. *peccare* « broncher, faire un faux pas », d'où « commettre une faute, une erreur » ; *peccatum* « action coupable » ; lat. imp. *impeccabilis* « incapable de faute » ; bas lat. *peccator* « pécheur ».

♦III **PÉCHÉ** et **PÉCHEUR** (pop.) X° s. : *peccātum*, et *peccātor*, *-ōris* ; **PÉCHER** XII° s. : *peccāre*. ♦I2I **PÉCAÏRE** XIII° s. : mot prov., représente le cas sujet *peccātor* « Pauvre pécheur que je suis ! » ; altéré, en fr., en **PEUCHÈRE** XIX° s. ♦I3I **PECCABLE** (sav.) XI° s. : dér. de *peccare* ; **IMPECCABLE** XV° s. : *impeccabilis* ; **IMPECCABILITÉ** XVI° s. ; **PECCABILITÉ** XIX° s.

PÉDAGOGUE famille sav. du gr. *pais, paidos* « enfant » (→ aussi PAGE et PÉDANT) ; d'où *paideuein* « élever un enfant » et *paideia* « éducation ».

♦III **PÉDAGOGUE** XIV° s. : gr. *paidagōgós* « esclave chargé de conduire les enfants à l'école », « précepteur », par le lat. ; pour le 2° élément → AGIR ; **PÉDAGOGIE** XV° s. : *paidagōgía* « éducation des enfants » ; **PÉDAGOGIQUE** XVII° s. : *paidagōgikos* « qui concerne l'éducation ». ♦I2I **PÉDÉRASTE** XVI° s. : gr. *paiderastēs* « qui aime les enfants », de *erān* « aimer » → ÉROS ; **PÉDÉRASTIE** XVI° s. : *paiderasteia* ; **PÉDÉRASTIQUE, PÉDÉ** XIX° s. ♦I3I **ORTHOPÉDIE** XVIII° s. : de *orthos* « correct » et *paideia* « éducation » ; compris par la suite comme un dér. de *pied* ; **ORTHOPÉDIQUE, ORTHOPÉDISTE** XVIII° s. ♦I4I **PÉDIATRIE** XIX° s. ; **PÉDIATRE** ; **PÉDOLOGIE** XX° s. : dér. formés sur la base *péd-*. ♦I5I **PROPÉDEUTIQUE** XIX° s. : all. *Propädeutik*, mot formé par Kant, de *pro-* « avant » et *paideuein* « éduquer ». ♦I6I **ENCYCLOPÉDIE**, art. QUENOUILLE.

PÉDANT XVI° s. : it. *pedante*, mot obscur, p.-ê. formé sur la racine du gr. *paideuein* « éduquer » → PÉDAGOGUE : p.-ê. aussi de *(pedagogo) pedante* « accompagnateur à pied », avec emploi substantivé de l'adj. → PIED ; **PÉDANTESQUE, PÉDANTERIE** XVI° s. : it. *pedantesco, pedanteria* ; **PÉDANTISME** fin XVI° s. « professorat », XVII° s. péjor.

PÉDOLOGIE (sav.) XX° s. géol. : dér. du gr. *pedon* « sol ».

PÈGRE XVIII° s. argot « voleur », XIX° s. « association de filous » : mot obscur ; p.-ê. altération de l'argot marseillais *pego*

« voleur des quais », du lat. *picare* « enduire de poix », de *pix, picis* (→ POIX), parce que l'argent « colle » aux mains du voleur ; ou de l'anc. fr. *pegre*, var. *pigre*, du lat. *piger* → PARESSE.

PEINDRE famille du lat. *pingere, pictus* « broder, tatouer », et surtout « peindre », d'où *pictor* « peintre », *pictura* « peinture » ; *pigmentum* « couleur », et bas lat. « drogue, suc des plantes ».

I. mots populaires ou empruntés

♦ 1 1 1 **PEINDRE** XIe s. ; *pĭngĕre* ; **PEINTURE** XIIe s. : lat. vulg. **pĭnctūra*, altération, sous l'infl. de *pĭngĕre*, du class. *pictūra*, d'où **PEINTURER** XIIe s. ; **PEINTRE** XIIIe s. : cas sujet lat. vulg. **pinctor*, class. *pictor* ; **DÉPEINDRE, REPEINDRE** XIIIe s. ; **PEINTURLURER** XVIIIe s. : croisement plaisant avec *turelure*. **PINTE** « mesure pour les liquides », d'où **PINTER** XIIIe s. : vraisemblablement var. orthogr. de *peinte* « mesure marquée à la peinture, pour servir d'étalon ». ♦ 1 2 1 **PIMENT** Xe s. « baume, épice », XVIIe s. sens mod. : *pigmentum* au sens de « drogue » ; **PIMENTER** XIXe s. ♦ 1 3 1 **PINTADE** XVIIe s. : port. *pintada* « tachetée », part. passé substantivé de *pintar* « peindre », du lat. vulg. **pinctāre*, dér. de **pinctus*, class. *pictus*. ♦ 1 4 1 **PITTORESQUE** XVIIIe s. : it. *pittoresco* « qui fait bien dans un tableau », dér. de *pittore* « peintre » : *pictor, -ōris*.

II. mots savants

♦ 1 1 1 **PIGMENT** XIIe s. « épice », XIXe s. sens mod. : *pigmentum* ; **PIGMENTATION, PIGMENTAIRE, PIGMENTÉ** XIXe s. ♦ 1 2 1 **PICTURAL** XIXe s. : dér. de *pictura*. ♦ 1 3 1 **PICTOGRAMME, -GRAPHIQUE** XXe s. : dér. sur *pictus*.

PEINE famille du lat. *poena* « rançon d'un meurtre », « réparation, punition » : empr. ancien au gr. *poinê* « prix du sang », « argent qu'on paie aux parents de la victime d'un meurtre », d'une racine **kwei-* « payer » (pour une conception plus ancienne de la punition → DAM) ; dérivés : *poenalis* « relatif à la punition » ; *punire* « punir », lat. imp. *punitio* « punition ».

♦ 1 1 1 **PEINE** (pop.) Xe s. « martyre », XIe s. « fatigue, difficulté », XIIe s. « chagrin », XIIIe s. « punition » ; **À PEINE** XIIe s. « difficilement » et « tout juste, presque pas » : lat. *poena* ; **PEINER** Xe s. ; **PÉNIBLE** XIIe s. « résistant à la fatigue », XVIe s. sens mod. ; **PENAUD** XVIe s. « qui est en peine » ; **PÉNARD** XVIe s. « grincheux », XIXe s. sens mod. par antiphrase : var. de *penaud*. ♦ 1 2 1 **PUNIR** (pop.) XIIIe s. : *pūnīre* ; **PUNISSABLE** XIVe s. ; **IMPUNI** (demi-sav.) XIVe s. : *impunitus*. ♦ 1 3 1 **PÉNAL** (sav.) XIIe s. : *poenalis* ; **PÉNALITÉ** XIVe s.-XVIe s. « souffrance », XIXe s. sens mod. ; **PÉNALISER** XIXe s. : angl. *to penalize*, sports, de même origine, d'où **PÉNALISATION** XXe s. ; **PENALTY** XXe s. : mot angl. « pénalisation », d'origine anglo-normande. ♦ 1 4 1 **PUNITION** (sav.) XIIIe s. : *punitio* ; **AUTO-PUNITION** XXe s. ; **PUNITIF, IMPUNITÉ** XIVe s. ; **IMPUNÉMENT** XVIe s.

PÉLARGONIUM (sav.) XIXe s. : dér. sur le gr. *pelargos* « cigogne », par comparaison avec la forme du fruit.

PÉLICAN (sav.) XIIIe s. : lat. *pelicanus*, du gr. *pelekan*.

PELOTE famille du lat. *pīla* « balle, boule », dimin. class. *pilula*, vulg. **pilotta*.

♦ 1 1 1 **PELOTE** désigne divers objets sphériques notamment XIIe s. « balle », et sens fig. XIIIe s. « rassemblement de personnes ». **pilotta*, dimin. de *pila* ; **PELOTON** XVe s. « petite pelote », XVIe s. « détachement militaire » ; **PELOTONNER** XVIIe s. ♦ 1 2 1 **PELOTER** XIIIe s. « rouler en pelote », XVe s. « jouer à la paume, ou à la pelote » (sens dans le titre *La Maison du chat qui pelote*, de Balzac), XVIIIe s. « caresser » : dér. de *pelote* ; **PELOTAGE** XVIIIe s. « amusement », XIXe s. « caresse » et « action de mettre en pelotes » ; **PELOTEUR** XIXe s. ♦ 1 3 1 **PELOTARI** XIXe s. : mot basque, dér. de *pelote* « balle », avec le représentant basque du suff. *-ariu* → -IER. ♦ 1 4 1 **COMPLOT** XIIe s., var. anc. *complote*, dér. de *pelote* au sens de « rassemblement de personnes » ; le verbe **COMPLOTER**, var. anc. *compeloter* n'est attesté qu'au XVe s. **COMPLOTEUR** XVIe s. ♦ 1 5 1 **PILULE** (sav.) XIVe s. : *pilula*.

PELVIS (sav.) XVIIe s. anat. : mot lat. « chaudron, bassin », appliqué par métaphore au *bassin* humain ; **PELVIEN** XIXe s.

PENDRE famille du lat. *pendēre, pensus*, à l'origine « laisser pendre (les plateaux d'une balance) », d'où class. « peser »,

« évaluer » (1) dér. et composés sur la base *pend-* : (a) *pendĕre* « être suspendu » (b) *pendulus*, adj. « pendant » (c) deux substantifs 2ᵉˢ éléments de composés : *-pendix, -icis*, dans *appendix* « ce qui pend », « addition, supplément » ; et *-pendium* dans *compendium* « magot, économies », « économie de temps », « abrégé » ; *dispendium* « dépense, frais » ; *stipendium*, de *stips, stipis* « monnaie », « solde militaire » (d) une série de verbes préfixés : *appendĕre* « peser » et bas lat. « suspendre » ; *dependĕre* « être suspendu à », « dépendre de » ; *dispendere* « peser en distribuant, distribuer » ; *perpendĕre* « pendre tout du long » et *perpendiculum* « fil à plomb », *perpendicularis* « perpendiculaire » ; *propendĕre* « descendre, en parlant du plateau d'une balance », « pencher, avoir une propension » ; *suspendĕre* « suspendre » et « interrompre » (2) dér. et composés sur la base *pens-* : (a) *pensum* part. passé neutre substantivé, « poids de laine à filer distribué aux servantes », « tâche » (b) *pensilis* adj. « suspendu », « bâti sur voûtes, ou sur piliers » (c) *pensio* « pesée » ; *propensio* « inclination » ; *suspensio* archit. « voûte » et bas lat. « interruption » (d) *pensare* « peser », « apprécier », « contrebalancer » et ses composés *compensare* « contrebalancer » ; bas lat. *recompensare* « dédommager » et « gratifier » ; *dispensare* « distribuer (de l'argent) », « administrer » et leurs dér (3) avec vocalisme *o* de la racine : *pondus, ponderis* « poids » ; *ponderare* « peser », et *praeponderare* « emporter la balance », « peser plus ».

I. famille de *pendere*

A. base *-pend-* (pop.)

♦I **PENDRE** Xᵉ s. intrans., XIIᵉ s. trans., en particulier « faire mourir par pendaison » : lat. vulg. **pendĕre*, class. *pendēre* ; **APPENDRE** XIIIᵉ s. : *appendere* ; **SUSPENDRE** (demi-sav.) XVᵉ s. : réfection, d'après le lat., de l'anc. fr. *souspendre*, de *suspendĕre* ; **PENDILLER** XIIIᵉ s. ; **PENDOUILLER** XXᵉ s. ♦I2I **PENDANT** subst. ou adj. XIIᵉ s. ; **PENDENTIF** XVIᵉ s. ; **PENDILLON** XVIIᵉ s. ; **PENDELOQUE** XVIIᵉ s. : altération, sous l'infl. de *breloque*, de *pendeloche* XIIIᵉ s., dér. de *pendeler*, var. de *pendiller*. ♦I3I **PENDU** subst. ; **PENDABLE** XIIIᵉ s. ; **PENDARD** XIVᵉ s. « bourreau », XVIᵉ s. sens mod. ; **PENDERIE** XVIᵉ s. action de pendre, XIXᵉ s. sens mod. ; **PENDAISON** XVIIᵉ s. ♦I4I **CEPENDANT** XIIIᵉ s. en deux mots, XIVᵉ s. adv. en un seul mot, littéralement « ceci pendant », c.-à-d. « étant en cours », d'après l'emploi jur. de *pendens* ; **PENDANT** prép. XIVᵉ s.

B. base *-pent-* (pop.)

♦I I I **PENTE** XIVᵉ s. : lat. vulg. **pendĭta*, part. passé fém. formé pour *pendēre*, qui n'en avait pas en lat. class. ; **PENTURE** XIIIᵉ s. : **penditūra*. ♦I2I **APPENTIS** XIIIᵉ s. : dér. d'un part. passé lat. vulg. **appendĭtus*, de *appendere*, qui aurait donné en anc. fr. **apent*. ♦I3I **SOUPENTE** XIVᵉ s. : lat. vulg. **suspendĭta*, de *suspendĕre* → SUSPENDRE.

C. PENCHER (pop.) XIIIᵉ s. : lat. vulg. **pendicāre*, dér. de *pendere* ; **PENCHANT** XVIᵉ s. « versant, pente », XVIIᵉ s. « inclination, goût ».

D. base *-pend-* (sav.)

♦I I I **APPENDICE** XIIIᵉ s. « dépendance », XVIᵉ s. anat. : *appendix* ; **APPENDICITE** XIXᵉ s. ; **APPENDICECTOMIE** XXᵉ s. ♦I2I **COMPENDIEUSEMENT** XIIIᵉ s. « brièvement » ; **COMPENDIEUX** XIVᵉ s. : *compendiosus* « abrégé », dér. de *compendium* ; **COMPENDIUM** XVIᵉ s. : mot lat. ♦I3I **PERPENDICULAIRE** XIVᵉ s. : *perpendicularis* ; **PERPENDICULARITÉ** XVIIIᵉ s. ♦I4I **VILIPENDER** XIVᵉ s. : bas lat. (IXᵉ s.) *vilipendere* « avoir peu d'estime pour », de *vilis* « à bas prix » → VIL, et *pendĕre* au sens d'« apprécier ». ♦I5I **STIPENDIÉ** XVᵉ s. « mercenaire » : lat. *stipendiatus*, part. passé de *stipendiari* « recevoir une solde », de *stipendium* ; **STIPENDIAIRE** XVIᵉ s. : *stipendiarius* ; **STIPENDIER** XVIᵉ s. ♦I6I **PENDULE** XVIIᵉ s. subst. masc. et fém. : abrév. du lat. mod. *funependulus* « suspendu à un fil » (→ FUNAMBULE) ; **PENDULAIRE** XIXᵉ s. ; **PENDULETTE** XXᵉ s. ♦I7I **DISPENDIEUX** XVIIIᵉ s. : *dispendiosus*, dér. de *dispendium*.

II. famille de *pensus*

A. PESER (pop.) XIᵉ s. « être pénible », XIIᵉ s. « évaluer un poids », « apprécier », « avoir un certain poids » : lat. vulg. **pēsāre*, class. *pensāre* ; **PESANT** XIᵉ s. adj., XIIᵉ s. subst. dans *son pesant d'or* ; **PESANTEUR**, **APPESANTIR**, **SOUPESER** XIIᵉ s. et **APPESANTISSEMENT** XVIᵉ s., **APESANTEUR** XXᵉ s. : **PESAGE** XIIIᵉ s. nom d'un impôt, XIXᵉ s. courses ; **PESON** XIIIᵉ s. « petit poids », XVIIᵉ s. « petite balance » ; **PESÉE** XIVᵉ s. : part. passé substantivé ; **PÈSE-** 1ᵉʳ élément de composés, ex. : **PÈSE-BÉBÉ**, **PÈSE-LAIT**, **PÈSE-LETTRE**, **PÈSE-SIROP** XIXᵉ s.

B. POIDS (pop.) XII⁰ s. *pois* : lat. vulg. **pĕsum*, class. *pensum* ; d ajouté au XVI⁰ s. par fausse étym., d'après *pondus* ; **CONTREPOIDS** XII⁰ s.

C. POÊLE (pour se chauffer) (pop.) XIV⁰ s. : lat. vulg. **pēsile*, class. *pensile*, adj. neutre substantivé, var. du lat. imp. *balnea pensilia* « établissements de bains suspendus, c.-à-d. chauffés par en dessous ».

D. base -pens- (sav.)

♦ |1| **PENSER** X⁰ s. verbe, XII⁰ s. emploi substantivé : *pensare* ; **PENSIF** XI⁰ s. ; **PENSÉE** XII⁰ s. ; XVI⁰ s. fleur, tenue pour symbole du souvenir, et *arrière-pensée* ; **REPENSER** XII⁰ s. ; **PENSANT** XIII⁰ s. « pensif », XVII⁰ s. sens mod. ; **BIEN-PENSANT** XIX⁰ s. ; **PENSEUR** XIII⁰ s., rare avant le XVIII⁰ s. ; **LIBRE PENSEUR** XVII⁰ s. : calque de l'angl. *free thinker* ; **LIBRE-PENSÉE** XIX⁰ s. ; **IMPENSABLE** fin XIX⁰ s. ; **PENSE-BÊTE** XX⁰ s. ♦ |2| **PANSER** XIII⁰ s. *panser d'un cheval*, puis XIV⁰ s. *panser d'une plaie*, c.-à-d. « s'en préoccuper, s'en occuper », devenu trans. direct au XV⁰ s. : var. orthographique de *penser* ; **PANSEMENT** XVII⁰ s. ; **PANSAGE** (des chevaux) XVIII⁰ s. ♦ |3| **DÉPENS** (demi-sav.) XII⁰ s. « dépense » ; XVII⁰ s. limité à l'emploi jur. et à la loc. *aux dépens de* : *dispensum*, part. passé neutre substantivé de *dispendĕre* ; **DÉPENSE** XII⁰ s., var. fém. du précédent ; **DÉPENSIER** XII⁰ s. ; **DÉPENSER** XIV⁰ s. ♦ |4| **COMPENSER** XIII⁰ s. : *compensare* ; **COMPENSATION** XII⁰ s. : *compensatio* ; **COMPENSATEUR** fin XVIII⁰ s. ; **COMPENSATOIRE** XIX⁰ s. ♦ |5| **RÉCOMPENSER** XIV⁰ s. : *recompensare* ; **RÉCOMPENSE** début XV⁰ s. ♦ |6| **DISPENSER** XIII⁰ s. « distribuer libéralement », « accorder », XVI⁰ s. « décharger d'une obligation » : *dispensare* ; **DISPENSATEUR, DISPENSATION** XII⁰ s. : *dispensator, dispensatio* ; **DISPENSE** XV⁰ s. ; **DISPENSAIRE** XVI⁰ s. « recueil de formules de pharmacie », XVIII⁰ s. « établissement de soins médicaux » sous l'infl. de l'angl. *dispensary*, de même origine ; **INDISPENSABLE** XVII⁰ s. ♦ |7| **SUSPENSION** XII⁰ s. « action de suspendre », XIX⁰ s. « lampe suspendue » : *suspensio* ; **SUSPENS** XIV⁰ s. et **EN SUSPENS** XV⁰ s. ; **SUSPENSOIR, SUSPENSIF** XIV⁰ s. : *suspensus* et lat. médiéval *suspensorius, suspensivus* ; **SUSPENSEUR** XVI⁰ s. : lat. médiéval *suspensor* ; **SUSPENSE** XX⁰ s. : mot angl. « incertitude ». ♦ |8| **PENSION** XIII⁰ s. « allocation périodique », XVI⁰ s. « fait d'être logé et nourri moyennant cette allocation », XVIII⁰ s. « établissement scolaire où les enfants sont entretenus » : *pensio* ; **PENSIONNER, PENSIONNAIRE** XIV⁰ s., rare avant le XVIII⁰ s. ; **PENSIONNAT** fin XVIII⁰ s. ; **DEMI-PENSION, DEMI-PENSIONNAIRE** XIX⁰ s. ♦ |9| **PROPENSION** XVI⁰ s. : *propensio*.

III. famille savante de *pondus*

♦ |1| **PONDÉRER** XIV⁰ s. : *ponderare* ; **PONDÉREUX** XIV⁰ s. ; **PONDÉRATION** XV⁰ s. : bas lat. *ponderatio* ; **PONDÉRABLE** XV⁰ s. « qui accable », rare avant le XVIII⁰ s., sens mod. : bas lat. *ponderabilis* ; **IMPONDÉRABLE** XVIII⁰ s. ; **PONDÉRÉ** XVIII⁰ s. ♦ |2| **PRÉPONDÉRANT**, XVIII⁰ s. : *praeponderans*, part. prés. de *praeponderare* ; **PRÉPONDÉRANCE**, XVIII⁰ s.

PÊNE (pop.) XII⁰ s. : altération de *pêle* XII⁰-XVII⁰ s. (pop.), du lat. *pessulus* « verrou », du gr. *passalos* « cheville ».

PÉNÉTRER famille du lat. *penus, -oris*, arch. « l'intérieur d'une maison », class. « garde-manger », (a) *penates* « dieux de la maison » (b) *penetrare* « entrer ou faire entrer à l'intérieur ».

♦ |1| **PÉNÉTRER, PÉNÉTRANT** (sav.) XIV⁰ s. : *penetrare* ; **PÉNÉTRATION, PÉNÉTRABLE, IMPÉNÉTRABLE** XIV⁰ s. : *penetratio, penetrabilis, impenetrabilis* ; **PÉNÉTRABILITÉ** XVI⁰ s. ; **IMPÉNÉTRABILITÉ** XVII⁰ s. ♦ |2| **PÉNATES** XV⁰ s. : mot lat.

PÉPIE ♦ |1| (pop.) XIV⁰ s. « maladie de la langue de certains oiseaux », XVI⁰ s. « soif » : lat. vulg. **pippīta*, issu, avec dissimilation des deux *ĭ*, de **pittīta*, altération du class. *pituīta* « résine des arbres » et « mucus, rhume » ; p.-ê. apparenté à *pinus* → PIN. ♦ |2| **PITUITE** (sav.) XVI⁰ s. : *pituita* ; **PITUITEUX** XVI⁰ s. : *pituitosus* ; **PITUITAIRE** XVI⁰ s. ♦ |3| **PÉPITE** XVII⁰ s. : esp. *pepita* « pépin », en particulier « pépin de melon » et « pépite », par métaphore, de **pippīta*, les graines de melon étant enrobées dans un jus épais. ♦ |4| **PÉPETTE** XIX⁰ s. argot « pièce de monnaie » : p.-ê. altération de *pépite*.

PÉPLUM (sav.) XVI⁰ s. : gr. *peplon* « tunique » par le lat.

PERCALE début XVIII⁰ s. : turco-persan *pärgâlä*, par l'intermédiaire d'une langue de l'Inde ; **PERCALINE** XIX⁰ s.

PERCER famille d'une racine *(s)teu*- « frapper ». En grec, sans *s* initial et avec un élargissement -*p*-, dans *tupos* « coup » et « marque d'un coup », « image », et *tuptein* « frapper ».
En latin (1) sans *s*- initial, avec un élargissement -*d*- et, au présent, un infixe nasal, dans *tundere*, *tūsus* (issu de *tud-tos*) « frapper à coups répétés avec un instrument contondant », d'où (a) *tudicula* « machine à écraser les olives » et *tudiculare* « broyer, triturer » (b) *contundere* « écraser » et *contusio* « action d'écraser, de meurtrir » et bas lat. « résultat de cette action » ; *obtundere* « rebattre, émousser la pointe d'une arme » ; *pertundere* « transpercer » (2) avec *s*- initial, élargissement -*d*- et, probablement, le sens originel de « presser », « s'appuyer sur », dans *studēre* « avoir de l'attachement pour », « s'appliquer à » ; *studium* « attachement, zèle, soin », « goût pour l'étude », et l'adj. dérivé *studiosus* « plein d'ardeur, d'intérêt, d'application » (3) avec *s*- initial, élargissement -*p*- et le sens originel de « frapper l'imagination », dans (a) *stuprum* « honte, déshonneur » puis « débauche, viol ou adultère » (b) *stupēre* « être frappé de stupeur », *stupor* « stupeur » ; *stupidus* « stupéfait » ; *stupefacere* « stupéfier ».

I. mots d'origine latine

A. famille de *tundere*

♦|1| PERCER (pop.) XIe s. : lat. vulg. *pertusiāre*, dér. de *pertusus*, participe passé de *pertundere* ; PERCE XVe s., dans la locution *mettre en perce* ; PERCEMENT, PERÇANT XVIe s. ; PERCÉE XVIIIe s. ; PERCE- 1er élément de composés, ex. : PERCE-OREILLE XVIe s., PERCE-NEIGE XVIIe s. ♦|2| PERTUIS (pop.) XIIe s. : dér. de l'anc. fr. *pertuisier*, dér. des formes de *percer* accentuées sur le radical (ex. : *il pertuise*, de **pertüsiat*) ; MILLE-PERTUIS XVIe s. ♦|3| TOUILLER (pop.) XIIe s. *tœillier* : *tūdĭcŭlāre* ; RATATOUILLE XVIIIe s. ; dér. du croisement de deux var. expressives de *touiller*, *ratouiller* et *tatouiller* ; abrév. RATA XIXe s. ; BISTOUILLE XIXe s. : mot dial. (Nord), de *bis* « deux fois » et *touiller*. ♦|4| CONTUSION (sav.) XIVe s. : *contusio*, d'où CONTUSIONNER XIXe s. ; CONTUS XVe s. : *contusus*, part. passé de *contundere* ; CONTONDANT XVIe s. : part. présent de *contondre* XVIe s.-XVIIIe s. : *contundere*. ♦|5| OBTUS (sav.) XVe s. « émoussé », XVIe s. géom. et « peu intelligent » : *obtusus*, part. passé de *obtundere*.

B. famille de *studēre*

♦|1| ÉTUI (pop.) XIIe s. « prison » puis « boîte » : dér. de *estoier*, var. *estuier* « ranger », « prendre soin de », du lat. vulg. **stŭdiāre*, dér. de *stŭdium* « soin ». ♦|2| ÉTUDE (demi-sav.) XIIe s. « application de l'esprit », XVe s. « cabinet de travail », XVIIe s. en particulier celui des notaires et autres officiers ministériels : *studium* ; ÉTUDIER XIIe s. ; ÉTUDIANT XIVe s. ♦|3| STUDIEUX (sav.) XIIe s. : *studiosus*. ♦|4| STUDIO XIXe s. « atelier d'artiste, puis de photographe », XXe s. cinéma et « logement d'une pièce » : mot anglo-américain, de l'it. *studio* « atelier de peintre », de *studium*. ♦|5| ESTUDIANTIN XIXe s. : esp. *estudiantino*, dér. de *estudiante* « étudiant ».

C. famille de *stupēre* (sav.) STUPEUR XIVe s. : *stupor* ; STUPÉFACTION XVe s. : bas lat. *stupefactio* ; STUPÉFIER, STUPIDE, STUPIDITÉ XVIe s. : *stupefacere*, *stupidus*, *stupiditas*.

D. STUPRE (sav.) XVIIIe s. : *stuprum*.

II. mots savants d'origine grecque

♦|1| TYPE XVe s. « modèle », fin XIXe s. « individu » : gr. *tupos*, par le lat. eccl. ; TYPIQUE XVe s. : gr. *tupikos* « qui représente », « allégorique » ; TYPÉ, TYPESSE XIXe s. ; TYPER XXe s. ♦|2| TYPOGRAPHE XVIe s. : composé du gr. *tupos* au sens de « caractère gravé, signe d'écriture », et *graphein* ; abrév. TYPO XIXe s. ; TYPOGRAPHIE, -IQUE XVIe s. ♦|3| TYPO- 1er élément de composé, dans TYPOLOGIE XIXe s. ♦|4| -TYPE, -TYPIE 2e élément de composés, ex. : ARCHÉTYPE XIIe s. → ARCHIVES ; STÉRÉOTYPE XVIIIe s. → STÉRÉO- ; LINOTYPE, LINOTYPIE XIXe s. → LIN ; TÉLÉTYPE XXe s. ♦|5| TYPTO- 1er élément de composés : gr. *tuptein* ; ex. : TYPTOLOGIE XIXe s. « communication des esprits frappeurs ».

1. PERCHE (pop.) XIIe s. « longue tige de bois » : lat. *pertica* « perche servant en particulier de mesure » ; PERCHER XIVe s. « se mettre debout », puis sens mod. ; PERCHOIR XVe s.

2. PERCHE (pop.) XIIe s. « poisson » : lat. *perca*, du gr. *perkē*, fém. substantivé de *perkos* « noirâtre », à cause de la couleur bleu foncé de son dos.

PERDRIX ♦|1| (pop.) XIIe s., altération, par réduplication du *r*, de l'anc. fr. *perdis* :

lat. *perdix, -icis.* ♦ |2| **PERDREAU** (pop.) XVIᵉ s. : altération, par substitution de suff., de l'anc. fr. *perdriau*, var. *perdrial*, du lat. *perdrix gallus* « perdrix-coq », le ieune mâle étant spécialement recherché.

PÈRE famille du lat. *pater*, gr. *patêr* « père », mot ind.-eur. exprimant moins la paternité physique (indiquée par *genitor* → GENS, *parens* → PART) qu'une valeur sociale : c'est l'homme représentant la suite des générations, le chef de la famille, le propriétaire des biens ; c'est un terme de respect employé en parlant des hommes et des dieux. Dér. et composés :
En grec : *patria gê* « la terre des pères » ; *patriôs* « selon la coutume des ancêtres » ; *patriôtês* « qui est du même pays » ; *patrônumios* « qui porte le nom du père », d'où *patrônumikos* « relatif au nom du père ».
En latin (1) *-piter*, 2ᵉ élément de composés, dans *Jupiter* (2) les subst. (a) *patrimonium* « ensemble des biens appartenant au *pater* » (b) *patronus* « protecteur des plébéiens », « ancien maître d'un esclave affranchi », « défenseur en justice, avocat » (c) en bas lat. *patraster* « second mari de la mère », *compater* « qui partage la paternité avec » ; *patrinus* « parrain », qui, formé en lat. vulg., est bien représenté en lat. médiéval (3) les adj. (a) *patricius* « né de père libre ou noble », d'où lat. imp. *patriciatus, -ûs* « condition de patricien » (b) *patrius* « qui concerne le père », « transmis de père en fils », d'où *patria (terra)*, calque du gr. *patria gê* « pays natal » (c) *paternus* « qui appartient au père », d'où bas lat. *paternitas* « paternité » (4) le verbe *patrare* « achever, conclure », p.-ê. ancien terme rituel dér. de *pater*, qui devait signifier à l'origine « agir en qualité de *pater* » : dér. *impetrare* « obtenir » et *perpetrare* « faire entièrement, accomplir ».

I. mots d'origine latine

A. mots populaires

♦ |1| **PÈRE** XIᵉ s. ; XVIIᵉ s. *le père Untel*, désignation condescendante : *pater* ; **COMPÈRE** XIIᵉ s. « parrain », ainsi désigné par le véritable père ou la marraine, puis « camarade » ; XVIIIᵉ s. « complice » : *compater* ; **BEAU-PÈRE** XVᵉ s. → BEAU ; **GRAND-PÈRE** XVIᵉ s. → GRAND ; **PÉPÈRE** XIXᵉ s. ♦ |2| **PARÂTRE** XIᵉ s. : *patraster* ; **PARRAIN** XIIᵉ s. : *parrin* : *patrīnus* ; **PARRAINAGE** XIIIᵉ s. « ensemble des parrains et des marraines », puis XIXᵉ s. sens mod. ; **PARRAINER** XXᵉ s. ♦ |3| **REPAIRE** XIᵉ s. « retour chez soi » puis « habitation », XVIᵉ s. « retraite des bêtes sauvages », puis XVIIᵉ s. « des malfaiteurs » : dér. de l'anc. fr. *repairier* « rentrer chez soi » : *repatriare*. ♦ |4| **REPÈRE** XVIᵉ s. « retour à un certain point », XVIIIᵉ s. « marque, jalon » et *point de repère* : var. orthogr. du précédent, sous l'infl. du lat. *reperire* « trouver » → RÉPERTOIRE, art. PART ; **REPÉRER** XVIIᵉ s., **-AGE** XIXᵉ s., **-ABLE** XXᵉ s.

B. mots savants

♦ |1| **PATERNE** XIᵉ s. « paternel », puis XVIIIᵉ s., sens mod. péjor. : *paternus* ; XIᵉ s. subst. fém. *Dieu le Père* : *paterna (imago)* « image du Père » ; **PATERNITÉ** XIIᵉ s. : *paternitas* ; **PATERNEL** XIIᵉ s. : adj. formé sur le même rad. ; **PATERNALISME**, **PATERNALISTE** XXᵉ s., sous l'infl. de l'angl. ♦ |2| **PATENÔTRE** (demi-sav.) XIIᵉ s. « oraison dominicale » et plur. « prières », XVIIᵉ s. péj. : *Pater noster* « Notre Père (qui êtes aux cieux, etc.) » ; **PATER** XVIᵉ s. : mot lat. « id. ». ♦ |3| **PATRICE** XIIᵉ s. puis XVIᵉ s. : *patricius* ; **PATRICIEN** XIVᵉ s. ; **PATRICIAT** XVIᵉ s. : *patriciatus*. ♦ |4| **PATRIMOINE** XIIᵉ s. : *patrimonium* ; **PATRIMONIAL** XIVᵉ s. : bas lat. jur. *patrimonialis*. ♦ |5| **PATRON** XIIᵉ s. « saint protecteur », XIIIᵉ s. « étalon, modèle », d'où XVIIᵉ s. couture ; XIVᵉ s. « chef d'une entreprise de pêche », XIXᵉ s. « chef d'entreprise en général » ; XVIᵉ s. hist. romaine : *patronus* ; **PATRONAGE** XIIᵉ s. « protection », XIXᵉ s. « société pour l'éducation de la jeunesse » ; **PATRONNER** XIVᵉ s. « reproduire d'après un patron », XVIᵉ s. « protéger », rare avant le XIXᵉ s. ; **PATRONAL, S'IMPATRONISER** XVIᵉ s. ; **PATRONNESSE** XVIᵉ s. ; XIXᵉ s. *dame patronnesse* sous l'infl. de l'angl. ♦ |6| **IMPÉTRER** XIIIᵉ s. : *impetrare* ; **IMPÉTRANT** XIVᵉ s. : part. présent substantivé du précédent. ♦ |7| **PERPÉTRER** XIIIᵉ s. : *perpetrare* ; **PERPÉTRATION** XIVᵉ s. : bas lat. *perpetratio*. ♦ |8| **EXPATRIER** XIVᵉ s., rare avant le XVIIIᵉ s. : formé sur *patria* ; **EXPATRIATION** XIVᵉ s. ; **RAPATRIER** XVᵉ s. : adaptation du lat. *repatriare* ; **PATRIE** XVIᵉ s. : *patria* ; **RAPATRIEMENT** XVIIᵉ s. ; **SANS-PATRIE** XIXᵉ s. ; **APATRIDE** XXᵉ s. ♦ |9| **JUPITER** → DIEU.

II. mots savants d'origine grecque

♦ |1| **PATRIARCHE** XIIᵉ s. : gr. eccl. *patriarkhês*, calque de l'hébreu *rôchê aboth* « chef de famille », par le lat. ; **PATRIARCAL, PATRIARCAT** XV⁰ s. : bas lat. *patriarchalis, patriarchatus*. ♦ ⑵ **PATRONYMIQUE** XIII⁰ s. : *patrônumikos*, par le lat. ; 2ᵉ élément → NOM ; **PATRONYME** XIX⁰ s. ♦ ⑶ **PATRISTIQUE** et **PATROLOGIE** XIX⁰ s. : sur le gr. *patêr, patros* « père de l'Église ».

PERGOLA XX⁰ s. : mot it. « tonnelle », du lat. *pergŭla* « toute construction surajoutée ou en saillie », se rattache à un thème méditerranéen *barga, parga* « cabane », p.-ê. croisé avec *tegŭla* « tuile ».

PÉRIL famille d'un ancien verbe lat. **periri*, dont il ne subsiste que le part. passé *peritus* « qui a l'expérience de, habile à ». — Dér. et composés (1) *experiri* « essayer », d'où *experientia* « essai » et lat. imp. « expérience acquise » ; *experimentum* « épreuve », « preuve par les faits », d'où bas lat. *experimentare* ; *expertus*, part. passé employé comme adj. « éprouvé, qui a fait ses preuves » ⑵ *periculum*, var. *periclum*, à l'origine « essai, épreuve », puis class. « risque, danger », d'où *periculosus* « dangereux », et *periclitari* « faire un essai », « risquer, mettre en danger » et « être en danger » ⑶ sur la base de *peritus* « expérimenté » : *imperitus* « inexpérimenté » et *imperitia* « inexpérience, ignorance ». Ces mots sont en rapport avec le gr. *peira* « épreuve », *peirân* « essayer, entreprendre » ; *peiratês* « brigand, pirate », littéralement « risque-tout » ; *empeiria* « expérience », *empeiros* « expérimenté », d'où *empeirikos* « qui se dirige d'après l'expérience ».

I. mots d'origine latine

♦ ⑴ **PÉRIL** (pop.) X⁰ s. : *perīcŭlum* ; **PÉRILLEUX** XII⁰ s. : adaptation, d'après *péril* (prononcé avec *l* mouillé jusqu'au XIX⁰ s.), de *periculōsus*. ♦ ⑵ **EXPERT** (sav.) XIII⁰ s. adj., XVI⁰ s. subst. : *expertus* ; **EXPERTISE** XIV⁰ s. « habileté », fin XVIII⁰ s. jur. ; **INEXPERT** XV⁰ s. ; **EXPERTISER, CONTRE-EXPERTISE** XIX⁰ s. ♦ ⑶ **EXPÉRIENCE** (sav.) XIII⁰ s. : *experientia* ; **INEXPÉRIENCE** XV⁰ s., rare avant le XVIII⁰ s. ♦ ⑷ **EXPÉRIMENTER** (sav.) XIV⁰ s. : *experimentare* ; **INEXPÉRIMENTÉ** XIV⁰ s. ; **EXPÉRIMENTATEUR** XIV⁰ s., puis XIX⁰ s. ; **EXPÉRIMENTÉ** XV⁰ s. ; **EXPÉRIMENTAL** XVI⁰ s. ; **EXPÉRIMENTALEMENT** XVIII⁰ s. ; **EXPÉRIMENTATION** XIX⁰ s. ♦ ⑸ **IMPÉRITIE** (sav.) XIV⁰ s. : *imperitia*. ♦ ⑹ **PÉRICLITER** XIV⁰ s. « faire naufrage », XVII⁰ s. « être en danger » : *periclitari*.

II. mots d'origine grecque

♦ ⑴ **PIRATE** (sav.) XIII⁰ s. : *peiratês* ; **PIRATERIE** XVI⁰ s. ♦ ⑵ **EMPIRIQUE** XIV⁰ s. méd., XVI⁰ s. philo. : *empeirikos*, par le lat. ; **EMPIRIQUEMENT** XVI⁰ s. ; **EMPIRISME** XVIII⁰ s.

PÉRIPATÉTIQUE (sav.) XIV⁰ s. : gr. *peripatêtikos* « qui concerne la philosophie péripatéticienne », der. de *peripatein* « se promener », parce que Aristote enseignait en se promenant ; **PÉRIPATÉTICIEN** XIV⁰ s. ; **PÉRIPATÉTISME** XVII⁰ s. ; **PÉRIPATÉTICIENNE** fin XIX⁰ s. « prostituée », ironique, littéralement « celle qui se promène ».

PERLE ♦ ⑴ XII⁰ s. : it. *perla* : lat. vulg. **pernŭla*, dimin. de *perna* « jambon » et « pinne marine », sorte de coquillage ayant la forme d'un jambon ; **PERLÉ** XIV⁰ s. ; **PERLIER, -ÈRE** adj. XVII⁰ s. ; **PERLER** XVII⁰ s. trans., XIX⁰ s. intrans. ♦ ⑵ **PERLON** XX⁰ s. « tissu synthétique » : de *perle* et du suff. *-on*.

PERRUQUE XV⁰ s. : probablement *perrucca*, var. *parrucca*, mot dial. de l'Italie du Nord, p.-ê. du croisement de *pelo* → POIL, et de *zucca* « citrouille » et « tête » ; **PERRUQUIER** XVI⁰ s.

PERSONNE famille sav. du lat. *persona* « masque de théâtre », « rôle », « personnage » et déjà chez Cicéron « personne », employé en gramm. pour traduire le gr. *prosôpon*, et constamment opposé, en droit romain, à *res* « chose » ; p.-ê. empr. au gr. *prosôpon*, (→ ŒIL) par l'étrusque *phersu* qui, à en juger par le monument où il est inscrit, pourrait signifier « masque ».

♦ ⑴ **PERSONNE** XI⁰ s. « être humain », fin XIII⁰ s. auxiliaire de la négation : *persona* ; **PERSONNEL** XII⁰ s. adj. gramm., XIII⁰ s. extension de sens, XVIII⁰ s. « égoïste », XIX⁰ s. subst. masc., p.-ê. sous l'infl. de l'all. *Personal* ; bas lat. *personalis* ; **IMPERSONNEL** XII⁰ s. gramm., XIX⁰ s. philo. : bas lat. *impersonalis* ; **PERSONNAGE** XIII⁰ s. « dignitaire ecclésiastique », XV⁰ s. sens mod. ♦ ⑵ **PERSONNALITÉ** XVI⁰ s., d'où **PERSONNALISME** XVIII⁰ s. « égoïsme », XIX⁰ s. philo., **PERSONNALISTE** XIX⁰ s., **PERSONNALISER, -ATION**

XIXᵉ s., **DÉPERSONNALISER, -ATION** XXᵉ s. ; **PERSONNIFIER** XVIIᵉ s., **PERSONNIFICATION** XVIIIᵉ s. : dér. sav. de *personnel* et de *personne*.

PERVENCHE (pop.) XIIIᵉ s. : lat. *pervinca*, 2ᵉ élément de l'expression *vinca pervinca* qui semble tirée d'une formule magique.

PESSAIRE (sav.) XIIIᵉ s. « médicament pour la matrice », XVIIIᵉ s. sens mod. : bas lat. *pessarium*, dimin. formé sur le gr. *pessos* « petite pierre ovale pour le jeu de trictrac appelé *pessa* » et « tampon de charpie pour une plaie ».

PESTILENCE famille sav. du lat. *pestis* « destruction », « mort », « fléau, épidémie », d'où *pestilentus* « insalubre » et *pestilentia* « insalubrité », « épidémie ».
♦ 1 **PESTILENCE** XIIᵉ s. : *pestilentia* : **PESTILENT, PESTILENTIEL** XIVᵉ s. ♦ 2 **PESTE** XVIᵉ s. : *pestis* ; **PESTIFÉRÉ** XVIᵉ s. : dér. de l'adj. *pestifere* XIVᵉ s. : bas lat. *pestifer* « porteur de peste » ; **PESTEUX** XVIᵉ s. et **ANTIPESTEUX** XXᵉ s. ; **EMPESTER** XVIᵉ s. ; **PESTER** XVIIᵉ s. « traiter quelqu'un de *peste* », puis intrans.

PET famille pop. du lat. *pēdĕre*, *pēdĭtum* « péter ».
♦ 1 **PET** XIIIᵉ s. : *pēdĭtum* ; **PET-DE-NONNE** XVIIIᵉ s. ; **PET-EN-L'AIR** XVIIIᵉ s. et **RASE-PET** XXᵉ s. « veste courte ». ♦ 2 **PÉTER** XIVᵉ s. : dér. de *pet*, a éliminé l'anc. fr. *poire*, de *pēdĕre* ; **PÈTE-SEC** XIXᵉ s. ; **PÉTILLER, PÉTILLEMENT** XVᵉ s. ; **CONTREPÈTERIE** XVIᵉ s. « modification des mots », du moyen fr. *contrepéter* « contrefaire », de *péter*. ♦ 3 **PÉTEUX** XVIIᵉ s. ; **PÉTARD** XVᵉ s. ; **LE ROI PÉTAUD** XVIᵉ s., d'où **PÉTAUDIÈRE** XVIIᵉ s. ; **PÉTOIRE** XVIIIᵉ s. ; **PÉTOCHE** fam. XIXᵉ s. : dér. de *pet* ou de *péter*. ♦ 4 **PÉTARADE** XVᵉ s. « série de pets lancés par certains animaux quand ils ruent », XVIIᵉ s. sens mod. : prov. *petarrada*, dér. de *petarra*, augmentatif de *peta* « péter ».

PETIT ♦ 1 (pop.) XIᵉ s. : lat. vulg. *pĭttĭttus* (VIIIᵉ s. *pititus*), d'une base expressive *pĭtt-* exprimant, la petitesse (→ aussi PÉPIN, art. PAPA, et PÉKIN, art. PIQUER) ; pour les mots sav. exprimant l'idée de « petit » → MICRO- ; **PETITESSE** XIIᵉ s. ; **PETIOT** XIVᵉ s. ; **RAPETISSER** XIVᵉ s. : renforcement de l'anc. fr. *apetisser* XIIᵉ s. ; **RAPETISSEMENT** XVIᵉ s. ♦ 2 **PETIT-** 1ᵉʳ élément de composés, indique les descendants de la seconde génération dans **PETIT-FILS** XIIIᵉ s. ; **PETITS-ENFANTS** XVIᵉ s. ; **PETITE-FILLE** XVIIᵉ s. ♦ 3 **GAGNE-PETIT** XVIᵉ s., ancien emploi adv. de *petit* au sens de « peu ».

PÉTREL XVIIIᵉ s. : mot angl. ; forme antérieure *pitteral* ; origine obscure. L'explication y voyant un dér. de *Petrus* parce que cet oiseau marcherait sur les eaux comme saint Pierre dans l'Évangile (Matth. XIV, 30) est une étym. pop., qui a influé sur quelques mots germ. : all. *Petersvogel* ; norvégien *Soren Peders, Pedersfugl*.

PÉTRIR famille d'une racine ind.-eur. **peis-* « piller ». En latin, avec un infixe nasal au présent, *pinsere, pistus*, concurrencé en bas lat. par le dér. *pĭstāre*, de *pistus*, « piler (le grain dans un mortier avec un pilon) », qui s'oppose à *molere* « moudre avec des meules » → MOUDRE. Dér. : (1) *pistor, pistrix* « celui, ou celle qui pile le grain », « boulanger, -ère, pâtissier, -ère », d'où le bas lat. *pistrire* « faire du pain ou des gâteaux », par analogie avec le couple *nutrire, nutrix* → NOURRIR ; *pistrinum* « moulin à blé », « boulangerie » (en lat. le « pétrin » est désigné par *magida* → MAIE, art. MAÇON) (2) *pila*, de **pĭsŭla* « mortier » ; *pilum* « pilon » et son dimin. *pistillum* « petit pilon » ; le verbe dér. bas lat. *pilare* « appuyer fortement ».
♦ 1 **PÉTRIR** (pop.) XIIᵉ s. : *pĭstrīre* ; **PÉTRIN** XIIᵉ s. : *pistrīnum* ; **PÉTRISSEUR** XIIIᵉ s. ; **PÉTRISSABLE, PÉTRISSAGE** XVIIIᵉ s. ♦ 2 **PILER** (pop.) XIIᵉ s. : *pilare* ; XIXᵉ s. argot « rosser », d'où **PILE** « volée de coups » XIXᵉ s. ; **PILON** (pop.) XIIᵉ s., « jambe de bois », XXᵉ s. « cuisse de volaille » ; **PILE** XIIIᵉ s. « mortier », XVIIᵉ s. techn. de la papeterie : *pila*. ♦ 3 **PISÉ** XVIᵉ s., rare avant le XIXᵉ s. : mot lyonnais, part. passé substantivé de *piser* XVIᵉ s. « broyer », XIXᵉ s. « battre la terre à bâtir » : lat. vulg. **pinsiāre*, class. *pinsāre*, var. *pinsēre*. ♦ 4 **PISTE** XVIᵉ s. : anc. it. *pista*, var. méridionale de l'it. *pesta*, dér. de *pestare* « fouler aux pieds », de *pĭstāre* ; **DÉPISTER** XVIIIᵉ s. ; **PISTER, PISTEUR** XIXᵉ s. ♦ 5 **PISTON** XVIᵉ s. : it. *pistone* « pilon », dér. de

pistare → le précédent ; XVIIᵉ s. techn., XIXᵉ s. mus. et fig., d'où **PISTONNER** XIXᵉ s. ♦|6| **PISTIL** (sav.) XVIIᵉ s. : *pistillum*, à cause de la forme de cet organe.

PEU famille d'une racine **pau-* « en petit nombre ». En latin (1) *paucus* « peu » (2) *pauper* « pauvre », littéralement « qui produit peu », second élément apparenté à *parere* « enfanter » → PART.

♦|1| **PEU** (pop.) XIᵉ s. : *paucum*, neutre adv. de *paucus*. ♦|2| **PAUVRE** (pop.) XIᵉ s. : *pauper* ; **PAUVRETÉ** XIIᵉ s. : *paupertas, -atis* ; **APPAUVRIR** XIIᵉ s., d'où **APPAUVRISSEMENT** XIVᵉ s. ; **PAUVRET** XIIIᵉ s. ; **PAUVRESSE** XVIIIᵉ s. ♦|3| **PAUPÉRISME** (sav.) XIXᵉ s. : de *pauper* par l'angl.

PEUPLE ♦|1| (pop.) IXᵉ s. ; var. anc. *pueble* (le second *p* est dû à une assimilation à la consonne initiale ou à une relatinisation) : lat. *pŏpŭlus* ; pour les mots sav. exprimant la notion de « peuple » → DÉMO- ; **PEUPLER** XIIᵉ s. ; **PEUPLEMENT** XIIIᵉ s. ; **REPEUPLER** XIIIᵉ s., d'où **REPEUPLEMENT** XVIᵉ s. ; **DÉPEUPLER** XIVᵉ s., d'où **DÉPEUPLEMENT** XVᵉ s. ; **SURPEUPLER** XIXᵉ s., d'où **SURPEUPLEMENT** XXᵉ s. ♦|2| **PEUPLADE** XVIᵉ s. « colonie » et « action de peupler », XVIIIᵉ s. sens mod. : esp. *poblado*, de *poblar* « peupler », d'un dér. de *populus*. ♦|3| **POPULACE** XVIᵉ s. : it. *popolaccio*, dér. péjor. de *popolo* « peuple », de *populus* ; **POPULACIER** XVIᵉ s. ♦|4| **POPULAIRE** (sav.) XIIᵉ s. « du peuple » ; XVᵉ s. « qui plaît au peuple » : lat. *popularis* « relatif au peuple » ; **POPULARITÉ** XVᵉ s. « populace », XVIIIᵉ s. sens mod. : lat. *popularitas* « recherche de la faveur du peuple » ; **POPULARISER** XVIIᵉ s. ; **IMPOPULAIRE**, **IMPOPULARITÉ** fin XVIIIᵉ s. ; **POPULO** fam. XIXᵉ s. ♦|5| **POPULATION** (sav.) XIVᵉ s., rare avant le XVIIIᵉ s. : bas lat. *populatio*, dér. de *populus* devenu possible après l'élimination d'un class. *populatio* « dévastation », dér. d'un verbe *populari* d'origine incertaine ; **DÉPOPULATION** XIVᵉ s. « dévastation », XVIIIᵉ s. sens mod. ; **SURPOPULATION** XXᵉ s. ♦|6| **POPULEUX** (sav.) XVIᵉ s. : bas lat. *populosus* « id. ». ♦|7| **POPULISME**, **POPULISTE** XXᵉ s. : dér. sav. sur *populus*.

PEUPLIER (pop.) XIIᵉ s. : dér. de l'anc. fr. *peuple* XVᵉ s. du lat. *pŏpŭlus* « id. » ; **PEUPLERAIE** XVᵉ s.

PEUR famille du lat. *pavor, -oris* « peur » ; *pavēre* « être frappé d'épouvante » et lat. imp. *expavēre* « redouter » ; *pavidus* et *expavidus* « saisi d'effroi » ; *impavidus* « inaccessible à la peur ».

♦|1| **PEUR** (pop.) Xᵉ s. : *pavor, -ōris* ; pour les mots sav. exprimant la notion de « peur » → PHOBIE ; **PEUREUX** XIIᵉ s., **ÉPEURÉ** XIIIᵉ s., puis XIXᵉ s. ; **APEURÉ** XIXᵉ s. ♦|2| **ÉPOUVANTER** (pop.) XIᵉ s. *espoenter* : lat. vulg. **expaventāre*, sur le rad. du part. présent de *expavēre* ; **ÉPOUVANTABLE**, **ÉPOUVANTEMENT** XIIᵉ s. ; **ÉPOUVANTAIL** XIIIᵉ s. ; **ÉPOUVANTE** XVIᵉ s. ♦|3| **ÉPAVE** (demi-sav.) XIIIᵉ s. adj. « égaré (surtout en parlant des animaux) » ; XVᵉ s. subst., sens mod. : *expavidus* « (qui s'est enfui et égaré) sous l'empire de la peur ». ♦|4| **IMPAVIDE** (sav.) XIXᵉ s. : *impavidus*.

PHAG(O)- ♦|1| (sav.) gr. *phagein* « manger », 1ᵉʳ élément de composés, ex. : **PHAGOCYTE** XIXᵉ s., 2ᵉ élément gr. *kutos* « cellule » → CYT(O)-, art. COUENNE. ♦|2| **-PHAGIE**, **-PHAGE** 2ᵉˢ éléments de composés sav., ex. : **ANTHROPOPHAGE** XIVᵉ s. : gr. *anthrôpophagos* « qui mange de la chair humaine » (→ ANTHROPO-) ; **ANTHROPOPHAGIE** XVIIᵉ s. : *anthrôpophagia* ; **ŒSOPHAGE** XIVᵉ s. : gr. *oisophagos*, de *oisein* « porter » et *phagein* ; **ŒSOPHAGIEN** XVIIIᵉ s. ; **AÉROPHAGIE** XXᵉ s.

PHALÈNE (sav.) XVIᵉ s. : gr. *phalaina* « papillon de nuit », p.-ê. apparenté à *phalos* « brillant ».

PHALLUS ♦|1| (sav.) XVIIᵉ s. : mot lat. gr. *phallos* « emblème de la génération » ; **PHALLIQUE** XVIIIᵉ s. : *phallikos*, par le lat. ; **PHALLOÏDE** XIXᵉ s. ♦|2| **ITHYPHALLE** XVIᵉ s. : 1ᵉʳ élément gr. *ithus* « droit » ; **ITHYPHALLIQUE** XVIᵉ s.

PHARAON (sav.) XIIᵉ s. ; XVIIᵉ s. « jeu de cartes » : mot égyptien, par le gr., puis le lat. ; **PHARAONIQUE** XIXᵉ s.

PHARISIEN (sav.) XIIᵉ s., puis XVIᵉ s. : adaptation du lat. eccl. *pharisaeus*, du gr. *pharisaios*, de l'araméen *parschî*, nom d'une secte juive formaliste et rigoriste vivement critiquée par le Christ dans l'Évangile ; **PHARISAÏQUE** XVIᵉ s. : lat. *pharisaicus* ; **PHARISAÏSME** XVIᵉ s.

PHARMACIE famille sav. du gr. *pharmakon* « toute substance au moyen de laquelle on altère la nature d'un corps, toute drogue » ; le plus souvent, « remède ».

♦ 111 **PHARMACIE** XIVe s. « laxatif », XVIIe s. sens mod. : gr. *pharmakeia*, par le lat., « emploi de médicaments, en particulier de purgatifs » ; **PHARMACEUTIQUE** XVIe s. : gr. *pharmakeutikos* « qui concerne l'administration ou la préparation des médicaments », par le lat. ; **PHARMACIEN** XVIIe s. ♦ 121 **PHARMACO-** 1er élément de composés sav., ex. : **PHARMACOPÉE** XVIe s. → POÈTE ; **PHARMACOLOGIE** XVIIIe s. ; **PHARMACOTHÉRAPIE** XXe s.

PHARYNX (sav.) XVIe s. : gr. *pharugx, pharuggos* « gosier » ; **PHARYNGIEN, PHARYNGÉ** XVIIIe s. ; **PHARYNGITE** XIXe s.

PHILTRE famille sav. du gr. *philein* « aimer ».

♦ 111 **PHILTRE** XIVe s. : *philtron*, par le lat., « moyen de se faire aimer, breuvage, incantation- charme ». ♦ 121 **PHIL(O)-** 1er élément de composés, ex. : **PHILOSOPHE** XIIe s. → SOPHIE ; **PHILANTHROPE** XIVe s. → ANTHROPO- ; **PHILHARMONIE** XVIIIe s. → ART ; **PHILATÉLIE** XIXe s. → TÉLÉ-. ♦ 131 **-PHILE, -PHILIE**, 2es éléments de composés exprimant la qualité d'amateur, ex. : dans **BIBLIOPHILE** XVIIIe s. ; **BIBLIOPHILIE** XIXe s. ; **DISCOPHILE** XXe s. ; ou, dans les sciences naturelles, une affinité, ex. : **HYDROPHILE, HÉMOPHILIE** XIXe s.

PHOBIE famille du gr. *phobos* « fait d'être effarouché et mis en fuite », d'où, en général, « crainte ».

♦ 111 **-PHOBIE, -PHOBE** 2es éléments de composés sav., ex. : **HYDROPHOBIE** XIVe s. ; **HYDROPHOBE** XVIIe s. ; **AGORAPHOBE, PHOTOPHOBIE** XIXe s. ; **AUTOPHOBIE, AUTOPHOBE** XXe s. ♦ 121 **PHOBIE** fin XIXe s. : mot tiré des composés ci-dessus : **PHOBIQUE** XXe s.

PHOQUE (sav.) XVIe s. : gr. *phôkê*, par le lat.

PHOSPHORE famille sav. du gr. *phôs, phôtos* « lumière ».

♦ 111 **PHOSPHORE** XVIIe s. : gr. *phôsphoros* « qui apporte la lumière » → OFFRIR ; **PHOSPHORIQUE, PHOSPHOREUX, PHOSPHORESCENT, PHOSPHORESCENCE, PHOSPHORER, PHOSPHATE** XVIIIe s. ; **PHOSPHATÉ, PHOSPHATIQUE** XVIIIe s. ; **PHOSPHATER, PHOSPHATAGE, SUPERPHOSPHATE** XXe s. ♦ 121 **PHOSPHÈNE** XIXe s. : composé de *phôs* et *phainein* « paraître » → FANTÔME. ♦ 131 **PHOTON** XXe s., phys. : dér. sur *phôtos*. ♦ 141 **PHOTO-** 1er élément de composés sav. exprimant l'idée de lumière (→ aussi 6), ex. : **PHOTOMÈTRE** XVIIIe s. ; **PHOTOCHIMIE, PHOTOGÈNE, PHOTOGRAVURE, PHOTOPHORE,** XIXe s. ; **PHOTOCONDUCTEUR, PHOTOSYNTHÈSE, PHOTOTHÉRAPIE** XXe s. ; **PHOTO-ÉLECTRICITÉ** XXe s. ♦ 151 **-PHOTE** 2e élément de composé exprimant l'idée de lumière, **CATAPHOTE** XXe s. ♦ 161 **PHOTOGRAPHIE** XIXe s. (→ aussi 4) : angl. *photograph*, de *phôtos* et *graphein* (→ GREFFE) littéralement « écriture, ou dessin par la lumière » ; **PHOTOGRAPHE, PHOTOGRAPHIER** XIXe s. ♦ 171 **-PHOTOGRAPHIE** 2e élément de composés sav., ex. : **CHRONO-, MICROPHOTOGRAPHIE** XIXe s. ; **ASTRO-, TÉLÉPHOTOGRAPHIE** XXe s. ♦ 181 **PHOTO** subst. fém. XIXe s. : abrév. de *photographie* ; **PHOTO-** 1er élément de composés exprimant l'idée de « photographie », ex. : **PHOTOTYPE, PHOTOTYPIE, PHOTOMÉCANIQUE, PHOTOGRAMME, PHOTOGÉNIQUE, PHOTOCOPIE** fin XIXe s. ; **PHOTOCOPIER, PHOTOTHÈQUE, PHOTO-FINISH** XXe s.

PHRASE famille sav. du gr. *phrazein* « expliquer », d'où *phrasis, phraseôs* « élocution, langage, discours ».

♦ 111 **PHRASE** XVIe s. : *phrasis* ; **PHRASER, PHRASEUR** XVIIIe s. ♦ 121 **ANTIPHRASE** XVIe s. : *antiphrasis*, de *antiphrazein* « exprimer par le contraire, par antithèse ou négation ». ♦ 131 **PARAPHRASE** XVe s. : *paraphrasis*, de *paraphrazein* « exprimer de façon approchée » ; **PARAPHRASER, PARAPHRASTIQUE, PARAPHRASEUR** XVIe s. ♦ 141 **PÉRIPHRASE** XVIe s. : *periphrasis*, de *periphrazein* « exprimer par circonlocution » ; **PÉRIPHRASTIQUE** XVIe s. ♦ 151 **PHRASÉO-** 1er élément de composé, **PHRASÉOLOGIE** XVIIIe s.

PHRÉATIQUE (sav.) XIXe s. : d'après le gr. *phrear, phreatos* « puits ».

PHTISIE (sav.) XVIe s. : gr. *phthisis* « dépérissement », par le lat. ; **PHTISIQUE**

XVIᵉ s. : *phthisikos* ; PHTISIOLOGIE XVIIIᵉ s. ; PHTISIOLOGIQUE XIXᵉ s. ; PHTISIOLOGUE XXᵉ s.

PHYLACTÈRE famille sav. du gr. *phulattein* « garder », auquel se rattachent *phulaks* « gardien », *phulaxis* « protection, garantie » ; *prophulattein* « prendre des précautions contre », et *prophulaktikos* « de précaution ».
♦ |1| PHYLACTÈRE XIIᵉ s. d'abord *filetière* : *phulaktêrion* « amulette qui préserve » : calque de l'hébreu *tephilin*, qui désigne des morceaux de parchemin portés au bras et au front par les Juifs pendant la prière et sur lesquels sont inscrits des versets de la Bible. ♦ |2| PROPHYLACTIQUE XVIᵉ s. : *prophulaktikos*, d'où PROPHYLAXIE XVIIIᵉ s., d'après *phulaxis*, ♦ |3| ANAPHYLAXIE XXᵉ s. : de *phulaxis* et du préf. *ana* « une seconde fois ».

PIAFFER XVIᵉ s. « faire des embarras », XVIIᵉ s. équitation, XXᵉ s. « s'impatienter » : dér. de *piaffe* XVIᵉ s. « parade, magnificence », formation expressive ; PIAFFEUR XVIᵉ s.

PICR(O)- gr. *pikros* « piquant, aigre », 1ᵉʳ élément de mots sav., ex. : PICRIQUE début XIXᵉ s. ; PICRATE XIXᵉ s. chimie, fin XIXᵉ s. argot « mauvais vin » ; PICROTOXINE XIXᵉ s.

PIÈCE ♦ |1| (pop.) XIᵉ s. « morceau », XVIᵉ s. monnaie et artillerie, XVIIᵉ s. « œuvre » et « partie d'une habitation », XIXᵉ s. *pièce montée* « sorte de pâtisserie » et *travailleur aux pièces* : lat. vulg. *pĕttia, d'origine probablement celtique ; PIÉÇA XIIᵉ s. « il y a une pièce, c.-à-d. un bon bout (de temps) » ; PIÉCETTE XIIIᵉ s. ; RAPIÉCER XIVᵉ s. ; EMPIÈCEMENT XIXᵉ s. ♦ |2| DÉPECER XIᵉ s. ; DÉPÈCEMENT XIIᵉ s. ; DÉPECEUR XIIIᵉ s. : dér. anciens de *pettia, dans lesquels le radical ne portait pas l'accent.

PIED famille d'une racine ind.-eur. **ped-*, **pod-*.

En grec, *pous, podos* « pied », d'où *polupous* « à plusieurs pieds », appliqué soit à la pieuvre, soit à une excroissance de chair ; *antipous*, plur. *antipodes* « qui a les pieds à l'opposé des nôtres » ; dimin. *podion* « petit pied », empr. par le lat. sous la forme *podium* avec le sens de « socle, balcon, parapet ».

En latin, *pes, pedis* « pied », « partie inférieure », « mesure de longueur », employé comme 1ᵉʳ élément de composés dans *pediluvium* « bain de pieds » ; comme 2ᵉ élément de composés dans *bipes, tripes, quadrupes, -edis* « à deux, trois, quatre pieds ». À *pes, pedis* se rattachent (1) les dimin. *pedunculus* « queue d'une feuille » et *petiolus*, fausse graphie pour *peciolus* « queue des fruits » ; (2) les substantifs (a) *pedes, peditis* « fantassin » (b) *pedica* « toute espèce de piège pour prendre par la patte les animaux » et parfois « entraves », d'où bas lat. *impedicare* « prendre au piège, entraver » ; (3) les adj. *pedestris* « qui est à pied » ; *pedalis* « de la longueur d'un pied » ; bas lat. *pedo, -onis* « qui a de grands pieds » ; (4) les verbes *impedire* « entraver, empêcher de marcher », d'où *impedimenta* « bagages, équipement » (qui empêchent d'avancer) et *expedire* « dégager des entraves ou d'un piège », d'où « débrouiller une affaire », « se tirer d'affaire », « être utile ».

En germanique commun **fōt-*, d'où l'angl. *foot*.

I. mots populaires, demi-savants ou empruntés, d'origine latine

A. représentants de *pedem*, acc. de *pes, pedis*.

♦ |1| PIED Xᵉ s., XIᵉ s., mesure, XIIIᵉ s. en parlant d'un objet, XVIᵉ s. versification : *pĕdem* ; NU-PIEDS XIVᵉ s. ; PIED-DROIT, SOUS-PIED XVᵉ s. ; CONTRE-PIED XVIᵉ s. ; PIED-À-TERRE, VA-NU-PIEDS XVIIᵉ s. ; PIED-DE-BICHE XVIIIᵉ s. ; PIED-NOIR XIXᵉ s. (parce que les colons installés en Algérie portaient des chaussures noires, à la différence des Arabes) ; PIED-DE-POULE, CASSE-PIEDS XXᵉ s. ♦ |2| TRÉPIED XIIᵉ s. : *tripes, tripedis*, dans lequel le sentiment de la composition a maintenu le *p* inaltéré. ♦ |3| PIÉDESTAL XVᵉ s. : it. *piedestallo*, composé de *piede* « pied » et *stallo* « support ». ♦ |4| PEDIGREE XIXᵉ s. : mot angl., empr. au fr. *pied de grue*, parce que les registres généalogiques des haras angl. utilisaient une marque formée de trois petits traits rectilignes, comme l'empreinte d'un pied d'oiseau. ♦ |5| PÉTANQUE XXᵉ s. : prov. *ped tanco* « pied fixe », c.-à-d. « fixé au sol, qui ne doit pas bouger », nom d'un jeu de boules.

PIED

B. représentants de *pedester*

♦|1| PIÈTRE XIIIe s. : *pedester, -tris* ; sens péjoratif en raison de l'infériorité du piéton par rapport au cavalier. ♦|2| PITRE XVIIe s. *bon pitre* « brave homme » ; XIXe s. sens mod. : var. dial. (Franche-Comté) du fr. *piètre*. ♦|3| PÉTROUSQUIN XIXe s. : probablement croisement de *troussequin* « cul » (parce qu'il repose sur le troussequin de la selle) et *petras*, très répandu dans les dial. : dérivé ancien de *pedester*.

C. représentants de *pĕdĭca*

♦|1| PIÈGE XIIe s. ; *pĕdĭca* ; PIÉGER XIIIe s., rare avant le XIXe s. ; PIÉGEUR XXe s. ♦|2| EMPÊCHER XIIe s. : *impĕdĭcāre* ; EMPÊCHEMENT XIIe s. ; EMPÊCHEUR XIIIe s.-XVIIIe s., puis XIXe s., *empêcheur de danser en rond*. ♦|3| DÉPÊCHER XIIIe s. « envoyer à la hâte », XVe s. *se dépêcher* : formé sur le radical d'*empêcher*, comme antonyme ; DÉPÊCHE XVe s. « envoi », XVIIe s. « communication rapide ». ♦|4| PIGER XVIe s. « fouler (la terre) », dial. « mesurer une distance (au tir à l'arc, au jeu de bouchon) », d'où argot XIXe s. « attraper », « comprendre » : pourrait représenter un lat. vulg. *pedicare* qui aurait signifié « mesurer du pied » ; on a pensé aussi à *pinsiare* « fouler » → PÉTRIR ; PIGE XIXe s. « mesure linéaire », « année », « page de journal rédigée ou composée ». et *faire la pige à quelqu'un* « le surpasser en se mesurant à lui » ; PIGISTE XXe s.

D. représentants de dérivés de *pes* formés sur la base *ped-*

♦|1| PÉAGE XIIe s. : lat. vulg. d'époque carolingienne *pedāticum* « droit de mettre le pied ». ♦|2| PION XIIe s. « fantassin » XIIIe s. « pièce du jeu d'échecs », XVe s. « pauvre hère », XIXe s. « surveillant de collège » : bas lat. *pedo, -ōnis*, devenu synonyme de *pedester* ; PIONNIER XIIe s. « fantassin », XVe s. « défricheur », XIXe s. sens fig. ; PIONNE XIXe s. « surveillante ». ♦|3| PÉDALE XVIe s. orgue, XIXe s. cyclisme et techn. : it. *pedale* : neutre substantivé de *pedalis* ; PÉDALIER XIXe s. ; PÉDALER, PÉDALEUR, PÉDALO XXe s.

E. représentants de dérivés de *pes* formés sur la base *pedit-* (voyelle radicale *e* normale ; *ié* dans les formes ayant subi l'infl. de *pied*.)

♦|1| PIÉTAILLE XIIe s. : lat. vulg. *peditālia* avec influence de *pied*. ♦|2| PIÉTON XIVe s. : *peditōne*. ♦|3| EMPIÉTER XIVe s., vénerie, « prendre dans ses serres », XVIe s. « prendre », XVIIe s. sens mod. ; EMPIÉTEMENT XVIIe s. ♦|4| PETON XVIe s. ♦|5| PIÉTINER XVIIe s. ; PIÉTINEMENT, PIÉTIN XVIIe s. ♦|6| PIÉTEMENT XIXe s. ♦|7| IMPEDIMENTA XIXe s. : mot lat. ; IMPÉDANCE XXe s., par l'angl.

II. mots savants d'origine latine

♦|1| EXPÉDITION XIIIe s. : *expeditio* ; EXPÉDIER XIVe s. « terminer rapidement », « dégager », XVIIe s. « envoyer un messager », XVIIIe s. « envoyer des marchandises » : formé sur *expédition* et *expédient* ; EXPÉDIENT XIVe s. adj. et subst. : *expediens*, part. présent de *expedire* ; EXPÉDITEUR XVe s. ; EXPÉDITIF et EXPÉDITIONNAIRE XVIe s. ; RÉEXPÉDIER, RÉEXPÉDITION XVIIIe s. ; EXPÉDITIVEMENT XIXe s. ♦|2| PÉDESTRE XVe s. subst. « fantassin », XVIe s. adj. : *pedester*. ♦|3| -PÈDE 2e élément de composés, QUADRUPÈDE XVe s. ; BIPÈDE, SOLIPÈDE XVIe s. ♦|4| PÉDI- 1er élément de composés, PÉDICURE, PÉDILUVE, PÉDIMANE XVIIIe s. ♦|5| PÉDONCULE XVIIIe s. : *pedunculus*. ♦|6| PÉTIOLE XVIIIe s. : *petiolus*.

III. mots d'origine grecque

A. mots populaires ou demi-savants

♦|1| PUY XIe s. « hauteur, montagne » ; XIIIe s., p.-ê. par l'intermédiaire du sens d'« estrade », « société littéraire et religieuse organisant des concours de poésie » : lat. *pŏdium*, du gr. *podion*. ♦|2| APPUYER XIIe s. : lat. vulg. *appŏdiāre*, dér. de *pŏdium* → le précéd. ; APPUI XIIe s. ; 1er élément de composés, APPUI-TÊTE XIXe s. ; APPUI-BRAS XXe s., etc. ♦|3| APPOGIATURE XVIIIe s. : it. *appoggiatura*, dér. de *appoggiare* « appuyer », de *appodiare*. ♦|4| POUACRE XIIe s. « goutteux », XVe s. « sale, laid », XVIIIe s. « avare » : adaptation du lat. *podager*, d'après le gr. *podagra* « piège qui saisit l'animal par le pied » et « goutte ». ♦|5| POULPE XVIe s. : adaptation du lat. *polypus*, du gr. *polupous*. ♦|6| PIEUVRE XIXe s. : mot dial. (îles Anglo-Normandes), introduit en fr. par V. Hugo : altération de *pieuve*, var. *pueuve*, de *pōlypus*.

B. mots savants

♦|1| PODAGRE XIIIe s. « goutte », a éliminé *pouacre* ; XIVe s. « goutteux » : *podager* et *podagra*. ♦|2| POLYPE XIIIe s. « poulpe », XVe s. méd. : *polupous*, par le lat. → ci-dessus POULPE, et PIEUVRE ; POLYPEUX XVIe s. ; POLYPIER XVIIIe s. ♦|3| ANTIPODES, plur. XIVe s. : *antipodes*, par le lat. ♦|4| PODIUM

XVIIIᵉ s. : mot lat., du gr. *podion*. ♦ 151 **PODO-**1ᵉʳ élément de composés sav., ex. : **PODOMÈTRE** XVIIIᵉ s. ♦ 161 **-PODE** 2ᵉ élément de composés sav. exprimant l'idée de « pied », ex. : **CÉPHALOPODE, GASTÉROPODE, LYCOPODE** XVIIIᵉ s. ; **DÉCAPODE, MYRIAPODE, BRACHIOPODE** XIXᵉ s.

IV. mots d'origine germanique

♦ 111 **FOOTBALL** XVIIᵉ s., puis XIXᵉ s. : mot angl. « balle au pied » ; **FOOTBALLEUR** XXᵉ s. ♦ 121 **FOOTING** XIXᵉ s. « marche à pied » : mot angl. détourné de son sens. « point d'appui pour le pied », « fondement ».

PIERRE famille du gr. *petra* « rocher », empr. anciennement avec le même sens par le lat. et dont il existait une var. masc. *petros* ; dérivé *petraios* « rocailleux ».

I. mots populaires

♦ 111 **PIERRE** XIᵉ s. ; *pĕtra* ; pour les mots sav. exprimant la notion de « pierre » → aussi SAX-, LAPIDAIRE et LITH(O)- ; **PIERRETTE, PIERRIER, PIERREUX** XIIᵉ s. ; **PIERRERIE, PIERRAILLE, EMPIERRER** XIVᵉ s. ; **ÉPIERRER** XVIᵉ s. ; **EMPIERREMENT** XVIIIᵉ s. ; **ÉPIERREMENT** XIXᵉ s. ; **ÉPIERRAGE** XXᵉ s. ; **Pierre**, prénom masc. : lat. *Petrus* ; gr. *Petros* : traduction d'un mot hébreu signifiant « rocher », nom donné par le Christ à l'apôtre Simon après sa profession de foi, marquant ainsi qu'il faisait de lui la « pierre » angulaire de l'Église (Mt., XVI, 18) → aussi Annexe III. ♦ 121 **PERRON** XIᵉ s. « grosse pierre » ; XIIIᵉ s. sens mod. : lat. vulg. **petro, -ōnis*, dér. de *petra*. ♦ 131 **PERSIL** XIIᵉ s. : lat. vulg. *petrosilium, du class. *petroselinum*, du gr. *petroselinon*, littéralement « persil de rocaille » ou « persil sauvage » ; pour le 2ᵉ élément → CÉLERI ; **PERSILLÉ** XVIIᵉ s.

II. mots savants

♦ 111 **PÉTROLE** et dér. → HUILE. ♦ 121 **PÉTRIFIER, PÉTRIFIANT, PÉTRIFICATION** XVIᵉ s. : dér. sur *petra*. ♦ 131 **PÉTRÉ** XVIᵉ s. : gr. *petraios*. ♦ 141 **PÉTRO-** 1ᵉʳ élément de composés sav. exprimant l'idée de « pierre », ex. : **PÉTROGRAPHIE** XIXᵉ s. ou de « pétrole », **PÉTROCHIMIE** XXᵉ s.

PIGNOCHER ♦ 111 (pop.) XVIIᵉ s. « manger du bout des dents », XIXᵉ s. « peindre à petits coups de pinceau » : altération, p.-ê. sous l'influence de *peigner*, du moyen fr. *épinocher* XVIᵉ s., p.-ê. dér. d'*épine* « ôter les épines » ou d'*épinoche* « petit poisson rejeté par les pêcheurs » ; **PIGNOCHAGE, PIGNOCHEUR** XIXᵉ s. ♦ 121 **PINAILLER** fam. XXᵉ s. « ergoter » : p.-ê. altération de *pignocher*, dont une var. *pinocher* est attestée au XVIIIᵉ s.

PIGNON famille lat., p.-ê. fém. d'un anc. adj. *pinnus « pointu » ; *pinna* (p.-ê. var. dial. de *penna* → PANNE), qui, outre les sens de « plume, aile », a pris, par métaph., toute sorte de sens techniques, entre autres celui de « créneau d'une muraille », d'où bas lat. *pinnaculum* « faîte ».

♦ 111 **PIGNON**, archit. (pop.) XIIᵉ s. : lat. vulg. **pinnio, -ōnis*, dér. de *pinna*. ♦ 121 **PINACLE** (sav.) XIIIᵉ s. « faîte du temple de Jérusalem » ; survit dans la locution *porter au pinacle* : *pinnaculum*. ♦ 131 **PINNULE** (sav.) XVIᵉ s. : *pinnula*, dimin. de *pinna* au sens d'« aile ». ♦ 141 **PINNIPÈDE** (sav.) XIXᵉ s. : composé de *pinna* au sens de « nageoire » et de *pes, pedis* → PIED.

PILE famille du lat. *pila* « pilier » et « jetée », d'où *pilare* « enfoncer comme un pilier », « entasser » et bas lat. « piller, voler » ; *compilare* « piller un écrivain ».

♦ 111 **PILE** (pop.) XIIIᵉ s. « pilier », puis « tas d'objets mis les uns sur les autres » : *pīla* ; **PILIER** XIIᵉ s. : altération, par substitution de suff., de *piler* XIᵉ s. : lat. vulg. *pīlāre, adj. neutre substantivé, dér. de *pīla* ; **EMPILER** XIIᵉ s. ; **REMPILER** XIVᵉ s. *soi rempiler* « se joindre à un groupe », XXᵉ s. « rengager » ; **PILOTIS** XIVᵉ s. : de *pilot*, lui-même dér. de *pile* ; **EMPILEMENT** XVIᵉ s. ♦ 121 **PILE** XIIᵉ s. « revers d'une monnaie » : *pīla*, qui avait pris le sens de « coin à frapper les monnaies » ; d'où argot XIXᵉ s. « sur le dos » dans l'expression *tomber pile*, le dos humain étant comparé au revers d'une monnaie, puis XXᵉ s. *s'arrêter pile* « s'arrêter net, court » ; le sens propre survit dans *jouer à pile ou face* XIXᵉ s. ♦ 131 **PILE** XIXᵉ s. électr., à l'origine « disques de métal empilés » : it. *pila*, du lat. *pila*. ♦ 141 **PILLER** (pop.) XIIIᵉ s. « malmener », puis « voler » : probablement, comme l'it. *pigliare*, du lat. vulg. *piliare, altération du class. *pilare* ; **PILLAGE, PILLARD, PILLEUR** XIVᵉ s. ♦ 151 **PILASTRE** XIIIᵉ s., rare avant le XVIᵉ s. : it. *pilastro*, dér. de *pila*. ♦ 161 **PILORI** (sav.)

XII° s. : adaptation du lat. vulg. *pilorium*, dér. de *pila*. **COMPILER** (sav.) XII° s. : *compilare* ; **COMPILATION** XIII° s. : *compilatio* ; **COMPILATEUR** XV° s. : *compilator*.

PILOTE XIV° s. : it. *pilota* et *piloto*, altération, p.-ê. sous l'influence de *pileggio* « roue de navigation » (de la famille de *pelagos* → PLAIN), de *pedoto*, dér. du gr. *pêdon* « gouvernail », p.-ê. par un gr. byzantin *pêdotês* ; **PILOTER, PILOTAGE** XV° s.

PIN famille du lat. *pinus* « pin », p.-ê. formé sur une base **pit-* « résine » → *pituita*, art. PÉPIE, et de son dér. *(nux) pinea* « pomme de pin ».

I. famille de *pinus*

◆ |1| **PIN** (pop.) XI° s. : *pīnus* ; **PINOT** XIV° s., var. orthogr. **PINEAU** XV° s. ; XIX° s. *pineau des Charentes* « vin liquoreux » : nom d'un plant de vigne, dont la grappe ressemble à la pomme de pin ; **PINARD** XIX° s. fam. : altér. de *pineau* → PIPER, Annexe II. ◆ |2| **PINASSE** ou **PINACE** XV° s. : esp. *pinaza*, du lat. vulg. **pinacea*, dér. de *pinus* « bateau en bois de pin » ; **PÉNICHE** XIX° s. : angl. *pinace*, lui-même empr. au fr. ◆ |3| **PINÈDE** XIX° s. : prov. *pinedo*, dér. de *pinus*. ◆ |4| **PINI-** (sav.) 1er élément de composés, ex. : **PINIFÈRE, PINICOLE** XIX° s.

II. famille de *pinea*

◆ |1| **PIGNE** XV° s. : prov. *pinha*, du lat. *pinea* ; **PIGNON** « amande de pin » XVI° s. : prov. *pinhon*, dér. de *pinha* « pomme de pin ». ◆ |2| **PINÉAL** (sav.) XVI° s., surtout dans *glande pinéale*, ainsi appelée à cause de sa forme : dér., sur *pinea*.

PINACOTHÈQUE (sav.) XIX° s. : gr. *pinakothêkê* « dépôt de tableaux », de *pinax, -akos* « planche, tablette, carte », par le lat.

PINCEAU famille du lat. *penis* « membre viril » et « queue », dimin. *penicillus* « pinceau ».

◆ |1| **PINCEAU** (pop.) XII° s. : lat. vulg. **pīnicĕllus*, altération, par assimilation vocalique, de **pēnicĕllus*, var. de *pēnicillus*. ◆ |2| **PÉNIS** XVII° s. : mot lat. ◆ |3| **PÉNICILLE** ou **PÉNICILLIUM** XIX° s. sorte de champignon ainsi appelé à cause de sa forme lat. *penicillum* ; **PÉNICILLÉ** XVIII° s. « en forme de pinceau ». ◆ |4| **PÉNICILLINE** XX° s. : angl. *penicillin*, dér. du précédent.

PINCER famille populaire d'une base expressive *pints* qui évoque une saisie rapide et brusque et qui a son équivalent, avec et sans nasale, en italien. ◆ |1| **PINCER** XII° s. ; **PINCÉ** XVII° s. adj. « mécontent et prétentieux » ; **PINCÉE** XVII° s., subst. ◆ |2| **PINCETTES, PINCE** XIV° s. ; **PINÇON, PINCEMENT** XVI° s. ; **PINCE-MONSEIGNEUR** XIX° s. : dér. de *pincer*. ◆ |3| **PINCE-** 1er élément de composés, ex. : **PINCE-SANS-RIRE** XVII° s. ; **PINCE-MAILLE** XV° s. ; **PINCE-NEZ** XIX° s. ; **PINCE-FESSE** XX° s. ◆ |4| **PIZZICATO** XVIII° s. mus. : mot it. « en pinçant la corde ». ◆ |5| **PIZZA** XIX° s. cuis. : mot it. obs., se rattache peut-être à cette famille, encore que d'autres étymologies aient été proposées ; **PIZZERIA** XX° s.

PINGOUIN XVII° s. : mot d'origine inconnue entré en fr. par les livres de voyages hollandais.

PINGRE XV° s., *Le Pingre*, nom propre ; XVI° s. et dial. (Anjou) *les pingres* « jeu d'osselets » ; XVIII° s. argot « brigand » ; XIX° s. argot « mendiant », « pauvre » et « avare » : mot obscur : on a pensé à un croisement de l'anc. fr. *pegre, pigre* XII° s. « paresseux », du lat. *piger*, avec *heingre* XI° s. « décharné », lui-même d'origine obscure, p.-ê. apparenté à l'all. *Hunger* « faim » ; **PINGRERIE** XIX° s.

PINSON (pop.) XII° s. : lat. vulg. **pincio, -ōnis*, d'origine gauloise.

PIQUER famille d'une base expressive à structure consonantique *p-k*, très répandue dans les langues européennes, et de sa var. plus rare *p-ch*. Sens de base : « petit coup » donné avec un objet pointu, dans le cas de *p-k*, avec un objet plus gros et émoussé, dans le cas de *p-ch*. A cette notion se rattachent, pour *p-k*, celles de « petitesse » et de « pointe », « bec » ; pour les deux, celle de « coup », avec deux valeurs métaph. : (1) « mesure » (un « coup » de vin) (2) « dessin ébauché à grands traits » (synonymes *taper, croquer, chiquer*, qui expriment tous la notion de « coup »).

I. mots reposant sur une base *-pik-*

A. mots de formation romane ou française

◆ |1| **PIQUER** XII° s. : « percer d'une pointe » ; XIV° s. « voler », XVI° s. « démanger » et

« vexer », xxe s. « descendre à la verticale » ; **DÉPIQUER** XIIIe s. ; **PIQUANT, PIQUEUR** XIVe s. ; **PIQUE** « altercation », **PIQÛRE** XVe s. ; **REPIQUER** XVIe s. ; **PIQUÉ** XVIIe s. « vermoulu », XIXe s., subst. étoffe, adj. « fou », XXe s. subst. « descente verticale » ; **PIQUAGE, REPIQUAGE** XIXe s. ♦ |2| **PIQUET** XVIIe s. (XIVe s. *pichet*) « pieu », « jeu de cartes », XVIIIe s. « punition militaire consistant à rester immobile le pied sur un piquet », d'où XIXe s. « punition scolaire » ; XVIIIe s. « pieu pour attacher les chevaux », d'où « petit détachement de cavaliers », puis XIXe s. *piquet de grève* ; **PIQUETER** XIVe s. ; **PIQUETTE** XVIe s. ♦ |3| **PICOT** XIVe s. diverses sortes de pointes ; **PICOTER** XIVe s. ; **PICOTEMENT** XVIe s. ; **PICOTIN** XIIIe s. « mesure d'avoine », à rapprocher de *picot*, *picote* XIVe s. « mesure de vin ». ♦ |4| **PIQUE-NIQUE** XVIIe s. : dér. de *piquer* au sens de « donner un coup de dent », « manger », p.-ê. croisé avec *nique* « chose sans valeur » ; **PIQUE-NIQUER** XIXe s. ♦ |5| **PIQUE-** 1er élément de composés dans **PIQUE-BŒUF** XVIe s. ; **PIQUE-ASSIETTE, PIQUE-BOIS, PIQUE-FEU** XIXe s. ♦ |6| **PIC** XIIe s. « outil » ; **PIQUER** XVIIe s. « miner à coup de pic » ; **PIQUEUR** XIVe s. « ouvrier qui travaille au pic » ; **MARTEAU-PIQUEUR** XXe s. ; **PIOCHE** XIVe s. : dér. de *pic*, prononcé *pi* ; **PIOCHER** XIVe s. ; **PIOCHAGE** XVIe s. ; **PIOCHEUR** XVIe s. ♦ |7| **PIC** XIVe s. « montagne pointue ». ♦ |8| **PIC** « coup de pointe » XVIIe s. ; survit dans la locution À **PIC**, et la formule du jeu de piquet **PIC, REPIC** et **CAPOT**. ♦ |9| **PICORER** XVIe s., d'abord « marauder » : de *piquer* « voler », p.-ê. croisé avec *pécore* « pièce de bétail » ; **PICOREUR** XVIe s.

B. mots d'origine latine

PIE (pop.) XIIe s. : *pīca* ; **PIC** (oiseau) XVIe s. : lat. vulg. **pīccus*, var. expressive de *pīcus* ; **PIVERT** XVe s. : pour *pic verd* ; *picus* et *pica* sont vraisemblablement d'origine onom. et expriment l'idée de « becqueter ».

C. mots empruntés à des langues vivantes

♦ |1| **PIQUE** XIVe s. « arme », XVIe s. « une des deux couleurs noires des cartes, en forme de fer de pique » : néerl. *pike*. ♦ |2| **PICAILLONS** (pop.) XVIIIe s., seulement au plur. : mot dial. (Savoie) « petite monnaie piémontaise » : dér. de l'anc. prov. *piquar* « sonner, tinter », exprimant le choc de petits objets métalliques. ♦ |3| **PÉKIN** ou **PÉQUIN** XVIIIe s. « civil » en argot milit. : prov. *pequin* « maigre, malingre », fondé, comme l'esp. *pequeño* « petit », sur une base *pekk-*, var. de *pikk-* sur laquelle repose l'it. **PICCOLO** « petit », employé comme subst. en fr., XIXe s., au sens de « petite flûte ». ♦ |4| **PICADOR** fin XVIIIe s. : mot esp. dér. de *picar* au sens de « piquer » ; **PICARESQUE** XIXe s. : esp. *picaresco*, dér. de *picaro* « brigand, aventurier », probablement argot, dér. de *picar*, équivalent esp. du fr. *piquer*, qui pouvait désigner divers petits métiers propres aux *picaros*. ♦ |5| **PICK-POCKET** XVIIIe s., mot composé angl. « cueille-poche » ; second élément empr. à l'anglo-normand *poquette*, var. anc. fr. *pochette* → POCHE ; **PICK-UP** XXe s. : mot angl., subst. dér. de *to pick up* « recueillir (les sons) ».

II. mot reposant sur une base *pok-*

POQUER XXe s. argot « puer », une bouffée de mauvaise odeur pouvant être comparée à un coup.

III. mots reposant sur une base *pich-*

♦ |1| **PICHET** XIIIe s. : mot dial. (Centre) : lat. médiéval *picarium*, p.-ê. altération, sous l'influence de la base *pik-*, du bas lat. *becarius*, du gr. *bikos* « sorte de vase ». ♦ |2| **PICHENETTE** « petit coup » ; XIXe s. : formation parallèle à *chiquenaude* et à *croquignole*, dér. de *chiquer* et *croquer*, qui ont tous deux le sens de « frapper » → ces mots, art. CHOPER.

IV. mots reposant sur une base *-poch-*

♦ |1| **POCHER** XIIe s. « meurtrir l'œil par un coup violent », d'où « saisir dans un liquide bouillant », XVIe s. peinture « esquisser » ; **POCHADE, POCHOIR** XIXe s. ♦ |2| **POCHON** XIIe s. « mesure pour le vin », puis « coup » ; p.-ê. faut-il rattacher à ce mot **POCHARD** XVIIIe s. « ivrogne » ; **SE POCHARDER, POCHARDISE** XIXe s. « s'enivrer », « ivrognerie ».

PIRE famille d'une racine ind.-eur. **pet-*, var. **ped-* « tomber », p.-ê. apparentée à **pete-* « s'élancer vers » → PANNE.

En grec, redoublement de la consonne initiale et voyelle zéro, *piptein* « tomber », d'où *ptôsis* « chute » ; *sumpiptein* « tomber ensemble, coïncider », d'où *sumptôma* « coïncidence » et « coïncidence de signes », *asumptôtos* « qui ne coïncide pas » ; *peripiptein* « tomber sur le côté »,

« rencontrer par hasard », d'où *peripeteia* « malheur imprévu », « phase d'une tragédie ».
En latin, sens figuré, *pejor*, issu de **pedyos*-, et *pessimus* issu de **ped-tomos*, « plus mauvais » et « le plus mauvais », qui servent de comparatif et de superlatif à *malus* → MAL.

I. mots d'origine latine

♦ |1| **PIRE** (pop.) XII⁰ s. : cas sujet, du nominatif lat. *pĕjor* (le cas régime *pieur* : acc. lat. *pejōrem*, a disparu au XV⁰ s.) ; **EMPIRER** XI⁰ s. : lat. vulg. **impejōrāre*, avec influence de *pire* ; **PIS** X⁰ s. : *pĕjus*, neutre de *pĕjor* ; **PIS-ALLER** XVII⁰ s. ♦ |2| **PÉJORATIF** (sav.) XVIII⁰ s. : dér., sur le bas lat. *pejorare* « rendre pire » ; **PÉJORATION** XX⁰ s. ♦ |3| **PESSIMISME** et **PESSIMISTE** XVIII⁰ s. : dér., sur *pessimus*.

II. mots d'origine grecque

♦ |1| **PÉRIPÉTIE** XVII⁰ s. : *peripeteia*. ♦ |2| **SYMPTÔME** XVI⁰ s. : *sumptôma* ; **SYMPTOMATIQUE** XVI⁰ s. : *sumptomatikos* ; **SYMPTOMATOLOGIE** XIX⁰ s. ♦ |3| **ASYMPTOTE** d'où **ASYMPTOTIQUE** XVII⁰ s. : *asumptôtos*. ♦ |4| **PTÔSE** XX⁰ s. : *ptôsis*.

PIROGUE XVII⁰ s. : caraïbe *piragua*, par l'esp.

PIS (subst. masc.) famille du lat. *pectere, pexus* « peigner », auquel se rattachent (1) *pectus, pectoris*, littéralement « la partie velue du corps », d'où, class., « la poitrine » (considérée comme siège de l'âme, de l'intelligence) ; dér. *expectorare* « chasser du cœur » et bas lat. *pectoralis* « de la poitrine » (2) *pecten, -inis* « peigne », d'où *pectinare* « peigner ».

I. mots de la famille de *pectus*

♦ |1| **PIS** (pop.) X⁰ s. « poitrine », XVI⁰ s., restreint aux mamelles des bêtes laitières : *pĕctus*. ♦ |2| **POITRINE** XI⁰ s. « cuirasse » et synonyme de *pis*, qu'il a éliminé au XVI⁰ s. : lat. vulg. **pĕctŏrīna*, adj. fém. substantivé dér. de *pectus*. **POITRINAIRE** XVIII⁰ s. Pour les mots savants exprimant l'idée de « poitrine » → THORAX. ♦ |3| **IN PETTO** XVII⁰ s. : locution it. « dans la poitrine », « secrètement » : *petto*, équivalent phonétique du fr. *pis*. ♦ |4| **PECTORAL** XIV⁰ s. liturgie, XVI⁰ s. méd. : *pectoralis* ; **EXPECTORER** XVII⁰ s. « exprimer publiquement », XVIII⁰ s. méd. : *expectorare* ; **EXPECTORATION** XVII⁰ s.

II. mots de la famille de *pecten*

♦ |1| **PEIGNER** (pop.) XII⁰ s. : *pectīnāre* ; **PEIGNE** XII⁰ s. : dér. de *peigner* ; **PEIGNOIR** XV⁰ s. ; **PEIGNE-CUL** XVIII⁰ s. ; **PEIGNAGE, PEIGNE** techn., **DÉPEIGNER** XIX⁰ s. ; **PEIGNÉE** XIX⁰ s. argot, dér. de *peigner* au sens de « arracher les cheveux, griffer ». ♦ |2| **PÉNIL** (pop.) XII⁰ s. : lat. vulg. **pectīnĭcŭlum*, dimin. de *pecten*. ♦ |3| **PIGNON** (pop.) XIV⁰ s. *peignon*, mécanique : dér. de *peigne*. ♦ |4| **PECTINÉ** (sav.) XVII⁰ s. : *pectinatus* « en forme de peigne » ; **PECTEN** XVIII⁰ s. zool. : mot lat.

PISSER ♦ |1| (pop.) XII⁰ s. : lat. vulg. **pissiāre*, d'origine expressive ; **PISSAT, PISSEUR** XIII⁰ s. ; **PISSOIR** XV⁰ s. ; **PISSEUX, PISSOTER, PISSOTIÈRE, PISSENLIT** (à cause des vertus diurétiques attribuées à cette plante) XVI⁰ s. ; **PISSE** XVII⁰ s. ♦ |2| **PISSE-** 1ᵉʳ élément de composés, ex. : **PISSE-VINAIGRE** XVII⁰ s. ; **PISSE-FROID** XVIII⁰ s.

PISTACHE (sav.) XIII⁰ s. : gr. *pistakion* ou *pistakê*, par le lat., mot d'origine orientale ; réintroduit au XVI⁰ s. sous l'influence de l'it. *pistaccio* ; **PISTACHIER** XVI⁰ s.

PISTOLE XVI⁰ s. « petite arquebuse », d'où **PISTOLET** XVI⁰ s. : all. *Pistole*, du tchèque *pichtal* « arme à feu » (→ aussi OBUS) ; le dimin. *pistolet*, puis le simple *pistole*, ont été appliqués par plaisanterie, au cours du XVI⁰ s., aux écus d'Espagne, réduits à de plus petites dimensions que ceux de France, puis à d'autres sortes de monnaies.

PITIÉ famille de l'adj. lat. *pius*, mot italique qui a dû signifier à l'origine « pur » et a dans la langue class. le sens de « qui accomplit ses devoirs envers les dieux et ses parents ». S'y rattachent (1) *pietas* « piété envers les dieux et les parents », « sentiment du devoir », et lat. imp. « pitié », et les antonymes *impius* et *impietas* (2) *piare* et *expiare* « honorer suivant le rite » et « purifier, apaiser, rendre propice par un sacrifice », d'où *expiatio, expiatorius, inexpiabilis*.

♦ |1| **PITIÉ** (pop.) XI⁰ s. : *pietas, -ātis* ; **APITOYER, PITOYABLE** XIII⁰ s. ; **IMPITOYABLE** XV⁰ s. ; **APITOIEMENT** XIX⁰ s. ♦ |2| **PITANCE** (pop.) XII⁰ s. « piété », « pitié », « fondation pieuse », puis « subsistance des moines assurée par ces fondations » : dér. sur le rad. de *pitié*, par substitution d'un suff. à la syllabe finale. ♦131 PITEUX (pop.) XIIᵉ s. « compatissant », XVIᵉ s. « digne de pitié » : bas lat. *pietōsus*, dér. de *pietas*, avec influence de *pitié*. ♦141 PIE (pop.) XIIᵉ s. : adj. fém. *pīa*, var. de *pĭa* ; le masc. aboutissait à *pis*, cas sujet, de *pĭus*, et *piu*, cas régime, de *pĭu(m)* ; il a été refait en PIEUX XIVᵉ s., d'où deux couples d'adj. : masc. *piu*, fém. PIE qui survit dans PIE-MÈRE → MÈRE, et ŒUVRE PIE XVIᵉ s. ; et d'autre part, PIEUX, PIEUSE XIVᵉ s. ♦151 PIÉTÉ (sav.) XIIᵉ s. : *pietas*, *-atis*. PIÉTISTE XVIIᵉ s. : all. *Pietist* de même origine : PIÉTISME XVIIIᵉ s. ♦161 IMPIÉTÉ (sav.) XIIᵉ s., rare avant le XVIIᵉ s. : *impietas* ; IMPIE (sav.) XVᵉ s. : *impius*. ♦171 EXPIATION (sav.) XIIᵉ s. : *expiatio* ; EXPIER XIVᵉ s. : *expiare* ; INEXPIABLE XVᵉ s. : *inexpiabilis* ; EXPIATOIRE XVIᵉ s. : *expiatorius*.

PIVOINE (demi-sav.) XVIᵉ s. : altération inexpliquée de l'anc. fr. *peone* XIIᵉ s., *pione* XIVᵉ s., du gr. *paiōnía* « id. », fém. substantivé de *paiōnios* « propre à guérir, salutaire », par le lat.

PIVOT XIIᵉ s., mot obscur qu'on peut rapprocher de l'angl. *pue* « dent de herse », anc. prov. *pua* « dent de peigne », esp. *pua*, *puga* « pointe » ; représenterait les formes conjecturales *puivot*, dér. de *puie*, ces mots remontant à une forme *puga* d'origine inconnue.

PLACENTA (sav.) XVIᵉ s. « gâteau, galette », XVIIᵉ s. « enveloppe du fœtus », par métaphore : lat. *placenta*, adaptation du gr. *plakous*, *-ountos* « gâteau » ; PLACENTAIRE XIXᵉ s.

PLAGIAIRE représentants sav. du gr. *plagios* « oblique » et « fourbe ».
♦111 PLAGIAIRE XVIᵉ s., litt. : lat. *plagiarius*, dér. de *plagium* « détournement et recel des esclaves d'autrui », du gr. *plagion*, neutre substantivé de *plagios* « fourberie » ; PLAGIAT XVIIᵉ s. ; PLAGIER fin XVIIIᵉ s. ♦121 PLAGAL XVIᵉ s. mus. : dér. du lat. eccl. *plaga*, altération du gr. *plagia*, fém. de *plagios* « (mode) oblique », qui s'oppose en plain-chant à *mode authentique* ♦131 PLAGE → PLAIN, I. C.

PLAIN famille d'une racine ind.-eur. *pela-*, *plā-* « ce qui est plat, étendu », qui apparaît avec divers élargissements dans le grec *pelagos* « la surface de la mer », et en latin dans (1) *planus* « plat, uni, à deux dimensions » et « clair, facile », d'où bas lat. *planum* « plaine », *planare* « aplanir », *plana* « plane, doloire », (2) *palma* « paume de la main », « branche de palmier », « patte (de canard) » (3) probablement aussi *plaga* « chose étendue » (en particulier « filet de chasse ») et « espace, zone ».

I. mots d'origine latine

A. famille de *planus*

♦111 PLAIN (pop.) XIIᵉ s. « plan, uni », qui survit dans PLAIN-CHANT XIIᵉ s. et DE PLAIN-PIED XVIIᵉ s. ♦121 PLAINE XVIᵉ s. : fém. substantivé de *plain* (qui, en anc. fr. s'employait aussi comme subst. en ce sens) ; PÉNÉPLAINE → REPENTIR. ♦131 PLANER (pop.) XIIᵉ s. « voler sans remuer les ailes », XVIIᵉ s. « dominer par la pensée », XIXᵉ s. « embrasser du regard » et « être menaçant, comme un oiseau qui plane au-dessus de sa proie » : dér. ancien de *planus* ; PLANEUR XXᵉ s. ♦141 PLANE XIIᵉ s. (pop.) techn. : *planāre* ; PLANE XIVᵉ s. : réfection, sous l'influence de *planer*, de *plaine* XIIᵉ s. : *plana* ; APLANIR, APLANISSEMENT XIVᵉ s. ♦151 ESPLANADE XVᵉ s. : altération, d'après la base *plan-*, de l'it. *spianata* « espace libre devant le glacis d'une fortification », part. passé substantivé de *spianare* « aplanir », du lat. vulg. *explanare*, dér. de *planus*. ♦161 PIANO XVIIᵉ s., adv., et son superlatif PIANISSIMO « doucement, très doucement » : mots it., du bas lat. *planus*, *planissimus* ; PIANO XVIIIᵉ s. subst. « instrument de musique » : abrév. de l'it. *piano forte*, littéralement « doux-fort », parce qu'à la différence du clavecin, il permet de jouer à volonté doucement ou fort ; PIANOTER, PIANISTE XIXᵉ s. ; PIANISTIQUE XXᵉ s. ♦171 PLAN (sav.) XVIᵉ s. adj. « plat » et subst. « surface plane » : *planus* ; ARRIÈRE-PLAN XIXᵉ s. peinture ; PLANI- 1ᵉʳ élément de composés sav., ex. : PLANIMÉTRIE XVIᵉ s. ; PLANIMÈTRE XIXᵉ s. ; PLANISPHÈRE XVIᵉ s. ; -PLANE, -PLAN, 2ᵉ éléments de composés sav. en aéronautique, ex. : AÉROPLANE XIXᵉ s. ; BIPLAN, MONOPLAN XXᵉ s.

B. famille de *palma*

♦111 PAUME (pop.) XIᵉ s. « plat de la main » et « mesure de longueur », XIVᵉ s. « jeu de balle » : *palma* ; **PAUMER** XIIIᵉ s. « toucher de la main », XVIᵉ s., argot « prendre », d'où **PAUMÉ** XIXᵉ s., argot « perdant au jeu » ; **EMPAUMER** XVᵉ s. « saisir », XVIIᵉ s. « séduire ». ♦ [2] **PALME** (sav.) XIIIᵉ s. (XIIᵉ s. *paume*) « branche de palmier » : *palma* ; **PALMIER** XIIᵉ s. ; **PALMETTE et PALMERAIE** XVIIᵉ s. ; **PALMAIRE** XVIᵉ s. ; **PALMÉ** XVIIIᵉ s. ; **PALMI-** 1ᵉʳ élément de mots sav. exprimant l'idée de « paume » ou de « palme », ex. : **PALMIPÈDE** XVIᵉ s. ; **PALMIFORME** XIXᵉ s. ♦ [3] **PALMISTE** XVIIᵉ s. : mot créole des Antilles, altération de l'esp. *palmito* « petit palmier ». ♦ [4] **PALMITINE** (sav.) XIXᵉ s. : produit tiré de l'huile de palme » : dér. sur *palma* ; **PALMITIQUE, PALMITATE** XIXᵉ s. ♦ [5] **NAPALM** (sav.) XXᵉ s. : mot composé de *Na* symbole chimique du *sodium* et du début du mot *palmitate* → le précéd.

C. PLAGE XIIIᵉ s., puis XVᵉ s. : it. *piaggia* « pays », « plage », « coteau », qui provient sans doute du croisement du lat. *plaga* et du gr. *plagios* « oblique » → PLAGIAIRE.

II. mots d'origine grecque

♦ [1] **ARCHIPEL** XIVᵉ s. : it. *arcipelago*, qui doit remonter à un gr. byzantin *arkhipelagos* « mer principale » → ARCHIVES, désignation de la mer Égée et des îles qui s'y trouvent. ♦ [2] **PÉLAGIEN** (sav.) XVIIIᵉ s. et **PÉLAGIQUE** XIXᵉ s. : d'après *pelagos* « mer ».

PLAINDRE famille d'une racine ind.-eur. *plag-, *plak- « frapper », d'origine onom.

En grec (1) dial. dorien *plāgā*, attique *plēgē* « coup » (2) *plēssein*, issu de *plak-y-ein* « frapper », d'où *plēktron* « objet pour frapper », « sorte d'archet pour les instruments à cordes » ; composés : *apoplēssein* « renverser, frapper de stupeur », d'où *apoplēxia* « paralysie » ; *hēmiplēgēs* « à moitié frappé », de *hēmi* « à moitié » et *plēssein*, *plēgē* ; *paraplēssein* « frapper de côté », d'où *paraplēgia* « paralysie partielle ou légère » (3) *plazein*, de *plagg-yein* « faire vaciller », « écarter du droit chemin », d'où *plagtos* « errant ».

En latin (1) *plaga* « coup, plaie », p.-ê. empr. au gr. dorien par le sud de l'Italie, p.-ê. de formation lat. (2) avec infixe nasal, *plangere*, *planctus* « se frapper en signe de deuil », « se lamenter ».

I. mots d'origine latine

♦ [1] **PLAINDRE** (pop.) XIᵉ s. : *plangĕre* ; **PLAIGNANT** XIIIᵉ s. subst. : forme de part. présent. ♦ [2] **PLAINTE** (pop.) XIIᵉ s. : *plancta*, part. passé fém. substantivé de *plangere* ; **COMPLAINTE** XIIᵉ s. « plainte en justice », XVIᵉ s. « chanson plaintive » : part. passé fém. substantivé de l'anc. fr. *complaindre*, dér. de *plaindre* ; **PLAINTIF** XIIᵉ s. ♦ [3] **PLAIE** (pop.) XIᵉ s. « blessure » et « calamité » (sous l'influence de l'expression relig. *les dix plaies d'Égypte*) : *plaga*.

II. mots savants d'origine grecque

♦ [1] **PLECTRE** XIIIᵉ s. : *plêktron*, par le lat. ♦ [2] **APOPLEXIE** XIIIᵉ s. : *apoplêxia*, par le lat. ; **APOPLECTIQUE** XIVᵉ s. : *apoplêktikos*, par le lat. ♦ [3] **PARAPLÉGIE** XVIᵉ s. et **PARAPLÉGIQUE** XIXᵉ s. : dér. sur *paraplêgês*. ♦ [4] **HÉMIPLÉGIE** XVIIIᵉ s. : *hêmiplêgia* ; **HÉMIPLÉGIQUE** XIXᵉ s. ♦ [5] **PLANCTON** ou **PLANKTON** XXᵉ s., d'abord en all. XIXᵉ s. : *plagton*, neutre substantivé de *plagtos*, littéralement « (végétaux) qui errent (dans la mer) ».

PLAISIR famille du lat. *placēre*, *placitus* « plaire, ag.éer », auquel se rattachent (1) *placitum*, part. passé neutre substantivé « opinion agréée, décision, principe » (2) *placare* « tâcher de faire agréer », « apaiser, réconcilier », d'où *placabilis* et *implacabilis* « qui peut » ou « qui ne peut être apaisé » (3) *placidus*, à l'origine « qui plaît », mais lat. class. « paisible » ; d'où *placiditas* (4) les composés *complacere* « plaire en même temps », « plaire beaucoup » et *displicere* « déplaire ».

I. mots populaires

♦ [1] **PLAISIR** XIᵉ s. infinitif, XIIIᵉ s. limité à l'emploi substantif : *placēre* ; **DÉPLAISIR** XIIIᵉ s. : dér. de *plaisir*. ♦ [2] **PLAISANT** (pop.) XIIᵉ s. « agréable », XVIᵉ s. « amusant » : *placens, -entis* part. présent de *placere* ; **DÉPLAISANT** XIIᵉ s. ; **PLAISANTERIE** XIIIᵉ s. ; **PLAISANTER, PLAISANTIN** XVIᵉ s. ; **PLAISANCE** XIIIᵉ s. : dér. de *plaisant* ; **COMPLAISANCE** XIVᵉ s. ; **COMPLAISANT** XVIᵉ s. ; **PLAISANCIER** XXᵉ s. (→ PLAIRE, DÉPLAIRE, COMPLAIRE). ♦ [3] **PLAIRE** (pop.) XIᵉ s. : réfection, sur le modèle de *faire*, *traire*, de *plaisir* : de *placēre* ; **DÉPLAIRE** XIIᵉ s. : lat. vulg. *displacēre*, class. *displicēre* ; **COMPLAIRE** XIIᵉ s. : *complacere*. ♦ [4] **PLAID** (pop.) IXᵉ s. : *placĭtum* ; **PLAIDER** XIᵉ s. : lat. vulg. *placĭ-*

tāre, dér. de placitum ; **PLAIDEUR, PLAIDOYER** XIIIe s. ; **PLAIDOIRIE** XIVe s.

II. mots savants

♦ |1| **PLACEBO** XIIIe s. « flatterie », XXe s. méd. « remède fictif » : emploi comme subst. du futur du verbe *placere* « je plairai ». ♦ |2| **PLACET** XIVe s. « assignation », XVe s. « requête » : emploi comme subst. de l'impersonnel *placet* « il plaît », « il a été décidé que », 3e pers. sing. ind. présent de *placere*, 1er mot de formules juridiques d'assignation. ♦ |3| **PLACIDE** XVe s. : *placidus* ; **PLACIDITÉ** XIXe s. : *placiditas*. ♦ |4| **IMPLACABLE** XVe s. : *implacabilis* ; **IMPLACABILITÉ** XIXe s.

PLANCHE famille du gr. *phalagks, -aggos* « gros morceau de bois rond », « rouleau pour faire avancer de lourds fardeaux » et métaph. « rang, ordre de bataille, troupe rangée » ; p.-ê. apparenté à la base germ. **balk-* → ÉBAUCHER ; empr. par le lat. class. sous la forme *phalanga* « rouleau de bois pour le déplacement des vaisseaux », « levier », altéré, en bas lat. en *planca* « planche », p.-ê., sous l'influence de *planus* « plat ».

♦ |1| **PLANCHE** (pop.) XIIe s. : *planca* ; **PLANCHER** XIIe s. subst., d'où **PLANCHÉIER** XIVe s. ; **PLANCHETTE** XIIIe s. ; **PLANCHER** XXe s. verbe, argot scolaire, dér. de *planche* au sens de « tableau noir ». ♦ |2| **PALAN** XVIe s. : it. *palanco*, var. de *palanca*, du lat. vulg. **palanca*, altération de *phalanga*. ♦ |3| **PHALANGE** (sav.) XIVe s. milit., XVIIe s. anat. « os des doigts, en forme de bâton » : *phalagks* ; **PHALANGISTE** XVIIIe s., et XXe s. pol. esp. ; **PHALANGIEN, PHALANGINE, PHALANGETTE** XIXe s. ♦ |4| **PHALANSTÈRE** (sav.) XIXe s. : mot formé par Fourier, de *phalange* et de la terminaison de *monastère*.

PLANÈTE (sav.) XIIe s. : gr. *planêtés* « (astre) errant », par opposition aux étoiles, fixes, dans le système de Ptolémée, par le bas lat. ; **PLANÉTAIRE** XVIe s. ; **PLANÉTARIUM** XIXe s.

PLAQUER ♦ |1| XIIIe s. « appliquer », XVIe s. « laisser là, abandonner » : néerl. *placken* « enduire, rapiécer » ; **PLAQUEUR** XIIIe s. ; **PLACAGE** XIVe s., d'abord dans un texte wallon ; **PLAQUÉ** subst. XVIIIe s. ; **CONTRE-PLAQUÉ** XIXe s. ♦ |2| **PLAQUE** XVe s. monnaie flamande, XVIe s. sens mod. ; **PLAQUETTE** XVIe s. ; **PLACARD** XVe s. « enduit, affiche », XVIIIe s. « armoire ménagée dans un mur » ; **PLACARDER** XVIe s. : dér. de *plaquer*.

PLAT famille d'une racine ind.-eur. **plethe-* « plat ».

En grec, *platus*, fém. *plateia* « large et plat », dont le fém. a été empr. par le lat. sous la forme *platea* « grande rue, place publique », et auquel se rattachent *platanos* « arbre à larges feuilles, platane » et *ômoplaté* « os plat de l'épaule » (de *ômos* « épaule ».

En latin, avec infixe nasal, *planta* « plante des pieds », d'où *plantago, -inis* « plantain », à cause des feuilles larges et plates comme une plante de pied, *plantare* « tasser avec les pieds » et bas lat. *supplantare* « faire un croc-en-jambe », « attraper, tromper ».

I. mots d'origine grecque

A. mots populaires ou empruntés

♦ |1| **PLAT** XIe s. adj., XIVe s. subst. « récipient à fond plat » : lat. vulg. **plattus*, forme renforcée du gr. *platus*. ♦ |2| **PLATEAU** XIIe s. ; **PLATINE** XIIIe s. techn. ; **APLATIR** XIVe s. ; **APLATISSEMENT** XVIIe s. ; **REPLAT** XIVe s. ; **MÉPLAT** XVIIe s. ; **PLATE-BANDE** XIIIe s. ; **PLATE-FORME** XVe s. ; **PLAT-BORD** XVIe s. mar. : dér. et comp. de *plat* au 1er sens du mot. ♦ |3| **PLATÉE** XVIIIe s. ; **COUVRE-PLAT** XIXe s. : **CHAUFFE-PLAT, DESSOUS-DE-PLAT, MONTE-PLATS** XXe s. : de *plat* au 2e sens du mot. ♦ |4| **PLACE** XIe s. « endroit », XVe s. « lieu stratégique », XVIe s. *place forte* et « rang social », « emploi » ; XVIIe s. *à la place de* : lat. vulg. **plattea*, forme renforcée de *platea* ; **PLACETTE** XIVe s. ; **DÉPLACER, EMPLACEMENT** XVe s. ; **PLACER, PLACEMENT, DÉPLACEMENT, REMPLACEMENT** XVIe s. ; **PLACIER** XVIIe s., fin XIXe s. commerce ; **REPLACER, REMPLACER** XVIIe s. ; **REMPLAÇANT** XVIIIe s. ; **REMPLAÇABLE, IRREMPLAÇABLE** XIXe s. ; **BIPLACE** XXe s. ; pour les mots sav. exprimant l'idée de « placer » →-THÈQUE, art. FAIRE. ♦ |5| **PLIE** (poisson) XVIe s. : altération de l'anc. fr. *plaïs* XIIe s. du lat. vulg. **platicem*, altération inexpliquée du bas lat. *platessa* « poisson plat », dér. sur *platus*. ♦ |6| **PLATINE** XVIIIe s., métal précieux : esp. *pla-*

tina, dimin. de *plata* « argent », du lat. vulg. **platta*, adj. substantivé qui avait pris le sens de « plaque de métal » (→ PLATINE, 2) et en particulier, dans la péninsule Ibérique, de « plaque d'argent » ; PLATINER, PLATINIFÈRE XIX⁰ s.
B. mots savants
♦ |1| PLATANE XVI⁰ s. : *platanos*, par le lat.
♦ |2| OMOPLATE XVI⁰ s. : *ômoplatê*.

II. mots d'origine latine
♦ |1| PLANTE (des pieds) (pop.) XII⁰ s. : *planta* ; d'où PLANTIGRADE (sav.) XVIII⁰ s. ; PLANTAIRE (sav.) XVI⁰ s. : lat. imp. *plantaris* « du pied ». ♦ |2| PLANTER (pop.) XII⁰ s. : *plantare* ; REPLANTER XII⁰ s. ; PLANTATION (sav.) XII⁰ s. : *plantatio*, et PLANTEUR XIII⁰ s., ont été réintroduits en fr. au XVII⁰ s. à propos des colonies, sous l'influence de l'angl. et du néerl. ; DÉPLANTER, TRANSPLANTER XIV⁰ s. ; PLANT XIV⁰ s., PLANTON XVI⁰ s. « jeune plant » et XVII⁰ s., métaph. « soldat immobile en faction » ; PLANTE XVI⁰ s. « végétal », d'où PLANTULE (sav.) XVIII⁰ s. (mots scient. exprimant cette notion → BOTANIQUE et → PHYTO-, art. FUS (JE)) ; S'IMPLANTER XVI⁰ s. ; XVII⁰ s. trans. ; IMPLANTATION, TRANSPLANTATION XVI⁰ s. ; PLANTOIR XVII⁰ s. ♦ |3| PLAN (pop.) XVI⁰ s. « schéma, carte à grande échelle d'un bâtiment, d'un terrain », XVII⁰ s. « projet élaboré », « organisation des parties d'une œuvre », XIX⁰ s. *laisser en plan* : var. orthographique, sous l'influence de *planus*, de *plant* au sens d'« implantation » a subi, pour les sens, l'influence de l'it. *pianta* « plan d'architecte », de *piantare*, du lat. *plantare* ; PLANIFIER, PLANIFICATION XX⁰ s. ; PLANNING XX⁰ s. : mot angl. « planification », d'origine fr. ♦ |4| SUPPLANTER et SUPPLANTATEUR (sav.) XII⁰ s. : lat. *supplantare* et *supplantator*. ♦ |5| PLANTAIN (pop.) XIII⁰ s. : *plantago, -ĭnis*. ♦ |6| PLANQUER XIX⁰ s., argot : var. dial. (Normandie) de *planter*, déjà chez Villon au sens de « cacher ».

PLÈBE (sav.) XIV⁰ s. hist. romaine, XIX⁰ s. sens général : lat. *plebs, plebis* ; PLÉBÉIEN, PLÉBISCITE XIV⁰ s. : *plebeius, plebiscitum* (2⁰ élément *-scitum* « décision », apparenté à *scire* → SCIENCE) ; PLÉBISCITAIRE XIX⁰ s. ; PLÉBISCITER XX⁰ s.

PLÉIADE (sav.) XIII⁰ s. astron., XVI⁰ s. litt. : gr. *pleias, -ados* « constellation de sept étoiles » et métaph. « groupe de sept poètes alexandrins » ; image reprise par Ronsard et ses amis.

PLEIN famille d'une racine ind.-eur. **pele-, *plē* « être plein ».

En grec (1) *plêthos* « grande quantité, foule », d'où *plêthorê* « plénitude, surabondance » (2) probablement *polus* « nombreux » (3) *pleiôn* « plus nombreux », d'où *pleonazein* « être surabondant », *pleonasmos* « excès, amplification, terme pléonastique », et *pleistos* « très nombreux », qui servent de comparatif et de superlatif à *polus*.

En latin (1) le verbe *plēre, plētus* et ses composés *complere, explere, implere* « emplir », *replere* « emplir de nouveau », « remplir » ; *supplere* « compléter en ajoutant ce qui manque » (2) l'adjectif *plēnus* « plein », « complet », d'où *plenitudo* « développement complet » ; *plenitas, -atis* « abondance, saturation complète » ; bas lat. *plenarius* « complet » ; *plenipotens* « tout-puissant » (3) *plus, pluris* « en plus grande quantité », issu de l'arch. *plous*, dont la terminaison est analogique de son antonyme *minus* → MOINS, d'où *pluralis* « composé de plusieurs unités » et bas lat. *pluralitas* « pluralité », gramm. « pluriel ».

I. mots d'origine latine
A. famille de *plenus*
♦ |1| PLEIN (pop.) XI⁰ s., XIII⁰ s. *pleine* « grosse » en parlant d'une femelle, XV⁰ s. prépos., XVII⁰ s. « ivre », XIX⁰ s. *battre son plein* et *faire le plein de* : *plēnus* ; TROP-PLEIN XVII⁰ s. ♦ |2| PLÉNIER (pop.) XII⁰ s. : *plenarius*. ♦ |3| PLANTUREUX (pop.) XII⁰ s., dér. de l'anc. fr. *planté* « abondance » : *plenitas, -atis* ; le *a* est dû à l'influence de *plante*. ♦ |4| PLÉNITUDE (sav.) XIII⁰ s. : *plenitudo*. ♦ |5| PLÉNIPOTENTIAIRE (sav.) XVII⁰ s. : dér. sur *plenipotens*, de *plenus* et *potentia* « puissance ». ♦ |6| PLENUM (sav.) XIX⁰ s. : mot lat., neutre substantivé de *plenus*.
B. famille de *plēre*
♦ |1| EMPLIR (pop.) XII⁰ s. : lat. vulg. **implēre*, class. *implēre* ; REMPLIR XII⁰ s. ; DÉSEMPLIR XII⁰ s. ; REMPLISSAGE XVI⁰ s. ♦ |2| COMPLIES (pop.) XII⁰ s. : part. passé fém. plur. substantivé de l'anc. fr. *complir* « achever », du lat. vulg. **complire*, class. *complēre*, calque du lat. eccl. *completa (hora)* « l'heure qui marque l'achèvement de l'office ». ♦ |3|

ACCOMPLIR (pop.) XII° s. : composé de *complir* ; ACCOMPLI « parfait » XII° s. ; ACCOMPLISSEMENT XIII° s. ♦|4| COMPLIMENT XVII° s. : anc. esp. *complimiento* (esp. mod. *cumplimiento*) « abondance », « cadeau de cérémonie », dér. de *cumplir*, du lat. vulg. **complīre* ; COMPLIMENTER, COMPLIMENTEUX XVII° s. ♦|5| REPLET (sav.) XII° s. : *repletus* ; RÉPLÉTION XIII° s. : *repletio*, de *replēre*. ♦|6| COMPLET (sav.) XIV° s. adj., XVII° s. subst. masc. « costume » : *completus*, part. passé de *complere* ; COMPLÈTEMENT XIII° s. ; INCOMPLET XIV° s. : bas lat. *incompletus* ; COMPLÉTIF XVI° s. ; COMPLÉTER XVIII° s. ♦|7| COMPLÉMENT (sav.) XIV° s., XVIII° s. gramm. : *complementum*, de *complere* ; COMPLÉMENTAIRE XVIII° s. ; COMPLÉMENTARITÉ XX° s. ♦|8| SUPPLÉMENT XIV° s. : *supplementum*, de *supplere*, puis SUPPLÉER (sav.) XIV° s. : *supplere* ; SUPPLÉTIF XVI° s. : bas lat. *suppletivus* ; SUPPLÉANT subst. XVI° s., SUPPLÉANCE, SUPPLÉMENTAIRE fin XVIII° s. ; SUPPLÉMENTER XIX° s. ♦|9| EXPLÉTIF (sav.) XV° s. : lat. gramm. *expletivus* « qui emplit (inutilement la phrase) », de *explere*.

C. famille de *plus*

♦|1| PLUS (pop.) X° s. « davantage », XI° s. *ne... plus*, sens temporel : *plūs* ; SURPLUS XI° s. ; LA PLUPART XV° s. « la plus (grande) partie » ; PLUS-VALUE XV° s. → VALOIR. ♦|2| PLUSIEURS (pop.) XI° s. : lat. vulg. **plusiōres*, altération, sous l'influence de *plus*, de son comparatif plur. bas lat. *pluriores* « plus nombreux », qui avait remplacé le class. *plures*. ♦|3| PLURIEL (pop.) XIV° s. : contamination de l'anc. fr. *plurel* (pop.) XII° s., de *plūrālis*, et de sa var. *plurier* XIII° s., altération due à l'influence de *singulier*. ♦|4| PLURALITÉ (sav.) XIV° s. : *pluralitas* ; PLURALISME, -LISTE XX° s. ♦|5| PLURI- *pluris*, génitif de *plus*, ou *plures*, « plusieurs », 1ᵉʳ élément de composés sav., ex. : PLURIVALENT, PLURIDISCIPLINAIRE XX° s.

II. mots savants d'origine grecque

♦|1| PLÉTHORIQUE XIV° s. méd. et PLÉTHORE XVI° s. méd. ; fin XVIII° s. sens fig. : *plêthôrē*. ♦|2| PLÉONASME XVI° s. : *pleonasmos*, de *pleonastikos*. ♦|3| PLÉISTOCÈNE XX° s. géol. : composé de *pleistos* et *kainos* « récent ». ♦|4| POLY- : *polu*, neutre de *polus* ; 1ᵉʳ élément de composés sav., ex. : POLYGAME XVI° s. ; POLYCOPIER XX° s.

PLEURER ♦|1| (pop.) X° s. : lat. *plorare* « pousser des cris de douleur », devenu dans la langue pop. un synonyme expressif de *lacrimare* → LARME ; PLEUR, ÉPLORÉ XII° s. ; PLEUREUSE XIII° s. ; PLEUREUR XV° s. ; PLEURANT, PLEURARD XVI° s. ; PLEURNICHER XVIII° s. : altération du dial. (Normandie) *pleurmicher*, de *pleurer* et *micher* « id », d'origine inconnue. ♦|2| DÉPLORER (sav.) XII° s. : *deplorare* « se lamenter » ; DÉPLORABLE XV° s. bas lat. *deplorabilis* ; DÉPLORABLEMENT XVII° s. ♦|3| IMPLORER (sav.) XIII° s. : *implorare* « supplier en pleurant ».

PLEUTRE XVIII° s., d'abord dans le Nord-Est : p.-ê. altération du flamand *pleute* « chiffon » et « mauvais garnement ».

PLEUVOIR famille d'une racine **pleu-* « agiter de l'eau ». En grec *plein* « naviguer » *plous* « navigation » et *periplous* « navigation autour ». En latin *plŭere* « pleuvoir », *plŭvia* « pluie », *pluviōsus* « pluvieux ». En germanique, anc. scandinave *flōd* « flot », *flōta* « flotte, escadre », le frq. *flōd-*, apparentés à l'all. *fliessen* « couler ».

I. mots d'origine latine

♦|1| PLEUVOIR (pop.) XII° s. : lat. vulg. **plŏvēre*, lat. imp. (Pétrone) *plŏvĕre*, class. *pluere*. ♦|2| PLUIE (pop.) XI° s. : lat. vulg. **plŏia*, altération, sous l'influence de *plŏvere*, de **plŭia*, class. *plŭvia*. ♦|3| PLUVIER (demi-sav.) XVI° s. : réfection, d'après *pluvia*, de l'anc. fr. *plovier* (pop.) XII° s., du lat. vulg. **plŏvārius* « (oiseau qui arrive avec) les pluies », ou empr. au prov. *pluvier*. ♦|4| PLUVIAL (sav.) XII° s. : lat. imp. *pluvialis* « relatif à la pluie » ; PLUVIEUX (sav.) XII° s. : *pluviosus* ; PLUVIÔSE fin XVIII° s. ; PLUVIOSITÉ XX° s. ; PLUVIO- 1ᵉʳ élément de composés sav., ex. : PLUVIOMÈTRE fin XVIII° s.

II. mots d'origine germanique

♦|1| FLOT et FLOTTER (pop.) XII° s., sans doute d'un subst. et d'un verbe frq. fondés sur la base *flōd-* : un croisement avec le lat. *fluctus* est possible ; FLOTTAGE, FLOTTAISON, FLOTTEMENT, FLOTTEUR XVII° s. ; FLOTTE et FLOTTER XIX° s., argot « pleuvoir ». ♦|2| FLOTTE (pop.) XII° s. « ensemble de bateaux », rare jusqu'au XVI° s., où il est repris sous l'influence de l'esp. *flota* XIII° s., lui-même empr. au fr. ; FLOTTILLE XVII° s. :

esp. *flotilla*, dimin. de *flota*. ♦131 **RENFLOUER** XVIe s. : mot dial. (Normandie), de *flouée* « marée », dér. anc. de *flot* « id. », de l'anc. scandinave *flôd* « id. » ; **RENFLOUAGE, RENFLOUEMENT** XVIe s.

III. mot d'origine grecque
PÉRIPLE (sav.) XVIIe s. : *periplous*, par le lat.

PLÈVRE ♦111 (demi-sav.) XVIe s. : gr. *pleura*, « côte », « flanc », avec prononciation byzantine de l'*u*. ♦121 **PLEURÉSIE** et **PLEURÉTIQUE** (sav.) XIIIe s. : lat. médiéval *pleurisis*, formé sur *pleura*, et *pleureticus*, gr. *pleuretikos* ; **PLEURITE** XIXe s. : gr. *pleuritis* « pleurésie » ; **PLEURAL** XIXe s. ♦131 **PLEURO-** 1er élément de composés sav. de la langue médicale.

PLIER famille du lat. *plectere, plexus* « entrelacer » et bas lat. *plexus, -ūs* « entrelacement », auquel se rattachent (1) (a) *complecti, complexus* « embrasser, étreindre », *complexus, -ūs* « embrassement, connexion », *complexio* « combinaison » ◇ (b) *perplexus* « embrouillé », « embarrassé » ; bas lat. *perplexitas* « enchevêtrement », « ambiguïté », « obscurité » ◇ (c) un 2e élément de composés *-plex, -plicis* « qui se plie », à valeur mutiplicative, dans *simplex* « simple », d'où *simplicitas* « simplicité » sens propre et fig. ; *duplex* « double », d'où bas lat. *duplicitas* « duplicité, équivoque » ; *multiplex* « multiple », d'où bas lat. *multiplicitas* « multiplicité » ◇ (d) *-plus*, var. de *-plex*, dans *duplus, triplus, centuplus*, etc., « double », « triple » « centuple » (2) *plicare* « plier », d'où (a) *applicare* « appuyer, appliquer » ◇ (b) *complicare* « plier, enrouler » ◇ (c) *duplicare* « doubler » ◇ (d) *explicare* « dérouler, mettre au clair », avec deux part. passés, *explicatus* et *explicitus* (e) *implicare* « plier dans », « envelopper », avec deux part. passés, *implicatus* et *implicitus* (f) *multiplicare* « multiplier » ◇ (g) *supplicare*, littéralement « plier sous », c.-à-d. « s'agenouiller », attitude du suppliant, apparenté à *supplex, -icis* « agenouillé », « suppliant » et *supplicium* « supplication adressée aux dieux », d'où « acte par lequel on apaise la divinité », « sacrifice offert à la suite d'une faute », d'où « châtiment capital » ; ainsi que leurs dér. en *-atio*.

I. mots populaires
A. base *-pli-*

♦111 **PLIER** Xe s. (var. *pleier, ployer*), forme analogique des verbes à alternance *-ier, -oyer* tels que *prier* : *plicāre* ; **REPLIER** XIIIe s. ; **PLIURE** XIVe s. ; **PLIABLE, DÉPLIER** XVIe s. ; **PLIANT** XVIIe s. subst. ; **PLIAGE, REPLIEMENT** XVIIe s. ; **PLI** XIIe s. *ploi*, XIIIe s. *pli* : dér. de *plier* ; **REPLI** XVIe s., de *replier* ; **PLISSER** XVIe s., dér. de *pli*, analogique des dér. des mots en *-is* ; **DÉPLISSER** XVIIe s. ; **PLISSEMENT** XIXe s. ; XXe s. géol. ; **PLISSAGE** XIXe s. ♦131 **-PLIER** 2e élément de composés d'origine lat. dont le 1er élément peut être de forme sav. : **MULTIPLIER** XIIe s. : *multiplicare* ; **SUPPLIER** XIIe s. : *supplicare* ; **SUPPLIANT** XIVe s. subst.

B. bases *-ploi-, -ploy-*

♦111 **PLOYER** Xe s. : forme phonétique normale, issue de *plicāre* ; s'est différencié sémantiquement de *plier* au XVIIe s. ; **PLOYABLE** XIVe s. ; **DÉPLOYER** XIIe s. ; **DÉPLOIEMENT** XVIe s. ♦121 **EMPLOYER** XIe s. « engager » : *implĭcāre* ; **REMPLOYER** XIVe s. ; **EMPLOI, REMPLOI** XVIe s. ; **EMPLOYEUR** fin XVIIIe s., sous l'influence de l'angl. *employer*, d'origine fr. ; **EMPLOYÉ** subst. XVIIIe s. ♦131 **EXPLOIT** (demi-sav.) XIVe s. ; XVIe s. jur. : réfection, sous l'influence du lat., de l'anc. fr. *esploit* (pop.) XIe s., de *explĭcĭtum* au sens d'« action menée à bien » ; **EXPLOITER** XIVe s. : lat. vulg. *explĭcĭtāre*, dér. de *explicitum* ; d'où **EXPLOITABLE** XIIIe s. ; **EXPLOITEUR** et **EXPLOITATION** XIVe s. jur., XVIIIe s. idée de « mettre en valeur », XIXe s. idée d'« abus » ; **EXPLOITANT** XVIIIe s. ; **INEXPLOITÉ** XIXe s.

C. autres bases

♦111 **DOUBLE** XIe s. → DEUX. ♦121 **SOUPLE** XIIe s. : *supplex, -icis*, sens propre et fig. dès le Moyen Âge ; **ASSOUPLIR** XIIe s. ; **SOUPLESSE** XIIIe s. ; **ASSOUPLISSEMENT** XIXe s. ♦131 **EMPLETTE** XIIe s. : altération, sous l'influence du suff. *-ette*, de l'anc. fr. *emploite*, de *implĭcĭta*, plur. neutre, de *implicare* → EMPLOYER. ♦141 **PLESSIS** (pop.) XIIe s. : dér. de l'anc. fr. *plaisse, plesse* « barrière, clôture », du verbe *plaissier* « entrelacer » : lat. vulg. *plaxāre*, class. *plectere* ; survit en toponymie.

II. formes savantes
A. base *-ple-* : *-plus*, ou *-plex, -plicis*, 2e élément de **SIMPLE** → ENSEMBLE ; **TRIPLE** → TROIS ; **QUADRUPLE, CENTUPLE** → QUATRE,

CENT ; **MULTIPLE** XIVe s. : *multiplex* ; **SOUS-MULTIPLE** XVIe s.
B. base *-plex-*
♦|1| **COMPLEXION** XIIe s. : *complexio* ; **COMPLEXE** XVIe s. adj., XXe s. subst. : *complexus* ; **COMPLEXITÉ** XVIIe s. ♦|2| **PERPLEXITÉ** XIIIe s. : *perplexitas* ; **PERPLEXE** XIVe s. : *perplexus*. ♦|3| **PLEXUS** XVIe s. : anat. : mot lat. ♦|4| **DUPLEX, MULTIPLEX** XXe s. : mots lat.
C. bases *-plic-, -pliqu-*
♦|1| **MULTIPLICITÉ** XIIIe s. : bas lat. *multiplicitas* ; **MULTIPLICATION** XIIIe s. : *multiplicatio* ; **MULTIPLICANDE, MULTIPLICATEUR** XVIe s. : *multiplicandus, multiplicator* ; **MULTIPLICATIF** XVIIIe s. ♦|2| **SUPPLICATION** XIIe s. : *supplicatio* ; **SUPPLIQUE** XVIe s. : it. *supplica*, dér. de *supplicare*. ♦|3| **APPLIQUER** XIIIe s., *s'appliquer* « faire attention » : *applicare* ; **APPLICABLE** XIIIe s. ; **APPLICATION** XIVe s. : *applicatio* ; **APPLIQUE** XVe s. ; **APPLICATEUR** XXe s. ♦|4| **RÉPLIQUER** XIIIe s. : *replicare*, qui avait pris en lat. jur. le sens de « répondre » ; **RÉPLIQUE** XIVe s. « réponse », XIXe s. « copie d'une œuvre ». ♦|5| **EXPLIQUER** XIVe s. « déployer », XVIe s. sens mod. : *explicare* ; **EXPLICATION** XIVe s. : *explicatio* ; **INEXPLICABLE** XVe s. ; **EXPLICABLE** XVIe s. : bas lat. *explicabilis* ; **EXPLICATIF** XVIe s. ; **EXPLICITE** XIVe s. : *explicitus*, utilisé dans la langue de la scolastique ; **EXPLICITEMENT** XVIIe s. ; **EXPLICITER** XIXe s. ♦|6| **IMPLIQUER** XIVe s. : *implicare* ; **IMPLICITE** XIVe s. : *implicitus* ; **IMPLICATION** XIXe s. : *implicatio*. ♦|7| **COMPLICE** XIVe s. : lat. médiéval *complex, -icis* « impliqué dans », d'après *complecti* ; **COMPLICITÉ** XVe s. ♦|8| **SUPPLICE** XVe s. : *supplicium* ; **SUPPLICIER** XVIe s. ♦|9| **COMPLIQUER** XVIe s. : *complicare* ; **COMPLICATION** XIVe s. : *complicatio*.

PLINTHE (sav.) XVIe s. : gr. *plinthos* « brique », et « pierre plate et carrée sous le fût d'une colonne », p.-ê. mot méditerranéen, par le lat. (Vitruve).

PLOMB famille du lat. *plŭmbum* « plomb ».
I. base *-plomb-*
♦|1| **PLOMB** (pop.) XIIe s. *plom* : *plŭmbum* ; **PLOMBER** XIIe s. *plomer* ; **PLOMBIER** XIIIe s. ; **PLOMBERIE** XVe s. ; **PLOMBAGE** XVe s. ; **APLOMB** XVIe s. : coalescence de *à plomb* XIIe s., maçonnerie, « perpendiculaire, comme un fil à plomb », d'où **SURPLOMBER** et **SURPLOMB** XVIIe s. ♦|2| **PLOMBI-** (sav.) 1er élément de composé, **PLOMBIFÈRE** XIXe s.
II. base *-plonge-*
♦|1| **PLONGER** (pop.) XIIe s. : lat. vulg. *plumbĭcāre* « (s'enfoncer comme) un plomb (de filet de pêche) » ; **REPLONGER, PLONGE** XIIe s. ; **PLONGEUR** XIIIe s., XIXe s. « laveur de vaisselle » ; **PLONGÉE, PLONGEON** XVe s. ; **PLONGEON** (pop.) XIIe s. « oiseau aquatique » : bas lat. *plumbio, -ōnis*, dér. de *plumbum*, parce que cet oiseau s'enfonce dans l'eau comme un plomb.

PLOUTO- (sav.) gr. *ploutos* « richesse », 2e élément de composés, **PLOUTOCRATE, PLOUTOCRATIE** XIXe s. ; **PLOUTOCRATIQUE** XXe s.

PLUME ♦|1| (pop.) XIIe s., XVe s. instrument pour écrire : lat. *plūma*, à l'origine « duvet », qui a éliminé *penna* « grosses plumes des ailes » → PENNE, art. PANNE ; **PLUMER** XIIe s. ; **DÉPLUMER, REMPLUMER** XIIIe s. ; **PORTE-PLUME** XIXe s. (au moment où l'on a commencé à utiliser des plumes métalliques). ♦|2| subst. dér. de *plume* : **PLUMAGE** XIIIe s. ; **PLUMASSIER** XVe s., dér. de l'anc. fr. *plumas* XVe s. « plumet » ; **PLUMARD** XVe s. « plumet », XIXe s. fam. « lit » ; **PLUMETIS** XVe s. ; **PLUMITIF** XVIe s. « registre d'audience », XVIIIe s. sens mod. : altération de *plumetif*, var. de *plumetis* ; **PLUMET, PLUMEAU** XVIIe s. ; **PLUMIER** XIXe s..

POCHE ♦|1| (pop.) XIIe s. « bourse », « petit sac », XVIe s. sens mod. : frq. **pokka* ; **POCHETTE** XIIe s. ; **EMPOCHER** XVIe s. ; **POCHETÉE** XIXe s. « contenu d'une poche », et sens fig. *en avoir une pochetée* « avoir une bonne dose de bêtise », XXe s. « imbécile ». ♦|2| **PICKPOCKET** → PIQUER.

1. POÊLE (drap mortuaire) subst. masc. famille du lat. *pallium* « manteau ».
♦|1| **POÊLE** (pop.) Xe s. d'abord *paile*, arch., survit dans la locution *les cordons du poêle* : *pallium*. ♦|2| **PALLIER** (sav.) XIVe s. « donner un aspect favorable », XVIe s. « guérir, apaiser une douleur », méd. d'où XVIIe s. « remédier à » : *palliare* « couvrir

POÊLE

d'un manteau » ; **PALLIATIF** XIVᵉ s. : lat. médiéval *palliativus*. ♦|3| **PALLIUM** (sav.) XIIᵉ s., liturgie ; XIXᵉ s. antiquité romaine : mot lat.

2. POÊLE (à frire) subst. fém. famille du lat. *pătīna*, bas lat. *patena* « plat creux », emprunt ancien et oral au gr. *patanē* « id. », sans doute apparenté au gr. *petannunai* « déployer » → PATENT ; var. *patera* « coupe évasée » ; dimin. *patella* « assiette », « petit plat ». La base germ. **panna* « id. » est sans doute un empr. au lat. *patina*.

I. mots populaires

♦|1| **POÊLE** XIIIᵉ s., d'abord *paelle* (→ esp. *paella*) : *patella* ; **POÊLÉE** XIIIᵉ s. ; **POÊLON** XIVᵉ s. ; **POÊLER** XIXᵉ s. ♦|2| **PALIER** XIIIᵉ s., d'abord *paelier* « pièce de métal servant à divers usages techniques » ; XVIᵉ s. « plate-forme en haut d'un escalier » : dér. de l'anc. fr. *paele* → le précédent ; **PALIÈRE**, adj. (porte) XVIIIᵉ s. ♦|3| **PALETTE** XIIIᵉ s. *paelette* « vase pour la saignée » : dimin. de *paele* (→ 1), vite confondu avec *palette*, dimin. de *pelle*.

II. mots savants

♦|1| **PATÈNE** XIVᵉ s. : *patena*. ♦|2| **PATÈRE** XVᵉ s., rare avant le XVIIIᵉ s. : *patera*. ♦|3| **PATELLE** « coquillage », XVIᵉ s. : *patella*.

III. mots d'emprunt

♦|1| **PATINE** XVIIIᵉ s. « enduit donnant un aspect vieilli » : it. *patina* « poêle » et « contenu d'une poêle » ; **PATINER** XIXᵉ s. ; **PATINAGE** XXᵉ s. ♦|2| **PANNEQUET** XIXᵉ s. : angl. *pancake* « gâteau (*cake* → CUIRE) à la poêle (*pan* : germ. **panna*) ».

POÈTE famille sav. du gr. *poiein* « faire », d'où *poiêtês* « auteur », « poète » ; *poiêma* « chose faite », « œuvre » ; *poiêtikos* « inventif » et « poétique » ; *poiêsis* « création », « poème » ; *-poiia*, 2ᵉ élément de composés fém., exprimant l'idée de « faire ».

♦|1| **POÈTE** XIIᵉ s. : lat. *poeta*, du gr. *poiêtês* ; **POÈME** XIIIᵉ s. : *poiêma* ; **POÉTISER** XIVᵉ s. « faire des vers », XIXᵉ s. « rendre poétique » ; **POÉSIE** XIVᵉ s. : gr. *poiêsis*, par le lat. ; **POÉTESSE** XIVᵉ s. ; **POÉTIQUE** XVIᵉ s. adj., XVIIᵉ s. subst. fém. : adj. gr. *poiêtikos* et *poiêtikê* (*teknhē*), fém. substantivé, titre d'un ouvrage d'Aristote, par le lat. ; **DÉPOÉTISER** XIXᵉ s. ♦|2| **-PÉE**, 2ᵉ élément de composés sav. d'origine gr. : *-poiia* ;

PROSOPOPÉE → ŒIL ; **MÉLOPÉE** → MÉLO ; **PHARMACOPÉE** → PHARMACIE ; **ÉPOPÉE** → VOIX.

POGNON XIXᵉ s., argot « argent », mot obscur, probablement dial. : p.-ê. picard « glane », « contenu d'un poing » ; p.-ê. Lyon, Jura, *pougnon* « petit pain », « petit gâteau », ce qui en ferait un synonyme de *michon*, *galette*.

POGROM XXᵉ s. : mot russe « bain de sang », « tuerie », de *po-* « entièrement » et *gromit-* « détruire ».

POIL famille du lat. *pilus* « poil », d'où *pilosus* « poilu » ; et lat. imp. *pilare* « épiler ».

I. mots populaires

A. POIL XIᵉ s., XXᵉ s. fam. *à poil* « nu » et *au poil* « avec précision » (« à un poil près ») : *pĭlus* ; **POILU** XVᵉ s. : réfection, d'après *poil*, de *pelu* XIIᵉ s. ; XIXᵉ s. « fort, brave », XXᵉ s. « combattant de la guerre 1914-1918 » : dér. de *poil*.

B. ÉPLUCHER XIIᵉ s. : composé de l'anc. fr. *peluchier*, du lat. vulg. **pĭlūccāre* « arracher les poils » ; **ÉPLUCHURE** XVIIᵉ s. ; **ÉPLUCHAGE** XVIIIᵉ s.

C. base *-pel-* (dér. de *pĭlus* accentués sur le suff.)

♦|1| **PELER** XIᵉ s. : *pĭlare*, confondu partiellement avec *peler* « écorcher », de *pellis* ; **PELURE** XIIᵉ s. ; **PELADE** XVIᵉ s. ; **PELAGE** XVᵉ s. : dér. anc. de *pĭlus*. ♦|2| **PELUCHE** XVIᵉ s. : dér. de *peluch(i)er* : **pĭlūccāre* → ÉPLUCHER ; **PELUCHEUX** XIXᵉ s. ♦|3| **PELOUSE** XVIIᵉ s. : mot dial. probablement prov., *pelouso* : lat. *pĭlōsa*, dér. de *pilus*, par métaphore.

II. mots savants base *-pil-*

♦|1| **PILEUX** XVᵉ s. : *pilosus* ; **PILOSITÉ, PILIFÈRE** XIXᵉ s. ♦|2| **DÉPILATOIRE** XVIᵉ s. : dér. de *dépiler* (sav.) XVIᵉ s., du lat. *depilare* « arracher les poils » ; **ÉPILER, ÉPILATOIRE** XVIIIᵉ s. ; **ÉPILATION** XIXᵉ s. ♦|3| **PILOU** XXᵉ s. : probablement adaptation de *pilosus*.

POING famille d'une racine ind.-eur. **peug-* « frapper ».

En grec *pugmê* « poing » ; *pugmaios* « haut d'une coudée, nain », qui a servi à désigner une peuplade mythique de nains, que les Anciens situaient sur les bords du Nil.

En latin (1) *pugnus* « poing », d'où (a) *pugil, -ilis* « boxeur » et *pugilatus, -us* « boxe » (b) *pugnare* « se battre » ; *pugnax, -acis* « batailleur » ; *expugnare* « emporter de haute lutte », d'où *expugnabilis* et *inexpugnabilis* « qu'on peut » ou « qu'on ne peut pas prendre d'assaut » ; *repugnare* « lutter contre », « être opposé » (2) avec un infixe nasal, *pungere, punctus* « piquer », d'où (a) *punctum* part. passé neutre substantivé, « piqûre, point » ; *punctio* « action de piquer » ; bas lat. *punctura* « piqûre » (b) *transpungere* « percer en piquant » ; *compungere* « piquer fort » « blesser », d'où *compunctio* « piqûre », « douleur, amertume ».

I. mots populaires d'origine latine

A. ♦ |1| **POING** XIe s. : *pŭgnus* ; **POIGNÉE, EMPOIGNER** XIIe s. ; **POIGNET** XIIIe s. ; (la foire d') **EMPOIGNE** XVIIIe s. ; **POIGNE, EMPOIGNADE** XIXe s., **POGNE** XIXe s. argot « main », var. orthographique de *poigne* reflétant la prononc. ancienne : dér. de *pŭgnus*. ♦ |2| **POIGNARD** XVIe s. : altération par substitution de suff., de l'anc. fr. *poignel, poignal*, du lat. vulg. *pugnalis*, dér. de *pugnus* « (arme qui se tient dans) le poing » ; **POIGNARDER** XVIe s.

B. POINDRE XIe s. « piquer », XIIIe s. « commencer à paraître » en parlant d'une pousse de plante, puis, XVIe s., en parlant du jour ; ne survit qu'à l'inf. et à la 3e pers. sing. du présent et du futur de l'indicatif ; **POIGNANT** XIIe s. « piquant », XIIIe s. « qui perce le cœur » : part. présent de *poindre* employé comme adj.

C. POINÇON XIIIe s. : *pŭnctio, -ōnis* ; **POINÇONNER** XIVe s. ; **POINÇONNAGE** XVe s. ; **POINÇONNEUSE** XIXe s. ; **POINÇONNEUR** XXe s.

D. base *-point-*

♦ |1| **POINT** XIe s., comme auxiliaire de la négation, XIIe s. « endroit précis », « piqûre », « marque sur un dé », « unité de jeu », « partie d'un discours » et *à point* s., *mal en point* ; XVIe s. couture et typographie : *pŭctum*. ♦ |2| **POURPOINT** XIIIe s. : part. passé substantivé de l'anc. fr. *pourpoindre*, littéralement « piquer, broder », altération, par substitution de préf., du bas lat. **perpungere* « percer en piquant » ; *à brûle-pourpoint* XVIIe s. « à bout portant », XVIIIe s. « à l'improviste ». ♦ |3| **CONTREPOINT** XIVe s. mus. « polyphonie », littéralement « art de placer note contre note, celles-ci étant figurées par des points, c.-à-d. de superposer des mélodies ». ♦ |1| **EMBONPOINT** XVIe s. : coalescence de *en bon point* « en bon état » → MAL EN POINT ; **ROND-POINT** XVIIIe s. ♦ |5| **POINTER** XIIIe s. « marquer d'un point », XVIe s. « diriger vers un point » ; **POINTEUR** XVe s. ; **POINTAGE** XVIIe s. ; **TÉLÉPOINTAGE** XXe s. ; **SE POINTER** XXe s. fam. « signaler son arrivée ». ♦ |6| **POINTILLÉ** XVe s. « marqué de points » ; **POINTILLER, POINTILLAGE** XVIIe s. ; **POINTILLISME, POINTILLISTE** XIXe s. peinture. ♦ |7| **APPOINTER** XIIIe s. « régler une affaire », XVIe s. « payer » ; **APPOINTEMENT** XIVe s. ; **APPOINT** XIVe s. ; **DÉSAPPOINTER** XIVe s. « rayer un officier des contrôles » ; aux XVIIIe s., reprise de **DÉSAPPOINTÉ** et **DÉSAPPOINTEMENT**, sens mod., sous l'influence de l'angl. *disappointed, disappointment*, d'origine fr. ♦ |8| **POINTE** XIIe s. « objet pointu » et « attaque », XVe s. « cap », XVIIe s. *pointe des pieds*, XXe s. chorégraphie : *pŭncta* part. passé fém. substantivé de *pŭngĕre* ; **ÉPOINTER** XVe s. ; **APPOINTER** XIIe s. « tailler en pointe », **POINTU** XIVe s. ; **POINTER** XVe s. « piquer » ; XVIIe s. « commencer à se montrer » ; **POINTEAU** XVIIIe s. ♦ |9| **COURTEPOINTE** XIIe s. : altération de *coutepointe*, du lat. *culcita puncta* « matelas piqué ». ♦ |10| **TRÉPOINTE** XVe s. : part. passé substantivé de *trépoindre* : *transpŭngĕre*. ♦ |11| **POINTURE** XIIe s. « piqûre », XVIIIe s. « mesure en points » (d'une chaussure) : *pŭnctūra*.

II. mots d'emprunt d'origine latine

♦ |1| **POINTILLEUX** XVIe s. : adaptation de l'it. *puntiglioso*, dér. de *punto* « point d'honneur », croisé avec *pointille* « minutie dans un débat », attesté en fr. quelques années auparavant. ♦ |2| **CONTRAPUNTISTE** XVIIIe s. : it. *contrapuntista*, dér. de *contrapunto* « contrepoint » ; d'où **CONTRAPUNTIQUE** XXe s. ♦ |3| **STRAPONTIN** XVIe s. « matelas, hamac », XVIIe s. « siège mobile dans une voiture », XVIIIe s. au théâtre : it. *strapuntino* « sorte de matelas », dimin. de *strapunto*, part. passé de *strapungere*, var. avec s- duratif de *trapungere*, du lat. *transpungere* (→ TRÉPOINTE).

III. mots savants d'origine latine

A. base *-pug-*

♦ |1| **RÉPUGNANT** XIIIe s. « contradictoire », XVIIe s. sens mod. : *repugnans*, part. présent

de *repugnare* ; **RÉPUGNANCE** XIIIᵉ s. ; *repugnantia* ; **RÉPUGNER** XIVᵉ s. : *repugnare*.
♦ |2| **INEXPUGNABLE** XIVᵉ s. : *inexpugnabilis*. ♦ |3| **PUGILAT** XVIᵉ s. : *pugilatus* ; **PUGILISTE** XVIIIᵉ s. ♦ |4| **PUGNACE** XIXᵉ s. : *pugnax, -acis* ; **PUGNACITÉ** XIXᵉ s.
B. base *-ponct-*
♦ |1| **COMPONCTION** XIIᵉ s. : *compunctio* ; **PONCTION** XIIIᵉ s. : *punctio* ; **PONCTIONNER** XIXᵉ s. ♦ |2| **PONCTUEL** XIVᵉ s. : lat. médiéval *punctualis* « qui agit à point nommé » ; **PONCTUALITÉ** XVᵉ s. ♦ |3| **PONCTUER** XVᵉ s. : lat. médiéval *punctuare* « mettre des points » ; **PONCTUATION** XVIᵉ s. ♦ |4| **ACUPONCTURE** ou **ACUPUNCTURE** XVIIᵉ s., de *acus* « aiguille » et *punctura* ; **ACUPONCTEUR** XIXᵉ s.

IV. mots savants d'origine grecque
PYGMÉE XIIIᵉ s. *pygmain*, XVᵉ s., forme mod., sens anc. ; XVIᵉ s. sens fig. ; XVIIIᵉ s. ethnologie : *pugmaios*, par le lat.

POIRE ♦ |1| (pop.) XIIᵉ s. : *pira*, plur. neutre, interprété comme un fém., du lat. class. *pirum* « id. » ; **POIRÉ, POIRIER** XIIIᵉ s. ♦ |2| **PIRI-** 1ᵉʳ élément du composé sav. **PIRIFORME** XVIIᵉ s.

POIREAU ♦ |1| (pop.) XIIIᵉ s. : altération, p.-ê. sous l'influence de *poire*, de *porreau*, du lat. vulg. *porrĕllum*, dimin. du class. *porrum*. ♦ |2| **POIREAUTER** fam. XIXᵉ s. « rester planté comme un poireau ». ♦ |3| **PORION** XIXᵉ s. « surveillant de mines » : mot dial. (Picardie et Hainaut), « poireau », sans doute par une métaph. semblable à celle de *poireauter* ; dér. ancien de *porrum* (→ PLANTON, art. PLAT).

POIS ♦ |1| (pop.) XIIᵉ s. : lat. *pīsum* « id. ». ♦ |2| **PEDZOUILLE** XIXᵉ s. « paysan », var. de *pezouille*, semble apparenté à l'anc. fr. *pesol* XIIIᵉ s. et à l'anc. prov. *pesous* « pois », dér. anc. de *pīsum*. À l'origine : « nourri de pois ».

POISSON famille du lat. *piscis* « poisson », d'où *piscari, piscator* « pêcher », « pêcheur » ; *piscina* « vivier ».

I. mots populaires
♦ |1| **POISSON** Xᵉ s. : dér. ancien d'un simple anc. fr. *pois*, du lat. *pīscem*, acc. de *piscis* attesté dans quelques composés : **POISSONNIER, POISSONNERIE, EMPOISSONNER** XIIIᵉ s. ; **POISSONNEUX** XVIᵉ s. ; **POISSARDE** XVIIᵉ s. Pour les mots sav. exprimant la notion de « poisson » → ICHTYO-. ♦ |2| **PÊCHER** XIIᵉ s. : lat. vulg. *piscāre*, class. *piscari* ; **PÊCHEUR** XIIᵉ s. : *piscator, -ōris* ; **PÊCHERIE** XIIᵉ s. ; **REPÊCHER, PÊCHE** XIIIᵉ s. ; **REPÊCHAGE** XIXᵉ s.

II. mots savants
♦ |1| **PISCINE** XIIᵉ s. : *piscina*. ♦ |2| **PISCI-** 1ᵉʳ élément de composés sav., ex. : **PISCIFORME** XVIIIᵉ s. ; **PISCICULTURE** XIXᵉ s.

POIVRE ♦ |1| (pop.) XIIᵉ s. : lat. *pĭper*, mot d'origine orientale, correspondant au gr. *peperi* et au sanscrit *pipali* ; **POIVRER, POIVRIER** XIIIᵉ s. ; **POIVRADE** XVIᵉ s. ; **POIVRIÈRE, POIVRON** XVIIᵉ s. ; **POIVROT** XIXᵉ s. fam. « ivrogne » : dér. de *poivre* au sens argotique de « poison » et d' « eau-de-vie » XIXᵉ s. ♦ |2| **PIMPRENELLE** (demi-sav.) XIIᵉ s. : altération du lat. médiéval *pipinella*, probablement dér. de *piper*, à cause du goût de cette plante. ♦ |3| **FIFRELIN** XIXᵉ s. « chose sans valeur » : all. *Pfifferling* « sorte de champignon à goût poivré », du moyen bas all. *peperlinc*, dér. de *piper*.

POIX ♦ |1| (pop.) XIᵉ s. : *picem*, acc. du lat. *pix, picis* « id. ». ; **POISSER** XIVᵉ s. « enduire de poix », XIXᵉ s. argot « voler » (le voleur ayant les mains qui « collent ») et « importuner » (→ aussi COLLER, COLLANT) ; **POISSEUX** XVIᵉ s. ; **POISSARD** XVIᵉ s. « voleur », XIXᵉ s. « malchanceux » ; **POISSE** XIXᵉ s. argot « voleur », « souteneur », puis « malchance ». ♦ |2| **EMPESER** (pop.) XIIIᵉ s. : dér. ancien de *pix, picis*, forme accentuée sur la finale ; **EMPOIS** XIIIᵉ s. : id., forme accentuée sur la terminaison ; **EMPESAGE** XVIIᵉ s. ♦ |3| **ÉPICÉA** (demi-sav.) XVIIIᵉ s. : altération du lat. *picea* « sorte de sapin », littéralement « résineux ». ♦ |4| **PITCHPIN** XIXᵉ s. : mot angl. composé de *pin*, d'origine lat., et de *pitch* « résine », d'origine germ., de la même base *pic-* que le lat. *pix, picis*.

POKER XIXᵉ s. : mot angl. d'origine obscure.

POLICE famille du gr. *polis* « ville, cité », d'où *politês* « citoyen », *politeia* « droit de cité », « administration d'un homme d'État », « régime politique » ; *politikos* « qui concerne les citoyens et l'État ».

♦ |1| **POLICE** (demi-sav.) XIIIᵉ s. : « gouvernement », XVIIᵉ s. sens mod. : *politeia* ; **POLICER** XVᵉ s. « gouverner », XVIIIᵉ s. « civiliser » ; **POLICIER** XVIIᵉ s. adj. « relatif au gouvernement », fin XVIIIᵉ s. adj. et subst. sens mod. ♦ |2| **POLITIQUE** (sav.) XIIIᵉ s. subst. « art de gouverner » : *politikê (teknê)* ; XIVᵉ s. adj. « relatif au gouvernement », XVIᵉ s., adj. et subst. « (homme) qui s'occupe des affaires de l'État » ; XVIIᵉ s. « prudent et adroit » : *politikos* ; **POLITICIEN** XVIIIᵉ s. ; **POLITICARD** XIXᵉ s. ; **POLITICAILLERIE, APOLITIQUE, APOLITISME, POLITISER, DÉPOLITISER** XXᵉ s. ; **POLITICO-** 1ᵉʳ élément de composés, ex. : **POLITICO-SOCIAL** XXᵉ s. ♦ |3| **-POLE** (sav.) 2ᵉ élément de composés d'origine gr. : **MÉTROPOLE** (sav.)ᵉ s. : *mêtropolis* « ville-mère (par rapport à ses colonies) ou ville principale » ; **ACROPOLE** XVIIIᵉ s. (XVIᵉ s. *acropolis*) : *akropolis* « ville haute, citadelle » ; **NÉCROPOLE** XIXᵉ s. : *nekropolis* « ville des morts », d'abord à Alexandrie, en Égypte. ♦ |4| **COSMOPOLITE** (sav.) XVIᵉ s. : *kosmopolitês* « citoyen du monde » ; **COSMOPOLITISME** XIXᵉ s. ♦ |5| **POLICLINIQUE** → ENCLIN. ♦ |6| **TRACES EN TOPONYMIE** : **NAPLES** : it. *Napoli* = gr. *nea polis* « ville neuve » ; **ANTIBES** : gr. *antipolis* « la ville d'en face (de Nice) », anc. colonies gr.

POLIR ♦ |1| (sav.) XIIᵉ s. « rendre lisse et brillant », XVIᵉ s. « civiliser », sous l'influence de *poli* : lat. *polire* « id. » (→ aussi FEUTRE) ; **POLI** XIIᵉ s. « lisse et brillant », « élégant » : part. passé de *polir* ; XVIᵉ s. sens mod., sous l'influence du lat. *politus* au sens fig. de « cultivé, façonné par l'éducation », et p.-ê. de l'it. *polito* ; **IMPOLI** XIVᵉ s. ; XVIIIᵉ s. sens mod. ♦ |2| **POLISSOIR** XVIᵉ s. ; **DÉPOLIR** XVIIᵉ s. : dér. de *polir* au 1ᵉʳ sens du mot. ♦ |3| **POLITESSE** XVIIᵉ s. « culture et bonnes manières », et **IMPOLITESSE** : it. anc. *politezza* (mod. *pulitezza*), dér. de *polito* ; servent de dér. à *poli* au 2ᵉ sens du mot.

POLISSON XVIIᵉ s. : mot d'argot ancien, « guenilleux qui vend les hardes qu'on lui donne » ; se rattache à un anc. *polir*, argot, « vendre » ou « acheter », « troquer », « voler » : p.-ê. du gr. *pôlein* « vendre », par des intermédiaires obscurs ; fin XVIIᵉ s. « galopin » et « jeune homme licencieux » ; **POLISSONNERIE** fin XVIIᵉ s. ; **POLISSONNER** XVIIIᵉ s.

POLKA XIXᵉ s. : mot polonais.

POLLUER (sav.) XVᵉ s. : lat. *polluere* « salir en mouillant », « profaner, souiller », probablement apparenté à *lutum* « boue » ; **POLLUTION** XIIᵉ s. : *pollutio*.

POLO XIXᵉ s., jeu angl. pratiqué d'abord aux Indes ; XXᵉ s. chandail léger des joueurs de polo : mot angl. empr. à un dial. tibétain.

POLYPTYQUE (sav.) XVIIIᵉ s. : adj. gr. *poluptukhos* « plié un grand nombre de fois », c.-à-d. « formé de plusieurs feuillets », de *polu* « nombreux » et **ptux, ptukhos* « pli » (par le lat.) ; **DIPTYQUE** XVIIᵉ s. « tablette double », XIXᵉ s. « tableau à deux volets » : *diptukhos*, par le lat. ; **TRIPTYQUE** XIXᵉ s. : *triptukhos*.

POMME ♦ |1| (pop.) XIᵉ s. : lat. *pôma*, plur. neutre de *pômum* « fruit », interprété comme un fém. ; **POMME DE TERRE** XVIIᵉ s. « topinambour », XVIIIᵉ s. sens mod. ; **POMMIER** XIᵉ s. ♦ |2| **POMMEAU** XIᵉ s. : dimin. de l'anc. fr. *pom*, du lat. *pomum*, par métaphore. ♦ |3| **POMMETTE** XIIᵉ s. « petite pomme », XVᵉ s. anat. ; **POMMELÉ** XIᵉ s. emploi métaph. ; **POMMERAIE** XIIIᵉ s. : dér. de *pommier* ; **POMMÉ** XIVᵉ s. ♦ |4| **POMMADE** XVIᵉ s. : it. *pomata*, dér. de *pomo*, du lat. *pomum* « cosmétique à base de pomme d'api » ; **POMMADER** XVIᵉ s. ♦ |5| **POMI-, POMO-** 1ᵉʳˢ éléments de mots sav., ex. : **POMICULTEUR, POMOLOGIE** XIXᵉ s.

POMPE (sav.) XIIIᵉ s. « magnificence » : gr. *pompê* « procession religieuse solennelle », « éclat, faste », dér. de *pempein* « envoyer », « escorter », par le lat. ; **POMPEUX** XIVᵉ s. : bas lat. *pomposus* ; **POMPIER, POMPIÉRISME** XIXᵉ s.

PONCE (pierre) ♦ |1| (pop.) XIIIᵉ s. : bas lat. *pomex, -icis*, var. dial. (osque) du class. *pūmex, -icis* ; **PONCER** XIIIᵉ s. ; **PONÇAGE** XIXᵉ s. ♦ |2| **PONCIF** XVIᵉ s. techn. « dessin fait au moyen d'une feuille piquée sur laquelle on passe une pierre ponce », XIXᵉ s. « thème conventionnel ».

PONDRE famille du lat. *sinere, situs* qui a pris à l'époque class. le sens de « permettre », mais signifiait à l'origine « laisser, placer », sens conservé (1) dans le participe passé employé comme adj. *situs* « placé », le subst. *situs, -ūs* « situation », d'où bas lat. *situatus* et lat. médiéval *situare* (2) le composé *desinere* « laisser là, cesser, finir » (3) le composé *ponere* (issu de *po-sinere*), *positus* « poser, déposer », d'où *positio, -onis* « action de mettre en place », « position », auquel se rattachent plusieurs verbes préfixés, ainsi que leurs dér. en *-positus, -positio*: *anteponere* « placer devant »; *apponere* « placer auprès de »; *componere* « placer ensemble, concerter »; *deponere* « déposer, mettre à terre »; *disponere* « placer en séparant », « mettre en ordre »; *exponere* « mettre dehors », « mettre en vue »; *imponere* « placer sur », « donner une charge à quelqu'un », « lui faire endosser un mensonge », d'où bas lat. *impostor* et *impostura* « imposteur » et « imposture »; *interponere* « placer entre »; *post-ponere* « placer après »; *praeponere* « placer devant », « mettre à la tête de »; *proponere* « placer devant les yeux, exposer », « annoncer »; *superponere* « placer sur »; *supponere* « mettre dessous », « substituer (p. ex.: un enfant, un testament) ».

I. mots populaires

♦ |1| **PONDRE** XIIᵉ s. : « déposer ses œufs (en parlant des oiseaux) »; éliminé par *poser* au sens général : *ponĕre* : l'expression *ponere ova* est déjà attestée au Iᵉʳ s.; **PONDEUSE** XVIᵉ s.; **PONTE** XVIᵉ s. subst. : lat. vulg. *pondĭta*, class. *posĭta*, part. passé substantivé de *pondre*. ♦ |2| **PONTER** XVIIIᵉ s. « déposer sa mise, au jeu » : dér. de lat. fr. *pont* « dépôt », du lat. vulg. *pondĭtum*, var. masc. de *ponte* → le précéd.; **PONTE** XIXᵉ s., argot « joueur », « richard dépensier », « gros trafiquant de stupéfiants » : dér. de *ponter*. ♦ |3| **COMPOTE** XIIᵉ s. : *composĭta* « choses mises ensemble », « mélange », part. passé substantivé de *componere*; **COMPOTIER** XVIIIᵉ s. ♦ |4| **PRÉVÔT** XIIᵉ s. : *praeposĭtus* « préposé », de *praeponere*; **PRÉVÔTÉ** XIIIᵉ s.; **PRÉVÔTAL** XVIᵉ s. ♦ |5| **SUPPÔT** (demi-sav.) XIIIᵉ s. : *suppositus* « placé sous les ordres de, subalterne », de *supponere*; **IMPÔT** XIVᵉ s. : *impositum* « (charge) imposée »; **DÉPÔT** XIVᵉ s. : *depositum* « chose déposée », de *imponere, deponere*; **ENTREPÔT** XVIIᵉ s. : de *entreposer*, sur le modèle de **DÉPÔT**.

II. mots d'emprunt

A. PONANT XIIIᵉ s. : anc. prov. *ponen*, du lat. *(sol) ponens* « (soleil) couchant », le verbe *ponere* ayant pris en bas lat. le sens de « se coucher ».

B. base -post-

♦ |1| **POSTE** XVᵉ s., subst. fém. « relais de chevaux » et « courrier du roi », d'où sens mod. XVIIᵉ s. : it. *posta*, du lat. *posĭta*; **POSTAL, POSTIER, POSTER** XIXᵉ s. ♦ |2| **POSTILLON** XVIᵉ s. « cocher de la poste », XIXᵉ s., par métaphore « goutte de salive envoyée en avant » : it. *postiglione*, dér. de *posta*; **POSTILLONNER** XVIIᵉ s. « courir la poste », XIXᵉ s. sens mod. ♦ |3| **POSTE** début XVIᵉ s. subst. masc., d'abord sens milit. : it. *posto*, du lat. *posĭtum*, part. passé substantivée; **POSTER** XVIᵉ s. « mettre à un poste »; **APOSTER** XVᵉ s. : it. *appostare* « guetter » (avec influence pour le sens de *poste, poster*), dér. de *posta* au sens d'« affût »; **AVANT-POSTE** XIXᵉ s. ♦ |4| **POSTICHE** XVIᵉ s. : it. *posticcio*, dér. de *posto* « placé », de *positum*. ♦ |5| **POSTURE** XVIᵉ s. : it. *postura*, dér. de *posto*. ♦ |6| **IMPOSTE** XVIᵉ s. : it. *imposta* « placée sur », du lat. *imposita*, de *imponere*. ♦ |7| **COMPOSTEUR** XVIIᵉ s., imprimerie : it. *compositore* « compositeur », formé sur *compositus*, de *componere*; **COMPOSTER** XVIIIᵉ s.

III. mots savants de la famille de *ponere*

A. base -pon-

♦ |1| **DÉPONENT** XVIᵉ s., gramm. : *deponens, -entis*, part. présent de *deponere* « (verbe) déposant (c.à-d. abandonnant son sens passif) ». ♦ |2| **EXPONENTIEL** XVIIIᵉ s.; math. : dér. formé sur *exponens, -entis*, participe présent de *exponere* « exposer ». ♦ |3| **DISPONIBLE** XIVᵉ s. : lat. médiéval *disponibilis*, de *disponere*; **DISPONIBILITÉ** XVᵉ s., rare avant le XIXᵉ s.; **INDISPONIBLE** XVIIIᵉ s.; **INDISPONIBILITÉ** XIXᵉ s.

B. base -pos- Cette base provient du radical du part. passé *positus* et de ses dér., et, pour les temps du présent de la réfection de *-pondre* en *-poser*, sous l'influence de **POSER** (d'origine gr. → ce mot)

♦ |1| **APPOSER** XIIᵉ s. : réfection de *apponere*; **APPOSITION** XIIIᵉ s.; XVIIIᵉ s. gramm. : *appositio*. ♦ |2| **COMPOSER** XIIᵉ s. « assembler », XVᵉ s. « trouver un accommodement », XVIᵉ s. « affecter une attitude », XVIIᵉ s. « écrire de la musique » : réfection de *componere* ; **COMPOSITION** XIVe s. ; XVIe s. « accord », XVIIe s., typo. et scol. : *compositio* ; **COMPOSITEUR** XIIIe s. « conciliateur », XVe s. « qui compose un ouvrage » : *compositor* ; **COMPOSITE** XIVe s. : *compositus* ; **DÉCOMPOSER, RECOMPOSER** XVIe s. ; **DÉCOMPOSITION** XVIIe s. ; **DÉCOMPOSABLE, INDÉCOMPOSABLE, SURCOMPOSÉ** XVIIIe s. ♦ |3| **DÉPOSER** XIIe s. : réfection de *deponere* ; **DÉPOSITION** XIIe s. : lat. jur. *depositio* ; **DÉPOSITAIRE** XIVe s. : lat. jur. *depositarius*. ♦ |4| **DISPOSER** XIIe s. : réfection de *disponere* ; **DISPOSITION** XIIe s. : *dispositio* ; **DISPOSITIF** XIVe s. : dér. sur *dispositus* ; **INDISPOSER, INDISPOSITION, PRÉDISPOSER** XVe s. ; **PRÉDISPOSITION** XVIIIe s. ♦ |5| **DISPOS** adj. XVe s. : croisement de *disposé* et de l'it. *disposto* « en bonne disposition ». ♦ |6| **EXPOSER** XIIe s. : réfection de *exponere* ; **EXPOSITION** XIIe s. : *expositio* ; **EXPOSANT** XIVe s. subst. masc. jur., XVIIe s. math., XIXe s. « qui participe à une exposition » ; **EXPOSÉ** XVIIe s., subst. masc. ♦ |7| **IMPOSER** XIIe s. ; XIVe s. « taxer », « imputer » et « prescrire », XVIe s. « faire accroire » et liturg. *imposer les mains*, XVIIe s. « impressionner, commander le respect » : réfection de *imponere* ; **IMPOSITION** XIIIe s. : *impositio* ; **IMPOSABLE** XVe s. ; **SURIMPOSER, SURIMPOSITION** XVIIe s. ; **IMPOSANT** XVIIIe s. ♦ |8| **IMPOSTURE** XIIe s. : *impostura*, de *imponere* ; **IMPOSTEUR** XVIe s. : *impostor*. ♦ |9| **OPPOSER** XIIe s. : réfection de *opponere* ; **OPPOSITION** XIIe s., XVe s. astron. et jur., XVIIIe s. pol. sous l'influence de l'angl. : *oppositio* ; **OPPOSITE** XIIIe s. : *oppositus* ; **OPPOSANT** XIVe s. subst. ; **OPPOSABLE** XIXe s. anat. ♦ |10| **PROPOSER** XIIe s. sens mod., et XIIe s.-XVII{e} s. « projeter », « exposer » : réfection de *proponere* ; **PROPOSITION** XIIe s. : *propositio* ; **PROPOS** XIIe s., XVe s. « paroles échangées » : dér. de *proposer* ; **AVANT-PROPOS** XVIe s. ; **À-PROPOS** XVIIIe s. ♦ |11| **ENTREPOSER** (demi-sav.) XIIe s. et **INTERPOSER** (sav.) XIVe s. : réfection de *interponere* ; **INTERPOSITION** XIIe s. ; **ENTREPOSITAIRE** XIXe s. : sur le modèle de *dépositaire*. ♦ |12| **TRANSPOSER** XIIe s. : adaptation de *transponere* ; **TRANSPOSITION** XVe s. ♦ |13| **POSITION** XIIIe s. : *positio*, de *ponere*, *-is* ; **POSITIF** XIIIe s. : bas lat. *positivus* « bien-fondé », dér. de *positus* ; **POSITIVISME, POSITIVISTE, POSITIVITÉ** XIXe s. ; **DIAPOSITIVE** XIXe s., rare avant XXe s. (pour **POSER** → ce mot). ♦ |14| **SUPPOSER** XIIIe s. « faire une hypothèse », XVIe s. jur. « substituer frauduleusement », sous l'influence du lat. : réfection de *supponere* ; **SUPPOSITION** XIIIe s. : *suppositio*. **PRÉSUPPOSER** XIVe s. ; **PRÉSUPPOSITION** XVe s. ♦ |15| **SUPPOSITOIRE** XIIIe s. : lat. *suppositorius* « qui se place par en dessous », de *suppositus*, part. passé de *supponere*. ♦ |16| **PRÉPOSER** XIVe s. : réfection de *praeponere* ; **PRÉPOSITION** XIVe s. gramm. : *praepositio* ; **PRÉPOSÉ** XVIIe s. subst. ♦ |17| **POSTPOSER** XVe s. : réfection de *postponere* ; **POSTPOSITION** XIXe s., **ANTÉPOSER** XIXe s. ♦ |18| **SUPERPOSITION** XVIIe s. : *superpositio*, lat. médiéval ; d'où **SUPERPOSER** XVIIIe s. ♦ |19| **JUXTAPOSITION** XVIIe s. : de *juxta* « à côté » et *positio* ; d'où **JUXTAPOSER** XIXe s.

IV. mots savants de la famille de *sinere* et *desinere*

♦ |1| **SITUER** XIVe s. : *situare* ; **SITUATION** XIVe s. ♦ |2| **DÉSINENCE** XIVe s. : lat. médiéval *desinentia*, de *desinere*. ♦ |3| **SITE** XVIe s. : it. *sito* : lat. *situs*, *-us*.

PONT famille d'une racine ind.-eur. *penth-* « voie de passage ». En grec *pontos* « la mer », voie de communication par excellence. En latin *pons, pontis* « le pont », d'où *ponto, -ōnis* « bac » ; de plus, les Anciens, sans doute à juste titre, considéraient le mot *pontifex* comme dér. de *pons*, signifiant littéralement « faiseur de pont ». Les insignes du grand pontife comportaient une hache (importance décisive du *pons sublicius* « pont de charpente » sur le Tibre, au début de l'histoire de Rome).

I. mots d'origine latine

♦ |1| **PONT** (pop.) XIIe s. ; XIIe s. mar. : *pons, pontis* ; **PONT-LEVIS** XIIe s. ; **PONTER** XVIe s. ; **ENTREPONT, APPONTEMENT** XVIIIe s. mar. ; **APPONTER** XXe s. ♦ |2| **PONTON** (pop.) XIIIe s. : *ponto, -ōnis* ; **PONTONNIER** XIVe s. ♦ |3| **PONTIFICAL** (sav.) XIIIe s. : *pontificalis* « du pontife » ; **PONTIFICAT** XIVe s. : *pontificatus, -us* « dignité de pontife » ; **PONTIFIER** XIVe s. ; **PONTIFE** XVe s. : *pontifex, -icis*, anciennement adopté par le vocabulaire chrétien ; **PONTIFIANT** XIXe s., adj.

II. mot d'origine grecque

PONT-EUXIN : *pontos euxeinos* « la mer hospitalière », ainsi appelée, par antiphrase, à cause des populations sauvages de son littoral ; nom ancien de la mer Noire (→ XÉNO-).

PORC

PORC ♦|1| (pop.) xie s. : *porcus* « porc domestique », par opposition à *sus* (→ SOUILLER), qui pouvait aussi désigner le sanglier ; **POURCEAU** xiie s. : *porcĕllus*, dimin. de *porcus* ; **PORCELET** xiiie s. : dimin. de *pourceau*. ♦|2| **PORCHER** (pop.) xiie s. : bas lat. (ive s.) *porcărius* ; **PORCHERIE** xve s. « troupeau de porcs », xive s. « étable à porcs ». ♦|3| **PORC-ÉPIC** xiie s., d'abord sous la forme *porc espin*, altéré au xvie s. sous l'influence de *piquer* : de l'anc. prov. *porc espin*, de l'it. *porcospino* « porc-épine ». ♦|4| **PORCELAINE** xiiie s. coquillage utilisé pour des fabrications artisanales ; xvie s. poterie fine comparable à la nacre de ce coquillage : it. *porcellana* « truie » et « coquillage univalve dont la fente était comparée à la vulve d'une truie » ; **PORCELAINIER** xixe s. ♦|5| **PORCIN** (sav.) xiiie s.-xvie s., repris fin xviiie s. : lat. *porcinus*.

PORNOGRAPHE (sav.) xviiie s. : gr. *pornographos* « auteur d'écrits sur la prostitution », de *pornḗ* « prostituée », de *pernḗmi* « vendre » ; **PORNOGRAPHIE** xixe s.

PORT famille d'une racine ind.-eur. **per-* « traverser ».

En grec *peirein* « transpercer », d'où *poros* « conduit, passage » et *peronḗ* « toute pointe qui traverse un objet, cheville de fixation » et, par comparaison, « le plus mince des deux os de la jambe ».

En latin (1) *portus* « passage », en particulier « entrée d'un port » et lat. class. « le port » lui-même, d'où *opportunus*, littéralement « qui pousse vers le port », d'où lat. class. « commode, avantageux », et son contraire, *importunus* « inabordable, fâcheux » (2) *porta* « ouverture », en particulier « porte de ville », d'où bas lat. *portarius* « portier » (3) *porticus* « passage couvert soutenu par une colonnade » (4) *portare*, *portatus* « porter (à dos d'hommes, d'animaux, sur chariots ou bateaux) », d'où *apportare* « porter vers » ; *comportare* « porter dans le même lieu », « amasser » ; *deportare* « porter d'un endroit à l'autre » ; *exportare* « porter hors de » ; *importare* « porter dans » ; *reportare* « rapporter » ; *supportare* « transporter en remontant » et bas lat. « supporter » ; *transportare* « porter à travers ».

I. mots d'origine latine

A. famille de *portus*

♦|1| **PORT** (pop.) xie s. : *portus* ; « col des Pyrénées » xie s. : même mot, par l'anc. prov. ; **AVANT-PORT** xviiie s. ; **AÉROPORT, HÉLIPORT** xxe s. ♦|2| **PORTULAN** xiiie s. : « garde-port » ; xvie s. : « carte côtière » : it. *portolano*, var. *portulano* « pilote », dér. de *porto* « port ». ♦|3| **PORTUAIRE** (sav.) xxe s. : dér., sur *portus*. ♦|4| **OPPORTUN, INOPPORTUN** (sav.) xve s. : *opportunus, inopportunus* ; **OPPORTUNITÉ** xiiie s. ; **OPPORTUNISME, OPPORTUNISTE** xixe s. ♦|5| **IMPORTUNITÉ** (sav.) xiie s. : *importunitas* ; **IMPORTUN** xive s. : *importunus* ; **IMPORTUNER** xvie s.

B. famille de *porta*

♦|1| **PORTE** (pop.) xe s. anat. *la veine porte* : *porta* ; **PORTAIL** xiiie s. d'abord *portal* ; **PORTILLON, PORTIÈRE** « tenture » xvie s. ; **PORTE-FENÊTRE** xviie s. ♦|2| **PORTIER** (pop.) xie s. : *portarius* ; **PORTERIE** xve s. ♦|3| **CLOPORTE** (pop.) xiiie s. : composé de l'impératif du verbe *clore* et de *porte* parce que cet animal se replie sur lui-même au moindre danger.

C. représentants de *porticus*

♦|1| **PORCHE** (pop.) xie s. ♦|2| **PORTIQUE** (sav.) xvie s. archit., xixe s. gymnastique.

D. famille de *portare* (mots pop. ou demi-sav.)

♦|1| **PORTER** xe s. « être enceinte », xie s. sens général ; *se porter bien ou mal*, xve s. : *portāre* ; **PORT** xiiie s. « action de porter », xive s. « maintien » ; **PORTÉE** xiie s. « charge », xve s. à propos des femelles pleines, xvie s. balistique, xviiie s. *à la portée de* ; xviiie s. mus. ; **PORTANT** xiiie s. subst. techn., en particulier xixe s. théâtre ; **PORTAGE** xiiie s. ; **PORTABLE** xiiie s. ; **PORTATIF** xive s. ; **PORTEUR** xiiie s., et **TRIPORTEUR** xxe s., par contamination avec *tricycle* ; **AÉROPORTÉ, HÉLIPORTÉ** xxe s. Pour les mots savants, exprimant l'idée de « porter » → FÈRE et -PHORE, art. OFFRIR. ♦|2| **PORTE-** 1er élément de nombreux composés, ex. : **PORTEFAIX** xiiie s. ; **PORTEFEUILLE, PORTEMANTEAU** xvie s. ; **PORTEDRAPEAU** xvie s. ; **PORTE-VOIX, PORTEBOUQUET** xviie s. ; **PORTE-BONHEUR, PORTE-CIGARETTES, PORTE-MONNAIE** xixe s. ; **PORTE-DOCUMENTS, PORTE-AVIONS** xxe s. ♦|3| **APPORTER** xe s. : *apportare* ; **RAPPORTER** xiie s. « ramener », xiiie s. « raconter », xvie s. « produire un certain revenu », « rattacher par une relation logique » et *se rapporter à quelqu'un de quelque chose* ; **APPORT** xiie s. ; **RAPPORT, RAPPORTEUR** xiiie s. ♦|4| **EMPORTER** xe s.,

XIVᵉ s. *l'emporter* « vaincre », XVIIᵉ s. *s'emporter* « se mettre en colère » : de *en* issu de *inde* « de là » et de *porter* ; EMPORTEMENT XIIIᵉ s. ; EMPORTÉ XVIIᵉ s., adj. ; EMPORTE-PIÈCE XVIIᵉ s. ; REMPORTER XVᵉ s. ♦ I5I REPORTER XIᵉ s. ; REPORT XIIIᵉ s. « récit », XIXᵉ s. fin. ; REPORTER XIXᵉ s. subst. : mot angl., de l'anc. fr. *reporteur* « qui fait un récit » ; REPORTAGE XIXᵉ s. ♦ I6I COMPORTER XIIᵉ s. « porter », XVᵉ s. sens mod. : *comportare* ; COMPORTEMENT XVᵉ s., repris au XXᵉ s., psycho., pour traduire l'angl. *behaviour*. ♦ I7I COLPORTER XVIᵉ s. : altération, sous l'influence de *col, cou* (littéralement « porter sur la nuque »), de *comporter* au sens anc. de « porter » ; COLPORTEUR XVᵉ s. adj., XVIᵉ s. subst. ; COLPORTAGE XVIIIᵉ s. ♦ I8I DÉPORTER XIIᵉ s. « divertir, amuser », XIVᵉ s. jur., dans certaines coutumes « exiler », sens qui ne devient général qu'à la fin du XVIIIᵉ s. : lat. *deportare* « changer de place » ; DÉPORTEMENT XIIIᵉ s., du 1ᵉʳ sens ; DÉPORTATION XVᵉ s. : *deportatio*, du 2ᵉ sens ; DÉPORTÉ XIXᵉ s. subst. ♦ I9I SPORT XIXᵉ s. : mot angl. « jeu, amusement » ; abrév. de l'anc. fr. *desport*, var. de *deport*, dér. de *déporter* « distraire » ; → le précédent ; SPORTIF XIXᵉ s. ; SPORTIVITÉ XXᵉ s. ♦ II0I SUPPORTER XIIᵉ s. : *supportare* ; INSUPPORTABLE XIVᵉ s. ; SUPPORTABLE, SUPPORT XVᵉ s. ; SUPPORTER XXᵉ s., subst. sports : mot angl. « qui soutient » : de *to support* « souvenir », de l'anc. fr. *supporter*. ♦ IIII TRANSPORTER XIIᵉ s., sens propre, XIIIᵉ s. en parlant des sentiments : *transportare* ; TRANSPORTEUR XIVᵉ s. ; TRANSPORT XVIᵉ s. sens propre, XVIIᵉ s. « mouvement de passion » ; TRANSPORTABLE, INTRANSPORTABLE XVIIIᵉ s. ♦ II2I IMPORTER XIVᵉ s. « porter dans » : lat. *importare* ; XVIᵉ s. « avoir de l'importance », sous l'infl. de l'it. *importare*, de même origine, « être cause de » et « avoir de l'importance » ; IMPORTANCE et IMPORTANT XVᵉ s. : it. *importanza, importante* ; IMPORTER XVIIᵉ s. commerce : angl. *to import*, qui remonte au même verbe lat. ; IMPORTATEUR XVIIIᵉ s. ; IMPORTATION XVIIIᵉ s. : angl. *importation*. ♦ II3I EXPORTER, EXPORTATION XVIIIᵉ s. : lat. *exportare, exportatio*, probablement sous l'influence de l'angl. *to export* et *exportation*, de même origine → le précédent ; EXPORTATEUR XVIIIᵉ s.

II. mots savants d'origine grecque

♦ III PORE XIVᵉ s. : gr. *poros*, par le lat. ; POREUX, POROSITÉ XIVᵉ s. ; MADRÉPORE XVIIᵉ s. : it. *madrepora* « ensemble de pores, polypier perforé », formé sur le modèle de *madreperla* « nacre ». ♦ I2I PÉRONÉ XVIᵉ s. anat. : mot gr.

PORTION

♦ III (sav.) XIIᵉ s. : lat. *portio, -onis* « part, portion » et « proportion », qui est p.-ê., mais non certainement, apparenté à la rac. **per-* → PART. ♦ I2I PROPORTION (sav.) XIIIᵉ s. : lat. imp. *proportio, -ōnis* « rapport », traduction du gr. *analogia*, tiré de l'expression *pro portione* « pour sa part » ; PROPORTIONNER, PROPORTIONNEL XIVᵉ s. ; DISPROPORTION, DISPROPORTIONNÉ XVIᵉ s.

POSER

famille du gr. *pauein*, aoriste (temps du passé) *epausa*, « cesser », emprunté par le lat. sous la forme bas lat. *pausare* « s'arrêter », attestée dans certaines épitaphes (*pausat in pace*) avec le sens de « reposer », d'où le composé bas lat. *repausare* « reposer », trans. et intrans., qui a éliminé *requiescere* → COI ; de plus, *pausare*, dont la part. passé *pausatus* se rapprochait de *positus*, part. passé de *ponere* « poser, placer », pour la forme et pour le sens, s'est substitué, en gallo-roman, à *ponere* dans la plupart de ses emplois et de ses composés, et a annexé ses dér. : on trouvera donc à l'article PONDRE, représentant phonétique direct de *ponere*, la plupart des mots sentis aujourd'hui comme dér. et composés de *poser*. Le subst. *pausa*, antérieur à *pausare*, en est sans doute néanmoins un dér., ce verbe ayant pu être employé dans la langue parlée plus tôt que dans la langue écrite.

♦ III POSER (pop.) Xᵉ s. « ensevelir », XIᵉ s. « mettre en place » et « être en place », XIXᵉ s. « prendre une attitude prétentieuse », d'après *poser pour un peintre* : *pausare* ; POSEUR XVIIᵉ s. sens propre, XIXᵉ s. « prétentieux » ; POSE XVIIᵉ s. sens propre, XVIIIᵉ s. « séance devant un artiste », XIXᵉ s. photo, d'où POSEMÈTRE XXᵉ s. ; DÉPOSER « enlever » et DÉPOSE XIXᵉ s. ; REPOSER XIXᵉ s. « poser de nouveau », d'où REPOSE XXᵉ s. ♦ I2I REPOSER (pop.) Xᵉ s. : *repausare* ; REPOS XIᵉ s. ; REPOSOIR XIVᵉ s.

« endroit où l'on se repose », limité au XVIIᵉ s. aux « endroits où une procession s'arrête ». ♦ |3| PAUSE (sav.) XIVᵉ s. « arrêt » : lat. *pausa* ; XVIᵉ s., mus. : it. *pausa*, de même origine. ♦ |4| MÉNOPAUSE (sav.) XIXᵉ s. : composé du gr. *mên, ménos* « mois, menstrues » → MOIS, et du gr. tardif *pausis* « cessation », dér. de *pauein*.

POT ♦ |1| (pop.) XIIᵉ s. : bas lat. *pŏttus*, d'origine préceltique ; a pris divers sens argotiques tardivement attestés : XIXᵉ s. « derrière, postérieur » (d'où la forme redoublée POPOTIN XIXᵉ s.) ; XXᵉ s. « total des enjeux d'une partie » (p.-ê. d'après *pot d'aumônes* ou *pot de confrérie* servant à faire la quête) et « chance » ; POTÉE, POTIER XIIᵉ s. ; POTERIE XIIIᵉ s. ; POTICHE XVIIIᵉ s. ♦ |2| POT- 1ᵉʳ élément de composés, ex. : POT-DE-VIN XVIᵉ s. ; POT-POURRI XVIᵉ s. : calque de l'esp. *olla podrida* « mélange de viande et de légumes cuits ensemble » ; POT-AU-FEU XVIIᵉ s. ♦ |3| EMPOTER XVIIᵉ s. ; REMPOTER XIXᵉ s. ; DÉPOTER XVIIᵉ s. d'où DÉPOTOIR XIXᵉ s. « lieu où l'on dépote les ordures », par croisement avec *dépôt* → PONDRE. ♦ |4| POTAGE XIIIᵉ s.-XVIᵉ s. « tout ce qui se met dans le pot, viande et légumes » ; XVᵉ s. *pour tout potage* ; XVIIIᵉ s. sens mod. ; POTAGER XIVᵉ s. « cuisinier », XVIᵉ s. adj. et subst., sens mod. ♦ |5| POTACHE XIXᵉ s. « élève interne » : abrév. de *potachien*, altération et resuffixation, d'après *collégien*, de *potagiste* « qui prend son potage au collège ». ♦ |6| PORRIDGE XXᵉ s. : mot angl. : altération de l'anc. fr. *pottage*, var. de *potage*. ♦ |7| POTIN XIXᵉ s. : mot dial. déjà attesté dans un texte normand au XVIIᵉ s., dér. de *potiner* « bavarder », lui-même dér. de *potine*, dimin. de *pot* « chaufferette de terre autour de laquelle les femmes se réunissaient pour bavarder » ; POTINER, POTINIER, POTINIÈRE XIXᵉ s. ♦ |8| POTASSE XVIᵉ s. : néerl. *potasch* « cendre de pot » ; POTASSÉ, POTASSIQUE, POTASSIUM XIXᵉ s. ♦ |9| POTASSER XIXᵉ s., argot scolaire « étudier assidûment » : probablement dial. (Maine) « cuisiner », dér. de *pot*, avec un suff. *-asser* exprimant l'effort.

POTAMO- ♦ |1| (sav.) gr. *potamos* « fleuve », 1ᵉʳ élément de composés, ex. : POTAMOCHÈRE XXᵉ s. zool. : du gr. *khoiros* « petit cochon ». ♦ |2| HIPPOPOTAME XIIIᵉ s. : gr. *hippopotamos* « cheval de rivière », par le lat. (→ ÉQUESTRE).

POTEAU (pop.) ♦ |1| XIIᵉ s. « pieu » : dimin. de l'anc. fr. *post* : lat. *postis* « jambage de porte » — sens fig. arg. « soutien, support, ami fidèle » (comme l'it. *palo*) une fois au XVᵉ s. puis XIXᵉ s. ♦ |2| POTE, arg. fin XIXᵉ s. troncation de *poteau*, a pu entrer en collision homonymique avec le breton *pôtr* « homme, garçon » introduit par les Bretons venus en grand nombre à la fin du XIXᵉ s. et au début du XXᵉ s. chercher du travail à Paris.

POTELÉ famille de l'anc. fr. *pote*, adj. qui ne se trouve associé qu'avec *main* au sens de « gauche » puis XVIIᵉ s.-XVIIIᵉ s. « engourdie, grosse et enflée », d'origine obscure ; p.-ê. croisement de *patte* et du syn. anc. fr. *poe, poue* d'origine préceltique (→ PATTE). ♦ |1| POTELÉ XIIIᵉ s. « engourdi, maladroit » et XVIᵉ s. « gros et enflé ». ♦ |2| EMPOTÉ XIXᵉ s. fam. : dér. de *pote* au sens de « malhabile ».

POTIRON XVIᵉ s. « gros champignon », XVIIᵉ s. sens mod. : mot obscur ; p.-ê. adaptation de l'arabe *futur* « espèce de gros champignon » ; ou plutôt altération inexpliquée de l'anc. fr. *poistron* « derrière, postérieur », du lat. vulg. **posterio, -ōnis*, dér. de *posterior* (→ PUIS).

POU (pop.) XIIIᵉ s., d'abord sous la forme *peouil* : bas lat. *pedŭcŭlus*, lat. imp. *pedĭcūlus*, dimin. de l'arch. *pēdis* « pou » ; POUILLEUX XIIᵉ s. ; POUILLERIE, ÉPOUILLER XIVᵉ s.

POUCE (pop.) XIᵉ s. « mesure de longueur », XIIIᵉ s. anat. : lat. *pollex, pollĭcis* ; POUCETTE XIXᵉ s.

POUDRE famille d'une racine **pel-* « poudre » représentée en latin par (1) *pollen, -inis* « fleur de farine » (2) *puls, pultis* « bouillie de farine », nourriture des anciens Romains avant l'usage du pain (3) *polenta* « bouillie de farine d'orge », croisement de *pollen* et *puls, pultis* (4) *pulvis, pulveris* « poussière » et *pulverulentus* « couvert de poussière ».

♦ |1| **POUDRE** (pop.) xı^e^ s. « poussière », xıı^e^ s. « substance finement broyée », xıv^e^ s. toilette ; xvı^e^ s. explosif : *pŭlvĕrem*, acc. de *pŭlvis* ; **POUDREUX** xı^e^ s. ; **POUDRIÈRE** xıı^e^ s. « nuage de poussière », xvı^e^ s. « réserve, puis xvııı^e^ s. fabrique de poudre explosive » ; **POUDRER** xııı^e^ s. ; xvıı^e^ s., toilette ; **SAUPOUDRER** → SEL ; **POUDRIER** xııı^e^ s. « tourbillon de poussière », xvı^e^ s. « boîte à poudre » ; **POUDROYER** xıv^e^ s. ; **POUDROIEMENT** xvıı^e^ s. ; **POUDRERIE** xvııı^e^ s. ; **POUDRE DE RIZ** xıx^e^ s. ; **POUDREUSE, POUDRAGE** xxe s. ♦ |2| **POUSSIÈRE** (pop.) xıı^e^ s. : dér. du dial. (Centre et Est) *pous*, du lat. vulg. **pulvus*, class. *pulvis* ; **POUSSIER** xıv^e^ s., var. masc. de *poussière* ; **ÉPOUSSETTE** xıv^e^ s. ; **ÉPOUSSETER** xve s. ; **ÉPOUSSETAGE** xvııı^e^ s. ; **POUSSIÉREUX** xvııı^e^ s. ♦ |3| **PULVÉRISER** (sav.) xıv^e^ s. : bas lat. *pulverizare* « réduire en poussière » ; **PULVÉRISATION, PULVÉRISABLE** xıv^e^ s. ; **PULVÉRISATEUR** xıx^e^ s. ; **PULVÉRULENT** xvııı^e^ s. : *pulverulentus* ; **PULVÉRULENCE** xıx^e^ s. ♦ |4| **POLLEN** (sav.) xvııı^e^ s. bot. : emploi métaph. du mot lat. ; **POLLINIQUE, POLLINISATION** xıx^e^ s. ♦ |5| **POLENTA** xıx^e^ s. : mot italien, du lat. *polenta*.

POUF famille d'une base expressive ou onom. à structure consonantique *p-f* (parallèle à *b-f* → BOUFFER), suggérant les notions de « gonflement », de « rembourrage » ou de « personnes gavées de boisson ou de nourriture ».

I. voyelle *ou*

♦ |1| **POUF** xve s. « bruit de chute d'un objet mou », d'où **PATAPOUF** xıx^e^ s., par croisement avec la base *patt-*, onom. elle aussi → PATTE. ♦ |2| **POUFFER** xvı^e^ s. « souffler » en parlant du vent, xıx^e^ s. « rire ». ♦ |3| **POUF** xvııı^e^ s. « coiffe de femme », xıx^e^ s. « tabouret rembourré ». ♦ |4| **POUFFIASSE** xıx^e^ s. fam. « fille épaisse et vulgaire ». ♦ |5| on peut rapprocher de cette forme le mot **PUTSCH** xxe s. : all. de Suisse « explosion », onom. lui aussi, qui a pris son sens actuel à l'occasion du *putsch* de Zürich en 1839 ; **PUTSCHISTE** xxe s.

II. voyelle *a*

♦ |1| **PAF** xıx^e^ s. argot « ivre » : forme réduite de *paffé*, part. passé de *se paffer*, var. *s'empaffer*, fin xvııı^e^ s., et dial. (Picardie) « se gaver ». ♦ |2| **PIF-PAF** xvııı^e^ s. : onom. suggérant le bruit de gifles.

III. voyelle *i*

♦ |1| **S'EMPIFFRER** xvı^e^ s. « se gaver » (→ PAF). ♦ |2| **PIF** xıx^e^ s. « gros nez », d'où **PIFFER** xxe s. argot, dans la locution *ne pas pouvoir piffer*, et **PIFOMÈTRE** xxe s. fam.

POULE famille d'une racine **peu-* « petit d'animal », « enfant ». En latin (1) *pŭllus* « petit d'animal », « poulet » et « mignon », terme de tendresse, d'où le dimin. *pullulus* et le verbe *pullulare* ; bas lat. vı^e^ s. (Loi salique), *pullicella* « jeune fille » ; et les dér. bas lat. *pullamen, -inis, pulliter*, et *pullicēnus* « petit d'animal », « jeune poulet » (2) *puer* « petit garçon », d'où *puerilis* « enfantin » (3) *pūsus* « petit garçon », d'où *pusillus* « tout petit, mesquin » et lat. eccl. *pusillanimis* et *pusillanimitas* « faiblesse d'âme » (4) *pŭttus* (var. **pūttus* attestée par les langues romanes) « petit garçon » (5) *praepūtium* « prépuce », de *prae* « en avant » et d'un second élément *-pūt-* probablement apparenté à *puttus, pusus* et exprimant l'idée de « petitesse ».

I. mots populaires

♦ |1| **POULE** xııı^e^ s., oiseau (a concurrencé et éliminé *geline* → GELINOTTE), xvıı^e^ s. « enjeu » (qui était p.-ê. à l'origine une poule), fin xıx^e^ s. « femme légère », « femme », par avilissement de l'expression tendre *ma poule* (a éliminé ou concurrencé *fumelle* et *cocotte*) : *pŭlla* « poulette » ; **POULETTE** xııı^e^ s. ; **POULET** xııı^e^ s. ; xıx^e^ s. « billet doux » (p.-ê. à cause de la forme de la pliure) ; **POULAILLER** xııı^e^ s., de l'anc. fr. *poulaille* « volaille » ; **POULARDE** xvı^e^ s. ♦ |2| **POURPIER** xııı^e^ s. : *pŭlli pědem* « pied de poule » → PIED. ♦ |3| **POUILLOT** xııı^e^ s. « petit d'un oiseau » : dér. de l'anc. fr. *pouil*, du lat. vulg. **pŭllius*, var. de *pullus* « jeune coq ». ♦ |4| **POUSSIN** xıı^e^ s. : lat. vulg. **pŭllīcinus*, var. bas lat. *pullicēnus* ; **POUSSINIÈRE** xıı^e^ s. adj., xıv^e^ s. subst. ♦ |5| **POULAIN** (pop.) xıı^e^ s. : *pŭllāmen* ; **POULINER** xvı^e^ s. ; **POULINIÈRE** xvıı^e^ s. ; **POULICHE** xvı^e^ s. : mot dial., var. fém., probablement due à l'influence du picard *geniche* « génisse ». ♦ |6| **POUTRE** xıv^e^ s. « jeune jument » et, par métaph., sens mod. (→ SOMMIER, CHEVALET, CHEVRON, etc.) : **pullītra* fém. de *pulliter* ; **POUTRELLE** xvıı^e^ s. ♦ |7| **POLOCHON** xıx^e^ s., argot milit. « traversin de plumes » : anc. fr. *poulonceI, poulonchiau* « petit oiseau », qui survit dans certains dial. : dér. de *pŭllus*.

◆ 181 **PUCELLE** XI{ᵉ} s. : selon l'hypothèse la plus vraisemblable, du lat. vulg. *pŭllicella, croisement avec pūsus ou pūttus de pŭllicella, dimin. fém. de pŭllus ; **PUCELAGE, DÉPUCELER** XII{ᵉ} s. ; **PUCEAU** XIII{ᵉ} s.

II. mots d'emprunt

◆ 111 **POLTRON** XVI{ᵉ} s. : it. poltrone « poulain » et « peureux », dér. du lat. pulliter → POUTRE ; **POLTRONNERIE** XVI{ᵉ} s. ◆ 121 **POLICHINELLE** XVII{ᵉ} s. : napolitain Pulecenella, var. it. Pulcinella, personnage de théâtre, paysan lourdaud, dimin. de pullicīnus → POUSSIN. ◆ 131 **PUTTO** XIX{ᵉ} s., beaux-arts : mot it. « petit enfant » : pūttus. ◆ 141 **PONEY** XIX{ᵉ} s. : angl. pony, qui remonte p.-ê. à l'anc. fr. poulenet, dimin. de poulain. ◆ 151 **POOL** XX{ᵉ} s. mot angl. industr., fin., empr. au fr. poule au sens d'« enjeu ».

III. mots savants

◆ 111 **PRÉPUCE** XII{ᵉ} s. : praeputium. ◆ 121 **PUSILLANIME** et **PUSILLANIMITÉ** XIV{ᵉ} s. : pusillanimis et pusillanimitas. ◆ 131 **PULLULER** XIV{ᵉ} s. : pullulare ; **PULLULEMENT** XIX{ᵉ} s. ◆ 141 **PUÉRILITÉ** XIV{ᵉ} s. : puerilitas ; **PUÉRIL** XV{ᵉ} s. : puerilis ; **PUÉRICULTURE** XIX{ᵉ} s. : dér. sur puer ; **PUÉRICULTRICE** XX{ᵉ} s.

POUMON
◆ 111 (pop.) XI{ᵉ} s. : lat. pŭlmo, -ōnis ; **S'ÉPOUMONNER** XVIII{ᵉ} s. ◆ 121 **PULMONAIRE** (sav.) XV{ᵉ} s. subst. fém. bot., XVI{ᵉ} s. adj. méd. : pulmonarius, -a, dér. de pulmo.

POURPRE
◆ 111 (pop.) XI{ᵉ} s. : lat. pŭrpŭra, empr. ancien et oral au gr. porphŭra ; désigne à la fois le coquillage, la teinture qu'on en tire, et l'étoffe teinte de cette couleur ; **POURPRÉ, EMPOURPRER** XVI{ᵉ} s. ◆ 121 **PURPURIN** (sav.) XIV{ᵉ} s. : réfection, d'après le lat., de l'anc. fr. pourprin, dér. de pourpre. ◆ 131 **PORPHYRE** XII{ᵉ} s. : it. porfiro, var. de porfido, du gr. porphurités (lithos) « (pierre) pourprée » ; **PORPHYRISER, PORPHYRISATION** XVIII{ᵉ} s.

POUSSER
famille d'une racine ind.-eur. *pel- « agiter ». En grec polemos « guerre ». En latin pellere, pulsus « pousser », auquel se rattachent (1) pulsus, -us et bas lat. pulsio, -onis « action de pousser » ; pulsare « pousser violemment » ; pulsatio « choc, heurt » (2) une série de verbes préfixés : compellere « pousser ensemble », d'où bas lat. jur. compulsio « contrainte, sommation, mise en demeure » ; expellere « pousser hors de » et expulsio ; impellere « pousser dans » et impulsio ; propellere « pousser en avant » et propulsio ; repellere « pousser en arrière » et repulsio (3) -pellare 2{ᵉ} élément de composés, dér. à valeur durative et intensive de pellere, dont il s'est vite détaché pour le sens, qui apparaît dans appellare « en appeler à », « appeler », puis « nommer, désigner » ; interpellare « interrompre par la parole », et leurs dér. en -atio.

I. mots d'origine latine

A. mots populaires de la famille de pulsus, base -pou(l)s-

◆ 111 **POUSSER** XII{ᵉ} s., rare avant le XIV{ᵉ} s., trans. ; XVI{ᵉ} s. intrans. « croître » : pulsare ; **POUSSIF** XII{ᵉ} s. : dér. de pŭlsāre au sens ancien de « respirer difficilement » ; **POUSSE** XV{ᵉ} s. « action de pousser », XVII{ᵉ} s. « rejeton, jeune plante » ; **POUSSÉE** XVI{ᵉ} s. ; **POUSSETTE** XIX{ᵉ} s. ; **POUSSE-CAFÉ** XIX{ᵉ} s. ; **POUSSE-POUSSE** XX{ᵉ} s. ◆ 121 **POULS** XII{ᵉ} s. : pŭlsus, -us au sens de « battement (des artères) ». ◆ 131 **REPOUSSER** XIV{ᵉ} s. ; **REPOUSSOIR** XV{ᵉ} s. ; **REPOUSSANT** XVII{ᵉ} s., adj. : dér. de pousser.

B. mots savants de la famille de pulsus, base -puls-

◆ 111 **COMPULSION** XIII{ᵉ} s., jur. : compulsio, -onis ; **COMPULSOIRE** XV{ᵉ} s. ; **COMPULSER** XV{ᵉ} s., jur. « exiger la production d'une pièce », d'où XVI{ᵉ} s. sens mod. ◆ 121 **PULSATION** XIV{ᵉ} s. : pulsatio ; **PULSATIF** XIV{ᵉ} s. ; **PULSATILE** XVI{ᵉ} s. ; **PULSION** XVII{ᵉ} s. : pulsio ; **PULSÉ** XX{ᵉ} s. ; **PULSO-** 1{ᵉʳ} élément de composés sav., ex. : **PULSOMÈTRE** XIX{ᵉ} s. ; **PULSORÉACTEUR** XX{ᵉ} s. ◆ 131 **EXPULSION** XIV{ᵉ} s. : expulsio ; **EXPULSER** XV{ᵉ} s. ◆ 141 **IMPULSION** XIV{ᵉ} s. : impulsio ; **IMPULSIF** fin XIV{ᵉ} s. : lat. médiéval impulsivus ; **IMPULSIVITÉ, IMPULSER** XX{ᵉ} s. ◆ 151 **RÉPULSION** XV{ᵉ} s. « action de repousser » ; XIX{ᵉ} s. sens fig. : repulsio ; **RÉPULSIF** XV{ᵉ} s. ◆ 161 **PROPULSION** XVII{ᵉ} s., rare avant le XIX{ᵉ} s. : mot formé sur propulsus ; **PROPULSEUR, PROPULSIF** XIX{ᵉ} s. ; **PROPULSER** XX{ᵉ} s. ; **-PROPULSÉ, -PROPULSEUR** 2{ᵉˢ} éléments de composés, ex. : moto-, turbo- propulseur, -propulsé XX{ᵉ} s.

C. famille de -pellare

◆ 111 **APPELER** (pop.) XI{ᵉ} s. : appellare ; **RAPPELER, APPEL** XI{ᵉ} s. ; **RAPPEL** XIII{ᵉ} s. ; **APPELANT** XIV{ᵉ} s. subst., chasse. ◆ 121 **APPEAU** (pop.) XII² s. : var. d'*appel* (cas régime plur.). ♦|3| APPELLATION (sav.) XII² s. : *appellatio* ; APPELLATIF XIV² s. : bas lat. *appellativus*. ♦|4| SEX APPEAL XX² s. : mot anglo-amér. « appel du sexe » : les deux éléments empr. au fr. ♦|5| INTERPELLER (sav.) XIV² s. : *interpellare* ; INTERPELLATION XIV² s. : fin XVIII² s., sens parlementaire : *interpellatio* ; INTERPELLATEUR XVI² s. : *interpellator*.

II. mots savants d'origine grecque

♦|1| POLÉMIQUE XVI² s. adj. : *polemikos* « relatif à la guerre » ; subst. fém. : *polemikē (tekhnē)* « art de la guerre » ; POLÉMIQUER, POLÉMISTE XIX² s. ♦|2| POLÉMARQUE XVIII² s. : *polemarkhos* « chef de guerre ». ♦|3| POLÉMOLOGIE XX² s. « science de la guerre ».

POUVOIR famille d'un thème ind.-eur. *poti-, qui désignait le chef d'un groupe social de toutes dimensions, famille, clan, tribu.

En grec *posis* « époux » et *despotēs* « le maître de la maison », appliqué ensuite aux « despotes » orientaux.

En latin l'adjectif *potis*, auquel se rattachent (1) *potestas, -atis* « puissance », « pouvoir politique » (2) le verbe *possum, potes, potest, posse* « je peux, tu peux, il peut, pouvoir », qui représente le croisement de *potis sum* et d'un ancien verbe *potēre* « diriger », « faire presser », causatif du verbe *petĕre* → PANNE. Sur *possum*, ont été créés en lat. imp. les deux adj. *possibilis* et *impossibilis*, pour traduire le gr. *dunatos* et *adunatos* (→ DYNAMIQUE, art. BON). *Potens, -entis*, qui sert de part. présent à *possum*, est en fait le part. de *potēre* et a servi de base, en lat. vulgaire, avec les autres formes à radical *pot-*, à la re-création d'un nouveau *potēre* qui a éliminé *posse* ; dér. et composés : *potentia* « puissance » ; *impotens, impotentia* « impuissant, impuissance » ; *omnipotens, plenipotens* « tout-puissant ».

I. mots d'origine latine

A. mots populaires ou empruntés

♦|1| POUVOIR IX² s., var. anc. *pooir*, XII² s. subst. : lat. vulg. *potēre* ; le *v* intervocalique est analogique d'*avoir, devoir*. ♦|2| PEUT-ÊTRE XIII² s. adv. : agglutination de *puet (cel) estre* XII² s. « cela peut être », où *puet* (fr. mod. *peut*) représente normalement *pŏtet*. ♦|3| PUISSANT XI² s. : part.

présent ancien de *pouvoir* formé sur le radical de la 1ʳᵉ personne du sing. *je puis*, du lat. vulg. *pŏssio*, contamination de *pŏssum* et de **pŏtio* issu de *pŏteo* ; ou directement issu d'un lat. vulg. *pŏssiente*, représenté en anc. fr. par *poissant* et croisé ensuite avec *je puis* ; PUISSANCE XII² s., XVII² s. math. et « État souverain » ; TOUT-PUISSANT XII² s. : calque du lat. *omnipotens* ; TOUTE-PUISSANCE, IMPUISSANCE XIV² s. ; IMPUISSANT XV² s., XVII² s. physiol. ♦|4| PODESTAT XIII² s. : it. *podestà* « magistrat du nord et du centre de l'Italie », de *potestas, -atis*.

B. mots savants de base -*poss*-

POSSIBLE, POSSIBILITÉ, IMPOSSIBLE XIII² s. : *possibilis, possibilitos, impossibilis* ; IMPOSSIBILITÉ XIV² s. ; POSSIBILISTE XIX² s.

C. mots savants de base -*pot*-

♦|1| POTENCE XII² s. « puissance », puis « béquille » et divers objets servant d'appui ou de soutien, en particulier XV² s. « gibet » ; POTENCÉ XV² s., blason. ♦|2| OMNIPOTENT XI² s. : *omnipotens* ; OMNIPOTENCE XIV² s. : *omnipotentia* ; VENTRIPOTENT XVI² s., formé sur le modèle d'*omnipotent*. ♦|3| IMPOTENT XIV² s. : *impotens* ; IMPOTENCE XIII² s. : *impotentia*. ♦|4| PRÉPOTENCE XV² s. : *praepotentia*. ♦|5| POTENTIEL XIV² s. méd., XV² s. philo., XIX² s. phys. et subst. masc. : lat. médiéval *potentialis*, dér. de *potens* ; POTENTIALITÉ, POTENTIOMÈTRE XIX² s. ; ÉQUIPOTENTIEL XX² s. ♦|6| POTENTAT XIV² s. « souveraineté », XVI² s. « chef d'État souverain » : lat. médiéval *potentatus, -us*, dér. de *potens*. ♦|7| PLÉNIPOTENTIAIRE XVII² s. → PLEIN.

II. mots savants d'origine grecque

DESPOTE XII² s. puis XIV² s. : *despotēs*, surtout par les traductions lat. d'Aristote ; DESPOTIQUE XVII² s. : *despotikos* ; DESPOTISME XVII² s.

PRATIQUE famille du gr. *prassein* « faire, exécuter, accomplir » ; *praxis* « action » ; *pragma, -atos* « affaire, activité » ; *praktikos* « agissant, efficace », d'où chez Platon *praktikē (tekhnē)* « science pratique », opposée à *theōretikē* ou *gnōstikē (tekhnē)* « science spéculative » (→ THÉÂTRE et CONNAÎTRE) ; *pragmatikos* « qui concerne l'action », « propre au maniement des affaires ».

♦|1| PRATIQUE (demi-sav.) XIII² s. subst. fém. « application des règles », XIV² s.

« exercice », XVIe s. « expérience » et « clientèle », XVIIe s. relig. : lat. médiéval *practica*, du gr. *praktikê*, par le bas lat., avec dissimilation des deux *k* ; **PRATIQUER, PRATIQUANT, PRATICIEN** XIVe s. ; **PRATICABLE** XVIe s. adj., XIXe s. subst. théâtre ; **IMPRATICABLE** XVIe s. ; **PRATICABILITÉ, IMPRATICABILITÉ** XIXe s. ♦ |2| **PRATIQUE** XIVe s. « orienté vers l'action », XVe s. « qui a la pratique de », XIXe s. « qui a le sens des réalités » (en parlant des gens), début XVe s. « commode, efficace » (en parlant des choses) : *praktikos*, par le bas lat. ♦ |3| **PRAGMATIQUE** (sav.) XVe s. philo., XIXe s. philo. ; **PRAGMATISME** XIXe s. philo., sous l'influence de l'angl. *pragmatism*, lui-même empr. à l'all. *Pragmatismus*. ♦ |4| **PRAXIS** XXe s. : mot gr. ♦ |5| **CHIROPRACTEUR** XXe s. : angl. *chiropractor*, composé du gr. *kheir* « main » → CHEIRO-, et de la base de *praxis, praktikos* ; **CHIROPRAXIE** ou **CHIROPRACTIE** XXe s. : angl. *chiropracty*.

PRÉ ♦ |1| (pop.) XIe s. : lat. *pratum* « id. » ; **PRÉ-SALÉ** XVIIIe s. « pâturage périodiquement inondé par la mer » et « mouton élevé dans ces pâturages ». ♦ |2| **PRÉAU** (pop.) XIe s. « petit pré » puis « cour intérieure », spécialisé au XIXe s. « partie couverte d'une cour d'école » : altération de l'anc. fr. *prael, praiaus* : du lat. vulg. *pratĕllum*, dimin. de *pratum*. ♦ |3| **PRAIRIE** XIIe s., *praerie* : lat. vulg. *prataria*, ou dér., par substitution de suff., de *prael* → le précéd. ; **PRAIRIAL** fin XVIIIe s.

PRÉCONISER (sav.) XIVe s. « proclamer », XVIIe s. sens mod. : bas lat. *praeconizare*, dér. de *praeco, -onis* « crieur public ».

PRÉDELLE XIXe s. « partie inférieure d'un retable » : it. *predella*, d'origine longobarde.

PREMIER famille d'un ensemble de mots à structure consonantique *p-r*, servant à la fois de prép., de préverbes et d'adv., dont le sens primitif devait être « en avant » et s'est développé de manières variées.

En grec : (1) *pro* et *pros-* « en avant » (2) *prôtos* « le premier », forme de superlatif issue de **pro-atos* (3) *peri*, à l'origine « en avant », « au-dessus de », puis « autour de » (4) probablement aussi *para* « du côté de », « auprès de ».

En latin : (1) *pro* « en avant, devant » et « en faveur de », « à la place de » ; var. *prod-* issue de *pro de*, 1er élément du verbe *prodesse, prodest* « être utile », « il est utile », d'où a été tiré en bas lat. un adj. *prodis* « utile » (2) *prae* « en avant » et « à cause de », d'où *praeter* « au-delà de », « à l'exception de » (3) *per* « de bout en bout », « à travers » (4) *pri-* qui n'apparaît que dans des dér. (a) *prior*, forme de comparatif, « plus en avant », « qui précède » (b) *primus*, forme de superlatif « le plus en avant », « le premier », d'où *primatus, -us* « premier rang », « supériorité » ; *primitivus* « premier en date » ; *primarius* et lat. imp. *primas, -atis* « qui est au premier rang » ; de nombreux composés en *primi-* et *primo-* ; *primitiae* « premiers fruits », « prémices » ; *primordium* « commencement », d'où bas lat. *primordialis* ; *princeps* « qui prend le premier rang, ou la première part » et *principium* « commencement » ; *principalis* « originaire, fondamental » (c) *privus*, dont le sens 1er devait être « celui qui est isolé en avant », d'où « mis à part », en lat. class., « particulier », « propre à chacun » ; dér. et composés *privilegium* « loi faite pour un simple particulier » ; *privare* « mettre à part », « écarter de » et « dépouiller, priver » ; *privatus* « particulier, propre, individuel » (5) *proprius* « qui appartient en propre » et « spécial, caractéristique » : adj. bâti sur la locution *pro privo* « à titre particulier » ; dér. : *improprius* gramm. « impropre » ; *proprietas, -atis* « droit de possession » et « caractère propre » ; bas lat. *proprietarius* « propriétaire ».

I. mots d'origine latine

A. famille de *primus*

♦ |1| **PREMIER** (pop.) Xe s. : *primarius* ; d'où **PREMIÈRE** XVIIe s. scolaire, XIXe s. dans les moyens de transport ; **AVANT-PREMIÈRE** XIXe s. théâtre ; **PREMIER-** 1er élément de composés dans **PREMIER-NÉ** XVIe s. ; **PREMIER-MAÎTRE** XXe s. mar. ♦ |2| **PRÉMICES** (demi-sav.) XIIe s. : *primitiae*. ♦ |3| **PRINCE, PRINCIPE, PRINCIPAL, PRINCEPS** → CHASSER. ♦ |4| **PRINTEMPS** → TEMPS. ♦ |5| **PRIME** (sav.) adj. XIIe s., var. de l'anc. fr. *prin* (pop.) : *primus* ; survit dans la locution *de prime abord* XVIIe s. ♦ |6| **PRIME** (sav.) subst. fém. XIIe s., une des heures canoniales : *prima* (hora) ; XVIIᵉ s. escrime : emploi substantivé de l'adj. fém. « première (position) ». ♦|7| **PRIME-** 1ᵉʳ élément de composés anciens, **PRIMEROSE** → ROSE ; **PRIMEVÈRE** → ce mot ; **PRIMESAUT** → SAILLIR. ♦|8| **PRIMAT** (sav.) XIIᵉ s. « dignitaire ecclésiastique » : *primas, -atis*, d'où **PRIMATIAL** XVᵉ s. ; XXᵉ s. philo. « primauté » : mot all. : *primatus*. ♦|9| **PRIMITIF** (sav.) XIVᵉ s. « qui est près de son origine », XIXᵉ s. « rudimentaire, grossier », XXᵉ s. ethnol. : *primitivus* ; **PRIMITIVITÉ** XIXᵉ s. ; **PRIMITIVISME** XXᵉ s. ♦|10| **PRIMORDIAL** → OURDIR. ♦|11| **PRIMAIRE** (sav.) XVIIIᵉ s. : *primarius* → PREMIER ; **PRIMARISER, PRIMARISATION** XIXᵉ s. ; **PRIMARITÉ** XXᵉ s. ♦|12| **PRIMATE** (sav.) XIXᵉ s. : *primas, -atis*, → PRIMAT. ♦|13| **PRIMI-** 1ᵉʳ élément de composés sav. : **PRIMIPARE** XIXᵉ s. ; **PRIMO-** dans **PRIMOGÉNITURE** XVᵉ s.

B. famille de *prior*

♦|1| **PRIEUR** (demi-sav.) XIIᵉ s. ; XIVᵉ s. var. fém. : *prior* « le premier (d'une communauté religieuse) » ; **PRIEURÉ** XIIᵉ s. ♦|2| **PRIORITÉ** (sav.) XIVᵉ s. : lat. médiéval *prioritas*, dér. de *prior*. ♦|3| **A PRIORI** (sav.) XVIIᵉ s. philo. : mots lat. « en partant de ce qui est avant ».

C. famille de *privus*

♦|1| **PRIVÉ** (pop.) XIIᵉ s.-XIXᵉ s. « apprivoisé » et « particulier, où le public n'a pas accès » : *privātus*. ♦|2| **APPRIVOISER** (pop.) XIIᵉ s. : lat. vulg. *apprivitiāre* « rendre privé, personnel » ; **APPRIVOISEMENT, APPRIVOISEUR** XVIᵉ s. ♦|3| **PRIVAUTÉ** (pop.) XIIIᵉ s. « familiarité », XIVᵉ s. avec valeur érotique : altération, d'après les mots en *-auté*, tels que *royauté*, de l'anc. fr. *priveté*, dér. de *privé*. ♦|4| **PRIVILÈGE** → LOI. ♦|5| **PRIVER** (sav.) XIVᵉ s. : *privare* ; **PRIVATION** XIIIᵉ s. : *privatio* ; **PRIVATIF** XVIᵉ s. : *privativus*.

D. famille de *pro*

♦|1| **POUR** (pop.) IXᵉ s. : lat. vulg. *pōr*, altération, par métathèse et p.-ê. sous l'influence de *per*, du lat. class. *prō* ; forme atone, non diphtonguée ; **POUR QUE** XVIIᵉ s. : a éliminé l'anc. fr. *pour ce que* ; **POURQUOI** XIᵉ s. ♦|2| **POUR-,** var. **POR-** (pop.) 1ᵉʳ élément de composés anciens, ex. : *pourfendre, pourlécher,* et *portrait,* part. passé substantivé de l'anc. fr. *portraire*. ♦|3| **PRO-** 1ᵉʳ élément de composés sav. empr. au lat., ex. : *proclamer, procéder* ; parfois substitué à *pour-* dans d'anciens mots fr., ex. : *promener, profil,* par réaction latinisante ; entre dans des formations nouvelles, ex. : *pro-allié, pro-soviétique*. ♦|4| **PREUX** (pop.) XIᵉ s. : lat. vulg. *prōdis* masc., du bas lat. *prōde* « utile, efficace », d'où « courageux » ; **PROUESSE** XIᵉ s. « valeur », puis « exploit ». ♦|5| **PROU** (pop.) Xᵉ s. : *prōde*, var. de *preux*, employé en anc. fr. comme adj., subst., adv. ; subsiste dans *peu ou prou* « peu ou beaucoup ». ♦|6| **PRUD'HOMME** (pop.) XIᵉ s. : coalescence de *un preu d'homme*, littéralement « une utilité, en fait d'homme », c.-à-d. « homme de valeur », d'où « sage » et « expert » ; XVIIᵉ s. « artisan-expert auprès d'un tribunal », d'où XIXᵉ s. *conseil de prud'hommes* et *Joseph Prudhomme*, bourgeois ridicule, personnage de Henri Monnier, d'où **PRUDHOMMESQUE** XIXᵉ s. ; **PRUD'HOMIE** XIVᵉ s. ♦|7| **PRUDE** XIIᵉ s. adj. « sage, vertueuse », XVIIᵉ s. adj. et subst. « d'une vertu affectée » : anc. fr. *preude femme*, formation exactement parallèle à *preud'homme*.

E. famille de *proprius*

♦|1| **PROPRE** (sav.) XIᵉ s. « qui appartient à », XIIIᵉ s. « exact » et « d'un aspect net, soigné », XIVᵉ s. « capable », XVIᵉ s. *propre à* « particulier » : *proprius* ; **IMPROPRE** XIVᵉ s. : *improprius*. ♦|2| **PROPRIÉTÉ** (sav.) XIIᵉ s. « droit de posséder », XIIIᵉ s. « caractère spécifique », XVᵉ s. « immeuble » : *proprietas* ; **IMPROPRIÉTÉ** XVᵉ s. : *improprietas* ; **COPROPRIÉTÉ** XVIIIᵉ s. ; **PROPRIÉTAIRE** XIIIᵉ s. : *proprietarius*, altéré en **PROPRIO, PROBLOC** (fam.) XIXᵉ s. ; **COPROPRIÉTAIRE** XVIIᵉ s. ; **EXPROPRIER** XVIIᵉ s. ; **EXPROPRIATION** fin XVIIIᵉ s. ♦|3| **PROPRETÉ, PROPRET, MALPROPRE** XVIᵉ s. ; **MALPROPRETÉ** XVIIᵉ s. : dér. de *propre* au sens de « net ».

F. famille de *per*

♦|1| **PAR** (pop.) IXᵉ s. : *per* ; **PARMI** XIᵉ s. → MI, littéralement « par le milieu » ; **PARCE QUE** XIIIᵉ s. : a éliminé *pour ce que* dans son emploi causal ; **PAR-** premier élément de composés, ex. : *parcourir*. ♦|2| **PER-** 1ᵉʳ élément de nombreux composés empr. au lat., ex. : *permanent, perméable, permettre,* etc.

G. famille de *prae*

♦|1| **PRÉ-** (sav.) lat. *prae-* ; 1ᵉʳ élément de nombreux composés empr. au lat., ex. : *précéder,* ou de formation fr., ex. : *prédisposer, préhistoire.* ♦|2| **PRÉTER-** (sav.) lat. *praeter* ; 1ᵉʳ élément de quelques composés empr. au lat., ex. : *prétérit, prétérition, prétermission.*

PRENDRE

II. mots savants d'origine grecque

A. famille de pro, prôtos

♦ |1| **PRO-**, var. **PROS-** 1ᵉʳ élément de composés d'origine gr., ex. : *proclitique, propylées, prostate, prosthétique.* ♦ |2| **PROTOCOLE** → COLLE. ♦ |3| **PROTONOTAIRE** → NOTE. ♦ |4| **PROTE** (sav.) XVIIIᵉ s., imprimerie : *prôtos.* ♦ |5| **PROTAGONISTE** → AGIR. ♦ |6| **PROTÉINE, PROTIDE, PROTAMINE** et leurs composés XIXᵉ s.-XXᵉ s., chimie, dér. de *prôtos* ; **PROTON** XXᵉ s. ♦ |7| **PROTO-** : *prôtos*, 1ᵉʳ élément de composés sav. exprimant l'idée de « premier », ex. : **PROTOTYPE** XVIᵉ s. ; **PROTOPHYTE** XIXᵉ s. ; **PROTOZOAIRE** XIXᵉ s.

B. famille de peri

♦ |1| **PÉRINÉE** XVIᵉ s., anat. : gr. *perineos*, dér. de *peri*. ♦ |2| **PÉRI-** 1ᵉʳ élément de composés sav. exprimant l'idée de « autour de », ex. : *péricarde, périhélie, périphrase, périoste.*

C. PARA- 1ᵉʳ élément de composés sav. exprimant l'idée de « juxtaposition » ou d'« approximation », ex. : *parabole, paradoxe, paraplégie.*

PRENDRE famille d'une racine ind.-eur. **ghed-* « prendre », qui apparaît en latin associée au préf. *prae* (anciennement **prai-*) (1) avec un infixe nasal, dans *praehendere*, var. *prehendere*, issu de **praihend-ere* « saisir », part. passé *prehensus*, d'où *prehensio* « droit de prendre quelqu'un, qu'ont certains magistrats » : composés *apprehendere* « saisir » et bas lat. « saisir par l'esprit, apprendre », qui a éliminé *discere* ; *comprehendere* « saisir ensemble, embrasser » ; *reprehendere* « prendre et ramener en arrière », « recouvrer », « blâmer » ; et leurs dér. en *-sio* (2) sans infixe nasal, dans *praeda*, issu de **prai-heda* « ensemble des choses prises à l'ennemi, butin », « gain, profit », d'où *praedari* et bas lat. *depraedari* « piller » et leurs dér. (3) probablement aussi, sans préf., ni infixe nasal, dans *hedera* « lierre », dér. d'un ancien **hed-os*, qui serait, dans cette hypothèse, « la plante qui prend, s'attache ».

I. mots populaires de la famille de *praehendere*

A. base -prendre

♦ |1| **PRENDRE** Xᵉ s. ; XIIᵉ s. *prendre sur soi* (une action, une responsabilité), XIIIᵉ s. *prendre quelqu'un en* (amitié, haine) : lat. *prendere*, contraction anc. de *praehendere*. ♦ |2| **APPRENDRE** XIᵉ s. « acquérir une connaissance » et « la communiquer » : *apprehendere*. ♦ |3| **COMPRENDRE** XIIᵉ s. « comporter », XIIIᵉ s. « appréhender par l'esprit » : *comprehendere*. ♦ |4| **REPRENDRE** XIIᵉ s. « prendre de nouveau » et « faire une observation », XIVᵉ s. « pousser de nouvelles racines » : *reprehendere*. ♦ |5| **ÉPRENDRE** XIᵉ s. « enflammer » ; XVᵉ s. sens fig. ; **DÉPRENDRE** XIIᵉ s. « dépouiller », fin XIVᵉ s., pronom. « se détacher de » ; **SE MÉPRENDRE, SURPRENDRE, ENTREPRENDRE** XIIᵉ s. : composés de *prendre* de formation romane.

B. APPRENTI XIIᵉ s. : dér. formé au moyen du suff. *-is* (var. *-if* au XIVᵉ s.), d'un anc. part. passé **aprent*, du lat. vulg. **apprendĭtus* (même rapport entre *appendre* et *appentis* → PENDRE) ; **APPRENTISSAGE** XIVᵉ s.

C. base -pren-

PRENANT adj., **PRENEUR, PRENABLE, IMPRENABLE** XVᵉ s. → PRENDRE ; **ENTREPRENEUR** XIIIᵉ s. « qui entreprend », XVIIIᵉ s. « qui dirige une entreprise commerciale ou artisanale ». **ENTREPRENANT** XIVᵉ s. → ENTREPRENDRE ; **SURPRENANT** XVIIᵉ s. → SURPRENDRE ; **COMPRENETTE** XIXᵉ s., **COMPRENOIR** XXᵉ s. → COMPRENDRE.

D. base -pris- (phonétique dans la 1ʳᵉ et la 3ᵉ personnes sing. de l'indicatif du parfait *je pris*, étendue analogiquement aux autres formes)

♦ |1| **PRISON** XIᵉ s. « capture », « prisonnier », « lieu de détention », seul sens survivant depuis l'élimination de *chartre* vers le XVIᵉ s. : *prehensio, -onis* ; **PRISONNIER, EMPRISONNER** XIIᵉ s. ; **EMPRISONNEMENT** XIIIᵉ s. ♦ |2| **PRISE** XIIᵉ s. « action de prendre », XVIᵉ s. *être aux prises avec*, XIXᵉ s. techn. : part. passé substantivé de *prendre* ; au XVIIIᵉ s. sens particulier de *prise de tabac*, d'où **PRISER, PRISEUR** XIXᵉ s. ♦ |3| **EMPRISE** XIIᵉ s. « entreprise » ; puis restreint au sens jur. de « mainmise de l'administration sur une propriété privée », d'où XIXᵉ s. sens fig. « domination intellectuelle ou morale », de l'anc. fr. *emprendre* « entreprendre », du lat. vulg. **imprendere* ♦ |4| **MÉPRISE** XIIᵉ s. → SE MÉPRENDRE ; **ENTREPRISE** XIIᵉ s. → ENTREPRENDRE ; **REPRISE** XIIᵉ s. « action de reprendre », XVIᵉ s. *à plusieurs reprises*, XVIIᵉ s. musique, XVIIIᵉ s. théâtre et « raccommodage », XXᵉ s. techn.

→ REPRENDRE ; **REPRISER** XIX⁰ s. ; **SURPRISE** XIII⁰ s. impôt extraordinaire « pris en surplus », XVI⁰ s. *par surprise* « (en attaquant) à l'improviste », XVII⁰ s. « étonnement » ; **SURPRISE-PARTIE** XIX⁰ s. : angl. *surprise-party* ; les deux éléments d'origine fr. ♦ I5I **ÉPRIS** XII⁰ S. → ÉPRENDRE ; **INCOMPRIS** XV⁰ S.
→ COMPRENDRE.

E. base *-prés-*

♦ III **PRÉSURE** XII⁰ S. : lat. vulg. *pre(n)sūra*, dér. de *prensus* « ce qui est pris » et « ce qui fait prendre ». ♦ I2I **REPRÉSAILLES** XV⁰ s. : lat. médiéval *represalia*, calque de l'it. *rappresaglia*, var. *ripresaglia* « action de reprendre ce qu'on vous a pris », dér. de *riprendere* « reprendre » : *reprehendere*. ♦ I3I **IMPRESARIO** XIX⁰ s. : mot it. « entrepreneur (de spectacles dramatiques) », dér. de *impresa* « entreprise », équivalent du fr. **EMPRISE**.

II. mots savants de la famille de *prehendere*, bases *-prehend-*, *-prehens-*

♦ III **RÉPRÉHENSION** XII⁰ s. : *reprehensio* ; **RÉPRÉHENSIBLE** XIV⁰ s. : bas lat. *reprehensibilis* → REPRENDRE. ♦ I2I **APPRÉHENDER** XIII⁰ s. « saisir au corps, arrêter » et « saisir par l'esprit », XVI⁰ s. « juger à craindre » : *apprehendere* ; **APPRÉHENSION** XIII⁰ s. : *apprehensio* → APPRENDRE. ♦ I3I **COMPRÉHENSION** XIV⁰ s. : *comprehensio* ; **INCOMPRÉHENSIBLE** XIV⁰ s. : *incomprehensibilis*, d'où **COMPRÉHENSIBILITÉ** XV⁰ s. ; **COMPRÉHENSIF** XVI⁰ s. : *comprehensivus* → COMPRENDRE. ♦ I4I **PRÉHENSION** XV⁰ s. « compréhension », XVI⁰ s. « action de saisir » : *prehensio* → PRISON et PRENDRE ; **PRÉHENSIBLE** XVI⁰ s. ; **PRÉHENSILE** XVIII⁰ s. ; **PRÉHENSEUR** XIX⁰ s.

III. mots de la famille de *praeda*

♦ III **PROIE** (pop.) XII⁰ s. « butin », XIII⁰ s. *oiseau de proie*, XVI⁰ s. *être en proie à* : *praeda*. ♦ I2I **DÉPRÉDATEUR** (sav.) XIV⁰ s. ; **DÉPRÉDATION** XV⁰ s., rare avant le XVII⁰ s. : *depraedator*, *depraedatio* ; **PRÉDATEUR** XVI⁰ s. « pillard », XX⁰ s. zool. : *praedator*.

IV. représentant de *hedera*

LIERRE (pop.) XV⁰ s. : coalescence de l'article défini *l'* et de l'anc. fr. *ierre* (pop.) X⁰ s. : lat. *hědĕra*.

PRÊT famille de l'adv. lat. *praesto* « sous la main », « à la disposition », et du verbe *praestare* « mettre à la disposition de », « fournir, prêter ».

♦ III **PRÊT** (pop.) XI⁰ s. : bas lat. *praestus*, adj. tiré de l'adv. class. *praesto*. ♦ I2I **APPRÊTER** (pop.) X⁰ s. ; **APPRÊT** XIV⁰ s. ♦ I3I **PRÊTER** (pop.) XII⁰ s. : *praestare* ; **PRÊT** subst. XII⁰ s., dér. de *prêt* ; **PRÊTEUR** XIII⁰ s. ; **PRÊTE-NOM** XVIII⁰ s. ♦ I4I **PRESTATION** XIII⁰ s. « reconnaissance d'une obligation », XV⁰ s. « redevance, tribut en nature », XX⁰ s. « allocation » ; XV⁰ s. « action de prêter serment » : bas lat. *praestatio*, de *praestare* ; **PRESTATAIRE** XIX⁰ s. ♦ I5I **PRESTE** XV⁰ s. : it. *presto* « vite », du lat. *praesto* ; **PRESTESSE** XVI⁰ s. : it. *prestezza*. ♦ I6I **PRESTO** XVII⁰ s. « vite », XVIII⁰ s. mus., et son superlatif **PRESTISSIMO** XVIII⁰ s. mus. : mots it. → le précédent. ♦ I7I **PRESTIDIGITATION**, **PRESTIDIGITATEUR** XIX⁰ s. : composés de l'adj. *preste* et de la base sav. *digit-* : lat. *digitus* → DOIGT.

PRÉTEUR (sav.) XIII⁰ s. : lat. *praetor*, titre d'un magistrat romain, d'abord chef milit., puis chargé de la juridiction civile ; **PRÉTOIRE** XII⁰ s. hist., XVI⁰ s. « salle d'audience » : *praetorium* ; **PRÉTORIEN** XIII⁰ s. hist. : *praetorianus* « de la garde prétorienne », c.-à-d. « celle du commandant en chef, de l'empereur » ; **PRÉTURE** XV⁰ s. : *praetura* ; **PROPRÉTEUR** XVI⁰ s. : *propraetor*.

PRÊTRE famille du gr. *presbus* « vieux », « expérimenté », « respectable » ; comparatif *presbuteros* ; *presbutês* « vieillard » ; *presbuterion* « conseil des anciens » ; mots adaptés en lat. eccl. sous les formes *presbyter* « vieillard » et « prêtre », et *presbyterium* « l'ordre des prêtres », « la prêtrise ».

♦ III **PRÊTRE** (pop.) XI⁰ s. : cas sujet (correspondant au cas régime *prouvoire*, qui subsiste dans le nom de la *rue des Prouvaires* à Paris) : lat. *presbyter*, gr. *presbuteros* ; **ARCHIPRÊTRE** (demi-sav.) XII⁰ s. : lat. eccl. *archipresbyter* ; **PRÊTRESSE** XII⁰ s. (à propos des cultes non chrétiens) ; **PRÊTRISE** XIV⁰ s. ; **PRÊTRAILLE** XV⁰ s. ♦ I2I **PRAIRE** XIX⁰ s. coquillage : mot prov. « prêtre ». ♦ I3I **PRESBYTÈRE** (sav.) XII⁰ s. d'abord « ensemble des prêtres », puis « habitation du curé et de ses vicaires » : lat. eccl. *presbyterium* ; **PRESBYTÉRAL** XIV⁰ s. « relatif aux prêtres » : lat. eccl. *presbyteralis* ; **PRESBYTÉRIEN** XIV⁰ s. « chapelain », XVII⁰ s. nom des adeptes d'une secte protestante ; d'où **PRESBYTÉRIANISME** XVII⁰ s. ♦ I4I

PRESBYTE XVIIe s. : *presbutês*, d'où **PRESBYTIE** XVIIIe s.

PRÉVARIQUER
famille du lat. *varus* « cagneux », « courbé, crochu, de travers », d'où *varicare* « écarter les jambes, enjamber » et *praevaricari*, littéralement « dépasser en enjambant », d'où, métaph. « transgresser », qui s'est appliqué à des avocats en collusion avec la partie adverse.

PRÉVARICATION (sav.) XIIe s. : *praevaricatio* ; **PRÉVARIQUER** XIVe s. : réfection, d'après le lat., de l'anc. fr. *prevarier* (demi-sav.) XIIe s. : *praevaricari* ; **PRÉVARICATEUR** XIVe s. : *praevaricator*.

PRIER
famille d'une racine ind.-eur. **prek-* « demander », représentée en latin (1) par *prex, precis* « prière », d'où *precarius* « qu'on obtient seulement par la prière », « donné par complaisance » et jur. « précaire » ; *precari, precatus* « prier, supplier », d'où *precatio* « prière » ; *deprecari* « chercher à détourner par des prières », « intercéder » ; lat. imp. *imprecari* « prier pour obtenir un bien, ou un mal pour un ennemi », d'où *imprecatio* « imprécation » (2) sous la forme **pork-* par *poscere*, issu de **pork-sk-ere* « demander, réclamer » et son dér. *postulare* « demander, aspirer à, prétendre ».

♦ |1| **PRIER** (pop.) Xe s. : bas lat. *prĕcāre*, class. *precari*, avec extension à toute la conjugaison des formes à *i*, accentuées sur le radical ; PRIE-DIEU XVIIe s. ♦ |2| **PRIÈRE** (pop.) XIIe s. : bas lat. *precaria*, fém. substantivé de *precarius*, qui s'est substitué à *prex, precis* et à *precatio*. ♦ |3| DÉPRÉCATION (sav.) XIIe s. : *deprecatio* ; DÉPRÉCATOIRE XVe s. : bas lat. *deprecatorius*. ♦ |4| IMPRÉCATION (sav.) XIVe s. : *imprecatio* ; IMPRÉCATOIRE XVIe s. ♦ |5| **PRÉCAIRE** (sav.) XIVe s., d'abord jur. : *precarius* ; PRÉCARITÉ XIXe s. ♦ |6| POSTULER XIIIe s. « représenter en justice », XIVe s. « solliciter », XIXe s. logique : *postulare* ; POSTULATION XIIIe s. « supplication », XIVe s. jur. : *postulatio* ; POSTULANT subst. masc. XVe s. pres. ; POSTULAT XVIIIe s. logique : *postulatum* « chose exigée ».

PRIMEVÈRE
famille du lat. *ver, veris* « le printemps », d'où *vernus* et *vernalis* « printanier ».

♦ |1| **PRIMEVÈRE** (demi-sav.) XVIe s. : réfection de l'anc. fr. *primevoire* (pop.) XIIe s. : bas lat. *prima vera*, forme fém. bâtie d'après le lat. class. *primo vere* « au début du printemps » → art. PREMIER le 1er élément *prime*. ♦ |2| **VERNAL** (sav.) XIIe s. : *vernalis*.

PRISME
famille du gr. *priein*, var. *prizein* « scier », d'où *prisma* « sciure » et, chez Euclide, « polyèdre à pans coupés réguliers ».

♦ |1| **PRISME** (sav.) XVIIe s., d'abord en all. et en angl. : *prisma, -atos* ; PRISMATIQUE XVIIe s. ♦ |2| **PRIODONTE** XIXe s. zool. : de *priein* et *odous, -ontos* → DENT, littéralement « aux dents sciées ».

PRIX
famille du lat. *prĕtium* « valeur d'une chose », d'où *pretiōsus* « de valeur » et bas lat. *appretiare, pretiare* « estimer, évaluer », *depretiare* « déprécier ».

♦ |1| **PRIX** (pop.) XIe s. « somme à payer » ; XIIe s. « récompense » : *prĕtium*. ♦ |2| **PRISER** (pop.) XIe s. « estimer », aux deux sens du mot : *prĕtiāre*, avec extension à toute la conjugaison du *i* des formes accentuées sur le radical ; PRISEUR XIIIe s., subsiste dans la locution *commissaire-priseur* XIXe s. ♦ |3| **MÉPRISER** XIIe s. ; MÉPRISANT XIIIe s. ; MÉPRISABLE XIVe s. ; **MÉPRIS** XVe s. : composés de *priser* au sens de « faire cas de ». ♦ |4| **PRÉCIEUX** (sav.) XIIe s., XVIIe s. littérature : *pretiosus* ; PRÉCIEUSE XVIIe s. subst. fém. ; **PRÉCIOSITÉ** XVIIe s. ; XVIIe s. sens littéraire. ♦ |5| **APPRÉCIER** XIVe s. : *appretiare* (sav.) ; APPRÉCIATION XIVe s. ; **APPRÉCIABLE** et **INAPPRÉCIABLE** XVe s. ; APPRÉCIATIF XVIIe s., d'abord théol. ♦ |6| DÉPRÉCIER (sav.) XVIIIe s. : *depretiare* ; DÉPRÉCIATION, DÉPRÉCIATEUR XVIIIe s.

PROCHAIN
famille du lat. *prope*, issu de **prok{w}e* « près », « auprès de », d'où bas lat. *appropiare* « s'approcher » ; sur la base **prok{w}=* est fondée une forme de superlatif, l'adj. *proximus* « tout près », d'où *proximitas* « voisinage » et lat. imp. *approximare* « approcher ».

♦ |1| **PROCHAIN** (pop.) XIIe s. adj. « voisin » ; subst. masc. « être humain considéré comme un semblable », ne devient usuel qu'à partir du XIVe s. : lat. vulg. **propeānus*, dér. de *prope* ; PROCHAINEMENT XIIe s. ; **PROCHE** XIIIe s. : dér. de *prochain* par suppression du suff. ♦ |2| **APPROCHER** (pop.) XIIe s. : *appropiāre* ; **APPROCHE, APPRO-**

CHABLE XVe s. ; **APPROCHANT, RAPPROCHER** XVe s. ; **RAPPROCHEMENT** XVIIe s. ♦ |3| **REPROCHER** (pop.) XIIe s. : lat. vulg. *repropiāre* « approcher, mettre sous le nez », d'où « reprocher » ; **REPROCHE** XIe s. ; **IRRÉPROCHABLE** XVe s. ♦ |4| **PROXIMITÉ** (sav.) XIVe s. « proche parenté », XVIe s. sens mod. : *proximitas*. ♦ |5| **APPROXIMATION** (sav.) XIVe s. : dér. sur *approximare* ; **APPROXIMATIF** XVIIIe s.

PROCT(O)- gr. *prōktos* « anus », 1er élément de composés sav., ex. : **PROCTITE, PROCTALGIE** XIXe s.

PRODIGE (sav.) XIVe s. : lat. *prodigium* « signe prophétique, prodige » ; **PRODIGIEUX** XIVe s. : *prodigiosus*.

PRÔNE (pop.) XIIe s. « grille séparant le chœur de la nef », XVIIe s. « sermon (prononcé de cet endroit de l'église) », d'où **PRÔNER** fin XVIe s. « louer » et **PRÔNEUR** XVIIe s. : lat. vulg. *protūnum*, forme dissimilée du bas lat. *protirum*, sing. formé sur le lat. class. *prothyra*, plur. neutre, « vestibule », « auvent », du plur. du gr. *prothuron* « id. », littéralement « devant *(pro)* la porte *(thural)* ».

PROPANE (sav.) XIXe s. : dér. de *(acide) propionique* (sav.) XIXe s. chimie, du gr. *prōtos* → PREMIER, et *piōn* « gras » ; **PROPÈNE** XXe s. chimie : formé à partir de *propane*, par substitution de suff.

PROPICE famille du lat. *propitius* « favorable, bienveillant », en parlant des dieux ; d'où *propitiare* « rendre favorable une divinité, en particulier par un sacrifice ».
PROPICE (sav.) XIIe s. relig., XIVe s. sens général : *propitius* ; **PROPITIATION** XIIe s. : *propitiatio* ; **PROPITIATOIRE** XIIe s. subst. « dais d'autel », XVIe s. adj. ; **PROPITIATEUR** XVIe s. bas lat. *propitiator*.

PROSÉLYTE (sav.) XIIIe s. « païen converti à la religion judaïque », XVIIe s. « converti à une religion quelconque », XVIIIe s. « nouvel adepte d'une doctrine » : gr. *prosêlutos* « nouveau venu », de *pros* « vers » et *elthein* « venir » ; **PROSÉLYTISME** XVIIIe s.

PROSPÈRE (sav.) XIIe s. : lat. *prosperus* « qui vient bien, heureux » ; **PROSPÉRITÉ** XIIe s. : *prosperitas* ; **PROSPÉRER** XIVe s. « favoriser » : *prosperare*.

PROUE XIIIe s. : anc. prov. *proa* ou génois *prua*, du lat. *prora*, avec dissimilation des *r*, empr. au gr. *prōira* « proue ».

PROUVER mot lat. comportant un 2e élément *-bus*, issu de *-bhos*, p.-ê. apparenté à la racine **bheu-* « croître » → JE FUS (1) *probus*, issu de **pro-bhos*, littéralement « qui pousse bien devant », lat. class. « de bonne qualité » et « honnête, loyal », d'où (a) *probitas* « honnêteté » et les antonymes *improbus* et *improbitas* (b) *probare, approbare* « approuver » et « faire approuver » ; *improbare, reprobare* « désapprouver, rejeter » ; *probatio* « épreuve, essai » ; *probabilis* « digne d'approbation », « vraisemblable » (2) *superbus*, issu de **super-bhos* littéralement, « qui croît au-dessus des autres », lat. class. « orgueilleux », d'où *superbia* « orgueil » (3) *acerbus* → AIGRE (4) il a dû exister aussi un anc. adj. **dubus*, 1er élément *duo*, qui est à la base de *dubius* et *dubitare* → DOUTER, art. DEUX.

I. famille de *probus*

A. mots populaires

♦ |1| **PROUVER** XIe s. : *probare*, avec extension à toute la conjugaison de la voyelle *eu* des formes accentuées sur la terminaison ; **PROUVABLE** XIIIe s. ; **ÉPROUVER** XIe s. ; **ÉPROUVETTE** XVIe s. ♦ |2| **PREUVE** XIe s. ; **ÉPREUVE** XIIe s. ; **CONTRE-ÉPREUVE** XVIIIe s. : dér. de *prouver* et *approuver*, avec la voyelle *eu* des formes accentuées sur le radical. ♦ |3| **RÉPROUVER** (pop.) XIe s. : *reprobare* ; **RÉPROUVABLE** XIVe s. ♦ |4| **APPROUVER** (pop.) XIIe s. : *approbare* ; **APPROUVABLE, DÉSAPPROUVER** XVIe s.

B. mots savants, base *-prob-*

♦ |1| **PROBABLE** XIIIe s. : *probabilis* ; **PROBABILITÉ** XIVe s. : *probabilitas* ; **PROBABLEMENT** XIVe s. ; **IMPROBABLE, IMPROBABILITÉ, PROBABILISME** XVIIe s. ; **PROBABILISTE** XVIIIe s. ♦ |2| **PROBATION** XIVe s. : *probatio* ; **PROBATOIRE** XVIIe s. ; **PROBANT** XVIe s. : *probans*, part. présent de *probare*. ♦ |3| **IMPROBITÉ** XIVe s. : *improbitas* ; **PROBE, PROBITÉ, IMPROBE** XVe s. : *probus, probitas, improbus*. ♦ |4| **APPROBATION** XIVe s. : *approbatio* ; **APPROBATEUR,**

APPROBATIF XVIᵉ s. : *approbator*, bas lat. *approbativus* ; DÉSAPPROBATEUR, DÉSAPPROBATION XVIIIᵉ s. ♦ 151 IMPROBATION XVᵉ s. : *improbatio* ; IMPROBATEUR XVIIᵉ s. : lat. imp. *improbator* ; RÉPROBATION XVᵉ s. : lat. eccl. *reprobatio* ; RÉPROBATEUR XVIIIᵉ s. : lat. eccl. *reprobator*.

II. famille de *superbus*

♦ 111 SUPERBE adj. (sav.) XIIᵉ s. « orgueilleux », XVIIᵉ s. « grandiose », XVIIIᵉ s. « très beau » : *superbus*. ♦ 121 SUPERBE subst. fém. (sav.) XIIᵉ s. « orgueil » : *superbia*.

PROVENCE
♦ 111 (demi-sav.) lat. *Provincia* « la Province », nom commun employé comme nom propre pour désigner une partie de la Gaule narbonnaise. ♦ 121 PROVINCE (sav.) XIIᵉ s. d'abord eccl. : lat. *provincia* « territoire conquis » ; à l'origine « charge confiée à un magistrat » et « administration d'un territoire conquis » ; PROVINCIAL XIIIᵉ s. adj. eccl., XVIIᵉ s. subst. masc. eccl., et sens mod. ; PROVINCIALISME, DÉPROVINCIALISER XVIIIᵉ s. ; PROVINCIALISÉ XIXᵉ s.

PRUNE
♦ 111 (pop.) XIIIᵉ s. : lat. *prūna*, plur. du neutre *prūnum*, pris pour un fém. sing., mot d'origine méditerranéenne ; PRUNELLE XIIᵉ s. fruit et partie de l'œil ; PRUNELLIER, PRUNIER XIIIᵉ s. ; PRUNEAU XVIᵉ s. ♦ 121 BRUGNON XVIᵉ s. : prov. *brugnoun* : dér. du lat. vulg. *prunea*, de *prunus*, altéré sous l'infl. de *brun*. ♦ 131 PLUM-CAKE XIXᵉ s. : mot angl. « gâteau aux prunes » ; 2ᵉ élément → CUIRE ; 1ᵉʳ élément *plum* : moyen haut all. et moyen bas all. *pflūme* : empr. au bas lat. *prūna*. ♦ 141 PRUNUS (sav.) XXᵉ s. arbre décoratif : mot lat. « prunier ».

PSAUME
famille du gr. *psallein* « tirer et lâcher », « faire vibrer », « toucher d'un instrument à cordes », d'où *psaltērion* « instrument à cordes » ; *psalmos* « air joué sur la lyre » ; *psalmôdia* « action de chanter en s'accompagnant de la lyre ».

♦ 111 PSAUME (demi-sav.) XIIᵉ s. : *salme* : *psalmos*, par le lat. *psalmus*, limité aux poèmes lyriques de la Bible ; PSAUTIER XIIᵉ s. : *psalterion* par le lat. ♦ 121 PSALMISTE (sav.) XIIᵉ s. : bas lat. eccl. IVᵉ s. *psalmista*, dér. de *psalmus*. ♦ 131 PSALMODIE (sav.) XIIᵉ s. : *psalmôdia*, par le lat. → ODE ; PSAL-MODIER XVᵉ s. ♦ 141 PSALTÉRION (sav.) XIIᵉ s. « instrument de musique » : *psalterion*, par le lat.

PSEUD(O)-
(sav.) gr. *pseudos* « mensonge », 1ᵉʳ élément de composés, ex. : PSEUDONYME XVIIᵉ s. ; PSEUDO-CLASSIQUE, PSEUDARTHROSE XXᵉ s.

PSITTACISME
(sav.) XVIIIᵉ s. : dér. sur le gr. *psittakos* « perroquet » ; PSITTACOSE, PSITTACIDÉS XIXᵉ s.

PSORE ou PSORA
(sav.) XVIᵉ s. : gr. *psóra* « gale », par le lat. ; PSORIASIS XIXᵉ s. : gr. *psôriasis* « éruption de gale », de *psōriân* « avoir la gale ».

PSYCHOLOGIE
famille sav. du gr. *psukhê* « âme ».

♦ 111 PSYCHOLOGIE XVIᵉ s. « science de l'apparition des esprits », XVIIᵉ s. « science de l'âme », rare avant le XIXᵉ s. : lat. mod. *psychologia*, du gr. *psukhê* et *logos* ; PSYCHOLOGUE, PSYCHOLOGIQUE XVIIIᵉ s. ♦ 121 MÉTEMPSYCOSE XVIᵉ s. : gr. *metempsukhôsis* « passage d'une âme d'un corps dans un autre », par le lat., de *meta* « après » et *empsukhoun* « animer ». ♦ 131 PSYCHIQUE XVIᵉ s. ; PSYCHISME XIXᵉ s. ; PSYCHOSE XIXᵉ s. ; PSYCHOTIQUE XXᵉ s. ♦ 141 PSYCH(O)- 1ᵉʳ élément de composés sav., ex. : PSYCHANALYSE XXᵉ s. ; PSYCHOPATHE XIXᵉ s. ; PSYCHOPATHOLOGIE XIXᵉ s. ; PSYCHOTECHNIQUE, PSYCHOTHÉRAPEUTE XXᵉ s. ♦ 151 -PSYCHIE 2ᵉ élément de composés sav., ex. : BRADYPSYCHIE XXᵉ s. ♦ 161 PSYCHÉ XIXᵉ s. philo. : mot gr. ♦ 171 Psyché, nom d'une héroïne mythologique, aimée de l'Amour, littéralement « Ame » ; XIXᵉ s. sorte de miroir, ainsi appelé à cause de la célèbre beauté de Psyché.

PUBÈRE
famille sav. du lat. *pubes, -is* « poil qui caractérise la puberté », « partie du corps qui se couvre de ce poil » et « population mâle adulte » ; d'où *pubescere* « se couvrir de poil » ; *puber, -eris* pubère, adulte » et son contraire *impuber* ; *pubertas, -atis* « puberté ».

♦ 111 PUBÈRE XIVᵉ s. : *puber* ; PUBERTÉ XIVᵉ s. : *pubertas* ; IMPUBÈRE XVᵉ s. : *impuber*. ♦ 121 PUBESCENCE XVᵉ s. ; PUBESCENT XVIᵉ s. : de *pubescens*, part. présent de *pubescere*. ♦ |3| PUBIS XVIe s. « poil » et « os pubis » : mot lat. ; PUBIEN XVIIIe s.

PUBLIER famille sav. du lat. *publicus* « qui concerne le peuple, l'État » (opposé à *privatus* « qui concerne un particulier »), probablement issu d'un croisement entre le lat. arch. *poplicus*, dér. de *populus* (→ PEUPLE) et *pubes* « population mâle en âge de porter les armes et de délibérer » (→ PUBÈRE) ; d'où *respublica* « la chose publique, l'État » ; *publicanus* « qui affirme les revenus de l'État » ; *publicare* « mettre à la disposition du public », « confisquer au profit de l'État », d'où *publicatio* « confiscation ».

♦ |1| PUBLIER (demi-sav.) XIIe s. « divulguer » : *publicare*, d'où PUBLIABLE XVIIe s. ; PUBLICATION (sav.) XIVe s. : *publicatio*, avec modification de sens sous l'influence de « publier » ; PUBLIC XIIIe s. « qui concerne le peuple », XVe s. « connu de tout le peuple » ; XIVe s. subst. « l'ensemble du peuple », XVIIIe s. « ensemble des spectateurs » : *publicus* ; PUBLICITÉ XVIIe s. « caractère de ce qui n'est pas secret », XIXe s. « réclame » ; PUBLICISTE XVIIIe s. ; PUBLICITAIRE XXe s. ♦ |2| PUBLICAIN XIIe s. : *publicanus*. ♦ |3| RÉPUBLIQUE XVe s. « gouvernement républicain (en parlant de certaines villes it.) », XVIe s.-XVIIIe s., a en outre le sens lat. d'« État » : *respublica* ; RÉPUBLICAIN XVIe s. ; RÉPUBLICANISME, RÉPUBLICANISER XVIIIe s.

PUCE (pop.) XIIe s. ; XIVe s. *mettre la puce à l'oreille* : lat. *pūlex*, *-īcis* ; PUCERON XIIIe s. ; ÉPUCER XVIe s. ; PUCIER XVIIe s. adj., XIXe s. subst. argot « lit ».

PUDEUR famille (sav.) du verbe lat. surtout impersonnel *pudēre* « avoir honte » ou « faire honte », à l'origine sans doute « éprouver » ou « inspirer un mouvement de répulsion », auquel se rattachent (1) *pudens*, part. présent « qui a de la pudeur », « modeste », d'où *impudens* « effronté » et *impudentia* « effronterie, audace » ; (2) *pudor*, *-oris* « pudeur, retenue, sentiment de l'honneur » ; *pudicus* « chaste, vertueux » ; *impudicus* « débauché » ; *pudicitia* « chasteté » ; (3) *pudibundus* « qui éprouve de la honte » (4) *repudium* « répudiation de la femme par le mari », d'où *repudiare* « répudier », « rejeter » et *repudiatio* « refus ».

♦ |1| PUDEUR XVIe s. : *pudor*, *-oris* ; PUDIBOND XVe s. : *pudibundus* d'où PUDIBONDERIE XIXe s. ; IMPUDEUR XVIIe s. ♦ |2| IMPUDIQUE XIVe s. : *impudicus* ; IMPUDICITÉ XIVe s. : adaptation de *impudicitia* ; PUDIQUE XVe s. : *pudicus* ; PUDICITÉ XIVe s. : adaptation de *pudicitia*. ♦ |3| IMPUDENCE, IMPUDENT XVIe s. : *impudens*, *impudentia*. ♦ |4| RÉPUDIER XIVe s. : *repudiare* ; RÉPUDIATION XVe s. : *repudiatio*, avec influence du sens de *répudier*.

PUER famille d'une racine ind.-eur. *pu- « pourrir ». En grec *puos* « pus ».
En latin (1) *pūtēre* « être pourri, puer », d'où *pūtīdus* « pourri, fétide » (2) *pūter*, *-tris* « pourri », « qui se décompose ou se désagrège », d'où *putridus* « gâté, carié » ; *putrescere* « se corrompre », et bas lat. *putrescibilis* « sujet à la corruption » ; *putrefacere* « corrompre, dissoudre » et bas lat. *putrefactio* « putréfaction » (3) *pūs*, *pūris* « pus, humeur », d'où *pūrulentus* « purulent » et *suppurare* « suppurer ».

I. mots d'origine latine

A. mots populaires

♦ |1| PUER XIIe s., var. *puir* : lat. vulg. *pūtīre*, class. *pūtēre* ; PUANT Xe s. ; PUANTEUR XIVe s. ; EMPUANTIR XVe s. ; EMPUANTISSEMENT XVIIe s. ♦ |2| POURRIR XIe s. : lat. vulg. *pūtrīre*, class. *putrescere*, POURRISSANT, POURRITURE XIIe s. ; POURRISSABLE XVe s. ; POURRISSAGE XVIIe s. ; POURRISSEMENT XXe s. ♦ |3| PUTOIS XIIe s. : dér. de l'anc. fr. *put* « puant » : *pūtīdus*. ♦ |4| PUTE XIIIe s., cas sujet ; PUTAIN XIIe s., cas régime (→ NONNAIN, art. NONNE) : fém. substantivé de l'anc. fr. *put* → le précéd. ; *pute*, tombé en désuétude, a été repris en fr. mod. sous l'influence du prov. *puto* « id. » ; PUTASSER XIVe s. ; PUTASSE, PUTASSIER XVIe s. ; PUTASSERIE XVIIe s. ; PUTINERIE XIXe s. ♦ |5| PUNAISE XIIIe s. insecte malodorant, XIXe s. clou à tête ronde et plate : fém. substantivé de l'adj. anc. fr. *punais* « puant », du lat. vulg. *pūtīnāsius*, de *pūtīre* et de *nasus* « nez », var. du bas lat. *naripūtens* « qui pue au nez ».

B. mots savants

♦ |1| PUTRIDE XIIIe s. : *putridus* ; PUTRÉFIER, PUTRÉFACTION XIVe s. : *putrefacere*, *putrefactio* ; PUTRESCIBLE XIVe s. : *putrescibilis* ;

IMPUTRESCIBLE XVᵉ s., rares avant le XIXᵉ s. ; **PUTRESCIBILITÉ** XVIIIᵉ s. ; **IMPUTRESCIBILITÉ** XIXᵉ s. ; **PUTRESCENT, PUTRESCENCE** XIXᵉ s. ♦ 121 **PURULENT** XIIᵉ s. : *purulentus* ; **PURULENCE** XVIᵉ s. ; **SUPPURER** XIIIᵉ s. : *suppurare* ; **SUPPURATION** XVᵉ s. : *suppuratio* ; **SUPPURANT** XIXᵉ s. ; **PUS** XVIᵉ s. : mot lat.

II. forme savante d'origine grecque

PYO- : gr. *puon*, var. *puos* « pus », 1ᵉʳ élément de composés, ex : **PYOGÈNE, PYORRHÉE** XIXᵉ s.

PUIS famille du lat. *post* « après, depuis » et « en arrière, derrière », d'où (1) *posterus* « qui vient derrière, ou après », plur. *posteri* « les descendants » ; comparatif *posterior* « plus en arrière » ; dér. *posteritas, -atis* « descendance » (2) *postumus* « tout dernier », forme du superlatif, qui désigne dans la langue du droit l'enfant né après la mort du père, d'où la graphie *posthumus* due à un rapprochement avec *humus* « terre » et *humare* « enterrer » (3) *postea* « ensuite », littéralement « après ces choses », var. arch. et bas lat. *postilla*.

I. mots populaires

♦ 111 **PUIS** XIᵉ s. : lat. vulg. *pŏstius*, forme de comparatif neutre de *post*, analogique de *melius* (il existait aussi une forme *antius*, comparatif de *ante* → AVANT, qui a donné en anc. fr. *ainz*) ; **DEPUIS, PUISQUE** XIIᵉ s. ♦ 121 **POTERNE** XIIᵉ s. : altération de l'anc. fr. *posterle* : bas lat. *postenula* (IVᵉ s.), « (porte) de derrière », dimin. de *postera*, fém. de *posterus*. ♦ 131 **POTRON-MINET**, var. **PATRON-MINET** XIXᵉ s. : altération de *poitron-minet* « cul de minet », var. du normand *poitron-jaquet* XVIIᵉ s. « cul de jaquet, c.-à-d. d'écureuil » et « moment où l'on aperçoit le derrière du chat, ou de l'écureuil » ; 1ᵉʳ élément *poitron* : anc. fr. *poistron*, du lat. vulg. *posterio, -onis*, dér. de *posterus*.

II. mots savants

♦ 111 **POSTÉRITÉ** XIVᵉ s. : *posteritas*. ♦ 121 **POSTHUME** XVᵉ s. « né après la mort du père », XVIIᵉ s. « publié après la mort de l'auteur » : *posthumus*. ♦ 131 **POSTÉRIEUR** XVᵉ s. adj., XVIIᵉ s. subst. : *posterior* ; **POSTÉRIORITÉ** XVᵉ s. ♦ 141 **APOSTILLER** XVᵉ s. « annoter en marge », XVIIIᵉ s. sens mod. : dér. de l'anc. fr. *postille*, du lat. *postilla* ; **APOSTILLE** XVᵉ s. ♦ 151 **A POSTERIORI** XVIIᵉ s. : mots lat. « en partant de ce qui vient après », c.-à-d. « des données de l'expérience » et non d'une réflexion *a priori* → PREMIER. ♦ 161 **POST-** 1ᵉʳ élément de composés, ex. : **POST-SCRIPTUM** XVIIᵉ s., → ÉCRIRE ; **POSTFACE** XVIIIᵉ s., d'après *préface* ; **POSTDATER** XVIIIᵉ s. ; **POSTCLASSIQUE** XXᵉ s.

PUITS ♦ 111 (pop.) XIIᵉ s. : lat. *pŭteus* « id. », d'origine p.-ê. étrusque ; **PUISARD** XVIIᵉ s. ; **PUISATIER** XIXᵉ s. (a remplacé *puissier* XIVᵉ s.). ♦ 121 **PUISER** (pop.) XIIᵉ s. : lat. vulg. *pŭtĕāre* ; **ÉPUISER** XIIᵉ s. « mettre à sec (un puits, ou des ressources) », XVIᵉ s. « fatiguer à l'extrême » ; **ÉPUISABLE, ÉPUISEMENT** XIVᵉ s. ; **INÉPUISABLE** XVᵉ s. ; **ÉPUISÉ** XVIIᵉ s. ; XIXᵉ s. librairie ; **ÉPUISANT, ÉPUISETTE** XVIIIᵉ s.

PUNCH XVIIᵉ s. : mot angl. « boisson alcoolisée », probablement de l'hindi *pànch* « cinq » et « liqueur composée de cinq ingrédients » ; empr. aux Antilles en même temps qu'en Afrique occidentale.

PUPITRE (demi-sav.) XIVᵉ s. : lat. *pulpitrum* « tréteau, estrade ».

PUR famille du lat. *pūrus* « sans tache, sans souillure », adj. de la langue religieuse Dér. : (1) *impurus, impuritas* « impur, impureté » ; bas lat. *puritas* « pureté » (2) *purare, depurare, purificare* « purifier » (3) arch. *purigare*, class. *purgare, expurgare* « nettoyer ».

♦ 111 **PUR** (pop.) Xᵉ s. : *pūrus* ; **PURETÉ** (demi-sav.) XIIᵉ s. : *puritas* ; **PURIFIER, PURIFICATION** XIIᵉ s. (sav.) : *purificare, purificatio* ; **IMPUR** (sav.) XIIIᵉ s. : *impurus* ; **IMPURETÉ** XIVᵉ s. : *impuritas* ; **PURISTE** XVIᵉ s. ; **PURISME** XVIIIᵉ s. ; **PUR-SANG** XIXᵉ s. ♦ 121 **PURÉE** (pop.) XIIIᵉ s. : part. passé fém. substantivé de l'anc. fr. *purer* « nettoyer » et en particulier « presser les légumes pour en exprimer la pulpe » : lat. *pūrāre* ; XIXᵉ s. « misère » (→ MOUISE, PANADE, art. PAIN) ; **PUROTIN** fam. fin XIXᵉ s. ♦ 131 **PURIN** XIXᵉ s. : mot dial. de l'anc. fr. *purer* « s'écouler », « nettoyer » → le précéd. ♦ 141 **APURER** (pop.) XIIᵉ s. ; **DÉPURER, ÉPURER** XIIIᵉ s. ; **APUREMENT** XIVᵉ s. ; **ÉPURATION** XVIIᵉ s., fin XVIIIᵉ s. pol. ; **ÉPURE** XVIIᵉ s. ; **ÉPURATEUR, DÉPURATIF** fin XVIIIᵉ s. : dér. de l'anc. fr.

purer → les deux précédents. ♦ |5| **PURITAIN** XVIᵉ s. : angl. *puritan*, dér. de *purity* « pureté », nom pris par les calvinistes d'Angleterre, particulièrement attachés à la pureté du dogme ; **PURITANISME** fin XVIIᵉ s. ♦ |6| **PURGER** (pop.) XIIᵉ s. « nettoyer », jur. « justifier » ; XIVᵉ s. méd. ; XVIIᵉ s. techn. : *purgare* ; **PURGATION, PURGATOIRE** XIIᵉ s. (sav.) : *purgatio, purgatorius* ; **PURGE** (pop.) XIVᵉ s. jur., XVIᵉ s. méd. ; XIXᵉ s. techn. ; **PURGATIF** (sav.) XIVᵉ s. : bas lat. *purgativus* ; **EXPURGER** (sav.) XVᵉ s. : *expurgare*.

PUSTULE famille d'une racine expressive ind.-eur. **phu-* « souffler », représentée en gr. et en lat.

♦ |1| **PUSTULE** (sav.) XIVᵉ s. : lat. *pustula* « ampoule », « bulle », « bouton » ; **PUSTULEUX** XVIᵉ s. ♦ |2| **EMPHYSÈME** (sav.) XVIIIᵉ s. : gr. *emphusêma, -atos* « gonflement », de *phusân* « gonfler », de *phusa* « soufflet » ; **EMPHYSÉMATEUX** XVIIIᵉ s.

PUZZLE XXᵉ s. : mot angl., de *to puzzle* « embarrasser », d'origine obscure.

PYJAMA XIXᵉ s. : mot angl. *pyjamas*, de l'hindi *paē-jāma* « vêtement *(jama)* de jambes *(paē)* », « pantalon ample et bouffant ».

PYLORE famille du gr. *pulê* « porte ».

♦ |1| **PYLORE** (sav.) XVIᵉ s. anat. : gr. *pulôros* « portier » et « orifice inférieur de l'estomac ». ♦ |2| **PROPYLÉES** XVIIIᵉ s. archéol. : gr. *propulaia* « vestibule » ou « construction devant un édifice », plur. neutre substantivé de l'adj. *propulaios* « qui est devant la porte ». ♦ |3| **PYLÔNE** XIXᵉ s. « portail des temples égyptiens, encadré de deux obélisques » ; début XXᵉ s. « pilier de maçonnerie » : gr. *pulôn* (portail).

PYRAMIDE (sav.) XIIᵉ s. archit. : XIVᵉ s. géom. : gr. *puramis, -idos*, qui avait déjà les deux sens, par le bas lat. ; mot empr. à l'égyptien. **PYRAMIDAL** XVIᵉ s. : bas lat. *pyramidalis*.

PYRITE famille sav. du gr. *pur, puros* « feu ».

♦ |1| **PYRITE** XIIᵉ s. : *puritês (lithos)*, littéralement « pierre de feu » ; **PYRITEUX** XVIIIᵉ s. ♦ |2| **PYRÈTHRE** XIIIᵉ s. : *purethron*, nom de plante formé sur le radical de *pur* « feu », par le lat. ♦ |3| **EMPYRÉE** XIIIᵉ s. « la plus élevée des sphères célestes, contenant les astres, feux éternels » : lat. eccl. *empyrium (caelum)*, du gr. *empurios* « enflammé, brûlant » ; 1ᵉʳ élément de composés sav., ex. : **PYRO**-**TECHNIE** XVIᵉ s. ; **PYROPHORE, PYROSCAPHE** XVIIIᵉ s. ; **PYROMANE** XIXᵉ s. ; **PYROGRAVURE** XXᵉ s. ♦ |5| **PYRÉT(O)-** gr. *puretos* « fièvre », dér. de *pur* ; 1ᵉʳ élément de composés, ex. : **PYRÉTOGÈNE, PYRÉTOTHÉRAPIE** XXᵉ s. ♦ |6| **ANTIPYRINE** XIXᵉ s. « médicament contre la fièvre » : composé de *anti* « contre », *pur* « feu » et du suffixe *-ine* ; **PYRAMIDON** XXᵉ s. : sur le radical utilisé dans *antipyrine*, avec *amide* et le suffixe *-on*.

QUAI ♦|1| (pop.) XIIe s., forme normanno-picarde : d'un gaulois **caio-* (équivalents dans diverses langues celtiques au sens de « maison » ou « haie »). ♦|2| **CHAI** XVIIe s. : forme poitevine ou saintongeaise.

QUAKER XVIIe s. : mot angl. « qui tremble (sous l'action de l'Esprit saint) », de *to quake*, d'origine germ.

QUARTZ XVIIIe s. : mot all. « id. » ; à l'origine, en moyen haut all. (XIVe s.), terme spécialisé des mines de Bohême ; **QUARTZEUX** XVIIIe s. ; **QUARTZITE, QUARTZIFÈRE, QUARTZIQUE** XIXe s.

QUATRE famille d'une racine ind.-eur. **kʷetwor*.

En grec *tessares*, var. *tettares*, 1er élément de composés en *tetra-* « quatre ».

En latin (1) *quattuor* « quatre » ; *quattuordecim* « quatorze » → DIX (2) *quartus* « quatrième » et « quart » ; *quartana febris* « fièvre quartaine », qui revient tous les quatre jours, selon la manière de compter des anciens Romains, tous les trois jours selon la nôtre ; *quartarius* « le quart du *sextarius* (→ SETIER, art. SIX), mesure pour les solides et les liquides » ; (3) le distributif *quaterni* « chacun quatre », d'où bas lat. *quaternio, -ōnis* « ensemble de quatre personnes, ou de quatre objets », « cahier de quatre feuillets de quatre pages » ; *quaternarius* « qui mesure quatre unités dans chaque sens » (4) *quadraginta* « quarante » ; *quadragesimus* « quarantième » ; *quadragenarius* « qui a quarante ans » (5) *quadrare* « rendre carré, équarrir », « former un tout harmonieux, cadrer » ; *quadrans* « un quart », mesure (de monnaie, de terrain, de longueur, de poids, de liquides) ; *quadratus* « carré » et, à propos de la taille, « bien proportionné » (6) premiers éléments de composés en *quadru-*, ex. : *quadruplus, quadruplex* « plié en quatre », « quadruple » ; *quadrupes* « quadrupède » ; et en *quadri-*, ex. : *quadrivium* « carrefour ».

I. mots populaires d'origine latine

A. ♦|1| **QUATRE** Xe s. : *quattuor* ; **QUATRIÈME** XIVe s. d'abord *quartième* ; **QUATRAIN** XVIe s., avec 2e élément tiré de *million*. ♦|2| **QUATRE-** 1er élément de composés dans **QUATRE-VINGT(S)** XIIe s. : trace d'un ancien système de numération vicésimale ; **QUATRE-TEMPS** XIVe s. ; **QUATRE-SAISONS, QUATRE-FEUILLES, QUATRE-ÉPICES** XIXe s. ; **QUATRE-QUARTS** XXe s. ♦|3| **QUATORZE** XIIe s. : *quattordecim*.

B. bases *-quart-*, *-cart-*

♦|1| **QUART** XIe s. adj. « quatrième », XIVe s. subst. « quatrième partie », XVIe s. mar., XIXe s. « gobelet contenant un quart de litre » ; **QUARTE** XIIIe s. fièvre *quarte* et subst. fém., mesure de capacité, XVIIe s. mus. et escrime : *quarta* ; **QUARTAINE** (fièvre) XIIe s. : *quartana*. ♦|2| **QUARTIER** XIe s. « portion d'objet divisé en quatre », puis vén. « retraite du sanglier », d'où *donner quartier, faire quartier, prendre ses quartiers (d'hiver)* ; XVIIIe s. *quartier général* : *quartarius*, d'où **QUARTERON** XIIIe s., **QUARTAUT** XVIIe s. mesure.

QUATRE

♦ 131 **ÉCARTELER** XIIe S. : forme dissimilée de **écarterer* « diviser en quartiers » ; en anc. fr., var. *écartiller*, par substitution de suff., altérée en **ÉCARQUILLER** XVIe S. ; **ÉCARTÈLEMENT, ÉCARQUILLEMENT** XVIe S. ♦ 141 **ÉCARTER** XIIIe S. : lat. vulg. **exquartāre* « séparer en quatre, écarteler » ; **ÉCART** XIIe S. ; **ÉCARTEMENT** XVIe S., rare avant le XVIIIe S. ; (**METTRE AU) RANCART** XVIIIe S. : altération du dial. (Normandie) *mettre au récart* « à l'écart » de *récarter* « éparpiller ».

C. bases *-car(r)-, -quar(r)-*

♦ 111 **QUARANTE** → DIX ♦ 121 **CARÊME** XIIe S. : *quadragesĭma (dies)* « le quarantième (jour avant Pâques) » ; **CARÊME-PRENANT** XIIe S. ; *carnaval* ; **MI-CARÊME** XIIIe S. ♦ 131 **CARREAU** XIe S. « petit carré », « trait d'arbalète à section losangée », XIIe S. « dalle », XIVe S. « vitre », XVIe S. aux cartes : lat. vulg. **quadrĕllus*, dimin. du bas lat. *quadrus* « carré » ; **CARRELER** XIIe S. ; **CARRELEUR** XVe S. ; **CARRELAGE** XVIIe S. ; dér. de *carrel*, var. de *carreau* « dalle » ; **CARRELET**, dimin., a désigné divers objets approximativement carrés : XIVe S. « poisson plat », XVIe S. « grosse aiguille à section carrée », XVIIe S. « filet de pêche ». ♦ 141 **CARRÉ** XIIe S. adj., XVIe S. subst., XIXe S. *carré des officiers* et argot *carrée* « chambre » : *quadrātus* ; **CARRURE** XIIe S. « forme carrée », XIIIe S. sens mod. : bas lat. *quadratūra* ; **CARRER** XIIe S. « rendre carré », XVIIe S. *se carrer*, d'après *carrure* ; **CARRÉMENT** XIIIe S., XIXe S. sens psycho. ; **CONTRECARRER** XVIe S. dér. de *contre-carre*, XVIe S. « résistance », lui-même dér. de l'anc. fr. *carre* XIIIe S. « côté d'un objet carré (qui s'entasse moins commodément que des objets ronds) ». ♦ 151 **CARRIÈRE** (de pierre) XIIe S. : lat. vulg. **quadrāria* « endroit où l'on équarrit les pierres », d'où **CARRIER** fin XIIIe S. ♦ 161 **ÉQUARRIR** XIIIe S., XIXe S. « dépecer en quartiers » : var. anc. fr. *équarrer* « tailler en carré », de **exquadrāre* ; **ÉQUARRISSAGE** XIVe S. ; **ÉQUARRISSEUR** XVIe S. ♦ 171 **CARILLON** XIVe S. : altération de *quarregnon* XIIe S., du lat. vulg. **quadrīnio, -ōnis* « groupe de quatre cloches », altération du bas lat. *quaternio* ; **CARILLONNER** XVe S. ; **CARILLONNEUR** XVIIe S. ♦ 181 **CARREFOUR** → FOURCHE. ♦ 191 **SE CARAPATER** → PATTE.

D. ÉQUERRE XIIe S. : lat. vulg. **exquadra*, dér. de **exquadrare* au sens de « dessiner des angles droits, des carrés ».

E. CAHIER XIIe S. *(quaer, quaern, quaier)* : *quaternio* ; **CARNET** XVe S. : dér. de l'anc. forme *quaern*.

II. mots empruntés d'origine latine

♦ 111 **BÉCARRE** XVe S. : adaptation, d'après *carré*, de l'it. *b quadro* « b à panse carrée ». ♦ 121 **ESCADRE** XVe S. « troupe » ; XVIIe S. mar. : it. *squadra*, renforcé plus tard par l'influence de l'esp. *escuadra* « équerre » et « troupes formées en carré », du lat. **exquadra* → ÉQUERRE ; **ESCADRON** XVe S. : it. *squadrone*, augmentatif de *squadra* ; **ESCOUADE** XVIe S. : var. d'*escadre* ; **ESCADRILLE** XVIe S. « troupe », XVIIe S. mar., XXe S. aviation : esp. *escuadrilla*. ♦ 131 **CADRE** XVIe S. : fin XVIIIe S. « officiers et sous-officiers commandant une troupe », XIXe S. « entourage », XXe S. « membre du personnel de direction » : it. *quadro*, du bas lat. *quadrus* « carré » ; **CADRER** XVIe S. « s'adapter » : de *cadre*, avec infl. du lat. *quadrare* ; **ENCADRER, ENCADREMENT** XVIIIe S. ; **ENCADREUR, CADRAGE** XIXe S. ♦ 141 **INCARTADE** XVIIe S. : it. *inquartata*, terme d'escrime, « coup d'épée donné en faisant un quart de tour ». ♦ 151 **QUARTETTE** XIXe S. « petit quatuor » : it. *quartetto*, dimin. de *quarto* ; XXe S. jazz : angl. *quartett*, de même origine. ♦ 161 **CASERNE** XVIe S. « sorte de guérite » et « petite chambrée », XVIIe S. « grand bâtiment militaire » : prov. *cazerna*, à l'origine « groupe de quatre personnes », du lat. vulg. **quaderna*, altération de *quaterna* ; **CASERNER** XVIIIe S. ; **CASERNEMENT** XIXe S. ♦ 171 **QUARTERON** XVIIIe S. « métis » : esp. *cuarteron*, de *cuarto* « quart », ainsi appelé parce qu'il a un quart de sang indien et trois quarts de sang esp ♦ 181 **QUADRILLE** XVIe S., fém. « troupe de vingt-cinq cavaliers (le quart d'une centaine) » XVIIIe S. « un des quatre groupes d'une contredanse » et masc. « contredanse » : esp. *cuadrilla*, dimin. de *quadro*, du bas lat. *quadrus*. ♦ 191 **QUARTIER-MAÎTRE** XVIIe S. « maréchal des logis » puis mar. : calque de l'all. *Quartier Meister*, lui-même formé de deux mots empr. au fr ♦ 1101 **SQUARE** XVIIIe S. à propos de l'Angleterre, XIXe S. à propos de la France : mot angl. « carré » et « jardin sur une place carrée », de l'anc. fr. *esquare*, var. de *équerre*, du lat. vulg. **exquadra*.

III. mots savants d'origine latine

♦ 111 **CADRAN** XIIIe S. « cadran solaire, de forme carrée ou rectangulaire à l'origine »; XVe s. horlogerie : *quadrans*. ♦ 121 **CADRAT, CADRATIN** XVIIe s. typo. : *quadratus*. ♦ 131 **QUADRATURE** XVe s. ; **CADRATURE** XVIIIe s. horlogerie : *quadratura*. ♦ 141 **QUADR-, QUADRA-, QUADRI-, QUADRU-** : 1ers éléments de composés sav., ex. : **QUADRANGLE** → ANGLE ; **QUADRIGE** → JOUG, **QUADRAGÉSIME** → CARÊME et DIX ; **QUADRAGÉNAIRE** → DIX ; **QUADRILATÈRE** → LEZ ; **QUADRUPÈDE** → PIED ; **QUADRUPLE** XIIIe s. et **QUADRUPLER** XVe s. : *quadruplus*, et *quadruplare* → PLIER. ♦ 151 **IN-QUARTO** XVIe s. : mots lat. « (plié) en quatre » ; **QUARTIDI** fin XVIIIe s. « quatrième jour » (calendrier républicain) ; **QUARTO** XIXe s. : mot lat. « quatrièmement » (après *primo, secundo, tertio*). ♦ 161 **QUATERNAIRE** XVe s. « formé de quatre éléments » ; XIXe s. « quatrième ère géologique » : *quaternarius*. ♦ 171 **QUATUOR** XVIIIe s. mus. : var. orthographique du lat. *quattuor*.

IV. mots savants d'origine grecque

♦ 111 **TÉTRA-** : gr. *tetra-*, 1er élément de composés sav., ex. : **TÉTRACORDE** XIVe s. ; **TÉTRAÈDRE** XVIIe s. ; **TÉTRALOGIE** XVIIIe s. ; **TÉTRAGONE** XIXe s. bot ♦ 121 **TESSÈRE** XVIIIe s. archéol. : lat. *tessera*, probablement abrév. du gr. *tesseragônos* « (tablette) carrée ».

QUÉMANDER XVIe s. : dér. de l'anc. fr. *caimand* XIVe s. « mendiant », d'origine inconnue ; **QUÉMANDEUR** XVIIIe s.

QUENELLE XVIIIe s. : adaptation de l'all. dial. (Alsace) *Knödel* « boulette de pâte ».

QUENOUILLE famille d'une rac. ind.-eur. *k^wel-* « tourner en rond », « se trouver habituellement dans ».

En grec (1) la forme à redoublement *kuklos* « cercle », d'où *kuklikos* « circulaire » (2) le verbe *kulindein* « rouler », d'où *kulindros* « rouleau », « cylindre » (3) *-kolos*, 2e élément de composés indiquant celui qui s'occupe habituellement de quelque chose, ex. : *boukolos* « bouvier », d'où l'adj. *boukolikos* (4) avec un autre traitement du k^w initial. par *polein* « tourner » et *polos* « pivot ».

En latin (1) *colus* « quenouille », formation semblable au gr. *polos*, lat. vulg. dimin. *colŭcŭla*, altéré en *conŭcŭla* (2) *colère, cultus*, verbe spécialisé dans le sens d'« habiter », d'où « cultiver », idées connexes pour une population rurale ; dér. : *colōnus* « fermier » et « colon » ; *colonia* « ferme » et « colonie » ; *cultūra* « culture de la terre » et « civilisation, éducation » ; *-cola*, suffixe indiquant l'habitant d'un certain lieu, ex. : *agricola* « habitant des champs ». *Colere* exprime le plaisir qu'une divinité éprouve à se trouver dans un certain lieu et à le protéger, et, réciproquement, les honneurs rendus à cette divinité par les habitants du lieu ; d'où *cultus, -us* « culte » (3) lat. arch. *anculus* « serviteur » (ci-dessous I, E).

I. mots issus du latin

A. QUENOUILLE (pop.) XIIIe s. : bas lat. *conŭcŭla*, forme dissimilée de *colŭcŭla* ; **QUENOUILLÉE** XVIe s.

B. base *-col-* (sav.)

♦ 111 **COLON** XIVe s. hist. rom., XVIIe s. « personne partie outre-mer cultiver des terres récemment découvertes », XIXe s. « résident étranger » : *colonus* ; **COLONIE** XIVe s. hist., XVIIe s. « territoire sous la domination d'une puissance étrangère », XIXe s. « ensemble de résidents étrangers » et « réunion d'individus vivant en commun », *colonie de vacances, colonie pénitentiaire* : *colonia* ; **COLONIAL** XVIIIe s. ; **COLONIALISME, -ISTE** début XXe s. ; **ANTICOLONIALISME, -ISTE** milieu XXe s. ; **COLONISER** XVIIIe s. ; **DÉCOLONISER** XXe s. ; **COLONISATION** XVIIIe s. ; **DÉCOLONISATION** XXe s. ; **COLONISATEUR** XIXe s. ♦ 121 **-COLE** : lat. *-cola*, 2e élément d'adjectifs composés sav. exprimant l'idée d'une culture ou d'un élevage systématique, ex. : *agricole, viticole, piscicole, ostréicole*.

C. CLOWN XIXe s. : mot angl. « paysan », « rustre » : probablement de *colōnus*. **CLOWNERIE** fin XIXe s. ; **CLOWNESQUE** XXe s.

D. base *-cult-* (sav.)

♦ 111 **CULTURE** XIVe s., XVIe s. en parlant des choses de l'esprit : a éliminé l'anc. fr. *couture* (pop.) XIIe s., de même origine : *cultūra* ; **CULTURAL** XIXe s. « relatif à la culture des terres » ; **CULTUREL** XIXe s. « relatif à la culture de l'esprit » : empr. à l'all. *kulturel* de même origine ; **INCULTURE** fin XVIIIe s. ♦ 121 **INCULTE** XVIe s., aux deux sens : lat. *incultus* « non cultivé ». ♦ 131 **-CULTURE, -CULTEUR** : 2es éléments de subst. sav. correspondant aux adj. en *-cole* (I B 2), ex. : *agri-, viti-, pisci-, ostréi-,*

-culteur, -culture. ♦|4| CULTIVER XII° s. *coutiver*, en parlant de la terre, XVI° s. de l'esprit, XVII° s. des relations : lat. médiéval *cultivare*, dér. de *cultus* ; CULTIVATEUR XIV° s. ; CULTIVABLE XIII° s. ♦|5| CULTE XVI° s. : *cultus* ; CULTISME ; CULTUEL XIX° s.

E. base *-cil* (sav.). ANCILLAIRE XIV° s. lat. *ancillaris*, de *ancilla* « servante », dimin. fém. de *anculus* « serviteur », dont le premier élément est à rapprocher de *amphi-* (→ V. ALLER, IV).

II. mots issus du grec

A. CALANDRE (pop.) XV° s. : doit remonter au lat. vulg. *colendra, adaptation du gr. *kulindros*, par l'intermédiaire d'une forme *colandre* ; CALANDRER XV° s. ; CALANDREUR XIV° s. ; CALANDRAGE XIX° s.

B. CYLINDRE (sav.) XIV° s. : *kulindros* ; CYLINDRIQUE XVI° s. ; CYLINDRER, CYLINDRAGE XVIII° s. ; CYLINDRÉE XX° s.

C. base *-cycl-*

♦|1| CYCLE (pop.) XVI° s. astron., XIX° s. « suite immuable de phénomènes » et « ensemble d'œuvres littéraires sur un même sujet », XX° s., *cycle d'études* : *kuklos* ; CYCLIQUE XVI° s. ; CYCLOÏDE XVII° s. ; RECYCLER et RECYCLAGE XX° s. « orientation vers un nouveau *cycle* d'études ». ♦|2| CYCLADES géogr. « îles disposées en cercle autour de Délos » : gr. *kuklades (nêsoi)* « (îles) en cercle ». ♦|3| CYCLONE XIX° s. « tourbillon circulaire » : mot sav. empr. à l'angl. ; CYCLONIQUE XIX° s. ♦|4| ENCYCLIQUE XVIII° s. : abrév. de *(lettre) encyclique*, relig. cathol. : adj. formé sur gr. *egkuklos* « circulaire ». ♦|5| ENCYCLOPÉDIE XVI° s. : gr. *egkuklios paideia* « éducation (comprenant) le cercle (de toutes les connaissances) » ; ENCYCLOPÉDISTE fin XVII° s. ; -IQUE XVIII° s. ; -ISME XX° s. ♦|6| BICYCLETTE fin XIX° s. ; TRICYCLE XIX° s. ; CYCLISME, CYCLISTE fin XIX° s. ; CYCLABLE XX° s. ; CYCLOMOTEUR, CYCLOMOTORISTE, CYCLOTOURISTE XX° s. ; CYCLE fin XIX° s. « tout véhicule à deux roues mû par la pression des pieds » : angl. *cycle*, même origine. ♦|7| CYCLO- XIX° s.-XX° s. : 1er élément de composés sav. exprimant l'idée de « cercle » ou de « cycle », ex., *cyclométrie*, *cyclostome*, *cyclotron*. ♦|8| -CYCLE 2° élément de composés sav., ex. : HÉMICYCLE XVI° s. : *hemikukleion*, par le lat. ; KILOCYCLE, MÉGACYCLE XX° s.

D. POULIE (pop.) XII° s. : bas gr. *polidion, dimin. de *polos* « pivot ».

E. ♦|1| PÔLE (sav.) XIII° s. en parlant du ciel, XV° s. en parlant de la terre, XVII° s. géom. et sens fig. : *polos*. ♦|2| POLAIRE XVI° s. astron., XIX° s. math. et phys. : lat. médiéval *polaris*, formé sur *polos* ; BIPOLAIRE XIX° s. ; POLARITÉ XVIII° s. ♦|3| POLARISER XIX° s. : dér. de *polaire*, avec influence sémant. du gr. *polein* « tourner », correspondant à *polos* « pivot » ; XX° s. *polarisé* sens fig. « qui ne s'intéresse qu'à une seule chose » ; DÉPOLARISER XIX° s. ; POLARISATION, -ISEUR, -ISATEUR, -ISANT, -ISABLE XIX° s. ♦|4| POLARI-, POLARO- 1ers éléments de composés sav., ex. : POLARISCOPE, POLARIMÈTRE XIX° s. ; POLAROGRAPHIE XX° s.

F. BUCOLIQUE → BŒUF.

QUERELLE (sav.) XII° s. jur. « plainte en justice, cause », XVI° s. sens mod. : lat. *querella*, var. *querela* « plainte, réclamation » ; QUERELLER XII° s. : bas lat. *querellare* ; QUERELLEUR XIII° s.

QUÉRIR famille du lat. *quaerere, quaesitus* « chercher », « demander », d'où *quaestio* « recherche », « enquête », « question » ; *quaestor*, littéralement « enquêteur », magistrat romain à compétence financière ; *acquirere* « ajouter à ce qu'on a » ; *conquirere* « rassembler en prenant de côté et d'autre » ; *exquirere* « chercher à découvrir », « trier sur le volet » ; *inquirere* « faire une enquête » ; *perquirere* « rechercher avec soin », « s'enquérir partout » ; *requirere* « réclamer (une chose dont on a l'habitude et qui manque) » ; et leurs dér. en *-tio*.

I. base *-quer-* (pop.)

♦|1| QUÉRIR XI° s. (*querre* jusqu'au XV° s.) : *quaerĕre*. ♦|2| CONQUÉRIR XI° s. (*conquerre*) : lat. vulg. *conquaerĕre, class. *conquirere* ; CONQUÉRANT, RECONQUÉRIR XI° s. ♦|3| ENQUÉRIR XI° s. (*enquerre*) : lat. vulg. *inquaerĕre, class. *inquirere*. ♦|4| REQUÉRIR XI° s. (*requerre*) : lat. vulg. *requaerĕre, class. *requirere* ; REQUÉRANT XVII° s. ♦|5| ACQUÉRIR XII° s. (*acquerre*) : lat. vulg. *acquaerĕre, class. *acquirere* ; ACQUÉREUR XIV° s.

II. base *-quêt-* (pop.)

♦|1| QUÊTE XII° s. « recherche », XIV° s. sens mod. : *quaesita* plur. neutre, part. passé substantivé de *quaerere* ; QUÊTER, QUÊTEUR XII° s. ♦ |2| CONQUÊTE XII° s. : **conquaesita* ; RECONQUÊTE XIV° s. ♦ |3| ENQUÊTE XII° s. : **inquaesita* ; ENQUÊTER XII° s. ; ENQUÊTEUR XIII° s. ♦ |4| REQUÊTE XII° s. : **requaesita*. ♦ |5| ACQUÊT XII° s. : **acquaesitum*, neutre sing.

III. base *-quis-* (sav.)

♦ |1| INQUISITION XII° s. « recherche », XIII° s. relig. : *inquisitio*, de *inquirere* ; INQUISITEUR XVIII° s. : *inquisitor* ; INQUISITORIAL XVI° s. → ENQUÉRIR. ♦ |2| RÉQUISITION XII° s., rare avant le XVI° s. : *requisitio*, de *requirere* ; RÉQUISITIONNER XVIII° s. ; RÉQUISITOIRE XIV° s. adj. ; XVI° s. subst. : *requisitorius* → REQUÉRIR. ♦ |3| ACQUISITION XIII° s. : bas lat. *acquisitio* ; ACQUIS subst. (pop.) XVI° s. : part. passé d'*acquérir* ; ACQUISITIF (sav.) XV° s. : bas lat. *acquisitivus* → ACQUÉRIR. ♦ |4| PERQUISITION XV° s. : *perquisitio*, de *perquirere*. PERQUISITIONNER XIX° s. ♦ |5| EXQUIS XIV° s. : *exquisitus*, de *exquirere* ; EXQUISITÉ XIX° s.

IV. base *-quest-* (sav.)

♦ |1| QUESTION XII° s. « interrogation » et XII° s.-XVIII° s. « enquête judiciaire », « torture » : *quaestio* → QUÉRIR ; QUESTIONNER XIII° s. ; QUESTIONNAIRE, QUESTIONNEUR XVI° s. ♦ |2| QUESTEUR XVIII° s. : *quaestor* ; QUESTURE XVII° s. : *quaestura*.

QUEUE ♦ |1| (pop.) XI° s. : lat. *côda*, var. de *cauda* ; *à la queue leu leu* XV° s. : altération de l'anc. fr. *à la queue le leu* « à la queue du loup » ; ÉQUEUTER XIX° s. (→ aussi -OURE, -URE SOUS ÉCUREUIL) ♦ |2| QUEUE-1er élément de composés, ex. : QUEUE-D'ARONDE XVI° s. ; QUEUE-DE-RAT XVIII° s. ; QUEUE-DE-COCHON, QUEUE-DE-RENARD XIX° s. ♦ |3| COUARD (pop.) XI° s. : dér. de *coue*, forme anc. de *queue* ; COUARDISE XI° s. ♦ |4| CODA XIX° s. mus. : mot it. « queue ». ♦ |5| CAUDATAIRE (sav.) XVI° s. et CAUDAL (sav.) XVIII° s. : dér. formés sur *cauda*.

QUI famille d'une base **kʷ-*, qui a fourni à la plupart des langues ind.-eur. le relatif, l'interrogatif, l'indéfini, et divers adv.

En grec, entre autres formes, *posos* « combien », issu de **kwot-yos* (→ lat. *quot*). En latin (1) le relatif *qui*, fém. *quae*, neutre *quod* ; ablatif masc. sing. *quô*, d'où en composition *quomodo* (→ MUID) « de quelle manière », « comment » ; ablatif fém. sing. *quā*, d'où en composition *quare* « c'est pourquoi », littéralement « pour laquelle chose » (→ RIEN) ; génitif sing. *cujus* « de qui » ; génitif masc. plur. *quorum* « desquels » ; de plus, *quod* est employé comme particule de liaison, coordonnante ou subordonnante, introduisant une explication ou une proposition complétive ; *quā* est employé avec la valeur adv. de « par où », « par là » (2) le pronom interrogatif et indéfini *quis, quae, quid*, dont la déclinaison s'est dans une large mesure confondue avec celle de *qui* ; une ancienne forme de neutre *quia*, interrogative à l'origine, a pris le sens causal de « parce que » ; *quis* apparaît en composition dans *quisque* « chacun » ; *aliquis* « quelqu'un dont on ignore l'identité » (1er élément apparenté à *alius, alter* → AUTRE) ; *quidam*, issu de *quis-dam* « quelqu'un (dont on connaît l'identité) » ; *quilibet*, issu de *quislibet* « qui tu veux », « n'importe qui » → QUOLIBET ; enfin, *quicumque* « quiconque », « quelconque », où le relatif s'est attaché à l'indéfini (3) une série d'adv. et d'adj., ayant conservé le *kw-* initial : (a) *quam* « que », « combien », à valeur parfois exclamative, d'où *quasi* « comme si », issu de **quamsi*, et la forme redoublée *quamquam* « de toute manière », « pourtant », « quoique » (b) *qualis* « de quelle sorte », « de quelle nature », équivalent sémantique du gr. *poios*, dont Cicéron a tiré l'abstrait *qualitas* pour traduire le gr. *poiotês* ; composé *qualiscumque* « quel qu'il soit », « quelconque » (c) *quantus* « combien grand » ; « aussi grand que » ; *quantum* « combien », équivalent sémantique du gr. *posos*, dont on a tiré *quantitas*, formé sur le modèle de *posotês* et de *qualitas* (d) *quando* « quand » (e) *quot* « combien » (en parlant d'objets qui se comptent), d'où *quotus* « en quel nombre » ; *quotidie* « chaque jour » ; *quotidianus* « de chaque jour » (4) une série d'adv. et d'adj. où le *kw-* initial a disparu devant *-u-* : (a) *ubi* « à la place où », « au moment où », sans mouvement (b) *unde* « d'où » (c) *usque* « jusqu'à » (d) *uter* « lequel des deux ? » (pour le 2e élément → INTÉRIEUR, EXTÉRIEUR, etc.), d'où *neuter* « aucun des deux », « ni l'un ni l'autre », gramm. « neutre », et lat. imp. *neutralis* « du genre neutre ».

QUI

I. famille de *qui* et de *quis*

♦ |1| **QUI** (pop.) IX⁰ s. relatif, x⁰ s. interr. : *quī*, nom. sing. ; s'est confondu, après le XIII⁰ s. avec *cui*, anc. forme de datif sing. qui avait survécu jusque-là comme cas régime indirect ; d'où les emplois de *qui* après prép. ♦ |2| **QUE** (pop.) IX⁰ s. pronom relatif : représente les 3 formes atones d'acc. sing. *quem, quam, quid* (qui s'était substitué à *quod* en lat. vulg.) ; x⁰ s. conjonction : **quī*, forme simplifiée de *quia* ; XI⁰ s. interrogatif : *quid*. ♦ |3| **QUOI** (pop.) XI⁰ s. : *quid* (emploi tonique) **QUOIQUE, POURQUOI** XI⁰ s. ♦ |4| **COMME** (pop.) IX⁰ s. sous la forme *com*, XII⁰ s. forme mod. : lat. vulg. **quōmo*, class. *quomodo* ; **COMMENT** XI⁰ s., formé à l'aide de la terminaison adv. **-MENT** ; **COMBIEN** XII⁰ s. : de *com* et *bien*. ♦ |5| **CAR** (pop.) XI⁰ s. : *quare* (forme atone). ♦ |6| **CHACUN** (pop.) XI⁰ s. : lat. vulg. **casquunus*, croisement de *quisque unus*, littéralement « chaque un », et de **cata unum*, avec la préposition gr. *kata* à valeur distributive et *unus* (**cata unum* est représenté en anc. fr. par *chaün, cheün*) ; CHAQUE XII⁰ s. : rare avant le XV⁰ s. : dér. de *chacun* formé par suppression de *un*. ♦ |7| **AUCUN** (pop.) XII⁰ s. : lat. vulg. **aliquunus*, de *aliquis* et *unus* ; à l'origine positif ; a pris une valeur négative, par son association fréquente avec *ne*. ♦ |8| **QUICONQUE** (pop.) XII⁰ s. : anc. fr. *qui qu'onques* « qui jamais », plus tard écrit en un seul mot sous l'influence du lat. *quicumque*, de même sens. ♦ |9| **QUIDAM** (sav.) XIV⁰ s. jur., puis fam. : mot lat. ♦ |10| **QUIDDITÉ** (sav.) XIV⁰ s. : lat. scolastique *quidditas*, de *quid* « ce qu'est une chose ». ♦ |11| **QUOLIBET** (sav.) XIV⁰ s. : neutre de *quilibet* → ce mot. ♦ |12| **QUIA** (sav.) XV⁰ s., dans les expressions *être, mettre, réduire à quia*, issues de l'école, où la démonstration *quia* (par l'essence de la chose) était tenue pour moins approfondie que la démonstration *propter quid* (par la cause). ♦ |13| **QUIPROQUO** (sav.) XV⁰ s. : lat. scolastique *quid pro quod* « quoi pour quoi ? » indiquant une erreur par confusion. ♦ |14| **CAHIN-CAHA** (demi-sav.) XVI⁰ s. : prononc. ancienne de *qua hinc qua hac* « par-ci par-là » (au XV⁰ s. *cahu caha*, de *qua huc, qua hac* « id. »), conservé pour sa valeur expressive. ♦ |15| **QUORUM** (sav.) XVII⁰ s. à propos de l'Angleterre ; XIX⁰ s. pour la France : expression d'abord formée en Angleterre pour désigner un pourcentage nécessaire de présents dans une assemblée, abrév. du lat. *quorum maxima pars* « dont la plupart ».

II. famille des adverbes et adjectifs à *kw-* initial

A. *quantus*

♦ |1| **QUANT À** (pop.) IX⁰ s. : *quantum ad* ; **QUANT-À-SOI** XVI⁰ s. subst. ♦ |2| **QUANTITÉ** (sav.) XII⁰ s. : *quantitas* ; **QUANTITATIF** XVI⁰ s., rare avant le XIX⁰ s. ; **QUANTIFIER** XX⁰ s. ♦ |3| **QUANTIÈME** XIV⁰ s. : dér. de l'anc. fr. *quant*, adj. XII⁰ s. : *quantus*. ♦ |4| **QUANTUM** (sav.) XVIII⁰ s., adm. ; **QUANTA** XX⁰ s. : plur. neutre, phys., mots latins. ♦ |5| **ENCAN** (demi-sav.) XIV⁰ s. : lat. médiéval *in quantum* « pour combien ? » (*incantare* « mettre à prix » est attesté dans un texte vénétolat. du XIII⁰ s.

B. *quando* : **QUAND** X⁰ s. ; **QUAND MÊME** XIX⁰ s.

C. *qualis*

♦ |1| **QUEL** (pop.) X⁰ s. : *qualis* ; **LEQUEL** XI⁰ s. ; **QUEL QUE**, puis **QUELQUE** XII⁰ s. ; **QUELQUE QUE** XIV⁰ s. ; **QUELQU'UN** XIV⁰ s. ; **QUELQUEFOIS** XV⁰ s. ; **QUELQUE CHOSE** XVI⁰ s. ♦ |2| **QUELCONQUE** (demi-sav.) XII⁰ s. : adaptation du lat. *qualiscumque*. ♦ |3| **QUALITÉ** (sav.) XI⁰ s. : *qualitas* ; **QUALITATIF** XV⁰ s. : lat. scolastique *qualitativus*. ♦ |4| **QUALIFIER** (sav.) XV⁰ s. : lat. scolastique *qualificare* ; XIX⁰ s. courses, sous l'influence de l'angl. *to qualify* de même origine ; **DISQUALIFIER** XIX⁰ s. : angl. *to disqualify* ; **QUALIFICATION** XV⁰ s. : lat. scolastique *qualificatio* ; **QUALIFICATIF** et **DISQUALIFICATION** XVIII⁰ s. ; **QUALIFIABLE, INQUALIFIABLE** XX⁰ s.

D. *quot*

♦ |1| **QUOTIDIEN** (sav.) XII⁰ s. adj., XX⁰ s. subst. : *quotidianus* (2ᵉ élément → DIEU). ♦ |2| **COTE** (sav.) XIV⁰ s. « somme à payer » ; fin XVIII⁰ s. « valeur en bourse d'une action » : abrév. du lat. *quota pars* « quelle part (revient à chacun) » ; **COTISER** XIV⁰ s. ; **COTER** XV⁰ s., **COTATION, COTISATION** XVI⁰ s., **DÉCOTE, COTISANT** subst. XX⁰ s. ♦ |3| **QUOTE-PART** (sav.) XV⁰ s. : *quota pars* ; **QUOTITÉ** XV⁰ s. : dér. sur le lat. *quotus*. ♦ |4| **QUOTIENT** (sav.) XV⁰ s. : lat. **QUOTIENS**, var. de *quoties* « autant de fois que ».

E. *quam*

♦ |1| **QUE** XI⁰ s. adv. exclamatif : *quam*. ♦ |2| **QUASI** (sav.) une fois au X⁰ s., puis XIV⁰ s. : mot lat. ; 1ᵉʳ élément de composés dans

QUASI-CONTRAT XVIIIᵉ s. : lat. jur. *quasi contractus* ; **QUASI-DÉLIT** XVIIᵉ s. : lat. jur. *quasi delictum*. ◆|3| **CANCAN** (demi-sav.) XVIᵉ s. « harangue de collège », XVIIᵉ s. « commérage » : *quamquam*, conjonction latine, prononcée à l'ancienne manière, qu'on entendait souvent dans les discours lat. ; mot retenu pour sa valeur onom. ; **CANCANER, CANCANIER** XIXᵉ s.

III. famille des adjectifs et adverbes à *u*- initial
◆|1| **DONT** (pop.) Xᵉ s. : lat. vulg. *de unde*, renforcement de *unde*. ◆|2| **JUSQUE** (pop.) Xᵉ s. : lat. vulg. *de usque*, ou *inde usque*, renforcements de *usque* ; var. **JUSQUES**, avec *s* adverbial, litt. ◆|3| **OÙ** (pop.) Xᵉ s. : *ūbī*. ◆|4| **UBIQUITÉ** (sav.) XVIᵉ s. : dér. formé sur *ubique* « partout ». ◆|5| **NEUTRE** (sav.) XIVᵉ s. « ni bon ni mauvais » et « qui ne prend pas parti », XVᵉ s. gramm., XVIIIᵉ s. chimie, XIXᵉ s. électricité : *neuter* ; **NEUTRALITÉ** XIVᵉ s. : dér., sur *neutralis* ; **NEUTRALISER** XVIᵉ s. ; **NEUTRALISATION** XVIIIᵉ s. ; **NEUTRALISME, NEUTRALISTE**, et **NEUTRON** phys. XXᵉ s.

IV. mot savant d'origine grecque
POSOLOGIE XIXᵉ s. méd. : dér. sur le gr. *posos* « combien ? ».

1. **QUILLE** (pour jouer) ◆|1| XIIIᵉ s., XVᵉ s. « jambe », XXᵉ s. « fin du service militaire » : anc. haut all. *kegil*. ◆|2| **RESQUILLER** XXᵉ s. argot : prov. *resquiha*, var. *esquiha* « glisser », dér. de *quiho* « quille » ; **RESQUILLEUR** XXᵉ s. : *resquihaire* « qui disparaît sans payer ».

2. **QUILLE** (de tableau) XIVᵉ s. : anc. scandinave *kilir*, plur. de *kjollr*, « id. ».

QUINAUD XVIᵉ s. : origine obscure.

QUINQUINA XVIᵉ s. : quichua (Pérou) *quina quina*, par l'esp. ; **QUININE** XIXᵉ s.

QUOLIBET famille du lat. arch. *lubet*, class. *libet*, verbe impersonnel, « il me plaît de ». « j'ai envie » ; d'où *libido* « désir », en particulier sensuel ; *libidinosus* « qui suit son caprice », « passionné », « débauché ».
◆|1| **QUOLIBET** (sav.) XIVᵉ s. : ablatif de *quod libet* « ce qu'on veut », « n'importe quoi », neutre de *quilibet* (→ QUI) ; abrév. du lat. scolastique *disputationes de quolibet* « disputes sur n'importe quoi » : celles-ci, moins sérieuses que les autres *disputationes* de l'école, avaient lieu deux fois par an, avant Noël et pendant le Carême, et on pouvait y aborder n'importe quel sujet. ◆|2| **LIBIDINEUX** (sav.) XIIIᵉ s., rare avant le XVIIIᵉ s. : *libidinosus* ; **LIBIDO** (sav.) XXᵉ s. : mot lat. d'abord employé en all. par Freud. ◆|3| **AD LIBITUM** XVIIIᵉ s. : expression lat. « à volonté ». ◆|4| **LUBIE** (demi-sav.) XVIIᵉ s. : probablement dér. plaisant formé dans la langue des collèges, du lat. arch. *lubet* ; pour *libet*.

RABÂCHER XVIIᵉ s. « faire du bruit », puis sens mod. ; nombreuses var. dial. ; formé sur une base préromane ou germ. **rabb-* « faire du bruit » ; **RABÂCHAGE, RABÂCHEUR** XVIIIᵉ s.

RABBIN XIVᵉ s. « docteur de la loi, chez les anc. juifs », XIXᵉ s. sens mod. : araméen *rabbîn*, plur. de *rabb* « maître », conservé dans les traductions de l'Évangile sous la forme *rabbi* « mon maître ! » ; **RABBINIQUE** XVIᵉ s.

RABOT XIVᵉ s. : probablement emploi métaph. d'un masc. formé sur le fém. *rabotte* « lapin », forme dissimilée de **robotte*, du moyen néerl. *robbe* « lapin » ; **RABOTER** XVᵉ s. ; **RABOTEUX** XVIᵉ s. ; **RABOTAGE** XIXᵉ s.

RACHIS (sav.) XVIᵉ s. : gr. *rakhis, -eôs* « colonne vertébrale » ; **RACHITIQUE, RACHITISME** XVIIIᵉ s. : dér. sur l'adj. gr. *rakhitês* « de la colonne vertébrale » ; **RACHIDIEN** XIXᵉ s.

RACINE famille du lat. *radix, -icis* « racine », dimin. *radicula* ; bas lat. *radicīna* ; *eradicāre* « déraciner » : l'adv. bas lat. *radicaliter*, sens fig. « jusqu'à la racine », laisse supposer un adj. *radicalis*.

♦ 1 **RACINE** (pop.) XIIᵉ s. ; XIIIᵉ s. math. ; XVIIᵉ s. gramm. : bas lat. *radicīna* ; **ENRACINER** XIIᵉ s. ; **DÉRACINER** XIIIᵉ s. ; **ENRACINEMENT, DÉRACINEMENT** XVᵉ s. ♦ 2 **ARRACHER** (pop.) XIIᵉ s. : var. anc. de l'anc. fr. *esrachier* (pop.) XIIᵉ s. : lat. vulg. **exradicāre*, class. *eradicare* ; **ARRACHEMENT** XIIᵉ s. ; **ARRACHEUR** XIIIᵉ s. ; **ARRACHAGE** XIXᵉ s. ♦ 3 **RAIFORT** (pop.) XVᵉ s. : composé de l'anc. fr. *raiz* « racine », de *radicem*, acc. de *radix*, et de l'adj. *fort* (semblable au fém. et au masc.), à cause du goût de ce légume. ♦ 4 **RADIS** XVIᵉ s. ; XIXᵉ s. fam. « sou » : it. *radice* : équivalent de l'anc. fr. *raiz* → le précéd. ♦ 5 **RADICAL** (sav.) XIVᵉ s. ; XVIIIᵉ s. subst. gramm., XIXᵉ s. pol. : *radicalis* ; **RADICALISME** XIXᵉ s. ; **RADICALISER** XXᵉ s. ♦ 6 **ÉRADICATION** (sav.) XVIᵉ s. : *eradicatio*. ♦ 7 **RADICULE** (sav.) XVIIᵉ s. : *radicula* ; **RADICELLE** XIXᵉ s.

RADAR XXᵉ s. : mot angl. formé des initiales de *radio detection and ranging* « détection et télémétrie par radio ».

1. RADE Famille d'une racine à structure consonantique *r-dh* « voyager », représentée en celtique par le gaulois **rēda* « chariot », empr. par le lat. sous la forme *raeda* ; en bas lat. par *verēdus* « cheval léger », d'origine gauloise, d'où bas lat. *paraveredus*, calque du gr. *parippos* « cheval de main » (de *para* « à côté ») ; en germanique (1) anc. angl. *râd* « course », « course à cheval », d'où le sens de « route », et « course en bateau », d'où le sens de « rade » ; angl. mod. *road* « route » et « rade » (2) anglo-saxon *ridan*, anc. haut all. *rītan*, angl. *to ride*, all. *reiten* « aller à cheval ».

I. mots d'origine germanique

♦ 1 **RADE** XVᵉ s. : anc. angl. *râd*. ♦ 2 **REÎTRE** XVIᵉ s. : all. *Reiter* « cavalier », de *rei-*

ten. ♦ |3| **REDINGOTE** XVIIIᵉ s. : angl. *riding coat* « vêtement (*coat* → COTTE) pour aller à cheval *(to ride)* ». ♦ |4| **RAID** XIXᵉ s. : var. écossaise de *road* remise en usage par Walter Scott, à l'origine « expédition militaire à cheval ».

II. mots d'origine celtique

PALEFROI (pop.) XIᵉ s. : *paraveredus* ; **PALEFRENIER** XIIIᵉ s. : mot anc. prov., dér. de l'anc. prov. *palafren*, équivalent du fr. *palefroi*, altéré sous l'influence de *fren*, du lat. *frenum* « frein ».

2. RADE ♦ |1| XIXᵉ s. argot, « rue », « trottoir », en particulier dans l'expression *laisser* (ou *rester*) *en rade* « laisser (ou rester) en chemin » : mot dial. (Normandie) *rade* « chemin », d'où *rader* « cheminer » et *desrader* « partir » XVIIᵉ s. : p.-ê. anc. fr. *rade* « rapide » : lat. *rapidus*, → RAVIR ; p.-ê. même mot que le précédent. ♦ |2| **RADINER** XIXᵉ s., argot « venir » : dér. de *rade*.

RADEAU ♦ |1| XVᵉ s. (XIVᵉ s. *radelle*) : anc. prov. *radel*, dér. de *rat*, du lat. *ratis* « id. ». ♦ |2| **RADIN** XIXᵉ s. argot « tiroir de comptoir », « comptoir », « boutique » ; XXᵉ s. subst. et adj. « avare », d'où **RADINER** XXᵉ s. « lésiner » : mot mar. issu des bagnes, altération de *radeau* par substitution de suff.

RADOTER (pop.) XIᵉ s. : composé du préf. *ra-* et d'une base *dot-* d'origine germ. apparentée au moyen néerl. *doten* → angl. *to dote* « rêver », « tomber en enfance » : **RADOTEUR** XVIᵉ s. ; **RADOTAGE** XVIIIᵉ s.

RAFALE XVIIᵉ s. : altération de l'it. *raffica* « id. », d'origine onom., sous l'influence d'*affaler* « faire échouer (un navire) ».

RAFIOT XIXᵉ s. argot : *rafiau* « petite embarcation », dans la langue des marins de la Méditerranée, d'origine inconnue.

RAFISTOLER ♦ |1| XVIIᵉ s. : forme renforcée du moyen fr. *afistoler*, XVᵉ s. « tromper » puis « orner, arranger » : dér. de l'it. *fistola* « flûte » : lat. *fistŭla* « tuyau », « flûte de Pan » et chir. « fistule ». ♦ |2| **FISTULE** (sav.) XIVᵉ s. : lat. *fistula* (→ le précédent) ; **FISTULAIRE** XIVᵉ s., **FISTULEUX** XVᵉ s.

RAFLE XIIIᵉ s. var. *raffe* « raclette pour le feu », puis au jeu, « coup qui enlève toute la mise », XIVᵉ s. « action de rafler », XIXᵉ s. « arrestation massive » : all. *raffel* « raclette » ; **RAFLER** XVIᵉ s., réfection, sous l'influence de *rafle*, de *raffer* XIIIᵉ s., de l'all. *raffen* « id. » ; **ÉRAFLER** XVᵉ s. ; **ÉRAFLURE** XVIIᵉ s.

RAGE ♦ |1| (pop.) XIᵉ s. : lat. vulg. *rabia, class. *rabies* « id. » ; **ENRAGER, RAGER** XIIᵉ s. ; **RAGEUR, RAGEUSEMENT** XIXᵉ s. ; **RAGEANT** XXᵉ s. ♦ |2| **RABIQUE** (sav.) XIXᵉ s. : dér., sur *rabies* ; **ANTIRABIQUE** fin XIXᵉ s.

RAGONDIN XIXᵉ s., var. *rat gondin*, origine inconnue.

RAGOT XIXᵉ s. « commérage ». Il existe deux verbes *ragoter* dont ce mot pourrait être dér. : XVIIᵉ s. « grogner comme un sanglier, quereller », de l'anc. fr. *ragot* XIVᵉ s. « cochon de lait » et XVᵉ s. « sanglier » ; var. dial. Normandie *roguin* « jeune porc » ; d'autre part, le dial. (Guernesey) *ragoter* « battre avec un gourdin », d'où « médire », apparenté au dial. (Morvan) *rangot* « racine sortant de terre » : mots obscurs.

RAI famille du lat. *radius* « baguette pointue », « rayon lumineux », « rayon d'une roue, d'une circonférence », « os du bras », « tout objet long et pointu » ; dérivés *radiosus* « rayonnant », *radiare* « rayonner », *radiatio* « rayonnement », lat. imp. *irradiare* « projeter ses rayons sur », d'où bas lat. *irradiatio*.

♦ |1| **RAI** (pop.) XIIᵉ s. « rayon de lumière » puis « de roue » : *radius*. ♦ |2| **ENRAYER** XVIᵉ s. « mettre un bâton dans les rayons d'une roue pour freiner » ; **ENRAIEMENT** XIXᵉ s. : dér. de *rai*. ♦ |3| **RAYON** (pop.) XVIᵉ s. : dér. de *rai* ; **RAYONNER, RAYONNEMENT** XVIᵉ s. ; **RAYONNE** XXᵉ s. « textile brillant » : anglo-américain *rayon*. ♦ |4| **RADIANT** (sav.) XIIIᵉ s. adj. ; XIXᵉ s. subst. astron. : *radians*, part. présent de *radiare* ; **IRRADIATION** XIVᵉ s. ; **RADIATION** XVᵉ s. : *irradiatio, radiatio* ; **RADIEUX, IRRADIER** XVᵉ s. : *radiosus, irradiare* ; **RADIAL** XVᵉ s. ; **RADIÉ** XVIIᵉ s. ; **RADIANCE, RADIATEUR** XIXᵉ s. ; **RADIESTHÉSIE** XXᵉ s. : littéralement « sensibilité (gr. *aisthesis*) aux radiations » ; **RADIESTHÉSISTE** XXᵉ s. ♦ |5| **RADIATION** XIVᵉ s. « action de rayer sur un registre », d'où **RADIER** XIXᵉ s. « rayer » : cas de fausse étym., *radiatio* ayant été à tort associé à *raie, rayer*. ♦16| RADIUS XVIᵉ s. anat. : mot lat., d'où RADIAL, au sens de « qui a rapport au radius ». ♦17| RADIUM fin XIXᵉ s. : de *radius* et du suff. *-ium* ; RADIO- 1ᵉʳ élément de composés sav. servant à exprimer la notion de « rayonnement atomique », ex. : RADIOACTIF fin XIXᵉ s., RADIOLOGIE, RADIOTHÉRAPIE XXᵉ s. ♦18| RADIO- 1ᵉʳ élément de composés savants exprimant l'idée d'« ondes hertziennes ou électromagnétiques », ex. : RADIOPHONIE XXᵉ s., abréviation RADIO, RADIODIFFUSION, RADIODIFFUSER, RADIOREPORTAGE, RADIOPHARE, RADIOGUIDAGE, XXᵉ s. ♦19| RADIO- 1ᵉʳ élément de composés savants exprimant l'idée d'« observation des corps traversés par des rayons X », ex. : RADIOGRAPHIE, abréviation RADIO. XXᵉ s., RADIOSCOPIE, RADIOLOGUE, RADIODIAGNOSTIC.

RAIDE famille du lat. *rigēre* « être raide », d'où *rigor* « raideur », sens physique et moral, et *rigĭdus* « raide » et « inflexible ».

♦1| RAIDE (pop.) XIIᵉ s., d'abord sous les formes masc. *roit*, fém. *roide*, avec réfection du masc. sur le fém. au XIVᵉ s. : *rigĭdus* ; RAIDEUR XIIᵉ s. ; RAIDIR XIIIᵉ s. ; RAIDISSEMENT, DÉRAIDIR XVIᵉ s. ; RAIDILLON XVIIIᵉ s. ♦2| RIGUEUR (sav.) XIIᵉ s. : *rigor* ; RIGOUREUX XIIIᵉ s. ; RIGORISME, RIGORISTE fin XVIIᵉ s. : dér. sur *rigor*. ♦3| RIGIDE (sav.) XVᵉ s. : *rigĭdus* ; RIGIDITÉ XVIIᵉ s. : *rigiditas*.

1. **RAIE** (pop.) XIIᵉ s., d'abord sous la forme *roie* « sillon » puis « ligne droite » : gaulois **rīca* ; RAYER XIIᵉ s. ; ENRAYER XIIIᵉ s. « commencer le premier sillon d'un labour » ; RAYON XIVᵉ s. « petit sillon dans un jardin » ; RAYURE XVIIᵉ s. → aussi RADIATION, RADIER sous RAI.

2. **RAIE** (pop.) XIIᵉ s. poisson : lat. *raia*.

RAILLER XVᵉ s. : anc. prov. *ralhar* « bavarder », « plaisanter » : lat. vulg. **ragŭlāre*, du bas lat. *ragĕre*, verbe attesté par la glose *ragit pullus* « le poulain hennit », mais qui semble avoir désigné toute sorte de cris d'animaux (→ anc. fr. *raire* « aboyer » puis « bramer » ; roumain *rage* « beugler ») ; RAILLERIE, RAILLEUR XVᵉ s.

RAINETTE ♦1| (pop.) XIVᵉ s. : dimin. de l'anc. fr. *raine* (pop.) XIIIᵉ s. : lat. *rana* « grenouille ». ♦2| GRENOUILLE (pop.) XIIᵉ s. *renoille* ; XIIIᵉ s., avec un g- initial d'origine p.-ê. onom. : lat. vulg. **ranŭcŭla*, dimin. de *rana* → le précédent ; GRENOUILLÈRE XVIᵉ s. ; HOMME-GRENOUILLE XXᵉ s. ; pour les mots sav. exprimant la notion de « grenouille » → BATRACIEN. ♦3| RENONCULE (sav.) XVIᵉ s. : lat. *ranunculus* « petite grenouille » et plaisamment « habitant des marais ».

RAISIN ♦1| (pop.) XIIIᵉ s. : lat. vulg. **racīmus*, class. *racēmus* « grappe (de raisin) », qui a éliminé *uva* ; RAISINÉ XVIᵉ s. ♦2| RÉGIME (de bananes), terme usuel dans les Antilles fr. dès 1640 : esp. *racimo* « grappe », du lat. **racimus*, croisé avec le fr. *régime*, → ROI.

RAISON famille du lat. *reri, ratus* « compter », d'où *ratio* « calcul », « faculté de calculer ou de raisonner », « explication » et bas lat. (VIᵉ s.) « catégorie, espèce d'animaux » ; *rationalis* « raisonnable » ; *ratiocinari* « calculer ».

♦1| RAISON (pop.) Xᵉ s. : *ratio, -onis* ; outre les sens qu'il a encore en fr. mod., ce mot avait au Moyen Âge ceux de « compte », conservé dans l'expression arch. *livre de raison*, et de « discours, réplique dans une discussion » ; RAISONNER XIIIᵉ s. ; RAISONNABLE, DÉRAISONNER XIIIᵉ s. *déraisnier* ; DÉRAISON, DÉRAISONNABLE, RAISONNEMENT, RAISONNEUR XIVᵉ s. ; IRRAISONNÉ XIXᵉ s. ♦2| ARRAISONNER XIIIᵉ s. « adresser la parole à quelqu'un », XIXᵉ s. marine : dér. de *raison* au sens anc. de « discours » ; ARRAISONNEMENT XIIᵉ s. ♦3| RACE XVᵉ s. « famille, considérée dans la continuité des générations et des caractères » ; XVIIᵉ s. « groupe ethnique » : mot généralement rattaché à *ratio* « catégorie, espèce », par l'intermédiaire de formes méridionales où ce mot aurait subi un changement de terminaison et empr. l' *-a* final du féminin : it. *razza* XIVᵉ s. « espèce de gens », équivalent de l'anc. prov. *rassa* XIIᵉ s. « bande d'individus qui complotent ensemble », it. dial. septentrional *rassa* « convention entre membres d'une même famille ou d'un même métier » ; RACÉ fin XIXᵉ s. ; RACIAL, RACISME, RACISTE, ANTI-

RACISME, ANTIRACISTE XXᵉ s. ♦ 141
RATIONNEL (sav.) XIIᵉ s. : *rationalis* ; **IRRATIONNEL** XIVᵉ s. : lat. imp. *irrationalis* ; **RATIONALISTE** XVIᵉ s. méd., XVIIIᵉ s. philo. ; **RATIONALISME, RATIONALITÉ, RATIONALISER, RATIONALISATION, IRRATIONALITÉ** XIXᵉ s. ; **IRRATIONALISME** XXᵉ s. ♦ 151 **RATION** (sav.) XIIIᵉ s. jur. ; XVIIᵉ s. milit. : *ratio, -onis* ; **RATIONNER** fin XVIIIᵉ s. ; **RATIONNEMENT** XIXᵉ s. ♦ 161 **RATIOCINATION** (sav.) XIVᵉ s. : *ratiocinatio* ; **RATIOCINER** XVIᵉ s. : *ratiocinari* ; **RATIOCINATEUR** XVIᵉ s. ♦ 171 **RATIFIER** (sav.) XIIIᵉ s. : lat. médiéval *ratificare*, formé sur *ratum* « ce qui est confirmé », part. passé neutre de *reri* ; **RATIFICATION** XIVᵉ s. : *ratificatio*. ♦ 181 **PRORATA** XIVᵉ s. en deux mots, XVIᵉ s. *au prorata de*, XVIIᵉ s. subst. masc. : abréviation du lat. *pro rata parte* « selon une proportion calculée ». ♦ 191 **RATAFIA** XVIIᵉ s. formule de toast, puis « sorte de liqueur », mot d'origine créole, probablement du lat. *rata fiat* « marché conclu » ; abrégé en **TAFIA** XVIIᵉ s.

RAMADAN ♦ 111 XVIᵉ s., puis XIXᵉ s. : arabe *ramadan*, 9ᵉ mois de l'année islamique, consacré, le jour, à un jeûne rituel. ♦ 121 **RAMDAM** XIXᵉ s. argot « tapage » : mot introduit par les soldats d'Algérie ; le sens fr. est dû aux liesses nocturnes qui accompagnent le jeûne diurne pendant le ramadan.

RAMBARDE XVIᵉ s. : anc. it. *rambata*, dér. de *arrembar* « aborder un bateau », d'origine obscure.

RAME XIVᵉ s. « paquet de papier », XIXᵉ s. « convoi de bateaux », XXᵉ s. « train », « suite de wagons » : esp. *resma*, de l'arabe *rizma* « ballot » et « paquet de papier », les Arabes ayant été les introducteurs du papier de chiffon d'Orient dans les pays méditerranéens.

RAMEAU famille du lat. *rāmus* « branche », représenté en anc. fr. par *raim* (pop.) Xᵉ s.-XVᵉ s. « id. ».
I. base *-ram-*
A. mots populaires (dér. anciens de *ramus* accentués sur le suff.)
♦ 111 **RAMEAU** XIIᵉ s. ; **RAMÉE, RAMILLE** XIIIᵉ s. ; **RAMURE** XIVᵉ s. ♦ 121 **RAMIER** XIIᵉ s. adj. « pourvu de rameaux », XIVᵉ s. *coulon ramier* « pigeon vivant dans les branches », puis subst. « sorte de pigeon ». ♦ 131 **RAMAGE** XIIᵉ s. adj. « branchu », XIIIᵉ s. subst. « branchage », d'où XVIIᵉ s. « dessin décoratif de rameaux » ; XVIᵉ s. adj. qualifiant les oiseaux, « qui chantent dans les arbres », d'où XVIIᵉ s. « chant des oiseaux ». ♦ 141 **RAMONER** XIIIᵉ s. « nettoyer », XVᵉ s. appliqué aux cheminées : dér. de l'anc. fr. *ramon* (ét.) s. « balai de branchages » ; **RAMONAGE** XIVᵉ s. **RAMONEUR** XVIᵉ s. ♦ 151 **RAME** XVIIᵉ s. « tuteur ramifié » : altération, sous l'influence des précéd., de *raime* XIVᵉ s., var. fém. de *raim*, → aussi RAMER.
B. mots savants : **RAMIFIER** XIVᵉ s. : lat. médiéval *ramificare*, dér. de *ramus* ; **RAMIFICATION** XVIᵉ s.
II. **RINCEAU** (pop.) XIIᵉ s. *raincel* « petite branche » : lat. vulg. **ramuscellus*, dimin. de *rāmus*, avec infl. du vocalisme du simple *raim*.

RAMER ♦ 111 (pop.) XIIIᵉ s. puis XVIᵉ s. : dér. de l'anc. fr. *raim* au sens de « rame de bateau », issu d'un croisement entre le lat. *ramus* (→ RAMEAU) et *rēmus* « rame » ; **RAME** XVᵉ s., var. *raime* « rame de galère », concurrence à partir du XVIᵉ s. *aviron* « rame ordinaire, pour petit bateau » ; **RAMEUR** XIIIᵉ s. ♦ 121 **TRIRÈME** (sav.) XVᵉ s., **BIRÈME** XVIᵉ s. : lat. *triremis, biremis* « bateau à trois ou à deux rangs de rames ». ♦ 131 **RÉMIGE** (sav.) XVIIIᵉ s. « grande plume de l'aile » : lat. *remex, -igis* « rameur ».

RAMPER ♦ 111 (pop.) XIIᵉ s. « grimper », « aller en pente », XVᵉ s. sens mod. : frq. **hrampôn*, formé sur une base germ. **hramp-* exprimant l'idée de quelque chose de crochu ; **RAMPEMENT** XVIᵉ s. ♦ 121 **RAMPE** XVIᵉ s. « plan incliné », XVIIᵉ s. « balustrade suivant la pente d'un escalier », XIXᵉ s. théâtre, « balustrade bordant la fosse d'orchestre », puis « rangée de lumières suivant la ligne de cette balustrade » : dér. de *ramper*.

RANCE famille du lat. *rancēre* « être rance », d'où *rancidus* « rance » et bas lat. *rancor* « odeur de rance » et sens fig. « rancune ».
♦ 111 **RANCE** (pop.) XIIᵉ s. subst., XIVᵉ s. adj. : *rancĭdus* ; **RANCIR** XVIᵉ s. ; **RANCISSEMENT**

XIX° s. ♦ 121 **RANCUNE** (pop.) XI° s. : altération de l'anc. fr. *rancure* : lat. vulg. **rancūra*, croisement de *rancor* et de *cūra* (→ CURE), sous l'influence du suff. *-une*, var. *-ume*, du lat. *-ūdine*, var. **-ūmīne* (→ *amertume*, à côté de *amertume*) ; **RANCUNIER** XVIII° s. ♦ 131 **RANCŒUR** (sav.) XII° s. : *rancor, -oris*.

RANÇON famille du lat. *ĕmĕre, emptus*, à l'origine « prendre », puis class. « prendre contre de l'argent, acheter », d'où *emptio* « achat », *emptor* « acheteur », *redimere* « racheter » et *redemptor, redemptio*, appliqués particulièrement à l'action salvatrice du Christ, dans la langue de l'Église. Les autres composés ont conservé le sens de « prendre », ce qui les a détachés du simple (1) *demere* « détacher, retrancher », d'où le substantif *-demia*, 2° élément de composé dans *vindemia*, issu de **vinodemia* « vendange » (1er élément *vinum* « vin ») (2) *dirimere* de **dis-emere* « séparer, disjoindre », « détruire » (3) *eximere, exemptus* « supprimer », « retirer », d'où *exemplum* « objet mis à part (pour servir de modèle) », *exemptio* « action d'ôter, d'empêcher quelqu'un de comparaître » (4) *perimere* « détruire », d'où *peremptorius* « meurtrier », puis lat. jur. « définitif » (5) *promere*, issu de **pro-(e)mere* « mettre en avant », part. passé *promptus* « mis en avant, à portée de la main » (êtres inanimés) et « dispos, agile » (êtres animés) ; d'où *promptus, -ūs*, dans l'expression *in promptu esse* « être à découvert, à portée de la main », et bas lat. *promptitudo* (6) *sumere*, issu de **sus-(e)mere* « se saisir » ou « se charger de », d'où (a) *sumptus* « frais » ; *sumptuosus* « coûteux » ; *sumptuarius* « qui concerne la dépense » ; (b) *assumere* « prendre pour soi » ou « avec soi », d'où *assumptio* « action de prendre », appliqué à la Vierge en lat. eccl. ; (c) *consumere* « absorber entièrement quelque chose en s'en servant », « venir à bout de, détruire », d'où *consumptio* « action d'épuiser », « épuisement », (d) *praesumere* « prendre » ou « se représenter d'avance » ; *praesumptio* « préjugé », » « hardiesse » (e) *resumere* « prendre de nouveau » ; (7) il existe enfin un subst. *praemium*, de *prae* et *emere* « ce qu'on prend avant les autres », « prérogative », « récompense ».

I. mots populaires ou empruntés

♦ 111 **RANÇON** (pop.) XII° s., d'abord *raençon* : *redemptio, -onis* ; **RANÇONNER** XIII° s.

♦ 121 **VENDANGE** → VIN. ♦ 131 **PRIME** XVII° s. subst. fém. : empr. oral à l'angl. *premium*, du lat. *praemium* ; **PRIMER** XIX° s. ♦ 141 **IRRÉDENTISME** XIX° s. : it. *irredentismo*, dér. de *irredento* « non racheté » (en parlant des territoires autrichiens de langue it.), de *redento*, du lat. *redemptus*.

II. mots savants

A. base -sum-

♦ 111 **CONSUMER** XII° s. : *consumere* ; **CONSUMABLE** XIX° s. ♦ 121 **PRÉSUMER** XII° s. : *praesumere* ; **PRÉSUMABLE** XVI° s. ♦ 131 **RÉSUMER** XIV° s. : *resumere* ; **RÉSUMÉ** subst. masc. XVIII° s. ♦ 141 **ASSUMER** XV° s. : *assumere*.

B. base -im-

♦ 111 **RÉDIMER** XIV° s. : *redimere*. ♦ 121 **PÉRIMER** XV° s. jur. : *perimere* ; **PÉRIMÉ** XIX° s. ♦ 131 **DIRIMANT** XVIII° s. : part. présent formé sur *dirimere*.

C. bases -emp-, -empt-

♦ 111 **EXEMPLE** XI° s. : *exemplum* ; **EXEMPLAIRE** XII° s. subst. : bas lat. *exemplarium*, dér. du class. *exemplar* « copie » ; **EXEMPLAIRE** XIV° s. adj. : bas lat. *exemplaris* « qui sert de modèle » ; **EXEMPLARITÉ** XVI° s. ♦ 121 **RÉDEMPTEUR, RÉDEMPTION** XII° s. : *redemptor, redemptio* ; **RÉDEMPTORISTE** XIX° s. ♦ 131 **PÉREMPTOIRE** XIII° s. jur., XIV° s. sens mod. : *peremptorius* ; **PÉREMPTION** XVI° s. : *peremptio* « destruction ». ♦ 141 **EXEMPT** XIII° s. adj., XVI° s. subst. « sous-officier exempt du service ordinaire », d'où XVII° s. « sous-officier de police » : *exemptus* ; **EXEMPTER** XIV° s. ; **EXEMPTION** XV° s. : *exemptio*. ♦ 151 **PRÉEMPTION** XVIII° s. : de *prae* « avant » et *emptio* « achat ».

D. bases -sompt-, -sumpt-

♦ 111 **ASSOMPTION** XII° s. : *assumptio*. ♦ 121 **PRÉSOMPTION** XII° s. : *praesumptio* « conjecture » et « excès de confiance » ; **PRÉSOMPTUEUX** XII° s. : bas lat. *praesumptuosus* ; **PRÉSOMPTIF** XIV° s. : bas lat. *praesumptivus* « qui repose sur une conjecture ». ♦ 131 **CONSOMPTION** XIV° s. : *consumptio* ; **CONSUMPTIBLE** XVI° s. : bas lat. *consumptibilis*. ♦ 141 **SOMPTUEUX** XIV° s. : *sumptuosus* ; **SOMPTUOSITÉ** XV° s. : bas lat. *sumptuositas* ; **SOMPTUAIRE** XVI° s. : lat. (*lex*) *sumptuaria* « (loi) relative aux dépenses des citoyens ».

E. PROMPT XIII° s. « prêt », XVI° s. sens mod. : *promptus* ; **PROMPTITUDE** XV° s. : *promptitudo* ; **IMPROMPTU** XVII° s. « pièce improvisée » : lat. *in promptu* au sens de « sur-le-champ ».

RANDONNÉE (pop.) XIIe s. « course rapide », XVIIIe s. sens mod. : dér. de l'anc. fr. *randonner* XIIe s. « courir impétueusement », de *randon* « impétuosité » (apparenté à *randir* XIIe s., et all. *rennen* « courir »), dér. du frq. **rant* « course ».

RANG ♦|1| (pop.) XIe s. : frq. **hring* « anneau, cercle », « assemblée en cercle » ; DÉRANGER XIe s. ; RANGER, RANGÉE, ARRANGER XIIe s. : ARRANGEMENT XIVe s. ; ARRANGEUR XVIe s. ; RANGEMENT, DÉRANGEMENT XVIIe s. ; ARRANGEANT XIXe s. ♦|2| HARANGUE XIVe s. : mot de la famille du germ. **hring*, p.-ê. par le lat. médiéval *harenga*, qui représenterait le frq. **hari-ring* « assemblée circulaire de l'armée » (pour le 1er élément → HÉRAUT) ; p.-ê. aussi de l'it. *aringare* « haranguer », dér. de *aringo* « place publique pour les assemblées populaires et les courses de chevaux », du gotique **hrings*, avec développement d'un *a* épenthétique ; HARANGUER XVe s. ; HARANGUEUR XVIe s. ♦|3| RING XIXe s. sports : angl. *ring* « anneau, cercle ». ♦|4| RANCH XIXe s. et RANCHO XXe s. : mot esp. (la 1re forme, par l'anglo-américain), dér. de *rancharse* « se placer, se loger », terme milit. à l'origine, empr. au fr. *se ranger*.

RÂPE ♦|1| (pop.) XIIIe s. « ustensile servant à râper » : lat. médiéval *raspa* début XIIe s. « rafle, grappe de raisin dépouillée de ses grains », du germ. **raspôn* « gratter, rafler » ; RÂPÉ XIIIe s. « (vin) obtenu en faisant fermenter dans l'eau les rafles et le moût du raisin » ; RÂPER, RÂPEUX XVIe s. ; RÂPURE XVIIe s. ♦|2| RAPIÈRE XVe s. (*espée rapière*) « épée dont la poignée à trous était comparée à une râpe ».

RAPETASSER XVIe s. : mot dial. (Lyon), renforcement de *petasser*, dér. de *petas* « pièce de cuir ou d'étoffe », du lat. imp. *pittacium*, désignant divers petits objets plats, du gr. *pittakion* « tablette pour écrire », « emplâtre ».

RAPHIA XIXe s. : mot malgache.

RAQUETTE XIVe s. « paume de la main », XVe s. sens mod. dû au jeu de paume, XVIe s. « instrument pour marcher dans la neige », dans un texte évoquant le Canada ; rare avant le XIXe s. : arabe vulg. **râhet*, class. *râhat* « paume de la main ».

RARE (sav.) XIVe s., a éliminé *rere* XIIe s. : *rarus* lat. ; RARETÉ, RARÉFIER, RARÉFACTION XIVe s. : *raritas, rarefacere*, et lat. médiéval *rarefactio* ; RARISSIME XVIe s. (une forme pop. *rerement*, adv. construit sur *rere*, est attestée au XIVe s.).

RASER famille du lat. *radere, rasus* « raser », d'où (1) *abradere, abrasus* « enlever en rasant », bas lat. *abrasio* « action de raser » (2) lat. imp. *rasitāre* « raser souvent », var. lat. vulg. **rasicāre* (3) bas lat. *rasorius*, adj. attesté au sens de « à poil ras », dont le neutre a pu être substantivé en lat. vulg. au sens de « rasoir » (4) *raster, rastri* « instrument à dents pour briser les mottes de terre ».

A. famille de *radere, abradere* et *rasorius* ♦|1| RASER (pop.) XIIe s. « couper la barbe », XIVe s. « abattre à ras de terre », XIXe s. « ennuyer » : lat. vulg. **rasāre*, dér. de *rasus* ; RASANT XIIIe s. ; RASEUR XVIIe s. « qui passe au ras de », XIXe s. « qui ennuie » ; RASE-MOTTES XXe s. ♦|2| REZ-DE-CHAUSSÉE XVIe s. : composé de l'anc. fr. *rez, var. res* (pop.) début XIIe s. : lat. *rasus*, part. passé substantivé de l'anc. fr. *rere* (pop.) XIIe s. : *radĕre*. ♦|3| ARASER (pop.) XIIe s. : dér. ancien de *rasus* ; ARASEMENT XIVe s. ♦|4| RAS XIIe s., rare avant le XVIe s., d'abord surtout en parlant de récipients remplis jusqu'au bord : réfection, d'après le lat., ou sur le modèle de *raser, araser*, de la forme pop. normale *res* ; RASIBUS XVIe s. : formé en argot scolaire avec une désinence lat. ; RASADE XVIIe s. « contenu d'un verre plein à ras ». ♦|5| RASOIR (pop.) XIIe s., XIXe s. « ennuyeux » : *rasorium*. ♦|6| ABRASION (sav.) XVIIe s. : *abrasio* ; ABRASER, ABRASIF XXe s. ♦|7| RADOIRE (pop.) XIVe s. : **rasitōria*, de *rasitāre*, var. anc. *ratoire* : **raditōria*. ♦|8| RATURE (pop.) XIIIe s. : lat. vulg. **radītūra* ; RATURER XVIIe s. ♦|9| RATISSER (pop.) XIVe s. : dér. du moyen fr. *rater* (XIVe s.-XVe s.), lui-même tiré de *rature* ; mis en rapport avec *râteau*, a concurrencé et partiellement éliminé *râteler* ; RATISSOIR XIVe s., XVIe s. var. fém. ; RATISSAGE XVIe s. ; RATISSURE XVIIIe s. ♦|10| RATIBOISER XIXe s.

argot ; var. de *ratisser* ; 2ᵉ élément p.-ê. d'*emboisier*, composé de *boisier* « tromper », du frq. *bausjan*, mot anc. fr. survivant dialectalement. ♦ |111 **RATINE** (pop.) XIIIᵉ s. sous la forme *rastin*, XVIᵉ s. forme mod. « tissu de laine gratté à l'aspect velu » : dér. anc. de *rasitāre*.

B. famille de *raster*

RÂTEAU (pop.) XIIᵉ s. : lat. vulg. *rastellum*, dimin. de *raster* ; **RÂTELER** XIIIᵉ s. ; **RÂTELIER** XIVᵉ s. « objet de bois dentelé, à clairevoie », XVIIᵉ s. « denture », XVIIIᵉ s. « dentier » : dér. de *râteau* employé par métaphore. ♦ |21 **RASTAQUOUÈRE** XIXᵉ s. : esp. *arrastracuero* « personne méprisable », littéralement « traîne-cuir », c.-à-d. « qui se traîne nu », de *arrastrar* « traîner », dér. de *rastro* « râteau », du lat. *rastrum*, var. de *raster*, et de *cuero* « cuir » ; passé en fr. avec le sens de « parvenu ».

C. famille du lat. vulg. *rasicare*

♦ |11 **RACAILLE** (pop.) XIIᵉ s., d'abord anglonormand *rascaille* : p.-ê. d'un verbe norманно-pic. *ra(s)quer*, seulement mod., et qui a des équivalents dans divers dial., du lat. *rasicare* ; le sens propre serait « raclures », appliqué par métaphore péjorative à des hommes. ♦ |21 **RÂLER** (pop.) XVᵉ s. : lat. vulg. *rasīculāre*, dér. de *rasīcāre*, appliqué par métaphore à divers bruits respiratoires ; **RÂLE** XVIIᵉ s. ♦ |31 **RACLER** XIVᵉ s. : prov. *rasclar*, du lat. vulg. *rasīculāre* → le précédent ; **RACLURE, RACLOIRE** XIVᵉ s. ; **RACLOIR** XVIᵉ s. ; **RACLÉE** XVIIIᵉ s. ; **RACLETTE, RACLAGE** XIXᵉ s. ♦ |41 **RÂLE** (oiseau) (pop.) XIIᵉ s., puis XVIIᵉ s. : dér. de *rasīculāre* → les deux précédents, employé à cause du cri de cet oiseau. ♦ |51 **RASCASSE** XVIᵉ s. : prov. *rascasso*, dér. de *rasco* « teigne », du lat. vulg. *rasicare*, à cause de l'aspect hérissé de ce poisson.

RAT ♦ |11 (pop.) XIIᵉ s. ; XVIIIᵉ s. *avoir des rats dans la tête* « avoir des caprices » (→ *le cafard, une araignée au plafond*) ; XIXᵉ s. « jeune danseuse » et terme d'affection : mot commun aux langues romanes et germ., p.-ê. d'une base onom. *ratt-* suggérant un grignotement ; **RATIER** XIIᵉ s. ; **RATON** XIIIᵉ s. ; **RATIÈRE** XIVᵉ s. ; **RAT-DE-CAVE** XIXᵉ s. ; **DÉRATISATION** XXᵉ s. ♦ |21 **RATICHON** XVIIᵉ s., argot « aumônier de prison » puis « prêtre » : dér. de *rat* d'église

« dévot ». ♦ |31 **RATER** XVIIIᵉ s., d'abord à propos d'une arme à feu qui ne part pas : dér. de *rat* au sens de « caprice » ; **RATÉ** subst. masc. début XIXᵉ s. « fait de ne pas partir (en parlant d'une arme) » ; fin XIXᵉ s. « homme qui a raté sa carrière » ; **RATAGE** fin XIXᵉ s.

RATE XIIᵉ s. « glande endocrine, viscère spongieux » : mot obscur ; on a proposé le néerl. *râte* « rayon de miel » (→ RAYON), mais cet emploi métaph. serait particulier au fr., qui ignore d'ailleurs le sens propre ; ou encore, forme féminine de *rat*, par une métaph. semblable à celle du lat. *musculus* « petite souris » et « muscle » ; **DÉRATÉ** XVIIIᵉ s. (*courir comme un*) : part. passé de *dérater* XVIᵉ s. « ôter la rate à un chien pour le rendre plus rapide à la course ». Pour les mots sav. exprimant l'idée de « rate » → SPLÉNIQUE.

RAVAUDER XVIᵉ s., a gardé en fr. le sens de « raccommoder », mais en a beaucoup d'autres dans les dial., ceux de « aller et venir », « fureter », « marauder », « bavarder », « marchander pour faire baisser un prix » : p.-ê. forme renforcée d'un verbe *vauder* → VOÛTE (également supposé par *galvauder* → ce mot, art. GALANT et dial. *virevauder*), dont le sens propre serait « aller et venir », « tourner » (et, pour celui de « raccommoder », « faire aller et venir l'aiguille dans l'étoffe ») ; a pu se croiser, dans certains de ses emplois, avec *ravault* XVIᵉ s. « abaissement », dér. de *ravaler* (→ VAL) ; **RAVAUDEUR, RAVAUDAGE** XVIᵉ s.

RAVE ♦ |11 XIVᵉ s. : franco-prov. *rava*, du lat. *rapa*, var. *rapum* « id. », a éliminé la forme fr. *reve* (pop.) XIIᵉ s., de même origine ; **BETTERAVE** XVIIᵉ s. (→ BETTE) ; **BETTERAVIER** XXᵉ s. ; **RAVIER** XIXᵉ s. ♦ |21 **RABIOT** XIXᵉ s. argot mar. puis milit. : mot gascon « rebut de pêche », « fretin qui reste », dér. de *rabe* « rave » et par métaphore « œufs de poisson », ceux-ci formant une masse renflée ; **RABIOTER, RABIOTEUR** XIXᵉ s. ♦ |31 **RAIPONCE** XVᵉ s. : altération, sous l'influence de l'anc. fr. *raiz* (→ RAIFORT, art. RACINE), de l'it. *raponzo*, du lat. médiéval *rapuntium*, dimin. de *rapa* ♦ |41 **RAVIOLI** XIXᵉ s. : plur. de l'it. *raviolo*, dér. de *rava*, var. lombarde de *rapa* ; des raves entraient anciennement dans ce mets.

RAVIR famille du lat. *rapere, raptus* « emporter avec violence », d'où *raptum* « pillage » ; lat. class. *rapinae* (plur.), lat. imp. *rapina* (sing.) « id. » ; *rapax, -acis* « ravisseur » ; *rapidus* « qui entraîne », surtout en parlant du courant des fleuves, et « prompt, impétueux, précipité » ; d'où bas lat. *rapida, -orum* « les rapides d'un fleuve » ; *rapiditas* « violence d'un courant ».

I. mots populaires, base *-rav-*

♦ |1| RAVIR XII° s. « enlever de force » ; sens fig. « transporter l'âme » : lat. vulg. *rapīre*, class. *rapĕre* ; **RAVISSEUR, RAVISSEMENT** XIII° s. ; **RAVISSANT** XV° s. ♦ |2| **RAVINE** XIII° s. « vol accompagné de violence », « impétuosité », « chute violente » ; XIV° s. *ravine d'eau* « torrent », XVI° s. « lit encaissé d'un ruisseau » : *rapīna* ; **RAVINER** XII° s., même évolution ; **RAVIN** XVII° s. ♦ |3| **RAVAGE** XIV° s. : dér. de *ravir* au sens propre ; probablement plus ancien, étant donné le dér. **RAVAGER** XIV° s. « arracher (des plants de vigne) », XVI° s. « piller » ; **RAVAGEUR** XVI° s.

II. mots savants, base *-rap-*

♦ |1| **RAPINE** XII° s. : *rapīna* ; **RAPINER** XIII° s. ♦ |2| **RAPACE** XIII° s. : *rapax, -acis* ; **RAPACITÉ** XIII° s. : *rapacitas*. ♦ |3| **RAPT** XIII° s., sous la forme *rat* ; *p* ajouté au XVI° s. sous l'influence du lat. : *raptum*. ♦ |4| **RAPIDE** XVI° s. : *rapidus* ; **RAPIDITÉ** XVI° s. ♦ |5| **RAPIAT** XIX° s. : mot courant dans de nombreux dial., abrév. de *rapiamus* (première personne du plur. subj. présent de *rapere* « volons ! »), 2° terme de la locution d'argot scolaire *faire rapiamus* « chiper » ; **RAPIN** XIX° s. « peintre bohème » : terme dial. formé sur le radical de *rapiat* signifiant selon les endroits « avare », « petit maraudeur », « petit mouchard » ; chez les peintres, le sens 1er est « jeune élève, apprenti ».

RAYON XVI° s. (pop.) « gâteau de cire », XVII° s. « tablette de rangement », XIX° s. « partie d'un grand magasin » : dér. ancien du frq. *hrāta*, représenté en anc. fr. par *ree* ; **RAYONNAGE** XIX° s.

RAZ XIV° s. « bras de mer étroit », début XV° s. « courant violent dans un détroit », d'où **RAZ-DE-MARÉE** XVII° s. : anc. scandinave *rás*, « courant d'eau », apparenté à l'angl. *to race* « courir », par le normand et le breton.

RAZZIA XIX° s. : arabe d'Algérie *rhăzya*, class. *rhazăwa* « attaque » ; la prononc. avec *z* géminé est due à l'infl. de l'it. ; var. *rezzou* XX° s. ; **RAZZIER** XIX° s.

REBEC XV° s. : altération, p.-ê. sous l'influence de *bec*, à cause de la forme de l'instrument, de *rebebe* XIII° s., de l'arabe *rabāb*, sorte de violon.

REBLOCHON XIX° s. : mot savoyard, nom de fromage, dér. d'un verbe *blossi*, var. *blocher* « pincer », « traire les vaches », du lat. vulg. *blottiare*, d'origine inconnue.

RÊCHE XIII° s., d'abord sous la forme picarde *resque* : p.-ê. gaulois **reskos* « frais ».

RECHIGNER (pop.) XII° s., idée de « faire une grimace », d'où « refuser » : frq. **kinan* « tordre la bouche ».

RÉCIF XVII° s. : mot des colonies fr. d'Amérique, de l'esp. *arrecife* « chaussée », de l'arabe *ar-rasīf* « chaussée, digue, levée ».

RÉCIPROQUE (sav.) XIV° s. : lat. *reciprocus* « qui va en arrière comme en avant », de deux adj. formés sur les particules *re-* (→ ARRIÈRE) et *pro-* (→ PREMIER), **recos* et **procos* ; **RÉCIPROCITÉ** XVIII° s. : bas lat. *reciprocitas*.

REFUSER ♦ |1| (pop.) XI° s. : altération, sous l'infl. de *recūsare* « refuser » ou de *refundere, refūsus* qui peut signifier « rejeter », du lat. *refūtare* « repousser », refouler », « réfuter » ; **REFUS** XII° s. ♦ |2| **RÉFUTATION** XIII° s. : *refutatio* ; **RÉFUTER** (sav.) XVI° s. : *refutare* ; **RÉFUTABLE** XVI° s. ; **IRRÉFUTABLE** XVIII° s.

REGIMBER XII° s. « ruer » puis « résister » : var. nasalisée de *regiber* XIII° s., composé de *giber* XII° s. « s'agiter, ruer », d'origine inconnue.

RÉGLISSE ♦ |1| (demi-sav.) : forme très altérée du gr. *glukurrhiza*, littéralement « racine (*rhiza*) douce (*gluku*) », par les intermédiaires suivants : bas lat. *liquiritia*, sous l'influence de *liquor* ; anc. fr. *licorece* xiiᵉ s., var. *licorice* et par métathèse *ricolice*, altéré en *réglisse* xivᵉ s. sous l'influence de *règle*, ce produit se présentant sous forme de bâtonnets ; fém. à l'origine ; hésite entre fém. et masc. depuis le xviiᵉ s. ♦ |2| **RHIZO-** : gr. *rhiza* « racine » ; 1ᵉʳ élément de mots sav., ex. : **RHIZOME, RHIZOPODE** xixᵉ s.

REGRETTER (pop.) xiᵉ s. « se lamenter sur un mort », xviᵉ s. sens mod., var. anc. fr. *regrater* : p.-ê. anc. scandinave *grâta* « pleurer », avec une alternance vocalique *a-e* analogique des nombreux verbes où elle était ancienne et normale (*laver, il leve* ; *acheter, il achate*) ; **REGRET** xiiᵉ s. ; **REGRETTABLE** xvᵉ s.

REIN ♦|1| (pop.) xiiᵉ s. : lat. *ren, renis*, généralement au plur. *renes, -um* ; de même en fr. le sing. n'est attesté qu'au xivᵉ s. dans un texte médical, puis au xviᵉ s. ; **ÉREINTER** xviiᵉ s. : var. de l'anc. fr. *éreincier* xiiiᵉ s. ; *érener* xivᵉ s.-xviiᵉ s. « briser les reins » ; xixᵉ s. « critiquer sans pitié » ; d'où **ÉREINTEMENT** xixᵉ s. Pour les mots scientifiques exprimant la notion de « rein » → **NÉPHRÉTIQUE**. ♦|2| **ROGNON** (pop.) xiiᵉ s. ; spécialisé pour les animaux quand l'emploi de *rein* au sing. est devenu usuel en parlant des hommes : lat. vulg. *renio, -ōnis*, dér. de *ren*. ♦|3| **RÉNAL** (sav.) xivᵉ s. : bas lat. *renalis* « des reins » ; **SURRÉNAL** xviiiᵉ s. ; **ADRÉNALINE** xxᵉ s. « extrait de glandes surrénales », composé formé de *ad* au sens de « auprès de », de *ren* et des suff. *-al* et *-ine*.

REINETTE (pomme de) : mot obscur, attesté au xvᵉ s. sous la forme latinisée *renetia* ; xviᵉ s. *renette* ; xviiᵉ s. *reinette* et *rainette* ; au xviiiᵉ s. la transcription lat. *poma renana* en fait une « pomme de la région du Rhin » (→ aussi *rinette* dans divers dialectes : picard, wallon, Côte-d'Or) : p.-ê. emploi métaph. de *rainette* « grenouille », à cause de la peau tachetée de cette variété de pommes.

RELIGION (sav.) xiᵉ s., sens mod. et « ordre religieux », d'où *entrer en religion* xiiiᵉ s. : lat. *religio, -onis*, mot d'origine discutée, souvent rattaché à *religare* → **LIER**, et dont le sens originel pourrait être « le fait de se lier vis à vis des dieux, obligation prise envers la divinité, lien ou scrupule religieux » ; **RELIGIEUX** xiiᵉ s. : lat. class. *religiosus* « scrupuleux, pieux, vénérable » et lat. eccl. ; « membre d'un ordre religieux » ; **RELIGIOSITÉ** xiiiᵉ s. : lat. imp. *religiositas* « piété » ; **IRRÉLIGIEUX** xvᵉ s. : lat. imp. *irreligiosus* « impie » ; **RELIGIONNAIRE** xviᵉ s. « de la religion (prétendue réformée) » ; **IRRÉLIGION** xviᵉ s. : lat. imp. *irreligio* « impiété » ; **IRRÉLIGIOSITÉ** xviiᵉ s. : lat. eccl. *irreligiositas* ; **CORELIGIONNAIRE** xixᵉ s.

RELIQUE famille sav. d'une racine ind.-eur. *°leik°- «* laisser ».

En grec *leipein* « laisser », d'où (1) *ekleipein* « laisser en dehors », « abandonner » et intrans. « manquer, disparaître », *ekleipsis* « abandon », « disparition » et « éclipse de soleil ou de lune » ; *ekleiptikos* « qui concerne les éclipses » et *ekleiptikos kuklos* « cercle d'intersection du plan de l'orbite terrestre avec la sphère céleste » (2) *ellëipein*, de *en* « dans » et *leipein* « laisser là, négliger », d'où *elleipsis* « manque », « omission d'un mot » ; (3) *paraleipein* « laisser de côté, omettre », d'où *paraleipsis* « omission » et rhétorique « prétérition ».

En latin forme à infixe nasal *linquere, lictus* « laisser », moins usitée que ses composés (1) *relinquere* « id. » d'où (a) *reliquus*, adj. « qui reste » (b) *reliquiae, -arum*, subst. fém. plur. « restes » (c) *derelinquere* « délaisser » et *derelictio* « abandon » ; (2) *delinquere* « faire défaut » et surtout « faillir, être en faute ».

I. mots d'origine latine

♦|1| **RELIQUE** xiᵉ s. : *reliquiae* ; **RELIQUAIRE** xivᵉ s. ♦|2| **RELIQUAT** xivᵉ s., sous la forme *reliqua* : neutre pluriel substantivé de *reliquus* ; le *-t* final est dû à l'influence du bas lat. *reliquari, reliquatus* « devoir un reliquat sur un compte ». ♦|3| **DÉLIT** xivᵉ s. « infraction » : *delictum* part. passé neutre substantivé de *delinquere* ; **DÉLINQUANT** xivᵉ s. : *delinquens*, part. présent de *delinquere* ; **DÉLICTUEUX** xixᵉ s. ; **DÉLINQUANCE** xxᵉ s. ♦|4| **DÉRÉLICTION** xviᵉ s. « sentiment d'être privé de tout secours divin » : *derelictio*.

II. mots d'origine grecque

♦|1| **ÉCLIPSE** xiiᵉ s. : *ekleipsis*, par le lat. : **ÉCLIPSER** xiiiᵉ s. ; **ÉCLIPTIQUE** xiiiᵉ s. adj.

XVIIᵉ s. subst. : *ekleiptikos*. ◆ |2| **ELLIPSE** XVIᵉ s. grammaire, XVIIᵉ s. géom. « cercle imparfait » : *elleipsis* ; **ELLIPTIQUE** XVIIᵉ s. géom., XVIIIᵉ s. gramm. : *ellipticus*, forme lat. créée par Kepler, du gr. *elleiptikos* ; **ELLIPSOÏDE** XVIIIᵉ s. ; **ELLIPSOÏDAL** XIXᵉ s. ◆ |3| **PARALIPOMÈNES** XVIIᵉ s. : *paraleipomena (biblia)* « (livres) laissés de côté », part. présent passif, plur. neutre de *paraleipein* ; **PARALIPSE** XVIIIᵉ s. rhét. : gr. *paraleipsis*.

RELUQUER XVIIIᵉ s., argot : mot d'origine septentrionale qui trouve son équivalent dans le liégeois *riloukî*, composé de *loukî*, du moyen néerl. *loeken* « regarder » (→ angl. *to look*) ; la voyelle *u* peut représenter une tentative de francisation du mot, un *ou* wallon, issu de *ū* lat., correspondant régulièrement à un *u* fr.

REMORQUER XVIᵉ s. : it. *rimorchiare*, dér. du bas lat. *remūrcŭlum*, dimin. du class. *remulcum* « corde de halage », du gr. *rumulkos* ; **REMORQUE** XVIIᵉ s. ; **REMORQUEUR, REMORQUAGE** XIXᵉ s.

RÉMOULADE XVIIᵉ s. : dér. avec le suffixe -*ade*, p.-ê. empr. ici à *salade*, du dial. Nord *rémola* « radis noir », var. *ramola*, de l'it. *ramolaccio* « raifort » (nom introduit en même temps que la plante par les ports de la mer du Nord), croisement du gr. *armorakia* « id. » (par le lat.) et de *ramus* (→ RAMEAU), avec dissimilation de *r*.

REMUGLE XVIᵉ s. : composé de *mugle* XIVᵉ s., nom d'une maladie des yeux : anc. scandinave *mygla* « moisissure ».

RENFROGNER XVIᵉ s. : altération de *refrogner* XVᵉ s., composé de *froignier* XIVᵉ s. « id. », dér. de *froigne* XIVᵉ s. « mine renfrognée » ; p.-ê. gaulois *frogna* « nez » ; **RENFROGNEMENT** XVIᵉ s.

RENIFLER XVIᵉ s. : composé de l'anc. fr. *nifler* d'origine onom. ; **RENIFLEMENT** XVIᵉ s. ; **RENIFLEUR** XVIIᵉ s.

RENNE XVIᵉ s. : all. *Reen*, d'origine scandinave.

REPENTIR famille sav. du lat. *paene* « presque, peu s'en faut », auquel se rattachent (1) le verbe *paenitēre*, impersonnel *me paenitet*, à l'origine « je n'ai pas assez de, je ne suis pas content de », d'où lat. class. « j'ai du regret, je me repens » et lat. imp. *paenitentia* « repentir » (2) *paenuria* « manque, besoin ».

◆ |1| **SE REPENTIR** (pop.) XIIᵉ s. : composé de l'anc. fr. *se pentir* Xᵉ s. : lat. vulg. *paenitire*, class. *paenitēre* ; **REPENTIR**, subst. et **REPENTANCE** XIIᵉ s. ◆ |2| **PÉNITENCE** (sav.) XIᵉ s. : *paenitentia* ; **PÉNITENT** XVᵉ s. : *paenitens* ; **IMPÉNITENCE** XVᵉ s. ; **IMPÉNITENT** XVIᵉ s. : bas lat. eccl. *impaenitentia, impaenitens* ; **PÉNITENCIER** XIIIᵉ s. subst. « prêtre autorisé à confesser », XVᵉ s. adj. « où l'on fait pénitence », d'où XIXᵉ s. subst. « prison » : lat. médiéval *paenitentiarius* ; **PÉNITENTIEL** XVIᵉ s. : bas lat. *paenitentialis* ; **PÉNITENTIAIRE** XIXᵉ s. ◆ |3| **PÉNURIE** XVᵉ s., rare avant le XVIIIᵉ s. : *paenuria*. ◆ |4| **PÉN(É)-** lat. *paene* : 1ᵉʳ élément de composés sav. d'origine lat. ou mod., ex. : **PÉNULTIÈME** XIIIᵉ s. : *paenultimus* « avant-dernier » (→ OUTRE) ; **PÉNINSULE** → ÎLE ; **PÉNÉPLAINE** XXᵉ s. : angl. *peneplain*, de *paene* et angl. *plain*, empr. à l'anc. fr. → PLAIN.

REPS XIXᵉ s. : mot angl. p.-ê. altération de *ribs* « côtes », d'origine germ.

REPTILE famille du lat. *repere, reptus* « ramper », d'où *reptilis*, bas lat. *repticius* « rampant », lat. imp. *reptatio* « action de ramper » ; *subrepere* « s'insinuer, se glisser sous » et *subrepticius* « clandestin ».

◆ |1| **REPTILE** (sav.) XIVᵉ s., d'abord fém. et également adj. : *reptilis* ; **REPTATION** XIXᵉ s. : *reptatio* ; **REPTATOIRE** XIXᵉ s. ; **REPTILIEN** XXᵉ s. ◆ |2| **SUBREPTICE** adj. (sav.) XIIIᵉ s. : *subrepticius*.

RÉSEAU famille du lat. *rete, retis* « filet », « réseau », dimin. *reticulum* ; *opus reticulatum* « maçonnerie qui imite les mailles d'un filet » ; *retiarius* « gladiateur armé d'un filet ».

◆ |1| **RÉSEAU** (pop.) XIIᵉ s. : dimin. anc. de *rete*. ◆ |2| **RETS** (demi-sav.) XIIIᵉ s., d'abord sous les formes *rois, rais*, avec réfection orthographique sous l'influence du lat. : *retis, -is*, var. de *rete*. ◆ |3| **RÉSILLE** XVIIIᵉ s. : esp. *redecilla*, dér. de *red* « filet », du lat. *rete*. ◆ |4| **RÉTINE** (sav.) XIVᵉ s. : lat. médiéval méd. *retina*, dér. de *rete*. ♦ I5I RÉTIAIRE (sav.) XVIᵉ s. : *retiarius*. ♦ I6I RÉTICULAIRE (sav.) XVIIᵉ s. : dér. sur *reticulum* ; RÉTICULÉ XVIIIᵉ s. : *reticulatus* ; RÉTICULE XVIIIᵉ s. optique, XIXᵉ s. « petit sac à main », altéré en RIDICULE XIXᵉ s.

RÉSINE ♦ III XIIIᵉ s. : lat. *rēsīna*, mot d'origine méditerranéenne ; RÉSINEUX (sav.) XVIᵉ s. : *resinosus*. ♦ I2I RÉSORCINE XIXᵉ s. chimie : angl. *resorcin*, composé de *resin*, d'origine fr., et du lat. mod. *orcina*, formé sur le radical de l'it. *orcella* « oseille ».

REVÊCHE XIIIᵉ s. : mot obscur ; on a proposé un lat. vulg. *reversīcus* « à rebrousse-poil », de *reverti*, *reversus* « revenir en arrière » → VERS ; ou un anc. frq. *hreubisk* « raboteux, rude », qui aurait un équivalent en anc. scandinave.

RÊVER famille du lat. *vagus*, et arch. et postclassique *vagabundus* « errant » : *vagari* et ses composés *divagari*, *evagari* « errer çà et là ».

♦ III RÊVER (pop.) XIIᵉ s. « vagabonder », XVᵉ s. « divaguer », XVIIᵉ s. « songer en dormant » : comme l'anc. fr. *desver*, ce verbe suppose un simple *esver* probablement dér. d'un gallo-romain *esvo*, du lat. vulg. *exvagus* ; RÊVERIE XIIIᵉ s., d'abord « délire » ; RÊVEUR XIIIᵉ s., d'abord « vagabond » ; RÉVASSER XVᵉ s. ; RÊVASSERIE XVIᵉ s. ; RÊVE XVIIᵉ s. ; RÊVASSEUR XVIIIᵉ s. ♦ I2I ENDÊVER (pop.) XIIᵉ s. « enrager » : composé de l'anc. fr. *desver* XIᵉ s. « devenir fou » → le précédent. ♦ I3I VAGUER (sav.) XIIᵉ s. : *vagari* ; EXTRAVAGANT XIVᵉ s. : de *extra* « au-dehors » (→ É-) et *vagans* part. présent de *vagari* ; EXTRAVAGANCE XVᵉ s. ; EXTRAVAGUER XVIᵉ s. ; DIVAGUER XVIᵉ s. « errer », XVIIᵉ s. « délirer » : bas lat. *divagari* ; DIVAGATION XVIᵉ s. ♦ I4I VAGUE XIVᵉ s. « errant », XVIᵉ s. « imprécis », XVIIIᵉ s. subst. *vague des passions*, XIXᵉ s. *vague à l'âme* : *vagus*. ♦ I5I VAGABOND (sav.) XIVᵉ s. : bas lat. *vagabundus* ; VAGABONDER XIVᵉ s. ; VAGABONDAGE XVIIIᵉ s.

RHÉTORIQUE (sav.) XIIᵉ s. subst., XVIᵉ s. adj. : gr. *rhêtorikê* (*tekhnê*) « art oratoire », par le lat. ; RHÉTORICIEN XIVᵉ s. « maître d'éloquence », XVIIᵉ s. « élève de la classe de rhétorique » ; RHÉTORIQUEUR XVᵉ s. ; RHÉTEUR XVIᵉ s. : gr. *rhêtôr* « orateur ».

RHIN(O)- (sav.) gr. *rhis*, *rhinos* « nez », 1ᵉʳ élément de mots sav., ex. : RHINOCÉROS XIIIᵉ s. → COR ; RHINITE, RHINOLOGIE XIXᵉ s. ; RHINO-PHARYNGITE, OTO-RHINO-LARYNGOLOGIE XXᵉ s.

RHOMBE (sav.) XVIᵉ s. « losange » : gr. *rhombos* « toupie », par le lat. RHOMBIQUE XIXᵉ s.

RHUBARBE (demi-sav.) XIIIᵉ s. : bas lat. VIIᵉ s. *rheubarbarum*, dont le 1ᵉʳ élément, obscur, est selon Isidore de Séville « un mot barbare signifiant *racine* ».

RHUM XVIIᵉ s. : angl. *rum*, abrév. de formes antérieures *rumbullion*, *rumbustion* « tapage », d'origine inconnue.

RHUME famille sav. du verbe grec *rhein* « couler », reposant sur une racine *srew-, auquel se rattachent (1) *rhoos, -rrhoia* (2ᵉ élément de composés), « flux d'un liquide » ; *rheuma*, et *rheumatismos* « écoulement d'humeurs » (2) *katarrhein* « couler d'en haut », d'où *katarrhoos* « flux d'humeurs » (3) *diarrhein* « couler à travers », d'où *diarrhoia* « flux de ventre » (4) → aussi RYTHME.

♦ III RHUME XIIᵉ s. *reume* : *rheuma*, par le lat. ; ENRHUMER XIIᵉ s. ♦ I2I HÉMORROÏDE XIIIᵉ s. : *haimorrhois, -idos* « écoulement de sang », de *haima* → HÉMA- et *rhoos*. ♦ I3I DIARRHÉE XIVᵉ s. : *diarrhoia*, par le lat. ; DIARRHÉIQUE XIXᵉ s. ♦ I4I CATARRHE XVᵉ s. : *katarrhoos*, par le lat. ; CATARRHAL, CATARRHEUX XVIᵉ s. ♦ I5I RHUMATISME XVIᵉ s. : *rheumatismos*, par le lat., cette maladie étant attribuée par la médecine ancienne à un écoulement d'humeurs ; RHUMATISANT XVIᵉ s. : lat. *rhumatizans*, part. présent de *rhumatizare*, du gr. *rheumatizein* « souffrir d'un écoulement d'humeurs » ; RHUMATISMAL XVIIIᵉ s. ; RHUMATOLOGIE XXᵉ s. ♦ I6I RHÉOSTAT XIXᵉ s. « régulateur de courant électrique » : de *rhein* « couler » et lat. *stare* → ESTER. ♦ I7I **-RRHÉE** : *-rrhoia*, 2ᵉ élément de composés sav., ex. : GONORRHÉE XIVᵉ s., de *gonos* « semence génitale » → GENS (il existait en gr. biblique un adj. *gonorrhuês* « qui éprouve des pertes séminales » et MÉNORRHÉE XIXᵉ s., de *mên* → MOIS, LEUCORRHÉE id., de *leukos* « blanc » → LEUC(O)-,

OTORRHÉE id., de *ous, ôtos* « oreille » → OT(O)-, art. OREILLE, **LOGORRHÉE** id., de *logos* « discours » → LIRE. ♦ ISI **-RÉIQUE** : dér. sur *rhein*, 2ᵉ élément de mots sav., ex. : **ARÉIQUE** XXᵉ s., avec *a-* privatif ; **ENDORÉIQUE** id., de *endon* « à l'intérieur » → EN.

RIBAUD ♦ III (pop.) XIIᵉ s. « débauché » : dér. de l'anc. fr. *riber* « se livrer à la débauche », de l'anc. haut all. *riban* « frotter », « s'accoupler ». ♦ I2I **RIBOTER** XVIIIᵉ s. : var., par substitution de suff., de *ribauder* XIIIᵉ s. ; **RIBOTE** XIXᵉ s. ♦ I3I **RIBOULDINGUE** XIXᵉ s. : probablement croisement entre *dinguer* (→ BOUM) et dial. (Auvergne, Forez) *riboulâ* « manger à satiété, festoyer en fin de moisson », qui semble provenir lui-même d'un croisement entre *riber* et *bouler* « enfler sa gorge » (comme un pigeon), de *boule*.

RICHE (pop.) XIᵉ s. : frq. **riki* « puissant » (→ all. *reich*) : **RICHESSE, ENRICHIR** XIIᵉ s. ; **ENRICHISSEMENT** XIIIᵉ s. ; **RICHISSIME** XIIIᵉ s., puis XIXᵉ s., sous l'influence de l'it. ; **RICHARD** XVᵉ s.

RICIN (sav.) XVIIᵉ s. : lat. *ricinus* ; **RICINÉ** XIXᵉ s.

RICOCHET XIIIᵉ s., d'abord dans les expressions *chanson* ou *fable du ricochet* « série interminable de questions et de réponses », « raisonnement sans fin » ; XVIIᵉ s. par métaphore, sens mod. : mot obscur, p.-ê. apparenté à divers mots dial., Béarn *ricouca*, Provence *recauca* « sautiller », qui représentent le lat. *recalcare* → CHAUSSE ; mais le sentiment populaire a vu dans ce mot un dér. de *coq, cochet* (ex. : var. dial. *la fable du rouge coquelet*, dont l'équivalent it. est *la favola dell' ucellino* « la fable de l'oiselet ») ; **RICOCHER** XIXᵉ s.

RICTUS (sav.) XIXᵉ s. : mot lat. « ouverture de la bouche » (surtout pour rire), dér. de *ringi, ri(n)ctus* « montrer les dents ».

RIDELLE XIVᵉ s. : moyen haut all. *reidel* « perche ».

RIDER XIIᵉ s. « plisser », XIIIᵉ s. sens mod. : anc. haut all. *riden* « tordre » ; **RIDE** XVᵉ s. ; **RIDEAU** « tenture plissée » et « repli de terrain » ; XVᵉ s. ; **DÉRIDER** XVIᵉ s.

RIEN ♦ III (pop.) XIᵉ s. subst. fém. « chose », qui a pris un sens pronominal et seminégatif à cause de son association fréquente avec la négation *ne : rēm*, acc. du lat. *res, rei* « chose ». Pour les mots sav. exprimant l'idée de « rien » → NIHILISTE, art. NON. ♦ I2I **RÉEL** (demi-sav.) XIIᵉ s. : lat. médiéval *realis*, formé sur *res* ; **RÉELLEMENT** XIIᵉ s. ; **IRRÉEL** fin XVIIIᵉ s. ♦ I3I **RÉALITÉ** (sav.) XIVᵉ s. : lat. médiéval *realitas*, de *realis* ; **RÉALISER** XVᵉ s. jur., XVIIᵉ s. « faire exister », XVIIIᵉ s. « convertir en argent liquide » ; XXᵉ s. « concevoir nettement », sous l'influence de l'angl. *to realize* ; **RÉALISATION** XVIᵉ s. ; **RÉALISABLE** XVIIIᵉ s. ; **IRRÉALISABLE, RÉALISME, RÉALISTE** XIXᵉ s. ; **IRRÉALISME, SURRÉALISME, IRRÉALITÉ, RÉALISATEUR** (cinéma) XXᵉ s. ♦ I4I **RÉBUS** (sav.) XVᵉ s. : mot lat., « par les choses », ablatif plur. de *res* ♦ I5I **RÉPUBLIQUE** (sav.) XVᵉ s. : *respublica* « la chose publique » → PUBLIER.

RIFLER ♦ III (pop.) XIIᵉ s. « égratigner », XIXᵉ s. techn. : anc. haut all. *riffilôn* « déchirer en frottant » ; **RIFLARD** XVIIᵉ s. divers outils, « rabot », « lime », « ciseau ». ♦ I2I **RIFLE** XIXᵉ s. « carabine » : mot angl. « carabine à canon rayé », dér. de *to rifle* « faire des rainures », empr. à l'anc. fr. *rifler*.

RIMER (pop.) XIIᵉ s. : frq. **riman*, de **rim* « série, nombre » ; **RIME, RIMEUR** fin XIIᵉ s. ; **RIMAILLER, RIMAILLEUR** XVIᵉ s. *Rime* a été anciennement rapproché, par fausse étym., du lat. *rythmus* ; du gr. *ruthmos*, comme en témoigne l'expression *sans rime ni raison*, attestée sous diverses var. dès le XIVᵉ s. et issue du lat. médiéval, qui oppose en versification le *metrum*, fondé sur la quantité, défini par *ratio cum modulatione*, et le *rythmus*, fondé sur l'accent, défini par *modulatio sine ratione*.

RINCER ♦ III (pop.) XIIᵉ s. : forme dissimilée de l'anc. fr. *recincier* « id. », du lat. vulg. **recentiare* « rafraichir, laver », dér. du lat. *recens* « nouvellement arrivé (poisson, ravitaillement) », d'où « frais » ; **RINÇURE** XIVᵉ s. ; **RINÇAGE** XVIIIᵉ s. ; **RINCÉE, RINCETTE, RINCE-BOUCHE** XIXᵉ s. ; **RINCE-DOIGTS** XXᵉ s. ♦ I2I **RÉCENT** (sav.) XVᵉ s. : *recens* ; **RÉCEMMENT** XVIIᵉ s.

RIPER ♦ I 11 XIVᵉ s. « gratter », XVIIᵉ s. techn. : moyen néerl. *rippen* « racler »; **RIPE** XVIIᵉ s. ♦ I2I **RIPAILLE** XVIᵉ s., d'abord dans l'expression *faire ripaille*, d'origine milit., « aller chercher des vivres chez l'habitant » : dér. de *riper*; **RIPAILLEUR** XVIᵉ s.; **RIPAILLER** XIXᵉ s. ♦ I3I **RUPIN** XVIIᵉ s. argot : apparenté à *ripault* XVIᵉ s. « gentilhomme », et à *ripe*, var. *rupe* « dame »; p.-ê. dér. de *riper*.

RIRE famille du lat. *rīdēre*, *risus* « rire », d'où *ridiculus* « qui fait rire, drôle »; bas lat. *risibilis* « capable de rire ou de faire rire »; *subridere* « sourire »; *deridere* « rire de, se moquer », d'où *derisio* « moquerie », *derisorius* « dérisoire ».

♦ I 11 **RIRE** (pop.) XIᵉ s. verbe; XIIIᵉ s. subst. : lat. vulg. *rīdēre, class. *rīdēre*; **RIANT** XIᵉ s.; **RIEUR** XVᵉ s. ♦ I2I **SOURIRE** (pop.) XIIᵉ s.; XVᵉ s. subst. : lat. vulg. *subrīdēre, class. *subrīdēre*; a éliminé *souris* XVIᵉ s., de *ris* XIIᵉ s. : lat. *risus*; **SOURIANT** XIXᵉ s. ♦ I3I **RISÉE** (pop.) XIIᵉ s.; **RISETTE** XIXᵉ s. ♦ I4I **RIGOLER** (pop.) XIIIᵉ s. fam. « se divertir »; XVIIᵉ s. « rire » : altér. de *rire*, voisine de l'anc. fr. *riole* « partie de plaisir »; le *g* est p.-ê. dû à l'influence de *galer* (→ GALANT); **RIGOLARD, RIGOLADE, RIGOLO, -OTE** XIXᵉ s. ♦ I5I **DÉRISION** (sav.) XIIIᵉ s. : *derisio*; **DÉRISOIRE** XIVᵉ s. : *derisorius*; **RISIBLE** XIVᵉ s. : *risibilis*. ♦ I6I **RIDICULE** XVᵉ s. adj., XVIIᵉ s. subst. : *ridiculus*; **RIDICULISER** XVIIᵉ s.

1. **RIS** XIIᵉ s., mar. : anc. scandinave *ris*, plur. de *rif*; **ARRISER** XVIIᵉ s.

2. **RIS** (de veau) XVIIᵉ s. : origine inconnue.

RISQUE et **RISQUER** XVIᵉ s. : it. *risco*, var. *rischio*, exprimant dans la terminologie des lois mar. le « danger lié à une entreprise », et dans la tradition milit. la « chance ou la malchance d'un soldat », du lat. médiéval *risicum*, *riscum*, souvent associé à *fortuna* ; mot obscur, p.-ê. apparenté à *resecare* (→ SCIER), avec pour sens 1ᵉʳ « écueil qui fend un navire » ou « risque partagé par deux parties contractantes »; plus probablement du gr. byzantin *rizikon* « solde gagnée par chance par un soldat de fortune », emprunt à l'arabe *rizq* « ration journalière », « taxe »; **RISQUE-TOUT** XIXᵉ s.

RIVE ♦ I 11 (pop.) XIᵉ s. : lat. *ripa* « rive (d'un fleuve, plus rarement de la mer) »; **RIVAGE** XIIᵉ s. ♦ I2I **ARRIVER** (pop.) XIᵉ s.-XVIᵉ s. « toucher la rive », XIIᵉ s. « toucher au terme de son déplacement », XVIIIᵉ s. « réussir » : lat. vulg. *adripare, dér. de *ripa*; **ARRIVAGE** XIIIᵉ s.; **ARRIVÉE** XVIᵉ s.; **ARRIVANT** XIXᵉ s.; **ARRIVISTE** fin XIXᵉ s.; **ARRIVISME** XXᵉ s. ♦ I3I **RIVER** (un clou) XIIᵉ s. « rabattre la tête et l'extrémité du clou sur le *bord* de la planche qu'il traverse » : dér. de *rive* au sens de « bord »; **RIVET** XIIIᵉ s.; **RIVETER** XIXᵉ s. ♦ I4I **DÉRIVER** (pop.) XIVᵉ s. « s'écarter de la rive ». ♦ I5I **RIVIÈRE** (pop.) XIIᵉ s. « région proche d'un cours d'eau » et « le cours d'eau lui-même » : lat. *riparia*, fém. substantivé de *riparius* « qui se trouve sur la rive »; **RIVIERA** mot it. « région voisine de la mer », équivalent du fr. *rivière* ♦ I6I **RIVERAIN** (pop.) XVIᵉ s. et **RIVERAINETÉ** XXᵉ s. : dér. de *rivière*.

RIXE (sav.) XIVᵉ s. : lat. *rixa* « querelle, lutte ».

RIZ ♦ I 11 XIIIᵉ s. : it. *riso*, du gr. *oruza*, mot d'origine orientale, par le lat.; **RIZIÈRE** XVIIIᵉ s.; **RIZICULTURE** XXᵉ s. ♦ I2I **RISOTTO** XIXᵉ s. : mot it. dér. de *riso*.

ROB ou **ROBRE** XIXᵉ s. au whist : angl. *rubber* « id. », d'origine obscure.

ROBE ♦ I 11 (pop.) XIIᵉ s. « butin », en particulier « vêtements pris à l'ennemi », XIIIᵉ s. « vêtement », en particulier de femme, d'eccl., d'homme de loi : germ. occidental *rauba « butin »; **ROBIN** XVIIᵉ s. « homme de robe », par croisement avec *Robin*, dimin. de *Robert*, nom de paysan ridicule. ♦ I2I **DÉROBER** (pop.) XIIᵉ s. « voler », XVIᵉ s. *à la dérobée, se dérober*, XVIIIᵉ s. *escalier dérobé* : composé de l'anc. fr. *rober* « voler », du frq. *raubon « id. », (→ all. *rauben*), apparenté à *rauba; **DÉROBADE** XIXᵉ s. *à la dérobade*, emploi mod. ♦ I3I **ENROBER** XIIᵉ s. « fournir de robes », « revêtir », XIXᵉ s. « entourer d'une couche protectrice »; **ENROBAGE, ENROBEMENT** XIXᵉ s. : dér. de *robe*.

ROBOT XXᵉ s. : tchèque *robota* « travail », « corvée », répandu par la pièce de l'écrivain tchèque K. Čapek intitulée « R.U.R. »,

ROCHE

c.-à-d. *Les Robots Universels de Rossum* ; **ROBOTISER** XX⁰ s.

ROCHE ♦ⅠⅠⅠ (pop.) XIIᵉ s. : lat. vulg. **rocca*, mot prélatin ; **ROCHER** XIIᵉ s. ; **ROCHEUX** XVIᵉ s., rare avant le XIXᵉ s. ♦ⅠⅡⅠ **ROC** XVIᵉ s. : var. masc. de *roche* formée d'après le rapport *sac, sachet* ; *coq, cochet*, etc. ; **ROCAILLE** une fois au XIVᵉ s., puis XVIIᵉ s. ; **ROCAILLEUX** XVIIᵉ s. ; **ROCOCO** XIXᵉ s., argot des ateliers, pour caractériser un style qui abuse de l'emploi des rocailles.

ROGOMME XVIIIᵉ s. « eau-de-vie », d'abord sous la forme *rogum* ; survit dans l'expression *voix de rogomme* : origine inconnue.

ROGUE XIIIᵉ s., adj. : mot obscur, p.-ê anc. scandinave *hrókr* « arrogant ».

ROI famille d'une racine ind.-eur. **reg* « diriger en droite ligne ».

En sanscrit *rājā* « roi ».

En germanique angl. *right*, all. *recht* « droit ».

En latin (1) *rēx, rēgis* « celui qui dirige », « le roi », d'où le dimin. *regulus* ; la forme fém. *rēgīna* « reine » ; *regalis* « digne d'un roi » ; *regnum* « règne, royaume » ; *regnare* « régner » ; *interregnum* « interrègne » ; emploi dans la langue religieuse et politique, particulier en italo-celtique et en indo-iranien (→ *rājā*) (2) *rēgŭla* « règle droite » et « règle de conduite », d'où lat. imp. *regularis* « qui sert de règle », bas lat. « canonique » et bas lat. *regulare* « régler, diriger » ; (3) *rĕgĕre, rĕctus* « diriger », d'où (a) *regio, -onis*, à l'origine « lignes droites, limites tracées dans le ciel par les augures », d'où « frontières » et « région » ; lat. imp. *regionalis* « provincial » (b) *regimen*, var. bas lat. *regimentum* « direction » (c) *rector* « qui régit », « guide, chef » ; bas lat. *rectitudo* « direction en ligne droite » (d) une série de composés en *-rigere, -rectus* et leurs dérivés en *-rectio -rector*, etc. : *corrigere* « redresser », « réformer » ; *dirigere* « disposer en ligne droite », « donner une direction déterminée » ; *erigere* « dresser, mettre debout » (e) *surgere*, de *sub* et *-rigere*, composé ancien, avec disparition de la voyelle *-i-*, « se mettre debout, s'élever », d'où *insurgere* « se dresser pour attaquer » et *resurgere* « se relever », en bas lat. eccl. « ressusciter ».

I. mots populaires ou demi-savants d'origine latine

A. famille de *rex*

♦ⅠⅠⅠ **ROI** Xᵉ s. ; *rēx, rēgis* ; **ROYAL** Xᵉ s. : *regalis* ; **ROYAUME** XIᵉ s. : croisement de *royal* et de l'anc. fr. *reemme*, var. *reame* : *regimen, -inis* ; **ROYAUTÉ** XIIᵉ s. : dér. de *royal* ; **ROITELET** XVᵉ s., var. anc. fr. *roietel* : dér. de *roi* formé au moyen de trois suff. dimin. ; **VICE-ROI** XVᵉ s. ; **VICE-ROYAUTÉ** XVIIIᵉ s. ; **ROYALISTE** XVIᵉ s. ; **ROYALISME** XVIIIᵉ s. ♦ⅠⅡⅠ **REINE** XIᵉ s. sous la forme *reïne* : lat. *rēgīna*, puis *roine*, analogique de *roi*, d'où est issue au XVIᵉ s. la forme mod. ; **VICE-REINE** XVIIIᵉ s. ; **REINE-CLAUDE** XVIIᵉ s. ; var. *prune de la reine Claude* (femme de François Iᵉʳ) début XVIIᵉ s. ; **REINE-DES-PRÉS** bot. XVIIᵉ s. ; **REINE-MARGUERITE** XVIIIᵉ s., composé de *marguerite*, nom de fleur ; **REINE DES REINETTES** variété de pommes → REINETTE.

B. famille de *directus*

♦ⅠⅠⅠ **DROIT** XIᵉ s. adj. « sans déviation » et subst. « ce qui est permis », XVIᵉ s. adj. opposé à *gauche* (remplace *dextre*) : *d(i) rectus*. **DROITE** XVIIᵉ s. pol. : calque de l'angl. ; **DROITURE** XIIᵉ s. ; **DROITIER** XVIᵉ s. ♦ⅠⅡⅠ **ENDROIT** XIᵉ s. prépos. « vers », XIIᵉ s. subst. « emplacement », XIIIᵉ s. « beau côté d'une étoffe », XVIᵉ s. « à l'endroit de quelqu'un » (var. *endroit de* XIIIᵉ s.) : de *in* et *directum*. ♦ⅠⅢⅠ **DRESSER** XIᵉ s. « mettre debout », XVIᵉ s. « donner certaines habitudes à un animal » : lat. vulg. **d(i)rectiare*, de *directus* ; **REDRESSER, REDRESSEMENT** XIIᵉ s. ; **DRESSOIR** XIIIᵉ s. ; **REDRESSEUR** XVIᵉ s. ; **DRESSAGE** XVIIIᵉ s. ♦ⅠⅣⅠ **ADROIT** XIIᵉ s. : de *ad-* et *directus*. ♦ⅠⅤⅠ **ADRESSER** XIIᵉ s. « dresser, diriger », XVIᵉ s. « envoyer en direction de » : de *ad-* et **directiare* ; **ADRESSE** XVIIᵉ s. « habileté » et « suscription d'une lettre » ; **MALADRESSE** XVIIIᵉ s.

C. famille de *surgere*

♦ⅠⅠⅠ **SOURDRE** XIᵉ s. : *sūrgĕre*. ♦ⅠⅡⅠ **SOURCE** XIIᵉ s. fém. de *sors*, anc. part. passé de *sourdre*, du lat. vulg. **sūrsus*, class. *surrectus* ; **RESSOURCE** XIIIᵉ s. : part. passé fém. substantivé de *ressourdre* « rejaillir », du lat. *resūrgĕre* ; **SOURCIER** XVIIIᵉ s. ♦ⅠⅢⅠ **SURGEON** XVᵉ s. : altération, d'après *surgir* ou *sur*, de l'anc. fr. *sorjon* XIIIᵉ s., lui-même altération, par substitution de suff., de *sorjant*, du lat. *sŭrgentem*, part. présent de *surgere*.

D. famille de *regula*

♦|1| BARIOLAGE XIVᵉ s. ; BARIOLÉ XVIIᵉ s. : composé de l'anc. fr. *rioler* (surtout au part. passé) « rayer », dér. de l'anc. fr. *riole*, var. *rieule* (demi-sav.) XIIᵉ s., de *regŭla*, et de *barrer*, fréquent dans les dial. au sens de « rayer ». ♦|2| RILLETTES XIXᵉ s. : dér. de *rille* XVᵉ s., var. dial. de *reille* (pop.) XIIᵉ s. : lat. *regŭla*, désignant des languettes de viande de porc ou d'oie qu'on fait cuire dans la graisse.

II. mots d'emprunt

♦|1| RIGOLE XIIIᵉ s., d'abord *regol* (surtout dans les textes du Nord) : croisement du moyen néerl. *regel* « ligne droite » et *richel* « fossé d'écoulement (dans les étables) », qui remontent tous deux au lat. *regŭla*. ♦|2| ACCORT XVᵉ s. « avisé », XVIIᵉ s. « engageant » : it. *accorto* « avisé », part. passé de *accorgersi* « s'apercevoir », du lat. vulg. *adcorrigĕre*. ♦|3| ALERTE XVIᵉ s., d'abord *à l'erte* adv. « sur ses gardes », puis adj. XVIᵉ s. « vigilant » ; XVIIᵉ s. « agile » ; XVIIIᵉ s. subst. fém. : it. *all'erta !* « sur la hauteur ! », cri d'alarme de veilleurs, de *erta*, part. passé fém. substantivé de *ergere* « élever », du lat. *erigĕre* ; ALERTER XIXᵉ s. ♦|4| ESCORTE XVIᵉ s. : it. *scorta* « action de guider », part. passé fém. substantivé de *scorgere* « guider », du lat. vulg. *ex-corrigĕre* ; ESCORTER¹ XVIᵉ s. ♦|5| DRISSE XVIIᵉ s. mar. : it. *drizza*, de *drizzare*, var. *dirizzare* « dresser », du lat. vulg. *dirictiare* de *dirictus*, class. *directus*. ♦|6| RAJA(H) ou RADJAH XVIIᵉ s. : hindî *raja* « roi » issu du sanscrit, par le port. ; MAHARAJAH XVIIIᵉ s. : de *maha* « grand » (apparenté au lat. *magnus* « id. ». → MAIS) et *raja*. ♦|7| RAIL XIXᵉ s. : mot angl. « barre », de l'anc. fr. *raille*, var. *reille*, du lat. *regŭla* (→ RILLETTES) ; DÉRAILLER, DÉRAILLEMENT XIXᵉ s. ; AUTORAIL XXᵉ s. ♦|8| ADRET XXᵉ s. géogr., mot dial. (Sud-Est) « versant d'une montagne exposé au midi » : équivalent du fr. *adroit*, du lat. *ad directum*.

III. mots savants d'origine latine

A. base -*reg*-

♦|1| RÈGNE Xᵉ s. : *regnum* ; RÉGNER Xᵉ s. *regnare* ; INTERRÈGNE XIVᵉ s. : *interregnum*. ♦|2| RÈGLE XIIᵉ s. « règlement », XIVᵉ s. « instrument pour tirer des traits », XVIIᵉ s. plur. physiol. : *regula* (pour les mots sav. exprimant la notion de « règles » → MENSTRUES et MÉNO-, art. MOIS) ; RÉGLETTE XVIIᵉ s. ♦|3| RÉGLER XIIIᵉ s. « gouverner », XVIᵉ s. « couvrir de réglures » et part. passé fém. « qui a ses règles », XVIᵉ s. « terminer une affaire », « payer » et « mettre en état de fonctionner » : dér. de *règle* ; DÉRÉGLER XIIIᵉ s. ; DÉRÈGLEMENT XVᵉ s. ; RÉGLAGE, RÉGLEUR, RÈGLEMENT XVIᵉ s. ; RÉGLEMENTAIRE, RÉGLEMENTER XVIIIᵉ s. ; RÉGLEMENTATION, RÉGLURE XIXᵉ s. ♦|4| RÉGULIER XIIᵉ s. « soumis à une règle religieuse », XVIᵉ s. « conforme à une règle » (en parlant de choses) : *regularis* ; IRRÉGULIER XIIIᵉ s. ; RÉGULARITÉ, IRRÉGULARITÉ XIVᵉ s. ; RÉGULARISER fin XVIIIᵉ s. ; RÉGULARISATION XIXᵉ s. ; RÉGULATEUR fin XVIIIᵉ s. et RÉGULATION XIXᵉ s. : dér. sur le verbe *regulare* ; AUTO-RÉGULATION XXᵉ s. ♦|5| RÉGION XIIᵉ s. : *regio* ; RÉGIONAL XVIᵉ s., rare avant le XIXᵉ s. : *regionalis* ; RÉGIONALISME, RÉGIONALISTE XIXᵉ s. ♦|6| RÉGIR XIIIᵉ s. « diriger », XIVᵉ s., gramm. : *regere*, avec changement de conjugaison ; RÉGIE XVIᵉ s. : part. passé fém. substantivé ; RÉGISSEUR XVIIIᵉ s. ♦|7| RÉGENT XIIIᵉ s. « professeur », XIVᵉ s. « détenteur du pouvoir pendant l'absence ou la minorité du roi », XIXᵉ s. *régent de la banque de France* : *regens, -entis*, part. présent de *regere* ; RÉGENTER, RÉGENCE XVᵉ s. ♦|8| RÉGIME XIIIᵉ s. « action de diriger », XVᵉ s. « conduite à suivre en matière d'hygiène », XVIIᵉ s. *régime de bananes* → RAISIN, fin XVIIIᵉ s. « organisation d'un État », XIXᵉ s. « dispositions légales régissant une institution » : *regimen*. ♦|9| RÉGIMENT XIIIᵉ s. « règlement », XIVᵉ s. « direction », XVIIᵉ s. « corps de troupes », sous l'influence de l'all. *Regiment* : bas lat. *regimentum* ; ENRÉGIMENTER, RÉGIMENTAIRE XVIIIᵉ s. ♦|10| RÉGALE XIIᵉ s. subst jur. : *regalia (jura)* « (droits) du roi » ; RÉGAL XIIᵉ s. adj., survivant dans *eau régale* : *regalis* → ROYAL ; RÉGALIEN XVᵉ s. ; RÉGICIDE XVIᵉ s. (→ CIDE, art. CISEAU).

B. base -*rig*-

♦|1| CORRIGER XIIIᵉ s. : *corrigere* ; CORRIGIBLE XIIIᵉ s. ; INCORRIGIBLE XIVᵉ s. ♦|2| DIRIGER XIIIᵉ s. : *dirigere* ; (ballon) DIRIGEABLE fin XVIIIᵉ s. ; DIRIGISME, DIRIGISTE XXᵉ s. ♦|3| ÉRIGER XVᵉ s. : *erigere*.

C. base -*surg*-

♦|1| INSURGER XVᵉ s., XVIᵉ s. pron. ; fin XVIIIᵉ s. mot remis en usage sous l'influence

de l'angl. *insurgent*, à propos de l'insurrection des colonies angl. d'Amérique ; **INSURGÉ** subst. masc. fin XVIII" s. : *insurgere*
♦ |2| **SURGIR**, d'abord XV" s., *surgir au port* « jeter l'ancre » : anc. prov. *sorgir*, du lat. *surgere* ; puis XVI" s. « s'élever » : empr. direct au lat. *surgere* ♦ |3| **RÉSURGENT, RÉSURGENCE** fin XIX" s. géol. : de *resurgens*, part. présent de *resurgere* → SOURDRE, RESSOURCE.

D. base -*rect*-

♦ |1| **RÉSURRECTION** XII" s. : *resurrectio*. ♦ |2| **CORRECTION** XIII" s. : *correctio* ; **CORRECTEUR** XIII" s. : *corrector* ; **CORRECTIF** XIV" s. : lat. médiéval *correctivus* ; **CORRECTIONNEL** XV" s., XVIII" s. jur. ; **INCORRECT** XV" s. et **CORRECT** XVI" s. : de *correctus* ♦ |3| **INSURRECTION** XIV" s., rare avant le XVIII" s. : *insurrectio* ; **INSURRECTIONNEL** fin XVIII" s.
♦ |4| **ÉRECTION** XV" s. « construction », XVI" s. physiol. : *erectio* ; **ÉRECTEUR** XVIII" s. ; **ÉRECTILE** XIX" s. ♦ |5| **DIRECT** XIII" s. : *directus* ; **INDIRECT** XVI" s. ; **DIRECTIF** XIII" s. ; fém. substantive **DIRECTIVE** XIX" s. ; **DIRECTION** XV" s. : lat. imp. *directio* ; **DIRECTOIRE** XV" s. : bas lat. *directorium* ; **DIRECTEUR** XV" s. : bas lat. *director* ; **DIRECTORIAL** XVII" s. ♦ |6| **RECTEUR** XIII" s. : *rector* ; **RECTORAT, RECTORAL** XVI" s. ♦ |7| **RECTITUDE** XIV" s. : *rectitudo* ; **RECTIFIER** XIV" s. : bas lat. *rectificare* « rendre droit » ; **RECTIFICATION** XIV" s. : *rectificatio* ; **RECTIFIABLE** XVIII" s. ; **RECTIFICATIF** adj. et subst. XIX" s.
♦ |8| **RECTILIGNE** XIV" s. : bas lat. *rectilineus* « en droite ligne » ; *rectilinéaire* XX" s. ; **RECTANGLE** XVI" s. : lat. imp. *rectangulus* ; **RECTANGULAIRE** XVI" s. ♦ |9| **RECTUM** XVI" s. : mot lat., abrév. de (*intestinum*) *rectum* « intestin droit » ; **RECTAL, RECTITE** XIX" s.
♦ |10| **RECTO** XVII" s. : mot lat., abrév. de *recto* (*folio*), ablatif, « sur le feuillet à l'endroit ». par opposition à *verso folio* → VERS ; **RECTA** XVIII" s. : adv. lat. « en droite ligne ».

ROMPRE famille du lat. *rumpere, ruptus* « briser violemment », auquel se rattachent (1) *rupes, is-* « précipice, roche » (2) *ruptio*, var. bas lat. *ruptura* « effraction, rupture » (3) les composés *abrumpere, abruptus* « détacher en brisant » ; *corrumpere, corruptus*, à l'origine probablement « faire crever », d'où « gâter » ; *erumpere* « faire en brisant » ; *interrumpere* « couper en brisant » ; *irrumpere*, de *innumpere* « se précipiter dans, forcer l'entrée de... », et leurs dér. en *-ruptio, -ruptor*, etc.

I. mots populaires

♦ |1| **ROMPRE** XI" s. : *rŭmpĕre*. ♦ |2| **COURROUCER** XI" s. : lat. vulg. *corrŭptiāre*, dér. de *corrŭptum* (qui est aussi à l'origine de l'it. *corrotto* « douleur, regret », esp. *corroto* « mortification ») ; le sens premier serait « endommager, maltraiter », et celui de « chagriner » serait secondaire et figuré ; **COURROUX** X" s. ♦ |3| **CORROMPRE** XII" s. : *corrŭmpĕre* ♦ |4| **INTERROMPRE** (demi-sav.) XII" s. : *interrŭmpĕre*. ♦ |5| **ROUTE** XIII" s. : (*via*) *rŭpta* « chemin frayé ?n coupant (dans une forêt) » ; **ROUTIER** XII" s. « soldat, aventurier » : dér. de l'anc. fr. *route* « troupe fractionnée » ; XX" s. « conducteur de camions » : dér. de *route* « chemin » ; **ROUTER, ROUTAGE, AUTOROUTE** XX" s. ♦ |6| **DÉROUTER** XII" s. « mettre les chiens hors de la route », XVI" s. « mettre hors de la bonne direction », « troubler » : dér. de *route* « chemin ». ♦ |7| **DÉROUTE** XV" s. : de l'anc. fr. *dérouter* « débander, disperser » homonyme du précéd., dér. de *route* « troupe » → au 5. ROUTIER. ♦ |8| **RAOUT** XIX" s. : empr. oral à l'angl. *rout* « assemblée » : anc. fr. *route* « troupe ». ♦ |9| **ROTURE** XV" s. : *rŭptūra* « terre récemment défrichée (pour laquelle on doit une redevance à un seigneur) », d'où « terre soumise à redevance, propriété non noble » ; **ROTURIER** XIV" s.

II. mots savants

A. base -*rupt*-

♦ |1| **CORRUPTION** XII" s. : *corruptio* ; **CORRUPTIBLE** XIII" s. : bas lat. *corruptibilis* ; **INCORRUPTIBLE, INCORRUPTIBILITÉ** XIV" s. ; **CORRUPTEUR** XIV" s. : *corruptor* ; **CORRUPTIBILITÉ** XV" s. ♦ |2| **RUPTURE** XIV" s. : *ruptura*. ♦ |3| **ÉRUPTION** XIV" s. : *eruptio* de *erumpere* ; **ÉRUPTIF** XVIII" s. ♦ |4| **INTERRUPTION** XIV" s. : lat. imp. *interruptio* ; **INTERRUPTEUR** XVI" s. : bas lat. *interruptor*. ♦ |5| **IRRUPTION** XIV" s. : *irruptio*. ♦ |6| **ABRUPT** XVI" s. : *abruptus*, de *abrumpere* ; **EX ABRUPTO** XVII" s. : mots lat. « brusquement », littéralement « en tombant à pic ».
B. RUPESTRE XIX" s. : dér., sur *rupes* « rocher ».

ROMSTECK XIX" s. : angl. *rumpsteak*, composé de *rump* « croupe », d'origine scandinave, et de *steak* « tranche épaisse de viande », apparenté à l'anc. scandinave *steikja* « rôti à la broche ».

RONCE (pop.) XIIᵉ s. : lat. *rŭmex, -ĭcis* « oseille » et « arme dont le fer était d'une forme comparable à une feuille d'oseille » ; attesté au sens de « ronce » par une glose du Vᵉ s. ; **RONCIER** XVIᵉ s. ; **RONCERAIE** XIXᵉ s.

RONFLER ensemble de mots reposant sur une onom. ron- imitant des bruits gutturaux ; déjà en lat. imp. *roncus* « ronflement » et bas lat. *roncare* « ronfler ».

♦|1| **RONFLER** XIIᵉ s. : mot onom. ; ou p.-ê. altération, sous l'influence de *souffler*, de l'anc. fr. *ronchier*, du lat. *roncare* ; **RONFLEMENT, RONFLEUR** XVIᵉ s. ; **RONFLANT** XVIᵉ s., XVIIIᵉ s. « emphatique ». ♦|2| **ROGNE** (anc. prononcé *rongne*) XVIᵉ s. « grognement », XVIIᵉ s. « querelle », XIXᵉ s. fam. « mauvaise humeur ». ♦|3| **RONCHONNER** XIXᵉ s. : mot dial. (Lyon), dér. de *roncher*, de l'anc. fr. *ronchier*, du lat. *roncare* ; **RONCHONNEUR, RONCHONNOT, RONCHON, RONCHONNEMENT** XIXᵉ s. ♦|4| → Aussi en annexe GRONDER et GROGNER, art. GROIN, Annexe II et RONRON, Annexe I.

RONGER (pop.) XIIᵉ s. : d'abord sous la forme *rungier* : lat. imp. *rūmigare* « ruminer » ; le o est dû à l'influence de nombreux continuateurs dial. du lat. *rodere* → ROSTRE ; **RONGEUR** subst. masc. XVᵉ s.

ROQUER ♦|1| XVIIᵉ s., aux échecs « placer sa tour à côté du roi » ; au croquet « placer deux boules en contact pour les pousser ensemble » : dér. de *roc* XIIᵉ s., nom ancien de la pièce d'échecs appelée aujourd'hui *tour*, de l'arabo-persan *rokh* « éléphant monté », par l'esp. ♦|2| **ROCADE** XIXᵉ s. terme de jeu d'échecs, dér. de *roquer*, employé métaph. par la langue milit., « voie de liaison parallèle au front de combat », d'où « voie de dégagement parallèle à une autre ».

ROQUETTE XXᵉ s. « étui cylindrique contenant un explosif » : angl. *rocket* « quenouille », de l'anc. fr. *roquette*, de l'it. *rocchetto*, dimin. de *rocca*, du got. *rukka « id. ».

ROSE famille sav. du lat. *rosa* « rose », issu de *wrodya, empr., comme le gr. *rhodon* « id. », issu de *wrhodon, à une langue méditerranéenne.

I. mots d'origine latine

♦|1| **ROSE** XIIᵉ s. subst. et adj. : *rosa* ; **ROSETTE** XIIᵉ s. « petite rose », d'où, à partir du XIIIᵉ s., désignation de divers ornements plus ou moins circulaires, en particulier XIXᵉ s. « insigne de certains ordres » ; **ROSIER** XIIᵉ s. ; **PRIMEROSE** XIIᵉ s. → PREMIER ; **ROSÉ** XIIᵉ s. ; **ROSIÈRE** XVᵉ s. « lieu planté de rosiers », XVIIIᵉ s. « jeune fille de bonne conduite récompensée par une couronne de roses » ; **ROSERAIE** XVIIᵉ s. ; **ROSÂTRE** XIXᵉ s. ♦|2| **ROSAT** XIIIᵉ s. : lat. *rosatus* « fait avec des roses ou parfumé à la rose ». ♦|3| **ROSAIRE** XIVᵉ s. : *rosarium*, lat. class. « roseraie » ; lat. médiéval, emploi métaph., « couronne de roses pour la Vierge » (→ CHAPELET). ♦|4| **ROSACE** XVIᵉ s. : dér. de *rose*, d'après l'adj. lat. *rosaceus* ; **ROSACÉE** XVIIᵉ s. bot. : *rosaceus* « de rose ». ♦|5| **ROSÉOLE** XIXᵉ s. : dér. de *rose*, sur le modèle de *rougeole*.

II. mots d'origine grecque

♦|1| **RHODODENDRON** XVIᵉ s. : gr. *rhododendron* « arbre *(dendron)* à roses *(rhodon)* », qui désignait le laurier-rose ; par le ♦|2| **RHODIUM** XIXᵉ s. chimie « métal dont certains sels sont de couleur rose » : de *rhodon* et du suffixe *-ium*, par l'angl.

ROSEAU (pop.) XIIᵉ s. : dimin. de l'anc. fr. *ros* Xᵉ s. « roseau, chaume », du germ. *raus, d'un dial. antérieur au frq.

ROSÉE ♦|1| (pop.) XIᵉ s. : lat. vulg. *rosāta, dér. du lat. class. *ros, roris* « rosée ». ♦|2| **ARROSER** (pop.) XIIᵉ s. : lat. vulg. *arrosare, bas lat. *arrorare*, qui avait remplacé *irrigare* ; **ARROSOIR** XIVᵉ s. ; **ARROSEUR** XVIᵉ s. ; **ARROSAGE** XVIIᵉ s. ; **ARROSEUSE** XIXᵉ s. ♦|3| **ROMARIN** (sav.) XIIIᵉ s. : lat. *rosmarinus*, littéralement « rosée marine ».

ROSSE ♦|1| XIIᵉ s. subst. masc. « mauvais cheval », XVᵉ s. fém., XIXᵉ s. « méchant » : all. *Ross* « coursier » ; **ROSSARD, ROSSERIE** fin XIXᵉ s. ♦|2| **ROUSSIN** XVIᵉ s. : altération, sous l'influence de *roux*, de l'anc. fr. *roncin*, du bas lat. *rŭncinus*, var. *ruccinus*, p.-ê. d'origine germ. et apparenté à *rosse*. ♦|3| **ROS-**

SINANTE XVIIIᵉ s. : adaptation, sous l'infl. de *rosse*, de l'esp. *Rocinante*, nom du cheval de Don Quichotte, dér. de *rocin*, équivalent de l'anc. fr. *roncin*.

ROSSIGNOL XIIᵉ s. : anc. prov. *rossinhol*, du lat. vulg. *lusciniolus, dimin. de *luscinia* « rossignol » ; empr. dû sans doute à l'importance du rossignol dans la poésie des troubadours.

ROSTRE famille sav. du lat. *rodere*, *rosus* « ronger », d'où (1) *rostrum*, de *rodtrum « ce qui sert à ronger », « museau, bec, objet en forme de bec », « éperon de navire » ; *rostra*, plur. « tribune aux harangues, à Rome », ainsi nommée parce qu'elle était ornée d'éperons de navires pris aux Volsques d'Antium (2) les composés *corrodere* et *erodere* « ronger » ; lat. imp. *erosio* « action de ronger », « érosion ». ♦ |1| **ROSTRE** XIVᵉ s. hist. romaine, rare avant le XIXᵉ s., XIXᵉ s. zool. « bec » : lat. *rostra* et *rostrum* ; **ROSTRAL** XVIᵉ s. ; **ROSTRIFORME** XIXᵉ s. ♦ |2| **CORRODER** XIVᵉ s. : *corrodere* ; **CORROSIF** XIIIᵉ s. ; **CORROSION** XIVᵉ s. : bas lat. *corrosivus*, *corrosio*. ♦ |3| **ÉRODER** XIVᵉ s., rare avant le XIXᵉ s. : *erodere* ; **ÉROSION** XVIᵉ s. : *erosio*. ♦ |4| **RODER** XVIIIᵉ s. : *rodere* ; **RODAGE** XIXᵉ s. ; XXᵉ s. à propos des automobiles.

ROTE XIIᵉ s. « instrument de musique des jongleurs bretons » : bas lat. *chrotta* (VIᵉ s.), du germ. *hrôta*, lui-même p.-ê. d'origine celtique (équivalents possibles en gallois et en irlandais ; mots désignant à la fois une « ventre » ou une « bosse », et, par métaphore, un instrument de musique).

ROTER famille d'un verbe lat. *rūgere, *rūctus*, dont on conjecture l'existence d'après le dér. *rūctus*, *-ūs* « rot », d'où *rūctare* « roter », et le composé *erugere*, *eructus* « sortir bruyamment », d'où *eructare* « vomir » et *eructatio* ; p.-ê. apparenté à *rugire* → RUGIR, art. RUT.

♦ |1| **ROTER** (pop.) XIIᵉ s. : bas lat. *rūptare*, altération, sous l'infl. de *rumpere*, *ruptus* (→ ROMPRE), du lat. class. *rūctare* ; **ROT** XIIIᵉ s. : bas lat. *ruptus*, class. *ructus*. ♦ |2| **ÉRUCTATION** (sav.) XIIIᵉ s. : *eructatio* ; **ÉRUCTER** XIXᵉ s. : *eructare*.

ROTIN XVIIᵉ s. : malais *rotan* « id. », par le néerl. *rotting*.

RÔTIR ♦ |1| (pop.) XIIᵉ s. : frq. *raustjan « id. » ; **RÔT** XIIᵉ s. ; **RÔTIE** XIIIᵉ s. ; **RÔTI** subst. masc., **RÔTISSEUR** XIVᵉ s. ; **RÔTISSERIE**, **RÔTISSOIRE** XVᵉ s. ♦ |2| **ROASTBEEF** ou **ROSBIF** XVIIIᵉ s. : mot angl., de *beef* (→ BŒUF) et *roast* « rôtir », de l'anc. fr. *rost*, *rostir*.

ROUAN XIVᵉ s. « de couleurs mêlées », adj. qualifiant un cheval : esp. *roano*, d'origine obscure, p.-ê. du got. *raudan*, acc. de *rauda* « rouge » ; p.-ê. du lat. *ravus* « gris ».

ROUANNE famille du gr. *rhukanê* « rabot, varlope », empr. par le lat. sous la forme *runcina*.
♦ |1| **ROUANNE** (pop.) XIIIᵉ s., *roisne* : lat. vulg. *rūcina, class. *runcina*. ♦ |2| **RÉNETTE** XIIIᵉ s. *royennette*, dimin. de *rouanne* ♦ |3| **RAINURE** XVᵉ s., *royneüre* : dér. de *roisner* « faire une rainure avec la *roisne*, ou *rouanne* ». ♦ |4| **RUGINE** (sav.) XVIᵉ s. instrument de chirurgie : bas lat. *rugina*, altération du class. *runcina*.

ROUBLARD XIXᵉ s. argot, présente d'abord les 2 sens opposés de « mal mis » et de « bien habillé », puis le sens de « malin, rusé » : mot obscur sans rapport avec les *roubles* russes ; p.-ê. adaptation du dial. (Alpes) *roubliou* « feu », de l'it. *rubbio* « rouge », le sens premier serait dans cette hypothèse « flambé » ou « flambant » ; **ROUBLARDISE** fin XIXᵉ s.

ROUBLE XVIIᵉ s. : mot russe.

ROUE famille du lat. *rota* « roue », d'où (1) les dimin. *rotula* et bas lat. *rotulus*, *rotella* « petite roue » (2) bas lat. *birota* « voiture à deux roues » (3) *rotare* « faire tourner » et *rotatio* « mouvement circulaire » (4) *rotundus* « rond » ; *rotunditas* « rondeur » ; *rotundare* « arrondir ».

I. mots populaires ou empruntés

♦ |1| **ROUE** Xᵉ s. : *rōta* ; la voyelle *ou* est analogique des dér. accentués sur le suff. ; **ROUET** XIIIᵉ s. ; **ROUAGE** XIIIᵉ s. « ensemble de roues » ; **BROUETTE** XIIIᵉ s. *beroete* : dimin. de *beroue, du lat. *birota* ; **BROUETTER**, **BROUETTÉE** XIVᵉ s. ♦ |2| **ROUELLE** XIIᵉ s. : bas lat. *rotēlla* ; **ROULER** fin XIIᵉ s., d'abord *roueller* : dér. de *rouelle* ; **ROULETTE** XIIᵉ s. ; **ROULIS** XIIᵉ s. « action de rouler » ; XVIIᵉ s., sur mer ; **ROULEAU** XIVᵉ s., d'où ROULOTTER XX⁰ s. couture ; ROULANT XV⁰ s. « qui roule », fin XIX⁰ s. « très drôle, à se rouler de rire » (→ TORDANT) ; ROULANTE XX⁰ s. subst. fém. ; ROULEMENT XVI⁰ s. ; ROULADE XVII⁰ s. ; ROULOTTE XVIII⁰ s. sorte de charrue, début XX⁰ s. « voiture habitée par des nomades ». ♦131 ENROULER XIV⁰ s. ; ENROULEMENT XVII⁰ s. ; DÉROULER XVI⁰ s. ; DÉROULEMENT XVIII⁰ s. : composés de *rouler*. ♦141 ROULEUR XVIII⁰ s. « nomade », « ouvrier instable » ; ROULEUSE, ROULURE fin XIX⁰ s. « femme de mauvaise vie » : dér. de *rouler*. ♦151 RÔLE XII⁰ s. « manuscrit roulé », « liste, registre », XVI⁰ s. « texte que doit apprendre un acteur » et « conduite que l'on tient dans la société » : *rotŭlus* ; ENRÔLER XII⁰ s. « inscrire sur un *rôle* », XVI⁰ s. milit. ; ENRÔLEMENT XIII⁰ s. ; CONTRÔLER XIII⁰ s., d'abord *contreroller* ; CONTRÔLE XIV⁰ s., d'abord *contre-rôle* « registre tenu en double » ; XVII⁰ s., forme mod. ; CONTRÔLEUR fin XIII⁰ s. ; INCONTRÔLABLE fin XVIII⁰ s. ; INCONTRÔLÉ XX⁰ s. ♦161 ÉRAILLER XII⁰ s. *esroeillier* « rouler les yeux », encore au XVI⁰ s. *yeux éraillés* « dont on ne voit que le blanc » : composé de l'anc. fr. *roeillier* « rouler », du lat. vulg. *rotĭcŭlāre ; XVII⁰ s. « déchirer superficiellement », sous l'influence de *rayer* ; XIX⁰ s. « enrouer la voix » ; ÉRAILLEMENT XVI⁰ s. ; ÉRAILLURE XVII⁰ s. ♦171 ROUER XIII⁰ s. « tourner », « rouler » ; XVI⁰ s. : lat. *rotare*, a été éliminé au XV⁰ s. par son homonyme, abrév. de *enrouer*, dér. de *roue*, « soumettre au supplice de la roue », mot empr. aux régions limitrophes de l'Empire, cette pratique étant d'origine germ. ; XVII⁰ s. *rouer de coups* « battre violemment », d'où ROUÉ XVIII⁰ s. « épuisé par la débauche » ou « débauché digne du supplice de la roue », XIX⁰ s. « intéressé et rusé » ; ROUERIE XVIII⁰ s. ♦181 RÔDER XV⁰ s. : anc. prov. *rodar* « tourner », « aller çà et là » : lat. *rotāre*, équivalent de l'anc. fr. *rouer* ; RÔDEUR XVI⁰ s. ♦191 ROND XII⁰ s. adj., d'abord *reond*, var. *roond* ; XV⁰ s. subst. masc. ; XV⁰ s. « pièce de monnaie » : lat. vulg. *retŭndus, class. *rotŭndus* ; RONDE XII⁰ s. danse, XVII⁰ s. milit. ; RONDELLE XIII⁰ s. ; RONDEAU, var. RONDEL XIV⁰ s. ; RONDIN XIV⁰ s. ; RONDEUR XV⁰ s. ; RONDOUILLARD XIX⁰ s. ; ARRONDIR XIII⁰ s. ; ARRONDISSEMENT XVI⁰ s. « action d'arrondir », XVIII⁰ s. « division territoriale » ; ROND-POINT XVIII⁰ s. ; ROND-DE-CUIR XIX⁰ s. « employé de bureau, assis sur un siège garni d'un rond de cuir ». ♦1101 ROGNER XII⁰ s. « couper tout autour », XIII⁰ s. « couper », d'abord *reoignier* et *rooignier* : lat. vulg. *rotŭndiāre, var. *retŭndiāre, class. *rotundare* ; ROGNURE XII⁰ s. ♦1111 ROTONDE XV⁰ s. : it. *rotonda* « ronde », par allusion à l'église *Santa Maria Rotonda*, installée dans l'ancien panthéon de Rome, édifice circulaire, dont le nom est traduit par *Sainte-Marie-la-Rotonde* dans un texte du XV⁰ s. ; rare avant fin XVIII⁰ s. ♦1121 ROUND XIX⁰ s. sport : mot angl. « rond », « tour », de l'anc. fr. *roond*.

II. mots savants

♦III ROTATION XIV⁰ s. : *rotatio* ; ROTATOIRE XVIII⁰ s. ; ROTATIF début XIX⁰ s. ; fém. substantivé ROTATIVE XIX⁰ s. imprimerie. ♦121 ROTONDITÉ XIV⁰ s. : *rotunditas*. ♦131 ROTULE XV⁰ s. : *rotula* ; ROTULIEN XIX⁰ s. ♦141 ROTE (la sainte) XVI⁰ s. tribunal eccl. : lat. *rota* au sens de « tour de rôle », parce que les affaires étaient examinées à tour de rôle par chacune des trois sections de ce tribunal.

ROUF XVIII⁰ s. mar. : néerl. *roef* → angl. *roof* « toit » ; d'origine germ.

ROUGE famille d'une racine ind.-eur. **reudh-*, **roudh-* « rouge ».

En grec *eruthros* « rouge », d'où *eruthêma* « rougeur » ; *erusipelas* « inflammation de la peau ».

En latin (1) *ruber* « rouge », d'où *rubrica* « ocre rouge qui servait à écrire les titres des lois de l'État », d'où « titre » ; *rubēre* « être rouge », *rubescere* « rougir » ; *rubeus* « rougeâtre » ; *rubicundus* « rougeaud » (2) *robus*, var. *robur*, *-oris* « chêne rouge », tenu pour le plus dur des bois, d'où *robustus* « de chêne », « solide, résistant » (3) *russus*, issu de *rudh-tos « roux » (4) *robigo*, *-inis* « rouille » (4) → aussi RUTILANT.

I. mots d'origine latine

A. mots populaires et demi-savants

♦III ROUGE XII⁰ s. : *rubeus* ; ROUGEUR, ROUGIR XII⁰ s. ; ROUGET XII⁰ s. adj., XV⁰ s. subst. ; ROUGEÂTRE XIV⁰ s. ; ROUGE-GORGE XVI⁰ s. ; ROUGEAUD XVII⁰ s. ; ROUGEOYER XII⁰ s. ♦121 RUBIS (demi-sav.) XII⁰ s. *rubi*, var. *rubin* : altération, sous l'influence du prov. *robi*, du lat. médiéval *rubinus*, dér.

de *ruber*. ♦ⅠƷⅠ **ROUX** XIIᵉ s. : lat. *rŭssus* ; **ROUSSEAU, ROUSSEUR** XIIᵉ s. ; **ROUSSIR** XIIIᵉ s. ; **ROUSSÂTRE** XVᵉ s. ; **ROUSSETTE** XVIᵉ s. « chien de mer », adj. substantivé. ♦ⅠƷ4Ⅰ **ROUILLE** XIIIᵉ s. : lat. vulg. *robīcŭlc*, class. *robigo* ; **ROUILLER** XIIᵉ s. ; **DÉROUILLER** XIIᵉ s. ; *rouillure* XVᵉ s. ♦ⅠƷ5Ⅰ **ROUGEOLE** (demi-sav.) XVIᵉ s. : altération, sous l'influence de *vérole*, de *rougeule* XIVᵉ s., de **rubeola*, fém. substantivé de **rubeolus*, dimin. de *rubeus* ; **ROUGEOLEUX** XXᵉ s. ♦ⅠƷ6Ⅰ **ROUVRE** XVᵉ s. : *robur*, *-oris* ♦ⅠƷ7Ⅰ **RISSOLE** XIVᵉ s. : altération de *roissole* XIIIᵉ s. : adj. fém. substantivé du bas lat. *russeola* « rougeâtre » ; **RISSOLER** XVIᵉ s.

B. mots savants

♦ⅠƷⅠⅠⅠ **RUBRIQUE** XIIIᵉ s. « titre dans un missel », XIXᵉ s. dans les journaux : *rubrica*. ♦ⅠƷ2Ⅰ **RUBICOND** XIVᵉ s. : *rubicundus*. ♦ⅠƷ3Ⅰ **ROBUSTE** XIVᵉ s. (XIᵉ s. *rubeste*) : *robustus* ; **ROBUSTESSE** XIXᵉ s. ♦ⅠƷ4Ⅰ **CORROBORER** XIVᵉ s. : *corroborare* « fortifier », dér. de *robur*. ♦ⅠƷ5Ⅰ **RUBESCENT** XIXᵉ s. : part. présent de *rubescere*. ♦ⅠƷ6Ⅰ **RUBÉOLE** XIXᵉ s. : formé sur *rubeus*, sur le modèle de *roséole*. ♦ⅠƷ7Ⅰ **RUBIGINEUX** XIXᵉ s. : bas lat. *rubiginosus*, de *rubigo*, var. du lat. class. *robigo*.

II. mots savants d'origine grecque

♦ⅠƷⅠⅠⅠ **ÉRYSIPÈLE** XIVᵉ s. : gr. *erusipelas*, par le lat. ♦ⅠƷ2Ⅰ **ÉRYTHRINE** XVIIIᵉ s. bot. : de *eruthros*. ♦ⅠƷ3Ⅰ **ÉRYTHÈME** XIXᵉ s. : *eruthêma*.

ROUIR (pop.) XIVᵉ s. : frq. **rotjan* ; **ROUISSAGE** XVIIIᵉ s.

1. ROUPIE XIIIᵉ s. « goutte au nez » : origine inconnue.

2. ROUPIE XVIIᵉ s. « monnaie de l'Inde » : hindī *rūpīya*, du sanscrit *rūpya* « argent », par le port.

ROUPILLER XVIᵉ s. argot « dormir » : le sens de « ronfler », « grommeler », fréquent dans les dial., suggère une origine onom. (→ RONFLER) ; **ROUPILLON** XIXᵉ s.

RU famille du lat. *rivus* « petit cours d'eau », d'où *rivales* (plur.) « riverains », « gens qui puisent en prenant l'eau à un même ruisseau, ce qui prêtait à contestation », d'où, anciennement, le sens de « rivaux en amour » ; *rivalitas* « jalousie » ; *derivare* « détourner un cours d'eau », *derivatio* « action de détourner des eaux » et gramm. « dérivation ».

♦ⅠƷⅠⅠⅠ **RU** (pop.) XIIIᵉ s. : altération de *rui* XIIᵉ s., métathèse de **riu*, du lat. *rīvum*, acc. de *rīvus*. ♦ⅠƷ2Ⅰ **RUISSEAU** (pop.) XIIᵉ s. : lat. vulg. **rivuscellus*, dimin. de *rivus* ; **RUISSELET, RUISSELER** XIIᵉ s. ; **RUISSELLEMENT** XVIIᵉ s., rare avant le XIXᵉ s. ♦ⅠƷ3Ⅰ **DÉRIVER** (sav.) XIIᵉ s. « détourner l'eau », XIVᵉ s. gramm. : *derivare* ; **DÉRIVATION** XIVᵉ s. : *derivatio* ; **DÉRIVATIF** XVᵉ s. : *derivativus* ; **DÉRIVÉ** fin XVIIIᵉ s. subst. gramm. puis chimie ; **DÉRIVÉE** XIXᵉ s. subst. math. ♦ⅠƷ4Ⅰ **RIVAL** (sav.) XVᵉ s. : *rivalis* ; **RIVALITÉ** XVIIᵉ s. : *rivalitas* ; **RIVALISER** XVIIIᵉ s.

RUBAN XIIIᵉ s. : p.-ê. moyen néerl. *ringband* « ruban de cou, collier », encore que les var. *riban*, *reuban* suggèrent plutôt un frq. **reudband*, var. **riudband* « ruban rouge » ; **ENRUBANNÉ** XVIᵉ s. ; **ENRUBANNER** XVIIIᵉ s.

RUCHE (pop.) XIIIᵉ s. : bas lat. *rūsca* « écorce », d'origine gauloise, ce matériau ayant été utilisé avant l'introduction par les Francs de la ruche de paille tressée ; **RUCHER** XVIIᵉ s. subst.

RUDE famille sav. du lat. *rudis* « grossier, brut », « inexpérimenté », d'où *erudire*, *eruditus* « dégrossir, instruire » et lat. imp. (sous l'influence d'*elementum*) *rudimentum*, mot de la langue milit. « apprentissage, premières notions ».

♦ⅠƷⅠⅠⅠ **RUDE** XIIIᵉ s. : *rudis* ; **RUDESSE** XIIIᵉ s. ; **RUDOYER** XIVᵉ s. ♦ⅠƷ2Ⅰ **ÉRUDIT** XVᵉ s., rare avant le XVIIIᵉ s. : *eruditus* ; **ÉRUDITION** XVᵉ s. « enseignement », XVIIᵉ s. « savoir » : *eruditio*. ♦ⅠƷ3Ⅰ **RUDIMENT** XVᵉ s. : *rudimentum* ; **RUDIMENTAIRE** XIXᵉ s.

1. RUE ♦ⅠƷⅠⅠⅠ (pop.) XIᵉ s. « voie bordée de maisons » : lat. *rūga*, class. « ride », bas lat. « chemin » ; **RUELLE** XIIᵉ s. « petite rue », XVᵉ s. « espace entre le lit et le mur », XVIIᵉ s. litt. : dimin. de *rue*. ♦ⅠƷ2Ⅰ **RUGUEUX** (sav.) XVᵉ s. « dévasté », XVIᵉ s. sens mod. : lat. *rugosus* « ridé » ; **RUGOSITÉ** XVIᵉ s.

2. RUE (pop.) XIIIᵉ s. plante : lat. *rūta*.

RUER famille du lat. *rŭere*, *rŭtus* « renverser » et « s'écrouler », d'où *ruina*

« chute » et *rutabulum*, nom d'outil, « pelle à feu ».

♦|1| **RUER** (pop.) XIIe s. « lancer violemment », XIIIe s. pronom., XIVe s. intrans. en parlant du cheval : bas lat. (VIIe s.) *rŭtāre* dér. de **rŭtus* ; **RUADE** XVe s. ♦|2| **RÂBLE** (pop.) XIIIe s. *roable*, XVe s. *raable*, nom d'outil, et XVIe s., par métaphore, « bas du dos du lapin et du lièvre » : *rŭtābŭlum* ; **RÂBLÉ** XVIe s. ♦|3| **RUINE** (sav.) XIVe s. : *ruina* ; **RUINEUX** XIIe s. « qui cause une ruine », XIVe s. « qui menace ruine » : *ruinosus* ; **RUINER** XIIIe s. ; **RUINIFORME** XIXe s.

RUFIAN ou **RUFFIAN** XIVe s. : it. *ruffiano* « souteneur », mot obscur, p.-ê. dér. de *roffia* « moisissure, saleté », du germ. *hruf* « escarre » ; p.-ê. de *rufulus*, dimin. du lat. *rufus* « roux », croisé avec *puttana* « putain ».

RUMEUR (pop.) XIe s. « grand bruit », XIIIe s. « querelle », XVIe s. sens lat. : lat. *rŭmor, -ōris* « bruit qui court », « propos colportés ».

RUMINER (sav.) XIVe s. : lat. *ruminare*, dér. de *rumen, -inis*, premier estomac des ruminants ; **RUMINATION** XIVe s. ; **RUMINANT** subst. masc. XVIe s.

RUNE XVIIe s. : norvégien *rune* ou suédois *runa*, de l'anc. scandinave *rûnar* plur. « écriture secrète », apparenté au got. *rûna* « mystère » ; **RUNIQUE** XVIIIe s.

RUSTRE famille de la rac. ind.-eur. **rew-*, **ru-* « espace », « campagne », représentée en lat. par *rus, ruris* « campagne », et ses dér. *rusticus* et *ruralis* ; en germ. commun par **rumaz*, got. *rum* « espace ».

I. mots d'origine latine

♦|1| **RUSTRE** (demi-sav.) XIIe s., d'abord *ruiste*, *ruste* « brutal » ; XIVe s. sens mod. : *rŭstĭcus* ; **RUSTAUD** XVIe s. : dér. de *ruste*. ♦|2| **RUSTIQUE** et **RUSTICITÉ** (sav.) XIVe s. : *rusticus* et *rusticitas*. ♦|3| **RURAL** (sav.) XIVe s. : *ruralis*.

II. mots d'origine germanique

♦|1| **ARRIMER** XIVe s. : moyen angl. *rimen* apparenté au germ. **rum* ; a éliminé l'anc. fr. *arumer*, *aruner*, dér. de l'anc. fr. *run* « fond de cale », de même origine. ♦|2| **ROOM** mot angl. apparaissant dans le composé **LIVING-ROOM** XXe s. « pièce où l'on vit » : germ. *rum*.

RUTABAGA XIXe s. : suédois *rotabaggar* « chou-navet ».

RUTILANT (sav.) XVe s. : lat. *rutilans*, part. présent de *rutilare* « être rouge », p.-ê. apparenté à *ruber* → ROUGE ; **RUTILANCE**, **RUTILER** XIXe s. ; **RUTILEMENT** XXe s.

RYTHME (sav.) XVIe s. : gr. *rhuthmos* « mouvement réglé et mesuré », p.-ê. apparenté à *rhein* (→ RHUME), par le lat. : **RYTHMIQUE** XVIe s. : *rhuthmikos*, par le lat. ; **EURYTHMIE** XVIe s. ; **EURYTHMIQUE** XIXe s. ; **RYTHMER** XIXe s. ; **ARYTHMIE** XXe s. ; pour l'histoire de ce mot → aussi RIME.

S

SABAYON XIXᵉ s. « crème à base de vin et de jaune d'œuf » : it. *zabaione*, dér. du bas lat. *sabaia* « sorte de bière des régions illyriques ».

SABLE (blason) ♦ |1| XIIᵉ s. « martre, zibeline » et « noir », en terme d'héraldique, à cause de la couleur de cette fourrure : lat. médiéval *sabellum*, du polonais *sabol* (russe *sobol*). ♦ |2| **ZIBELINE** XVIᵉ s. : it. *zibellino*, lui-même p.-ê. altération de l'anc. fr. *sabelin* XIᵉ s., subst. masc. « id. », var. *sebelin*, dér. de *sable*.

SABLON ♦ |1| (pop.) XIIᵉ s. « sable » et « terrain sablonneux », subsiste dans la langue techn. et en toponymie : lat. *sabulo, -ōnis* « gros sable, gravier » ; **SABLONNEUX, SABLONNIÈRE** XIIᵉ s. ; **SABLONNER** XIVᵉ s. techn. ♦ |2| **SABLE** XVᵉ s. : forme abrégée de *sablon*, dont la terminaison a été prise pour un suff. ; **SABLEUX, SABLIÈRE** XVIᵉ s. ; **SABLIER** XVIIᵉ s. ♦ |3| **SABLER** XVIᵉ s. « recouvrir de sable », XVIIᵉ s. techn. de la fonderie, « couler dans un moule fait de sable », d'où XVIIIᵉ s. « avaler d'un trait » : dér. de *sable* ; **ENSABLER** XVIᵉ s. ; **DÉSENSABLER, ENSABLEMENT** XVIIᵉ s. ; **SABLÉ** XIXᵉ s. « gâteau dont la pâte s'effrite comme le sable ».

SABORD XVᵉ s. mar. « sorte de hublot » : origine obscure, p.-ê. angl. *sawn board* « planche sciée » ; **SABORDER** XIXᵉ s. ; **SABORDAGE** XXᵉ s.

SABURRAL(E) (langue) (sav.) méd. XVIIIᵉ s. : dér. de *saburre* XVIᵉ s. : lat. *saburra* « lest », appliqué par la médecine ancienne au résidu de mauvaises digestions.

1. SAC (grande poche) ♦ |1| (pop.) XIᵉ s. : lat. *saccus*, du gr. *sakkos*, empr. au phénicien et apparenté à l'hébreu *saq* « étoffe grossière de poil de chèvre », « sac », « cilice » ; **SACHET** XIIᵉ s. ; **ENSACHER** XIIIᵉ s. ♦ |2| **BESACE** (pop.) XIIIᵉ s. : bas lat. *bisaccia*, plur. de *bisaccium* « double sac », pris pour un fém. ; **BESACIER** XVIᵉ s. ; **BISSAC** (demi-sav.) XVᵉ s. : de *bis* « deux fois » et *sac*, ou empr. direct au lat. ♦ |3| **SACOCHE** XVIIᵉ s. : it. *saccoccia*, de *sacco*, du lat. *saccus*.

2. SAC (pillage d'une ville) XVᵉ s. : it. *sacco* « id. », p.-ê. en ce sens abrév. de *saccomanno* « pillard » et « pillage », empr. à l'all. *sakman* « pillard », littéralement « homme au sac », dont le 1ᵉʳ élément remonte au lat. *saccus* → le précédent ; p.-ê. aussi rencontre homonymique entre *saccomanno* et un *sacco* dér. du lat. vulg. **saccare*, d'origine germ. → SAQUER ; **SACCAGER** XVᵉ s. : it. *saccheggiare*, dér. de *sacco* « pillage » ; **SACCAGE** XVᵉ s. ; **SACCAGEUR** XVIᵉ s.

SACRE (oiseau de proie) XIIIᵉ s. : arabe *çaqr*.

SAFRAN XIIᵉ s. : lat. médiéval *safranum*, de l'arabe *zaʿfarān* ; **SAFRANÉ, SAFRANIER** XVIᵉ s.

SAGA XVIIIᵉ s. : anc. scandinave *saga* « proverbe », « récit », apparenté à l'angl. *to say*, all. *sagen* « dire ».

SAGACE

SAGACE famille sav. d'une racine ind.-eur. *săg- « avoir du flair ».
En latin *sagire* « quêter » (en parlant du chien de chasse), « avoir du nez », d'où (1) *sagax, -acis* qui a l'odorat subtil, ou l'ouïe fine », « à l'esprit pénétrant » (2) *praesagire* « deviner, prévoir », d'où *praesagium* « pressentiment, prédiction ».
En grec, *hêgeisthai* « marcher devant », « conduire en qualité de chef », d'où (1) *hêgemôn* « guide, chef » et *hêgemonia* « autorité, prééminence » (2) les composés *kunêgein* « conduire les chiens » et *kunêgetikos* « qui concerne la chasse » ; *mousêgetês*, var. dorienne *mousagetês* « conducteur des muses », surnom d'Apollon (3) *exêgeisthai* « conduire » et « expliquer », d'où *exégêsis* « explication », *exêgêtês* « qui explique ».

I. mots d'origine latine

♦ |1| **SAGACE** XVIIIe s. : *sagax, -acis* ; **SAGACITÉ** XVe s. : *sagacitas*. ♦ |2| **PRÉSAGE** XIVe s. : *praesagium* ; **PRÉSAGER** XVIe s.

II. mots d'origine grecque

♦ |1| **EXÉGÈSE** XVIIe s. : *exêgêsis* ; **EXÉGÉTIQUE** XVIIIe s. : *exêgêtikos* ; **EXÉGÈTE** XVIIIe s. : *exêgêtês*. ♦ |2| **HÉGÉMONIE** XIXe s. : *hêgemonia*. ♦ |3| **MUSAGÈTE** XVIe s. : *mousagetês*. ♦ |4| **CYNÉGÉTIQUE** XVIIIe s. : *kunêgetikos* → CHIEN.

SAGAIE XVIe s. sous les formes *zagaye*, de l'it. *zagaglia* et *azagaie*, de l'esp. *azagaia* ; XVIIe s. forme mod., p.-ê. empr. aux Noirs d'Afrique, qui l'avaient eux-mêmes empr. aux Portugais ; les formes it., esp., port. sont des empr. à l'arabe *az-zghāya*, d'origine berbère.

SAGITTAIRE ♦ |1| (sav.) XIIe s. « signe du zodiaque », XVIIIe s. bot. : *sagittarius* « archer » et nom d'une constellation, du lat. *sagitta* « flèche ». ♦ |2| **SAGITTAL** XIVe s. anat. et **SAGITTÉ** fin XVIIIe s. bot. : dér. sur *sagitta*.

SAGOUIN XVIe s. « ouistiti », d'où « personne malpropre » : tupi (Brésil) *saguim*, par le port.

SAIE (pop.) XIIIe s. « sorte d'étoffe », XVIe s. « manteau » : lat. vulg. *sagia, de *sagea (vestis)* « drap grossier pour faire des manteaux milit. appelés *sagum* », mot d'origine celtique, selon l'historien ancien Polybe ; **SAYON** XVe s. : mot dial. ou p.-ê. empr. à l'esp. *sayón*, de *saya* « saie ».

SAILLIR famille d'une racine ind.-eur. *sal- « sauter ».
En grec *hallesthai* « sauter », d'où *haltêres* « balanciers de plomb, pour exercices de gymnastique ».
En latin *salire, saltus* « sauter », d'où (1) *adsilire* « se jeter sur » ; *resilire* « sauter en arrière, reculer », bas lat. « renoncer, se dédire » (2) *saltus, -us* « saut », *saltare* « sauter », *saltatio* « action de sauter » (3) les composés de *saltare* : *exultare*, var. *exsultare* « bondir », « être transporté (de joie) » ; *insultare* « sauter contre », « braver, être insolent » ; *resultare* « rebondir » et « retentir, faire écho » (4) *salax, -acis* « lubrique », de *salire*, au sens de « saillir la femelle » ; d'où *salacitas*.

I. mots d'origine latine

A. base -saill- (pop.)

♦ |1| **SAILLIR** XIe s. « sauter », XIVe s. « couvrir la femelle », XIIIe s. « être proéminent » : *salire*, avec extension à toute la conjugaison du radical où le *l* était normalement mouillé (part. présent, imparfait, etc.) ; **SAILLANT** XIIe s. adj. « jaillissant », XVIe s. « proéminent », XVIIe s. blason « (animal) qui se dresse comme pour sauter » et subst. masc. ; **SAILLIE** XIIe s. « sortie brusque », XVIIe s. « proéminence » et « trait d'esprit ». ♦ |2| **ASSAILLIR** Xe s. : lat. vulg. *assalire, class. *adsilire* ; **ASSAILLANT** subst. masc. XIIe s. ♦ |3| **TRESSAILLIR** XIIe s. : composé de *tres* « au-delà », du lat. *trans* et *saillir* ; **TRESSAILLEMENT** XVIe s.

B. base -saut- (pop.)

♦ |1| **SAUT** XIe s. : *saltus* ; **SAUTER** XIIe s. : *saltare* ; **SAUTERELLE** XIIe s. ; **SAUTOIR** XIIIe s. ; **SAUTEUR** XVIe s. équitation, **SAUTERIE** XVIe s. « saut », XIXe s. danse ; **SAUTILLER** XVIe s. ; **SAUTILLANT**, **SAUTILLEMENT** XVIIIe s. ♦ |2| **SAUTE-RUISSEAU** XVIIIe s. ; **SAUTE-MOUTON** XIXe s. jeu : altération de *saut-de-mouton* XVIIe s. équitation ; **SAUT-DU-LIT** XIXe s. ♦ |3| **ASSAUT** XIe s., de *assaillir* ; **SURSAUT** XIe s. ; **SURSAUTER** XVIe s. ; **PRIME-SAUTIER** XIIe s. → PREMIER ; **PRIME-SAUT** XIVe s. ; **TRESSAUTER** XIVe s. (→ TRESSAILLIR) ; **TRESSAUTEMENT** XVIe s. ♦ |4| **SOUBRESAUT** XIVe s. équitation, XVIIe s. sens mod. : prov. *sobresaut* (formé comme *sur-*

saut) ou adaptation de l'esp. *sobresalto*.
♦ 151 RESSAUT XVII˚ s. archit. : adaptation de l'it. *risalto*.
C. base *-salt-* (sav. ou empr.)
♦ 111 SALTATION XIV˚ s. hist. ; XX˚ s. géogr. : *saltatio*. ♦ 121 SALTIMBANQUE XVI˚ s. : it. *saltimbanco* « saute-en-banc », var. *cantimbanco* « chante-en-banc ».
D. base *-sult-* (sav.)
♦ 111 INSULTER XIV˚ s. « proférer des insultes » et. XIV˚ s.-XVII˚ s. « attaquer » : *insultare* ; INSULTE XIV˚ s. « attaque », XVI˚ s. « injure » ; INSULTEUR XVIII˚ s. ♦ 121 EXULTER XV˚ s. : *exsultare* ; EXULTATION XII˚ S. : *exsultatio*. ♦ 131 RÉSULTER XV˚ s. : *resultare* ; RÉSULTAT XVII˚ s. : lat. scoslastique *resultatum*, part. passé neutre substantivé de *resultare* ; RÉSULTANTE XVII˚ s., phys.
E. RÉSILIER (sav.) XVII˚ s. : altération, par changement de conjugaison, de *résilir* XVI˚ s. : *resilire* ; RÉSILIATION XVIII˚ s. ; RÉSILIABLE XX˚ s.
F. SALACE et SALACITÉ (sav.) XVI˚ s. : *salax* et *salacitas*.

II. mots d'origine grecque
HALTÈRE (sav.) XVI˚ s., rare avant le XIX˚ s. : *haltêr*, plur. *haltêres* ; HALTÉROPHILE, HALTÉROPHILIE XX˚ s.

SAIN famille du lat. *sanus* « bien portant, de corps et d'esprit », d'où *sanitas, -atis* « santé » ; *insanus* et *vesanus* « qui n'est pas sain d'esprit » ; *vesania* « folie » ; *sanare* « guérir ».
♦ 111 SAIN (pop.) XII˚ s. : *sanus* ; MALSAIN XIV˚ s. ; ASSAINIR, ASSAINISSEMENT XVIII˚ s. ; ASSAINISSEUR XX˚ s. ♦ 121 SANTÉ (pop.) XI˚ s. : *sanitas, -atis*. ♦ 131 VÉSANIE (sav.) XV˚ s. : *vesania*. ♦ 141 INSANE XV˚ s., sous la forme *insané*, puis XVIII˚ s. : *insanus* ; INSANITÉ XVIII˚ s. : *insanitas*. ♦ 151 SANITAIRE XIX˚ s. : dér. sur *sanitas*. ♦ 161 SANATORIUM XIX˚ s., abrégé en SANA XX˚ s. : neutre de l'adj. lat. *sanatorius* « propre à guérir », de *sanare*.

SAINDOUX ♦ 111 XIII˚ s. (pop.) : composé de l'adj. *doux* et de l'anc. fr. *saïm* « graisse », devenu ensuite *sain* (et peu utilisable en raison du nombre de ses homonymes), du lat. vulg. **sagīmen*, class. *sagīna* « engraissement des animaux », « gros ventre ». ♦ 121 SAYNÈTE XVIII˚ s. : esp. *sainete*, dér. de *sain* « graisse » (→ le précéd.), « morceau de graisse dont on récompense les faucons quand ils reviennent », d'où « divertissement, petite pièce bouffonne » ; interprété, par étym. pop., comme un dér. de *scène*.

SAINT famille d'une racine **sak-* « sacré ».
En latin (1) sans infixe nasal, *sacer* « sacré » ou « maudit », « qui appartient au monde du divin et diffère essentiellement du *profanum* (→ FOIRE), domaine de la vie courante des hommes » ; on passe de l'un à l'autre par l'accomplissement de rites définis. — Dér. et composés (a) de *sacrum facere* « accomplir une cérémonie sacrée » : *sacrificare* « offrir un sacrifice à une divinité » ; *sacrificium* « sacrifice » et les subst. lat. class. *sacrificus*, bas lat. *sacrificator* « qui sacrifie », formations récentes parallèles au mot plus ancien *sacerdos* « prêtre » (→ FAIRE) (b) *sacrilegus*. *sacrilegium* → LIRE (c) *sacrare* « consacrer à une divinité », d'où *sacramentum* « enjeu garantissant la bonne foi d'un plaideur et consacré au service des dieux en cas de perte du procès » ; d'où le sens de « serment personnel et volontaire » (en particulier serment milit.), par opposition à *jusjurandum* « serment collectif et imposé » ; ensuite, dans la langue de l'Église, « tout objet ou tout acte ayant un caractère sacré » (d) les composés *consecrare* « frapper d'une consécration religieuse » ; *exsecrari* « maudire », d'où *exsecrabilis* « abominable » ; *obsecrare* « conjurer, prier instamment », d'où *obsecratio* « prière instante » (2) avec un infixe nasal, *sancire*, *sanctus* « rendre sacré ou inviolable », « ratifier » ou « punir », d'où (a) *sanctio, -onis* « sanction, punition » (b) *sanctus* adj. « rendu sacré et inviolable par un rite religieux », d'où « vénéré, vénérable, vertueux » et, dans la langue de l'Église, « saint » ; dér. : lat. imp. *sanctuarium* (pour class. *sacrarium*) « lieu sacré » ; lat. class. *sanctimonia* « sainteté des dieux », bas lat. *sanctimonium* « sainteté » et *sanctimonialis virgo* « vierge consacrée, religieuse » ; *sacrosanctus* « (chose ou personne) dont le caractère sacré et inviolable a été solennellement reconnu ».

I. mots populaires ou empruntés
♦ 111 SAINT X˚ s. : *sanctus* ; pour les mots sav. exprimant l'idée de « saint » → HAGIO-

GRAPHE ; **TOUSSAINT** XIIᵉ s. : de *tous saints* « fête de tous les saints » ; **SAINTETÉ** (demi-sav.) XIVᵉ s. : réfection, d'après le lat., de l'anc. fr. *sainteté* XIIᵉ s. : *sanctitas, -atis*. ♦ 121 **SANTON** XVIIᵉ s. « petit saint », XIXᵉ s. « petit personnage de crèche » : prov. *santoun* « petit saint », de *sant* : lat. *sanctus*. ♦ 131 **SERMENT** IXᵉ s. *sairement* : *sacramentum* ; **ASSERMENTER** XIIᵉ s. ; fin XVIIIᵉ s. pol.

II. mots savants

A. base -sanct-

♦ 111 **SANCTION** XIVᵉ s. « précepte religieux », XVᵉ s. *pragmatique sanction* « rescrit solennel de l'empereur », fin XVIIIᵉ s. « approbation », « récompense ou peine » : *sanctio* ; **SANCTIONNER** XVIIIᵉ s. « ratifier », XIXᵉ s. « punir ». ♦ 121 **SANCTUS** XIIIᵉ s. : mot lat., début d'une prière de l'ordinaire de la messe, empr. à Isaïe, VI, 3. ♦ 131 **SANCTIFIER** XIIᵉ s. : réfection, d'après le latin, de l'anc. fr. *saintefier* (pop.) XIIᵉ s., du lat. eccl. *sanctificare* « rendre saint » ; **SANCTIFICATION** XIVᵉ s. : réfection de *saintification* XIIᵉ s. : *sanctificatio* ; **SANCTIFICATEUR** XVIᵉ s. : réfection de *saintefieur* XIIIᵉ s. : *sanctificator*. ♦ 141 **SANCTUAIRE** XVIᵉ s. : réfection de *saintuaire* XIIᵉ s. : *sanctuarium*.

B. base -sacr-

♦ 111 **SACRER** XIIᵉ s. « soumettre à la cérémonie du sacre », XVIIIᵉ s. « dire sacré... », c.-à-d. « prononcer des jurons » : *sacrare* ; **SACRE** XIIᵉ s. : dér. de *sacrer*. ♦ 121 **SACRÉ** XIIᵉ s. sens religieux, fin XVIIIᵉ s. « fameux, extraordinaire », XIXᵉ s. apparaît dans des jurons déformés ; *sacristi, sacrelotte*, altérés en **SAPRISTI, SAPERLOTTE** ; *sacré nom de Dieu* (var. *sapré, acré, cré nom de Dieu*) altéré en **SCROGNEUGNIEU** ; pour certains mots sav. exprimant la notion de « sacré » → HIÉR(O)-. ♦ 131 **CONSACRER** XIIᵉ s. : réfection, d'après *sacré*, du lat. *consecrare*. ♦ 141 **SACREMENT** XIIᵉ s. : *sacramentum* ; **SACRAMENTAL** XIVᵉ s. adj., XIXᵉ s. subst., et **SACRAMENTEL** XIVᵉ s. adj. : *sacramentalis* ; **SACRAMENTAIRE** XVIᵉ s. : *sacramentarius*. ♦ 151 **SACRIFIER** XIIᵉ s. « faire une offrande à Dieu », XVIIᵉ s. « renoncer à quelque chose » : *sacrificare* ; **SACRIFICE** XIIᵉ s. même évolution : *sacrificium* ; **SACRIFICATEUR** XVᵉ s. : *sacrificator* ; **SACRIFICIEL** XXᵉ s. ♦ 161 **SACRILÈGE** → LIRE. ♦ 171 **SACRISTIE** XIVᵉ s. : lat. médiéval *sacristia*, dér. de *sacrista* « personne chargée des objets sacrés » ; **SACRISTAIN** XVIᵉ s., a éliminé l'anc. fr. *secretain* : *sacristanus* ; **SACRISTINE** XVIIᵉ s. ♦ 181 **SACRO-SAINT** XVIᵉ s. : lat. *sacrosanctus*. ♦ 191 **SACRUM** XVᵉ s. *os sacrum* ; fin XVIIIᵉ s., forme mod. : mot lat. « os sacré », parce qu'il était offert aux dieux dans les sacrifices d'animaux ; **SACRÉ** anat. XVIIᵉ s. ♦ 1101 **SACRAL** XXᵉ s. : dér. formé sur le radical *sacr-*, d'abord en angl. et en all. ; **SACRALISER, SACRALISATION** XXᵉ s.

C. base -secr-

♦ 111 **CONSÉCRATION** XIIᵉ s. : *consecratio*, de *consecrare* → CONSACRER ; **CONSÉCRATEUR** XVIᵉ s. ♦ 121 **OBSÉCRATION** XIIIᵉ s. : *obsecratio*. ♦ 131 **EXÉCRATION** XIIIᵉ s. : *exsecratio* ; **EXÉCRABLE** XIVᵉ s. : *exsecrabilis* ; **EXÉCRER** XVᵉ s. : *exsecrari*.

D. SACERDOCE → FAIRE.

E. MONIALE XVIᵉ s. subst. fém. : abrév. de *sanctimonialis (virgo)*.

SAISIR (pop.) XIᵉ s. « mettre en possession de » (sens qui survit dans l'expression *saisir un tribunal d'une affaire*) et « prendre possession de » (var. *se saisir de*) : mot juridique du vocabulaire féodal, d'origine germ. : soit du frq. *sakjan* « revendiquer des droits », apparenté au germ. *sakan* « faire un procès » (→ SAQUER), soit de l'anc. haut all. *sazjan*, apparenté à l'all. *setzen* « poser, mettre » (→ SEOIR) ; **DESSAISIR** XIIᵉ s. ; **DESSAISISSEMENT** XVIIᵉ s. ; **RESSAISIR** XIIIᵉ s. ; **SAISIE** XIIᵉ s. « possession » ; **SAISISSEMENT** XIIIᵉ s. « action de saisir », XVIIᵉ s. sens mod. ; **SAISISSANT** XVIIᵉ s. ; **SAISISSABLE, INSAISISSABLE** XVIIIᵉ s.

SALAMALEC XVIᵉ s. : formule de salut arabe, *salâm 'alaïk* « paix sur toi ».

SALAMANDRE XIIᵉ s. batracien, XVIᵉ s. « animal passant pour vivre dans le feu », XIXᵉ s. « poêle à combustion lente » : gr. *salamandra* « sorte de gros lézard », mot p.-ê. méditerranéen, par le lat.

SALE famille de l'anc. haut all. *salo*, et du dér. frq. **salik* « trouble, terne ».

♦ 111 **SALE** XIIIᵉ s. : anc. haut all. *salo* ; **SALIR** fin XIIᵉ s. ; **SALAUD** XIIIᵉ s. ; **SALISSURE, SALETÉ** XVIᵉ s. ♦ 121 **SALOPE** XVIIᵉ s. : fém. irrégulier de *salaud* ; le 2ᵉ élément représente p.-ê. *hoppe*, var. de *huppe*, oiseau tenu pour malpropre → le proverbe lorrain *sale comme une hoppe* ; **SALOPERIE** XVII⁰ s. ; **SALOPER, SALOPETTE** XIX⁰ s. ; **SALOPARD** XX⁰ s. ♦131 **SALIGAUD** XII⁰ s., nom propre de Sarrasins dans des chansons de geste picardes ; XIV⁰ s., terme d'injure, dans un texte liégeois ; puis XVII⁰ s., emploi mod. : mot dial. (Wallonie, Picardie), sans doute formé sur le frq. *salik* avec le suff. *-aud*.

SALIVE (sav.) fin XII⁰ s. : lat. *saliva* ; **SALIVATION** XVI⁰ s. : bas lat. *salivatio* ; **SALIVER** XVII⁰ s. : bas lat. *salivare* ; **SALIVAIRE** XVII⁰ s.

SALLE ♦111 (pop.) XI⁰ s. : frq. **sal*, croisé avec *halle*. ♦121 **SALON** XVII⁰ s. : it. *salone*, augmentatif de *sala*, de même origine que le fr. *salle* ; XVIII⁰ s. « exposition artistique » (expositions régulières dans le *Salon carré* du Louvre).

SALPINGITE ♦111 (sav.) XIX⁰ s. « inflammation des trompes de l'utérus » : gr. *salpigx, -iggos* « trompette », par le lat. ♦121 **SALPING(O)-** 1ᵉʳ élément de composés médicaux concernant la trompe d'Eustache ou les trompes de l'utérus, ex. : **SALPINGOSCOPE** XX⁰ s. ; **SALPINGOTOMIE** XIX⁰ s.

SALSIFIS XVII⁰ s. : it. *salsifica (erba)* XIV⁰ s. ; var. XVI⁰ s. *sassifrica*, it. mod. *sassefrica* : mot obscur qui représente p.-ê. le lat. *saxifrica* « (plante) qui frotte contre les roches », var. de *saxifraga* → SAXIFRAGE.

SAMEDI ♦111 (demi-sav.) XII⁰ s. *samadi* : altération, sous l'influence de l'anc. fr. *seme* (du lat. *septimus* « septième »), de *sambedi* XII⁰ s., du bas lat. *sambati dies*, var. d'origine gr. de *sabbati dies* « jour du sabbat ». ♦121 **SABBAT** (sav.) XII⁰ s. « repos rituel des juifs » et « réunion de sorciers », XIV⁰ s. « vacarme » : lat. eccl. *sabbatum*, du gr. *sabbaton*, de l'hébreu *schabbat* « repos » ; **SABBATIQUE** XVI⁰ s.

SAMPAN ou **SAMPANG** XVI⁰ s., puis XIX⁰ s. : mot chinois et malais « navire de transport » ; transmis par les Port., qui ont d'ailleurs p.-ê. importé ce mot en Extrême-Orient.

SANDALE (sav.) XII⁰ s., d'abord particulier aux religieux : lat. *sandalium*, du gr. *sandalion*, dimin. de *sandalon* « id. », mot d'origine asiatique (→ persan *sandal*) ; **SANDALETTE** XX⁰ s.

SANG famille du lat. *sanguis, sanguinis* « sang (qui coule) », par opposition à *cruor* « sang (coagulé) » (→ CRU) et « sang » en tant que constituant la parenté et la descendance.

I. mots populaires

♦111 **SANG** X⁰ s. ; XIV⁰ s. « parenté », XV⁰ s. *sang-froid*, XVIII⁰ s. *se faire du bon sang* ou *du mauvais sang* : *sanguis* ; **PALSAMBLEU** XVII⁰ s. : altération de *par le sang de Dieu*. Pour les mots savants exprimant la notion de « sang » → ANÉMIE. ♦121 **SANGLANT** XI⁰ s. : bas lat. *sanguilentus*, class. *sanguinolentus* ; **ENSANGLANTER** XI⁰ s. ♦131 **SAIGNER** XII⁰ s. : *sanguināre* ; **SAIGNÉE** XII⁰ s. ; **SAIGNEMENT** XVI⁰ s. ♦141 **SANGSUE** XII⁰ s. : *sanguīsūga* « suce-sang », de *sanguis* et *sugere* « sucer ».

II. mots savants

♦111 **SANGUIN** XII⁰ s. « sanglant » et « couleur de sang », XV⁰ s. méd. type de tempérament, XIV⁰ s. « relatif au sang » : *sanguineus* ; **SANGUINE** XVI⁰ s. subst. fém. minér. « variété d'hématite rouge », XVIII⁰ s. « crayon fait de cette matière » et « dessin exécuté avec ce crayon », XX⁰ s. variété d'orange ; **CONSANGUIN** XIII⁰ s. : *consanguineus* ; **CONSANGUINITÉ** XIII⁰ s. : *consanguinitas* ; **SANGUINAIRE** XV⁰ s. : *sanguinarius*. ♦121 **SANGUINOLENT** XIV⁰ s. : *sanguinolentus* → SANGLANT. ♦131 **EXSANGUE** XV⁰ s. : lat. *exsanguis* « privé de son sang ».

SANS (pop.) XI⁰ s. var. *sens, senz* : lat. *sine*, atone, avec *s* adv. (ou croisement avec *absentia*).

SANTAL (sav.) XVI⁰ s. (XIII⁰ s. *sandal*) : gr. *santalon*, d'origine indienne.

SANVE ♦111 Représentants du gr. *sinapi* « sénevé, moutarde », qui, empr. par le lat., avait conservé l'accent sur la 1ʳᵉ syllabe comme en gr. ; d'où en anc. fr. une forme *seneve* (pop.) XII⁰ s., aboutissant d'une part à **SANVE** XII⁰ s. (avec disparition de la 2⁰ syllabe atone) et d'autre part au dér. **SÉNEVÉ** XIII⁰ s. ♦121 **SINAPISER, SINAPISME** (sav.) XVI⁰ s. : gr. *sinapizein* « faire des applications de graine de moutarde » et *sinapismos*, par le lat.

SAPAJOU XVIIᵉ s. : mot tupi (Brésil) « sorte de singe ».

SAPE ♦ |11 XVᵉ s. outil agricole : mot dial. surtout méridional : lat. vulg. *sappa*, d'origine méditerranéenne. ♦ |2| SAPER XVIᵉ s. : it. *zappare* « creuser avec une sape », de *zappa*, de même origine ; SAPE XVIᵉ s. « action de creuser » : dér. de *saper* ; SAPEUR XVIᵉ s. ; SAPEUR-POMPIER XIXᵉ s.

SAPHIR XIIᵉ s. (sav.) : gr. *sappheiros*, apparenté à l'hébreu *sappir*, « pierre précieuse, lapis-lazuli, ou saphir », par le lat.

SAPIN (pop.) XIIᵉ s. : dér. de l'anc. fr. *sap*, du gaulois **sappus*, probablement par croisement avec *pin* ; SAPINIÈRE XVIIᵉ s. ; SAPINETTE XVIIIᵉ s.

SAQUER ♦ |11 (pop.) XIIIᵉ s. « tirer violemment » ; XVIIIᵉ s., terme de compagnonnage, « congédier » : forme normanno-picarde de l'anc. fr. *sachier* XIIᵉ s. souvent tenu pour un dér. de *sac*, du lat. *saccus* ; le sens premier serait « tirer d'un sac ». Néanmoins, cette forme ne pourrait signifier que « mettre dans un sac », et la répartition géographique de ce verbe, attesté surtout dans des zones soumises aux influences gotique et francique, fait plutôt supposer un lat. vulg. **saccare* d'un verbe germ. **sakan* « plaider » et parfois « obtenir par voie judiciaire, déposséder » (→ SAISIR), dont la racine, signifiant « régler par des formules rituelles », pourrait être la même que celle du lat. *sacer* (→ SAINT) ; l'évolution sémantique serait comparable à celle de l'esp. *quitar* « enlever », qui remonte au lat. jur. *quietare* (→ COI) « régler une affaire ». ♦ |2| SACCADE XVIᵉ s., d'abord terme d'équitation : dér. de *saquer*, ou de l'esp. *sacar*, équivalent du fr. *saquer* (beaucoup de termes de manège ont été empr. au XVIᵉ s. à l'esp. ou à l'it.) ; SACCADER XVIᵉ s. équitation ; XVIIIᵉ s., surtout au part. passé, sens mod. ♦ |3| RESSAC XVIIᵉ s. : esp. *resaca*, de *resacar*, composé de *sacar* (→ le précédent) d'après la locution *saca* y *resaca* appliquée aux flots de la mer qui déposent puis reprennent divers objets ; p.-ê. par le prov. *ressaco*. ♦ |4| → aussi 2. SAC (d'une ville).

SARABANDE XVIIᵉ s. « danse lente », XIXᵉ s. « vacarme » : esp. *zarabanda* « sorte de danse », origine obscure ; p.-ê. arabo-persan *sarband* « coiffure de femme (portée pour la danse) » et « la danse elle-même ».

SARBACANE XVIᵉ s. : altération, sous l'influence de *canne*, de l'esp. *zerbatana*, p.-ê. du malais *sempitan* « id. », par le persan et l'arabe.

SARCELLE (pop.) XIIIᵉ s. : lat. vulg. **cercĕdŭla*, class. *querquedula*, altération du gr. *kerkithalis*.

SARCLER famille du lat. *sarire*, *sartus* « sarcler », d'où *sarculum* (issu de **sartlo-m*) et lat. imp. *sarculare*.

♦ |11 SARCLER (pop.) XIIIᵉ s. : *sarcŭlāre* ; SARCLAGE, SARCLOIR XIVᵉ s. ; SARCLETTE XIXᵉ s. ♦ |2| ESSART (pop.) XIIᵉ s. : bas lat. *exsartum*, part. passé de **exsarire* « défricher » ; ESSARTER XIIᵉ s. ; ESSARTAGE XVIIIᵉ s.

SARIGUE XVIᵉ s. : mot tupi (Brésil), probablement par le port.

SARRAU XIIᵉ s. : moyen haut all. *sarrok* « vêtement militaire ».

SATELLITE (sav.) XIIIᵉ s., sens obscur ; XVIᵉ s. « homme aux gages d'un despote » ; XVIIᵉ s., astronomie : lat. *satelles*, *-itis* « garde du corps », « compagnon », et, déjà, métaph. « satellite d'un astre », p.-ê. d'origine étrusque ; SATELLISER XXᵉ s. politique.

SATRAPE (sav.) XIIIᵉ s. : gr. *satrapēs* « gouverneur de province, en Perse », par le lat. : d'un mot perse signifiant « protecteur du royaume » ; SATRAPIE XVᵉ s. : lat. *satrapia*.

SATYRE XIVᵉ s. mythologie ; XVIIᵉ s. « débauché » : gr. *saturos* « demi-dieu rustique, mi-homme mi-chèvre, compagnon de Dionysos », par le lat.

SAULE famille d'une racine **sal*- « saule », qui apparaît en germ. dans le frq. **salha* et dans le lat. *salix*, *-ĭcis*.

I. mots d'origine germanique
SAULE (pop.) XIIIᵉ s. : gallo-roman *salla, du frq. *salha ; SAULAIE XIVᵉ S.

II. mots d'origine latine
♦ⅠⅠⅠ SAUSSAIE (pop.) XIIIᵉ s. : dér. de l'anc. fr. sauce, sausse « saule » : salix, -ïcis. ♦ⅠⅡⅠ MARSAULT (pop.) XIIIᵉ s. : marem salicem « saule mâle » ; composé de l'anc. fr. sault, var. de sausse. ♦ⅠⅢⅠ BOURSAULT → BOURDON. ♦ⅠⅣⅠ SARGASSE XVIIᵉ s. : port sargaço « variété de ciste », appliqué par métaphore à une espèce de grande algue de l'Atlantique : p.-ê. lat. salicastrum « sorte de vigne sauvage », dér. de salix. ♦ⅠⅤⅠ SALICAIRE (sav.) XVIIᵉ s. : lat. mod. salicaria ; SALICYLE, SALICYLIQUE, SALICYLATE XIXᵉ s. chimie.

SAUMÂTRE
(pop.) XIIIᵉ s. : lat. vulg. *salmaster, altération, par substitution de suff., du lat. imp. salmacidus « id. », croisement de acidus (→ AIGRE) et de salgama « conserves » (de fruits, de légumes), mot obscur.

SAUMON
♦ⅠⅠⅠ (pop.) XIIᵉ s. : lat. salmo, -ōnis, d'origine gauloise ; SAUMONÉ XVIᵉ s. ♦ⅠⅡⅠ SALMONIDÉS (sav.) XIXᵉ s. : dér. sur salmonis.

SAUMURE
♦ⅠⅠⅠ (pop.) XIᵉ s. salmuire : lat. vulg. *salimuria, de sal, salis →SEL, et muria « saumure ». ♦ⅠⅡⅠ MURIATE et MURIATIQUE (sav.) XVIIIᵉ s., chimie : dér. de muria.

SAUNA
XXᵉ s. : mot finlandais.

SAUR
(hareng) XIIIᵉ s. : moyen néerl. soor « desséché », croisé avec l'anc. fr. saur, var. sor « jaune brun », du frq. *saur, de même origine.

SAURIEN
♦ⅠⅠⅠ (sav.) XIXᵉ s. : dér. sur le gr. saura « lézard ». ♦ⅠⅡⅠ -SAURE XIXᵉ s. : 2ᵉ élément de composés sav., en paléontologie, ex. : BRONTOSAURE : de brontê « tonnerre » ; DINOSAURE : de dînos « toupie » (« à la tête en forme de toupie ») ; PLÉSIOSAURE : de plésios « voisin » ; MÉGALOSAURE → MÉGA-, art. MAIS.

SAUVAGE
♦ⅠⅠⅠ (pop.) XIIᵉ s. : bas. lat. salvatĭcus, altération, par assimilation vocalique, du class. silvatĭcus, de silva « forêt » ; SAUVAGEON, SAUVAGINE XIIᵉ s. ; SAUVAGESSE XVIIᵉ S. ; SAUVAGERIE XVIIIᵉ S. ♦ⅠⅡⅠ SYLVESTRE (sav.) XIVᵉ s. : lat. sylvestris « forestier ». ♦ⅠⅢⅠ SYLVAIN (sav.) XVᵉ s. mythol. : Sylvanus « dieu des forêts ». ♦ⅠⅣⅠ SYLVE XIXᵉ s. : sylva (graphie avec y due au rapprochement avec le gr. hulê « bois » → HYL(O)-) ; SYLVICULTURE XIXᵉ s.

SAVANE
XVIᵉ s. : araouak (Haïti) zavana, par l'esp. sábana.

SAVATE
(pop.) XIIᵉ s., d'abord sous la forme picarde chavate : d'une base obscure, p.-ê. d'origine onom. (suggérant des bruits de pas), commune à l'esp. zapato, l'it. ciabatta, l'anc. prov. sabata (→ aussi SABOT, art. BOT) ; SAVETIER XIIIᵉ s.

SAVOIR
famille du lat. sapĕre « avoir de la saveur » (en parlant des choses) et « avoir du goût, du discernement » (en parlant des gens), d'où (1) sapor, -ōris « saveur » ; sapĭdus « qui a du goût » ; insipidus « sans goût » (2) sapiens, -entis « sage » et sapientia « sagesse » (3) resipiscere « reprendre ses sens, retrouver la raison », d'où bas lat. resipiscentia « reconnaissance de sa faute ».

I. mots populaires
♦ⅠⅠⅠ SAVOIR IXᵉ s. : lat. vulg. *sapēre, class. sapĕre, qui a éliminé le lat. class. scire → SCIENCE ; ASSAVOIR XIIᵉ S. ; AU SU DE XIIᵉ s. : forme de part. passé substantivée du lat. vulg. *sapūtum ; À L'INSU DE XVIᵉ s. ; SAVOIR-FAIRE, SAVOIR-VIVRE, subst. XVIIᵉ s. ♦ⅠⅡⅠ SAVANT XIIᵉ s. : part. présent de savoir ; XVIᵉ s. adj., XVIIᵉ s. subst. (le part. présent actuel sachant est analogique du subjonctif) SAVAMMENT XVIᵉ s. ♦ⅠⅢⅠ SAGE XIᵉ s. : lat. vulg. *sapius, class. sapĭdus, avec infl. sémantique de sapiens ; SAGESSE, ASSAGIR XIIᵉ s. ; SAGE-FEMME XIIIᵉ s. ♦ⅠⅣⅠ SAVEUR XIIᵉ s. : sapor, -ōris ; SAVOURER XIIᵉ s. : bas lat. saporare ; SAVOUREUX XIIᵉ s. ♦ⅠⅤⅠ MAUSSADE XIVᵉ s. : composé de mau- MAL, et de l'anc. fr. sade (demi-sav.), de sapĭdus ; MAUSSADERIE XVIIIᵉ s. ♦ⅠⅥⅠ SABIR XIXᵉ s. : altération de l'esp. saber « savoir », du lat. sapere ; déjà, dans Le Bourgeois gentilhomme IV, 10, dans un passage en langue franque, jargon mêlé d'it., d'esp., de fr. et d'arabe : si ti sabir, ti respondir.

SAVON

II. mots savants
♦|1| **SAPIENCE** XIIe s. : *sapientia* ; (livres) **SAPIENTIAUX** XIVe s. ♦|2| **RÉSIPISCENCE** XVe s. : *resipiscentia*. ♦|3| **SAPIDE** XVIe s. : *sapidus* ; **SAPIDITÉ** XVIIIe s. ♦|4| **INSIPIDE** XVIe s. : *insipidus* ; **INSIPIDITÉ** XVIe s.

SAVON ♦|1| (pop.) XIIIe s. : lat. *sapo, -ōnis*, du germ. **saipôn*, sorte de shampooing colorant fait de suif et de cendre utilisé par les Gaulois ; **SAVONNIER** XIIIe s. ; **SAVONNERIE** XIVe s. ; **SAVONNER, SAVONNETTE** XVIe s. ; **SAVONNAGE, SAVONNEUX** XVIIe s. ♦|2| **SAPONAIRE** (sav.) XVIe s. : lat. mod. *saponaria* « plante du suc de laquelle on tire un produit moussant », dér. sur *sapo, -onis* ; **SAPONIFIER, SAPONIFICATION** XVIIIe s.

SAXIFRAGE ♦|1| (sav.) XIIIe s. : bas lat. *saxifraga (herba)* « herbe brise-pierre », du lat. *saxum* « rocher » et *frangere* → ENFREINDRE ♦|2| **SAXATILE** (sav.) XVIe s. : lat. *saxatilis* « qui vit au milieu des pierres », dér. de *saxum* → le précédent.

SBIRE XVIe s. : it. *sbirro* « agent de police », dér., avec *s-* intensif, de *birro*, du lat. *birrus* « rouge », var. de *burrus* « roux », d'origine obscure, p.-ê. méditerranéenne, à moins qu'il ne s'agisse d'un empr. au gr. *purrhos* « couleur de feu » → PYRO- (d'après la couleur de leur uniforme, et la valeur symbolique du rouge, couleur du Malin).

SCALÈNE (sav.) XVIe s. : gr. *skalenos* « oblique », par le lat.

SCAPHANDRE ♦|1| (sav.) XVIIIe s. : composé du gr. *anêr* (→ ANDRÉ) et *skaphos* « barque », littéralement « homme-bateau » ; le premier élément est apparenté au gr. *skaptein* « creuser » et p.-ê. au lat. *scabere* → ÉGOÏNE, et signifierait à l'origine « objet creux » ; **SCAPHANDRIER** XIXe s. ♦|2| **BATHYSCAPHE** XXe s. : de *bathus* « profond » et *skaphos* ; littéralement « barque des profondeurs ».

SCAPULAIRE (sav.) XIIe s. : lat. médiéval *scapularis, -e* « relatif à l'épaule », dér. de *scapula* « épaule ».

SCÉLÉRAT (sav.) XVe s. : lat. *sceleratus*, de *scelus, sceleris* « crime » ; **SCÉLÉRATESSE** XVIe s.

SCÈNE ♦|1| (sav.) XIVe s., rare avant le XVIe s. « représentation théâtrale », fin XVIe s. « partie du théâtre où les acteurs jouent », XVIIe s. « partie d'une pièce de théâtre » : gr. *skênê* « construction de bois légère, baraque, estrade », « scène de théâtre », par le lat. ; **SCÉNIQUE** XIVe s., rare avant le XVIIIe s. : *skênikos*, par le lat. ; **AVANT-SCÈNE** XVIe s. ♦|2| **SCÉNARIO** XVIIIe s. théâtre ; XXe s. cinéma : mot it. « décor », dér. de *scena* ; **SCÉNARISTE** XXe s. ♦|3| **PROSCENIUM** XVIIIe s. : mot lat. : gr. *proskénion* « devant de la scène ».

SCIATIQUE (sav.) XIIIe s. : bas lat. *sciaticus*, altération du gr. *iskhiadikos*, dér. de *iskhias, -ados* « malade de la hanche », de *iskhion* « hanche ».

SCIENCE famille sav. du lat. *scire* « savoir », d'où (1) *scientia* « science », dér. du part. présent ; *conscientia* « connaissance partagée, connivence » et « claire connaissance qu'on a de soi-même, sentiment intime » ; lat. eccl. *praescientia* « prescience » (2) *sciscere, scitus* « chercher à savoir », spécialisé dans la langue du droit public au sens de débattre une question, d'où *plebiscitum* « question débattue, et tranchée par le peuple ».
♦|1| **SCIENCE** XIe s. : *scientia* ; **SCIENTIFIQUE** XIVe s. : bat lat. *scientificus*, créé par Boèce (VIe s.), pour traduire Aristote ; **SCIENTISME, SCIENTISTE** XXe s. (→ aussi ÉPISTÉMOLOGIE et -LOGIE, art. LIRE). ♦|2| **ESCIENT** (demi-sav.) XIe s. : adaptation du lat. médiéval *meo, tuo, suo sciente*, class. *me, te. eo sciente* « moi, toi, lui le sachant » ; **SCIEMMENT** (sav.) XIIIe s. : adv. formé sur le part. présent *sciens*. ♦|3| **CONSCIENCE** XIIe s. : *conscientia* ; **CONSCIENCIEUX** XVIe s. ; **CONSCIENT** XVIIIe s. : *consciens*, part. présent du bas lat. *conscire*, sous l'influence de *conscience* ; **INCONSCIENCE, INCONSCIENT** XIXe s. ; **SUBCONSCIENCE, SUBCONSCIENT** XXe s. ♦|4| **PRESCIENCE** XIIe s. : *praescientia*. ♦|5| **OMNISCIENCE** et **OMNISCIENT** XVIIIe s. : lat. médiéval *omniscientia, omnisciens*, de *scire* et *omni-* « tout ». ♦|6| **PLÉBISCITE** XIVe s. hist., fin XVIIIe s. pol. : *plebiscitum* ; **PLÉBISCITAIRE** XIXe s. ; **PLÉBISCITER** XXe s.

SCIER famille du lat. *secare, sectus* « couper en deux », d'où (1) *segmentum*

« entaille », « bande taillée » ; *sectio* « action de couper » ; *sector* « qui tranche » et bas lat. géom. « secteur » ; (2) lat. imp. *secale* « seigle », littéralement « ce qu'on coupe » ; bas lat. *secabilis* « qui peut être coupé » (3) les composés lat. imp. *dissecare* « trancher » ; *insecare* « couper, disséquer » ; *intersecare* « couper par le milieu, diviser » ; *prosecare* « découper (les entrailles des victimes) » ; *resecāre* « enlever en coupant, retrancher ».

I. mots populaires

♦ |1| **SCIER** XIIe s., *seer* : *sĕcāre*, avec extension de la voyelle *i* caractéristique des formes accentuées sur le radical ; *c* purement orthographique introduit d'abord dans le subst. *scieur*, XIIIe s., puis dans le verbe, XVIe s., pour le rapprocher de la forme lat. ; **SCIE, SCIEUR** XIIIe s. ; **SCIAGE** XIVe s. ; **SCIERIE** XVe s., n'a triomphé de *moulin à scier* qu'au XIXe s. ♦ |2| **SEIGLE** XIIIe s. : prov. *segle*, équivalent du fr. *soile*, du lat. *secale*.

II. mots savants

A. bases -sec-, -sequ-

♦ |1| **RÉSÉQUER** XIVe s. : *resecare* ; **DISSÉQUER** XVIe s. : *dissecare* ; **DISSÉQUEUR** XVIIe s. ♦ |2| **INSÉCABLE** XVIIe s. et **SÉCABLE** XVIIe s. : *insecabilis* et *secabilis*. ♦ |3| **SÉCANT** XVIe s. : *secans* part. présent de *secare* ; **SÉCANTE** XVIIe s. subst. géom. ♦ |4| **SÉCATEUR**, subst. masc., XIXe s. : dér. sur *secare*.

B. SEGMENT XVIe s. : *segmentum* ; **SEGMENTER, SEGMENTATION** XIXe s.

C. base -sect-

♦ |1| **SECTION** XIVe s. géom. et méd., XVIIe s. « division d'un ouvrage didactique », XVIIIe s. milit. et adm. : *sectio* ; **SECTIONNER** fin XVIIIe s. ; **SECTIONNEMENT** XIXe s. ; **SECTIONNEUR** XXe s. ; **BISSECTION** XIXe s. ; **VIVISECTION** XIXe s. → VIVRE. ♦ |2| **INTERSECTION** XVe s. : *intersectio*. ♦ |3| **DISSECTION** XVIe s. : bas lat. *dissectio*, de *dissecare* ; **MICRODISSECTION** XXe s. ♦ |4| **RÉSECTION** XVIe s. : *resectio*, de *resecare*. ♦ |5| **INSECTE** XVIe s. : lat. *insecta*, plur. neutre substantivé de *insectus*, part. passé de *insecare* : traduction du gr. *entoma* (*zôa*) (→ ENTOMOLOGIE, art. TEMPLE), littéralement « (bêtes) coupées », à cause des étranglements de leur corps ; **INSECTIVORE** XVIIIe s. ; **INSECTICIDE** XIXe s. ♦ |6| **SECTEUR** XVIe s. géom., milit. et admin. : *sector* ; **BISSECTEUR** XIXe s. ♦ |7| **PROSECTEUR** XIXe s. : *prosector*, de *pro-*

secare. ♦ |8| **BISSECTRICE** XIXe s. : forme fém. construite sur *bis* et *sector*.

SCION XIIe s., sous la forme *cion* (*sc-* initial sous l'influence de *scier*) : dér. du frq. **kith* « rejeton ».

SCLÉR(O)- (sav.) gr. *sklēros* « dur », en particulier dans **SCLÉROTIQUE** XIVe s. : lat. médiéval *sclerotica*, du gr. *sklērôtēs* « dureté » ; **SCLÉREUX, SCLÉROSE, SE SCLÉROSER, ARTÉRIOSCLÉROSE** XIXe s.

SCOLIE représentants sav. du gr. *skolios* « oblique, tortueux ». ♦ |1| **SCOLIE** XVIIIe s., chez les Grecs « chanson bachique » : *skolion*, neutre substantivé, « chanson que les convives chantaient l'un après l'autre, dans un ordre irrégulier », littéralement « chanson tortueuse, qui va en zigzag ». ♦ |2| **SCOLIOSE** XIXe s. : dér. de *skolios*.

SCOLOPENDRE (sav.) XIVe s. bot., XVe s. « serpent fabuleux », XVIe s. insecte : gr. *skolopendra*, sorte d'insecte, par le lat.

SCORBUT XVIe s. : anc. suédois *skörbjug* ou anc. norvégien *skyr-bjugr* « œdème (*bjugr*) dû au lait caillé (*skyr, skör*) » ; les anciens Normands emportant des provisions de lait caillé pour leurs longues courses en mer ; par le néerl. *scheurbuik* ou son ancêtre conjectural **scŏrbut*, adaptation en lat. médiéval *scorbutus* ; **SCORBUTIQUE, ANTISCORBUTIQUE** XVIIe s.

SCORE XXe s. sport : mot angl. « ensemble de vingt », puis « entaille, marque » et « notation des points dans un jeu ».

SCORIE représentants sav. du gr. *skôr, skatos* « excrément », p.-ê. apparenté au lat. *stercus, -oris*, « excrément, fumier ». ♦ |1| **SCORIE** XIIIe s. « alluvion » (rare) ; XVIe s. métallurgie : gr. *skôria*, de *skôr*, « écume d'un métal, en particulier du fer » ; **SCORIACÉ, SCORIFIER** XVIIIe s. ♦ |2| **SCATOLOGIQUE, SCATOLOGIE** XIXe s., dér. : sur *skatos*, génitif de *skôr*.

SCORPION (sav.) XIIe s. : lat. *scorpio, -onis*, adaptation du gr. *skorpios* « id. ».

SCORSONÈRE XVIIe s. : lat. des botanistes *scorzonera*, var. it. du catalan *escurçonera*, dér. de *escurço* « vipère » (équivalent de l'esp. *escuerzo*, it. dial. *scorzone*) : lat. vulg. **excurtio, -onis*, du bas lat. *curtio -ōnis* « vipère », mot obscur, p.-ê. apparenté à *curtus* « court ». La scorsonère était employée contre les morsures de vipères.

SCRUPULE (sav.) XIVe s. « incertitude de conscience » et « unité de poids, vingt-quatrième partie de l'once » : lat. *scrupulus*, dimin. de *scrupus* « petite pierre pointue (qui gêne pour marcher) », « embarras, souci », var. neutre *scrupulum* « petite unité de poids » ; **SCRUPULEUX** fin XIIIe s. : *scrupulosus* « rocailleux » et « minutieux, vétilleux ».

SCRUTER (sav.) XVIe s. : lat. *scrutari* « fouiller », dér. de *scruta* « hardes, défroques » (d'abord à propos des chiffonniers, ou des enquêteurs qui fouillent les gens soupçonnés de vol) ; **SCRUTATEUR** XVe s. sens général, XVIIIe s. « qui dépouille un scrutin » ; **SCRUTIN** XVe s. (XIIIe s. *scrutine*) : bas lat. *scrutinium*, de *scrutari* « action de fouiller ».

SEAU ♦|ı| (pop.) XIIIe s. : lat. vulg. **sitĕllus*, var. du class. *sitŭlus* « seau ». ♦!?! **SEILLE** (pop.) XIIe s., mot très courant dans les dial. « grand seau » : lat. *sitŭla*, var. fém. de *sitŭlus*.

SÉBILE XVe s. « vase de bois » : étym. obscure.

SEC famille du lat. *siccus* « sec », d'où *siccāre, desiccāre, adsiccāre* « sécher ».

♦|ı| **SEC** (pop.) Xe s. : *siccus* ; *en cinq secs*, ou *sec* (adv.) XIXe s. : locution du jeu de l'écarté « (jouer) en une seule manche de cinq points, sans revanche » ; *l'avoir sec* (le gosier) « être contrarié ». **SÉCHERESSE** XIIe s. ♦|2| **SÉCHER** (pop.) XIIe s. : *siccāre* ; **ASSÉCHER, DESSÉCHER** XIIe s. : *adsiccare, desiccare* ; **ASSÈCHEMENT, DESSÈCHEMENT** XVIe s. ; **SÉCHOIR** XVIIe s. ; **SÉCHAGE** XVIIIe s. ; **SÈCHE-CHEVEUX** XXe s. ♦|3| **DESSICCATION** (sav.) XVIe s. : *dessiccatio*. ♦|4| **SICCATIF** XVIe s. : bas lat. méd. *siccativus* ; **SICCITÉ** XVIe s. : *siccitas*, dér. de *siccus*.

SEICHE ♦|ı| (pop.) XIIIe s. : lat. *sēpia* « id. ». ♦|2| **SÉPIA** XIXe s. : mot it. identique au mot lat., « seiche » et « couleur tirée de la seiche ». **SÉPIOLE** XVIIIe s.

SEIN famille du lat. *sĭnus* « courbure, sinuosité, pli », en particulier « pli concave, en demi-cercle, que les vêtements des Anciens formaient sur la poitrine et dans lequel les mères portaient leur enfant », d'où les sens de « giron, asile, refuge » ; dér. *sinuosus* « qui forme des replis » ; *insinuare* « faire pénétrer dans l'intérieur de » ; lat. imp. *sinuare* « courber », « former des sinuosités ».

♦|ı| **SEIN** (pop.) XIIe s. « mamelle », XVIe s. sens fig. : *sinus*. ♦|2| **INSINUER** (sav.) XIVe s. *s'insinuer* et, jur., « inscrire sur un registre », XVIe s. « faire comprendre par allusion » : *insinuare* ; **INSINUATION** XIVe s. : *insinuatio*. ♦|3| **SINUEUX** (sav.) XVIe s. : *sinuosus* ; **SINUOSITÉ** XVIe s. ♦|4| **SINUS** XVIe s. anat. : mot lat. au sens de « repli » ; **SINUSITE** fin XIXe s. ♦|5| **SINUS** XVIIe s. géom. : même mot que le précédent, utilisé au Moyen Âge pour traduire l'arabe *djayb*, qui désignait à la fois l'ouverture d'un vêtement sur la poitrine et en géom. la demi-corde de l'arc double ; il est possible d'ailleurs qu'en arabe il s'agisse de deux homonymes et que l'emploi en géom. remonte au sanscrit *djīva* « corde » ; **COSINUS** XVIIIe s. ; **SINUSOÏDE, SINUSOÏDAL** XIXe s.

SEING famille du lat. *signum* « marque distinctive », « sceau », « seing », « signal » (et bas lat. « cloche »), « enseigne distinguant les divisions d'une armée », « image peinte ou sculptée », d'où (1) le dimin. *sigillum* « figurine », « empreinte d'un cachet » ; *sigillare* « marquer d'une empreinte » ; *sigillatus*, en parlant d'une étoffe, « orné de dessin » (2) *significare* « indiquer par signe » ; *insignis* « distingué par une marque particulière » et *insigne* neutre substantivé, « insigne d'une fonction » ; bas lat. *signalis* « qui sert de signe » (3) *signare* « marquer d'un signe » et ses composés : *adsignare* terme de droit public, « attribuer, dans une répartition » ; *consignare* « marquer du sceau », « confirmer par écrit » ; *designare* « marquer d'un signe distinctif », « désigner » ; *resignare* « briser le cachet, ôter toute garantie, annuler » et « faire un report d'un compte sur un autre, rendre ce qu'on a reçu » ; *subsignare* « inscrire au bas de » ; en bas lat. (Gloses) *insignare* « enseigner » ; et leurs dér. en *-atio*.

I. mots populaires ou empruntés

♦ |1| SEING XIIe s. ; survit dans l'expression *sous seing privé* XVIIe s. : *signum* ; CONTRESEING XIVe s. ; BLANC-SEING XVIe s. ♦ |2| ENSEIGNE Xe s. « signe distinctif », XIe s. « étendard, signe de ralliement militaire », XVIe s. « panneau commercial », et milit. abrév. de *porte-enseigne* « officier porte-drapeau », XVIIe s. « officier de marine » : *insignia*, plur. neutre de *insignis*, pris pour un fém. ♦ |3| ENSEIGNER XIe s. : bas lat. *insignare* ; ENSEIGNEMENT XIIe s., RENSEIGNER XIVe s. jur. « mentionner de nouveau », XVIIIe s. sens mod. ; RENSEIGNEMENT XVIIIe s. ♦ |4| ASSENER XIIe s. : croisement de *assignare* et de l'anc. fr. *sen*, d'origine germ. → FORCENÉ. ♦ |5| TOCSIN XIVe s. : anc. prov. *tocasenh*, de *tocar* « toucher » et *senh* « cloche » ; *signum*. ♦ |6| DESSEIN et DESSIN XVe s., à l'origine simples var. orthographiques, spécialisées dans des sens différents au XVIIIe s. : adaptation de l'it. *disegno*, dér. de *disegnare* ; DESSINER XVIe s. : adaptation de l'it. *disegnare* de *signare* et *de-* marquant la provenance ; DESSINATEUR XVIIe s. ; REDESSINER XVIIIe s. ♦ |7| SCEAU XIe s., var. *seel*, *sel* (introduction d'un *c* au XIIIe s., pour le distinguer de *seau*) : lat. vulg. **sigĕllum*, class. *sigillum* ; SCELLER XIIe s. : lat. vulg. **sigĕllāre*, class. *sigillare* ; DESCELLER et SCELLEMENT, et SCELLÉS, jur. XVe s. ♦ |8| ÉCARLATE XIIe s. « sorte d'étoffe » et par la suite « étoffe rouge » et adj. : lat. médiéval *scarlatum*, du persan *saqirlāt*, de l'arabe *siqillāt*, empr. par l'intermédiaire du gr. au lat. *sigillatus* ; à l'origine étoffe précieuse décorée de dessins en forme de sceaux. ♦ |9| SCARLATINE XVIIIe s. : dér. sur le lat. médiéval *scarlatum* → le précédent.

II. mots savants

A. SIGILLÉ XVIe s. : *sigillatus* (→ SCEAU et ÉCARLATE) ; SIGILLAIRE XIXe s. ; SIGILLOGRAPHIE XIXe s.

B. base *-sign-*

♦ |1| SIGNE Xe s. : *signum* ; SIGNET XVIIe s. ; pour certains mots sav. exprimant la notion de « signe » → SÉMANTIQUE. ♦ |2| SIGNER XIVe s. : réfection, d'après le lat. et d'après *signe*, de l'anc. fr. *seignier* (pop.) XIIe s. « marquer d'un signe » ; XVe s. « apposer sa signature » : *signare* ; CONTRESIGNER, SIGNATURE XVe s. ; SOUSSIGNÉ XVIe s. : *subsignatus* ; SIGNATAIRE fin XVIIIe s. ♦ |3| SIGNIFIER XIIe s. (*signefier*, var. pop. *senefier*) : *significare* ; SIGNIFICATION XIIe s. ; SIGNIFICATIF XVe s. : *significatio* et bas lat. *significativus* ; SIGNIFIANT XVIe s. adj., XXe s. subst. linguist. ; INSIGNIFIANT XVIIIe s. ; SIGNIFIÉ XXe s. subst. linguist. ♦ |4| SIGNAL XIIe s. : *signale*, neutre substantivé de *signalis* ; SIGNALER XVIe s. « rendre remarquable », XVIIIe s. sens mod., et SIGNALÉ XVIe s. « remarquable » : dér. de *signal*, avec influence de l'it. *segnalare*, *segnalato* « rendre illustre », de *segnale*, équivalent du fr. *signal* ; SIGNALEMENT XVIIIe s. ; SIGNALÉTIQUE XIXe s. ; SIGNALISER et SIGNALISATION XXe s. ♦ |5| ASSIGNER XIIe s. : *assignare* → ASSENER ; ASSIGNATION XIIIe s. : *assignatio* ; ASSIGNAT XVIe s. « constitution d'une rente », XVIIIe s. « papier-monnaie » : *assignatum* part. passé neutre substantivé. ♦ |6| RÉSIGNER XIIIe s. jur., XVIe s. *se résigner* « rendre à Dieu ce qu'il vous a donné, s'en remettre à sa volonté » : *resignare* ; RÉSIGNATION XIIIe s. jur., XVIIe s. sens moral. ♦ |7| CONSIGNER XIVe s. « délimiter », XVe s. « déposer une somme comme garantie », XVe s., repris au XVIIIe s. « priver de sortie », d'où XXe s. « interdire l'accès de », XVIIe s. « fixer par écrit » : *consignare* ; CONSIGNE XVe s. « marque », XIXe s. « punition » et « dépôt pour les bagages » ; CONSIGNATION XIVe s. ♦ |8| DÉSIGNER XIVe s. : *designare* ; DÉSIGNATION XIVe s. : *designatio*. ♦ |9| INSIGNE XIVe s., adj. ; employé comme substantif à partir du XVe s., mais rarement avant le XIXe s.

SÉISME (sav.) XIXe s. : gr. *seismos* « tremblement de terre », de *seiein* « ébranler » ; SISMIQUE, SISMOGRAPHE XIXe s.

SEL famille d'une racine ind.-eur. **sal-* « sel ».

En grec *hals*, *halos* « sel » et « mer », d'où *halieuein* « pêcher » et *halieutikos* « relatif à la pêche ».

En latin *sal*, *sălis* « sel », « piquant de l'esprit », d'où (1) *salarius* « relatif au sel », neutre substantivé *salarium* « somme donnée aux soldats pour acheter leur sel », « solde militaire » ; *salinum* « salière », *salinae* « salines », fém. substantivé, (2) *sallere*, *salsus* « saler », d'où *salsicius* « salé » et *salsicia (farta)* «(boyau farci) salé » (3) lat. médiéval *salamen, -inis* « salaison ».

I. mots d'origine latine

A. mots populaires ou empruntés

♦ I1 SEL XII° s. : *sal, salis.* ♦ I2I SALIÈRE XIII° s. : *salaria*, fém. substantivé ; SALER XII° s. : lat. vulg. **salare*, dér. de *sel* ; DESSALER, SALAGE XIII° s. ; SALÉ XIII° s. adj., XVI° s. subst. ; SALOIR XIV° s. ; SALAISON XV° s. ; MARAIS SALANT XVI° s. ♦ I3I SAUNIER XII° s. : *salinarius* ; SAUNAGE XV° s. ; SAUNER XVII° s. ♦ I4I SAUCE XI° s. adj. « salée », XII° s. subst. sens mod. : *salsa*, part. passé fém. substantivé de *sallere* ; SAUCIÈRE XII° s. ; SAUCER XIV° s., XVIII° s. *être saucé* « être mouillé par la pluie ». ♦ I5I SAUCISSE XIII° s. : *salsicia.* ♦ I6I SAUCISSON XVI° s. : it. *salsiccione* : augmentatif de *salsiccia*, équivalent du fr. *saucisse* ; SAUCISSONNER XX° s. ♦ I7I SAUPOUDRER XIV° s. : de *sau-*, var. de *sal-* devant consonne, et *poudrer*, → POUDRE ; SAUPIQUET XIV° s. : de *sau-* et d'un 2° élément de la famille de *piquer*. ♦ I8I SALADE XIV° s. : it. *insalata* « mets salé » ; SALADIER XVI° s., XVII° s. sens mod. ♦ I9I SAUGRENU XVI° s. : altération, sous l'influence de *grenu* → GRAIN, de *saugreneux* XVI° s., qui semble dér. de *saugrenée* « fricassée de pois », de *sal* « sel » et *granum* « grain ». ♦ I10I SALMIGONDIS XVI° s. : de l'anc. fr. *salemine* (demi-sav.) XIV° s. : lat. médiéval *salamen, -inis*, et d'un 2° élément p.-ê. apparenté à l'anc. fr. *condir* « assaisonner » → CONDIMENT ; SALMIS XVIII° s. : abrév. de *salmigondis*. ♦ I11I SALAMI XIX° s. : mot it., plur. de *salame*, du lat. médiéval *salamen*, avec influence de *dolciumi* « douceurs ». ♦ I12I SAUMURE → ce mot.

B. mots savants

♦ I1I SALAIRE XIII° s. : *salarium* ; SALARIER XV° s., rare avant le XVIII° s. ; SALARIAT XIX° s. ; SALARIAL XX° s. ♦ I2I SALPÊTRE XIV° s. : lat. médiéval *sal petrae* « sel de pierre » ; SALPÊTRÉ XVI° s. ; SALPÊTRER XVIII° s. ; SALPÊTRIÈRE XVI° s. ♦ I3I SALIN, SALINE XV° s. : *salina* ; forme masc. d'après le fém. ; SALINITÉ XIX° s.

II. mots savants d'origine grecque

♦ I1I HALIEUTIQUE XVIII° s. : *halieutikos.* ♦ I2I HALIOTIDE XIX° s. « oreille de mer » (nom d'un mollusque) : de *hals, halos* et *ous, ôtos* → OREILLE. ♦ I3I HALO- 1ᵉʳ élément de composés, ex. : HALOGRAPHIE XIX° s.

SÉLÉNITE famille savante du gr. *selênê* « la lune », de **selas-na*, dér. de *selas* « lueur brillante » (→ aussi LUNE, art. LUIRE et MOIS).

♦ I1I SÉLÉNITE XVII° s. : gr. *selênitês (lithos)* « pierre lunaire » (minéral qu'on croyait soumis à l'influence de la lune). ♦ I2I SÉLÉNIUM XIX° s., métal présentant des analogies avec le *tellure* (de *tellus, -uris* « terre »), en quelque sorte son satellite ; SÉLÉNIEUX XIX° s. ♦ I3I SÉLÉN(O)- 1ᵉʳ élément de mots sav., ex. : SÉLÉNOGRAPHIE XVII° s. ; SÉLÉNIQUE XIX° s. astron., chimie.

SELF- 1ᵉʳ élément de composés (synonyme du gr. *auto-*) : angl. *self* « soi-même » d'origine germ. ; ex. : SELF-CONTROL XIX° s. ; SELF-SERVICE XX° s.

SÉMANTIQUE famille sav. du gr. *sêma, -atos* et *sêmeion* « signe », *sêmainein* « marquer d'un signe » et *sêmantikos* « qui signifie ».

♦ I1I SÉMANTIQUE XVI° s., rare avant le XIX° s., subst. fém. et adj. (linguist.) : *semantikê (tekhnê)* « science des significations » ; SÉMANTISME, SÉMANTÈME XX° s. ; SÉMÈME, SÉMASIOLOGIE (de *sêmasia* « action de faire signe ») XX° s. ♦ I2I SÉMAPHORE XIX° s. : de *sêma* « signe » et *phoros* « qui porte » → OFFRIR. ♦ I3I SÉMÉIOLOGIE, SÉMIOLOGIE, SÉMÉIOTIQUE, SÉMIOTIQUE fin XIX° s. linguist. : dér., sur *sêmeion*.

SEMELLE XIII° s. : mot obscur ; p.-ê. var. du picard *lemelle* XIII° s. « lame », mais l'altération de la consonne initiale est obscure ; on a invoqué le remplacement de la 1ʳᵉ syllabe, prise pour l'article fém. picard, par un **se* issu du lat. *ipsa* (dans les textes lat. mérovingiens du nord de la Gaule, *ipse* concurrence fortement *ille*), mais ce serait un cas bien isolé, et **se* n'est pas attesté ; p.-ê. s'agit-il d'un croisement avec des mots germ. commençant par *sm-*, ex. : néerl. *smac, smacke*, moyen haut all. *smële* (→ var. anc. fr. *samelle, sumelle, soumelle*, qui sous-entendent une forme originelle **smelle*) ; mais ces formes sont assez éloignées pour le sens ; RESSEMELER XVII° s. ; -AGE XVIII° s.

SEMER famille d'une racine ind.-eur. **se-* « semer » représentée en latin par (1) *serere*, *satus* « semer » et « planter », d'où *inserere* « implanter » (confondu avec son homonyme *inserere* « tresser dans » → DÉSERT) et *satio*, *-onis* « semailles » (2) *semen*, *-inis* « semence », d'où *seminare* « semer » ; *disseminare* « répandre » ; *seminarium* « pépinière » ; *sementis* « ensemencement » ; *seminalis* « relatif aux semailles ».

♦ |1| **SEMER** (pop.) XIIᵉ s. : *semĭnāre* ; **SEMEUR** XIIᵉ s. ; **SEMOIR** XIVᵉ s. ; **SEMIS** XVIIIᵉ s. ; **PARSEMER** XVIᵉ s. ♦ |2| **SEMAILLES** (pop.) XIIIᵉ s. : dér. de *semer*, ou *semĭnālĭa*, neutre substantivé de *seminalis* ; **SEMENCE** (pop.) XIIIᵉ s. : bas lat. *sementia*, neutre plur. pris pour un fém., du bas lat. *sementium*, class. *sementis* ; **ENSEMENCER** XIVᵉ s. ; **ENSEMENCEMENT** XVIᵉ s. ♦ |3| **SAISON** (pop.) XIIᵉ s. : *satio*, *-ōnis* ; **ASSAISONNER** XIIIᵉ s. « cultiver dans la saison favorable », XVIᵉ s. « faire mûrir » et « relever le goût des aliments » ; **ASSAISONNEMENT** XVIᵉ s. ; **ARRIÈRE-SAISON**, **MORTE-SAISON** XVᵉ s. ; **SAISONNIER** XIXᵉ s. ♦ |4| **SÉMILLANT** XVIᵉ s. adj. : part. présent de l'anc. fr. *semiller* XIIIᵉ s. « lancer la semence », dér. de *semer*. ♦ |5| **SÉMINAL** (sav.) XIVᵉ s. : *seminalis* ; **INSÉMINATION** XVIIIᵉ s. : d'après *seminatio*, de *seminare* ; **INSÉMINATEUR** XXᵉ s. ♦ |6| **DISSÉMINER** (sav.) XVIᵉ s., rare avant le XVIIIᵉ s. : *disseminare* ; **DISSÉMINATION** XVIIIᵉ s. ♦ |7| **SÉMINAIRE** (sav.) XVIᵉ s. « écoles pour la formation des prêtres instituées par le concile de Trente », XXᵉ s. sens universitaire : *seminarium* ; **SÉMINARISTE** XVIIᵉ s. ♦ |8| **INSÉRER** → DÉSERT.

SEMOULE XVIᵉ s. : it. *semola*, du lat. vulg. **sĭmŭla*, class. *sĭmĭla* « fleur de farine », d'origine méditerranéenne.

SÉNÉ XIIIᵉ s. : lat. médiéval *sene*, de l'arabe *senā*.

SENESTRE ♦ |1| (pop.) XIᵉ s. « qui est à gauche », limité aujourd'hui à quelques emplois (blason et zoologie) : lat. *sinister* « id. ». ♦ |2| **SINISTRE** (sav.) XVᵉ s., adj. : lat. *sinister* « qui est à gauche » et « défavorable, de mauvais augure » ; XVᵉ s. subst. : *sinistro*, de même origine ; **SINISTRÉ** XIXᵉ s., subst.

SENTE ♦ |1| (pop.) XIIᵉ s. : lat. *semĭta*. ♦ |2| **SENTIER** (pop.) XIᵉ s. : lat. vulg. **semitarius*, subst., dér. de *semita*.

SENTIR famille du lat. *sentire*, *sensus* « éprouver une sensation ou un sentiment », d'où (1) *sententia* « impression de l'esprit », « avis », d'où jur. « vote, décision » et rhét. « phrase » et « trait qui termine la phrase » (2) les composés (a) *assentire* ou *assentiri* « donner son assentiment » (b) *consentire* « être d'accord » (c) *dissentire* « être d'un avis différent » (d) *praesentire* « prévoir, se douter de », « avoir une idée innée » (3) les subst. *-sensio*, dans *dissensio* « désaccord » et *sensus*, *-us* « organe d'un sens », « façon de sentir ou de penser », « signification d'un mot », d'où (a) *consensus*, *-us* « accord » (b) lat. imp. *sensibilis* « qui tombe sous le sens » et les dér. *sensibilitas*, *insensibilis*, *insensibilitas* ; (c) lat. eccl. *sensualis* « doué de sensation » ; *sensatus* « doué de bon sens » et son contraire *insensatus* (d) bas lat. *sensatio* « fait de comprendre » et *sensorium* (Boèce, VIᵉ s.) « siège d'une faculté ».

I. base *-sent-*

♦ |1| **SENTIR** (pop.) XIᵉ s. « percevoir une odeur, ou une sensation », XIVᵉ s. « dégager une odeur » : *sentire* ; **RESSENTIR** XIIIᵉ s. ; **SENTEUR** XIVᵉ s. ♦ |2| **CONSENTIR** (pop.) Xᵉ s. : *consentire* ; **CONSENTEMENT** XIIᵉ s. ♦ |3| **SENTENCE** (sav.) XIIᵉ s. jur., XVIᵉ s. « maxime » : *sententia* ; **SENTENCIEUX** XIIIᵉ s. : *sententiosus*. ♦ |4| **SENTIMENT** XIVᵉ s. : réfection, d'après *sentir*, de l'anc. fr. *sentement* XIIᵉ s. (→ *consentement*) : dér. de *sentir* ; **RESSENTIMENT** XIVᵉ s. ; **DISSENTIMENT** XVIᵉ s. ; **SENTIMENTAL** XVIIIᵉ s. ; **SENTIMENTALISME**, **SENTIMENTALITÉ** XIXᵉ s. ♦ |5| **ASSENTIMENT** XIVᵉ s. (XIIᵉ s. *assentement*) : dér. de l'anc. fr. *assentir*, du lat. *adsentire*. ♦ |6| **PRESSENTIR** (sav.) XVIᵉ s. : *praesentire* ; **PRESSENTIMENT** XVIᵉ s. ♦ |7| **SENTINELLE** XVIᵉ s. : it. *sentinella*, dér. de *sentire* au sens d'« entendre » (→ art OREILLE l'anc. fr. *escoute* et BOY-SCOUT).

II. base *-sens-*

♦ |1| **SENS** (pop.) XIᵉ s. « action de sentir, manière de penser », XIIᵉ s. « direction », par croisement avec l'anc. fr. *sen* « intelligence » et « direction », d'origine germ. (→ FORCENÉ), XVIᵉ s. « signification » : *sensus* ; **NON-SENS** XIIᵉ s. ; **CONTRESENS** XVIᵉ s. ♦ |2|

DISSENSION (sav.) XII° s. : *dissensio*. ♦131
SENSIBLE (sav.) XIII° s. philo., XVII° s. « impressionnable, facilement ému » : *sensibilis* ; INSENSIBLE XIII° s. : *insensibilis* ; SENSIBILITÉ, INSENSIBILITÉ XIV° s. : *sensibilitas, insensibilitas* ; SENSIBLERIE XVIII° s. ; INSENSIBILISER XVIII° s. ; SENSIBILISER XIX° s. ♦141 SENSITIF (sav.) XIII° s. : lat. médiéval *sensitivus* ; SENSITIVE XVII° s. bot. « plante dont les feuilles se recroquevillent lorsqu'on les touche » : fém. substantivé du précéd. ♦151 SENSATION XIV° s. : bas lat. *sensatio* (sav.) ; SENSATIONNEL XIX° s., d'après la locution *faire sensation* XVIII° s. ♦161 INSENSÉ (sav.) XV° s. : *insensatus* ; SENSÉ XVII° s. : *sensatus* ; SENSÉMENT XVII° s. ♦171 SENSUEL (sav.) XV° s. « qui concerne les sens », XVI° s. sens mod. : *sensualis* ; SENSUALITÉ XII° s. « faculté de percevoir » : bas lat. *sensualitas* ; SENSUALISME, SENSUALISTE XIX° s. philo. ♦181 CONSENSUEL XVIII° s. jur. : dér. sur *consensus* ; CONSENSUS XIX° s. : mot lat. ♦191 SENSORIEL XIX° s. : dér. sur le bas lat. *sensorium*.

SEOIR famille d'une racine ind.-eur. **sed-* « être assis ».

En grec *hedra* « siège », « place qu'on occupe » ; *poluedros* « à plusieurs sièges » ; *tetraedron* « (figure géométrique) à quatre faces, pyramide » ; *kathedra* « siège, banc » ; *sunedrion* « assemblée siégeant, congrès » et, dans le Nouveau Testament, chez les Juifs, le « Sanhédrin ».

En germanique, l'angl. *to sit* « s'asseoir » et *to set* « poser » (→ all. *setzen*).

En latin (1) les subst. *sella*, issu de **sed-la* « siège, chaise à porteur, chaise percée, selle » ; *sedes, -is* « siège, fondement, résidence », d'où lat. vulg. **sedicum* ou **sedica* et **sedicare* (2) le verbe *sedēre*, *sessus* « être assis, siéger », « rester inactif », « se déposer (en parlant d'un corps en suspension dans un liquide) », d'où (a) lat. imp. *sedimentum* « fond, sédiment » ; *sedentarius* « qui travaille assis » ; (b) *sessio, -onis* « fait de s'asseoir ou de siéger » ; *sessor* « celui qui est assis » ; (3) les composés (a) *adsidere* « être assis auprès de », « assister », d'où *assessor* « assistant » ; *assiduus* « continuel » ; (b) *dissidere* « être assis à l'écart », « siéger dans un parti opposé », « différer d'avis » ; (c) *insidere* « être assis, établi dans », d'où *insidiae* « embuscade » ; *insidiosus* « qui dresse des embûches, perfide » ; (d) *obsidere* « être établi devant », « occuper un endroit », « assiéger une place forte », d'où *obsidio, -onis* et *obsessio, -onis* « siège » ; *obsidionalis* « relatif à un siège » ; (e) *possidere* « prendre possession de », de *potis* et *sedere*, d'où *possessio, possessor* « possession, possesseur », et *possessivus*, gram. (→ POUVOIR) (f) *praesidere* « présider » ; (g) *residere* « rester », « résider », « demeurer en arrière » ; *residuus* « qui reste » ; (h) *subsidere* « être placé en réserve », d'où *subsidium* « troupes de réserve » ; *subsidiarius* « qui forme la réserve » ; (i) *supersedere* « être assis sur », « se dispenser de » ; (4) le verbe factitif ou causatif *sedare*, littéralement « faire asseoir », d'où « calmer, apaiser » ; *sedatio* « action d'apaiser » ; *resedare* « calmer un mal, guérir », et p.-ê. *reseda*, plante calmante (5) *nidus* « nid », « endroit où s'installe un oiseau », issu de *ni-*, préf., et *-zd-o*, forme à voyelle zéro de la racine de *sedere* ; lat. imp. *nidificare* « faire son nid ».

I. mots populaires d'origine latine

A. famille de *sedere*

♦111 SEOIR XII° s. « être assis » et « convenir », conservé dans la forme *il sied* et les participes *sis, sise : sĕdēre* ; MESSEOIR XII° s., qui survit dans *il messied* ; SURSEOIR XI° s. : *supersedēre* ; SURSIS XIV° s. ; SURSITAIRE XX° s. ♦121 ASSEOIR XI° s. : lat. vulg. **adsĕdēre*, class. *assĭdēre* ; RASSEOIR XII° s. ; ASSISE XII° s. « taxe », « ordre des convives assis », XIII° s. « séance tenue par les officiers et juges d'un comté », d'où XIX° s. *cour d'assises* ; XVI° s. maçonnerie ; XIX° s. géologie : part. passé fém. substantivé, du lat. vulg. **assisa* ; ASSIETTE XIII° s. « base sur laquelle porte un droit » (subsiste dans *assiette d'une rente, d'un impôt*), XIV° s. « fait de placer les convives », « service à table », d'où XVI° s. « pièce de vaisselle » ; XV° s. « emplacement, situation », XVI° s. « équilibre » : autre forme de part. passé fém. substantivé du lat. vulg. **assĕdĭta* ; ASSIETTÉE XVII° s. ♦131 SÉANT XII° s. adj. « qui convient » ; subst. « partie du corps sur laquelle on s'assoit » : forme de part. présent de *seoir*. ♦141 SEYANT XIX° s. « qui convient, qui va bien », adj. : var. pop. de *séant*. ♦151 SÉANCE XVI° s. : dér. de *séant*, littéralement « fait d'être assis » ;

PRÉSÉANCE XVIᵉ s. : de *pré-* et *séance*, littéralement « fait de s'asseoir avant ». ♦ 161 BIENSÉANT XIIIᵉ s. « qui convient bien » (→ SÉANT) ; BIENSÉANCE XVIᵉ s.

B. famille de *sella* et *sedes*

♦ 111 SELLE XIᵉ s. « selle de cheval » et XIXᵉ s. « de bicyclette » ; XIIIᵉ s. « chaise percée » et XVIᵉ s. « matières fécales » : *sella* ; SELLER XIᵉ s. ; SELLETTE XIIIᵉ s. ; SELLIER XIIIᵉ s. ; SELLERIE XIVᵉ s. ♦ 121 SIÈGE XIᵉ s. « lieu où l'on se tient assis ou installé », XIIᵉ s. « meuble pour s'asseoir », XIIIᵉ s. « blocus d'une place forte », XVIᵉ s. « partie du corps servant à s'asseoir » (→ SÉANT) : lat. vulg. **sĕdĭcum* ; ASSIÉGER XIᵉ s. : lat. vulg. **adsēdĭcāre* ; SIÉGER XVIIᵉ s.

C. famille de *nidus*

♦ 111 NID XIIᵉ s., d'abord sous la forme *ni* (*d* sous l'influence du lat.) : *nidus*. ♦ 121 NICHER XIIᵉ s. : lat. vulg. **nīdĭcāre*, dér. de *nidus* ; DÉNICHER XIVᵉ s. ; NICHÉE XIVᵉ s. ; NICHE XIVᵉ s. pour une statue, XVIIᵉ s. pour un chien ; NICHON XIXᵉ s. : forme dial. (Nord) « petit oiseau au nid », « enfant délicat », puis argot « sein de femme ». ♦ 131 NIAIS XIIᵉ s. « (oiseau) pris au nid, ne sachant pas encore voler », d'où « sot, inexpérimenté » : lat. vulg. **nidax, -ācis* ; NIAISERIE, DÉNIAISER XVIᵉ s. ♦ 141 GNOGNOTTE XIXᵉ s. « niaiserie », puis « chose sans valeur » : p.-ê. redoublement d'une forme dial. de *niais*.

II. mots savants d'origine latine

A. base *-sed-*

♦ 111 POSSÉDER XIIᵉ s. d'abord *posseer* : altération de *possidere* d'après *possessor, possession* ; POSSÉDÉ XVᵉ s. adj. ; XVIIᵉ s. subst. ; POSSÉDANT XXᵉ s. subst. ♦ 121 SÉDATIF, SÉDATION XVᵉ s. : *sedativus, sedatio*. ♦ 131 SÉDENTAIRE XVᵉ s. : *sedentarius* ; SÉDENTARITÉ XIXᵉ s. ; SÉDENTARISER XXᵉ s. ♦ 141 OBSÉDER XVIᵉ s. : *obsidere* (→ POSSÉDER) ; OBSÉDÉ XVIIᵉ s. subst. ; OBSÉDANT XIXᵉ s. adj. ♦ 151 RÉSÉDA XVIᵉ s. : mot lat. ♦ 161 SÉDIMENT XVIᵉ s. méd. ; XVIIIᵉ s. géol. : *sedimentum* ; SÉDIMENTAIRE et SÉDIMENTATION XIXᵉ s.

B. base *-sid-*

♦ 111 ASSIDU, ASSIDUITÉ XIIIᵉ s. : *adsiduus, adsiduitas*. ♦ 121 PRÉSIDER XIVᵉ s. : *praesidere* ; PRÉSIDENT fin XIIIᵉ s. : *praesidens, -entis*, part. présent ; PRÉSIDENCE XIVᵉ s. ; VICE-PRÉSIDENT, VICE-PRÉSIDENCE, PRÉSIDENTIEL XVIIIᵉ s. ♦ 131 RÉSIDER XIVᵉ s. : *residere* ; RÉSIDENT XIIIᵉ s. : *residens, -entis*,

part. présent ; RÉSIDENCE XIIIᵉ s. : lat. médiéval *residentia* ; RÉSIDENTIEL XXᵉ s. ♦ 141 RÉSIDU XIVᵉ s. d'abord jur. : *residuum* ; RÉSIDUEL XIXᵉ s. ♦ 151 SUBSIDE XIVᵉ s. : *subsidium* ; SUBSIDIAIRE XIVᵉ s. : *subsidiarius*. ♦ 161 INSIDIEUX XVᵉ s., puis XVIIIᵉ s. : *insidiosus* ; INSIDIEUSEMENT XVᵉ s. ♦ 171 DISSIDENT XVIᵉ s. : *dissidens, -entis*, part. présent de *dissidere* ; DISSIDENCE XVIᵉ s. : *dissidentia*. ♦ 181 OBSIDIONAL XVIIᵉ s. : *obsidionalis*.

C. base *-sess-*

♦ 111 SESSION XIIᵉ s. « fait d'être assis », XVIIᵉ s. « séance » (d'un concile ; d'une assemblée pol., d'abord en parlant de l'Angleterre ; puis XIXᵉ s., à propos des tribunaux) : *sessio*. ♦ 121 POSSESSION XIIᵉ s. : *possessio* ; POSSESSEUR XIIIᵉ s. : *possessor* ; POSSESSIF XIVᵉ s. gramm., XVIᵉ s. sens psycho. : *possessivus* ; DÉPOSSESSION XVIᵉ s. ♦ 131 ASSESSEUR XIIIᵉ s. : *adsessor*. ♦ 141 OBSESSION XVᵉ s. « siège », XVIᵉ s. sens mod. ; OBSESSEUR XVIᵉ s. ; OBSESSIONNEL XXᵉ s.

D. base *-nid-* NIDIFIER XIIᵉ s. ; NIDIFICATION XVIIIᵉ s. ; NIDULAIRE, NIDULÉ XIXᵉ s. ; NIDATION XXᵉ s.

III. mots d'origine grecque

A. mots populaires

♦ 111 CHAIRE XIIᵉ s. *(chaière)* « siège à dossier », XIIIᵉ s. « siège du professeur », XVIᵉ s. « tribune du prédicateur » : *cathĕdra*. ♦ 121 CHAISE XVᵉ s. : altération dial. (Champagne, Orléanais) de *chaire*, appliqué ensuite à un type de siège plus maniable, alors que *chaire* se limitait à deux emplois spéciaux ; CHAISIÈRE XIXᵉ s.

B. mots savants

♦ 111 CATHÉDRALE XIIᵉ s. adj. qualifiant *église*, XVIIᵉ s. subst. : lat. médiéval *cathedralis*, dér. de *cathedra* au sens de « siège d'un pontife ». ♦ 121 EX CATHEDRA XVIIᵉ s. : mots lat. « du haut de la chaire ». ♦ 131 SANHÉDRIN XVIIᵉ s. : araméen *sanhedrin* (mot conservé par le Nouveau Testament), lui-même empr. au gr. *sunedrion*. ♦ 141 -ÈDRE, 2ᵉ élément de composés empr. au gr. *tetraedron* et servant à former des noms de figures géom. à plusieurs faces, ex. : TÉTRAÈDRE XVIᵉ S ; POLYÈDRE XVIIᵉ s. ; DIÈDRE, TRIÈDRE XVIIIᵉ s.

IV. mots d'origine germanique

♦ 111 SETTER XIXᵉ s. : mot angl. « chien d'arrêt », dér. de *to set* « faire arrêter ». ♦ 121

OFFSET xxᵉ s. : mot angl. « report », de *to set* « placer » et *off* « en dehors ».

SEPT famille d'une racine ind.-eur. **sept-* « sept ». En grec *hepta* « sept », *hebdomos* « septième », *hebdomas, -ados* « semaine ». En latin *septem* « sept », *septimus* « septième » ; *septuaginta* « soixante-dix » ; *septuagesimus* « soixante-dixième » ; *septuagenarius* « de soixante-dix (ans) » ; *septenarius* « composé de sept unités » ; *septimanus* « relatif au nombre sept », bas lat. fém. *septimana* « semaine », traduction de *hebdomas* ; *septemtriones*, nom d'une constellation marquant le nord, littéralement « les sept bœufs », de *septem*, et *trio, -onis*, rare et arch., « bœuf de labour », d'où *septentrionalis*, formé sur le modèle de *meridionalis* ; *september* « septième mois de l'ancienne année romaine ».

I. mots d'origine latine

♦|1| **SEPT** (pop.) xıᵉ s. d'abord *set*, puis *p* orthographique, d'après le lat. : *septem* ; **SEPTIÈME** xııᵉ s. : *septimus* ; **SEPTAIN** xvııᵉ s. ♦|2| **SEMAINE** (pop.) xııᵉ s. : *septĭmāna* ; **SEMAINIER** xııᵉ s. ♦|3| **SEPTEMBRE** xııᵉ s., sous la forme *setembre* : *september* ; **SEPTEMBRISEUR** fin xvıııᵉ s., d'après les massacres de septembre 1792. ♦|4| **SEPTENTRION** xııᵉ s. : lat. imp. *septemtrio*, sing. formé sur l'anc. plur. *septemtriones*, dont le 2ᵉ élément n'était plus compris ; **SEPTENTRIONAL** xıvᵉ s. : *septemtrionalis*. ♦|5| **SEPTANTE** subst. fém., **SEPTUAGÉSIME**, **SEPTUAGÉNAIRE** → DIX ; **SEPTENNAL** → AN ; **SEPTENNAT** xıxᵉ s. ♦|6| **SEPTUPLE** → PLIER. ♦|7| **SEPTÉNAIRE** xvᵉ s. : *septenarius (versus)* « vers de sept pieds ». ♦|8| **SEPTIDI** xvıııᵉ s., calendrier républicain, de *septem* et *-di* → DIEU. ♦|9| **SEPTUOR** xıxᵉ s. : dér. de *sept* analogique de *quatuor*.

II. mots savants d'origine grecque

♦|1| **HEBDOMADAIRE** xvıᵉ s. : lat. eccl. *hebdomadarius*, dér. du gr. *hebdomas, -ados*. ♦|2| **HEPTA-** : gr. *hepta* « sept », 1ᵉʳ élément de composés, ex. : **HEPTACORDE**, **HEPTAGONE** xvıᵉ s. ; **HEPTAÈDRE** xvıııᵉ s. ; **HEPTAMÈTRE** xıxᵉ s.

SEPTIQUE ♦|1| (sav.) xvıᵉ s. : gr. *sēptikos* « qui engendre la putréfaction », de *sēpein* « pourrir », par le lat. ; **SEPTICÉMIE** xıxᵉ s. → HÉMA-. ♦|2| **-SEPSIE** : formé d'après *sēptikos* sur le modèle de nombreux dér. gr., 2ᵉ élément de mots sav. exprimant l'idée de « putréfaction », ex. : **ANTISEPSIE** et **ASEPSIE** xıxᵉ s. ; **-SEPTIQUE**, 2ᵉ élément adj. correspondant, ex. : **ASEPTIQUE**, **ANTISEPTIQUE** xıxᵉ s.

SEQUIN xıvᵉ s. : vénitien *zecchino*, dimin. de *zecca* « maison où l'on frappe la monnaie », de l'arabe *(dār as-) sikka* « id. ».

SÉRAC ♦|1| xvıııᵉ s. : mot dial. (Savoie) « fromage blanc » et « masse de glace comparable à du fromage blanc » ; dér. du lat. *serum* « petit-lait ». ♦|2| **SÉRUM** xvıᵉ s. : mot lat., employé en physiol. ; **SÉREUX**, **SÉROSITÉ** xvıᵉ s. ; **SÉRO-**, 1ᵉʳ élément de composés, ex. : **SÉROLOGIE** xxᵉ s.

SÉRAIL xıvᵉ s. : it. *serraglio*, altération, sous l'influence de *serrar* « fermer », du turco-persan *seraï* « palais ».

SÉRAPHIN (sav.) xııᵉ s. : hébreu *seraphim*, plur. de l'hébr. eccl. : mot plur. apparenté à *saraph* « brûler », désignant les anges décrits par Isaïe, VI, 2 ; **SÉRAPHIQUE** xvᵉ s. : lat. eccl. *seraphicus*.

SEREIN ♦|1| (pop.) xıııᵉ s. : lat. *serēnus*, issu de **seres-no-s* « clair et sec, en parlant du ciel », p.-ê. apparenté au gr. *xēros* « sec » → ÉLIXIR ; **RASSÉRÉNER** xvıᵉ s. ♦|2| **SÉRÉNISSIME** xıııᵉ s., rare avant le xvᵉ s. : it. *serenissimo*, superlatif de *sereno*, du lat. *serenus*. ♦|3| **SÉRÉNADE** xvıᵉ s. : it. *serenata*, dér. de *sereno* « beau temps », « concert donné dehors, par beau temps », devenu, sous l'influence de *sera* « soir », un « concert donné le soir ». ♦|4| **SÉRÉNITÉ** (sav.) xııᵉ s. : lat. *serenitas*, dér. de *serenus*, surtout au sens fig.

SERF famille d'une racine ind.-eur. **swer-*, var. **sert-* et **wer-* « faire attention ».
En germanique une base **war-* « être attentif », apparaît dans le germ. occidental **warnjan* (→ all. *warnen*, angl. *to warren*) « pourvoir, munir » ; **warjan* « protéger » (→ all. *wehren*) ; frq. **waron* « conserver » (→ all. *wahren*) ; **wardon* « attendre, soigner » (→ all. *warten*, angl. *to ward*) ; anc. scandinave *varask* « avertir d'un danger ».

En grec *horân* « regarder, faire attention », « voir », d'où *horama* « spectacle ».

En latin (1) *servus* « esclave », qui a un correspondant exact dans l'iranien *haurvo* « gardien de bétail, ou de village » et appartient au fonds le plus ancien de la langue, d'où *servitus, -utis* « esclavage » et *servilis* « d'esclave » ; *servire* « être esclave » et *servitium* « condition d'esclave » (2) *servare* et *conservare* « préserver, garder » ; *observare* « observer », « veiller sur », « respecter », d'où *observantia* « observation, respect (des lois et coutumes) ; *praeservare* « observer auparavant » ; et leurs dér. en *-atio* (3) *vereri* et *revereri* « respecter », « éprouver une crainte religieuse pour » ; d'où *verecundus* « respectueux, réservé » et *verecundia* « respect, modestie » ; *reverens* « respectueux », *reverentia* « respect », et leurs contraires *irreverens* et *irreverentia*.

I. mots d'origine latine de la famille de *servus*

♦ |1| **SERF** (pop.) xie s. : *servus*. ♦ |2| **SERGENT** (pop.) xie s. « serviteur » ; milit. : jur. : *servientem*, part. prés. de *servire* ; sergent-major xvie s. ; -chef, -de ville xixe s. ♦ |3| **CONCIERGE** (pop.) xiie s. : altér. de *cumcerges* xiie s. : p.-ê. lat. vulg. *consurvius*, class. *conservus* « compagnon d'esclavage » ; conciergerie xive s. ♦ |4| **SERVIR** (pop.) xiie s. : *servire* ; **SERVANT** xiie s. ; **SERVIABLE** xiie s., d'après *amiable* ; **SERVIETTE** xive s. ; **SERVANTE** xvie s. ; **SERVEUR, -EUSE** fin xixe s. ♦ |5| **DESSERVIR** xie s. : comp. de *servir* ; **DESSERTE** xiie s. « service assuré par un prêtre », xixe s. « fait de desservir une localité », et **DESSERT** xvie s. : part. passés anc. fém. et masc. de *desservir* ; **DESSERVANT** xive s. ; **RESSERVIR** xiiie s. ♦ |6| **SERVAGE, ASSERVIR** xiie s. : dér. de *serf* avec infl. de *servir* ; asservissement xve s. ♦ |7| **SERVICE** (sav.) xiie s., pour *servise* (pop.) xie s. : *servitium*. ♦ |8| **SERVITEUR** xie s., **SERVITUDE** xiiie s., **SERVILE** xive s. (sav.) : *servitor, -oris, servitudo, servilis* ; **SERVILITÉ** xvie s., rare avant le xviiie s. ♦ |9| **SERVO-** 1er élément de composés, ex. : **SERVOMOTEUR** xixe s., **SERVOFREIN**.

II. mots d'origine latine de la famille de *servare*

♦ |1| **CONSERVER** (pop.) ixe s. : *conservāre* ; **CONSERVE, CONSERVATION** xive s. ; **CONSERVATEUR** xve s. « préposé à la garde de quelque chose », xviiie s. pol. ; **CONSERVATOIRE** xive s. adj., xviiie s. subst., musique (sous l'influence de l'it.) et Arts et Métiers : d'après le bas lat. *servatorium* ; **CONSERVATISME, CONSERVATISTE** xixe s. ; **CONSERVERIE** xxe s. ♦ |2| **OBSERVER** (sav.) xe s. « se conformer à », xvie s. « considérer avec attention » : *observare* ; **OBSERVANCE, OBSERVATION, OBSERVATEUR** xiiie s. ; **OBSERVABLE** xve s. ; **OBSERVATOIRE** xviie s. ; **INOBSERVABLE** xixe s. ♦ |3| **RÉSERVER** xie s. : *reservare* ; **RÉSERVE** xive s. jur. « clause restrictive », d'où xviie s. « discrétion » ; xvie s. « choses mises de côté », fin xviiie s. « armée non active », xixe s. « territoire soumis à certaines mesures de protection » ; **RÉSERVATION** xive s. ; **RÉSERVOIR** xvie s. ; **RÉSERVISTE** xixe s. ♦ |4| **PRÉSERVER** xive s. : *praeservare* ; **PRÉSERVATION, PRÉSERVATIF** xive s. ; **PRÉSERVATEUR** xvie s.

III. mots d'origine latine de la famille de *vereri*

♦ |1| **VERGOGNE** (pop.) xie s. « honte » ; survit dans l'expression *sans vergogne* xviie s. : *verecūndia*. ♦ |2| **DÉVERGONDÉ** xiie s. et **SE DÉVERGONDER** xvie s. : dér. de *vergonde*, var. de *vergogne*. ♦ |3| **GONZE** argot, xviie s. « lourdaud », « badaud », xixe s. « homme » : it. *gonzo* « niais », du lat. *(vere)cundius* ; **GONZESSE** xixe s. ♦ |4| **RÉVÉRENCE** xiie s. « respect » ; xive s. *faire la révérence* : *reverentia* ; **RÉVÉREND** xiiie s. : *reverendus* « digne de respect » ; **RÉVÉRENDISSIME** xive s. : superlatif du précédent ; **IRRÉVÉRENCE** xiiie s. : *irreverentia* ; **RÉVÉRER** xve s. : *revereri* ; **RÉVÉRENTIEL** xve s. ; **RÉVÉRENCIEUX** xviie s. ; **IRRÉVÉRENCIEUX** xviiie s. (mots sav.).

IV. mots d'origine germanique

♦ |1| **GARDER** xie s. : frq. *°wardôn* ; **GARDE** xie s. subst. fém. xiie s. subst. masc. ; **AVANT-GARDE, ARRIÈRE-GARDE** xiie s. ; **GARDEUR** xiie s. ; **GARDIEN** xiie s., d'où **GARDIENNAGE** xixe s. ; **GARDERIE** xvie s. ♦ |2| **GARDE-** 1er élément de composés, ex. : **GARDE-FOU** xiiie s. ; **GARDE-ROBE** « cabinet où l'on range les vêtements », xive s. « cabinet d'aisance » (parce qu'on y plaçait souvent la chaise percée) ; **GARDE-MANGER** xiiie s. ; **GARDE-CHASSE, GARDE-PÊCHE, GARDE-FEU, GARDE-MEUBLE** xviie s. ; **GARDE-MALADE** xviiie s. ; **GARDE-BARRIÈRE, GARDE-BOUE, GARDE-CHIOURME** xixe s. ♦ |3| **REGARDER** xiie s.

« faire attention » puis sens mod. : composé de *garder* ; pour les mots sav. exprimant l'idée de « regarder » →les bases -SPIC-, -SPECT-, art. DÉPIT et -SCOP-, art. ÉVÊQUE ; **REGARD** XIe s. ; **REGARDANT** XVIIIe s. « qui regarde à la dépense ». ♦ |4| **ÉGARD** XIIe s. : dér. de l'anc. fr. *esgarder* « veiller sur », composé de *garder* ; **MÉGARDE** XIIIe s., survit dans l'expression *par mégarde* : dér. de l'anc. fr. *mesgarder* « mal garder, ne pas faire attention ». ♦ |5| **GARNIR** XIe s. « se tenir sur ses gardes », « avertir », « pourvoir de ce qui est nécessaire à la défense » puis « orner » : frq. *warnjan*, **DÉGARNIR** XIe s. ; **GARNEMENT** XIe s. « défense, équipement, garnison », XIVe s. « souteneur d'une femme », d'où « vaurien » ; **GARNISON** XIIIe s. ; **GARNITURE** XIVe s. ; (logement) **GARNI** XIXe s. ♦ |6| **GUÉRIR** XIe s., var. *garir* « défendre », XIIe s. sens mod. : frq. *warjan* ; **GUÉRISON** XIe s. ; **GUÉRISSABLE** XIIe s. ; **INGUÉRISSABLE** XVe s. ; **GUÉRISSEUR** XVe s. « garant », XVIe s. « qui guérit ». ♦ |7| **GUÉRITE** XIIIe s., d'abord *à la garite* « sauve qui peut », puis « abri pour une sentinelle » : p.-ê. dér. de *garir* analogique de *fuite*, ou emprunt à l'anc. prov. *garida* « id. ». ♦ |8| **ÉGARER** XIe s. : composé hybride du lat. *ex-* et du germ. *warôn* ; **ÉGAREMENT** XIe s. ♦ |9| **GARER** XIIe s., sous la forme *varer* dans un texte de Bretagne ; XVe s. en fr. : mot dial. (Normandie), de l'anc. scandinave *varask* ; **GARE** ! interj. XVIe s. ; **GARE** XVIIe s., subst. fém. « partie élargie d'un cours d'eau où les bateaux peuvent se garer pour se croiser » ; XIXe s. en parlant des chemins de fer ; **GARAGE** XIXe s. ; **GARAGISTE** XXe s. ♦ |10| **VAREUSE** XVIIIe s., d'abord vêtement de matelot : probablement adj. substantivé, dér. de *varer* « protéger », var. normande de *garer*.

V. mots d'origine grecque

-ORAMA (sav.) : gr. *horama*, 2e élément des composés **PANORAMA** XVIIIe s., d'abord en angl. « vue totale », de *pan* « tout » ; **PANORAMIQUE** XIXe s. ; **DIORAMA** XIXe s. : mot formé d'après *panorama*, au moyen du préf. *di(a)-* « à travers ».

SERIN ♦ |1| XVe s. oiseau de Provence et des Canaries : probablement anc. prov. *serena*, empr. massaliote au gr. *seirên* « sirène, oiseau mythologique à tête de femme, rapace comme l'oiseau destructeur de guêpes désigné en Provence sous ce nom » ; **SERINER** XVIe s. « chanter comme un serin », XIXe s. « perfectionner le chant d'un oiseau en lui répétant un air au moyen de la **SERINETTE** » XVIIIe s. ♦ |2| **SIRÈNE** (sav.) XIIe s. : bas lat. *sirena*, class. *siren*, gr. *sirên*.

SERINGUE ♦ |1| (sav.) XIIIe s : lat. imp. *syringa* « seringue à lavements » : gr. *surigga*, acc. de *surigx* « roseau coupé et creusé, tuyau, flûte, flûte de Pan » ; **SERINGUER** XVIe s. ♦ |2| **SERINGA** (demi-sav.) : XVIIIe s. lat. botanique *syringa*, parce que le bois de cet arbuste se prête à être vidé de sa moelle pour former des tuyaux. ♦ |3| **SYRINX** (sav.) XVIIIe s. : mot gr., « flûte de Pan ». ♦ |4| **SYRINGOMYÉLIE** XIXe s. méd. « destruction de la substance grise centrale (*muelos* « moelle ») dans la moelle épinière, qui devient ainsi une sorte de « tuyau » *(surigx)* vide.

SERPE famille d'une racine ind.-eur. **serp-* « instrument crochu ».

En grec *harpê* « faux, faucille, crochet » ; *harpazein* « enlever de force, ravir », *harpagê* « rapacité ».

En latin *sarpere*, *sarptum* « tailler la vigne », d'où *sarmentum*, issu de **sarpmentom* « rameau de la vigne ».

I. mots d'origine latine

♦ |1| **SERPE** (pop.) XIIIe s., d'abord sous la forme *sarpe* : lat. vulg. **sarpa*, dér. de *sarpere* ; **SERPETTE** XIVe s. ♦ |2| **SARMENT** (pop.) XIIe s. : *sarmentum* ; **SARMENTEUX** XVIe s. : d'après le lat. *sarmentosus*.

II. mots d'origine grecque

♦ |1| **HARPAGON** (sav.) XVIIe s. : nom de l'Avare, personnage de Molière : lat. *harpago* « harpon », formé sur le gr. *harpagê*. ♦ |2| **ARPION** XIXe s. argot « main, doigt, orteil, et pied » : prov. *arpioun*, ou it. *arpione*, du lat. vulg. **harpīgo, -ōnis*, class. *harpago* → le précédent.

SERPENT famille d'une racine ind.-eur. **serp-*, p.-ê. élargissement de **ser-* « aller, couler », qui apparaît dans le lat. *serum* → SÉRAC, attestée par le gr. *herpein* « se traîner » et *herpullos* « serpolet », et par le lat. *serpere*, *serptus* « ramper », d'où *serpens*, *-entis*, part. présent substantivé « serpent » ; *serpentaria*, nom de plante ; bas lat. *serpentinus* « de serpent ».

♦111 **SERPENT** (pop.) xɪᵉ s. : *serpens, -entis* ; **SERPENTEAU** xɪɪᵉ s. ; **SERPENTIN** xɪɪᵉ s. adj., xvᵉ s. subst. : *serpentinus* ; **SERPENTAIRE** xɪɪɪᵉ s. subst. fém. bot. : *serpentaria* ; xɪxᵉ s. subst. masc. zool. : lat. mod. *serpentarius* ; **SERPENTER** xɪvᵉ s. ♦121 **SERPOLET** xvɪᵉ s. : mot prov., dimin. de *serpol*, du lat. *serpŭllum*, altér., d'après *serpere*, du gr. *herpullos*, acc. *-on*.

SERPILLIÈRE ♦111 (pop.) xɪɪᵉ s. : lat. vulg. **scirpicŭlāria* « sac grossier », de *scirpiculus* « (panier) de joncs », de *scirpus* « jonc ». ♦121 **SCIRPE** (sav.) xɪxᵉ s. bot. : lat. *scirpus* « jonc ».

SERRER ♦111 (pop.) xɪɪᵉ s. : lat. vulg. **serrare*, altération, sous l'influence de *ferrum*, ou p.-ê. de *serra* « scie » (en raison de la forme dentelée de certaines pièces de serrurerie), du bas lat. *serare* « fermer à clef », du class. *sera* « serrure » (formée à l'origine d'une barre de bois maintenant la porte par-derrière) ; **SERRAGE** xɪxᵉ s. ♦121 **SERRE** xɪɪᵉ s. nom de divers instruments servant à fermer ou à serrer, xvɪᵉ s. « serre d'oiseau » et « prison », xvɪɪᵉ s. « lieu fermé et chauffé pour certaines cultures » : dér. de *serrer*. ♦131 **DESSERRER, ENSERRER** xɪɪᵉ s. ; **RESSERRER** xɪɪɪᵉ s. ; **RESSERREMENT** xvɪᵉ s. ; **RESSERRE** xɪxᵉ s. ; **DESSERREMENT** xxᵉ s. ♦141 **SERRURE** xɪɪᵉ s. dér. de *serrer* au sens de « fermer » ; **SERRURIER** xɪɪɪᵉ s. ; **SERRURERIE** xɪvᵉ s. ♦151 **SERRE-** 1ᵉʳ élément de composés, ex. : **SERRE-TÊTE** xvɪᵉ s. ; **SERRE-LIVRES** xxᵉ s.

SERTIR (pop.) xɪɪᵉ s. *sartir* : lat. vulg. **sartīre*, altération du class. *sarcire* « raccommoder », sous l'influence du part. passé *sartus* ; **DESSERTIR** xɪɪᵉ s. ; **SERTISSURE** xɪvᵉ s. ; **SERTISSAGE, SERTISSEUR** xɪxᵉ s.

SÉSAME (sav.) xvɪᵉ s. « plante oléagineuse » : dans le conte d'Ali Baba, son nom sert de formule magique pour ouvrir la caverne des voleurs (*sésame, ouvre-toi !*) : gr. *sêsamon*, par le lat.

SEUIL famille du lat. *solum* « partie plate et inférieure d'un tout », en particulier « surface de la terre », et *solea* « sandale », « garniture du sabot d'une bête de somme », « sorte de poisson plat », « sorte de plancher ».

♦111 **SEUIL** (pop.) xɪɪᵉ s. : lat. vulg. **sŏlium*, croisement de *sŏlum* et de *sŏlea*. ♦121 **SOLE** (pop.) xɪɪɪᵉ s. « dessous du sabot du cheval » et « pièce de charpente posée à plat et servant d'appui » ; xɪvᵉ s. « pièce de terre cultivable », emploi métaph. du précédent : lat. vulg. **sola*, altération, sous l'influence de *solum*, du class. *solea* ; var. anc. fr. *suele, seule* ; la voyelle o de la forme mod. est due à l'influence des nombreux dér. accentués sur le suff. ♦131 **SOLIVE** xɪɪᵉ s. ; **SOLIVEAU** xɪɪɪᵉ s. ; **SOLIN** xɪvᵉ s. : dér. de **sola* au sens de « pièce de charpente » ; **CONSOLE** xvɪᵉ s. : de *sole*, avec influence de *consolider* ; **ENTRESOL** xvɪɪᵉ s., littéralement « partie d'un étage qui se trouve entre les soles ». ♦141 **ASSOLER** xɪvᵉ s., **ASSOLEMENT** xvɪɪɪᵉ s. : dér. de *sole* au sens de « pièce de terre ». ♦151 **SOLE** (poisson) xɪɪɪᵉ s. : anc. prov. *sola* : lat. vulg. **sola* → les précédents. ♦161 **SOL** (sav.) xvᵉ s. : *solum* ; **SOUS-SOL** xɪxᵉ s.

SEUL famille du lat. *solus* « seul », d'où (1) *solitudo, -inis* « solitude » ; *solitarius* « solitaire » ; (2) *desolare* lat. imp. « laisser seul » et « dépeupler », rapproché par étymologie pop. de *consolari* → CONSOLER.

♦111 **SEUL** (pop.) xɪɪᵉ s. : *sōlus* ; **SEULEMENT, SEULET, ESSEULÉ** xɪɪᵉ s. ♦121 **SOLO** xvɪɪɪᵉ s., mus. : mot it. « seul » : lat. *solus* ; **SOLISTE** xɪxᵉ s. ♦131 **SOLITAIRE** (sav.) xɪɪᵉ s. : *solitarius*. ♦141 **DÉSOLATION** xɪɪᵉ s. : *desolatio* ; **DÉSOLER** xɪvᵉ s. : *desolare*. ♦151 **SOLITUDE** (sav.) xɪɪɪᵉ s. : *solitudo* ♦161 **SOLILOQUE** (sav.) xvɪɪᵉ s. : bas lat. *soliloquium*, de *solus* et *loqui* « parler » → LOCUTION ; **SOLILOQUER** xɪxᵉ s. ♦171 **SOLIPSISME** (sav.) xɪxᵉ s. philo., de *solus* et *ipse* « lui-même ».

SÈVE (pop.) xɪɪɪᵉ s. : lat. *sapa*, attesté seulement avec le sens de « vin cuit », mais qui devait être apparenté à un lat. imp. *sapor* « jus » et signifier à l'origine « suc » (de même *sapa* en it.).

SÉVÈRE famille du lat. *severus* « inflexible », « austère », d'où *severitas* « sévérité » et *perseverare* « continuer, persister ».

♦111 **SÉVÈRE** (sav.) xɪɪᵉ s., rare avant le xvɪᵉ s. : *severus* ; **SÉVÉRITÉ** xɪɪᵉ s. : *severitas*.

♦ 121 **PERSÉVÉRER** et **PERSÉVÉRANT** (sav.) XIIᵉ s. ; de *perseverare* ; **PERSÉVÉRANCE** XIIᵉ s. : *perseverantia*.

SÉVICES (sav.) XIVᵉ s., rare avant le XVIIᵉ s. : lat. *sevitiae*, plur. de *saevitia* « actes de cruauté », de *saevus* « violent, sauvage » ; **SÉVIR** XVIᵉ s. : *saevire* « faire rage, se déchaîner », également dér. de *saevus*.

SEXE ♦ 111 (sav.) XIIᵉ s., rare avant le XVIᵉ s. : lat. *sexus, -us* « fait d'être mâle ou femelle » (toujours accompagné des adj. *virilis* ou *muliebris*) ; **SEXUEL** XVIIIᵉ s. : bas lat. *sexualis* ; **SEXUALITÉ** XIXᵉ s. ; **SEXUÉ, ASEXUÉ** XXᵉ s. ; **SEXO-**, 1ᵉʳ élément de composés, ex. : **SEXOLOGIE** XXᵉ s. ♦ 112 **SEXY** XXᵉ s. : mot angl. ; **SEX-APPEAL** → APPELER, art. POUSSER.

SHAMPOOING fin XIXᵉ s. : mot angl. « massage », de l'hindî *tshāmpô* « presser ».

SHÉRIF XVIIᵉ s. : angl. *sheriff* « officier de comté », composé de l'anglo-saxon *reeve* « haut officier ayant une juridiction locale », d'origine germ., et de *shire* « charge officielle », « district soumis à un gouverneur », « comté », du germ. *skeisa*, p.-ê. apparenté à l'italique *koisa*, ancêtre du lat. *cura* → CURE.

SI famille de l'ancien adv. lat. *sei*, qui, devenu *si*, a servi sous sa forme simple à introduire une proposition conditionnelle, et, tardivement, une interrogative indirecte ; sous la forme élargie *sīc* (issue de *sei-ce*) a pris le sens de « ainsi ».
♦ 111 **SI** conjonction IXᵉ s. : lat. *sī*, forme vivante au Moyen Âge, en anglo-normand et dans plusieurs régions de l'Ouest, mais qui n'a triomphé qu'au XVIᵉ s. de la forme dominante en anc. fr., *se* (var. *sed* dans la *Vie de saint Alexis*), qui représente un lat. vulg. *sid*, altération de *sī* sous l'influence de *quid*, et survit encore, élidée, en fr. mod. dans *s'il, s'ils*. ♦ 121 **SI** adv., IXᵉ s. ; emplois très variés en anc. fr., limités aujourd'hui au sens de « tellement », en particulier dans *si... que*, et à l'affirmation opposée à une négation : lat. *sīc*. ♦ 131 **AINSI** XIVᵉ s. : de *ains si* : *antius sic* (→ AÎNÉ, art. AVANT) « de cette manière *(sic)* plutôt *(antius)* que de toute autre » ; nombreuses variantes plus anc., dial. ou étrangères : *einsi* (XIᵉ s.), *ensi* (dans l'Est), *eissi* (dans l'Ouest), *aissi* (anc. prov.), *cosi* (it.) *asi* (esp.) ; il s'agit dans tous les cas de l'adv. *si* combiné avec diverses prép. ou adv. *(in, ecce, cum, ad)*. ♦ 141 **AUSSI** XIIᵉ s. : lat. vulg. **ale sic*, pour *alid sic*, var. du class. *aliud sic*, littéralement « autre chose ainsi » (→ AUTRE).

SIBYLLE (sav.) XIIIᵉ s. : gr. *sibulla*, par le lat. ; nom appliqué à plusieurs prophétesses à qui les Anciens reconnaissaient une inspiration divine et le pouvoir de rendre des oracles ; **SIBYLLIN** XIVᵉ s. hist. romaine ; XIXᵉ s. sens fig. « obscur comme les *libri sibyllini*, livres de la Sibylle de Cumes, prêtresse d'Apollon, recueils de prophéties déposés au Capitole ».

SICAIRE (sav.) XIIIᵉ s. : lat. *sicarius* « assassin », dér. de *sica* « poignard ».

SIDA XXᵉ s. sigle de « Syndrome d'Immuno-Déficience Acquise », dér. *sidaïque*, remplacé par *sidéen* « atteint du sida ».

SIDÉR(O)- (sav.) : gr. *sidēros* « fer », 1ᵉʳ élément de mots sav., ex. : **SIDÉRURGIE, SIDÉROSE, SIDÉROGRAPHIE** XIXᵉ s.

SIÈCLE famille du lat. *saeculum* « longue période d'une durée indéterminée », « durée d'une génération humaine », en lat. imp. « esprit du siècle, mode de l'époque », et en bas lat. eccl. « la vie du monde, le paganisme » ; dér. *saecularis*, adj. appliqué à Rome à des Jeux publics célébrés tous les cent ans, et qui a pris en lat. eccl. le sens de « séculier, profane ».
♦ 111 **SIÈCLE** (demi-sav.) Xᵉ s. « vie mondaine », XIIᵉ s. sens mod. : *saecŭlum*. ♦ 121 **SÉCULIER** (demi-sav.) XIIᵉ s. : *saeculāris* au sens de « profane » ; **SÉCULARISER, SÉCULARISATION** XVIᵉ s. ♦ 131 **SÉCULAIRE** (sav.) XVIᵉ s. : *saecularis*, avec élargissement du sens ancien.

SIFFLER ♦ 111 (pop.) XIIᵉ s. : bas lat. IVᵉ s. *sifilāre*, altération, probablement pour des raisons onom., du class. *sibilāre* « siffler » ; **SIFFLEMENT** XIIᵉ s. ; **SIFFLET** XIIIᵉ s. ; **SIFFLEUR** XVIᵉ s. ; **SIFFLANT** adj. XIXᵉ s. ; **SIF-**

FLOTER, SIFFLOTEMENT XIX⁰ s. ♦ |2| **PERSIFLER** XVIII⁰ s. : de *per-* et *siffler* ; **PERSIFLAGE, PERSIFLEUR** XVIII⁰ s. ♦ |3| **SIBILATION** (sav.) XVII⁰ s. : *sibilatio* ; **SIBILANT** XIX⁰ s. : de *sibilare*.

SIGISBÉE subst. mas. XVIII⁰ s. : it. *cicisbeo* « cavalier servant d'une femme », croisement de la série onom. it. *ci... ci... s* suggérant le bavardage, et de *babbeo* « sot », lui aussi fondé sur une onom. suggérant le balbutiement.

SIGLE (sav.) XVIII⁰ s. : bas lat. jur. *sigla*, plur. neutre « signes abréviatifs ».

SILENCE (sav.) XII⁰ s. : lat. *silentium*, dér. de *silere* « se taire » ; **SILENCIEUX** XVII⁰ s. : lat. *silentiosus*.

SILEX ♦ |1| (sav.) XVI⁰ s. : mot lat. « caillou, pierre dure ». ♦ |2| **SILICE** (sav.) XVIII⁰ s. : lat. *silex, -icis* → le précédent ; **SILICEUX** XVIII⁰ s. ; **SILICIUM, SILICATE** XIX⁰ s. ; **SILICOSE, SILICONE** XX⁰ s.

SILLON ♦ |1| (pop.) XII⁰ s., d'abord *seillon*, rare avant le XVI⁰ s., d'abord « planche de labour, bande de terrain » ; s'est ensuite substitué à *raie* en fr. et dans certains dial. : dér. de l'anc. fr. *silier* « labourer », qui repose sans doute sur une base gauloise **selj-* « amasser la terre » ; **SILLONNER** XVI⁰ s. ; **MICROSILLON** XX⁰ s. ♦ |2| **SILLAGE** (pop.) XVI⁰ s., d'abord *seillage* XV⁰ s. : var., par substitution de suff., de *seillon*, forme anc. de *sillon*, p.-ê. par un verbe *seiller* tiré de *seillon*.

SILO XVIII⁰ s. mot esp., « dépôt de grain, généralement souterrain », basque *zilo* « trou, fosse », qui, plutôt qu'à un hypothétique celtique **silon* « semence », remonte au lat. *sirus* « grenier souterrain » : gr. *siros* ou *seiros*.

SILURE (sav.) XVI⁰ s. : gr. *silouros* « grand poisson de rivière », par le lat.

SIMAGRÉE XIII⁰ s. : mot obscur, probablement dial. (Nord), qui désigne d'abord un monstre ; on trouve *chimagrue* chez Molinet et dans le Hainaut *simagraw*, qui pourrait provenir du wallon *sime* « singe » et *grawe, groe* « griffe » ; le sens 1ᵉʳ serait « singe à griffes », vite oublié ; la finale *-ée*, en fr., pourrait provenir d'un rapprochement avec *si m'agrée*, du verbe *agréer*, par étym. populaire.

SIMOUN XVIII⁰ s. : angl. *simoon*, de l'arabe *samūm*.

SINGE ♦ |1| (pop.) XII⁰ s. : lat. *sīmius*, var. de *simia* ; XVI⁰ s. *payer en monnaie de singe*, expression expliquée par un texte d'Étienne Boileau XIII⁰ s., qui montre qu'il était d'usage de dispenser les montreurs de singes de payer les péages, à condition qu'ils fissent faire quelques tours à leurs animaux ; **SINGERIE** XIV⁰ s. ; **SINGER** XVIII⁰ s. ♦ |2| **SIMIESQUE** (sav.) XIX⁰ s. : dér., sur *simius*.

SIPHON (sav.) XIII⁰ s. « trombe », XVI⁰ s. sens mod. : gr. *siphôn* « tube creux », « siphon pour pomper un liquide », « conduite d'eau » et « trombe d'eau » ; **SIPHONNER** XIX⁰ s.

SIRE famille du lat. *senex, senis*, comparatif *senior* « vieux », qui ne se dit que des personnes, avec une nuance de respect, et s'oppose à *juvenis* → JEUNE (alors que *vetus* « détérioré par la vieillesse » → VIEUX s'oppose à *novus* → NEUF) ; mots apparentés : *senilis* « de vieillard » ; *senescere* « devenir vieux » ; *senatus, -us* « assemblée des anciens » ; *senecio, -onis* « vieillard » et « séneçon », plante ainsi appelée à cause des poils blancs de ses aigrettes.

♦ |1| **SIRE** XI⁰ s. cas sujet « seigneur » ; XIV⁰ s. tendance à réserver au roi cette appellation ; XVIII⁰ s. *triste sire, pauvre sire* : lat. vulg. **sëiior*, forme familière de *senior*, employé dès le I⁰ʳ s., mais surtout en lat. eccl. comme terme de respect et de politesse ; **MESSIRE** XII⁰ s. : de *mes*, cas sujet de *mon* et de *sire* ; littéralement « mon seigneur », employé comme sujet, ou en apostrophe ♦ |2| **SIEUR** (pop.) XIII⁰ s. : lat. vulg. **seiiōrem*, acc. de **seiior* → le précédent ; **MONSIEUR** XIV⁰ s. : cas régime correspondant au cas sujet *messire* ; d'abord réservé à de grands personnages ; devenu terme de politesse usuel à partir du XVI⁰ s. ♦ |3| **SEIGNEUR** IX⁰ s. au cas sujet *sendra* ; XI⁰ s. au cas régime *seignur* : lat. *seniōrem*, acc. de *senior* → les deux précéd. ; dès l'origine, appliqué aux grands personnages, en particulier au suzerain par le vassal, et à Dieu, pour traduire le lat. eccl. *Dominus*, dont l'emploi dans la langue courante s'était beaucoup restreint (→ DAME) ; **SEIGNEURIE** XIIe s. ; **SEIGNEURIAL** XVe s. ♦ 141 **SENIOR** XIXe s. : angl. *senior*, mot lat. → les précéd. ♦ 151 **SÉNAT** (sav.) XIIIe s. : hist. romaine, XIXe s. à propos de Venise, XIXe s. institution fr. : *senatus* ; **SÉNATEUR** fin XIIe s. : *senator* ; **SÉNATUS-CONSULTE** XIVe s. : *senatus consultum* « décision du sénat » → CONSEIL ; **SÉNATORIAL** XVIe s. : d'après le lat. *senatorius*. ♦ 161 **SÉNEÇON** (demi-sav.) XIIIe s. : *senecio, -onis*. ♦ 171 **SÉNILE** (sav.) XVe s. : *senilis* ; **SÉNILITÉ** XIXe s. ♦ 181 **SÉNESCENCE** (sav.) XIXe s. et **SÉNESCENT** id. : de *senescere*.

SIROCCO XIIIe s. : it. *sirocco*, de l'arabe maghrébin *shulûq*, par le génois.

SIROP ♦ 111 (demi-sav.) XIIe s. : lat. médiéval *sirupus*, de l'arabe *charâb* « boisson », qui désignait dans la langue médicale toutes sortes de sirops. ♦ 121 **SIROTER** XVIe s. : dér. de *sirop*, par confusion entre la syllabe finale de ce mot et le suff. *-ot*. ♦ 131 **SORBET** XVIe s. : turc *chorbet*, de l'arabe vulg. *chourba*, class. *charbât* → le précédent, p.-ê. par l'it. *sorbetto*, croisement du même mot turc avec *sorbire* « savourer », du lat. vulg. *sorbire, class. *sorbere* → ABSORBER. ♦ 141 **SIRUPEUX** (sav.) XVIIIe s. : dér. sur *sirupus* → 1.

SISTRE (sav.) XVIe s. : gr. *seistron* « sorte de crécelle dont on se servait aux fêtes d'Isis en Égypte », par le lat.

SIX famille du lat. *sex, se-*, correspondant au gr. *hex*, var. *hexa* → six, auquel se rattachent (1) *sexaginta* « soixante » ; *sexagesimus* « soixantième » ; *sexagenarius* « de soixante ans » (2) *sextus* « sixième » ; *sextans* « 6e partie d'une unité » ; *sextarius* « id. », en particulier « 6e partie du *conge*, mesure de capacité » ; *bis(s)extus* littéralement « deux fois sixième », « jour intercalé tous les quatre ans, dans le calendrier Julien, après le 24 février, 6e jour avant les calendes de mars » ; *sextuplus* « sextuple » (3) *sedecim* « seize » ; *semestris* adj. « de six mois » ; *senarius* « composé de six unités ».

I. mots d'origine latine populaires, demi-savants ou empruntés

♦ 111 **SIX** XIIe s. : *sex* ; **SIXIÈME** XIIe s. ; **SIZAIN** XIIIe s. monnaie, XVIIe s. versification. ♦ 121 **SOIXANTE** XIe s. ; **SEIZE** XIIe s. → DIX. ♦ 131 **SETIER** (demi-sav.) XIIe s. : *sextarius* ; **DEMI-SETIER** XVIe s. ♦ 141 **SIESTE** XVIIe s. *siesta*, XVIIIe s. forme mod. : esp. *siesta*, du lat. *sëxta (hora)* « la sixième heure », c.-à-d. « le milieu de la journée » (les Romains divisaient la journée, du lever au coucher du soleil, en douze « heures » égales entre elles, mais inégales selon les saisons). ♦ 151 **SIXTE** (demi-sav.) XVIIe s. subst., mus. : emploi comme subst. fém. de l'adj. anc. fr. *sixte*, var. *siste* « sixième » : altération, sous l'influence de *six*, du lat. *sextus, -a*.

II. mots savants d'origine latine

A. SEMESTRE → MOIS.

B. SÉNAIRE XIXe s., métrique anc. : lat. *senarius (versus)* : vers de six pieds.

C. base *-sex(t)-*

♦ 111 **SEXAGÉSIME, SEXAGÉNAIRE** → DIX. ♦ 121 **SEXTUPLE** et **SEXTUPLER** → PLIER. ♦ 131 **SEXTANT** XVIe s. : *sextans*, employé par l'astronome Tycho Brahé pour désigner un appareil portant une partie graduée d'un sixième de circonférence. ♦ 141 **BISSEXTIL(E)** XVIe s. : bas lat. *bis(s)extilis*, dér. de *bis(s)extus*. ♦ 151 **SIXTE** XVIe s. : heure canoniale : *sexta (hora)* → SIESTE. ♦ 161 **SEXTUOR** XIXe s. : dér. de *sex* sur le modèle de *quatuor* ; **SEXTOLET** XIXe s. : dér. de *sextus* sur le modèle de *triolet* → TRIOS.

III. mots savants d'origine grecque

HEXA- : forme gr., 1er élément de composés, ex. : **HEXAGONE** XIVe s. ; **HEXAMÈTRE** XVe s. ; **HEXACORDE** XVIIe s.

SKI XIXe s. : mot norvégien, p.-ê. par l'angl. ; empr. fait par voie écrite, le mot se prononçait *chi* en norvégien comme en angl. ; **SKIER, SKIEUR, SKIABLE, TÉLÉSKI, APRÈS-SKI** XXe s.

SLALOM XXe s. : mot norvégien, composé de *sla* « incliné » et *lâm* « trace de ski ».

SLEEPING XIXe s. : abrév. de *sleeping-car*, composé angl. littéralement « voiture pour dormir », de *car* → CHAR, et *to sleep* « dormir », d'origine germ.

SLIP XIXe s. « laisse », XXe s. « caleçon » : mot angl. « action de glisser », « laisse pour un chien » et « vêtement vite enfilé », du verbe *to slip* « glisser », d'origine germ.

SLOGAN XIXe s. « cri de guerre d'une tribu écossaise » ; XXe s. « formule publicitaire » : mot angl. « id. » : gaélique (Écosse) *sluaghghairm*, de *sluagh* « troupe » et *ghairm* « cri ».

SMALA ou **SMALAH** XIXe s. : arabe d'Algérie *zmâla* « réunion de tentes ».

SMOKING XIXe s. : mot angl., ellipse de *smoking-jacket* « jaquette pour fumer », de *to smoke* « fumer », d'origine germ.

SNACK-BAR XXe s. : composé angl. de *bar* → BARRE, et *snack* « morceau », mot probablement onom. suggérant un claquement de mâchoires.

SNOB XIXe s. : mot angl. répandu par le romancier Thackeray ; a dans certains dial. le sens de « savetier » ; dans l'argot de Cambridge, celui de « non-noble », « bourgeois », « qui a des goûts prétentieux et vulgaires », d'origine obscure ; **SNOBISME** XIXe s. ; **SNOBER** XXe s.

SOBRIQUET XIVe s. d'abord *soubriquet* « coup sous le menton » ; XVe s. sens mod. (→ prov. *esqueissa*, à la fois « briser la mâchoire », « déchirer » et « donner un sobriquet ») : origine obscure.

SOC (pop.) XIIe s. : gaulois *soccos ou *succos, apparenté à l'irlandais *socc* « museau ».

SOCIÉTÉ famille sav. du lat. *socius* « compagnon » (p.-ê. à l'origine « compagnon de guerre »), « allié », d'où (1) *socialis* « qui concerne les alliés » puis « fait pour la société, sociable » (2) *societas, -atis* « compagnie, association, alliance » (3) *sociare* et *imp. associare* « associer, allier ». Dér. : (a) *sociabilis* « qui peut être uni » (b) *associatio* « association » et les antonymes *dissociare, dissociatio*.

♦ I1I **SOCIÉTÉ** XIIe s. « association », XVIe s. « vie en compagnie », XVIIe s. « groupe organisé et permanent » et « milieu social » : *societas* ; **SOCIÉTAIRE** fin XVIIIe s. « membre d'une société ». ♦ I2I **ASSOCIER** XIIIe s. : *associare* ; **ASSOCIATION** XVe s. ; **ASSOCIÉ** subst. masc. XVIe s. ; **ASSOCIATIF** XXe s. ; **DISSOCIER** XVe s. : *dissociare* ; **DISSOCIATION** XVe s. ♦ I3I **SOCIAL** XIVe s., rare avant le XVIIIe s. : *socialis* ; **SOCIALISME, SOCIALISTE, SOCIALISER** XVIIIe s., d'abord en parlant des idées de Grotius ; XIXe s. pol. ; **SOCIALISATION, SOCIALISANT** XIXe s. ♦ I4I **SOCIABLE** XVIe s. : *sociabilis* ; **INSOCIABLE** XVIe s. ; **SOCIABILITÉ** XVIIe s. ; **INSOCIABILITÉ** XVIIIe s. ; **SOCIO-** 1er élément de composés, ex. : **SOCIOLOGIE, -LOGUE, -LOGIQUE** XIXe s. ; **SOCIOMÉTRIE** XXe s. ; **SOCIO-ÉDUCATIF** XXe s.

SOCQUE famille du lat. *soccus* « léger soulier porté surtout par les Grecs et par les acteurs jouant la comédie » (s'oppose au *cothurnus*, porté par les acteurs tragiques) : mot d'empr. p.-ê. d'origine orientale, qui a pu passer par l'intermédiaire du gr. ; empr. de bonne heure par le germ. ♦ I1I **SOCQUE** (sav.) XVe s. « sabot de religieux », puis archéol. : *soccus*. ♦ I2I **SOCLE** XVIIe s. : it. *zoccolo* « sabot », du lat. vulg. *socculus, dimin. de *soccus*, avec z d'origine toscane. ♦ I3I **SOCQUETTE** XXe s. : dimin. de l'angl. *sock* « chaussette », du lat. *soccus*, avec infl. orthographique de *socque*.

SOFA XVIe s. « estrade recouverte de coussins », XVIIe s. sens mod. : turc *sofa*, de l'arabe *suffa* « coussin ».

SOI famille d'une racine ind.-eur. **swe-*, **se-* marquant l'appartenance d'un individu à un groupe social.
En grec élargissement *-dh-*, *ethos* « coutume » et *ethnos* « race ».
En latin (1) pronoms personnels et possessifs *se*, gén. *sui* « soi » ; *suus, sua, suum* « son, sa » (2) *soror, -oris* « sœur » et *sobrinus*, adj. « de sœur », subst. « cousin », d'où *consobrinus* « cousin du côté maternel », qui reposent sur une base **swesr-* ig le même élargissement *-dh-* qu'en gr., dans *suescere, suetus* « avoir coutume de », issu d'une base **swe-dh-sk-*, auquel se rattachent (a) *consuescere, consuetus* « accoutumer », d'où *consuetudo, -inis* « coutume » ; *desuescere, desuetus* « perdre une habitude », d'où bas lat. *desuetudo* « perte d'une habitude » (b) *mansuetus*, littérale-

ment « habitué à la main (manus) », « apprivoisé », d'où *mansuetudo* « douceur des animaux apprivoisés », « bonté, bienveillance ».

I. mots d'origine latine

A. famille de *se* et *suus*

♦|1| SOI (pop.) XIIIᵉ s. : *sē*, forme tonique ; SE Xᵉ s. : *se*, forme atone. ♦|2| SON, SA, SES (pop.) IXᵉ s. : lat. vulg. **sum*, **sam* et **sos*, **sas*, class. *suum*, *suam*, *suos*, *suas*, formes atones de l'accusatif du possessif ; SIEN Xᵉ s. sous les formes *suon*, *suen* : accusatif masc. *suum*, forme tonique ; XIIᵉ s. forme mod. analogique de la 1ʳᵉ personne *mien* ; SIENNE fin XIIᵉ s. : forme analogique du masc. et de *mienne*, a éliminé progressivement *soue*, du lat. *sŭam*, accusatif fém. tonique. ♦|3| SUICIDE XVIIIᵉ s. : composé sav. de *sui*, génitif de *se* et du suff. *-cide* « meurtrier, ou meurtre » → CISEAU.

B. famille de *soror*

♦|1| SŒUR (pop.) XIᵉ s., cas sujet : lat. *sŏror* (le cas régime *sorour*, de l'acc. *sorōrem*, n'a pas survécu) ; CONSŒUR XIXᵉ s. : var. fém. de *confrère*. ♦|2| COUSIN (pop.) XIᵉ s. : *consobrīnus*, altéré probablement sous l'influence d'une prononc. enfantine ; COUSINAGE XIIᵉ s. ; COUSINER XVIᵉ s.

C. famille de *suescere*

♦|1| COUTUME (pop.) XIᵉ s. : lat. *consuetūdo*, *-inis*, avec changement de suff. ; COUTUMIER, ACCOUTUMER, ACCOUTUMANCE, DÉSACCOUTUMER XIIᵉ s. ; INACCOUTUMÉ XIVᵉ s. ♦|2| COSTUME XVIIᵉ s. « vérité des détails reproduits dans une œuvre d'art », XVIIIᵉ s. « vêtements de théâtre » puis sens mod. : it. *costume*, équivalent du fr. *coutume* ; COSTUMER fin XVIIIᵉ s. ; COSTUMIER XIXᵉ s. ♦|3| MÂTIN (pop.) XIIᵉ s. : lat. vulg. **mansuetīnus* « (animal) apprivoisé » ; MÂTINER XIIIᵉ s. « traiter comme un chien », XVIᵉ s. « couvrir une chienne » ; MÂTINÉ XXᵉ s. « de race mêlée ». ♦|4| MANSUÉTUDE (sav.) XIIᵉ s. : *mansuetudo*. ♦|5| DÉSUÉTUDE (sav.) XVIIᵉ s., rare avant le XIXᵉ s. : *desuetudo* ; DÉSUET fin XIXᵉ s. : *desuetus*.

II. mots d'origine grecque

♦|1| ÉTHIQUE (sav.) XIIIᵉ s. subst. : *ethikê (teknê)* dérivé de *ethos* « (science) des mœurs », par le lat. ; XVIᵉ s. adj. : *ethikos* « qui concerne les mœurs », par le lat. ♦|2| ETHNIQUE (sav.) : *ethnikos* « national » et « païen (par rapport aux juifs) », dér. de *ethnos*, par le lat. ; ETHNOS-, 1ᵉʳ élément de composés sav. exprimant l'idée de « race », ex. : ETHNOGRAPHIE XVIIIᵉ s. ; ETHNOLOGIE XIXᵉ s. ; ETHNIE XXᵉ s.

SOIE ♦|1| (pop.) XIIᵉ s. : bas lat. *sēta*, class. *saeta* « soie de porc » et bas lat. « soie du bombyx » (a éliminé *sericum* → en annexe SERGE) ; SOIERIE XIVᵉ s. ; SOYEUX XVᵉ s. ♦|2| SAS (pop.) XIIIᵉ s., var. *seas* « tamis de soie » : bas lat. *setacium*, dér. de *seta* ; SASSER XIIᵉ s. ; RESSASSER XVIᵉ s. ; RESSASSEUR XVIIIᵉ s. ♦|3| SÉTON (demi-sav.) XVIᵉ s. « faisceau de crin passant sous la peau et sortant par deux orifices pour assurer un drainage », XIXᵉ s. *blessure en séton* « faite par un projectile qui a formé deux orifices en passant sous la peau » : lat. médiéval *seto*, *-onis*, de l'anc. prov. *sedon*, de *seda* « soie de porc ».

SOIF (pop.) fin XIIᵉ s. : altération (sous l'influence de couples tels que *nois*, cas sujet, *noif*, cas régime, du lat. *nix*, *nĭvis* → NEIGE, ou *buef*, *bues* → BŒUF) de *soi* (pop.) XIIᵉ s., du lat. *sĭtis* ; ASSOIFFER XVIIᵉ s. ; SOIFFARD XIXᵉ s.

SOIGNER ♦|1| (pop.) XIIᵉ s. « être préoccupé », « s'occuper de », XVIᵉ s. « veiller au bien-être ou à la santé de quelqu'un » : frq. **sunnjôn* « s'occuper de » ; SOIN XIᵉ s. ; SOIGNEUX XIIᵉ s. ; SOIGNEUR, SOIGNANTE XXᵉ s. : dér. de *soigner*. ♦|2| BESOGNE (pop.) XIIᵉ s. « pauvreté, souci » et « travail » : frq. **bisunnia* (équivalent attesté en got.), du radical de *sunnjôn* et du préf. **bi-* (all. *bei* « auprès de ») ; BESOGNEUX XIᵉ s. « qui est dans le besoin » ; BESOGNER XIIᵉ s. « être dans le besoin ». ♦|3| BESOIN XIᵉ s. var. masc. de *besogne*.

SOIR (pop.) ♦|1| XIIᵉ s. : lat. *sēro* « tard », adv. tiré de l'adj. *sērus* « tardif » ; BONSOIR XVᵉ s. ; SOIRÉE XVIᵉ s. : réfection, sous l'influence de *soir*, de *serée* (pop.) XIVᵉ s. : lat. vulg. **serāta*. ♦|2| SEREIN (pop.) XIIᵉ s. « tombée de la nuit, rosée du soir », d'abord sous la forme *serain*, altéré ensuite sous l'influence de l'adj. *serein* → ce mot : lat. vulg. **seranus*.

SOJA ou **SOYA** XVIIIᵉ s. : mot mandchou, d'origine japonaise, par l'angl.

SOLEIL famille d'une racine désignant le soleil, bien représentée dans les langues ind.-eur., et dont la forme la plus simple est *su-.

En grec dans *hêlios* (reposant sur **sāwelios*), d'où *hêliakos* « solaire » ; *parhêlios* « qui est auprès, ou vis-à-vis du soleil » ; *hêliotropos*, ou *-tropion*, nom de plante « qui se tourne vers le soleil » → TORDRE.

En latin, dans *sol, solis*, issu de **sawol*, ou **swol*, d'où *solstitium* « solstice » (pour le 2ᵉ élément → ESTER) ; lat. imp. *solaris* « solaire » et *insolare* « exposer au soleil » ; bas lat. *solsequia* (pour le 2ᵉ élément → SUIVRE) « plante qui suit le soleil, tournesol » (→ aussi en germ. angl. *sun*).

I. mots d'origine latine

A. mots populaires

◆I11 SOLEIL XIIᵉ s. : lat. vulg. **solĭcŭlus*, dimin. de *sol* ; ENSOLEILLÉ XIXᵉ s. ; ENSOLEILLEMENT XXᵉ s. ◆I21 SOUCI XIVᵉ s., sous la forme *soucie*, altérée au XVIᵉ s. sous l'influence de l'homonyme souci « fleur » → SOU ; *solsĕquia*. ◆I31 PARASOL XVIᵉ s. : it. *parasole* « qui protège du soleil », de *parare* (→ PART) et *sol*.

B. mots savants

◆I11 SOLAIRE XIIIᵉ s. : *solaris* ; SOLARIUM XIXᵉ s. ◆I21 SOLSTICE XIIIᵉ s. : *solstitium* ; SOLSTICIAL XIVᵉ s. : *solstitialis*. ◆I31 INSOLATION XVIᵉ s. : *insolatio*, de *insolare*.

II. mots savants d'origine grecque

◆I11 HÉLIOTROPE XIVᵉ s. : *hêliotropion* par le lat. ; HÉLIOTROPISME XIXᵉ s. ◆I21 HÉLIAQUE XVIIᵉ s. : *hêliakos*. ◆I31 PARÉLIE ou PARHÉLIE XVIIᵉ s. : emploi substantival de l'adj. gr. *parhêlios*. ◆I41 HÉLIANTHE XVIIᵉ s. : lat. bot. mod. *helianthus*, de *hêlios* et *anthos* « fleur » → ANTH(O)-. ◆I51 PÉRIHÉLIE XVIIIᵉ s. : de *peri-* et *-hélie*, sur le modèle de *parhélie*. ◆I61 HÉLIUM XIXᵉ s. « corps simple découvert dans l'atmosphère du soleil et celle de la terre » : dér. sur *hêlios*. ◆I71 HÉLIO- 1ᵉʳ élément de composés, ex. : HÉLIOGRAVURE XIXᵉ s.

SOMAT(O)- (sav.) ◆I11 gr. *sôma, -atos* « corps » ; 1ᵉʳ élément de mots sav. : SOMATIQUE XVIIᵉ s. : gr. *sômatikos* « corporel » ; SOMATOLOGIE XVIIIᵉ s. ◆I21 SOMA XXᵉ s. : mot gr. ◆I31 -SOME 2ᵉ élément de composés, ex. : CHROMOSOME (→ CHROME). ◆I41 -SOMATIQUE 2ᵉ élément de composés, ex. : PSYCHOSOMATIQUE XXᵉ s.

SOMBRE (pop.) XIVᵉ s. (au XIIIᵉ s., *essombre* « lieu obscur ») : mot obscur dont on ne peut rapprocher que le subst. port. et castillan *sombra* « ombre ». On rattache généralement les formes françaises et ibériques à un verbe *sŭbŭmbrāre* « mettre à l'ombre », deux fois attesté en bas lat. et qui aurait disparu à date prélittéraire. En fait, le *s* initial des formes ibériques est un empr. à celui de *sol* « soleil », des couples du type *sol y sombra* étant fréquents et la var. *solombra* courante dans plusieurs dial. ibériques. La forme fr. reste donc isolée. Elle n'a p.-ê. rien à voir à l'origine avec *ombre*, dont elle aurait été accidentellement rapprochée. On a proposé de la mettre en rapport avec le dial. *sombre* « jachère », d'origine celtique (**samaro-*, var. **somaro* et **savaro* « terre en repos », dér. de **samo-* « été », qui est aussi à l'origine du dial. *savart*). Calvin écrit : « Quand une terre *sombrera* (c.-à-d. « sera mise en jachère »), les autres seront cultivées » ; une *coupe sombre*, coupe de tous les arbres d'un bois, qui s'oppose à *coupe réglée*, transforme le bois en jachère ; de l'idée de « terrain broussailleux, peu cultivé », on passe facilement à celui de « mauvais caractère » et le croisement avec *ombre* est possible. — Dérivés : ASSOMBRIR XVIᵉ s. ; ASSOMBRISSEMENT XIXᵉ s.

SOMME (bête de) ◆I11 (pop.) XIIIᵉ s. « bât » : bas lat. *sauma* (VIIᵉ s.), var. de *sagma* (IVᵉ s.) : mot grec « bât ». ◆I21 SOMMIER (pop.) XIᵉ s. « bête de somme », XIVᵉ s. « poutre », XVIIᵉ s. « partie d'un lit » : bas lat. *sagmarium*, même évolution sémantique que pour *poutre*, *chevalet*, etc. ◆I31 SOMMELIER (pop.) XIIIᵉ s. « conducteur de bêtes de somme », puis « officier chargé de l'intendance », XIVᵉ s. « domestique chargé de la table », XIXᵉ s. sens mod. ; SOMMELLERIE XVIᵉ s.

SOMMEIL famille d'une racine ind.-eur. **swep-* « dormir ».

En grec (avec degré zéro de la voyelle) *hupnos* « sommeil ».

En latin (avec degré o de la voyelle) (1) *somnus* (reposant sur **swop-no-*), dimin. bas lat. *somnĭcŭlus* « état de celui qui dort », d'où *somnium* « songe, rêve » et *somniare* « rêver » ; lat. *insomnis* « privé de sommeil », et *insomnia*, plur. neutre « insomnie » ; *somnifer* « qui apporte le sommeil » (2) *sopor, -oris* « force qui endort », d'où *sopīre* « endormir ».

I. mots latins de la famille de *somnus*

A. mots populaires

♦1⟩ **SOMMEIL** XIIe s. : *somnĭcŭlus* ; **SOMMEILLER** XIIe s. « dormir » ; XVIIe s. sens mod. ; **ENSOMMEILLÉ** XVIe s., rare avant le XIXe s. ♦2⟩ **SOMME** subst. masc. XIIe s., var. *som* : *somnus*, **ASSOMMER** XIIe s. « assoupir », « étourdir d'un coup à la tête », « tuer », XVIe s. « faire mourir d'ennui » : dér. de *somme* ; **ASSOMMANT** XVIe s. ; **ASSOMMEUR** XVe s. ; **ASSOMMOIR** XVIIIe s. « instrument pour assommer », XIXe s. « surnom d'un cabaret parisien », d'où « cabaret en général », pris par Zola comme titre d'un de ses romans. ♦3⟩ **SONGE** XIIe s. : *somnium* ; **SONGER** XIe s.-XVIIe s. « rêver en dormant », XVIIe s. sens mod. : lat. *somniare* ; **SONGEUR** XIIe s. ; **SONGERIE** XVe s. ; **SONGE-CREUX** XVIe s.

B. mots savants

♦1⟩ **SOMNOLENCE** XIVe s. : bas lat. *somnolentia* ; **SOMNOLENT** XVe s. : bas lat. *somnolentus*, de *somnus* ; **SOMNOLER** XIXe s. ♦2⟩ **SOMNIFÈRE** XVe s. : *somnifer*. ♦3⟩ **INSOMNIE** XVIe s. : *insomnia* ; **INSOMNIAQUE**, **INSOMNIEUX** XXe s. ♦4⟩ **SOMNAMBULE** XVIIe s. : composé de *somnus* et *ambulare* → ALLER, sur le modèle du lat. médiéval *noctambulus*.

II. mots latins de la famille de *sopor*

♦1⟩ **ASSOUVIR** (pop.) XIIe s. lat. vulg. **assopīre*, de *sopīre* qui, du sens d'« endormir », était passé en lat. vulg. à celui de « satisfaire » ; s'est croisé en anc. fr. avec *assevir* « achever », du lat. vulg. *asseguire*, class. *assequi* « poursuivre », de *sequi* → SUIVRE ; **ASSOUVISSEMENT** XIVe s. « achèvement », XVIe s. sens mod. ; **INASSOUVI** XVIIIe s. ♦2⟩ **ASSOUPIR** (demi-sav.) XVe s. : réfection d'après *sopīre*, de *assouvir* ; **ASSOUPISSEMENT** XVIe s. ♦3⟩ **SOPORIFIQUE** (sav.) XVIIe s. : dér. sur *sopor*.

III. mots savants d'origine grecque

HYPN(O)- : gr. *hupnos* 1er élément de mots sav., ex. : **HYPNOTIQUE** XVIe s. ; **HYPNOSE**, **HYPNOTISER, -ISEUR, -ISME, HYPNAGOGIQUE** XIXe s.

SONDE XIIIe s. ; XVIe s. chirurgie ; **SONDER** XIVe s. : mots tirés de l'anglo-saxon *sundgyrd* « perche pour sonder », *sundrap* « corde pour sonder », dont le 1er élément signifie en fait « mer » ; **INSONDABLE** XVIe s. ; **SONDAGE** XVIIIe s. ; **RADIOSONDE** XXe s.

SONNER famille du lat. *sonare* « faire entendre un son », auquel se rattachent (1) les subst. *sonus, -ūs* « son » et son doublet poétique *sonor, -oris*, d'où lat. imp. *sonorus* « retentissant » et bas lat. *sonoritas* (2) les composés (a) *assonare* « répondre par un son » (b) *consonare* « produire un son ensemble, avoir le même son », d'où l'adj. *consonus* « qui retentit ensemble », fém. subst. *consona* « qui se fait entendre avec (une voyelle) », « consonne » ; (c) *dissonare* « rendre les sons discordants » (d) *resonare* « renvoyer les sons, résonner » (3) l'adj. bas lat. *unisonus* « qui a le même son ».

♦1⟩ **SONNER** (pop.) XIe s. : *sonāre* ; **SONNEUR, SONNERIE, SONNETTE, SONNAILLE** XIIIe s. ; **MALSONNANT** XVe s. ♦2⟩ **SON** XIIe s. : *sŏnus*, avec influence de *sonner*, qui a empêché la diphtongaison de l'ŏ, ou infl. du mot lat. ; **SONIQUE, SUPERSONIQUE** XXe s. ; **ULTRA-SON, INFRA-SON** XXe s. ; **SONO-** 1er élément de composés, ex. : **SONOMÈTRE** XIXe s. ; **SONOTHÈQUE** XXe s. ♦3⟩ **SONNET** XVIe s., poème à forme fixée par Pétrarque : it. *sonnetto*, de l'anc. prov. *sonet*, dér. de *son* « poème », « chanson », sens commun à l'anc. prov. et à l'anc. fr. ♦4⟩ **SONATE** XVIIIe s., mus. : it. *sonata*, part. passé fém. substantivé de *sonare* au sens de « jouer d'un instrument » (s'oppose à *cantata* « morceau de musique chanté »). ♦5⟩ **UNISSON** (sav.) XIVe s. : *unisonus*. ♦6⟩ **SONORITÉ** (sav.) XVe s., rare avant le XVIIIe s. : *sonoritas* ; **SONORE** XVIe s. : *sonorus* ; **SONORISER, SONORISATION** XIXe s. ; **INSONORISER, INSONORISATION** XXe s. ♦7⟩ **RÉSONNER** (pop.) XIIe s. : *resonare* ; **RÉSONNEMENT** XIIe s. ; **RÉSONANCE** (sav.) XVe s. : *resonantia* ; **RÉSONATEUR** XIXe s. ♦8⟩ **CONSONANCE, CONSONANT** (sav.) XIIe s. : *consonantia, consonans*, de *consonare* ; **CONSONNE** XVIe s. : *consona* ; **CONSONANTIQUE, CONSONANTISME** XXe s. ♦9⟩ **DISSONANCE et DISSONER** (sav.) XIVe s. : *dissonantia* et *dissonare*. ♦10⟩ **ASSONANCE** (sav.) XVIIe s. ; **ASSONANT** XVIIIe s., **ASSONER** XIXe s. : de *assonare*. ♦11⟩ **SONAR** : XXe s. : mot angl. composé du début des mots *sound navigation and rang-*

ing ; 1ᵉʳ élément empr. à l'anc. fr. *son*, *sonner*.

SOPHISTE famille savante du gr. *sophos* « habile, savant, sage ». ♦ I11 **SOPHISTE** XIIIᵉ s. : gr. *sophistés*, par le lat. : de *sophizein* « exceller en un art quelconque » ; désignait, en particulier, à Athènes, des maîtres de philosophie et d'éloquence qui enseignaient la manière de défendre toutes les thèses, même contradictoires, avec des arguments brillants et spécieux ; **SOPHISME** XIIᵉ s. « ruse », XVIᵉ s. « raisonnement trompeur » : gr. *sophisma*, de *sophizein*, par le lat. ; **SOPHISTIQUE** I,Jᵉ : *sophistikos*, par le lat. ; **SOPHISTIQUER** XIVᵉ s. ; **SOPHISTIQUÉ** XVIIᵉ s., adj. ♦ I2I **PHILOSOPHIE** XIIᵉ s. sens mod. et « science » : *philosophia*, littéralement « amour de la sagesse » ; **PHILOSOPHE** XIIᵉ s. sens mod. et sav. « alchimiste » : *philosophos* « ami de la sagesse », par le lat. ; **PHILOSOPHIQUE** XIVᵉ s. : *philosophikos*, par le lat. ; **PHILOSOPHAL** XIVᵉ s. : de *philosophe* au sens d'« alchimiste » ; **PHILOSOPHER** XIVᵉ s. : lat. *philosophari*, de *philosophus*. ♦ I3I **SOPHIE**, prénom fém. : gr. *sophia* « sagesse ».

SORBE (sav.) XIIIᵉ s. : lat. *sorbum* ; **SORBIER** XIIIᵉ s.

SORDIDE (sav.) XVᵉ s. : lat. *sordidus*, de *sordes* « saleté ».

SORNETTE ♦ I11 XVᵉ s., dimin. de *sorne* XVᵉ s. « plaisanterie », d'où *sorner* « railler » : anc. prov. *sorn* « obscur », apparenté à l'adv. prov. mod. *sournamen* « sournoisement » et aux adj. *sournet, sournacho,* etc. « sournois » (p.-ê. par l'intermédiaire du sens de « qui parle par énigmes, qui ne dit pas franchement ce qu'il pense ») : probablement croisement du fr. *morne* et du représentant prov. de *surdus* → SOURD. ♦ I2I **SOURNOIS** XVIIᵉ s. : mot d'origine méridionale, de même famille que le précédent.

SORT famille du lat. *sors, sortis* « petite tablette de bois servant à tirer au sort », d'où « décision du sort », « lot », « destinée », et dès le lat. imp. « manière, façon » : d'où *consors, -sortis* « qui partage le même sort » : *sortiri, sortitus* « tirer au sort » ; *sortilegus*, (→ LIRE).

I. mots populaires

♦ I11 **SORT** XIᵉ s. : *sors, sortis*. ♦ I2I **SORCIER** VIIIᵉ s., gloses de Reichenau, sous la forme légèrement latinisée *sorcerius* : lat. vulg. **sortiarius*, dér. de *sors, sortis* ; **ENSORCELER** var. dissimulée de *ensorcerer* XIIᵉ s. : dér. de *sorcier* ; **SORCELLERIE** XIIIᵉ s. : forme dissimilée de **sorcererie* ; **ENSORCELLEMENT** XIVᵉ s. ; **ENSORCELEUR** XVIᵉ s. ♦ I3I **SORTIR** XIIᵉ s. « tirer au sort », « prédire », « obtenir par le sort », « pourvoir », « échapper », XVIᵉ s. emploi mod., qui a dû prendre naissance dans le part. passé *sortitus* « sorti (dans un tirage au sort) » et a éliminé l'anc. verbe *issir* (→ ISSUE, art. IRAI I,Jᵉ) : lat. *sortiri* ; **SORTABLE** XIVᵉ s. : de *sortir* au sens de *pourvoir* ; **SORTIE** XVIᵉ s. ♦ I4I **RESSORTIR** XIᵉ s. « rebondir », d'où XIIIᵉ s. au sens fig. ; **RESSORT** jur. « recours à une juridiction supérieure », sur lequel a été formé un second **RESSORTIR** (à) XVᵉ s. « être du ressort de » et **RESSORTISSANT** XVIIᵉ s. ; **RESSORT** XVIᵉ s. « pièce métallique élastique » et divers sens fig., se rattache au sens propre de *ressortir*.

II. mots savants

♦ I11 **SORTE** XIIIᵉ s. : *sors, sortis*, au sens de « manière » ; **ASSORTIR** XIVᵉ s. « disposer, munir » ; **ASSORTIMENT** XVIᵉ s. ; **DÉSASSORTIR** XVIIᵉ s. ; **RASSORTIR** ou **RÉASSORTIR, -IMENT** XIXᵉ s. ♦ I2I **CONSORT** XIVᵉ s. « complice », XVIIᵉ s. « conjoint du souverain d'Angleterre » : *consors, -sortis* ; **CONSORTIUM** XIXᵉ s. : mot angl. « association », formé sur *consors* ♦ I3I **SORTILÈGE** XVᵉ s. : *sortilegus*.

SOT (pop.) XIIᵉ s. : bas lat. (IXᵉ s.) *sŏttus*, mot expressif, avec des correspondants approximatifs dans diverses langues ; **SOTIE** ou **SOTTIE, SOTTISE, RASSOTÉ** XIIᵉ s. ; **SOTTISIER** XVIᵉ s. ; **SOT-L'Y-LAISSE** XVIIIᵉ s. « croupion d'une volaille ».

SOU famille d'une racine ind.-eur. **sal-, *sol-* « entier, massif ».

En grec, *holos* « entier » (issu de **sol-wos*), d'où la locution adverbiale *katholou* « en général » et l'adj. dér. *katholikos* « universel » ; gr. eccl. *katholikê ekklèsia* « l'église universelle ».

En latin (1) *solidus* « massif, solide » ; en bas lat. abrév. de *nummus solidus* « monnaie d'or à cours stable de l'époque de

Constantin »; *soliditas* « solidité »; *solidare* et *consolidare* « rendre solide » et *consolida* « plante à propriétés astringentes » (2) *sollus*, var. osque de *solidus*, mot arch. qui apparaît en composition dans (a) *sollicitus* (pour le 2ᵉ élément → CITER) « complètement agité », d'où *sollicitare* « remuer totalement » et *sollicitudo* « inquiétude » (b) *sol (l)emnis* « valable pour le déroulement d'une année entière », « qui revient tous les ans », dont le 2ᵉ élément est un ancien mot italique *°amno-* « circuit »; bas lat. *sollemnitas* « solennité, fête solennelle » (3) l'adj. *salvus*, à l'origine « entier, intact » et en lat. class. « sain et sauf, en bonne santé », et le substantif *salus*, *-ūtis* « bon état », « santé », « sauvegarde ». Au premier se rattachent les verbes (a) *salvere* « être en bonne santé », utilisé surtout à l'impératif comme formule de salutation (b) bas lat. *salvare* « sauver » (qui a éliminé *servare*), d'où *salvator* « sauveur ». Au second (a) *saluber* et *insaluber* « bon » et « mauvais pour la santé »; *salutaris* « utile à la conservation » (b) le verbe *salutare* « souhaiter bonne santé à quelqu'un », « le saluer ».

I. mots d'origine latine de la famille de *solidus*
A. mots populaires
♦ 111 **SOU** XIᵉ s., var. *sol* : *solidus*, au sens de « monnaie ». ♦ 121 **SOUDOYER** XIIᵉ s. : « payer une solde à des gens de guerre », XVIIIᵉ s. « corrompre » et **SOUDARD** XIVᵉ s. subst. « mercenaire », XVIIᵉ s. « soldat brutal et grossier » : dér. de *sold*, var. anc. de *sou*. ♦ 131 **SOUDER** XIIᵉ s. : *solidare* ; **RESSOUDER** XIIᵉ s. ; **SOUDURE** XIIIᵉ s. ; **SOUDEUR** XIVᵉ s. ♦ 141 **CONSOUDE** XIIIᵉ s. bot. : *consolida*.

B. mots empruntés à l'italien
♦ 111 **SOLDE** XVᵉ s. « paie des mercenaires » : it. *soldo*, masc., équivalent du fr. *sou* ; le fém., en fr. est dû à la terminaison ; **DEMI-SOLDE** XIXᵉ s. ♦ 121 **SOLDAT** XVIᵉ s., devenu usuel au XVIIᵉ s. où il a largement éliminé *soudard* : it. *soldato*, de *soldo* et *soldare* « payer une solde », part. passé substantivé ; **SOLDATESQUE** XVIᵉ s. adj., XVIIᵉ s. subst. : it. *soldatesco*, dér. de *soldato*. ♦ 131 **SOLDER** XVIIᵉ s. « acquitter un compte », XIXᵉ s. « vendre au rabais » : altération, sous l'influence de *solde*, de l'it. *saldare* « souder » et « acquitter », dér. de *saldo* « ferme, solide » et « acquit » : croisement de *solidus* et de *validus* → VALOIR ; **SOLDE** subst. masc. XVIIᵉ s. banque ; XIXᵉ s. commerce : it. *saldo*.

C. mots savants
♦ 111 **SOLIDE** XIVᵉ s. adj. ; XVIIᵉ s. subst. : *solidus* ; **SOLIDITÉ** XIVᵉ s., rare avant le XVIIᵉ s. : *soliditas* ; **SOLIDIFICATION** XVIᵉ s., rare avant le XIXᵉ s. ; **SOLIDIFIER** XVIIIᵉ s. ♦ 121 **CONSOLIDER** XIVᵉ s. : *consolidare* ; **CONSOLIDATION** XIVᵉ s. ; **CONSOLIDABLE** XIXᵉ s. ♦ 131 **SOLIDAIRE** XVᵉ s. jur., se dit d'un bien commun à plusieurs personnes, chacune étant responsable du tout, et par extension des personnes liées par un acte solidaire ; XVIIIᵉ s. sens mod. : dér. d'après la locution lat. jur. *in solidum* « pour le tout », « solidairement » ; **SOLIDARITÉ** XVIIIᵉ s. ; **SOLIDARISER, SE DÉSOLIDARISER** XIXᵉ s.

II. mots d'origine latine de la famille de *salvus* et *salus*
♦ 111 **SAUF** Xᵉ s. (pop.) « sauvé », survit dans la locution *sain et sauf : salvus*. L'emploi de *sauf*, invariable comme prép. au sens d'« excepté », date du XVIᵉ s., et a pour origine des expressions anciennes telles que *sauve votre grâce* « sans porter atteinte à votre grâce » ; **SAUF-CONDUIT** XIIᵉ s. ; **SAUVEGARDE** XIIIᵉ s. ; **SAUVEGARDER** XVIIᵉ s. ♦ 121 **SAUVER** (pop.) IXᵉ s. ; XVIᵉ s. *se sauver* « s'enfuir » : *salvare* ; **SAUVEUR** XIᵉ s. : *salvator, -ōris* ; **SAUVE-QUI-PEUT** XVIIᵉ s. ; **SAUVETAGE** XVIIIᵉ s. ; **SAUVETEUR** XIXᵉ s. ; **SAUVETTE** XIXᵉ s. « petite hotte », survit dans l'expression *vendre à la sauvette* XXᵉ s. ♦ 131 **SAUGE** (pop.) XIIᵉ s. : lat. *salvia*, probablement dérivé de *salvus* à cause des propriétés médicinales attribuées à cette plante. ♦ 141 **SALUT** XIᵉ s.« salutation », masc. (pop.) ; XIᵉ s.-XIIIᵉ s. « santé » et « salut éternel », fém. ; XIVᵉ s. extension du masc. : *salus, ūtis* (fém.) ; **SALUER** (pop.) XIᵉ s. : *salūtāre*. ♦ 151 **SALUTATION** (sav.) XIIIᵉ s. : *salutatio*, de *salutare* ; **SALUTAIRE** XIVᵉ s. : *salutaris* ; **SALUTISTE** XIXᵉ s. « membre de l'Armée du Salut ». ♦ 161 **SALUBRE** (sav.) XIVᵉ s. : *saluber* ; **SALUBRITÉ** XVᵉ s. : *salubritas* ; **INSALUBRE, INSALUBRITÉ** XVIᵉ s. : de *insaluber*. ♦ 171 **SALVE** (sav.) XVIᵉ s. : lat. *salve*, impératif de *salvere* « porte-toi bien ! », « salut ! », les *salves* d'artillerie étant tirées pour saluer un grand événement. ♦ 181 **SALVE**, ou **SALVE REGINA** (sav.) XVIIᵉ s. : début d'une antienne à la Sainte Vierge « Salut, Reine ».

III. mots latins de la famille de *sollus*
♦ 111 **SOUCIER** (pop.) XIIIᵉ s. : lat. vulg. *°sollĭcĭtāre*, class. *sollĭcĭtāre* ; **SOUCIEUX** XIIIᵉ s. ;

SOUCI XIV° S. ; **SANS-SOUCI** XV° S. ; **INSOUCIEUX, INSOUCIANT, INSOUCIANCE** XVIII° S. ♦ |2| **SOLLICITUDE** (sav.) XIII° S. : *sollicitudo* ; **SOLLICITER** XIV° S. : « s'occuper de » et « troubler, déranger », d'où sens mod. « demander instamment » : *sollicitare* ; **SOLLICITEUR** XIV° S. d'abord jur. « celui qui s'occupe d'une affaire » ; **SOLLICITATION** XV° S. : *sollicitatio*. ♦ |3| **SOLENNEL** (sav.) XII° S. ; dér., sur *solennis*, var. bas lat. de *sollemnis* ; **SOLENNITÉ** XII° S. : *solennitas* ; **SOLENNISER et SOLENNISATION** XIV° S. du bas lat. *sollemnizare*.

IV. mots savants d'origine grecque

♦ |1| **CATHOLIQUE** XIII° S. : gr. *katholikos*, par le lat. eccl. ; **CATHOLICISME, CATHOLICITÉ** XVI° S. ♦ |2| **CATHOLICON** XVI° S. : mot gr., par le lat. médical « (remède) universel ». ♦ |3| **OLOGRAPHE** XVII° S. : altération de *holographe* « (testament) écrit *-(graphe)* tout entier *(holo-)* (de la main du testateur) », par le bas lat. ♦ |4| **HOLO-** 1ᵉʳ élément de composés sav., ex. : **HOLOCAUSTE** XII° S. (→ ENCRE) : lat. *holocaustum*, altération du gr. *holokauton* « brûlé entièrement » ; **HOLOMÈTRE** XVII° S.

SOUCHE (pop.) XII° S. : gaulois *tsukka*.

SOUDE ♦ |1| (demi-sav.) XVI° S. : lat. médiéval *soda*, de l'arabe *suwwâd* « mal de tête » et « plante servant de remède contre le mal de tête, dont on extrayait de la soude » ; mot répandu en Europe par les Arabes de Sicile, fabricants de cette soude. ♦ |2| **SODIUM** XIX° S. chimie : d'abord en angl., dér., sur *soda* ; **SODIQUE** XIX° S. ♦ |3| **SODA** XIX° S. : abrév. de l'angl. *soda-water* « eau de soude ».

SOUFRE ♦ |1| (pop.) XIII° S. : lat. *sŭlphur*, d'origine méditerranéenne ; **SOUFRER** XIII° S. ; **SOUFRIÈRE** XVI° S. ♦ |2| **SOLFATARE** XVII° S. : mot it., toponyme, désignant un volcan éteint entre Naples et Pouzzoles ; dér. de *zolfo* « soufre ». ♦ |3| **SULFUREUX** (sav.) XIII° S. : bas lat. *sulfurosus* ; **SULFURÉ** XV° S. ; **SULFURIQUE** XVI° S. ; **SULFURE, SULFITE, SULFATE** XVIII° S. ; **SULFATER, SULFATAGE** XIX° S. ; **SULFATEUSE, SULFAMIDE, SULFURISÉ** XX° S. ♦ |4| **-SULFURE,- SULFURIQUE,**, 2ᵉˢ éléments de composés, ex. : **POLYSULFURE, PYROSULFURIQUE** XIX° S. ; **SULF-,** 1ᵉʳ élément, **SULFHYDRIQUE** XIX° S.

SOUHAITER (pop.) XII° S. : forme hybride associant un préf. lat., *subtus* → SOUS, à un subst. germ. ; d'abord *souhaidier*. À partir du frq. **hait* « vœu, promesse », on peut reconstituer un gallo-roman **subtus-haitare* « sous-promettre », « promettre sans trop s'engager » ; **SOUHAIT** XII° S. ; **SOUHAITABLE** XVI° S.

SOUILLER famille d'une racine ind.-eur. **su-* « porc », représentée en grec par *hus, huos* « porc », forme fém. *huaina* « bête féroce de Libye » ; en latin par *sus, suis* « porc », dimin. fém. *sŭcŭla* « jeune truie » et bas lat. *sŭcŭlus* « goret » ; en germanique, par le got. *swein*, l'angl. *swine*, l'all. *Schwein* « porc ».

I. mots d'origine latine

SOUILLER (pop.) XII° S. : lat. vulg. **sŭcŭlare* « cochonner », dér. de *sŭcŭlus* ; **SOUILLURE** XIV° S. ; **SOUILLON** XV° S. ; **SOUILLE** XIV° S. vénerie ; XVI° S. mar. ; **SOUILLARDE** XIX° S.

II. mots d'origine grecque

♦ |1| **HYÈNE** (sav.) XIII° S. : gr. *huaina*, par le lat. ♦ |2| **JUSQUIAME** (sav.) XIII° S. : bas lat. *jusquiamus* : gr. *huos kuamos* « fève de porc ».

III. mots d'origine germanique

MARSOUIN (pop.) XIV° S. : anc. scandinave *marsvin* « porc *(svin)* de mer *(mar)* ».

SOUK XVII° S. sous la forme *soc* empr. à un mot ar. signifiant « marché » par l'intermédiaire de l'esp. ; la forme mod. empr. directement à l'ar. est de 1835.

SOUPE (pop.) XII° S. « tranche de pain (que l'on recouvre de bouillon) », XIV° S. « bouillon au pain » : bas lat. *suppa* (VI° s.), mot empr. au germ. occidental (avec équivalents en got., néerl., angl.) ; **SOUPER** X° s., infin. substantivé, partiellement remplacé au XIX° s., dans la langue de Paris, par *dîner*, « repas du soir » ; XII° S. verbe ; **SOUPIÈRE** XVIII° S.

SOUPIRER famille du verbe lat. *spīrāre* « souffler », auquel se rattachent (1) les subst. *spiritus* « souffle », « souffle vital, âme » et lat. eccl. « Saint-Esprit », traduction du gr. *pneuma* (→ NEUME), hébreu *ruach*, d'où *spiritualis* « de la nature de l'esprit, immatériel » ; *spiraculum* « soupirail, ouverture » ; bas lat. *spiratio* « acte de souffler » ; (2) les composés *aspirare* « diriger son souffle vers », « faire effort vers » : *conspirare*, seulement au sens fig. de « être d'accord, comploter » ; *exspirare* var. *expirare* « laisser échapper en soufflant » et « rendre le dernier soupir » ; *inspirare* « souffler dans », « insuffler, communiquer » ; *respirare* « respirer » ; *suspirare* « respirer profondément », « soupirer à propos de quelqu'un ».

I. mots populaires ou demi-savants

◆ |1| SOUPIRER XIe s. : *sŭspīrāre* ; SOUPIR XIIe s. : SOUPIRANT adj. et subst. XIIIe s. ◆ |2| SOUPIRAIL XIIe s. : adaptation, sous l'influence de *soupirer*, du lat. *spīrāculum*. ◆ |3| ESPRIT (demi-sav.) XIIe s., sens mod., et sens particuliers au Moyen Âge en médecine et en alchimie (qui ont laissé des traces dans les expressions *esprits animaux, esprit-de-vin* et le dér. *spiritueux*) : lat. *spīritus*.

II. mots savants, base -*spir*-

◆ |1| SPIRITUEL Xe s. théol. ; XVIIe s. « qui a l'esprit fin » : *spiritualis* ; SPIRITUALITÉ XIIIe s. : *spiritualitas*, dér. bas lat. de *spiritualis* ; SPIRITUALISER XVIe s. ; SPIRITUALISME XVIIe s. ; SPIRITUALISTE XVIIIe s. ◆ |2| ASPIRER XIIe s. : *aspirare* « souffler », XIIIe s. « respirer », d'où (en considérant l'autre mouvement de la respiration) XIVe s. sens mod. ; XIVe s. *aspirer à* : *aspirare* ; ASPIRATION XIIe s. : même évolution ; XVe s. linguist. (sens emprunté au lat.) : *aspiratio* ; ASPIRANT XVe s. subst. ; ASPIRATEUR XIXe s. ◆ |3| CONSPIRER XIIe s. : *conspirare* ; CONSPIRATION XIIe s. : *conspiratio* ; CONSPIRATEUR XIVe s. ◆ |4| EXPIRER XIIe s. : « souffler » et « rendre le dernier soupir », XIVe s. « venir à son terme » : *expirare* ; EXPIRATION XIVe s. : *expiratio*. ◆ |5| INSPIRER XIIe s. « insuffler dans », en particulier en parlant de Dieu, XVIe s. sens physiol. : *inspirare* ; INSPIRATION XIIe s., même évolution : *inspiratio* ; INSPIRATEUR une fois au XIVe s., puis XVIIIe s. : bas lat. *inspirator*. ◆ |6| RESPIRER XIIe s. : *respirare* ; RESPIRATION XVe s. : *respiratio* ; RESPIRABLE XIVe s. ; IRRESPIRABLE XVIIIe s. : bas lat. *respirabilis* ; RESPIRATOIRE XVIe s. Pour les mots scientifiques exprimant l'idée de « respiration » → -PNÉE, art. NEUME. ◆ |7| TRANSPIRER XVIe s. : lat. médiéval *transpirare* « exhaler au travers », de *trans* → TRÉS, et *spirare* ; TRANSPIRATION XVIe s. ◆ |8| SPIRITUEUX XVIe s. à propos du sang, XVIIe s. « alcoolisé » : dér., sur *spiritus*, employé dans la langue méd. et alchimique du Moyen Âge. ◆ |9| SPIRATION XIIIe s. théol. : bas lat. *spiratio* ; SPIRANT XIXe s. linguist. : part. présent de *spirare* ; SPIRO-, SPIRO-, 1er élément de composés, ex. : SPIROMÈTRE XIXe s. ◆ |10| SPIRITE XIXe s. : abrév. de l'angl. *spirit-rapper* « esprit (*spirit* : lat. *spiritus*) frappeur (de *to rap* "frapper sur les doigts") » ; SPIRITISME XIXe s.

SOUQUENILLE XIIe s., nombreuses var. en anc. fr. : moyen haut all. *sukenie*, d'origine slave, qu'on peut rapprocher du tchèque *sukne*, et du polonais *suknia*.

SOUQUER XVIIe s. : prov. *souca* « serrer fortement, peiner », d'origine obscure.

SOURD famille d'une base expressive **sur-* « bourdonnement ».

En latin dans *susurrus* « murmure, chuchotement » ; *surdus* « sourd », « qui ne peut entendre » ou « qu'on ne peut entendre », d'où *surditas, -atis* « surdité » ; *absurdus* « discordant », « absurde ».

◆ |1| SOURD (pop.) XIIe s. : *surdus* ; ASSOURDIR XIIe s. ; ASSOURDISSEMENT XVIIe s. ; ASSOURDISSANT XIXe s. ◆ |2| SOURDINE XVIe s. « trompette peu sonore », XVIIe s. sens mod. : it. *sordina*, de *sordo* « sourd ». ◆ |3| SURDITÉ (sav.) XVe s. : *surditas*. ◆ |4| ABSURDE XIIe s. (sav.) : *absurdus* ; ABSURDITÉ XIVe s. : *absurditas*. ◆ |5| SUSURRATION XVIe s. « médisance », XIXe s. « chuchotement » : bas lat. *susurratio* ; SUSURRER XIXe s. : *susurrare* ; SUSURREMENT XIXe s.

SOURIS (pop.) XIIe s. ; XIVe s. boucherie : lat. vulg. **sorix, -ĭcis*, class. *sorex, -ĭcis*. SOURICIÈRE, SOURICEAU XVe s.

SOUS famille d'une racine ind.-eur. **sub-, sup-*, indiquant un mouvement de bas en haut.

En grec *hupo-* « sous » et *huper* « sur » ; *hubris* « excès, orgueil ».

En germanique commun **uberi*, angl. *over* « par-dessus ».

En latin *sub* « sous » (var. **subs-*, réduit à **sus-*) et *super* « sur », dont la parenté apparaît dans certains composés tels que *suspicere*, qui ne signifie pas « regarder sous » mais « regarder de bas en haut » ; *surgere* « se dresser » (→ SURGIR, art. ROI) ; et *sursum* adv. « en montant », « vers le haut », issu de **sub-vorsum* (→ VERS). Outre son sens propre, *sub* a pu prendre les valeurs de « au pied de », « à la place de », « dans le voisinage », p. ex. dans *suburbanus* « proche de la ville », et exprimer l'idée de « succession immédiate », p. ex. dans *subinde* (→ EN, adv., art. Y) « immédiatement après » et « de temps en temps, souvent », — Dér. et comp. (1) les adv. *subtus* et *subter* « par en dessous » (2) *supinus* « couché sur le dos », qui, par une métaph. mal élucidée, a servi, dans la langue des grammairiens du Bas Empire, à désigner une forme verbale propre au latin (3) *superus*, comparatif *superior*, superlatif *supremus* « qui est au-dessus » (4) *supra*, var. *supera*, anc. ablatif fém. « au-dessus », qui s'emploie en particulier pour renvoyer à quelque chose qui a été dit « plus haut » ; (5) *superarc* « être en surplus » « rester » (6) *summus*, autre forme de superlatif de *superus*, d'où lat. imp. *summitas, -atis* « sommet », et *summare* « porter à son apogée » (7) *summa*, fém. du précéd., subst., abrév. de *summa linea* « la ligne d'en haut », les Anciens ayant l'habitude de compter de bas en haut, d'où « somme formée par la réunion des éléments d'un compte », « total, ensemble » ; d'où *summarium* subst. « sommaire, condensé » ; *consummare* « faire le total », « achever », qui tend à se confondre, en particulier dans la langue de l'Église, avec *consumere* → CONSUMER, art. RANÇON (8) *superbus* « orgueilleux » → PROUVER-.

I. mots d'origine latine

A. mots populaires ou empruntés

♦|1| **SOUS** Xe s. : *subtus*, en bas lat. préposition ; **DESSOUS** XIe s.-XVIIe s. adv. et prép. ; XVe s. subst. ; **DESSOUS-DE-PLAT** XXe s. ; **SOUS-**, var. **SOU-**, préf., entre en composition avec des verbes, ex. : *soulever, sous-entendre*, ou des subst., ex : *soucoupe, sous-vêtement*. ♦|2| **SUS** Xe s., adv. qui survit dans les locutions *en sus, courir sus*, employé aussi comme prép. jusqu'au XVIe s. : lat. *sūsum*, var. familière de *sŭrsum* ; **DESSUS** XIIe s.-XVIIe s. adv. et préposition, XVIe s. subst. ; **PARDESSUS** XIXe s., vêtement ; **DESSUS-DE-LIT, DESSUS-DE-PLAT**

XXe s. ♦|3| **SUZERAINETÉ** XIVe s., puis **SUZERAIN** : dér. de l'adv. *sus* analogiques de *souveraineté, souverain*. ♦|4| **SUR** XIe s. : croisement de *sus* et de l'anc. fr. *soure* (pop.) Xe s., de *supra* ; **SUR-** préf. à valeur intensive, qui entre en composition avec des verbes, ex. : *surabonder*, des subst., ex. : *surtaxe*, des adj., ex. : *suraigu*. ♦|5| **SOUVERAIN** XIIe s. : bas lat. *sŭpĕrānus*, attesté en lat. médiéval ; **SOUVERAINETÉ** XIIe s. ♦|6| **SOUVENT** XIIe s. : *subinde* ; **SOUVENTEFOIS** XIIe s. ♦|7| **SOUTE** XIIIe s. : anc. prov. *sota*, prép. et subst., du lat. vulg. **sŭbta*, altération de *sŭbtus* sous l'influence de *sŭpra* ; **SOUTIER** XIXe s. ♦|8| **SOUTANE** XVIe s. et **SOUTANELLE** XVIIe s. : it. *sottana* « vêtement de dessous », dér. de *sotto* « sous » ; lat. *subtus*, et son dimin. *sottanella*. ♦|9| **SOMBRER** (en parlant d'un bateau) XVIIe s. : d'abord sous la forme *sous-soubrer*, altérée ensuite sous l'influence de *sombre* et interprétée comme *sous sombrer* (d'où l'on est passé facilement à *sombrer sous*) : de l'esp. *zozobrar* ou du port. *sossobrar*, « faire chavirer l'embarcation », issus du catalan *sotsobre* (composé de *sots* « en bas », du lat. *subtus*, et de *sobre* « en haut », du lat. *super*) et de son dérivé, le verbe *sotsobrar*. ♦|10| **SOUBRETTE** XVIIe s. : prov. *soubreto* « maniérée, mijaurée », fém. de *soubret* « qui fait le difficile », du verbe *soubra* « laisser de côté » : lat. *sŭpĕrāre*. ♦|11| **SOPRANO** XVIIIe s., mus. : mot it. « (chant) du dessus », du lat. vulg. **sŭpĕrānus* → SOUVERAIN.

B. base *-somm-* (pop. ou demi-sav.) et *-summ-* (sav.)

♦|1| **SOMMET** (pop.) XIIe s. : dimin. de l'anc. fr. *som* « id. », du lat. *summum* « le point le plus élevé ». ♦|2| **SOMME** (pop.) XIIe s. « quantité totalisée », XIIIe s. « quantité d'argent » et « ouvrage complet et condensé » ; XIVe s. *en somme* et *somme toute* « tout bien considéré » : *summa*. ♦|3| **CONSOMMER** XIIe s. « achever, parfaire (sens qui subsiste encore dans l'expression *consommer un mariage*, et au part. passé), XVIe s. « utiliser jusqu'au bout en détruisant au fur et à mesure » : *consummare* ; **CONSOMMATION** XIIe s. « achèvement (survit dans *la consommation du mariage* et *la consommation des siècles*), XVIIe s. « utilisation destructrice », XIXe s. « ce qu'on prend au café » : lat. eccl. *consummatio* ;

CONSOMMÉ XIV⁰ s. adj. « parfait », XVI⁰ s. subst. « bouillon » ; **CONSOMMABLE, CONSOMMATEUR** XVI⁰ s. ♦ 141 **SOMMER** XIII⁰ s. « additionner » et juridique « mettre en demeure » : emploi médiéval de *summare* « faire la somme » et « résumer » ; **SOMMATION** XIV⁰ s. jur., XV⁰ s. math. ♦ 151 **SOMMAIRE** XIV⁰ s. substantif : *summarium* ; **SOMMAIREMENT** XIII⁰ s. atteste dès cette époque un emploi de *sommaire* comme adj., dér. de son emploi comme subst., qui doit être plus ancien que sa date de première attestation. ♦ 161 **SOMMITÉ** XIII⁰ s., technique, XIX⁰ s. « personne éminente » : *summitas, -atis*. ♦ 171 **SUMMUM** (sav.) XIX⁰ s. : mot lat.

C. base *-sup-* (sav.)

♦ 111 **SUPÉRIEUR** XII⁰ s. : *superior* ; **SUPÉRIORITÉ** XV⁰ s. : lat. médiéval *superioritas*. ♦ 121 **SUPERBE** XII⁰ s. adj. et subst. : *superbus* et *superbia* → art. PROUVER. ♦ 131 **SUPERCHERIE** XVI⁰ s. : réfection sav., d'après le lat. *super*, de l'it. *soperchieria* « excès, affront », de *soperchiare* « dépasser la mesure », lui-même dér. de *soperchio* « surabondant », du lat. vulg. **supercŭlus*, de *super*. ♦ 141 **SUPER-** : préf. sav., dans plusieurs mots empr. au lat., ex. : *superficie* (→ FAIRE), *superstition* (→ ESTER) et dans des mots de formation fr. tels que *superviser, superfin, superproduction*, ex. ♦ 151 **SUPRA** XIX⁰ s. : mot lat. « plus haut » ; **SUPRA-**, préf. sav., ex. : *supranationalité, suprasensible, supraterrestre*. ♦ 161 **SUPRÊME** XV⁰ s. : *supremus* ; **SUPRÉMATIE** XVII⁰ s. : angl. *supremacy*, dér. de l'angl. *supreme*, lui-même empr. au fr. ♦ 171 **SUPIN** XIII⁰ s., gramm. : *supinum*. ♦ 181 **SUPINATEUR** XVI⁰ s., **SUPINATION** XVII⁰ s. anat. : de *supinare*.

D. **-SUS-** (sav.) : préf. qui n'apparaît que dans des mots empr. au lat., ex. : *suspendre, suscription*, etc. : lat. *sus-*, var. de *sub-*.

E. **SUB-** (sav.) : préf. qui apparaît dans des mots empr. au lat., ex. : *subalterne, subséquent*, et dans des mots de création fr., verbes tels que *subdiviser, subdéléguer* et surtout adj., ex. : *subalpin, subtropical*, etc. ; **SUBTER-** : préf. lat., dans le mot d'empr. *subterfuge* → FUIR.

II. formes savantes d'origine grecque

♦ 111 **HYPO-** : gr. *hupo*, dans de nombreux mots empr. au lat., ex. : *hypocrite, hypothèse* et de nombreuses formations récentes, ex. : *hypophyse, hypotension, hypoglycémie*. ♦ 121 **HYPER-** : gr. *huper* : dans quelques mots d'empr., ex. : *hyperbole, hyperboréen*, et surtout dans de nombreux composés scientifiques où il fait couple avec *hypo* : ex. : *hypertension, hyperglycémie*.

III. mot d'origine germanique

PULL-OVER XX⁰ s. : mot angl., de *to pull over* « tirer par-dessus (la tête) » ; 1ᵉʳ élément d'origine germ. ; 2ᵉ élément équivalent germ. du lat. *super*, gr. *huper*.

SOUTACHE XIX⁰ s. d'abord « tresse garnissant le shako » : hongrois *sujtás* « galon » ; **SOUTACHER** XIX⁰ s.

SOVIET ♦ 111 XX⁰ s. : mot russe « conseil » ; **SOVIÉTIQUE, SOVIÉTISER, SOVIÉTISATION** XX⁰ s. ♦ 121 **SOVKHOZE** XX⁰ s. : mot russe, abrév. de *sovietskoïe khoziaistvo* « exploitation agricole d'État » ; **SOVKHOZIEN** XX⁰ s.

SPAHI ♦ 111 XVI⁰ s. « cavalier turc de la garde du sultan », XIX⁰ s. cavalerie coloniale fr. : turc *sipāhi*, d'origine persane. ♦ 121 **CIPAYE** XVIII⁰ s. : port. *sipay*, du persan *sipāhi* « soldat ».

SPARADRAP XIV⁰ s. : lat. médiéval *sparadrappum*, ou it. *sparadrappo*, d'origine obscure.

SPEAKER ♦ 111 XVII⁰ s. « président de la Chambre des communes », XIX⁰ s. « orateur », XX⁰ s. radio : mot angl. d'origine germ., « parleur » ; **SPEAKERINE** XX⁰ s. ♦ 121 **SPEECH** XIX⁰ s. : mot angl. « discours », de la même famille que *to speak*.

SPÉLÉOLOGIE (sav.) fin XIX⁰ s. et **SPÉLÉOLOGUE** XX⁰ s. : gr. *spêlaion* « caverne ».

SPHÈRE ♦ 111 (sav.) XVI⁰ s. (XIII⁰ s. *espère*) « globe », XVII⁰ s. « domaine de connaissances, étendue de pouvoir » : gr. *sphaira* « tout corps rond », « sphère », en particulier « corps céleste », par le bas lat. ; **SPHÉRIQUE** XIV⁰ s. ; **SPHÉRICITÉ, SPHÉROÏDE** XVIII⁰ s. ; **SPHÉROMÈTRE** XIX⁰ s. ♦ 121 **-SPHÈRE** 2⁰ élément de composés, ex. : **HÉMISPHÈRE** XIII⁰ s. : gr. *hêmisphairion* « demi-sphère » par le lat. ; **HÉMISPHÉ-**

RIQUE XVIᵉ s. ; **PLANISPHÈRE** XVIᵉ s., du lat. *planus* → PLAIN ; **ATMOSPHÈRE** XVIIᵉ s. et **ATMOSPHÉRIQUE** XVIIIᵉ s. : du gr. *atmos* « vapeur » ; **STRATOSPHÈRE** XIXᵉ s., du lat. *stratum* « couverture » → ESTRADE.

SPHINCTER (sav.) XVIᵉ s. : gr. *sphigktêr* « (muscle) qui resserre », de *sphiggein* « serrer ».

SPHINX (sav.) XVIᵉ s. : mot gr. à l'origine « monstre ailé à tête de femme sur un corps léonin, vaincu par Œdipe, qui seul sut venir à bout de ses énigmes » ; p.-ê. apparenté au même verbe *sphiggein* que le précédent ; **SPHINGE** XVIᵉ s.

SPIRE (sav.) XVIᵉ s. « enroulement, objet enroulé », p.-ê. apparenté à *sparton* « corde tressée avec du jonc » → ESPADRILLE ; **SPIRAL** adj. et **SPIRALE** subst. (pour *ligne spirale*) XVIᵉ s. : lat. médiéval *spiralis* ; **SPIRILLE** XIXᵉ s. « bactérie en forme de spire » ; **SPIRILLOSE** XXᵉ s.

SPLENDEUR (sav.) XIIᵉ s. : lat. *splendor*, de *splendere* « briller », « étinceler » ; **RESPLENDIR, RESPLENDISSEMENT, RESPLENDISSANT** XIIIᵉ s. : de *resplendere* « id. » ; **SPLENDIDE** XVᵉ s. : lat. *splendidus*.

SPLÉNIQUE ♦|1| (sav.) XVIᵉ s. anat. : lat. *splenicus*, dér. sur le gr. *splên* « rate ». ♦|2| **SPLEEN** XVIIIᵉ s. : mot angl. « rate » et « humeur noire » : gr. *splên*, par le bas lat., la rate étant tenue par la médecine ancienne pour responsable de l'hypocondrie.

SPONTANÉ (sav.) XIVᵉ s. : lat. imp. *spontaneus* : de la locution *sponte sua* « de son plein gré », abl. de *spons, spontis* « volonté libre » ; **SPONTANÉITÉ** XVIIᵉ s.

SQUALE (sav.) XVIIIᵉ s. : lat *squalus*, sorte de poisson.

SQUAME ♦|1| (sav.) XIIIᵉ s. : lat. *squama* « écaille » ; **SQUAMEUX** XIIIᵉ s. : *squamosus* ; **SQUAMIFÈRE** XIXᵉ s. ♦|2| **DESQUAMER** XIXᵉ s. : *desquamare* ; **DESQUAMATION** XVIIIᵉ s.

SQUELETTE XVIᵉ s. anat. : gr. *skeletos* adj. « desséché », neutre substantivé

« momie » et « squelette » ; **SQUELETTIQUE** XIXᵉ s.

STAFF XIXᵉ s. « stuc », XXᵉ s. « groupe dirigeant d'une entreprise » : mot angl. « bâton », d'origine germ., qui a pris de nombreux sens dér., en particulier celui de « rangée, alignement », « corps d'officiers » ; **STAFFEUR** XXᵉ s.

STAGNANT (sav.) XVIIᵉ s. : lat. *stagnans*, part. présent de *stagnare*, dér. de *stagnum* « étang » ; **STAGNATION**, puis **STAGNER** XVIIIᵉ s. : de *stagnare*.

STALACTITE et **STALAGMITE** (sav.) XVIIIᵉ s. : du gr. *stalazein* « filtrer goutte à goutte » et *stalagmos* « écoulement goutte à goutte ».

STAPHYLO- (sav.) gr. *staphulè* « grain de raisin », 1ᵉʳ élément de mots sav., ex. : **STAPHYLOCOQUE** XIXᵉ s.

STÉAR-, STÉAT- (sav.) gr. *stear, steatos* « graisse ».
♦|1| **STÉATOME** XVIᵉ s. méd. : gr. *steatôma* « tumeur graisseuse » ; **STÉATOPYGE** XIXᵉ s., de *pugê* « fesse » : « aux fesses grasses » ; **STÉATOSE** XIXᵉ s. ♦|2| **STÉATITE** XVIIIᵉ s. minéral. « sorte de talc onctueux au toucher ». ♦|3| **STÉARINE** chimie XIXᵉ s. ; **STÉARIQUE, STÉARATE, STÉARINERIE** XIXᵉ s.

STÈLE (sav.) XVIIIᵉ s. : gr. *stêlê* « bloc dressé », « borne », « stèle funéraire », par le lat. ; p.-ê. apparenté à *histanai* (→ ESTER) ou à *stellein* (→ APÔTRE).

STÉNO- (sav.) gr. *stenos* « étroit, resserré ».
♦|1| **STÉNOGRAPHIE** XVIᵉ s. « reproduction résumée » ; XVIIIᵉ s. sens mod. ; **STÉNOGRAPHE, STÉNOGRAPHIER** fin XVIIIᵉ s. ; **STÉNOGRAPHIQUE, STÉNOGRAMME** XIXᵉ s. ♦|2| **STÉNODACTYLOGRAPHIE** XXᵉ s. : contamination de *sténographie* et *dactylographie* ; **STÉNODACTYLO** XXᵉ s. ♦|3| **STÉNOTYPIE** XXᵉ s. 2ᵉ élément *tupos* « caractère » ; **STÉNOTYPE, STÉNOTYPISTE** → TYPE, art. PERCER.

STEPPE XVIIᵉ s. : russe *step* « id. » ; **STEPPIQUE** XXᵉ s.

-STÈRE 2ᵉ élément de composés empr. à *monastère* : **PHALANSTÈRE** → PHALANGE, art. PLANCHE ; **FAMILISTÈRE** → FAMILLE.

STÈRE ♦|1| (sav.) fin XVIIIᵉ s. : « un mètre cube (de bois) » : gr. *stereos* « solide ». ♦|2| **STÉRÉO-**, 1ᵉʳ élément de composés sav., ex. : **STÉRÉOTYPER** fin XVIIIᵉ s., d'abord typo. puis sens fig. « clicher » ; **STÉRÉOPHONIE** XIXᵉ s. « procédé donnant l'impression du relief acoustique » ; **STÉRÉOGRAPHIE** XVIIIᵉ s. « représentation des solides sur un plan », etc.

STÉRILE et **STÉRILITÉ** (sav.) XIVᵉ s. : lat. *sterilis, sterilitas* ; **STÉRILISER** XIVᵉ s., rare avant le XVIIIᵉ s. ; fin XIXᵉ s. en bactériologie ; **STÉRILISATION, STÉRILISATEUR** XIXᵉ s. ; **STÉRILET** XXᵉ s.

STÉTHOSCOPE (sav.) XIXᵉ s. : du gr. *sthetos* « poitrine ».

STEWARD XIXᵉ s. : mot angl. « maître d'hôtel », « officier du palais royal », puis « officier d'un bateau, qui garde les marchandises » ; anc. angl. *stigweard* « gardien (*weard* var. *ward* → GARDER, art. SERF) de la maison (*stig*, var. *stye*, d'origine scandinave) ». Le mot *steward* est à l'origine du nom de famille STUART.

STREPTOCOQUE (sav.) XIXᵉ s. : de *streptos* « arrondi » et *-coque* → COCCINELLE ; **STREPTOMYCINE** XXᵉ s., de *streptos* et *mukès* « champignon ».

STRIDENT ♦|1| (sav.) XVᵉ s. : du lat. *stridere*, d'origine onom. « produire un bruit strident » ; **STRIDENCE** XXᵉ s. ♦|2| **STRIDULEUX** XVIIIᵉ s., **STRIDULATION** XIXᵉ s., **STRIDULER** XXᵉ s. : du lat. *stridulus* « sifflant ».

STRIGE ou **STRYGE** XIXᵉ s. « vampire » : gr. *strigx, striggos*, « effraie, oiseau de nuit au cri strident », par le lat.

STRIP-TEASE XXᵉ s. : mot angl., composé de *to strip* « déshabiller » et *to tease* « agacer », tous deux d'origine germ. ; **STRIP-TEASEUSE** XXᵉ s.

STROPHE famille sav. d'une racine ind.-eur. **strebh-** « tourner ».

En grec (1) *strabos* « tordu », « qui louche », d'où *strabismos* « action de loucher » (2) *strephein* « tourner », d'où *strophê* « tour » et dans le théâtre grec « évolution du chœur sur la scène de gauche à droite » et « partie d'un chœur que les choristes chantent en effectuant cette évolution » ; *antistrophê* « partie du chant que le chœur chantait en retournant à l'endroit d'où il était parti pour chanter la strophe » (3) les composés de *strephein* (a) *anastrephein* « tourner sens dessus dessous », d'où *anastrophê* « renversement » (b) *apostrephein* « détourner » et *apostrophê* « action de détourner », employé en rhétorique (c) *katastrephein* « tourner sens dessus dessous », « abattre », d'où *katastrophê* « bouleversement ».

♦|1| **STROPHE** XVIᵉ s. sens gr., XIXᵉ s. « stance » : *strophê*, par le lat. ; **STROPHIQUE** XIXᵉ s. ; **ANTISTROPHE** XVIᵉ s. « strophe lyrique du même schéma que la première » : *antistrophê*. ♦|2| **APOSTROPHE** XVIᵉ s. rhét. et typo., XVIIᵉ s. « interpellation » : *apostrophê* ; **APOSTROPHER** XVIIᵉ s. ♦|3| **CATASTROPHE** XVIᵉ s. : gr. *katastrophê*, par le lat. ; **CATASTROPHIQUE, CATASTROPHÉ** XXᵉ s. ♦|4| **ANASTROPHE** XVIIIᵉ s. rhét. « renversement de l'ordre habituel des termes d'un groupe » : *anastrophê*. ♦|5| **STRABISME** XVIᵉ s. : *strabismos*.

STRYCHNINE (sav.) XIXᵉ s., corps contenu dans la noix vomique : dér., sur le gr. *strukhnos*, nom de plusieurs plantes vénéneuses, en particulier le vomiquier.

STUC XVIᵉ s. : it. *stucco*, du longobard **stukki* « écorce », apparenté à l'anc. haut all. « croûte, enduit » (all. *Stück*).

SUAVE famille sav. d'une racine ind.-eur. ***swād-** « être agréable ».

En grec *hêdus* « doux », *hêdonê* « plaisir ».

En latin (1) *suavis* « doux », *suavitas* « agrément » (2) *suadere* « conseiller », *persuadere* « convaincre », d'où *persuasio*, et *dissuadere* « déconseiller ».

I. mots d'origine latine

♦|1| **SUAVITÉ** XIIᵉ s. : *suavitas* ; **SUAVE** XVIᵉ s. : *suavis* ; a éliminé la forme pop. *souef* XIᵉ s., de même origine. ♦|2| **PERSUADER, PERSUASION, PERSUASIF** XIVᵉ s. :

persuadere, persuasio, et bas lat. *persuasivus*. ♦|3| **DISSUADER, DISSUASION** XIVᵉ s. : *dissuadere, dissuasio*.

II. mot d'origine grecque
HÉDONISME XIXᵉ s. : du gr. *hêdonê*.

SUBLIME
♦|1| (sav.) XIVᵉ s. alchimie « distillé » ; XVᵉ s. sens mod. : lat. *sublimis* « haut, suspendu en l'air », au propre et au fig., probablement de *sub* → SOUS, et *limis*, var. *limus* « oblique », littéralement « qui s'élève en pente » ; **SUBLIMITÉ** XIVᵉ s. : lat. imp. *sublimitas*. ♦|2| **SUBLIMER** XIVᵉ s. alchimie « distiller » (à cause de la condensation des éléments volatils en haut du vase), XVIIIᵉ s. « épurer, raffiner », XXᵉ s. psychanalyse : lat. imp. *sublimare* « élever en l'air » ; **SUBLIMATION** XIVᵉ s. : *sublimatio* ; **SUBLIMÉ** XVᵉ s. : part. passé substantivé.

SUCER
♦|1| (pop.) XIIᵉ s. : lat. vulg. *sūctiāre*, class. *sugere, suctus* « id. » ; **SUÇOTER** XVIᵉ s. ; **RESUCER** XVIIIᵉ s., et **RESUCÉE** XIXᵉ s. ; **SUÇON** XVIIᵉ s. ; **SUCEUR, SUÇOIR** XVIIIᵉ s. ; **SUCETTE** XIXᵉ s. ♦|2| **SANGSUE** (pop.) XIIᵉ s. : lat. *sanguisūga* « suce-sang ». ♦|3| **SUCCION** (sav.) XIVᵉ s. : pour **suction* : dér. sur *suctus*, part. passé de *sugere*.

SUCRE
♦|1| XIIᵉ s. : lat. *zuccarum*, adaptation de l'it. *zucchero* : ar. *soukkar* (les Arabes de Sicile et aussi ceux d'Andalousie cultivaient et raffinaient la canne à sucre), mot originaire des Indes (sanscrit *carkarā* « grain »), par le persan ; **SUCRER** XIIIᵉ s. Pour certains mots scientifiques exprimant la notion de « sucré » → GLYCO-, GLYCÉRO-, art. GLYCINE. **SUCRIER** XVIᵉ s. adj., XVIIᵉ s. « fabricant de sucre », ainsi que **SUCRERIE** « fabrique de sucre », au XVIIᵉ s. également « récipient où l'on met le sucre » et « friandise à base de sucre » : mots créés par les Français des Antilles. ♦|2| **SACCHARINE** XIXᵉ s. chimie : dér. du gr. *sakkharon* « sucre », empr. à une langue de l'Inde ; **POLYSACCHARIDE** XXᵉ s.

SUD
♦|1| XIIᵉ s. : anc. angl. *suth* (mod. *south*), d'origine germ. → aussi MÉRIDIONAL, art. DIEU ; **SUD-**, 1ᵉʳ élément de composés, dans **SUD-EST, SUD-OUEST** XVᵉ s. ; **SUD-AMÉRICAIN, SUD-AFRICAIN** XIXᵉ s. ; **SUDISTE** XIXᵉ s. : Américain du sud des États-Unis, pendant la guerre de Sécession. ♦|2| **SUROÎT** XVᵉ s. : mot dial. (Normandie), *surouet*, altération, d'après *norouet* « nord-ouest », de *sud-ouest* ; désigne à la fois un vent et un vêtement de marin.

SUER
famille d'une racine ind.-eur. **swoid-*.
En grec *hidrôs* « sueur ». En germanique **swaitjan* « suer », angl. *to sweat*. En latin *sūdāre, sūdātum* « suer », d'où *sūdor, sūdātio* « sueur », *sūdārium* « mouchoir » et bas lat. « suaire ».

I. mots d'origine latine
♦|1| **SUER** (pop.) XIIᵉ s. : lat. *sudare* ; **RESSUER** XIIIᵉ s. ; **SUÉE** XVᵉ s. ♦|2| **SUINT** (pop.) XIVᵉ s. : dér. de *suer* avec le suff. *-in* (avec valeur collective) et *-t* final p.-ê. empr. à *oint* ; **SUINTER** XVIᵉ s. ; **SUINTEMENT** XVIIIᵉ s. ♦|3| **SUEUR** XIIᵉ s. (pop.) : *sudor, -ōris*. ♦|4| **SUAIRE** (demi-sav.) XIIᵉ s. : *sūdārium*. ♦|5| **SUDATION** (sav.) XVIᵉ s. : *sudatio* ; **EXSUDER** XVIᵉ s. : *exsudare* ; **EXSUDATION** XVIᵉ s. : *exsudatio* ; **TRANSSUER, TRANSSUDATION** XVIIIᵉ s. : de *trans* et *sudare*. ♦|6| **SUDO-** : 1ᵉʳ élément de composés sav., ex. : **SUDORIFIQUE** XVIᵉ s., **SUDORIPARE** XIXᵉ s.

II. mot d'origine grecque
HÉMATIDROSE XIXᵉ s. « sueur de sang », de *haima, -atos* → HÉMA- et *hidrôs*.

III. mot d'origine germanique
SWEATER XXᵉ s. : mot angl. dér. de *to sweat*.

SUFFOQUER
(sav.) XIVᵉ s. « étouffer », XVIIᵉ s. sens fig. : lat. *suffocare* « serrer la gorge, étrangler, étouffer », dér. de *fauces* « gorge » ; **SUFFOCATION** XIVᵉ s. : *suffocatio* ; **SUFFOCANT** XVIIᵉ s., adj.

SUIE
(pop.) XIIᵉ s. : gaulois **sudia*.

SUIF
♦|1| (pop.) XIIIᵉ s. : altération, par métathèse des voyelles et adjonction d'un *f* analogique (→ SOIF) de *siu*, var. *seu* XIIᵉ s., du lat. *sēbum* « id. ». ♦|2| **SÉBACÉ** (sav.) XVIIIᵉ s. : lat. imp. *sebaceus* « de suif » ; **SÉBUM** XIXᵉ s. physiol. : mot lat. ; **SÉBORRHÉE** XIXᵉ s. (pour le 2ᵉ élément → RHUME).

SUIVRE
famille d'une racine ind.-eur. **sek^w-* « suivre, venir après », à laquelle se rattachent en latin (1) l'adv. *secus* « le long de », « autrement », qui a pour dér. (comme

magis, magister → MAIS, et *minus, minister* → MOINS) l'adj. *sequester* « intermédiaire, médiateur », neutre substantivé *sequestrum* « séquestre », d'après les expressions *in sequestro ponere, dare* « mettre en dépôt (entre les mains d'une tierce personne) », d'où en bas lat. *sequestrare* « mettre en dépôt » et « séparer, éloigner » et *sequestratio* « dépôt » et « séparation » (2) le verbe *sequi, secutus* « suivre », d'où (ε) l'adj. *secundus*, ancien part. « qui vient après », « second » et « inférieur », et *secundarius* « de second rang » (b) le verbe *sectare* « escorter », « fréquenter » et *sectator* « membre d'une escorte », « disciple » (c) les subst. *secta* « ligne de conduite » et « parti », « école philosophique »; bas lat. *sequela* et *sequentia* « suite » (3) une série de composés de *sequi* : (a) *consequi, -cutus* « suivre », « atteindre »; « s'ensuivre »; part. présent *consequens* « connexe » ; *consequentia*, plur. neutre « conséquence logique »; (b) *exsequi, -cutus* « poursuivre jusqu'au bout », « chercher un châtiment, venger »; *exsecutio* « achèvement », « poursuite judiciaire »; *exsecutor* « celui qui accomplit », « celui qui venge » (c) *obsequi* « suivre (les désirs de) », d'où *obsequium* « complaisance, déférence »; bas lat. plur. neutre *obsequia* « suite de clients, cortège »; *obsequiosus* « déférent, complaisant » (d) *persequi, -cutus* « suivre obstinément de bout en bout »; *persecutio* « poursuite, judiciaire »; bas lat. *persecutor* « demandeur, en justice » (e) *subsequi* « suivre immédiatement ».

I. mots populaires ou empruntés

♦ I 11 **SUIVRE** Xe s. (nombreuses var. en anc. fr.): lat. vulg. *sĕquĕre*, class. *sequi*; **POURSUIVRE** XIIe s.; **S'ENSUIVRE** XIIIe s.; **SUIVANT** XVe s.: part. présent employé comme prép.; **SUIVANTE** subst. fém. XVIe s. ♦ I2I **SUITE** XIIe s., d'abord *siute*: anc. part. passé fém. substantivé, du lat. vulg. **sĕquĭta*; **POURSUITE** XIIIe s.; **ENSUITE** XVIIe s. ♦ I3I **SÉGUEDILLE** XVIIe s.: esp. *seguidilla*, nom de danse, dimin. de *seguida* « suite », du verbe *seguir* « suivre », du lat. *sequi*. ♦ I4I **SET** XXe s., d'abord « manche » au tennis, puis désigne divers objets *(set de table)*: mot angl., à l'origine « groupe de personnes » (XIVe s.), puis « collection de choses »; attesté au XVIIe s. dans la langue des jeux; de l'anc. fr. *secte*, var. *sette*, du lat. *secta*; influencé dans son développement ultérieur par *to set* « placer » (→ SEOIR).

II. mots savants

A. base *-sequ-*

♦ I 11 **OBSÈQUES** XIIe s. sing. « service funèbre » : lat. *obsequium* « cortège ». ♦ I2I **SÉQUENCE** XIIIe s.: *sequentia* « ce qui vient après (l'alléluia) » en liturgie; XVIe s. jeu; XXe s. cinéma et linguist.; **SÉQUENTIEL** XXe s. ♦ I3I **CONSÉQUENCE** XIIe s.: *consequentia* ; **CONSÉQUENT** XIVe s.: *consequens*; **INCONSÉQUENT, INCONSÉQUENCE** XVIe s.: *inconsequens, inconsequentia*. ♦ I4I **SUBSÉQUENT** XIVe s.: *subsequens*; **SUBSÉQUEMMENT** XIIIe s. ♦ I5I **SÉQUELLE** XIVe s.: *sequela*. ♦ I6I **SÉQUESTRE** XIVe s. « état de ce qui est séquestré » : *sequestrum*; XVIIe s. « gardien du séquestre »: *sequester*; **SÉQUESTRER** XIVe s. « mettre sous séquestre », XVIe s. « enfermer illégalement » : *sequestrare*; **SÉQUESTRATION** XVe s.: *sequestratio*. ♦ I7I **OBSÉQUIEUX** et **OBSÉQUIOSITÉ** XVe s.: *obsequiosus* et *obsequiositas*. ♦ I8I **EXEQUATUR** XVIIIe s. « décret rendant une décision exécutoire »: mot lat., pour *exsequatur* « qu'il exécute ».

B. base *-sec-*

♦ I 11 **SECOND** XIIe s. adj.; XVIIe s. subst. « aide, collaborateur », en part. dans la marine: *secundus*; **SECONDE** XVIIe s. mus. et division du temps: *secunda* et *secunda minuta*, plur. neutre « parties menues résultant de la seconde division de l'heure ou du degré »; **SECONDAIRE** XIIIe s. « de seconde importance », XVIIIe s. « qui constitue une seconde période » (enseignement, géologie): *secundarius*; **SECONDER** XVe s. « aider en qualité de second ». ♦ I2I **SECTE** XIIIe s. « doctrine », XIVe s. « petit groupe de gens professant la même doctrine religieuse »: *secta*; **SECTATEUR** XVe s.: *sectator*; **SECTAIRE** XVIe s.; **SECTARISME** XXe s.

C. base *-secut-*

♦ I 11 **PERSÉCUTER** Xe s.; **PERSÉCUTION, PERSÉCUTEUR** XIIe s.: *persecutio, persecutor*. ♦ I2I **EXÉCUTER, EXÉCUTION** XIIIe s.: *exsecutio*; **EXÉCUTEUR** XIIe s.; **EXÉCUTOIRE** XIVe s.: bas lat. *exsecutorius*; **EXÉCUTIF** XIVe s., rare avant le XVIIIe s.; **EXÉCUTABLE, INEXÉCUTABLE, INEXÉCUTION** XVIe s. De l'anglo-amér. *execution*, empr. au fr., a été tirée, par fausse coupe, la fin du mot ÉLECTROCUTION, empr. par le fr. en 1890, année où ce procédé fut employé pour la première fois aux U.S.A. pour une exécution capitale ; d'où ensuite ÉLECTROCUTER XIXᵉ s. : anglo-américain *electrocute*, sur le modèle de *to execute*, également d'origine fr. ; HYDROCUTION XXᵉ s. : formation analogique des précédents. ♦131 CONSÉCUTION XIIIᵉ s. astron. : *consecutio*, de *consequi*, *-cutus* ; CONSÉCUTIVEMENT XIVᵉ s. ; CONSÉCUTIF XVᵉ s.

SULTAN ♦111 XIIIᵉ s. *soltan* « tout souverain musulman » : turc *sultan* « prince » ; XVIᵉ s. forme mod. avec *u* désignant précisément le Grand Turc : lat. *sultanus*, adaptation it. de la forme turque ; SULTANE XVIᵉ s. ; SULTANAT, XIXᵉ s. ♦121 SOUDAN XIIIᵉ s., var. du précéd., conservé comme nom d'un pays d'Afrique jadis soumis au *soudan*, ou *sultan* d'Égypte.

SUR ♦111 (pop.) XIIᵉ s. adj. « acide » : frq. **sūr* (all. *sauer*) ; SURET XIIIᵉ s. ; SURIR XIXᵉ s. ♦121 CHOUCROUTE XVIIIᵉ s. : altération, par étym. populaire, sous l'influence de *chou* et de *croûte*, du dial. alsacien *sùrkrüt*, all. *sauerkraut*, littéralement « herbe *(kraut)* sure *(sauer)* ».

SUREAU (pop.) XIVᵉ s. : dér. de l'anc. fr. *seür*, altération de *seü*, du lat. *sabūcus* ; l'origine du *r* est difficile à expliquer ; la répartition des formes dial. laisse supposer la possibilité d'un croisement avec le germ. *Erl* « aune ».

SURIN, argot XIXᵉ s. « couteau » : altération, p.-ê. sous l'influence de l'argot *suer* « tuer », de *chourin* XIXᵉ s., du romanichel *tchouri* « couteau », p.-ê. par la forme piémontaise *tchiurin*, avec *u* comme en fr.

SYLLABE famille sav. du verbe gr. *lambanein*, futur *lêpsesthai*, aoriste (temps du passé) *labein* « prendre » reposant sur une racine **slabh-*, d'où *labê* et *lêpsis* « action de prendre », *lêptikos* « qui prend », *lêmma*, *-atos* « ce qu'on prend ».
♦111 SYLLABE XIIᵉ s. : gr. *sullabê*, par le lat., « assemblage (de lettres formant un son) », « syllabe », de *sullambanein* « prendre ensemble » ; SYLLABER XIIᵉ s., rare avant le XIXᵉ s. ; POLYSYLLABE XVᵉ s. : lat. *polysyllabus* ; MONOSYLLABE, DISSYLLABE, TRISYLLABE XVIᵉ s. : lat. *monosyllabus*, *dissyllabus*, *trisyllabus*, ce dernier du gr. *trisullabos* « à trois syllabes » ; SYLLABIQUE XVIᵉ s. : gr. *sullabikos*, par le lat. ; SYLLABAIRE XVIᵉ s. ; SYLLABATION XIXᵉ s. ♦121 ASTROLABE XIIᵉ s. : gr. *astrolabos* « instrument pour prendre la hauteur des astres », de *astêr* (→ ASTRE, art. ÉTOILE) et *lambanein*. ♦131 DILEMME XVIᵉ s. et LEMME XVIIᵉ s. : gr. *dilêmma* « argument par lequel on pose une alternative entre deux propositions contraires » (1ᵉʳ élément → DEUX), et *lêmma*, *-atos* « ce qu'on prend », c.-à-d. en logique « une des prémisses d'un syllogisme, généralement la majeure ». ♦141 PROLEPSE XVIᵉ s. : *prolêpsis* « action de prendre d'abord » et rhét. « réponse anticipée à une objection », de *prolambanein* « prendre d'abord » ; SYLLEPSE XVIIᵉ s. : *sullêpsis* « action de prendre ensemble », « compréhension », « accord selon le sens et non selon les règles grammaticales », de *sullambanein* « prendre ensemble » → SYLLABE. ♦151 CATALEPSIE XVIᵉ s. : *katalêpsis*, par le lat., « action de saisir » et méd. « attaque », de *katalambanein* « s'emparer de » ; CATALEPTIQUE XVIIIᵉ s. : *kataleptikos*. ♦161 ÉPILEPSIE XIIIᵉ s. : *épilencie* ; XVIᵉ s. forme mod. : *epilêpsis*, par le lat., « attaque d'épilepsie », de *epilambanein* « saisir, attaquer » ; ÉPILEPTIQUE XIIIᵉ s. : *epilêptikos*.

SYLLABUS (sav.) XIXᵉ s. « registre de propositions, émanant de l'autorité ecclésiastique » : mot du lat. eccl., altération, sous l'influence de *sullambanein* « réunir » (→ le précéd.), du gr. *sillubos* « bande de parchemin collée sur un volume et portant le titre de l'ouvrage et le nom de l'auteur ».

SYLPHE XVIIᵉ s. (sav.) : lat. *sylphus* « génie », mot rare (dans quelques inscriptions) et d'origine obscure, repris au XVIᵉ s. par Paracelse au sens de « génie nain de l'air et des bois » ; SYLPHIDE XVIIᵉ s.

SYN-, var. **SYM-** ou **SYS-** (selon la consonne suivante) ; préf. sav. : gr. *sun-* « avec, ensemble » ; ex. : *synagogue* → AGIR ; *symphonie* → ANTIENNE ; *systole* → APÔTRE ; précédé de *a-* privatif dans *asymétrie*, *asymptote*, *asyndète*.

SYNCOPE (sav.) XIVᵉ s. méd., XVᵉ s. gramm., XVIIᵉ s. mus. : gr. *sugkopê*, par le lat., « brisure », « défaillance », de *sugkoptein* « frapper », gramm. « réduire par syncope » et au parfait passif « défaillir », de *sun* → SYN- et *koptein* « couper » ; **SYNCOPER** XIVᵉ s. ; **APOCOPE** XVIᵉ s. : gr. *apokopê*, par le lat. ; de *apokoptein* « retrancher ».
SYNOVIE (sav.) : *synovia* « humeur des articulations », mot lat. d'origine inexpliquée, pour la première fois chez Paracelse (→ SYLPHE).

TABAC XVIᵉ s. : araouak (Haïti) *tabaco* « sorte de pipe, ou de cigare », par l'esp. ; XIXᵉ s. argot, « volée de coups » (probablement par le sens de « bonne prise », « bonne ration de tabac à priser »), d'où *passer à tabac* XIXᵉ s., et **TABASSER, -AGE** fam. XXᵉ s. ; **TABATIÈRE** XVIIᵉ s.

TABAGIE XVIIᵉ s. « festin » : algonquin (Canada) *tabaguia* « repas de fête » ; XVIIIᵉ s., sens mod. sous l'influence de *tabac*.

TABÈS XVIᵉ s. « maladie de langueur » : lat. *tabes* « décomposition, dépérissement » ; XIXᵉ s. sens mod. : abrév. de *tabes dorsalis*, nom donné par les médecins all. à une sclérose de la moelle épinière.

TABLE famille du lat. *tabula* « planche », « affiche, liste », « tableau peint », qui en lat. vulg. a éliminé partiellement le lat. class. *mensa* « table » (→ MOISE), dimin. *tabella* « planchette » et en particulier « tablette pour écrire ».

♦ 1. **TABLE** (pop.) XIᵉ s. : *tabŭla* ; XIIᵉ s. « tablettes », sens qui subsiste dans l'expression *table rase* XIVᵉ s. : lat. scolastique *tabula rasa* « tablette sans inscription », image de l'esprit humain avant qu'il ait reçu aucune représentation, empr. à Aristote (*De l'âme*, III, 4, 14) ; XIVᵉ s. « registre » ; XVIᵉ s. « liste » ; **TABLÉE** XIIIᵉ s. ; **S'ATTABLER** XVᵉ s. ♦ 2. **TÔLE** (pop.) XVIIᵉ s. « plaque de fer » : var. dial. de *table*, probablement empr. aux régions de l'Est et du Nord-Est, pays de grande métallurgie ; **TÔLE** ou **TAULE** XIXᵉ s. argot « maison », « maison close », « prison » : même mot que le précédent, probablement sous l'influence du dial. *une taulée*, « une tablée de gens » ; d'où **TÔLIER** XIXᵉ s. « logeur » ; **TÔLARD** XXᵉ s. « habitué des prisons » ; **ENTAULER** XIXᵉ s. « introduire », XXᵉ s. « escroquer » (syn. de *chambrer*). ♦ 3. **TABLIER** (pop.) XIIᵉ s. « surface plane pour jouer aux échecs, aux dames, etc. » et « toile protégeant une table » ; XIVᵉ s. « vêtement de protection » (élimine *devanteau, devantier*) ; XIXᵉ s. techn. (*tablier de pont, de cheminée*) : dér de *table*. ♦ 4. **ENTABLEMENT** (pop.) XIIᵉ s. « plancher », XVIᵉ s. archit. : dér. de *table*. ♦ 5. **TABLEAU** (pop.) XIIIᵉ s. « panneau de bois portant des inscriptions », XIVᵉ s. peinture, XVIIIᵉ s. jeu « emplacement où l'on mise », d'où l'expression *gagner sur les deux tableaux* ; XIXᵉ s. théâtre et *tableau noir* ; XXᵉ s. *tableau de bord* ; **TABLEAUTIN** XIXᵉ s. ; **TABLETTE** XIIIᵉ s. : dér. de *table*. ♦ 6. **TABLER** XVIᵉ s. « planchéier », XVIIᵉ s. s'a., au trictrac, « poser deux dames en ligne sur la *table à jouer* ; survit dans l'expression fig. *tabler sur* XVIIᵉ s. ♦ 7. **RETABLE** XVIᵉ s. : lat. médiéval *retrotabulum* « planche de derrière », par l'intermédiaire d'une autre langue romane, p.-ê. l'esp. *retablo* XVᵉ s., réfection, sous l'infl. de *tabla*, du catalan *retaule* ; ou bien réfection fr., sous l'infl. de *table*, de l'anc. prov. *retaule*, issu de *reiretaule* XIIIᵉ s. ♦ 8. **TAVELÉ** (pop.) XIIIᵉ s. : dér. de l'anc. fr. *tavel*, var. masc. de *tavelle* « carreau (d'étoffe, d'échiquier) », du lat. *tabella* ; **TAVELURE** XVIᵉ s. ♦ 9. **TABELLION**

TABOU

(sav.) XIII'' s. : bas lat. *tabellio, -onis* « notaire », littéralement « (qui écrit sur des) tablettes », dér. de *tabella*. ♦|10| **TABLATURE** (demi-sav.) XVI'' s. mus. « système de notation propre à un instrument » : lat. médiéval *tabulatura*, p.-ê. réfection sav. de l'it. *intavolatura* ; *donner de la tablature* XVII'' s. « donner quelque chose (de difficile) à déchiffrer ».

TABOU fin XVIII'' s. : mot polynésien, par l'angl., « interdit, sacré » et « personne ou chose déclarée sacrée par des prêtres ou des chefs ».

TACHE ♦|1| (pop.) XI'' s. *teche* « marque, souillure » et « marque, qualité distinctive », XII'' s. forme mod. ; la forme en *a*, qu'on trouve dans diverses langues romanes (anc. prov., it., catalan, aragonais, asturien), s'explique par un lat. vulg. *tacca*, empr. anc. au germ., apparenté au got. *taikns* « signe » (all. *Zeichen*) ; la forme en *e*, la plus usuelle en anc. fr., pourrait être due à l'influence de l'équivalent frq. *têkan*. ♦|2| **ENTICHER** (pop.) XII'' s. « tacher » et « acquérir une qualité » ; XVII'' s. *s'enticher de*, sens mod. : var. de l'anc. fr. *entechier*, dér. de *teche*, var. de *tache* → le précédent. ♦|3| **ENTACHER** XII'' s., surtout au fig. ; **TACHER** XIII'' s. ; **TACHETER, DÉTACHER** XVI'' s. ; **TACHETURE** XVII'' s. ; **DÉTACHANT**, adj. et subst. XX'' s. : dér. de *tache*.

TÂCHE famille du gr. *tassein*, aoriste (temps du passé) *taxai* « placer », « ordonner », « imposer (une contribution, une amende) », d'où (a) *taxis* « mise en ordre », « fixation d'un impôt » (b) *ataxia* « abandon de son rang », « désordre » (c) *taktikos* « qui concerne la disposition (des troupes) » (d) *suntassein* « ranger ensemble », d'où *suntaxis* « mise en ordre », « construction grammaticale » et *suntagma, -atos* « ensemble de choses rangées ». La base *tax-* a été empr. dès l'époque de Cicéron par le lat., qui a formé le subst. *taxatio* « estimation, évaluation », puis le verbe lat. imp. *taxare* « estimer, évaluer », d'où en lat. vulg. **taxa* « paiement » et « travail rémunéré », avec une var. métathétique **tasca* empruntée par le germ., qui, du sens de « travail », « paiement », est passé au sens de « poche », « sac (à argent) » (anc. haut all. *tasca*, moyen haut all. *tasche*, angl. *task*).

♦|1| **TÂCHE** (demi-sav.) XII'' s. : adaptation du lat. médiéval *taxa* ; **TÂCHER** XV'' s. ; **TÂCHERON** XVI'' s. ♦|2| **TAUX** (demi-sav.) XIV'' s., d'abord sous la forme *tax*, dont *taus*, var. *taux*, doit être une mauvaise lecture, le signe *x* étant au Moyen Âge une abrév. fréquente pour *us* : dér. de *taxer*, luimême parfois lu et écrit *tausser*, pour la même raison. ♦|3| **SABRETACHE** XVIII'' s. : all. *Säbeltasche* « poche (*Tasche*) de sabre (*Säbel*) » : lat. vulg. **tasca*. ♦|4| **TAXER** (sav.) XIII'' s. : lat. *taxare* ; **TAXATION** XIII'' s. ; *taxatio* ; **TAXE** XIV'' s. : lat. médiéval *taxa* ; **SURTAXER** XVI'' s. ; **SURTAXE** XVII'' s. ; **TAXI** XX'' s. : abréviation de *taximètre*, qui a d'abord désigné le compteur, puis la voiture qui en était munie. ♦|5| **SYNTAXE** (sav.) XVI'' s. : gr. *suntaxis*, par le lat. ; **SYNTAXIQUE** XIX'' s. ; **SYNTACTIQUE** XIX'' s. : *suntaktikos* ; **SYNTAGME** XIX'' s. ; **SYNTAGMATIQUE** XX'' s. : de *suntagma, -atos*. ♦|6| **TACTIQUE** XVII'' s. subst. : gr. *taktikê (tekhnê)* « art de ranger (les troupes) » ; XVIII'' s. : *taktikos* ; **TACTICIEN** XVIII'' s. ♦|7| **ATAXIE** (sav.) XVIII'' s. : *ataxia* ; **ATAXIQUE** fin XVIII'' s. ♦|8| **TAXI-** (sav.) : gr. *taxis* au sens de « disposition, arrangement », 1ᵉʳ élément de composés tels que **TAXINOMIE** XIX'' s.

TACHY- ♦|1| (sav.) : gr. *takhus* « rapide », 1ᵉʳ élément de composés, ex. : **TACHYCARDIE** XX'' s. ♦|2| **TACHÉO-** (sav.) : gr. *takheos*, génitif du précédent, 1ᵉʳ élément de composés, ex. : **TACHÉOGRAPHIE** XVIII'' s.

TAFFETAS XIV'' s. : turco-persan *tâfta* « tissé », p.-ê. par l'it.

TAÏAUT XVII'' s. : cri servant à exciter les chiens de chasse.

TAILLER famille du lat. *talea* « bouture », d'où bas lat. *intertaleare, intertaliare* « élaguer », puis *taliare* « couper ».

♦|1| **TAILLER** (pop.) XI'' s. « couper net » : bas lat. *taliare* ; **TAILLE** XII'' s. « tranchant de l'épée » et « impôt seigneurial », XIII'' s. « incision » et « forme du corps humain » (d'après le langage des *tailleurs* de statues), d'où XVI'' s. « hauteur du corps humain » et XVIII'' s. « partie du corps entre les côtes et les hanches »; XIVᵉ s. mus. « voix intermédiaire, qui sépare la basse de la haute-contre »; XVIᵉ s. *taille* des arbres; XIXᵉ s. *sortir en taille*; **TAILLE-** 1ᵉʳ élément de composés, ex. : **TAILLE-CRAYON ; TAILLE-DOUCE** XIXᵉ s. ♦│2│ **DÉTAILLER** XIIᵉ s. « couper en morceaux », puis « vendre par morceaux, par petites quantités »; **DÉTAIL** XIIᵉ s., d'abord commerce ; **DÉTAILLANT** XVIIᵉ s., a remplacé *détailleur* XIIIᵉ s. ♦│3│ **ENTAILLER** XIIᵉ s. ; **ENTAILLE** XIIᵉ s. dér. de *tailler* ; **INTAILLE** XIXᵉ s. : it. *intaglio* « pierre fine gravée en creux », dér. de *intagliare*, équivalent du fr. *entailler*. ♦│4│ **TAILLEUR** XIIᵉ s. à propos de la pierre comme à propos des habits ; XXᵉ s. costume féminin de coupe masculine fait par un tailleur (et non par une couturière) ; **TAILLOIR** XIIᵉ s. ; **TAILLIS, TAILLABLE** XIIIᵉ s. ; **TAILLANDIER, TAILLANDERIE** XVᵉ s. dér. de *tailler*. ♦│5│ **TAILLADER** XVIᵉ s. : dér. de *taillade* XVIᵉ s., de l'it. *tagliata* « coup qui entaille », dér. de *tagliare*, équivalent de *tailler*.

TAIRE famille du lat. *tacēre*, *tacitus* « taire » et « se taire », d'où *taciturnus* « silencieux »; *reticere* « garder le silence » et *reticentia* « action de garder le silence sur une chose ».

♦│1│ **TAIRE** (pop.) XIIᵉ s. : réfection, par changement de conjugaison, de l'anc. fr. *taisir*, du lat. *tacēre*. ♦│2│ **TACITE** et **TACITURNE** (sav.) XVᵉ s. : *tacitus*, *taciturnus* ; **TACITURNITÉ** XIVᵉ s. : *taciturnitas*. ♦│3│ **RÉTICENCE** (sav.) XVIᵉ s. : *reticentia* ; **RÉTICENT** XIXᵉ s. ♦│4│ **TACET** (sav.) XVIIᵉ s. mus. : mot lat. « il se tait ».

TAISSON ♦│1│ (pop.) XIIIᵉ s. : bas lat. *taxo, -onis* « blaireau », d'origine germanique (→ all. *Dachs*). ♦│2│ **TANIÈRE** (pop.) XIIᵉ s. *taisniere* : lat. vulg. *taxonaria* (attesté au Xᵉ s., comme toponyme), dér. de *taxo*.

TALC XVIᵉ s. : arabe *talq* ; **TALQUER** XXᵉ s.

TALENT (sav.) XIᵉ s. « désir, volonté », XIIᵉ s. « poids d'or ou d'argent », XVIIᵉ s. « aptitude naturelle », d'abord dans les écrits d'auteurs protestants : gr. *talanton* (par le lat.) « plateau de balance », « somme pesée », « unité de poids d'environ 26 kg », « monnaie d'or de valeur variable selon les temps et les lieux ; à Athènes à l'époque classique, env. 5 600 fr-or ». Le sens fig., assez vague à date anc., « tout ce qu'on a dans l'esprit, en particulier désir, volonté », plus précis à partir de la Réforme, vient de la parabole évangélique des talents (Mt, XXV, 14) ; **TALENTUEUX** XIXᵉ s.

TALER ♦│1│ (pop.) XVIᵉ s. « fouler, meurtrir » : germ. *tâlôn « détruire », apparenté à l'anc. haut all. *zâlôn* « piller ». ♦│2│ **TALOCHE** XVIIᵉ s. « gifle » : dér. de *taler*.

TALION (sav.) XVᵉ s., rare avant le XVIIIᵉ s. : lat. *talio, -onis*, mot jur. attesté depuis la loi des Douze Tables.

TALLE ♦│1│ (sav.) XVᵉ s. : gr. *thallos* « jeune pousse », par le lat. ; **TALLER** XVIᵉ s. ; **TALLAGE** XIXᵉ s. ♦│2│ **THALLOPHYTES** (sav.) XIXᵉ s., bot. : de *thallos* et de **-PHYTE** → JE FUS.

TALMUD (sav.) XVIIᵉ s. : mot hébreu, « étude, doctrine », de *lamad* « apprendre » ; **TALMUDISTE** XVIᵉ s. ; **TALMUDIQUE** XIXᵉ s.

TALOCHE (pop.) XIVᵉ s. « bouclier », XIXᵉ s. « planchette servant à étaler le plâtre » : mot obscur, p.-ê. apparenté à l'anc. fr. *talevas* « bouclier », p.-ê. d'origine gauloise.

TALON famille du lat. *talus* « osselet du paturon de certains animaux, servant à jouer aux osselets » et chez l'homme « astragale, petit os qui se trouve en bas du tibia », et par ext. « cheville » ; dimin. *taxillus* « dé à jouer » ; *talaris* et *subtalaris* « qui arrive à la cheville », en particulier *subtalares calcei* « brodequins » ; bas lat. *subtel* (une fois chez le grammairien Priscien) « creux sous la plante des pieds », p.-ê. dér. d'une var. bas lat. (VIIᵉ s.) *subtelaris*.

♦│1│ **TALON** (pop.) XIIᵉ s. : lat. vulg. **talo, -ōnis*, class. *talus* ; **TALONNER** XIIᵉ s. ; **TALONNIÈRE** XVIᵉ s. ; **TALONNETTE** XIXᵉ s. ♦│2│ **SOULIER** (pop.) XIIᵉ s. d'abord sous la forme *soler*, puis changement de suff. : **subtelāris (calceus)*. ♦│3│ **TASSEAU** (pop.) XIIᵉ s. : lat. vulg. *tassĕllus, croisement de *taxillus* et *tessĕlla* (dimin. de *tessera* → TESSERE, art. QUATRE), signifiant tous deux « dé à jouer », d'où « cube » et « morceau de bois taillé d'équerre, tasseau ».

TALUS (pop.) XII° s. : lat. imp. (Pline) *talūtium* « forte inclinaison de terrain, en particulier dans une mine », mot gaulois p.-ê. apparenté au breton *tal* « front ».

TAMARIN XIII° s. *tamarandi* : lat. médiéval *tamarindus*, de l'arabe *tamïr hindâ* « datte de l'Inde » ; TAMARINIER XVII° s.

TAMANOIR XVIII° s. : altération de *tamandua* XVII° s., du tupi (Brésil) *tamandoua*.

TAMARIS (sav.) XIII° s. : bas lat. *tamariscus*, var. *tamarix*, empr. d'origine obscure.

TAMBOUR ♦ |1| XI° s. *tabour*, forme empruntée directement à l'époque des Croisades à l'ar. dial. *tabul* plur. de ar. *tabl* nom générique du tambour ; *tambor* XIII° s. empr. par l'intermédiaire de l'esp. *tambor* à une variante du mot arabe, nasalisée sous l'infl. de *tunbur* « pandore, instrument à corde » ; TAMBOURIN, TAMBOURINER XV° s. ; TAMBOURINEUR XVI° s. ; TAMBOURINAIRE XIX° s., forme prov. ; TAMBOUR-MAJOR XX° s. ♦ |2| TABOURET XV° s. « pelote à aiguilles », XVI° s. sens mod. : dimin. de *tabour*, var. anc. de *tambour*, d'après la forme de l'objet.

TAMIS (pop.) XIII° s. : mot obscur, prélatin, p.-ê. gaulois ; TAMISER XII° s. ; TAMISAGE XVI° s.

TAMPON ♦ |1| (pop.) XV° s. : var. nasalisée de l'anc. fr. *tapon* « id. », de *taper* « boucher », du frq. *tappôn* : TAMPONNER XV° s. ; XIX° s. chemin de fer « heurter avec les tampons » ; TAMPONNEMENT XVIII° s. ; TAMPONNOIR XX° s. ♦ |2| SE TAPER (quelque chose) XIX° s., argot « manger », « boire copieusement » : probablement dér. d'un anc. mot *tap* (apparenté à *tapon*) « bouchon », en particulier « carré de liège que le galérien doit s'enfoncer dans la bouche pour étouffer ses cris » (→ fourbesque *intappare il fusto* « boucher le fût », « manger ») ; TAPÉ XIX° s. « bien servi ».

TAN (pop.) XIII° s. « écorce de chêne pulvérisée pour la préparation du cuir » : probablement gaulois **tann* « chêne » : TANNER XII° s. ; TANNERIE, TANNEUR XIII° s. ; TANNAGE XIV° s. ; TANIN XVIII° s. ; TANNIQUE XIX° s.

TANCHE (pop.) XIII° s. : bas lat. *tinca* (IV° s.), mot gaulois.

TANGUER XVII° s. : p.-ê. frison *tängeln*, var. *tangeln* « vaciller » ; TANGAGE XVII° s.

TANK XX° s. « char d'assaut » : mot angl., « réservoir, citerne » et « tank » : empr. à une langue des Indes, p.-ê. du sanscrit *tadaga* « lac », et choisi pour des raisons de secret militaire ; TANKISTE XX° s. ; TANKER XX° s. : mot angl. « navire pétrolier », de *tank* au sens de « réservoir ».

TAON (pop.) XII° s. : bas lat. *tabo, -ōnis*, class. *tabanus*.

TAPIOCA XVIII° s. : mot tupi (Brésil), par le port.

1. TAPIR (SE) ♦ |1| (pop.) XII° s. : frq. **tappjan* « fermer, enfermer ». ♦ |2| EN TAPINOIS XV° s. : dér. de l'anc. fr. *tapin* XII° s. adj. « qui se cache » et adv. *à tapin* « en cachette », de *tapir*.

2. TAPIR XVI° s. : tupi (Brésil) : *tapira*.

TAPIS XII° s. : gr. byzantin *tapétion* (prononcé *tapitsion*), dimin. du gr. anc. *tapês, tapêtos* « tapis, couverture », p.-ê. empr. au moment des Croisades, p.-ê. passé par l'Italie (*uno tappite*, dans un texte italo-lat. du IX° s.) ; TAPISSIER XIII° s. ; TAPISSERIE XIV° s. ; TAPISSER XV° s.

TAQUET famille d'une série de bases onom. à structure consonantique *t-k, tr-k, t-p, t-t* suggérant l'idée d'un coup, et, secondairement, d'un instrument servant à frapper, d'une chose sur laquelle on frappe, de la marque d'un coup, d'un mouvement brusque ou saccadé (→ aussi CHOPER).

I. mots de base *t-k*

A. voyelle *a*

♦ |1| TAQUET XIV° s. « piquet fiché en terre », « coin pour caler un meuble ». ♦ |2| TAC

XVIᵉ s., onom. d'un petit coup ; d'où DU TAC AU TAC XXᵉ s. « coup pour coup ». ♦ I3I TAC XVIᵉ s. « gale des chevaux ». ♦ I4I TAQUIN XVIᵉ s. « avare » (même métaph. que dans *ladre, lépreux, crasseux* → TAC), XVIIIᵉ s. « tracassier, qui donne de petits coups » ; TAQUINERIE XVIᵉ s. ; TAQUINER XVIIIᵉ s. ♦ I5I TAQUER XVIIIᵉ s. typo. ; TAQUOIR, TAQUAGE. ♦ I6I TACOT XIXᵉ s. « outil de tisserand », « battoir de laveuse », « locomotive de tortillard », « mauvaise voiture » (d'après leur bruit).

B. voyelle *i*

♦ I1I TIC-TAC XVIᵉ s. ; TICTAQUER XXᵉ s. ♦ I2I TIC XVIIᵉ s. « contraction des muscles de l'encolure du cheval », puis « du visage humain » ; TIQUER XVIIᵉ s. à propos des chevaux, XIXᵉ s. « manifester sa surprise ». ♦ I3I TIQUETÉ XVIIᵉ s. : « marqué de petites taches ».

C. voyelle *o*

♦ I1I TOUCHER XIIᵉ s. : lat. vulg. *toccare* « faire toc », bien attesté aussi dans les autres langues romanes ; ATTOUCHEMENT XIIᵉ s. : dér. d'un anc. composé *attoucher* ; RETOUCHER XIIIᵉ s. ; TOUCHE XIIIᵉ s. « action de toucher », XIVᵉ s. « levier d'un clavier », XVIᵉ s. escrime, XVIIᵉ s. peinture, XIXᵉ s. fam. « aspect d'ensemble » et sport *ligne de touche* (sous l'influence de l'angl. *touch* d'origine fr.), d'où *être sur la touche* XXᵉ s. ; RETOUCHE XVIᵉ s. ; TOUCHANT XIVᵉ s. adj. puis prép. ; INTOUCHABLE XVIᵉ s. ; SAINTE NITOUCHE XVIᵉ s. : pour *n'y touche* ; TOUCHE-À-TOUT XIXᵉ s. ♦ I2I TOCSIN XIVᵉ s. : anc. prov. *tocasenh* « touche-cloche » → SEING ♦ I3I TOCCATA XVIIIᵉ s. : mot it. « morceau de musique joué sur un instrument à clavier » (s'oppose à *sonata* et à *cantata*) : part. passé fém. substantivé de *toccare*, équivalent du fr. *toucher* ♦ I4I TOQUER XVᵉ s. « frapper » ; part. passé TOQUÉ début XIXᵉ s. « un peu fou » (pour la métaph. → MARTEAU), d'où TOQUADE ou SE TOQUER DE XIXᵉ s. ; TOCANTE ou TOQUANTE XVIIIᵉ s. « montre à répétition à sonnerie sourde », puis « montre » en général. ♦ I5I TOC XVIIᵉ s. onom. d'un petit coup, XIXᵉ s. adj. « de mauvaise qualité, laid », subst. « camelote » (→ dial. Est *toc* et *tac* « ruse ») ; l'idée de « tricher » est souvent rendue dans les dial. par des mots signifiant à l'origine « donner de petits coups » ; TOQUARD XXᵉ s.

II. mots de base *tr-k*

A. voyelle *a*

♦ I1I TRAQUER XVᵉ s., à l'origine « battre un bois pour en débusquer le gibier » ; TRAQUET XVIIᵉ s. « piège » ; TRAQUEUR XVIIIᵉ s. ♦ I2I TRAQUET XVᵉ s. « crécelle », « battant d'un moulin » et « sorte d'oiseau » (à cause du mouvement de sa queue). ♦ I3I TRACASSER XVᵉ s. « s'agiter », « traquer », XVIᵉ s. « tourmenter avec insistance » ; TRACAS, TRACASSERIE XVIᵉ s. ; TRAC XIXᵉ s. « peur ». ♦ I4I TRAC XIVᵉ s. « empreintes d'un animal », « allure du cheval » ; DÉTRAQUER XVᵉ s. « faire perdre son allure à un cheval », « le détourner de sa voie » ; DÉTRAQUEMENT XVIᵉ s. ♦ I5I TRAQUENARD XVᵉ s. « trot décousu d'un cheval » → le précéd., XVIIᵉ s. « trébuchet, sorte de piège » → TRAQUER.

B. voyelle *i*

♦ I1I TRIQUE XIVᵉ s. « gourdin », plus anciennement attesté et plus courant qu'*estrique* (→ ÉTRIQUER) n'est sans doute pas dér. de ce mot : c'est une onom. comparable aux précédents ; TRICOT XVᵉ s. « petit bâton » ; TRICOTER XVᵉ s. « s'agiter, danser », XVIᵉ s. « faire un tissu à mailles avec des aiguilles » (a remplacé *brocher*) ; d'où TRICOT XVIIᵉ s. « tissu de mailles fait aux aiguilles » ; TRICOTEUR, -EUSE XVIᵉ s. ; TRICOTAGE XVIIIᵉ s. ♦ I2I TRICTRAC XVᵉ s. jeu de dés.

C. voyelle *o* :

TROQUER XIIIᵉ s. sous la forme lat. *trocare* : sans doute à l'origine « frapper », p.-ê. « toper dans la main » pour conclure un marché ; TROC, TROQUEUR XVIᵉ s.

D. voyelle *u*

TRUC XIIᵉ s. -XVᵉ s. « ruse », XVIIᵉ s. « horion », XVIIIᵉ s. « procédé caché » et « billard » : apparenté au fourbesque *trucco* « bâton » XVᵉ s. → aussi Berry *truquer* « frapper », Normandie *truchoter* « éternuer », argot *trucher* XVIᵉ s. « mendier » ; TRUQUER, -AGE XIXᵉ s. (pour le sens → TOC).

III. mots de base *t-p*

♦ I1I TAPER XIIᵉ s. « frapper » (p.-ê. croisé avec l'anc. fr. *taper* « boucher » → TAMPON), XVIIᵉ s. mar. *taper à terre, taper à bord* « aborder », d'où XVIIIᵉ s. RETAPE « rencontre » (argot) ; XIXᵉ s. *retaper* et *faire la retape* « aborder et solliciter les passants, en parlant d'une fille publique ». TAPIN « retape » et « prostituée » XXᵉ s. ; et probablement aussi *taper* au sens de « solliciter de l'argent » XIXe s. ♦|2| Autres dér. de *taper* : TAPOTER XIIIe s. ; TAPE XIVe s. « léger coup », XVIIe s. « fer en forme de fleur de lis servant à marquer au fer rouge l'épaule d'un condamné », dimin. *tapette*, d'où XVIIIe s. *avoir la tapette*, où il faut probablement voir l'origine de TAPETTE XIXe s. « homme marqué d'infamie par ses mœurs, pédéraste ». ♦|3| TAPETTE XVIe s. « palette de bois pour enfoncer les bouchons », puis (où les billes doivent se *taper*), « raquette pour battre les tapis », XIXe s. « langue bavarde » ; TAPÉ XVIIIe s. (en parlant d'un fruit) ; MIDI TAPANT XXe s. ♦|4| TAPE- 1er élément de composés dans TAPE-CUL XVe s. ; TAPE-DUR XIXe s. « serrurier, forgeron » ; TAPE-À-L'ŒIL XXe s. ♦|5| TOPER XIIe s. « placer en jetant », rare avant le XVIIe s. « frapper dans la main du partenaire, en signe d'acceptation d'un enjeu ou d'un marché » ; survit dans les expressions *tope là, topez là*. ♦|6| TOPETTE XIXe s. « petite bouteille » (l'idée de « coup » est souvent liée à celle de « mesure » → COUP).

IV. mots de base *t-t*

♦|1| RATATINER XVIIe s. : dér. du moyen fr. *tatin* « tout petit morceau » (comme on peut en arracher d'un petit coup). ♦|2| TATILLON XVIIe s. (sens voisin de celui de *taquin* plus que de celui de *tâter*) : p.-ê. à rattacher à une base onom., plutôt qu'à la famille de *tâter* (→ ATTEINDRE).

TARABUSTER famille d'une racine onom. *tar-* très répandue dans les dial. suggérant un bruit soudain suivi d'une vibration.

♦|1| TARABUSTER XIVe s. dér. *tarabustis* « querelle », en wallon ; XVIIe s. forme mod. : croisement de deux racines onom. exprimant des bruits, *tar-* et *tabb-*. ♦|2| TARIN → Annexe II. ♦|3| TARARE XVIIe s. interjection, p.-ê. refrain de chanson ; XVIIIe s. « appareil à battre le grain », à cause de son bruit. ♦|4| TARABISCOTER XIXe s. « faire des moulures avec le tarabiscot », sorte de rabot : « le précéd ; 2e élément obscur. ♦|5| TARATATA XIXe s. : onom. du son de la trompette, et interjection.

TARD ♦|1| (pop.) XIe s. : lat. *tarde* « lentement », dér. de l'adj. *tardus* « lent » ; TARDER XIe s. : *tardare* « ralentir, retarder », de *tardus* ; S'ATTARDER XIIe s. ; RETARDER XIIe s. : *retardare* « id. » ; RETARDEMENT XIVe s. « retard », XXe s. *à retardement* ; RETARD XVIIIe s. ; RETARDATAIRE XIXe s. ; TARDIF XIIe s. : bas lat. *tardīvus*. ♦|2| TARDI- (sav.) : 1er élément de composé dans TARDIGRADE XVIe s. : lat. *tardigradus* (→ DEGRÉ).

TARE XIVe s. « emballage dont on déduit le poids », d'où « déchet » et XVe s. « défaut, vice naturel » : arabe *tarha* « déduction, décompte », par l'it. ; TARÉ XVe s. ; TARER XVIe s.

TARGE ♦|1| (pop.) XIe s. « bouclier » : frq. **targa*. ♦|2| TARGETTE XIVe s. dimin. : de *targe*, XVIIe s. pièce de serrurerie. ♦|3| SE TARGUER XVIe s. : it. *targarsi* « se couvrir d'une targe (d'où en fr. « se faire fort de »).

TARIF XVIe s. : it. *tariffa* : arabe *ta'rīf* « notification » ; TARIFER XVIIe s. ; TARIFICATION XIXe s. ; TARIFAIRE XXe s.

TARIR (pop.) XIIIe s. : frq. **tharrjan* « sécher » ; TARISSABLE, INTARISSABLE XVIe s. ; TARISSEMENT XVIIe s.

TARSE (sav.) XVIe s. : gr. *tarsos* « claie » et « rangée (des doigts de pieds, des côtes, des dents d'une scie) » ; TARSIEN XVIIIe s. ; MÉTATARSE XVIe s. : analogique de *métacarpe* ; MÉTATARSIEN XVIIIe s.

TAROT XVIe s. : it. *tarocco*, dér. de *taroccare* « se mettre en colère », « répondre par une carte plus forte », d'origine obscure.

TARTRE ♦|1| (demi-sav.) XIIIe s. : lat. médiéval *tartarum*, bas grec *tartaron*, d'origine obscure ; TARTREUX, TARTRIQUE XVIIIe s. ; ENTARTRER, DÉTARTRER XXe s. ♦|2| TARTAREUX (sav.) XVIIe s. ; TARTARIQUE XIXe s. : de *tartarum*.

TAS (pop.) XIIe s. : frq. **tass* ; TASSER, ENTASSER XIIe s. ; ENTASSEMENT XIIIe s. ; TASSEMENT XIXe s.

TASSE XIIe s., rare avant le XIVe s. : arabe *tāssa*.

TATOUER XVIIIe s. : polynésien *tatau* « id. », par l'angl. *to tattoo* ; TATOUAGE XVIIIe s. ; TATOUEUR XIXe s.

TAUDIS XIV⁰ s., d'abord *taudeis* « abri pour les ouvriers employés aux travaux d'un siège » ; XV⁰ s. « petite pièce » ; XVII⁰ s. sens mod. : de l'anc. fr. *se tauder* « s'abriter », probablement dér. de l'anc. scandinave *tjald* « tente dressée sur un navire », représenté par le subst. *tialz* « id. », XII⁰ s., et le verbe *teolder* « installer (une tente) » XII⁰ s.

TAUPE (pop.) XIII⁰ s. : lat. *talpa* ; **TAUPINIÈRE** XIII⁰ s. ; **TAUPÉ** XX⁰ s. ; **TAUPIN** XVI⁰ s. « mineur », emploi métaph., d'où XIX⁰ s. « élève préparant Polytechnique, et destiné à être officier du génie » et **TAUPE** XIX⁰ s. « classe de préparation à Polytechnique ».

TAUREAU famille du lat. *taurus*, équivalent du gr. *tauros* « taureau ».
♦ |1| **TAUREAU** (pop.) XII⁰ s. : dér. de l'anc. fr. *tor*, *taur*, du lat. *taurus* ; **TAURILLON** XIV⁰ s. ♦ |2| **BUTOR** (pop.) XII⁰ s. « oiseau dont le cri rappelle celui des bœufs » : le 1ᵉʳ élément est un v. onom. *būtīre* « faire bu » (→ Annexe II BUSE), apparenté aux mots à *bū-* initial de la famille de *bove* « bœuf », XII⁰ s. ♦ |3| **TORÉADOR** XVII⁰ s. : mot esp. XVI⁰ s. (auj. remplacé par *torero*), dér. de *torear* « combattre un taureau » ; **TORIL** XIX⁰ s. et **TORERO** XX⁰ s. : mots esp. dér. de *toro*, du lat. *taurus* ; **TORÉER** XX⁰ s. ♦ |4| **TAURIN** (sav.) XIX⁰ s. : lat. *taurinus*. ♦ |5| **TAURO-** (sav.) : gr. *tauros*, 1ᵉʳ élément de composés dans **TAUROBOLE** XVIII⁰ s., du gr. *taurobolion*, par le lat., « sacrifice d'un taureau », de l'adj. *taurobolos* « où l'on frappe le taureau » (2ᵉ élément → BAL) ; **TAUROMACHIE**, **-IQUE** XIX⁰ s. : de *tauros* et *makhê* « combat ». ♦ |6| **MINOTAURE**, mythol. : gr. *Minótauros*, littéralement « taureau de Minos », monstre de Crète, mi-homme, mi-taureau.

TAVERNE ♦ |1| (pop.) XIII⁰ s. : lat. *taberna* « habitation en planches », spécialisé dans le sens de « boutique », « cabaret » ; **TAVERNIER** fin XII⁰ s. : *tabernarius* « cabaretier ». ♦ |2| **TABERNACLE** (sav.) XII⁰ s. « tente de l'Arche d'alliance », puis « petite armoire contenant la réserve eucharistique » : lat. eccl. *tabernaculum*, dimin. de *taberna* « tente », puis en lat. eccl. « tabernacle ».

-TÉ ♦ |1| (pop.) : suff. nom. fém., du lat. *-ĭtātem*, accusatif de *-itas*, *-itatis*, servant surtout à former des subst. fém. abstraits dér. d'adj., ex. : *bonté*, du lat. *bonĭtātem*. ♦ |2| **-ETÉ** (pop.) : tiré par fausse coupe des mots du type *âpreté*, du lat. *asperĭtātem*, où l'*ĭ* s'est conservait phonétiquement sous la forme *e*. ♦ |3| **-ITÉ** (sav.) ex. : *éternité*, du lat. *aeternitas*, *-atis*, et formations mod. telles que *musicalité*, *sportivité*, etc.

TECHNIQUE ♦ |1| (sav.) XVIII⁰ s. : adj. puis subst., du gr. *tekhnikos*, fém. *tekhnikê*, dér. de *tekhnê* « art, métier » ; **TECHNICIEN** XIX⁰ s. : dér. analogique de *physicien* ; **TECHNICITÉ** XIX⁰ s. ; **TECHNICOLOR** XX⁰ s. ♦ |2| **TECHNO-** 1ᵉʳ élément de composés sav., ex. : **TECHNOLOGIE** XVII⁰ s. : gr. *tekhnologia* « exposé des règles d'un art » ; **TECHNOCRATIE** XX⁰ s. ♦ |3| **-TECHNIE**, **-TECHNIQUE**, **-TECHNICIEN** : 2ᵉ élément de composés sav., ex. : **PYROTECHNIE** XVI⁰ s. ; **POLYTECHNIQUE** fin XVIII⁰ s. ; **POLYTECHNICIEN** XX⁰ s. ; **BIO-**, **MNÉMOTECHNIE** XIX⁰ s. ; **RADIO-**, **PSYCHOTECHNIQUE** XX⁰ s.

TEIGNE ♦ |1| (pop.) XIII⁰ s. : lat. *tinea* « sorte de mite » et bas lat. « maladie du cuir chevelu comparable à des mangeures de mites » ; **TEIGNEUX** XIII⁰ s. : lat. *tineosus* « plein de teignes ». ♦ |2| **TIGNASSE** XVII⁰ s. « mauvaise perruque » puis « chevelure mal peignée », littéralement « chevelure de teigneux » (→ XVI⁰ s. *tignon* « chignon ») : dér. de *tigne*, var. de *teigne*.

TEILLE ♦ |1| (pop.) XIII⁰ s., var. *tille* « fibre tirée de l'écorce du tilleul » et aussi « du chanvre ou du lin » : lat. *tĭlia* « tilleul » ; **TEILLER** XIV⁰ s. ; **TEILLAGE**, **TEILLEUR** XIX⁰ s. ♦ |2| **TILLEUL** (pop.) XIII⁰ s. : lat. vulg. **tiliŏlus*, dimin. de *tilia*. ♦ |3| **TILIACÉES** (sav.) XVIII⁰ s. : bas lat. *tiliaceus*, de *tilia*.

TEINDRE famille du lat. *tingere*, *tinctus* « tremper » et « teindre », d'où *tinctorius* « qui sert à teindre », *tinctura* « teinture ».
♦ |1| **TEINDRE** (pop.) XI⁰ s. : *tĭngĕre* ; **TEINT** XI⁰ s. ; **TEINTE** XIII⁰ s. : *tinctus*, *tincta*, part. passés substantivés ; **DÉTEINDRE**, **RETEINDRE** XIII⁰ s. ; **TEINTURE** XIII⁰ s. : *tinctūra* ; **TEINTURIER**, **TEINTURERIE** XIII⁰ s. ; **TEINTÉ**, d'où **TEINTER** XVIII⁰ s. ♦ |2| **DEMI-TEINTE** XVII⁰ s. : calque de l'it. *mezza tinta*.

♦ 131 **AQUA-TINTA** XIXᵉ s. ; **AQUATINTE** XXᵉ s. : it. *acqua tinta* « eau teinte », « gravure imitant le lavis ». ♦ 141 **TINCTORIAL** (sav.) XVIIIᵉ s. : du lat. *tinctorius*.

TEL ensemble de mots d'origine lat. ayant en commun un radical *t-*, ancien démonstratif ind.-eur. représenté en gr. par l'article neutre *to*, ancien démonstratif, et qui apparaît en lat. dans les formes de démonstratif *is-te* et *is-tud* (→ CE) ; dans *talis* « tel, de telle espèce ou de telle nature » et *tantus* « aussi grand », respectivement corrélatifs de *qualis* et de *quantus* (→ QUI) ; enfin dans *tam* « autant » (corrélatif de *quam* → QUI), dont dérivent *tandem* « enfin » et *tamdiu* « aussi longtemps » (pour le 2ᵉ élément → DIEU).

♦ 111 **TEL** (pop.) Xᵉ s. : *talis* ; **TELLEMENT** XIIIᵉ s. ♦ 121 **TANT** (pop.) XIᵉ s. ; XVIᵉ s. *tant pis, tant mieux, tant et plus, tant soit peu* ; XVIIᵉ s. *en tant que* (calque de *in tantum quantum*) : *tantus* ; **AUTANT** XIIᵉ s. (1ᵉʳ élément comme dans *aussi*) ; **PARTANT, POURTANT** adv. XIIᵉ s. ; **UN TANTINET** XVᵉ s. : dimin. de *un tantet* XIIIᵉ s., dimin. de *tant* ; **TANTIÈME** XVIᵉ s. ; **TANT** subst. (un *tant pour cent*) XVᵉ s. ♦ 131 **TANDIS QUE** XIIᵉ s. (pop.) : *tamdiu*, avec *s* adv. ♦ 141 **TANDEM** XIXᵉ s. « cabriolet attelé à deux chevaux en flèche », puis « bicyclette à deux sièges » : mot angl., emprunt scolaire du lat. *tandem*, traduit en angl. par *at length* qui signifie à la fois « enfin » (véritable sens du mot lat.) et « en longueur ».

TÉLÉ- famille sav. du gr. **tělos* « lointain », adj. qu'on peut reconstituer d'après la forme de comparatif *těloteros* « plus éloigné », et les adv. *tělothi* « au loin », *tělothen* « de loin ».

TÉLÉ- 1ᵉʳ élément de composés sav. de formation mod. dont les principaux sont **TÉLÉSCOPE** XVIIᵉ s. ; **TÉLESCOPIQUE** XVIIIᵉ s. ; **TÉLESCOPER** XIXᵉ s. : anglo-américain *to telescope* « s'emboîter l'un dans l'autre comme les tubes d'une lunette d'approche » ; **TÉLÉGRAPHE, -IQUE** XVIIIᵉ s. ; **TÉLÉGRAPHIE, -ISTE, -IER** XIXᵉ s. ; **TÉLÉGRAMME** XIXᵉ s. ; **TÉLÉPHONE, TÉLÉPHÉRIQUE, TÉLÉMÈTRE** XIXᵉ s. ; **TÉLÉPATHIE** XIXᵉ s. : angl. *telepathy* ; **TÉLÉCOMMANDER, TÉLÉGUIDER** XXᵉ s. ; **TÉLÉOBJECTIF, TÉLÉSCRIPTEUR, TÉLÉSIÈGE, TÉLÉVISION, TÉLÉROMAN** XXᵉ s.

TÉMOIN famille du lat. *testis* « témoin », auquel s'apparentent (1) les substantifs *testimonium* « témoignage » ; *testiculus* « testicule », dimin. de *testis*, employé en ce sens fig. surtout au plur. *testes*, littéralement « les (deux) témoins » (2) le verbe *testari, testatus* « témoigner » (rare), « prendre à témoin » et « faire un testament », d'où *intestatus* « qui n'a pas testé » et *testamentum* « testament » (3) les composés de *testari* : *attestari* « confirmer, prouver » ; *contestari* « mettre en présence les témoins des deux parties » ; *detestari* jur. « repousser le témoignage de quelqu'un », et relig. « prononcer des imprécations contre » ; *protestari* lat. imp. « déclarer hautement, protester de quelque chose ».

I. mots populaires

TÉMOIN XIᵉ s. « témoignage » et « personne qui témoigne » : *testimōnium* ; **TÉMOIGNER** XIIᵉ s. : dér. anc. de *testimonium* ; **TÉMOIGNAGE** XIIᵉ s. (dont la création limite l'emploi de *témoin* à la désignation de la personne).

II. mots savants, base *-test-*

♦ 111 **TESTAMENT** XIIᵉ s. « alliance de Dieu avec les Juifs » (*Ancien et Nouveau Testament*) : lat. eccl. *Testamentum*, traduction du gr. *diathēkē* et de l'hébreu *berith* « convention, pacte » ; XIIIᵉ s. sens jur. : lat. class. *testamentum* ; **TESTATEUR** XIIIᵉ s. : *testator* ; **TESTER** XVᵉ s. : *testari* ; **TESTAMENTAIRE** XVᵉ s. : *testamentarius* ; **INTESTAT** XIIIᵉ s. : *intestatus*. ♦ 121 **ATTESTER** et **ATTESTATION** XIIIᵉ s. : *adtestari* et *adtestatio*. ♦ 131 **CONTESTER** et **CONTESTATION** XIVᵉ s. : *contestari* et *contestatio* ; **CONTESTE** XVIᵉ s. ; **CONTESTABLE, INCONTESTABLE, INCONTESTABLEMENT, INCONTESTÉ** XVIIᵉ s. ; **CONTESTATEUR** XIXᵉ s. ; **CONTESTATAIRE** XXᵉ s. ♦ 141 **PROTESTATION** XIIIᵉ s. : *protestatio* ; **PROTESTER** XIVᵉ s. « déclarer », XVᵉ s. *protester de* « se déclarer victime de », XVIIᵉ s. « déclarer son opposition » ; commerce « faire un protêt » : *protestari* ; XVIᵉ s., Calvin « faire une déclaration publique et solennelle », d'où **PROTESTANT** XVIᵉ s., adj. puis subst. ; **PROTESTANTISME** XVIIᵉ s. ; **PROTESTATAIRE** XIXᵉ s. ♦ 151 **DÉTESTER** XVᵉ s. « maudire », XVIIᵉ s. « avoir en horreur » : *detestari* ; **DÉTESTATION** XIVᵉ s. : *detestatio* ; **DÉTESTABLE** XIVᵉ s. ♦ 161 **TESTIMONIAL** XIIIᵉ s. : *testimonialis* « qui rend témoignage ». ♦ 171 **TESTICULE** XVᵉ s. : *testiculus*.

TEMPE ♦|1| (pop.) XVIe s.: altération de l'anc. fr. *temple*, du lat. vulg. *tempŭla*, class. *tempora*, plur. de *tempus, -oris* « tempe ». ♦|2| **TEMPORAL** (sav.) XVIe s.: bas lat. (IVe s.) *temporalis* « relatif à la tempe ».

TEMPLE famille sav. d'une racine ind.-eur. **tem-* « couper ».

En grec verbe *temnein* « couper », d'où *tmêsis, tomê* « coupure », *tomos* « morceau coupé » ; *-tomia* « coupure », 2e élément de composés, ex.: *latomia* « carrière » (de *las* « pierre »), *dikhotomia* « division en deux parties égales », *phlebotomia* « incision d'une veine »; *atomos* « non coupé » et « indivisible », en particulier au neutre « corpuscule indivisible », « le plus petit élément constitutif de la matière » ; enfin, les composés de *temnein : anatemnein* « couper de bas en haut », « ouvrir un corps », « disséquer », d'où *anatomê* « dissection »; *ektemnein* « retrancher en coupant », d'où *ektomê* « amputation »; *entemnein* « tailler dans, entailler », d'où *entomon*, neutre substantivé, « insecte » (parce que leur corps semble partagé en parties très distinctes); *epitemnein* « enlever en coupant », « abréger, résumer », d'où *epitomê* « coupure » et « abrégé d'un ouvrage ».

En latin, *templum* issu de **tem-l-om*, à l'origine « espace délimité par l'augure dans le ciel et sur la terre, à l'entour duquel il fait ses observations », puis « temple » (peut être rapproché du gr. *temenos* « enclos sacré »); dér. *contemplari* « regarder attentivement » et *contemplatio* « examen approfondi » → aussi l'article TEMPS.

I. mots d'origine latine

♦|1| **TEMPLE** XIe s.: *templum* ; **TEMPLIER** XIIIe s.: « membre d'un ordre de moines-chevaliers, fondé au XIIe s. près de l'emplacement du Temple de Jérusalem ». ♦|2| **CONTEMPLATION, CONTEMPLATIF** XIIe s.: *contemplatio, contemplativus* ; **CONTEMPLER** XIIIe s.: *contemplari* ; **CONTEMPLATEUR** XIVe s.: *contemplator*.

II. mots d'origine grecque

♦|1| **ATOME** XIVe s.: gr. *atomos*, par le lat. ; **ATOMIQUE** XVIe s.; **ATOMISME, ATOMISTE** XVIIIe s.; **ATOMISER, ATOMISEUR** XXe s. ♦|2| **ANATOMIE** XIVe s.: lat. *anatomia* : gr. *anatomê* ; **ANATOMIQUE** XVIe s. *anatomikos* ; **ANATOMISTE** XVIe s. ♦|3| **ÉPITOMÉ** XIVe s.: mot gr., par le lat. ♦|4| **TOME** XVIe s.: gr. *tomos*, par le lat. ; **TOMAISON** XIXe s. ♦|5| **LATOMIE** XVIIe s.: gr. *latomia*, par le lat. ♦|6| **ENTOMOLOGIE, -IQUE, -ISTE** XVIIIe s.: dér. de *entomon* « insecte ». ♦|7| **DICHOTOMIE** XVIIIe s.: *dikhotomia*. ♦|8| **-TOMIE** suff. de la langue médicale indiquant l'incision ou l'ablation d'un organe, ex.: **PHLÉBOTOMIE** XIIIe s.: *phlebotomia* ; **LARYNGOTOMIE** XVIIe s.; **MÉTROTOMIE** XIXe s.; var. **-ECTOMIE**, de *ektemnein*, ex.: **CYSTECTOMIE** XXe s. ♦|9| **TMÈSE** XVIe s. rhét. « disjonction »: gr. *tmêsis*, par le bas lat. gramm.

TEMPS famille du lat. *tempus, -oris* (anciennement **tempes, -eris*) « temps » et « saison, époque de l'année », d'où lat. imp. *primum tempus* « printemps ». — Dérivés anciens formés sur la base *tempes-* : (a) *tempestas, -atis*, à l'origine « temps », puis class. « temps qu'il fait », « état de l'atmosphère » et plus particulièrement « mauvais temps » (b) *tempestus* et *tempestivus* « qui vient à temps », « opportun », et l'antonyme *intempestivus*. — Dérivés récents formés sur la base *tempor-* : *temporalis* « temporel » et « temporaire »; lat. imp. *temporarius* et bas lat. *temporaneus* « id. » d'où *contemporaneus* « de la même époque ». On a émis l'hypothèse que *tempus* se rattacherait à la racine **tem-* « couper » → TEMPLE et que son sens premier serait « division du temps ». Ainsi pourrait s'expliquer le rapport, très clair morphologiquement, de *tempus* et de *temperare* « mélanger », « adoucir », en admettant que ce mot présente la même métaphore que le fr. *couper le vin* (→ TREMPER).

I. mots populaires ou empruntés

♦|1| **TEMPS** Xe s. *tens* (avec p étymologique ajouté au XIVe s.): *tempus* ; **LONGTEMPS** Xe s.; **QUATRE-TEMPS** XVIe s.; **CONTRETEMPS** XVIe s.: p.-ê. calque de l'it. *contrattempo*. Pour les mots sav. exprimant l'idée de « temps » → CHRONO-. ♦|2| **PRINTEMPS** XIIe s.: *primum tempus* ; a éliminé en ce sens *primevère* au XVIe s.; **PRINTANIER** XVIe s. ♦|3| **TEMPÊTE** XIe s.: *tempesta*, fém. de *tempestus*, substantivé et confondu pour le sens avec *tempestas* en lat. vulg.; **TEMPÊTER** XIIe s. « faire de la tempête », XVIe s. sens mod.; **TEMPÉTUEUX** XIVe s.: *tempestuosus*. ♦|4| **TEMPO** XIXe s. mus.: mot it. « temps », de *tempus*.

TÉNÈBRES

II. mots savants
A. base -tempor-
♦ |1| TEMPOREL XII° s. : lat. eccl. *temporalis* « du monde, du domaine des choses qui passent » (par opposition à *éternel*) ; TEMPORALITÉ XII° s. : *temporalitas*. ♦ |2| TEMPORISER XIV° s. « durer », XV° s. sens mod. : lat. médiéval *temporizare* « passer le temps » ; TEMPORISATEUR, TEMPORISATION XVIII° s. (antérieurement, *temporiseur, temporisement* XVI° s.). ♦ |3| CONTEMPORAIN XV° s. : *contemporaneus* ; CONTEMPORANÉITÉ XVIII° s. ♦ |4| TEMPORAIRE XVI° s., rare avant le XVIII° s. : *temporarius*.
B. base -tempes- INTEMPESTIF XV° s. : *intempestivus*.

TÉNÈBRES
famille d'un thème ind.-eur. **temos* « obscurité ».

En latin (1) l'adv. *temere* « à l'aveuglette », d'où l'adj. *temerarius* « irréfléchi » et le subst. *temeritas* « irréflexion » (2) *tenebrae*, issu de *temes-r-ai* (avec développement d'un *b* et dissimilation des deux labiales) « obscurité ».

♦ |1| TÉNÈBRES (sav.) XI° s. : *tenebrae* ; TÉNÉBREUX XI° s. : *tenebrosus*. ♦ |2| TÉMÉRAIRE et TÉMÉRITÉ (sav.) XIV° s. : *temerarius, temeritas*.

TÉNIA
(sav.) XVI° s. : gr. *tainia* « bandelette », par le lat.

TENIR
famille d'une racine ind.-eur. **ten-* « tendre, étirer ».

En grec *teinein* « tendre » ; *tetanos* « tendu, rigide » ; *peritonaios* « tendu tout autour » ; *tonos* « ligament tendu », « intensité, tension », « ton de la voix », « mode musical ».
En latin (1) deux adjectifs (a) *tenuis* « mince, fin (comme un corps élastique bien tendu) », d'où *adtenuare* et *extenuare* « amincir », « affaiblir » (b) probablement aussi *tener, -a, -um* « tendre » (au propre et au fig.), à l'origine sans doute « élastique, qui se prête à être tendu » (2) *tendĕre, tensus*, ou *tentus* « tendre » et « tendre à » ; d'où *attendere* « tendre vers, faire attention » ; *contendere* « se tendre de toutes ses forces » ; *extendere* « étendre », « élargir » ; *intendere* « tendre vers », « avoir l'intention ou la prétention de » ; *ostendere* « présenter, exposer » ; *praetendere* « mettre en avant quelque chose comme excuse » (3) *tentare*, fréquentatif de *tendere* et *temptare*, fréquentatif d'un ancien verbe **tempēre*, formé sur la même racine avec un élargissement *p* ; les deux formes s'emploient indifféremment l'une pour l'autre avec le sens de « toucher, tâter », « faire l'essai de » ; composés *attentare* « essayer, attaquer » ; *intentare* « diriger contre » ; *ostentare* « présenter avec insistance » ; *sustentare* « soutenir, réconforter » (4) *tenēre, tentus* « tenir » et « se maintenir dans une position », « durer, persister », d'où (a) *tenax, -acis* « qui tient, tenace » ; et *tenor, -oris* « tenue, continuité » (b) *abstinere* « maintenir loin de » et « s'abstenir de » ; *adtinere* « toucher à » ; *detinere* « détenir » ; *obtinere* « maintenir », « être en possession de » et « venir à bout, réussir » ; *retinere* « retenir » ; *sustinere* « soutenir », « supporter » (c) *continere* « maintenir uni », « renfermer en soi », « refréner (une passion) », d'où *continuus* « dont toutes les parties se touchent » et *continuare* « joindre de façon à former un tout » ; *continens*, part. présent « qui se contient, et son contraire *incontinens* ; *contentus*, part. passé, à l'origine « qui se contient », d'où « qui se contente de » et adj. « content, satisfait » (d) *pertinere* « toucher, concerner » et « viser à », d'où *pertinens*, part. présent « qui a du rapport à » ; *pertinax, -acis* « qui tient bon, acharné » ; bas lat. *adpertinere* « être attenant », terme d'arpenteur.

I. mots populaires ou empruntés d'origine latine
A. famille de *tenere*
♦ |1| TENIR X° s. : lat. vulg. **tenīre*, class. *tenēre* ; XII° s. *se tenir*, XIII° s. *être tenu à*, XIV° s. *tenir à* ; TENABLE XII° s. et INTENABLE XVII° s. ; TENANT, adj. et subst. XII° s. ; TENUE, TENURE XII° s. « possession » ; TENEUR, subst. masc. XIII° s. ; TENON XIV° s. ♦ |2| TENAILLES XII° s. : *tenācŭla*, plur. de *tenāculum* « attache », pris pour un fém. TENAILLER XVI° s. ♦ |3| TÉNOR XV° s., puis XVIII° s. : it. *tenore*, du lat. *tenor, -oris*, équivalent du fr. TENEUR. ♦ |4| SOUTENIR X° s. : lat. vulg. **sŭstenīre*, class. *sŭstinēre* ; SOUTÈNEMENT XII° s. ; SOUTENANCE XII° s., XIX° s. à propos des thèses ; SOUTENEUR XII° s., XVIII° s. sens mod. ; SOUTIEN XII° s. ; SOUTENABLE XIV° s. ; INSOUTENABLE XV° s. ; SOUTENU XVIII° s. rhét. ; SOUTIEN-GORGE XX° s. ♦ |5| RETENIR XI° s. : lat. vulg. **retenīre*, class. *retinere* ; RETENUE XII° s.

♦ |6| RÊNE XI⁰ s. : lat. vulg. *retina « lien », de retinere, class. retinaculum. ♦ |7| S'ABSTENIR (demi-sav.) XI⁰ s. : adaptation, sous l'influence de tenir, du lat. abstinere. ♦ |8| CONTENIR XI⁰ s. : lat. vulg. *contenīre, class. continere ; CONTENANCE XI⁰ s. « maintien », XIII⁰ s. « superficie », XX⁰ s. « capacité » ; DÉCONTENANCER XVI⁰ s. ; CONTAINER XX⁰ s. : mot angl. « récipient », de to contain « contenir », d'origine fr. ♦ |9| CONTENT XIII⁰ s. : contentus ; CONTENTER, MÉCONTENTER XIV⁰ s. ; CONTENTEMENT XV⁰ s. ; MÉCONTENT, MÉCONTENTEMENT XVI⁰ s. ♦ |10| APPARTENIR XI⁰ s. : lat. vulg. *adpartenīre, bas lat. adpertinere, (p.-ê. sous l'influence de pars, partis → PART) ; APPARTENANCE XII⁰ s. ♦ |11| DÉTENIR XII⁰ s. : adaptation, sous l'influence de tenir, de detinere ; DÉTENU subst. XVIII⁰ s. ; CODÉTENU XX⁰ s. ♦ |12| MAINTENIR XII⁰ s. : lat. manu tenere « tenir avec la main » ; MAINTENEUR XII⁰ s. ; MAINTENANT, adv. XII⁰ s. « aussitôt », XIII⁰ s. sens mod. ; MAINTIEN XIII⁰ s. « façon de se tenir », XVI⁰ s. « conservation ». ♦ |13| ENTRETENIR XII⁰ s. « tenir ensemble », d'où « tenir compagnie, causer » et « maintenir, conserver », XVII⁰ s. « donner de l'argent à quelqu'un pour ses besoins », XIX⁰ s. « tenir en bon état » : composé de tenir ; ENTRETIEN XVI⁰ s. ♦ |14| OBTENIR (demi-sav.) XIII⁰ s. : adaptation, d'après tenir, du lat. obtinere. ♦ |15| ATTENANT XIV⁰ s. : part. présent de l'anc. fr. attenir « tenir à » XII⁰ s., du lat. vulg. *adtenīre, class. adtinere. ♦ |16| TENNIS XIX⁰ s. mot angl., xx⁰ s., nom d'un jeu de balle, remontant au fr. tenez, 2⁰ pers. plur. de l'impératif de tenir, terme que le serveur employait au moment de lancer la balle ; XX⁰ s. emplacement, chaussures destinés à ce jeu.

B. famille de tendere

♦ |1| TENDRE XI⁰ s. trans., XII⁰ s. intrans. tendre à ou vers : tendĕre ; DÉTENDRE XII⁰ s. ; DISTENDRE (demi-sav.) XII⁰ s. ; TENDANCE XIII⁰ s., d'où TENDANCIEUX, TENDANCIEL XIX⁰ s. ; TENDEUR XIII⁰ s. ; TENDU XVII⁰ s., adj. ; TENTE XII⁰ s. « tension », « abri fait d'étoffes tendues » : anc. forme de part. passé ; DÉTENTE XIV⁰ s. ; TENTURE XVI⁰ s. : réfection, sous l'influence de tente, de l'anc. fr. tendeüre. ♦ |2| TOISE XII⁰ s. « mesure de longueur », environ deux mètres, d'où « instrument pour mesurer » : tēnsa « étendue » part. passé fém. substantivé de tendere ; ENTRETOISE XII⁰ s. pièce de charpente : inter tensa « étendue entre » ; TOISER XVI⁰ s., XVIII⁰ s. sens fig. ♦ |3| TENDON XVI⁰ s. : var. de tendant XIV⁰ s. « ligament des muscles », de tendre ; devenu usuel quand nerf s'est spécialisé dans son sens actuel ; TENDINEUX (demi-sav.) XVI⁰ s. ♦ |4| ATTENDRE XI⁰ s. « être attentif, guetter », d'où le sens mod. : attendĕre ; ATTENTE XI⁰ s. anc. part. passé fém. substantivé ; ATTENTIF XII⁰ s. ; INATTENTIF XVIII⁰ s. ; INATTENDU XVII⁰ s. ; ATTENTISME, ATTENTISTE XX⁰ s. ♦ |5| ENTENDRE XI⁰ s. « être attentif », « tendre vers », « comprendre » ; XVII⁰ s., achève de supplanter ouïr tombé en désuétude : intendĕre ; pour les mots sav. exprimant l'idée d'« entendre » → AUDIO, art. OUÏR, et ACOUSTIQUE ; ENTENTE XII⁰ s. anc. part. passé fém. substantivé ; MÉSENTENTE XIX⁰ s. ; ENTENDEMENT XII⁰ s. ; ENTENDEUR XIII⁰ s. ; MALENTENDU XVI⁰ s. ; SOUS-ENTENDRE XVI⁰ s. ; SOUS-ENTENDU XVII⁰ s. ♦ |6| PRÉTENDRE XII⁰ s. « réclamer », XIV⁰ s. « affirmer » : praetendĕre ; PRÉTENDANT XV⁰ s. subst. ; PRÉTENDU XVIII⁰ s. subst. : PRÉTENDUMENT XVIII⁰ s. ♦ |7| ÉTENDRE XII⁰ s. : extendĕre ; ÉTENDUE XV⁰ s. part. passé fém. substantivé ; ÉTENDARD XI⁰ s. ; PORTE-ÉTENDARD XVII⁰ s. ♦ |8| STANDARD XVIII⁰ s. « étalon, type », XIX⁰ s. adj. et subst. « central téléphonique » : mot angl. « étendard », « panneau » et « point de repère », de l'anc. fr. estendard, fr. étendard ; STANDARDISTE, STANDARDISER XX⁰ s. ♦ |9| TENDER XIX⁰ s. « wagon auxiliaire, annexe de la locomotive » : mot angl. « serviteur », dér. d'un verbe to tend « veiller sur », tiré de to attend, de l'anc. fr. attendre, et de to intend, de l'anc. fr. entendre.

C. famille de tentare

♦ |1| TANCER XII⁰ s. : lat. vulg. *tentiāre « quereller », p.-ê. altération de tentare « faire effort, attaquer » (on peut y voir aussi, mais de façon moins satisfaisante pour le sens, un dér. du part. passé tentus). ♦ |2| TENSON XII⁰ s. : « poésie dialoguée du Moyen Âge où s'échangent arguments et invectives » ; dér. nominal, « querelle », de même origine que tancer.

D. famille de tener

♦ |1| TENDRE, adj. XI⁰ s. : tener ; TENDRETÉ XII⁰ s.-XVI⁰ s., puis XX⁰ s. en parlant de la

TENIR

viande ; **TENDRESSE** XIVᵉ s. ; **ATTENDRIR** XIIIᵉ s. ; **ATTENDRISSEMENT** XVIᵉ s. ♦ |2| **TENDRON** XIIᵉ s. « cartilage », XIIIᵉ s. « bourgeon, jeune pousse », d'où « jeune fille » : dér. de *tendre*.

II. mots savants d'origine latine

A. base *-ten-*, *-tén-*

♦ |1| **TENEUR** XIIᵉ s. jur. « contenu d'un acte » : *ténor*, qui avait pris ce sens en bas lat. jur., XIVᵉ s. mus. « partie dominante » : *tenor, ōris* → TÉNOR. ♦ |2| **ATTÉNUER** XIVᵉ s., XIIᵉ s. *attenuir* « affaiblir », XVIIIᵉ s. jur. : *adtenuare* ; **ATTÉNUATION** XVIᵉ s. : bas lat. *adtenuatio*. ♦ |3| **EXTÉNUER** XIVᵉ s. : *extenuare* ; **EXTÉNUATION** XIVᵉ s. ♦ |4| **TÉNUITÉ** XIVᵉ s. : *tenuitas* ; **TÉNU** XVIᵉ s. : *tenuis*. ♦ |5| **TÉNACITÉ** XVᵉ s. : *tenacitas* ; **TENACE** XVIᵉ s. : *tenax, -acis*.

B. base *-tin-*

♦ |1| **ABSTINENT** et **ABSTINENCE** XIIᵉ s. : *abstinens* et *abstinentia*. ♦ |2| **CONTINENT** adj. et **CONTINENCE** XIIᵉ s. : *continens* et *continentia* ; **INCONTINENCE** XIIᵉ s. ; **INCONTINENT** XIVᵉ s. adj. *incontinens*. ♦ |3| **INCONTINENT** XIIIᵉ s. adv. : lat. jur. *in continenti tempore* « sans interruption », littéralement « dans un temps continu ». ♦ |4| **CONTINENT** subst. XVIᵉ s. : *(terra) continens* « territoire continu » ; **CONTINENTAL** XVIIIᵉ s. ♦ |5| **CONTINUER** XIIᵉ s. : *continuare* ; **CONTINUEL** XIIᵉ s. ; **CONTINU** adj. XIIIᵉ s. : *continuus* ; **CONTINUATION** XIIIᵉ s. : *continuatio* ; **CONTINUITÉ, DISCONTINU, DISCONTINUER, DISCONTINUATION** XIVᵉ s. : lat. médiéval *discontinuare, discontinuatio* ; **CONTINUATEUR** subst. XVIᵉ s. ; **DISCONTINUITÉ** XVIIIᵉ s. ♦ |6| **PERTINENT** XIVᵉ s. : *pertinens* ; **IMPERTINENT** XIVᵉ s.-XVIIIᵉ s. « qui ne convient pas », XVIᵉ s. « sot », XVIIᵉ s. « insolent » : bas lat. *impertinens* ; **PERTINENCE** XIVᵉ s. ; **IMPERTINENCE** XVᵉ s. ♦ |7| **PERTINACITÉ** XVᵉ s. : bas lat. *pertinacitas*, de *pertinax*.

C. base *-tend-* **INTENDANT** XVIᵉ s. : *intendens*, part. présent de *intendere* « surveillant » ; **INTENDANCE, SURINTENDANT, SURINTENDANCE** XVIᵉ s. ; **SOUS-INTENDANT, SOUS-INTENDANCE** XIXᵉ s.

D. base *-tent-*

♦ |1| **ABSTENTION** XIIᵉ s. « abstinence », XIXᵉ s. pol. : *abstentio* → S'ABSTENIR et **ABSTINENT, ABSTENTIONNISME, ABSTENTIONNISTE** XIXᵉ s. ♦ |2| **INTENTION** XIIᵉ s. : *intentio* → ENTENDRE ; **INTENTIONNEL** XVᵉ s. ; **INTENTIONNÉ** XVIᵉ s. ♦ |3| **CONTENTION** XIIIᵉ s. : *contentio*, de *contendere* ; **CONTENTIEUX** XIIIᵉ s. adj., XVIIIᵉ s. subst. : *contentiosus* « relatif à une lutte, un débat ». ♦ |4| **RÉTENTION** XIIIᵉ s. jur. et méd. : *retentio* → RETENIR. ♦ |5| **DÉTENTION** XIIIᵉ s., rare avant le XVIᵉ s. : *detentio* → DÉTENIR ; **DÉTENTEUR** XIVᵉ s. ; **CODÉTENTEUR** XVIᵉ s. ♦ |6| **OBTENTION** XIVᵉ s. : dér. sav., sur *obtentus* → OBTENIR. ♦ |7| **PRÉTENTION** XVᵉ s. : dér. sav., sur *praetentus* → PRÉTENDRE ; **PRÉTENTIEUX** XVIIIᵉ s. ♦ |8| **MANUTENTION** « conservation », XIXᵉ s. sens mod. : lat. médiéval *manutentio* → MAINTENIR ; **MANUTENTIONNAIRE** XVIIIᵉ s. ♦ |9| **ATTENTION** XVIᵉ s. : *attentio* → ATTENDRE ; **INATTENTION** XVIIᵉ s. ; **ATTENTIONNÉ** XIXᵉ s. ♦ |10| **TENTER** XIIᵉ s. : *temptare* ; **TENTATION** XIIᵉ s. : *temptatio*, lat. class. « tentative », eccl. « tentation » ; **TENTATEUR** XVᵉ s. : lat. eccl. *temptator*. ♦ |11| **SUSTENTER** XIIIᵉ s. : *sustentare* ; **SUSTENTATION** XIIIᵉ s. : *sustentatio* ; **SUSTENTATEUR** XXᵉ s. ♦ |12| **ATTENTER** XVᵉ s. : *attentare* ; **ATTENTAT** XIVᵉ s. ; **ATTENTATOIRE** XVIIᵉ s. ♦ |13| **INTENTER** XIVᵉ s. : *intentare*. ♦ |14| **OSTENTATION** XIVᵉ s. : *ostentatio* ; **OSTENTATOIRE** XVIᵉ s. ♦ |15| **TENTATIVE** XVIᵉ s. « épreuve scolaire », XVIIᵉ s. sens mod. : lat. médiéval *tentativa*, de *tentare* « mettre à l'épreuve ». ♦ |16| **TENTACULE** XVIIIᵉ s. : dér. sav., sur *tentare* « tâter » ; **TENTACULAIRE** XVIIIᵉ s.

E. base *-tens-*

♦ |1| **INTENSE** XIIIᵉ s. : *intensus* « tendu », part. passé de *intendere*, → ENTENDRE ; **INTENSIF, INTENSÉMENT** XIVᵉ s. ; **INTENSITÉ** XVIIIᵉ s. ; **INTENSIFIER** XIXᵉ s. ; **INTENSIFICATION** XXᵉ s. ♦ |2| **DISTENSION** XIVᵉ s. : bas lat. *distensio* → DISTENDRE. ♦ |3| **EXTENSION** XIVᵉ s. bas lat. *extensio* → ÉTENDRE ; **EXTENSIBLE** XIVᵉ s. ; **EXTENSIF** XVIᵉ s. ; **EXTENSEUR** XVIIᵉ s. ; **EXTENSIBILITÉ, INEXTENSIBLE** XVIIIᵉ s. ; **IN EXTENSO** XIXᵉ s. : mots lat. « dans toute son étendue ». ♦ |4| **OSTENSION** XIIIᵉ s. : *ostensio*, de *ostendere* ; **OSTENSOIRE** XVIᵉ s. ; var. **OSTENSOIR** XVIIIᵉ s. ; **OSTÉNSIBLE** XVIIIᵉ s. ♦ |5| **TENSION** XVᵉ s. : bas lat. *tensio*, de *tendere* → TENDRE ; **HYPO-, HYPERTENSION, TENSIOMÈTRE** XXᵉ s.

III. mots savants d'origine grecque

♦ |1| **TON** XIIᵉ s. voix et mus., XVIIᵉ s. « style », XVIIIᵉ s. « couleur » : *tonos*, par le lat. ; **ENTONNER** (un chant) XIIIᵉ s. ; **DÉTONNER**

XVIIe S. ; **TONAL, TONALITÉ** XIXe S. ; **ATONAL, ATONALITÉ** XXe S. ; **TRITON** XVIIe S. mus. : gr. *tritonon*, par le lat. « à trois tons » ; **TONUS** XXe S. : mot lat., du gr. *tonos* « tension ». ♦|2| **TONIQUE** XVIe S. adj. « élastique », XVIIIe S. adj. et subst., méd. « fortifiant », mus. « (note) fondamentale d'une gamme dans le système tonique » ; XIXe S. linguist. : gr. *tonikos*, par le lat. ; **TONICITÉ, TONIFIER** XIXe S. ; **DIATONIQUE** XIVe S. : lat. *diatonicus* « qui procède par tons et demi-tons » → DIA-. ♦|3| **INTONATION** : XIVe S. ; dér. sav., d'après *entonner* ; le lat. *intonare* « faire retentir » est en réalité de la famille de *tonnerre*, mais il a pu avoir une influence sur la formation du mot. ♦|4| **OXYTON** → PAROXYSME ; **BARYTON** → GREVER. ♦|5| **MONOTONE** XVIIIe S. : gr. *monotonos* « à un seul ton », par le lat. ; **MONOTONIE** XVIIIe S. ; **ATONE** XIXe S. méd. : *atonos*, avec *a-* privatif, « relâché, sans tension » ; **ATONIE** XIVe S., puis XVIIIe S. ♦|6| **PÉRITOINE** (demi-sav.) XVIe S. : *peritonaion*, par le lat. ; **PÉRITONITE** XIXe S. ♦|7| **HYPOTÉNUSE** XVIe S. : *hupoteinousa*, part. présent fém. substantivé de *hupoteinein* « (ligne) qui sous-tend (les angles) ». ♦|8| **TÉTANOS** XVIe S. mot gr. ; **TÉTANIQUE** XVIe S. ; **ANTITÉTANIQUE** XIXe S. ; **TÉTANISME** XXe S.

TÉORBE ou **THÉORBE** XVIe S. : it. *tiorba*, instrument de musique, d'origine obscure.

TÉRATO- (sav.) gr. *teras*, *-atos* « monstre », 1er élément de composés, ex. : **TÉRATOLOGIE** XVIIIe S. ; **TÉRATOGÉNIE** XIXe S.

TÉRÉBINTHE (sav.) XIIIe S. : gr. *terebinthos*, par le lat., mot d'origine méditerranéenne ; **TÉRÉBENTHINE** XIIe S. : gr. *terebinthê (rhêtinê)*, par le lat. « (résine) de térébinthe ».

TERGAL XXe S., marque déposée de tissu : 1er élément empr. au nom de l'acide téréphtalique.

TERMITE (sav.) XVIIIe S. : bas lat. *termes, -itis*, class. *tarmes, -itis*, sorte de ver ; **TERMITIÈRE** XIXe S. : formation analogique de *fourmilière*.

TERNIR XIIIe S. : mot d'origine germ. probablement apparenté à l'anc. haut all. *tarnjan* « obscurcir » ; **TERNE** XVe S.

TERRE famille du lat. *terra* « terre » ; *terrenus* « formé de terre », *territorium* « territoire » ; *subterraneus* « souterrain », *mediterraneus* « qui se trouve au milieu des terres ». Pour les mots sav. exprimant l'idée de « terre » → TELLURIQUE, art. TITRE, GÉO-, art. GÉOMÉTRIE et CHTON-, art. HOMME.

♦|1| **TERRE** (pop.) Xe S. : *terra* ; **ENTERRER** XIe S. ; **ENTERREMENT** XIIe S. ; **ATTERRER** XIIe S. « renverser », XVIIe S. « consterner » ; **DÉTERRER, TERRER** XIIe S. ; **TERRIER** XIIe S. « tanière », XVIe S. ; « chien de chasse pour les animaux à terrier » ; **TERRIEN, TERREAU** XIIe S. ; **TERRESTRE** XIIe S. ; **TERREUX** XIIIe S. ; **PARTERRE** XVIe S. ; **TERRE À TERRE** XVIe S., d'abord terme d'équitation, à propos d'un cheval qui ne lève pas haut les pieds ; **ATTERRIR** XVIIe S. mar., XVIIIe S. à propos des aérostats ; **ATTERRISSAGE** XIXe S. ; **TERRIL** XIXe S. ♦|2| **TERRAIN** (pop.) XIIe S. : altération, par substitution de suff., de *terrēnum*, neutre substantivé de *terrenus*. ♦|3| **SOUTERRAIN** (pop.) XIIe S. : de *sous* et *terre*, avec influence du lat. *subterraneus*. ♦|4| **TERRINE** XVe S. : fém. substantivé de l'adj. anc. fr. *terrin* « en terre », du lat. vulg. *terrīnus, altération, par substitution de suff., de *terrēnus*. ♦|5| **TERROIR** (pop.) XIIe S. : lat. vulg. *terratorium, altération, par substitution de suff., ou sous l'influence de *terra*, de *territorium*. ♦|6| **TERRASSE** XVe S. : anc. prov. *terrassa*, de *terra* ; **TERRASSER** XVIe S. « faire une terrasse » et, d'après le langage de la guerre de siège, « vaincre », puis « jeter à terre » ; **TERRASSEMENT, TERRASSIER** XVIe S. ♦|7| **TERRE-PLEIN** XVIe S. : it. *terrapieno* « remblai », de *terrapienare* « remplir de terre ». ♦|8| **TERRITOIRE** (sav.) XIIIe S. : *territorium* ; **TERRITORIAL** XVIIIe S. ; **TERRITORIALITÉ** et **EXTERRITORIALITÉ** XIXe S.

TERTRE famille du lat. *termen, -inis* « borne » (rare ; surtout dans les inscriptions), lat. class. *terminus* « borne, limite » ; bas lat. *terminalis* « final » ; *terminare* « borner, finir » et ses composés *determinare* « délimiter » ; bas lat. *praedeterminare* « fixer d'avance » ; *exterminare* « chasser des frontières, bannir », lat. eccl. « détruire de fond en comble ».

♦|1| **TERTRE** (pop.) XIe S. : lat. vulg. **termes, -ĭtis*, altération, p.-ê. sous l'influence de *limes, -itis*, de *termen, -inis* (avec redoublement du r). ♦ |2| **TERME** (demi-sav.) XIII° s. ; adv. *à terme*, en parlant d'un paiement : lat. *terminus* ; XIV° s. « mot », « élément d'une proposition logique » : lat. médiéval *terminus* « ce qui limite le sens » ; XV° s. « disposition bonne ou mauvaise à l'égard de quelqu'un » ; XVII° s. « limite dans l'espace » et « échéance d'un paiement ». ♦ |3| **TERME** XVI° s. « sorte de statue » : *Termĭnus*, dieu des bornes, représenté par un simple buste, terminé vers le bas par une gaine. ♦ |4| **ATERMOYER** XII° s. : dér. de l'anc. fr. *termoyer* « vendre à terme » et « ajourner », dér. de *terme* ; **ATERMOIEMENT** XVII° s. ♦ |5| **TERMINER** (sav.) XII° s. : *terminare* ; **TERMINAISON** XII° s. ; **INTERMINABLE** XIV° s. ; **TERMINAL** XVIII° s. : *terminalis*. ♦ |6| **DÉTERMINER** (sav.) XII° s. : *determinare* ; **DÉTERMINABLE** XII° s. ; **DÉTERMINATION** XIV° s. : *determinatio* ; **DÉTERMINATIF** XV° s. ; **INDÉTERMINÉ** XIV° s. ; **INDÉTERMINABLE** XV° s. ; **PRÉDÉTERMINER** XVI° s. : *praedeterminare* ; **INDÉTERMINATION**, **PRÉDÉTERMINATION** XVII° s. ; **DÉTERMINANT** XVIII° s., adj. ; **DÉTERMINISME, DÉTERMINISTE** XIX° s. : dér. d'abord en all. ; **AUTODÉTERMINER** et **AUTODÉTERMINATION** XX° s. ♦ |7| **EXTERMINER** (sav.) XII° s. : *exterminare* ; **EXTERMINATION** XII° s. ; **EXTERMINATEUR** XIII° s. ♦ |8| **TERMINOLOGIE** (sav.) XVIII° s. : dér. sur *terminus*. ♦ |9| **TERMINUS** XIX° s. : angl. « gare terminale », empr. au lat.

TÊTE famille du lat. *testa* « coquille », « tout objet fait en argile cuite », et bas lat. « crâne, tête », qui a fortement concurrencé le lat. class. *caput* « tête » → CHEF ; var. neutre *testum* « couvercle de pot », « pot en terre ».

♦ |1| **TÊTE** (pop.) XI° s. : *testa* ; pour les mots sav. exprimant l'idée de « tête » → CÉPHALO- ; **TÊTIÈRE, TÊTU** XIII° s. ; **TÊTARD** XIII° s. adj. « à grosse tête », XVIII° s. subst. zool. et arboric. ; **ÉTÊTER** XIII° s. ; **ENTÊTER** XIII° s. ; **ENTÊTEMENT** XVI° s. « mal de tête », XVII° s. « obstination » ; **EN-TÊTE, TÊTE-DE-NÈGRE** XIX° s. ; **TÊTE-DE-LOUP** XX° s. ♦ |2| **TESTONNER** XVI° s. « peigner » : dér. de *teste*, forme anc. de *tête* (s prononcé par réaction orthographique). ♦ |3| **TESSON** (pop.) XIII° s. : dér. de l'anc. fr. *tes*, plur. de *test*, *têt*, du lat. *testum*. ♦ |4| **TEST** XIX° s. : mot angl. « épreuve », de l'anc. fr. *test* « pot de terre (qui servait aux alchimistes à éprouver l'or) » ; **TESTER** XX° s.

TETTE famille d'un mot germ. **titta* « bout de sein », qu'on peut rapprocher du lat. *titillus* « id. » ; *titillare* « chatouiller » (comme la mère chatouille les lèvres du nourrisson avec le bout du sein).

♦ |1| **TETTE** (pop.) XII° s. : germ. occidental **titta*, d'où **TÉTER** XII° s. ; **TÉTINE** XII° s. ; **TÉTIN** XII° s. ; **TÉTON** XV° s. ; **TÉTÉE** XVII° s. ♦ |2| **TITILLER** (sav.) XII° s., rare avant le XVIII° s. : *titillare* ; **TITILLATION** XIV° s. : *titillatio*.

THALASSO- (sav.) gr. *thalassa* « mer », 1er élément de composés, ex. : **THALASSOCRATIE, THALASSOTHÉRAPIE** XIX° s.

THÉ XVII° s. : malais *têh* « id. » ; **THÉIÈRE** XVIII° s.

THÉÂTRE famille sav. d'une base gr. **thaw-* « contempler », à laquelle se rattachent (1) *thauma, -atos* « objet d'étonnement ou d'admiration », « prodige » (2) *thea* (issu de **thâwa*) « action de contempler » et « spectacle », d'où *theatron* « lieu où l'on assiste à un spectacle » ; (3) *theôros* « spectateur », de *thea* et d'un 2° élément apparenté à *horân* « voir » (→ PANORAMA, art. SERF), littéralement « qui voit le spectacle » ; *theôría* « action d'examiner », d'où (a) « spectacle, fête solennelle », « défilé des députations des villes grecques à Delphes » (b) à partir de Platon, « contemplation de l'esprit », « spéculation théorique » ; *theôrêma* « objet de contemplation ou d'étude ».

♦ |1| **THÉÂTRE** XII° s. : *theatron*, par le lat. ; **THÉÂTRAL** XVI° s. : lat. *theatralis*. ♦ |2| **THÉORIQUE** XIII° s. : gr. *theôrikos*, par le lat. ; **THÉORIE** XV° s., XVIII° s. « procession » : *theôría*, par le lat. ; **THÉORICIEN** XVI° s. : sur le modèle de *mathématicien*. ♦ |3| **THÉORÈME** XVI° s. : *theôrêma* par le lat. ♦ |4| **THAUMATURGE** XVII° s. : *thaumatourgos* « faiseur de miracles » (2° élément → ORGUE) ; **THAUMATURGIE** XIX° s.

THÉRAPEUTIQUE ♦ |1| (sav.) XVI° s. : gr. *therapeutikos*, de *therapeuein* « soigner » ; **THÉRAPEUTE** XVIII° s. : gr. *therapeutês* « médecin » ; **THÉRAPIE** XIX° s. : *thera-*

peia « soin ». ♦121 **-THÉRAPIE, -THÉRAPEUTE** seconds éléments de composés sav., ex. : **HYDROTHÉRAPIE, PSYCHOTHÉRAPIE** XIXᵉ s. ; **HÉLIOTHÉRAPIE, RADIOTHÉRAPIE** XXᵉ s. ; **KINÉSITHÉRAPEUTE** XXᵉ s.

THON XIVᵉ s. : anc. prov. *ton*, du gr. *thunnos*, mot méditerranéen, par le lat.

THORAX (sav.) XIVᵉ s. : gr. *thôrax, -akos* « cuirasse », par le lat. ; **THORACIQUE** XVIᵉ s. : *thôrakikos* ; **PNEUMOTHORAX** XIXᵉ s. ; **THORACO-** : 1ᵉʳ élément de composés, ex. : **THORACOPLASTIE** XXᵉ s.

THRÈNE (sav.) XVIᵉ s. : gr. *thrênos* « chant funèbre », par le lat.

THROMBUS (sav.) XVIᵉ s. méd. : mot lat., du gr. *thrombos* « caillot » ; **THROMBOSE** XIXᵉ s. ; **THROMBINE, ANTITHROMBINE** XXᵉ s.

THYM (sav.) XIIIᵉ s. : lat. *thymus*, du gr. *thumos* « id. » ; **THYMOL** XXᵉ s.

THYROÏDE (sav.) XVIᵉ s. : gr. *thuroeidês* « en forme de porte », compris par erreur comme signifiant « en forme de bouclier », par confusion avec *thureoeidês* ; **THYROÏDIEN** XIXᵉ s.

TIARE (sav.) XIVᵉ s. : lat. *tiara*, mot gr. d'origine persane.

TIÈDE ♦111 (pop.) XIIᵉ s. : lat. *tepidus* ; **ATTIÉDIR** XIIIᵉ s. ; **TIÉDEUR** XIIᵉ s. ; **TIÉDIR** XVᵉ s. ; **TIÉDISSEMENT** XXᵉ s. ♦121 **TÉPIDITÉ** (sav.) XIVᵉ s. : *tepiditas* « tiédeur » ; **TÉPIDARIUM** XIXᵉ s., archéol. : mot lat.

TIGE ♦111 (pop.) XIᵉ s. : lat. *tibia* « os antérieur de la jambe », « flûte » et « petit tube ». ♦121 **TIBIA** XVIᵉ s. : mot lat.

TIGRE (sav.) XIIᵉ s. : gr. *tigris*, d'origine iranienne, par le lat. ; **TIGRESSE** XVIᵉ s. ; **TIGRÉ** XVIIIᵉ s.

TILLAC XIVᵉ s. : anc. scandinave *thilja* « planche au fond d'un bateau ».

TIMBALE XVᵉ s. : altération, d'après *cymbale*, de la forme antérieure *tambale* XVᵉ s., altération, sous l'influence de *tambour*, de l'esp. *atabal*, mot arabo-persan « tambour », XVIIIᵉ s. « gobelet de métal », par analogie de forme ; **TIMBALIER** XVIIᵉ s.

TIMBRE ♦111 (demi-sav.) XIIᵉ s. « tambourin », XIVᵉ s. « cloche frappée par un marteau », XVIᵉ s. « partie du casque protégeant le crâne » (d'où XVIIᵉ s. *cerveau bien, mal timbré* et **TIMBRÉ** « un peu fou »), XVIIᵉ s. « qualité spécifique d'une voix » et « cachet officiel », XIXᵉ s. « vignette postale » : bas gr. *tumbanon* : gr. class. *tumpanon* « tambourin » ; **TIMBRER** XIIᵉ s. ; **TIMBRAGE** XVIᵉ s. ; **TIMBRE-POSTE, TIMBRE-QUITTANCE** XIXᵉ s. ♦121 **TYMPAN** (sav.) XIIᵉ s. « tambourin », XVIᵉ s. archit., XVIIᵉ s. anat. : gr. class. *tumpanon*.

TIMIDE famille sav. du lat. *timere* « craindre » d'où *timor* « crainte » et *timidus* « craintif ».
♦111 **TIMIDE** XVIᵉ s. : *timidus* ; **TIMIDITÉ** XIVᵉ s. : *timiditas* ; **INTIMIDER, INTIMIDATION** XVIᵉ s. ♦121 **TIMORÉ** XVIᵉ s. : lat. eccl. *timoratus*, dér. de *timor* au sens de « crainte de Dieu ».

TIMON (pop.) XIIᵉ s. : bas lat. (Vᵉ s.) *tümo, -ônis*, class. *tëmo, -ônis* « flèche de char » ; **TIMONIER** XIIᵉ s. : de *timon* au sens dér. anc. de « gouvernail » ; **TIMONERIE** XVIIIᵉ s.

TINETTE (pop.) XIIIᵉ s. : dimin. de l'anc. fr. *tine* « baquet » : lat. *tina* « carafe à vin ».

TIRELIRE ensemble de mots issus de refrains de chansons.
♦111 **TIRELIRE** XIIIᵉ s. sens mod. et refrain de chanson, p.-ê. onom. du chant de l'alouette ; a pu servir à suggérer le bruit des pièces de monnaie dans ce petit récipient. ♦121 **TURELURE** ou **TURLURE** XIIIᵉ s., refrain. ♦131 **LURON** XVᵉ s. : apparenté au précédent et à diverses expressions anc. ou dial. *à lure lure* « au hasard » ; picard *lurer* « dire des bêtises », *lures, lurettes* « plaisanteries » qui semblent toutes reposer sur le refrain attesté au XVᵉ s. : *Avant lure, lurette, avant lure, luron*. ♦141 **GODELUREAU** XVᵉ s. : mot composé ; 2ᵉ élément *lureau*, var. de *luron* ; 1ᵉʳ élément obscur, qui peut être rapproché de *god* « cri pour

appeler certains animaux domestiques », ou *godon*, surnom satirique des Anglais, de l'angl. *goddam* ; ou encore du néerl. *gôd* « bon », qui a dû se croiser avec l'anc. fr. *gaudir* (→ JOUIR), et est représenté au XVIᵉ s. par *faire gode chère* « se la couler douce ». ♦ 15 ׀ LANTURLU XVIIᵉ s., refrain d'une chanson du temps de Richelieu. ♦ 16 ׀ TURLUTUTU XVIIᵉ s. ; TURLUTAINE XIXᵉ s. « serinette ». ♦ 17 ׀ TIRE-LARIGOT XVIᵉ s. : le 2ᵉ élément, qui désignait au XVIᵉ s. une sorte de flûte, est attesté au début du XVᵉ s. chez Christine de Pisan dans le refrain *larigot va larigot, Mari, tu n'aimes mie*. ♦ 18 ׀ TOURLOUROU XIXᵉ s., dans le refrain *Bidon don, mon gentil tourlourou* ; fin XVIIᵉ s. aux Antilles « crabe de terre » : à Brest XIXᵉ s. « crabe (que la cuisson rend rouge) », d'où, à cause de son pantalon rouge, surnom du fantassin appelé aussi « écrevisse de rempart » au XIXᵉ s. ♦ 19 ׀ DORLOTER XVᵉ s.-XVIᵉ s. « friser les cheveux » et dès le XVIᵉ s. « traiter avec tendresse » : dér. de l'anc. fr. *dorelot*, *dorenlot*, sans doute empr. à la suite de syllabes *dorelo* très fréquemment employée comme refrain par les auteurs de chansons au Moyen Âge. ♦ 1 10 ׀ PRETANTAINE XVIIᵉ s., dans l'expression *courir la pretantaine* « courir les aventures » : probablement croisement du dial. (Ouest) *pertintaille* « collier de cheval à grelots », d'origine onom., et de nombreux refrains terminés en *-aine*, tels que *tonton, tontaine, faridondaine*, etc. ♦ 1 11 ׀ PERLIMPINPIN (poudre de) XVIIᵉ s. : mot de fantaisie comportant, comme beaucoup des précédents, le groupe *rl* et un redoublement consonantique. ♦ 1 12 ׀ GUÉRIDON, début XVIIᵉ s. « nom d'un personnage de farce qui tenait les chandeliers pendant que les autres dansaient », puis « petit meuble figurant un Maure porteur de flambeau » et « petite table » : mot probablement issu des refrains *ô gué !* et *laridon*. ♦ 1 13 ׀ MIRLITON XVIIIᵉ s. : probablement anc. refrain ; peut être rapproché de *mirely* « mélodie » XVᵉ s. ♦ 1 14 ׀ TRALALA XIXᵉ s. refrain, et subst. « luxe voyant ». ♦ 1 15 ׀ BIRIBI → ce mot. ♦ 1 16 ׀ VIRELAI XIIIᵉ s. « air de danse » ; XIVᵉ s. « sorte de poème » : probablement altération, sous l'influence de *lai* (→ ce mot), du refrain de chanson *vireli*, p.-ê. apparenté à *virer* « tourner ».

TIRER ♦ 1 ׀ 1 (pop.) XIᵉ s. « amener vers soi », « extraire », XIIIᵉ s. « lancer un projectile », XVIᵉ s. « dessiner un trait » ; s'est substitué à *traire* dans la plupart de ses emplois en moyen fr. ; mot commun à toutes les langues romanes à l'exception du roumain, et très ancien dans chacune d'elles. Diverses hypothèses (1) dans la langue des soldats romains, empr. au nom parthe de la flèche, reposant sur la base iranienne *tīr* (2) dans le même domaine, un dér. de *tīro, -ōnis* « jeune recrue », dont le sens 1ᵉʳ aurait été « débuter dans la carrière » (3) réduction de l'anc. fr. *martirier* « martyriser », sous l'influence de l'anc. fr. *tirant* « bourreau » (lat. *tyrannus*), une torture fréquente étant la dislocation des membres par étirement (4) dér. de l'anc. fr. *tire* « rangée » XIIᵉ s. frq. *teri (5) croisement du germ. *tēran (got. *tairan*, anc. haut all. *zëran*) « arracher », et du lat. *gyrare* « tourner ». Les deux premières hypothèses se heurtent à des difficultés dans la chronologie des sens ; la troisième est trop particulière pour expliquer le mot dans l'ensemble des langues romanes ; la quatrième, faisant appel à un étymon frq., ne rend compte que du fr. ; la plus satisfaisante serait la cinquième, celle d'un empr. ancien au germ. ♦ 1 2 ׀ TIR XIIIᵉ s. ; TIRANT, TIROIR XIVᵉ s. ; TIREUR, TIRAGE, TIRADE XVᵉ s. ; TIRE (dans la locution *à tire-d'aile*) ; TIRET, TIRETTE XVIᵉ s. ; TIRÉE XIXᵉ s. « long parcours », syn. de *traite* : subst. dér. de *tirer*. ♦ 1 3 ׀ SOUTIRER XIIᵉ s., d'où SOUTIRAGE XVIIIᵉ s. ; RETIRER XIIIᵉ s. ; ÉTIRER XIIIᵉ s., d'où ÉTIREMENT XVIIᵉ s. ; ÉTIRAGE, ÉTIRABLE XIXᵉ s. ; ATTIRER XVᵉ s. d'où ATTIRANCE XIXᵉ s. : verbes dér. de *tirer*. ♦ 1 4 ׀ ATTIRAIL XVᵉ s. : dér. de l'anc. fr. *atirier* XIIᵉ s. « ranger, équiper », dér. de *tire* « rangée », donc p.-ê. apparenté à *tirer*, si l'on attribue à ce verbe une origine frq. ♦ 1 5 ׀ TIRE, 1ᵉʳ élément de composés dans TIRE-LARIGOT XVIᵉ s. → ce mot ; TIRE-BOTTE, TIRE-BOUTON, TIRE-LAINE, TIRE-LIGNE XVIIᵉ s. ; TIRE-BOUCHON XVIIIᵉ s., d'où TIRE-BOUCHONNER XIXᵉ s. ; TIRE-AU-FLANC XIXᵉ s. ; TIRE-LAIT XXᵉ s.

TISANE (demi-sav.) XIIIᵉ s. : gr. *ptisanê* « orge mondé » et « tisane d'orge », par le lat.

TISON (pop.) XIIᵉ s. : lat. *titio, -ōnis* ; TISONNER XIIIᵉ s. « allumer », TISONNIER

XIVe s. : **ATTISER** XIIe s. : lat. vulg. *attitiāre*, de *titio*.

TISSER famille du verbe lat. *texere, textus* « tisser », auquel se rattachent (1) *tēla*, issu de **tex-la* « toile » et « chaîne de la toile » ; *subtilis* « fin », probablement issu de *sub tela*, littéralement « qui passe sous la chaîne », terme de tisserand qualifiant les fils de la trame (2) *textus, -us*, et *textura* « tissu » ; *textilis* « tissé » (3) les composés *praetexere* « tisser au bord, border », « garnir » et « alléguer une excuse », d'où *toga praetexta* « toge blanche bordée de pourpre portée par les enfants jusqu'à seize ans et les principaux magistrats au cours des cérémonies » et *praetextus, -us* « prétexte » ; *contexere* « unir, entrelacer », d'où *contextus, -us* « assemblage », « contexture d'un discours ».

I. mots populaires ou empruntés

♦ 1 1 1 **TISSER** XVIe s. : réfection sur l'un de ses radicaux, *tiss-*, d'un verbe très irrégulier, *tistre* XIIe s. : lat. *tĕxĕre* ; **TISSU** XIIIe s. : anc. part. passé substantivé de *tistre* ; **TISSERAND** XIIIe s., var. *tisserenc* : dér., à l'aide du suff. germ. *-enc* → *-an*, sur l'anc. fr. *tissier*, subst. → id. » ; **TISSAGE** XIIIe s. ; **TISSULAIRE** XIXe s. ♦ 1 2 1 **TOILE** XIIe s. : *tēla* ; **TOILETTE** XIVe s. « petite toile », XVIe s. « linge placé sur une table », XVIIe s. « table de toilette » et « ajustements que les femmes mettent au point devant cette table » ; **ENTOILER** XVIIe s. ; **ENTOILAGE** XVIIIe s. ♦ 1 3 1 **TESSITURE** XIXe s., mus. : it. *tessitura* « contexture », de *tessere* « tisser », du lat. *texere*.

II. mots savants

A. base *-text-*

♦ 1 1 1 **TEXTE** XIIe s., *teste*, « évangéliaire », XIIIe s. sens mod. : *textus, -us* qui avait pris en bas lat. le sens métaph. de « trame d'un récit », « texte » ; **CONTEXTE** XVIe s. : *contextus* ; **TEXTUEL** XVe s. ♦ 1 2 1 **CONTEXTURE** XIVe s. : dér. sur *contextus* ; **TEXTURE** XVe s. : *textura* ; **TEXTILE** XVIIIe s. : *textilis*. ♦ 1 3 1 **PRÉTEXTE** (toge) XIVe s. : *praetexta (toga)*. ♦ 1 4 1 **PRÉTEXTE** XVIe s., subst. masc. : *praetextus, -us* ; **PRÉTEXTER** XVIe s.

B. **SUBTIL** XIVe s. : réfection de l'anc. fr. *soutil* (pop.) XIIe s. : *sŭbtīlis* ; **SUBTILITÉ** XIIe s. *sotileté* : *subtilitas* ; **SUBTILISER** XVe s. « agir habilement », XVIIIe s. « dérober adroitement » ; **SUBTILISATION** XVIe s. chimie, XIXe s. sens mod.

TITANE (sav.) fin XVIIIe s. chimie : gr. *titanos*, désignant diverses pierres calcaires.

TITRE famille du lat. *titulus* « écriteau, pancarte » et « titre d'honneur », « titre d'un ouvrage », forme à redoublement qui repose probablement sur une racine **telē-* « plan », comme *tellus, -uris* « terre ».

I. famille de *titulus*

♦ 1 1 1 **TITRE** (demi-sav.) XIIe s. « marque », XIIIe s. « écrit qui établit un droit », XVIe s. « aloi », XIXe s. *titre de rente* : *tĭtŭlus* ; **ATTITRER** XIIe s. ; **TITRER** XIIIe s. ; **TITRAGE, SOUS-TITRE** XIXe s. ; **SOUS-TITRER** XXe s. ♦ 1 2 1 **TILDE** XIXe s. : mot esp. désignant un signe typographique, équivalent de *titre*, qui a servi aussi en anc. fr. à désigner un signe d'abrév. ♦ 1 3 1 **INTITULER** (sav.) XIIIe s. : lat. *intitulare* « donner un titre », « nommer » ; **INTITULÉ** XVIIe s. subst. ; **TITULAIRE** XVIe s. : dér. sur *titulus* ; **TITULARISER, TITULARISATION** XIXe s.

II. famille de *tellus*

♦ 1 1 1 **TELLURE** (sav.) début XIXe s. : lat. mod. *tellurium*, nom donné à un métal découvert en 1782, pour l'opposer à l'*uranium*. ♦ 1 2 1 **TELLURIQUE** et **TELLURISME** XIXe s. : dér. sav. sur *tellus, -uris*.

TITUBER (sav.) XVe s. et **TITUBATION** fin XIVe s. : lat. *titubare* et *titubatio*.

TOBOGGAN XIXe s. : mot angl. du Canada, empr. à l'algonquin.

TOHU-BOHU XIXe s., emploi mod. (XIIIe s. *toroul boroul* XIIIe s. ; XVIe s., Rabelais, *les isles de Tohu et Bohu* ; XVIIIe s., Voltaire, *la terre était tohu-bohu*) : adaptation de l'hébreu *tôhû wabôhû* (Gen., I, 2) « vague et vide », loc. désignant l'état de la terre au début de la création du monde.

TOI famille lat. du pronom personnel de la deuxième pers. du sing. : *tu*, acc. *te*, sur la base duquel est formé l'adj. possessif *tuus, -a, -um*.

♦ 1 1 1 **TOI** (pop.) XIIe s. : *tē*, cas régime, forme tonique ; **TE** XIIe s. : *te*, cas régime, forme atone ; **TU** Xe s. : lat. *tū*, cas sujet ; **TUTOYER** XIVe s. ; **TUTOIEMENT** XVIIe s. ♦ 1 2 1 **TON, TA, TES** (pop.) XIe s. : lat. vulg. **tŭm, *tam*, et **tos, *tas*, formes atones et contractées pour *tuum, tuam, tuos, tuas*, acc. masc. et fém., sing. et plur. de *tuus*. ♦|3| **TIEN, TIENNE** : formes analogiques de *mien* (et plus tard *mienne*) → MOI, qui se sont substituées à partir du XIIᵉ s., aux formes normales *tuen*, du lat. *tuum*, et *toue*, du lat. *tuam*, formes toniques.

TOIT famille du lat. *tĕgĕre, tĕctus* « couvrir », reposant sur une racine **(s)teg-* à laquelle se rattachent également *tegula* « tuile », *toga* « toge », et *epitogium*, lat. imp. « casaque pour mettre par-dessus la toge » ; composés de *tegere* : *detegere* « mettre à découvert », d'où lat. imp. *detectio* « révélation » ; *protegere* « abriter pardevant », d'où lat. imp. *protectio* et *protector* « protection » et « protecteur ».

♦|1| **TOIT** (pop.) XIIᵉ s. : *tēctum*, neutre substantivé de *tectus* ; **TOITURE** XVIᵉ s. ♦|2| **TUILE** (pop.) XIIᵉ s. : métathèse de *tieule, tiule* XIIᵉ s. : lat. *tĕgŭla* ; fin XVIIIᵉ s. « désagrément inattendu (comparé à une tuile qui vous tombe sur la tête) » ; **TUILERIE** XIIIᵉ s. ♦|3| **PROTECTION** (sav.) XIIᵉ s. : *protectio* ; **PROTECTEUR** XIIIᵉ s. : *protector* ; **PROTECTORAT** XVIIIᵉ s. ; XIXᵉ s. sens mod. ; **PROTECTIONNISME** XIXᵉ s. ♦|4| **PROTÉGER** (sav.) XIVᵉ s. : *protegere* ; **PROTÉGÉ** XVIIIᵉ s., subst. ; **PROTÈGE-CAHIER** XXᵉ s. ♦|5| **TOGE** (sav.) XIIIᵉ s. : *toga* ; **ÉPITOGE** XVᵉ s. : *epitogium*. ♦|6| **TÉGUMENT** (sav.) XVIᵉ s. : lat. *tegumentum* « couverture », de *tegere*. ♦|7| **DÉTECTIVE** XIXᵉ s. : angl. *detective*, abrév. de *detective policeman* et *detection*, dér. de *to detect*, formé sur le radical du part. passé de *detegere* ; **DÉTECTEUR** fin XIXᵉ s. : lat. imp. *detector*.

TOMATE XVIᵉ s., puis XVIIIᵉ s. : esp. *tomate*, de l'aztèque *tomatl*.

TOMBE famille d'une base **tum-* reposant sur une racine ind.-eur. **tewē-*, **tu-* « se gonfler », qui apparaît p.-ê. aussi dans le lat. *tuber* → TRUFFE, *totus* → TOUT et *tumultus* → TUMULTE.

En grec *tumbos* « tumulus, tertre, tombeau ».

En latin *tumulus* « id. » ; *tumere* « être enflé », d'où *tumor, -oris* « enflure » ; lat. imp. *tumescere* et *intumescere* « se gonfler » ; *tumefacere* « gonfler ».

♦|1| **TOMBE** (pop.) XIIᵉ s. : bas lat. (IVᵉ s.) *tumba* : gr. *tumbos* ; **TOMBEAU** XIIᵉ s. ; **TOMBAL, OUTRE-TOMBE** XIXᵉ s. ♦|2| **CATACOMBE** XIIIᵉ s. : empr. au lat. *catacumba*, attesté dans les inscriptions chrétiennes, ou à son représentant it. *catacomba* : altération, p.-ê. sous l'influence de *cumbere* « être couché », ou simplement par dissimilation, de **catatumba* « tombe souterraine », formé avec le préf. gr. *kata* « de haut en bas ». ♦|3| **TUMEUR** (sav.) XIVᵉ s. : lat. *tumor, -oris*. ♦|4| **TUMÉFIER** XVIᵉ s. : *tumefacere* ; **TUMÉFACTION** XVIᵉ s. ♦|5| **INTUMESCENCE** (sav.) XVIIᵉ s. : de *intumescere* ; **TUMESCENT, TUMESCENCE** XIXᵉ s. : de *tumescere*. ♦|6| **TUMULUS** XIXᵉ s. : mot lat. ; **TUMULAIRE** XIXᵉ s.

TOMME XVIᵉ s. fromage : mot dial. des régions franco-prov. et prov., apparenté au sicilien et calabrais *toma*, d'origine obscure, probablement prélat.

TONDRE ♦|1| (pop.) XIIᵉ s. : lat. vulg. **tondĕre*, class. *tondēre* ; **TONTE** XIVᵉ s. : anc. part. passé substantivé de *tondre* : lat. vulg. **tondita*, class. *tonsa* ; **TONDEUSE** XIXᵉ s. ♦|2| **TOISON** (pop.) XIIᵉ s. : bas lat. *tonsio, -ōnis* « action de tondre ». ♦|3| **TONSURE** (sav.) XIIIᵉ s. : lat. *tonsūra* « action de tondre », sur le part. passé *tonsus* ; **TONSURER** XIVᵉ s.

TONLIEU famille du gr. *telos* « achèvement, terme » et « paiement », d'où *telônês* « percepteur d'impôts », de *telos* et *ôneisthai* « acheter », et « prendre à ferme » ; *telein* « accomplir, achever » d'où *telesma* « paiement d'un impôt » et « accomplissement d'un rite religieux ». ♦|1| **TONLIEU** (pop.) XIVᵉ s. : altération, sous l'influence de *lieu*, de *tolneu* XIIᵉ s., du lat. *toloneum*, du gr. *telônion* « bureau du percepteur », de *telônês*. ♦|2| **TALISMAN** XVIIᵉ s. remonte au gr. *telesma* « rite religieux » par les intermédiaires de l'ar. *tilasman* duel de *tilasm* « image magique », du turc, puis de l'italien *talismano* XVIᵉ s. ♦|3| **PHILATÉLIE** (sav.) XIXᵉ s. : de *philos* « qui aime » et *ateleia* avec *a* privatif « affranchissement, exemption de taxes » ; **PHILATÉLISTE** XIXᵉ s. ; **PHILATÉLIQUE** XXᵉ s. ♦|4| **-TÈLE** : 2ᵉ élément de composés sav. exprimant l'idée d'extrémité » ex. : **BRACHYTÈLE** XIXᵉ s. « à l'extrémité courte ».

TONNE ♦|1| (pop.) XIIIᵉ s. « grand récipient de bois », XVIIᵉ s. « mesure de capacité », XIXᵉ s. « unité de poids de 1 000 kg servant à évaluer le déplacement ou le port en lourd d'un navire » : bas lat. *tŭnna*, d'origine celtique : **ENTONNER** XIIᵉ s. ; **ENTONNOIR** XIIIᵉ s. ; **TONNEAU** XIIᵉ s., XVIᵉ s. mar. ; **TONNELIER, TONNELLERIE** XIIIᵉ s. ; **TONNELET** XIVᵉ s. ; **TONNELLE** XIVᵉ s. « tonneau » et « berceau de verdure ». ♦ |2| **TONNAGE** XVIIᵉ s. impôt sur les navires, proportionnel à leur capacité ; XVIIIᵉ s. sens mod. : mot angl., de l'anc. fr. *tonnage* « impôt sur le vin en tonneau », dér. de *tonne*. ♦ |3| **TUNNEL** XIXᵉ s. : mot angl. « galerie », du fr. *tonnelle*.

TONNER famille du lat. *tonare*, surtout impers. *tonat* « il tonne » ; d'où *tonitrus*, *-us*, et *tonitruum* « tonnerre » ; bas lat. *tonitruare* « tonner » ; *detonare* « tonner fortement ».

♦ |1| **TONNER** (pop.) XIIᵉ s. : *tŏnāre*. ♦ |2| **TONNERRE** (pop.) XIᵉ s. : lat. *tonĭtrus*. ♦ |3| **ÉTONNER** (pop.) XIᵉ s. « frapper comme d'un coup de tonnerre », XVIIIᵉ s. sens mod. : lat. vulg. *extonāre*, de *tonare* ; **ÉTONNEMENT** XVᵉ s. ; **ÉTONNANT** XVIᵉ s. ; **ÉTONNAMMENT** XVIIIᵉ s. ♦ |4| **DÉTONER** XVIIᵉ s. : *detonare* ; **DÉTONATION** XVIIᵉ s. ; **DÉTONATEUR** XIXᵉ s. ♦ |5| **TONITRUANT** et **TONITRUER** XIXᵉ s. : de *tonitruare*.

TOPAZE (sav.) XIᵉ s. : gr. *topazos*, par le lat.

TOPIQUE famille sav. du gr. *topos* « lieu, endroit » et rhét. « sujet d'un discours », « point d'une démonstration » : *koinos topos* « lieu commun » ; d'où *topikos* « local », adj. et « (remède) local » ; *topikè (tekhnè)* « science des lieux communs ».

♦ |1| **TOPIQUE** XIVᵉ s. philo., XVIᵉ s. méd., XVIIᵉ s. « relatif à un lieu donné », XIXᵉ s. rhét. : *topikos*. ♦ |2| **UTOPIE** XVIᵉ s., puis XVIIIᵉ s. : lat. mod. *Utopia* « le pays qui n'existe pas », œuvre de l'écrivain angl. Thomas More, de la nég. gr. *ou* et de *topos* ; a pris en angl. au XVIIᵉ s. le sens de « organisation sociale chimérique » ; empr. en ce sens par le fr. au XVIIIᵉ s. ; **UTOPIQUE** XVIᵉ s. « relatif à l'*Utopie* de Thomas More », XIXᵉ s. sens mod. ; **UTOPISTE** XVIIIᵉ s. ♦ |3| **ISOTOPE** XXᵉ s. : de *isos* « égal » et *topos* ; « (corps) occupant la même *place* dans la classification de Mendeleïev ». ♦ |4|

TOPO- 1ᵉʳ élément de composés, ex. : **TOPOGRAPHIE** XVIᵉ s. : lat. *topographia* ; **TOPOGRAPHIQUE, TOPOGRAPHE** XVIᵉ s. ; **TOPO** XIXᵉ s. « croquis, plan » puis « exposé » : abrév. de *topographie* ; **TOPOLOGIE, TOPONYMIE, TOPONYME** XIXᵉ s.

TOQUE XVᵉ s. : esp. *toca*, p.-ê. sur une base *tauca, très anc. dans la péninsule Ibérique ; p.-ê. cependant empr. au persan *tâq* « voile », transmis par l'arabe.

TORDRE famille d'une racine ind.-eur. *trekw-, *terkw-.
En grec *trepein* « tourner », d'où *tropos* « tour », « manière de s'exprimer » ; *tropê* « tour », « évolution, changement », « solstice », « déroute » ; *tropikos* « qui concerne le changement », en particulier les changements de saisons, d'où *tropika sêmeia* « points des solstices » ; *tropaion* « monument de victoire, élevé à l'endroit où la déroute avait commencé » ; *entrepein* « tourner le dos pour fuir » et *entropia* « changement de dispositions » ; le gr. *tropos* a été empr. par le lat. imp. sous la forme *tropus* « figure de rhétorique », puis bas lat. « chant, mélodie ».
En latin, *torquere*, parfait *torsi*, part. passé *tortus*, var. bas lat. *torsus* « imprimer un mouvement de rotation », « tordre », d'où (1) *tormentum* issu de *torcmentom* « treuil », « machine de guerre » et « instrument de torture », d'où « tourment, souffrance » ; *torvus*, p.-ê. issu de *torcvos* « qui regarde de travers », « farouche » ; (2) *torques* ou *torquis* « collier (en forme de torsade) » ; (3) *torcular*, var. *torculum* « pressoir à vis, ou à corde qu'on enroule » ; (4) *tortuosus* « sinueux » ; bas lat. *tortūra* « action de tordre » ; (5) les composés *contorquere* « faire tourner » ; *distorquere* « tourner de côté et d'autre » ; *extorquere* « obtenir par la force » ; *retorquere* « rejeter en arrière » (6) dér. nom. des verbes ci-dessus : *contortio* « action de tourner » ; *distortio*, var. bas lat. *distorsio* « distorsion » ; bas lat. *extorsio* « extorsion » et *tortio* « torsion et torture » ; *torsio* « colique ».

I. mots populaires d'origine latine

♦ |1| **TORDRE** XIIᵉ s. : lat. vulg. *torcĕre*, class. *torquēre* ; **RETORDRE** XIIIᵉ s. ; **TORDANT** XIXᵉ s. « qui fait tordre de rire ». ♦ |2| **RETORS** XIIᵉ s. : part. passé de *retordre* ;

XVIIIᵉ s. sens fig. « tortueux, rusé »; **TORS** XIIIᵉ s. : part. passé anc. de *tordre* : *torsus*; **ENTORSE** XVIᵉ s. : part. passé fém. substantivé de l'anc. fr. *entordre*; **TORSADE** XVIIᵉ s.; **TORSADER** XXᵉ s. ♦131 **TORT** XIIᵉ s. : *tortum*, part. passé substantivé de *torquere*. ♦141 **TORTU** XIIIᵉ s. : dér. de l'anc. part. passé *tort* → le précédent. ♦151 **TOURTEAU** XVIIᵉ s. sorte de crabe : dér. anc. de *tortus* « tordu, de travers » → les deux précédents. ♦161 **TOURTE** XIIIᵉ s. : *torta (pasta)* « pâte disposée en rond », part. passé fém. substantivé de *torquere*; **TOURTEAU** XIIIᵉ s. : « résidu de graines ou de fruits pressés »; **TOURTIÈRE** XVIᵉ s. ♦171 **TARTE** XIIIᵉ s. : var. *tartre* : p.-ê. croisement du lat. vulg. *tortula, dimin. de *torta*, et de *tartarum* « croûte » → TARTRE; **TARTELETTE** XIVᵉ s.; **TARTINE** XVᵉ s., XIXᵉ s. « long discours »; **TARTINER** XIXᵉ s. ♦181 **TORTILLER** XIIIᵉ s. : dér. sur le radical du part. passé *tort*; **ENTORTILLER** XIIIᵉ s.; **TORTILLON** XVᵉ s.; **TORTILLEMENT** XVIᵉ s.; **TORTILLARD** adj., XIXᵉ s. subst. ♦191 **TORTICOLIS** XVIᵉ s. chez Rabelais sous la forme *torty colly* « qui a le cou de travers », « marque d'hypocrisie », probablement italianisation plaisante du lat. *tortum collum* « cou tordu ». ♦1101 **TOURMENT** Xᵉ s. : *tormentum*; **TOURMENTE** XIIᵉ s. : *tormenta*, plur. neutre; **TOURMENTER** XIIᵉ s.; **TOURMENTEUR** XVIᵉ s. ♦1111 **TROUSSER** XIIᵉ s. « mettre en paquet », « charger une bête de somme », XIVᵉ s. « relever en pliant » : altération, par métathèse de l'r, de *torser* : lat. vulg. *torsare*, de *torsus*; **TROUSSE** XIIᵉ s. « botte (de foin) », XIIIᵉ s. « poche de selle », d'où *être aux trousses de*; XVIᵉ s. « haut-de-chausses relevé », XVIIᵉ s. « valise, étui »; **TROUSSEAU** XIIᵉ s. « paquet », XIVᵉ s. « habits et linge d'une jeune mariée »; **DÉTROUSSER** XIIᵉ s.; **DÉTROUSSEUR** XVᵉ s.; **RETROUSSER** XIIIᵉ s.; **RETROUSSIS** XVIIᵉ s. ♦1121 **TORCHE** XIIIᵉ s. : lat. vulg. *torca*, class. *torques* « torsade »; spécialisée en fr. dans le sens de « flambeau fait d'une mèche tordue », puis de « flambeau de bois résineux »; **TORCHÈRE** XVIIᵉ s. ♦1131 **TORCHER** XIIᵉ s. : dér. anc. de *torca* « torsade, faisceau de choses tordues »; **TORCHON** XIIᵉ s.; **TORCHONNER** XVIᵉ s.; **TORCHIS** XIIIᵉ s.; **TORCHE-CUL** XVᵉ s. ♦1141 **TREUIL** XIIIᵉ s. « pressoir »; XIVᵉ s. sens mod. : *tŏrcŭlum*.

II. mots savants d'origine latine

A. base -tort-

♦111 **TORTUEUX** XIIIᵉ s. : *tortuosus*. ♦121 **TORTURE** XIIᵉ s. : *tortura*; **TORTURER** XVᵉ s.; **TORTURANT** XIXᵉ s. ♦131 **TORTIONNAIRE** XVᵉ s. : lat. médiéval *tortionarius*, dér. de *tortio*.

B. base -torqu-

♦111 **EXTORQUER** XIVᵉ s. : *extorquere*. ♦121 **RÉTORQUER** XIVᵉ s. « retourner »; XVIᵉ s. sens mod. : *retorquere*. ♦131 **TORQUE** XIXᵉ s. « collier antique » : *torques*.

C. base -tors-

♦111 **EXTORSION** XIIIᵉ s. : bas lat. *extorsio*. ♦121 **RÉTORSION** XIIIᵉ s. : dér. sur *retorsus*, de *retorquere*; **RÉTORSIF** XVIIIᵉ s. ♦131 **CONTORSION** XIVᵉ s. : *contorsio*; **SE CONTORSIONNER** XIXᵉ s. ♦141 **TORSION** XIVᵉ s. « colique », XVIIᵉ s. sens mod. : *torsio*, et *tortio*. ♦151 **DISTORSION** XVIᵉ s. : *distorsio*.

D. TORVE XIXᵉ s. : *torvus*.

III. mots d'origine grecque

A. mots populaires

♦111 **TROUVER** XIᵉ s. « composer (un air) »; à partir du XIIᵉ s. développement des autres sens : lat. vulg. *tropare, dér. de *tropus*, du gr. *tropos*; **RETROUVER**, **TROUVAILLE** XIIᵉ s.; **TROUVABLE**; **INTROUVABLE** XVIIᵉ s. ♦121 **TROUVÈRE** XIIᵉ s. cas sujet « compositeur » : lat. vulg. *tropātor*; cas régime *troveor*, puis *trouveur* : *tropatōrem*. ♦131 **TROUBADOUR** XVIᵉ s. : prov. *trobador*, du lat. *tropatōrem*.

B. mots savants

♦111 **HÉLIOTROPE** → HÉLIO-, art. SOLEIL. ♦121 **TROPIQUE** XIVᵉ s., puis XVIᵉ s. « parallèle qui correspond au passage du soleil au zénith à chacun des solstices » : *tropikos*, par le lat.; **TROPICAL** et **SUBTROPICAL** XIXᵉ s. ♦131 **TROPHÉE** XVᵉ s. : bas lat. *trophaeum*, altération, par hyperhellénisme, de *tropaeum*, du gr. *tropaion*. ♦141 **TROPE** XVIᵉ s. : *tropos*, par le lat. ♦151 **TRÉPONÈME** XIXᵉ s. « protozoaire en forme de spirale » : de *trepein* « tourner » et *néma* « fil ». ♦161 **TROPISME** XXᵉ s.; de *tropos*. ♦171 **ENTROPIE** XXᵉ s. « dégradation de l'énergie » : *entropia*, interprété, d'après *entrepein*, comme « retour en arrière ». ♦181 **TROPO-, -TROPE, -TROPISME** : éléments de composés, ex. : **TROPOSPHÈRE** XXᵉ s.; **ANÉMOTROPE, PHOTOTROPISME** XIXᵉ s.

TORPEUR famille du lat. *torpēre* « être engourdi », d'où *torpor, -oris* « engourdissement » et *torpedo, -inis* « torpille », poisson produisant une décharge électrique qui engourdit.

♦ |1| **TORPEUR** (sav.) xv° s. : *torpor* ; **TORPIDE** xix° s. : *torpidus*. ♦ |2| **TORPILLE** xvi° s. poisson ; xix° s. engin de guerre (trad. de l'angl. *torpedo*) : du prov. *torpio*, altération, par substitution de suff., de *torpin*, du lat. *torpedo*, *-inis* ; **TORPILLEUR**, **CONTRE-TORPILLEUR** xix° s. ; **TORPILLER**, **TORPILLAGE** xx° s. ♦ |3| **TORPÉDO** xix° s. « torpille » ; xx° s. automobile décapotable : mot angl. empr. au lat.

TÔT famille du lat. *torrere*, *tostus* « dessécher », « brûler », d'où *torrefacere* « id. » et *torridus* « brûlé » ; part. présent *torrens* « brûlant », d'où « impétueux », substantivé au sens de « fleuve impétueux ».
♦ |1| **TÔT** (pop.) x° s. : *tostum* « rapidement » : part. passé neutre de *torrere* employé comme adv. ; **TANTÔT** xii° s. « bientôt », xvi° s. *tantôt... tantôt*, xix° s. « cet après-midi » ; **AUSSITÔT** xiii° s. ; **BIENTÔT** xiv° s. ; **PLUTÔT** xvii° s. ♦ |2| **TOAST** xviii° s. : mot angl., dér. de *to toast* « griller », de l'anc. fr. *toster*, du lat. vulg. *tostāre*, de *tostus*. ♦ |3| **TORRENT** (sav.) xii° s. : *torrens* ; **TORRENTUEUX**, **TORRENTIEL** xix° s. ♦ |4| **TORRIDE** xv° s. : *torridus* s. ♦ |5| **TORRÉFIER** xvi° s. : *torrefacere* ; **TORRÉFACTION** xvii° s. : lat. mod. *torrefactio* ; **TORRÉFACTEUR** xix° s.

TOTEM xix° s. : mot algonquin (Canada), par l'angl.

TOUPET famille d'une base germ. commune **toppaz* « sommet, extrémité ». Frq. **top*, angl. *top*, all. *Zopf*.
♦ |1| **TOUPET** xii° s. « touffe de cheveux », xix° s. « effronterie » : dimin. de l'anc. fr. *top*, du frq. **top*. ♦ |2| **TOUFFE** xii° s. : probablement empr. au mot alémanique correspondant au frq. **top* et à l'all. *Zopf* (dial. où le passage de *p* à *pf* est antérieur à celui de *t* à *tz*) ; **TOUFFU** xv° s. ♦ |3| **TOUPIE** xii° s. (au xiii° s., verbe *toupier*) : var., avec suff. différent, de l'anglo-normand *topet*, dimin. de l'angl. *top* attesté en ce sens dès le xi° s. ♦ |4| **TURBINER** début xix° s. : var. du dial. (Mons. Valenciennes) *tourpiner* « tournailler au travail », de *tourpie*, p.-ê. altération, sous l'influence de *tourner*, de *toupie* ; n'a rien à voir avec la *turbine*, inventée postérieurement ; **TURBIN** début xix° s. argot « travail ». ♦ |5| **TOP** mot angl. « sommet,

extrémité », adv. avec le sens d'« extrêmement », ex. : *top secret* xx° s.

TOUR (subst. fém.) ♦ |1| (pop.) xi° s. : lat. *turris* ; **TOURELLE** xii° s., **TOURIER** xiii° s. ; **TOURIÈRE** xvi° s. ; en anc. fr. les var. *tournier* et *tournelle* ont dû subir l'influence du moyen haut all. *Turn* (all. *Turm*) → le suiv. et du verbe *tourner*. ♦ |2| **TURNE** début xix° s. argot « maison, taudis », puis « chambre » : p.-ê. alsacien *tūm* « prison », var. dial. de l'all. *Turm* « tour », d'origine latine.

TOURBE (combustible) ♦ |1| (pop.) xiii° s. : frq. **tūrba* « touffe d'herbe » ; **TOURBIÈRE** xiii° s. ; **TOURBEUX** xviii° s. ♦ |2| **TURF** xix° s. « hippodrome » : mot angl. « pelouse », même base germ. que frq. *turba* ; **TURFISTE** xix° s.

TOURNER famille d'une racine ind.-eur. **ter-* « user en frottant par un mouvement circulaire ».
En grec (1) *tribein* « frotter, user » ; *tribê* « action d'user », « de traîner en longueur » ; *diatribê* « passe-temps, conversation » (2) *trupanon* « instrument pour percer » ; *trêma* « orifice » ; *trauma*, *-atos* « blessure » (3) *tornos* « machine pour travailler le bois ou les métaux ».
En latin (1) *terebra* « tarière », var. bas lat. *terebrum* d'où dimin. *terebellum* ; *terebrare* « percer avec la tarière » (2) *terere*, *tritus* « frotter », « user », « broyer », d'où (a) les composés *atterere* « frotter contre » et bas lat. *attritio* « usure par frottement » ; *conterere* « broyer », « anéantir », d'où *contritio* bas lat. « action de broyer », « accablement » ; *deterere* « user par le frottement », d'où *detrimentum* « action d'enlever en frottant », « perte, dommage » ; *detritus*, *-us* « action de détériorer » (b) lat. imp. *tritura* « frottement » et « battage du blé », d'où bas lat. *triturare* « battre le blé » (3) *tribulum* « herse à battre le blé », d'où *tribulare* « battre avec la herse » et au passif dans la langue eccl. « éprouver des tribulations ».
En germanique, moyen haut all., moyen bas all., moyen néerl. *drillen* et all. *drehen* « tourner ».
En celtique, irl. *tarathar*, gallois *taradr*, apparentés au bas lat. (vii° s.) *taratrum* « tarière ».

TOUT

I. mots d'origine grecque
A. mots populaires
◆ |1| TOURNER Xe s. « se mouvoir circulairement », XIe s. « changer de direction », XIIe s. « changer », XIIIe s. « façonner au tour » et « faire mouvoir autour d'un axe », XVIe s. « agencer les mots », XVIIe s. « devenir aigre », XXe s. « faire un film (par allusion à la manivelle des premières caméras) » : lat. vulg. *tornare, de tornus, du gr. tornos, littéralement « façonner au tour » ; RETOURNER IXe s. ; DÉTOURNER XIe s. ; ENTOURNURE XVIe s. : dér. de l'anc. fr. entourner XIVe s. ◆ |2| TOUR XIIe s. machine-outil : lat. tornus, du gr. tornos ; TOUR XIe s. « volte-face », XIIe s. « fois », « moment » et « acte d'adresse », XIIIe s. « circonférence » et « déplacement bref, avec retour au point de départ » ; XVIe s. à tour de bras « en tournant le bras pour prendre de l'élan », XVIIe s. « manière » : dér. de tourner ; DEMI-TOUR XVIe s. ◆ |3| ENTOUR XIe s. : de en tour, d'où ENTOURAGE XVe s. ; ENTOURER XVIe s. ; ALENTOURS XVIIIe s. ; AUTOUR adj. et prép. remplace ENTOUR au XVe s. ; ATOUR XIIe s. : dér. de l'anc. fr. atourner « parer » ; RETOUR XIIe s. ; DÉTOUR XIIe s. : dér. de retourner, détourner ; POURTOUR XVIIe s. ◆ |4| TOURNOYER, TOURNOI, TOURNOIEMENT XIIe s. ; TOURNANT XIIIe s. subst. : TOURNE, TOURNURE, TOURNEUR, TOURNÉE XIIIe s. ; TOURNÉ (bien ou mal) adj. XIVe s. ; TOURNAGE XVIe s. ; TOURNIS XIXe s. : dér. de tourner ; DÉTOURNEMENT XVe s. ; RETOURNEMENT XVIIe s. ; RETOURNE XVIIIe s. : dér. de détourner, retourner. ◆ |5| TOURNE- 1er élément de composés, ex. : TOURNEBROCHE XVe s. ; TOURNEDOS XVIe s. « fuyard », XIXe s. cuisine ; TOURNEMAIN XVIe s. ; TOURNEVIS XVIIIe s. ; TOURNE-DISQUE XXe s. ◆ |6| TORGNOLE XVIIIe s. : var. dial. (Nord) de tourniole, dér. de tournier, var. tournoyer, littéralement « (forte gifle qui vous fait) tourner sur vous-même » ; tourniole a aussi le sens de « panaris qui fait le tour du doigt ».
B. mots empruntés
◆ |1| TOURNESOL XIIIe s. : it. tornasole « qui se tourne vers le soleil ». ◆ |2| CONTOUR et CONTOURNER XVIe s. : it. contorno et contornare, avec influence de tour, tourner. ◆ |3| RITOURNELLE XVIIe s. : it. ritornello, de ritorno « retour ». ◆ |4| RISTOURNE XVIIIe s. : it. ristorno, de stornare « détourner ». ◆ |5|

TORNADE XVIIIe s. : esp. tornado, part. passé substantivé de tornar « tourner ». ◆ |6| TOURISME, TOURISTE XIXe s. : angl. tourism, tourist : de to tour « voyager » empr. au fr. tour « déplacement rapide » ; d'où TOURISTIQUE XIXe s. ; TOURING fin XIXe s. : mot angl., part. présent substantivé de to tour ; CYCLOTOURISME XXe s.
C. mots savants
◆ |1| TRÉPAN XVe s. : lat. médiéval trepanum, du gr. trupanon ; TRÉPANER XVe s. ; TRÉPANATION XIVe s. ◆ |2| DIATRIBE XVIe s. « discussion d'école », XVIIIe s. sens mod. : diatribê, par le lat. ◆ |3| TRÉMA XVIIIe s. typo. : mot gr. ; TRÉMATO- 1er élément de composés, ex. : TRÉMATOPHORE XIXe s. ◆ |4| TRAUMATIQUE XVIe s. : traumatikos, de trauma, par le lat. ; TRAUMATISME, TRAUMATOLOGIE XIXe s. ; TRAUMATISER XXe s. ◆ |5| TRYPANOSOME XIXe s. : de trupanon et sôma. ◆ |6| TRIBO- 1er élément de composés exprimant l'idée de frottement, ex. : TRIBO-ÉLECTRIQUE XXe s.
II. mots d'origine latine
◆ |1| TRIER (pop.) XIIe s. : probablement bas lat. *tritare VIe s. « broyer », de tritus ; TRI, TRIAGE XIVe s. ◆ |2| TRIBULATION (sav.) XIIe s. : lat. eccl. tribulatio, de tribulare ; TRIMBALER fin XVIIIe s. argot : var. nasalisée de tribaler XIIIe s.-XVIe s., altération, sous l'influence de l'anc. fr. baller « danser », de tribuler, var. tribouler, du lat. tribulare ; a pu subir l'influence de brimbaler, de la famille de bribe ; TRIMBALAGE XIXe s. ◆ |3| CONTRIT, CONTRITION (sav.) XIIe s. : contritus, contritio ; ATTRITION XVIe s. : attritio. ◆ |4| DÉTRIMENT XIIIe s. : detrimentum. ◆ |5| TRITURER XVIe s. : triturare. ◆ |6| DÉTRITUS XVIIIe s. : mot lat., part. passé substantivé de deterere. ◆ |7| TÉRÉBRANT XIXe s. : de terebrare ; TÉRÉBRATION XVIIIe s. : terebratio.
III. mots d'origine germanique
DRILLE XVIIe s. « vagabond » : de driller, du néerl. drillen « courir çà et là ».
IV. mots d'origine celtique
◆ |1| TARIÈRE (pop.) XIIIe s. : altération, par substitution de suff., de tarere, du lat. tarātrum. ◆ |2| TARAUD XVIe s. : pour tareau, de tarel XIIIe s. var. masc. de tarele, forme dissimilée de tarere ; TARAUDER XVIIe s.

TOUT famille du lat. tōtus « entier », p.-ê. forme rustique pour tūtus « à l'abri » (→ TUER) ; pourrait aussi reposer sur la racine *tew-* « se gonfler » (→ TOMBE) et signifier à l'origine « arrivé à son entier développement ». Pour les mots sav. exprimant l'idée de « totalité » → OMNI- et HOLO-, art. SOU.

♦ **111 TOUT** (pop.) Xe s. : lat. vulg. *tōttus*, class. *tōtus*, avec redoublement expressif du *t* ; **PARTOUT** XIIe S. ; **SURTOUT** XVIe S. adv. ; XVIIe s. subst. ; **ATOUT** XVe S. : de la locution *jouer à tout*. ♦ **121 ITOU** XVIIe s. : p.-ê. altération, sous l'influence de *itel*, de l'anc. fr. *à tout* « avec », ou du moyen fr. *et tout* « aussi ». ♦ **131 TUTTI** XIXe s. mus. : mot it. « tous » : lat. vulg. *tōttī*, nominatif plur. de **tottus* → TOUT. ♦ **141 TOTON** (sav.) XVIIe s. : lat. *totum*, neutre substantivé prononcé à la manière anc. (→ DICTON, art. DIRE) : à l'origine dé à jouer pouvant tourner, dont chacune des quatre faces libres portait l'initiale des mots lat. ou fr. suivants *Accipe* « reçois », *Da* « donne » (un jeton) ; *Rien* (à donner ni à prendre) ; *Totum* « tout (l'enjeu à ramasser) ». ♦ **151 TOTAL** XVe s. (sav.) : lat. médiéval *totalis* ; **TOTALITÉ** XIVe S. ; **TOTALISER** XIXe S. ; **TOTALITAIRE, TOTALITARISME** XXe S.

TOUX ♦ **111** (pop.) XIIe s. : lat. *tūssis* ; **TOUSSER** XVIe s. : réfection de l'anc. fr. *toussir* XIIIe s. : lat. imp. *tūssīre* ; **TOUSSAILLER, TOUSSOTER** XIXe s. ♦ **121 TUSSILAGE** (sav.) XVIIe s. : *tussilago* « plante contre la toux », dér. de *tussis*.

TOXIQUE ♦ **111** (sav.) XIIe s., rare avant le XVIe s. : gr. *toxikon* « poison pour la pointe des flèches », de *toxon* « flèche », par le lat. ; **INTOXIQUER, INTOXICATION** XVe s., rare avant le XIXe s. : lat. médiéval *intoxicare* ; **TOXICITÉ, TOXINE** XIXe s. ; **TOXICOSE** XXe s. ♦ **121 TOXICO-** 1er élément de composés, ex. : **TOXICOLOGIE, -LOGUE, -LOGIQUE** XIXe s. ; **TOXICOMANE, -MANIE** fin XIXe s.

TRACHÉE-ARTÈRE famille sav. de l'adj. gr. *trakhus*, fém. *trakhcia* « rugueux ».

♦ **111 TRACHÉE-ARTÈRE** XIVe S. (d'abord *artere traciee*) : gr. *trakheia artēria* « artère rugueuse », ainsi appelée à cause de ses anneaux cartilagineux ; **TRACHÉOTOMIE** XVIIIe S. ; **TRACHÉITE** XIXe s. ♦ **121 TRACHOME** XVIIIe s. méd. : gr. *trakhōma* « aspérité ».

TRAFIC XIVe s. « commerce » : it. *traffico* ; XIXe s. « mouvement général des trains » puis de tous véhicules : angl. *traffic*, d'origine fr. ; **TRAFIQUER** XVe s. : it. *trafficare* ; **TRAFIQUANT** XVIe s. : l'it. *trafficare* est probablement une adaptation du catalan *trafegār*, p.-ê. du lat. vulg. **transfaecāre* « transvaser, transporter », de *faex, faecis* « lie » → FÈCES ; ou bien **transfrĭcāre* « tripoter, faire passer de main en main », de *frĭcāre* « frotter » → FRAYER.

TRAGIQUE (sav.) XVIe s. : gr. *tragikos* « id. », dér. de *tragos* « bouc », parce qu'on immolait un bouc aux fêtes de Bacchus, occasions de représentations théâtrales ; **TRAGÉDIE** XIVe S. : gr. *tragôidia*, par le lat. littéralement « chant accompagnant le sacrifice du bouc » (→ ODE) ; **TRAGÉDIEN** XIVe s. « auteur tragique », XIXe s. sens mod. ; **TRAGI-COMÉDIE** XVIe S. : lat. *tragicomoedia* pour **tragico-comoedia* ; **TRAGI-COMIQUE** XVIIe s. (→ aussi l'art. ADRAGANTE).

TRAIRE famille du lat. *trahere, tractus* « tirer, traîner » d'où (1) les composés (a) *abstrahere* « traîner loin de », « séparer » ; bas lat. *abstractio* « enlèvement » et « abstraction » (Boèce, VIe s.) (b) *adtrahere* « tirer à soi » et bas lat. *adtractio* (c) *contrahere* « tirer ensemble, rassembler », « resserrer », « engager une affaire avec quelqu'un » ; lat. class. *contractio* « resserrement » ; lat. imp. *contractus, -ūs* « transaction » (d) *detrahere* « tirer de haut en bas », « faire descendre, abaisser » ; *detractio* lat. class. « suppression », bas lat. « médisance » ; lat. imp. *detractor* « qui rabaisse » (e) *distrahere* « tirer dans des sens différents » et *distractio* « déchirement » (f) *extrahere* « arracher, retirer » (g) *retrahere* « tirer en arrière, retirer » et bas lat. *retractio* (h) *subtrahere* « tirer par-dessous, enlever » ; *subtractio*, bas lat. « action de se retirer » (2) les formes nom. *tractus, -ūs* « action de traîner » et lat. imp. *tractio* « dérivation d'un mot » (3) le fréquentatif *tractare* « toucher, manier », d'où *tractatio* « maniement » et *tractatus, -us* « action de s'occuper », « développement d'un sujet » ; *tractabilis* « maniable » ; *contrectare*, var. *contractare* « toucher, manier », « avoir commerce avec », « s'approprier » ; *retractare* « chercher à tirer en arrière », « reprendre (sa parole) ».

I. mots populaires

A. base *-traire, -trait-*

♦ **111 TRAIRE** XIe s.-XVIe s. « tirer », fin XIIIe s. « tirer le lait » (a éliminé en ce sens l'anc. fr.

moudre, du lat. *mŭlgĕre*, homonyme de *moudre*), seul emploi subsistant depuis le xvi⁰ s. : lat. vulg. **tragere, tractus*, réfection, sous l'influence de *agĕre, actus* (→ AGIR), du class. *trahĕre, tractus* ; **TRAYON** xii⁰ s. « bout de la mamelle ». ♦|2| **TRAIT** xii⁰ s. « traction, action d'envoyer » et « projectile, arme de jet » ; xiii⁰ s. « courroie servant à tirer une voiture » ; xiv⁰ s. « action de boire d'une manière continue » ; xiii⁰ s. « ligne tracée sur une surface », d'où xvi⁰ s. *traits du visage* ; xvi⁰ s. *avoir trait à* « se rapporter à », de l'anc. fr. *traire à* « ressembler » ; déjà au xiii⁰ s. *trait* (de courage) « acte significatif », d'où xvii⁰ s. « caractère spécifique » : part. passé substantivé de *traire*, du lat. *tractus*. ♦|3| **TRAITE** xii⁰ s. « action de tirer, de faire venir », xv⁰ s. « trajet continu », xvi⁰ s., à propos des bêtes à lait, xvii⁰ s. « action de retirer de l'argent » et *traite des nègres*, xx⁰ s. *traite des blanches* : part. passé fém. substantivé de *traire*, du lat. *tracta*. ♦|4| **ATTRAIT** xii⁰ s. : part. passé substantivé de l'anc. fr. *attraire*, du lat. vulg. **attragĕre*, class. *adtrahĕre* ; **ATTRAYANT** xiii⁰ s. : part. présent du même. ♦|5| **PORTRAIT** xii⁰ s. : part. passé substantivé de l'anc. fr. *portraire* « tracer des traits, dessiner » ; **PORTRAITISTE** xvii⁰ s. ; **PORTRAITURER** xix⁰ s. : de l'anc. fr. *portraiture* xii⁰ s., var. de *portrait*. ♦|6| **RETRAIT** xii⁰ s. « action de retirer » ; **RETRAITE** xii⁰ s. « action de retirer, ou de se retirer », xvi⁰ s. « lieu où l'on se retire », xviii⁰ s. « pension », d'abord à propos des milit. âgés qui se retirent : part. passés masc. et fém. de l'anc. fr. *retraire*, du lat. vulg. **retragĕre*, class. *retrahĕre* ; **RETRAITÉ** xix⁰ s. ♦|7| **SOUSTRAIRE** xii⁰ s. « retirer », xvi⁰ s. math. : adaptation, d'après le fr. *sous* et *traire*, du lat. *subtrahere*. ♦|8| **ABSTRAIRE** (demi-sav.) xiv⁰ s. : adaptation, d'après *traire*, du lat. *abstrahere* ; **ABSTRAIT** xiv⁰ s. : part. passé de *abstraire* ; **ABSTRAITEMENT** xvi⁰ s. ♦|9| **DISTRAIRE** (demi-sav.) xiv⁰ s. « séparer d'un ensemble », xvi⁰ s. « détourner de ce qui occupe, déranger », xvii⁰ s. « faire passer le temps agréablement » : adaptation, d'après *traire*, du lat. *distrahere*. ♦|10| **EXTRAIRE** (demi-sav.) xv⁰ s. : réfection, d'après le lat., de l'anc. fr. *estraire* (pop.) xi⁰ s., du lat. vulg. **extragĕre*, class. *extrahĕre* ; **EXTRAIT** xiv⁰ s. : part. passé substantivé. ♦|11| **TRAITER** xii⁰ s. « discourir sur », xiii⁰ s. « négocier », xvi⁰ s. « recevoir à sa table », xvi⁰ s. « soumettre à des soins médicaux » et *traiter de* « qualifier », xviii⁰ s. « soumettre à des actions chimiques » : *tractāre* ; **TRAITEMENT** xiii⁰ s. « négociation », xvi⁰ s. « comportement à l'égard de quelqu'un », xvii⁰ s. « ensemble de soins médicaux », xviii⁰ s. chimie, et « rémunération d'un fonctionnaire » ; **TRAITEUR** xiii⁰ s. « négociateur », xvii⁰ s. « restaurateur » ; **MALTRAITER** xvi⁰ s. ; **TRAITANT** xvii⁰ s. « fermier d'impôts ». ♦|12| **TRAITABLE** xii⁰ s. « malléable », xiv⁰ s. psycho. : adaptation, d'après *traiter*, du lat. *tractabilis* ; **INTRAITABLE** xv⁰ s. : *intractabilis*. ♦|13| **TRAITÉ** xiv⁰ s. « ouvrage didactique » : adaptation, d'après *traiter*, de *tractatus, -us* ; **TRAITÉ** xiv⁰ s. « pacte » : part. passé substantivé de *traiter*.

B. base -*train*-

♦|1| **TRAÎNER** début xii⁰ s. : lat. vulg. **tragĭnāre*, dér. de **tragĕre* → TRAIRE ; **TRAÎNEAU** xii⁰ s. ; **TRAÎNÉE** xiv⁰ s. « trace », xv⁰ s. « fille des rues » : part. passé fém. substantivé ; **TRAÎNEUR** xv⁰ s. ; **TRAÎNARD** xvii⁰ s. ; **TRAÎNASSER** xv⁰ s. ; **TRAÎNAILLER** xv⁰ s. ♦|2| **TRAÎNE** xii⁰ s. « traînée » et « partie de vêtement », xvi⁰ s. « filet de pêche » : dér. de *traîner*. ♦|3| **TRAIN** xii⁰ s. « file de choses » et « marche des choses » : dér. de *traîner*. Au premier sens se rattachent : xv⁰ s. « partie de la voiture à laquelle sont attachées les roues », xvi⁰ s. « partie de devant ou de derrière de certains animaux », xviii⁰ s. *train des équipages*, xix⁰ s. chemins de fer ; **AVANT-TRAIN** xvii⁰ s. ; **ARRIÈRE-TRAIN** xix⁰ s. Au second sens : *en train* xvii⁰ s. « en humeur d'agir », *en train de* xvii⁰ s. et **ENTRAIN** subst. xix⁰ s. ♦|4| **TRINGLOT** xix⁰ s. argot milit. « soldat du train des équipages » : croisement de *train* et de *tringle* « fusil » en argot milit. ♦|5| **ENTRAÎNER** xii⁰ s. « tirer après soi » : dér. de *traîner*, xix⁰ s. « faire acquérir une habitude », sous l'influence de l'angl. *to train*, d'origine fr. ; **ENTRAÎNEMENT** xviii⁰ s. ; **ENTRAÎNEUR** xix⁰ s. ; **ENTRAÎNEUSE** xx⁰ s.

C. TRACER xii⁰ s. « suivre à la trace », « parcourir », « rayer d'un trait » ; xvi⁰ s. sens mod. : lat. vulg. **tractiāre*, de *tractus* ; **TRACE** xii⁰ s. ; **RETRACER** xiv⁰ s. ; **TRAÇOIR** xvii⁰ s. ; **TRACÉ** subst. fin xviii⁰ s. ; **TRAÇANT** adj. xix⁰ s.

II. mots savants

A. CONTRAT XIVe s., var. anc. *contract* : lat. *contractus*.

B. base *-tract-*

♦ |1| **ABSTRACTION** XIVe s. : *abstractio* ; **ABSTRACTEUR** XVIe s. : lat. scolastique *abstractor* ; **ABSTRACTIF** XVIe s. ♦ |2| **ATTRACTION** XIIIe s. « force qui attire », XIXe s. sous l'influence de l'angl. « objet de curiosité pour le public » : *adtractio* ; **ATTRACTIF** XIIIe s. : bas lat. *attractivus*. ♦ |3| **CONTRACTION** XIIIe s. : *contractio* ; **CONTRACTER** XIVe s. « faire un contrat » : de *contractus, -us* ; XVIe s. « acquérir (une habitude, une maladie) » : *contractare* ; XVIIIe s. « réduire à un moindre volume » : de *contractus*, part. passé de *contrahere* ; **CONTRACTUEL** XVIe s. ; **CONTRACTURE** XVIIe s. ; **CONTRACTILE** XVIIIe s. ; **DÉCONTRACTION, DÉCONTRACTER** XXe s. ♦ |4| **DISTRACTION** XIVe s. « action d'écarter », XVIIe s. « divertissement » : *distractio*. ♦ |5| **EXTRACTION** XIVe s. : réfection de *estration* XIIe s., de *extractus* → EXTRAIRE ; **EXTRACTIF, EXTRACTEUR** XVIe s. ; **EXTRACTIBLE** XIXe s. ♦ |6| **SOUSTRACTION** XVe s. : réfection de *subtraction* XIIe s. du bas lat. *subtractio* → SOUSTRAIRE ; **SOUSTRACTEUR** XIXe s. ♦ |7| **DÉTRACTEUR** XIVe s. : *detractor*. ♦ |8| **RÉTRACTER** XIVe s. « nier », XVIe s. *se rétracter* « se dédire », XVIIe s. *se rétracter* « se recroqueviller », XIXe s. *rétractare* « recroqueviller » : *retractare* ; **RÉTRACTATION** XIVe s. : *retractatio* ; **RÉTRACTION** XVIe s. : *retractio*, de *retrahere* ; **RÉTRACTILE** XVIIIe s. ♦ |9| **TRACTATION** XVe s. : *tractatio*, de *tractare*. ♦ |10| **TRACTION** XVIe s. : *tractio*, avec, pour le sens, influence des composés ; **TRACTEUR** XIXe s. ; **TRACTÉ** XXe s. ♦ |11| **TRACT** XIXe s. : mot angl. « court pamphlet », probablement abrév. de *tractate* « traité » : lat. *tractatus*.

TRAME (pop.) XVIe s. : réfection, sous l'influence du verbe, de l'anc. fr. *traime* XIIIe s., du lat. *trāma* « fils de la chaîne » ; **TRAMER** XIIIe s. : lat. vulg. **tramāre*, XVIe s. sens fig.

TRAMWAY XIXe s. : mot angl. ; pour le 2e élément → VOIE ; le 1er élément, dial. (Écosse), d'origine obscure, peut désigner des rails ; un *tramway* est une « route munie de rails », un *tramcar* une « voiture publique roulant sur ces rails » ; le sens des deux composés s'est confondu en fr. ; **TRAM** XIXe s. ; **TRAMINOT** XXe s. : analogique de *cheminot*.

TRANQUILLITÉ (sav.) XIIe s. : lat. *tranquillitas* ; **TRANQUILLE** XVe s. : lat. *tranquillus*, p.-ê. apparenté, de façon obscure, à *quies* → COL ; **TRANQUILLISER** XVe s., rare avant le XVIIe s. ; **TRANQUILLISANT** subst. XXe s.

TRANSEPT XIXe s. : mot sav. angl. d'origine lat., littéralement « enclos *(saeptum)* qui est au-delà *(trans)* de la nef ».

TRANSISTOR XXe s. : mot angl., abrév. de *transfer resistor* « résistance de transfert ».

TRAPÈZE (sav.) XVIe s. géom., XIXe s. gymnastique : gr. *trapezion* « petite table » et « trapèze » (dimin. de *trapeza* « table »), par le bas lat. (VIe s., Boèce) ; **TRAPÉZOÏDE** XVIIe s. ; **TRAPÉZISTE** XXe s.

TRAPPE ♦ |1| (pop.) XIIe s. « piège », XIIIe s. « trou dans un plancher » : frq. **trappa* ; **CHAUSSE-TRAPPE** XIIIe s. → CHAUSSE. ♦ |2| **ATTRAPER** XIIe s. « prendre, comme dans un piège », XIIIe s. « tromper », XVIe s. « prendre sur le fait », XVIIe s. « arriver à saisir », « reproduire habilement » et « contracter (un mal quelconque) », XIXe s. « faire des reproches » : dér. de *trappe* ; **RATTRAPER** XIIIe s. ; **ATTRAPE**, subst. fém. XIVe s. ; **ATTRAPE-NIGAUD** XVIIe s. ♦ |3| **TRAPPEUR** XIXe s. : anglo-américain *trapper*, dér. de *to trap* « chasser à la trappe », d'origine germ. comme le mot fr. ♦ |4| emplois en toponymie ; **TRAPPES** (près de Paris) ; **LA TRAPPE** (Orne) : lieu de fondation d'une abbaye cistercienne réformée par Rancé, d'où **TRAPPISTE** et **TRAPPISTINE** XIXe s.

TRAPU XVIe s. : dér. de l'anc. fr. *trape* « id. », d'origine inconnue.

TRAVÉE ♦ |1| (pop.) XIVe s. : dér. anc. du lat. *trabs, trabis* « poutre » (en anc. fr. *tref*). ♦ |2| **ENTRAVER** XVe s. « attacher au moyen d'une entrave » : dér. anc. de *trabs, trabis* ; **ENTRAVE** XVIe s. ♦ |3| **ARCHITRAVE** XVIe s. : it. *architrave* « poutre maîtresse ».

TRÉBUCHER ♦|1| (pop.) XIIe s. : composé hybride du lat. *tra-, trans-* « au-delà » (comportant une idée de déplacement), et du frq. **buk* « tronc du corps » (→ all. *Bauch* « ventre »), représenté en anc. fr. par *buc*; développement sémantique comparable à celui de l'it. *tracollare* « chanceler », de *trans* et *collo* « cou ». ♦|2| **TRÉBUCHET** XIIe s. « piège à bascule pour les petits oiseaux »; XIVe s. « petite balance pour les pesées délicates » : dér. de TRÉBUCHER, qui a pris au XIVe s. le sens de « peser avec le trébuchet », d'où *monnaie trébuchante* XVIIe s.

TREILLE (pop.) XIIe s. : lat. imp. *trĭchĭla* « berceau, tonnelle », empr. d'origine inconnue; **TREILLAGE** XVIIe s.

TREMPER famille du lat. *temperare* « mélanger » et « modérer », p.-ê. fondé sur la racine **tem-* « couper » → TEMPS et TEMPLE; d'où *obtemperare* « se modérer devant quelqu'un »; *temperatura* « composition bien équilibrée » et, avec ou sans *coeli* « du ciel », « température »; *temperies* « alliage, juste proportion » et « température »; *intemperies* « état déréglé » et « inclémence de l'atmosphère ».
♦|1| **TREMPER** (pop.) XIIIe s. : altération, par métathèse de l'*r*, de *temprer* XIIe s. « mélanger des liquides »; XIVe s. « imbiber »; XVIe s. « plonger dans un liquide » et « rester plongé dans un liquide »; XVIIe s. « être complice » : *tempĕrāre*; **DÉTREMPER** XIIIe s.; **DÉTREMPE** XVIe s.; **TREMPE** XVIe s. à propos de l'acier et sens fig.; **TREMPETTE** XVIIe s.; **TREMPÉE** XIXe s. ♦|2| **TEMPÉRER** (sav.) XIIe s. : *temperare*; **TEMPÉRANCE** XIIIe s. : *temperantia* « modération, juste équilibre »; **INTEMPÉRANCE** XIVe s. : *intemperantia*; **TEMPÉRANT** XVIe s. : *temperans*, part. présent employé comme adj. et **INTEMPÉRANT** XVIe s. : *intemperans*. ♦|3| **OBTEMPÉRER** XIVe s. : *obtemperare*. ♦|4| **TEMPÉRAMENT** XVIe s. « complexion », « juste proportion des humeurs dans le corps humain », d'où XVIIe s. « caractère »; XVIIe s. sens lat. « adoucissement », d'où XIXe s. *vente à tempérament* : lat. *temperamentum* « combinaison proportionnée d'éléments ». ♦|5| **TEMPÉRATURE** XVIe s. : *temperatura*. ♦|6| **INTEMPÉRIE** XVIe s. : *intemperies*.

TRÈS ♦|1| (pop.) XIe s., adv. et prép. de temps, « dès » et « jusque », et de lieu, « auprès », « derrière »; dès le XIIe s. peut être employé comme adv. à valeur intensive; mais ce sens ne prédomine qu'au XVIe s. : lat. *trans* « au-delà de ». ♦|2| **TRES-** (pop.) : préf. très courant en anc. fr., où il indique le dépassement d'une norme ou d'une limite : lat. *trans-*; subsiste dans *tressauter, tressaillir*. ♦|3| **TRÉ-** (pop.) : var. anc. du précédent : p.-ê. bas lat. *tra-* (VIe s.), var. de *trans-*; ex. : *trébucher, trépasser*. ♦|4| **TRANS-** (sav.) : préf. figurant dans des empr. au lat., ex. : *transfigurer, transhumer*, et dans des créations fr., ex. : *transpercer, transatlantique*.

TRÉSOR ♦|1| (pop.) XIe s. : p.-ê. sous l'infl. du lat. *tropare*, fr. *trouver*, du lat. *thesaurus* : gr. *thêsauros*; **TRÉSORIER** XIe s. : adaptation du bas lat. *thesaurarius*; **TRÉSORERIE** XIIIe s. ♦|2| **THÉSAURISER** (sav.) XIVe s. : bas lat. *thesaurizare*.

TRESSE ♦|1| (pop.) XIIe s. : mot obscur; p.-ê. du lat. vulg. **trichia*, dér. du gr. *thrix, trikhos* « cheveu »; mais on a proposé aussi un étymon germ.; **TRESSER** XIIe s.; **TRESSAGE** XIXe s. ♦|2| **ENTRECHAT** XVIIe s. : it. *(capriola) intrecciata* « (saut) entrelacé », de *intrecciare*, composé de *trecciare*, équivalent du fr. *tresser*.

TRÉTEAU (pop.) XIIe s.; XVIIe s. « théâtre » : altération, sous l'influence du préf. *tré-* (→ TRÈS), du représentant du lat. vulg. **trastĕllum*, bas lat. *tra(n)stĭllum*, dimin. du class. *transtrum* « poutre ou planche posée au-dessus d'un vide entre deux murs »; p.-ê. dér. de *trans*, mais le mode de dérivation est obscur.

TRÊVE ♦|1| (pop.) XIIe s. *trive, trieve* : frq. **triuwa* « sécurité » (apparenté à l'all. *treu* « fidèle », angl. *true* « vrai »). ♦|2| **TRUISME** XIXe s. : angl. *truism*, dér. de *true* « vrai ».

TRIBU famille sav. du lat. *tribus, -us* « tribu, division du peuple romain », d'où (1) *tribunus* « magistrat de la tribu »; *tribunal, -alis* « estrade où siègent le tribun, puis divers magistrats, en particulier le préteur, pour rendre la justice » ▬ (2) *tribuere, tributus* « répartir l'impôt entre les tribus »;

tributum « impôt » ; *tributarius* « qui paye l'impôt » ; (3) les composés *adtribuere* « allouer » ; *contribuere* « ajouter sa part à un ensemble » ; *distribuere* « répartir » ; *retribuere* « donner en échange » ; et leurs dér. en *-tio*.

♦ |1| TRIBU XIVe s. à propos de Rome, puis d'Israël, fin XVIIIe s. « groupe ethnique primitif » : *tribus* ; TRIBAL XIXe s. ; TRIBALISME XXe s. ♦ |2| TRIBUN XIIIe s. hist. rom., XVIIe s. « démagogue », XIXe s. « orateur populaire » : *tribunus* ; TRIBUNAL XIIIe s. : mot lat. ; TRIBUNAT XVIe s. : *tribunatus* « condition de tribun ». ♦ |3| TRIBUNE XIIIe s., rare avant le XVe s., « galerie au premier étage d'une église » ; XVIIe s. « estrade d'où on parle à une assemblée » : it. *tribuna*, du lat. *tribunal*. ♦ |4| TRIBUTAIRE XIIe s. : *tributarius* ; TRIBUT XIIIe s. : *tributum*. ♦ |5| ATTRIBUER, ATTRIBUTION XIVe s. : *attribuere*, *attributio* ; ATTRIBUT XIVe s. : lat. scolastique *attributum*, emploi substantivé, avec un sens philo., du part. passé neutre de *attribuere* ; ATTRIBUABLE, ATTRIBUTIF XVIe s. ♦ |6| CONTRIBUER et CONTRIBUTION XIVe s. : *contribuere*, *contributio* ; CONTRIBUABLE XVe s. ♦ |7| DISTRIBUER, DISTRIBUTION XIVe s. : *distribuere*, *distributio* ; DISTRIBUTEUR, DISTRIBUTIF XIVe s. : bas lat. *distributor*, *distributivus* ; REDISTRIBUER XVIIIe s. ♦ |8| RÉTRIBUER XIVe s. : *retribuere* ; RÉTRIBUTION XIIe s. : *retributio*.

TRICHER famille du lat. *tricae* « riens, vétilles », « embarras, ennuis », d'où *tricare* « chicaner », *intricare* « embarrasser » et lat. imp. *inextricabilis* « dont on ne peut se dépêtrer ».

♦ |1| TRICHER (pop.) XIIe s. « tromper » : probablement lat. vulg. **triccare*, var. à redoublement expressif de *tricare*, avec maintien de l'*i* sous l'influence de la forme normale ; TRICHERIE, TRICHEUR XIIe s. ; TRICHE XIIe s. ♦ |2| INTRIGUER XIVe s. trans., XVIIe s. intrans. : it. *intrigare*, du lat. *intricare* ; INTRIGUE, INTRIGANT XVIe s. : it. *intrigo*, *intrigante*. ♦ |3| INEXTRICABLE (sav.) XIVe s. : lat. *inextricabilis* ; INEXTRICABLEMENT XIXe s.

TRICHO- ♦ |1| (sav.) : gr. *thrix*, *trikhos* « cheveu », 1er élément de composés, ex. : TRICHOCÉPHALE XIXe s. ♦ |2| TRICHINE (sav.) XIXe s. : lat. mod. *trichina* « nouée comme un cheveu », du gr. *thrix*, *trikhos* ; TRICHINOSE XIXe s.

TRILLE XVIIIe s. mus. : it. *trillo*, de *trillare* « faire des roulades », d'origine onom.

TRIMER XIVe s. *trumer*, XVIIe s. forme mod., argot « cheminer » ; XVIIIe s. « travailler dur sans grand profit » : mot obscur, p.-ê. apparenté à *trumel* « jambe » → TRUMEAU ; plus probablement var. du dial. (du Morvan à la Wallonie) *tremer* « aller et venir », qui pourrait être une var. de *tramer*, employée par métaphore au sens de « faire la navette ».

TRINGLE XVe s. : altération de *tingle* XIVe s., du néerl. *tingel* « cale de bois ».

TRINQUER XVIe s. : all. *trinken* « boire ».

TRIOMPHE (sav.) XIIe s. : lat. *triumphus*, anciennement *triumpus* « entrée solennelle à Rome d'un général en chef victorieux », p.-ê. empr. au gr. *thriambos* « hymne à Bacchus », puis « triomphe », par l'étrusque ; TRIOMPHAL XIIe s. : *triumphalis* ; TRIOMPHER XIIIe s. : *triumphare* ; TRIOMPHATEUR XIVe s. : *triumphator* ; TRIOMPHANT XVe s. adj. (→ TROMPER).

TRIPE XIIIe s. « boyau » : mot commun à toutes les langues romanes à l'exception du roumain ; d'origine obscure ; probablement forme expressive du bas lat. TRIPIER XIIIe s. ; TRIPERIE XIVe s. ; TRIPAILLE, TRIPETTE XVe s. ; ÉTRIPER XVIe s.

TRIPOT dér. d'un anc. verbe fr. *treper*, var. *triper* XIIe s. « frapper du pied », « trépigner de joie ou d'impatience », « sauter, danser » : germ. **trippôn* « sauter ».

♦ |1| TRIPOT XIIe s. « acte sexuel », « embarras, intrigue », XVe s. « jeu de paume », XVIIe s. « maison de jeu » ; TRIPOTER, TRIPOTAGE, TRIPOTEUR XVIe s. ; TRIPOTÉE XIXe s. ♦ |2| TRÉPIGNER XIVe s., var. *trepiller*, *tripeler* : dér. de *treper*, avec le suff. *-igner*, var. de *-iner*, qu'on trouve aussi dans *égratigner*.

TRISTE (sav.) Xe s., puis XIIe s. : lat. *tristis* ; TRISTESSE XIIe s. : *tristitia* ; CONTRISTER XIIe s. : *contristare* ; ATTRISTER XVe s.

TROCHÉE

TROCHÉE famille sav. du gr. *trekhein* « courir », *trokhos* « course ».

♦|1| **TROCHÉE** XVIᵉ s. : gr. *trokhaios* (par le lat.) « propre à la course », en particulier *trokhaios pous* « trochée, pied composé d'une longue et d'une brève » ; **TROCHAÏQUE** XIXᵉ s. ♦|2| **TROCHANTER** XVIᵉ s. : mot gr. « organe de la course », « partie du fémur où s'attachent les muscles moteurs de la cuisse ».

TROÈNE (pop.) XIIIᵉ s. d'abord *troine*, avec maintien de la prononc. anc. de la diphtongue *oi* : altération inexpliquée d'une forme qui survit dans le dial. de Metz, *trôy*, du frq. **trugil*.

TROGLODYTE XIVᵉ s. (sav.) rare avant le XVIᵉ s. : gr. *trôglodutês*, par le lat., littéralement « qui s'enfonce (*dutês*, de *dunein*) dans un trou (*trôglê*) » ; **TROGLODYTIQUE** XIXᵉ s.

TROGNE (pop.) XIVᵉ s. : mot d'origine probablement gauloise ; on suppose une forme **trŭgna* d'après le gallois *trwyn* « nez ».

TROIS famille du gr. *treis, tria* « trois », d'où *tris-* premier élément de composés, *trias, triados* « groupe de trois », et de la forme équivalente lat. *tres, tria*, à laquelle se rattachent *tredecim* « treize » ; *triginta* « trente » ; *tertius* « troisième », d'où *tertiarius* « d'un tiers », *sestertius*, pour **semis tertius*, adj. « qui contient deux et demi », et subst. « monnaie d'argent valant deux as et demi » ; *terni* « chacun trois », d'où *ternarius* « qui contient le nombre trois » ; *ter* et *tri-* trois fois ; *triplus* ou *triplex* « triple » ; *trini* « au nombre de trois », d'où lat. eccl. *trinitas* « trinité ».

I. mots populaires d'origine latine

♦|1| **TROIS** Xᵉ s. ; *três* ; **TROISIÈME** XIIᵉ s. ♦|2| **TREIZE** et **TRENTE** → DIX. ♦|3| **TIERS** XIᵉ s. adj., XIIᵉ s. subst. : *tertius* ; **TIERCE** XIIᵉ s. « troisième heure du jour » puis mus., XVᵉ s. heure canoniale, XVIIᵉ s. escrime : *tertia*, fém. substantive de *tertius* ; **TIERCER** XIVᵉ s. « labourer une troisième fois » ; **TIERCÉ** XVIᵉ s. ; XXᵉ s. courses ; **TIERCELET** XIVᵉ s. « mâle d'un oiseau de chasse, d'un tiers plus petit que sa femelle » : lat. vulg. **tertiolus*, de *tertius*. ♦|4| **TERCET** XVIᵉ s. : it. *terzetto*, de *terzo* « troisième » : lat. *tertius*. ♦|5| **TRANCHER** XIIᵉ s. : lat. vulg. **trinicāre* « couper en trois », de *trīni* (→ aussi *écarter* et *esquinter*) ; **TRANCHANT** XIIᵉ s. ; **TRANCHE, TRANCHOIR, TRANCHET** XIIIᵉ s. ; **TRANCHÉE** XIIIᵉ s. ; XVIᵉ s. « colique » ; **RETRANCHER** et **RETRANCHEMENT** XIIᵉ s. ♦|6| **TRÈFLE** et **TRIOLET** → FEUILLE ; **TRAVAIL** → PAIX ; **TRÉMIE** → MUID. ♦|7| **TRIO** XVIᵉ s. mus. : mot it., sur la base *tri-*, sous l'influence de *duo*.

II. mots savants d'origine latine ou grecque

A. base *-ter-* (lat.)

♦|1| **TERNAIRE** XIVᵉ s. : *ternarius*. ♦|2| **TERNE** XVᵉ s. au jeu : *ternas* acc. fém. plur. de *terni*. ♦|3| **TERTIAIRE** XVIIᵉ s. : « membre d'un tiers-ordre », XVIIIᵉ s. géologie, XXᵉ s. économie : *tertiarius*. ♦|4| **TER** XIXᵉ s. : mot lat. « trois fois ». ♦|5| **TERTIO** XIXᵉ s. : mot lat. pour *tertio loco* « en troisième lieu ». ♦|6| **SESTERCE** XVIIᵉ s. : *sestertius*.

B. base *-tri-* (lat. ou gr.)

♦|1| **TRINITÉ** XIᵉ s. : *trinitas, -atis* ; **TRINITAIRE** XVIᵉ s. ♦|2| **TRIPLE** XIVᵉ s. : réfection, d'après le lat., de *treble* XIIᵉ s. : de *triplus* ; **TRIPLER** → PLIER. ♦|3| **TRIÈRE** XIVᵉ s., rare avant le XIXᵉ s. : gr. *triêrês* « navire à trois rangs de rames ou de rameurs ». ♦|4| **TRIADE** XVIᵉ s. : gr. *trias, -ados*, par le lat. ♦|5| **TRISSER** XIXᵉ s. : verbe formé sur la base *tri-*, d'après *bisser* → DEUX. ♦|6| **TRI-** préf. d'origine lat., ex. : *trident*, ou gr., ex. : *trièdre* ; **TRIS-** : préf. gr., dans *trismégiste*.

TROLLEY XIXᵉ s. : mot angl. dér. de *to troll* « rouler, rôder », d'origine obscure, qu'on peut rapprocher du fr. dial. *trôler* « rôder », du lat. **tragulāre* (→ TRAIRE) ou du moyen haut all. *trollen*. **TROLLEYBUS** XXᵉ s.

TROMPE ♦|1| (pop.) XIIᵉ s. : frq. **trumpa* (anc. haut all. *trumpa, trumba*), d'origine probablement onom. ; XIIᵉ s. « instrument à vent », XVIᵉ s. archit. et *trompe d'éléphant*, XVIIᵉ s. anat. humaine ; **TROMPETTE** et **TROMPETER** XVᵉ s. ; **TROMPETTISTE** XIXᵉ s. ♦|2| **TROMBE** XVIIᵉ s. : « cyclone » puis « chute d'eau » : it. *tromba*, équivalent pour le sens et la forme du fr. *trompe*, employé par métaphore ; **TROMBONE** XVIIIᵉ s. mus., puis, par analogie de forme, « petite attache pour le papier » : mot it. augmentatif de *tromba* ; **TROMBONISTE** XIXᵉ s. ♦|4| **TROMBLON** XIXᵉ s. : altération de l'it. *trombone* → le précéd.

TROMPER (pop.) XIVᵉ s. : mot obscur ; l'hypothèse d'un emploi métaph. de *tromper* « jouer de la trompe » est peu satisfaisante pour le sens ; plus vraisemblablement, lat. vulg. *trūmpāre*, altération de *triumphare*, var. anc. et pop. *triumpare* → TRIOMPHE, les mots signifiant « tromper » et « se moquer » impliquant l'idée d'un avantage pris sur la victime ; TROMPEUR XIIIᵉ s. ; TROMPERIE XIVᵉ s. ; DÉTROMPER XVIIᵉ s. ; TROMPE-L'ŒIL XIXᵉ s.

TRONC ♦|1| (pop.) XIIᵉ s. d'un arbre, XIIIᵉ s. pour les aumônes, XVIᵉ s. torse », XIXᵉ s. *tronc de cône* : lat. *trŭncus*, adj. « ébranché » et subst. « tronc d'arbre, ou du corps humain ». ♦|2| TRONCHE (pop.) XVᵉ s. « bille de bois », XVIᵉ s. « tête », argot : lat. *trŭnca*. ♦|3| TRONÇON (pop.) XIᵉ s. : dér. de l'anc. fr. *trons* « morceau », du lat. vulg. *trŭnceum*, de *trŭncus* ; TRONÇONNER XIIᵉ s. ; TRONÇONNEUSE XXᵉ s. ♦|4| TROGNON XIVᵉ s. : dér. du verbe *estrongner* XIVᵉ s. : probablement croisement de *trogne* et d'*estronchier*, composé de *tronchier* (pop.) XIIIᵉ s., du lat. *trŭncāre* (tronquer ». ♦|5| TRONQUER (sav.) XVᵉ s. : *truncare*.

TROP famille pop. du frq. *throp* « entassement », latinisé sous la forme *troppus*. ♦|1| TROP XIIᵉ s. adv. « beaucoup », puis « excessivement » : *troppus*. ♦|2| TROUPEAU XIIᵉ s. « troupe », XIVᵉ s. « troupe d'animaux » : dimin. de *troppus*. ♦|3| TROUPE fin XIIᵉ s. : dér. de *troupeau* ; ATTROUPER XIIIᵉ s. ; ATTROUPEMENT XVIᵉ s. ; TROUPIER XIXᵉ s. ♦|4| TROUFION XIXᵉ s. : p.-ê. altération de *troupier* ; a pu subir l'influence de l'it. *truffa, truffone* « moquerie ».

TRÔNE (sav.) XIIᵉ s. : gr. *thronos* « siège d'apparat », par le lat. : DÉTRÔNER XVIIᵉ s. ; TRÔNER XIXᵉ s.

TROTTER XIIᵉ s. : anc. haut all. *trottôn* (apparenté à l'all. *treten* « marcher ») ; TROT XIIᵉ s. ; TROTTINER, TROTTIN XVᵉ s. ; TROTTEUR, TROTTOIR XVIᵉ s. ; TROTTE XVIIᵉ s. ; TROTTINETTE XIXᵉ s.

1. TROU (pop.) XIIᵉ s. : bas lat. (VIIIᵉ s.) *traugum*, reposant sur une base *traucu-*, d'origine préceltique ; TROUER XIIᵉ s. ; TROUÉE XVIᵉ s.

2. TROU (trognon de chou) ♦|1| (pop.) XIIᵉ s. *tros* : gr. *thursos* « bâton des Bacchantes, entouré de pampres et orné d'une pomme de pin », par le lat., avec métathèse du *r*. ♦|2| TORSE XVIIᵉ s. anat. : it. *torso* « tige, tronc », du gr. *thursos*, par le lat. ♦|3| THYRSE (sav.) XVᵉ s. mythol., XVIIIᵉ s. bot. : gr. *thursos*, par le lat.

TROUBLER famille du lat. *turba* « agitation d'une foule », puis « foule en mouvement, cohue », auquel sont apparentés (1) *turbare* « mettre en désordre » ; *perturbare* « troubler profondément » (2) *turbidus* « troublé » et *turbulentus* « agité » et « qui crée l'agitation » (3) *turbo, -inis* « tout objet animé d'un mouvement rapide et circulaire ».

♦|1| TROUBLER (pop.) XIᵉ s. : lat. vulg. *tŭrbŭlāre*, dér. du lat. vulg. *tŭrbŭlus*, croisement de *tŭrbidus* et *tŭrbŭlentus* ; TRGUBLE XIIIᵉ s. subst. ; TROUBLE-FÊTE XIVᵉ s. ; TROUBLANT XIXᵉ s., adj. ♦|2| TROUBLE (pop.) XIIᵉ s., adj. : *tŭrbŭlus* → le précédent. ♦|3| TOURBE XIᵉ s. « foule » : *tŭrba*. ♦|4| TOURBILLON (pop.) XIIᵉ s. d'abord *torbeillon* : dér. de *torbeil* début XIIᵉ s., du lat. vulg. *tŭrbĭcŭlus*, dimin. de *turbo*. ♦|5| TURBULENT (sav.) XIIᵉ s. : *turbulentus* ; TURBULENCE XVᵉ s. : *turbulentia*. ♦|6| PERTURBER (sav.) XIIᵉ s. : *perturbare* ; PERTURBATION, PERTURBATEUR XIIIᵉ s. : lat. *perturbatio*, bas lat. *perturbator* ; IMPERTURBABLE XVᵉ s. : bas lat. *imperturbabilis*. ♦|7| TURBINE (sav.) XIXᵉ s. : *turbo, turbinis* ; TURBO- : 1ᵉʳ élément de composés, ex. : TURBORÉACTEUR XXᵉ s.

TROUILLE XVᵉ s. « colique », XIXᵉ s. « peur » : var. du dial. (Nord) *drouille* « diarrhée » : altération, sous l'influence du suff. *-ouille*, du néerl. *drollen* « chier » ; TROUILLARD XIXᵉ s.

TROUSSEQUIN XVIIIᵉ s., XVIIᵉ s. sous la forme *trusquin* : altération, par dissimilation des deux *k*, et sous l'influence de *trousse*, du dial. (Liège) *crusquin*, du flamand *kruisken* « petite croix », à cause de la forme de cet outil.

TRUAND (pop.) XIIᵉ s. « mendiant », XXᵉ s. « souteneur ou voleur » : gaulois *trugant* « malheureux », avec des équivalents dans les langues celtiques ; **TRUANDER** XII° s. ; **TRUANDERIE** XIII° s.

TRUBLION fin XIX° s. : mot créé par Anatole France, dans un texte archaïsant, pour désigner les partisans du prétendant au trône de France, surnommé *Gamelle* ; formé d'après le lat. *trublium* « gamelle », en jouant sur sa ressemblance avec *trouble*.

TRUCHEMENT ou **TRUCHEMAN** XII° s. *drugement* « interprète » ; XIV° s. forme mod. : arabe *turdjumân*.

TRUCULENT famille sav. du lat. *trux, trucis* « farouche, cruel ». ♦ |1| **TRUCULENT** XVI° s. : lat. *truculentus* « farouche » ; **TRUCULENCE** XVII° s. ♦ |2| **TRUCIDER** XX° s. : lat. *trucidare* « tuer » : p.-ê. de **trucicida* « qui tue un être violent (animal ou homme) », parallèle à *homicida*.

TRUELLE (demi-sav.) XIII° s. : probablement réfection, d'après le lat., de la forme pop. *trouelle* (conservé dans le Nord) : bas lat. *truella*, class. *trulla*, de *trua* « écumoire ».

TRUFFE famille du lat. *tuber*, dont les gloses attestent une var. osco-ombrienne *tufer*, « tumeur, excroissance », « nœud des arbres », d'où en lat. imp. (Pétrone) *territubera* « sorte de tubercule », p.-ê. « truffe » ; *tuberculum* « petite saillie, petit gonflement » ; *tuberosus* « plein de bosses » ; bas lat. *protuberare* « faire saillie ».
♦ |1| **TRUFFE** XIV° s. : mot dial. (Périgord) et anc. prov. *trufa* : bas lat. (gloses) *tufera*, plur. neutre de **tüfer*, avec métathèse de l'*r* ; **TRUFFER** fin XVIII° s. ♦ |2| **TARTUFFE** début XVII° s. « hypocrite », repris par Molière en 1664 : it. *Tartuffo*, employé comme nom propre, littéralement « truffe », du lat. **territufer*, forme dial. correspondant à *territubera*. ♦ |3| **TUBÉRACÉ** (sav.) XIX° s. : dér. sur *tuber*. ♦ |4| **TUBÉREUX** (sav.) XV° s. : *tuberosus* ; **TUBÉREUSE** XVII° s. bot. ♦ |5| **TUBERCULE** (sav.) XVI° s. « bosse », XVIII° s. bot. et méd. « tumeur du poumon » : *tuberculum* ; **TUBERCULEUX** XVI° s. « qui forme une bosse » ; fin XVIII° s. méd. **TUBERCULOSE** XIX° s. ; **TUBERCULINE** XX° s.
♦ |6| **PROTUBÉRANT** XVI° s. (sav.) : bas lat. *protuberans* ; **PROTUBÉRANCE** XVII° s.

TRUITE (pop.) XIII° s. : bat lat. (VII° s.) *tructa* : gr. *trôktês* « vorace ».

TRUMEAU (pop.) XII° s. « gras de la jambe », XVII° s. archit. (même métaphore que dans *jambage*) : probablement frq. **thrum* « morceau ».

TRUST XIX° s. « entreprise dont les participants confient tout ou partie de leurs pouvoirs aux dirigeants » : mot angl., de *to trust* « avoir confiance », d'origine germ. ; **TRUSTER** XX° s.

TSÉ-TSÉ XIX° s. : mot d'un dialecte d'Afrique australe.

TUB XIX° s. : mot angl. « baquet », d'origine inconnue.

TUBE ♦ |1| (sav.) XV° s. : lat. *tubus* « tuyau » ; **TUBER** XIV° s., puis XIX° s. ; **TUBAGE, TUBAIRE** XIX° s. ♦ |2| **TUBULAIRE** XVIII° s. : de *tubulus*, dimin. de *tubus* ; **TUBULURE** XVIII° s. ; **TUBULÉ** XVIII° s. : *tubulatus*.
♦ |3| **TUBA** XIX° s. : mot lat. « trompette », var. fém. de *tubus*, par l'all. *Bass-tuba*.

TUER famille du lat. *tueri, tūtus* ou *tuitus*, anciennement « voir, regarder », et class. « garder, protéger » ; d'où (1) *intueri* « regarder attentivement », « fixer sa pensée sur », d'où en bas lat. *intuitio* « image réfléchie par un miroir » ; (2) *tutari* « protéger », d'où *tutor* « protecteur, tuteur » et *tutela* « protection, tutelle ».
♦ |1| **TUER** XII° s. « frapper, assommer », XIII° s. « faire mourir de mort violente », XV°-XVII° s. « éteindre », sens conservé par les dial., de la Bretagne à la Savoie (on trouve en lat. médiéval *tutare candelam* « éteindre la chandelle ») : lat. vulg. **tūtāre*, class. *tutari*, qui semble être devenu synonyme de *exstinguere* « éteindre » et « tuer », p.-ê. par l'intermédiaire du sens de « se protéger de ». On trouve dès le 1ᵉʳ siècle les expressions *tutare famem, sitim*, synonymes de *exstinguere famem, sitim* « éteindre la faim, la soif » ; **S'ENTRETUER** XII° s. ; **TUEUR** XIII° s. ; **TUERIE** XIV° s.
♦ |2| **TUTEUR** (sav.) XIII° s. : *tutor* ; **TUTELLE** XV° s. : *tutela* ; **TUTÉLAIRE** XVI° s. : *tutelaris*.
♦ |3| **INTUITION** (sav.) XIV° s. : bas lat. *intuitio*, interprété, sous l'influence d'*intueri*,

comme signifiant « contemplation » ; **INTUITIF** XV⁰ s. : dér. sur le part. passé *intuitus* ; XIX⁰ s. sens mod.

TUF XV⁰ s. : it. *tufo*, bas lat. *tufus*, class. : *tofus* ; **TUFEAU** XV⁰ s.

-TUME ♦︎ 111 (pop.) altération de *-tune*, du lat. *-(ĭ)tūdĭne*, acc. du suff. nom. fém. *-(ĭ)tūdo*, *-(ĭ)tūdĭnis*, ex. : *amertume*. ♦︎ 121 **-ITUDE** (sav.) lat. *-itudo*, ex. : *aptitude*, *béatitude*, *platitude* ; sert à former des noms abstraits de qualités ou d'états dér. d'adj.

TUMULTE (sav.) XIII⁰ s. : lat. *tumultus* « soulèvement », « levée en masse » et « insurrection » ; **TUMULTUEUX** XIV⁰ s. : *tumultuosus*.

TUNGSTÈNE XVIII⁰ s. : suédois *tungsten* « pierre *(sten)* lourde *(tung)* ».

TUNIQUE (sav.) XII⁰ s. : lat. *tunica*.

TURBAN ♦︎ 111 XVI⁰ s. : it. *turbante*, du turc *tülbend*, mot d'origine persane. ♦︎ 121 **TULIPE** XVII⁰ s., d'abord *tulipan* : turc *tülbend* « (fleur) turban » à cause de sa forme ; forme mod. abrégée sous l'infl. du lat. bot. *tulipa*, nominatif formé sur *tulipan* pris pour un accusatif.

TURBOT XII⁰ s. : empr. à une forme anc. scandinave, équivalent de l'all. *Dornbutt*, littéralement « barbue *(Butt)* à épines *(Dorn)* ».

TURGESCENT (sav.) XIX⁰ s. : lat. *turgescens*, part. présent de *turgescere* « se gonfler » ; **TURGESCENCE** XVIII⁰ s.

TUSSOR XIX⁰ s. : angl. *tussore*, de l'hindî *tasar*, du sanscrit *tasara* « navette ».

TUYAU XII⁰ s. *tuel* ; XIX⁰ s. courses, « renseignement donné dans le tuyau de l'oreille » : dér. du frq. **thūta* « id. » ; **TUYÈRE** XIV⁰ s. ; **TUYAUTER** XIX⁰ s. « repasser en tuyaux » puis « renseigner » ; **TUYAUTERIE** XIX⁰ s.

TWEED XIX⁰ s. « lainage d'Écosse » : marque de fabrique, altération, sous l'influence du nom de la rivière *Tweed*, de *tweel* « étoffe croisée », var. écossaise de l'angl. *(to) twill* « croiser », anc. *twilly*, p.-ê. d'un mot lat. composé de *bi-* (→ DEUX) et de la base de *licium* « fil de tissage » → LICE.

TYRAN X⁰ s. gr. *turannos*, par le lat., « despote », « personne qui s'empare du pouvoir » ; **TYRANNIE** XII⁰ s. ; **TYRANNIQUE** XIV⁰ s. : *turannikos* par le lat. ; **TYRANNISER** XIV⁰ s. ; **TYRANNICIDE** XV⁰ s.

U

-U, -UE (pop.) lat. *-ūtus, -ūta*, terminaison de part. passé de verbes lat. dont le radical se terminait en *-u*, ex. : *minūtus*, de *minuere*, fr. *menu* ; a servi à former des adj. à partir de subst., ex. : *barbu, charnu, ventru*.

UBAC ♦|1| (pop.) xxe s. ; xve s. en anc. prov. : mot dial. (Sud-Est) : lat. *opacus* « qui est à l'ombre », d'où « obscur ». ♦|2| **OPAQUE** (sav.) xive s. : *opacus* ; **OPACITÉ** xve s. : *opacitas*.

UHLAN xviiie s. mot all. : tatar *oglan* « jeune homme », par le polonais (→ FANTASSIN).

UKASE fin xviiie s. : mot russe « décret ».

ULCÈRE (sav.) xive s. : lat. *ulcus, ulceris* « id. » ; **ULCÉRER** xive s. ; xviie s. psycho. : *ulcerare* ; **ULCÉRATION** xive s. : *ulceratio*.

-ULE ♦|1| (sav.) lat. *-ulus*, suff. dimin. adj. et nom., ex. : *canule, lobule, spatule* ; peut apparaître sous les formes élargies suivantes : ♦|2| **-CULE** : lat. *-culus*, ex. : *opuscule, groupuscule*. ♦|3| **-ICULE** : lat. *-iculus*, ex. : *monticule, particule*. ♦|4| **-ULENT** : lat. *-ulentus*, ex. : *corpulent, succulent*. ♦|5| **FORMES** pop. prises par le suff. *-culus* précédé de diverses voyelles → -AIL, -AILLE, -ILLE, -OUIL, -OUILLE.

UN famille du lat. *unus*, de l'ind.-eur. **oinos* (→ angl. *one*) « seul, unique », substitué par le lat., comme plus expressif, à **sem-*, ancien nom de l'unité (→ ENSEMBLE). Dér. (1) *undecim* « onze » (2) *unicus* « seul » et « incomparable » ; lat. imp. *unīre, unītus* « unir, réunir » ; *unitas* « unité » ; *unio, -onis* « oignon » (p.-ê. parce qu'à la différence de l'ail, il n'a qu'un bulbe isolé), puis bas lat. « unité » et « union » (3) de nombreux composés en *un-* comme *unanimis* → ÂME ; et en *uni-* comme *uniformis* → FORME ; *unisonus* → SONNER ; *universus* → VERS (4) *non*, issu de **ne oinom* et *nullus*, issu de **ne oinōlos* (5) *ūncia* « unité fractionnelle », « douzième partie d'un tout », « once, monnaie valant un douzième d'as ».

I. mots populaires

♦|1| **UN** ixe s. article, xe s. numéral : *ūnus* ; dès le xie s. au plur. *les uns, les autres*. ♦|2| **AUCUN** xiie s. : lat. vulg. **aliquunus*, de *aliquis* (→ QUI) et *unus*, littéralement « quelqu'un ». ♦|3| **ONCE** xiie s. unité de poids : *ūncia* ; **ONCIALE** (demi-sav.) xvie s. « lettre capitale de la hauteur d'un pouce » : *uncialis*, de *ūncia* « pouce, douzième du pied ». ♦|4| **OIGNON** xiiie s. ; xviie s. « déformation du pied » ; xixe s. « coup » (abrégé en **GNON** xixe s.) : *unio, uniōnis*. ♦|5| **ONZE** → DIX ; **NON** et **NUL** → NON.

II. mots savants

♦|1| **UNIR** xiie s. : lat. *unire* ; part. passé **UNI** xiie s. « lisse », d'abord sous la forme pop. *oni, onni* ; **DÉSUNIR** ; **RÉUNIR** xve s. ♦|2| **UNION** xiie s. : *unio* ; **DÉSUNION, RÉUNION** xve s. ♦|3| **UNITÉ** xiie s. : *unitas* ; **UNITAIRE** xviie s. ♦|4| **UNIQUE** xive s. : *unicus* ; **UNICITÉ** xviiie s. ♦|5| **UNIFIER** xive s. : bas lat. *unificare* ; **UNIFICATION** xixe s. ♦|6| **UNI-** 1er élément de composés d'origine lat., ex. : *uniforme, univers*, ou de formation fr., ex. : *unicellulaire, uninominal*.

URANO- ♦ |1| (sav.) gr. *ouranos* « ciel », 1ᵉʳ élément de composés, ex. : **URANOGRAPHIE** XVIIIᵉ s. ♦ |2| **URANUS** mythol., dieu gr. ; fin XVIIIᵉ s. nom donné à une planète. ♦ |3| **URANE** fin XVIIIᵉ s. et **URANIUM** XIXᵉ s. chimie : du nom de la planète *Uranus*.

URBAIN (sav.) XIVᵉ s. : *urbanus*, de *urbs, urbis* « ville » ; **SUBURBAIN** XIVᵉ s. : *suburbanus* « des faubourgs » ; **URBANITÉ** XIVᵉ s. : *urbanitas* « caractéristique de la ville », « bon ton, politesse » ; **URBANISME** XIXᵉ s. « urbanité », XXᵉ s. archit. ; **URBANISER** XIXᵉ s. ; **URBANISTE, URBANISATION, INTERURBAIN** XXᵉ s.

-URE ♦ |1| (pop.) suff. nom. fém. : anc. fr. *-eüre*, du lat. *-atūra* (→ -E, -ÉE), ex. : *armure*, ou du lat. *-ūra*, ex. : *aventure* ; ancienne désinence de part. futur substantivé. ♦ |2| (sav.) masc. : lat. *-urus*, sert en chimie à désigner un seul d'hydracide, ex. : *chlorure*.

URETÈRE famille sav. du gr. *ourein* « uriner », *ouron* « urine », d'où *ourêtêr* et *ourêthra* « conduit qui amène l'urine » ; *ourêsis* « action d'uriner » ; *diourein* « rendre par les urines » et *diourêtikos* « qui fait uriner » (→ aussi URINE).

♦ |1| **URETÈRE** XVIᵉ s. : *ourêtêr* ; **URÈTRE** XVIIIᵉ s. : *ourêthra*, par le lat. ♦ |2| **DIURÉTIQUE** XIVᵉ s. : *diourêtikos*, par le lat. ; **DIURÈSE** XVIIIᵉ s. : *diourêsis*. ♦ |3| **URO-** 1ᵉʳ élément de composés, ex. : **UROLOGIE** XIXᵉ s. : gr. *ouron*.

URGENT (sav.) XIVᵉ s. : lat. *urgens*, part. présent de *urgere* « presser » ; **URGENCE** XVIᵉ s. ; **URGER** impers. XXᵉ s.

URINE ♦ |1| (demi-sav.) XIIᵉ s. : réfection, d'après le lat. *urina*, (sans rapport certain ni direct avec le gr. *ouron* → URETÈRE, mais dont les dér. sav. se sont confondus avec les siens), de l'anc. fr. *orine*, du lat. **aurina* « liquide couleur d'or », croisement de *ūrina* et de *aurum* ; **URINER** XIIᵉ s. d'abord *oriner* ; **URINAL** XIVᵉ s. (XIIᵉ s. *orinal*) ; **URINOIR** XVIIIᵉ s. ♦ |2| **URÉE** (sav.) XVIIIᵉ s. : formé sur le radical d'*urine* ; **URIQUE, URÉMIE** XIXᵉ s. ♦ |3| **-URIE, -URIQUE** 2ᵉˢ éléments de composés, ex. : **GLYCOSURIE, POLYURIE** XIXᵉ s. et **BARBITURIQUE** XIXᵉ s.

URNE (sav.) XVᵉ s. « vase », XIXᵉ s. pour les votes : lat. *urna* « vase » (pour puiser de l'eau, pour recueillir les cendres des morts, et pour voter).

US famille du lat. *uti, usus* « faire usage de », d'où (1) *usus, -us* « usage » et « utilité » ; *usura* « profit retiré de l'argent prêté » ; *usurpare*, de *usu* et *rapere* (→ RAVIR) « prendre possession par l'usage » ; *usufructus* « droit d'usage d'un bien dont on n'est pas propriétaire », de *frui* « jouir de » (→ FRUIT) ; *usualis* « qui est d'usage courant » ; *usitatus* « accoutumé » et *inusitatus* (2) *utilis* « utile », d'où *utilitas, inutilis* ; *utensilis* « dont on peut faire usage », neutre plur. substantivé *utensilia* « ustensiles » (3) *abuti* « user jusqu'à consommation complète », « dissiper » ; *abusus, -us* « consommation complète ».

I. mots populaires et demi-savants

♦ |1| **US** XIIᵉ s. : survit dans *us et coutumes* : *ūsus* ; dér. **USAGE** XIIᵉ s., d'où **USAGER** subst. XIVᵉ s., et **USAGÉ** XIVᵉ s. « accoutumé », XIXᵉ s. « usé », sous l'influence de *user*. ♦ |2| **USER** XIᵉ s. : lat. vulg. **ūsāre* ; **USURE** XVIᵉ s. ; **INUSABLE** XIXᵉ s. ♦ |3| **OUTIL** XIIᵉ s. : bas lat. *ūsitilium* (VIIIᵉ s.), altération, sous l'infl. d'*usare*, d'un sing. **utesilium* formé sur *ute(n)silia* ; **OUTILLÉ** XIVᵉ s. ; **OUTILLER** XVᵉ s. ; **OUTILLAGE** XIXᵉ s. ♦ |4| **USTENSILE** (demi-sav.) XVᵉ s. : altération, sous l'influence d'*user*, de *utensile* (sav.) XIVᵉ s., du lat. *utensilia*.

II. mots savants

♦ |1| **UTILE, INUTILE, UTILITÉ** XIIᵉ s. : *utilis, inutilis, utilitas* ; **INUTILITÉ** XVᵉ s. : *inutilitas* ; **UTILISER, UTILISATION** XVIIIᵉ s. ; **UTILISABLE, INUTILISABLE** XIXᵉ s. ; **UTILITAIRE, UTILITARISME** XIXᵉ s. : par l'angl. *utilitarian, utilitarism*. ♦ |2| **USURE** XIIᵉ s. « prêt à intérêt » : *usura* ; **USURIER** XIIᵉ s. « prêteur à intérêt », XVIIᵉ s. péj. ; **USURAIRE** XIVᵉ s. « relatif aux intérêts », XVIᵉ s. « qui dépasse le taux légal » : lat. jur. *usurarius*.

♦ |3| **USUEL** XIII° s. : *usualis*. ♦ |4| **USITÉ** XIV° s. : *usitatus* ; **INUSITÉ** XV° s. : *inusitatus*. ♦ |5| **ABUS**, d'où **ABUSER** XIV° s. : *abusus* ; **ABUSIF** XIV° s. : bas lat. *abusivus* ; **DÉSABUSER** XVI° s. « détromper », d'après le sens secondaire de « tromper » qu'avait pris anciennement *abuser*. ♦ |6| **USUFRUIT** → FRUIT ; **USURPER** → RAVIR.

VACARME XIIIᵉ s. : moyen néerl. *wach arme* « hélas ! pauvre (de moi) » ; nettement senti comme flamand au Moyen Âge.

VACHE ♦ 1 1 1 (pop.) XIᵉ s. ; XIIᵉ s. « cuir de vache », XVIIᵉ s. « femme dévergondée », XIXᵉ s. « paresseux, bon à rien », « agent de police », début XXᵉ s. « méchant » et valeur intensive (surtout dans l'adv. dér. **VACHEMENT** XXᵉ s.) : lat. *vacca* ; **VACHER** XIIᵉ s. : lat. vulg. **vaccarius* ; **VACHÈRE** XIVᵉ s. ; **VACHERIE** XIIᵉ s. « étable à vaches », XIXᵉ s. « manque d'énergie ». Le sens d'« acte méchant » est récent. ♦ 1 2 1 **AVACHIR** XIVᵉ s. et **AVACHISSEMENT** XIXᵉ s. : probablement aér. de *vache*, le sens d'« animal paresseux » pouvant être antérieur au XIXᵉ s. ♦ 1 3 1 **VACHERIN** XVIIᵉ s., d'abord adj., nom d'un fromage de Franche-Comté ; XXᵉ s. « meringue glacée ». ♦ 1 4 1 **VACCINE** XVIIIᵉ s. : lat. mod. *(variola) vaccina* « petite vérole des vaches », dont les pustules contiennent un liquide qui immunise contre la variole ; **VACCINER** début XIXᵉ s. ; puis **VACCIN** début XIXᵉ s. : d'abord adj. dans *virus vaccin*.

VACILLER (sav.) XIIᵉ s. : lat. *vacillare* ; **VACILLATION** XVIᵉ s. : *vacillatio*.

VADROUILLE XVIIᵉ s. « sorte de balai de chiffons avec lequel on nettoie le pont d'un bateau » : mot dial., attesté à Lyon, mais aussi à Boulogne *(wadroule)*, d'origine obscure : p.-ê. *drouille* « saleté, vieux chiffon », du néerl. *drollen* → TROUILLE, et d'un préf. intensif *va-*, p.-ê. du lat. *valde* ; XIXᵉ s. « action d'aller çà et là », métaphore d'après les mouvements d'un balai, d'où **VADROUILLER** XIXᵉ s.

VAGIR (sav.) XVIᵉ s. : lat. *vagire* ; **VAGISSEMENT** XVIᵉ s.

VAGUE subst. fém. (pop.) XIIᵉ s. : anc. scandinave *vâgr* (all. *Woge*).

VAIN famille de mots à *w-* initial exprimant l'idée de « vide, désert ».
En latin (1) *vanus*, issu de **was-nos* « vide » au propre et au fig., d'où *vanitas* « état de vide », « fanfaronnade, frivolité » ; *evanescere* « disparaître » (2) *vastus* de **was-tos* « désolé, désert », d'où « immense », et *(de)vastare* « ravager » (3) *vacare* « être vide », « être libre », d'où « avoir du temps pour, vaquer à » ; *vacatio* « dispense » ; *vacuus* « vide » ; *evacuare* « vider » (4) à côté de *vacare, vacatio*, existent des doublets arch. et pop. *vocare, vocatio*, à l'origine du lat. vulg. **vocītus* « vide ».
En germanique, est attesté un radical *wost-* (all. *wüst*, angl. *waste* « désert »).

I. mots populaires
♦ 1 1 1 **VAIN** XIIᵉ s. « vide » ; XIIIᵉ s. *vaine pâture* ; XIVᵉ s. « inefficace » : *vanus* ; **EN VAIN** XIIᵉ s. : lat. pop. *in vanum*. ♦ 1 2 1 **VANTER** XIᵉ s. intrans., XIIᵉ s. trans. : lat. vulg. **vanitāre* (part. présent *vanitans* attesté) « être vain » ; **VANTERIE** XIIIᵉ s. ; **VANTARD** XVIᵉ s. ; **VANTARDISE** XIXᵉ s. ♦ 1 3 1 **S'ÉVANOUIR** XIIᵉ s. : var. a. fr. *esvanir* : lat. vulg.

exvanire, class. *exvanescere* p.-ê. croisé avec anc. fr. *vanoier* du lat. vulg. **vanidiare* / **ÉVANOUISSEMENT** XIIe s. ♦ 141 **VIDE** XIIe s. masc. *vuit* : lat. vulg. **vŏcĭtus*, fém. *vuide* : **vŏcĭta* ; XIVe s. subst. ; XVe s. forme mod., extension du fém. ; **VIDER** XIIe s. *vuidier* : lat. vulg. **vŏcĭtāre* ; **ÉVIDER, DÉVIDER** XIIe s. ; **DÉVIDOIR** XIIIe s. ; **VIDANGE** XIIIe s. ; **VIDANGEUR** XVIIe s. ; **VIDANGER** XIXe s. ; **VIDE-POCHES** XVIIIe s. ; **VIDE-POMME** XVIIIe s. ; **VIDE-ORDURES** XXe s. ♦ 151 **GÂTER** XIe s. « ravager », d'où l'anc. fr. *degaster* et son dér. **DÉGÂT** XIVe s. ; XIIIe s. « endommager », d'où **GÂTEUX** XIXe s. argot des hôpitaux, « qui gâte ses draps par incontinence d'urine », et **GÂTISME** in XIXe s. ; XIVe s. « corrompre par une indulgence excessive », d'où **GÂTERIE** XIXe s. : lat. vulg. **wastare*, altération, sous l'influence du radical germ. **wôst-*, du lat. *vastare*.

II. mots savants

♦ 111 **VANITÉ** XIIe s. : *vanitas* ; **VANITEUX** XVIIIe s. ♦ 121 **ÉVANESCENT** et **ÉVANESCENCE** XIXe s. : de *evanescere*. ♦ 131 **VASTE** XVe s. : réfection, d'après le lat. *vastus*, de l'anc. fr. *guast*, *wast* → GÂTER. **VASTITUDE** XVIe s. ♦ 141 **DÉVASTER** XIVe s. : *devastare* ; **DÉVASTATION, DÉVASTATEUR** XVIIIe s. : bas lat. *devastatio*, *devastator*. ♦ 151 **VAGUE** (demi-sav.) XIIIe s. « (charge) dépourvue de titulaire » puis « (terrain) inoccupé » : altération, sous l'influence de l'adj. homonyme (représentant du lat. *vagus* → RÊVER), de l'anc. fr. *vaque* XIIIe s., du lat. *vacuus*. ♦ 161 **VACANT** XIIIe s. : *vacans*, part. présent de *vacare* ; **VACANCE** XVIe s. jur. « manque », XVIIe s. « état d'une charge sans titulaire », et plur., scolaire : *vacantia*, part. présent plur. neutre substantivé de *vacare* ; **VACANCIER** XXe s. ♦ 171 **VAQUER** XIIIe s. « être vacant », XVIe s. *vaquer à*, XVIIe s. « cesser (en parlant des cours) » : lat. *vacare*.
♦ 181 **VACATION** XIVe s. « dispense », fin XIVe s. « occupation », sous l'influence de *vaquer* : lat. *vacatio* ; **VACATAIRE** XXe s. ♦ 191 **ÉVACUER** XIIIe s. : *evacuare* ; **ÉVACUATION** XIVe s., d'abord méd. ; **ÉVACUATEUR** XXe s. ♦ 1101 **VACUITÉ** XIVe s. : *vacuitas* ; **VACUUM** XXe s. : mot lat.

VAINCRE famille du lat. *vincere, victus* « vaincre », d'où *victor* « vainqueur » ; *victoria* « victoire » ; *convincere*, uniquement au sens fig. « convaincre » ; *evincere* « triompher de », d'où le bas lat. jur. *evictio* « recouvrement d'une chose par jugement ».

♦ 111 **VAINCRE** (pop.) Xe s. d'abord *veintre* : *vĭncĕre* ; **VAINQUEUR, VAINCU** XIIe s. ; **INVAINCU** XVIe s. ♦ 121 **CONVAINCRE** (pop.) XIIe s. : *convĭncĕre*. ♦ 131 **VICTOIRE** (demi-sav.) XIe s. : *victoria* ; **VICTORIEUX** (sav.) XIIIe s. ♦ 141 **ÉVICTION** (sav.) XIIIe s. : *evictio* ; **CONVICTION** XVIe s. ♦ 121 « preuve de culpabilité », XVIIe s. « certitude » : bas lat. (IVe s.) *convictio* ; **CONVICT** XVIIIe s. « forçat » : mot angl., du lat. *convictus* « convaincu d'une faute ». ♦ 151 **VICTOR** (sav.), prénom chrétien mystique, « vainqueur », porté par plusieurs saints papes ; **VICTOIRE**, prénom fém. : *Victoria*, martyre du IIIe s. ♦ 161 **INVINCIBLE** (sav.) XIVe s. : bas lat. *invincibilis*. ♦ 171 **ÉVINCER** XVe s. : *evincere*.

VAIR ♦ 111 (pop.) adj. XIe s. : lat. *varius* « bigarré, tacheté » ; XIIe s. subst. « petit-gris » ; **VAIRON** XIIe s. adj. et subst. « poisson tacheté ». ♦ 121 **VÉROLE** (demi-sav.) XIIe s. « variole », XVe s. *petite vérole*, XVIe s. « syphilis » : bas lat. méd. (VIe s.) : *variola*, de *varius* ; **VÉROLÉ** XVIe s. ♦ 131 **VARIER** (sav.) XIIe s. : *variare* « diversifier » et « être divers » ; **VARIÉTÉ** XIIe s. : *varietas* ; **VARIABLE** XIIe s. : lat. imp. *variabilis* ; **INVARIABLE** XIVe s. ; **VARIATION** XIVe s. : lat. imp. *variatio* ; **VARIABILITÉ** XVe s. ; **VARIÉ** adj. XVIe s. ; **INVARIABILITÉ** XVIIIe s. ; **VARIANTE** XVIIIe s. ; **INVARIANT** XIXe s. ; **VARIA** XIXe s. : mot lat. « choses variées » ; **NE VARIETUR** XXe s. « définitive (en parlant d'une édition) » : mots lat. « que cela ne varie pas ».
♦ 141 **VARIOLE** (sav.) XIVe s. : *variola* → VÉROLE ; **VARIOLEUX, VARIOLIQUE** XVIIIe s. ; **ANTIVARIOLIQUE** XIXe s. ♦ 151 **VARICELLE** XVIIIe s. (sav.) : croisement de *variole* et de *varicocèle* → VARICE.

VAIS (JE) famille d'une racine ind.-eur. **wadh-* « aller ».
En latin (1) *vadere* « aller, s'avancer », d'où *evadere, evasus* « sortir de » et *invadere* « se jeter sur » ; et leurs dér. en *-sio* (2) *vadum* « gué ».
En germanique anc. haut all. *watan* « passer à gué », « aller de l'avant ».
♦ 111 **JE VAIS** (d'abord *je vois*), **TU VAS, IL VA, ILS VONT** (pop.) XIe s. : lat. vulg. **voyyo*,

*vas, *vat, *vaunt, class. vado, vadis, vadit, vadunt (altérations dues à l'influence de la conjugaison d'*être, avoir, devoir*, etc.), formes atones → aussi ALLER et J'IRAI. ♦|2| VA- 1ᵉʳ élément de composés dans VA-ET-VIENT, VA-TOUT, VA-NU-PIEDS XVIIᵉ s. ; À LA VA-VITE XIXᵉ s. ♦|3| ENVAHIR (pop.) XIᵉ s. : lat. vulg. *invadīre*, class. *invadere* ; ENVAHISSEMENT XIᵉ s. ; ENVAHISSEUR XVᵉ s. ♦|4| GUÉ (pop.) XIIᵉ s. : gallo-roman *wadu*, croisement du lat. *vadum* et de son équivalent germ. ; GUÉER, GUÉABLE XIIᵉ s. ♦|5| INVASION (sav.) XIIᵉ s. : bas lat. *invasio*, de *invadere* → ENVAHIR. ♦|6| S'ÉVADER (sav.) XIVᵉ s. : *evadere* ; ÉVASION XIIIᵉ s. : bas lat. *evasio* ; ÉVASIF XVIᵉ s. « qui sort de la question ». ♦|7| VADE-MECUM XVᵉ s. : mots lat. « viens avec moi ».

VAISSEAU famille du lat. *vas, vasis* « pot », « pièce de vaisselle », dimin. *vascellum* et *vasculum*.

♦|1| VAISSEAU (pop.) XIIᵉ s. « récipient » et « navire », XIVᵉ s. anat. : *vascĕllum*. ♦|2| VAISSELLE (pop.) XIIᵉ s. : *vascĕlla*, plur. de *vascĕllum* ; VAISSELIER XVIᵉ s. ♦|3| ÉVASEMENT XIIᵉ s. ; ÉVASER XIVᵉ s. : lat. vulg. *evasāre*, dér. de *vas*. ♦|4| VASQUE XIXᵉ s. : it. *vasca* : lat. vulg. *vasca*, tiré du plur. neutre *vascŭla*. ♦|5| VASE (sav.) XVIᵉ s. : lat. *vas, vasis* ; TRANSVASER XVIᵉ s. ; EXTRAVASER XVIᵉ s. ♦|6| VASO- (sav.) 1ᵉʳ élément de composés exprimant l'idée de « vaisseau sanguin », ex. : VASO-MOTEUR, VASO-CONSTRICTEUR, VASO-DILATATEUR XIXᵉ s. ♦|7| VASCULAIRE XVIIᵉ s. : de *vasculum*.

VALISE XVIᵉ s. : it. *valigia*, mais le mot est plus anc. : en lat. médiéval XIIIᵉ s. *valisia*, dont le moyen haut all. *velis* est empr. ; p.-ê. dér. d'un radical gaulois *val- « entourer » ; DÉVALISER XVIᵉ s.

VALOIR famille du lat. *valere* « être vigoureux », « avoir de la valeur » et « avoir trait à quelque chose », « avoir une signification (mots) » et « une valeur (monnaie) » ; d'où *praevalere* « valoir plus » ; *valescere* et *convalescere* « prendre des forces » ; *validus* « bien portant » ; *valetudo, -inis* « santé » et *valetudinarius* « malade chronique » ; bas lat. *valentia* « vigueur » et, dans des gloses, *valor, -oris* « valeur ».

♦|1| VALOIR (pop.) XIᵉ s. : *valēre* ; REVALOIR XIIᵉ s. ; VALABLE XIIIᵉ s. ; PRÉVALOIR (demi-sav.) XVᵉ s. : adaptation, d'après *valoir*, du lat. *praevalere* ; VAURIEN XVIᵉ s. ; ÉQUIVALOIR (demi-sav.) XVIIᵉ s. adaptation d'après *valoir* du lat. *equivalere* → ÉGAL. ♦|2| VAILLANT (pop.) XIᵉ s. : part. présent anc. de *valoir*, analogique des formes phonétiques à *l* mouillé ; VAILLANCE XIIᵉ s. ♦|3| VALEUR (pop.) XIᵉ s. : *valor, -ōris* ; VALEUREUX XIIIᵉ s. ♦|4| ÉVALUER (pop.) XIVᵉ s. (XIIIᵉ s. *avaluer*) : dér. de l'anc. fr. *value* « prix », part. passé fém. substantivé de *valoir* ; ÉVALUATION XIVᵉ s. ; ÉVALUABLE XVIIIᵉ s. ; INÉVALUABLE, DÉVALUER, DÉVALUATION XXᵉ s. ♦|5| PLUS-VALUE XVᵉ s. : composé de *value* → le précédent. ♦|6| VALÉTUDINAIRE (sav.) XIVᵉ s. : *valetudinarius*. ♦|7| CONVALESCENT (sav.) XIVᵉ s. : *convalescens* ; CONVALESCENCE XIVᵉ s. : bas lat. (IVᵉ s.) *convalescentia*. ♦|8| VALIDE (sav.) XVIᵉ s. « en bonne santé », fin XVIᵉ s. jur. : *validus* ; VALIDER XVᵉ s. : bas lat. *validare* ; VALIDITÉ XVIᵉ s. : *validitas* ; INVALIDE, INVALIDER XVIᵉ s. : de *invalidus* ; VALIDATION XVIᵉ s. ; INVALIDITÉ XVIᵉ s. jur. ; XIXᵉ s. « infirmité » ; INVALIDATION XVIIᵉ s. ♦|9| ÉQUIVALENT et ÉQUIVALENCE (sav.) XIVᵉ s. : *aequivalens* ; -VALENT 2ᵉ élément de composés, ex. : POLYVALENT XIXᵉ s. ; MONO- ; BI-, TRIVALENT XXᵉ s. ; VALENCE fin XIXᵉ s. chimie : *valentia*. ♦|10| VALORISER, VALORISATION, DÉVALORISER, REVALORISER XXᵉ s. : dér. sav. sur *valor*.

VAMPIRE XVIIIᵉ s. : all. *Vampir* emprunté au serbe ou au hongrois ; mot slave ; VAMPIRISME XVIIIᵉ s. ; VAMP XXᵉ s. : mot anglo-américain, abrév. de *vampire*.

VAN ♦|1| (pop.) XIIᵉ s. : lat. *vannus* ; VANNER XIIᵉ s. : lat. vulg. *vannāre*, class. ; *vannĕre* ; VANNAGE, VANNEUR XIIIᵉ s. ; VANNERIE XIVᵉ s. ; VANNÉ XIXᵉ s. « fatigué ». ♦|2| VANNEAU XIIIᵉ s. (oiseau) : probablement dér. de *van*, par comparaison du bruit des ailes avec celui du vannage.

VANNE (pop.) XIIIᵉ s. : lat. mérov. *venna* « barrage pratiqué pour prendre le poisson », p.-ê. d'origine celtique.

VAPEUR ♦|1| (sav.) XIIIᵉ s. subst. fém., XIXᵉ s. subst. masc. (bateau) : lat. *vapor*,

VARECH

-oris. ♦ 1 21 **ÉVAPORER, ÉVAPORATION** (sav.) XIVe s. : evaporare, evaporatio. ♦ 131 **VAPOREUX** (sav.) XIVe s. : dér. sur vapor ; **VAPORISER, VAPORISATION** XVIIIe S. ; **VAPORISATEUR** XIXe S.

VARECH XIIe s.-XVIIe s. « épave », XIVe s. sens mod. d'abord en normand : anc. scandinave vagrek « épave », apparenté à l'anc. angl. wraec, angl. wreck, all. Wrack « id. ».

VARICE (sav.) XIVe s. : lat. varix, -icis ; **VARIQUEUX** XVIe s. : varicosus ; **VARICO-CÈLE** XVIIIe s. : de varix et du gr. kêlê « tumeur » → VARICELLE, art. VAIR.

VARLOPE XVe s. : mot dial. (Nord-Est) : adaptation du néerl. voorlooper, littéralement « qui court devant ».

VASISTAS fin XVIIIe s. : all. Was ist das ? « Qu'est-ce que c'est ? ».

VASSAL ♦ 111 (pop.) XIe s. : bas lat. vassallus, dér. de vassus « serviteur », d'origine gauloise ; **VASSELAGE** XIe s. ; **VASSALITÉ** XVIIe s. ; ♦ 121 **VAVASSEUR** XIIe s. : bas lat. vassus vassorum « vassal des vassaux ». ♦ 131 **VALET** XIIe s. varlet, vaslet : lat. vulg. *vassëllittus « jeune garçon noble au service d'un seigneur », dimin. de vassallus ; **VALETAILLE** XVIe s. → aussi GARÇON.

VATICINER (sav.) XVe s., rare avant le XIXe s. : lat. vaticinari, de vates « devin » et canere → CHANTER ; **VATICINATION** XVIe s. : vaticinatio.

VAUTOUR (pop.) XIIIe s. : lat. vŭltur, mot dial. (Sud-Ouest), avec délabialisation de l'o entre v et l vocalisé.

VÉHÉMENT (sav.) XIIe s. : lat. vehemens ; **VÉHÉMENCE** XVe s. : lat. imp. vehementia.

VEILLE famille d'une racine ind.-eur. *weg- « vigueur ». En germanique, got. waken, frq. *wahtôn, all. wachen « guetter ».
En latin (1) vegēre « être vif, ardent » ; vegetus « vif, dispos » ; vegetare « animer, vivifier » ; (2) velox, -ocis, de *weg-s-los « agile à la course » ; (3) var. dial. vigēre « être bien vivant » ; vigor « force vitale » ; vigil « dispos, bien éveillé » ; vigilare « être éveillé, attentif » ; vigilia « veille », « garde de nuit ».

I. mots d'origine latine

♦ 111 **VEILLE** (pop.) XIIe s. « moment sans sommeil » et « veille qui précède une fête religieuse » ; XVIe s. « jour précédent » et « garde de nuit » : vigĭlia ; **VEILLER** XIIe s. « rester éveillé », XVe s. « faire attention » : vigilāre ; **VEILLEUR** XIIe s. ; **VEILLÉE** XIVe s. ; **VEILLEUSE** XVIIe s. ; **SURVEILLER, SURVEILLANT** XVIe S. ; **SURVEILLANCE** XVIIe s. ♦ 121 **ÉVEILLER** (pop.) XIe s. : lat. vulg. *exvigĭlāre ; **ÉVEIL** XIIe s. ; **RÉVEILLER, RÉVEIL** XIIIe s. ; **RÉVEILLE-MATIN** XVIe s. ; **RÉVEILLON** XVIe s. ; **RÉVEILLONNER** XIXe s. ♦ 131 **VIGUEUR** (demi-sav.) XIe s. : lat. vigor, -ōris ; **VIGOUREUX** XIIe s. ; **REVIGORÉ** XIIIe s. ; **REVIGORER** XIVe s. ; **RAVIGOTER** XVIIe s. : altération de resvigoter XIIIe s., lui-même altération de revigorer ; **RAVIGOTE** XVIIIe s. ♦ 141 **VEDETTE** XVIIe s. « sentinelle », d'où XIXe s. « petit navire militaire d'observation » et XXe s. « petit bateau automobile » ; fin XVIIIe s. typo. mettre en vedette ; XIXe s. sens fig. et « artiste en renom » : it. vedetta, altération, sous l'influence de vedere, du port. veleta, dimin. de l'esp. vela, dér. de velar « veiller » : lat. vigĭlāre. ♦ 151 **VIGIE** XVIIe s. : port. vigia, de vigiar : lat. vigilāre, par l'esp. ; d'abord chez les flibustiers. ♦ 161 **VIGILE** (sav.) XIIe s. : vigilia. ♦ 171 **VIGILANT** (sav.) XVe s. : vigilans, de vigilare ; **VIGILANCE** fin XIVe s. : vigilantia. ♦ 181 **VÉGÉTER** (sav.) XIVe s. : vegetare, qui en bas lat. avait pris le sens de « croître » ; **VÉGÉTATIF** XIIIe s. ; **VÉGÉTAL, VÉGÉTATION** XVIe s. ; **VÉGÉTARIEN** XIXe s. ; **VÉGÉTALINE** XXe s. ♦ 191 **VÉLOCITÉ** XIVe s. : velocitas ; **VÉLOCE** XVIIe s. : velox, -ocis ; **VÉLOCIPÈDE** début XIXe s., abrégé en **VÉLO** fin XIXe s. ; **VÉLODROME** fin XIXe s. ; **VÉLOMOTEUR** XXe s.

II. mots d'origine germanique

♦ 111 **GUETTER** (pop.) XIe s. : frq. *wahtôn ; **GUETTEUR** XIIIe s. ; **GUET** XIIIe s. ; **GUET-APENS** XVe s. : altération de guet apensé, aguet pensé, c.-à-d. « prémédité » ; **AGUET** XIIe s., survit dans la locution aux aguets : de agaitier, composé de gaitier, forme anc. de guetter. ♦ 121 **ÉCHAUGUETTE** (pop.) XIe s. : frq. *skarwǎhta littéralement « troupe (skára) de guet (wahta) ». ♦ 131 **BIVOUAC** XVIIe s. : all. dial. (Suisse) Biwacht : de bî « auprès de » (all. bei) et Wacht « garde » ; **BIVOUAQUER** XVIIIe s.

VEINE famille du lat. *vēna* « vaisseau sanguin », « filon » et « inspiration poétique ».

◆ I 11 **VEINE** XIIe s. « vaisseau » et « inspiration », XIIIe s. « filon », XIVe s. « chance » (d'après l'expression *être en veine de*), XVIIe s. à propos du bois : *vēna* ; **VEINULE** XVIIe s. ; **VEINEUX** XVIe s. ; **INTRAVEINEUX** XIXe s. ◆ I 21 **VENELLE** (pop.) XIIe s. : dimin. ◆ I 31 **VEINÉ** XVIIe s. ; **VEINER** XVIIIe s. « imiter les veines du bois » ; **VEINURE** XXe s. : de *veine* (du bois). ◆ I 41 **VEINARD, DÉVEINE** XIXe s. : de *veine* « chance ».

VENAISON (pop.) XIIe s. : lat. *venatio, -ōnis* « chasse » ; **VÉNERIE** XIIe s. : dér. de l'anc. fr. *vener* « chasser » : lat. *venāri* ; **VENEUR** XIIe s. « chasseur », survit dans l'expression *grand veneur* XVe s. : *venātor, -ōris*.

VENDRE famille du lat. *venum* « vente », d'où *venalis* « à vendre » et *venum dare* « mettre en vente », soudé en *vendere, venditus* « vendre ».

◆ I 11 **VENDRE** (pop.) XIe s. : *vendĕre* ; **REVENDRE, VENDEUR, REVENDEUR** XIIe s. ; **VENDEUSE** XVIe s. ; **REVENDEUSE** XVIIe s. ; **VENTE, REVENTE** XIIIe s. ; **MÉVENTE** XVIIe s. ; **VENDABLE** XIIIe s. ; **INVENDABLE** XVIIIe s. ; **INVENDU** XVIIIe s. ◆ I 21 **VÉNAL** (sav.) XIIe s. : *venalis* ; **VÉNALITÉ** XVIe s. : bas lat. *venalitas*.

VENGER famille du lat. *vindex, -icis*, jur. « caution fournie par le défendeur qui se substitue à lui devant le tribunal », d'où « protecteur » et « vengeur » ; le 2e élément est apparenté à *dicere* → DIRE, et le 1er obscur. Dér. : *vindicare* « jouer le rôle de *vindex* », « revendiquer » ; *vindicta* « revendication » puis « protection, châtiment » ; *vindicatio* « action de revendiquer, de défendre, de venger, de punir ».

◆ I 11 **VENGER** (pop.) XIe s. trans. et pronom. : *vĭndĭcāre* ; **VENGEANCE** XIe s. ; **VENGEUR** XIIe s. ; **VENGERESSE** XIIe s. ◆ I 21 **REVANCHE** XVIe s. : dér. de l'anc. fr. *revancher*, de *vencher*, du lat. *vĭndĭcāre* (avec amuïssement du *ĭ* intérieur atone plus tôt que dans *venger*) ; **REVANCHARD** XIXe s. ◆ I 31 **VENDETTA** XIXe s. mot ital. corse « vengeance » : lat. *vĭndicta*. ◆ I 41 **VINDICATIF** (sav.) XIVe s. : de *vindicare*. ◆ I 51 **REVENDICATION** XVIe s.

(XVe s. *reivendication*) : lat. jur. *rei vindicatio* « réclamation d'une chose », altéré sous l'influence du préf. *re-* ; **REVENDIQUER** XVe s. ; **REVENDICATIF** XXe s. ◆ I 61 **VINDICTE** (sav.) XVIe s. : *vindicta*.

VENIN famille d'une racine ind.-eur. *wen-* « désirer ». En latin (1) *venus, veneris* « désir sexuel », personnifié en *Venus* « déesse de l'amour » ; *venustus* « qui possède ou qui excite l'amour » ; *venustas, -atis* « séduction, grâce » (2) *venenum*, de **venes-nom* « philtre d'amour », d'où « poison », d'où *veneficium* « confection d'un poison », « empoisonnement » ; bas lat. *venenosus* « vénéneux » (3) *venerari*, dér. de *Venus*, d'abord dans l'expression *Venerem venerari*, littéralement « désirer un désir » (comme *pugnare pugnam* « combattre un combat ») et « prier Vénus », a pris le sens de « adresser une demande aux dieux » puis de « respecter » ; d'où *veneratio* et lat. imp. *venerabilis* (4) *venia* spécialisé dans le sens de « action de bien vouloir », « concession, faveur » et « excuse, pardon », d'où le bas lat. *venialis* « pardonnable » (5) *vēnari* « chasser » → VENAISON, souvent attribué à cette racine, se rattache plutôt à celle de l'all. *(ge)winnen* « vaincre ».

◆ I 11 **VENIN** (pop.) XIIe s. var. *venim* : lat. vulg. **venīmen*, altération, par substitution de suff. de *venēnum* ; **VENIMEUX, ENVENIMER** XIIe s. ◆ I 21 **VÉNÉNEUX** (sav.) XVe s. : *venenosus*. ◆ I 31 **VENDREDI** (pop.) XIIe s. : *Venĕris dies* « jour de Vénus ». ◆ I 41 **VÉNÉRIEN** (sav.) XVe s. : de *venerius* « relatif aux plaisirs de l'amour ». ◆ I 51 **VÉNUSTÉ** (sav.) XVIe s. : *venustas*. ◆ I 61 **VÉNUS**, nom propre mythol. : mot lat. ◆ I 71 **VÉNÉRATION** (sav.) XIIe s. : *veneratio* ; **VÉNÉRABLE** XIIIe s. : *venerabilis* ; **VÉNÉRER** XVe s. : *venerari*. ◆ I 81 **VÉNIEL** (sav.) XIVe s. (XIIe s. *venial*) : *venialis*.

VENIR famille d'une racine ind.-eur. **g^{u}en-* « venir ».

En grec *bainein* « marcher », d'où *basis* « marche », « pied, jambe » et « piédestal » ; *akrobatein* « marcher sur la pointe des pieds » ; *diabainein* « traverser » et *diabêtês* « qui traverse », « diabète (à cause d'émissions surabondantes d'urine, dans cette maladie).

En latin, *venire, ventus* « venir » et ses composés *advenire* « arriver » ; *circumve-*

nire « entourer, assiéger » ; *convenire* « se rassembler », « tomber d'accord », d'où *conventus, -us* « réunion » et *convenire* « assemblée », « pacte » ; *devenire* « tomber dans », « arriver à » ; *evenire* « sortir », « avoir un résultat », « se produire » ; *intervenire* « survenir, interrompre » ; *invenire* « rencontrer », « inventer », d'où *inventio* « découverte » ; *pervenire* « arriver d'un point à un autre » ; *praevenire* « devancer » et « accuser le premier » ; *provenire* « venir en avant », « se produire », « éclore » ; *subvenire* « survenir », « venir en aide ».

I. mots d'origine latine

A. base *-ven-*

♦ |1| VENIR (pop.) Xe s. : *venir de* + infin. XIIIe s. : *venire* ; AVENIR subst. XVe s. : de la locution *le temps à venir* ; À TOUT VENANT XVIe s. ; TOUT-VENANT subst. masc. XIXe s. ; VENUE XIIe s. : part. prés. fém. substantivé ; BIENVENU adj. et BIENVENUE subst. XIIe s. ; PREMIER VENU, DERNIER VENU XVIe s. ; NOUVEAU VENU XVIIe s. ♦ |2| REVENIR (pop.) Xe s. ; PARVENIR Xe s. : *pervenire*, d'où PARVENU XVIIIe s. ; SURVENIR XIIe s. ; DEVENIR XIe s. : *devenire* ; REDEVENIR XIIe s. ♦ |3| ADVENIR (demi-sav.) Xe s. *avenir* ; XVIe s. : introduction d'un *d* d'abord graphique, puis prononcé : *advenire* ; AVENANT (pop.) XIe s. adj. « affable », XIIIe s. *à l'avenant* et subst. « ce qui revient à quelqu'un », XVIIIe s. « acte additionnel constatant les modifications qui adviennent à un contrat » ; AVÈNEMENT XIIe s. « arrivée », XVe s. « arrivée au trône » ; AVENUE XVIe s. « voie d'accès » : part. passé fém. substantivé (→ ALLÉE). ♦ |4| CONVENIR (demi-sav.) XIe s. d'abord *covenir, couvenir* : *convenire* ; CONVENABLE, CONVENANCE, DÉCONVENUE XIIe s. ; DISCONVENIR, INCONVENANCE XVIIe s. ; INCONVENANT XVIIIe s. ♦ |5| INCONVÉNIENT (sav.) XIIIe s. : lat. *inconveniens* « qui ne convient pas ». ♦ |6| SOUVENIR (pop.) XIe s. impers. ; XIVe s. pers. et pronom., au infin. substantivé : *subvenire* ; RESSOUVENIR, SOUVENANCE XIIe s. ♦ |7| INTERVENIR (sav.) XIVe s. : réfection de *entrevenir* (pop.) XIIe s. : *intervenire*. ♦ |8| PROVENIR (sav.) XIIIe s. : *provenire* ; PROVENANCE XIXe s. ♦ |9| SUBVENIR (sav.) XIVe s. : *subvenire*. ♦ |10| PRÉVENIR (sav.) XVe s. « citer en justice », XVIe s. « aller au-devant des désirs », d'où PRÉVENANT XVIIIe s. et PRÉVENANCE XVIIIe s. ; XVIIe s. « faire obstacle », « avertir » : *praevenire*. PRÉVENU XVIIe s. « inculpé » et « qui a des préventions ». ♦ |11| ÉVÉNEMENT (sav.) XVIe s. : dér., sous l'infl. de *avènement*, du lat. *evenire* ; ÉVÉNEMENTIEL XXe s.

B. base *-vent-*

♦ |1| AVENTURE (pop.) XIe s. : *adventūra* de *advenire* ; AVENTURER « exposer au hasard » ; AVENTUREUX XIIe s. ; AVENTURIER XVIIe s. ; AVENTURISME XXe s. ♦ |2| AVENT (pop.) XIIe s. « les quatre semaines avant Noël » : *adventus* « arrivée (de Jésus-Christ) ». ♦ |3| COUVENT (pop.) XIIIe s. : *conventus*. ♦ |4| CONVENTUEL (sav.) XIIIe s. : lat. eccl. *conventualis*, de *conventus*. ♦ |5| CONVENTION (sav.) XIIIe s. : lat. *conventio*, de *convenire* ; RECONVENTION XIIIe s. ; CONVENTIONNEL XVe s. ; CONVENTIONNÉ XVIe s. ; CONVENTIONNEMENT XXe s. ♦ |6| SUBVENTION (sav.) XIIIe s. : *subventio*, de *subvenire* ; SUBVENTIONNER XIXe s. ♦ |7| INTERVENTION (sav.) XIVe s. : *interventio*, de *intervenire* ; INTERVENTIONNISME XXe s. ♦ |8| PRÉVENTION (sav.) XIVe s. « action de devancer », XVIIe s. « idée préconçue » : bas lat. *praeventio*, de *praevenire* ; PRÉVENTIF XIXe s. ; PRÉVENTORIUM XXe s. : analogique de *sanatorium*. ♦ |9| INVENTION (sav.) XIIIe s. « action de trouver », d'abord dans l'expression *invention de la Sainte-Croix* (retrouvée par sainte Hélène) ; INVENTER, INVENTIF XVe s. ♦ |10| ÉVENTUEL, ÉVENTUALITÉ (sav.) XVIIIe s. : dér. sur *eventus*, de *evenire*. ♦ |11| ADVENTICE (sav.) XVIIIe s. : *adventicius* « qui s'ajoute », de *advenire*.

II. mots savants d'origine grecque

♦ |1| BASE XIIe s., rare avant le XVIe s. ; XVIe s. math. ; XIXe s. chimie : *basis* ; BASER, BASIQUE XVIe s. ; BASICITÉ XIXe s. ; -BASIQUE 2e élément de composés, ex. : POLYBASIQUE XIXe s. ♦ |2| DIABÈTE XVIe s. : *diabētēs*, par le lat. ; DIABÉTIQUE XIVe s., rare avant le XVIIIe s. ♦ |3| ACROBATE → ACRO-.

VENT ♦ |1| (pop.) XIe s. : lat. *ventus* ; VENTEUX XIIe s. : *ventosus* ; VENTER, ÉVENTER XIIe s. ; ÉVENTAIRE XIVe s. ; ÉVENTAIL, CONTREVENT XVe s. ; PARAVENT XVIe s. : it. *paravento* ; VENTÔSE fin XVIIIe s. → aussi ANÉMO-, art. ÂME. ♦ |2| VANTAIL (pop.) XIIIe s. : *ventaile*, XIIe s. forme mod. : dér. de *vent*. ♦ |3| VENTOUSE (demi-sav.) XIIIe s. : lat. méd. *ventosa (cucurbita)* « courge pleine de vent » ; **VENTOUSER** XIIᵉ s. ♦ 141 **VENTILER** (sav.) XIIIᵉ s. jur. « débattre d'une question » ; XIXᵉ s. « aérer » et « répartir une somme entre plusieurs comptes » : lat. *ventilare* « agiter dans l'air » et bas lat. jur. « discuter, débattre » ; **VENTILATION** XIVᵉ s. ; **VENTILATEUR** XVIIIᵉ s. ♦ 151 **BIELLE** XVIIᵉ s. : probablement esp. *bielda*, var. dial. (Guadalajara) *biela* « fourche pour venter le blé », de *beldar* « battre la moisson », forme métathétique de *be(n)dlar* : lat. *ventilare* ; a pu désigner d'abord la bielle du tarare.

VENTRE famille d'une racine ind.-eur. **ut-, *wet-, *went-* (avec infixe nasal). En latin *venter* « ventre » et *uterus* « matrice ».
♦ 111 **VENTRE** (pop.) XIᵉ s. : *venter* ; **VENTRÉE, VENTRIÈRE** XIIᵉ s. ; **ÉVENTRÉ** XIIIᵉ s. ; **SOUS-VENTRIÈRE** XIVᵉ s. ; **VENTRU** XVᵉ s. ; **VENTRAL, ÉVENTRER, VENTREBLEU, VENTRE-SAINT-GRIS** XVIᵉ s. ; **BAS-VENTRE** XVIIᵉ s. ; **ÉVENTRATION** XVIIIᵉ s. ; **ÉVENTREUR** XIXᵉ s. ♦ 121 **VENTRICULE** (sav.) XIVᵉ s. : *ventriculus*, dimin. de *venter* ; **VENTRICULAIRE** XIXᵉ s. ; **VENTRI-** 1ᵉʳ élément de composés dans **VENTRILOQUE, VENTRIPOTENT** XVIᵉ s. → LOCUTION, et POUVOIR. ♦ 131 **UTÉRUS** XVIᵉ s. : mot lat. ; **UTÉRIN** XVᵉ s.

VÊPRES famille d'une racine ind.-eur. **wes-* « soir ».
En grec *hespera* « le soir » ; *Hespérides* : « les filles de la Nuit et d'Atlas », qui prennent soin, à l'extrême occident, d'un beau jardin aux pommes d'or.
En latin, *vesper* « le soir », var. fém. *vespera* « soirée » ; bas lat. *vesperalis* « occidental ».
En germanique angl. *west* « ouest ».
♦ 111 **VÊPRE** (pop.) XIᵉ s. « soir » : *vesper* ; **VÊPRES** XIIᵉ s. liturgie : *vesperae* ; **VÊPRÉE** XIᵉ s. ♦ 121 **VESPÉRAL** (sav.) XIXᵉ s. : *vesperalis*. ♦ 131 **HESPÉRIDES** XVIᵉ s. mythologie : mot gr. ♦ 141 **OUEST** XIIᵉ s. : angl. *west*. ♦ 151 **FAR WEST** XXᵉ s. : composé anglo-américain « Ouest lointain » ; **WESTERN** XXᵉ s. : mot angl. « (film concernant la conquête) de l'Ouest (des États-Unis) ».

VER ♦ 111 (pop.) Xᵉ s. *verm* : lat. *vermis* ; **VERMINE** et **VERMISSEAU** XIIᵉ s. ; **VERMOULU** XIIIᵉ s. « moulu par les vers », d'où **VERMOULURE** XIIIᵉ s. ; **VÉREUX** XIVᵉ s. ; **VER DE TERRE, VER LUISANT, VER À SOIE**

XVIᵉ s. ♦ 121 **VERMEIL** (pop.) XIᵉ s. : *vermiculus*, dimin. de *vermis* « cochenille » ; d'abord adj. « écarlate », puis XVIIᵉ s. subst. « argent doré » ; **VERMILLON** XIIᵉ s. *vermeillon*. ♦ 131 **VERMICELLE** XVIᵉ s. : it. *vermicelli*, du lat. vulg. **vermicĕllus*, plur. *-i*, var. de *vermicŭlus*. ♦ 141 **VERMICULÉ** (sav.) XIVᵉ s. : de *vermiculus* ; **VERMICULAIRE** XVᵉ s. ; **VERMI-** 1ᵉʳ élément de composés sav., ex. : **VERMIFUGE** XVIIIᵉ s.

VERBIAGE (pop.) XVIIᵉ s. : dér. du moyen fr. *verbier* « gazouiller », var. de l'anc. pic. *verbloier*, de *werbler* « chanter en modulant », du frq. **werbilan* « tourbillonner ».

VÉRANDA XVIIIᵉ s. : mot angl. d'origine indienne, lui-même empr. au port. *varanda*, probablement dér. du lat. *vara* « perche ».

VERGE ♦ 111 (pop.) XIᵉ s. : lat. *virga* « baguette » ; **VERGÉ** XIIᵉ s. « rayé » : *virgātus* ; **VERGETÉ** XVIIᵉ s. : dér. de *vergette* ; **VERGETURE** XVIIIᵉ s. ♦ 121 **VERGUE** (pop.) XIIᵉ s., mot normanno-picard : *virga* ; **ENVERGURE** XVᵉ s. mar., XIXᵉ s. sens fig. : dér. de *enverguer* XVIIᵉ s. mar. ♦ 131 **VIRGULE** (sav.) XVIᵉ s. : lat. *virgula*, dimin. de *virga*.

VERMOUTH XVIIIᵉ s. : all. *Wermut* « absinthe ».

VERNACULAIRE (sav.) XVIIIᵉ s. : du lat. *vernaculus* « indigène, domestique », dér. de *verna* « esclave né à la maison ».

VERRAT (pop.) XIVᵉ s. : dér. de l'anc. fr. *ver*, du lat. *verres* « verrat ».

VERRE ♦ 111 (pop.) XIIᵉ s. ; XIIIᵉ s. « verre à boire », XVIIᵉ s. « contenu d'un verre » : lat. *vitrum* ; **VERRIÈRE** XIIᵉ s. ; **VERRIER** XIIIᵉ s. ; **VERRERIE** XIIIᵉ s. ; **VERROTERIE** XVIIᵉ s. ♦ 121 **VITRE** (sav.) XIIIᵉ s. « verre », XVIᵉ s. sens mod. : lat. *vitrum* ; **VITREUX** XIIIᵉ s. : *vitrosus* ; **VITRIER, VITRERIE, VITRER** XIVᵉ s. ; **VITRÉ, VITRAIL** XVᵉ s. *vitral* ; **VITRIFIER** XVIᵉ s. ; **VITRAGE** XVIIᵉ s. ♦ 131 **VITRIOL** (sav.) XIIIᵉ s. : lat. médiéval *vitriolum*, dimin. de *vitrum* (à cause de son apparence vitreuse) ; **VITRIOLÉ** XVIIᵉ s. ; **VITRIOLER**

XIX° s. ♦ 141 **VITRAUPHANIE** fin XIX° s. : de *vitraux* et du gr. *phainein* « paraître » → FANTÔME.

VERROU
♦ 111 (pop.) XII° s. *verrouil* : lat. vulg. *verrūcŭlum*, altération, p.-ê. sous l'influence de *ferrum*, de *verūcŭlum*, dimin. de *veru* « broche » ; **VERROUILLER** XII° s. ; **DÉVERROUILLER** XVII° s. ; **VERROUILLAGE, DÉVERROUILLAGE** XX° s. ♦ 121 **VÉRIN** XIV° s. (pop.), mot dial. picard : var. masc. du lat. *veruina*, dér. de *veru*.

VERRUE
♦ 111 (pop.) XIII° s. : lat. *verrūca*. ♦ 121 **VERRUQUEUX** (sav.) XV° s. : *verrucosus* ; **VERRUCOSITÉ** XX° s.

VERS
famille du lat. *vertere, versus* (anc. *vortere, vorsus*) « tourner », auquel se rattachent (1) des dér. nom. à base *vert*- (a) *vertebra* « articulation, vertèbre » (b) *vertigo, -inis* « tourbillon » ; *vertiginosus* « sujet aux vertiges » (c) *vertex, -icis* « tourbillon » et « point le plus élevé (d'où tombe une chute d'eau) », « sommet de la tête (d'où descendent les cheveux) » ; bas lat. *verticalis* « vertical » (2) des dér. nom. à base *vers*- ou -*versio*, 2° élément de composés, « action de tourner » (b) *versus, -ūs* « action de tourner la charrue au bout du sillon », « sillon », « ligne d'écriture », « vers » (c) -*vorsum, -versum*, adv. ; -*vorsus, -versus* adj., 2es éléments de composés dans *aliorsum*, de *alio-vorsum « dans une autre direction » ; *controversus* « tourné vis-à-vis, opposé », « litigieux », d'où *controversia* « discussion » et *controversari* « discuter » ; *deorsum*, de « *de-vorsum* « vers le bas » ; *introrsum*, de *intro-vorsum « vers le dedans » et *introversus* ; *prorsus*, de *pro-vorsus « en allant vers l'avant », altéré en *prosus*, fém. substantivé *prosa (oratio)* « le discours qui va tout droit, la prose » ; *sursum*, de *sub-vorsum « vers le haut » ; *transvorsus*, var. *transversus, trāversus* « oblique, transversal » ; *universus* « tourné d'un seul élan vers », au plur. « tous ensemble », au neutre sing. traduction du gr. *to holon* « l'univers », d'où *universitas* « universalité », bas lat. « corps, compagnie, corporation » et lat. imp. *universalis* « universel, général » (d) -*versarius*, dans *anniversarius* « qui revient tous les ans » (e) *versi*- 1er élément de composé dans *versicolor* « qui a des couleurs changeantes » (f) *versoria* « cordage servant à tourner la voile » (3) dérivés verbaux à base *vers*- (a) *versare* « faire tourner » ; *versatilis* « mobile, qui tourne aisément » (b) *versari* « se tourner souvent », « se trouver habituellement », « tremper dans » ; *conversari* « se tenir habituellement », « vivre avec » ; *conversatio* « intimité, fréquentation » ; *tergiversari* « tourner le dos », « user d'échappatoire » (4) composés verbaux : (a) *avertere* « détourner » et *aversio* « action de détourner » et « éloignement, dégoût » (b) *advertere* « tourner vers » ; *adversus* adj. « qui est en face », et prép. « en face de » ; *adversarius* adj. « qui se tient en face, opposé » et subst. « adversaire » (c) *convertere* « retourner », « faire passer d'un état à un autre », « traduire » ; *conversio* « action de tourner », « passage d'un état à un autre », et lat. eccl. « conversion religieuse » (d) *divertere* « se séparer de » ; *diversus* « opposé », au plur. « qui vont dans des sens différents » ; lat. imp. *diversitas* « divergence » ; bas lat. *diversio* « digression » ; *divortium* « séparation » (e) *invertere* « retourner » ; *inversus* « retourné » ; *inversio* « inversion » (f) *intervertere* « donner une autre direction », bas lat. *interversio* « falsification » (g) *pervertere* « mettre sens dessus dessous » ; *perversus* « de travers » et « perverti » ; *perversio* « renversement » ; *perversitas* « extravagance, dérèglement » (h) *revertere* « revenir sur ses pas » ; *reversio* « action de rebrousser chemin ».

I. base -*vers*- (pop. ou sav.)

A. famille de *versus* et *versare*

♦ 111 **VERS** (pop.) XI° s. préposition : lat. *versus*, part. passé de *vertere* employé adv. ; **ENVERS, DEVERS** XI° s. ; **PAR-DEVERS** XII° s. ♦ 121 **VERS** (pop.) XII° s. subst. : *versus, -ūs* ; **VERSET** XIII° s. ; **VERSIFIER** (demi-sav.) XIII° s. : *versificare* ; **VERSIFICATEUR** (sav.) XV° s. : *versificator, versificatio*. ♦ 131 **VERSER** (pop.) XI° s. « faire basculer », XII° s. « faire couler un liquide », XVIII° s. « apporter de l'argent » : *versāre* ; **VERSEMENT, REVERSER** XII° s. ; (pleuvoir) **À VERSE**, puis **AVERSE**, subst. fém. XVII° s. ; **DÉVERSER, DÉVERSOIR** XVIII° s. ; **DÉVERSEMENT, REVERSEMENT, VERSANT** subst. XIX° s. ; **BOULEVERSER** XVI° s. : de *bouler* → BOULE, et *verser* ; **BOULEVERSEMENT** XVI° s. ♦ 141 **VERSOIR** (pop.) XIII° s. : probablement lat. vulg. *versorium, var. neutre de versoria. ♦ |5| VERSEAU (pop.) XVIᵉ s., pour verse eau : trad. du gr. hudrokhoeus, nom d'un signe du Zodiaque (20 janv.-20 fév.). ♦ |6| VERSATILE (sav.) XVᵉ s. : versatilis ; VERSATILITÉ XVIIIᵉ s. ♦ |7| VERSÉ (dans) XVIᵉ s. « rompu à la pratique de » : lat. versatus, part. passé de versari. ♦ |8| VERSION (sav.) XVIᵉ s. : lat. médiéval versio, tiré des composés ; RÉTROVERSION XVIIIᵉ s. ♦ |9| VERSO (pop.) XVIIᵉ s. : lat. (folio) verso « sur le feuillet retourné ».

B. famille des composés de versus, versare, versio

♦ |1| TRAVERS (pop.) XIᵉ s. adv., XVIᵉ s. subst. : bas lat. traversus, class. transversus ; TRAVERSE XIIᵉ s. : traversa, fém. de traversus ; TRAVERSIN XIIᵉ s. « chemin de traverse » ; XIVᵉ s. sens mod. ; TRAVERSIER XIIIᵉ s. adj. : lat. vulg. *traversarius, class. transversarius ; TRAVERSER XIIᵉ s. lat. vulg. *traversare, class. transversare ; TRAVERSÉE XVIIᵉ s. ♦ |2| TRANSVERSAL (sav.) XVᵉ s. : de transversus. ♦ |3| ADVERSE (sav.) XIIᵉ s. averse : adversus ; ADVERSAIRE XIIᵉ s., var. de l'anc. fr. aversier (pop.) : adversarius ; ADVERSITÉ (sav.) XIIᵉ s. : adversitas ; ADVERSATIF XVIᵉ s. ♦ |4| AVERSION (sav.) XIIIᵉ s. : aversio. ♦ |5| AVERS (demi-sav.) XIXᵉ s. : adversus. ♦ |6| CONVERSER (sav.) XIᵉ s. : conversari ; CONVERSATION XIᵉ s. « fréquentation », XVIIᵉ s. « échange de paroles » : conversatio. ♦ |7| CONVERSION XIIᵉ s. : conversio ; CONVERS XIIᵉ s. : conversus ; RECONVERSION XIXᵉ s. ♦ |8| ENVERS (pop.) Xᵉ s. : inversus ; RENVERSER XIIIᵉ s. ; RENVERSE XIVᵉ s. ; RENVERSEMENT XVIᵉ s. ♦ |9| INVERSION (sav.) XVIᵉ s. : inversio ; INVERSE XVIIᵉ s. : inversus. ♦ |10| DIVERS (sav.) XIIᵉ s. : diversus ; FAIT DIVERS XXᵉ s. ; DIVERSITÉ (sav.) XIIᵉ s. : diversitas ; DIVERSIFIER XIIIᵉ s. : bas lat. diversificare ; DIVERSION XIVᵉ s. : diversio. ♦ |11| PERVERS, PERVERTIR, PERVERSITÉ (sav.) XIIᵉ s. : perversus, pervertere, perversitas ; PERVERSION XVᵉ s. : perversio ; PERVERTISSEUR XVIᵉ s. ♦ |12| SUBVERSION (sav.) XIIᵉ s. : subversio ; SUBVERSIF XVIIIᵉ s. ♦ |13| ANNIVERSAIRE (sav.) XIIIᵉ s. : anniversarius → AN. ♦ |14| UNIVERS (sav.) XIIᵉ s. adj., XVIᵉ s. subst. : universus ; UNIVERSEL XIIᵉ s. : universalis ; UNIVERSAUX XVIIᵉ s. philo. : plur. substantivé de la var. universal XIVᵉ s. ; UNIVERSALITÉ XIVᵉ s. : universalitas ; UNIVERSALISER XVIIIᵉ s. ♦ |15| UNIVERSITÉ (sav.) XIIIᵉ s. : universitas ; UNIVERSITAIRE XIXᵉ s. ♦ |16| REVERS (pop.) XIIIᵉ s. : reversus ; RÉVERSION (sav.) XIVᵉ s. : reversio ; RÉVERSIBLE XVIIᵉ s. ; RÉVERSIBILITÉ XVIIIᵉ s. ; IRRÉVERSIBLE XIXᵉ s. ♦ |17| CONTROVERSE (sav.) XIIIᵉ s. : controversia ; CONTROVERSER XVIIᵉ s. : controversari ; CONTROVERSISTE XVIIᵉ s. ; CONTROVERSABLE XIXᵉ s. ♦ |18| MALVERSATION XVIᵉ s. (sav.) : de malverser XVIᵉ s., du lat. male versari « mal se comporter ». ♦ |19| TERGIVERSER (sav.) XVIᵉ s. : tergiversari ; TERGIVERSATION XIIIᵉ s. : tergiversatio. ♦ |20| INTROVERSION (sav.) XXᵉ s. : introversio.

II. base -vert-

♦ |1| CONVERTIR (demi-sav.) Xᵉ s. « faire changer de croyance » ; XIIᵉ s. « transformer » : adaptation de convertere ; CONVERTIBLE XIIIᵉ s. ; XIXᵉ s. finances ; INCONVERTIBLE XVIᵉ s. ; RECONVERTIR XVIIᵉ s. ; XIXᵉ s. finances, XXᵉ s. industrie. ♦ |2| AVERTIR (pop.) XIIᵉ s. « détourner » : *advertire, class. advertere ; AVERTISSEMENT XIVᵉ s. ; AVERTISSEUR XIIIᵉ s. ♦ |3| INADVERTANCE (sav.) XIVᵉ s. : lat. scolastique inadvertentia « manque d'attention », de advertere au sens de « faire attention ». ♦ |4| PERVERTIR (demi-sav.) XIIᵉ s. : adaptation de pervertere ; PERVERTISSEUR XVIᵉ s. ♦ |5| INVERTIR (demi-sav.) XIIᵉ s. ; INVERTI subst. XXᵉ s. : de invertere. ♦ |6| SUBVERTIR XIIIᵉ s. : adaptation de subvertere. ♦ |7| DIVERTIR XIVᵉ s. « détourner » ; XVIIᵉ s. « distraire » : adaptation de divertere ; DIVERTISSEMENT XVIᵉ s. ♦ |8| INTERVERTIR XVIᵉ s. : adaptation de intervertere. ♦ |9| VERTÈBRE (sav.) XVIᵉ s. : vertebra ; VERTÉBRAL XVIIᵉ s. ; VERTÉBRÉ, INVERTÉBRÉ XIXᵉ s. ♦ |10| VERTICAL (sav.) XVIᵉ s. : verticalis ; VERTICALE subst. XIXᵉ s. ; VERTICALITÉ XVIIIᵉ s. ♦ |11| VERTIGE (sav.) XVIIᵉ s. : vertigo ; VERTIGINEUX XVᵉ s. « sujet au vertige », XIXᵉ s. « qui donne le vertige » : vertiginosus. ♦ |12| INTROVERTI (sav.) XXᵉ s. : de intro- et vertere, d'après introversus.

III. autres bases

♦ |1| PROSE (sav.) XIIIᵉ s. : prosa (oratio) ; PROSAÏQUE XVᵉ s. : bas lat. prosaïcus ; PROSAÏSME XVIIIᵉ s. ; PROSATEUR XVIIᵉ s. ; it. prosatore. ♦ |2| DIVORCE (sav.) XIVᵉ s. : divortium ; DIVORCER XIVᵉ s. ♦ |3| AILLEURS, de aliorsum → AUTRE ; JUSQUE, de deorsum → DE ; SUS, de sursum → SOUS.

VERT ♦|１| (pop.) XIe s. fém. analogique *verte* et *verde*, à côté de la forme normale *vert*, dès les origines, XIIIe s. « plein de sève », « jeune » : lat. *vĭrĭdis* ; **VERDEUR, VERDIR, REVERDIR, VERDOYER, VERDOYANT** XIIe s. ; **VERDURE, VERDIER** XIIIe s. ; **VERDÂTRE** XIVe s. ♦|２| **VERT-DE-GRIS** XIVe s., var. *vert de grice* : altération, sous l'influence de *gris*, de *vert de Grèce* XIIIe s., dénomination inexpliquée ; **VERT-DE-GRISÉ** XIXe s. ♦|３| **VERGER** (pop.) XIe s. : *viridiarium* « lieu planté d'arbres ». ♦|４| **VERTUGADIN** XVIIe s. « cerceau maintenant l'ampleur de la jupe autour des hanches » : de *vertugade* XVIe s., altération, p.-ê. sous l'influence de *vertu*, de l'esp. *verdugado*, de *verdugo* « baguette coupée verte », dér. de *verde* « vert ».

VERTU famille d'une racine ind.-eur. *wir-*.
En germanique, got. *wair* « homme », frq. *wer-*, dans *wer-wolf* « homme-loup ».
En latin *vir* « homme, mari, héros, soldat », auquel se rattachent (a) *virilis* « masculin » et *virilitas* « virilité » (b) *virtus, -tutis* « qualités viriles », « force d'âme », puis « toute espèce de mérite ou de qualité » (êtres animés et non animés) ; bas lat. *virtuosus* « vertueux » (c) *virago* « femme forte ou courageuse comme un homme » (d) *evirare* « enlever la virilité » (e) enfin, *vir* peut désigner des magistrats, d'où *duumvir, triumvir, decemvir* « membre d'un groupe de deux, trois, dix magistrats ».

I. mots d'origine latine
A. famille de *virtus*
♦|１| **VERTU** (pop.) XIe s. « vaillance », XIIe s. « qualité morale » et « principe actif d'une substance », XVIIe s. « chasteté » : *virtus, -tūtis* ; **VERTUEUX** Xe s. ; **S'ÉVERTUER** XIe s. « se fortifier » ; **VERTUDIEU**, abrégé en **TUDIEU** XVIe s. ; **VERTUBLEU** XVIIe s. ♦|２| **VIRTUEL** (sav.) XVIe s. : lat. scolastique *virtualis* « qui a en soi les forces nécessaires à sa réalisation » ; **VIRTUALITÉ** XVIIe s. ♦|３| **VIRTUOSE** (sav.) XVIIe s. : it. *virtuoso* : *virtuosus* ; **VIRTUOSITÉ** XIXe s.

B. famille de *vir* (sav.)
♦|１| **VIRIL** XIVe s. : *virilis* ; **VIRILITÉ** XVe s. : *virilitas*, XIXe s. ♦|２| **VIRAGO** XVe s. : mot lat. ♦|３| **DUUMVIR, TRIUMVIR** XVIe s. : mots lat. ; **TRIUMVIRAT** XVIe s. : *triumviratus*.

II. mots d'origine germanique
(loup)-**GAROU** → LOUP.

VERVE ♦|１| (pop.) XIIe s. « proverbe », puis « récit », XVIe s. sens mod. : lat. vulg. *verva*, var. de *verba*, plur. de *verbum* « parole » ; **VERVEUX** XIXe s. ♦|２| **VERBE** (sav.) XIe s. « parole », XIIe s. gramm. et théol. (trad. du gr. *logos*), XVIIIe s. *avoir le verbe haut* : *verbum* ; **VERBEUX** XIIIe s., **VERBOSITÉ** XVIe s. ; **VERBAL** XIVe s. gramm. « relatif aux verbes » et « oral », d'où **VERBALEMENT** XIVe s. ; XVe s. « formel », d'où **VERBALISME** XIXe s. : bas lat. *verbalis* ; **PROCÈS-VERBAL** XIVe s., d'où **VERBALISER** XVIIe s. ♦|３| **PROVERBE** (sav.) XIIe s. ; XVIIe s. « comédie dont le sujet est un proverbe » : lat. *proverbium* « dicton », dér. de *verbum* ; **PROVERBIAL** XVe s. : *proverbialis* ♦|４| **ADVERBE** (sav.) XIIIe s. : lat. imp. *adverbium* « auprès *(ad)* du verbe *(verbum)* » ; **ADVERBIAL** XVIe s.

VERVEINE famille d'un anc. lat. *verbos, -eris* « coup », dont le pluriel *verbera* « verges », « coups de fouet » est attesté. Dér. : (1) *verberare* « frapper de verges » et *reverberare* « faire rebondir » (2) *verbena* « verveine », issu de *verbes-na (herba)*, littéralement « herbe des coups » (coups symboliques dont le roi frappait le texte d'un traité avec une touffe de cette herbe).
♦|１| **VERVEINE** XIIIe s. : lat. vulg. *vervēna*, class. *verbēna*. ♦|２| **RÉVERBÉRER** (sav.) XIVe s. : *reverberare* ; **RÉVERBÉRATION** XIVe s. ; **RÉVERBÈRE** XVe s. « écho », XVIe s. « miroir », XVIIe s. « lanterne à miroir réflecteur ».

VESCE (pop.) bot. XIIe s. *vecce* : lat. *vĭcia*.

VESSER ♦|１| (pop.) XIIIe s., puis XVIIe s., d'abord *vessir* : lat. *vĭssire* ; **VESSE** XVe s. ; **VESSE-DE-LOUP** XVIe s. ♦|２| **VENETTE** XVIIIe s. : du moyen fr. *vesner* « vesser », du lat. vulg. *vissinare*.

VESSIE ♦|１| (pop.) XIIIe s. : lat. vulg. *vessica*, class. *vesica*. ♦|２| **VÉSICATION** (sav.) XVe s., **VÉSICATOIRE** XVIIe s. ; **VÉSICANT** XIXe s. : de *vesicare* « gonfler ». ♦|３| **VÉSICAL** (sav.) XVIe s. : *vesicalis* « relatif à la vessie ».

VESTIBULE (sav.) XVIe s. : lat. *vestibulum*, ou it. *vestibulo*.

VESTIGE famille sav. du lat. *vestigare* et *investigare* « suivre à la trace », « traquer », d'où *investigatio* « recherche attentive » et *vestigium* « trace de pas ».

♦ |1| **VESTIGE** XIVe s. : *vestigium*. ♦ |2| **INVESTIGATION** XVe s. : *investigatio*.

VÊTIR ♦ |1| (pop.) Xe s. : lat. *vestire* « couvrir d'un vêtement » ; **VÊTEMENT** XIe s. : *vestimentum* ; **REVÊTIR** XIe s. ; **DÉVÊTIR, VÊTURE** XIIe s. ; **REVÊTEMENT** XIVe s. ; **SURVÊTEMENT** XIXe s. ♦ |2| **VESTE** XVIe s. : it. *veste*, du lat. *vestis* « vêtement » ; XIXe s. « échec » (synonymie partielle de *veste* et de *capote* « vêtement » et « perte au jeu » → CAPOT) ; **VESTON** fin XVIIIe s. ♦ |3| **TRAVESTIR** XVIe s. : it. *travestire*, de *tra-*, du lat. *trans* « très », exprimant la transformation, et *vestire* ; **TRAVESTISSEMENT** XVIIe s. ; **TRAVESTI** subst. XIXe s. ♦ |4| **INVESTIR** (sav.) XIIIe s. « revêtir d'un pouvoir » : lat. arch., imp. et médiéval *investire* « revêtir », « entourer » ; XVe s. « assiéger », sous l'influence de l'it. *investire* ; XXe s. « engager (des capitaux) » : angl. *to invest*, de même origine ; **INVESTITURE** XVe s. ; **INVESTISSEMENT** XVIIIe s. ♦ |5| **VESTIMENTAIRE** (sav.) XXe s. : de *vestimentum*.

VETO (sav.) XVIIIe s. : mot lat. « j'interdis ».

VEULE (pop.) XIIe s. « frivole », XVIIe s. « mou, sans vigueur » ; dial. qualifie une terre trop légère, une branche trop menue : p.-ê. **võlus* « léger, qui vole », de *volare* ; p.-ê. **volvŭla*, var. de **volvŭlus*, de *convolvŭlus* « liseron », comme symbole de vie molle et voluptueuse (dans saint Jérôme) ; **VEULERIE** XIXe s.

VEUVE ♦ |1| (pop.) XIe s. d'abord *vedve* : lat. *vĭdua* « privée de » et « veuve » ; XVIe s. masc. analogique **VEUF** ; **VEUVAGE** XIVe s. ♦ |2| **VIDUITÉ** (sav.) XIIIe s. : *viduitas*.

VICE ♦ |1| (sav.) XIIe s. : lat. *vitium* « défaut » ; **VICIEUX** XIIe s. ; **VICIÉ** XIIIe s. ; **VICIER** XIVe s. ♦ |2| **VITUPÉRER** (sav.) Xe s. « mutiler », XIVe s. « blâmer, outrager » : lat. *vituperare* « trouver des défauts à », « blâmer », de *vitium* ; **VITUPÉRATION** XIIe s.

VICTIME (sav.) XVe s. : lat. *victima*, d'origine obscure.

VIELLE ♦ |1| (pop.) XIIe s. : de *vieller*, verbe onom., « faire *vi* » avec un instrument à cordes ; **VIELLEUR** XVIe s. **VIOLE** XIIIe s. : anc. prov. *viola*, de *violar*, même origine. ♦ |3| **VIOLE DE GAMBE** XVIIe s. : it. *viola di gamba* « viole de jambe », (→ JAMBE II 4). ♦ |4| **VIOLON** XVIe s. ; XIXe s. « poste de police », par comparaison entre les barreaux et les cordes du violon : it. *violone*, augmentatif de *viola*, qui désignait en it. la contrebasse, le « violon » se disant *violino* ; **VIOLONCELLE** XVIIIe s. : it. *violoncello*, dimin. de *violone* « contrebasse » ; **VIOLONISTE, VIOLONCELLISTE, VIOLONEUX** XIXe s.

VIERGE ♦ |1| (demi-sav.) XIe s. d'abord *virgine* : lat. *virgo, -inis* ; **VIGNE VIERGE** XVIIe s. ; **FORÊT VIERGE, DEMI-VIERGE** XIXe s. ♦ |2| **VIRGINITÉ** (sav.) Xe s. : *virginitas* ; **VIRGINAL** XIe s. : *virginalis*.

VIEUX famille d'une racine ind.-eur. **wet-* année ».

En grec *etos* « année », de **wetos*, d'où *etésios* « qui revient chaque année ».

En latin *vetus, veteris* « vieux », littéralement « de l'année précédente » (qualifie d'abord le vin de l'année passée) ; dér. : *vetulus* « déjà vieux, d'un certain âge » ; *veteranus* « ancien », terme milit. ; *vetustus* et *vetustas, -atis* « ancien » et « ancienneté » ; *inveterare* « faire vieillir » ou « devenir vieux » ; p.-ê. aussi *veterinus*, plur. neutre substantivé *veterina* « bête de somme » (animaux trop vieux pour la course ou la guerre) ; et *vitulus* « petit de l'année ».

I. mots d'origine latine

♦ |1| **VIEUX,** var. **VIEIL** (pop.) XIe s. : bas lat. (ve s.) *veclus*, lat. *vĕtŭlus* ; **VIEILLE** ; *vĕtŭla* ; **VIEILLESSE, VIEILLARD, VIEILLIR** XIIe s. ; **VIEILLOT** XIIIe s. ; **VIEILLISSEMENT** XVIe s. → aussi ARCHIVES. ♦ |2| **VEAU** (pop.) XIIe s. : *vĭtĕllus*, var. de *vĭtŭlus* ; **VÊLER** XIVe s. de l'anc. forme *veel* ; **VÊLER** XIVe s. ♦ |3| **S'INVÉTÉRER** XVe s. (sav.) : *inveterare*. ♦ |4| **VÉTUSTÉ** (sav.) XVe s. : *vetustas* ; **VÉTUSTE** XIXe s. : *vetustus*. ♦ |5| **VÉTÉRAN** (sav.) XVIe s. : *veteranus*. ♦ |6| **VÉTÉRINAIRE** (sav.) XVIe s. : *veterinarius* « (médecin) pour les bêtes de somme », de *veterina*.

II. mot d'origine grecque

ÉTÉSIENS (vents) (sav.) XVIe s. : gr. *etêsioi (anemoi)* « vents annuels », par le lat.

VIGOGNE XVIIe s. : esp. *vicuña* « sorte de brebis », mot quéchua (Pérou).

VIL ♦ 1 (pop.) XIe s. : lat. *vīlis* « de peu de prix », « méprisable » ; **AVILIR** XIVe s. ; **AVILISSEMENT** XVIe s. ; **AVILISSANT** XVIIIe s. ♦ 2 **VILIPENDER** (sav.) XIVe s. : bas lat. *vilipendere* « estimer de peu de prix », de *vilis* et *pendere* « peser (mentalement) ».

VILEBREQUIN XIVe s. : altération du néerl. *wimmelkin* « petite tarière », sous l'influence des mots *virer*, *vibrer* et *libre*.

VILLE famille d'une racine ind.-eur. *weik-* indiquant l'unité sociale immédiatement supérieure à la famille.

En grec *oikos* « maison », issu de *woikos*, d'où (1) *oikein* « habiter » et « administrer » ; *oikoumené (gê)* « la terre habitée », « le monde entier » (2) *oikonomos* « qui administre sa maison », *oikonomia* « administration d'une maison », d'où *oikonomikos* (3) *dioikein* « administrer », d'où *dioikêsis* « administration d'une maison ou d'une province » (4) *metoikos* « étranger qui vient s'établir quelque part » (5) *paroikein* « habiter auprès de » et « résider en pays étranger », d'où *paroikia* « séjour en pays étranger ».

En latin (1) *vicus* « bourg » et « quartier d'une ville » ; *vicinus* « voisin » et *vicinalis* « du voisinage » (2) *villa* « maison de campagne », issu de *weik-s-la* ; dès le gallo-roman « agglomération urbaine », ou « village ».

I. mots d'origine latine

A. famille de *villa*

♦ 1 **VILLE** (pop.) Xe s. : *villa* ; **BIDONVILLE**, **AGROVILLE** XXe s. ♦ 2 **VILAIN** (pop.) XIe s. « paysan », XIIe s. « bas », XIIIe s. « laid » : *villānus* « habitant de la villa », XIIe s. ♦ 3 **VILENIE** XIIIe s. : dér. de *ville*, à valeur collective ; **VILLAGEOIS** XVIe s. ♦ 4 **VILLANELLE** XVIe s. : it. *villanella* « chanson ou danse villageoise ». ♦ 5 **VILLA** XVIIIe s. : mot it. « maison de plaisance ». ♦ 6 **VILLÉGIATURE** XVIIIe s. : it. *villegiatura*, de *villegiare* « aller dans sa maison de campagne ». ♦ 7 nombreux représentants en toponymie de *villa* et de ses dérivés *villaris*, *villarium* sous les formes **VILLE**, **VILLAR**, **VILLERS**, **VILLIERS**.

B. famille de *vicus*

♦ 1 **VOISIN** (pop.) XIIe s. : *vicīnus* ; **VOISINER** XIIe s. ; **VOISINAGE** XIIIe s. ; **AVOISINER** XVIe s. ♦ 2 **VICINAL** (sav.) XIIIe s., puis XVIIIe s. : *vicinalis* ; **VICINALITÉ** XIXe s. ♦ 3 **VIC**, toponyme courant : *vīcus* « village » (sans statut ; s'oppose juridiquement au *municipium* « village de citoyens romains » et à *colonia* « village de colons »).

II. mots d'origine grecque

♦ 1 **PAROISSE** (pop.) XIe s. : bas lat. *parochia*, du gr. *paroikia* ; p.-ê. dans son sens propre de « séjour d'étrangers » (les chrétiens se tenant pour étrangers dans ce monde) ; plus probablement « voisinage », d'après l'un des deux sens de *paroikein* ; **PAROISSIAL** XIIe s. : *parochialis* ; **PAROISSIEN** XIIIe s. : *parochianus*. ♦ 2 **DIOCÈSE** (sav.) XIIe s. : gr. *dioikêsis*, par le lat. ; **DIOCÉSAIN** XIIIe s. ♦ 3 **ÉCONOME** (sav.) XIVe s. « administrateur », XVIIe s. « qui épargne » : *oikonomos*, par le lat. ; **ÉCONOMAT** XVIe s. ; **ÉCONOMIQUE** XIIIe s. : *oikonomikos*, par le lat. ; **ÉCONOMIE** XIVe s. « art d'administrer », XVIe s. « épargne », XVIIIe s. *économie politique* : *oikonomia*, par le lat. ; **ÉCONOMISER**, **ÉCONOMISTE** XVIIIe s. ♦ 4 **ŒCUMÉNIQUE** (sav.) XVIe s. : gr. *oikoumenikos* « universel », par le lat., de *oikoumené* ; **ŒCUMÉNISME** XXe s. ♦ 5 **MÉTÈQUE** (sav.) XIXe s. : *metoikos*.

VIN famille d'un mot méditerranéen (comme beaucoup de noms de plantes et de fruits → FIGUE, MÛRE, ROSE, PAMPRE). En grec *oinos*, issu de *woinos* « vin ». En latin *vinum* « vin », d'où l'adj. fém. substantivé *vinea* « vigne » et *vindemia* « vendange », de *vinum* et *demere* « enlever » (→ RANÇON).

♦ 1 **VIN** (pop.) Xe s. : *vīnum*, XIIIe s. : *vinōsus* ; **AVINÉ**, **VINAIGRE** (→ AIGRE) XIIIe s. ; **VINASSE** XVIIIe s. ♦ 2 **VINI-** (sav.) 1er élément de composés, ex. : **VINIFICATION** XVIIIe s. ; **VINICOLE** XIXe s. ♦ 3 **VIGNE** (pop.) XIIe s. : *vinea* ; **VIGNERON** XIIe s. ; **VIGNETTE** XIIIe s. « décoration représentant à l'origine des feuilles de vigne » → aussi VITICOLE, art. VIS. ♦ 4 **VIGNOBLE** XIIe s. : anc. prov. *vinhobre*, probablement du lat. régional *vineoporus*, formation hybride, analogique du gr. *ampelophoros*, « porteur de vignes », de *ampelos* « cep de vigne ». ♦ 5 **VENDANGE**, **VENDANGER**, **VENDANGEUR** (pop.) XIIe s. : *vindēmia*, *vindēmiāre*, *vindemiator*, *-ōris*. ♦ 6 **VENDÉMIAIRE** (sav.) XVIIIe s. : de *vindemia*. ♦ 7 **ŒNO-** (sav.) gr. *oinos*, 1er élément de composés, ex. : **ŒNOLOGIE** XVIIe s.

VIOLER famille sav. du lat. *vis* « force, violence », d'où (1) *violentus* « violent » et *violentia* (2) *violare* « faire violence à », d'où *inviolabilis* « qu'on ne peut violer ».
♦ |1| **VIOLER** xie s. « faire violence », xiie s. à propos d'une femme : *violare* ; **VIOLATION** xiiie s. : *violatio* ; **INVIOLABLE** xive s. : *inviolabilis* ; **VIOLATEUR** xive s. ; **VIOL** xviie s. ♦ |2| **VIOLENT** et **VIOLENCE** xiiie s. : *violentus, violentia* ; **VIOLENTER** xive s.

VIOLETTE ♦ |1| xiie s. : dimin. de l'anc. fr. *viole* (sav.), du lat. *viola*. ♦ |2| **VIOLET** adj. xiiie s., var. masc. du précédent ; **VIOLACÉ** xviiie s. : lat. *violaceus* ; **ULTRAVIOLET** xxe s.

VIORNE (pop.) xvie s. : lat. *viburna*, plur. de *viburnum* pris pour un fém.

VIRER ♦ |1| (pop.) xiie s. « faire tournoyer », xiiie s. « changer d'aspect », xve s. « tourner en rond », xviie s. « changer de direction » et « transférer d'un compte à un autre » : lat. vulg. *vīrare*, altération, sans doute sous l'influence de *gyrare* « tourner » et *librare* « lancer une arme en la faisant tournoyer », du class. *vĭbrare* « secouer », « lancer » ; **VIREMENT, REVIREMENT, VIRÉE** xvie s. ; **VIRAGE** xixe s. ♦ |2| **ENVIRON** (pop.) xie s. prép., xive s. subst., xvie s. adv. : de l'anc. fr. *viron* « cercle », dér. de *virer* ; **ENVIRONNER** xiie s. ; **ENVIRONNANT** xviiie s. ; **ENVIRONNEMENT** xxe s. ♦ |3| **AVIRON** (pop.) xiie s. : de l'anc. fr. *avironner* « tourner », dér. de *viron* → le précédent. ♦ |4| **VAUDEVILLE** xvie s., d'abord « chanson de circonstance », puis xviiie s. théâtre : altération, sous l'influence de *ville*, de *vaudevire* xve s. : composé de **vauder*, var. *voûter* : lat. *volūtāre* → voûte, et de *virer*, signifiant tous deux « tourner » ; **VAUDEVILLISTE** xixe s. (→ aussi mar. *virevaut* xviie s.) ; **cabestan** et *virevaude* xixe s.). ♦ |5| **VIREVOLTE** xvie s. : altération, sous l'influence de l'it. *giravolta*, du moyen fr. *virevouste* xve s. → le précéd. ; **VIREVOLTER** xvie s. ♦ |6| **VIBRER** (sav.) xviiie s. : lat. *vibrare* (→ 1) ; **VIBRATION** xvie s. ; **VIBRATILE** xviiie s. ; **VIBRANT** xviiie s. adj., xxe s. sens fig. ; **VIBRION** xviiie s. : *vibratoire, vibrato* xixe s.

VIROLE (pop.) xiie s. : altération, sous l'influence de *virer*, du lat. *viriola* « bracelet », p.-ê. d'origine celtique.

VIRUS ♦ |1| (sav.) xvie s. : mot lat. « suc des plantes » et « poison » ; **VIREUX** xviie s. ; **VIRAL** xxe s. ; **VIRO-** 1er élément de composés, ex. : **VIROLOGIE** xxe s. ♦ |2| **VIRULENT** (sav.) xve s. « purulent », xviiie s. sens fig. : *virulentus* « venimeux » ; **VIRULENCE** xvie s. : bas lat. *virulentia*.

VIS famille du verbe lat. *viēre* « courber, tresser », auquel se rattachent (1) *vimen, viminis* « osier », d'où *Viminal*, nom d'une colline de Rome où poussait de l'osier à l'origine (2) *vitta* « ruban servant à maintenir la coiffure » (3) *vitis* « plante à vrille », vigne ».
♦ |1| **VIS** (pop.) xie s. « escalier tournant », xiie s. sens mod. : *vītis* ; **VISSER, DÉVISSER** xviiie s. ♦ |2| **VRILLE** (pop.) xive s. outil, xvie s. à propos de la vigne : altération, probablement sous l'influence de *virer*, de *veille* xive s., du lat. *viticŭla* « vrille de vigne », dimin. de *vitis* ; **VRILLER** xviiie s. ♦ |3| **VÉTILLE** (pop.) xvie s. : dér. de *vétiller* « s'occuper de bagatelles », de *vette* « ruban », de l'anc. prov. *vetta*, du lat. *vĭtta* ; **VÉTILLEUX** xviie s. ♦ |4| **VITICOLE, VITICULTEUR, VITICULTURE** (sav.) xixe s. : de *vitis* « vigne ».

VISCÈRE (sav.) xve s. : lat. *viscera*, plur. neutre, « entrailles » ; **VISCÉRAL** xve s. : lat. eccl. *visceralis*.

VISON fin xviiie s. : adaptation de l'all. *Wiesel* « belette ».

VIT famille d'une racine ind.-eur. **wegh-* « secouer, ébranler », homonyme de celle de *vehere* → voie. En latin (1) *vectis* « levier » (2) *vexare* « agiter » « maltraiter ».
♦ |1| **VIT** (pop.) xiiie s. : *vectis*, employé par métaphore ; **VITELOT** xviie s. « petit gâteau de forme allongée », métaph. obscène, dimin. de *vit*. ♦ |2| **VEXER** (sav.) xive s. « tourmenter », xixe s. sens mod. : *vexare* ; **VEXATION** xiiie s. ; **VEXATOIRE** xviiie s. ; **VEXANT** xixe s.

VITE xiie s. *viste*, avec possibilité d'emploi adj. jusqu'au xviie s. : mot obscur, p.-ê. onom. : **VITESSE** xvie s.

VIVRE famille d'une racine ind.-eur. **g^weyē-* « vivre ».

En grec, deux traitements différents du *gw- initial, le verbe zân et son aoriste (temps du passé) *biônai* « vivre », d'où deux séries de dérivés (1) mots à initiale z : (a) *zôé* « vie » ; *zôon* « être vivant » ; *zoôtés* « nature animale » (b) *zôdion* « figurine d'animal » et « constellation figurant un animal », d'où *zôdiakos* ou *zôdiakê hodos* « la route des constellations animales » ; (2) mots à initiale b- : *bios* « vie » ; *biôtikos* « qui concerne la vie » ; *sumbioum* « vivre ensemble » et *sumbiôsis* « vie en commun, camaraderie » ; *koinobios* « qui vit en commun » et *koinobion* « communauté, monastère » ; *amphibios* « qui vit dans deux éléments ».

En latin, *vivere*, *victus* « vivre », d'où (1) *vivus* « vivant » ; *vivax*, -*acis* « qui vit longtemps » ; *vivificare* « vivifier » ; *viviparus* « vivipare » (→ PART) ; *vivarium* « lieu qui sert à garder des bêtes vivantes », « vivier » ; *vivenda* « nourriture » ; *convivium* « banquet » ; *conviva* « convive » (2) *vita*, issu de *vīvita* « la vie », d'où *vitalis* « qui concerne la vie » et *vitalitas* « principe de la vie » (3) *victus*, -*us* « moyen de vivre », « régime alimentaire » et *victualia* « aliments ».

I. mots d'origine latine

♦ 1| VIVRE (pop.) X⁰ s. : *vīvĕre* ; SURVIVRE XI⁰ s. ; SURVIVANT XII⁰ s. ; SURVIVANCE XVI⁰ s. ; REVIVRE, VIVANT, VIABLE, VIVRES XII⁰ s. ; VIVOTER XV⁰ s. ; VIVE ! interj. XVI⁰ s. ; QUI VIVE ? XVII⁰ s., cri de sentinelle ; BON VIVANT XVII⁰ s. ; VIVEUR XIX⁰ s. ; INVIVABLE XX⁰ s. ♦ 2| VIE (pop.) XI⁰ s. : *vita* ; VIAGER XIV⁰ s. adj., XVIII⁰ s. subst. : de l'anc. fr. *viage* « durée de la vie », dér. de *vie* ; VIABLE XVII⁰ s. ; SURVIE XVII⁰ s. ♦ 3| VIF, VIVE (pop.) XI⁰ s. : *vivus*, *viva* ; VIF subst. XII⁰ s. ; AVIVER XII⁰ s. : lat. vulg. *advīvāre* ; RAVIVER XII⁰ s. ♦ 4| VIANDE (pop.) XI⁰ s. « toute nourriture » ; XIV⁰ s. sens mod. : forme dissimilée du lat. vulg. *vivanda*, altération, par substitution de suff., de *vivenda*. ♦ 5| VIVANDIER, -ÈRE (demi-sav.) XVI⁰ s. : réfection, d'après *vivanda*, de l'anc. fr. *viandier* XII⁰ s. adj. et subst. « hospitalier » et « celui qui procure la nourriture ». ♦ 6| VIVIER (pop.) XII⁰ s. : *vivarium* ; VIVARIUM (sav.) XX⁰ s. : mot lat. ♦ 7| VIVIFIER (sav.) XII⁰ s. : *vivificare* ; VIVIFIANT XV⁰ s. ; VIVIFICATION XIII⁰ s. : *vivificatio* ; REVIVIFIER XIII⁰ s. ♦ 8| CONVIVE (sav.) XIII⁰ s. « festin » : *convivium* ; XV⁰ s. sens mod. : *conviva*. ♦ 9| VITAL (sav.) XIV⁰ s. : *vitalis* ; VITALITÉ XVI⁰ s. : *vitalitas* ; DÉVITALISER, REVITALISER XX⁰ s. ♦ 10| RAVITAILLER (pop.) XV⁰ s. : de l'anc. fr. *avitailler*, du subst. *vitaille* : lat. *victualia* XII⁰ s. ; RAVITAILLEMENT XV⁰ s. ♦ 11| VICTUAILLES (sav.) XV⁰ s. : lat. *victualia*. ♦ 12| VIVACE, VIVACITÉ (sav.) XV⁰ s. : *vivax*, *vivacitas*. ♦ 13| VIVAT (sav.) XVII⁰ s. interj., XVII⁰ s. subst. : mot lat. « qu'il vive ! ». ♦ 14| REVIVISCENCE (sav.) XVII⁰ s. : de *reviviscere* « revenir à la vie ». ♦ 15| VIVIPARE (sav.) XVII⁰ s. : *viviparus* (→ PART). ♦ 16| VIVISECTION (sav.) XIX⁰ s. : de *vivus* et *section*, d'après *dissection* (→ SCIER). ♦ 17| VITAMINE (sav.) XX⁰ s. : de *vita* et *amine* (chimie) ; VITAMINÉ, DÉVITAMINER, AVITAMINOSE XX⁰ s.

II. mots savants d'origine grecque

A. base -zo(o)-

♦ 1| ZODIAQUE XIII⁰ s. : *zôdiakos*, par le lat. ; ZODIACAL XV⁰ s. ♦ 2| ZOÉ, prénom chrétien mystique « vie (surnaturelle) », nom de deux martyres de Rome, des II⁰ et III⁰ s. ♦ 3| AZOTE XVIII⁰ s., littéralement « corps où la vie est impossible » : de *a*- privatif et *zôé* « vie ». ♦ 4| ÉPIZOOTIE XVIII⁰ s. : formation analogique d'*épidémie*, de *zôotés* « nature animale ». ♦ 5| ZOOLOGIE, ZOOLIGISTE, -IQUE XVIII⁰ s., XVII⁰ s., abrév. de *jardin zooligique*. ♦ 6| ZOO-1⁰ʳ élément de composés sav., ex. : ZOOPHYTE XVI⁰ s. : *zôophuton* « animal-plante ». ♦ 7| -ZOÏQUE, -ZOÏSME 2⁰ˢ éléments de composés, ex. : HYLOZOÏQUE XVIII⁰ s. ; -ZOAIRE id., ex. : PROTOZOAIRE XIX⁰ s.

B. base -bi(o)-

♦ 1| CÉNOBITE XII⁰ s. : lat. eccl. *coenobita*, du gr. *koinobion* ; CÉNOBITIQUE XVI⁰ s. ; -ISME XIX⁰ s. ♦ 2| -BIE : *bios*, 2⁰ élément de composés, ex. : AMPHIBIE XVI⁰ s. : *amphibios* ; AÉROBIE, ANAÉROBIE XIX⁰ s. ♦ 3| -BIO- élément de composés, ex. : BIOLOGIE, -IQUE, -ISTE XIX⁰ s. ; PHYTOBIOLOGIE XIX⁰ s. ; ASTRO-, RADIO-BIOLOGIE XX⁰ s. ; ABIOTIQUE XX⁰ s. : de *a*- privatif et *biôtikos* ; ANTIBIOTIQUE XX⁰ s. ♦ 4| MICROBE XIX⁰ s. : de *mikros* et *bios* « petite vie » ; MICROBIEN, MICROBICIDE XIX⁰ s. ♦ 5| SYMBIOSE XIX⁰ s. : *sumbiôsis* ; SYMBIOTIQUE XX⁰ s.

VŒU famille du lat. *vovere*, *votus* « vouer », en lat. imp. « souhaiter » d'où (1) *votum*, part. passé neutre substantivé, « promesse ou offrande solennelle faite aux dieux en échange d'une faveur demandée ou accordée » puis « souhait exprimé, désir » ; *votivus* « votif » ; (2) *devovere, devotus* « vouer entièrement aux dieux (en particulier comme victime expiatoire) » ; *devotio* « vœu par lequel on se consacre aux dieux » et bas lat. « attachement sans réserve ».

♦|1| **VŒU** (pop.) XIIe s. : *vōtum* ; **VOUER** XIIe s. : lat. vulg. **votāre*, de *votum*. ♦|2| **DÉVOUER** (pop.) XIVe s., puis XVIe s. : adaptation, d'après *vouer*, de *devovēre* ; **DÉVOUEMENT** XIVe s. « vœu », XVIe s. « consécration comme victime expiatoire », fin XVIIe s. sens mod. ; **DÉVOUÉ** adj. XIXe s. ♦|3| **DÉVOTION, DÉVOT** (sav.) XIIe s. : *devotio, devotus* ; **DÉVOTIEUX** XVe s. ♦|4| **VOTIF** (sav.) XIVe s. : *votivus* ♦|5| **VOTER** (sav.) XVIIe s. eccl. « exprimer au chapitre un souhait, une opinion » : de *votum* ; XVIIIe s. pol. : angl. *to vote*, de même origine ; **VOTE** XVIIIe s. : angl. *vote* ; **VOTANT** XVIIIe s.

VOGUER ♦|1| XIIIe s. : anc. bas all. **wogon*, altération phonétique de *wagon* « se balancer ». ♦|2| **VOGUE** XVe s. : it. *voga* « réputation », dér. au sens fig. de *vogare*, empr. au fr.

VOIE famille d'une racine ind.-eur. **wegh-* « aller en char, transporter sur un char ».
En latin (1) *vehere, vectus* « transporter », d'où (a) *vehiculum* « moyen de transport » (b) *vectura* « transport » ; *vector* « qui transporte » (c) *invehi, invectus* « être transporté (par la colère) », d'où *invectivus* « outrageant », neutre plur. substantivé *invectiva* « invectives » (2) *via* issu de **weghya* « route pour les chars », d'où (a) *viaticus* « de voyage » ; neutre substantivé *viaticum* « ressources pour le voyage » (b) *-vius* 2e élément de composés, dans *devius*, sur *de via* « hors de la route, écarté, détourné » ; *obvius*, sur *ob viam* « qui se trouve sur le passage » ; *bivius, trivius* « qui se partage en deux, trois routes » ; neutre substantivé *bivium, trivium* « point de rencontre de deux, trois routes » ; *trivialis* « de carrefour », « banal » ; au Moyen Âge, *trivium* et *quadrivium*, 1er et 2e cycle des sept arts libéraux enseignés dans les universités (c) lat. imp. *viare* « voyager », d'où bas lat. *iniviare* « marcher sur » ; *obviare* « aller au-devant de », « barrer le passage » ; *deviare* « s'écarter du droit chemin », p.-ê. directement sur *devius*.
En germanique (1) all. *Weg*, angl. *way* « route, chemin » (2) moyen haut all., moyen bas all., néerl. *wagen* « chariot ».

I. mots d'origine latine de la famille de *via*

A. mots populaires, bases *voi-*, *-voy-*

♦|1| **VOIE** XIe s., XIIe s. : « conduite à suivre », XIIIe s. *en voie de*, XIVe s. « conduit anatomique » et jur. *voie de fait*, XVIIe s. *voie d'eau* et *voie lactée* (calque du lat. *circulus lacteus*, remplace le pop. *Chemin de Saint-Jacques*, XIXe s. *voie ferrée* : lat. *vĭa*. ♦|2| **VOYOU** (pop.) XIXe s. : dér. de *voie*, « qui traîne dans les voies », avec un suff. dial. *-ou*, pour *-eux*. ♦|3| **VOYAGE** XIe s. « passage », puis « pèlerinage » : *viātĭcum* ; **VOYAGER, VOYAGEUR** XVe s. ; **COMMIS VOYAGEUR** XVIIIe s. ; **PIGEON VOYAGEUR** XIXe s. ♦|4| **ENVOYER** XIe s. : bas lat. *inviāre* « parcourir » et « faire parcourir » ; **ENVOI, RENVOYER** XIIe s. ; **RENVOI** XIVe s. ♦|5| **DÉVOYER** XIIe s. : dér. de *voie* ; **DÉVOIEMENT** XIIe s. « chemin impraticable », XIIIe s. sens moral ; **DÉVOYÉ** subst. XVIIe s. ♦|6| **CONVOYER** (pop.) XIIe s. : lat. vulg. **conviāre* « voyager avec » ; **CONVOI** XIIe s. « cortège », XVIe s. « train de voitures », XIXe s. *chemin de fer* ; **CONVOYEUR** XIIe s. ♦|7| **FOURVOYER** XIIe s. : dér. de *voie* avec le préf. *four-, for-* ; **FOURVOIEMENT** XIVe s.

B. mots savants, base *-vi-*

♦|1| **OBVIER** XIIe s. : *obviare* ; **OBVIE** XXe s. : *obvius*. ♦|2| **TRIVIUM, QUADRIVIUM** XIIIe s. : mots lat. ♦|3| **DÉVIER** XIVe s. : *deviare* ; **DÉVIATION** XIVe s. : *deviatio* ; **DÉVIATIONNISME** XXe s. ♦|4| **VIATIQUE** XIVe s. « route à parcourir », XVIIe s. « provisions de route », puis sens religieux : *viaticum*. ♦|5| **TRIVIAL** XVIe s. : *trivialis* ; **TRIVIALITÉ** XVIIe s. ♦|6| **VIABILITÉ** XIXe s. : du bas lat. *viabilis* « où une voiture peut passer ». ♦|7| **VIADUC** XIXe s. : adaptation, d'après *aqueduc*, de l'angl. *viaduct*, de *via* et *ductus* (→ CONDUIRE). ♦|8| **VIA** XIXe s. prép. : mot lat., ablatif de *via*.

II. mots savants d'origine latine de la famille de *vehere*

♦|1| **VÉHICULE** XVIe s. : *vehiculum* ; **VÉHICULER, VÉHICULAIRE** XIXe s. ♦|2| **INVECTIVE** XVe s. : *invectiva* ; **INVECTIVER** XVIe s. ♦|3| **VECTEUR** XVIe s. « transporteur », XIXe s. math. : *vector* ; **VECTORIEL** XXe s.

VOILE 584

III. mots d'origine germanique
♦ |1| **WAGON** XIX⁰ s. : angl. *waggon* « chariot », du néerl. *wagen* « id. » ; **WAGONNET, WAGON-LIT, WAGON-RESTAURANT** XIX⁰ s.
♦ |2| → TRAMWAY.

VOILE famille du lat. *velum* « voile », qui résulte p.-ê. de l'homonymie de deux mots différents remontant l'un à **weg-s-lom* (apparenté à *vehere* → VOIE) « voile de navire », l'autre à **wes-lom* (apparenté à *vestis* → VÊTIR) « draperie ». Dér. (1) *velaris* « relatif aux voiles » ; (2) *velare, velatus* « voiler » ; *develare, revelare* « mettre à découvert ».

♦ |1| **VOILE**, subst. masc. (pop.) XII⁰ s. : « rideau (du temple de Jérusalem) » et « coiffure féminine » ; XVIII⁰ s. « tissu léger et transparent » et *voile du palais* : lat. *vĕlum* ; **VOILER** XII⁰ s. ; **DÉVOILER** XV⁰ s. ; **VOILETTE** XVI⁰ s. ; **VOILÉ** adj. XVIII⁰ s., surtout en parlant de la voix ; **VOILAGE** XX⁰ s. ♦ |2| **VOILE** subst. fém. (pop.) XII⁰ s. : *vēla*, plur. de *vēlum*, pris pour un fém. ; **VOILIER** XVI⁰ s. ; **VOILURE** XVII⁰ s. ♦ |3| **RÉVÉLER, RÉVÉLATION** (sav.) XII⁰ s. : *revelare, revelatio* ; **RÉVÉLATEUR** XV⁰ s. : lat. eccl. *revelator* ; XIX⁰ s. techn., photo. ♦ |4| **VÉLAIRE** (sav.) XIX⁰ s. phonét. : *velaris*. ♦ |5| **VÉLUM** (sav.) XIX⁰ s. : mot. lat. « tenture, rideau ».

VOIR famille d'une racine ind.-eur. **weid-* « voir ».
En grec (1) *idein* « voir » et « avoir vu », infin. aoriste (temps du passé) de *horân* (→ PANORAMA, art. SERF) (2) *idea* « aspect », « forme distinctive », et, chez Platon, « forme idéale concevable par la pensée » ; (3) *eidos* « forme », d'où *eidôlon* « image » et le dimin. *eidullion* « petite poésie » ; *-eidés*, suff. exprimant la ressemblance, ex. : *mastoeidés* « en forme de mamelle » et la filiation, ex. : *Atreidés* « fils d'Atrée » ; (4) *histôr*, de **wid-tôr* « qui sait, qui connaît », d'où *historia* « recherche, information », « relation de ce qu'on a appris » ; *historikos* « historique ».
En latin, *vidēre, visus* « voir », auquel se rattachent (1) sur la base *-vis-* (a) *visio* « vision » ; *visus, -us* « faculté de voir » ; « aspect, apparence » (b) *visere* « chercher à voir » ; *revisere* « revenir voir » ; *visitare* « voir souvent », « venir voir » (c) bas lat. *visibilis* « visible » et *visualis* « visuel » ; (2) sur la base *-vid-*, une série de composés : (a) *invidere* « jeter le mauvais œil », d'où « envier », et *invidia* « envie » (b) *praevidere* « prévoir » (c) *providere* « voir d'avance » et « pourvoir à » ; d'où *providentia* « prévision » et « prévoyance divine » ; *provisor* « celui qui prévoit et pourvoit » ; *provisio* « action de prévoir et de pourvoir », « précaution » ; *improvisus* « imprévu » (d) *prudens* adj. : forme contractée de part. présent de *providere* ; *prudentia* « prévoyance, sagesse » (e) *revidere* « revenir voir » et bas lat. *revisio* « révision ». Pour les autres racines ind.-eur. exprimant l'idée de « voir » → les articles ÉVÊQUE, DÉPIT, DRAGON, SERF et THÉÂTRE.

I. mots d'origine latine

A. bases *-voi(r), -voy-* (pop.)

♦ |1| **VOIR** X⁰ s. : *vidēre* ; **VOYEUR** XII⁰ s. « guetteur », XVI⁰ s. « témoin oculaire », XIX⁰ s. sens mod. ; **VOYANT** XV⁰ s. « qui voit l'avenir », XIX⁰ s. techn. ; **VOYANCE** XIX⁰ s. ♦ |2| **VOICI** XV⁰ s. : forme soudée de *vois ci* XII⁰ s. ; **VOILÀ** XV⁰ s. : de *vois là* XIII⁰ s., var. *vela*, d'où la forme pop. *v'là* ; **REVOICI** XVI⁰ s., **REVOILÀ** XVII⁰ s. ♦ |3| **REVOIR** X⁰ s. : *revidēre* ; **AU REVOIR** XVIII⁰ s. : abrév. de *(adieu) jusqu'au revoir* XVII⁰ s. ; **À LA REVOYURE** XIX⁰ s. ; **S'ENTREVOIR** XI⁰ s. pronom. « se voir mutuellement », XIII⁰ s. « apercevoir » : composé de *voir*. ♦ |5| **POURVOIR** XII⁰ s. : *providēre* ; **POURVOYEUR** XIII⁰ s. ; **POURVOI** XVII⁰ s. ♦ |6| **PRÉVOIR** (demi-sav.) XIII⁰ s. : adaptation, d'après *voir*, de *praevidere* ; **PRÉVOYANCE** XV⁰ s. ; **PRÉVOYANT, IMPRÉVOYANT** XVI⁰ s.

B. base *-vu-* (pop.)

♦ |1| **VUE** XI⁰ s. : lat. vulg. **veduta*, class. *visa*, part. passé fém. substantivé ; **LONGUE-VUE** XVII⁰ s. ♦ |2| **AU DÉPOURVU** XII⁰ s. : part. passé de l'anc. fr. *dépourvoir*. ♦ |3| **VU** prép. XIV⁰ s. ; **POURVU QUE** conj. XIV⁰ s. ♦ |4| **REVUE** XIV⁰ s. jur. « révision d'un partage », XV⁰ s. milit., XVI⁰ s. « fait de se revoir après s'être quittés », fin XVIII⁰ s. « publication périodique » (d'après l'angl. *review*, d'origine fr.) XIX⁰ s. « pièce comique d'actualité » : de *revoir* ; **REVUISTE** XX⁰ s. ♦ |5| **ENTREVUE** XV⁰ s. : de *entrevoir*, **INTERVIEW** XX⁰ s. : mot angl., du fr. *entrevue* ; **INTERVIEWER** verbe XIX⁰ s. ♦ |6| **BÉVUE** XVII⁰ s. : → DEUX.

C. ENVIE X⁰ s. « jalousie », XII⁰ s. « désir », XV⁰ s. « besoin physique », XVII⁰ s. *avoir envie de* et « désir de femme grosse », d'où

« tache sur la peau, qu'on attribuait à une *envie* de la mère », et « petit lambeau de peau au bord des ongles » : lat. *invidia* ; ENVIEUX XII° s. : *invidiosus* ; ENVIER XII° s. ; ENVIABLE XIV° s.

D. base *-ved-* (empr.)

BELVÉDÈRE XVI° s. : it. *belvedere*, de *bello* « beau » et *vedere* « voir ».

E. base *-vis-* (pop. ou sav.)

♦ |1| VISAGE (pop.) XI° s. : dér. de l'anc. fr. *vis*, du lat. *visus*, qui survit dans la locution VIS-À-VIS XIII° s. ; DÉVISAGER XVI° s. « défigurer », XIX° s. « examiner avec insolence » ; ENVISAGER XVI° s. « regarder au visage », XVII° s. « considérer, réfléchir à » ; VISAGISTE XX° s. ♦ |2| VISIÈRE XIII° s. : dér. de *vis*.
♦ |3| AVIS (pop.) XII° s. : soudure de *à vis* ; de la loc. anc. *ce m'est à vis*, var. *ce m'est vis*, calque du lat. *mihi visum est* « il me semble » ; AVISER XIII° s. « donner un avis » et AVISÉ id. « qui a profité d'un bon avis, sage » ; MALAVISÉ et PRÉAVIS XIV° s. ♦ |4| VISER (pop.) XII° s. ; *viser à* XIV° s. : lat. vulg. *visāre*, class. *visĕre* ; AVISER XI° s. « apercevoir », XIII° s. pronom. « remarquer » : dér. de *viser* ; VISÉE XIII° s. « regard », XVI° s. sens mod. ; VISEUR XIII° s. « éclaireur », XVI° s. « qui vise avec une arme », XX° s. photo. ; RÉTROVISEUR et SUPERVISER XX° s. ♦ |5| VISITER (sav.) X° s. ; VISITATION XII° s. : *visitare, visitatio* ; VISITEUR XIII° s. ; VISITE XVI° s. ; CONTRE-VISITE XVII° s. ♦ |6| VISION (sav.) XII° s. : *visio* ; VISIONNAIRE XVII° s. ; VISIONNER, VISIONNEUSE XX° s. ♦ |7| VISIBLE (sav.) XII° s. : *visibilis* ; INVISIBLE XIII° s. : *invisibilis* ; VISIBILITÉ XV° s., INVISIBILITÉ XVI° s. : bas lat. *visibilitas invisibilitas*. ♦ |8| RÉVISER, RÉVISION (sav.) XIII° s. : *revisere, revisio* ; RÉVISEUR XVI° s. ; RÉVISIONNISTE XIX° s. ; ANTIRÉVISIONNISTE XX° s. ♦ |9| PRÉVISION (sav.) XIII° s. : *praevisio* ; IMPRÉVISION, PRÉVISIBLE, IMPRÉVISIBLE XIX° s. ♦ |10| PROVISEUR (sav.) XIII° s. « fournisseur », XVII° s. « administrateur d'un collège » : *provisor*. ♦ |11| PROVISION (sav.) XIV° s. « précaution », XV° s. « somme versée d'avance », et plur. « vivres amassés par prévoyance » : *provisio* ; PROVISIONNEL, -LE XV° s. jur. ; APPROVISIONNER XVI° s. ; APPROVISIONNEMENT XVII° s. ; RÉAPPROVISIONNER XIX° s. ♦ |12| PROVISOIRE (sav.) XV° s. : lat. médiéval jur. *provisorius*, dér. de *provisus*. ♦ |13| IMPROVISER XVII° s. : it. *improvvisare*, de *improvviso* « imprévu » : lat. *improvisus* ; À L'IMPROVISTE XVI° s. : it. *improvvisto*, var. de *improvviso* ; IMPROVISATEUR XVIII° s. ; IMPROVISATION XIX° s. ♦ |14| VISUEL (sav.) XVI° s. : *visualis* ; VISUALISER XIX° s. ; VISUALISATION XX° s. ♦ |15| VISA XVII° s. : mot lat. « choses vues, examinées » ; d'où VISER XVII° s. « donner son visa ». ♦ |16| AVISO mar. milit. XVIII° s., « bâtiment léger destiné aux missions de reconnaissance et de transmissions » : esp. *(barca de) aviso*, providential du fr. XVII° s. *navire d'advis* ; appliqué au XVIII° s. à des vaisseaux non espagnols. ♦ |17| TÉLÉVISION, TÉLÉVISER, TÉLÉVISEUR XX° s. → TÉLÉ-.

F. base *-vid-* (sav.)

♦ |1| PROVIDENCE XII° s. « prévision », XIII° s. relig. : *providentia* ; PROVIDENTIEL XVIII° s. (d'après l'angl. *providential*) ; PROVIDENTIALISME XIX° s. ♦ |2| ÉVIDENT XIII° s. : *evidens* « clair, apparent », de *ex* et *videre* ; ÉVIDENCE XIV° s. : *evidentia*.

G. PRUDENT (sav.) XI° s. : *prudens* ; PRUDENCE XIII° s. : *prudentia* ; IMPRUDENT, IMPRUDENCE XIV° s. : *imprudens, imprudentia*.

II. mots savants d'origine grecque

♦ |1| HISTOIRE XII° s. : *historia*, par le lat. ; HISTORIEN, HISTORIOGRAPHE XIII° s. ; HISTORIER XIV° s. ; HISTORIQUE XV° s. : *historikos*, par le lat. ; HISTORIETTE, HISTORIQUEMENT XVII° s. ; HISTORICITÉ XIX° s. ; HISTORISANT, HISTORICISME XX° s. ; PRÉHISTOIRE ; PRÉHISTORIQUE, PRÉHISTORIEN XIX° s. ♦ |2| IDOLE XI° s. : *eidôlon*, par le lat. ; IDOLÂTRE XIII° s. lat. eccl. *idolatres*, du gr. *eidololatrès* ; IDOLÂTRIE XIII° s. : *eidôlolatreia* « culte des idoles », par le lat. ; IDOLÂTRER XIV° s. ; IDOLÂTRIQUE XVI° s. ♦ |3| IDÉE XII° s. : gr. *idea*, par le lat. ; IDÉAL XVI° s. adj., XVII° s. subst. : bas lat. *idealis* ; IDÉALEMENT XVI° s. ; IDÉALISER, IDÉALISME, IDÉALISTE XVIII° s. ; IDÉALISATION et IDÉATION XIX° s. ; ♦ |4| IDÉO- 1ᵉʳ élément de composés, ex. : IDÉOLOGUE XVIII° s. ; IDÉOLOGIE, -ISTE XVIII° s. ; IDÉOLOGIQUE XIX° s. ; IDÉOGRAMME XIX° s. ♦ |5| IDYLLE XVI° s. « poème dans le genre des *Idylles* de Théocrite » ; XIX° s. « amourette » : it. *idillio* : gr. *eidullion*, par le lat. ; IDYLLIQUE XIX° s. ♦ |6| KALÉIDOSCOPE XIX° s. : de *kalos* « beau », *eidos* « aspect » et *skopein* « regarder » ; d'abord en angl. ♦ |7| -IDE gr. *eidês*, ex. : *glucide* ; -IDÉS suff. composé désignant des familles d'animaux, ex. : *équidés* ; **-OÏDE** combinaison du suff. *-ide* avec l'o- final d'un radical, ex. : *mastoïde* ; **-OÏD** forme angl. du précéd., fréquente dans les noms de marques déposées, ex. : *Celluloïd*, *Rhodoïd*.

VOIX famille d'une racine ind.-eur. **wek*ʷ- « émission de voix ».

En grec, *epos*, issu de **wekʷos* ce qu'on dit, ce dont on parle », « paroles d'un chant, vers » et au plur. *epê* « poésie épique » ; *epopoiia* « poème épique » → POÈTE, et *epikos* « qui concerne l'épopée ».

En latin *vox, vocis* « voix », « sons émis », « paroles, mots », d'où (1) les formes nominales *vocalis* « doué de la voix » ; *voci-* 1ᵉʳ élément du composé *vociferari* « crier » ; *-vocus*, 2ᵉ élément de *univocus* « qui n'a qu'un seul nom » ; *aequivocus* « à deux sens » ; (2) le verbe *vocare* « appeler », d'où *vocatio* « invitation », « assignation en justice » et lat. eccl. « vocation divine » ; *vocabulum* « dénomination » (3) les composés *advocare* « appeler vers soi », d'où *advocatus* « conseil » et lat. imp. « avocat » ; *convocare* « appeler ensemble » ; *evocare* « appeler à soi, attirer » ; *invocare* « appeler au secours » ; *provocare* « appeler au-dehors », « faire naître » ; *revocare* « rappeler » et leurs dér. en *-atio*.

I. mots d'origine latine

A. mots populaires

♦ I ǀ **VOIX** Xᵉ s. ; XVIᵉ s. « suffrage », XVIIIᵉ s. gram. : *vox, vōcis*. ♦ I2 ǀ **AVOUÉ** XIᵉ s. « défenseur », XVIIIᵉ s. sens mod. : *advocātus*. ♦ I3 ǀ **AVOUER** XIIᵉ s. « reconnaître (p. ex. pour maître) », puis « reconnaître une faute » : *advŏcāre* ; **DÉSAVOUER** XIIIᵉ s. ; **AVOUABLE** XIVᵉ s. ; **INAVOUABLE** XIXᵉ s. ♦ I4 ǀ **AVEU** et **DÉSAVEU** XIIIᵉ s. : dér. sur les formes d'*avouer* et *désavouer* accentuées sur le radical, ex. : *tu aveues*. ♦ I5 ǀ **VOYELLE** XIIIᵉ s. : *vocalis* ; **SEMI-VOYELLE** XIXᵉ s.

B. mots savants, bases -*voc-* et -*voqu-*

♦ I ǀ **VOCATION** XIIᵉ s. relig., XIVᵉ s. jur., XVᵉ s. sens mod. : *vocatio* ; **VOCATIF** XIVᵉ s. : *vocativus*. ♦ I2 ǀ **AVOCAT** XIIᵉ s. : *advocatus*. ♦ I3 ǀ **PROVOCATION** XIIIᵉ s. : *provocatio* ; **PROVOQUER** XIIᵉ s. : *provocare* ; **PROVOCANT** XVᵉ s. jur., XVIIIᵉ s. sens mod. ; **PROVOCATEUR** XVIᵉ s. : *provocator*. ♦ I4 ǀ **INVOCATION** XIIᵉ s. : *invocatio* ; **INVOQUER** XIVᵉ s. : *invocare*. ♦ I5 ǀ **RÉVOCATION** XIIIᵉ s. : *revocatio* ; **RÉVOQUER** XIVᵉ s. : *revocare* ; **IRRÉVOCABLE** XIVᵉ s. : *irrevocabilis* ; **RÉVOCABLE** XIVᵉ s. ; **RÉVOCATOIRE** XVᵉ s. ; **IRRÉVOCABILITÉ** XVIᵉ s. ; **RÉVOCABILITÉ** XIXᵉ s. ♦ I6 ǀ **CONVOCATION** et **CONVOQUER** XIVᵉ s. : *convocatio, convocare*. ♦ I7 ǀ **ÉVOCATION, ÉVOQUER** XIVᵉ s. jur., XVIIᵉ s. « opération magique, XIXᵉ s. « rappel de souvenirs » : *evocatio, evocare* ; **ÉVOCATEUR** XIXᵉ s. ♦ I8 ǀ **ÉQUIVOQUE** XIIIᵉ s. : *aequivocus* ; **ÉQUIVOQUER** XVIᵉ s. ; **UNIVOQUE** XVIᵉ s. : *univocus* ; **UNIVOCITÉ** XXᵉ s. ♦ I9 ǀ **VOCAL** XIIIᵉ s. : *vocalis* ; **VOCALISE, VOCALISER** mus. XIXᵉ s. ; **VOCALIQUE, VOCALISME, VOCALISÉ** phonét. XIXᵉ s. ; **INTERVOCALIQUE** XXᵉ s. ♦ I10 ǀ **VOCABLE** subst. XIVᵉ s. : *vocabulum* ; **VOCABULAIRE** XVᵉ s. : lat. médiéval *vocabularium*. ♦ I11 ǀ **VOCIFÉRER** XIVᵉ s. : *vociferari* ; **VOCIFÉRATION** XIIᵉ s. : *vociferatio*.

II. mots d'origine grecque

♦ I1 ǀ **ÉPIQUE** (sav.) XVIᵉ s. : *epikos*, par le lat. ; **ÉPOPÉE** XVIIᵉ s. : *epopoiia*. ♦ I2 ǀ **-ÉPIÉ** « façon de parler » ; 2ᵉ élément de composé dans **ORTHOÉPIE** XXᵉ s.

VOLER famille du lat. *volare* « voler (dans l'air) », d'où *volatilis* et bas lat. *volaticus* « qui vole » ; neutre plur. substantivé bas lat. *volatilia* « oiseaux » ; *involare* « se précipiter sur » ; *convolare*, class. « se porter en foule », lat. eccl., en parlant d'un individu isolé. « chercher refuge vers » ; dans le code de Justinien *convolare ad secundas nuptias* « convoler en secondes noces ».

♦ I1 ǀ **VOLER** (pop.) Xᵉ s. « voler (dans l'air) » : *volare* ; **VOL** XIIᵉ s. ; **VOLIÈRE** XIVᵉ s. ; **VOL-AU-VENT** XIXᵉ s. à cause de la légèreté de la pâte ; **VOLETER, S'ENVOLER** XIIᵉ s. ; **SURVOLER** XVᵉ s. ; **ENVOLÉE** XIXᵉ s. ; **ENVOL, SURVOL** XXᵉ s. ♦ I2 ǀ **VOLÉE** XIIᵉ s. part. passé fém. substantivé ; **VOLLEY-BALL** XXᵉ s. : composé angl. « balle (*ball*) à la volée (*volley*, empr. au fr.) ». ♦ I3 ǀ **VOLET** XIIIᵉ s. « partie flottante d'une coiffe » (d'où **BAVOLET** XVIᵉ s., issu de *bas volet*) ; XVᵉ s. « planchette servant à trier des graines », d'où *trier sur le volet* XVIᵉ s. ; XVIIᵉ s. « panneau articulé protégeant une fenêtre » : dér. de *voler*. ♦ I4 ǀ **VOLANT** XIIIᵉ s. adj. « qui vole », XVᵉ s. « qui se déplace facilement » ; XIVᵉ s. subst. « aile de moulin à vent », d'où XIXᵉ s. « organe de commande d'un mécanisme » et XXᵉ s. auto. ; XVIIᵉ s. couture, d'où

VOLANTER XXᵉ s. : part. présent de *voler*.
♦ |5| **D'EMBLÉE** (pop.) XVᵉ s. « en enlevant du premier coup » : du verbe anc. fr. *embler* XIᵉ s. « enlever », de *involāre*. ♦ |6|
VOLAGE (pop.) XIᵉ s. « ailé » : *volăticŭs*. ♦ |7|
VOLAILLE (pop.) XIIIᵉ s. : altération, par substitution du suff., de *voleille*, de *volatilĭa* ; **VOLAILLEUR** XIXᵉ s. ♦ |8| **VOLATILE** (sav.) XIIᵉ s. subst. : *volatilis*. ♦ |9| **VOLATIL** (sav.) XIVᵉ s. adj. : *volatilis* ; **VOLATILISER** XVIIᵉ s. ♦ |10| **CONVOLER** (sav.) XVIᵉ s., d'abord avec tous les sens lat., puis limité au jur. *convoler en secondes noces*. ♦ |11|
VOLER (pop.) XVIᵉ s. « dérober » : emploi métaph. de *voler* (→ 1), développé en fauconnerie par l'intermédiaire d'expressions telles que *le faucon vole la perdrix* ; **VOLEUR** XVIᵉ s. ; **VOL** XVIIᵉ s.

VOLUPTÉ (sav.) XIVᵉ s. : lat. *voluptas* « plaisir », souvent dans un sens érotique ; **VOLUPTUEUX** XIVᵉ s. : *voluptuosus*.

VOMIR famille du lat. *vomere, vomitus* « vomir », auquel est probablement apparenté le gr. *emein* « id. »
♦ |1| **VOMIR** (pop.) XIIᵉ s. : lat. vulg. *vomĭre*, class. *vomĕre* ; **VOMISSURE, VOMISSEMENT** XIIIᵉ s. ♦ |2| **VOMIQUE** (sav.) XIIIᵉ s., adj. dans *noix vomique* : lat. *nux vomica* « noix qui provoque des vomissements » ; **VOMIQUIER** XIXᵉ s. bot. ♦ |3| **VOMITIF** (sav.) XIVᵉ s. : sur le radical de *vomitus* ; **VOMITOIRE** XVIᵉ s. adj. « id. » ; XVIIᵉ s. subst. archéol. *vomitorium* « porte de dégagement d'un amphithéâtre ». ♦ |4| **ÉMÉTIQUE** (sav.) XVIᵉ s. : gr. *emetikos* « vomitif », de *emein*, par le lat.

VOULOIR famille du lat. *volo* « je veux », *velle* « vouloir », *bene, male velle* « avoir de bonnes ou de mauvaises intentions », d'où (1) *bene-*, ou *malevolus* « qui a de bonnes ou de mauvaises intentions » et *bene-* ou *malevolentia* « bienveillance » ou « malveillance » (2) *voluntas, -atis* « volonté » ; *voluntarius* « fait librement » ou « qui agit librement », et l'adv. *voluntarie*.
♦ |1| **VOULOIR** (pop.) Xᵉ s. ; XIIᵉ s. inf. substantivé, XVIᵉ s. *en vouloir à* : lat. vulg. *volēre*, réfection de *velle*. ♦ |2| **VOLONTIERS** (pop.) Xᵉ s. : *voluntarie*, avec *s* adverbial. ♦ |3| **BIENVEILLANT** (pop.) XIIᵉ s. : altération de *bien vueillant*, part. présent anc. de *bien vouloir*, du lat. *bene volere* ; forme analogique de celles où l'accent frappait le radical (*je vueil, tu veus*, etc.). **BIENVEILLANCE ; MALVEILLANT, MALVEILLANCE** XIIᵉ s. ♦ |4| **VOLONTÉ** (sav.) Xᵉ s. : *voluntas, -atis* ; **VOLONTAIRE** XIVᵉ s. adj., XVIIᵉ s. subst. : *voluntarius* ; **INVOLONTAIRE** XIVᵉ s. ; **VOLONTARIAT** XIXᵉ s. ♦ |5| **BÉNÉVOLE** (sav.) XIIIᵉ s. : *benevolus*. ♦ |6| **VOLITION** XVIᵉ s. ; **VOLITIF** XXᵉ s. : dér. sav. sur le radical de *volo*. ♦ |7| **VELLÉITÉ** (sav.) XVIIᵉ s. : lat. scolastique *velleitas*, dér. de *velle*, ou plutôt (à cause du sens) du subj. imparfait *vellem* « je voudrais » ; **VELLÉITAIRE** XIXᵉ s.

VOUS ♦ |1| (pop.) Xᵉ s. : lat. *vos*, forme atone ; **VOUVOYER** XXᵉ s. : altération de *vousoyer* XIVᵉ s. ; **VOUVOIEMENT** XXᵉ s. ♦ |2| **VOTRE, VÔTRE**, (pop.) Xᵉ s. : lat. vulg. **voster, *vostra*, class. *vester, vestra*, eux-mêmes issus d'un plus anc. *voster, vostra*, dér. de *vos*. ♦ |3| **VOS** (pop.) XIIᵉ s. : **vostros*, acc. plur. atone, forme réduite.

VOÛTE famille d'une racine ind.-eur. **wel-* « rouler ».

En grec (1) *eluein* « rouler », « s'envelopper dans », d'où *elutron* « étui des ailes des insectes » (2) *helix, helikos* « spirale ».
En latin *volvere, volutus* « rouler », d'où (1) les dér. nom. *voluta* « bande roulée en spirale du chapiteau ionique » ; *volumen, -inis* « rouleau », « rouleau de papyrus », « livre » et bas lat. « objet, volume » ; *volubilis* « qui roule ou tourne vite » (2) les composés *convolvere* « s'enrouler autour », d'où *convolvulus* « liseron » ; *devolvere* « faire rouler de haut en bas » et bas lat. *devolutio* « abandon » ; *evolvere* « dérouler » et *evolutio* « déroulement » ; *involvere* « envelopper » et *involutio* « enveloppement » ; *revolvere* « rouler en arrière » et *revolutio* « retour au point de départ » (3) probablement aussi deux mots rattachables à une forme réduite de la même racine, *vallis* « vallée » et *valvae* « volets repliables ».
En germanique, base **welt-*, sur laquelle reposent le got. *waltjan* « faire un mouvement tournant en dansant » et l'all. *Walzer* « valse ».

I. mots populaires d'origine latine

A. famille de *volvere*

♦ |1| **VOÛTE** XIIᵉ s. : lat. vulg. **volvĭta*, class. *volūta*, part. passé fém. substantivé ; **VOÛ-**

VRAC

TER XIII° s. ♦121 **VOUSSURE** XII° s. : lat. vulg. *volsura, de *volsus, forme de part. passé de volvere. **VOUSSOIR** XIII° s. : lat. vulg. *volsorium. ♦131 **VAUTRER** XII° s. intrans., XVI° s. pronom. : lat. vulg. *volutūlāre, de volutus (pour le a → VAUTOUR). ♦141 **-VAUDER** 2° élément de composés, ex. : galvauder, ravauder, virevauder (→ VAUDEVILLE) : probablement lat. volutāre « se rouler », de volutus, var. de voûter, avec amuïssement tardif de l'u atone (a comme dans vautrer, vautour).
B. famille de vallis
♦111 **VAL** XI° s. : vallis ; **AVAL** XI° s. : soudure de à val ; **À VAU-L'EAU** XVI° s. : de à val l'eau, avec l vocalisé ; **VALLÉE** XI° s. ; **DÉVALER** XII° s. ♦121 **AVALER** XI° s. « descendre », XII° s. « faire descendre par le gosier » : de aval ; **RAVALER** XII° s. « faire redescendre », XIV° s. « déprécier », XV° s. « refaire le parement d'un mur, de haut en bas » ; XVI° s. « avaler » ; **RAVALEMENT** XV° s.
II. mots empruntés d'origine latine
A. base -volt-
♦111 **RÉVOLTER** XV° s. : it. rivoltare « retourner », pronom. rivoltarsi « se retourner », « se révolter », de voltare « tourner », du lat. vulg. *volvĭtāre → VOÛTE ; **RÉVOLTE** XV° s. : it. rivolta ; **RÉVOLTANT** XVIII° s. ♦121 **VOLTIGER** XVI° s. : it. volteggiare « faire de la voltige », de voltare ; **VOLTIGE, VOLTIGEUR** XVII° s. ♦131 **VOLTE** XVI° s. équitation : it. volta « tour », du lat. vulg. *volvĭta ; **VOLTE-FACE** XVII° s. : it. volta faccia « tourne-face ». ♦141 **ARCHIVOLTE** XVII° s. : it. archivolto « voûte principale ». ♦151 **DÉSINVOLTE** XVII° s. : it. desinvolto, littéralement « désenveloppé », de involvere ; **DÉSINVOLTURE** début XIX° s. : it. disinvoltura.
B. VOLUTE XVI° s. : it. voluta, du lat. volūta.
C. REVOLVER XIX° s. : mot angl. « pistolet muni d'un barillet, qui tourne sur lui-même » : du verbe to revolve (sav.) « tourner », du lat. revolvere.
D. VALLON XVI° s. : it. vallone, augmentatif de valle, du lat. vallis ; **VALLONNÉ, VALLONNEMENT** XIX° s.
III. mots savants d'origine latine
A. famille de volvere
♦111 **RÉVOLUTION** XII° s. astron., XVII° s. pol. : revolutio ; **RÉVOLUTIONNAIRE, RÉVOLUTIONNER, CONTRE-RÉVOLUTION, CONTRE-RÉVOLUTIONNAIRE** fin XVIII° s. ♦121 **RÉVOLU** XIV° s. : revolutus, part. passé de revolvere. ♦131 **VOLUME** XIII° s. « livre » et

588

« espace occupé par un corps », XVIII° s. à propos de la voix : volumen, -inis ; **VOLUMINEUX** XVIII° s. ; **VOLUMÉTRIE** XIX° s. ♦141 **CIRCONVOLUTION** XIII° s. : de circum volutus. ♦151 **DÉVOLU** XIV° s. adj. ; XVI° s. subst. « prétention juridique » ; subsiste dans jeter son dévolu sur : devolutus part. passé de devolvere, en lat. médiéval « faire passer à », « transmettre » ; **DÉVOLUTION** XIV° s. : lat. médiéval devolutio. ♦161 **ÉVOLUTION** XVI° s. milit. ; XVIII° s. « changement » : evolutio ; d'où → ÉVOLUER XVIII° s. ; **ÉVOLUTIF, ÉVOLUTIONNISTE, ÉVOLUTIONNISME** XIX° s. ♦171 **VOLUBILE** XVI° s. « changeant », XX° s. « qui a la parole facile » : volubilis. **VOLUBILITÉ** XIV° s. : volubilitas ; ♦181 **VOLUBILIS** XVI° s. bot. : mot lat.
B. VALVE XVI° s. « battant de porte », XVIII° s. zool., XX° s. techn. : valva ; **VALVULE** XVI° s. ; **BIVALVE** XVIII° s. ; **VALVÉ** XIX° s.
IV. mots savants d'origine grecque
♦111 **HÉLICE** XVI° s. : helix ; **HÉLICOÏDE** XVIII° s. ; **HÉLICOÏDAL** XIX° s. ♦121 **HÉLICOPTÈRE** XIX° s. : composé de helix et pteron « aile » → PANNE ; **HÉLI-** 1ᵉʳ élément de composés, ex. : **HÉLIPORT** ; **HÉLIPORTÉ** XX° s. ♦131 **ÉLYTRE** XVIII° s. : elutron.
V. mots d'origine germanique
VALSE début XIX° s. : all. Walzer ; **VALSER** fin XVIII° s. ; **VALSEUR** début XIX° s.

VRAC XVII° s., d'abord harengs en vrac « non rangés dans la caque » : néerl. wrac « mal salé, mauvais ».

VRAI famille d'une racine ind.-eur. *wer-.
En latin vērus « vrai », d'où verax, -acis et veridicus « qui dit la vérité » ; bas lat. verificare « présenter comme vrai » ; veritas, -atis « vérité ».
En germanique, frq. *warjan « garantir la vérité de quelque chose » ; all. wahr « vrai ».
I. mots d'origine latine
♦111 **VRAI** (pop.) XI° s. verai : lat. vulg. *veracus, class. verax, a éliminé l'anc. fr. voir, du lat. vērus ; **VRAISEMBLABLE** → SEMBLER. ♦121 **VOIRE** (pop.) XII° s. adv. arch. : vēra, neutre plur. de verus ; **AVÉRER** (pop.) XII° s. : dér. anc. de verus accentué sur la désinence. ♦131 **VÉRITÉ** (sav.) X° s. : veritas ; **VÉRITABLE** XII° s. ; **CONTRE-VÉRITÉ** XV° s. ♦141 **VÉRIFIER** (sav.) XIV° s. : verificare ; **VÉRIFICA-**

TION, **VÉRIFIABLE** XIVᵉ S. ; **VÉRIFICATEUR** XVIIᵉ S. ; **INVÉRIFIABLE** XIXᵉ S. ♦ 15⎮ **VÉRIDIQUE** (sav.) XVᵉ s. : *veridicus*. ♦ 16⎮ **VÉRACITÉ** (sav.) XVIIᵉ S. : sur *verax* ♦ 17⎮ **VERDICT** XVIIᵉ S. : mot angl. empr. à l'anglo-normand *verdi(c)t*, du lat. *vere dictum*. ♦ 18⎮ **VÉRISME** fin XIXᵉ s. : it. *verismo*, dér. de *vero* « vrai », du lat. *verus* ; **VÉRISTE** id.

II. mots d'origine germanique

GARANT (pop.) XIᵉ s. part. présent d'un anc. verbe **garir*, du frq. **warjan* ; disparu à cause de son homonymie avec *garir* devenu *guérir* ; **GARANTIR** XIᵉ S. ; **GARANTIE** XIIᵉ S.

VULGAIRE famille sav. du lat. *vulgus* « le commun du peuple », d'où *vulgaris* « populaire » et bas lat. *vulgaritas* ; *vulgare* et *divulgare* « répandre dans la foule ».

♦ 1⎮1 **VULGAIRE** XVᵉ s. (a éliminé *vulgal* XIIIᵉ s.) : *vulgaris* ; **VULGARITÉ** XVᵉ s. : *vulgaritas* ; **VULGARISER** XVIᵉ s. ; **VULGARISME, VULGARISATION, VULGARISATEUR** XIXᵉ S. ♦ 12⎮ **DIVULGUER** XIVᵉ s. : *divulgare* ; **DIVULGATION** XVIᵉ s. : *divulgatio*. ♦ 13⎮ **VULGATE** XVIᵉ s. adj., XVIIᵉ s. subst. : *vulgata (versio)* « version en langue du peuple » (de l'Écriture).

VULNÉRAIRE ♦ 1⎮1 (sav.) XVIᵉ s. : lat. *vulnerarius* « relatif aux blessures », de *vulnus, -eris* « blessure ». ♦ 12⎮ **VULNÉRABLE** XVIIᵉ s. : *vulnerabilis*, de *vulnerare* « blesser » ; **INVULNÉRABLE** XVᵉ S. ; **VULNÉRABILITÉ, INVULNÉRABILITÉ** XVIIIᵉ S.

VULVE ♦ 1⎮1 (sav.) XVᵉ s. : lat. *vulva* « matrice » et « enveloppe des champignons » ; **VULVAIRE, VULVITE** XIXᵉ S. ♦ 12⎮ **VOLVE** (sav.) XIXᵉ s. : *volva*, var. de *vulva* ; **VOLVÉ, VOLVAIRE** XIXᵉ S.

WHISKY XVIIIᵉ s. : mot angl., abrév. de *whiskybae*, du gaélique *visgebeatha* « eau *(visge)* de vie *(beatha)* ».

WHIST XVIIᵉ s. : mot angl. : soit de *to whisk* « voler », à cause des levées (la var. *wisk* est attestée) ; soit de *to whist* « faire chut ! », onom., à cause du silence requis par ce jeu.

XÉN(O)- famille sav. du gr. *xenos* « étranger », d'où *proxenein* « être hôte de l'État » ou « offrir l'hospitalité au nom de l'État », et « être patron, protecteur, ou médiateur »; *proxenos* « hôte public ».
♦|1| **XÉN(O)-** : gr. *xenos*, 1ᵉʳ élément de composés, ex. : **XÉNOPHOBE, XÉNOPHILE, XÉNISME** XXᵉ S. ♦|2| **PROXÉNÈTE** XVIᵉ S. « courtier » puis « entremetteur » : lat. *proxeneta* « courtier », du bas grec *proxe-netês*, de *proxenein* au sens de « servir de médiateur » ; **PROXÉNÉTISME** XIXᵉ S. ♦|3| **PYROXÈNE** XIXᵉ S. minér. : littéralement « étranger au feu ».

XYL(O)- ♦|1| (sav.) : gr. *xulon* « bois », 1ᵉʳ élément de composés, ex. : **XYLOPHONE** XIXᵉ S. ♦|2| **-XYLE** 2ᵉ élément, dans **PYROXYLE** XIXᵉ S.

X

Y famille d'un thème ind.-eur. **ei-, *i-*. En latin (1) pronoms-adj. (a) *is, ea, id* « celui, celle », « ce, cette », « le, la », très courant en lat., mais qui, en raison de son faible volume, n'a pas laissé de traces en français (b) *ipse* « lui-même », formé de *i-* et d'une particule de renforcement, servant à mettre en valeur une personne ou une chose en l'opposant à d'autres (c) *idem, eadem, idem* « le même », reposant sur **ïsdem*, qui exprime l'identité (d) *hic, haec, hoc* « celui-ci » et adv. de lieu « ici » avec une particule antéposée et une particule postposée (2) les adv. (a) *ibi* « ici », *ibidem* « au même endroit », *alibi* « ailleurs » (b) *inde* « à partir de là », marquant le point de départ dans l'espace ou le temps (c) *iam*, var. orth. *jam*, « au moment où je parle », avec regard vers le passé ou vers l'avenir, « déjà » ou « bientôt » (d) *ita* « ainsi », qui spécifie une chose dite ou qui va être dite, et sa var. *item* « de même », « aussi » (e) *iterum* « pour la deuxième fois », formé avec la particule *-ter-* exprimant l'opposition (→ EXTÉRIEUR, art. É-, INTÉRIEUR, art. EN) ; d'où *iterare* et bas lat. *reiterare* « répéter ».

♦ |1| **Y** (pop.) IXᵉ s. d'abord *i* adv. et pronom : contamination de *hīc* et de *ĭbi*. ♦ |2| **ALIBI** (sav.) XIVᵉ s. subst. : mot lat. « ailleurs ». ♦ |3| **EN** (pop.) IXᵉ s. adv. et pronom : *ĭnde* ; **EN-**, préf. antéposé à des verbes de mouvement, ex. : *enlever, entraîner, s'enfuir, s'ensuivre* → aussi SOUVENT, article SOUS. ♦ |4| **JA** (pop.) XIᵉ s.-XVIᵉ s. : lat. *jam*, survit en composition dans **JAMAIS** XIᵉ s. (→ MAIS) ; **JADIS** XIIᵉ s. (→ DIEU) ; **DÉJÀ** XIIIᵉ s. : de *dès jà* (→ DE). ♦ |5| **MÊME** (pop.) XIᵉ s. *meïsme* : lat. vulg. **metipsīmus*, formé à partir de loc. class. telles que *egomet ipse, memet ipsum* (où le pronom personnel est déjà deux fois renforcé, par la particule *-met* et le pronom *ipse*), par suppression du pronom personnel initial et adjonction d'un troisième renforcement, la désinence de superlatif *-īmus*. ♦ |6| **ITEM** (sav.) XIIIᵉ s. : mot lat. « de même, en outre ». ♦ |7| **RÉITÉRER** (sav.) XVᵉ s. : *reiterare* ; **RÉITÉRATION** XVᵉ s. ; **ITÉRATIF** XVᵉ s. : bas lat. gramm. *iterativus*. ♦ |8| **IDEM** (sav.) XVIᵉ s. : mot lat. « le même » ou « la même chose » ; **IBIDEM** XVᵉ s. « au même endroit ». ♦ |9| **IDENTITÉ** (sav.) XIVᵉ s. : bas lat. *identitas*, dér. de *idem* ; **IDENTIFIER** XVIIᵉ s. : lat. médiéval *identificare* ; **IDENTIFICATION, IDENTIQUE** XVIIᵉ s. ; **IDENTIFIABLE** XXᵉ s.

YACHT XVIIᵉ s. : mot angl., du néerl. *jaght*, abrév. de *jaghtschip* « bateau de chasse » ; **YACHTING, YACHTMAN** XIXᵉ s.

YATAGAN XVIIIᵉ s. : mot turc.

YEUSE XVIᵉ s. : altération du prov. *euze*, du lat. *elex*, var. dial. du class. *ilex*.

YOGA XIXᵉ s. : mot sanscrit, littéralement « connexion », système philosophique de l'Inde ; **YOGI** XIXᵉ s. : sanscrit *yogin* « celui qui pratique le *yoga* ».

YOGOURT XVᵉ s., rare en fr. avant le XIXᵉ s. : mot turc ; **YAOURT** XIXᵉ s. est une var. dial. turque du précéd. empr. par des voyageurs anglais et constitue donc un anglicisme.

Y

Z

ZÉBU XVIIIe s. : origine inconnue ; mot de montreurs de foire.

ZÉNITH ♦|1| XIVe s. : de l'arabe *samt* « chemin », prononcé vulgairement *semt* et lu *senit* par les scribes du Moyen Âge, dans l'expression *samt arrâs* « chemin au-dessus de la tête », corrélative de *nâdir* « opposé ». ♦|2| **AZIMUT** XVIe s. : arabe *al samt* « le chemin ».

ZÉPHIR (sav.) XVIe s. : gr. *zephuros* « vent d'ouest », par le lat.

ZESTE XVIIe s., var. *zec* XVIe s. : origine inconnue.

ZIGOUILLER fin XIXe s. fam., var. dial. (Anjou) *zigailler* « déchiqueter » : p.-ê. dial. méridional *segalha* « scier », ou simplement forme expressive comparable à *zig-zag* (en Saintonge *zigue-zigue* « mauvais couteau »).

ZINC XVIIe s., XIXe s. « comptoir » : all. *Zink*, var. de *Zinken* « fourchon », à cause de la forme prise par ce métal quand le minerai vient d'être traité ; **ZINGUEUR, ZINGUERIE** XIXe s.

ZIZANIE (sav.) XIIIe s. « ivraie », XVe s. sens mod., d'après la parabole de l'ivraie (Mt., XIII., 25) : gr. *zizania*, d'origine sémitique, « ivraie », par le lat. eccl.

ZONE ♦|1| (sav.) XIIe s. astron., géom. ; XVIe s. « surface quelconque » ; XIXe s. milit., pol. « région » ; début XXe s. anciens faubourgs misérables de Paris bâtis sur la *zone* des anciennes fortifications : gr. *zônê* « ceinture », par le lat. ♦|2| **ZONA** (sav.) XVIIIe s. méd. : mot lat. empr. au gr. *zônê* « ceinture ».

Annexes

 I   mots issus de REDOUBLEMENTS
 II   mots provenant d'ONOMATOPÉES
 III   mots venant de NOMS DE PERSONNES
 IV   mots venant de NOMS DE LIEUX

    INDEX

Annexes

ANNEXE I

Ensemble de formes reposant sur un redoublement consonantique ou syllabique, classées par ordre alphabétique (→ aussi les articles BOBINE et PAPA en entier, et quelques paragraphes de l'article TAQUET).

1. **BABA** XVIIIᵉ s. « gâteau » → ce mot.

2. **BABA** adj. XIXᵉ s. : radical de *ébahir*, *bayer*.

BING-BANG onom. → BOUM !

BLABLA ou **BLABLABLA** XXᵉ s.

BOBO XVᵉ s. : mot enfantin.

BONBON XVIIᵉ s. : sur l'adj. *bon*; d'où **BONBONNIÈRE** XVIIIᵉ s.

BRIC-À-BRAC XVIIᵉ s. *à bric et à brac*, XIXᵉ s. forme mod. ; **DE BRIC ET DE BROC** XVᵉ s. *en bloc et en blic*, XVIIIᵉ s. forme mod. : formations expressives.

CACA XVIᵉ s., mot enfantin → CHIER.

1. **CANCAN** « commérage » : → ce mot, art. QUI.

2. **CANCAN** XIXᵉ s. danse : emploi métaph. de *cancan*, onom., nom enfantin du canard (à cause du déhanchement).

CHICHI XIXᵉ s. « embarras », d'où **CHICHITEUX** XXᵉ s. : formation expressive.

CHUCHOTER → ce mot.

CLIC-CLAC XIXᵉ s. → CLIQUE.

1. **COCO** XVIᵉ s. fruit cocotier : mot port. « croquemitaine », formation enfantine expressive, employée par métaphore ; XIXᵉ s. « boisson à base de réglisse imitant le lait de coco » ; dér. **COCOTIER** XVIIIᵉ s.

2. **COCO** « individu » et **COCOTTE** « femme légère » XVIIIᵉ s. → COQ, Annexe II ; le premier de ces deux mots a pu se croiser au XIXᵉ s. avec *coco* « homme des bataillons *coloniaux* de *correction* », d'où le sens péj. de *un drôle de coco*.

3. **COCO** « œuf » puis « crâne », *mon coco*, terme de tendresse, et **COCOTTE** « poule », début XIXᵉ s. : de *cot ! cot !*, onom. du cri de la poule → COQ, Annexe II.

4. **COCO** XXᵉ s. : redoublement de la syllabe initiale de *cocaïne*.

5. **COCO** XXᵉ s. : redoublement de la syllabe initiale de *communiste*.

COIN-COIN onom. du cri du canard.

COT-COT → 3. COCO et Annexe II, COQ.

COUCOU XIIᵉ s. « oiseau », XVIIᵉ s. « cri des enfants jouant à cache-cache », XIXᵉ s. sorte de pendule, « primevère sauvage », « ancienne voiture », puis XXᵉ s. « vieil avion » : onom. du cri de l'oiseau ; var. **COCU** XIVᵉ s., parce que la femelle de cet oiseau pond ses œufs dans des nids étrangers ; d'où **COCUAGE** XVᵉ s. ; **COCUFIER** XVIIᵉ s. ; **COCCYX** (sav.) XVIᵉ s. « os comparé au bec du coucou » : gr. *kokkux* « coucou », onom.

CRI-CRI XVIᵉ s. : onom. du cri du grillon.

CRIC-CRAC XVIᵉ s., ou **CRIC-CRAC-CROC** → CHOPER.

CRINCRIN XVIIᵉ s. : onom. du son du violon.

CUI-CUI onom. du cri des moineaux.

CUCUL ou **CUCU** adj. xxe s. : redoublement de *cul* ; **TUTU** (de danseuse) fin xixe s. : altération euphémique de *cucu*.

DADA xvie s. « cheval », fin xviiie s. « manie » (trad. de l'angl. *hobby horse*) : p.-ê. altération de *dia ! dia !* cri de charretier → AH ! (var. dial. Aube *diadia*).

DADAIS xvie s. *dadée*, xviie s. forme mod. : formation expressive.

DANDIN, DANDINER, DING-DON → BOUM !

DARE-DARE xviie s. : origine inconnue.

DODINER xive s., **DODELINER** xve s., **DODO** xve s., **DODU** xve s. : sur un radical expressif *dod-* suggérant le balancement ou la rondeur du corps.

DONDON xvie s. : var. nasalisée du radical précédent.

FANFAN xvie s. : sur la seconde syllabe de *enfant* ; **FANFAN LA TULIPE** xixe s.

FLA-FLA xixe s. « ostentation », terme d'atelier : onom. d'un coup de baguette (→ TAPE-À-L'ŒIL).

FLIC, FLAC, FLOC xvie s. : onom. (claquement, bruit d'eau).

FLONFLON xviie s. « refrain », xixe s. « musique populaire bruyante » : onom.

FRIC-FRAC xviie s., puis xixe s. « effraction », « cambriolage » : p.-ê. formé à partir du radical *frac* de *fracasser, fracture*, sur le modèle des nombreuses formations en -*ic*, -*ac*.

FROUFROU ou **FROU-FROU** xviiie s. : onom. d'un bruit d'étoffes ; **FROUFROUTER, FROUFROUTANT** xixe s.

GAGA xixe s. : sur la syllabe initiale de *gâteux*.

GLINGLIN (À LA SAINT-) xixe s. : probablement sur *seing* au sens de « sonnerie de cloche » (→ ce mot) et sur le radical du dial. *glinguer* « sonner », de l'all. *klingen*.

GLOUGLOU xviie s. et **GLOUGLOUTER** xvie s. : onom. d'un liquide qui coule dans un conduit.

GNANGNAN ou **GNIANGNIAN** xviiie s. : onom. (plainte, pleurnichement).

HI ! HAN ! xixe s. : onom. du cri de l'âne.

JOUJOU xviie s. : sur la syllabe initiale de *jouet, jouer*.

KIF-KIF xixe s. : arabe d'Algérie « comme-comme ».

LOLO xvie s. : mot enfantin, sur la consonne initiale de *lait*.

LOULOU xviiie s. *loup-loup*, « petit chien », puis mot de tendresse : redoublement de *loup*.

MAMAN → ce mot.

MÉMÈRE xixe s. « grand-mère » et « grosse femme d'un certain âge », abrégé en **MÉMÉ** : sur le début du mot *mère*.

MEUH-MEUH onom. du cri de la vache.

MIMI → MIGNON III 1.

MIC MAC xviie s. : altération, sous l'influence du type en -*ic*, -*ac*, de *mutemaque* xve s. « rébellion », xvie s. « confusion, désordre », du moyen néerl. *muitmaken* « faire (*maken*) une émeute (*muit* : empr. au fr. *meute* → MOUVOIR) ».

NANAN xviie s. : sur un radical expressif *nann-* bien attesté dans les dial.

OUAH ! OUAH ! onom. du cri du chien.

PAPA → ce mot.

PASSE-PASSE → PAS.

PÉPÉE xixe s. : sur la syllabe finale de *poupée*.

PÉPÈRE xixe s. ; xxe s. « grand-mère » et adj. « tranquille » ; abrégé en **PÉPÉ** xxe s. : sur le début de *père*.

PIF ! PAF ! xviiie s. ou **PIF ! PAF ! POUF !** onom. d'un bruit de chute, de coup, d'explosion.

PING-PONG xxe s. : marque déposée angl., de formation onom.

PIOUPIOU xixe s. « jeune soldat » : onom. du cri du poussin.

PIPI xviie s. : sur la première syllabe de *pisser*.

POMPON, POUPÉE, POUPON, etc. → PAPA.

RIC-RAC xve s. *ric à ric*, xvie s. *ric à rac*, xviie s. *riqueraque* ; var. RIC ET RAC « exactement », « tout juste » ; xxe s. espèce de chien : formation expressive.

RIQUIQUI xviiie s. subst. « eau-de-vie », xixe s. adj. « tout petit » : sur une base expressive *rik*- suggérant une idée de petitesse.

ROCOCO xixe s. : altération de *rocaille* → ROCHE.

RONRON xviiie s. « ronflement sourd », xixe s. « petit grondement du chat au repos » : onom. ; d'où RONRONNER, RONRONNEMENT xixe s.

TANGO xixe s. « danse originaire d'Argentine », xxe s. « couleur orangée à la mode au temps de la vogue du tango » : mot hispano-américain, vraisemblablement onomatopéique, les deux syllabes *tan-go* reproduisant le martèlement de deux tambours alternés.

TATA xixe s. : altération de *tatan*, forme abrégée de *ta tante*.

TEUF-TEUF xxe s. : onom. du moteur à explosion.

TIC-TAC xvie s. : onom. d'un mécanisme d'horlogerie → TAQUET.

TINTIN → BOUM.

TITI xixe s. « gamin déluré » : sur la syllabe finale de *petit* (ou abrév. de *ouistiti* ?).

TOC ! TOC ! xviie s. : onom. du bruit qu'on fait en frappant à la porte ; xxe s. adj. « toqué, fou » → TAQUET.

TOTO xxe s. « pou » : mot dial. champenois.

TONTON xixe s. « oncle » : altération de *tata* « tante », d'après la voyelle d'*oncle*.

TOTON → TOUT.

TOUTOU xviie s. « chien » : formation expressive enfantine.

TRAIN-TRAIN xviiie s. : altération, sous l'influence de *train*, de *trantran* xviie s. : formation expressive suggérant une répétition monotone, une routine.

TRICTRAC xve s. « jeu de dés » : onom. d'un bruit d'objets heurtés (→ TAQUET).

YO-YO xxe s. : marque déposée.

ZAZOU xxe s. « jeune homme excentrique ».

ZÉZAYER xixe s. : onom. d'un défaut de prononc. ; d'où ZÉZAIEMENT xixe s.

ZIGZAG xviie s. adv. *en zigzag* ; et subst. « assemblage de pièces articulées en losange pouvant s'allonger et se replier à volonté » ; xviiie s. sens mod., d'où ZIGZAGUER xixe s.

ZINZIN xxe s. « objet bruyant », puis « objet quelconque » et adj. « toqué ».

LE ZIST ET LE ZEST (être entre) xviiie s. « être indécis ».

ZIZI xviiie s. : « variété de bruant » : onom. du cri de cet oiseau ; xxe s. sens obscène.

ZOZO xxe s. « niais » : p.-ê. sur la seconde syllabe de *oiseau*.

ZOZOTER, ZOZOTEMENT xxe s. : onom. d'un défaut de prononc.

ANNEXE II

Ensemble de mots remontant, directement, ou par l'intermédiaire de leur étymon, à une onomatopée de cri d'animal, classés par ordre alphabétique (→ aussi un certain nombre d'articles de l'Annexe I).

ABOYER (pop.) XIIe s. d'abord *abaier* : lat. vulg. **abbaiare*, var. **abbaudiare*, représentée dial., apparentée au lat. *baubari* : mots fondés sur *bau-*, onom. du cri du chien ; **ABOI** XIIe s. vénerie, subsiste dans la locution *être aux abois* ; **ABOIEMENT** XIIIe s. ; **ABOYEUR** XIVe s. « chien qui aboie » et « protestataire », XVIIIe s. « crieur, annonceur ».

BÊLER (pop.) XIIe s. : lat. *balare*, var. (gloses) *belare*, fondé sur *ba-* ou *bè-*, onom. du cri des ovins ; **BÊLEMENT** XVIe s.

BUSE (pop.) XVe s. : abrév. de l'anc. fr. *buson*, var. *buison* XIIIe s., du lat. *būteo, -ōnis*, sur une onom. *bū* ; **BUSARD** XIIe s. : altération, par substitution de suff., de *buson* (v. aussi BUTOR, art. TAUREAU).

CACATOÈS ♦ |1| XVIIe s. ; terme des îles Moluques, dès le XVIe s. *cacatous, cacataües* : malais *kakatoeha*, onom. du cri de ce perroquet ; en fr. par le port., l'esp. et l'it. ♦ |2| **CACATOIS** XVIIe s. mar. : var. de *cacatoès*, du néerl. *kakatoe* et du port. *cacatua*.

CAILLE ♦ |1| (pop.) XIIe s. : bas lat. (VIIIe s.) *quaccŭla*, onom. imitant le rythme dactylique du chant de la caille ; a éliminé le lat. class. *coturnix*. Formations analogues en germ. ♦ |2| **CARCAILLOT** XVe s. « petit de la caille » ; **CARCAILLER** XIXe s. « crier », en parlant de la caille : probablement altération de formes à redoublement **caillcaillot, *caillcailler*, qui retrouvaient le rythme du chant de la caille.

CANER famille d'une base *can-*, onom. du cri du canard (croisée avec l'anc. fr. *aine*, var. *ane*, du lat. *anas, -atis* « canard »). ♦ |1| **CANER** XIIIe s. « caqueter », XVIe s. « jacasser », XVIIe s. « se dérober », sous l'influence de *faire la cane* XVIe s. « se conduire comme un animal poitron ». ♦ |2| **CANARD** fin XIIe s. comme surnom, XIIIe s. nom d'animal, XVIIIe s. « fausse nouvelle », d'après *vendre des canards à moitié* XVIIe s., puis *donner des canards à quelqu'un* « tromper son attente » (la synonymie de *cancan* a pu aussi jouer un rôle) ; XIXe s. « fausse note » : dér. de *caner* ; **CANARDER** XVIe s. « tirer sur des canards sauvages » puis « faire feu d'un lieu où l'on est à couvert » ; XIXe s. mus. ; **CANARDIÈRE** XVIIe s. ♦ |3| **CANE** XIVe s. ; mais déjà au XIIIe s. dimin. *canette*, d'où **CANETON** XVIe s. ♦ |4| **CANCANER** XVIIe s. « crier », en parlant du perroquet ; XIXe s. en parlant du canard ; **CANCAN** → Annexe I. ♦ |5| **CANICHE** XVIIIe s. « chien qui aime barboter dans l'eau » ; **CANASSON** XIXe s. « cheval qui marche mal » : dér. formés sur le radical de *canard*.

CHOUETTE famille pop. d'une base **kaw-* où se croisent un mot gaulois **kawa* « chouette » (apparenté à *cavannus* « chat-huant », mot d'origine celtique empr. par le lat. au Ve s.), et un mot germ. **kauw-* « corneille », tous deux d'origine onom. ♦ |1| **CHOUETTE** XIIe s. : dimin. de l'anc. fr. *choue* : **kawa*. ♦ |2| **CHAUVE-SOURIS** XIIe s. : bas lat. (VIIIe s.) *calvas sorices*, altération, sous l'influence de *calvus* « chauve », du plur. de *kawa sorix « chouette-souris » ; a éliminé le lat. vespertilio. ♦131 **CHEVÊCHE** XIIIᵉ s. : *kawicca, dér. de *kawa formé avec un suff. prélat. ♦141 **CHAT-HUANT** XIIIᵉ s. : altération, d'après chat et huer, de chavan, var. javan XIᵉ s., de cavannus. ♦151 **CHOUAN** fin XVIIIᵉ s. : altération, sous l'infl. de chouette, de chaven → le précéd., var. angevine de chat-huant, surnom de Jean Cottereau, un des chefs de l'insurrection paysanne de 1795, qui imitait le cri du chat-huant, comme signe de reconnaissance ; **CHOUANNERIE** fin XVIIIᵉ s. ♦161 **CHAHUTER** XIXᵉ s. « danser » puis « faire du bruit » : mot dial. (Vendômois) « crier comme un chat-huant » et « crier en dansant ou en s'agitant » ; **CHAHUT, CHAHUTEUR** XIXᵉ s. ♦171 **CHOUCAS** XVIᵉ s. : apparenté à l'anc. prov. caucala « corneille », prov. mod. chouca, qui, plutôt qu'une forme onom. mod., doit reposer sur un dér. anc. de *kawa.

CIGALE XVᵉ s. : prov. cigala, du lat. cicada, onom. du bruissement produit par cet insecte.

COASSER (demi-sav.) XVIᵉ s., var. sav. coaxer : lat. coaxare, dér. du gr. koax, onom. du cri de la grenouille ; **COASSEMENT** XVIIᵉ s.

COCHON ♦111 (pop.) XIᵉ s. « jeune porc », XVIIᵉ s. « porc » en général, probablement formé sur coch, coch servant à appeler les porcs, onom. de leur cri ; **COCHONNET** XIIIᵉ s. « cochon de lait », XVIᵉ s. terme de jeu de boules ; **COCHE** XIIIᵉ s. « truie » ; **COCHONNER** XVᵉ s. « mettre bas » en parlant de la truie, XIXᵉ s. « salir » ; **COCHONNAILLE** XVIIIᵉ s., **COCHONNERIE** XVIIᵉ s. ♦121 **COCHENILLE** XVIᵉ s. : esp. cochinilla « cloporte », dér. de cochino « cochon », de même origine que le mot fr. ; appliqué à un insecte du Mexique fournissant une teinture écarlate (→ aussi GROIN).

COQ famille d'un ensemble d'onom. suggérant le cri des gallinacés : kak-, kot-, et surtout kok- déjà attesté en lat. imp. sous la forme coco (chez Pétrone) et en bas lat. (Loi salique) sous la forme coccus ; a éliminé gallus (→ GÉLINE), qui ne survit que dialectalement.

I. base kok-

♦111 **COQ** (pop.) XIIᵉ s. : coccus ; **COCHET** XIIIᵉ s. ; **COQ-À-L'ÂNE** XIVᵉ s. saillir du coq en l'asne « changer brusquement de sujet », XVIᵉ s. subst. ; **COQ EN PÂTE** XVIIᵉ s. « coq à l'engrais », puis sens fig. ♦121 **COQUE** XIIIᵉ s. (→ ce mot) a sans doute subi l'influence de coq, d'où les sens du dér. **COQUETIER** XVᵉ s. « marchand d'œufs et de volailles », XVIᵉ s. « ustensile pour servir les œufs à la coque ». ♦131 **COQUIN** XIIIᵉ s. « mendiant, gueux », XVIᵉ s. sens mod. : dér. de coq comme d'autres adj. péjor. ; **COQUINERIE** XIIIᵉ s. ; **S'ACOQUINER** XVIᵉ s. ♦141 **COQUET** XIIIᵉ s. subst. « petit coq », XVᵉ s. adj. et subst. masc. et fém. sens fig. mod. ; **COQUETER** début XVIIᵉ s. « se pavaner comme un coq » ; **COQUETTERIE** XVIIᵉ s. ♦151 **COCARDE** XVIᵉ s., d'abord dans l'expression bonnet à la cocarde, orné de rubans : fém. substantive de l'adj. cocard « vaniteux », dér. de coq ; **COCARDIER** XIXᵉ s. « chauvin » : de cocarde au sens d'« insigne fait de rubans, aux couleurs nationales ». ♦161 **COCASSE** XVIIIᵉ s. : var. péj. de cocard ; **COCASSERIE** XIXᵉ s. ♦171 **COCORICO** XVIᵉ s. : onom. du cri du coq ; **COQUELICOT** XIVᵉ s. ; XVIᵉ s. « fleur rappelant une crête de coq » ou « éclatante comme le chant du coq » : autre onom. du même cri. ♦181 **COCOTTE** XVIIIᵉ s. « femme de mœurs légères » ; et **COCO** fin XIXᵉ s. « individu » : p.-ê. var. pop. de coquet, cocard ; **COCOTTE** et **COCO** XIXᵉ s. « désignations enfantines de la poule et de l'œuf » (pour ces mots → aussi Annexe I).

II. autres bases

♦111 **CAQUETER** XVᵉ s. : sur la base kak- ; **CAQUET** XVᵉ s. ; **CAQUETAGE, CAQUETEUR** XVIᵉ s. ♦121 **COT-COT** → Annexe I.

COUINER XIXᵉ s. « crier » en parlant du lapin ; onomatopée.

CORBEAU groupe de mots expressifs reposant sur une base kor-, onom. du cri de certains oiseaux représentée en grec par korônê « corneille » ; en latin par cornix, -icis et corvus « corbeau » ; var. kour- et kro- en français.

I. mots d'origine latine ou grecque

♦111 **CORBEAU** (pop.) XIIᵉ s. : lat. vulg. *corbēllus, dimin. de *corbus (en anc. fr. corp), p.-ê. var. dial. du class. corvus ; importée

en Gaule par des colons originaires de régions de l'Italie où l'on constate le passage de *-rv-* à *-rb-* (Toscane et quelques autres points) ; **ENCORBELLEMENT** XIVᵉ s. : dér. de *corbel*, var. anc. de *corbeau*, au sens archit. de « pierre saillante ». ♦ |2| **CORMORAN** XIVᵉ s. : altération de *cormareng* XIIᵉ s., *cormaran* XIIIᵉ s. : pour *corp marenc* « corbeau (*corp*) de mer (lat. *mare* et suff. germ. *-enc* → *-an*) → *corvus marinus* dans les *Gloses de Reichenau*, et le dial. (Ouest) *pie marange*. ♦ |3| **CORBIN** XIIᵉ s., survit dans l'expression *bec de corbin* XVᵉ s. : **corbinus*, dér. de **corbus*, class. *corvinus*, attesté comme surnom. ♦ |4| **CORNEILLE** XIIIᵉ s. : lat. vulg. **cornicŭla*, dimin. de *cornix, -icis*.

II. onomatopées de formation française

♦ |1| **COURLIS** XVIᵉ s., var. *courlieu* XIIIᵉ s., et nombreuses var. dial. : d'après son cri. ♦ |2| **CROASSER** XVᵉ s. ; **CROASSEMENT** XVIᵉ s. : d'après le cri du corbeau.

FEULER et FEULEMENT XIXᵉ s. :
d'après le cri du tigre.

FREDONNER XVIᵉ s., sans doute empr.
à un dial. du Midi : de *frittĭnīre* « gazouiller », d'origine onom. avec changement de suff.

GAZOUILLER → GARGOUILLE.

GLATIR ♦ |1| (pop.) XIᵉ s. en parlant du
chien, puis de l'aigle : lat. *glattīre* « crier, en parlant des jeunes chiens », mot onom. ♦ |2| **GLAPIR** XIIᵉ s. : altératioin de *glatir*, p.-ê. sous l'influence de *japper* ; **GLAPISSEMENT** XVIᵉ s.

GLOUSSER (pop.) XVIᵉ s. : lat. vulg.
*glossiare, class. *glocīre*, sur la base onom. *glok-* ; les formes anc. *clocir* XIIᵉ s., *cloucer* XIVᵉ s. reposent sur des var. à base *klok-*, lat. vulg. **clocīre*, **glocciare* ; **GLOUSSEMENT** XVᵉ s.

GROIN famille d'une base *grun-*, onom.
du cri du porc ; en lat. class. *grundire*, *grunnire*, en bas lat. *grunniare*, et *grunium* « groin » ; en germanique, all. *grunzen*, *grummeln*, néerl. *grommen*, flamand *grommelen* « gronder » ; d'autre part, une var. *gor-*, autre onom., apparait dans de nombreux mots de formation française, anc., dial. et mod., à valeur souvent péjorative.

I. mots d'origine latine

♦ |1| **GROIN** (pop.) XIIᵉ s. « groin » et « grognement » : *grŭnnium*. ♦ |2| **GROGNER** XIIIᵉ s. : altération, par changement de conjug., de *groignir* XIIᵉ s., lui-même altération, sous l'influence de *groin*, de *grunir* XIIᵉ s., du lat. *grŭnnīre* ; **GROGNARD** XIIIᵉ s. ; **GROGNEMENT** XVᵉ s. ; **GROGNON** XVIIIᵉ s. ♦ |3| **GRONDER** (pop.) XIIIᵉ s. : altération, par changement de conjug., de *grondir*, du lat. *grundīre* ; **GRONDEMENT** XIIIᵉ s. ; **GRONDEUR, GRONDERIE** XVIᵉ s. ♦ |4| **GRONDIN** XIVᵉ s. « poisson qui fait entendre un grondement quand il est pris » : de *gronder*.

II. mots d'origine germanique

♦ |1| **GROMMELER** XIVᵉ s. : flamand *grommelen*. ♦ |2| **ROUSCAILLER** XVIIᵉ s. argot, « parler », XIXᵉ s. « protester » : composé de *rousser* XVIIᵉ s. « protester », probablement issu, par chute de la consonne initiale, de l'anc. fr. *grocier*, *grousser* XIIᵉ s., apparenté à l'all. *grunzen* ; le second élément peut être rapproché de *caillette* « femme bavarde » ; **ROUSPÉTER, ROUSPÉTEUR** XIXᵉ s. : var. de *rouscailler*, avec *péter* comme second élément.

III. mots de formation française

♦ |1| **GORET** XIIIᵉ s. : dimin. de *gore* XIIIᵉ s. « truie », formé sur un cri d'appel imitant le grognement du porc. ♦ |2| **SE GOURER** XIIIᵉ s. au part. passé, puis XVᵉ s. « se tromper » et aussi *gourer* XVIIᵉ s. « falsifier », XIXᵉ s. « vexer », fait partie d'une vaste famille de mots péjoratifs reposant p.-ê. sur le radical précédent ; dial. (Centre) *gorre* « vieille vache », « viande dure et coriace », moyen fr. *gorasse* XVIᵉ s. « coquette » et *gorre* « recherche de la parure » ; pourrait expliquer le second élément du mot **MISTIGRI** XIXᵉ s., anc. *mistigouri* → MIGNON.

GRUE famille du lat. *grŭs*, *gruis* et du gr.
geranos « grue », reposant tous deux sur une base *g(e)r-*, onom. du cri de cet oiseau.

♦ |1| **GRUE** (pop.) XIIᵉ s. oiseau, XIIIᵉ s. « sorte de machine », XVᵉ s. « appareil de levage » (p.-ê. calque du moyen néerl. *crane* « id. ») ; XVᵉ s. « prostituée », p.-ê. d'après l'expression *faire le pied de grue* « attendre le client » (la grue se tient fréquemment sur une patte), ou simplement métaphore du langage pop. qui assimile couramment les femmes de mœurs légères à toutes sortes d'animaux femelles et en particulier d'oiseaux ; GRUTIER XIXᵉ s. « ouvrier manœuvrant une grue ». ♦|2| GÉRANIUM (sav.) XVIᵉ s. : gr. *geranion* « id. » (par le lat. bot.), dimin. de *geranos*, parce que le fruit de cette plante ressemble au bec d'une grue.

GUILLERET XVᵉ s., d'abord au fém., « séduisante, pimpante », probablement apparenté à *guilleri*, onom. du chant du moineau attestée au XVIᵉ s. dans un refrain de chanson → TIRELIRE.

HENNIR (pop.) XIᵉ s. : lat. *hinnīre*, formé sur une base *hin*-, onom. du cri du cheval, dont le *h* a été conservé ou rétabli pour des raisons d'expressivité ; HENNISSEMENT XIIIᵉ s.

HURLER famille d'une base *ou*-, *u*-, onom. du cri du loup et de certains oiseaux (rapaces nocturnes). Déjà, en lat. *upupa* « huppe », *ulula* « chat-huant », et *ululare* « hurler ».
♦|1| HURLER (pop.) XIIᵉ s. : lat. vulg. *ūrŭlāre*, var. dissimilée de *ŭlŭlāre*, avec *h* aspiré d'origine expressive ; HURLEMENT XIIᵉ s. ; HURLEUR XVIIIᵉ s. ♦|2| HUER XIIᵉ s. « pousser son cri, à propos du hibou » : onom. de formation française ; HUÉE XIIᵉ s. ♦|3| HUPPE (pop.) XIIᵉ s. oiseau, XVIᵉ s. « plumet » : lat. vulg. *ŭpŭpa*, class. ŭpŭpa, avec *h* d'origine expressive ; HUPPÉ XVᵉ s. « qui porte une huppe, un plumet », d'où « riche, de haut rang ». ♦|4| DUPE XVᵉ s., d'abord en argot : emploi métaph. (→ PIGEON) d'une var. dial. de *huppe*, formée par agglutination de la préposition *de* ; DUPER XVᵉ s. ; DUPERIE XVIIᵉ s. ♦|5| HULOTTE XVIᵉ s. : dér. de l'anc. fr. *uler*, var. de *hurler*, avec *h* expressif, du lat. *ŭlŭlāre*. ♦|6| HIBOU XVᵉ s. dans une glose, puis XVIᵉ s., d'abord *huiboust*, var. dial. Normandie *houhou*, Gascogne *hourou* : onom. de formation française. ♦|7| HULULER ou ULULER (sav.) XVᵉ s. : lat. *ŭlŭlāre* ; HULULEMENT XVIᵉ s.

JAPPER XIIᵉ s. : onom., du cri d'un petit chien ; JAPPEMENT XVᵉ s.

MARAUD ensemble de mots reposant sur une onom. *mar*- exprimant un murmure, le ronronnement du chat et parfois son miaulement de rut.
♦|1| MARAUD XVᵉ s. « mendiant, vagabond » est aussi le nom du matou dans les dial. du Centre et de l'Ouest ; toutefois une autre origine a été proposée → MARAUD dans le corps du dictionnaire. Un croisement n'est pas à exclure. ♦|2| MARLOU XIXᵉ s. « souteneur », nom du matou dans les dial. du Nord ; toutefois une autre origine a été proposée → MERLE. Un croisement est possible. ♦|3| MAROUFLE XVIᵉ s. « rustre, fripon » : var. dial. de *maraud* « matou » ; sens de « colle forte » XVIIᵉ s. sans doute dû à l'homonymie de *chat* (syn. de *maroufle*) et de *chas*, autre nom de la « colle forte » ; MAROUFLER XVIIIᵉ s. « encoller ». ♦|4| MARMITE XIIᵉ s. adj. « hypocrite », XIVᵉ s. subst. « récipient » : probablement ancien nom du chat, composé de *mar*- et de *mite*, nom de la chatte dans le *Roman de Renart*, qui se retrouve dans *chattemite* → MIGNON. Le sens de « récipient » doit reposer, comme pour *maroufle*, sur un jeu de mots : il existait au XIIIᵉ s. une *minette* « cuvette », dimin. de *mine* « mesure de capacité » (→ ENSEMBLE), homonyme de la *minette*, femelle du *minet*, « chat » (→ MIGNON) ; par opposition à *minette* « petite cuve », *marmite* a pu désigner une « grande cuve » ; MARMITÉE, MARMITON XVIᵉ s. ♦|5| MARMOUSET XIIIᵉ s. « singe, figure grotesque ornementale », XVᵉ s. « petit garçon » : de *marmouser* « grommeler », « faire la grimace » ; second élément p.-ê. même mot que le dial. (Picardie) *mouser* « faire la moue », de *mouse* « moue, lèvres », provenant p.-ê. du croisement de *moue* et de *museau*. ♦|6| MARMOTTE XIIIᵉ s. zool. : formation analogue à *maraud*, *marlou*, *maroufle* ; XIXᵉ s. « coiffure de femme dont la pointe retombe en arrière comme les oreilles des marmottes » ou « propre aux petites Savoyardes montreuses de marmottes ». ♦|7| MARMOT XVᵉ s. « singe », XVIᵉ s. « figure grotesque, ornement architectural », XVIIᵉ s. « petit enfant » : var. de *marmouset*, avec infl. de *marmotter* ; MARMAILLE XVIᵉ s. « petit garçon », XVIIᵉ s. « ensemble d'enfants ». ♦|8| MARMOTTER fin XVᵉ s. « murmurer » ; MARMOTTEUR XVIᵉ s. ; MARMOTTAGE XVIIᵉ s. ♦|9| MARMONNER et MARMONNEMENT XVIᵉ s. ♦|10| MARONNER XVIIIᵉ s. « maugréer » : mot dial.

(Nord-Ouest) « miauler » ; **MARONNANT** XXᵉ s. « contrariant ».

MIAULER, MIAULEUR, MIAULEMENT XVIᵉ s. : onom. du cri du chat ; **MIAOU** XVIIᵉ s.

MORSE XVIᵉ s. : russe *morju*, empr. au lapon *morssa* ou au finnois *mursu, morsu* : onom. du cri de cet animal.

MUGIR famille d'une base *mu-*, onom. du cri des bovins ; en lat. *mugire* et en fr. var. *meu-*.

♦ |1| MUGIR (demi-sav.) XIIIᵉ s. : réfection, d'après le lat., de l'anc. fr. *muir* (var. *muier*) XIIᵉ s., du lat. *mugīre* ; **MUGISSEMENT** XIVᵉ s. ♦ |2| **MEUGLER, MEUGLEMENT** XVIᵉ s. : onom. de formation française. ♦ |3| **BEUGLER** XVIIᵉ s. : altération onom., p.-ê. d'après *meugler*, de l'anc. fr. *bugler*, dér. de *bugle* « jeune bœuf » → BŒUF ; **BEUGLEMENT** XVIᵉ s.

OUISTITI XVIIIᵉ s. : onom. du cri de cet animal.

PIPER famille d'une base *pi-*, onom. du chant de nombreux petits oiseaux et secondairement de toute espèce de sifflement.

En latin, *pipio, -ōnis* « jeune oiseau qui piaule » et *pipīre, pippiare, pipare* « pépier, piauler ».
En germanique, anc. saxon *pipa*, moyen haut all. *pfīfe* « flûte » empr. au lat. *pipare*.
En français, formations populaires dont beaucoup sont des métaphores qui reposent sur la synonymie entre « siffler » et « boire ».

I. mots d'origine latine

A. mots de formation populaire

♦ |1| PIPER (pop.) XIIᵉ s. « pousser un petit cri », XIVᵉ s. « chasser les oiseaux en imitant leur cri », XVᵉ s. « tromper » : lat. vulg. *pippāre*, class. *pipare* ; **PIPÉ** (en parlant des dés) XVIIᵉ s. ; **PIPÉE** XIVᵉ s. ♦ |2| **PIPE** XIIᵉ s. « petite flûte », XIIIᵉ s. « chalumeau pour boire », XVIIᵉ s. « tuyau », XVIIᵉ s. sens mod. ; le mot a désigné aussi une mesure de capacité, une grande futaille, et, par analogie, le gosier, la bouche, d'où les expressions *casser sa pipe* XVIIᵉ s. « crever de rage », XIXᵉ s. « mourir » et *se fendre la pipe* « rire » ; *tête de pipe* XIXᵉ s. « individu », vient de la coutume d'orner de têtes sculptées le fourneau des pipes : dér. de *piper* **PIPETTE** XIIIᵉ s. ; **PIPEAU** XVIᵉ s. ♦ |3| **PIPELET** XIXᵉ s., patronyme, dér. de *pipeau* ; choisi par Eugène Sue comme nom de concierge dans *Les Mystères de Paris*, à cause de sa forme onom., pour suggérer le bavardage ; **PIPELETTE** XIXᵉ s. ♦ |4| **PIGEON** (pop.) XIIIᵉ s. « pigeonneau » puis « pigeon adulte », XVᵉ s. argot « gogo » (→ DUPE) : lat. vulg. *pibiōnem*, forme dissimilée de *pipiōnem*, acc. de *pipio* ; **PIGEONNE, PIGEONNEAU, PIGEONNIER, PIGEONNER** « plumer comme un pigeon, duper » XVIᵉ s.

B. mots d'emprunt

♦ |1| FIFRE XVIᵉ s. : all. dial. (Suisse) *pfifer* (var. all. *Pfeifer*) issu du lat. *pipare*. ♦ |2| **PIPE-LINE** XIXᵉ s. : mot angl. « ligne (*line* → LIN) de tuyau (*pipe*, d'origine fr.) ».

II. onomatopées de formation française

A. mots sans valeur métaphorique

♦ |1| PÉPIER XVIᵉ s. : var. *pipier* XIVᵉ s. ; **PÉPIEMENT** XVIIᵉ s. ♦ |2| **PIAULER, PIAULEMENT** XVIᵉ s. ♦ |3| **PIAILLER** XVIIᵉ s. ; **PIAILLEMENT** XVIIIᵉ s. ♦ |4| **PIOUPIOU** → Annexe I.
♦ |5| **PIAF** XIXᵉ s. « moineau ». ♦ |6| **PIGNOUF** XIXᵉ s. : dér. péj. du verbe dial. (Ouest) *pigner* « crier, grincer », fondé sur la base *pi-*.

B. mots explicables par la métaphore « siffler » = « boire ».

♦ |1| PIER XIIIᵉ s. « boire ». ♦ |2| **PIOLLE** ou **PIAULE** XVIIᵉ s. argot « taverne, cabaret », XIXᵉ s. « maison », « chambre », apparenté à *pieulle* « boisson » attesté à Rouen au XVIIᵉ s., *piaillo* « vin » en argot auvergnat début XIXᵉ s. : dérivés de *pier*. ♦ |3| l'existence de la base *pi-* a dû contribuer à l'adoption des mots suivants par le langage argotique ou populaire : **PICTER** XVIIᵉ s. « boire », d'où **PICTON** fin XVIIIᵉ s. « vin » et **PICTONNER** XIXᵉ s. : dér. de *piquette* « vin ou cidre un peu aigre » ; **PINARD** XVIIᵉ s., rare avant le XIXᵉ s., vulgarisé pendant la guerre de 1914 : altération argotique, par substitution de suff., de *pineau* ou *pinot* (→ PIN). **PICCOLO** XIXᵉ s. : mot it. « petit vin de pays », d'où **PICCOLER, PICCOLEUR** début XXᵉ s. ; **PICRATE** XIXᵉ s., à l'origine nom d'un produit chimique explosif (→ PICR(O)-), en 1882 nom d'un café de la place de la Sorbonne, par allusion aux boissons fortes qu'on y débitait ;

devient synonyme de *pinard* pendant la guerre de 1914.

ROQUET xvɪᵉ s. : onom. de l'aboiement sec d'un petit chien.

ROUCOULER xvᵉ s. *rouconner* ; xvɪᵉ s. forme mod. ; **ROUCOULEMENT** xvɪɪᵉ s. : onom. du chant du pigeon, de la colombe, de la tourterelle.

RUT famille du lat. *rugire, rugitus* « rugir », d'où *rugitus, -us* « rugissement », sur une base *ru-*, onom. de divers cris d'animaux.
♦ |1| **RUT** (pop.) xɪɪᵉ s. *ruit* « rugissement, tumulte », xɪɪɪᵉ s. « cri du cerf en rut », d'où le sens mod. : lat. *rūgītus*. ♦ |2| **RUGIR** (sav.) xɪɪᵉ s. : *rugire* ; **RUGISSEMENT** xvɪᵉ s.

TARIN famille d'une base *tar-*, onom. du cri de certains oiseaux → TARABUSTER.
♦ |1| **TARIN** xɪvᵉ s. « passereau à bec conique » ; xxᵉ s. « nez ». ♦ |2| **TARTANE** xvɪᵉ s., sorte de bateau répandu dans toute la Méditerranée (it., catalan, esp., port. *tartana*, prov. *tartano*) : probablement emploi métaph. de l'anc. provençal *tartana* « buse », onom. du cri de cet oiseau.

TOURTERELLE xɪᵉ s. *turtrelle* ; xɪɪɪᵉ s. forme mod. : lat. *tŭrtŭrella*, dimin. de *turtur* (anc. fr. *tourtre*) : onom. du chant de cet oiseau ; **TOURTEREAU** xɪɪɪᵉ s. « jeune tourterelle », xvɪɪᵉ s. plur., sens fig., « jeunes amoureux ».

ANNEXE III

Mots dont l'étymon est le nom d'un personnage historique, littéraire ou mythique, ou un prénom (entrées classées par ordre alphabétique).

ACADÉMIE (sav.) XVIᵉ s. « société savante », « école supérieure », « philosophie platonicienne », « école d'équitation, de peinture ou de musique », XVIIᵉ s. « tripot », XIXᵉ s. « circonscription universitaire » : empr., à cause du renom des académies italiennes, comme l'Accademia Fiorentina ou l'Accademia della Crusca, illustres sociétés littéraires, à l'it. *accademia*, du lat. *academia*, du gr. *Akademía*, jardin du héros *Akadêmos*, à Athènes, où Platon enseignait. **ACADÉMIQUE** XIVᵉ s., dans le titre d'un ouvrage d'Oresme ; XVIᵉ s. même développement sémantique que *Académie* : du dér. gr. anc. *akadêmikos*, lat. *academicus*. — Dér. fr. : **ACADÉMICIEN** XVIᵉ s. philosophe platonicien, XVIIᵉ s. sens actuel. **ACADÉMICIENNE** XVIIᵉ s., l'Académie de peinture, fondée en 1648, admettant quinze femmes ; **ACADÉMIQUEMENT** XVIᵉ s. ; **ACADÉMISME** XIXᵉ s. ; **ACADÉMISTE** XVIIᵉ s. « qui a étudié dans une académie » puis synonyme d'« académicien ».

ACARIÂTRE (sav.) XVᵉ s. « possédé », « privé de raison », XVIᵉ s. « de mauvais caractère » : de *Acharius*, nom latin de saint Acaire, qui passait pour guérir la folie, appelée encore en anc. fr. « le mal saint Acaire ». Les pouvoirs attribués à beaucoup de saints guérisseurs reposent, comme ici, sur un jeu de mots : saint Cloud guérit les clous, saint Mamert les mamelles, etc. *Acaire* a dû être assimilé, dans le langage des clercs, au lat. *acer* « aigre ».

ADONIS (sav.) XVIIᵉ s. bot. ; XVIIIᵉ s. « homme d'une grande beauté » : lat *Adonis*, gr. *Adônis* nom d'une divinité du printemps, d'origine phénicienne, adoptée par la mythologie grecque qui en a fait un adolescent aimé d'Aphrodite. Dér. : **ADONISER** XVIᵉ s.

ALGORITHME XVIᵉ s. : du nom du mathématicien arabe *Alkharezmi*, inventeur de ce procédé de calcul, altéré sous l'influence du gr. *arithmos* « nombre ».

AMMONIAC représentants français sav. de dér. gr. *Ammôn* surnom égyptien de Zeus, qui était représenté avec des cornes de bélier dans un temple situé en Libye.
◆ |1| **AMMONIAC** XIIIᵉ s. adj., XVIIIᵉ s. subst. : gr. *ammôniakon* « sel ou gomme recueillis auprès du temple de Jupiter Ammon » (par le lat.) ; **AMMONIACAL** XVIIIᵉ s. ◆ |2| **AMINE** XIXᵉ s. chimie, mot formé sur le radical de *ammoniac* ; **-AMINE**, second élément de nombreux composés de la langue de la chimie, ex. : *éthylamine, protamine*, etc. ◆ |3| **AMMONITE** XVIIIᵉ s. : dér. de *Ammon*, à cause de la ressemblance de la volute de ce fossile avec les cornes de bélier de Jupiter Ammon.

AMPÈRE XIXᵉ s. : nom d'un physicien.

AMPHITRYON XVIIIᵉ s. : chef thébain mythologique, dont la femme Alcmène, aimée de Jupiter, qui avait pris la forme d'Amphitryon lui-même, est devenue mère d'Hercule ; le sens de « hôte qui offre à dîner », vient des vers d'*Amphitryon*, comédie de Molière : *Le véritable Amphitryon/ Est l'Amphitryon où l'on dîne.*

ARÉOPAGE (sav.) xiv⁰ s. : gr. *Aréios pagos* « colline d'Arès » à Athènes, qui avait donné son nom à l'assemblée qui y siégeait.

ARGUS (sav.) xvi⁰ s. : gr. *Argos*, nom du bouvier aux cent yeux chargé par Junon de surveiller la nymphe Io.

ARLEQUIN xiv⁰ s. nom de personne, xvi⁰ s. personnage de la Comédie-Italienne au costume bigarré, xix⁰ s. « plat composé d'un mélange de restes » : altération de l'anc. fr. *Hellequin*, nom d'un fantôme qui menait dans le ciel nocturne une chasse fantastique, et it. *Arlecchino*, lui-même empr. au fr. ; sans doute du moyen angl. **herle king* « le roi Harilo » (→ aussi all. *Erlkönig* « le roi des aulnes », héros d'une célèbre ballade) ; **ARLEQUINADE** xviii⁰ s.

ATROPINE (sav.) xix⁰ s., formé d'après le lat. bot. mod. *atropa* « belladone » (plante vénéneuse), tiré du gr. *Atropos*, nom de celle des Trois Parques qui coupait le fil de la vie humaine.

BACCHANALE famille sav. du lat. *Bacchus* : gr. *Bakkhos*, autre nom de *Dionysos*, dieu du Vin. Dér. : *bacchicus* : gr. *bakkhikos* « de Bacchus » ; lat. *bacchari* « fêter Bacchus, être en état d'ivresse, d'agitation furieuse », d'où le part. présent substantivé *bacchans*, plur. *bacchantes* et le subst. *bacchanalia* « fêtes de Bacchus ».
♦ 111 **BACCHANALE** xii⁰ s. *baquenas*, xv⁰ s. forme mod., plur. « fêtes de Bacchus », xviii⁰ s. « orgie bruyante » : *bacchanalia*.
♦ 121 **BACCHANTE** xv⁰ s. mythol., xix⁰ s., par croisement avec l'all. *Backe* « joue », « favoris » d'où. « moustaches » : *bacchans, -antis*. ♦ 131 **BACHIQUE** xv⁰ s. : *bacchicus*. ♦ 141 **BOUCAN** xvii⁰ s. « lieu de débauche », xviii⁰ s. « bruit » : représente p.-ê. l'it. *baccano*, du lat. *bacchanal*, croisé avec *bouc*, cet animal étant le symbole de la débauche.

BAKÉLITE xx⁰ s. : du nom du chimiste belge *Baekeland*, avec l'élément *-lite*.

BARÈME xix⁰ s. : nom du mathématicien *François Barrême* qui écrivit en 1670 *Les Comptes faits du grand commerce.*

BÉCHAMEL xviii⁰ s. : du nom de *Louis de Béchamel*, marquis de Nointel, gourmet célèbre de la fin du xvii⁰ s.

BÉGONIA xviii⁰ s. bot. : nom créé en l'honneur de *Bégon*, intendant général de Saint-Domingue au xviii⁰ s.

BEL et **DÉCIBEL** xx⁰ s. : du nom du physicien *Graham Bell*.

BELOTE xx⁰ s. : du nom de *F. Belot*, qui mit au point la règle de ce jeu d'origine hollandaise.

BENJAMIN xvii⁰ s. : nom du plus jeune et du plus chéri des fils de Jacob.

BIGOPHONE xix⁰ s. : du nom de l'inventeur *bigot*, avec l'élément *-phone*.

BOUGAINVILLÉE ou **-IER** début xix⁰ s. : du nom du navigateur français *Bougainville.*

BOYCOTTER xix⁰ s. : angl. *to boycott* « mettre en interdit », du nom du capitaine *Boycott*, gérant de propriétés en Irlande, mis en quarantaine en 1880 ; **BOYCOTTAGE** xix⁰ s. ; **BOYCOTT, BOYCOTTEUR** xx⁰ s.

BROWNING xx⁰ s. : du nom de l'inventeur américain *J. M. Browning*.

BRUCELLOSE xx⁰ s. : du nom de la bactérie *brucella*, formé sur celui du biologiste *D. Bruce*.

CADENETTE xvii⁰ s. : mèche de cheveux pendante mise à la mode, sous Louis XIII, par Honoré d'Albret, seigneur de *Cadenet* en Provence.

CADOGAN ou **CATOGAN** fin xviii⁰ s. : du nom du général anglais *Cadogan*.

CAILLETTE xvi⁰ s. masc. « personne frivole », xvii⁰ s. fém., à cause de la syllabe finale et de l'homonymi(avec *caille* : nom d'un bouffon de Louis XII et de François 1ᵉʳ ; **CAILLETER** XVIIIᵉ s. « bavarder ».

CALEPIN XVIᵉ s. « dictionnaire », XVIIᵉ s. « carnet de notes » : nom de l'Italien A. *Calepino*, auteur d'un *Dictionnaire de la langue latine*.

CAMÉLIA fin XVIIIᵉ s. : lat. bot. *camellia*, mot créé par Linné d'après le nom du P. *Camelli*, missionnaire jésuite de la fin du XVIIᵉ s. qui rapporta cet arbuste d'Asie.

CARCEL début XIXᵉ s. lampe, fin XIXᵉ s. unité de lumière : du nom de l'inventeur, l'horloger *Carcel*.

CARDAN XVIᵉ s. dans l'expression *à la Cardan*, XXᵉ s. subst. techn. : de *Jérôme Cardan*, savant italien du XVIᵉ s., inventeur de ce système de suspension.

CARTER XIXᵉ s. : mot angl., du nom de l'inventeur.

CARTÉSIEN, CARTÉSIANISME XVIIᵉ s. : lat. mod. *cartesianus*, du nom de *Descartes*, philosophe français du XVIIᵉ s.

CATHERINE ♦ I I I Prénom féminin, de sainte Catherine d'Alexandrie (IVᵉ s.), vierge et martyre : lat. *Catharina*, dér. du gr. *katharos* « pur » → CATHARE. ♦ I2I **CATIN** XVIᵉ s. « femme de mauvaise vie » : var. hypocoristique de *Catherine*. ♦ I3I **CATHERINETTE** fin XIXᵉ s. « jeune ouvrière de la mode, non encore mariée à 25 ans, qui, le jour de la fête de sainte Catherine, patronne de la corporation, coiffe un bonnet décoré et enrubanné », d'où la locution *coiffer sainte Catherine* XIXᵉ s.

CÉLADON XVIIᵉ s. « type d'amoureux », puis « nuance de vert pâle » ; XIXᵉ s. « abat-jour de porcelaine verte » : nom d'un personnage de *L'Astrée*, roman d'Honoré d'Urfé.

CERBÈRE XVIᵉ s. mythol. ; XIXᵉ s. « concierge vigilant » : gr. *Kerberos*, par le lat., nom du chien à trois têtes qui gardait l'entrée des Enfers.

CÉSAR ♦ I I I Surnom de *Caius Julius*, dictateur de Rome au Iᵉʳ s. av. J.-C., adopté par tous les empereurs romains ; interprété, p.-ê. à tort, par les Anciens comme signifiant « né d'une césarienne » (→ CISEAU) ; plus probablement d'origine étrusque ; utilisé dans le midi de la France comme patronyme et comme nom de baptême, ainsi que la var. *Césaire* : lat. *Cesarius* « de César ». ♦ I2I **CZAR** XVIᵉ s. ou **TSAR** XVIIᵉ s. : mot russe emprunté au lat. *Caesar* ; **TSARÉVITCH** fin XVIIᵉ s. « fils du tsar » ; **TSARINE** XVIIIᵉ s. ; **TSARISME** XIXᵉ s. ♦ I3I **KAISER** XIXᵉ s. « empereur » : got. *kaisar* empr. au lat. *Caesar* par l'intermédiaire du gr. *kaisar*, dans la partie orientale de l'Empire ; **KAISERLICK** fin XVIIIᵉ s. : all. *kaiserlich* « impérial ». ♦ I3I **CÉSARIEN** et **CÉSARISME** XIXᵉ s. : dér. sav. de *César*, type du dictateur militaire qui s'appuie sur le peuple.

CHARLES ♦ I I I Nom de baptême vulgarisé par le culte de Charlemagne : germ. **karl-* « homme, mâle », latinisé sous la forme *Carolus*. ♦ I2I **CHARLEMAGNE**, littéralement, *Charles le Grand* : second élément lat. *magnus* → MAÏS, XIXᵉ s. *faire Charlemagne* « se retirer du jeu après avoir gagné en sortant une carte maîtresse, p. ex. *Charlemagne*, roi de cœur ». ♦ I3I **CHARLOTTE** XIXᵉ s. « coiffure féminine » et « sorte de gâteau » : var. fém. de *Charles*. ♦ I4I **CARLIN** début XIXᵉ s. « sorte de petit chien à museau noir » : nom porté par l'acteur italien *Carlo Bestinazzi* (1713-1783) dans une pièce où il jouait en costume d'Arlequin avec un masque noir.

CHASSEPOT XIXᵉ s. : du nom de l'inventeur.

CHATEAUBRIAND ou **-ANT** XIXᵉ s. « bifteck épais » comme en préparait Montmirail, cuisinier de *Chateaubriand*.

CHAUVIN XIXᵉ s. : type du soldat du Premier Empire, enthousiaste et naïf, popularisé par les gravures de Charlet et une pièce des frères Coignard, *La Cocarde tricolore* (1831) ; **CHAUVINISME** XIXᵉ s.

CHIMÈRE (sav.) XIIIᵉ s. adj. « insensé », XVIᵉ s. subst. « monstre mythologique » et « fantasme », XIXᵉ s. zool. : gr. *Khimaira*, nom d'un monstre à tête de lion, corps de chèvre, queue de serpent, soufflant le feu ; **CHIMÉRIQUE** XVIe s.

CICÉRONE XVIIIe s. : it. *cicerone* « guide verbeux qui fait visiter les monuments aux touristes » : du nom du grand orateur latin *Cicéron*.

CORNÉLIEN (sav.) XVIIe s. « héroïque » : de *Cornelius*, latinisation du nom de l'auteur tragique français Pierre *Corneille*.

COULOMB XIXe s. électricité : nom d'un physicien.

CRÉSUS XVIe s. : gr. *Kroisos*, par le lat., roi de Lydie d'une richesse fabuleuse, symbolique dès l'Antiquité.

DAGUERRÉOTYPE, -IE XIXe s. : du nom de *Daguerre*, inventeur de la photographie, avec l'élément *-type*.

DAHLIA XIXe s. : lat. bot., formé sur le nom du botaniste suédois *Dahl*.

DALTONIEN, DALTONISME XIXe s. : du nom de *Dalton*, physicien anglais atteint de ce mal, et qui l'a décrit le premier.

DAVIER XVIe s., pour *daviet* XVIe s. : dimin. de **davi*, pron. anc. du prénom biblique *David* (illustre roi d'Israël, auteur de psaumes et prophète).

DERBY XIXe s. « type de courses de chevaux, créé par Lord *Derby* en 1780 ».

DÉDALE XVIe s. : du nom du constructeur mythique du labyrinthe de Crète, gr. *Daidalos*, par le lat.

DENIS ♦III (pop.) nom de baptême et patronyme : de saint *Denis*, premier évêque de Paris et martyr : lat. *Dionysius*, gr. *Dionusios*, nom propre courant, littéralement « de Dionysos », autre nom du dieu Bacchus (→ BACCHANALE). ♦121 **DIONYSIAQUE** (sav.) XVIIIe s. : gr. *dionusiakos* « qui concerne *Dionysos* ».

DOLOMITE fin XVIIIe s., sorte de roche : du nom du naturaliste français *Dolomieu* ; **DOLOMITIQUE** XIXe s.

DRACONIEN fin XVIIIe s. : du nom de *Dracon*, sévère législateur athénien → DRAGON.

ÉGÉRIE XIXe s. « inspiratrice », et zool. : lat. *Egeria*, nymphe dont les conseils passaient pour inspirer Numa Pompilius, deuxième roi légendaire de Rome.

ELZÉVIR XVIIe s. : var. orth. de *Elzevier*, nom d'une famille d'imprimeurs hollandais (XVIe s.-début XVIIIe s.).

ÉOLIEN XVIe s. : du nom d'*Éole*, gr. *Aiolos*, par le lat., dieu chargé de la garde des vents ; **ÉOLIENNE** subst. XXe s.

ÉPICURIEN XIIIe s. sens propre ; XVIe s. sens fig. : adaptation du lat. *epicurius*, dér. de *Epicurus*, gr. *Epikouros*, philosophe prêchant une morale hédoniste ; **ÉPICURISME** XVIe s.

ESPIÈGLE XVIe s. : altération de *Ulespiegle*, adaptation du nom de *Till Eulenspiegel*, paysan facétieux, héros d'un roman all. traduit en fr. en 1559 ; **ESPIÈGLERIE** XVIIe s.

EUPHORBE XIIIe s. bot. : *euphorbia herba* « herbe d'*Euphorbus*, médecin du roi numide Juba ».

EUSTACHE fin XVIIIe s. « couteau » : du nom d'*Eustache Dubois*, coutelier de Saint-Étienne.

FARAD XIXe s. électr. : du nom du physicien *Faraday* ; **FARADISATION** XIXe s.

FAUNE XVIe s. mythol., XIXe s. « ensemble des animaux », d'après l'emploi fait à la fin du XVIIIe s. du nom de la déesse *Flore* pour désigner l'ensemble des plantes : lat. *faunus*, dieu de la fécondité des troupeaux ; **FAUNESQUE, FAUNESSE** XIXe s., dér. relatifs au premier sens ; **FAUNIQUE** XXe s. second sens.

FIACRE XVIIe s. « voiture de louage », à cause de l'image de saint *Fiacre* (ermite d'origine irlandaise du VIIe s.) qui, d'après Ménage, ornait le bureau où on les louait ; ou, d'après le dictionnaire de Trévoux, du nom d'un loueur de ces voitures.

FRANGIPANE xvie s. parfum, xviiie s. pâtisserie : du nom du marquis italien *Frangipani*, créateur du parfum.

FUCHSIA fin xviie s. : mot créé par le botaniste français Plumier d'après le nom du botaniste bavarois *Fuchs*.

GADGET xxe s. « petit objet à la mode, de peu d'utilité » : mot angl. d'origine obsc. (xixe s.) entré en collusion homonymique avec le nom propre français *Gaget* prononcé à l'anglaise. Le sculpteur Bartholdi voyant le succès de sa statue de la Liberté érigée dans le port de New-York en 1886 avait confié à l'atelier « *Gaget*, Gauthier et Cie » la production de copies en miniature.

GALLUP xxe s. : nom d'un journaliste américain, auteur de cette méthode de sondage d'opinion.

GALUCHAT fin xviiie s. « peau de poisson préparée pour la maroquinerie » : du nom de l'inventeur.

GALVANISME fin xviiie s. : du nom du physicien *Galvani*, qui découvrit l'électricité animale ; **GALVANIQUE, GALVANISER** fin xviiie s. ; **GALVANISATION, GALVANOMÈTRE, GALVANOPLASTIE** xixe s.

GARDÉNIA xviiie s. : du nom du botaniste écossais *Garden*.

GAUSS xixe s. : nom d'un physicien allemand.

GAVROCHE xixe s. : personnage des *Misérables* de Victor Hugo.

GEAI (pop.) ♦ⅠⅠⅠ xiie s. : bas lat. *Gaius*, nom de personne appliqué à un oiseau (→ pierrot, martinet, sansonnet) ; var. anc. picard *gai*. ♦|2| **CAJOLER** (pop.) xvie s. « babiller comme un geai en cage » ; xviie s., sous l'influence sémantique de *enjôler*, « dire des paroles tendres » : adaptation, sous l'infl. de *cage*, de l'anc. picard *gaioler*, croisement de *gai* et de *gaiole*, du lat. *caveola* (→ CAGE) ; **CAJOLERIE** xvie s. ♦|3| → GAZETTE.

GENTIANE xiiie s. : lat. *gentiana (herba)* « herbe de *Gentius*, roi d'Illyrie, qui aurait découvert les propriétés de la plante ».

GIBUS xixe s. « chapeau haut de forme à ressorts » : du nom de l'inventeur.

GNAF xixe s. « cordonnier » : forme abrégée de *Gnafron*, cordonnier, personnage du guignol lyonnais.

GODILLOT xixe s., altéré en **GODASSE** xxe s., argot milit. : du nom d'un fournisseur de l'armée en 1870.

GUILLAUME ♦|1| Prénom et patronyme d'origine germanique (de **wil-* « vouloir » et *helm « casque »). ♦|2| **GUILLEMET** xviie s. : du nom d'un imprimeur qui inventa ce signe graphique ; dimin. du prénom et patronyme *Guillaume*. ♦|3| **GUILLOTINE,** d'où **GUILLOTINER** fin xviiie s. : du nom du docteur *Guillotin*, dimin. de *Guillot*, lui-même dimin. de *Guillaume*. ♦|4| **WILLIAMS** xixe s. « variété très juteuse de poire bon-chrétien » : du nom de son introducteur en Angleterre : équivalent angl. du fr. *Guillaume*.

HERCULÉEN xvie s. : du nom d'*Hercule* demi-dieu gréco-latin.

HERMAPHRODITE xiiie s. *hermefrodis*, xve s. forme mod. : lat. *hermaphroditus* « fils bisexué d'Hermès et d'Aphrodite », d'où « androgyne ».

HERMÉTIQUE xviie s. « relatif à l'alchimie » (fermeture parfaite des récipients alchimiques et caractère ésotérique de la science) : dér. sur le nom d'*Hermès trismégiste*, nom grec du dieu Toth des Égyptiens, qui passait pour avoir fondé l'alchimie ; **HERMÉTISME** xxe s.

HORTENSIA xviiie s. en lat., xixe s. en fr. ; formé par le botaniste Commerson en l'honneur d'*Hortense Lepaute*, femme d'un célèbre horloger du xviiie s.

JACQUES famille du nom de saint Jacques le Mineur, martyr, et de saint Jacques le Majeur, apôtre et martyr ; popularisé par le pèlerinage de Saint-Jacques-de-Compostelle, de *Jacobus*, forme latinisée du nom de *Jacob*, patriarche biblique ; ce prénom a servi au Moyen Âge à désigner d'une part les paysans (en particulier, sous la forme *Jacques Bonhomme* XIVe s., les paysans révoltés pendant la guerre de Cent Ans) et d'autre part le geai et la pie.

I. mots populaires
A. dérivés de *Jacques*, nom de personne.

♦ |1| **JAQUETTE** XIVe s. « veste de paysan » : probablement dér. de *Jacques* au sens de paysan ; XIXe s. « couverture de livre » : angl. *jacket*, empr. au fr. ♦ |2| **JACQUERIE** XIXe S. « soulèvement de paysans ». ♦ |3| **JAQUEMART** XVIe s. : dér. de *Jaqueme*, forme picarde anc. de *Jacques*. ♦ |4| **JACQUARD** XIXe s. : nom de l'inventeur de ce métier à tisser : dér. de *Jacques*.

B. dérivés de *Jacques*, nom d'oiseau

♦ |1| **JACTER** XIXe s. « bavarder » : de *jaqueter* « babiller comme un geai » (adopté p.-ê. sous l'influence de *jectance* « vanterie », d'origine lat.). ♦ |2| **JACASSER** XIXe s. : p.-ê. altération de *jacter* ; plus probablement, dér. de *jacasse*, var. fém. de *Jacques* analogique d'*agace*, nom de la pie très répandu dans les dial. ♦ |3| **JACQUOT** XVIIIe s. « perroquet ».

II. mots savants :

JACOBIN XIIIe s. « dominicain » (leur premier couvent à Paris étant situé rue Saint-Jacques) ; fin XVIIIe s. « club politique installé dans l'ancien couvent » ; **JACOBINISME** fin XVIIIe s.

JACINTHE ♦ |1| (demi-sav.) XIIe s. « topaze », XIVe s. « fleur » : gr. *huakinthos*, par le lat., « fleur née du sang de *Huakinthos*, favori d'Apollon qui le tua par mégarde en lançant un disque ». ♦ |2| **HYACINTHE** (sav.) XVIe s. : *huakinthos*.

JANVIER (pop.) XIe s. : lat. *januarius*, dér. de *Janus*, dieu des portes et des passages, à deux visages.

JEAN ♦ |1| d'abord *Jehan*. Prénom et patronyme très courants (de saint Jean, le Baptiste ou l'Évangéliste) : lat. *johannes* adaptation d'un nom hébreu signifiant « Dieu accorde ». ♦ |2| **JEANNOT** XVIe s. « niais » ; **JEAN-FOUTRE** XVIIe s. ♦ |3| **JEANNETTE** XVIIIe s. bot., XIXe s. ellipse de *croix à la Jeannette* XVIIIe s. « grande croix d'or suspendue au cou par une chaîne ou un ruban » ; XXe s. « planchette à repasser montée sur pied » : dimin. de *Jeanne*, fém.

de *Jean*. ♦ |4| **DON JUAN** XIXe s. « séducteur » : personnage du théâtre espagnol réutilisé par Molière ; *Juan* est l'équivalent esp. du fr. *Jean* ; **DONJUANISME, DONJUANESQUE** XIXe s. ; pour le premier élément → DAME. ♦ |5| **JOCKEY** XVIIIe s. : mot angl. dér. de *Jock*, var. dial. écossaise de *Jack*, lui-même hypocoristique de *John*, équivalent angl. du fr. *Jean*, p.-ê. par l'intermédiaire de la forme néerl. *jankin*. ♦ |6| **JACQUET** XIXe s. jeu : var. de l'angl. *jockey*, la dame qu'on avance la première, portant le nom de « postillon ». ♦ |7| **YANKEE** XVIIIe s. : mot anglo-américain : p.-ê. néerl. *janke* « petit Jean », surnom des Hollandais et des Anglais établis en Nouvelle-Angleterre.

JÉRÉMIADE XVIIe s. : du nom du prophète *Jérémie* dont on lit les lamentations pendant les offices de la Semaine sainte.

JERRICAN XXe s. : mot angl., de *Jerry*, prénom servant à désigner les Allemands, et *can* « récipient » (apparenté au fr. *canne* → CHENAL).

JÉSUS ♦ |1| nom du Christ : rarement utilisé comme patronyme, jamais comme prénom en français : hébreu *Yehoshua* « Dieu sauve » ; XVIIIe s. « papier portant en filigrane le monogramme du Christ » ; XIXe s. terme de tendresse. ♦ |2| **JÉSUITE** XVIe s. « membre de la compagnie de *Jésus* », fondée en 1534 par Ignace de Loyola ; XVIIe s. « hypocrite » (à cause de la souple casuistique des moralistes jésuites) : esp. *Jesuita*. dér. de Jésus ; **JÉSUITIQUE** fin XVIe s. ; **JÉSUITISME** XVIIe s.

JOBARD XVIe s., *joubard*, puis XIXe s. : probablement dérivé du nom du personnage biblique *Job*, à cause de sa résignation dans le malheur, et des reproches que lui adressent sa femme et ses amis.

JOULE XIXe s. : nom d'un physicien anglais.

JUDAS XIIIe s. « traître », fin XVIIIe s. « petite ouverture pour voir sans être vu » : nom de celui des douze apôtres qui trahit le Christ.

JUIF ♦ |1| (pop.) Xe s. : réfection, au XIIIe s. d'après le fém. *juive*, du masc. *juieu*, du lat.

judaeus, du gr. *ioudaios*, littéralement, membre de la tribu de *Juda*, patriarche biblique, un des douze fils de Jacob, le nom de cette tribu ayant été étendu à l'ensemble du peuple ; JUIVERIE XVIᵉ s., réfection de *juerie* XIIᵉ s. (→ aussi SÉMITE et GOUJAT). ♦|2| YIDDISH XIXᵉ s. : transcription angl. de l'all. *Jüdisch* « juif ». ♦|3| YOUTRE XIXᵉ s. : all. dial. *Juder* « juif ». ♦|4| YOUDI XIXᵉ s. : mot arabe d'Algérie, de l'arabe class. *yahudi* « juif » ; YOUPIN XIXᵉ s. forme altérée et péjorative. ♦|5| JUDAÏQUE (sav.) XVᵉ s. : lat. *judaicus* « de Juda » ; JUDAÏSME XIIIᵉ s. : lat. eccl. *judaismus*.

JUIN XIIᵉ s. (pop.) : lat. *junius*, d'après le nom de *Junius* Brutus, premier consul de Rome.

JULES ♦|1| nom de baptême : forme sav. du nom de deux saints des IIIᵉ et IVᵉ s., popularisé, à partir de la Renaissance, par la gloire de Jules César : lat. *Julius*, nom d'une ancienne famille patricienne à Rome ; XIXᵉ s. argot « souteneur » et « vase de nuit ». ♦|2| JUILLET XIIIᵉ s. : croisement de *juil*, du lat. *julius* et de *juignet* (dimin. de *juin* qu'il a éliminé au XVIᵉ s.). Après la mort et l'apothéose de César, le mois de sa naissance, anc. *quinctilis*, lui fut consacré et prit son nom. ♦|3| JULIENNE XVIIᵉ s. plante, XVIIIᵉ s. sorte de potage aux légumes : du prénom *Julienne*, fém. de *Julien*, du lat. *Julianus*, dér. de *Julius*.

KLAXON XXᵉ s. : nom d'une firme américaine, qui a fabriqué la première cet avertisseur ; KLAXONNER XXᵉ s.

LADRE XIIIᵉ s. (pop.) « lépreux », XVIIᵉ s. « avare » (une métaphore courante associant l'idée d'« avarice » à celle de « maladie de peau ») : lat. *Lazarus*, le pauvre Lazare qui gisait, couvert d'ulcères, à la porte du mauvais riche (Luc, XVI, 19) ; LADRERIE XVIᵉ s.

LAÏUS XIXᵉ s. argot scolaire, le premier sujet de composition française donné à Polytechnique étant un « discours de *Laïus*, père d'Œdipe ».

LAPALISSADE XIXᵉ s. « vérité de M. de *La Palice* », d'après la célèbre chanson populaire, terminée par : *un quart d'heure avant sa mort, il était encore en vie*.

LAVALLIÈRE XIXᵉ s. « cravate à grand nœud » : du nom de Louise de *La Vallière*, maîtresse de Louis XIV.

LÉVITE XIIᵉ s. sens propre ; XVIIIᵉ s. vêtement, d'après le costume des lévites au théâtre : lat. eccl. *levita* « membre de la tribu de *Lévi* (patriarche biblique) spécialement consacrée au culte du Temple de Jérusalem ».

LIARD XVᵉ s. : d'après Ménage, monnaie créée en Dauphiné par Guigues *Liard*.

LUTIN d'abord *netun* XIIᵉ s., altéré en *nuiton* sous l'influence de *nuit*, puis en *luiton* sous l'influence de *luitier*, forme anc. de *lutter*, enfin au XVᵉ s. en *lutin*, par changement de suff. : semble remonter au lat. *Neptunus* « Neptune », dieu de la Mer, qui figure dans une liste de démons au VIIᵉ s. ; LUTINER XVIᵉ s.

LYNCHER XIXᵉ s. : formé sur l'anglo-américain *lynch law* « loi *(law)* de *Lynch* (nom d'un fermier de Virginie qui avait institué au XVIIIᵉ s. un tribunal privé) » ; LYNCHAGE XIXᵉ s.

MACABRE ♦|1| Adj. tiré de l'expression *danse macabre* XIXᵉ s., mauvaise lecture pour *danse Macabré* XIVᵉ s., dont le second élément est une altération de *Macchabées* (chefs juifs ayant résisté par les armes à la tentative d'hellénisation d'Atiochus Épiphane, et martyrisés par lui), probablement à cause d'un passage du *Livre des Macchabées*, lu à l'office des défunts, où il est dit qu'il faut prier pour les morts afin qu'ils soient libérés de leurs péchés. ♦|2| MACCHABÉE (sav.) XIXᵉ s. ou MACAB « cadavre », argot d'étudiants en médecine, d'après le précédent.

MACADAM XIXᵉ s. : du nom de son inventeur, l'Écossais *MacAdam* ; MACADAMISER XIXᵉ s.

MACHIAVÉLIQUE XVIᵉ s. : du nom de *Machiavel*, théoricien politique florentin du XVIᵉ s.

MADELEINE XIX° s. nom de gâteau, du prénom de la cuisinière qui l'avait créé.

MAGOT XV° s. « singe », XVI° s. sens fig. mod. : du nom de *(Gog et) Magog* (Apocalypse, XX, 8) : peuples orientaux hostiles aux chrétiens.

MAGNOLIA XVIII° s. : du nom du botaniste *Magnol*.

MAILLECHORT XIX° s. : du nom des inventeurs, les deux ouvriers lyonnais *Maillot* et *Chorier*.

MALTHUSIEN et **MALTHUSIANISME** XIX° s. : du nom de *Malthus*, économiste anglais de début du XIX° s. préconisant la limitation des naissances.

MANCENILLE ♦ⅠⅠⅠ XVII° s. esp. *manzanilla*, dimin. de *manzana* « pomme » : lat. *mattiana mala* « pommes de Caius Mattius (agronome romain du I°ʳ s. av. J.-C.) » ; **MANCENILLIER** XVII° s. ♦Ⅰ2Ⅰ **MANZANILLA**, sorte de vin d'Espagne, mot esp.

MANICHÉEN (sav.) XVII° s. : gr. *manikhaios*, par le lat., « adepte de la religion du Persan *Manès* (III° s.), pour qui le Bien et le Mal sont deux principes fondamentaux, égaux et antagonistes » ; **MANICHÉISME** XVII° s.

MANSARDE XVII° s., d'abord *combles à la mansarde*, du nom de l'architecte *Mansard* ; **MANSARDÉ** XIX° s.

MAOUS XIX° s. argot « gros » : mot dial. (Anjou) *mahou*, du prénom fém. *Mahaut*, var. anc. de *mathilde*, d'origine germ. (**mat* « force » et **hild* « combat »).

MARIE ♦ⅠⅠⅠ Prénom fém. : nom de la Vierge : lat. *Maria* ; adaptation (p.-ê. sous l'influence de *Marius*) de l'hébreu *Miriam*. ♦Ⅰ2Ⅰ **MARIONNETTE** XV° s. « ducat frappé à l'image de la Vierge », et « petite fille » ; XVI° s. sens mod. : dimin. de *Marion*, lui-même dimin. de *Marie*. ♦Ⅰ3Ⅰ **MAROTTE** XV° s. « poupée », XVI° s. bâton surmonté d'une tête ornée d'un capuchon à grelots, instrument de bouffon ; XVII° s. « idée folle, caprice » : dimin. de *Marie*. ♦Ⅰ4Ⅰ **MARIOL** ou **MARIOLLE** XIX° s. argot, « malin » : probablement emploi fig. de l'anc. fr. *mariole* XIII° s. « petite image de la Vierge », figurine sainte », dimin. de *Marie* ; it. *mariolo* « filou », dér. de l'expression *far le marie* « feindre la dévotion ou la simplicité ». ♦Ⅰ5Ⅰ **MARIAL** XVI° s. puis XX° s. ; **MARISTE, MARIANISTE** XX° s. : dér. sav. formés sur *Maria*.

MARITORNE XVII° s. *malitorne* ; XVIII° s. forme mod. : esp. *Maritornes*, personnage de *Don Quichotte*, fille d'auberge remarquable par sa laideur.

MARIVAUDAGE, MARIVAUDER XVIII° s. : du nom de *Marivaux*, auteur de comédies du XVIII° s., en raison du caractère subtil et recherché de ses dialogues.

MARS ♦ⅠⅠⅠ (pop.) XIII° s., nom de mois : lat. *(mensis) martius*, « mois de Mars », de *Mars, Martis*, dieu de la Guerre. ♦Ⅰ2Ⅰ **MARDI** (pop.) XII° s. → DIEU : *Martis dies* « jour de Mars ». ♦Ⅰ3Ⅰ **MARS** (sav.) XIV° s., planète, d'où **MARTIEN** XVI° s. ♦Ⅰ4Ⅰ **MARTIAL** (sav.) XVI° s. « valeureux », XVIII° s. « d'allure belliqueuse » : lat. *martialis*, dér. de *Mars* ; *cour, loi martiale* XVIII° s.

MARTIN ♦ⅠⅠⅠ nom de baptême et patronyme : de *Martinus*, saint Martin, renommé au Moyen Âge pour sa charité, évêque de Tours et évangélisateur de la Gaule ; divers emplois péjoratifs tels que *l'âne Martin, Martin-bâton*. ♦Ⅰ2Ⅰ **MARTINET** dimin. du prénom Martin, a désigné d'une part un oiseau XVI° s. (→ JACQUES, PIERRE, SANSONNET), d'autre part divers objets : XIV° s. « marteau à bascule » et « machine de guerre », XVII° s. « cordage », XVIII° s. « fouet à lanières ». ♦Ⅰ3Ⅰ **MARTIN-PÊCHEUR** XVII° s. : réfection de *martinet-pêcheur*, nom d'oiseau XVI° s.

MARXISME, MARXISTE fin XIX° s. : du nom du philosophe et économiste allemand *Karl Marx*.

MASOCHISME XIX° s. : du nom de l'Autrichien Sacher *Masoch*, auteur de romans d'un érotisme pathologique.

MASSICOT, MASSICOTER, XIX° s. : du nom de l'inventeur.

MAUSOLÉE (sav.) XVIᵉ s. : gr. *Mausôleion*, par le lat., « tombeau luxueux élevé pour le roi de Carie *Mausole*, par sa veuve Artémise », appliqué ensuite au tombeau de l'empereur Auguste.

MÉCÈNE XVIᵉ s. : lat. *Mecenas*, nom de l'ami de l'empereur Auguste, protecteur des lettres et des arts, pris comme nom commun dès le lat. ; **MÉCÉNAT** XIXᵉ s.

MÉGÈRE (sav.) XVᵉ s. : gr. *Megaira*, par le lat., nom d'une des Furies, c.-à-d. des trois divinités infernales chargées d'exercer sur les criminels la vengeance divine.

MENTOR XVIIIᵉ s. : gr. *Mentôr*, héros de l'*Odyssée*, ami d'Ulysse, dont la déesse Athéna a pris l'aspect pour accompagner Télémaque parti à la recherche de son père ; popularisé par le *Télémaque* de Fénelon.

MERCERISÉ (fil) fin XIXᵉ s. : du nom de *Mercer*, inventeur de ce traitement des fibres textiles.

MERCREDI, MERCURE → MARCHÉ.

MICHEL ♦ |11 nom de baptême et patronyme : *Michael*, nom d'un archange, mot hébreu, « qui est comme Dieu ? ». ♦ |21 **MICHÉ** XVIIIᵉ s. argot « jobard » puis « celui qui paie l'amour » : prononciation anc. de *Michel*. ♦ |31 **MICHELINE** XXᵉ s. automotrice : du nom de son inventeur, *Michelin*, dimin. de *Michel*.

MITHRIDATISER (sav.) XIXᵉ s. « immuniser contre les poisons, comme *Mithridate*, roi du Pont (1ᵉʳ s. av. J.-C.) ».

MOÏSE ♦ |11 nom d'un personnage biblique ; XIXᵉ s. « corbeille servant de berceau aux nouveau-nés », parce que Moïse fut, à sa naissance, exposé sur le Nil dans une corbeille. ♦ |21 **MOSAÏQUE** (sav.) XVIᵉ s. : lat. mod. *mosaïcus* « de Moïse ».

MOLOCH XVIᵉ s. : dieu des Ammonites, célèbre pour sa cruauté.

MONTGOLFIÈRE fin XVIIIᵉ s. : invention des frères *Montgolfier*.

MORMON XIXᵉ s. : du nom du *Livre de Mormon*, attribué à un prophète juif de ce nom, en réalité œuvre de S. Spaudling (1761-1816).

MORPHINE XIXᵉ s. « substance soporifique » : du nom de *Morphée*, dieu grec du Sommeil ; **MORPHINOMANE** fin XIXᵉ s.

MORSE XIXᵉ s. code : mot anglo-américain, du nom de l'inventeur.

NARCISSE (sav.) XIVᵉ s. « fleur », d'abord sous la forme *narciz* ; fin XVIᵉ s. « homme qui s'admire lui-même » : gr. *narkissos*, par le lat., « fleur issue de la métamorphose de Narcisse, personnage mythologique mort en contemplant sa propre image dans une fontaine » ; **NARCISSISME** XXᵉ s.

NICOLAS ♦ |11 nom de baptême et patronyme : de saint *Nicolas*, évêque de Lycie (IVᵉ s.) auquel on attribuait la résurrection de trois petits enfants tués par un boucher : lat. *Nicolaus* : gr. *Nikolaos*, de *nikê* « victoire » et *laos* « peuple ». ♦ |21 **COLIN**, var. hypocoristique de *Nicolas*, qui a dû faciliter l'adoption du nom de poisson (→ ce mot) ; XVIᵉ s. « poule d'eau » et **COLIN-MAILLARD, COLIN-TAMPON**, nom de jeux.

NICOTINE XIXᵉ s. produit extrait du tabac : du nom de *Nicot*, ambassadeur de France à Lisbonne, qui, le premier, en 1560, envoya du tabac à Catherine de Médicis ; d'où *herbe à Nicot*, *herbe à la reine*, anc. noms du tabac (au XVIᵉ s. var. *nicotiane* : lat. mod. *nicotiana herba*) ; **DÉNICOTINISER**, XIXᵉ s.

NIGAUD XVIᵉ s. : abrév. de *Nigodème*, prononc. pop. de *Nicodème*, pharisien, disciple du Christ en cachette (Jean, III, 1-21) ; **NIQUEDOUILLE** XVIIᵉ s., var. **NIGUEDOUILLE** XVIIIᵉ s. : autre altération de *Nicodème*.

OBSIDIENNE XVIIᵉ s. : lat. *obsidiana (petra)* « pierre d'*Obsius* (qui aurait découvert ce minéral) ».

OCÉAN → ce mot.

ODYSSÉE XIXᵉ s., emploi figuré du titre du grand poème d'Homère racontant les aventures d'Ulysse pendant son voyage de retour de Troie : gr. *Odusseia*, dér. de *Odusseus* « Ulysse ».

OGRE (pop.) xiv° s. : probablement altération, sous l'influence de *bougre*, d'une forme *orc, du lat. *Orcus*, nom d'une divinité infernale (Pluton en gr.) ; **OGRESSE** fin xvii° s.

OHM xix° s. : nom d'un physicien.

OLIBRIUS xvi° s. : nom d'un empereur d'Occident du v° s., appliqué par *La Légende dorée* au gouverneur d'Antioche, persécuteur de sainte Marguerite.

ONANISME xviii° s. : du nom d'*Onan*, personnage biblique que Yahvé fit mourir parce qu'il lui avait déplu en pratiquant ce vice (Genèse, XXXVIII, 9).

ORPHÉE ♦|1| (sav.) : gr. *Orpheus*, musicien de la mythologie grecque, capable de charmer par le son de sa lyre jusqu'à Hadès, et qui passait pour le fondateur de mystères et de rites d'initiation pour la vie présente et future. ♦|2| **ORPHÉON** xviii° s. instrument de musique, xix° s. « chœurs scolaires » puis « fanfare » : dér. du nom d'*Orphée*, analogique d'*Odéon* → ODE. ♦|3| **ORPHIQUE** xviii° s. et **ORPHISME** xix° s. « qui concerne les mystères d'Orphée » : gr. *orphikos*.

OTTOMANE xviii° s. siège d'origine orientale ; **OTTOMAN** xix° s. étoffe : d'un nom des Turcs tiré de celui d'*Othman Ier*, fondateur d'une dynastie qui régna de 1259 à 1326.

PALLADIUM xii° s., puis xvi° s. « statue de la déesse *Pallas* protectrice de la ville de Troie » : mot lat. du gr. *palladion* ; xix° s. métal : nom tiré par l'Anglais Wollaston du nom de la planète *Pallas* récemment découverte.

PALMER xix° s. : du nom de l'inventeur.

PAMPHLET xvii° s. : mot angl., altération de *Pamphilet*, dimin. de *Pamphile*, titre fr. d'une comédie en vers lat. du xii° s., *Pamphilus seu de Amore*, célèbre pour son portrait satirique d'une vieille entremetteuse ; d'où le sens d'« écrit satirique » ; **PAMPHLÉTAIRE** xviii° s.

PANDORE xix° s. : nom du gendarme dans une chanson de G. Nadaud, *Pandore ou les deux gendarmes* ; emploi plaisant d'un anc. nom mythol. grec.

PANIQUE (sav.) xv° s. adj. *terreur panique* ; xix° s. subst. : gr. *panikos*, du nom du dieu grec *Pan* le « chèvre-pieds », protecteur des troupeaux, mais capable de troubler les esprits et que les Athéniens vénéraient pour avoir inspiré une terreur *panique* aux Perses pendant les guerres médiques ; **PANIQUER** xx° s. fam.

PANTALON xvi° s. « personnage de la Comédie-Italienne vêtu d'un habit vénitien tout d'une pièce » ; d'où **PANTALON-NADE** xvi° s. ; xvii° s. « haut-de-chausses qui tient avec les bas » ; xix° s. sens mod.

PASQUINADE xvi° s. : it. *pasquinata*, dér. de *Pasquino*, nom donné à une statue antique sur laquelle les Romains de la Renaissance avaient pris l'habitude de coller des placards satiriques ; **PASQUILLE** xvi° s. : altération de *Pasquin*.

PASTEURISER xix° s. : procédé inventé par *Pasteur* ; **PASTEURISATION** xix° s.

PÉPIN xix° s. « parapluie », personnage d'un vaudeville de 1807, *Romainville ou la promenade du dimanche*, qui entrait en scène armé d'un grand parapluie.

PHAÉTON xviii° s. voiture : allusion mythologique à *Phaéton* conducteur imprudent du char du Soleil.

PHÉBUS xvii° s. littér. : nom du dieu lat. grec *Phoibos* « le brillant », surnom d'Apollon, dieu du Soleil et de la Poésie.

PHÉNIX (sav.) xii° s. oiseau mythologique d'une grande beauté, seul de son espèce et qui renaissait de ses cendres ; xvi° s. sens fig. : gr. *phoinix*, littéralement « pourpre », par le lat. (du nom des Phéniciens, inventeurs de la pourpre).

PHILIPPIQUE XVIe s. « discours de Démosthène contre *Philippe* de Macédoine », « satire politique » ; XVIIe s. « violent discours contre une personne » : gr. *philippikai*, du nom propre *Philippos* (→ ÉQUESTRE).

PIERRE ♦111 prénom. → ce mot ; **PIERROT** XVIIe s. « moineau » ; XVIIIe s., personnage de la pantomime, au visage enfariné et vêtu de blanc ; popularisé au XIXe s. par Deburau ; dimin. du prénom *Pierre* ; **PIERRETTE** XIXe s. « femelle du pierrot » et « fille déguisée en pierrot ». ♦121 **PERROQUET** XIVe s. : dér. de *Perrot*, dimin. de *Pierre*, d'abord nom propre donné à un *papegaut* (→ *martinet, jacasse, sansonnet*) ; XVIe s. *voile de perroquet* et XVIIe s. *mât de perroquet*, par analogie avec le perchoir d'un perroquet → CACATOÈS ET PSITTACISME. ♦131 **PERRUCHE** XVIIIe s. : altération, par changement de suff. de *perrique*, var. *perroquet* XVIIe s. : esp. *perica* et *periquita*, fém. et dimin. de *perico* « perroquet », dér. de *Pero*, var. de *Pedro*, du lat. *Petrus*. ♦141 **PÉRONNELLE** XVe s., nom commun : dimin. de *Perron, Perronne* dér. anc. de *Petrus*, ou bas lat. *Petronilla*, dér. de *Petrus* : héroïne d'une chanson célèbre au XVe s., d'où XVIIe s. et dial. *chanter la péronnelle* « dire des sottises ». ♦151 → aussi PÉTREL.

POUBELLE XIXe s. : nom du préfet de la Seine qui imposa l'usage de cette boîte à ordures en 1884.

PRALINE XVIIe s. : confiserie inventée par le cuisinier du maréchal du Plessis-*Praslin* ; d'abord *amandes à la praline* ; **PRALINER** XVIIIe s. ; **PRALIN** XIXe s.

PRIAPÉE (sav.) XVe s. « œuvre licencieuse » ; gr. *priapeion (metron)* « vers de Priape », au plur. « poème sur Priape, dieu des Jardins et de la Fécondité ».

PULLMAN fin XIXe s. : mot angl., du nom de l'inventeur.

QUINQUET fin XVIIIe s. « lampe », XIXe s. « œil » : lampe inventée en 1782 par le physicien Argaud, perfectionnée, fabriquée et vendue par le pharmacien *Quinquet*.

RAGLAN XIXe s. mode : du nom de Lord *Raglan*, commandant de l'armée anglaise en Crimée, qui portait ce type de pardessus.

RENARD XIIIe s. : nom du *goupil* dans le *Roman de Renart*, nom propre d'homme d'origine germ., *Reginhart*, de **ragin* « conseil » et **hart* « dur » ; **RENARDEAU** XIIIe s.

RHÉSUS (sav.) fin XVIIIe s. singe ; XXe s. biol. : appellation mythologique arbitraire, nom d'un anc. roi de Thrace.

RIFLARD XIXe s. « parapluie » : nom d'un personnage d'une comédie de 1801, *La Petite Ville*, de Picard, qui portait toujours un parapluie (→ PÉPIN).

RIGODON ou **RIGAUDON** fin XVIIe s. : du nom de *Rigaud*, inventeur de cette danse.

RIPOLIN → HUILE.

ROBINET XVe s., « griffon d'une fontaine, souvent en forme de tête de bélier » : dimin. de *Robin*, nom traditionnel du mouton, lui-même dimin. du prénom *Robert* ; du germ. *Hrodberht*, de **hrod* « gloire » et **behrt* « brillant » ; **ROBINETTERIE** XIXe s.

ROCAMBOLESQUE XIXe s. : de *Rocambole*, nom d'un personnage de Ponson du Terrail aux aventures extraordinaires.

RODOMONTADE XVIe s. : de *Rodomonte*, nom d'un personnage plein de hardiesse et d'insolence, dans le *Roland furieux* de l'Arioste.

RUOLZ XIXe s. : du nom de l'inventeur, un chimiste français.

RUSTINE XXe s. : du nom du fabricant, marque déposée.

SACRIPANT XVIIe s. : it. *Sacripante*, personnage de l'*Orlando innamorato* de Boiardo.

SADIQUE, SADISME XIXe s. : du nom du marquis de *Sade*, auteur de romans d'un érotisme cruel.

SANDWICH fin XVIIIe s. : mot angl., mets froid, prisé par le comte de *Sandwich*, parce qu'il lui permettait de manger sans s'interrompre de jouer ; **HOMME-SANDWICH** XXe s.

SANSONNET XVe s. : dimin. de *Sanson*, var. de Samson, nom de baptême d'origine biblique (→ aussi PIERRE, MARTIN, JACQUES, GEAI et PÉTREL).

SAPHIQUE (sav.) XIVe s. : gr. *sapphikos* « (mètre) pratiqué par Sappho, antique poétesse de l'île de Lesbos en Grèce » ; **SAPHISME** XIXe s. « mœurs décrites dans les poèmes de Sappho ».

SATANIQUE (sav.) XVe s. : dérivé de *Satan*, nom biblique de l'Esprit du Mal ; **SATANISME** XIXe s. ; **SATANÉ** XIXe s.

SATURNALES (sav.) XIVe s. : lat. *saturnalia* « fêtes en l'honneur du dieu *Saturne*, père de Jupiter, qui avaient lieu à Rome à partir du 17 décembre ; jours de liberté absolue, de réjouissances, où l'on échange des cadeaux, et où les esclaves sont traités sur le même pied que les maîtres ».

SAVARIN XIXe s. : du nom de Brillat-*Savarin*, célèbre gastronome.

SAXOPHONE XIXe s. : du nom de l'inventeur A. *Sax*, avec l'élément *-phone* ; abrégé en **SAXO** XXe s. ; **SAXOPHONISTE** fin XIXe s.

SÉIDE XIXe s. : personnage du *Mahomet* de Voltaire, affranchi de Mahomet, auquel il était aveuglément soumis : de l'arabe *Zayd*.

SÉMITE XIXe s. : du nom de *Sem*, fils de Noé tenu pour l'ancêtre des peuples sémitiques (Genèse, X, 30) ; **SÉMITIQUE** fin XVIIIe s. ; **SÉMITISME, ANTISÉMITISME** XIXe s.

SHRAPNEL XIXe s. : mot angl. du nom de l'inventeur, le général *Shrapnel*.

SILÈNE XVIIIe s. bot. : lat. *Silenus*, père nourricier de Bacchus, représenté gonflé comme une outre.

SILHOUETTE XVIIIe s. *portrait à la silhouette*, du nom d'Étienne de Silhouette, limousin, d'origine basque (son nom est apparenté à *zilo*, → SILO), qui se plaisait à décorer son château de Bry-sur-Marne de dessins exécutés en traçant un trait autour de l'ombre d'un visage.

SIMONIE XIIe s. : du nom de *Simon* le Magicien, qui avait voulu acheter aux apôtres Pierre et Paul le don de conférer le Saint-Esprit (Actes, VIII, 9-24) ; **SIMONIAQUE** XVe s.

SOSIE XVIIIe s. esclave d'Amphitryon, dont le dieu Mercure avait pris la forme (→ AMPHITRYON).

SPENCER fin XVIIIe s. : mot angl., du nom de Lord *Spencer*.

STAKHANOVISME XXe s. : du nom de l'ouvrier russe *Stakhanov*.

STENTOR (sav.) XVIe s. : nom d'un guerrier de l'*Iliade*, à la voix aussi puissante que celle de cent hommes.

STRASS XVIIIe s. : nom d'un joaillier.

SYPHILIS XVIIIe s. : mot lat. mod., du nom du berger *Syphilus*, personnage des *Métamorphoses* d'Ovide, dont l'humaniste italien Fracastor (XVIe s.) a fait le héros d'une légende selon laquelle, frappé de ce mal par Apollon, il aurait été guéri par la nymphe *Americca* au moyen d'un remède tiré d'une plante de son pays, le gaïacol ; **SYPHILITIQUE, ANTISYPHILITIQUE** XVIIIe s.

TAYLORISME XXe s. : angl. *taylorism*, du nom de l'ingénieur américain F. *Taylor*.

TILBURY XXe s. : mot angl., nom du carrossier qui créa cette sorte de voiture.

TITAN XIVe s. mythol., XIXe s. sens fig. mod. : nom du père des Géants dans la mythol. gréco-latine ; **TITANESQUE** XIXe s.

TRITON XVIe s. : du nom d'une divinité marine grecque.

TURLUPINER XVIIe s. : de *Turlupin* (XIVe s. « secte d'hérétiques », XVIe s. « mauvais plaisant ») : mot d'origine obscure, choisi comme surnom par Legrand, auteur de farces au début du XVII° s.

VESPASIENNE XIX° s. : du nom de l'empereur *Vespasien*, qui établit, à Rome, une taxe sur les urines.

VESTALE XIV° s. adj., XVI° s. subst. : lat. *(virgo) vestalis* « vierge consacrée à *Vesta*, déesse du feu domestique ».

VOLCAN XIV° s. : it. *volcano*, du lat. *Vulcanus* « Vulcain », nom du dieu-forgeron, qui passait pour avoir sa résidence dans l'Etna ; **VOLCANIQUE** XVIII° s. ; **VOLCANISME** XIX° s. ; **VOLCANO-** ou **VULCANOLOGIE** XX° s. ; **VULCANISER** XIX° s. : angl. *to vulcanize*.

VOLT XIX° s. : du nom du physicien it. *Volta* ; **VOLTMÈTRE, VOLTAGE, SURVOLTER** XIX° s.

WATT et **KILOWATT, HECTOWATT**, fin XIX° s. : du nom d'un physicien écossais ; **WATTMAN**, fin XIX° s. : faux anglicisme, mot formé de *watt* « unité de mesure de l'électricité » et de *man* « homme ».

ANNEXE IV

Mots dont l'étymon est un nom de pays ou de peuple, réel ou mythique.

AGATE (demi-sav.) XIIIe s., a éliminé l'anc. fr. *acate* XIIe s. : gr. *Akhatês*, par le lat., nom d'une rivière de Sicile près de laquelle on trouvait cette roche dure aux couleurs variées ; **AGATISÉ** XIXe s.

ALÉNOIS (cresson) (pop.) XVIe s. : altér. de l'anc. fr. *orlenois* « d'Orléans ».

ALPES (sav.) montagnes d'Europe : lat. *Alpes*, mot d'origine celtique ; **ALPIN** XVIe s. : lat. *alpinus* ; **ALPESTRE** XVIe s. : it. *alpestre* ; **ALPAGE** début XIXe s. **ALPINISME, ALPINISTE** fin XIXe s. ; **ALPENSTOCK** XIXe s. : composé de l'all. *alpen* « Alpes » et *Stock* « bâton ».

AMAZONE (sav.) XIIIe s. nom propre, XVIIe s. « femme guerrière », XVIIIe s. « femme qui monte à cheval » : grec *Amazôn*, au plur. « guerrières de légende vivant sans hommes qui se tranchaient un sein pour mieux tirer à l'arc » : étym. obs. ; selon une étym. pop. des Anciens, de *a-* privatif et *mazos* « mamelle ».

ANDRINOPLE XIXe s. « rouge turc » puis « étoffe rouge » : nom d'une ville de Turquie.

APACHE XXe s. : nom d'un peuple indien d'Amérique présenté comme particulièrement féroce par divers romans d'aventures, au début du XXe s. ; employé par les journalistes pour désigner la pègre de l'ancienne « zone » de Paris.

ARABIQUE (gomme) XIIIe s. : lat. *arabicus*, dér. de *arabus* « arabe », du gr. *araps*, *arabos*, nom de peuple ; **ARABESQUE** XVIe s. « arabe », XVIIe s. « décoration de style arabe » : it. *arabesco* ; **ARABISER, ARABISANT, ARABISME** XIXe s., **ARABISATION** XXe s. ; **MOZARABE** XVIIIe s. : mot de l'anc. esp., « chrétien qui vivait dans l'Espagne mauresque » : arabe *musta'rib* « arabisé ».

ATTIQUE XVe s. subst., XVIIe s. *(étage) attique* : lat. *atticus*, gr. *attikos* « de la région d'Athènes » ; **ATTICISME** XVIe s. : *attikismos* « emploi de la langue attique ».

AVELINE (pop.) XVe s. : altération, par substitution de suffixe, de l'anc. fr. *avelaine* XIIIe s. : lat. *(nux) abellāna* « (noisette) d'Abella (en Campanie) ».

BAÏONNETTE XVIe s. « arme, d'abord fabriquée à *Bayonne* (Pyrénées-Atlantiques) ».

BALDAQUIN XIVe s. : it. *baldacchino* « étoffe de soie », de *Baldacco*, anc. nom it. de Bagdad.

BATAVIA XIXe s. salade : du lat. *Batavi*, anc. nom des peuples de Hollande.

BAUXITE XIXe s. : minerai dont le premier gisement a été signalé aux *Baux* de Provence.

BEIGE XIIIe s. : sans doute lat. *baetĭcus* « de la province de *Bétique*, au sud-ouest de l'Espagne, dont la laine était réputée » ; le sens premier est « couleur de laine naturelle ».

BÉOTIEN XVIIIᵉ s. : « grossier » : gr. *boiôtos* « habitant de la province de *Béotie* » ; ils étaient tenus par leurs voisins les Athéniens pour particulièrement stupides.

BERLINE XVIIIᵉ s. : voiture mise à la mode à *Berlin* vers 1670.

BESANT ♦|1| (pop.) XIᵉ s. : lat. *bysantium* « monnaie de *Byzance* » ; gr., adj. neutre *buzantion* « byzantin ». ♦|2| **BYZANTIN** (sav.) XVIIᵉ s. ; XIXᵉ s. sens fig., à cause des subtiles querelles théologiques des Byzantins menacés par les Turcs, aux XIVᵉ s. et XVᵉ s. : lat. *Byzantinus*, du gr. *Buzantios*, de *Buzantion* « Byzance » (ou *Constantinople*, puis *Istanbul*).

BISQUE ♦|1| XVIᵉ s. : p.-ê. dér. du nom de la province maritime de *Biscaye*, en Espagne. ♦|2| **BISCAYEN** ou **BISCAÏEN** XVIIᵉ s. dans le Midi, « vagabond », et « mousquet utilisé d'abord en Biscaye » ; XIXᵉ s. « balle de mousquet » et « grosse bille ». ♦|3| **BISQUER** XVIIIᵉ s., d'abord argot des escorcs : sans doute sur le rad. de *biscayen* au sens de « gueux, filou ». (La prison de Bicêtre au XIXᵉ s. avait été surnommée *Biscaye*.)

BISTOURI XVᵉ s. « poignard », XVIᵉ s. chirurgie : dér. de *Pistoia*, ville d'Italie.

BLUE-JEAN XXᵉ s., mot américain « treillis bleu » : second élément empr. à l'anc. fr. *janne*, altération du nom de la ville de *Gênes* ou était fabriqué ce tissu de coton croisé.

BOCK XIXᵉ s. : abrév. de l'all. *Bockbier* « bière forte en alcool », altération d'*Einbeckbier* « bière de la ville d'*Einbeck* », prononcé à la munichoise et dont la syllabe initiale aurait été prise pour un article.

BOUGIE XIVᵉ s. dans l'expression *chandelles de bougie* : de *Bougie*, ville d'Algérie exportatrice de cire fine et de chandelles ; **BOUGEOIR** XVIᵉ s.

BOUGRE ♦|1| (pop.) XIIᵉ s. « hérétique », « sodomite » et « chétif » ; XVᵉ s. « individu » et interjection : bas lat. *Bulgarus* « Bulgare » ; **BOUGREMENT** XIXᵉ s. ♦|2| **RABOUGRI** XVIᵉ s. (var. *abougri*) : dér. de *bougre* « chétif » ; **RABOUGRISSEMENT** XIXᵉ s. ♦|3| **BIGRE** XVIIIᵉ s. interj. : altération euphémique de *bougre* ; **BIGREMENT** XIXᵉ s.

BOURRIQUE ♦|1| XVIIᵉ s. : esp. *borrico* « âne » : bas lat. *būrricus* « petit cheval », var. *buricus* IIIᵉ s., probablement dér. de *Buri*, nom d'une peuplade de Germanie. Il s'agirait de petits chevaux germ. dont le nom aurait été étendu à des ânes. Le mot esp. a été importé en France en même temps qu'une certaine race d'ânes esp. **BOURRIQUET** XVIᵉ s. ♦|2| **BOURRICOT** XIXᵉ s. : nouvel empr., en Algérie, du mot esp., interprété comme un dimin. ; élimine *bourriquet*. ♦|3| **BOURRI**, var. **BOURRIN** XIXᵉ s. argot milit. « cheval » : formes abrégées.

BRANDEBOURG XVIIᵉ s. « casaque galonnée des soldats *brandebourgeois* », XVIIIᵉ s. « ornement de passementerie » : de *Brandebourg*, ville d'Allemagne.

BRETON ♦|1| (pop.) XIᵉ s. : lat. *Britto*, *-onis*, nom de peuple, var. *bret* : lat. vulg. *brittus ♦|2| **BRETÈCHE** (pop.) XIIᵉ s. : bas lat. IXᵉ s. *brittisca* « (fortification) bretonne », de *britto*, *-onis* → le précédent. ♦|3| **BRETTEUR** XVIIᵉ s. : dér. de *brette* « épée de Bretagne », fém. de *bret*, du lat. vulg. *brittus. ♦|4| **BREDOUILLER** XVIᵉ s. : var. de *bredeler* XIIIᵉ s., p.-ê. dér. de *bret* (le bas Breton parlant d'un langage incompréhensible aux Français), avec altération expressive du *t* en *d* ; **BREDOUILLE** XVIᵉ s. « dans l'embarras » ; **BREDOUILLEMENT** XVIIᵉ s. ♦|5| **CALEMBREDAINE** fin XVIIIᵉ s. : à rapprocher du dial. *bredin* « étourdi », *berdaine* « bavardage », même rad. que *bredouiller* → aussi CALEMBOUR, art. BOURDE.

BRISTOL XIXᵉ s. : abrév. de l'angl. *bristolboard* « carton fabriqué à *Bristol* ».

BUNGALOW XIXᵉ s. : mot angl., du hindî *bangla* « (maison) bengalienne ».

CACHEMIRE XIXᵉ s. tissu fin en poil de chèvre mêlé de laine : *Kashmir*, région des Indes.

CALAMINE ♦|1| XIIIᵉ s. « minerai de zinc » : bas lat. *calamina*, altération de *cadmia*, du gr. *kadmeia* « pierre qu'on trouvait à la *Cadmée*, forteresse de Thèbes, capitale de la Béotie, en Grèce ». ♦ 121 **CADMIE** XVIᵉ s. métall. : lat. *cadmia* ; **CADMIUM** métal XIXᵉ s.

CALCÉDOINE XIIᵉ s. « pierre fine » : lat. *calcedonia (lapis)* « pierre trouvée à *Chalcédoine*, ville située en face de Byzance ».

CALICOT XVIIIᵉ s. cotonnade : de *Calicut*, ville de l'Inde.

CAMEMBERT XIXᵉ s. fromage : nom d'un village de Normandie.

CAMPANE (sav.) XIVᵉ s. « cloche » : bas lat. ou it. *campana* « cloche », littéralement « (en bronze de) *Campanie* (région de Naples) » ; **CAMPANILE** XVIᵉ s. : it. *campanile* « clocher » ; **CAMPANULE** XVIIIᵉ s. : it. *campanula* « clochette » (→ CHAMP).

CAMPÊCHE (bois de) XVIIᵉ s. : nom d'une ville du Mexique.

CANARI XVIᵉ s. : esp. *canario* « (serin des) îles) Canaries ».

CANTALOUP XVIIIᵉ s. : du nom de la ville
it. de *Cantalupo*, près de Rome.

CAPHARNAÜM XVIIᵉ s. : ville de Galilée où Jésus prêcha un jour devant une foule trop dense pour le petit espace dont elle disposait (Marc, II, 2) ; rapproché, par étym. pop., du dial. *cafournou*, *cafourniau* (apparenté à *furnus* « four ») « petit réduit de débarras ménagé près de la cheminée ».

CARACUL XVIIIᵉ s. : de *Karakoul*, ville d'Asie centrale.

CARIATIDE XVIᵉ s. : mot it., du gr. *karuatides*, par le lat., « statues-colonnes figurant des femmes captives, d'abord sur l'Acropole d'Athènes », littéralement « femmes de *Carye* (Péloponnèse), emmenées captives après la destruction de leur ville, qui avait soutenu les Perses pendant les guerres médiques ».

CARMAGNOLE fin XVIIIᵉ s. veste des paysans de Savoie et du Dauphiné : du nom de la ville de *Carmagnola*, dans le Piémont ; portée par les fédérés marseillais venus à Paris au moment de la Révolution ; origine d'un chant révolutionnaire.

CARME XIIIᵉ s. « religieux de l'ordre de Notre-Dame du mont *Carmel* (Liban) » ; **CARMÉLITE** XVIIᵉ s.

CASAQUE XVᵉ s. : it. *casacca*, altération de *(veste) cosacca* « vêtement cosaque », p.-ê. sous l'infl. de *casa* ; **CASAQUIN** XVIᵉ s. : it. *casacchino*, dimin. de *casacca*.

CHARLESTON XXᵉ s. : mot anglo-américain, danse créée par les Noirs dans cette ville de Caroline du Sud.

CHARTREUSE XIIIᵉ s. « couvent de l'ordre de saint Bruno » : du nom de la localité du Dauphiné où fut fondé le premier couvent ; XIXᵉ s. « liqueur fabriquée à la *Grande-Chartreuse* » ; **CHARTREUX** XIVᵉ s.

CHASSELAS XVIIᵉ s. : du nom d'un village de Saône-et-Loire.

CHÉCHIA XIXᵉ s. : arabe algérien *châchiya*, du nom de la ville de *Chach* en Perse.

CHEDDITE XXᵉ s., explosif fabriqué à l'origine à *Chedde* (Haute-Savoie)

CHEVIOTTE XIXᵉ s. : tissu fait de la laine des moutons des monts *Cheviot* en Écosse.

CHICOTIN (amer comme) XVᵉ s. « suc d'aloès » : altération de *socotrin* « produit de l'île de *Socotra*, dans la mer Rouge ».

CHINE ♦ 111 XVIᵉ s. nom de pays ; d'où « papier, ou porcelaine de Chine » : altération du lat. médiéval *Sinae*, d'origine grecque, nom d'une ville d'Extrême-Orient ; **CHINOIS** XVIIᵉ s. « de Chine », XIXᵉ s. « passoire fine, conique comme un chapeau chinois » et « petite orange de Chine confite » ; **CHINOISERIE** XIXᵉ s. « bibelot de Chine » et « complication inutile ». ♦ 121

SINO- (sav.) : de *Sinae* →le précéd., premier élément de composés, ex. : **SINOLOGIE** XIXe s. ; **SINO-SOVIÉTIQUE** XXe s.

COGNAC XIXe s. : du nom de la ville productrice, en Charente.

COING (pop.) XIIe s. : lat. *cotoneum*, var. *cydonium*, du gr. *kudônia mêla* (attesté en gr. anc.) « pommes de *Kudônia*, ville de Crète » ; le *t* latin peut être dû à une influence étrusque. **COGNASSIER** XVIIe s., substitué à *coignier* XIIIe s., dér. de *cognasse* XVIe s. « coing sauvage ».

COLCHIQUE (sav.) XVIIe s. : gr. *kolkhikon*, par le lat., « plante de *Colchide* (patrie de l'empoisonneuse Médée), ainsi appelée parce qu'elle est vénéneuse ».

COLOPHANE XIIIe s. : altération du gr. *kolophonia*, par le lat., « résine de la ville de *Colophon* (Asie Mineure) ».

COOLIE XVIe s., formes diverses, XIXe s., forme moderne : hindî *kuli*, nom d'une peuplade indienne du nord de Bombay, par l'angl.

COPTE ♦|11 XVIIe s. « chrétien d'Égypte » ; XIXe s. « anc. langue démotique » : gr. *Aiguptios* « égyptien », avec chute de la syllabe initiale. ♦|2| **GITAN** XIXe s. : esp. *gitano*, altération de *Egiptano* « Égyptien ». ♦|3| **GIPSY** XIXe s. : mot angl., altération de *Egyptian*.

CORBILLARD XVIe s. « coche d'eau faisant le service entre *Corbeil* et Paris », XVIIe s. « grand carrosse », fin XVIIIe s. « voiture mortuaire ».

CORDONNIER XIVe s. : altération, sous l'influence de *cordon*, de *cordoanier* XIIIe s., dér. de l'anc. fr. *cordoan* « cuir de Cordoue », qui a éliminé l'anc. fr. *sueur* (→ SUTURE, art. COUDRE) ; **CORDONNERIE** XIIIe s.

CRAVATE XVIIe s., d'abord pièce du costume des cavaliers du *Royal-Croate*, régiment de Louis XIV : altération de *Croate* ; **CRAVATER** XIXe s.

CRETONNE XVIIIe s. « toile fabriquée d'abord à *Creton*, village de l'Eure ».

CUIVRE ♦|11 (pop.) XIIe s. : lat. *(aes) cupreum*, var. class. *cyprium*, du gr. *kuprion* « (bronze) de *Chypre* » ; **CUIVRE, CUIVREUX** XVIe s. ; **CUIVRER** XVIIIe s. (→ ARCHAL). ♦|2| **COUPEROSE** XIIIe s. nom de plusieurs sulfates : lat. médiéval *cupri rosa* « rose de cuivre » ; XVIe s. méd. : probablement emploi fig. du précédent, sous l'influence de l'anc. fr. *goutte rose*, qu'il a éliminé. ♦|3| **CUPR(O)-** (sav.) élément de composés, ex. : **CUPRIFÈRE** XIXe s. ♦|4| **CYPRIN** XVIIIe s. « poisson rouge » : gr. *kuprinos*, par le lat., « carpe », littéralement « poisson de Chypre ».

CURAÇAO XIXe s. : du nom d'une île des Antilles.

DALMATIQUE XIIe s. (sav.) : lat. *dalmatica* « (en laine de) *Dalmatie* (province bordant l'Adriatique) ».

DAMAS ♦|11 XIVe s. « étoffe de *Damas*, ville de Syrie » ; **DAMASSER** XIVe s. ♦|2| **DAMASQUINER** XVIe s. « incruster le métal à la manière des *Damasquins*, habitants de *Damas* » ; **DAMASQUINAGE** XVIIe s. ♦|3| **QUETSCHE** XIXe s. : mot all., var. *Zwetschge*, d'une forme originelle à *tw-* ou *dw-* initial, du gr. *damaskênon* « prune de *Damas* ».

DINANDIER XIIIe s. : de *Dinan* (Belgique), où se pratiquait l'industrie du cuivre ; **DINANDERIE** XIVe s.

DURALUMIN XXe s. de *Düren*, ville de Westphalie où fut créé cet alliage, et du rad. d'*aluminium*.

ESPAGNOLETTE ♦|11 XVIIIe s., var. *targette à l'espagnole* : dér. de *espagnol* du lat. vulg. **hispaniolus*, dér. de *hispanus*. ♦|2| **ÉPAGNEUL** XVe s. (pop.) **hispaniolus* « chien de chasse originaire d'Espagne ». ♦|3| **HISPAN(O)-** (sav.) : lat. *hispanus*.

ESCLAVE XIIIe s. vieux slave *slověninŭ* « slave », par le grec, le lat. et le lat. médiéval *sclavus* ; le développement du sens date du haut Moyen Âge où un grand nombre de *Slaves* des Balkans ont été réduits à une condition servile par les Germains, les Byzantins, les Vénitiens ; **ESCLAVAGE** XVIe s. ; **ESCLAVAGISTE,**

ANTI-ESCLAVAGISTE XIXᵉ S. ; **ESCLAVAGISME** XXᵉ S. ♦ |2| **SLAVE** XVIIIᵉ S. et **SLAV (O)-** : *sclavus*.

ESQUIMAU XXᵉ S. « crème glacée », « vêtement d'enfant » : d'*esquimau*, nom d'un peuple du Groenland (XVIIIᵉ s.) ainsi désigné en sa langue.

FAÏENCE XVIᵉ S. « poterie fabriquée à *Faenza*, ville d'Italie » ; **FAÏENCIER** XVIIᵉ S. ; **FAÏENCERIE** XVIIIᵉ S.

FAISAN XIIᵉ S. : gr. *phasianos (ornis)*, par le lat. « (oiseau) du *Phase*, rivière de Colchide et en Asie Mineure » ; **FAISANDER** XIVᵉ S.

FALOT ♦ |1| XIVᵉ S. « grande lanterne », XVIᵉ S. « fanal » : toscan *falò* « feu servant de signal », du bas grec *pharos*, nom d'une île de la baie d'Alexandrie célèbre par son phare. ♦ |2| **PHARE** (sav.) XVIᵉ S. : *pharos* ; **RADIOPHARE** XXᵉ S.

FLANDRIN ♦ |1| XVᵉ S. « homme grand et mou » : littéralement « habitant des Flandres ». ♦ |2| **FLAMENCO** XIXᵉ S. : mot esp. XIIIᵉ S., du néerl. *flaming* « habitant des Flandres », c.-à-d., pour un Espagnol, « personne rougeaude », devient le nom du flamant rose XIVᵉ S., et prend le sens de « gaillard, de bonne prestance » ; XIXᵉ S., qualifie particulièrement la musique populaire andalouse. ♦ |3| **FLAMINGANT** XVIIIᵉ S. dér. de *flameng*, anc. forme de *flamand*.

FRANC ♦ |1| (pop.) Xᵉ S. nom de peuple : frq. **frank*, nom d'un peuple de Germanie, envahisseur du nord de la Gaule, latinisé en *Francus* ; dès le XIᵉ S. attesté comme adj. au sens de « libre », d'où XVIᵉ S. « qui dit ce qu'il pense » ; XIVᵉ S. subst. masc. nom d'une monnaie frappée en 1360 par le roi Jean le Bon, avec la devise *Francorum rex* ; **FRANCHEMENT** XIIᵉ S. ; **FRANC-MAÇON** XVIIIᵉ S. → MAÇON ; **FRANC-PARLER, FRANC-TIREUR** XIXᵉ S. ♦ |2| **FRANCHISE** XIIᵉ S. « liberté » ; « condition libre » ; « droit d'une ville libre », « exemption » ; XVᵉ S. « sincérité » ; **À LA BONNE FRANQUETTE** XVIIᵉ S. : dér. de *franc*. ♦ |3| **FRANCHIR** XIIᵉ S. « affranchir », XIVᵉ S. « se libérer d'un obstacle », « le dépasser » ; **FRANCHISSEMENT** XIIIᵉ S. ; **INFRANCHISSABLE** fin XVIIIᵉ S. ♦ |4| **AFFRANCHIR** XIIIᵉ S. « rendre libre » et « exempter d'une taxe », d'où XIXᵉ S. *affranchir une lettre* ; XIXᵉ S. « apprendre à vivre en marge des lois », « initier au métier de voleur », XXᵉ S. « initier, informer » ; **AFFRANCHISSEMENT** XIVᵉ S. ; **AFFRANCHI** XVIIᵉ S. hist. rom., XIXᵉ S. argot. ♦ |5| **FRANÇAIS** (pop.) XIᵉ S. dér. de *France* : bas lat. *Francia*, pays des Francs, qui ne désignait à l'origine que l'Île-de-France ; latinisé en *franciscus* ; **FRANCISER** (sav.) XVIᵉ S. ; **FRANCIQUE** XVIIᵉ S. ; **FRANCISQUE** (sav.) XVIIᵉ S. : *francisca (securis)* : « (hache) des Francs » ; **FRANCIEN, FRANCISATION** XIXᵉ S. **FRANCO-** premier élément de composés, p. ex. dans **FRANCOPHILE** XIXᵉ S., **FRANCOPHONE** XXᵉ S. ♦ |6| **FRANÇOIS** prénom et patronyme : *Franciscus*, forme lat. de *Français* ; **FANCHON** XVIIᵉ S. : « coiffure féminine » : var. hypocoristique de *Françoise*.

FRAISER ♦ |1| (pop.) XIIᵉ S. « galonner », d'abord au part. passé ; XVIIᵉ S., emploi métaph., « évaser un trou » : dér. de l'anc. fr. *freis* « galon », du lat. *phryx*, du gr. *phrux* « (galon) de Phrygie », région d'Asie Mineure, réputée pour ses tissus brochés d'or » ; **FRAISE** XVIᵉ S. « collerette » et XVIIᵉ S. « outil pour fraiser » : dér. de *fraiser*. ♦ |2| **ORFROI** (pop.) XIIᵉ S. : probablement lat. vulg. **aurum phryx*, d'après le class. *vestes phrygiae* « étoffes de Phrygie ». ♦ |3| **FRISE** XVIᵉ S. : lat. médiéval *frisium*, var. de *phrygium* « galon broché », employé par métaphore en archit. ♦ |4| **PHRYGIEN** (sav.) XVIᵉ S., adj., mode mus. : fin XVIIIᵉ S. bonnet porté par les révolutionnaires en signe d'affranchissement : lat. *Phrygius*, gr. *phrugios*.

GAILLETIN ♦ |1| (pop.) XIXᵉ S. : dimin. de *gaillette* « morceau de charbon gros comme une noix », mot des mines du Hainaut, lui-même dimin. de *gaille* « noix », de *gallica (nux)* « (noix) gauloise » (→ GAULOIS). ♦ |2| **GALLICAN** XIVᵉ S. (sav.) : lat. eccl. *gallicanus*, dér. de *gallicus*, de *gallus* « gaulois » ; **GALLICISME** XVIᵉ S. ; **GALLO-** premier élément de composés.

GALERIE XIVᵉ S. « passage, couloir », puis au jeu de paume « emplacement réservé pour les spectateurs », d'où le sens de « ceux qui regardent » dans l'expression *pour la galerie* : it. *galleria*, altération, par dissimilation des *l*, du lat. médiéval *galilea* « Galilée », « portique, ou vestibule, devant les monastères du Moyen Âge ».

GALETAS XIVe s. *chambre à galathas* « logement dans les étages supérieurs d'un immeuble » : du nom de la tour de *Galata*, à Constantinople.

GAULOIS ♦ 111 (pop.) XVe s. ; XVIIe s. « d'une franche gaieté » : dér. de *Gaule*, du frq. **walha* « pays des Celtes (et plus généralement des Gallo-Romains) », du nom de la tribu des Volques, en Gaule Narbonnaise ; **GAULOISERIE** XIXe s. (→ GAILLETIN). ♦ 121 **VELCHE** XVIIIe s. : all. *Welsch* « étranger », surnom péjoratif des peuples romans : **walhisk*, dér. de **walha*.

GAZE XVIe s. : du nom de la ville de *Gaza* (Palestine) ; **GAZER** XVIIIe s. au propre puis au fig. « recouvrir de gaze ».

GÉHENNE (sav.) XIIIe s. : lat. eccl. *gehenna*, hébreu *gehinnom* « vallée du Hinnom, près de Jérusalem, lieu maudit parce que les Juifs y avaient sacrifié à Moloch, et devenu la désignation de l'enfer (Mt, V, 22) » → GÊNE

GENET XIVe s. cheval : esp. *jinete* : arabe *zenâta*, nom d'une tribu berbère réputée pour ses chevaux.

GOMÉNOL XIXe s. : du nom du domaine de *Gomen*, en Nouvelle-Calédonie, où ce produit fut distillé pour la première fois.

GOTHIQUE XVe s. écriture, et « relatif aux *Goths* » ; XVIIe s. péj. « relatif au Moyen Âge » : bas lat. *gothicus* « relatif aux Goths, peuple germanique » ; XVIIe s. archit. : empr. à l'it. *gotico* ; a perdu sa valeur péjor. au XIXe s. ; **OSTROGOTH** XVIIe s. : bas lat. *Ostrogothus*, littéralement « Goth de l'Est ».

GRÉGEOIS ♦ 111 (pop.) XIIe s. : altération de l'anc. fr. *grezeis*, *grezois*, du lat. vulg. **graeciscus*, dér. de *graecus* « grec », du gr. *graikos*, forme beaucoup moins courante en cette langue que *hellên* (→ HELLÉNISME), sans doute mot pop. emprunté non en Grèce même mais en Illyrie (Yougoslavie) ; survit dans *feu grégeois*. ♦ 121 **GRIÈCHE** (pie) XIIIe s. (pop.) : fém. de l'adj. anc. fr. *grieu*, de *graeca*, *graecus*. ♦ 131 **GRÈGUES** (tirer ses) XVe s. : prov. *grègou* « (culotte) grecque ». ♦ 141 **GRIGOU** XVIIe s. : mot languedocien, dér. de *grec*, qui avait pris dans le Midi le sens de « filou ». ♦ 151 **GRISOU** XVIIIe s. : pour *feu grisou*, forme wallonne de *feu grisois* ou *gresois*, var. de *feu grégeois*. ♦ 161 **GREC** (sav.) XVIe s. a éliminé l'anc fr. *grieu* : lat. *Graecus* ; **GRECQUE** XIXe s. « frise ».

GRENACHE XIVe s. : it. *vernaccia*, du nom de la ville productrice de *Vernazza*.

GRUYÈRE XVIIIe s. fromage : du nom de la ville suisse productrice.

GUINÉE XVIIe s. : monnaie angl. frappée avec de l'or de *Guinée*.

HAQUENÉE XIVe s. : moy. angl. *haquenei*, p.-ê. du nom du village de *Hackney* près de Londres, renommé pour ses chevaux.

HELLÉNISME XVIe s. : gr. *hellenismos*, de *hellên* « grec » ; **HELLÉNISTIQUE** XVIIIe s.

HERMINE ♦ 111 XIIe s. : fém. de l'anc. fr. *(h)ermin*, du lat. *armenius* « arménien » ; littéralement « rat d'Arménie » ; **HERMINETTE** XVIe s. : outil en forme de museau d'hermine. ♦ 121 **BROUILLAMINI** XIVe s. « mottes d'argile rouge », XVIe s. « confusion » : altération, sous l'influence de *brouiller*, de *boli Armenii* « bols d'Arménie », boulettes argileuses qui faisaient partie de la pharmacopée ancienne ; **EMBROUILLAMINI** XVIIIe s. : dér. formé d'après *embrouiller* → aussi 1. BOL.

HONGRE XVe s. cheval : forme anc. de *hongrois*, l'usage de châtrer les chevaux étant empr. aux Hongrois ; du lat. d'Allemagne *hungarus*, altération et dér. du turc *ogur* « flèches », mot par lequel les Turcs désignaient les Hongrois.

INDIGO ♦ 111 XVIIe s. : mot esp. empr. aux Néerlandais qui en faisaient exclusivement le commerce, du lat. *indicum* « bleu indien ». ♦ |2| **DINDE** XVIIᵉ s. pour *poule d'Inde*, qui désigne au XIVᵉ s. la pintade (d'Abyssinie), puis *coq d'Inde* (c.-à-d. d'Amérique) « dindon » ; mot employé seulement au fém., d'où le masc. **DINDON** XVIIᵉ s. « dindonneau » puis « dindon adulte » ; au fig. « dupe » (→ PIGEON), d'où **DINDONNER** XIXᵉ s.

ITALIQUE (sav.) fin XVᵉ s. : lat. *italicus* « d'italie », ces caractères d'imprimerie ayant été inventés par l'Italien Alde Manuce, à cette époque.

JAIS (pop.) XIIIᵉ s. : de *jaiet* XIIᵉ s., du lat. *gagātes (lapis)* : « pierre de *Gages*, en Lycie ».

JAVA XXᵉ s. danse : du nom de l'île de *Java*.

JAVEL (eau de) XIXᵉ s., fabriquée à *Javelle*, anc. village devenu quartier de Paris ; **JAVELLISER** XXᵉ s.

JERSEY XVIIᵉ s. sorte de laine, XIXᵉ s. « tricot » : du nom de l'île de *Jersey*, réputée pour ses lainages dès la fin du XVIᵉ s.

KAOLIN XVIIIᵉ s. : chinois *kao-ling*, littéralement « colline élevée », lieu-dit d'où l'on extrayait cette argile blanche.

LACONIQUE (sav.) XVIᵉ s. : gr. *lakonikos*, par le lat., « à la mode de *Laconie*, région de Sparte, où l'on parlait avec concision » ; **LACONISME** XVIᵉ s. : *lakonismos*.

LANDAU XIXᵉ s. : voiture fabriquée d'abord dans cette ville du Palatinat.

LAZARET XVIᵉ s. : it. *lazzaretto* : vénitien *lazareto*, altération, sous l'influence de *Lazaro* (→ LADRE, Annexe III), de *nazareto*, nom donné à un hôpital pour lépreux fondé près de l'église *Santa Maria di Nazareth*.

LESBIENNE XIXᵉ s. « homosexuelle » : du nom de l'île de *Lesbos* en Grèce.

LILLIPUTIEN XVIIIᵉ s. : angl. *lilliputian*, dér. de *Lilliput*, pays imaginaire où les habitants n'ont que six pouces de haut, dans le roman de Swift, *Les Voyages de Gulliver*.

LIMOUSINE ♦ |1| XVIIIᵉ s. « voiture », début XXᵉ s. « grande automobile », XIXᵉ s. « manteau tel qu'en portent les bergers limousins ». ♦ |2| **LIMOGER** XXᵉ s. : du nom de la ville de *Limoges*, où furent envoyés, après les premières batailles de la guerre de 1914, quelques généraux incapables.

LORETTE XIXᵉ s. « demi-mondaine, comme il en habitait beaucoup dans le quartier de Notre-Dame-de-*Lorette* à Paris ».

LYCÉE XVIᵉ s. sens antique, XIXᵉ s. sens mod. : gr. *Lukeion*, gymnase situé près d'Athènes, où Aristote enseignait (→ LOUP).

MACÉDOINE XVIIIᵉ s. : du nom de cette partie de la Grèce, habitée par des peuples très divers.

MADRAS XVIIIᵉ s. : du nom de la ville de l'Inde où ces mouchoirs de tête furent d'abord fabriqués et portés.

MAGNÉSIE ♦ |1| XVIᵉ s. Peroxyde de manganèse, corps noir comme la pierre d'aimant ; XVIIIᵉ s. oxyde de magnésium (blanc) : dér. du lat. class. *magnes (lapis)*, du gr. *magnēs lithos* « pierre de *Magnésie* », ville d'Asie Mineure située dans une région où abondent les aimants naturels. ♦ |2| **MANGANÈSE** XVIᵉ s. : mot it. « magnésie noire » : altération mal expliquée du lat. *magnesia* ou du gr. byzantin *magnesion* ; appliqué au XVIIIᵉ s. au corps découvert par le chimiste suédois Scheele. ♦ |3| **MAGNÉTIQUE** XVIIᵉ s. : bas lat. *magneticus* « de la nature de la pierre d'aimant », dér. de *magnes* ; **MAGNÉTISME** XVIIᵉ s. « propriétés de l'aimant », XVIIIᵉ s. abrév. de *magnétisme animal*, ensemble de phénomènes hypnotiques découverts par le médecin all. Mesmer ; d'où **MAGNÉTISER, MAGNÉTISEUR** fin XVIIIᵉ s. ♦ |4| **MAGNÉTO-** et **-MAGNÉTIQUE**, éléments de mots sav. techn., ex. : **MAGNÉTOPHONE** XIXᵉ s., sens mod. XXᵉ s. et **PHOTOMAGNÉTIQUE** XIXᵉ s. ; **MAGNÉTO** fin XIXᵉ s. : abrév. de *machine magnéto-électrique*. ♦ |5| **MAGNÉSIUM** XIXᵉ s. : métal, dér. de *magnésie*.

MAJOLIQUE XVIe s. : it. *majolica*, altération de *majorica* « faïence fabriquée dans l'île de Majorque ».

MALABAR XXe s. « malin », puis « robuste », puis « admirable », argot : à l'origine tout mercanti levantin, tout mulâtre : du nom de la côte indienne de *Malabar*, avec infl. de *malin*, *mâle*.

MALVOISIE XIVe s., var. *Malevesie*, équivalent de l'it. *Malvasia* : adaptations du gr. moderne *Monemvasia*, nom d'un îlot grec, au sud de la côte orientale de Morée, producteur de ce vin.

MAROQUIN XVe s. : du nom du *Maroc* où l'on préparait cette sorte de cuir : **MAROQUINIER, -ERIE** XVIIIe s.

MARTINGALE XVIe s., d'abord *chausses à la martingale*, « attachées par-derrière », c.-à-d. « à la mode de *Martigues* » ; altération du prov. *martegalo*, fém. de *martegal*, nom des habitants de cette petite ville isolée au bord de l'étang de Berre, souvent tournés en ridicule par les autres Provençaux ; XVIe s. *à la martingale* « de façon absurde » ; XVIIe s. « pièce du harnachement du cheval » ; XVIIIe s. « manière de jouer en misant le double d'une perte précédente » : prov. *jouga a la martegalo* « jouer à la mode de Martigues » ; XIXe s. « patte horizontale, dans le dos d'un vêtement ».

MAURE ◆I11 XIIe s.-XVIIe s. : lat. *Maurus*, habitant de l'anc. *Mauretania*, en Afrique du Nord ; var. **MORE**, influencé par l'esp. *moro*. ◆I2I **MOREAU** XIIe s. « brun », surtout en parlant d'un cheval ; **MORELLE** XIIIe s. plante : lat. vulg. *maurellus, *maurella*. ◆I3I **MORICAUD** XVe s. nom de chien, XVIe s. empl. mod. : dér. de *More* ◆I4I **MORILLE** XVIe s. champignon : lat. vulg. *mauricŭla. ◆I5I **MATAMORE** XVIe s. : esp. *matamoros* « tueur de Maures », d'abord surnom de saint Jacques, intervenu miraculeusement dans la bataille de Clavijo (844) pour soutenir les troupes du roi des Asturies Ramiro Ier contre les Maures ; puis faux brave de la comédie espagnole ; nom popularisé par Corneille dans *L'Illusion comique*.

MAYONNAISE XIXe s. : altération de *mahonnaise*, tiré du nom de *Port-Mahon*, capitale de Minorque (p.-ê. en souvenir de la prise de Port-Mahon en 1756).

MÉANDRE (sav.) XVIe s. : lat. *maeander*, du gr. *maiandros* « sinuosité d'une rivière », du nom du *Maiandros*, auj. *Menderen*, fleuve d'Asie Mineure célèbre par ses sinuosités.

MÉHARI → ce mot.

MÉRINOS XVIIIe s. : esp. *merinos*, plur. de *merino* « race de mouton » : probablement altération du nom de la tribu africaine des *Benimerines*, à cause de l'importation de brebis berbères pour améliorer la race indigène espagnole.

MOKA XVIIIe s. : du nom d'*al-mokhâ*, port du Yémen, sur la mer Rouge, d'où l'on exportait le café d'Arabie.

MOLOSSE (sav.) XVIe s. « chien du pays des *Molosses*, peuple d'Épire, en Grèce ».

MOUSSELINE XVIIe s. : it. *mussolina*, adaptation de l'arabe *mausilî* « (étoffe) de *Mossoul* (ville de Mésopotamie) ».

MYRMIDON XVIIe s., mot grec : nom du peuple de Thessalie dont Achille était roi ; a pris, p.-ê. à cause de sa valeur expressive, le sens de « petit homme chétif, insignifiant ».

NAVARIN XIXe s. « navet », puis « ragoût aux navets » : du nom de la bataille de *Navarin* (1827), rapproché par plaisanterie du mot *navet*.

OLYMPIADE (sav.) XIVe s. : gr. *olumpias, -ados* « célébration des jeux Olympiques » et « espace de quatre ans séparant deux célébrations consécutives », dér. de *Olumpia*, ville d'Élide (Grèce) où avaient lieu dans l'Antiquité de grands jeux panhelléniques ; **OLYMPIQUES** (jeux) XVe s. Antiquité ; XIXe s. « rencontres sportives internationales » : *olumpikos*.

OLYMPIEN XVIe s. « qui réside sur l'Olympe », XIXe s. « serein et majestueux » :

adaptation du lat. *olympius*, du gr. *olumpios* « qui habite l'Olympe, montagne de Grèce, à la frontière de la Thessalie et de la Macédoine, où les Anciens plaçaient le séjour des dieux ».

ORVIÉTAN XVIIe s. : it. *orvietano* « électuaire vendu d'abord dans la ville d'*Orvieto* ».

PACTOLE XVIIe s. : nom d'une rivière de Lydie (Asie Mineure), célèbre dans l'Antiquité pour les paillettes d'or qu'elle roulait.

PALAIS ♦|1| (pop.) XIe s. « château », XVe s. « siège du tribunal de Paris (situé dans le *palais* même des premiers Capétiens) » : lat. *Palatium* « le mont Palatin », une des sept collines de Rome, quartier aristocratique où l'empereur Auguste fit construire sa résidence. ♦|2| **PALADIN** XVIe s., d'abord « seigneur de la suite de Charlemagne » : it. *paladino*, du lat. médiéval *palatinus*, dér. de *palatium* « officier du palais ». ♦|3| **PALACE** XXe s. : mot angl., du lat. *Palatium*.

PANAMA XIXe s. « chapeau fabriqué avec une fibre tirée d'un arbuste qui pousse à *Panama* ».

PARCHEMIN ♦|1| XIe s. : altération, sous l'influence de *Parthica (pellis)*, en anc. fr. *parche* (on a retrouvé quelques textes parthes écrits sur parchemin), du bas lat. *pergamene (pellis)*, du gr. *pergamenê* « peau de *Pergame*, en Asie Mineure (à l'origine, nom de la forteresse de Troie) » : **PARCHEMINIER** XIIIe s. : bas lat. IXe s. *pargaminarius* ; **PARCHEMINÉ** XIXe s. ♦|2| **BERGAMOTE** XVIe s. « variété de poire », XVIIe s. « citron doux » et « essence qu'on en tire » : it. *bergamotta*, de *Bergama*, nom turc de la ville de Pergame (ou plus probablement turc *beg-armudi* « poire du seigneur »).

PARNASSIEN XIXe s. litt. : du nom du *Parnasse*, montagne de Phocide (Grèce), séjour d'Apollon et des muses.

PAVANE XVIe s. danse : it. *(danza) pavana* « de la ville de *Pava* », forme dial. de *Padoue* ; **SE PAVANER** XVIIe s.

PAVOIS XIVe s. « grand bouclier long » : it. *pavese* « de Pavie », ville où l'on a d'abord fabriqué cette sorte de bouclier ; XVIe s. *élever sur le pavois*, à propos de l'usage des Francs qui portaient le nouveau roi en triomphe, debout sur un bouclier ; XVIIe s. « ensemble de pavillons hissés sur un navire » ; **PAVOISER** XIVe s. mar. « garnir de pavois », XVIIe s. « hisser des pavillons », XXe s. « orner de drapeaux un édifice ».

PERS ♦|1| XIe s. « livide, bleuâtre » : bas lat. *persus*, class. *persicus* « persan » ; donné par les *Gloses de Reichenau* pour synonyme de *hyacintinus* « violet bleuté », p.-ê. à cause de l'importation de matières colorantes provenant de *Perse* (→ aussi AZUR). ♦|2| **PÊCHE** (fruit) XIIe s. : lat. *persica (poma)*, neutre plur. pris pour un fém. « (fruits) de Perse » ; **PÊCHER** XIIe s. ♦|3| **PERSIENNE** XVIIIe s. « sorte de contrevent qui passait pour provenir de Perse » : fém. substantivé de l'adj. *persien* XIVe s., dérivé de *Perse*. ♦|4| **PERSICAIRE** (sav.) XIIIe s. bot. « espèce de renouée à fleurs roses comme celles du pêcher » : lat. médiéval *persicaria* « pêcher ».

PHILISTIN XIXe s. : all. *Philister*, argot d'étudiants, « personne qui n'a pas fréquenté les universités », nom du peuple biblique combattu par Samson, sur lequel « était descendu l'esprit de Yahvé » (Juges, XIV, 6).

POPELINE XVIIIe s. : angl. *poplin*, empr. au fr. *papeline* XVIIe s., altération inexpliquée de *drap de Poperinge*, ville de Flandres ; rétablissement du *o* en angl. sous l'influence de *pope* « pape », le mot *papeline* étant pris pour un dér. de *pape*.

POULAINE ♦|1| XIVe s. dans l'expression *souliers à la poulaine*, fém. de *poulain : adaptation de poljane* « polonais » en cette langue. ♦|2| **POLONAISE** XIXe s. « vêtement » puis « danse » enfin « gâteau » : fém. substantivé de *polonais* XVIe s., var. du précéd. ♦|3| **POLONIUM** fin XIXe s. métal, d'après *Pologne*, pays d'origine de Marie Curie qui l'avait découvert. ♦|4| **POLKA** XIXe s. : mot tchèque « femme polonaise » et « sorte de danse ».

PYTHONISSE famille sav. du gr. *Puthô*, ancien nom de la partie de la Pho-

cide située au pied du Parnasse, où se trouve Delphes et son sanctuaire d'Apollon ; d'où les adj. *puthikos* et *puthios* « pythique qui concerne Apollon Pythien » ; *puthia* fém. du précéd. « prêtresse d'Apollon, à Delphes » : *puthôn*, *-ônos* « serpent fabuleux tué par Apollon » et « prophète inspiré par Apollon Pythien », d'où en lat. eccl. *pythonissa* « devineresse ».
♦111 **PYTHONISSE** XIVe s. : *pythonissa*. ♦121 **PYTHIE** XVIe s. : *puthia*, par le lat. ; **PYTHIQUE** XVIIe s. : *puthikos* ; **PYTHIEN** XVIe s. ♦131 **PYTHON** XVIe s. mythol., XIXe s. zool. : *puthôn*.

RHINGRAVE XVIe s. titre de noblesse allemand ; XVIIe s. « haut-de-chausses mis à la mode par le rhingrave Salm, gouverneur de Maestricht (selon Ménage) » : all. *Rheingraf* « comte du Rhin ».

ROMAN ♦111 (pop.) XIIe s. d'abord *romanz* « langue vulgaire » (par opposition au latin) et « récit en langue vulgaire » ; XIVe s. « roman d'aventures » : lat. vulg. *romanĭce* « en langue romaine » (par opposition à la langue franque), adv. dér. de *romanus* « romain », lui-même dér. de *Roma* « Rome » ; **ROMANCIER** XVe s. ; **ROMANCER** XVIe s. ; **ROMANESQUE** XVIIe s. ; **ROMAN-FEUILLETON** XIXe s. ; **ROMAN-FLEUVE** XXe s. ♦121 **ROMAND** XVIIe s. « parler français de Suisse » : var. orthogr. du précédent. ♦131 **ROMANCE** XVIe s., d'abord masc., « poème espagnol composé de strophes » ; XVIIIe s. « chanson sentimentale » : mot esp. équivalent du fr. *roman*. ♦141 **ROMANCHE** XIXe s. : rhéto-roman (langue des Grisons, en Suisse) *rumontsch* : lat. *romanice*, équivalent du fr. *roman*, esp. *romance*. ♦151 **ROMANTIQUE** XVIIe s. « romanesque », XVIIIe s. « pittoresque », puis sens litt. (à propos d'une traduction de Shakespeare) : angl. *romantic* « romanesque » et « pittoresque », dér. de *romant*, empr. à l'anc. fr. *romanz* (prononcé *-ants*) ; les Allemands ont également emprunté ce mot à l'angl. sous la forme *romantisch*, et c'est d'Allemagne que Mme de Staël a introduit en France l'opposition entre *classiques* et *romantiques* ; **ROMANTISME** (d'abord sous la forme *romanticisme*) XIXe s. ♦161 **ROMAIN** (pop.) XIIe s. ; « caractère d'imprimerie d'origine italienne », XVIIe s. « héroïque » : *romanus* ; **ROMAINE** XIVe s. « balance », XVe s. salade, importée d'Avignon, où se trouvait le pape au XIVe s. : fém. du précéd.
♦171 **ROMAN** (sav.) XIXe s. adj., terme de linguist., puis d'archit. : *romanus* ; **ROMANTISTE** XIXe s. ♦181 **ROMANISER** XVIIe s., **ROMANISME** XVIIIe s., **ROMANITÉ** XIXe s. : dér. sav. de *romanus* au sens de « qui appartient à l'Église romaine ».

ROMANICHEL XIXe s. : mot tzigane, de *romano* « tzigane » et *tschel* « peuple » ; **ROMANO** XXe s.

RUGBY XIXe s. : du nom de l'école anglaise de *Rugby*, où l'on créa ce jeu en modifiant les règles du football.

SAINT-BERNARD XXe s. : chien de montagne, élevé à l'hospice du col du *Grand-Saint-Bernard*, dans les Alpes, et dressé à rechercher les voyageurs égarés.

SAINT-HONORÉ XIXe s. « gâteau d'une pâtisserie de la rue Saint-Honoré à Paris » (ou du nom de saint *Honoré*, patron des pâtissiers).

SALIQUE (Loi) (sav.) XVIe s. : lat. médiéval *salicus* « relatif aux Francs *Saliens* ».

SARRASIN (pop.) XVIe s. : abréviation de *blé sarrasin*, ainsi appelé à cause de sa couleur noire : lat. vulg. **sarracīnus* : bas lat. *sarracēnus*, nom d'une peuplade d'Arabie, qui a été appliqué au Moyen Âge à tous les peuples musulmans d'Espagne, d'Afrique et d'Orient.

SARDINE ♦111 (pop.) XIIIe s. : lat. *sardīna* « poisson de Sardaigne » ; **SARDINIER** XVIIIe s. « filet pour pêcher la sardine » ; XXe s. « bateau pour le même usage » ; **SARDINERIE** XIXe s. ♦121 **SARDOINE** (demi-sav.) XIIe s. : gr. *sardonux* « onyx de Sardaigne », par le lat. ♦131 **SARDONIQUE** (sav.) XVIe s., *ris sardonic*, XVIIIe s. forme mod. : lat. *sardonicus risus*, calque du gr. *sardonios gelôs* « rire nerveux provoqué par la *sardonia (herba)*, ou herbe de Sardaigne, sorte de renoncule ».

SATIN XIVe s. : altération de *zatouin* XIVe s. : arabe *zaytoûnî* « de la ville de Zaï-

SCOTCH xxᵉ s. : mot angl. « écossais », var. de *scottish* ; marque déposée de ruban adhésif.

SELTZ (eau de) xvıııᵉ s.« eau minérale acidulée exportée par le village de *Selters* en Prusse, puis fabriquée artificiellement ».

SERGE ♦ı ı ı (pop.) xııᵉ s. *sarge* : lat. vulg. **sarica*, class. *serica*, fém. substantivé de *sericus* « de soie » : gr. *sērikos*, de *sēr* « ver à soie » : de *Sēr*, nom d'un peuple d'Asie (les Chinois ?) ; **SERGÉ** xvıııᵉ s, de *serger* xıvᵉ s. ♦ı 2ı **SÉRICI-** (sav.) xıxᵉ s. : premier élément de composés exprimant la notion de soie : gr. *sērikos* ; ex. : **SÉRICICOLE** xıxᵉ s.

SINOPLE xııᵉ s. blas. « couleur rouge », xıvᵉ s. « couleur verte » : altération du lat. *sinopis* « terre rouge de *Sinope*, ville d'Asie Mineure ».

SIONISME xıxᵉ s. « mouvement politique tendant à la création d'un État juif ou *nouvelle Sion* », et **SIONISTE** : de *Sion* « montagne de Jérusalem » et « Jérusalem elle-même ».

SISAL xxᵉ s. : nom d'un port mexicain, exportateur de cette fibre tirée de l'agave.

SODOMITE (sav.) xııᵉ s. : lat. eccl. *Sodomita* « habitant de la ville biblique de *Sodome*, célèbre pour les débauches qui attirèrent sur elle le feu du ciel (Genèse, XIX) » ; **SODOMIE** xıvᵉ s. ; **SODOMISER** fin xvıᵉ s.

SOLÉCISME (sav.) xıııᵉ s. : gr. *soloikismos*, par le lat., « faute de grammaire » ; littéralement « faute de langue commise par les habitants de la ville de *Soles*, en Asie Mineure ».

SORGHO xvıᵉ s. : altération orth ; de l'it. *sorgo*, du lat. vulg. **suricum (granum)*, class. *syricum*, du gr. *suros* « syrien », « grain de Syrie ».

STOÏQUE (sav.) xvᵉ s. : gr. *stoïkos*, par le lat., dér. de *stoa* « le Portique », autrement dit *poikilē stoa* ou « Poecile », « Portique orné de peintures », à Athènes, où enseignait le philosophe Zénon (mot p.-ê. apparenté à *histanai* → ESTER, mais le o fait difficulté) ; **STOÏCIEN** xıvᵉ s. ; **STOÏCISME** xvııᵉ s.

SUÈDE xxᵉ s. : « peau pour les gants de fabrication suédoise » ; **SUÉDÉ, SUÉDINE** xxᵉ s.

SUISSE ♦ı ı ı xvıı ᵉ s. : « concierge d'un hôtel particulier, dont l'habit rappelait celui des mercenaires suisses » puis « bedeau » et « soldat de la garde suisse du Vatican ». ♦ı 2ı **PETIT-SUISSE** fin xıxᵉ s., fromage frais.

SYBARITE (sav.) xvıᵉ s. : lat. *Sybarita* « habitant de la ville de *Sybaris*, colonie grecque d'Italie du Sud, réputée pour son luxe » ; **SYBARITIQUE, SYBARITISME** xıxᵉ s.

SYNCRÉTISME (sav.) xvıı ᵉ s. : gr. *sugkrētismos* « alliance de Crétois », c.-à-d. « alliance de deux parties opposées contre un ennemi commun » ; en gr. anc. « Crétois » est synonyme de « fourbe » et *krētismos* signifie « conduite digne d'un Crétois, fourberie ».

TARASQUE xvıııᵉ s. : prov. *tarasco*, monstre légendaire, dér. du nom de la ville de *Tarascon*.

TARENTULE ♦ı ı ı xvıᵉ s. grosse araignée, dont la piqûre cause des troubles nerveux, d'où *être piqué de la tarentule*, sens fig. xvıııᵉ s. : it. *tarantola*, dér. de *Taranto* « Tarente », ville du sud de l'Italie, dans une région où abondent les tarentules. ♦ı 2ı **TARENTELLE** xıxᵉ s. « danse rapide du sud de l'Italie » : it. *tarantella*, p.-ê. de **tarant(ol)ella* « agitation causée par la piqûre de la tarentule » ou simplement « danse de Tarente ».

TARLATANE xvıııᵉ s. : altération de *ternatane* xvıı ᵉ s., du nom des îles de *Ternate*, en Indonésie ; le rapprochement avec *tiretaine* et *tartan* doit être une étym. populaire.

THÉBAÏDE (sav.) xvıı ᵉ s. : gr. *Thēbaïs, -idos*, région de *Thèbes* en Égypte, où s'étaient retirés de nombreux anachorètes chrétiens.

TIRETAINE ♦|1| XIII° s., dér. de l'anc. fr. *tiret* XII° s., lui-même dér. de *tire* « étoffe de soie », du lat. *tyrius* « tyrien », attesté au IX° s. au sens d'« étoffe de *Tyr* » ; le second élément peut être dû à un croisement avec *futaine*. ♦|2| **TARTAN** XVIII° s. : mot angl., empr. à l'anc. fr. *tertaine*, var. de *tiretaine*.

TOLU ♦|1| (baume de) XVIII° s. « baume du Pérou » : du nom d'une ville de Colombie. ♦|2| **TOLUÈNE** XIX° s. chimie : dér. de *tolu*.

TOPINAMBOUR XVI° s. bot., XVII° s. « sauvage » : de *tupinambas*, nom d'une tribu indienne du Brésil.

TORTUE XII° s. : prov. *tortuga*, altération, sous l'influence de *tort* (→ TORDRE), de *tartuga*, forme dissimilée de *tartaruga*, fém. substantivé du bas lat. *tartarucus*, du bas gr. *tartaroukhos* « qui appartient au *Tartare*, c.-à-d. l'Enfer des Anciens » : la tortue en lutte avec le coq symbolise, dans les premiers siècles du christianisme, l'hérésie, l'esprit des ténèbres en lutte contre la lumière (→ CHÉLONIEN).

TRAVERTIN XVII° s. sorte de tuf : it. *travertino*, du lat. *tiburtinus* « de *Tibur*, près de Rome ; auj. Tivoli ».

TRIPOLI XVI° s., « sorte de terre importée de cette ville de Syrie ».

TRUIE (pop.) XII° s. : bas lat. *troia* (VIII° s.), fém. tiré de *porcus troianus* « porc troyen », c.-à-d. « farci de menu gibier », par allusion au cheval de *Troie*, grand mannequin rempli de guerriers, ruse de guerre des Grecs pour prendre Troie (ou plutôt, peut-être, un gaulois *trögja).

TULLE XVII° s. : du nom d'une ville du centre de la France.

TURQUOISE ♦|1| XIII° s. « pierre trouvée en Turquie d'Asie » : fém. substantivé de l'adj. *turquois*, anc. dér. de *turc*. ♦|2| **TRICOISES** XIV° s., au sens de « tenailles turques » : altération de *turquoises* XII° s., sans doute sous l'influence des représentants de la base onomatopéique *tr.k* (→ TAQUET). ♦|3| **TURCO** XIX° s. sabir algérien « soldat indigène », littéralement « Turc » (l'Algérie a été turque jusqu'en 1830).

VALÉRIANE XIV° s. : lat. médiéval *valeriana (herba)* « (herbe) de *Valeria*, district de la Pannonie (auj. Hongrie) ».

VANDALE XVIII° s. : empl. fig., par Voltaire du nom d'un peuple germ. qui ravagea l'Empire romain au V° s. ; **VANDALISME** fin XVIII° s.

VERNIS XII° s. : it. *vernice*, du lat., médiéval *veronix, -icis*, du bas grec *verenikê* « résine odoriférante de *Berenikê*, ville de Cyrénaïque » ; **VERNISSER**, **VERNISSURE** XII° s. ; **VERNIR** XIII° s. ; **VERNISSEUR** XVIII° s. ; **VERNISSAGE** XIX° s.

VÉRONAL XX° s. pharm. : du nom de Vérone (Italie), lieu de l'invention de ce produit.

XÉRÈS ♦|1| XIX° s. vin : du nom d'une ville d'Andalousie. ♦|2| **SHERRY** fin XVIII° s. : mot angl., altération de *sherris* XVI° s., pris pour un plur., prononc. anc. de Xérès.

YPÉRITE XX° s. : de *Yper* « Ypres », ville flamande où ce gaz asphyxiant fut employé pour la première fois, pendant la guerre de 1914.

ZOUAVE XIX° s. : arabo-berbère *zwawa*, nom d'une tribu kabyle.

INDEX

L'index renvoie au mot-entrée sous lequel le terme recherché est traité dans le corps du dictionnaire ou dans les Annexes ; les subdivisions sont indiquées s'il y a lieu.

Les mots servant d'entrée aux articles ne sont pas repris dans l'index.

A

a- → à 2
a- → non III
abaisser → bas 5
abandon → ban I 4
abasourdir → bai 2
abat → battre 6
abattis, abattoir → battre 6
abbatial → abbé 3
abcès → cesser II C 1
adbiquer → dire II C 1
adbuction → conduire II B 2
aberration → errer 6
abêtir → biche 4
abhorrer → ordure 3
abiotique → vivre II B 3
abject → jeter I B 1
abjurer → juger III 6
ablatif, ablation → oublie II B 4
ablette → 1. aube I 4
ablution → laver II 4
abnégation → non II 2
aboi → annexe II aboyer
abolir → haut III C 5
abondance, abonder → onde I 2
abonner → borne 2
abonnir → bon I A 1) 7
aborder → bord 3
aborigène → orient 5
abortif → orient 4
abouler → boule I A 2
abouter, aboutir → bout et bouter I 2
aboyer → annexe II
abraser, abrasion → raser A 6
abréger → bref I 5

abreuver → boire I A 5
abréviation → bref II 3
abricot → cuire II 2
abriter → abri
abroger → corvée II 1
abrupt → rompre II A 6
abrutir → brut
abscisse → esquille II 4
abscons → faire III F 1
absence → être II B 1
absolu, absolutisme → dissoudre I C 4
absoudre → dissoudre I A 1
abstenir → tenir I A 7
abstention → tenir II D 1
abstinence → tenir II B 1
abstraction → traire II B 1
abstraire, abstrait → traire I A 8
abstrus → intrus 2
absurde → sourd 4
abuser → us II 5
abuter → but 2
abysse → abîme 3
acabit → chasser II 1
académie → annexe III
acagnarder (s') → chien I B 2
acanthe → adragante 2
acantho- → adragante 3
acanthoptérigien → 1. penne III 3
acariâtre → annexe III
accabler → bal I C 2
accalmie → chômer II
accaparer → arrhes 2
accéder → cesser II A 2
accélérateur → accélérer

ACCENT

accent → chanter III 1
accepter → chasser III C 1
accessit, accessoire → cesser II B 1
accident → choir III C 1
acclamer → clair I C 3
acclimater → enclin II A
accointance → connaître I A 6
accolade, accoler → cou 4
accommoder → muid II A 6
accompagner → pain II 2
accomplir → plein I B 3
accordéon, accorder → cœur I C 2, 1
accort → roi II 2
accoster → côte II 2
accoter → coude 2
accoucher → lieu I 6
accoudoir → coude 1
accoupler → couple II 1
accourir → courir I A 4
accoutrer → coudre 4
accoutumer → soi I C 1
accréditer → croire II 4
accrocher → croc II 4
accroupir → croupe 3
accueillir → lire I A 6
accu, accumuler → comble II 2
accuser → chose II B 1
-ace → -asse 3, 4 ; -é, -ée III 5
-acée → -asse 3
acerbe → aigre II 3
acéré → aigre I B 1
acét-, acétate, acétique, acétone → aigre II 5
acétylène → hylo- 2 ; aigre II 5
achalander → chaud I B 2
acharner → chair I A 2) 2
-ache → -asse 4
acheminer → chemin 2
acheter → chasser I 3
achever → chef I B 1
achopper → chopper I A 2
achromatique → chrome II 1
acide → aigre II 4
acidifier, aciduler → aigre II 4
acier, aciérie → aigre I B 1
-acle → -ail 2
acné → aigre III 1
acoquiner (s') → annexe II coq I 3
acquérir → quérir I 5
acquêt → quérir II 5
acquiescer → coi 6
acquisition → quérir III 3
acquitter → coi 3
âcre → aigre II 1
acrimonie → aigre II 2
acrobate → acro- ; venir II 3

acrocéphalie → acro-
acropole → police 3
acrostiche, acrotère → acro-
acrylester → été II 4
acte, acteur, actif → agir I B 3) 1, 3, 2
actin-, actinie, actinium → aigre III 2
action, actionnaire, actionner, activer, activité, actuaire, actualité, actuel → agir I B 3) 4, 2, 5, 6
-action → faire III A 9
acuité → aigre II 6
acuponcture → aigre II 7 ; poing III B 4
ad- → à 3
adagio → jeter III 3
adamantin → aimant 3
adapter → couple II 2
addition → donner II D 1
adduction → conduire II B 3
-ade → -é, -ée II 1
-aden, adénite, adénoïde, adénologie → aine 3
adepte → couple II 4
adéquat → égal II A 2
adieu → dieu I A 3
adjacent → jeter III 4
adjectif → jeter I B 2
adjoindre → joug I B 2
adjonction → joug II C 2
adjudant → aider 2
adjudication → juger II 2
adjuger → juger I 1
adjurer → juger III 5
adjuvant → aider 2
ad libitum → quolibet 3
admettre → mettre I A 8
administration, administrer → moins II, 2
admirer → mirer 7
admission → mettre II B 13
admonester → 1. -ment 1 D 4
admonition → 1. -ment 1 D 7
adnominal → nom I B 2
adolescent → haut III C 1
Adonis → annexe III
adonner → donner I A 2
adopter → option 2
-ador → 2. -eur 2 ; -é, -ée II 2
adorable, adorer → oraison 2
adosser → dos I 3
adoucir → doux I 3
adrénaline → rein 3
adresse, adresser → roi I B 5
adret → roi II 8
adroit → roi I B 4
adstrat → estrade II C 2

adulte → haut III D
adultère, adultérer → autre I B 8, 9
advenir → venir I A 3
adventice → venir I B 11
adverbe → verve 4
adversaire, adverse, adversité → vers I B 3
aède → ode 6
aérer, aérien, aéro- → air 3
aérobie → vivre II B 2
aérodynamique → bon II 3
aérolithe → lith(o)- 2
aéronaval, aéronaute, aéronef → nef II B 4
aérophagie → phag(o)- 2
aéroport → port I A 1
aérosol → dissoudre I F
affable → fable III E 5
affabulation → fable III
affadir → fade 1
affaiblir → faible
affaire → faire I A 2
affaisser → faix 1
affamer → faim II 1
affecter → faire III C 1
affecter, affection → faire III C 1, 4
afférent → offrir I B 3
affermir → ferme I 2
afféterie → faire II 1
affichage → ficher I 4
affidé → foi II A 5
affiler → fil I 3
affilier → fils 6
affiner → fin IV 1
affinité → fin III 5
affiquer → fiche I 5
affirmer → ferme II 1
affleurer → fleur 5 A 4
affliction → affliger III 1
affluer → fleuve II B 3
affoler → enfler 1 B
affouage → feu 2
affouiller → fouir 5
affranchir → annexe IV franc 4
affréter → fret
affreux → affre
affrioler → frire 5
affriquer → frayer II 3
affronter → front 3
affût, affûter → fût 4
afin de, que → fin I
agacer → agace 2
agate → annexe IV
agence → agir I B 1) 3
agencer → gens I A 6
agenda, agent → agir I B 1) 2, 3
agenouiller (s') → genou I 1

agglomérer → glu 5
aggraver → grever I B 1
agile → agir I B 1) 4
agio → jeter III 2
a giorno → dieu V B
agissement, agir → agir I B 1) 1
agiter → agir I B 1) 5
agnat → gens II C 1
agnostique → connaître II A 2
-agogique, -agogue → agir II 2
agonie → agir II 3
agonir → agir II 3
agora → allégorie 3
agoraphobie → phobie 1
agrafer → grappe 3
agraire → acre 4
agréer → gré I 3
agréger → grège 3
agrément → gré I 4
agression → degré II C 3
agreste → acre 2
agriculture → acre 3
agripper → grippe 2
agro-, agronome → acre 5
agronomie → nomade 6
agroville → ville I A 1
agrume → aigre I B 4
aguerrir → guerre 1
aguet → veille II 1
aguicher → guiche
ahuri → hure 2
aiche → dent I C 1
aïe → ah ! 2
aigrefin (escroc) → griffe 2
aigrette → héron 2
aigu → aigre I A 4
aigue-marine → eau 3
aiguière → eau 3
aiguille, aiguiller, aiguillon → aigre I A 5, 6
aiguiser → aigre I A 3 ; guiche
aile → essieu I 3
-ailler, -ailleur → -ail 3, 4
ailloli ou **aïoli** → huile 5
-aillon → -ail 4
aimable → aimer I 1
-aine → -in, -ine 3
aîné → avant I C ; gens II A 3
-aineté → 3. -ain 5
ainsi → si 3
-aïque → -ée 3
-aire → -ier, -ière 7
-ais → -ois 2 a)
aise → jeter III 1
-aison → -é, -ée I 2
aisselle → essieu I 2
ajourer → dieu V A 5

AJOURNER

ajourner → dieu V A 2
ajouter → joug I D 2
ajuster → juger IV 4
-al → alcool 3
-al, -ale → -el 2
alacrité → allègre 3
alaise → lé 3
alambiquer → alambic
à la revoyure → voir I A 3
alarmant, alarme → arme I 6
à la va-vite → vais (je) 2
albinos → 1. aube II 1
album, albumine → 1. aube III 2, 1
alcal- → alcali
aldéhyde → alcool 3
alénois → annexe IV
alentours → tourner I A 3
alerte → roi II 3
aléser → lé 4
alevin → léger II 3
alexandrin → André 1
algorithme → annexe III
alias → autre I B 10
alibi → autre I B 11 ; y 2
aliéner → autre I B 2
aligner → lin II A 3
aliment → haut III B 1
à l'improviste → voir I E 13
alinéa → lin II B 4
à l'insu de → savoir I 1
-alisation, -aliser, -alisme, -alité → -el 6, 5
aliter → lit 2
allée → aller I A 1
allégeance → lige 2
alléger → léger I 2
allégorie et autre II 1
allegro, allegretto → allègre 2
alléguer → loi II 6
allergie → autre II 2 ; orgue I B 2
allier → lier I 4
alligator → lézard 3
allitération → lettre II 4
allo- → autre II 3
allocation → 1. lieu II 2
allocution → locution 2
allonger → long I 5
allouer → lieu I 3
allumer → luire I B 1
allure → aller I A 1
allusion → éluder II 1
alluvion → laver II 5
aloi → lier I 5
alors → heure I 3
aloyau → alouette 2
alpage, alpinisme → annexe IV Alpes

alpenstock → annexe IV Alpes
Alpes → annexe IV
alpha, alphabet → abécé II 2, 1
altérable, altercation → autre I B 3, 7
alter ego → autre I B 12 ; je 4
altérer, alternative, alternance, alterner → autre I B 3, 5
altesse, altier → haut II 2, 3
altimètre, altitude → haut III A 3, 2
alto → haut II 4
altruisme → autre I B 1
alumine, aluminium → alun 1, 2
alvéole → auge 2
amabilité → aimer II 1
amadou, amadouer → aimer I 10
amant → aimer I 2
amarante → marasme 2
amasser → maçon II 2
amateur → aimer II 2
amazone → annexe IV
ambages → agir I B 1) 6 ; aller III 1
ambi- → aller III 2
ambiance → irai (j') II A
ambiant → aller III 1
ambigu → agir I B 2) 1 ; aller III 1
ambition → aller III
ambitionner → irai (j') II E 8
amble → aller I A 2
ambroise, ambroisie, ambrosien → mourir III
ambulance, ambulant → aller I B 1
ambulatoire → aller I B 1
améliorer → meilleur 4
aménager → manoir I 4
amender → mendier II 1
amener → mener I A 2
aménorrhée → mois II 4
amenuiser → moins I 5
amerrir → mer I 1
ameublement → mouvoir I B 3
ameublir → mouvoir I B 2
ameuter → mouvoir I B 4
ami → aimer I 6
amiable → aimer I 7
amibe → muer III 2
amical → aimer II 3
amict → jeter I D
amidon → moudre II 1
amincir → moins I 6
amine, -amine → annexe III ammoniac 2
amitié → aimer I 8
ammoniac → annexe III
ammonite → annexe III ammoniac 3
amnésie, amnistie → 1. -ment II A 2, 1

amocher → moche
amodier → muid II A 1
amoébées → muer III 1
amoindrir → moins I 2
amollir → mou I A 5
amonceler → mener II 4
amont → mener II 1
amoral → mœurs 2
amorcer → mordre 5
amoroso → aimer I 4
amorphe → forme IV 4
amortir, amortisseur → mort I A 4
amour → aimer I 3
amovible → mouvoir II C
ampère → annexe III
amphi- → aller IV
amphibie → vivre II B 2
amphibologie → bal III C 5
amphigouri → allégorie 4
amphitryon → annexe III
amphore → offrir II C 2
ampliation, amplifier, amplitude → ample 2, 4
ampoule, ampoulé → offrir II A
amputer → conter II 1
amuïr → muet 2
amurer → mur I 2
amuser → museau 4
amygdale → amande 3
amylacé, amylène → moudre II 2
an- → non III
-an(e) → 3. -ain 3
anabaptisme → baptême 2
anabolisme → bal III C 8
anacoluthe → acolyte 2
anaérobie → vivre II B 2
anagramme → greffe II B 4
anal → anneau 4
analgésie → -algie 2
anallergique → orgue I B 2
analogie → lire II C 11
analphabète → abécé II 1
analyse → dissoudre II 1
anaphore → offrir II C 3
anaphylaxie → phylactère 3
anarchie → archives II 3
anastomose → estomac 6
anastrophe → strophe 4
anathème → faire IV B 2
anatomie → temple II 2
-ance → -ant 4
ancêtre → avant I B 4 ; cesser I 2
ancien → avant I B 3
andain → irai (j') I 8
andante → irai (j') I 10
-and(e) → -ant 2
andouille → conduire I B 1

andouiller → œil I 3
-andre → André 2
andrinople → annexe IV
andro-, androgyne → André 3
-ane → -an 2
anéantir → gens I A 9
anecdote → donner III 1
anémo-, anémone → âme II 2, 1
anémotrope → tordre III B 8
anéroïde → onde II 7
anesthésie → esthétique 2
angélique → ange 2
angélus → ange 4
angine → angoisse I 2
-angite → angio- 2
anguleux → angle I 3
anhydre → onde II 7
anicroche → croc II 2
animal → âme I 2
animation, animer, animisme, animosité → âme I 3, 6, 4
-anité → 3. -ain 6
ankylose → angle II
annales → an II 1
année → an I 2
annélides → anneau 2
annexer → nœud II B 1
annihiler → non II 5
anniversaire → an II 3 ; vers I B 13
annonciation → annoncer II 1
annone → an II 6
annoter → note 4
annuaire, annuel, annuité → an II 2
annulaire → anneau 3
annuler → non II 3
anomal, anomalie → ensemble III 6
ânonner → âne 1
anonyme → nom II B 3
antagoniste → agir II 4
antan → an I 3
Antarctique → Arctique 1
-ante → dix I 9
anté- → avant A 3
antécédent → avant II A 2 ; cesser II A 3
antenois ou **antenais** → an I 4
antépénultième → 1. outre 4
antéposer → pondre III B 17
antérieur → avant II A 1
-anthe, -anthème → anth(o)- 2, 3
anthologie → anth(o)- 1
anthracite → anthrax 2
-anthrope, -anthropie → anthrop(o)- 2
anthropomorphe → forme IV 4
anthroponymie → anthrop(o)- 1 ; nom II B 8

anthropophage → phag(o)- 2
anti- → avant II B 3 et III
Antibes → police 6
antibiotique → vivre II B 3
antichambre → chambre I 3
anticiper → avant II B 2 ; chasser III B 1
anticlinal → enclin II B 3
anticonceptionnel → chasser III C 3
antidote → donner III 2
antimite → mite 3
antinomie → nomade 8
antipathie → pathétique 5
antiphonaire → antienne 2
antipodes → pied III B 3
antipyrine → pyrite 6
antiquaire, antique → avant II B 1
antistrophe → strophe 1
antithèse → faire IV B 8
antonomase → nom II A 1
antonyme → nom II B 1
anus → anneau 4
anxieux → angoisse I 3
aoriste → horizon 3
aoûtat, aoûtien → août 1
apache → annexe IV
apaiser → paix I 1
apanage → pain III 2
à part → part I A 1
aparté → part I A 11
apathie → pathétique 3
apatride → père I B 8
à peine → peine 1
apercevoir → chasser I 4 d)
apéritif, aperture → couvrir II 2, 3
aphasie → fable IV 1
aphérèse → hérésie 2
aphonie → antienne 8
aphorisme → horizon 2
aphteux → aphte
apiculteur → abeille 2
apitoyer → pitié 1
aplanir → plain I A 4
aplatir → plat I A 2
aplomb → plomb I 1
apnée → neume II 4
apo- → ab-, abs- 2
apocalypse → celer III 2
apocope → syncope
apocryphe → encroûter 8
apodictique → dire III 3
apogée → géométrie 7
apolitisme → police 2
apologie, apologue → lire II C 12, 8
aponévrose → nerf II A 1
apophonie → antienne 8
apophtegme → diphtongue 2

apoplexie → plaindre II 2
apostasie → ester IV A 5
aposter → pondre II B 3
a posteriori → puis II 5
apostiller → puis II 4
apostolat, apostolique → apôtre II A 1
apostrophe → strophe 2
apostume → ester IV D
apothéose → enthousiasme 6
apothicaire → faire IV A 3
apparaître → paraître 2
apparat → part III B 4
appareil, appareiller (préparer) → part III B 2
appareiller → pair II 2
apparent → paraître 4
apparenter → part II A 1
apparier → pair II 5
appariteur, apparition → paraître 3
appartement → part I A 9
appartenir → tenir I A 10
appas, appât → paître 3
appauvrir → peu 2
appeau, appeler → pousser I C 2, 1
appendice, appendicite → pendre I D 1
appendre → pendre I A 1
appentis → pendre I B 2
appesantir → pendre II A 1
appétence, appétit → 1. panne II B 2
appliquer → plier II C 3
appogiature → pied III A 3
appointer → poing I D 7, 8
apponter → pont I 1
apporter → port I D 3
apposer → pondre III B 1
apprécier → prix 5
appréhender → prendre II 2
apprendre → prendre I A 2
apprenti → prendre I B
apprêter → prêt 2
apprivoiser → premier I C 2
approbation → prouver I B 4
approcher → prochain 2
approfondir → fonds V 3
approuver → prouver I A 4
approvisionner → voir I E 11
approximation → prochain 5
appuyer → pied III A 2
après → empreindre II A 2
après-midi → dieu IV A 2
a priori → premier I B 3
à-propos → pondre III B 10
apside → abside 2
apte → couple II 2

aptère → 1. panne III 2
apurer → pur 4
aquafortiste, aquarelle, aquarium → eau 5, 6
aqua-tinta, aquatinte → eau 5 ; teindre 3
aquatique → eau 6
aqueduc → conduire II A 2 ; eau 6
aqueux → eau 6
aquilin → aigle 2
arabesque → annexe IV arabique
arabiser → annexe IV arabique
arachnéen, arachnide, arachnoïde → araignée II
araire → arable 3
araser → raser A 3
aratoire → arable 2
arbalète → arc 6 ; bal I B
arbitraire → arbitre
arborer, arborescent, arboriculture → arbre 2
arbrisseau → arbre 1
arbuste → arbre 3
arcade → arc 4
arcane → arche 2
arcature → arc 4, 1
arc-bouter (s') → bout et bouter II 2
arceau → arc 3
arc-en-ciel → arc 1
archaïsme → archives I 2
archange → ange 3
arche → arc 5
archéen, archéo- → archives I 3, 4
archer, archet → arc 2
archétype → percer II 4
archi- → archives II 1
archiduc → archives II 1 ; conduire II A 1
-archie → archives II 3
archipel → archives II 5 ; plain II 1
-archique, -archisme, -archiste → archives II 3
architectonique → architecte 2
architrave → travée 3
archivolte → voûte II A 4
archonte → archives II 4
arçon → arc 3
arcto- → arctique 2
ardeur → ardent
ardillon → haire 4
are → aire 2
aréique → rhume 8
aréole → aire 3
aréopage → annexe III
argenterie, argentin → argent I 1
argot → 1. haricot 2
argousin → alguazil 2

arguer → argent I 2
argument → argent I 2
Argus → annexe III
argutie → argent I 2
argyr(o)- → argent II 1
aria (mélodie) → air 2
-ariat → -ier, -ière 8
-arien → -ier, -ière 8
ariette → air 2
-ariser, -arisme, -ariste → -ier, -ière 8
aristocrate → aristo
-arité → -ier, -ière 8
arithmétique → art II 3
-arium → -ier, -ière 8
arlequin → annexe III
armateur, armature → arme II 1, 2
armistice → arme II 3
armoire, armoiries → arme I 5, 3
armor → mer III 2
armorial → arme I 3
armorique → mer III 2
armure, armurier → arme I 4
aromate → arôme 2
arpège → harpe 2
arpenter → arpent
arpion → serpe II 2
-arque → archives II 2
arquer → arc 4
arracher → racine 2
arraisonner → raison 2
arranger → rang 1
arréages → arrière I 1
arrêter → ester I 14
arrière-ban → ban I 2
arriérer → arriéré I 1
arrière-train → traire I B 3
arrimer → rustre II 1
arriver → rive 2
arrogant, arroger → corvée II 2
arrondir → roue I 9
arroser → rosée 2
arséniate → arsenic
artériosclérose → artère
arthrite, arthro-, arthrose, arthropode → art II 1, 2
article → art I B 2
articulation, articuler → art I B 3
artifice, artificiel, artificier, artificieux → art I B 4 ; faire III E 1
artisan, artisanat → art I A 2
artiste → art I B 1
aruspice → dépit II B 2
arythmie → rythme
-as → -asse 4
ascendant → échelle I E 4
ascenseur, ascension → échelle I F 2, 1

ASCÈSE

ascèse → ascète
-ase → ester IV B
asepsie → septique 2
asparagus → asperge 2
aspect → dépit II C 1
asperger, aspersion, aspergille → épars I 4, 5
aspérité → âpre 3
aspirant, aspirateur, aspirer → soupirer II 2
assagir → savoir I 3
assaillir → saillir I A 2
assainir → sain 1
assaisonner → semer 3
assaut → saillir I B 3
assembler → ensemble I A 5
assener → forcené 2 ; seing I 4
assentiment → sentir I 5
asseoir → seoir I A 2
-asser → -asse 2
assermenter → saint I 3
assertion → désert 2
asservir → serf I 6
assesseur → seoir II C 3
assiduité → seoir II B 1
assiéger → seoir I B 2
assiette → seoir I A 2
assignat, assigner → seing II B 5
assimiler → ensemble II A 4
assise → seoir I A 2
assister → ester III B 1
associer → société 2
assoler → seuil 4
assommer → sommeil I A 2
assomption → rançon II D 1
-asson → -asse 2
assonance → sonner 10
assortiment, assortir → sort II 1
assoupir → sommeil II 2
assouplir → plier I C 2
assourdir → sourd 1
assouvir → sommeil II 1
assujettir → jeter I A 7
assumer → rançon II A 3
assurer → cure II 2
aster, astérie, astérisque, astéroïde → étoile II C 1, 3, 2, 4
astic, asticot, asticoter → astiquer 2, 4
astigmatisme → étiquette IV 2
astre → étoile II B 1
astreindre → étreindre I 3
astriction → étreindre III A 2
astringent → étreindre III B 1
astro- → étoile II B 5
astrobiologie → vivre II B 3
astrobale → étoile II B 2 ; syllabe 2

astrologie ↠ étoile II B 4
astronaute → nef II B 4
astronomie → étoile II B 3 ; nomade 5
astrophotographie → phosphore 7
asymptote → lire II 3
-at → -é 2 ; -é, -ée II 4 et III 1
atavique, atavisme → aïeul 4
ataxie → tâche 7
-ate → -é, -ée III 2
atelier → ais 3
atermoyer → tertre 4
-ateur → -é, -ée II 6 ; 2. -eur 3
athée → enthousiasme 4
atiger → casser I A 9
-atile → -é, -ée III 10
-ation → -é, -ée III 4
-atique → -age 3
atlante, atlantique, atlas → oublie III 2, 4, 1, 3
atmosphère → sphère 2
-atoire → -é ; -ée III 8 ; -oir, -oire 2
atome → temple II 2
-aton → -é, -ée III 3
atonal, atone → tenir III 1, 5
-atorium → -é, -ée III 9 ; -oir, -oire 3
atour → tourner I A 3
atout → tout 1
à tout venant → venir I A 1
atrabilaire → airelle 3
âtre → huître 2
atroce → airelle 2 ; œil II 5
atropine → annexe III
attabler (s') → table 1
attacher → étai I 2
attaquer → étai II 1
attarder (s') → tard 1
atteinte → atteindre I 1
attelle → ais 3
attenant → tenir I A 15
attendre → tenir I B 4
attendrir → tenir I D 1
attentat, attenter, attention → tenir II D 12, 9
attentif → tenir I B 4
atténuer → tenir II A 2
atterrer, atterrir → terre 1
attester → témoin II 2
atticisme → annexe IV attique
attiédir → tiède 1
attiger → casser I A 9
attirail, attirer → tirer 4, 3
attiser → tison
attitrer → titre I 1
attitude → couple III
attouchement → taquer I C 1
attraction → traire II B 2

attrait → traire I A 4
attrape-nigaud, attraper → trappe 2
attribuer, attribut → tribu 5
attrister → triste
attrition → tourner II 3
attrouper → trop 3
-ature → -é, -ée II 3 et III 7
au, aux → il II 3
aubade → 1. aube II 2
aubaine → ban I 6
aubépine → 1. aube I 2 ; épine 3
auberge → héraut II 2
aubier → 1. aube I 3
auburn → 1. aube II 3
aucun → qui I 7 ; un I 2
audace → oser 2
audible, audience, audio-, auditeur, auditif, audition, auditoire, auditorium → ouïr 4, 5
augmenter → août II A 1
augure, augurer, auguste → août II A 2, 3
aujourd'hui → dieu IV A 3
aumônier, aumônière → aumône 1
auparavant → avant I A 3
auprès → empreindre II A 1
auréole → or II 1
au revoir → voir I A 3
auri- → or II 2
auriculaire → oreille I 5
aurore → est 2
ausculter → oreille I 6
auspice → dépit II B 1 ; oie II 1
aussi → autre I A 3 ; si 4
aussitôt → tôt 1
auster → est 3
austral, australopithèque → est 4, 5
au su de → savoir I 1
autan → haut II 1
autant → tel 2
autarcie → aut(o)- II 1 ; exercer II
-auté → -el 4
auteur → août II B 1
authentifier, authentique → aut(o)- II 2
-autisme → aut(o)- I
auto → aut(o)- IV 2
autobus → aut(o)- IV 2
autochtone → aut(o)- II 4
autoclave → clef I C 11
autocrate → aut(o)- II 3
autodafé → agir I A 7 ; foi I D
autodétermination → tertre 6
autodidacte → aut(o)- II 5 ; docte III 1
autogène → aut(o)- II 6 ; gens III B

autographe → aut(o)- II 7 ; greffe II A 3
automate, automation, automatique, automatisation → aut(o)- II 8 ; 1. -ment II B
automobile → aut(o)- IV 1 ; mouvoir II B 3
automotion → mouvoir II A 2
autonome → aut(o)- II 9 ; nomade 8
autophobie → phobie 1
autopsie → œil III 4
autorail → roi II 7
autoriser → août II B 1
autoritaire, autorité → août II B 1
autostrade → estrade I 3
autour → tourner I A 3
autrefois → fois I 1
autruche → oie I 5
autrui, autre → I A 2
auvent → avant I A 8
auxiliaire → août II B 3
avachir → vache 2
aval (partie centrale d'un cours d'eau) → voûte I B 1
avaler → voûte I B 2
avaliser → aval
avancer → avant I B 1
avant → avant I A 2
avantage → avant I A 4
avant-dernier → arrière I 4
avant-train → traire I B 3
avare → oser 4
avarier → avarie
à vau-l'eau → voûte I B 1
avenant, avènement, avenir → venir I A 3, 1
avent, aventure → venir I B 2, 1
avenue → venir I A 3
avérer → vrai I 2
avers → vers I B 5
averse → vers I A 3
aversion → vers I B 4
avertir, avertisseur → vers II 2
aveu → voix I A 4
aveugle → œil I A 4
aviation → oie II 3
avicole, aviculture → oie II, 2
avide → oser 3
avilir → vil 2
aviné → vin 1
avion → oie II 3
aviron → virer 2
avis, aviser, aviso → voir I E 3, 4, 16
avitaminose → vivre I 17
aviver → vivre I 3
avocat → voix I B 2
avoisiner → ville I B 1

AVORTER, AVORTON

avorter, avorton → orient 3
avoué, avouer → voix I A 2, 3
avunculaire → aïeul 3
axe, axial, axile, axillaire, axis → essieu II 1, 2, 3

axiologie → axiome 2
azimut → zénith 2
azote → vivre II A 3
azyme → jus 3

B

1. **baba** (gâteau) et annexe I
2. **baba** (ébahi) → annexe I ; bayer 3
babeurre → beurre 1
babiller, babine, babiole → bobine I 1, 2, 3
bâbord → bord 2
babouin → bobine I 4
baby → bobine I 5
bac → bachelier 2
baccalauréat → bachelier 2 ; baie II 3 ; laurier 3
bacchanale → annexe III
bacchante → annexe III bacchanale 2
bacci-, baccifère, bacciforme → baie II 1
bachelette → bateleur 2
bachique → annexe III bacchanale 3
bachot (examen) → bachelier 3
bachot (bateau) → bac 2
bacille → bâcler I B 2
bactéri-, bactérie, bactério- → bâcler II 2, 1
badaud → bayer 7
badin, badinage, badiner → bayer 6
baffe, bafouer → bouffer I 1, 2
bafouiller → bouffer I 3
bâfrer → bouffer I 4
bagatelle → baie I 2
bagne → bain II
bagnole → banne 3
bagou → gueule I C
baguenaude, baguenauder → baie I 3
baguette → bâcler I A 3
bah ! → ah ! 3
baie (ouverture) → bayer 2
baigner, baignoire → bain I 2
bâiller → bayer 8
bailli → bail 2
bâillon → bayer 8
bain-marie → bain I 1
baïonnette → annexe IV
baisemain → baiser 1

baisser → bas 5
baisure → baiser 1
bajoue → joue 1
bakélite → annexe III ; lith(o)- 2
balade, baladeuse, baladin → bal I A 2, 3
balafre → lèvre 3
balancier, balançoire → balance 1
balan(o)- → gland 4
balayer → balai
balbutier → ébaubi 2
balcon → ébaucher 4
baldaquin → annexe IV
balise → paix III 7 ; bayer 4
balistique → bal III A
baliveau → bayer 4
baliverne → bal I A 7
ballade (chant), **ballader, ballant** → bal I A 2, 1
ballerine → bal I A 5
ballet → bal I A 4
ballon, ballonner, ballonnement → 1. balle 2
ballot, ballotage, ballottement, ballotter → 1. balle 1, 3
balluchon → 1. balle 1
balnéaire, balnéo- → bain III 1, 2
balourd → lourd 2
balsamique → baume II 1
bambin, bamboche → bobine I 6, 7
banal, banalité, banaliser → ban 3
banban → banc 4
bancaire → banc 5
bancal → banc 4
banco → banc 6
bancroche → banc 4 ; croc II 3
bande (troupe) → ban II 1
bandeau, bandelette, bander → bande 1, 2
banderille, banderole → ban II 4, 3
bandit → ban III 3
bandoulière → ban II 5
banjo → mandore 3
bank-note → banc 7
banlieue → ban I 5 ; lieue 2
bannette → banne 1
bannière, bannir → ban III 4, 1

banque, banqueroute, banquet, banquette → banc 5, 3, 2
banquise → paquet 3
baptiser, baptismal, Baptiste, baptistère → baptême 4, 2, 3
baquet → bac 1
bar → barre 5
baratin → baratte 3
barbant → barbe I 3
barbare → brave II
barbaresque → brave I 4
barbe (cheval) → brave I 5
barbeau → barbe I 6
barbiturique → bette 2 ; urine 3
barbon → barbe I 4
barboter → bourbe I 2
barbouiller → bourbe I 3
barbouze → barbe I 4
barbue → barbe I 6
barcarolle → barque 5
barcelonnette → bercer 3
barda → 2. barde 3
bardane → baraque 2
bardeau → 2. barde 1
barder (chauffer) → baraque 4
barder → 2. barde 1
bardot → 2. barde 2
-bare → grever II 4
barème → annexe III
barge → barque 1
bariolage, barioler → barre 2 ; roi I D 1
barman → barre 5 ; -mand 3
baromètre → grever II 1
barrage → barre 1
barrette (bonnet) → béret 2
barrette (pour les cheveux) → barre 1
barricade → baril 2
barrière → barre 1
barrique → baril 2
bary- → grever II 3
baryton → grever II 2 ; tenir III 4
bascule → cul 5
base → venir II 1
basilic → Basile 2, 3
basilique → Basile 4
-basique → venir II 1
basket-ball → 1. balle 4
basoche → Basile 5
basque → bâtir 7
basse, basset → bas 4, 3
basse-contre, basse-taille → bas 3
bassin, bassine, bassiner, bassinoire → bac 3
basson → bas 4
baste → bât 4

bastide, bastille, bastingage, bastion → bâtir 3, 4, 6, 5
bastonnade → bât 3
bas-ventre → ventre 1
bataclan → patati-patata 3
bataille, bataillon → battre 4, 5
bâtardeau → bâtir 2
batavia → annexe IV
batelier, batellerie → bateau 1
bat-flanc → flanc 2
bathyscaphe → scaphandre 2
batifoler → battre 2
bâtiment → bâtir 1
batiste → battre 3
bâton → bât 2
batte → battre 1
baudet → ébaudir 2
bauxite → annexe IV
bavard → bobine I 10
bavasser → bobine I 10
bave → bobineau I 10
bavolet → voler 3
bayadère → bal I A 6
be-, bes- → deux I B 2
beau, beau- → bon I C 1, 4
beaucoup → coup 1
beau-parleur → bal I 3
bébé → bobine II
bécarre → abécé I 3 ; quatre II 1
bécasse → bec 5
béchamel → annexe III
bêche → deux I B 4
béchevet → chef I B 4 ; deux I B 3
becfigue → bec 8
bécot, bécoter → bec 2
becquée → bec 2
becquet → bec 2
bédane → bec 6
bedon → bedaine I
bedondaine → bedaine I
béer → bayer 2
beffroi → effrayer 3
bégonia → annexe III
bégueule → bayer 2
béguin, béguine → bègue 3
behaviourisme ou **behaviorisme** → avoir III
beige → annexe IV
béjaune → bec 6
bel → annexe III
bêler → annexe II
belette → bon I C 3
belladone → dame IV 5
bellâtre → bon I C 2
belle- → bon I C 4
bellicisme → belliqueux I 1
belligérant → geste II A 6 ; belliqueux I 1

bellone → belliqueux I 2
belote → annexe III
belvédère → voir I D 1
bémol → abécé I 3 ; mou I A 4
béné- → bon I B 2) 1
bénédicité → dire II B 2
bénédictin → dire II D 6, 5
bénédiction → dire II D 5
bénéfice → faire III E 2
benêt → dire I E 3
bénévole → vouloir 5
bénin → bon I B 2
bénir, bénitier → dire I E 1
benjamin → annexe III
benne → banne 2
benoît → dire I E 2
benzine, benzène → benjoin 2
béotien → annexe IV
béquille → bec 4
bercail → brebis 2
bercelonnette → bercer 3
bergamote → annexe IV parchemin 2
berger, bergeronnette → brebis 3
berline → annexe IV
berlingot → brelan 2
bernard-l'hermite → ermite 2
berner, berne → bran 3
bernique → bran 4
béryl, béryllium → briller 3
besace → 1. sac 2 ; deux I B 2
besaiguë → aigre I A 7 ; deux I B 2
besant → annexe IV
besicles → briller 2
besogne → soigner 2
besoin → soigner 3
besson → deux I B 1
bestiaire, bestial, bestiaux, bestiole → biche 5, 6
bestourne → tourner I A 4
bêta → abécé II 3 ; biche 4
bétail, bête, bêtifier, bêtise → biche 3, 4
bêtatron → abécé II 3
betterave → rave 1
bétulacées, bétuline → bouleau 2
beugler → bœuf I B 2 ; annexe II mugir 3
beuverie → boire I A 4
bévue → deux I B 2 ; voir I B 6
bi- → deux III B 3
bibelot → bobine III 1
biberon → boire I B 1
bibi → bobine III 3
bibine → boire I B 2
biblio- → bible 2
bibliobus → bus

bibliophile → philtre 3
bibliothèque → faire IV B 5
bibus → bobine III 4
bicéphale → céphal- 4
biceps → chef IV C
bichonner → barbe I 7
bichromate → chrome II 2
bicot → bique 2
bicyclette → quenouille II C 6
bide → bidon
bidoche → bidet 2
bidonville → ville I A 1 ; bidon
-bie → vivre II B 2
bielle → vent 4
bien, bien- → bon I B 1) 1, 2
bienfait → faire I A 3
bienheureux → août I 2
biennal → an II 5
bien-pensant → pendre II D 1
bienséant → seoir 1 A 6
bientôt → tôt 1
bienveillant → vouloir 3
bienvenue → venir I A 1
biffer, biffin → bouffer II 1
bifide → fendre 3
bifteck → bœuf III 1
bifurquer → fourche 5
bigame → gam- 2
bigle, bigler → œil I 6
bigophone → antienne 7 ; annexe III
bigorne → cor I A 12
bigre → annexe IV bougre 3
bilan → balance 2
bilboquet → bille III 1
-bile → -ble 2
bili- → bile 3
bilingue → langue 3
-bilité → -ble 3
billard → bille III 3
billet → boule II 3
billevesée → bille III 2
billion → mille II 3
billon, billot → bille I 2, 1
biloculaire → lieu II 4
bimane → main 19
bimbelotier → bobine III 2
bimestriel → mois I 3
binaire → deux III C 1
biner, binette → deux II 1
bing-bang → annexe I ; boum 1
binocle → œil II 1 ; deux III C 2
binoculaire → œil II 2
binôme → nomade 3
-bio- → vivre II B 3
biotechnie → technique 3
bioxyde → paroxysme 6

bipartition → part I B 2
bipède → pied II 3
biplace → plat 1 A 4
bique → biche 2
birbe → bribe 2
birème → ramer 2
biribi → tirelire 14
bis (deux fois), **bis-** → deux III B 1, 2
bisaiguë → aigre I A 7
bisbille → biribi 2
biscayen ou **biscaïen** → annexe IV bisque 2
biscornu → cor 1 A 5
biscotte → cuire II 1
biscuit → cuire I A 3
bise → baiser 2
biseau → deux I B 5
bisque → annexe IV
bisquer → annexe IV bisque 3
bissac → 1. sac 2
bissecteur, bissection, bissectrice → scier II C 6, 1, 8
bissextil(e) → six I C 4
bistouille → percer I A 3
bistouri → annexe IV
bitume → béton 2
biture ou **bitture** → bitte 2
bivalent → valoir 9
bivalve → voûte III B
biveau ou **buveau** → bayer 4
bivouac → veille II 3
bla-bla ou **bla-bla-bla** → annexe I ; bobine I 8
blackbouler → 1. balle 5
blair → blaireau 2
blâmer → fable II
blanquette → blanc 5
blasphème → fable IV 2
-blaste → blasto- 2
blastomère → mérite II
blastomycète, blastomycose → myce-, myco- 2
blatérer → déblatérer 2
blatier → blé 2
blennorragie → cataracte 2
blettir, blet → blesser 2
-bleu → dieu I A 5
bloc-, blockhaus, blocus → bloc 3, 6, 5
bloquer → bloc 4
blouson → blouse
blue-jeans → bleu 2 ; annexe IV
blues → bleu 2
bluet → bleu 1
bluette → berlue 1
bobard, bobèche → bobine IV 1, 4
bobo → annexe I ; bobine IV 5

bocage → bois 4
bock → annexe IV
bogue → enfler II B 3
boisselier, boisselée, boissellerie → boisseau
boisson → boire I A 2
boîte, boiter, boitiller → buis I 2, 4
bol (alimentaire) → bal III C 1
-bole, -bolisme → bal III C 7, 8
bolide, bolomètre → bal III C 3, 4
bombance → bobine IV 6
bombarder → boum 2 a)
bombe (festin) → bobine IV 6
bombe (projectile), **bomber, bonbonne** → bonne 2 b)
bonace, bonasse → bon I A 1) 9
bonbon → annexe I ; bon I A 1) 4
bond → boum 3
bondieusard → dieu I A 2
bondir → boum 3
bonheur → août I 2
bonhomie → homme I 1
bonhomme → bon I A 1) 5 ; homme I 1
boni → bon I A 2) 1
bonifier → bon I A 2
boniment → bon I A 1) 8
bonjour → bon I A 1) 2 ; dieu V A 1
bonniche → bon I A 1) 6
bonnir → bon I A 1) 8
bonsoir → bon I A 1) 2 ; soir 1
bon vivant → vivre I 1
bookmaker → bouquin 2
boom → boum 4
boqueteau → bois 4
bora → bourrasque 2
borate → borax
bordée → bord 1
bordereau → bord 1
bore → borax
borée, boréal → bourrasque 3
bosquet → bois 4
botte (de paille), **botteler, botte** (d'escrime) → bout et bouter III 10, 11
botte (chaussure) → bot 2
botulisme → boyau II
boucan → annexe III bacchanale 4
boucher (subst.) → bouc 3
boucher (fermer) → bois 2
bouchon → bois 3
boucle, bouclier → bouche I 6, 7
bouder → bedaine II 2
boudin → bedaine II 1
bouffarde → bouffer III 1
bouffe → bouffer III 3
bouffir, bouffon → bouffer III 2, 3

bougainvillée ou **bougainvillier** → annexe III
bouge → enfler II 1
bougeoir → annexe IV bougie
bouger → boule I C
bougie → annexe IV
bougna, bougnat → charbon I 2
bougre → annexe IV
boui-boui → bœuf I A 3
bouillabaisse, bouillir, bouillie, bouillonner → boule I B 6, 1, 4, 2
bouillon → boule I B 2
boulanger → boule I A 3
bouledogue → dogue
boulet → boule I A 1
boulevard → orgue II
bouleverser → vers I A 3
boulier → boule I A 1
boulimie → bœuf II 1
boulingrin → boule I A 4
boulon, boulot, boulotter → boule I A 1, 2
bouquet (de fleurs) → bois 4
bouquet (dartre) → bouche I 2
bouquet (petit bouc) → bouc 2
bouquiner → bouc 1
bourdonner → 2. bourdon
bourgeon, bourgeron → bourre III 1, 2
bourgmestre → bourg 4
bourrade → bourre I 4
bourreau → bourre I 4
bourrée → bourre I 3
bourrelet, bourrelier → bourre I 2
bourrer → bourre I 2
bourri, bourrin → annexe IV bourrique 3
bourriche → bourre III 3
bourricot → bourrique 2
bourrique → annexe IV
bourru → bourre I 1
boursault → saule II 3 ; bourdon 2
boursoufler → enfler I A 4
bousculer → bout et bouter II 4 ; cul 6
bousiller → bouse
boussole → buis I 6
boustifaille → bouffer III 1
boutade, boutefeu → bout et bouter II 7, 2
boute-en-train → bout et bouter II 2
boutique → faire IV A 2
boutoir, bouton, bouture → bout et bouter II, 6, 9, 8
bouvet, bouvillon, bouvier, bouverie, bouvreuil → bœuf I A 2
bovin, bovidé → bœuf I C 1

box → buis I 7
boy → bœuf III 2
boycotter → annexe III
boy-scout → oreille I 4
bracelet → bras I 1
brachet → braque 3
brachi(o)- → bras II
brachiopode → pied III B 6
brachycéphale → céphale 4
brachytèle → tonlieu 4
braconner → braque 2
bradypnée → neume II 4
bradytrophie → atrophie 2
braguette → braie 3
brahmane → flamine 2
brailler → braire 2
brancard → branche 3
brandade → brandir I 3
brande → brandir II 1
brandebourg → annexe IV
brandevin → brandir II 2
brandon, brandy → brandir II 1, 3
branler → brandir I 2
-braque → brachy- 2
braquer → bras I 6
braquet → braquemart
brasero, brasier → braise II 3, 2
brasiller → braise II 1
brasse → bras I 2
brassière → bras I 3
bravache → brave I 1
bravo, bravoure → brave I 3, 2
brèche → enfreindre II 3
bredouiller → annexe IV breton 4
breloque → emberlificoter 2
bréneux → bran 2
brésil → braise I 2
bretèche → annexe IV breton 2
bretelle → bride 2
breton → annexe IV
bretteur → annexe IV breton 3
bretzel → bras I 7
breuvage → boire I A 5
brevet → bref I 3
bréviaire → bref II 1
bric-à-brac → annexe I
brick → brigade 5
briefing → bref I 2
brièveté → bref I 4
brigue, brigand, brigantin → brigade 2, 3, 4
brimborion → bref II 2
brimer → bref I 8
brindille → brin 1
bringue → brin 2
brinqueballer → bal I A 8
brioche → enfreindre II 2

brique, briquet → enfreindre II 4, 5
brisant → briser 1
bristol → annexe IV
brocard (maxime juridique, plaisanterie) → broche II 2
brocard ou **brocard** (cerf) → broche II 1
brocart (tissu broché), **brocatelle** → broche II 3
brochure, brocher, brochet → broche I 2, 1
brocoli → broche II 4
bromure → brome
broncho-pneumonie → neume II 2
brontosaure → saurien 2
brou → brouter 3
brouette → roue I 1
brouillamini → annexe IV hermine 2
brouillard, brouillasser, brouiller, brouillon → brouet II 4, 1, 3
broussaille, brousse → brosse 3, 4
broutille → brouter 2
browning → annexe III
broyer → enfreindre II 1
brrr ! → ah ! 4
brucellose → annexe III
brugnon → prune 2
bruit → bruire 1
brumaire, brume → bref I 6
bruyant → bruire 1

buanderie → buée
buccin → bœuf I C 2
bûcheron → bois 5
bucolique → bœuf II 2 ; quenouille II F
budget → enfler II B 2
bugle → (buffle et instrument de musique) → bœuf I B 1
building → fus (je) III
buisson → bois 6
bulldozer → bouledogue 2
bulle, bulletin → boule II 1, 2
bungalow → annexe IV
buraliste, bure, bureau → bourre II 2, 1
burg, burgrave → bourg 5
burnous → béret 3
busard → annexe II buse
busc → bûche 5
buse (tuyau) → bœuf I A 4
buse (oiseau) → annexe II ; bœuf I A 4
busquer → bois 5
butane, -ène → beurre 3
butiner → butin
butoir → but
butor → taureau 2
butte → but 2
butyreux → beurre 2
buvable, buvard, buvette, buveur → boire I A 3
byzantin → annexe IV besant 2

C

çà → ce I A 2
cabaret → chambre II 1
cabas → chasser II 6
cabèche → chef III 16
cabestan → chevêtre 2
cabinet → cabine
câble, câblogramme → chasser I 8
cabochard, caboche, cabochon → 1. bosse 2
cabosser → 1. bosse 1
cabot, caboter → chef III 3, 17
cabotin → bot 5
cabrer, cabri, cabriole, cabriolet → chêne II 4, 3, 5
cabus → chef III 4
caca → annexe I ; chier 6
cacao → cacahuète 2
cacatoès → annexe II
cacatois → annexe II cacatoès 2
cachemire → annexe IV

cacher, cachet, cacheter → agir I A 1
cachexie → époque 6
cachot, cachotterie → agir I A 1
cacochyme → fondre III 2
cacophonie → antienne 8
cadastre → cata-
cadavre → choir III A 2
cadeau → chef III 5
cadenas → chaîne I 3
cadence → choir II 1
cadenette → annexe III
cadet → chef III 6
cadmie, cadmium → annexe IV calamine 2
cadogan ou **catogan** → annexe III
cadran, cadrat, cadratin, cadrature → quatre III 1, 2, 3
cadre, cadrer → quatre II 3
caduc → choir III A 1
caecum, caecal → cécité 2

cafouiller → fouir 5
cageot → cage 1
cagnard, cagne, cagneux, cagnotte → chien I B 2, 3
cagoterie → chier 5
cagoule → coule 2
cahier → quatre I E
cahin-caha → qui I 14 ; cahoter
cahute → hutte 2
caïeu → chiot 2
caille → annexe II
caillebotis → école II 2
cailler → agir I A 2
cailleter (bavarder) → annexe III caillette
caillette → agir I A 2
caillette (personne frivole) → annexe III
caisse, caisson → châsse II 1, 2
cajoler → geai 2
cake → cuire II 7
calage → 1. cale
calamine → annexe IV
calamistrer → chaume 6
calandre → quenouille II A
calanque → 2. cale 2
calcaire → chaux II 1
calcédoine → annexe IV
calcémie, calciner, calcium, calcul (concrétion calcaire), **calculer** → chaux II 2, 3, 2, 4, 5
cale (de navire) → caler 2
calebasse → carapace 3
caleçon → chausse II 1
caléfaction → chaud II 1
calembour → bourde 2
calembredaine → annexe IV breton 5 ; bourde 3
calendes, calendrier → clair I B 1
calepin → annexe III
caler (stabiliser) → 1. cale
calfeutrer → calfater 2
calicot → annexe IV
califourchon (à) → fourche 3
câliner → chaud I D
calisson → chenal II 9
calleux → cal 1
calmar → chaume 4
calme → chômer II
calomel → calli- 2 ; Mélanie 4
calomnie → challenge II
calorie → chaud II 2
calot (noix écalée) → écale I 3
calot (bonnet de soldat) → écale I 4
calotin → école I 4
calotter → écale I 4
calquer → chausse II 2

calumet → chaume 3
calus → cal 2
calvitie → chauve 2
camail → chef III 7 ; maille 4
camarade → chambre II 3
camard → museau 3
camarilla → chambre II 4
cambiste → changer II
cambrioler → chambre II 2
cambrousse → champ II 4
came → camelot 3
camée → camaïeu 2
camélia → annexe III
camembert → annexe IV
caméra, camérier, camériste, camerlingue → chambre II 5, 6, 7
camisade, camisard, camisole → chemise 3, 2
camomille → caméléon 2 ; melon 2
camoufler, camouflet → moufle 6, 4
camp, campagne, campane → champ II 1, 4, 5
campanile → annexe IV
campanule → champ II 5 ; annexe IV campane
campêche → annexe IV
campos → champ III
campus → champ II 6
camus → museau 3
canaille → chien I B 4
canal → chenal III 1
canard, canarder → annexe II caner 2
canari → annexe IV
canasson → annexe II caner 5
canasta → chenal II 11
1. **cancan** (commérage) → annexe I ; qui II E 3
2. **cancan** (danse) → annexe I ; annexe II caner 4
cancaner → annexe II caner 4 ; qui II E 3
canceller → chartre II 1
cancer, cancre → chancre II 2, 1
candélabre → chandelle II 4
candeur, candide → chandelle II 6
candidat → chandelle II 7
cane → annexe II caner 3
canéphore → chenal III 3
caner → annexe II
caneton → annexe II caner 3
canette → chenal II 5
canevas → chanvre I 3
caniche → annexe II caner 5
canicule → chien I C 3
canidé → chien I C 2
canin, canine → chien I C 1

canitie → chenu 3
caniveau → chenal II 2
cannage, canneler → chenal II 4, 7
canne → chenal II 4
cannelle (robinet) → chenal II 3
cannelloni → chenal II 10
cannelure → chenal II 7
cannetille → chenal II 8
cannette → chenal II 6
canoë → canot 2
canon (pièce d'artillerie) → chenal II 5
canon (relig.), **canoniser** → chanoine II
canotier → canot 1
cant → chanter II B
cantabile → chanter II A 1
cantal → annexe IV
cantaloup → annexe IV
cantate, cantatrice → chanter II A 2, 3
cantharide → chanterelle 2
cantilène → chanter II A 4
cantine → chant II 1
cantique → chanter III 2
canton, cantonade, cantonnement → chant II 2, 5, 4
cantonnier, cantonnière → chant II 2, 3
canular, canule → chenal III 2
canut → chenal II 6
cap → chef III 8
capable, capacité → chasser III A 6, 5
caparaçon → carapace 2
cape, capeline → chape II 3, 6
capharnaüm → annexe IV
capillaire → cheveu 4
capilotade → chape II 8
capitaine → chef IV A 1
capital, capitale, capitalisme → chef IV A 2
capitation → chef IV A 3
capiteux, capiton, capitoul → chef III 10, 11, 9
capitulaire, capitule, capituler → chef IV A 5, 4, 6
capon, caporal → chef III 12, 13
capot (de voiture) → chape II 4
capote → chape II 5
capoter → capot 2
capricant → chèvre III 3
caprice → chef III 14
capricorne, caprin → chèvre III 2, 1
capsule → châsse III
capter, captiver, capturer → chasser III A 1, 3, 4

capuce, capuche, capuchon, capucin, capucine → chape II 7, 8
caqueter → annexe II coq II 1
car → qui I 5
car (voiture) → char II A 1
carabin, carabine, carabinier → escarbot 2, 3
caracoler → escargot 2
caractère → échalas 3
caracul → annexe IV
caramel → chaume 5
carapater → patte 7 ; quatre I C 9
caravansérail → caravane 3
caravelle → escarbot 5
carbo- → charbon IV 3
carbonaro → charbon II 2
carbone, carbonate → charbon IV 1, 4
carbonnade → charbon II 1
carbure → charbon IV 5
carcailler, carcaillot → annexe II caille 2
carcan (mauvais cheval) → carcasse 2
carcel → annexe III
carcinome → chancre III
cardan → annexe III
-carde → cœur II 4
carde, carder → charbon II 1
cardia, cardiaque → cœur II 2, 1
cardinal → charnière 2
cardio- → cœur II 3
cardite → cœur II 4
cardon → chardon II 2
carême → quatre I C 2
caresse → cher 3
cargaison, cargo, carguer → char II B 1, 2, 3
cariatide → annexe IV
caricature → char II B 4
carillon → quatre I C 7
carlin → annexe III Charles 4
carmagnole → annexe IV
carme → annexe IV
carnage, carnassier → chair I A 4) 1, 2
carnation → chair II A 1
carnaval → chair I A 4) 3
carne → chair I A 4) 4
carné → chair II A 1
carnet → quatre I E
carnivore → chair II A 3 ; gueule IV 3
carogne → chair I A 4) 6
caroncule → chair II A 4
carotène → carotte 2
carpelle → charpie III 1

CARPETTE

carpette → charpie II 1
carré → quatre I C 4
carreau → quatre I C 3
carrefour → fourche 4 ; quatre I C 8
carrelage, carreler, carrelet → quatre I C 3
carrément → quatre I C 4
carrière (de pierre) → quatre I C 5
carrière → char II A 2
carriole, carrosse → char II A 3, 4
carrousel → carie 2
carrure → quatre I C 4
cartable, carte → charte III 3, 1
cartel → charte II 2
carter → annexe III
cartésien → annexe III
carto- → charte III 2
cartomancie → -mancie 1
carton → charte II 1
cartouche → charte II 3 et 4
cartulaire → charte III 4
cas → choir III B 1
casanier → chez 5
casaque → annexe IV
cascade → choir II 2
case → chez 3
caséeux, caséifier, caséine → caseret 2
casemate → chez 6
caserne → quatre II 6
casier → chez 3
casino → chez 4
casque → casser I A 8
casquer → choir II 3
cassation → casser I A 2
casse (imprimerie) → châsse II 3
cassette, cassine → châsse II 4, 5
cassis (rigole de pierres cassées) → casser I A 2
cassolette → casserole 2
cassonade → casser I A 3
cassoulet → casserole 3
castagnette → châtaigne 3
caste → châtier 2
castel, castille → château II 1, 2
castrat → châtrer 2
casuel, casuiste → choir III B 1, 2
catabolisme → bal III C 8
cataclysme → clystère 2
catacombe → tombe 2
catadioptrique → œil III 3
catafalque → échafaud 2
catalepsie → syllabe 5
cataloguer → lire II C 7
catalyse → dissoudre II 3
cataphote → phosphore 5

cataplasme → emplâtre 10
catarrhe → rhume 4
catastrophe → strophe 3
catch → chasser II 4
catéchisme, catéchumène → écho 2, 3
catégorie → allégorie 2
caténaire → chaîne II 1
catgut → chat II 1
catharsis, cathartique → cathare 3, 2
cathédrale → seoir III B 1
Catherine → annexe III
cathétomètre → jeter IV 2
catholicon, catholique → sou IV 2, 1
catimini → mois II 1
catin → annexe III Catherine 2
catir → agir I A 3
catoptrique → œil III 3
cauchemar → chausse I 5
caudal, caudataire → queue 5
cause, causer, causerie → chose II A 1, 2
causse → chaux I 2
caustique → chômer III A 4
cautèle, cauteleux → caution 3
cautère, cautériser → chômer III B
cavalcade, cavale, cavalier → cheval 7, 6, 4
cavatine → cave 6
caveçon → chef III 15
caverne → cave 5
cavité → cave 2
céans → ce I A 2 ; en I B 1
-ceau → -eau, -elle I 2
ceci → ce I A 4
céder → cesser II A 1
cédille → abécé I 4
cédrat → cèdre 6
ceinture → ceindre I 2
cela → I A 4
céladon → annexe III
célérité → accélérer
cella, celle → celer II 1
cellier, cellerier → celer I 2
cellophane → celer II 3
cellule, cellulose, celluloïd → celer II 2, 3
celui → ce I C 1
cément → ciseau II D
cénacle → chair II D
cène → chair II D
cénesthésie → cen- 2
cénobite → cen- 1 ; vivre II B 1
cénotaphe → épitaphe 2
censé, censément, censeur, censier, censive, censure → cens 1, 4, 3

central → centre 6
centri-, -centrique, -centrisme → centre 4, 5
centurie, centurion → cent II 6
cèpe → cep I 4
cependant → prendre I A 4
-céphale, -céphalie, -céphalique → céphal- 4
céphalopode → pied III B 6
-cer → -er 2
cérat → cire 3
cerbère → annexe III
cerceau → cercle I 2
-cère → cor II C 3
céréale → croître III C 2
cérébral, cérébelleux → cor I C 4, 5
cérébro-spinal → épine 5
cerf → cor I E 1
cerf-volant → cor I E 1
cérès → croître III C 1
cerne, cerneau → cercle I 3
certain, certes, certifier → crible I C 2, 1, 3
céruléen → ciel 3
cérumen → cire 4
cerveau, cervelas → cor I C 1, 3
cervical → cor I D
cervidé → cor I E 3
César → annexe III
césarienne → ciseau II C 2
cession, cesser → cesser II B 2
césure → ciseau II C 1
cet → ce I B 1
cétone → aigre II 5
chabichou → chèvre II 1
chablis → bal I C 1
chabot → chef III 1
chacun → qui I 6
chafouin → chat I 4
chah → échec 5
chahuter → annexe II chouette 6
chai → quai 2
chaire, chaise → seoir III A 1, 2
chairman → -mand 3
chaland (client) → chaud I B 2
chalcographie → archal 2
chalet → 2. cale 3
chaleur → chaud I B 1
châlit → lit 4 ; cata-
chaloir → chaud I B 2
chalumeau → chaume 2
chamade → clair I C 7
chamailler → mail 2
chambellan → chambre I 4
chambranle → chambre I 2
champagne, champignon, champion → champ I 3, 4, 5

chance → choir I 2
chanceler, chancelier → chartre I 3, 2
chancir → chenu 2
chandail → ail
chandeleur → chandelle I 2
chandelier → chandelle I 2
chanfraindre → enfreindre I 4
chanfrein → chant I 4 ; enfreindre I 4 ; frein 2
chanlatte → chant I 3 ; latte
chanson → chanter I 5
chanteau → chant I 1
chantepleure → chanter I 2
chanterelle (corde de violon) → chanter I 2
chantonner → chanter I 1
chantourner → chanter I 2
chapeau, chapelier, chapelet, chapelle → chape I 3, 4, 5
chaperon → chape I 2
chapiteau, chapitre → chef II 3, 2
chaque → qui I 6
charade → charabia 2
charcutier, charcuter → chair I A 3) 1
chardonneret → chardon I 2
charger → char I B 1
charisme → exhorter II 2
charité → cher 4
charlatan → charabia 3
Charlemagne → mais II A 1 ; annexe III Charles 2
Charles → annexe III
charleston → annexe IV
Charlotte → annexe III Charles 3
charme → chanter I 7
charmille → charme
charnel, charnier → chair I A 2) 1
charogne → chair I A 3) 2
charrier, charron → char I A 4) 3
charrue → char I C
chartreuse → annexe IV
chas → châsse I 2
chasse- → chasser I 2
chasselas → annexe II
chassepot → annexe III
chassie, chassieux → chier 4
châssis → chasse I 1
chaste → châtier 2
chasuble → chez 2
châtain → châtaigne 2
Chateaubriand ou **Chateaubriant** → annexe III
chat-huant → annexe II chouette 4 ; huer
châtiment → châtier 1
chatoyer → chat I 2

chattemite → mignon II 3 ; chat I 3
chaudière, chaudron → chaud I A 3
chauffer → chaud I C 1
chaufour, chauler → chaux I 1
chaufour → four I 1
chaussée, chausser, chausse-trappe, chaussette, chausson, chaussure → chausse I 3, 2, 6, 1
chauve-souris → annexe II chouette 2
chauvin → annexe III
chavirer → chef III 2
chéchia → annexe IV
cheddite → annexe IV
chemineau → chemin 3
cheminot → chemin 3
chéneau → chenal II 1
chenet → chien I A 3
chénevière, chénevis, chénevotte → chanvre I 2
chenil, chenille → chien I A 2, 4
cheptel → chef II 1
chèque → échec 4
chercher → cercle I 4
chère (bonne) → cor II A
chétif → chasser I 7
chevaine → chef I B 5
chevalet, chevalière → cheval 1, 3
chevance → chasser I B 2
chevaucher → cheval 2
chevêche → annexe II chouette 3
chevesne → chef I B 5
chevet → chef I B 3
chevillard, cheville → clef I A 2
cheviotte → annexe IV
chevir, chevance → chasser I B 2
chevreuil, chevron, chevroter, chevrotine → chèvre I 5, 4, 6
chiader, chialer → chier 3
chiasme → abécé II 10
chiasse → chier 1
chic, chicaner, chiche ! → choper II B 6, 5, 7
chichi (embarras) → annexe I ; 2. chiche 2
chicon → choper II B 3
chicot → choper II B 3
chicotin → annexe IV
chienlit → chien I A 3
chiffe, chiffon → choper I B 4
chignole → cigogne 2
chignon → chaîne I 2
chik- → chèque 3
chimère → annexe III
chimie, -chimie → alchimie 2, 3
Chine → annexe IV
chiottes → chier 1

chiper, chipie → choper I B 1, 3
chipolata → cive II 2
chipoter → choper I B 2
chiquenaude, chiquer → choper II B 4, 1
chiromancie → -mancie 1
chiropracteur → pratique 5
chirurgie → orgue I C ; chiro- 2
chistera → citerne 2
chlorhydrique → onde II 7 ; cerfeuil II 1
chloroforme → fourmi 2 ; chlore 5
choc → choper II A 2
choéphore → offrir II C 6 ; fondre IV 3
choisir → goût II
chol-, choléra → colère 4, 2
chopin, chopine → choper I A 3
chopper → choper I A 1
choquer → choper II A 1
choral, chorée, chorège, chorégraphie, chorus → chœur II 2, 4, 5, 6, 3
chouan, choucas → annexe II chouette 5, 7
chouchouter → choyer 2
choucroute → sur 2
chouette (subst.) → annexe II
chouette (adj.) → choyer 3
chrestomathie → mathématique 2
Christ → chrétien II 2
-chroïsme → chrome C
chromatique, chromato- → chrome II 1, 3
chromo- → chrome A 2
chromosome → somat(o)- 3
chrone → chronique 3
chrono- → chronique 2
chronophotographie → phosphore 7
chrysalide → chryso- 1
chrysanthème → antho- 3 ; chryso- 2
chuchoter → annexe I
chuinter → chuchoter 2
chut ! → ah ! 5 ; chuchoter 3
chute → choir I 5
chyle, chyme → fondre III 1, 2
ci → ce I A 3
ciboule, ciboulette → cive II 1
cicérone → annexe III
cicindèle → chandelle II 5
-cide → ciseau II A 2
cierge → cire 2
cigale → annexe II
cil, ciller → celer I 4
cimaise → cime 2

ciment → ciseau I C
cinémascope → évêque II B 2
cinémathèque, cinématographe → citer II B 1, 2
cinéraire → cendre II 1
cinèse → citer II C A
cingler (frapper) → ceindre I 5
cinquante → cinq I 2 ; dix I 10
cintrer → ceindre I 3
cipaye → spahi 2
cipolin → cive II 3
cippe → cep II
circaète → oie III 2
circon- → cercle II 4
circoncire → ciseau I B 2
circonférence → offrir I B 2
circonflexe → fléchir IV 2
circonlocution → locution 3
circonscription → écrire II C 1
circonscrire → écrire II A 1
circonspect → dépit II C 2
circonstance → ester III A 11
circonvallation → intervalle 2
circonvolution → voûte III A 4
circuit → cercle II 2 ; irai(j') II E 4
circulaire, circuler → cercle II 3
circum- → cercle II 5
cirque → cercle II 1
cirri-, cirro- → cirre 3
cirrus → cirre 2
cis- → citérieur 2
cisaille → ciseau I A 2
ciseler → ciseau I A 1
ciste (corbeille) → citerne 3
cistre → guitare 3
citadelle, citadin → cité I 1, 2
cithare → guitare 2
citoyen → cité I 2
citr-, citrate, citrin → cèdre 4, 3
citron, citronnelle → cèdre 3
citrouille → cèdre 5
civet, civette (oignon) → cive I
civil, civiliser, civilité, civique → cité III 2, 3, 2, 1
clabaud → clapet II 1
claboter → crampe 2
clafoutis → clef I B 2
clairière, clairon → clair I A 1, 2
clamer, clameur → clair I C 1
clampin → clocher 3
clamser → crampe 2
clandestin → celer II 6
clapoter → clapet I 3
clapper, clappement → clapet I 2
claquemurer, claquer → clique II
clarifier → clair I A 4
clarine → clair I A 4) 2

classe, classicisme → glas 1, 2
clause, claustral, clausule → clef II E 2, 1, 3
claveau (architec.) → clef I C 5
claveau (maladie) → clef I C 1
clavecin → clef I C 7 ; cymbale 2
clavelée, clavette → clef I C 3, 4
clavicule → clef I C 8
clavier → clef I C 4
clayette, clayon → claie
clément → ciseau II D
clepsydre → clep- 1 ; onde II 3
cleptomane → clep- 2
clergé → clerc 2
clergyman → -mand 3
clérical → clerc 5
clic-clac → annexe I ; clique I A 1
clicher (impr.) → clique III 1
clicher (défaut de prononciation) → clique III 2
cligner, clignoter → clef II C
climat → enclin II A 1
clinique → enclin II B 1
clinquant → clique I B 1
cliqueter → clique I A 4
clochard → clocher 1
cloison → clef II B 1
cloître → clef II B 2
clopin-clopant, clopiner → clocher 2
cloporte → port I B 3
cloque → cloche 2
clore → clef II A 1
closerie → clef II A 2
clôture → clef II A 4
clou → clef I B 1
clovisse → clef II A 5
clown → quenouille I C
-club → club 2
cluse → clef II D 3
coaction → agir I B 3) 7
coadjuteur → aider 4
coaguler → agir I B 1) 7
coalescence, coalition → haut III B 2, 3
coasser → annexe II
coaxial → essieu II 1
cobalt → gobelin 2
coblenz → fleuve I B
cobra → couleuvre 2
cocagne → cuire II 3
cocaïne → coca
cocarde, cocasse → annexe II coq I 5, 6
-coccie → coccinelle 3
coccyx → annexe II coucou
coche (truie) → annexe II cochon 1
cochenille → annexe II cochon 2

COCHER

cocher → 1. coche
cocher → chausse I 4
cochet → annexe II coq I 1
cochon → annexe II
cochonaille, cochonnerie, cochonnet → annexe II cochon 1
1. coco (fruit) → annexe I
2. coco (individu) → annexe I ; annexe II coq I 8
3. coco (œuf) → annexe I ; annexe II coq I 8
4. coco (drogue) → annexe I
5. coco (communiste) → annexe I
cocon → coque 2
cocorico → annexe II coq I 7
cocotier → annexe I 1. coco
cocotte (femme légère) → annexe I 2. coco ; annexe II coq I 8
cocotte (poule) → annexe I 3. coco ; annexe II coq I 8
coction → cuire I B 1
cocu → annexe I coucou
coda → queue 4
code → 1. coche 3
codex → 1. coche 5
codicille → 1. coche 4
codifier → 1. coche 3
coefficient → faire III E 6
coercition → exercer I 2
coffin → coffre 2
cogiter → agir I B 5)
cognac → annexe IV
cognassier → annexe IV coing
cognation → gens II C 1
cognée, cogner → coin 3
cohorte → cour I A 8
coiffeur → coiffe
coincer → coin 2
coïncider → choir III C 2
coin-coin → annexe I
coing → annexe IV
coït → irai (j') II E 9
col → cou 2
colchique → annexe IV
-cole → quenouille I B 2
colibacille → côlon 3
colimaçon → limace 2
colin(-maillard) → annexe III Nicolas 2
côlon → côlon 2
colis → cou 8
colistier → liste 1
colite → côlon 2
collaborer → labeur 5
collapsus → laps 4
collation, collationner → oublie II B 5

collecter, collectif, collectionner → lire I D 5, 8, 6
collège, collègue → loi I 11, 12
collerette, collet, colleter → cou 2, 3
collier → cou 2
colliger → lire I C 7
colimation → lin II B 5
collision → lésion 3
collodion → colle 3
colloïdal, colloïde → colle 4
colloque → locution 6
colloquer → lieu II 1
collusion → éluder II 2
colo- → côlon 4
colombage → colonne 3
colombine, colombo- → colombe 1, 2
colon- → côlon 4
colon → quenouille I B 1
colonel → colonne 4
colonie, coloniser → quenouille I B 1
colophane → annexe IV
color-, -colore, colorer, coloris → celer I B 3
colporter → cou 7 ; porter I D 7
coltiner → cou 6
columbarium → colombe 3
colza → chou 2
com- → co- 2
combattre → battre 7
combien → muid I 4 ; qui I 4
combinaison, combiner, combinatoire, combinard, combinat → deux III C 3
comburer → brûler II 1
comédie → comique 2 ; ode 4
comestible → dent I B 1
comice → irai (j') II B
comité → mettre II A 4
commander, commando → main 24, 28
comme → muid I 4 ; qui I 4
commémorer → mémoire I B 2
commencer → irai (j') I 1
commende → main 25
commensal → moise 2
commensurable → mesure I B 3
comment → muid I 4 ; qui I 4
commenter → 1. -ment I A 6
commérage, commère → mère I A 1
commerce → marché II 7
commettre → mettre I A 9
comminatoire → mener I B 3
commis → mettre I C 5
commisération → misère 2

commissaire, commission, commissure → mettre II B 4
commis-voyageur → voie I A 3
commode, commodité → muid II A 8
commodore → main 27
commotion → mouvoir II A 1
commuer → muer I A 2
commun, communauté, commune, communication, communier, communion, communiquer, communisme → muer I B 1, 2, 6, 3, 4
commutateur → muer I A 4
commutation → muer I A 4
compacité → paix VI 1
compagne, compagnie, compagnon → pain II 2, 1
comparaître → paraître 6
comparatif, comparer → pair II 3
comparse → paraître 8
compartiment → part I A 10
comparution → paraître 6
compas, compasser → pas I 11
compassion → passion I 1
compatible, compatir → passion II 2
compendieux, compendium → pendre I D 2
compenser → pendre II D 4
compère → père I A 1
compère-loriot → or I 3
compétent, compétition → 1. panne II B 6
compiler → pile 7
complainte → plaindre I 2
complaisant → plaisir I 2
complément, complet → plein I B 7, 6
complexe, complexion → plier I B 1
complice → plier II C 7
complies → plein I B 2
complimenter → plein I B 4
compliquer → plier II C 9
complot → pelote 4
componction → poing III B 1
comporter → port I D 6
composer → pondre III B 2
composter → pondre II B 7
compote → pondre I 3
compréhension → prendre II 3
comprendre → prendre I A 3
compresser → empreindre II C 5
compression → empreindre II E 2
comprimer → empreindre III 1
compromettre → mettre I A 11
compromis → mettre I C 4
compter, comptine, comptoir → conter I 2, 7, 6
compulser → pousser I B 1
comput, computation → conter II 2
comte → irai (j') I 6
con- → co- 2
concasser → casser I A 6
concaténation → chaîne II 2
concave → cave 4
concéder → cesser II A 4
concentration, concentrer, concentrique → centre 2, 3
conception → chasser III C 3
concerner → crible I D 1
concert, concerter, concerto → crible I C 8, 7, 6
concetti → chasser II 2
concevoir → chasser I 4 a)
conchoïde → conche II 2
conchylien → conche II 3
concierge → serf I 3
concile, conciliabule, concilier → clair I B 3, 5
concision → ciseau II B 2
conclave → clef I C 10
conclure → clef II D 1
concoction → cuire I B 1
concomitant → irai (j') II E 12
concorder → cœur I C 3
concret, concrétion → croître III B 1, 2
concubine → couver
concupiscence → convoiter 3
concurrent → courir III B 1
concussion → casser II A 1
concuteur → casser II B 1
condamner → dam 4
condenser → dense 2
condescendre → échelle I E 2
condition, conditionnel, conditionnement, conditionner → dire II E 1, 3, 2
condoléance → douleur III 3
condottiere → conduire III 1
confarréation → farine 2
confectionner → faire III C 5
confédérer → fou II B 1
conférence, conférer → offrir I B 5
confession → fable III E 2
confetti → faire II 2
confidence → foi II A 3
confier → foi I C 4
configurer → feindre II A 3
confins → fins III 7
confire → faire I B 1
confirmer → ferme II 2
confiserie → faire I B 1

confisquer → faisselle 3
confiteor → fable III E 3
confiture → faire I B 1
conflagration → 1. foudre I B 8
conflans, confolens → fleuve I B
conflictuel → affliger III 2
conflit → affliger I
confluer → fleuve II B 7
confondre → fondre I 3
conforme → forme II 2
conformisme → forme III 3
confort → fort III 4
confrérie → frère 1
confronter → front 7
confusion → fondre II B 1
congé, congédier → muer I C 1, 2
congeler → gel I A 3
congénère → gens I C 5
congénital → gens I D 4
congère → geste I 3
congestion → geste II B 6
conglomérer → glu 5
congratuler → grâce III 3
congrégation → grège 2
congrès → degré II C 1
coni- → cône
conjecturer → jeter I B 3
conjoindre → joug I B 3
conjonctivite, conjoncture → joug II C 3
conjugal, conjuguer → joug II A 3, 2
conjungo → joindre II D
conjurer → juger III 4
connard → con
connecter, connexe → nœud II B 2
connétable → ester I 5 ; irai (j') I 7
connoter → note 4
conque → conche II 1
conquérir → quérir I 2
conquête → quérir II 2
consacrer → saint II B 3
conscience → science 3
conscrit → écrire II B 1
consécration → saint II C 1
consécutif → suivre II C 3
consensuel, consensus → sentir II 8
consentir → sentir I 2
conséquence → suivre II A 3
conservateur, conservatoire, conserver → serf II 1
considérer → désirer 4
consigner → seing II B 7
consister, consistoire → ester III B 2, 3
consœur → soi I B 1
console → seuil 3
consolider → sou I C 2

consommation, consommé, consommer → sous I B 3
consomption → rançon II D 3
consonance, consonne → sonner 8
consort, consortium → sort II 2
consoude → sou I A 4
conspirer → soupirer II 3
constant, constater → ester III A 1, 12
constellation → étoile II A 1
consterner → estrade Ií A 1
constiper → éteule II 1
constituer → ester III C 1
constriction → étreindre III A 3
constructeur → détruire III A 2
construire → détruire I 2
consubstantiel → ester III A 17
consulter → conseil 2
consumer → rançon II A 1
consumptible → rançon II D 3
contact, contacter → atteindre II A 2
contagion → atteindre II B 3
container → tenir I A 8
contaminer → atteindre II B 5
contempler → temple I 2
contemporain → temps II A 3
contenance, contenir, content, contenter → tenir I A 8, 9
contentieux, contention → tenir II D 3
contester → témoin II 3
contexte, contexture → tisser II A 1, 2
contigu, contingent, contingenter → atteindre II B 4, 2
continence, continent (subst.), **continuer** → tenir II B 2, 4, 5
contondant → percer I A 4
contorsion → tordre II C 3
contour, contourner → tourner I B 2
contra- → contre 3
contraceptif, contraception → chasser III C 3
contracture, contracter, contraction, contractuel → traire II B 3
contradiction → dire II D 7
contraindre → étreindre I 2
contraire → contre 6
contrapuntiste → poing II 2
contraste → ester II 1
contrat → traire II A
contre- → contre 2
contrebalancer → balance 1
contrebande → ban II 6
contre-bas, contrebasse → bas 3, 4

contrecarrer → quatre I C 4
contredanse → contre 5 ; danser 2
contredire → dire I A 1
contrée → contre 5
contrefaçon → faire I C 1
contrefaire → faire I A 6
contreficher (se) → ficher I 2
contrefilet → fil I 2
contrefort → fort I 1
contre-jour → dieu V A 1
contrepartie → part I A 4
contrepèterie → pet 2
contrepoids → pendre II B
contrepoint → poing I D 3
contrepoison → boire II A
contrescarpe → escarpé
contretemps → temps I 1
contrevallation → intervalle 2
contrevent → vent 1
contribuable, contribuer → tribu 6
contrister → triste
contrition → tourner II 3
contrôler → roue I 5
contrordre → ourdir I 3
controverse → vers I B 17
contusion → percer I A 4
convaincre → vaincre 2
convalescent → valoir 7
convenable, convenance, convenir → venir I A 4
convention, conventuel → venir I B 5, 4
convers, conversation, converser, conversion → vers I B 7, 6
convertir → vers II 1
convict, conviction → vaincre 4
convive → vivre I 8
convocation → voix I B 6
convoi → voie I A 6
convoler → voler 10
convoquer → voix I B 6
convoyer → voie I A 6
convulsion → laine IV 2
coopérative, coopérer → œuvre II 2
coopter → option 4
coordonnées, coordonner → ourdir I 5
copain → pain I 2
copie, copier, copieux → œuvre III B 3, 4
copine → pain I 2
copte → annexe IV
copulation → couple II 1
copyright → œuvre III B 3
coq (animal) → annexe II
coq (maître-coq) → cuire II 5
coq-à-l'âne, coq en pâte → annexe II coq I 1

coque et annexe II coq I 2
-coque → coccinelle 2
coquet, coqueter → annexe II coq I 4
coquetier → coque 1 ; annexe II coq I 2
coquille → conche I 2
coquin → annexe II coq I 3
corbeau → annexe II
corbillard → annexe IV
corbin → annexe II corbeau I 3
corbleu → dieu I A 5
-corde, cordeau, cordée → corde 5, 2, 4
cordelier, cordelière → corde 2
cordial → cœur I C 5
cordon → corde 3
cordonnier → annexe IV
corê → korê
coriace → chair II B
cormoran → annexe II corbeau I 2
cornaline → cor I B 2
cornard, corne → cor I A 8, 2
corned-beef → grain II
cornée → cor I A 6
corneille → annexe II corbeau I 4
cornélien → annexe III
cornemuse → museau 5
cornet, cornette → cor I A 4
corniche, cornichon → corne I A 11, 4
cornier, cornière → cor I A 7
cornouille → cor I B 1
cornu, cornue → cor I A 5
corollaire, corolle → courbe II 4, 3
coron → cor I A 1
coronaire → courbe II 2
corporal → corps II A 1
corporation → corps II A 4
corpulent, corpus, corpuscule → corps II B 2, 1
correctionnel → roi III D 2
corrélatif, corrélation → oublie II B 7
correspondre → époux I 4
corridor → courir II 3
corriger → roi III B 1
corroborer → rouge I B 4
corroder → rostre 2
corrompre → rompre I 3
corrosif, corrosion → rostre 2
corroyer → arroi 2
corruption → rompre II A 1
corsage → corps I 2
corsaire → courir II 4
corselet, corser, corset → corps 2, 3, 2

cortège → cour I A 7
cortical, cortex, cortico-, cortisone → chair II C 1
coryphée → cor II D
cosinus → sein 5
-cosme, cosmétique, cosmo- → cosmos 3, 4, 2
cosmogonie → gens III A 2
cosmopolite → police 4
cossu → 1. cosse
costume → soi I C 2
cot-cot → annexe I ; annexe I 3. coco ; annexe II coq II 2
cote → qui II D 2
côté, coteau, côtelé, côtelette → côte I 5, 3, 4
cotillon → cotte 1
cotiser → qui II D 2
cotoyer → côte I 7
cotret → côte I 8
cottage → coterie 2
couard → queue 3
couche, coucher → lieu I 5
couci-couça → ce I D
coucou → annexe I ; annexe II
coudrier → coudre 6
couffe, couffin → coffre 3
couiner → annexe II
coulage, coulée → couler 2
coulemelle → colonne 5
couleur → celer I 3
couleuvrine → couleuvre 1
coulis, coulissier → couler 3
couloir → couler 2
coulomb → annexe III
coulure → couler 2
coupable → coulpe 2
coupe (de couper) → coup 3
coupe (récipient) → cuve 4
couper, couperet → coup 2, 3
couperose → annexe IV cuivre 2
coupeur → coup 3
couplage → couple I 2
couplet → couple I 3
coupole → cuve 6
coupon, coupure → coup 3
couque → cuire II 4
courage → cœur I B 1
courbette, courbure → courbe I 1
courlis → annexe II corbeau II 1
couronne → courbe II 1
courrier → courir II 1
courroucer → cœur I B 2 ; rompre I 2
cours, course, coursier → courir I B 1
coursive → courir II 2
court (adj.) → chair I E 1

court (de tennis) → cour I A 2
courtage → courir I A 5
courtepointe → couette 2 ; poing I D 9
courtier → courir I A 5
courtil, courtilière, courtine, courtisan, courtois → cour I A 3, 6, 5, 4
cousin → soi I B 2
coussin → cuisse 2
couteau → coutre 3
coûter → ester I 10
coutil → couette 3
coutume → soi I C 1
couvent → venir I B 3
couvercle, couverture → couvrir I A 2
coxalgie → cuisse 3
cow-boy → bœuf III 3
cramoisi → carmin 2
crampecer → crampe
crampon → crampe 3
crâne, crânerie → cor II B 2, 4
craqueler → choper III C 3
craquer → choper III C 1
crase → cratère 2
crasse → gras 4
cravate → annexe IV
crayon → craie 2
créance → croire I B 1
créatine → cru II 1
crécelle, crécerelle → crever 3, 4
crédence, crédit, credo, crédule → croire II 1, 2, 7, 6
créer → croître III A 1
crémaster → crémaillère 2
crémation → cramer 2
créneau, créneler → cran 2
créole → croître II 2
créosote → cru II 2
crépage → crêpe 5
crêper, crépin, crépine, crépinette, crépir → crêpe 5, 4, 2, 6
crépiter → crever 5
crêpon, crépu → crêpe 2, 5
crescendo → -ant 6 ; croître II 1
Crésus → annexe III
crétacé → craie 3
crétin → chrétien I 2
crétine → cru II 1
cretonne → annexe IV
crevasse → crever 2
crevette → chèvre II 2
cri-cri → annexe I
cric-crac ou cric-crac-croc → annexe I
crime → crible I G 1
crincrin → annexe I
crinière → crin 1
crinoline → crin 2 ; lin I 5

criquet → choper III B 1
crise → crible II 1
crisper, crispin → crêpe 8, 7
cristallo- → cristal 2
critère, critérium, critique → crible II 2, 3
croasser → annexe II corbeau II 2
croche, crochet → croc II 1, 4
croisade, croisée, croisette, croiseur, croisière, croisillon → croix I B 4, 3, 2, 5
croissance, croissant → croître I B 1
croquant, croquemitaine, croquemort, croquenot, croquer, croquette → choper III A 2, 3, 7, 8, 5, 1
croquet → choper III A 3 ; croc I 4
croquignole, croquis → choper III A 4, 6
croupier, croupière, croupion, croupir → croupe 2, 1, 3
croustade, croustiller → croûte 3, 2
cru (adj.) → croître I C 1
cruauté → cru I 2
cruci-, crucial, crucifier → croix II 3, 2, 1
crue → croître I C 1
cruel → cru I 2
crustacé → croûte 5
cryo- → cristal 3
crypte, crypto- → encroûter 5, 7
cryptogame → gam- 2
cryptogramme → greffe II B 8
cubitus → coude 3
cucul ou **cucu** → annexe I
cucurbitacées → courge 3
cueillir → lire I A 5
cui-cui → annexe I
cuir, cuirasse → chair I B 1, 3
cuisine → cuire I A 5
cuistance, cuistot → cuire I A 7
cuistre → cuire I A 8
cuivre → annexe IV
culasse → cul 8
culbuter → cul 7
-cule → -ule 2
culée, culot, culotte → cul 8, 9
culminer → colmater 2

culpabilité → coulpe 3
culte, -culteur, cultiver, culture, -culture → quenouille I D 5, 3, 4, 1
cumuler, cumulo-, cumulus → comble II, 1, 4, 3
cunéiforme → coin 6
cupide, cupidon → convoiter 2
cupr(o)-, cuprifère → annexe IV cuivre 3
cupule → cuve 7
curaçao → annexe IV
curateur, curatelle, curatif, curation → cure I 7
curé → cure I 4
curée → chair I B 2
curer → cure I 2
curetage, cureter, curette → cure I 3
curieux, curiste → cure I 11, 6
curriculum → courir III B 4
curry → cari 2
curseur, cursif, cursus → courir III A 1
curule → courir III B 3
curvi- → combe I 2
cuti-réaction → agir I B 3) 10
cuti-, cuticule → couenne I 2, 3
cuveler, cuvette, cuvier → cuve 3, 1
-cyanose → cyano- 2
cybernétique → gouverner II
cyclades → quenouille II C 2
cycle (succession), **cycle** (véhicule), **-cycle, cyclo-, cyclone** → quenouille II C 1, 6, 8, 7, 3
cyclomoteur → mouvoir II A 5
cyclotourisme → tourner I B 6
cylindre → quenouille II B
cynégétique → chien II 1 ; sagace II 4
cynique, cynocéphale → chien II 3, 2
cyprin → annexe IV cuivre 4
cyst(o)- → kyste 2
cystectomie → temple II 8
-cyte → couenne II 2
cyt(o)-, -cytose → couenne II 1, 2
cytoplasme → emplâtre 10
czar → annexe III César 2

D

dactyle, -dactyle, dactylo- → datte 2, 5, 3
dada → annexe I
dadais → annexe I

-dage → -age 2
daguerréotype → annexe III
dahlia → annexe III
dalmatique → annexe IV

DALTONISME

daltonisme → annexe III
damas → annexe IV
damasquiner → annexe IV damas 2
damer, damier → dame I 2, 1
damner → dam 3
damoiseau → dame I 6
dancing → danser
dandin, dandiner → annexe I ; boum 5
danger → dame I 10
dans → I B 2
dare-dare → annexe I
darse → arsenal 2
date, datif → donner II C 1, 2
daube → -ade 3
dauber → -ade 3
daurade ou **dorade** → or I 4
davantage → avant I A 5
davier → annexe III
de- → de 2
dé (à jouer) → donner I C
dé (à coudre) → doigt 2
déambuler → aller I B 2
débâcle → bâcler I A 2
déballer → 1. balle 1
débander (une plaie) → bande 2
débander (se) → ban II 2
débarbouiller → bombe I 3
débarcadère → barque 3
débarder → bayer 5
débarquer → barque 5
débarrasser → barre 3
débat → battre 8
débâter → bât 1
débâtir → bâtir 1
débaucher → ébauche 2
debet → avoir II D 2
débiner (calomnier) → deux II 2
débiteur → avoir II D 1
déblai → blé 4
déblayer → blé 4
débloquer → bloc 4
déboire → boire I A 1
déboiser → bois 1
déboîter → buis I 3
débonnaire → aire 1
déborder → bord 4
débouché → bouche I 4
débouler → boule I A 2
débourrer → bourre I 2
débours → bourse 3
debout → bout et bouter I 1
débouter → bout et bouter II 3
débrayer → braie 1
de bric et de broc → annexe I bric-à-brac

débrider → bride 1
débris → briser 1
débrouiller → brouet II 2
débûcher → bûche 3
débusquer → bûche 4
débuter → but
deçà → ce I A 2
déca- → dix III 2
décacheter → agir I A 1
décade → -ade 2 ; dix III 1
décadence → choir III A 3
décadi → dix III 1
décalage, décaler → 1. cale
décanat → dix II 9
décaniller → chien I B 1
décanter → chant III
décaper → chape II 2
décapiter → chef IV A 8
décapode → pied III B 6
décarcasser (se) → carcasse 1
décatir → agir I A 3
décaver → cave 7
décéder → cesser II A 5
déceler → celer I 1
décélérer → accélérer
décembre, décemvir → dix II 1, 2
décence → daigner II 3
décennal, décennie → annexe II 5 ; dix II 3
décentrer, décentraliser → centre 2, 6
déception → chasser III C 4
décerner → crible I D 2
décès → cesser II C 3
décevoir → chasser I 4 b)
déchaîner → chaîne I 1
décharger → char I B 1
décharner → chair I A 2) 2
dèche, déchéance, déchet → choir I 7, 4, 6
déchiqueter → échec 3
déci- → dix II 7
décibel → annexe III bel
décider → ciseau II A 1
décimal, décimer → dix II 6, 4
décintrer → ceindre I 3
déclamer → clair I C 6
déclarer → clair I A 3
déclencher → clenche 2
déclic → clique I A 3
déclin, décliner, déclinaison, déclinatoire → enclin I A 3
déclivité → enclin I B
décocher → 1. coche 1
décoction → cuire I B 1
décoller, décolleter → cou 5, 3
décombres → encombrer 2

déconner → con
déconsidérer → désirer 4
décontenancer → tenir I A 8
décontracter → traire II B 3
déconvenue → venir I A 4
décorer → daigner II 4
décortiquer → chair II C 2
décorum → dagner II 5
découper → coup 4
décours → courir I B 2
décrépir → crêpe 6
décrépitude → crever 6
decrescendo → -ant 6 ; croître II 1
décret → crible I E 1
décrire → écrire I A
décrocher → croc II 5
décrotter → encroûter 2
décrue → croître I C 1
décrypter → encroûter 6
décuple, décupler → dix II 9
décurie, décurion → dix II 7
dédaigner → dam 2
dédale → annexe III
dedans → en I B 2
dédicace → dire II B 3
dédier → dire I G
dédire → dire I A 1
dédit → dire I D 1
dédommager → dam 2 ; daigner I
dédoubler → double I A 2
déduire → conduire I A 2
déesse → dieu I B 1
défaillance → faillir I 5
défaire → faire I A 7
défalquer → faux 3
défausser (se) → faillir I 9
défaut → faillir I 5
défection → fair II C 6
déféquer → fèces 1
déférent, déférer → offrir I B 6
déferler → ferler 1
déficient, déficit → faire III E 4
défier → foi I C 3
défigurer → feindre II A 2
défilé, désenfiler → fil I 6
définir, définitif, définition → fin III 8
déflagration → 1. foudre I B 8
déflation → enfler III A 1
déflecteur → fléchir III 1
déflorer → fleur III 1
défoliation → feuille II 1
défoncer → fonds IV 2
déformer → forme II 9
défrayer → frais 2
défroquer → froc 1
dégager → gage 3

dégarnir → serf IV 5
dégât → vain I 5
dégénérer → gens I C 2
déglutir → gueule II 4
dégobiller → gober 4
dégoiser → gosier 2
dégommer → gomme
dégoter → galet 3
dégouliner → gueule I B 5
dégourdir → gourd
dégoûter → goût I 2
dégrader → degré II A 3 et III 2
dégrafer → grappe 4
dégressif → degré II C 4
dégrèvement → grever I A 1
dégueuler → gueule I A 2
déguiser → guise
déguster → goût I 3
déhiscent → hiatus 2
déictique → dire III 3
déité, déisme → dieu I B 3
déjà → y 4
déjection → jeter I B 4
déjeter → jeter I A 2
déjeuner → jeûner 3
déjuger → juger I 1
delà → il II 2
délation → oublie II B 10
deleature, délébile → haut III E
délecter → allécher 4
déléguer → loi I 7
délibérer → livrer 8
délicat, délices → allécher 3, 2
délictueux → relique I 3
délié → allécher 5
délimiter → linteau 4
délinéation → lin II B 2
délinquance → relique I 3
déliquescent → délayer II A 4
delirium tremens → délirer 3
délit → relique I 3
déliter → lit 3
délivrer → livrer 2
delta, deltoïde → abécé II 5
déluge → laver II 1
déluré → leurre 2
démagogue → dém(o)- I 1
demain → matin II 1
demander → main 23
démanger → manger 1
démanteler → manteau I 2
démantibuler → manger 3
démarcation → marcher I C 6
démarche → marcher I A 2
démarquer → marcher I C 5
démarrer → amarrer
d'emblée → voler 5

dème → dém(o)- I 2
démêler → mêler I 2
démembrer → membre 1
déménager → manoir I 4
démence → 1. -ment I A 8
démener → mener I A 2
démenti, dément → 1. -ment I A 2
démériter → mérite I 2
démettre → mettre I A 10
demi, demi- → mi I 3
déminage → 1. mine 2
démissionner → mettre II B 7
demi-teinte → teindre 2
demi-tour → tourner I A 2
démiurge → dém(o)- I 3 ; orgue I C
demi-vierge → vierge 1
démocratie → dém(o)- I 4
démoder → muid II A 9
demoiselle → dame I 5
démonétiser → 1. -ment I D 10
démonstration → 1. -ment I D 10
démontrer → 1. -ment I D 2
démoraliser → mœurs 5
démordre → mordre I
démouler → muid I 5
démunir → mur II
-dendron → dendr(o)- 2
dénégation → non II 2
déni → non I 6
déniaiser → seoir I C 3
dénicher → seoir I C 2
dénier → non I 6
denier → dix I 4
dénigrer → noir 6
Denis → annexe III
dénombrer → nombre I 2
dénominateur, dénominatif, dénomination → nom I B 1
dénommer → nom I A 2
dénoncer → annoncer I 2
dénoter → note 2
dénoyauter → nœud I B
denrée → dix I 4
dentelle → dent I A 2
denti-, denticule → dent I A 7, 8
dénuder → nu II 1
dénuement, dénuer → nu I 2
dénutrition → nourrir 8
déodorant → odeur I A
dépanner → 1. panne I A 1
dépaqueter → paquet 1
de par... → part I 1
dépareiller → pair II 2
déparer → part III B 1
départ, département, départir → part I A 5
dépasser → pas I 10

dépatouiller (se) → patte 4
dépayser → paix II 2
dépecer → pièce 2
dépêcher → pied I C 3
dépeindre → peindre I 1
dépenailler → pan 3
dépens, dépenser → pendre II D 3
déperdition → donner II D 5
dépêtrer → paître 8
déphaser → fantôme II 8
dépiauter → peau I 5
dépilatoire → poil II 2
déplacement, déplacer → plat I A 4
déplaisant → plaisir I 2
déplorer → pleurer 2
déployer → plier I B 1
dépolitiser → police 2
déponent → pondre III A 1
déporter → port I D 8
déposer → pondre III B 3 ; poser 1
dépôt → pondre I 5
dépoter, dépotoir → pot 3
dépourvu (au) → voir I B 2
déprécation → prier 3
déprécier → prix 6
déprédation → prendre III 2
déprendre → prendre I A 5
dépression → empreindre II E 2
déprimer → empreindre III 2
de profundis → fonds VI 1
dépuceler → poule I 8
depuis → puis I 1
dépurer → pur 4
députer → conter II 3
-der → -er 2
dérailler → roi II 7
déranger → rang 1
dératé → rate
derby → annexe III
derechef → chef I A
déréliction → relique I 4
dérision → rire 5
dérivatif, dérivation, dériver (découler de, détourner) → ru 3
dériver (s'écarter de la rive) → rive 4
dermat(o)-, -derme → derme 3, 4
dermo- → derme 2
dernier → arrière I 4
dérobade, dérober → robe 2
déroger → corvée II 3
dérouler → roue I 3
déroute, dérouter → rompre I 7, 6
derrière → arrière I 3
des → il II 1
dès (adv.) → de 3
désabuser → us II 5

désaffecter → faire III C 2
désaltérer → autre I B 3
désappointer → poing I D 7
désarçonner → arc 3
désargenter → argent I 1
désarmer → arme I 2
désarroi → arroi 1
désarticuler → art I B 3
désavantage → avant I A 4
désavouer → voix I A 3
descendre → échelle I E 1
description → écrire II C 3
désemplir → plein I B 1
désenchanter → chanter I 6
déserter → désert 1
désespoir → espérer 2
déshabiller → bille I 3
desiderata, desideratum → désirer 3
désidératif → désirer 2
désigner → seing II B 8
désinence → pondre IV 2
désintégrer → atteindre II B 5
désinvolte → voûte II A 5
désister (se) → ester III B 4
désodoriser → odeur I A
désœuvrement → œuvre I A 1
désolation, désoler → seul 4
désordre → ourdir I 3
désorienter → orient 1
désormais → heure I 3 ; mais I 1
désosser → os I 2
despote → pouvoir II ; dame III
desquamer → squame 2
dessein → seing I 6
dessert, desserte, desservir → serf I 5
dessication → sec 3
dessiller → celer I 4
dessin → seing I 6
dessoûler → assez I 2
dessous, dessus → sous I A 1, 2
destiner → ester III E 1
destituer → ester III C 3
destroyer → détruire II
destructeur → détruire III A 3
désuet, désuétude → soi I C 5
détacher (délier) → étai I 2
détacher (ôter une tache) → tache 3
détail, détailler → tailler 2
détaler → étal 2
détecter, détective → toit 7
dételer → atteler
détenir → tenir I A 11
détente → tenir I B 1
détenteur, détention → tenir II D 4, 5

détenu → tenir I A 11
détériorer → de 11
déterminer → tertre 6
déterrer → terre 1
détersif → déterger 2
détester → témoin II 5
détonation, détoner → tonner 4
détonner → tenir III 1
détour, détourner → tourner I A 3, 1
détracteur → traire II B 7
détraquer → taquet II A 4
détremper → tremper 1
détresse → étreindre I 8
détriment, détritus → tourner II 4, 6
détroit → étreindre I 6
détromper → tromper
détrousser → tordre I 11
dette → avoir I 3
deuil → douleur II
deutérium, deutéro-, deutéron → deux IV A 2
deutéronome → nomade 4 ; deux IV A 2
dévaler → voûte I B 1
dévaliser → valise
dévaloriser → valoir 10
dévaluer → valoir 4
devancer → avant I B 2
devant, devanture → avant I A 7
dévaster → vain II 4
déveine → veine 3
développer → envelopper 2
devenir → venir I A 2
dévergondé → serf III 2
devers, déverser → vers I A 1, 3
déviation, déviationnisme → voie I B 3
dévider → vain I 4
dévier → voie I B 3
devin → dieu II A
devis → deviser I 2
dévisager → voir I E 1
devise → deviser I 3
dévisser → vis 1
dévitaliser → vivre I 9
dévoiler → voile 1
devoir → avoir I 2
dévolu → voûte III A 5
dévorer → gueule IV 1
dévot, dévotion → vœu 3
dévouer → vœu 2
dévoyer → voie I A 5
dextérité, dextre, dextrose → destrier 2, 3
dextrogyre → girolle 5

DI-, DIS- 668

di-, dis- (marquant la séparation) → dé-, dés- 3, 2
di- (« deux ») → deux IV B 1
di-, -di (« jour de la semaine ») → dieu IV A 1
dia ! → ah ! 6
diabète → venir II 2
diable → bal II 1
diabolo, diabolique → bal III C 2, 1
diaconat → diacre 2
diacritique → crible II 3
diagnostic → connaître II A 3
diagonal → genou II B 1
diagramme → greffe II B 5
dialecte, dialectique → lire II A 2, 1
dialoguer → lire II C 4
dialyse → dissoudre II 4
diamant → aimant 2
diamètre → mesure II 2
diane → dieu IV A 4
diantre → bal II 2
diaphane → fantôme II 5
diaphorèse → offrir II C 5
diapositive → pondre III B 13
diaprer → jaspe 2
diarrhée → rhume 3
Diaspora → épars II B 6
diastase → ester IV A 6
diastole → apôtre II A 3
diathèse → faire IV B 9
diatonique → tenir III 2
diatribe → tourner I C 2
dichotomie → deux IV B 2 ; temple II 7
dichroïsme → chrome III
dictaphone, dictateur, dicter, diction, dictionnaire, dicton → dire II D 3, 4, 1, 2
didactique → docte III 1
dièdre → seoir III B 4
diérèse → hérésie 2
dièse → jeter IV 1
diète (assemblée) → dieu IV B 5
diététique → diète
diffamer → fable III D 4
différend → offrir II B 1
différent, différentiel, différer → offrir I B 1
difficile, difficulté → faire III E 5
difforme → forme II 2
diffraction → enfreindre III B 3
diffringent → enfreindre III D 1
diffuser → fondre II B 6
digérer → geste II A 1
digeste → geste II B 1
digital, digitale, digitaline, digité- → doigt 3, 5

digne, dignitaire → daigner II 1
digression → degré II C 5
dilacérer → lacérer 1
dilapider → lapider 3
dilatation, dilation, dilatoire → oublie II B 6
dilection → lire I D 2
dilemme → syllabe 3
dilettante → allécher 6
diligence → lire I C 1
diluer → laver II 3
diluvien → laver II 2
dimanche → dame I 7 ; dieu IV A 2
dîme → dix I 3
dimension → mesure I B 2
diminuer → moins II 3
dinanderie → annexe IV dinandier
dinandier → annexe IV
dinde, dindon, dindonner → annexe IV indigo 2
dîner → jeûner 4
ding-don → annexe I ; boum 6
dingo, dingue, dinguer → boum 6
dinosaure → saurien 2
diocèse → ville II 2
dionysiaque → annexe III Denis
dioptre, dioptrie → œil III 3
diorama → serf V
diplo-, diplomate, diplôme → deux IV B 4, 3
diptère → 1. panne III 2
diptyque → polyptique
direct, directeur, direction, directive, directoire → roi III D 5
diriger → roi III B 2
dirimant → rançon II B 3
dis- → dé-, dés- 2
discerner → crible I D 3
disciple, discipline → docte II C 1, 2
discobole → bal III C 7 ; dais 2
discontinu → tenir II B 5
disconvenir → venir I A 4
discophile, discothèque → dais 2
discorde → cœur I C 4
discourir → courir I A 4
discréditer → croire II 3
discret → crible I E 2
discriminer → crible I G 4
disculper → coulpe 3
discussion → casser II A 2
discuter → casser II B 2
disjoindre → joug I B 4
disjonction → joug II C 4
disloquer → lieu II 5
disparaître → paraître 7
disparité → pair II 6
disparition → paraître 7

dispendieux → pendre I D 7
dispensaire, dispenser → pendre II D 6
disperser → épars I 6
disponible → pondre III A 3
disposer → pondre III B 4
disproportion → portion 2
disputer → conter II 4
disqualifier → qui II C 4
disque → dais 2
dissection → scier III C 3
dissemblance → ensemble I A 2
disséminer → semer 6
dissension → sentir II 2
dissentiment → sentir I 4
disséquer → scier II A 1
disserter → désert 3
dissident → seoir II B 7
dissimiler → ensemble II A 5
dissimuler → ensemble II B 3
dissocier → société 2
dissolu → dissoudre I C 5
dissonance → sonner 9
dissuader → suave I 3
dissyllabe → syllabe 1
distant → ester III A 13
distendre → tenir I B 1
distension → tenir II E 2
distinct, distinction, distingué, distinguer, distinguo → étiquette III 3, 2
distique → cadastre 3
distorsion → tordre II C 5
distraction → traire II B 4
distraire → traire I A 9
distribuer → tribu 7
district → étreindre III A 4
diurèse, diurétique → uretère 2
diurne → dieu V C
diva → dieu II B 4
divaguer → rêver 3
divan → douane 2
dive → dieu II B 3
diverger → converger 2
divers → vers I B 10
divertir → vers II 7
divette → dieu II B 4
dividende → deviser III 1
divin → dieu II B 1
diviser → deviser II 1
divorce → vers III 2
divulguer → vulgaire 2
dizaine → dix I 1
docile → docte II B 1
docteur, doctrine → docte II A 2, 3
document → docte II B 2
dodéca- → dix III 4 ; deux IV A 3

dodécaphonie → antienne 8
dodeliner → annexe I dodiner
dodiner → annexe I
dodo, dodu → annexe I dodiner
dogaresse, doge → conduire III 2
dogme → docte III 2
doléance → douleur III 2
dolent → douleur III 1
dolicocéphale → céphal- 4
dolmen → menhir
dolomite → annexe III
dolorisme → douleur III 6
dom → dame IV 4
domaine → dame I 8
dôme (cathédrale) → dame IV 1
domestique → dame II 1
domicile → dame II 2
dominer → dame II 3
dominicain, dominical → dame II 5, 4
dominion → dame IV 2
domino → dame II 6
dommage → dam 2
don → dame IV 3
donation → donner II A
dondon → annexe I ; bonne 5
donjon, dondaine → dame I 9
Don Juan → annexe III Jean 4
dont → qui III 1
donzelle → dame IV 6
-dor → donner III 5
dorénavant → avant I A 6 ; heure I 3
dorer → or I 2
Dorine → donner III 4
dorloter → tirelire 9
dorsal → dos II
dortoir → dormir 2
dose → donner III 3
dot → donner II B
douaire, douairière, douer → donner I B 2, 1
double, doubleau, doublure, doublet, doubler → deux I A 2 ; plier I C 1
doublon → deux II 4
douceâtre, douceur → doux I 1, 2
douche → conduire III 1
douillet → conduire I A 2
douter → deux I A 4
douze → dix I 14 ; deux I A 3
-doxe, -doxie, doxologie → docte III 4, 3
doyen → dix I 5
draconien → annexe III ; dragon 2
dragonnade, dragonne → dragon 1
drain → drogue 2

drakkar → dragon 3
dramaturge → drame 2
drapeau → drap 2
drastique → drame 5
dresser, dressoir → roi I B 3
drille → tourner III
drisse → roi II 5
droit, droite, droitier, droiture → roi I B 3
-drome → dromadaire 5
drosse → conduire III 4
dû → avoir I 4
du → il II 1
dualité, dualisme → deux III A 2
dubitation → deux III A 5
duc, -duc → conduire II A 1, 3
ducasse → dire II B 3
ducat → conduire III 5
duché, duchesse → conduire I C
ductile → conduire II B 1
duègne → dame IV 7
duel (combat) → belliqueux II 1
duel (gram.) → deux III A 1
duettiste → deux II 2

dulcifier → doux II 1
dûment → avoir I A 4
duo → deux II 3
duodécimal → dix II 6
duodénum → deux III A 3
dupe, duperie → annexe II hurler 4
duplex → deux III A 4 ; plier II B 4
duplication, duplicité → deux III A 4
duralumin → annexe IV
durant, duratif → durer 2, 3
durcir → dur 2
durillon → dur 1
du tac au tac → taquet I A 2
duumvir → vertu I B 3
dyade → deux IV A 1
dynamique, -dynamique, dynamite, dynam(o)-, dynaste, dyne → bon II 1, 2, 3, 4
dysenterie → en III A 1
dysménorrhée → mois II 4 ; rhume 7
dyspnée → neume II 4

E

ébahir → bayer 3
ébarber → barbe I 3
ébat → battre 10
ébéniste → ébène
éberluer → berlue 1
ébonite → ébène 2
ébouer → boue 1
ébouler → boyau I 2
ébouriffer → bourre III 6
ébrancher → branche 2
ébranler → brandir I 2
ébraser → braise II 2
ébrécher → enfreindre II 3
ébrener → bran 2
ébriété → ivre 4
ébrouer → brouet I 2
ébruiter → bruire 2
ébullition → boule II 4
éburnéen → ivoire 2
écaille → écale II 1
écarlate → seing I 8
écarquiller, écarteler, écarter → quatre I B 3, 4
écarter (au jeu de cartes) → charte II 5
ecce homo, eccéité → ce II
ecchymose → fondre III 2
ecclésiastique → clair II 2
écervelé → cor I C 2

échafaud → cata-
échancrer → chancre I 2
échanger → changer I 2
échantillon → échelle I D
échapper → chape I 6
écharper → charpie I 2
échauffourée → four I 3
échauguette → veille II 2
èche → dent I C 1
échéance → choir I 4
échelon → échelle I A
écheniller → chien I A 4
écheveler → cheveu 2
échiquier → échec 2
éclabousser → clapet II 2
éclaircir → clair I A 1) 4
éclairer → clair I A 1) 3
éclampsie → lampe 5
éclat, éclater → ais 4
éclectisme → lire II A 4
éclipse, écliptique → relique II 1
écloper → clocher 2
éclore → clef II A 1
écluse → clef II D 2
écœurer → cœur I A
écoinçon → coin 2
éconduire → dire I B
économat, économe, économie → ville II 3

écoper → écope
écorce → chair I C
écorcher → chair I D
écorner, écornifler → cor I A 9
écouter → oreille I 3
écoutille → écot 2
écouvillon → écheveau 3
écrabouiller → boyau I 4
écriteau, écritoire, écriture, écrivain, écrivailleur, écrivassier → écrire I B 1, 2, 3 ; I C 1, 2
écrouelles → 1. écrou 2
écrouer → 2. écrou
écru → cru I 2
ecto- → é- III 3
-ectomie → é- III 4 ; temple II 8
ectoplasme → emplâtre 10
écueil → évêque I 2
éculé → cul 3
écurer → cure I 2
écurie, écusson, écuyer → écu 4, 2, 3
édicter → dire II D 8
édicule, édifice, édifier, édile → été II 4, 3, 5
édit → dire I D 2
éditer, éditorial → donner II D 2
-èdre → seoir III B 4
édredon → duvet 2
édulcorer → doux II 2
éduquer → conduire II C
-éen → -ée 2
effacer → faire I C 3
effaré → fier I 2
effectif, effectuer → faire III C 7
efféminer → femme I B 1
effervescence → bourbe II 3
effet → faire III D 1
efficace, efficient → faire III 7, 6
effigie → feindre II A 1
effiler → fil I 3
efflanquer → flanc 4
effleurer → fleur I A 3
efflorescence → fleur III 2
effluve → fleuve II A 2
effondrer → fonds III 1
effort → fort I 4
effraction → enfreindre III B 4
effranger → frange
effréné → frein 1
effriter → fruit I 3
effroi → effrayer 2
effronté → front 4
effusion → fondre II B 2
égailler → égal I 3
égard, égarer → serf IV 4, 8
égayer → gai

égérie → annexe III
égide → Gilles 2
églantier, églantine → aigre I A 8
église → clair II 1
églogue → lire II C 9
égoïsme, égotisme, ego → je 2, 3, 4
égorger → gueule III A 5
égosiller → gosier 1
égout → goutte 3
égratigner → gratter 2
égrener → grain I B 1
eh ! ou hé ! → ah ! 7
éjaculer → jeter II C 2
éjecter → jeter I B 5
élaborer → labeur 4
élection → lire I D 3
électro- → électrique 5
électrobus → bus
électrocardiogramme → greffe II B 8
électrochoc → choper II A 1
électrocution → suivre II C 2
électron → électrique 4 ; 2. -on 1
électrophone → antienne 7
électuaire → lécher II 1
élégant → lire I B 4
élégie → lire II B 1
éléphant → olifant 2
-eler, -elet, -eleur → -eau, -elle II 1, 4, 2
élever → léger II 4
élider → lésion 4
-elier → -eau, -elle II 2
éligible → lire I C 6
élimer → lime
éliminer → linteau 2
élire, élite → lire I A 2
elle → il I 1
ellébore → aliboron 2
-ellerie → -eau, -elle II 3
ellipse, elliptique → relique II 2
élocution → locution 4
éloge → lire II C 3
éloigner → long II 1
élongation → long I 10
éloquence → locution 5
-elot → -eau, -elle II 4
élucider → luire I A 4
élucubration → luire I A 5
élusif → éluder II 3
élytre → voûte IV 3
elzévir → annexe III
émacié → maigre 2
émancipation → main 17 ; chasser III B 2
émanciper → chasser III B 2
émarger → marcher II 2

ÉMASCULER

émasculer → mâle 3
embâcle → bâcler I A 2
emballer → 1. balle 1
embarbouiller → bombe I 3
embarcadère, embarcation → barque 4
embardée → baraque 3
embargo → barre 4
embarquer → barque 5
embarrasser → barre 3
embastiller → bâtir 4
embaucher → ébaucher 3
embaumer → baume I 2
embéguiner (s') → bègue 3
embellir → bon I C 2
embêter → biche 4
emblaver → blé 3
emblème → bal III B 1
embobeliner → bobine IV 2
emboîter → buis I 3
embolie, embolisme → bal III C 6, 8
embonpoint → poing I D 4
emboucher → bouche 5
embouer → boue 1
embourber → bourbe I 1
emboutir → bout I 3
embrancher → branche 2
embraser → braise II 1
embrasser → bras I 5
embrasure → braise II 2
embrayer → braie 2
embrener → bran 2
embrigader → brigue 2
embringuer → brin
embrouillamini → annexe IV hermine
embrouiller, embrouillement → brouet II 2
embrun, embrumer → bref I 7, 6
embryogénie → gens III B 9
embûche, embuscade, embusquer → bûche 4
émêché → moisir I 4
émender → mendier II 2
-ement → 2. -ment 2
émerger → immerger 3
émérite → mérite I 4
émerveiller (s') → mirer 5
émétique → vomir 4
émettre → mettre I A 13
émeute → mouvoir I B 5
-émie → anémie 1
émietter → mie 2
émigrer → muer I D 3
émincer → moins I 6
éminent → mener I B 1
émir → amiral 2

émissaire, émission → mettre II B 8
emmêler → mêler I 2
emménager → manoir I 4
emménagogue → mois II 3
emmener → mener I A 2
emmerder → merde
emmitoufler → mignon II 2
emmurer → mur I 1
émollient → mou I B 1
émolument → moudre I B 1
émotif, émotion → mouvoir II A 4
émoucher, émouchet → mouche 2
émoulu → moudre I A 2
émousser → motte 2
émoustiller → moût 3
émouvoir → mouvoir I A 2
empailler → paille 6
empaler → paix III 2
empanacher → 1. panne I A 3
empaqueter → paquet 1
emparer (s') → part III B 7
empâter → pâte I 1
empaumer → plain I B 1
empêcher → pied I C 2
empennage → 1. panne I B 2
empereur → part V 1
empeser → poix 2
empester → pestilence 2
empêtrer → paître 8
emphase → fantôme II 9
emphysème → pustule 2
emphytéose → fus (je) II A 2
empiècement → pièce 1
empiéter → pied I E 3
empiffrer (s') → pouf III 1
empire → part V 1
empirique → péril II 2
emplacement → plat I A 4
emplette → plier I C 3
emplir → plein I B 1
employer → plier I B 2
empogner → poing I A 1
empois → poix 2
empoisonner → boire II A
emporter → port I D 4
empoté → potelé 2
empoter → pot 3
empresser → empreindre II C 3
emprise → prendre I D 3
emprunter → muer I A 7
empuantir → puer I A 1
empyrée → pyrite 3
en (adv. et pronom pers.), en- → y 3
en- (préf.) → en I A 2
énamourer → aimer I 3
encablure → chasser I 8
encadrer → quatre II 3

encaisse → chasser II 1
encan → qui II A 5
encanailler (s') → chien I B 4
encarter → charte III 1
en-cas → choir III B 1
encastrer → châtrer 3
encaustique → chômer III A 1
-ence → -ant 5
enceinte → ceindre I 1
encens → chandelle II 1
encéphale → céphal- 2
enchanter → chanter I ō
enchère → cher 2
enchevêtrer → chevêtre 1
enchifrené → frein 3
enclaver → clef I C 6
enclencher → clenche 3
enclise, enclitique → enclin II C 2
enclos → clef II A 2
encoche → 1. coche 1
encoder → 1. coche 3
encoignure → coin 4
encolure → cou 2
encontre → contre 4
encorbellement → annexe II corbeau I 1
encore → heure I 3
encorner → cor I A 9
encourager → cœur I B 1
encourir → courir I A 4
encrasser → gras 5
encre → chômer I 2
encyclique, encyclopédie → quenouille II C 4 ; pédagogue 6
-ende → -ant 6
endémie → dém(o)- II 2
endeuiller → douleur III
endêver → rêver 2
endiablé → bal II 1
endiguer → digue
endimancher → dame I 7
-endo → -ant 6
endo- → en III B
endocarde → cœur II 4
endolorir → douleur III 4
endoréique → rhume 8
endormir → dormir 1
endosmose → osmose
endosser → dos I 4
endroit → roi I B 2
enduire → conduire I A 2
endurer → dur 3
énergétique, énergie → orgue I B 1
énergumène → orgue I B 4
énerver → nerf I B 2
enfant → fable I C 1
enfeu → fouir 2

enfilade → fil I 6
enfin → fin 1
enflammer → 1. foudre I B 1
enflure → enfler I A 1
enfoncer → fonds IV 1
enfouir → fouir 1
enfourcher → fourche 2
enfuir (s') → fuir 1
engager → gage 2
engelure → gel I A 1
engendrer → gens I A 7
engin, engeigner → gens I A 8
englober → globe 1
engloutir → gueule II 2
engoncer → gond
engouer (s') → joue 2
engouffrer → gouffre
engoulevent → gueule I B 2
engourdir → gourd
engrais → gras 2
engranger → grain I A 3
engrener → grain I B 1
engrosser → gros 3
engueuler → gueule I A 3
enguirlander → guirlande
enhardir → hardi
-enie → 3. -ain 4
enivrer → ivre 1
enjeu → jeu 1
enjoindre → joug I B 5
enjôler → cage 2
enjoliver → joli
enlever → léger II 8
enluminer → luire I B 4
ennemi → aimer I 9
énoncer → annoncer I 3
enorgueillir (s') → orgueil
énorme → connaître I E 4
enquérir → quérir I 3
enquête → quérir II 3
enrayer → rai 2
enrobade, enrobement, enrober → robe 3
enrôler → roue I 5
enrouler → roue I 3
enseigne, enseigner → seing I 2, 3
ensemencer → semer 2
ensorceler → sort I 2
ensuite, ensuivre (s') → suivre I 2, 1
en suspens → pendre II D 7
-ent → -ant 3
entablement → table 4
entacher → tache 3
entaille → tailler 3
entamer → atteindre I 5
en tapinois → tapir (se) 2
entasser → tas

entauler → table 2
entéléchie → époque 4
entendre, entente → tenir I B 5
enter → fus (je) II A 1
entériner → atteindre I 4
entérite, entéro- → en III A 2, 3
enterrer → terre 1
en-tête, entêter → tête 1
enticher → tache 2
entier, entièrement → atteindre I 3
entité → être II C 2
entoiler → tisser I 2
entomologie → temple II 6
entonner → tenir III 1
entonnoir → tonne I
entorse, entortiller → tordre I 2, 8
entourage, entourer, entournure → tourner I A 3, 1
entraider → aider I 1
entrailles → en I C 4
entrain, entraîner → traire I B 3, 5
entraver (comprendre) → corvée I 2
entraver → travée 2
entre → en I C 1
entrebâiller → bayer 8
entrechat → tresse 2
entrechoquer → choper II A 1
entrefaites → faire I A 8
entrefilet → fil I 2
entregent → gens I A 1
entrelacer → lacs 2
entremêler → mêler I 2
entremets → mettre I B 1
entremettre → mettre I A 7
entremise → mettre I C 2
entrepont → pont I 1
entreposer → pondre III B 11
entreprendre → prendre I A 5
entrepreneur → prendre I C
entreprise → prendre I D 4
entrer → en I C 3
entresol → seuil 3
entretenir, entretien → tenir I A 13
entretoise → tenir I B 2
entretuer (s') → tuer 1
entrevoir → voir I A 4
entrevue → voir I B 5
entropie → tordre III B 7
énucléation → noix 4
énumérer → nombre II 2
envahir → vais (je) 3
en vain → vain I 1
envenimer → venin 1
envergure → verge 2
envers (adv.) → vers I A 1
envers (subst.) → vers I B 8

envi (à l') → convier 2
envie → voir I C
environ → virer 2
envisager → voir I E 1
envolée, envoler (s') → voler 1
envoyer → voie I A 4
enzyme → jus 4
éocène → -cène
-éole → -ole 1
éolien → annexe III
épacte → agir II 1
épagneul → annexe IV espagnolette 2
épagogique → agir II 2
épancher, épandre → pas II 2, 1
épanouir → empan 2
éparpiller → épars I 2
épatant, épater → patte 5
épave → peur 3
épenthèse → faire IV B 10
éperdu → donner I F 2
éphèbe → épervier
épice → dépit I 4
épicéa → poix 3
épicier → dépit I 4
épicurien → annexe III
épidémie → dém(o)- II 1
-épie → voix II 1
épier → dépit III 1
épigastre → gastro- 2
épiglotte → glose 6
épigramme → greffe II B 3
épigraphie → greffe II A 3
épilepsie → syllabe 6
épiler → poil II 2
épiloguer → lire II C 6
épingle, épinière, épinoche → épine 4, 1
épiphanie → fantôme II 6
épiphénomène → fantôme II 10
épique → voix II 1
épiscopal → évêque II B 1
épisode → exode 2
épissoir, épissure → épisser
épistolaire, épistolier → apôtre II A 2
épithélium → femme II
épithète → faire IV B 3
épitoge → toit 5
épitomé → temple II 3
épître → apôtre I 2
épizootie → vivre II A 4
éploré → pleurer 1
éplucher → poil I B
épode → ode 2
épointer → poing I D 8
éponyme → nom II B 7

épopée → voix II 1
épouiller → pou
épousseter → poudre 2
épouvantable, épouvantail, épouvanter → peur 2
éprendre → prendre I A 5
épris → prendre I D 5
éprouver, éprouvette → prouver I A 1
épuiser → puits 2
épurer → pur 4
équarrir → quatre I C 6
équateur, équation → égal II A 1, 2
équerre → quatre I D
équi- → égal II A 4
équiangle → angle I 2
équilibre → 1. livre I 4
équin → équestre I 2
équinoxe → nuit I 2
équipage, équipement → équiper 1
équitation → équestre I 3
équité → égal II A 3
équivalent, équivaloir → valoir 9, 1
équivoque → voix I B 8
-er, -ère (suff. nom.) → -ier, -ière 3
éradication → racine 6
érafler → rafle
-eraie → -ier, -ière 5
érailler → roue I 6
Érasme, Éraste → Eros 3
ère → airain 3
-ereau → -ier, -ière 5
érection → roi III D 4
-erée → -ier, -ière 5
éreinter → rein 1
érémitique → ermite 3
-eresse → 1. -esse 2 ; 2. -eur 4 a)
-eresse → -ier, -ière 5
-eret → -ier, -ière 5
ergastule → orgue I B 3
-ergie → orgue I B 2
ergoté → ergot
ergoter → ergo 2
ergotine, ergotisme → ergot
-erie → -ier, -ière 6
ériger → roi III B 3
érigne → araignée I 2
éroder → rostre 3
-eron → -ier, -ière 5
érosion → rostre 3
érotisme, érotomane → Eros 2
errant → irai (j') I 3
erratique, erratum → erreur 5, 4
errements → irai (j') I 3
erreur, erroné → erreur 2, 3
éructation → roter 2
érudit → rude 2

érugineux → airain 2
éruption → rompre II A 3
érysipèle, érythème, érythrine → rouge II 1, 3, 2
ès → en I A 1 ; il II 1
escabeau → écheveau 2
escadre, escadrille, escadron → quatre II 2
escalader, escale, escalier → échelle I C 3, 2, 1
escalope → écale I 2
escamoter → muer I A 9
escapade → chape II 2
escarboucle → charbon III
escarcelle → charpie II 2
escarmouche → escrime 2
escarole → dent I C 2
escarpe → charpie II 3
-escence, -escent → -ir 3
esche → dent I C 1
escient → science 2
esclaffer (s') → clapet III
esclandre → échelle II 1
esclave → annexe IV
escompter → conter I 8
escorte → roi II 4
escouade → quatre II 2
escroquer → croc I 3
-ésime → -ième 2
-ésique → -ésie 2
espadon → épée 4
espagnolette → annexe IV
espalier → épée 5
esparcette → épars I 3
espèce → dépit II A 1
espéranto → espérer 3
espiègle → annexe III
espion → dépit III 2
esplanade → plain I A 5
espoir → espérer 2
esprit → soupirer I 3
-esque → -ais 2
esquif → équiper 2
esquimau → annexe IV
esquimancie → angoisse II
esquinter → cinq II 2
essaim → agir I A 5
essarter → sarcler 2
essayer → agir I A 6
essence → être II B 2
essentiel → être II C 3
esseulé → seul 1
essor, essorage, essorer → orage 2
essoriller → oreille I 1
essouffler → enfler I A 2
estacade → étiquette I 3
estafier, estafilade → estafette 2, 3

estaminet → ester V 1
Estelle → étoile II A 3
(-)ester (chimie) → été III 3, 4
esthésie, esthésio- → esthétique 4, 3
estival → été II 1
estoc → étau 2
estouffade → étuver 2
estragon → dragon 4
-estre → étai I 1
estuaire → été II 2
estudiantin → percer I B 5
étable, établi, établir, étage, étagère → ester I 4, 6, 7
étale → étal 3
étalon (cheval) → étal 4
étambot → étrave 2
étamer → étain 2
étamine → ester I 8
étançon → ester I 9
étang → étancher 3
étant → ester I 2
état → ester I 3
étayer → étai I 1
et cetera → et 2
-été → -té 2
-eteau → -et, -ette 3
étendard, étendre, étendue → tenir I B 7
-eter → -et, -ette 2
éternel → âge 2
éternité → âge 2
étésiens → vieux II
éthane, éther → été III 2, 1
éthique, ethnique, ethno- → soi II 1, 2
éthyle → été III 2
éthylène → hylo- 2
étiage → été I 2
étique → époque 2
-étique → -ésie 2
étirer → tirer 3
-étis → -et, -ette 3
étoffe → étoupe II
-eton → -et, -ette 4
étonner → tonner 3
étouffer → étoupe III 1
étrange → é- I 3
êtres (d'une maison) → é- I 2
étrille → étreindre I 9
étriper → tripe
étrivière → étrier
étroit → étreindre I 5
étude, étudiant → percer I B 2
étui → percer I B 1
eucalyptus → celer III 1
eucharistie → exhorter II 1
eudémonisme → démon 3

eugénisme → gens III B 5
euh ! ou heu ! → ah ! 8
eulogie → lire II C 14
eunuque → époque 3
euphémisme → fable IV 3
euphonie → antienne 8
euphorbe → annexe III
euphorie → offrir II C 4
-eur → -é, -ée 3 ; 2. -eur
eurêka → heuristique 2
-eureux → 1. -eur 3
Eustache → annexe III
eux → il I 1
évacuer → vain II 9
évader (s') → vais (je) 6
évaluer → valoir 4
évanescent → vain II 2
évangile → ange 5
évanouir (s') → vain I 3
évaporer → vapeur 2
évaser → vaisseau 3
évasif → vais (je) 6
éveiller → veille I 2
événement → venir I A 11
éventail, éventaire → vent 1
éventer → vent 1
éventrer → ventre 1
éventualité, éventuel → venir I B 10
évertuer (s') → vertu I A 1
éviction → vaincre 6
évidence → voir I F 2
évider → vain I 4
évier → eau 2
évincer → vaincre 7
évocation → voix I B 7
évoluer, évolution → voûte III A 6
évoquer → voix I B 7
ex- → é- II 1
ex abrupto → rompre II A 6
exacerber → aigre II 3
exact, exaction → agir I B 3) 8, 9
ex æquo → égal II C
exalter → haut III A 1
examen → agir I B 4)
exanthème → anth(o)- 3
exaspérer → âpre 3
exaucer → haut I B 5
ex cathedra → seoir III B 2
excaver → cave 3
excéder → cesser II A 6
excentricité → centre 3
excepter → chasser III C 5
excessif → cesser II B 4
exciper → chasser III B 3
excision → ciseau II B 4
exciter → citer I 2
exclamer (s') → clair I C 4

exclure → clef II D 1
excommunier → muer I B 3
excorier → chair II B
excrément → crible I F
excrétion → crible I E 6
excroissance → croître I B 2
excursion → courir III A 3
excuser → chose II B 2
exeat → irai (j') II C
exécrer → saint II C 3
exécuter, exécutif → suivre II C 2
exégèse → sagace II 1
exemple → rançon II C 1
exempter → rançon II C 4
exequatur → suivre II A 8
exergue → orgue I B 5
exfolier → feuille II 1
exhalaison, exhalation → exhaler 1
exhiber → avoir II C 1
exhumer → homme II B 3
exiger → agir I B 2) 2
exigu → agir I B 2) 3
exil → aller II
exister → ester III B 5
ex libris → 2. livre 6
exo- → é- III 1
exonérer → onéreux 2
exophtalmie → œil III 1
exorable → oraison 6
exorbitant, exorbité → ornière 4, 3
exorde → ourdir II 5
exosmose → osmose
exostose → os II 1
exotérique → é- III 2
expansif, expansion → pas II 3
expatrier → père I B 8
expectation, expectative → dépit II C 3
expectorer → pis I 4
expédient, expédier → pied II 1
expérience, expérimenter, expert → péril I 3, 4, 2

expier → pitié 7
expirer → soupirer II 4
explétif → plein I B 9
expliquer → plier II C 5
exploit, exploiter → plier I B 3
explosion → applaudir 3
exponentiel → pondre III A 2
exporter → port I D 13
exposer → pondre III B 6
express, exprès → empreindre II D 2, 1
expression → empreindre II C 4
exprimer → empreindre III 3
exproprier → premier I E 2
expulser → pousser I B 3
expurger → pur 6
exquis → quérir III 5
exsangue → sang II 3
exsuder → suer I 5
extase → ester IV A 7
extensif, extension → tenir II E 3
exténuer → tenir II A 3
extérieur, extérioriser → é- II 4
exterminer → tertre 7
externe → é- II 5
exterritorialité → terre 8
extinction → éteindre 2
extorquer → tordre II B 1
extorsion → tordre II C 1
extra-, extra → é- II 2, 3
extraction → traire II B 5
extradition → donner II D 4
extrados → dos I 5
extrait, extraire → traire I A 10
extraordinaire → ourdir II 2
extravagant → rêver 3
extrême → é- II 6
extrinsèque → é- II 7
exulter → saillir I D 2

F

fabre, fabriquer → forger 2, 3
face → faire I C 2
facette → faire I C 2
facial, faciès, facile → faire III B 3, 2
façon → faire I C 1
faconde → fable III F
facteur, factice, facticieux, faction, factitif, factorerie, factoriel, factotum, factum, facture → faire III A 1, 2, 3, 4, 5, 6, 7
facultatif, faculté → faire III B 1
fada, fadaise → fade 6, 5

fader, Fadette → fable I B 5, 6
fado → fable I B 7
faille (fracture) → faillir I 8
faillite → faillir I 7
fainéant → gens I A 9
faire florès → fleur II 3
faire-part → part I A 1
faisan → annexe IV
faisceau → faix 2
faiseur → faire I A 1
fait divers → vers I B 10
fallacieux → faillir II 2

FALLOIR

falloir → faillir I 3
falot (lanterne) → annexe IV
falsifier → faillir II 1
famé, fameux → fable III D 1, 2
famélique → faim II 3
familistère → -stère
famine → faim II 2
fan → 1. foire III 4
fanal → fantôme I 6
fanatique, fanatiser → 1. foire III 4
fanchon → annexe IV franc 6
fandango → fable I B 8
faner → femme I A 4
fanfan → annexe I
fanfreluche → berlue 2
fanion → fanon 2
fantaisie, fantasia, fantasque → fantôme 1, 2, 4, 5
fantasmagorie, fantastique → fantôme II 3, 5
fantassin, fantoche → fable I C 4
faon → femme I A 2
farad, faradisation → annexe III
faramineux → fier I 3
farandole → brandir I 4
faraud → héraut I 2
farceur → farcir 2
farfadet → fable I B 4
farfelu → berlue 2
farfouiller → fouir 5
farniente → gens I A 9
farouche → dehors I 6
Far West → vêpres 5
fascicule → faix 5
fascine → faix 4
fascisme → faix 6
faséole → flageolet 3
fashion → faire II 3
faste (adj.) → 1. foire III 5
faste (subst.), **fastidieux** → fâcher 2, 3
fat → fade 2
fatal, fatidique → fable III B 1
fatras → farcir 2
fatuité → fade 3
faubourg → bourg 1
faucille → faux 1
faufiler → dehors I 1 ; fil I 7
faune → annexe III
faussaire, fausset, fausser → faillir I 9
faute → faillir I 4
fauteur → faveur 4
fauvette → fauve
faux → faillir I 9
faux-fuyant → dehors I 1
favière → fève 2

favori → faveur 3
fayard → faîne I 2
fayot → flageolet 2
féal → foi I B
fébri- → fièvre 2
fécal → fèces 1
fécondité → femme I B 4
fécule, féculent → fèces 2
fédérer → foi II B 2
fée → fable I B 2
feignant → feindre I 2
fêler → fléau 2
félibre → femme I B 7
félicité, féliciter → femme I B 6
Félix → femme I B 5
femelle → femme I A 1
féminin → femme I B 1
fenil → femme I A 4
fenouil → femme I A 5
fente → fendre 2
féodal → fief I 2
-fère → offrir I B 16
férié → 1. foire III 1
ferment → bourbe II 1
fermer → ferme I 3
féroce → fier I 4 ; œil II 6
ferronnerie, ferraille → fer 3, 4
ferry-boat → bateau 3
ferté → ferme I 6
fertilité → offrir I B 15
féru → férir 1
férule → ferler 2
ferveur → bourbe II 2
fesse → fendre 2
fesser → faix 3
festin, festival, festonner → 1. foire II 1, 3, 2
fête, festoyer → 1. foire I 2, 3
fétiche → faire II 4
feu (mort) → fable I B 3
feudataire → fief I 3
feu-follet → enfler I B
feulement, feuler → annexe II
fèvre → forger 2
fi ! → ah ! 9
fiabilité → foi I C 1
fiacre → annexe III
fiancer → foi I C 2
fiasco → flacon 2
fibranne, fibrome → fibre
fibule → affubler 2
fic-, ficaire → figue 4
-fice, -fication, -ficateur → faire I D
ficelle → fil I 1
-ficiel, -ficateur, -fique, -ficence → faire III E 1
fichaise → ficher I 2

fichtre → ficher I 3
fiction → feindre II B
ficus → figue 4
fidéisme, fidèle, fiduciaire → foi II A 7, 1, 6
fieffé → fief I 1
-fier → faire I D
fier (verbe) → foi I C 1
fifre → annexe II piper I B 1
fifrelin → poivre 3
figer → figue 3
fignoler → fin IV 4
figure → feindre II A 2
filament → fil I 11
filasse → fil I 1
filiation → fils 5
filin, filet, filigrane, filon → fil I 2, 8, 9
fille → fils 2
fillette (tonneau) → feuillette
filleul → fils 3
filobus → bus
filou → fil II 7
finance → fin III 2
finasser, fine (eau-de-vie), **finette** → fin IV 3, 5
fioriture → fleur II 5
firmament, firme → ferme II 5, 6
fisc → faisselle 2
fissi-, fissure → fendre 5, 6
fistule → rafistoler 2
fixe → ficher II 1
flaccidité → flanc 6
fla-fla → annexe I
flageller → fléau 3
flageolet, flageoler → enfler I A 6
flagrant → 1. foudre I B 7
flamant, flamber → 1. foudre I B 3, 4
flamenco → annexe IV flandrin 2
flamiche → 1. foudre I B 2
flamingant → annexe IV flandrin 3
flamme → 1. foudre I B 1
flancher → flaque 4
flanchet → flanc 1
flandrin → annexe IV
flanelle → laine II
flapi → flaque 5
flasque → flaque 2
flatulent, flatuleux → enfler III A 2
flegme → 1. foudre II 1
flemme → 1. foudre II 2
flétrir (faner) → flaque 3
flétrir (déshonorer) → flatter 2
fleurdeliser → lis 2
fleurer → enfler I A 5
fleuron → fleur II 1

fleurs (blanches) → fleuve I A 2
flexible → fléchir VI 1
flic, flac, floc → annexe I
floculer → flocon 2
flonflon → annexe I
flopée → envelopper 3
flore, floréal, floralies → fleur III 5, 6
florifère → offrir I B 16
florilège → fleur III 4 ; lire I B 3
florin → fleur II 2
florissant → fleur I B
flot, flotte, flotter → pleuvoir II 1, 2
fluctuer → fleuve II D
fluet → flou 2
fluide, fluer, flueurs, fluor → fleuve II B 1, 8, 9
flûte → enfler I A 7
flux → fleuve II C 1
focal → feu 6
fœtus → femme I B 2
foie → figue 2
foin → femme I A 3
foison → fondre I 2
folâtre → enfler I B
foliation → feuille II 2
folichon → enfler I B
folie → enfler I B
folio → feuille II 3
follet → enfler I B 2
folliculaire, follicule → enfler III B 2, 1
foncé, foncier → fonds IV 4, 2
fonction, fonctionnaire, fonctionnel → défunt 2, 3, 4
fond → fonds II
fonder → fonds V 1
fondrière → fonds III 2
fongi- → éponge 5
fongible → défunt 5
fongosité, fongus → éponge 4
fontanelle → fontaine 3
fonte → fondre I 1
fonte (de cavalier) → fronde 2
fonts → fontaine 2
football → 1. balle 4 ; pied IV 1
footing → pied IV 2
for → dehors II 3
for- → dehors I 4
forage → férir 2
forain → dehors I 5
forban → ban II 2
force → fort II 1
forceps → chasser III D 1
forclusion → clef II D 7
forer, foret → férir 2
forêt → dehors II 4

FORÊT VIERGE

forêt vierge → vierge 1
foreuse → férir 2
forfait → faire I A 9 ; dehors II 2
forfanterie → faire II 5
formaliser (se) → forme II 4
format → forme III 1
-forme → forme II 12
formique, formol → fourmi 2
formule → forme II 5
forte → fort III 3
forteresse → fort I 2
fortifier → fort I 5
fortin → fort III 1
fortiori (a) → fort I 6
fortissimo → fort III 2
fortuit → fortune 2
fosse, fossé, fossette, fossile → fouir 6, 7, 8
fou → enfler I B 1
fouace → feu 2
fouailler → faîne II 2
fouarre → fourrage I
foucade → fuir 3
fouet → faîne II 1
fougue → fuir 2
fouiller, fouillis → fouir 4
fouine → faîne II 3
foulard → foulon 4
foule, fouler → foulon 3, 2
four → dehors I 4
fourbe, fourbi → fourbir 2, 3
fourbu → boire I A 6
fourgon, fourgonner → furet 3, 2
fourme → forme I 2
fourneau, fournaise → four I 1, 2
fourré → fourreau 2
fourrer → fourreau 2
fourreur, fourrure → fourreau 3
fourrier, fourrière → fourrage 2, 3
fourvoyer → voie I A 7
foyer → feu 3
frac → froc 3
fracasser → casser I A 7
fraction, fracture → enfreindre III B 1, 2
fragile, fragilement → enfreindre III A 1, 2
fragment → enfreindre III A 2
fragrance → flairer 2
frairie → frère 1
fraise (collerette ; outil) → annexe IV fraiser
fraiser → annexe IV
franc → annexe IV
français, franchir, franchise, francien, francique, franciser, francisque, franco, François → annexe IV franc 5, 3, 2, 6

francophone → antienne 7 ; annexe IV franc 5
frangin → frère 2
frangipane → annexe III
franquette (à la bonne) → annexe IV franc 2
frappe (voyou) → envelopper 6
fraternel, fratricide → frère 3, 5
fraude → flouer 2
frayeur → enfreindre I 6
fredonner → annexe II
freezer → bruine II
frêle → enfreindre I 5
freluquet → berlue 2
fréquenter → fréquent 2
fresque → frais, fraîche 2
fressure → frire 4
fretin → enfreindre I 2
friable → frayer II 1
friand → frire 3
fric, fricandeau, fricasser → frire 7, 6
fricatif → frayer II 3
fric-frac → annexe I
fricot → frire 6
friction → frayer II 2
frigide, frigorifier → froid 4, 5
frigivore → gueule IV 3
frileux → froid 3
frimaire → frimas
frimousse → frime
fringale → faim III
fringues → fringant
friper, friperie, fripier, fripon, fripouille → envelopper 4, 5, 7, 6
frise → annexe IV fraiser 3
frisquet → frais, fraîche 3
frisson → frayer I 2
friture → frire 2
fromage → forme I 1
froment → fruit II 1
frontière, frontispice, fronton → front 2, 9, 5
frotter → frayer I 3
froufrou ou **frou-frou** → annexe I
fructidor, fructifier, fructueux → fruit I 6, 5, 4
frugalité, frugivore → fruit III 1, 2
frusques, frusquin, fruste → froisser 3, 2
fuchsia → annexe III
fuel → feu 5
fuel-oil → huile 3
fugace, -fuge, fugue → fuir 6, 8, 4

fulgurant → 1. foudre I A 2
fulmi-, fulminer → 1. foudre I A 4, 3
fumer (engrais) → fiente 2
fumerolle, fumi-, fumigation, fumiste → fumer 3, 5, 4, 1
fumier → fiente 2
funambule → funiculaire 2 ; aller I B 3
funérailles, funeste → funèbre 2, 3
funiculaire et aller I B 3
fur → dehors II 1

furoncle → furet 5
furtif → furet 4
fusain → fuseau 3
fusée, fusi- → fuseau 2, 4
fusible → fondre II B 4
fusil → feu 4
fusionner → fondre III B 4
fustiger → fût 7
futaie, futaine → fût 2, 3
futile → fondre II A
futur → fus (je) I 2

G

gabardine → caban 2
gabare → escarbot 4
gabie, gabier, gabion → cage 3, 4
gadget → annexe III
gaga → annexe I
gailletin → annexe IV
gain → gagner
gala → galant 4
galact(o)- → lait III 2
galalithe → lait III 3 ; lith(o)- 2
galantine → gel I A 2
galaxie → lait III 1
gale → galle 2
galéjade → galant 5
galerie → annexe IV
galetas → annexe IV
galette → galet 2
galhauban → hauban
galibot → galant 7
galion → galère
gallican, gallicisme → annexe IV gailletin 2
gallinacé → gelinotte 2
gallo- → annexe IV gailletin 2
gallup → annexe III
galonner → galant 2
galopin → galoper
galuchat → annexe III
galvaniser → annexe III galvanisme
galvanisme → annexe III
galvauder → galant 6
gambade, gambe (viole de)**, gambette, gambiller** → jambe II 2, 4, 5, 1
-game, -gamie → gam- 2
gamma, gamme, gammée → abécé II 4
ganache → genou II A 1
gang → gangue 2
garage → serf IV 9

garantir → vrai II
garce → garçon 2
garde- → serf IV 2
gardénia → annexe III
garder, gardien → serf IV 1
gare !, gare → serf IV 9
garer → serf IV 9
gargariser, gargote → gargouille I 2
gargouillis, gargoulette → gargouille I 1
garnement, garni, garnir, garnison, garniture → serf IV 5
-garou → vertu II
garrot (des animaux) → jarret 2
gars → garçon 2
gas-oil → huile 3
gastéropode → pied III B 6
gastr(o)- → gastéro-
-gastre → gastr(o)-, gastéro- 2
gastronomie → nomade 7
gâter, gâterie, gâteux → vain I 5
gauche → gauchir 2
gaudir (se)**, gaudriole** → joie 3, 4
gaulois → annexe IV
gauss → annexe III
gave → joue 6
gaver → joue 4
gavotte → joue 5
gavroche → annexe III
gaz → chaos 2
gaze → annexe IV
gazéi-, gazo- → chaos 3
gazouiller → annexe II ; gargouille III
geai → annexe III
-gée → géométrie 7
géhenne → annexe IV ; gêne
gélatine, geler, gélif → gel I A 4, 1
gémeaux → jumeau 2
gémellaire → jumeau 3
géminer → jumeau 4

gémir → geindre 2
gémonies → geindre 3
-génaire → dix II 12
gendarme, gendre → gens I A 2, 3
gène, -gène, généalogie → gens III B 8, 9, 1
-gêne → gens I B 4
général, génération, généreux, générique → gens I C 3, 1, 4, 6
genèse → gens III B 7
genet (race de chevaux) → annexe IV
génétique → gens I B 7, 9
génie → gens I B 3
-génie → gens III B 9
-génique, -génisme → gens III B 9
génisse → jeune 4
génital → gens I D 3
géniteur, génitoire, géniture → gens I D 1, 2, 4
génitif → gens I D 5
genre → gens I A 12
gent, gente → gens I A 5
gentiane → annexe II
gentil (subst.) → gens I E
gentil, gentilhomme → gens I A 4
génuflexion → genou I 2
géo-, géode, géodésie, géographie → géométrie 3, 4, 5, 2
geôle → cage 2
géométrie → mesure 5
Georges, géorgique → géométrie 6
géranium → annexe II grue 2
gercer → échalas 2
gérer → geste II A 4
gerfaut → faucon 2
germain → gens I A 11
germer → gens I A 10
germinal, germination → gens I F
gérondif → geste II A 5
géronto- → géronte 2
-gésime → dix II 13
gésine, gésir → jeter II 4, 1
gestation → geste II B 7
gesticuler, gestion → geste II B 4, 5
gibecière, gibelotte → gibier 2, 3
giboyeux → gibier 4
gibus → annexe III
Gide → Gilles 1
gigantesque, gigantomachie → géant 2, 3
gigogne → cigogne 3
gigolo → gigot 7
gigoter, gigue → gigot 2, 1
gille → Gilles 1
gin → genièvre 2
gingival, gingivite → gencive 2

giorno (a) → dieu V B
gipsy → annexe IV copte 3
girandole, giration, giratoire → girolle 2, 3
girofle → cerfeuil I 2
gisant, gisement → jeter II 2, 3
gitan → annexe IV copte 2
gîte → jeter II 5
glabelle → glabre
glace → gel I B 1
gladiateur → glaive 2
glaire → clair I A 2)
glande → gland 2
glapir → annexe II glatir 2
glatir → annexe II
glaucome → glauque 2
glaviot, glaviotter → clef I C 2
glèbe → glu 4
glinglin (à la saint) → annexe I
-glisseur → glisser
globule → globe 3
gloria, gloriette → gloire 3, 2
-glosse, glosso-, glotte → glose 5, 4, 6
glouglou et glouglouter → annexe I
glousser → annexe II
glouton → gueule II 1
gluc(o)- → glycine 3
gluten → glu 3
glycér(o)- → glycine 4
glyc(o)- → glycine 2
glycosurie → urine 3
-glyphe, -glyptie → glypt(o)- 3, 2
gnaf → annexe III
gnangnan ou **gniangnian** → annexe I
gnognotte → seoir I C 4
gnôle → hièble 2
gnome, gnomique, gnomon → connaître II B 1, 3, 2
gnon → un I 4
gnose, gnostique → connaître II A 1
gobelet → gober 2
goberger (se) → gober 3
godasse → annexe III godillot
godelureau → tirelire 4
goder → godet
godillot → annexe III
godiveau → joie 5
godronner → godet
gogo → gober 1
gogo (à) → gogue
goguenard → gogue
goguette → gogue
goinfre → goujat 3
golfe → gouffre 2
goménol → annexe IV

gondolage, gondolant, gondole, gondoler (se) → écureuil 2
-gone → genou II B 3
gonfanon, gonfalon → fanon 3
gonfler → enfler I A 8
-gonie → gens III A 2
gonio- → genou II B 2
gono- → gens III A 1
gonorrhée → rhume 7
gonze, gonzesse → serf III 3
goret → annexe II groin III 1
gorge → gueule III A 1
gothique → annexe IV
goton → marguerite 2
gouache → eau 4
gouailler → joue 3
gouaillante, gouailer → joue 3
gouin, gouine → goujat 2
goujon → gouge
goulée, goulet, goulot → gueule I B 1, 3, 4
goupille → goupil 2
gourde → courge 2
gourdin → corde 6
gourer (se) → annexe II groin III 2
gourgandine → gandin 2
gourmander → gourmand 2
gourmé → gourmette 2
gousset → gousse 2
goy → goujat 4
goye → goujat 4
grâce → gré II 1
gracile → 1. grêle 3
grade, -grade → degré II A 1, 5
gradin → degré II 1
graduer → degré II A 4
graffiti → greffe I 5
graillon → grille 3
graillonner → gargouille IV
graineterie → grain I B 7
graisse → gras 4
grammaire → greffe I 3
gramme, -gramme, gramo- → greffe II B 1, 8, 7
grandiloquence → locution 8
grange → grain I A 3
granit → grain I A 4
granuler, granivore → grain I C 1, 2
-graphe, -graphie, -graphique, graphique, grapho- → greffe II A 7, 5, 6
grappin → grappe 2
gratifier → gré III 2
gratin → gratter 3
gratis, gratitude → gré III 5, 1
gratuit → gré III 4
gravats, gravelle → grève 3, 2

gravide → graver I B 4
gravier → grève 4
gravir → degré I 2
graviter, gravité → graver I B 3, 2
gravois → grève 3
-gravure → graver 2
grec → annexe IV grégeois 6
gréer, gréement → agrès
greffier → greffe I 2
grégaire → grège 5
grégeois → annexe IV
grègues → annexe IV grégeois 3
greluchon → 1. grêle 2
grenache → annexe IV
grenade, grenaille, grenat, grenetier, grenier, grenu → grain I B 2, 6, 3, 7, 4
grenouille → rainette 2
grenu → grain I B 5
grésiller, grésil → 2. grêle 2
grésiller (crépiter) → grille 4
grièche → annexe IV grégeois 2
grief, grièvement → grever I A 2, 3
griffonner → griffe 1
grignoter → grigner
grigou → annexe IV grégeois 4
gril → grille 1
grimaud, grimer (se) → grimace 2, 3
grimoire → greffe I 3
grimper → grippe 3
grincer → crisser 2
griotte → aigre I B 3
grison, grisette → gris
grisou → annexe IV grégeois 5
grive, griveler, grivèlerie → crible I B 2, 3
grivois → grever I A 4
grog → grain I A 2
grognard, grogner, grognon → annexe II groin I 2
groin → annexe II
grommeler → annexe II groin II 1
gronder, grondin → annexe II groin I 3, 4
groom → gourmet 2
grossier → gros 4
grotesque, grotte → encroûter 4, 3
groupe → croupe 4
grue → annexe II
grutier → annexe II grue 1
gruyère → annexe IV
gré → vais (je) 4
guenille → onde
guenon → guenille 3
guépard → chat II 2
guéridon → tirelire 12

GUÉRIR, GUÉRITE

guérir, guérite → serf IV 6, 7
guet-apens, guetter → veille II 1
gueuleton → gueule I A 4
gueux → cuire I A 10
-guidage → guider 2
guignol, guignon → guigner 3, 2
Guillaume → annexe III
guilledou → guilleret 2
guillemet → annexe III Guillaume 2
guilleret et annexe II
guillocher → goutte 3

guillotine → annexe III Guillaume 3
guinée → annexe IV
guinguette, guingois (de) → gigot 5, 4
gustatif → goût I 3
guttural → goître 2
gymno- → gymnase 2
-gyne → gynécée 3
gynéco- → gynécée 2
gypaète → oie III 1
-gyre, gyro- → girolle 5, 4

H

habile, habileté, habilité, habiliter → avoir II B 1, 2, 3
habiller → bille I 3
habit, habiter, habituer → avoir II A 1, 2, 4
hâbleur → fable I A 2
hachisch → assassin 2
hacienda → faire II 6
hagio- → hagiographie 2
haine → haïr 2
haleter → essieu I 4
halieutique, haliotide → sel II 1, 2
hall → halle 2
hallali → haro 3
halo- → sel II 3
haltère → saillir II
hamamélis → melon 4
han ! → ah ! 10
handball → 1. balle 4
hangar → hameau 2
hanter → hameau 3
haquenée → annexe IV
harangue → rang 2 ; héraut IV
harasser → haro 2
harceler → herse 2
hardes → fardeau 2
haridelle → haras 2
harmonica, harmonie, harmonieux, harmonium → art II 4
harnacher, harnais → héraut III 2, 1
Harpagon → serpe II 1
hart → haire 3
haruspice → dépit II B 2
hausser → haut
hautbois → bois 1
haut-parleur → bal I D 3
hayon → haie 2
hé ! → ah ! 7
hebdomadaire → sept II 1
héberger → héraut II 1

hécatombe → cent III
hédonisme → suave II
hégémonie → sagace II 2
hein ! → ah ! 12
hélas → las 2
héli- → voûte IV 2
hélianthe → soleil II 4 ; anth(o)- 2
héliaque → soleil II 2
hélice, hélicoïdal, hélicoptère → voûte IV 1, 2
hélio- → soleil II 7
héliothérapie → thérapeutique 2
héliotrope → soleil II 1 ; tordre III B 1
hélium → soleil II 6
hellénisme → annexe IV
hem ! → ah ! 11
hématite → anémie 4
hémat(o)- → anémie 3
hématoblaste → blasto-
héméralopie → œil III 5
hémér(o)- → éphémère 2
hémi- → ensemble III 4
hémiplégie → plaindre II 4
hémisphère → sphère 2
hémo- → anémie 2
hémoglobine → globe 4
hémolyse → paralysie
hémophilie → philtre
hémorragie → rhume ; cataracte 2
hémorroïde → rhume 2
hendéca- → dix III 3
hennin → hanneton 2
hennir → annexe II
hep ! → ah ! 13
hépatique → hépat(o)-
hepta- → sept II 2
héraldique → héraut I 3
herbi-, herboriste, herbacé → herbe 5, 3, 4

herbivore → gueule IV 3
herculéen → annexe III
hère → haire 2
hérédité, hérédo- → hoir 4, 5
hérisser → hérisson 2
hériter → hoir 2
hermaphrodite → annexe III
hermétique → annexe III
hermine → annexe IV
herminette → annexe IV hermine
héroïne → héros 2
hespérides → vêpres 3
hétairie → hétaïre 2
hétéroclite → enclin II C 1
hétérodoxe → docte III 4
hétérogène → gens III B 2
hétéronomie → nomade 9
heu ! → ah ! 8
heur → août I 2
heureux → août I 2
hexa- → six III
hiberner → hiver 2
hibiscus → guimauve 2
hibou → annexe II hurler 6
hic → ce I A 3
hidalgo → fils 4
hiémal → hiver 3
hiérarchie → archives II 3 ; hiér(o)- 1
hiératique → hiér(o)- 2
hiéroglyphe → hiér(o)- 3 ; glypt(o)- 3
hiérophante → fantôme II 4 ; hiér(o)- 4
hi ! han ! → annexe I
hippique, hippo- → équestre II 1, 4
hippodrome, hippocampe → équestre II 3
hippomobile → équestre II 4 ; mouvoir II B 3
hippopotame → équestre II 3 ; potamo- 2
hirondelle → aronde 2
hispan(o)- → annexe IV espagnolette 3
histoire → voir II 1
hochet → hocher
holà ! → ah ! 18
holo- → sou IV 4
holocauste → chômer III A 3
hombre → homme I 3
home → hameau 4
homéo- → ensemble III 5
homéopathie → pathétique 7
homicide, hominisation → homme II A 1
hommage → homme I 1

homo- → ensemble III 4
homogène → gens III B 2
homologuer → lire II C 10
homonyme → nom II B 4
homophonie → antienne 8
homuncule → homme II A 1
hongre → annexe IV
honnêteté, honnête → honneur I 3, 2
honoraire, honorer, honorable, honorifique → honneur II 4, 1, 2, 3
honte → honnir 2
hop ! → ah ! 14
hôpital → hôte 2
hoplite → panoplie 2
horaire → heure II 3
hordéine → orge 4
horion → oreille I 2
horloge → lire II C 1 ; heure II 1
horo-, horoscope → heure II 4, 2
horreur, horrible, horrifier, horripiler → ordure 2, 4
hors, horsain, hormis → dehors I 2, 3
hors-d'œuvre → œuvre I A 1
hortensia → annexe III ; cour I B 3
horticole → cour I B 2
hospice, hospitalité → hôte 6, 5
hôtel → hôte 2
hou ! → ah ! 15
houspiller → houx 3
houssaie → houx 1
houssine → houx 2
hoyau → houe
hue ! → ah ! 16
huer → annexe II hurler 2
huissier → huis I 1
huitante → dix I 2
hulotte, hululer ou ululer → annexe II hurler 5, 7
humain, humanisme, humanité → homme II A 2
humble → homme I 4
humecter → humeur 5
humide → humeur 4
humilier → homme II B 1
humoral, humour → humeur 3, 2
humus → homme II B 2
huppe, huppé → annexe II hurler 3
hurler → annexe II
hurluberlu → hure 4
huron → hure 3
hyacinthe → annexe III jacinthe 2
hydracide → aigre II 4
hydrargyre → argent II 3

hydrate, hydrater → onde II 5
hydraulique → onde II 4
hydravion → oie II 3
hydre, -hydre, -hydrie, hydrique, -hydrique, hydro- → onde II 2, 7, 5, 6
hydrocéphale → céphal- 4
hydrocution → suivre II C 2
hydrogène → gens III B 9
hydromel → miel II 2
hydrophile → philtre 3
hydrophobie → phobie 1
hydropique → onde II 1
hydropisie → onde II 1
hydrothérapie → thérapeutique 2
hydroxyde → paroxysme 6
hyène → souiller II 1
-hyl, -hyle → hylo- 2
hylozoïque → vivre II A 7
hyméno- → hymen 2
hypallage → autre II 5
hyper- → sous II 2

hyperbole → bal III C 7
hyperboréen → bourrasque 3
hypermétrope → œil III 5
hypertension → tenir II E 5
hypertrophie → atrophie 3
hypno- → sommeil III
hypo- → sous II 1
hypocauste → chômer III A 2
hypocoristique → korè 2
hypocrite → crible II 4
hypogastre- → gastro- 2
hypogée → géométrie 7
hypoglosse → glose 5
hypophyse → fus (je) II B 6
hypostase → ester IV 4 8
hypostyle → ester IV F 3
hypotension → tenir II E 5
hypoténuse → tenir III 7
hypothèque, hypothèse → faire IV B 4, 11
hystéro- → hystérique 2

I

-ia → -ie 2
-ial → -el 3
-ianisme, -ianité → 3. -ain 6
-iatrie, -iatrique → -iatre
-iau → -eau, -elle I 3
ibidem → y 8
-ic → -ique 2
-icaud → -aud 2
-ice → 2. -esse 3
-ice → -is, -isse 4
-iche, -ichon → -is, -isse 2, 3
ici → ce I A 3
-icide → ciseau II A 2
-icien, -icité → -ique 3, 4
icono- → icône 2
-icot → -icoter
-icule → -ule 3
-ide, -idés, idéo- → voir II 7, 4
idéal, -ide, idée → voir II 3, 6
idem, identifier, identique, identité → y 8, 9
idio-, idiome → idiot 4, 3
idiopathie → pathétique 7
idiosyncrasie → cratère 3
idolâtrer, idole → voir II 2
idylle → voir II 5
-ieau, -eau, -elle → -el 3
-iel, -iol → -el 3
-ien(n)e, -ienté → 3. -ain 2, 5
-igaud → -aud 2
ignare → connaître I C 1

igni- → igné 2
ignoble → connaître I D 3
ignominie → nom I B 3
ignorer → connaître I C 2
il- → non II 7
iliaque → jade 2
-ille → -eau, -elle I 4 et -ille
-iller → -ille 2
illico → lieu II 7
-illon → -ille 3
-illon → -eau, -elle II 4
illuminer → luire I B 5
illusion → éluder II 4
illustre, illustrer → luire I D 2, 1
im- → en II A
im- → non II 7
imaginer → image 2
imbattable → battre 1
imbécile → bâcler I B 1
imberbe → barbe II
imbiber → boire I B 3
imbroglio → brouet II 5
imbu → boire I A 6
-iment → 2. -ment 3
imiter → image 3
immaculé → maille 7
immanence → manoir II 4
immatriculé → mère I B 3
immédiat → mi III B 2
immémorial → mémoire I B 1
immense → mesure I B 1

immeuble → mouvoir I B 1
immigrer → muer I D 4
imminence → mener I B 2
immiscer (s') → mêler II 2
immobile, immobilier → mouvoir II B 1
immoler → moudre I B 2
immonde → émonder 3
immoral → mœurs 2
immortaliser → mourir I B 1
immuable → muer I A 2
immuniser, immunité, immunologie → muer I B 7
impact → paix VI 2
impair → pair I 1
imparité → pair II 6
impartialité → part I B 4
impartir → part I B 5
impasse → pas I 4
impassible → passion I 2
impatience → passion II 1
impatroniser (s') → père I B 5
impavide → peur 4
impayable → paix I 2
impeccable → péché 3
impédance, impedimenta → pied II 7
impénétrable → pénétrer 1
impénitent → repentir 2
impensable → pendre II D 1
impératrice, impérialisme, impérieux → part V 3, 2, 4
impéritie → péril I 5
imperméable → muer I C 3
impertinent → tenir I B 6
imperturbable → troubler 6
impétigo → 1. panne II B 5
impétrer → père I B 6
impétueux → 1. panne II B 5
impie → pitié 6
implacable → plaisir II 4
implanter (s') → plat II 2
impliquer → plier II C 6
implorer → pleurer 3
impondérable → pendre III 1
importer → port I D 12
importuner, importun → port I A 5
imposer → pondre III B 7
imposte → pondre II B 6
imposture → pondre III B 8
impôt → pondre I 5
impotence → pouvoir I C 3
imprécation → prier 4
imprégner → gens II C 3
impresario → prendre I E 3
imprescreptible → écrire II C 5
impression → empreindre II E 5

imprévisible → voir I E 9
imprimer → empreindre III 4
improbation → prouver I B 5
impromptu → rançon II E
impropriété → premier I E 2
improviser → voir I E 13
impudence → pudeur 3
impulsion → pousser I B 4
impunité → peine 4
imputer → conter II 5
in- → en II A
in- → non II 7
inadvertance → vers II 3
inanimé → âme I 3
inanité, inanition → âme I 7
inarticulé → art I B 3
inattendu, inattentif → tenir I B 4
inaudible → ouïr 4
inaugurer → août II A 2
incandescent → chandelle II 2
incantation → chanter III 3
incarcérer → charte II 2
incarnat → chair I A 4) 5
incarner → chair II A 2
incartable → quatre II 4
incendie → chandelle II 3
incessant → cesser 1
inceste → châtier 4
incident → choir III C 2
incinérer → cendre II 2
incipit → chasser III B 4
incise → ciseau II B 5
incision → ciseau II B 5
inciter → citer I 3
inclinaison, inclination, incliner → enclin I A 2
inclure → clef II D 1
incognito → connaître I A 7
incomber → couver II B
incombustible → brûler II 2
incommoder → muid II A 7
incompris → prendre I D 5
inconsidéré → désirer 5
incontestable, incontesté → témoin II 3
incontinent (adj.) → tenir II B 2
incontinent (adv.) → tenir II B 3
inconvenance → venir I A 4
inconvénient → venir I A 5
incriminer → crible I G 2
incruster → croûte 4
incubation, incube → couver II A 2, 3
inculper → coulpe 3
inculquer → chausser III 1
inculte → quenouille I D 2
incurable, incurie → cure I 5, 10

incursion → courir III A 3
incurver → courbe I 2
indéfectible → faire III C 6
indélébile → haut III E
indemne, indemniser → dam 5
indescriptible → écrire II C 3
index → dire II A
indice → dire II B 5
indifférence, indifférencié → offrir I B 1, 7
indigène → en II B
indigner → daigner II 2
indigo → annexe IV
indiquer → dire II C 2
indispensable → pendre II D 6
individu → deviser III 2
indivis → deviser II 2
indolent → douleur III 5
indolore → douleur III 7
indu → avoir I 4
indubitable → deux III A 5
induire → conduire I A 3
indult → indulgence
indûment → avoir I 4
induration, indurer → dur 4
industrie → détruire III B 1
inédit → donner II D 2
-inées → -in, -ine 5
ineffable → fable III E 4
inéluctable → lutter 2
inepte → couple II 3
-iner → -in, -ine 4
inertie → art I B 5
-inés → -in, -ine 5
inexorable → oraison 6
inexpugnable → poing III A 2
in extenso → tenir II E 3
inextinguible → éteindre 2
inextricable → tricher 3
infaillible → faillir I 6
infâme → fable III D 3
infant, infanterie → fable I C 2, 3
infanticide, infantile → fable III C 1, 2
infarctus → farcir 3
infatuer → fade 4
infection, infectum → faire III C 8, 9
inféoder → fief I 2
inférer → offrir I B 8
inférieur, infériorité, infernal → enfer 3, 2
infiltrer (s') → feutre 2
infime → enfer 4
infini → fin III 6
infirme, infirmer, infirmier → ferme II 3, 4
infixe → ficher II 2

inflammable → 1. foudre I B 6
inflation → enfler III A 1
infléchir → fléchir I 3
inflictif → affliger III 3
infliger → affliger II 2
influenza, influer → fleuve II B 6, 4
in-folio → feuille II 3
informer → forme II 7
infra(-) → enfer 5
infraction → enfreindre III B 5
infrangible → enfreindre III C
infrastructure → détruire III A 1
infus → fondre II B 3
-ing → -an 3
ingambe → jambe II 3
ingénieur, ingénieux, ingénu → gens I B 2, 1
ingérer → geste II A 2
ingrat → gré III 1
ingrédient → degré II B
inguinal → aine 2
ingurgiter → gueule III B
inhalation → exhaler 2
inhiber → avoir II C 2
inhumer → homme II B 3
inimitié → aimer II 4
iniquité → égal II B
initial, initiative, initier → irai (j') II E 1
injecter → jeter I B 6
injonction → joug II C 5
injurier → juger III 7
inné → gens II A 4
innerver → nerf I B 4
innocence → noyer I B 2
innocuité → noyer I B 4
innombrable → nombre I 2
innommable → nom I A 3
innover → 2. neuf I C 3
in-octavo → huit 4
inoculation → œil II 3
inodore → odeur I A
inonder → onde I 3
inopérant → œuvre II 1
inopiné → opinion 2
inouï → ouïr 1
inoxydable → paroxysme 6
in petto → pis I 3
in-quarto → quatre III 5
inquiet → coi 5
inquisition → quérir III 1
insanité → sain 4
insatiable → assez II 1
inscrire → écrire II A 2
insécable → scier II A 2
insecte → scier II C 5
insémination → semer 5

insensé → sentir II 6
insérer → désert 4 ; semer 8
insidieux → seoir II B 6
insigne, insignifiant → seing II B 9, 3
insinuer → sein 2
insipide → savoir II 4
insister → ester III B 6
insolation → soleil I B 3
insolite → insolent 2
insomnie → sommeil I B 3
insoumis → mettre I C 7
inspecter → dépit II C 4
inspirer → soupirer II 5
installer → étal 6
instance, instant → ester III A 14
instaurer → ester III F 1
instigation → étiquette III 1
instiller → distiller 2
instinct → étiquette III 4
instituer, institut, instituteur, institution → ester III C 4
instruction → détruire III A 4
instruire → détruire I 3
instrument → détruire III B 3
insubordination → ourdir II 1
insuffler → enfler III A 3
insulaire, insuline → île I 3, 4
insulter → saillir I D 1
insurger → roi III C 1
insurpassable → pas I 10
insurrection → roi III D 3
intact → atteindre II A 3
intaille → tailler 3
intangible → atteindre II B 1
intégral, intégration, intégrer, intégrisme, intégrité → atteindre II B 7, 8, 6
intellect → lire I D 4
intelligence → lire I C 2
intempérie → tremper 6
intenable → tenir I A 1
intendant → tenir II C
intense, intensifier → tenir II E 1
intenter, intention → tenir II D 13, 2
inter- → en II C 1
intercaler → clair I B 2
intercéder → casser II A 7
intercepter → chasser III C 7
intercesseur → céder II B 5
interdire → dire I A 2
intéresser → être II A
interférer → férir I B 14
interfolier → feuille II 3
intérieur, intérim, intérimaire → en II C 3, 2
interjection → jeter I B 7

interjeter → jeter I A 3
interlocuteur → locution 7
interloquer → locution 7
interlude → éluder I 4
intermède → mi II 3
intermédiaire → mi III B 9
interminable → tertre 5
intermittence → mettre II A 1
international → gens II D 3
interne → en II C 4
interpeller → pousser I C 5
interposer → pondre III B 11
interroger → corvée II 4
interrompre → rompre I 4
interruption → rompre II A 4
intersection → scier II C 2
interstice → ester III D 1
interurbain → urbain
intervenir → venir I A 7
intervention → venir I B 7
intervertir → vers II 8
interview → voir I B 5
intestat → témoin II 1
intestin → en II E 1
intime, intimer → en II E 2, 3
intimider → timide 1
intitulé, intituler → titre I 3
intolérable → oublie II A 1
intonation → tenir III 3
intouchable → taquet I C 1
intoxiquer → toxique 1
intra- → en II D 1
intrados → dos I 5
intraitable → traire I A 12
intransigeant → agir I B 2) 6
intraveineux → veine 1
intrépide → craindre III 2
intrigant, intriguer → tricher 2
intrinsèque → en II D 3
intro- → en II D 2
introduire → conduire I A 4
introït → irai (j') II E 10
introspection → dépit II C 5
introversion → vers I B 20
introverti → vers II 12
intuition → tuer 3
intumescence → tombe 5
invalide → valoir 8
invariable → vair 3
invasion → vais (je) 5
invective → voie II 2
invention → venir I B 9
inverse, inversion → vers I B 9
inverti, invertir → vers II 5
investigation → vestige 2
investir, investiture → vêtir 4
invétérer (s') → vieux I 3

invincible → vaincre 6
inviolable → violer 1
inviter → convier 3
invivable → vivre I 1
invocation, invoquer → voix I B 4
iodo- → iode
-iole → -ole 1
iono- → ion
iota, iotacisme → abécé II, 6
ir- → non II 7
irascible → ire
iridium, iridescent → iris
iriser → iris
irradier → rai 4
irrédentisme → rançon I 4
irrémédiable → muid II B 2
irrévérence → serf III 4
irrévocable → voix I B 5
irruption → rompre II A 5
-is → -ois 2 b) ; -é, -ée 5
-isan → -ois 3
-isant → -oyer 5
-isateur, -isation → -oyer 3

-ise → 2. -esse 2
-iser, -iseur → -oyer 2, 3
-isme → -oyer 4
isobare → grever II 4
isolé → île I 2
isomorphe → forme IV 4
-ison → -ir 4
isotope → topique 3
-iss → -ir 2
issue → irai (j') I 5
-iste → -oyer 4
italique → annexe IV
-ité → -té 3
item, itératif → y 6, 7
ithyphalle → phallus 2
itinéraire, itinérant → irai (j') II E 11
-ition → -ir 5
-itoire → -ir 6
itou → tout 2
-itude → -tume 2
-ivité → -if, -ive 2
ivraie, ivrogne → ivre 3, 2

J

ja → y 4
jabot → joue 6
jacasser → annexe III Jacques I B 2
jacinthe → annexe III
jacobin → annexe III Jacques II 2
jacquard, jacquerie, jaquemart → annexe III Jacques I A 4, 3, 2
Jacques → annexe III
jacquet → annexe III Jean 6
jacquot → annexe III Jacques I B 3
jactance → jeter I C 1
jacter → annexe III Jacques I B 1
jaculatoire → jeter I C 3
jadis → y 4
jais → annexe IV blue-jean
jalon → jaillir 2
jamais → mais I 1 ; y 4
jambon, jambage → jambe I 2
janvier → annexe III
japper → annexe II
jaquette → annexe III Jacques I A 1
jardin → cour II
jargon → gargouille II 1
jarnidieu → dieu I A 4
jaser → gargouille II 2
java → annexe IV
javel → annexe IV
javeler → javelle
javeline → javelot
Jean → annexe III

-jean (blue) → annexe IV blue-jean
jeannette, jeannot → annexe III Jean 3, 2
jéjunum → jeûner 5
jérémiade → annexe III
jerrican → annexe III
jersey → annexe IV
jésuite → annexe III Jésus 2
Jésus → annexe III
jeton → jeter I A 1
jeudi → dieu III 3
joaillier → jeu 4
jobard → annexe III
jockey → annexe III Jean 5
Joconde (la) → aider 5
jocrisse → joug III 2
joie → jouir 2
joindre → joug I B 1
joker → jeu 5
joncher, jonchet → jonc 1
jonction → joug II C 1
jongler → jeu 3
jonquille → jonc 2
joubarbe → barbe I 8 ; dieu III 4
jouer → jeu 1
joufflu → joue 1
joujou → annexe I
joule → annexe III
jour, journal, journalier, journée → dieu V A 1, 4, 2

jouter → joug I D 1
jouvence, jouvenceau → jeune 3, 2
jouxte → joug I E
jovial → dieu III 2
joyau → jeu 4
joyeux → jouir 2
jubé → jussion 2
jucher → joug III 1
judaïsme → annexe III juif 5
judas → annexe III
judicieux → juger II 4
juguler, jugulaire → joug II A 4, 5
juif → annexe III
juillet → annexe III Jules 2
juin → annexe III
juiverie → annexe III
Jules → annexe III
julienne → annexe III Jules 3
jument → joug I F

junior → jeune 6
junte → joug I C
Jupiter → dieu III 1 ; père I B 9
jurande, jurer → juger III 1, 8
juridiction → juger III 8 ; dire II D 14
jurisconsulte → conseil 3 ; juger III 8
jury → juger III 2
jusant → de 10
jusque, jusques → de 9 ; qui III 2 ; vers III 3
jusquiame → souiller II 2
justice, justifier, justaucorps → juger IV 2, 3, 4
juter → jus 2
juvénile → jeune 5
juxta- → joug II B
juxtaposer → pondre III B 19

K

kaiser, kaiserlick → annexe III César 3
kaléidoscope → calli- 3 ; voir II 6
kaolin → annexe IV
kaputt → capot 3
képi → chappe I 9
kératine, kérat(o)-, kératose → cor II C 2
kermesse → kyrielle 3 ; mettre I B 3
kérosène → cire 5
kérygme → caducée 2
kif-kif → annexe I

kinescope → citer II D 1
kinésithérapeute → citer II D 2 ; thérapeutique 2
kinesthésie → citer II D 2
kirsch → cerise II
klaxon → annexe III
kleptomane → clep- 2
kobold → gobelin 3
kohl, kohol → alcool 2
kyn- → chien II
kyrie → kyrielle 2
kyrie Eleison → aumône 2 ; kyrielle 2

L

la, là, là-bas → il II 1, 2
label → lambeau 3
labial → lèvre 4
labile → laps 5
laborieux → labeur 3
labourer → labeur 2
lacer → lacs 2
lacis → lacs 2
laconique → annexe IV
lacrima-christi → larme 3
lacrymal → larme 2
lacté → lait II 1
lacune → lac 3
ladre → annexe III
lady → lord 2
lago- → lâche II

lagon, lagune → lac 5, 4
laïc, laïque → 1. lai 2
laisse, laisser → lâche I B 2, 1
laitue → lait I 3
laïus → annexe III
laize → lé 2
lambin → lambeau 2
lambourde → bourdon 3
lamelli- → lame 4
laminer → lame 5
lampadaire, lampion → lampe 4, 3
lamper → laper 2
lance-, lancer → lance 3, 2
lancinant → lacérer 2
landau → annexe IV
landgrave → lande 3

lange → laine I 2
langoureux → lâche I C 2
languir → lâche I C 1
lanoline → laine I 3
lansquenet → lande 2
lanterne → lampe 2
lanterner → lampe 2
lanturlu → tirelire 5
lapalissade → annexe III
lapis-lazuli → azur 2 ; lapider 4
la plupart → part I A 1
lapsus → laps 2
larcin → larron 2
larghetto → large 3
largo, larguer → large 3, 2
larve → lare 2
laryngo- → larynx 2
laryngoscope → évêque II B 2
laryngotomie → temple II 8
lasser → las 3
lasso → lacs 3
latéral → lez 2
laticlave → clef I C 9 ; lé 7
latifundia → fonds VI 2 ; lé 7
latitude → lé 5
latomie → temple II 5
La Trappe → trappe 4
-lâtre, -lâtrer, latrie, -lâtrie, -lâtrique → larron 4, 3
latrines → laver I 7
lattis → latte
laudes → louer 3
lauré, lauréat → laurier 1, 2
lavabo → laver I 6
lavallière → annexe III
lavande, lavandière → laver I 5, 4
lavasse → laver I 1
lavatory → laver I 3
lavis → laver I 1
laxatif, laxatisme → lâche I D 2, 3
layon → 2. laie
lazaret → annexe IV
lazzi → agir I A 8
le → il II 1
lèche-, lécher → lécher I 3
leçon → lire I A 3
lecteur → lire I D 1
légal → loi II 3
légation → loi II 5
-lège, légende → lire I B 3, 1
légiférer → loi II 4 ; offrir I B 13
légion → lire I B 2
législation → loi II 4 ; oublie II B 9
légiste → loi II 2
légitimer → loi II 1
legs → lâche I B 2
léguer → loi II 9

leitmotiv → leader 2
lemme → syllabe 3
lendemain → matin II 1
lendit → dire I D 4
Léon, léonin → lion 4, 5
léopard → lion 3
lépido- → lèpre 2
léporide → lièvre 2
lequel → qui II C 1
les → il II 1
lesbienne → annexe IV
lèse-, léser → lésion 2
lésiner → alène 2
lessive → délayer I 2
leste → lest 2
Lesueur (patronyme) → coudre 5
léthifère → létal 2
leuco- → luire III
leucocyte → couenne 2
leucorrhée → rhume 7
leur → il I 1
levant, lever, levier, levure, levain → léger II 1, 2
lévitation → léger II 10
lévite → annexe III
levraut → lièvre 1
levrette, lévrier → lièvre 1
lexème, lexique, lexie → lire II A 3
lézarde → lézard 2
liaison → lier I 1
liane → lier I 2
liard → annexe III
liasse → lier I 1
libeller → 2. livre 4
libellule → 1. livre I 6
liber → 2. livre 5
libéral, libérer, liberté, libertin → livrer 4, 6, 3, 7
libidineux, libido → quolibet 2
librairie → 2. livre 3
libration → 1. livre I 5
libre → livrer 5
libre-échange → changer I 2
libre-penseur → pendre II D 1
librettiste, libretto → 2. livre 2
libris (ex-) → 2. livre 6
lice (barrière) → liste 2
lice (chienne) → loup III 1
licence → loisir 2
lichen → lécher II 2
licher → lécher I 1
licitation, licite → loisir 4, 3
licol → lier I 1
licorne → cor I A 10
licou → lier I 1
licteur → lier II 2
lied, lieder → louer 5

liège → léger I 4
lierre → prendre IV
lieutenant → lieu I 2
ligament, ligature → lier II 3
ligne, lignage → lin II A 1, 2
ligneul → lin I 4
ligni-, lignine, lignite → ligneux 2, 1
ligoter → lier I 8
ligue → lier I 7
lilial → lis 3
lilliputien → annexe IV
limbe → limbes 2
limier → lier I 2
liminaire, limiter → linteau 3, 4
limitrophe → atrophie 3 ; linteau 4
limoger → annexe IV limousine 2
limonade → 3. limon 1
limousine → annexe IV
linceul → lin I 2
linéamant, linéaire → lin II B 3, 1
linge → lin I 3
lingot → langue 5
lingual, linguiste → langue 4
linoléum → lin I 6 ; huile 7
linotte, linon → lin I 1
linotype → lin II A 4 ; percer II 4
lippe → lèvre 2
liquéfier → délayer II A 3
liqueur → délayer II A 2
liquide (adj.) → délayer II A 1
liquide (subst.), **liquider** → délayer III
lire (monnaie) → 1. livre I 3
liséré → lice 3
liseron → lis 2
lisière → lice 3
lisser → délayer I 3
-lite ou **-lithe** → lith(o)- 2
liteau → liste 3
litharge → argent I 2
litre → 1. livre II
littéral → lettre II 1
living-room → rustre II 2
livrée → livrer 1
lobby → loge 4
local, localité → 1. lieu I 3
location → 1. lieu II 2
loco- → 1. lieu II 6
locomotion, locomotive → mouvoir II A 2, 10
locuste → langouste 2
locuteur → locution 1
lods → louer 2
logarithme → art II 3
loggia → loge 3
-logie, -logique, logique, -logisme, logo-, -logue → lire II C 20, 15, 19

logistique → lire II C 16
logomachie → -machie
logorrhée → rhume 7
loin → long II 1
loisible → loisir 1
lolo → annexe I
lombaire, lombes → longe 3
-lon → 2. -on 3
longanimité → âme I 5 ; long I 12
long-courrier → courir II 1
longe → long I 2
longer, longeron → long I 6, 3
longévité → âge 3 ; long I 12
longi-, longitude → long I 11, 8
longtemps → temps I 1
longue-vue → voir I B 1
lopin → loupe 2
loquace → locution 10
lorette → annexe IV
loriot → or I 3
lors, lorsque → heure I 3
loterie → lot 2
loto → lot 3
louer → lieu I 3
louf, loufoque → enfler B 2
loulou → annexe I
louper, loupiot → loup I 6, 5
loustic → lascif 2
louvoyer → lof
Louvre → loup I 3
loyauté → loi I 2
loyer → lieu I 4
lubie → quolibet 4
lubrifier → lubrique 2
lucide → luire I A 4
Lucie → luire I A 6
Lucifer → offrir I B 16 ; luire I A 6
lucre → lucratif
ludion, ludique → éluder I 2, 3
lueur → luire I A 2
lui → il I 1
lumbago → longe 4
lumière, luminaire, lumineux, lumignon → luire I B 2, 6, 7, 3
lunch → longe 2
lundi → luire I C 3 ; dieu IV A 1
lune, lunette, lunule → luire I C 1, 2, 7
lupanar → loup I 8
lupin → loup I 7
lupuline, lupus → loup I 9, 10
lurette → heure I 2
luron → tirelire 3
lustre (cinq ans) → lustral 2
lustre (éclat) → luire I D 3
lustrer → luire I D 3
lutin → annexe III

lutrin → lire I A 4
luxation, luxe, luxer, luxure, luxuriant → dissoudre I E 1, 3, 4, 2
luzerne → luire I A 3
lycanthropie → anthrop(o)- 2

lyc(o)- → loup III 2
lycée → annexe IV ; loup III 3
lyncher → annexe III
lynx → once 2
-lyse → dissoudre II 6

M

ma → moi 3
macabre → annexe III
macadam → annexe III
macaronée, macaroni → macaron 2, 3
macchabée → annexe III macabre 2
macédoine → annexe IV
macérer → maçon III
mâchefer → mâchure 2
machiavélique → annexe III
mâchicoulis → mâchure 3
machin → machine 2
machurer → masque 5
macro- → maigre 3
maculer → maille 7
madame → dame I 1
mademoiselle → dame I 5
madone → dame IV 5
madras → annexe IV
madrépore → mère I A 10 ; port II 1
madrier → mère I C 2
madrigal → mère I B 4
maestria, maestro → mais I 6
maffle, mafflu → moufle 3
magazine → magasin 2
magistère, magistrat → mais II A 7, 8
magma → maçon II 4
magnanarelle, magnanerie → mignon V
magnanime → âme I 5 ; mais II A 4
magnat → mais II A 5
magnésie → annexe IV
magnésium, magnétique, -magnétique, magnéto- → annexe IV magnésie 5, 3, 4
magnétophone → antienne 7 ; annexe IV magnésie 4
magnificat, magnifier → mais II A 3, 2
magnolia → annexe III
magnum → mais II A 6
magot (singe) → annexe III
maharajah → roi II 7
mai → mais I 3

maie → maçon II 3
maïeutique → maman 5
maille (demi-denier) → mi I 9
maillechort → annexe III
maillet → mail 1
mailloche → mail 1
maillon, maillot → maille 2
maillotin → mail 1
main-morte → mourir I A 2
maintenant → tenir I A 12 ; main 1
maintenir → main 1 ; tenir I A 12
maintien → tenir I A 12
maire → mais I 2
maison → manoir I 2
maître → mais I 4
majesté → mais II B 1
majeur → mais II 2
majolique → annexe IV
major, majorat, majorer, majorette, majorité, majodorme, majuscule → mais II B 3, 4, 2, 5, 6
mal- → mal 8
malabar → annexe IV
-malacie, malaco- → mou II 3, 2
malade → mal 2
maladresse → roi I B 5
malaise → jeter III 1
malandrin → mal 5
malard → mâle 1
malaria → air 2
malavisé → voir I E 3
malaxer → mou II 1
malchance → choir I 2
maldonne → donner I A 1
malé- → mal 9
malédiction → dire II D 10
maléfice → faire III F 3
male-mort → mourir I A 3
malencontreux → contre 4
malentendu → tenir I B 5
malfaçon → faire I C 1
malfaiteur → faire I A 5
malgré → gré I 2
malhabile → avoir II B 1
malheur → août I 2
malice, malin → mal 3, 4
malique → melon 5

malléable, malléole → mail 5, 6
malmener → mener I A 3
malnutrition → nourrir 8
malotru → étoile I 2
malsain → sain 1
malsonnant → sonner 1
malt → mou III
malthusien → annexe III
maltôte → oublie I 2
maltraiter → traire I A 11
malvacée → mauve 2
malveillant → vouloir 3
malversation → vers I B 18
malvoisie → annexe IV
maman et annexe I
mamelle → maman 2
mamelon → maman 2
mamie → aimer I 6
mamillaire → maman 3
mammifère → offrir I B 16
mamour → aimer I 3
mam'zelle → dame I 5
man → -mand 3
manade → main 3
manager → main 7
manant → manoir I 1
mancenille → annexe III
manche, manchot → main 9, 12
mancipation → main 17
mandarine → mandarin 2
mandat, mander → main 22, 21
mandibule → manger 3
mandoline → mandore 2
mandorle → amande 2
manducation → manger 2
-mane → 1. -ment II C 4
manécanterie → matin II 2 ; chanter III 4
manège → main 6
mânes → matin II 3
manette → main 2
manganèse → annexe IV magnésie 2
manichéen → annexe III
manie → 1. -ment II C 1
-manie → 1. -ment II C 2
manier, manière → main 4, 11
manigancer → main 5
manille → mal 6
manipuler → main 20
manivelle → main 14
mannequin → -mand 2
manœuvrer, manouvrier → main 10 ; œuvre I A 2
manquer → main 13
mansarde → annexe III
manse, mansion → manoir II 2, 1

mansuétude → main 15 ; soi I C 4
mante (religieuse) → -mancie 2
mante, mantille → manteau 4, 3
manuel → main 16
manufacture → main 18 ; faire III A 8
manumission → mettre II B 12 ; main 18
manuscrit → écrire II B 2 ; main 18
manutention → main 18 ; tenir II D 8
manzanilla → annexe III mancenille 2
maous → annexe III
mappemonde → nappe 2
maquereau (poisson) → mâchure 4
maquette → maille 6
maquignon → maquereau 2
maquiller → masque 7
maquis → maille 5
maraîcher, marais → mer II 1
marant → mer I 6
marasquin → amer 3
marâtre → mère I A 4
maraud → annexe II
marauder → annexe II maraud 1
maravédis → marabout 2
marc → marcher I A 3, 4
marcassin → marcher I C 3
marchand → marché I 2
marche → marcher I B 1
mardi → annexe III mars 2 ; dieu IV A 2
mare, marécage → mer II 3, 2
maréchal-ferrant → fer 2
maréchaussée → maréchal 1
marée → mer I 3
maré(o)-, marer (se) ou **se marrer, mareyeur** → mer I 3, 6
margarine → marguerite 3
marge, margelle, marginal → marcher II 2, 1, 3
Margot, margotin → marguerite 2
margoulette, margoulin → gueule I B 6, 7
margrave → marcher I B 3
marguillier → mère I B 1
mariage, marital, marier → mari 3, 2
marial → annexe III Marie 5
Marie → annexe III
mariée → mari 3
marin, marine, mariner → mer I 2, 4
mariole ou **mariolle** → annexe III Marie 4
marionnette → annexe III Marie 2

mariste → annexe III Marie 5
maritime → mer I 4
maritorne → annexe III
marivaudage → annexe III
marlou → annexe II maraud 2 ; merle 5
marmaille → annexe II maraud 7
marmelade → melon 3
marmite, marmiton → annexe II maraud 4
marmonner → annexe II maraud 9
marmoréen → marbre 2
marmot, marmotte, marmotter → annexe II maraud 7, 6, 8
marmouset → annexe II maraud 5
maronner → annexe II maraud 10
maroquin, maroquinier → annexe IV
marotte → annexe III Marie 3
maroufle, maroufler → annexe II maraud 3
marquer, marqueter → marcher I C 1, 2
marquis → marcher I B 2
marraine → mère I A 3
marron (subst. et adj. de couleur) → marelle 2
mars (mois) → annexe III
Mars (planète) → annexe III mars 3
marsault → mâle 2 ; saule II 2
marsouin → mer II 4 ; souiller III
marteau → mail 3
martial → annexe III mars 4
Martin → annexe II
martinet → annexe III Martin 2
martingale → annexe IV
martin-pêcheur → annexe III Martin 3
martyrologe → lire II C 2
marxisme → annexe III
mas → manoir I 6
mascarade, mascaret, mascaron → masque 2, 6, 3
mascotte → masque 4
masculin → mâle 3
masochisme → annexe III
massacrer → masse 3
masse → maçon II 1
masser (entasser) → maçon II 2
massicot → annexe III
massue, massier → masse 2, 1
mastiquer → mâcher 2
mastite → mast(o)- 2
mastodonte → mast(o)- 3 ; dent II 2
mastoïde → mast(o)- 1
mastroquet → mais I 8
masure → manoir I 5

matador → 1. mat 2
matamore → 1. mat 2 ; annexe IV maure 5
matelote → matelot
mater → 2. mat
matériau, matériaux, matériel → mère I C 5, 4
maternel, maternité → mère I A 6
matière → mère I C 3
mâtin → main 15 ; soi I C 3
mâtiner → soi I C 3
matité → 1. mat 1
matriarcal → mère I A 9
matrice → mère I B 2
matricide → mère I A 8
matricule → mère I B 3
matrimonial → mère II A 7
matrone → mère I A 5
maturation → matin III 2
matutinal → matin I 2
mau- → mal 7
maudire → dire I A 3
mauduit → docte I
maugréer → gré I 2
maure → annexe IV
mausolée → annexe III
maussade → savoir I 5
mauvais → fable I B 1
mauviette, mauvis → mouette 2
maximum → mais I A 10
mayonnaise → annexe IV
mazette → mésange 2
me → moi 1
me- → muer II
méandre → annexe IV
méat → muer I C 4
mec → maquereau 3
mécanique, mécano- → machine 5, 8
mécène → annexe III
méchant → choir I 3
mèche (être de) → mi II 7
mèche → moisir I 4
mécompte → conter I 4
mécontenter → tenir I A 9
mécréant → croire I B 2
médaille → mi II 1
médecin → muid II B 3
médian, médiane → mi III B 4
médianoche → mi II 4
médiante → mi III B 5
médiateur, médiatrice → mi III B 1
médicament, médico- → muid II B 4
médiéval, médiéviste → mi III B 10
médiocre → mi III B 3
médire → dire I A 1

méditer → muid II B 1
Méditerranée → mi III B 6
médium, médius → mi III B 7, 8
médullaire → moelle 2
méduse, méduser → muid III 2, 1
méfait → faire I A 4
méfier → foi I C 5
még(a)-, méga-, mégalo- → main III 1, 2
mégalithe → lith(o)- 2
mégalomanie → 1. -ment II C 3
mégalosaure → saurien 2
mégarde → serf IV 4
mégathérium → fier II 2
mégère → annexe III
mégis, mégisserie → muid I 7
méhari → annexe IV
mélancolie → Mélanie 2 ; colère 3
Mélanésie → Mélanie 3 ; île II
mélange → mêler I 3
mélan(o)- → Mélanie 5
mélasse → miel I 2
méli-mélo → mêler I 1
mélinite → melon 6
mélisse → miel II 1
melli- → miel I 3
mélodie → ode 7 ; mélo- 1
mélodrame, mélomane → mélo- 3, 4
mélopée → mélo- 2
membrure, membrane → membre 1, 2
même → y 5
mémé → mère I A 1 ; annexe I mémère
mémento → 1. -ment I A 7
mémère → annexe I ; mère I A 1
mémorable, mémorandum, mémorial, mémoriser → mémoire I B 4, 1, 5
menace → ment I A 5
ménade → 1. -ment II C 2
ménage, ménagement, ménager, ménagère, ménagerie → manoir I 3, 4
menchevik → bolchevik
meneau → mi I 8
mendigot → mendier I 2
ménestrel, ménétrier → moins I 8
ménisque, -méno- → mois II 2, 4
ménopause → mois II 4 ; poser 4
ménorrhagie, ménostase → mois II 4 ; cataracte 2
menotte → main 2
mensonge → 1. -ment I B
mensuel → mois I 4
menstruel, menstrues → mois I 2
mensuration → mesure I B 4
mental, mentalité → 1. -ment I A 5
menthol → menthe
mentionner → 1. -ment I A 3
mentir → 1. -ment I A 2
menton → mener III
mentor → annexe III
menu, menuet → moins I 4
menuiserie → moins I 5
méplat → I A 2
méprendre (se) → prendre I A 5
méprise → prendre I D 4
mépriser → prix 3
mercanti, mercantile → marché II 8
mercenaire → marché II 6
mercerisé → annexe III
merci, mercier → marché II 1, 2
mercredi → marché II 3 ; dieu IV A 2
Mercure → annexe III ; marché II 4
-mère → mérite II
méridien → mi III A ; dieu IV B 2
méridienne → dieu IV B 3
méridional → mi III A ; dieu IV B 4
mérinos → annexe IV
merise → amer 2
merlan → merle 2
merlin → mail 4
merlu, merluche → merle 3, 4
merrain → mère I C 1
merveille → mirer 5
mes → moi 3
mésallier → lier I 4
mésentente → tenir I B 5
mésentère → en III A 2
mesnil → manoir I A
méso- → mi IV 1
mésocarpe → carpe
mess, message, messe → mettre I B 2, 4, 3
messeoir → seoir I A 1
messidor → moisson 2 ; donner III 5
messire → sire 1
métabolisme → bal III C 8
métacarpe → carpe 2
métairie → mi I 5
métaldéhyde → alcool 3
métallo-, métallurgie → métal 4, 3
métamorphose, métamorphisme → forme IV, 1, 2
métaphore → offrir II C 1
métaphysique → fus (je) II B 2
métastase → ester IV A 9
métatarse → tarse
métayer → mi I 5
méteil → mêler I 5

métempsycose → psychologie 2
météoro- → météore 2
métèque → ville II 5
méthode → exode 3
méthyle → méthane
méthylène → hylo- 2
métier → moins I 7
métis → mêler I 4
métonymie → nom II B 5
métope → œil III 6
mètre, -mètre, -métrie, -métrique → mesure II 1 A
métrite, métro- → mère II 2, 3
métro- → mesure II 4
métronome → nomade 9
métropole → mère II 1 ; police 3
métrorragie → cataracte 2
métrotomie → temple II 8
mets → mettre I B 1
meuble, meubler → mouvoir I B 1, 3
meugler → annexe II mugir 2
meuh-meuh → annexe I
meule, meulière, meunier → moudre I A 4, 6
meutre, meurtrir → mourir II
meute → mouvoir I B 4
mezzanine, mezza voce, mezzo, mezzo-soprano → mi II 6, 5
miaou → annexe II miauler
miasme → amiante 2
miauler → annexe II
mica → mie 5
miché → annexe III Michel 2
Michel → annexe II
Micheline → annexe III Michel 3
mic-mac → annexe I
micro → micro- 4
microbe → micro- 2 ; vivre II B 4
microbus → -bus
microfilm → film
micron → micro- 3
microphone → antienne 7
microphotographie → phosphore 7
microscope → évêque II B 2
microsillon → sillon 1
midi → mi I 2 ; dieu IV A 1
midinette → jeûner 4
mien, mienne, miens → moi 2
miette → mie 2
mieux → meilleur 2
mignardise → mignon I 2
mignoter (se) → mignon I 2
migraine → cor II B 1
migration → muer I B 2
mijaurée → magot 2
mijoter → magot 3

milady → lord 3
mildiou → miel III
milieu → lieu I 1
militaire, militer → milice 3, 2
mille-pertuis → percer I A 2
millénaire, millésime → mille I 2, 3
millet → mil
milli-, milliaire → mille I 4, 2
milliard → mille II 2
millibar → grever II 4
millième, millier → mille I 1
million → mille II 1
milord → lord 3
mimétisme → mime 4
mimi → mignon III 1
mimique → mime 1
mimosa → mime 2
minable → 1. mine 3
minauder → 2. mine
mince → moins I 6
mine (mesure), minot, minoterie → ensemble III 1, 2
minerai → 1. mine 1
minéral, minéralogie → 1. mine 4
minet, minette → mignon III 1, 2
mineur (adj.) → moins I 3
mini- → moins I 12
miniature → minium 2
minima (a), minime, minimum → moins I 10, 6
ministre → moins II 1
minois → 2. mine
minon → mignon III 1
minorité → moins II 7
Minotaure → taureau 5
minou → mignon III 1
minuit → nuit I 1
minus habens, minuscule, minutage, minute, minuterie, minutie, minutier → moins II 11, 8, 4, 5, 9
miocène → -cène
mioche → mie 6
miracle → mirer 6
mirador, mirage → mirer 4, 1
mire, mirette → mirer 1
mirliflore → fleur II 4
mirliton → tirelire 13
mirobolant → mirabelle 2
miroir, miroiter, miroton → mirer 2, 3
misaine → mi II 2
misanthropie → anthrop(o)- 2
miscellanée, miscible → mêler II 3
mise, miser → mettre I C 1
miserere, miséricorde → misère 5, 3
misogyne → gynécée 3

miss → mais I 7
missel, missile, mission, missionnaire, missive → mettre II B 16, 6, 5, 15
mistenflûte, mistoufle → mignon IV 1, 2, 3
mistigri → annexe II groin III 2 ; mignon IV 2
mistral → mais I 5
mitaine → mignon II 1
mitan → mi I 2
miteux → mite 3
mithridatiser → annexe III
mitonner → mie 3
mitoyen → mi I 6
mitraille, mitraillette, mitrailleuse → mite 2
mitral → mitre
mitron → mitre
mixer → mêler I 6
mixte → mêler II 1
mnémo-, Mnémosyne → 1. -ment II A 4, 3
mnémotechnie → technique 3
mobile, -mobile, mobilier, mobiliser → mouvoir II B 2, 3, 4
modalité, mode → muid II A 9
modèle, modeler, modéliste → muid I 6
moderato, modérer, moderne → muid II A 3, 5
modestie → muid II A 4
modicité, modifier → muid II A 10, 2
modillon → moellon 2
modiste → muid II A 9
module, moduler → muid II A 12, 11
modus vivendi → muid II A 13
mofette → moufle 5
mohair → moire 2
moindre → moins I 2
moineau → moine 2
Moïse → annexe III
moite → moisir I 3
moitié → mi I 4
moka → annexe IV
molaire (dent) → moudre I B 4
môle → démolir 4
molécule → démolir 3
moleskine → mulot 2
molester → démolir 2
moleter, molette → moudre I B 3
mollasse, mollesse, mollet, molletière, molleton, mollir → mou I A 3, 1, 2, 5
mollusque → mou I B 2

moloch → annexe III
molosse → annexe IV
môme → mômerie 2
moment, momentané → mouvoir II D
mon → moi 3
monacal, monachisme → moine 6
monade → -ade 2 ; moine 7
monadisme → moine 7
monarchie, monarque → archives II 3, 2
monastère → moine 5
monceau → mener II 4
monde, monder → émonder 4, 2
moniale → moine 4 ; saint II E
monisme → moine 8
moniteur → 1. -ment I D 7
monnaie, monétaire, monétiser → 1. -ment I D 9, 10
mono- → moine 9
monochrome → chrome I 4
monocle → œil II 1
monoculaire → œil II 2
monogame → gam- 2
monologuer → lire II C 4
monôme → nomade 3
monophasé → fantôme II 8
monosyllabe → syllabe 1
monothéisme → enthousiasme 4
monotone → tenir III 5
monovalent → valoir 9
monsieur → sire 2
monstre → 1. -ment I D 5
mont, montagne, monter → mener II 1, 3, 5
montgolfière → annexe III
monticule → mener II 12
Montmartre → martyr 1
montre, montrer → 1. -ment I D 1
monture → mener II 6
monument → 1. -ment I D 8
moraille → morgue 7
moraine → morgue 8
moral, morale, moralité → mœurs 2, 3
moratoire, moratorium → demeurer 2
morceau, morceler → mordre 3
mordication, mordicus → mordre 7
mordiller → mordre 1
mordoré → or I 2
moreau, morelle → annexe IV maure 2
morfil → fil I 5
morfondre (se) → fondre I 4 ; morgue 3
moribond → mourir I B 4

moricaud → annexe IV maure 3
morigéner → mœurs 6
morille → annexe IV maure 4
morion → morgue 5
mormon → annexe III
morne (adj.) → mémoire II
morne (subst.) → morgue 6
mornifle → morgue 2
morosité → mœurs 7
-morphe → forme IV 4
morphine → annexe III
-morphisme, morph(o)- → forme IV 4, 3
mors → mordre 2
morse → annexe III
morse (code) → annexe III
morsure → mordre 4
mort, mort- → mourir I A 2
mortadelle → myrte 3
mortalité → mourir I B 1
mortel → mourir I B 1
mortifère → mourir I B 5
mortifier → mourir I B 2
mortuaire → mourir I B 3
morue → mer III 1
morveux → gourme 2
mosaïque (beaux-arts) → musique 4
mosaïque (relig.) → annexe III Moïse 2
mot, motet → muet 4
motard → mouvoir II B 8
moteur, -moteur → mouvoir II A 5
motif, motilité → mouvoir II A 9, 11
motion, -motion → mouvoir II A 2
motivation → mouvoir II A 9
moto-, moto, -motoriste → mouvoir II A 7, 8, 3
motrice, motricité → mouvoir II A 6
motus → muet 5
mouchard → mouche 4
moucher → moisir I 2
moucheron, moucheter → mouche 2, 3
mouchoir → moisir I 2
moufette → moufle 5
mouflet → moufle 7
mouiller → mou I A 6
moule → musaraigne I 2
mouler → muid I 5
moulin, moulinet, moulinette → moudre I A 5
moult → meilleur 3
moulure → muid I 5
mourre → morgue 4
mousquet, mousquetaire, mousqueton → mouche 5

mousse → motte 2, 3
mousseline → annexe IV
moustique → mouche 6
moutard → motte 4
moutarde → moût 2
moutier → moine 3
moutonner, moutonnier → mouton
mouture → moudre I A 1
mouvance, mouvement → mouvoir I A 1
moyen, moyennant → mi I 7
moyeu → muid I 2
mozarabe → annexe IV arabique
mucilage → moisir II 1
mucosité, mucus → moisir II 2, 3
Muette (topon.) → mouvoir I B 4
mufle, muflée, muflier → moufle 2
mugir → annexe II
mulâtre → mule 3
mule (pantoufle) → mulet 3
mulet (bête de somme) → mule 2
muleta → mule 4
muletier → mule 2
multi- → meilleur 7
multiple → plier II A ; meilleur 6
multiplication, multiplicité → plier II C 1
multiplier → plier I A 3
multitude → meilleur 5
municipal → muer I B 10 ; chasser III B 5
municipe → chasser III B 5 ; muer I B 10
munificence → muer I B 9
munir, munition → mur II
muqueuse → moisir II 2
mûr (adj.) → matin III 1
muraille → mur I 1
muriate, muriatique → saumure 2
mûrier → mûre
musagète → sagace II 3 ; musique 2
musaraigne et araignée I 3
musarder → museau 4
musc, muscade, muscadet, muscadin, muscat → mouche 5, 2, 3, 4
muscidés → mouche 7
muscle → musaraigne I 3
muse → musique 2
musée → musique 3
museler, muselière → museau 1
muséo- → musique 3
muser- → museau 3
musette → museau 5
muséum → musique 3
musif ou **mussif** → musique 5
mutation, muter → muer I A 3
mutiner (se) → mouvoir C

mutisme, mutité → muet 3
mutualité, mutuel, mutuelle → muer I A 8
mutule → moellon 3
-mycète, -mycose → mycé-, myco- 2
-myélite → myél(o)- 2
mygale → musaraigne II 2
my(o)- → musaraigne II 3
myopie → œil III 5
myosotis → oreille II 2 ; musaraigne II 1

myria- → myriade 2
myriapode → pied III B 6
myrmidon → annexe IV
myrtacées → myrte 1
myrtille → myrte 2
mystagogue, mysticité, mystifier, mystique → mystère 3, 2, 4
mythologie, mythomane → mythe 1
mythomanie → 1. -ment II C 3
myx(o)- → moisir II 4

N

nabot → nain 2
nacelle → nef I A 2
nageoire, nager → nef I A 4
naguère → guère
naïf → gens II A 5
naître, naissain → gens II A 1, 2
nanan → annexe I
nanti → plain I B 5
napalm → annexe I
naphtaline, naphtol → naphte
Naples → police 6
napperon → nappe 1
narcisse → annexe III
narco-, narcose → narcotique 3, 2
narguer → nez 3
narine → nez 2
narquois → arc 7
narrer → connaître I C 4
nasal, nasarde, naseau, nasiller → nez 5, 7, 6
natalité → gens II B 5
nation, nativité → gens II B 3, 4
nature → gens II B 1
naufrage → nef I B 3 ; enfreindre III A 3
naumachie → nef II B 3 ; -machie
nausée → nef II B 2
-naute, -nauticien, nautique, -nautique, -nautisme → nef II B 4, 1
nautonier → nef II A 2
naval → nef I B 2
-naval → nef II B 4
navarin → annexe IV
navette (fourrage) → navet
navette (techn.) → nef I A 1
navigation → nef I B 1
navire → nef I A 3
nazi → gens II B 3
ne → non I 2
né → gens II A 3
néanmoins → gens I A 9
néant → gens I A 9 ; non I 7
nécessaire et non II 8

nec plus ultra → non II 6
nécro-, nécromancie, nécrophage, nécrophore, nécropole → noyer II 4, 1, 3
nécrologie → lire II C 2
nécropsie → moyen II 4 ; œil III 4
nécrose → noyer II 2
-nef → nef II B 4
néfaste → non II 9 ; 1. foire III 5
négatif, négation → non II 1
négligence, négliger → lire I C 5 ; non II 10
négoce, négociation → oiseux 3 ; non II 11
nègre → noir 5
nenni → il I 2 ; non I 2
néo-, néon → 2. neuf II 2, 1
néolithique → lith(o)- 2
néophyte → fus (je) II A 4
néoplasme → emplâtre 10
néphrite, néphr(o)-, néphrose → néphrétique 1, 2
népotisme → neveu 3
nerveux, nervure → nerf I B 1, 3
nettoyer → net 2
neural → nerf II B 1
neurasthénie → asthénie 2 ; nerf II B 2
neur(o)-, neurone → nerf II B 2, 1
neutraliser → qui III 5
neutre, neutron → non II 4 ; qui III 5
neuvaine → neuf 1
ne varietur → vair 3
névé → neiger 2
névralgie → -algie 1 ; nerf II A 4
névrite, névr(o)-, névropathe, névrose → nerf II A 2, 4, 3
ni → non I 4
niais → seoir I C 3
niche (attrape) → nique
niche, nichée, nicher, nichon → seoir I C 2

Nicolas → annexe III
nicotine → annexe III
nid → seoir I C 1
nidifier → seoir II D
nièce → neveu 2
nielle, nieller → noir 3, 4
nier → non I 5
nigaud → annexe III
nigri-, nigro- → noir 7
niguedouille → annexe III nigaud
nihiliste → non II 5
nimbe, nimbo-, nimbus, -nimbus → nébuleux 2, 3
niôle → hièble 2
nippe → guenille 2
niquedouille → annexe III nigaud
nitrate, nitrifier, nitrique, nitrite → nitre 3, 1, 2
nitro- → nitre 4
nival → neiger 3
niveau → 1. livre I 2
nivo-, nivôse → neiger 3
noble → connaître I D 1
noce → nue II 1
nocher → nef II A 3
nocif → noyer I B 3
noctambule → aller I B 5 ; nuit I 3
noctiluque, noctuelle, nocturne → nuit I 3
nodal, nodosité, nodule, nodus → nœud II A
Noël → gens II A 6
noétique → noologique 2
noiraud → noir 1
noise → nef II A 1
noliser → nef II A 4
no man's land → lande 4
nombreux → nombre I 1
-nôme → nomade 3
nomenclature → nom I A 6 ; clair I B 5
nominal, nominatif, nomination → nom I B 2
nommer → nom I A 1
nomo- → nomade 10
non et un I 5
nonagénaire → 1. neuf 5
nonante → dix I 12 ; 1. neuf 2
nonce → annoncer III 1
nonchalant → chaud I B 3
none, nones → 1. neuf 3, 4
nonnain → nonne
nonobstant → ester III A 15
nonpareil → pair II 2
nord- → Nord 1
normal → connaître I E 2
Normand → Nord 4

norme, normal → connaître I E 1
norrois ou **norois** (race scandinave) → Nord 3
noroît ou **norois** (vent) → Nord 2
nota, nota bene, notabilité, notable, notaire, notariat, notation → note 5, 3, 6, 4
notaire, notariat, notation → note 5, 3, 6, 4
notice, notifier, notion, notoire → connaître I B 2, 3, 1, 4
notre, nôtre (le) → nous 2
notule → note 1
nouer, noueux → nœud I C 1, 2
nougat → noix 3
noumène → noologique 3
nounou, nourrain, nourrice → nourrir 6, 3
nourrisson → nourrir 4
nouveau, nouvelle (subst.) → 2. neuf I B 1, 2
nova, novateur → 2. neuf I C 5, 4
novembre → 1. neuf 6
novice, noviciat, novo- → 2. neuf I C 1, 6
noyade → noyer I A 1
noyau → nœud I B
noyer (arbre) → noix 2
nuage → nue I 1
nuancer → nue I 2
nubile → nue II 3
nucléaire, nucléo- → noix 5
nudité → nu II 2
nuée, nuer → nue I 1, 2
nuire → noyer I B 1
nuitée → nuit I 1
nul → non I 3 ; un I 5
nulle part → part I A 1
nullité → non II 3
numéraire, numéral, numérateur, numération → nombre II 1
numéro → nombre II 4
numismatique → nomade 2
nuptial → nue II 2
nurse → nourrir 7
nutrition → nourrir 8
nychtémère → éphémère 1 ; nuit II 2
nymphal → nymphe 2
nymphéa → nymphe 3
nymphée → nymphe 2
nymphomane → nymphe 2
nymphose → nymphe 2

O

ô ! → ah ! 17
obédience, obéir → ouïr 3, 2
obéré → airain 4
obèse → dent I B 2
obit, obituaire → irai (j') II E 2
objecter, objectif → jeter I B 8, 9
objet → jeter I A 8
oblat, oblation → oublie II B 2
obliger → lier II 1
oblitérer → lettre II 2
oblong → long I 9
obnubiler → nue I 3
obsécration → saint II C 2
obséder → seoir II A 4
obsèques, obséquieux → suivre II A 1, 7
observation, observer → serf II 2
obsession → seoir II C 4
obsidienne → annexe III
obsidional → seoir II B 8
obstacle → ester II A 15
obstétrique → ester III G
obstiner → ester II E 2
obstruction → détruire III A 5
obstruer → détruire III B 4
obtempérer → tremper 3
obtenir → tenir I A 14
obtention → tenir II D 6
obtus → percer I A 5
obvie, obvier → voie I B 1
occasion → choir III B 3
occident → choir III C 3
occiput → chef IV B 3
occire → ciseau I B 1
occlusion → clef II D 9
occulte → celer II 5
occuper → chasser III D 4
occurrent → courir III B 2
ocelle → œil II 4
-ocher → -oche 2
octa-, octave, octo-, octobre, octante → huit 5, 3, 5, 2
octroi, octroyer → août II B 2
oculaire, oculiste → œil II 2
-ode → exode 6
odéon → ode 3
odieux → ennuyer 2
-odique, odo- → exode 6
odomètre → exode 6
odontalgie, -odonte, odonto-, odontoïde, odontologie → dent II 1, 2
odorant, odorat, odoriféant → odeur I A

odyssée → annexe III
œcuménique → ville II 4
Œdipe → œdème 2
œillade, œillère, œillet → œil I 1
œilleton → œil I 1
œillette → huile 2
œno- → vin 7
œsophage → phago- 2
œstral, œstrogène, œstrone → œstre 2
offense, offensif → défense II 2, 3
offertoire → offrir I B 11
office, officialité, officiant, officiel, officier (verbe), officier (subst.), officieux, officine → œuvre III A 1, 3, 2, 4, 5
offrande, offre → offrir I A 1
offset → seoir IV 2
ogre → annexe III
oh !, ohé !, oho ! → ah ! 18
ohm → annexe III
-oïd, -oïde → voir II 7
oignon → un I 4
oint → oindre 1
-oise → -ois 1
oiseau → oie I 2
oisellerie → oie I 2
oisiveté → oiseux 2
-oison → -é, -ée I 2
-ol → alcool 4
oléagineux → huile 9
olécrane → cor II B 2
oléi- → huile 10
-olence, -olent → -ole 3
oléo- → huile 10
olfactif → odeur I B
olibrius → annexe III
oligarchie → archives II 3
oligocène → -cène
olive → huile 4
olographie → sou IV 3
olympiade → annexe IV
olympien → annexe IV
olympiques (jeux) → annexe IV olympiade
ombelle, ombellifère → ombre 2
ombilic → nombril 2
ombrageux → ombre 1
ombrelle → ombre 4
oméga → abécé II 11
omelette → lame 2
omettre → mettre I A 12
omission → mettre II B 9

omnibus → omni- 3
omnipotence → pouvoir I C 2
omniscience → science 5
omnium → omni- 2
omnivore → gueule IV 3
omoplate → plat I B 2
on → homme I 2
-on, -ons (suff. adv.) → 1. -on 2, 3, 4
onagre → âne 3
onanisme → annexe III
once, onciale → un I 3
oncle → aïeul 2
onction, onctueux → oindre 2
ondée, ondine → onde I 1
on-dit → dire I D 6
ondoyer, onduler → onde I 1, 5
onglée, onglet → ongle I 1
onguent → oindre 3
onguiculé → ongle I 2
ongulé → ongle I 2
oniromancie → mancie 1
onomastique, onomatopée → nom II A 2, 3
-onto- → être III 1
onychophagie → ongle II 2
onyx → ongle II 2
onze → un I 5 ; dix I 13
oo- → œuf II
opaline → opale
opaque → ubac 2
opéra → œuvre I A 6
opérateur, opération, opérationnel → œuvre II 1
opercule → couvrir II 1
opérer → œuvre II 1
opérette → œuvre I A 6
ophidien → ophi(o)-
ophtalmie, ophtalmo- → œil III 1
opiacé, opiat → opium 1
opimes → œuvre III B 2
opiner, opiniâtre → opinion 2, 1
opothérapie → opium 2
opportun → port I A 4
opposer → pondre III B 9
oppresser → empreindre II C 6
opter → option 1
opticien → œil III 2
optimal, optimisme, optimum → œuvre III B 4
optique, opto- → œil III 2
opulence → œuvre III B 1
opus, opuscule → œuvre II 3
or (conj.) → heure I 3
-orable, -oriste, -oriser → 1. eur 1
oracle → oraison 4
oral → huis II 2
-oral → 2. -eur 4 d)

-orama → serf V
orant, orante → oraison 8
-orat → 2. eur 4 c)
orateur, oratoire, oratorien, oratorio → oraison 3
orbe, orbite → ornière 2, 3
orchidée → orchis 1
orchite → orchis 2
ordinaire, ordinal, ordinateur, ordination, ordo → ourdir II 2, 3, 1, 7
ordonnance, ordonnée, ordonner → ourdir I 4
ordre → ourdir I 3
orée → huis I 2
oreiller, oreillette, oreillon → oreille I 1
oremus → oraison 7
ores → heure I 3
-oresse → 2. -eur 4 b)
orfèvre → forger 2 ; or I 1
orfraie → enfreindre I 7
orfroi → or I 1 ; annexe IV fraiser 2
organe, organigramme, organique, organiser, organisme, organiste → orgue I A 2, 1
orgeat, orgelet → orge 2, 3
orgie → orgue I A 3
-orial, -oir, -oire 4
orienter → orient 1
-oriété, -oir → -oire 4
orifice → huis II 1
oriflamme → 1. foudre I B 5
originaire, original, origine → orient 2
oripeau → or I 1 ; peau I 2
-oriser → 2. -eur 4 e)
ormeau → orme
ornement, orner → ourdir I 2
oronge → orange 2
Orphée → annexe III
orphelin → orvet 2
orphéon, orphisme → annexe III Orphée 2, 3
orteil → art I A 3
orthodoxe → docte III 4
orthoépie → voix II 2
orthographe → greffe II A
orthopédie → pédagogue 3
ortolan → cour I B 1
orviétan → annexe IV
osciller, oscillo- → huis II 3
-ose → -eux, -euse 2
oseille → aigre I B 2
oseraie → osier
-osité → -eux, -euse 3
osmomètre, osmotique → osmose
oss-, ossé- → os 3

ossature, osséine, osselet, osseux, ossuaire → os I 3, 1, 2
ost-, osté-, ostéo- → os II 1
ostéoblaste → blasto-
ostension, ostensoir → tenir II E 4
ostentation → tenir II D 14
ostéo- → os II 1
ostéomalacie → mou II 3
ostéomyélite → myél(o)- 2
ostracisme → huître 4
ostréiculture → huître 3
ostrogoth → annexe IV gothique
otage → hôte 3
otarie → oreille II 3
ôter → ester I 11
-otin → -ot, -otte 2
otite, ot(o)- → oreille II 4
otorragie → cataracte 2
otorrhée → rhume 7
-otter → -ot, -otte 2
ottoman, ottomane → annexe III
où → qui III 3
ouah ! ouah ! → annexe I
ouais ! → ah ! 19 ; il I 3
oubli, oubliette → oublier
ouest → vêpres 4
ouf ! → ah ! 20
oui → il I 2
ouiche → il I 3
ouïe !, ouille ! → ah ! 2
ouïe (subst.) → ouïr 1
-ouiller → -ouil, -ouille 2
ouistiti → annexe II

-our → 1. -eur 2
ourler → huis I 3
oursin → ours 2
oust ! → ah ! 21
outarde → oie I 4
outil → us I 3
outrage → 1. outre 1
outrance → 1. outre 1
outre- → 1. outre 2
outrecuidance → agir I A 4
outrepasser → pas I 10
outrer → 1. outre 1
outre-tombe → tombe 1
ouvrable, ouvrage, ouvrager, ouvrer, ouvrier → œuvre I A 4, 3, 5
ouvrir → couvrir I B 1
ouvroir → œuvre I A 4
ovaire, ovale → œuf I 4, 2
ove, oviducte, ovoïde, ovule → œuf I 2, 3, 4
ovin → ouaille 2
ovipare → œuf I 3 ; part II A 3
oxacide → aigre II 4
oxalide, oxalique → paroxysme 2
oxhydrique → onde II 7
ox(y)-, oxydation, oxyde, oxygène, oxymoron → paroxysme 7, 6, 4
oxyton → paroxysme 3 ; tenir III 4
oxyure → paroxysme 5 ; écureuil 4
ozène, ozone → odeur II

P

pacage → paître 6
pacifier, pacifique → paix I 3
pacotille → paquet 2
pacte → paix I 4
pactole → annexe IV
paddock → parc 4
paf → pouf II 1
paganisme → paix II 3
page (subst. fém.) → paix IV 1
pageot → paille 5
paginer → paix IV 2
pagne → pan 5
pagnoter (se) → pain II 2
païen → paix II 2
paillard, paillasse, paillasson → paille 2, 3
paillette, paillis, paillon, paillot, paillote → paille 4, 5
paire → pair I 2
paisible → paix I 1

pal → paix III 6
palace, paladin → annexe IV palais 3, 2
palais (résidence) → annexe IV
palan → planche 2
palatal, palato- → palais 2
pale → paix III 2
palefrenier, palefroi → 1. rade II
paléolithique → lith(o)- 2
paléothérium → fier II 2
paleron → paix III 1
palet → paix III 1
palette (de sang) → 2. poêle I 3
palette (objet plat) → paix III 1
palier → 2. poêle I 2
palindrome → dromadaire 2
palingénésie → gens III B 3
palinodie → ode 9
palis, palissade → paix III 5
palladium → annexe III

pallier, pallium → 1. poêle 2, 3
palme → plain I B 2
palmer → annexe III
palmi-, palmiste, palmitine → plain I B 2, 3, 4
palombe → pâle 2
palpébral, palper, palpiter → paupière 2, 3, 4
palsambleu → sang I 1 ; dieu I A 5
paltoquet → paletot
paludier, paludisme → palus 1
palustre → palus 2
pâmoison → pâmer 1
pamphlet → annexe III
pampille → papa I 6
pamplemousse → 3. limon 2
pan → boum 9
pan-, pant(o)- → diapason 5
panacée → diapason 2
panachage, panache → 1. panne I A 3
panade → pain III 4
panama → annexe IV
panard → pan 6
panaris → ongle II 1
pancarte → charte III 5
panchromatique → chrome II 1
pancrace → -crate et -cratie 2
pancréas → cru II 3
pandectes → diapason 3
pandémonium → démon 2
Pandore → annexe III
panégyrique → diapason 4
paner, panerée, panetière, panier, panifier → pain III 3, 1, 5
panique → annexe III
panneau → pan 2
pannequet → cuire II 8 ; 2. poêle III 2
panonceau → 1. panne I A 2
panorama → serf V
panser → pendre II D 2
pantalon → annexe III
pantalonnade → annexe III pantalon
panthéisme, panthéon → enthousiasme 5, 2
pantin → pan 4
pantois, pantelant → fantôme I 3
pantomime → mime 3
Panurge → orgue C
papa et annexe I
papauté, pape → papa I 2
papelard → papier 1
papelardise → papa I 3
paperasse → papier 1
papeterie → papier 1

papilionacées → pavillon 5
papille → papa I 6
papillon, papillote → pavillon 2, 3
papoter → papa I 4
papouille → paupière 5
papyrus → papier 2
paquebot → bateau 2 ; paquet 4
pâquerette → pâque 1
pâquis → paître 6
par, parce que, par- → premier I F 1
para- → part III B 9
para- → premier II C
parabellum → belliqueux I 3
parabole, parabolique → bal III C 7
parachever → chef I B 1
parachute → choir I 5
paraclet → clair II 4
parade, parader → part III B 8, 11
paradis → parvis 2
paradoxe → docte III 4
paraffine → fin III 5
parage (lignée) → pair II 1
parage (région) → part III B 12
paragraphe → greffe II A 1
paralipomènes, paralipse → relique II 3
parallaxe, parallèle → autre II 6, 4
paralogisme → lire II C 18
paralysie → dissoudre II 5
paranoïa → noologique 4
paraphe → greffe I 4
paraphrase → phrase 3
paraplégie → plaindre II 3
parasol → soleil I A 3
paraître → père I A 2
paravent → vent 1
parbleu → dieu I A 5
parcelle → part I A 2
parchemin → annexe IV
par-ci par-là → il II 2
parcourir → courir I A 4
pardessus → sous I A 2
par-devers → vers I A 1
pardi, pardienne, pardine → dieu I A 6
pardonner → donner I A 3
pare- → part III B 10
-pare → part III A 3
pareil → pair II 2
parélie ou **parhélie** → soleil II 3
parement → part III B 1
parenchyme → fondre III 2
parent, parental, parentèle → part II A 1
parenthèse → faire IV B 12
parer → part III B 1, 8

PÂTURAGE, PÂTURE, PÂTURON

parfait → faire I A 10
parfois → fois I 1
parfumer → fumer 2
parguienne → dieu I A 6
pari-, paritaire → pair II 7, 6
parier → pair II 4
pariétaire, pariétal → paroi 2
paritaire, parité → pair II 6
parjurer (se) → juger III 3
parking → parc 3
parlement, parlementer → bal I D 4
parler, parloir, parlote → bal I D 2, 3
parmi → mi I 2 ; premier I F 1
Parnasse et **parnassien** → annexe IV
parodie → ode 10
paroisse → ville II 1
parole → bal I D 1
paronomase → nom II A 4
paronyme → nom II B 9
parotide → oreille II 1
parousie → être III 2
paroxyton → paroxysme 3
parpaillot → pavillon 4
parpaing → 1. panne II A
parquer, parquet → parc 2
parrain → père I A 2
parricide → père I B 10
parsemer → semer 1
partance → part I A 3
partant (adv.) → tel 2
partenaire → part I A 12
parterre → terre 1
parthéno- → Parthénon 2
parti- → part I A 6
partialité → part I B 4
participe, participer → chasser III B 6 ; part I B 1
particulariser, particule, particulier → part I B 3, 6
partie → part I A 4
partiel → part I B 5
partir → part I A 3
partisan → part I A 7
partitif, partition → part I B 2
partout → tout 1
parturiente, parturition → part II A 2
parure → part III B 1
parution → paraître 1
parvenir → venir I A 2
pascal → Pâque ou Pâques 2
paso doble → pas I 8
pasquille → annexe III pasquinade
pasquinade → annexe III

passable, passacaille, passade, passage, passager, passant, passation → pas I 4, 8, 3
passe, passe-, passé, passementerie, passer → pas I 4, 7, 5, 6, 2
passe-passe → annexe I ; pas I 4
passerelle, passeur → pas I 4
passible → passion I 2
passif, passiflore → passion I 3, 4
passim → pas I 13
passoire → pas I 4
pastel (pâte colorée) → pain IV 2
pastel (plante) → pâte II 2
pasteur → paître 10
pasteuriser → annexe III
pastiche → pâte II 3
pastille → pain IV 1
pastis → pâte II 1
pastoral, pastoureau, pastourelle → paître 10
patachon → patache
patapouf → patte 8 ; pouf I 1
patatras → patati-patata 2
pataud, patauger → patte 6
pâté → pâte I 1
patelin (subst.) → paître 6
patelin (adj.) → patte 2
patelle, patène → 2. poêle II 3, 1
patenôtre → père I B 2
patente → patent 1
patère → 2. poêle II 2
paternité → père I B 1
-pathe, -pathie, -pathique, patho-, -pathologie, pathos → pathétique 7, 6, 2
pathogène → gens III B 9
patibulaire → patent 2
patience → passion II 1
patin → patte 2
patine → 2. poêle III 1
patinette → patte 2
pâtir → passion II 3
pâtis → paître 5
pâtisserie → pâte I 2
patoche, patois, patouiller → patte 8, 3, 4
pâtre → paître 7
patriarche → père II 1
Patrice, patricien, patrie, patrimoine → père I B 3, 8, 4
patristique, patrologie → père II 3
patron, patronage, patronner → père I B 5
patronyme → nom II B 2 ; père II 2
patrouiller → patte 4
pattemouille → mou I A 7
pâturage, pâture, pâturon → paître 4, 9

PAUME

paume → plain I B 1
paupérisme → peu 3
pause → poser 3
pauvre → peu 2
pavane → annexe IV
pavois → annexe IV
payer → paix I 2
pays, paysage, paysan, payse → paix II 1
péage → pied I D 1
pécaïre → péché 2
peccable → péché 3
pêche → annexe IV pers 2
pêcher → poisson I 2
pécore, pecque → fief II 1, 2
pecten, pectiné → pis II 4
pectoral → pis I 4
pécule, pécuniaire → fief II 4, 3
pédale, pédalo → pied I D 3
pédéraste → pédagogue 2
-pède, pédestre, pédé- → pied II 3, 2, 4
pédiatrie → pédagogue 4 ; -iatre
pedigree → pied I A 4
pédologie (sciene de l'enfant) → pédagogue 4
pédoncule → pied II 5
pedzouille → pois 2
-pée → poète 2
peigner, peignoire → pis II 1
peinture, peinturlurer → peindre I 1
péjoratif → pire I 2
pékin ou péquin → piquer I C 3
pelade, pelage → poil I C 1
pélagien → plain II 2
pêle-mêle → mêler I 1
peler, pelure → poil I C 1
pèlerin, pèlerine → âcre 6
pelisse → peau I 4
pellagre → peau II 2
pelle → paix III 1
pelleterie → peau I 3
pellicule → peau II 1
Péloponnèse → île II
pelotari → pelote 3
peloton, pelotonner → pelote 1
pelouse, peluche → poil I C 3, 2
pelvien → pelvis
pén(é)- → repentir 4
pénaliser, penalty, pénard → peine 3, 1
pénates → pénéter 2
penaud → peine 1
penchant, pencher → pendre I C
pendaison, pendant (subst. ou adj.), pendant (prép.), pendard, pendeloque, pendentif, penderie → pendre I A 3, 2
pendiller, pendouiller → pendre I A 1
pendu → pendre I A 3
pendule → pendre I D 6
pénible → peine 1
péniche → pin I 2
pénicille, pénicilline, pénicillium → pinceau 3, 4
pénil → pis II 2
péninsule → île I 3
pénis → pinceau 2
pénitence, pénitencier, pénitentiel → repentir 2
penne, pennon → 1. panne I B 1
pénombre → ombre 3
pense-bête, pensée, penser, pension, pensionnaire, pensionnat → pendre II D 1, 8
pent(a)-, pentacorde, pentamètre, pentagone, pentateuque → cinq IV 8, 1, 2, 3, 4
pentathlon → athlète 2 ; cinq IV 5
pente → pendre I B 1
pentecôte → cinq IV 6
penthémimère → cinq IV 7
penture → pendre I B 1
pénultième → 1. outre 4 ; repentir
pénurie → repentir 3
pépé → annexe I pépère
pépée → annexe I ; papa III 1
pépère → annexe I ; père I A 1
pépette → pépie 4
pépier → annexe II piper II A 1
pépin → annexe III
pépin, pépinière → papa II 1
pépite → pépie 3
-pepsie, pepsine, peptique, peptone → cuire III 3, 2, 1
per- → premier I F 2
percaline → percale
perce- → percer I A 1
percevoir → chasser I 4 d)
perchoir → 1. perche 1
perclus → clef II D 4
percolateur → couler 4
percussion → casser II A 3
percuter → casser II B 3
perdition → donner II D 6
perdre → donner I F 1
perdreau → perdrix 2
pérégrination → acre 7
péremption, péremptoire → rançon II C 3
pérennité → an II 4
péréquation → égal II A 2

perfection, perfectum → faire III C 10, 11
perfide → foi II A 2
perforer → férir 3
performance → forme III 2
perfusion → fondre II B 5
péri- → premier II B 2
périanthe → anth(o)- 2
péricarde → cœur II 4
périchondre → hypocondre 3
péricliter → péril I 6
périgée → géométrie 7
périhélie → soleil II 5
périmer → rançon II B 2
périnée → premier II B 1
période, périodique → exode 4
périoste → os II 2
péripétie → pire II 1
périphérie → offrir II B 1
périphrase → phrase 4
périple → pleuvoir III
périr, périssoire → irai (j') II D 1
périscope → évêque II B 2
péristaltique → apôtre II B
péristyle → ester IV F 3
péritoine, péritonite → tenir III 3
perlimpinpin → tirelire 11
perlon → perle 2
permanence → manoir II 5
perméable → muer I C 3
permettre → mettre I A 2
permis → mettre I C 8
permission → mettre II B 1
permutabilité, permutation → muer I A 5
pernicieux → noyer I A 2
péroné → port II 2
péronnelle → annexe III Pierre 4
péroraison, pérore → oraison 5
perpendiculaire → pendre I D 3
perpétrer → père I B 7
perpétuel → 1. panne II B 4
perplexité → plier I B 2
perquisition → quérir III 4
perron → pierre I 2
perroquet → annexe III Pierre 2
perruche → annexe III Pierre 3
pers → annexe IV
persécuter → suivre II C 1
persévérer → sévère 2
persicaire, persienne → annexe IV pers 4, 3
persifler → siffler 2
persil → pierre I 3
persister → ester III B 7
personnage, personnalité → personne 1, 2

personnifier → personne 2
perspective → dépit II C 6
perspicace → dépit II B 3
persuader → suave I 2
perte → donner I F 3
pertinacité, pertinent → tenir II B 7, 6
pertuis → percer I A 2
pertuisane → part I A 7
perturber → troubler 6
pervers → vers I B 11
pervertir → vrs I B 11 et II 4
pesage, pesanteur, pèse-, peser, peson → pendre II A
pessimisme → pire I 3
peste → pestilence 2
pétale → patent 4
pétanque → pied I A 5
pétarade, pétard → pet 4, 3
pétase → patent 3
pétaudière, péter, pétiller → pet 3, 2
pétiole → pied II 6
pétition → 1. panne II B 1
petit-suisse → annexe IV Suisse 2
pétoche, pétoire → pet 3
peton → pied I E 4
pétré → pierre II 3
pétrel et annexe III Pierre 5
pétrifier → pierre II 2
pétrin → pétrir
pétro- → pierre II 4
pétrole → huile 11 ; pierre II 1
pétrousquin → pied I B 3
pétulance → 1. panne II B 7
peuchère → péché 2
peuh ! → ah ! 22
peut-être → pouvoir I A 2
phaéton → annexe III
-phage, -phagie → phag(o)- 2
phalange, phalanstère → planche 3, 4 ; -stère
phanérogame → fantôme II 7 ; gam- 2
phare → annexe IV falot 2
pharmaco- → pharmacie 2
phase → fantôme II 8
Phébus → annexe III
phen- → fantôme II 11
phénix → annexe III
phénomène → fantôme II 10
phil(o)- → philtre 2
philanthrope → anthrop(o)- 2
philharmonie → art II 4
philatélie → tonlieu 3
-phile, -philie → philtre 3
Philippe → équestre II 2

philippique → annexe III
philistin → annexe IV
philologie → lire II C 13
philosophie → sophiste 2
phlébite, phlébo- → flamme 2, 3
phléborragie → cataracte 2
phlébotomie → temple II 8
phlegmon → 1. foudre II 3
phlogistique, phlox → 1. foudre II 5, 4
-phobe, -phobie → phobie 1
phon-, -phone, phonème, phonétique, -phonie, -phonique, phonique, phoniste, phono-, phonothèque → antienne 5, 7, 3, 4, 8, 6
phoniatre → -iatre
-phore → offrir II C 6
phosphène → phosphore 2
-phote, photo-, photographie, -photographie, photon → phosphore 5, 4, 8, 6, 7, 3
photochromier → chrome I 4
photocopier → œuvre III B 3
photogénique → gens III B 9
photoglyptie → glypt(o)- 2
photophobie → phobie 1
phototrophisme → tordre III B 8
phraséo- → phrase 5
-phrène, -phrénie, phrén(o)- → frénésie 3, 2
phrygien → annexe IV fraiser 4
phyll-, -phylle, phyllo- → cerfeuil II 3, 2
physico-, physio- → fus (je) II B 3, 5
physiognomonie, physionomie → connaître II B 4, 5 ; fus (je) II B 5
physique, -physique → fus (je) II B 1, 4
-phyte, phyto- → fus (je) II A 5, 3
phytobiologie → vivre II B 3
pi → abécé II 7
piaf → annexe II piper II A 5
piailler → annexe II piper II A 3
piano (adv. et subst.), pianissimo → plain I A 6
piastre → emplâtre 3
piauler → annexe II piper II A 2
pic (oiseau) → piquer I B
pic (outil, montagne, à pic) → piquer I A 6, 7, 8
picador, picaillon, picaresque → piquer I C 4, 2
piccoler, piccolo → annexe II piper II B 3
piccolo (petit) → piquer I C 3
pichenette, pichet → piquer III 2, 1
pick-pocket → piquer I C 5 ; poche 2

pick-up → piquer I C 5
picorer, picoter, picotin → piquer I A 9, 3
pic, repic et capot → piquer I A 8
picrate → annexe II piper II B 3 ; picr(o)-
picter → annexe II piper II B 3
pictogramme, pictographique → peindre II 3
picton → annexe II piper II B 3
pictural → peindre II 2
pie (oiseau) → piquer I B
pie (adj.) → pitié 4
piéça → pièce 1
piédestal → pied I A 3
piège → pied I C 1
pier → annexe II piper II B 1
Pierre → annexe III ; Pierre I 1
pierrot → annexe III Pierre 1
piétaille → pied I E 1
piété → pitié 5
piétement, piétiner, piéton → pied I E 6, 5, 2
piètre → pied I B 1
pieu → paix III 5
pieu (lit) → peau I 6
pieuvre → pied III A 6
pieux → pitié 4
pif → pouf III 2
pif ! paf ! ou pif ! paf ! pouf ! → annexe I ; pouf II 2
piffer, pifomètre → pouf III 2
pige → pied I C 4
pigeon → annexe II piper I A 4
pigeon-voyageur → voie I A 3
piger, pigiste → pied I C 4
pigment → peindre II 1
pigne → pin II 1
pignon → pin II 1
pignon (mécanique) → pis II 3
pignouf → annexe II piper II A 6
pilastre → pile 5
pile → pétrir 2
piler → pétrir 2
pileux → poil II 1
pilier → pile 1
pilifère → poil II 1
piller → pile 4
pilon → pétrir 2
pilori → pile 6
pilosité → poil II 1
pilotis → pile 1
pilou → poil II 3
pilule → pelote 5
pimbêche → bec 3
piment → peindre I 2
pimpant → papa II 3

pimprenelle → poivre 2
pinacle → pignon 2
pinailler → pignocher 2
pinard → pin I 1 ; annexe II piper II B 3
pinasse ou **pinace** → pin I 2
pince, pince- → pincer 2, 3
pincée → pincer 1
pinéal → pin II 2
pineau, pinède → pin I 1, 3
ping-pong → annexe I
pini- → pin I 4
pinnipède, pinnule → pignon 4, 3
pinot → pin I 1
pintade, pinte, pinter → peindre I 3, 1
pioche → piquer I A 6
piolet → hache 5
pion → pied I D 2
pioncer → peau I 6
pionnier → pied I D 2
pioupiou → annexe I ; annexe II piper II A 4
pipe → papa II 2 ; annexe II piper I A 2
pipé, pipée, pipelet, pipelette → annexe II piper I A 1, 3
pipeau → annexe II piper I A 2
pipe-line → lin II A 4 ; annexe II piper I B 2
piper → annexe II
pipette → annexe II piper I A 2
pipi → annexe I
pique (subst.) → piquer I C 1
pique-, pique-nique → pique I A 5, 4
piquet, piqueter, piquette → piquer I A 2
pirate → péril II 1
piri- → poire 2
pirouette → emberlificoter 3
pis → pire I 1
pisci-, piscine → poisson II 2, 1
pisé → pétrir 3
pisse-, pissenlit → pisser 2, 1
piste, pistil → pétrir 4, 6
pistolet → pistole
piston → pétrir 5
pitance → pitié 2
pitchpin → poix 4
piteux → pitié 3
pitoyable → pitié 1
pitre → pied I B 2
pittoresque → peindre I 4
pituite → pépie 2
pivert → piquer I B
pizzicato → pincer 4

pizza → pincer 5
placard, placarder → plaquer 2
place → plat I A 4
placebo → plaisir II 1
placet, placide, placidité → plaisir II 2, 3
plafond → fonds V 4
plagal → plagiaire 2
plage → plain I C ; plagiaire 3
plaid, plaider → plaisir I 4
plaie → plaindre I 3
plaine → plain I A 2
plaire, plaisance, plaisancier, plaisant, plaisanter → plaisir I 3, 2
plan (adj. et subst.), **-plan** → plain I A 7
plan (schéma) → plat II 3
plancher → planche 1
plancton ou **plankton** → plaindre II 5
plane, -plane → plain I A 4, 7
planer → plain I A 3
planétarium → planète
plani- → plain I A 7
planifier, planning → plat II 3
planisphère → sphère 2
planquer → plat II 6
plant, plantain, plantaire, plantation, plante, plante (des pieds), **planter, planteur, planton** → plat II 2, 5, 1
plantureux → plein I A 3
plaque → plaquer 2
plasma, -plasme, plasmo-, -plaste, -plastie, plastic, plastique, plastron → emplâtre 9, 10, 6, 7, 5, 4
platane → plat I B 1
plat-bord, plateau, plate-bande (→ bande 1), **platée, plate-forme, platine** → plat I A 2, 3, 6
plâtre → emplâtre 7
plausible → applaudir 2
plébiscite → science 6 ; plèbe
plectre → plaindre II 1
pléistocène → plein II 3
plénier → plein I A 2
plénipotentiaire → plein I A 5 ; pouvoir I C 7
plénitude, plenum → plein I A 4, 6
pléonasme → plein II 2
plésiosaure → saurien 2
Plessis → plier I C 4
pléthore → plein II 1
pleural → plèvre 2
pleurésie, pleurite, pleuro- → plèvre 2, 3
plexus → plier I B 3

pli → plier I A 2
plie → plat I A 5
-plier → plier I A 3
pliocène → -cène
plisser → pier I A 2
plombi- → plomb I 2
plongeon (oiseau), **plonger** → plomb II 2, 1
plot → bloc 7
ployer → plier I B 1
pluie → pleuvoir I 2
plumard → plume 2
plum-cake → prune 3
plumeau, plumet, plumetis, plumier, plumitif → plume 2
plum-pudding → bedaine III 1
plupart (la) → part I A 1 ; plein I C 1
pluralité, pluri-, pluriel, plus, plusieurs → plein I C 4, 5, 3, 1, 2
plus-value → valoir 5
plutôt → tôt 1
pluvial, pluvier, pluvieux, pluvio-, pluviôse → pleuvoir I 4, 3
-pnée, pneumatique, pneumo-, pneumonie → neume II 4, 1, 3, 2
pneumothorax → thorax
pochard → piquer IV 2
pocher, pochon → piquer IV 1, 2
podagre, -pode → pied III B 1, 6
podestat → pouvoir I A 4
podium, podo- → pied III B 4, 5
poêle (pour se chauffer) → pendre II C
pogne → poing I A 1
poids → pendre II B
poignant → poing I B
poignard, poigne, poignée, poignet → poing I 2, 1
poinçon → poing I C
poindre → poing I B
point, pointe, pointer → poing I D 1, 8, 5
pointiller → poing I D 6
pointilleux → poing II 1
pointure → poing I D 11
poireauter → poireau 2
poison → boire II A
poissarde → poisson I 1
poisser → poix 1
poitrine → pis I 2
poivron, poivrot → poivre 1
polaire, polariser, polari-, polaro-, pôle → quenouille II E 2, 3, 4, 1
-pole → police 7
polémarque, polémique, polémologie → pousser II 2, 1, 3

polenta → poudre 5
poli → polir 1
police (d'assurance) → dire III 1
polichinelle → poule II 2
policlinique → enclin II B 2 ; police 6
polio, poliomyélite → myél(o)- 2
politesse → polir
politico-, politique → police
polka → annexe IV poulaine 4
pollen → poudre 4
polochon → poule I 7
polonaise, polonium → annexe IV poulaine 2, 3
poltron → poule II 1
poly- → plein II 4
polyandrie → André 2
polybasique → venir II 1
polychrome → chrome I 4
polyclinique → enclin II B 2
polycopie → œuvre III B 3
polyèdre → seoir B 4
polyester → été III 2
polyéthylène → hylo- 2
polygame → gam- 2
polygénisme → gens III B 9
polyglotte → glose 7
polygone → genou II B 3
polymère → mérite II
polymorphe → forme IV 4
polynévrite → nerf II A 2
polynôme → nomade 3
polype → pied III B 2
polyphonie → antienne 8
polysaccharide → sucre 2
polystyle → ester IV F 3
polysyllabe → syllabe 1
polytechnique → technique 3
polythéisme → enthousiasme 4
polyurie → urine 3
polyvalent → valoir 9
pomi- → pomme 5
pommade → pomme 4
pommé, pommeau, pommelé → pomme 3, 2
pomo- → pomme 5
pompe, pompette, pompier, pompiste → papa III 5, 4
pompon → annexe I ; papa III 4
pomponner (se) → papa III 4
ponant → pondre II A 1
ponceau → paon 2
poncif → ponce 2
ponction, ponctuel, ponctuer → poing III B 1, 2, 3
pondérable, pondération, pondérer, pondéreux → pendre III 1

poney → poule II 4
ponter → pondre I 2
Pont-Euxin → pont II
pontife → pont I 3
ponton → pont I 2
pool → poule II 5
pope → papa I 2
popeline → annexe IV
popote → papa III 6
popotin → papa III 1
populace, populaire, population, populeux, populisme, populo → peuple 3, 4, 5, 6, 7, 4
poquer → piquer II
por- → premier I D 2
porcelaine → porc 4
porc-épic → porc 3
porche → port I C 1
porcher → porc 2
pore → port II 1
porion → poireau 3
porphyre → pourpre 3
porridge → pot 6
portail, porte → port I B 1
porte-, porter → port I D 1
portefaix → faix 1
porte-mines → 1. mine 1
portier, portière, portillon → port I B 2, 1
portique → port I C 2
portrait → traire I A 5
portulan, portuaire → port I A 2, 3
positif, position → pondre III B 13
posologie → qui IV
posséder → seoir II A 1
possession → seoir II C 2
possible → pouvoir I B
post- → puis II 6
postader → donner II C 1
poste → pondre II B 1, 3
postérieur, postérité, posthume → puis II 3, 1, 2
postiche → pondre II B 4
postillon → pondre II B 2
postopératoire → œuvre II 1
postposer, postposition → pondre III B 17
postulat, postuler → prier 6
posture → pondre II B 5
pot- → pot 2
potable → boire II B 2
potache, potage, potager → pot 5, 4
potasse, potasser, potassium → pot 8, 9
pote → poteau
potée → pot 1
potence, potentat, potentiel → pouvoir I C 1, 6, 5

poterie → pot 1
poterne → puis I 2
potiche, potier → pot 1
potin → pot 7
potion → boire II B 1
potron-minet → puis I 3
pouacre → pied III A 4
pouah ! → ah ! 23
poubelle → annexe III
poudingue → bedaine III 2
poudroyer → poudre 1
pouffer, pouffiasse → pouf I 2, 4
pouillot → pied I 3
poulailler, poulain → poule I 1, 5
poulaine → annexe IV
poularde → poule I 1
poulet, pouliche → poule I 1, 5
poulie → quenouille II D
pouliner, poulinière → poule I 5
poulpe → pied III A 5
pouls → pousser I A 2
poupard → papa III 1
poupée → annexe I ; papa III 1
poupin → papa III 1
poupon → annexe I ; papa III 1
pour, pour-, pour que → premier I D 1, 2
pourboire → boire I A 1
pourceau → port 1
pourfendre → fendre 1
pourparler → bal I D 2
pourpoint → poing I D 2
pourquoi → premier I D 1, 2 ; qui I 3
pourrir → puer I A 2
poursuivre → suivre I 1
pourtant → tel 2
pourtour → tourner I A 3
pourvoi, pourvoir → voir I A 5
pourvu que → voir I B 3
poussette → pousser I A 1
poussier, poussière → poudre 2
poussif → pousser I A 1
poussin → poule I 4
poutre, poutrelle → poule I 6
pragmatique → pratique 3
praire → prêtre 2
prairial, prairie → pré 3
praline → annexe III
praxis → pratique 4
pré- → premier I G 1
préalable → aller I A 1
préambule → aller I B 4
préau → pré 2
préavis → voir I E 3
prébende → avoir II C 5
précaire → prier 5

précaution → caution 2
précéder → cesser II A 8
précepte → chasser III C 9
prêcher → dire I F
précieux → prix 4
précipice, précipiter → chef IV B 2, 1
préciput → chasser III B 7
précis → ciseau II B 6
précité → citer I 1
précoce → cuire I B 2
précurseur → courir III A 4
prédateur → prendre III 2
prédécesseur → cesser II B 6
prédicateur → dire II B 8
prédiction → dire II D 11
prédilection → lire I D 2
prédire → dire I A 4
prédominer → dame II 3
prééminence → mener I B 4
préemption → rançon II C 5
préface → fable III F 6
préfecture → faire III C 12
préférentiel, préférer → offrir I B 9
préfigurer → feindre II A 4
prégnante → gens II C 2
préhension → prendre II 4
préhistoire → voir II 1
préjudice → juger II 1
préjuger → juger I 1
prélasser (se), prélat → oublie II B 1
prêle → âpre 2
prélever → léger II 9
préliminaire → linteau 3
prélude → éluder I 4
prématuré → matin III 3
préméditer → muid II B 1
prémices → premier I A 2
prémisse → mettre II B 3
prémonition → 1. -ment I D 7
prémunir → mur II
preneur → prendre I C
prénommer → nom I A 4
prénuptial → nue II 2
préoccuper → chasser III D 4
préparer → part III B 5
prépondérance → pendre III 2
préposer, préposition → pondre III B 16
prépotence → pouvoir I C 4
prépuce → poule III 1
prérogative → corvée II 5
près → empreindre II A 1
présage → sagace I 2
presbyte, presbytère, presbytérien → prêtre 4, 3
prescience → science 4

prescrire → écrire II A 3
préséance → seoir I A 5
présence → être II B 3
présenter → être II C 5
préservatif, préserver → serf II 4
président, présider → seoir II B 2
présomptif, présomption → rançon II D 2
presque → empreindre II A 3
pressentiment, pressentir → sentir I 6
presser → empreindre II C 1
pressing → empreindre II C 4
pressoir, pressurer → empreindre II B 1, 2
prestance → ester III A 16
prestant → ester II 3
prestation, preste, prestidigitation → prêt 4, 5, 7
prestidigitateur → doigt 4
prestige → étreindre III C 3
prestissimo, presto → prêt 6
présumer → rançon II A 2
présure → prendre I E 1
pretantaine → tirelire 10
prétendant, prétendre, prétendu → tenir I B 6
prête-nom → prêt 3
prétention → tenir II D 7
prêter → prêt 3
prêter- → premier I G 2
prétérit, prétérition → irai (j') II E 5
prétermission → mettre II B 14
prétexte (toge), prétexte (subst. masc.) → tisser II A 3, 4
prétoire, prétorien → préteur
préture → préteur
peuve → prouver I A 2
preux → premier I D 4
prévaloir → valoir 1
prévenant, prévenir → venir I A 10
prévention, préventorium → venir I B 8
prévenu → venir I A 10
prévision → voir I E 9
prévoir → voir I A 6
prévôt → pondre I 4
priapée → annexe III
prie-Dieu → prier 1
prieur → premier I B 1
prima donna → dame IV 5
primaire, primat, primate → premier I A 11, 8, 12
prime (adj. et subst. : heure canoniale) → premier I A 5, 6
prime- → premier I A 7
prime → rançon I 3

PROSE

primerose → rose I 1
primeur, primer → premier I A 14
primesaut → saillir I B 3
primi- → premier I A 13
primipare → part II A 3
primitif, primo- → premier I A 13, 9
primogéniture → gens I D 4
primordial → ourdir II 6 ; premier I A 10
prince → chasser I 9 ; premier I A 3
princeps → chasser III D 2 ; premier I A 3
principal, principe → chasser III B 8 ; premier I A 3
printemps → premier I A 4 ; temps I 2
priodonte → prisme 2
priorité → premier I B 2
prise, priser → prendre I D 2
priser (estimer) → prix 2
prison → prendre I D 1
privauté, privé, priver → premier I C 3, 1, 5
privilège → premier I C 4 ; loi II 10
pro- → premier I D 3
pro-, pros- → premier II A 1
probable, **probant, probation** → prouver I B 1, 2
probatoire, probité → prouver I B 2, 3
problème → bal III B 2
procéder, procédure → cesser II A 9
procès → cesser II C 5
procession, processus → cesser II B 7, 8
procès-verbal → verve 2
proche → prochain I
proclamer → clair I C 3
proclitique → enclin II C 3
procréer → croître III A 2
procurer → cure I 8
prodigalité → agir I B 2) 4
prodigue, prodiguer → agir I B 2) 4
prodrome → dromadaire 3
production → conduire II B 8
produire → conduire I A 5
proéminence → mener I B 5
profaner → 1. foire III 3
proférer → offrir I B 4
profès, professeur, profession → fable III E
profil → fil I 10
profit, profiterolle → faire I B 2
profond → fonds V 3
profusion → fondre II B 7

progéniture → gens I D 4
progestérone → geste II B 7
prognathe → genou II A 2
programme → greffe II B 5
progrès → degré II C 2
prohiber → avoir II C 3
proie → prendre III 1
projection → jeter I B 10
projeter → jeter I A 4
prolégomènes → lire II B 2
prolepse → syllabe 4
prolétaire → haut III C 2
proliférer, prolifique → haut III C 4, 3
prolixe → délayer II B 1
prologue → lire II C 5
prolonger → long I 7
promener → mener I A
promesse → mettre I B 5
promettre → mettre I A 3
promis → mettre I C 6
promiscuité → mêler II 4
promontoire → mener II 10
promoteur, promotion → mouvoir II A 3
promouvoir → mouvoir I A 3
prompt → rançon II E
promulguer → émulsion 2
prôner → prône
pronom → nom I A 5
prononcer → annoncer I 4
pronostic → connaître II A 4
pronunciamiento → annoncer III 2
propagande, propagateur, propager → paix V 2
proparoxyton → paroxysme 3
propédeutique → pédagogue 5
propène → propane
propension → pendre II D 9
prophète → fable IV 4
prophylactique, prophylaxie → phylactère 2
propitiation, propitiatoire → propice
proportion → portion 2
propos, proposer, proposition → pondre III B 10
propre, propreté, propriété → premier I E 1, 3, 2
-propulsé, -propulseur, propulsion → pousser I B 6
propylées → pylore 2
prorata → raison 8
proroger → corvée II 6
proscenium → scène 3
proscrire → écrire II A 4
prose → vers III 1

prosecteur → scier II C 7
prosodie → ode 11
prosopopée → œil III 7
prospecter, prospectus → dépit II C 7
prostate → ester IV A 10
prosterner → estrade II A 2
prosthèse → faire IV B 13
prostituer → ester III C 5
prostation → estrade II C 1
prostré → estrade II B
prostyle → ester IV F 3
protagoniste → agir II 4 ; premier II A 5
protamine, prote → premier II A 6, 4
protection, protectorat, protéger → toit 3, 4
protéine → premier II A 6
protestant (subst.), **protester** → témoin II 4
prothèse → faire IV B 13
protide, proto- → premier II A 6, 7
protocole → colle 2 ; premier II A 2
proton → premier II A 6
protozoaire → vivre II A 7
protubérance → truffe 6
prou (peu ou) → premier I D 5
prouesse → premier I D 4
provende → avoir I 5
provenir → venir I A 8
proverbe → verve 3
providence → voir I F 1
provigner, provin → paix V 1
province → Provence 2
proviseur, provision, provisoire → voir I E 10, 11, 1
provocation → voix I B 3
provoquer → voix I B 3
proxénète → xén(o)- 2
proximité → prochain 4
prude → premier I D 7
prudence → voir I G
prud'homme → premier I D 6 ; homme I 1
prunus → prune 4
prurigo, prurigineux, prurit → bruine I 2
psalmiste → psaume 2
psalmodie → ode 8 ; psaume 3
psaltérion → psaume 4
pschutt ! → ah ! 25
pseudonyme → nom II B 6 ; pseudo-
psitt ! → ah ! 24
psoriasis → psore ou psora
psych(o)- → psychologie 4

psychanalyse → dissoudre II 2 ; psychologie 4
psychasthénie → asthénie 2
Psychée, -psychie, psychique → psychologie 6, 7, 5, 3
psychiatre → -iatre
psychodrame → drame 4
psychopathologie → pathétique 7
psychose → psychologie 3
psychotechnique → technique 3
psychothérapie → thérapeutique 2
ptér(o)-, -ptère, -ptérygien → 1. panne III 1, 2, 3
ptose → pire II 4
-ptysie → conspuer II
pubescence, pubis → pubère 2, 3
public, publicité → publier 1
publicain → publier 2
puceau, pucelle → poule I 8
pudding → bedaine II 1
pudibond → pudeur 1
puériculture, puérilité → poule III 4
puerpérale → part I B
pugilat, pugnacité → poing III A 3, 4
puîné → gens II A 3
puisard, puisatier, puiser → puits 1, 2
puisque → puis I 1
puissance, puissant → pouvoir I A 3
pull-over → sous III
pulluler → poule III 3
pulman → annexe III
pulmonaire → poumon 2
pulpaire, pulpe → paupiette 2
pulsation, pulsion, pulso- → pousser I B 2
pulvériser, pulvérulent → poudre 3
punaise → puer I A 5
punir → peine 2
pupille → papa III 2
purée → pur 2
purgatif, purgatoire, purge, purger → pur 6, 3, 5, 2
purin, puritain, purotin → pur 6, 3, 5, 2
purpurin → pourpre 2
purulent → puer I B 2
pus → puer I B 2
pusillanime → âme I 5 ; poule III 2
putain, putassier, pute, putois → puer I A 4, 3
putatif → conter II 6
putride, putréfier, putrescible → puer I B 1
putsch → pouf I 5
putto → poule II 3
puy → pied III A 1
pygmée → annexe IV ; poing IV

pylône → pylore 3
pyo- → puer II
pyr(o)- → pyrite 4
pyramidon, pyrèthre, pyrét(o)- → pyrite 6, 2, 5
pyrogravure → graver 2
pyrophore → offrir II C 6
pyrotechnie → technique 3
pyroxène → xén(o)- 3
pyroxyle → xyl(o)- 2
pythie, python → annexe IV pythonisse 2, 3
pythonisse → annexe IV
pyxide → buis II

Q

quadr-, quadra- → quatre III 4
quadragénaire, quadragésime → dix I 12, 13
quadrangle → angle I 2
quadrature, quadri- → quatre III 3, 4
quadriennal → annexe II 5
quadrige → joug II E
quadrilatère → lez 3
quadrille → quatre II 8
quadrinôme → nomade 3
quadrivium → voie I B 2
quadru- → quatre III 4
quadrumane → main 19
quadrupède → pied II 3
qualifier, qualité → qui II C 4, 3
quand, quand même → qui II B
quant à, quant-à-soi, quanta, quantième, quantité, quantum → qui II A 1, 4, 3, 2
quarante → quatre I C 1
quart, quartaine, quartaut, quarte, quarteron → quatre I B 1, 2
quarteron (métis), **quartette** → quatre II 7, 5
quartidi → quatre III 5
quartier → quatre I B 2
quartier-maître → quatre II 9
quarto → quatre III 5
quasi → qui II E 2
quaternaire → quatre III 6
quatorze, quatrain → quatre I A 3, 1 ; dix I 15
quatre → quatre I A 2
quatre-temps → temps I 1
quatre-vingt → dix I 7
quatrillion → quatre I A 1 ; mille II 3
quatuor → quatre III 7
que (pronom relatif) → qui I 2
que (adv. excl.) → qui II E 1
que, quel... que, quelconque, quelque, quelque chose, quelquefois, quelque... que, quelqu'un → qui II C 1, 2
quelque part → part I A 1
quenotte → genou III 2
questeur, question → quérir IV 2, 1
quête → quérir II 1
quetsche → annexe IV damas 3
queue- → queue 2
queux → cuire I A 9
quia → qui I 12
quiche → cuire II 6
quiconque, quidam, quiddité → qui I 8, 9, 10
quiétude → coi 5
quignon → coin 5
quincaillerie → clique I B 3
quinconce → cinq III A
quinine → quinquina
quinquagénaire, quinquagésime → cinq III B 2, 3 ; dix I 12, 13
quinquennal → annexe II 5 ; cinq III B 1
quinquet → annexe III
quint, quintaine → cinq I 4, 5
quintal → cent IV
quinte → cinq I 4
quintessence → être II B 2
quintette → cinq II 1
quinto, quintuple → cinq III C 2, 1
quinze → cinq I 3 ; dix I 16
quiproquo → qui I 13
quittance, quitte, quitter, quitus → coi 2
qui vive ? → vivre I 1
quoi, quoique → qui I 3
quolibet → qui I 11
quorum → qui I 15
quote-part → qui II D 3
quotidien → dieu IV B 1 ; qui II D 1
quotient, quotité → qui II D 4, 3

R

rabaisser → bas 5
rabattre → battre 12
rabibocher → bobine III 5
rabiot → rave 2
rabique → rage 2
râble → ruer 2
rabonnie → bon I A 1) 7
rabougri → annexe IV bougre 2
rabouter → bout et bouter I 2
rabrouer → brouet I 3
racaille → raser C 1
raccourcir → chair I E 2
race → raison 3
rachidien → rachis
rachitisme → rachis
racler → raser C 3
racoler → cou 4
raconter → conter I 1
racornir → cor I A 9
radial, radiant, radiateur, radiation → rai 3
radical, radicalime, radicelle, radicule → racine 5, 7
radier → rai 5 ; 1. raie
radiesthésie → rai 4 ; esthétique 4
radieux → rai 4
radin, radiner → radeau 2
radiner (argot) → 2. rade 2
radio- → rai 7, 8, 9
radio-activité → agir I B 3) 2
radio-biologie → vivre II B 3
radiodiffuser → rai 8
radiophare → annexe IV falot 2
radiophonie → antienne 8 ; rai 8
radioscopie → évêque II B 3
radiotechnie → technique 3
radiothérapie → thérapeutique 2
radis → racine 4
radium, radius → rai 7, 6
radoire → raser I A 7
radouber → -ade 2
radoucir → doux I 4
raffermir → ferme I 2
raffiner → fin IV 2
raffoler → enfler I B
raffut → fût 5
raglan → annexe III
ragoûter → goût I 2
raid → 1. rade I 4
raidillon → raide 1
raifort → racine 3
rail → roi II 7
rainure → rouanne 3

raiponce → rave 3
raja(h) ou radjah → roi II 6
rajuster → juger IV 4
râle (oiseau), **râler** → raser I C 4, 2
rallier, rallye → lier I 4, 6
rallonger → long I 5
ramage → rameau I A 3
ramasser → maçon II 2
ramdam → Ramadan 2
rame (aviron) → ramer 1
rame (tuteur pour les plantes) → rameau I A 5
ramée → rameau I A 1
ramener → mener I A 2
ramier → rameau I A 2
ramifier → rameau I B
ramille → rameau I A 1
ramollir → mou I A 5
ramoner → rameau I A 4
rampe → ramper 2
ramure → rameau I A 1
rancart → quatre I B 4
ranch, rancho → rang 4
rancœur → rance 3
rancune → rance 2
ranger → rang 1
ranimer → âme I 3
raout → rompre I 8
rapace → ravir II 2
rapatrier → père I B 8
rapiat → ravir II 5
rapide → ravir II 4
rapiécer → pièce 1
râpière → râpe 2
rapin, rapine → ravir II 5 1
rappeler → pousser I C 1
rapporter → port I D 3
rapprocher → prochain 2
rapt → ravir II 3
ras → raser A 4
rascasse → raser I C 5
rasibus, rasoir, rasade → raser A 4, 5
rassasier → assez I 3
rasséréner → serein 1
rassortir ou **réassortir** → sort II 1
rassoté → sot
rassurer → cure II 3
rastacouère → raser B 2
rata → percer I A 3
ratafia → raison 9
ratatiner → taquet IV 1
ratatouille → percer I A 3

râteau, râtelier → raser B 1
rater → rat 3
ratiboiser → raser A 10
ratifier → raison 7
ratine → raser A 11
ratiocination, ration, rationnel → raison 6, 5, 4
ratisser, rature → raser A 9, 8
rauque → enrouer 2
ravage → ravir I 3
ravalement, ravaler → voûte I B 2
ravier → rave 1
ravigote, ravigoter → veille I 3
ravin, ravine → ravir I 2
ravioli → rave 3
ravitailler, raviver → vivre 3
rayer → 1. raie
rayon (sillon) → 1. raie
rayon, rayonner, rayonne → rai 3
rayure → 1. raie
raz-de-marée → raz
re-, ré- → arrière II 1, 2
réacteur → agir I B 3, 10
réaction, réactionnaire → agir I B 3) 10
réagir → agir I B 1) 1
réaliser, réalité → rien 3
réanimation → âme I 3
réarmer → arme I 2
rébarbatif → barbe I 9
rebattre → battre 11
rebeller (se) → belliqueux I 4
rebiffer → bouffer II 2
rebours (à) → bourre III 4
rebouter → bout et bouter II 3
rebrousser → bourre III 5
rebuffade → bouffer IV
rébus → rien 4
rebuter → but 3
recacheter → agir I A 1
récalcitrant → chausse III 2
recaler → caler 3
récapituler → chef IV A 7
recel → celer 1
recenser → cens 2
récent → rincer 2
récépissé → chasser III D 3
réceptacle, récepteur → chasser III C 10
récession → cesser II B 9
recevoir → chasser I 4 C
réchaud → chaud I A 4
rechute → choir I 5
récidive → choir III C 4
récipiendaire, récipient → chasser III B 9
réciter → citer I 4

réclame, réclamer → clair I C 1
reclus → clef II D 4
recoin → coin 4
récollection, récollet → lire I D 7
récolte → lire I A 8
récompenser → pendre II D 5
réconcilier → clair I B 4
réconforter → fort I 3
reconsidérer → désirer 4
reconversion → vers I B 7
record → cœur I C 7
recors → cœur I D
recourir → courir I A 4
recouvrer → chasser I 10
récréation → croître III A 3
récriminer → crible I G 3
recroqueviller → couche I 3
recru → croire I C
recrudescence → cru I 4
recrue → croître I C 2
recta → roi III D 10
rectangle → angle I 2 ; roi III D 8
recteur, rectifier, rectiligne, rectitude, recto, rectum → roi III D 6, 7, 8, 10, 9
recueil → lire I A 7
reculer → cul 4
récupérer → chasser II D 5
récurer → cure I 2
récurrent → courir III B 2
récuser → chose II B 3
rédaction → agir I B 3) 11
redan ou **redent** → dent I A 3
reddition → donner II D 5
rédempteur → rançon II C 2
redevable, redevance → avoir I 2
rédhibitoire → avoir II C 4
rédiger → agir I B 2) 5
rédimer → rançon II B 1
redingote → cotte I D 7 ; 1. rade I 3
redire → dire I D 7
redondant, redonder → onde I 4
redoute → conduire III 6
redouter → deux I A 4
réduction → conduire II B 9
réduire → conduire I A 6
réel → rien 2
réfection, réfectoire → faire III C 13, 14
référé, référence, référer, référendum → offrir I B 10
réfléchir → fléchir I 2
réflecteur → fléchir III 2
reflet → fléchir II
réflexe → fléchir IV 5
refluer → fleuve II B 6
refondre, refonte → fondre

réformer → forme II 8
refouler → foulon 5
réfractaire, réfraction → enfreindre III B 6, 7
refrain → enfreindre I 3
réfréner → frein 1
réfrigérer → froid 4
réfringent → enfreindre III D 2
réfugier → fuir 7
réfuter → refuser 2
regain → gagner
régale → roi III A 10
régaler → galant 3
régalien → roi III A 10
regarder → serf IV 3
régate → chasser II 3
régénérer → gens I C 2
régent → roi III A 7
régicide → roi III A 10
régie → roi III A 6
régime (de bananes) → raisin 2
régime, régiment, région, régir → roi III A 8, 9, 5, 6
registre → geste I 2
règle, règlement, régler → roi III A 2, 3
réglure → roi III A 3
régner → roi III A 1
regorge → gueule III A 3
régresser → degré II C 6
régulariser, régulation, régulier → roi III A 4
régurgiter → gueule III B
réhabiliter → avoir I B 2) 3
reine → roi I A 2
réintégrer → atteindre II B 5
-réique → rhume 8
réitérer → y 7
reître → 1. raide I 2
rejeter → jeter I A 5
réjouir → jouir 1
relâche → lâche I A 3
relaps → laps 3
relater, relation, relatif → oublie II B 7
relaxer → lâche I D 1
relayer, relais → délai 2, 3
reléguer → loi II 8
relent → lent 2
relever → léger II 6
relief → léger I 5
relier → lier I 3
reliquat → relique I 2
rémanence → manoir II 3
remarquer → marcher I C 3
remballer → 1. balle 1
rembarrer → barre 1

remblayer → blé 4
remboîter → buis I 3
rembourrer → bourre I 2
rembourser → bourse 3
rembrunir → brun 3
remède, remédier → muid II B 2
remembrer → membre 1
remémorer → mémoire I B 3
remercier → marché II 1
remettre → mettre I A 4
rémige → ramer 3
réminiscence → 1. -ment I C
remise → mettre I C 3
rémission → mettre II B 2
rémittence → mettre II A 2
remmener → mener I A 2
remonter → mener II 7
remontrance, remontrer → 1. -ment I D 1
remords → mordre 6
rémouleur → moudre I A 2
remous → moudre I A 1
rempailler → paille 6
rempart → part III B 7
remplacement, remplacer → plat I A 4
remplir → plein I B 1
remployer → plier I B 2
remporter → port I D 4
remuer → muer I A 2
rémunérer → muer I B 8
renâcler → nez 4
rénal → rein 3
renard → annexe III
rencogner (se) → coin 4
rencontrer → contre 4
rendre, rendez-vous → donner I E 1
rêne → tenir I A 6
René → gens II A 3
renégat → non I 5
rénette → rouanne 2
renflouer → pleuvoir II 3
renfort → fort I 4
rengaine → gaine 3
rengorger (se) → gueule III A 4
renier → non I 5
rénitent → connivence 2
renommée → nom I A 2
renoncer → annoncer I 5
renoncule → rainette 2
rénover → 2. neuf I C 2
renseigner → seing I 3
rente → donner I E 2
renverser → vers I B 8
repaire → père I A 3
répandre → pas II 1

reparaitre → paraître 1
réparer → part III B 3
reparler → bal I D 2
repartie, répartir → part I A 8
répartition → part I B 2
repas → paître 3
repasser → pas I 12
repêcher → poisson I 2
répercussion → casser II A 3
repère, repérer → père I A 4
répertoire → part IV
répéter → 1. panne II B 3
répit → dépit I 2
replacer → plat I A 4
replat → plat I A 2
replet → plein I B 5
repli → plier I A 2
répliquer → plier II C 4
répondre → époux I 2
reporter → port I D 5
reposer, reposoir → poser 2
repousser, repoussoir → pousser I A 3
répréhension → prendre II 1
reprendre → prendre I A 4
représailles → prendre I E 2
représenter → être II C 6
répression → empreindre II E 6
réprimer → empreindre III 5
reprise → prendre I D 4
réprobation → prouver I B 5
reprocher → prochain 3
réprouver → prouver I A 3
reptation → reptile 1
repu → paître 2
république → publier 3 ; rien 5
répudier → pudeur 4
répugner → poing III A 1
répulsion → pousser I B 5
réputer → conter II 7
requérir → quérir I 4
requête → quérir II 4
requiem → coi 6
requin → chien I B 5
requinquer → clique I B 2
réquisition, réquisitoire → quérir III 2
rescapé → chape II 1
rescousse → casser I B 3
rescrit → écrire II B 4
résection → scier II C 4
réséda → seoir A II 5
réséquer → scier II A 1
réserver → serf II 3
résider, résidu → seoir II B 3, 4
résigner → seing II B 6
résilier → saillir I F

résille → réseau 3
résipiscence → savoir II 2
résister → ester III B 8
résolution → dissoudre I C 6
résonance, résonner → sonner 7
résorber → absorber I
résorcine → résine 2
résoudre → dissoudre I A 3
respect, respectif → dépit II C 8
respirer → soupirer II 6
resplendir → splendeur
responsable → époux I 3
resquiller → 1. quille 2
ressac → saquer 3
ressasser → soie 2
ressaut → saillir I B 5
ressembler → ensemble I A 3
ressentiment, ressentir → sentir I 4, 1
resserre → serrer 3
resservir → serf I C 2
ressort, ressortir, ressortissant → sort I 4
ressource → roi I C 2
ressusciter → citer I 6
restaurer → ester III F 2
rester → ester I 12
restituer → ester III C 6
restreindre → étreindre I 4
restriction → étreindre III A 5
restringent → étreindre III B 2
résultat, résultante, résulter → saillir I D 3
résumer → rançon II A 3
résurgence → roi III C 3
résurrection → roi III D 1
retable → table 7
retape → taquet III 1
retarder → tard 1
retenir → tenir I A 5
retentir → boum 8
rétiaire → réseau 5
réticence → taire 3
réticule → réseau 6
rétif → ester I 13
rétine → réseau 4
retirer → tirer 3
retomber → boum 10
rétorquer → tordre II B 2
retors → tordre I 2
rétorsion → tordre II C 2
retoucher → taquet I C 1
retour, retourne → tourner I A 3, 4
rétractation, rétraction → traire II B 8
retrait, retraite → traire I A 6
retrancher → trois I 5

rétrécir → étreindre I 7
rétribuer → tribu 8
rétro- → arrière I 5
rétroactif → agir I B 3, 2
rétrocéder → cesser II A 10
rétrocession → cesser II B 10
rétrospectif → dépit II C 9
retrousser, retroussis → tordre I 11
rétroversion → vers I A 8
rétroviseur → voir I E 4
rets → réseau 2
réussir → irai (j') I 9
revaloir → valoir 1
revaloriser → valoir 10
revanche → venger 2
rêvasser → rêver 1
réveiller, réveillon → veille I 2
révéler → voile 3
revendication → venger 5
réverbère, réverbérer → verveine 2
révérence, révérend, révérer → serf III 4
revers, reversible, reversion → vers I B 16
revêtement → vêtir 1
revigorer → veille I 3
revirement → virer 1
réviser, révisionniste → voir I E 8
revitaliser, reviviscence → vivre I 9, 14
révocation → voix I B 5
révolter → voûte II A 1
révolu, révolution → voûte III A 2, 1
revolver → voûte II C
révoquer → voix I B 5
revue → voir I B 4
révulsion → laine IV 3
rez-de-chaussée → raser I A 2 ; chausse I 3
rezzou → razzia
rhabiller → bille I 3
rhapsodie → ode 12
rhéostat → rhume 6
rhésus → annexe III
rhéteur → rhétorique
rhingrave → annexe IV
rhinocéros → cor II C 1 ; rhin(o)-
rhizo- → réglisse 2
rhodium → rose II 2
rhododendron → dendr(o)- 2 ; rose II 1
rhotacisme → abécé II 8
rhumatisme → rhume 5
ribambelle → bobine I 9
ribote, riboter → ribaud 2
ribouis → buis I 5

ribouldingue → ribaud 3
ricaner → genou III 1
ric-rac ou **ric et rac** → annexe I
rideau → rider
ridicule (petit sac à main) → réseau 6
ridicule → rire 6
riflard → annexe III
riflard (outil) → rifler 1
rifle → rifler 2
rigide → raide 3
rigodon ou **rigaudon** → annexe III
rigole → roi II 1
rigoler → rire 4
rigueur → raide 2
rillettes → roi I D 2
rimailler → rimer 1
rinceau → rameau II
ring → rang 3
ringard → gringalet 2
ripaille → riper 2
ripaton → patte 8
ripolin → annexe III ; huile 8
ripopée → papa III 3
riposte → époux I 5
riquiqui → annexe I
risée, risette → rire 3
risotto → riz 2
rissole, rissoler → rouge I A 7
ristourne → tourner I B 4
rite, rituel → art I B 6
ritournelle → tourner I B 3
rivage → rive 1
rivaliser → ru 4
river, riverain, rivet, Riviera, rivière → rive 3, 6, 5
roastbeef → rôtir 2
Robin → robe 1
robinet → annexe III
robuste → rouge I B 3
roc → roche 2
rocade → roquer 2
rocaille → roche 2
rocambolesque → annexe III
rocher → roche 1
rochet → froc 2
rococo → annexe I ; roche 2
rodage, roder → roue I 8
rôder → roue I 8
rodomontade → annexe III
rogations, rogaton → corvée II 7
rogne (gale) → araignée I 4
rogne → ronfler 2
rogner → roue I 10
rognon → rein 2
rôle → roue I 5
romain, romaine → annexe IV roman 6

roman → annexe IV
roman (ling. ; archit.), **romance, romanche, romancier, romand, romanesque** → annexe IV roman 7, 3, 4, 1, 2
romanichel → annexe IV roman 8
romaniser, romaniste, romanité → annexe IV roman 8, 7
romano → annexe IV romanichel
romantique → annexe IV roman 5
romarin → rosée 3
ronchonner → ronfler 3
rond, rondeau, rondelle, rondin → roue I 9
rond-point → poing I D 4
ronron → annexe I
room rustre II 2
roquet → annexe II
rosace, rosaire, rosat → rose I 4, 3, 2
rosbif → rôtir 2
roséole → rose I 5
Rossinante → rosse 3
rotation, rotative → roue II 1
rote (la sainte) → roue II 4
rotonde → roue I 11
rotondité, rotule → roue I 2, 3
roture → rompre I 9
rouage → roue I 1
roucouler → annexe II
roué, rouelle, rouer, rouet → roue I 7, 2, 1
rougeole, rouget, rouille → rouge I A 5, 1, 4
rouge-gorge → gueule III A 1 ; rouge I A 1

rouleau, rouler, roulis, roulotte, roulotter, roulure → roue I 2, 4
round → roue I 12
rouscailler, rouspéter → annexe II groin II 2
roussette → rouge I A 3
roussin → rosse 2
route → rompre I 5
rouvre, roux → rouge I A 6, 3
royal → roi I A 1
royaume, royauté → roi I A 1
-rragie, -rrhagie → cataracte 2
-rrhée → rhume 7
rubéole, rubescent, rubicond, rubigineux → rouge I B 6, 5, 2, 7
rubis → rouge I A 2
rubrique → rouge I B 1
rudiment, rudoyer → rude 3, 1
rugby → annexe IV
rugine → rouanne 4
rugir → annexe II rut 2
rugueux → 1. rue 2
ruine, ruiner → ruer 3
ruisseau, ruisseler → ru 2
ruolz → annexe III
rupestre → rompre II B
rupin → riper 2
rupture → rompre II A 2
rural → rustre I 1
ruser → chose I 2
rush → chose I 3
rustaud → rustre I 1
rustine → annexe III
rustique → rustre I 1
rut → annexe II

S

sa → soi I A 2
sabbat → samedi 2
sabir → savoir I 6
sable, sablé (subst.), **sabler, sablier** → sablon 2, 3
saborder → sabord
sabot, sabotage → bot 3
sabretache → tâche 3
saccader → saquer 2
saccage → 2. sac
saccharine → sucre 2
sacerdoce → faire III F 2 ; saint II D
sachet, sacoche → 1. sac 1, 3
sacraliser → saint II B 10
sacrebleu → dieu I A 5
sacrement, sacrer, sacrifier, sacrilège → saint II B 4, 1, 5, 6

sacrilège → lire I B 3
sacripant → annexe III
sacristain, sacristie, sacro-saint → saint II B 7, 8
sadique → annexe IV
sage → savoir I 3
sagittal, sagitté → sagittaire 2
saigner → sang I 3
sainfoin → femme I A 3
saint-bernard → annexe IV
saint-honoré → annexe IV
sainte-nitouche → taquet I C 1
saison → semer 3
salacité → saillir I F
salade → sel I A 8
salaire → sel I B 1
salami → sel I A 11

salaud → sale 1
saler → sel I A 2
salicaire, salicylate, salicylique, salicyle → saule II 5
salière → sel I A 2
saligaud → sale 3
salin → sel I B 3
salique → annexe IV
salir → sale 1
salmigondis, salmis → sel I A 10
salmonidés → saumon 2
salon → salle 2
saloperie → sale 2
salpêtre, salpêtrière → sel I B 2
salping(o)- → salpingite 2
saltation, saltimbanque → saillir I C 1, 2
salubre → sou II 6
saluer, salut, salutaire, salutation, salutiste → sou II 4, 5
salve (subst. fém.), **Salve** ou **Salve Regina** → sou II 7, 8
samedi et dieu IV A 2
sana, sanatorium → sain 6
sanctifier, sanction, sanctuaire, **Sanctus** → saint II A 3, 1, 4, 2
sandwich → annexe III
sangle → ceindre I 4
sanglier → ensemble I B
sanglot → gueule II 3
sangsue → sang I 4 ; sucer 2
sanguine, sanguinolent → sang II 1, 2
sanhédrin → seoir III B 3
sanie → essanger 2
sanitaire → sain 5
sansonnet → annexe III
santé → sain 2
santon → saint I 2
saoul → assez I 2
saperlotte → saint II B 2
sapeur → sape 2
saphique → annexe III
sapide, sapience → savoir II 3, 1
saponaire, saponifier → savon 2
sapristi → saint II B 2
sarcasme → cercueil II 1
sarco-, sarcome, sarcophage, sarcopte → cercueil II 4, 2, 3
sardine → annexe IV
sardoine, sardonique → annexe IV sardine 2
sargasse → saule II 4
sarment → serpe I 2
sarrasin → annexe IV
sas → soie 2
satané → annexe III satanique

satanique → annexe III
satiété, satire, satisfaire, satisfecit, satin → annexe IV
satinette → annexe IV satin
saturateur, saturer → assez II 1, 5, 2, 4, 6
sauce, saucisse, saucisson → sel I A 4, 5, 6
sauf → sou II 1
sauge → sou II 3
saugrenu → grain I B 5 ; sel I A 9
saumure et sel I A 12
saunier, saupiquet → sel I A 3, 7
saupoudrer → poudre 1 ; sel I A 7
-saure → saurien 2
saussaie → saule II 1
sauter, sauterelle, sautoir → saillir I B 1
sauvegarder, sauver, sauvette → sou II 1, 2
savant → savoir I 2
savarin → annexe III
savetier → savate 1
saveur → savoir I 4
saxatile → saxifrage 2
saxifrage et enfreindre III A 4
saxophone → annexe III
saynète → saindoux 2
sayon → saie
scabieuse, scabreux → égoïne 2, 3
scalpel → 2. échoppe 3
scalper → écale I 5
scandale → échelle II 2
scander → échelle I G
scarabée → escarbot 6
Scaramouche → escrime 3
scarifier → écrire III
scarlatine → seing I 9
scarole → dent I C 2
scatologie → scone 2
sceau → seing I 7
sceller → seing I 7
scénario → scène 2
sceptique → évêque II A
sceptre → écheveau 4
schah → échec 5
schéma, schème → époque 5
schisme, schiste, schizophrénie → esquille I 2, 3, 4
schnaps → chenapan 2
scinder → esquille II 1
scintiller → étincelle 3
scirpe → serpillière 2
scission, scissipare → esquille II 2, 3
sciuridés → écureuil 3
scolaire, scolastique, scoliaste → école 2, 3, 4

scolie (glose) → école 4
scoliose → scolie 2
-scope, -scopie, -scopique → évêque II B 2, 3, 4
scotch → annexe IV
scout → oreille I 4
scribe → écrire II D
script, script-girl, scripteur, scripturaire → écrire II C 8, 7
scrofules → 1. écrou 3
scrongneugnieu → saint II B 2
scrutin → scruter
sculpture → 2. échoppe 2
se → soi I A 1
séance, séant → seoir I A 5, 3
-seau → -eau, -elle I 2
sébacé → suif 2
sécable, sécant, sécante, sécateur → scier II A 2, 3, 4
sécession → cesser II B 11
second, secondaire, seconde, seconder → suivre II B 1
secouer → casser I B 1
secourir → courir I A 4
secret, secrétaire, sécrétion → crible I E 3, 4, 5
secte → suivre II B 2
secteur, section → scier II C 6, 1
séculaire, séculariser, séculier → siècle 3, 2
sécurité → cire I 12
sédatif, sédentaire → seoir II A 2, 3
sédiment → seoir III A 6
sédition → irai (j') II E 6
séduire → conduire I A 7
segmenter → scier II B
ségrégation → grège 4
séguedille → suivre I 3
séide → annexe III
seigle → scier I 2
seigneur → sire 3
seille → seau 2
seize → dix I 17 ; six I 2
séjourner → dieu V A 6
select, sélectionner → lire I D 10, 9
sélén(o)- → sélénite 3
sélénium → sélénite 2
selle → seoir I B 1
selon → long I 4
seltz → annexe IV
semaine → sept I 2
sémantème → sémantique 1
sémaphore, sémasiologie, séméiologie, séméiotique → sémantique 2, 1, 3
sembler → ensemble I A 2
sémème → sémantique 1

semestre → mois I 3 ; six II A
semi- → ensemble II D 2
sémillant, séminaire, séminal → semer 4, 7, 5
sémiologie, sémiotique → sémantique 3
sémite → annexe III
semi-voyelle → voix I A 5
semonce → 1. -ment I D 3
sempiternel → ensemble II D 1
sénaire → six II B
sénat → sire 5
sénatus-consulte → conseil 4 ; sire 5
sénéchal, sénéchaussée → maréchal 2
séneçon, sénescence → sire 6, 8
sénevé → sanve 1
sénile, senior → sire 7, 4
sens, sensation, sensé, sensible, sensitif, sensitive, sensoriel, sensuel → sentir II 1, 5, 6, 3, 4, 9, 7
sentence, sentencieux → sentir I 3
sentier → sente 2
sentiment, sentinelle → sentir I 4, 7
séparer → part III B 6
sépia → seiche 2
-sepsie → septique 2
septante → dix I 12 ; sept I 5
septembre, septénaire → sept I 3, 7
septennal → annexe II 5 ; sept I 5
septentrion → sept I 4
septicémie → septique 1
septidi → sept I 8
-septique → septique 2
septuagénaire, septuagésime, septuor, septuple → sept I 5, 9, 6 ; dix I 12, 13
sépulcre, sépulture → ensevelir 3, 2
séquelle, séquence, séquestre, séquestrer → suivre II A 5, 2, 6
serein (subst.) → soir 2
sérénade, sérénissime, sérénité → serein 3, 2, 4
séreux → sérac 2
serfouette → fouir 3
serge → annexe IV
sergent → serf I 2
sérici- → annexe IV serge 2
série → désert 5
seriner → serin 1
seringa → seringue 2
serment → saint I 3
sermon → désert 6
séro-, sérosité → sérac 2
serpentaire, serpenter, serpentin → serpent 1

serpolet → serpent 2
serre, serre- → serrer 2, 5
serrure → serrer 4
sérum → sérac 2
servage, servant, serveur, serviable, service, serviette, servile, servir, serviteur, servitude, servo- → serf I 4, 7, 8, 4, 8, 9
ses → soi I A 2
session → seoir II C 1
sesterce → trois II A 6
set → suivre I 4
setier → six I 3
séton → soie 3
setter → seoir IV 1
seulement → seul 1
sévir → sévices
sevrer → part III A
sexagénaire, sexagésime → six II C 1
sex appeal → pousser I C 4 ; sexe 2
sexo- → sexe 1
sextant, sexte, sextolet, sextuor, sextupler → six II C 3, 5, 6, 2
sexy → sexe 2
seyant → seoir I A 4
sforzando → fort III 3
shah → échec 5
sherry → annexe IV xérès 2
shrapnel → annexe III
sibilant, sibilation → siffler 3
sibyllin → sibylle
siccatif, siccité → sec 4
side-car → char II A 1
sidéral, sidéré → désirer 7, 8
sidérurgie → sidér(o)-
siège → seoir I B 2
sien, sienne → soi I A 2
sieste → six I 4
sieur → sire 2
sigillé, sigillographie → seing II A
sigma, sigmoïde → abécé II 9
signal, signaler, signe, signer, signifier → seing II B 4, 1, 2, 3
silène → annexe III
silhouette → annexe III
silicate, silice, silicium, silicone, silicose → silex 2
sillage → sillon 2
simarre → chamarrer 2
simiesque → singe 2
simili-, similitude → ensemble II A 3, 1
simonie → annexe III
simple, simplicité, simpliste, simplifier → ensemble II C 1, 3, 4
simulacre, simultané → ensemble II B 1, 4

sinanthrope → anthrop(o)- 2
sinapisme → sanve 2
sincère → ensemble II C 5
sinciput → chef IV B 3
sinécure → cure I 10
sine qua non → sans 2
singulier → ensemble II C 6
sinistre → senestre 2
sino- → annexe IV Chine 2
sinople → annexe IV
sinuosité, sinus (anat. ; géom.) → sein 3, 4, 5
sirène → serin 2
siroter, sirupeux → sirop 2, 4
sisal → annexe IV
sismique → séisme
site, situation → pondre IV 3, 1
situer → poudre IV 1
sixte, sizain → six I 5, 1
sketch → esquisse 2
slave → annexe IV esclave 2
snack-bar et barre 5
snow-boot → bot 4 ; neiger 4
sobre → ivre 5
sociable, social, socialisme, sociétaire → société 4, 3, 1
socio- → société 4
socle, socquette → socque 2, 3
soda, sodique, sodium → soude 3, 2
sodomie → annexe IV sodomite
sodomite → annexe IV
sœur → soi I B 1
soi-disant → dire I C 3
soin → soigner 1
soixante → dix I 11 ; six I 2
sol → seuil 6
solaire, solarium → soleil I B 1
soldat, solde (subst. masc.), **solde** (subst. fém.), **solder** → sou I B 2, 3, 1
solde, sole (poisson) → seuil 2, 5
solécisme → annexe IV
solennel → sou III 3
solfatare → soufre 2
solfège, solfier → do
solidaire, solide → sou I C 3, 1
soliloque → seul 6
solin → seuil 3
solipsisme, soliste, solitaire, solitude → seul 7, 2, 3, 5
solive → seuil 3
solliciter → citer I ; sou III 2
solliciteur, sollicitude → sou III 2
solo → seul 2
solstice → ester III D 2 ; soleil I B 2
soluble, solution → dissoudre I C 2, 1

solvable, solvant → dissoudre I D 1, 2
soma → somat(o)- 2
-somatique → somat(o)- 3
sombrer → sous I A 8
-some → somat(o)- 3
sommaire, sommation → sous I B 5, 4
somme (subst. masc.) → sommeil I A 2
somme (subst. fém.) → sous I B 2
sommelier → somme 3
sommer, sommet → sous I B 4, 1
sommier → somme 2
sommité → sous I B 6
somnambule → aller I B 5 ; sommeil I B 4
somnifère, somnolence → sommeil I B 2, 1
somptuosité → rançon II D 4
son (possessif), **sonar, sonate** → sonner 2, 11, 4
songe → sommeil I A 3
sonique → sonner 2
sonnet, sono-, sonore, sonoriser, sonorité → sonner 3, 2, 6
Sophie, sophisme → sophiste 3, 1
sophistiquer → sophiste 1
soporifique → sommeil II 3
soprano → sous I A 10
sorbet → sirop 3
sorbier → sorbe
sorcellerie, sorcier → sort I 2
sorgho → annexe IV
sorte → sort II 1
sortie, sortir → sort I 3
sortilège → sort II 3
sosie → annexe III
sotie, sottise → sot
sou-, sous- → sous I A 1
soubassement → bas 3
soubresaut → saillir I B 4
soubrette → sous I A 9
souci (fleur) → soleil I A 2
souci (ennui) → sou III 1
soucoupe → cuve 5
soudain → irai (j') I 4
Soudan → sultan 2
soudard → sou I A 2
souder, soudoyer → sou I A 3, 2
souffler, souffleter → enfler I A 2, 3
souffrance → offrir I A 2
souffreteux → enfreindre I 4
souffrir → offrir I A 2
souillarde, souille → souiller 1
souillon → souiller 1
soulager → léger I 3

soûler → assez I 2
soulever → léger II 7
soulier → talon 2
soumettre → mettre I A 5
soumis → mettre I C 7
soumission → mettre II B 10
soupape → papa I 5
soupçon → dépit I 3
soupente → pendre I B 3
souper → soupe
soupeser → pendre II A
soupirail → soupirer I 2
souple → plier I C 2
source → roi I C 2
sourcil → celer I 5
sourdine → sourd 2
sourd-muet → muet 1
sourdre → roi I C 1
sourire → rire 2
sournois → sornette 2
souscrire → écrire II A 5
sous-entendre → tenir I B 5
sous-jacent → jeter III 4
soustraction → traire II B 6
soustraire → traire I A 7
sous-ventrière → ventre 1
soutane, soutanelle, soute → sous I A 7, 6
soutenir → tenir I A 4
souterrain → terre 3
soutien-gorge → tenir I A 4 ; gueule III A 1
soutirer → tirer 3
souvenir → venir I A 6
souvent → sous I A 6
souverain → sous I A 5
sovkhoze → soviet 2
soyeux → soie 1
spacieux → espace 2
spadassin → épée 3
sparte, spartéine, sparterie → espadrille 2
spasme → pâmer 2
spatial, spatio- → espace 3, 4
spatule → épée 6
spécialiser, spécieux, spécifier, spécimen → dépit II A 2, 3, 4, 8
spectacle, spectre, spectro- → dépit II C 10, 11
spéculer, spéculum → dépit II A 5, 7
speech → speaker 2
spencer → annexe III
spermato-, sperme, -sperme → épars II A 3, 2, 1
-sphère → sphère 2
sphinge → sphinx

spic, spici-, spicilège, spicule → épi 2, 3
spinal → épine 5
spirale → spire
-spirant, spiration → soupirer II 9
spirille → spire
spirite, spiritisme, spiritualité, spirituel, spiritueux, spiro- → soupirer II 10, 1, 8, 9
spleen → splénique 2
spolier → dépouiller 2
spondaïque, spondée → époux II
spongi-, spongieux → éponge 3, 1
Sporade, sporadique, spore, -spore, sporule, sporange, sporo- → épars II B 1, 2, 4, 3, 5
sport → port I D 9
square → quatre II 10
stable, stabulation → ester A 19, 20
staccato → étai II 2
stade → ester IV E
stage → ester III A 21
stakhanovisme → annexe III
stalle → étal 5
stance → ester II 2
stand, standing → ester V 2, 3
standard → tenir I B 8
stannifère, stannique → étain 3
star → étoile I 3
stase, -stase, -stasie → ester IV A 1, 3
-stat → ester III A 10
statère → ester IV A 4
-stateur → ester III A 10
station, -station, stationnaire, statique, -statique, statisme → ester III A 2, 10, 3
statistique → ester II 4
stato-, stator → ester III A 9, 8
statue, statuer, statu quo, stature, statut → ester III A 6, 3, 7, 5, 4
stéarine, stéatite, stéatome, stéatopyge, stéatose → stéar-, stéat- 3, 2, 1
steeple-chase → chasser II 5
stellaire → étoile II A 2
stencil → étincelle 2
sténodactylographie, sténogramme, sténographie, sténotypie → sténo- 2, 1, 3
stentor → annexe III
stéréo- → stère 2
stéréochrome → chrome I 4
stéréophonie → antienne 8
stéréotype → percer II 4
sterling → étoile I 4
sterno-, sternum → estrade III 1

sternutatoire → éternuer 2
-stiche → cadastre 4
stichomythie → cadastre 2 ; mythe 2
stick → étiquette I 4
stigmate → étiquette IV 1
stillation, stilligoutte → distiller 3, 4
stimuler → étiquette III 5
stipe → éteule II 2
stipendier → éteule II 3 ; pendre I D 5
stipule, stipuler → éteule II 4, 5
stock → étau 4
stoïque → annexe IV
stomacal, stomatite, stomato-, -stome → estomac 2, 4, 5, 7
stopper → étoupe IV 1
strabisme → strophe 5
strangulation → étrangler 2
strapontin → poing II 3
strass → annexe III
stratagème → estrade III 2
strate → estrade II C 3
stratège → estrade III 2
strati-, stratifier, strato-, stratus → estrade II C 6, 5, 7, 4
stratosphère → sphère 2
streptomycine → streptocoque
strette → étreindre II
strict, striction → étreindre III A 1
strident → strident
strie → étreindre III C 1
strigile → étreindre III C 2
structure → détruire III A 1
stuart → steward
studieux, studio → percer I B 3, 4
stupéfier, stupeur, stupide → percer I C
stupre → percer I D
style → étiquette III 6
stylet → étiquette II
styliste, stylobate → ester IV F 2, 1
suaire → suer I 4
sub- → sous I E
subalterne → autre I B 6
subir → irai (j') II D 2
subit → irai (j') II E 3
subjectif → jeter I B 11
subjonctif → joug II C 6
subjuguer → joug II A 1
submerger → immerger 2
subodorer → odeur I 6
subordonner → ourdir I 5
suborneur → ourdir II 4
subreptice → reptile 2
subroger → corvée II 8
subsaturation → assez II 6

subséquent → suivre II A 4
subside → seoir II B 5
subsister → ester III B 9
substance, substantif → ester III A 17, 18
substituer → ester III C 7
substrat → estrade II C 2
substruction → détruire III A 6
subter- → sous I E
subterfuge → fuir 7
subtil, subtiliser → tisser II B
suburbain → urbain
subvenir → venir I A 9
subvention → venir I B 6
subversion → vers I B 12
suc → essuyer 3
succédané, succéder → cesser II A 11
succès → cesser II C 6
succinct → ceindre II
succion → sucer 3
succomber → couver II B
succube → couver II A 3
succulent → essuyer 4
succursale → courir III A 5
sud- → sud 1
sudation, sudo- → suer I 5, 6
Suède → annexe IV
Sueur (patronyme) → coudre 5
suffire → faire I B 3
suffixe → ficher II 2
suffragant, suffragante → enfreindre III A 6, 5
suggérer → geste II A 3
suggestion → geste II B 3
suicide → soi I A 3
suint, suinter → suer I 2
suisse → annexe IV
suite, suivante → suivre I 2, 1
sujet → jeter I A 7
sulf-, sulfamide, sulfate, sulfite, sulfure, sulfureux, sulfurique, -sulfurique → soufre 4, 3
summum → sous I B 7
sunlight → luire II
super- → sous I C 4
superbe (adj. ; subst.) → prouver II 1, 2 ; sous I C 2
supercherie → sous I C 3
superfétation → femme I B 3
superficie → faire III E 8
superflu → fleuve II B 2
supérieur → sous I C 1
superlatif → oublie II B 8
superposer → pondre III B 18
superstition → ester III C 8
superstrat → estrade II C 2

superstructure → détruire III A 1
superviser → voir I E 4
supin, supinateur, supination → sous I C 7, 8
supplanter → plat II 4
suppléer, supplément → plein I B 8
suppliant → plier I A 3
supplication, supplicier, supplique → plier II C 2, 8
supporter → port I D 10
supposer, suppositoire → pondre III B 14, 15
suppôt → pondre I 5
suppression → empreindre II E 7
supprimer → empreindre III 6
suppurer → puer I B 2
supputer → conter II 8
supra, supra-, suprématie, suprême → sous I C 5, 6
sur, sur- → sous I A 4
sûr → cure II 1
suranné → an I 5
surbaissé → bas 5
surcharger → char I B 1
surcroît → croître I A 2
surdité → sourd 3
suret → sûr
surexciter → citer I 2
surface → faire I C 4
surfait → faire I A 11
surgeler → gel I A 3
surgeon → roi I C 3
surgir → roi III C 2
surjeter → jeter I A 6
surmener → mener I A 3
surmonter → mener II 8
surmulet → mulet 2
surmulot → mulot 1
surnombre → nombre I 1
surnommer → nom I A 2
surnuméraire, surnumérique → nombre II 3
suroît → sud 2
surpasser → pas I 10
surplis → peau I 4
surplomber → plomb I 1
surplus → plein I C 1
surprendre → prendre I A 5
surprise → prendre I D 4
surrénal → rein 3
sursaturer → assez II 6
sursaut, sursauter → saillir I B 3
surseoir, sursis → seoir I A 1
surtout → tout I
surveiller → veille I 1
survenir → venir I A 2
survêtement → vêtir 1

survivre → vivre I 1
survoler → voler 1
survolter → annexe III volt
sus → sous I A 2 ; vers III 3
sus- → sous I D
susceptible, susception → chasser III C 11
susciter → citer I 6
suscription → écrire II C 10
susdit → dire I D 8
suspect → dépit II C 12
suspendre → pendre I A 1
suspens, suspense, suspension → pendre II D 7
suspicion → dépit II B 4
susurrer → sourd 5
suture → coudre 6
suzerain → sous I A 3
svelte → laine IV
sybarite → annexe IV
sycomore → figue 6
sycophante → figue 5
syllepse → syllabe 4
syllogisme → lire II C 17
sylphide → sylphe
Sylvain, sylve, sylvestre, sylviculture → sauvage 3, 4, 2
symbiose → vivre II B 5
symbole, symboliser, symbolisme → bal III C 7
symétrie → mesure II 3
sympathie → pathétique 4
symposium → boire III
symptôme → pire II 2
synagogue → agir II 2
synarchie → archives II 3
synclinal → enclin II B 3
syncrétisme → annexe IV
syndic, syndicalisme → dire III 2
syndrome → dromadaire 4
synérèse → hérésie 2
synergie → orgue I B 1
synodal, synode → exode 5
synonyme → nom II B 1
synopsis, synoptique → œil III 4, 2
syntactique, syntagme, syntaxe → tâche 5
synthèse → faire IV B 14
-synthèse → faire IV B 15
syphilis → annexe III
syringomyélie, syrinx → seringue 4, 3
système → ester IV C
systole → apôtre II A 3
syzygie → joug IV 1

T

ta → toi 2
tabasser, tabatière → tabac
tabellion → table 9
tabernacle → taverne 2
tablature → table 10
tableau, tabler, tablette, tablier → table 5, 6, 3
tabouret → tambour 2
tac (onom.), **tac** (gale des chevaux) → taquet I A 2, 3
tacet → taire 4
tachéo- → tachy-
tâcher, tâcheron → tâche 1
tacheter, tacheture → tache 3
tachycardie → cœur II 4
tacite, taciturne → taire 2
tacot → taquet I A 6
tact, tactile → atteindre II A 1
tacticien, tactique → tâche 6
tafia → raison 9
-tage → -age 2
taie → faire IV A 1
taillable, taillader, taillanderie, taillandier, taille, taille-, tailleur, taillis, tailloir → tailler 4, 5, 1

tain → étain 1
talisman → tonlieu 2
tallage, taller → talle 1
taloche (gifle) → taler 2
talonnette, talonnière → talon 1
tambouille → boule I B 6
tambourin → tambour 1
tamponner → tampon
tam-tam → boum ! 12
tancer → tenir I C 1
tandem, tands que → tel 4, 3
tangent, tangente, tangible → atteindre II B 1
tango → annexe I
tanière → taisson 3
tanin → tan
tanner → tan
tant, tantième → tel 2
tante, tata → maman 4
tantôt → tôt 3
tape-, tapé (pour un fruit) → taquet III 4, 3
tapé (bien servi) → tampon 2
taper → taquet III 1
taper (se) → tampon 2

tapette, tapin → taquet III 3, 1
tapisserie → tapis
tapoter → taquet III 2
taquage, taquer, taquin, taquoir → taquet I A 5, 4
tarabiscoter → tarabuster 4
tarare → tarabuster 3
tarasque → annexe IV
taratata → tarabuster 5
taraud, tarauder → tourner IV 2
tardi-, tardif → tard 2, 1
tarentelle → annexe IV tarentule 2
tarentule → annexe IV
targette → targe 2
targuer (se) → targe 3
tarière → tourner IV 1
tarin → annexe II ; tarabuster 2
tarlatane → annexe IV
tartan → annexe IV tiretaine 2
tartane → annexe II tarin 2
tartareux, tartarique → tartre 2
tarte, tartine → tordre I 7
Tartuffe → truffe 2
tasseau → talon 3
tasser → tas
tata → annexe I
tâter, tâte-vin → atteindre I 2
tatillon → atteindre I 2 ; taquet IV 2
tâtonner → atteindre I 2
taupé, taupin → taupe
taurillon, taurin, tauro- → taureau 1, 3, 4
tautologie → aut(o)- II 11
taux → tâche 2
tavelé, tavelure → table 8
taxer, taxi, taxi- → tâche 4, 8
taylorisme → annexe III
te → toi 1
technicien, -technicien, technicolor, -technie, -technique, techno- → technique 3, 1, 2
tectonique → architecte 3
tégument → toit 6
teillage → teille 1
teint, teinte, teinture → teindre 1
-tèle → tonlieu 4
téléphérique → offrir II B 2
téléphone → antienne 7
téléscripteur → écrire II C 7
télétype → percer II 4
télévision → voir I E 17
tellement → tel 1
tellure, tellurique → titre II 1, 2
téméraire → ténèbres 2
témoigner → témoin I
tempérament, tempérance, température, tempérer → tremper 4, 2, 5

tempête, tempêter → temps I 3
templier → temple I 1
tempo → temps I 4
temporaire → temps II A 4
temporal → tempe 2
temporel, temporiser → temps II A 1, 2
ténacité → tenir II A 5
tenailler, tenailles → tenir I A 2
tendance, tendancieux, tender, tendeur, tendineux, tendon → tenir I B 1; 9, 3
tendre (adj.) → tenir I D 1
tendre (verbe) → tenir I B 1
tendron → tenir I D 2
teneur (subst. masc.) → tenir I A 1
teneur (subst. fém.) → tenir II A 1
tenon, ténor → tenir I A 1, 3
tennis → tenir I A 16
tension → tenir II E 5
tenson → tenir I C 2
tentacule, tentation, tentative → tenir II D 16, 10, 15
tente → tenir I B 1
tenter → tenir II D 10
tenture → tenir I B 1
ténu → tenir II A 4
tenue, tenure → tenir I A 1
tépidarium, tépidité → tiède 2
ter → trois II A 4
-ter → -er 2
tercet → trois I 4
térébenthine, térébinthe, térébration → tourner II 7
tergiverser → vers I B 19
terme, terminaison, terminal, terminer, terminologie, terminus → tertre 2, 3, 5, 8, 9
ternaire, terne → trois II A 1, 2
terne (adj.) → ternir
terrain, terrasse, terrasser → terre 2, 6
terre à terre → terre 1
terreau → terre 1
terre-plein → terre 7
terrer → terre 1
terreur → craindre III 3
terrier, terril, terrine, territoire, terroir → terre 1, 4, 8, 5
tertiaire, tertio → trois II A 3, 5
tes → toi 2
tessère → quatre IV 2
tessiture → tisser I 3
tesson, test → tête 3, 4
testament, tester, testicule, testimonial → témoin II 1, 7, 6
testonner → tête 2

tétanos → tenir III 8
têtard → tête 1
tête-bêche → chef I B 4 ; deux I B 2
têtebleu → dieu I A 5
tétée, téter → tette 1
têtière → tête 1
tétin, tétine, téton → tette 1
tétra- → quatre IV 1
tétraèdre → seoir III B 4
têtu → tête 1
teuf-teuf → annexe I
texte, textile, texture → tisser II A 1, 2
thalamus → épithalame 2
thallophytes → talle 2
thaumaturge → théâtre 4 ; orgue I C
thébaïde → annexe IV
théisme → enthousiasme 5
thème → faire IV B 1
théo-, théocratie → enthousiasme 10, 8
Théodore → donner III 4
théogonie, théologie → enthousiasme 9, 7
théorème, théorie → théâtre 3, 2
-thèque → faire IV B 6
-thérapeute, thérapie, -thérapie → thérapeutique 2, 1
thériaque → fier II 1
-thérium → fier II 2
thermes, thermidor, thermie, -thermie, -thermique, thermo-, thermos → four II 1, 2, 4, 5, 3
thermidor → donner III 3
thésauriser → trésor 2
théurgie → enthousiasme 3
thoracique → thorax
thoraco- → thorax
thrombine, thrombose → thrombus
thuriféraire → offrir I B 17
thymol → thym
thyrse → 2. trou 3
tibia → tige 2
tic → taquet I B 2
ticket → étiquette I 2
tic-tac → annexe I ; taquet I B 1
tien, tienne → toi 3
-tier, -tière → -ier, -ière 2
tierce, tiercé, tiercelet, tiers → trois I 3
tiffes → attifer
tignasse → teigne 2
tilbury → annexe III
tilde → titre I 2
tilleul, tilliacées → teille 2, 3

timbré → timbre 1
timoré → timide 2
-tin → -în, -ine 2
tinctorial → teindre 4
tintamarre → boum 7 ; maraud
tinter → boum 7
tintin → annexe I ; boum 7
tintinnabuler → boum 8
tintouin → boum 7
tiquer, tiqueté → taquet I B 2, 3
tirade, tirage, tirant, tire-, tire, tirée → tirer 2, 5
tire-au-flanc → flanc 2
tire-largot → tirelire 7
tiret → tirer 2
tiretaine → annexe IV
tirette, tiroir → tirer 2
tissu → tisser I 1
titan → annexe III
titi → annexe I
titiller → tette 2
titulaire, titulariser → titre I 3
tmèse → temple II 9
toast → tôt 2
toc ; tocante ou **toquante, toccata** → taquet I C 5, 4, 3
toscin → seing I 5 ; taquet I C 2
toc ! toc ! → annexe I
toge → toit 5
toile, toilette → tisser I 2
toise, toiser → tenir I B 2
toison → tondre 2
tole, tôle ou **taule** → table 2
tolérer → oublie II A 1
tôlier (logeur) → table 2
tollé → oublie II A 2
tolu → annexe IV
toluène → annexe IV tolu 2
tomaison → temple II 4
tombeau → tombe 1
tomber → boum 10
tombereau → boum 10
tombola → boum 11
tome, -tomie → temple II 4, 8
ton (subst.) → tenir III 1
ton → toi 2
tonalité → tenir III 1
tondeuse → tondre 1
tonicité, tonifier, tonique → tenir III 2
tonitruer → tonner 5
tonnage → tonne 2
tonneau, tonnelier, tonnelle → tonne 1
tonnerre → tonner 2
tonsure, tonte → tondre 3, 1
tonton → annexe I

tonus → tenir III 1
top- → étoupe IV 2
top- → toupet 5
toper, topette → taquet III 5, 6
topinambour → annexe IV
topo- → topique 4
toponymie → nom II B 10
toquade, toqué, toquer, toquer (se) → taquet I C 4
-tor → 2. -eur 2
torche, torcher, torchis, torchon, tordant → tordre I 12, 13, 1
toréador, toréer, torero, toril → taureau 3
torgnole → tourner I A 6
tornade → tourner I B 5
torpedo → torpeur 3
torpide, torpille → torpeur 1, 2
torque (collier) → tordre II B 3
torréfier, torrent, torride → tôt 5, 3, 4
tors, torsade → tordre I 2
torse → 2. trou 2
torsion → tordre II C 4
tort, torticolis, tortillard, tortillement, tortiller, tortillon → tordre I 3, 9, 8
tortionnaire → tordre II A 3
tortu → tordre I 4
tortue → annexe IV
tortueux, torturer → tordre II A 1, 2
torve → tordre II D
total, totalitarisme → tout 5
toto → annexe I
toton → annexe I ; tout 4
touchant, touche, touche-à-tout, toucher → taquet I C 1
touffe → toupet 2
touffeur → étoupe III 2
touffu → toupet 2
touiller → percer I A 3
toujours → dieu V A 1
toupie → toupet 3
tour → tourner I A 2
tourbe (foule), **tourbillon** → troubler 3, 4
tourelle, tourier, tourière → tour 1
touring, tourisme → tourner I B 6
tourlourou → tirelire 8
tourmenter → tordre I 10
tournage, tournant, tourne-, tourné (adj.) → tourner I A 4, 5
tournebouler → boyau I 3
tournée → tourner I A 4
tournesol → tourner I B 1
tournis, tournoi, tournoyer, tournure → tourner I A 4

tourte, tourteau (sorte de crabe), **tourteau** (résidu...) → tordre I 6, 5
tourtereau → annexe II tourterelle
tourterelle → annexe II
tourtière → tordre I 6
Toussaint → saint I 1
tout de go → gober 1
toutefois → fois I 1
toutou → annexe I
tout-venant → venu I A 1
toxico-, toxicose, toxine → toxique 2, 1
trac (peur), **trac** (allure du cheval), **tracasser** → taquet II A 3, 4
trace, tracé, tracer → traire I C
trachéite, trachéotomie, trachome → trachée-artère 1, 2
tract, tractation, tracteur, traction → traire II B 11, 9, 10
tradition → donner II D 3
traduction → conduire II B 11
traduire → conduire I A 8
trafiquer → trafic
tragédie → ode 5 ; tragique
trahir → donner I D 1
train, traînard, traîne, traîneau, traînée, traîner → traire I B 3, 1, 2
train-train → annexe I
trait, traite, traité, traitement, traiter, traiteur → traire I A 2, 3, 13, 11
traître → donner I D 1
trajectoire → jeter I B 12
trajet → jeter I A 9
tralala → tirelire 14
tram, traminot → tramway
tramail → maille 3
tramontane → mener II 9
tramway et voie III 2
tranchant, tranche, tranchée (colique), **trancher, tranchet, tranchoir** → trois I 5
trans- → très 3
transbahuter → bahut
transborder → bord 5
transcendant → échelle I E 5
transcrire → écrire II A 6
transe → irai (j') II D 3
transférer → offrir I B 12
transfigurer → feindre II A 5
transfixion → ficher II 3
transfuge → fuir 7
transfusion → fondre III B 8
transgresser → degré II C 7
transhumer → homme II B 4
transi → irai (j') II D 3
transiger → agir I B 2) 6

transition → irai (j') II E 7
translation → oublie II B 3
transmettre → mettre I A 6
transmigration → muer I D 1
transmission → mettre II B 11
transmuer → muer I A 2
transmutation → muer I A 6
transparaître, transparence → paraître 5
transpirer → soupirer II 7
transplanter → plat II 2
transporter → port I D 11
transposer → pondre III B 12
transsuder → suer I 5
transsubstantiation → ester III A 17
transvaser → vaisseau 5
transversal → vers I B 2
Trappes, trappeur, trappiste → trappe 4, 3
traquenard, traquer, traquet → taquet II A 5, 1, 2
traumatiser → tourner I C 4
travail, travailliste → paix III 3 ; trois I 6
travelling → paix III 4
travers, traverse, traverser, traversier, traversin → vers I B 1
travertin → annexe IV
travestir → vêtir 3
trayon → traire I A 1
tré- → très 3
trébuchet → trébucher 2
tréfilerie → fil I 4
trèfle → cerfeuil I 3 ; feuille I 5 ; trois I 6
treillage → treille
treillis → lice 2
treize → dix I 15 ; trois I 2
tréma → tourner I C 3
trémail → maille 3
trémato- → tourner I C 3
tremble, trembler → craindre I 3, 2
trémie → muid I 3 ; trois I 6
trémière → mer I 5
trémolo → craindre II
trémousser (se) → mousse 4
trempée, trempette → tremper 1
trémuler → craindre III 1
trente → dix I 8 ; trois I 2
trépaner → tourner I C 1
trépasser → pas I 9
trépidation → craindre III 2
trépigner → tripot 2
trépointe → poing I D 10
tréponème → tordre III B 5
tres- → très 2
tressaillir → saillir I A 3

tressauter → saillir I B 3
treuil → tordre I 14
tri- → trois II B 6
triade → -ade 2 ; trois II B 4
triangle → angle I 2
tribal → tribu 1
tribo- → tourner I C 6
tribord → bord 2
tribraque → brachy- 2
tribulation → tourner II 2
tribun, tribunal, tribunat, tribune, tribut, tributaire → tribu 2, 3, 4
tricennal → an II 5
triceps → chef IV C
trichine, trichinose → tricho- 2
tricoises → annexe IV turquoise 2
tricorne → cor I A 3
tricoter → taquet II B 1
tric-trac → annexe I ; taquet II B 2
tricycle → quenouille II C 6
trident → dent I A 4
trièdre → seoir III B 4
triennal → an II 5
trier → tourner II 1
trière → trois II B 3
trifide → fendre 3
trifolié → feuille II 2
trifouiller → fouir 5
trilingue → langue 3
trillion → mille II 3
trimbaler → tourner II 2
trimestre → mois I 3
tringlot → traire I B 4
trinitaire, trinité → trois II B 1
trinôme → nomade 3
trio → trois I 7
triolet → cerfeuil I 3 ; feuille I 6 ; trois I 6
tripartite, tripartition → part I B 7, 2
tripatouiller → patte 4
triphtongue → diphtongue 1
triple → trois II B 2
tripler → trois II B 2
tripoli → annexe IV
triporteur → port I D 1
tripotée, tripoter → tripot 1
triptyque → polyptyque
trique → taquet II B 1 ; étriquer
trirème → ramer 2
tris- → trois II B 6
trismégiste → mais III 3
trisser → trois II B 5
trissyllabe → syllabe 1
triton → annexe III
triton (musique) → tenir III 1
triturer → tourner II 5
triumvir → vertu I B 3

trivalent → valoir 9
trivial, trivium → voie I B 5, 2
trochaïque, trokhanter → trochée 1, 2
trognon → tronc 4
trolleybus → trolley ; -bus
trombe, tromblon, trombone → trompe 2, 4, 3
trompette → trompe 1
-tron → 2. -on 2
tronche, tronçon → tronc 2, 3
tronquer → tronc 5
trope, -trope, trophée → tordre III B 4, 8, 3
trophique → atrophie 2
tropique, tropisme, -tropisme, tropo- → tordre III B 2, 6, 8
troquer → taquet II C
troquet → mais I 8 ; bistro
trot, trottin, trottinette, trottoir → trotter
troubadour → tordre III A 3
trouble, trouble-fête → troubler 1, 2
trouer → 1. trou
troufion → trop 4
troupe, troupeau → trop 3, 2
trousse, trousseau, trousser → tordre I 11
trouver, trouvère → tordre III A 1, 2
truc → taquet II D
trucider → truculent 2
truie → annexe IV
truisme → trêve 2
truquer → taquet II D
trypanosome → tourner I C 5
tsar → annexe III César 2
tu → toi 1
tuba, tubage, tubaire → tube 3, 1
tubéracé, tubéreuse, tubéreux, tubercule, tuberculeux, tuberculine, tuberculose → truffe 3, 4, 5

tubulaire, tubulé, tubulure → tube 2
tudieu → vertu I A 1 ; dieu I A 4
tufeau → tuf
tuile → toit 2
tulipe → turban 2
tulle → annexe IV
tuméfaction, tuméfier, tumescence, tumeur → tombe 4, 5, 3
tumulus → tombe 6
tunnel → tonne 3
turbin → toupet 4
turbine → troubler 7
turbiner → toupet 4
turbo- → troubler 7
turbulent → troubler 5
turco → annexe IV turquoise 3
turdite → étourdi 2
turelure ou **turlure** → tirelire 2
turf → tourbe 2
turlupiner → annexe III
turlurette, turlutaine, turlututu → tirelire 2, 6, 2
turne → tour 2
turpidude → estropier 2
turquoise → annexe IV
tussilage → toux 2
tutélaire, tutelle, tuteur → tuer 2
tutoyer → toi 1
tutti → tout 3
tutu → cul 1 ; annexe I cucu
tuyauter, tuyère → tuyau
tympan → timbre 2
type, -type → percer II 1, 4
typhoïde, typhon, typhus → étuver 3, 4
-typie, typo-, typographe, typto- → percer II 4, 3, 2, 5

U

ubiquité → qui III 4
ulcérer → ulcère
-ulent → -ule 4
ultérieur, ultimatum, ultime, ultra- → 1. outre 6, 5, 3
ultra-violet → violette 2
unanimité → âme I 5
uni, uni-, unifier, union → un II 1, 6, 5, 2
uniforme → forme II 2
unique, unir → un II 4, 1
unisson → sonner 5
unitaire, unité → un II 3

univers, universel, université → vers I B 14, 15
univoque → voix I B 8
un tantinet → tel 2
urane, uranium → urano- 3
Uranus → urano- 2
urbanisme, urbanité → urbain
urée, urémie → urine 2
urètre → uretère 1
-urie → urine 3
urique, -urique → urine 2, 3
uro- → uretère 3
urticaire, urticant → ortie 2

usage, usagé, usager, user → us I 1, 2
usine → œuvre I B
usité → us II 4
ustensile → us I 4
usuel → us II 3
usufruit → fruit I 2 ; us II 6
usuraire, usure, usurier, usurper → us II 2, 6
utérus → ventre 3
utile, utiliser → us II 1
utopie → topique 2
uval, uvée, uvéite, uvulaire → luette 5, 4, 2

V

va- → vais (je) 2
vacance, vacancier, vacant → vain II 6
vacataire, vacation → vain II 8
vaccin, vaccine, vacciner → vache 4
vacherin → vache 3
vacuité, vacuum → vain II 10
vade-mecum → vais (je) 7
va-et-vient → vais (je) 2
vagabond → rêver 5
vagin → gaine 5
vague (adj.), vaguer → rêver 4, 3
vague (terrain) → vain II 5
vaillant → valoir 2
vaincu → vaincre 1
vairon → vair 1
vaisselle → vaisseau 2
val → voûte I B 1
-valent → valoir 9
valériane → annexe IV
valet, valetaille → vassal 3
valétudinaire, valeur, valeureux, valide, valider → valoir 6, 3, 8
vallée → voûte I B 1
vallon → voûte II D
valoriser → valoir 10
valse → voûte V
valve, valvule → voûte III B
vamp → vampire
vandale → annexe IV
vanille → gaine 4
vanité → vain II 1
vanné, vanneau → van 1, 2
vannerie → van 1
vantail → vent 2
vanter → vain I 2
va-nu-pieds → vais (je) 2
vaporeux, vaporiser → vapeur 3
vaquer → vain II 7
vareuse → serf IV 10
varia, variabilité, variable, variante, variation → vair 3
varicelle → vair 5
varicocèle → varice
varier, variété, variole → vair 3, 4

variqueux → varice
vasculaire → vaisseau 7
vase (subst. fém.) → gazon 2
vase (subst. masc.) → vaisseau 5
vaseline → huile 6 ; onde III 2
vaso- → vaisseau 9
vasomoteur → mouvoir II A 5
vasque → vaisseau 4
vaste → vain II 3
vaticiner → chanter III 5
va-tout → vais (je) 2
-vauder → voûte I A 4
vaudeville → virer 4
vau-l'eau (à) → voûte I B 1
vaurien → valoir 1
vautrer → voûte I A 3
vavasseur → vassal 2
veau → vieux I 2
vecteur → voie II 3
vedette → vieille I 4
végétal, végétaline, végétarien, végétatif, végétation, végéter → veille I 8
véhément → 1. -ment I A 4
véhicule → voie II 1
veinard → veine 3
vélaire → voile 4
velche → annexe IV Gaulois 2
vêler, vélin → vieux I 2
velléité → vouloir 7
vélo, vélocipède, vélocité, vélodrome, vélomoteur → veille I 9
velours, velu → laine III 2, 1
vélum → voile 5
vénal → vendre 2
vendange → rançon I 2 ; vin 5
vendémiaire → vin 6
vendetta → venger 3
vendredi → venin 3 ; dieu IV A 2
venelle → veine 3
vénéneux, vénérer → venin 2, 7
vénerie → venaison
vénérien → venin 4
venette → vesser 2
véniel, venimeux → venin 8, 1

ventilateur, ventilation, ventiler, ventôse, ventouse → vent 4, 1, 3
ventrebleu, ventrée, ventre-saint-gris, ventri-, ventricule, ventrière → ventre 1, 2
ventriloque → locution 9 ; ventre 2
ventripotent → pouvoir I C 2
venue → venir I A 1
Vénus → venin 6
vénusté → venin 5
véracité → vrai I 6
verbal, verbaliser, verbe, verbeux, verbosité → verve 2
verdeur → vert 1
verdict → vrai I 7 ; dire II D 12
verdir, verdoyer, verdure → vert 1
vergé → verge 1
verger → vert 3
vergeture → verge 1
verglas → gel I B 2
vergogne → serf III 1
vergue → verge 2
véridique, vérifier → vrai I 5, 4
vérin → verrou 2
vérisme, vérité → vrai I 8, 3
verjus → jus 1
vermeil, vermi-, vermicelle, vermiculaire, vermiculé, vermillon, vermine, vermisseau → ver 2, 3, 4, 1
vermifuge → fuir 8
vermoulu → moudre I A 3 ; ver 1
vernal → primevère 2
vernir → annexe IV vernis
vernis → annexe IV
vernissage → annexe IV vernis
vérole → vair 2
véronal → annexe IV
verrerie, verrier, verrière, verroterie → verre 1
verrucosité, verruqueux → verrue 2
vers (subst. masc.), versant, versatile, versé (dans), verseau, verser, verset, version, verso, versoir → vers I A 2, 3, 6, 7, 5, 8, 9, 4
vertèbre, vertical, vertige → vers II 9, 10, 11
vertubleu, vertudieu → vertu I A 1
vertugadin → vert 4
vésanie → sain 3
vésical, vésication → vessie 3, 2
vespasienne → annexe III
vespéral → vêpres 2
vestale → annexe III
veste → vêtir 2
vestimentaire, veston → vêtir 5, 2
vêtement → vêtir 1

vétéran, vétérinaire → vieux I 5, 6
vétille → vis 3
vêture → vêtir 1
vétuste → vieux I 4
vexer → vit 2
vi- → fois I 3
via, viabilité → voie I B 8, 6
viable → vivre I 2
viaduc → voie I B 7
viager → vivre I 2
viande → vivre I 4
viatique → voie I B 4
vibrato, vibrer, vibrion → virer 6
Vic (toponyme) → ville I B 3
vicaire → fois II 1
vice-, vice versa → fois II 4, 3
vicésimal → dix II 11
vicinal → ville I B 2
vicissitude → fois II 2
victoire, Victor → vaincre 3, 5
victuailles → vivre I 11
vidame → dame I 3
vidanger, vide → vain I 4
viduité → veuve 2
vie → vivre I 2
vieil, vieille, vieillir → vieux I 1
vif → vivre I 3
vif-argent → argent I 1
vigie, vigilant, vigile → veille I 5, 7, 6
vigne → vin 3
vigne vierge → vierge 1
vignette → vin 3
vigoureux, vigueur → veille I 3
vilain → ville I A 2
vilipender → pendre I D 4 ; vil 2
villa, village, villanelle, Villar → ville I A 5, 3, 4, 7
ville, villégiature, Villers, Villiers → ville I A 7, 6
villosité → laine III 3
vinaigre → aigre I A 2 ; vin 1
vinasse → vin 1
vindicatif → dire II B 9 ; venger 4
vindicte → venger 6 ; dire II D 13
vingt → dix I 6 ; deux I B 6
vini- → vin 2
violacé → violette 2
violation → violer 1
viole → vielle 2
violence → violer 2
violet → violette 2
violon, violoncelle → vielle 4
vipère → guivre 4
virage → virer 1
virago → vertu I B 2
viral → virus 1
virée → virer 1

virelai → tirelire 16
virevolte → virer 5
virginal, virginité → vierge 2
virgule → verge 3
viril → vertu I B 1
viro- → virus 2
virtuel, virtuose → vertu I A 2, 3
virulent → virus 2
visa, visage, visagiste, vis-à-vis → voir I E 15, 1
visée, viser, visible, visière, vision, visionner, visitation, visiter → voir I E 4, 7, 2, 6, 5
visqueux, viscosité → gui 2
visser → vis 1
visuel → voir I E 14
vital, vitalité, vitamine → vivre I 9, 17
vitelot → vit 1
viticole, viticulture → vis 4
vitrage, vitrail, vitrauphanie, vitre, vitreux, vitrifier, vitriol → verre 2, 4, 3
vitupérer → vice 2
vivace, vivacité, vivandier, vivandière, vivarium, vivat, vive ! → vivre I 12, 5, 6, 13, 1
vive (poisson) → guivre 3
viveur, vivier, vivifier → vivre I 1, 6, 7
vivipare → part II A 3 ; vivre I 15
vivisection → scier II C 1 ; vivre I 16
vivoter → vivre I 1
vizir → alguazil 3
vlan ! → boum ! 13
vocable, vocabulaire, vocal, vocaliser, vocatif, vocation, vociférer → voix I B 10, 9, 1, 11
vodka → onde IV
vogue → voguer 2
voici → voir I A 2
voilà → voir I A 2
voilage → voile 1
voilé, voilette, voilier, voilure → voile 1, 2
voire → vrai I 2
voirie → fois I 2

voisin → ville I B 1
volage, volaille, volant → voler 6, 7, 4
volatil (adj.), **volatile** (subst.), **volatiliser** → voler 9, 8
volcan → annexe III
volée → voler 2
volet, voleter, voleur, volière → voler 3, 1, 11
volition → vouloir 6
volley-ball → 1. balle 4 ; voler 2
volontaire, volonté, volontiers → vouloir 4, 2
volt → annexe III
volte, volte-face, voltiger → voûte II A 3, 2
volubile, volubilis → voûte III A 7, 8
volume → voûte III A 3
volute → voûte II B
volve → vulve 2
vomique, vomiquier → vomir 2
voracité, -vore → gueule IV 2, 3
vos → vous 3
voter, votif → vœu 5, 4
votre, vôtre → vous 2
vouer → vœu 1
vouivre → guivre 2
voussoir, voussure → voûte I A 2
vouvoyer → vous 1
voyage → voie I A 3
voyance, voyant → voir I A 1
voyelle → voix I A 5
voyer → fois I 2
voyeur → voir I A 1
voyou → voie I A 2
vraisemblable → ensemble I A 4 ; vrai I 1
vrille → vis 2
vrombir → boum ! 14
vu (prépos.), **vue** → voir I B 3, 1
vulcaniser → annexe III volcan
vulgariser, vulgate → vulgaire 1, 3
vulnérable → vulnéraire 2
vulvite → vulve 1

W-X-Y-Z

wagon → voie III 1
water-closet, water-polo → onde III 1
watt → annexe III
week-end → fois I 4
western → vêpres 5
williams → annexe III Guillaume 4

xéranthème → anth(o)- 3
xérès → annexe IV
xéro- → élixir 2
-xyle → xyl(o)- 2

yankee → annexe III Jean 7
yeux → œil I 2

yiddish → annexe III juif 2
yod → abécé III
yogi → yoga
youdi, youtre, youlin → annexe III juif 4, 3
yo-yo → annexe I
ypérite → annexe IV

zazou → annexe I
-zé → dix I 13
zèbre → équestre I 4
zèle, zélote → jaloux 3, 4
zéro → chiffre 3
zest ! → ah ! 26
zeugma → joug IV 2
zézayer → annexe I

zibeline → sable 2
zieuter → œil I 2
zig ou **zigue, zigoteau** → gigot 6
zigzag → annexe I
zinzin → annexe I
zist et le zest (être entre le) → annexe I
zizi → annexe I
-zoaire, zodiaque, Zoé, -zoïque, -zoïsme → vivre II A 7, 1, 2
zona → zone 2
zoo, zoo-, zoologie → vivre II A 5, 7, 6
zouave → annexe IV
zozo → annexe I
zozoter → annexe I zozo
zut ! → ah ! 27
zygome → joug IV 3

DISPONIBLES EN LIBRAIRIE

DICTIONNAIRES DE LA LANGUE FRANÇAISE
DICTIONNAIRES DE NOMS PROPRES

DICTIONNAIRE HISTORIQUE DE LA LANGUE FRANÇAISE
sous la direction d'Alain Rey
(2 vol., 2 432 pages, 40 000 entrées).

LE PETIT ROBERT
Dictionnaire alphabétique et analogique de la langue française
(1 vol., 2 592 pages, 60 000 entrées).
Le classique pour la langue française : 8 dictionnaires en 1.

LE PETIT ROBERT DES NOMS PROPRES
Dictionnaire universel des noms propres
(1 vol., 2 304 pages, 40 000 entrées, 2 000 illustrations et 230 cartes).
Le complément, pour les noms propres, du Petit Robert.

LE ROBERT QUOTIDIEN
Dictionnaire pratique de la langue française
(1 vol., 2 208 pages, 50 000 entrées).

LE ROBERT QUÉBÉCOIS D'AUJOURD'HUI
Dictionnaire québécois de la langue française et de culture générale
(noms propres, cartes, chronologie, etc.)
(1 vol., 1 900 pages, 52 000 entrées, 108 pages de chronologie,
51 cartes en couleur).

LE ROBERT POUR TOUS
Dictionnaire de la langue française
(1 vol., 1 296 pages, 40 000 entrées).

LE ROBERT MICRO
Dictionnaire d'apprentissage de la langue française
(1 vol., 1 536 pages, 35 000 entrées).

LE ROBERT DE POCHE
L'indispensable de la langue et de la culture en format de poche
(1 vol., 928 pages, 40 000 mots de la langue, 6 000 noms propres).

LE ROBERT COLLÈGE
Dictionnaire de la langue française pour les 12-15 ans
(1 vol., 1 488 pages, 40 000 entrées).

LE ROBERT JUNIOR
Dictionnaire pour les enfants de 8-12 ans, en petit format
(1 186 pages, 20 000 entrées, 1 000 illustrations, 18 pages d'atlas).

LE ROBERT BENJAMIN
Dictionnaire pour les enfants de 6-8 ans
(576 pages, 6 000 entrées, 640 illustrations, 28 pages de planches).

LE ROBERT MÉTHODIQUE
Dictionnaire méthodique du français actuel
(1 vol., 1 648 pages, 34 300 mots et 1 730 éléments).
Le seul dictionnaire alphabétique de la langue française qui analyse
les mots et les regroupe par familles en décrivant leurs éléments.

LE ROBERT ORAL-ÉCRIT
L'orthographe par la phonétique
(1 vol., 1 376 pages, 17 000 mots et formes).
Le premier dictionnaire d'orthographe et d'homonymes, fondé sur l'oral.

DISPONIBLES EN LIBRAIRIE

DICTIONNAIRES BILINGUES

LE ROBERT ET COLLINS SUPER SENIOR
Dictionnaire français-anglais/anglais-français
(2 vol., 2 720 pages, 650 000 « unités de traduction », 20 pages de cartes en couleur, avec 2 dictionnaires de synonymes (anglais et français).

LE ROBERT ET COLLINS SENIOR
Dictionnaire français-anglais/anglais-français
(1 vol., 2 256 pages, 600 000 « unités de traduction »).

LE ROBERT ET COLLINS COMPACT
Dictionnaire français-anglais/anglais-français
(1 vol., 1 250 pages, 115 000 « unités de traduction »).

LE ROBERT ET COLLINS CADET
Dictionnaire français-anglais/anglais-français
(1 vol., 832 pages, 65 000 « unités de traduction »).

LE ROBERT ET COLLINS MINI
60 000 mots et expressions.

LE ROBERT ET COLLINS DU MANAGEMENT
Commercial - Financier - Économique - Juridique
(L'anglais des affaires, 75 000 mots, 100 000 traductions).

LE ROBERT ET COLLINS
VOCABULAIRE ANGLAIS ET AMÉRICAIN
par Peter Atkins, Martin Bird, Alain Duval, Dominique Le Fur et Hélène Lewis

« LE ROBERT ET COLLINS PRATIQUE »
ANGLAIS, ALLEMAND, ESPAGNOL, ITALIEN
(70 000 mots et expressions, plus de 100 000 traductions).

« LE ROBERT ET COLLINS POCHE »
ANGLAIS, ALLEMAND, ESPAGNOL
(65 000 mots et expressions).

« LE ROBERT ET COLLINS GEM »
ANGLAIS, ALLEMAND, ESPAGNOL, ITALIEN.

LE ROBERT ET SIGNORELLI
Dictionnaire français-italien/italien-français
(1 vol., 3 040 pages, 339 000 « unités de traduction »).

LE ROBERT ET VAN DALE
Dictionnaire français-néerlandais/néerlandais-français
(1 vol., 1 400 pages, 200 000 « unités de traduction »).

GRAND DICTIONNAIRE FRANÇAIS-JAPONAIS SHOGAKUKAN-LE ROBERT
(1 vol., 1 600 pages, 100 000 entrées).

N° d'éditeur : 10120285
Février 2005
Imprimé en France par Maury-Eurolivres
45300 Manchecourt